製版印刷　株式会社　東京印書館
本文用紙　三菱製紙株式会社
表紙クロス　株式会社　八光装幀社
製　本　誠製本株式会社
製　函　株式会社光陽紙器製作所
装　幀　山崎登

日本荘園史大辞典

二〇〇三年(平成十五)二月二十日　第一版第一刷印刷
二〇〇三年(平成十五)三月　十　日　第一版第一刷発行

編　集　瀬野精一郎
発行者　林　英　男
発行所　株式会社　吉川弘文館
〒一一三―〇〇三三
東京都文京区本郷七丁目二番八号
☎(〇三)三八一三―九一五一〈代表〉
振替口座〇〇一〇〇―五―二四四

落丁・乱丁本はお取替えいたします

ISBN4―642―01338―5

索　　引

〈凡　例〉

＊この索引は『日本荘園史大辞典』所収の見出し語と，本文・図表より抽出した主要な語句を採録し，事項，人名・寺社名，地名に分けて配列した．
＊事項索引は，書名・絵図名を含めて掲載した．
＊人名・寺社名索引は，人名および寺社を含む領家名をまとめて掲載した．
＊地名索引は，(　)内に国名を入れ，その所在を示した．
＊索引項目のうち，行頭の・印は見出し語であることを示し，数字はページを，ａｂｃはそれぞれ上段・中段・下段を表わし，見出し語のページ・段はゴシックとした．図表および別刷から採取したものは，それぞれ，図・表・別刷とした．
＊見出し語には(　)内に読みを入れた．
＊索引項目の配列は各分野とも，現代仮名づかいによる五十音順とした．

事項索引

あ

い

え

お

か

け

・闕所(けっしょ)　**218c**
欠料(けつりょう)　⇨かんりょう
月料　376c 552a 700b
月料田　161b 165c
下田(げでん)　⇨田品　430a
垣内　110a
家人　231b 405a 535b 558b
・下人(げにん)　**218c** 264c 359b 373a 391c 415c 482b 618c 656b
下畠　430a
検非違使　304c 526b
検非違使庁役　302a
検非違使不入　614c
検非違所　717a 287a
・気比神宮領(けひじんぐうりょう)　**219c** 220表
・下百姓(げびゃくしょう)　**220c**
下斗(げます)　⇨下行枡　182b 216b
毛見　220c
・検見(けみ)　**220c**
・仮名(けみょう)　**220c** 287b 297a
家務法　631a
・下用米(げようまい)　**221a**
下用斗(げようます)　⇨下行枡
・家領(けりょう)　**221b**
化粧田　217c
毛分小作　146c
・間(けん)　**221b** 468a
・見営使(けんえいし)　**221c**
・見開田(げんかいでん)　**221c** 279b
・検河損使(けんかそんし)　**222a**
権貴　230b
・建久図田帳(けんきゅうずでんちょう)　**222a**
・検校(けんぎょう)　**222b** 217a 368a
・券契(けんけい)　**222c** 265b 385b
元寇　515a
元弘収公地　515b
元弘没収地返付令　218b
間竿　481a
間棹　221c
・見作(げんさく)　**222c** 223a
現作　222c 229c
・見作田(げんさくでん)　**223a** 377c
見作田所当惣勘文　408c
・兼作の民(けんさくのたみ)　**223a**
見参料　216c
・減直(げんじき)　**223a**
原始共同体　536a
原始社会　535c
・見質(げんじち)　**223b**
現質　223b
還住　474b
・建春門院領(けんしゅんもんいんりょう)　**223b** 224表
減省　223c
検水害堤使　222a
・減省(げんせい)　**223c**
譴責使(けんせきし)　⇨呵責使
・検損田使(けんそんでんし)　**223c**
減大升　498b
・検断(けんだん)　**224b** 329b 408b 415b
検断方　225a
検断権　224b 288a 319b 373c
・検断沙汰(けんだんざた)　**224c** 146c 224b 296a 297c
検断職　224b
検断物　224b
・検地(けんち)　**225c** 226c 258a 260a 295b 309c 352c 384a 430a 560b 599c
検地竿　430a
検地帳　108a 225c 258a 546a
検地反対一揆　430b
・検注(けんちゅう)　**226c** 168b 329b
検注権　319b
検注使(けんちゅうし)　⇨検注　522b 533c 623c
・検注尺(けんちゅうじゃく)　**227c**
検注図師　395a
・検注帳(けんちゅうちょう)　**228a** 197c 226c 377c 395a 560b 707c
・検注取帳(けんちゅうとりちょう)　**228b** 533c
検注馬上帳　228a
・検注目録(けんちゅうもくろく)　⇨検注帳　228a 534a 678a
建長寺造営料唐船　228c
・建長寺領(けんちょうじりょう)　**228c** 229表
・検田(けんでん)　**229a** 226c
・検田勘料(けんでんかんりょう)　**229b** 341c
検田権　373c
検田使　33a 214c 226c 351a 533c 608c
・検田使供給(けんでんしくごう)　**229b**
・検田収納使(けんでんしゅうのうし)　**229c**
・検田段米(けんでんたんまい)　**229c** 168a
検田帳(けんでんちょう)　⇨検注帳 228a 533c
検田丸帳　228b 534a
検田目録　228b
検納状　622a
蠲符　607a
・現夫(げんぷ)　**229c** 388b
・検封(けんぷう)　**229c**
検不堪佃田使(けんふかんでんでんし)　⇨不堪佃田
・間米(けんまい)　**230a**
現米　229c
検見　220c 227a
現名(げんみょう)　⇨名　633b
建武新政　513a
蠲免　607a
券文　222c 711b 711c
権門　230b
・権門勢家(けんもんせいけ)　**230b** 316a 524c 628c
・権門体制(けんもんたいせい)　**230b**
権門体制論　212b
・建礼門院領(けんれいもんいんりょう)　**231a**

こ

・戸(こ)　**231b** 201a
・小一条院領(こいちじょういんりょう)　**232c**
後院　240b
後院司　234b
後院勅旨田(ごいんちょくしでん)　⇨勅旨田
・後院領(ごいんりょう)　**232c** 233表
講　247a
・合(ごう)　**234c**
・郷(ごう)　**234c** 45b 231b 258b 620b
弘安の徳政　512c
講会　247a
公営田(こうえいでん)　⇨くえいでん　187a
交易　235a 417a 552a
・交易制(こうえきせい)　**235a**
交易雑物　235b 256b 468c
交易畠(こうえきばた)　⇨かわしばた
黄衣神人　334c
郷置目(ごうおきめ)　⇨惣掟
・甲乙人(こうおつにん)　**235b** 315c 415c 629a
後悔法　522c
甲賀郡中惣　513c
交割帳　678b
校割帳　678b
・皇嘉門院領(こうかもんいんりょう)　**235c** 236表
交関　235a
・広義門院領(こうぎもんいんりょう)　**235c** 236表
豪家　230b
郷戸　201a 232a 535b
公郷在家　282c
・光厳天皇領(こうごんてんのうりょう)　**237a** 237表
・香菜免田(こうさいめんでん)　**237a**
・『講座日本荘園史』(こうざにほんしょうえんし)　**237b** 26b
高山寺絵図　353表
・高山寺領(こうざんじりょう)　**238a** 238表
公事(こうじ)　⇨くじ
・強市(ごうし)　**238b** 727c
・郷司(ごうじ)　**239a** 111c 235a 258b 358c
郷司職　309a

さ

し

す

せ

た

ち

つ

て

と

な

は

ひ

ふ

へ

ほ

ま

み

ら

り

る

れ

人名・寺社名索引

あ

い

う

え

お

か

け

こ

さ

し

ち

つ

て

に

ぬ

ね

の

は

ひ

ふ

へ

ほ

地名索引

あ

い

う

え

お

か

き

く

け

さ

す

な

ひ

ふ

ま

み

む

め

も

ゆ

よ

ら

り

れ

ろ

わ

付表

〈凡　例〉

＊この付表は，国立歴史民俗博物館編『日本荘園資料』(吉川弘文館，平成10年)所載の荘園(荘園・御厨・御園・牧・保・別符などを含むが，国衙領の郡・郷は含んでいない)を分類処理し，整理・補訂を加えて作成したものである．

＊荘園一覧は，荘園を五十音順に配列した．読みは原則として『日本荘園資料』にしたがい，本辞典項目と異同のある場合は，その読みを併記した．

＊領家別荘園一覧は，領家を五十音順に配列し，その領有する荘園は五畿七道の順，同一国内では荘園名を五十音順に掲載した．

＊領家別荘園一覧には，本文中に別表として一覧表を掲載してあるものについては，その頁数を注記した．また，寺社の子院・塔頭などは原則として本寺名を冠して領家名とし，必要に応じてみよ項目を立てた．

1 荘園一覧

荘園名	国名	郡名	領家・本家
あ			
藍荘《あい》	摂津	有馬	
安井(威)荘《あい》	摂津	島下	藤原宗頼領(下司職)・九条家領・摂関家領・興福寺領・一乗院領・相国寺領・鹿苑院領・勧修寺領・西山地蔵院領(下司)
秋穂荘《あいお》	周防	吉敷	皇室領・宣陽門院領
秋穂二島荘《あいおふたじま》	周防	吉敷	皇室領・後白河院領・長講堂領・宣陽門院領・仁和寺領・菩提院門跡領・東寺領・東大寺領
安平荘《あいが・あえか》	淡路	津名	皇室領・後鳥羽院領・後高倉院領・安楽寿院領
会賀御厨《あいが》	伊勢	未勘	按察二品局領
合賀御厨《あいが》	志摩	英虞	伊勢神宮領・按察二品局領・鎌倉二品法印領
藍川荘《あいかわ》	美濃	不破	
愛甲荘《あいこう》	相模	愛甲	熊野山領・室町幕府御料所・鎌倉府料所
愛甲保《あいこう》	相模	愛甲	鎌倉報国寺休畊庵領
藍沢御厨《あいさわ》	駿河	駿河	
英多保《あいた》	美作	英多	尊勝寺領(法華堂領、准胝堂領)・堀川院領・観勝寺領・相国寺領(鹿苑院領)・北野社領
会田牧《あいだ》	信濃	未勘	
藍田荘《あいだ》	若狭	三方	仁和寺領・真光院領
会田御厨《あいた》	伊勢	飯高	伊勢神宮領
会田御厨《あいだ》	信濃	筑摩	内宮領・伊勢神宮領・荒木田永量・永尚・永家
愛智荘《あいち・あゆち》	尾張	愛智	東大寺領
対手荘《あいて》	尾張	中島	
饗庭荘《あいば》	三河	幡豆	左大臣源俊房領
饗庭荘《あいば》	美濃	大野	宣陽門院領・皇室領・最勝寺領・鷹司家領
饗庭御厨《あいば》	三河	幡豆	伊勢神宮領・外宮領
饗庭東荘《あいばひがし》	美濃	大野	
鮎原荘《あいはら》	淡路	津名	吉祥院領(領家職)・北野社領(本家職)
相原荘《あいはら》	近江	野洲	
相原荘《あいはら》	信濃	筑摩	
相見荘《あいみ》	三河	額田	
相見荘《あいみ》	伯耆	会見	
姶(哈)良荘《あいら》	大隅	大隅	正八幡宮領(大隅)
姶良西俣《あいらにしまた》	大隅	大隅	摂関家領・近衛家領・一乗院領・興福寺領
荒馬荘《あうま》	河内	渋川	金剛三昧院領・妙法院領・山門領・西塔領・石清水八幡宮領(中牧地頭職)
阿閇荘《あえ》	播磨	賀古	住吉社領
饗庭荘《あえば》	美作	未勘	長講堂領・皇室領・宣陽門院領
饗庭御厨《あえば》	伊勢	員弁	伊勢神宮領・内宮領・外宮領・建仁寺領・室町幕府御料所
青荘《あお》	若狭	大飯	
青保《あお》	若狭	大飯	春宮御厨・官衙領・室町幕府御料所(青郷)
阿保荘《あお》	伊賀	伊賀	石清水八幡宮領・後嵯峨上皇一切経料所
阿保下荘《あお》	伊賀	伊賀	石清水八幡宮領
阿保神田《あお》	伊賀	伊賀	伊勢神宮領・内宮領・外宮領・二宮領
阿保別符《あお》	伊賀	伊賀	
粟生荘《あお》	摂津	島下	近衛殿領・右馬寮領・官衙領・総持寺領
粟生荘《あお》	播磨	多可	東大寺領
粟生保《あお》	能登	羽咋	
青泉新御園《あおいずみしん》	伊勢	多気	伊勢神宮領
碧海荘《あおうみ》	遠江	長上	熊野社領？
青景別符《あおかげ》	長門	美祢	
青木荘《あおき》	近江	甲賀	山門領・妙法院門跡領
青木荘《あおき》	筑前	下座	安楽寺領
青木荘《あおき》	筑後	三潴	安楽寺領(東法華堂領・食

荘園名	国名	郡名	領家・本家
			堂修理料所)
青木保《あおき》	佐渡	賀茂	園城寺領
青倉荘《あおくら》	美作	英多	
青地荘《あおじ》	近江	栗太	
青島荘《あおしま》	甲斐	八代	後白河領・長講堂領・皇室領・鷹司家領・摂関家領
粟生田保《あおだ》	越後	蒲原	阿野実廉家領
青名荘《あおな》	近江	浅井	
青野荘《あおの》	三河	碧海	伊勢神宮領・摂関家領
青海荘《あおみ》	越後	蒲原	皇室領・高松院領
碧海荘《あおみ》	三河	碧海	三条女御領・持明院中納言家領・熊野社領・葛川明王院領・内蔵寮領・官衙領・松殿家領・大覚寺領・得宗領
青柳荘《あおやぎ》	美濃	安八	源為義領・安禅寺領・山科家領
青柳荘《あおやぎ》	美作	苫東	本圀寺領・相国寺領(恵林院領)
青柳荘《あおやぎ》	筑前	糟屋	筥崎宮領
青柳御厨《あおやなぎ》	美濃	安八	伊勢神宮領
青柳御厨《あおやぎ》	上野	勢多	伊勢神宮領・内宮領
青山荘《あおやま》	尾張	春部	西大寺領・室町幕府御料所
赤荘《あか》	豊前	田河	筑前住吉神社領
阿賀荘《あが》	伯耆	会見	
阿賀荘《あが》	播磨	飾磨	
安賀荘《あが》	若狭	遠敷	阿字不動院領・山門領・北野天満宮・室町幕府御料所
英賀荘《あが》	播磨	飾磨	勧学院領・摂関家領・御料所采女領・大報恩寺領・真満院領・法観寺領
英賀荘《あが》	備中	英賀	金剛心院領・山科家領・山科御影堂領
英賀保《あが》	播磨	飾磨	
赤江荘《あかえ》	越前	坂井	西大寺領
赤江荘《あかえ》	出雲	能義	
赤江保《あかえ》	出雲	能義	掃部寮領・官衙領・便補保
赤尾荘《あかお》	大和	十市	東大寺領・二月堂領・興福寺領・大乗院領・一乗院領
赤岡荘《あかおか》	近江	犬上	安祥寺領
赤狭荘《あかさ》	遠江	麁玉	
赤坂荘《あかさか》	上野	群馬	
赤坂別符《あかさか》	豊前	企救	
赤坂御厨《あかさか》	三河	宝飫	伊勢神宮領・内宮領
赤崎荘《あかさき》	但馬	養父	二条殿領・九条家領・摂関家領
赤自荘《あかじ》	肥前	小城	宇佐八幡宮領
赤自宮園《あかじみや》	肥前	小城	
英多(莫大)荘《あがた》	伊勢	壱志	伊勢神宮領・内宮領
英多荘《あがた》	信濃	埴科	関白基通領・摂関家領・冷泉宮領・近衛家領・楞伽寺領
懸荘《あがた》	伊勢	安濃	伊勢神宮領・外宮領
県荘《あがた》	信濃	埴科	
県荘《あがた》	日向	臼杵	宇佐八幡宮領
英田荘《あがた》	伊勢	鈴鹿	関東御領・平家没官領
赤田保《あかた》	越後	三島	国衙領
英田保《あがた》	加賀	河北	梶井門跡領・山門領・恵心院領・便補保・法勝寺常行堂領(北保＝便補御封)・三千院領(南保＝便補御封)
英太御厨《あがた》	伊勢	飯高	伊勢神宮領・内宮領・外宮

荘園名	国名	郡名	領家・本家
			領・二宮領
県御園《あがた》	伊勢	員弁	伊勢神宮領・外宮領
県御園《あがた》	伊勢	三重	伊勢神宮領・内宮領・外宮領・二宮領
県御園《あがた》	伊勢	飯高	伊勢神宮領・内宮領・外宮領・二宮領
莫大(英太)御園《あがた》	伊勢	奄芸	伊勢神宮領・外宮領
県北方荘《あがたきた》	日向	臼杵	
県主保《あがたぬし》	備中	後月	無品尊守法親王家領・皇室領・青蓮院領・山門領・尊勝寺法華堂領・観勝寺領
県南方荘《あがたみなみ》	日向	臼杵	
英多南保《あがたみなみ》	加賀	加賀	梶井門跡領・恵心院領・三千院領(便補御封)・山門領
赤塚荘《あかつか》	武蔵	豊島	鹿王院領
赤土荘《あかつち》	遠江	城飼	比叡山千僧供領・近江長命寺領・比叡山領・山門領
赤土新保《あかつち》	加賀	加賀	
吾妻荘《あがつま》	上野	吾妻	
赤穴荘《あかな》	出雲	飯石	石清水八幡宮領
吾那保《あがな》	武蔵	高麗	
茜部荘《あかなべ》	美濃	厚見	東大寺領(法華堂料所・百口学侶衣服料所)
赤穴松尾荘《あかなまつお》	出雲	飯石	
上野荘《あがの》	豊前	田河	
吾橋荘《あがはし》	土佐	長岡	熊野社領
赤埴荘《あかばね》	大和	宇陀	興福寺領・大乗院門跡寄所・北円堂領(瑜伽論料所)
赤日荘《あかひ》	山城	乙訓	後宇多院領・安楽寿院領・皇室領・久我家領
赤星荘《あかほし》	肥後	菊池	太宰府天満宮領・安楽寺領
赤馬院《あかま》	筑前	宗像	国衙領・宗像社領(大山田)
赤馬荘《あかま》	筑前	宗像	皇室領・室町院領・萩原殿太子堂領・宣陽門院領・鷹司家領
朱間馬牧《あかま》	下野	都賀	兵部省官牧
朱門牧《あかま》	下野	都賀	
赤俣院《あかまた》	肥前	杵島	
赤松荘《あかまつ》	播磨	赤穂	
明見荘《あかみ》	近江	野洲	白河寂楽寺領・喜多院領・平惟仲領・天台賢聖院領・山門領
赤目荘《あかめ》	山城	乙訓	賀茂社領(造営料所)・金光寺領(大炊御門西洞院)・中院流家領
赤目荘《あかめ》	尾張	中島	九条家領・摂関家領
赤目保《あかめ》	尾張	中島	
上松別符《あがりまつ》	豊前	未勘	宇佐弥勒寺領・喜多院領
阿川別符《あがわ》	長門	豊浦	
吾河保《あかわ》	伊予	伊予	石清水八幡宮領(宮寺別当領)
吾川山荘《あがわやま》	土佐	吾川	宝幢寺領
安吉荘《あき》	近江	蒲生	興福寺領
安芸荘《あき》	土佐	安芸	摂関家領・関白道家領・四条院尚侍・藤原全子・九条家領・栂尾・西明寺領・金剛頂寺領
安吉保《あき》	近江	蒲生	殿下渡領・摂関家領・法成寺領
秋吉御園《あきえ》	尾張	海部	伊勢神宮領・室町院領・皇室領
秋里保《あきさと》	因幡	高草	

荘　園　名	国名	郡名	領家・本家
秋篠荘《あきしの》	大和	添下	石清水八幡宮寺領・神護寺領・秋篠寺領・興福寺領・西大寺領
秋島荘《あきしま》	阿波	名東	東大寺領
あきた園《あきた》	肥後	未勘	
秋竹荘《あきたけ》	尾張	海部	
秋近新保《あきちか》	加賀	加賀	
秋津荘《あきつ》	紀伊	牟婁	桜井宮門跡領・醍醐寺領・一乗院領
秋月荘《あきつき》	阿波	阿波	高野山領・金剛峯寺領・宣陽門院領・法金剛院領・皇室領・足利氏領
秋月荘《あきつき》	筑前	夜須	筥崎宮領(塔院領)・宇佐弥勒寺領・喜多院領・石清水八幡宮寺領(検校領)
秋月依井荘《あきつきよりい》	筑前	夜須	宇佐弥勒寺領・喜多院領・石清水八幡宮寺領(検校領)
秋名荘《あきな》	紀伊	那賀	観心寺領
章鳴牧《あきなる》	大和	十市	小野宮家領(実資領)
秋光御園《あきみつ》	伊勢	奄芸	伊勢神宮領・内宮領
秋元荘《あきもと》	上総	周准	
秋山荘《あきやま》	大和	宇陀	興福寺領・一乗院領
秋吉荘《あきよし》	大和	葛下	炎魔堂領・興福寺領・大乗院領・隼人司領・官衙領
秋吉別符《あきよし》	長門	美祢	
秋吉保《あきよし》	大和	葛下	東大寺領
英比荘《あぐい》	尾張	智多	九条道家家領・摂関家領
芥兒荘《あくたじ》	美濃	各務	曼殊院領
芥見荘《あくたみ》	美濃	各務	曼殊院門跡(領家、地頭職)・石清水八幡宮領
飽波荘《あくなみ》	大和	平群	西大寺領
英(莫)禰院《あくね》	薩摩	出水	摂関家領・近衛家領・一乗院領・興福寺領
阿久原牧《あぐはら・あくはら》	武蔵	児玉	朱雀院領・皇室領・勅旨牧
飽海荘《あくみ》	三河	渥美	伊勢神宮領(飽海神戸)
飽良河御厨《あくらがわ》	伊勢	三重	伊勢神宮領・内宮領・外宮領・二宮領
安下荘《あげ》	周防	大島	尊性法親王領(妙法院門跡)・最勝寺領・勧修寺家領
阿下喜御厨《あげき》	伊勢	員弁	伊勢神宮領・内宮領・外宮領・二宮領
緋田荘《あけだ》	播磨	飾磨	摂関家領・殿下渡領・法成寺領(大仏師職法印領)・善同庵領(一分地頭職)
明地(知)荘《あけち》	美濃	可児	藤原実家領・石清水八幡宮領・大塔院領
安居保《あご》	越前	足羽	昭慶門院領・今林准后領・一条家領
安居御厨《あご》	越前	足羽	伊勢神宮領・内宮領
莫胡御園《あご》	伊勢	飯野	伊勢神宮領
赤穂荘《あこう》	播磨	赤穂	東大寺領(塩山、塋生山)・石清水八幡宮領・極楽寺領
阿古連荘《あこれ》	紀伊	未勘	
厚狭荘《あさ》	長門	厚狭	賀茂御祖社領・賀茂社領
浅井荘《あざい》	近江	浅井	大安寺領・皇室領・八条院領・山門領・妙法院門跡領・梶井宮門跡領・春日社領・興福寺領・大乗院領
浅井保《あざい》	近江	浅井	伊勢神宮領
浅井御厨《あざい》	近江	浅井	伊勢神宮領・内宮領・外宮領・二宮領
浅井西荘《あざいにし》	近江	浅井	大安寺領・春日社領

荘　園　名	国名	郡名	領家・本家
浅井東荘《あざいひがし》	近江	浅井	大安寺領・春日社領
浅宇多荘《あさうた》	伊賀	伊賀	最勝金剛院領・九条家領・一条家領・摂関家領・皇嘉門院領・東福寺領
浅生水荘《あさうづ》	越前	丹生	
呰部荘《あざえ》	備中	英賀	山科家領
阿射賀御厨《あざか》	伊勢	壱志	伊勢神宮領・外宮領・平家没官領
朝幾荘《あさき》	遠江	未勘	
朝国荘《あさくに》	近江	甲賀	仏国禅師領
朝倉荘《あさくら》	山城	久世	興福寺領
朝倉荘《あさくら》	但馬	養父	成勝寺領・内大臣法印源助領・醍醐寺領・鎌倉法華堂領・関東御領・興福寺領・水谷大社領(但馬三宮、散在分)
朝倉荘《あさくら》	周防	吉敷	祇園社領
朝倉荘《あさくら》	土佐	土佐	宣陽門院領・皇室領・法金剛院領(山城)
朝明御園《あさけ》	伊勢	朝明	伊勢神宮領
朝来荘《あさご》	但馬	朝来	皇室領・長講堂領
朝来新田荘《あさご》	但馬	未勘	長講堂領・皇室領・宣陽門院領
浅小井荘《あさこい》	近江	蒲生	善入寺領
浅越荘《あさこえ》	備前	上道	高山寺領(本家職)・天竜寺領(金岡院領、領家職)・長講堂領・皇室領・金岡東荘成光寺領
浅田保《あさだ》	周防	吉敷	
朝田御園《あさだ》	近江	未勘	妙法院門跡領・山門領
朝束御厨《あさつか》	伊勢	多気	伊勢神宮領
朝束御園《あさつか》	伊勢	多気	伊勢神宮領
朝妻荘《あさづま》	河内	未勘	東北院領・摂関家領・摂籙渡荘・多武峯領
朝妻荘《あさづま》	近江	坂田	法勝寺領・興福寺領・西南院領・室町家領・皇室領・室町幕府御料所
十三条北荘司荘《あさづまじゅうさん》	近江	坂田	
浅野荘《あさの》	尾張	丹羽	小野宮家領
浅野保《あさの》	尾張	中島	醍醐寺領
浅野保《あさの》	尾張	丹羽	国衙領・北野社領(地頭職)
浅野保《あさの》	加賀	加賀	二条家領
浅羽荘《あさば》	遠江	長下	勧学院領・殿下渡領・摂関家領・大外記中原家領
浅羽荘《あさば》	武蔵	入間	
浅服荘《あさはた》	駿河	安倍	円覚寺領(東郷)
浅原荘《あさはら》	越後	古志	
朝原荘《あさはら》	山城	葛野	
上日荘《あさひ》	能登	能登	長講堂領・皇室領・醍醐寺領・三宝院領・宣陽門院領
朝日荘《あさひ》	山城	相楽	蓮華王院領・皇室領・常寿院領
朝日荘《あさひ》	尾張	春部	皇后宮領・皇室領
上日本荘《あさひ》	能登	能登	長講堂領・皇室領
上日新荘《あさひ》	能登	能登	長講堂領・皇室領・醍醐寺領・三宝院領
浅間荘《あさま》	土佐	安芸	
朝見荘《あさみ》	豊後	速見	宇佐八幡宮領
朝見高宮荘《あさみたかみや》	安芸	高宮	
朝宮保《あさみや》	尾張	中島	国衙領・醍醐寺領・三宝院領
浅利荘《あさり》	甲斐	八代	
足洗荘《あしあらい》	駿河	安倍	熊野社領
味岡荘《あじおか》	尾張	春部	平時範領・白河院領・皇室領・崇明門院領・安嘉門院

荘　園　名	国名	郡名	領 家・本 家
			領・室町院領・中宮職領・官衙領・大雄寺領・万寿院領
味岡本荘《あじおか》	尾張	春部	
味岡新荘《あじおか》	尾張	春部	万寿院領
足利荘《あしかが》	下野	足利	皇室領・安楽寿院領・昭慶門院領・足利家領・室町幕府御料所・鎌倉府領
蘆影荘《あしかげ》	越前	未勘	東大寺領
安志岐荘《あしき》	筑前	御笠	太宰府天満宮領
安食荘《あじき》	尾張	春部	醍醐寺領・三宝院領
安食荘《あじき》	近江	犬上	醍醐寺領・三宝院領・梶井家門跡領・山門領
安志岐御封《あしき》	筑前	御笠	太宰府天満宮領・安楽寺領
阿志岐御油御園《あしきごゆ》	尾張	山田	伊勢神宮領・外宮領
葦北荘《あしきた》	肥後	葦北	得宗領
安食西荘《あじきにし》	尾張	春部	
鯵坂荘《あじさか》	筑後	御井	東寺領・宝荘厳院領・四条家領・鷲尾家領・安楽寺領(五郎丸名)
葦田荘《あした》	丹波	氷上	春日社領・仁和寺領
足羽御厨《あしば・あすわ》	越前	足羽	伊勢神宮領・内宮領・九条家領・摂関家領・一条家領・昭慶門院領・皇室領
蘆原荘《あしはら》	越前	未勘	東大寺領
味原牛牧《あじふ》	摂津	西成	典薬寮領・官衙領・勝尾寺領
味間荘《あじま》	大和	十市	興福寺領・一乗院領・東塔領・大乗院領・春日社領
味間荘《あじま》　・	丹波	多紀	吉田神社領
味間二品勅旨田《あじまにほんちょくし》	丹波	多紀	吉田神社領
足(葦)守荘《あしもり》	備中	賀夜	皇室領・後白河院領・神護寺領・院御領
芦屋荘《あしや》	摂津	菟原	北野社領・勝尾寺領・白川家領
足(網)代荘《あじろ》	河内	渋川	鷹司家領・北畠親房領(領家職)・教興寺領(祈禱料所)・妙心寺領(玉鳳院領)・四天王寺領・天王寺領
飛鳥荘《あすか》	大和	高市	
飛鳥荘《あすか》	河内	石川	叡福寺領(太子御廟領、下司職か)
飛鳥路荘《あすかじ》	山城	相楽	
小豆荘《あずき》	備後	未勘	摂関家領・関白道家領
小豆島牧《あずきしま・しょうずしま》	備前	児島	官牧
足助荘《あすけ》	三河	賀茂	八条院領・昭慶門院領・皇室領
吾雀荘《あすすき》	丹波	何鹿	皇室領・新熊野社領・延暦寺講堂造営料所・妙法院領・山門領・北野社領(西方領家職半分)
安須奈荘《あすな》	石見	邑知	
吾妻荘《あずま》	武蔵	入間	
東坂荘《あずまざか》	河内	石川	観心寺領
東屋荘《あずまや》	紀伊	那賀	栄山寺領
安曇江荘《あずみえ》	摂津	西成	東大寺領・新薬師寺領・四天王寺領(天王寺領・別当領)
安曇田荘《あずみだ》	大和	添上	興福寺領・一乗院領
足羽荘《あすわ》	越前	足羽	昭慶門院領・皇室領・今林准后領・常磐井宮恒明親王領・常磐井宮家領
畔荘《あぜ》	大和	高市	春日社領
安瀬御厨《あせ》	志摩	英虞	伊勢神宮領

荘　園　名	国名	郡名	領 家・本 家
畔光御厨《あぜみつ》	伊勢	河曲	伊勢神宮領
阿蘇社《あそ》	肥後	阿蘇	皇室領・安楽寿院領・昭慶門院領・得宗領(預所職、地頭職)
阿蘇荘《あそ》	肥後	阿蘇	阿蘇社領・安楽寿院領(新御塔領)・村上源氏雅定領・皇室領
阿曾御園《あそ》	志摩	英虞	伊勢神宮領
麻生荘《あそう》	和泉	和泉	高野山領・丹生社領・室町幕府御料所
麻生荘《あそう》	近江	蒲生	藤原氏領・花山院家領・鎌倉幕府直轄領・祇園社領
麻生荘《あそう》	筑前	遠賀	宇佐弥勒寺領・得宗領
浅宇田荘《あそうだ》	伊賀	伊賀	
麻生大和田荘《あそおおわだ》	河内	未勘	平頼盛女房領
薊野荘《あその》	播磨	飾磨	
莇野保《あその》	越前	敦賀	気比社領(大宮司家＝領家)・法輪院坊領・九条家領・摂関家領(本家)・青蓮院門跡領・妙香院領・山門領
阿多院《あた》	薩摩	阿多	
阿陀荘《あだ》	大和	宇智	栄山寺領・興福寺領
安宅荘《あたぎ》	紀伊	牟婁	熊野社領(那智山領)
畔蛸(羽畔蛸)御厨《あたこ》	志摩	答志	伊勢神宮領・外宮領・得宗領
安達荘《あだち》	陸奥	安達	太政官厨・壬生家領(小槻家領)
案玉荘《あたま》	備前	和気	
新住荘《あたらすみ》	大和	吉野	
阿知荘《あち》	備中	窪屋	
阿知我荘《あちか》	大和	吉野	
厚保《あつ》	長門	厚狭	
厚保《あつ》	長門	美祢	松嶽寺領(長門厚狭郡)
且来荘《あつそ》	紀伊	名草	官中便補地・官衙領・縫殿助順任領(壬生家領＝領家)
且来保《あつそ》	紀伊	名草	官中便補地(八省斎会料所)・官衙領・小槻家伝領(壬生家領)
熱田荘《あつた》	尾張	中島	
安土荘《あづち》	播磨	未勘	竜徳院(玉竜庵末寺)
厚利荘《あつとし》	播磨	賀茂	九条家領(道家領)・摂関家領
厚利別符《あつとし》	播磨	賀茂	皇室領・仁舜阿闍梨房領・尼浄信領・東福寺領
熱那荘《あつな》	甲斐	巨摩	
厚見荘《あつみ》	河内	古市	慈鎮領・常寿院領・山門領・吉田社領・西琳寺領(公文職、案主職)・泉涌寺領(本所職)
安積保《あづみ》	播磨	宍粟	
阿弖(安弖・阿世)河荘《あてがわ》	紀伊	在田	白河寂楽寺領・喜多院領(＝領家職)・園城寺領・円満院領(＝本家職)・高野山領・鳥羽宮領
阿弖河上荘《あてがわ》	紀伊	在田	
阿弖河下荘《あてがわ》	紀伊	在田	
安堵荘《あと》	大和	平群	皇室領・七条院領・修明門院領・教令院門跡領(領家、預所)・興福寺領・大乗院領
阿刀別符《あと》	石見	那賀	国衙領
安曇河御厨《あどがわ》	近江	高島	賀茂社領・賀茂別雷社領
阿土熊野保《あとくまの》	安芸	安芸	太政官御祈願所領(便補

荘　園　名	国名	郡名	領　家・本　家
			保)・官衙領・小槻家領
阿東谷荘《あとだに》	大和	末勘	
安志荘《あなし》	播磨	宍粟	賀茂別雷社領・賀茂社領・建仁寺領(竜徳院領)
穴師荘《あなし》	大和	城上	春日社領
穴吹荘《あなぶき》	阿波	美馬	
穴吹山《あなぶきやま》	阿波	美馬	細川氏領
穴太御園《あなほ》	伊賀	伊賀	伊勢神宮領・外宮領・内宮領・二宮領
阿南荘《あなみ》	豊後	大分	葉室大納言家領・由原宮領(神宝田途料所)・一条公経家領・摂関家領
穴水保《あなみず》	能登	能登	
穴水保《あなみず》	能登	鳳至	崇徳院御影堂領・皇室領
阿努荘《あぬ》	越中	射水	高陽院領・皇室領・近衛家領・春日社領・摂関家領・仁和寺領
姉崎保《あねがさき》	上総	海上	
阿野荘《あの》	駿河	駿河	西芳寺領・大泉寺領・臨済寺塔頭領
阿野荘《あの》	出雲	大原	
穴野御厨《あの》	飛驒	大野	伊勢神宮領・内宮領
穴生郷《あのう》	河内	若江	摂関家領
穴太荘《あのう》	近江	滋賀	近衛家領・摂関家領・下毛野氏
穴(加名)生荘《あのう》	大和	吉野	興福寺領・一乗院門跡領
穴太(阿奈宇)御厨《あのう》	伊勢	員弁	伊勢神宮領・内宮領・外宮領・二宮領
穴太御園《あのう》	近江	滋賀	桜下門跡領・摂関家領・近衛家領
安乃(安濃)田御厨《あのだ》	伊勢	鈴鹿	伊勢神宮領・内宮領・藤原氏子領
安濃津御厨《あのつ》	伊勢	安濃	伊勢神宮領
畔乗御厨《あのり》	志摩	答志	内膳司領
安孫子荘《あびこ》	近江	愛智	平等院領・摂関家領
網曳御厨《あびこ》	和泉	和泉	内膳司領
畔蒜荘《あびる》	上総	畔蒜	熊野山領(領家職?)・円覚寺領(南荘内亀山郷・得宗領)・皇室領(禁裏御服料所＝北荘)
畔蒜北荘《あびるきた》	上総	畔蒜	禁裏御服料所・皇室領
畔蒜南荘《あびるみなみ》	上総	畔蒜	円覚寺領
阿武御領《あぶ》	長門	阿武	皇室領・長講堂領・今出川家領(公行領、領家職)
油別符《あぶら》	因幡	八上	
油井保《あぶらい》	丹波	多紀	住吉社領
油川荘《あぶらかわ》	甲斐	山梨	
油田荘《あぶらでん》	越中	砺波	
油田条《あぶらでん》	越中	砺波	
阿布里保《あふり》	相模	大住	鶴岡八幡宮領
安倍山荘《あべやま》	大和	高市	興福寺領・一乗院領・大乗院領
網干荘《あぼし》	播磨	揖保	神護寺領
海荘《あま》	安芸	安芸	高野山領・西塔仏聖人供料所
阿万荘《あま》	淡路	三原	得長寿院領・皇室領・石清水八幡宮領
安摩(阿麻)荘《あま》	安芸	安芸	皇室領・鳥羽院領・美福門院領・八条院領・昭慶門院領(庁分)・平頼盛領・高野山領(本家年貢)・厳島社領
安満荘《あま》	摂津	島上	興福寺領・一乗院領・小槻家領・常林寺領・摂関家領・春日社領・嵯峨法輪寺領

荘　園　名	国名	郡名	領　家・本　家
			(木工本荘)
海部荘《あま》	尾張	海部	東大寺領
安満御稲田《あまおんいなだ》	摂津	島上	大炊寮領・官衙領
阿間河荘《あまか》	和泉	和泉	
尼崎御厨《あまがさき》	摂津	河辺	賀茂社領
味(甘)木荘《あまぎ》	肥後	益城	平等院領・摂関家領・喜多院領・平教盛領
雨師荘《あまし》	大和	宇陀	皇室領・長講堂領・興福寺領・大乗院領
甘地荘《あまじ》	播磨	神崎	
甘田保《あまた》	能登	羽咋	長講堂領・皇室領
安満勅旨田《あまちょくし》	摂津	島上	皇室領・仁和寺領
阿摩津御厨《あまつ》	安房	長狭	伊勢神宮領
尼寺荘《あまでら》	美濃	不破	皇室領・後白河院領(本家)・高階家領(丹後局領)・山科御影堂・山科家領
天野荘《あまの》	伊豆	田方	
天野荘《あまの》	紀伊	伊都	
天野杣《あまの》	河内	錦部	摂関家領・法成寺領・金剛寺領
天羽荘《あまは》	上総	天羽	興福寺領
海辺荘《あまべ》	出羽	飽海	
甘利(梨)荘《あまり》	甲斐	巨摩	宝荘厳院領・前寮頭忠房領・得宗領(南方)・東寺領
余戸荘《あまりべ》	伊予	久米	安国寺領
余田荘《あまるた》	播磨	賀茂	
余戸里荘《あまるべ》	丹後	加佐	鹿王院領・天龍寺領(雲居庵領)・春屋妙葩領(領家一円、地頭職半分)
余部荘《あまるべ》	播磨	飾磨	峯相山領・円教寺領(地頭職)
余部保《あまるべ》	播磨	揖保	
天山杣《あめやま》	山城	相楽	八幡宮寺領・興福寺領・西大寺領
天生田荘《あもうだ》	豊前	仲津	得宗領・足利家領・鎮西料所・豊後奈多社領
綾井荘《あやい》	和泉	大鳥	
綾野荘《あやの》	筑後	竹野	信全所領・安楽寺領
綾部荘《あやべ》	越前	坂井	西大寺領
綾部荘《あやべ》	美作	苫東	主殿寮領・官衙領・伊勢神宮領・内宮領
綾部荘《あやべ》	肥前	三根	石清水八幡宮寺領(検校領)・宇佐弥勒寺領・喜多院領・西宝塔院領
綾部新荘《あやべしん》	肥前	三根	宇佐弥勒寺西宝塔院領
漢部御厨《あやべ》	丹波	何鹿	伊勢神宮領・内宮領
綾女荘《あやめ》	上野	甘羅	
鮎河荘《あゆかわ》	越前	丹生	高陽院領・藤原政基通領・摂関家領・近衛家領
鮎川荘《あゆかわ》	摂津	島下	総持寺領
鮎沢荘《あゆさわ》	甲斐	巨摩	
阿用荘《あよう》	出雲	大原	
荒井荘《あらい》	越後	頸城	
新井荘《あらい》	大和	葛上	西大寺領
荒尾荘《あらお》	尾張	智多	
荒(安楽)川荘《あらかわ》	紀伊	那賀	平等院大僧正領・皇室領・鳥羽院領・美福門院領・高野山領・金剛峰寺領・金泥一切経料所
荒川本荘《あらかわ》	紀伊	那賀	
荒川新荘《あらかわ》	紀伊	那賀	
荒河保《あらかわ》	越後	磐船	国衙領・得宗領
荒木荘《あらき》	尾張	中島	
荒木田荘《あらきた》	武蔵	豊島	
荒木田荘《あらきた》	肥前	未勘	安楽寺領

荘園名	国名	郡名	領家・本家
荒倉御園《あらくら》	伊勢	安濃	伊勢神宮領
荒島荘《あらしま》	志摩	答志	伊勢神宮領・内宮領
荒田荘《あらた》	大隅	菱刈	正八幡宮領(大隅)・石清水八幡宮領(検校領)
荒田荘《あらた》	薩摩	鹿児島	正八幡宮領(大隅)・宇佐弥勒寺領・喜多院領・宇佐八幡宮寺領(検校領)
荒田保《あらた》	因幡	高草	
阿良多野荘《あらたの》	阿波	那賀	
荒津荘《あらつ》	筑前	那珂	宇佐弥勒寺領・石清水八幡宮領
荒津別符《あらつ》	豊前	京都	宇佐弥勒寺領・喜多院領
荒原荘《あらばら》	常陸	行方	
荒張御園《あらはり》	伊勢	多気	豊受大神宮領・伊勢神宮領・外宮領・永楽寺領
荒蒔保《あらまき》	越後	頚城	
荒蒔御園《あらまき》	伊勢	多気	伊勢神宮領・外宮領
荒見荘《あらみ》	紀伊	那賀	粉河寺領・高野山領・聖護院領・園城寺領
荒本荘《あらもと》	河内	若江	平岡社領
荒山荘《あらやま》	安芸	安芸	高倉院法華堂領・官衙領
荒山保《あらやま》	安芸	安芸	太政官厨家領(便補保)・官衙領・小槻隆職領(保司職)
有井荘《ありい》	土佐	安芸	石清水八幡宮領
有井荘《ありい》	土佐	幡多	石清水八幡宮領・極楽寺領
有重荘《ありしげ》	伊勢	未勘	
在田荘《ありた》	大和	広瀬	興福寺領・大乗院領(赤土器作手料所)
在(有)田荘《ありた》	播磨	賀茂	平家没官領・平頼盛領・高野山領(金剛三昧院領)・万里小路大納言家領(延勝寺米)
在(有)田上荘《ありた》	播磨	賀茂	高野山領(金剛三昧院領)・万里小路大納言家領(延勝寺米)
在田下荘《ありた》	播磨	賀茂	万里小路大納言家領(延勝寺米)
有滝御厨《ありたき》	伊勢	度会	伊勢神宮領・外宮領
在田道山荘《ありたみちやま》	播磨	賀茂	高野山領・金剛三昧院領
在富保《ありとみ》	安芸	高田	
有富保《ありとみ》	丹後	与謝	
有富保《ありどめ》	因幡	高草	
有野荘《ありの》	摂津	有馬	
阿理野荘《ありの》	摂津	有馬	四天王寺領(天王寺領)
有保別符《ありほ》	長門	厚狭	浄名寺領(別符内高岡)
有間荘《ありま》	紀伊	牟婁	摂関家領・勧学院領
有間荘《ありま》	肥前	高来	宇佐八幡宮領
有馬荘《ありま》	紀伊	牟婁	熊野新宮領
有松荘《ありまつ》	加賀	石川	
有馬島牧《ありまのしま》	上野	群馬	勅旨牧・皇室領
有丸荘《ありまる》	伊賀	山田	平家没官領・関東御領・陳和卿領・東大寺領
有丸杣《ありまる》	伊賀	山田	東大寺領
有丸保《ありまる》	伊賀	山田	東大寺領
有本荘《ありもと》	紀伊	名草	
有矢御園《ありや》	伊勢	飯高	伊勢神宮領・内宮領
阿波荘《あわ》	大和	平群	興福寺領・一乗院領
阿波荘《あわ》	伊賀	山田	平家没官領・東大寺領・東南院領・陳和卿領・重源領
阿波新別符《あわ》	伊賀	山田	東大寺領
安房御領《あわ》	摂津	未勘	
阿波杣《あわ》	伊賀	山田	東大寺領
阿波保《あわ》	伊賀	山田	東大寺領
阿波御厨《あわ》	伊賀	山田	伊勢神宮領・内宮領
粟井荘《あわい》	美濃	未勘	
粟井荘《あわい》	美作	英多	徳大寺家領・醍醐寺領・伊和社領(一宮社領)
粟井荘《あわい》	伊予	風早	
粟井保《あわい》	伊予	風早	
粟井御園《あわい》	伊勢	多気	伊勢神宮領・内宮領
粟賀荘《あわが》	播磨	神崎	勧学院領・近衛家領・摂籙渡荘・摂関家領
粟倉荘《あわくら》	美作	英多	近衛家領・摂関家領・冷泉宮領・本圀寺領・室町幕府御料所
淡路荘《あわじ》	大和	未勘	
淡路荘《あわじ》	摂津	西成	後宇多院領・皇室領・八条院領(庁分)・昭慶門院領・賀茂社領・藤原頼長領・石清水八幡宮領(領家職)
粟田荘《あわた》	山城	愛宕	青蓮院門跡領・山門領・曼荼羅寺領
粟津荘《あわづ》	近江	滋賀	平家没官領・一条能保室家領・園城寺領
粟津保《あわづ》	加賀	能美	等持院領(足利義満仏事料所)・等持寺領・室町幕府御料所
粟津下保《あわつ》	加賀	能美	等持院領
粟津上保《あわつ》	加賀	能美	等持院領
粟津別保《あわづ》	近江	滋賀	園城寺領・新羅社領
粟津御厨《あわづ》	近江	滋賀	内膳司領・官衙領・皇室領・藤原基嗣領・青蓮院尊助法親王領・後嵯峨院領・昭慶門院領・内侍所領(本家)
粟野荘《あわの》	美濃	方県	安楽寿院領・昭慶門院・皇室領・醍醐寺領
奄我荘《あんが》	丹波	天田	宝荘厳院領・青蓮院門跡領・妙法院領・慈鎮領(慈円領)・山門領・徳大寺家領・皇室領・藤原公能領・東寺領
安行荘《あんぎょう》	丹波	多紀	法金剛院領・皇室領
安西荘《あんざい》	駿河	安倍	
安堵荘《あんど》	山城	綴喜	七条院領・鳥羽院法華堂領・皇室領・醍醐寺領・三宝院門跡領・三条坊門八幡宮領
安東荘《あんどう》	駿河	安倍	熊野山領・熊野那智山領
安堂江荘《あんどうえ》	摂津	西成	東大寺領
安明寺荘《あんみょうじ》	大和	平群	
庵門荘《あんもん》	近江	未勘	昭慶門院領・皇室領
安楽御厨《あんらく》	伊勢	鈴鹿	伊勢神宮領・内宮領・外宮領・二宮領・得宗領地頭職
い			
居合荘《いあい》	周防	佐波	周防一宮玉祖社領
井伊保《いい》	遠江	引佐	
飯川保《いいかわ》	能登	能登	石清水八幡宮寺領
飯倉御厨《いいくら》	武蔵	豊島	伊勢神宮領・内宮領
飯石荘《いいし》	出雲	飯石	成勝寺領
飯田荘《いいだ》	遠江	周智	蓮華王院領・安嘉門院領・源定実領・永嘉門院領・昭慶門院領・長講堂領・皇室領・室町院領
飯高神戸《いいだか》	伊勢	飯高	伊勢神宮領
飯野荘《いいの》	伊勢	飯野	東大寺領・伊勢神宮領
飯野荘《いいの》	出雲	大原	賀茂別雷社領・賀茂社領
飯野牧《いいの》	甲斐	巨摩	施薬院領・官衙領

荘園名	国名	郡名	領家・本家
飯井野牧《いいの》	甲斐	巨摩	
飯野岡御園《いいのおか》	伊勢	飯野	伊勢神宮領・外宮領
飯原御園《いいはら》	伊勢	安濃	伊勢神宮領・内宮領・外宮領・二宮領
家浦荘《いえうら》	備前	児島	摂関家領・近衛家領・興福寺領・大乗院領
家垣内御園《いえかいと》	伊勢	多気	伊勢神宮領
家城荘《いえき》	伊勢	壱志	近衛家領・摂関家領・平家没官領
家島別符《いえしま》	播磨	揖保	石清水八幡宮領
家島牧《いえしま》	播磨	飾磨	馬寮領(左右馬寮領)・官衙領
宅所御厨《いえどころ》	伊勢	安濃	伊勢神宮領
井於荘《いお》	摂津	島下	中宮職領？・官衙領・皇室領(井於本荘)・室町幕府御料所(井於新荘)
西浜荘《いおすな》	備中	小田	
伊保戸荘《いおど》	大和	城下	興福寺領
五百野御厨《いおの》	伊勢	安濃	伊勢神宮領・外宮領
伊香新荘《いか》	近江	伊香	鹿王院領
猪鹿牧《いか》	信濃	未勘	勅旨牧・皇室領・左馬寮領
伊賀牧《いが》	信濃	安曇	
猪飼御厨《いかい》	伊勢	桑名	伊勢神宮領・外宮領
伊香(伊香古)荘《いかご》	近江	伊香	弘福寺領・九条道家領・摂関家領・浄金剛院領・室町院領・六条院領・皇室領・北野神社領・延暦寺東塔領
伊方(加田)荘《いかた》	豊前	田河	近衛家領・摂関家領
伊香立(賀多津)荘《いかだち》	近江	滋賀	妙法院門跡・入江家領・無動寺領・青蓮院門跡領・宣陽門院領・皇室領・山門領
筏立南荘《いかだちみなみ》	近江	滋賀	宣陽門院領・皇室領・妙法院門跡領・山門領
伊香勅旨《いかちょくし》	近江	伊香	金剛寿院領・山門領(座主相伝所領)
五十波荘《いかば》	播磨	宍粟	
伊賀良(覧)荘《いがら》	信濃	伊那	近江妙香院領・皇室領・尊勝寺領・八条院領・得宗領
因柄生荘《いがらき》	丹波	未勘	新薬師寺領
五十嵐保《いがらし》	越後	蒲原	国衙領・関東管領家領・守護代長尾氏領(代官職)
伊賀利荘《いかり》	淡路	三原	長講堂領・皇室領
伊賀利新荘《いかり》	淡路	三原	
鵤荘《いかるが》	播磨	揖保	法隆寺領
鵤御厨《いかるが》	伊勢	朝明	伊勢神宮領・内宮領
伊加流伎(留岐)《いかるぎ》	越中	砺波	東大寺領
伊河荘《いかわ》	播磨	明石	大山寺領(太山寺領)・西園寺家領(上荘)・広義門院領・大光明寺領
伊川荘《いかわ》	三河	渥美	
井河荘《いかわ》	阿波	三好	
伊河上荘《いかわ》	播磨	明石	大山寺領・西園寺家領・広義門院領
伊川下荘《いかわ》	播磨	明石	大山寺領
生鮎御園《いきあゆ》	伊勢	度会	伊勢神宮領
生属馬牧《いきづき・いきつき》	肥前	松浦	兵部省官牧
生名島《いきなじま》	伊予	越智	石清水八幡宮領
伊具(貢)荘《いぐ》	陸奥	伊具	皇室領・昭慶門院領(庁分)・後宇多院領・得宗領(伊具氏領)
生江荘《いくえ》	越前	足羽	東大寺領
生坂荘《いくさか》	備中	窪屋	勧学院領・摂関家領・法性寺舞装束料所
生島荘《いくしま》	摂津	河辺	九条道家領・摂関家領・皇

荘園名	国名	郡名	領家・本家
			室領・長講堂領・九条家領・西光寺領・春日社領・興福寺領
生田御厨《いくた》	伊勢	壱志	伊勢神宮領・内宮領
生玉(魂)荘《いくたま》	摂津	東生	
生魂新荘《いくたま》	摂津	東生	浄金剛院領・昭慶門院領・皇室領・得宗領
生口荘《いくち》	安芸	沼田	(本家)長講堂領・宣陽門院領・法華堂領・皇室領・後白河院領・冷泉家領(領家)
生口北荘《いくちきた》	安芸	沼田	(本家)長講堂領・皇室領・(領家)冷泉教成
生口島荘《いくちじま》	安芸	沼田	
生夷荘《いくな・いくいな》	阿波	勝浦	石清水八幡宮領
生野荘《いくの》	丹波	天田	
生葉荘《いくは》	筑後	生葉	観世音寺領・室町院領・金剛勝院領・皇室領
行部荘《いくべ》	越前	未勘	嘉陽門院領・皇室領
生部御園《いくべ》	尾張	未勘	伊勢神宮領・外宮領
生馬荘《いくま》	紀伊	牟婁	
伊熊御厨《いくま》	志摩	英虞	伊勢神宮領
生馬堅田荘《いくまかただ》	紀伊	牟婁	三栖寺領
井倉荘《いくら》	肥後	玉名	宇佐八幡宮領
井倉別符《いくら》	肥後	玉名	宇佐八幡宮領
伊倉保《いくら》	肥後	玉名	
井倉保《いくら》	肥後	玉名	宇佐八幡宮領
飯倉御厨《いぐら》	伊勢	三重	伊勢神宮領・外宮領
飯倉御園《いぐら》	伊勢	度会	伊勢神宮領・内宮領・外宮領・二宮領
往留保《いくる》	能登	能登	
池荘《いけ》	大和	未勘	伴寺領・東大寺別院永隆寺領
池荘《いけ》	近江	愛智	大安寺領・永源寺領(散在領)
伊介御厨《いけ》	伊勢	度会	伊勢神宮領・内宮領・外宮領・二宮領
伊介浮島御厨《いけうきしま》	志摩	未勘	伊勢神宮領・外宮領
池内荘《いけうち》	大和	葛上	薬師寺領
池内保《いけうち》	丹後	加佐	
池上荘《いけがみ》	大和	葛下	興福寺領
池上荘《いけがみ》	大和	山辺	東大寺領・春日社領
池上荘《いけがみ》	肥後	飽田	
池上御園《いけかみ》	伊勢	度会	伊勢神宮領・外宮領・内宮領・二宮領
池亀荘《いけかめ》	肥後	飽田	
池尻荘《いけしり》	大和	平群	東大寺領・興福寺領・一乗院領
池尻荘《いけじり》	大和	広瀬	興福寺領・一乗院領
池尻荘《いけじり》	大和	十市	興福寺領
池尻別符《いけじり》	豊前	田河	宇佐弥勒寺領・喜多院領・石清水八幡宮領・善法寺領
池底御厨《いけそこ》	伊勢	三重	伊勢神宮領・内宮領・外宮領・二宮領
池田荘《いけた》	山城	紀伊	三条西家領・西園寺家領・室町幕府御料所
池田荘《いけた》	山城	綴喜	摂関家領・東北院領・北野宮寺領・摂関家領・東福院領・吉田社領
池田荘《いけだ》	大和	吉野	
池田荘《いけだ》	大和	添上	興福寺領・一乗院門跡領
池田荘《いけだ》	河内	茨田	待賢門院領(本家)・上西門院領・宣陽門院領・皇室領・西園寺家領・禁裏御料

荘　園　名	国名	郡名	領 家•本 家
			所•法金剛院領
池田荘《いけだ》	和泉	和泉	春日社領•興福寺領
池田荘《いけだ》	摂津	豊島	池田寿命寺領(雑免田)•勝尾寺領(常行堂田1反)
池田荘《いけだ》	伊勢	未勘	
池田荘《いけだ》	遠江	磐田	松尾社領•得宗領(泰家跡)
池田荘《いけだ》	武蔵	児玉	
池田荘《いけだ》	近江	未勘	足利尊氏領•室町幕府御料所•得宗領？
池田荘《いけだ》	美濃	池田	新熊野社領•久我家領
池田荘《いけだ》	美濃	可児	新熊野社領
池田荘《いけだ》	越前	今立	仙洞造営料所(皇室領)•大原寺領
池田荘《いけだ》	備前	児島	
池田荘《いけだ》	紀伊	那賀	摂関家領•東北院領
池田別符《いけた》	伊勢	河曲	内蔵寮領•官衙領•平家没官領•得宗領
池田保《いけだ》	近江	甲賀	興福寺領
池田御厨《いけだ》	遠江	磐田	伊勢神宮領•内宮領•外宮領•二宮領
池田御厨《いけだ》	美濃	可児	伊勢神宮領•内宮領
池田御園《いけた》	伊勢	朝明	伊勢神宮領•内宮領
池田御園《いけた》	伊勢	河曲	伊勢神宮領•内宮領
池田御園《いけた》	伊勢	多気	伊勢神宮領•内宮領
池田御園《いけた》	伊勢	飯野	伊勢神宮領
池谷荘《いけたに》	土佐	未勘	金剛頂寺領
池寺《いけてら》	但馬	朝来	八条院領•歓喜光院領•皇室領•南禅寺領
池上荘《いけのかみ》	越前	坂井	官中便補地•小槻家領•壬生家領•官衙領
池上保《いけのかみ》	越前	丹生	官中便補地•壬生家領•官衙領
池辺荘《いけのべ》	大和	城下	興福寺領•大乗院領
池上荘《いけのみみ》	越前	丹生	壬生家領•官衙領
池原杣《いけはら》	近江	甲賀	東大寺領
生部荘《いけべ》	越前	足羽	皇室領•嘉陽門院領
池上御園《いけべ》	伊勢	多気	伊勢神宮領•外宮領
池見保《いけみ》	越前	敦賀	気比社領
池村御園《いけむら》	伊勢	多気	伊勢神宮領•内宮領
伊子荘《いこ》	武蔵	比企	
生馬荘《いこま》	大和	平群	興福寺領•一乗院領
伊佐荘《いさ》	常陸	新治	
位佐荘《いさ》	長門	美祢	石清水八幡宮領•高野山領•金剛峯寺領
伊佐別符《いさ》	長門	美祢	
率川荘《いさかわ》	大和	添上	左馬寮領•官衙領
伊作荘《いさく》	薩摩	伊作	摂関家領•近衛家領(本家)•一乗院領(領家)
砂金荘《いさご》	陸奥	柴田	
伊佐早荘《いさはや》	肥前	高来	仁和寺領•仏母院領
伊佐保別符《いさほ》	日向	諸県	宇佐八幡宮領
勇山荘《いさやま》	豊前	下毛	
伊沢荘《いさわ》	甲斐	山梨	金沢殿御領•得宗領
伊沢荘《いさわ》	播磨	宍粟	
石粟荘《いさわ》	越中	砺波	東大寺領
石禾荘《いさわ》	但馬	養父	亀山院領(下荘)•左馬権頭重清領(下荘)•皇室領(下荘)•水谷大社領(三宮社領、散在分)
石禾下荘《いさわ》	但馬	養父	院領•左馬権頭重清領•皇室領
伊雑神戸《いざわ》	志摩	答志	伊勢神宮領•内宮領
石禾御厨《いさわ》	甲斐	山梨	外宮領•伊勢神宮領
伊志荘《いし》	美作	未勘	石清水八幡宮領•極楽寺領

荘　園　名	国名	郡名	領 家•本 家
石井荘《いしい》	大和	忍海	興福寺領
石井荘《いしい》	摂津	島下	皇室領•弘誓院領•後宇多院領•八条院領•北野社領•総持寺領
石井荘《いしい》	越後	頚城	東大寺領
石井荘《いしい》	美作	英多	
石井荘《いしい》	備中	未勘	
石井荘《いしい》	肥前	三根	
石井戸荘《いしいど》	大和	山辺	興福寺領
石打荘《いしうち》	伊賀	伊賀	大安寺領
石打杣《いしうち》	伊賀	未勘	大安寺家領
石浦荘《いしうら》	加賀	石川	
石塩生荘《いしおい》	播磨	赤穂	東大寺領
飯鹿荘《いしか》	伊勢	員弁	勧学院領•摂関家領
石蟹荘《いしが》	備中	哲多	相国寺領
伊志賀御厨《いじか》	志摩	答志	伊勢神宮領•内宮領•外宮領•二宮領
石垣荘《いしがき》	山城	綴喜	仁和寺領•円提寺領•冷泉宮領•春日社領•近衛家領•北野社領•興福寺領•皇室領•摂関家領•東大寺領
石垣荘《いしがき》	紀伊	在田	皇室領•寂楽寺(白河)領•喜多院(白河)領•藤原仲平領•平惟仲領•宣陽門院領•長講堂領•平等寺領•日吉社領
石垣荘《いしがき》	豊後	速見	宇佐八幡宮領•得宗領(別符)
石垣上荘《いしがき》	紀伊	在田	
石垣下荘《いしがき》	紀伊	在田	
石垣別符《いしがき》	豊後	速見	
石垣河北荘《いしがきかわきた》	紀伊	在田	
石河荘《いしかわ》	大和	添上	金剛勝院領•皇室領
石河荘《いしかわ》	信濃	更級	御室領•仁和寺領•八条院領(後に)
石河荘《いしかわ》	陸奥	白河	中院家領•河辺八幡宮領
石河荘《いしかわ》	越後	蒲原	賀茂社領
石川荘《いしかわ》	河内	石川	式乾門院領•七条院領•室町院領•皇室領•将軍頼経領•藤原道家領•摂関家領•泉涌寺領(新御堂領)
石川荘《いしかわ》	丹後	与謝	吉田社領•摂関家領•殿下渡領•東大寺領•東南院門跡領
石川牧《いしかわ》	武蔵	都筑	勅旨牧•皇室領
石河御厨《いしかわ》	伊勢	員弁	平正弘領•後院領•皇室領•伊勢神宮領•内宮領•外宮領•二宮領
石河御園《いしかわ》	伊勢	度会	伊勢神宮領
石川御園《いしかわ》	伊勢	飯野	伊勢神宮領•内宮領
石川御稲田《いしかわおんいなだ》	河内	石川	大炊寮領•官衙領
一色荘《いしき》	三河	宝飫	
石榑御厨《いしくれ》	伊勢	員弁	伊勢神宮領•内宮領•久我家領
石黒荘《いしぐろ》	越中	砺波	円宗寺領•仁和寺領•醍醐寺領•遍智院領(領家)
石崎保《いしさき》	常陸	那珂	官務家領(壬生家領)
石図荘《いしず》	大和	葛上	椿峰吉領
石瀬保《いしぜ》	越中	射水	
石田荘《いした》	尾張	海部	
石田荘《いしだ》	大和	宇陀	興福寺領•一乗院領
石田荘《いしだ》	相模	大住	円覚寺領•正続院領
石田荘《いしだ》	常陸	真壁	
石田荘《いしだ》	越前	丹生	東寺領•藤原教長家領•仁和寺領(舎利会用途料所)

荘園一覧

荘園名	国名	郡名	領家・本家
石田荘《いしだ》	丹波	桑田	近衛家領・摂関家領・吉田社領
石田本荘《いしだ》	丹波	桑田	近衛家領・摂関家領・吉田社領
石田新荘《いしだ》	丹波	桑田	近衛家領・摂関家領・吉田社領
石田新荘《いしだ》	因幡	八上	高野山領・大恩寺領
石田保《いしだ》	壱岐	石田	安楽寺領(半不輸地)
石田保《いしだ》	筑後	山門	安楽寺領
石田御厨《いしだ》	伊勢	朝明	伊勢神宮領・外宮領
石田御園《いしだ》	伊勢	度会	伊勢神宮領
石津荘《いしづ》	美濃	多芸	
石津荘《いしづ》	和泉	大鳥	三条家領・今出川家領(下石津村)
石津荘《いしづ》	伊勢	飯高	伊勢神宮領・得宗領桜田貞源跡)・聖護院門跡領・園城寺領・北野社領
石作荘《いしつくり》	山城	乙訓	
石作荘《いしつくり》	播磨	宍粟	平頼盛家領・八条院領・後宇多院領・安楽寿院領・皇室領(本家職)・久我家領
石造荘《いしつくり》	播磨	宍粟	
石取御園《いしとり》	伊勢	多気	伊勢神宮領・内宮領・外宮領・二宮領
石動荘《いしない》	肥前	神崎	安楽寺領
石名荘《いしなり》	大和	山辺	東大寺領
石灰荘《いしばい》	山城	乙訓	中院流家領
石灰荘《いしばい》	近江	犬上	皇室領・興善院領
石灰本荘《いしばい》	近江	犬上	
石灰新荘《いしばい》	近江	犬上	昭慶門院領・皇室領・興善院領・吉田中納言家領・鹿王院領(金閣寺領)
石橋荘《いしばし》	甲斐	八代	
石浜荘《いしはま》	武蔵	豊島	
石原荘《いしはら》	山城	紀伊	日吉社領・三条西家領・鹿王院領
石摩荘《いしま》	大和	葛上	興福寺領
石丸荘《いしまる》	摂津	豊島	勝尾寺領・摂関家領
石丸保《いしまる》	尾張	春部	円覚寺領(地頭職)
石丸保《いしまる》	丹後	丹波	
石丸保《いしまる》	筑前	宗像	石清水八幡宮寺領(検校領)・宇佐弥勒寺領
石丸御厨《いしまる》	伊勢	奄芸	伊勢神宮領・内宮領
石村御園《いしむら》	伊勢	多気	伊勢神宮領
石本荘《いしもと》	近江	未勘	醍醐寺領
石山荘《いしやま》	摂津	西成	
石山荘《いしやま》	近江	滋賀	
石山荘《いしやま》	越後	蒲原	
伊集院《いじゅういん》	薩摩	日置	正八幡宮領(万得)・摂関家領(島津庄寄郡)・近衛家領・一乗院領・興福寺領
伊自良荘《いじら》	美濃	山県	皇室領・長講堂領・花山院家領(領家職)
井後荘《いじり》	伊勢	鈴鹿	法性寺領
井後荘《いじり》	但馬	未勘	
井尻保《いじり》	出雲	能義	東寺領(御影堂供料所)
井尻牧《いじり》	摂津	島上	水無瀬社領・日野家領
井後御厨《いじり》	伊勢	鈴鹿	伊勢神宮領・内宮領・外宮領・二宮領
一身田御厨《いしんでん》	伊勢	奄芸	伊勢神宮領・内宮領・室町幕府御料所
一身田御厨《いしんでん》	伊勢	安濃	伊勢神宮領・内宮領
伊豆荘《いず》	大和	添下	興福寺領・大乗院領
伊隅荘《いすみ》	上総	夷隅	金剛心院領・皇室領
泉荘《いずみ》	大和	城下	春日社領・宜秋門院領

荘園名	国名	郡名	領家・本家
泉荘《いずみ》	駿河	富士	得宗領(泰家跡)・長慶寺領・足利尊氏領・室町幕府御料所
泉荘《いずみ》	陸奥	白河	
泉荘《いずみ》	越前	大野	醍醐寺領・円光院領・安楽寿院領・皇室領・興福寺領・春日社領(井山村)
泉荘《いずみ》	備後	恵蘇	
泉荘《いずみ》	肥後	山鹿	喜多院領・宇佐弥勒寺領・石清水八幡宮寺領(検校領)
出水(泉)荘《いずみ》	山城	相楽	東大寺領
和泉(泉)荘《いずみ》	薩摩	出水	摂関家領・近衛家領・一乗院領・興福寺領
泉本荘《いずみ》	肥後	山鹿	
泉新荘《いずみ》	肥後	山鹿	
和泉新荘《いずみ》	薩摩	出水	
和泉保《いずみ》	佐渡	雑太	
泉御厨《いずみ》	伊勢	三重	伊勢神宮領
和泉御厨《いずみ》	和泉	和泉	内膳司領・官衙領
和泉御厨《いずみ》	伊勢	員弁	伊勢神宮領・内宮領・外宮領・二宮領
泉御園《いずみ》	伊勢	多気	伊勢神宮領
泉御園《いずみ》	伊勢	飯野	伊勢神宮領・内宮領
泉御園《いずみ》	伊勢	度会	伊勢神宮領・光明寺領
泉御園《いずみ》	三河	碧海	伊勢神宮領
泉江荘《いずみえ》	美濃	池田	石清水八幡宮寺領・宝塔院領
泉江中荘《いずみえなか》	美濃	池田	石清水八幡宮寺領・宝塔院領
泉江西荘《いずみえにし》	美濃	池田	石清水八幡宮寺領・宝塔院領
泉上御園《いずみかみ》	伊勢	安濃	伊勢神宮領・外宮領
泉木津荘《いずみきつ》	山城	相楽	東大寺領
泉田荘《いずみた》	備後	恵蘇	山門領・栖真院領
泉野御園《いずみの》	伊勢	三重	伊勢神宮領・外宮領
泉部荘《いずみべ》	摂津	豊島	清水坂祥雲院領
出雲荘《いずも》	大和	城上	興福寺領・大乗院領
出雲田荘《いずもた》	越後	蒲原	
伊勢保《いせ》	播磨	揖保	
井関荘《いせき》	伊勢	壱志	禅林寺僧正
伊勢庭御園《いせば》	伊勢	飯野	伊勢神宮領・外宮領
伊蘇御厨《いそ》	伊勢	度会	伊勢神宮領・内宮領
射添荘《いそう》	但馬	七美	歓喜寿院領(本家)・按察二位家領(領家)
石負荘《いそう》	丹波	氷上	宣陽門院領・皇室領(本家職)・三条家領(領家職)
磯野荘《いその》	大和	葛下	多武峯寺領・談山神社領
石上荘《いそのかみ》	尾張	中島	
磯上保《いそのかみ》	備前	邑久	大徳寺領(如意庵領)
磯部荘《いそべ》	但馬	朝来	伊勢神宮領(本家職)・関東御領(領家職)
磯辺荘《いそべ》	越前	坂井	室町院領・七条院領・皇室領
井田荘《いた》	伊豆	那賀	皇嘉門院領・皇室領・宜秋門院領・東福寺領・最勝金剛院領・摂関家領・一条家領
井田荘《いた》	筑前	怡土	安楽寺領
伊田別符《いた》	豊前	田河	宇佐弥勒寺領・喜多院領
伊田保《いた》	越中	婦負	室町幕府御料所
板井荘《いたい》	筑後	御原	背振山修学院領
板上荘《いたかみ》	摂津	有馬	
板木加納荘《いたぎかのう》	近江	坂田	青蓮院門跡領・山門領
板津荘《いたづ》	加賀	能美	勧修寺領(門跡領)・室町

荘　園　名	国名	郡名	領 家・本 家
			幕府御料所
伊達荘《いだて》	陸奥	信夫	
板浪荘《いたなみ》	丹後	与謝	石清水八幡宮領
板野郡荘《いたのぐん》	阿波	板野	西大寺領
板蝿杣《いたはえ》	伊賀	名張	東大寺領
板持荘《いたもち》	筑前	志摩	安楽寺領
市荘《いち》	大和	添上	東大寺領
市荘《いち》	近江	蒲生	春日社領
市荘《いち》	紀伊	那賀	高野山領・伝法院領
市別符《いち》	播磨	未勘	皇室領・栂尾菩提料所・東南院宮家領
市保《いち》	紀伊	那賀	大蔵省領・便補保・官衙領
市御厨《いち》	伊勢	朝明	伊勢神宮領・内宮領
櫟荘《いちい》	大和	添上	東大寺領・東南院領
櫟江荘《いちいえ》	尾張	未勘	藤原頼長領・皇室領
櫟北荘《いちいきた》	大和	添上	東大寺領・尊勝院領・建春門院法華堂領
櫟田荘《いちいた》	大和	添上	興福寺領・清涼寺領(山城嵯峨)
櫟江荘《いちえ》	尾張	海部	故太政大臣家領・藤原信長家領・七条院領・皇室領・藤原頼長領・山門領
一円荘《いちえん》	近江	犬上	
一円保《いちえん》	長門	大津	
一円保《いちえん》	讃岐	多度	善通寺領・曼荼羅寺領・東寺領・随心院門跡領・大覚寺門跡領
市鹿野荘《いちがの》	紀伊	牟婁	
市河荘《いちかわ》	甲斐	巨摩	法勝院領
市木別符《いちぎ》	石見	邑知	国衙領
市来院《いちきいん》	薩摩	日置	摂関家領・近衛家領・一乗院領・興福寺領
市久保《いちくぼ》	備前	御野	
市子荘《いちこ》	近江	蒲生	花山院家領
一堺御園《いちさかい》	伊勢	飯野	伊勢神宮領
壱志神戸《いちし》	伊勢	壱志	伊勢神宮領・二宮領・内宮領・外宮領
市師荘《いちし》	三河	宝飫	
一志賀荘《いちしが》	河内	石川	八条院領・皇室領・弘誓院領・随心院領
一条荘《いちじょう》	甲斐	山梨	
一乗寺保《いちじょうじ》	尾張	海部	熱田社領・左衛門尉尾張俊村領
市代牧《いちしろ》	上野	吾妻	勅旨牧・皇室領
一竹御園《いちたけ》	伊勢	多気	伊勢神宮領
伊秩荘《いちつ》	出雲	神門	
一ノ荘《いちの》	武蔵	埼玉	
市野荘《いちの》	遠江	長上	内蔵寮領・官衙領・貞観寺領
一瀬保《いちのせ》	越中	未勘	平等院領・摂関家領
一瀬御園《いちのせ》	伊勢	度会	伊勢神宮領・内宮領・光明寺領
市辺荘《いちのべ》	山城	綴喜	宣陽門院領・皇室領・大炊寮領・官衙領
一宮荘《いちのみや》	遠江	周智	
一宮荘《いちのみや》	甲斐	山梨	
一宮荘《いちのみや》	相模	高座	鎌倉府政所料所・室町幕府御料所・鎌倉法泉寺領
一宮荘《いちのみや》	上総	埴生	
一宮荘《いちのみや》	美作	苫西	春日社領・長講堂領・皇室領・宣陽門院領・坊城家領
一宮荘《いちのみや》	長門	豊浦	長門一宮住吉社領・異国警固料所・長門警固料所(守護領、得宗領)
櫟本荘《いちのもと・いちいもと》	大和	添上	東大寺領・東南院領・興福

荘　園　名	国名	郡名	領 家・本 家
			寺領・大乗院領
櫟本片荘《いちのもとへん》	大和	添上	興福寺領(雑役免)
一場御園《いちば》	伊勢	飯野	伊勢神宮領
市橋荘《いちはし》	美濃	池田	仁和寺領・大教院領・御室御領・梅津是心院領
市橋荘《いちはし》	美濃	厚見	仁和寺領・大教院領・御室御領・是心院領・二条家領(領家)・立政寺(領家)
市原荘《いちはら》	上総	市原	清浄光院領・得宗領？
櫟原荘《いちはら》	丹波	多紀	東大寺領
櫟原荘《いちはら》	紀伊	牟婁	熊野新宮領・勧学院領・摂関家領
市部荘《いちべ》	尾張	愛智	
一松御園《いちまつ》	伊勢	壱志	伊勢神宮領・外宮領
市村荘《いちむら》	信濃	水内	院領・長講堂領・皇室領
市村高田荘《いちむらたかだ》	信濃	水内	後院領・後白河院領・長講堂領・平正弘領・山科家領(教言領、言国領、領家職)
一楊御厨《いちやなぎ》	尾張	愛智	伊勢神宮領・内宮領
一夜松荘《いちやまつ》	大和	添下	興福寺領
一夜松北荘《いちやまつきた》	大和	添下	興福寺領
一夜松南荘《いちやまつみなみ》	大和	平群	興福寺領
一余田荘《いちよてん》	播磨	賀茂	
一楽保《いちらく》	近江	未勘	青蓮院門跡領・山門領
一宮荘《いつく》	土佐	土佐	神護寺領
一切経保《いっさいきょう》	近江	高島	新長講堂領・内親王菩提料所・皇室領・金蓮院領・地蔵院領
一色荘《いっしき》	尾張	春部	
五幡保《いつはた》	越前	敦賀	気比社領(後神楽用途)
一品勅旨《いっぽんちょくし》	越前	坂井	後宇多院領・皇室領・八条院領
一品田勅旨田《いっぽんてんちょくし》	越前	坂井	八条院領・皇室領・昭慶門院領(庁分)
五馬荘《いつま》	豊後	日高	
和泉荘《いづみ》	越前	大野	
井手荘《いて》	山城	綴喜	東大寺領・山科家領
井出荘《いて》	駿河	富士	
出崎荘《いてさき》	三河	渥美	
井手副園《いてそえ》	筑前	未勘	
出立荘《いてたち》	紀伊	牟婁	石清水八幡宮領・護国寺領
位田御園《いでん》	伊勢	飯高	伊勢神宮領・外宮領
位登荘《いと》	豊前	田河	宇佐弥勒寺領・喜多院領
井門(戸)荘《いと》	摂津	八部	九条家領・摂関家領・長田社領
怡土荘《いと》	筑前	怡土	皇室領・法金剛院領・仁和寺領・宣陽門院領・得宗領(維貞跡)
井戸御厨《いと》	伊勢	河曲	伊勢神宮領・外宮領
糸井荘《いとい》	大和	城下	興福寺領・大乗院領
糸井荘《いとい》	但馬	養父	法勝寺領(本家)・押小路中納言家領(領家)・皇室領
糸井北荘《いといきた》	大和	城下	興福寺領
糸井南荘《いといみなみ》	大和	城下	興福寺領
伊東荘《いとう》	伊豆	田方	万寿寺領
意東荘《いとう》	出雲	意宇	
到津荘《いとうづ》	豊前	企救	宇佐八幡宮領
糸岡荘《いとおか》	越中	砺波	室町院領・皇室領
糸我(賀・鹿)荘《いとが》	紀伊	在田	室町幕府御料所
井戸田荘《いとた》	尾張	愛智	
糸田荘《いとだ》	豊前	田河	興福寺領・竜花樹院領・喜多院領・宇佐弥勒寺領・石

荘園一覧

荘　園　名	国名	郡名	領 家•本 家
			清水八幡宮寺領(検校領)•得宗領
井戸田保《いどた》	尾張	愛智	祇園社領(便補保)
糸永保《いとなが》	豊後	国崎	宇佐八幡宮領
伊都野荘《いとの》	紀伊	伊都	石清水八幡宮領•極楽寺領
井殿荘《いどの》	大和	添上	興福寺領•大乗院領•竜花樹院領
伊奈荘《いな》	武蔵	足立	
為奈荘《いな》	摂津	未勘	東大寺領
猪名荘《いな》	摂津	河辺	東大寺領•興福寺領
伊那御園《いな》	信濃	伊那	
稲生荘《いなう》	尾張	山田	
稲岡荘《いなおか》	美作	久米	
稲岡荘《いなおか》	備前	未勘	
稲岡北荘《いなおかきた》	美作	久米	
稲岡北荘《いなおかきた》	備前	未勘	
稲岡南荘《いなおかみなみ》	美作	久米	足利家領(御師職は熊野高坊)
伊中荘《いなか》	丹波	氷上	室町院領•皇室領(本家職)•建仁寺領(十地院領、領家職)
田舎荘《いなか》	河内	石川	観心寺領
蜷河(伊奈川•稲河)荘《いながわ》	陸奥	会津	冷泉宮領•近衛家領•摂関家領
稲木荘《いなき》	尾張	丹羽	長講堂領•皇室領•平頼盛領•大興寺領
稲木御園《いなぎ》	伊勢	壱志	伊勢神宮領•外宮領
稲口荘《いなぐち》	美濃	武芸	長福寺領(山城)•梅津寺領
稲毛荘《いなげ》	武蔵	橘樹	皇嘉門院領•九条家領•摂関家領•大乗院領
稲毛本荘《いなげ》	武蔵	橘樹	皇嘉門院領•九条家領•摂関家領•比叡山大乗院
稲毛新荘《いなげ》	武蔵	橘樹	九条家領
稲毛口荘《いなげくち》	紀伊	未勘	
伊奈瀬御厨《いなせ》	志摩	英虞	伊勢神宮領
稲田荘《いなだ》	大和	広瀬	東大寺領(草厳会免田)•興福寺領•一乗院領
稲田御厨《いなだ》	伊勢	三重	伊勢神宮領•内宮領•外宮領•二宮領
稲(伊奈)津荘《いなつ》	大和	宇陀	興福寺領•一乗院領•安嘉門院領•皇室領
稲津荘《いなつ》	越前	足羽	六条院領•皇室領
稲津保《いなつ》	越前	足羽	長日如意輪法腕六月分料所•皇室領
稲継御園《いなつぐ》	伊勢	度会	伊勢神宮領•内宮領
稲常荘《いなつね》	因幡	八上	
稲積荘《いなづみ》	甲斐	山梨	法金剛院領•仁和寺領•皇室領
稲積荘《いなづみ》	若狭	遠敷	飛鳥井家領
稲積荘《いなづみ》	伯耆	久米	皇室領•長講堂領(領家)•宣陽門院領•賀茂別雷社領(本家)•賀茂社領•吉田経房領(給人)•葉室家領
稲積本荘《いなづみ》	甲斐	山梨	
稲戸荘《いなど》	大和	宇陀	興福寺領
稲富荘《いなとみ》	摂津	島下	
稲福(富)荘《いなとみ》	河内	未勘	九条良輔領•東福寺領•最勝金剛院領•九条家領•摂関家領(領家職)•後宇多院領•昭慶門院領•皇室領
稲富保《いなとみ》	丹後	与謝	石清水八幡宮領•武蔵殿領
為奈野牧《いなの》	摂津	河辺	右馬寮領

荘　園　名	国名	郡名	領 家•本 家
稲梁荘《いなは》	大和	山辺	春日社領•法成寺領•摂関家領•六条家領
稲庭荘《いなば》	河内	若江	中御門宣明領•中御家領
稲葉荘《いなば》	大和	山辺	興福寺領•一乗院領
稲葉荘《いなば》	駿河	志太	
因幡(稲葉)荘《いなば》	近江	神崎	東大寺領
稲葉今村荘《いなばいまむら》	近江	神崎	日吉社領•山門領
稲福荘《いなふく》	摂津	島下	三善景衡領
稲淵荘《いなぶち》	大和	高市	興福寺領•一乗院領
印南荘《いなみ》	播磨	印南	西大寺領•昭慶門院領•室町院領•遊義門院領•皇室領•法観寺領(地頭職)
印(伊)南荘《いなみ》	紀伊	日高	後宇多院領•皇室領•昭慶門院領(庁分)
稲光荘《いなみつ》	伯耆	汗入	
稲光荘《いなみつ》	石見	邑知	
稲光保《いなみつ》	丹後	熊野	
稲光保《いなみつ》	伯耆	汗入	
稲光御厨《いなみつ》	伊勢	桑名	伊勢神宮領•内宮領
稲村荘《いなむら》	美濃	土岐	
稲用荘《いなもち》	河内	石川	通法寺領(仏僧供免)
稲用保《いなもち》	阿波	三好	
稲間(稲八妻)荘《いなやつま》	山城	相楽	石清水八幡宮寺領•西大寺領•室町幕府御料所•春日社領•相国寺領(塔頭雲頂院領)•一条家領•東福門院領•摂関家領
稲山保《いなやま》	甲斐	未勘	
稲吉保《いなよし》	越前	今立	石清水八幡宮領
稲頼荘《いなより》	出雲	神門	
飯生荘《いなり》	出雲	能義	
伊南荘《いなん》	上総	夷隅	金剛心院領•皇室領
犬居荘《いぬい》	遠江	周智	
戌亥荘《いぬい》	山城	相楽	春日社領
戌亥荘《いぬい》	大和	平群	春日社領•東大寺領
犬甘保《いぬかい》	丹波	多紀	皇室領•仁和寺領•法金剛院領•大覚寺領
犬上荘《いぬかみ》	近江	犬上	広隆寺領•興福寺領•近衛家領•摂関家領•梶井門跡領•山門領
犬上位田《いぬかみいでん》	近江	犬上	大雲寺領•実相院領
犬来牧《いぬぐ》	隠岐	周吉	平家没官領
伊祢荘《いね》	丹後	与謝	長講堂領•皇室領•常不動院領
イノヽ荘《いの》	陸奥	白河	
猪野荘《いの》	筑前	糟屋	安楽寺領
井家荘《いのいえ・いのえ》	加賀	加賀	長講堂領•皇室領•二条家領•勧修寺領•宣陽門院領•勧修寺家領(領家)
井上荘《いのうえ》	大和	未勘	光明院領
井上荘《いのうえ》	大和	城下	石清水八幡宮領(宮寺別当領)
井上荘《いのうえ》	尾張	丹羽	山科家領
井上荘《いのうえ》	甲斐	山梨	
井上荘《いのうえ》	紀伊	那賀	九条兼実領•九条家領•摂関家領•高野山領•金剛峯寺領•平等心院領•常寿院領
井上本荘《いのうえ》	紀伊	那賀	摂関家領•九条家領(兼実高野護摩料所)
井於新荘《いのうえ》	摂津	島下	室町幕府御料所
井上新荘《いのうえ》	紀伊	那賀	常寿院領•慈円領•九条家領•摂関家領
稲沢荘《いのうざわ》	伊豆	賀茂	
井内荘《いのうち》	摂津	島上	水無瀬家領•水無瀬御影

荘園名	国名	郡名	領家・本家
			堂領
猪布荘《いのお》	出雲	大原	賀茂別雷社領・賀茂社領
飯岡荘《いのおか》	山城	綴喜	鳥羽院領・皇室領・西大寺領・妙法院領・山門領・室町幕府御料所・大館家領・春日社領・草内観音寺領
飯岡納殿荘《いのおかなんでん》	山城	綴喜	
井頭荘《いのかしら》	美濃	不破	
井久保《いのくぼ》	筑前	未勘	
井隈荘《いのくま》	阿波	板野	住吉大社領・見性寺領
猪隈(熊)荘《いのくま》	山城	乙訓	賀茂社領・近衛家領・摂関家領・妙香院領
井原荘《いのはら》	讃岐	香川	鷹司家領・摂関領・八坂神社領
井於荘《いのへ》	伊予	新居	悲田院領・禅昌寺宮領
伊野辺荘《いのべ》	越前	大野	
伊庭(波)荘《いば》	近江	神崎	源為義領・成勝寺領・九条家領・摂関家領・大乗院領・梶井門跡領
伊浜御園《いはま》	志摩	英虞	伊勢神宮領・内宮領
庵原荘《いはら》	駿河	廬原	
井原荘《いはら》	摂津	未勘	
井原荘《いはら》	丹波	氷上	室町院領・皇室領・遊義門院領(上荘)・高二位家領(下荘)
井原荘《いばら》	備中	後月	平等院領・摂関家領・備中重玄庵領・相国寺領・勝定院玉潤軒領・醍醐寺領
揖斐荘《いび》	美濃	大野	近衛家領・摂関家領・一乗院領・興福寺領
揖(指)深荘《いぶか》	美濃	武芸	近衛家領・摂関家領・鷹司院領・鷹司家領
伊吹荘《いぶき》	近江	坂田	梶井宮門跡領・山門領・賀茂別雷社領・賀茂社領
伊福荘《いぶく》	近江	坂田	山門領
伊福部御厨《いふくべ》	尾張	海部	伊勢神宮領・内宮領・外宮領・二宮領
伊福部漆御園《いふくべうるし》	尾張	海部	伊勢神宮領
伊福部花正御厨《いふくべはなまさ》	尾張	海部	伊勢神宮領
揖里荘《いぶり》	紀伊	伊都	
揖里大谷荘《いぶりおおたに》	紀伊	伊都	高野山領
位倍荘《いへ・いべ》	摂津	武庫	摂関家領(頼長領)・亀山院領・室町院領・皇室領・坊城家領・勧修寺家領・地蔵院領(京都)
井部荘《いべ》	摂津	八部	藤原頼長領・亀山院領・皇室領・二条天皇領
伊(穂)保荘《いほ》	播磨	印南	勧学院領・摂関家領・法隆寺領
伊保荘《いほ》	周防	玖珂	賀茂別雷社領・賀茂社領
揖保荘《いぼ》	播磨	揖保	最勝光院領・皇室領・平家没官領・高階栄子領・室町幕府御料所(上揖保荘)・山科家領(下揖保荘)・東寺領
以穂保《いほ》	播磨	未勘	
伊北荘《いほう》	上総	夷隅	円覚寺領(黄梅院領)・室町幕府御料所・鎌倉府料所・臨川寺三会院領
伊保田荘《いほた》	上総	夷隅	
今荘《いま》	越前	敦賀	
今荘《いま》	越前	坂井	西大寺領・気比社造営料所(今荘関所)
今井荘《いまい》	大和	高市	興福寺領・一乗院領
今井荘《いまい》	大和	宇智	栄山寺領(一切経田)・東

荘園名	国名	郡名	領家・本家
			大寺領・興福寺領
今井荘《いまい》	大和	忍海	興福寺領
今井荘《いまい》	大和	山辺	東大寺領
今井荘《いまい》	大和	宇陀	春日社領
今井荘《いまい》	駿河	富士	
今泉荘《いまいずみ》	和泉	和泉	東大寺領・近衛家領・京極家領・鷹司家領・摂関家領
今泉荘《いまいづみ》	越前	坂井	皇嘉門院領・摂関家領
今江新保《いまえ》	加賀	加賀	
今川荘《いまかわ》	三河	幡豆	
今河御厨《いまかわ》	伊勢	三重	伊勢神宮領・内宮領
今木荘《いまき》	大和	添上	大僧正雅慶領
今木荘《いまき》	大和	葛上	興福寺領・春日社領
今窪荘《いまくぼ》	河内	高安	
今国符荘《いまこう》	大和	平群	興福寺領・大乗院領・一乗院領・東大寺領(大仏供燈油料所)
今里荘《いまさと》	大和	添下	
今里荘《いまざと》	山城	乙訓	石清水八幡宮領
今重保《いましげ》	若狭	未勘	最勝寺領・尊勝寺領・便補保
今津荘《いまつ》	河内	茨田	妙法院領・新日吉社領・山門領
今任荘《いまとう》	豊前	田河	宇佐弥勒寺領・喜多院領・阿蘇社領(肥後)
今富荘《いまとみ》	河内	未勘	石清水八幡宮寺領
今富荘《いまとみ》	若狭	遠敷	得宗領(今富名)・国衙領(税所今富名)
今富荘《いまとみ》	豊前	未勘	
今富保《いまとみ》	上総	海上	太政官厨家領・官務家領・小槻家領・官衙領
今西荘《いまにし》	大和	葛上	東大寺領
今西荘《いまにし》	近江	浅井	平家没官領・一条能保室領・九条家領・東福寺領・摂関家領・花山院中納言領・室町院領・皇室領・伏見宮家領
今西河北荘《いまにしかわきた》	近江	浅井	竹生島寺領
今浜荘《いまはま》	近江	野洲	
今林荘《いまばやし》	丹波	船井	藤原宗通領・皇太后宮領・延勝寺領・皇室領・三条西実隆領
今福荘《いまふく》	摂津	東生	石清水八幡宮領
今福荘《いまふく》	播磨	賀古	石清水八幡宮領(宝塔院領)
今福荘《いまふく》	紀伊	海部	石清水八幡宮領
今溝荘《いまみぞ》	信濃	水内	松尾社領
今南荘《いまみなみ》	大和	十市	興福寺領
今南荘《いまみなみ》	摂津	菟原	宣陽門院領・皇室領
今宮荘《いまみや》	摂津	西成	内膳司領か
今村荘《いまむら》	近江	神崎	山門領(円尊領、座主相伝所領)・延勝寺領・日吉社領・三鈷寺領(遍照光院領)
今安(保)保《いまやす》	丹波	天田	大炊寮領・官衙領・中原家領
今山崎荘《いまやまざき》	山城	紀伊	西園寺家領・普門寺領・石清水八幡宮領
今寄荘《いまより》	尾張	中島	尾張一宮社領(真清田社領)
伊美荘《いみ》	豊後	国崎	宇佐八幡宮寺領(検校領)・宇佐弥勒寺領(喜多院領)
井見荘《いみ》	越中	新川	室町幕府御料所・鹿王院領
伊(射)水御厨《いみず》	越中	射水	伊勢神宮領・内宮領

荘園一覧

荘　園　名	国名	郡名	領 家・本 家
忌部《いむべ》荘	讃岐	未勘	
井村《いむら》荘	伊勢	飯高	山門領・慈円領・慈源領・常寿院領・青蓮院領
井村《いむら》御厨	伊勢	飯高	伊勢神宮領・内宮領・外宮領・二宮領
芋河《いもかわ》荘	信濃	水内	摂関家領・関白基通領・近衛家領・高陽院領・中原家領(師光、師守領)
居屋《いや》荘	山城	久世	興福寺領(常楽会料所)
揖屋《いや》荘	出雲	意宇	成勝寺領
弥彦《いやひこ》荘	越後	蒲原	二位大納言家領(皇后宮大夫藤原実房領・本家は皇后宮職庁か)・得宗領？・弥彦社領(越後一宮)
井山《いやま》荘	越中	砺波	東大寺領
伊由《いゆ》荘	但馬	朝来	近衛南家領・近衛家領・摂関家領
伊由位田《いゆいでん》	但馬	朝来	関東御領
伊予《いよ》荘	伊予	伊予	
伊与《いよ》荘	大和	山辺	興福寺領
伊与土《いよど》荘	大和	城下	興福寺領
伊良胡《いらご》御厨	三河	渥美	伊勢神宮領・外宮領
伊里《いり》荘	備前	和気	
入江《いりえ》荘	駿河	有度	主殿寮領・官衙領・鶴岡八幡宮領・得宗領
入江《いりえ》荘	備後	神石	
入江《いりえ》保	駿河	有度	主殿寮領・官衙領
入江《いりえ》保	安芸	高宮	主殿寮領(便補保)・官衙領
入江《いりえ》御園	伊勢	飯高	伊勢神宮領・内宮領
入江《いりえ》御園	伊勢	飯野	伊勢神宮領・内宮領
入江《いりえ》御厨	志摩	英虞	伊勢神宮領
入来(伊力)院《いりき》	薩摩	薩摩	安楽寺領・宇佐弥勒寺領・摂関家領・近衛家領・一乗院領・興福寺領
入田《いりた》荘	豊後	直入	
入谷《いりや》荘	信濃	伊那	
入山田《いりやまだ》荘	和泉	日根	
入鹿《いるか》荘	紀伊	牟婁	
入部《いるべ》荘	筑前	早良	安楽寺領
伊老《いろう》荘	筑前	遠賀	
伊呂止《いろど》御園	伊勢	飯野	伊勢神宮領・内宮領
色鳥《いろとり》御厨	越後	未勘	伊勢神宮領・内宮領
岩井《いわい》荘	因幡	巨濃	二条院領(本家)・大徳院領(領家)・相国寺(領家)
石井《いわい》荘	越後	三島	北野社領
石(岩)内《いわうち》荘	紀伊	日高	摂関家領
石内《いわうち》荘	伊勢	未勘	勧学院領・摂関家領
石内《いわうち》保	加賀	能美	南大寺領
石城島《いわきじま》	伊予	越智	石清水八幡宮領
石国《いわくに》荘	周防	玖珂	室町院領・皇室領・持明院統御領
石国《いわくに》本荘	周防	玖珂	
岩熊《いわくま》御厨	三河	渥美	伊勢神宮領・外宮領
岩蔵《いわくら》御厨	伊勢	飯高	伊勢神宮領
石坂《いわさか》保	出雲	意宇	石清水八幡宮寺領
岩坂《いわさか》御園	伊勢	度会	主殿司領・官衙領・伊勢神宮領・外宮領
岩崎《いわさき》荘	陸奥	耶摩	
岩崎《いわさき》荘	豊前	宇佐	
石崎《いわさき》荘	筑前	嘉麻	宇佐弥勒寺領(西宝塔院領)
岩崎《いわさき》御厨	伊勢	安濃	伊勢神宮領・外宮領
岩前《いわさき》御園	三河	渥美	伊勢神宮領(内宮領)
石清水《いわしみつ》荘	大和	宇陀	興福寺領・大乗院領

荘　園　名	国名	郡名	領 家・本 家
岩代《いわしろ》荘	紀伊	日高	
岩橋《いわせ》荘	紀伊	名草	石清水八幡宮領
岩田《いわた》荘	大和	城上	興福寺領・大乗院領
岩田《いわた》荘	尾張	丹羽	
岩田《いわた》荘	筑前	席田	安楽寺領
岩(石)田《いわた》荘	筑後	御原	安楽寺領・平家没官領？
石田《いわた》荘	山城	宇治	醍醐寺領・三宝院領・東大寺領・仁和寺領
石田《いわた》荘	山城	久世	
石田《いわた》(いはたの)荘	美濃	大野	九条道家領・摂関家領・九条家領
石田《いわた》荘	下野	芳賀	安祥寺領
石(岩)田《いわた》荘	因幡	八上	高野山領・大恩院領・(善智・継誉・盛俊・親源・公厳)(以上領家職)
石田《いわた》荘	播磨	未勘	平家没官領・平頼盛領
石田《いわた》荘	紀伊	牟婁	勧学院領
石田《いわた》本荘	因幡	八上	高野山領・(善智・継誉・盛俊・親源・公厳)(以上領家職)・大恩院領
石田《いわた》保	加賀	石川	室町幕府御料所
石田《いわた》保	周防	熊毛	石清水八幡宮寺領
石田《いわた》牧	武蔵	秩父	勅旨牧・皇室領
岩田《いわた》御厨	伊勢	安濃	伊勢神宮領・外宮領
岩田《いわた》御園	伊勢	朝明	伊勢神宮領・内宮領・外宮領・二宮領
岩恒(常)《いわつね》保	因幡	巨濃	仁和寺領・北野社領・宝成院領・青松院領・松春院領
岩坪《いわつぼ》保	越中	砺波	
岩坪《いわつぼ》御厨	伊勢	安濃	伊勢神宮領・外宮領
石手《いわて》荘	紀伊	那賀	伝法院領・根来寺領・高野山領
岩門《いわと》荘	筑前	那珂	安楽寺領
岩永《いわなが》別符	長門	美祢	
岩成《いわなり》荘	伊勢	未勘	
岩根《いわね》荘	大和	十市	山門領・浄土寺領・興福寺領・大乗院領
岩根《いわね》荘	三河	渥美	
岩根《いわね》荘	近江	甲賀	仏国禅師領・貴船社領・真如寺正脈院領
岩野《いわの》荘	肥後	山本	
石野《いわの》荘	伊予	宇和	
石走《いわばしり》荘	紀伊	那賀	高野山領・金剛峯寺領
岩淵《いわぶち》荘	武蔵	豊島	
岩間《いわま》荘	甲斐	八代	
石間《いわま》牧	甲斐	八代	藤原頼長領・後院領・皇室領
岩見《いわみ》荘	大和	平群	興福寺領・大乗院領
石見《いわみ》荘	大和	平群	興福寺領・佐保殿領・大乗院領
石(岩)見《いわみ》荘	播磨	揖保	大覚寺領
岩室《いわむろ》荘	近江	甲賀	
石屋《いわや》保	淡路	津名	国衙領
井原《いわら》荘	筑前	怡土	少弐氏領
院《いん》荘	出雲	未勘	皇室領・弘誓院領
院《いん》荘	美作	苫西	
印西《いんざい》荘	下総	印旛	円覚寺領・金沢氏領(得宗領)
犬田《いんだ》荘	伯耆	会見	
印東《いんとう・いんどう》荘	下総	印旛	西園寺家領・成就寺領
印内《いんない》荘	丹波	何鹿	
院内《いんない》御園	三河	渥美	伊勢神宮領
院入《いんにゅう》荘	大和	城上	興福寺領・大乗院領
因島《いんのしま》荘	備後	御調	長講堂領・皇室領・得宗領(一部は領家地頭兼帯か)・

荘　園　名	国名	郡名	領 家・本 家
			東寺領
因島中荘《いんのしまなか》	備後	御調	長講堂領・皇室領・宣陽門院領・得宗領(地頭職)
忌部荘《いんべ》	大和	高市	興福寺領・西金堂領・多武峯寺領・談山神社領
忌部保《いんべ》	出雲	意宇	
忌部御園《いんべ》	伊勢	度会	伊勢神宮領
う			
上河御園《うえがわ》	伊勢	飯野	伊勢神宮領
植(殖)木荘《うえき》	筑前	鞍手	藤原頼長領・七条院領(法花堂領)・皇室領・後宇多院領・大覚寺領
殖木荘《うえき》	筑前	糟屋	石清水八幡宮領(宮寺別当領、本家職)・宇美宮領(筑前)
上杉荘《うえすぎ》	丹波	何鹿	藤原重房領・上杉家領・勧修寺家領
於(上)田荘《うえた》	越後	魚沼	平正弘領・皇室領・後白河院領(後院領)
殖田荘《うえた》	備後	未勘	
上田《うえだ》	駿河	安倍	
上田荘《うえだ》	信濃	小県	
上田荘《うえだ》	但馬	朝来	安楽寿院領・皇室領・昭慶門院領
上田荘《うえだ》	豊後	大分	大納言二位局領
植月荘《うえつき》	美作	勝田	
上野荘《うえの》	摂津	島下	総持寺領
上野荘《うえの》	三河	碧海	歓喜光院領・皇室領・昭慶門院領
上野荘《うえの》	紀伊	日高	
上野御厨《うえの》	伊勢	奄芸	伊勢神宮領・内宮領・得宗領
上野御園《うえの》	伊勢	安濃	伊勢神宮領
上野御園《うえの》	伊勢	多気	伊勢神宮領
上原園《うえはら》	薩摩	日置	近衛家領・摂関家領・興福寺領・一乗院領
植松荘《うえまつ》	山城	葛野	東寺領
植松東荘《うえまつひがし》	山城	葛野	
魚住荘《うおずみ》	播磨	明石	住吉社領
魚見御厨《うおみ》	伊勢	飯野	伊勢神宮領・内宮領
魚見新御園《うおみしん》	伊勢	飯野	伊勢神宮領・内宮領
魚見東御園《うおみひがし》	伊勢	飯野	伊勢神宮領・内宮領
宇賀荘《うか》	出雲	能義	法成寺領・摂関家領
宇賀牧《うか》	隠岐	知夫	平家没官領
宇賀御厨《うが》	伊勢	員弁	伊勢神宮領・内宮領・外宮領・二宮領・東大寺領・尊勝院領
鵜飼荘《うかい》	美濃	方県	七条院領・皇室領・相国寺領(地頭職？)・鹿苑院領・林光院領
鵜飼荘《うがい》	越後	未勘	
鵜飼(宇甘)荘《うかい》	備前	津高	東寺領・足利家領
宇養馬牧《うかい》	長門	未勘	兵部省官牧
鵜飼西荘《うかいにし》	美濃	方県	
宇垣荘《うがき》	備前	津高	京都妙顕寺領
宇賀志荘《うかし》	大和	宇陀	春日若宮領・春日社領
鵜方御厨《うがた》	志摩	英虞	伊勢神宮領
宇(鵜)河荘《うかわ・うがわ》	丹後	竹野	天竜寺領(雲居庵領、地頭職)・総持寺領・室町幕府御料所
鵜(宇)河荘《うかわ》	越後	三島	五辻斎院領・藤原光隆領(領家)・皇室領・上杉氏領・丹波安国寺領(安田条上方)

荘　園　名	国名	郡名	領 家・本 家
宇川保《うかわ》	丹後	竹野	
浮島牛牧《うきしま》	下総	未勘	兵部省
浮島御園《うきしま》	伊勢	度会	伊勢神宮領・内宮領・外宮領・二宮領
浮田荘《うきだ・うきた》	日向	宮崎	宇佐八幡宮領・摂関家領(本家)・土御門家領(領家)
浮津荘《うきつ》	土佐	安芸	金剛頂寺領
浮津大田荘《うきつおおた》	土佐	安芸	金剛頂寺領
右近荘《うこん》	武蔵	足立	
宇佐荘《うさ》	豊前	宇佐	宇佐八幡宮領・近衛家領・摂関家領
菟田荘《うさいだ》	和泉	日根	長講堂領・持明院統領・皇室領・円楽寺領・熊野山領・高野山奥院領(領家職、下司公文職)・和泉国衙分
宇坂荘《うさか》	越前	足羽	高陽院領・近衛家領・摂関家領
鵜坂御厨《うさか》	越中	婦負	伊勢神宮領・内宮領
宇佐木保《うさなぎ》	周防	熊毛	東大寺領(国衙領)・官務家領
宇佐美荘《うさみ》	伊豆	田方	
宇治荘《うじ》	山城	宇治	東大寺領・東南院領・興福寺領
宇治荘《うじ》	因幡	巨濃	石清水八幡宮領
宇治保《うじ》	山城	宇治	
宇治会保《うじえ》	常陸	茨城	石清水八幡宮領
牛尾荘《うしお》	出雲	大宮	
牛尾荘《うしお》	播磨	神崎	延勝寺領
潮江荘《うしおえ》	土佐	土佐	最御崎寺領・賀茂社領・賀茂御祖社領
潮江保《うしおえ》	土佐	土佐	最御崎寺領
羽爾堅田荘《うじかたた》	近江	滋賀	
牛原荘《うしがはら》	越前	大野	円光院領・醍醐寺領・得宗領(時治跡)
牛原北荘《うしがはらきた》	越前	大野	醍醐寺領
牛原南荘《うしがはらみなみ》	越前	大野	醍醐寺領
宇治蒲生荘《うじがもう》	因幡	巨濃	石清水八幡宮領
宇治河原保《うじかわら》	近江	甲賀	伊勢神宮領(加納)
牛牧荘《うしき》	美濃	本巣	
牛屎院《うしくそ》	薩摩	薩摩	摂関家領・近衛家領・一乗院領・興福寺領
牛込荘《うしごめ》	武蔵	豊島	
牛島荘《うしじま》	肥前	佐嘉	安楽寺領
牛田荘《うした》	安芸	安芸	西大寺領
牛滝荘《うしたき》	和泉	和泉	
牛立荘《うしたて》	越前	坂井	西大寺領
牛庭御園《うしにわ》	伊勢	飯野	伊勢神宮領・内宮領
牛野荘《うしの》	尾張	中島	熊野山領・熊野那智山滝本御油領(領家職)
牛野荘《うしの》	尾張	未勘	熊野社領・那智山滝本御油料所
宇治乃御厨《うじの》	遠江	麁玉	伊勢神宮領
宇治野御厨《うじの》	伊勢	員弁	伊勢神宮領・内宮領
牛辺御園《うしのべ》	伊勢	度会	伊勢神宮領
牛庭御厨《うしば》	伊勢	度会	伊勢神宮領・内宮領・外宮領・二宮領・成恩院領
牛原領《うしはら》	肥前	養父	安楽寺領
氏部荘《うじべ》	讃岐	阿野	賀茂別雷社領・賀茂社領
牛骨荘《うしほね》	近江	浅井	尊雲(護良親王)領・皇室領・梶井門跡領
牛島御厨《うしま》	周防	熊毛	賀茂御祖社領・賀茂社領
牛牧荘《うしまき》	長門	阿武	近衛家領・忌宮社領・五辻宮家領
牛牧荘《うしまき》	阿波	那賀	高野山領・勝蓮華院領・仁和寺領(真光院門跡領)・

荘園一覧

荘園名	国名	郡名	領家・本家
			甘露王院領
牛窓荘《うしまど》	備前	邑久	
牛窓保《うしまど》	備前	邑久	
牛見荘《うしみ》	長門	豊浦	
牛目野御厨《うしめの》	伊勢	壱志	伊勢神宮領・内宮領
牛屋保《うしや》	越後	磐船	
碓井荘《うすい》	筑前	嘉麻	観世音寺領・東大寺領
臼井荘《うすい》	下総	印旛	
臼井御厨《うすい》	伊勢	飯高	伊勢神宮領・外宮領
宇頭尾御園《うずお》	伊勢	朝明	伊勢神宮領・内宮領
臼杵荘《うすき》	豊後	海部	藤原道家領・摂関家領・最勝金剛院領・九条家領・一条家領・皇嘉門院領・得宗領
臼杵荘《うすき》	日向	臼杵	宇佐八幡宮領
臼杵戸次荘《うすきへつぎ》	豊後	海部	
臼田荘《うすだ》	豊前	築城	
臼野荘《うすの》	豊後	国崎	宇佐弥勒寺領
臼間野荘《うすまの》	肥後	玉名	
鶉橋荘《うずらはし》	越後	蒲原	西大寺領
宇多荘《うた・うだ》	和泉	和泉	皇室領・後宇多院領・八条院領・昭慶門院領(庁分)・梅宮領・興福寺領(室町期)・一乗院領(報恩講料所)
宇多(雅楽)荘《うた》	陸奥	宇多	
打穴荘《うた》	美作	久米	相国寺領(崇寿院領)
宇陀荘《うだ》	大和	宇陀	安楽寿院領・皇室領・昭慶門院領
宇陀園《うだ》	大和	宇陀	石清水八幡宮寺領
宇多勅旨《うだ》	美濃	大野	皇嘉門院領・九条兼実領・九条家領・摂関家領
打穴保《うた》	美作	久米	法勝寺領
菟田保《うた》	土佐	香美	
宇田御園《うた》	伊勢	飯高	伊勢神宮領・外宮領
宇多院《うだいん》	美濃	武芸	鷹司家領・広橋家領
宇多院勅旨田《うだいん》	近江	未勘	皇室領
宇多河荘《うだがわ》	伯耆	汗入	日吉社領(二季彼岸御油料所)・大原来迎院領(地頭職)・勧修寺家領
宇多河上荘《うだがわ》	伯耆	汗入	日吉社領
宇多河下荘《うだがわ》	伯耆	汗入	日吉社領
宇多川東荘《うだがわひがし》	伯耆	汗入	宣陽門院領・皇室領・勧修寺家領
宇陀神戸《うだかんべ》	大和	宇陀	伊勢神宮領・二宮領・内宮領・外宮領
宇陀神戸竹荘《うだかんべたけ》	大和	宇陀	伊勢神宮領・二宮領・内宮領・外宮領・摂津親景領
宇多勅旨《うたちょくし》	和泉	和泉	八条院領・皇室領
宇陀(多)弘見荘《うたひろみ》	美濃	武芸	長講堂領・皇室領・鷹司家領(領家職)
内荘《うち》	若狭	遠敷	
有知荘《うち》	美濃	武芸	
内上荘《うちかみ》	摂津	有馬	桜井宮門跡領・宝鏡寺恵聖院領
内木荘《うちき》	備後	深津	
搗栗御園《うちくり》	尾張	丹羽	伊勢神宮領・内宮領
内田荘《うちだ》	伊勢	安濃	山門領・妙香院領
内田荘《うちだ》	遠江	城飼	園城寺領
内田荘《うちだ》	越前	未勘	慈鎮領・常寿院領・山門領・青蓮院門跡領
内田牧《うちだ》	信濃	筑摩	
内田御園《うちだ》	伊勢	安濃	伊勢神宮領
内鳴荘《うちなる》	尾張	智多	
内西荘《うちにし》	阿波	麻殖	
内部荘《うちべ》	安芸	高宮	厳島社領(荘内清元名)・

荘園名	国名	郡名	領家・本家
			源某(領家)
内保荘《うちほ・うつほ》	伊賀	阿拝	東大寺領
内牧荘《うちまき》	美濃	厚見	大教院領
内宮荘《うちみや》	安芸	山県	
内山荘《うちやま》	大和	山辺	興福寺領・大乗院門跡領・永久寺領(大乗院末寺)
内山荘《うちやま》	河内	未勘	石清水八幡宮寺領・極楽寺領
宇津荘《うつ》	丹波	桑田	御厨子所領
宇都荘《うつ》	丹波	桑田	神護寺領
有頭新荘《うつ》	丹波	未勘	
宇都尾保《うつお》	佐渡	未勘	
菟束荘《うづか》	但馬	七美	長講堂領・皇室領・日吉社領(八講料所)・持明院殿領・宰相法印領・光照院殿領
菟束小代荘《うづかおしろ》	但馬	七美	長講堂領・皇室領・近衛家領・宰相法印領
打打別符《うつつ》	豊前	未勘	宇佐弥勒寺領・喜多院領
内海荘《うつみ》	尾張	智多	長講堂領・皇室領・相国寺領(大智院領)
内海御厨《うつみ》	讃岐	三野	
宇津目保《うつめ》	越前	足羽	諏訪社領
宇津呂荘《うつろ》	近江	蒲生	
宇出荘《うて》	摂津	菟原	桜井宮門跡領
宇土荘《うと》	肥後	宇土	蓮華王院領・尊長領・後白河院領・皇室領・得宗領?
有福荘《うとた》	備後	甲奴	賀茂別雷社領・賀茂社領・妙法院門跡領・山門領・二品尊性法親王家領
鵜殿荘《うどの》	摂津	島上	
鵜殿荘《うどの》	紀伊	牟婁	
海上荘《うなかみ》	下総	海上	
宇那手(雲払)荘《うなて》	大和	高市	興福寺領・法花寺領・大乗院門跡領・菩提山領・正願院領
宇波保《うなみ》	越中	射水	
鵜渭(沼)荘《うぬま》	美濃	各務	室町院領・後高倉院法華堂領・昭慶門院領・歓喜光院領・皇室領
有年(宇念)荘《うね》	播磨	赤穂	四条大納言家領・近衛家領・摂関家領・京極殿堂領・実相院領
畝野荘《うねの》	摂津	河辺	
畝野牧《うねの》	摂津	河辺	官牧
雲飛荘《うねび》	大和	高市	興福寺領(雑役免、仏餉供料所)
采女荘《うねめ》	山城	未勘	
采女御厨《うねめ》	伊勢	三重	伊勢神宮領・内宮領・外宮領・二宮領
宇野荘《うの》	大和	宇智	金峯山領・伝教院領・栄山寺領・興福寺領・大乗院領
宇野(乃)荘《うの》	播磨	佐用	久我家領・大乗院領・興福寺領・山科家領・大覚寺領・大金剛院領
宇野御厨《うの》	筑前	未勘	
宇野御厨《うの》	肥前	松浦	皇室領・西園寺家領
宇野御厨荘《うののみくりや》	肥前	松浦	西園寺家領
宇野令《うのりょう》	周防	吉敷	国清寺領・国衙領・興隆寺領
宇原荘《うはら》	豊前	京都	宇佐弥勒寺領・喜多院領
菟(兎)原荘《うばら》	丹波	天田	勧学院領・摂関家領・柳原家領
茨木荘《うばらき》	尾張	海部	
産階御園《うぶしな》	伊勢	安濃	伊勢神宮領

荘　園　名	国名	郡名	領 家・本 家
宇保荘《うほ》	伊勢	多気	石山寺領？
宇保御園《うほ》	伊勢	安濃	伊勢神宮領
宇保御園《うほ》	伊勢	多気	伊勢神宮領・内宮領
宇磨荘《うま》	伊予	宇摩	西園寺家領
宇万本荘《うま》	伊予	宇摩	
馬背杣《うませ》	伊賀	伊賀	
馬立荘《うまたて》	越前	坂井	西大寺領
駅家荘《うまや》	筑前	嘉麻	
駅里荘《うまや》	備中	小田	皇室領・安楽寿院領・八条院領・九条家領・摂関家領
馬屋河内保《うまやこうち》	周防	熊毛	
宇美荘《うみ》	筑前	糟屋	石清水八幡宮領（宮寺別当房領）・宇美宮領
梅畑荘《うめがはた》	山城	葛野	
梅田御厨《うめだ》	伊勢	桑名	伊勢神宮領・外宮領
梅田御園《うめだ》	伊勢	飯高	伊勢神宮領・外宮領
梅津荘《うめづ》	山城	葛野	長福寺領・近衛家領・摂関家領・藤原忠実領
梅津本荘《うめづ》	山城	葛野	
梅津上荘《うめづ》	山城	葛野	
梅津下荘《うめづ》	山城	葛野	
梅津保《うめづ》	佐渡	賀茂	園城寺領
梅津御厨《うめづ》	伊勢	員弁	伊勢神宮領・内宮領・外宮領・二宮領
梅辻御園《うめつじ》	近江	未勘	延命院領・山門領
梅戸御厨《うめど》	伊勢	員弁	伊勢神宮領・内宮領・外宮領・二宮領・臨川寺領・日野家領
梅原荘《うめはら》	美濃	山県	賀茂御祖社領（社務渡領）・賀茂社領
右馬寮牧《うめりょう》	摂津	未勘	
浦荘《うら》	阿波	名西	西園寺家領
浦新荘《うら》	阿波	名西	
浦井荘《うらい》	越前	未勘	昭慶門院領・室町院領・皇室領
浦上荘《うらかみ》	播磨	揖保	新熊野社領・皇室領・大徳寺領（地頭職、領家職）
浦河保《うらかわ》	佐渡	賀茂	園城寺領
浦家荘《うらけ》	丹後	熊野	石清水八幡宮領
浦佐保《うらさ》	越後	魚沼	普光寺領（浦佐）
浦富保《うらとみ》	丹後	竹野	室町幕府御料所
浦富保《うらどめ》	因幡	巨濃	
浦野荘《うらの》	信濃	小県	日吉社領（九月相撲会料所）・法印尊長領
浦橋荘《うらはし》	駿河	富士	
宇利荘《うり》	三河	八名	吉田北政所領・生蓮華院領・洞院家領・京都祇園社領・慈恩庵領・冨賀寺領
瓜生荘《うりう》	若狭	遠敷	園城寺領・聖護院門跡領・円満院宮領・仁和寺領
瓜生御園《うりう》	伊勢	壱志	伊勢神宮領・内宮領
瓜生野保《うりうの》	肥前	養父	安楽寺領
瓜生野別符《うりゅうの》	日向	宮崎	宇佐八幡宮領
潤田御厨《うるだ》	伊勢	三重	没官領・院領（皇室領？）・伊勢神宮領・内宮領・外宮領・二宮領
宇留間荘《うるま》	美濃	不破	
宇礼志荘《うれし》	大和	未勘	興福寺領
宇礼志荘《うれし》	河内	錦部	興福寺領（寺門役）・大乗院領・観心寺領（公文職）
宇和荘《うわ》	伊予	宇和	西園寺家領・後高倉院法華堂領・皇室領
雲門荘《うんと》	美濃	池田	
海野荘《うんの》	信濃	小県	関白基通領・摂関家領・近衛家領・高陽院領・楞伽寺

荘　園　名	国名	郡名	領 家・本 家
			領・海蔵院領・播磨守源顕親領（預所職）

え

荘　園　名	国名	郡名	領 家・本 家
荏保《え》	越後	未勘	
会牧《え》	河内	未勘	
栄山寺荘《えいざんじ》	大和	宇智	栄山寺領・興福寺領・東北院領・東大寺領
江和泉荘《えいずみ》	河内	未勘	高野山領（奥院領）
宅原荘《えいばら》	摂津	有馬	三鈷寺領
江裏荘《えうら》	大和	城上	興福寺領
会賀荘《えが》	河内	志紀	後院領・冷泉院領・皇室領
会賀牧《えが》	河内	志紀	後白河院遺領・皇室領・西園寺家領（年貢三分の二）・京極家領（年貢三分の一）・興福寺領・山城宝積寺領
江加見荘《えかみ》	尾張	海部	
江川荘《えがわ》	播磨	佐用	
江城荘《えぎ》	尾張	丹羽	
江儀遠山荘《えぎとおやま》	信濃	伊那	鶴岡八幡宮領・仲圓（信濃阿闍梨）
江口荘《えぐち》	丹波	未勘	
衣佐牧《えさ》	伊勢	度会	伊勢神宮領・内宮領
衣佐御園《えさ》	伊勢	度会	伊勢神宮領・内宮領
江島別符《えしま》	豊前	下毛	宇佐八幡宮領
江島御厨《えじま》	伊勢	河曲	伊勢神宮領・内宮領・藤原頼実領
江島御厨《えじま》	伊勢	奄芸	伊勢神宮領
恵曾飯川保《えそいいかわ》	能登	能登	石清水八幡宮寺領
江田荘《えた》	備後	三谿	
江田荘《えた》	肥後	玉名	
枝吉別符《えだよし》	播磨	明石	
愛智荘《えち》	近江	愛智	日吉社領（便補保）・山門領
愛智荘《えち》	近江	愛智	元興寺領
愛智荘《えち》	近江	愛智	東大寺領・弘福寺領・円定寺領
愛智上荘《えち》	近江	愛智	日吉社領・山門領
愛智下荘《えち》	近江	愛智	日吉社領・山門領
愛智保《えち》	近江	犬上	日吉社領（甲良荘内）
越前保《えちぜん》	越前	未勘	祇園社領・感神院領・日吉社領（二宮彼岸結衆管領）
越前勅旨《えちぜんちょくし》	越前	未勘	高陽院領・近衛家領・摂関家領
愛智勅旨《えちちょくし》	近江	愛智	日吉社領・法成寺領（造営料所）・摂関家領
江津保《えつ》	因幡	高草	
江堤荘《えつつみ》	大和	城上	興福寺領
恵戸荘《えと》	美濃	可児	春日社領
江門荘《えど》	筑後	御井	安楽寺領
江戸袋荘《えどふくろ》	武蔵	足立	
榎富荘《えとみ》	越前	坂井	後白河院領・皇室領・崇徳院御影堂領・粟田宮社領・殷富門院領・北野社領（上荘）
榎富上荘《えどめ》	越前	坂井	皇室領・粟田宮領・殷富門院法華堂領・北野社領・大徳寺領（塔頭如意庵領、預所職）
衣奈荘《えな》	紀伊	海部	石清水八幡宮領
衣奈園《えな》	紀伊	海部	石清水八幡宮領
榎並荘《えなみ》	摂津	東生	法隆寺領・春日社領・北野宮寺領・摂関家領・近衛家領・高山寺領・長福寺領・藤原信長領・禎子内親王

荘園一覧

荘　園　名	国名	郡名	領 家・本 家
			領
榎並上荘《えなみ》	摂津	東生	摂関家領・近衛家領・北野社領・北野宮寺領・石清水八幡宮領(東方30石)
榎並下荘《えなみ》	摂津	東生	北野社領(別当領、下荘東方、上方)・近衛家領・摂関家領・洞院家領・曼殊院門跡領・長福寺領(下荘西方内)
榎木荘《えのき》	近江	坂田	臨川寺領
榎原荘《えのきはら》	伯耆	会見	
榎隈別符《えのくま》	豊後	大分	宇佐弥勒寺領・喜多院領
榎本荘《えのもと》	大和	葛上	仁和寺領
榎本荘《えのもと》	駿河	富士	
榎本荘《えのもと》	下野	都賀	古河公方御料所
荏(江・絵)原荘《えばら》	備中	後月	法泉寺領
榎原荘《えばら》	丹波	天田	恩徳院領・皇室領・昭慶門院領・法勝寺領
衣斐(裴)荘《えび》	美濃	大野	九条道家領・摂関家領・九条家領・東福寺領
戎二郎新保《えびすじろう》	加賀	加賀	
衣比原御厨《えびはら》	伊勢	三重	伊勢神宮領・外宮領
衣平御厨《えひら》	伊勢	朝明	伊勢神宮領・内宮領
江辺(部)荘《えべ》	近江	野洲	尊勝寺領・室町幕府御料所・仁和寺領(御室領)・東山山荘料所
江馬荘《えま》	伊豆	田方	那智山尊勝院領・得宗領?・伊豆国利生塔料所(鎌倉府料所)・修禅寺領
江万荘《えま》	淡路	未勘	得長寿院領・皇室領
江見荘《えみ》	美作	英多	後白河院領・皇室領・粟田宮領・吉田家領・室町幕府御料所・東山山荘領(銀閣寺領)
江守荘《えもり》	越前	足羽	
江守保《えもり》	越前	足羽	国衙領・宝慈院領(臨済宗)
恵良荘《えら》	肥後	合志	安楽寺領
会利《えり》	筑後	竹野	宇佐弥勒寺領・喜多院領
恵利《えり》	肥前	松浦	宇佐弥勒寺領・喜多院領
円覚寺荘《えんかくじ》	備前	御野	
円座保《えんざ》	讃岐	香川	昭慶門院領・皇室領
円宗寺別符《えんしゅうじ》	美作	苫西	円宗寺領・便補保
円宗寺保《えんしゅうじ》	美作	苫西	円宗寺領・後白河院領
縁松荘《えんしょう》	大和	添下	東大寺領
縁道杣《えんどう》	近江	甲賀	西大寺領
円都寺荘《えんとじ》	播磨	多可	
延命園《えんめい》	河内	未勘	石清水八幡宮寺領
延命保《えんめい》	近江	未勘	醍醐寺領
延命院荘《えんめいいん》	阿波	名東	法勝寺領
塩冶荘《えんや》	出雲	神門	後宇多院領・昭慶門院領(庁分)・皇室領
お			
尾御園《お》	伊勢	度会	伊勢神宮領
大藍牧《おあい》	上野	利根	勅旨牧・皇室領
おいの荘《おい》	越中	未勘	
小池荘《おいけ》	紀伊	日高	
生坂荘《おいさか》	大和	未勘	
小石荘《おいし》	美作	未勘	
大石御園《おいし》	伊勢	飯高	伊勢神宮領・内宮領
大泉御厨《おいずみ》	伊勢	員弁	伊勢神宮領・内宮領・外宮領・二宮領
大井田御厨《おいだ・おおいだ》	伊勢	員弁	平正弘領・皇室領・伊勢神宮領・内宮領・臨川寺領・日野家領

荘　園　名	国名	郡名	領 家・本 家
大泉荘《おいづみ・おおいずみ》	大和	城上	興福寺領・東大寺領
生出荘《おいで》	尾張	中島	
小稲羽御厨《おいなば》	伊勢	安濃	伊勢神宮領・内宮領・外宮領・二宮領
老松荘《おいまつ》	薩摩	出水	安楽寺領
麻生御厨《おう》	伊勢	多気	近衛家領・摂関家領
相賀荘《おうが》	紀伊	伊都	高野山領・伝法院領・密厳院領・大伝法院領・根来寺領・金剛峯寺領
相可御厨《おうか》	志摩	英虞	伊勢神宮領
逢鹿寺御園《おうかじ》	伊勢	多気	伊勢神宮領・内宮領
相可瀬御園《おうかせ》	伊勢	多気	伊勢神宮領・内宮領
仰木荘《おうぎ》	近江	滋賀	青蓮院門跡領・山門領・妙法院門跡領・誓願寺領
淡(粟)河荘《おうご》	播磨	美嚢	得宗領・金峯山寺領(道円寺領)
相佐須荘《おうさす》	志摩	答志	伊勢神宮領・内宮領・得宗領
生石荘《おうし》	備中	賀夜	八条院領・皇室領・昭慶門院領・園城寺領・円満院領・報恩寺領
庵(奄)治荘《おうじ》	大和	城下	春日社領・高山寺領・興福寺領
麻生田御厨《おうだ》	伊勢	員弁	伊勢神宮領・内宮領・外宮領
邑智院《おうち》	能登	羽咋	
相知荘《おうち》	肥前	松浦	
邑智荘《おうち》	能登	羽咋	
越知御厨《おうち》	伊勢	奄芸	伊勢神宮領・内宮領・外宮領・二宮領
阿内包光保《おうちかねみつ》	長門	豊浦	主殿寮領・官衙領・竜翔寺領(京都)・法泉寺領(山口)
麻生津荘《おうづ》	紀伊	那賀	高野山領・金剛峯寺領
麻津保《おうづ》	紀伊	那賀	
生津御園《おうづ》	伊勢	壱志	伊勢神宮領・内宮領
小谷荘《おうな》	信濃	更級	石清水八幡宮領(別当光清女美濃局領)・後宇多院領・皇室領
負野牛牧《おうの》	上総	望陀	兵部省官牧
麻生浦(麻浦)御厨《おうのうら》	志摩	答志	伊勢神宮領・斎宮寮領・官衙領
雄家荘《おうべ》	摂津	河辺	醍醐寺領・大炊寮領・官衙領・多田院領(一部田畠)
麻続御厨《おうみ》	信濃	伊那	
邑楽御厨《おうら》	上野	邑楽	伊勢神宮領・内宮領
小家荘《おえ》	筑後	生葉	宇佐八幡宮領
麻殖荘《おえ》	阿波	麻殖	長講堂領・皇室領・宣陽門院領
麻殖保《おえ》	阿波	麻殖	皇室領・長講堂領・宣陽門院領
尾江中島保《おえなかじま》	播磨	加古	報恩寺領
太荘《おお》	大和	十市	興福寺領
大県荘《おおあがた》	尾張	丹羽	摂関家領・九条家領
大赤目荘《おおあかめ》	山城	乙訓	金光寺領(大炊御門西洞院)
大朝(麻)荘《おおあさ》	安芸	山県	山門領・延暦寺西塔領・本圀寺造営料所(建武3尊氏寄進)
大朝本荘《おおあさ》	安芸	山県	
大朝新荘《おおあさ》	安芸	山県	妙法院領・山門領
大阿射賀御厨《おおあざか》	伊勢	壱志	伊勢神宮領・外宮領
大穴荘《おおあな》	信濃	埴科	中原師能領・忠清領・歓喜光院領・皇室領・昭慶門院領
大粟山《おおあわやま》	阿波	名西	

荘　園　名	国名	郡名	領 家・本 家
大井荘《おおい》	甲斐	巨摩	源基俊領・藤原宗重妻領・摂関家領？
大井荘《おおい》	相模	足上	皇室領・延勝寺領
大井荘《おおい》	常陸	河内	
大井荘《おおい》	美濃	可児	
大井荘《おおい》	美濃	安八	東大寺領
大井荘《おおい》	信濃	佐久	皇室領・八条院領(庁分)・後宇多院領・昭慶門院領(庁領)
大井荘《おおい》	美作	久米	近衛家領・摂関家領・清閑寺法花堂領・万里小路家領・幻住庵領
大井荘《おおい》	備前	児島	
大井荘《おおい》	備中	賀夜	相国寺領・慈鎮所領
大井荘《おおい》	阿波	三好	
大井新荘《おおい》	美作	久米	九条道家領・摂関家領・九条家領
大結馬牧《おおい》	下総	豊田	兵部省
大池荘《おおいけ》	遠江	佐野	得宗領(名越高家領)
大石和筋《おおいさわ》	甲斐	八代	
大石荘《おおいし》	近江	栗太	藤原頼通領・興福寺領
大石荘《おおいし》	丹後	与謝	真如院領・聖護院宮領・常在光寺領・昭慶門院領・皇室領・御物奉行料所
大石荘《おおいし》	筑後	生葉	観世音寺領
大石御厨《おおいし》	伊勢	飯高	伊勢神宮領
大泉荘《おおいずみ》	和泉	和泉	摂関家領(本家職)・藤原道家領・宜秋門院領・九条家領・高野護摩供料・高野山領(平等心院領)
大泉荘《おおいずみ》	出羽	田川	皇室領・後白河院領・長講堂領・宣陽門院領・得宗領？
大市荘《おおいち》	大和	城上	興福寺領・大乗院領
大市荘《おおいち》	摂津	武庫	
大稲羽御園《おおいなば》	伊勢	安濃	伊勢神宮領
大内荘《おおうち》	大和	平群	興福寺領・一乗院領
大内荘《おおうち》	伊賀	伊賀	摂関家領・最勝金剛院領・九条兼実領・九条道家領・春日社領(春日社唯識会料所)・九条家領・一条家領
大内荘《おおうち》	下野	芳賀	皇室領・五辻斎院領・吉田家領
大内荘《おおうち》	丹後	加佐	八条院領(本家)・皇室領・室町幕府御料所・東寺領
大内荘《おおうち》	但馬	出石	仁和寺領・法金剛院領(本家)・真言院僧正領・皇室領
大内御園《おおうち》	伊賀	伊賀	伊勢神宮領・内宮領
大内西荘《おおうちにし》	伊賀	伊賀	最勝金剛院領・九条兼実領・九条家領・摂関家領
大内東荘《おおうちひがし》	伊賀	伊賀	九条道家領・摂関家領・春日社領(唯識会料所)・興福寺大乗院領
大浦荘《おおうら》	近江	浅井	清和院領・延暦寺文殊楼領・円満院領・日野裏松家領・青蓮院門跡領・山門領
大浦保《おおうら》	越中	新川	
大浦寺荘《おおうらでら》	筑前	糟屋	安楽寺遍智院領・大鳥居氏領(預所職)
大家(宅)荘《おおえ》	石見	迩摩	皇嘉門院領・皇室領・九条家領・摂関家領
大江荘《おおえ》	大和	添上	興福寺領・大乗院領
大江荘《おおえ》	近江	栗太	藻壁門院法華堂領・摂関家領・九条道家領・九条家領
大宅荘《おおえ》	石見	迩摩	皇嘉門院領・皇室領
大江杣《おおえ》	山城	乙訓	皇室領・禁裏御料所
大恵保《おおえ》	但馬	養父	
大江保《おおえ》	近江	栗太	山門領
大江保《おおえ》	近江	高島	
大江御厨《おおえ》	河内	河内	御厨子所領・内蔵寮領・官衙領
大江御厨《おおえ》	摂津	西成	御厨子所領・内蔵寮領・官衙領
大枝御厨《おおえ》	伊勢	未勘	石清水八幡宮領
大江島荘《おおえじま》	播磨	揖保	摂関家領・興福寺領
大岡荘《おおおか》	山城	葛野	鹿王院領・建仁寺両足院領・青蓮院門跡領
大岡荘《おおおか》	大和	添上	東大寺領・尊勝院領
大岡荘《おおおか》	駿河	駿河	池大納言領・平頼盛領・後白河院領・皇室領・得宗領(泰家跡)
岡保《おおおか》	越前	足羽	
大岡牧《おおおか》	駿河	駿河	八条院領・皇室領・院領・高山寺領
大岡南荘《おおおかみなみ》	越前	足羽	醍醐寺領・弥勒寺領
小大野御園《おおおの》	志摩	英虞	伊勢神宮領
小岡荘《おおか》	紀伊	牟婁	
大神荘《おおが》	豊後	速見	宇佐弥勒寺領・喜多院領・石清水八幡宮寺領(検校領)・得宗領(日出津島)
大神新荘《おおが》	豊後	速見	宇佐八幡宮領・宇佐弥勒寺領
大垣荘《おおがき》	大和	十市	興福寺領・一乗院領・大乗院領
大柿荘《おおがき》	山城	相楽	東大寺領・東北院領・摂関家領
大垣御厨《おおかき》	丹後	与謝	伊勢神宮領・内宮領
大垣御厨《おおかき》	但馬	出石	伊勢神宮領・綾小路僧正領・内宮領・妙法院領・山門領
大懸荘《おおかけ》	尾張	未勘	九条道家領・摂関家領
大方荘《おおかた》	下総	豊田	
大方荘《おおがた》	土佐	幡多	九条家領・摂関家領・一条家領・東福寺領
大方御厨《おおかた》	伊勢	度会	伊勢神宮領・内宮領
大交野荘《おおかたの》	河内	交野	円城寺領・石清水八幡宮寺領・八幡善法寺家領
大河荘《おおかわ》	播磨	賀茂	住吉社領
大河内荘《おおかわち》	播磨	神崎	法性寺領・東北院領・尊雲法親王領・醍醐寺領
大河土(戸)御厨《おおかわど》	武蔵	埼玉	伊勢神宮領・内宮領・外宮領・二宮領
大河原荘《おおかわら》	武蔵	比企	
大墓御厨《おおき》	伊勢	員弁	伊勢神宮領・内宮領・外宮領・二宮領
大吉祖荘《おおきそ》	信濃	筑摩	宗像少輔領
大草御園《おおくさ》	三河	渥美	伊勢神宮領・内宮領
大久田御厨《おおくた》	志摩	英虞	伊勢神宮領・外宮領
大口御厨《おおくち》	伊勢	度会	伊勢神宮領・内宮領
大口御厨《おおぐち》	伊勢	安濃	伊勢神宮領・内宮領
大口御厨《おおぐち》	伊勢	壱志	伊勢神宮領
大国荘《おおくに》	近江	愛智	東大寺領・七条院領・修明門院領・皇室領・興善院領・春日社領(松林院領、上荘)・西園寺家領・万里小路家領
大国荘《おおくに》	石見	迩摩	
大国荘《おおぐに》	播磨	印南	安楽寿院領・皇室領

荘　園　名	国名	郡名	領 家・本 家
大国保《おおくに》	石見	迩摩	石清水八幡宮寺領
大窪荘《おおくぼ》	河内	茨田	有栖河堂領(地頭職)・有栖河清浄寿院領(地頭職)・石清水八幡宮領(領家職半分)・得宗領
大窪荘《おおくぼ》	摂津	未勘	
大窪荘《おおくぼ》	播磨	明石	
大蔵荘《おおくら》	常陸	新治	
大蔵荘《おおくら》	越前	敦賀	最勝寺領・平清盛領・得宗領(地頭職、時政領)・清閑寺家領・正親町家領
大蔵(倉)保《おおくら》	上野	邑楽	伊勢神宮領
大蔵省保《おおくらしょう》	常陸	新治	大蔵省領(幣料料所)・官衙領
大蔵山御園《おおくらやま》	伊勢	度会	伊勢神宮領
大榑荘《おおくれ》	美濃	安八	宣陽門院領・皇室領・山科家領・泉涌寺領・得宗領(泰時領)
大黒荘《おおくろ》	越中	未勘	円明寺領(円宗寺領)
大桑荘《おおくわ》	加賀	加賀	日吉社領・日吉三社領・浄土寺門跡領・山門領・甘露寺家領(本家職)
大強原御厨《おおごはら》	伊勢	三重	伊勢神宮領・内宮領・外宮領・二宮領
大狛荘《おおこま》	山城	相楽	法勝院領
大佐井荘《おおざい》	豊後	海部	
大坂保《おおさか》	能登	羽咋	
大崎《おおさき》	近江	未勘	摂関家領
大崎荘《おおさき》	安芸	豊田	藤原師実領・京極家領・近衛家領・摂関家領
大前新荘《おおさき》	周防	佐波	玉祖社領(周防一宮)・東大寺領
大崎保《おおさき》	越後	蒲原	国衙領・守護領
大崎御園《おおさき》	遠江	浜名	伊勢神宮領・外宮領
大忍(里)荘《おおさと》	土佐	香美	得宗領・極楽寺領・熊野社領(新宮造営料所)
大里荘《おおさと》	武蔵	秩父	
大郷御園《おおさと》	尾張	智多	熱田社領
大沢荘《おおさわ》	丹波	多紀	仏性院領・皇室領・新御料所(禁裏料所)・智恵光院領・平惟仲領・白河寂楽寺領・喜多院領
大地荘《おおじ》	河内	渋川	石清水八幡宮寺領・金剛寺領
大塩荘《おおしお》	播磨	印南	安楽寿院領・皇室領・南禅寺領
大塩保《おおしお》	越前	敦賀	
大塩牧《おおしお》	信濃	諏訪	左馬寮領
大塩屋御園《おおしおや》	伊勢	度会	
大島荘《おおしま》	大和	高市	東寺領・春日社領
大島荘《おおしま》	摂津	未勘	
大島荘《おおしま》	近江	蒲生	
大島荘《おおしま》	越後	古志	高陽院領・摂関家領・殿下渡領・近衛家領・平等院領
大島荘《おおしま》	備中	浅口	
大島荘《おおしま》	伊予	越智	醍醐寺領・円光院領・中院右大臣雅定領・源師房家領・久我家領・廊御堂領
大島保《おおしま》	備中	浅口	室町院領・皇室領・六条院領・後崇光院領
大島保《おおしま》	備中	小田	六条院領・室町院領・皇室領・後崇光院領
大島保《おおしま》	日向	那珂	伏見宮家領・皇室領
大島雀部荘《おおしまささきべ》	摂津	武庫	藤原頼長領・皇室領・蓮華王院領・雀部寺領・久我家

荘　園　名	国名	郡名	領 家・本 家
			領
大島山《おおしまやま》	阿波	美馬	
大泉荘《おおしみず》	能登	羽咋	中院家領・西園寺家領
大須荘《おおす》	尾張	中島	
大須賀保《おおすか》	下総	香取	大蔵省幣料料所・官衙領
大住(隅・炭)荘《おおすみ》	山城	綴喜	春日社領・興福寺領・関東御領・隼人司領・石清水八幡宮領・東大寺領
大隅牧《おおすみ》	摂津	西成	官牧
大曾禰荘《おおそね》	出羽	村山	摂関家領・関白忠実領・頼長領・保元没官領・後院領・皇室領
太田荘《おおた》	越中	新川	
太田荘《おおた》	丹後	与謝	北野社領(領家職)
太田荘《おおた》	但馬	出石	法金剛院領・伯宮領・皇室領・得宗領
太田荘《おおた》	備後	世羅	高野山領・金剛峯寺領・大塔領
太田荘《おおた》	肥前	杵島	皇嘉門院領・円宗寺領・宜秋門院領・藤原道家領・九条禅尼領・九条家領・最勝金剛院領・摂関家領
大田荘《おおた》	大和	城上	白河寂楽寺領・喜多院領・興福寺領・一乗院領・春日社領
大田荘《おおた》	伊勢	鈴鹿	日野家領
大田荘《おおた》	武蔵	埼玉	皇室領・八条院領・得宗領?・室町幕府御料所?・鎌倉府料所
大田荘《おおた》	近江	高島	白河寂楽寺領・喜多院領・平惟仲領
大(太)田荘《おおた》	信濃	水内	近衛家領・摂関家領・関白基通領・預所定寛領・海蔵院領・得宗領(貞顕跡)
大田荘《おおた》	上野	吾妻	
大(太)田荘《おおた》	越前	足羽	陽成院領・東寺領・醍醐寺領・地蔵院領
大田荘《おおた》	出雲	飯石	
大田荘《おおた》	播磨	揖保	後白河院領・皇室領・西園寺家領・西園寺西実隆領
大田荘《おおた》	安芸	山県	
大田荘《おおた》	紀伊	牟婁	
大田荘《おおた》	土佐	安芸	金剛頂寺領
太田保《おおた》	越前	足羽	大宮院女房二条局領・真珠庵領
太田保《おおた》	越中	新川	
大田保《おおた》	摂津	島下	造酒司領・官衙領・日野家領・裏松家領(公文職)・一条家領(公文職)
大田保《おおた》	越後	古志	国衙領?
大田保《おおた》	出雲	出雲	杵築社領
太田御厨《おおた》	丹後	与謝	伊勢神宮領
大高荘《おおたか》	尾張	智多	
大竹荘《おおたけ》	出雲	大原	
大田富永保《おおたとみなが》	能登	羽咋	
大谷荘《おおたに》	丹波	船井	後法興院領・摂関家領
大谷荘《おおたに》	紀伊	伊都	高野山領・金剛峯寺領
大谷保《おおたに》	因幡	巨濃	
大谷保《おおたに》	因幡	高草	
大谷保《おおたに》	伯耆	八橋	勧修寺家領・右衛門督局領(重持卿女領)
大谷御厨《おおたに》	伊勢	員弁	伊勢神宮領・内宮領・外宮領・二宮領
大谷御厨《おおたに》	伊勢	安濃	伊勢神宮領・内宮領
大田野保《おおたの》	越前	足羽	日吉社領

荘　園　名	国名	郡名	領 家・本 家
大田原別符《おおたわら》	豊後	国崎	
大市荘《おおち》	備中	窪屋	大宮侍所台盤料所・日吉社領・紀州熊野滝尻王子権現料所・備中松尾寺領
大内荘《おおち》	讃岐	大内	浄金剛院領・皇室領・高倉家領
大津神戸《おおつ》	三河	渥美	伊勢神宮領・内宮領・外宮領・二宮領皇室領(七条院御祈禱所)・伊勢前祭主卿知行所領
大津荘《おおつ》	駿河	志太	
大津荘《おおつ》	出雲	神門	
大津荘《おおつ》	播磨	未勘	建仁寺領(大龍庵領)
大津荘《おおつ》	長門	大津	三条家領・法金剛院領・皇室領
大津荘《おおつ》	紀伊	那賀	高野山領
大津保《おおつ》	三河	渥美	伊勢神宮領・二宮領・内宮領・外宮領
大津御厨《おおつ》	駿河	志太	伊勢神宮領・内宮領・外宮領・二宮領・太皇太后宮藤原璋子領
大塚荘《おおつか》	山城	未勘	昭慶門院領・後鳥羽院御影堂領・皇室領
大塚荘《おおつか》	大和	山辺	興福寺領・一乗院門跡寄所
大塚(墓)荘《おおつか》	摂津	島上	日野家領・桜井宮門跡領・興福寺領・東金堂領
大塚荘《おおつか》	伊勢	飯高	伊勢神宮領・得宗領
大墓荘《おおつか》	筑後	山門	安楽寺領
大墓別符《おおつか》	日向	宮崎	宇佐八幡宮領
大墓御厨《おおつか》	遠江	長上	伊勢神宮領・外宮領
大墓御園《おおつか》	伊勢	飯高	伊勢神宮領・内宮領・得宗領
大墓御園《おおつか》	三河	宝飫	伊勢神宮領
大墓御園《おおつか》	遠江	長上	伊勢神宮領・外宮領
大槻荘《おおつき》	大和	高市	東大寺領
大槻荘《おおつき》	越後	蒲原	皇室領・成勝寺領・後白河院領・崇徳院御影堂領・上乗院宮益性法親王・青蓮院宮領
大津新御厨《おおつしん》	駿河	志太	伊勢神宮領・内宮領・外宮領・二宮領
大縄御園《おおつな》	伊勢	安濃	伊勢神宮領・外宮領
大積保《おおつみ》	越前	未勘	
大積保《おおづみ》	越後	三島	国衙領・守護領
大戸荘《おおと》	下総	香取	摂関家領・香取社領
大戸荘《おおと》	播磨	未勘	
大戸御園《おおと》	伊勢	員弁	伊勢神宮領・内宮領・外宮領・二宮領
大処荘《おおとこ》	近江	高島	延暦寺妙香院領・実相院領・山門領
大歳荘《おおとし》	但馬	二方	
大歳御園《おおとし》	伊勢	多気	伊勢神宮領
大富荘《おおとみ》	和泉	未勘	
大富荘《おおとみ》	備後	奴可	
大友荘《おおとも》	河内	石川	観心寺領
大友荘《おおとも》	相模	足上	八幡宮領
大鳥荘《おおとり》	和泉	大鳥	室町院領・北白河院領・新待賢門院領・皇室領(本家職)・金剛寺領(領家職)・椎野寺領・北野社領(宝成院)
大止呂御園《おおとろ》	伊勢	員弁	伊勢神宮領・内宮領
大菜来荘《おおなつめ》	山城	相楽	仁和寺領
大成荘《おおなり》	尾張	海部	東寺領・法雲寺領・伊勢多

荘　園　名	国名	郡名	領 家・本 家
			度神宮寺領
大苗代御園《おおなわしろ》	伊勢	飯高	伊勢神宮領・外宮領
大西荘《おおにし》	河内	未勘	石清水八幡宮寺領・極楽寺領
大西御園《おおにし》	伊勢	飯野	伊勢神宮領・内宮領
大庭荘《おおにわ》	但馬	二方	長講堂領・皇室領
大沼御園《おおぬま》	伊勢	度会	伊勢神宮領・内宮領
大沼鮎沢御厨《おおぬまあゆさわ》	駿河	駿河	伊勢神宮領・内宮領・外宮領・二宮領
相野荘《おおの》	紀伊	未勘	熊野新宮領
大野荘《おおの》	山城	相楽	藤原忠教家領・羂索院領・東大寺領
大野荘《おおの》	大和	宇陀	興福寺領・伝法院領
大野荘《おおの》	大和	山辺	東大寺領・興福寺領・伝法院領
大野荘《おおの》	尾張	智多	八条女院領・勧修寺家領(領家職)
大野荘《おおの》	近江	滋賀	妙法院門跡領・青蓮院門跡領・山門領
大野荘《おおの》	信濃	筑摩	貞観寺領
大野荘《おおの》	加賀	加賀	臨川寺領・白山社領・得宗領(地頭職)
大野荘《おおの》	出雲	秋鹿	東寺領・最勝光院領
大野荘《おおの》	美作	英多	賀茂社領・賀茂別雷社領・北野社領
大野荘《おおの》	美作	苫西	仁和寺領
大野荘《おおの》	周防	熊毛	東大寺領(国衙領)
大野荘《おおの》	長門	豊浦	勧学院領・摂関家領・東福寺領・長門一宮住吉社領(上領30石)
大野荘《おおの》	紀伊	名草	
大野荘《おおの》	紀伊	牟婁	
大野荘《おおの》	阿波	那賀	宝荘厳院領・摂関家領・関白道家領・九条家領・東福寺領(常楽庵領)・東寺
大野荘《おおの》	豊前	企救	宇佐弥勒寺領・喜多院領
大野荘《おおの》	豊前	築城	宇佐弥勒寺領・喜多院領
大野荘《おおの》	豊後	大野	三聖寺領
大野荘《おおの》	肥前	松浦	
大野荘《おおの》	肥後	玉名	
大野別符《おおの》	美作	英多	
大野別符《おおの》	肥後	玉名	筥崎宮領
大野本荘《おおの》	阿波	那賀	
大野新荘《おおの》	阿波	那賀	
大野保《おおの》	佐渡	賀茂	
大野保《おおの》	美作	勝田	
大野保《おおの》	周防	熊毛	
大野保《おおの》	肥後	玉名	
大野馬牧《おおの》	上総	夷隅	兵部省官牧
大野牧《おおの》	駿河	志太	
大野牧《おおの》	信濃	伊那	勅旨牧・皇室領・左馬寮領
大野牧《おおの》	信濃	筑摩	勅旨牧・皇室領・左馬寮領
大野井荘《おおのい》	豊前	京都	宇佐弥勒寺領・喜多院領・正八幡宮領・善法寺領・石清水八幡宮領(検校領)
大野木荘《おおのぎ》	伊賀	伊賀	春日社領・興福寺領
大野木荘《おおのぎ》	近江	坂田	醍醐寺領・円光院領
大野田御園《おおのだ》	伊勢	度会	伊勢神宮領・内宮領
大野橋荘《おおのはし》	山城	相楽	白河寂楽寺領・仏性院領・平惟仲領
大呑荘《おおのみ》	能登	能登	延暦寺領・日吉社領(九月会料所)・山門領
大野見荘《おおのみ》	土佐	高岡	
大庭荘《おおば》	河内	茨田	掃部寮領・官衙領・室町幕府御料所

荘園一覧

荘　園　名	国名	郡名	領　家・本　家
大庭保《おおば》	出雲	意宇	杵築大社・神魂社領
大庭保《おおば》	美作	大庭	
大庭牧《おおば》	山城	未勘	
大庭御厨《おおば》	相模	高座	伊勢神宮領・内宮領
大庭御園《おおば》	伊勢	度会	伊勢神宮領
大橋御園《おおはし》	伊勢	度会	伊勢神宮領・内宮領・外宮領・二宮領・醍醐寺領・法楽寺領(醍醐寺末寺)
大幡《おおはた》	近江	未勘	摂関家領
大幡荘《おおはた》	播磨	美嚢	近衛家領・高陽院領・摂関家領
大畠荘《おおはた》	大和	葛下	勧修寺領
大八幡荘《おおばった》	甲斐	巨摩	
大浜荘《おおはま》	但馬	城崎	妙音院領・浄土寺僧正房領・妙香院領
大原荘《おおはら》	摂津	島上	近衛家領・摂関家領・高陽院領・神峰山寺領・山門大成就院領
大原荘《おおはら》	甲斐	都留	
大原荘《おおはら》	近江	甲賀	藤原道長領・摂関家領・皇室領・一条中宮領・法勝寺領・日吉社領・普門寺領・山門領・篝屋料所(関東御領?)
大原荘《おおはら》	近江	坂田	仁和寺領(蓮華蔵院領)・観音寺領(夫馬村)・大興禅寺領(造営料所、地頭職)・雲樹寺領・石清水八幡宮領
大原荘《おおはら》	陸奥	磐井	
大原荘《おおはら》	出雲	大原	八条院領・昭慶門院領・皇室領
大原保《おおはら》	美作	英多	高野山領・金剛三昧院領・相国寺領
大原御園《おおはら》	伊勢	壱志	伊勢神宮領・外宮領・内宮領・二宮領
大原領《おおはら》	山城	愛宕	摂籙渡領・法成寺領・摂関家領
大原上野荘《おおはらうえの》	山城	愛宕	妙法院領・山門領
大原上野荘《おおはらうえの》	近江	甲賀	妙法院門跡領・山門領
大原西荘《おおはらにし》	山城	愛宕	平等房領・青蓮院門跡領・山門領・妙法院領
大番領《おおばん》	和泉	大鳥	摂関家(殿下方、高陽院方)
大肥荘《おおひ》	豊後	日高	安楽寺別当領・安楽寺領
大結馬牧《おおひ》	下総	葛飾	兵部省
多富荘《おおふ》	大和	添上	東大寺尊勝院領
大吹御厨《おおふき》	志摩	英虞	伊勢神宮領・外宮領
大袋荘《おおふくろ》	越中	射水	大乗院領・興福寺領
大布施杣《おおふせ》	丹波	桑田	修理職領・官衙領
大布施保《おおふせ》	越中	新川	
大淵荘《おおふち》	大和	添上	興福寺領・大乗院領
大潭荘《おおふち》	丹波	未勘	高野山領
小戸荘《おおべ》	摂津	武庫	醍醐寺領・大炊寮領・官衙領
大部荘《おおべ》	播磨	賀茂	東大寺領
大富荘《おおほ》	河内	丹比	昭慶門院領・浄金剛院領・皇室領(本家)・源師重領(2/3領家職)・建仁寺領(円寿院領、1/3領家職)
大堀荘《おおぼり》	河内	丹比	観心寺領(法華堂料所、領家職)
大万園《おおま》	肥前	未勘	
大町荘《おおまち》	肥前	杵島	石清水八幡宮領・宇佐八幡宮領

荘　園　名	国名	郡名	領　家・本　家
大町荘《おおまち》	肥後	玉名	
大町保《おおまち》	能登	能登	
大豆田荘《おおまめだ》	備前	上道	西大寺領
大豆津別符《おおまめつ》	肥前	三根	宇佐八幡宮領
大見荘《おおみ》	山城	愛宕	大悲山寺領・法成寺領・摂関家領・足利家領・醍醐寺領・三宝院領
おほみの牧《おおみ》	美濃	未勘	
大御園《おおみ》	河内	未勘	石清水八幡宮寺領
大路曲荘《おおみちまがり》	肥後	山鹿	安楽寺領
大峰(美祢・岑)荘《おおみね》	長門	美祢	石清水八幡宮領・極楽寺領
大宮荘《おおみや》	信濃	未勘	
大神荘《おおみわ》	大和	城上	東大寺領・東南院領
大虫社《おおむし》	越前	丹生	延暦寺西塔領・七条院領・修明門院領・皇室領・妙法院領・山門領
大室荘《おおむろ》	上野	勢多	鎌倉報国寺領(蛭沼郷)
大室牧《おおむろ》	信濃	高井	勅旨牧・皇室領
大芋荘《おおも》	丹波	多紀	大芋社領(櫛石窓神社)・土佐家領・絵所預料所
大面荘《おおも》	越後	蒲原	皇室領・鳥羽十一面堂領・八条院領・中納言入道領(領家)・栂尾中坊(観海院・領家)
大屋荘《おおや》	越前	今立	後嵯峨院領・皇室領・新法華堂領・興福寺領・浄金剛院領・達智門院領
大屋荘《おおや》	能登	鳳至	崇徳院御影堂領・皇室領・三条家領・摂関家領
大屋荘《おおや》	但馬	養父	尊勝寺領・関東御領・右大将家領・皇室領
大家荘《おおや》	越中	新川	藤原師輔領・摂関家領・妙香院領・山門領・天竜寺領(瑞泉院領)
大谷荘《おおや》	陸奥	黒川	
大谷荘《おおや》	能登	能登	
大谷保《おおや》	陸奥	黒川	
大宅牧《おおや》	肥後	宇土	
大楊生荘《おおやぎう》	大和	添上	興福寺領・大乗院門跡寄所・勧修坊領・春日社領(神供料所)
大宅荘《おおやけ》	大和	添上	東大寺領・興福寺領・喜多院領・大乗院領
大宅寺荘《おおやけじ》	大和	添上	興福寺領・大乗院領・正願寺領(菩提山領)
大社荘《おおやしろ》	越後	未勘	藤原定家家領(領家職)・皇室領・後鳥羽院領
大矢智御厨《おおやち》	伊勢	朝明	伊勢神宮領・内宮領
大柳荘《おおやなぎ》	近江	未勘	醍醐寺領・三条坊門八幡宮領
大楊荘《おおやなぎ》	肥前	小城	宇佐八幡宮領
大荆(薮)荘《おおやぶ》	越中	新川	東大寺領
大薮荘《おおやぶ》	山城	乙訓	久我家領
大山荘《おおやま》	大和	未勘	東北院領・摂関家領
大山荘《おおやま》	出羽	村山	八条院領(庁分御領)・後宇多院領・昭慶門院領(庁分)・皇室領
大山荘《おおやま》	丹波	多紀	藤原良房領・東寺領
大山荘《おおやま》	播磨	神崎	祇園社領・三条西実隆領
大山荘《おおやま》	播磨	神崎	三条西実隆領
大山荘《おおやま》	豊後	日高	
大山崎上下保《おおやまざき》	山城	乙訓	石清水八幡宮領・離宮八幡宮領
大山蘇麻荘《おおやまそま》	伊賀	伊賀	大安寺領

荘　園　名	国名	郡名	領 家・本 家
大山田荘《おおやまだ》	紀伊	伊都	観心寺領
大八幡荘《おおやわた》	甲斐	山梨	
大由郷杣《おおゆのごう》	阿波	那賀	賀茂社領・賀茂御祖社領(造替遷宮用途料所)
大吉荘《おおよし》	美作	勝田	石清水八幡宮領(宮寺社務職領)・岩本蓮華寺領
大与度(淀)荘《おおよど》	山城	乙訓	石清水八幡宮領
大与度荘《おおよど》	近江	未勘	平等院領・摂関家領
大淀荘《おおよど》	近江	犬上	
大淀御厨《おおよど》	伊勢	度会	伊勢神宮領・内宮領
大脇荘《おおわき》	三河	渥美	
大和田荘《おおわた》	河内	茨田	最勝光院領・法華寺領・皇室領(本所)・平頼盛領(領家)・久我家領(領家)・建春門院領(本家)・東寺領
大和田荘《おおわだ》	摂津	西成	住吉社領
岡荘《おか》	山城	葛野	刑部省領
岡荘《おか》	大和	葛下	
岡崎(前)荘《おかさき》	大和	城上	興福寺領
岡崎荘《おかざき》	紀伊	名草	歓喜光院領・皇室領・満願寺領
岡前荘《おかざき》	大和	平群	興福寺領
岡前荘《おかざき》	紀伊	名草	
小笠原荘《おかさわら》	三河	宝飫	
小笠原荘《おがさわら》	甲斐	巨摩	
小笠原牧《おがさわら》	甲斐	巨摩	冷泉院後院領・皇室領・篤子中宮領・近衛家領・摂関家領
岡田荘《おかた》	丹後	加佐	室町幕府御料所・甘露寺家領
岡田荘《おかだ》	山城	相楽	興福寺領
岡田荘《おかだ》	伊勢	河曲	山門領・西南院領・妙法院領・得宗領貞規後家跡)・伊勢神宮領・室町幕府御料所?
岡田荘《おかだ》	遠江	磐田	
岡田荘《おかだ》	近江	栗太	興福寺領
岡田荘《おかだ》	越後	頸城	
岡田荘《おかだ》	紀伊	那賀	高野山領・伝法院領・大伝法院領・根来寺領
緒方荘《おがた》	豊前	上毛	宇佐八幡宮領
緒方荘《おがた》	豊後	大野	宇佐八幡宮領
岡田御厨《おかた》	伊勢	員弁	伊勢神宮領・内宮領
岡田御厨《おかだ》	丹後	加佐	伊勢神宮領・内宮領
岡富荘《おかとみ》	日向	臼杵	宇佐八幡宮領
御金荘《おかね》	丹後	加佐	
岡野馬牧《おかの》	駿河	駿河	兵部省官牧
岡屋荘《おかのや》	山城	宇治	摂関家領・近衛家領・冷泉宮領
岡部御厨《おかべ》	駿河	志太	伊勢神宮領・外宮領
大神荘《おがみ》	越後	頸城	五辻斎院領・頌子内親王領(鳥羽皇女)・皇室領
雄神荘《おがみ》	越中	砺波	
岡見牧《おかみ》	近江	蒲生	日吉社領
小神牧《おかみ》	近江	蒲生	日吉社料所・皇室領・日吉社領・山門領
岡村荘《おかむら》	大和	高市	
岡村荘《おかむら》	河内	丹比	興福寺領・東金堂領
小鴨荘《おがも》	伯耆	久米	
岡本荘《おかもと》	美濃	席田	白河寂楽寺領・喜多院領
岡本荘《おかもと》	出雲	秋鹿	皇室領・後宇多院御領・昭慶門院領
岡本保《おかもと》	伊勢	河曲	平忠盛領・祇園社領・感神院領長日大般若経料所
岡本保《おかもと》	飛騨	大野	山科家領・室町幕府御料所

荘　園　名	国名	郡名	領 家・本 家
岡本保《おかもと》	出雲	秋鹿	
岡本御園《おかもと》	伊勢	員弁	伊勢神宮領・内宮領・外宮領・二宮領
岡本御園《おかもと》	伊勢	三重	伊勢神宮領・内宮領
岡本上保《おかもとかみ》	飛騨	大野	山科家領
岡本下保《おかもとしも》	飛騨	大野	山科家領
岡屋荘《おかや》	近江	蒲生	九条家領・摂関家領・横川法華堂領・山門領
岡屋荘《おかや》	丹波	多紀	皇室領
岡屋(野)牧《おかや》	信濃	諏訪	勅旨牧・皇室領・左馬寮領・諏訪下宮領
岡屋殿荘《おかやどの》	近江	未勘	
岡依御園《おかより》	伊勢	度会	伊勢神宮領・内宮領
男川荘《おかわ》	三河	額田	
小河院《おがわ》	大隅	肝属	正八幡宮領(大隅)
小河荘《おがわ》	尾張	海部	
小河荘《おがわ》	信濃	諏訪	皇室領・上西門院領
小河荘《おがわ》	陸奥	会津	
小河荘《おがわ》	越後	沼垂	恵日寺領・得宗領(守護領)
小河荘《おがわ》	紀伊	那賀	高野山領
小河荘《おがわ》	筑後	山門	宇佐八幡宮領
小川荘《おがわ》	大和	吉野	
小川荘《おがわ》	信濃	水内	最勝寺領・皇室領・上西門院領・室町院領・藤原忠冬領(荘内おの山郷)
小川荘《おがわ》	丹波	桑田	石龕寺領・祇園社領
小川荘《おがわ》	播磨	美嚢	
小河保《おがわ》	丹波	桑田	
小川保《おがわ》	近江	高島	日吉社領(日吉早尾社供祭料所)・山門領
小川牧《おがわ》	武蔵	多摩	勅旨牧・皇室領
小河柴目荘《おがわしばめ》	紀伊	那賀	高野山領・金剛峯寺領・石清水八幡宮領
小河尻荘《おがわしり》	大和	添上	興福寺領・一乗院領・春日社領
隠岐荘《おき》	大和	山辺	東大寺領・尊勝院領
荻荘《おぎ》	陸奥	磐井	
興保《おき》	加賀	加賀	二条家領
興栗栖荘《おきくるす》	大和	未勘	右馬寮領・官衙領
置塩荘《おきしお》	播磨	飾磨	慧雲院領(慶雲院領)・竜徳寺領・亀泉集証領
小木曾荘《おぎそ》	美濃	恵奈	高山寺領(方便智院領)・無量寿院領
興田荘《おきた》	大和	忍海	興福寺領・竹林寺領・大乗院領
興田荘《おきた》	陸奥	磐井	
興田保《おきた》	陸奥	磐井	
興田北荘《おきたきた》	大和	城上	興福寺領
興田南荘《おきたみなみ》	大和	城上	
興津荘《おきつ》	駿河	廬原	
奥津島荘《おきつしま》	近江	蒲生	
興富荘《おきとみ》	大和	平群	興福寺領・一乗院領
興富荘《おきとみ》	大和	十市	興福寺領・一乗院領
息長荘《おきなが》	大和	未勘	東大寺領
息長荘《おきなが》	近江	坂田	東大寺領
奥荘《おく》	若狭	未勘	
奥里荘《おくさと》	播磨	明石	
奥三保《おくさんぼう》	相模	愛甲	得宗領(給主合田左衛門三郎入道)
奥島荘《おくしま》	近江	蒲生	二品尊性法親王領・延暦寺法華堂領・山門領・善入寺領・天竜寺領・宝篋院領・青蓮院門跡領・皇室領
奥田荘《おくた》	越中	新川	

荘園一覧

荘　園　名	国名	郡名	領家・本家
奥玉保《おくたま》	陸奥	磐井	得宗領(金沢氏領)
奥津保《おくつ》	近江	蒲生	
大国荘《おぐに・おおくに》	伊勢	飯野	布勢(施)内親王領・東寺領
小国保《おくに》	越前	足羽	
小国保《おぐに》	越後	三島	国衙領？
奥原保《おくはら》	能登	能登	
小熊荘《おぐま》	近江	犬上	日吉社領(臨時御神楽、柴田楽等料所)・山門領
小熊保《おくま》	尾張	葉栗	飛鳥井家領・建仁寺領(祥雲院領)
奥村御厨《おくむら》	伊勢	桑名	伊勢神宮領・内宮領
奥村御厨《おくむら》	尾張	中島	伊勢神宮領・内宮領
奥山荘《おくやま》	大和	高市	興福寺領・一乗院門跡領・大后寺領
奥山荘《おくやま》	越後	沼垂	四条宮領・摂関家領・殿下渡領・近衛家領・高陽院領・称名寺領(金山郷)・得宗領(中条、金山郷)
奥山荘《おくやま》	安芸	山県	
奥山田杣《おくやまだ》	山城	綴喜	禅定寺領
小椋荘《おくら》	丹波	氷上	久下氏領(領家職)
巨倉荘《おぐら》	山城	久世	勧修寺領・近衛家領・高陽院領・摂関家領・如意庵領
小倉荘《おぐら》	山城	久世	藤原忠通領・摂関家領
小倉荘《おぐら》	紀伊	那賀	金峯山領・高野山領・金剛峯寺領(土崎村)
小倉荘《おぐら》	肥前	基肄	安楽寺領
小蔵荘《おぐら》	大和	山辺	興福寺領・一乗院領・東金堂領
小椋(倉)荘《おぐら》	近江	愛智	大安寺領・冷泉宮環子内親王領・摂関家領・興福寺領・永源寺領(散在領)
小倉本荘《おぐら》	紀伊	那賀	
小倉新荘《おぐら》	紀伊	那賀	金峯山領
小蔵西荘《おぐらにし》	大和	城上	
小蔵西東荘《おぐらにしひがし》	大和	城上	興福寺領
小蔵東荘《おぐらひがし》	大和	城上	
小栗保《おぐり》	常陸	新治	
小栗御厨《おぐり》	常陸	新治	伊勢神宮領・内宮領・九条家領・宜秋門院領・摂関家領・一条家領
小栗生御園《おくりう》	伊勢	度会	伊勢神宮領・外宮領
小栗田牧《おぐりだ》	上野	未勘	勅旨牧・皇室領
小栗栖荘《おぐるす》	伊勢	未勘	
麻合別符《おごう》	周防	熊毛	善入寺領(京都嵯峨)
小古曾御園《おこそ》	伊勢	三重	伊勢神宮領・内宮領
小社御厨《おごそ》	伊勢	壱志	伊勢神宮領・外宮領・内宮領・二宮領
大古曾御厨《おごそ》	伊勢	奄芸	伊勢神宮領・内宮領・外宮領・二宮領
雄琴荘《おごと》	近江	滋賀	法光寺領・小槻家領
小佐荘《おさ》	但馬	養父	
小坂荘《おさか》	加賀	加賀	南禅寺領・中川禅尼領・九条家領・二条家領・摂関家領・春日社領(西方)
小坂御厨《おさか》	遠江	未勘	伊勢神宮領・外宮領
刑部御厨《おさかべ》	三河	碧海	伊勢神宮領
刑部(小刑)御厨《おさかべ》	遠江	引佐	内宮領・外宮領・伊勢神宮領・二宮領・二品尊性法親王領
尾崎御厨《おさき》	伊勢	奄芸	伊勢神宮領
長(他)田荘《おさだ》	大和	十市	東大寺領・法成寺領・摂関家領
長田荘《おさだ》	駿河	有度	熊野那智山領・美福門院

荘　園　名	国名	郡名	領家・本家
			領
小鯖荘《おさば》	周防	吉敷	鶴岡八幡宮領(＝預所職＝長日不断本地供料所)
刑部荘《おさべ》	丹波	船井	神護寺領
忍荘《おし》	武蔵	埼玉	
忍保《おし》	武蔵	埼玉	
押浅保《おしあさ》	伊勢	未勘	
小塩荘《おじお》	山城	乙訓	光明峯寺領・一条兼良領・九条家領・摂関家領・随心院領
小塩保《おしお》	丹波	桑田	
小塩保《おじお》	山城	乙訓	摂関家領・山科家領
押立保《おしたて》	近江	愛智	主殿寮領・官衙領・百済寺領・臨川寺領
押野荘《おしの》	加賀	石川	妙法院領・延暦寺領・山門領
忍海荘《おしのべ》	近江	坂田	長講堂領・皇室領・宣陽門院領・鹿王院領・清閑寺領
鴛淵園《おしふち》	肥前	未勘	
押淵御園《おしぶち》	志摩	英虞	伊勢神宮領・内宮領
押部荘《おしべ》	播磨	明石	
押部保《おしべ》	播磨	明石	相国寺正法庵領
忍保荘《おしほ》	武蔵	賀美	
小島荘《おしま》	阿波	板野	平頼盛領・平家没官領
小島荘《おじま》	美濃	池田	青蓮院門跡領・山門領
小島御厨《おじま》	伊勢	朝明	伊勢神宮領・内宮領・外宮領・二宮領
和尚荘《おしょう》	武蔵	賀美	
小代荘《おしろ》	但馬	七美	長講堂領・皇室領・摂関家領・近衛家領・鷹司家領
於世荘《おせ》	摂津	東生	四天王寺領・天王寺領
小瀬荘《おぜ》	美濃	武芸	新熊野神社領・室町院領・皇室領(本家職)・華室常住寺領(領家職)・南禅寺瑞雲庵(地頭職)
遅羽荘《おそわ》	越前	大野	無動寺領・青蓮院領・比叡山領・山門領
少名荘《おた・うすな》	越前	足羽	左右馬寮領(馬寮領)・官衙領
織田荘《おた・おだ》	越前	敦賀	高階宗泰領・歓喜寿院領・皇室領・七条院領(本家職)・尊性親王領・円音寺領(領家職)・修明門院領・妙法院領
小田荘《おだ》	山城	未勘	東北院領・摂関家領
小田荘《おだ》	摂津	武庫	金剛寺領・摂関家領
小田荘《おだ》	備中	小田	大原来迎院領・東福寺領
小田荘《おだ》	肥後	未勘	
小田保《おた》	因幡	巨濃	
小田保《おだ》	陸奥	小田	
於田江荘《おだえ》	尾張	春部	実相院領・南滝院領(実相院末南滝領)・宝鏡寺領
小高荘《おたか》	遠江	佐野	右馬頭兼実領・二品尊性法親王家領・無品尊守法親王家領
小高荘《おたか》	常陸	行方	
尾高荘《おたか》	伯耆	会見	
小高御厨《おたか》	遠江	佐野	伊勢神宮領・二宮領・内宮領(上郷)・外宮領(下郷)・大金剛院領
小高下御厨《おたかしも》	遠江	佐野	伊勢神宮領・外宮領・冷泉家領
小高瀬荘《おたかせ》	河内	茨田	安嘉門院領・皇室領・室町院領(本家職、地頭職)・源基具領・勧修寺家領(地

荘園名	国名	郡名	領家・本家
			頭職)・観心寺領(領家職)
小田島荘《おだじま》	出羽	村山	摂関家領・藤原師通領・宝戒寺領
小多田保《おただ》	丹波	多紀	出雲社領(丹波国一宮社領)・三条家領・勧修寺領
小田中保《おたなか》	能登	能登	
小田中御厨《おたなか》	伊勢	員弁	伊勢神宮領・内宮領・外宮領・二宮領
小谷荘《おだに》	近江	浅井	石清水八幡宮領
越智荘《おち》	山城	宇治	醍醐寺領・御影堂領
落野荘《おちの》	越前	丹生	皇室領・後宇多院興善院領
落原荘《おちはら》	信濃	伊那	摂関家領
苧津荘《おづ》	伊予	伊予	貞観寺領
小手保《おて》	陸奥	信夫	興福寺領
利生荘《おどう》	備前	児島	仁和寺領(法勝院領)
乙河御厨《おとがわ》	三河	未勘	
乙河御園《おとかわ》	尾張	智多	熱田社領
乙木荘《おとぎ》	大和	山辺	春日社領・興福寺領・大乗院領
乙訓荘《おとくに》	山城	乙訓	無動寺領・青蓮院領・山門領
乙子荘《おとこ》	尾張	海部	
大臣院荘《おとどのいん》	大和	添下	宰相局領
小殿荘《おどの》	丹波	未勘	某寺領
音羽(波)荘《おとば・おとわ》	伊賀	阿拝	摂関家領・最勝金剛院領・九条家領・禅興寺領(和泉国)・実相院領・山門領
乙部御園《おとべ》	伊勢	安濃	伊勢神宮領・内宮領
音部御園《おとべ》	伊勢	多気	伊勢神宮領・内宮領
乙見荘《おとみ》	三河	額田	
乙見保《おとみ》	筑前	宗像	石清水八幡宮領(検校領)・宇佐弥勒寺領
乙見別符《おとめ》	豊前	宇佐	宇佐弥勒寺領・喜多院領・石清水八幡宮寺領(検校領)
乙面荘《おとも》	越後	古志	室町幕府御料所
乙森荘《おともり》	出羽	山本	
乙吉保《おとよし》	石見	美濃	
尾登利荘《おとり》	肥後	山鹿	
音羽荘《おとわ》	山城	宇治	清閑寺領(法華堂領)・美福門院領・安祥寺領・高倉院法華堂領・皇室領
音羽荘《おとわ》	近江	高島	平惟仲領・白河寂楽寺領・喜多院領・石山寺領・禅林寺領・円満院領・桜井宮門跡領・如意寺領・山門領
尾(小)奈御厨《おな》	遠江	浜名	伊勢神宮領・内宮領・九条家領・宜秋門院領・摂関家領
小中荘《おなか》	筑前	糟屋	安楽寺領
尾長保《おなが》	能登	羽咋	
小中上御厨《おなかがみ》	伊勢	員弁	伊勢神宮領・外宮領
小沼荘《おぬま》	駿河	志太	
小野荘《おの》	山城	葛野	禁裏料所・皇室領・賀茂社領
小野荘《おの》	山城	宇治	後白河院領・皇室領・六条家領・醍醐寺領・三宝院領・最勝光院領
小野荘《おの》	大和	平群	西大寺田・興福寺領
小野荘《おの》	大和	葛上	
小野荘《おの》	三河	宝飫	賀茂別雷社領・賀茂社領
小野荘《おの》	近江	滋賀	和歌所領・官衙領
小野荘《おの》	近江	坂田	大原浄蓮華院領・三鈷寺領・冷泉家領
小野荘《おの》	下野	芳賀	貞観寺領
小野荘《おの》	丹波	多紀	賀茂社領
小野荘《おの》	但馬	出石	
小野荘《おの》	豊後	国崎	宇佐八幡宮領
小野荘《おの》	肥後	益城	
小野保《おの》	陸奥	安積	
小野保《おの》	周防	吉敷	
小野牧《おの》	武蔵	多摩	勅旨牧・皇室領
小野牧《おの》	信濃	伊那	左馬寮領
小野田荘《おのた》	三河	宝飫	賀茂別雷社領・賀茂社領
小野田荘《おのた》	備前	磐梨	
小野谷荘《おのだに》	越前	今立	安楽寿院領・皇室領
小野寺保《おのでら》	下野	都賀	
小野林御園《おのはやし》	伊勢	安濃	伊勢神宮領・外宮領
小野原荘《おのはら》	丹波	多紀	住吉社領・東大寺領・和田寺領
小野平御厨《おのひら》	伊勢	安濃	伊勢神宮領・内宮領・外宮領・二宮領
尾松荘《おのまつ》	陸奥	栗原	
小野山《おのやま》	山城	葛野	主殿寮領・官衙領・小槻家領(年預伴氏領)・仙洞料所(一部)・皇室領・賀茂社領
小野鰐荘《おのわに》	肥後	益城	皇室領・修明門院・七条院領・四辻親王家領
小橋荘《おばせ》	摂津	東生	法性寺領・近衛家領・摂関家領
小幡荘《おばた》	丹波	何鹿	皇嘉門院領・摂関家領・大報恩寺領
小俣御厨《おばた》	伊勢	度会	伊勢神宮領・外宮領
小幡位田《おばたいでん》	近江	神崎	九条道家領・摂関家領・九条家領・一条家領・日吉社領
小幡位田《おばたいでん》	丹波	何鹿	皇室領
小(大)浜御厨《おはま》	志摩	答志	伊勢神宮領・外宮領・内宮領・二宮領・九鬼氏領・法楽寺領
小林荘《おばやし》	摂津	武庫	勧修寺家領・三鈷寺領・新熊野社領・皇室領・藤原兼経領(上荘)
小林御園《おばやし》	伊勢	度会	伊勢神宮領・外宮領
小原荘《おはら》	大和	高市	興福寺領
大原荘《おはら》	大和	高市	興福寺領
小原荘《おばら》	上野	邑楽	
小原荘《おばら》	丹波	未勘	勧学院領・摂関家領
小榛荘《おはり》	越前	坂井	東大寺領
小針原荘《おはりはら》	越中	婦負	
小針道荘《おはりみち》	加賀	石川	
小原荘《おばる》	大隅	肝属	安楽寺領
小原別符《おばる》	大隅	肝属	中宮職領・官衙領
飫肥院《おび》	日向	宮崎	
飫富荘《おふ》	上総	望陀	春日社領・春日東塔検校職領・飫富大明神領・得宗領
小夫荘《おぶ》	大和	城上	興福寺領・春日社領
大福荘《おふく》	長門	美祢	石清水八幡宮領
小向荘《おぶけ》	伊勢	朝明	室町幕府御料所
小向御園《おぶけ》	伊勢	朝明	伊勢神宮領・内宮領・外宮領・二宮領・室町幕府御料所・曇花院領
小部荘《おべ》	摂津	武庫	
小戸西荘《おべにし》	摂津	武庫	梅津是心院領
小俣荘《おまた》	周防	吉敷	玉祖社領・東大寺領・法金剛院領・仁和寺宮領・皇室領

荘　園　名	国名	郡名	領 家・本 家
尾美荘《おみ》	備前	児島	
尾箕荘《おみ》	越前	足羽	左右馬寮領（馬寮領）・官衙領
麻続（績）荘《おみ・おうみ》	美濃	未勘	法金剛院領・皇室領・仙洞御領
麻続（績）牧《おみ》	美濃	未勘	室町院領・亀山院領・昭慶門院領・皇室領
麻績御厨《おみ》	信濃	伊那	平正弘領・後院領・伊勢神宮領・内宮領
麻続古河御園《おみふるかわ》	伊勢	飯野	伊勢神宮領
重栖荘《おもす》	隠岐	隠地	摂関家領・法成寺領
小文間荘《おもんま》	下総	相馬	
小楊（柳）津御厨《おやいづ・おやぎづ》	駿河	益頭	伊勢神宮領・外宮領・西園寺家領・冷泉家領
小楊津御園《おやいづ》	駿河	益頭	伊勢神宮領・外宮領
小宅荘《おやけ》	播磨	揖保	中御門家領（預所職）・大徳寺領（三職方）
小山御薗《おやま》	志摩	英虞	伊勢神宮領
小山荘《おやま》	下野	都賀	後白河院領・皇室領・伊勢神宮領・内宮領・外宮領・金沢称名寺領（乙女郷）
小山荘《おやま》	越前	大野	安楽寿院領・昭慶門院領・皇室領（本家職）・春日社領・藤原成通家領（領家）
小山泉荘《おやまいずみ》	越前	大野	
小山田荘《おやまだ》	武蔵	多摩	円覚寺領・黄梅院領
小山田保《おやまだ》	武蔵	多摩	円覚寺領（黄梅院領）
小山田御厨《おやまだ》	伊勢	員弁	伊勢神宮領・内宮領
小山田御厨《おやまだ》	伊勢	三重	伊勢神宮領・内宮領・外宮領・二宮領
小倭荘《おやまと》	伊勢	壱志	六条院領・皇室領・関東御領
小山戸（小大和）荘《おやまと》	大和	山辺	興福寺領・大乗院領
小倭田荘《おやまとだ》	伊勢	壱志	
小山辺荘《おやまべ》	三河	未勘	得宗領（守時跡）・足利尊氏領・室町幕府御料所
小弓荘《おゆみ》	尾張	丹羽	摂関家領・近衛家領・海蔵院領・楞伽寺領（犬山領家職）
青土荘《おらづち》	近江	甲賀	
織田荘《おりた》	若狭	三方	延暦寺領・常寿院領・青蓮院門跡領・山門領
下津御厨《おりつ》	尾張	中島	伊勢神宮領・内宮領
尾呂志荘《おろし》	紀伊	牟婁	
大脇荘《おわき》	近江	蒲生	
尾張荘《おわり》	尾張	未勘	東大寺領
尾張保《おわり》	備前	邑久	賀茂社領・賀茂別雷社領・石清水八幡宮領・正伝寺領
遠賀荘《おんが》	筑前	遠賀	仁和寺領
恩智荘《おんじ》	河内	高安	内蔵寮領（御厨）・官衙領
恩田荘《おんだ》	和泉	日根	春日社領
恩田御厨《おんだ》	武蔵	大里	長福寺領（田島郷）・伊勢神宮領・内宮領・外宮領・二宮領
温治荘《おんち》	出雲	未勘	昭慶門院領・皇室領
か			
甲斐荘《かい》	大和	城下	興福寺領・厳浄院領・東北院領
甲斐荘《かい》	河内	錦部	故入道式部卿親王領・石清水八幡宮寺領（大菩薩宝前常灯料・観音堂領）
海印寺荘《かいいんじ》	山城	乙訓	観勝寺領・東大寺領
加井内荘《かいうち》	摂津	未勘	七条院領

荘　園　名	国名	郡名	領 家・本 家
会喜荘《かいき》	大和	未勘	東大寺領
開田荘《かいた》	安芸	安芸	八条院領・和徳門院領・昭慶門院領・皇室領・後宇多院領・春日社領・聖護院門跡領・園城寺領・仁和寺領
開田荘《かいた》	豊前	宇佐	
粥田荘《かいた》	筑前	鞍手	高野山領・金剛三昧院領・一心院領
買田荘《かいた》	讃岐	那珂	園城寺領
粥田新荘《かいた》	筑前	鞍手	高野山領・金剛三昧院領・多宝塔領
開田御厨《かいた》	伊勢	安濃	伊勢神宮領・内宮領
開田御厨《かいた》	伊勢	朝明	伊勢神宮領・内宮領
海智（千）荘《かいち》	大和	山辺	興福寺領・大乗院領
海（貝）津荘《かいづ》	近江	高島	大覚寺領・近衛家領・実相院領・室町幕府御料所
蕩津御厨《かいつ》	駿河	益頭	伊勢神宮領・外宮領
海津西荘《かいづにし》	近江	高島	妙法院領・大覚寺領・青蓮院門跡領・万里小路家領
開田荘《かいて》	近江	高島	某寺領（東大寺僧建立寺）・実相院領（造営料所）・山門領・仁和寺領・室町幕府御料所
鶏冠井（蝦手井）荘《かいて》	山城	乙訓	徳大寺家領・善峯寺領（往生院領）・石清水八幡宮領
開田荘《かいでん》	山城	乙訓	仁和寺領
海東荘《かいとう》	尾張	海部	平頼盛領・蓮華王院領・皇室領・久我家領
海東上荘《かいとう》	尾張	海部	平頼盛領・蓮華王院領・久我家領
海東中荘《かいとう》	尾張	海部	平頼盛領・蓮華王院領・久我家領
海東下荘《かいとう》	尾張	海部	
貝野荘《かいの》	播磨	神崎	北野社領・真満院領
柏原荘《かいばら》	丹波	氷上	石清水八幡宮寺領
開発荘《かいほつ》	加賀	能美	賀茂社領
開発保《かいほつ》	若狭	遠敷	国衙領・得宗領
加恵留保《かえる》	越前	敦賀	皇室領・後嵯峨院領・日吉社領（十禅師長日供料所）
加賀荘《かか》	出雲	島根	皇室領（本家）・蓮華王院領・水無瀬家領（領家）
禾賀荘《かが》	但馬	朝来	仁和寺領
可賀島荘《かがしま》	摂津	西成	石清水八幡宮領・極楽寺領
香香地荘《かかぢ・かがち》	豊後	国崎	宇佐弥勒寺領・喜多院領
香登荘《かがと》	備前	和気	八条院領・皇室領・美福門院領・高野山領（菩提心院領）・後宇多院領・昭慶門院領・正親町三条家領
賀保荘《かがほ》	周防	吉敷	中院流家領
鏡荘《かがみ》	近江	蒲生	慈円所領・延暦寺領・山門領
鏡荘《かがみ》	加賀	未勘	関白道家領・摂関家領・九条家領・藤原全子領・一条家領
鏡荘《かがみ》	肥前	松浦	三昧院領・慈鎮領・青蓮院門跡領・山門領
香美荘《かがみ》	美作	苫西	天台座主円基私領（預所職）・日吉社領（十禅師金泥一切教供養料所、預所職）・勧修寺領（地頭職か）
香美本荘《かがみ》	美作	苫西	
香美新荘《かがみ》	美作	苫西	勧修寺領・大金剛院領・大覚寺領
加加美荘《かがみ》	甲斐	巨摩	勧修寺領・慈鎮領・大成就

荘　園　名	国名	郡名	領 家・本 家
			院領・山門領
賀川別荘《かがわべっ》	周防	吉敷	皇室領・安楽寿院領・昭慶門院領
垣荘《かき》	摂津	未勘	中原家領
柿園《かき》	筑前	未勘	
柿御園《かき》	伊勢	飯高	伊勢神宮領・外宮領
柿御園《かき》	尾張	中島	蔵人所領・伊勢神宮領・外宮領
柿御園《かき》	近江	神崎	近衛家領・摂関家領・東大寺領
柿御園《かき》	美濃	未勘	
垣岡荘《かきおか》	播磨	未勘	勧学院領・摂関家領
垣崎荘《かきさき》	筑前	遠賀	東北院領・摂関家領
垣島牛牧《かきしま》	周防	熊毛	兵部省官牧
垣田荘《かきた》	備後	未勘	皇室領・安楽寿院領・亀山院領・昭慶門院領・世良親王領・臨川寺領・三会院領
柿原荘《かきはら》	阿波	阿波	
蛎久荘《かきひさ》	肥前	佐嘉	安楽寺領
垣見荘《かきみ》	近江	神崎	近衛家領・摂関家領
賀(加・架)来荘《かく》	豊後	大分	一条家領(前左大将家室家)・摂関家領・柞原八幡宮領・山法師備後僧都幸秀(平丸名領家)
楽得別符《がくとく》	筑後	未勘	安楽寺領
香子山荘《かぐやま》	大和	十市	興福寺領・一乗院領
懸川荘《かけがわ》	遠江	佐野	普広院領(足利義教領)・室町幕府御料所
梯荘《かけはし》	大和	山辺	桃尾寺領
懸橋荘《かけはし》	大和	山辺	春日社領・興福寺領・大乗院領
蔭山荘《かげやま》	播磨	神崎	自在王院領・九条家領・摂関家領・慶雲院聖泉庵領(江鮒村)・南禅寺雲門庵領・相国寺富春軒領(中村)
賀古荘《かこ》	播磨	賀古	天王寺領・青蓮院領・後宇多院領・後高倉院法華堂領・皇室領・万里小路家領
鹿児島荘《かごしま》	薩摩	鹿児島	宇佐弥勒寺領・喜多院領・国分寺領
賀古新荘《かこの》	播磨	賀古	太山寺領・万里小路家領
笠荘《かさ》	近江	栗太	興福寺領
河西荘《かさい》	大和	忍海	興福寺領・大乗院領・東大寺領
笠井荘《かさい》	遠江	長上	室町幕府御料所？
葛西荘《かさい》	下総	葛飾	
葛西荘《かさい》	陸奥	磐井	
葛西御厨《かさい》	下総	葛飾	伊勢神宮領・内宮領・外宮領・二宮領・神官占部氏領
葛西御園《かさい》	下総	葛飾	室町院領・皇室領・北白河院領
葛西猿俣御厨《かさいさるがまた》	下総	葛飾	伊勢神宮領・内宮領
笠居御厨《かさおり》	讃岐	香川	伊勢神宮領・内宮領・九条家領・摂関家領
笠置荘《かさぎ》	山城	相楽	京都河原院領
笠服荘《かさぎ》	伊勢	多気	石山寺領・伊勢神宮領・内宮領・外宮領・二宮領
笠木荘《かさぎ》	美濃	不破	
笠服御園《かさぎ》	伊勢	度会	伊勢神宮領・外宮領
笠毛荘《かさけ》	美濃	不破	
笠子荘《かさご》	遠江	浜名	
笠師保《かさし》	能登	能登	
笠科荘《かさしな》	上野	利根	安楽寿院領・皇室領
笠田御厨《かさた》	伊勢	員弁	伊勢神宮領・内宮領・外宮領・二宮領・国衙領

荘　園　名	国名	郡名	領 家・本 家
笠取荘《かさとり》	山城	宇治	醍醐寺領・観音堂領・延命院領(東荘)・三宝院門跡領・清住寺領(西荘)
笠取西荘《かさとりにし》	山城	宇治	醍醐寺領・観音堂領・清住寺領
笠取東荘《かさとりひがし》	山城	宇治	醍醐寺領・延命院領・理性院領
風早荘《かざはや》	下総	葛飾	
笠原荘《かさはら》	遠江	城飼	左大臣源俊房領・花山院太政大臣藤原忠雅領・斎院領・高松神社領
笠原荘《かさはら》	播磨	賀茂	
笠原牧《かさはら》	遠江	城飼	摂関家領・藤原頼通領・源俊房家領
笠原牧《かさはら》	信濃	伊那	勅旨牧・皇室領・左馬寮領
笠原牧《かさはら》	信濃	高井	勅旨牧・皇室領・摂関家領・左馬寮領
笠間荘《かさま》	大和	宇陀	多武峯寺領・談山神社領
笠間荘《かさま》	大和	山辺	東大寺領
笠間荘《かさま》	伊勢	員弁	平正弘領・皇室領・得宗領地頭職
笠間荘《かさま》	常陸	新治	
笠間保《かさま》	常陸	新治	大蔵省領・官衙領・北白河院領
笠間保《かさま》	加賀	石川	南禅寺領
笠間東保《かさまひがし》	加賀	石川	南禅寺領・皇室領
笠間吉富保《かさまよしとみ》	伊勢	員弁	伊勢神宮領・得宗領地頭職
笠目荘《かさめ》	大和	平群	西大寺領・興福寺領
菓子荘《かし》	大和	未勘	興福寺領
梶荘《かじ》	越後	頚城	皇室領・室町院領
加治荘《かじ》	武蔵	高麗	
加地荘《かじ》	越後	沼垂	東大寺領
加地荘《かじ》	越後	沼垂	皇室領・金剛院領(金剛勝院領)・堀河大納言家領(源定房)・室町院領・萩原殿直仁親王領・久我家領(領家)
加治御園《かじ》	三河	渥美	伊勢神宮領・内宮領
鍛治御園《かじ》	伊勢	未勘	
香椎荘《かしい》	筑前	糟屋	石清水八幡宮領・大宰府領・平家没官領・平頼盛領・蓮華王院領・皇室領
賀志尾荘《かしお》	淡路	三原	高野山領
加志尾園《かしお》	美濃	未勘	伊勢神宮領
柏尾保《かしお》	播磨	神崎	
加志尾御園《かしお》	伊勢	安濃	伊勢神宮領・内宮領
加志岐別符《かしき》	石見	那賀	国衙領
加治木院《かじき》	大隅	哈羅	正八幡宮領(大隅、半不輸)・石清水八幡宮領(本家)
加治墓御園《かじき》	伊勢	河曲	伊勢神宮領・内宮領
梶並荘《かじなみ》	美作	勝田	石清水八幡宮寺領
鹿忍荘《かしの》	備前	邑久	善法律寺領
菓子東荘《かしひがし》	大和	城下	興福寺領(雑役免)・大乗院領
賀島荘《かしま》	摂津	西成	仁和寺塔頭・青蓮寺領・西園寺公経領・石清水八幡宮領・室町幕府御料所
賀島荘《かじま・かしま》	駿河	富士	得宗領・雲頂院領・鹿苑院領
鹿島馬牧《かしま》	肥前	藤津	兵部省官牧
賀集荘《かしゅう》	淡路	三原	高野山領(宝幢院領、宝塔三昧院領)・宝持院領・皇室領・長講堂領・三条宰

荘園一覧

荘　園　名	国名	郡名	領 家・本 家
			相中将家領(預所職)
柏井荘《かしわい》	尾張	春部	後宇多院領・皇室領・昭慶門院領(庁分)・善統親王領・四辻宮家領・七条院領・等持院領
柏木御厨《かしわぎ》	近江	甲賀	伊勢神宮領・外宮領・称名寺領(得宗領)
柏木新御厨《かしわぎしん》	近江	甲賀	伊勢神宮領・外宮領
柏前牧《かしわざき》	甲斐	巨摩	勅旨牧・皇室領
柏島牛牧《かしわじま》	肥前	松浦	兵部省官牧
膳夫荘《かしわで》	大和	十市	多武峯寺領(寄郡)・談山神社領
柏野荘《かしわの》	伊賀	阿拝	東大寺領・長講堂領・皇室領・妙香院領・慈徳寺領
柏野荘《かしわの》	播磨	宍粟	安嘉門院領・皇室領・八条院領・後宇多院領・六条宰相有房領
柏原荘《かしわばら》	近江	坂田	郁芳門院領・醍醐寺領・円光院領・新御願堂領
柏原荘《かしわばら》	播磨	佐用	石清水八幡宮領
柏原別符《かしわばる》	日向	宮崎	宇佐八幡宮領
柏原荘《かしわら》	伊賀	阿拝	東大寺領
梶原荘《かじわら》	摂津	島上	楞厳三昧院領
主計保《かずえ》	越前	足羽	
春日荘《かすが》	大和	添上	東大寺領・東大寺鎮守八幡祭礼料所
春日荘《かすが》	大和	宇陀	興福寺領・一乗院領
春日保《かすが》	播磨	飾磨	
春日保《かすが》	周防	吉敷	
春日西荘《かすがにし》	大和	添上	
春日原荘《かすがはら》	武蔵	未勘	
春日部荘《かすかべ》	丹波	氷上	新日吉社領・丹波安国寺領(中山村)・宝鏡寺領(多利村)・相国寺勝定院領(黒井)・室町幕府御料所
春部荘《かすかべ》	尾張	春部	東大寺領
員田御園《かずた》	伊勢	飯野	伊勢神宮領
員光保《かずみつ》	長門	豊浦	北野社領・大蔵省領・官衙領
糟屋荘《かすや》	相模	大住	安楽寿院領・皇室領・昭慶門院領・広橋雅清領(預所)・得宗領(貞直跡)・足利尊氏領・室町幕府御料所・久我家領
糟屋御園《かすや》	伊勢	多気	伊勢神宮領
糟屋御園《かすや》	伊勢	度会	伊勢神宮領
上神荘《かずわ》	伯耆	久米	
賀勢荘《かせ》	武蔵	橘樹	宣陽門院領・皇室領
鹿瀬(嘉瀬・賀世)荘《かせ》	肥前	佐嘉	平教盛領
拵保《かせ》	播磨	未勘	
拵田荘《かせだ》	紀伊	伊都	高野山領・大伝法院領・根来寺領・神護寺領・讃岐院領・皇室領
加世田別符《かせだ》	薩摩	阿多	摂関家領・近衛家領・一乗院領・興福寺領・宇佐弥勒寺領・得宗領
笠田荘《かせだ》	紀伊	伊都	讃岐院領・神護寺領
鹿田荘《かた》	備前	御野	摂関家領・関白渡領・興福寺領(長講法花両会料所)
加田荘《かだ》	近江	坂田	三条家領(正親町三条家領・三条西家領)・室町幕府御料所?
賀太(田)荘《かだ》	紀伊	海部	近衛家領・平信範女領
賀駄荘《かだ》	筑後	御井	観世音寺榛
鹿田荘《かだ》	越中	射水	東大寺領

荘　園　名	国名	郡名	領 家・本 家
賀太本荘《かだ》	紀伊	海部	
賀太新荘《かだ》	紀伊	海部	
片岡荘《かたおか》	大和	葛下	興福寺領
片岡荘《かたおか》	播磨	揖保	
片岡荘《かたおか》	備前	邑久	石清水八幡宮寺領・極楽寺領
片岡御園《かたおか》	伊勢	多気	伊勢神宮領・外宮領
形上荘《かたかみ》	能登	珠洲	後宇多院領・皇室領・昭慶門院領(庁分)・八条院領
方上荘《かたかみ》	越前	今立	摂関家領・殿下渡領
潟上荘《かたがみ》	周防	吉敷	摂関家領・勧学院領・浄妙寺領(造営料所)
方上保《かたかみ》	能登	珠洲	八条院領・皇室領
固上御厨《かたかみ》	伊勢	度会	伊勢神宮領・内宮領
堅上御園《かたかみ》	伊勢	度会	
鹿集荘《かたかり》	丹波	氷上	仁和寺領(大教院領)
加田久江園《かたくえ》	筑後	未勘	宇佐八幡宮領
堅島荘《かたしま》	豊前	京都	安楽寺領・遍智院領(真言堂長日護摩供料所)
片島荘《かたしま》	播磨	揖保	
堅田荘《かたた》	近江	滋賀	横川楞厳院領・山門領
堅田荘《かただ》	播磨	明石	
固(片)田荘《かただ》	下野	那須	勝尾寺領・日吉十禅師料所
堅田御厨《かたた》	近江	滋賀	鴨御祖社領・賀茂社領
片田(方)御厨《かただ》	志摩	英虞	伊勢神宮領・外宮領
片田御厨《かただ》	志摩	答志	伊勢神宮領・内宮領・外宮領・二宮領
方田御厨《かただ》	遠江	未勘	
片野荘《かたの》	但馬	出石	崇徳院御影堂領・二位律師領・皇室領
片野荘《かたの》	讃岐	未勘	兵部卿宮領
方上保《かたのかみ》	阿波	勝浦	
方上御厨《かたのかみ》	駿河	益頭	伊勢神宮領・内宮領
片火御厨《かたひ》	伊勢	員弁	伊勢神宮領・内宮領
帷荘《かたびら》	美濃	可児	平家没官領・一条能保室家・醍醐寺領・三宝院領・内裏料所・皇室領
片淵御厨《かたぶち》	伊勢	奄芸	伊勢神宮領・内宮領・法泉寺領(醍醐寺末寺)
方穂荘《かたほ》	常陸	筑波	日吉社領・常陸東盛寺領
片俣荘《かたまた》	肥後	合志	
片俣領《かたまた》	肥後	合志	安楽寺領
筺荘《かたみ》	伯耆	八橋	
片梁田御厨《かたやなだ》	下野	梁田	伊勢神宮領・内宮領・外宮領・二宮領
片山荘《かたやま》	武蔵	多摩	
片山荘《かたやま》	土佐	長岡	勝定院領・九条家領・摂関家領
片山御園《かたやま》	伊勢	多気	伊勢神宮領・外宮領
搗栗御厨《かちくり》	尾張	丹羽	伊勢神宮領・内宮領・石清水八幡宮領
勝津荘《かちつ》	阿波	勝浦	西園寺家領
賀都荘《かつ》	但馬	朝来	皇室領・歓喜光院領・南禅寺領
賀都上荘《かつ》	但馬	朝来	歓喜光院領・皇室領
賀都下荘《かつ》	但馬	朝来	歓喜光院領・皇室領
勝浦荘《かつうら・かつら》	阿波	勝浦	高野山領・金剛峯寺領・円勝寺領・仁和寺宮領・西山地蔵院領・東大寺領
勝浦本荘《かつうら》	阿波	勝浦	
勝浦新荘《かつうら》	阿波	勝浦	
勝浦山《かつうらやま》	阿波	勝浦	
勝木荘《かつき》	筑前	遠賀	
勝田荘《かつた》	伯耆	八橋	

荘　園　名	国名	郡名	領 家・本 家
勝田荘《かつた》	伯耆	会見	
勝田荘《かつた》	備後	安那	賀茂社領・賀茂御祖社領
勝田本荘《かつた》	備後	安那	賀茂社領
勝手荘《かって》	近江	犬上	日吉社領・山門領
勝部日武末保《かつべひたけすえ》	近江	栗太	日吉社領・山門領
勝間荘《かつま》	讃岐	三野	仁和寺領・法金剛院領・法華堂領
勝間保《かつま》	周防	熊毛	東大寺領(国衙領)
勝田荘《かつまた》	遠江	蓁原	粟田宮社領・崇徳院御影堂領・青蓮院門跡領
勝田荘《かつまた》	美作	勝田	熊野山領・那智山領・成勝寺領・東寺領・聖護院領・園城寺領・相国寺領・雲頂院領
堅海荘《かつみ》	若狭	遠敷	
賀積保《かづみ》	越中	新川	八坂神社領
桂荘《かつら》	山城	葛野	七条院領・皇室領・東寺領
桂荘《かつら》	伊賀	伊賀	尊勝院領・東大寺領
桂荘《かつら》	武蔵	入間	
桂井牧《かつらい》	信濃	未勘	左馬寮領
桂上野荘《かつらかみの》	山城	葛野	前大納言家領
葛川荘《かつらがわ》	近江	滋賀	青蓮院門跡領(本家)・無動寺領(領家)・山門領
葛木荘《かつらぎ》	大和	葛上	法隆寺領
葛木荘《かつらぎ》	備前	赤坂	
桂殿《かつらどの》	山城	葛野	近衛家領・摂関家領
桂西荘《かつらにし》	山城	葛野	安楽寿院領・皇室領・葉室家領
葛原荘《かつらばら》	讃岐	多度	賀茂御祖社領・賀茂社領
桂東荘《かつらひがし》	山城	葛野	七条院領・皇室領・四辻入道親王領(北方)
桂南荘《かつらみなみ》	山城	葛野	勝薗寺領
加斗荘《かと》	若狭	大飯	園城寺領・円満院領
賀都荘《かと》	陸奥	未勘	
角荘《かど》	大和	山辺	東大寺領・東南院領
鹿土浦御厨《かどうら》	伊勢	未勘	豊受大神宮領
加斗加納《かとかのう》	若狭	大飯	国衙領・円城寺領・円満院領・二条家領
葛野荘《かどの》	丹波	氷上	宝荘厳院領・皇室領・保安寺領・大宮院領・東寺領・臨川寺領(領家職)・石清水八幡宮領
葛野荘《かどの》	筑後	上妻	安楽寺領
葛野牧《かどの》	丹波	氷上	宝荘厳院領・皇室領・冷泉朝隆家領
葛野新郷《かどのしん》	丹波	氷上	醍醐寺領・三宝院領・篠村八幡宮領・鹿王院領・宝幢寺領(1/3)
門真荘《かどま》	河内	茨田	室町幕府御料所
門真荘《かどま》	尾張	中島	長講堂領・宣陽門院領・皇室領
門屋荘《かどや》	出羽	山本	
香(鹿)取荘《かとり》	伊勢	桑名	藤原公季領・篤子内親王領(堀河中宮)・陽明門院領・皇室領・聖護院宮領・室町幕府御料所
金畏東西《かない》	備前	未勘	北野社領(領家職)
金居荘《かない》	美濃	未勘	歓喜光院領・昭慶門院領・皇室領
金浦荘《かなうら》	加賀	石川	
金岡荘《かなおか》	備前	上道	皇室領・興善院領・額安寺領・興善院領(安楽寺院末寺)・昭慶門院領・北野社領(領家職)
金岡西荘《かなおかにし》	備前	上道	昭慶門院領・皇室領・北野

荘　園　名	国名	郡名	領 家・本 家
			社領
金岡東荘《かなおかひがし》	備前	上道	興禅寺領(安楽寿院末寺)・皇室領(本家職)・一条家領(領家職)・額安寺領(西大寺末寺)・北野社領
金国保《かなくに》	豊前	田河	宇佐弥勒寺領・石清水八幡宮領・善法寺家領
金倉荘《かなくら》	讃岐	那珂	
金倉上荘《かなくら》	讃岐	那珂	園城寺領・金蔵寺領
金倉下荘《かなくら》	讃岐	那珂	園城寺領
金倉保《かなくら》	讃岐	那珂	東大寺領・便補保
金倉井牧《かなくらい》	信濃	高井	左馬寮領
金田荘《かなた》	河内	八上	昭慶門院領・皇室領・宝樹院領・大覚寺領・河内教興寺領
金田荘《かなだ》	豊前	田河	久我家領・光明院領
金津荘《かなづ・かなつ》	加賀	加賀	賀茂社領・賀茂別雷社領・室町幕府御料所
金津保《かなつ》	越後	蒲原	国衙領
金綱御厨《かなつな》	伊勢	朝明	伊勢神宮領・内宮領・外宮領・二宮領
金原保《かなはら》	陸奥	伊具	得宗領
鈖(鋺)師馬牧《かなまり・おのし》	安房	未勘	兵部省官牧
金丸荘《かなまる》	美濃	未勘	春日社領・春日若宮社領
金丸荘《かなまる》	阿波	三好	蓮華王院領・皇室領・丹後局領・醍醐寺領・三宝院領・遍智院領
金丸荘《かなまる》	筑前	鞍手	
金丸保《かなまる》	能登	能登	
金丸保《かなまる》	佐渡	雑太	
金丸中荘《かなまるなか》	阿波	三好	
金丸西荘《かなまるにし》	阿波	三好	
金丸東荘《かなまるひがし》	阿波	三好	
金持荘《かなもち》	駿河	駿河	新日吉社領・醍醐寺領・三千院門跡領・日吉社領
金屋荘《かなや》	美濃	多芸	歓喜光院領・皇室領
金山保《かなやま》	越中	新川	石清水八幡宮寺領
河南荘《かなん》	大和	宇智	
雁南荘《がなん》	播磨	印南	
可児荘《かに》	美濃	可児	
蟹江荘《かにえ》	尾張	海部	
掃守荘《かにもり・かもり》	淡路	三原	八条院領・弘誓院領・後宇多院領・得長寿院領・皇室領・得宗領(高時跡)
金沢荘《かねざわ》	出羽	山本	
金田荘《かねた》	陸奥	栗原	
金田荘《かねだ》	近江	蒲生	
金田保《かねた》	上総	長柄	国衙領・称名寺領(武蔵金沢)・円覚寺領
金武保《かねたけ》	近江	未勘	雙輪寺房領
包近名《かねちか》	和泉	和泉	久米多寺領(山直郷包近名)・青蓮院門跡領(上泉郷包近名)・山門領
金次保《かねつぐ》	近江	坂田	梶井宮門跡領・山門領・万里小路家領・禁裏御料所
兼房荘《かねふさ》	武蔵	多摩	
包松保《かねまつ》	備前	邑久	賀茂社領・賀茂別雷社領
蚊野荘《かの》	近江	愛智	延暦寺領(妙香院門跡領)・山門領・永源寺領
鹿野荘《かの》	丹後	熊野	石清水八幡宮寺領(護国寺領)・醍醐寺領・三宝院領(地頭職)
狩野荘《かの》	伊豆	田方	皇室領・蓮華王院領
狩野荘《かの》	相模	足上	浄光明寺領
鹿野保《かの》	丹後	熊野	

荘園一覧

荘　園　名	国名	郡名	領家・本家
賀野御厨《かの》	尾張	中島	伊勢神宮領
加納荘《かのう》	河内	石川	金峯山吉水院領
加納荘《かのう》	陸奥	耶摩	
加納荘《かのう》	播磨	賀古	
金生荘《かのう》	筑前	鞍手	観世音寺領・東大寺領
鹿子木荘《かのこぎ》	肥後	飽田	藤原実政領・仁和寺領(本家)・源基具領(領家)・堀河大納言家領・東寺領
鹿子木西荘《かのこきにし》	肥後	飽田	
鹿子木東荘《かのこきひがし》	肥後	飽田	
鹿海荘《かのみ》	伊勢	度会	
鹿海北岡御園《かのみきたおか》	伊勢	度会	伊勢神宮領
鹿屋院《かのや》	大隅	肝属	中宮職領・官衙領・摂関家領・近衛家領・一乗院領・興福寺領・正八幡宮領(大隅)
綺荘《かば》	山城	相楽	石清水八幡宮領・興福寺領・殿下渡領・摂関家領・春日社領
蒲御厨《かば》	遠江	長上	伊勢神宮領・内宮領・東大寺領(塔婆料所)・得宗領(地頭職)・室町院領(地頭職)・皇室領
綺田荘《かばた》	近江	蒲生	相国寺領(鹿苑院領)・花山院家領
蒲屋御厨《かばや》	伊豆	賀茂	外宮領・伊勢神宮領
株尾御園《かぶお》	志摩	答志	
香淵御園《かふち》	三河	宝飫	伊勢神宮領・内宮領
可(賀)部荘《かべ》	安芸	安芸	高野山領・西塔領・大伝法院領・根来寺領・八条院領・昭慶門院領・皇室領(本家職)
鴨部荘《かべ》	讃岐	寒川	石清水観音堂領
嘉麻荘《かま》	筑前	嘉麻	無動寺領
嘉万別符《かま》	長門	美祢	
竈合馬牧《かまい》	周防	熊毛	兵部省官牧
蒲形荘《かまかた》	三河	宝飫	藤原俊成領・熊野山領(別当湛海領)・平家没官領・関東御領
鎌倉御厨《かまくら》	武蔵	未勘	伊勢神宮領・内宮領
竈子御厨《かまこ》	志摩	答志	伊勢神宮領・外宮領
鎌田荘《かまた》	甲斐	巨摩	右大臣宗忠領・摂関家領・関白忠通・賀茂斎院領・昭慶門院領・皇室領・歓喜光院領・山門領(講堂造営料所)
鎌田荘《かまた・かまだ》	但馬	城崎	松尾社領・建長寺領(造営料所)・天竜寺領・鹿王院領・宝幢寺領
蒲田別符《かまた》	筑前	糟屋	筥崎宮領
鎌田御厨《かまた》	伊勢	壱志	伊勢神宮領・内宮領
鎌田御厨《かまだ・かまた》	遠江	山名	外宮領・内宮領・伊勢神宮領・二宮領
竈谷荘《かまたに》	丹波	船井	勧学院領・摂関家領・大原野社御神楽料所
竈谷牧《かまたに》	周防	未勘	兵部省官牧
釜綱御厨《かまつな》	伊予	未勘	
竈戸関《かまど》	周防	熊毛	賀茂別雷社領・賀茂社領
竈門荘《かまど》	豊後	速見	宇佐弥勒寺領・喜多院領・法華堂領・随心院領
竈門御厨《かまど》	周防	熊毛	
釜谷荘《かまや》	三河	幡豆	
釜屋保《かまや》	佐渡	賀茂	
上荘《かみ》	大和	平群	
上荘《かみ》	大和	山辺	
上荘《かみ》	備中	都宇	
上荘《かみ》	豊前	宇佐	
上本荘《かみ》	豊前	築城	
上新荘《かみ》	摂津	西成	
上新荘《かみ》	越前	今立	
上新荘《かみ》	越前	坂井	
上保《かみ》	美濃	郡上	宣陽門院領・皇室領・妙心寺領(山城)・室町幕府御料所
上保《かみ》	但馬	未勘	
上秋荘《かみあき》	美濃	大野	鷲尾家領・八坂神社領(一部寄進地)
上石田荘《かみいしだ》	大和	宇陀	興福寺領
上泉荘《かみいずみ》	和泉	和泉	延暦寺領・青蓮院領(門跡領)
上揖保荘《かみいぼ》	播磨	揖保	最勝光院領・皇室領・室町幕府御料所・東寺領(本家職)
上大山荘《かみおおやま》	出羽	村山	
神岡荘《かみおか》	播磨	揖保	
上岡御園《かみおか》	伊勢	安濃	伊勢神宮領
上小野保《かみおの》	周防	佐波	東大寺領(国衙領)
上笠間荘《かみかさま》	大和	山辺	
上方荘《かみかた》	駿河	富士	
上搗栗御厨《かみかちくり》	尾張	丹羽	伊勢神宮領
上桂荘《かみかつら》	山城	葛野	七条院領・修明門院領・四辻入道親王順徳院皇子領・後宇多院領・東寺領・四辻親王領・皇室領・安楽寿院領
上桂県荘《かみかつらあがた》	山城	葛野	
上門真荘《かみかどま》	尾張	葉栗	長講堂領・皇室領
上賀陽荘《かみかや》	但馬	気多	
神谷御厨《かみがや》	三河	八名	伊勢神宮領・内宮領・外宮領・二宮領
上久世荘《かみくぜ》	山城	乙訓	東寺領・東寺八幡宮領・最勝金剛院領・元興寺領・西大寺領・成勝寺領・得宗領
神蔵(倉)荘《かみくら》	肥後	託麻	最勝光院領・七条院領・皇室領・東寺領
神倉保《かみくら》	越中	未勘	山門領・天台座主円基領
上河内荘《かみこうち》	美作	大庭	
上佐貫荘《かみさぬき》	上野	邑楽	
上三郡荘《かみさんごおり》	但馬	未勘	
上島荘《かみしま》	丹波	何鹿	梅宮社領
髪白荘《かみしろ》	肥前	高来	
上薗御園《かみその》	伊勢	度会	伊勢神宮領
上高岸下荘《かみたかきし》	近江	未勘	小野宮家領
上竹仁保《かみたけに》	安芸	豊田	厳島社領
上津岡御園《かみつおか》	伊勢	安濃	伊勢神宮領・内宮領
上土田荘《かみつちだ》	大和	平群	興福寺領
上沼御園《かみつぬ》	尾張	丹羽	伊勢神宮領・熱田社領
上津原御園《かみつはら》	伊勢	飯高	伊勢神宮領・内宮領・外宮領・二宮領
上津見保《かみつみ》	越中	砺波	
上津毛別符《かみつも》	石見	美濃	国衙領
上得地荘《かみとくじ》	周防	佐波	東福寺領
上鳥見荘《かみとみ》	大和	添下	興福寺領・大乗院領
上長井荘《かみながい》	出羽	置賜	
上生栗御厨《かみなまくり》	尾張	未勘	伊勢神宮領・内宮領
上仁和寺荘《かみにわいじ》	河内	茨田	仁和寺領・室町院領(本家職)・皇室領(持明院統)・石清水八幡宮領・妙心寺領(領家、地頭職)
上乃荘《かみの》	越中	射水	南禅寺領・慈聖院領

荘　園　名	国名	郡名	領家・本家
上野荘《かみの》	山城	葛野	七条院領・皇室領(本家)・藤原教子領・内大臣阿闍梨清厳領(領家職)・山門領・東寺領
神野荘《かみの》	和泉	日根	
神野荘《かみの》	美濃	武芸	近衛家領・摂関家領・法性寺領(修二月会料所)・一条門跡領・西南院領
上保《かみの》	美濃	武芸	
上吐田荘《かみはんだ》	大和	平群	東大寺領・興福寺領・源前大納言家領
上町野荘《かみまちの》	能登	鳳至	九条家領・摂関家領
上三井荘《かみみ》	丹波	氷上	
上三江荘《かみみえ》	但馬	城崎	二位律師実秀領(東方)・因幡法眼領(西方)・新田氏領・日吉社領
上三栖荘《かみみす》	山城	紀伊	安楽寿院領・八条院領・順徳天皇領・守貞親王領・安嘉門院領・高倉永康領・昭慶門院領・後醍醐領・皇室領
上村荘《かみむら》	丹波	船井	長講堂領・花園天皇領・禁裏御料所・皇室領
上毛利荘《かみもり》	相模	愛甲	
紙屋(神谷)荘《かみや》	越後	古志	摂関家領・殿下渡領・平等院領・近衛家領・山城実相院領・得宗領(得宗領跡)・室町幕府御料所？
上谷御厨《かみや》	三河	渥美	伊勢神宮領・内宮領・外宮領・二宮領
上養父荘《かみやぶ》	肥前	養父	宇佐弥勒寺領・喜多院領
紙山保《かみやま》	越前	大野	安楽寿院領・皇室領・春日社領
上和佐荘《かみわさ》	紀伊	名草	
上神荘《かむつみわ》	和泉	大鳥	
神村荘《かむら》	備後	御調	石清水八幡宮領・宝塔院領
亀井荘《かめい》	武蔵	比企	
鴨(加茂)荘《かも》	因幡	八上	
鴨荘《かも》	長門	厚狭	賀茂御祖社領・賀茂社領
鴨荘《かも》	讃岐	多度	賀茂社領・賀茂御祖社領
鴨荘《かも》	伊予	未勘	
加茂荘《かも》	美濃	賀茂	
加茂荘《かも》	出雲	大原	
賀茂荘《かも》	山城	相楽	東大寺領・興福寺領・右大将家領・賀茂社領
賀茂荘《かも》	摂津	河辺	摂関家領・国衙領
賀(加)茂荘《かも》	志摩	答志	伊勢神宮領・外宮領・内宮領・二宮領
賀(加)茂荘《かも》	遠江	城飼	賀茂御祖社領・賀茂社領
賀茂荘《かも》	近江	高島	賀茂社領
賀茂荘《かも》	若狭	遠敷	賀茂別雷社領・賀茂社領
賀茂荘《かも》	能登	羽咋	賀茂別雷社領・賀茂社領
賀茂荘《かも》	丹波	氷上	
賀茂荘《かも》	播磨	揖保	建聖院領
賀茂荘《かも》	美作	苫東	
賀茂荘《かも》	備中	都宇	
賀(加)茂荘《かも》	紀伊	海部	
賀茂保《かも》	佐渡	賀茂	園城寺領
蒲生院《かもう》	大隅	哈羅	正八幡宮領(大隅、半分)・国衙領
蒲生荘《がもう》	近江	蒲生	
蒲生荘《がもう》	因幡	巨濃	石清水八幡宮領
蒲生保《がもう》	近江	蒲生	祇園社領(感神院領)
蒲生御厨《がもう》	近江	蒲生	伊勢神宮領
鴨河野尻荘《かもがわのじり》	山城	乙訓	
鴨田荘《かもた》	三河	額田	
鴨田御園《かもた》	伊勢	飯野	伊勢神宮領・内宮領
鴨津荘《かもつ》	備前	未勘	勧学院領・摂関家領
鴨部荘《かもべ》	讃岐	阿野	賀茂御祖社領・賀茂社領
鴨部荘《かもべ》	土佐	土佐	石清水八幡宮領・観音堂領・美濃局領
鴨部下荘《かもべ》	阿波	未勘	
鴨村荘《かもむら》	越前	未勘	東大寺領
加守荘《かもり》	和泉	和泉	臨川寺領・三会院領
掃守保《かもり》	淡路	三原	大膳職領・便補保・官衙領
掃部荘《かもん》	淡路	三原	弘誓院領・皇室領
加悦荘《かや》	丹後	与謝	関白渡領・摂関家領・大雄寺領・九条家領・実相院領
蚊屋荘《かや》	伯耆	会見	
賀屋荘《かや》	播磨	飾磨	新熊野社領・皇室領(本所職か)・伊和社領(一宮社領、公文職)・万里小路時房領
賀舎荘《かや》	丹波	桑田	報恩院領・九条家領・光明峯寺関白家領・摂関家領・皇嘉門院領・最勝金剛院領・報恩院領
賀屋新荘《かや》	播磨	飾磨	
加陽保《かや》	因幡	八上	
萱苅荘《かやかり》	武蔵	榛沢	
萱島荘《かやしま》	阿波	板野	石清水八幡宮寺領
柏島荘《かやしま》	阿波	板野	
萱島西荘《かやしまにし》	阿波	板野	石清水八幡宮領
萱田御厨《かやだ》	下総	千葉	
萱田神保御厨《かやだじんぼ》	下総	千葉	伊勢神宮領
萱根保《かやね》	河内	未勘	中原康富領？
萱野荘《かやの》	摂津	豊島	大雲寺領・春日社領(領家)・賀茂社領・賀茂別雷社領(預所)・摂関家領(本家)・近衛家領・実相院領
萱野荘《かやの》	肥前	松浦	
萱野牧《かやの》	摂津	豊島	右馬寮領・官衙領・摂関家領
萱野北荘《かやのきた》	摂津	豊島	
萱野西荘《かやのにし》	摂津	豊島	中臣貞元領(相伝私領一段)・賀茂別雷社領(預所職)・賀茂社領・春日社領(領家職)
萱振保《かやふり》	河内	若江	中原康富領・隼人司領か
粥見御園《かゆみ》	伊勢	飯高	伊勢神宮領・内宮領・外宮領・二宮領
通生荘《かよう》	備前	児島	皇嘉門院領・皇室領・西園寺家領(本荘)・三条西家領・大覚寺門跡領(新荘)
通生本荘《かよう》	備前	児島	西園寺家領・三条西家領
通生新荘《かよう》	備前	児島	大覚寺領(門跡領)
萱生御厨《かよう》	伊勢	朝明	伊勢神宮領・内宮領
辛鍛冶荘《からかじ》	丹波	桑田	貞観寺領
唐古荘《からこ》	大和	城下	興福寺領
辛島荘《からしま》	河内	若江	小野宮家領
辛島荘《からしま》	豊前	宇佐	
辛島保《からしま》	河内	若江	
辛島牧《からしま》	大和	十市	小野宮家領
辛島牧《からしま》	河内	若江	
苅田荘《かりた》	陸奥	刈田	
狩津荘《かりつ》	尾張	山田	安楽寿院領・皇室領・昭慶門院領・木賀崎長母寺領
苅野荘《かりの》	相模	足上	
狩野荘《かりの》	尾張	山田	安楽寿院領・皇室領

荘園一覧

荘園名	国名	郡名	領家・本家
雁山荘《かりやま》	越前	足羽	東大寺領
加隆(留)荘《かる》	大和	高市	西大寺領
軽荘《かる》	大和	高市	興福寺領・大乗院領
狩城荘《かるき》	越中	砺波	東大寺領
軽部荘《かるべ》	但馬	養父	悲田院領・皇室領・興善院領
軽部荘《かるべ》	備前	赤坂	卿二位兼子所領・天竜寺領・鹿王院領・大聖寺領・梶井門跡領
餉荘《かれい》	近江	栗太	摂関家領
河合荘《かわあい》	筑後	上妻	宇佐弥勒寺領・喜多院領・西宝塔院家領
河合本荘《かわあい》	筑後	上妻	
河合新荘《かわあい》	筑後	上妻	
河合荘《かわい》	大和	広瀬	興福寺領・大乗院領・醍醐寺領
河合荘《かわい》	伊賀	阿拝	万寿寺領・円満院領(天台別院)・山門領
河合荘《かわい》	越前	足羽	仁和寺領・薬師寺北院領・禁裏御料所・皇室領・醍醐寺領・三宝院領
川合荘《かわい》	伊勢	多気	屋部親王家領(勅旨田)・成願寺領・東寺領
河合上荘《かわい》	播磨	賀茂	但馬妙見社(領家半済)
河合御園《かわい》	伊勢	奄芸	伊勢神宮領・内宮領
河会温泉《かわいおんせん》	但馬	未勘	皇室領・歓喜光院領
河合平柿荘《かわいひらがき》	伊賀	未勘	
河会荘《かわえ》	美作	英多	
河会保《かわえ》	美作	英多	賀茂御祖社領・賀茂社領
河方御厨《かわかた》	伊勢	壱志	伊勢神宮領・内宮領
河上荘《かわかみ》	大和	添上	東大寺領
河上荘《かわかみ》	尾張	丹羽	
河上荘《かわかみ》	近江	高島	平等院領・摂関家領・東大寺領・山門領(延暦寺大講堂領)
河上荘《かわかみ》	飛騨	大野	白山長滝寺領
川上荘《かわかみ》	大和	吉野	
川上荘《かわかみ》	丹後	熊野	長福寺領
川上荘《かわかみ》	紀伊	日高	神護寺領
川上本荘《かわかみ》	丹後	熊野	長福寺領
川上新荘《かわかみ》	丹後	熊野	八坂法観寺領
河上別所《かわかみ》	肥前	佐嘉	河上神社領
河北荘《かわきた》	大和	未勘	九条道家領・摂関家・九条家領・藻壁門院法華堂領
河北荘《かわきた》	尾張	中島	
河北荘《かわきた》	越前	足羽	仁和寺文書・禁裏御料所・皇室領
河北荘《かわきた》	備後	安那	皇室領(本家)・後白河院領・長講堂領・実相院門跡(領家)
河北荘《かわきた》	備後	御調	
河北荘《かわきた》	阿波	名西	徳大寺家領(領家)・鳥羽院(本所)
河北荘《かわきた》	筑後	御井	北野宮寺領・北野社領(京都)
河北保《かわきた》	丹波	多紀	光明照院領
河北牧《かわきた》	河内	交野	摂関家領
河北御厨《かわきた》	伊勢	河曲	伊勢神宮領・内宮領
河北封戸《かわきたふこ》	山城	久世	石清水八幡宮寺領
河口荘《かわくち》	丹波	天田	篠村八幡宮領・醍醐寺領・三宝院門跡領・長福寺領(北方)・鹿王院領(地頭職)
河口荘《かわぐち》	伊勢	壱志	平家没官領
河口荘《かわぐち》	越前	坂井	春日社領(一切経料所)・興福寺領・東北院領・大乗院領・法乗院領
河口保《かわぐち》	越中	射水	東福寺領・九条家領・摂関家領
河口小荘《かわくちしょう》	丹波	天田	
皮古保《かわこ》	讃岐	鵜足	
河越(肥)荘《かわごえ》	武蔵	入間	新日吉社領・新日吉社領(検校領)・永嘉門院領・室町院領・皇室領・得宗領・室町幕府御料所・鎌倉府御料所
河崎荘《かわさき》	摂津	西成	天安寺領・大江公仲領・藤原盛仲領
河崎荘《かわさき》	武蔵	橘樹	勧修寺領
河崎荘《かわさき》	美濃	大野	鷲尾家領
河崎荘《かわさき》	若狭	大飯	
河崎荘《かわさき》	筑後	上妻	
河崎荘《かわさき》	豊前	田河	筑前住吉神社領
川崎荘《かわさき》	下野	塩屋	
河崎保《かわさき》	阿波	未勘	
河島荘《かわしま》	長門	阿武	長門二宮忌宮社領
革(河)島荘《かわしま》	山城	葛野	藤原頼長領・皇室領・七条院領・修明門院・近衛家領・摂関家領・西山法花寺領・四辻宮善統親王領・三条家領・革嶋家領
河島御厨《かわしま》	伊勢	員弁	伊勢神宮領・内宮領・外宮領・二宮領
河島御園《かわしま》	伊勢	三重	伊勢神宮領・外宮領
河島北荘《かわしまきた》	山城	葛野	山科家領
河島南荘《かわしまみなみ》	山城	葛野	近衛家領・摂関家領
河下荘《かわしも》	大和	未勘	
河尻荘《かわしり》	肥後	飽田	阿蘇社領
河尻荘《かわじり》	摂津	未勘	
河後御厨《かわじり》	伊勢	三重	伊勢大神宮領・内宮領・外宮領・二宮領
川島荘《かわしわ》	大和	山辺	
河瀬荘《かわせ》	近江	犬上	山門領
河副荘《かわそえ》	肥前	佐嘉	最勝寺領・得宗領・高城寺領・河上社領
河副北荘《かわそえきた》	肥前	佐嘉	高城寺領
河副南荘《かわそえみなみ》	肥前	佐嘉	高城寺領
川田荘《かわた》	駿河	富士	
河田荘《かわだ》	河内	若江	後宇多院領・皇室領・八条院領(庁分)・昭慶門院領(庁分)
河田荘《かわだ》	上総	市原	
河田荘《かわだ》	阿波	麻殖	
河輪田荘《かわだ》	阿波	麻殖	光明照院領・皇嘉門院領・九条家領・摂関家領
河和田荘《かわだ》	越前	坂井	法金剛院領・懺法堂領・皇室領・九条家領(新荘)・仁和寺領・北野社領
河和田新荘《かわた》	越前	坂井	関白道家領・摂関家領・九条家領・一条家領
彼出御厨《かわた》	伊勢	未勘	伊勢神宮領・内宮領
河棚荘《かわたな》	長門	豊浦	嘉祥寺領(京都)
河内荘《かわち》	常陸	河内	
河内荘《かわち》	加賀	石川	白山宮領
河内御園《かわち》	三河	碧海	伊勢神宮領
河津荘《かわづ》	伊豆	賀茂	
河津荘《かわづ》	讃岐	鵜足	春日社領・九条家領・一条家領・摂関家領
河辺荘《かわなべ》	美作	勝田	
河次荘《かわなみ》	常陸	河内	
河南荘《かわなみ》	摂津	未勘	興福寺領

荘　園　名	国名	郡名	領 家・本 家
河南荘《かわなみ》	越中	未勘	
河南牧《かわなみ》	河内	交野	摂関家領
河南御厨《かわなみ》	伊勢	河曲	伊勢神宮領・内宮領・平家没官領
河西荘《かわにし》	摂津	東生	桜井宮門跡領・日吉社領
河沼荘《かわぬま》	陸奥	会津	
川述荘《かわのべ》	播磨	神崎	
川述南荘《かわのべみなみ》	播磨	神崎	
川原荘《かわはら》	大和	山辺	春日社領
河辺荘《かわべ》	尾張	海部	
河辺荘《かわべ》	備中	賀夜	万里小路家領・相国寺領(玉潤軒領)・鹿苑院領
川辺荘《かわべ》	美濃	賀茂	近衛家領・摂関家領
河曲荘《かわまがり》	伯耆	未勘	東大寺領
河俣御厨《かわまた》	河内	若江	内蔵寮領・官衙領・山科家領
河道荘《かわみち》	近江	浅井	東寺領・宝荘厳院領(東寺管領、領家職)・法勝寺領(本家)
河南荘《かわみなみ》	越前	未勘	山門領・妙法院門跡領
河南荘《かわみなみ・かなん》	備後	安那	
河南荘《かわみなみ》	備後	御調	
河南河北御厨《かわみなみかわきた》	伊勢	飯高	伊勢神宮領・内宮領
河向荘《かわむかい》	出羽	雄勝	
河村荘《かわむら》	遠江	城飼	九条民部卿家領・賀茂社領・賀茂御祖社領・松尾社領・新日吉社領・海住山家領・得宗領(東方地頭職、師時領)
河村荘《かわむら》	備中	浅口	
河面荘《かわも》	摂津	武庫	桜井宮門跡領
河面荘《かわも》	備中	都宇	
河守荘《かわもり》	丹波	未勘	室町院領・皇室領
瓦荘《かわら》	播磨	多可	尊勝寺領・蓮華王院領・皇室領・丹後局高階栄子領(預所)
河原荘《かわら》	山城	葛野	妙法院領・珍皇寺領
河原荘《かわら》	山城	愛宕	珍皇寺領
河原荘《かわら》	大和	平群	東大寺領・東寺領・弘福寺領
河原荘《かわら》	伊予	風早	六波羅蜜寺領・永嘉門院領・崇明門院領
甲良(川原)荘《かわ》	近江	犬上	日吉社領・山門領
川原荘《かわら》	尾張	中島	弘福寺領・川原寺領
瓦保《かわら》	播磨	多可	
河原谷御園《かわらがや》	伊豆	田方	三島社領
瓦坂東保《かわらざかひがし》	山城	未勘	皇室領・昭慶門院領・宝樹院領
河原崎荘《かわらさき》	山城	乙訓	石清水八幡宮寺領
河原城荘《かわらじょう》	大和	山辺	東寺領
瓦林荘《かわらはやし》	摂津	武庫	等持院領
瓦屋荘《かわらや》	丹波	桑田	法成寺領・法勝寺領・摂関家領・天竜寺領
瓦屋北荘《かわらやきた》	丹波	桑田	天竜寺領・鹿王院領
瓦屋南荘《かわらやみなみ》	丹波	桑田	天竜寺領(夢窓疎石年忌料)
河曲荘《かわわ》	伊勢	河曲	近衛家領・摂関家領・得宗領地頭職、宣直領)・東大寺領・尊勝院領・東南院領
河勾荘《かわわ》	相模	余綾	
川勾(河曲)荘《かわわ》	遠江	長下	仁和寺領(観音院末寺頭陀寺領)・普広院領・室町幕府御料所
河曲神田《かわわしんでん》	伊勢	河曲	伊勢神宮領・内宮領・外宮領・二宮領

荘　園　名	国名	郡名	領 家・本 家
河曲神戸《かわわのかんべ》	伊勢	河曲	伊勢神宮領・内宮領・外宮領・二宮領・相国寺領塔頭雲頂院領
川人荘《かわんど》	丹波	桑田	後宇多院領・皇室領・八条院領
上牧《かん》	摂津	島上	左馬寮領か・烏丸家領
願王寺荘《がんおうじ》	丹波	氷上	勧修寺領(領家)・妙香院領
神岡荘《かんおか》	大和	未勘	興福寺領(寺務領)
観音寺荘《かんおんじ》	阿波	名東	東大寺領・法勝寺領・円楽寺領・仁和寺領
神吉荘《かんき》	播磨	印南	播磨守護料所
元興寺荘《がんごうじ》	備前	御野	
上総荘《かんさ》	大和	山辺	春日社領・興福寺領・大乗院領・一乗院領
神崎荘《かんさき》	備後	世羅	太政官御祈願所領・高野山領(金剛三昧院領・遍照院領)
神崎荘《かんざき》	近江	神崎	大安寺領・西蔵院領
神崎荘《かんざき》	伊予	伊予	
神崎荘《かんざき》	肥前	神崎	後院領・鳥羽院領・後嵯峨院領・後深草院領・皇室領・藤原通憲領(預所)・平忠盛領(預所)
神前(崎)荘《かんざき》	備前	邑久	東大寺領・東南院領・春日社領・久我家領
神前(崎)荘《かんざき》	讃岐	寒川	興福寺領・九条家領・一条家領・摂関家領・善通寺領(地頭職)
神崎保《かんざき》	近江	神崎	三昧院領・山門領
神崎牛牧《かんざき》	武蔵	未勘	兵部省官牧
神崎北荘《かんざききた》	近江	神崎	大安寺領
神崎出作《かんざきでさく》	伊予	伊予	石清水八幡宮領
神崎西荘《かんざきにし》	近江	神崎	大安寺領
神崎西保《かんざきにし》	近江	神崎	三昧院領・山門領
神崎東荘《かんざきひがし》	近江	神崎	大安寺領
神崎東保《かんざきひがし》	近江	神崎	三昧院領・山門領
神崎南荘《かんざきみなみ》	近江	神崎	大安寺領
柑子園《かんし》	土佐	安芸	石清水八幡宮領・極楽寺領(石清水宿院)
官使保《かんし》	近江	未勘	官衙領
官上荘《かんじょう》	大和	吉野	金峯山寺領
管城荘《かんじょう》	壱岐	石田	宇佐弥勒寺領
官省符荘《かんしょうふ》	大和	未勘	東大寺領
官省符荘《かんしょうふ》	紀伊	伊都	高野山領・金剛峯寺領
感神院保《かんしんいん》	越前	未勘	祇園社領・感神院領
観心寺荘《かんしんじ》	河内	錦部	観心寺領(領家職、地頭職、預所職)・禅林寺領(本家職？)
観世音寺封荘《かんぜおんじふ》	筑前	御笠	東大寺領
蟹谷荘《かんだ》	越中	砺波	内蔵寮領・官衙領・高階家領(荘司職)・石清水八幡宮領(地頭職)
苅田荘《かんだ》	豊前	京都	宇佐弥勒寺領・石清水八幡宮領・善法寺領
神田荘《かんだ》	駿河	富士	
神田荘《かんだ》	伯耆	会見	
神田別符《かんだ》	長門	豊浦	一宮社領(長門一宮住吉社領)
感多荘《かんだ》	筑前	鞍手	中御門内大臣家領・皇室領・八条院領・西園寺家領・昭慶門院領
蟹谷保《かんだ》	越中	砺波	内蔵寮領・官衙領
神出保《かんで》	播磨	明石	
甘南備保《かんなび》	河内	石川	造酒司領(便補保)・官衙

荘　園　名	国名	郡名	領 家・本 家
			領・竜泉寺領
神名備佐木荘《かんなびさき》	石見	邑知	
神辺河北荘《かんなべかわきた》	備後	安那	
上林荘《かんばやし》	丹波	何鹿	神護寺領・相国寺領
蒲原荘《かんばら》	駿河	盧原	源雅晴領・石清水八幡宮領（宮寺門跡領・別当法印幸清領）・久我家領
蒲原荘《かんばら》	越後	蒲原	御室領・大蔵卿法眼
蒲原園《かんばら》	駿河	盧原	
神原杣《かんばら》	豊前	未勘	
鴨(上)部荘《かんべ》	伊予	越智	大三島社領
神戸《かんべ》	伊賀	伊賀	伊勢神宮領・二宮領・内宮領・外宮領
神戸《かんべ》	三河	渥美	伊勢神宮領・二宮領・内宮領・外宮領
神戸荘《かんべ》	伊勢	河曲	伊勢神宮領
神戸荘《かんべ》	遠江	浜名	
神戸荘《かんべ》	播磨	揖保	
神戸荘《かんべ》	播磨	未勘	九条家領・摂関家領
神戸荘《かんべ》	播磨	宍粟	伊和社領（一宮社領）・東福寺領
神部荘《かんべ》	播磨	明石	九条家領・摂関家領
神辺荘《かんべ》	播磨	明石	
冠荘《かんむり》	摂津	島上	桜井宮領
		き	
喜荘《き》	大和	十市	東大寺領
紀伊殿荘《きいとの》	大和	城下	
給黎院《きいれ》	薩摩	給黎	摂関家領・近衛家領・一乗院領・興福寺領
木内荘《きうち》	下総	海上	平頼盛領
黄瓜園《きうり》	大和	未勘	内蔵寮領・官衙領
祇園保《ぎおん》	近江	坂田	正親町家領・三条家領・祇園社領
祇薗寺荘《ぎおんじ》	丹後	加佐	光聚院領・光寿院領
儀俄荘《ぎが》	近江	甲賀	勧学院領・摂関家領・春日社領
儀俄本荘《ぎが》	近江	甲賀	摂関家領
儀俄新荘《ぎが》	近江	甲賀	摂関家領
規矩荘《きく》	豊前	企救	宇佐八幡宮領・御炊殿料所
菊御園《きく》	伊勢	未勘	華台寺領・伊勢神宮領・内宮領
菊田荘《きくた》	下総	未勘	
菊田(多)荘《きくた》	陸奥	菊多	藤原顕季領・源義光領・後宇多院領・昭慶門院領・皇室領・八条院領
菊地荘《きくち》	陸奥	未勘	
菊池(地)荘《きくち》	肥後	菊池	皇室領
菊万荘《きくま》	伊予	野間	賀茂別雷社領・賀茂社領
木越御園《きこし》	伊勢	度会	伊勢神宮領・外宮領
吉舎荘《きさ》	備後	三谿	
騎西(私市)荘《きさい》	武蔵	埼玉	
私市荘《きさいち》	近江	坂田	東大寺領
私市荘《きさいち》	丹波	何鹿	賀茂別雷社領（四条坊門別宮領）・賀茂社領・徳大寺家領
支(岐)子荘《きし》	河内	石川	摂籙渡領（本家職）・東北院領・三条実任領（領家職か）・建仁寺（地頭職）・山門領（西塔宝幢院）・大宰府天満宮領
貴志荘《きし》	摂津	有馬	尊守法親王領・大谷姫宮領・尊性法親王領
貴志荘《きし》	紀伊	名草	

荘　園　名	国名	郡名	領 家・本 家
貴志荘《きし》	紀伊	那賀	仁和寺領・西園寺家領・高野山領
吉(岐)志荘《きし》	摂津	島下	仁和寺領（南院領）・御室領・中宮職領・官衙領・醍醐寺領・宝塔院領・摂関家領（吉志部村）
岸河園《きしかわ》	肥前	佐嘉	
岸江御厨《きしのえ》	伊勢	飯高	伊勢神宮領・内宮領
杵島荘《きしま》	肥前	杵島	平清盛領・仁和寺領
来島荘《きじま》	出雲	飯石	
杵島南郷荘《きしまなんごう》	肥前	杵島	仁和寺領
岸下荘《きしもと》	近江	愛智	左衛門督局領（南朝）・花頂門跡領・山門領
岸下御厨《きしもと》	近江	愛智	伊勢神宮領・外宮領・得宗領（泰家跡）・足利尊氏領・室町幕府御料所
木代荘《きしろ》	摂津	能勢	石清水八幡宮領（宮寺別当領）・善法寺家領（領家、預所職）
岸和田荘《きしわた・きしわだ》	河内	茨田	新日吉社領・妙法院門跡領・高野山金剛三昧院大日堂領・昌雲大僧正領
岸和田荘《きしわだ》	和泉	和泉	石清水八幡宮領
木津荘《きず》	摂津	西成	四天王寺領（天王寺領）・青蓮院領
来次荘《きすき》	出雲	大原	
枳豆志荘《きずし》	尾張	智多	金剛三昧院領・摂関家領・殿下渡領・東北院領・醍醐寺領・三宝院領・地蔵院領・得宗領・園城寺領（地頭職）
吉曾名荘《きそな》	出雲	未勘	室町院領・皇室領
城田荘《きた》	美濃	方県	西大寺領・四王堂領・得宗領
北荘《きた》	大和	添上	興福寺領・大乗院領
北荘《きた》	大和	吉野	
北荘《きた》	摂津	住吉	
北荘《きた》	近江	蒲生	
北荘《きた》	越前	足羽	
北荘《きた》	丹波	桑田	石清水八幡宮領・善法寺領
北荘《きた》	阿波	美馬	
木田荘《きた》	豊前	田河	
木田荘《きだ》	尾張	智多	熱田社領
木田荘《きだ》	越前	足羽	興福寺領・東北院領
北杣《きた》	伊賀	阿拝	東大寺領・東南院領・尊勝院領
気多保《きた》	丹後	加佐	
北英田保《きたあがた》	加賀	加賀	梶井門跡領・山門領・恵心院領・法勝寺領（常行堂領＝北保、法勝寺常行堂領、便補御封）
北在田荘《きたありた》	大和	広瀬	興福寺領
北安東荘《きたあんどう》	駿河	安倍	熊野山領・熊野那智山領
北伊賀荘《きたいが》	伊賀	阿拝	東大寺領
北櫟荘《きたいちい》	大和	添上	東大寺領
北櫟雑役荘《きたいちいぞうやく》	大和	添上	東大寺領
北櫟本荘《きたいちのもと》	大和	添上	興福寺領
北一夜松荘《きたいちやまつ》	大和	添下	興福寺領（仏聖油料所）
北糸井荘《きたいとい》	大和	城下	
北浦荘《きたうら》	出羽	山本	
北浦荘《きたうら》	肥後	宇土	
北大垣荘《きたおおがき》	大和	十市	興福寺領
北加利園《きたかり》	筑後	未勘	
北喜殿荘《きたきどの》	大和	山辺	興福寺領
北黒田御厨《きたくろだ》	伊勢	奄芸	伊勢神宮領・外宮領

荘　園　名	国名	郡名	領 家・本 家
北黒野御厨《きたくろの》	伊勢	壱志	伊勢神宮領・外宮領
北古賀荘《きたこが》	近江	高島	久我家領・葛川明王院領
北島保《きたしま》	加賀	石川	官中便補地・小槻家領・官衙領
北白江荘《きたしらえ》	加賀	能美	宣陽門院領・皇室領・延暦寺領・妙法院領・山門領
北助任荘《きたすけとう》	阿波	名東	春日社領
北高田荘《きたたかた》	美作	苫東	水無瀬社領(社壇建立料所)・室町幕府御料所?
北高橋御園《きたたかはし》	伊勢	壱志	伊勢神宮領・外宮領
北田中荘《きたたなか》	大和	添上	東大寺領
北田中荘《きたたなか》	大和	城下	
北田中西荘《きたたなかにし》	大和	城下	興福寺領
北田中東荘《きたたなかひがし》	大和	城下	興福寺領
北土田荘《きたつちだ》	大和	平群	東大寺領
北富田御厨《きたとみた》	伊勢	朝明	伊勢神宮領・外宮領
北豊浦荘《きたとようら》	大和	添下	興福寺領
北中村御園《きたなかむら》	伊豆	田方	三島社領
北長太荘《きたなご》	伊勢	河曲	
北野荘《きたの》	大和	添上	興福寺領・一乗院門跡寄所
北野荘《きたの》	摂津	西成	鴨河合社領・崇禅寺領
北野荘《きたの》	筑後	御井	北野社領
北野杣《きたの》	大和	添上	西大寺領
北畠荘《きたはた》	加賀	未勘	山門領
北浜田保《きたはまだ》	近江	滋賀	
北原御園《きたはら》	遠江	浜名	
北深沢荘《きたふかさわ》	相模	鎌倉	黄梅院領・円覚寺領
北俣《きたまた》	大隅	大隅	島津庄寄郡
北水田荘《きたみずた》	筑後	下妻	修理少別当信全領・安楽寺領
北美和荘《きたみわ》	美作	苫東	万里小路家領・相国寺領(恵林院領)
北村荘《きたむら》	美濃	多芸	
北安田荘《きたやすだ》	出雲	能義	
北山筋《きたやま》	甲斐	山梨	
北山荘《きたやま》	山城	葛野	
北山荘《きたやま》	大和	吉野	
北山荘《きたやま》	越前	大野	安楽寿院領・皇室領
北山御厨《きたやま》	駿河	富士	
北山田御厨《きたやまた》	伊勢	三重	伊勢神宮領・内宮領
北山本新荘《きたやまもと》	讃岐	阿野	崇徳院御影堂領
北横田荘《きたよこた》	大和	添上	東大寺領
記多良野別符《きたらの》	豊前	京都	宇佐弥勒寺領・喜多院領
木津荘《きつ・きづ》	若狭	大飯	室町幕府御料所
木津荘《きつ・きづ》	丹後	竹野	賀茂社領・賀茂御祖社領(社務渡領)
木津荘《きづ》	山城	相楽	高陽院領・観自在院領・殿下渡領・摂関家領・東大寺領・興福寺領・近衛家領・東福寺領・大炊寮領・官衙領
枳束荘《きつか》	美濃	大野	石清水八幡宮寺領
亀甲荘《きっこう》	武蔵	埼玉	
枳頭子荘《きづし》	尾張	智多	得宗領(貞家跡)・園城寺領
木津次荘《きづし》	尾張	智多	金剛三昧院領
橘島保《きつじま》	加賀	江沼	主殿寮領・官衙領・壬生家領
木津細陰荘《きつほそかげ》	丹後	竹野	
城戸荘《きど》	大和	添上	東大寺領(燈油料田)・興福寺領
木戸荘《きど》	近江	滋賀	延暦寺根本中堂領・山門領
木徳荘《きとく》	讃岐	那珂	皇室領・比叡山根本中堂

荘　園　名	国名	郡名	領 家・本 家
			領
義得別符《ぎとく》	筑前	怡土	安楽寺領
義得別符《ぎとく》	肥前	養父	安楽寺領
義得保《ぎとく》	肥前	養父	安楽寺領
木戸香御園《きどこう》	近江	滋賀	延暦寺根本中堂領・山門領
キトノ荘《きとの》	山城	未勘	法性寺領・孝恩寺領
喜殿荘《きどの》	大和	高市	摂関家領・近衛家領・法性寺領・孝恩寺領
木梨荘《きなし》	備後	御調	
杵名蛭荘《きなひる》	越中	砺波	東大寺領・般若院領
衣掛荘《きぬかけ》	相模	御浦	
衣笠荘《きぬかさ》	相模	御浦	
絹笠荘《きぬがさ》	播磨	美嚢	
絹見保《きぬみ》	因幡	気多	
枳根荘《きね》	摂津	能勢	土御門宰相中将家領(領家職)・日吉社領
木野荘《きの》	肥後	菊池	
木河荘《きのかわ》	近江	栗太	延暦寺領・山門領・葛川明王院領
木前(城崎・木崎)荘《きのさき》	但馬	城崎	長講堂領・宣陽門院領・皇室領・日吉社領(毘沙門堂領・領家職)・平信範領
木島荘《きのしま》	和泉	和泉	久米多寺領・教興寺領・得宗領
木島新荘《きのしま》	和泉	和泉	
紀伊浜御厨《きのはま》	紀伊	海部	賀茂別雷社領・賀茂社領
木原荘《きのはら》	大和	宇智	興福寺領・大乗院領・一乗院領
木部荘《きのべ》	大和	広瀬	法隆寺領
木本荘《きのもと》	紀伊	海部	東大寺領・崇敬寺領(東大寺別院)
木本御厨《きのもと》	紀伊	牟婁	
木本西荘《きのもとにし》	紀伊	海部	
木本東荘《きのもとひがし》	紀伊	海部	
木原荘《きはら》	肥後	益城	
吉美(黍)荘《きび》	遠江	敷智	摂関家領・殿下渡領・東北院領・一条家領(領家職)・五辻二位家領(預所職?)・臨川寺三会院領(内山郷)
木平御園《きひら》	伊勢	壱志	伊勢神宮領・外宮領
岐部荘《きべ》	豊後	国崎	宇佐弥勒寺領
木部荘《きべ》	豊後	国崎	
木部保《きべ》	肥後	託麻	
来海荘《きまち》	出雲	意宇	皇室領・歓喜光院領
来海新荘《きまち》	出雲	意宇	
吉(貴)美荘《きみ》	丹波	何鹿	西大寺領・相国寺領(常徳院領)
君殿荘《きみどの》	大和	城上	室町院領・皇室領・興福寺領・仏地院領
木村保《きむら》	下野	都賀	
木本合賀島御厨《きもとあいがしま》	志摩	英虞	伊勢神宮領
木山荘《きやま》	肥後	益城	
旧鋳銭岡田荘《きゅうしゅせんおかだ》	山城	相楽	東大寺領・尊勝院領・興福寺領・宣陽門院領・皇室領
久徳五箇荘《きゅうとくごか》	美濃	不破	山科家領
経田荘《きょうだ》	甲斐	未勘	
京南荘《きょうなん》	大和	添上	左右馬寮領・官衙領・興福寺領
行明《ぎょうめい》	三河	宝飫	室町幕府御料所
清河御厨《きよかわ》	尾張	未勘	伊勢神宮領
清須御厨《きよす》	尾張	春部	伊勢神宮領
清澄(角)荘《きよすみ・きよずみ》	大和	添下	東大寺領・西大寺田・西大寺領・九条家領・摂関家領・興福寺領・大乗院領

荘園一覧

荘園名	国名	郡名	領家・本家
清澄野新荘《きよすみの》	大和	添下	興福寺領・大乗院門跡領・一乗院領
清武保《きよたけ》	安芸	豊田	祇園社領
清納御厨《きよの》	尾張	未勘	伊勢神宮領
清原荘《きよはら》	大和	未勘	興福寺領・大乗院領
清見保《きよみ》	武蔵	未勘	
吉良荘《きら》	三河	幡豆	皇嘉門院領・宜秋門院領・九条家領・摂関家領
吉良荘《きら》	越中	未勘	賀茂社領
貴良河杣《きらかわ》	土佐	安芸	石清水八幡宮領・金剛頂寺領
吉良西荘《きらにし》	三河	幡豆	九条道家領・摂関家領・九条家領
切田御厨《きりた》	伊勢	安濃	伊勢神宮領・内宮領・外宮領・二宮領
桐野牧《きりの》	丹波	船井	北野社領
桐野河内《きりのかわち》	丹波	船井	神護寺領・室町幕府御料所・北野社領
切幡荘《きりはた》	大和	山辺	興福寺領・大乗院領
桐原荘《きりはら》	信濃	筑摩	
桐原保《きりはら》	近江	蒲生	慈源領・大成就院領・日吉社領・山門領
桐原牧《きりはら》	信濃	筑摩	後院領・皇室領
桐原牧《きりはら》	信濃	水内	後院領・皇室領・勅旨牧
切原御厨《きりはら》	志摩	英虞	伊勢神宮領・内宮領
切原御園《きりはら》	志摩	英虞	伊勢神宮領・内宮領
桐原友貞保《きりはらともさだ》	近江	蒲生	日吉二宮十禅師神供料所・日吉社領・山門領
切部荘《きりべ》	紀伊	日高	
切目荘《きりめ》	紀伊	日高	石清水八幡宮寺領・熊野新宮領・宣陽門院領・皇室領
切目園《きりめ》	紀伊	日高	石清水八幡宮寺領
切(桐)山荘《きりやま》	大和	添上	東大寺領(燈油料田)・興福寺領・一乗院領
切山荘《きりやま》	河内	石川	観心寺領
切山園《きりやま》	山城	相楽	石清水八幡宮領・極楽寺領
切山保《きりやま》	周防	都濃	国衙領(別納、書生職給分)・東大寺領(国衙領)
岐礼荘《きれ》	美濃	大野	
吉礼荘《きれ》	紀伊	名草	
絹富保《きんとみ》	豊前	未勘	喜多院領・宇佐弥勒寺領
金峯山荘《きんぶせん》	紀伊	未勘	

く

荘園名	国名	郡名	領家・本家
杭荘《くい》	備後	御調	伏見稲荷社領(京都)
杭瀬荘《くいせ》	摂津	河辺	藤原経定領・東大寺領・天竜寺領(雲居庵領)・三条家領
杭野保《くいの》	但馬	城崎	樋爪国領・国衙領
郡家院《ぐうけ》	日向	那珂	
郡家荘《ぐうけ》	大和	未勘	勧修寺門跡領
郡家荘《ぐうけ》	加賀	能美	勧修寺領(門跡領)・安楽寿院領・皇室領
郡家南荘《ぐうけみなみ》	加賀	江沼	
久江保《くえ》	能登	能登	
久永御厨《くえ》	伯耆	久米	長講堂領・八条院領・宣陽門院領(庁分)・皇室領・伊勢神宮領・内宮領・大弐三位家(給主)
九個荘《くか》	河内	茨田	
玖珂荘《くが》	周防	玖珂	皇室領・長講堂領・鷹司院領・持明院統所領・天竜寺領・天竜寺塔頭金剛院領・厳島弥山水精寺領
久賀保《くか》	周防	大島	掃部寮領・便補保・官衙領
久賀御園《くが》	伊勢	鈴鹿	伊勢神宮領・外宮領
公賀御園《くが》	尾張	丹羽	伊勢神宮領・熱田社領
陸田御厨《くがた》	尾張	中島	伊勢神宮領
久木荘《くき》	志摩	未勘	
久具御厨《くぐ》	伊勢	度会	伊勢神宮領
久久利荘《くくり》	美濃	可児	後宇多院領・皇室領・歓喜光院領
久古荘《くご》	伯耆	日野	大山寺西明院
久古(期)牧《くご》	伯耆	日野	大山寺領(西明院領)
久古御厨《くご》	伯耆	日野	大山寺西明院
久佐賀別符《くさか》	土佐	高岡	
日下荘《くさか》	伯耆	河村	
草加部荘《くさかべ》	備前	児島	
草壁荘《くさかべ》	備中	小田	無品尊守法親王家領・皇室領・善入寺領・宝篋院領
草部保《くさかべ》	尾張	中島	国衙領・醍醐寺領・三宝院領・崇賢門院領(国衙別納地)・廬山寺領
草部保《くさかべ》	因幡	知頭	
草部御厨《くさかべ》	尾張	中島	伊勢神宮領・内宮領・外宮領・二宮領
草刈荘《くさかり》	摂津	西成	勝尾寺領・摂関家領(草苅散所)・国分寺領・四天王寺領(天王寺領)
草川荘《くさかわ》	大和	城上	興福寺領・大乗院領
草木荘《くさき》	讃岐	三野	石清水八幡宮寺領
草地荘《くさじ》	豊後	国崎	宇佐弥勒寺領・喜多院領(領家)・石清水八幡宮寺領(本家、検校領)
草島荘《くさしま》	山城	乙訓	松尾社領
草津荘《くさつ》	豊前	仲津	宇佐弥勒寺領・石清水八幡宮寺領(検校領)
草野荘《くさの》	近江	浅井	青蓮院門跡領・円満院門跡領・山門領・室町幕府御料所・大館家領
草野荘《くさの》	筑後	上妻	安楽寺領
草野荘《くさの》	肥前	松浦	
蒭野荘《くさの》	豊前	仲津	喜多院領・宇佐弥勒寺領・石清水八幡宮寺領(検校領)
草上荘《くさのかみ》	丹波	未勘	後宇多院領・皇室領
草野北荘《くさのきた》	近江	浅井	円満院門跡領・山門領
草野南荘《くさのみなみ》	近江	浅井	円満院門跡領・山門領
草部荘《くさべ》	和泉	大鳥	観心寺領(中条領家職)・吉水大夫僧都領(下条)
草間荘《くさま》	備中	英賀	吉備津宮領・結城家領
草目荘《くさめ》	和泉	大鳥	春日社領
草茂荘《くさもち》	信濃	筑摩	藤原冬緒領・多武峯領・妙楽寺領
草山荘《くさやま》	丹波	多紀	勧学院領・摂関家領
草生荘《くさわ》	伊勢	安濃	東大寺領(末寺崇敬寺領)・延暦寺東法華堂領・山門領
草生御厨《くさわ》	伊勢	安濃	伊勢神宮領・外宮領
草和良宜荘《くさわらぎ》	摂津	未勘	興福寺領
久慈荘《くじ》	常陸	久慈	佐竹家領
櫛来別符《くしく》	豊後	国崎	宇佐八幡宮領
櫛田荘《くしだ》	越中	射水	平野社領
櫛田荘《くしだ》	播磨	佐用	
櫛田御厨《くしだ》	伊勢	多気	伊勢神宮領
櫛田河原御厨《くしたかわら》	伊勢	飯野	伊勢神宮領・外宮領・内宮領・二宮領
櫛無保《くしなし》	讃岐	那珂	法勝寺領

荘　園　名	国名	郡名	領 家・本 家
櫛原荘《くしはら》	筑後	御井	安楽寺領(半不輸地)
櫛比荘《くしひ》	能登	鳳至	
櫛比御厨《くしひ》	伊勢	飯高	伊勢神宮領・内宮領
櫛比(代)御厨《くしひ》	能登	鳳至	伊勢神宮領・内宮領
櫛淵荘《くしぶち》	阿波	那賀	石清水八幡宮領(八幡宮寺領)
櫛淵別宮《くしぶち》	阿波	那賀	
櫛間院《くしま》	日向	宮崎	
串山荘《くしやま》	肥前	高来	
九条前滝荘《くじょうまえだき》	山城	紀伊	醍醐寺領・報恩院領・九条家領・摂関家領
九条荘《くじょう》	山城	紀伊	桜井宮門跡領
九条荘《くじょう》	大和	山辺	興福寺領・大乗院領
九条領《くじょう》	山城	紀伊	摂籙渡領・法成寺領・摂関家領
串良院《くしら》	大隅	肝属	中宮職領・官衙領・摂関家領・近衛家領・一乗院領・興福寺領
久志呂荘《くしろ》	摂津	武庫	北山霊鷲寺領
久代荘《くしろ》	備中	下道	石清水八幡宮領
球珠荘《くす》	豊後	球珠	皇室領・安楽寿院領・後宇多院領・昭慶門院領
国栖荘《くず》	大和	吉野	南淵寺領・興福寺領・一乗院領
楠葉荘《くずは》	河内	交野	石清水八幡宮領・円通庵領
楠葉園《くずは》	河内	交野	内膳司領・官衙領
楠葉牧《くすは》	摂津	未勘	石清水八幡宮領
楠葉牧《くずは》	河内	交野	摂関家領(殿下渡領)
楠葉河北荘《くすばかわきた》	摂津	島上	
楠橋荘《くすはし》	筑前	遠賀	西園寺家領・三条家領(領家、預所職)・醍醐寺領(一分方、大隈領家職)・安養院領
葛原荘《くずはら》	山城	葛野	室町幕府御料所
葛原荘《くずはら》	河内	茨田	新日吉社領・北野社領(葛原郷葛原荘)・室町幕府御料所
葛原新荘《くずはら》	山城	葛野	春日社領・善応寺領
葛原牧《くずはら》	下総	香取	香取社領
楠原御厨《くすはら》	伊勢	奄芸	伊勢神宮領・内宮領・法泉寺領
楠見荘《くすみ》	紀伊	名草	
葛見荘《くずみ》	伊豆	田方	
葛茂川荘《くずもがわ》	武蔵	入間	
楠本荘《くすもと》	紀伊	在田	
楠(葛・橘)本荘《くずもと》	大和	十市	興福寺領・大乗院領
葛原御園《くずわら》	伊勢	度会	伊勢神宮領・外宮領
久世荘《くせ》	山城	乙訓	東寺領・安楽寿院領・皇室領・最勝金剛院領・九条家領・摂関家領・得宗領(上下久世荘)・久我家領
久世荘《くぜ》	山城	久世	摂関家領・最勝金剛院領・九条家領・春日社領(神供料所)
久世保《くせ》	美濃	未勘	
久世保《くせ》	美作	大庭	大炊寮領・官衙領・中原家領・壬生家領
久世御園《くぜ》	山城	乙訓	成勝寺領
久世田荘《くせだ》	但馬	朝来	証菩提院領・皇室領
糞置荘《くそおき》	越前	足羽	東大寺領
久多荘《くた》	山城	愛宕	大悲山寺領・法成寺領・摂関家領・醍醐寺領・三宝院領
久多荘《くた》	伊賀	未勘	春日社領・春日若宮領

荘　園　名	国名	郡名	領 家・本 家
久多荘《くた》	近江	未勘	
久田荘《くた》	美作	苫西	
久多見保《くたみ》	出雲	楯縫	
百済荘《くだら》	大和	広瀬	多武峯寺領・談山神社領
百済荘《くだら》	上野	多胡	
久知荘《くち》	摂津	有馬	
久千(朽)田荘《くちた》	阿波	阿波	
口戸御園《くちと》	伊勢	飯野	伊勢神宮領
口林荘《くちはやし》	備中	浅口	泉涌寺領・浄金剛院領
笏(久津)賀荘《くつか》	伯耆	河村	近衛家領・摂関家領・冷泉宮領・鷹司家領
久津賀御厨《くづか》	伊勢	度会	伊勢神宮領・内宮領
沓懸荘《くつかけ》	大和	添上	興福寺領・大乗院門跡領
沓懸荘《くつかけ》	下総	猿島	
朽木荘《くつき》	近江	高島	平惟仲領・白河寂楽寺領・喜多院領・佐々木朽木氏(地頭職)・室町幕府御料所
朽木杣《くつき》	近江	高島	白河寂楽寺領・喜多院領・尚侍殿領
忽那荘《くつな》	伊予	風早	兵部省・長講堂領・皇室領
忽那島《くつなじま》	伊予	風早	長講堂領・皇室領
忽那島馬牛牧《くつなじま》	伊予	風早	兵部省官牧
久津見荘《くつみ》	伊豆	田方	
久斗荘《くと》	但馬	二方	長講堂領・皇室領・今出川家領
久斗大庭荘《くとおおにわ》	但馬	二方	皇室領・長講堂領
救仁院《くに》	日向	諸県	
国井保《くにい》	常陸	那珂	
国界荘《くにさかい》	駿河	駿河	
国東御領《くにさき》	豊後	国崎	摂関家領・松殿頼輔領・国衙領
国司荘《くにし》	安芸	高田	
柴島荘《くにじま》	摂津	西成	平惟仲領・白河寂楽寺領・仏性院領・桜井宮門跡領・東宮領・皇室領・西大寺領・大徳寺領・崇禅寺領
柞田荘《くにた》	讃岐	刈田	日吉社領・九条家領・摂関家領
国津神戸《くにつかんべ》	伊賀	名張	
国富荘《くにとみ》	若狭	遠敷	太政官厨家領・官中便補地・官衙領・小槻家領・浄金剛院領・勝林寺領・得宗領(高時跡)・速成就院領
国富荘《くにとみ》	越前	坂井	東大寺領
国富荘《くにとみ》	日向		皇室領・八条院領・歓喜光院領・平頼盛領・平家没官領・得宗領
国富荘《くにとみ》	出雲	出雲	鰐淵寺領・比叡山楞厳三昧院領・山門領
国富保《くにとみ》	遠江	磐田	松尾社領
国富保《くにとみ》	若狭	遠敷	便補保・太政官厨家領・官衙領・壬生家領
国富保《くにとみ》	丹後	丹波	
国富小荘《くにとみしょう》	越前	坂井	東大寺領
国富大荘《くにとみだい》	越前	坂井	東大寺領
国友荘《くにとも》	近江	坂田	桜下門跡領・近衛家領・永安寺領(散在領)
国延保《くにのぶ》	伯耆	汗入	醍醐寺領・蓮蔵院領・六条八幡宮領
国久保《くにひさ》	丹後	竹野	
国見杣《くにみ》	伊賀	名張	東大寺領・伊賀国(国衙領)
国安今島保《くにやすいましま》	因幡	高草	主殿寮領・官衙領
櫟(椚・椽)原荘《くぬぎはら》	信濃	高井	九条城興寺領
久芳保《くば》	安芸	豊田	本圀寺領・園城寺領(新羅

荘　園　名	国名	郡名	領　家・本　家
			社造営料所)・室町幕府御料所(地頭職)
杼原荘《くばら》	讃岐	那珂	官中便補地・官衙領・小槻家領・宇多源氏家領・天竜寺領
杼原野荘《くばらの》	讃岐	那珂	興福寺領・東金堂領・西金堂領
弘福寺田地《ぐふくじ》	讃岐	山田	弘福寺領
窪荘《くぼ》	大和	添上	東大寺領(三面僧坊領)・興福寺領・大乗院領・喜多院領・二階堂領
窪荘《くぼ》	河内	高安	石清水八幡宮寺領
窪(久保)荘《くぼ》	豊前	京都	氷上山領・興隆寺領・安楽寺領(地頭職)
坎保《くぼ》	加賀	石川	
窪城荘《くぼしろ》	大和	添上	興福寺領・大乗院領
椇田荘《くぼた》	越中	射水	東大寺領
窪田荘《くぼた》	大和	平群	興福寺領・一乗院領
窪田荘《くぼた》	伊勢	奄芸	新熊野社領・東北院領・摂関家領・得宗領(地頭職)・若王子社領・北野社領・伊勢神宮領
窪田荘《くぼた》	肥後	飽田	九条道家・九条実経・摂関家領・九条家領
久保田荘《くぼた》	伯耆	日野	
窪田御厨《くぼた》	伊勢	奄芸	伊勢神宮領・内宮領
久保津荘《くぼつ》	摂津	西成	平惟仲領・白河寂楽寺領・喜多院領
熊荘《くま》	尾張	中島	
隈荘《くま》	肥後	益城	
久満荘《くま》	土佐	土佐	神護寺領
球磨荘《くま》	肥後	球麻	
球摩臼間野荘《くまうすまの》	肥後	球麻	平家没官領・平頼盛領
熊来院《くまき》	能登	能登	
熊来荘《くまき》	能登	能登	三条家領(領家)
熊倉御園《くまくら》	伊勢	多気	伊勢神宮領・外宮領
熊坂荘《くまさか》	加賀	江沼	平頼盛室家領・宜秋門院領・関白道家・宣仁門院・皇室領・東福寺領(領家職)・八条院領・皇室領・九条家領
杭全荘《くまた》	摂津	住吉	平等院領(領家職)・摂関家領(本家職)・九条家領・大徳寺如意庵領(田所職)
熊田荘《くまだ》	下野	那須	
熊取荘《くまとり》	和泉	日根	
熊野荘《くまの》	摂津	未勘	
熊野荘《くまの》	尾張	春部	万里小路大納言家領
熊野荘《くまの》	近江	蒲生	日吉社領・山門領
熊野荘《くまの》	出雲	意宇	伊勢宮領
熊野荘《くまの》	安芸	安芸	太政官御祈願料所(便補保)・小槻家領(官務家領)・官衙領
熊野保《くまの》	常陸	筑波	熊野社領
熊野保《くまの》	越中	新川	
隈上荘《くまのうえ》	筑後	生葉	宇佐弥勒寺領・喜多院領・石清水八幡宮寺領(検校領)
熊野北荘《くまのきた》	近江	蒲生	日吉社領・山門領
熊野南荘《くまのみなみ》	近江	蒲生	日吉社領・山門領
隈牟田荘《くまむた》	肥後	益城	皇室領
久美荘《くみ》	丹後	熊野	長講堂領・皇室領・仁和寺領・常徳院領・室町幕府御料所
久米荘《くめ》	武蔵	入間	
久米荘《くめ》	播磨	賀茂	住吉社領
久米荘《くめ》	美作	久米	清閑寺領(法花堂領)・興福寺領・大乗院領
久米荘《くめ》	備中	賀夜	
久米本荘《くめ》	播磨	賀茂	
久米保《くめ》	備中	賀夜	
久米保《くめ》	周防	都濃	
久米御厨《くめ》	伯耆	久米	
久米御園《くめ》	伊勢	飯高	伊勢神宮領・内宮領
公文荘《くもん》	美作	勝田	
久野牧《くや》	上野	利根	勅旨牧・皇室領
蔵荘《くら》	大和	添上	興福寺領・大乗院領
鞍位荘《くらい》	播磨	赤穂	大雲寺領
鞍位牧《くらい》	播磨	赤穂	南滝院領・実相院領
倉垣荘《くらかき》	摂津	能勢	九条道家領・皇室領・春日社領(四季御八講料所)・摂関家領・九条家領・皇嘉門院領・賀茂社領・竜安寺領
倉垣荘《くらかき》	丹後	丹波	室町幕府御料所・賀茂社領
蔵垣荘《くらかき・くらがき》	近江	栗太	近衛家領・摂関家領・浄土寺門跡領・実相院門跡領・山門領
倉垣荘《くらがき》	越中	射水	賀茂社領・賀茂御祖社領
倉垣御厨《くらかき》	伊勢	員弁	伊勢神宮領・内宮領・外宮領
倉科荘《くらしな》	信濃	埴科	九条城興寺領
蔵(倉)田荘《くらた》	近江	甲賀	聖護院門跡領・園城寺領
倉月荘《くらつき》	加賀	加賀	歓喜光院領・中原氏領・摂津氏領
鞍作荘《くらつくり》	河内	渋川	四天王寺領(天王寺領)
鞍手領《くらて》	筑前	鞍手	平家没官領・関東御領・六条八幡宮領(左女牛若宮領)
倉殿荘《くらとの》	摂津	島下	七条院領・修明門院領・皇室領・藤原経定領・甘露寺家領(本所)・崇禅寺領(倉殿名)・藤原通俊領
倉富保《くらとみ》	丹後	丹波	
倉上荘《くらのえ》	肥前	養父	安楽寺領
倉橋荘《くらはし》	摂津	豊島	摂関家領・近衛家領・勝尾寺領(荘内長島)・東大寺尊勝院領・頭蛇寺領
倉橋荘《くらはし》	丹後	加佐	平頼盛領
倉橋荘《くらはし》	安芸	安芸	摂関家領・勧学院領・摂籙渡荘(氏院領)・平等院装束料所
椋橋西荘《くらはしにし》	摂津	川辺	摂関家領・近衛家領・高陽院領
椋橋東荘《くらはしひがし》	摂津	豊島	藤原師実領・近衛家領・摂関家領・鷹司家領(領家職か)・東寺領(領家職)
倉埴荘《くらはに》	越中	未勘	賀茂社領
蔵(椋)部荘《くらべ》	近江	甲賀	弘福寺領(修多羅供料所)・西大寺領・日吉社領・山門領
椋部保《くらべ》	加賀	石川	気比社領
倉見荘《くらみ》	若狭	三方	新日吉社領・鹿王院領
倉光保《くらみつ》	加賀	石川	室町幕府御料所
倉満保《くらみつ》	丹後	与謝	
倉(車)持荘《くらもち》	筑前	怡土	
久利別符《くり》	石見	迩摩	国衙領
栗川荘《くりかわ》	越前	足羽	東大寺領
栗隈荘《くりくま》	讃岐	鵜足	摂関家領・近衛家領・西林

荘　園　名	国名	郡名	領 家・本 家
			寺領・源信子領
栗太荘《くりた》	近江	栗太	実相院領・桜井宮門跡領・山門領
栗田荘《くりた》	丹後	未勘	等持院領
栗田荘《くりた》	筑前	夜須	安楽寺領・宝塔院領
栗田保《くりた》	若狭	遠敷	国衙領・得宗領？
栗作荘《くりつくり》	丹波	氷上	禁裏料所・皇室領(本家職)・久下氏領(領家職)・宝池院領・金剛院領・室町幕府御料所(領家職)
栗野院《くりの》	大隅	桑原	正八幡宮領(大隅、領家職)・石清水八幡宮領(本家職)
栗原筋《くりはら》	甲斐	山梨	
栗原荘《くりはら》	摂津	未勘	
栗原荘《くりはら》	陸奥	栗原	近衛家領・摂関家領
栗原保《くりはら》	備後	御調	大炊寮領・官衙領
栗原御厨《くりはら》	伊勢	三重	伊勢神宮領・内宮領・外宮領・二宮領
栗村荘《くりむら》	丹波	何鹿	崇徳院領・皇室領・栗田宮領・崇徳院御影堂領・室町院領・後伏見院領・藤原光能領(領家職)
栗村西荘《くりむらにし》	丹波	何鹿	
栗村東荘《くりむらひがし》	丹波	何鹿	
栗栖荘《くるす》	播磨	揖保	白河院領・安楽寿院領・皇室領・熊野新宮領(地頭職)
栗栖荘《くるす》	美作	未勘	
栗栖荘《くるす》	紀伊	名草	粉河寺領・日前国懸社領？・徳大寺家領
栗栖川荘《くるすがわ》	紀伊	牟婁	
栗田荘《くるすだ》	美濃	大野	貞観寺領・西大寺領
久留原別符《くるばら》	石見	那賀	
栗真荘《くるま》	伊勢	奄芸	摂関家領・近衛家領・高陽院領・禁裏御料所・皇室領・得宗領地頭職
来馬荘《くるま》	淡路	津名	松殿僧正御房領
久(倶・具)留美荘《くるみ》	播磨	美嚢	九条家領(領家職)・摂関家領・春日社領
栗見荘《くるみ》	近江	神崎	延暦寺千僧供料所・妙法院門跡領・山門領
久礼別符《くれ》	土佐	高岡	九条家領・摂関家領
呉保《くれ》	安芸	安芸	石清水八幡宮寺領
呉庭荘《くれは》	摂津	豊島	法住寺領(法華堂領)・久我家領・勝尾寺領
呉原荘《くれはら》	大和	高市	興福寺領
黒岡荘《くろおか》	丹波	多紀	三宝院領・篠村八幡宮領
黒金津保《くろかなつ》	越後	蒲原	
黒川荘《くろかわ》	越後	頚城	
黒河荘《くろがわ》	但馬	朝来	妙法院領・山門領・西塔宝幢院検校領
黒河園《くろがわ》	但馬	朝来	小野宮実資領・新善光寺領
黒河保《くろかわ》	周防	吉敷	東大寺領(国衙領)
黒川保《くろがわ》	但馬	朝来	国衙領
黒木荘《くろき》	筑後	上妻	
黒国保《くろくに》	近江	蒲生	日吉社領・山門領
黒駒牧《くろこま》	甲斐	八代	
黒坂御園《くろさか》	伊勢	度会	伊勢神宮領・釈尊寺領・西園寺家領
黒島荘《くろしま》	筑前	上座	観世音寺領
黒田荘《くろた》	伊勢	奄芸	伊勢神宮領・外宮領・醍醐寺領・遍智院領・三宝院門跡領・内宮領・二宮領・花園院太政大臣家領

荘　園　名	国名	郡名	領 家・本 家
黒田荘《くろた》	尾張	葉栗	伏見宮領・仙洞御領・皇室領(本家)・西園寺家領(領家)
黒田荘《くろだ》	伊賀	名張	東大寺領・東南院領・尊勝院領
黒田荘《くろだ》	近江	坂田	醍醐寺領・遍智院領
黒田荘《くろだ》	播磨	明石	関白渡領・摂関家領・神祇官領・白河伯王家領・官衙領
黒田荘《くろだ》	播磨	多可	平等院領・摂関家領・安嘉門院領・皇室領・関白渡領・神祇官領
黒田荘《くろだ》	豊前	京都	
黒田本荘《くろだ》	伊賀	名張	東大寺領・東南院領
黒田新荘《くろだ》	伊賀	名張	東大寺領・尊勝院領
黒田新保《くろだ》	加賀	加賀	
黒田保《くろだ》	越中	新川	山門領・三千院門跡領・太政官厨家(便補保)・官衙領・小槻家領(官務家領)・壬生家領
黒田保《くろだ》	越中	射水	足利家領・三千院門跡中堂領・太政官厨家(便補保)・官衙領・小槻家領(官務家領)・壬生家領
黒田御厨《くろた》	伊勢	鈴鹿	伊勢神宮領・内宮領・得宗領
黒田御厨《くろだ》	伊勢	奄芸	伊勢神宮領・得宗領
黒田御園《くろだ》	伊勢	壱志	伊勢神宮領
黒田江西荘《くろだえにし》	近江	高島	延暦寺法華堂領・山門領
黒滝荘《くろたき》	大和	吉野	
黒田荘出作《くろだでさく》	伊賀	名張	東大寺領・東南院領
黒田牧御園《くろたのまき》	伊勢	飯野	伊勢神宮領
黒津荘《くろつ》	近江	栗太	聖護院領・園城寺領
黒土荘《くろつち》	豊前	上毛	喜多院領・宇佐弥勒寺領・宇佐八幡宮寺領(検校領)・日光山領(別当領、下野)
黒野御厨《くろの》	伊勢	河曲	伊勢神宮領・内宮領
黒野御厨《くろの》	伊勢	壱志	伊勢神宮領・外宮領
黒野御園《くろの》	伊勢	壱志	伊勢神宮領・外宮領
黒橋御園《くろはし》	伊勢	度会	伊勢神宮領
黒戸荘《くろべ》	丹後	竹野	石清水八幡宮寺領・平等王院堂料所
黒部保《くろべ》	丹後	竹野	石清水八幡宮寺領
黒部御厨《くろべ》	伊勢	飯野	皇室領・上西門院領・宣陽門院領・伊勢神宮領・内宮領・外宮領・二宮領
黒丸御厨《くろまる》	近江	蒲生	伊勢神宮領・内宮領・外宮領・二宮領
黒水保《くろみず》	越後	蒲原	
桑岡荘《くわおか》	越前	足羽	左右馬寮領(馬寮領)・官衙領
桑田荘《くわた》	丹波	桑田	仁和寺領・松尾社領
桑田保《くわた》	丹後	与謝	
桑津荘《くわつ》	摂津	豊島	醍醐寺領・六条八幡宮領・三宝院領・報恩院領
桑津新荘《くわつ》	摂津	豊島	
桑名神戸《くわなかんべ》	伊勢	桑名	近衛家領・摂関家領・伊勢神宮領・外宮領・内宮領・二宮領
桑野保《くわの》	阿波	那賀	補陀寺領
桑乃御厨《くわの》	阿波	那賀	伊勢神宮領・内宮領
桑原荘《くわはら》	越前	坂井	東大寺領
桑原荘《くわはら》	筑前	志摩	安楽寺領・満願院領
桑原五ヶ荘《くわばら》	播磨	揖保	
桑原荘《くわばら》	播磨	揖保	最勝光院領・皇室領・勧修

荘　園　名	国名	郡名	領 家・本 家
			寺家領・東寺領(本家職)
桑原荘《くわばら》	備後	世羅	高野山領
桑原荘《くわばら》	安芸	佐伯	厳島社領
桑原勅旨《くわばら》	播磨	揖保	高野山領・金剛三昧院領
桑原新荘《くわばら》	安芸	佐伯	厳島社領
桑原保《くわばら》	播磨	揖保	最勝光院領・皇室領
桑原保《くわばら》	安芸	佐伯	厳島社領
桑原御厨《くわばら》	丹波	多紀	
郡家荘《ぐんけ》	摂津	菟原	
郡家荘《ぐんけ》	丹波	多紀	禁裏料所・皇室領・相国寺領(塔頭雲沢軒領)
郡内領《ぐんない》	甲斐	都留	小山田氏領
群房西荘《ぐんぼうにし》	安房	平群	
群房東荘《ぐんぼうひがし》	安房	平群	
		け	
花井荘《けい》	紀伊	牟婁	
外院荘《げい》	摂津	豊島	勝尾寺領(四王供田三反)・総持寺領・浄土寺門跡領・山門領
慶野荘《けいの》	淡路	三原	修明門院領・皇室領
気賀荘《けが》	遠江	引佐	皇室領・七条院領
下司荘《げし》	摂津	有馬	
家田荘《けた》	能登	羽咋	長講堂領・皇室領
気田荘《けた》	遠江	山香	
祁答院《けどう》	薩摩	薩摩	摂関家領・近衛家領・一乗院領・興福寺領
毛戸岡荘《けとおか》	越前	未勘	七条院領・皇室領
毛野別符《けぬ》	石見	未勘	
毛原荘《けはら》	石見	那賀	
毛原荘《けばら》	紀伊	那賀	天野社領
気比荘《けひ》	越前	敦賀	八条院領・気比社領(領家)・八条左大臣(藤原良輔)領・最勝金剛院領・摂関家領・九条家領・皇室領
気比荘《けひ》	但馬	城崎	白河千体阿弥陀堂領・左兵衛督局領・北野社領・皇室領・大宮院領
気比水上荘《けひみのかみ》	但馬	城崎	尊守親王門跡領・山門領・播磨清水寺・清水寺領・北野社領
介良荘《けら》	土佐	長岡	走湯山領(密厳院領)・吸江庵領
気良荘《けら》	美濃	郡上	近衛家領・摂関家領・高陽院領・室町幕府御料所
兼行保《けんぎょう》	長門	大津	
嶮熊野荘《けんくまの》	近江	高島	青蓮院門跡領・山門領・大乗院領
剣坂荘《けんざか》	播磨	賀茂	東大寺領(東南院領)
兼殿荘《けんのとの》	大和	平群	興福寺領・一乗院領
源原荘《げんのはら》	大和	未勘	春日社領
		こ	
小赤目荘《こあかめ》	山城	乙訓	賀茂社領(賀茂社造営料所)
小阿射賀御厨《こあさか》	伊勢	壱志	伊勢神宮領・外宮領・冷泉家領・藤原定家領
小畔荘《こあぜ》	大和	高市	興福寺領・一乗院領
子位荘《こい》	備中	窪屋	蓮華王院領・皇室領・青蓮院門跡領・妙香院門跡領・山門領・祇園社領
五位荘《ごい》	摂津	島上	近衛家領(本所)・摂関家領・徳大寺家領(五位田)・関白師実領
五位荘《ごい》	越中	砺波	室町幕府御料所・等持院

荘　園　名	国名	郡名	領 家・本 家
			領
御井荘《ごい》	上総	市原	
小井河荘《こいかわ》	甲斐	巨摩	安楽寿院領・皇室領・昭慶門院領・安嘉門院領
小池保《こいけ》	遠江	未勘	小国社領(遠江国一宮社領)・内蔵寮領・官衙領
小石和筋《こいさわ》	甲斐	八代	
小石川荘《こいしかわ》	武蔵	豊島	
小泉荘《こいずみ》	山城	葛野	元興寺領・近衛家領・摂関家領
小泉荘《こいずみ》	大和	添下	西大寺領・曼荼羅寺領・興福寺領・大乗院領
小泉荘《こいずみ》	駿河	富士	
小泉荘《こいずみ》	駿河	駿河	摂関家領・法成寺領
小泉荘《こいずみ》	美濃	安八	後宇多院領・皇室領・昭慶門院領(庁分)・歓喜光院領・花頂殿領
小泉荘《こいずみ》	美濃	可児	昭慶門院領・歓喜光院領・皇室領
小泉荘《こいずみ》	信濃	小県	一条大納言家領・得宗領・足利尊氏領・室町幕府御料所
小泉荘《こいずみ》	陸奥	桃生	摂関家領
小泉荘《こいずみ》	出羽	田川	
小泉荘《こいずみ》	越前	丹生	
小泉荘《こいずみ》	越後	磐船	藤原宗忠領・一条家領・中御門家領(＝領家職)・金剛心院領・新釈迦領・皇室領(本家職)・関東御領(本荘)
小泉本荘《こいずみ》	越後	磐船	皇室領(本家)・一条家領(領家)・関東御領(鎌倉末期、領家、預所、地頭?)
小泉荘加納《こいずみ》	越後	磐船	
小泉保《こいずみ》	近江	犬上	伊勢神宮領
小泉保《こいずみ》	加賀	石川	北野社領・妙蔵院領
小泉御厨《こいずみ》	伊勢	朝明	伊勢神宮領・外宮領・新長講堂領・金蓮院領・皇室領・西山地蔵院領
小泉御厨《こいずみ》	伊勢	員弁	伊勢神宮領・内宮領・外宮領・二宮領
小泉御厨《こいずみ》	伊勢	三重	伊勢神宮領・内宮領・外宮領・二宮領
小泉御厨《こいずみ》	美濃	安八	平家没官領・一条能保室家領・伊勢神宮領・外宮領・内宮領・二宮領
小磯辺保《こいそべ》	越前	今立	園城寺領(造営料所、地頭職)
小一条荘《こいちじょう》	河内	未勘	石清水八幡宮寺領
小一条勅旨田《こいちじょう》	近江	坂田	
小井手保《こいで》	越中	新川	
小犬丸保《こいぬまる》	播磨	揖保	穀倉院領
子位東荘《こいひがし》	備中	窪屋	妙香院領・山門領
香荘《こう》	近江	蒲生	勝宝寺領・南禅寺領
香荘《こう》	近江	愛智	尊勝寺領・土御門高倉天神社・醍醐寺領(本家職)・大江家領(領家職)
鴻荘《こう》	尾張	智多	
香園《こう》	近江	愛智	宝荘厳院領・尊勝寺領・延暦寺根本中堂領・山門領・禅定寺領
香園《こう》	紀伊	那賀	
古布馬牧《こう》	伯耆	八橋	兵部省官牧
高落荘《こうおつ》	阿波	麻殖	
甲賀荘《こうか》	伊勢	未勘	西林寺領・近衛家領・摂関

荘　園　名	国名	郡名	領家・本家
			家領
甲賀荘《こうか》	志摩	英虞	近衛家領・摂関家領・西林寺領・伊勢神宮領・内宮領・外宮領・二宮領
甲賀荘《こうか》	近江	未勘	伊勢神宮領
甲賀保《こうが》	志摩	英虞	
甲賀牧《こうか・こうが》	近江	甲賀	左馬寮領・官衙領
甲可郡杣《こうかぐん》	近江	甲賀	造東大寺司領・西大寺領
上毛荘《こうげ》	豊前	上毛	宇佐八幡宮領・御炊殿料所
神坂御園《こうさか》	伊勢	多気	伊勢神宮領・内宮領
神崎荘《こうざき》	下総	香取	摂関家領・香取社領
合志荘《こうし》	肥後	合志	太宰府天満宮領
小路荘《こうじ》	大和	山辺	興福寺領・花林院家領・東大寺領
柑子御園《こうじ》	伊勢	度会	伊勢神宮領・内宮領
柑子御園《こうじ》	伊勢	飯野	伊勢神宮領・内宮領
古宇治御園《こうじ》	伊勢	度会	伊勢神宮領
神代保《こうじろ》	周防	玖珂	東大寺領(国衙領)・厳島神領
神代野部御厨《こうじろのべ》	備中	哲多	伊勢神宮領・内宮領
上有智荘《こうずち》	美濃	武芸	近衛家領・鷹司院領・鷹司家領・摂関家領・金蓮華院領
幸前荘《こうぜん》	大和	平群	興福寺領・一乗院領
上津江荘《こうぞえ》	備中	小田	醍醐寺領・報恩院領・宝福寺領
香曾我部保《こうそかべ》	土佐	香美	大炊寮領・便補保・官衙領
河田荘《こうだ》	加賀	能美	
神田荘《こうだ》	土佐	土佐	
上田保《こうだ》	淡路	三原	国衙領
河田御園《こうだ》	伊勢	多気	伊勢神宮領・内宮領
神足園《こうたり》	山城	乙訓	小野宮実資領
河内荘《こうち》	尾張	中島	
河内荘《こうち》	美作	大庭	賀茂社領・賀茂別雷社領・四条坊門別宮領・徳大寺家領(本家職)・貴布禰神社領(預所職)
河智御厨《こうち》	伊勢	安濃	伊勢神宮領・内宮領
河内御厨《こうち》	伊勢	鈴鹿	伊勢神宮領
小路御厨《こうち》	志摩	英虞	伊勢神宮領
河内南荘《こうちみなみ》	美作	大庭	四条坊門別宮領・賀茂社領・賀茂別雷社領
河内南保《こうちみなみ》	美作	大庭	賀茂社領(保司職)
木津荘《こうつ》	近江	高島	鳥羽院領・皇室領・延暦寺領(千僧供料所)・山門領
向月荘《こうつき》	筑前	遠賀	花山院領・九州探題領
上月荘《こうつき》	播磨	佐用	
高越寺荘《こうつじ》	阿波	麻殖	摂関家領・関白道家領・九条家領・尊勝寺領
上妻荘《こうつま》	筑後	上妻	宇佐弥勒寺領・喜多院領
神戸荘《ごうど》	甲斐	山梨	
神並荘《こうなみ》	河内	河内	石清水八幡宮寺領
神根保《こうね》	備前	和気	
神野荘《こうの》	和泉	大鳥	室町幕府御料所？
神野荘《こうの》	紀伊	那賀	鳥羽院領・八条院領・皇室領・昭慶門院領・神護寺領・金剛峯寺領・高野山領
鴻巣荘《こうのす》	武蔵	足立	
神辺荘《こうのへ》	肥前	基肄	安楽寺領
神野真国荘《こうのまくに》	紀伊	那賀	神護寺領
上蝙荘《こうべ》	播磨	揖保	
河守荘《こうもり》	丹後	加佐	
荒野荘《こうや》	備前	上道	春日社領
高野荘《こうや》	紀伊	伊都	

荘　園　名	国名	郡名	領家・本家
神山荘《こうやま》	伊勢	飯野	大安寺領
香山保《こうやま》	播磨	揖保	涌泉寺領(泉涌寺領、本所)・中原家領
神山御園《こうやま》	伊勢	飯野	伊勢神宮領
高良荘《こうら》	近江	犬上	
高良荘《こうら》	筑後	御井	皇室領・長講堂領・遍智院領・醍醐寺領・三宝院領・宝池院領・高良社領
郷里荘《こうり》	近江	坂田	
河和荘《こうわ》	尾張	智多	
小江御厨《こえ》	周防	未勘	
小大田荘《こおおた》	大和	城上	興福寺領・大乗院領
小巨倉荘《こおぐら》	山城	久世	藤原基通領・近衛家領・摂関家領・京極殿領
郡里《こおざと》	阿波	美馬	
古保里荘《こおざと》	肥後	宇土	高良山領(筑後)
郡戸荘《こおど》	摂津	東生	北野宮寺領(地頭職か)・摂関家渡領(本家職)・東北院領・法成寺領
郡戸荘《こおど・ごうど》	美濃	石津	九条家領・摂関家領・九条家領
郡戸荘《こおど》	美濃	安八	九条家領・西園寺家領
郡戸荘《こおど》	美濃	席田	九条道家領・摂関家領・中原家領(預所職、地頭職)
郡戸荘《こおど》	信濃	伊那	摂関家領・関白基通領・高陽院領・近衛家領・藤原晴基(預所)
郡戸御厨《こおど》	美濃	席田	伊勢神宮領・外宮領
郡荘《こおり》	河内	茨田	醍醐寺領・安嘉門院領
郡荘《こおり》	近江	伊香	弘福寺領
郡山荘《こおりやま》	大和	添下	
久我荘《こが》	山城	乙訓	皇室領(本家職)・八条院領・後宇多院領・昭慶門院領(庁分)・久我家領(領家職)・大正院領
古賀荘《こが》	近江	高島	尊勝院領・山門領
五家荘《ごか》	肥後	八代	
五箇荘《ごか》	山城	宇治	近衛家領・摂関家領
五箇荘《ごか》	河内	未勘	石清水八幡宮領
五箇荘(畑)《ごか》	和泉	和泉	岩松経兼(地頭職)
五箇荘《ごか》	摂津	住吉	大徳寺領(養徳院領)・住吉社領
五箇荘《ごか》	伊賀	阿拝	六条院領・皇室領
五箇荘《ごか》	近江	神崎	日吉社領・山門領
五箇荘《ごか》	加賀	石川	
五箇荘《ごか》	越中	新川	
五箇荘《ごか》	丹波	船井	源頼政領・平宗盛領・平家没官領・木曾義仲領・後白河院領・皇室領・藤原経時領
五箇荘《ごか》	播磨	賀古	梅香院領(賀原村)・得宗領(御内御恩地)・守護領
五箇荘《ごか》	紀伊	名草	
五箇荘《ごか》	肥前	未勘	観世音寺領
五個荘《ごか》	摂津	島下	仁和寺領(本所職)・西山地蔵院(音羽村領家職)
久我本荘《こが》	山城	乙訓	昭慶門院領(庁分)・皇室領
久我新荘《こが》	山城	乙訓	昭慶門院領(庁分)・皇室領
五箇保《ごか》	丹後	丹波	
五個谷荘《ごかだに》	大和	添上	
五箇山御園《ごかやま》	伊勢	飯高	伊勢神宮領・内宮領・外宮領・二宮領・二品法親王家領・青蓮院領・山門領

荘園一覧

荘 園 名	国名	郡名	領 家・本 家
粉河荘《こかわ》	紀伊	那賀	粉河寺領
古木(小記)荘《こき》	大和	高市	多武峯寺領(法華三昧堂領)・談山神社領・興福寺領・大乗院門跡領・北円堂領
近木荘《こぎ》	和泉	日根	高野山領・天野社領(天野宮祭奠料所)・丹生社領(領家職・地頭職)
古木荘《こぎ》	和泉	和泉	
近木保《こぎ》	和泉	日根	内蔵寮領・官衙領
御祈保《ごき》	播磨	明石	
御器所保《ごきそ》	尾張	愛智	
国衙荘《こくが》	尾張	中島	
国衙荘《こくが》	播磨	飾磨	
国造保《こくぞう》	播磨	未勘	
小久田御厨《こくた》	志摩	英虞	伊勢神宮領・外宮領
国分荘《こくぶ》	陸奥	宮城	
国分荘《こくぶ》	紀伊	那賀	
国分寺荘《こくぶんじ》	摂津	西成	崇禅寺領・勝尾寺領
国分寺荘《こくぶんじ》	丹波	桑田	土佐家領
国分寺荘《こくぶんじ》	淡路	三原	鳥羽勝金剛院領・皇室領
国分寺御厨《こくぶんじ》	摂津	東生	伊勢神宮領・内宮領
国分寺御厨《こくぶんじ》	播磨	飾磨	伊勢神宮領・内宮領
小倉荘《こくら》	筑前	那珂	宇佐弥勒寺領・喜多院領・石清水八幡宮寺領(検校領)
極楽寺御園《ごくらくじ》	伊勢	安濃	伊勢神宮領
小栗栖山荘《こぐるすやま》	伊勢	未勘	
御香園《ごこう》	和泉	未勘	石清水八幡宮寺領
木来荘《こごろ》	備後	御調	
胡佐荘《ござ》	志摩	英虞	伊勢神宮領
御座荘《ござ》	甲斐	山梨	
小坂荘《こさか》	備中	浅口	花山院家領・福昌寺領・皇室領・五辻斎院領・三聖寺領(領家、預所職)・長講堂領
小境保《こざかい》	出雲	楯縫	
木崎荘《こざき》	伊勢	鈴鹿	
小佐味荘《こさみ》	越中	新川	一条局領・鹿王院領
古佐布荘《こさわ》	紀伊	伊都	
後三条院勅旨田《ごさんじょういんちょくし》	丹後	未勘	
後三条院勅旨田《ごさんじょういんちょくし》	播磨	未勘	寂場院門跡領
後三条院勅旨田《ごさんじょういんちょくし》	安芸	未勘	宣陽門院領・昭慶門院領・皇室領(本家職)・八条院領・安楽寿院領・興善院領・東寺領
後三条勅旨田保《ごさんじょうちょくし》	近江	犬上	皇室領・大成就院領・青蓮院領・梶井門跡領・山門領
高志御厨《こし》	伊勢	飯高	上西門院領・宣陽門院領・皇室領・法金剛院領
高志御園《こし》	伊勢	安濃	伊勢神宮領・外宮領
高志御園《こし》	伊勢	飯高	伊勢神宮領・内宮領
越賀御厨《こしか》	志摩	英虞	伊勢神宮領
越田尻荘《こしたじり》	大和	添上	東大寺領(大仏殿燈油料所)・興福寺領・大乗院領・竜花樹院領
越部(辺)荘《こしべ》	播磨	揖保	藤原俊成領・藤原定家領・御子左家領・冷泉家領(下荘領家職)
越部上荘《こしべ》	播磨	揖保	藤原俊成領
越部下荘《こしべ》	播磨	揖保	藤原俊成領・藤原定家領・御子左家領・冷泉家領
越部中荘《こしべなか》	播磨	揖保	藤原俊成領・栂尾観海院領(領家職)
小島荘《こじま》	大和	高市	東大寺領・興福寺領・一乗

荘 園 名	国名	郡名	領 家・本 家
			院領
小島荘《こじま》	備前	児島	熊野社領
小島荘《こじま》	筑前	糟屋	
木島馬牧《こしま》	下総	未勘	兵部省官牧
小島牧《こじま》	美濃	池田	白河寂楽寺領・喜多院領・平惟仲領
小島御厨《こじま》	伊勢	員弁	伊勢神宮領・内宮領
小白方荘《こしらかた》	周防	未勘	吉田社領
小周防保《こずおう》	周防	熊毛	周防阿弥陀寺領・東大寺領(国衙領)
小杉(枌)御厨《こすぎ》	駿河	志太	伊勢神宮領・外宮領
小杉御厨《こすぎ》	遠江	蓁原	伊勢神宮領
小菅荘《こすげ》	信濃	高井	皇室領・新熊野社領・禅林寺領・僧忠信領
巨勢荘《こせ》	大和	高市	石清水八幡宮領・興福寺領・大乗院領
巨勢荘《こせ》	美作	英多	
巨勢荘《こせ》	備中	賀夜	皇室領・長講堂領・御影堂領・宣陽門院領・西園寺家領・仁和寺門跡領・山門領・相国寺領・洞松寺領(備中)
巨勢荘《こせ》	肥前	佐嘉	長講堂領・皇室領・宣陽門院領・安楽寺領
小摂津御厨《こせっつ》	駿河	益頭	西園寺家領
巨勢山荘《こせやま》	山城	未勘	成恩院領
小曽弥荘《こそね》	信濃	未勘	八条院領・皇室領
子(小)田上荘《こた》	近江	高島	摂関家領・平等院領
五大院《ごだい》	薩摩	未勘	宇佐弥勒寺領・喜多院領
小平荘《こたいら》	尾張	中島	
児玉荘《こだま》	武蔵	児玉	
巨智(古知)荘《こち》	播磨	飾磨	宣陽門院領・皇室領
居都荘《こつ》	備前	上道	崇徳院法華堂領・皇室領(本家職)・丹後局領(領家職)・山科家領・大徳寺如意庵領
小机保《こづくえ》	武蔵	橘樹	鶴岡八幡宮
木造荘《こづくり》	伊勢	壱志	平頼盛領・万寿寺領・室町院領・六条院領・皇室領・久我家領
小鶴荘《こつる》	常陸	茨城	皇嘉門院領・九条家領・摂関家領・宜秋門院領・円覚寺領(正続院領)
小鶴北荘《こつるきた》	常陸	茨城	皇嘉門院領・皇室領
小鶴南荘《こつるみなみ》	常陸	茨城	摂関家領・九条家領・宜秋門院領
後藤蒲原荘《ごとうかんばら》	越後	蒲原	
小得元園《ことくもと》	肥前	未勘	
神殿荘《こどの・こうどの》	大和	添上	興福寺領・大乗院領
琴引別符《ことひき》	大和	葛上	大雲寺領・実相院領
小中島荘《こなかじま》	近江	高島	東寺領・延暦寺領・山門領
木本御厨《このもと》	伊勢	未勘	伊勢神宮領
木本御厨《このもと》	志摩	英虞	伊勢神宮領・外宮領・按察二品局家領(領家職)・二品鎌倉法印領
小萩荘《こはぎ》	陸奥	磐井	
木幡荘《こばた》	山城	宇治	浄妙寺領
小早河荘《こばやかわ》	安芸	未勘	
児林荘《こばやし》	備前	児島	
小林荘《こばやし》	大和	広瀬	東大寺領
小林荘《こばやし》	大和	城下	春日社領・興福寺領・大乗院領・竜花樹院領
小林上荘《こばやし》	摂津	武庫	藤原兼経領
小林下荘《こばやし》	摂津	武庫	西山三鈷寺領
小林御厨《こばやし》	伊勢	奄芸	伊勢神宮領・外宮領
小林御厨《こばやし》	伊勢	三重	伊勢神宮領

荘 園 名	国名	郡名	領 家・本 家
小原荘《こばら》	甲斐	山梨	
小春荘《こはる》	越前	未勘	東大寺領
御氷保《ごひ》	丹後	加佐	
小東荘《こひがし》	大和	広瀬	東大寺仏餉田・東大寺領
小平野荘《こひらの》	摂津	八部	平家没官領・後白河院領・皇室領
国府荘《こふ》	大和	高市	興福寺領・大乗院領
国府荘《こふ》	安芸	安芸	
御服荘《ごふく》	越中	婦負	室町幕府御料所・三条坊門八幡宮領(南方)・醍醐寺領・三宝院領
小布施荘《こふせ》	越中	新川	等持院領
小布施保《こふせ》	越中	未勘	
小淵荘《こぶち》	山城	葛野	大覚寺領・定林庵領
小船木荘《こふなき》	近江	蒲生	
足力荘《こぶら》	河内	錦部	興福寺領・大乗院領
小保(共)田保《こぼた》	安房	平群	
胡麻荘《ごま》	丹波	船井	成勝寺領
胡麻牧《ごま》	丹波	船井	左馬寮領
駒井荘《こまい》	近江	栗太	
駒形荘《こまがた》	出羽	雄勝	
小真上荘《こまがみ》	摂津	島上	金剛三昧院領(地頭職)・高野山領・得宗領
小勾御園《こまがり》	伊勢	度会	伊勢神宮領
五勾御園《ごまかり》	伊勢	飯高	伊勢神宮領・内宮領(二宮領?)
五真加利御厨《ごまかり》	伊勢	飯高	九条家領・摂関家領・伊勢神宮領・内宮領(二宮領?)
小牧御厨《こまき》	遠江	蓁原	伊勢神宮領・内宮領
小牧御園《こまき》	伊勢	安濃	伊勢神宮領・内宮領
駒前保《こまさき》	能登	羽咋	国衙領
子(小)松荘《こまつ》	讃岐	那珂	皇室領・宜秋門院領・摂関家領・関白道家領・九条禅尼領・宣仁門院領・右大臣忠家領・九条家領
小松荘《こまつ》	山城	葛野	
小松荘《こまつ》	摂津	武庫	平家没官領・藤原能保領・七条院領・修明門院領・皇室領・東寺領
小松荘《こまつ》	甲斐	山梨	九条家領・摂関家領
小松荘《こまつ》	近江	滋賀	聖護院門跡領・園城寺領・円満院領
小松荘《こまつ》	伯耆	会見	
小松御厨《こまつ》	伊勢	三重	伊勢神宮領・内宮領
小松御厨《こまつ》	遠江	佐野	伊勢神宮領・内宮領
小松御園《こまつ》	伊勢	安濃	伊勢神宮領・外宮領
駒次荘《こまつき》	但馬	七美	
小松原荘《こまつばら》	播磨	賀古	北野社領(燈油料所)・皇室領
小松原荘《こまつばら》	周防	熊毛	東大寺領(国衙領)
狛野荘《こまの》	山城	相楽	西大寺領・東大寺領・興福寺領・東南院領・大乗院領・仏地院領・北野社領
護摩料荘《ごまりよう》	紀伊	名草	歓喜寺領
古美荘《こみ》	但馬	未勘	長講堂領・皇室領
子見荘《こみ》	越前	坂井	西大寺領・東大寺領
小南荘《こみなみ》	大和	葛上	冷泉姫宮領
小南荘《こみなみ》	大和	十市	興福寺領
小南荘《こみなみ》	大和	添下	興福寺領・法花寺領
小鞭書御園《こむちかく》	伊勢	飯野	伊勢神宮領・外宮領
小室荘《こむろ》	播磨	神崎	
米野御園《こめの》	伊勢	員弁	伊勢神宮領・外宮領
薦江保《こもえ》	播磨	未勘	国衙領
菰生荘《こもお》	若狭	未勘	
薦生荘《こもお・こもう》	伊賀	名張	東大寺領

荘 園 名	国名	郡名	領 家・本 家
薦生保《こもお》	伊賀	名張	主殿寮領・官衙領・小槻家領
薦生牧《こもお》	伊賀	名張	藤原朝成領・藤原経通領
菰生御厨《こもお》	伊勢	飯高	伊勢神宮領・内宮領
薦生御園《こもお》	伊勢	飯高	伊勢神宮領・内宮領
薦生荘出作《こもおでさく》	伊賀	名張	東大寺領・尊勝院領
薦園《こもそ》	紀伊	伊都	
薦田別符《こもた》	筑前	穂波	宇佐弥勒寺領・喜多院領
薦堤灯油園《こもつつみとうゆ》	大和	城上	東大寺尊勝院領
薦野荘《こもの》	筑後	生葉	観世音寺領・皇后宮職新御堂領・皇室領
薦野御厨《こもの》	伊勢	三重	伊勢神宮領
葮符荘《こもふ》	伊賀	名張	東大寺領
小森保《こもり》	越前	坂井	藤原定家領・九条良輔領・気比社領・便補保・安祥寺領・典薬頭知行
小森保《こもり》	越中	新川	典薬頭領・官衙領
小森御厨《こもり》	伊勢	壱志	伊勢神宮領・内宮領
小屋(昆陽)荘《こや》	摂津	武庫	新熊野社領・高野山領(安養院領＝西方)・平等心院領(＝東方)・相国寺領・南禅寺領・明法院領(山門領)
小屋小林荘《こやおばやし》	摂津	武庫	新熊野社領
昆陽寺荘《こやでら》	摂津	武庫	高野山領(安養院領＝西方)・平等心院領(西明寺領＝東方)・蓮華王院領・皇室領・東寺領
小夜部荘《こやべ》	大和	十市	興福寺領・大乗院領
小山荘《こやま》	山城	愛宕	賀茂社領
小山荘《こやま》	大和	未勘	興福寺領・一乗院領
御油荘《ごゆ》	大和	高市	東大寺領・源頼親領
御油荘《ごゆ》	丹波	氷上	法勝寺領・皇室領・賀茂社領(新荘)・円通寺領(新荘)
御油新荘《ごゆ》	丹波	氷上	賀茂社領・賀茂別雷社領・貴布禰社領
御油御園《ごゆ》	伊勢	員弁	伊勢神宮領・外宮領
小吉田荘《こよしだ》	大和	平群	興福寺領・大乗院領・禅定院領・春日社領
小吉野荘《こよしの》	美作	勝田	円覚寺正続院領・宝鏡寺領
御料荘《ごりよう》	大和	吉野	
是次保《これつぐ》	丹後	丹波	
是時荘《これとき》	加賀	石川	正親町家領・三条家領
是安保《これやす》	丹後	竹野	
小若江荘《こわかえ》	河内	若江	四天王寺領(天王寺領)
小童荘《こわらべ》	大和	添上	
小童保《こわらべ》	備中	未勘	三聖寺領
紺口荘《こんく》	河内	石川	竜泉寺領・石清水八幡宮寺領
金剛保《こんごう》	備前	和気	
金剛寺荘《こんごうじ》	河内	錦部	金剛寺領
金剛峯寺荘《こんごうぶじ》	紀伊	伊都	
上津長御厨《こんさ》	志摩	英虞	伊勢神宮領・内宮領
金心寺荘《こんしんじ》	摂津	有馬	祇園社領
金勝荘《こんぜ》	近江	栗太	興福寺領・広慶院領・春日社領・金勝寺領
金勝寺荘《こんぜじ》	近江	栗太	春日社領・興福寺領・広慶院領
さ			
佐井荘《さい》	大和	十市	興福寺領・大乗院領
佐井荘《さい》	備前	未勘	
佐比荘《さい》	山城	紀伊	有牧軒領
西院荘《さいいん》	山城	葛野	近衛家領・一乗院領・竜翔寺領・長福寺領・梶井門跡

荘　園　名	国名	郡名	領 家・本 家
			領・土御門家領・室町幕府御料所
西院小泉荘《さいいんこいずみ》	山城	葛野	近衛家領・摂関家領・曼荼羅寺領・大徳寺領・興福寺領・一乗院領
西応荘《さいおう》	三河	渥美	
雑賀荘《さいか》	紀伊	海部	平親宗家領・勝長寿院領(修理料所)
犀川荘《さいかわ》	加賀	石川	
佐伯荘《さいき》	豊後	海部	
細工保《さいく》	若狭	大飯	国衙領
斎宮上野御園《さいぐううえの》	伊勢	度会	伊勢神宮領
斎宮柑子御園《さいぐうこうじ》	伊勢	多気	伊勢神宮領・外宮領
細工所保《さいくしょ》	丹後	与謝	一宮領・成相寺領
西郷荘《さいごう》	遠江	佐野	宝塔三昧院領
西条荘《さいじょう》	三河	幡豆	中山家領
西条荘《さいじょう》	安芸	賀茂	
西条保《さいじょう》	越中	砺波	
斎所荘《さいそ》	若狭	遠敷	
佐井田荘《さいた》	備前	邑久	石清水八幡宮領
佐井田保《さいだ》	備前	邑久	東大寺領(国衙領)
西大寺墾田《さいだいじこんでん》	讃岐	多度	西大寺領
西大寺塩山《さいだいじしおやま》	讃岐	寒川	西大寺領
幸津荘《さいつ》	肥前	養父	安楽寺領
幸津新荘《さいつしん》	肥前	養父	安楽寺領
幸津西荘《さいつにし》	肥前	養父	安楽寺領
際目荘《さいみ》	山城	綴喜	
西隆寺荘《さいりゅうじ》	備前	上道	
佐伯院《さえき》	大和	未勘	
佐伯荘《さえき》	大和	広瀬	興福寺領
佐伯荘《さえき》	大和	城下	興福寺領
佐伯荘《さえき》	丹波	桑田	最勝光院領・皇室領・東寺領・篠村八幡宮領(地頭職)・醍醐寺領・三宝院領・松橋僧正領・曇華院領
佐伯荘《さえき》	備前	磐梨	平家没官領・平頼盛家領・久我家領・徳雲院領・室町幕府御料所・宮僧正房
三枝荘《さえぐさ》	越後	古志	西大寺領
佐嘉荘《さが》	肥前	佐嘉	安楽寺領・西御塔院領・白河院領・皇室領・醍醐寺領・三宝院門跡領
佐賀荘《さが》	山城	綴喜	
嵯峨荘《さが》	山城	葛野	
佐嘉上荘《さが》	肥前	佐嘉	河上社領・高城寺領
佐嘉下荘《さが》	肥前	佐嘉	河上社領・神通寺領・高城寺領
佐香保《さか》	出雲	楯縫	
坂合部荘《さかあいべ》	大和	宇智	
堺荘《さかい》	和泉	大鳥	後深草院領・大宮院領(本家職)・永福門院領・今林准后領・西園寺家領・四天王寺領・通照光院領(領家職)・東寺領
堺荘《さかい》	豊前	未勘	
堺別符《さかい》	肥前	基肄	平家没官領
酒井荘《さかい》	越前	今立	亀山院領・西殿准后・皇室領・尊治親王領
酒井荘《さかい》	丹波	多紀	鷹司家領・本願寺仏事料所・石清水八幡宮領
酒井保《さかい》	能登	能登	
堺御園《さかい》	伊勢	安濃	伊勢神宮領・外宮領
堺御園《さかい》	伊勢	多気	伊勢神宮領
堺御園《さかい》	伊勢	飯高	伊勢神宮領・内宮領・外宮領・二宮領

荘　園　名	国名	郡名	領 家・本 家
堺北荘《さかいきた》	摂津	住吉	最勝光院領・皇室領・禁裏御厨子所領・万里小路家領・住吉社領・今林准后領・念仏寺領・離宮八幡宮領
堺南荘《さかいみなみ》	和泉	大鳥	後深草院領・永福門院領・皇室領・天王寺領・遍照光院領・住吉社領・東大寺八幡宮修理料所・相国寺崇寿院領
寒河江荘《さがえ》	出羽	村山	藤原忠実領・近衛家領・京極家領・摂関家領・円覚寺領(仏日庵領)・得宗領(北方地頭職)・慈恩寺領
榊御園《さかき》	志摩	英虞	伊勢神宮領・内宮領
酒木御園《さかき》	伊勢	飯高	伊勢神宮領・内宮領
坂北荘《さかきた》	越前	坂井	長講堂領・皇室領・後深草上皇領・藤原相子
榊原荘《さかきばら》	伊勢	壱志	伊勢神宮領・内宮領
坂倉御厨《さかくら》	志摩	未勘	伊勢神宮領
坂崎御厨《さかざき》	志摩	答志	伊勢神宮領・内宮領
佐方荘《さかた》	備中	浅口	新熊野社領
坂田荘《さかた》	尾張	中島	
坂田荘《さかた》	近江	坂田	興福寺領・西南院領・楞厳三昧院領・青蓮院門跡領・山門領
坂田荘《さかた》	丹波	未勘	勧学院領・摂関家領
坂田荘《さかた》	播磨	賀茂	
坂田荘《さかた》	讃岐	香川	藻壁門院法華堂領・九条家領・摂関家領・梶井門跡領
坂田荘《さかた》	讃岐	香川	昭慶門院領・皇室領・大覚寺門跡領
坂田荘《さかた》	筑後	山門	安楽寺領
坂田新荘《さかた》	近江	坂田	青蓮院門跡領・山門領
坂田別符《さかた》	近江	坂田	三昧院領・青蓮院門跡領・山門領
坂田保《さかた》	尾張	中島	国衙領・醍醐寺領・三宝院領
坂田保《さかた》	近江	坂田	楞厳三昧院領・皇室領・興善院領・日吉社供料所・祇園社領・三昧院領・青蓮院門跡領・山門領・三条家領・
佐方保《さがた》	伊予	野間	賀茂別雷社領・賀茂社領
坂田御厨《さかた》	近江	坂田	伊勢神宮領
坂田北荘《さかたきた》	近江	坂田	大安寺領
坂田勅旨《さかたちょくし》	讃岐	香川	昭慶門院領・皇室領・大覚寺門跡領
坂田福正名《さかたふくまさ》	河内	古市	二条刑部卿入道跡・最浄光院領・大覚寺宮庁管領分・金持広栄
逆常御園《さかつね》	伊勢	安濃	伊勢神宮領
坂手荘《さかて》	大和	城下	春日社領(東塔供料所)・興福寺領・東金堂領
坂手御厨《さかて》	伊勢	度会	伊勢神宮領・内宮領
坂手御厨《さかて》	志摩	答志	伊勢神宮領・外宮領
坂戸(門)荘《さかと》	大和	十市	西大寺領・興福寺領・大乗院領
尺度荘《さかと》	河内	古市	慈鎮領・大乗院領・延暦寺法華堂領・山門領
酒登荘《さかと》	大和	未勘	東大寺領
坂戸荘《さかど》	常陸	新治	
坂門(戸)牧《さかと》	大和	十市	摂関家領
坂門牧《さかと》	河内	大県	藤原道長領・摂関家領・近衛家領・京極領・醍醐寺領・三宝院領・興福寺領・花山

荘　園　名	国名	郡名	領 家・本 家
			院家領・園城寺領・円満院領
坂門牧荘《さかとまき》	河内	大県	花山院家領・円満院領
坂奈井御厨《さかない》	伊勢	飯高	伊勢神宮領
相楽荘《さがなか》	山城	相楽	東大寺領(新禅院領)・上東門院領・室町幕府御料所・大館家領・三条家領・興福寺領
坂野新荘《さかの》	阿波	那賀	
坂平荘《さかひら》	和泉	未勘	昭慶門院領・室町院領
坂部御厨《さかべ》	伊勢	三重	伊勢神宮領・内宮領・久我家領
坂部御厨《さかべ》	伊勢	朝明	伊勢神宮領・内宮領・外宮領・二宮領・久我家領
酒見御厨《さかみ》	尾張	中島	伊勢神宮領・外宮領
坂下荘《さかもと》	讃岐	山田	高野山領
坂本(下)荘《さかもと》	播磨	未勘	三千院領・法観寺領(領家職)
坂本荘《さかもと》	和泉	和泉	北野社松梅院領
坂本保《さかもと》	越中	砺波	
坂本御厨《さかもと》	伊勢	朝明	伊勢神宮領・内宮領
坂本御園《さかもと》	伊勢	壱志	伊勢神宮領・内宮領
坂本御園《さかもと》	伊勢	安濃	伊勢神宮領・内宮領
坂本御園《さかもと》	伊勢	多気	伊勢神宮領・内宮領
坂本郷荘《さかもとごう》	和泉	和泉	昭慶門院領・室町院領・皇室領(大覚寺統、本家)・葉室家領(領家)・北野社松梅院領
相良荘《さがら》	遠江	蓁原	皇室領・蓮華王院領(本家)・今出川太政大臣家(領家)・冷泉家領
相良牧《さがら》	遠江	蓁原	中院家領
佐川荘《さかわ》	土佐	高岡	
狭川荘《さがわ》	大和	添上	興福寺領・一乗院領
佐岐荘《さき》	丹波	天田	延暦寺領・妙香院領・山門領
佐貴荘《さき》	土佐	安芸	石清水八幡宮領
佐木荘《さき》	上野	未勘	
佐貴杣《さき》	土佐	安芸	石清水八幡宮領
鷺島荘《さぎしま》	摂津	西成	四天王寺領・天王寺領・大覚寺領・崇禅寺領・大徳寺領・養徳院領・城福寺領・広隆寺領・三昧院領・地蔵院領
鷺田荘《さぎた》	讃岐	香川	
前取荘《さきとり》	相模	大住	八条院領・皇室領・後宇多院領・蓮華心院領・昭慶門院領
前斎院勅旨田《さきのさいいんちょくし》	伊予	温泉	妙法院領・日吉新社領・妙法院門跡領・皇室領
佐貴浜荘《さきはま》	土佐	安芸	
崎(栄)山荘《さきやま》	大和	宇智	栄山寺領
前山荘《さきやま》	丹波	氷上	長講堂領・皇室領(本家職)・二条持基家領(領家職)・仁和寺領(菩提院結縁潅頂料所)
佐切荘《さきり》	常陸	未勘	世良親王遺領・皇室領
佐草社《さくさ》	出雲	意宇	
作都荘《さくつ》	常陸	未勘	
佐久伴野荘《さくともの》	信濃	佐久	後白河院領・皇室領・後宇多院領・室町院領・大徳寺領
佐久目御園《さくめ》	遠江	浜名	伊勢神宮領・内宮領・外宮領・二宮領
佐久山御厨《さくやま》	下野	那須	伊勢神宮領・外宮領

荘　園　名	国名	郡名	領 家・本 家
佐久良荘《さくら》	近江	蒲生	
桜御厨《さくら》	伊勢	三重	伊勢神宮領・内宮領・外宮領・二宮領
佐久良御園《さくら》	伊勢	多気	伊勢神宮領
桜御園《さくら》	伊勢	度会	伊勢神宮領・内宮領
桜井荘《さくらい》	摂津	島上	藤原頼長領・皇室領・常寿院領・慈鎮領・朝仁親王領
桜井荘《さくらい》	下野	那須	
桜井荘《さくらい》	越後	頚城	西大寺領
桜井荘《さくらい》	石見	邑知	山門領・常寿院領・皇室領・浄金剛院領
桜井園《さくらい》	河内	交野	石清水八幡宮領・極楽寺領
桜原荘《さくらはら》	摂津	豊島	
柘榴園《ざくろ》	河内	八上	石清水八幡宮寺領・極楽寺領
佐古荘《さこ》	若狭	三方	国衙領(税所沙汰)
佐合御厨《さごう》	周防	熊毛	賀茂御祖社領・賀茂社領
佐川御厨《さごう》	周防	熊毛	賀茂社領・賀茂御祖社領
坂越荘《さこし》	播磨	赤穂	近衛家領・摂関家領・平信範領(預所職)
雀部荘《ささいべ・ささきべ》	丹波	天田	松尾社領
佐佐岐荘《ささき》	丹波	天田	妙香院領・山門領・篠村八幡宮領(牧八郎跡)・醍醐寺領・三宝院門跡領
佐佐木荘《ささき》	近江	蒲生	延暦寺領(千僧供料所)・山門領・源有仁領
雀岐荘《ささき》	但馬	出石	坊門家領・尾張三位家領・法勝寺領
佐佐木御厨《ささき》	近江	蒲生	外宮領・伊勢神宮領
佐佐岐上保《ささきかみ》	丹波	天田	妙香院領・山門領
佐佐岐下保《ささきしも》	丹波	天田	妙香院領・山門領
佐佐木西荘《ささきにし》	近江	蒲生	勝定院領・室町幕府御料所？
角豆荘《ささげ》	信濃	未勘	
捧(角豆)荘《ささげ》	信濃	筑摩	八条院領(庁分)・皇室領・後宇多院領・昭慶門院領・得宗領(半分)
捧中村荘《ささげなかむら》	信濃	筑摩	八条院領・皇室領
捧北条荘《ささげほうじょう》	信濃	筑摩	八条院領・皇室領
佐佐田御厨《ささた》	伊勢	員弁	伊勢神宮領・内宮領
楽前荘《ささのくま》	但馬	気多	皇室領
楽前北荘《ささのくまきた》	但馬	気多	宣陽門院領・皇室領
楽前南荘《ささのくまみなみ》	但馬	気多	宣陽門院領・皇室領
篠場荘《ささば》	武蔵	男衾	
篠幡荘《ささはた》	大和	宇陀	興福寺領・北円堂領
笹原荘《ささはら》	陸奥	白河	
篠部荘《ささべ》	但馬	美含	
讃良新荘《ささら》	河内	讃良	昭慶門院領・歓喜光院領・皇室領・高野山領・金剛三昧院領
佐佐良御厨《ささら》	志摩	英虞	伊勢神宮領
讃良御稲田《ささらおんいなだ》	河内	讃良	大炊寮領か・官衙領
佐佐礼石御厨《さざれいし》	伊勢	安濃	伊勢神宮領・内宮領
篠和田荘《ささわだ》	越前	坂井	
佐治荘《さじ》	近江	甲賀	
佐治荘《さじ》	丹波	氷上	大徳寺領(吉宗名)
佐敷荘《さしき》	肥後	葦北	
幸島荘《さしま》	下総	猿島	
佐島《さしま》	伊予	越智	石清水八幡宮領
幸島下荘《さしま》	下総	猿島	
差(指)柳荘《さしやなぎ》	大和	山辺	東大寺領・尊勝院領・興福寺・大乗院領・内山永久寺領
佐須荘《さす》	但馬	美含	皇室領・亀山院領・後宇多

荘　園　名	国名	郡名	領 家・本 家
			院領・興善院領
佐田荘《さた》	豊前	宇佐	宇佐弥勒寺領・御許山領
佐陀荘《さだ》	出雲	秋鹿	安楽寿院領・皇室領・成相寺領（別当寺領）・佐太神社領
猿田御厨《さた》	志摩	答志	伊勢神宮領
佐田御園《さた》	伊勢	多気	伊勢神宮領・内宮領
佐田御園《さた》	伊勢	度会	伊勢神宮領・外宮領
狭竹荘《さたけ》	大和	城下	興福寺領・大乗院領
佐竹荘《さたけ》	常陸	久慈	
佐土保《さづち》	播磨	印南	
佐手原御厨《さてはら》	尾張	葉栗	伊勢神宮領
左寺荘《さてら》	美濃	未勘	
佐都（郷）荘《さと》	常陸	久慈	昭慶門院領・皇室領・後宇多院領・臨川寺領
里海荘《さとのあま》	讃岐	未勘	東北院領・摂関家領
里見荘《さとみ》	備中	浅口	安居院領
佐奈御園《さな》	伊勢	度会	伊勢神宮領
佐中荘《さなか》	但馬	朝来	
佐貫荘《さぬき》	上野	邑楽	弘願寺領（弘願寺領は高根郷）・伊豆山権現領・走湯山領・得宗領（板倉郷）・室町幕府御料所・鎌倉府料所
真正保《さねまさ》	丹後	与謝	国衙領
真松保《さねまつ》	出雲	能義	
狭沼荘《さの》	但馬	未勘	仁和寺領
佐野荘《さの》	和泉	日根	藤原忠通領・摂関家領
佐野荘《さの》	駿河	駿河	得宗領（貞直跡）・足利尊氏領・室町幕府御料所
佐野荘《さの》	上野	片岡	
佐野荘《さの》	下野	安蘇	摂関家領・後院領・西園寺家領・園城寺領（妙音院領）・西園寺公重領
佐野荘《さの》	丹後	熊野	石清水八幡宮寺領
佐野荘《さの》	但馬	気多	
佐野荘《さの》	紀伊	牟婁	
佐野荘《さの》	淡路	津名	賀茂別雷社領・賀茂社領
佐野荘《さの》	肥後	合志	安楽寺領
佐野別符《さの》	石見	那賀	国衙領
佐野井原荘《さのいはら》	和泉	日根	
讃甘荘《さのも》	美作	英多	足利氏領・臨川禅寺領
讃甘北荘《さのもきた》	美作	英多	臨川寺領
鯖江荘《さばえ》	越前	今立	関白道家領・摂関家領・九条家領・藤原全子領・一条家領・大覚寺領（京都嵯峨）・二条家領
佐橋荘《さばし》	越後	三島	皇室領・六条院領・室町院領・亀山院領・禁裏料所・昭慶門院領・万寿寺領
佐波田荘《さはた》	越前	坂井	
鯖田荘《さばた》	越前	坂井	東大寺領
佐波令《さばりよう》	周防	佐波	周防阿弥陀寺領・東大寺領（国衙領）・周防一宮玉祖社領・周防二宮出雲社領
佐備荘《さび》	河内	石川	観心寺領
佐平原御厨《さひらはら》	尾張	未勘	伊勢神宮領
寒江荘《さぶえ》	越中	婦負	賀茂社領
佐福御園《さふき》	伊勢	飯野	伊勢神宮領・外宮領
佐保院《さほ》	大和	添上	東大寺領
佐保荘《さほ》	大和	山辺	興福寺領・大乗院領
佐保田荘《さほた・さほだ》	大和	添上	法隆寺領・興福寺領・一乗院領・大乗院領・大后寺領
佐位荘《さみ》	大和	十市	弘福寺領
佐味荘《さみ》	大和	葛上	
佐味荘《さみ》	越中	新川	西大寺領・万寿寺領
佐味荘《さみ》	越後	頚城	鳥羽院十一面堂領・西大寺領・皇室領・藤原隆季領（→鷲尾家、領家・預所）
佐美保《さみ》	加賀	能美	日野家領
寒河御厨《さむかわ》	下野	寒川	後白河院領・皇室領・伊勢神宮領・二宮領・内宮領・外宮領
寒河御園《さむかわ》	伊勢	飯高	伊勢神宮領
佐本荘《さもと》	紀伊	牟婁	
狭山荘《さやま》	山城	久世	法隆寺領・石清水八幡宮領・実相院領・興福寺領
狭山荘《さやま》	河内	丹比	興福寺領・大乗院領・室町幕府御料所
狭山荘《さやま》	武蔵	入間	
佐山御園《さやま》	伊勢	三重	伊勢神宮領・内宮領・外宮領
狭山江御厨《さやまえ》	山城	久世	
佐用（佐与・左与）荘《さよ》	播磨	佐用	坊門家領・九条家領・藤原道家領・摂関家領
佐良荘《さら》	美作	久米	神護寺伝法供料・神護寺領
更級荘《さらしな》	陸奥	耶摩	
讃良荘《さら》	河内	讃良	高野山領（金剛三昧院領・地頭職）・八条院領（本家）・御子左家領（領家）
佐留尾別符《さるお》	豊前	上毛	喜多院領・宇佐弥勒寺領
猿川荘《さるかわ》	紀伊	那賀	高野山領・金剛峯寺領
猿喰御園《さるはみ》	伊勢	三重	伊勢神宮領
佐和荘《さわ》	石見	邑智	
沢良宜荘《さわらぎ》	摂津	島下	興福寺領・近衛家領（本家職）・摂関家領・珍皇寺領（佐和良木村内）
三ヶ荘《さんか》	丹後	未勘	法成寺領・摂関家領
三ヶ荘《さんか》	但馬	未勘	八条院領・昭慶門院領・皇室領
三箇山《さんか》	伊勢	鈴鹿	平家没官領・女房大進局領・万寿寺領
三箇荘《さんか》	大和	未勘	興福寺領
三箇荘《さんか》	丹波	多紀	法金剛院領・皇室領・仁和寺領（領家）
三箇荘《さんか》	播磨	揖保	興福寺領
三箇荘《さんが》	筑前	夜須	八条院領・平頼盛室家領・皇室領
三箇牧《さんか》	摂津	島上	
三箇御厨《さんが》	播磨	未勘	賀茂別雷社領・賀茂社領
三ヶ井殿荘《さんかいどの》	大和	添上	興福寺領
三箇北荘《さんかきた》	丹波	多紀	法金剛院領・仁和寺領（領家）・皇室領
三箇南荘《さんかみなみ》	丹波	多紀	法金剛院領・皇室領（本家）・仁和寺領（領家）
参宮保《さんぐう》	佐渡	雑太	
山地荘《さんじ》	紀伊	日高	
三条荘《さんじょう》	越後	蒲原	
三条院勅旨《さんじょういんちょくし》	備後	未勘	摂関家領・摂籙渡領・関白道家領・藤原忠家領・九条家領
三条院勅旨田《さんじょういんちょくし》	丹波	天田	証菩提院領・三千院領
山東荘《さんとう》	若狭	三方	延暦寺領・常寿院領（天台常寿院領）・山門領
山東荘《さんどう》	紀伊	名草	大伝法院領・根来寺領・高野山領
三部荘《さんぶ》	伯耆	日野	
三味荘《さんみ》	越後	未勘	

荘園名	国名	郡名	領家・本家
し			
塩穴荘《しあな》	和泉	大鳥	昭慶門院御領・大宮院領・皇室領・臨川寺領(領家職)・春日社領(本家職)・伏見宮家領・観心
強木荘《しいぎ》	大和	平群	興福寺領
塩荘《しお》	備前	上道	
志雄荘《しお》	能登	羽咋	
塩別符《しお》	伊予	野間	
志雄保《しお》	能登	羽咋	
塩会御厨《しおあい》	伊勢	度会	伊勢神宮領・内宮領
塩合御園《しおあい》	伊勢	度会	伊勢神宮領
地黄園《じおう》	摂津	能勢	典薬寮領・官衙領
潮江荘《しおえ》	摂津	河辺	光明峯寺関白家領・摂関家領・通玄寺領・泉涌寺領・一条家領・藤原憲長領・九条道家領
潮江荘《しおえ》	遠江	佐野	
塩河牧《しおかわ》	信濃	小県	左馬寮領
塩籠荘《しおご》	常陸	那珂	
塩崎荘《しおざき》	筑前	未勘	摂関家領・東北院領
潮埼荘《しおざき》	紀伊	牟婁	
塩田荘《しおた》	摂津	有馬	石清水八幡宮寺領
塩田荘《しおた》	信濃	小県	皇室領・最勝光院領・得宗領・東寺領
塩田荘《しおた》	淡路	津名	勧修寺領
塩田荘《しおた》	肥前	藤津	
塩田荘《しおだ》	備後	未勘	安楽寿院領・昭慶門院領・皇室領
塩津荘《しおつ》	近江	浅井	伏見宮家領・室町院領・皇室領・南禅寺領(徳院末寺聖厳寺領)
塩津荘《しおつ》	紀伊	海部	
塩津御園《しおつ》	伊勢	度会	伊勢神宮領
塩野牧《しおの》	信濃	小県	勅旨牧・皇室領・左馬寮領
塩谷(屋)荘《しおのや》	下野	塩屋	摂関家領・近衛家領・平棟範領・得宗領(北条高時領)
塩浜荘《しおはま》	伊勢	未勘	東大寺領
塩浜御厨《しおはま》	伊勢	安濃	伊勢神宮領・内宮領
塩浜御園《しおはま》	伊勢	三重	伊勢神宮領・外宮領
塩原牧《しおはら》	信濃	諏訪	勅旨牧・皇室領・左馬寮領
塩原牧《しおばら》	信濃	小県	勅旨牧・皇室領・左馬寮領
塩戸荘《しおべ》	甲斐	山梨	醍醐寺領
塩見荘《しおみ》	日向	臼杵	宇佐弥勒寺領・喜多院領・宇佐八幡宮領(検校領)
塩屋荘《しおや》	播磨	揖保	賀茂別雷社領・賀茂社領・鳥居大路家領
塩屋御厨《しおや》	播磨	揖保	賀茂別雷社領・賀茂社領
塩屋御園《しおや》	伊勢	度会	伊勢神宮領・外宮領
潮山下荘《しおやま》	播磨	賀茂	
塩山牧《しおやま》	上野	甘羅	勅旨牧・皇室領
四箇荘《しか》	越中	射水	九条家領・摂関家領・東福寺領(総社成就宮領)
四箇荘《しか》	紀伊	牟婁	
鹿荘《しか》	三河	額田	
志賀荘《しが》	近江	滋賀	山門領・三昧院領・梶井家門跡領
志賀荘《しが》	紀伊	伊都	
志賀荘《しが》	紀伊	日高	
四箇保《しか》	越中	射水	九条道家領・摂関家領・東福寺領
志賀北荘《しがきた》	近江	滋賀	三昧院領・山門領
志方荘《しかた》	播磨	印南	
鹿野荘《しかの》	因幡	気多	

荘園名	国名	郡名	領家・本家
志賀野荘《しがの》	紀伊	那賀	
飾磨荘《しかま》	播磨	飾磨	薬師寺領・中院流家領
志賀摩御厨《しかま》	伊勢	三重	伊勢神宮領・外宮領
志竈御厨《しかま》	伊勢	員弁	伊勢神宮領・内宮領
飾万(飾磨・餝磨)津別符《しかまつ》	播磨	飾磨	鹿王院領・伏見家領・皇室領
志賀南荘《しがみなみ》	近江	滋賀	三昧院領・山門領
四賀茂御園《しかも》	伊勢	安濃	伊勢神宮領
設楽荘《しがら》	三河	設楽	
信楽荘《しがらき》	近江	甲賀	摂関家領・近衛家領
信楽杣《しがらき》	近江	甲賀	東大寺領
四ケ里御厨《しかり》	伊勢	多気	伊勢神宮領・内宮領
志紀荘《しき》	河内	志紀	醍醐寺領・興福寺領・石清水八幡宮寺領・薬師寺領(別当領)
志貴荘《しき》	三河	幡豆	藤原頼通領・平信範領・楞伽寺領・近衛家領・摂関家領・高陽院領・東福寺海蔵院領
志宜(敷)荘《しき》	河内	志紀	室町幕府御料所(公方様誕生祈禱料所)
志宜荘《しぎ》	摂津	東生	相国寺領・鹿苑院領(本所)
椎木荘《しぎ》	大和	平群	法隆寺領・興福寺領・大乗院領・東院領・春日社領(夕御供料所)
志貴御厨《しき》	伊勢	多気	伊勢神宮領・内宮領
直河原荘《じきかわら》	摂津	豊島	勝尾寺領・浄土寺門跡領・山門領・総持寺領
志紀北荘《しききた》	河内	志紀	醍醐寺領・仏性院領・石清水八幡宮寺領
色代保《しきだい》	備前	未勘	
止岐多良御厨《しきたら》	美濃	石津	伊勢神宮領・内宮領
鴫野荘《しぎの》	越前	足羽	東大寺領
志紀南荘《しきみなみ》	河内	志紀	醍醐寺領
敷屋荘《しきや》	紀伊	牟婁	熊野本宮領
心楽荘《しぐら》	丹波	氷上	宝荘厳院領
寺家荘《じけ》	摂津	西成	東大寺領
重井荘《しげい》	備後	御調	皇室領・宣陽門院領・得宗領
重清《しげきよ》	阿波	美馬	
重国保《しげくに》	丹後	丹波	
重田荘《しげた》	尾張	中島	
重富保《しげとみ》	山城	未勘	摂関家領
重富保《しげとみ》	越前	足羽	醍醐寺領・地蔵院領
重富保《しげとみ》	丹後	竹野	
重友保《しげとも》	加賀	能美	
重永荘《しげなが》	備後	世羅	西芳寺領(新荘、地頭職)
重原荘《しげはら》	三河	碧海	勧修寺領・得宗領(貞直跡)・足利尊氏領・室町幕府御料所
重安荘《しげやす》	伊勢	未勘	
四郷荘《しごう》	紀伊	伊都	
重禰荘《しこね》	紀伊	名草	
志佐浦園《しさのうら》	肥前	松浦	
宍(完)咋荘《ししくい》	阿波	那賀	長講堂領・宣陽門院領・皇室領・高野山領(蓮華乗院領)
志志塚保《ししつか》	出雲	出雲	室町院領・皇室領(地頭職)
宍戸荘《ししど》	常陸	茨城	
志道原荘《しじはら》	安芸	山県	厳島社領
志深荘《しじみ》	播磨	美嚢	昭慶門院領・皇室領・春日社領
志染荘《しじみ》	播磨	美嚢	天竜寺領
志深(染)保《しじみ》	播磨	美嚢	天竜寺領
志指見保《しじみ》	能登	羽咋	永光寺領(曹洞宗)

荘園一覧

荘　園　名	国名	郡名	領 家・本 家
指指見保《しじみ》	能登	羽咋	
四十八町荘《しじゅうはっちょう》	大和	添上	興福寺領(寺務領、別当領)
志津荘《しず》	近江	栗太	
志菅荘《しすが》	安芸	安芸	
静川荘《しずかわ》	紀伊	那賀	高野山領・金剛峯寺領
滴石荘《しずくいし》	陸奥	磐手	
静間領《しずま》	石見	迩摩	
信(志)太荘《しだ》	常陸	信太	皇室領・八条院領(庁分)・後宇多院領・安嘉門院領・昭慶門院領・東寺領(供僧学衆料所)・得宗領(地頭職
信太馬牧《しだ》	常陸	信太	兵部省官牧
志高荘《したか》	丹後	加佐	広隆寺領
下見御園《したみ》	伊勢	安濃	伊勢神宮領
小童保《しち》	備後	世羅	祇園社領・祇園社神供料所
七箇荘《しちかしょう》	紀伊	那賀	大伝法院領・根来寺領・高野山領
七条荘《しちじょう》	大和	添下	興福寺領・大乗院領
七条院御領《しちじょういん》	和泉	大鳥	七条院領・皇室領
七戸牧《しちのへ》	陸奥	糠部	
志津荘《しづ》	越前	丹生	賀茂社領・賀茂御祖社領
後河荘《しっかわ》	丹波	多紀	東大寺領
志筑荘《しづき》	淡路	津名	平家没官領・一条能保室家領・新熊野社領・皇室領・九条家領・摂関家領・東福寺領(1/3預所職)・得宗領
志津禰荘《しつね》	丹波	船井	石清水八幡宮寺領
志津野荘《しつの》	美濃	武芸	大雲寺領・実相院門跡領・近衛家領・摂関家領
七美荘《しつみ》	但馬	七美	皇室領・長講堂領・高辻播磨守領・高辻家領・妙心寺領(預所職)
質美荘《しつみ》	丹波	船井	石清水八幡宮寺領・極楽寺領・善法寺領
質美園《しつみ》	丹波	船井	石清水八幡宮寺領(宿院極楽寺領)
志都(津)良荘《しつら》	能登	鳳至	無動寺領・青蓮院門跡領・東福寺領・山門領
志(支)度荘《しど》	讃岐	寒川	天台座主門跡領・大成就院領・山門領・最勝光院領・東寺領
侍島荘《しとう》	筑前	御笠	安楽寺領・大鳥居氏(預所職)
委(倭)文荘《しとおり》	淡路	三原	嵯峨善入寺領・得長寿院領・皇室領
志度野(志都乃)岐荘《しとのき》	越後	古志	二位大納言家領(藤原実房領)・大谷姫宮領・天台座主領・尊守法親王領・皇室領・能登入道領・室町幕府御料所
志土岐荘《しどのき》	越後	古志	得宗領?
倭文荘《しとり》	尾張	未勘	熱田社神宮寺領・如法寺領
倭文荘《しとり》	美作	久米	賀茂社領・賀茂別雷社領・便補保・幻住庵領
四鳥荘《しどり》	淡路	三原	
紙工保《しとり》	備前	津高	
質侶荘《しとろ》	遠江	秦原	文章博士藤原永賢領・円勝寺領(待賢門院御願寺)・清和院領
質侶牧《しとろ》	遠江	秦原	遠江国守大江公資領・文

荘　園　名	国名	郡名	領 家・本 家
			章博士藤原永範領・民部卿長家領
志名荘《しな》	美濃	大野	
品荘《しな》	近江	栗太	
志野荘《しの》	紀伊	那賀	九条家領・摂関家領・高野山蓮華谷不断念仏料所・青蓮院門跡領
信敷荘《しのお・しのう》	備後	三上	
篠岡荘《しのおか》	但馬	城崎	山内家領
篠木(志濃幾)荘《しのぎ》	尾張	春部	長講堂領・皇室領・東二条院領・広義門院領・宜陽門院領・円覚寺領(地頭職)
篠崎荘《しのざき》	豊前	企救	喜多院領・宇佐弥勒寺領
篠田荘《しのだ》	近江	蒲生	東大寺領・勧学院領・摂関家領
信田荘《しのだ》	信濃	未勘	
篠原神戸《しのはら》	遠江	磐田	伊勢神宮領・二宮領・内宮領・外宮領
篠原荘《しのはら》	甲斐	巨摩	八条院領・昭慶門院領(庁分)・法金剛院領・皇室領
篠原荘《しのはら》	近江	野洲	梶井家門跡領・山門領・尊勝院領・皇室領
篠原荘《しのはら》	阿波	勝浦	摂関家領・関白教通領・金剛峯寺領・仁和寺領・高野山領
信夫荘《しのぶ》	陸奥	信夫	公家領・室町幕府御料所・鎌倉府料所
四宮荘《しのみや》	相模	大住	浄光明寺領
四宮荘《しのみや》	信濃	更級	仁和寺領・御室領・皇室領・八条院領・右衛門佐局領・得宗領・天竜寺領・仁和寺北院領・證村領・證恵領
篠村荘《しのむら》	丹波	桑田	平重衡領・平家没官領・義経領・松尾延朗上人領・一条能保室家領・篠村八幡宮領・醍醐寺領・三宝院領
志芳荘《しは》	安芸	賀茂	上西門院領(本家職)・為寛僧都(本家職)・吉田経房家領(領家職)(地頭職)本圀寺領・園城寺領
柴井荘《しばい》	近江	野洲	西大寺領
芝井御厨《しばい》	伊勢	飯高	伊勢神宮領
柴田荘《しばた》	筑前	未勘	
芝原荘《しばはら》	越前	足羽	
芝原保《しばはら》	阿波	名東	
柴目荘《しばめ》	紀伊	那賀	高野山領
柴山荘《しばやま》	加賀	江沼	
志比荘《しひ》	越前	坂井	最勝光院領・皇室領・嵯峨中西法印坊(尋源)、中西姫君、入道弾正親王家領・東寺領
地毘荘《じひ》	備後	恵蘇	蓮華王院領・皇室領
四分保《しぶ》	因幡	八上	大炊寮領(領家)・官衙領
渋江荘《しぶえ》	備中	窪屋	皇室領・亀山院領・室町院領・昭慶門院領・法金剛院領
渋川荘《しぶかわ》	河内	渋川	醍醐寺領・住吉社領(渋川村)・室町幕府御料所・甘露寺親長領・興福寺領
渋河御厨《しぶかわ》	伊勢	飯高	伊勢神宮領
渋川御厨《しぶかわ》	伊勢	壱志	伊勢神宮領・内宮領
渋河御園《しぶかわ》	伊勢	壱志	伊勢神宮領・内宮領
志富(渋)田荘《しぶた》	紀伊	伊都	高野山伝法院領・高野山領・金剛峯寺領・大伝法院領・伝法院領・根来寺領

荘園名	国名	郡名	領家・本家
渋田保《しぶた》	紀伊	伊都	
渋谷荘《しぶや》	相模	高座	
渋谷上荘《しぶや》	相模	高座	
紫部荘《しべ》	筑後	上妻	安楽寺領
志摩荘《しま》	大和	高市	
志摩荘《しま》	甲斐	山梨	松尾社領・九条家領・摂関家領
志万(摩)荘《しま》	丹波	何鹿	新熊野社領・皇室領・梅宮社領・大工頭某家領
島荘《しま》	山城	綴喜	興福寺領・春日社領
島荘《しま》	大和	高市	興福寺領・一乗院領・大乗院領・花林院領
島荘《しま》	摂津	住吉	興福寺領・摂関家領
島荘《しま》	近江	蒲生	山門領
島荘《しま》	丹後	竹野	三条家領
島保《しま》	尾張	中島	
志米荘《しまい》	三河	未勘	伊勢神宮領
島頭荘《しまかしら》	河内	茨田	勧修寺家領・南禅寺慈聖院領(領家職)・北野社松梅院領・妙法院領・和泉大雄寺(三光庵)領(吉近名)
島原保《しまがはら》	伊賀	阿拝	興福寺領・西金堂領
島崎荘《しまさき》	肥前	佐嘉	宇佐弥勒寺領・喜多院領・成道寺領
島末荘《しまずえ》	周防	大島	最勝光院領・皇室領・醍醐寺領・遍智院領・三宝院領
島田荘《しまた》	周防	熊毛	
島田荘《しまた》	土佐	未勘	金剛頂寺領
島田園《しまだ》	山城	久世	石清水八幡宮領・極楽寺領
島田御厨《しまた》	伊勢	員弁	伊勢神宮領・内宮領・外宮領・二宮領
島田御厨《しまた》	伊勢	朝明	伊勢神宮領・内宮領
島津荘《しまづ》	日向		摂関家領・近衛家領・得宗領
島津荘《しまづ》	大隅		摂関家領・得宗領(地頭職、高家跡)
島津荘《しまづ》	薩摩	鹿児島	摂関家領・藤原頼通領・近衛家領(本家職)・興福寺領・一乗院領(領家職)
島富御厨《しまとみ》	伊勢	員弁	伊勢神宮領・内宮領・外宮領・二宮領
島抜御厨《しまぬき》	伊勢	壱志	伊勢神宮領・内宮領・外宮領・二宮領
島屋荘《しまや》	摂津	未勘	平宗盛領・建礼門院領
志摩利荘《しまり》	備後	神石	室町幕府御料所(政所)
清水荘《しみず》	山城	乙訓	久我家領・九条家領・摂関家領
清水荘《しみず》	山城	綴喜	東大寺領(尊勝院領)・仁和寺領
清水荘《しみず》	武蔵	賀美	
清水荘《しみず》	近江	犬上	日吉社領・室町幕府御料所
清水荘《しみず》	播磨	明石	
清水本荘《しみず》	山城	乙訓	
清水本荘《しみず》	近江	犬上	勧修寺門跡領
清水新荘《しみず》	近江	犬上	清泉寺領(大徳寺養徳院末寺)・建仁寺知足院領
清水荘《しみつ》	美濃	大野	
志村荘《しむら》	武蔵	豊島	
占市牧《しめいち》	上野	未勘	
点野荘《しめの》	河内	茨田	摂関家領・九条道家領・九条家領・二条家領
点野荘《しめの》	摂津	未勘	摂関家領・源行頼
標葉荘《しめは》	陸奥	標葉	

荘園名	国名	郡名	領家・本家
標葉牧《しめは》	河内	未勘	石清水八幡宮領
下荘《しも》	大和	十市	
下荘《しも》	和泉	日根	
下荘《しも》	備中	都宇	
下荘《しも》	阿波	板野	
下荘《しも》	豊前	宇佐	
下本荘《しも》	豊前	築城	
下新荘《しも》	摂津	西成	
下新荘《しも》	越前	今立	
下新荘《しも》	越前	坂井	
下保《しも》	美濃	郡上	宣陽門院領(新御領)・皇室領
下揖保荘《しもいぼ》	播磨	揖保	最勝光院領・皇室領・山科家領(領家職)・東寺領(本家職)
下今井荘《しもいまい》	甲斐	山梨	
下有智(地)御厨《しもうち》	美濃	武芸	伊勢神宮領・内宮領・九条家領(領家職)・摂関家領(領家職)
下内田御園《しもうちた》	伊勢	安濃	伊勢神宮領・外宮領
下榎原荘《しもえのはら》	伯耆	日野	
下大窪荘《しもおおくぼ》	摂津	未勘	
下大山荘《しもおおやま》	出羽	村山	
下小野保《しもおの》	周防	佐波	東大寺領(国衙領)
下笠間荘《しもかさま》	大和	山辺	東大寺領
下方荘《しもかた》	駿河	富士	
下搗栗御厨《しもかちくり》	尾張	丹羽	伊勢神宮領
下桂荘《しもかつら》	山城	葛野	長講堂領・皇室領・宣陽門院領・近衛家領・摂関家領・日野家領
下門真荘《しもかどま》	尾張	海部	新熊野社領・善林寺新熊野社領・長福寺領(京都三条大宮)
甚目寺荘《じもくじ》	尾張	海部	勧修寺家領・僧正房成宝領・熱田宮菅原氏女領・藤王女領・道恵領・藤原光泰女吉祥女領・山門領(東塔寺僧領)
下久世荘《しもくぜ》	山城	乙訓	九条家領・宜秋門院領・皇嘉門院領・最勝金剛院領・一条家領・得宗領(地頭職)・大炊寮領・官衙領・東寺領
下来見荘《しもくるみ》	長門	未勘	北野社領
下毛荘《しもげ》	豊前	下毛	宇佐八幡宮領・御炊殿料庄
下河内荘《しもこうち》	美作	大庭	賀茂社領
下河辺荘《しもこうべ》	下総	葛飾	皇室領・八条院領・昭慶門院領(庁分)・得宗領(前林郷、河妻郷)
下河辺野方荘《しもこうべのかた》	下総	葛飾	
下狛荘《しもこま》	山城	相楽	東大寺領・大仏殿領
下西条保《しもさいじょう》	越中	射水	
下坂荘《しもさか》	近江	坂田	室町院領・金剛勝院領・皇室領・梶井宮門跡領・山門領
下島津荘《しもしまづ》	薩摩	鹿児島	
下菅生荘《しもすがう》	伯耆	日野	
下田荘《しもた》	大和	葛下	
下津御園《しもづ》	伊勢	壱志	伊勢神宮領・内宮領
下野荘《しもつけ》	肥前	三根	安楽寺領
下毛園《しもつけ》	肥前	三根	宇佐八幡宮領
下津竹御園《しもつたけ》	伊勢	多気	伊勢神宮領・内宮領
下津林荘《しもつばやし》	山城	葛野	松尾社領・ほそかわあわしう領・せんあみ領
下妻(津真)荘《しもつま》	常陸	新治	九条家領・摂関家領・八条

荘園一覧

荘　園　名	国名	郡名	領　家・本　家
			院領・安楽寿院領・皇室領・得宗領？
下津山田荘《しもつやまだ》	筑前	未勘	無動寺領・山門領
下妻荘《しもつやめ》	筑後	下妻	安楽寺領
下鶴井荘《しもつるい》	但馬	城崎	法勝寺領・真乗院僧正領・皇室領・播磨清水寺（公文職）
下得地保《しもとくじ》	周防	佐波	東大寺領（国衙領）・得宗領・東福寺領（造営料所＝室町期）
下得丸保《しもとくまる》	因幡	八上	室町幕府御料所
下鳥見荘《しもとみ》	大和	添下	興福寺領・大乗院領
下長荘《しもなが》	大和	平群	興福寺領・一乗院領・東北院領
下長井荘《しもながい》	出羽	置賜	
下長尾荘《しもながお》	筑前	嘉麻	
下生栗御園《しもなまくり》	尾張	未勘	伊勢神宮領・外宮領
下仁和寺荘《しもにわいじ》	河内	茨田	仁和寺領・室町院領（地頭職）・皇室領（持明院統）・妙心寺領（預所、地頭職）・竜雲寺領
下野荘《しもの》	紀伊	在田	白河寂楽寺領・喜多院領・平惟仲家領
霜野荘《しもの》	肥後	山本	康平寺領
下保《しもの》	美濃	武芸	
霜野御厨《しもの》	伊勢	朝明	伊勢神宮領・内宮領・外宮領
下端荘《しもはた》	播磨	明石	平清盛領・平家没官領・一条能保領・新熊野社領・円満院門跡領
下吐田荘《しもはんだ》	大和	平群	興福寺領・大乗院領・東大寺領
下牧御園《しもまき》	伊勢	壱志	伊勢神宮領
下町野荘《しもまちの》	能登	珠洲	九条家領・摂関家領
下三井荘《しもみい》	丹波	氷上	
下三江荘《しもみえ》	但馬	城崎	二位律師実秀領・因幡法眼領・松尾社領
下三栖荘《しもみす》	山城	紀伊	竜翔寺領・西園寺家領・三条西家領・石清水八幡宮領
下水原荘《しもみずはら》	丹波	船井	新薬師寺領
下村荘《しもむら》	常陸	未勘	八条院領・皇室領
下毛利荘《しももり》	相模	愛甲	
下山荘《しもやま》	三河	額田	
下山荘《しもやま》	三河	賀茂	
下山荘《しもやま》	甲斐	巨摩	
下山田西荘《しもやまだにし》	山城	葛野	松尾社領
下世河保《しもよかわ》	越中	射水	
下和佐荘《しもわさ》	紀伊	名草	高野山領・随心院領
尺度荘《しゃくど》	大和	葛下	興福寺領（七堂燈油料所）・大乗院領・菩提山領・正願院領
尺度寺荘《しゃくどじ》	大和	葛下	興福寺領・大乗院領・菩提山領・正願院領
十二村荘《じゅうにそん》	大和	吉野	
宿院《しゅくいん》	大和	添上	摂関家領（本家）・関白渡領・興福寺領（領家）
宿院《しゅくいん》	長門	未勘	摂関家領・勧学院領
宿院荘《しゅくいん・すくいん》	大和	葛下	興福寺領
宿南荘《しゅくなみ》	但馬	養父	二尊院領（嵯峨）
熟成荘《じゅくなり》	備前	児島	
宿久荘《しゅくの》	摂津	島下	中宮職領（宿久御園）・官衙領・法勝院領・仁和寺領・青蓮院門跡領（宿久山荘）・山門領

荘　園　名	国名	郡名	領　家・本　家
宿野荘《しゅくの》	摂津	能勢	歓喜光院領（本家職）・西園寺公衡領（領家職）・皇室領・二品藤原寿子領
宿谷荘《しゅくや》	武蔵	入間	
須智荘《しゅち》	山城	綴喜	禅林寺領
朱智長岡荘《しゅちながおか》	山城	綴喜	禅林寺領・興福寺領
首頭（藤）荘《しゅどう》	近江	未勘	摂関家領・東北院領・殿下渡領・後白河院女房大夫殿局領（領家）・室町幕府御料所
修理職杣《しゅりしき》	伊賀	未勘	
修理職杣《しゅりしき》	丹波	桑田	修理職領・官衙領
春原荘《しゅんのはら》	武蔵	大里	岩松氏領・吉祥寺領（伊豆）・永福寺領（鎌倉）
勝井保《しょうい》	周防	吉敷	東大寺領（国衙領）
勝因保《しょういん》	近江	未勘	平等院領・摂関家領
城川荘《しょうがわ》	紀伊	牟婁	
成願寺荘《じょうがんじ》	大和	山辺	興福寺領・一乗院領
常喜本荘《じょうぎ》	近江	坂田	
常喜新荘《じょうぎ》	近江	坂田	後鳥羽院御影堂領・皇室領
荘甲荘《しょうこう》	伊賀	未勘	東大寺領
上西門院御紙田《じょうさいもんいんし》	但馬	朝来	鷹司院領
上条保《じょうじょう》	越中	新川	
小豆島荘《しょうつしま》	備前	児島	九条家領・摂関家領・八条院領・皇室領
常戸（門）荘《じょうと》	大和	高市	東大寺領・日吉社領
成道寺荘《じょうどうじ》	肥前	佐嘉	宇佐八幡宮領・宇佐弥勒寺領
小豆島《しょうどしま》	讃岐	寒川	
常内荘《じょうない》	大和	未勘	東大寺領
荘内保《しょうない》	播磨	飾磨	
荘長荘《しょうなが》	伊勢	朝明	
荘野御厨《しょうの》	伊勢	鈴鹿	伊勢神宮領・内宮領・外宮領・二宮領
荘林荘《しょうばやし》	越前	大野	醍醐寺領
菖蒲荘《しょうぶ》	武蔵	埼玉	
昌補御園《しょうぶ》	伊勢	飯野	伊勢神宮領・内宮領
常満（上万）保《じょうまん》	若狭	遠敷	若狭上宮領・若狭下宮領・若狭一宮領・若狭二宮領・国衙領（国御祈禱料所）・得宗領？
荘山保《しょうやま》	三河	未勘	
常楽寺荘《じょうらくじ》	伊勢	朝明	平家没官領・伊勢神宮領
常楽寺荘《じょうらくじ》	摂津	住吉	法成寺領か
常楽寺御園《じょうらくじ》	伊勢	朝明	伊勢神宮領
青蓮寺荘《しょうれんじ》	伊賀	名張	東大寺領・東大寺八幡宮領（法華八講米料所）
青蓮寺保《しょうれんじ》	伊賀	名張	
塩田荘《しょた》	讃岐	鵜足	
白井荘《しらい》	下総	印旛	延暦寺領・山門領・日吉社領
白井荘《しらい》	下総	海上	
白石荘《しらいし》	大和	山辺	興福寺領・大乗院領
白糸荘《しらいと》	日向	未勘	
白江荘《しらえ》	加賀	能美	妙法院領・宣陽門院領・皇室領・延暦寺領・山門領
白加志御園《しらかし》	伊勢	飯高	伊勢神宮領・内宮領
白河荘《しらかわ》	陸奥	白河	藤原信頼領・平重盛領（白河領）・関東御領・得宗領（駿河入道後家跡）
白河荘《しらかわ》	越後	沼垂	摂関家領・殿下渡領・九条家領・宜秋門院領
白川荘《しらかわ》	飛騨	大野	大宮右大臣家領・一条家領・摂関家領

荘　園　名	国名	郡名	領 家・本 家
白川荘《しらかわ》	紀伊	未勘	
新羅江荘《しらぎえ》	摂津	西成	東大寺領
志楽荘《しらく》	丹後	加佐	西大寺領・宝荘厳院領・平清盛領・醍醐寺領・安国寺領(地頭職?)・東寺領
白地(土)荘《しらつち》	大和	添上	東大寺領・東南院領・興福寺領・一乗院領
白鳥荘《しらとり》	武蔵	秩父	
白鳥荘《しらとり》	越後	古志	皇室領・八条院領(庁分)・後宇多院領・昭慶門院領・随心院門跡領・九条教家(領家)
白根荘《しらね》	相模	大住	浄光明寺領
しらはまのせう《しらはま》	伊勢	未勘	
白浜馬牧《しらはま》	安房	安房	兵部省官牧
白浜御厨《しらはま》	安房	長狭	伊勢神宮領
白松荘《しらまつ》	周防	吉敷	
尻押荘《しりおし》	大和	山辺	興福寺領・喜多院領
汁島御厨《しるしま》	伊勢	度会	伊勢神宮領・外宮領
志礼石御厨《しれいし》	伊勢	員弁	平家没官領・伊勢神宮領・内宮領・建仁寺領(清住院領)
白井保《しろい》	上野	群馬	内蔵寮領・官衙領
白水荘《しろうず》	筑前	那珂	石清水八幡宮領(宮寺別当房領)
銀荘《しろかね》	美濃	武芸	永福門院領・広義門院領・清和院領(今出川院菩提料所)・皇室領
城島荘《しろしま・しきしま》	大和	城上	興福寺領・一乗院領
白鳥荘《しろとり》	大和	宇陀	多部峯領
白鳥荘《しろとり》	常陸	鹿島	
白羽荘《しろわ》	遠江	蓁原	蓮華王院領・皇室領
白羽馬牧《しろわ》	遠江	蓁原	兵部省官牧
塩飽荘《しわく》	讃岐	鵜足	近衛家領・摂関家領
志原保《しわら》	壱岐	石田	主殿寮領・官衙領
新荘《しん》	大和	葛下	
新荘《しん》	大和	山辺	
新荘《しん》	摂津	島下	
新荘《しん》	近江	野洲	
新荘《しん》	美濃	厚見	
新荘《しん》	越中	新川	
新荘《しん》	丹波	未勘	
新荘《しん》	備中	都宇	
新荘《しん》	備中	浅口	
新荘《しん》	安芸	佐伯	
新荘《しん》	安芸	山県	妙法院領(門跡領)・山門領
新保《しん》	若狭	遠敷	国衙領・得宗領
新賀荘《しんが》	大和	十市	興福寺領・一乗院領
新開荘《しんかい》	河内	石川	観心寺領
新開荘《しんかい》	河内	河内	高野山領・金剛三昧院領(観音堂領)・東寺領(祈禱料所)・西園寺家領・楠木正成領
新開荘《しんかい》	摂津	東生	四天王寺領・天王寺領・三昧院領
新開荘《しんかい・しんがい》	豊前	宇佐	宇佐八幡宮領
新開新荘《しんかい》	河内	若江	山城高山寺領
新開御厨《しんかい》	伊勢	三重	伊勢神宮領・内宮領
新開御園《しんかい》	伊勢	度会	伊勢神宮領・外宮領
新神戸《しんかんべ》	尾張	中島	伊勢神宮領・二宮領・内宮領・外宮領
新神戸《しんかんべ》	三河	渥美	伊勢神宮領・二宮領・内宮領・外宮領
新神戸《しんかんべ》	遠江	未勘	伊勢神宮領・内宮領

荘　園　名	国名	郡名	領 家・本 家
新宮荘《しんぐう》	陸奥	耶摩	
新宮保《しんぐう》	佐渡	雑太	
新宮保《しんぐう》	佐渡	未勘	
新宮保《しんぐう》	因幡	巨濃	
新久久利荘《しんくくり》	美濃	可児	新延命院領・尊雲法親王領・山門領
新家荘《しんけ》	和泉	日根	仁和寺領(門跡領)・建仁寺領(永源庵妙性軒領・庄田極楽寺及同寺領)
新御座園《しんござ》	河内	未勘	石清水八幡宮領・極楽寺領
神西荘《じんざい》	出雲	神門	
神西本荘《じんざい》	出雲	神門	
神西新荘《じんざい》	出雲	神門	
宍道荘《しんじ》	出雲	意宇	
神宅院《しんたく》	紀伊	未勘	日前国懸社領
神宅荘《しんたく》	紀伊	未勘	日前国懸社領
神宅新荘《しんたく》	紀伊	未勘	日前国懸社領
信達荘《しんだち》	和泉	日根	関白忠実領・摂関家領・近衛家領・高陽院領・大伝法院領・根来寺領
信達本荘《しんだち》	和泉	日根	
信達新荘《しんだち》	和泉	日根	
新長(永)松御厨《しんながまつ》	伊勢	安濃	伊勢神宮領・外宮領
新生栗御園《しんなまくり》	尾張	未勘	伊勢神宮領・内宮領
神南荘《じんなん》	大和	平群	法隆寺領・興福寺領・一乗院領・法輪寺領
真如院園《しんにょいん》	大隅	未勘	
新浜田御園《しんはまだ》	伊勢	奄芸	伊勢神宮領・外宮領
新日吉荘《しんひえ》	近江	愛智	青蓮院門跡領・山門領
新封戸《しんふこ》	尾張	未勘	伊勢神宮領・二宮領・内宮領・外宮領
新封戸《しんふこ》	三河	渥美	伊勢神宮領・二宮領・内宮領・外宮領
新封戸《しんふこ》	遠江	磐田	伊勢神宮領・二宮領・内宮領・外宮領
新保荘《しんぼ》	越中	新川	賀茂社領・貴布禰社領
新保御厨《しんぼ》	越中	新川	賀茂社領・賀茂別雷社領・皇室領・長講堂領・宣陽門院領
新位荘《しんみ》	播磨	佐用	
新免荘《しんめん》	摂津	豊島	興福寺領(領家職)・大乗院領・摂関家領(藤原持通料所、本家職)
新薬師寺杣《しんやくしじ》	大和	山辺	新薬師寺領
新八里荘《しんやさと》	近江	神崎	金剛勝院領・室町院領・皇室領
心楽保《しんらく》	近江	未勘	
す			
吹田荘《すいた》	摂津	島下	清住寺領(領家)・西園寺家領(西荘)・醍醐寺領(本所)・興福寺領(領家職)・勝尾寺領
吹田御厨《すいた》	摂津	島下	皇室領
吹田西荘《すいたにし》	摂津	島下	清住寺領
吹田東荘《すいたひがし》	摂津	島下	清住寺領
水原荘《すいばら》	紀伊	那賀	高野山領(不知行)・随心院領?
修宇荘《すう》	近江	未勘	妙法院領・無動寺領・山門領
修宇西荘《すうにし》	近江	未勘	妙法院領・無動寺領・山門領
修宇東荘《すうひがし》	近江	未勘	妙法院領・無動寺領・山内領

荘園名	国名	郡名	領家・本家
末荘《すえ》	越中	新川	
周恵荘《すえ》	近江	蒲生	東大寺領
須恵荘《すえ》	大和	宇智	摂関家領・八条院領・興福寺領(領家)・観心寺領
須恵荘《すえ》	越中	新川	
須恵荘《すえ》	筑前	糟屋	
須恵荘《すえ》	肥後	球麻	
陶保《すえ》	周防	吉敷	東大寺領(国衙領)
陶保《すえ》	讃岐	阿野	醍醐寺領・三宝院領・報恩院門跡領・昭慶門院領・皇室領
須恵保《すえ》	備前	邑久	
末御厨《すえ》	尾張	山田	伊勢神宮領
末武荘《すえたけ》	周防	都濃	東大寺領(国衙領)・石清水八幡宮領(宮寺別当領)・慈福寺領(香力名)
末武保《すえたけ》	周防	都濃	国衙領(保内に遠石八幡宮領あり)・石清水八幡宮領
末次荘《すえつぐ》	出雲	島根	九条家領・摂関家領・東福寺領
末次保《すえつぐ》	丹後	丹波	普甲寺領・成相寺領
末次保《すえつぐ》	出雲	島根	五辻三位家領
末常保《すえつね》	因幡	高草	
末富御厨《すえとみ》	伊勢	朝明	伊勢神宮領・内宮領
末永御厨《すえなが》	伊勢	桑名	伊勢神宮領・内宮領
末永御厨《すえなが》	伊勢	朝明	伊勢神宮領・内宮領・外宮領・二宮領
末成保《すえなり》	丹後	丹波	石清水八幡宮領
末弘御厨《すえひろ》	伊勢	鈴鹿	伊勢神宮領・内宮領
末松保《すえまつ》	丹後	丹波	
末用保《すえもち》	因幡	気多	
末元別符《すえもと》	石見	那賀	国衙領
須加荘《すか》	越中	射水	東大寺領
須可荘《すか》	伊勢	壱志	近衛家領・摂関家領・伊勢神宮領・内宮領
菅井荘《すがい》	山城	相楽	春日社領・興福寺領
須賀院保《すかいん》	播磨	神崎	
菅生荘《すがう》	摂津	未勘	
菅生荘《すがう》	三河	額田	
菅苅荘《すがかり》	武蔵	荏原	
須可崎御厨《すかさき》	伊勢	河曲	伊勢神宮領・外宮領
須可崎御厨《すがさき》	伊勢	鈴鹿	伊勢神宮領
菅島御厨《すがしま》	志摩	答志	伊勢神宮領・外宮領
菅田荘《すがた》	大和	山辺	東大寺領・興福寺領・一乗院領
菅名荘《すがな》	越後	蒲原	皇室領・六条院領・室町院領・後崇光院領
菅沼荘《すがぬま》	三河	額田	
菅野荘《すがの》	上野	甘羅	安嘉門院領・室町院領・六条院領・皇室領
菅野荘《すがの》	播磨	宍粟	
菅浦荘《すがのうら》	近江	伊香	御厨子所・内蔵寮領・官衙領・竹生島領・檀那院領・日野裏松家領・山門領
菅原荘《すがはら・すがわら》	能登	羽咋	北野社領(常灯料所・三年一請会料所・重色御願料所)・松梅院領(北野社)
菅原保《すがはら》	能登	羽咋	北野社領
菅原鳩原荘《すがはらはとはら》	越前	敦賀	皇室領・七条院領・修明門院
数釜荘《すがま》	武蔵	男衾	
巣鴨荘《すがも》	武蔵	豊島	
須賀利御厨《すがり》	志摩	英虞	伊勢神宮領・外宮領
須河荘《すかわ》	播磨	未勘	

荘園名	国名	郡名	領家・本家
簀川荘《すがわ》	大和	添上	東大寺領・尊勝院領・興福寺領・一乗院領
菅原荘《すがわら》	大和	添下	一乗院領
菅原荘《すがわら》	備前	和気	
菅原荘《すがわら》	淡路	津名	安楽寿院領・皇室領・七条院領・修明門院領・後宇多院領
周杵荘《すき》	丹波	未勘	弘誓院領・皇室領
周枳荘《すき》	丹後	丹波	弘誓院領・皇室領・八条院領
椙荘《すぎ》	大和	添下	東大寺領
杉原荘《すぎはら》	備後	御調	石清水八幡宮領
椙原荘《すぎはら》	摂津	能勢	摂関家領
椙原荘《すぎはら》	播磨	多可	近衛家領・摂関家領
杉原本荘《すぎはら》	備後	未勘	
杉原本荘《すぎはら》	備後	未勘	
椙原本荘《すぎはら》	播磨	多可	
椙原新荘《すぎはら》	播磨	多可	
杉原保《すぎはら》	備後	御調	石清水八幡宮領
榲原保《すぎはら》	備後	未勘	石清水八幡宮寺領
椙(杉)本荘《すぎもと》	大和	山辺	興福寺領・西金堂領・一乗院領・春日社領(夕御供料所)
杉森荘《すぎもり》	武蔵	榛沢	
杉山御園《すぎやま》	三河	渥美	伊勢神宮領・内宮領・外宮領・二宮領
椙若保《すぎわか》	若狭	遠敷	園城寺領
宿奈部御厨《すくなべ》	伊勢	安濃	伊勢神宮領・外宮領
須久(宿)野御厨《すくの》	伊勢	三重	伊勢神宮領・内宮領・西芳寺領
宿毛荘《すくも》	土佐	幡多	
宿久山荘《すくやま》	摂津	島下	大谷姫宮家領・二品尊性法親王家領・無品尊守法親王家領・青蓮院門跡領
村主荘《すぐり》	紀伊	伊都	高野山領
菅荘《すげ》	但馬	出石	石清水八幡宮領
菅苅荘《すげかり》	武蔵	多摩	
助任荘《すけとう》	阿波	名東	春日社領
須古荘《すこ》	肥前	杵島	宗像社領
菅生荘《すごう》	河内	丹比	七条院領・修明門院領・皇室領(大覚寺統)
菅生荘《すごう》	上総	望陀	摂関家領・近衛家領・勝長寿院領
菅生荘《すごう》	播磨	飾磨	皇室領・長講堂領
菅生荘《すごう》	紀伊	未勘	近衛家領・摂関家領・冷泉宮領
周匝保《すさい》	備前	赤坂	禁裏御薬料所・官衙領・丹波家領・千本家領・国衙別納地
朱雀院田《すざくいんでん》	近江	犬上	大雲寺領・実相院領
周参見荘《すさみ》	紀伊	牟婁	熊野那智山領
鈴鹿荘《すずか》	伊勢	鈴鹿	勧学院領・摂関家領・殿下渡領
鈴鹿神戸《すずかかんべ》	伊勢	鈴鹿	伊勢神宮領・二宮領・外宮領・内宮領
鱸野荘《すずきの》	筑前	夜須	筥崎宮領(塔院領)
珠珠正院《すずしょういん》	能登	珠洲	国衙領
鈴の荘《すずの》	能登	鳳至	
進荘《すすむ》	肥前	未勘	
隅田荘《すた》	上野	利根	
角田荘《すだ》	豊前	築城	宇佐八幡宮領(宇佐宮長日不断仏聖燈油料所)
隅田荘《すだ》	紀伊	伊都	石清水八幡宮寺領・三昧院領・高野山領・得宗領(仲時跡)

荘　園　名	国名	郡名	領 家・本 家
墨田保《すだ》	上総	長柄	大膳職領(便補保)・官衙領
隅田北荘《すだきた》	紀伊	伊都	石清水八幡宮領
頭陀寺荘《ずだじ》	遠江	長下	仁和寺領・高野山領・金剛乗院領
隅田南荘《すだみなみ》	紀伊	伊都	石清水八幡宮領・高野山領
須津荘《すど》	駿河	富士	実相寺領・通玄寺領
周東荘《すとう》	上総	周准	
須富荘《すとみ》	播磨	賀茂	
須永御厨《すなが》	上野	山田	伊勢神宮領
頭成荘《ずなし》	摂津	西成	東大寺領・後宇多院領・皇室領・八条院領(庁分、本家職)・渡辺浄土堂領(領家職)・昭慶門院領(庁分)
砂見荘《すなみ》	因幡	高草	
渚浜荘《すはま》	河内	讃良	西大寺領
洲摩荘《すま》	摂津	八部	法隆寺領
相撲保《すまい》	近江	坂田	五条家領・延暦寺領・永安寺領・山門領・梶井宮門跡領
須美保《すみ》	三河	幡豆	
蘇美御厨《すみ》	三河	幡豆	伊勢神宮領・外宮領・前左大臣家(領家)
蘇美御園《すみ》	三河	幡豆	伊勢神宮領・外宮領
住吉保《すみのえ》	摂津	菟原	国衙領
住吉上保《すみのえかみ》	摂津	菟原	国衙領
住吉下保《すみのえしも》	摂津	菟原	国衙領
住吉荘《すみよし》	信濃	安曇	皇室領・後白河院領・長講堂領・女御高階栄子宣陽門院領・冷泉教成領・山科則言領
住吉荘《すみよし》	筑前	那珂	宣陽門院領・皇室領
住吉保《すみよし》	播磨	明石	性海寺領・国衙領
住吉上保《すみよしかみ》	播磨	明石	性海寺領
住吉下保《すみよししも》	播磨	明石	性海寺領田
相撲人保《すもうにん》	山城	未勘	感神院領
駿河荘《するが》	駿河	未勘	
須留田別符《するた》	土佐	香美	
周防本郡《すわほんぐん》	周防	熊毛	東大寺領(国衙領)・南無阿弥陀仏別所用料・防府阿弥陀寺領
せ			
勢実保《せいじつ》	備前	赤坂	
正勝寺荘《せいしょうじ》	美濃	未勘	
勢谷御厨《せいや》	三河	渥美	伊勢神宮領・内宮領
勢谷御園《せいや》	三河	渥美	伊勢神宮領
世賀荘《せか》	播磨	神崎	近衛家領・摂関家領・興福寺領・南円堂領・西南院領
関荘《せき》	常陸	新治	昭慶門院領・蓮華心院領・後宇多院領・皇室領
関荘《せき》	越後	頸城	
関荘《せき》	伯耆	会見	
世木荘《せき》	丹波	船井	
関大井荘《せきおおい》	美作	真島	
庶田荘《せきた》	伊予	未勘	興福寺領？・九重塔役所
石躰荘《せきたい》	駿河	富士	
銭司荘《ぜず》	山城	相楽	殷富門院領・宣陽門院領・皇室領
勢多荘《せた》	近江	栗太	東大寺領・西大寺領
勢多御厨《せた》	近江	栗太	内膳司領・官衙領
瀬高荘《せたか》	筑後	山門	円勝寺領・徳大寺家領(領家)・後妙法院領(上庄)
瀬高上荘《せたか》	筑後	山門	円勝寺領・徳大寺家領(領

荘　園　名	国名	郡名	領 家・本 家
			家)
瀬高下荘《せたか》	筑後	山門	藤原家宗家領・徳大寺家領
瀬高別符《せたか》	筑後	山門	
瀬高横手荘《せたかよこて》	筑後	山門	
摂池田御園《せっちた》	伊勢	飯野	伊勢神宮領・内宮領
勢門荘《せと》	紀伊	牟婁	
瀬戸御厨《せと》	尾張	山田	洞院家領・醍醐寺領(国衙領)
瀬波郡新荘《せなみこおり》	越後	磐船	
世能荘《せの》	安芸	安芸	
世能荒山荘《せのあらやま・せのうあらやま》	安芸	安芸	高倉院法華堂領・官中便補地・小槻家領・太政官厨家領・官衙領・円宗寺領(後三条御願寺最勝会料所)
妹尾荘《せのお》	備中	都宇	高野山領・崇徳院御骨三昧堂領・平家没官領
洗馬荘《せば》	信濃	筑摩	皇室領・蓮華王院領
洗馬牧《せば》	信濃	筑摩	藤原実資領
瀬辺御厨《せべ》	尾張	丹羽	伊勢神宮領・外宮領・醍醐寺領
瀬部御厨《せべ》	尾張	未勘	洞院家領
世良荘《せら》	備前	未勘	小槻家領・官務家領
世良荘《せら》	備後	世羅	高野山領
世(善)理荘《せり》	近江	犬上	広隆寺領
善理新荘《せり》	近江	犬上	広隆寺領(安居僧供後戸夜燈料所)
芹生荘《せりう》	河内	石川	勝林院領
芹河荘《せりかわ》	山城	紀伊	安楽寿院領・皇室領・摂関家領・白河院領・城南寺領・不断光院領・大炊寮領・官衙領・高倉家領・冷泉家領
芹生荘《せりょう》	山城	愛宕	
浅眼荘《せんげん》	駿河	富士	円覚寺領
善源寺荘《ぜんげんじ》	摂津	西成	多田院領
前済院《ぜんさい》	日向	未勘	
前三条荘《ぜんさんじょう》	近江	未勘	
善住寺荘《ぜんじゅうじ》	但馬	養父	水谷太神領
善住寺荘《ぜんじゅうじ》	但馬	出石	悲田院領・方丈御房領・長講堂領・皇室領
千田荘《せんだ》	信濃	水内	関白道家領・摂関家領・藤原忠家領・善光寺領・九条家領
千田小中島荘《せんだこなかじま》	信濃	水内	
千戸別所《せんど》	伊賀	山田	
仙波荘《せんば》	武蔵	入間	
泉北御厨《せんぼく》	越前	丹生	伊勢神宮領・外宮領
千丸垣内御厨《せんまるかいと》	尾張	未勘	
千丸垣内御園《せんまるかいと》	尾張	未勘	伊勢神宮領・外宮領
善養寺荘《ぜんようじ》	上野	那波	
宣陽門院御紙田《せんようもんいんしてん》	但馬	朝来	長講堂領
そ			
曾井御厨《そい》	伊勢	員弁	伊勢神宮領・内宮領
曾井御厨《そい》	伊勢	三重	伊勢神宮領・内宮領・外宮領・二宮領
造果(賀)保《ぞうか》	安芸	賀茂	皇室領・新院御方別納料所(北朝後円融院領)・厳島社領(地頭職)・厳島社造営料所
寒川荘《そうがわ》	紀伊	日高	
匝瑳荘《そうさ》	下総	匝瑳	
匝瑳飯塚荘《そうさいいづか》	下総	匝瑳	
匝瑳南条荘《そうさなんじょう》	下総	匝瑳	熊野山領

荘園一覧

荘　園　名	国名	郡名	領 家・本 家
匝瑳北条荘《そうさほうじょう》	下総	匝瑳	
匝瑳南荘《そうさみなみ》	下総	匝瑳	熊野山領
曾地荘《そうじ》	丹波	多紀	醍醐寺領・三宝院門跡領
曹司御園《ぞうし》	伊勢	壱志	伊勢神宮領・内宮領
総社保《そうじゃ》	因幡	法美	
造田荘《ぞうた》	讃岐	寒川	鎌倉法華堂領・関東御領・醍醐寺領・三宝院領・隋心院門跡領・皇室領？
草多保《そうた》	美作	未勘	
佐八牧《そうち》	伊勢	度会	伊勢神宮領
相博荘《そうはく》	山城	久世	元興寺領
相博保《そうはく》	但馬	城崎	
相馬御厨《そうま》	下総	相馬	伊勢神宮領・内宮領・外宮領・二宮領・後白河院領・皇室領
草薬園《そうやく》	大和	宇陀	東大寺領・尊勝院領
相楽荘《そうらく》	紀伊	日高	皇室領・頌子内親王領・高野山領（蓮華乗院領）
副田荘《そえだ》	豊前	田河	安楽寺領
副田新荘《そえた》	豊前	田河	安楽寺領
曾我荘《そが》	大和	高市	大宮院領・皇室領・金峯山領・吉水院領・興福寺領
曾我荘《そが》	相模	足下	室町院領・昭慶門院領・皇室領
曾賀（我）荘《そが》	遠江	佐野	長講堂領・皇室領
曾我井荘《そがい》	丹波	天田	
曾我部荘《そがべ》	大和	城下	興福寺領・大乗院領
曾我部荘《そがべ》	丹波	桑田	藤原頼長領・後白河院法華堂領・皇室領・摂関家領・東大寺領・無品法親王家領
祖穀荘《そこく》	山城	綴喜	石清水八幡宮領
曾束荘《そつか》	山城	綴喜	藤原忠通領・最勝金剛院領・摂関家領・九条家領
曾爾荘《そに》	大和	宇陀	興福寺領・東門院領
曾根荘《そね》	紀伊	牟婁	
曾根荘《そね》	豊前	企救	
曾禰荘《そね》	伊勢	壱志	朱雀院領・醍醐寺領・三宝院門跡領
曾祢荘《そね》	伊勢	安濃	伊勢神宮領
曾禰保《そね》	周防	熊毛	東大寺領（国衙領）
曾祢保《そね》	越中	射水	東福寺領・九条家領・摂関家領
曾禰新保《そね》	越後	蒲原	
曾禰崎荘《そねざき》	肥前	基肄	安楽寺領
曾禰崎別符《そねざき》	肥前	基肄	平家没官領・安楽寺領
園荘《その》	備中	下道	皇室領・金剛勝院領・浄金剛院領・長福寺領・理覚院領
薗荘《その》	紀伊	日高	
そのいけの荘《そのいけ》	大和	未勘	石清水八幡宮領
彼杵荘《そのぎ》	肥前	彼杵	宣仁門院領・九条家領・東福寺領・摂関家領
薗倉荘《そのくら》	伊勢	壱志	得長寿院領・皇室領・九条道家領・九条家領・摂関家領・最勝金剛院領
薗済荘《そのずみ》	紀伊	未勘	興福寺領？
園田保《そのだ》	越後	頚城	
園田御厨《そのだ》	上野	山田	内宮領・外宮領・伊勢神宮領・二宮領
薗田御厨《そのだ》	上野	山田	伊勢神宮領
園財荘《そのたから》	紀伊	日高	石清水八幡宮寺領・宝塔院領
園西荘《そのにし》	備中	下道	室町院領・金剛勝院領・皇室領

荘　園　名	国名	郡名	領 家・本 家
園東荘《そのひがし》	備中	下道	山城国長福寺・金剛勝院領・長福寺領・室町院領・皇室領
園部荘《そのべ》	紀伊	名草	根来寺領
薗部荘《そのべ》	肥前	基肄	
薗部保《そのべ》	下野	都賀	東大寺領・便補保
園山荘《そのやま》	出雲	神門	吉田経房領
園山本荘《そのやま》	出雲	神門	
園山新荘《そのやま》	出雲	神門	
蘇原荘《そはら》	伊勢	壱志	後宇多院領・皇室領（領家職）・昭慶門院領・八条院領・伊勢神宮領・二宮領・内宮領・外宮領
蘇原荘《そはら》	美濃	各務	南禅寺領・二尊院領・華台寺領（地頭職）
曾原荘《そばら》	備前	児島	
曾原御厨《そはら》	伊勢	員弁	伊勢神宮領・外宮領
蘇原御厨《そはら》	伊勢	壱志	伊勢神宮領・内宮領・外宮領・二宮領・八条院領（領家職）・皇室領
杣保《そま》	甲斐	巨摩	
杣保《そま》	武蔵	多摩	
杣山荘《そまやま》	越前	敦賀	皇室領・七条院領・修明門院
蘇弥奈馬牧《そみな》	駿河	未勘	兵部省官牧
染河内荘《そめこうち》	播磨	宍粟	伊和社領（一宮社領）・法華堂領・藤原長倫領
染河内保《そめこうち》	播磨	宍粟	
曾山開発《そやまかいほつ》	能登	能登	
曾万布荘《そんぼ》	越前	足羽	殿下渡領・摂関家領・法成寺東南院領
た			
田井荘《たい》	大和	山辺	東大寺領（新禅院田）・春日社領・興福寺領・大乗院領
田井荘《たい》	大和	高市	春日社領・興福寺領・一乗院領
田井荘《たい》	河内	志紀	昭慶門院領・安楽寿院領・皇室領・藤原実清家領（領家職）
田井荘《たい》	河内	丹比	石清水八幡宮領（観音堂領、地頭職）
田井荘《たい》	伊賀	名張	
田井荘《たい》	紀伊	名草	
田井荘《たい》	阿波	三好	西園寺家領
田結荘《たい》	但馬	城崎	嵯峨大臣家領
田井保《たい》	若狭	三方	大炊寮領・官衙領・中原家領（局務）
田井保《たい》	伊予	浮穴	
大安寺荘《たいあんじ》	近江	未勘	
大安寺荘《だいあんじ》	備前	御野	妙法院門跡領・山門領
高（大）家荘《たいえ》	紀伊	日高	熊野新宮領・五辻姫宮領・皇室領・大徳寺領・真如院領（三井寺領）・粟田宮領・後白河院領・聖護院領
醍醐荘《だいご》	尾張	春部	
体光寺荘《たいこうじ》	近江	神崎	青蓮院門跡領・山門領
大西荘《だいさい》	出雲	大原	賀茂社領・賀茂別雷社領
大将野荘《たいしょうの》	但馬	気多	安楽院領（宇治）・円満院宮領・室町幕府御料所
大将野上荘《たいしょうの》	但馬	気多	円満院宮門跡領
大将野下荘《たいしょうの》	但馬	気多	円満院宮門跡領
大豆処《だいずどころ》	阿波	名東	東大寺領
大山荘《だいせん》	伯耆	汗入	山門領・無動寺領

荘　園　名	国名	郡名	領 家・本 家
田井田荘《たいた》	豊前	未勘	宇佐弥勒寺領・喜多院領
大塔荘《だいとう》	紀伊	那賀	
大東荘《だいとう》	出雲	大原	
大道寺保《だいどうじ》	大和	未勘	多武峯寺領・談山神社領
大弐荘《たいに》	大和	平群	
大仏供(福)荘《だいふく・だいぶつく》	大和	十市	興福寺領・大乗院領・平宗盛領・平家没官領・春日社領・東大寺領
大仏供上荘《だいふく》	大和	城上	興福寺領・東大寺鎮守八幡宮領・東大寺領
大分宮(大分)荘《だいぶみや》	筑前	穂波	宇佐弥勒寺領・喜多院領・石清水八幡宮領(検校領)
大坊荘《たいぼう》	但馬	未勘	
当摩荘《たいま》	備前	上道	
当麻荘《たいま》	大和	葛下	摂関家領・興福寺領・一乗院領
当麻荘《たいま》	河内	未勘	
たいまつの荘《たいまつ》	豊前	未勘	
大物御厨《だいもつ》	摂津	河辺	賀茂社領
大陽寺荘《たいようじ》	三河	八名	
平荘《たいら》	若狭	未勘	源国友家領
高荘《たか》	備後	三上	
多可(呵・賀)荘《たか》	播磨	賀茂	室町院領・亀山院領・皇室領・後伏見院領・広照院領(光照院領)・大光明寺領(地頭職)
多珂(賀)荘《たか》	常陸	多珂	
多賀荘《たが》	近江	犬上	多賀神社領
多賀荘《たが》	備後	恵蘇	
高野馬牛牧《たか》	相模	未勘	兵部省官牧
高井荘《たかい》	大和	宇陀	最勝金剛院領・九条家領・摂関家領・東福寺領
鷹居別符《たかい》	日向	那珂	宇佐八幡宮領
高位牧《たかい》	信濃	高井	勅旨牧・皇室領・左馬寮領
高家荘《たかいえ》	遠江	長下	貞観寺領
高井田荘《たかいだ》	河内	若江	西大寺領
高井田荘《たかいだ》	河内	若江	石清水八幡宮寺領
高井田小荘《たかいだしょう》	河内	若江	石清水八幡宮領・極楽寺領
高井野牧《たかいの》	信濃	高井	左馬寮領
多賀宇田御厨《たかうた》	伊勢	河曲	伊勢神宮領・内宮領
高家東荘《たかえひがし》	紀伊	日高	大徳寺領
高尾荘《たかお》	周防	熊毛	法観寺領(京都八坂、室町期に)
高雄荘《たかお》	尾張	丹羽	
鷹尾別符《たかお》	筑後	山門	円勝寺領
高岡荘《たかおか》	播磨	神崎	近衛家領・摂関家領・鷹司家領(本家職)・勘解由小路家領(領家職)
高岡荘《たかおか》	土佐	高岡	四天王寺領・天王寺領・五智光院領
高岡御厨《たかおか》	伊勢	三重	伊勢神宮領・外宮領
高岡南荘《たかおかみなみ》	播磨	神崎	勘解由小路家領(領家職)・鷹司家領(本家職)・摂関家領
高垣神田《たかがき》	伊勢	河曲	伊勢神宮領・外宮領
高笠御園《たかかさ》	伊勢	度会	伊勢神宮領
高狩別符《たかがり》	因幡	知頭	宇倍神社領(因幡国一宮領)・高野山領・宝性院領(護摩料所)・左衛門督局領
高木荘《たかぎ》	河内	古市	春日社領・西琳寺領
高木荘《たかぎ》	河内	丹比	西琳寺領
高木荘《たかぎ》	肥前	佐嘉	玉林寺領
高木(城)保《たかぎ》	陸奥	行方	

荘　園　名	国名	郡名	領 家・本 家
竹城保《たかぎ》	陸奥	宮城	塩竈社領(陸奥国一宮領)
高北荘《たかきた》	尾張	中島	
高来荘《たかく》	肥前	高来	仁和寺領・無量寿院領
高来別符《たかく》	肥前	高来	大宰府領・宇佐八幡宮領
高苦御厨《たかく》	伊勢	桑名	伊勢神宮領
高木有間荘《たかくありま》	肥前	高来	
高串荘《たかくし》	越前	坂井	東大寺領
高来東郷荘《たかくとうごう》	肥前	高来	仁和寺領・御室領
高鞍荘《たかくら》	陸奥	磐井	関白忠実領・摂関家領・頼長領・後白河院領・皇室領
高倉荘《たかくら》	武蔵	多摩	
高倉荘《たかくら》	美作	苫東	常寿院領・日吉社領・山門領・常寿院門跡領・万里小路家領・白河建聖院領
高栗栖牧《たかくるす》	大和	宇智	栄山寺領
高郡荘《たかこおり》	山城	未勘	
高興荘《たかこし》	越前	未勘	東寺領・布施内親王追福料所・皇室領
竹崎別符《たかさき》	日向	那珂	宇佐八幡宮領
高砂御厨《たかさご》	播磨	賀古	
高石荘《たかし》	和泉	大鳥	高野山宝性院領
高師(足)御厨《たかし》	三河	渥美	伊勢神宮領・内宮領
高島荘《たかしま》	近江	高島	賀茂社領・賀茂御祖領・西園寺家領・菊亭家領・梶井門跡領・山門領・佐々木朽木氏(地頭職)
高島荘《たかしま》	播磨	多可	勧学院領・摂関家領
高島本荘《たかしま》	近江	高島	賀茂社領
高島新荘《たかしま》	近江	高島	菊亭家領
鷹匠園《たかじょう》	豊後	大野	深山八幡宮領
高洲荘《たかす》	備後	御調	高洲八幡宮領
高瀬荘《たかせ》	河内	茨田	神護寺領・前斎院領
高瀬荘《たかせ》	越中	砺波	安楽寿院領・昭慶門院領・皇室領・東方寺領
高瀬荘《たかせ》	肥後	玉名	
高瀬御厨《たかせ》	尾張	未勘	伊勢神宮領・外宮領
高田荘《たかた》	山城	葛野	妙法院門跡領・山門領
高田荘《たかた》	大和	十市	平等院領(経蔵領)
高田荘《たかた・たかだ》	河内	錦部	観心寺領
高田荘《たかた》	駿河	廬原	
高田荘《たかた・たかだ》	但馬	養父	穀倉院領・官衙領・吏長者領・真如院領
高田荘《たかた》	出雲	仁多	皇室領
高田荘《たかた》	播磨	赤穂	愛洲氏領(紀伊領家職)
高田荘《たかた》	美作	真島	
高田荘《たかた》	備後	安那	
高田荘《たかた》	安芸	高田	高野山領・金剛峯寺大塔領
高田荘《たかた・たかだ》	伊予	風早	皇室領・後宇多院領・八条院領・昭慶門院領
高田荘《たかた・たかだ》	筑前	穂波	観世音寺領
高田荘《たかた・たかだ》	豊後	大分	城興寺領
高田荘《たかだ》	大和	添下	薬師寺領・伝教院領・興福寺領・大乗院領
高田荘《たかだ》	大和	葛下	興福寺領(唯識講衆領・樸楊講衆領)
高田荘《たかだ》	上野	甘楽	
高田荘《たかだ》	上野	群馬	
高田勅旨《たかた》	美濃	多芸	亀山院領・昭慶門院領・皇室領(本家領家職)・臨川寺領
高田保《たかた》	能登	能登	
高田保《たかだ》	越後	頸城	摂関家領・中原兼俊領
高田保《たかだ》	越後	蒲原	中原兼俊領(←禅定殿下＝藤原忠通か)

荘園名	国名	郡名	領家・本家
高田保《たかだ》	越後	沼垂	国衙領
高田牧《たかだ》	大和	葛下	
竹田高富荘《たかだたかとみ》	備後	安那	
高知尾荘《たかちお》	日向	臼杵	妻万宮領・熊野山領
高津荘《たかつ》	丹波	何鹿	石清水八幡宮領
高津荘《たかつ》	石見	美濃	
高津馬牧《たかつ》	下総	千葉	兵部省官牧
高墓荘《たかつか》	周防	佐波	法金剛院領・皇室領・玉祖社領
高墓荘《たかつか》	豊前	築城	宇佐八幡宮領・北野社領・宝成院領(預所職)・国衙領
高月荘《たかつき》	備前	赤坂	
高槻保《たかつき》	越中	新川	
高槻保《たかつき》	丹波	何鹿	
鷹津名荘《たかつな》	甲斐	巨摩	
高角御厨《たかつの》	伊勢	三重	伊勢神宮領・内宮領・外宮領・二宮領
高殿荘《たかどの》	大和	高市	東大寺領(燈油料田)・西大寺領(三宝通用物)・興福寺領・西金堂領・東北院領・室町院領・皇室領・東寺領
高殿荘《たかどの》	越前	未勘	
高富荘《たかとみ》	備後	安那	
高富御厨《たかとみ》	伊勢	河曲	伊勢神宮領・外宮領・内宮領・二宮領
高取荘《たかとり》	大和	高市	春日社領
鷹取荘《たかとり》	美作	勝田	
高灘荘《たかなだ》	駿河	安倍	
高波荘《たかなみ》	越後	古志	
高波保《たかなみ》	越後	古志	国衙領・守護領
高成御厨《たかなり》	伊勢	河曲	伊勢神宮領・外宮領
高成御厨《たかなり》	伊勢	奄芸	伊勢神宮領・内宮
高根荘《たかね》	駿河	富士	
高野荘《たかの》	常陸	多珂	
高野荘《たかの》	近江	栗太	
高野荘《たかの》	越中	新川	山門領・三千院門跡領・三条家領
高野荘《たかの》	丹波	桑田	東寺領
高野荘《たかの》	筑後	御井	
竹野荘《たかの》	筑後	竹野	宇佐弥勒寺領(本庄)・西大寺領(新庄)・得宗領(高時跡、本庄古国府米納堀切、新庄4箇郷)
竹野本荘《たかの》	筑後	竹野	宇佐弥勒寺領
竹野新荘《たかの》	筑後	竹野	西大寺領・得宗領(高時跡)
高野御厨《たかの》	伊勢	朝明	伊勢神宮領・内宮領
高羽荘《たかは》	加賀	未勘	准胝堂領・醍醐寺領
高庭荘《たかば》	因幡	高草	藤原縄主領・東大寺領
竹迫荘《たかば》	肥後	合志	
高羽江御厨《たかはえ》	伊勢	度会	伊勢神宮領・内宮領・外宮領・二宮領
高橋荘《たかはし》	三河	賀茂	後宇多院領・皇室領・八条院領・宣政門院領・昭慶門院領・皇室領・石清水八幡宮領(本荘)
高橋荘《たかはし》	甲斐	山梨	臨川寺領・恵林寺領
高橋荘《たかはし》	肥後	山鹿	
高橋新荘《たかはし》	三河	賀茂	八条院領・昭慶門院領・皇室領・石清水八幡宮領
高畠荘《たかばた》	尾張	愛智	賀茂社領・賀茂別雷社領・平家没官領・一条家領・摂関家領・広徳寺領
高畠荘《たかばたけ》	山城	紀伊	

荘園名	国名	郡名	領家・本家
高畠荘《たかばたけ》	大和	添上	興福寺領・厳浄院領
高畠荘《たかばたけ》	能登	能登	
高畠御園《たかばたけ》	伊勢	員弁	伊勢神宮領・外宮領・盧山寺領
高鼻荘《たかはな》	武蔵	足立	
竹原荘《たかはら》	大和	吉野	金峰山寺領(吉水院領)
竹原荘《たかはら》	播磨	美嚢	
竹原荘《たかはら》	安芸	賀茂	
高樋荘《たかひ》	筑後	御原	安楽寺領
高樋荘《たかひ》	肥後	合志	壬生家領・安国寺領・佐野寺領
高樋保《たかひ》	肥後	合志	安楽寺領
高日御厨《たかひ》	伊勢	員弁	伊勢神宮領・内宮領
高平荘《たかひら》	摂津	河辺	正子内親王家領・皇室領・九条家領・摂関家領
高部御厨《たかべ》	駿河	盧原	内宮領・伊勢神宮領
高堀開発《たかほり》	能登	能登	
高松荘《たかまつ》	山城	綴喜	興福寺領・東院領
高松荘《たかまつ》	河内	丹比	八条院領・蓮華心院領・皇室領・昭慶門院領
高松荘《たかまつ》	陸奥	栗原	
高松荘《たかまつ》	讃岐	山田	
高見荘《たかみ》	武蔵	比企	
高見荘《たかみ》	石見	邑智	
田上荘《たがみ》	備中	下道	石清水八幡宮寺領・宝塔院領(領家職)
田上本荘《たがみ》	備中	下道	石清水八幡宮寺領・宝塔院領
田上新荘《たがみ》	備中	下道	
田上保《たかみ》	加賀	加賀	大炊寮領・官衙領
高水荘《たかみず》	周防	熊毛	延暦寺領・実相院領・三千院門跡領・山門領
高宮荘《たかみや》	大和	葛上	薬師寺領
高宮荘《たかみや》	近江	犬上	梶井門跡領・山門領
高宮保《たかみや》	伊勢	鈴鹿	相国寺領・赤松政則領
高宮保《たかみや》	近江	犬上	尊勝寺領・延暦寺領・梶井宮門跡領・山門領
高本荘《たかもと》	近江	蒲生	
高屋荘《たかや》	近江	神崎	延暦寺領・山門領
高屋荘《たかや》	越前	坂井	西大寺領
高家荘《たかや》	播磨	宍粟	安嘉門院領・後宇多院領・皇室領・万里小路時房領(本所)
高屋保《たかや》	安芸	賀茂	大炊寮領・官衙領・中原家領・東寺領
高屋御厨《たかや》	尾張	丹羽	伊勢神宮領・外宮領
高安荘《たかやす》	河内	高安	八条院領(庁分)・後宇多院領・皇室領・昭慶門院領(庁分)・磯長御廟(叡福寺)領・久我家領
高安荘《たかやす》	紀伊	未勘	
高安保《たかやす》	河内	高安	天正寺殿領
高柳荘《たかやなぎ》	河内	茨田	八条左大臣領・最勝金剛院領・九条道家領・九条家領・東福寺領・摂関家領(領家職)・室町院領・皇室領
高柳荘《たかやなぎ》	下総	葛飾	
高梁荘《たかやなぎ》	上総	長柄	
高柳御厨《たかやなぎ》	伊勢	員弁	伊勢神宮領・外宮領・室町幕府御料所
高柳御園《たかやなぎ》	伊勢	三重	伊勢神宮領・外宮領
高柳御園《たかやなぎ》	伊勢	度会	伊勢神宮領・内宮領
高山荘《たかやま》	摂津	能勢	勝尾寺領・総持寺領・浄土寺門跡領

荘　園　名	国名	郡名	領家・本家
高山荘《たかやま》	上野	緑野	
鷹山荘《たかやま》	大和	添下	興福寺領・一乗院領
高山別符《たかやま》	因幡	巨濃	
高山御厨《たかやま》	上野	緑野	伊勢神宮領・外宮領・内宮領・二宮領・摂津親秀領
高吉御厨《たかよし》	伊勢	桑名	伊勢神宮領・内宮領
財(財部)荘《たから》	紀伊	日高	熊野新宮領
財田荘《たからた》	讃岐	三野	高野山領
財部院《たからべ》	大隅	囎唹	近衛家領・摂関家領・一乗院領・興福寺領
田河荘《たがわ》	豊前	田河	宇佐八幡宮領・御炊殿料所
田川荘《たがわ》	近江	浅井	醍醐寺領・三宝院領
田河保《たがわ》	越中	砺波	大徳院領
高和里御厨《たかわり》	伊勢	鈴鹿	伊勢神宮領・内宮領
滝荘《たき》	大和	添下	興福寺領
多紀荘《たき》	丹波	多紀	歓喜光院領・八条院領・昭慶門院領・皇室領・南禅院領・九条家領(北荘)・大金剛院領
多芸荘《たぎ》	美濃	多芸	後宇多院領・皇室領・貞観寺領・昭慶門院領(片分)・八条院領・法金剛院領・北野社領・禁裏料所
滝石荘《たきいし》	武蔵	秩父	
薪荘《たきぎ》	山城	綴喜	石清水八幡宮寺領・関東御領
薪園《たきぎ》	山城	綴喜	石清水八幡宮領
多紀北荘《たききた》	丹波	多紀	三位局領・歓喜光院領・九条家領(領家)・摂関家領・皇室領・石清水八幡宮領
滝蔵御園《たきくら》	伊勢	飯高	伊勢神宮領
滝野荘《たきの》	播磨	賀茂	勧学院領(本家職)・摂関家領・賀茂家領(陰陽頭、領家職)
宕野御厨《たきの》	伊勢	壱志	伊勢神宮領
滝野御園《たきの》	伊勢	飯高	伊勢神宮領・内宮領
滝野高島荘《たきのたかしま》	播磨	賀茂	勧学院領
建屋荘《たきのや》	但馬	養父	尊勝寺領・円満院宮領・皇室領
建屋新荘《たきのや》	但馬	養父	尊勝寺領・円満院宮領・皇室領・大報恩寺領
建屋紙工保《たきのやかみく》	但馬	養父	進美寺領
滝房荘《たきふさ》	因幡	邑美	石清水八幡宮領・八幡宮別神領
田公御厨《たきみ》	但馬	二方	伊勢神宮領・修理大夫家領・内宮領
滝山荘《たきやま》	武蔵	多摩	
滝山別符《たきやま》	備前	赤坂	東宮祈願所
多久荘《たく》	肥前	小城	宗像社領
田口荘《たぐち》	大和	宇陀	興福寺領・北円堂領・大乗院領
田口荘《たぐち》	大和	吉野	興福寺領
田口荘《たぐち》	伊賀	山田	近衛家領・摂関家領
田口荘《たぐち》	肥後	益城	安楽寺領
田口荘別符《たくち》	肥後	益城	安楽寺領
田口御厨《たぐち》	伊勢	朝明	伊勢神宮領・内宮領・外宮領・二宮領
宅野別符《たくの》	石見	迩摩	国衙領
詫間荘《たくま》	讃岐	三野	九条家領・摂関家領・新陽明門院領
詫磨荘《たくま》	肥後	託麻	皇室領
詫摩本荘《たくま》	肥後	託麻	
詫摩新荘《たくま》	肥後	託麻	
託磨牧《たくま》	讃岐	三野	官牧

荘　園　名	国名	郡名	領家・本家
木工荘《たくみ》	摂津	島上	善入寺領・木工寮領・官衙領・宝篋院領・観林寺領
木工本荘《たくみ》	摂津	島上	山城嵯峨法輪寺領
内匠保《たくみ》	尾張	丹羽	
詫美御厨《たくみ》	尾張	丹羽	伊勢神宮領・外宮領
託美御園《たくみ》	尾張	丹羽	伊勢神宮領・外宮領
竹荘《たけ》	大和	宇陀	摂津親景領・伊勢神宮領
多気(竹)荘《たけ》	備中	賀夜	新熊野社領・皇室領・長講堂領・宣陽門院領
多気荘《たけ》	伯耆	汗入	杵築大社領
竹園《たけ》	山城	未勘	
竹園《たけ》	大和	未勘	
多気保《たけ》	備中	賀夜	宝荘厳院領・尊勝寺領・便補保
武井荘《たけい》	丹波	船井	
武居(竹居・武井)荘《たけい》	信濃	諏訪	諏訪社領・諏訪上社領
竹(武)井保《たけい》	佐渡	雑太	
武枝保《たけえ》	備前	赤坂	
竹鼻御厨《たけがはな》	伊勢	度会	伊勢神宮領・内宮領
竹河御厨《たけかわ》	尾張	未勘	伊勢神宮領
武迫別符《たけさこ》	日向	未勘	観世音寺領
竹島荘《たけしま》	出羽	未勘	
竹島之荘《たけしま》	播磨	揖保	
武末保《たけすえ》	備前	未勘	
竹田荘《たけた・たけだ》	山城	紀伊	東寺領・三条家領・安楽寿院領・真如堂領・主殿寮田・主水司田・皇室領・三聖寺領・葉室家領
竹田荘《たけた》	大和	宇陀	東大寺領・尊勝院領
竹田荘《たけた・たけだ》	大和	城下	興福寺領・東金堂領
建田荘《たけだ》	播磨	未勘	平家没官領・平頼盛領
竹田荘《たけだ》	大和	十市	
竹田荘《たけだ》	但馬	朝来	関東御領・三条家領・高倉家領
武田荘《たけだ》	甲斐	巨摩	
竹田別符《たけた》	豊後	日高	清水谷大納言家領
竹田北荘《たけたきた》	大和	城下	興福寺領
竹田津荘《たけたづ》	豊後	国崎	宇佐弥勒寺領・喜多院領
竹田津別符《たけだつ》	豊後	国崎	
竹田南荘《たけたみなみ》	大和	城下	興福寺領
武富荘《たけとみ》	備前	未勘	
武富保《たけとみ》	備前	未勘	
竹野荘《たけの》	但馬	美含	長興寺領
竹井荘《たけのい》	筑後	山門	武藤盛資領(領家職)・得宗領
炬口荘《たけのくち》	淡路	津名	石清水八幡宮寺領
竹谷荘《たけのや》	三河	宝飫	藤原俊成領・熊野山領(別当湛海領)・平家没官領・関東御領
竹原荘《たけはら》	備前	上道	賀茂別雷社領・賀茂社領
竹原荘《たけはら》	安芸	高宮	賀茂御祖社領・賀茂社領・建長寺領(造営料所、永仁5)
竹原荘《たけはら》	阿波	那賀	藤原道長領・皇室領・後白河院領・室町院領・昭慶門院領・亀山院領・遊義門院領
竹原牧《たけはら》	阿波	那賀	摂関家領
竹原野《たけはらの》	阿波	未勘	皇室領・後白河院領
竹藤保《たけふじ》	丹後	熊野	
建部荘《たけべ》	美濃	多芸	醍醐寺領
建部荘《たけべ》	美作	真島	皇室領・安楽寿院領・八条院領・相国寺領
建部荘《たけべ》	備前	津高	最勝光院領・蓮華峰寺領
建部上荘《たけべ》	近江	神崎	日吉社領

荘園一覧

荘　園　名	国名	郡名	領 家・本 家
建部下荘《たけべ》	近江	神崎	建部社領・天龍寺領
建部御厨《たけべ》	伊勢	安濃	伊勢神宮領・内宮領・外宮領・二宮領
武部桑園《たけべのくわ》	肥後	飽田	
武光荘《たけみつ》	武蔵	秩父	
武光御園《たけみつ》	伊勢	安濃	伊勢神宮領
岳牟田荘《たけむた》	肥後	益城	八条院領・皇室領・歓喜光院領・昭慶門院領・高野山勧学院営作料所
竹村荘《たけむら》	河内	未勘	摂関家領・摂籙渡荘・法成寺領
武元保《たけもと》	丹後	竹野	
武行保《たけゆき》	丹後	竹野	
武行武光保《たけゆきたけみつ》	丹後	与謝	
多胡荘《たこ》	上野	多胡	
田子荘《たご》	駿河	富士	
田子荘《たご》	陸奥	宮城	塩釜神社領(陸奥一宮)
高向荘《たこう》	河内	錦部	安楽寿院領・八条院領・昭慶門院領・皇室領・延政門院領・観心寺領(新待賢門護摩料所)・金剛寺領
田光荘《たこう》	尾張	愛智	
蛸草荘《たこくさ》	播磨	賀古	
蛸道大蔵山御園《たこじおおくらやま》	伊勢	飯高	伊勢神宮領・内宮領
たこ島牧《たこしま》	出雲	島根	官牧
多治比保《たじい》	安芸	高宮	内蔵寮領(内侍所燈油料所)・官衙領
田染荘《たしぶ》	豊後	国崎	宇佐八幡宮領・得宗領(糸永名)
田島荘《たしま》	日向	臼杵	宇佐八幡宮領
但馬荘《たじま》	尾張	智多	
田島荘《たじま》	尾張	愛智	
田島荘《たじま》	周防	佐波	玉祖社領・法金剛院領・皇室領
田島荘《たじま》	筑後	山本	安楽寺領
田島荘《たじま》	肥後	合志	安楽寺領
田島荘《たじま》	日向	那珂	宇佐八幡宮領
但馬保《たじま》	尾張	智多	伊勢神宮領・二宮領・内宮領・外宮領・知多郡守護一色領
田尻荘《たじり》	大和	山辺	興福寺領
田尻荘《たじり》	摂津	能勢	妙法院門跡領
田尻保《たじり》	出雲	意宇	神魂社領
田尻御園《たじり》	伊勢	壱志	伊勢神宮領・内宮領
田代荘《たしろ》	上総	長柄	興福寺領
田代喬島楊津厨《たしろたかしまやないつ》	尾張	葉栗	伊勢神宮領・内宮領
多豆島荘《たずしま》	播磨	未勘	石清水八幡宮領・極楽寺領
鶴野御厨《たずの》	伊勢	朝明	伊勢神宮領・内宮領
田住荘《たずみ》	播磨	佐用	
多田(田多)荘《ただ》	大和	山辺	興福寺領・曼陀羅院領・大乗院門跡領・春日社領
多田荘《ただ》	摂津	河辺	近衛家領・摂関家領・比叡山領・山門領・承久没収地・得宗領
太多荘《ただ》	但馬	気多	伊勢神宮領・外宮領・岩倉皇后宮権大進領・岩倉家領・鹿王院領
忠別符《ただ》	筑後	未勘	安楽寺領
陀田保《ただ》	加賀	加賀	東福寺領
太多御厨《ただ》	但馬	気多	伊勢神宮領・外宮領
忠越御園《ただこし》	伊勢	飯高	伊勢神宮領
忠近御園《ただちか》	伊勢	飯高	伊勢神宮領・外宮領
タタナウ荘《たたなう》	伯耆	未勘	高野山領(西塔領)
忠見別符《たたみ》	筑後	上妻	安楽寺領(半不輸地)
多多羅荘《たたら》	河内	石川	興福寺領・竜花院領・寛弘寺領・大乗院門跡領
多多良荘《たたら》	安房	平群	
多多良荘《たたら》	但馬	朝来	昭慶門院領・皇室領
多多良荘《たたら》	周防	佐波	
多多良岐荘《たたらぎ》	但馬	朝来	源宰相領・皇室領・安嘉門院領・後宇多院領・八条院領・関東御領(領家職)
多多利牧《たたり》	信濃	安曇	左馬寮領
館荘《たち》	常陸	茨城	
立神御厨《たちがみ》	志摩	英虞	伊勢神宮領
立河荘《たちかわ》	甲斐	山梨	
立野牧《たちの》	武蔵	都筑	勅旨牧・皇室領
立野牧《たちの》	信濃	筑摩	左馬寮領・諏訪下宮社領・諏訪社領
立野名御園《たちのみょう》	伊勢	飯高	伊勢神宮領・外宮領
橘御供田《たちばな》	山城	綴喜	石清水八幡宮領・極楽寺領
橘荘《たちばな》	大和	宇陀	東大寺領・尊勝院領
橘荘《たちばな》	武蔵	多摩	
橘荘《たちばな》	武蔵	足立	
橘荘《たちばな》	下総	海上	二位大納言家領・摂関家領?・称名寺領(上代郷、得宗領)
橘荘《たちばな》	常陸	茨城	
橘木荘《たちばな》	上総	長柄	安楽寿院領・皇室領・昭慶門院領・高階家領
橘御厨《たちばな》	武蔵	橘樹	伊勢神宮領
橘御園《たちばな》	山城	綴喜	石清水八幡宮領・極楽寺領・浄土寺殿領
橘御園《たちばな》	摂津	河辺	広田社領
橘御園《たちばな》	摂津	河辺	近衛家領・摂関家領・山門領・比叡山浄土寺門跡領・東大寺領・石清水八幡宮領・大炊寮領・官衙領
橘御園《たちばな》	近江	未勘	
立花御園《たちばな》	伊勢	度会	伊勢神宮領・内宮領
橘島荘《たちばなしま》	河内	渋川	昭慶門院領(本家)・真如院領・皇室領(大覚寺統)・臨川寺領(三会院領光国名)・室町幕府御料所
橘寺荘《たちばなでら》	大和	高市	興福寺領
橘本御園《たちばなもと》	伊勢	多気	伊勢神宮領・内宮領
立見御厨《たちみ》	伊勢	鈴鹿	伊勢神宮領・内宮領
立脇御紙田《たちわきしてん》	但馬	朝来	皇嘉門院領(御紙田)・皇室領
立江荘《たつえ》	阿波	那賀	
立江中荘《たつえなか》	阿波	那賀	
辰口御厨《たつぐち》	伊勢	安濃	伊勢神宮領・内宮領・外宮領・二宮領
立田荘《たつた》	武蔵	多摩	
立田荘《たつた》	紀伊	伊都	高野山領・大伝法院領・根来寺領
田土荘《たつち》	備前	和気	
立野荘《たつの》	大和	平群	興福寺領・大乗院領・仁和寺領
辰野牧《たつの》	信濃	筑摩	左馬寮領・諏訪社領
辰口新開御園《たつのくちしんかい》	伊勢	安濃	伊勢神宮領
立荘《たて》	近江	未勘	国掾秦近生領・延暦寺領(両界曼陀羅幷大般若経常燈料所)・山門領
立石荘《たていし》	若狭	大飯	皇室領・九条道家領・摂関家領・皇嘉門院領・一条家領・二条家領・興福寺領・大乗院領

荘　園　名	国名	郡名	領 家・本 家
立石本荘《たていし》	若狭	大飯	皇嘉門院領・九条家領・摂関家領
立石新荘《たていし》	若狭	大飯	九条道家領・摂関家領・皇嘉門院領・九条家領
立石御厨《たていし》	尾張	海部	伊勢神宮領・内宮領・外宮領・二宮領
立入荘《たていり》	近江	野洲	楞厳院常灯料・国掾秦近生領・延暦寺領(三宝院領)・青蓮院門跡領・山門領
立岩別符《たていわ》	筑前	嘉麻	宇佐八幡宮領
蓼倉荘《たてくら》	山城	愛宕	日野家領
楯縫南北荘《たてぬいなんぼく》	出雲	楯縫	
立野保《たての》	周防	熊毛	東大寺領(国衙領)
建部荘《たてべ・たけべ》	近江	神崎	日吉社領・北野社領・天竜寺領・山門領・建部社領
立部荘《たてべ》	尾張	中島	
多多利荘《たてり》	伊勢	飯野	平家没官領・承久没収地・宏徳寺領(一部)・伊勢神宮領・内宮領
田門荘《たと》	安芸	安芸	皇室領・安楽寿院領・昭慶門院領
多度荘《たど》	讃岐	多度	安楽寿院領・皇室領・高野山領(寂静院領)
多度御厨《たど》	伊勢	員弁	伊勢神宮領・外宮領
多度御厨《たど》	伊勢	桑名	伊勢神宮領・外宮領
田殿荘《たどの》	大和	宇智	醍醐寺領・六条八幡宮領
田殿荘《たどの》	美作	英多	六条院領・皇室領
田殿荘《たどの》	紀伊	在田	
田富荘《たとみ》	筑前	糟屋	石清水八幡宮領(宮寺別当房領)・宇美宮領
多(太)奈荘《たな》	阿波	勝浦	金剛峯寺領・高野山領・勝蓮華院領・仁和寺領
多奈保《たな》	阿波	勝浦	
田中荘《たなか》	大和	十市	
田中荘《たなか》	大和	城下	東大寺領(雑役免)・興福寺領(雑役免)
田中荘《たなか》	大和	添下	興福寺領
田中荘《たなか》	大和	添上	東大寺領・興福寺領
田中荘《たなか》	摂津	島下	
田中荘《たなか》	尾張	春部	等持院領・室町幕府御料所?
田中荘《たなか》	常陸	筑波	皇室領・八条院領・九条家領・摂関家領・得宗領(泰家跡)・足利氏領・室町幕府御料所
田中荘《たなか》	近江	野洲	室町院領・皇室領・西園寺実兼領・妙法院門跡領・万寿寺領・山門領
田中荘《たなか》	近江	高島	
田中荘《たなか》	越前	丹生	小倉宮領・飛鳥井家領
田中荘《たなか》	丹波	未勘	
田中荘《たなか》	播磨	神崎	新熊野社領・醍醐寺領(領家職)・三宝院門跡領・徳禅寺領・冷泉家領
田中荘《たなか》	紀伊	那賀	
田中荘《たなか》	筑前	糟屋	
田仲荘《たなか》	紀伊	那賀	摂関家領・近衛家領
田永荘《たなが》	大和	葛上	近衛家領・摂関家領・高陽院領・醍醐寺領・報恩院領
田中保《たなか》	越中	婦負	室町幕府御料所
田中御厨《たなか》	伊勢	員弁	伊勢神宮領・外宮領
田長御厨《たなが》	伊勢	三重	伊勢神宮領・二宮領
田中御園《たなか》	伊勢	度会	伊勢神宮領・内宮領
田上荘《たなかみ》	近江	栗太	海津殿御領・石清水八幡宮寺領

荘　園　名	国名	郡名	領 家・本 家
田上杣荘《たなかみそま》	近江	栗太	富塚曇瓊領・永源寺領・常在光寺領
田上中荘《たなかみなか》	近江	栗太	永源寺領・北野神社領・富塚曇瓊領
田上牧荘《たなかみまき》	近江	栗太	永源寺領・富塚曇瓊領
谷川荘《たながわ・たにがわ》	和泉	日根	興福寺領
田那部荘《たなべ》	山城	綴喜	興福寺領・東院領
田那部荘《たなべ》	阿波	未勘	仏地院領
田部荘《たなべ》	摂津	住吉	安嘉門院領・皇室領
田部荘《たなべ》	摂津	島上	石清水八幡宮領
田辺荘《たなべ》	大和	葛下	東大寺領・尊勝院領
田辺荘《たなべ》	紀伊	牟婁	熊野本宮領
田名部荘《たなべ》	丹後	加佐	
棚見杣《たなみ》	丹波	桑田	
多仁(迩)荘《たに》	周防	熊毛	成勝寺領・藤原実綱家領(中納言)・正親町三条家領・東福寺領・善入寺領
多仁荘《たに》	近江	未勘	金剛勝院領
谷保《たに》	武蔵	未勘	
谷保《たに》	播磨	飾磨	
田根荘《たね》	近江	浅井	按察大納言朝房領・久我家領・祇園社領・興福寺領・延暦寺領・大吉寺領・山門領・長福寺領
多禰島《たねがしま》	大隅	熊毛	近衛家領・摂関家領・橘薩摩氏領・島津氏領・種子島氏領・得宗領(地頭職)
種野山荘《たねのやま》	阿波	麻殖	細川家領
田能荘《たの・たのう》	丹波	桑田	皇室領・七条院領・修明門院領・法花堂領・仁和寺領
田野荘《たの》	土佐	安芸	
田野別符《たの》	筑前	宗像	
田能村荘《たのうむら》	摂津	河辺	興福寺領・大乗院領
田邑荘《たのむら》	美作	苫西	熊野新宮領・法金剛院領・皇室領
田原荘《たはら》	美作	大庭	官中便補地・小槻家領・官衙領・壬生家領・法光明院領
田原荘《たはら》	筑前	未勘	後白河院領・栗田宮領・皇室領
田原荘《たばら》	安房	長狭	
田総荘《たぶさ》	備後	甲奴	長福寺領(塔頭大祥院、領家職)
田布施荘《たぶせ》	周防	熊毛	
田倍(部)荘《たべ》	大和	山辺	興福寺領
田倍荘《たべ》	大和	高市	東大寺領・尊勝院領
田部御園《たべ》	伊勢	安濃	伊勢神宮領
田倍西荘《たべにし》	大和	山辺	興福寺領・一乗院領
田倍東荘《たべひがし》	大和	山辺	興福寺領
田倍南(南田部)荘《たべみなみ》	大和	山辺	興福寺領
玉荘《たま》	甲斐	巨摩	
玉荘《たま》	備中	下道	
多麻荘《たま》	甲斐	巨摩	
玉井荘《たまい・たまのい》	山城	綴喜	東大寺領・東大寺八幡宮領・春日若宮領・春日社領
玉井荘《たまい》	武蔵	幡羅	
玉江荘《たまえ》	尾張	中島	勧学院領・殿下渡領・摂関家領・熱田社領(領家職)・得宗領(貞直跡)・足利尊氏領・室町幕府御料所
玉江御厨《たまえ》	尾張	中島	伊勢神宮領・内宮領
玉垣御厨《たまがき》	伊勢	河曲	妙香院門跡領・源国基領・伊勢神宮領・内宮領
玉河御厨《たまがわ》	伊予	越智	伊勢神宮領・内宮領・外宮領・二宮領

荘園一覧

荘　園　名	国名	郡名	領　家・本　家
玉置荘《たまき》	若狭	遠敷	園城寺領・南禅寺領・竜華院領
玉櫛(串)荘《たまくし》	河内	河内	摂関家領・平等院領・殿下渡領・相国寺領・室町幕府御料所
玉崎荘《たまさき》	上総	未勘	宣陽門院領・皇室領
玉前荘《たまさき》	上総	埴生	宣陽門院領・皇室領
玉田荘《たまだ》	播磨	飾磨	
玉滝荘《たまたき》	伊賀	阿拝	東大寺領
玉滝杣《たまたき》	伊賀	阿拝	東大寺領
玉滝北杣《たまたききた》	伊賀	阿拝	東大寺領
玉滝荘出作《たまたきでさく》	伊賀	阿拝	東大寺領
玉出保《たまづ》	因幡	高草	
玉造荘《たまつくり》	摂津	東生	四天王寺領(天王寺領)・山門領
玉造荘《たまつくり》	下総	匝瑳	三井寺領
玉造荘《たまつくり》	近江	野洲	法成寺領・摂関家領・相国寺領
玉造保《たまつくり》	播磨	明石	伏見宮家領
玉手荘《たまて》	大和	葛上	興福寺領・春日社領・大乗院領
玉名荘《たまな》	肥後	玉名	仁和寺領(山城)・仏母院領
玉名荘《たまな》	肥後	玉名	安楽寺領(大宰府)
玉輪荘《たまなわ》	相模	鎌倉	
玉野御園《たまの》	伊勢	奄芸	伊勢神宮領・内宮領
玉井荘《たまのい》	尾張	葉栗	賀茂社領・賀茂別雷社領
玉野村御園《たまのむら》	伊勢	奄芸	伊勢神宮領・内宮領
玉村保《たまむら》	美濃	不破	大炊寮領・官衙領・相国寺領・玉滝庵領
玉村保《たまむら》	上野	那波	皇室領
玉村御厨《たまむら》	上野	那波	伊勢神宮領・内宮領・円覚寺領(仏日庵領、北玉村)・得宗領・長福寺領・極楽寺領
玉丸御園《たまる》	伊勢	度会	伊勢神宮領・外宮領
田宮荘《たみや》	下総	葛飾	
田宮荘《たみや》	越前	坂井	東大寺・貞観寺領
田宮御園《たみや》	尾張	中島	伊勢神宮領・熱田社領
多牟正乃荘《たむしょう》	美濃	本巣	後鳥羽院領・皇室領
田村荘《たむら》	大和	山辺	東大寺領・興福寺領・一乗院領
田村荘《たむら》	陸奥	白河	
田村荘《たむら》	陸奥	安積	
田村荘《たむら》	丹波	未勘	椎野寺領
田村荘《たむら》	丹後	熊野	長講堂領・皇室領・室町院領・高辻家領・石清水八幡宮領
田村荘《たむら》	土佐	香美	神護寺領・西園寺家領・西山地蔵院領
田村下荘《たむら》	土佐	香美	西山地蔵院領
田村御園《たむら》	伊勢	度会	伊勢神宮領
多米御園《ため》	伊勢	三重	伊勢神宮領・外宮領
為成保《ためなり》	越中	婦負	
為延保《ためのぶ》	丹後	熊野	藤森社領
為久保《ためひさ》	丹後	竹野	
多米福荘《ためふく》	石見	安濃	蓮華心院領・昭慶門院領・皇室領
民光保《ためみつ》	丹後	熊野	
為光御厨《ためみつ》	伊勢	奄芸	
為元御厨《ためもと》	伊勢	奄芸	伊勢神宮領・内宮領・外宮領・二宮領・関東御領・平家没官領
為元御園《ためもと》	伊勢	三重	伊勢神宮領
玉生荘《たもう》	伊予	伊予	石清水八幡宮領・宝塔院領
玉生出作《たもうでさく》	伊予	伊予	
田屋荘《たや》	紀伊	名草	
太良荘《たら》	若狭	遠敷	七条院領・歓喜寿院領・皇室領・二品法親王家領・東寺領・得宗領(地頭職、高時跡)
太良保《たら》	若狭	遠敷	東寺領(常住供僧料所、領家職)・便補保・皇室領・歓喜寿院領・七条院領(本家職)
多良木荘《たらき》	肥後	球麻	
垂井荘《たるい》	河内	未勘	石清水八幡宮領(宮寺別当領)
垂井荘《たるい》	播磨	賀茂	
垂氷荘《たるひ》	摂津	豊島	東寺領
垂水荘《たるみ》	摂津	豊島	布施内親王領・東寺領・無動寺領・山門領・摂関家領
垂水(氷)荘《たるみ》	播磨	明石	東大寺領
垂水荘《たるみ》	讃岐	那珂	南禅寺領・牧護庵領
垂水牧《たるみ》	摂津	豊島	春日社領・近衛家領・摂関家領
垂水牧《たるみ》	播磨	賀茂	近都牧・左馬寮領
垂水御厨《たるみ》	伊勢	壱志	伊勢神宮領・外宮領
垂水(見)御園《たるみ》	伊勢	三重	伊勢神宮領・外宮領
滴水荘《たるみず》	肥後	山本	
垂水中条牧《たるみちゅうじょう》	摂津	豊島	摂関家領
垂水西牧《たるみにし》	摂津	豊島	摂関家領・春日社領(領家職)・近衛家領(本所職)
垂水東牧《たるみひがし》	摂津	島下	春日社領(領家職)・摂関家領・近衛家領(本所職)
田原荘《たわら》	山城	綴喜	藤原頼長領・皇室領・勧学院領・東北院領・摂関家領・九条家領・隼人司領・一音院領
田原荘《たわら》	大和	添上	春日社領・興福寺領・大乗院領
田原荘《たわら》	河内	讃良	七条院領・皇室領・修明門院領
田原荘《たわら》	播磨	神崎	鳥羽院領・八条院領・昭慶門院領・皇室領(本家職)・九条家領・摂関家領(領家職)・熊野山領(燈油料所)
田原荘《たわら》	豊前	田河	興福寺領・竜花樹院領・鹿王院領(京都)
田原別符《たわら》	豊後	国崎	宇佐八幡宮領
手原御園《たわら》	伊勢	飯高	伊勢神宮領
田原御園《たわら》	伊賀	伊賀	伊勢神宮領・外宮領・内宮領・二宮領
田原桐野牧《たわらきりの》	丹波	船井	摂関家領・法成寺領
丹後荘《たんご》	大和	添下	春日社領・興福寺領・大乗院領
丹治荘《たんじ》	越前	足羽	
弾正荘《だんじょう》	美濃	本巣	白河院領(本家職)・七条院領(領家職)・修明門院領・皇室領・後鳥羽院領・岩倉宮領
丹之荘《たんの》	武蔵	賀美	
淡輪荘《たんのわ》	和泉	日根	慈円領・山門領・青蓮院門跡領(本家)・大懺法院領・成就院領・九条家領(領家)・畑姫宮領(東方)
丹波荘《たんば》	大和	城下	東大寺領
丹波荘《たんば》	大和	山辺	興福寺領・一乗院領
丹波荘《たんば》	丹後	丹波	摂関家領・関白道家領・九

荘 園 名	国名	郡名	領 家・本 家
			条道家領
ち			
知井荘《ちい》	丹波	桑田	鹿王院領
地黄園《ちおう》	和泉	和泉	典薬寮領・官衙領・清和院領
治開田神領《ちかいてん》	尾張	未勘	伊勢神宮領・外宮領・内宮領・二宮領
治開田御厨《ちかいてん》	尾張	未勘	伊勢神宮領・二宮領・内宮領・外宮領
近内(宇智)荘《ちかうち》	大和	宇智	興福寺領・仁和寺領・大聖院領(御室)
近内北荘《ちかうちきた》	大和	宇智	
近内南荘《ちかうちみなみ》	大和	宇智	
近河内荘《ちかがわち》	紀伊	伊都	観心寺領
近坂荘《ちかさか》	大和	高市	東大寺領・尊勝院領
近沢保《ちかさわ》	丹後	竹野	
近末保《ちかすえ》	丹後	熊野	石清水八幡宮領
近松荘《ちかまつ》	出雲	大原	
近吉御園《ちかよし》	伊勢	飯高	伊勢神宮領
千草荘《ちくさ》	播磨	宍粟	九条家領・摂関家領・東福寺領(塔頭光明峰寺領)
筑佐荘《ちくさ》	淡路	津名	新熊野社領・善林寺新熊野領・皇室領
千国荘《ちくに》	信濃	安曇	皇室領・六条院領
筑陽荘《ちくや》	出雲	意宇	賀茂社領
千倉荘《ちくら》	陸奥	行方	
智積御厨《ちしゃく》	伊勢	三重	伊勢神宮領・内宮領・中御門家領・醍醐寺領
千代荘《ちしろ》	大和	十市	東大寺領・摂関家領・大安寺領・興福寺領・大乗院領
千代荘《ちしろ》	大和	山辺	東大寺領
千田荘《ちだ》	下総	匝瑳	皇嘉門院領?・摂関家領?
千田荘《ちだ》	肥後	玉名	
千田荘《ちだ》	肥後	山鹿	香椎八幡宮領か
秩父牧《ちちぶ》	武蔵	秩父	朱雀院領・勅旨牧・皇室領
千千岩荘《ちぢわ》	肥前	高来	宇佐八幡宮領
千富御厨《ちとみ》	伊予	未勘	外宮領・内宮領・伊勢神宮領・二宮領
珍北荘《ちぬきた》	和泉	日根	法隆寺領
珍南荘《ちぬみなみ》	和泉	日根	法隆寺領
千葉荘《ちば》	下総	千葉	皇室領・八条院領・昭慶門院領(庁分)
千葉北荘《ちばきた》	下総	印旛	
千土師郷《ちはじ》	因幡	知頭	称名寺領(地頭職)・光恩寺領(因幡)
茅原荘《ちはら》	大和	宇陀	西大寺領
茅原荘《ちはら》	摂津	島上	
茅原田御厨《ちはらた》	伊勢	飯高	伊勢神宮領・内宮領
知布利《ちぶり》	隠岐	知夫	近衛家領
千町荘《ちまち》	上総	夷隅	
道守荘《ちもり》	越前	足羽	東大寺領
中郡荘《ちゅうぐん》	常陸	新治	皇室領・蓮華王院領
中条保《ちゅうじょう》	武蔵	埼玉	
調子荘《ちょうし》	山城	乙訓	近衛家領・摂関家領・法泉寺領(荘内八角堂下地)
千与氏御薗《ちょうし》	尾張	中島	伊勢神宮領
蝶屋荘《ちょうや》	加賀	石川	多田八幡宮領
勅旨荘《ちょくし》	摂津	東生	東大寺領
勅旨荘《ちょくし》	備前	未勘	桜井宮門跡領・山門領
勅旨田《ちょくしでん》	尾張	未勘	摂関家領・東北院領
勅旨田《ちょくしでん》	美濃	未勘	摂関家領・法成寺領
勅旨田《ちょくしでん》	但馬	未勘	摂関家領・法成寺領
千世氏荘《ちよし》	尾張	中島	浄金剛院領・醍醐寺領・三宝院領
千代次保《ちよつぐ》	周防	都濃	東大寺領(国衙領)
千代富保《ちよとみ》	丹後	与謝	
千代丸保《ちよまる》	尾張	中島	青蓮院門跡領・日吉社領
千代丸保《ちよまる》	周防	吉敷	東大寺領(国衙領)
千与丸保《ちよまる》	肥後	未勘	無動寺領・山門領
知覧院《ちらん》	薩摩	給黎	摂関家領・近衛家領・一乗院領・興福寺領
知和荘《ちわ》	美作	苫東	西大寺領
珍荘《ちん》	和泉	日根	法隆寺領(勝曼会料所)
珍保《ちん》	和泉	日根	
珍南北荘《ちんなんぼく》	和泉	日根	法隆寺領
つ			
津井伊賀利荘《ついいかり》	淡路	三原	最勝四天王院領・皇室領・長講堂領
築城荘《ついき》	豊前	築城	宇佐八幡宮領・御炊殿料所
築地御園《ついじ》	志摩	答志	伊勢神宮領
都宇荘《つう》	安芸	沼田	賀茂社領・賀茂御祖社領
都宇竹原荘《つうたけはら》	安芸	高宮	賀茂御祖社領・賀茂社領
津浦保《つうら》	佐渡	加茂	園城寺領
津江荘《つえ》	豊後	日高	
津江山《つえやま》	豊後	日高	安楽寺領
津賀荘《つが》	出雲	飯石	
都賀《つが》	近江	未勘	
束前保《つかざき》	加賀	加賀	東寺領
墓(塚)崎荘《つかざき》	肥前	杵島	武雄社領
調月荘《つかつき》	紀伊	那賀	金剛峯寺領・高野山領
墓つき荘《つかつき》	紀伊	未勘	比叡山領・山門領
塚原保《つかはら》	越中	新川	
塚本御厨《つかもと》	伊豆	田方	伊勢神宮領・内宮領
束荷荘《つかり》	周防	熊毛	七条院領・皇室領・修明門院領
束荷保《つかり》	周防	熊毛	東大寺領(国衙領)
継荘《つぎ》	播磨	飾磨	石清水八幡宮寺領・善同庵領(一分地頭職)
継埼牧《つぎさき》	壱岐	石田	観世音寺領
槻田荘《つきた》	越後	蒲原	西大寺領
次田荘《つぎた》	摂津	島下	興福寺領
月輪荘《つきのわ》	陸奥	耶摩	
槻村荘《つきむら》	山城	未勘	東大寺領
槻本荘《つきもと》	大和	高市	興福寺領・一乗院領
槻本御園《つきもと》	伊勢	多気	伊勢神宮領
築山荘《つきやま》	山城	乙訓	久我家領・唐橋家領・土御門家領・安楽寿院領・皇室領
机荘《つくえ》	淡路	津名	源有雅領
筑紫荘《つくし》	備後	世羅	
尽田御園《つくしだ》	伊勢	度会	伊勢神宮領
佃江荘《つくだえ》	近江	未勘	室町幕府御料所?
津口荘《つくち・つぐち》	備後	世羅	宝荘厳院領(本家)・藤原忠能(領家)・東寺領
筑摩御厨《つくま》	近江	坂田	内膳司領
筑摩十六条《つくまじゅうろく》	近江	坂田	日吉社領・山門領・堀川家領
九十九町荘《つくもまち》	摂津	武庫	八幡領・広田社領
津黒保《つくろ》	因幡	八上	
柘殖荘《つげ》	伊賀	阿拝	大安寺領・万寿寺領(六条院領)・東大寺領
津島御園《つしま》	伊勢	度会	
津島崎御園《つしまざき》	伊勢	度会	伊勢神宮領・内宮領
都染荘《つぞめ》	播磨	印南	報恩寺領
都染保《つぞめ》	播磨	印南	
津田荘《つた》	美濃	土岐	
津田荘《つだ》	近江	蒲生	皇室領・延暦寺領(西塔領)・

荘　園　名	国名	郡名	領 家・本 家
			山門領
津田荘《つだ》	備中	浅口	安居院領
都多保《つた》	播磨	宍粟	
津田保《つだ》	播磨	飾磨	
津高荘《つだか》	備前	津高	
津田島《つだじま》	阿波	名東	春日社領
津民荘《つたみ》	豊前	下毛	
都智院《つち》	能登	羽咋	
土井出荘《つちいで》	上野	利根	安楽寿院領・昭慶門院領・皇室領
土出荘《つちいで》	出羽	山本	
土井出笠科荘《つちいでかさしな》	上野	利根	安楽寿院領・永嘉門院領・昭慶門院領・皇室領
土川荘《つちかわ》	出羽	山本	
土川白井荘《つちかわしらい》	山城	乙訓	
土田荘《つちた・つちだ》	大和	平群	東大寺領(華厳会料田)・興福寺領・一乗院領
土田荘《つちた》	尾張	智多	
土田荘《つちた・つちだ》	能登	羽咋	賀茂別雷社領・賀茂社領・宣陽門院領・皇室領
土田荘《つちだ》	近江	蒲生	某寺領・便補領
土田御厨《つちだ》	遠江	未勘	伊勢神宮領
土田御園《つちだ》	伊勢	飯野	伊勢神宮領・釈尊寺領・厳浄院領・宏徳寺領
土田河原御園《つちだがわら》	伊勢	多気	伊勢神宮領
土袋荘《つちぶくろ》	武蔵	比企	
土淵荘《つちぶち》	武蔵	多摩	
土持院《つちもち》	日向	臼杵	
土屋荘《つちや》	相模	大住	
土山荘《つちやま》	近江	甲賀	
土山荘《つちやま》	播磨	飾磨	薬師寺領・広峰社領・祇園社領・得宗領(地頭職)
筒岡御園《つつおか》	伊勢	度会	伊勢神宮領・法音寺領
筒香(津津賀)荘《つつが》	紀伊	伊都	高野山領・金剛峯寺領
筒川荘《つつかわ》	丹後	与謝	室町幕府御料所
筒河保《つつかわ》	丹後	与謝	
筒城荘《つつき》	壱岐	石田	石清水八幡宮領
堤野馬牧《つつまの・つつみの》	日向	諸県	兵部省官牧
津津見保《つつみ》	若狭	遠敷	平家没官領・関東御領・東岩蔵寺領(将軍家祈禱料所)
堤御園《つつみ》	伊勢	飯高	伊勢神宮領・内宮領
堤田荘《つつみた》	尾張	海部	摂関家領・藤原教通領・仁和寺領
畷荘《つづり》	備前	児島	
綱別荘《つなわけ》	筑前	嘉麻	宇佐八幡宮領
綱別新荘《つなわけ》	筑前	嘉麻	宇佐八幡宮領
津根荘《つね》	伊予	宇摩	
津根荘《つね》	豊前	未勘	
恒枝保《つねえた》	丹後	竹野	
恒枝保《つねえだ》	若狭	遠敷	嵯峨法花堂領(後嵯峨院法華堂禅衆領)・室町院領・皇室領・便補保・得宗領(地頭職)
恒富保《つねとみ》	播磨	飾磨	国衙領(国衙庁直職付属)
恒富保《つねとみ》	周防	吉敷	
常富御園《つねとみ》	伊勢	壱志	伊勢神宮領・外宮領
恒松保《つねまつ》	因幡	気多	
恒松保《つねまつ》	出雲	神門	
恒見荘《つねみ》	豊前	田河	宇佐八幡宮領
恒光保《つねみつ》	丹後	竹野	
恒持荘《つねもち》	武蔵	秩父	
常安保《つねやす》	常陸	筑波	安楽寿院領・皇室領
恒吉保《つねよし》	丹後	丹波	
津野荘《つの》	土佐	高岡	賀茂社領・賀茂御祖社領

荘　園　名	国名	郡名	領 家・本 家
津野本荘《つの》	土佐	高岡	
津野新荘《つの》	土佐	高岡	賀茂社領・賀茂御祖社領
津浦保《つのうら》	佐渡	未勘	園城寺領
津江荘《つのえ》	摂津	島上	妙法院領・山門領・観林寺領(津江村)
津江御厨《つのえ》	摂津	島上	御厨子所領・官衙領
津隈荘《つのくま》	豊前	京都	宇佐八幡宮領(万灯会料所)
角島牛牧《つのしま》	長門	豊浦	兵部省官牧
都濃野馬牧《つのの》	日向	児湯	兵部省官牧
椿荘《つばき》	大和	城下	興福寺領・厳浄院領・東北院領
椿荘《つばき》	筑前	穂波	宇佐八幡宮領
椿荘《つばき》	豊後	国崎	宇佐八幡宮領
椿新荘《つばき》	筑前	穂波	
椿御園《つばき》	伊勢	三重	伊勢神宮領・内宮領
椿富荘《つばきとみ》	大和	城上	東大寺領・尊勝院領
椿原荘《つばきはら》	越前	丹生	東大寺領
角平御厨《つひら》	三河	幡豆	伊勢神宮領・外宮領
津布佐荘《つぶさ》	豊前	宇佐	宇佐弥勒寺領・喜多院領・石清水八幡宮寺領(検校領)
津布田荘《つぶた》	長門	厚狭	石清水八幡宮領
津布良荘《つぶら》	美濃	安八	
津布良開発御厨《つぶらかいほつ》	美濃	安八	伊勢神宮領・内宮領・御裳濯河堤防役河籠米料所・摂津親秀領
壺井荘《つぼい》	河内	古市	安部資俊領・西大寺領
坪生荘《つぼう》	備後	深津	最勝金剛院領・九条家領・一条家領・摂関家領(本家)・室町幕府御料所(領家)
坪江荘《つぼえ》	越前	坂井	興福寺領・大乗院領・春日社領(三十講料所)
坪江上荘《つぼえ》	越前	坂井	興福寺領・大乗院領
坪江下荘《つぼえ》	越前	坂井	興福寺領・大乗院領
壺方御園《つぼかた》	伊勢	多気	伊勢神宮領
壺野保《つぼの》	加賀	石川	祇園社領
津間荘《つま》	播磨	多可	
都万院《つま》	隠岐	隠地	天健金草神社領・千光寺領
妻木保《つまぎ》	美濃	土岐	便補保・山門領
妻有荘《つまり》	越後	魚沼	山内上杉氏領
津村荘《つむら》	越後	頸城	西大寺領
積良御牧《つむろ》	伊勢	度会	伊勢神宮領
津毛別符《つも》	石見	美濃	
津守荘《つもり》	摂津	西成	藤原兼仲領(領家職)・皇室(後院)領・熊野社領
津守荘《つもり》	豊後	大分	勘解由小路中納言家領・摂関家領
津守保《つもり》	肥後	託麻	健軍社領
都羅島荘《つらしま》	備前	児島	
鶴沢御厨《つるさわ》	伊勢	朝明	伊勢神宮領・内宮領
鶴沢御厨《つるさわ》	伊勢	員弁	伊勢神宮領・内宮領
鶴田荘《つるた》	甲斐	都留	
鶴羽荘《つるは》	讃岐	寒川	皇室領・弘誓院領・八条院領・蓮華心院領・仁和寺領
鶴喰御園《つるばみ》	伊豆	田方	三島社領
鶴原荘《つるはら》	和泉	日根	藤原忠通領・摂関家領・佐竹宣尚領(地頭、領家職)
鶴見寺尾《つるみてらお》	武蔵	橘樹	建長寺領(正統庵領)・鶴岡八幡宮領
て			
手荘《て》	備中	下道	相国寺領・仏通寺領(安芸国仏通寺一切経料所)

荘　園　名	国名	郡名	領 家・本 家
幣島荘《てぐらじま》	摂津	西成	住吉社領・崇禅寺領(祠堂田1反120歩)
豊島荘《てしま》	摂津	豊島	
豊島牧《てしま》	摂津	豊島	右馬寮領・官衙領
手丸御園《てまる》	伊勢	飯高	伊勢神宮領
寺荘《てら》	近江	甲賀	
寺方荘《てらかた》	河内	茨田	
寺島荘《てらしま》	河内	未勘	石清水八幡宮寺領
寺田荘《てらだ》	越中	新川	立山寺領
寺戸荘《てらど》	山城	乙訓	妙法院領・三鈷寺領・仁和寺領
寺戸荘《てらど》	大和	宇陀	興福寺領
寺原荘《てらはら》	安芸	山県	厳島社領
寺辺荘《てらべ》	近江	滋賀	石山寺領
寺宮荘《てらみや》	伊豆	田方	得宗領
寺本荘《てらもと》	尾張	智多	
寺本保《てらもと》	尾張	智多	
天下高羽園《てんかたかは》	摂津	菟原	石清水八幡宮領・極楽寺領
塡埼荘《てんざき》	下野	芳賀	東大寺領
伝膳荘《てんぜん》	大和	高市	巨勢寺領・興福寺領・一乗院門跡領
典田荘《てんでん》	大和	高市	巨勢寺領・春日社領
天川荘《てんのかわ》	大和	吉野	
伝法寺《でんほうじ》	豊後	未勘	八条院領・皇室領
伝法寺本荘《でんほうじ》	豊前	築城	宇佐弥勒寺領・成勝寺領
と			
戸穴荘《とあな》	豊後	未勘	皇室領・智恵光院領
土井荘《どい》	越後	古志	酒人内親王・皇室領・朝原内親王領・東大寺領
戸板荘《といた》	加賀	石川	
豊田荘《といた》	加賀	石川	北野社領・北野宮寺領・得長寿院領・妙光寺領・神護寺領
豊浦荘《といら》	近江	蒲生	薬師寺領・興福寺領
東荘《とう》	下総	海上	
陶器保《とうき》	和泉	大鳥	
当下御園《とうげ》	伊勢	多気	伊勢神宮領・内宮領
東郷荘《とうごう》	越前	足羽	関白道家領・摂関家領・九条家領・東福寺領・一条家領
東郷荘《とうごう》	伯耆	河村	松尾社領
東郷荘《とうごう》	肥前	高来	仁和寺領
東郷荘《とうごう》	肥後	玉名	仁和寺領・仏母院領
東郷別符《とうごう》	薩摩	薩摩	宇佐弥勒寺領・正八幡宮領(大隅)・摂関家領・近衛家領・一乗院領・興福寺領
東西保《とうざい》	近江	甲賀	主殿寮領・内蔵寮領・官衙領
東西九条女御田《とうざいくじょう》	山城	紀伊	本覚門院領・室町幕府御料所・東寺領・青蓮院門跡領
藤三位荘《とうさんみ》	播磨	揖保	皇室領・弘誓院領・随心院領・長覚領(本領主、預所)
田道荘《とうじ》	但馬	朝来	九条家領・摂関家領・一条家領・民部大夫領
東条荘《とうじょう》	河内	石川	祇園社領
東条荘《とうじょう》	常陸	信太	
東条荘《とうじょう》	信濃	高井	皇室領・八条院領・安楽寿院領・昭慶門院領
東条荘《とうじょう》	越中	射水	東福寺領・九条家領・摂関家領
東条新荘《とうじょう》	河内	石川	興福寺領
東条保《とうじょう》	越中	射水	東福寺領・九条家領・摂関家領

荘　園　名	国名	郡名	領 家・本 家
東条御厨《とうじょう》	安房	長狭	外宮領・伊勢神宮領
当津荘《とうず》	播磨	明石	
塔世御領《とうせ》	伊勢	安濃	
土課御園《とうせ》	伊勢	安濃	伊勢神宮領・内宮領
塔世御厨《とうせ》	伊勢	安濃	
東禅寺御厨《とうぜんじ》	伊勢	員弁	伊勢神宮領
桃鳴荘《とうめい》	大和	宇陀	西大寺領
都於院《とお》	日向	児湯	前斉院領
遠石荘《とおいし》	周防	都濃	石清水八幡宮領・遠石八幡宮領(石清水八幡遠石別宮)
遠田荘《とおだ》	紀伊	未勘	
十市荘《とおち》	大和	十市	東大寺領・西大寺領・興福寺領・松南院領
遠野保《とおの》	陸奥	閉伊	
遠南荘《とおみなみ》	大和	城下	東大寺領(尊勝院領)
遠山荘《とおやま》	美濃	恵奈	近衛家領・摂関家領・高陽院領・天竜寺領(香厳院領)
遠山方(形)御厨《とおやまかた》	下総	埴生	伊勢神宮領・北畠具行菩提料所・大徳寺領
土保利御園《とおり》	伊勢	度会	伊勢神宮領・内宮領・外宮領・二宮領
都賀荘《とが》	摂津	菟原	摂関家領
砥鹿荘《とが》	三河	宝飫	
東河荘《とが》	但馬	朝来	比叡山領・山門領(領家)・室町幕府御料所・天竜寺領・金剛院領・土御門家領
富樫荘《とがし》	加賀	石川	
利刈牧《とりか》	上野	群馬	勅旨牧・皇室領
外河荘《とがわ》	大和	添下	興福寺領・大乗院領
都幾荘《とき》	武蔵	比企	
土岐荘《とき》	美濃	土岐	
富城荘《とき》	因幡	法美	
富来院《とぎ》	能登	羽咋	
土器保《どき》	讃岐	鵜足	
富来御厨《とぎ》	能登	羽咋	伊勢神宮領・外宮領・内宮領・二宮領
常田荘《ときだ》	信濃	小県	皇室領・八条院領(庁分)・後宇多院領・昭慶門院領
時武保《ときたけ》	丹後	丹波	北野社領
土岐多良荘《ときたら》	美濃	石津	伊勢神宮領・内宮領
時常保《ときつね》	丹波	未勘	日吉社御供料所・西園寺家領
鴾島保《ときのしま》	尾張	中島	国衙領・醍醐寺領・三宝院領
常盤(岩)牧《ときわ》	信濃	水内	左馬寮領
土具御厨《どぐ》	志摩	英虞	伊勢神宮領・外宮領
得位荘《とくい》	摂津	菟原	北野社領
徳尾保《とくお》	越前	足羽	
得蔵荘《とくくら》	加賀	石川	醍醐寺領
徳蔵荘《とくくら》	越前	未勘	醍醐寺領
得蔵保《とくくら・とくら》	加賀	石川	醍醐寺領・准胝堂領・理性院領
得地荘《とくじ》	周防	佐波	石清水八幡宮領(鎌倉中期には国衙領)・東福寺領
得次保《とくじ》	但馬	城崎	
得地保《とくじ》	周防	佐波	東大寺領(国衙領)・得宗領(下得地)・東福寺領
得地上保《とくじかみ》	周防	佐波	九条家領・東福寺領
得重保《とくしげ》	尾張	春部	禁裏料所・皇室領・醍醐寺領(門跡領)・三宝院領・日野家領・臨川寺領・三会院領
得善保《とくぜん》	周防	都濃	遠石八幡宮領(石清水八

荘　園　名	国名	郡名	領　家・本　家
			幡遠石別宮)・石清水八幡宮領・東大寺領(国衙領)
得(徳)善保《とくぜ》	土佐	香美	石清水八幡宮領・西山地蔵院領
得善保《とくぜん》	豊前	下毛	宇佐弥勒寺領
徳泉寺荘《とくせんじ》	河内	丹比	蓮華王院領(領家職一分、預所定使職)・皇室領
得田荘《とくた》	能登	羽咋	賀茂社領・賀茂別雷社領
徳田荘《とくた》	備後	三谿	
得田保《とくた》	能登	羽咋	
得田御厨《とくだ》	伊勢	奄芸	伊勢神宮領・内宮領・外宮領・二宮領
得珍保《とくちん》	近江	蒲生	日吉十禅師社領・延暦寺領・山門領
徳富荘《とくとみ》	備前	未勘	室町幕府御料所
徳友御厨《とくとも》	伊勢	壱志	伊勢神宮領・内宮領
得乃(能)保《とくの》	伊予	桑村	西山寺領・伊予興隆寺領
徳平荘《とくひら》	播磨	美嚢	
得芳荘《とくほう》	備中	都宇	無動寺領・雲林院領・浄金剛院領・青蓮院門跡領・山門領
得(徳)丸保《とくまる》	加賀	石川	玉泉寺領(山城)
徳(徳)丸保《とくまる》	因幡	八上	室町幕府御料所
徳丸保《とくまる》	伊予	伊予	
徳満荘《とくまん》	越中	砺波	石清水八幡宮領
徳光荘《とくみつ》	石見	鹿足	
得光保《とくみつ》	越前	足羽	北野社領(造営料所)・松梅院領・建仁寺領・知足院領
徳光保《とくみつ》	丹後	竹野	
徳光御厨《とくみつ》	伊勢	朝明	伊勢神宮領・内宮領
徳光御園《とくみつ》	伊勢	安濃	伊勢神宮領・内宮領
得吉保《とくよし》	若狭	未勘	尊勝寺領・護摩堂領
得善保《とくよし》	長門	未勘	小比叡社領
徳蔵荘《とくら》	常陸	新治	
利倉荘《とくら》	摂津	豊島	安楽寿院領(本家職)・皇室領・介大夫入道岡伊賀前司領(領家職)・北白川姫宮領(領家職)
土黒荘《とくろ》	筑前	未勘	
土気荘《とけ》	上総	山辺	
戸毛荘《とげ》	大和	葛上	金峯山領・吉水院領・金峯山寺領
得位時枝荘《とこいときえ》	摂津	菟原	北野社領・北野宮寺領
都甲荘《とこう・とごう》	豊後	国崎	宇佐弥勒寺領・喜多院領・石清水八幡宮領
鵞岡御厨《どこう》	伊勢	鈴鹿	伊勢神宮領・内宮領
鵞岡御園《どこう》	伊勢	鈴鹿	
都甲久末別符《とこうひさすえ》	豊後	国崎	
常滑荘《とこなめ》	尾張	智多	
所子荘《ところご》	伯耆	汗入	賀茂社領
土佐荘《とさ》	摂津	未勘	
歳田荘《としだ》	豊後	未勘	
利弘(俊広)荘《としひろ》	出雲	能義	
利弘保《としひろ》	出雲	能義	
豊島荘《としま》	武蔵	豊島	
豊島荘《としま》	安芸	高田	
利光荘《としみつ》	石見	迩摩	
鳥栖荘《とす》	肥前	養父	安楽寺領
戸田荘《とた》	摂津	武庫	梅津是心院領
富田荘《とだ》	近江	野洲	
富田荘《とだ》	出雲	能義	平等院領・摂関家領・佐々木家領(守護家)
富田新荘《とだ》	出雲	能義	
橡原荘《とちはら》	信濃	水内	九条城興寺領
栃原御園《とちはら》	伊勢	多気	伊勢神宮領・内宮領・外宮領・二宮領
途中荘《とちゅう》	近江	滋賀	皇室領
戸津荘《とつ》	近江	滋賀	青蓮院門跡領・山門領
富津御厨《とつ》	伊勢	桑名	平正弘領・皇室領・大宮院領・昭慶門院領・伊勢神宮領・内宮領・外宮領・臨川寺領・北畠親房領・天竜寺領
富津御厨《とつ》	伊勢	員弁	伊勢神宮領・内宮領
富津御園《とつ》	三河	未勘	伊勢神宮領
富墓御厨《とつか》	伊勢	多気	伊勢神宮領・内宮領
富墓御園《とつか》	伊勢	飯高	伊勢神宮領
十津川荘《とつかわ》	大和	吉野	
鳥取荘《とつとり》	丹後	竹野	室町幕府御料所(御厨料所)
鳥取荘《とっとり・ととり》	備前	赤坂	長講堂領・皇室領・宣陽門院領・禁裏御料所・仙洞御料所・西園寺家領・東寺領(御影堂領)
鳥取荘《ととり》	河内	大県	伊勢神宮領・興福寺領・大乗院領
鳥取荘《ととり》	和泉	日根	観心寺領(法華堂造営料所、山中関)・高野山領(田吉名)・醍醐寺領・伝法院領・伊勢神宮領(領家職)
鳥取荘《ととり》	播磨	未勘	皇室領
止止呂岐(美)荘《とどろき》	摂津	豊島	勝尾寺領・四天王寺領(天王寺領)
砺波荘《となみ》	越中	砺波	東大寺領
利根荘《とね》	上野	利根	安楽寿院領・後宇多院領・皇室領・万里小路家領
舎人保《とねり》	出雲	能義	
殿園《との》	大隅	肝属	
殿野保《とのの》	備前	未勘	
富海保《とのみ》	周防	佐波	東大寺領(国衙領)
主殿荘《とのも》	丹波	多紀	法金剛院領・皇室領
主殿保《とのも》	丹波	多紀	主殿寮領・官衙領・皇室領・法金剛院領・仁和寺領
鳥羽荘《とば》	山城	紀伊	西園寺家領・京極家領・東寺領
鳥羽荘《とば》	大和	未勘	東大寺領
鳥羽荘《とば》	若狭	遠敷	興福寺領・大乗院領(五十箇日談義料所)・金輪院領(山門)・延暦寺領・山門領
富波荘《とば》	近江	野洲	石山寺領・仁和寺真光院主領・室町幕府御料所・仁和寺領・東山山荘造営料所
鳥羽上荘《とば》	山城	紀伊	七条道場宗寿庵領・皇室領
鳥羽上荘《とば》	近江	坂田	後鳥羽院御影堂領・尊勝院領・青蓮院門跡領・山門領
鳥羽下荘《とば》	山城	紀伊	東寺領・西園寺家領
鳥羽保《とば》	若狭	遠敷	国衙領・得宗領
止羽御園《とば》	伊勢	度会	伊勢神宮領・外宮領・内宮領・二宮領
鳥羽上保《とばかみ》	若狭	遠敷	
鳥羽下保《とばしも》	若狭	遠敷	
斗張保《とばり》	備後	世羅	平盛久領・円宗寺領(便補保)・(のち、高野山領大田荘内)
飛田荘《とびた》	備後	三次	
富納荘《とびのう》	肥後	合志	太宰府天満宮領(燈油料

荘　園　名	国名	郡名	領 家・本 家
			所)・安楽寺領
戸伏荘《とぶし》	摂津	島下	相国寺領・久我家領・三条家領・総持寺領
遠保御厨《とほ》	伊勢	三重	伊勢神宮領・内宮領・外宮領・二宮領
富松荘《とまつ》	摂津	河辺	藤原頼長領・後院領・皇室領・摂関家領・西園寺家領・三条西家領・九条家領・春日社領・近衛家領・一条家領
泊荘《とまり》	阿波	板野	
泊牛牧《とまり》	壱岐	未勘	
泊浦御厨《とまりうら・とまりのうら》	伊勢	度会	伊勢神宮領・内宮領
泊浦御厨《とまりうら》	志摩	答志	伊勢神宮領・内宮領・外宮領・二宮領
富荘《とみ》	肥後	合志	太宰府天満宮領・安楽寺領
鳥見荘《とみ》	大和	添下	興福寺領・西金堂領・大乗院領
登美(富)荘《とみ》	大和	添下	神護寺領
富美荘《とみ》	美作	苫西	宣陽門院領・法金剛院領・広義門院領・皇室領・相国寺領
登美杣《とみ》	美作	苫西	賀茂社領(賀茂社造営料所)・法金剛院領・皇室領・相国寺領
戸見保《とみ》	備中	浅口	賀茂社領・賀茂御祖社領(関東御祈禱料所)
富垣荘《とみがき》	摂津	未勘	石清水八幡宮領・極楽寺領
富坂荘《とみさか》	山城	乙訓	春宮大夫藤原頼宗家領・橘則光領・三鈷寺領・清和院領・覚勝院領・大炊寮領・官衙領・二条阿弥陀堂領
富崎別符《とみさき》	土佐	土佐	
富重保《とみしげ》	因幡	知頭	
富島荘《とみじま》	摂津	西成	皇室領・弘誓院領(本家職)・興善院領・八条院領・興禅院領・広隆寺領(領家職)・九条家領(領家職)
富島荘《とみじま》	摂津	河辺	九条道家領・摂関家領・歓喜光院領・皇室領・八条院領・弘誓院領
富積保《とみず》	加賀	石川	室町院領・昭慶門院領・皇室領
富多荘《とみた》	美作	勝田	日吉社領・大宮院領・皇室領・真如堂領
富田荘《とみた》	山城	乙訓	
富田荘《とみた》	河内	未勘	室町院領・皇室領・綾小路家領・宣陽門院領
富田荘《とみた》	伊勢	鈴鹿	後白河院領・皇室領・城興寺領・伊勢神宮領・祭主領
富田荘《とみた》	尾張	海部	右大臣家領・円覚寺領・藤原忠実領・近衛家領・摂関家領・国衙領・得宗領
富田荘《とみた》	美濃	武芸	
富田荘《とみた》	越前	大野	西園寺家領・一妙音院領
富田荘《とみた》	伯耆	会見	
富田荘《とみた》	播磨	多可	
富田荘《とみた》	備中	浅口	賀茂社領・賀茂御祖社領
富田荘《とみた》	備後	恵蘇	
富田荘《とみた》	備後	三次	
富田荘《とみた・とみだ》	阿波	名東	春日社領・按察家領・興福寺領
富田荘《とみた》	讃岐	寒川	皇室領・安楽寿院領・八条

荘　園　名	国名	郡名	領 家・本 家
			左大臣領・最勝金剛院領・亀山院領・後宇多院・藤原長輔領・九条道家領・九条家領
富田荘《とみた》	筑前	志摩	
富田荘《とみだ》	下野	都賀	
富田新荘《とみた》	備中	浅口	賀茂社領
富田御厨《とみだ》	伊勢	朝明	伊勢神宮領・外宮領・皇嘉門院領・九条家領・摂関家領・一条家領
留田御厨《とみだ》	伊勢	朝明	摂関家領・成恩院領
富田御稲田《とみたおんいなだ》	摂津	島上	大炊寮領・官衙領
富高荘《とみたか》	日向	臼杵	宇佐弥勒寺領・喜多院領・宇佐八幡宮領
富田東荘《とみたひがし》	阿波	名東	春日社領
富墓荘《とみつか》	加賀	江沼	北野社領(松梅院領)・竹内門跡領・高辻家領(菅原家領、預所職)
富塚保《とみつか》	越後	沼垂	
富任別符《とみとう》	長門	豊浦	
富堂荘《とみどう》	大和	山辺	興福寺領・一乗院門跡寄所・春日社領
富永荘《とみなが》	伊賀	山田	東大寺領・東南院領
富永荘《とみなが》	三河	設楽	
富永荘《とみなが》	近江	坂田	筑摩社領・大成就院領・金剛勝院領・青蓮院門跡領・山門領
富永荘《とみなが》	近江	伊香	青蓮院門跡領・大成就院領・延暦寺領・山門領
富永荘《とみなが》	加賀	石川	延暦寺領・山門領
富永荘《とみなが》	筑前	下座	
富永保《とみなが》	三河	設楽	足利氏領
富永保《とみなが》	近江	坂田	梶井門跡領・山門領
富永保《とみなが》	丹後	丹波	
富永御厨《とみなが》	加賀	石川	伊勢神宮領・二宮領・内宮領・外宮領・臨川寺領
富永御園《とみなが》	三河	設楽	伊勢神宮領
富久荘《とみひさ》	武蔵	未勘	
富本(元)荘《とみほん》	美濃	武芸	
富安荘《とみやす》	尾張	海部	
富安荘《とみやす》	加賀	未勘	長講堂領・皇室領・大炊御門家領(領家職)・青蓮院領(領家職)・山門領
富安荘《とみやす》	紀伊	日高	熊野新宮領・伏見宮領・仁和寺領・歓喜寿院領・世良親王領・皇室領・臨川寺領
富安保《とみやす》	因幡	邑美	
富山荘《とみやま》	近江	未勘	
富吉荘《とみよし》	尾張	海部	高倉院法華堂領・安嘉門院領・皇室領
富吉荘《とみよし》	阿波	板野	安嘉門院領・室町院領・皇室領・臨川寺三会院領
留米御厨《とめ》	伊勢	員弁	伊勢神宮領・内宮領・外宮領・二宮領
友枝保《ともえだ》	丹後	与謝	
友枝有富保《ともえだありとみ》	丹後	与謝	国衙領
鞆岡荘《ともおか》	山城	乙訓	近衛家領・摂関家領・大原野社領
友重保《ともしげ》	丹後	熊野	
鞆田荘《ともだ》	大和	山辺	興福寺領・大乗院領
鞆田荘《ともだ》	伊賀	阿拝	東大寺領(尊勝院領)・平正盛領・皇室領・六条院領
鞆田新荘《ともだ》	伊賀	阿拝	
鞆田荘出作《ともだでさく》	伊賀	阿拝	東大寺領・六条院領・皇室領

荘園名	国名	郡名	領家・本家
砥用保とち	肥後	益城	
友恒荘とも	武蔵	秩父	
友成保とも	丹後	丹波	
伴野荘との	信濃	伊那	皇室領・上西門院領・室町院領・得宗領・大徳寺領
舳淵荘とも	摂津	西成	
鞆淵荘ともぶち	紀伊	那賀	石清水八幡宮寺領・高野山領
鞆(友)淵園ともぶち	紀伊	那賀	石清水八幡宮寺領
伴部保ともべ	肥前	小城	宇佐八幡宮領
友光保ともみつ	丹後	丹波	金剛心寺領・成勝寺領
友安保ともやす	丹後	丹波	
鞆結荘とむすい	近江	高島	角好子私領・延暦寺法華堂・楞厳院領・三昧院領・青蓮院門跡領・山門領
鞆呂岐荘とろき	河内	茨田	安楽寿院領・昭慶門院領・皇室領(本家)・六条家領(領家)・東寺八幡宮領(領家職半分)・東寺領
砥山荘とやま	近江	栗太	坂本御塔領・朝仁親王領・青蓮院門跡領・山門領
富山保とやま	越中	新川	
豊浦荘とゆう	大和	未勘	
豊井荘とい	大和	宇智	東大寺領・興福寺領・一乗院領
豊石野御園といしの	伊勢	安濃	伊勢神宮領・外宮領
豊岡荘とおか	上野	片岡	
豊岡荘とおか	備前	児島	室町幕府御料所
豊岡御厨とおか	伊勢	三重	伊勢神宮領・内宮領・外宮領・二宮領
豊国荘とくに	大和	葛下	興福寺領・大乗院領・菩提山領・正暦寺領(宝峰院領)
豊国荘とくに	美作	勝田	
豊国保とくに	丹後	与謝	国衙領
豊国野御園とよくの	伊勢	奄芸	伊勢神宮領・外宮領
豊久野御厨とくの	伊勢	奄芸	伊勢神宮領・内宮領・外宮領・二宮領
豊久野御園とくの	伊勢	奄芸	伊勢神宮領・内宮領・外宮領・二宮領
豊瀬荘とよせ	大和	高市	
豊田とよだ	豊後	未勘	八条院領・皇室領
豊田荘とよた	山城	紀伊	東北院領・摂関家領・九条家領・稲荷社領・安楽寿院領
豊田荘とよだ	大和	十市	金峯山領・吉水院領・東大寺領・東南院領・知足院領・興福寺領・大乗院領・一乗院領
豊田荘とよた	大和	葛上	平等院領・醍醐寺領
豊田荘とよた	大和	山辺	
豊田荘とよた	河内	未勘	平惟仲領・白河寂楽寺領・仏性院領・喜多院領・平等院
豊田荘	伊勢	朝明	皇室領・長講堂領・宣陽門院領・建仁寺領(塔頭清住院領)・室町幕府御料所
豊田荘とよ	三河	宝飫	
豊田荘とよだ	下総	豊田	按察使領・摂関家領・慈鎮領・山門領・大懺法院会料所・朝仁親王領
豊田荘とよた	越後	沼垂	東大寺領・東南院領
豊田荘とよた	美作	勝田	光明寺領・真如寺領
豊田荘とよだ	肥後	益城	八条院領・皇室領・歓喜光院領・昭慶門院領・長講堂領・源頼朝(領家預所)・平

荘園名	国名	郡名	領家・本家
豊田荘とよ	山城	綴喜	家没官領・興福寺領・東院領
豊田荘とよ	相模	大住	
豊田保とよ	能登	能登	
豊田保とよ	因幡	邑美	
豊田御厨とよだ	伊勢	鈴鹿	伊勢神宮領・内宮領
豊高荘とよたか	伊賀	伊賀	東大寺領・尊勝院領・安嘉門院領・室町院領・皇室領
豊田開田荘とよたかいた	河内	未勘	覚仁法親王門跡領・桜井宮門跡領・山門領
豊田栗栖とよたくるす	遠江	磐田	妙香寺領・山門領
豊田西荘とよたにし	美作	勝田	真如寺領
豊田東荘とよたひがし	美作	勝田	光明寺領
豊富荘とよとみ	丹波	天田	万寿寺領(六条御堂領)・室町院領・皇室領・天竜寺領・大覚寺領(門跡領)
豊富保とよとみ	丹後	与謝	
豊永御厨とよなが	遠江	未勘	内宮領・外宮領・伊勢神宮領・二宮領
豊野御園とよの	伊勢	安濃	伊勢神宮領・外宮領
豊原荘とよはら	三河	碧海	
豊原荘とよはら	武蔵	秩父	
豊原荘とよはら	備前	邑久	後白河院領・禁裏料所・皇室領・東大寺領・日野家領
豊久御厨とよひさ	伊勢	三重	伊勢神宮領・内宮領
豊福荘とよふく	播磨	佐用	禅興寺領(和泉国)・最勝金剛院領・九条家領・摂関家領
豊福荘とよふく	美作	英多	宣陽門院領・長講堂領・皇室領・仁和寺領
豊福荘とよふく	讃岐	三野	三条公房領・亀山法皇領・昭慶門院領・皇室領・蓮華王院領
豊福荘とよふく	肥後	八代	
豊福保とよふく	肥後	八代	仁和寺領・法勝院領
豊村荘とよむら	伊予	宇摩	金剛三昧院領(南塔領)・多宝塔領)・高野山領
虎(寅)武保とらたけ	伊賀	未勘	
鳥居別符とりい	石見	安濃	国衙領
取賀保とりか	備前	未勘	
鳥飼(養)荘とりかい	淡路	津名	石清水八幡宮寺領
鳥養牧とりかい	摂津	島下	右馬寮領・官衙領・金就寺領・左馬寮領・洞院家領・今出川菊亭家領・西園寺家領・赤松貞村領
鳥子荘とりのこ	大和	宇陀	興福寺領・一乗院領
富田荘とんだ	摂津	島上	室町幕府御料所・北野宮寺領・妙香寺領・大炊寮領・官衙領
富田荘とんだ	近江	浅井	仁和寺領
富田荘とんだ	周防	都濃	東大寺領
富田荘とんだ	紀伊	牟婁	熊野那智山領
富田荘とんだ	日向	臼杵	宇佐八幡宮領
富田保とんだ	周防	都濃	東大寺領(国衙領)
富都御園とんと	信濃	未勘	
富部御厨とんべ	信濃	諏訪	伊勢神宮領
富部御厨とんべ	信濃	更級	伊勢神宮領

な

荘園名	国名	郡名	領家・本家
内記大夫新保ないきのたいふ	越後	沼垂	鶴岡社領
内瀬御園ないせ	志摩	英虞	伊勢神宮領・釈尊寺領
内膳荘ないぜん	淡路	津名	歓喜光院領・皇室領
内膳保ないぜん	淡路	津名	八条院領・歓喜光院領・皇室領
直海荘なおみ	越中	砺波	鷹司家領

荘　園　名	国名	郡名	領 家・本 家
中荘《なか》	大和	添上	
中荘《なか》	大和	吉野	
中荘《なか》	大和	宇陀	
中荘《なか》	和泉	日根	東大寺領(大仏供料所)
中荘《なか》	摂津	未勘	普成仏院領
中荘《なか》	尾張	中島	皇室領・蓮華王院領(本家)・平頼盛領・久我家領(領家)・等持寺領
中荘《なか》	近江	伊香	
中荘《なか》	近江	高島	北野社領
中荘《なか》	越前	坂井	
中荘《なか》	阿波	那賀	
中荘《なか》	伊予	新居	
中之荘《なか》	備中	都宇	
仲荘《なか》	摂津	有馬	七条院領・修明門院・皇室領・醍醐寺領・普成仏院領
那珂荘《なか》	日向	那珂	宇佐八幡宮領
那賀荘《なか》	遠江	浜名	高野山領
那賀荘《なか》	武蔵	比企	
中新荘《なか》	越前	今立	
中保《なか》	美濃	武芸	
中牧《なか》	河内	讃良	二品尊性親王領・山門領・妙法院門跡領・石清水八幡宮領(地頭職)
仲牧《なか》	摂津	島上	近衛家領(本所)・摂関家領・九条家領・春日社領
長御園《なが》	伊勢	度会	伊勢神宮領・内宮領
永井荘《ながい》	武蔵	豊島	
長井院《ながい》	日向	臼杵	
長井荘《ながい》	山城	乙訓	三鈷寺領・天竜寺領・仁和寺領
長井荘《ながい》	大和	添上	東大寺領・尊勝院領・興福寺領・大乗院領
長井荘《ながい》	甲斐	八代	
長井荘《ながい》	武蔵	幡羅	平氏家領
長井荘《ながい》	出羽	置賜	
長井保《ながい》	陸奥	桃生	
長井保《ながい》	越後	蒲原	
長井御厨《ながい》	伊勢	朝明	伊勢神宮領・内宮領・外宮領・二宮領・祭主領・仙洞料所・皇室領・鶴岡八幡宮領(一部)
中泉荘《なかいずみ》	下野	都賀	摂関家領・近衛家領
長泉荘《ながいずみ》	和泉	和泉	安楽寿院領(本家)・昭慶門院領・皇室領・高野山領・西園寺家領(領家職)
中井須山御厨《なかいすやま》	志摩	英虞	伊勢神宮領
中井戸荘《なかいど》	美濃	可児	
中井殿荘《なかいどの》	大和	添上	興福寺領・大乗院領・竜花樹院領
中稲木御園《なかいなぎ》	伊勢	飯野	伊勢神宮領
長井屋代荘《ながいやしろ》	出羽	置賜	
長牛草御園《ながうしくさ》	伊勢	飯高	伊勢神宮領・外宮領
永江荘《ながえ》	備後	三上	建仁寺領(地頭職)
長江荘《ながえ》	摂津	豊島	後鳥羽院亀菊領・勝尾寺領
長江荘《ながえ》	甲斐	八代	
長江荘《ながえ》	陸奥	会津	摂関家領・勧学院領
長江園《ながえ》	山城	未勘	
長江御園《ながえ》	伊勢	安濃	伊勢神宮領・内宮領
長江倉橋荘《ながえくらはし》	摂津	豊島	後鳥羽院亀菊領・東大寺領・鷹司家領・近衛家領・摂関家領・高陽院領・勝尾寺領
長尾荘《ながお》	伊勢	未勘	伊勢神宮領・得宗領

荘　園　名	国名	郡名	領 家・本 家
長尾荘《ながお》	讃岐	寒川	興善院領・醍醐寺領・三宝院領・鎌倉法華堂領・関東御領
長尾荘《ながお》	筑前	嘉麻	観世音寺領・安楽寺領・安楽寺西塔燈油料所
永男御厨《ながお》	伊勢	河曲	伊勢神宮領
長尾御厨《ながお》	伊勢	三重	伊勢神宮領・外宮領
長尾御厨《ながお》	伊勢	員弁	伊勢神宮領・外宮領
永尾御園《ながお》	伊勢	三重	伊勢神宮領
長岡荘《ながおか》	山城	乙訓	仁和寺領・山科家領・洞院家領
長(永)岡荘《ながおか》	尾張	中島	近衛家領・摂関家領・高陽院領
長岡荘《ながおか》	近江	坂田	伊吹山護国寺領・醍醐寺領・最勝寺領
長岡荘《ながおか》	美作	久米	春日社領(因明淡議料所)・洞院家領(領家職)・北野社領
長岡御厨《ながおか》	伊勢	安濃	伊勢神宮領・内宮領・外宮領・二宮領
中興保《なかおき》	佐渡	雑太	
長方荘《ながかた》	和泉	未勘	昭慶門院領・浄金剛院領・皇室領
永方御厨《ながかた》	伊勢	飯高	伊勢神宮領・内宮領
長上荘《ながかみ》	出羽	未勘	
中河荘《なかがわ》	山城	葛野	仁和寺領
長河(仲河・中川)荘《ながかわ》	大和	広瀬	近衛家領・摂関家領・春日社領・法成寺領・興福寺領・一乗院領
中河保《なかがわ》	越前	坂井	
中河保《なかがわ》	越後	頚城	
中河御厨《なかがわ》	伊勢	員弁	伊勢神宮領・内宮領・外宮領・二宮領
中河御厨《なかがわ》	美濃	安八	伊勢神宮領・内宮領・外宮領・二宮領・得宗領
仲河御厨《なかがわ》	周防	吉敷	
中河原御園《なかかわら》	伊勢	多気	伊勢神宮領
長木保《ながき》	佐渡	雑太	
中喜殿荘《なかきどの》	大和	城下	興福寺領
中切荘《なかきり》	尾張	海部	
中窪荘《なかくぼ》	大和	添上	
中蔵荘《なかくら》	大和	平群	
長倉荘《ながくら》	伊勢	飯野	興福寺領・一乗院領
長倉保《ながくら》	信濃	佐久	
長倉牧《ながくら》	信濃	佐久	勅旨牧・皇室領・左馬寮領
長倉御園《ながくら》	伊勢	飯野	伊勢神宮領・内宮領
中郡筋《なかごおり》	甲斐	山梨	
長狭荘《ながさ》	安房	長狭	
長崎荘《ながさき》	越前	坂井	興福寺領・光明院領・四条家領・善勝寺領(別当領)
長前保《ながさき》	加賀	能美	北野宮寺領・法勝寺領・北野社領
長崎御園《ながさき》	伊豆	田方	三島社領
長沢保《ながさわ》	能登	能登	
長沢御厨《ながさわ》	伊勢	河曲	伊勢神宮領・内宮領
長沢御厨《ながさわ》	伊勢	三重	伊勢神宮領・内宮領・外宮領・二宮領
中至御園《なかし》	伊勢	度会	伊勢神宮領・外宮領
中島荘《なかじま・なかしま》	尾張	中島	北野社領・東大寺領
中島荘《なかじま》	近江	未勘	某寺領
長島荘《ながしま》	肥前	杵島	蓮華王院領・皇室領
中島園《なかじま》	大隅	哈羅	
中島勅旨《なかしま》	播磨	揖保	円乗寺領
中島保《なかじま》	播磨	揖保	
中島保《なかじま》	尾張	中島	

荘　園　名	国名	郡名	領　家・本　家
中島御厨《なかじま》	志摩	英虞	伊勢神宮領・仁和寺領
長島御厨《ながしま》	周防	熊毛	
長島馬牛牧《ながしま》	備前	邑久	兵部省官牧
中島御園《なかじま》	伊勢	度会	伊勢神宮領
中島御園《なかじま》	遠江	山名	
仲条牧《なかじょう》	摂津	島下	
中条牧《なかじょう》	摂津	島上	勧修寺家領(金武名)・仁和寺領
中洲別符《なかす》	安芸	未勘	厳島社領
中須別符《なかす》	安芸	佐伯	厳島社領
長洲荘《ながす》	摂津	河辺	東大寺領
長洲馬牧《ながす》	下総	猿島	兵部省官牧
長洲御厨《ながす》	摂津	河辺	賀茂社領・東大寺領・皇太后宮職領・官衙領
長瀬荘《ながせ》	大和	宇陀	興福寺領・伝法院領・室生寺領
長世保《ながせ》	陸奥	志太	
長瀬保《ながせ》	因幡	八上	
長瀬御厨《ながせ》	志摩	未勘	伊勢神宮領
長曾禰荘《ながそね》	河内	八上	摂関家領・極楽寺領・石清水八幡宮領
中薗荘《なかその》	大和	城下	興福寺領
中田荘《なかた》	豊前	宇佐	亀山院領・皇室領
長田荘《なかた》	摂津	八部	皇后宮領・亀山院領・皇室領
長田荘《ながた》	伊賀	伊賀	平忠盛領・平家没官領・平頼盛領・万寿寺領・六条院領・皇室領
長田荘《ながた》	伊勢	飯野	皇后宮領・官衙領・平家没官領・園城寺領
長田荘《ながた》	三河	宝飫	
長田荘《ながた》	越前	坂井	関白道家領・摂関家領・最勝金剛院領・八条院領・皇室領
長田荘《ながた》	伯耆	会見	九条兼実領・法勝寺領・九条家領(領家)・摂関家領
長田荘《ながた》	播磨	賀古	
長田荘《ながた》	備前	津高	亀山院領・皇室領・最勝光院領・室町院領・大覚寺領・大金剛院領・蓮華峯寺領(本家職)・平繁成領(領家職)・東寺領
長田荘《ながた》	安芸	高田	
長田荘《ながた》	紀伊	那賀	
長田荘《ながた》	筑後	山門	安楽寺領・太宰府天満宮領・大鳥居家領(預所職)
中田保《なかた》	駿河	有度	伊豆山領・走湯山領・東明寺領
長田保《ながた》	安房	安房	円覚寺領
長田保《ながた》	越前	坂井	気比社領(便補保)・九条家領
長田保《ながた》	石見	那賀	
長田保《ながた》	播磨	賀古	
長田別符《ながた》	石見	邑知	国衙領
長田御厨《ながた》	伊賀	伊賀	伊勢神宮領・内宮領
長田御厨《ながた》	信濃	高井	外宮領・伊勢神宮領・領家(給主)橘俊貞
永田御園《ながた》	尾張	愛智	熱田社領
長田御園《ながた》	伊賀	伊賀	伊勢神宮領・内宮領
中田神戸《なかだかんべ》	遠江	未勘	伊勢神宮領・二宮領・内宮領・外宮領
長滝荘《ながたき》	和泉	日根	九条家領・東北院領・万寿寺領・興福寺領・松林院領・最勝院領・丹生社領(高野山)・粉河寺領(領家職)

荘　園　名	国名	郡名	領　家・本　家
長竹院《ながたけ》	日向	未勘	
長田小森保《ながたこもり》	越前	坂井	気比社領(便補保)・八条家領・皇室領
長谷荘《ながたに》	摂津	河辺	
長谷荘《ながたに》	摂津	能勢	成就心院領(本家職、預所職)・官務家領・東寺領
長谷荘《ながたに》	播磨	佐用	
中津荘《なかつ》	摂津	西成	七条院領・皇室領・修明門院領
中津荘《なかつ》	近江	野洲	□源寺領・延勝寺領・山門領
中津荘《なかつ》	肥前	杵島	観世音寺領
中津御厨《なかつ》	志摩	未勘	皇室領・昭慶門院領・大宮院領
中津井荘《なかつい》	備中	英賀	冷泉三位入道領・六条家領・山科家領
中津神崎荘《なかつかみんさき》	近江	野洲	□源寺領
中津北荘《なかつきた》	近江	野洲	延勝寺領
中津隈荘《なかつくま》	肥前	養父	山門領・延暦寺領・三千院領・叡山根本中堂修造料所・光浄寺領
中津浜御厨《なかつはま》	志摩	英虞	伊勢神宮領・内宮領
中津原牧《なかつはら》	石見	未勘	藤原実資領
中津南荘《なかつみなみ》	近江	野洲	延勝寺領
中跡(臣)荘《なかと》	伊勢	河曲	
中門荘《なかと》	大和	葛下	東大寺領
長門荘《ながと》	大和	宇智	
中鳥見荘《なかとみ》	大和	添下	仁和寺領・御室門跡領・興福寺領
永富荘《ながとみ》	大和	忍海	興福寺領・一乗院領
永富荘《ながとみ》	若狭	三方	瑞泉院領
永富荘《ながとみ》	加賀	加賀	日吉社領・日吉三社領・浄土寺門跡領・山門領
長富荘《ながとみ》	大和	高市	尊勝院領・東大寺領
永富保《ながとみ》	若狭	三方	法勝寺領(円堂領)・醍醐寺領・理性院領・得宗領?・瑞泉院領
永富保《ながとみ》	備中	英賀	掃部寮領・便補保・官衙領
永富保《ながとめ》	丹後	熊野	石清水八幡宮領・国衙領
長友荘《ながとも》	美濃	安八	貞観寺領
長楢荘《ながなら》	大和	山辺	興福寺領
長沼荘《ながぬ》	備前	邑久	東大寺領(造営料所)
長沼保《ながぬ》	備前	邑久	東大寺造営料所
永沼御厨《ながぬ》	備前	邑久	伊勢神宮領・二宮領・内宮領・外宮領
長沼荘《ながぬま》	下野	芳賀	久我家領
長沼荘《ながぬま》	陸奥	栗原	
永沼御園《ながぬま》	伊勢	度会	伊勢神宮領・内宮領
長包荘《なかね》	尾張	愛智	一条能保領
長根牧《ながね》	陸奥	未勘	
中之荘《なかの》	尾張	海部	
中之荘《なかの》	伊予	宇摩	
中野荘《なかの》	駿河	富士	
中野荘《なかの》	越中	射水	西大寺領
仲野荘《なかの》	石見	美濃	崇徳院御影堂領・粟田宮領・皇室領
長野荘《ながの》	河内	錦部	金剛寺領・九条家領・法成寺領(本家職)・摂関家領・殿下渡領・中山忠親領(領家職)・源貞弘領(下司職)
長野荘《ながの》	近江	愛智	
長野荘《ながの》	石見	鹿足	
長野荘《ながの》	石見	美濃	粟田宮領・皇室領
長野荘《ながの》	周防	吉敷	
長野荘《ながの》	筑前	怡土	石清水八幡宮領・三昧堂

荘　園　名	国名	郡名	領 家・本 家
			領・宇美宮領
長野荘《ながの》	豊前	企救	宇佐八幡宮領・楞伽寺領(山城)・近衛家領
長野荘《ながの》	豊後	球珠	皇室領・安楽寿院領・昭慶門院領・城興寺領(本荘)
長野本荘《ながの》	豊後	球珠	安楽寿院領・昭慶門院領・皇室領・城興寺領
長野新荘《ながの》	豊後	球珠	安嘉門院領・皇室領
中野保《なかの》	越前	今立	
長野保《ながの》	近江	愛智	
中野牧《なかの》	信濃	高井	摂関家領
永野御厨《ながの》	伊勢	度会	伊勢神宮領・内宮領
長野牛牧《ながの》	日向	臼杵	兵部省官牧
長野御厨《ながの》	伊勢	安濃	伊勢神宮領・内宮領
長野牧《ながの》	上野	利根	皇室領
中野御園《なかの》	伊勢	度会	伊勢神宮領
仲川荘《なかのかわ》	大和	添上	法成寺領
中西荘《なかのにし・なかにし》	大和	城下	東大寺領
中夾荘《なかばさみ》	越前	大野	醍醐寺領・円光院領
長橋荘《ながはし》	越後	三島	
長橋御厨《ながはし》	伊勢	朝明	伊勢神宮領・内宮領
長浜荘《ながはま》	紀伊	未勘	
中浜牧《なかはま》	陸奥	糠部	
中浜御厨《なかはま》	志摩	英虞	伊勢神宮領
中浜御厨《ながはま》	伊勢	壱志	
中原荘《なかはら》	遠江	佐野	
長原荘《ながはら》	大和	葛下	八条院領・永嘉門院領・皇室領・池大納言家領・久我家領
長原荘《ながはら》	大和	山辺	蓮華心院領・皇室領・昭慶門院領(庁分)・九条良輔領(遺領)・妙香院領・興福寺領・気比神宮領
長原荘《ながはら》	河内	丹比	西琳寺領
長原下荘《ながはら》	近江	浅井	
永久保《ながひさ》	丹後	与謝	国衙領
長深御厨《ながふけ》	伊勢	員弁	伊勢神宮領・内宮領・外宮領・二宮領
永藤御厨《ながふじ》	伊勢	鈴鹿	伊勢神宮領・内宮領
長藤御厨《ながふじ》	伊勢	河曲	伊勢神宮領・内宮領・外宮領・二宮領・平家没官領・関東御領
長(永)淵荘《ながぶち》	筑前	上座	尊勝寺領・関東御領
中間荘《なかま》	伯耆	会見	
仲牧荘《なかまき》	摂津	島上	春日社領・海蔵院領
長町荘《ながまち》	摂津	能勢	地蔵院領
長松御厨《ながまつ》	伊勢	朝明	伊勢神宮領・内宮領・外宮領
長松御厨《ながまつ》	伊勢	三重	伊勢神宮領・外宮領
中松原御園《なかまつばら》	伊勢	度会	
長海荘《ながみ》	出雲	島根	宣陽門院領・皇室領
長海(見)本荘《ながみ》	出雲	島根	
長海新荘《ながみ》	出雲	島根	
長溝郷荘《ながみぞごう》	摂津	西成	大安寺領
中南荘《なかみなみ》	大和	城上	興福寺領
中南荘《なかみなみ》	大和	城下	興福寺領
長峯別符《ながみね》	日向	宮崎	宇佐八幡宮領
長峰御園《ながみね》	伊勢	飯高	伊勢神宮領・内宮領
中村荘《なかむら》	大和	広瀬	皇室領・後白河院長講堂領・宣陽門院領
中(仲)村荘《なかむら》	和泉	和泉	春日社領(本所)・観音寺領(新荘)・久米多寺領(領主職半分→東方、東荘領家職)
中村荘《なかむら》	伊賀	名張	藤原保房領・薬師寺領(別当隆経領)・東大寺領・東南院領
中村荘《なかむら》	相模	余綾	
中村荘《なかむら》	近江	栗太	佐々木頼氏領
中村荘《なかむら》	下野	芳賀	摂関家領・近衛家領・一乗院領
中村荘《なかむら》	加賀	石川	東福寺領・梶井門跡領・室町幕府御料所・慈受院領・山城玉泉寺領・花山院家領・祇陀寺領・西八条坊領
中村荘《なかむら》	紀伊	名草	
仲(中)村荘《なかむら》	河内	石川	観心寺領・石清水八幡宮寺領
仲村荘《なかむら》	美濃	可児	近衛家領・摂関家領・高陽院領
仲村荘《なかむら》	讃岐	多度	高野山領(一心院領)
中村上荘《なかむら》	美濃	可児	
中村下荘《なかむら》	美濃	可児	
中村新荘《なかむら》	和泉	和泉	春日社領・久米多寺領・観音寺領
中村別符《なかむら》	隠岐	周吉	国衙領
中村保《なかむら》	越中	砺波	壬生家領・太政官用途(便補保)・官衙領
中村保《なかむら》	越中	射水	壬生家領・太政官御厨家(便補保)・官衙領
中村御厨《なかむら》	摂津	東生	藤井中納言家領・伊勢神宮領・外宮領・大炊寮領・官衙領
中村御稲田《なかむらおんいなだ》	摂津	東生	大炊寮領・官衙領
中村拝野御厨《なかむらはいの》	伊勢	壱志	伊勢神宮領・内宮領
中村拝野東御厨《なかむらはいのひがし》	伊勢	壱志	伊勢神宮領・内宮領・外宮領・二宮領
中村東荘《なかむらひがし》	和泉	和泉	久米多寺領(領家職)
永用保《ながもち》	豊前	未勘	宇佐弥勒寺領・喜多院領
永用御厨《ながもち》	伊勢	壱志	伊勢神宮領・内宮領
永用神田御厨《ながもちしんでん》	伊勢	壱志	伊勢神宮領・内宮領
長森荘《ながもり》	美濃	厚見	大徳寺領(領家)
長屋荘《ながや》	大和	山辺	東大寺領・尊勝院領・摂関家領
長屋荘《ながや》	大和	山辺	興福寺領・大乗院領・春日社領(大盤若会料所)
長屋御厨《ながや》	伊勢	度会	伊勢神宮領
中屋御園《なかや》	伊勢	度会	伊勢神宮領・外宮領
長屋御園《ながや》	伊勢	安濃	伊勢神宮領・外宮領
永安別符《ながやす》	石見	那賀	国衙領
永安保《ながやす》	石見	那賀	
長屋中荘《ながやなか》	大和	山辺	興福寺領
長屋西荘《ながやにし》	大和	山辺	興福寺領
長屋東荘《ながやひがし》	大和	山辺	興福寺領
中山荘《なかやま》	大和	山辺	興福寺領・大乗院領
中山荘《なかやま》	三河	額田	
那賀山荘《なかやま》	阿波	那賀	皇室領・長講堂領・天竜寺領・興聖寺領
長山荘《ながやま》	三河	宝飫	源経相領
長世保《ながよ》	備後	未勘	
永吉荘《ながよし》	肥後	球麻	関東御領
永吉名《ながよし》	和泉	和泉	七条院領・修明門院領・皇室領・東寺領
永吉保《ながよし》	近江	未勘	法勝寺領
永良荘《ながら》	美濃	方県	
永良荘《ながら》	播磨	神崎	
長柄荘《ながら》	大和	山辺	興福寺領・大乗院領
那河荘《なかわ》	日向	那珂	宇佐八幡宮領
長和荘《ながわ》	備後	沼隈	八条院領・昭慶門院領・歓喜光院領・興善院領・皇室

荘　園　名	国名	郡名	領 家•本 家
			領(本家)•安居院領(領家)•悲田院領
名切荘《なきり》	伊勢	未勘	三昧院領•山門領
名切荘《なきり》	志摩	英虞	慈源領•三昧院領•青蓮院門跡領•山門領
名蔵荘《なくら》	大和	広瀬	東大寺領
奈古荘《なご》	豊前	築城	宇佐八幡宮領
奈胡荘《なご》	甲斐	巨摩	
長太荘《なごう》	伊勢	河曲	北野社領•聖護院門跡領•園城寺領
那越御園《なごし》	伊勢	鈴鹿	伊勢神宮領•外宮領
名越御園《なごし》	伊勢	桑名	伊勢神宮領•内宮領
中麻続御園《なこみ》	伊勢	多気	伊勢神宮領•内宮領
那古野荘《なこや》	信濃	未勘	室町院領•皇室領
那古野荘《なごや》	尾張	愛智	建春門院領•建春門院法華堂領•小野法印顕恵領(領家職)
奈佐原荘《なさはら》	摂津	島上	新熊野社領•皇室領•大祥院領•後白河院領•中島崇禅寺領
奈佐原四個荘《なさはらしか》	摂津	島上	
梨子荘《なし》	大和	高市	興福寺領•一乗院領
梨子御厨《なし》	伊勢	度会	伊勢神宮領
梨羽荘《なしは》	備中	下道	天竜寺領
梨(梨子)原荘《なしはら》	大和	添上	東大寺領•西南院領•内蔵寮領•官衙領
那須荘《なす》	下野	那須	宣陽門院領•皇室領
那須上荘《なす》	下野	那須	宣陽門院領•皇室領
那須下荘《なす》	下野	那須	宣陽門院領•皇室領•金剛寿院領
奈多荘《なた》	加賀	江沼	
名田荘《なた》	若狭	遠敷	蓮華王院領•皇室領•日吉社領•花山院中納言領•三条宰相中将家領•大徳寺領(塔頭徳禅寺領)•伊予内侍領
名田上荘《なた》	若狭	遠敷	
名田下荘《なた》	若狭	遠敷	
那智荘《なち》	紀伊	牟婁	
夏見御厨《なつみ》	下総	葛飾	伊勢神宮領•内宮領
棗荘《なつめ》	越前	坂井	
棗御園《なつめ》	伊勢	員弁	伊勢神宮領•外宮領
夏焼荘《なつやき》	豊前	田河	安楽寺領•香椎宮領•宇佐弥勒寺領•喜多院領
名手荘《なて》	紀伊	那賀	石清水八幡宮領•高野山領•金剛峯寺領•根本大塔領
名手大塔荘《なてだいとう》	紀伊	那賀	高野山領•金剛峯寺領•根本大塔領
那東荘《なとう》	阿波	未勘	六条院領•皇室領
名取荘《なとり》	陸奥	名取	
七板御厨《なないた》	武蔵	大里	伊勢神宮領•内宮領•外宮領•二宮領
七栗御園《ななくり》	伊勢	壱志	伊勢神宮領•内宮領
七松御厨《ななまつ》	武蔵	未勘	伊勢神宮領•内宮領•外宮領•二宮領
難波荘《なには》	摂津	西成	成勝寺領•曇華院領
奈野荘《なの》	豊前	京都	
奈半荘《なは》	土佐	安芸	石清水八幡宮領•極楽寺領
名陵荘《なばか》	紀伊	那賀	東大寺領
奈半利荘《なはり》	土佐	安芸	石清水八幡宮寺領•極楽寺領
名張荘《なばり》	伊賀	名張	東大寺領
奈波利御厨《なばり》	伊勢	未勘	室町院領•皇室領

荘　園　名	国名	郡名	領 家•本 家
奈波利御厨《なばり》	志摩	英虞	室町院領•皇室領•伊勢神宮領
名張郡新荘《なばりぐん》	伊賀	名張	東大寺領
生栗御厨《なまくり》	尾張	未勘	伊勢神宮領•内宮領•外宮領•二宮領
生栗御園《なまくり》	志摩	未勘	伊勢神宮領
生栗御園《なまくり》	尾張	未勘	伊勢神宮領•内宮領•外宮領•二宮領
生栗御園《なまくり》	三河	未勘	伊勢神宮領•内宮領•外宮領•二宮領
鯰江荘《なまずえ》	近江	愛智	興福寺領•鹿苑院領•臨川寺領
生津荘《なまづ》	美濃	本巣	一条院領•近衛家領•摂関家領•相国寺領
生穂荘《なまりほ》	淡路	津名	賀茂別雷社領•賀茂社領
並榻荘《なみやなぎ》	美濃	未勘	
行方荘《なめかた》	陸奥	行方	
奈良荘《なら》	山城	久世	石清水八幡宮寺領
楢荘《なら》	大和	添上	興福寺領•大乗院領
奈良園《なら》	山城	久世	
奈良井荘《ならい》	大和	吉野	
奈良田荘《ならた》	肥前	藤津	喜多院領•宇佐弥勒寺領•石清水八幡宮寺領(検校領)
楢原荘《ならはら》	越前	丹生	東大寺領
楢前荘《ならまえ》	讃岐	未勘	石清水八幡宮領
成合郷《なりあい》	摂津	島上	三千院領(山城大原三千院中堂領)•相国寺領•鹿苑院領•春日社領
成生荘《なりう》	出羽	最上	八条院領(庁分御荘)•昭慶門院領(庁分)•後宇多院領•皇室領
成枝荘《なりえだ》	摂津	島下	興福寺領•春日社領
成田荘《なりた》	常陸	行方	皇室領•最勝光院領•持明院左兵衛督家領•東寺領
成高御厨《なりたか》	伊勢	鈴鹿	伊勢神宮領•外宮領•平家没官領•関東御領
成次保《なりつぐ》	丹後	丹波	
奈利恒荘《なりつね》	豊前	上毛	
成得保《なりとく》	越前	今立	
成富保《なりとみ》	丹後	竹野	西芳寺領
成富御園《なりとみ》	伊勢	奄芸	伊勢神宮領•外宮領
成友保《なりとも》	丹後	丹波	石清水八幡宮領
成久保《なりひさ》	丹後	丹波	石清水八幡宮領
成松保《なりまつ》	丹波	氷上	円覚寺領•正続院領•正統庵領•得宗領
成光保《なりみつ》	丹後	丹波	
成安保《なりやす》	近江	蒲生	祇園社領•祇園感神院領
成行保《なりゆき》	丹後	与謝	
成吉保《なりよし》	丹後	丹波	
成羽荘《なりわ》	備中	下道	天龍寺領
鳴尾荘《なるお》	摂津	武庫	
鳴戸荘《なるこ》	越中	射水	東大寺領
成重小荘《なるしげ》	大和	平群	東大寺領•興福寺領•一乗院領
成重北荘《なるしげきた》	大和	平群	興福寺領•一乗院領
成島荘《なるしま》	出羽	置賜	摂関家領•藤原忠実母全子領
鳴瀬御園《なるせ》	志摩	英虞	伊勢神宮領
成田荘《なるだ・なりた》	相模	足下	藤原頼長領•摂関家領•後白河院領•新日吉社領•皇室領•臨川寺領•天竜寺領
成戸荘《なると》	越中	射水	東大寺領
成松保《なるまつ》	相模	未勘	建長寺領•正続庵主領
鳴海荘《なるみ》	尾張	智多	

荘　園　名	国名	郡名	領 家・本 家
鳴海荘《なるみ》	尾張	愛智	醍醐寺領・三宝院門跡領（内裏祈禱料所）
成吉別符《なるよし》	伊予	未勘	
那波荘《なわ》	上野	那波	
名和（奈和・縄）荘《なわ》	伯耆	汗入	
南宮荘《なんぐう》	美濃	不破	
南宮荘《なんぐう》	陸奥	宮城	
長尾荘《なんご》	紀伊	名草	醍醐寺領・地蔵院領
南郷荘《なんごう》	大和	未勘	東大寺領・興福寺領
南城荘《なんじょう》	常陸	茨城	
南条荘《なんじょう》	下総	匝瑳	
南條荘《なんじょう》	播磨	神崎	
南条保《なんじょう》	越中	射水	
南部牧《なんぶ》	甲斐	巨摩	
南北荘《なんぼく》	近江	滋賀	三昧院領・山門領
南北保《なんぼく》	因幡	高草	
南北条荘《なんぼくじょう》	備前	邑久	東大寺領
南里荘《なんり》	肥前	佐嘉	高城寺領
に			
新井荘《にい》	但馬	気多	仁和寺領
新井荘《にい》	但馬	朝来	妙法院領・山門領・仁和寺領（南院領）
新居荘《にい》	伊賀	阿拝	後宇多院領・皇室領・勧修寺家領・春日社領・安楽寿院領（興善院領）・昭慶門院領・北野社領
新居荘《にい・にいい》	伊予	新居	東大寺領・東北院領・八条院領・皇室領・遍照心院領
新居荘《にい》	土佐	高岡	
新居大島《にいおおしま》	伊予	新居	皇室領・八条院領・室町院領
新方荘《にいかた》	武蔵	埼玉	
新木荘《にいき》	大和	添下	興福寺領・大乗院領・春日社領（東塔供料所）・興福寺領（十二大会料所）
新倉荘《にいくら》	武蔵	多摩	
新井黒川保《にいくろかわ》	但馬	朝来	国衙領
新居西条荘《にいさいじょう》	伊予	新居	覚園寺領・遍照心院領
新島荘《にいじま》	阿波	名東	東大寺領
新島地《にいじま》	阿波	名東	東大寺領
仁井田荘《にいた》	土佐	高岡	
新武荘《にいたけ》	山城	未勘	
新居勅旨田《にいちょくしでん》	伊予	新居	
新堤保《にいつつみ》	備前	御野	
新富荘《にいとみ》	大和	山辺	東大寺領・尊勝院領・興福寺領・一乗院領
新留荘《にいとめ》	大和	山辺	興福寺領
新名荘《にいな》	日向	那珂	
新名爪別符《にいなつめ》	日向	那珂	宇佐八幡宮領
新野荘《にいの》	播磨	神崎	
新野荘《にいの》	美作	勝田	
新野保《にいの》	美作	勝田	足利氏領（地頭職か）
新家荘《にいのえ》	河内	若江	仁和寺領・御室門跡領
新治荘《にいはり》	大和	広瀬	興福寺領・大乗院門跡領・竜花樹院領
新治牧《にいはり》	信濃	小県	勅旨牧・皇室領・左馬寮領
新穂荘《にいほ》	佐渡	賀茂	日吉社領
新見荘《にいみ》	備中	哲多	小槻家領（領家職）・最勝光院領・承久没収地・皇室領（本家職、大覚寺統伝領）・東寺領・相国寺領（東方）
新溝神領《にいみぞ》	尾張	未勘	伊勢神宮領・外宮領
新溝御厨《にいみぞ》	尾張	丹羽	伊勢神宮領・外宮領

荘　園　名	国名	郡名	領 家・本 家
新屋荘《にいや》	摂津	島下	摂関家領・殿下渡領・興福寺領・法成寺領・東北院領・春日社領
新屋牧《にいや》	上野	甘羅	勅旨牧・皇室領
仁井令《にいりょう》	周防	佐波	東大寺領（国衙領）
新納院《にいろ》	日向	児湯	
丹生山《にう》	伊勢	飯高	内蔵寮領・官衙領・得宗領（地頭職）・伊勢神宮領・園城寺領（造営料所）
丹生荘《にう》	大和	吉野	
丹生荘《にう》	伊勢	飯高	内蔵寮領・官衙領・得宗領（丹生山）・伊勢神宮領・室町幕府御料所・園城寺領（造営料所）
丹生荘《にう》	紀伊	那賀	
丹生荘《にう》	豊後	海部	高倉家通領・得宗領
丹生杣《にう》	大和	添上	興福寺領
壬生河保《にうがわ》	伊予	周敷	
丹生河御厨《にうかわ》	伊勢	員弁	伊勢神宮領・内宮領・久我家領
丹生谷荘《にうだに》	大和	高市	金峯山領・吉水院領・興福寺領・大乗院領
贄荘《にえ》	丹波	船井	
贄村御園《にえむら》	伊勢	度会	伊勢神宮領
二箇保《にか》	丹後	丹波	円通寺領・石清水八幡宮領
苦木御厨《にがき》	伊勢	桑名	伊勢神宮領・内宮領
苦（仁賀）木御園《にがき》	伊勢	飯高	伊勢神宮領・内宮領
二箇益富保《にかますとみ》	丹後	丹波	石清水八幡宮領
丹河御厨《にかわ》	伊勢	度会	伊勢神宮領・外宮領・岡崎範景領
丹河御園《にかわ》	伊勢	多気	伊勢神宮領・外宮領
仁儀荘《にき》	尾張	海部	
仁木荘《にき》	丹波	未勘	
和田荘《にぎた》	和泉	大鳥	金剛寺領・春日社領（上条、中条）・大乗院領（上条）・興福寺領・九条家領（領家職三分一）
二宮保《にくう》	佐渡	雑太	
西御荘《にし》	下野	都賀	
西荘《にし》	大和	平群	
西荘《にし》	大和	城上	東大寺領・興福寺領
西荘《にし》	摂津	豊島	
西荘《にし》	近江	蒲生	
西荘《にし》	美濃	厚見	立政寺領・雲頂院領
西荘《にし》	加賀	江沼	
西荘《にし》	越中	新川	
西荘《にし》	伯耆	汗入	
西荘《にし》	播磨	佐用	九条家領・摂関家領
西荘《にし》	阿波	板野	
西荘《にし》	讃岐	鵜足	
西新荘《にし》	伯耆	会見	
奥保《にし》	若狭	遠敷	
西保《にし》	若狭	遠敷	神護寺領
西保《にし》	能登	鳳至	
西保《にし》	播磨	揖保	
西牧《にし》	摂津	未勘	
西穴生荘《にしあのう》	大和	吉野	金峯山領・吉水院領
西市荘《にしいち》	大和	添上	
西井殿荘《にしいどの》	大和	添上	興福寺領・大乗院領・竜花樹院領
西伊与荘《にしいよ》	大和	山辺	興福寺領
西大垣荘《にしおおがき》	大和	十市	興福寺領
西大野荘《にしおおの》	美作	苫西	仁和寺領・祇園社領
西大野保《にしおおの》	美作	苫西	

荘園名	国名	郡名	領家・本家
西興田荘《にしおきた》	大和	葛下	興福寺領
西香美荘《にしかがみ》	美作	苫西	勧修寺領（愛染王尊勝両供料所）
西香美本荘《にしかがみ》	美作	苫西	勧修寺領
西笠間保《にしかさま》	加賀	石川	北野社領・石清水八幡宮領
西門真荘《にしかどま》	尾張	葉栗	醍醐寺領
西河荘《にしかわ》	播磨	飾磨	後嵯峨院領・故院法華堂領・皇室領
西川保《にしかわ》	播磨	飾磨	
西河井荘《にしかわい》	播磨	賀茂	
西河内領《にしかわうち》	甲斐	巨摩	
錦御厨《にしき》	志摩	英虞	伊勢神宮領・外宮領
建部荘二職方《にしきかた》	近江	神崎	北野社領
錦島御厨《にしきじま》	伊勢	未勘	七条院領・修明門院領・皇室領
西喜殿荘《にしきどの》	大和	高市	東大寺領・春日社領（夕御供料所）・興福寺領・一乗院領
廿河荘《にじごう》	大和	吉野	金峯山寺領（吉水院領）
西郡荘《にしこおり》	美濃	大野	四条前大納言家領・得宗領
西郡筋《にしごおり》	甲斐	八代	
西越荘《にしこし》	越後	古志	
錦部保《にしこり》	近江	滋賀	長講堂領・皇室領・宣陽門院領
西佐伯荘《にしさえき》	大和	城下	興福寺領
西七条領《にししちじょう》	山城	葛野	皇室領・浄金剛院領
西紫津荘《にししづ》	摂津	未勘	蓮蔵院領
西下郷荘《にししもざと》	播磨	賀茂	室町院領・皇室領・後堀川法華堂領
西園御厨《にしその》	伊勢	壱志	伊勢神宮領・外宮領・内宮領・二宮領・関東御領
西高田荘《にしたかた》	美作	真島	
西田中荘《にしたなか》	大和	添上	興福寺領
西谷荘《にしたに》	越前	今立	安楽寿院領・皇室領・亀山院領・西谷准后・尊治親王領
西田部荘《にしたべ》	大和	山辺	興福寺領・一乗院領
西田原荘《にしたわら》	美濃	賀茂	鴨井家領
西津荘《にしつ》	若狭	遠敷	神護寺領・文覚領・得宗領
西津保《にしつ》	若狭	遠敷	
西殿荘《にしどの》	大和	宇陀	春日若宮領・春日社領
仁科荘《にしな》	伊豆	那賀	皇室領・後白河院領・長講堂領・宣陽門院領・走湯山領・得宗領（貞直跡）・伊豆国利生塔料所（那賀郷、鎌倉府料所）
仁科荘《にしな》	信濃	安曇	皇室領・昭慶門院領・室町院領・万寿寺領
仁科御厨《にしな》	信濃	安曇	伊勢神宮領・内宮領・荒木田氏経領
西根荘《にしね》	陸奥	伊具	
西京領《にしのきょう》	山城	葛野	皇室領・室町院領
西野田保《にしのだ》	備前	御野	国衙領・吉備津宮領
西宮荘《にしのみや》	大和	平群	興福寺領
西宮荘《にしのみや》	大和	十市	興福寺領
西野村御厨《にしのむら》	伊勢	奄芸	伊勢神宮領・内宮領
西椒荘《にしはじかみ》	紀伊	海部	仁和寺宝蓮院領・仁和寺領
西八条西荘《にしはちじょうにし》	山城	紀伊	石清水八幡宮領
西羽鳥荘《にしはとり》	大和	未勘	東大寺領
西浜御厨《にしはま》	伊勢	壱志	伊勢神宮領
西拝師荘《にしはやし》	阿波	阿波	
西比野荘《にしひの》	河内	錦部	仁和寺領（預所、地頭職）・細川家領（地頭職）・大宮局領（氷野領預所、地頭職）・三浦盛安領（地頭職）
西氷野荘《にしひの》	河内	茨田	関東御領・大宮局領（預所、地頭職）・仁和寺領（同）・北野社領・細川顕氏領（地頭職）
西坊所保《にしぼうしょ》	肥前	佐嘉	河上社領
西見荘《にしみ》	相模	鎌倉	
西御厩荘《にしみまや》	大和	城上	
西村御園《にしむら》	伊勢	奄芸	伊勢神宮領・内宮領
西馬音内荘《にしもない》	出羽	雄勝	
西山荘《にしやま》	大和	添下	興福寺領・大乗院領・一乗院領・大后寺領
西山荘《にしやま》	大和	宇陀	興福寺領・一乗院領・春日社領
西山荘《にしやま》	淡路	三原	長講堂領・皇室領・三条家領（預所職）
西山口荘《にしやまぐち》	美濃	武芸	
西山辺荘《にしやまべ》	大和	宇陀	
西山本新荘《にしやまもと》	讃岐	阿野	
二所保《にしょ》	因幡	法美	
二升御園《にしょう》	伊勢	飯野	伊勢神宮領・外宮領
二条院勅旨田《にじょういんちょくし》	但馬	朝来	日海院宮領・皇室領
西吉助荘《にしよしすけ》	大和	十市	東大寺領
にしら八荘《にしらや》	山城	紀伊	円融寺領
西良所保《にしりょうしょ》	肥前	佐嘉	河上社領
入西荘《にっさい》	武蔵	入間	
新田荘《にった》	上総	畔蒜	
新田荘《にった》	上野	新田	摂関家領・右衛門督家領・九条家領・金剛心院領・得宗領？
新田荘《にった》	但馬	城崎	長講堂領（本家職）・皇室領・章善門院領（本荘領家職）・不断光院領（同）・三条家領・九条家領（新荘領家職）
新田荘《にった》	薩摩	高城	宇佐弥勒寺領・喜多院領・石清水八幡宮寺領（検校領）・得宗領？
入東荘《にっとう》	武蔵	入間	
蜷川保《にながわ》	佐渡	雑太	北野社領
仁和寺荘《になじ》	河内	茨田	室町院領・七条院領・皇室領（本家職）・石清水八幡宮領・妙心寺領（領家職、地頭職）
新口荘《にのくち》	大和	十市	金峯山領・吉水院領・興福寺領・大乗院領・一乗院領
丹島御厨《にのしま》	志摩	英虞	伊勢神宮領・外宮領
二宮荘《にのみや》	尾張	丹羽	摂関家領
二宮荘《にのみや》	三河	未勘	得宗領？・足利尊氏領・室町幕府御料所
二宮荘《にのみや》	遠江	磐田	
二宮荘《にのみや》	甲斐	八代	
二宮荘《にのみや》	相模	余綾	
二宮荘《にのみや》	上総	長柄	
二宮荘《にのみや》	伯耆	会見	
二宮荘《にのみや》	美作	苫西	
二宮荘《にのみや》	周防	佐波	東福寺領（地頭職）
二宮荘《にのみや》	長門	豊浦	二宮社領（長門二宮社領）・長門警固料所（守護領、得宗領）・異国警固料所
二宮荘《にのみや》	讃岐	三野	東寺領・仁和寺領・仁和寺法剛院領・臨川寺領・大水上社社領

荘　園　名	国名	郡名	領 家・本 家
二宮河勾荘《にのみやかわわ》	相模	余綾	八条院領・皇室領・春華門院領・安嘉門院領・得弥(領家)・三香氏(領家)・昭慶門院領・源中納言有房領
丹羽荘《には》	尾張	中島	
丹原荘《にはら》	大和	宇智	桧前寺領・道興寺領・興福寺領・一乗院領
丹原小荘《にはらこ》	大和	宇智	高野山領・金剛三昧院領・興福寺領・一乗院領
仁布河御園《にふかわ》	伊勢	鈴鹿	伊勢神宮領・内宮領
仁部荘《にべ》	摂津	武庫	
仁戸田保《にへた》	周防	吉敷	氷上寺造営料所
仁保荘《にほ》	周防	吉敷	法勝寺領・日野家(領家職)
迩保荘《にほ》	近江	野洲	賀茂社領・賀茂御祖社領
仁大御厨《にほ》	伊勢	員弁	伊勢神宮領・内宮領
仁堀荘《にぼり》	備前	赤坂	賀茂社領(御神楽料所)
仁堀保《にぼり》	備前	赤坂	
新屋荘《にや》	丹波	氷上	中御門宗能領・室町院領・皇室領(本家職)・中御門家領(領家職)
丹生河御厨《にゅうがわ》	伊予	周敷	伊勢神宮領・内宮領・外宮領・二宮領
乳牛牧荘《にゅうぎゅうのまき》	摂津	西成	崇禅寺領・典薬寮領・官衙領
入善荘《にゅうぜん》	越中	新川	東大寺領・戒壇院領・西室殿領・東室殿領
新田荘《にゅうた》	備前	和気	
新田本荘《にゅうた》	備前	和気	
新田新荘《にゅうた》	備前	和気	
根生荘《にょう》	播磨	未勘	
楡原保《にれはら》	越中	婦負	
丹波荘《にわ》	尾張	丹羽	東大寺領
庭田荘《にわた》	紀伊	未勘	比叡山領・延暦寺領・妙法院領・山門領
庭田御厨《にわた》	伊勢	三重	伊勢神宮領・外宮領
新屋荘《にわの》	伊勢	壱志	関東御領・二品近衛局
丹庭野御園《にわの》	伊勢	奄芸	伊勢神宮領・内宮領
仁儀荘《にんぎ》	紀伊	海部	賀茂社領
仁和寺荘《にんなじ》	出雲	大原	
ぬ			
奴可荘《ぬか》	備後	奴可	摂関家領・九条領(四条院尚侍・光明峯寺領)
額石保《ぬかいし》	尾張	智多	国衙領・西御所領・伏見宮貞成母領
額田荘《ぬかた》	伊勢	桑名	山門領・妙法院門跡領・鎌倉将軍宗尊領・室町院領・皇室領(本家)・西園寺家領(領家)・鷹司家領
額田荘《ぬかた》	三河	額田	中院家領
額田荘《ぬかた》	近江	未勘	
額田荘《ぬかた》	加賀	江沼	鳥羽院領・皇室領・中院家領
額田納所《ぬかた》	伊勢	桑名	皇室領・室町院領・昭慶門院領・鷹司冬基(領家職)
糠田御園《ぬかだ》	伊豆	田方	三島社領
額田部荘《ぬかたべ》	大和	平群	興福寺領・大乗院領
奴可東荘《ぬかひがし》	備後	奴可	
額部荘《ぬかべ》	上野	甘羅	
貫荘《ぬき》	豊前	企救	宇佐八幡宮領
沼田荘《ぬた》	安芸	沼田	皇室領・蓮華王院領(本家)・西園寺家領(領家)・平家没官領
沼田本荘《ぬた》	安芸	沼田	
沼田新荘《ぬた》	安芸	沼田	
沼浪荘《ぬなみ》	近江	犬上	泉涌寺領・甘露寺家領
沼貫荘《ぬぬぎ》	丹波	氷上	法勝寺領・皇室領・東寺領
沼川保《ぬのかわ》	越後	頸城	国衙領
布忍荘《ぬのせ》	河内	丹比	
沼間荘《ぬま》	和泉	和泉	昭慶門院領・浄金剛院領・皇室領・藤原経範(領家)
沼保《ぬま》	越中	新川	南禅寺領(悟心院領)
沼尾牧《ぬまお》	上野	未勘	勅旨牧・皇室領
沼田荘《ぬまた》	上総	市原	
沼田荘《ぬまた》	上野	利根	園城寺領・青竜院領
沼田荘《ぬまた》	加賀	未勘	醍醐寺領
沼田牧《ぬまた》	伊勢	飯野	伊勢神宮領
沼田御厨《ぬまた》	伊勢	飯野	伊勢神宮領・外宮領
沼津荘《ぬまづ》	駿河	駿河	
沼山村馬牧《ぬまやまむら》	土佐	高岡	兵部省官牧
ね			
根石荘《ねいし》	三河	額田	
根雨荘《ねう》	伯耆	日野	
根尾荘《ねお》	美濃	大野	
根古屋荘《ねごや》	武蔵	都筑	
禰寝院《ねじめ》	大隅	大隅	中宮職領・官衙領・正八幡宮領(大隅、南俣)・摂関家領(薩摩庄寄郡、北俣)
鼠栗栖荘《ねずくるす》	大和	未勘	右馬寮領・官衙領
根安荘《ねやす》	大和	平群	東大寺領
の			
直川荘《のうがわ》	紀伊	名草	紀実俊領・室町院領・昭慶門院領・皇室領
直川保《のうがわ》	紀伊	名草	
乃宇美荘《のうみ》	周防	未勘	皇室領？
能美荘《のうみ》	安芸	豊田	高野山領(大伝法院領・西塔領)・根来寺領・八条院領・安嘉門院領・皇室領(領家職)・昭慶門院領(庁分)
野垣内荘《のがいと》	大和	添下	
樫野牧《のがきの》	肥前	松浦	兵部省官牧
のかた荘《のかた》	若狭	未勘	
野上荘《のかみ》	紀伊	那賀	石清水八幡宮寺領
野上荘《のがみ》	美濃	不破	
野上荘《のがみ》	播磨	賀茂	
野上荘《のがみ》	周防	都濃	
野上荘《のがみ》	豊後	球珠	
のかめの荘《のかめ》	播磨	賀茂	九条家領・摂関家領
野川荘《のかわ》	大和	吉野	
乃木保《のぎ》	出雲	意宇	
野清松保《のきよまつ》	因幡	高草	
野口荘《のくち》	大和	高市	興福寺領・大乗院門跡領
野口荘《のぐち》	播磨	賀古	
野口保《のくち》	尾張	春部	
野口保《のくち》	播磨	宍粟	伊和社領(一宮社領)
野口牧《のぐち》	山城	未勘	摂関家領
乃介荘《のけ》	美作	苫西	
野介荘《のけ》	筑前	早良	皇室領・歓喜光院領・八条院領・櫛田宮領
能巨島牛牧《のこしま・のこのしま》	筑前	早良	兵部省官牧
能古見荘《のこみ》	肥前	藤津	
野坂荘《のさか》	越前	敦賀	気比社領・西大寺領・宝塔院領・皇室領(本家)・青蓮院領(本家)
野坂荘《のさか》	筑前	宗像	香椎社領・宇佐八幡宮領(地頭職)

荘　園　名	国名	郡名	領 家・本 家
野里荘《のざと》	摂津	西成	崇禅寺領
野上野荘《のじょの》	紀伊	那賀	
野尻荘《のじり》	越中	砺波	室町幕府御料所
野尻保《のじり》	越中	砺波	室町幕府御料所
野代荘《のしろ》	伊勢	桑名	大雲寺領・近衛家領・高陽院領・摂関家領・実相院領門跡領)・山門領
能勢(野瀬・野勢)荘《のせ》	摂津	能勢	東北院領・摂関家領・久我家領
野田荘《のた・のだ》	河内	丹比	昭慶門院領・宝樹院領・皇室領・相国寺崇寿院領
野田荘《のだ》	丹波	未勘	藤原忠通領・摂関家領
野田荘《のだ》	但馬	未勘	
野田荘《のだ》	備前	御野	東大寺領
野田保《のだ》	備前	御野	東大寺領(国衙領)
野田御厨《のた》	伊勢	安濃	伊勢神宮領・内宮領・外宮領・二宮領
野田御厨《のた》	伊勢	壱志	伊勢神宮領・外宮領
野田御厨《のだ》	尾張	中島	伊勢神宮領・内宮領・外宮領・二宮領
野田御園《のた》	伊勢	三重	伊勢神宮領・法常住院領
野田御園《のた》	伊勢	度会	伊勢神宮領
野田御園《のだ》	尾張	愛智	伊勢神宮領・内宮領
野田西方荘《のだにしかた》	備前	御野	東大寺領
野田俣《のだまた》	大和	添上	
野津院《のつ》	豊後	大野	国衙領
野積保《のづみ》	越中	婦負	
能登荘《のと》	大和	山辺	興福寺領・一乗院領
能登御厨《のと》	伊勢	朝明	伊勢神宮領
野得吉保《のとくよし》	因幡	高草	
能登島荘《のとじま》	能登	能登	
能登島御厨《のとじま》	能登	能登	伊勢神宮領・外宮領・内宮領・二宮領
野中荘《のなか》	摂津	八部	
野中荘《のなか》	丹波	多紀	新御料所(禁裏御料所)・皇室領
野中荘《のなか》	播磨	多可	
野中保《のなか》	丹波	未勘	
野中御園《のなか》	伊勢	度会	伊勢神宮領・内宮領・法楽寺領
能梨荘《のなし》	安芸	未勘	
野並保《のなみ》	尾張	愛智	国衙領・管領畠山基国領・高師長領
野波野牛牧《のなみの》	日向	諸県	兵部省官牧
野波野馬牧《のなみの》	日向	諸県	兵部省官牧
野野荘《のの》	但馬	気多	
野口荘《ののぐち》	丹波	船井	長講堂領・宣陽門院領・皇室領・後白河院法華堂領・東寺領
野口保《ののくち》	伊予	久米	
野口牧《ののぐち》	丹波	船井	摂関家領・宣陽門院領・皇室領
野鞍荘《ののくら》	摂津	有馬	後宇多院領・醍醐寺領・三宝院門跡領・仏名院領・普成仏院領・昭慶門院領(庁分)・皇室領・八条院領
野野子荘《ののこ》	大和	山辺	法勝院領
非鼓御厨《ののこ》	伊勢	鈴鹿	伊勢神宮領・外宮領
野宮荘《ののみや》	尾張	中島	
野野村荘《ののむら》	丹波	桑田	
野原荘《のはら》	讃岐	香川	皇后宮職領・官衙領・安楽寿院勅旨田・皇室領・天王寺領・念仏三昧院領・妙法院門跡領・山門領
野原荘《のはら》	肥後	玉名	喜多院領・宇佐弥勒寺領

荘　園　名	国名	郡名	領 家・本 家
野原荘加納《のはら》	筑後	三毛	
笑原保《のはら》	淡路	三原	国衙領
野日御厨《のひ》	伊勢	河曲	伊勢神宮領・内宮領
笑笛荘《のぶ》	尾張	中島	
野面荘《のぶ》	筑前	遠賀	得宗領
篦(笑)生御厨《のぶ》	尾張	中島	伊勢神宮領・二宮領・内宮領・外宮領
延里領《のぶさと》	石見	安濃	
延利保《のぶとし》	丹後	丹波	
野(能)辺荘《のべ》	大和	城上	興福寺領・八条院領・安嘉門院領・皇室領(本家)・平頼盛領(領家職)・久我家領(領家職)
野辺荘《のべ》	越中	未勘	室町院領・皇室領
野辺園《のべ》	大和	城上	
野辺片荘《のべかた》	大和	十市	興福寺領
野辺長原荘《のべながはら》	大和	葛下	八条院領・皇室領・池大納言家領
濃満荘《のま》	伊予	野間	久我家領
野間荘《のま》	摂津	河辺	藤原頼長領・皇室領・三条坊門八幡宮領・伊与内侍領・妙法院門跡領・山門領・醍醐寺領・報恩院領
野間荘《のま》	尾張	智多	安楽寿院領・長講堂領・皇室領
野間荘《のま》	丹波	多紀	法金剛院領・皇室領
野間内海荘《のまうつみ》	尾張	智多	安楽寿院領・皇室領・長講堂領
野俣道荘《のまたじ》	伊勢	未勘	平頼盛家領・七条院領・修明門院領・皇室領・四辻宮領
能美(乃美・乃身)荘《のみ》	加賀	能美	菅生社領・長講堂領・皇室領・日吉社領・毘沙門堂・宣陽門院領・石清水八幡宮領・吉良家領(地頭職)・加賀国八幡宮領
能美荘《のみ》	越前	敦賀	
野見江保《のみえ》	因幡	高草	
野村荘《のむら》	大和	葛下	
野村荘《のむら》	近江	栗太	佐々木盛季領
野村保《のむら》	尾張	葉栗	北野社領
野村御園《のむら》	伊勢	奄芸	伊勢神宮領
野与荘《のよ》	武蔵	未勘	
野依御厨《のより》	三河	渥美	伊勢神宮領・内宮領・外宮領・二宮領
則武荘《のりたけ》	尾張	愛智	
則松保《のりまつ》	丹後	丹波	
乗満荘《のりみつ》	備後	世羅	
野老塚新保《のろつか》	加賀	加賀	
野辺御厨《のんべ》	伊勢	員弁	伊勢神宮領・内宮領
野辺御厨《のんべ》	伊勢	河曲	妙香院領・山門領・伊勢神宮領
は			
羽渭荘《はい》	三河	渥美	関東御領・丹波頼基領
鮠川御厨《はいかわ》	伊勢	度会	伊勢神宮領
拝野荘《はいの》	伊勢	壱志	伊勢神宮領(西荘)
拝野上荘《はいの》	伊勢	壱志	
拝野御園《はいの》	伊勢	壱志	伊勢神宮領・外宮領
拝野西荘《はいのにし》	伊勢	壱志	伊勢神宮領・外宮領
拝野東荘《はいのひがし》	伊勢	壱志	
灰墓荘《はいばか》	河内	讃良	春日社領
蓁原荘《はいばら》	遠江	蓁原	
埴原牧《はいばら》	信濃	筑摩	勅旨牧・皇室領・左馬寮領
飯得荘《はえ》	筑後	山門	安楽寺領・大鳥居氏(預所

荘　園　名	国名	郡名	領 家・本 家
			職)
葉置荘《はおき》	甲斐	都留	
伯可(波賀)荘《はが》	播磨	宍粟	石清水八幡宮領・極楽寺領
垪和荘《はが》	美作	久米	歓喜光院領・皇室領・八条院領・西園寺領(円満院領)
博太(多)荘《はかた》	筑前	那珂	内蔵寮領・官衙領・安楽寺領(遍智院領)
垪和西荘《はがにし》	美作	久米	
垪和東荘《はがひがし》	美作	久米	
袴田御園《はかまだ》	伊勢	度会	伊勢神宮領・外宮領
波加利荘《はかり》	甲斐	都留	皇室領・後白河院領・長講堂領・宣陽門院(庁分)
波加利本荘《はかり》	甲斐	都留	
波加利新荘《はかり》	甲斐	都留	
把岐荘《はき》	筑前	上座	観世音寺領
萩薗《はぎ》	尾張	中島	円光寺領・伊勢神宮領・熱田社領・妙興寺領
萩荘《はぎ》	大和	宇陀	興福寺領・大乗院領・菩提山領・菩提山領・正暦寺領(正願院領)
萩荘《はぎ》	摂津	島上	
萩荘《はぎ》	陸奥	磐井	
萩尾御園《はぎお》	伊勢	飯野	伊勢神宮領・外宮領
萩金井牧《はぎかない》	信濃	諏訪	左馬寮領
萩倉牧《はぎくら》	信濃	諏訪	勅旨牧・皇室領
脛長荘《はぎなが》	美濃	池田	賀茂社領・賀茂別雷社領
荻野荘《はぎの》	伊勢	安濃	
萩野御園《はぎの》	伊勢	安濃	伊勢神宮領
萩別所《はぎのべっしょ》	大和	山辺	興福寺領・大乗院領・内山永久寺領
萩原荘《はぎはら》	大和	宇陀	東大寺領・尊勝院領・興福寺領
萩原御厨《はぎはら》	伊勢	員弁	伊勢神宮領・内宮領・外宮領・二宮領
羽咋荘《はくい》	河内	丹比	栄山寺・叡福寺領
羽咋本荘《はくい》	河内	丹比	栄山寺領
羽咋新荘《はくい》	河内	丹比	栄山寺領
羽咋正院《はくいしょういん》	能登	羽咋	国衙領
羽咋湊保《はくいみなと》	能登	羽咋	
葉栗荘《はくり》	尾張	葉栗	東大寺領
羽黒荘《はぐろ》	尾張	丹羽	
波介荘《はけ》	土佐	高岡	
箱木御園《はこぎ》	伊勢	壱志	伊勢神宮領・内宮領・外宮領・二宮領
筥(箱)作荘《はこつくり》	和泉	日根	賀茂別雷社領・賀茂社領
波佐川荘《はさかわ》	備前	児島	熊野社領(長床衆領)
迫御厨《はさま》	志摩	英虞	伊勢神宮領・外宮領
土師荘《はじ》	因幡	八上	賀茂社領・賀茂御祖社領・日吉社領(公文職)
土師荘《はじ》	筑前	穂波	安楽寺領
土師御園《はじ》	伊勢	度会	伊勢神宮領・内宮領
椒(枡)荘《はじかみ》	紀伊	海部	
薑荘《はじかみ》	大和	忍海	興福寺領・東大寺領
薑御園《はじかみ》	伊勢	安濃	伊勢神宮領
薑御園《はじかみ》	伊勢	飯野	伊勢神宮領
薑御園《はじかみ》	三河	渥美	伊勢神宮領・外宮領
橋爪荘《はしづめ》	近江	神崎	金剛勝院領・室町院領・皇室領
橋寺荘《はしでら》	摂津	西成	
箸中荘《はしなか》	大和	城上	興福寺領
箸尾荘《はしのお》	大和	広瀬	
波志葉(橋波)荘《はしば》	河内	茨田	慈鎮領・朝仁親王領・山門(常寿院)領
箸喰荘《はしはみ》	大和	高市	多武峯寺領・談山神社領

荘　園　名	国名	郡名	領 家・本 家
			(寄郡)・興福寺領・一乗院領
橋本荘《はしもと》	上総	未勘	安楽寿院領・皇室領
橋本荘《はしもと》	備中	下道	安楽寿院領・摂関家領・白河院領・皇室領・平等院領
橋本御厨《はしもと》	近江	栗太	藤原基嗣領・青蓮院尊助領・皇室領・臨川寺領
橋良御厨《はしら》	三河	渥美	伊勢神宮領・内宮領
走井荘《はしりい》	河内	茨田	平頼盛領・石清水八幡宮領
走出荘《はしりで》	備中	小田	南滝院領・実相院領
蓮池荘《はすいけ》	土佐	高岡	
羽豆崎荘《はずがさき》	尾張	智多	
長谷荘《はせ》	紀伊	伊都	
長谷荘《はせ》	紀伊	那賀	天野社領
吐師荘《はぜ》	山城	相楽	興福寺領・東大寺領
土師荘《はぜ》	丹波	天田	藤原頼長領・摂関家領・皇室領・後白河院法華堂領・仁和寺領(真乗院領)
土師御厨《はぜ》	伊勢	鈴鹿	伊勢神宮領・内宮領
土師御園《はぜ》	伊勢	河曲	伊勢神宮領・外宮領
櫨谷荘《はぜたに》	播磨	明石	
櫨谷保《はせたに》	播磨	明石	伏見宮家領
櫨谷保《はぜたに》	備後	未勘	文覚領・神護寺領
丈部荘《はせつかべ》	越中	新川	東大寺領
畑荘《はた》	大和	山辺	
畑荘《はた》	丹波	多紀	室町幕府御料所・三条家領(領家)・九条家領(北荘)
畑荘《はた》	但馬	二方	
畠荘《はた》	但馬	気多	
羽田荘《はた》	近江	蒲生	万寿寺領・広橋家領・室町院領・皇室領
波(八)多荘《はた》	大和	高市	東大寺領・尊勝院領・伏見宮家領・興福寺領・一乗院領・得宗領
幡多荘《はた》	土佐	幡多	摂関家領・関白道家領・一条家領・九条家領
八多荘《はた》	摂津	有馬	今熊野社領・近衛家領・摂関家領・皇室領・冷泉宮領・実相院門跡領
波多杣《はた》	大和	山辺	大安寺領
八太御厨《はた》	伊勢	壱志	伊勢神宮領・外宮領
秦御園《はた》	三河	渥美	伊勢神宮領
八太御園《はた》	伊勢	壱志	伊勢神宮領・外宮領
幡生荘《はたう》	越前	未勘	東大寺領
幡生荘《はたう・はたなり》	加賀	能美	東大寺領
波多江荘《はたえ》	筑前	志摩	
幡岡荘《はたおか》	大和	未勘	
波多小北荘《はたおきた》	大和	高市	歓喜光院領・亀山院領・後宇多院領・皇室領・昭慶門院領・臨川寺領
波多岐荘《はたき》	越後	魚沼	摂関家領・殿下渡領・東南院領・東北院領・三条家領
畠山荘《はたけやま》	武蔵	男衾	
畑田荘《はたた》	三河	宝飫	
畠等荘《はたとう》	出羽	雄勝	
畠殿荘《はたどの》	大和	宇陀	興福寺領・一乗院領
波多野荘《はたの》	相模	余綾	冷泉宮領・近衛家領・摂関家領・浄光明寺領・鶴岡八幡宮領・得宗領(南波多野荘)
波多野本荘《はたの》	相模	余綾	浄光明寺領
畠原荘《はたばる・はたはら》	豊前	未勘	宇佐弥勒寺領・喜多院領
畠原下崎荘《はたばるしもざき》	豊前	京都	宇佐弥勒寺領・喜多院領
幡鉾荘《はたほこ》	伊勢	桑名	石清水八幡宮領・護国寺

荘園一覧

荘　園　名	国名	郡名	領家・本家
			領(夏衆領)
幡鉾島荘《はたほこしま》	伊勢	桑名	多度寺領・藤原雄黒領・多度神宮寺領
甚目御園《はだめ》	伊勢	壱志	伊勢神宮領・内宮領・外宮領・二宮領
波多(畑)森新荘《はたもり》	大和	添上	興福寺領・一乗院領
波智保《はち》	備前	児島	
八王子荘《はちおうじ》	肥後	託麻	延暦寺領・日吉社領・山門領
八条荘《はちじょう》	大和	城下	東大寺領・尊勝院領・興福寺領・大乗院領・竹林院領
八条院御紙田《はちじょういんしでん》	但馬	朝来	皇室領
八条北荘《はちじょうきた》	大和	城下	興福寺領
八条南荘《はちじょうみなみ》	大和	城下	興福寺領
鉢尻御園《はちじり》	伊勢	多気	伊勢神宮領・内宮領
蜂田荘《はちた》	和泉	大鳥	石清水八幡宮寺領・金剛寺領(荘内平井村)
八野御厨《はちの》	伊勢	鈴鹿	伊勢神宮領・内宮領
八幡荘《はちまん》	近江	坂田	長浜八幡神社領
蜂屋荘《はちや》	美濃	賀茂	長講堂領・皇室領・近衛家領・摂関家領
蜂屋本荘《はちや》	美濃	賀茂	後白河法皇領・皇室領
蜂屋南荘《はちやみなみ》	美濃	賀茂	長講堂領・皇室領
波津荘《はつ》	遠江	蓁原	
八箇荘《はっか》	河内	茨田	北野社領・妙法院門跡領
羽束志荘《はつかし》	山城	乙訓	西大寺領
初倉荘《はつくら》	遠江	蓁原	八条院領・昭慶門院領(庁領)・皇室領・宝荘厳院領・高野山領・大伝法院領・根来寺領・禅林寺領・南禅寺領・東寺領
八坂荘《はっさか》	近江	犬上	梶井宮門跡領・北野社領・日吉社領・山門領・殿下渡領
八坂保《はっさか》	近江	犬上	伊勢神宮領
発志荘《はっし》	大和	添上	勧学院領・摂関家領
橋院荘《はっしいん》	大和	添上	一品位田・勧学院領・摂関家領・興福寺領
八田別所《はつた》	越前	敦賀	妙法院門跡領・山門領
八太(多)荘《はった》	但馬	二方	新熊野社領・歓喜寿院領・皇室領・久米多寺領
八田荘《はった》	和泉	和泉	九条家領・摂関家領(大番舎人)・北野社領・観心寺領(法華堂領)
八田荘《はった》	甲斐	巨摩	
八田荘《はった》	阿波	美馬	
八田牧《はった》	甲斐	巨摩	
治田御厨《はった》	伊勢	員弁	伊勢神宮領・内宮領・外宮領・二宮領
治田御厨《はった》	伊勢	三重	伊勢神宮領・内宮領・外宮領・二宮領
八田御厨《はった》	伊勢	飯野	伊勢神宮領・外宮領
八対野荘《はったいの》	伊勢	壱志	熊野那智山領
八太二方荘《はったふたかた》	但馬	二方	皇室領・新熊野社領・歓喜寿院領・久米多寺領
八田山《はったやま》	阿波	美馬	
八塔寺保《はつとうじ》	備前	和気	
服部郷《はっとり》	備中	賀夜	国衙領
服部荘《はつとり》	摂津	島上	
服部荘《はっとり》	大和	平群	興福寺領・大乗院領
服部荘《はっとり》	因幡	法美	楞厳寺領(領家職)・宇倍宮領・皇室領(本家職)・楊梅家領(領家職)・左衛門督局(領家職)
八鳥荘《はつり》	大和	城上	興福寺領・大乗院領

荘　園　名	国名	郡名	領家・本家
羽津里井荘《はつりい》	大和	城上	興福寺領・大乗院領
波弖御園《はて》	伊勢	壱志	伊勢神宮領・内宮領
鳩野御園《はとの》	伊勢	朝明	伊勢神宮領・内宮領
鳩山御園《はとやま》	伊勢	度会	伊勢神宮領
羽鳥荘《はとり》	大和	未勘	東大寺領
羽鳥荘《はとり》	遠江	長上	新熊野社領・山門領
服織荘《はとり》	駿河	安倍	八条院領・平頼盛領・昭慶門院領(庁分)・皇室領・後宇多院領・熊野山領(新宮)・九条家領
服荘《はとり》	大和	山辺	
服荘《はとり》	大和	平群	東大寺領(仏餉田)・興福寺領・一乗院領・大乗院領・菩提山領・正暦寺領
服荘《はとり》	越前	今立	
服部荘《はとり》	駿河	盧原	
服部荘《はとり》	備前	邑久	高野山領・菩提心院領
服部新荘《はとり》	備前	邑久	高野山領・金剛峰寺領・菩提心院領
服部保《はとり》	備前	邑久	法勝寺領・国衙領
花生荘《はなお》	若狭	未勘	聖護院門跡領・園城寺領
花垣荘《はながき》	伊賀	伊賀	
花垣保《はながき》	近江	未勘	
葉梨荘《はなし》	駿河	志太	足利家領
花園荘《はなぞの》	紀伊	在田	高野山領
花園上荘《はなぞの》	紀伊	在田	
花園下荘《はなぞの》	紀伊	在田	
鼻戸御園《はなど》	伊勢	員弁	伊勢神宮領・内宮領
花原保《はなばら》	因幡	八上	
花房荘《はなふさ》	尾張	智多	
花正保《はなまさ》	尾張	海部	天皇御服料所・内蔵寮領・官衙領
花輪荘《はなわ》	陸奥	津軽	
羽丹荘《はに》	越中	砺波	石清水八幡宮寺領
埴生荘《はにう》	越中	砺波	石清水八幡宮寺領
埴生保《はにう》	越中	砺波	石清水八幡宮領
羽丹生荘《はにう》	越前	大野	無動寺領・山門領
土師保《はにし》	和泉	大鳥	造酒司領・官衙領
埴田荘《はにた》	備後	未勘	
土野荘《はにの》	但馬	出石	賀茂社領・賀茂御祖社領
土山荘《はにやま》	大和	山辺	興福寺領
埴生荘《はにゅう》	武蔵	埼玉	
埴生保《はにゅう》	越後	三島	覚園寺領
波禰荘《はね》	石見	安濃	
八禰荘《はね》	土佐	安芸	石清水八幡宮領・二条師忠領
波根杣《はね》	土佐	安芸	石清水八幡宮寺領
波根保《はね》	出雲	出雲	
羽禰御園《はね》	伊勢	飯野	伊勢神宮領・内宮領
羽禰田御厨《はねた》	尾張	未勘	伊勢神宮領・外宮領
羽戸院《はねと》	山城	宇治	近衛家領・摂関家領
羽野荘《はの》	備前	邑久	勧学院領・殿下渡領・摂関家領
羽野荘《はの》	周防	熊毛	
馬野荘《ばの》	伊賀	山田	東大寺領・東南院領
母木保《ははき》	因幡	気多	
葉原荘《はばら》	越前	敦賀	八条院領・皇室領・気比社領・比叡山領・妙香院領(門跡領)・青蓮院領(門跡領)・山門領
葉原保《はばら》	越前	敦賀	気比社領
葉原東郷保《はばらひがし》	越前	敦賀	
羽生荘《はぶ》	筑前	遠賀	
埴(垣)生荘《はぶ》	下総	埴生	称名寺領(山口郷、得宗領)

荘　園　名	国名	郡名	領 家・本 家
埴生荘《はぶ》	長門	厚狭	石清水八幡宮寺領・宝塔院領
埴(垣)生西条《はぶさい》	下総	埴生	国衙領・称名寺領
浜園《はま》	相模	未勘	
浜崎荘《はまさき》	越後	未勘	
浜崎荘《はまざき》	摂津	河辺	興福寺領・春日社領
浜田荘《はまた》	尾張	中島	
浜田荘《はまだ》	摂津	武庫	粟田宮社領・雀部寺領・建仁寺領(塔頭清住院領)
浜田御園《はまた》	伊勢	多気	伊勢神宮領・外宮領
浜田御園《はまだ》	伊勢	奄芸	伊勢神宮領・外宮領
浜田御園《はまだ》	三河	渥美	伊勢神宮領・内宮領・外宮領
浜名荘《はまな》	遠江	浜名	
浜名御厨《はまな》	遠江	浜名	伊勢神宮領
浜仲荘《はまなか》	紀伊	海部	仁和寺領・高野山領・星尾寺領・金剛心院領・高野山谷上院領
浜名神戸《はまなかんべ》	遠江	浜名	伊勢神宮領・二宮領・内宮領・外宮領
浜松荘《はままつ》	遠江	敷智	安嘉門院領・昭慶門院領・室町院領・皇室領・西園寺家領・賀茂新宮領・妙音院領・鴨江寺領・得宗領(宇間郷)
浜松御厨《はままつ》	遠江	敷智	伊勢神宮領・内宮領・外宮領・二宮領
波見保《はみ》	丹後	与謝	成相寺領
芳美御厨《はみ》	信濃	高井	伊勢神宮領
半村荘《はむら》	越中	射水	
土室荘《はむろ》	摂津	島上	石清水八幡宮領・仁和寺領・法金剛院領(領家職)・皇室領・清水坂宝福寺領
土室園《はむろ》	摂津	島上	石清水八幡宮寺領
芳養(益)荘《はや》	紀伊	牟婁	石清水八幡宮寺領・熊野山新宮領
芳養上荘《はや》	紀伊	牟婁	
芳養下荘《はや》	紀伊	牟婁	
早尾荘《はやお》	尾張	海部	
早河荘《はやかわ》	相模	足下	平棟範領・箱根社領・藤原基通領・摂関家領・近衛家領
早川牧《はやかわ》	相模	足下	大江仲子領・藤原信長領・摂関家領
早埼牛牧《はやさき》	肥前	高来	兵部省官牧
林崎御厨《はやさき》	伊勢	河曲	伊勢神宮領・内宮領・外宮領・二宮領
林前御厨《はやさき》	伊勢	奄芸	伊勢神宮領・内宮領
拝師荘《はやし》	丹波	天田	恩徳院領・皇室領・昭慶門院領・法勝寺領
拝志荘《はやし》	山城	紀伊	皇室領・八条院領・興善院領・後宇多院領・東寺領・安楽寿院領・藤原顕頼領・九条家領・摂関家領
拝志荘《はやし》	上野	勢多	長講堂領・宣陽門院領・皇室領
林《はやし》	讃岐	山田	妙法院門跡領・山門領・天王寺領(念仏三昧院領)
林荘《はやし》	伊勢	奄芸	九条家領(西荘)・摂関家領(西荘)・得宗領(地頭職)・伊勢神宮領(地頭職)
拝志牧《はやし》	上野	勢多	勅旨牧・皇室領
林御厨《はやし》	伊勢	奄芸	伊勢神宮領・内宮領
林木荘《はやしき》	出雲	神門	摂関家領・関白道家領・右大臣忠家・九条家領・室町

荘　園　名	国名	郡名	領 家・本 家
			院領・皇室領
林崎荘《はやしさき》	播磨	明石	
林崎御園《はやしざき》	伊勢	朝明	
林田荘《はやしだ》	播磨	揖保	賀茂別雷社領・賀茂社領
林田御園《はやしだ》	尾張	未勘	伊勢神宮領・外宮領
林田西荘《はやしだにし》	播磨	揖保	
林津荘《はやしつ》	讃岐	未勘	石清水八幡宮領
林灯油園《はやしとうゆ》	河内	志紀	石清水八幡宮寺領・極楽寺領
林燈油園《はやしとうゆ》	河内	河内	石清水八幡宮寺領・極楽寺領
林西荘《はやしにし》	伊勢	奄芸	北白河院領・九条道家領・九条家領・摂関家領・得宗領(貞房跡)
林野保《はやしの》	美作	英多	尊勝寺領・北野社領(松梅院領)
林東荘《はやしひがし》	伊勢	奄芸	伊勢神宮領
隼島荘《はやしま》	備中	都宇	摂津親秀領・大炊御門家領・相国寺領・鹿苑院領・吉備津宮領
隼島保《はやしま》	備中	都宇	吉備津宮領・吉備津社神供料所(半不輸・国衙領)
林屋荘《はやしや》	大和	城下	東大寺領
速野荘《はやの》	近江	野洲	
隼人保《はやひと》	丹波	桑田	中原家領(康富領)
速水荘《はやみ》	近江	浅井	宝荘厳院領・法勝寺領・東寺領・梶井門跡領
原荘《はら》	摂津	島上	慈鎮領・山門領・大成就院領・比叡山延暦寺領・近衛家領
原荘《はら》	伊勢	鈴鹿	伊勢神宮領・外宮領・内宮領・二宮領・祭主領
原荘《はら》	筑前	上座	観世音寺領・石清水八幡宮寺領
原保《はら》	讃岐	三木	東大寺領・便補保
波良馬牧《はら》	肥後	阿蘇	兵部省官牧
原御厨《はら》	伊勢	鈴鹿	伊勢神宮領・内宮領・外宮領・二宮領・平家没官領・関東御領・得宗領・祭主領
原御厨《はら》	伊勢	桑名	伊勢神宮領
原御園《はら》	伊勢	度会	伊勢神宮領・内宮領・外宮領・二宮領
原小笠原荘《はらおがさわら》	甲斐	巨摩	小笠原家領
原田荘《はらだ》	遠江	佐野	皇室領・最勝光院領・随心院僧正坊・東寺領
原田荘《はらだ》	美作	久米	法華寺領
原田荘《はらだ》	筑前	怡土	平家没官領・崇徳院御影堂領・粟田宮領・皇室領
腹太御園《はらふと》	伊勢	多気	伊勢神宮領・内宮領・東光寺(検校職)
針荘《はり》	大和	山辺	春日社領・興福寺領・大乗院領
治尾牧《はりお》	上野	吾妻	勅旨牧・皇室領
針別所荘《はりがべっしょ》	大和	山辺	興福寺領・大乗院領・菩提山領・正暦寺領・福成院領
治田荘《はりた》	加賀	未勘	醍醐寺領・准胝堂領
治田御厨《はりた》	伊勢	飯野	伊勢神宮領・外宮領
春近《はりつか》	近江	坂田	
針幡(畑)荘《はりはた》	近江	高島	法成寺領・摂関家領・延暦寺西塔南尾領・山門領
針道荘《はりみち》	加賀	石川	伏見稲荷社領
榛山荘《はりやま》	越中	射水	西大寺領
春川荘《はるかわ》	山城	未勘	城南寺領
春木荘《はるき》	和泉	和泉	藤原兼実領・摂関家領・春日社領(四季八講料)・興

荘　園　名	国名	郡名	領 家・本 家
			福寺領・松林院領・一条家領(本家職)
晴氣荘《はるけ》	肥前	小城	
晴気保《はるけ》	肥前	小城	藤原隆頼領・宗像神社領
原田荘《はるだ》	筑前	御笠	御許山領・大悲王院領
原田荘《はるだ》	筑後	三瀦	御許山領(鎮西)・宇佐弥勒寺領・喜多院領・大宰府領
治田野荘《はるたの》	河内	錦部	観心寺領
春近《はるちか》	美濃	山県	関東御領
春近荘《はるちか》	越前	坂井	
春近領《はるちか》	信濃	伊那	関東御領・得宗領(二吉郷、小井弖郷)
春宜荘《はるのぶ》	近江	未勘	
春原荘《はるはら》	武蔵	高麗	
葉若御厨《はわか》	伊勢	鈴鹿	伊勢神宮領・内宮領・外宮領・二宮領
榛谷御厨《はんがや》	武蔵	都筑	西園寺家領・摂関家領・伊勢神宮領・内宮領・実相院門跡南滝院領
板(坂)西荘《ばんざい》	阿波	板野	雙輪寺房領・慈鎮領・青蓮院門跡領・山門領
板西上荘《ばんざい》	阿波	板野	
板西下荘《ばんざい》	阿波	板野	
埴崎荘《はんざき》	紀伊	那賀	
番条荘《ばんじょう》	大和	添下	
吐(伴)田荘《はんだ》	大和	葛上	春日社領・興福寺領
吐田荘《はんだ》	大和	平群	興福寺領
飯田荘《はんだ》	豊後	球珠	城興寺領(本庄領家職)・一乗寺領(新庄領家職)
飯田本荘《はんだ》	豊後	球珠	城興寺領
飯田新荘《はんだ》	豊後	球珠	一乗寺
般若荘《はんにゃ》	伊賀	阿拝	笠置山寺領(般若台領)・春日社領
般若野荘《はんにゃの》	越中	砺波	徳大寺家領・室町幕府御料所・常徳院領
榛原荘《はんばら・はいばら》	武蔵	入間	西大寺領
飯原荘《はんばら》	越前	大野	気比社領
ひ			
日足荘《ひあし》	豊前	宇佐	中津尾寺領
戸穴《ひあな》	豊後	海部	八条院領・皇室領・智恵光院領・昭慶門院領
肥伊牧《ひい》	大和	宇陀	七条院領
日吉荘《ひえ》	摂津	東生	日吉社領(内陣御供料所)
日吉荘《ひえ》	近江	愛智	円城寺領・愛智新宮領(日吉社末社)
日吉荘《ひえ》	備中	窪屋	
比叡荘《ひえ》	近江	高島	坂本御塔領・賀茂社領・雙輪寺房領・青蓮院門跡領・山門領・日吉社領
比延荘《ひえ》	播磨	多可	住吉社領
日吉上荘《ひえ》	近江	愛智	(日吉末社)愛智新宮領か・円城寺領
比叡本荘《ひえ》	近江	高島	明王院領・青蓮院門跡領・山門領
日吉下荘《ひえ》	近江	愛智	円城寺領・(日吉末社)愛智新宮領か
比叡新荘《ひえ》	近江	高島	
日吉保《ひえ》	近江	愛智	日吉社領・愛智新宮領(日吉社末社)
比叡荘《ひえい》	甲斐	山梨	
稗島荘《ひえじま》	河内	茨田	
稗田荘《ひえた》	大和	添上	仁和寺領・興福寺領・仏地院領

荘　園　名	国名	郡名	領 家・本 家
稗田荘《ひえだ》	豊前	京都	北野宮寺領(預所職?)
稗田御厨《ひえだ》	下野	那須	伊勢神宮領・外宮領
稗造荘《ひえづくり》	能登	羽咋	
日置社《ひおき》	越中	新川	安楽寿院領・皇室領・遊義門院領・昭慶門院領
日置荘《ひおき》	伊勢	壱志	万寿寺領・室町院領・六条院領・皇室領・東北院領・摂関家領・九条家領・西園寺家領・醍醐寺領(三宝院領)
日置荘《ひおき》	越中	新川	安楽寿院領・皇室領・金剛院領・相国寺領
日置荘《ひおき》	丹波	多紀	篠村八幡宮領(黒岡)
日置荘《ひおき》	阿波	板野	熊野新宮社領(地頭職)
日置荘《ひおき》	薩摩	薩摩	宇佐弥勒寺領・喜多院領・石清水八幡宮寺領
檜垣荘《ひがい》	大和	城上	興福寺領・大乗院門跡領・興福寺十二大会料所
檜垣荘《ひがき》	大和	添上	東大寺領・東南院門跡領・興福寺領(雑役免)
檜垣荘《ひがき》	大和	城下	西大寺領
檜垣本荘《ひがき》	大和	山辺	興福寺領(雑役免)
日笠荘《ひかさ》	備前	和気	官務家領・官衙領・小槻家領・得宗領(勝阿跡)
日笠保《ひかさ》	備前	和気	官中便補保・官衙領・小槻家領・山門領
東荘《ひがし》	大和	宇陀	
東荘《ひがし》	近江	栗太	速成就院領(山前)・室町幕府御料所(山前)
東荘《ひがし》	播磨	佐用	九条家領・摂関家領
東荘《ひがし》	備中	都宇	
東本荘《ひがし》	美濃	大野	
東園《ひがし》	大隅	肝属	
東保《ひがし》	能登	鳳至	
東保《ひがし》	播磨	揖保	神護寺領
東厚利荘《ひがしあつとし》	播磨	賀茂	日吉社領
東敦利荘《ひがしあつとし》	播磨	賀茂	
東荒見荘《ひがしあらみ》	紀伊	那賀	
東市荘《ひがしいち》	大和	添上	
東井殿荘《ひがしいどの》	大和	添上	興福寺領・大乗院領
東伊与荘《ひがしいよ》	大和	山辺	興福寺領
東大垣荘《ひがしおおがき》	大和	十市	興福寺領
東大野荘《ひがしおおの》	美作	英多	
東小倉荘《ひがしおぐら》	大和	未勘	
東籠荘《ひがしかご》	山城	未勘	祇園社領
東門真荘《ひがしかどま》	尾張	葉栗	
東河内領《ひがしかわうち》	甲斐	八代	
東貴志荘《ひがしきし》	紀伊	那賀	高野寺領・西園寺家領
東喜殿荘《ひがしきどの》	大和	高市	東大寺領(燈油料所、長講堂談義料所)・興福寺領・一乗院領
東九条荘《ひがしくじょう》	山城	紀伊	九条家領・摂関家領
東九条荘《ひがしくじょう》	大和	山辺	興福寺領
東久世荘《ひがしくぜ》	山城	乙訓	安楽寿院領・皇室領・久我家領
東神代保《ひがしくましろ》	淡路	三原	国衙領
東蔵荘《ひがしくら》	山城	未勘	祇園社領
東郡筋《ひがしごおり》	甲斐	山梨	
東徳善保《ひがしとくぜ》	土佐	香美	石清水八幡宮領(俗別当領)
東富津御厨《ひがしとつ》	伊勢	員弁	伊勢神宮領・内宮領
東富津御厨《ひがしとつ》	伊勢	桑名	伊勢神宮領・外宮領・梅畑姫宮領・高山寺領(方便智院領)
東長田荘《ひがしながた》	越前	坂井	甘露寺家領

荘　園　名	国名	郡名	領 家・本 家
東西宮荘《ひがしにしのみや》	大和	十市	興福寺領
東野田保《ひがしのだ》	備前	御野	
東桝荘《ひがしはじかみ》	紀伊	海部	宣陽門院領・皇室領
東羽鳥荘《ひがしはとり》	大和	未勘	東大寺領
東拝師荘《ひがしはやし》	阿波	阿波	法勝寺領・円楽寺領・仁和寺領
東開御厨《ひがしひらき》	伊勢	鈴鹿	伊勢神宮領・内宮領
東船越御厨《ひがしふなこし》	志摩	英虞	伊勢神宮領・外宮領
東這田荘《ひがしほうだ》	播磨	多可	
東俣荘《ひがしまた》	大隅	未勘	正八幡宮領(大隅)・宇佐弥勒寺領・喜多院領
東馬伏荘《ひがしまぶせ》	河内	讃良	嘉陽門院領(本家)・大江僧正領
東安原新保《ひがしやすはら》	加賀	加賀	
東山荘《ひがしやま》	河内	石川	金峯山吉水院領
東山口荘《ひがしやまぐち》	美濃	武芸	
東山辺荘《ひがしやまべ》	大和	宇陀	
東吉助荘《ひがしよしすけ》	大和	十市	東大寺領
東吉光保《ひがしよしみつ》	加賀	能美	
檜川荘《ひかわ》	大和	吉野	
日置荘《ひき》	河内	丹比	室町幕府御料所・興福寺領
比木荘《ひき》	遠江	城飼	賀茂別雷社領・賀茂社領
比擬荘《ひぎ》	近江	未勘	
蟇浦荘《ひきのうら》	淡路	津名	最勝四天王院領・皇室領
蟾原荘《ひきはら》	播磨	宍粟	石清水八幡宮領・極楽寺領
疋(匹)見別符《ひきみ》	石見	美濃	本圀寺領
疋見丸毛別符《ひきみまろも》	石見	美濃	国衙領
火鑚荘《ひぎり》	近江	蒲生	
日前保《ひくま》	周防	大島	東大寺(国衙領)
久岡保《ひさおか》	丹後	丹波	
日差荘《ひさし》	豊後	速見	
久末保《ひさすえ》	因幡	邑美	
久武保《ひさたけ》	加賀	未勘	白山宮領・祇陀寺領
久次荘《ひさつぎ》	越前	未勘	歓喜寿院領・小槻家領
久次保《ひさつぎ》	丹後	丹波	
久富別符《ひさとみ》	播磨	赤穂	
久富保《ひさとみ》	丹後	与謝	
久富保《ひさとみ》	播磨	赤穂	秦為辰私領・播磨守藤原顕季私領・美福門院領(→矢野荘)
久永荘《ひさなが》	石見	邑知	賀茂別雷社領・賀茂社領
久永保《ひさなが》	石見	邑知	賀茂別雷社領・賀茂社領
寿根御厨《ひさね》	志摩	未勘	
久延保《ひさのぶ》	丹後	丹波	普甲寺領
久松保《ひさまつ》	因幡	巨濃	
久松御園《ひさまつ》	伊勢	安濃	伊勢神宮領・外宮領
久光荘《ひさみつ》	石見	那賀	
久光保《ひさみつ》	丹後	丹波	
久持別符《ひさもち》	伊予	未勘	西園寺家領
久安保《ひさやす》	越前	足羽	重富
久吉荘《ひさよし》	伯耆	日野	
久吉保《ひさよし》	上総	海上	
日出荘《ひじ》	豊後	速見	宇佐弥勒寺領・喜多院領
比治荘《ひじ》	但馬	朝来	穀倉院領・吏長者領
比地荘《ひじ》	播磨	宍粟	
比志加(賀)御厨《ひしか》	志摩	英虞	伊勢神宮領・外宮領・内宮領・二宮領
菱県(潟)荘《ひしがた》	陸奥	会津	
菱川荘《ひしかわ》	山城	乙訓	摂関家領・近衛家領・東寺領・久我家領・大炊寮領・官衙領・松尾社領
比自岐荘《ひじき》	伊賀	伊賀	貞観寺領
比志岐御園《ひじき》	伊賀	伊賀	伊勢神宮領・内宮領・外宮
			領・二宮領
比地御祈保《ひじごき》	播磨	宍粟	伏見宮家領
菱田荘《ひしだ》	山城	相楽	北野社領・万松院領
菱野牧《ひしの》	信濃	佐久	左馬寮領
土万荘《ひじま》	播磨	宍粟	
比知良保《ひじら》	出雲	能義	
比角荘《ひすみ》	越後	三島	穀倉院領
備前荘《びぜん》	大和	城下	興福寺領・大乗院領
日田荘《ひた》	出雲	未勘	
日田荘《ひた》	豊後	日高	宇佐八幡宮領・清水谷大納言家領・二条家領・三条家領
飛驒(駄)荘《ひだ》	大和	高市	東大寺領・興福寺領・一乗院領
日高荘《ひだか》	安芸	安芸	興福寺領
日高荘《ひだか》	紀伊	日高	勧学院領・摂関家領
飛驒瀬荘《ひだせ》	美濃	賀茂	後宇多院領・皇室領・昭慶門院領(庁分)・西園寺家領
楢檀雑役荘《ひだぞうえき》	大和	添上	東大寺領
日近荘《ひちか》	三河	額田	
比(必)佐荘《ひっさ》	近江	蒲生	妙香院領・山門領・東大寺領
樋爪国領《ひつめ》	但馬	城崎	国衙領
樋爪荘《ひつめ》	但馬	城崎	平等院領・殿下渡荘・摂関家領
肥土荘《ひど》	備前	児島	石清水八幡宮寺領
氷所保《ひどころ》	丹波	船井	
一青荘《ひとと》	能登	能登	藤原頼長領・後院領・皇室領・石清水八幡宮寺領(領家職)・禁裏御料所
人見荘《ひとみ》	武蔵	榛沢	
人見御園《ひとみ》	尾張	未勘	
人身御園《ひとみ》	尾張	未勘	伊勢神宮領
人吉荘《ひとよし》	肥後	球麻	蓮華王院領・八条院領・皇室領・得宗領(北方地頭職)
日永荘《ひなが》	伊勢	三重	伊勢神宮領・得宗領?・室町幕府御料所(長野氏拝領)・土岐氏領
日長御厨《ひなが》	伊勢	三重	伊勢神宮領・内宮領・外宮領・二宮領
日長新御園《ひながしん》	伊勢	三重	伊勢神宮領・内宮領・外宮領・二宮領
日夏荘《ひなつ》	近江	愛智	梶井宮門跡領・山門領
日奈土荘《ひなと》	豊前	未勘	宇佐弥勒寺領・喜多院領・石清水八幡宮寺領(検校領)
日根(日根野)荘《ひね》	和泉	日根	摂関家領・九条道家領・九条家領・嘉祥寺領
氷野荘《ひの》	河内	茨田	関東御領
日野牧《ひの》	近江	蒲生	東大寺領・法成寺領・延暦寺領・祇園社領・山門領・大聖寺門跡領・摂関家領・九条家領・日野家領
緋野御園《ひの》	伊勢	未勘	伊勢神宮領・青蓮院領・山門領
檜尾御園《ひのきお》	伊勢	度会	伊勢神宮領・内宮領
檜前馬牧《ひのくま》	武蔵	児玉	兵部省官牧
日野田保《ひのた》	因幡	八上	
檜檀荘《ひのまき》	大和	未勘	東大寺領
檜牧荘《ひのまき》	大和	宇陀	福勝院領・皇室領・七条院領・修明門院領・興福寺領・東寺領
日比荘《ひび》	備前	児島	
比布荘《ひふ》	大和	宇陀	大唐院領(薬師寺別院)

荘園一覧

荘園名	国名	郡名	領家・本家
干松荘《ひまつ》	讃岐	未勘	九条家領・摂関家領
氷見荘《ひみ》	越中	射水	東福寺領
比牟礼荘《ひむれ》	近江	蒲生	皇室領・歓喜光院領・八条院領・二品尊性法親王家領
氷室《ひむろ》	大和	山辺	主水司寮領・官衙領
氷室荘《ひむろ》	摂津	島上	大蔵寺領
氷室荘《ひむろ》	伊勢	未勘	伊勢神宮領・二宮領
氷室荘《ひむろ》	出雲	出雲	出雲国造家領
氷室保《ひむろ》	伊勢	未勘	室町院領・皇室領
姫荘《ひめ》	美濃	可児	
姫方荘《ひめかた》	肥前	基肄	安楽寺領
姫島《ひめしま》	豊後	国崎	宇佐弥勒寺領・宇佐八幡宮領
媛島牧《ひめしま》	摂津	西成	官牧
姫野保《ひめの》	越中	射水	石清水八幡宮領
姫江荘《ひめのえ》	讃岐	刈田	皇室領・蓮華心院領・八条院領・昭慶門院領
姫江本荘《ひめのえ》	讃岐	刈田	皇室領・八条院領
姫江新荘《ひめのえ》	讃岐	刈田	皇室領・八条院領・蓮華心院領
姫松荘《ひめまつ》	陸奥	栗原	
檜(比)物荘《ひもの》	近江	甲賀	皇室領・最勝光院領・近衛家領・摂関家領・聖護院門跡領・園城寺領・東寺領
兵庫荘《ひょうご》	大和	添下	興福寺領・一乗院領
兵庫荘《ひょうご》	大和	山辺	東大寺領・興福寺領
兵庫荘《ひょうご》	大和	高市	春日社領
兵庫荘《ひょうご》	摂津	八部	八条院領・皇室領・昭慶門院領(庁分)・平家没官領・平頼盛領・室町幕府御料所
兵庫上荘《ひょうご》	摂津	八部	八条院領・皇室領・平家没官領・平頼盛領・石清水八幡宮領・善法寺権別当領(徳珍名)
兵庫下荘《ひょうご》	摂津	八部	八条院領・皇室領・平頼盛領・新熊野社領(若王子領)
兵庫三箇荘《ひょうごさんか》	摂津	八部	平頼盛領・後宇多院領・皇室領・熊野若王子領・八条院領
兵庫中荘《ひょうごなか》	摂津	八部	八条院領・皇室領・平頼盛領
比良荘《ひら》	近江	滋賀	法勝寺領(舞楽領)・桜井宮門跡領・円満院領・如意寺領・延暦寺根本中堂領・山門領・一色政具領
庇羅馬牧《ひら》	肥前	松浦	兵部省官牧
比良牧《ひら》	近江	滋賀	白河寂楽寺領・喜多院領・平惟仲領
平位(井)荘《ひらい》	播磨	揖保	最勝光院領・皇室領・徳禅寺領(領家職)・東寺領(本家職)
平井荘《ひらい》	近江	高島	
平井保《ひらい》	周防	吉敷	東大寺領(国衙領)
枚石荘《ひらいし・ひろいし》	淡路	津名	石清水八幡宮領(護国寺別当領・法華堂供料所)
平泉荘《ひらいずみ》	尾張	葉栗	
平泉保《ひらいずみ》	陸奥	磐井	
平井手牧《ひらいて》	信濃	伊那	勅旨牧・皇室領・左馬寮領・諏訪社領
平出牧《ひらいて》	信濃	筑摩	
平内御園《ひらうち》	伊勢	飯野	伊勢神宮領
平尾荘《ひらお》	大和	宇陀	
平尾荘《ひらお》	伊勢	飯高	木造持康領

荘園名	国名	郡名	領家・本家
平尾荘《ひらお》	播磨	佐用	
平生御厨《ひらお》	伊勢	飯高	伊勢神宮領・内宮領・外宮領・二宮領
平岡荘《ひらおか》	河内	河内	内蔵寮(御厨)領
平賀荘《ひらが》	讃岐	香川	石清水八幡宮領
平柿荘《ひらがき》	伊賀	阿拝	東寺領・実相寺領・近衛家領・高陽院領・摂関家領
平方荘《ひらかた》	近江	坂田	青蓮院門跡領・山門領
枚方荘《ひらかた》	河内	茨田	
枚方荘《ひらかた》	阿波	名東	東大寺領
平川荘《ひらかわ》	山城	久世	
比良木保《ひらき》	近江	蒲生	国衙領
平沢牧《ひらさわ》	上野	未勘	勅旨牧・皇室領
平島荘《ひらしま》	阿波	那賀	大鳥神社領・天竜寺領
平田荘《ひらた》	大和	葛下	摂関家領・近衛家領・春日社領(西塔領)・興福寺領(一乗院領)
平田荘《ひらた》	大和	城下	興福寺領・一乗院領
平田荘《ひらた》	摂津	島下	平等院領・妙法寺領・摂関家領
平田荘《ひらた》	三河	碧海	
平田荘《ひらた》	美濃	厚見	故二位家領・長講堂領・皇室領
平田荘《ひらた》	安芸	山県	厳島社領
平田荘《ひらた》	紀伊	名草	粉河寺領・吉田家領
枚田荘《ひらた》	美濃	石津	貞観寺領
平田別符《ひらた》	豊前	下毛	宇佐八幡宮領
平田保《ひらた》	摂津	島下	
平田保《ひらた》	出雲	楯縫	
平田御厨《ひらた》	伊勢	員弁	伊勢神宮領・外宮領・内宮領・二宮領
平田御園《ひらた》	伊勢	三重	伊勢神宮領・外宮領・
平田御園《ひらた》	伊勢	鈴鹿	伊勢神宮領・内宮領
平田御園《ひらた》	伊勢	安濃	伊勢神宮領
平田御園《ひらた》	伊勢	飯高	伊勢神宮領・内宮領
平田御園《ひらた》	伊勢	多気	伊勢神宮領・東寺領
平駄足荘《ひらだあし》	摂津	未勘	醍醐寺領・報恩院領
平田新御園《ひらたしん》	伊勢	鈴鹿	伊勢神宮領・内宮領
平田牧御園《ひらたのまき》	伊勢	飯野	伊勢神宮領
平田宮荘《ひらたみや》	安芸	山県	厳島社領
平津荘《ひらつ》	播磨	印南	長講堂領・皇室領
平墓御園《ひらつか》	伊勢	員弁	伊勢神宮領・外宮領
平津安田御園《ひらづやすだ》	伊勢	壱志	伊勢神宮領・内宮領
比良野荘《ひらの》	美濃	安八	興福寺領
平野荘《ひらの》	大和	宇陀	春日社領・興福寺領
平野荘《ひらの》	摂津	住吉	平等院領・大徳寺領(如意庵領、田所職)
平野荘《ひらの》	伊勢	鈴鹿	賀茂別雷社領・賀茂社領・後院領・皇室領
平野荘《ひらの》	美濃	安八	延暦寺領・山門領
平野荘《ひらの》	但馬	朝来	延暦寺領
平野荘《ひらの》	播磨	明石	成恩院領・洞院家領(領家)
平野荘《ひらの》	筑前	御笠	観世音寺領
平野別符《ひらの》	美作	英多	
平乃保《ひらの》	周防	都濃	
平野保《ひらの》	備後	安那	室町幕府御料所(領家職・地頭職)
平野保《ひらの》	周防	吉敷	東大寺領(国衙領=平乃保)・瑠璃光寺領(山口)
平野保《ひらの》	周防	都濃	東大寺領
平野牧《ひらの》	信濃	諏訪	左馬寮領
平野殿荘《ひらのどの》	大和	平群	皇室領・宣陽門院領・東寺領(見住供僧料所)
平葺保《ひらぶき》	越前	丹生	室町幕府御料所
平牧荘《ひらまき》	美濃	可児	

荘 園 名	国名	郡名	領 家・本 家
平丸保《ひらまる》	豊後	大分	柞原八幡宮領・由原宮領(造営料所)
平丸御園《ひらまる》	伊勢	飯高	伊勢神宮領・外宮領
昼生荘《ひるお》	伊勢	奄芸	伊勢神宮領・興福寺領・建国寺領
昼生上荘《ひるお》	伊勢	奄芸	伊勢神宮領・興福寺領・建国寺領
昼生下荘《ひるお》	伊勢	奄芸	伊勢神宮領・興福寺領・建国寺領
昼生御厨《ひるお》	伊勢	奄芸	伊勢神宮領・内宮領・外宮領・二宮領
昼生中荘《ひるおなか》	伊勢	奄芸	伊勢神宮領・興福寺領・建国寺領
蛭川荘《ひるがわ》	武蔵	児玉	
蒜島荘《ひるしま》	越前	未勘	東寺・布施内親王追福料所・皇室領
蒜田御牧《ひるた》	伊勢	度会	伊勢神宮領
昼生荘《ひるふ》	伊勢	鈴鹿	伊勢神宮領
比呂(広)荘《ひろ》	紀伊	在田	那智山領(尊勝院領)・蓮華王院領・皇室領・藤原範季領(領家)
弘井荘《ひろい》	摂津	未勘	近衛家領・摂関家領・京極殿堂領
平尾御園《ひろお》	伊勢	多気	伊勢神宮領
広岡荘《ひろおか》	播磨	佐用	
広川荘《ひろかわ》	筑後	上妻	皇室領・待賢門院・熊野山宣陽門院領・熊野山領(紀伊)
広沢荘《ひろさわ》	武蔵	新座	
広沢御厨《ひろさわ》	上野	山田	伊勢神宮領・内宮領・足利家領・室町幕府御料所・鎌倉府料所
広瀬荘《ひろせ》	大和	広瀬	弘福寺領(領家)・水主内親王・皇室領・室町院領・東寺領(本家)・金剛勝院領・春日社領
広瀬荘《ひろせ》	摂津	島上	後鳥羽院御影堂領
広瀬荘《ひろせ》	伊賀	山田	平家没官領・東大寺領(陳和卿領・重源領・東南院領・三論衆領)
広瀬荘《ひろせ》	武蔵	入間	右大臣藤原良相領・貞観寺領
広瀬荘《ひろせ》	武蔵	大里	
広瀬荘《ひろせ》	近江	高島	後宇多院領・八条院領・歓喜光院領・皇室領・得宗領(維貞跡)
広瀬荘《ひろせ》	信濃	水内	
弘世荘《ひろせ》	山城	未勘	
弘瀬荘《ひろせ》	信濃	水内	皇室領・後白河院領・成勝寺領・大法師行智
広瀬新荘《ひろせ》	大和	広瀬	春日社領
広瀬杣《ひろせ》	伊賀	山田	東大寺領
広瀬牧《ひろせ》	大和	山辺	転経院延珍僧都領・藤原朝成家領(三条中納言家領)・右兵衛督経通家領
広瀬御園《ひろせ》	伊勢	奄芸	伊勢神宮領・外宮領
広瀬御園《ひろせ》	伊勢	飯高	伊勢神宮領・内宮領
広瀬北荘《ひろせきた》	近江	高島	八条院領・昭慶門院領・皇室領・歓喜光院領
広瀬寺荘《ひろせでら》	大和	広瀬	興福寺領
広瀬南荘《ひろせみなみ》	近江	高島	上乗院宮(京都仁和寺脇門跡)・八条院領・昭慶門院領・皇室領
広瀬山田《ひろせやまだ》	伊賀	山田	伊勢神宮領・内宮領
広田荘《ひろた》	摂津	武庫	地蔵院領・広田社領

荘 園 名	国名	郡名	領 家・本 家
広田荘《ひろた》	出雲	大原	仁和寺領
広田荘《ひろた》	淡路	津名	広田社領(摂津国)
広田荘《ひろた》	筑後	下妻	
弘田荘《ひろた》	越中	新川	伊勢神宮領・日野家領・楽所領
弘田荘《ひろた》	紀伊	那賀	伝法院領・根来寺領・高野山領
弘田御厨《ひろた》	越中	新川	伊勢神宮領・外宮領・内宮領・二宮領
広谷荘《ひろたに》	但馬	朝来	皇室領・興善院領・昭慶門院領・関東御領
弘次別符《ひろつぐ》	播磨	明石	祇園社領
弘永御厨《ひろなが》	伊勢	朝明	伊勢神宮領・内宮領・室町幕府御料所?
広庭荘《ひろにわ》	山城	未勘	七条院領・皇室領・修明門院
広野荘《ひろの》	美作	勝田	大宮院領・皇室領
広野陵荘《ひろのりょう》	山城	葛野	御室・西芳寺
広原荘《ひろはら》	日向	那珂	宇佐八幡宮領
弘原荘《ひろはら》	但馬	出石	高野山平等院領・中納言法印能誉領・大宮院領・皇室領
弘見荘《ひろみ》	美濃	未勘	鷹司家領
広(弘)山荘《ひろやま》	豊前	宇佐	宇佐弥勒寺領・喜多院領
弘山荘《ひろやま》	播磨	揖保	一條家領(領家職)
弘山荘《ひろやま》	美作	英多	
広由良荘《ひろゆら》	紀伊	海部	
日羽荘《ひわ》	備中	賀夜	等持寺領・仏通寺領(安芸仏通寺一切経料所)
日輪荘《ひわ》	阿波	那賀	
枇杷荘《びわ》	山城	久世	実相院領(門跡領)・園城寺領・近衛家領・摂関家領・興福寺領
備後勅旨《びんごちょくし》	備後	未勘	法成寺領・摂関家領・九条家領
ふ			
封有牧《ふう》	上野	未勘	勅旨牧・皇室領
笛御厨《ふえ》	志摩	未勘	伊勢神宮領・外宮領
殖木荘《ふえき》	筑後	御井	安楽寺領
深井荘《ふかい》	和泉	大鳥	内蔵寮領・官衙領・春日社領・向井正Hexadecimal
深井荘《ふかい》	武蔵	足立	
深江荘《ふかえ》	備中	都宇	
深江荘《ふかえ》	筑前	怡土	
深萱荘《ふかがや》	美濃	賀茂	藤原頼長領・皇室領・長講堂領・富小路中納言家領(領家職)・広橋家領(領家職)
深河院《ふかがわ》	大隅	囎唹	摂関家領・近衛家領・一乗院領・興福寺領
深草保《ふかくさ》	美濃	賀茂	
深砂荘《ふかさ》	信濃	伊那	
深坂保《ふかさか》	美濃	大野	
深沢荘《ふかさわ》	甲斐	山梨	
深志荘《ふかし》	山城	未勘	興善院領
深瀬御厨《ふかせ》	伊勢	員弁	伊勢神宮領・内宮領・外宮領・二宮領
深田御園《ふかた》	伊勢	飯高	伊勢神宮領・内宮領・外宮領・二宮領
深田御園《ふかた》	伊勢	多気	伊勢神宮領・外宮領
深田御園《ふかだ》	伊勢	飯野	伊勢神宮領・内宮領
深田新御園《ふかたしん》	伊勢	飯高	伊勢神宮領・内宮領
深津荘《ふかつ》	備後	深津	貞観寺領
深野荘《ふかの》	大和	山辺	興福寺領・大乗院領(門跡

荘園名	国名	郡名	領家・本家
			寄所)・喜多院領・二階堂領・春日社領(御供大般若経料所)
深淵荘《ふかふち》	土佐	香美	
深馬路御厨《ふかまじ》	伊勢	河曲	伊勢神宮領・内宮領
深町御厨《ふかまち》	伊勢	三重	伊勢神宮領・内宮領
深見荘《ふかみ》	豊前	宇佐	
深溝荘《ふかみぞ》	大和	添下	東大寺領・尊勝院領
深溝荘《ふかみぞ》	三河	額田	
深溝御厨《ふかみぞ》	伊勢	鈴鹿	伊勢神宮領・内宮領・外宮領・二宮領
深溝北荘《ふかみぞきた》	肥前	佐嘉	
深谷荘《ふかや》	武蔵	榛沢	
深河荘《ふかわ》	長門	大津	三条家領
吹荘《ふき》	丹波	多紀	成勝寺領・皇室領
蕗(富貴)荘《ふき》	紀伊	伊都	高野山領・金剛峯寺領
福貴荘《ふき》	大和	平群	興福寺領・一乗院門跡領
武気荘《ぶぎ》	美濃	武芸	
福貴園《ふき》	丹波	多紀	成勝寺領・皇室領
吹田荘《ふきだ》	筑前	夜須	観世音寺領
福基寺荘《ふきてら》	大和	平群	興福寺領・一乗院領
蕗野荘《ふきの》	越前	足羽	昭慶門院領・興禅院領・皇室領
蕗野保《ふきの》	越前	足羽	皇室領・安楽寿院領・法勝寺領・勧修寺家領・坊門家領・鹿苑院領
蕗(宝喜)原荘《ふきはら》	信濃	伊那	摂関家領・関白基通領・近衛家領・姉小路中納言顕朝・篤子中宮領
蕗原牧《ふきはら》	信濃	伊那	後院領・皇室領
葺屋荘《ふきや》	摂津	菟原	長講堂領・皇室領・伏見大光明寺領・伏見宮家領
富久保《ふく》	因幡	八上	
福牧《ふく》	河内	交野	鳥羽院領か
福井荘《ふくい》	摂津	島下	近衛家領(本家職)・摂関家領・興福寺領・冷泉宮領(本所)・日野東洞院領(領家職)
福井(居)荘《ふくい》	播磨	揖保	高野山領・神護寺領
福井荘《ふくい》	播磨	美嚢	
福井荘《ふくい》	長門	阿武	
福井荘《ふくい》	阿波	那賀	皇室領・亀山院領・室町院領
福井保《ふくい》	因幡	高草	一条局領・西大寺領(大和)
福井東西保《ふくいとうざい》	播磨	揖保	神護寺領
福雄荘《ふくお》	越後	蒲原	上西門院領・宣陽門院領・皇室領
福岡荘《ふくおか》	備前	上道	平家没官領・最勝光院領・皇室領・一乗院領(領家職)・崇徳院法華堂領・冷泉家領(吉井村一分地頭職)・東寺領
福河荘《ふくかわ》	武蔵	幡羅	仁和寺領
福木御厨《ふくき》	伊勢	飯高	伊勢神宮領
福重保《ふくしげ》	尾張	中島	国衙領・醍醐寺領・三宝院領
福島荘《ふくしま》	摂津	西成	浄金剛院領・得宗領・皇室領・南禅寺領(塔頭慈聖院領)・崇禅寺領・鷺洲上宮寺領
福所荘《ふくしょ》	肥前	小城	妙香院領・宇佐八幡宮領
福末御厨《ふくすえ》	伊勢	飯高	伊勢神宮領
福田荘《ふくた》	越中	砺波	山門領・慈鎮領・極楽寺領・妙法院領
福田荘《ふくた》	備後	葦田	青蓮院門跡領・山門領・葛

荘園名	国名	郡名	領家・本家
			川明王院領・慈鎮領・桂林院領
福田荘《ふくだ》	大和	平群	東大寺領(華厳会田)・興福寺領・大乗院領
福田荘《ふくだ》	摂津	末勘	
福田荘《ふくだ》	加賀	江沼	北野社領・北野天満宮領
福田荘《ふくだ》	但馬	城崎	熊野山領
福田荘《ふくだ》	伯耆	会見	
福田荘《ふくだ》	出雲	大原	賀茂別雷社領・賀茂社領
福田荘《ふくだ》	播磨	賀茂	石清水八幡宮領
福田荘《ふくだ》	阿波	三好	賀茂社領・賀茂別雷社領
福田別符《ふくだ》	因幡	知頭	高野山領・宝性院領(護摩領)
福田保《ふくだ》	因幡	巨濃	
福田保《ふくだ》	伯耆	会見	
福田保《ふくだ》	播磨	賀茂	源俊清領(勲功賞)・高野山領(天野社領、奥院領)・石清水八幡宮領(一円神領、地頭職、公文職、領家職)
福田保《ふくだ》	美作	真島	
福田保《ふくだ》	備後	葦田	文覚領・神護寺領
福田西荘《ふくたにし》	摂津	末勘	
福地荘《ふくち》	甲斐	都留	
福智(地)荘《ふくち》	大和	宇陀	春日社領(節供料所)・興福寺領・一乗院領
福智上荘《ふくち》	大和	宇陀	興福寺領・一乗院領
福智下荘《ふくち》	大和	宇陀	一乗院領・大乗院領
福地牧《ふくち》	河内	志紀	後一条後院領・後朱雀領・皇室領・西園寺家領(領家職)・春日社領
福富荘《ふくとみ》	摂津	末勘	大雲寺領
福富荘《ふくとみ》	備後	末勘	高野山領
福富荘《ふくとみ》	長門	末勘	石清水八幡宮領
福富保《ふくとみ》	出雲	出雲	日御碕社領
福永荘《ふくなが》	近江	坂田	皇室領
福永新荘《ふくなが》	近江	坂田	
福永保《ふくなが》	尾張	海部	三条家領
福永御厨《ふくなが》	伊勢	朝明	伊勢神宮領・内宮領(内宮蔵経料所)・建国寺領
福永御厨《ふくなが》	近江	坂田	外宮領・伊勢神宮領
福能部荘《ふくのべ》	近江	坂田	
福満荘《ふくま》	筑前	糟屋	勘解由小路家領・大内氏料所
福光荘《ふくみつ》	石見	迩摩	
福満荘《ふくみつ》	近江	犬上	慈円領・青蓮院門跡領・山門領(大成就院領)
福満荘《ふくみつ》	越中	砺波	石清水八幡宮領
福光保《ふくみつ》	近江	犬上	安居院領・日吉社領・大成就院領・甘露寺家領・青蓮院門跡領・山門領
福頼荘《ふくより》	出雲	仁多	近衛家領・摂関家領・速成就院領
福良荘《ふくら》	淡路	三原	高野山領(宝塔三昧院領)・宝持院領・宣陽門院領・長講堂領・皇室領・三条宰相中将家領(預所職)
福原荘《ふくわら・ふくはら》	摂津	八部	平家領・藤原能保領・一条家領・春日社領・興福寺領・摂関家領
深日荘《ふけ》	和泉	日根	賀茂別雷社領・賀茂社領
富家(布気)荘《ふけ》	播磨	賀茂	光照院領
鳳至院《ふげし》	能登	鳳至	
普賢寺荘《ふけんじ》	山城	綴喜	興福寺領・聖護院領・園城寺領

荘　園　名	国名	郡名	領　家・本　家
普賢寺荘《ふげんじ》	河内	茨田	
深水荘《ふこうず》	豊前	下毛	宇佐八幡宮領
深長御厨《ふこさ》	伊勢	飯高	伊勢神宮領・内宮領
布佐比荘《ふさひ》	丹波	氷上	東大寺領
富士荘《ふじ》	駿河	富士	宣陽門院領・皇室領・院領・長講堂領
藤之保《ふじ》	越中	新川	伊勢神宮領
藤井荘《ふじい》	大和	葛下	興福寺領・一乗院領・蓮華王院領・皇室領
藤井荘《ふじい》	大和	山辺	皇室領・藤原頼長領・蓮華王院領・東大寺領・春日社領・興福寺領・大乗院門跡寄所
藤井荘《ふじい》	但馬	未勘	醍醐寺領
藤井荘《ふじい》	備前	邑久	
藤井保《ふじい》	甲斐	巨摩	
藤井保《ふじい》	若狭	三方	尊勝寺領(法華堂領)・東岩蔵寺領(真性院領)
藤市荘《ふじいち》	大和	城上	興福寺領・一乗院領
藤織荘《ふじおり》	肥前	小城	安楽寺領
藤懸荘《ふじかけ》	尾張	葉栗	長講堂領・皇室領・宣陽門院領
藤方御厨《ふじかた》	伊勢	壱志	伊勢神宮領・外宮領・内宮領・二宮領
藤倉御厨《ふじくら》	伊勢	度会	伊勢神宮領
藤坂荘《ふじさか》	丹波	多紀	勧学院領・摂関家領
藤崎荘《ふじさき》	陸奥	信夫	
藤崎荘《ふじさき》	肥後	飽田	藤崎八幡宮領
藤迫御園《ふじさこ》	伊勢	多気	伊勢神宮領・内宮領
藤沢荘《ふじさわ》	信濃	伊那	諏訪社領
藤島荘《ふじしま》	越前	坂井	平家没官領・白山社領・平泉寺領・慈鎮領・青蓮院門跡領・山門領・大乗院領・延暦寺領
藤島保《ふじしま》	越前	坂井	白山社領・平泉寺領
藤田荘《ふじた》	武蔵	榛沢	
藤田荘《ふじた》	播磨	美囊	
藤田別符《ふじた》	筑後	三毛	安楽寺領(半不輸地)
藤太別符《ふじた》	日向	児湯	
藤田御園《ふじた》	伊勢	多気	伊勢神宮領・内宮領
藤田五个荘《ふじたごか》	播磨	美囊	
藤津荘《ふじつ》	肥前	藤津	仁和寺領・法勝寺領・坊門家領
藤長御厨《ふじなが》	信濃	更級	伊勢神宮領・外宮領・内宮領・二宮領
藤並荘《ふじなみ》	紀伊	在田	摂関家領
椹野荘《ふしの》	周防	吉敷	東大寺領・東南院領
伏野保《ふしの》	因幡	高草	西大寺領(大和)・一条局
藤野保《ふじの》	丹後	与謝	
藤野保《ふじの》	備前	和気	
藤秦荘《ふじはた》	山城	未勘	大江家領・橘家領
藤穂荘《ふじほ》	淡路	津名	六条御堂領・皇室領
伏見荘《ふしみ》	山城	紀伊	伏見領・皇室領・長講堂領・源有仁領・頌子内親王領・大光明寺領・大覚寺領
伏(布志)見荘《ふしみ》	河内	錦部	故式部卿親王私領・石清水八幡宮寺領(大菩薩宝前常灯料)
藤和田園《ふじわた》	山城	久世	石清水八幡宮寺領
藤原荘《ふじわら》	大和	高市	
藤原荘《ふじわら》	讃岐	多度	興福寺領・大乗院領
藤原荘《ふじわら》	豊後	速見	
藤原御園《ふじわら》	伊勢	多気	伊勢神宮領
衾田別符《ふすまだ》	日向	諸県	宇佐八幡宮領
布施荘《ふせ》	甲斐	巨摩	東北院領・摂関家領・近衛

荘　園　名	国名	郡名	領　家・本　家
			家領(預所)・摂籙渡領
布施荘《ふせ》	播磨	揖保	平頼盛領・後宇多院領・昭慶門院領・皇室領
布施(勢)荘《ふせ》	美作	大庭	関東御領・祇園社領(安居会料所)
布施本荘《ふせ》	信濃	更級	
布施(西)保《ふせ》	越中	新川	
布施御厨《ふせ》	信濃	更級	伊勢神宮領
布瀬墨崎御厨《ふせすみさき》	下総	相馬	前大蔵卿領・伊勢神宮領?
不世止御園《ふせと》	伊勢	飯野	伊勢神宮領・内宮領
二重馬牧《ふたえ》	肥後	阿蘇	兵部省官牧
二方荘《ふたかた》	但馬	二方	新熊野社領・歓喜寿院領・皇室領・久米多寺領・得宗領・楞厳寺領(公文職)
二上荘《ふたがみ》	越中	射水	土御門家領・禁裏御料所・皇室領
二河荘《ふたかわ》	美濃	未勘	春日社領
二島荘《ふたじま》	周防	吉敷	皇室領・長講堂領・東大寺領
二塚保《ふたつか》	越中	射水	室町幕府御料所
二木荘《ふたつぎ》	美濃	安八	八条院領・皇室領・山科家領
二見荘《ふたみ》	大和	宇智	
二見御厨《ふたみ》	伊勢	度会	伊勢神宮領・内宮領・外宮領・二宮領
二村荘《ふたむら》	讃岐	鵜足	興福寺領
淵荘《ふち》	近江	野洲	大安寺領・興福寺領
淵名荘《ふちな》	上野	佐位	法金剛院領・皇室領・仁和寺領・走湯山領・密厳院領(造営料所)・得宗領・醍醐寺領・三宝院領
懐島荘《ふところじま》	相模	高座	懐嶋平権守景義領・二階堂氏領・得宗領(大仏氏領)・足利直義領
船井荘《ふない》	丹波	船井	清和院領・醍醐寺領(門跡領)・北野社領(地頭職)
船江荘《ふなえ》	伊勢	飯高	近衛家領・冷泉宮領・摂関家領
船岡芝築地《ふなおかしばついじ》	山城	宇治	左衛門府領・官衙領
舟川荘《ふなかわ》	大和	吉野	
舟木荘《ふなき》	尾張	山田	醍醐寺領・三宝院門跡領・内裏朝役料所・室町幕府御料所
船木荘《ふなき》	近江	蒲生	法勝寺領・禁裏御料所・皇室領・醍醐寺領・三宝院領・賀茂別雷社領・賀茂社領・南禅寺領・三鈷寺領
船木荘《ふなき》	近江	高島	賀茂別雷社領・賀茂社領・醍醐寺領・三宝院領
船木荘《ふなき》	美濃	本巣	法勝寺領(山城・本家職)・高階家領(領家職)・醍醐寺領・智恵光院領・青蓮院領・山門領
船木荘《ふなき》	丹波	氷上	東寺領
船木荘《ふなき》	丹後	竹野	皇室領・金剛三昧院領・永嘉門院領・六条中納言家領(領家職)・実相院領・三条家領(公躬)(地頭職)
船木田荘《ふなきた・ふなきだ》	武蔵	多摩	皇嘉門院領・宜秋門院領・九条家領(本家職)・摂関家領・東福寺領
船木田本荘《ふなきた》	武蔵	多摩	九条家領・摂関家領・宜秋門院領・東福寺領・大乗院領
船木田新荘《ふなきた》	武蔵	多摩	九条家領・一条家領・摂関

荘園名	国名	郡名	領家・本家
			家領・東福寺領・皇嘉門院領
船木原御厨《ふなぎはら》	志摩	未勘	伊勢神宮領
船上荘《ふなげ》	播磨	明石	
船越荘《ふなこし》	筑前	志摩	筑前観世音寺領
船越荘《ふなこし》	筑後	竹野	
船越御厨《ふなこし》	志摩	英虞	伊勢神宮領
船越御園《ふなこし》	志摩	英虞	
船坂杣《ふなさか》	丹波	船井	西大寺領
船路下荘《ふなじ》	周防	佐波	東大寺領
舟代保《ふなしろ》	佐渡	雑太	
船津荘《ふなつ》	播磨	神崎	
船場荘《ふなば》	尾張	春部	
船橋御厨《ふなばし》	下総	葛飾	後白河院領・皇室領・伊勢神宮領・内宮領
船橋御園《ふなばし》	伊勢	度会	伊勢神宮領
舟原荘《ふなはら》	大和	宇智	道興寺領
船曳荘《ふなびき》	日向	宮崎	宇佐弥勒寺領・喜多院領・石清水八幡宮領(検校領)
船曳荘《ふなびき》	播磨	佐用	石清水八幡宮寺領
布乃宇御厨《ふのう》	伊賀	名張	伊勢神宮領
分陪荘《ぶばい》	武蔵	多摩	
布美荘《ふみ》	伯耆	会見	嘉祥寺領(山城)
普門荘《ふもん》	近江	滋賀	常住金剛院領・妙法院門跡領・山門領
古荘《ふる》	阿波	那賀	
布留荘《ふる》	大和	山辺	東大寺領・藤原輔朝領
古市荘《ふるいち》	河内	古市	観心寺領・石清水八幡宮寺領
古岡北保《ふるおかきた》	美作	未勘	平信国家領
古尾谷荘《ふるおや》	武蔵	入間	石清水八幡宮領
古河(川)荘《ふるかわ》	山城	相楽	春日社領・興福寺領
古河荘《ふるかわ》	山城	乙訓	近衛家領・東大寺領・摂関家領
古川荘《ふるかわ》	大和	未勘	興福寺領・大乗院領
古川荘《ふるかわ》	播磨	美嚢	
古河御園《ふるかわ》	伊勢	飯野	伊勢神宮領・内宮領
古河御園《ふるかわ》	伊勢	三重	伊勢神宮領
古川中州別符《ふるかわなかす》	安芸	佐伯	厳島社領
古郡荘《ふるごおり》	甲斐	都留	
古酒荘《ふるさけ》	下野	芳賀	東大寺領
古瀬御園《ふるせ》	伊勢	飯野	伊勢神宮領
古田荘《ふるた》	大和	吉野	
古津荘《ふるつ》	近江	滋賀	西大寺領
古橋荘《ふるはし》	美濃	大野	法勝寺領・九条家領・摂関家領・安嘉門院領・昭慶門院領(庁分)・皇室領・万里小路家(荘内中村郷領家職)
古浜御園《ふるはま》	伊勢	奄芸	伊勢神宮領・内宮領
古海郷《ふるみ》	因幡	高草	一条局領・西大寺領・東福寺領(地頭職)
古谷荘《ふるや》	武蔵	入間	石清水八幡宮領
古山荘《ふるやま》	伊賀	名張	
へ			
平荘《へい》	丹波	未勘	石清水八幡宮領
平荘《へい》	丹後	与謝	石清水八幡宮寺領・極楽寺領
平荘《へい》	播磨	印南	報恩寺領
平安荘《へいあん》	摂津	未勘	賀茂社領
平隆(立)院《へいりゅう》	肥前	佐嘉	
日置荘《へき》	長門	大津	三条家領
日置荘《へき・ひき》	尾張	海部	藤原忠実領・皇太后宮領・六条八幡宮領・醍醐寺領・

荘園名	国名	郡名	領家・本家
			三宝院門跡領・春日社領
平群荘《へぐり》	大和	平群	
平郡(群)荘《へぐり》	日向	児湯	前斉院領・泉涌寺領(新御堂領)・九条家領・摂関家領・七条院領・皇室領
群房荘《へぐりあわ・ぐんぼう》	安房	平群	新熊野社領・皇室領
部坂荘《へさか》	大和	宇智	七条院領・修明門院領・皇室領
綣村保《へそむら》	近江	栗太	二品尊性親王家領・山門領
経田荘《へた》	甲斐	未勘	泉涌寺新御堂領・摂関家領・宣仁門院領
部田御厨《へた》	伊勢	奄芸	伊勢神宮領・内宮領
部田御厨《へた》	伊勢	安濃	伊勢神宮領・内宮領
戸田令《へたりょう》	周防	都濃	東大寺領
別院荘《べついん》	摂津	能勢	仁和寺領
戸次荘《へつぎ》	豊後	大分	皇嘉門院領・最勝金剛院領・宜秋門院領・九条家領・摂関家領
別司保《べっし》	越前	今立	延暦寺領・千僧供領・山門領
別符荘《べっぷ》	大和	未勘	東大寺領・東大院領
別保御厨《べっぽ》	伊勢	安濃	伊勢神宮領・内宮領
別符荘《べふ》	伊賀	伊賀	
逸見筋《へみ》	甲斐	巨摩	
逸見荘《へみ》	甲斐	巨摩	八条院領・皇室領・冷泉宮(小一条院敦明親王皇女)領・近衛家領・摂関家領
逸見牧《へみ》	甲斐	巨摩	
戸矢子保《へやこ》	下野	都賀	東大寺領・便補保・主殿寮領・官衙領
戸矢子窪田保《へやこくぼた》	下野	未勘	主殿寮領・官衙領
平良荘《へら》	安芸	佐伯	厳島社領
覇流荘《へる》	近江	犬上	東大寺領
平流荘《へる》	近江	愛智	弘福寺領
弁荘《べん》	大和	葛下	興福寺領
弁荘《べん》	筑前	席田	
便補保《べんぽ》	美作	勝田	賀茂別雷社領・賀茂社領
ほ			
穂太荘《ほいだ》	備中	下道	熊野山領
法会荘《ほうえ》	近江	栗太	成就房法印祐賀領・山門領
法勲寺荘《ほうくんじ》	讃岐	鵜足	御室門跡領・仁和寺領
防所保《ぼうしょ》	肥前	佐嘉	得宗領(領家職?)
北条荘《ほうじょう》	河内	志紀	道明寺領
北条荘《ほうじょう》	下総	匝瑳	
北条荘《ほうじょう》	出羽	置賜	
北条荘《ほうじょう》	播磨	神崎	
坊城荘《ぼうじょう》	大和	十市	興福寺領
法性寺荘《ほうしょうじ》	近江	坂田	
放生米代荘《ほうじょうまいだい・ほうじょうまいしろ》	和泉	大鳥	石清水八幡宮領(護国寺領)
喰代御厨《ほうじろ》	伊賀	山田	伊勢神宮領・内宮領
祝園荘《ほうその》	山城	相楽	西大寺領・摂関家領・殿下渡領・平等院領・春日社領・東寺領・東大寺領・歓喜光院領
這田荘《ほうだ》	播磨	多可	平家没官領・平頼盛領・平光盛領・得長寿院領・皇室領・清和院領・久我家領
祝田御厨《ほうだ》	遠江	引佐	伊勢神宮領・内宮領・外宮領・二宮領
法通寺荘《ほうつうじ》	河内	河内	春日社領・興福寺領(本所・領家職)・西金堂領・石清

荘園名	国名	郡名	領家・本家
			水八幡宮寺領(地頭職)・吉田経長領
保内荘《ほうない》	播磨	美嚢	
法内荘《ほうない》	越中	射水	
法用荘《ほうよう》	山城	未勘	東大寺領
法用荘《ほうよう》	大和	添上	東大寺領
法隆寺荘《ほうりゅうじ》	讃岐	未勘	法隆寺領
某若御厨《ぼうわか》	伊勢	鈴鹿	伊勢神宮領・内宮領
穂坂荘《ほさか》	甲斐	巨摩	
穂坂牧《ほさか》	甲斐	巨摩	勅旨牧・皇室領
星河荘《ほしかわ》	伯耆	会見	賀茂別雷社領・賀茂社領
星川荘《ほしかわ》	大和	山辺	興福寺領・一乗院領
星河御厨《ほしかわ》	伊勢	員弁	伊勢神宮領・内宮領・外宮領・二宮領
星崎荘《ほしざき》	尾張	愛智	
星田荘《ほしだ》	河内	交野	美福門院領・円成院領(美福門院御祈願所・興福寺別院)・石清水八幡宮領(内殿供米料所)・八幡善法寺家領
星田保《ほしだ》	播磨	飾磨	
星田南北荘《ほしだなんぼう》	河内	交野	円成院領
保科御厨《ほしな》	信濃	高井	
星野荘《ほしの》	三河	宝飫	北野社領・室町幕府御料所・大嘗会天羽衣縫所役料所
細井御厨《ほそい》	上野	勢多	伊勢神宮領・内宮領・外宮領・二宮領・来迎院領
細井戸荘《ほそいと》	大和	広瀬	
細江荘《ほそえ》	近江	坂田	石清水八幡宮寺領・日吉新御堂領・官中便補地・青蓮院門跡領・山門領・太政官御厨家領・官衙領
細江別符《ほそえ》	日向	宮崎	宇佐八幡宮領
細川荘《ほそかわ》	摂津	豊島	三条家領・近衛家領・摂関家領・鷹司院領・鷹司家領(領家職)・金蓮華院領(本家職)・三条家領
細川荘《ほそかわ》	三河	額田	
細川荘《ほそかわ》	丹波	桑田	主殿寮領・官衙領・仙洞料所・禁裏料所・皇室領・冷泉家領(領家職)
細川荘《ほそかわ》	播磨	美嚢	安嘉門院領・蓮華心院領・皇室領・大覚寺門跡領・藤原定家領(地頭職)・冷泉家領・山科家領
細川荘《ほそかわ》	紀伊	伊都	
細野荘《ほその》	紀伊	那賀	高野山領
細原荘《ほそはら》	摂津	豊島	東大寺領・桜井宮門跡領・皇室領
細谷御厨《ほそや》	三河	渥美	伊勢神宮領
細呂宜荘《ほそろぎ》	越前	坂井	興福寺領
保田荘《ほた》	近江	坂田	神祇官領・官衙領
菩提荘《ぼだい》	大和	添下	興福寺領
保津荘《ほつ》	大和	十市	近衛家領・摂関家領
穂津荘《ほつ》	大和	十市	興福寺領
保津荘《ほづ》	丹波	桑田	藤原頼長領・皇室領・藤原忠通領・近衛家領・摂関家領
穂津保《ほづ》	丹波	桑田	建仁寺領(両足院領)・南禅寺集慶軒領
保津筏師荘《ほづいかだし》	丹波	桑田	興福寺領(両季八講料所)・摂関家領・近衛家領・春日社領
法吉荘《ほつき》	出雲	意宇	九条家領、のち東福寺領

荘園名	国名	郡名	領家・本家
穂積荘《ほづみ》	摂津	豊島	摂関家領(本家職)・春日社領(領家職)・雲林院領(穂積村)
穂積荘《ほづみ》	伊勢	朝明	
穂積荘《ほづみ》	播磨	賀茂	元興寺領
穂積寺田《ほづみてら》	大和	未勘	興福寺領
宝内荘《ほない》	三河	宝飫	
穂浪(並)荘《ほなみ》	筑前	穂波	延勝寺領・宇佐八幡宮領
骨寺《ほねでら》	陸奥	磐手	中尊寺領(経蔵別当領)
穂保荘《ほぼ》	尾張	海部	
保保御厨《ほぼ》	伊勢	朝明	伊勢神宮領・内宮領・外宮領・二宮領・室町幕府御料所・朝倉氏領
波波伯部保《ほほかべ・ははかべ》	丹波	多紀	祇園社領・感神院領
朴田荘《ほほた》	讃岐	未勘	九条家領・摂関家領
保柚御園《ほゆ》	三河	未勘	伊勢神宮領・外宮領・内宮領・二宮領
保良荘《ほら》	近江	滋賀	西大寺領
洞田御厨《ほらた》	伊勢	未勘	
堀江荘《ほりえ》	武蔵	入間	
堀江荘《ほりえ》	越中	新川	祇園社領・感神院領・得宗領(時有、顕時、公篤跡)
堀江荘《ほりえ》	阿波	板野	石清水八幡宮領・八幡宮寺別当領・小塔長日勤行供料所
堀江荘《ほりえ》	讃岐	多度	
堀江保《ほりえ》	越中	新川	祇園社領・感神院領(六月御霊会用途料、便補保)
堀尾荘《ほりお》	尾張	中島	近衛家領
堀松荘《ほりまつ》	能登	羽咋	日吉社領(九月会料所＝本家職)・天台座主円喜領・安居院領(領家職)・山門領
本荘《ほん》	大和	添下	
本荘《ほん》	河内	若江	
本荘《ほん》	摂津	東生	
本荘《ほん》	摂津	西成	
本荘《ほん》	摂津	有馬	
本荘《ほん》	常陸	未勘	昭慶門院領・大宮院領・皇室領・富小路中納言家領
本荘《ほん》	美濃	厚見	
本荘《ほん》	若狭	遠敷	
本荘《ほん》	丹波	未勘	源平盛衰記
本荘《ほん》	美作	真島	
本荘《ほん》	備中	浅口	
本荘《ほん》	備後	深津	
本荘《ほん》	紀伊	伊都	
本荘《ほん》	阿波	那賀	
本荘《ほん》	伊予	越智	
本荘《ほん》	豊前	京都	
本牧《ほん》	摂津	未勘	
本牧《ほん》	近江	未勘	法成寺領・摂関家領
本御厨《ほん》	伊賀	未勘	伊勢神宮領・内宮領
本神戸《ほんかんべ》	尾張	中島	伊勢神宮領・二宮領・内宮領・外宮領
本神戸《ほんかんべ》	三河	渥美	伊勢神宮領・二宮領・外宮領・内宮領
本神戸《ほんかんべ》	遠江	浜名	伊勢神宮領・二宮領・内宮領・外宮領
本神戸荘《ほんかんべ》	尾張	中島	北野社領(松梅院領)
本久世荘《ほんくぜ》	山城	乙訓	久我家領
本郷荘《ほんごう》	播磨	美嚢	
本郷荘《ほんごう》	備後	御調	
本御座園《ほんござ》	河内	未勘	石清水八幡宮寺領
本荘《ほんしょう》	土佐	幡多	九条家領・摂関家領・一条

荘　園　名	国名	郡名	領家・本家
			家領
本田荘《ほんた》	伊勢	多気	東寺領
本田荘《ほんだ》	山城	未勘	石清水八幡宮寺領
誉田荘《ほんだ》	河内	古市	誉田八幡宮領
本位荘《ほんみ》	播磨	佐用	
ま			
真井荘《まい》	摂津	未勘	平宗盛領・建礼門院領
舞荘《まい》	大和	城下	春日社領(東塔供料所)・興福寺領・大乗院領
枚田位田《まいた》	但馬	朝来	二条院領・皇室領
米谷荘《まいたに》	摂津	河辺	賀茂社領・賀茂別雷社領・摂関家領・多田院領・相国寺領(塔頭林光院領)
前荘《まえ》	播磨	飾磨	
前河荘《まえがわ》	若狭	三方	日吉社領・廬山寺
前島荘《まえじま》	駿河	志太	
前田荘《まえだ》	播磨	美嚢	
前取社《まえとり》	相模	大住	八条院領
前野御厨《まえの》	尾張	葉栗	伊勢神宮領・内宮領
前野御園《まえの》	伊勢	度会	伊勢神宮領・外宮領
前見荘《まえみ》	信濃	未勘	雅楽頭済益領
前村御園《まえむら》	伊勢	多気	伊勢神宮領・内宮領
摩加江御園《まかえ》	伊勢	度会	伊勢神宮領
勾田荘《まがた》	大和	山辺	興福寺領・一乗院領・大乗院領
真加部荘《まかべ》	美作	勝田	大覚寺領
真壁荘《まかべ》	常陸	真壁	関東御領?・得宗領(竹来郷)
真壁荘《まかべ》	美作	苫西	大覚寺領
真上荘《まかみ》	摂津	島上	平等院領
真柄荘《まから》	越前	今立	七条院領(本所職)・皇室領・姉小路家領(預所職)・仁和寺領・歓喜寿院領
真柄保《まから》	越前	今立	橘行盛私領・姉小路信定領
鈎荘《まがり》	近江	栗太	
勾荘《まがり》	伊勢	員弁	伊勢神宮領・内宮領
勾荘《まがり》	備中	未勘	
勾別符《まがり》	豊後	大分	宇佐八幡宮領
勾保《まがり》	豊後	大分	宇佐八幡宮領
勾御厨《まがり》	伊勢	飯高	伊勢神宮領・内宮領・外宮領・二宮領・承久没官領・得宗領・園城寺領
鈎御園《まがり》	近江	栗太	近衛家領・摂関家領
勾御園《まがり》	伊勢	度会	伊勢神宮領
勾金荘《まがりかね》	豊前	田河	宇佐八幡宮領
牧荘《まき》	河内	交野	
牧荘《まき》	甲斐	山梨	臨川寺領・恵林寺領
牧荘《まき》	近江	蒲生	皇室領・日吉社領・山門領
槙荘《まき》	大和	添上	東大寺領・尊勝院領
真衣牧《まき》	甲斐	巨摩	勅旨牧・皇室領
牧御園《まき》	伊勢	飯郡	伊勢神宮領
牧大口御園《まきおおくち》	伊勢	多気	伊勢神宮領・外宮領
蒔(牧)田荘《まきだ》	美濃	石津	石清水八幡宮寺領
真荘《まきの》	播磨	賀古	
牧野荘《まきの》	下野	都賀	
真衣野牧《まきの》	甲斐	巨摩	勅旨牧・皇室領
槙(真木)山荘《まきやま》	伊賀	阿拝	東大寺領・尊勝院領
槙山新荘《まきやま》	伊賀	阿拝	東大寺領
真(麻)国荘《まくに》	紀伊	那賀	鳥羽院領・八条院領・皇室領・神護寺領・高野山領・金剛峯寺領
万倉別符《まぐら》	長門	厚狭	
枕木保《まくらぎ》	出雲	島根	

荘　園　名	国名	郡名	領家・本家
真桑荘《まくわ》	美濃	大野	
摩気保《まけ》	丹波	船井	
真幸院《まさき》	日向	諸県	
正木荘《まさき》	摂津	島下	大雲寺領・実相院門跡領
猿尾荘《ましお》	武蔵	男衾	
益頭荘《ましず》	駿河	益頭	円勝寺領・藤原信業領・鶴岡八幡宮領・得宗領(地頭職)・摂津親秀領・八条院領・皇室領・仁和寺領
味舌荘《ました》	摂津	島下	摂関家渡領・慈徳寺領(領家)・妙香院領(本所)・法成寺領・成恩院領・興福寺領
益田保《ました》	尾張	中島	国衙領・醍醐寺領・三宝院領・崇賢門院領(国衙別納地)・皇室領・廬山寺領
真島荘《ましま》	美作	真島	長講堂領・皇室領(本家職)・万里小路家領(領家職)
万寿荘《ます》	備中	都宇	新熊野社領・聖護院領
万寿本荘《ます》	備中	都宇	新熊野社領
増尾荘《ますお》	山城	相楽	
馬椙荘《ますぎ》	近江	甲賀	広隆寺領(上宮王院常灯料所、桂宮院等修造料所)・興福寺領(維摩会料所)
真次御園《ますき》	伊勢	安濃	伊勢神宮領
益田荘《ますた・ますだ》	伊勢	桑名	近衛家領・摂関家領・興福寺領・一乗院門跡領
益田荘《ますだ》	石見	美濃	皇室領
益田荘《ますだ》	播磨	印南	報恩寺領
増田荘《ますだ》	近江	浅井	
升田保《ますだ》	播磨	印南	
益富保《ますとみ》	加賀	石川	高野山領(無量寿院堂領)・鷹司家領
益富保《ますとみ》	丹後	丹波	石清水八幡宮領
万寿西荘《ますにし》	備中	都宇	新熊野社領
益原保《ますはら》	備前	和気	
万寿東荘《ますひがし》	備中	都宇	新熊野社領
真清田荘《ますみだ》	尾張	中島	平頼盛家領・安楽寿院領・皇室領・尾張一宮真清田社領・八条院領・久我家領
斛光御厨《ますみつ》	伊勢	河曲	伊勢神宮領・内宮領
馬瀬御園《ませ》	伊勢	度会	伊勢神宮領
馬関田荘《ませきた》	日向	諸県	安楽寺領
俣田荘《まただ》	越中	射水	
真玉荘《またま》	豊後	国崎	宇佐弥勒寺領・喜多院領
町野荘《まちの》	能登	鳳至	九条家領・摂関家領
松荘《まつ》	尾張	未勘	長講堂領・皇室領・宣陽門院領
松荘《まつ》	伊予	宇和	
松井荘《まつい》	山城	綴喜	法金剛院領・皇室領・宣陽門院領
松井荘《まつい》	出雲	能義	
松井荘《まつい》	播磨	多可	皇室領・長講堂領・宣陽門院領・室町幕府御料所(右方、公事粽)・北野社領
松井寺西荘《まついてらにし》	山城	未勘	院御領・皇室領
松枝荘《まつえだ》	尾張	葉栗	白河伯王家領
松枝保《まつえだ》	尾張	葉栗	伊勢神宮領
松尾荘《まつお》	大和	添上	新薬師寺領・東大寺領
松尾荘《まつお》	摂津	未勘	
松尾御園《まつお》	伊勢	飯高	伊勢神宮領・内宮領・外宮領・二宮領
松尾御園《まつお》	伊勢	度会	伊勢神宮領
松岡荘《まつおか》	下総	豊田	蓮華王院領・皇室領・按察使家領・山門領・大懺法会

荘　園　名	国名	郡名	領　家・本　家
			料所・慈鎮領
馬司荘《まつかさ》	大和	添下	額安寺領
松崎領《まつがさき》	山城	愛宕	皇室領・室町院領
松風荘《まつかぜ》	駿河	富士	
松川荘《まつかわ》	武蔵	豊島	
真継保《まつぐ》	丹波	多紀	禁裏料所・皇室領・蔵人鋳物師真継氏領・建仁寺常光院領・竜安寺領・勝鬘院領
松倉御園《まつくら》	伊勢	度会	伊勢神宮領
松気荘《まつけ》	丹後	未勘	醍醐寺領
松崎御厨《まつさき》	伊勢	安濃	伊勢神宮領・外宮領
松沢荘《まつざわ》	下総	海上	
松下御厨《まつした》	伊勢	度会	伊勢神宮領・内宮領
松島西条荘《まつしまさいじょう》	阿波	板野	
松尻荘《まつしり》	近江	未勘	昭慶門院領(庁分)・皇室領
松田荘《まつた》	相模	足上	
松高荘《まつたか》	因幡	高草	
松武荘《まつたけ》	河内	河内	藤原忠茂領(下司職)
松茸園《まつたけ》	山城	未勘	右金吾領・近衛家領・高陽院領
松戸荘《まつど》	下総	葛飾	
松永荘《まつなが》	若狭	遠敷	室町院領・皇室領・伏見宮家領(東寺)
松永荘《まつなが》	越中	砺波	松尾社領・小槻家領(官務)
松永保《まつなが》	若狭	遠敷	国衙領
松永御厨《まつなが》	伊勢	河曲	伊勢神宮領・内宮領
松永南荘《まつながみなみ》	越中	砺波	松尾社領
松尾御厨《まつのお》	伊勢	員弁	伊勢神宮領・内宮領・外宮領・二宮領
松尾御園《まつのお》	伊勢	員弁	伊勢神宮領・内宮領
松尾御園《まつのお》	志摩	答志	伊勢神宮領
松葉荘《まつば》	尾張	海部	妙顕寺領(京都)・久我家領
松原荘《まつはら》	河内	丹比	広隆寺領・醍醐寺領・無品内親王家領
松原荘《まつばら》	播磨	飾磨	石清水八幡宮領・極楽寺領
松原新荘《まつばら》	播磨	飾磨	昭慶門院領・大宮院領・皇室領
松久荘《まつひさ》	武蔵	那珂	
松伏別符《まつぶせ》	近江	蒲生	
松村荘《まつむら》	摂津	島下	長講堂領・皇室領・宣陽門院領
松本荘《まつもと》	大和	添下	東大寺領
松本御厨《まつもと》	伊勢	三重	伊勢神宮領・内宮領・外宮領・二宮領
松本御厨《まつもと》	伊勢	安濃	伊勢神宮領・内宮領
松本御園《まつもと》	伊勢	度会	伊勢神宮領
松屋別符《まつや》	長門	厚狭	
松山荘《まつやま》	大和	高市	
松山荘《まつやま》	摂津	有馬	九条家領・九条道家領・摂関家領・四条院尚侍領・興福寺領・大乗院門跡領
松山荘《まつやま》	武蔵	入間	
松山荘《まつやま》	陸奥	志太	
松山荘《まつやま》	石見	那賀	
松山荘《まつやま》	讃岐	阿野	白峯寺千手堂領・白峰寺領・頓証寺領
松山保《まつやま》	駿河	益頭	
松山保《まつやま》	越後	頸城	国衙領・得宗領(右馬権頭義時跡)
松山御厨《まつやま》	伊勢	飯高	伊勢神宮領・内宮領・外宮領・二宮領・久米多寺領

荘　園　名	国名	郡名	領　家・本　家
			(和泉)
松吉保《まつよし》	丹後	竹野	
松浦荘《まつら》	肥前	松浦	建春門院領・最勝光院領・皇室領・東寺領
松浦西郷荘《まつらさいごう》	肥前	松浦	
満登荘《まと》	大和	添上	東大寺領
的形荘《まとがた》	播磨	印南	妙法院領
的矢荘《まとや》	武蔵	多摩	
的屋御厨《まとや》	志摩	答志	伊勢神宮領・内宮領
摩那荘《まな》	因幡	巨濃	
真奈胡御園《まなこ》	伊勢	飯野	伊勢神宮領
真鍋荘《まなべ》	備中	小田	勧学院領・摂関家領
摩尼荘《まに》	紀伊	伊都	
真沼荘《まぬま》	越後	頸城	東大寺領
真沼田荘《まぬまた》	越後	頸城	東大寺領
真野荘《まの》	近江	滋賀	無動寺領・青蓮院領・山門領・妙法院門跡領
真野荘《まの》	讃岐	那珂	園城寺領
真野勅旨《まのちょくし》	讃岐	那珂	皇室領
真幡木荘《まはたき》	山城	紀伊	安楽寿院領・皇室領・高倉家領・冷泉家領
馬伏荘《まぶせ》	河内	讃良	妙法院領・金剛三昧院領(不断念仏料田)・北野社領(馬伏郷)
馬淵荘《まぶち》	近江	蒲生	道覚法親王領
万見保《まみ》	越中	婦負	足利満詮領・室町幕府御料所・実相院領(地頭職)
馬(間)宮荘《まみや》	伊豆	田方	八条院領・皇室領・走湯山領・関東公方領
豆田荘《まめだ》	備前	上道	西大寺領
豆津別符《まめつ》	肥前	三根	
真幸荘《まゆき》	豊後	未勘	安楽寺領
真弓荘《まゆみ》	大和	高市	興福寺領・大乗院領
万弓荘《まゆみ》	大和	高市	藤原兼業領・東大寺領・東大寺別当領
真弓杣《まゆみ》	伊勢	飯高	伊勢神宮領・内宮領
真弓御厨《まゆみ》	伊勢	飯高	伊勢神宮領・内宮領
丸子荘《まりこ》	武蔵	橘樹	承鎮法親王領・護良親王領・円覚寺領
丸子保《まりこ》	武蔵	橘樹	円覚寺領(平間郷)
丸御厨《まる・まろ》	安房	朝夷	伊勢神宮領
丸栗荘《まるぐり》	信濃	水内	仁和寺領・御室領
丸柱保《まるばしら》	伊賀	阿拝	東大寺領
丸毛別符《まるも》	石見	美濃	国衙領
万呂荘《まろ》	紀伊	牟婁	
満願寺荘《まんがんじ》	大和	添下	喜多院領・興福寺領
万行保《まんぎょう》	能登	能登	
万歳荘《まんざい》	大和	葛下	
万田荘《まんだ》	出雲	楯縫	
万田本荘《まんだ》	出雲	楯縫	
万田新荘《まんだ》	出雲	楯縫	
万力筋《まんりき》	甲斐	山梨	
み			
三井荘《み》	丹波	氷上	淳和院領・皇室領
美別符《み》	安芸	未勘	石清水八幡宮寺領
三井保《みい》	能登	能登	
三入荘《みいり・みり》	安芸	安芸	新熊野社領
三入本荘《みいり》	安芸	安芸	新熊野社領
三入新荘《みいり》	安芸	安芸	
三入保《みいり》	安芸	安芸	石清水八幡宮領
御厩立荘《みうまやだち》	丹波	未勘	勧学院領・摂関家領
三浦荘《みうら》	伊豆	未勘	
三浦荘《みうら》	相模	御浦	鹿王院領
三浦矢部別荘《みうらやべ》	相模	御浦	

荘園一覧

荘園名	国名	郡名	領家・本家
三江荘《みえ》	但馬	城崎	二位律師領・因幡法眼実秀領・松尾社領
三重荘《みえ》	伊勢	三重	東大寺領
三重荘《みえ》	豊後	大野	
三重生荘《みえお》	近江	高島	
三重屋荘《みえや》	肥前	佐嘉	東大寺領・七条院領・室町院領・皇室領
三重屋荘《みえや》	肥後	山本	藤原宗通領
三重屋新荘《みえや》	肥後	山本	
三重屋新荘《みえやしん》	肥前	佐嘉	
三緒荘《みお》	筑前	嘉麻	
三尾荘《みお》	近江	高島	石山寺領・青蓮院門跡領
三尾荘《みお》	紀伊	日高	
三尾杣《みお》	近江	高島	法成寺領
三箇荘《みか》	伊勢	未勘	万寿寺領
三方荘《みかた》	但馬	気多	山門領・横川中堂領・越中律師定範領
三方荘《みかた》	播磨	宍粟	皇室領・弘誓院領・昭慶門院領
三方紙工《みかたかみく》	但馬	養父	
三方西荘《みかたにし》	播磨	宍粟	大徳寺領
三方山杣《みかたやま》	播磨	宍粟	
三月保《みかつき》	山城	葛野	景鎰西堂
甕(瓱)原荘《みかのはら》	山城	相楽	東大寺領・西林寺領・近衛家領・摂関家領・春日社領・興福寺領
美賀野部荘《みかのべ》	越前	丹生	摂関家領・関白道家領・九条家領・一条家領・尊勝寺領(曼荼羅堂、便補保)
三上院《みかみ》	紀伊	名草	
三上荘《みかみ》	近江	野洲	藤原実定家領・東福寺大機院領
三上荘《みかみ》	紀伊	名草	薬勝寺領・八条院領・後宇多院領・歓喜光院領・皇室領・安嘉門院領・高野山領・遍照院領
三上野院《みかみの》	紀伊	名草	
美甘荘《みかも》	美作	真島	本荘家領
三河荘《みかわ》	播磨	宍粟	
美河原荘《みかわら》	摂津	豊島	勝尾寺領・総持寺領・浄土寺門跡領(本所)・山門領
三木荘《みき》	播磨	美嚢	妙法院領・山門領
三木荘《みき》	紀伊	牟婁	
右荘《みぎ》	加賀	江沼	高山寺領
三木本荘《みき》	播磨	美嚢	延暦寺東塔領・山門領・七条院領・皇室領
右本荘《みぎ》	加賀	江沼	高山寺領
右新荘《みぎ》	加賀	江沼	
三木田荘《みきた》	和泉	大鳥	春日社領(上条、中条本家職)
美喜田荘《みきた》	豊後	球珠	
右田荘《みぎた》	大和	広瀬	興福寺領
右田保《みぎた》	周防	佐波	
右松保《みぎまつ》	日向	臼杵	国衙領
右松保《みぎまつ》	日向	臼杵	国衙領
美含荘《みくみ》	但馬	美含	浄土寺殿領・浄土寺領
御厨荘《みくりや》	肥前	松浦	
三池(毛)荘《みけ》	筑後	三毛	摂関家領・関白基嗣領・近衛家領・楞伽寺領(京都)・得宗領(南郷堺村)
三毛荘《みけ》	紀伊	那賀	延暦寺領・比叡山領・山門領
三毛山門荘《みけやまと》	筑後	三毛	頼行朝臣・藻壁門院・摂関家領・関白道家領・九条家領・一条家領
味佐保《みさ》	丹後	与謝	御厨御料所
美佐御園《みさ》	伊勢	多気	伊勢神宮領
三坂荘《みさか》	備後	奴可	
三崎荘《みさき》	相模	御浦	冷泉宮領・近衛家領・摂関家領・楞伽寺領(京都)・鎌倉法華堂領
三崎荘《みさき》	下総	海上	皇嘉門院領・摂関家領・九条家領・最勝金剛院領・報恩院領・法成寺領
三崎荘《みさき》	讃岐	三野	法成寺領・九条家領・摂関家領
三朝荘《みささ》	伯耆	河村	
御陵荘《みささき》	山城	宇治	山科家領
山陵荘《みささぎ》	大和	添下	
三島荘《みしま》	大和	山辺	西大寺領・摂関家領(東北院領)・仁和寺領
三島荘《みしま》	摂津	島下	西大寺領・弘誓院領・後宇多院領・皇室領・八条院領・興福寺領・石清水八幡宮領・総持寺領・春日社領
三島荘《みしま》	近江	犬上	東大寺領
三島荘《みしま》	伊予	越智	皇室領・長講堂領
三島保《みしま》	因幡	高草	
御正荘《みしょう》	武蔵	幡羅	
三代荘《みじろ》	出雲	大原	
三栖荘《みす》	山城	紀伊	安楽寿院領・皇室領・摂関家領・滝翔寺領・西園寺家領・三条西家領・石清水八幡宮領・八条院領・順徳天皇領
三栖荘《みす》	紀伊	牟婁	摂関家領・藤原能実領・藤原頼長領・皇室領・後嵯峨院領・後白河院領・九条家領
御酢保《みす》	和泉	大鳥	摂関家領・九条家領
美豆牧《みず》	山城	久世	左馬寮領・官衙領・石清水八幡宮領
水尾荘《みずお》	摂津	島下	摂関家領(本所)・春日社領・興福寺領
水倉石荘《みずくらいし》	駿河	富士	
水氷荘《みずこおり》	大和	平群	興福寺領
水田荘《みずた》	山城	愛宕	
水田荘《みずた》	大和	高市	勧修寺領・春日社領
水田荘《みずた》	備中	英賀	花蔵院領・山科家領
水田荘《みずた》	筑後	下妻	安楽寺領
美津野領《みずの》	山城	久世	石清水八幡宮領
水野上御厨《みずのかみ》	尾張	山田	熱田社領
水判土荘《みずはた》	武蔵	足立	
水走荘《みずはや》	河内	河内	水走(藤原)長忠領
水房荘《みずふさ》	武蔵	比企	
水間荘《みずま》	大和	添上	
水馬荘《みずま》	筑後	三潴	
みすみ荘《みすみ》	武蔵	横見	
三隅荘《みすみ》	長門	大津	
三隅御厨《みすみ》	長門	大津	伊勢神宮領・内宮領
水谷荘《みずや》	但馬	養父	安楽寿院領・皇室領・但馬国三宮
水涌荘《みずわき》	大和	山辺	興福寺領・大乗院領
溝江荘《みぞえ》	越前	坂井	東大寺領
溝杭荘《みぞくい》	摂津	島下	長講堂領・隼人司領・皇室領・興福寺領・清浄心院領・宣陽門院領・春日社領・三条家領・室町幕府御料所
溝杭御稲田《みぞくいおんいなだ》	摂津	島下	大炊寮領・官衙領
美園御厨《みその》	遠江	長上	伊勢神宮領・内宮領・外宮

荘　園　名	国名	郡名	領 家・本 家
			領・二宮領・昭慶門院領・興善院領・皇室領
三(箕)田荘《みた》	武蔵	足立	
三田荘《みた》	安芸	高田	厳島社領(新荘)
美多(弥陀)荘《みた》	隠岐	知夫	
美田荘《みた》	美濃	未勘	近衛家領・摂関家領
箕田荘《みた》	大和	添上	東大寺領・興福寺領
三田新荘《みた》	安芸	高田	厳島社領
箕田御厨《みた》	伊勢	河曲	伊勢神宮領・内宮領
三立崎荘《みたさき》	淡路	津名	
三立崎保《みたさき》	淡路	津名	国衙領
箕田永富御厨《みたながとみ》	伊勢	河曲	伊勢神宮領・外宮領
三谷荘《みたに》	和泉	日根	
三谷荘《みたに》	紀伊	伊都	
美談荘《みだみ》	出雲	出雲	
美談新荘《みだみ》	出雲	出雲	
美田村荘《みたむら》	隠岐	知夫	
箕田安田御厨《みたやすだ》	伊勢	河曲	伊勢神宮領
道田保《みちた》	越前	未勘	石清水八幡宮寺領
蜂屋北荘《みちやきた》	美濃	賀茂	長講堂領・皇室領
道山荘《みちやま》	播磨	賀茂	
道山上荘《みちやま》	播磨	賀茂	金剛三昧院領・高野山領
三津厨《みつ》	出雲	島根	比叡山延暦寺領・山門領・良源領
三津荘《みつ》	出雲	楯縫	
三津荘《みつ》	備後	御調	常光院領・得宗領
三津荘《みつ》	肥前	神崎	妙香院領
三津保《みつ》	丹後	竹野	
光井保《みつい》	周防	熊毛	
満家院《みついえ》	薩摩	日置	摂関家領・近衛家領・一乗院領・興福寺領
三石保《みついし》	備前	和気	
光岡保《みつおか》	丹後	与謝	一宮御領
三賀野荘《みつがの》	伊勢	壱志	万寿寺領
御(三)調南条荘《みつぎなんじょう》	備後	御調	
御調北条《みつぎほうじょう》	備後	御調	
光国保《みつくに》	豊前	京都	宇佐弥勒寺領・門司関八幡宮領(地頭職)
光武保《みつたけ》	丹後	丹波	成相寺領・普甲寺領
三津寺荘《みつてら》	摂津	東生	四天王寺領(天王寺領)・三津寺領・石清水八幡宮領
光富神田《みつとみ》	伊勢	河曲	伊勢神宮領・内宮領
光富保《みつとみ》	丹後	丹波	金剛心寺領
光富保《みつとみ》	阿波	板野	
三橋御園《みつはし》	伊勢	度会	伊勢神宮領
光久保《みつひさ》	丹波	船井	篠村八幡宮領・醍醐寺領(三宝院領)
光用御厨《みつもち》	伊勢	飯高	伊勢神宮領・内宮領・外宮領・二宮領
光元荘《みつもと》	因幡	気多	
光元保《みつもと》	因幡	気多	南禅寺領・慈聖院領(地頭職か)・宝慈院(本所)・万里小路家(領家)
光安周枳葛保《みつやすすきかつら》	丹後	丹波	
御津荘《みと》	三河	宝飫	守護領(室町幕府御料所?)
三津荘《みと》	伊豆	田方	浄光明寺領・慈光院領・得宗領?
三津御厨《みつ・みと》	伊豆	田方	皇嘉門院領・九条家領・摂関家領・最勝金剛院領
美徳山領《みとくさん》	伯耆	河村	美徳山三仏寺・壬生家領・官務家領・官衙領
三戸古保《みとこ》	因幡	邑美	
三刀墓御園《みとつか》	尾張	丹羽	熱田社領
三人部御園《みとべ》	尾張	海部	伊勢神宮領・内宮領

荘　園　名	国名	郡名	領 家・本 家
見度呂荘《みとろ》	大和	宇陀	
見長御園《みなが》	伊勢	壱志	伊勢神宮領・外宮領・内宮領・二宮領
水上荘《みなかみ》	大和	未勘	
皆河荘《みながわ》	下野	都賀	皇室領・大谷姫宮家領(順徳皇女)・尊性法親王領(後高倉院皇子)・青蓮院門跡領
皆木荘《みなぎ》	美作	勝田	
三奈木荘《みなぎ》	筑前	下座	東福寺領・九条家領・平家没官領
美袋荘《みなぎ》	備中	賀夜	等持寺領
水成(無)瀬荘《みなせ》	摂津	島上	東大寺領・水無瀬御影堂領・水無瀬家領
湊保《みなと》	能登	羽咋	
南福荘《みなとみ》	近江	浅井	
南淵荘《みなぶち》	大和	添上	興福寺領・一乗院門跡領
南部荘《みなべ》	紀伊	日高	頌子内親王領・皇室領・高野山領(蓮華乗院領)
南部本荘《みなべ》	紀伊	日高	高野山領・蓮華乗院領
南部新荘《みなべ》	紀伊	日高	高野山領・蓮華乗院領
三浪荘《みなみ》	筑前	夜須	
南荘《みなみ》	大和	山辺	
南荘《みなみ》	大和	添上	
南荘《みなみ》	常陸	茨城	
南荘《みなみ》	近江	滋賀	
南荘《みなみ》	丹波	多紀	
南荘《みなみ》	美作	久米	
南県荘《みなみあがた》	加賀	加賀	水成瀬社壇建立料所・梶井門跡領・恵心院領・三千院領(御封便補)・山門領
南在田荘《みなみありた》	大和	広瀬	興福寺領
南有本荘《みなみありもと》	紀伊	名草	
南伊香立荘《みなみいかだつ》	近江	滋賀	無動寺領
南櫟本荘《みなみいちの》	大和	山辺	興福寺領
南一夜松《みなみいちやまつ》	大和	平群	興福寺領
南浦荘《みなみうら》	肥後	宇土	
南大垣荘《みなみおおがき》	大和	十市	興福寺領
南大西荘《みなみおおにし》	大和	城上	多武峯寺領・談山神社領
南越智荘《みなみおち》	大和	高市	春日社領
南加利園《みなみかり》	筑後	未勘	
南喜殿荘《みなみきどの》	大和	高市	興福寺領・大乗院領・一乗院領・金峯山領・吉水院領
南黒田御厨《みなみくろた》	伊勢	飯高	伊勢神宮領
南黒田御厨《みなみくろだ》	伊勢	奄芸	伊勢神宮領・外宮領・醍醐寺領・遍智院領・三宝院門跡領・花園院太政大臣家領
南黒野御厨《みなみくろの》	伊勢	河曲	伊勢神宮領
南黒野御厨《みなみくろの》	伊勢	壱志	伊勢神宮領・外宮領
南小泉荘《みなみこいずみ》	大和	十市	興福寺領
南古賀荘《みなみこが》	近江	高島	後宇多院領・尊勝院領・八条院領・皇室領・山門領
南佐久良保《みなみさくら》	近江	野洲	延暦寺衆徒領
南職田御厨《みなみしきてん》	伊勢	河曲	伊勢神宮領
南白江荘《みなみしらえ》	加賀	能美	山門領・延暦寺東塔領・妙法院領
南助任保《みなみすけとう》	阿波	名東	春日社領
南施荘《みなみせ》	播磨	揖保	昭慶門院領・皇室領
南田中荘《みなみたなか》	大和	添上	東大寺領
南土田荘《みなみつちだ》	大和	平群	東大寺領
南殿荘《みなみどの》	大和	山辺	興福寺領・大乗院領
南富田御厨《みなみとみた》	伊勢	朝明	伊勢神宮領・外宮領
南長尾保《みなみながお》	山城	葛野	仁和寺領?
南中南荘《みなみなかみなみ》	大和	城上	興福寺領

荘園一覧

荘　園　名	国名	郡名	領 家・本 家
南野荘《みなみの》	常陸	茨城	皇室領・安楽寿院領・平頼盛領
南野牧《みなみの》	常陸	茨城	安楽寿院領(庁分)・八条院領・皇室領・昭慶門院領(庁分)
南畠荘《みなみはた》	加賀	未勘	山門領・延暦寺領・東塔領
南波多野荘《みなみはたの》	相模	余綾	得宗領
南浜御厨《みなみはま》	志摩	英虞	伊勢神宮領
南船越御厨《みなみふなこし》	志摩	英虞	伊勢神宮領・内宮領・外宮領・二宮領
南俣院《みなみまた》	大隅	大隅	正八幡宮領(大隅)
南安田荘《みなみやすだ》	出雲	能義	石清水八幡宮領
南山荘《みなみやま》	陸奥	会津	
南山田御厨《みなみやまた》	伊勢	三重	伊勢神宮領・外宮領
南湯浦保《みなみゆうら》	能登	能登	
南横田荘《みなみよこた》	大和	添上	東大寺領
三成荘《みなり》	備中	小田	南禅寺領・室町幕府御料所・大雲庵料所
三成別符《みなり》	因幡	知頭	高野山領(宝性院護摩料所)
水主荘《みぬし》	近江	甲賀	水主内親王領・弘福寺領
三豬荘《みぬま》	筑後	三豬	東寺領・宝荘厳院領・四条家領・安楽寺領(吉祥今村)
水沼荘《みぬま》	近江	犬上	東大寺領
峰寺保《みねてら》	因幡	八上	
峰林御園《みねばやし》	伊勢	飯野	伊勢神宮領
三野荘《みの》	播磨	飾磨	
美乃荘《みの》	大和	添上	春日社領(夕御供料所)・興福寺領
美乃荘《みの》	美濃	山県	賀茂社領
美濃(三乃)荘《みの》	大和	添上	大安寺領・東大寺領・興福寺領・一乗院領・大乗院領・春日社領・法花寺領
美濃勅旨《みの》	河内	若江	七条院領(本家職)・東北院領・皇室領・修明門院領・四辻宮親王家領
三野新荘《みの》	備前	御野	長講堂領・皇室領・宣陽門院領・青蓮院門跡領
三野御厨《みの》	伯耆	会見	伊勢神宮領・内宮領
箕浦荘《みのうら》	近江	坂田	後鳥羽院御影堂領・後宇多院領・皇室領・延命院領・昭慶門院領・妙法院門跡領・山門領
箕浦山方荘《みのうらやまかた》	近江	坂田	延命院領
三野久永御厨《みのくえ》	伯耆	会見	伊勢神宮領・内宮領
蓑田荘《みのた》	武蔵	足立	
三野田保《みのた》	阿波	三好	石清水八幡宮領・八幡宮別神領
美(箕)濃田保《みのだ》	丹波	桑田	皇室領・室町幕府御料所
水内荘《みのち》	備中	下道	石清水八幡宮領・善法寺家領
水内北荘《みのちきた》	備中	下道	石清水八幡宮寺領(宮寺別当領)
三野原牛牧《みのはら》	日向	那珂	兵部省官牧
三野原荘《みのはる》	肥前	養父	
箕輪荘《みのわ》	信濃	伊那	
三橋荘《みはし》	大和	添上	春日社領・興福寺領
三原荘《みはら》	上野	吾妻	
三原荘《みはら》	備後	御調	
三原荘《みはら》	筑後	御原	平家没官領・平頼盛領・東寺領(最勝光院領)・関東御領(領家職・得宗領)・石清水八幡宮領(室町期)
新張牧《みはり》	信濃	小県	左馬寮領
三引保《みびき》	能登	能登	

荘　園　名	国名	郡名	領 家・本 家
壬生荘《みぶ》	安芸	山県	厳島社領
御深荘《みふか》	筑後	山門	宇佐八幡宮領
見布乃荘《みふの》	安芸	山県	
壬生野荘《みぶの》	伊賀	阿拝	春日若宮領・春日社領
壬生野保《みぶの》	伊賀	阿拝	興福寺領・春日社領
水間杣《みま》	大和	添上	新薬師寺領・東大寺領・興福寺領
御(三)牧荘《みまき》	甲斐	巨摩	
三牧荘《みまき》	越後	古志	西大寺領
美作荘《みまさか》	大和	未勘	東大寺領
美作荘《みまさか》	摂津	未勘	桜井宮門跡領・東寺領・東福寺領(正印庵領)
三俣院《みまた》	日向	諸県	
三俣戸荘《みまたべ》	丹波	天田	興福寺領
御厩荘《みまや》	摂津	未勘	新熊野社領
御厩保《みまや》	丹後	丹波	
御厩保《みまや》	伊予	越智	
耳荘《みみ》	若狭	三方	東寺領(修造料所)・春日社領(西郷領家職)・興福寺領(西郷領家職)
耳浦荘《みみうら》	越中	射水	
耳舌荘《みみした》	摂津	未勘	興福寺領
三村荘《みむら》	近江	蒲生	宝荘厳院領・東寺領・東大寺領(東南院門主領)
三村荘《みむら》	美濃	不破	平光盛領・安嘉門院領・皇室領・久我家領
三村荘《みむら》	備中	未勘	皇室領・長講堂領・宣陽門院領・花山院家領
御母板倉御厨《みもいたぐら》	尾張	中島	伊勢神宮領・内宮領・外宮領・二宮領・七条院領・室町院領・皇室領
宮荘《みや》	大和	未勘	
宮荘《みや》	安芸	賀茂	
宮荘《みや》	安芸	山県	厳島社領(寺原荘内・平田荘内)
宮荘《みや》	肥後	宇土	
宮保《みや》	加賀	石川	南禅寺領・西芳寺領
宮保《みや》	備前	御野	吉備津宮社領(備前一宮社領)・西御所領(足利義満側室高橋殿西御所領)
宮市荘《みやいち》	伯耆	日野	
宮内荘《みやうち》	三河	宝飫	
宮内荘《みやうち》	安芸	佐伯	厳島神社領
宮内荘《みやうち》	肥後	飽田	藤崎八幡宮領
宮浦保《みやうら》	佐渡	雑太	
宮河荘《みやかわ》	越中	婦負	徳大寺家領
宮河荘《みやがわ》	越後	三島	
宮川荘《みやがわ》	若狭	遠敷	賀茂別雷社領・賀茂正祢宜領(預所)・賀茂社領
宮河保《みやかわ》	若狭	遠敷	国衙領・得宗領・室町幕府御料所
宮川保《みやがわ》	近江	蒲生	祇園社領・祇園感神院領・天台座主領・山門領
三宅荘《みやけ》	摂津	島下	摂関家領
三宅荘《みやけ》	若狭	遠敷	長講堂領・皇室領・禁裏御料所
三宅荘《みやけ》	紀伊	那賀	東大寺領
三宅山《みやけやま》	河内	交野	石清水八幡宮寺領
京都荘《みやこ》	豊前	京都	宇佐八幡宮領・御炊殿料所
宮子御園《みやこ》	伊勢	度会	伊勢神宮領・外宮領
都御園《みやこ》	伊勢	壱志	伊勢神宮領・外宮領・内宮領・二宮領
都田御厨《みやこだ》	遠江	引佐	内宮領・伊勢神宮領・洞院家領(地頭職?)

荘園名	国名	郡名	領家・本家
宮坂荘《みやさか》	丹波	何鹿	石清水八幡宮領
宮崎荘《みやさき》	肥後	山鹿	
宮崎荘《みやさき》	日向	宮崎	宇佐八幡宮領
宮崎荘《みやざき》	越中	新川	
宮崎荘《みやざき》	紀伊	在田	
宮里荘《みやざと》	和泉	和泉	興福寺領・松林院領
宮里保《みやざと》	和泉	和泉	妙心寺領(王鳳院領)・高階家領・春日社領(新造社屋料所)・興福寺領・松林院領
宮路荘《みやじ》	三河	宝飫	
宮道御園《みやじ》	伊勢	度会	
宮島荘《みやしま》	三河	宝飫	
宮島保《みやじま》	越中	砺波	摂関家領・東福寺領・九条家領・国衙領
宮田《みやた》	近江	未勘	
宮田荘《みやた》	丹波	多紀	近衛家領・摂関家領・葛川明王院領(栗柄村)
宮津荘《みやつ》	丹後	与謝	長講堂領・皇室領・等持院領(領家)
宮次保《みやつぐ》	丹後	与謝	石清水八幡宮領
宮人保《みやと》	肥前	神崎	
宮時荘《みやとき》	豊前	下毛	
宮処(所)牧《みやどころ》	信濃	伊那	勅旨牧・皇室領・左馬寮領・諏訪社領
宮富荘《みやとみ》	大和	高市	尊勝院領・東大寺領
宮富保《みやとみ》	丹後	与謝	石清水八幡宮領
宮永保《みやなが》	因幡	邑美	石清水八幡宮領・八幡宮別神領
宮永西林御厨《みやながにしはやし》	伊勢	桑名	伊勢神宮領・内宮領
宮成保《みやなり》	越前	丹生	園城寺領(造営料所)・園城寺領(地頭職)
宮成保《みやなり》	因幡	邑美	
宮野荘《みやの》	周防	吉敷	東大寺領・陳和卿領・東南院領(領家)・東大寺学生供料・東大寺衆中進止領
宮野御厨《みやの》	伊勢	壱志	伊勢神宮領・内宮領
宮原荘《みやはら》	摂津	西成	興福寺領・勝願院領(＝北荘)・西大寺領(＝北荘福益名)・九条家領(＝南荘)・善祥寺領(嵯峨＝南荘)
宮原荘《みやはら》	上野	群馬	
宮原荘《みやはら》	紀伊	在田	摂関家領・勧学院領
宮原荘《みやはら》	土佐	未勘	金剛頂寺領
宮原北荘《みやはらきた》	摂津	西成	興福寺領・勝願院領・西大寺領
宮原北保《みやはらきた》	摂津	西成	興福寺領
宮原南荘《みやはらみなみ》	摂津	西成	九条家領・本堂院領・善祥寺領
三山荘《みやま》	摂津	未勘	石清水八幡宮領
宮丸保《みやまる》	加賀	石川	白山社領
宮村御園《みやむら》	伊勢	員弁	伊勢神宮領・内宮領
妙香院荘《みょうこういん》	紀伊	那賀	妙香院領・少僧都相命領(相命僧都領)
妙興寺保《みょうこうじ》	尾張	中島	久我通相領・一宮真清田社領・妙興寺領
名西荘《みようざい》	阿波	名西	春宮領・西芳寺領
名西河北荘《みょうざいかわきた》	阿波	名西	徳大寺家領(領家)・鳥羽院(本所)
名東荘《みょうどう》	阿波	名東	安楽寿院領・皇室領・法勝寺領・八条院領
見留加志荘《みるかし》	肥前	松浦	
弥勒寺荘《みろくじ》	薩摩	薩摩	石清水八幡宮寺領(本家職)・宇佐弥勒寺領(領家職)
三輪荘《みわ》	武蔵	足立	
三輪荘《みわ》	安芸	山県	
三和荘《みわ》	大和	城上	東大寺領・東南院領
三和荘《みわ》	下野	那須	
三和荘《みわ》	丹波	氷上	賀茂社領・賀茂御祖社領
美和荘《みわ》	美作	苫東	延暦寺領・山門領
美和荘《みわ》	周防	熊毛	最勝光院領・皇室領・東寺領・春日社領・東北院領
三和勅旨田《みわ》	丹波	氷上	法金剛院領・皇室領・仁和寺領(領家職)
涌荘《みわき》	大和	山辺	

む

荘園名	国名	郡名	領家・本家
向笠荘《むかさ》	若狭	三方	伊勢神宮領・内宮領・相国寺領・広徳院領(半済分)
穆佐院《むかさ》	日向	諸県	
向笠御厨《むかさ》	若狭	三方	伊勢神宮領・内宮領・相国寺領(広徳院領)・毘沙門堂領
向津奥荘《むかつく》	長門	大津	大僧正昌雲領・妙法院門跡領・山門領・新日吉社領・平家没官領
武河荘《むかわ》	甲斐	巨摩	
武川筋《むかわ》	甲斐	巨摩	
武河牧《むかわ》	甲斐	巨摩	
妻来荘《むき》	伯耆	汗入	
武儀荘《むぎ》	美濃	武芸	摂関家領・近衛家領
麦野荘《むぎの》	筑前	那珂	
向野荘《むくの》	豊前	宇佐	宇佐弥勒寺領
六車荘《むぐるま》	摂津	豊島	摂関家領
六車御稲田《むぐるまおんいなだ》	摂津	豊島	大炊寮領・官衙領
武義荘《むげ》	美濃	武芸	藤原忠通領・近衛家領・摂関家領
武庫荘《むこ》	摂津	武庫	高野山領・九条家領・摂関家領・春日社領・興福寺領・大乗院門跡領・八条院領(庁分)・皇室領
武庫御厨《むこ》	摂津	武庫	平家領・藤原能保室領
向淵荘《むこうち》	大和	山辺	興福寺領・大乗院領
向山荘《むこうやま》	甲斐	八代	向山出雲守領
六箇山《むこやま》	伊賀	名張	伊勢神宮領・内宮領・外宮領・二宮領・平頼盛領
武射御厨《むさ》	上総	山辺	伊勢神宮領
虫生別符《むしお》	豊前	田河	大宰府領・大宰大弐領・宇佐八幡宮領・住吉社領
虫鹿荘《むしか》	尾張	丹羽	
虫生《むしゅう》	近江	野洲	八条院領・皇室領・歓喜光院領・石山寺領・三条局・仁和寺領
席内院《むしろうち》	筑前	宗像	安楽寺領
席田荘《むしろだ》	筑前	席田	安楽寺領
莚(席)田荘《むしろだ》	美濃	席田	賀茂社領・賀茂御祖社領・藤原基嗣領・楞伽寺領・摂関家領
席田保《むしろだ》	美濃	席田	大炊寮領・官衙領
六十谷荘《むそた》	紀伊	名草	
六十谷保《むそた》	紀伊	名草	主殿寮領・官衙領・便補保
牟田荘《むた》	肥後	益城	
鞭書御園《むちかく》	伊勢	飯野	伊勢神宮領・外宮領
六瀬《むつがせ》	近江	未勘	
六師荘《むつし》	尾張	春部	万里小路家領(代官職)
六浦荘《むつら》	武蔵	久良	称名寺領・得宗領(金沢氏領)
六人部荘《むとべ》	丹波	天田	平頼盛領・皇室領・蓮華心院領・日吉社領・八条院領・

荘　園　名	国名	郡名	領家・本家
			昭慶門院領・天竜寺領・大聖寺領・大覚寺門跡領
無那荘《むな》	大和	未勘	
宗像社《むなかた》	筑前	宗像	関東将軍家領・皇室領・後嵯峨院領・亀山院領・禅林寺御堂領・昭慶門院領・得宗領(得宗跡)
宗像荘《むなかた》	伯耆	会見	
宗像荘《むなかた》	筑前	宗像	平頼盛領・八条院領・後嵯峨院領・皇室領・亀山院領・禅林寺御堂領・宗像社領
宗川荘《むねがわ》	大和	吉野	
武茂荘《むも》	下野	那須	
無耶荘《むや》	大和	未勘	
六屋部御園《むやべ》	伊勢	度会	伊勢神宮領
牟山荘《むやま》	大和	山辺	興福寺領・喜多院領・二階堂領・大乗院領
牟山荘《むやま》	摂津	河辺	
村荘《むら》	隠岐	周吉	慈源領・無動寺領・山門領
諸県荘《むらかた》	日向	諸県	宇佐八幡宮領
村上御厨《むらかみ》	信濃	更級	伊勢神宮領・内宮領
村櫛荘《むらくし》	遠江	敷智	最勝光院領・皇室領・東寺領・徳大寺家領・天竜寺領(地頭職)・得宗領(東郷・西郷)
村久野荘《むらくの》	尾張	葉栗	昭慶門院領・皇室領・九条大納言入道領(領家)
紫荘《むらさき》	筑前	御笠	安楽寺領
紫田荘《むらさきた》	筑前	御笠	安楽寺領
村角別符《むらすみ》	日向	児湯	宇佐八幡宮領
村田荘《むらた》	大和	葛上	
村田荘《むらた》	常陸	筑波	安楽寿院領・八条院領・皇室領・九条家領・摂関家領
村田荘《むらた》	肥前	養父	大宰府領
村田下荘《むらた》	常陸	筑波	皇室領・安楽寿院領・土御門中納言家領
村田別符《むらた》	肥前	養父	宇佐大宮司領
村田保《むらた》	常陸	筑波	九条家領・摂関家領
村橋荘《むらはせ》	大和	山辺	興福寺領・正願院領
村馳荘《むらはせ》	大和	山辺	興福寺領・正願院領・大乗院領
村松荘《むらまつ》	三河	渥美	常寿院領・山門領・慈鎮領・葛川明王院領
村松御厨《むらまつ》	伊勢	度会	室町院領・皇室領・伊勢神宮領・外宮領
村屋荘《むらや》	大和	城下	東大寺領
牟礼荘《むれ》	讃岐	三木	石清水八幡宮寺領
牟礼令《むれりょう》	周防	佐波	東大寺領(国衙領)・周防阿弥陀寺領・鹿王院領
室荘《むろ》	大和	葛上	桜井宮門跡領(覚仁法親王領)・円助法親王領・皇室領
室御厨《むろ》	播磨	揖保	賀茂別雷社領・賀茂社領
无漏御園《むろ》	伊勢	度会	伊勢神宮領・外宮領
室泉荘《むろいずみ》	大和	城上	春日社領
室生荘《むろう》	大和	宇陀	興福寺領・室生寺領(夏衆支配)・比丘尼妙円領
室尾別宮《むろお》	但馬	朝来	八幡領
室津荘《むろつ》	大和	添上	興福寺領(夏中談儀田楽分)
室津荘《むろつ》	土佐	安芸	最御崎寺領・金剛頂寺領
室津保《むろづ》	淡路	津名	国衙領
室積荘《むろづみ》	周防	熊毛	石清水八幡宮寺領・宝塔院領

荘　園　名	国名	郡名	領家・本家
め			
女河原御園《めがわら》	伊勢	未勘	蓮華王院領・皇室領・広橋家領
召次(継)保《めしつぐ》	丹波	桑田	
米多荘《めた》	肥前	三根	安楽寺領・宇佐八幡宮領
布浜御厨《めばま》	志摩	英虞	伊勢神宮領・外宮領
女布保《めぶ》	丹後	竹野	売布神社領
目安荘《めやす》	大和	平群	東大寺仏餉田・東大寺領・大唐院領・興福寺領・大乗院領・喜多院領・二階堂領(上荘)・一乗院領(下荘)
免田荘《めんでん》	和泉	未勘	
も			
毛志荘《もうし》	丹波	多紀	法金剛院領・皇室領・仁和寺領
裳懸荘《もかけ》	備前	邑久	殿下渡領・摂関家領・平等院領(舞装束料所)
万代荘《もず》	和泉	大鳥	石清水八幡宮寺領・北白河院領
毛須荘《もず》	和泉	大鳥	
物集女荘《もずめ》	山城	乙訓	九条家領・法華山寺領・摂関家領・天竜寺領・室町院領・昭慶門院領・皇室領・鎌倉雪下新宮領
守道荘《もち》	大和	宇陀	興福寺領・西金堂領
毛智荘《もち》	大和	宇陀	
持田荘《もちだ》	出雲	島根	
望月牧《もちつき》	信濃	佐久	勅旨牧・皇室領・左馬寮領
茂永御厨《もちなが》	伊勢	員弁	伊勢神宮領・内宮領・外宮領・二宮領
茂永御厨《もちなが》	伊勢	朝明	伊勢神宮領・外宮領・金蓮院領・西山地蔵院領
茂福御厨《もちぶく》	伊勢	朝明	二品尊性法親王家領・妙法院門跡領・山門領・伊勢神宮領・内宮領
用松荘《もちまつ》	豊後	日高	
持田荘《もった》	大和	葛上	興福寺領
茂木保《もてぎ》	下野	芳賀	
本荘《もと》	筑前	未勘	宇美宮領・石清水八幡宮寺領
本江荘《もとえ》	備後	未勘	
本堅田荘《もとかたた》	近江	滋賀	
本木保《もとき》	筑前	宗像	宗像社領
本佐伯荘《もとさえき》	大和	城下	興福寺領
元重保《もとしげ》	丹後	熊野	
本島馬牧《もとしま》	下総	未勘	兵部省官牧
本能登御厨《もとのと》	伊勢	朝明	伊勢神宮領
本堀荘《もとほり》	加賀	江沼	西大寺領
本宮荘《もとみや》	三河	宝飫	
本山荘《もとやま》	讃岐	三野	石清水八幡宮領・八幡三昧堂領・九条家領・一条家領・摂関家領
本山新荘《もとやま》	讃岐	三野	石清水八幡宮領
本吉荘《もとよし》	筑後	山門	香椎宮領・浄土寺利生塔料所・太宰府天満宮
本良荘《もとよし》	陸奥	桃生	摂関家領・関白忠実領・頼長領
元依保《もとより》	丹後	丹波	
物理保《もとろい》	備前	磐梨	熊野社領(本宮領)
物部荘《ものべ》	美濃	多芸	昭慶門院領・後宇多院領・皇室領・蓮華心院領
物部荘《ものべ》	但馬	朝来	法華堂領・宣陽門院領・皇室領・後深草院領・八条左

荘　園　名	国名	郡名	領 家・本 家
			少将領(上荘領家職)・吉田大納言家領(下荘領家職)
物部荘《もののべ》	淡路	津名	仁和寺門跡領
物部上荘《もののべ》	但馬	朝来	皇室領・八条左少将領
物部下荘《もののべ》	但馬	朝来	上西門院領・皇室領・吉田大納言家領
物部葛保《もののべかつら》	丹後	与謝	
物部荘《ものべ》	近江	栗太	法隆寺領・興福寺領
物部荘《ものべ》	丹波	何鹿	法華堂領
物部荘《ものべ》	土佐	香美	
物部荘《ものべ》	壱岐	石田	
藻原荘《もばら》	上総	埴生	興福寺領
藻原牧《もばら》	上総	埴生	
籾井荘《もみい》	丹波	多紀	
桃島荘《ももしま》	大和	宇智	西大寺領
桃井荘《もものい》	上野	群馬	
守荘《もり》	大和	宇陀	近衛家領・摂関家領・高陽院領
杜荘《もり》	尾張	海部	九条家領・摂関家領・成恩院領・青蓮院領・南禅寺領
母里(理)荘《もり》	出雲	能義	左近衛府領・室町院領・皇室領
毛利荘《もり》	相模	愛甲	円覚寺領・正続院領・覚園寺領・極楽寺舎利会料所・得宗領
杜御園《もり》	伊勢	奄芸	九条家領・成恩院領・伊勢神宮領
守口荘《もりくち》	河内	茨田	
森尻荘《もりしり》	近江	甲賀	鳥羽法皇領・広隆寺領(安居僧供料所)・後戸夜灯料・皇室領・室町幕府御料所(荒屋村)
森尻荘《もりじり》	越中	新川	室町幕府御料所
森尻保《もりじり》	越中	新川	室町幕府御料所
守田保《もりた》	周防	玖珂	
守富荘《もりとみ・もりどみ》	肥後	益城	証真如院領・九条道家領・摂関家領・九条家領・得宗領
守富保《もりとみ》	近江	蒲生	祇園社領(感神院領)・便補保
守部荘《もりべ》	大和	添下	近衛家領・観音院領・興福寺領・一乗院領・春日社領(夕御供料所)
守部荘《もりべ》	筑後	御井	宇佐八幡宮領・安楽寺領
守宗園《もりむね》	肥後	未勘	
杜(森)本荘《もりもと》	大和	添上	興福寺領・大乗院領
社本荘《もりもと》	大和	十市	東大寺領(尊勝院領)
杜本荘《もりもと》	摂津	河辺	法成寺領・九条家領・摂関家領
杜(森)屋荘《もりや》	大和	城下	東大寺領・興福寺領・大安寺領・竜花樹院領
杜屋荘《もりや》	河内	石川	観心寺領
守山荘《もりやま》	肥後	益城	宇佐弥勒寺領・喜多院領
諸岡別符《もろおか》	筑前	那珂	安楽寺領・二条家領・四王寺領
師岡保《もろおか》	武蔵	久良	鶴岡八幡宮領
諸橋保《もろはし》	能登	鳳至	得宗領・鶴岡八幡宮領(若宮別当領)
諸福荘《もろふく》	河内	茨田	
門田荘《もんでん》	陸奥	会津	
文徳荘《もんとく》	大和	未勘	
や			
八尾荘《やお》	河内	若江	海竜王寺領(大和)

荘　園　名	国名	郡名	領 家・本 家
矢送荘《やおくり》	伯耆	久米	皇室領・長講堂領・宣陽門院領・葉室中納言家領(預所職)
八乙女荘《やおとめ》	出羽	山本	
矢上荘《やかみ・やがみ》	阿波	板野	春日社領・国衙領
矢上保《やかみ》	阿波	板野	春日社領
矢(箭)川荘《やがわ》	伊賀	名張	藤原保房領・薬師寺領(別当隆経領)・禅林寺領(座主深観領)・東大寺領
矢木荘《やき》	下総	葛飾	
八木荘《やぎ》	但馬	養父	悲田院領・官衙領・興善院領・皇室領
矢儀荘《やぎ》	近江	浅井	志賀寺領
矢木荘《やぎ》	下総	印旛	
楊生荘《やぎう》	大和	添上	興福寺領・一乗院領(門跡領)・法隆寺領
八木岡荘《やぎおか》	下野	芳賀	室町院領・昭慶門院領・皇室領
焼出御厨《やきで》	伊勢	壱志	伊勢神宮領・外宮領
焼野御厨《やきの》	志摩	英虞	伊勢神宮領
楊本北荘《やぎもときた》	大和	城上	興福寺領
楊本南荘《やぎもとみなみ》	大和	城上	興福寺領・大乗院領
薬園荘《やくおん》	大和	添下	薬師寺領・東大寺領
薬師荘《やくし》	播磨	飾磨	広峰社領
薬師寺荘《やくしじ》	大和	吉野	
薬師寺荘《やくしじ》	下野	河内	別願寺領
薬師寺荘《やくしじ》	因幡	高草	
役内荘《やくない》	出羽	雄勝	
弥熊御厨《やぐま》	三河	渥美	伊勢神宮領・外宮領
弥熊御園《やぐま》	三河	渥美	伊勢神宮領
益気荘《やけ》	播磨	印南	東大寺領
夜明荘《やけ》	筑後	三潴	
焼原杣《やけはら》	伊賀	名張	
八事《やごと》	尾張	愛智	
八坂荘《やさか》	豊後	速見	宇佐弥勒寺領(別当領)・石清水八幡宮寺領(検校領)
八坂上荘《やさか》	豊後	速見	
八坂本荘《やさか》	豊後	速見	
八坂下荘《やさか》	豊後	速見	石清水八幡宮領(検校領)・宇佐弥勒寺領
八坂新荘《やさか》	豊後	速見	
八沢荘《やさわ》	出羽	平鹿	
家嶋荘《やしま》	肥前	養父	
矢島荘《やしま》	出羽	河辺	
八島御園《やしま》	尾張	丹羽	伊勢神宮領・熱田社領
屋代荘《やしろ》	出羽	置賜	摂関家領・藤原忠実領・藤原頼長領・保元没官領・後院領・皇室領・得宗領(金沢氏領)
屋代荘《やしろ》	周防	大島	右大臣良房領・摂関家領・九条家領・光明院領・最勝金剛院領・宜秋門院領
社(八代)荘《やしろ》	越前	足羽	北野社領・松梅院禅陽領
社荘《やしろ》	越後	未勘	
八代荘《やしろ》	越中	射水	
八代荘《やしろ》	但馬	気多	皇室領・歓喜光院領・亀山院領
八代保《やしろ》	越中	射水	東福寺領・九条家領・摂関家領
夜須(安)荘《やす》	土佐	香美	石清水八幡宮領・宝塔院領
夜須荘《やす》	筑前	夜須	近衛家領・摂関家領
夜須荘加納《やす》	筑後	御原	
野洲荘《やす》	近江	野洲	大安寺領・法隆寺領・京法

荘園一覧

荘園名	国名	郡名	領家・本家
			花寺領・実相院門跡領・梶井宮門跡領・山門領・尊勝寺領・皇室領
野洲新荘《やす》	近江	野洲	
安井荘《やすい》	大和	忍海	興福寺領
安井荘《やすい》	伯耆	日野	
安井保《やすい》	因幡	八上	新興寺領
安石荘《やすいし》	筑前	早良	東門寺領
安来荘《やすぎ》	出雲	能義	遠江前司祐明
野洲北荘《やすきた》	近江	野洲	園城寺領・大安寺領・尊勝寺領
安重保《やすしげ》	丹後	未勘	春日社領
安田荘《やすた》	土佐	安芸	金剛頂寺領
安(墳)田荘《やすだ》	大和	平群	東大寺領
安田荘《やすだ》	丹波	氷上	九条家領・摂関家領
安田荘《やすだ》	出雲	能義	石清水八幡宮領(八幡宮寺領)
安田荘《やすだ》	播磨	多可	東大寺領・九条家領(領家職)・摂関家領・一音院領・青蓮院領・鹿王院領(領家職半分)・高階栄子領(預所)
安田荘《やすだ》	安芸	未勘	金剛頂寺領
保田荘《やすだ》	伯耆	汗入	常寿院領・慈源領・山門領・不動院領
保田荘《やすだ》	紀伊	在田	金峯山寺領・近衛家領・冷泉宮領・摂関家領
安田園《やすだ》	丹波	氷上	石清水八幡宮領(護国寺領)
安田保《やすた》	加賀	石川	
安田保《やすだ》	周防	熊毛	東大寺(国衙領)・周防国分寺領・周防阿弥陀寺領
保田御園《やすだ》	三河	未勘	伊勢神宮領・内宮領
安武荘《やすたけ》	筑後	三潴	
野州勅旨《やすちょくし》	近江	野洲	摂関家領・東北院領
安富荘《やすとみ》	肥前	佐嘉	長講堂領・宣陽門院領・皇室領
安富荘《やすとみ》	肥後	託麻	最勝光院領・皇室領・得宗領(地頭職)
安富領《やすとみ》	筑前	志摩	平頼盛領
安富御園《やすとみ》	伊豆	田方	三島社領
安永保《やすなが》	因幡	高草	
安永勅旨《やすながちょくし》	信濃	未勘	
安原荘《やすはら》	越前	足羽	皇室領(本家)・興福寺領・春日社領(八講料所)・鳴滝殿領(崇光天皇子治仁王王女)
安原荘《やすはら》	紀伊	名草	
保治保《やすはる》	丹後	与謝	
安久荘《やすひさ》	伊豆	田方	三島社領・正脉院領
安久荘《やすひさ》	美濃	多芸	
安弘荘《やすひろ》	加賀	未勘	
安光保《やすみつ》	丹後	丹波	
安村別符《やすむら》	甲斐	未勘	得宗領(泰家跡)
安室荘《やすむろ》	播磨	餝磨	
安室荘《やすむろ》	播磨	赤穂	
八瀬荘《やせ》	山城	愛宕	青蓮院門跡領・勝蓮華院領・山門領
八田荘《やた》	加賀	江沼	鳥羽院領・皇室領・中院家領(預所職→領家職)
八田荘《やた》	丹波	何鹿	
矢田荘《やた》	大和	添下	興福寺領・西金堂領・大乗院領
矢田荘《やた》	河内	丹比	石清水八幡宮寺領
矢(八)田荘《やた》	丹波	桑田	某寺領・広橋家領・宝鏡寺

荘園名	国名	郡名	領家・本家
			領
矢田荘《やた》	紀伊	日高	
八太御厨《やた》	伊勢	桑名	伊勢神宮領・外宮領
矢田御厨《やた》	伊勢	多気	伊勢神宮領
矢田檜皮尾御園《やたひはたお》	伊勢	度会	伊勢神宮領・外宮領
矢田令《やたりょう》	周防	吉敷	阿弥陀寺領・同塔頭領(宝樹坊・般若坊・戒行坊)
谷地荘《やち》	武蔵	多摩	
野地荘《やち》	摂津	河辺	無動寺領・浄土寺門跡領・山門領
八千種荘《やちぐさ》	播磨	神崎	
矢津保《やつ》	因幡	法美	
八ケ里荘《やつがり》	肥前	佐嘉	
八代荘《やつしろ》	甲斐	八代	熊野山領
八代荘《やつしろ》	肥後	八代	平家没官領・一条能保室領・鎮西探題領(関東御領)
八釣荘《やつり》	大和	高市	長講堂領・皇室領
弥富保《やとみ》	丹後	与謝	国衙領
楊井荘《やない》	周防	玖珂	蓮華王院領・皇室領
楊井本荘《やない》	周防	玖珂	蓮華王院領(妙法院所管)・皇室領
楊井新荘《やない》	周防	玖珂	
楊津荘《やないつ》	摂津	河辺	二品尊性法親王家領・真如堂領・安嘉門院領・八条院領・皇室領・南禅寺領・慈聖院領・春日社領・興福寺領
柳河保《やながわ》	越中	未勘	
柳荘《やなぎ》	尾張	丹羽	
楊荘《やなぎ》	周防	玖珂	
柳(楊)御厨《やなぎ》	伊勢	河曲	伊勢神宮領・内宮領・得宗領(泰家跡)・足利尊氏領・室町幕府御料所
楊橋御厨《やなぎばし》	尾張	丹羽	伊勢神宮領・内宮領
楊橋御園《やなぎばし》	尾張	丹羽	伊勢神宮領・内宮領
柳原荘《やなぎはら》	山城	愛宕	豊国社領・妙法院領
柳原荘《やなぎはら》	大和	忍海	興福寺領・大乗院領
柳本荘《やなぎもと》	大和	城上	東大寺領
楊本荘《やなぎもと》	大和	城上	興福寺領・大乗院領・春日社領
柳瀬荘《やなせ》	武蔵	入間	
簗瀬荘《やなせ》	伊賀	名張	東大寺領・東南院領
簗瀬保《やなせ》	伊賀	名張	東大寺領(便補保?)
簗田御厨《やなだ》	下野	梁田	伊勢神宮領・内宮領・外宮領・二宮領
矢根荘《やね》	但馬	出石	賀茂社領・賀茂別雷社領・智徳門院領・和徳門院領
矢野荘《やの》	播磨	赤穂	藤原顕季領・美福門院領・皇室領・歓喜光院領・八条院領・安嘉門院領・南禅寺領(例名)・東寺領
矢野荘《やの》	備後	甲奴	室町幕府御料所(→山名守護領)
矢野荘《やの》	備後	世羅	
矢野荘《やの》	伊予	喜多	六条院領・室町院領(本家)・皇室領・泉涌寺領(領家)・土御門(領家)
矢野保《やの》	伊予	喜多	平頼盛領・皇室領・安楽光院領・泉涌寺領
矢野例名荘《やのれいみょう》	播磨	赤穂	八条院領・皇室領
矢作荘《やはぎ》	三河	碧海	
矢橋荘《やばせ》	近江	栗太	蓮華王院領・皇室領・吉田神社領
八橋野牧《やばせの》	伯耆	八橋	
八幡荘《やはた》	山城	綴喜	

荘　園　名	国名	郡名	領 家・本 家
矢畑《やはた》荘	武蔵	秩父	
八幡山《やはたやま》荘	駿河	富士	
野(矢)原《やばら》荘	信濃	安曇	皇室領・後白河院領(後院領)・蓮華王院領・伊勢神宮領・外宮領・藤原信隆領
矢原《やばら》保	周防	吉敷	
矢原《やばら》御厨	信濃	安曇	伊勢神宮領・内宮領・外宮領・二宮領
養父《やぶ》荘	河内	交野	石清水八幡宮領・極楽寺領・弥勒寺領
養父《やぶ》荘	肥前	養父	宇佐弥勒寺領・喜多院領・石清水八幡宮寺領(検校領)
藪神《やぶかみ》	越後	魚沼	
夜部《やべ》荘	大和	十市	東大寺領(仏聖燈油料所)・高野山領・寂静院領・関東御領(将軍家領)・興福寺領・喜多院領・一乗院領
矢部《やべ》保	肥後	益城	
山《やま》荘	常陸	筑波	
山内《やまうち》荘	大和	葛下	
山内《やまうち》荘	摂津	能勢	摂関家領・春日社領
山小笠原《やまおがさわら》荘	甲斐	巨摩	摂関家領・近衛家領
山香《やまか》荘	遠江	山香	皇室領・長講堂領
山賀《やまが》荘	大和	宇陀	興福寺領
山賀《やまが》荘	近江	野洲	園城寺領(造営料所)
山香《やまが》荘	豊後	速見	宇佐弥勒寺領
山鹿《やまが》荘	筑前	遠賀	摂関家領・九条道家領・四条院尚侍全子領・白河院領・皇室領・醍醐寺領・無量光院領・観世音寺領・東大寺領
山鹿《やまが》荘	肥後	山鹿	皇室領・後白河院領・無量光院領・浄金剛院領・醍醐寺領・孔雀妙王堂領・高野山領(一心院領)
山鹿《やまが》牧	信濃	諏訪	勅旨牧・皇室領
山鹿北《やまがきた》荘	肥後	山鹿	醐醍寺領
山形《やまがた》荘	播磨	宍粟	
山県《やまがた》荘	安芸	山県	
山方《やまがた》荘	山城	乙訓	三鈷寺領
山上《やまかみ》荘	加賀	能美	石清水八幡宮領
山上《やまかみ》保	上野	勢多	
山鹿南《やまがみなみ》荘	肥後	山鹿	醐醍寺領
山干飯《やまかれい》保	越前	丹生	四条家領・東大寺領(尊勝院領)
山川《やまかわ》荘	出羽	平鹿	
山河《やまかわ》別符	長門	厚狭	
山川原《やまかわはら》荘	大和	葛上	春日社領
山北《やまきた》荘	筑後	生葉	観世音寺領
山口《やまくち》荘	大和	山辺	九条家領(本家職)・興福寺領・大乗院領
山口《やまくち》荘	摂津	有馬	広田社領・源師忠領・四天王寺領(天王寺領)
山口《やまくち》荘	但馬	朝来	平頼盛領
山口《やまぐち》荘	武蔵	多摩	
山口《やまぐち》荘	紀伊	名草	
山口《やまぐち》保	尾張	中島	国衙領・醍醐寺領・三宝院領・崇賢門院領・廬山寺領
山口《やまぐち》御厨	遠江	佐野	伊勢神宮領・外宮領
山口弾正《やまぐちだんじょう》荘	美濃	本巣	
山国《やまぐに》荘	丹波	桑田	皇室領・法金剛院領・長講堂領
山国《やまくに》杣	丹波	桑田	修理職領・官衙領
山郷《やまごう》荘	伊勢	員弁	九条家領・摂関家領・宜秋

荘　園　名	国名	郡名	領 家・本 家
			門院領・春華門院領・一条家領
山崎《やまさき》荘	伊予	伊予	伏見稲荷社領
山前《やまさき》荘	甲斐	山梨	皇室領・後崇光院領
山前《やまさき》荘	近江	神崎	室町院領・金剛勝院領・皇室領・伏見宮家領
山崎《やまざき》荘	山城	紀伊	普門寺阿弥陀堂領・鳥羽殿領
山崎(前)《やまざき》荘	紀伊	那賀	大伝法院領・伝法院領・高野山領・金剛峯寺領・根来寺領
山前北《やまさききた》荘	近江	神崎	室町院領・金剛勝院領・妙香院領・伏見宮家領・皇室領・勧修寺家領
山前東《やまさきひがし》荘	近江	神崎	室町院領・金剛勝院領・皇室領
山前新日吉《やまさきひよし》荘	近江	神崎	妙香院領・山門領
山崎舟橋《やまざきふなはし》保	山城	乙訓	
山崎水成《やまさきみなせ》荘	摂津	島上	東大寺領
山前南《やまさきみなみ》荘	近江	神崎	室町院領・金剛勝院領・妙香院領・伏見宮家領・皇室領
山路《やまじ》荘	摂津	菟原	北野社領・藤原俊家領・皇太后宮呈子領
山戸(道)《やまじ》荘	大和	宇陀	興福寺領
山道加納《やまじかのう》荘	摂津	菟原	春日社領・興福寺領・大乗院門跡領
山下《やました》別符	豊前	未勘	宇佐弥勒寺領・喜多院領
山下《やました》保	豊前	宇佐	宇佐弥勒寺領・喜多院領・石清水八幡宮寺領(検校領)
山科《やましな》荘	山城	宇治	後白河院御影堂領・皇室領・山科家領・醍醐寺領・三宝院領
山階《やましな》荘	近江	坂田	
山階《やましな》荘	播磨	揖保	興福寺領
山階《やましな》領	山城	宇治	室町院領・皇室領
山科西《やましなにし》荘	山城	宇治	醍醐寺領・三宝院領・山科家領
山科東《やましなひがし》荘	山城	宇治	山科家領
山尻《やまじり》荘	大和	未勘	
山代《やましろ》荘	加賀	江沼	安嘉門院領・室町院領・皇室領
山代《やましろ》荘	周防	玖珂	摂関家領・左大臣頼長領・皇室領・後院領・西園寺家領
山田《やまた》荘	摂津	島下	醍醐寺領・六条八幡宮領・春日社領・摂関家領(本所)
山田《やまた》荘	三河	額田	
山田《やまた》荘	近江	滋賀	妙香院領・山門領
山田《やまた》荘	美濃	郡上	宣陽門院領・皇室領
山田《やまた》荘	越前	大野	
山田《やまた》荘	丹波	氷上	葉室家領
山田《やまた》荘	備前	邑久	賀茂社領・賀茂別雷社領
山田《やまた》荘	讃岐	阿野	一条家領・摂関家領・高野山領・中御門家領
山田《やまた》荘	豊後	球珠	城興寺領(本庄)・安嘉門院領(新庄本家職)・皇室領
山田《やまた》荘	肥前	高来	得宗領(領家職、惣地頭職)
山田《やまだ》荘	山城	相楽	藤原家忠領・高陽院領・広橋家領・近衛家領・摂関家領
山田《やまだ》荘	大和	山辺	興福寺領・大乗院領

荘　園　名	国名	郡名	領 家・本 家
山田荘《やまだ》	大和	十市	多武峯寺領・談山神社領
山田荘《やまだ》	大和	未勘	春日社領
山田荘《やまだ》	河内	石川	仏眼寺領(下荘下司職)・興福寺領・大乗院領・智恵光院領・仏地院領・春日社領(大般若料所)・相国寺領
山田荘《やまだ》	河内	交野	
山田荘《やまだ》	河内	未勘	興福寺領・大乗院領・仏地院領(荘務)・相国寺領(善光院追善料所、一時的)
山田荘《やまだ》	摂津	八部	金剛寺領・東大寺領・平家領・左女牛若宮八幡宮領・六条八幡宮領
山田荘《やまだ》	伊賀	山田	六条院領・皇室領・平正盛家領
山田荘《やまだ》	尾張	山田	東大寺領・八条院領(本家職)・皇室領・昭慶門院領・九条良輔領・藤原定家領・源通光領・室町幕府御料所
山田荘《やまだ》	武蔵	入間	
山田荘《やまだ》	近江	栗太	葛川明王院領・妙香院門跡領
山田荘《やまだ》	下野	都賀	
山田荘《やまだ》	下野	那須	
山田荘《やまだ》	越中	砺波	円宗寺領・仁和寺領
山田荘《やまだ》	伯耆	久米	石清水八幡宮領
山田荘《やまだ》	播磨	明石	
山田荘《やまだ》	紀伊	伊都	高野山領・金剛峯寺領・金剛勝院領
山田荘《やまだ》	紀伊	日高	
山田荘《やまだ》	阿波	未勘	仏地院領
山田荘《やまだ》	土佐	幡多	九条家領・摂関家領・一条家領
山田荘《やまだ》	筑前	嘉麻	無動寺領・山門領
山田荘《やまだ》	豊前	上毛	宇佐弥勒寺領・喜多院領・安楽寺領(地頭職)
山田本荘《やまた》	豊後	球珠	城興寺領(京都)
山田上荘《やまだ》	河内	石川	興福寺領・智恵光院領
山田本荘《やまだ》	河内	交野	
山田新荘《やまた》	豊後	球珠	安嘉門院領・皇室領
山田下荘《やまだ》	河内	石川	興福寺領・智恵光院領・仏眼寺領(下司職)
山田別符《やまた》	隠岐	隠地	
山田保《やまた》	淡路	津名	国衙領
矢俣保《やまた》	肥前	三根	光浄寺領
山田保《やまだ》	紀伊	伊都	東大寺領
山田御厨《やまだ》	伊勢	員弁	伊勢神宮領・内宮領・南滝院門跡領(地頭職)・室町幕府御料所・実相院領(門跡領)・山門領
山田御厨《やまだ》	伊勢	朝明	伊勢神宮領・外宮領
山田御厨《やまだ》	伊勢	三重	伊勢神宮領・外宮領・内宮領・二宮領
山田御園《やまた》	伊勢	飯野	伊勢神宮領
山田有丸荘《やまだありまる》	伊賀	山田	平家没官領・東大寺領・陳和卿領・重源領・東南院領(領家職)
山田野荘《やまだの》	伊勢	壱志	藤原頼長領・皇室領・西園寺実氏領
山田山辺荘《やまだやまのべ》	摂津	能勢	頭弁藤原通俊家領・最勝光院領
山手荘《やまて》	備中	窪屋	小槻家領
山手保《やまて》	備中	窪屋	小槻家領・官中便補地・官衙領

荘　園　名	国名	郡名	領 家・本 家
山門荘《やまと》	筑前	早良	阿蘇社領
山門荘《やまと》	薩摩	出水	安楽寺領
大和(倭)荘《やまと》	近江	滋賀	西三条女御領(常住明王に施入)・無動寺領・山門領
大和新荘《やまと》	近江	滋賀	
山門院《やまとのいん・やまといん》	薩摩	出水	摂関家領・近衛家領・一乗院領・興福寺領
山富保《やまとみ》	播磨	飾磨	万里小路家領
山鳥御厨《やまどり》	伊勢	河曲	伊勢神宮領・内宮領
山名荘《やまな》	尾張	丹羽	摂関家領・仁和寺領
山名荘《やまな》	遠江	山名	熊野山領
山西荘《やまにし》	若狭	三方	青蓮院門跡領・山門領
山根荘《やまね》	武蔵	埼玉	
山井別符《やまのい》	長門	厚狭	長門二宮忌宮社領・安国寺領
山上荘《やまのうえ》	美濃	多芸	近衛家領・摂関家領・万里小路家領(領家職半分)・広橋家領(領家職半分)・春日社領(領家職1/4)
山上保《やまのうえ》	近江	蒲生	祇園社領・感神院領・延暦寺領・山門領
山内荘《やまのうち》	河内	錦部	観心寺領・摂関家領
山内荘《やまのうち》	和泉	未勘	観心寺領
山内荘《やまのうち》	摂津	住吉	摂関家領
山内荘《やまのうち》	相模	鎌倉	後白河院領・皇室領・長講堂領・宣陽門院領・正続院領・円覚寺領・長福寺領・明月庵領・得宗領
山内荘《やまのうち》	加賀	石川	
山内荘《やまのうち》	丹波	船井	知足院御領・慈源所領・常寿院領・近衛家領・摂関家領・室町幕府御料所(上三ヶ村)・今出河殿御料所
山辺荘《やまのべ》	大和	山辺	弘福寺領・東大寺領
山辺荘《やまのべ》	上総	武射	
山辺荘《やまのべ》	出羽	最上	
山辺保《やまのべ》	上総	山辺	報国寺領
山保田荘《やまのやすだ》	紀伊	在田	
山平保《やまひら》	備中	未勘	官中便補地・官衙領
山辺荘《やまべ》	大和	宇陀	白河院法華堂領・皇室領・興福寺領・一乗院領
山辺荘《やまべ》	摂津	能勢	最勝光院領・右大弁兼頼領(領家職)・皇室領・東寺領・頭弁藤原通俊家領
山部御厨《やまべ》	伊勢	鈴鹿	伊勢神宮領
山辺御園《やまべ》	伊勢	河曲	伊勢神宮領・外宮領・二宮領・内宮領
山辺新御厨《やまべしん》	伊勢	河曲	伊勢神宮領・内宮領
山村荘《やまむら》	大和	添上	東大寺領・春日社領・興福寺領
山村御厨《やまむら》	伊勢	朝明	伊勢神宮領・内宮領
山村御園《やまむら》	伊勢	飯高	伊勢神宮領・内宮領
山室保《やまむろ》	近江	坂田	青蓮院門跡領・伊勢神宮領・山門領・極楽寺領
山室保《やまむろ》	越中	新川	穀倉院領
山室新御厨《やまむろしん》	近江	坂田	伊勢神宮領・外宮領
山室松山御厨《やまむろまつやま》	伊勢	飯高	伊勢神宮領・外宮領
山本荘《やまもと》	山城	綴喜	日野資実家領
山本荘《やまもと》	大和	高市	東大寺尊勝院領・東大寺領
山本荘《やまもと》	摂津	河辺	松尾社領・東北院領・摂関家領・満願寺領・多田院領
山本荘《やまもと》	武蔵	高麗	藤原良相領・貞観寺領

荘　園　名	国名	郡名	領 家・本 家
山本荘《やまもと》	近江	未勘	桜井宮門跡領・山門領
山本荘《やまもと》	越前	今立	円覚寺領・有栖河清浄寿院領・青蓮院領・山門領・得宗領
山本荘《やまもと》	讃岐	阿野	崇徳院御影堂領・皇室領・青蓮院門跡領
山本荘《やまもと》	讃岐	刈田	石清水八幡宮領・観音堂燈油料所
山本荘《やまもと》	肥後	山本	皇室領・蓮華心院領・八条院領・久我家領(北方)
山本保《やまもと》	近江	蒲生	証金剛院領
山本御厨《やまもと》	越前	今立	伊勢神宮領・外宮領
山本北荘《やまもときた》	肥後	山本	
山本西荘《やまもとにし》	肥後	山本	
山本東荘《やまもとひがし》	肥後	山本	
山本南荘《やまもとみなみ》	肥後	山本	
山守荘《やまもり》	伯耆	久米	八条院領(庁分御荘)・大成就院領・昭慶門院領・皇室領・青蓮院門跡領・山門領・康楽寺領
谷盛荘《やもり》	武蔵	豊島	
屋山保《ややま》	豊前	京都	宇佐弥勒寺領・石清水八幡宮領・善法寺家領
彌生荘《やよい》	肥後	合志	安楽寺領
八幡荘《やわた》	相模	大住	
八幡荘《やわた》	下総	葛飾	中山法華経寺領
八幡荘《やわた》	上野	碓氷	
八幡荘《やわた》	陸奥	宮城	多賀城市八幡社領
八幡荘《やわた》	伯耆	会見	
八幡荘《やわた》	出雲	意宇	石清水八幡宮領・枚浜別宮領
八幡荘《やわた》	備後	御調	
八幡新荘《やわた》	能登	能登	石清水八幡宮領
ゆ			
温泉荘《ゆ》	但馬	二方	蓮華王院領(本家職)・皇室領・平季盛家領(領家職)・法橋聖顕領・民部少輔入道領
湯荘《ゆ》	出雲	意宇	
湯浅荘《ゆあさ》	紀伊	在田	
由井荘《ゆい》	大和	高市	
由比牧《ゆい》	武蔵	多摩	勅旨牧・皇室領
由宇荘《ゆう》	周防	玖珂	
飯岡荘《ゆうか》	美作	勝田	
結城山川荘《ゆうきやまかわ》	下総	結城	
結崎荘《ゆうさき》	大和	城下	法隆寺領・興福寺領
結園荘《ゆうその》	近江	野洲	大安寺領・芦浦観音寺領
遊楽荘《ゆうらき》	丹波	多紀	
湯川荘《ゆかわ》	大和	吉野	栄山寺領
湯川荘《ゆかわ》	紀伊	伊都	
湯川荘《ゆかわ》	紀伊	在田	
湯川新荘《ゆかわ》	紀伊	在田	
湯生荘《ゆき》	近江	栗太	
湯生荘《ゆき》	近江	野洲	
行恒保《ゆきつね》	石見	安濃	国衙領
由久留園《ゆくる》	大隅	噌唹	正八幡宮領(大隅)
弓削荘《ゆげ》	河内	若江	法隆寺領・四天王寺領(天王寺領)
弓削荘《ゆげ》	武蔵	多摩	右大臣藤原良相領・貞観寺領
弓削荘《ゆげ》	美濃	各務	
弓削荘《ゆげ》	丹波	桑田	皇室領・真如院領・昭慶門院領・長講堂領(領家職)・神護寺領・暦応寺領(地頭

荘　園　名	国名	郡名	領 家・本 家
			職、天竜寺)
弓削荘《ゆげ》	美作	久米	平家没官領・平頼盛領・久我家領(預所職)・歓喜光寺領・相国寺領(雲門庵領、徳雲院領)・豊楽寺領
弓削荘《ゆげ》	伊予	越智	皇室領・後白河院領・宣陽門院・長講堂領・東寺領
弓削荘《ゆげ》	筑後	御井	
弓削杣《ゆげ》	丹波	桑田	長講堂領・皇室領
弓削杣《ゆげ》	美作	久米	
弓削島荘《ゆげしま・ゆげのしま》	伊予	越智	長講堂領・宣陽門院領・皇室領・東寺領
弓削田荘《ゆげた》	美濃	各務	真如院領・昭慶門院領・皇室領・聖護院宮領・久我家領・大徳寺領
弓削田荘《ゆげた》	豊前	田河	宇佐八幡宮領・法成寺領・摂関家領・法勝寺領
遊佐荘《ゆざ》	出羽	飽海	摂関家領・関白忠実領・頼長領・後院領・皇室領
湯次荘《ゆすき》	近江	浅井	東寺領・最勝光院領(本家)・坊城中納言家領(領家)
湯次上荘《ゆすぎ》	近江	浅井	浄蓮華院領・大徳寺領・養徳院領
湯次下荘《ゆすき》	近江	浅井	中御門家領・坊城中納言家領
湯田荘《ゆた》	伊勢	度会	
湯田保《ゆだ》	周防	吉敷	東大寺領(国衙領)
湯田御園《ゆた》	伊勢	度会	室町院領・皇室領
寛御厨《ゆたけ》	伊勢	三重	民有年(仮名)領・伊勢神宮領・外宮領
寛丸御厨《ゆたけまろ》	伊勢	三重	伊勢神宮領・外宮領
湯谷荘《ゆたに》	備後	三谿	
柚殿荘《ゆどの》	大和	未勘	
湯橋荘《ゆばし》	紀伊	名草	
由布院《ゆふ》	豊後	速見	宇佐弥勒寺領
由布荘《ゆふ》	豊後	速見	宇佐弥勒寺領
湯船荘《ゆふね・ゆぶね》	伊賀	阿拝	東大寺領
弓荘《ゆみ》	越中	新川	
由良荘《ゆら》	丹波	氷上	賀茂別雷社領・賀茂社領・平頼盛領
由(湯)良荘《ゆら》	紀伊	海部	蓮華王院領・皇室領・範季領・基親領・金剛三昧院領
由良荘《ゆら》	淡路	津名	平頼盛領・新熊野社領・善林寺新熊野領・皇室領
由良新荘《ゆら》	丹波	氷上	賀茂社領・賀茂別雷社領
由良保《ゆら》	周防	大島	東大寺領(国衙領)
よ			
四蘭生御厨《よいお》	伊勢	多気	伊勢神宮領
岩内御園《ようち》	伊勢	飯高	伊勢神宮領
与布土荘《ようど》	但馬	朝来	東北院領・摂関家領・土御門右中弁領(領家職)・高倉家領
与宇呂保《ようろ》	上総	市原	称名寺領・上総女房領(金沢実政妻か)・得宗領
与賀荘《よか》	肥前	佐嘉	最勝金剛院領・藤原道家領・摂関家領・四条院尚侍全子領・皇嘉門院領・九条家領・一条家領・大宰府安養院領
与賀新荘《よかしん》	肥前	佐嘉	
吉河荘《よかわ》	播磨	美嚢	安嘉門院領・歓喜光院領・皇室領・万里小路家領(領家職)・大報恩院領(上荘領家職)・石清水八幡宮領

荘園名	国名	郡名	領家・本家
吉河上荘《よかわ》	播磨	美嚢	安嘉門院領・歓喜光院領・皇室領・大報恩院(領家職)
吉河下荘《よかわ》	播磨	美嚢	歓喜光院領・皇室領
横河保《よかわ》	越中	射水	
横河保《よかわ》	越中	婦負	
与木院《よき》	能登	能登	
余呉(湖)荘《よご》	近江	伊香	大炊御門家・金蓮寺・地蔵院・佐々木京極氏(地頭)
横井荘《よこい》	尾張	愛智	
横江荘《よこえ》	越前	未勘	酒人内親王領・東大寺領
横江荘《よこえ》	加賀	石川	酒人内親王領・東大寺領・天竜寺領・如意庵領
横江保《よこえ》	越中	新川	
横尾新荘《よこお》	豊後	球珠	
横河院《よこがわ》	大隅	桑原	中宮職領・官衙領・安楽寺領・太宰府天満宮領・摂関家領・近衛家領・一乗院領・興福寺領
横越保《よこごし》	越前	大野	石清水八幡宮領
横路荘《よこじ》	尾張	中島	城興寺領(京都)
横代別符《よこしろ》	豊前	企救	宇佐八幡宮領
横曾禰保《よこそね》	越後	頸城	
横田荘《よこた》	大和	添上	東大寺領・興福寺領・大乗院領・法隆寺領・後宇多院領・皇室領・昭慶門院領
横田荘《よこた》	出雲	仁多	石清水八幡宮寺領・皇室領・仙洞御領・内裏供御料所・岩屋寺領(北条氏菩提所)・得宗領
横田本荘《よこた》	大和	添下	興福寺領・大乗院領
横田新荘《よこた》	大和	添下	興福寺領・大乗院領
横浜夏堂保《よこはまなつどう》	越前	敦賀	気比社領
横路荘《よこみち》	大和	山辺	東大寺領・尊勝院領
横山《よこやま》	近江	蒲生	園城寺領(千僧供領)・日吉社領・山門領
横山荘《よこやま》	和泉	和泉	仁和寺領(菩提院領、本家)・槙尾寺領(巻尾寺領、施福寺領、領家)・高野山領(金剛三昧院領、地頭得分)
横山荘《よこやま》	武蔵	多摩	
横山保《よこやま》	加賀	能美	大祥院領
吉囲荘《よしい》	丹後	加佐	八条院領・皇室領・東寺領
吉井荘《よしい》	摂津	西成	
吉井荘《よしい》	播磨	賀茂	二品家領・住吉社領
吉井新荘《よしいの》	摂津	西成	
吉岡荘《よしおか》	甲斐	山梨	
吉岡荘《よしおか》	越中	新川	藤原頼長領・後白河院領・蓮華王院領・皇室領
吉岡荘《よしおか》	因幡	高草	青蓮院門跡領・山門領・鞍馬寺領
吉岡荘《よしおか》	備前	磐梨	熊野社領
吉岡荘《よしおか》	伊予	桑村	皇室領・安楽寿院領・昭慶門院領・八条院領・妙法院領
吉岡保《よしおか》	丹後	熊野	藤森社領
吉岡保《よしおか》	因幡	高草	鞍馬寺領
吉柯荘《よしか》	石見	鹿足	
吉方保《よしかた》	因幡	邑美	
吉河荘《よしかわ》	大和	未勘	近衛家領・摂関家領
吉河荘《よしかわ》	越後	古志	皇室領・高松女院領・後白河院領・長講堂領・宣陽門院領・伝法院領・関東御領(吉田鮭湊)
吉河荘《よしかわ》	備中	賀夜	石清水八幡宮領(楽人家領)
良河院《よしかわ》	能登	能登	
吉川保《よしかわ》	備中	賀夜	石清水八幡宮寺領
良川保《よしかわ》	能登	能登	
良河御厨《よしかわ》	伊勢	三重	伊勢神宮領・内宮領
吉川御園《よしかわ》	伊勢	三重	光明寺領(法常住院領)
吉敷荘《よしき》	安芸	山県	
吉敷荘《よしき》	周防	吉敷	中院流家領
吉木荘《よしき》	安芸	山県	
吉木保《よしき》	周防	吉敷	東大寺領(国衙領)
吉敷西荘《よしきにし》	周防	吉敷	
吉敷東荘《よしきひがし》	周防	吉敷	
吉清御厨《よしきよ》	伊勢	鈴鹿	伊勢神宮領・内宮領
吉清御厨《よしきよ》	伊勢	奄芸	伊勢神宮領・内宮領
吉清御厨《よしきよ》	伊勢	壱志	伊勢神宮領・内宮領
吉国荘《よしくに》	丹波	未勘	興善院領・皇室領
吉胡御厨《よしこ》	三河	渥美	伊勢神宮領
吉貞荘《よしさだ》	大和	未勘	金剛勝院領
吉里保《よしさと》	丹後	竹野	
吉里保《よしさと》	因幡	高草	
吉沢御厨《よしざわ》	伊勢	三重	伊勢神宮領・内宮領・外宮領・二宮領・祇園社領
吉沢御厨《よしざわ》	伊勢	鈴鹿	伊勢神宮領・内宮領
吉茂荘《よししげ》	安芸	高田	皇室領(本家職)・長講堂領・宣陽門院領・尊重寺領(平親信建立)・毘沙門堂領・本圀寺造営料所(地頭職)
吉末保《よしすえ》	丹後	竹野	
吉助荘《よしすけ》	大和	十市	
吉田荘《よした・よしだ》	大和	平群	藤原頼長領・法隆寺領(別当領)・春日社領・東大寺領・近衛家領・摂関家領・興福寺領・一乗院領
吉田荘《よした・よしだ》	相模	鎌倉	園城寺領・円満院領・桜井宮門跡領・円助親王
吉田荘《よした・よしだ》	常陸	那珂	
吉田荘《よした・よしだ》	若狭	遠敷	長講堂領・皇室領・内裏御料所・得宗領？
吉田荘《よしだ》	筑後	上妻	安楽寺領
吉田荘《よした・よしだ》	日向	諸県	
良田荘《よした・よしだ》	讃岐	多度	善通寺領(金堂領・法華堂領)
吉(善)田荘《よしだ》	近江	愛智	後宇多院領・皇室領・宣陽門院領・昭慶門院領(庁分)
吉田院《よしだ》	大隅	哈羅	正八幡宮領(大隅)
吉田荘《よしだ》	大和	高市	興福寺領・大乗院領・一乗院領
吉田荘《よしだ》	大和	山辺	興福寺領・一乗院領
吉田荘《よしだ》	河内	河内	神護寺領・摂関家領
吉田荘《よしだ》	美濃	郡上	近衛家領・実相院領
吉田荘《よしだ》	越後	頸城	東大寺領
吉田荘《よしだ》	出雲	能義	近衛家領・摂関家領
吉田荘《よしだ》	播磨	賀茂	
吉田荘《よしだ》	安芸	高田	祇園社領(本家、祇園社一切経会料所)・花山院家(領家)
吉田荘《よしだ》	長門	厚狭	
吉田荘《よしだ》	紀伊	那賀	
吉田荘《よしだ》	豊前	京都	近衛家領・高陽院領・預所藤原顕氏・得宗領(家時跡)
吉田上荘《よしだ》	相模	鎌倉	
吉田本荘《よしだ》	播磨	賀茂	清水寺領・蓮華清浄寺領・二条家領
吉田新荘《よしだ》	播磨	賀茂	大覚寺領・但馬妙見社領

荘園名	国名	郡名	領家・本家
			(地頭職)
吉田保《よした》	能登	能登	
吉田保《よした》	豊前	企救	国衙領
吉田保《よしだ》	近江	愛智	尊勝寺領
吉田保《よしだ》	加賀	石川	
吉田保《よしだ》	丹後	丹波	円通寺領
吉田保《よしだ》	因幡	巨濃	北野社領
吉田牧《よしだ》	信濃	筑摩	左馬寮領
吉田御園《よしだ》	三河	渥美	伊勢神宮領・外宮領
吉田三宅荘《よしたみやけ》	若狭	遠敷	皇室領・長講堂領・内裏御料所
吉津荘《よしつ》	伊勢	度会	皇室領
吉津荘《よしつ》	備後	深津	北野社領(本家)・周防阿弥陀寺領(木荘、地頭職か)
吉津御厨《よしつ》	伊勢	度会	七条院領・修明門院領・皇室領・伊勢神宮領・四辻宮親王家領
善積荘《よしつみ》	近江	高島	円勝寺領(京都)・実相院領・山門領
吉積荘《よしづみ》	越中	砺波	中原家領
吉殿荘《よしどの》	大和	高市	興福寺領
吉富荘《よしとみ》	山城	久世	春日社領・三聖寺領
吉富荘《よしとみ》	武蔵	多摩	
吉富荘《よしとみ》	近江	坂田	新熊野社領・安嘉門院領・皇室領(本家職)・冷泉家領(領家職)・典薬寮領・官衙領
吉富荘《よしとみ》	丹波	桑田	平家没官領・源義朝領・藤原成親領・後白河院法華堂領・皇室領・神護寺領
吉富荘《よしとみ》	備前	上道	東大寺領
吉富本荘《よしとみ》	丹波	桑田	神護寺
吉富新荘《よしとみ》	丹波	桑田	
吉富保《よしとみ》	丹後	竹野	
吉仲荘《よしなか》	紀伊	那賀	法成寺領・摂関家領
吉永荘《よしなが》	長門	豊浦	一宮社領(長門一宮住吉神社領)・異国警固料所・長門警固料所(守護領、得宗領)
吉永荘《よしなが》	紀伊	那賀	
吉永別符《よしなが》	長門	豊浦	一宮社領(長門一宮住吉社領)・住吉荒魂神社領
吉永保《よしなが》	丹後	竹野	室町幕府御料所
吉永保《よしなが》	備前	和気	宝林寺領
吉成保《よしなり》	因幡	邑美	
吉成保《よしなり》	出雲	出雲	
吉野荘《よしの》	大和	吉野	
吉野荘《よしの》	美作	英多	
吉野保《よしの》	越前	坂井	梶井門跡領・恵心院領・山門領
吉野保《よしの》	美作	英多	法勝寺領(松梅院領)・北野社領
吉原荘《よしはら》	讃岐	多度	善通寺領(地頭職)
吉原荘《よしはら》	土佐	香美	高倉院法華堂領・小槻氏領・官中便補地・官衙領
吉原荘《よしはら》	筑前	糟屋	石清水八幡宮寺領(別当房領)・宇美宮領
善原荘《よしはら》	近江	未勘	八幡宮領(仁王講料所)
吉藤新保《よしふじ》	加賀	加賀	
好島荘《よしま》	陸奥	磐城	石清水八幡宮領・関東御領・飯野八幡宮領・得宗領(紙谷郷)
吉満保《よしま》	近江	未勘	園宰相基成家領
吉松荘《よしまつ》	肥後	山本	賀茂社領

荘園名	国名	郡名	領家・本家
吉松保《よしまつ》	尾張	中島	国衙領・妙興寺領・醍醐寺領・三宝院領
好島西荘《よしまにし》	陸奥	磐城	
好島東荘《よしまひがし》	陸奥	磐城	
吉見荘《よしみ》	和泉	日根	長講堂領・皇室領・槙尾寺万灯会料所・熊野山領・勝宝院僧正領(給主)・建仁寺永源庵領(本家)
吉見荘《よしみ》	武蔵	横見	
吉見荘《よしみ》	近江	未勘	春日社領
吉見荘《よしみ》	丹波	氷上	七条院領・皇室領・仁和寺領(大教院領)
吉身荘《よしみ》	近江	野洲	七条院領・皇室領・修明門院領・高山寺領・四辻宮善統親王領・方便智院阿弥陀堂領
吉見保《よしみ》	和泉	日根	
吉見菟田荘《よしみうさいだ》	和泉	日根	長講堂領・皇室領・持明院統領・円楽寺領・熊野山領・高野山領(菟田方)
吉光保《よしみつ》	加賀	能美	
吉光保《よしみつ》	丹後	丹波	
吉原荘《よしわら》	丹後	丹波	住心院領・桜井宮門跡領
吉原荘《よしわら》	美作	苫西	
吉原荘《よしわら》	伊予	和気	摂関家領・関白道家領・最勝金剛院領・九条家領・一条家領・東福寺領
依田荘《よだ》	信濃	小県	前斎院領(式子内親王領)
与田保《よた》	周防	玖珂	東大寺領・東大寺三面僧坊学生供料所・尊光院領
吉沢保《よつさわ》	丹後	竹野	
吉沢御厨《よっさわ》	伊勢	朝明	伊勢神宮領・内宮領
四柳荘《よつやなぎ》	能登	能登	北野社領
四柳保《よつやなぎ》	能登	能登	北野社領
淀荘《よど》	出雲	大原	昭慶門院領・蓮華心院領・皇室領
淀本荘《よど》	出雲	大原	皇室領・蓮華心院領・智恵光院領・昭慶門院領
淀新荘《よど》	出雲	大原	禅林寺領(来迎院領)
吉殿荘《よどの》	播磨	神崎	興福寺領(寺門領)
淀魚市荘《よどのうおいち》	山城	久世	鳥羽殿領・皇室領
米田荘《よねだ》	美濃	賀茂	西芳寺領(比久見郷)
米田荘《よねだ》	播磨	賀茂	
米田保《よねだ》	越中	新川	
米富保《よねとみ》	丹後	丹波	
米丸保《よねまる》	加賀	石川	
米光保《よねみつ》	丹波	多紀	
米用荘《よねもち》	河内	石川	通法寺領
米守納所《よねもり》	伊勢	三重	皇室領・長講堂領・宣陽門院領・三条家領(領家職)
米屋荘《よねや》	筑後	三毛	安楽寺領
予(余)野荘《よの》	伊賀	伊賀	興福寺領・春日若宮領・得宗領
余野牧《よの》	摂津	能勢	
米納津荘《よのつ》	肥前	佐嘉	高城寺領
四番荘《よばん》	紀伊	牟婁	
四村荘《よむら》	紀伊	伊都	
四村荘《よむら》	紀伊	牟婁	
世保荘《よやす》	美濃	安八	九条道家領・摂関家領・九条家領
依園《より》	大和	十市	
依井荘《よりい》	筑前	夜須	宇佐弥勒寺領・喜多院領・石清水八幡宮寺領(検校領)
依上保《よりかみ》	陸奥	白河	

荘園一覧

荘　園　名	国名	郡名	領 家・本 家
鎧(冑)荘《よろい》	越前	足羽	東大寺領
ら			
頼源園《らいげん》	大隅	大隅	
楽音寺荘《らくおんじ》	丹後	竹野	
り			
陸合荘《りくあい》	備後	三次	
率分保《りつぶん》	常陸	筑波	
竜花(華)荘《りゅうげ》	近江	滋賀	
竜華荘《りゅうげ》	山城	愛宕	
竜泉荘《りゅうせん》	河内	石川	興福寺領・大乗院領
竜草園《りゅうそう》	紀伊	未勘	
竜門荘《りゅうもん》	大和	吉野	興福寺領
竜門荘《りゅうもん》	近江	栗太	平頼盛領・平家没官領・皇室領・八条院領・後宇多院領・園中将家領・中原家領・醍醐寺領・清滝宮領
竜門牧《りゅうもん》	大和	宇陀	
領家荘《りようけ》	摂津	武庫	
楞厳院荘《りょうげんいん》	近江	坂田	延暦寺領(楞厳三昧院領)・山門領
寮米保《りょうまい》	上野	山田	弘願寺領(佐貫荘内高根郷内)
料米保《りょうまい》	上野	邑楽	弘願寺領
寮米御厨《りょうまい》	上野	山田	伊勢神宮領・内宮領
良万別符《りょうまん》	石見	那賀	国衙領
れ			
蓮花牧《れんげ》	山城	未勘	後宇多院領・皇室領・昭慶門院領(庁分)
ろ			
六荘《ろく》	美濃	大野	
禄郷荘《ろくごう》	備後	世羅	
六郷保《ろくごう》	武蔵	荏原	得宗領(大森郷)・下総大慈恩寺領(大森郷)
六郷山《ろくごうさん》	豊後	国崎	無動寺領・山門領・慈鎮領
六所荘《ろくしょ》	常陸	筑波	
六条保《ろくじょう》	越前	足羽	便補保・太政官祈願料所・官衙領・山門領・得宗領？
六箇荘《ろつか》	河内	未勘	石清水八幡宮領(宮寺別当領)
六箇荘《ろっか》	紀伊	伊都	高野山天野社領・丹生社領・丹生都比売神社領
六箇荘《ろっか》	肥後	託麻	皇室領・長講堂領・得宗領
六箇里保《ろっかり》	肥前	杵島	
わ			
輪保《わ》	近江	未勘	関白渡領・摂関家領
和賀荘《わが》	但馬	朝来	仁和寺御室領・仁和寺領
若園《わか》	肥後	益城	甲佐社領
若泉荘《わかいずみ》	武蔵	児玉	
若江荘《わかえ》	河内	若江	醍醐寺領・石清水八幡宮寺領・無動寺領・掃部寮領・官衙領・興福寺領・薬師寺領(別当領)・四天王寺領
若江御厨《わかえ》	伊勢	桑名	伊勢神宮領・内宮領
若窪荘《わかくぼ》	河内	未勘	摂関家領・東北院領・摂籙渡荘
若栗御厨《わかぐり》	伊勢	安濃	伊勢神宮領
若栗御園《わかぐり》	伊勢	奄芸	伊勢神宮領・内宮領・外宮領・二宮領
若栗御園《わかぐり》	伊勢	壱志	伊勢神宮領・内宮領
若田御園《わかた》	伊勢	度会	伊勢神宮領
若田井辺御園《わかたいべ》	伊勢	度会	伊勢神宮領・外宮領
若月荘《わかつき》	信濃	水内	証菩提院領・新熊野社領・皇室領・(禅林寺)若王子社領・楞伽寺領
若槻荘《わかつき》	大和	添上	興福寺領・大乗院領・薬師寺領・東北院領・摂関家領
若槻本荘《わかつき》	信濃	水内	若王子社領
若槻新荘《わかつき》	信濃	水内	
若菜御厨《わかな》	伊勢	飯野	伊勢神宮領・外宮領・内宮領・二宮領・堀川局領・宏徳寺領
若葉御園《わかば》	伊勢	多気	伊勢神宮領・内宮領
若菜御園《わかな》	伊勢	度会	伊勢神宮領・内宮領
若林荘《わかばやし》	山城	葛野	
若林荘《わかばやし》	河内	丹比	四天王寺領・天王寺領(妙厳院領)
若林御園《わかばやし》	伊賀	伊賀	伊勢神宮領・外宮領・内宮領・二宮領・藤原家房家領
若部保《わかべ》	能登	羽咋	永光寺領(曹洞宗)・得宗領(兵庫入道跡)
若松荘《わかまつ》	和泉	大鳥	昭慶門院領・大宮院領・皇室領・臨川寺領(領家職)・東寺領(領家職)・保安寺領(領家職)
若松荘《わかまつ》	伊勢	河曲	市諸寮領・官衙領・天竜寺領(香厳院領)
若松荘《わかまつ》	加賀	加賀	烏丸家領
若松御厨《わかまつ》	伊勢	河曲	伊勢神宮領・内宮領・外宮領・二宮領・平家没官領・七条院領・皇室領
若松御厨《わかまつ》	伊勢	壱志	伊勢神宮領・内宮領
若松御厨《わかまつ》	伊勢	飯高	伊勢神宮領・内宮領
若松南御厨《わかまつみなみ》	伊勢	河曲	伊勢神宮領・内宮領・外宮領
若宮荘《わかみや》	筑前	鞍手	六条八幡宮領・醍醐寺領・三宝院領
若女荘《わかめ》	美濃	安八	藤原良房家領・貞観寺領
若杜荘《わかもり》	美濃	不破	
若山荘《わかやま》	能登	珠洲	関白道家領・摂関家領・皇嘉門院領・九条家領・日野家領
脇荘《わき》	山城	相楽	大雲寺領
脇上荘《わきがみ》	大和	葛上	薬師寺領
脇本荘《わきもと》	越前	敦賀	宣陽門院領・皇室領
脇山院《わきやま》	筑前	早良	背振山上宮領
和久荘《わく》	丹波	天田	九条道家領・最勝光院領・長講堂領・皇室領・東寺領
和久荘《わく》	備後	恵蘇	
和具《わぐ》	志摩	英虞	摂関家領・勧学院領・祇園社領
和具荘《わぐ》	伊勢	未勘	勧学院領・摂関家領
和気荘《わけ》	和泉	和泉	竜華寺領か
和気荘《わけ》	美作	勝田	
和気荘《わけ》	備前	磐梨	勧修寺家領・熊野山領
和気保《わけ》	加賀	能美	大徳寺領・大祥院領
和佐荘《わさ》	紀伊	名草	皇室領・後鳥羽院菩提料所・歓喜寺領・高野山領(随心院堂宇仏供修理料所)・新善法寺領
和崎荘《わさき》	丹波	氷上	大山寺領(播磨)
稙田荘《わさだ》	豊後	大分	藤原頼長領・摂関家領・保元没官領・大納言二位局領・後嵯峨院領・円助法親王領・皇室領
和食荘《わじき》	土佐	安芸	

荘　園　名	国名	郡名	領 家・本 家
鷲頭荘《わしず》	周防	都濃	仁和寺領・蓮華寺領(仁和寺塔頭、周防堂ともいう)
和太荘《わた》	近江	甲賀	鳥羽法皇領・広隆寺領(香花燃燈料)・皇室領・広隆寺領
和田荘《わた・わだ》	伊勢	鈴鹿	皇嘉門院領・宜秋門院領・摂関家領・九条家領・宣仁門院領・皇室領
和田荘《わた》	三河	碧海	日野家領
和田荘《わた》	三河	宝飫	
和田荘《わた・わだ》	越前	坂井	長講堂領・皇室領
和田荘《わた》	丹波	氷上	
輪田荘《わだ》	河内	未勘	摂関家領・摂籙渡荘・東北院領
輪田荘《わだ》	摂津	八部	九条道家領・報恩院領・正子内親王家領・光明院領・九条家領・摂関家領・最勝金剛院領
和太荘《わだ》	紀伊	名草	
和田荘《わだ》	大和	城上	興福寺領・大乗院領
和田荘《わだ》	大和	高市	東大寺領
和田荘《わだ》	若狭	大飯	東寺領
和田荘《わだ》	紀伊	名草	
和田園《わだ》	豊後	大野	深山八幡宮領
和太保《わだ》	三河	八名	内蔵寮領(便補保)・官衙領

荘　園　名	国名	郡名	領 家・本 家
和田御厨《わた》	伊勢	鈴鹿	伊勢神宮領・外宮領
渡辺御厨《わたなべ》	尾張	丹羽	伊勢神宮領
渡津荘《わたむつ》	三河	宝飫	
渡免荘《わためん》	三河	宝飫	
度会荘《わたらい》	尾張	智多	
渡荘《わたり》	武蔵	埼玉	
渡別符《わたり》	日向	那珂	宇佐八幡宮領
亘理保《わたり》	因幡	八上	
和知荘《わち》	備後	三谿	
和地荘《わち》	三河	渥美	
和智荘《わち》	丹波	船井	仁和寺領
和束荘《わづか》	山城	相楽	北野社領・興福寺領
和束杣《わづか》	山城	相楽	興福寺領
和奈見保《わなみ》	因幡	八上	
和迩荘《わに》	大和	添上	東大寺領・尊勝院領・東南院領・興福寺領・大乗院領・春日社領
和迩荘《わに》	近江	滋賀	白河寂楽寺領・喜多院領・楞厳院領・園城寺領・平惟仲領・桜井宮門跡領
和迩御厨《わに》	近江	滋賀	内膳司領・官衙領
和迩中荘《わになか》	大和	山辺	興福寺領・大乗院領
藁江荘《わらえ》	備後	沼隈	石清水八幡宮領・宝塔院領
藁科荘《わらしな》	駿河	安倍	徳大寺家領

2　領家別荘園一覧

領家・本家名	国名	荘　園　名
		あ　行
愛洲氏領	播磨	高田荘
赤松氏領	摂津	鳥養牧
	伊勢	高宮保
秋篠寺領	大和	秋篠荘
安居院領	近江	福光保
	能登	堀松荘
	備中	里見荘・津田荘
	備後	長和荘
朝倉氏領	伊勢	保保御厨
朝原内親王領	越後	土井荘
朝仁親王領	河内	波志葉荘
	摂津	桜井荘
	下総	豊田荘
	近江	砥山荘
足利家領	山城	大見荘
	伊勢	柳御厨
	尾張	玉江荘
	三河	小山辺荘・重原荘・富永保・二宮荘
	駿河	泉荘・佐野荘・葉梨荘
	相模	糟屋荘・懐島荘
	常陸	田中荘
	近江	池田荘・岸下御厨
	信濃	小泉荘
	上野	広沢御厨
	下野	足利荘
	越中	黒田保・万見保
	美作	稲岡南荘・讃甘荘・新野保
	備前	鵜飼(宇甘)荘
	阿波	秋月荘
	豊前	天生田荘
阿字不動院領	若狭	安賀荘
飛鳥井家領	尾張	小熊保
	若狭	稲積荘
	越前	田中荘
按察家領	近江	田根荘
	但馬	射添荘
	阿波	富田荘
按察使家領	下総	豊田荘・松岡荘
按察二品局領	伊勢	会賀御厨
	志摩	合賀御厨・木本御厨
阿蘇社領	筑前	山門荘
P. 8 図参照	豊前	今任荘
	肥後	阿蘇荘・河尻荘
熱田社領	尾張	一乗寺保・大郷御園・乙河御園・上沼御園・木田荘・公賀御園・甚目寺荘・玉江荘・田宮御園・永田御園・萩薗・水野上御厨・三刀墓御園・八島御園
P. 9 表参照		
熱田社神宮寺領	尾張	倭文荘
姉小路家領	信濃	蕗原荘
	越前	真柄荘・真柄保
阿野実廉家領	越後	粟生田保
安部資俊領	河内	壺井荘
天野社領		→高野山天野社領
阿弥陀寺領	備後	吉津荘

領家・本家名	国名	荘　園　名
	周防	小周防保・佐波令・周防本郡・牟礼令・安田保・矢田令
綾小路家領	河内	富田荘
綾小路僧正領	但馬	大垣御厨
荒木田氏領	信濃	会田御厨・仁科御厨
有栖河堂領	河内	大窪荘
粟田宮領	摂津	浜田荘
	遠江	勝田荘
	越前	榎富荘・榎富上荘
	石見	仲野荘・長野荘
	美作	江見荘
	紀伊	高家荘
	筑前	原田荘
安嘉門院領	山城	上三栖荘
P. 17 表参照	大和	稲津荘・野辺荘
	河内	小高瀬荘・郡荘
	摂津	田部荘・楊津荘
	伊賀	豊高荘
	尾張	味岡荘・富吉荘
	遠江	飯田荘・浜松荘
	甲斐	小井河荘
	相模	二宮河勾荘
	常陸	信太荘
	近江	吉富荘
	美濃	古橋荘・三村荘
	上野	菅野荘
	加賀	山代荘
	但馬	多多良岐荘
	播磨	柏野荘・黒田荘・高家荘・細川荘・矢野荘・吉河荘・吉河上荘
	安芸	能美荘
	紀伊	三上荘
	阿波	富吉荘
	豊後	長野新荘・山田荘・山田新荘
安国寺領(丹波)	越後	鵜河荘
	丹波	春日部荘
安国寺領(丹後)	丹後	志楽荘
安国寺領(長門)	長門	山井別符
安国寺領(伊予)	伊予	余戸荘
安国寺領(肥後)	肥後	高樋荘
安祥寺領	山城	音羽荘
	近江	赤岡荘
	下野	石田荘
	越前	小森保
安禅寺領	美濃	青柳荘
安養院領(大宰府)	筑前	楠橋荘
	肥前	与賀荘
安楽院領	但馬	大将野荘
安楽光院領	伊予	矢野保
安楽寺領	筑前	青木荘・安志岐御封・井田荘・板持荘・猪野荘・入部荘・岩田荘・岩門荘・小中荘・義得別符・栗田荘・桑原荘・侍島荘・長尾荘・長尾荘・土師荘・席内院・席田荘・紫荘・紫田荘・諸岡別符
P. 20 表参照		
	筑後	青木荘・鰺坂荘・綾野荘・石田保・岩(石)田荘・江門荘・大墓荘・楽得別符・葛野荘・北水田荘・草野

領家・本家名	国名	荘 園 名
		荘・櫛原荘・坂田荘・紫部荘・下妻荘・高樋荘・田島荘・忠別符・忠見別符・長田荘・飯得荘・殖木荘・藤田別符・水田荘・三豬荘・守部荘・吉田荘・米屋荘
	豊前	堅島荘・窪荘・副田荘・副田新荘・夏焼荘・山田荘
	豊後	大肥荘・大肥荘・津江山・真幸荘
	肥前	荒木田荘・石動荘・牛島荘・牛原領・瓜生野保・小倉荘・蛎久荘・義得別符・義得保・倉上荘・神辺荘・巨勢荘・幸津荘・幸津新荘・幸津西荘・佐嘉荘・下野荘・曾禰崎荘・曾禰崎別符・鳥栖荘・姫方荘・藤織荘・米多荘
	肥後	赤星荘・恵良荘・大路曲荘・片保領・佐野荘・高樋保・田口荘別符・田口荘・田島荘・玉名荘・富納荘・富荘・彌生荘
	日向	馬関田荘
	大隅	小原荘・横河院
	薩摩	入来院・老松荘・山門荘
	壱岐	石田保
安楽寺西御塔院領	肥前	佐嘉荘
安楽寺遍智院領	筑前	大浦寺荘・博太(多)荘
	豊前	堅島荘
安楽寺宝塔院領	筑前	栗田荘
安楽寺満願院領	筑前	桑原荘
安楽寿院領 P. 18 表参照	山城	赤日荘・桂西荘・上桂荘・上三栖荘・久世荘・芹河荘・竹田荘・築山荘・豊田荘・拝志荘・東久世荘・真幡木荘・三栖荘
	大和	宇陀荘
	河内	田井荘・高向荘・鞆呂岐荘
	和泉	長泉荘
	摂津	利倉荘
	伊賀	新居荘
	尾張	狩津荘・狩野荘・野間荘・野間内海荘・真清田荘
	甲斐	小井河荘
	相模	糟屋荘
	上総	橘木荘・橘本荘
	常陸	下妻荘・常安保・南野荘・南野牧・村田荘・村田下荘
	美濃	粟野荘
	信濃	東条荘
	上野	笠科荘・土井出荘・土井出笠科荘・利根荘
	下野	足利荘
	越前	泉荘・小野谷荘・小山荘・紙山保・北山荘・西谷荘・蕗野保
	加賀	郡家荘
	越中	高瀬荘・日置荘・日置社
	但馬	上田荘・水谷荘
	出雲	佐陀荘
	播磨	石作荘・大国荘・大塩荘・栗栖荘
	美作	建部荘
	備中	駅里荘・橋本荘
	備後	垣田荘・塩田荘
	安芸	後三条院勅旨田・田門荘
	周防	賀川別荘
	淡路	安平荘・菅原荘
	阿波	名東荘
	讃岐	多度荘・富田荘・野原荘
	伊予	吉岡荘

領家・本家名	国名	荘 園 名
	豊後	球珠荘・長野荘・長野本荘
	肥後	阿蘇荘・阿蘇社
飯野八幡宮領	陸奥	好島荘
為寛僧都	安芸	志芳荘
郁芳門院領	近江	柏原荘
池大納言家領	大和	長原荘・野辺長原荘
	駿河	大岡荘
異国警固料所	長門	一宮荘・二宮荘・吉永荘
石山寺領	伊勢	宇保荘・笠服荘
P. 28 表参照	近江	音羽荘・寺辺荘・富波荘・三尾荘・虫生
伊豆山権現領		→走湯山伊豆山権現領
伊豆国利生塔料所	伊豆	江馬荘・仁科荘
出雲国造家領	出雲	氷室荘
出雲社領(丹波)	丹波	小多田保
出雲社領(周防)	周防	佐波令
伊勢神宮領	出雲	熊野荘
P. 30 表参照	大和	宇陀神戸・宇陀神戸竹荘・竹荘
	河内	鳥取荘
	和泉	鳥取荘
	摂津	国分寺御厨・中村御厨
	伊賀	阿保神田・穴太御園・阿波御厨・大内御園・神戸・田原御園・長田御厨・比志岐御園・広瀬山田・布乃宇御厨・喰代御厨・本御厨・六箇山・若林御園
	伊勢	会田御厨・饗庭御厨・青泉新御園・県御園・莫大(英太)御園・懸荘・英多(莫大)荘・英太御厨・県御園・秋光御園・飽良河御厨・阿下喜御厨・莫胡御園・阿射賀御厨・朝明御園・朝束御園・朝束御厨・畔光御厨・荒倉御園・穴太(阿奈宇)御厨・安乃(安濃)田御厨・安濃津御厨・荒張御園・荒蒔御園・有滝御厨・有矢御園・粟井御園・安楽御厨・飯高神戸・飯野荘・飯野岡御園・飯原御園・家垣内御園・宅所御厨・五百野御厨・猪飼御厨・鵤御厨・生鮎御園・生田御厨・飯倉御厨・飯倉御園・伊介御厨・池上御園・池底御厨・池田御園・池上御園・池村御園・石河御厨・石川御園・石河御園・石榑御厨・石田御厨・石田御園・石津荘・石取御園・石丸御厨・石村御園・井後御厨・一身田御厨・和泉御厨・泉御厨・泉御園・泉上御園・泉野御園・伊勢庭御園・伊蘇御厨・市御厨・一堺御園・壱志神戸・一竹御園・一瀬御園・一場御園・一松御園・位田御園・井戸御厨・稲木御園・稲田御厨・稲継御園・稲光御厨・今河御厨・井村御厨・入江御園・伊呂止御園・岩蔵御厨・岩坂御園・岩崎御厨・岩田御園・岩田御厨・岩坪御厨・忌部御園・上河御園・上野御厨・上野御園・魚見御厨・魚見新御園・魚見東御園・宇賀御厨・浮島御園・牛庭御園・宇治野御厨・牛辺御園・牛庭御厨・牛目野御厨・臼井御厨・宇頭尾御園・宇田御園・内田御園・采女御厨・産階御園・宇保御園・梅田御厨・梅田御園・梅津御厨・梅戸御厨・

領家別荘園一覧

領家・本家名	国名	荘園名
		瓜生御園・潤田御厨・衣佐御園・衣佐牧・江島御厨・衣比原御厨・衣平御厨・尾御園・大石御園・大泉御厨・大井田御厨・小稲羽御厨・逢鹿寺御園・相可瀬御園・麻生田御厨・越知御厨・生津御園・大阿射賀御厨・大石御厨・大稲羽御園・大方御厨・大墓御厨・大口御厨・大蔵山御園・大強原御厨・大谷御厨・大墓御園・大塚荘・大縄御園・大戸御園・大歳御園・大止呂御園・大苗代御園・大西御園・大沼御園・大野田御園・大庭御園・大橋御園・大原御園・大矢智御厨・大淀御厨・岡田御厨・岡田荘・岡本御園・岡依御園・奥村御厨・小栗生御園・小古曾御園・大古曾御厨・小社御厨・尾崎御厨・小島御厨・小田中御厨・乙部御園・音部御園・小中上御厨・小野林御園・小野平御厨・小俣御厨・小林御園・小向御園・麻続古河御園・小山田御厨・開田御厨・柿御園・笠服荘・笠服御園・笠田御厨・笠間吉富保・加志尾御園・加治墓御園・員田御園・糟屋御園・片岡御園・固上御厨・片火御厨・片淵御厨・片山御園・鹿土浦御厨・金綱御厨・鹿海北岡御園・鎌田御厨・上岡御園・上薗御園・上津岡御園・上津原御園・鴨田御園・粥見御園・萱生御厨・河合御園・河方御厨・河北御厨・河島御厨・河島御園・河後御厨・彼出御厨・河南御厨・河南河北御厨・河曲神田・河曲神戸・神戸荘・菊御園・木越御園・岸江御厨・北黒田御厨・北黒野御厨・北高橋御園・北富田御厨・北山田御厨・木平御園・切田御厨・久賀御園・久具御厨・草生御厨・櫛田御厨・櫛田河原御厨・櫛比御厨・楠原御厨・葛原御園・口戸御園・久津賀御厨・窪田荘・窪田御厨・熊倉御園・久米御園・倉垣御厨・栗原御厨・黒坂御園・黒田御厨・黒田荘・黒田御厨・黒田御園・黒田牧御園・黒野御厨・黒野御園・黒橋御園・黒部御厨・桑名神戸・小泉御厨・神坂御園・柑子御園・古宇治御園・河田御園・河内御厨・河智御厨・神山御園・五箇山御園・極楽寺御園・高志御園・高志御園・小島御厨・木本御厨・小林御厨・小勾御園・五真加利御厨・五勾御園・小牧御園・小松御厨・小松御園・小鞭書御園・米野御園・薦生御園・菰生御厨・薦野御厨・小森御厨・御油御園・斎宮上野御園・斎宮柑子御園・堺御園・堺御園・堺御園・酒木御園・榊原荘・逆常御園・坂手御厨・坂奈井御厨・坂部御厨・坂本御厨・坂本御園・桜御厨・佐久良御園・桜御園・佐佐田御厨・佐佐礼石御厨・佐田御園・佐奈御園・佐福御園・寒河御園・佐山御
		園・猿喰御園・塩会御厨・塩合御園・塩津御園・塩浜御園・塩浜御厨・塩屋御園・志竃御厨・志賀摩御厨・四賀茂御園・四ヶ里御厨・志貴御厨・下見御園・芝井御厨・渋河御園・渋川御厨・渋河御厨・島田御厨・島富御厨・島抜御厨・下内田御園・下津御園・下津竹御園・霜野御厨・下牧御園・荘野御厨・昌補御園・常楽寺荘・常楽寺御園・白加志御園・汁島御厨・志礼石御厨・新開御厨・新開御園・新長(永)松御厨・新浜田御園・末富御厨・末永御厨・末弘御厨・須可荘・須可崎御厨・宿奈部御厨・須久野御厨・鈴鹿神戸・摂池田御園・曾井御厨・曹司御園・佐八牧・曾祢荘・曾原御厨・蘇原荘・蘇原御厨・多賀宇田御厨・高岡御厨・高垣神田・高笠御園・高苦御厨・高角御厨・高富御厨・高成御厨・高野御厨・高羽江御厨・高畠御園・高日御厨・高柳御厨・高柳御園・高吉御厨・高和里御厨・滝蔵御園・宕野御厨・滝野御園・田口御厨・竹鼻御厨・建部御厨・武光御園・蛸道大蔵山御園・田尻御園・鶴野御厨・忠越御園・忠近御園・立野名御園・立花御園・橘本御園・立見御厨・辰口御厨・辰口新開御園・多多利荘・多度御厨・田中御厨・田中御園・田長御厨・田部御園・玉垣御厨・玉野御園・玉野村御園・玉丸御園・田村御園・多米御園・為元御園・為元御厨・垂水(見)御園・垂水御厨・手原御園・近吉御園・智積御厨・茅原田御厨・槻本御園・尽田御園・津島崎御園・土田御園・土田河原御園・筒岡御園・堤御園・常富御園・椿御園・壷方御園・積良御牧・鶴沢御厨・手丸御園・当下御園・土課御園・東禅寺御厨・土保利御園・得田御厨・徳友御厨・徳光御厨・徳光御園・鷲岡御厨・栃原御園・富津御厨・富墓御園・富墓御厨・止羽御園・遠保御厨・泊浦御厨・富田荘・富田御厨・留米御厨・豊石野御園・豊岡御厨・豊国野御園・豊久野御厨・豊久野御園・豊田御厨・豊野御園・豊久御厨・長御園・長井御厨・中稲木御園・長牛草御園・長江御園・長尾御厨・永尾御園・永男御厨・長尾荘・長岡御厨・永方御厨・中河御厨・中河原御園・長倉御園・長沢御厨・長沢御厨・中至御園・中島御園・永沼御園・中野御園・長野御厨・永野御厨・長橋御厨・長深御厨・永藤御厨・長藤御厨・長松御厨・長松御厨・長峰御園・中村拝野御厨・中村拝野東御厨・永用御厨・永用神田御厨・中屋御園・長屋御園・長屋御厨・名越御園・那越御園・中麻続御園・梨子御厨・棗御園・七栗御園・成

領家・本家名	国名	荘 園 名
		高御厨・成富御園・丹生荘・丹生山・丹生河御厨・贄村御園・苦木御厨・苦(仁賀)木御園・丹河御園・丹河御厨・西園御厨・西野村御厨・西浜御厨・西村御園・二升御園・仁布河御園・仁大御厨・庭田御厨・丹庭野御園・沼田御厨・沼田牧・野田御園・野田御厨・能登御厨・野中御園・非鼓御厨・野日御厨・野村御園・野辺御厨・鮠川御厨・拝野御園・拝野荘・拝野西荘・袴田御園・萩尾御園・萩野御園・萩原御厨・箱木御園・土師御園・薑御園・土師御厨・土師御園・八太御厨・八太御園・甚目御園・鉢尻御園・八野御厨・治田御厨・八田御厨・波弖御園・鳩野御園・鳩山御園・鼻戸御園・羽禰御園・浜田御園・林崎御厨・林前御厨・林御厨・林荘・林東荘・原御厨・原荘・原御厨・原御園・腹太御園・治田御厨・葉若御厨・東富津御厨・東開御厨・久松御園・日長御厨・日永荘・日長新御園・緋野御園・檜尾御園・氷室荘・平内御園・平生御厨・平田御厨・平田御園・平田新御園・平田牧御園・平墓御園・平津安田御園・平丸御園・昼生御厨・昼生荘・昼生上荘・昼生下荘・昼生中荘・蒜田御牧・昼生荘・平尾御園・広瀬御園・弘永御厨・深瀬御厨・深田御園・深田御園・深田新御園・深馬路御厨・深町御厨・深溝御厨・福木御厨・福末御厨・福永御厨・深長御厨・藤方御厨・藤倉御厨・藤迫御園・藤田御園・藤原御園・不世止御園・二見御厨・船橋御園・古河御園・古瀬御園・古浜御園・部田御厨・別保御厨・某若御厨・星河御厨・保保御厨・前野御園・前村御園・摩加江御園・勾荘・勾御厨・勾御園・牧御園・牧大口御園・真次御園・斛光御厨・馬瀬御園・松尾御園・松倉御園・松崎御厨・松下御厨・松永御厨・松尾御園・松尾御厨・松本御厨・松本御園・松山御厨・真奈胡御園・真弓御厨・真弓杣・美佐御園・箕田御厨・箕田永富御厨・箕田安田御厨・光富神田・三橋御園・光用御厨・見長御園・南黒田御厨・南黒野御厨・南職田御厨・南富田御厨・南山田御厨・峰林御園・都御園・宮子御園・宮永西林御厨・宮野御厨・宮村御園・鞭書御園・六屋部御園・村松御厨・无漏御園・茂永御厨・茂福御厨・本能登御厨・杜御園・焼出御厨・八太御厨・矢田御厨・矢田檜皮尾御園・柳(楊)御厨・山田御園・山田御厨・山鳥御厨・山部御厨・山辺御園・山辺新御厨・山村御厨・山村御園・山室松山御厨・寛御厨・寛丸御厨・四蘭生御厨・岩内御園・良河御厨・吉清御厨・吉清御厨・吉沢御厨・

領家・本家名	国名	荘 園 名
		吉津御厨・吉沢御厨・若江御厨・若栗御園・若栗御厨・若田御園・若田井辺御園・若菜御厨・若菜御園・若松御厨・若松南御厨・和田御厨
	志摩	合賀御厨・安瀬御厨・阿曾御園・畔蛸(羽畔蛸)御厨・荒島荘・伊熊御厨・伊介浮島御厨・伊雑神戸・伊志賀御厨・伊奈瀬御厨・伊浜御園・入江御厨・鵜方御厨・相可御厨・相佐須荘・麻生浦(麻浦)御厨・小大野御園・大久田御厨・大吹御厨・押淵御園・小(大)浜御厨・小山御薗・片田(方)御厨・片田御厨・竃子御厨・賀茂荘・木本合賀島御厨・切原御厨・切原御園・甲賀荘・小路御厨・小久田御厨・胡佐荘・越賀御厨・木本御厨・上津長御厨・榊御園・坂倉御厨・坂崎御厨・坂手御厨・佐佐良御厨・猿田御厨・菅島御厨・須賀利御厨・立神御厨・築地御園・土具御厨・泊浦御厨・内瀬御園・中井須山御厨・中島御厨・長瀬御厨・中津浜御厨・中浜御厨・奈波利御厨・生栗御園・鳴瀬御園・錦御厨・丹島御厨・迫御厨・東船越御厨・比志加(賀)御厨・笛御厨・船木原御厨・船越御厨・松尾御園・的屋御厨・南浜御厨・南船越御厨・布浜御厨・焼野御厨
	尾張	秋吉御園・阿志岐御油御園・生部御園・一楊御厨・伊福部花正御厨・伊福部御厨・伊福部漆御園・搗栗御園・奥村御厨・下津御厨・柿御園・搗栗御厨・賀野御厨・上搗栗御厨・上沼御園・上生栗御厨・清河御厨・清須御厨・清納御厨・公賀御園・陸田御厨・草部御厨・酒見御厨・佐手原御厨・佐平原御厨・下搗栗御厨・下生栗御園・新神戸・新生栗御園・新封戸・末御厨・瀬辺御厨・千丸垣内御園・高瀬御厨・高屋御厨・詫美御厨・託美御園・竹河御厨・但馬保・田代喬島楊津厨・立石御厨・玉江御厨・田宮御園・治開田御厨・治開田神領・千与氏御薗・生栗御厨・生栗御園・新溝御厨・新溝神領・野田御厨・野田御園・篦(笑)生御厨・萩薗・羽禰田御厨・林田御園・人身御園・本神戸・前野御厨・松枝保・三人部御園・御母板倉御厨・八島御園・楊橋御厨・楊橋御園・渡辺御厨
	三河	饗庭御厨・青野荘・赤坂御厨・飽海荘・泉御園・伊良胡御厨・岩熊御厨・岩前御園・院内御園・大草御園・大津保・大津神戸・大墓御園・刑部御厨・加治御園・香淵御園・神谷御厨・上谷御厨・河内御園・神戸・志米荘・新神戸・新封戸・杉山御園・蘇美御厨・蘇美御園・勢谷御厨・勢谷御園・高師(足)御厨・角平御厨・富津御園・富永御園・生栗御園・野依御厨・薑御園・橋良御厨・秦御園・浜田

領家別荘園一覧

領家・本家名	国名	荘園名
		御園・細谷御厨・保柚御園・本神戸・弥熊御園・弥熊御厨・保田御園・吉胡御厨・吉田御園
	遠江	池田御厨・宇治乃御厨・大崎御園・大墓御厨・大墓御園・小坂御厨・刑部(小刑)御厨・小高御厨・小高下御厨・尾奈御厨・蒲御厨・鎌田御厨・小杉御厨・小牧御厨・小松御厨・佐久目御園・篠原神戸・新神戸・新封戸・土田御厨・豊永御厨・中田神戸・浜名御厨・浜名神戸・浜松御厨・祝田御厨・本神戸・美園御厨・都田御厨・山口御厨
	駿河	大津御厨・大津新御厨・大沼鮎沢御厨・岡部御厨・小楊津御厨・小楊津御園・蕎津御厨・方上御厨・小杉(枌)御厨・高部御厨
	伊豆	蒲屋御厨・塚本御厨
	甲斐	石禾御厨
	相模	大庭御厨
	武蔵	飯倉御厨・大河土御厨・恩田御厨・鎌倉御厨・橘御厨・七板御厨・七松御厨・榛谷御厨
	安房	阿摩津御厨・白浜御厨・東条御厨・丸御厨
	上総	武射御厨
	下総	葛西御厨・葛西猿俣御厨・萱田神保御厨・相馬御厨・遠山方(形)御厨・夏見御厨・布瀬墨崎御厨・船橋御厨
	常陸	小栗御厨
	近江	浅井御厨・浅井保・宇治河原保・柏木御厨・柏木新御厨・蒲生御厨・岸下御厨・黒丸御厨・小泉保・甲賀荘・坂田御厨・佐佐木御厨・八坂保・福永御厨・山室保・山室新御厨
	美濃	青柳御厨・池田御厨・加志尾園・小泉御厨・郡戸御厨・止岐多良御厨・下有智(地)御厨・津布良開発御厨・土岐多良荘・中河御厨
	飛騨	穴野御厨
	信濃	会田御厨・麻績御厨・富部御厨・富部御厨・長田御厨・仁科御厨・芳美御厨・藤長御厨・布施御厨・村上御厨・野原荘・矢原御厨
	上野	青柳御厨・邑楽御厨・大蔵保・須永御厨・園田御厨・薗田御厨・高山御厨・玉村御厨・広沢御厨・細井御厨・寮米御厨
	下野	小山荘・片梁田御厨・佐久山御厨・寒河御厨・稗田御厨・簗田御厨
	若狭	向笠御厨・向笠荘
	越前	安居御厨・足羽御厨・泉北御厨・山本御厨
	加賀	富永御厨
	能登	櫛比(代)御厨・富来御厨・能登島御厨
	越中	伊(射)水御厨・鵜坂御厨・弘田荘・弘田御厨・藤之保
	越後	色鳥御厨
	丹波	漢部御厨
	丹後	大垣御厨・太田御厨・岡田御厨
	但馬	磯部荘・大垣御厨・田公御厨・太多荘・太多御厨

領家・本家名	国名	荘園名
	伯耆	久永御厨・三野御厨・三野久永御厨
	播磨	国分寺御厨
	美作	綾部荘
	備前	永沼御厨
	備中	神代野部御厨
	長門	三隅御厨
	阿波	桑乃御厨
	讃岐	笠居御厨
	伊予	玉河御厨・千富御厨・丹生河御厨
一音院領	山城	田原荘
	播磨	安田荘
一乗院領		→興福寺一乗院領
一乗院領		→醍醐寺一乗院領
一乗院門跡領		→興福寺一乗院門跡領
一条家領	山城	稲間荘・小塩荘・下久世荘
P. 34 表参照	和泉	春木荘
	摂津	大田保・潮江荘・富松荘・福原荘
	伊賀	浅宇多荘・大内荘
	伊勢	富田御厨・山郷荘
	尾張	高畠荘・長包荘
	遠江	吉美荘
	伊豆	井田荘
	武蔵	船木田新荘
	常陸	小栗御厨
	近江	粟津荘・今西荘・大原荘・小幡位田
	美濃	帷荘・小泉御厨・生津荘
	飛騨	白川荘
	信濃	小泉荘
	若狭	立石荘
	越前	安居保・足羽御厨・河和田新荘・鯖江荘・東郷荘・美賀野部荘
	加賀	鏡荘
	越中	小佐味荘
	越後	小泉荘・小泉本荘
	丹波	篠村荘
	但馬	田道荘
	因幡	福井保・伏野保・古海郷
	播磨	下端荘・弘山荘
	備前	金岡東荘
	備後	坪生荘
	淡路	志筑荘
	讃岐	河津荘・神前(崎)荘・本山荘・山田荘
	伊予	吉原荘
	土佐	大方荘・幡多荘・本荘・山田荘
	筑後	三毛山門荘
	豊後	阿南荘・臼杵荘・賀(架)来荘
	肥前	与賀荘
	肥後	八代荘
一乗寺領	豊後	飯田荘・飯田新荘
市諸寮領	伊勢	若松荘
一妙音院領	越前	富田荘
厳島社領	安芸	安摩荘・内部荘・上竹仁保・桑原荘・桑原保・桑原新荘・志道原荘・造果保・造果保・寺原荘・中須別符・中洲別符・平田荘・平田宮荘・古川中州別符・平良荘・三田荘・三田新荘・壬生荘・宮荘・宮内荘
P. 36 表参照	周防	神代保
一色政具領	近江	比良荘
一心院領		→高野山一心院領
五辻家領	遠江	吉美荘
	出雲	末次保

領家・本家名	国名	荘園名
	紀伊	高家荘
五辻宮家領	長門	牛牧荘
P. 39 表参照		
五辻斎院領	下野	大内荘
	越後	鵜河荘・大神荘
	備中	小坂荘
一品位田	大和	橘院荘
因幡法眼領	但馬	上三江荘(西方)
稲荷社領	山城	豊田荘
新熊野社領	摂津	小林荘・小屋荘・小屋小林荘・奈佐原荘・八多荘・兵庫下荘・御厩荘
	伊勢	窪田荘
	尾張	下門真荘
	遠江	羽鳥荘
	安房	群房荘
	近江	吉富荘
	美濃	池田荘・池田荘・小瀬荘
	信濃	小菅荘・若月荘
	丹波	吾雀荘・志万荘
	但馬	八太荘・八太二方荘・二方荘
	播磨	浦上荘・賀屋荘・下端荘・田中荘
	備中	佐方荘・多気荘・万寿荘・万寿西荘・万寿東荘・万寿本荘
	安芸	三入荘・三入本荘
	淡路	志筑荘・筑佐荘・由良荘
新熊野社領		→善林寺新熊野社領
今出川家領	和泉	石津荘
	摂津	鳥養牧
	遠江	相良荘
	丹波	山内荘
	但馬	久斗荘
	長門	阿武御領
今林准后領	和泉	堺荘
	摂津	堺北荘
	越前	安居保・足羽荘
新日吉社領	河内	今津荘・岸和田荘・葛原荘
	遠江	河村荘
	駿河	金持荘
	相模	成田荘
	武蔵	河越荘・河越荘
	若狭	倉見荘
	丹波	春日部荘
	長門	向津奥荘
忌宮社領	長門	牛牧荘・河島荘・山井別符
伊予内侍領	摂津	野間荘
	若狭	名田荘
入江家領	近江	伊香立荘
岩倉家領	但馬	太多荘
岩倉宮領	美濃	弾正荘
石清水観音堂領	讃岐	鴨部荘
石清水八幡宮領	山城	今里荘・今山崎荘・大住荘・大山崎上下保・大与度荘・鶏冠井荘・綺荘・切山園・狭山荘・島田園・下三栖荘・祖穀荘・薪園・橘御供田・橘御園・西八条西荘・三栖荘・美豆牧・美津野領
P. 47 表参照		
	大和	井上荘・巨勢荘・そのいけの荘
	河内	荒馬荘・大窪荘・上仁和寺荘・楠葉荘・五箇荘・桜井園・標葉牧・新御座園・田井荘・高井田小荘・垂井荘・長曾禰荘・中牧・仁和寺荘・走井荘・伏(布志)見荘・星田荘・養父荘・六箇荘
	和泉	岸和田荘・放生米代荘

領家・本家名	国名	荘園名
	摂津	淡路荘・今福荘・榎並上荘・可賀島荘・賀島荘・木代荘・楠葉牧・橘御園・田部荘・天下高羽園・富垣荘・土室荘・兵庫上荘・三島荘・三津寺荘・三山荘
	伊賀	阿保荘・阿保下荘
	伊勢	大枝御厨・幡鉾荘
	尾張	搗栗御厨
	三河	高橋荘・高橋新荘
	駿河	蒲原荘
	武蔵	古尾谷荘・古谷荘
	常陸	宇治会保
	近江	大原荘・小谷荘
	美濃	芥見荘・明地荘
	信濃	小谷荘
	陸奥	好島荘
	越前	稲吉保・横越保
	加賀	西笠間保・能美(乃美・乃身)荘・山上荘
	能登	八幡新荘
	越中	蟹谷荘・徳満荘・埴生保・姫野保・福満荘
	丹波	葛野荘・北荘・酒井荘・高津荘・多紀北荘・平荘・宮坂荘・安田園
	丹後	板浪荘・稲富保・浦家荘・末成保・田村荘・近末保・永富保・成友保・成久保・二箇保・二箇益富保・益富保・宮次保・宮富保
	但馬	菅荘
	因幡	宇治荘・宇治蒲生荘・蒲生荘・滝房荘・宮永保
	伯耆	山田荘
	出雲	赤穴荘・南安田荘・安田荘・八幡荘
	播磨	赤穂荘・家島別符・今福荘・柏原荘・多豆島荘・伯可荘・蟾原荘・福田荘・福田保・松原荘・吉河荘
	美作	伊志荘・大吉荘
	備前	尾張保・佐井田荘
	備中	久代荘・水内荘・吉河荘
	備後	神村荘・杉原保・杉原荘・藁江荘
	安芸	三入保
	周防	末武保・末武荘・遠石荘・得地荘・得善保
	長門	位佐荘・大峰荘・大福荘・津布田荘・福富荘
	紀伊	出立荘・伊都野荘・今福荘・岩橋荘・衣奈荘・衣奈園・小河柴目荘・隅田北荘・隅田南荘・名手荘
	淡路	阿万荘・枚石荘
	阿波	生夷荘・萱島西荘・櫛淵荘・堀江荘・三野田保
	讃岐	栖前荘・林津荘・平賀荘・本山荘・本山新荘・山本荘
	伊予	吾河保・生名島・石城島・神崎出作・佐島・玉生荘
	土佐	有井荘・鴨部荘・柑子園・貴良河杣・佐貴荘・佐貴杣・得(徳)善保・奈半荘・八禰荘・東徳善保・夜須荘
	筑前	荒津荘・殖木荘・宇美荘・乙見保・香椎荘・白水荘・大分宮荘・田富荘・長野荘
	筑後	三原荘
	豊前	池尻別符・大野井荘・金国保・苅

領家別荘園一覧

領家・本家名	国名	荘園名
		田荘・屋山保
	豊後	都甲荘・八坂下荘
	肥前	大町荘
	日向	船曳荘
	大隅	荒田荘・加治木院・栗野院
	壱岐	筒城荘
石清水八幡宮大塔院領	美濃	明地荘
石清水八幡宮極楽寺領	山城	天山杣・切山園・島田園・橘御供田・橘御園
	河内	内山荘・大西荘・桜井園・柘榴園・新御座園・高井田小荘・長曾禰荘・林燈油園・林灯油園・養父荘
	摂津	可賀島荘・天下高羽園・富垣荘
	近江	山室保
	上野	玉村御厨
	越中	福田荘
	丹波	質美荘
	丹後	平荘
	播磨	赤穂荘・多豆島荘・伯可荘・蟾原荘・松原荘
	美作	伊志荘
	備前	片岡荘
	長門	大峰荘
	紀伊	伊都野荘
	土佐	有井荘・大忍荘・柑子園・奈半荘・奈半利荘
石清水八幡宮護国寺領	伊勢	幡鉾荘
	紀伊	出立荘
石清水八幡宮三昧堂領	讃岐	本山荘
石清水八幡宮寺領	山城	稲間(稲八妻)荘・河北封戸・河原崎荘・薪荘・奈良荘・藤和田園・本田荘
	大和	秋篠荘・宇陀園
	河内	今富荘・内山荘・延命園・大交野荘・大地荘・大西荘・大御園・甲斐荘・窪荘・小一条荘・神並荘・紺口荘・柘榴園・志紀荘・志紀北荘・高井田荘・寺島荘・仲(中)村荘・林燈油園・林灯油園・伏見荘・古市荘・法通寺荘・本御座園・三宅山・矢田荘・若江荘
	和泉	御香園・蜂田荘・万代荘
	摂津	塩田荘・土室園
	近江	田上荘・細江荘
	美濃	泉江荘・泉江中荘・泉江西荘・枳東荘・蒔田荘
	越前	道田保
	能登	飯川保・恵曾飯川保・一青荘
	越中	金山保・羽丹荘・埴生荘
	丹波	柏原荘・志津禰荘・質美荘・質美園
	丹後	鹿野荘・黒部保・黒戸荘・佐野荘・平荘
	出雲	石坂保・横田荘
	石見	大国保
	播磨	継荘・船曳荘
	美作	梶並荘
	備前	片岡荘・肥土荘
	備中	田上荘・田上本荘・水内北荘・吉川保
	備後	椹原保
	安芸	呉保・美別符
	周防	石田保・室積荘
	長門	埴生荘
	紀伊	切目荘・切目園・隅田荘・園財荘・鞆淵園・鞆淵荘・野上荘・芳養(益)荘
	淡路	炬口荘・鳥飼(養)荘
	阿波	萱島荘
	讃岐	草木荘・牟礼荘
	土佐	奈半利荘・波根杣・夜須(安)荘
	筑前	秋月荘・秋月依井荘・石丸保・小倉荘・原荘・本荘・吉原荘・依井荘
	筑後	隈上荘
	豊前	糸田荘・乙見別符・草津荘・葛野荘・津布佐荘・日奈土荘・山下保
	豊後	大神荘・草地荘・八坂荘
	肥前	綾部荘・奈良田荘・養父荘
	肥後	泉荘
	薩摩	新田荘・日置荘・弥勒寺荘
石清水八幡宮善法寺領	河内	大交野荘・星田荘
	摂津	木代荘・兵庫上荘
	丹波	北荘・質美荘
	備中	水内荘
	豊前	池尻別符・大野井荘・金国保・苅田荘・屋山保
石清水八幡宮寺別当領	阿波	堀江荘
石清水八幡宮別神領	因幡	滝房荘・宮永保
	阿波	三野田保
石清水八幡宮宝塔院領	美濃	泉江荘・泉江中荘・泉江西荘
	備中	田上荘・田上本荘
	備後	神村荘・藁江荘
	周防	室積荘
	長門	埴生荘
	紀伊	園財荘
	伊予	玉生荘
	土佐	夜須荘
伊和社領	播磨	賀屋荘・神戸荘・染河内荘・野口保
	美作	粟井荘
岩松氏領	武蔵	春原荘
岩屋寺領	出雲	横田荘
院領	山城	松井寺西荘
	伊勢	潤田御厨
	駿河	大岡牧・富士荘
	信濃	市村荘
	但馬	石禾下荘
	備中	足守荘
	安芸	造果保
殷富門院領	山城	銭司荘
	越前	榎富荘
殷富門院法華堂領	越前	榎富上荘
上杉家領	丹波	上杉荘
上杉氏領	越後	鵜河荘
右衛門督家領	上野	新田荘
右衛門督局領	伯耆	大谷保
右衛門佐局領	信濃	四宮荘
右金吾領	山城	松葺園
宇佐大宮司領	肥前	村田別符
宇佐八幡宮領 P. 55 表参照	筑前	立岩別符・綱別荘・綱別新荘・椿荘・野坂荘・穂浪荘
	筑後	小家荘・小河荘・加田久江園・御深荘・守部荘
	豊前	到津荘・宇佐荘・江島別符・緒方荘・規矩荘・上毛荘・下毛荘・新開荘・角田荘・高墓荘・田河荘・築城荘・恒見荘・津隈荘・長野荘・奈古荘・貫荘・平田別符・深水荘・勾金荘・京都荘・虫生別符・弓削

領家・本家名	国名	荘園名
宇佐弥勒寺領		田荘・横代別符
	豊後	朝見荘・石垣荘・糸永保・大神新荘・緒方荘・小野荘・櫛来別符・田染荘・田原別符・椿荘・日田荘・姫島・勾保・勾別符
	肥前	赤自荘・有間荘・大町荘・大豆津別符・大楊荘・下毛園・成道寺荘・高来別符・伴部保・福所荘・米多荘
	肥後	井倉荘・井倉別符・井倉保
	日向	県荘・伊佐保別符・浮田荘・臼杵荘・瓜生野別符・大墓別符・岡富荘・柏原別符・塩見荘・鷹居別符・竹崎別符・田島荘・田島荘・富高荘・富田荘・那珂荘・長峯別符・那河荘・新名爪別符・広原荘・衾田別符・細江別符・宮崎荘・諸県荘・村角別符・渡別符
	筑前	秋月荘・秋月依井荘・麻生荘・荒津荘・石丸保・石崎荘・乙見保・小倉荘・鷹田別符・大分宮荘・依井荘
	筑後	会利・河合荘・隈上荘・上妻荘・竹野荘・竹野本荘・原田荘
	豊前	上松別符・荒津別符・池尻別符・伊田別符・位登荘・糸田荘・今任荘・打打別符・宇原荘・大野荘・大野荘・大野井荘・乙見別符・金国保・苅田荘・記多良野別符・絹富保・草津荘・薍野荘・黒土荘・佐田荘・佐留尾別符・篠崎荘・田井田荘・津布佐荘・伝法寺本荘・得善保・永用保・夏焼荘・畠原荘・畠原下崎荘・日奈土荘・広(弘)山荘・光国保・向野荘・山下保・山下別符・山田荘・屋山保
宇佐弥勒寺喜多院領	豊後	伊美荘・臼野荘・榎隈別符・大神荘・大神新荘・香香地荘・竈門荘・岐部荘・草地荘・竹田津荘・都甲荘・日出荘・姫島・真玉荘・八坂荘・八坂下荘・山香荘・由布院・由布荘
	肥前	綾部荘・恵利・上養父荘・島崎荘・成道寺荘・千々岩荘・奈良田荘・養父荘
	肥後	泉荘・野原荘・守山荘
	日向	塩見荘・富高荘・船曳荘
	大隅	東保荘
	薩摩	荒田荘・入来院・鹿児島荘・加世田別符・五大院・東郷別符・新田荘・日置荘・弥勒寺荘
	壱岐	管(筒)城荘
	筑前	秋月荘・秋月依井荘・小倉荘・鷹田別符・大分宮荘・依井荘
	筑後	会利・河合荘・隈上荘・上妻荘・原田荘
	豊前	上松別符・荒津別符・池尻別符・伊田別符・位登荘・糸田荘・今任荘・打打別符・宇原荘・大野荘・大野荘・大野井荘・乙見別符・記多良野別符・絹富保・薍野荘・黒土荘・佐留尾別符・篠崎荘・田井田荘・津布佐荘・永用保・夏焼荘・畠原荘・畠原下崎荘・日奈土荘・広山荘・山下保・山下別符・山田

領家・本家名	国名	荘園名
		荘
	豊後	榎隈別符・大神荘・香香地荘・竈門荘・草地荘・竹田津荘・都甲荘・日出荘・真玉荘
	肥前	綾部荘・恵利・上養父荘・島崎荘・奈良田荘・養父荘
	肥後	味木荘・泉荘・野原荘・守山荘
	日向	塩見荘・富高荘・船曳荘
	大隅	東保荘
	薩摩	荒田荘・鹿児島荘・五大院・新田荘・日置荘
宇佐弥勒寺西宝塔院領	筑後	河合荘
	肥前	綾部荘・綾部新荘
右大将家領	山城	賀茂荘
	但馬	大屋荘
右大弁兼頼領	摂津	山辺荘
宇多源氏家領	讃岐	柞原荘
雅楽頭済益領	信濃	前見荘
内山永久寺領		→永久寺領(内山)
右兵衛督経通家領	大和	広瀬牧
宇倍宮領	因幡	高狩別符・服部荘
右馬頭兼実領	遠江	小高荘
宇美宮領	筑前	殖木荘・宇美荘・田富荘・長野荘・本荘・吉原荘
梅津寺領	美濃	稲口荘
梅畑姫宮領	伊勢	東富津御厨
梅宮社領	和泉	宇多荘
	丹波	上島荘・志万(摩)荘
右馬寮領	大和	興栗栖荘・鼠栗栖荘
	摂津	粟生荘・為奈野牧・萱野牧・豊島牧・鳥養牧
占部氏領	下総	葛西御厨
裏松家領	摂津	大田保
雲樹寺領	近江	大原荘
雲頂院領		→相国寺雲頂院領
雲門庵領		→南禅寺雲門庵領
雲林院領	摂津	穂積荘
	備中	得芳荘
永安寺領	近江	国友荘・相撲保
永嘉門院領	大和	長原荘
	遠江	飯田荘
	武蔵	河越荘
	上野	土井出笠科荘
	丹後	船木荘
	伊予	河原荘
永久寺領(内山)	大和	内山荘・差柳荘・萩別所
永源庵領		→建仁寺永源庵領
永源寺領	近江	池荘・小椋荘・蚊野荘・田上杣荘・田上中荘・田上牧荘
栄山寺領	大和	阿陀荘・今井荘・宇野荘・栄山寺荘・崎(栄)山荘・高栗栖牧・湯川荘
	河内	羽咋荘・羽咋新荘・羽咋本荘
	紀伊	東屋荘
叡福寺領	河内	飛鳥荘・羽咋荘
永福寺領	武蔵	春原荘
永福門院領	和泉	堺荘・堺南荘
	美濃	銀荘
永楽寺領	伊勢	荒張御園
永隆寺領		→東大寺別院永隆寺領
恵心院領	越前	吉野保
	加賀	英田保・英多南保・北英田保・南県荘
恵聖院領		→宝鏡寺恵聖院領
越後守護領	越後	大崎保・大積保・高波保

領家別荘園一覧

領家・本家名	国名	荘園名
愛智新宮領	近江	日吉荘・日吉保・日吉上荘・日吉下荘
越中律師定範領	但馬	三方荘
絵所預料所	丹波	大芋荘
恵日寺領	越後	小河荘
恵林院領		→相国寺恵林院領
恵林寺領	甲斐	高橋荘・牧荘
円音寺領	越前	織田荘
円覚寺領	尾張	石丸保・篠木荘・富田荘
P. 71 表参照	駿河	浅服荘・浅眼荘
	相模	石田荘・北深沢荘・毛利荘・山内荘
	武蔵	小山田荘・丸子荘・丸子保
	安房	長田保
	上総	畔蒜荘・畔蒜南荘・金田保
	下総	印西荘
	越前	山本荘
	丹波	成松保
円覚寺黄梅院領	相模	北深沢荘
	武蔵	小山田保・小山田荘
	上総	伊北荘
円覚寺正続院領	常陸	小鶴荘
	美作	小吉野荘
	相模	石田荘・成松保・毛利荘・山内荘
	丹波	成松保
円覚寺正統庵領	丹波	成松保
円覚寺仏日庵領	上野	玉村御厨
	出羽	寒河江荘
円教寺領	播磨	余部荘
円光院領		→醍醐寺円光院領
円光寺領	尾張	萩薗
円宗寺領		→仁和寺円宗寺領
円助法親王領	大和	室荘
	相模	吉田荘
	豊後	稙田荘
円勝寺領	遠江	質侶荘
P. 723 表参照	駿河	益頭荘
	近江	善積荘
	阿波	勝浦荘
	筑後	瀬高荘・瀬高上荘・鷹尾別符
延勝寺領	相模	大井荘
P. 724 表参照	近江	今村荘・中津荘・中津北荘・中津南荘
	丹波	今林荘
	播磨	牛尾荘
	筑前	穂浪(並)荘
円乗寺領		→仁和寺円乗寺領
円城寺領	河内	大交野荘
	近江	日吉荘・日吉上荘・日吉下荘
	若狭	加斗加納
円成院領	河内	星田荘・星田南北荘
円定寺領	近江	愛智荘
延政門院領	河内	高向荘
円通庵領	河内	楠葉荘
円通寺領	丹波	御油荘
	丹後	二箇保・吉田保
円提寺領	山城	石垣荘
炎魔王堂領		→興福寺炎魔王堂領
円満院領	河内	坂門牧・坂門牧荘
	伊賀	河合荘
	相模	吉田荘
	近江	大浦荘・音羽荘・小松荘・比良荘
	若狭	加斗荘・加斗加納
	美作	垪和荘
	備中	生石荘

領家・本家名	国名	荘園名
	紀伊	阿弖河荘
円満院門跡領	近江	草野荘・草野北荘・草野南荘
	若狭	瓜生荘
	但馬	大将野荘・建屋荘・建屋新荘
	播磨	下端荘
円明寺領	越中	大黒荘
延命院領	山城	笠取荘・笠取東荘
	近江	梅辻御園・箕浦荘・箕浦山方荘
円融寺領		→仁和寺円融寺領
円楽寺領	和泉	菟田荘・吉見菟田荘
	阿波	観音寺荘・東拝師荘
延暦寺領 P. 74 表参照	山城	粟田荘・飯岡荘・大原上野荘・大原西荘・乙訓荘・上野荘・高田荘・八瀬荘
	大和	岩根荘
	河内	荒馬荘・厚見荘・今津荘・尺度荘・豊田開田荘・中牧
	和泉	包近名・上泉荘・淡輪荘
	摂津	外院荘・直河原荘・宿久荘・多田荘・橘御園・玉造荘・垂水荘・津江荘・野間荘・原荘・美河原荘・野地荘
	伊賀	音羽荘・河合荘
	伊勢	井村荘・内田荘・岡田荘・草生荘・五箇山御園・名切荘・額田荘・野代荘・野辺御厨・緋野御園・茂福御厨・山田御厨
	志摩	名切荘
	尾張	櫟江荘
	三河	村松荘
	遠江	赤土荘・豊田栗栖・羽鳥荘
	甲斐	加加美荘
	下総	白井荘・豊田荘・松岡荘
	近江	青木荘・明見荘・浅井荘・朝田御園・安食荘・伊香立荘・筏立南荘・板木加納荘・一楽保・稲葉今村荘・犬上荘・伊吹荘・伊福荘・梅辻御園・愛智荘・愛智上荘・愛智下荘・仰木荘・大浦荘・大江保・大処荘・大野荘・大原荘・大原上野荘・小神牧・岡屋荘・小川保・奥島荘・小熊荘・音羽荘・開田荘・鏡荘・堅田荘・勝手荘・勝部日武末保・葛川荘・金次保・蚊野荘・河瀬荘・甲良荘・神崎保・神崎西保・神崎東保・岸下荘・木戸荘・木戸香御園・木河荘・桐原保・桐原友貞保・草野荘・草野北荘・草野南荘・熊野荘・熊野北荘・熊野南荘・蔵垣荘・椋部荘・栗太荘・栗見荘・黒国保・黒田江西荘・嶮熊野荘・香園・木津荘・古賀荘・五箇荘・後三条勅旨田保・小中島荘・坂田荘・坂田保・坂田別符・坂田新荘・佐佐木荘・志賀荘・志賀北荘・志賀南荘・篠原荘・島荘・下坂荘・新日吉荘・修宇荘・修宇西荘・菅浦荘・相撲保・体光寺荘・高島荘・高宮保・高宮荘・高屋荘・立荘・立入荘・建部荘・田中荘・田根荘・筑摩十六条・津田荘・得珍保・戸津荘・鳥羽上荘・富永荘・富永荘・富永保・鞆結荘・砥山荘・中津荘・南北荘・八坂荘・針幡荘・比叡荘・比叡本荘・比(必)佐荘・日夏荘・

領家・本家名	国名	荘 園 名
		日野牧・比良荘・平方荘・福光保・普門荘・綣村保・法会荘・細江荘・牧荘・真野荘・南古賀荘・箕浦荘・宮川保・野洲荘・山前新日吉荘・山田荘・大和(倭)荘・山上保・山室保・山本荘・横山・善積荘・楞厳院荘
	美濃	小島荘・新久久利荘・妻木保・平野荘・船木荘
	若狭	安賀荘・織田荘・山東荘・鳥羽荘・山西荘
	越前	莇野保・内田荘・大虫社・遅羽荘・河南荘・八田別所・羽丹生荘・葉原荘・藤島荘・別司保・山本荘・吉野保・六条保
	加賀	英田保・英多南保・大桑荘・押野荘・押野荘・北英田保・北白江荘・北畠荘・白江荘・富永荘・富安荘・永富荘・南県荘・南白江荘・南畠荘
	能登	大呑荘・志都(津)良荘・堀松荘
	越中	大家荘・神倉保・黒田保・高野荘・福田荘
	丹波	吾雀荘・奄我荘・佐岐荘・佐佐岐荘・佐佐岐上保・佐佐岐下保
	但馬	大垣御厨・黒河荘・気比水上荘・東河荘・新井荘・平野荘・三方荘
	因幡	吉岡荘
	伯耆	大山荘・保田荘・山守荘
	出雲	国富荘・三津厨
	石見	桜井荘
	隠岐	村荘
	播磨	三木荘・三木本荘
	美作	高倉荘・美和荘
	備前	大安寺荘・勅旨荘・日笠保
	備中	県主保・子位荘・子位東荘・巨勢荘・得芳荘
	備後	泉田荘・有福荘・福田荘
	安芸	大朝(麻)荘・大朝新荘・新荘
	周防	高水荘
	長門	向津奥荘
	紀伊	墓つき荘・庭田荘・三毛荘
	阿波	板(坂)西荘
	讃岐	志(支)度荘・野原荘・林
	筑前	下津山田荘・山田荘
	豊後	六郷山
	肥前	鏡荘・中津隈荘
	肥後	千与丸保・八王子荘
延暦寺講堂造営料所	甲斐	鎌田荘
延暦寺根本中堂領	近江	木戸荘・木戸香御園・香園・比良荘
	讃岐	木徳荘
	肥前	中津隈荘
延暦寺金輪院領	若狭	鳥羽荘
延暦寺西塔領	河内	荒馬荘
	近江	津田荘
	越前	大虫社
	安芸	大朝荘
延暦寺西塔宝幢院検校領	河内	岐子荘
	但馬	黒河荘
延暦寺西塔南尾領	近江	針幡(畑)荘
延暦寺座主相伝所領	近江	伊香勅旨・今村荘
延暦寺三宝院領	近江	立入荘
延暦寺衆徒領	近江	南佐久良保
延暦寺常寿院領	山城	朝日荘

領家・本家名	国名	荘 園 名
	河内	厚見荘・波志葉(橋波)荘
	摂津	桜井荘
	伊勢	井村荘
	三河	村松荘
	若狭	織田荘・山東荘
	越前	内田荘
	丹波	山内荘
	伯耆	保田荘
	石見	桜井荘
	美作	高倉荘
	紀伊	井上荘・井上新荘
延暦寺常寿院門跡領	美作	高倉荘
延暦寺浄土寺門跡領	大和	岩根荘
	摂津	橘御園・外院荘・直河原荘・高山荘・美河原荘・野地荘
	近江	蔵垣荘
	加賀	大桑荘・永富荘
延暦寺栖真院領	備後	泉田荘
延暦寺千僧供料所	遠江	赤土荘
	近江	栗見荘・木津荘・佐佐木荘
延暦寺大講堂領	近江	河上荘
延暦寺大乗院領	武蔵	稲毛本荘
延暦寺大成就院領	摂津	大原荘・原荘
	甲斐	加加美荘
	近江	桐原保・後三条勅旨田保・富永荘・福満荘・福光保
	伯耆	山守荘
	讃岐	支度荘
延暦寺東塔領	尾張	甚目寺荘
	近江	伊香荘
	加賀	南白江荘・南畠荘
	播磨	三木本荘
延暦寺東法華堂領	伊勢	草生荘
延暦寺法華堂領	河内	尺度荘
	近江	奥島荘・黒田江西荘・鞆結荘・岡屋荘
延暦寺文殊楼領	近江	大浦荘
延暦寺横川中堂領	但馬	三方荘
延暦寺横川楞厳院領	近江	堅田荘
延暦寺両界曼陀羅并大般若経常燈料所	近江	立荘
延暦寺楞厳院領	近江	立入荘・鞆結荘・和迩荘
延暦寺楞厳三昧院領	摂津	梶原荘
	近江	坂田荘・坂田保・楞厳院荘
	出雲	国富荘
桜下門跡領	近江	穴太御園・国友荘
正親町家領	近江	祇園保
	越前	大蔵荘
	加賀	是時荘
正親町三条家領	備前	香登荘
	周防	多仁荘
黄梅院領		→円覚寺黄梅院領
鴨江寺領	遠江	浜松荘
大炊御門家領	近江	余呉荘
	加賀	富安荘
	備中	隼島荘
大炊寮領 P. 82 表参照	山城	市辺荘・木津荘・下久世荘・芹河荘・富坂荘・菱川荘
	河内	石川御稲田・讃良御稲田
	摂津	安満御稲田・雄家荘・小戸荘・橘御園・富田御稲田・富田荘・中村御厨・中村御稲田・溝杭御稲田・六車御稲田
	美濃	玉村保・席田保
	若狭	田井保

領家・本家名	国名	荘園名
	加賀	田上保
	丹波	今安(保)保
	因幡	四分保
	美作	久世保
	備後	栗原保
	安芸	高屋保
	土佐	香曾我部保
大江家領	山城	藤秦荘
	摂津	河崎荘
	遠江	質侶牧
	相模	早川牧
	近江	香荘
大江僧正領	河内	東馬伏荘
大蔵省領	下総	大須賀保
P. 85 表参照	常陸	大蔵省保・笠間保
	長門	員光保
	紀伊	市保
大隅正八幡宮領	豊前	大野井荘
P. 87 表参照	大隅	始良荘・荒田荘・小河院・加治木院・鹿屋院・蒲生院・栗野院・禰寝院・東俣荘・南俣院・由久留園・吉田院
	薩摩	荒田荘・伊集院・東郷別符
大館家領	山城	飯岡荘・相楽荘
	近江	草野荘
大塔領		→高野山金剛峯寺大塔領
大塔院領		→石清水八幡宮大塔院領
大鳥居氏領	筑前	大浦寺荘・侍島荘
	筑後	長田荘・飯得荘
大鳥神社領	阿波	平島荘
大原三千院領		→三千院領(大原)
大原野社領	山城	鞆岡荘
	丹波	竃谷荘
大三島社領	伊予	鴨部荘
大宮院領	大和	曾我荘
P. 94 表参照	和泉	堺荘・塩穴荘・若松荘
	伊勢	富津御厨
	志摩	中津御厨
	常陸	本荘
	丹波	葛野荘
	但馬	気比荘・弘原荘
	播磨	松原新荘
	美作	富多荘・広野荘
大宮院女房二条局領	越前	太田保
大宮局領	河内	西氷野荘・西比野荘
大芋社領	丹波	大芋荘
岡崎家領	伊勢	丹河御厨
小笠原家領	甲斐	原小笠原荘
小国社領	遠江	小池保
奥院領		→高野山奥院領
小倉宮領	越前	田中荘
押小路家領	但馬	糸井荘
小槻家領	山城	小野山
	摂津	安満荘・長谷荘
	伊賀	鳫生保
	上総	今富保・今富保
	近江	雄琴荘
	若狭	国富荘
	越前	池上荘・久次荘
	加賀	北島保
	越中	黒田保・黒田保・松永荘
	伯耆	美徳山領
	美作	田原荘
	備前	世良荘・日笠荘・日笠保
	備中	新見荘・山手荘・山手保

領家・本家名	国名	荘園名
	安芸	阿土熊野保・荒山保・熊野荘・世能荒山荘
	周防	宇佐木保
	紀伊	且来保
	讃岐	柞原荘
	土佐	吉原荘
小野宮家領	山城	神足園
P. 102 表参照	大和	章鳴牧・辛島牧
	河内	辛島荘
	尾張	浅野荘
	近江	上高岸下荘
	但馬	黒河園
飫富大明神領	上総	飫富荘
御室領		→仁和寺領
御室門跡領		→仁和寺門跡領
御許山領	筑前	原田荘
	筑後	原田荘
	豊前	佐田荘
御物奉行料所	丹後	大石荘
小山田氏領	甲斐	郡内領
尾張家領	但馬	雀岐荘
尾張俊村領	尾張	一乗寺保
園城寺領	山城	枇杷荘・普賢寺荘
P. 106 表参照	河内	坂門牧
	伊勢	石津荘・長田荘・長太荘・丹生荘・丹生山・勾御厨
	尾張	枳豆志荘・枳頭子荘・枳頭子荘
	遠江	内田荘
	相模	吉田荘
	下総	玉造荘
	近江	粟津荘・粟津別保・蔵田荘・黒津荘・小松荘・檜物荘・野洲北荘・山賀荘・横山・和迩荘
	上野	沼田荘
	若狭	瓜生荘・加斗荘・椙若保・玉置荘・花生荘
	越前	小磯辺保・宮成保・宮成保
	佐渡	青木保・梅津保・浦河保・賀茂保・津浦保・津浦保
	美作	勝田荘
	備中	生石荘
	安芸	開田荘・久芳保・志芳荘
	紀伊	阿弖河荘・荒見荘
	讃岐	買田荘・金倉上荘・金倉下荘・真野荘
園城寺妙音院領	下野	佐野荘
園城寺理覚院領	備中	園荘
恩徳院領	丹波	榎原荘・拝師荘
か　行		
海住山家領	遠江	河村荘
海蔵院領		→東福寺海蔵院領
戒壇院領		→東大寺戒壇院領
海津殿御領	近江	田上荘
海竜王寺領	河内	八尾荘
加賀国八幡宮領	加賀	乃身荘
篝屋料所	近江	大原荘
額安寺領	大和	馬司荘
	備前	金岡荘・金岡東荘
鰐淵寺領	出雲	国富荘
覚園寺領	相模	毛利荘
P. 114 表参照	越後	埴生保
	伊予	新居西条荘
楽所領	越中	弘田荘
覚勝院領	山城	富坂荘

領家・本家名	国名	荘 園 名
覚仁法親王門跡領	河内	豊田開田荘
勘解由小路家領	播磨	高岡荘・高岡南荘
	筑前	福満荘
	豊後	津守荘
笠置山寺領	伊賀	般若荘
花山院家領	河内	坂門牧・坂門牧荘
	遠江	笠原荘
	近江	麻生荘・市子荘・今西荘・綺田荘
	美濃	伊自良荘
	若狭	名田荘
	加賀	中村荘
	備中	小坂荘・三村荘
	安芸	吉田荘
	筑前	向月荘
梶井門跡領		→三千院門跡領
香椎宮領	筑前	野坂荘
	筑後	本吉荘
	豊前	夏焼荘
	肥後	千田荘
勧修寺家領	河内	小高瀬荘・島頭荘
P. 123 表参照	摂津	位倍荘・小林荘・中条牧
	伊賀	新居荘
	尾張	大野荘・甚目寺荘
	近江	山前北荘
	越前	蕗野保
	加賀	井家荘
	丹波	上杉荘
	伯耆	宇多河荘・宇多川東荘・大谷保
	播磨	桑原荘
	備前	和気荘
	周防	安下荘
嘉祥寺領	和泉	日根荘
	伯耆	布美荘
	長門	河棚荘
春日社領	山城	石垣荘・稲間(稲八妻)荘・戌亥荘・飯岡荘・大住(隅)荘・綺荘・葛原新荘・久世荘・島荘・菅井荘・玉井荘・古河(川)荘・祝園荘・甕原荘・吉富荘
	大和	味間荘・畔荘・穴師荘・池上荘・泉荘・稲梁荘・戌亥荘・今井荘・今木荘・宇賀志荘・庵治荘・大島荘・大田荘・大楊生荘・小河尻荘・乙木荘・小夫荘・懸橋荘・川原荘・上総荘・源原荘・小林荘・小吉田荘・坂手荘・椎木荘・椙(杉)本荘・田井荘・田井荘・大仏供(福)荘・高取荘・多田荘・玉手荘・田原荘・丹後荘・典田荘・富堂荘・長河荘・長屋荘・新木荘・西喜殿荘・西殿荘・西山荘・針荘・吐(伴)田荘・兵庫荘・平田荘・平野荘・広瀬荘・広瀬新荘・深野荘・福智荘・藤井荘・舞荘・水田荘・南越智荘・美濃荘・美乃荘・三橋荘・室泉荘・守部荘・楊本荘・山川原荘・山田荘・山村荘・吉田荘・和迩荘
	河内	高木荘・灰墓荘・福地牧・法通寺荘・山田荘
	和泉	池田荘・恩田荘・草目荘・塩穴荘・中村荘・中村新荘・和田荘・春木荘・深井荘・三木田荘・宮里保
	摂津	安満荘・生島荘・榎並荘・萱野荘・萱野西荘・萱野西荘・倉垣荘・垂水牧・垂水西牧・垂水東牧・富松

領家・本家名	国名	荘 園 名
		荘・仲牧荘・仲牧・成合郷・成枝荘・新屋荘・浜崎荘・福原荘・穂積荘・三島荘・水尾荘・溝杭荘・武庫荘・楊津荘・山内荘・山道加納荘・山田荘
	伊賀	大内荘・大内東荘・大野木荘・久多荘・新居荘・般若荘・壬生野荘・壬生野保
	尾張	日置荘
	上総	飫富荘
	近江	浅井荘・浅井西荘・浅井東荘・市荘・大国荘・儀俄荘・金勝荘・金勝寺荘・吉見荘
	美濃	恵戸荘・金丸荘・二河荘・山上荘
	若狭	耳荘
	越前	泉荘・小山荘・紙山保・河口荘・坪江荘・安原荘
	加賀	小坂荘
	越中	阿努荘
	丹波	葦田荘・保津筏師荘
	丹後	安重保
	播磨	久留美荘・志深荘
	美作	一宮荘・長岡荘
	備前	神前(崎)荘・荒野荘
	安芸	開田荘
	周防	美和荘
	阿波	北助任荘・助任荘・津田島・富田荘・富田東荘・南助任保・矢上荘・矢上保
	讃岐	河津荘
春日東塔領	大和	味間荘
春日東塔検校職領	上総	飫富荘
春日若宮領	山城	玉井荘
	大和	宇賀志荘・西殿荘
	伊賀	久多荘・壬生野荘・予野荘
	美濃	金丸荘
上総女房領	上総	与宇呂保
花蔵院領	備中	水田荘
華台寺領	伊勢	菊御園
	美濃	蘇原荘
葛川明王院領		→明王院領(葛川)
花頂殿領	美濃	小泉荘
花頂門跡領	近江	岸下荘
勝尾寺領	摂津	味原牛牧・芦屋荘・池田荘・石丸荘・草刈荘・倉橋荘・呉庭荘・外院荘・国分寺荘・直河原荘・吹田荘・高山荘・止止呂岐(美)荘・長江荘・長江倉橋荘・美河原荘
	下野	固田荘
香取社領	下総	大戸荘・葛原牧・神崎荘
P. 131 表参照		
金持家領	河内	坂田福正名
金沢氏領	甲斐	伊沢荘
	下総	印西荘
神峰山寺領	摂津	大原荘
鎌倉将軍宗尊領	伊勢	額田荘
鎌倉雪下新宮領	山城	物集女荘
鎌倉二品法印領	志摩	合賀御厨・木本御厨
鎌倉幕府直轄領	近江	麻生荘
鎌倉府料所	相模	愛甲荘・一宮荘
	武蔵	大田荘・河越荘
	上総	伊北荘
	上野	佐貫荘・広沢御厨
	下野	足利荘
	陸奥	信夫荘

領家別荘園一覧

領家・本家名	国名	荘園名
鎌倉法華堂領	相模	三崎荘
	但馬	朝倉荘
	讃岐	造田荘・長尾荘
亀山院領 P. 137 表参照	大和	波多小北荘
	摂津	位倍荘・井部荘・長田荘
	美濃	麻績牧・高田勅旨
	越前	酒井荘・西谷荘
	越後	佐橋荘
	但馬	石禾荘・佐須荘・八代荘
	播磨	多可荘
	備前	長田荘
	備中	渋江荘
	備後	垣田荘
	阿波	竹原荘・福井荘
	讃岐	富田荘・豊福荘
	筑前	宗像荘・宗像社
	豊前	中田荘
賀茂社領 P. 138 表参照	山城	赤目荘・猪隈(熊)荘・小野荘・小野山・賀茂荘・小赤目荘・小山荘
	和泉	筥(箱)作荘・深日荘
	摂津	尼崎御厨・淡路荘・萱野荘・萱野西荘・倉垣荘・大物御厨・長洲御厨・平安荘・米谷荘
	伊勢	平野荘
	尾張	高畠荘・玉井荘
	三河	小野荘・小野田荘
	遠江	賀茂荘・河村荘・比木荘
	近江	安曇河御厨・伊吹荘・堅田御厨・賀茂荘・高島荘・高島本荘・迩保荘・比叡荘・船木荘・船木荘
	美濃	梅原荘・脛長荘・美乃荘・莚(席)田荘
	若狭	賀茂荘・宮川荘
	越前	志津荘
	加賀	開発荘・金津荘
	能登	賀茂荘・土田荘・得田荘
	越中	吉良荘・倉垣荘・倉塡荘・寒江荘・新保御厨・新保荘
	越後	石河荘
	丹波	小野荘・私市荘・御油荘・御油新荘・三和荘・由良荘・由良新荘
	丹後	木津荘・倉垣荘
	但馬	土野荘・矢根荘
	因幡	土師荘
	伯耆	稲積荘・所子荘・星河荘
	出雲	飯野荘・猪布荘・大西荘・筑陽荘・福田荘
	石見	久永保・久永荘
	播磨	安志荘・三箇御厨・塩屋荘・塩屋御厨・林田荘・室御厨
	美作	大野荘・河会保・河内荘・河内南荘・河内南保・倭文荘・下河内荘・登美杣・便補保
	備前	尾張保・包松保・竹原荘・仁堀荘・山田荘
	備中	戸見保・富田荘・富田新荘
	備後	有福荘・勝田荘・勝田本荘
	安芸	竹原荘・都宇荘・都宇竹原荘
	周防	伊保荘・牛島御厨・竃戸関・佐合御厨・佐川御厨
	長門	厚狭荘・鴨荘
	紀伊	紀伊浜御厨・仁儀荘
	淡路	佐野荘・生穂荘
	阿波	大由郷杣・福田荘
	讃岐	氏部荘・葛原荘・鴨荘・鴨部荘

領家・本家名	国名	荘園名
	伊予	菊万荘・佐方保
	土佐	潮江荘・津野荘・津野新荘
	肥後	吉松荘
賀茂別雷社領 P. 138 表参照	和泉	筥(箱)作荘・深日荘
	摂津	萱野荘・萱野西荘・米谷荘
	伊勢	平野荘
	尾張	高畠荘・玉井荘
	三河	小野荘・小野田荘
	遠江	比木荘
	近江	安曇河御厨・伊吹荘・船木荘・船木荘
	美濃	脛長荘
	若狭	賀茂荘・宮川荘
	加賀	金津荘
	能登	賀茂荘・土田荘・得田荘
	越中	新保御厨
	丹波	私市荘・御油新荘・由良荘・由良新荘
	但馬	矢根荘
	伯耆	稲積荘・星河荘
	出雲	飯野荘・猪布荘・大西荘・福田荘
	石見	久永保・久永荘
	播磨	安志荘・三箇御厨・塩屋荘・塩屋御厨・林田荘・室御厨
	美作	大野荘・河内荘・河内南荘・倭文荘・便補保
	備前	尾張保・包松保・竹原荘・山田荘
	備後	有福荘
	周防	伊保荘・竃戸関
	紀伊	紀伊浜御厨
	淡路	佐野荘・生穂荘
	阿波	福田荘
	讃岐	氏部荘
	伊予	菊万荘・佐方保
賀茂御祖社領 P. 140 表参照	遠江	賀茂荘・河村荘
	近江	堅田御厨・高島荘・迩保荘
	美濃	梅原荘・莚(席)田荘
	越前	志津荘
	越中	倉垣荘
	丹波	三和荘
	丹後	木津荘
	但馬	土野荘
	因幡	土師荘
	美作	河会保
	備中	戸見保・富田荘
	備後	勝田荘
	安芸	竹原荘・都宇荘・都宇竹原荘
	周防	牛島御厨・佐合御厨・佐川御厨
	長門	厚狭荘・鴨荘
	阿波	大由郷杣
	讃岐	葛原荘・鴨荘・鴨部荘
	土佐	潮江荘・津野荘・津野新荘
鴨井家領	美濃	西田原荘
鴨河合社領	摂津	北野荘
賀茂家領	播磨	滝野荘
賀茂斎院領	甲斐	鎌田荘
賀茂正祢宜領	若狭	宮川荘
賀茂新宮領	遠江	浜松荘
神魂社領	出雲	大庭保・田尻保
掃部寮領 P. 144 表参照	河内	大庭荘・若江荘
	出雲	赤江保
	備中	永富保
	周防	久賀保
高陽院領 P. 145 表参照	山城	巨倉荘・木津荘・松茸園・山田荘
	大和	田永荘・守荘

領家・本家名	国名	荘 園 名
	和泉	信達荘
	摂津	大原荘・椋橋西荘・長江倉橋荘
	伊賀	平柿荘
	伊勢	栗真荘・野代荘
	尾張	長岡荘
	三河	志貴荘
	美濃	気良荘・遠山荘・仲村荘
	信濃	芋河荘・海野荘・郡戸荘
	越前	鮎河荘・宇坂荘・越前勅旨
	越中	阿努荘
	越後	大島荘・奥山荘
	播磨	大幡荘
	豊前	吉田荘
嘉陽門院領	河内	東馬伏荘
	越前	行部荘・生部荘
烏丸家領	摂津	上牧
	加賀	若松荘
唐橋家領	山城	築山荘
花林院家領	大和	小路荘・島荘
河上神社領	肥前	河上別所・佐嘉上荘・佐嘉下荘・西坊所保・西良所保
P. 148 表参照		
革嶋家領	山城	革島荘
河辺八幡宮領	陸奥	石河荘
川原寺領	尾張	川原荘
P. 152 表参照		
河原院領	山城	笠置荘
官衙領	山城	市辺荘・小野山・木津荘・下久世荘・芹河荘・富坂荘・菱川荘・船岡芝築地・美豆牧
	大和	秋吉荘・率川荘・興栗栖荘・黄瓜園・京南荘・梨原荘・鼠栗栖荘・氷室
	河内	石川御稲田・大江御厨・大庭荘・恩智荘・河俣御厨・甘南備保・楠葉園・讃良御稲田・若江荘
	和泉	和泉御厨・近木保・地黄園・土師保・深井荘
	摂津	粟生荘・味原牛牧・井於荘・雄家荘・大江御厨・大田保・小戸荘・萱野牧・吉志荘・地黄園・宿久荘・木工荘・橘御園・津江御厨・豊島牧・富田御稲田・鳥養牧・富田荘・長洲御厨・中村御厨・中村御稲田・乳牛牧荘・溝杭御稲田・六車御稲田
	伊賀	薦生保
	伊勢	池田別符・岩坂御園・長田荘・丹生荘・丹生山・若松荘
	志摩	麻生浦御厨
	尾張	味岡荘・花正保
	三河	碧海荘・和太保
	遠江	市野荘・小池保
	駿河	入江荘・入江保
	甲斐	飯野牧
	上総	今富保・墨田保
	下総	大須賀保
	常陸	大蔵省保・笠間保
	近江	粟津御厨・押立保・小野荘・官使保・甲賀牧・菅浦荘・勢多御厨・東西保・細江荘・保田荘・吉富荘・和迩御厨
	美濃	玉村保・席田保
	上野	白井保
	下野	戸矢子保・戸矢子窪田保
	若狭	青保・国富荘・国富保・田井保

領家・本家名	国名	荘 園 名
	越前	池上保・池上荘・池上荘・少名荘・尾箕荘・桑岡荘・六条保
	加賀	北島保・橘島保・田上保
	越中	蟹谷荘・蟹谷保・黒田保・黒田保・小森保・中村保・中村保
	丹波	今安(保)保・大布施杣・修理職杣・主殿保・細川荘・山国杣
	但馬	高田荘・八木荘
	因幡	国安今島保・四分保
	伯耆	美徳山領
	出雲	赤江保
	播磨	家島牧・黒田荘
	美作	綾部荘・久世保・田原荘
	備前	周匝保・日笠荘・日笠保
	備中	永富保・山手保・山平保
	備後	栗原保
	安芸	阿土熊野保・荒山荘・荒山保・入江保・熊野荘・世能荒山荘・高屋保・多治比保
	周防	久賀保
	長門	阿内包光保・員光保
	紀伊	且来荘・且来保・市保・六十谷保
	淡路	掃守保
	讃岐	柞原荘・野原荘
	土佐	香曾我部保・吉原荘
	筑前	博太荘
	大隅	小原別符・鹿屋院・串良院・禰寝院・横河院
観海院領(栂尾)	播磨	越部中荘
観海院中坊領(栂尾)	越後	大面荘
勧学院領	山城	田原荘
P. 404 表参照	大和	発志荘・橋院荘
	伊勢	飯鹿荘・石内荘・鈴鹿荘・和具荘
	志摩	和具
	尾張	玉江荘
	遠江	浅羽荘
	近江	儀俄荘・篠田荘
	陸奥	長江荘
	丹波	菟原荘・小原荘・竃谷荘・草山荘・坂田荘・藤坂荘・御厩立荘
	播磨	英賀荘・粟賀荘・伊保荘・垣岡荘・高島荘・滝野荘・滝野高島荘
	備前	鴨津荘・羽野荘
	備中	生坂荘・真鍋荘
	安芸	倉橋荘
	周防	潟上荘
	長門	大野荘・宿院
	紀伊	有間荘・櫟原荘・石田荘・日高荘・宮原荘
勧学院営作料所		→高野山勧学院営作料所
歓喜光院領	山城	祝園荘
P. 153 表参照	大和	波多小北荘
	河内	讃良新荘
	摂津	宿野荘・富島荘
	三河	上野荘
	甲斐	鎌田荘
	近江	比牟礼荘・広瀬荘・広瀬北荘・虫生
	美濃	鵜渭荘・金居荘・金屋荘・久久利荘・小泉荘・小泉荘
	信濃	大穴荘
	加賀	倉月荘
	丹波	多紀荘・多紀北荘
	但馬	池寺・賀都荘・賀都上荘・賀都下荘・河会温泉・八代荘

領家別荘園一覧

領家・本家名	国名	荘 園 名
	出雲	来海荘
	播磨	矢野荘・吉河荘・吉河上荘・吉河下荘
	美作	垪和荘
	備後	長和荘
	紀伊	岡崎荘・三上荘
	淡路	内膳荘・内膳保
	筑前	野介荘
	肥後	岳牟田荘・豊田荘
	日向	国富荘
歓喜光寺領	美作	弓削荘
歓喜寺領	紀伊	護摩料荘・和佐荘
歓喜寿院領	若狭	太良荘・太良保
P. 154 表参照	越前	織田荘・久次荘・真柄荘
	但馬	射添荘・八太荘・八太二方荘・二方荘
	紀伊	富安荘
寛弘寺領	河内	多多羅荘
元興寺領	山城	上久世荘・小泉荘・相博荘
	近江	愛智荘
	播磨	穂積荘
観自在院領	山城	木津荘
勧修寺領	山城	巨倉荘
P. 155 表参照	大和	大畠荘・水田荘
	摂津	安威荘
	三河	重原荘
	甲斐	加加美荘
	武蔵	河崎荘
	加賀	板津荘・井家荘・郡家荘
	丹波	小多田保・願王寺荘
	美作	香美荘・香美新荘・西香美荘・西香美本荘
	淡路	塩田荘
勧修寺門跡領	大和	郡家荘
	近江	清水本荘
勧修坊領	大和	大楊生荘
観勝寺領	山城	海印寺荘
	美作	英多保
	備中	県主保
感神院領		→祇園感神院領
観心寺領	大和	須恵荘
P. 157 表参照	河内	東坂荘・田舎荘・宇礼志荘・大友荘・大堀荘・小高瀬荘・観心寺荘・切山荘・佐備荘・新開荘・高田荘・高向荘・仲村荘・治田野荘・古市荘・杜屋荘・山内荘
	和泉	草部荘・塩穴荘・鳥取荘・八田荘・山内荘
	紀伊	秋名荘・大山田荘・近河内荘
観世音寺領	筑前	碓井荘・金生荘・黒島荘・高田荘・長尾荘・把岐荘・原荘・平野荘・吹田荘・船越荘・山鹿荘
P. 158 表参照	筑後	生葉荘・大石荘・賀駄荘・鷹野荘・山北荘
	肥前	五箇荘・中津荘
	日向	武迫別符
	壱岐	継埼牧
関東御領	山城	大住荘・薪荘
	大和	夜部荘
	河内	西氷野荘・氷野荘
	伊賀	有丸荘
	伊勢	英田荘・小倭荘・為元御厨・長藤御厨・成高御厨・西園御厨・新屋荘・原御厨
	三河	蒲形荘・羽渭荘

領家・本家名	国名	荘 園 名
	常陸	真壁荘
	美濃	春近
	信濃	春近領
	陸奥	白河荘・好島荘
	若狭	津津見保
	越後	小泉荘・小泉本荘・吉河荘
	但馬	朝倉荘・磯部荘・伊由位田・大屋荘・竹田荘・多多良岐荘・広谷荘
	美作	布施荘
	讃岐	造田荘・長尾荘
	筑前	鞍手領・長淵荘
	筑後	三原荘
	肥後	永吉荘
関東管領家領	越後	五十嵐保
関東公方領	伊豆	馬宮荘
関東将軍家領	筑前	宗像社
官牧		→兵部省官牧
観音院領	大和	守部荘
観音寺領	和泉	中村荘・中村新荘
観音寺領(芦浦)	近江	結園荘
観音寺領(夫馬)	近江	大原荘
観音堂領	山城	笠取荘・笠取西荘
	讃岐	山本荘
	土佐	鴨部荘
関白家領		→摂関家領
関白渡領		→摂関家領
官務家領		→小槻家領
観林寺領	摂津	木工荘・津江荘
甘露王院領	阿波	牛牧荘
甘露寺家領	河内	渋川荘
	摂津	倉殿荘
	近江	沼浪荘・福光保
	越前	東長田荘
	加賀	大桑荘
	丹後	岡田荘
祇園社領		→祇園感神院領
祇園感神院領	山城	相撲人保・東籠荘・東蔵荘
P. 682 表参照	河内	東条荘
	摂津	金心寺荘
	伊勢	岡本保・吉沢御厨
	志摩	和具
	尾張	井戸田保
	三河	宇利荘
	近江	麻生荘・蒲生保・祇園保・坂田保・田根荘・成安保・日野牧・宮川保・守富保・山上保
	美濃	上秋荘
	越前	越前保・感神院保
	加賀	壷野保
	越中	賀積保・堀江荘・堀江保
	丹波	小川荘・波波伯部保
	播磨	大山荘・土山荘・弘次別符
	美作	西大野荘・布施荘
	備中	子位荘
	備後	小童保・小童保
	安芸	清武保・吉田荘
	周防	朝倉荘
	讃岐	井原荘
菊亭家領	近江	高島荘・高島新荘
宜秋門院領	山城	下久世荘
P. 404 表参照	大和	泉荘
	和泉	大泉荘
	伊勢	山郷荘・和田荘
	尾張	篠木荘
	三河	吉良荘

領家・本家名	国名	荘 園 名
	遠江	尾奈御厨
	伊豆	井田荘
	武蔵	船木田荘・船木田本荘
	常陸	小栗御厨・小鶴荘・小鶴南荘
	加賀	熊坂荘
	越後	白河荘
	周防	屋代荘
	讃岐	子(小)松荘
	豊後	戸次荘
	肥前	太田荘
亀泉集証領	播磨	置塩荘
木曾義仲領	丹波	五箇荘
喜多院領(白川)	河内	豊田荘
	摂津	久保津荘
	近江	明見荘・大田荘・音羽荘・朽木荘・朽木杣・比良牧・和迩荘
	美濃	岡本荘・小島牧
	丹波	大沢荘
	紀伊	阿弖河荘・石垣荘・下野荘
喜多院領		→宇佐弥勒寺喜多院領
喜多院領		→興福寺喜多院領
祇陀寺領	加賀	中村荘・久武保
北白河院領	和泉	大鳥荘・万代荘
	伊勢	林西荘
	下総	葛西御園
	常陸	笠間保
北白川姫宮領	摂津	利倉荘
北野社領	山城	石垣荘・狛野荘・菱田荘・和束荘
P. 172 表参照	河内	葛原荘・西氷野荘・八箇荘・馬伏荘
	和泉	大鳥荘・八田荘
	摂津	芦屋荘・石井荘・榎並上荘・榎並下荘・得位荘・得位時枝荘・山路荘
	伊賀	新居荘
	伊勢	石津荘・窪田荘・長太荘
	尾張	浅野保・中島荘・野村保・本神戸荘
	三河	星野荘
	近江	伊香荘・建部荘・田上中荘・中荘・建部荘二職方・八坂荘
	美濃	多芸荘
	若狭	安賀荘
	越前	榎富荘・榎富上荘・河和田荘・得光保・社荘
	加賀	小泉保・豊田荘・富墓荘・長前保・西笠間保・福田荘・福田荘
	能登	菅原荘・菅原保・四柳保・四柳荘
	越後	石井荘
	佐渡	蚫川保
	丹波	吾雀荘・桐野牧・桐野河内・船井荘
	丹後	太田荘・時武保
	但馬	気比荘・気比水上荘
	因幡	岩恒(常)保・吉田保
	播磨	貝野荘・小松原荘・松井荘
	美作	英多保・大野荘・長岡荘・林野保・吉野保
	備前	金畏東西・金岡荘・金岡西荘・金岡東荘
	備後	吉津荘
	長門	員光保・下来見荘
	淡路	鮎原荘
	筑後	河北荘・北野荘
	豊前	高墓荘

領家・本家名	国名	荘 園 名
北野宮寺領	山城	池田荘
	摂津	榎並荘・榎並上荘・郡戸荘・得位時枝荘・富田荘
	加賀	豊田荘・長前保
	筑後	河北荘
	豊前	稗田荘
北野社松梅院領	河内	島頭荘
	和泉	坂本荘・坂本郷荘
	越前	得光保
	能登	菅原荘
北野社松梅院禅陽領	越前	社荘
北野社青松院領	因幡	岩恒保
北畠親房領	河内	足(網)代荘
	伊勢	富津御厨
北畠具行菩提料所	下総	遠山方御厨
吉祥院領	淡路	鮎原荘
吉祥寺領	武蔵	春原荘
杵築社領	伯耆	多気荘
	出雲	大田保・大庭保
木造持康領	伊勢	平尾荘
吉水院領		→金峯山吉水院領
吉水大夫僧都領	和泉	草部荘
紀実俊領	紀伊	直川荘
吉備津宮領(備前)	備前	西野田保・宮保
吉備津宮領(備中)	備中	草間荘・隼島荘・隼島保・隼島保
貴布禰社領	近江	岩根荘
	越中	新保荘
	丹波	御油新荘
	美作	河内荘
吸江庵領	土佐	介良荘
休畊庵領		→報国寺休畊庵領
九州探題領	筑前	向月荘
教王護国寺領		→東寺領
教興寺領	河内	足代荘・金田荘
	和泉	木島荘
京極家領	山城	小巨倉荘・鳥羽荘
P. 404 表参照	河内	会賀牧・坂門牧
	和泉	今泉荘
	摂津	弘井荘
	出羽	寒河江荘
	播磨	有年荘
	安芸	大崎荘
京極氏領	近江	余呉荘
刑部省領	山城	岡荘
教令院門跡領	大和	安堵荘
玉潤軒領		→相国寺勝定院玉潤軒領
玉泉寺領	加賀	徳丸保・得丸保・中村荘
玉林寺領	肥前	高木荘
玉滝庵領	美濃	玉村保
清滝宮領	近江	竜門荘
清水寺領	但馬	気比水上荘
	播磨	吉田本荘
吉良家領	加賀	能美荘
金閣寺鹿王院領	近江	石灰新荘
金泥一切経料所	紀伊	荒川荘
金峯山領	大和	宇野荘・曾我荘・戸毛荘・豊田荘・丹生谷荘・西穴生荘・新口荘・南喜殿荘
	紀伊	小倉荘・小倉新荘
金峯山寺領	大和	官上荘・戸毛荘
	紀伊	保田荘
金峯山吉水院領	大和	曾我荘・竹原荘・戸毛荘・豊田荘・丹生谷荘・西穴生荘・廿河荘・新口荘・南喜殿荘
	河内	加納荘・東山荘

領家別荘園一覧

領家・本家名	国名	荘 園 名
金峯山道円寺領	播磨	淡河荘
禁裏御料所	山城	大江杣・小野荘
	河内	池田荘
	摂津	堺北荘
	伊勢	栗真荘
	尾張	得重保
	上総	畔蒜北荘
	近江	金次保・船木荘
	美濃	多芸荘
	若狭	三宅荘
	越前	河合荘・河北荘
	能登	一青荘
	越中	二上荘
	越後	佐橋荘
	丹波	上村荘・栗作荘・郡家荘・細川荘・真継保
	備前	周匝保・鳥取荘・豊原荘
九鬼氏領	志摩	小浜御厨
久下氏領	丹波	小椋荘・栗作荘
櫛田宮領	筑前	野介荘
孔雀妙王堂領	肥後	山鹿荘
九重塔役所	伊予	庶田荘
九条家領 P. 193 表参照	山城	小塩荘・九条前滝荘・久世荘・久世荘・清水荘・下久世荘・曾束荘・田原荘・豊田荘・拝志荘・東九条荘・物集女荘
	大和	河北荘・清澄荘・高井荘・長原荘・山口荘
	河内	石川荘・稲福荘・点野荘・高柳荘・長野荘
	和泉	大泉荘・淡輪荘・長滝荘・和田荘・八田荘・日根荘・御酢保
	摂津	安井荘・生島荘・井門荘・杭全荘・倉垣荘・潮江荘・高平荘・富松荘・富島荘・富島荘・仲牧・松山荘・宮原荘・宮原南荘・武庫荘・杜本荘・輪田荘
	伊賀	浅宇多荘・大内荘・大内西荘・大内東荘・音羽(波)荘
	伊勢	五真加利御厨・薗倉荘・富田御厨・林荘・林西荘・日置荘・杜御園・山郷荘・和田荘
	尾張	赤目荘・英比荘・大県荘・大懸荘・村久野荘・杜荘・山田荘
	三河	吉良荘・吉良西荘
	遠江	尾(小)奈御厨・河村荘
	駿河	服織荘
	伊豆	三津御厨
	甲斐	小松荘・志摩荘
	武蔵	稲毛荘・稲毛新荘・稲毛本荘・船木田荘・船木田新荘・船木田本荘
	下総	三崎荘
	常陸	小栗御厨・小鶴荘・小鶴南荘・下妻荘・田中荘・村田荘・村田保
	近江	伊香荘・伊庭荘・今西荘・大江荘・岡屋荘・小幡位田・日野牧
	美濃	石田(いはた)荘・宇多勅旨・衣斐(裴)荘・郡戸荘・郡戸荘・下有智御厨・古橋荘・世保荘
	信濃	千田荘
	上野	新田荘
	若狭	立石荘・立石新荘・立石本荘
	越前	足羽御厨・莇野保・河和田荘・河和田新荘・気比荘・小森保・鯖江荘・東郷荘・長田保・美賀野部荘

領家・本家名	国名	荘 園 名
	加賀	小坂荘・鏡荘・熊坂荘
	能登	上町野荘・下町野荘・町野荘・若山荘
	越中	河口保・四箇荘・曾祢保・東条保・東条荘・宮島保・八代保
	越後	白河荘・白鳥荘
	丹波	賀舎荘・多紀荘・多紀北荘・畑荘・安田荘・和久荘
	丹後	加悦荘・丹波荘
	但馬	赤崎荘・田道荘・新田荘
	伯耆	長田荘
	出雲	末次荘・林木荘・法吉荘
	石見	大家荘
	播磨	厚利荘・蔭山荘・神戸荘・神部荘・久(具)留美荘・佐用(佐与・左与)荘・田原荘・千草荘・豊福荘・西荘・のかめの荘・東荘・安田荘
	美作	大井新荘
	備前	小豆島荘
	備中	駅里荘
	備後	三条院勅旨・坪生荘・奴可荘・備後勅旨
	周防	得地上保・屋代荘
	紀伊	井上荘・井上新荘・井上本荘・志野荘・三栖荘
	淡路	志筑荘
	阿波	大野荘・河輪田荘・高越寺荘
	讃岐	笠居御厨・河津荘・神前(崎)荘・柞田荘・子(小)松荘・坂田荘・詫間荘・富田荘・千松荘・朴田荘・三崎荘・本山荘
	伊予	吉原荘
	土佐	安芸荘・大方荘・片山荘・久礼別符・幡多荘・本荘・山田荘
	筑前	三奈木荘・山鹿荘
	筑後	三毛山門荘
	豊後	臼杵荘・戸次荘
	肥前	太田荘・彼杵荘・与賀荘
	肥後	窪田荘・守富荘
	日向	平郡(群)荘
楠木正成領	河内	新開荘
弘誓院領 P. 195 表参照	河内	一志賀荘
	摂津	石井荘・富島荘・富島荘・三島荘
	丹波	周枳荘
	丹後	周枳荘
	出雲	院荘
	播磨	藤三位荘・三方荘
	淡路	掃守荘・掃部荘
	讃岐	鶴羽荘
百済寺領	近江	押立保
朽木氏領	近江	朽木荘・高島荘
弘福寺領	大和	河原荘・佐位荘・広瀬荘・山辺荘
	尾張	川原荘
	近江	伊香荘・愛智荘・蔵(椋)部荘・郡荘・平流荘・水主荘
	讃岐	弘福寺田地
熊野山領 P. 205 表参照	和泉	菟田荘・吉見荘・吉見菟田荘
	摂津	津守荘
	尾張	牛野荘
	三河	碧海荘・蒲形荘・竹谷荘
	遠江	碧海荘・山名荘
	駿河	足洗荘・安東荘・北安東荘
	甲斐	八代荘
	相模	愛甲荘
	上総	畔蒜荘

領家・本家名	国名	荘　園　名
	下総	匝瑳南条荘・匝瑳南荘
	常陸	熊野保
	但馬	福田荘
	播磨	田原荘
	美作	勝田荘
	備前	小島荘・波佐川荘・吉岡荘・和気荘
	備中	穂太荘
	土佐	吾橋荘・大忍(里)荘
	筑後	広川荘
	日向	高知尾荘
熊野本宮領	備前	物理保
P. 205 表参照	紀伊	敷屋荘・田辺荘
熊野新宮領	駿河	服織荘
P. 205 表参照	播磨	栗栖荘
	美作	田邑荘
	紀伊	有馬荘・櫟原荘・相野荘・切目荘・高家荘・財荘・富安荘・芳養荘
	阿波	日置荘
熊野那智山領	伊勢	八対野荘
P. 205 表参照	尾張	牛野荘
	駿河	安東荘・長田荘・北安東荘
	美作	勝田荘
	紀伊	安宅荘・周参見荘・富田荘
熊野那智山尊勝院領	伊豆	江馬荘
	紀伊	比呂荘
熊野若王子領	摂津	兵庫三箇荘
久米多寺領	和泉	包近名・木島荘・中村荘・中村新荘・中村東荘
	伊勢	松山御厨
	但馬	八太荘・八太二方荘・二方荘
鞍馬寺領	因幡	吉岡荘・吉岡保
内蔵寮領	大和	黄瓜園・梨原荘
P. 210 表参照	河内	大江御厨・恩智荘・河俣御厨・平岡荘
	和泉	近木保・深井荘
	摂津	大江御厨
	伊勢	池田別符・丹生荘・丹生山
	尾張	花正保
	三河	碧海荘・和太保
	遠江	市野荘・小池保
	近江	菅浦荘・東西保
	上野	白井保
	越中	蟹谷荘・蟹谷保
	安芸	多治比保
	筑前	博太荘
栗田宮領	丹波	栗村荘
	筑前	田原荘
蔵人鋳物師真継氏領	丹波	真継保
蔵人所領	尾張	柿御園
慶雲院聖泉庵領	播磨	蔭山荘
慧雲院領	播磨	置塩荘
景鏗西堂領	山城	三月保
桂林院領	備後	福田荘
外宮領		→伊勢神宮領
気比社領	大和	長原荘
P. 220 表参照	越前	莇野保・池見保・五幡保・今荘・気比荘・小森保・長田保・長田小森保・野坂荘・葉原保・葉原荘・飯原荘・横浜夏堂保
	加賀	椋部保
健軍社領	肥後	津守保
建国寺領	伊勢	昼生荘・昼生上荘・昼生下荘・昼生中荘・福永御厨
羂索院領		→東大寺羂索院領

領家・本家名	国名	荘　園　名
幻住庵領	美作	大井荘・倭文荘
建春門院法華堂領	大和	櫟北荘
	尾張	那古野荘
建春門院領	河内	大和田荘
P. 244 表参照	尾張	那古野荘
	肥前	松浦荘
建聖院領(白河)	播磨	賀茂荘
	美作	高倉荘
見性寺領	阿波	井隈荘
建長寺領	相模	成松保
P. 229 表参照	武蔵	鶴見寺尾
	但馬	鎌田荘
	安芸	竹原荘
建仁寺領	河内	大富荘・支子荘
	伊勢	饗庭御厨
	越前	得光保
	備後	永江荘
建仁寺永源庵領	和泉	新家荘・吉見荘
建仁寺十地院領	丹波	伊中荘
建仁寺祥雲院領	尾張	小熊保
建仁寺常光院領	丹波	真継保
建仁寺清住院領	摂津	浜田荘
	伊勢	志礼石御厨・豊田荘
建仁寺大竜庵領	播磨	大津荘
建仁寺知足院領	近江	清水新荘
	越前	得光保
建仁寺竜徳院領	播磨	安志荘
建仁寺両足院領	山城	大岡荘
	丹波	穂津保
建礼門院領	摂津	島屋荘・真井荘
後院領	河内	会賀荘・福地牧
P. 223 表参照	摂津	富松荘
	伊勢	石河御厨・平野荘
	甲斐	石間牧
	信濃	市村高田荘・麻績御厨・桐原牧・桐原牧・蕗原牧
	下野	佐野荘
	出羽	大曾禰荘・屋代荘・遊佐荘
	能登	一青荘
	周防	山代荘
	肥前	神崎荘
光恩寺領	因幡	千土師郷
孝恩寺領	山城	キトノ荘
	大和	喜殿荘
皇嘉門院領	山城	下久世荘
P. 236 表参照	摂津	倉垣荘
	伊賀	浅宇多荘
	伊勢	富田御厨・和田荘
	三河	吉良荘
	伊豆	井田荘・三津御厨
	武蔵	稲毛荘・稲毛本荘・船木田荘・船木田新荘
	下総	千田荘・三崎荘
	常陸	小鶴荘・小鶴北荘
	美濃	宇多勅旨
	若狭	立石荘・立石新荘・立石本荘
	越前	今泉荘
	能登	若山荘
	丹波	小幡荘・賀舎荘
	但馬	立脇御紙田
	石見	大家(宅)荘
	備前	通生荘
	阿波	河輪田荘
	豊後	臼杵荘・戸次荘
	肥前	太田荘・与賀荘

領家別荘園一覧

領家・本家名	国名	荘園名
弘願寺領	上野	佐貫荘・寮米保・料米保
広義門院領 P. 236 表参照	尾張	篠木荘
	美濃	銀荘
	播磨	伊河荘・伊河上荘
	美作	富美荘
広慶院領	近江	金勝荘・金勝寺荘
皇后宮職新御堂領	筑後	鷹野荘
皇后宮職領	讃岐	野原荘
皇后宮領	摂津	長田荘
	伊勢	長田荘
	尾張	朝日荘
甲佐社領	肥後	若園
高山寺領 P. 238 表参照	大和	庵(奄)治荘
	河内	新開新荘
	摂津	榎並荘
	伊勢	東富津御厨
	駿河	大岡牧
	近江	吉身荘
	美濃	小木曾荘
	加賀	右荘・右本荘
	備前	浅越荘
高山寺方便智院阿弥陀堂領	近江	吉身荘
皇室領 P. 240 表参照	山城	赤日荘・朝日荘・安堵荘・石垣荘・市辺荘・飯岡荘・大江杣・大塚荘・音羽荘・小野荘・小野荘・小野山・桂荘・桂西荘・桂東荘・上桂荘・上野荘・上三栖荘・河島荘・瓦坂東保・旧鋳銭岡田荘・久世荘・久我荘・久我新荘・久我本荘・下桂荘・銭司荘・芹河荘・竹田荘・田原荘・簗山荘・鳥羽上荘・西七条領・西京領・拝志荘・東久世荘・広庭荘・伏見荘・松井荘・松井寺西荘・松崎領・真幡木荘・三栖荘・物集女荘・山科荘・山階領・淀魚市荘・蓮花牧
	大和	安堵荘・雨師荘・石河荘・稲津荘・宇陀荘・君殿荘・曾我荘・高殿荘・長原荘・長原荘・中村荘・野辺荘・野辺長原荘・波多小北荘・檜牧荘・平野殿荘・広瀬荘・藤井荘・藤井荘・部坂荘・室荘・八釣荘・山辺荘・横田荘
	河内	池田荘・石川荘・一志賀荘・稲福(富)荘・会賀牧・会賀荘・大富荘・大和田荘・小高瀬荘・金田荘・上仁和寺荘・河田荘・讃良新荘・下仁和寺荘・菅生荘・田井荘・高松荘・高安荘・高柳荘・高向荘・橘島荘・田原荘・徳泉寺荘・富田荘・鞆呂岐荘・仁和寺荘・野田荘・福地牧・美濃勅旨
	和泉	菟田荘・宇多荘・宇多勅旨・大鳥荘・堺南荘・坂本郷荘・塩穴荘・七条院御領・長泉荘・長方荘・永吉名・沼間荘・吉見荘・吉見菟田荘・若松荘
	摂津	安満勅旨田・淡路荘・井於荘・生島荘・生魂新荘・石井荘・位倍荘・井部荘・今南荘・大島雀部荘・小林荘・柴島荘・倉垣荘・倉殿荘・小平野荘・小松荘・昆陽寺荘・堺北荘・桜井荘・宿野荘・吹田御厨・頭成荘・高平荘・田部荘・津守荘・利倉荘・富松荘・富島荘・富島荘・仲荘・長田荘・中津荘・奈佐原荘・野鞍荘・野間荘・八多荘・土室荘・兵庫荘・兵庫上荘・兵庫三箇荘・兵庫下荘・兵庫中荘・葺屋荘・福島荘・細原荘・松村荘・三島荘・溝杭荘・武庫荘・楊津荘・山辺荘
	伊賀	柏野荘・五箇荘・鞆田荘・鞆田荘出作・豊高荘・長田荘・新居荘・山田荘
	伊勢	石河御厨・大井田御厨・小倭荘・笠間荘・香取荘・栗真荘・黒部御厨・小泉御厨・高志御厨・木造荘・薗倉荘・蘇原荘・蘇原御厨・富津御厨・富田荘・豊田荘・長井御厨・奈波利御厨・錦島御厨・額田荘・額田納所・野俣道荘・日置荘・氷室保・平野荘・村松御厨・女河原御園・山田野荘・湯田御園・吉津御厨・吉津荘・米守納所・若松御厨・和田荘
	志摩	中津御厨・奈波利御厨
	尾張	秋吉御園・朝日荘・味岡荘・櫟江荘・櫟江荘・稲木荘・内海荘・海東荘・柏井荘・門真荘・上門真荘・狩津荘・狩野荘・黒田荘・篠木荘・得重保・富吉荘・中荘・野間荘・野間内海荘・花正保・藤懸荘・益田保・真清田荘・松荘・御母板倉御厨・村久野荘・山田荘
	三河	足助荘・上野荘・大津神戸・高橋荘・高橋荘・高橋新荘
	遠江	飯田荘・蒲御厨・気賀荘・相良荘・白羽荘・曾賀荘・初倉荘・浜松荘・原田荘・美園御厨・村櫛荘・山香荘
	駿河	大岡荘・大岡牧・服織荘・富士荘・益頭荘
	伊豆	井田荘・狩野荘・仁科荘・馬宮荘
	甲斐	青島荘・稲積荘・石間牧・小笠原牧・柏前牧・鎌田荘・小井河荘・篠原荘・波加利荘・逸見荘・穂坂牧・真衣牧・真衣野牧・山前荘
	相模	大井荘・糟屋荘・前取荘・曾我荘・成田荘・二宮河勾荘・山内荘
	武蔵	阿久原牧・石川牧・石田牧・大田荘・小川牧・小野牧・小野牧・賀勢荘・河越荘・立野牧・秩父牧・由比牧
	安房	群房荘
	上総	畔蒜荘・畔蒜北荘・伊隅荘・伊南荘・橘木荘・玉前荘・玉崎荘・橋本荘
	下総	葛西御園・下河辺荘・相馬御厨・千葉荘・船橋御厨・松岡荘
	常陸	小鶴北荘・佐切荘・佐都荘・信太荘・下妻荘・下村荘・関荘・田中荘・中郡荘・常安保・成田荘・本荘・南野荘・南野牧・村田荘・村田下荘
	近江	浅井荘・朝妻荘・粟津御厨・庵門荘・伊香荘・伊香立荘・筏立南荘・石灰荘・石灰新荘・一切経保・今西荘・牛骨荘・宇多院勅旨田・大国荘・大原荘・小神牧・奥島荘・

領家・本家名	国名	荘園名
		忍海荘・木津荘・後三条勅旨田保・坂田保・塩津荘・篠原荘・下坂荘・常喜新荘・新八里荘・田中荘・津田荘・途中荘・錦部保・橋爪荘・橋本御厨・羽田荘・比牟礼荘・檜物荘・広瀬荘・広瀬北荘・広瀬南荘・福永荘・船木荘・牧荘・松尻荘・南古賀荘・箕浦荘・虫生・森尻荘・野洲荘・矢橋荘・山前荘・山前北荘・山前東荘・山前南荘・吉田荘・吉富荘・吉身荘・竜門荘・和太荘
	美濃	饗庭荘・尼寺荘・粟野荘・伊自良荘・鵜飼荘・宇陀(多)弘見荘・鵜渭(沼)荘・大榑荘・小瀬荘・麻続(績)荘・麻続(績)牧・帷荘・金居荘・金屋荘・上保・久久利荘・小泉荘・小泉荘・下保・銀荘・高田勅旨・多芸荘・多牟正乃荘・弾正荘・蜂屋荘・蜂屋本荘・蜂屋南荘・飛騨瀬荘・平田荘・深萱荘・二木荘・古橋荘・蜂屋北荘・三村荘・物部荘・山田荘・弓削田荘
	信濃	猪鹿牧・伊賀良荘・市村荘・小谷荘・大穴荘・大井荘・大野牧・大野牧・大室牧・岡屋牧・小河荘・小川荘・笠原牧・笠原牧・桐原牧・桐原牧・小菅荘・小曾弥荘・佐久伴野荘・捧荘・捧中村荘・捧北条荘・塩田荘・塩野牧・塩原牧・塩原牧・四宮荘・住吉荘・洗馬荘・高位牧・千国荘・東条荘・常田荘・伴野荘・長倉牧・那古野荘・新治牧・仁科荘・埴原牧・萩倉牧・平井手牧・弘瀬荘・蕗原牧・宮処牧・望月牧・野(矢)原荘・山鹿牧・若月荘
	上野	有馬島牧・市代牧・大藍牧・小栗田牧・笠科荘・久野牧・塩山牧・菅野荘・玉村保・土井出荘・土井出笠科荘・利刈牧・利根荘・長野牧・新屋牧・沼尾牧・拝志荘・拝志牧・治尾牧・平沢牧・封有牧・淵名荘
	下野	足利荘・大内荘・小山荘・寒河御厨・那須荘・那須上荘・那須下荘・皆河荘・八木岡荘
	陸奥	伊具荘・菊田荘・高鞍荘
	出羽	大泉荘・大曾禰荘・大山荘・成生荘・屋代荘・遊佐荘
	若狭	立石荘・太良荘・太良保・恒枝保・名田荘・松永荘・三宅荘・吉田荘・吉田三宅荘
	越前	足羽御厨・足羽荘・行部荘・生部荘・泉荘・磯辺荘・一品勅旨・一品田勅旨田・稲津保・稲津荘・浦井荘・榎富荘・榎富上荘・大虫社・大屋荘・織田荘・落野荘・小野谷荘・小山荘・加恵留保・紙山保・河合荘・河北荘・河和田荘・北山荘・毛戸岡荘・気比荘・酒井荘・坂北荘・志比荘・菅原鳩原荘・杣山荘・高興荘・長田荘・長田小森保・西谷荘・野坂荘・葉原荘・蒜島荘・蕗野保・蕗野荘・真柄荘・

領家・本家名	国名	荘園名
		安原荘・脇本荘・和田荘
	加賀	井家荘・笠間東保・北白江荘・郡家荘・熊坂荘・熊坂荘・白江荘・富積保・富安荘・額田荘・能美荘・八田荘・山代荘
	能登	上日荘・上日新荘・上日本荘・穴水保・甘田保・大屋荘・形上荘・方上保・家田荘・土田荘・一青荘
	越中	阿努荘・糸岡荘・新保御厨・高瀬荘・野辺荘・日置荘・日置社・二上荘・吉岡荘
	越後	青海荘・於(上)田荘・鵜河荘・大槻荘・大面荘・大社荘・大神荘・加地荘・梶荘・小泉荘・小泉本荘・佐橋荘・佐味荘・志度野岐荘・白鳥荘・菅名荘・土井荘・福雄荘・吉河荘
	丹波	吾雀荘・奄我荘・安行荘・石負荘・伊中荘・犬甘保・井原荘・今林荘・榎原荘・大沢荘・岡屋荘・小幡位田・葛野荘・葛野牧・上村荘・河守荘・川人荘・草上荘・栗作荘・栗村荘・郡家荘・五箇荘・御油荘・佐伯荘・前山荘・三箇荘・三箇北荘・三箇南荘・志万荘・周杵荘・曾我部荘・多紀荘・多紀北荘・田能荘・主殿保・主殿荘・豊富荘・新屋荘・沼貫荘・野中荘・野口荘・野口牧・野間荘・土師荘・拝師荘・吹荘・福貴園・細川荘・保津荘・真継保・三井荘・美濃田保・三和勅旨田・六人部荘・毛志荘・山国荘・弓削荘・弓削杣・吉国荘・吉富荘・吉見荘・和久荘
	丹後	伊祢荘・大石荘・大内荘・久美荘・周枳荘・田村荘・船木荘・宮津荘・吉囲荘
	但馬	朝来荘・朝来新田荘・池寺・石禾荘・石禾下荘・糸井荘・上田荘・菟束荘・菟束小代荘・大内荘・太田荘・大庭荘・大屋荘・小代荘・片野荘・賀都荘・賀都上荘・賀都下荘・軽部荘・河会温泉・木前(城崎)荘・久世田荘・久斗荘・久斗大庭荘・気比荘・古美荘・楽前荘・楽前北荘・楽前南荘・佐須荘・三ヶ荘・七美荘・下鶴井荘・善住寺荘・建屋荘・建屋新荘・多多良荘・多多良岐荘・立脇御紙田・二条院勅旨田・新田荘・八条院御紙田・八太荘・八太二方荘・広谷荘・弘原荘・二方荘・枚田位田・水谷荘・物部荘・物部上荘・物部下荘・八木荘・八代荘・温泉荘
	因幡	服部荘
	伯耆	稲積荘・宇多川東荘・久永御厨・矢送荘・山守荘
	出雲	院荘・塩冶荘・大原荘・岡本荘・温治荘・加賀荘・吉曾名荘・来海荘・佐陀荘・志志塚保・高田荘・長海荘・林木荘・母里荘・横田荘・淀荘・淀本荘
	石見	大家(宅)荘・桜井荘・多米福荘・仲野荘・長野荘・益田荘
	播磨	厚利別符・石作荘・市別符・印南

領家別荘園一覧

領家・本家名	国名	荘 園 名
		荘・揖保荘・浦上荘・大国荘・大塩荘・大田荘・賀古荘・柏野荘・上揖保荘・賀屋荘・瓦荘・栗栖荘・黒田荘・桑原荘・桑原保・巨智荘・小松原荘・餝万(餝磨・餝磨)津別符・志深荘・下揖保荘・菅生荘・多可荘・高家荘・田原荘・藤三位荘・鳥取荘・西河荘・西下郷荘・平位荘・平津荘・布施荘・這田荘・細川荘・松井荘・松原新荘・三方荘・三木本荘・南施荘・矢野荘・矢野例名荘・吉河荘・吉河上荘・吉河下荘
	美作	饗庭荘・一宮荘・江見荘・建部荘・田殿荘・田邑荘・登美杣・富美荘・富多荘・豊福荘・垪和荘・広野荘・真島荘
	備前	浅越荘・香登荘・金岡荘・金岡西荘・金岡東荘・通生荘・居都荘・小豆島荘・鳥取荘・豊原荘・長田荘・福岡荘・三野新荘
	備中	県主保・足守荘・駅里荘・生石荘・大島保・大島保・草壁荘・子位荘・小坂荘・巨勢荘・渋江荘・園荘・園西荘・園東荘・多気荘・新見荘・橋本荘・三村荘
	備後	因島荘・因島中荘・垣田荘・河北荘・塩田荘・重井荘・地毘荘・長和荘
	安芸	安摩荘・生口荘・生口北荘・開田荘・可部荘・後三条院勅旨田・造果保・田門荘・沼田荘・能美荘・吉茂荘
	周防	秋穂荘・秋穂二島荘・石国荘・小俣荘・賀川別荘・玖珂荘・島末荘・高墓荘・田島荘・束荷荘・乃宇美荘・二島荘・美和荘・楊井荘・楊井本荘・山代荘
	長門	阿武御領・大津荘
	紀伊	荒(安楽)川荘・石垣荘・印南荘・岡崎荘・拃田荘・切目荘・神野荘・相楽荘・高家荘・富安荘・直川荘・東桝荘・比呂(広)荘・真国荘・三上荘・三栖荘・南部荘・由良荘・和佐荘
	淡路	安平荘・阿万荘・伊賀利荘・江万荘・賀集荘・掃守荘・掃部荘・慶野荘・国分寺荘・志筑荘・委文荘・菅原荘・筑佐荘・津井伊賀利荘・内膳荘・内膳保・西山荘・蓁浦荘・福良荘・由良荘
	阿波	秋月荘・麻殖保・麻殖荘・金丸荘・宍咋荘・竹原荘・竹原野・富吉荘・那賀山荘・那東荘・福井荘・名東荘
	讃岐	円座保・大内荘・木徳荘・子松荘・坂田荘・坂田勅旨・陶保・造田荘・多度荘・鶴羽荘・富田荘・豊福荘・野原荘・姫江荘・姫江新荘・姫江本荘・真野勅旨・山本荘
	伊予	宇和荘・忽那荘・忽那島・前斎院勅旨田・高田荘・新居荘・新居大島・三島荘・矢野保・矢野荘・弓削荘・弓削島荘・吉岡荘
	土佐	朝倉荘

領家・本家名	国名	荘 園 名
	筑前	赤馬荘・怡土荘・植木荘・香椎荘・感多荘・三箇荘・住吉荘・田原荘・野介荘・原田荘・宗像荘・宗像社・山鹿荘
	筑後	生葉荘・高良荘・鷹野荘・広川荘
	豊前	中田荘
	豊後	球珠荘・伝法寺・戸穴荘・豊田・長野荘・長野新荘・長野本荘・戸穴・山田荘・山田新荘・植田荘
	肥前	宇野御厨・神崎荘・巨勢荘・佐嘉荘・長島荘・松浦荘・三重屋荘・安富荘
	肥後	阿蘇荘・阿蘇社・宇土荘・小野鰐荘・神倉荘・菊池荘・隈牟田荘・詫磨荘・岳牟田荘・豊田荘・人吉荘・安富荘・山鹿荘・山本荘・六箇荘
	日向	大島保・国富荘・平郡(群)荘
光寿院領	丹後	祇薗寺荘
光聚院領	丹後	祇薗寺荘
光照院領	但馬	菟束荘
	播磨	富家荘
広照院領	播磨	多可荘
興聖寺領	阿波	那賀山荘
光浄寺領	肥前	中津隈荘・矢俣保
高城寺領	肥前	川副北荘・佐嘉上荘・佐嘉下荘・南里荘・米納津荘
興善院領	山城	拝志荘・深志荘
P. 243 表参照	摂津	富島荘
	遠江	美園御厨
	近江	石灰荘・石灰新荘・大国荘・坂田保
	越前	落野荘・蕗野荘
	丹波	吉国荘
	但馬	軽部荘・佐須荘・広谷荘・八木荘
	備前	金岡荘・金岡荘・金岡東荘
	備後	長和荘
	安芸	後三条院勅旨田
	讃岐	長尾荘
後宇多院領 P. 245 表参照	山城	赤日荘・上桂荘・久我荘・拝志荘・蓮花牧
	大和	波多小北荘・横田荘
	河内	稲福荘・河田荘・高安荘
	和泉	宇多荘
	摂津	淡路荘・石井荘・頭成荘・野鞍荘・兵庫三箇荘・三島荘
	伊賀	新居荘
	伊勢	蘇原荘
	尾張	柏井荘
	三河	高橋荘
	駿河	服織荘
	相模	前取荘
	常陸	佐都荘・信太荘・関荘
	近江	広瀬荘・南古賀荘・箕浦荘・吉田荘・竜門荘
	美濃	久久利荘・小泉荘・多芸荘・飛驒瀬荘・物部荘
	信濃	小谷荘・大井荘・佐久伴野荘・捧荘・常田荘
	上野	利根荘
	陸奥	伊具荘・菊田荘
	出羽	大山荘・成生荘
	越前	一品勅旨
	能登	形上荘
	越後	白鳥荘

領家・本家名	国名	荘 園 名
	丹波	川人荘・草上荘
	但馬	佐須荘・多多良岐荘
	出雲	塩冶荘・岡本荘
	播磨	石作荘・賀古荘・柏野荘・高家荘・布施荘
	備前	香登荘
	安芸	開田荘
	紀伊	印南荘・三上荘
	淡路	掃守荘・菅原荘
	讃岐	富田荘
	伊予	高田荘
	筑前	植木荘
	豊後	球珠荘
皇太后宮領	摂津	山路荘
	尾張	日置荘
	丹波	今林荘
皇太后宮職領	摂津	長洲御厨
広徳院領		→相国寺広徳院領
広徳寺領	尾張	高畠荘
宏徳寺領	伊勢	多多利荘・土田御園・若菜御厨
高二位家領	丹波	井原荘
高師長領	尾張	野並保
興福寺領	山城	朝倉荘・天山杣・石垣荘・居屋荘・宇治荘・大住(隅)荘・岡田荘・綺荘・賀茂荘・木津荘・旧鋳銭岡田荘・狛野荘・西院小泉荘・相楽荘・狭山荘・島荘・朱智長岡荘・菅井荘・高松荘・田那部荘・豊田荘・吐師荘・枇杷荘・普賢寺荘・古河(川)荘・甕原荘・和束荘・和束杣
	大和	赤尾荘・赤埴荘・秋篠荘・秋山荘・秋吉荘・味間荘・安曇田荘・阿陀荘・安堵荘・穴生荘・安倍山荘・雨師荘・在田荘・阿波荘・伊保戸荘・池上荘・池尻荘・池尻荘・池尻荘・池田荘・池辺荘・生馬荘・石井荘・石井戸荘・石田荘・石摩荘・伊豆荘・出雲荘・櫟田荘・櫟本荘・櫟本片荘・一夜松荘・一夜松北荘・一夜松南荘・糸井荘・糸井北荘・糸井南荘・井殿荘・稲田荘・稲津荘・稲戸荘・稲葉荘・稲淵荘・今井荘・今井荘・今井荘・今木荘・今国符荘・今南荘・伊与荘・伊与土荘・石清水荘・岩田荘・岩根荘・石見荘・岩見荘・院入荘・忌部荘・内山荘・宇那手荘・雲飛荘・宇野荘・宇礼志荘・栄山寺荘・江裹荘・江堤荘・大泉荘・庵治荘・太荘・大市荘・大内荘・大江荘・大垣荘・大田荘・大塚荘・大野荘・大野荘・大淵荘・大楊生荘・大宅荘・大宅寺荘・岡崎(前)荘・岡前荘・小河尻荘・興田荘・興田北荘・興富荘・興富荘・奥山荘・小蔵荘・小蔵西東荘・乙木荘・小野荘・大原荘・小原荘・小夫荘・小山戸荘・甲斐荘・海智(千)荘・香子山荘・懸橋荘・河西荘・笠目荘・菓子荘・菓子東荘・春日荘・片岡荘・上石田荘・上土田荘・上鳥見荘・上吐田荘・唐古荘・軽荘・河合荘・神岡荘・上総荘・北荘・北在田荘・北櫟本荘・北一夜松荘・北大垣荘・北喜殿荘・北田中東荘・北豊浦荘・北田中西荘・北野荘・城戸荘・木原荘・君殿荘・京南荘・清澄荘・清澄野新荘・清原荘・切幡荘・切(桐)山荘・草川荘・九条荘・国栖荘・楠(葛・橘)本荘・沓懸荘・窪荘・窪城荘・窪田荘・蔵荘・呉原荘・兼殿荘・小畔荘・小泉荘・小路荘・幸前荘・小大田荘・古木荘・越田尻荘・小島荘・巨勢荘・神殿荘・小林荘・国府荘・小南荘・小南荘・小夜部荘・小山荘・小吉田荘・佐井荘・佐伯荘・佐伯荘・坂手荘・坂戸(門)荘・狭川荘・篠幡荘・差(指)柳荘・狭竹荘・佐保荘・佐保田荘・三箇荘・三ヶ井殿荘・強木荘・椎木荘・四十八町荘・七条荘・島荘・下鳥見荘・下長荘・下吐田荘・尺度荘・尺度寺荘・宿院・宿院荘・成願寺荘・白石荘・白土荘・尻押荘・城島荘・新賀荘・神南荘・須恵荘・菅田荘・簀川荘・椙(杉)本荘・曾我荘・曾我部荘・曾爾荘・田井荘・田井荘・大仏供荘・大仏供上荘・当麻荘・高田荘・高田荘・高殿荘・高畠荘・鷹山荘・滝荘・田口荘・田口荘・竹田荘・竹田北荘・竹田南荘・田尻荘・多田(田多)荘・橘寺荘・立野荘・田中荘・田中荘・田中荘・田倍荘・田倍西荘・田倍東荘・田倍南荘・玉手荘・田村荘・田原荘・丹後荘・丹波荘・近内(宇智)荘・千代荘・槻本荘・土田荘・椿荘・寺戸荘・伝膳荘・十市荘・外河荘・鳥見荘・富堂荘・鞆田荘・豊井荘・豊国荘・豊田荘・鳥子荘・長井荘・中井殿荘・長河荘・中喜殿荘・長瀬荘・中薗荘・中鳥見荘・永富荘・長楢荘・長原荘・中南荘・中南荘・長屋荘・長屋中荘・長屋西荘・長屋東荘・中山荘・長柄荘・梨子荘・楢荘・成重小荘・成重北荘・南郷荘・新木荘・新木荘・新富荘・新留荘・新治荘・丹生杣・丹生谷荘・西荘・西井殿荘・西伊与荘・西大垣荘・西興田荘・西喜殿荘・西佐伯荘・西田中荘・西田部荘・西宮荘・西宮荘・西山荘・西山荘・新口荘・丹原荘・丹原小荘・額田部荘・野口荘・能登荘・野(能)辺荘・野辺片荘・萩荘・萩別所・萩原荘・薑荘・箸中荘・箸喰荘・波多荘・畠殿荘・波多森新荘・八条荘・八条北荘・八条南荘・橋院荘・服部荘・八鳥荘・羽津里井荘・服荘・土山荘・針荘・針別所荘・吐田荘・吐田荘・稗田荘・檜垣荘・檜垣荘・檜垣荘・檜垣本荘・東井殿荘・東伊与荘・東大垣荘・東喜殿荘・東九条荘・東西宮荘・備前荘・飛驒(駄)荘・檜牧荘・兵庫荘・兵庫荘・平田荘・平田荘・平野荘・広瀬寺荘・深野荘・福貴荘・福基寺荘・福田荘・福智(地)荘・福智上荘・藤井荘・藤井荘・藤市荘・古川荘・

領家別荘園一覧

領家・本家名	国名	荘園名
		弁荘・坊城荘・星川荘・菩提荘・穂津荘・穂積寺田・舞荘・勾田荘・真弓荘・満願寺荘・右田荘・水氷荘・水涌荘・箕田荘・南淵荘・南在田荘・南櫟本荘・南一夜松・南大垣荘・南喜殿荘・南小泉荘・南殿荘・南中南荘・美濃荘・美乃荘・三橋荘・水間杣・向淵荘・牟山荘・村馳荘・村橋荘・室生荘・室津荘・目安荘・守道荘・持田荘・本佐伯荘・守部荘・杜(森)本荘・杜(森)屋荘・楊生荘・楊本北荘・楊本南荘・安井荘・矢田荘・柳原荘・楊本荘・夜部荘・山賀荘・山口荘・山戸荘・山田荘・山辺荘・山村荘・結崎荘・横田荘・横田新荘・横田本荘・吉田荘・吉田荘・吉田荘・吉殿荘・竜門荘・若槻荘・和田荘・和迩荘・和迩中荘
	河内	宇礼志荘・会賀牧・岡村荘・足力荘・坂門牧・狭山荘・志紀荘・渋川荘・多多羅荘・東条新荘・鳥取荘・日置荘・法通寺荘・山田荘・山田荘・山田上荘・山田下荘・竜泉荘・若江荘
	和泉	池田荘・宇多荘・谷川荘・長滝荘・和田荘・春木荘・宮里荘・宮里保
	摂津	安井荘・安満荘・生島荘・猪名荘・大塚荘・河南荘・草和良宜荘・沢良宜荘・島荘・新免荘・吹田荘・田能村荘・次田荘・成枝荘・新屋荘・浜崎荘・福井荘・福原荘・味舌荘・松山荘・三島荘・水尾荘・溝杭荘・耳舌荘・宮原荘・宮原北荘・宮原北保・武庫荘・楊津荘・山道加納荘
	伊賀	大野木荘・島原保・壬生野保・予(余)野荘
	伊勢	長倉荘・昼生荘・昼生上荘・昼生下荘・昼生中荘・益田荘
	上総	天羽荘・田代荘・藻原荘
	近江	安吉荘・浅井荘・朝妻荘・池田保・犬上荘・大石荘・岡田荘・小椋荘・笠荘・金勝荘・金勝寺荘・坂田荘・田根荘・豊浦荘・鯰江荘・淵荘・馬椙荘・物部荘
	美濃	揖斐荘・比良野荘
	陸奥	小手保
	若狭	立石荘・鳥羽荘・耳荘
	越前	泉荘・大屋荘・河口荘・木田荘・坪江荘・坪江上荘・坪江下荘・長崎荘・細呂宜荘・安原荘
	越中	大袋荘
	丹波	保津筏師荘・三俣戸荘
	但馬	朝倉荘
	播磨	宇野荘・大江島荘・三箇荘・世賀荘・山階荘・吉殿荘
	美作	久米荘
	備前	家浦荘・鹿田荘
	安芸	日高荘
	紀伊	薗済荘
	阿波	富田荘
	讃岐	神前(崎)荘・柞原野荘・藤原荘・二村荘
	伊予	庶田荘
	豊前	糸田荘・田原荘
	大隅	姶良西俣・鹿屋院・串良院・財部院・深河院・横河院
	薩摩	英禰院・伊集院・和泉荘・市来院・入来院・上原園・牛屎院・加世田別符・給黎院・祁答院・島津荘・知覧院・東郷別符・満家院・山門院
興福寺一乗院領	山城	西院荘・西院小泉荘
	大和	赤尾荘・秋山荘・味間荘・安曇田荘・安倍山荘・阿波荘・池尻荘・池尻荘・生馬荘・石田荘・稲田荘・稲津荘・稲葉荘・稲淵荘・今井荘・今国符荘・大内荘・大垣荘・大田荘・小河尻荘・興富荘・興富荘・小蔵荘・香子山荘・春日荘・上総荘・木原荘・清澄野新荘・切山荘・国栖荘・窪田荘・兼殿荘・小畔荘・幸前荘・小島荘・小山荘・狭川荘・佐保田荘・島荘・下長荘・成願寺荘・白土荘・城島荘・新賀荘・神南荘・菅田荘・簀川荘・菅原荘・椙本荘・田井荘・当麻荘・鷹山荘・田倍西荘・田村荘・丹波荘・槻本荘・土田荘・豊井荘・豊田荘・鳥子荘・長河荘・永富荘・梨子荘・成重小荘・成重北荘・新富荘・西喜殿荘・西田部荘・西山荘・西山荘・新口荘・丹原荘・丹原小荘・能登荘・箸喰荘・波多荘・畠殿荘・波多森新荘・服荘・東喜殿荘・飛驒(駄)荘・兵庫荘・平田荘・福基寺荘・福智(地)荘・福智上荘・福智下荘・藤井荘・藤市荘・星川荘・勾田荘・南喜殿荘・美濃荘・目安荘・守部荘・楊生荘・夜部荘・山辺荘・吉田荘・吉田荘・吉田荘
	和泉	宇多荘
	摂津	安井荘・安満荘
	伊勢	長倉荘
	美濃	揖斐荘
	下野	中村荘
	備前	福岡荘
	大隅	姶良西俣・鹿屋院・串良院・財部院・深河院・横河院
	薩摩	英禰院・伊作荘・伊集院・和泉荘・市来院・入来院・上原園・牛屎院・加世田別符・給黎院・祁答院・島津荘・知覧院・東郷別符・満家院・山門院
興福寺一乗院門跡領	大和	穴生荘・池田荘・大塚荘・奥山荘・北野荘・伝膳荘・富堂荘・福貴荘・南淵荘
	伊勢	益田荘
	美濃	神野荘
興福寺炎魔王堂領	大和	秋吉荘
興福寺喜多院領	大和	大田荘・大宅荘・窪荘・尻押荘・深野荘・満願寺荘・牟山荘・目安荘・夜部荘
興福寺喜多院二階堂領	大和	窪荘・深野荘・牟山荘・目安荘
興福寺松林院領	和泉	長滝荘・春木荘・宮里荘・宮里保
興福寺西南院領	大和	梨原荘
	伊勢	岡田荘
	近江	朝妻荘・坂田荘
	美濃	神野荘

領家・本家名	国名	荘 園 名
	播磨	世賀荘
興福寺大乗院領	山城	狛野荘
	大和	赤尾荘・秋吉荘・味間荘・安堵荘・安倍山荘・雨師荘・在田荘・池辺荘・伊豆荘・出雲荘・櫟本荘・糸井荘・井殿荘・今国符荘・石清水荘・岩田荘・岩根荘・石見荘・岩見荘・院入荘・宇野荘・大市荘・大江荘・大垣荘・大淵荘・大宅荘・大宅寺荘・興田荘・乙木荘・小山戸荘・海智(千)荘・懸橋荘・河西荘・菓子東荘・上鳥見荘・軽荘・河合荘・上総荘・北荘・木原荘・清澄荘・清原荘・切幡荘・草川荘・九条荘・楠(葛・橘)本荘・窪荘・窪城荘・蔵荘・小泉荘・小大田荘・越田尻荘・巨勢荘・神殿荘・小林荘・国府荘・小夜部荘・小吉田荘・佐井荘・坂戸(門)荘・差(指)柳荘・狭竹荘・佐保荘・佐保田荘・椎木荘・七条荘・島荘・下鳥見荘・下吐田荘・尺度荘・尺度寺荘・白石荘・曾我部荘・田井荘・大仏供荘・高田荘・田口荘・立野荘・玉手荘・田原荘・丹後荘・千代荘・外河荘・鳥見荘・鞆田荘・豊国荘・豊田荘・長井荘・中井殿荘・長屋荘・中山荘・長柄荘・楢荘・新木荘・丹生谷荘・西井殿荘・西山荘・新口荘・額田部荘・萩荘・萩別所・八条荘・服部荘・八島荘・羽津里井荘・服荘・針荘・針別所荘・東井殿荘・備前荘・深野荘・福田荘・福智下荘・古川荘・舞荘・勾田荘・真弓荘・水涌荘・南喜殿荘・南殿荘・美濃荘・向淵荘・牟山荘・村馳荘・目安荘・杜本荘・楊本南荘・矢田荘・柳原荘・楊本荘・山口荘・山田荘・横田荘・横田新荘・横田本荘・吉田荘・若槻荘・和田荘・和迩荘・和迩中荘
	河内	宇礼志荘・足力荘・尺度荘・狭山荘・鳥取荘・山田荘・山田荘・竜泉荘
	和泉	和田荘
	摂津	新免荘・田能村荘
	伊賀	大内東荘
	武蔵	稲毛荘・船木田本荘
	近江	浅井荘・伊庭荘・嶮熊野荘
	若狭	立石荘・鳥羽荘
	越前	河口荘・坪江荘・坪江上荘・坪江下荘・藤島荘
	越中	大袋荘
	播磨	宇野荘
	美作	久米荘
	備前	家浦荘
	讃岐	藤原荘
興福寺大乗院門跡領	大和	赤埴荘・内山荘・宇那手荘・大楊生荘・清澄野新荘・沓懸荘・古木荘・多田荘・新治荘・野口荘・檜垣荘・藤井荘
	河内	多多羅荘
	摂津	松山荘・武庫荘・山道加納荘
	近江	日野牧
興福寺伝法院領	大和	大野荘・大野荘・長瀬荘

領家・本家名	国名	荘 園 名
興福寺東院領	山城	高松荘・田那部荘・豊田荘
	大和	椎木荘
興福寺東金堂領	大和	小蔵荘・坂手荘・竹田荘
	河内	岡村荘
	摂津	大塚荘
	讃岐	柞原野荘
興福寺南円堂領	播磨	世賀荘
興福寺福成院領	大和	針別所荘
興福寺仏地院領	山城	狛野荘
	大和	君殿荘・稗田荘
	河内	山田荘・山田荘
	阿波	田那部荘・山田荘
興福寺北円堂領	大和	赤埴荘・古木荘・篠幡荘・田口荘
興福寺竜花樹院領	大和	井殿荘・越田尻荘・小林荘・中井殿荘・新治荘・西井殿荘・森屋荘
	豊前	糸田荘・田原荘
康平寺領	肥後	霜野荘
光明院領	大和	井上荘
	摂津	輪田荘
	越前	長崎荘
	周防	屋代荘
	豊前	金田荘
光明寺領	伊勢	泉御園・一瀬御園・吉川御園
	美作	豊田荘・豊田東荘
光明照院領	丹波	河北保
	阿波	河輪田荘
光明峯寺領 P. 404 表参照	山城	小塩荘
高野山領 P. 250 表参照	大和	丹原小荘・夜部荘
	河内	江和泉荘・讃良新荘・新開荘
	和泉	麻生荘・大泉荘・近木荘・鳥取荘・長泉荘・吉見菟田荘
	摂津	小真上荘・小屋荘・昆陽寺荘・武庫荘
	伊賀	虎(寅)武保
	遠江	頭陀寺荘・那賀荘・初倉荘
	加賀	益富保
	丹波	大潭荘
	因幡	石田荘・石田本荘・石田新荘・高狩別符・福田別符・三成別符
	伯耆	タタナウ荘
	播磨	在田道山荘・桑原勅旨・福井荘・福田保・道山上荘
	美作	大原保
	備前	服部荘・服部新荘
	備中	妹尾荘
	備後	太田荘・神崎荘・桑原荘・世良荘・斗張保・福富荘
	安芸	安摩荘・海荘・可部荘・高田荘・能美荘
	長門	位佐荘
	紀伊	阿弖(安弖・阿世)河荘・荒(安楽)川荘・荒見荘・市荘・井上荘・揖里大谷荘・石手荘・石走荘・相賀荘・麻生津荘・大谷荘・大津荘・岡田荘・小河荘・小河柴目荘・小倉荘・拵田荘・官省符荘・貴志荘・神野荘・猿川荘・山東荘・静川荘・七箇荘・柴目荘・志富(渋)田荘・下和佐荘・水原荘・村主荘・隅田荘・隅田南荘・立田荘・調月荘・筒香(津津賀)荘・鞆淵荘・名手荘・名手大塔荘・花園荘・浜仲荘・東貴志荘・弘田荘・蕗荘・細野荘・真国荘・三上荘・南部新荘・南部

領家別荘園一覧

領家・本家名	国名	荘 園 名
		本荘・山崎荘・山田荘・和佐荘
	淡路	賀志尾荘・賀集荘
	阿波	秋月荘・牛牧荘・勝浦荘・篠原荘・多(太)奈荘
	讃岐	坂下荘・財田荘・山田荘
	筑前	粥田荘・粥田新荘
高野山天野社領	和泉	近木荘
	紀伊	毛原荘・長谷荘・六箇荘
高野山一心院領	讃岐	仲村荘
	筑前	粥田荘
	肥後	山鹿荘
高野山奥院領	和泉	菟田荘
高野山勧学院営作料所	肥後	岳牟田荘
高野山谷上院領	紀伊	浜仲荘
高野山金剛三昧院領	大和	丹原小荘
	河内	荒馬荘・讃良新荘・讃良荘・新開荘・馬伏荘
	和泉	横山荘
	摂津	小真上荘
	伊賀	虎(寅)武保
	尾張	枳豆志荘・木津次荘
	丹後	船木荘
	播磨	在(有)田荘・在(有)田上荘・在田道山荘・桑原勅旨・道山上荘
	美作	大原保
	紀伊	由良荘
	筑前	粥田荘・粥田新荘
高野山金剛三昧院大日堂領	河内	岸和田荘
高野山金剛峯寺領	備前	服部新荘
	備後	太田荘
	長門	位佐荘
	紀伊	荒川荘・井上荘・石走荘・相賀荘・麻生津荘・大谷荘・小河柴目荘・小倉荘・官省符荘・神野荘・猿川荘・静川荘・志富田荘・調月荘・筒香荘・名手荘・名手大塔荘・蕗荘・真国荘・山崎荘・山田荘
	阿波	秋月荘・勝浦荘・篠原荘・多奈荘
高野山金剛峯寺大塔領	備後	太田荘
	安芸	高田荘
高野山金剛峯寺宝性院領	和泉	高石荘
	因幡	高狩別符・福田別符
高野山根本大塔領	紀伊	名手荘・名手大塔荘
高野山西塔領	安芸	海荘・可部荘
高野山寂静院領	大和	夜部荘
	讃岐	多度荘
高野山大伝法院領	遠江	初倉荘
	安芸	可部荘
	紀伊	相賀荘・岡田荘・拝田荘・山東荘・七箇荘・志富(渋)田荘・立田荘・山崎荘
高野山多宝塔領	筑前	粥田新荘
高野山伝法院領	和泉	鳥取荘
	越後	吉河荘
	紀伊	市荘・石手荘・相賀荘・岡田荘・志富田荘・志富田荘・弘田荘・山崎荘
高野山丹生社領	和泉	麻生荘・近木荘・長滝荘
	紀伊	六箇荘
高野山平等院領	但馬	弘原荘
高野山平等心院領	摂津	小屋荘・昆陽寺荘
	紀伊	井上荘
高野山宝塔三昧院領	遠江	西郷荘
	淡路	福良荘

領家・本家名	国名	荘 園 名
高野山菩提心院領	備前	香登荘・服部荘・服部新荘
高野山密厳院領	紀伊	相賀荘
高野山蓮華乗院領	紀伊	相楽荘・南部荘・南部新荘・南部本荘
	阿波	宍咋荘
高野山蓮華谷不断念仏料所	紀伊	志野荘
康楽寺領	伯耆	山守荘
高良社領(筑後)	肥後	古保里荘
	筑後	高良荘
興隆寺領	周防	宇野令・仁戸田保
	伊予	得乃保
	豊前	窪荘
広隆寺領	河内	松原荘
	摂津	鷺島荘・富島荘
	近江	犬上荘・世(善)理荘・善理新荘・馬椙荘・森尻荘・和太荘・和太荘
	丹後	志高荘
久我家領 P. 254 表参照	山城	赤日荘・大薮荘・久世荘・久我荘・清水荘・築山荘・東久世荘・菱川荘・本久世荘
	大和	長原荘・野辺荘
	河内	大和田荘・高安荘
	摂津	大島雀部荘・呉庭荘・戸伏荘・能勢荘
	伊勢	石榑御厨・木造荘・坂部御厨・坂部御厨・丹生河御厨
	尾張	海東荘・中荘・真清田荘・松葉荘・妙興寺保
	駿河	蒲原荘
	相模	糟屋荘
	近江	北古賀荘・田根荘
	美濃	池田荘・三村荘・弓削田荘
	下野	長沼荘
	越後	加地荘
	播磨	石作荘・宇野(乃)荘・這田荘
	美作	弓削荘
	備前	神前(崎)荘・佐伯荘
	伊予	大島荘・濃満荘
	豊前	金田荘
	肥後	山本荘
古河公方御料所	下野	榎本荘
粉河寺領	和泉	長滝荘
P. 257 表参照	紀伊	荒見荘・栗栖荘・粉河荘・平田荘
谷上院領		→高野山谷上院領
国清寺領	周防	宇野令
穀倉院領	越中	山室保
P. 261 表参照	越後	比角荘
	但馬	高田荘・比治荘
	播磨	小犬丸保
国分寺領(薩摩)	薩摩	鹿児島荘
国分寺領(周防)	周防	安田保
国分寺領(摂津)	摂津	草刈荘
極楽寺領		→石清水八幡宮極楽寺領
極楽寺舎利会料所	相模	毛利荘
護国寺領(伊吹山)	近江	長岡荘
護国寺領		→石清水八幡宮護国寺領
後嵯峨院領	伊賀	阿保荘
P. 263 表参照	近江	粟津御厨
	越前	大屋荘・加恵留保
	播磨	西河荘
	紀伊	三栖荘
	筑前	宗像荘・宗像社
	豊後	稙田荘
	肥前	神崎荘

領家・本家名	国名	荘 園 名
後嵯峨院法華堂禅衆領	若狭	恒枝保
五条家領	近江	相撲保
後白河院領	山城	小野荘
P. 266 表参照	河内	会賀牧
	摂津	小平野荘・奈佐原荘
	伊勢	富田荘
	駿河	大岡荘
	伊豆	仁科荘
	甲斐	青島荘・波加利荘
	相模	成田荘・山内荘
	下総	相馬御厨・船橋御厨
	美濃	尼寺荘・蜂屋本荘
	信濃	市村高田荘・佐久伴野荘・住吉荘・弘瀬荘・野原荘
	下野	小山荘・寒河御厨
	陸奥	高鞍荘
	出羽	大泉荘
	越前	榎富荘
	越中	吉岡荘
	越後	於田荘・大槻荘・吉河荘
	丹波	五箇荘
	播磨	大田荘
	美作	江見荘・円宗寺保
	備前	豊原荘
	備中	足守荘
	備後	河北荘
	安芸	生口荘
	周防	秋穂二島荘
	紀伊	高家荘・三栖荘
	阿波	竹原荘・竹原野
	伊予	弓削荘
	筑前	田原荘
	肥後	宇土荘・山鹿荘
後白河院女房大夫殿局領	近江	首頭荘
後白河院法華堂領	丹波	曾我部荘・野口荘・土師荘・吉富荘
後白河院御影堂領	山城	山科荘
後崇光院領	甲斐	山前荘
	越後	菅名荘
	備中	大島保・大島保
後朱雀領	河内	福地牧
巨勢寺領	大和	伝膳荘・典田荘
後醍醐天皇領	山城	上三栖荘
P. 269 表参照		
後高倉院領	淡路	安平荘
後高倉院法華堂領	美濃	鵜渭(沼)荘
	播磨	賀古荘
	伊予	宇和荘
五智光院領	土佐	高岡荘
後鳥羽院領	摂津	長江荘・長江倉橋荘
P. 270 表参照	美濃	多牟正乃荘・弾正荘
	越後	大社荘
	淡路	安平荘
後鳥羽院菩提料所	紀伊	和佐荘
後鳥羽院御影堂領	山城	大塚荘
	摂津	広瀬荘
	近江	常喜新荘・鳥羽上荘・箕浦荘
近衛家領 P. 272 表参照	山城	石垣荘・猪隈荘・梅津荘・岡屋荘・巨倉荘・桂殿・河(革)島荘・河島南荘・木津荘・小泉荘・小巨倉荘・五箇荘・西院荘・西院小泉荘・下桂荘・調子荘・鞆岡荘・羽戸院・菱川荘・枇杷荘・古河荘・松茸園・甕原荘・山田荘

領家・本家名	国名	荘 園 名
	大和	喜殿荘・田永荘・長(仲)河荘・平田荘・保津荘・守荘・守部荘・吉河荘・吉田荘
	河内	坂門牧
	和泉	今泉荘・信達荘
	摂津	粟生荘・榎並荘・榎並上荘・榎並下荘・大原荘・小橋荘・萱野荘・倉橋荘・椋橋西荘・椋橋東荘・五位荘・沢良宜荘・多田荘・橘御園・垂水牧・垂水西牧・垂水東牧・富松荘・長江倉橋荘・仲牧・八多荘・原荘・弘井荘・福井荘・細川荘
	伊賀	田口荘・平柿荘
	伊勢	家城荘・麻生御厨・河曲荘・栗真荘・桑名神戸・甲賀荘・須可荘・野代荘・船江荘・益田荘
	志摩	甲賀荘
	尾張	小弓荘・富田荘・長(永)岡荘・堀尾荘
	三河	志貴荘
	甲斐	小笠原牧・布施荘・逸見荘・山小笠原荘
	相模	波多野荘・早河荘・三崎荘
	上総	菅生荘
	近江	穴太御園・穴太荘・犬上荘・海津荘・柿御園・垣見荘・国友荘・蔵垣荘・信楽荘・檜物荘・鈎御園
	美濃	揖斐荘・揖深荘・神野荘・川辺荘・気良荘・上有智荘・志津野荘・遠山荘・仲村荘・生津荘・蜂屋荘・美田荘・武儀荘・武義荘・山上荘・吉田荘
	信濃	英多荘・芋河荘・海野荘・大田荘・郡戸荘・蕗原荘
	下野	塩谷荘・中泉荘・中村荘
	陸奥	蜷河荘・栗原荘
	出羽	寒河江荘
	越前	鮎河荘・宇坂荘・越前勅旨
	越中	阿努荘
	越後	大島荘・奥山荘・紙屋荘
	丹波	石田荘・石田新荘・石田本荘・保津荘・保津筏師荘・宮田荘・山内荘
	但馬	伊由荘・菟束小代荘・小代荘
	伯耆	笏(久津)賀荘
	出雲	福頼荘・吉田荘
	隠岐	知布利
	播磨	粟賀荘・有年荘・大幡荘・坂越荘・椙原荘・世賀荘・高岡荘
	美作	粟倉荘・大井荘
	備前	家浦荘
	安芸	大崎荘
	長門	牛牧荘
	紀伊	賀太荘・菅生荘・田仲荘・保田荘
	讃岐	栗隈荘・塩飽荘
	筑前	夜須荘
	筑後	三池荘
	豊前	伊方荘・宇佐荘・長野荘・吉田荘
	日向	島津荘
	大隅	姶良西俣・鹿屋院・串良院・財部院・多禰島・深河院・横河院
	薩摩	英禰院・伊作荘・伊集院・和泉荘・市来院・入来院・上原園・牛屎院・加世田別符・給黎院・島津荘・知覧院・東郷別符・満家院・山門院

領家・本家名	国名	荘 園 名
近衛局領	伊勢	新屋荘
籠社領	丹後	細工所保・光岡保
小比叡社領	長門	得善保
後深草院領	和泉	堺荘・堺南荘
P. 276 表参照	越前	坂北荘
	但馬	物部荘
	肥前	神崎荘
後伏見院領	丹波	栗村荘
P. 277 表参照	播磨	多可荘
後法興院領	丹波	大谷荘
後堀川法華堂領	播磨	西下郷荘
護摩堂領	若狭	得吉保
後妙法院領	筑後	瀬高荘
御料所采女領	播磨	英賀荘
金剛院領		→天竜寺金剛院領
金剛三昧院領		→高野山金剛三昧院領
金光寺領	山城	赤目荘・大赤目荘
金剛寺領	河内	天野杣・大地荘・金剛寺荘・高向荘・長野荘
P. 279 表参照		
	和泉	大鳥荘・和田荘・蜂田荘
	摂津	小田荘・山田荘
金剛寿院領	近江	伊香勅旨
	下野	那須下荘
金剛勝院領	大和	石河荘・広瀬荘・吉貞荘
	近江	下坂荘・新八里荘・多仁荘・富永荘・橋爪荘・山前荘・山前北荘・山前東荘・山前南荘
	越後	加地荘
	備中	園荘・園西荘・園東荘
	紀伊	山田荘
	筑後	生葉荘
金剛乗院領	遠江	頭陀寺荘
金剛心院領	上総	伊隅荘・伊南荘
	上野	新田荘
	越後	小泉荘
	備中	英賀荘
	紀伊	浜仲荘
金剛心寺領	丹後	友光保・光富保
金剛頂寺領	安芸	安田荘
	土佐	安芸荘・池谷荘・浮津荘・浮津大田荘・大田荘・貴良河杣・島田荘・宮原荘・室津荘・安田荘
金剛峯寺領		→高野山金剛峯寺領
金就寺領	摂津	鳥養牧
厳浄院領	大和	甲斐荘・高畠荘・椿荘
	伊勢	土田御園
金勝寺領	近江	金勝荘
金蔵寺領	讃岐	金倉上荘
根本大塔領		→高野山根本大塔領
根本中堂領		→延暦寺根本中堂領
金輪院領		→延暦寺金輪院領
金蓮院領	伊勢	小泉御厨・茂永御厨
	近江	一切経保
金蓮華院領	摂津	細川荘
	美濃	上有智荘
金蓮寺領	近江	余呉荘
さ 行		
斎院領	遠江	笠原荘
西園寺家領	山城	池田荘・今山崎荘・下三栖荘・鳥羽荘・鳥羽下荘・三栖荘
	河内	池田荘・会賀牧・新開荘・福地牧
	和泉	堺荘・長泉荘
	摂津	賀島荘・宿野荘・吹田荘・富松荘・鳥養牧

領家・本家名	国名	荘 園 名
	伊勢	黒坂御園・額田荘・日置荘・山田野荘
	尾張	黒田荘
	遠江	浜松荘
	駿河	小楊津御厨・小摂津御厨
	武蔵	榛谷御厨
	下総	印東荘
	近江	大国荘・高島荘・田中荘
	美濃	郡戸荘・飛驒瀬荘
	下野	佐野荘
	越前	富田荘
	能登	大泉荘
	丹波	時常保
	播磨	伊河荘・伊河上荘・大田荘
	備前	通生荘・通生本荘・鳥取荘
	備中	巨勢荘
	安芸	沼田荘
	周防	山代荘
	紀伊	貴志荘・東貴志荘
	阿波	浦荘・勝津荘・田井荘
	伊予	宇磨荘・宇和荘・久持別符
	土佐	田村荘
	筑前	感多荘・楠橋荘
	肥前	宇野御厨・宇野御厨荘
斎宮寮領	志摩	麻生浦御厨
西光寺領	摂津	生島荘
西御塔院領		→安楽寺西御塔院領
西金堂領	大和	忌部荘・楊本荘・高殿荘・鳥見荘・守道荘・矢田荘
	河内	法通寺荘
	伊賀	島原保
	讃岐	柞原野荘
祭主領	伊勢	富田荘・長井御厨・原荘・原御厨
最勝院領	和泉	長滝荘
最勝光院領	山城	小野荘
P. 284 表参照	河内	大和田荘
	摂津	堺北荘・山田山辺荘・山辺荘
	遠江	原田荘・村櫛荘
	常陸	成田荘
	近江	檜物荘・湯次荘
	信濃	塩田荘
	越前	志比荘
	丹波	佐伯荘・和久荘
	出雲	大野荘
	播磨	揖保荘・上揖保荘・桑原荘・桑原保・下揖保荘・平位荘
	備前	建部荘・長田荘・福岡荘
	備中	新見荘
	周防	島末荘・美和荘
	讃岐	志度荘
	肥前	松浦荘
	肥後	神倉荘・安富荘
最浄光院領	河内	坂田福正名
最勝金剛院領	山城	上久世荘・久世荘・久世荘・下久世荘・曾東荘
P. 404 表参照		
	大和	高井荘
	河内	稲福荘・高柳荘
	摂津	輪田荘
	伊賀	浅宇多荘・大内荘・大内西荘・音羽荘
	伊勢	薗倉荘
	伊豆	井田荘・三津御厨
	下総	三崎荘
	越前	気比荘・長田荘
	丹波	賀舎荘

領家•本家名	国名	荘 園 名
	播磨	豊福荘
	備後	坪生荘
	周防	屋代荘
	讃岐	富田荘
	伊予	吉原荘
	豊後	臼杵荘・戸次荘
	肥前	太田荘・与賀荘
最勝寺領	近江	長岡荘
P. 723 表参照	美濃	饗庭荘
	信濃	小川荘
	若狭	今重保
	越前	大蔵荘
	周防	安下荘
	肥前	河副荘
最勝四天王院領	淡路	津井伊賀利荘・薹浦荘
宰相局領	大和	大臣院荘
宰相法印領	但馬	菟束荘・菟束小代荘
西蔵院領	近江	神崎荘
西大寺領	山城	天山杣・稲間荘・飯岡荘・上久世荘・狛野荘・羽束志荘・祝園荘
P. 285 表参照	大和	秋篠荘・飽波荘・新井荘・小野荘・笠目荘・加隆(留)荘・北野杣・清澄荘・小泉荘・坂戸荘・高殿荘・茅原荘・桃鳴荘・十市荘・檜垣荘・三島荘・桃島荘
	河内	諸浜荘・高井田荘・壷井荘
	摂津	柴島荘・三島荘・宮原荘・宮原北荘
	尾張	青山荘
	武蔵	榛原荘
	近江	縁道杣・椋部荘・甲可郡杣・柴井荘・勢多荘・古津荘・保良荘
	美濃	城田荘・栗田荘
	越前	赤江荘・綾部荘・今荘・牛立荘・馬立荘・子見荘・高屋荘・野坂荘
	加賀	本堀荘
	越中	佐味荘・中野荘・榛山荘
	越後	鶉橋荘・三枝荘・桜井荘・佐味荘・槐田荘・津村荘・三牧荘
	丹波	吉美荘・船坂杣
	丹後	志楽荘
	因幡	福井保・伏野保・古海郷
	播磨	印南荘
	美作	知和荘
	備前	大豆田荘・豆田荘
	安芸	牛田荘
	阿波	板野郡荘
	讃岐	西大寺墾田・西大寺塩山
	筑後	竹野荘・竹野新荘
西塔領		→延暦寺西塔領
西塔領		→高野山西塔領
西塔宝塔院検校領		→延暦寺西塔宝塔院検校領
西南院領		→興福寺西南院領
西芳寺領	伊勢	須久(宿)野御厨
	駿河	阿野荘
	美濃	米田荘
	加賀	宮保
	丹後	成富保
	備後	重永荘
	阿波	名西荘
西宝塔院領		→宇佐弥勒寺西宝塔院領
妻万宮領	日向	高知尾荘
西明院領		→大山寺西明院領
西林寺領	山城	甕原荘
	伊勢	甲賀荘

領家•本家名	国名	荘 園 名
	志摩	甲賀荘
	讃岐	栗隈荘
西琳寺領	河内	厚見荘・高木荘・高木荘・長原荘
左衛門督局領	近江	岸下荘
	因幡	高狩別符・服部荘
左衛門府領	山城	船岡芝築地
P. 69 表参照		
嵯峨大臣家領	但馬	田結荘
酒人内親王領	越前	横江荘
	加賀	横江荘
	越後	土井荘
坂本御塔領	近江	砥山荘・比叡荘
前左大臣家領	三河	蘇美御厨
前斎院領	河内	高瀬荘
	信濃	依田荘
	日向	都於院・平郡荘
前大蔵卿領	下総	布瀬墨崎御厨
前大納言家領	山城	桂上野荘
前寮頭忠房領	甲斐	甘利荘
桜井宮門跡領	山城	九条荘
	大和	室荘
	河内	豊田開田荘
	摂津	内上荘・宇出荘・大塚(墓)荘・河西荘・河面荘・冠荘・柴島荘・細原荘・美作荘
	相模	吉田荘
	近江	音羽荘・栗太荘・比良荘・山本荘・和迩荘
	丹後	吉原荘
	備前	勅旨荘
	紀伊	秋津荘
左近衛府領	出雲	母里(理)荘
佐々木家領	近江	中村荘・野村荘
	出雲	富田荘
雀部寺領	摂津	大島雀部荘・浜田荘
佐竹家領	常陸	久慈荘
佐竹宣尚領	和泉	鶴原荘
佐太神社領	出雲	佐陀荘
讃岐院領	紀伊	挊田荘・笠田荘
佐野寺領	肥後	高樋荘
左兵衛督局領	但馬	気比荘
佐保殿領	大和	石見荘
左女牛若宮八幡宮領	摂津	山田荘
左馬寮領	山城	美豆牧
	大和	率川荘
	摂津	上牧・鳥養牧
	近江	甲賀牧
	信濃	猪鹿牧・大塩牧・大野牧・大野牧・岡屋牧・小野牧・笠原牧・笠原牧・桂井牧・金倉井牧・塩河牧・塩野牧・塩原牧・塩原牧・高位牧・高井野牧・多多利牧・立野牧・辰野牧・常盤牧・長倉牧・新治牧・埴原牧・萩金井牧・菱野牧・平井手牧・平野牧・新張牧・宮処牧・望月牧・吉田牧
	丹波	胡麻牧
	播磨	垂水牧
左右馬寮領	大和	京南荘
P. 674 表参照	越前	少名荘・尾箕荘・桑岡荘
三会院領		→臨川寺三会院領
三鈷寺領	山城	寺戸荘・富坂荘・長井荘・山方荘
	摂津	宅原荘・小林荘・小林下荘
	近江	今村荘・小野荘・船木荘
三条家領	山城	河島荘・相楽荘・竹田荘

領家別荘園一覧

領家・本家名	国名	荘園名
	河内	支子荘
	和泉	石津荘
	摂津	杭瀬荘・戸伏荘・細川荘・細川荘・溝杭荘
	伊勢	米守納所
	尾張	福永保
	近江	加田荘・祇園保・坂田保
	若狭	名田荘
	加賀	是時荘
	能登	大屋荘・熊来荘
	越中	高野荘
	越後	波多岐荘
	丹波	石負荘・小多田保・畑荘
	丹後	島荘・船木荘
	但馬	竹田荘・新田荘
	長門	大津荘・深河荘・日置荘
	淡路	賀集荘・西山荘・福良荘
	讃岐	豊福荘
	筑前	楠橋荘
	豊後	日田荘
三聖寺領	山城	竹田荘・吉富荘
	備中	小坂荘・小童保
	豊後	大野荘
三条西家領 P. 304 表参照	山城	池田荘・石原荘・下三栖荘・三栖荘
	摂津	富松荘
	丹波	今林荘
	播磨	大山荘
	備前	通生荘・通生本荘
三条女御領	三河	碧海荘
三条局領	近江	虫生
三条坊門八幡宮領	山城	安堵荘
	摂津	野間荘
	近江	大柳荘
	越中	御服荘
三千院領(大原)	摂津	成合郷
	加賀	英田保・英多南保・南県荘
	丹波	三条院勅旨田
	播磨	坂本(下)荘
	肥前	中津隈荘
三千院門跡領	山城	西院荘
	駿河	金持荘
	近江	浅井荘・安食荘・犬上荘・伊庭荘・伊吹荘・牛骨荘・金次保・後三条勅旨田保・志賀荘・篠原荘・下坂荘・相撲保・高島荘・高宮保・高宮荘・富永保・八坂荘・速水荘・日夏荘・野洲荘
	越前	吉野保
	加賀	英田保・英多南保・北英田保・中村荘・南県荘
	越中	黒田保・高野荘
	備前	軽部荘
	周防	高水荘
	讃岐	坂田荘
三仏寺領	伯耆	美徳山領
三宝院領		→延暦寺三宝院領
三宝院領		→醍醐寺三宝院領
三宝院門跡領		→醍醐寺三宝院門跡領
懺法堂領	越前	河和田荘
三昧院領	摂津	鷺島荘・新開荘
	伊勢	名切荘
	志摩	名切荘
	近江	神崎保・神崎西保・神崎東保・坂田保・坂田別符・志賀荘・志賀北

領家・本家名	国名	荘園名
		荘・志賀南荘・鞆結荘・南北荘
	紀伊	隅田荘
	筑前	長野荘
	肥前	鏡荘
三昧堂領		→石清水八幡宮三昧堂領
三位局領	丹波	多紀北荘
山門領		→延暦寺領
椎野寺領	和泉	大鳥荘
	丹波	田村荘
慈円領	和泉	淡輪荘
	伊勢	井村荘
	近江	鏡荘・福満荘
	紀伊	井上新荘
四王寺領	筑前	諸岡別符
四王堂領	美濃	城田荘
塩竈社領	陸奥	竹城保・田子荘
慈恩庵領	三河	宇利荘
慈恩寺領	出羽	寒河江荘
志賀寺領	近江	矢儀荘
式乾門院領 P. 310 表参照	河内	石川荘
磯長御廟領	河内	高安荘
慈源領	伊勢	井村荘
	志摩	名切荘
	近江	桐原保
	丹波	山内荘
	伯耆	保田荘
	隠岐	村荘
慈光院領	伊豆	三津荘
自在王院領	播磨	蔭山荘
慈受院領	加賀	中村荘
慈聖院領		→南禅寺慈聖院領
四条家領	美濃	西郡荘
	越前	長崎荘・山干飯保
	越後	奥山荘
	播磨	有年荘
	筑後	鯵坂荘・三潴荘
四条院尚侍領 P. 34 表参照	摂津	松山荘
	土佐	安芸荘
	筑前	山鹿荘
	肥前	与賀荘
四条坊門別宮領	美作	河内荘・河内南荘
地蔵院領	摂津	鷺島荘
	尾張	枳豆志荘
	近江	一切経保
	紀伊	長尾荘
地蔵院領(山城)	摂津	位倍荘・長町荘・広田荘
	近江	余呉荘
地蔵院領(西山)	摂津	安井荘・五個荘
	伊勢	小泉御厨・茂永御厨
	阿波	勝浦荘
	土佐	田村荘・田村下荘・得(徳)善保
地蔵院領		→醍醐寺地蔵院領
七条院領 P. 324 表参照	山城	安堵荘・桂荘・桂東荘・上桂荘・上野荘・河島荘・広庭荘
	大和	安堵荘・肥伊牧・檜牧荘・部坂荘
	河内	石川荘・菅生荘・田原荘・仁和寺荘・美濃勅旨
	和泉	七条院御領・永吉名
	摂津	加井内荘・倉殿荘・小松荘・仲荘・中津荘
	伊勢	錦島御厨・野俣道荘・吉津御厨・若松御厨
	尾張	櫟江荘・柏井荘・御母板倉御厨
	遠江	気賀荘

領家・本家名	国名	荘園名
	近江	大国荘・吉身荘
	美濃	鵜飼荘・弾正荘
	若狭	太良荘・太良保
	越前	磯辺荘・大虫社・織田荘・毛戸岡荘・菅原鳩原荘・杣山荘・真柄荘
	丹波	田能荘・吉見荘
	播磨	三木本荘
	周防	束荷荘
	淡路	菅原荘
	筑前	植木荘
	肥前	三重屋荘
	肥後	小野鰐荘・神倉荘
	日向	平郡荘
七条道場宗寿庵領	山城	鳥羽上荘
慈鎮領	河内	厚見荘・尺度荘・波志葉(橋波)荘
	摂津	桜井荘・原荘
	三河	村松荘
	甲斐	加加美荘
	下総	豊田荘・松岡荘
	越前	内田荘・藤島荘
	越中	福田荘
	丹波	奄我荘
	備中	大井荘
	備後	福田荘
	阿波	板(坂)西荘
	豊後	六郷山
	肥前	鏡荘
実相院領	山城	狭山荘・枇杷荘
	大和	琴引別符
	摂津	萱野荘
	伊賀	音羽荘
	伊勢	野代荘・山田御厨
	尾張	於田江荘
	近江	犬上位田・大処荘・海津荘・開田荘・栗太荘・朱雀院田・善積荘
	美濃	吉田荘
	越中	万見保
	越後	紙屋荘
	丹後	加悦荘・船木荘
	播磨	有年荘・鞍位牧
	備中	走出荘
	周防	高水荘
実相院門跡領	摂津	八多荘・正木荘
	武蔵	榛谷御厨
	近江	蔵垣荘・野洲荘
	美濃	志津野荘
	備後	河北荘
実相寺領	伊賀	平柿荘
	駿河	須津荘
十地院領		→建仁寺十地院領
四天王寺領 P. 327 表参照	河内	足代荘・鞍作荘・小若江荘・弓削荘・若江荘・若林荘
	和泉	堺荘
	摂津	安曇江荘・阿理野荘・於世荘・木津荘・草刈荘・鷺島荘・新開荘・玉造荘・止止呂岐荘・三津寺荘・山口荘
	土佐	高岡荘
慈徳寺領	摂津	味舌荘
	伊賀	柏野荘
篠村八幡宮領	丹波	葛野新郷・河口荘・黒岡荘・佐伯荘・佐佐岐荘・篠村荘・日置荘・光久保
慈福寺領	周防	末武荘
島津氏領	大隅	多禰島

領家・本家名	国名	荘園名
清水寺領(播磨)	但馬	気比水上荘・下鶴井荘
清水谷大納言家領	豊後	竹田別符・日田荘
持明院家領	三河	碧海荘
	常陸	成田荘
持明院殿領	但馬	菟束荘
持明院統領	和泉	菟田荘・吉見菟田荘
	周防	石国荘・玖珂荘
下毛野氏領	近江	穴太荘
寂静院領		→高野山寂静院領
寂場院門跡領	播磨	後三条院勅旨田
釈尊寺領	伊勢	黒坂御園・土田御園
	志摩	内瀬御園
寂楽寺領(白河)	山城	大野橋荘
	大和	大田荘
	河内	豊田荘
	摂津	柴島荘・久保津荘
	近江	明見荘・大田荘・音羽荘・朽木荘・朽木杣・比良牧・和迩荘
	美濃	岡本荘・小島牧
	丹波	大沢荘
	紀伊	阿弖河荘・石垣荘・下野荘
集慶軒領		→南禅寺集慶軒領
重玄庵領(備中)	備中	井原荘
宗寿庵領		→七条道場宗寿庵領
住心院領	丹後	吉原荘
主水司寮領	山城	竹田荘
P. 348 表参照	大和	氷室
修禅寺領	伊豆	江馬荘
寿命寺領(池田)	摂津	池田荘
修明門院領	山城	上桂荘・河島荘・広庭荘
	大和	安堵荘・檜牧荘・部坂荘
	河内	菅生荘・田原荘・美濃勅旨
	和泉	永吉名
	摂津	倉殿荘・小松荘・仲荘・中津荘
	伊勢	錦島御厨・野俣道荘・吉津御厨
	近江	大国荘・吉身荘
	美濃	弾正荘
	越前	大虫社・織田荘・菅原鳩原荘・杣山荘
	丹波	田能荘
	周防	束荷荘
	淡路	慶野荘・菅原荘
	肥後	小野鰐荘
修理少別当信全領	筑後	北水田荘
修理大夫家領	但馬	田公御厨
修理職領	丹波	大布施杣・修理職杣・山国杣
春屋妙葩領	丹後	余戸里荘
春華門院領	伊勢	山郷荘
	相模	二宮河勾荘
准胝堂領	加賀	高羽荘・得蔵保・治田荘
順徳天皇領	山城	上三栖荘・三栖荘
淳和院領	丹波	三井荘
昌雲大僧正領	河内	岸和田荘
祥雲院領(清水坂)	摂津	泉部荘
祥雲院領		→建仁寺祥雲院領
勝薗寺領	山城	桂南荘
成恩院領	山城	巨勢山荘
	摂津	味舌荘
	伊勢	牛庭御厨・留田御厨・杜御園
	尾張	杜荘
	播磨	平野荘
成願院領	伊勢	川合荘
性海寺領	播磨	住吉保・住吉上保・住吉下保
松嶽寺領	長門	厚保
定寛領	信濃	大田荘

領家別荘園一覧

領家・本家名	国名	荘園名
勝願院領	摂津	宮原荘・宮原北荘
正願院領	大和	宇那手荘・大宅寺荘・尺度荘・尺度寺荘・村馳荘・村橋荘
貞観寺領	伊賀	比自岐荘
	遠江	市野荘・高家荘
	武蔵	広瀬荘・山本荘・弓削荘
	美濃	栗田荘・多芸荘・長友荘・枚田荘・若女荘
	信濃	大野荘
	下野	小野荘
	越前	田宮荘
	丹波	辛鍛冶荘
	備後	深津荘
	伊予	苧津荘
承久没官領	摂津	多田荘
	伊勢	多多利荘・勾御厨
	備中	新見荘
常行堂領		→法勝寺常行堂領
上宮寺領(鷺洲)	摂津	福島荘
證恵領	信濃	四宮荘
昭慶門院領	山城	大塚荘・上三栖荘・瓦坂東保・久我荘・久我新荘・久我本荘・物集女荘・蓮花牧
	大和	宇陀荘・長原荘・波多小北荘・横田荘
	河内	稲福(富)荘・大富荘・金田荘・河田荘・讃良新荘・田井荘・高松荘・高安荘・高向荘・橘島荘・鞆呂岐荘・野田荘
	和泉	宇多荘・坂平荘・坂本郷荘・塩穴荘・長泉荘・長方荘・沼間荘・若松荘
	摂津	淡路荘・生魂新荘・頭成荘・野鞍荘・兵庫荘
	伊賀	新居荘
	伊勢	蘇原荘・富津御厨・額田納所
	志摩	中津御厨
	尾張	柏井荘・狩津荘・村久野荘・山田荘
	三河	足助荘・上野荘・高橋荘・高橋新荘
	遠江	飯田荘・初倉荘・浜松荘・美園御厨
	駿河	服織荘
	甲斐	鎌田荘・小井河荘・篠原荘
	相模	糟屋荘・前取荘・曾我荘・二宮河勾荘
	上総	橘木荘
	下総	下河辺荘・千葉荘
	常陸	佐都荘・信太荘・関荘・本荘・南野牧
	近江	粟津御厨・庵門荘・石灰新荘・広瀬北荘・広瀬南荘・松尻荘・箕浦荘・吉田荘
	美濃	粟野荘・鵜渭荘・麻績牧・金居荘・小泉荘・小泉荘・高田勅旨・多芸荘・飛驒瀬荘・古橋荘・物部荘・弓削田荘
	信濃	大穴荘・大井荘・捧荘・東条荘・常田荘・仁科荘
	上野	土井出荘・土井出笠科荘
	下野	足利荘・八木岡荘
	陸奥	伊具荘・菊田荘
	出羽	大山荘・成生荘
	越前	安居保・足羽御厨・足羽荘・一品田勅旨田・浦井荘・小山荘・蕗野荘
	加賀	富積保
	能登	形上荘
	越中	高瀬荘・日置社
	越後	佐橋荘・白鳥荘
	丹波	榎原荘・多紀荘・拝師荘・六人部荘・弓削荘
	丹後	大石荘
	但馬	上田荘・三ヶ荘・多多良荘・広谷荘
	伯耆	山守荘
	出雲	塩冶荘・大原荘・岡本荘・温治荘・淀荘・淀本荘
	石見	多米福荘
	播磨	印南荘・志深荘・田原荘・布施荘・松原新荘・三方荘・南施荘
	備前	香登荘・金岡荘・金岡西荘
	備中	生石荘・渋江荘
	備後	垣田荘・塩田荘・長和荘
	安芸	安摩荘・開田荘・可部荘・後三条院勅旨田・田門荘・能美荘
	周防	賀川別荘
	紀伊	印南荘・神野荘・直川荘
	阿波	竹原荘
	讃岐	円座保・坂田荘・坂田勅旨・陶保・豊福荘・姫江荘
	伊予	高田荘・吉岡荘
	筑前	感多荘・宗像社
	豊後	球珠荘・長野荘・長野本荘・戸穴
	肥後	阿蘇社・岳牟田荘・豊田荘
聖護院領	山城	普賢寺荘
	近江	黒津荘
	美作	勝田荘
	備中	万寿荘
	紀伊	荒見荘・高家荘
聖護院門跡領	伊勢	石津荘・香取荘・長太荘
	近江	蔵田荘・小松荘・檜物荘
	美濃	弓削田荘
	若狭	瓜生荘・花生荘
	丹後	大石荘
	安芸	開田荘
常光院領	備後	三津荘
常光院領		→建仁寺常光院領
城興寺領	伊勢	富田荘
	尾張	横路荘
	信濃	椽原荘・倉科荘・橡原荘
	豊後	高田荘・長野荘・長野本荘・飯田荘・飯田本荘・山田荘・山田本荘
成光寺領	備前	浅越荘
浄光明寺領	伊豆	三津荘
	相模	狩野荘・四宮荘・白根荘・波多野荘・波多野本荘
相国寺領	河内	玉櫛(串)荘・山田荘・山田荘
	摂津	安井荘・小屋荘・志宜荘・戸伏荘・成合郷
	伊勢	高宮保
	近江	玉造荘
	美濃	鵜飼荘・玉村保・生津荘
	若狭	向笠荘
	越中	日置荘
	丹波	上林荘・郡家荘
	因幡	岩井荘
	美作	大原保・勝田荘・建部荘・登美杣・富美荘・弓削荘

領家・本家名	国名	荘 園 名
	備中	石蟹荘・井原荘・大井荘・河辺荘・巨勢荘・手荘・新見荘・隼島荘
相国寺雲頂院領	山城	稲間(稲八妻)荘
	伊勢	河曲神戸
	駿河	賀島荘
	美濃	西荘
	美作	勝田荘
相国寺恵林院領	美作	青柳荘・北美和荘
相国寺広徳院領	若狭	向笠荘・向笠御厨
相国寺勝定院領	近江	佐佐木西荘
	丹波	春日部荘
	土佐	片山荘
相国寺勝定院玉潤軒領	備中	井原荘
相国寺常徳院領	丹波	吉(貴)美荘
相国寺正法庵領	播磨	押部保
相国寺崇寿院領	河内	野田荘
	和泉	堺南荘
	美作	打穴荘
相国寺大智院領	尾張	内海荘
相国寺普広院領	遠江	懸川荘・川勾荘
相国寺富春軒領	播磨	蔭山荘
相国寺林光院領	摂津	米谷荘
	美濃	鵜飼荘
相国寺鹿苑院領	摂津	安井荘・志宜荘・成合郷
	駿河	賀島荘
	近江	鯰江荘
	美濃	鵜飼荘
	越前	藤野保
	備中	河辺荘・隼島荘
	近江	綺田荘
	美作	英多保
勝金剛院領	淡路	国分寺荘
証金剛院領	近江	山本保
浄金剛院領	山城	西七条領
	河内	大富荘
	和泉	長方荘・沼間荘
	摂津	生魂新荘・福島荘
	尾張	千世氏荘
	近江	伊香荘
	若狭	国富荘
	越前	大屋荘
	石見	桜井荘
	備中	口林荘・園荘・得芳荘
	讃岐	大内荘
	肥後	山鹿荘
常在光寺領	近江	田上杣荘
	丹後	大石荘
上西門院領	山城	相楽荘
	河内	池田荘
	伊勢	黒部御厨・高志御厨
	信濃	小川荘・伴野荘
	越後	福雄荘
	但馬	物部下荘
	安芸	志芳荘
頌子内親王領	山城	伏見荘
	越後	大神荘
	紀伊	相楽荘・南部荘
常寿院領		→延暦寺常寿院領
成就院領	和泉	淡輪荘
成就寺領	下総	印東荘
常住金剛院領	近江	普門荘
常住寺領	美濃	小瀬荘
成就心院領	摂津	長谷荘
松春院領	因幡	岩恒保
勝定院領		→相国寺勝定院領

領家・本家名	国名	荘 園 名
上乗院宮領	近江	広瀬南荘
	越後	大槻荘
清浄光院領	上総	市原荘
清浄寿院領(有栖河)	河内	大窪荘
	越前	山本荘
清浄心院領	摂津	溝杭荘
成勝寺領	山城	上久世荘・久世御園
P. 724 表参照	摂津	難波荘
	近江	伊庭(波)荘
	信濃	弘瀬荘
	越後	大槻荘
	丹波	胡麻荘・吹荘・福貴園
	丹後	友光保
	但馬	朝倉荘
	出雲	飯石荘・揖屋荘
	美作	勝田荘
	周防	多仁(迩)荘
	豊前	伝法寺本荘
浄信領	播磨	厚利別符
証真如院領	肥後	守富荘
聖泉庵領		→慶雲院聖泉庵領
章善門院領	但馬	新田荘
正続院領		→円覚寺正続院領
證村領	信濃	四宮荘
勝長寿院領	上総	菅生荘
	紀伊	雑賀荘
承鎮法親王領	武蔵	丸子荘
正伝寺領	備前	尾張保
正続庵領		→円覚寺正続庵領
小塔長日勤行供料所	阿波	堀江荘
成道寺領	肥前	島崎荘
常徳院領	越中	般若野荘
	丹後	久美荘
常徳院領		→相国寺常徳院領
浄土寺門跡領		→延暦寺浄土寺門跡領
浄土寺僧正房領	但馬	大浜荘
浄土寺殿領	山城	橘御園
	但馬	美含荘
浄土寺利生塔料所(筑後)	筑後	本吉荘
浄土堂領(渡辺)	摂津	頭成荘
松南院領	大和	十市荘
城南寺領	山城	芹河荘・春川荘
少弐氏領	筑前	井原荘
松梅院領		→北野社松梅院領
正八幡宮領		→大隅正八幡宮領
城福寺領	摂津	鷺島荘
常不動院領	丹後	伊祢荘
正法庵領		→相国寺正法庵領
勝宝院僧正領	和泉	吉見荘
勝宝寺領	近江	香荘
証菩提院領	信濃	若月荘
	丹波	三条院勅旨田
	但馬	久世田荘
勝鬘院領	丹波	真継保
正脉院領	伊豆	安久荘
正脈院領		→真如寺正脈院領
称名寺領	武蔵	六浦荘
	上総	金田保・与宇呂保
	下総	橘荘・埴生荘・埴生西条
	近江	柏木御厨
	下野	小山荘
	越後	奥山荘
	因幡	千土師郷
浄妙寺領	山城	木幡荘

領家別荘園一覧

領家・本家名	国名	荘 園 名
	周防	潟上荘
浄名寺領	長門	有保別符
正暦寺領	大和	豊国荘・萩荘・服荘・針別所荘
定林庵領	山城	小淵荘
勝林院領	河内	芹生荘
松林院領		→興福寺松林院領
勝林寺領	若狭	国富荘
常林寺領	摂津	安満荘
青蓮院領	山城	乙訓荘
	和泉	上泉荘
	摂津	木津荘
	伊勢	井村荘・五箇山御園・緋野御園
	尾張	杜荘
	近江	後三条勅旨田保・真野荘
	美濃	船木荘
	越前	遅羽荘・野坂荘・葉原荘・山本荘
	加賀	富安荘
	播磨	賀古荘・安田荘
	備中	県主保
青蓮院門跡領	山城	粟田荘・大岡荘・大原西荘・東西九条女御田・八瀬荘
	和泉	包近名・淡輪荘
	摂津	宿久荘・宿久山荘
	志摩	名切荘
	尾張	千代丸保
	遠江	勝田荘
	近江	粟津御厨・伊香立荘・板木加納荘・一楽保・仰木荘・大浦荘・大野荘・奥島荘・海津西荘・葛川荘・草野荘・嶮熊野荘・坂田荘・坂田保・坂田別符・坂田新荘・新日吉荘・体光寺荘・立入荘・戸津荘・鳥羽上荘・富永荘・富永荘・鞆結荘・砥山荘・橋本御厨・比叡荘・比叡本荘・平方荘・福満荘・福光保・細江荘・三尾荘・山室保
	美濃	小島荘
	下野	皆河荘
	若狭	織田荘・山西荘
	越前	莇野保・内田荘・藤島荘
	能登	志津良荘
	越後	大槻荘
	丹波	奄我荘
	因幡	吉岡荘
	伯耆	山守荘
	備前	三野新荘
	備中	子位荘・得芳荘
	備後	福田荘
	紀伊	志野荘
	阿波	板西荘
	讃岐	山本荘
	肥前	鏡荘
勝蓮華院領	山城	八瀬荘
	阿波	牛牧荘・多奈荘
生蓮華院領	三河	宇利荘
浄蓮華院領(大原)	近江	小野荘・湯次上荘
青蓮寺領	摂津	賀島荘
白川家領	摂津	芦屋荘
白河院領	山城	芹河荘
	尾張	味岡荘
	美濃	弾正荘
	播磨	栗栖荘
	備中	橋本荘
	筑前	山鹿荘
	肥前	佐嘉荘

領家・本家名	国名	荘 園 名
白河院法華堂領	大和	山辺荘
白河伯王家領	尾張	松枝荘
	播磨	黒田荘
新羅社領	近江	粟津別保
白峰寺領	讃岐	松山荘
新延命院領	美濃	新久久利荘
神祇官領	近江	保田荘
	播磨	黒田荘・黒田荘
新宮領		→熊野新宮領
真光院領		→仁和寺真光院領
新興寺領	因幡	安井保
新御願堂領	近江	柏原荘
神護寺領	大和	秋篠荘・登美荘
	河内	高瀬荘・吉田荘
	若狭	西保・西津荘
	加賀	豊田荘
	丹波	宇都荘・刑部荘・上林荘・桐野河内・弓削荘・吉富荘・吉富本荘
	播磨	網干荘・東保・福井荘・福井東西保
	美作	佐良荘・佐良荘
	備中	足(葦)守荘
	備後	櫨谷保・福田保
	紀伊	拤田荘・笠田荘・川上荘・神野荘・神野真国荘・真国荘
	土佐	一宮荘・久満荘・田村荘
真言院僧正領	但馬	大内荘
新釈迦堂領	越後	小泉荘
真珠庵領	越前	太田保
真乗院僧正領	但馬	下鶴井荘
新禅院領		→東大寺新禅院領
信全所領	筑後	綾野荘
新善光寺領	但馬	黒河園
新善法寺領	紀伊	和佐荘
新待賢門院領	和泉	大鳥荘
新長講堂領	伊勢	小泉御厨
	近江	一切経保
神通寺領	肥前	佐嘉下荘
真如院領	河内	橘島荘
	美濃	弓削田荘
	丹波	弓削荘
	丹後	大石荘
	但馬	高田荘
	紀伊	高家荘
真如寺領	美作	豊田荘・豊田西荘
真如寺正脈院領	近江	岩根荘
真如堂領	山城	竹田荘
	摂津	楊津荘
	美作	富多荘
新法華堂領	越前	大屋荘
真満院領	播磨	英賀荘・貝野荘
進美寺領	但馬	建屋紙工保
新薬師寺領	大和	新薬師寺杣・松尾荘・水間杣
	摂津	安曇江荘
	丹波	因柄生荘・下水原荘
新陽明門院領	讃岐	詫間荘
瑞雲庵領		→南禅寺瑞雲庵領
水精寺領	周防	玖珂荘
随心院領	山城	小塩荘
	河内	一志賀荘
	播磨	藤三位荘
	紀伊	下和佐荘・水原荘
	豊後	竈門荘
随心院僧正坊	遠江	原田荘
随心院門跡領	越後	白鳥荘

領家・本家名	国名	荘 園 名
	讃岐	一円保・造田荘
瑞泉院領	若狭	永富荘・永富保
崇敬寺領	紀伊	木本荘
崇賢門院領	尾張	草部保・益田保・山口保
崇寿院領		→相国寺崇寿院領
崇禅寺領	摂津	北野荘・柴島荘・倉殿荘・国分寺荘・鷺島荘・幣島荘・奈佐原荘・乳牛牧荘・野里荘・福島荘
崇明門院領	尾張	味岡荘
	伊予	河原荘
菅生社領	加賀	能美荘
朱雀院領	伊勢	曾禰荘
	武蔵	阿久原牧・秩父牧
崇徳院御影堂領	遠江	勝田荘
	越前	榎富荘
	能登	穴水保・大屋荘
	越後	大槻荘
	丹波	栗村荘
	但馬	片野荘
	石見	仲野荘
	讃岐	北山本新荘・山本荘
	筑前	原田荘
崇徳院御骨三昧堂領	備中	妹尾荘
崇徳院法華堂領	備前	居都荘・福岡荘
住吉社領(摂津)	河内	渋川荘
	和泉	堺南荘
	摂津	大和田荘・五箇荘・堺北荘・幣島荘
	播磨	阿閇荘・魚住荘・大河荘・久米荘・比延荘・吉井荘
	阿波	井隈荘
住吉社領(丹波)	丹波	油井保・小野原荘
住吉社領(長門)	長門	一宮荘・大野荘・神田別符・吉永別符・吉永荘
住吉社領(筑前)	豊前	赤荘・河崎荘・虫生別符
諏訪社領 P. 397 表参照	信濃	岡屋(野)牧・武居(竹居・武井)荘・立野牧・辰野牧・平井手牧・藤沢荘・宮処牧
	越前	宇津目保
清閑寺家領	越前	大蔵荘
清閑寺領	山城	音羽荘
	近江	忍海荘
	美作	久米荘
誓願寺領	近江	仰木荘
清閑寺法花堂領	美作	大井荘
西山寺領	伊予	得乃保
正子内親王家領	摂津	高平荘・輪田荘
清住院領		→建仁寺清住院領
清住寺領	山城	笠取荘・笠取西荘
	摂津	吹田荘・吹田西荘・吹田東荘
青松院領		→北野社青松院領
栖真院領		→延暦寺栖真院領
清泉寺領	近江	清水新荘
星尾寺領	紀伊	浜仲荘
青竜院領	上野	沼田荘
清涼寺領	大和	櫟田荘
世良親王領	常陸	佐切荘
	備後	垣田荘
	紀伊	富安荘
清和院領	山城	富坂荘
	和泉	地黄園
	遠江	質侶荘
	近江	大浦荘
	美濃	銀荘
	丹波	船井荘

領家・本家名	国名	荘 園 名
	播磨	這田荘
石龕寺領	丹波	小川荘
是心院領(梅津)	摂津	小戸西荘・戸田荘
	美濃	市橋荘・市橋荘
摂関家領 P. 404 表参照	山城	池田荘・池田荘・石垣荘・稲八妻荘・猪隈(熊)荘・梅津荘・大柿荘・大原領・大見荘・岡屋荘・巨倉荘・小倉荘・小塩荘・小塩保・小田荘・桂殿・綺荘・河(革)島荘・河島南荘・木津荘・九条前滝荘・九条領・久世荘・久世荘・久多荘・小泉荘・小巨倉荘・五箇荘・西院小泉荘・重富保・清水荘・下桂荘・芹河荘・曾束荘・田原荘・調子荘・鞆岡荘・豊田荘・野口牧・羽戸院・拝志荘・東九条荘・菱川荘・枇杷荘・古河荘・祝園荘・甕原荘・三栖荘・物集女荘・山田荘
	大和	稲梁荘・大山荘・長田荘・河北荘・喜殿荘・清澄荘・坂門牧・宿院・須恵荘・当麻荘・高井荘・田永荘・千代荘・長(仲)河荘・長屋荘・発志荘・橋院荘・平田荘・保津荘・三島荘・守荘・吉河荘・吉田荘・若槻荘
	河内	朝妻荘・穴生郷・天野杣・石川荘・稲福荘・河北牧・河南牧・岐子荘・楠葉牧・坂門牧・点野荘・高柳荘・竹村荘・玉櫛(串)荘・長曾禰荘・長野荘・山内荘・吉田荘・若窪荘・輪田荘
	和泉	今泉荘・大泉荘・大番領・佐野荘・信達荘・鶴原荘・八田荘・春木荘・日根荘・御酢保
	摂津	安井荘・安満荘・生島荘・石丸荘・井門荘・位倍荘・榎並荘・榎並上荘・榎並下荘・大原荘・小田荘・小橋荘・賀茂荘・萱野荘・萱野牧・吉志荘・草刈荘・杭全荘・倉垣荘・倉橋荘・椋橋西荘・椋橋東荘・五位荘・郡戸荘・沢良宜荘・潮江荘・島荘・点野荘・新免荘・椙原荘・高平荘・多田荘・橘御園・垂水荘・垂水牧・垂水中条牧・垂水西牧・垂水東牧・都賀荘・富松荘・富島荘・長江倉橋荘・仲牧・新屋荘・能勢荘・八多荘・平田荘・弘井荘・福井荘・福原荘・細川荘・穂積荘・米谷荘・味舌荘・松山荘・水尾荘・三宅荘・六車荘・武庫荘・杜本荘・山内荘・山田荘・山内荘・山本荘・輪田荘
	伊賀	浅宇多荘・大内荘・大内西荘・大内東荘・音羽(波)荘・田口荘・平柿荘
	伊勢	家城荘・飯鹿荘・石内荘・麻生御厨・河曲荘・窪田荘・栗真荘・桑名神戸・甲賀荘・五真加利御厨・須可荘・鈴鹿荘・薗倉荘・富田御厨・留田御厨・野代荘・林荘・林西荘・日置荘・船江荘・益田荘・山郷荘・和具荘・和田荘
	志摩	甲賀荘・和具
	尾張	赤目荘・英比荘・大県荘・大懸荘・小弓荘・枳豆志荘・高畠荘・玉江

領家・本家名	国名	荘園名
		荘・勅旨田・堤田荘・富田荘・長岡荘・二宮荘・杜荘・山名荘
	三河	青野荘・吉良荘・吉良西荘・志貴荘
	遠江	浅羽荘・尾奈御厨・笠原牧・吉美荘
	駿河	小泉荘
	伊豆	井田荘・三津御厨
	甲斐	青島荘・大井荘・小笠原牧・鎌田荘・小松荘・志摩荘・布施荘・経田荘・逸見荘・山小笠原荘
	相模	成田荘・波多野荘・早河荘・早川牧・三崎荘
	武蔵	稲毛荘・稲毛本荘・榛谷御厨・船木田荘・船木田新荘・船木田本荘
	上総	菅生荘
	下総	大戸荘・神崎荘・橘荘・千田荘・豊田荘・三崎荘
	常陸	小栗御厨・小鶴荘・小鶴南荘・下妻荘・田中荘・村田荘・村田保
	近江	安吉保・穴太御園・穴太荘・安孫子荘・伊香荘・犬上荘・伊庭荘・今西荘・愛智勅旨・大江荘・大崎・大幡・大原荘・大与度荘・岡屋荘・小椋荘・小幡位田・柿御園・垣見荘・餉荘・河上荘・儀俄荘・儀俄新荘・儀俄本荘・蔵垣荘・子(小)田上荘・信楽荘・篠田荘・首頭荘・勝因保・玉造荘・針幡荘・日野牧・檜物荘・本牧・鈎御園・野州勅旨・輪保
	美濃	揖斐荘・揖深荘・石田(いはた)荘・宇多勅旨・衣斐(裴)荘・神野荘・川辺荘・気良荘・上有智荘・郡戸荘・郡戸荘・志津野荘・下有智御厨・勅旨田・遠山荘・仲村荘・生津荘・蜂屋荘・古橋荘・美田荘・武儀荘・武義荘・莚田荘・山上荘・世保荘
	飛驒	白川荘
	信濃	英多荘・芋河荘・海野荘・大田荘・落原荘・笠原牧・郡戸荘・千田荘・中野牧・蕗原荘
	上野	新田荘
	下野	佐野荘・塩谷荘・中泉荘・中村荘
	陸奥	蜷河荘・栗原荘・小泉荘・高鞍荘・長江荘・本良荘
	出羽	大曾禰荘・小田島荘・寒河江荘・成島荘・屋代荘・遊佐荘
	若狭	立石荘・立石新荘・立石本荘
	越前	足羽御厨・莇野保・鮎河荘・今泉荘・宇坂荘・越前勅旨・方上荘・河和田新荘・気比荘・鯖江荘・曾万布荘・東郷荘・長田荘・美賀野部荘
	加賀	小坂荘・鏡荘
	能登	大屋荘・上町野荘・下町野荘・町野荘・若山荘
	越中	阿努荘・一瀬保・大家荘・河口保・四箇保・四箇荘・曾祢保・東条保・東条荘・宮島保・八代保
	越後	大島荘・奥山荘・紙屋荘・白河荘・高田保・波多岐荘
	丹波	石田荘・石田新荘・石田本荘・菟原荘・大谷荘・小幡荘・小原荘・

領家・本家名	国名	荘園名
		竃谷荘・賀舎荘・瓦屋荘・草山荘・坂田荘・曾我部荘・多紀北荘・田原桐野牧・野田荘・野口牧・土師荘・藤坂荘・保津荘・保津筏師荘・御厩立荘・宮田荘・安田荘・山内荘
	丹後	石川荘・加悦荘・三ヶ荘・丹波荘
	但馬	赤崎荘・伊由荘・小代荘・勅旨田・田道荘・樋爪荘・与布土荘
	伯耆	笏(久津)賀荘・長田荘
	出雲	宇賀荘・末次荘・富田荘・林木荘・福頼荘・吉田荘
	石見	大家荘
	隠岐	重栖荘
	播磨	英賀荘・緋田荘・厚利荘・粟賀荘・伊保荘・有年荘・大江島荘・大幡荘・垣岡荘・蔭山荘・神戸荘・神部荘・久(具)留美荘・黒田荘・黒田荘・坂越荘・佐用(佐与・左与)荘・椙原荘・世賀荘・高岡荘・高岡南荘・高島荘・滝野荘・田原荘・千草荘・豊福荘・西荘・のかめの荘・東荘・安田荘
	美作	粟倉荘・大井荘・大井新荘
	備前	家浦荘・鹿田荘・鴨津荘・小豆島荘・羽野荘・裳懸荘
	備中	生坂荘・井原荘・駅里荘・橋本荘・真鍋荘
	備後	小豆荘・三条院勅旨・坪生荘・奴可荘・備後勅旨
	安芸	大崎荘・倉橋荘
	周防	潟上荘・屋代荘・山代荘
	長門	大野荘・宿院
	紀伊	有間荘・池田荘・櫟原荘・井上荘・井上新荘・井上本荘・石内荘・志野荘・菅生荘・田仲荘・日高荘・藤並荘・三栖荘・宮原荘・保田荘・吉仲荘
	淡路	志筑荘
	阿波	大野荘・河輪田荘・高越寺荘・篠原荘・竹原牧
	讃岐	井原荘・笠居御厨・河津荘・神前(崎)荘・柞田荘・栗隈荘・子(小)松荘・坂田荘・里海荘・塩飽荘・詫間荘・千松荘・朴田荘・三崎荘・本山荘・山田荘
	伊予	吉原荘
	土佐	安芸荘・大方荘・片山荘・久礼別符・幡多荘・本荘・山田荘
	筑前	垣崎荘・塩崎荘・夜須荘・山鹿荘
	筑後	三池荘・三毛山門荘
	豊前	伊方荘・宇佐荘・弓削田荘
	豊後	阿南荘・臼杵荘・賀(架)来荘・国東御領・津守荘・戸次荘・植田荘
	肥前	太田荘・彼杵荘・与賀荘
	肥後	味(甘)木荘・窪田荘・守富荘
	日向	浮田荘・島津荘・平郡(群)荘
	大隅	始良西俣・鹿屋院・串良院・島津荘・財部院・多禰島・禰寝院・深河院・横河院
	薩摩	英禰院・伊作荘・伊集院・和泉荘・市来院・入来院・上原園・牛屎院・加世田別符・給黎院・祁答院・祁答院・島津荘・知覧院・東郷別符・満家院・山門院

領家・本家名	国名	荘 園 名
摂津氏領	大和	宇陀神戸竹荘・竹荘
	駿河	益頭荘
	美濃	津布良開発御厨
	上野	高山御厨
	加賀	倉月荘
	備中	隼島荘
摂籙渡領		→摂関家領
背振山修学院領	筑後	板井荘
背振山上宮領	筑前	脇山院
施薬院領	甲斐	飯野牧
せんあみ領	山城	下津林荘
千光寺領	隠岐	都万院
善光寺領	信濃	千田荘
禅興寺領	伊賀	音羽荘
	播磨	豊福荘
禅定院領	大和	小吉田荘
善勝寺領	越前	長崎荘
善祥寺領	摂津	宮原荘・宮原南荘
禅昌寺宮領	伊予	井於荘
禅定寺領	山城	奥山田杣
	近江	香園
宣政門院領	三河	高橋荘
千僧供領	越前	別司保
千体阿弥陀堂領(白河)	但馬	気比荘
善通寺領 P. 407 表参照	讃岐	一円保・神前荘・良田荘・吉原荘
仙洞御領	山城	小野山
	伊勢	長井御厨
	尾張	黒田荘
	美濃	麻続荘
	越前	池田荘
	丹波	細川荘
	出雲	横田荘
	備前	鳥取荘
善同庵領	播磨	緋田荘・継荘
泉涌寺領	河内	厚見荘・石川荘
	摂津	潮江荘
	近江	沼浪荘
	美濃	大榑荘
	播磨	香山保
	備中	口林荘
	伊予	矢野保・矢野荘
	日向	平郡荘
善入寺領	摂津	木工荘
	近江	浅小井荘・奥島荘
	備中	草壁荘
	周防	麻合別符・多仁荘
	淡路	委文荘
泉涌寺新御堂領	甲斐	経田荘
宣仁門院領 P. 404 表参照	伊勢	和田荘
	甲斐	経田荘
	加賀	熊坂荘
	讃岐	子松荘
	肥前	彼杵荘
善応寺領	山城	葛原新荘
善法寺領		→石清水八幡宮善法寺領
善法律寺領	備前	鹿忍荘
千本家領	備前	周匝保
宣陽門院領	山城	市辺荘・旧鋳銭岡田荘・下桂荘・銭司荘・松井荘
	大和	中村荘・平野殿荘
	河内	池田荘・富田荘
	摂津	今南荘・松村荘・溝杭荘
	伊勢	黒部御厨・高志御厨・豊田荘・米守納所
	尾張	門真荘・藤懸荘・松荘
	駿河	富士荘
	伊豆	仁科荘
	甲斐	波加利荘
	相模	山内荘
	武蔵	賀勢荘
	上総	玉前荘・玉崎荘
	近江	伊香立荘・筏立南荘・忍海荘・錦部保・吉田荘
	美濃	饗庭荘・大榑荘・上保・下保・山田荘
	信濃	住吉荘
	上野	拝志荘
	下野	那須荘・那須上荘・那須下荘
	出羽	大泉荘
	越前	脇本荘
	加賀	井家荘・北白江荘・白江荘・能美荘
	能登	上日荘・土田荘
	越中	新保御厨
	越後	福雄荘・吉河荘
	丹波	石負荘・野口荘・野口牧
	但馬	朝来新田荘・木前荘・楽前北荘・楽前南荘・物部荘
	伯耆	稲積荘・宇多川東荘・久永御厨・矢送荘
	出雲	長海荘
	播磨	揖保荘・巨智荘・松井荘・安田荘
	美作	饗庭荘・一宮荘・富美荘・豊福荘
	備前	鳥取荘・三野新荘
	備中	巨勢荘・多気荘・三村荘
	備後	因島中荘・重井荘
	安芸	生口荘・後三条院勅旨田・吉茂荘
	周防	秋穂荘・秋穂二島荘
	紀伊	石垣荘・切目荘・東桝荘
	淡路	福良荘
	阿波	秋月荘・麻殖保・麻殖荘・宍咋荘
	伊予	弓削荘・弓削島荘
	土佐	朝倉荘
	筑前	赤馬荘・怡土荘・住吉荘
	筑後	広川荘
	肥前	巨勢荘・安富荘
宣陽門院御影堂領	備中	巨勢荘
禅林寺領	山城	須智荘・朱智長岡荘
	河内	観心寺荘
	伊賀	矢川荘
	遠江	初倉荘
	近江	音羽荘
	信濃	小菅荘
	出雲	淀新荘
	筑前	宗像荘・宗像社
善林寺新熊野社領	尾張	下門真荘
	淡路	筑佐荘・由良荘
禅林寺僧正領	伊勢	井関荘
僧正房成宝領	尾張	甚目寺荘
僧忠信領	信濃	小菅荘
造東大寺司領	近江	甲可郡杣
総持寺領	摂津	粟生荘・鮎川荘・石井荘・上野荘・外院荘・直河原荘・高山荘・戸伏荘・美河原荘・三島荘
	丹後	宇河荘
造酒司領	河内	甘南備保
	和泉	土師保
	摂津	大田保
走湯山伊豆山権現領	伊豆	仁科荘・馬宮荘

領家別荘園一覧

領家・本家名	国名	荘 園 名
	上野	佐貫荘
走湯山東明寺領	伊豆	中田保
走湯山密厳院領	上野	淵名荘
	土佐	介良荘
藻壁門院領	筑後	三毛山門荘
藻壁門院法華堂領	大和	河北荘
	近江	大江荘
	讃岐	坂田荘
雙輪寺房領	近江	金武保・比叡荘
	阿波	板西荘
園家領	近江	竜門荘
園宰相基成家領	近江	吉満保
尊雲法親王領	近江	牛骨荘
	美濃	新久久利荘
	播磨	大河内荘
尊光院領	周防	与田保
尊守法親王家領	摂津	貴志荘・宿久山荘
	遠江	小高荘
	但馬	気比水上荘
	備中	県主保・草壁荘
尊重寺領	安芸	吉茂荘
尊性法親王家領	河内	中牧
	摂津	貴志荘・宿久山荘・楊津荘
	伊勢	茂福御厨
	遠江	刑部御厨・小高荘
	近江	奥島荘・比牟礼荘・綣村保
	下野	皆河荘
	越前	織田荘
	備後	有福荘
	周防	安下荘
尊勝院領		→熊野那智山尊勝院領
尊勝院領		→東大寺尊勝院領
尊勝寺領 P. 722 表参照	近江	江辺荘・香荘・香園・高宮保・野洲荘・野洲北荘・吉田保
	信濃	伊賀良荘
	若狭	今重保・得吉保・藤井保
	越前	美賀野部荘
	但馬	大屋荘・建屋荘・建屋新荘
	播磨	瓦荘
	美作	英多保・林野保
	備中	県主保・多気保
	阿波	高越寺荘
	筑前	長淵荘
尊長領	信濃	浦野荘
	肥後	宇土荘

た 行

領家・本家名	国名	荘 園 名
大安寺領	大和	千代荘・波多杣・美濃荘・杜(森)屋荘
	摂津	長溝郷荘
	伊賀	石打杣・石打荘・大山蘇麻荘・柘殖荘
	伊勢	神山荘
	近江	浅井荘・浅井西荘・浅井東荘・池荘・小椋荘・神崎荘・神崎北荘・神崎西荘・神崎東荘・神崎南荘・坂田北荘・淵荘・野洲荘・野洲北荘・結園荘
大雲庵料所	備中	三成荘
大雲寺領	山城	脇荘
	大和	琴引別符
	摂津	萱野荘・福富荘・正木荘
	伊勢	野代荘
	近江	犬上位田・朱雀院田
	美濃	志津野荘

領家・本家名	国名	荘 園 名
	播磨	鞍位荘
大恩院領	因幡	石田新荘・石田荘・石田本荘
大覚寺領	山城	小淵荘・伏見荘
	河内	金田荘
	摂津	鷺島荘
	三河	碧海荘
	近江	海津荘・海津西荘
	越前	鯖江荘
	丹波	犬甘保・豊富荘
	播磨	石見荘・宇野荘・吉田新荘
	美作	香美新荘・真加部荘・真壁荘
	備前	通生新荘・長田荘
	筑前	植木荘
大覚寺門跡領	河内	坂田福正名
	丹波	六人部荘
	播磨	細川荘
	備前	通生荘
	讃岐	一円保・坂田荘・坂田勅旨
大機院領		→東福寺大機院領
大吉寺領	近江	田根荘
大教院領	美濃	市橋荘・市橋荘・内牧荘
待賢門院領	河内	池田荘
	筑後	広川荘
大后寺領	大和	奥山荘・佐保田荘・西山荘
大興寺領	尾張	稲木荘
大興禅寺領	近江	大原荘
大講堂領		→延暦寺大講堂領
大光明寺領	山城	伏見荘
	摂津	葺屋荘
	播磨	伊河荘・多可荘
醍醐寺領 P. 431 表参照	山城	安堵荘・石田荘・大見荘・越智荘・小野荘・笠取荘・笠取西荘・笠取東荘・九条前滝荘・久多荘・山科荘・山科西荘
	大和	河合荘・田殿荘・田永荘・豊田荘
	河内	郡荘・坂門牧・志紀荘・志紀北荘・志紀南荘・渋川荘・松原荘・若江荘
	和泉	鳥取荘
	摂津	雄家荘・小戸荘・吉志荘・桑津荘・吹田荘・仲荘・野鞍荘・野間荘・平駄足荘・山田荘
	伊勢	大橋御園・黒田荘・曾禰荘・智積御厨・日置荘・南黒田御厨
	尾張	浅野保・朝宮保・安食荘・枳豆志荘・草部保・坂田保・瀬戸御厨・瀬辺御厨・千世氏荘・鴾島保・得重保・鳴海荘・西門真荘・福重保・舟木荘・日置荘・益田保・山口保・吉松保
	駿河	金持荘
	甲斐	塩戸荘
	近江	安食荘・石本荘・延命保・大野木荘・大柳荘・柏原荘・黒田荘・香荘・田川荘・長岡荘・船木荘・船木荘・竜門荘
	美濃	粟野荘・帷荘・建部荘・船木荘
	上野	淵名荘
	若狭	永富保
	越前	泉荘・牛原荘・牛原北荘・牛原南荘・大岡南荘・大田荘・河合荘・重富保・荘林荘・徳蔵荘・中夾荘
	加賀	高羽荘・得蔵荘・得蔵保・沼田荘・治田荘
	能登	上日荘・上日新荘

領家・本家名	国名	荘 園 名
	越中	石黒荘・御服荘
	丹波	葛野新郷・河口荘・佐伯荘・佐佐岐荘・篠村荘・曾地荘・船井荘・光久保
	丹後	鹿野荘・志楽荘・松気荘
	但馬	朝倉荘・藤井荘
	伯耆	国延保
	播磨	大河内荘・田中荘
	美作	粟井荘
	備中	井原荘・上津江荘
	周防	島末荘
	紀伊	秋津荘・長尾荘
	阿波	金丸荘
	讃岐	陶保・造田荘・長尾荘
	伊予	大島荘
	筑前	楠橋荘・山鹿荘・若宮荘
	筑後	高良荘
	肥前	佐嘉荘
	肥後	山鹿荘・山鹿北荘・山鹿南荘
醍醐寺一乗院領	紀伊	秋津荘
醍醐寺円光院領	近江	大野木荘・柏原荘
	越前	泉荘・牛原荘・中夾荘
	伊予	大島荘
醍醐寺三宝院領	山城	石田荘・大見荘・小野荘・久多荘・山科荘・山科西荘
	河内	坂門牧
	摂津	桑津荘
	尾張	朝宮保・安食荘・枳豆志荘・草部保・坂田保・千世氏荘・鵯島保・得重保・福重保・益田保・山口保・吉松保
	近江	安食荘・田川荘・船木荘・船木荘
	美濃	帷荘
	上野	淵名荘
	越前	河合荘
	能登	上日荘・上日新荘
	越中	御服荘
	丹波	葛野新郷・黒岡荘・佐伯荘・篠村荘
	丹後	鹿野荘
	周防	島末荘
	阿波	金丸荘
	讃岐	陶保・造田荘・長尾荘
	筑前	若宮荘
	筑後	高良荘
醍醐寺三宝院門跡領	山城	安堵荘・笠取荘
	摂津	野鞍荘
	伊勢	黒田荘・曾禰荘・南黒田御厨
	尾張	鳴海荘・舟木荘・日置荘
	丹波	河口荘・佐佐岐荘・曾地荘
	播磨	田中荘
	肥前	佐嘉荘
醍醐寺地蔵院領	越前	大田荘・重富保
醍醐寺遍智院領	伊勢	黒田荘・南黒田御厨
	近江	黒田荘
	越中	石黒荘
	周防	島末荘
	阿波	金丸荘
	筑後	高良荘
醍醐寺報恩院領	山城	九条前滝荘
P. 404 表参照	大和	田永荘
	摂津	桑津荘・野間荘・平駄足荘・輪田荘
	下総	三崎荘
	丹波	賀舎荘・賀舎荘

領家・本家名	国名	荘 園 名
	備中	上津江荘
醍醐寺報恩院門跡領	讃岐	陶保
醍醐寺宝塔院領	摂津	吉志荘
醍醐寺御影堂領	山城	越智荘
醍醐寺無量光院領	筑前	山鹿荘
	肥後	山鹿荘
醍醐寺理性院領	山城	笠取東荘
	若狭	永富保
	加賀	得蔵保
醍醐寺蓮蔵院領	摂津	西紫津荘
	伯耆	国延保
大金剛院領	遠江	小高御厨
	丹波	多紀荘
	播磨	宇野荘
	美作	香美新荘
	備前	長田荘
大慈恩寺領	武蔵	六郷保
大正院領	山城	久我荘
大祥院領	摂津	奈佐原荘
	加賀	横山保・和気保
大聖院領	大和	近内荘
大乗院領		→延暦寺大乗院領
大乗院領		→興福寺大乗院領
大乗院門跡領		→興福寺大乗院門跡領
大聖寺領	丹波	六人部荘
	備前	軽部荘
大成就院領		→延暦寺大成就院領
大山寺領	丹波	和崎荘
	伯耆	久古牧
	播磨	伊河荘・伊河上荘・伊川下荘・賀古新荘
大山寺西明院領	伯耆	久古荘・久古御厨
大泉寺領	駿河	阿野荘
大膳職領	上総	墨田保
	淡路	掃守保
大蔵寺領	摂津	氷室荘
大智院領		→相国寺大智院領
大唐院領	大和	比布荘・目安荘
大徳院領	越中	田河保
	因幡	岩井荘
大徳寺領	山城	西院小泉荘
P. 434 表参照	摂津	柴島荘・鷺島荘
	下総	遠山方御厨
	近江	湯次上荘
	美濃	長森荘・弓削田荘
	信濃	佐久伴野荘・伴野荘
	若狭	名田荘
	加賀	和気保
	丹波	佐治荘
	播磨	浦上荘・小宅荘・三方西荘
	紀伊	高家荘・高家東荘
大徳寺徳禅寺領	播磨	田中荘・平位荘
大徳寺如意庵領	山城	巨倉荘
	摂津	杭全荘・平野荘
	越前	榎富上荘
	加賀	横江荘
	備前	磯上保・居都荘
大徳寺養徳院領	摂津	五箇荘・鷺島荘
	近江	湯次上荘
大伝法院領		→高野山大伝法院領
大伝法院領		→根来寺大伝法院領
大日堂領		→高野山金剛三昧院大日堂領
大悲王院領	筑前	原田荘
大悲山寺領(峰定寺領)	山城	久多荘・大見荘
大仏殿領		→東大寺大仏殿領

領家別荘園一覧

領家・本家名	国名	荘 園 名
大報恩院領	播磨	吉河荘・吉河上荘
大報恩寺領	丹波	小幡荘
	但馬	建屋新荘
	播磨	英賀荘
大雄寺領	丹後	加悦荘
大雄寺領(嵯峨)	尾張	味岡荘
大雄寺領(和泉)	河内	島頭荘
平景義領	相模	懐島荘
平清盛領	越前	大蔵荘
	丹後	志楽荘
	播磨	下端荘
	肥前	杵島荘
平惟仲領	山城	大野橋荘
	河内	豊田荘
	摂津	柴島荘・久保津荘
	近江	明見荘・大田荘・音羽荘・朽木荘・
		比良牧・和迩荘
	美濃	小島牧
	丹波	大沢荘
	紀伊	石垣荘・下野荘
平繁成領	備前	長田荘
平重衡領	丹波	篠村荘
平重盛領	陸奥	白河荘
平季盛領	但馬	温泉荘
平忠盛領	伊賀	長田荘
	伊勢	岡本保
	肥前	神崎荘
平親宗領	紀伊	雑賀荘
平時範領	尾張	味岡荘
平信国領	美作	古岡北保
平信範領	三河	志貴荘
	但馬	木前荘
	播磨	坂越荘
平信範女領	紀伊	賀太荘
平教盛領	肥前	鹿瀬荘
	肥後	味木荘
平等房領	山城	大原西荘
平正弘領	伊勢	石河御厨・大井田御厨・笠間荘・
		富津御厨
	信濃	市村高田荘・麻績御厨
	越後	於田荘
平正盛領	伊賀	鞆田荘・山田荘
平光盛領	美濃	三村荘
	播磨	這田荘
平棟範領	相模	早河荘
	下野	塩谷荘
平宗盛領	大和	大仏供(福)荘
	摂津	島屋荘・真井荘
	丹波	五箇荘
平盛久領	備後	斗張保
平頼盛領	大和	野辺荘
	河内	大和田荘・走井荘
	摂津	兵庫荘・兵庫上荘・兵庫三箇荘・
		兵庫下荘・兵庫中荘
	伊賀	長田荘・六箇山
	伊勢	木造荘・野俣道荘
	尾張	稲木荘・海東荘・中荘・真清田荘
	駿河	大岡荘・服織荘
	下総	木内荘
	常陸	南野荘
	近江	竜門荘
	丹波	六人部荘・由良荘
	丹後	倉橋荘
	但馬	山口荘
	播磨	在田荘・石作荘・石田荘・建田荘・

領家・本家名	国名	荘 園 名
		布施荘・這田荘
	美作	弓削荘
	備前	佐伯荘
	安芸	安摩荘
	淡路	由良荘
	阿波	小島荘
	伊予	矢野保
	筑前	香椎荘・宗像荘・安富領
	筑後	三原荘
	肥後	球摩臼間野荘
	日向	国富荘
平頼盛室家領	加賀	熊坂荘
	筑前	三箇荘
平頼盛女房領	河内	麻生大和田荘
内裏御料所	尾張	舟木荘
	美濃	帷荘
	若狭	吉田荘・吉田三宅荘
	出雲	横田荘
大竜庵領		→建仁寺大竜庵領
多賀神社領	近江	多賀荘
高倉院法華堂領	山城	音羽荘
P. 438 表参照	尾張	富吉荘
	安芸	荒山荘・世能荒山荘
	土佐	吉原荘
高倉家領	山城	上三栖荘・芹河荘・真幡木荘
	但馬	竹田荘・与布土荘
	讃岐	大内荘
	豊後	丹生荘
高階家領	和泉	宮里保
	上総	橘木荘
	美濃	尼寺荘・船木荘
	越前	織田荘
	越中	蟹谷荘
高洲八幡宮領	備後	高洲荘
鷹司院領	摂津	細川荘
P. 440 表参照	美濃	揖深荘・上有智荘
	但馬	上西門院御紙田
	周防	玖珂荘
鷹司家領	河内	足(網)代荘
P. 441 表参照	和泉	今泉荘
	摂津	椋橋東荘・長江倉橋荘・細川荘
	伊勢	額田納所・額田荘
	甲斐	青島荘
	美濃	饗庭荘・揖深荘・宇多院・宇陀弘
		見荘・上有智荘・弘見荘
	加賀	益富保
	越中	直海荘
	丹波	酒井荘
	但馬	小代荘
	伯耆	笏賀荘
	播磨	高岡荘・高岡南荘
	讃岐	井原荘
	筑前	赤馬荘
高辻家領	加賀	富墓荘
	丹後	田村荘
	但馬	七美荘
尊治親王領	越前	酒井荘・西谷荘
高松院領	越後	青海荘・吉河荘
高松神社領	遠江	笠原荘
尊守法親王領	越後	志度野岐荘
P. 442 表参照		
滝尻王子権現料所	備中	大市荘
武雄神社領	肥前	視木園・墓崎荘
建部社領	近江	建部下荘・建部荘
大宰大弐領	豊前	虫生別符

領家・本家名	国名	荘 園 名
大宰府領	筑前	香椎荘
	筑後	原田荘
	豊前	虫生別符
	肥前	高来荘・村田荘
太宰府天満宮領	筑前	安志岐御封・安志岐荘
	筑後	長田荘・本吉荘
	肥後	赤星荘・合志荘・富納荘・富荘
	大隅	横河院
太政官御祈願料所	越前	六条保
	備後	神崎荘
	安芸	阿土熊野保・熊野荘
太政官厨家領	越中	中村保・中村保
P. 446 表参照	上総	今富保
	近江	細江荘
	陸奥	安達荘
	若狭	国富荘・国富保
	越中	黒田保・黒田保
	安芸	荒山保・世能荒山荘
多田院領	摂津	雄家荘・善源寺荘・米谷荘・山本荘
多田八幡宮領	加賀	蝶屋荘
橘家領	山城	富坂荘・藤秦荘
	信濃	長田御厨
	越前	真柄保
橘薩摩氏領	大隅	多禰島
達智門院領	越前	大屋荘
立山寺領	越中	寺田荘
多度神宮寺領(伊勢)	伊勢	幡鉾島荘
	尾張	大成荘
種子島氏領	大隅	多禰島
多宝塔領		→高野山多宝塔領
玉祖社領	周防	居合荘・大前新荘・小俣荘・佐波令・高墓荘・田島荘
丹後局領	播磨	瓦荘
	備前	居都荘
	阿波	金丸荘
談山神社領	大和	磯野荘・忌部荘・笠間荘・膳夫荘・百済荘・古木荘・大道寺保・箸喰荘・南大西荘・山田荘
檀那院領	近江	菅浦荘
丹波家領	三河	羽渭荘
	備前	周匝保
竹生島寺領	近江	今西河北荘・菅浦荘
筑摩社領	近江	富永荘
竹林院領	大和	八条荘
竹林寺領	大和	興田荘
智恵光院領	河内	山田荘・山田上荘・山田下荘
P. 463 表参照	美濃	船木荘
	丹波	大沢荘
	出雲	淀本荘
	豊後	戸穴荘・戸穴
知足院領	大和	豊田荘
	丹波	山内荘
知足院領		→建仁寺知足院領
智徳門院領	但馬	矢根荘
中宮職領	摂津	井於荘・吉志荘・宿久荘
	尾張	味岡荘
	大隅	小原別符・鹿屋院・串良院・禰寝院・横河院
中尊寺領	陸奥	骨寺
長覚領	播磨	藤三位荘
長慶寺領	駿河	泉荘
重源領	伊賀	阿波荘・山田有丸荘
長興寺領	但馬	竹野荘
長講堂領	山城	下桂荘・伏見荘
P. 470 表参照	大和	雨師荘・中村荘・八釣荘

領家・本家名	国名	荘 園 名
	和泉	菟田荘・吉見荘・吉見菟田荘
	摂津	生島荘・葺屋荘・松村荘・溝杭荘
	伊賀	柏野荘
	伊勢	豊田荘・米守納所
	尾張	稲木荘・内海荘・門真荘・上門真荘・篠木荘・野間荘・野間内海荘・藤懸荘・松荘
	遠江	飯田荘・曽賀荘・山香荘
	駿河	富士荘
	伊豆	仁科荘
	甲斐	青島荘・波加利荘
	相模	山内荘
	近江	忍海荘・錦部保
	美濃	伊自良荘・宇陀(多)弘見荘・蜂屋荘・蜂屋南荘・平田荘・深萱荘・蜂屋北荘
	信濃	市村荘・市村高田荘・住吉荘
	上野	拝志荘
	出羽	大泉荘
	若狭	三宅荘・吉田荘・吉田三宅荘
	越前	坂北荘・和田荘
	加賀	井家荘・富安荘・能美荘
	能登	上日荘・上日新荘・上日本荘・甘田保・家田荘
	越中	新保御厨
	越後	吉河荘
	丹波	上村荘・前山荘・野口荘・山国荘・弓削荘・弓削杣・和久荘
	丹後	伊祢荘・久美荘・田村荘・宮津荘
	但馬	朝来荘・朝来新田荘・菟束荘・菟束小代荘・大庭荘・小代荘・木前(城崎)荘・久斗荘・久斗大庭荘・古美荘・七美荘・善住寺荘・宣陽門院御紙田・新田荘
	伯耆	稲積荘・久永御厨・矢送荘
	播磨	菅生荘・平津荘・松井荘
	美作	饗庭荘・一宮荘・豊福荘・真島荘
	備前	浅越荘・鳥取荘・三野新荘
	備中	小坂荘・巨勢荘・多気荘・三村荘
	備後	因島荘・因島中荘・河北荘
	安芸	生口荘・生口北荘・吉茂荘
	周防	秋穂二島荘・玖珂荘・二島荘
	長門	阿武御領
	紀伊	石垣荘
	淡路	伊賀利荘・賀集荘・津井伊賀利荘・西山荘・福良荘
	阿波	麻殖保・麻殖荘・宍咋荘・那賀山荘
	伊予	忽那荘・忽那島・三島荘・弓削荘・弓削島荘
	筑後	高良荘
	肥前	巨勢荘・安富荘
	肥後	豊田荘・六箇荘
長福寺領	山城	梅津荘・西院荘
	摂津	榎並荘・榎並下荘
	尾張	下門真荘
	相模	山内荘
	武蔵	恩田御厨
	近江	田根荘
	美濃	稲口荘
	上野	玉村御厨
	丹波	河口荘
	丹後	川上荘・川上本荘
	備中	園荘・園東荘・園東荘
	備後	田総荘

領家別荘園一覧

領家・本家名	国名	荘園名
長命寺領	遠江	赤土荘
長母寺領(木賀崎)	尾張	狩津荘
長滝寺領		→白山長滝寺領
勅旨牧 P. 478 表参照	甲斐	柏前牧・穂坂牧・真衣牧・真衣野牧
	武蔵	阿久原牧・石川牧・石田牧・小川牧・小野牧・立野牧・秩父牧・由比牧
	信濃	猪鹿牧・大野牧・大野牧・大室牧・岡屋牧・笠原牧・笠原牧・桐原牧・塩野牧・塩原牧・塩原牧・高位牧・長倉牧・新治牧・埴原牧・萩倉牧・平井手牧・宮処牧・望月牧・山鹿牧
	上野	有馬島牧・市代牧・大藍牧・小栗田牧・久野牧・塩山牧・利刈牧・新屋牧・沼尾牧・拝志牧・治尾牧・平沢牧・封有牧
珍皇寺領	山城	河原荘・河原荘
	摂津	沢良宜荘
鎮西料所	豊前	天生田荘
鎮西探題領	肥後	八代荘
陳和卿領	伊賀	有丸荘・阿波荘・山田有丸荘
	周防	宮野荘
通玄寺領	摂津	潮江荘
	駿河	須津荘
通照光院領	和泉	堺荘
通法寺領	河内	稲用荘・米用荘
土御門家領	山城	西院荘・築山荘
P. 108 表参照	摂津	枳根荘
	常陸	村田下荘
	越中	二上荘
	但馬	東河荘・与布土荘
	伊予	矢野荘
	日向	浮田荘
土御門高倉天神社領	近江	香荘
椿峰吉領	大和	石図荘
鶴岡八幡宮領	伊勢	長井御厨
P. 490 表参照	駿河	入江荘・益頭荘
	相模	阿布里保・大友荘・波多野荘
	武蔵	小机保・鶴見寺尾・師岡保
	信濃	江儀遠山荘
	能登	諸橋保
	越後	内記大夫新保
	周防	小鯖荘
天安寺領	摂津	河崎荘
殿下渡領		→摂関家領
転経院延珍僧都領	大和	広瀬牧
伝教院領	大和	宇野荘・高田荘
天正寺殿領	河内	高安保
天台賢聖院領	近江	明見荘
天台座主領	近江	宮川保
	能登	堀松荘
	越中	神倉保
	越後	志度野岐荘
	美作	香美荘
	讃岐	志度荘
天王寺領	河内	足代荘・若林荘
	和泉	堺南荘
	摂津	於世荘・鷺島荘・新開荘
	播磨	賀古荘
	讃岐	野原荘・林
	土佐	高岡荘
天王寺念仏三昧院領	讃岐	野原荘
天王寺遍照光院領	和泉	堺南荘

領家・本家名	国名	荘園名
伝法院領		→興福寺伝法院領
伝法院領		→高野山伝法院領
伝法院領		→仁和寺伝法院領
典薬頭領	和泉	地黄園
	摂津	味原牛牧・地黄園・乳牛牧荘
	近江	吉富荘
	越前	小森保
	越中	小森保
天竜寺領	山城	長井荘・物集女荘
	摂津	杭瀬荘
	伊勢	富津御厨・若松荘
	遠江	村櫛荘
	相模	成田荘
	近江	奥島荘・建部下荘・建部荘
	美濃	遠山荘
	信濃	四宮荘
	加賀	横江荘
	越中	大家荘
	丹波	瓦屋荘・瓦屋北荘・瓦屋南荘・豊富荘・六人部荘
	丹後	余戸里荘・宇河荘
	但馬	鎌田荘・東河荘
	播磨	志染保・志深(染)保
	備前	浅越荘・軽部荘
	備中	梨羽荘・成羽荘
	周防	玖珂荘
	阿波	那賀山荘・平島荘
	讃岐	柞原荘
天竜寺金剛院領	越中	日置荘
	丹波	栗作荘
	但馬	東河荘
	周防	玖珂荘
天竜寺宝幢寺領	丹波	葛野新郷
	但馬	鎌田荘
	土佐	吾川山荘
天竜寺鹿王院領	山城	石原荘・大岡荘
	相模	三浦荘
	武蔵	赤塚荘
	近江	伊香新荘・忍海荘
	若狭	倉見荘
	越中	井見荘・小佐味荘
	丹波	葛野新郷・河口荘・瓦屋北荘・知井荘
	丹後	余戸里荘
	但馬	鎌田荘・太多荘
	播磨	餝万津別符・安田荘
	備前	軽部荘
	周防	牟礼令
	豊前	田原荘
東院領		→興福寺東院領
洞院家領	山城	長岡荘
	摂津	榎並下荘・鳥養牧
	尾張	瀬戸御厨・瀬部御厨
	三河	宇利荘
	遠江	都田御厨
	播磨	平野荘
	美作	長岡荘
道円寺領		→金峯山道円寺領
藤王女領	尾張	甚目寺荘
道覚法親王領	近江	馬淵荘
春宮領	若狭	青保
	阿波	名西荘
東宮領	摂津	柴島荘
P. 503 表参照	備前	滝山別符
道恵領	尾張	甚目寺荘

領家・本家名	国名	荘園名
東光寺領	伊勢	腹太御園
道興寺領	大和	丹原荘・舟原荘
東金堂領		→興福寺東金堂領
東寺領 P. 178 表参照	山城	植松荘・桂荘・上桂荘・上久世荘・上野荘・久世荘・下久世荘・竹田荘・東西九条女御田・鳥羽荘・鳥羽下荘・拝志荘・菱川荘・祝園荘
	大和	大島荘・河原荘・河原城荘・高殿荘・檜牧荘・平野殿荘・広瀬荘
	河内	大和田荘・新開荘・鞆呂岐荘
	和泉	堺荘・永吉名・若松荘
	摂津	椋橋東荘・小松荘・昆陽寺荘・垂氷荘・垂水荘・長谷荘・美作荘・山辺荘
	伊賀	平柿荘
	伊勢	大国荘・川合荘・平田御園・本田荘
	尾張	大成荘
	遠江	初倉荘・原田荘・村櫛荘
	甲斐	甘利荘
	常陸	信太荘・成田荘
	近江	河道荘・小中島荘・速水荘・檜物荘・三村荘・湯次荘
	信濃	塩田荘
	若狭	太良荘・太良保・耳荘・和田荘
	越前	石田荘・大田荘・志比荘・高興荘・蒜島荘
	加賀	束前保
	丹波	奄我荘・大山荘・葛野荘・佐伯荘・高野荘・沼貫荘・野口荘・船木荘・和久荘
	丹後	大内荘・志楽荘・吉囲荘
	出雲	井尻保・大野荘
	播磨	揖保荘・上揖保荘・桑原荘・下揖保荘・平位荘・矢野荘
	美作	勝田荘
	備前	鵜飼(宇甘)荘・鳥取荘・長田荘・福岡荘
	備中	多気保・新見荘
	備後	因島荘・津口荘
	安芸	後三条院勅旨田・高屋保
	周防	秋穂二島荘・美和荘
	阿波	大野荘
	讃岐	一円保・志度荘・二宮荘
	伊予	弓削荘・弓削島荘
	筑後	鯵坂荘・三潴荘・三原荘
	肥前	松浦荘
	肥後	鹿子木荘・神蔵荘
東寺宝荘厳院領	遠江	初倉荘
	甲斐	甘利荘
	近江	河道荘・香園・速水荘・三村荘
	丹波	奄我荘・葛野荘・葛野牧・心楽荘
	丹後	志楽荘
	備中	多気保
	備後	津口荘
	阿波	大野荘
	筑後	鯵坂荘・三潴荘
東寺八幡宮領	山城	上久世荘
	河内	鞆呂岐荘
等持院領	摂津	瓦林荘
	尾張	柏井荘・田中荘
	加賀	粟津保・粟津上保・粟津下保
	越中	五位荘・小布施荘
	丹後	栗田荘・宮津荘
等持寺領	尾張	中荘

領家・本家名	国名	荘園名
	加賀	粟津保
	備中	日羽荘・美袋荘
洞松寺領	備中	巨勢荘
東盛寺領	常陸	方穂荘
東大院領	大和	別符荘
東大寺領 P. 506 表参照	山城	石垣荘・出水荘・泉木津荘・井手荘・石田荘・宇治荘・大柿荘・大住荘・大野荘・海印寺荘・賀茂荘・木津荘・旧鋳銭岡田荘・狛野荘・下狛荘・玉井荘・槻村荘・吐師荘・古河荘・祝園荘・法用荘・甕原荘
	大和	赤尾荘・秋吉保・池上荘・池尻荘・石名荘・市荘・櫟荘・櫟北荘・櫟本荘・稲田荘・戌亥荘・今井荘・今井荘・今国符荘・今西荘・栄山寺荘・縁松荘・大泉荘・大岡荘・大槻荘・大野荘・大神荘・大宅荘・隠岐荘・息長荘・長(他)田荘・会喜荘・河西荘・笠間荘・春日荘・角荘・上吐田荘・河上荘・河原荘・官省符荘・喜荘・北櫟荘・北櫟雑役荘・北田中荘・北土田荘・北横田荘・城戸荘・清澄荘・切山荘・窪荘・小路荘・越田尻荘・小島荘・小林荘・小東荘・御油荘・酒登荘・差柳荘・佐保院・下笠間荘・下吐田荘・常戸(門)荘・常内荘・白地(土)荘・菅田荘・簀川荘・椙荘・草薬園・田井荘・大仏供荘・大仏供上荘・高殿荘・竹田荘・橘荘・田中荘・田中荘・田辺荘・田倍荘・田村荘・丹波荘・近坂荘・千代荘・千代荘・土田荘・椿富荘・十市荘・鳥羽荘・豊井荘・豊田荘・長井荘・中門荘・長富荘・中西荘・長屋荘・名蔵荘・梨原荘・成重小荘・南郷荘・新富荘・西荘・西喜殿荘・西羽鳥荘・西吉助荘・根安荘・萩原荘・薑荘・波(八)多荘・八条荘・服荘・羽鳥荘・林屋荘・檜垣荘・東喜殿荘・東羽鳥荘・東吉助荘・飛驒(駄)荘・楢檀雑役荘・檜檀荘・兵庫荘・深溝荘・福田荘・藤井荘・布留荘・別符荘・法用荘・槙荘・松尾荘・松本荘・満登荘・万弓荘・箕田荘・南田中荘・南土田荘・南横田荘・美濃(三乃)荘・水間杣・美作荘・宮富荘・三和荘・村屋荘・目安荘・杜屋荘・薬園荘・安(塡)田荘・柳本荘・夜部荘・山辺荘・山村荘・山本荘・横田荘・横路荘・吉田荘・和田荘・和迩荘
	和泉	今泉荘・中荘
	摂津	安曇江荘・安堂江荘・猪名荘・為奈荘・杭瀬荘・寺家荘・新羅江荘・頭成荘・橘御園・勅旨荘・長江倉橋荘・長洲荘・長洲御厨・細原荘・水成瀬荘・山崎水成荘・山田荘
	伊賀	有丸保・有丸杣・有丸荘・阿波荘・阿波保・阿波杣・阿波新別符・板蝿杣・内保荘・柏野荘・柏原荘・桂荘・北杣・北伊賀荘・国見杣・黒田荘・黒田新荘・黒田荘出作・黒田本荘・薦生荘・薦生荘出作・葮符荘・荘甲荘・青蓮寺荘・玉滝

領家別荘園一覧

領家・本家名	国名	荘 園 名
		荘・玉滝杣・玉滝北杣・玉滝荘出作・柘殖荘・富永荘・鞆田荘出作・豊高荘・中村荘・名張荘・名張郡新荘・馬野荘・広瀬荘・広瀬杣・槙山荘・槙山新荘・丸柱保・矢(箭)川荘・簗瀬荘・簗瀬保・山田有丸荘・湯船荘
	伊勢	飯野荘・宇賀御厨・河曲荘・草生荘・塩浜荘・三重荘
	尾張	愛智荘・海部荘・尾張荘・春部荘・中島荘・丹波荘・葉栗荘・山田荘
	遠江	蒲御厨
	近江	池原杣・因幡荘・愛智荘・大国荘・息長荘・柿御園・河上荘・私市荘・信楽杣・篠田荘・周恵荘・勢多荘・必佐荘・日野牧・覇流荘・三島荘・水沼荘・三村荘
	美濃	茜部荘・大井荘
	下野	薗部保・墳埼荘・古酒荘・戸矢子保
	越前	蘆影荘・蘆原荘・生江荘・小榛荘・鴨村荘・雁山荘・糞置荘・国富荘・国富小荘・国富大荘・栗川荘・桑原荘・小春荘・子見荘・鯖田荘・鴫野荘・高串荘・田宮荘・道守荘・椿原荘・楯原荘・幡生荘・溝江荘・横江荘・鎧(冑)荘
	加賀	幡生荘・横江荘
	越中	伊加流伎・石粟荘・井山荘・大荆荘・鹿田荘・狩城荘・杵名蛭荘・椯田荘・須加荘・砺波荘・鳴戸荘・成戸荘・入善荘・丈部荘
	越後	石井荘・加地荘・土井荘・豊田荘・真沼荘・真沼田荘・吉田荘
	丹波	櫟原荘・小野原荘・後河荘・曾我部荘・布佐比荘
	丹後	石川荘
	因幡	高庭荘
	伯耆	河曲荘
	播磨	粟生荘・赤穂荘・石塩生荘・大部荘・垂水(氷)荘・益気荘・安田荘
	備前	神前(崎)荘・佐井田保・豊原荘・長沼保・長沼荘・南北条荘・野田保・野田荘・野田西方荘・吉富荘
	周防	秋穂二島荘・宇佐木保・大前新荘・大野荘・小俣荘・勝間保・上小野保・切山保・黒河保・神代保・小周防保・小松原荘・佐波令・下小野保・下得地保・勝井保・陶保・末武荘・周防本郡・曾禰保・立野保・千代次保・千代丸保・東荷保・得地保・得善保・富海保・富田荘・富田保・仁井令・日前保・平井保・平野保・平野保・椹野荘・二島荘・船路下荘・戸田令・宮野荘・宮野荘・牟礼令・安田保・湯田保・由良保・吉木保・与田保・与田保
	紀伊	木本荘・名陵荘・三宅荘・山田保
	阿波	秋島荘・勝浦荘・観音寺荘・大豆処・新島荘・新島地・枚方荘
	讃岐	金倉保・原保
	伊予	新居荘
	筑前	碓井荘・金生荘・観世音寺封荘・山鹿荘
	肥前	三重屋荘

領家・本家名	国名	荘 園 名
東大寺戒壇院領	越中	入善荘
東大寺羂索院領	山城	大野荘
東大寺衆中進止領	周防	宮野荘
東大寺新禅院領	山城	相楽荘
東大寺尊勝院領	山城	旧鋳銭岡田荘・清水荘
	大和	櫟北荘・大岡荘・多富荘・隠岐荘・薦堤灯油園・差柳荘・簀川荘・草薬園・竹田荘・橘荘・田辺荘・田倍荘・近坂荘・椿富荘・遠南荘・長井荘・長富荘・長屋荘・新富荘・萩原荘・波(八)多荘・八条荘・深溝荘・槙荘・宮富荘・社本荘・山本荘・横路荘・和迩荘
	摂津	倉橋荘
	伊賀	桂荘・北杣・黒田荘・黒田新荘・薦生荘出作・鞆田荘・豊高荘・槙山荘
	伊勢	宇賀御厨・河曲荘
	近江	古賀荘・篠原荘・鳥羽上荘・南古賀荘
	越前	山干飯保
東大寺大仏殿領	山城	下狛荘
東大寺東南院領	山城	宇治荘・狛野荘
	大和	櫟荘・櫟本荘・大神荘・角荘・白土荘・豊田荘・三和荘・和迩荘
	伊賀	阿波荘・北杣・黒田荘・黒田荘出作・黒田本荘・富永荘・中村荘・馬野荘・簗瀬荘・山田有丸荘
	伊勢	河曲荘
	越後	豊田荘・波多岐荘
	播磨	剣坂荘
	備前	神前荘
	周防	椹野荘・宮野荘
東大寺東南院門跡領	大和	檜垣荘
	丹後	石川荘
	播磨	市別符
東大寺二月堂領	大和	赤尾荘
東大寺八幡宮領	山城	玉井荘
	大和	大仏供上荘
	和泉	堺南荘
	伊賀	青蓮寺荘
東大寺別院永隆寺領	大和	池荘
東塔領		→延暦寺東塔領
東南院領		→東大寺東南院領
東南院領		→法成寺東南院領
東南院門跡領		→東大寺東南院門跡領
多武峯寺領	大和	磯野荘・忌部荘・笠間荘・膳夫荘・百済荘・古木荘・白鳥荘・大道寺保・箸喰荘・南大西荘・山田荘
	河内	朝妻荘
	信濃	草茂荘
東福院領	山城	池田荘
東福寺領	山城	木津荘
P. 404 表参照	大和	高井荘
	河内	稲福荘・高柳荘
	摂津	美作荘
	伊賀	浅宇多荘
	伊豆	井田荘
	武蔵	船木田荘・船木田新荘・船木田本荘
	近江	今西荘
	美濃	衣斐荘
	越前	東郷荘
	加賀	熊坂荘・陀田保・中村荘
	能登	志津良荘

領家・本家名	国名	荘 園 名
	越中	河口保・四箇保・四箇荘・曾祢保・東条保・東条荘・氷見荘・宮島保・八代保
	因幡	古海郷
	出雲	末次荘・法吉荘
	播磨	厚利別符・神戸荘・千草荘
	備中	小田荘
	周防	上得地荘・下得地保・多仁荘・得地保・得地荘・得地上保・二宮荘
	長門	大野荘
	淡路	志筑荘
	阿波	大野荘
	伊予	吉原荘
	土佐	大方荘
	筑前	三奈木荘
	肥前	彼杵荘
東福寺海蔵院領	摂津	仲牧荘
	尾張	小弓荘
	三河	志貴荘
	信濃	海野荘・大田荘
東福寺大機院領	近江	三上荘
東福門院領	山城	稲間荘
東方寺領	越中	高瀬荘
東北院領 P. 404 表参照	山城	池田荘・大柿荘・小田荘・田原荘・豊田荘
	大和	栄山寺荘・大山荘・甲斐荘・下長荘・高殿荘・椿荘・若槻荘
	河内	朝妻荘・岐子荘・支子荘・美濃勅旨・若窪荘・輪田荘
	和泉	長滝荘
	摂津	郡戸荘・新屋荘・能勢(野勢・野瀬)荘・山本荘
	伊勢	窪田荘・日置荘
	尾張	枳豆志荘・勅旨田
	遠江	吉美荘
	甲斐	布施荘
	近江	首頭荘・野州勅旨
	越前	河口荘・木田荘
	越後	波多岐荘
	但馬	与布土荘
	播磨	大河内荘
	周防	美和荘
	紀伊	池田荘
	讃岐	里海荘
	伊予	新居荘
	筑前	垣崎荘・塩崎荘
東法華堂領		→延暦寺東法華堂領
東明寺領		→走湯山東明寺領
道明寺領	河内	北条荘
東門院領	大和	曾爾荘
東門寺領	筑前	安石荘
遠石八幡宮領	周防	遠石荘・得善保
遠江前司祐明領	出雲	安来荘
栂尾菩提料所	播磨	市別符
栂尾領	土佐	安芸荘
土岐氏領	伊勢	日永荘
常磐井宮家領	越前	足羽荘
徳雲院領		→南禅寺徳雲院領
篤子内親王領	伊勢	香取荘
	甲斐	小笠原牧
	信濃	蕗原荘
徳禅寺領		→大徳寺徳禅寺領
得宗領 P. 515 表参照	山城	上久世荘・久世荘・下久世荘
	大和	波多荘
	河内	大窪荘

領家・本家名	国名	荘 園 名
	和泉	木島荘
	摂津	生魂新荘・小真上荘・多田荘・福島荘
	伊賀	予野荘
	伊勢	安楽御厨・池田別符・石津荘・上野御厨・大墓御園・大塚荘・岡田荘・笠間荘・笠間吉富保・河曲荘・窪田荘・栗真荘・黒田御厨・黒田御厨・長尾荘・丹生荘・丹生山・林荘・林西荘・原御厨・日永荘・勾御厨・柳御厨
	志摩	畔蛸御厨・相佐須荘
	尾張	枳豆志荘・枳頭子荘・玉江荘・富田荘
	三河	碧海荘・小山辺荘・重原荘・二宮荘
	遠江	池田荘・大池荘・蒲御厨・河村荘・浜松荘・村櫛荘
	駿河	泉荘・入江荘・大岡荘・賀島荘・佐野荘・益頭荘
	伊豆	江馬荘・寺宮荘・仁科荘・三津荘
	甲斐	甘利荘・伊沢荘・安村別符
	相模	奥三保・糟屋荘・波多野荘・懐島荘・南波多野荘・毛利荘・山内荘
	武蔵	大田荘・河越荘・六浦荘・六郷保
	上総	市原荘・飫富荘・与宇呂保
	下総	下河辺荘
	常陸	信太荘・下妻荘・田中荘・真壁荘
	近江	池田荘・岸下御厨・広瀬荘
	美濃	大榑荘・城田荘・中河御厨・西郡荘
	信濃	伊賀良荘・大田荘・小泉荘・捧荘・塩田荘・四宮荘・伴野荘・春近領
	上野	佐貫荘・玉村御厨・新田荘・淵名荘
	下野	塩谷荘
	陸奥	伊具荘・奥玉保・金原保・白河荘・好島荘
	出羽	大泉荘・寒河江荘・屋代荘
	若狭	今富荘・開発保・国富荘・栗田保・常満保・新保・太良荘・恒枝保・鳥羽保・永富保・西津荘・宮河保・吉田荘
	越前	牛原荘・大蔵荘・山本荘・六条保
	加賀	大野荘
	能登	諸橋保・若部保
	越中	堀江荘
	越後	荒河保・弥彦荘・小河荘・奥山荘・紙屋荘・志土岐荘・松山保
	丹波	成松保
	但馬	太田荘・二方荘
	出雲	横田荘
	播磨	淡河荘・五箇荘・土山荘
	備前	日笠荘
	備後	因島荘・因島中荘・重井荘・三津荘
	周防	下得地保・得地保
	紀伊	隅田荘
	淡路	掃守荘・志筑荘
	土佐	大忍荘
	筑前	麻生荘・怡土荘・野面荘・宗像社
	筑後	竹野荘・竹野新荘・竹井荘・三池荘
	豊前	天生田荘・糸田荘・吉田荘
	豊後	石垣荘・臼杵荘・大神荘・田染荘・

領家別荘園一覧

領家・本家名	国名	荘園名
		丹生荘
	肥前	河副荘・防所保・山田荘
	肥後	葦北荘・阿蘇社・宇土荘・人吉荘・守富荘・安富荘・六箇荘
	日向	国富荘・島津荘
	大隅	島津荘・多禰島
	薩摩	加世田別符・新田荘
徳大寺家領	山城	鶏冠井荘
	摂津	五位荘
	遠江	村櫛荘
	駿河	藁科荘
	越中	般若野荘・宮河荘
	丹波	奄我荘・私市荘
	美作	粟井荘・河内荘
	紀伊	栗栖荘
	阿波	河北荘・名西河北荘
	筑後	瀬高荘・瀬高上荘・瀬高下荘
得長寿院領	伊勢	薗倉荘
	加賀	豊田荘
	播磨	這田荘
	淡路	阿万荘・江万荘・掃守荘・委文荘
土佐家領	丹波	大芋荘・国分寺荘
主殿寮領	山城	小野山・竹田荘
P. 527 表参照	伊賀	鳶生保
	伊勢	岩坂御園
	駿河	入江荘・入江保
	近江	押立保・東西保
	下野	戸矢子保・戸矢子窪田保
	加賀	橘島保
	丹波	主殿保・細川荘
	因幡	国安今島保
	美作	綾部荘
	安芸	入江保
	長門	阿内包光保
	紀伊	六十谷保
	壱岐	志原保
鳥羽院領	山城	飯岡荘・山崎荘・淀魚市荘
P. 528 表参照	河内	福牧
	近江	木津荘・森尻荘・和太荘
	加賀	額田荘・八田荘
	播磨	田原荘
	安芸	安摩荘
	紀伊	荒(安楽)川荘・神野荘・真国荘
	阿波	河北荘・名西河北荘
	肥前	神崎荘
鳥羽院十一面堂領	越後	大面荘・佐味荘
鳥羽院法華堂領	山城	安堵荘
鳥羽宮領	紀伊	阿弖河荘
富小路中納言家領	常陸	本荘
	美濃	深萱荘
伴寺領	大和	池荘
豊受大神宮領		→伊勢神宮領
豊国社領	山城	柳原荘
鳥居大路家領	播磨	塩屋荘
曇華院領	摂津	難波荘
	伊勢	小向御園
	丹波	佐伯荘
頓証寺領(白峰寺領)	讃岐	松山荘
な　行		
内宮領		→伊勢神宮領
内侍所領	近江	粟津御厨
尚侍殿領	近江	朽木杣
内親王菩提料所	近江	一切経保
内膳司領	河内	楠葉園
	和泉	網曳御厨・和泉御厨
	摂津	今宮荘
	志摩	畔乗御厨
	近江	粟津御厨・勢多御厨・筑摩御厨・和迩御厨
内大臣阿闍梨清厳領	山城	上野荘
内大臣法印源助領	但馬	朝倉荘
長尾氏領	越後	五十嵐保
中川禅尼領	加賀	小坂荘
長田社領	摂津	井門荘
長門二宮社領	長門	二宮荘
中臣貞元領	摂津	萱野西荘
中院家領	山城	赤目荘・石灰荘
	三河	額田荘
	遠江	相良牧
	陸奥	石河荘
	加賀	額田荘・八田荘
	能登	大泉荘
	播磨	飾磨荘
	周防	賀保荘・吉敷荘
	伊予	大島荘
長浜八幡神社領	近江	八幡荘
中原家領	河内	萱根保・萱振保
	摂津	垣荘
	遠江	浅羽荘
	近江	竜門荘
	美濃	郡戸荘
	信濃	芋河荘・大穴荘
	若狭	田井保
	加賀	倉月荘
	越中	吉積荘
	越後	高田保・高田保
	丹波	今安保・隼人保
	播磨	香山保
	美作	久世保
	安芸	高屋保
中御門家領	河内	稲庭荘
	伊勢	智積御厨
	近江	湯次下荘
	越後	小泉荘
	丹波	新屋荘・新屋荘
	播磨	小宅荘
	讃岐	山田荘
	筑前	感多荘
中山家領	河内	長野荘
	三河	西条荘
中山法華経寺領	下総	八幡荘
奈多社領(豊後)	豊前	天生田荘
那智山領		→熊野那智山領
南無阿弥陀仏別所用料	周防	周防本郡
成相寺領	丹後	細工所保・末次保・波見保・光武保
	出雲	佐陀荘
鳴滝殿領	越前	安原荘
南円堂領		→興福寺南円堂領
南禅院領	丹波	多紀荘
南禅寺領	摂津	小屋荘・福島荘・楊津荘
	尾張	杜荘
	遠江	初倉荘
	近江	香荘・塩津荘・船木荘
	美濃	蘇原荘
	若狭	玉置荘
	加賀	小坂荘・笠間保・笠間東保・宮保
	越中	上乃荘・沼保
	但馬	池寺・賀都荘

領家・本家名	国名	荘 園 名
	因幡	光元保
	播磨	大塩荘・矢野荘
	備中	三成荘
	讃岐	垂水荘
南禅寺雲門庵領	播磨	蔭山荘
南禅寺慈聖院領	河内	島頭荘
	摂津	楊津荘
	越中	上乃荘
	因幡	光元保
南禅寺集慶軒領	丹波	穂津保
南禅寺瑞雲庵領	美濃	小瀬荘
南禅寺徳雲院領	備前	佐伯荘
南禅寺牧護庵領	讃岐	垂水荘
南大寺領	加賀	石内保
南滝院領	尾張	於田江荘
	播磨	鞍位牧
	備中	走出荘
南滝院門跡領	伊勢	山田御厨
二位大納言家領	下総	橘荘
	越後	弥彦荘・志度野岐荘
二位律師実秀領	但馬	片野荘・上三江荘(東方)・下三江荘・三江荘(東方)
二階堂領		→興福寺喜多院二階堂領
二階堂氏領	相模	懐島荘
二月堂領		→東大寺二月堂領
二宮領		→伊勢神宮領
西御所領	尾張	額石保
	備前	宮保
西三条女御領	近江	大和荘
西谷准后	越前	西谷荘
西殿准后	越前	酒井荘
西八条坊領	加賀	中村荘
西室殿領	越中	入善荘
二条阿弥陀堂領	山城	富坂荘
二条院領	摂津	井部荘
	但馬	枚田位田
	因幡	岩井荘
二条家領	河内	坂田福正名・点野荘
	美濃	市橋荘
	若狭	加斗加納・立石荘
	越前	鯖江荘
	加賀	浅野保・井家荘・興保・小坂荘
	丹波	前山荘
	但馬	赤崎荘
	播磨	吉田本荘
	土佐	八禰荘
	筑前	諸岡別符
	豊後	日田荘
二尊院領	美濃	蘇原荘
	但馬	宿南荘
日海院宮領	但馬	二条院勅旨田
日光山領	豊前	黒土荘
新田氏領	但馬	上三江荘
丹生社領		→高野山丹生社領
丹生都比売神社領	紀伊	六箇荘
二品家領	播磨	吉井荘
二品法親王家領	伊勢	五箇山御園
	若狭	太良荘
若王子社領	伊勢	窪田荘
	信濃	若槻本荘・若月荘
若王子領		→熊野若王子領
如意庵領		→大徳寺如意庵領
如意寺領	近江	音羽荘・比良荘
如法寺領	尾張	倭文荘
仁舜阿闍梨房領	播磨	厚利別符

領家・本家名	国名	荘 園 名
仁和寺領	山城	石垣荘・石田荘・大菜来荘・開田荘・清水荘・寺戸荘・長井荘・長岡荘・中河荘・広野陵荘・南長尾保
	大和	榎本荘・立野荘・近内荘・中鳥見荘・稗田荘・三島荘
	河内	上仁和寺荘・下仁和寺荘・新家荘・西氷野荘・西比野荘
	和泉	新家荘・横山荘
	摂津	安満勅旨田・賀島荘・吉志荘・五個荘・宿久荘・中条牧・土室荘・別院荘
	志摩	中島御厨
	尾張	堤田荘・山名荘
	遠江	川勾荘・頭陀寺荘
	駿河	益頭荘
	甲斐	稲積荘
	武蔵	福河荘
	近江	江辺荘・大原荘・開田荘・富波荘・富田荘・虫生
	美濃	市橋荘・市橋荘
	信濃	石河荘・四宮荘・丸栗荘
	上野	淵名荘
	若狭	藍田荘・瓜生荘
	越前	石田荘・河合荘・河北荘・河和田荘・真柄荘
	越中	阿努荘・石黒荘・山田荘
	越後	蒲原荘
	丹波	葦田荘・犬甘保・鹿集荘・桑田荘・前山荘・三箇荘・三箇北荘・三箇南荘・田能荘・主殿保・土師荘・三和勅旨田・毛志荘・吉見荘・和智荘
	丹後	久美荘
	但馬	大内荘・禾賀荘・狭沼荘・新井荘・新井荘・和賀荘・和賀荘
	因幡	岩恒保
	出雲	広田荘
	美作	大野荘・豊福荘・西大野荘
	備前	利生荘
	安芸	開田荘
	周防	秋穂二島荘・鷲頭荘
	紀伊	貴志荘・富安荘・西椒荘・浜仲荘
	阿波	牛牧荘・観音寺荘・篠原荘・多奈荘・東拝師荘
	讃岐	勝間荘・鶴羽荘・二宮荘・法勲寺荘
	伊予	豊村荘
	筑前	怡土荘・遠賀荘
	肥前	伊佐早荘・杵島荘・杵島南郷荘・高来荘・高来東郷荘・藤津荘
	肥後	鹿子木荘・玉名荘・東郷荘
仁和寺円宗寺領	越中	石黒荘・山田荘
	美作	円宗寺別符・円宗寺保
	備後	斗張保
	安芸	世能荒山荘
	肥前	太田荘
仁和寺円乗寺領	播磨	中島勅旨
仁和寺円融寺領	山城	にしら八荘
仁和寺真光院領	若狭	藍田荘
仁和寺真光院院主領	近江	富波荘
仁和寺伝法院領	山城	石田荘
仁和寺仏母院領	肥前	伊佐早荘
	肥後	玉名荘・東郷荘
仁和寺宝蓮院領	紀伊	西椒荘

領家別荘園一覧

領家・本家名	国名	荘 園 名
仁和寺北院領	信濃	四宮荘
仁和寺菩提院門跡領	周防	秋穂二島荘
仁和寺門跡領	大和	中鳥見荘
	河内	新家荘
	備中	巨勢荘
	周防	小俣荘
	淡路	物部荘
	阿波	勝浦荘
	讃岐	法勲寺荘
縫殿助順任領	紀伊	且来荘
根来寺領	和泉	信達荘
	遠江	初倉荘
	安芸	可部荘・能美荘
	紀伊	石手荘・相賀荘・岡田荘・抃田荘・山東荘・七箇荘・志富(渋)田荘・園部荘・立田荘・弘田荘・山崎荘
根来寺大伝法院領	和泉	信達荘
念仏三昧院領		→天王寺念仏三昧院領
念仏寺領	摂津	堺北荘
能登入道領	越後	志度野岐荘
範季領	紀伊	由良荘
は 行		
梅香院領	播磨	五箇荘
萩原殿太子堂領	筑前	赤馬荘
萩原殿直仁親王領	越後	加地荘
伯宮領	但馬	太田荘
白山宮領	越前	藤島荘・藤島保
	加賀	大野荘・河内荘・久武保・宮丸保
白山長滝寺領	飛騨	河上荘
筥崎宮領 P. 568 表参照	筑前	青柳荘・秋月荘・蒲田別符・鱸野荘
	肥後	大野別符
箱根社領	相模	早河荘
秦為辰私領	播磨	久富保
秦近生領	近江	立荘・立入荘
畠山基国領	尾張	野並保
畑姫宮領	和泉	淡輪荘
八条院領 P. 572 表参照	山城	上三栖荘・久我荘・拝志荘・三栖荘
	大和	須恵荘・長原荘・野辺荘・野辺長原荘
	河内	一志賀荘・河田荘・讃良荘・高松荘・高安荘・高向荘
	和泉	宇多荘・宇多勅旨
	摂津	淡路荘・石井荘・頭成荘・富島荘・富島荘・野鞍荘・兵庫荘・兵庫上荘・兵庫三箇荘・兵庫下荘・兵庫中荘・三島荘・武庫荘・楊津荘
	伊勢	蘇原荘・蘇原御厨
	尾張	大野荘・真清田荘・山田荘
	三河	足助荘・高橋荘・高橋新荘
	遠江	初倉荘
	駿河	大岡牧・服織荘・益頭荘
	伊豆	馬宮荘
	甲斐	篠原荘・逸見荘
	相模	前取荘・二宮河匂荘・前取社
	武蔵	大田荘
	下総	下河辺荘・千葉荘
	常陸	信(志)太荘・下妻荘・下村荘・田中荘・南野牧・村田荘
	近江	浅井荘・比牟礼荘・広瀬荘・広瀬北荘・広瀬南荘・南古賀荘・虫生・竜門荘
	美濃	多芸荘・二木荘

領家・本家名	国名	荘 園 名
	信濃	伊賀良荘・石河荘・大井荘・小曾弥荘・捧荘・捧中村荘・捧北条荘・四宮荘・東条荘・常田荘
	陸奥	菊田荘
	出羽	大山荘・成生荘
	越前	一品勅旨・一品田勅旨田・気比荘・長田荘・葉原荘
	能登	形上荘・方上保
	越後	大面荘・白鳥荘
	丹波	川人荘・多紀荘・六人部荘
	丹後	大内荘・周枳荘・吉囲荘
	但馬	池寺・三ヶ荘・多多良岐荘
	伯耆	久永御厨・山守荘
	出雲	大原荘
	播磨	石作荘・柏野荘・田原荘・矢野荘・矢野例名荘
	美作	建部荘・垪和荘
	備前	香登荘・小豆島荘
	備中	駅里荘・生石荘
	備後	長和荘
	安芸	安摩荘・開田荘・可部荘・後三条院勅旨田・能美荘
	紀伊	神野荘・真国荘・三上荘
	淡路	掃守荘・内膳保
	阿波	名東荘
	讃岐	鶴羽荘・姫江荘・姫江新荘・姫江本荘
	伊予	高田荘・新居荘・新居大島・吉岡荘
	筑前	感多荘・三箇荘・野介荘・宗像荘
	豊後	伝法寺・豊田・戸穴
	肥後	岳牟田荘・豊田荘・人吉荘・山本荘
	日向	国富荘
八条家領	河内	高柳荘
	越前	気比荘・長田小森保
	但馬	物部荘・物部上荘
	讃岐	富田荘
八幡領	摂津	九十九町荘
	但馬	室尾別宮
	近江	善原荘
花園院太政大臣家領	伊勢	黒田荘・南黒田御厨
花園天皇領	丹波	上村荘
葉室家領	山城	桂西荘・竹田荘
	和泉	坂本郷荘
	丹波	山田荘
	伯耆	稲積荘・矢送荘
	豊後	阿南荘
隼人司領 P. 583 表参照	山城	大住荘・田原荘
	大和	秋吉荘
	河内	萱振保
	摂津	溝杭荘
播磨守護領	播磨	神吉荘・五箇荘
比叡山領		→延暦寺領
東岩蔵寺領	若狭	津津見保・藤井保
東二条院領	尾張	篠木荘
東室殿領	越中	入善荘
東山山荘領	近江	江辺荘・富波荘
	美作	江見荘
比丘尼妙円領	大和	室生荘
毘沙門堂領	若狭	向笠御厨
	加賀	能美荘
	安芸	吉茂荘
樋爪国領	但馬	杭野保
悲田院領	但馬	軽部荘・善住寺荘・八木荘
	備後	長和荘

領家・本家名	国名	荘 園 名
	伊予	井於荘
東洞院領(日野)	摂津	福井荘
日野家領	山城	下桂荘・蓼倉荘・山本荘
	摂津	井尻牧・大田保・大塚荘
	伊勢	梅戸御厨・大井田御厨・大田荘
	尾張	得重保
	三河	和田荘
	近江	日野牧
	加賀	佐美保
	能登	若山荘
	越中	弘田荘
	備前	豊原荘
	周防	仁保荘
日野裏松家領	近江	大浦荘・菅浦荘
桧前寺領(道興寺領)	大和	丹原荘
日前国懸社領	紀伊	栗栖荘・神宅院・神宅荘・神宅新荘
日御碕社領	出雲	福富保
美福門院領	山城	音羽荘
P. 597 表参照	河内	星田荘
	駿河	長田荘
	播磨	久富保・矢野荘
	備前	香登荘
	安芸	安摩荘
	紀伊	荒(安楽)川荘
平等院領	山城	祝園荘
P. 404 表参照	大和	高田荘・豊田荘
	河内	玉櫛(串)荘・豊田荘
	摂津	杭全荘・平田荘・平野荘・真上荘
	近江	安孫子荘・大与度荘・河上荘・子(小)田上荘・勝因保
	越中	一瀬保
	越後	大島荘・紙屋荘
	但馬	樋爪荘
	出雲	富田荘
	播磨	黒田荘
	備前	裳懸荘
	備中	井原荘・橋本荘
	安芸	倉橋荘
	紀伊	安楽川荘
	肥後	味(甘)木荘
平等院領		→高野山平等院領
平等王院堂料所	丹後	黒戸荘
平等寺領	紀伊	石垣荘
平等心院領		→高野山平等心院領
兵部卿宮領	讃岐	片野荘
兵部省官牧	摂津	畝野牧・大隅牧・媛島牧
	遠江	白羽馬牧
	駿河	岡野馬牧・蘇弥奈馬牧
	相模	高野馬牛牧
	武蔵	神崎牛牧・檜前馬牧
	安房	鈖(鋺)師馬牧・白浜馬牧
	上総	負野牛牧・大野馬牧
	下総	浮島牛牧・大結馬牧・大結馬牧・木島馬牧・高津馬牧・長洲馬牧・本島馬牧
	常陸	信太馬牧
	下野	朱間馬牧
	伯耆	古布馬牧
	出雲	たこ島牧
	備前	小豆島牧・長島馬牛牧
	周防	垣島牛牧・竈合馬牧・竈谷牧
	長門	宇養馬牧・角島牛牧
	讃岐	託磨牧
	伊予	忽那島馬牛牧
	土佐	沼山村馬牧
	筑前	能巨島牛牧
	肥前	生属馬牧・鹿島馬牧・柏島牛牧・棬野牧・早埼牛牧・庇羅馬牧
	肥後	波良馬牧・二重馬牧
	日向	堤野馬牧・都濃野馬牧・長野牛牧・野波野馬牧・野波野牛牧・三野原牛牧
兵部省領	伊予	忽那荘
日吉社領	山城	石原荘
	大和	常門荘
	摂津	河西荘・枳根荘・日吉荘
	尾張	千代丸保
	駿河	金持荘
	下総	白井荘
	常陸	方穂荘
	近江	稲葉今村荘・今村荘・愛智保・愛智荘・愛智上荘・愛智下荘・愛智勅旨・大原荘・小神牧・岡見牧・小神牧・小川保・小熊荘・小幡位田・勝手荘・勝部日武末保・甲良荘・桐原保・桐原友貞保・熊野荘・熊野北荘・熊野南荘・椋部荘・黒国保・五箇荘・坂田保・清水荘・建部上荘・建部荘・筑摩十六条・八坂荘・比叡荘・日吉保・福光保・牧荘・横山
	信濃	浦野荘
	若狭	名田荘・前河荘
	越前	越前保・大田野保・加恵留保
	加賀	大桑荘・大桑荘・永富荘・永富荘・能美荘
	能登	大呑荘・堀松荘
	佐渡	新穂荘
	丹波	時常保・六人部荘
	但馬	菟束荘・上三江荘・木前(崎)荘
	因幡	土師荘
	伯耆	宇多河荘・宇多河上荘・宇多河下荘
	播磨	東厚利荘
	美作	香美荘・高倉荘・富多荘
	備中	大市荘
	紀伊	石垣荘
	讃岐	柞田荘
	肥後	八王子荘
日吉十禅師社領	近江	得珍保
	下野	固田荘
日吉新御堂領	近江	細江荘
日吉新社領	伊予	前斎院勅旨田
日吉二宮十禅師神供料所	近江	桐原友貞保
平岡社領	河内	荒本荘
平野社領	越中	櫛田荘
広田社領	摂津	橘御園・九十九町荘・広田荘・山口荘
	淡路	広田荘
広橋家領	山城	山田荘
	伊勢	女河原御園
	相模	糟屋荘
	近江	羽田荘
	美濃	宇多院・深萱荘・山上荘
	丹波	矢田荘
広峰社領	播磨	土山荘・薬師荘
深山八幡宮領(豊後)	豊後	鷹匠園・和田園
福勝院領	大和	檜牧荘

領家別荘園一覧

領家•本家名	国名	荘 園 名
福成院領		→興福寺福成院領
福昌寺領	備中	小坂荘
普広院領		→相国寺普広院領
普光寺領	越後	浦佐保
普甲寺領	丹後	末次保・久延保・光武保
藤井中納言家領	摂津	中村御厨
藤崎八幡宮領	肥後	藤崎荘・宮内荘
伏見稲荷社領	加賀	針道荘
	備後	杭荘
	伊予	山崎荘
伏見宮家領	山城	伏見荘
	大和	波多荘
	和泉	塩穴荘
	摂津	葺屋荘
	尾張	黒田荘
	近江	今西荘・塩津荘・山前荘・山前北荘・山前南荘
	若狭	松永荘
	播磨	飾万(飾磨・餝磨)津別符・玉造保・櫨谷保・比地御祈保
	紀伊	富安荘
	日向	大島保
伏見宮貞成母領	尾張	額石保
藤森社領	丹後	為延保・吉岡保
富春軒領		→相国寺富春軒領
普成仏院領	摂津	仲荘・中荘・野鞍荘
藤原氏領	近江	麻生荘
藤原顕氏領	豊前	吉田荘
藤原顕季領	陸奥	菊田荘
	播磨	久富保・矢野荘
藤原顕頼領	山城	拝志荘
藤原家忠領	山城	山田荘
藤原家房領	伊賀	若林御園
藤原家宗領	筑後	瀬高下荘
藤原氏子領	伊勢	安乃田御厨
藤原雄黒領	伊勢	幡鉾島荘
藤原兼実領	和泉	春木荘
藤原兼経領	摂津	小林荘・小林上荘
藤原兼仲領	摂津	津守荘
藤原兼業領	大和	万弓荘
藤原公季領	伊勢	香(鹿)取荘
藤原公能領	丹波	奄我荘
藤原教子領	山城	上野荘
藤原定家領	伊勢	小阿射賀御厨
	尾張	山田荘
	越前	小森保
	越後	大社荘
	播磨	越部荘・越部下荘・細川荘
藤原実家領	美濃	明地荘
藤原実清領	河内	田井荘
藤原実定領	近江	三上荘
藤原実資領	信濃	洗馬牧
	石見	中津原牧
藤原実綱領	周防	多仁荘
藤原実政領	肥後	鹿子木荘
藤原重房領	丹波	上杉荘
藤原寿子領	摂津	宿野荘
藤原璋子領	駿河	大津御厨
藤原輔朝領	大和	布留荘
藤原全子領	出羽	成島荘
	越前	鯖江荘
	加賀	鏡荘
藤原相子領	越前	坂北荘
藤原隆季領	越後	佐味荘
藤原隆頼領	肥前	春気保
藤原忠家領	信濃	千田荘
	備後	三条院勅旨
藤原忠実領	山城	梅津荘
	尾張	富田荘・日置荘
	出羽	寒河江荘・屋代荘
藤原忠茂領	河内	松武荘
藤原忠教領	山城	大野荘
藤原忠冬領	信濃	小川荘
藤原忠雅領	遠江	笠原荘
藤原忠通領	山城	小倉荘・曾束荘
	和泉	佐野荘・鶴原荘
	美濃	武義荘
	丹波	野田荘・保津荘
藤原忠能領	備後	津口荘
藤原経定領	摂津	杭瀬荘・倉殿荘
藤原経時領	丹波	五箇荘
藤原経範領	和泉	沼間荘
藤原経通領	伊賀	鷹生牧
藤原俊家領	摂津	山路荘
藤原俊成領	三河	蒲形荘・竹谷荘
	播磨	越部荘・越部上荘・越部下荘・越部中荘
藤原朝成領	大和	広瀬牧
	伊賀	鷹生牧
藤原永賢領	遠江	質侶荘
藤原長輔領	讃岐	富田荘
藤原長倫領	播磨	染河内荘
藤原永範領	遠江	質侶牧
藤原仲平領	紀伊	石垣荘
藤原成親領	丹波	吉富荘
藤原成通領	越前	小山荘
藤原縄主領	因幡	高庭荘
藤原信隆領	信濃	野原荘
藤原信長領	摂津	榎並荘
	尾張	櫟江荘
	相模	早川牧
藤原信業領	駿河	益頭荘
藤原信頼領	陸奥	白河荘
藤原範季領	紀伊	比呂(広)荘
藤原教長領	越前	石田荘
藤原憲長領	摂津	潮江荘
藤原教通領	尾張	堤田荘
藤原晴基領	信濃	郡戸荘
藤原冬緒領	信濃	草茂荘
藤原政基領	越前	鮎河荘
藤原道家領	河内	石川荘
	和泉	大泉荘
	播磨	佐用(与)荘
	豊後	臼杵荘
	肥前	太田荘・与賀荘
藤原通俊領	摂津	倉殿荘・山田山辺荘・山辺荘
藤原道長領	河内	坂門牧
	近江	大原荘
	阿波	竹原荘
藤原通憲領	肥前	神崎荘
藤原光隆領	越後	鵜河荘
藤原光泰女吉祥女領	尾張	甚目寺荘
藤原光能領	丹波	栗村荘
藤原宗重妻領	甲斐	大井荘
藤原宗忠領	越後	小泉荘
藤原宗通領	丹波	今林荘
	肥後	三重屋荘
藤原宗頼領	摂津	安井荘
藤原基嗣領	近江	粟津御厨・橋本御厨
	美濃	莚田荘

領家•本家名	国名	荘 園 名
藤原基通領	山城	小巨倉荘
	相模	早河荘
藤原盛仲領	摂津	河崎荘
藤原師実領	摂津	椋橋東荘
	安芸	大崎荘
藤原師輔領	越中	大家荘
藤原師通領	出羽	小田島荘
藤原保房領	伊賀	中村荘・矢川荘
藤原能実領	紀伊	三栖荘
藤原良相領	武蔵	広瀬荘・山本荘・弓削荘
藤原良房領	美濃	若女荘
	丹波	大山荘
藤原能保室領	摂津	武庫御厨
藤原能保領	摂津	小松荘・福原荘
藤原頼長領	山城	河島荘・田原荘
	大和	藤井荘・吉田荘
	摂津	淡路荘・井部荘・大島雀部荘・桜井荘・富松荘・野間荘
	伊勢	山田野荘
	尾張	檪江荘・櫟江荘
	甲斐	石間牧
	相模	成田荘
	美濃	深萱荘
	陸奥	高鞍荘・本良荘
	出羽	大曾禰荘・屋代荘・遊佐荘
	能登	一青荘
	越中	吉岡荘
	丹波	曾我部荘・土師荘・保津荘
	周防	山代荘
	紀伊	三栖荘
	筑前	植木荘
	豊後	植田荘
藤原頼通領	三河	志貴荘
	遠江	笠原牧
	近江	大石荘
	薩摩	島津荘
藤原頼宗領	山城	富坂荘
藤原頼行領	筑後	三毛山門荘
藤原頼実領	伊勢	江島御厨
布施内親王領	摂津	垂水荘
	伊勢	大国荘
	越前	高興荘・蒜島荘
峯相山領	播磨	余部荘
補陀寺領	阿波	桑野保
不断光院領	山城	芹河荘
	但馬	新田荘
仏眼寺領	河内	山田荘・山田下荘
仏国禅師領	近江	朝国荘・岩根荘
仏性院領	山城	大野橋荘
	河内	志紀北荘・豊田荘
	摂津	柴島荘
	丹波	大沢荘
仏地院領		→興福寺仏地院領
仏通寺領	備中	手荘・日羽荘
仏日庵領		→円覚寺仏日庵領
仏名院領	摂津	野鞍荘
仏母院領		→仁和寺仏母院領
不動院領	伯耆	保田荘
普門寺領	山城	今山崎荘
	近江	大原荘
普門寺阿弥陀堂領	山城	山崎荘
豊楽寺領	美作	弓削荘
平家領	大和	大仏供荘
	摂津	小平野荘・小松荘・兵庫荘・兵庫上荘・福原荘・武庫御厨・山田荘

領家•本家名	国名	荘 園 名
	伊賀	有丸荘・阿波荘・長田荘・広瀬荘・山田有丸荘
	伊勢	英田荘・阿射賀御厨・家城荘・池田別符・河口荘・河南御厨・三箇山・常楽寺荘・志礼石御厨・多多利荘・為元御厨・長田荘・長藤御厨・成高御厨・原御厨・若松御厨
	尾張	高畠荘
	三河	蒲形荘・竹谷荘・竹谷荘
	武蔵	長井荘
	近江	粟津荘・今西荘・竜門荘
	美濃	帷荘・小泉御厨
	若狭	津津見保
	越前	藤島荘
	丹波	五箇荘・篠村荘・吉富荘
	隠岐	犬来牧・宇賀牧
	播磨	在田荘・揖保荘・石田荘・下端荘・建田荘・這田荘
	美作	弓削荘
	備前	佐伯荘・福岡荘
	備中	妹尾荘
	安芸	沼田荘
	長門	向津奥荘
	淡路	志筑荘
	阿波	小島荘
	筑前	香椎荘・鞍手領・原田荘・三奈木荘
	筑後	岩田荘・三原荘
	肥前	堺別符・曾禰崎別符
	肥後	球摩臼間野荘・豊田荘・八代荘
	日向	国富荘
平泉寺領	越前	藤島荘・藤島保
別願寺領	下野	薬師寺荘
遍照院領	紀伊	三上荘
遍照光院領		→天王寺遍照光院領
遍照心院領	伊予	新居荘・新居西条荘
遍智院領		→安楽寺遍智院領
遍智院領		→醍醐寺遍智院領
保安寺領	和泉	若松荘
	丹波	葛野荘
法雲寺領	尾張	大成荘
報恩院領		→醍醐寺報恩院領
報恩院門跡領		→醍醐寺報恩院門跡領
報恩寺領	播磨	尾江中島保・都染荘・平荘・益田荘
	備中	生石荘
法音寺領	伊勢	筒岡御園
宝戒寺領	出羽	小田島荘
法観寺領(八坂)	丹後	川上新荘
	播磨	英賀荘・印南荘・坂本荘
	周防	高尾荘
宝篋院領	摂津	木工荘
	近江	奥島荘
	備中	草壁荘
宝鏡寺領	尾張	於田江荘
	丹波	春日部荘・矢田荘
	美作	小吉野荘
宝鏡寺恵聖院領	摂津	内上荘
法光寺領	近江	雄琴荘
法光明院領	美作	田原荘
報国寺領	上総	山辺保
	上野	大室荘
報国寺休畊庵領	相模	愛甲保
法金剛院領	山城	松井荘
P. 624 表参照	河内	池田荘
	摂津	土室荘

領家別荘園一覧

領家・本家名	国名	荘園名
	伊勢	高志御厨
	甲斐	稲積荘・篠原荘
	美濃	麻続(績)荘・多芸荘
	上野	淵名荘
	越前	河和田荘
	丹波	安行荘・犬甘保・三箇荘・三箇北荘・三箇南荘・主殿保・主殿荘・野間荘・三和勅旨田・毛志荘・山国荘
	但馬	大内荘・太田荘
	美作	田邑荘・登美杣・富美荘
	備中	渋江荘
	周防	小俣荘・高墓荘・田島荘
	長門	大津荘
	阿波	秋月荘
	讃岐	勝間荘・二宮荘
	土佐	朝倉荘
	筑前	怡土荘
宝慈院領	越前	江守保
	因幡	光元保
宝持院領(安野)	淡路	賀集荘・福良荘
宝積寺領	河内	会賀牧
宝樹院領	山城	瓦坂東保
	河内	金田荘・野田荘
法住寺領	摂津	呉庭荘
宝性院領		→高野山金剛峯寺宝性院領
方丈御房領	但馬	善住寺荘
坊城家領	摂津	位倍荘
	近江	湯次荘・湯次下荘
	美作	一宮荘
法勝院領	山城	大狛荘
	大和	野野子荘
	摂津	宿久荘
	甲斐	市河荘
	伊予	豊村荘
宝成院領	因幡	岩恒保
	豊前	高墓荘
法乗院領	越前	河口荘
宝荘厳院領		→東寺宝荘厳院領
法勝寺領 P. 721 表参照	近江	朝妻荘・大原荘・河道荘・永吉保・速水荘・比良荘・船木荘
	美濃	船木荘・古橋荘
	若狭	永富保
	越前	蕗野保
	加賀	北英田保・長前保
	丹波	榎原荘・瓦屋荘・御油荘・沼貫荘・拝師荘
	但馬	糸井荘・雀岐荘・下鶴井荘
	伯耆	長田荘
	美作	打穴保・吉野保
	備前	服部保
	備中	生坂荘
	周防	仁保荘
	阿波	延命院荘・観音寺荘・東拝師荘・名東荘
	讃岐	櫛無保
	豊前	弓削田荘
	肥前	藤津荘
法成寺領 P. 404 表参照	山城	大原領・大見荘・九条領・久多荘
	大和	稲梁荘・長田荘・長(仲)河荘・仲川荘
	河内	天野杣・竹村荘・長野荘
	摂津	郡戸荘・常楽寺荘・新屋荘・味舌荘・杜本荘
	駿河	小泉荘

領家・本家名	国名	荘園名
	下総	三崎荘
	近江	安吉保・愛智勅旨・玉造荘・針幡荘・日野牧・本牧・三尾杣
	美濃	勅旨田
	丹波	瓦屋荘・田原桐野牧
	丹後	三ヶ荘
	但馬	勅旨田
	出雲	宇賀荘
	隠岐	重栖荘
	播磨	緋田荘
	備後	備後勅旨
	紀伊	吉仲荘
	讃岐	三崎荘
	豊前	弓削田荘
法成寺東南院領	越前	曾万布荘
法勝寺常行堂領	加賀	英田保
法常住院領	伊勢	野田御園
法泉寺領	山城	調子荘
	伊勢	片淵御厨・楠原御厨
	備中	荏(江・絵)原荘
法泉寺領(鎌倉)	相模	一宮荘
法泉寺領(山口)	長門	阿内包光保
宝池院領	丹波	栗作荘
	筑後	高良荘
宝塔院領	越前	野坂荘
宝塔院領		→安楽寺宝塔院領
宝塔院領		→石清水八幡宮宝塔院領
宝塔院領		→醍醐寺宝塔院領
宝幢院領		→延暦寺西塔宝幢院領
宝塔三昧院領		→高野山宝塔三昧院領
宝幢寺領		→天竜寺宝幢寺領
宝福寺領(清水坂)	摂津	土室荘
	備中	上津江荘
方便智院阿弥陀堂領		→高山寺方便智院阿弥陀堂領
坊門家領	越前	蕗野保
	但馬	雀岐荘
	播磨	佐用(与)荘
	肥前	藤津荘
法楽寺領	伊勢	大橋御園・野中御園
	志摩	小浜御厨
法隆寺領	山城	狭山荘
	大和	葛木荘・木部荘・佐保田荘・椎木荘・神南荘・楊生荘・結崎荘・横田荘・吉田荘
	河内	弓削荘
	和泉	珍北荘・珍南荘・珍荘・珍南北荘
	摂津	榎並荘・洲摩荘
	近江	物部荘・野洲荘
	播磨	鵤荘・伊保(穂)荘
	讃岐	法隆寺荘
法輪院坊領	越前	莇野保
宝林寺領	備前	吉永保
法輪寺領	大和	神南荘
法輪寺領(嵯峨)	摂津	安満荘・木工本荘
宝蓮院領		→仁和寺宝蓮院領
北院領		→仁和寺北院領
北院領		→薬師寺北院領
北円堂領		→興福寺北円堂領
法華経寺領		→中山法華経寺領
保元没官領	出羽	大曾禰荘・屋代荘
	豊後	稙田荘
細川家領	河内	西比野荘
	阿波	穴吹山・種野山荘
	山城	下津林荘
菩提院門跡領		→仁和寺菩提院門跡領

領家・本家名	国名	荘 園 名
菩提山領(正暦寺領)	大和	宇那手荘・尺度荘・尺度寺荘・豊国荘・萩荘・萩荘・服荘・針別所荘
菩提心院領		→高野山菩提心院領
堀川院領	美作	英多保
法橋聖顕領	但馬	温泉荘
法華山寺領	山城	物集女荘
法花山寺領(西山)	山城	河(革)島荘
法華寺領	大和	宇那手荘・小南荘・美濃荘
	美作	原田荘
法華寺領(山城)	近江	野洲荘
法華堂領	丹波	田能荘・物部荘
	但馬	物部荘
	播磨	染河内荘
	安芸	生口荘
	讃岐	勝間荘
	豊後	竈門荘
法華堂領		→延暦寺法華堂領
法性寺領	山城	キトノ荘
	大和	喜殿荘
	摂津	小橋荘
	伊勢	井後荘
	美濃	神野荘
	播磨	大河内荘
最御崎寺領(土佐)	土佐	潮江荘・潮江保・室津荘
堀河家領	越後	加地荘
	肥後	鹿子木荘
堀川家領	近江	筑摩十六条
堀川局領	伊勢	若菜御厨
本覚門院領	山城	東西九条女御田
本願寺仏事料所	丹波	酒井荘
本宮領		→熊野本宮領
本圀寺領	石見	疋見別符
	美作	青柳荘・粟倉荘
	安芸	大朝荘・久芳保・志芳荘・吉茂荘
本荘家領	美作	美甘荘
誉田八幡宮領	河内	誉田荘
本堂院領	摂津	宮原南荘
ま 行		
枚浜別宮領	出雲	八幡荘
槙尾寺領	和泉	横山荘・吉見荘
真清田社領	尾張	今寄荘・真清田荘・妙興寺保
松尾寺領(備中)	備中	大市荘
松殿家領	三河	碧海荘
松殿僧正御房領	淡路	来馬荘
松殿頼輔領	豊後	国東御領
松尾延朗上人領	丹波	篠村荘
松尾社領	山城	草島荘・下津林荘・下山田西荘・菱川荘
	摂津	山本荘
	遠江	池田荘・河村荘・国富保
	甲斐	志摩荘
	信濃	今溝荘
	越中	松永荘・松永南荘
	丹波	桑田荘・雀部荘
	但馬	鎌田荘・下三江荘・三江荘
	伯耆	東郷荘
松橋僧正領	丹波	佐伯荘
万里小路家領	摂津	堺北荘
	尾張	熊野荘・六師荘
	近江	大国荘・海津西荘・金次保
	美濃	古橋荘・山上荘
	上野	利根荘
	因幡	光元保

領家・本家名	国名	荘 園 名
	播磨	在田荘・在田上荘・在田下荘・賀古荘・賀古新荘・賀屋荘・高家荘・山富保・吉河荘
	美作	大井荘・北美和荘・高倉荘・真島荘
	備中	河辺荘
満願院領		→安楽寺満願院領
満願寺領	摂津	山本荘
	紀伊	岡崎荘
曼殊院領	美濃	芥兒荘
曼殊院門跡領	摂津	榎並下荘
	美濃	芥見荘
万寿院領	尾張	味岡荘・味岡新荘
万寿寺領	和泉	長滝荘
	伊賀	河合荘・柘殖荘・長田荘
	伊勢	木造荘・三箇山・日置荘・三箇荘・三賀野荘
	伊豆	伊東荘
	近江	田中荘・羽田荘
	信濃	仁科荘
	越中	佐味荘
	越後	佐橋荘
	丹波	豊富荘
万松院領	山城	菱田荘
曼陀羅院領	大和	多田(田多)荘
曼荼羅寺領	山城	粟田荘・西院小泉荘
	大和	小泉荘
	讃岐	一円保
三浦盛安領	河内	西比野荘
御影堂領		→醍醐寺御影堂領
御炊殿料所	豊前	規矩荘・上毛荘・下毛荘・田河荘・築城荘・京都荘
三河守護領	三河	御津荘
御厨御料所	丹後	味佐保
三香氏領	相模	二宮河匂荘
御子左家領	河内	讃良荘
	播磨	越部荘・越部下荘
三島社領	伊豆	河原谷御園・北中村御園・鶴喰御園・長崎御園・糠田御園・安富御園・安久荘
御厨子所領	河内	大江御厨
	摂津	大江御厨・津江御厨
	近江	菅浦荘
	丹波	宇津荘
水谷大社領	但馬	朝倉荘・石禾荘・善住寺荘
水走長忠領	河内	水走荘
三栖寺領	紀伊	生馬堅田荘
密厳院領		→走湯山密厳院領
三津寺領	摂津	三津寺荘
水無瀬家領	摂津	井内荘・水成瀬荘
	出雲	加賀荘
水無瀬御影堂領 P. 650 表参照	摂津	井内荘・水成瀬荘
水成瀬社領	加賀	南県荘
水無瀬社領	摂津	井尻牧
	美作	北高田荘
南淵寺領	大和	国栖荘
源宰相領	但馬	多多良岐荘
源前大納言家領	大和	上吐田荘
源中納言有房領	相模	二宮河匂荘
源顕親領	信濃	海野荘
源有仁領	山城	伏見荘
	近江	佐佐木荘
源有雅領	淡路	机荘
源国友領	若狭	平荘

領家別荘園一覧

領家・本家名	国名	荘 園 名
源国基領	伊勢	玉垣御厨
源定実領	遠江	飯田荘
源貞弘領	河内	長野荘
源信子領	讃岐	栗隈荘
源経相領	三河	長山荘
源為義領	近江	伊庭荘
	美濃	青柳荘
源俊清領	播磨	福田保
源俊房領	三河	饗庭荘
	遠江	笠原牧・笠原荘
源雅定領	肥後	阿蘇荘
源雅晴領	駿河	蒲原荘
源通光領	尾張	山田荘
源基俊領	甲斐	大井荘
源基具領	河内	小高瀬荘
	肥後	鹿子木荘
源師重領	河内	大富荘
源師忠領	摂津	山口荘
源師房領	伊予	大島荘
源行頼領	摂津	点野荘
源義経領	丹波	篠村荘
源義朝領	丹波	吉富荘
源義光領	陸奥	菊田荘
源頼親領	大和	御油荘
源頼朝領	肥後	豊田荘
源頼政領	丹波	五箇荘
源某領	安芸	内部荘
水主内親王領	大和	広瀬荘
	近江	水主荘
美濃局領	土佐	鴨部荘
壬生家領	常陸	石崎保
	陸奥	安達荘
	若狭	国富保
	越前	池上保・池上荘・池上荘
	加賀	橘島保
	越中	黒田保・黒田保・中村保・中村保
	伯耆	美徳山領
	美作	久世保・田原荘
	肥後	高樋荘
明王院領(葛川)	三河	碧海荘・村松荘
	近江	北古賀荘・木河荘・比叡本荘・山田荘
	丹波	宮田荘
	備後	福田荘
妙音院領	遠江	浜松荘
	但馬	大浜荘
妙音院領		→園城寺妙音院領
妙顕寺領	尾張	松葉荘
	備前	宇垣荘
妙見社領(但馬)	播磨	河合上荘・吉田新荘
妙香院領	山城	猪隈荘
	大和	長原荘
	摂津	富田荘・味舌荘
	伊賀	柏野荘
	伊勢	内田荘・野辺御厨
	遠江	豊田栗栖
	近江	大処荘・比(必)佐荘・山前北荘・山前新日吉荘・山前南荘・山田荘
	信濃	伊賀良荘
	越前	莇野保・葉原荘
	越中	大家荘
	丹波	願王寺荘・佐岐荘・佐佐岐荘・佐佐岐上保・佐佐岐下保
	但馬	大浜荘
	備中	子位東荘

領家・本家名	国名	荘 園 名
	紀伊	妙香院荘
	肥前	三津荘
妙香院門跡領	伊勢	玉垣御厨
	近江	蚊野荘・山田荘
	越前	葉原荘
	備中	子位荘
妙興寺領	尾張	萩薗・妙興寺保・吉松保
妙光寺領	加賀	豊田荘
妙心寺領	河内	足(網)代荘・上仁和寺荘・下仁和寺荘・仁和寺荘
	和泉	宮里保
	美濃	上保
	但馬	七美荘
妙蔵院領	加賀	小泉保
妙法院領	山城	飯岡荘・大原上野荘・大原西荘・河原荘・寺戸荘・柳原荘
	河内	荒馬荘・今津荘・島頭荘・馬伏荘
	摂津	津江荘
	伊勢	岡田荘
	近江	海津西荘・修宇荘・修宇西荘・修宇東荘
	越前	大虫社・織田荘
	加賀	押野荘・北白江荘・白江荘・南白江荘
	越中	福田荘
	丹波	吾雀荘・奄我荘
	但馬	大垣御厨・黒河荘・新井荘
	播磨	的形荘・三木荘
	安芸	大朝新荘・新荘
	紀伊	庭田荘
	伊予	前斎院勅旨田・吉岡荘
妙法院門跡領	山城	高田荘
	河内	岸和田荘・中牧・八箇荘
	摂津	田尻荘・野間荘
	伊勢	額田荘・茂福御厨
	近江	青木荘・浅井荘・朝田御園・伊香立荘・筏立南荘・仰木荘・大野荘・大原上野荘・栗見荘・田中荘・普門荘・真野荘・箕浦荘
	越前	河南荘・八田別所
	備前	大安寺荘
	備後	有福荘
	長門	向津奥荘
	讃岐	野原荘・林
	伊予	前斎院勅旨田
妙法寺領	摂津	平田荘
明法院領	摂津	小屋荘
妙楽寺領	信濃	草茂荘
三善景衡領	摂津	稲福荘
弥勒寺領(河内)	河内	養父荘
弥勒寺領(山城)	越前	大岡南荘
弥勒寺領		→宇佐弥勒寺領
民部卿長家領	遠江	質侶牧
民部少輔入道領	但馬	温泉荘
民部大夫領	但馬	田道荘
向井正吽領	和泉	深井荘
向山出雲守領	甲斐	向山荘
武蔵殿領	丹後	稲富保
武藤盛資領	筑後	竹井荘
無動寺領	山城	乙訓荘
	河内	若江荘
	摂津	垂水荘・野地荘
	近江	伊香立荘・葛川荘・修宇荘・修宇西荘・修宇東荘・真野荘・南伊香立荘・大和(倭)荘

領家・本家名	国名	荘 園 名
	越前	遅羽荘・羽丹生荘
	能登	志都(津)良荘
	伯耆	大山荘
	隠岐	村荘
	備中	得芳荘
	筑前	嘉麻荘・下津山田荘・山田荘
	豊後	六郷山
	肥後	千与丸保
宗像少輔領	信濃	大吉祖荘
宗像社領	筑前	楠橋荘・宗像荘・本木保
P. 663 表参照	肥前	須古荘・多久荘・晴気保
無品内親王家領	河内	松原荘
無品法親王家領	丹波	曾我部荘
無量光院領		→醍醐寺無量光院領
無量寿院領	美濃	小木曾荘
	肥前	高来荘
室生寺領	大和	長瀬荘・室生荘
室町家領	近江	朝妻荘
室町院領	山城	西京領・松崎領・物集女荘・山階領
P. 666 表参照		
	大和	君殿荘・高殿荘・広瀬荘
	河内	石川荘・小高瀬荘・上仁和寺荘・下仁和寺荘・高柳荘・富田荘・仁和寺荘
	和泉	大鳥荘・坂平荘・坂本郷荘
	摂津	位倍荘
	伊賀	豊高荘
	伊勢	木造荘・奈波利御厨・額田荘・額田納所・日置荘・氷室保・村松御厨・湯田御園
	志摩	奈波利御厨
	尾張	秋吉御園・味岡荘・御母板倉御厨
	遠江	飯田荘・蒲御厨・浜松荘
	相模	曾我荘
	武蔵	河越荘
	下総	葛西御園
	近江	伊香荘・今西荘・塩津荘・下坂荘・新八里荘・田中荘・橋爪荘・羽田荘・山前荘・山前北荘・山前東荘・山前南荘
	美濃	鵜渭荘・小瀬荘・麻績牧
	信濃	小川荘・佐久伴野荘・伴野荘・那古野荘・仁科荘
	上野	菅野荘
	下野	八木岡荘
	若狭	恒枝保・松永荘
	越前	磯辺荘・浦井荘
	加賀	富積保・山代荘
	越中	糸岡荘・野辺荘
	越後	加地荘・梶荘・佐橋荘・菅名荘
	丹波	伊中荘・井原荘・河守荘・栗村荘・豊富荘・新屋荘
	丹後	田村荘
	出雲	吉曾名荘・志志塚保・林木荘・母里荘
	播磨	印南荘・多可荘・西下郷荘
	備前	長田荘
	備中	大島保・大島保・渋江荘・園西荘・園東荘
	周防	石国荘
	紀伊	直川荘
	阿波	竹原荘・富吉荘・福井荘
	伊予	新居大島・矢野荘
	筑前	赤馬荘
	筑後	生葉荘
	肥前	三重屋荘
室町幕府御料所	山城	池田荘・稲間荘・飯岡荘・葛原荘・西院荘・相楽荘・東西九条女御田
P. 669 表参照		
	河内	大庭荘・門真荘・葛原荘・狭山荘・志宜荘・渋川荘・橘島荘・玉櫛荘・日置荘
	和泉	麻生荘・神野荘
	摂津	井於荘・井於新荘・賀島荘・富田荘・兵庫荘・溝杭荘
	伊勢	饗庭御厨・一身田御厨・岡田荘・小向荘・小向御園・香取荘・高柳御厨・豊田荘・丹生荘・日永荘・弘永御厨・保保御厨・柳御厨・山田御厨
	尾張	青山荘・田中荘・玉江荘・舟木荘・山田荘
	三河	小山辺荘・行明・重原荘・二宮荘・星野荘
	遠江	懸川荘・笠井荘・川勾荘
	駿河	泉荘・佐野荘
	相模	愛甲荘・一宮荘・糟屋荘
	武蔵	大田荘・河越荘
	上総	伊北荘
	常陸	田中荘
	近江	朝妻荘・池田荘・江辺荘・海津荘・開田荘・加田荘・岸下御厨・草野荘・朽木荘・佐佐木西荘・清水荘・首頭荘・佃江荘・富波荘・東荘・森尻荘
	美濃	上保・気良荘
	飛騨	岡本保
	信濃	小泉荘
	上野	佐貫荘・広沢御厨
	下野	足利荘
	陸奥	信夫荘
	若狭	青保・安賀荘・木津荘・宮河保
	越前	平葺保
	加賀	粟津保・板津荘・石田保・金津荘・倉光保・中村荘
	越中	伊田保・井見荘・五位荘・御服荘・田中保・野尻保・野尻荘・般若野荘・二塚保・万見保・森尻保・森尻荘
	越後	乙面荘・紙屋荘・志度野岐荘
	丹波	春日部荘・桐野河内・栗作荘・畑荘・美(箕)濃田保・山内荘
	丹後	宇河荘・浦富保・大内荘・岡田荘・久美荘・倉垣荘・筒川荘・鳥取荘・吉永保
	但馬	大将野荘・東河荘
	因幡	下得丸保・徳丸保
	播磨	揖保荘・上揖保荘・松井荘
	美作	粟倉荘・江見荘・北高田荘
	備前	佐伯荘・徳富荘・豊岡荘
	備中	三成荘
	備後	志摩利荘・坪生荘・平野保・矢野荘
	安芸	久芳保
	紀伊	糸我(賀)荘
明月庵領	相模	山内荘
売布神社領	丹後	女布保
馬寮領	播磨	家島牧
P. 674 表参照		
牧護庵領		→南禅寺牧護庵領
木工寮領	摂津	木工荘

領家別荘園一覧

領家・本家名	国名	荘 園 名
門司関八幡宮領	豊前	光国保
基親領	紀伊	由良荘
守貞親王領	山城	上三栖荘
護良親王領	武蔵	丸子荘
文覚領	若狭	西津荘
	備後	櫨谷保・福田保
文殊楼領		→延暦寺文殊楼領
	や 行	
薬師寺領	大和	池内荘・高田荘・高宮荘・薬園荘・若槻荘・脇上荘
	河内	志紀荘・若江荘
	伊賀	中村荘・矢川荘
	近江	豊浦荘
	播磨	飾磨荘・土山荘
薬師寺北院領	越前	河合荘
薬勝寺領	紀伊	三上荘
八坂神社領		→祇園社領
柳原家領	丹波	菟原荘
弥彦社領	越後	弥彦荘
屋部親王家領	伊勢	川合荘
山科家領	山城	井手荘・小塩保・河島北荘・長岡荘・御陵荘・山科荘・山科西荘・山科東荘
	河内	河俣御厨
	尾張	井上荘
	美濃	青柳荘・尼寺荘・大榑荘・久徳五箇荘・二木荘
	飛騨	岡本保・岡本上保・岡本下保
	信濃	市村高田荘・住吉荘
	播磨	揖保荘・宇野荘・下揖保荘・細川荘
	備前	居都荘
	備中	英賀荘・呰部荘・中津井荘・水田荘
山科御影堂領	美濃	尼寺荘
	備中	英賀荘
山内家領	但馬	篠岡荘
山内領	近江	修宇東荘
山内上杉氏領	越後	妻有荘
楊梅家領	因幡	服部荘
八幡社領(多賀城)	陸奥	八幡荘
結城家領	備中	草間荘
遊義門院領	越中	日置社
	丹波	井原荘
	播磨	印南荘
	阿波	竹原荘
有牧軒領	山城	佐比荘
柞原八幡宮領	豊後	阿南荘・賀(架)来荘・平丸保・平丸保
永光寺領	能登	志指見保・若部保
陽成院領	越前	大田荘
養徳院領		→大徳寺養徳院領
陽明門院領	伊勢	香取荘
横川中堂領		→延暦寺横川中堂領
横川楞厳院領		→延暦寺横川楞厳院領
吉田家領	河内	法通寺荘
	近江	石灰新荘
	下野	大内荘
	但馬	物部荘・物部下荘
	伯耆	稲積荘
	出雲	園山荘
	美作	江見荘
	安芸	志芳荘
	紀伊	平田荘

領家・本家名	国名	荘 園 名
吉田北政所領	三河	宇利荘
吉田社領	山城	池田荘
	河内	厚見荘
	近江	矢橋荘
	丹波	味間荘・味間二品勅旨田・石田荘・石田新荘・石田本荘
	丹後	石川荘
	周防	小白方荘
善峯寺領	山城	鶏冠井荘
四辻宮善統親王領	山城	桂東荘・上桂荘・河島荘
	河内	美濃勅旨
	伊勢	野俣道荘・吉津御厨
	尾張	柏井荘・柏井荘
	近江	吉身荘
	肥後	小野鰐荘
	ら 行	
来迎院領(伊勢)	上野	細井御厨
来迎院領(大原)	伯耆	宇多河荘
	備中	小田荘
理覚院領		→園城寺理覚院領
離宮八幡宮領	山城	大山崎上下保
	摂津	堺北荘
理性院領		→醍醐寺理性院領
吏長者領	但馬	高田荘・比治荘
暦応寺領	丹波	弓削荘
竜雲寺領	河内	下仁和寺荘
竜華院領	河内	多多羅荘
	若狭	玉置荘
竜華寺領	和泉	和気荘
立政寺領	美濃	市橋荘・西荘
竜泉寺領	河内	甘南備保・紺口荘
竜徳院領	播磨	安土荘
竜徳院領		→建仁寺竜徳院領
竜徳寺領	播磨	置塩荘
竜安寺領	摂津	倉垣荘
	丹波	真継保
楞伽寺領	尾張	小弓荘
	三河	志貴荘
	相模	三崎荘
	美濃	莚田荘
	信濃	英多荘・海野荘・若月荘
	筑後	三池荘
	豊前	長野荘
良源領	出雲	三津厨
楞厳院領		→延暦寺楞厳院領
楞厳三昧院領		→延暦寺楞厳三昧院領
楞厳寺領(但馬)	但馬	二方荘
	因幡	服部荘
霊鷲寺領(北山)	摂津	久志呂荘
竜翔寺領	山城	西院荘・下三栖荘・三栖荘
	長門	阿内包光保
両足院領		→建仁寺両足院領
林光院領		→相国寺林光院領
臨済寺塔頭領	駿河	阿野荘
臨川寺領	大和	波多小北荘
	河内	橘島荘
	和泉	加守荘・塩穴荘・若松荘
	伊勢	梅戸御厨・大井田御厨・富津御厨
	尾張	得重保
	甲斐	高橋荘・牧荘
	相模	成田荘
	常陸	佐都荘
	近江	榎木荘・押立保・鯰江荘・橋本御厨
	美濃	高田勅旨

領家・本家名	国名	荘園名
	加賀	大野荘・富永御厨
	丹波	葛野荘
	美作	讃甘荘・讃甘北荘
	備後	垣田荘
	紀伊	富安荘
	讃岐	二宮荘
臨川寺三会院領	和泉	加守荘
	尾張	得重保
	遠江	吉美荘
	上総	伊北荘
	備後	垣田荘
	阿波	富吉荘
瑠璃光寺領	周防	平野保
冷泉家領	山城	芹河荘・真幡木荘
	伊勢	小阿射賀御厨
	遠江	小高下御厨・相良荘
	駿河	小楊(柳)津御厨
	近江	小野荘・吉富荘
	信濃	住吉荘
	丹波	葛野牧・細川荘
	播磨	越部荘・越部下荘・田中荘・細川荘
	備前	福岡荘
	備中	中津井荘
	安芸	生口荘・生口北荘
冷泉姫宮領	大和	小南荘
冷泉宮環子内親王領	近江	小椋荘
冷泉宮領	山城	石垣荘・岡屋荘
P. 404 表参照	摂津	八多荘・福井荘
	伊勢	船江荘
	甲斐	逸見荘
	相模	波多野荘・三崎荘
	信濃	英多荘
	陸奥	蜷河荘
	伯耆	笏賀荘
	美作	粟倉荘
	紀伊	菅生荘・保田荘
冷泉院後院領	甲斐	小笠原牧
冷泉院領	河内	会賀荘
蓮華王院領	山城	朝日荘
P. 718 表参照	大和	藤井荘・藤井荘
	河内	徳泉寺荘
	摂津	大島雀部荘・昆陽寺荘
	伊勢	女河原御園
	尾張	海東荘・中荘
	遠江	飯田荘・相良荘・白羽荘
	伊豆	狩野荘
	下総	松岡荘
	常陸	中郡荘
	近江	矢橋荘
	信濃	洗馬荘・野(矢)原荘
	若狭	名田荘
	越中	吉岡荘
	但馬	温泉荘
	出雲	加賀荘
	播磨	瓦荘
	備中	子位荘
	備後	地毘荘
	安芸	沼田荘
	周防	楊井荘・楊井本荘
	紀伊	比呂(広)荘・由良荘
	阿波	金丸荘
	讃岐	豊福荘
	筑前	香椎荘

領家・本家名	国名	荘園名
	肥前	長島荘
	肥後	宇土荘・人吉荘
蓮華谷不断念仏料所		→高野山蓮華谷不断念仏料所
蓮華寺領(岩本)	美作	大吉荘
蓮華寺領(山城)	周防	鷲頭荘
蓮華乗院領		→高野山蓮華乗院領
蓮華心院領	大和	長原荘
P. 719 表参照	河内	高松荘
	相模	前取荘
	常陸	関荘
	美濃	物部荘
	丹波	六人部荘
	出雲	淀荘・淀本荘
	石見	多米福荘
	播磨	細川荘
	讃岐	鶴羽荘・姫江荘・姫江新荘
	肥後	山本荘
蓮華清浄寺領	播磨	吉田本荘
蓮華峯寺領	備前	建部荘・長田荘
蓮蔵院領		→醍醐寺蓮蔵院領
廊御堂領	伊予	大島荘
鹿王院領		→金閣寺鹿王院領
鹿王院領		→天竜寺鹿王院領
鹿苑院領		→相国寺鹿苑院領
六条家領	山城	小野荘
	大和	稲梁荘
	河内	鞆呂岐荘
	丹後	船木荘
	播磨	柏野荘
	備中	中津井荘
六条院領	伊賀	五箇荘・鞆田荘・鞆田荘出作・長田荘・山田荘
P. 720 表参照	伊勢	小倭荘・木造荘・日置荘
	近江	伊香荘
	信濃	千国荘
	上野	菅野荘
	越前	稲津荘
	越後	佐橋荘・菅名荘
	美作	田殿荘
	備中	大島保・大島保
	阿波	那東荘
	伊予	矢野荘
六条八幡宮領	大和	田殿荘
	摂津	桑津荘・山田荘・山田荘
	尾張	日置荘
	伯耆	国延保
	筑前	鞍手領・若宮荘
六条御堂領	淡路	藤穂荘
六波羅蜜寺領	伊予	河原荘
廬山寺領	伊勢	高畠御園
	尾張	草部保・益田保・山口保
	若狭	前河荘

わ 行

若狭一宮領	若狭	常満保
若狭下宮領	若狭	常満保
若狭上宮領	若狭	常満保
若狭二宮領	若狭	常満保
和歌所領	近江	小野荘
鷲尾家領	美濃	上秋荘・河崎荘
	筑後	鯵坂荘
和田寺領	丹波	小野原荘
和徳門院領	但馬	矢根荘
	安芸	開田荘

日本荘園史大辞典

瀬野精一郎編

吉川弘文館

序

日本の荘園は、土地を所有経営して、土地から収益を得ることを目的とした土地所有形態である。それは土地所有形態のみに止らず、社会構成形態へと展開した。この社会構成形態に対し、「荘園制」という歴史概念が創出され定着することになった。

日本の荘園は、八世紀に発生し、十六世紀に終結するまで、約九百年の長期にわたって存在した。その間「荘園制」にも盛衰変遷が認められるが、それは政治的、社会的変動と密接に連動しており、「荘園制」が古代、中世社会の動向を規定する基本的制度であったことがわかる。

その研究は、明治以来百年以上の歴史を有し、解明のための多角的研究が試みられ、これまでに膨大な研究成果の蓄積が見られる。そこには個別荘園に共通する普遍的なものと、個別的多様な独自的な性格内容が存在していることがわかる。

その研究の傾向も、時代の経過に伴って変化が見られ、個別的荘園の網羅的検出、その伝領についての研究から、昭和初期以降の社会経済史の盛行の影響を受けて、荘園の内部構造の解明へと移行した。

それに伴って、研究推進の目的で創出導入された種々の歴史概念、関係史料に用いられている多様な用語の解釈等をめぐって、研究者間の見解の相違、対立論争が生じることになった。この荘園関係用語

の多様さ、難解さが、荘園研究をとっつきにくい研究テーマとしている一原因となっていることは否定できない。そこからこれまでも個別荘園の網羅的検出とその研究、荘園関係用語の解説等が試みられてきた。

約三十有余年の歳月と、日本史研究者の総力を結集して完成した『国史大辞典』全十五巻においても、当然荘園に関する事項が立項されており、それぞれの項目について、最もふさわしい研究者に依頼して執筆がなされている。しかしながら『国史大辞典』は日本史全般に及ぶ総合的辞典であるので、その中から本書は、特に荘園関係事項千九百五十三項目を抽出し収録することにした。抽出した項目を収録するに当っては、各執筆者に最近の研究成果を踏まえて、補訂加筆をお願いした。

しかし『日本荘園史大辞典』として刊行する以上、『国史大辞典』よりの抽出のみでは不充分と判断されたため、特に荘園関係辞典として不可欠と思われる主要新項目六百五十三項目を選定し、新たに執筆者に依頼し、追加補充することにした。

したがって本書の分担執筆者数は別掲一覧表の通り三百三十三名を数えることとなった。

さらに付録として、八千六百五十七の「荘園」「御厨」「保」「牧」を五十音順に配列した一覧、千五百九十三の領家別荘園一覧、本文の索引を収録している。

これら付録は、平成十年(一九九八)に国立歴史民俗博物館より刊行された『日本荘園資料』のデータをコンピュータに入力して分類処理し、整理、補訂を加えて収録したものである。荘園の領家、本家等は重層的に存在しており、しかも時代の推移によって変動しているので、それを領家別に分類すること

は、コンピュータによる処理法を導入することによって、はじめて実現できたものである。この領家別荘園一覧を利用することによって、荘園研究の新たな展開が期待できる。

最後にご協力いただいた三百三十三名の分担執筆者に対し、衷心より御礼申し上げる。

なお荘園に関しては不明の点が多く残されており、今後とも荘園史研究が日本史研究の中での有力な中心研究テーマとなることは疑いない。『国史大辞典』全十五巻の荘園関係事項がまとめて閲覧できる本書が荘園研究者の座右に備えられ、今後の荘園史研究をより一層深化発展させることに役立つことができれば、その編集に携った者として喜びこれに過ぎるものはない。

二〇〇二年十一月

瀬野精一郎

凡例

項目

一　本辞典は、日本荘園関係用語・個別荘園名・主要荘園領主・主要荘園史関係書籍・荘園史研究者の項目を掲載した。巻末には荘園一覧・領家別荘園一覧・本文索引を付載し研究者の便を計った。

二　一つの項目で、別の呼称や読みのある場合は、適宜その一つを選んで見出しを立て、他は必要に応じカラ見出しとし、その項目を指示した。

三　見出し

1　項目の見出しは、かな見出し、本見出しの順に示した。

2　かな見出しは、現代かなづかいによる「ひらがな」書きとした。

3　本見出しは、漢字と「ひらがな」を用いた。かな見出しと全く一致する場合は、本見出しを省略した。

配列

一　配列は、かな見出しの五十音順とした。清音・濁音・半濁音の順とし、また、促音・拗音も音順に加えた。長音符号(ー)は、その前の「カタカナ」の母音をくり返すものとみなして配列した。

二　かな見出しが同じ場合は、本見出しの字数・画数の順とした。

三　かな見出し、本見出しが同じ場合は、おおむね著名な順または年代順とし、(一)・(二)・(三)…を冠して一項目にまとめた。

記述

一　文体・用字

1　平易簡潔な文章を心がけ、敬語・敬称は省略した。

2　漢字まじりの「ひらがな」書き口語文とし、かなづかいは、引用文をのぞき、現代かなづかいを用いた。

3　漢字は、新字体を用い、歴史的用語・引用史料などのほかは、なるべく常用漢字により記述した。また、難読語には必要に応じて適宜振りがなを付けた。

4　数字は、漢数字を使用し、十・百・千・万などの単位語を

付けた。ただし、西暦、西洋の度量衡、百分比、文献の編・巻・号などは、単位語を略し、桁数が多い時は、万以上の単位語を付けた。また、壱・弐・参・拾・廿・卅などの数字は使用しなかった。

二 年次・年号

1 年次表記は、原則として年号を用い、（ ）内に西暦を付け加えた。同年号が再出する場合は、西暦を省略した。

2 明治以前の改元の年号は原則として新年号を用い、太陽暦採用（明治五年、一八七二）前は、一月とはせず、正月とした。

三 昭和二十四年（一九四九）以前に没した人の年齢は、かぞえ年齢とし、それ以降については満年齢で記した。

四 項目についての参考文献は、『国史大辞典』に記載されているものも割愛した。ただし、個別荘園の項目については当該荘園に関してまとめられた史料集および地方誌の史料編に荘園別に編年して収録されているものについては参考文献としてあげた。

五 項目の最後に、執筆者名を（ ）内に記した。

六 記号

『 』 書名・雑誌名・叢書名などをかこむ。

「 」 引用文または引用語句、特に強調する語句、および論文名などをかこむ。

（ ） 注および角書・割書を一行にしてかこむ。

⇨ カラ見出し項目について、参照すべき項目を示す。

→ 参考となる関連項目を示す。

↳ 別刷図版に図のあることを示す。

— 区間を示す。

〜 数の幅を示す。

・ 並列点および小数点を示す。

= 二語以上の外国語を「カタカナ」書きにしてつなぐ時に用いる。

函は、神護寺領紀伊国挊田荘図
（和歌山県・宝来山神社蔵）

執筆者

青木和夫
青野春水
秋元信英
秋本典夫
秋山敬
秋山日出雄
浅香年木
朝倉弘
熱田公
阿部猛
阿部洋輔
網野善彦
新井孝重
新井喜久夫
有川宜博
飯倉晴武
飯田悠紀子
飯沼賢司
池永二郎
石井進
石井良助
石上英一
石川晶康
石崎建治
石田保
石田祐一
石田善人
泉谷康夫
磯貝正義
伊藤好一
糸賀茂男
稲垣泰彦
稲葉伸道
稲本紀昭
井上聡
井上鋭夫
井上満郎
井原今朝男
今枝愛真
今岡典和
弥永貞三
入間田宣夫
上島有
植田信広
上原兼善
上村喜久子
牛山佳幸
馬田綾子
梅村喬
上横手雅敬
榎本宗次
海老澤衷
海老澤美基
海老名尚
恵良宏
遠藤巌
大石直正
大石雅章
大内田貞郎
大島新一
太田浩司
太田博太郎
大谷貞夫
大野瑞男
大三輪竜彦
大山喬平
小笠原長和
岡田清一
岡田隆夫
小川信
荻野正博
荻野三七彦
小口雅史
奥富敬之
奥野高広
小田雄三
落合重信
景浦勉
笠松宏至
糟谷優美子
勝浦令子
勝俣鎮夫
勝守すみ
金本正之
鎌田元一
亀田隆之
唐澤定市
苅米一志
河合正治
川副博
川戸彰
河音能平
川村優
神崎彰利
神田千里
菊池紳一
菊地康明
岸俊男
北島正元
喜多村俊夫
木村茂光
清田善樹
楠瀬勝
工藤敬一
国島浩正
国守進
久保健一郎
倉石忠彦
倉田康夫
倉林正次
栗原治夫
黒川直則
黒田俊雄
黒田日出男
黒羽融
桑山浩然
小泉袈裟勝
小泉宜右
河内祥輔
小島鉦作
児玉幸多
後藤陽一
小西甚一
小葉田淳
小林計一郎
五味文彦
五味克夫
小山靖憲
近藤喜博
斎藤洋一
坂本賞三
佐川弘
作道洋太郎
桜井徳太郎
櫻井彦
佐々木銀弥
佐々木慶市
佐々木宗雄
笹谷幸司
佐藤和彦
佐藤常雄
佐藤博信
佐藤信
佐脇栄智
重松明久
島田次郎
清水克行
清水亮
下向井龍彦
下村效
新川武紀
新行紀一
新城常三
神野清一
菅原正子
鈴木敦子
鈴木国弘
鈴木哲
鈴木茂男
鈴木英雄
須磨千頴
清田義英
関幸彦
関口恒雄
瀬田勝哉
瀬野精一郎
薗田香融
高木豊
高田実
高橋傑
高橋崇
高橋富雄
高橋典幸
高橋昌明
滝沢武雄
詫間直樹
竹内利美
竹内秀雄
竹内理三
武田祐三
竹貫元勝
田代脩
田中健二
田中文英
田中稔
棚橋光男
谷口研語
田沼睦
玉井力
田村憲美
段木一行
堤禎子
時野谷滋
徳永健太郎
所理喜夫
戸田芳実
富沢清人
豊田武
虎尾俊哉
中尾堯
中込律子
永島福太郎
中野幡能
中野栄夫
永原慶二
仲村研
永村真
長山泰孝
並木優記
丹生谷哲一
西尾知己
西垣晴次
錦昭江
錦織勤
西田長男
西村安博
西山克
新田英治
二野瓶徳夫
貫達人
野口実
野田只夫
野村忠夫
羽下徳彦
萩原竜夫
橋本義彦
畑井弘
畠山聡
服部英雄
早川庄八
林英夫
原美和子
東四柳史明
樋口州男
尾藤さき子
日隈正守
平岡定海
平田耿二
平野邦雄
平松義郎
平山行三
平山敏治郎
広谷喜十郎
福島金治
福島紀子
福田以久生
福田栄次郎
福田豊彦
福留照尚
福眞睦城
福家清司
藤井一二
藤井駿
藤木久志
二木謙一
古澤直人
古島敏雄
宝月圭吾
堀祥岳
堀内寛康
堀本一繁
誉田慶恩
本多隆成
牧英正
正木喜三郎
松井輝昭
松井吉昭
松岡久人
松澤徹
松延康隆
松原信之
松原弘宣
丸山雍成
丸山幸彦
三浦勝男
三浦圭一
三鬼清一郎
水野恭一郎
水野柳太郎
三隅治雄
三橋健
三橋時雄
皆川完一
峰岸純夫
宮川満
宮崎肇
宮原武夫
宮本救
三好不二雄
三好基之
村井康彦
村井祐樹
村田正志
村山教二
村山修一
百瀬今朝雄
森茂暁
森杉夫
森ノブ
守田逸人
安田次郎
安田元久
柳雄太郎
八幡義信
山陰加春夫
山口隼正
山田康弘
山本隆志
山本大
横井清
横田健一
義江彰夫
吉岡真之
吉田晶
吉田孝
吉村武彦
米倉二郎
米沢康
米田雄介
若林淳之
若林喜三郎
脇田修
脇田晴子
和田萃
和多秀乗
渡辺晃宏
渡辺澄夫
渡辺隆喜
渡辺直彦
渡辺信夫
渡辺智裕
渡辺則文

あ

あいこうのしょう　愛甲荘　相模国愛甲郡の荘園。現在の神奈川県厚木市愛甲・船子・岡田付近。立荘年次や成立事情などの詳細は不明。弓射にすぐれた愛甲季隆の名字の地。『小野氏系図』によると、武蔵横山党の隆兼が源為義の代官愛甲内記平大夫を殺害したため、朝廷から追討使を差し向けられ、容易に降服しなかったが、秩父権守重綱・三浦平太郎為次・鎌倉権五郎景政らに攻められ、ようやく朝廷に降った。しかし、隆兼は為義の計らいで咎なく、かえって為義から白弓袋と愛甲荘を与えられたと伝える。おそらく、愛甲荘の荘官職を与えられたものであろう。『長府毛利家文書』寛元元年(一二四三)七月の将軍頼経下文によると、このころは熊野山の所領で、藤原清俊が地頭であったことが知られる。ついで、『松浦文書』によると、文和元年(一三五二)足利尊氏は、当荘の内上杉能憲あとの地頭職を松浦秀に与えている。なお、荘内には船子郷があった。　(三浦　勝男)

あいつぼ　相坪　条里制の施行された地域において、一坪(一町)を、ある部分と残りの部分とを「相合わせて」一坪となる、とみるところからその名がある。たとえばある土地を二段とすれば、坪内の残りの八段を、その土地の相坪と称した。合坪とも書く。特に平安時代大和国など畿内に多く見られた雑役免田の制においては、本来、免田の方付《ほうづけ》(坪内の場所指定)がなく、その年の得田(熟田)の収穫物を充てるという浮免《うきめん》方式がとられていて、負担田や負担者が年々に浮動した関係もあって、負担が免田の相坪側にも及ぼされることがあった。興福寺領大和国進官免田(雑役免田)の場合、「進官領の習ひ、かの相坪等を致さば、一味同心して件の役を勤めしむるもの也、これ当国平均の習ひ也」といわれ、寺家はこの慣習を利用して雑役免田(荘園)の拡大や一円化を推進している。このような慣習は、一坪(一町)が農民的土地保有や課役賦課の基準的単位とされることの多かった条里制公領村落、あるいはそれを基盤とする荘園に特徴的な現象で、条里制が単なる地割というにとどまらず、村落生活を種々規制する役割や意味を有していたことを示している。↓浮免《うきめん》　↓進官免《しんかんめん》　↓方付《ほうづけ》　(村井　康彦)

あいみょう　合名　畿内均等名荘園に見られる名の一形態。相名とも書く。二人の田堵(名主)が相合となって一名を形成する場合、合名と呼ぶ。均等名が単なる擬制的名であるならば、これは収取のため二名が機械的に一名となっているにすぎない。これを近世の相竈《あいかまど》・相合竈などと類比しうるとすれば、ある程度の生産・消費上の共同体的関係の存在が考えられる。大乗院領大和国田井荘・楊本荘、東大寺領同国松本荘などに、その例がある。↓均等名《きんとうみょう》　(渡辺　澄夫)

あいやく　藍役　中世の農民に課せられた公事の一種。藍は若狭・武蔵・越後・豊前・肥前などの諸国に多く産し、染料として用いられた。『壬生新写古文書』に収める若狭国国富荘の地頭の非法の停止を命じた承元元年(一二〇七)十二月の関東下知状によれば、養蚕の時期に地頭が百姓を召し使うことや、百姓の麻を地頭が刈り取ることなどが禁じられているとともに、地頭の百姓に対する藍役の賦課を免除するよう命ぜられているが、当荘が国衙領であった時には藍役が農民の所役として徴収されており、荘園となるとともに廃止され、さらに地頭がこれを復活したことが知られる。また同じく若狭国太良荘の地頭代定西の非法の停止を命じた寛元元年(一二四三)十一月二十五日の六波羅裁許状(『東寺百合文書』ほ)では、定西に対して藍代銭《あいしろせん》の徴収停止が命ぜられている。貨幣経済の進展とともに藍役も代銭納に切り換えられたことを知るのであるが、近隣の瓜生荘・鳥羽荘においても藍代銭が停止されていた模様で、幕府は地頭が独断でかかる賦課をなすことを禁じていたとみられる。　(上島　有)

あいらのしょう　姶良荘　大隅国の荘園。現在の鹿児島県肝属郡吾平町の一帯で、肝属川の支流姶良川の流域が中心的な地域。建久八年(一一九七)の大隅国図田帳(大隅桑畑家文書『鎌倉遺文』二巻九二四号)によれば、大隅正八幡宮の大般若経用途に宛てられる五十余町の荘園であった。開発領主は、島津荘を開いた平季基の弟である良宗であったという(得丸氏古系図)。建治二年(一二七六)の大隅国在庁石築地役支配注文(調所氏家譜『鎌倉遺文』一六巻一二四六一号)では内部単位として得丸二十町、末枝二十町、末次八町、中限二町が存在した。これらの名主は、平良宗の子孫であった。島津荘寄郡に姶良西俣があり、これは実質的に姶良荘に包含される所領であったと思われ、南北朝期には姶良荘西俣村などと称されることがあった。この頃から島津氏の勢力が及ぶようになり、戦国期にはその給人の支配地となる。　(海老澤　衷)

あえかのしょう　安平荘　淡路国津名郡安呼村の荘園。現在の兵庫県洲本市安乎町付近を中心とする地域。後鳥羽院領で、貞応年間(一二二二―二四)には、田四十町歩、畠若干、浦一所からなっていた。十六世紀の初めごろには安宅秀興の所領になっている。　(渡辺　則文)

あおやぎのみくりや　青柳御厨　上野国勢多郡にあった伊勢神宮内宮領の御厨。現在の群馬県前橋市青柳町付近を中心とする地域。長寛年中(一一六三―六五)に成立し、国司が年貢免除を認めているが、成立の由来は明らかでない。平安時代末期の給主は内宮禰宜成長であって、供祭物は布三十反であった。永享六年(一四三四)の給主は内宮権禰宜氏貫であり、このころまで存続したと見られ

る。青柳には神明社が現存し、神庤《かんだち》の跡かと考えられる。（勝守 すみ）

あおやまのしょう 青山荘 尾張国春日井郡の荘園。現在の愛知県西春日井郡豊山町青山を中心とする地域。正応元年（一二八八）伏見天皇の勅願により鳥羽院御願十一面堂の本尊を西大寺四王堂に移した時、その燈油仏聖料田として施入された。のち室町幕府御料所となり、康正二年（一四五六）ごろ、奉公衆大内五郎に預け置かれている。寛正六年（一四六五）には守護斯波氏の勘料銭賦課をめぐって守護代使による放火略奪が行われており、以後青山荘の名は消える。（新井喜久夫）

あかさきのしょう 赤崎荘 但馬国養父郡にあった荘園。現在の兵庫県城崎郡日高町赤崎付近にあたる。荘内に式内社伊久刀神社がある。『但馬国大田文』によれば、弘安年中（一二七八―八八）、田積は十七町四段二十歩、領家は二条殿で、御家人跡の下司職を筑後三郎兵衛入道女子と本司今井四郎入道道蓮とが争っている。（仲村 研）

あかなのしょう 赤穴荘 出雲国飯石郡にあった荘園。現在の島根県飯石郡赤来町。九―十二世紀ごろに石清水八幡宮末社（赤穴八幡宮）が勧請され、周辺が荘園化された結果成立したといわれる。文永八年（一二七一）当時の田積は五十町余、地頭は赤穴紀氏であった。赤穴紀氏は赤穴荘の地頭と赤穴八幡宮神官とを兼帯し、鎌倉時代末期まで当荘を支配したという。しかし、その後南北朝時代に赤穴紀氏は二つに分裂し、それに伴って赤穴荘も東西に二分された。このうち、東方は赤穴紀氏の内紛に乗じて勢力を伸ばした佐波赤穴氏がその後これを獲得し、一方西方は文安六年（一四四九）ごろに佐波宗家が取得することになった。戦国時代に入ると出雲・石見・備後などの国境にあった赤穴荘ではしばしば大規模な戦闘も行われ、そうした中、佐波赤穴氏は京極氏、次いで尼子氏、そして最後は毛利氏に属し、永禄五年（一五六二）には毛利氏より「赤穴五百貫」を給されている。（山田 康弘）

あかなべのしょう 茜部荘 美濃国厚見郡の荘園。現在の岐阜市南部の茜部を中心とした地域。はじめは厚見荘といった。もと桓武天皇の勅旨田で、大同四年（八〇九）二月二十一日立券荘号。桓武天皇から皇女朝原内親王に譲られ、弘仁九年（八一八）三月二十七日その遺言によって、越前国横江荘・越後国土井荘などとともに東大寺に施入された。以後応仁・文明の乱のころまで東大寺の重要な荘園の一つとして伝えられている。施入時の面積は墾田百十七町三百三十九歩。鎌倉時代初期の建保二年（一二一四）には見作田七十七町四段二百四十歩、畠三十町であった。十二世紀初頭以後、この荘の年貢は東大寺の学生の衣装料にあてられ、毎年絹百疋・綿千両を納める定めになっていた。鎌倉時代には大江広元の第二子長井時広に始まる長井氏が地頭になっているが、その補任年月・事情は明らかでない。貞応二年（一二二三）にはすでに地頭請所となり、その後もしばしば所務相論がくり返された。この地頭職は鎌倉幕府の滅亡によって没収され、元弘三年（一三三三）十一月九日後醍醐天皇から東大寺に寄進されたが、その後室町幕府によって再び地頭が補任されたらしく、暦応三年（一三四〇）には地頭と東大寺との間で下地中分が行われている。中分の結果、荘内の上村は領家方、本郷・下村は地頭方となったが、このときの地頭が誰かは不明である。室町時代には東大寺公人などの請負代官による支配が行われていたが、その請負額は次第に減少し、応仁・文明の乱のころを最後に史料の上から姿を消してしまう。→厚見荘《あつみのしょう》（大石 直正）

あかまつとしひで 赤松俊秀 一九〇七―七九 古代史、中世史。京都大学教授。明治四十年（一九〇七）四月二十八日、北海道石狩国上川郡鷹栖村（現、旭川市）に生まれる。北海道庁立旭川中学校、第三高等学校文科甲類を経て、昭和六年（一九三一）、京都帝国大学文学部史学科国史学専攻卒業。同七年、京都府史蹟勝地保存委員会臨時調査委員、のち京都府学務部社寺課勤務。二十四年、京都府教育委員会文化財保護課の初代課長。二十六年、京都大学文学部助教授。二十八年、同教授。三十七年、「供御人、惣の研究」により京都大学から文学博士の学位を取得。四十六年、同定年退官。同名誉教授。四十七年、大谷大学文学部教授。同文学部長。四十九年、紫綬褒章。五十年、四天王寺女子大学文学部教授。昭和五十四年（一九七九）一月二十四日没、七十一歳。『教王護国寺文書』（平楽寺書店、昭和三十七―四十五年）全十巻を編纂刊行し、東寺（教王護国寺）領荘園の研究に貢献した。（瀬野精一郎）

あかまのしょう 赤馬荘 筑前国宗像郡にあった荘園。現在の福岡県宗像市赤間周辺の地域。平安時代同地域に赤馬院が存在したが、立券の時期は不明である。建久四年（一一九三）十月十八日付の色定法師の一筆一切経の奥書に「赤馬御庄」と見えるのが初見史料。皇室領荘園として伝領されたが、宗像社の主要な社領も存在していた。貞応三年（一二二四）の宣陽門院所領目録に、上西門院より伝領した所領の中に赤馬荘が見える。その後持明院統の御領として伝領され、伏見宮家領となった。領家職は仁和寺法金剛院、速成就院などに寄進されている。荘内の得末名は宗像社家が開発し、弘安十年（一二八七）には六代相伝の地として筑前国司より安堵されており、そのほか荘内地頭職、公文職、田久村名主職等の所領所職を宗像社大宮司家が保有していた。鎌倉末には領家方と地頭方で下地中分が行われている。南北朝時代以降は、宗像大宮司家が在地領主として下地進止権を行使している。（瀬野精一郎）

あかまのまき 朱門牧 下野国にあった古代の牧場。朱間牧とも書く。『延喜式』によれば、兵部省の馬牧で、そこで五、六歳に達した馬は毎年左右馬寮に進上されることになっていた。中世以後の状態は不明である。栃木県

下都賀郡藤岡町赤麻が朱門牧があった場所だといわれる。
（入間田宣夫）

あきごう　安岐郷　豊後国国東郡に存在した公郷であるが、奈良時代に宇佐八幡宮の封戸が宛てられ、早くから荘園化した。現在の大分県東国東郡安岐町と杵築市東部にまたがり、安岐川の流域一帯が中心的な地域であるが、宇佐宮の重要な末社で、海浜に鎮座する奈多八幡宮（杵築市奈多）もその領域に存在した。内部単位としては、弘安八年（一二八五）の豊後国大田文（平林文書『鎌倉遺文』二〇巻一五七〇〇号）では、余名・弁分・弘永名・成久名・朝来野浦・守江浦があげられ、これらの地頭として日田永基・北条宗頼母などの名が見える。このほかにも諸田名・松武名・吉松名・延松名などがあり、宇佐宮では四十六ヵ名存在したとしている。鎌倉時代には、大友氏の一族である志賀氏の支配が確認されるが、南北朝期以降は同族で国東郡に勢力のあった田原氏の領するところであった。戦国期には奈多大宮司奈多鑑基が大友宗麟の外戚として宗教的に大きな影響力を有した。大分県立歴史博物館によって荘域一帯の詳細な調査が行われ、報告書が刊行されている。

参考文献　渡辺澄夫編『安岐郷・八坂（上・下・新）荘・山香郷史料』（『豊後国荘園公領史料集成』四上）
（海老澤　衷）

あきじし　秋地子　⇩地子《じし》

あきなり　秋成　秋の物成《ものなり》すなわち秋期に納入する年貢をいう。「あきなし」とも読む。関東の夏成に相対する語である。夏成は畑の年貢をさすが、秋成は田の年貢を意味する。田の年貢は多く稲の収穫によるもので、秋に納入するところから、収穫期にちなんで、このようにいった。
（森　杉夫）

あきのしょう　安芸荘　土佐国安芸郡の荘園。現在の高知県安芸市付近を中心とする地域。『和名類聚抄』にみえる黒鳥・布師・玉造の各郷を中心として成立。立荘年次・成立事情は不明だが、平安時代末期ごろ国衙領が荘園化したものと推定される。建長二年（一二五〇）の『九条道家惣処分状』によれば、別当三位源雅光が九条家に譲進し、それを道家が娘の四条院尚侍佺子に譲与している。そのち皇室領となったのであろうか、後宇多院が槇尾の平等心王院（西明寺）へ寄進している。さらに楠木正成が摂津・河内の寺社造営のため当荘の材木を必要としたので、崑陽寺荘半分東方を西明寺に寄進し、かわりに安芸荘を得ようとしたことが『西明寺文書』にみえる。当時正成は代官を任命して荘内の支配を行わせたと思われるが、のちには安芸郡司から地頭への道をたどった安芸氏が代々荘内を支配し戦国時代に至った。永禄十二年（一五六九）安芸氏の滅亡後は長宗我部氏の支配下に入り、天正十七年（一五八九）検地の結果、近世村落として発足することとなった。
（山本　大）

あきやまのしょう　秋山荘　大和国宇陀郡の荘園。現在の奈良県宇陀郡大宇陀町付近。興福寺領。延久二年（一〇七〇）の雑役免帳に所見。面積一町。室町時代前期と推定される、春日社領を記した宇陀郡田地帳案（春日大社文書）には「一秋美庄四郷田六十一町九反　秋山跡」とみえる。秋山荘は本郷以下四郷から成ると考えられ、面積が拡大して春日社領となっており、国人秋山氏の本拠でもあった。右の荘田には除田として三町三反の伊勢神領があり、年貢中からは神戸神明社（阿紀神社）と秋山妙仙寺の年貢が除かれている。ちなみに秋山氏は、阿紀神社神官の出身とされる。また『三箇院家抄』にも所見し、本郷を三分に分け、うち一分を大乗院がもつという。
（熱田　公）

あきよしのしょう　秋吉荘　大和国葛下郡にあった荘園。現在の奈良県大和高田市秋吉付近の地域。弘安三年（一二八〇）頃に炎魔王堂領として当荘の名が見える（『鎌倉遺文』一八巻一三九四二―一三九四四号）。炎魔王堂領秋吉荘の規模は水田四町四段半で、葛下郡条里と忍海郡条里に散在した。また、弘安七年（一二八四）頃には某寺別院観心院領として当荘の名が見える（『鎌倉遺文』二〇巻一五一三七号）。炎魔王堂、観心院はともに未詳。さらに、「三箇院家抄」には大乗院門跡寄所として当荘がみえ、規模は三十六町六段小とされている。享徳二年（一四五三）には隼人司領としても当荘が見出される。詳細はいずれも不明な点が多い。
（守田　逸人）

あぐいごう　英比郷　尾張国知多郡の郷。現在の愛知県知多郡阿久比町周辺。鎌倉時代までは国衙領であったが、建武年間（一三三四―三八）足利尊氏がその一部を熱田社に寄進。文和三年（一三五四）の同社領目録によれば、国衙領北方十町、熱田社領南方八町、榎山寺領四町の計二十二町。北方は文和年間以降、国衙領主醍醐寺三宝院領となるが、のち別納地として日野家が知行。嘉吉元年（一四四一）伏見宮貞成親王妃敷政門院に与えられ、のち同宮領となる。南方は熱田神宮寺座主領として伝領されたため、南北朝期醍醐寺座主の神宮寺座主職兼帯に伴い一時その領有に帰したこともある。分割された当郷は、くり返し国衙方と熱田大宮司方との係争地となった。当郷内乙河地頭職をめぐる鎌倉時代後期の相論を伝える文書がある。
（上村喜久子）

あくでん　悪田　農業に適していない田、あるいは農業労働力・技術、または経営体の未熟さによって、十分な収穫が期待できない水田を指す用語で、良田・能田の反対語として用いられる。奈良末から平安初期になり律令制支配が衰退すると、口分田は荒廃化傾向を示し、農村の富豪層は良田を独占的に所有するようになった。伊勢国河後御厨では、この地の富豪層が能田を独占してしまったために、悪田が荒廃化してしまうという事態が発生しているが、本来は作人維持のため、能田と悪田をとりまぜて請作させることになっていることを、在地の古老は証言している。もとより良田が少なく悪田が多いこの時代では、良田を選別して請作することは、悪田の深刻

な荒廃化をまねくことになるため、在地においてはこれらをとりまぜて請作する知恵が蓄積されていたのである。（高橋　傑）

あくとう　悪党　わるものおよびわるものの集団をいう。この語は平安時代末期以降近世に至るまで史料上に散見され、山賊・海賊・強盗・追いはぎ・人殺しなど社会秩序を乱す者に対する呼称である。『御成敗式目』第三十二条および追加法各条にみられる悪党は、このような超時代的な社会的落伍者を一括しているが、鎌倉時代中末期すなわち弘安元年（一二七八）ごろから畿内およびその周辺地帯に頻々と発生して、当時の最大の社会問題となった悪党は、これとは少しく趣を異にしている。『峯相記』によればこの時期の悪党も、㈠みすぼらしい乞食同然の者と、㈡立派な兵具をつけた五十騎・百騎の集団の二様があったことが知られる。前者は当時の社会情勢の変化に対応しえずに没落した者の姿であり、いわば超時代的悪党と同質であったといえよう。後者は情勢変化をたくみに利用しつつ自己の勢力を拡大し、これを抑圧しようとした荘園領主・幕府に反抗した者である。彼らは社会全般の矛盾の激化により発生したものであるから、その交名には山僧・神人・凡下・借上・西国御家人・荘官・有力名主など、あらゆる階層の者が含まれている。また直接の発生原因も、荘園領主内部の争い、在地領主間の争いなど多種多様であるが、基本的には反体制的なものであったといえよう。その結合形態も、はじめは血縁関係を中心として家人・所従・下人を従えたものであったが、次第に聟・舅・烏帽子親子などの血縁擬制関係者を包含し、さらに同一利害関係にある非血縁者をも糾合して地縁的性格を強めるようになった。特に摂津兵庫関の悪党や山城国悪党（綴喜郡・久世郡・相楽郡悪党の連合体）など、交通要衝地のそれは地縁的要素の濃いものであった。この傾向は鎌倉時代末期に近づくほど強くなり、農民や浮浪民をも動員するようになった。その行動も、年貢対捍・苅田狼藉・銭貨資財奪取・殺害刃傷・百姓住宅焼払・預所雑掌追出など過激なものが多かったが、これも末期になるに従って、下地押領・一荘押領と表現されるようになり、伊賀黒田荘のように惣荘土民が悪党に加担した例もみられ、荘園を占拠して城郭を構えることもしばしばあった。南北朝内乱期に入ると、戦乱を乗りこえるため組織を拡大し、あるいは南朝に属し、あるいは武家方に加担して合戦に参加する者も現われた。そしてやがて服部右衛門太郎入道持法を首領とする北伊賀悪党のように、地方的な政治勢力を結集して国人一揆を形成して外来守護に反抗する者や、守護方に属して勢力拡大をはかる者もあった。悪党の活動した著名な荘園として、上記のほかに山城賀茂荘・大和平野殿荘・同国吉田荘・摂津垂水荘・同国長洲荘・同国猪名荘・和泉大鳥荘・播磨矢野荘・同国大部荘・近江菅浦荘・伊勢大国荘・若狭太良荘・紀伊荒川荘・同国名手荘・丹波宮田荘・同国大山荘・越前河口荘・同国坪江荘・尾張海東荘・伊予弓削島荘などがあげられる。（小泉　宜右）

あくはらのまき　阿久原牧　武蔵国児玉郡におかれた勅旨牧。現在の埼玉県児玉郡神泉村を中心とする地域。『政事要略』二三によると、承平三年（九三三）四月に秩父郡石田牧とともに勅旨牧に編入され、藤原惟条が別当に宛てられ、毎年二十疋が貢進される規定であった。神流川《かんな》の東岸にあり、現在も「下阿久原」の地名が残っている。また、この地は平安時代後期から南北朝時代に活躍した武蔵七党の一つである児玉党（有道氏）の本拠地であると考えられている。（八幡　義信）

あげち　上地　領主がその支配下にある人から没収した土地のことをいう。紀伊国毛原郷では、意に反した下人から没収した土地のことを、「アケチ」と呼んでいる。そして、この土地を売却する際、上地ゆえに土地証文が添えられていない旨が記されている。逆に言えば証文を添えられない理由として、上地であることが記されているといえよう。この様に、上地とは、その土地が通常の所有の状態とは異なることを示す語でもある、といえよう。（高橋　傑）

あこうのしょう　赤穂荘　播磨国赤穂郡内の荘園。現在の兵庫県赤穂市南部にあたる地域。天平勝宝八歳（七五六）東大寺に勅施入された寺田に始まる。一に石塩生荘とも呼ばれ、赤穂郡の海浜の地を占め、承和九年（八四二）八月十五日の播磨国司の勘文によれば、四至、東は赤穂川、南は海、西は大依松原、北は百姓口分田ならびに塩生山崎を限る塩浜五十町九段百七十二歩と、山六十町を合わせて百十町九段百七十二歩の地積を有する荘園であった。播磨国内の東大寺領荘園としては、垂水荘と並んで成立の最も早いものである。しかし平安時代末期の久安三年（一一四七）に至って、東大寺は赤穂・垂水・粟生の三荘を、同じ播磨国内の大部荘（賀東郡）と相博し、赤穂荘は東大寺領から離れた。その後、『石清水文書』の保元三年（一一五八）の官宣旨に石清水八幡宮宿院極楽寺領として赤穂荘の名がみえ、元暦二年（一一八五）の源頼朝下文にも八幡宮寺領として同荘の名が載っている。（水野恭一郎）

あざかのみくりや　阿射賀御厨　伊勢国一志郡の御厨。現在の三重県松阪市大阿坂町・小阿坂町付近。伊勢神宮（外宮）領。初見は康平三年（一〇六〇、『大神宮諸雑事記』）。大治五年（一一三〇）藤原宗重と丹後冠者との相論に平忠盛が関与していることから、伊勢平氏の勢力浸透が窺われる。平安時代末期には大阿射賀・小阿射賀に分離。前者の領家職は藤原俊成・定家を経て冷泉家が伝領。平家没官領として地頭が設置されたが、定家のたびたびの抗議によって建保元年（一二一三）地頭渋谷左衛門尉は罷免されている。『明月記』には寛喜三年（一二三一）の飢饉など当御厨に関する記事が散見する。大阿射賀御厨については建久三年（一一九二）当時、「藤原氏子」が領家であったこと以外不詳。建武三年（一三三六）一分地頭として波

多野蓮寂の名がみえる。南北朝時代以降、両御厨は退転、やがて北畠氏の所領となった。（稲本　紀昭）

あさかわかんいち　朝河貫一　一八七三—一九四八　中世史、エール大学教授。明治六年（一八七三）十二月二十日、福島県二本松に生まれる。同二十五年、安積中学校卒業、金透小学校の英語教授嘱託（同年五月～八月）、東京専門学校文学科に編入。二十八年、同卒業。二十九年、ダートマス大学一年に編入。三十二年、同卒業後、エール大学大学院歴史学科に入学。三十五年、『六四五年の改革（大化改新）の研究』（英文）によりPh. Dを授与される。ダートマス大学講師。四十年、エール大学講師、エール大学図書館東アジアコレクション部長兼任。四十三年、同大学院日本文化史助教授。大正六年（一九一七）、東京帝国大学史料編纂掛に留学。昭和二年（一九二七）、エール大学歴史学助教授。同五年、同歴史学準教授。六年、ダートマス大学より名誉文学博士の称号を贈られる。八年、歴史学研究員（正教授待遇）。十二年、エール大学歴史学教授。十七年、同定年退職、同名誉教授。昭和二十三年（一九四八）八月十一日没、七十六歳。入来文書を海外に紹介し、『荘園研究』（英文、日本学術振興会、昭和四十年）を発表して、日本の封建制の特質に論及した。（瀬野精一郎）

あさこのしょう　朝来荘　但馬国朝来郡の荘園。現在の兵庫県朝来郡山東町大月および楽音寺一帯。『和名類聚抄』の朝来郷の一部が荘園化したもので、後白河院長講堂領である。『但馬国大田文』には、弘安年中（一二七八—八八）に六十四町五段、地頭安坂薩摩八郎左衛門尉祐氏、公文勢至丸御家人とある。荘田は仏神田七町五段、地頭給五町一段二十五歩、定田五十一町八段三百二十五歩からなり、ほか同荘余田十町六段があって、地頭は安坂薩摩六郎入道専生である。（仲村　研）

あさだ　浅田　底の浅い田、泥の深くない田をいう。狂言の『かくすい』に「信濃なるあさだの小田をかくすいて、一もと植ゑて千もとをぞ刈る」とみえる。浅田は田の等位の名目、また耕地の名でもない。これとは反対の形状の田に沼田・深田の差異が農業生産力にいかなるかかわりをもっていたかは今後究明する要がある。（川村　優）

あさのしょう　厚狭荘　長門国厚狭郡に所在した荘園。現在の山口県山陽町の一部にあたる。寛治四年（一〇九〇）七月十三日堀河天皇が御供田として京都の賀茂上下両社に六百余町の不輸租田を寄付した。また「賀茂社古代荘園御厨」によれば、同日賀茂御祖神社（下鴨神社）に寄付された荘園御厨のなかに「長門国厚狭庄」が見える。荘園としての成立はこの時と考えられる。同史料では厚狭荘は「公田三十町」とあり、堀河天皇が寄付した御供田のうちではごく一部である。鎌倉時代には荘園領主名に由来すると思われる鴨荘と呼ばれるようになっている。関連史料に乏しく、どのような経営が行われていたか明らかでないが、文明十一年（一四七九）大内政弘が家臣杉弘依を「鴨庄六拾石地」の代官職に補任し、「正税弐拾貫文」を本所に社納するように命じており、戦国時代に至ってもなお社領荘園としての命脈を保っていたことを示唆する。（久保健一郎）

あさばのしょう　浅羽荘　遠江国山名郡の荘園。現在の静岡県磐田郡浅羽町。成立年代不明。鎌倉時代初期にはその名がみえ、『吾妻鏡』養和元年（一一八一）四月三十日条によれば、開発領主浅羽荘司宗信が安田義定に不協力のため訴えられ、源頼朝より所領を没収されたが、のち許されて同荘内柴村および田所職を返された。当荘地頭職は安田義定に与えられたが、建久四年（一一九三）十二月、その男義資の事件により没収、加藤景廉に帰す。九条家文書年月日欠摂籙渡荘目録によれば、氏院領、大外記師顕相伝、田百六十九町三段六十歩とある。南北朝時代、『師守記』貞治六年（一三六七）八月三十日条によれば、勧学院領荘園で、中原師茂が領家職を相伝していた。また『康富記』享徳三年（一四五四）八月八日および九月二十三日の記事には殿下渡領とあり、『宣胤卿記』明応六年（一四九七）十月二十三日条に「浅羽庄百六十九町余」とみえる。（安田　元久）

あじうのしょう　味原荘　摂津国島下郡・西成郡の荘園。典薬寮所属の味原牧に起源する荘園と考えられている。その所在は『高野山参詣記』や『勝尾寺文書』の売券からみて、大川（淀川）と三国川が分岐する江口の近辺および以南の島々（大阪市東北部）であろう。この牧は数少ない牛飼牧で、典薬寮の別所である乳牛院に送る乳牛を飼育し、乳牛牧とも呼ばれた。『延喜式』や元慶八年（八八四）の太政官府によると、毎年四歳から十二歳の母牛七頭とその子牛七頭の計十四頭を同院におくように順次送り、供御の牛乳を供給した。牡牛の成育したものは寮の薬園の耕作牛や同牧での父牛とし、死牛の皮は売却して寮の修理料に用いた。また、毎年終りに課欠や員数を調べて牧帳を作成し、寮は上司の宮内省とともに管理につとめた。前述の官符によれば、前頭源道は十九歳まで年限をのばして課責したので、牛の繁殖不良となり、牧子らの逃亡を招き、もとの十二歳にもどしたとある。なお、牧名は鎌倉時代中期までみえる。（福留　照尚）

あしかがのしょう　足利荘　下野国足利郡の荘園。現在の栃木県足利市付近。『延喜式』に下野国足利駅がみえ、『和名類聚抄』の足利郡駅家郷にあたる。はじめ藤原秀郷の後胤という藤原姓足利氏が領し、仁安年中（一一六六—六九）より平氏に属していたが、養和元年（一一八一）藤原俊綱（足利太郎）の時、源頼朝の追討をうけて滅びた。その後は源姓足利氏が領して代々地頭職を相伝した。領家職は鳥羽法皇の建立になる安楽寿院から美福門院・八条院を経て大覚寺統に伝えられた。諸史料によって荘域をみると、河崎・借宿郷・生河郷・鶏足寺・鵤木郷・渋垂郷・小曾禰郷・塚嶋郷・西庭郷・寺岡郷・東利保郷・名草・八日町・五百部郷（以上足利郡）、赤見郷（安蘇郡）な

どがみえ、足利郡の全域から安蘇郡にまたがっている。現に足利市にある鑁阿《ばんな》寺は荘の中心足利氏の居館跡の一部に建立されたものである。室町幕府成立以降、足利荘は足利氏名字の地として特に重要視された。はじめ鎌倉府にこれを管理させせたが、応永十六年(一四〇九)足利満兼死去以後は、幕府の直轄地として管領の被官中より代官を選んで荘務を執らせた。しかし義教が将軍となり鎌倉の持氏と対立するようになると、持氏はこれを押領した。永享三年(一四三一)八月両者の和睦が成って幕府に返されてのちは、上杉憲実およびその子孫である山内上杉氏が管理にあたり、上杉氏の被官が代官とされた。長尾景人が代官となって以降は代々長尾氏がこれにあたり、足利長尾氏となった。 （桑山 浩然）

あじきのしょう 安食荘 尾張国春部郡の荘園。現在の愛知県西春日井郡東南部・春日井市西南部および名古屋市北区にかかり、庄内川・矢田川合流地点の上手流域一帯を中心とする醍醐寺領。康治二年(一一四三)の立荘。延喜十四年(九一四)統正王の施入により同寺領となったが、国司により停廃。この年に至り同寺修理料および鳥羽院御願の灌頂院(三宝院)領として、旧の公験四至に任せて立荘され、以来三宝院領として伝領された。立荘時の検注帳によれば、田畠ともに百町余、およびそれらを上まわる荒野・原山・池河を含む広大な領域をもつ。荘南部を流れる河沿いの畠地に在家が点在。四至内には伊勢・熱田などの神領、国衙領、私領などが含まれる。桑畠も多く鎌倉時代初期までは糸・絹を徴収、後期に入ると銭納が一般的となった。光弘五郎丸名主毛受氏は開発領主を称し、弘安以降預所として年貢を請け負う。承久の乱後、改補された地頭の押領も顕著となり、両者の所務相論は建武年間(一三三四―三八)に及ぶ。正和四年(一三一五)を初見として安食東荘・同西荘の記載をみる。応永末年、隣接する等持院領柏井荘との境相論があり、これに関すると推定される絵図が醍醐寺に残されている。終末所見は応仁二年(一四六八)の同寺領目録。 （上村喜久子）

あじさかのしょう 鯵坂荘 筑後国御井郡の荘園。現在の福岡県小郡《おごおり》市鯵坂付近。味坂荘とも記す。筑後平野のほぼ中央に位置し、宝満川・太刀洗川に沿う広大な荘園であった。立荘年代不明。建仁元年(一二〇一)高良宮造営注文に四百町、および建保三年(一二一五)十二月二十六日の田楽美麗法師勾当職補任状(『筑後梅津文書』)に荘名がみえ、鎌倉時代初期にはすでに成立していたと思われる。領家ははじめ摂関家であったが、三潴荘とともに筑後一宮高良宮に寄進したといわれる。室町時代には四条家より分かれた鷲尾家であった(『大友文書』)。しかし戦国時代に入ると守護大名大友氏による下地支配が進み、被官の国人層に自由に処分され大名領化し、荘園的性格を喪失した。鯵坂荘の鎮守は東鯵坂の若宮社であったが、三潴荘に居住する田楽師の美麗法師が祭礼をつかさどり、田楽政所・獅子勾当職などの所職を得ていた。平安時代末期より三潴荘鎮守玉垂宮に奉仕した美麗田楽と呼ばれる猿楽的要素の加わった芸能である。鯵坂荘に関する史料はこの美麗法師の所職に関するものが多く残っている。 （恵良 宏）

あしだこれと 蘆田伊人 一八七七―一九六〇 歴史地理学。東京帝国大学史料編纂掛。明治十年(一八七七)九月二十八日、福井に生まれる。福井県尋常中学校を経て、同三十一年、国学院入学。三十三年、同退学後、早稲田大学史学及英文学科に転学、吉田東伍の教えを受ける。三十七年、同卒業。青森県立中学校教諭。三十九年、東京帝国大学文科大学史料編纂官補。四十四年、同辞任、三井男爵家編纂室嘱託となる(大正七年、完了)。大正六年(一九一七)、子爵松平家の委嘱により松平春嶽公記念文庫の設立と伝記編纂にあたる。昭和二年(一九二七)、旧小浜藩酒井伯爵家編纂部主任(～十五年)。その間に同十一年、宮内省帝室林野局の委嘱で帝室御料地の沿革調査にあたる。昭和三十五年(一九六〇)六月六日没、八十二歳。『御料地史稿』(帝室林野局、昭和十二年)を編纂刊行し、皇室領の沿革を明らかにした。 （瀬野精一郎）

あしでくじ 足手公事 手足を使って勤める公事、つまり夫役の事を指す語であり、足手所役などともいわれる。「作手」という語にみられるように、手という語には単に手を動かすという意味以上に、その人自身が実際に行動を起こすという意味合いがこめられており、足手公事にも代銭納などではない、実際の労働を伴う夫役としての強い意味合いが込められているといえよう。尾張実生院文書中にみえる寄進状の中では、寄進した田畠からの収入を観音堂の修理にあてることが記され、その銭を使っての実際の修理のことを足手所役といっている。また、播磨国矢野荘では、百姓申状の中で足手公事が過重な負担であることが述べられている。この様に、足手公事は実際に労働を伴うということから、しばしば重い負担として意識されていたようである。 （高橋 傑）

あじまのしょう 味間荘 大和国十市郡の荘園。現在の奈良県磯城郡田原本町味間付近。興福寺領。延久二年(一〇七〇)の雑役免帳に初見。面積十町四十歩で、不輸免田畠・公田畠からなる。この荘園は鎌倉時代初期までに再編されたが、南北朝時代以降一乗院門跡領の「味間庄三十町八段百八歩」があった(貞和三年(一三四七)「興福寺造営料段米田数幷済否注進状」春日大社文書)。一方、味間荘のうち十町歩が春日社東御塔供の結番田となり、給主が付され、大乗院門跡の管轄下にあった。『三箇院家抄』四に、番田の坪付も記載されており、大乗院門跡は戦国時代末まで、味間に知行地をもっていた。他に鎌倉時代初期以来、戦国時代にも興福寺寺務領の一部に味間荘がみえる(天文十九年(一五五〇)「十市郷進官荘々注文」京都大学蔵一乗院文書)ほか、興福寺勝南院領(『大乗院寺社雑事記』文明十二年(一四八〇)九月十四日条)などもある。 （熱田 公）

あしもりのしょう　足守荘　備中国賀夜(陽)郡足守郷の荘園化したもの。現在の岡山市の足守を中心とする地域である。葦守荘とも記す。同郡の南部、大井川(足守川)が山地から平野部に流れ出す扇状地に位置する。その荘園化の年代は不明だが、嘉応元年(一一六九)十二月の「足守荘絵図」の奥書署名および同二年八月の隣荘(生石荘)の田堵寄進請文によると、嘉応元年ころ一円地として後白河院庁に寄進され、院庁は立券ののち本家となったとみられる。絵図によるとこの荘は東西十町、南北三十町ほどの広さで、西は大井川の流れに沿ってひらけ、他の三方は山に面し、山を境に北は大井荘、南は生石荘と接している。荘田は条里に則った地割を示し、北東の山裾に灌漑用とみられる半刀(万か)池が築かれている。人家はかなり多く描かれているが、特に西北の吉田山麓と大井川右岸に密集している。また八幡宮・延寿寺・三井寺など神社二、寺院七を数える。立券後、本家である後白河院庁は預所を置いて支配管理にあたったが、預所の安倍資良は私得分を神護寺に寄進した。これによって神護寺とこの荘との関係が生じた。元暦元年(一一八四)になって、後白河法皇は本家役として院庁に納付されていた年貢も、神護寺勧進僧文覚の強請により、神護寺に寄進した。ここに神護寺による一円支配が成立したが、その統制管理などの内容・方法は、元暦二年正月十九日付の文覚の「四十五箇条起請文」から知ることができる。
↳別刷〈荘園絵図〉　(亀田　隆之)

あしやのしょう　葦屋荘　摂津国菟原郡葦屋郷の荘園。現在の兵庫県芦屋市付近を中心とする地域。平安時代初期平城天皇の皇子阿保親王の所領であったとも伝えるが不詳。もと院司藤原長方の伝領地であったが、承安元年(一一七一)後白河院に収公され、同院を本所とする長講堂領に入った。その後、宣陽門院を経て持明院統に受けつがれ、北朝崇光天皇の陵墓である大光明寺領となった。『長講堂領目六(録)』に「摂津国葺(葦)屋荘　大光明寺年貢米百石」とみえる。鎌倉時代末期、同荘の地頭職名田三町が勝尾寺に寄進されており、同荘にも地頭がおかれていたことがわかる。十五世紀には大光明寺領として不知行地となったが、間もなく北野社領となっている。文明五年(一四七三)の同社領の目録にその名がみえ、延徳元年(一四八九)には分米三十八石と夫銭を貢納しているが、その間の経緯は不明。なお、十六世紀に入ると、瓦林政頼は同荘の山の手に鷹尾城を築き、細川高国方の部将として活躍している。　(福留　照尚)

あずかっそ　預所　⇨あずかりどころ

あずかり　預　主として平安時代に一部の官司や荘園・社寺でみられた職名。官職としての預は『延喜式』に太政官文殿・太政官厨家でみられたが、そのほか諸史料上に後院庁・院庁・侍従所・進物所・御書所・一本御書所・作物所・画所・供御所・贄所・御厨子所・酒殿・氷室・穀倉院などにみられ、また国司が校班田を行う際に造班図預をおいたような例もある。たとえば院庁に別当・執事・預があったように預は一般的に長官の下にある職であったが、時には部門担当者たる場合もあった。荘園では十・十一世紀ごろの在地荘官の名称として庄預や預がみえる。庄預は庄子に対して在地で荘務をつかさどる者の称で、同じころ山預や神戸預がみえるのも同様のものであろう。預が庄検校・別当の次に位する庄司(荘司)の一つである例もある。これら預という荘官名称は平安時代末期には一般に使われなくなる。神社の社務管掌者としての預は平野社では九世紀にみられ、石清水社・春日社で正預・権預がずっと後代まで存在し、その他の社でも散見される。寺院でも十世紀初頭には年預がみられるが、また金剛寺で学衆・夏衆・預・承仕が院主から補任されていたような例もある。　(坂本　賞三)

あずかりさく　預作　領主が土地を作人に預けて耕作させることをいい、土地を預けられた人を預作人という。筑前国観世音寺領では、国衙から賦課される雑役を預作人が嫌うため、預作人の役負担を免除してもらうよう、観世音寺が国衙に訴えている。そして、その預作人たちは、「田刀」と称されており、単なる耕作者ではなく、地主的立場を持つ在地の有力者であることが窺われる。また、讃岐国善通寺領では、預作人が所当地子を納めない事態が発生している。これらの事例をみると、領主から土地を預かるという形態をとるとはいえ、預作の経営は、領主からある程度独立したものであると考えられる。　(高橋　傑)

あずかりどころ　預所　「あずかっそ」とも読む。平安時代末期以降みられる寄進地系荘園においては、本所(本家)―領家という重層的な職の体系が成立するが、本所のもとにある領家は、しばしば「預所」あるいは「本家の預所」と呼ばれた。丹後国大内郷吉囲荘は平辰清先祖相伝の所領であったが、のち八条院を本所、八条院女房弁局を領家と仰ぐようになった。文治二年(一一八六)十月十六日の八条院庁下文その他(『東寺百合文書』ホ)によると、領家にあたる弁局およびその子孫は「預所」と呼ばれている。同様な例は大和国檜牧荘・肥後国鹿子木荘などにもみられ、預所は領家と同義に用いられていたことがわかる。これに対して本所・領家などの荘園領主の命をうけ、現地に赴いて下司・公文といった下級荘官を指揮して、荘園の経営にあたる荘官をも預所といった。すなわち下司・公文などの荘官は、荘園内に住む有力者が任命される場合が多かった。一方預所は、一部に在地の土豪などの有力農民がとりたてられることもあり、また荘園の寄進者あるいはその子孫が預所になる場合もあった。たとえば寄進地系荘園として有名な肥後国鹿子木荘においては、開発領主の子孫が「地頭預所職」を称するような例もみられるが、荘園領主の代理人が預所として中央から派遣されることが多く、また一荘だけでなくいくつもの荘園の預所を兼ねる場合もみられる。鎌倉時代末期、東寺領若狭国太良荘の預所(はじめは預所代)とし

て活躍した真行房定宴は、太良荘のほかに伊予国弓削島荘・大和国平野殿荘および安芸国新勅旨田の経営にも関係し、東寺領荘園の興隆に力をつくした代表的な預所である。 →荘官《しょうかん》 （上島 有）

あずきしまのまき 小豆島牧 ⇩しょうずしまのまき

あずまざかのしょう 東坂荘 河内国石川郡の荘園。現在の大阪府南河内郡千早赤阪村東阪付近。観心寺領。承和三年（八三六）同寺に勅施入されたもので、元慶七年（八八三）勘録の『観心寺縁起資財帳』（『観心寺文書』）では二十余町の荘地の多くは山林。その後の経営状態は不明だが、応永十八年（一四一一）の畠山満家署判の同寺重書紛失状（同上）によれば、平安・鎌倉時代に臨時雑役・野宮役・勅院事幷国役などの免除や近辺住民の乱暴狼藉を停止する保護が与えられ、その実態はともかくとして室町時代初期まで同寺領として存続していた。 （福留 照尚）

あずみえのしょう 安曇江荘 摂津国難波江に注ぐ堀江川の川口（大阪市）にあった東大寺領の荘園。現在の大阪市北区、都島区、中央区の地域。起源は天平勝宝四年（七五二）摂津職西生郡美努郷の双甲倉一宇を含む三町六段余を、東大寺が銭百貫で安宿王から買得したのに始まる。立券されたのは天平宝字四年（七六〇）に五段余を残して、南岸の大部分を新薬師寺に転売した時である。延暦二年（七八三）江北に駅家を置くことになり、江北の九段を江南の勅旨荘一町五段と交換したが、これは甲倉などの交換であった。安曇江荘の西に隣接したこの地は新羅江荘と称した。両荘は立地条件から東大寺の難波使が難波市で交易に従った時の事務所や宿所にあてられたと考えられ、倉庫＝船津としての機能を発揮した荘園の一例である。よって荘地拡大ははかられず、天暦四年（九五〇）両荘で一町五段余にすぎない。また大治三年（一一二八）には倉庫のあった新羅江荘だけが寺領目録にみえ、平安時代末期にはそれも衰退した。 →新羅江荘《しらぎえのしょう》 （福留 照尚）

あすわのみくりや 足羽御厨 越前国足羽郡の伊勢内宮の御厨。現在の福井県福井市付近。成立の時期は不詳。伝領の関係からか、建久三年（一一九二）に源頼朝により他の平家没官領とともに一条家に譲られたことが『吾妻鏡』（同年十二月十四日条）から知られる。のち九条家に伝領されたが室町時代にはまた一条家領となり、守護代朝倉氏が請所として毎年四百余貫の年貢を納めていた。しかし、応仁の乱以降朝倉氏が別納の地とともに押領し、侵食を開始していることが、『桃華蘂葉』にみえる。 （亀田 隆之）

あぜごえかんがい 畦越灌漑 谷戸田、迫田、山田、棚田など谷間や台地の側面に開かれた水田では、高低差を利用して、自然湧水を上の水田から順次下の水田に灌漑する方法が行われた。畦越しに溢れた水で次々に灌漑されることから畦越灌漑と呼ばれた。平地の水田では人工的用水路を利用した灌漑が必要となることから、水田は谷戸田、迫田などが平地の水田より先行して開かれた。したがって用水路を利用した灌漑より、畦越灌漑が先行した灌漑法であったといえる。 （瀬野精一郎）

あそうのしょう 麻生荘 近江国蒲生郡の荘園。現在の滋賀県蒲生郡蒲生町上麻生・下麻生付近。立荘年次・事情は不明。保安三年（一一二二）平宗保譲状に同荘公文職は宗保の先祖開発の所帯とあり、開発領主の寄進によるものらしいが、当時の荘園領主は不明。南北朝時代に同荘は近接する市子（本）荘（蒲生町市子殿から市子松井にかけての地域）や綺田《かばた》荘（同町綺田付近）とともに花山院家を領家としており、市子本荘に対する新荘であったらしい。本荘たる市子荘が寛治七年（一〇九三）に春日社領とみえることを考えあわせると、麻生荘も春日社・藤原氏の領有に系譜が求められるかと思われる。滅亡直前の鎌倉幕府は大塔宮誅罰に功ある者に同荘を与えようとした。文和元年（一三五二）十一月、室町幕府は祇園社造営料所として寄進し、領家は花山院家から祇園社に移った。それより以前から同荘は半済として兵粮料所にあてられ、給人の佐々木近江七郎左衛門が横暴をきわめて、同荘五ヵ村のうち一村が逃亡したこともあった。文明元年（一四六九）十月六角氏は、同荘を給恩として望月弥次郎に与えている。 （坂本 賞三）

あそじんじゃりょう 阿蘇神社領 熊本県阿蘇郡一の宮町宮地に鎮座する肥後一宮阿蘇神社の本末社領および大宮司私領。中世の阿蘇社領は次のごとく分類できる。

- 阿蘇社領
  - 社領
    - 本社領
      - 宮地四面内
      - 社領郷・山上御岳領
    - 末社領
      - 甲佐社領
      - 健軍社領
      - 郡浦社領
  - 大宮司私領
    - 南郷
    - 矢部
    - 新恩地

（杉本尚雄『中世の神社と社領』による）

本社領の「宮地四面内」は、封戸に由来する神人の耕作する神事負担を重点的に担う境内郷で、この地を含め阿蘇谷の諸郷を占める本社領の多くは、田堵・名主的階

阿蘇神社領

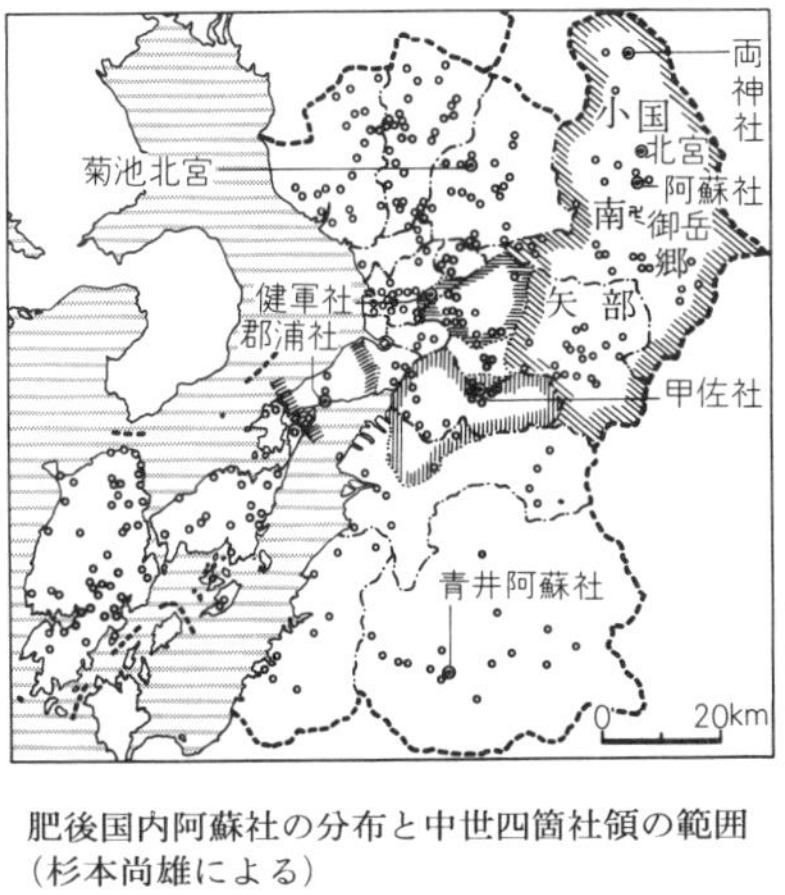

肥後国内阿蘇社の分布と中世四箇社領の範囲
（杉本尚雄による）

層の神宮・供僧の給田とされていた。三末社領は、十二世紀前半期、社を奉斎する在地勢力が阿蘇氏と結びつく中で末社領化していったもので、健軍社は津守保（上益城郡）、甲佐社領は堅志田・小川・海東・砥用《ともち》など下益城郡を中心に分布し、郡浦社領は宇土半島の大半を占める。平安時代末以来、大宮司は南郷・矢部を根拠に武士団を形成していったため、この地域が大宮司私領の中心となっていった。（工藤　敬一）

あそのしょう　阿蘇荘　肥後国阿蘇郡の荘園。現在の熊本県阿蘇郡の地域。その史料的所見は僅少だが、元弘三年（一三三三）十一月四日の肥後国守護所宛の雑訴決断所牒には、阿蘇荘の四至堺を「承暦国宣」にまかせて、大宮司惟直に打ち渡すよう命じているので、その成立が白河天皇の承暦年間（一〇七七―八一）にさかのぼることが知られる。荘域は明確でないが、この「四至堺」が、嘉禎二年（一二三六）の阿蘇郡四境注文と同じものとすれば、それは今日の熊本県阿蘇郡のうち、阿蘇谷・南郷谷を併せた火口原部分全域を包含することになる。しかし当初は阿蘇谷のみであったかもしれない。本所は皇室で、国造―郡司の系譜をひき、開発領主としてこの一帯の領主的支配を実現して来た阿蘇大宮司家が、皇室の権威を募らんとしたものであろう。その後、本家職は鳥羽院から美福門院に伝えられ、さらに安楽寿院に施入され、のち後宇多院領となった。領家は村上源氏で、治承四年（一一八〇）当時は源定房。鎌倉時代中期以降、大宮司を中心とする封建的関係の進展に伴い荘園としては形骸化した。史料上は貞和五年（一三四九）、正平十一年（一三五六）に「阿蘇荘」の名がみえるが、南北朝時代にはもはや荘園としての実態はほとんどなかった。（工藤　敬一）

あだちのしょう　安達荘　陸奥国安達郡の荘園。現在の福島県安達郡を中心とする地域。仁平元年（一一五一）陸奥国拒捍使史生惟宗定兼がこの地を太政官厨家便補保に申し立て、国司の許可を得たのがはじまり。定兼の地位は「本領主」と呼ばれ、その権利は地主職といわれている。その後間もなく定兼の所有していた権利は小槻隆職の手に入るが、当荘が荘号を得たのはこのころであったと思われる。その後は小槻氏（壬生）の家領として伝えられ、建武三年（一三三六）には壬生匡遠が院宣によって他の家領とともに当荘を安堵されている。（大石　直正）

あつたじんぐうりょう　熱田神宮領　愛知県名古屋市熱田区新宮坂町に鎮座する熱田神宮の所領。平安中期以降律令体制が解体過程に入ると、当宮古来の神戸や神田は次第に荘園化し、多くの氏人・神人を擁した当宮は、尾張の沃野に荘園を立てて経済的基礎の強化を図った。大宮司が尾張氏より藤原氏に移ると、公家との関係は密となり、鳥羽上皇時代に当宮とその社領とは皇室御領の班に入り、やがて皇女上西門院が管領され、のち宣陽門院領となり、持明院統の

熱田神宮領

熱田神宮　社領一覧

所在国郡	名称	特徴	典拠
尾張　愛知郡	神戸郷	国衙の勘落濫責を受く、文和三年注進権宮司家領畠三町四段	猿投神社文書・熱田神宮文書
同	南高田郷	新別納郷並に当役勤仕の要郷、百六十三町八段、文和三年注進権宮司家領田畠四十八町六段大	同
同	北高田郷	文和三年注進権宮司家領畠七町六段小	熱田神宮文書
同	市部郷	新別納郷並に当役勤仕の要郷、二十町七段	猿投神社文書
同	作良郷	新別納郷並に当役勤仕の要郷、七十六町一段、文和三年注進権宮司家領田畠二十五町六段大	猿投神社文書・熱田神宮文書
同	星崎郷	応永二十年長講堂領目録、熱田社領	東山御文庫記録
同	上中村郷	国衙の勘落濫責を受く、文和三年注進権宮司家領畠二十二町八段	猿投神社文書・熱田神宮文書
同	中中村郷	新別納郷並に当役勤仕の要郷、四十九町九段	猿投神社文書
同	下中村郷	新別納郷並に当役勤仕の要郷、二十七町一段、文永十二年鷹司院より関白兼平に譲与	猿投神社文書・下郷伝平氏所蔵文書
同	鷹野郷	文和三年注進権宮司家領田畠四町一段	熱田神宮文書
同	永良郷	新別納郷並に当役勤仕の要郷、百二十三町二段	猿投神社文書
同	岩基郷	文和三年注進権宮司家領畠二十一町六段大	熱田神宮文書
同	大脇郷	国衙の勘落濫責を受く、文和三年注進権宮司家領畠十町六段、熱田座主領（明徳二年五月神領注文）	猿投神社文書・熱田神宮文書・三宝院文書
同	榎墓郷	正中三年二月後鳥羽院御影堂料所、文和三年注進権宮司家領畠十二町八段半	水無瀬神宮文書・熱田神宮文書
同	高戸郷	文和三年注進権宮司家領畠三町四段	熱田神宮文書
同	野並郷	天正十二年三月徳川家康大宮司季信に給す、近世を通じて大宮司朱印領七百十七石	同
同	小船津里	神宮寺薬師講田法華経料田六町五段、承久元年国免	粟田文書
同	牛跡里	長寛年中国免、大宮八剣両宮大般若経料田十三町六段の内	同
同	秋貞名	明徳四年十月右衛門佐源朝臣修理料所寄進	同
同	宇連一色	文和三年注進権宮司家領田畠三十二町四段	熱田神宮文書
同	一切経田	文和三年注進権宮司家領田畠二十九町一段	同
同	東条寺尾笠寺敷地荒野	暦仁元年十二月宣陽門院庁神役院役免除、三段余	笠覆寺文書
同	東条大宅御内細地荒野	正和二年四月尾張員仲に沽却	粟田文書
同	細地脇内古渡橋爪	建武四年二月源信義八剣宮御燈油料安堵、三段大	同
西春日井郡	朝日下郷	新別納郷並に当役勤仕の要郷、三十五町四段	猿投神社文書
同	朝日中郷	嘉元元年十一月公文請文	同

所在国郡	名称	特徴	典拠
尾張西春日井郡	寺野郷	新別納郷並に当役勤仕の要郷、五町九段	猿投神社文書
同	鹿田本地郷	国衙の勘落濫責を受く	同
同	落合郷	永仁六年九月落合郷総領主職和与の院宣、毎月神役の注進、田畠等の段別あり	集古文書・妙興寺文書
同	安食荘	康治二年七月検注帳に社領田畠荒野合計二百七十九町一段見ゆ	三宝院文書
同	鹿田新御領	国衙の勘落濫責を受く	猿投神社文書
東春日井郡	科野郷	熱田座主領（明徳二年五月神領注文）	三宝院文書
同	柏井荘	建武四年四月守部政継柏井荘内十五坪、半分代官職知行	守部文書
同	水野上御厨	新別納郷並に当役勤仕の要郷、十三町四段	猿投神社文書
同	野田村	建武四年四月守部政継半分代官職知行	守部文書
同	玉野村	建武四年四月守部政継半分代官職知行、暦応二年十一月大宮司篠木荘内玉野郷に濫妨	守部文書・円覚寺文書
同	野依供御所	国衙の勘落濫責を受く、畠七段、勝仏相伝地を道覚に譲与、楠童・薬王丸次々相伝	猿投神社文書・張州雑志
丹羽郡	大間郷	国衙の勘落濫責を受く	猿投神社文書
同	吾蕩郷	同	同
同	柴墓郷	国衙の勘落濫責を受く、文和三年注進権宮司家領畠二十五町三段大	猿投神社文書・熱田神宮文書
同	公賀郷	国衙の勘落濫責を受く	猿投神社文書
同	三刀墓郷	国衙の勘落濫責を受く、文和三年注進権宮司家領公賀三刀墓御園畠二十七町八段半	猿投神社文書・熱田神宮文書
同	上治御園	文和三年注進権宮司家領畠十六町三段半	熱田神宮文書
同	八島御園	文和三年注進権宮司家領畠十二町小	同
葉栗郡	般若野郷	国衙の勘落濫責を受く、文和三年注進権宮司家領畠二十九町八段	猿投神社文書・熱田神宮文書
中島郡	牛野郷	新別納郷並に当役勤仕の要郷、三十六町	猿投神社文書
同	氷室郷	新別納郷並に当役勤仕の要郷、三町五段	同
同	千代郷	新別納郷並に当役勤仕の要郷、二十町二段	同
同	鈴置郷	貞治六年十二月神領、応安四年三月色済十貫文、文和三年注進権宮司家領畠二十六町八段半	妙興寺文書・熱田神宮文書
同	田宮郷	国衙の勘落濫責を受く	猿投神社文書
同	田宮御園	文和三年注進権宮司家領畠二十四町	熱田神宮文書
同	鴾島郷	国衙の勘落濫責を受く、別納鴾島郷と見ゆ	猿投神社文書
同	尾塞郷	熱田宮へ毎年油栗進納、寛元三年十二月尾張俊時中島観音堂に寄進、畠一町五段	宝生院文書
同	為安郷	新別納郷並に当役勤仕の要郷、四十二町六段、正応四年四月・同六年七月郷司職補任	猿投神社文書・熱田神宮文書
同	玉江荘	文和三年注進権宮司家領田畠十四町四段	熱田神宮文書
同	山口保	熱田色成の畠三段、永享七年十二月寄進	妙興寺文書

所在国郡	名称	特徴	典拠
尾張 中島郡	一乗寺保	暦仁元年十二月庁宣、熱田宮領三十七町六段大、外に十六町四段等	大国霊神社文書
同	吉松保	国府一宮井熱田講田（年欠室町時代）一町七段	妙興寺文書
同	萩園村	延文四年二月熱田宮色生栗代二百文毎年備進、十八町	同
同	長谷村	尾張宣俊相伝の地、同村を延慶二年十一月秀宣に譲与、一町八段	同
同	南条三宅郷内国分村	熱田社本家上分進済、正中二年二月円覚寺に寄進	円覚寺文書
同	南条三宅郷内溝口村	同	同
同	南条下池部里	沙弥貞親当宮に寄進、嘉元四年十一月円覚寺に寄進、畠三町五段	同
同	麻績恒岡名	国衙の勘落濫責を受く	猿投神社文書
同	千騎名	暦仁元年十二月庁宣、熱田宮中門等修理料田、四十一町三段	大国霊神社文書
同	源成広仮名友重田	暦仁元年十二月庁宣、熱田宮右方屋十間料田、田畠十五町	同
同	中島郡内散在田畠	大宮司野田太郎寄進分、十三町八段	妙興寺文書
海部郡	北国分郷	延文四年二月熱田神領北国分郷大宮司方寄付、五町四段小	同
同	一乗寺東方	熱田八剣宮片屋修理料田、寛元四年七月尾張俊明中島観音堂に寄進、一町五段	宝生院文書
知多郡	木田郷	新別納郷並に当役勤仕の要郷、二十町九段、文和三年注進権宮司家領田畠二十一町半、応永二十年長講堂領目録、熱田社領	妙興寺文書・熱田神宮文書・東山御文庫記録
同	大郷御園	新別納郷並に当役勤仕の要郷、三百二十五町六段	猿投神社文書
同	大郷	文和三年注進権宮司家領田畠三十三町八段小	熱田神宮文書
同	英比郷	文和二年七月大宮司押妨停止、社領年貢を沙汰、文和三年注進権宮司家領田畠二十二町、明徳二年五月熱田座主領に安堵、応永十一年四月土御門資家雑掌に渡付、宝徳四年七月仙洞御料所	三宝院文書・熱田神宮文書・東山御文庫記録・塩尻
同	御幣田郷	文和三年注進権宮司家領別納御幣田郷田畠五十三町九段	熱田神宮文書
同	生道郷	文和三年注進権宮司家領十四町九段小	同
同	藪郷	伏見宮御領、別納藪郷万余疋（永享十二年八月二十八日目録）、嘉吉元年閏九月敷政門院御領	榎戸文書・塩尻
同	乙河御厨	国衙の勘落濫責を受く、文和三年注進権宮司家領乙河御園田畠四十四町三段小	猿投神社文書・熱田神宮文書
同	智多新御領	国衙の勘落濫責を受く	猿投神社文書
（郡未詳）	栗野郷	新別納郷並に当役勤仕の要郷、九町一段	同
（同）	泥津郷	新別納郷並に当役勤仕の要郷、四十一町七段	同

所在国郡	名称	特徴	典拠
尾張（郡未詳）	小鍋郷	新別納郷並に当役勤仕の要郷、八町、文永十二年鷹司院より関白兼平に譲与	猿投神社文書・下郷伝平氏所蔵文書
（同）	雲福寺郷	新別納郷並に当役勤仕の要郷、二十九町七段	猿投神社文書
（同）	南条醤殿郷	新別納郷並に当役勤仕の要郷、二十三町九段、国衙の勘落濫責を受く	同
（同）	包弘郷	新別納郷並に当役勤仕の要郷、九町五段	同
（同）	則光郷	国衙の勘落濫責を受く	同
（同）	友房郷	同	同
（同）	平手助方郷	同	同
（同）	重弘郷	同	同
（同）	成武郷	国衙の勘落濫責を受く、元亨三年四月神官相伝分三町六段安堵	猿投神社文書・熱田神宮文書
（同）	武藤郷	国衙の勘落濫責を受く	猿投神社文書
（同）	光任郷	同	同
（同）	福光郷	同	同
（同）	則国郷	同	同
（同）	八瀬郷	同	同
（同）	河俣郷	同	同
（同）	永田郷	元亨四年十二月十三日返付	花園天皇宸記
（同）	永田御園	新別納郷並に当役勤仕の要郷、五十四町八段	猿投神社文書
（同）	堀江御園	永仁二年十月大納言法印に安堵	壬生家雑文書拾遺
（同）	堀江新御領	同	同
（同）	土取村	熱田座主領（明徳二年五月神領注文）	三宝院文書
（同）	池尻今村	国衙の勘落濫責を受く	猿投神社文書
（同）	包元名	新別納郷並に当役勤仕の要郷、十九町二段	同
（同）	実目名	新別納郷並に当役勤仕の要郷、二町七段	同
（同）	俊真名	新別納郷並に当役勤仕の要郷、二十四町	同
（同）	経能名	国衙の勘落濫責を受く	同
（同）	為時名	同	同
（同）	守行名	同	同
（同）	念朝名	国衙の勘落濫責を受く、大宮司範昌墓所あり	同
（同）	清方名	国衙の勘落濫責を受く	同
（同）	光末小名	同	同
（同）	則末名	永仁六年九月国衙の勘落濫責の注進あり	同
（同）	為吉名	同	同
（同）	刀王子名	建久三年十二月尾張奉忠の後家領掌	粟田文書
（同）	延方名	元亨四年十二月十三日返付	花園天皇宸記
（同）	麻績毎朔御供料	国衙の勘落濫責を受く	猿投神社文書
尾張（郡未詳）	新密宗料所	熱田座主領（明徳二年五月神領注文）	三宝院文書
（同）	友田御免田	国衙の勘落濫責を受く（号御跡田）	猿投神社文書
（同）	於保珍耀	国衙の勘落濫責を受く	同
（同）	西多岐	国衙の勘落濫責を受く、勘落使濫責注文到来	同
（同）	為松	国衙の勘落濫責を受く	同
（同）	小次郎丸	同	同
（同）	柿木国友	同	同
（同）	友末	同	同
（同）	鹿田吉藤	同	同
（同）	北比々野	同	同
（同）	右吉	同	同
（同）	陸田吉藤	同	同
（同）	借屋戸	同	同
（同）	粟野氷室	花園院熱田社領を嘉暦元年祇園社勅願料所に寄進	祇園社家条々記録
（同）	西田	祈禱料所十八町の内五町を座主知行	密蔵院文書
（同）	盛直跡	新別納郷並に当役勤仕の要郷、五町	同
（同）	椙厩戸	文永十二年鷹司院より関白兼平に譲与	下郷伝平氏所蔵文書
（同）	上納戸	文保二年六月後鳥羽院御影堂修理料所	水無瀬神宮文書
（同）	蔵司田	熱田座主領（明徳二年五月神領注文）	三宝院文書
美濃 羽島郡	堀津北方郷	新別納郷並に当役勤仕の要郷、六十二町五段、建武三年郷内荒野一色田畠を節折命婦に安堵（羽島郡の以下の郷はもと尾張中島郡に属す）	猿投神社文書・熱田神宮文書
同	堀津五ヶ郷	応永二十年長講堂領目録、熱田社領	東山御文庫記録
同	狐穴郷	嘉元元年十二月狐穴郷年貢返状、（康永三年－貞和二年）十一月社家違乱停止院宣、応永三年十月幕府今川氏被官の押妨停止	猿投神社文書・東京国立博物館所蔵文書・熱田神宮文書
同	粟野郷	新別納郷並に当役勤仕の要郷、九町一段	猿投神社文書
同	賀野西浦永	新別納郷並に当役勤仕の要郷、五町	同

最有力御領の一つとして伝領された。一方、武家とも親縁関係を結んで社会経済的発展を遂げ、正安ごろには、ある係争にかかわる社領だけでも、二千六百四十四町に達しており、文和三年(一三五四)四月の注進によれば、権宮司家領だけでも五百六十二町に上っている。それらは尾張一帯に分布し、美濃・三河にも若干存していた。建武新政府の成立にともない、持明院統の管領は停止されたが、その崩壊とともにまた復活し、禁裏御領、ついで仙洞御領に入り、永亨五年(一四三三)十二月に、伏見宮御領となった。当社領は全国的には分布していないが、尾張国における密度が高く、総面積では伊勢および両八幡宮(宇佐・石清水)に次ぐ広大

な社領で、それが三百数十年の久しきにわたって皇室御領となり、史上に重要な役割を果たしたことが注目される。なお、江戸時代には御供料四百五石、大宮司領七百十七石が寄せられ、地元熱田の地(四千二百四十石)は古来の縁故により神領地と呼ばれていた。　(小島　鉦作)

あつみのしょう　厚見荘　美濃国厚見郡茜部の荘園。現在の岐阜市茜部を中心とする地域。茜部荘の前身。桓武天皇の勅願によって開かれ、大同四年(八〇九)立券荘号して厚見荘となる。桓武天皇の皇女朝原内親王に伝領され、弘仁九年(八一八)内親王の遺言により母の酒人内親王から東大寺に寄進された。墾田百十七町三百三十九歩。茜部荘と改号された理由は明らかでないが、川成によって荒廃したのち、再開発の折に改めたのであろう。天徳四年(九六〇)の太政官牒には茜部荘とみえる。　↓茜部《あかなべの》荘《しょう》　(新井喜久夫)

あつめみょう　集名　⇩合名《あいみょう》　⇩集名《しゅうみょう》

あてがわのしょう　阿氏川荘　紀伊国有田郡東半部を占める荘園。現在の和歌山県有田郡付近。古くは石垣上荘とも称した。荘域は広大だが、大部分は山地で、耕作可能な地は有田川に沿うわずかな地積にすぎず、建久四年(一一九三)阿氏川上荘の惣田数五十町余、保延三年(一一三七)下荘の作田五十一町余である。延喜の荘園整理令以前に立荘され、一時親王領、やがて左大臣藤原仲平の所領となり、その女明子(藤原敦忠室)、その女の源延光室と伝領され、正暦三年(九九二)平惟仲に売却された。惟仲は当荘を私建立の白川寺喜多院(寂楽寺)へ施入、寂楽寺第二代別当忠覚のとき、寂楽寺が法勝寺の末寺となり、院門跡の行尊に寄進したことから、領家は寂楽寺、本家職は円満院門跡となった。ところがすでに十一世紀初頭から高野山金剛峯寺による領有運動が行われたらしく、寛弘元年(一〇〇四)および長寛二年(一一六四)の紛争の史料がある。治承四年(一一八〇)以仁王の挙兵の際、園城寺の末寺荘園の一つとして処分され、本家職は平家領となり、平家西走のあと、高野山は源義経に訴えて元暦元年(一一八四)に安堵外題を獲得、さらに頼朝からも安堵の下文を得てその領有を実現した。しかし間もなく幕府はこの決定を取消し、円満院門跡定恵法親王(鳥羽宮)に安堵し、以後円満院門跡が本荘の本家職を相承し、嵯峨御所(僧正法円)・桜井宮(覚仁法親王)・円満院宮(円助法親王)が本家職・領家職を兼帯し、ときに藤原隆房が一時的に領家職を領有した。嘉元二年(一三〇四)恒助法親王のとき後宇多院の院宣により高野山へ避状が出され、ようやく高野山領となった。鎌倉時代初期に高野山領となったときの下司に三宝房長安・助光の兄弟があり、在地有力者かと見られるが、文治年間(一一八五―九〇)に鳥羽宮・寂楽寺が有田郡の在地領主湯浅氏と結託してこれを追放、以後湯浅氏がこの荘の実力者となった。建久八年(一一九七)文覚が地頭職を拝領すると湯浅氏はその代官となり、やがて文覚よりの譲状を得たと称して承元四年(一二一〇)湯浅宗光が地頭職を安堵され、以後湯浅氏が上荘・下荘の地頭を相伝した。地頭湯浅氏は名田を押領し、百姓に苛酷な夫役を課して百姓から訴えられ、また預所を兼ねたばかりか、ときには請所たることを主張したりして、荘園領主と対立した。高野山の領有以後は、高野山と地頭湯浅氏との対立が激化し、高野山は幕府に地頭停止を要求したが、落着を見ぬうちに幕府の滅亡に至った。その後、室町時代前期は明らかに高野山領であったが、応永二年(一三九五)の高野山大集会評定事書を最後に、史料上から姿を消す。

[参考文献]　仲村研編『紀伊国阿氏河荘史料』一・二(『荘園史料叢書』)　(安田　元久)

あどがわのみくりや　安曇河御厨　近江国高島郡の賀茂別雷社の御厨。現在の滋賀県高島郡安曇川町を含む安曇川流域一帯にあった。寛治四年(一〇九〇)賀茂社の神税不足により、勅願によって近江国の公田百五十六町、寄人五十二人を引き募って神田・神人とした際、同じくその雑事たる安曇川の川魚を同社毎日二度の御贄物として寄進したことに始まる。治承・寿永の内乱のころ武士の狼藉をうけた賀茂社神領四十二ヵ所の一つに安曇河御厨も含まれ、数年間にわたって供魚が上進されなかったが、院庁下文をうけた源頼朝の濫妨停止の下文がだされた。しかし、文治二年(一一八六)に改めて頼朝が佐々木定綱の無道知行の停止を命じているところをみると、彼らの非法は容易にやまなかったらしい。御厨としては、本来一人別三町の公田を引き募って、これをその再生産の基礎とした神人五十二人の漁獲物がその収取の実態をなし、安曇川筋の流末が他領他荘に及んでいても、川漁撈権は神人が独占するたてまえであったが、しばしば隣接沿岸諸荘からの侵略がおこった。室町時代中期、十四世紀の終りごろまで史料上に確認できる。　(島田　次郎)

あとしき　跡職　相続の対象となる所領所職のことをいう。跡職は通常その子等が相続するものであり、中世においては、分割相続から嫡子単独相続へという大きな流れがあった。また没収その他で通常の相続が行い得ない場合には一定の作法が存在した。相続は領主が認定するものであるが、全く恣意のままに行われた訳ではなかったのである。武家法には、犯罪を罰する場合には所領の没収が一般的に行われたが、その跡職相続を領主が認定する際には、没収された人物の惣領か同族、あるいは没収された所領所職になんらかの由緒をもつことが、相続の重要な用件となっていた。また、この作法は村落においても同様に見いだすことができる。百姓の跡職もやはり親類縁者が優先的に相続することができた。村落におけるこの慣習は、近世以降にも引き継がれていく一方、武家の慣習は中世後期には守護の所領処分権の強大化に伴って崩壊していく傾向を示すといわれている。　(高橋　傑)

あとのしょう　安堵荘　大和国平群郡の荘園。現在の奈良県生駒郡安堵町付近。

㈠興福寺領荘園。延久二年(一〇七〇)の『興福寺雑役免帳』に初見。公田五町五段歩からなる。室町時代の『三箇院家抄』にも、大乗院門跡領として記される。ただし延久の雑役免帳の記事と、三石余の二階堂負所米を記す以外に面積、課役などの記載はないが、当荘は九十石の年貢米があったという(『大乗院寺社雑事記』文明十六年(一四八四)八月六日条)。他に興福寺寺務領、一乗院門跡領の安堵荘もあった。

㈡七条院領荘園。貞応二年(一二二三)の教令院長厳譲状(『東寺百合文書』京)に、檜牧荘(大和宇陀郡)などとともに七条院領とみえ、安貞二年(一二二八)の七条院処分目録案(同ほ・ト)にも、七条院法華堂領と所見。預所(領家)職は、長厳から師資相承された。所在地は正確には未詳だが、現安堵町付近であろう。面積も未詳で、興福寺領との関係も明らかではない。

(熱田　公)

あなみのしょう　阿南荘　豊後国大分郡阿南郷の荘園化したもの。現在の大分県大分郡挾間町・庄内町一帯。面積八十町歩。領家一条家。保延五年(一一三九)阿南郷黒田里九坪一町を、平丸郡司藤原貞助が国判を得て由原宮に大般若経修理料田として寄進、平安時代末期ごろこの一帯が同宮領賀来荘となる。同郷の残りは寛喜二年(一二三〇)由原宮六ヵ年一度の大神宝料所にあてられ、天福元年(一二三三)から阿南荘となる。同宮大神宝は元来国衙が公郷に課して調進したが、地頭の緩怠により同郷をあてたのである。当時一条(公経)家が豊後の知行国主で、同家の沙汰として官国使の入部催促を停め、由原神事のほかは一向不輸別納の地とした。一条家が領家、由原社僧兼山僧の幸秀が雑掌(預所職)。松富・松武・光一松の三名から成り、松富名(挾間町)地頭は大友狭間氏。松武名は豊後大神一族阿南氏。光一松名は弘安年間(一二七八―一八八)には菊池武弘。享禄四年(一五三一)ごろまで荘名あり。

参考文献　渡辺澄夫編『豊後国阿南荘史料』(『九州荘園史料叢書』一二)、同編『豊後国荘園公領史料集成』五上

(渡辺　澄夫)

あぬのしょう　阿努荘　越中国射水《いみず》郡の荘園。現在の富山県氷見市の上庄川流域に展開した。康平四年(一〇六一)から同六年まで越中権守であった源家賢の私領で、成立時期はその在任中であったと思われる。家賢から一子相伝の後、二分され、阿努荘が憲俊、相浦村が前太皇太后女房局から藤原顕成の妻に譲られたが、保延のころ、ともに高陽院に寄進、そのあと藤原忠通から子孫に相伝、近衛家領となった。建長五年(一二五三)の『近衛家所領目録』に越前国としているのは誤りだが、「庄務本所進退」の所領で、預所がおかれていた。南北朝時代以降には所領の分割などのため、領有関係は錯雑して明確でないが、上荘(上庄川の上流地域)地頭職は幕府奉行人布施昌椿から南禅寺慈聖院に寄進され、また荘内中村の本家分は春日社に属し、同じく中村が足利義満からその母洪恩院に贈与、洪恩院から仁和寺に寄進された。おそらく仁和寺が領家職、幕府が地頭職を料所として所持したようで、在地武士の神保氏などが代官となった。しかし室町時代中期以降は代官・名主百姓などの年貢の横領・未進が続き、明応三年(一四九四)以後は年貢に関する史料は見当たらない。史料は『兵範記』仁安二年秋巻裏文書、『仁和寺文書』『蜷川文書』『建内記』『大乗院寺社雑事記』などにみえる。

(楠瀬　勝)

あのつのみくりや　安濃津御厨　伊勢国安濃郡の伊勢神宮(内宮)領の御厨。現在の三重県津市を中心とする地域。立荘年次、成立事情、面積などは不明。『中右記』の元永元年(一一一八)三月二十九日条にみえる安濃津神人は、この御厨の住人かと思われる。交通の要地であったから、住民は交易に従事していた(「建久七年四月十五日太神宮神主牒」)。神宮には六・九・十二月に贄《にえ》を在家別に奉仕し(『神鳳鈔』)、遷宮の木作始の儀に在家別各一廷の鉄を出した(『遷宮例文』)。仁治二年(一二四一)禰宜上洛の際の負担を拒否し問題となった(『仁治三年仮殿遷宮記』)。文明七年(一四七五)に安濃郡津御厨としてみえる(『氏経引付』)のが最後の史料である。

(西垣　晴次)

あびこのみくりや　網曳御厨　和泉国の海岸に存在した内膳司の御厨。『和泉志』に和泉郡の穴田・大津など七ヵ村を我孫子《あびこ》と呼ぶとあり、大阪府泉大津市にその地名を残しているが、貝塚市の南部、近木荘にも網曳御厨の免給田が存し、泉佐野市の鶴原・佐野にも及んでいた。鎌倉時代の網曳御厨下司左衛門尉源基光と近木郷地頭代の相論では、醍醐天皇の時はじめて内膳貢御所として立てられたと主張されている(『高野山文書』)。和泉の漁民が雑供戸として朝廷に魚貝を貢進したのはそれ以前からであったが、『延喜式』内膳司に記された毎年雑味塩魚二十石六斗、子・巳の日ごとにまた諸節の行事に御贄として各種の魚貝を貢進し、そのための徭丁五十人を請くという制度や、和泉国の河海で網を引く権利の独占などが、御厨に制限を加えた延喜の荘園整理令を経て確立したことを意味するものであろう。平安時代末期国中から百六十五町の雑免田を募ったが事の煩により正治年中(一一九九―一二〇一)改めて六十五町の不輸免田を募り、網曳御厨供御人を称した。鎌倉時代免田をめぐり地頭、荘園領主との相論が続く。近木荘の散用状(『高野山文書』)には「内膳給」として網曳御厨の給田が正長元年(一四二八)まで計上されている。高野山は応永末年、一筆一筆の耕地については権門の給免田を否定する方針で検注を行っているので、それ以後は荘内に現実的な給田は消滅したと考えられる。

(岡田　隆夫)

あひるのしょう　畔蒜荘　上総国の西南部望陀郡の荘園。現在の千葉県君津市東南部の山村地帯と小櫃川上・中流域にあった荘園。天和三年(一六八三)の真如寺鐘銘(中村国香・田丸健良『房総志料続篇』所載)に寺の所在が「上総国望陀郡畔蒜荘真里谷郷」とあり、木更津市真里谷付近から南部の小櫃川沿岸一帯が荘域。『吾妻鏡』文治二年

（一一八六）六月十一日条によると、熊野別当が上総国畔蒜荘を知行し、源頼朝が彼に地頭職を避付せしめたが、足利義兼と和田義盛の両人は年貢を仰留して納めず、頼朝がこれをなだめたとある。寛元元年（一二四三）畔蒜南北荘領主職は散位藤原清俊。弘安六年（一二八三）六月、北条時宗は畔蒜南荘亀山郷を鎌倉円覚寺に寄進。年貢として米・大豆・薪・炭などが鎌倉の寺家に送られた。建武四年（一三三七）七月足利直義は亀山郷寺領安堵の下文を出し、応永二十五年（一四一八）五月足利持氏は亀山郷に禁制を下している。

参考文献 『千葉県史料』中世篇県外文書 （小笠原長和）

あぶらくら 油倉 寺院の燈油を保管貯蔵する倉庫。歴史上、特に有名なのは奈良東大寺の油倉で、中世における油倉の経済活動は荘園制解体期の寺院経済の一つのあり方を示している。東大寺油倉は本来上司倉に付属し、万燈会や諸堂で使用する燈油を管理していた倉で、江戸時代まで大仏殿東北の地にあったが、移建されて現在では東南院跡、手向山神社前にあり、それぞれ国宝、重要文化財に指定されている。油倉としての初見は、造東大寺勧進職に任命され、東大寺再興のため活躍した俊乗坊重源が文治のころ土佐守宗実を油倉に匿った『平家物語』の記事とされているが、元来東大寺には総国分寺として多くの封戸が施入され、中男作物油が納入されていたから、それを貯蔵する油倉は奈良時代末期にはつくられていたものと推定される。平安時代には燈油納所・油目代によって管理運営されていた。鎌倉時代、大仏殿の再興にあたり備前国野田荘が油料として勅施入されてから勧進所と密接な関係が生じ、造営所を油倉と称したり、油倉が勧進所の所務を代行したり、勧進聖が油倉の管理を行い、寺内の燈油を供給したりした。中世の油倉の油は、諸国荘園から貢納された油、興福寺大乗院所属の奈良符坂油座商人から購入した油などからなっていた。符坂油座は鎌倉時代末期以降東大寺油倉への油供給を独占していたこともあったが、至徳二年（一三八五）のころになってその独占は後退している。南北朝時代には山城国淀の問丸が油倉の問職を兼ねていた事実から推して、符坂油座商人や淀問丸が油倉の運営に参加していたことが十分考えられる。天福元年（一二三三）以降油倉は木工楯・楯釘・城郭板・要材・米などを取り扱い、室町時代には蚊帳を織っていたともいわれる。このような経済活動を通じて油倉は田畑を買得し、米銭の貸付を行うかたわら、東大寺領の荘園や兵庫北関の代官職を兼ね、年貢・関銭徴収にも関与していた。これは中世後期荘園制解体期に多くの寺院や寺僧が行なった加地子得分権買得、高利貸、年貢請負などの経済活動と共通している。 （佐々木銀弥）

あまぎのしょう 味木荘 甘木荘とも記す。肥後国益城郡の荘園。現在の熊本県上益城郡御船町を中心に、一部は甲佐町・嘉島町に及んでいたようである。御船町に「甘木」の地名がある。確かな史料上の初見は、嘉禎二年（一二三六）の大友親秀譲状（大友家文書録）に「味木庄内一楽・真方・秋永名地頭職」とあるもの。嘉元三年（一三〇五）とみられている摂籙渡荘目録（九条家文書）に、「肥後国（平等院料所）甘木庄 教律上人知行之、後公文信盛知行之、年貢三百五十石、凡絹三百疋」とあり、摂関家渡領で平等院の料所であったこと、およびおおよその規模がうかがわれる。 （工藤敬一）

あまのしょう 安摩荘 安芸国の広島湾東部海域に位置する江田島・波多見浦・矢野浦などを荘域とする厳島神社の荘園。現在の広島市安芸区矢野町、安芸郡江田島町・音戸町付近。本家は鳥羽院であるが長承元年（一一三二）年貢の一部が高野山宝塔院に寄進され、一方本家分は八条院に伝領された。領家職は治承三年（一一七九）以前から平頼盛が所有していたが、同年十二月私得分七十石を厳島神社の毎日御供料として、その他の土産は厳島内侍の費用として寄進している。一方、八条院も頼盛のすすめによって同四年四月預所得分と雑公事を厳島神社に寄進した。本荘の主要部分が江田島・波多見浦・矢野浦と海をへだてていたため荘園が三地域に区分され、各地ごとに荘務を総轄する惣公文が置かれ、そのもとに惣追捕使・小公文など下級荘官が置かれていた。鎌倉時代の惣公文に中原氏・平氏を名乗る者がいるが、安摩荘域の開発領主の子孫と考えられる。なお広島の前身である五ヶ浦は応永四年（一三九七）に安摩荘の付属地として名をあらわしてくる。 （渡辺則文）

あまりのしょう 甘利荘 甲斐国巨麻郡の荘園。現在の山梨県韮崎市の上条・下条・若尾付近を中心とする地域。甘利山東麓と釜無川の間。『和名類聚抄』に甲斐国巨麻郡余戸郷とみえる地。平治元年（一一五九）の「宝荘厳院御庄園注文」（『東寺百合文書』レ）に「甲斐国甘利庄」とみえ、宝荘厳院領である。甲斐源氏の一族甘利氏の本拠と推測されている。 （吉田孝）

あゆがわのしょう 鮎河荘 越前国丹生郡の荘園。現在の福井市鮎川浦（鮎川町）の地に比定されもするが、地名の類似のほか、これを確かめる証拠は見当たらない。成立事情も不明だが、平安時代から摂関家領、近衛基通の管領以後は近衛家の渡領、建長五年（一二五三）の『近衛家所領目録』に同家が本所としてみずから荘務を進退する所領とある。なお『吾妻鏡』建久二年（一一九一）六月二十三日条には藤島三郎の鮎河荘に対する濫行を、越前国平泉寺でのこととしているが、これについて源頼朝が院に提出した請文は守護制成立の重要史料である。 （楠瀬勝）

あゆちのしょう 愛智荘 尾張国愛智郡の荘園。現在の名古屋市付近であろうが所在地不明。天平勝宝四年（七五二）東大寺大仏開眼の直後、東大寺に勅施入され、延喜九年（九〇九）立券荘号して愛智荘となった。天暦四年（九五〇）の目録に五町、長徳四年（九九八）の寺領注文には七十

町となっている。天禄二年(九七一)郡判をうけているから、このとき荘域の変更があったのかもしれない。その後の荘の推移は明らかでなく、鎌倉時代末の注進状では顚倒の由来さえ不明となっている。（新井喜久夫）

あらかわのしょう　荒川荘　紀伊国那賀郡の荘園。現在の和歌山県那賀郡桃山町のほぼ全域と粉河町の一部を含む地域。荒川郷の荘園化したもの。大治四年(一一二九)園城寺長吏平等院大僧正行尊の寄進により鳥羽院領として成立、院没後の平治元年(一一五九)美福門院は院の菩提をとむらうため高野山にこれを寄進、以後高野山領荘園となる。鳥羽院領期の保延元年(一一三五)の検注帳があり、田三十六町九段余、畠五十三町六段余、在家三十一宇、農民六十を数える。高野山領下においては高野山検校の支配管理下におかれ、公文・下司などが現地支配にあたった。政所荘以下の紀ノ川流域の荘園群は、高野山の直務支配下の荘園として中世を通じて強力な支配をうけた。長寛二年(一一六四)荒川荘在家七十宇、田二町余、畠十二町余が検校以下百四十四人の寺僧に対して配分され、荒川荘農民は寺僧の人格的支配をうける免家として、身分的に編成された。高野山は荒川荘など直務支配の荘園に対し、免家制度による強固な人格支配を行うとともに荘内外の在地領主層に対しても、その排除を政治目標として掲げ、たびたび在地領主との抗争をくり返した。荒川荘においては建久四年(一一九三)公文排除に成功し、その私領田畠を没収、寺僧に再配分した。かつまた鎌倉幕府との政治的折衝の結果、地頭設置、守護使入部も停止され、高野山による排他的一円支配が貫徹した。しかし、弘安—正応年間(一二七八—九三)、源為時一族の悪党的活躍が見られ、殺害事件、百姓住宅の放火、百姓牛馬の押取など、数々の非法行為が行われ、高野山の荘園制支配秩序は内部から一定の動揺をみせるに至る。御家人三毛氏の力によって一旦はこの悪党勢力を抑えたが、これ以後高野山と在地領主層との矛盾対立関係が助長されていった。（高田　実）

あらきだ　新墾田　新たに開墾した田。新墾田の語は、奈良時代以後見える。平安時代以後における田の開発には、完全な山野を耕地化する場合もあれば、耕地としての不安定性や耕作人逃亡等による荒廃公田の再開発の場合もあった。新墾田は、領主による開発により大規模化する事もあれば、農民による小規模開発のためにわずか一・二段である場合もあった。日本国内における荘園公領制の成立過程では、諸国において新墾田が多く開発され、時には別符(別府)や保等が設定される場合もあった。鎌倉時代になると、東国武士が幕府により地頭に補任され、日本国内各地域に移住した。平安時代以来各地域を領有していた領主は、「迫田」型耕地を領有していた。しかし地頭は、河川流域の平坦な低湿地を開発して、新墾田を設定して領有した。幕府は、地頭の開発を奨励した。特に東国地頭に対しては、自己の新墾田に対する目代・預所の検注拒否の権利を認め、荒野開発を推進した。（日隈　正守）

あらた　荒田　⇨こうでん

あらたうち　荒田打　田起こし。田植え前に田地を耕起する事。田を耕す時、敲く様な動作をする事から荒田打の名がついた。平安・鎌倉時代の田は不安定耕地が多く、休耕期間を設定する「かたあらし」農法が広範に行われていた。荒田打は、休耕地を耕作して再び田地とするための行為であった。荒田打は、春正月に一定度開始された。そして請作農民に田を割当てる領主による散田が行われる二月から三月にかけて、荒田打は本格的・全面的に展開した。荒田打は、複数の農夫が横に並び、鋤を動かして耕起する動作を一斉に行い、労働のリズムに合わせて哀調を帯びた旋律と節回しの田打歌を歌いながら、単調な労働を進めるものであった。二月には、荒田打と共に行われる苗代田の引水の水源を祈る祭祀である二月田の神祭が行われた。荒田打は、夏四月上旬又は前半に至るまで行われ、荒田打終了後早苗取りの段階には、農民達が家の神祭りである四月神祭を行い、卯花を生垣に列植した。（日隈　正守）

あらたのしょう　荒田荘　薩摩国鹿児島郡の正八幡宮領の荘園。現在鹿児島市内に荒田町の地名がある。建久八年(一一九七)の同国図田帳には、「一円御領荒田庄八十町鹿児島郡内地頭掃部頭」とあり、他の正八幡宮領と同じく中原親能が地頭職を有していた。『吾妻鏡』元久元年(一二〇四)十月十七日条によると、その後親能に代わって、荒田荘には山北六郎種頼なる者が地頭に補せられていたが、地頭補任によって造宮の功が成り難いという正八幡宮寺の訴えにより、この時地頭職が止められた。のち正八幡宮寺が宇佐弥勒寺の末寺であった関係から、荒田荘は弥勒寺喜多院領に加えられた。（工藤　敬一）

あらはた　荒畠　荒れている畠。長期間耕作されず放置されている畠。律令制下においては、畠に対して税は賦課されなかった。畠が徴税の対象になったのは、十一世紀後半の延久荘園整理令の際、畠地に対する検注が行われて以後である。荒畠は、収穫高が無く税が賦課されない畠である。しかし一旦開発されて畠となり、耕地として不安定であるために再び荒廃して荒畠になった場合もある。その事を踏まえると、荒畠は再開発が期待されている畠であり、再開発された場合、片畠になったと考えられる。片畠は、畠と荒畠との中間に位置する地力の不安定な耕地である。片畠も、耕地として不安定な田地の場合と同様、「かたあらし」といわれる休耕を必要としていた。片畠は、加地子賦課の対象とはならず、「見作」と荒畠との間を断続的に反復していた。従って再開発された荒畠が片畠となり、その片畠が再び荒畠に戻る事もあり、その繰返しを経て片畠は、次第に畠となるのである。（日隈　正守）

ありまのしまのまき　有馬島牧　上野国に置かれた九ヵ所の御牧(勅旨牧)の一つ。『延喜式』は有馬島牧、『拾芥

抄』は有馬牧とする。現在の群馬県群馬郡有馬郷の地。牧地は榛名山の東南麓の斜面にわたる地域で、榛名山の外輪山相馬岳から流れる船尾川の流域と想定され、現在、渋川市に有馬(旧古巻村有馬)という地名が残っている。別当はわからないが、『新撰姓氏録』に上毛野氏の一族に阿利真公《ありまのきみ》があり、これを当てることができよう。　(勝守　すみ)

あれ　荒　荒地のこと。もともとの荒野をさすのではなく、一旦耕作された土地が荒蕪したものをいう。したがって荒そのものは時代の社会的、生産的条件に応じて存在する。古代では律令体制下の収奪のもと口分田が荒廃した例を見出しうるが、また初期荘園・私営田の末期にも荒廃田が多くみられた。これらは生産力水準の低さ、生産関係の矛盾により生じたものであり、概して長期または半永久的な荒地となった。当時、このような「常荒」に対して、短期間の不耕地としての荒地＝「年荒」「今荒」「かたあらし」などがあった。早く律令制において「易田」とされたものは、土地が「薄埆」のため「隔歳耕種」とする田であり、土地が旱害にあいやすく地味も薄いので、一年休耕して地力を回復し収穫をあげるものであった。平安時代中期、荘園制の成立時にも「かたあらし」と呼ばれて、隔年に休耕する慣習があり、また土地台帳に「年荒」「今荒」の記載がみられるのも短期間の荒地であろうと思われる。このように地力回復のための休耕を必要とする情況は、灌漑施設の未整備、農業技術の低さなど生産力水準に規定されたものであるが、ただ「かたあらし」がヨーロッパにおける二圃農業に比定しうるかどうかは、なお見解がわかれている。いずれにせよ中世においても耕地は不安定であり、荒がみられたことは、織田政権下の近江の指出からもうかがえる。近世に入り、治水技術の発展や小農経営の発展とともに全般に耕地情況は安定してくるが、ここでも荒は存在する。近世初頭の太閤検地においても、土地丈量を行い斗代を決定した田畠に荒と註している。もちろん検地帳に記載されたのち荒蕪した場合は、高内にとどめながら荒として減免した。したがって領主側は耕地が荒廃することを絶えず禁じ、延宝五年(一六七七)幕府検地条目にも、永荒場の開発を奨励し、近年中に新開になりそうな土地は高付けすることを定めている。　(脇田　修)

あわうのしょう　粟生荘　播磨国多可郡内の荘園。現在の兵庫県小野市粟生町辺を中心とする地域。同荘が東大寺に施入された時期は明確でないが、天暦四年(九五〇)には東大寺領荘園として田積二十一町六段六十九歩を有し、さらに長徳四年(九九八)には二十九町七段百四十四歩に増加している。その後、久安三年(一一四七)に東大寺は、同荘および同じ播磨国内の垂水・赤穂の三荘を、賀東郡の大部荘と相博し、以後、粟生荘は東大寺領から離れた。　(水野恭一郎)

あわくらのしょう　粟倉荘　美作国英田郡の荘園。のち東粟倉荘と西粟倉荘に分かれたという。現在の岡山県英田郡東粟倉村・西粟倉村の地域。本所は冷泉宮、領家は近衛家。近衛家文書建長五年(一二五三)十月二十一日近衛家所領目録によれば「粟倉庄丹後局親重女冷泉宮領内」とある。『東作誌』に載せる新免家系によると、大永三年(一五二三)に死んだ新免伊賀守が英田郡の讃甘荘・大原荘とともに粟倉荘をも支配していたとあるから、中世において新免氏が粟倉荘の地頭であったかも知れない。　(藤井　駿)

あわづのしょう　粟津荘　近江国滋賀郡の荘園。現在の大津市付近を中心とする地域。源頼朝は粟津荘など二十ヵ所の平家没官領を彼の妹(一条能保室)に譲与し、彼女の死後、建久三年(一一九二)に能保はこれらの所領を子息に譲った。なお文和元年(一三五二)足利義詮が「粟津御厨内膳所中庄」における押妨を排除せよと命じており、粟津荘が粟津御厨と同一の荘園だったかどうかは不明である。　(坂本　賞三)

あんかもんいんりょう　安嘉門院領　後堀河天皇の准母、皇后安嘉門院(邦子)の所領。貞応二年(一二二三)五月三日、後高倉院は崩御に先立ち、安楽寿院などの祈願寺をはじめ、八条院領などの大部分をこの皇后に譲与した。その目録が、「後高倉院庁下文案」(『東寺百合文書』ウ)「後高倉院庁下文抄写」(同へ)として伝存する。ただし、そのうち金剛勝院領・弘誓院領・禅林寺領・今熊野社領などは伝領しなかった。元仁元年(一二二四)五月、皇后はその所領の略目録である「皇后宮職御管領目六」(『昭慶門院御領目録』所引)を作成。同八月、安嘉門院の尊称を受ける。同門院は、八条院領のうちの宗像社などを後鳥羽上皇の後宮修明門院に譲与(『葉黄記』宝治元年(一二四七)八月十八日条)。山城九条の地・遠江浜松荘・同飯田荘や御祈願寺は、同院の伝領後に増加した。嘉禎元年(一二三五)五月落飾。法諡は正如覚。弘安六年(一二八三)九月四日崩御。七十五歳。墓所は未詳。安嘉門院領は亀山上皇・後宇多上皇・昭慶門院領を経て後醍醐天皇領となった。別表参照。　(奥野　高広)

あんじゅ　案主　荘園における下級荘官の一つ。わが国中世の荘園におかれた荘官は、時代によりまた荘園によって、その名称は多様であったが、公文・下司・案主・職事などと呼ばれるものが多かった。このうち公文・下司などは、荘園内に居住してその管理・経営の責任を負ったのに対して、案主はその名のように、公文・下司などの指揮を受け、公文書の文案の作成やその保管などの仕事に携わった荘官である。　(上島　有)

あんど　安堵　古代後期以降の土地私有制社会において、主君その他の支配者が被支配者に対して行なった被支配者の所領知行の存在・継続・移転などを承認する法的行為。安堵というのは、もともと人が堵(垣)の内に安んずることをいい、転じて一般に精神的に安んじた状態にあることを意味した。たとえば『史記』高祖紀に「諸吏民皆安堵如ㇾ故」などとみえ、わが国の文献でも『続日本紀』

安嘉門院領

安嘉門院領一覧

所在国郡	名称	成立年次	特徴	典拠
左京梅小路室町西	四戸主	天福元年九月	三万六千神祭料のうち、銭二十貫文代として権陰陽博士賀茂在友に給与	東寺百合文書ヶ
左京烏丸東梅小路北	六戸主	嘉禎四年十一月	尼見西より召し上げた地の替に給与、のち東寺領	吉田黙氏所蔵文書・東寺文書
洛中三条	万里小路新御所	弘安七年八月	安嘉門院より伝領して亀山上皇領、安嘉門院領目録ではこれら洛中の地を京御領と総称	勘仲記
洛中の地		安貞二年夏	藤原定家、進上地の替を安嘉門院に求む	明月記
同	六条院庁	弘安六年十月		勘仲記
山城 乙訓郡	久我料所	貞応二年五月	菜田	安嘉門院領目録
紀伊郡	真幡木荘	同	二百四十歩	同
宇治郡	醍醐窪垣	同	一町歩、醍醐寺領	同
大和 添下郡	横田荘	寛喜元年六月	安嘉門院内侍局知行	久我家文書
城上郡	野部郷	貞応三年五月	安嘉門院領目録に脱漏、野辺荘ともいう	昭慶門院御領目録・久我家文書
摂津 百済郡	田部荘	弘安六年十月		勘仲記
河辺郡	柳津河尻荘	文永元年十二月	真如堂に寄進	真正極楽寺文書
河内 茨田郡	小高瀬荘	弘安六年十月		勘仲記
伊賀 (郡未詳)	豊高荘	同		勘仲記・昭慶門院御領目録
伊勢 桑名郡	額田納所	貞応三年五月	安嘉門院領目録に脱漏	昭慶門院御領目録
尾張 中島郡	真清田(社)	寛喜元年七月	安嘉門院宣旨局知行	久我家文書
葉栗郡	黒田荘	弘安六年十月	法金剛院領	勘仲記
春部郡	味岡荘	同		同
遠江 敷智郡	浜松荘	同		同
長下郡	飯田荘	同		同
相模 余綾郡	二宮河勾荘	嘉禎四年四月		洞院部類記
常陸 信太郡	信太荘	貞応二年五月	八条院領	東寺百合文書へ
近江 蒲生郡	比牟礼荘	文応元年七月		経俊卿記・昭慶門院御領目録
坂田郡	吉富荘	寛喜三年十月	今熊野社領	民経記
美濃 大野郡	古橋荘	弘安六年十月	法勝寺領	勘仲記
各務郡	弓削田荘	寛喜元年六月	安嘉門院左衛門督局等知行	久我家文書
(郡未詳)	三村荘	同	安嘉門院宣旨局知行	同
越前 足羽郡	稲津荘	弘安六年十月	六条院領	勘仲記
加賀 江沼郡	熊坂荘	正嘉元年九月		経俊卿記・東福寺文書
加賀 江沼郡	山代荘	弘安六年十月		勘仲記
越後 蒲原郡	菅名荘	同	六条院領	同
丹波 何鹿郡	栗村東荘・西荘	同		同
但馬 朝来郡	多々良岐荘	弘安八年十二月		但馬国大田文
出雲 大原郡	大原荘	貞応三年五月	安嘉門院領目録に脱漏	昭慶門院御領目録
播磨 宍粟郡	菅野荘	弘安六年十月		勘仲記
同	石作荘	寛喜元年七月	安嘉門院宣旨局知行	久我家文書
多可郡	多可荘	弘安六年十月	花山院大納言知行	勘仲記
(郡未詳)	西下郷荘	弘安四年四月	後堀河院法華堂領、西下里荘ともある	勘仲記・東寺百合文書ハ
安芸 安芸郡	安摩荘	寛喜元年六月	安嘉門院冷泉局知行	久我家文書・厳島神社文書
紀伊 名草郡	三上荘	天福元年五月	八条院領、石清水八幡宮領野上荘と争論	石清水文書
阿波 名東郡	富吉荘	弘安六年十月	今林准后知行	勘仲記・臨川寺重書案文
讃岐 小豆郡	小豆島	正嘉元年九月	後堀河院法華堂領	経俊卿記
筑前 鞍手郡	感多荘	文治五年閏四月	八条院領	西園寺家文書・昭慶門院御領目録
(郡未詳)	盛田荘	貞応三年五月	安嘉門院領目録に脱漏	昭慶門院御領目録
筑後 三毛郡	三毛山門荘	建長二年十一月	安嘉門院押領	東福寺文書
豊後 玖珠郡	古後郷	弘安八年十月	安嘉門院跡	豊後国図田帳
同	帆足郷	同	同	同

などにこの意味での安堵の使用例がみられるが、平安時代末期になって社会変動がはげしくなり、私有財産の保護を必要とするようになると、所領保護の慣行として安堵が特殊の意義をもってくる。すなわち、土地財産に対する権利を承認し、他からの侵害から保護してやり、それによって人を安堵せしめる行為自体が強く認識されるようになった結果、鎌倉時代には次第に所領の知行に対する幕府の承認を意味するようになった。安堵には、所領の知行をなしえてそこに知行人が安堵するという意味と同時に、幕府が御家人の所領の知行を承認するという意味が付せられるに至ったのである。このように安堵の目的物は主として所領であって、安堵といえば普通所領安堵を指す。そしてその内容によって、本領安堵・遺跡安堵・和与地安堵・買得地安堵などに分けられるが、これらが互いに重なり合う場合のあることはいうまでもない。本領安堵は開発相伝の所領、根本私領に対する知行の承認で、本領の性質からいって、所領の新給とともに主人の御恩の最も大なるものであり、武士はこれを求めて主人に服仕したのであり、主従関係形成の主要な契機をなした。なお、安堵は一般に知行権の承認を意味したが、本領の返

安楽寿院領

安楽寿院領一覧

所在国郡	名称	成立年次	特徴	典拠
山城 紀伊郡	安楽寿院	康治二年八月	鳥羽法皇別業、新御塔給田等あり	安楽寿院古文書
同	芹河荘	仁平三年十月	もと宇治平等院領、鳥羽御領を含む	平松家旧蔵文書・昭慶門院御領目録
同	真幡木荘	同	白河上皇の応徳年中立券	平松家旧蔵文書・安楽寿院古文書・昭慶門院御領目録
同	散在領	康治二年八月	水田十一町	安楽寿院古文書・昭慶門院御領目録
同	上三栖荘	嘉禄元年六月	芹川・真幡木と合わせ鳥羽三ヵ荘という	上総橘木社文書・昭慶門院御領目録
同	豊田荘	至徳四年二月	安楽寿院領山城国鳥羽芹川井豊田庄とある	勧修寺文書
同	深草新免	天文十七年八月	常盤井宮の知行	賦引付
乙訓郡	赤日荘	嘉元四年六月		昭慶門院御領目録・久我家文書
久世郡	久世荘	平治元年九月	美福門院領・久我家領	安楽寿院古文書・久我家文書・昭慶門院御領目録
葛野郡	桂西荘	嘉元四年六月	桂に上下東西南の五荘あり	昭慶門院御領目録
大和 宇陀郡	宇陀荘	平治元年九月	美福門院領	安楽寿院古文書・昭慶門院御領目録
摂津 豊島郡	利倉荘	同	同	同
河内 茨田郡	鞆呂岐荘	康治二年八月	鳥羽法皇領	同
同	鞆呂岐荘別納	嘉元四年六月		昭慶門院御領目録
錦部郡	高向荘	康治二年八月	河内金剛寺領もある、延政門院分	安楽寿院古文書・昭慶門院御領目録
志紀郡	田井荘	嘉元四年六月	河内金剛寺領もある	昭慶門院御領目録
和泉 (郡未詳)	長泉荘	平治元年九月	美福門院領、高野山奥院領もある	安楽寿院古文書・昭慶門院御領目録
尾張 知多郡	野間荘	康治二年八月	野間内海荘と呼ぶ	同
同	内海荘			同
山田郡	狩津荘	康治二年八月		同
中島郡	真清田社	嘉元四年六月	真清田社は尾張一宮、社領が多い	久我家文書・昭慶門院御領目録
甲斐 巨摩郡	小井河荘	同		昭慶門院御領目録
相模 大住郡	糟屋荘	平治元年九月	美福門院領	安楽寿院古文書・昭慶門院御領目録
上総 長柄北郡	橘木荘	貞応三年四月	橘木社は興善院領	三宝院文書・昭慶門院御領目録・上総橘木社文書

所在国郡	名称	成立年次	特徴	典拠
常陸 筑波郡	村田荘	康治二年八月	常安保と南野牧とから構成	安楽寿院古文書・東福寺文書・昭慶門院御領目録
同	村田荘下郷	嘉元四年六月		昭慶門院御領目録
美濃 方県郡	粟野荘	同		同
信濃 高井郡	東条荘	同		同
上野 利根郡	土井出荘	康治二年八月	土井出笠科荘という	安楽寿院古文書・昭慶門院御領目録
下野 足利郡	足利荘	平治元年九月	美福門院領	同
越前 大野郡	小山荘	嘉元四年六月		昭慶門院御領目録
同	黒谷郷内飯西保	同	小山荘内	同
同	秋宇・佐々俣郷	同	同	同
同	据郷	同	同	同
同	東小山・東縁・西縁	同	同	同
同	佐開・西小山	同	同	同
同	用意縁	同	同	同
同	井嶋	同	同	同
今立郡	西谷荘	同		昭慶門院御領目録・実躬卿記
同	小野谷荘	同		同
丹生郡	竜花寺	同	落野寺ともいう、末寺興善院領、落野保に所在のち山城勧修寺領	昭慶門院御領目録・東山御文庫記録
加賀 江沼郡	郡家荘	同		昭慶門院御領目録
越中 礪波郡	高瀬荘	同	一宮高瀬社の所在地	同
(郡未詳)	日置社			昭慶門院御領目録・鹿王院文書
但馬 朝来郡	上田荘	嘉元四年六月	但馬国大田文によると十三町	昭慶門院御領目録
養父郡	水谷荘	同	神宮寺は興善院領	同
伯耆 河村郡	倭文社	平治元年九月	安楽寿院末社、伯耆一宮	安楽寿院古文書・昭慶門院御領目録
出雲 秋鹿郡	佐陀社神宮寺	嘉元四年八月	佐陀社は興善院末	昭慶門院御領目録
播磨 宍粟郡	石作荘	嘉元四年六月		同
印南郡	大国荘内神吉村	同	南禅院領	同
同	大塩荘	同		同
揖保郡	栗栖荘	同		同
多可郡	荒田社	同		同
(郡未詳)	竹原荘	同		同
(同)	大山郷	同		昭慶門院御領目録・実躬卿記

付をも本領安堵と称したこともある。遺跡安堵は、相続した所領の知行を承認することで、『沙汰未練書』に「一安堵トハ譲得父母所領畠等可ニ知行ニ之由給ニ御下知ニ事也」とあるように、安堵は狭義においては遺跡安堵の意味に使用された。所領の譲与をうけたものは、私領・恩地を問わず、安堵申状に譲状その他の証文類を添えて幕府に提出し、襲領の認可を請う慣習であって、所領安堵の申請があった時には、幕府は当知行か否か、異議申立てがあるかどうかを調査した上で安堵状を下付した。本主の生前に子孫のために安堵を申請することは弘安七年(一二八四)以後禁止された。なお、譲状作成の時期と相続人が安堵を得た時期との間には数年から十年に及ぶずれのあることが珍しくないが、これは戦場に赴く際死を予期して譲状を書きながら生還する場合などがあったからであろう。この遺跡安堵の効力は、単にその譲状が有効に成立したことを証明するだけで、その所領に関する後の訴訟において判決のような既判力をもつものではなかったが、延慶二年(一三〇九)以後、安堵ことに外題安堵には特別な効力が付与されたのであって、外題安堵をうけた所領に関して訴訟が起った場合は、訴の理非を閣《さしお》いてひとまず安堵をうけたものの知行を全うさせることとなったのである。ここにおいて安堵の効力は当知行の効力より強大となったといえる。その後も室町将軍あるいは戦国大名などによって安堵が行われたが、江戸時代には君主から封与された土地は一代限りのものであることを原則としたから、法制的には封地の相続はなく、願い出によって再封が行われた。将軍代替りの際は朱印状によって続目安堵が行われた。→外《げ》題安堵《だいあんど》

(新田　英治)

あんどのげだい　安堵外題　⇩外題安堵《げだいあんど》

あんどりょう　安堵料　中世、所職・所領の補任・領有を認めてもらった者が、認定者に対して納める手数料。安堵料の額は、認めてもらった所職・所領により異なった。源氏と深い関係がある鶴岡八幡宮では、田三段・畠三段大が附随した佐々目地蔵堂別当職に補任された常陸房鏡尊は、安堵料として銭一貫五百文、湯屋免を加え本給分田一町二段・畠一町大が附随した佐坪一野村政所職に補任された平田彦六実次は、安堵料として六貫三百三十三文を納めている。応仁・文明の乱における西軍の有力部将大内政弘は、東軍への降伏を条件として、従四位下の位を朝廷から得て、幕府からも周防・長門・筑前・豊前四ヵ国守護職と石見・安芸国内所領の安堵を得た。安堵料として政弘は、大御所足利義政に銭四百三十貫文、将軍義尚に銭三百四十貫文、義政妻日野富子に銭三百貫文を納めている。中世後期になると安堵料の滞納が見られ、補任者からの催促にも拘らず皆済されない事例も見られる。

(日隈　正守)

あんらくじゅいんりょう　安楽寿院領　京都市伏見区竹田にある安楽寿院の所領。鳥羽上皇は、永治元年(一一四一)三月出家の時に、所領を妃美福門院(藤原得子)と女八条院暲子内親王に譲った。また、康治二年(一一四三)八月には、山城国紀伊郡鳥羽の芹河荘・真幡木《まはたき》荘・上三《かみみす》荘などの散在領を安楽寿院に寄進し、仁平三年(一一五三)十月、芹河荘以下の院領の年貢に未納がないよう誡めている。のち、安楽寿院領は八条院の知行となる。寛喜三年(一二三一)九月、安楽寿院領の知行者安嘉門院は、鳥羽院の遺誡であって分与することができないと某の要請を拒否している。弘安六年(一二八三)九月、安嘉門院の死去ののち、高倉永康の尽力で、大覚寺統の亀山上皇が、その遺領を伝領する。上皇は芹河・真幡木・上三栖を永康に知行させ、安楽寿院も管領させる。のち安楽寿院領は、八条防領と同じ伝領で後醍醐天皇領となった。室町

所在国郡	名称	成立年次	特徴	典拠
美作 真島郡	建部荘	嘉元四年六月		玉葉・昭慶門院御領目録
備中 小田郡	駅里荘	平治元年九月	美福門院領	安楽寿院古文書・東福寺文書・昭慶門院御領目録
備後 (郡未詳)	塩田荘			昭慶門院御領目録
安芸 安芸郡	田門荘	平治元年九月	美福門院領	安楽寿院古文書・昭慶門院御領目録
周防 吉敷郡	賀川別荘	嘉元四年六月		昭慶門院御領目録
淡路 津名郡	菅原荘	康治二年八月		安楽寿院古文書・昭慶門院御領目録
阿波 名東郡	名東荘	嘉元四年六月		昭慶門院御領目録
同	富吉荘	同		同
讃岐 多度郡	多度荘	康治二年八月		安楽寿院古文書・昭慶門院御領目録
寒川郡	富田荘	同		昭慶門院御領目録
香川郡	野原荘	同	鳥羽法皇勅旨田	安楽寿院古文書
伊予 桑村郡	吉岡荘	嘉元四年六月		昭慶門院御領目録
豊後 玖珠郡	長野荘	同	豊後国図田帳によると七十町歩	同
同	球珠荘	康治二年八月		安楽寿院古文書・昭慶門院御領目録
肥後 阿蘇郡	阿蘇社	平治元年九月	美福門院領、安楽寿院末社	安楽寿院古文書・昭慶門院御領目録・阿蘇文書・久我家文書
同	神宮寺	嘉元四年八月	阿蘇社の神宮寺、西巌殿寺という	昭慶門院御領目録
宇土郡	郡浦	同	郡浦神は甲佐宮の祖母神	同
益城郡	甲佐荘	同	甲佐三宮は阿蘇社の別宮	同

安楽寺 寺領一覧

安楽寺領

所在国郡	名称	成立年次	特徴	典拠
筑前	国衙	正応三年		太宰府天満宮文書
怡土郡	義得別符	観応三年以前		同
志摩郡	桑原荘	康和三年	満願院料三十町	安楽寺草創日記
早良郡	岩門郷	観応三年以前	十一面供料所	太宰府天満宮文書
那珂郡	博多荘	元暦元年	法花堂料、惟憲寄進	安楽寺草創日記
同	諸岡別符		二条帥大納言寄進、観応三年頃澄印押領	太宰府天満宮文書
御笠郡	阿志岐封	長和三年	東法華堂・西堂料百五十三町四段七十二歩	安楽寺草創日記
粕屋郡	大浦寺荘	長保三年	遍智院料	同
穂浪郡	土師荘	万寿元年	往生院料、惟憲寄進百十七町二百三十歩	同
同	長尾荘	永保二年	西塔料三十町	同
夜須郡	栗田荘	寛和二年	宝塔院料	同
同	夜須荘	延久四年以降	金堂修理料	同
下座郡	青木荘	寛喜二年	東法華堂料	同
同	三奈木郷	観応三年以前	長日十一面供料	太宰府天満宮文書
筑後 三潴郡	三潴荘	同	吉祥今村、大村小太郎押領	同
御井郡	櫛原荘	天徳四年	菩薩装束料、観応三年頃凶徒押領	安楽寺草創日記・太宰府天満宮文書
同	鯵坂荘	観応三年以前	太郎丸名、関東寄進	太宰府天満宮文書
御原郡	高樋荘	康保元年	大弐藤原佐忠寄進	安楽寺草創日記
山本郡	田島荘	康和三年	満願院料、元久二年地頭職を付せらる	安楽寺草創日記・吾妻鏡
竹野郡	竹野荘	観応三年以前		太宰府天満宮文書
上妻郡	紫部荘	同		同
同	葛野荘	同		同
同	吉田荘	康平元年	新三昧堂料四十町、観応三年凶徒押領	同
同	忠見別符	同	凶徒押領	同
下妻郡	下妻荘	永承二年	金堂修理料五十三町一段一丈、観応三年凶徒押領	安楽寺草創日記・太宰府天満宮文書
同	水田荘	観応三年以前	凶徒違乱	太宰府天満宮文書
山門郡	飯得荘	万寿二年頃	浄妙院(榎寺)料四十三町二段二丈中観応三年凶徒押領	安楽寺草創日記・太宰府天満宮文書
同	小河荘	観応三年以前	凶徒押領	太宰府天満宮文書
同	石田荘	同		同
同	長田荘	永保三年	安養院料四十町二丈、凶徒押領	安楽寺草創日記・太宰府天満宮文書
筑後 山門郡	坂田荘	観応三年以前	凶徒押領	太宰府天満宮文書
三毛郡	三毛南・北郷	同		同
同	藤田別符	同	凶徒押領	同
(郡未詳)	河江荘	同	食堂修理料	安楽寺草創日記・太宰府天満宮文書
(同)	綾野荘	長徳四年	中法花堂料	同
(同)	江門荘	観応三年以前		太宰府天満宮文書
(同)	大墓荘	同	凶徒押領	同
(同)	楽得別符	永承頃	二季勧学会饗膳料、観応三年凶徒違乱	安楽寺草創日記・太宰府天満宮文書
豊前 田河郡	副田荘	永承二年	金堂料七十町、観応三年地頭職嶋津上総入道跡、凶徒押領	同
京都郡	堅島荘	観応三年以前	遍智院真言堂長日護摩供料	太宰府天満宮文書
同	窪荘	同	地頭職、本主余類押領	同
上毛郡	山田荘	同	地頭職二十余町、岩松義継寄進	同
(郡未詳)	夏焼荘	同	不知行	同
豊後 日田郡	大肥荘	長元五年	喜多院料	安楽寺草創日記
(郡未詳)	真幸荘	観応三年以前	不知行	太宰府天満宮文書
肥前 基肄郡	小倉荘	永観二年	常行堂料五十六町	安楽寺草創日記
同	神辺荘	永承二年	新三昧堂料五十町	同
養父郡	鳥栖荘	永保三年	安養院料	同
同	幸津荘	同	浄土寺東堂料、幸津・石動両荘百五十町二百六十歩	同
同	瓜生野保	観応三年以前	御方押領	太宰府天満宮文書
同	義得別符	同	同	同
三根郡	米多荘	元暦元年	真言堂料五十七町三段	安楽寺草創日記
神埼郡	石動荘	永保三年	宝塔院料四十四町	同
佐嘉郡	蠣久荘	永保二年	西塔料八十町	同
同	佐嘉荘	同	西塔料四十三町三十歩、観応三年若槻下孫六郎預所と号し押領	安楽寺草創日記・太宰府天満宮文書
同	牛島荘	平安時代末	平清盛施入	安楽寺草創日記
同	巨勢荘	観応三年以前		太宰府天満宮文書
小城郡	曾禰崎荘	同	地頭職、長日大般若経料、足利尊氏寄進	同
松浦郡	草野荘	鎌倉時代	松浦荘荒久・田安六名、関東寄付	同
(郡未詳)	荒木田荘	観応三年以前		同
(同)	倉上荘	同		同

時代にも、上三栖・伏見郷出作分・播磨石作荘は、安楽寿院領として遺存していた。なお末寺に興善院がある。
↓安嘉門院領《あんかもんいんりょう》　↓興善院領《こうぜんいんりょう》　↓八条院領《はちじょういんりょう》　（奥野　高広）

あんらくじりょう　安楽寺領　福岡県太宰府市にあった安楽寺の所領。安楽寺は、菅原道真の廟所。本寺は歴代の大宰府官人が帰依して、域内に諸殿舎・諸堂塔を建立するにつれて、その料所として寺領を寄進するものが相ついだ。すでに天徳四年(九六〇)大監紀有頼が菩薩装束を施入するとともに筑後国櫛原荘を寄進したのをはじめとし、平安時代末すでに九州での大荘園領主となっていた。中世に入って、源頼朝が筑後国岩田・田島両荘を寄進し、建永元年(一二〇六)には七条院御願の新三重塔が建てられて、三笠西郷・基肄中山の施入があり、正応三年(一二九〇)には、筑前国国衙職が施入された。観応三年(一三五二)二月の寺領注進状は、前部を欠いているが、現存部分にのせる所領百十八ヵ所、筑前・筑後・肥前・肥後・豊前・豊後・薩摩・大隅・壱岐の各国に分布していた。この中には、武士の押領や南北朝の動乱のため不知行地も少なくないが、享徳三年(一四五四)祭田楽酒の直を弁進した荘園は五十荘に及んだ。しかし、天正十四年(一五八六)豊臣秀吉の九州征討による九州の再編成にあたり寺領は没収され、翌年筑前国主小早川隆景から、田畠二百町余を寄進、同秀秋は五百石を寄進し、慶長十八年(一六一三)黒田長政の筑前国入部の際二千石、ついで千石を加増、都合三千石の寺領を得て、幕末に及んだ。

（竹内　理三）

所在国郡	名称	成立年次	特徴	典拠
肥後　玉名郡	玉名荘	万寿四年	西法華堂料百十町、観応三年凶徒押領	安楽寺草創日記・太宰府天満宮文書
飽田郡	飽田南郷	観応三年以前	凶徒押領	太宰府天満宮文書
阿蘇郡	恵良荘	同	同	同
菊池郡	赤星荘	同	同	同
山本郡	佐野荘	同	同	同
合志郡	田島荘	康和三年	満願院領、観応三年凶徒押領	安楽寺草創日記・太宰府天満宮文書
(郡未詳)	大路曲荘	観応三年以前	凶徒押領	太宰府天満宮文書
(同)	富荘	同	同	同
(同)	田口荘	同	同	同
(同)	弥生荘	同	同	同
(同)	片俣領	同	同	同
日向　諸県郡	馬関田荘	同	動乱により不知行	同
大隅　桑原郡	横河院	南北朝時代	将軍寄進	同
(郡未詳)	小原荘	観応三年以前	社役を勤仕せず	同
薩摩　鹿児島郡	鹿児島	建永元年	法花結衆供料二十六石	安楽寺草創日記
薩摩郡	国分寺	平安時代末	観応三年動乱により退転	薩藩旧記雑録国分寺文書・太宰府天満宮文書
出水郡	山門荘	観応三年以前	退転	同
壱岐　石田郡	嶋分寺	天禄元年	廟殿料	安楽寺草創日記
同	石田保	観応三年以前	廟院七宴席会料	太宰府天満宮文書
(郡未詳)	中浜荘	天禄元年	廟殿料	安楽寺草創日記
(国郡未詳)	入部荘	仁安三年	日別御供料五十二石	同
(同)	小中荘	長元五年	喜多院料	同
(同)	綾野荘	長徳四年	中法華堂料四十町	同
(同)	大隅荘	南北朝時代	地頭職	太宰府天満宮文書
(同)	猪野荘	同		同

い

いあいだ　居合田　居合の意味は、田畠を居たまま、または動かずに、合わせる(調査する)ことである。国司・荘園領主は、国衙領・荘園における年貢量を決定するために、耕地の所在地・一筆毎の耕地面積・斗代・年貢負担者等を調査する目的で検注を実施した。検注の際の必要経費(酒食費・薪炭料・馬の飼料等)は、検注を受ける側が負担せねばならなかった。また検注の結果、農民が領主に隠れて開発した隠田や収穫高の上昇分が判明した場合、それらに対しても税が賦課された。従って検注を受ける側は、国司・荘園領主に、検注時に測量等の実地調査を行わず、以前の検注帳に記載された数量を現在の実情と見なし、これに準拠して課税する事を求めた。国司・荘園領主が検注を受ける側の要求を認め、実際に検注を行わず、以前の検注結果に基づき税を賦課する事が居合、居合の方式で税を賦課される田地が居合田である。居合田においては、領有者が田地および耕作人(作人)まで一円的に支配している。

（日隈　正守）

いうち　居内　⇩垣内《かいと》

いえきのしょう　家城荘　伊勢国一志郡の荘園。現在の三重県一志郡白山町家城を中心とする地域。『吾妻鏡』文治三年(一一八七)四月二十九日条によると、公卿勅使の駅家雑事を勤任せざる荘園として、家城荘の名がみえる。地頭は常陸六(太)郎であった。本所・領家・成立年代などは不明である。

（西垣　晴次）

いおや　井親　⇩水親《みずおや》

いがいと　居垣内　垣で囲まれた農民の居住する垣内。垣内は、垣根の内を意味する「かきつ」・「かきと」の変化した語である。垣内は、本来的には垣により囲まれた耕地を意味し、古代から見られる。国家は、延久荘園整理令を契機に、畠に対する支配を開始した。その際国家は、畠を耕作する農民を垣内で掌握する事を意図した。十一世紀後半に国衙領に出現した垣内の特徴は、畠数・苧の畝数・桑の本数が把握され、私領主により加地子・桑・苧等が収取されている事、規模は二段から七段程度で、内部に田地が存在する場合がある事、農民の名が付されていて、農民が強い所有権を有している事、十一世紀末から十二世紀初期にかけて、「居垣内」という表現・記載が現れ、農民の居住とその住居が重視されてくる事等である。十二世紀前期以降は、農民の居住する屋敷・「イエ」を表現するのにふさわしい居内・内という記載が登場し、居垣内の名称はあまり見られない。

（日隈　正守）

いかだちのしょう　伊香立荘　近江国滋賀郡の荘園。現在の滋賀県滋賀郡にあたる地域で、いま大津市域にはいる。比良山脈の南端に位置し、葛川《かつら》と花折峠をへだてて境を接する。この峠付近を源として安曇《あど》川が葛川領を北へ流れ、やがて東へ折れて琵琶湖に注ぐが、この川を流す筏を組んで出す起点となったところから「イカダチ」の名が出たという。峠の南側の麓にある途中部落は、堅田路と大原路との分岐点で竜華ともいい、近くに氷室があった。比叡山を出発して葛川に向かう天台回峯行者は、まず途中に入ってここの勝華寺で休憩するならわしである。九世紀中葉、相応は葛川に入って修行中、生身の不動明王を感得し、それを直ちに三体の仏像につくり、一体は比叡山でまつって無動寺をはじめ、いま一体は近江の伊崎寺におき、他の一体は葛川に明王院をたてて安置した。時に貞観七年（八六五）のころで、こうした事情から明王院および葛川領は無動寺の支配下に入り、伊香立荘と同じく同寺の荘園になった。また保安元年（一一二〇）から無動寺は青蓮院を本所とすることになり、伊香立荘は葛川同様、青蓮院を本所、無動寺を領家と仰いだ。そして両者とも課役として炭の貢上を義務づけられたが、両者の境界に近い下立山に多数の炭焼竈が伊香立荘民により営まれたため、葛川ではこれに抗議し、下立山をめぐっての境界争いは中世・近世を通じ数百年にわたってつづけられた。これはもと伊香立荘が葛川領を加納地としていた関係で下立山での炭焼きを許されていたのに由来し、時代の下るにつれ炭焼竈を葛川領に向かってふやしつづけたためである。いま葛川明王院に伝わる数千通の古文書・古記録中にはこの紛争を物語る史料が豊富に残っており、特に建保六年（一二一八）・康元元年（一二五六）・文永二年（一二六五）・永仁三年（一二九五）・文保元年（一三一七）の訴訟については詳細に知られている。鎌倉時代中期には所当米百五十石が課せられていた。

参考文献　村山修一編『葛川明王院史料』

（村山　修一）

いがのまき　猪鹿牧　信濃国安曇郡の御牧《みまき》。現在の長野県南安曇郡穂高町西穂高地区牧を中心とする地域。『延喜式』にみえる左右馬寮管轄の信濃国十六牧の一つである。『政治要略』二三によると、毎年八月十五日の駒牽行事に貢馬六十疋を出す信濃勅旨十一牧の一つであり、承平七年（九三七）の駒牽に貢馬を出した六牧の一つでもあり、信濃諸牧のなかでも、有力な牧だったらしい。中世には伊鹿（賀）牧と呼ばれていた。『三宮穂高社御造宮定日記』（文明十五年―天正七年）には、「伊鹿牧」の名がみえる。

（小林計一郎）

いがらのしょう　伊賀良荘　信濃国伊那郡の荘園。現在の長野県飯田市殿岡付近を中心とする地域。その成立は明らかでないが、『門葉記』によれば康平年間（一〇五八―六五）には妙香院領であり、『吾妻鏡』によると文治二年（一一八六）には尊勝寺領とみえ、同四年には八条院領となっている。そして地頭は北条時政であった。その後地頭職は江馬氏が相伝した。『色部文書』により江馬氏尼が荘の一部を南禅寺に寄進しているのが知られる。信濃守護小笠原貞宗は建武二年（一三三五）に荘内に開善寺を建立し、川路・中村の地を僧供としており、康永三年（一三四四）の譲状には伊賀良荘がみえている。鎌倉時代には江馬氏が地頭であったとする説と、江馬・小笠原両氏がともに地頭職を分掌していたという説がある。その荘域は天竜川の支流松川以南三河国境まで南北十里、東西五里、十七ヵ村を包む広大な地域に散在していたと推定されている。

（福田栄次郎）

いかるがのしょう　鵤荘　播磨国揖保郡の荘園。現在の兵庫県揖保郡太子町付近を中心とする地域。法隆寺領。『法隆寺伽藍縁起幷流記資財帳』によれば、揖保郡には法隆寺領として、推古天皇六年（五九八）四月聖徳太子が岡本宮で法華勝鬘経を講ぜられたことに対して、その法資として天皇が法隆寺に施入された揖保郡の水田二百十九町一段八十二歩と、薗地十二町二段・山林五地・池一塘・庄倉（米穀を貯蔵する倉）一処があり、これを立券荘号して鵤荘としたものと思われる。建長五年（一二五三）八月の法隆寺牒には、推古天皇が聖徳太子の勝鬘経講義に対して、播磨の水田三百六十町を法隆寺に勅施入して「鵤」と号したとある。鵤荘には、創建年時は明らかでないが、平安時代から法隆寺の別寺として斑鳩寺が存在し、平安時代から鎌倉時代の製作にかかる仏像が安置されており、おそらくこの寺は荘の中心に設立されたものであろう。文治二年（一一八六）当荘地頭金子十郎が領家法隆寺の命令に徒わず、代官を入れて一荘を押領する事件が起ったが、源頼朝は聖徳太子以来の由緒ある荘園であるため、後白河院院宣に従い、翌三年三月地頭の押領停止を命じている。また承久三年（一二二一）の承久の乱の際、久岳名名主内藤成国が京方に加担したため、幕府は一旦青木

重元を久岳名地頭に補任したが、本所法隆寺の訴えを取り上げ、地頭を停止している。さらに建武三年(延元元、一三三六)には、当荘付近で足利尊氏に味方した赤松氏の軍勢と新田義貞軍との合戦があり、義貞軍が数日陣取り損害を与えた。法隆寺は荘支配のため政所を置き、寺僧を派遣して在荘させた。この政所ははじめ南北二ヵ所にあったが、永享二年(一四三〇)ごろから東西二ヵ所となった。このころの当荘の田地は三百六十町余りであり、明応六年(一四九七)にも当荘に対してその割合で段銭が賦課されている。当荘関係の史料のうち、『鵤荘引付』は、中世における村落の実体を示す貴重な史料である。→別刷〈荘園絵図〉

参考文献 阿部猛・太田順三編『播磨国鵤荘資料』 (小泉 宜右)

いきつきのまき 生属牧 肥前国松浦郡生属島にあった馬牛の牧。現在の長崎県北松浦郡生月町。『延喜式』兵部省諸国馬牛牧条に、肥前国に存在した六牧の中に生属馬牧と見える。島の北端の御崎の古称として、牧という名称があったことが知られており、この地に馬牧が置かれていたものと思われる。『肥前国風土記』にもこの地域の島々で、牛、馬が産出されるとの記述が見られ、さらに平安時代末頃から、この地域の海面を含む広範囲に設定された宇野御厨から、元亨二年(一三二二)頃、毎年貢納されてくる小牛を、内大臣西園寺実衡と右大臣今出川兼季とが折半することになっていたことがわかる。伝承によれば、生月島御崎の馬牧は江戸時代初期に廃止され、周辺の農民が入植したとされているが、部分的には、かつての牧の名残りと思われる地形が認められる。 (瀬野精一郎)

いくいなのしょう 生夷荘 阿波国勝浦郡の荘園。現在の徳島県勝浦町生名付近に所在した、石清水八幡宮荘園。保延三年(一一三七)検校光清によって娘の美濃局に譲られた当荘の年貢は、その子道恵法親王の御願により建立された観音堂の費用に充てるように定められた。その後仁安三年(一一六八)定慧に譲られると、以後鎌倉期を通じて道清・宗清・行清・教清らの石清水八幡宮別当の手に渡った。この間寛喜二年(一二三〇)の若宮長日油のうち、四月(四升二合)・五月(七升二合)・六月(三升八合)の三ヵ月分(一斗五升二合)を負担している。地頭職は、岩松氏の一族が任じられていたらしい。応永二年(一三九五)になると別名を除いた当荘の所務職は、梵彩寺が毎年公用百貫文(ただし当年は四十三貫五百文)で請け負っている。なお鎌倉期以降、当荘周辺を根拠地に活動した在地武士として、生夷城主とも見えている福良氏の名があげられるが、詳しい事績は不明。 (櫻井 彦)

いくえのしょう 生江荘 越前国足羽郡にあった東大寺領荘園。現在の福井市付近。仁平三年(一一五三)四月二十九日付の『東大寺諸荘園文書目録』によると、この荘園はおそくとも承和十一年(八四四)には成立していたことが知られる。東大寺文書弘安八年(一二八五)八月日東大寺注進状案によれば、越前国の他の十九ヵ所の荘園とともに天平神護二年(七六六)勅施入されたとある。 (亀田 隆之)

いくしまのしょう 生島荘 『三鈷寺文書』に「生島荘内富松郷」とみえ、富松郷の所在より、摂津国河辺郡の荘園。現在の兵庫県尼崎市内付近。建長二年(一二五〇)九条道家から嫡孫忠家に譲与された家領の一つ。当時すでに春日社四季八講料に寄進されていたので、忠家は同荘の領家職をもつことになる。その後、同荘名は応永十四年(一四〇七)の『長講堂領目六(録)』の庁分にみえるが、これが同一の荘園か否かは不明である。 (福留 照尚)

いぐのしょう 伊具荘 陸奥国伊具郡の北部に位置し、金原保に接した荘園。現在の宮城県角田市の大半と丸森郡の北部を占める。初見は正安三年(一三〇一)であるが、「竹内文平氏所蔵文書」嘉元四年(一三〇六)後宇多院領目録案(『鎌倉遺文』二九巻二二六六一号)に「庁分」と記載されており、八条院領として成立したと考えられる。鎌倉時代前期には、伊具氏が在地領主として見出される。伊具氏は北条氏に近い存在であったが、元仁元年(一二二四)の伊賀氏の乱を契機として伊具荘の地頭職を失ったと思われる。その後、北条義時の庶子有時が当荘の地頭職を獲得し、伊具氏を名乗る。鎌倉末期、伊具荘・金原保内には北条氏被官の工藤氏が地頭代職を有し、本主伊具氏も十三世紀中葉には得宗家の被官化していた。南北朝期には元弘没収地となったと思われ、建武二年(一三三五)に北畠顕家から相馬氏・武石氏が郡検断職を給与されている。十五世紀後半以降は伊達氏の支配下に入った。天正十九年(一五九一)の太閤検地に至るまで「伊具庄」の荘号が継承された。 (清水 亮)

いけがみのしょう 池上荘 大和国山辺郡の荘園。現在の奈良県山辺郡の地域。東大寺領。雑役免、いわゆる香菜免の荘園として、永観二年(九八四)と推定される「湛照僧都分付帳」(『東大寺要録』六)に初見。浮免のため紛争が絶えず、その後浮免を止め、西吉助荘などとともに雑役免九荘の一つとして立券が行われた。嘉承二年(一一〇七)には、興福寺との紛争を解決するため、分領が行われた。永久四年(一一一六)には、国司が種々の課役を課し、田堵また東大寺の命に従わないという。久安四年(一一四八)「雑役免内顚倒庄々」の一つに注進されており、東大寺領としては退転したとみられる。東大寺と分領した興福寺に関しては所見はない。ただし延久二年(一〇七〇)の『興福寺雑役免帳』には、大和国葛下郡二十八条・二十九条に、燈油免田十六町・内蔵寮田一町、計十七町の面積をもつ池上荘の名がある。この荘園は、現大和高田市・新庄町付近で、上述の池上荘とは別の荘園である。また室町時代には葛下郡に寺門方知行の「池上 五町三反」があった(応永六年(一三九九)「興福寺造営料段米田数注進状」春日大社文書)。 (熱田 公)

いけしき　池敷　用水池・沼の敷地の事。別名を池代《いけしろ》・池床《いけどこ》・池底・池頸ともいう。領主が荘園に完全な支配権を確立し、年貢を収取する上で、灌漑設備の統制・管理が必要であった。灌漑設備掌握に関して、流動性に富み、両岸広範囲の流域を灌漑する河川を、領主が私的支配・管理する事はほとんど不可能であった。これに対して水が一箇所に滞留し、用水受容地域が周囲に集中している池・沼は、領主が支配・管理しやすいものであった。時には領主が自己の所領を灌漑する目的で、池・沼を構築する事もあった。領主が池沼を完全に支配するためには、池・沼の敷地を所有する事が必要であった。領主にとり、池・沼の敷地を所有する事は、河川の敷地を所有する事よりも遥かに容易な事であった。池・沼の敷地は、そこを支配下に収めた領主の私領となった。中世池・沼敷地は、領主の私領として売買・寄進・譲与・貸借の対象となっている事が史料上確認される。（日隈　正守）

いけだのしょう　池田荘　㈠大和国添上郡の荘園。現在の奈良市池田町付近。興福寺一乗院門跡領。延久二年（一〇七〇）の雑役免帳に初見。一条三里・四里、三条三里・四里にわたり、不輸免田十四町三百歩と公田畠計五十五町一段三百歩とみえる。ついで文治二年（一一八六）の丸帳（条里坪付図）がある。記載内容は精細で、当時の荘園の景観を復原することができる。荘田は計三十六町百八十歩に減じたが、二条四里に集中。二町九段余の下司名を別格として、他は二町前後の十名から構成され、各名一段宛の名屋敷がある。ただし名田は散在する。このことから、均等名荘園の一代表例とされる。荘の中央に倉敷地一段があることも注目される。その後の歴史は、史料は十分でないが、室町時代前期、下司職は窪城氏がもち、文明六年（一四七四）にも周辺の関係絵図が『大乗院寺社雑事記』にみえる。ほぼ文治当時の景観のまま、近世池田村の村域となり、用水池や分水装置も現代まで伝わったことも、貴重な資料を提供する。（熱田　公）

㈡和泉国和泉郡にあった荘園。現在の大阪府和泉市付近。春日社領。初見は、寿永二年（一一八三）の「高橋吉永私領田畠荒地目録幷処分帳」で、池田荘内の里坪の一部がみえる。建久九年（一一九八）十一月一日の「興福寺牒状」によれば、後鳥羽院の熊野詣に備えて国衙から賦課された雑役をめぐって池田荘ほかの春日社・興福寺領の荘民が国司と対立し訴訟を展開した（『鎌倉遺文』二巻一〇〇九号）。池田荘でも国司による乱入狼藉がなされた。その後将軍源頼朝による調停もあって国司平宗信と興福寺側の訴訟首謀者の両者が流罪となることで決着した。文永九年（一二七二）十月には京都大番役に関して「御家人池田上村左衛門尉」が（『鎌倉遺文』一五巻一一一五号）、元徳二年（一三三〇）には「池田庄上村地頭代」がみえる。また、室町初期の書状に「池田下村」「上村刀禰職」がみえ、少なくとも鎌倉末期には上村・下村に分かれていたようである。文明年間（一四六九―八七）には太田井をめぐって坂本荘と相論が発生している。（堀　祥岳）

㈢遠江国豊田郡の荘園。松尾神社領荘園として長承年間（一一三二―三五）には成立していたらしい。いわゆる寄進型荘園であろう。荘域は天竜川下流域一帯を占め、はじめは天竜川を東境としたらしいが、河道の変化によって現在の河流の東西両側、すなわち、静岡県浜松市と磐田郡豊田町とにまたがる地域であったことが、史料に残る地名と現在地名との比定によって証明される。この荘園については嘉応三年（承安元、一一七一）二月の立券文があり、立券当時の荘園の構造が比較的よくわかる一例として貴重な存在といえる。この立券文書によれば、荘に隣接する他領として北西には美薗御厨・羽鳥荘、西側に蒲御厨、西南に河勾荘、そして東方には二宮荘・岡田荘などがあり、そうした隣接荘園との境界争いも多く、ことに立券のころには西南から仁和寺観音院末寺たる頭《ず》陀《だ》寺領の河勾荘が荘域を侵し、ために四至牓示を打つとき、坤（西南）の一本が容易に打てず半ヵ年の月日を要して決着し、さらにこの西境には南と北の端のほか、中間に三本も脇牓示を立てて侵略に備えた。また建久二年（一一九一）五月に、池田荘と神宮領御厨との間で争いがあったことが『玉葉』にみえる。立券当時の同荘の惣田数は三百八十五町四段余、畠地は百六十四町であったが、現作田畠はそれぞれの約三分の二であった。またその他に、野地五十八町余、河三十余町、河原四十余町、浜二町余あり、在家五十宇があった。鎌倉時代まで存続したことは確かで、文永元年（一二六四）に関係文書を見ることができるが、以後は史料上から姿を消す。（安田　元久）

㈣美濃国池田郡の荘園。現在の岐阜県揖斐郡の地。『和名類聚抄』の池田郡池田郷の地を中心とする新熊野社領で、養和元年（一一八一）院庁下文によって国役賦課を免除された。『尊卑分脈』によると池田荘を領知したものとして紀奉光の名がみえるが、彼の家は維実以来七代にわたって池田郡司職を相伝した家で、この荘は紀一族によって開発され、皇室領新熊野社に寄進の後も奉光が下司職を保っていたのであろう。南北朝時代ごろ、地頭職をもっていたのは土岐氏で、文和三年（一三五四）新熊野長床雑掌禅憲は、土岐頼康の代官が即位料足を譴責するため土民がことごとく逃散したと訴えている。荘は以後も引き続き土岐一族の支配のもとにおかれたと考えられるが、その間の事情は明らかでない。またこの荘には「八日市庭」とも呼ばれる「池田市庭」が開かれ、交易の場となっていたが、応仁の乱のころには衰退して機能を失い、明応三年（一四九四）にはすでに「古市庭」といわれるようになっている。（新井喜久夫）

いけなり　池成　大雨等の天地異変や洪水等のために、田畠やそこで栽培している作物が水に漬かり、池状になったもの。池成の場合は、恒常的に池の状態が続く。池成の場合は作物を収穫する事が不可能で、損田として処置された事もあった。損田は、荘園・公領において、作付の後に田の作物が旱害や水害等により損害を蒙った場

合、被害の程度により年貢等の税が免除される田である。池成の場合は、作物の収穫が見込めないため、検注の際には、徴税対象から除外され、検注帳にも「除」分の中に記載され、所当米等を免除された。荘園や国衙領内において池成が生じた場合、その分の田が便補された。国衙が国衙領保全のために築いた堤のために、王家領荘園内の荘田の一部が「池成損田」となった事例がある。この際は、国衙が国衙領の一部を便補して、「池成損田」の埋合をしている。（日隈 正守）

いけりょう 池料 ⇩井料《いりょう》

いこまのしょう 生馬荘 大和国平群郡にあった荘園。現在の奈良県生駒市壱分町付近の地域。上・下荘が存在し、上荘は仁和寺御室門跡領で、下荘は一乗院門跡領であった。嘉禎二年(一二三六)、大中臣国清が珍仲子に先祖相伝の私領生馬下御庄行清名池原を沽却したとあるのが初見史料(『鎌倉遺文』七巻四九三五号)。十二世紀前半に厳房律師定覚が私領を一乗院六代門主玄覚に寄進し成立。その後、領主職は定覚から甥大弼清高の子寛清得業に相伝された。鎌倉初期までに当荘は三分され、二分は寛清得業の子孫へ、一分は大納言得業尋恵に相伝された。それぞれ、おおよそ一分方が下荘とみられ、二分方が上荘にあたると推測される。寛元年中(一二四三―四七)時点での当荘の年貢には、本年貢御米五十石、細美白布二十端・瓜・炭・薪のほか、人夫伝馬役・臨時雑役があり、これらが上・下両荘を合わせた一荘分の年貢とされていた。（守田 逸人）

いざいけ 居在家 在家を有する領主的名主、ないしその一族が居住する在家で、ふつう公事はかけられなかった。在家集落は、領主的な名主の居住する居在家を核として、有力な百姓の在家がこれを囲む形で構成されていた。居在家の中には武士的な名称を持ったものも少なくなく、手作り地を付属した地侍的名主の経営の様相を示す。周辺の在家の中には、領主的な名主やその一族に属して夫役を奉仕するものもあり、これらは免在家と呼ばれた。九州地方で多く見られる居屋敷、居薗も類似のもの。（福島 紀子）

いさかわのしょう 率川荘 大和国添上郡の荘園。現在の奈良市本子守町の率川社付近。左馬寮所属。大同三年(八〇八)左馬寮に付属させた水田のうち、大和国には二十四町一段百三十五歩が設定されたが、『延喜式』では、京南荘・率川荘の墾田二十四町一段百三十五歩、うち佃十六町一段百三十五歩とされている。佃は左馬寮が直接「営種」する田にあたり、「自余は皆地子を収め、以て秣の料及び雑用に充てよ」(原漢文)とある。佃以外の田は、地子田として経営されたものである。このように率川荘は、官衙直属の荘園として注目されるが、関係史料は見出し得ない。京南荘は、のち興福寺領となって室町時代まで維持されるが、率川荘に関しては、その後の歴史は不明である。（熱田 公）

いさくのしょう 伊作荘 薩摩国伊作郡の近衛家(一乗院)領の荘園で、島津荘の一部をなす。現在の鹿児島県日置郡日吉町を中心とする地域。東は谿山郡、南は阿多郡、北は日置北郷に接し、西は海に面す。建久八年(一一九七)の『薩摩国図田帳』にみえる田数は二百町。文治三年(一一八七)三月本主平重澄が日置北郷・同南郷外小野とともに、それまでに半不輸の島津荘寄郡となっていたものを、戦乱により人民百姓が逃散し、荘国両方の課役がつとめ難いとして、一円荘に寄進し、翌年十月立券された。以後重澄の子孫が下司職を相伝した。承久の乱の前後に、近衛家はこれを一乗院に寄せ、以後領家は一乗院、本家は近衛家となる。地頭職には惟宗(島津)忠久が補され、忠時・久経・久長・宗久と相伝された。特に建治年間(一二七五―七八)久長の入部後、地頭の勢力拡大に伴い、下司との相論が絶えず、弘安二年(一二七九)以降、数回の和与がくり返され、正中元年(一三二四)にはついに荘中央を流れる伊与倉川を境に、下地中分が行われるに至った。領家側はむしろ地頭に依存することによって、延命を策したが南北朝時代前半においてほとんど荘園としての実態を失うに至った。⇨別刷〈荘園絵図〉

参考文献 郡山良光編『薩摩国伊作荘史料』(九州荘園史料叢書』五)（工藤 敬一）

いさはやのしょう 伊佐早荘 肥前国高来郡の荘園。現在の長崎県諫早市を中心とする北高来郡、長崎市戸石、矢上、西彼杵郡野母崎町、三和町にまたがる地域。仁和寺仏母院領。平安時代末期には宇佐八幡大宮司領と見える。正応五年(一二九二)の河上宮造営用途支配惣田数注文には、「伊佐早荘、二百五十三丁」とみえ、建武・観応ころの諸文書によれば、荘内に湯江・大野・田崎・長瀬・福田・戸石・宇岐などの地を含んでいる。有明・大村・千々石の三湾に臨み、肥前半島が島原・西彼杵・長崎の三半島に分岐する海陸の要衝を占めていた。

参考文献 瀬野精一郎編『肥前国彼杵荘・伊佐荘史料』(『九州荘園史料叢書』七)（三好不二雄）

いざわごう 石禾郷 但馬国養父郡の郷。現在の兵庫県朝来郡和田山町土田《はんだ》・宮田・高田地域。『和名類聚抄』に養父郡石禾郷とある。『但馬国大田文』には、弘安年中(一二七八―八八)に地頭土田六郎兵衛則直跡を含む石禾上郷七十町三段百七十歩と石禾下荘三十二町一段百歩とある。下荘は本家亀山院、領家左馬権頭重清で、荘内の石禾・那木谷・高瀬の各村を地頭眉折又太郎入道明仏一族が支配し、下地中分後、地頭眉折氏は公文職を押領している。（仲村 研）

いさわのしょう 石粟荘 越中国礪波郡の荘園。平安時代の文書にはしばしば「石粟庄」とある。これを「イクリ」と読み、富山県砺波市の井栗谷付近にあてる説、地形から推して、それよりかなり北の高岡市中田の東南の地域にあてる説などがあるが、決定的なものはない。天平宝字元年(七五七)の橘奈良麻呂の乱の直後、その没官地が勅旨田として東大寺に施入されて成立したと考えら

石　粟　荘

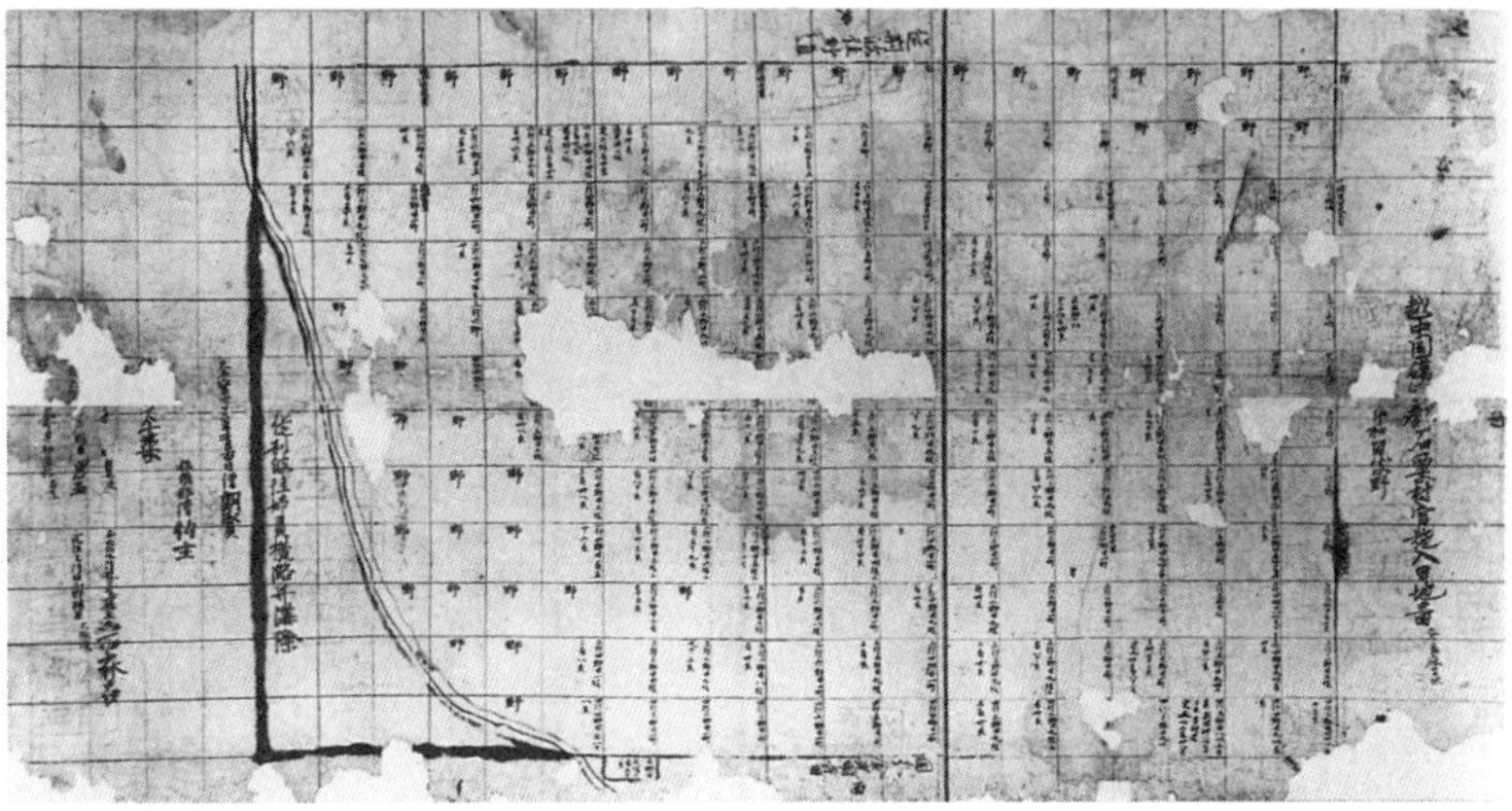

越中国礪波郡石粟村官施入田図

れる。同三年には九十六町余の田地の開発は進み、神護景雲ごろには絶頂期となるが、以後は衰退。長徳四年(九九八)には荘田百二十町は「悉荒廃」となった。しかし寛弘二年(一〇〇五)にはなお未進地子の勘納が催促されている。天平宝字三年の『石粟村官施入田図』(文化庁所蔵、重要文化財)のほか、『東大寺文書』のうちにみられる。

(楠瀬　勝)

いさわのみくりや　石禾御厨　甲斐国の荘園。現在の山梨県東八代郡石和町付近を中心とする地域。『和名類聚抄』の甲斐国山梨郡石禾郷の地。創設年代は不明。『神鳳鈔』に外宮領として「石禾御厨二百五十町」とみえる。武田信義の子信光はこの厨を本拠とした。治承四年(一一八〇)九月、源頼朝の使節として甲斐国に派遣された北条時政は、武田信義・一条忠頼らと石禾御厨において駿河国への発進の評議をしている(『吾妻鏡』)。武田信義の子のうち、忠頼・兼信・有義は誅殺または失脚させられたため、信光が武田氏の惣領職をつぎ、石禾御厨は以後甲斐武田氏の本拠となった。なお伊沢荘を御厨と同じとする説と、別とする説がある。

(吉田　孝)

いしいすすむ　石井進　一九三一—二〇〇一　中世史。国立歴史民俗博物館館長。昭和六年(一九三一)七月二日、東京市小石川区高田老松町で生まれる。東京高等師範学校付属中学校、福島県立福島中学校、東京高等師範学校付属高等学校を経て、同三十年、東京大学文学部国史学科卒業。三十五年、同大学院博士課程単位取得退学。東京大学史料編纂所教務職員、古文書部配属。三十七年、東京大学史料編纂所助手。三十九年「鎌倉幕府と律令国家の関係についての研究」により東京大学から文学博士の学位を取得。四十二年、東京大学文学部講師。四十五年、東京大学文学部助教授。五十二年、東京大学文学部教授。西ドイツのルール大学客員教授、平成二年(一九九〇)、史学会理事長。同四年、東京大学教授定年退官、国立歴史民俗博物館教授。東京大学名誉教授。五年、国立歴史民俗博物館館長。九年、同館長辞任。国立歴史民俗博物館名誉教授。十一年、鶴見大学客員教授。平成十三年(二〇〇一)十月二十四日没、七十歳。荘園の現地調査、考古学発掘調査の成果を導入した荘園の新しい研究法を積極的に推進すると共に、『講座日本荘園史』(吉川弘文館)、『日本荘園資料—付荘園関係文献目録—』(国立歴史民俗博物館編、平成十年)の編集刊行に尽力した。

(瀬野精一郎)

いしいどのしょう　石井戸荘　大和国山辺郡の荘園。現在の奈良県天理市域内。興福寺領。延久二年(一〇七〇)の雑役免帳に所見し、十三条四里・五里、十四条六里に散在する公田七町よりなる。鎌倉時代初期には、維摩会料を負担している(正治二年(一二〇〇)「興福寺維摩会不足米餅等定」興福寺文書)。南北朝時代以降は、山辺郡に十五町八段の一乗院門跡領石井戸荘があった(貞和三年(一三四七)「興福寺造営料段米田数幷済否注進状」春日大社文書、ほか)。

(熱田　公)

いしいのしょう　石井荘　㈠越後国頸城郡の東大寺領荘園。現在の新潟県中頸城郡三和村付近。天平勝宝五年(七五三)ごろにはすでに東大寺領として成立しているが、経営管理の方法内容などは不明。天暦四年(九五〇)の『東大寺封戸荘園幷寺用帳』によると荘田六十五町一段七十四歩としるされているが、耕地の荒廃化は著しかったらしい。永承七年(一〇五二)にこの荘の荘司として赴任した僧兼算は、隣国から浪人を呼び集めて荒田の開発に努力し、その結果、天喜五年(一〇五七)ごろには耕作開田二十余町を数えるようになった。またこのころ石井荘では管理のため荘預と荘司が置かれていたことが知られる。なお兼算は同年二月および十二月に解文を本家である東大寺に提出しているが、その中で、国から荘民に課せられる国役が繁多過重のため浪人が荘内に居住しようとしないこと、また国司の目代の非法により荘民が逃亡することを訴え、国役の免除などを願っているが、その結果については知ることができない。その後天承・長承年間(一一三一—三五)に東大寺と国司との間にこの荘をめぐって紛争が生じたようで、その解決策として、この荘は同じ越後国古志郡にあった東大寺領土井荘とともに、同国沼垂郡にあった豊田荘(加地荘ともいう)と交換されることになった。その正確な時期は不明だが、永治元年(一一四一)をそれほどさかのぼらないことが同二年三月二十五日づけの「越後国留守所牒」から知られる。

(亀田　隆之)

㈡摂津国島下郡の安威川中流域に散在した荘園。現在の大阪府茨木市の東部にあたる地域。康治二年（一一四三）長覚より弘誓院に寄進されたが、同領は鳥羽院の皇女八条院に譲られたので、同女院領となった。正治元年（一一九九）垂水東牧の加納田が権門に押取られた中に「石井庄五町二段大八条女院御領」とみえ、荘域の拡大をはかっている。当荘の預所は本領を長覚の子孫が任命されたが、官符にのせられている荘内の田地二町七段を売ったり、山門の僧と共謀して日吉社の聖真子宮に寄進するなどの非法があったため、弘誓院より訴えがあり、貞応元年（一二二二）同院の主張が認められた。その後、後宇多院に伝領され、ついで随心院門跡の所領となって、十四世紀後半まで続いているが、文和元年（一三五二）の「総持寺領散在田畠目録」によれば、その一部の名田の得分が総持寺の行法田に寄進されるなど、すでにその支配はくずれつつあったと考えられる。（福留　照尚）

いしがきのしょう　石垣荘　紀伊国在田郡の荘園。有田川中流より上流に及ぶ右岸の地域を占めた広大な荘園で、その領域は現在の和歌山県有田郡金屋町のそれとほぼ一致する。この荘園は、延喜二年（九〇二）三月の荘園整理令の前に立荘されたいわゆる「格前之荘」であり、文献によって知られる最初の領主は左大臣藤原仲平である。仲平はこの荘園の処分をして女子の明子に譲ったが、このころから上荘と下荘とに分かれ、上荘は阿氐川荘となった。正暦三年（九九二）四月に、時の右大弁兼内蔵頭平惟仲が米千八百石をもって買得し領地とし、翌年八月、紀伊国は旧例によって不輸租田となし検田使の入部が停止された。長保三年（一〇〇一）六月、惟仲はこの荘を他の多くの荘園とともに白川寺喜多院に施入した。こののち約二百年間の消息が不明であるが、鎌倉時代の初めごろ石垣荘は、平等寺領として文献にあらわれ、建保二年（一二一四）二月、平等寺が宣陽門院（後白河天皇の皇女覲子内親王）領とされた結果、石垣荘は皇室御領となった。さらに時代が降って、『高野山文書』又続宝簡集七二、暦応元年（一三三八）六月の学侶評定事書には、建武四年（一三三七）ごろから知行の妨害を蒙っている荘園をいくつか挙げているが、その筆頭に石垣荘がみえるから、このころには高野山領であったことが知られる。（平山　行三）

いしかわのしょう　石川荘　㈠河内国石川郡大国郷の東条の荘園。現在の大阪府羽曳野市内付近。成立時の面積は約七十町歩に及ぶ。多田満仲の息頼信が河内守に任ぜられ、同地の壺井に館を構え、以後、頼義・義家・義綱・義忠・義成が代々河内守に任ぜられてここに住み、通法寺・壺井八幡宮が営まれ、館の付属地の開発が続けられて、義家の時代には石川荘として成立していたものと考えられる。寛治五年（一〇九一）の義家と義綱との兄弟争いも石川荘領有にかかわりをもつものと思われる。康治二年（一一四三）に『石川荘坪付注文』が作成されており、石川荘は子息である河内守義忠には伝領されず、子息左衛門尉義時に伝領され、以後ここに石川源氏が蟠踞することとなった。石川源氏は近隣の石清水八幡宮領紺口荘や金剛寺領長野荘などに圧力をかけたこともあったが、代々女院に宮仕し、京都との関係は深かった。石川荘は式乾門院領となり、さらに同門院から泉涌寺へ新たに寄進され、のち九条道家の家領となった。（三浦　圭一）㈡陸奥国白河郡の荘園。久我家領。現在の福島県石川郡の範囲がほぼ荘域であったと推定される。『和名類聚抄』の白河郡石川郷・藤田郷の地か。史料上の初見は弘長元年（一二六一）で、成立年代などは不明。荘内の各村には、前九年の役の後で河内国から移住したと伝える石川氏の一族が蟠踞していた。鎌倉時代後半には当荘の地頭職は北条氏のものであった。石川氏の地位はおそらく地頭代であろう。（大石　直正）

いしかわのまき　石川牧　武蔵国多摩郡におかれた勅旨牧。現在の東京都八王子市を中心とする地域。右馬寮に属していた。『延喜式』左右馬寮によると同国の勅旨牧は石川・小川・由比・立野の四牧で毎年五十疋を貢進した。武蔵国勅旨牧の調査官である別当が国司とともに毎年九月に牧馬を調べ、四歳以上の良馬を選んで飼育し、翌年八月に貢進した。また貢進されなかった馬は駅馬・伝馬などに充てられた。多摩川の流域で、小川牧の南にあたる。（八幡　義信）

いしぐろのしょう　石黒荘　越中国礪波郡にあった荘園。現在の富山県西礪波郡福光町、東礪波郡城端町・井口村・福野町にまたがる地域。荘域は三ヵ荘十郷から成る。立券は承暦二年（一〇七八）。本家は仁和寺円宗寺で、荘内の一部は醍醐寺遍智院・仁和寺菩提院・鷹司家らが領家となっていた。承安年間（一一七一―七五）に院宣により一円不輸荘となる。鎌倉初期に藤原貞直ら四名が地頭に補任されたが、仁和寺の訴えによりやがて停止。のち貞直の孫定朝が地頭職を回復。南北朝期に入り、太海・院林両郷が細川掃部助に恩賞として給与されるが、暦応三年（一三四〇）に院宣により遍智院に還付されている。なお山田郷については、平安末期で広田三百三十七町余、南北朝期に日野資康が請け負った年貢は百七十貫文であった。また鎌倉後期の弘瀬郷は、見作田四十一町余・百姓名十七・百姓在家四十宇から成っていた。当荘は戦国時代に入り没落したと見られる。（石崎　建治）

いしだのしょう　石田荘　大和国宇陀郡の荘園。現在の奈良県宇陀郡榛原町石田付近。興福寺領。延久二年（一〇七〇）の雑役免帳に、源大納言殿免田十町・公田十町九段半、計二十町九段半の面積をもち、ひろく散在していた。鎌倉時代には、上・下両荘に分かれて興福寺維摩会用途を課されたが、上石田荘は、早くに退転したようである（正治二年（一二〇〇）「興福寺維摩会不足米餅等定」興福寺文書）。室町時代には宇陀郡に興福寺一乗院領の石田荘があり、応永十三年（一四〇六）と推定される宇陀郡田地帳案（春日大社文書）には、定田九町大、分米三十六石四

斗、夏三石、大豆三石と記される。　（熱田　公）

いしだのほう　石田保　壱岐国壱岐郡にあった保。現在の長崎県壱岐郡石田町。筑前国安楽寺領。承久二年（一二二〇）筑前国大宰府大山寺別当の代官下野房成慶が壱岐嶋石田郷の公田三十町を押領しており、嘉暦三年（一三二八）石田保内薬師丸名地頭藤原氏女の代宗舜が検注・済物について、鎮西探題に訴えている。薬師丸名の本主は尼妙阿であったが、建治二年（一二七六）養女の草野後家尼長阿に譲り、長阿は永仁五年（一二九七）草野円種に譲り、円種は正和二年（一三一三）宗像大宮司の妻となっていた娘又夜叉に譲り、又夜叉が康永三年（一三四四）嫡子の第十五代宗像大宮司氏正に譲ったことにより、以後石田保内薬師丸名地頭職は宗像大宮司家が相伝することになった。しかし太宰府天満宮文書観応三年（一三五二）二月日安楽寺領注進状案によれば、庿院七宴席会料所として、半不輪の地石田保が見えることから、安楽寺領であったことがわかる。その後、南北朝時代末期には、石田保内薬師丸地頭職を松浦志佐氏の一族浜田氏が押妨したことを、宗像大宮司が九州探題今川了俊に訴えており、壱岐の在地土豪浜田氏によって、石田保も当知行されていたと思われる。　（瀬野精一郎）

いしだのまき　石田牧　武蔵国秩父郡におかれた勅旨牧。現在の埼玉県秩父郡長瀞町を中心とする地域。『政事要略』二三によると、承平三年（九三三）四月に児玉郡阿久原牧とともに勅旨牧に編入され、右馬寮に所属した。この牧から毎年貢進する駒数は二十匹、駒牽の期日は八月十三日と定められた。石田は岩田という地名が残っているので「いわた」とよむべきか。またこの地は武蔵七党の一つである丹党（丹治氏）の本拠地であると考えられる。　（八幡　義信）

いしはらのしょう　石原荘　山城国紀伊郡石原郷の荘園。現在の京都市南区吉祥院石原町を中心とする地域。十世紀半ばごろに藤原朝成が郷内の田地約八町歩を買得、さらに長徳二年（九九六）これを藤原時清が買得して子為賢に伝えた。これが母胎となり、長元六年（一〇三三）に周辺の土地をあわせた約二十六町歩が権大納言家領として立券され、翌年八月には臨時雑役・諸宮御菜・右馬寮御馬蒭等の賦課が停止され、こうして石原荘が成立した。寛徳元年（一〇四四）十一月には荘司が検田使の入勘を訴え、国司から免除の証判を得た。平安時代末期には藤原師綱が伝領、子済綱を経て孫尼聖因の時、荘内の名田一町五段余を沽却している。これはのち三鈷寺領となった。室町時代には三条西家領となり、『実隆公記』には文明十年（一四七八）から享禄四年（一五三一）に至るまで年貢収納関係の記事が散見する。なお荘内には日吉社の散在神田もあった。　（須磨　千頴）

いしもだしょう　石母田正　一九一二―八六　古代史。法政大学教授。大正元年（一九一二）九月九日、北海道札幌市に生まる。宮城県立石巻中学校、第二高等学校文科甲類、東京帝国大学文学部西洋哲学科を経て、昭和十二年（一九三七）、同文学部国史学科卒業。冨山房に入社。同十八年、日本出版会入社。十九年、朝日新聞東京本社入社、『日本古典全書』の編集に従事。二十一年、同退社。民主主義科学者協会創立に参加。二十二年、法政大学法学部講師。二十三年、同法学部教授。社会・経済史、のち日本史学担当。三十八年、同法学部長、四十年、ドイツ等に留学。五十六年、同定年退職。同名誉教授。昭和六十一年（一九八六）一月十八日没、七十三歳。東大寺領伊賀国黒田荘における古代的勢力と中世的領主との階級闘争の歴史を叙述した『中世的世界の形成』（伊藤書店、昭和二十一年）は、戦後の荘園史研究の動向に大きな影響を与えた。　（瀬野精一郎）

いしやまでらりょう　石山寺領　滋賀県大津市石山寺辺町にある真言宗御室派の寺院石山寺の所領。寛治元年（一〇八七）寺の鳥居以南の田畠地子ならびに在家所役を免除した近江国符があるが、これは古くからの寺領と考えられ、建久八年（一一九七）の検田目録・検畠目録では、田八十二町六段余・畠二十三町七段八十歩を数える。同年の名寄帳には、佃・例工・例大工・例鍛冶・例壁（工脱か）・例檜皮・例作手・香手給・紺画免などがあって、寺領内に手工業の成立がうかがえる。久安四年（一一四八）前関白藤原忠実が当寺に参詣のさい近江波多荘を寄進したと伝え、延慶元年（一三〇八）には近江大石荘を、同三年には同虫生荘を寄進され、年々の結縁灌頂料に充てられた。元亀ごろには寺領も武士のため押領されて寺運衰退に向かったが、天正元年（一五七三）織田信長と争った足利義昭が当寺に陣したため兵火にかかり、寺領伊勢大国荘・宇保荘・笠服荘、近江虫生荘・大石荘・波多荘・平津荘・国分荘なども没収されて、永正ごろには五千石と伝える寺領も廃絶し、寺運は窮迫した。慶長初年愁訴して、寺辺の村で五百七十石余を復し、慶長十八年（一六一三）朱印地五百七十九石を与えられ、うち二百七十石を寺中諸院領に、三百九石を燈油・香花・修理などの料としたが、明治維新の際上知した。　（竹内　理三）

石山寺　寺領一覧

所在国郡	名称	成立年次
伊勢　飯野郡	大国荘	
多気郡	宇保・笠服荘	
近江　滋賀郡	南郷	奈良時代？
蒲生郡	波多荘	久安四年
栗太郡	大石荘	延慶元年
同	国分荘	
（郡未詳）	虫生荘	延慶三年
（同）	平津荘	

石山寺領

いじゅういん　伊集院　薩摩国日置郡に設置された官倉。現在の鹿児島県日置郡伊集院町・日吉町・松元町・東市来町一帯。建久八年（一一九七）の『薩摩国図田帳』によると、田数は百八十町で十五の別名に分かれ、その大部分は万得領と呼ばれる正八幡宮領で、一部は近衛家領島

津荘との論所となっていた。当時、院司は八郎清景なる者であったが、実際は末永名(二十五町)の名主にすぎず、時吉名など三名の名主である在庁道友が最大の領主であった。島津家三代久経の弟忠経が地頭に補され、以来その子孫が伊集院氏を称した。南北朝時代には、忠国が肝付・楡井などの諸氏とともに、薩摩・大隅における南軍として活躍し、島津氏惣領家と対立した。現在、町内に伊集院氏の拠った宇治城址がある。 (工藤 敬一)

いずみえのしょう 泉江荘 美濃国池田郡の荘園。現在の岐阜県揖斐郡池田町八幡・片山を中心とする地域。十一世紀初期にはすでに石清水八幡宮護国寺の法華三昧院(宝塔院)領となっている。寛仁四年(一〇二〇)疱瘡の大流行と飢饉によって荘司・住人らが皆死亡し、荘田も多く荒廃に帰し、また国司の免判も紛失してしまったという。宮寺では直ちに荘田の開発をはかるとともに改めて国司の免判を申請して藤原頼任が国司の時これに成功した。また、天喜元年(一〇五三)に高階業敏が国司となった時、四十余町歩の免判をうけ、続いて開発された五十町歩も十年後、源実基の国判を得て封物弁済を免除された。その後、後三条天皇の荘園整理によって実基の免除した五十町歩は収公されたが、荘田百十町四段二百四十歩は公認され、寄人らの臨時雑役も免除された。平安時代の末ごろ、荘は泉江荘・同西荘・同中荘と三分されたが、いずれも宝塔院領として扱われており、領家職の分割に基づく現象と理解される。下って文亀二年(一五〇二)石清水八幡宮より守護土岐氏の被官衣斐新左衛門尉の押領を訴えており、ともかく石清水八幡宮領として存続してきた当荘も武士の前に押領されていった。 (新井喜久夫)

いずみのしょう 泉荘 (一)山城国相楽郡泉郷の東大寺領荘園。現在の京都府相楽郡木津町木津を中心とした地域。この地は木材の陸揚地点として古くから東大寺をはじめ南都諸大寺の木屋が設けられていたが、宝亀九年(七七八)ここに東大寺荘倉地四町が勅施入された。荘預がおかれ、その下に若干の木守がいて寺家材木の上津・運送をはじめ所当地利物の上納などの所役を勤めた。長徳四年(九九八)当時の寺領の目録には「出水荘六段」とみえる。 (須磨 千頴)

(二)備後国奴可郡油木村の荘園。現在の広島県比婆郡西城町付近が荘域と推定される。成立事情・領有関係などは明らかでない。厳島神社の『反古裏経』の紙背文書に応長元年(一三一一)十二月泉荘の年貢を備後歌島荘の公文兼預所の知栄が備後守護長井氏の代官として請け負い、それを為替に組んで在京の長井氏に送り、支払いを淀の商人に依頼している記事がみられる。なお文和二年(一三五三)五月二十日付、尼れうえんの泉荘内踊喜(油木)村における田畠林の譲状が『毛利家文書』にみられる。 (渡辺 則文)

いずみのしょう 和泉荘 薩摩国の荘園。現在の鹿児島県出水市のほぼ全体を領域とし、米ノ津川流域が中心であった。建久八年(一一九七)の薩摩国図田帳(島津家文書『鎌倉遺文』二巻九二三号)では島津荘の一円荘として和泉郡三百五十町が記され、寄郡の山門院・莫根院と合わせて、古代の出水郡が三分割されたものである。鎌倉時代には、「島津庄薩摩方内泉庄」などと表現され、あくまで島津荘内の一円荘として位置づけられていた。この地域の開発領主である伴氏が下司あるいは弁済使の地位を保っていたが、肥後国との国境地帯の要衝を占めていたため、島津氏の惣領家が拠点とし、南北朝期に入ると、宮方・武家方の係争の地となった。室町期以降になると出水の表記も多くなる。豊富な湧水に恵まれ、水田開発が活発であったが、北方の矢筈岳山麓では牧が広く展開しており、馬の放牧地としても知られていた。 (海老澤 衷)

いずもごう 出雲郷 山城国愛宕郡の郷。現在の京都市左京区内、賀茂川と高野川の合流点北方の地域で、出雲路橋の名はその遺称。郷名は『和名類聚抄』にみえ、『延喜式』によると、郷内に出雲井於神社・出雲高野神社があった。また『正倉院文書』には出雲郷雲上里・雲下里の神亀三年(七二六)計帳断簡が現存し、約二十郷戸の記載から、当時の郷が出雲臣一族を主体とし、特に中央官司の使部・史生、貴族官人の帳内・資人など下級官人を多く出していたことなどが知られる。 (岸 俊男)

いずもたいしゃりょう 出雲大社領 島根県簸川郡大社町杵築に鎮座する出雲大社の所領。記紀の出雲神話が、何らかの事実を背景にもつとすれば、山陰地方は出雲大社の支配下にあったということになるが、確かでない。出雲大社を祭祀する出雲国造は、崇神朝の任命と伝えるが、大和朝廷の勢力下では、出雲一帯が神領化し、そのうち杵築・黒田・免結・鷺・宇峠・井呑・宇竜の七浦が、後世まで御贄貢進の社領となっているのや、『延喜式』式部省の神郡の条に、出雲国神郡として意宇郡をあげているのは、その名残りとみられる。しかし『出雲国風土記』に、出雲・秋鹿・楯縫・意宇の各郡に神戸里をあげているが、『新抄格勅符抄』には、天平神護元年(七六五)に充てられた杵築神六十一戸をあげているが、その実支配は、これら各郡全般に及んでいたと考えるべきであろう。史料的には鎌倉時代の文書になるが、杵築十二郷所々国造管領とみえ、遙勘・高浜・稲岡・鳥屋・武志・出西・求院・北島・富・伊志見・千家・石墓(塚)の十二ヵ郷村三百余町が注進されている(康元元年(一二五六)十一月)。これらは、おそらく平安時代以来の社領として継承されて来たものと思われ、これらのほかに、鎌倉時代幕府や国司から寄進された社領や国造家領として、大草郷・国屋郷内の田畠、田尻大庭地頭職、揖屋荘、国富荘、氷室荘などが成立したが、鎌倉時代末期から室町時代にかけて、日御碕社と社領相論をくり返す一方、国造家も千家・北島両家に分立して、その主導権を争った。ただ、原始時代には山陰一帯の主導勢力という伝説をもつにかかわ

らず、その社領は、出雲の数郡を出ることはなかった。戦国時代、天正十九年(一五九一)の検地で毛利氏から安堵された社領十二ヵ郷の高辻は五千四百四十五石余。そのうち、文禄・慶長の外征の際、豊臣秀吉に七ヵ郷・五ヵ浦を没収され、残高二千七百三十石を、千家・北島両家でほぼ折半して知行した。江戸時代松江藩主からの寄進により、明治維新当時は、惣高三千五百六十石余、蔵米五百石に及んでいた。（竹内　理三）

いずものしょう　出雲荘　大和国城上郡織田村の散在荘園。現在の奈良県桜井市大泉・大西付近を中心とする地域。均等名荘園として有名。条里では城上郡十八条一里・二里、十九条一里・三里、城下郡十八条四里、二十条一里にわたり、総面積四十三町五段余の畿内型小荘園である。領家は興福寺大乗院で、重色御領六十四荘の一つ。延久二年(一〇七〇)の『興福寺雑役免帳』に、「出雲庄廿一丁三反半」とあるのが初見で、成立は少なくともこれ以前。雑役免田は半不輸の上、坪内の方付が定まっていないので、公田や他領が買得・相博や加納・負籠田とか横領の形で付加され、のち不輸免と化した。文治二年(一一八六)の「出雲庄坪付」では四十三町五段に増大し、やや円田化するが、なおA・B_1・B_2・Cの四部分に散在する。当時名田はほぼ一町余から二町までの十六の均等名で、うち八名は本佃一段宛が割りつけられ、五名には本佃はなく、残り三名は右十三名の内とある。別に八坪佃や新御佃二町があるので、五名以下にも付加されていたのであろう。佃耕作は種子農料差引きの一般的方法ではなく、佃作料田二町八段という形で、C地区に与えられたらしい。当荘ではA地区が荘園村落の中心部で、荘園発生上の初発的部分と思われ、Cの作料田部分はのちに付加され、佃以下公事の均等割つけのため作料田として各名に付加し均等化したらしい。久国名という集名のあるのも注目をひく。鎌倉時代末期以後均等名は解体するが、荘名は戦国時代まで存続する。（渡辺　澄夫）

いせじんぐうやくぶたくまい　伊勢神宮役夫工米　⇨造《ぞう》大神宮役夫工米《だいじんぐうやくぶたくまい》

いせじんぐうりょう　伊勢神宮領　三重県伊勢市に鎮座する伊勢神宮の所領。古代の神宮領は封戸(神戸)と神田であり、封戸は宝亀十一年(七八〇)に千二十三戸、大同元年(八〇六)に千百三十戸であったが、「大神宮封戸非二改減之限二」という原則と寄進により、文治元年(一一八五)まで増加した。このうち天慶三年(九四〇)以前のものを本神戸、同三年に寄進された尾張・三河・遠江の神戸を新神戸、文治元年寄進の同上三国の神戸を新加神戸と称した。神戸の集中した伊勢国では度会・多気の両郡が奈良時代より神郡とされ、寛平九年(八九七)に飯野郡が寄進されると、三郡をあわせて神三郡《しんさんぐん》と呼び、道後《どうご》と称した。神三郡の封戸は九百七十二烟(度会四百四十七、多気三百十五、飯野二百十)であった。神三郡に対し員弁・三重・朝明の三郡を道前《どうぜん》三郡と呼んだ。律令制下ではこれら封戸の徴税には国司があたっていたが、弘仁十二年(八二一)以後は大神宮司によりなされるようになり、また神三郡を中心とする地域では、封戸が直接神宮の神官に分与されるようになった。分与された封戸の土地を戸《へ》田《た》と呼んだ。神田は『延喜式』によれば、大和二町、伊賀二町、伊勢三十二町一段、計三十六町一段であり、さらに『神宮雑例集』一によれば神田のほかに御常供田五十九町三段百二十歩があった。これら封戸・神田は大神宮司のもとに内宮・外宮ともに統轄されていた。十世紀以降になると、律令制の解体により新しい形態の所領が出現するようになった。それが御厨《みくりや》・御園《みその》であった。御厨・御園は両宮領・内宮領・外宮領と分割され支配された。供祭物を貢進した御厨・御園には、古代以来の神郡・神戸の内に成長してきた田堵・名主層を中心に形成・成立したものと、主に東国の在地領主が、これら田堵・名主層でもあった神宮の下級神職権禰宜層を口入神主に定めて、寄進したものとがある。後者では大治五年(一一三〇)に平経(常)繁が権禰宜荒木田延明を口入神主として寄進した下総国相馬御厨がある。建久三年(一一九二)の神領注進は神宮領のすべてを示したものではないが、御厨百十があげられている(別表)。十三世紀初めの『神宮雑例集』では、御厨・御園合わせて四百五十余としている。神宮のこれら神領に対する支配は土地の把握を欠くもの

伊勢神宮領分布表

所在国名	御厨	御園	神田	神戸
伊勢	三七	四	二	四
大和				一
伊賀	一	三	一	一
尾張	九	六		三
美濃	五			
三河	六	三		三
遠江	九	一		三
駿河	五			
伊豆	一			
相模	一			
武蔵	四			
下総	二			
安房	一			
常陸	一			
下野	二			
上野	六			
近江	四			
加賀	一			
越前	一			
越中	二			
能登	一			
信濃	四			
丹波	一			
丹後	一			
但馬	三			
伯耆	一			
長門	一			
合計	一一〇	一七	三	一五

(建久三年神領注進による、伊勢は度会・多気・飯野・飯高の四郡を除く。)

出　雲　荘

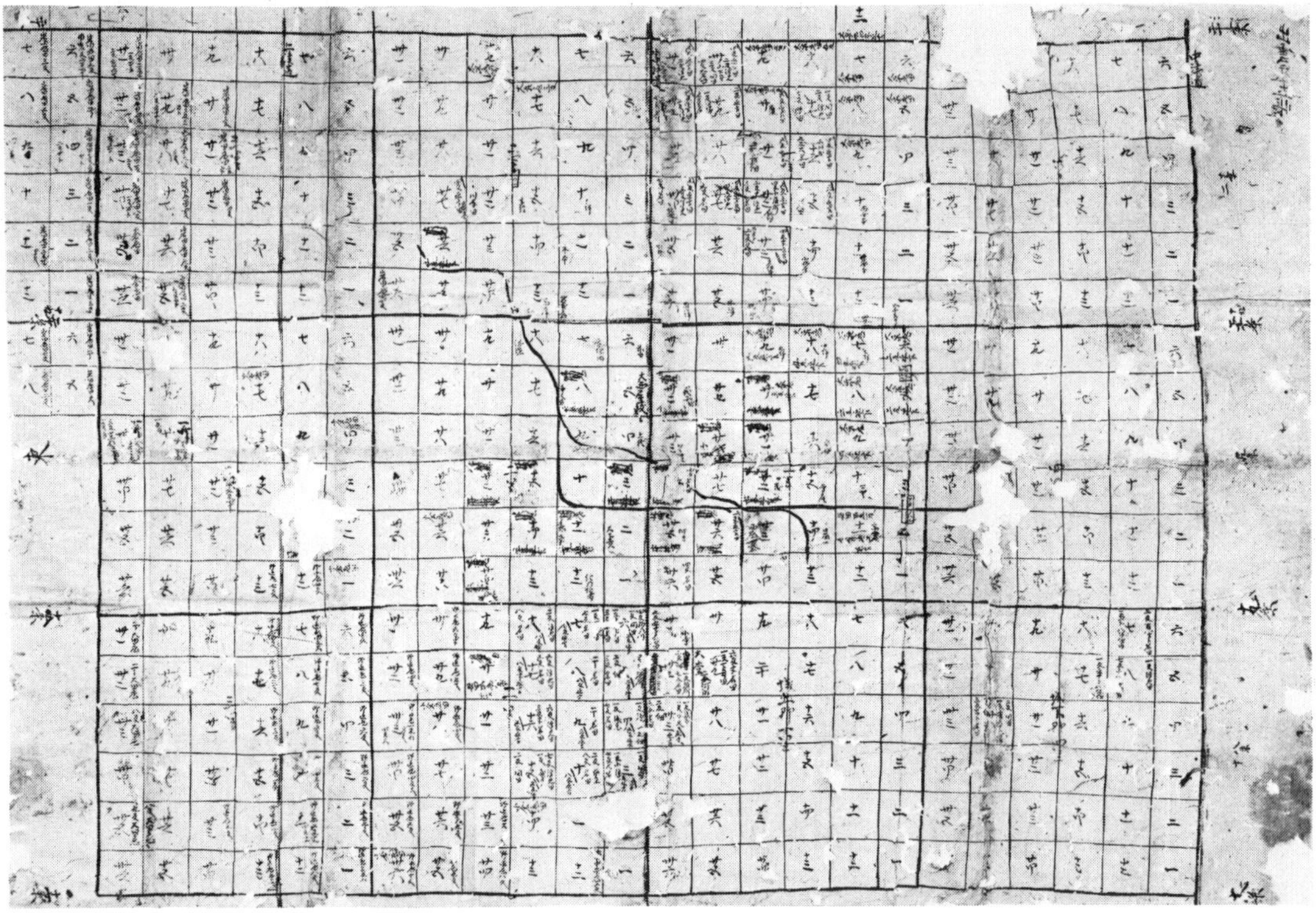

出　雲　庄　土　帳

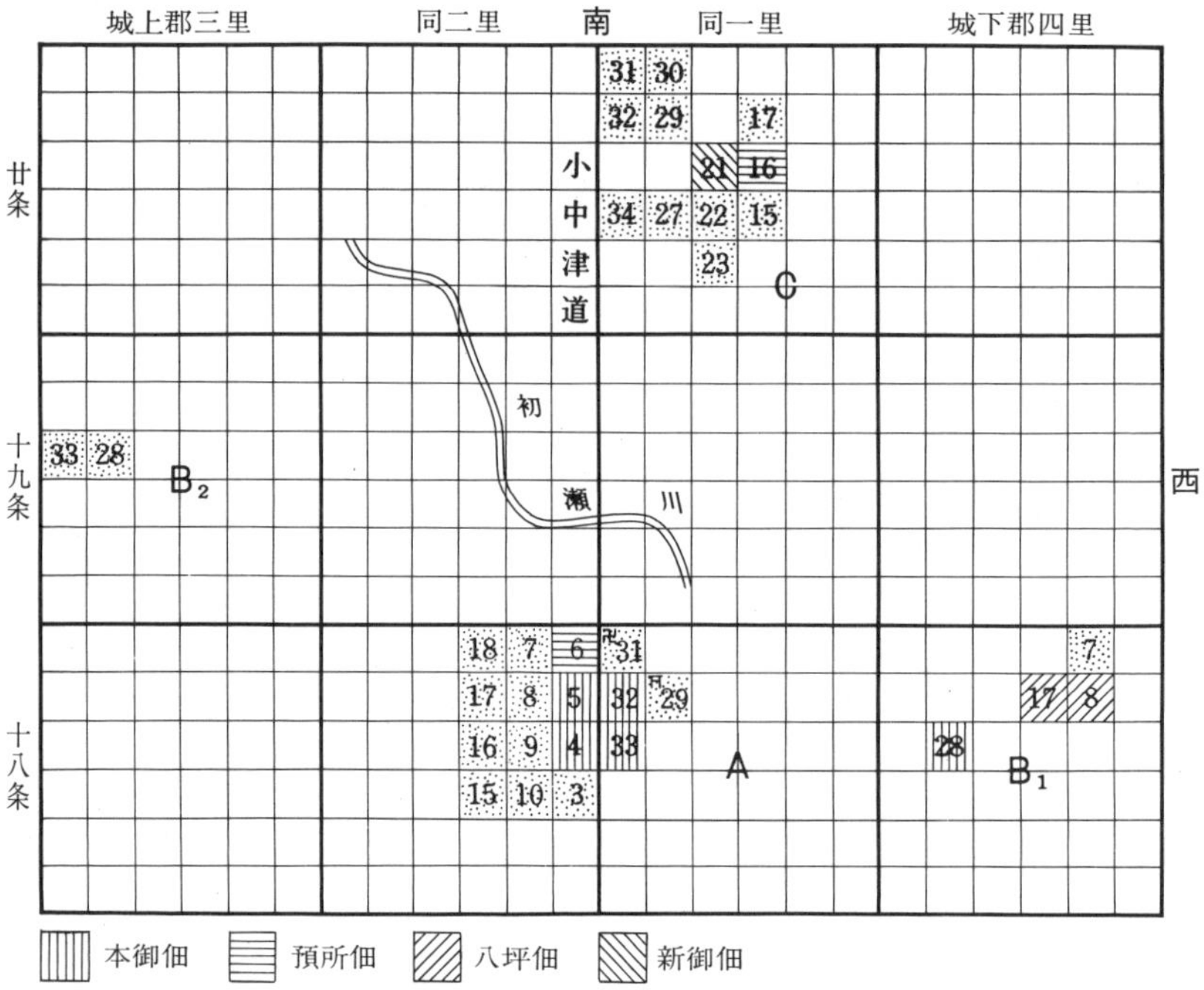

数字は坪を示す。
条里坪付は大乗院尋尊筆出雲庄土帳(内閣文庫蔵)によった。これは条を一条誤っているが、三箇院家抄に従って訂正した。

出雲荘荘田の存在状況

が多く、鎌倉時代以降、在地勢力による押領が増加し、口入神主が在地領主に御祓・大麻をおくる御師としての活動により口入料を得るにとどまり、神領は退転した。享徳の内宮庁宣では二百四十八、大永の庁宣では九十四、天文の庁宣では五十六の名称をあげるにとどまっている。神領も多く支配力も強かった伊勢国でも、室町時代には守護(仁木氏)が神三郡内を押領し、北畠国司も同様であった。太閤検地は、伊勢では文禄三年(一五九四)に施行されたが、宮川以東の地は神宮の敷地として検地は免除され、また諸役も免除され、山田・宇治・大湊の惣中に付せられた。また宮川以西にあった多気・度会郡内で二千六百四十石、別に内宮領と

して五百二十六石五斗の地が与えられた。これは江戸幕府に踏襲され、朱印地として認められ、元和三年(一六一七)徳川秀忠の朱印状では三千五百四十石となっている。　(西垣　晴次)

いせしんぐん　伊勢神郡　⇩神郡《しんぐん》

いその　居薗　九州の中世武士の屋敷をいう。中世、農民の住居と敷地は支配・収取の対象上、耕地と区別して在家・屋敷・薗(九州でのみ使用)などと呼ばれた。一方農村に居住したいわゆる在地領主のうち、地頭・荘官など根本領主の居宅は堀ノ内・土居などと呼ばれたが、広く一般武士(領主的名主)の居所を指すときは、百姓のそれと区別して居在家・居屋敷・居薗(九州でのみ使用)などといった。これらはほぼ同義語として使用され、普通公事が懸からなかったが、多少ニュアンスの違いもあった。たとえば薩摩国伊作荘の下司名には「居屋敷幷一門輩居薗廿六ヶ所」(『島津家文書』)が存在したというが、おそらく居屋敷は居薗より構えの大きい名の中核であったのであろう。居薗が周囲に垣をめぐらすあたり、百姓薗と大差はないが、通例その規模五段～一町内外。内部は居宅の他、作畠・薗田等を含み、本薗・中薗を中心にやがて北薗・南薗・外薗・小薗等の脇薗を分出する。なお中世後期には、有力な在家百姓は田地と結合して、その居所はかつての武士と同じく居屋敷と呼ばれていった。　(佐川　弘)

いそのかみごう　石上郷　大和国山辺郡の郷。現在の奈良県天理市布留町付近。『和名類聚抄』に所見するが、古くから大和朝廷と密接な関係をもつ。石上神宮が郷内に鎮座して物部氏と深い関係をもち、安康天皇の皇居穴穂宮、さらに石上溝(『日本書紀』履中紀)・高抜原(雄略紀)・石上池(斉明紀)など多くの伝承をもつ。郷内の布留の地名や布留御魂神社などにちなんで「いそのかみ」は「ふる」の枕言葉となる。中世には石上郷の名はすたれ、代わって布留郷の名が著名となる。　(熱田　公)

いそん　異損　古代において、水旱虫霜などの災いによる損田が大であった場合に用いられた語。奈良時代にこの語はみられないが、不三得七法のもとで、損田三分以内が「定損」あるいは「例損」と称されるようになって以後、これに対する語として三分を超えた場合を異損と称した。異損ある場合は、国司はあらかじめ言上したのち、十月三十日以前に損田目録帳(坪付帳)を進上し、不堪佃田奏の儀と同じく太政官の議定を経て奏上された。その勘定には古くは覆損使らが派遣されたが、のちには多く仗議で決せられた(損田定)。　↓損田《そんでん》　(早川　庄八)

いたのしょう　井田荘　伊豆国那賀郡井田郷の荘園化したもので、南方に隣接する宇久須も荘域に含まれた。現在の静岡県田方郡土肥町・戸田村を中心とする地域。藤原忠通が久安年間(一一四五—五一)に最勝金剛院を草創し、この荘を院領とした。建長二年(一二五〇)九条道家の置文によれば、当時は地頭請所となっており、九条家領として年貢の一部を最勝金剛院に納めていた。貞和二年(一三四六)には道家より六代後の一条経通が東福寺に造営料として寄付した。永禄五年(一五六二)当時の地頭として富永康景の名が知られる。井田荘の名は慶長十二年(一六〇七)にも存したと伝えられる。　(石田　祐一)

いたはえのそま　板蠅杣　伊賀国名張郡西北部から大和国山辺郡にまたがる広大な山地をいい、のち黒田杣とも呼ばれた。現在の三重県名張市から奈良県山辺郡にかけての地域。天平勝宝七歳(七五五)十二月、孝謙天皇により造寺および伽藍修理の木材を得る用地として東大寺に施入された。東大寺はこの杣を足がかりとして杣工《そまく》を黒田村に進出させ、寛和二年(九八六)には杣内出作条坪の勘注があり、長元七年(一〇三四)には官物雑役を免除され、黒田荘の母体となった。　↓黒田荘《くろだのしょう》　(小泉　宜右)

いちいだのしょう　櫟田荘　大和国添上郡の荘園。現在の奈良県大和郡山市櫟枝町付近。興福寺領。延久二年(一〇七〇)の雑役免帳に所見し、添上郡京南五条二里・三里、六条三里にわたり、膳夫寺田・伝法院田・勧学院田・大后寺田の不輸免田畠と公田畠計十四町三段二百六十歩からなる。正治二年(一二〇〇、弘安八年写)の興福寺維摩会不足米餅等定(興福寺文書)に所見。維摩会用途を負担している。南北朝時代、一乗院門跡領の添上郡櫟田荘は当荘の後身と考えられ、貞和三年(一三四七)の興福寺造営料大和国八郡段米田数幷済否注進状(春日大社文書)では「田数不知」ながら三石を弁済している。他に山城嵯峨清涼寺領の櫟田荘があり、応永十三年(一四〇六)のころ衆徒番条氏の押領が幕府によって停止されている(『東院毎日雑々記』)一乗院領とほぼ同地域にあったものであろう。　(熱田　公)

いちいのしょう　櫟荘　⇩櫟本荘《いちいもとのしょう》

いちいもとのしょう　櫟本荘　大和国添上郡の荘園。現在の奈良県天理市櫟本付近を中心とする地域。櫟荘ともいう。領有関係は複雑で、同一名称の五つの荘園が重なりあっていた。㈠東大寺領官省符荘櫟荘は聖武天皇勅施入と伝え、天平十年(七三八)の史料に初見する。約三十町歩の規模で、保延三年(一一三七)検田帳・同五年検畠帳・建仁三年(一二〇三)検田帳によって、その構造を知ることができる。中世を通じて東大寺領であり、江戸時代にも朱印地として東大寺に付された。㈡東大寺雑役(香菜)免田櫟北荘は寛弘七年(一〇一〇)の史料に初見。鎌倉時代を通じて、東大寺に仏聖米を納めていた。㈢東大寺尊勝院領櫟荘は加地子得分権を内容とするもので、十一世紀初頭に成立したらしい。㈣東大寺東南院領櫟荘は十三世紀の史料にみえるだけであるが、尊勝院領と同性質の荘園であろう。㈤興福寺雑役免田櫟本荘は、延久二年(一〇七〇)の『興福寺雑役免帳』に三十町歩余りの規模として所見。　(阿部　猛)

いちえんしょう　一円荘　⇩一円所領《いちえんしょりょう》

いちえんしょむ　一円所務　所務は元来田租以外の雑課

役の意味を有していたが、転じて所領・所職の管理や年貢などの貢租徴収事業や事務、さらにはその徴収権まで含む収益に関わる包括的な意味を持つようになった。このような所領に対する収益権能を特定の荘園領主、あるいはその代行者が他の干渉を排斥して行使できる状態が一円所務である。所務は不動産としての土地に対する権利であるよりその土地の収益に関する実務や権益を指すので、年貢公事の進止に近い概念ということができる。
↓所務《しょむ》　（福眞　睦城）

いちえんしょりょう　一円所領　他の領主諸階層の支配を排し、単独の領主によって領有される荘園所領。その内容は二つあり、一つは荘田の一円知行による一円所領であり、他は同一荘域内の所職の一円知行である。前者は荘園形成期からみられ、後者は十三世紀以降にあらわれ、両者相まって一円所領を形成する。墾田や囲いこみによって成立した荘園の多くは当初からその四至内に公田・私領が含まれたり、また荘田そのものが広い地域に散在した。たとえば康保元年（九六四）の東大寺領伊賀国板蝿杣の四至内には「所有田地山林」の中に「百姓口分并私田地、他人所領亦巨多也」（『東大寺文書』）といわれており、東大寺自身の所領経営や、国衙・他領との関係で紛争がおこりがちであった。そこで公田や他領との相博（交換）による円田化（所有地の集中）を必要とした。東寺領伊勢国川合荘と同大国荘は、九世紀初め旧皇族所領墾田の勅施入によって成立したが、大国荘にはその四至内に公田二十一町二段百四十歩が混在していたため、「大国庄内相校（交）公田与庄田、毎年二季方付争論甚以繁」（混在した公田・荘田の請作地選定をめぐって田堵らとの争論が頻繁に起った。『東寺文書』礼）であったので、承和二年（八三五）に右の大国荘内の公田と同じ面積の川合荘田を交換して円田化した。また東大寺領筑前国碓井封では、封戸田が散在しているので、四至が定められているにもかかわらず検田使が入部し雑役を課するため、作人たちが逃亡して寺役を勤めないという状況となり、東大寺からの請求により公田との相博円田化を行なった。これらは円田化による荘領の一円化の例で、国使や国検田使の不入を確保したことになるが、十三世紀以降「本所（または領家）一円之地」「一円知行地」「寺社一円仏神領」などといわれる場合は、国使不入のみならず大犯三箇条についても守護・地頭の不入権が認められ（『中世法制史料集』一、追加法四四五・五三六条）、さらに地頭御家人の不設置の荘園、下地分割により領家方となった所領は、一切の荘園所職の一元的に支配する荘園を意味するようになり、不輸の特権と相まって一円所領が完成するに至る（同六〇〇・六三四条）。室町幕府法では応安元年（一三六八）の半済法（同二、追加法九七条）にみられるように、領家・地頭両職を一円領有することをたてまえとした「本所一円知行地」と単なる「諸国本所領」とは区別されるに至った。　（島田　次郎）

いちえんしんし　一円進止　一つの所領において下地に対する進止と年貢公事（上分）に対する進止の両方を行なっている状態を指す。下地の進止とは土地そのものを譲与・売却するといった直接的処分権の行使であり、上分の進止は生産物の分配・収取を行う権限である。ただし、領主がかかる進止権を直接行使できる場合は極めて限られる。このため基本的には当該所領の所職任免、没収・充行といった間接的手段が進止と認識される。すなわち一円進止とは領主が所職補任、充行、改易、没収権の行使を通じて土地および生産物の分配・処分を自在に行える権限を有している状態を指す。武家方による地頭職が設置された荘園でも、補任権を領家が握るように幕府に認めさせるなど荘園領主は二重支配を退け、領家方による一円進止の維持に注力した。　↓進止《しんし》　（福眞　睦城）

いちえんち　一円地　⇩一円所領《いちえんしょりょう》

いちえんちぎょう　一円知行　荘園などの所領において他の領主や階級による支配を排除し、単独の領主が排他的に支配、占有すること、またその状態をいう。一円知行の具体化の手段は荘園内に公田・私領を存在させず、完全に排他的な空間にすることである。もう一つは重層的な所職補任権を握り、補任・改易を通じて所領を任意に支配する方法である。公田・他領の相博（交換）を通じた円田化は国衙検田使等の領域立ち入りの拒絶、不輸の特権を獲得し単独領主による一円知行の状態をもたらした。こうした所領では十三世紀以後、守護・地頭の不入、地頭の不設置もさまざまに実現が目指され、排他的な荘域の完成が模索された。特に下地中分などで本所・領家方となった所領では武家方の影響を排除した一元的な所職補任を領主が行うことで一円知行が実現される状態となった。こうした一円知行の行われている所領が一円所領である。　↓知行《ちぎょう》　（福眞　睦城）

いちごぶん　一期分　当人の一生涯（一期）だけ知行することを認められた所領のことで、永領に対する用語。分割相続から単独相続に移行する過渡期にあらわれた相続形態。鎌倉時代の武家社会では一般に分割相続が行われていたが、鎌倉時代中期以降になると、一族の所領の分散を防ぐために後家や女子には一期分の譲与が行われるようになり、一期ののちは惣領に返付させるとか、何某に知行させるなどの文言や父祖の菩提をとむらうために寺に寄進すべきことなどの未来知行の条件を付して譲与するようになった。さらに時代がすすむと後家や女子に対する所領の譲与は次第に行われなくなった。一期の後、その所領を知行すべく定められた未来領主が一期分の知行者に先立って死亡した場合には一期分は永領となり、一期分の知行者が意にまかせて処分した例もある。なお一期分は庶子分や隠居分にも適用され、また他人間の譲与にも応用されることがあった。　（鈴木　英雄）

いちごりょうしゅ　一期領主　一期分の所領を知行する領主。これに対して一期領主の後に当該所領を知行すべく定められたものを未来領主という。鎌倉幕府法では、

一条家領一覧

一条家領

所在国郡	名称	特徴
山城 久世郡	◦久世荘	女院方、最勝金剛院領
大和 （郡未詳）	河北荘	新御領、道祐法印寄進、藻壁門院法華堂領
摂津 能勢郡	倉垣荘	女院方、春日社四季御八講料所
河辺郡	潮江荘	新御領、憲長入道寄進
同	富嶋荘	佐々木女房譲進
	大番舎人	半分
和泉 和泉郡	春木荘	女院方、春日社四季御八講料所
日根郡	善興寺	女院方
	御酢免	新御領
	大番舎人	半分
伊賀 阿拝郡	浅宇田荘	女院方、最勝金剛院領
伊賀郡	大内東荘	女院方、春日社唯識講料
伊勢 員弁郡	山郷荘	女院方
朝明郡	富田御厨	女院方、寄進所、年貢簾二十枚
三河 幡豆郡	吉良西荘	女院方、地頭請所
伊豆 田方郡	三津御厨	女院方
那賀郡	井田荘（上下）	女院方、最勝金剛院領、地頭請所
武蔵 橘樹郡	稲毛荘	女院方、地頭請所
（多西郡か）	船木田新荘	同
常陸 新治郡	小栗御厨	同
近江 神崎郡	小幡位田	女院方、日吉申日御供料
栗太郡	大江荘	新御領、道祐法印寄進、藻壁門院法華堂領
伊香郡	伊香古荘	新御領
	大番舎人	半分
美濃 大野郡	古橋荘	佐々木女房譲進
越前 丹生郡	美賀野部荘	新御領、尊勝寺曼荼羅堂便補保、道祐法印寄進、藻壁門院法華堂領
坂井郡	河和田新荘	佐々木女房譲進
足羽郡	東郷荘	同
越中 （郡未詳）	四箇荘	新御領、地頭請所
丹波 何鹿郡	八田荘大番舎人	半分
丹後 丹波郡	丹波荘	地頭中沢基綱寄進、国司顚倒
備後 深津郡	◦坪生荘	女院方、最勝金剛院領
周防 大島郡	屋代荘	女院方
紀伊 那賀郡	井上本荘	女院方、月輪殿護摩用途料
牟婁郡	三栖荘	新御領、院御領
阿波 那賀郡	大野本荘	女院方、宝荘厳院領
讃岐 香川郡	坂田荘	新御領、藻壁門院法華堂領
寒川郡	神前荘	新御領、興福寺領
三野郡	本山荘	新御領、八幡三昧堂領
鵜足郡	河津荘	新御領、春日社領
伊予 和気郡	吉原荘	新御領、右衛門督入道新兼寄進、年貢五十石
土佐 幡多郡	◦幡多郡 本荘・大方荘・山田荘・以南村・加納久礼別符	新御領
筑後 三毛郡	三毛山門荘	頼行朝臣寄進、安嘉門院押領
肥後 益城郡	守富荘	女院方、証真如院領、地頭請所
飽田郡	窪田荘	新御領、藤原綸子領

（付表）四条院尚侍佺子領

所在国郡	名称	特徴
摂津 有馬郡	松山荘	新御領
河内 茨田郡	点野荘	女院方
尾張 愛智郡	英比荘	新御領
常陸 筑波郡	村田荘	源雅光譲進
美濃 安八郡	世保荘	新御領
若狭 大飯郡	立石荘	女院方
同	立石新荘	同
越前 足羽郡	◦足羽御厨	新御領
今立郡	鯖江荘	同
加賀 （郡未詳）	鏡荘	同
丹波 桑田郡	賀舎荘	女院方
播磨 賀茂郡	厚利荘	新御領
備前 児島郡	小豆嶋	源雅光譲進
備後 奴可郡	奴可東条	新御領
土佐 安芸郡	安芸荘	源雅光譲進
筑前 遠賀郡	山鹿荘	同
肥前 佐嘉郡	与賀荘	女院方

（建長二年九条道家惣処分状による。◦印は『桃華蘂葉』に所出の荘園。）

一期領主が罪科によってその所領を収公された時には、改めて未来領主に給与することが規定されている。ただし、罪科ある一期領主が祖父母・父母で、未来領主がその直系の子孫である場合には、未来領主も所領相続の権利を失い、その所領は収公されることになっていた。

（鈴木　英雄）

いちじょういんごう　一条院郷　⇩南都《なんと》七郷《しちごう》

いちじょうけりょう　一条家領　建長二年（一二五〇）、始祖実経は父道家より九条家領を分与され、一条家領が成立した。本家職・領家職が中心で、その大要は別表のとおり。当時、道家の嫡男教実は早世してすでに世になく、次男良実（二条家始祖）は、寛元四年（一二四六）の関東の政変にからんで父道家に対する不孝の子細があり、勘当の身にあった。よって道家は、伝領した九条家領を、四男実経と、嫡孫忠家（九条）を中心に譲与したのである。両者のほか、宣仁門院嫥子（教実娘）・九条禅尼（教実室）・近衛北政所仁子（道家娘）・四条院尚侍佺子（道家娘）などにも分与したが、当時の貴族社会における女子一期相続により、愛娘佺子に分与した十八ヵ荘は、一期の後実経子息に譲るよう定められた（付表「四条院尚侍佺子領」）。南北朝時代以降の家領の失墜は、一条家領についてもそのままあてはまる。一条兼良の『桃華蘂葉』によれば、家領として十四ヵ所が挙げられているが、鎌倉時代以来の継承は四ヵ荘にすぎなかった。近世幕藩体制下では、摂家の家格として千二十石ほどの領知を安堵された。

（田沼　睦）

いちしろのまき　市代牧　上野国に置かれた九ヵ所の御牧（勅旨牧）の一つ。現在の群馬県吾妻郡中之条町市城付近を中心とする地域。東に唐沢山および仏体山、北に赤岩を負う南斜面が牧地と想定されている。吾妻氏の祖藤原武行は、太田別当と称し、吾妻郡太田郷に居住していたとされているが、おそらく市代牧の別当であったと考えられる。その子孫吾妻八郎は、寿永元年（一一八二）正

月源頼朝が伊勢神宮に奉納する神馬を献じている。
（勝守　すみ）

いちばい　一倍　元の数量を倍にすること。現在の二倍に相当する。多くの場合、所当未進や出挙、借銭の弁済に関わって用いられ、元本の倍を支払うなどの表現に使われる。古い用例として治承二年(一一七八)七月十八日太政官符案『平安遺文』八巻三八五二号)に私出挙の利息は「一倍之外可停止非法也」として見られる。
（福眞　睦城）

いちはしのしょう　市橋荘　美濃国厚見郡市橋の荘園。現在の岐阜市付近。康平三年(一〇六〇)ごろ、所々の陸地畠を一品宮(聡子内親王)御領としたことに始まり、永保三年(一〇八三)仁和寺大教院建立の時、その所領として寄進されたものであろう。永治元年(一一四一)には内牧郷など六ヵ郷よりなる三百余町の広大な荘園としてみえる。この荘の西には友河を界として東大寺領茜部荘があったが、このころ洪水のため河流が変わり、河西の地をめぐって相論がおきた。保元二年(一一五七)に至っても東大寺側が茜部荘の東南角を内牧荘(市橋荘内)に虜領されたといっていることからみて市橋荘に有利に事が進んでいたとみてよい。康治元年(一一四二)大教院領から御室御領となった。領家職は南北朝時代以前より二条家が保持していたが、その後梅津是心院に寄進された。一方承久の乱の際、この荘の下司は京方につき、その没収跡は勲功の賞として石河二郎光治に与えられ、一族は地頭として代々荘内鏡島に住した。
（新井喜久夫）

いちぶんじとう　一分地頭　⇨惣領地頭《そうりょうじとう》

いちます　市枡　中世の都市や荘園の市場などで、主として米穀などの穀物の売買に際し、その計量に使用された商業枡の一種。市場枡・売買枡・見世(店)枡・町枡などとも称する。この枡がいつごろから発生したか明らかではないが、少なくとも米の商品化が急速に進展した鎌倉時代に、その起源を求めることができると思われる。しかし史料の上にあらわれてくるのは、室町時代になってからである。応永九年(一四〇二)、高野山領紀伊国南部荘の年貢米が、同荘の市場の市枡で売却された事実があるが、それは比較的早期の一例である。また室町時代中期の例としては、東寺領備中国新見荘で、年貢米の売買に、同荘の市枡が使われていたのを挙げることができる。その容量であるが、この枡は同荘の年貢米収納枡と較べると、約三〇%ほど小さかったという。新見荘の市枡に限らず、他の市枡においても、一般的に同様の傾向を示していた。このことは、年貢米の換貨に際しての、領主、特に販売業務を直接担当する荘官の利潤追及と無関係ではないと思われる。年貢米の貨幣化が日常化するにつれ、市枡は年貢徴収の面にも進出し、室町時代になると、収納枡として使用される場合が各地でみられるようになった。一方、商業の発達に伴って、地方市場の通商圏が次第に拡大していき、それらを統合する形で地方的な商業都市が発展を示した室町時代には、地方都市の商業枡が、地方の市枡に替わって、荘園に進出していったこともある。若狭国小浜の商業枡である「小浜枡」が、近隣の東寺領太良荘などの市枡として採用された事実は、その適例であろう。他方、わが国最大の商業都市である京都でも、古い伝統のもとに使用されてきた十三合枡・八合枡のごとき、種々雑多な「容量枡」が、ようやく統合の気運を迎え、室町時代中期ごろには、「十合枡」と称せられる市枡が台頭し、商業枡として京都の代表枡の地位を占めるに至った。また当時京都に次ぐ商業都市であった奈良においても、同様の経過をたどって、市場を中心として発達してきた「市十合枡」が、このころには商業枡として著しい発展を遂げ、次第に基準枡化する傾向を示した。このように室町時代末期の京都と奈良において、市枡の系統に連なる「十合枡」が、それぞれに基準枡として登場してきたのであるが、両枡の容量は必ずしも同一ではなかった。それらが等量化するためには、次の時代を待たなければならなかった。すなわち織田信長は、永禄十一年(一五六八)、京都に統一政権を樹立すると同時に、京都の商業枡「十合枡」を「京枡」の名のもとに、公定枡に指定した。信長の遺業を継承した豊臣秀吉は、太閤検地の実施に際し、この「京枡」で石盛を行なったので、京都の商業枡にその起源を持つこの「京枡」は、全国統一枡化していったのである。　⇩京枡《きょうます》　⇩十合枡《じゅうごうます》
（宝月　圭吾）

いちやなぎのみくりや　一楊御厨　尾張国愛知郡の伊勢神宮領。現在の名古屋市中川区および中村区の一部を含む地域。嘉承三年(天仁元、一一〇八)の神領目録に記載され永久三年(一一一五)宣旨を得て往古神領と称されており、十一世紀末ころまでに成立したと推定できる。内宮領。『神鳳鈔』によれば田六十二町、畠二十四町五段、上分三十石。享徳元年(一四五二)には一貫文。御厨内の郷には政所が設けられ下司がおかれていた。地頭は鎌倉時代初期におかれたが、正治元年(一一九九)停止され検断は神宮に委ねられた。御厨の西部余田方は、鎌倉時代後期には延暦寺領、南北朝時代初期には宣政門院領であったが、康永三年(一三四四)以前に妙法院門跡領となった。余田方では御厨川(庄内川)を挟んで西に隣接する円覚寺領富田荘との間で正和四年(一三一五)以来境相論がつづき、貞和五年(一三四九)和与が成立している。円覚寺蔵「富田荘絵図」には余田方が記されている。東部神宮方は、南北朝時代初期勘解由家領となる。康正二年(一四五六)には西部は妙法院領、東部は普明院領とみえる。終末所見は同年。
（上村喜久子）

いつくしまじんじゃりょう　厳島神社領　広島県佐伯郡宮島町に鎮座する厳島神社の所領。『大願寺縁起』に推古天皇の時当社領水田一千百八十町、修理杣八千町とあるが疑わしい。社領は平家の信仰を得て以後急激に増加した。長寛二年(一一六四)以前に、安芸国山県郡の荒野が地主から寄進されたのをはじめ、平安時代末までの当社

厳島神社領

厳島神社 社領一覧

所在国郡	名称	成立年次	特徴	典拠
山城	京都地五条坊門京極	永仁六年以前	榊殿と号す	厳島神社文書
	六波羅地六条車大路	同		同
因幡 八上郡	船岡郷幷新庄村	正応六年七月	異国降伏祈禱料、鎌倉幕府寄進	同
播磨 明石郡	神部荘	弘安元年以前	引声用途	同
安芸 山県郡	山方郡幷賀茂郷荒野	長寛二年以前	半不輸	同
同	寺原村(のち荘)	同		同
同	志道(路)原荘	長寛二年六月		同
同	壬生荘	嘉応三年正月	建春門院御祈禱料	同
同	春木・市折村	安元二年以前		同
同	福光	応永四年以前		同
同	大田郷	同		同
同	木次	同		同
同	千代末南北	同		同
同	吉木荘	戦国時代以前		房顕記
佐東郡	若狭郷内田畠栗林	長寛二年四月	清原清末寄進	芸藩通志
同	若狭郷内志道原荘倉敷	仁安元年以前	のち久知と称す	同
同	伊福郷内志道原荘倉敷	仁安元年十一月	のち堀立・吉次と称す	同
同	桑原郷内萩原村壬生荘倉敷	嘉応三年正月		厳島神社文書
同	桑原新荘	永仁二年以前		同
同	己斐村	貞和四年八月	ただし五分の一を除く、足利尊氏寄進	同
同	利松・吉武・今武・定順・光清・坪井・中洲別符・大塚・古河村	応永四年以前		同
同	中調子・緑井・官幣社	戦国時代以前		房顕記
高田郡	三田郷・風早郷	仁安二年六月	毎月御神楽饗膳雑事料	厳島神社文書
同	三田郷内尾越村	承安三年二月	半不輸	同
同	高田郡七箇郷	安元二年七月	半不輸(うち三田・風早は別納)	同
同	内部荘清元名	文治五年六月	半不輸、毎月御神楽料	芸藩通志
同	三田郷内井原村	寛元元年十一月	一円社領、造営料	同
同	三田新荘・保垣上下村・小山・香屋村・石浦・長田郷・高田原	応永四年以前	小山・西浦(石浦)は天文十九年毛利元就再寄進	厳島神社文書
安南郡	安麻荘	治承三年十二月	高野宝塔院領、平頼盛私得分を寄進(のち半分三十五石)、治承四年八条院庁役を免ず	芸藩通志
安芸 安南郡	世能荘市吉別符	建久二年以前	半不輸	厳島神社文書
佐西郡	大竹・小方	元暦元年以前		同
同	平良荘	永仁二年以前		同
同	宮内荘	応安七年以前		同
同	佐西郡・吉和村	応永四年以前		同
同	塔下・栗林	天文十年以前		速谷神社文書
同	五日市・草津・石道・久波・黒川・大野	同		房顕記
同	山里四郷	同	大内義隆再寄進	房顕記・厳島神社文書
賀茂郡	志芳荘	永徳元年七月	二分方地頭職、造営料、大内義弘寄進	厳島神社文書
同	上竹仁	応永四年以前		同
同	西条・黒瀬	天文十年以前		房顕記
豊田郡	造果保	建武三年五月	造営料、足利尊氏寄進	厳島神社文書
(郡未詳)	三角野村	寛元三年以前		同
周防 玖珂・熊毛郡	今同名	安元二年以前	玖珂・周防・神代の郷保に散在	同

厳島神社免田種別分布表(正治元年分)

種別＼郡名	安南 (町・段・歩)	佐東 (町・段・歩)	高田 (町・段)	佐西 (町・段)	賀茂 (段)	山県 (町・段・歩)	合計 (町・段)
朔幣田	二・七	三・六	二・一				八・四
中御供田	六	五・七		二・一			八・四
日御供田	二・六・三〇〇	一〇・九・〇六〇	四	二	八		一五
本御供田		五・八・二四〇				一〇・一・三〇	一六
新御供田		二				二	四
外宮免田		三		三・二			三・五
二季御祭幣料田						一	一
同新屋津代酒肴料田	一						一
六節供田			二				二
御洗米料田				一			一
散米田				五			五
山王社免			一				一
今社免		五					五
戎社免		一					一
合計	六・九・三〇〇	二九・八・三〇〇	五・五	七	八	一三・一・三〇	六三・三

領は山県郡の寺原村(のち寺原荘)・壬生荘・志道原・春木市折村・佐東郡の若狭郷内の私領田畠、若狭郷・伊福郷の志道原荘倉敷、桑原郷萩原村の壬生荘倉敷、高田郡の七郷、三田郷内尾越村荒野、安南郡の安麻荘・世能荘市吉別符、佐西郡の大竹・小方、周防国の今同名などの多きを数える。壬生荘は公家・建春門院御祈禱料、安麻荘は八条院領であるが、荘号をつけない諸所は国領で半不輸のものが多い。鎌倉時代には異国降伏祈禱のため幕府が寄進した播磨国神部荘、因幡国船岡郷半分・新庄村半分のほか、国内では平良荘・桑原新荘・香屋村・三角野村などが加えられ、南北朝時代には足利尊氏が豊田郡造果保・佐東郡己斐村を、大内義弘が賀茂郡志芳荘二分方地頭職を寄進した。また安芸国一宮たる当社には国衙から免田が給され、正治元年(一一九九)には本御供田十六町をはじめ計六十三町三段で、佐東・佐西・安南・高田・山県・賀茂の諸郡にまたがっていた。十三世紀中葉には総田数は百町歩以上に増し、うち御読経免が三十町歩以上を占める。また十三世紀前半神社が二度も炎上した時は安芸国が造営料国にあてられた。南北朝時代以降社領の多くは次第に近隣の諸豪族に押領され当知行地は戦国時代には佐西郡の一部に限られ、『房顕記』に、六、七千貫もあった神領がわずか三百貫となった、とある。天文十年(一五四一)神主家滅亡後、大内氏は佐西郡の山里四郷を寄進し、毛利氏とその家中は尊崇厚く小山・西浦のほか寄進を重ね、関ヶ原の戦以前社領は五千百十二石、別に島内の町屋敷があった。福島氏は社領を取り上げ造営料は別として毎年千三百五十石、浅野氏はさらに減じて千九十一石を支給、ともに島中の地子銀は従来どおりとした。 (松岡 久人)

いっこくけんちゅう 一国検注 十二世紀頃、律令制下の郡郷制が改編される状況、一国平均役の登場に対応して一国の荘園・公領の田数を掌握する必要が生じてきた。そこで行われるようになったのが国衙による一国検注(一国物検)であり、延久の荘園整理令を契機として、全国的な荘園整理令のみならず、国司による一国ごとの整理令によっても行われた。そして、一国検注の結果の総括として大田文が作成され、一国平均役の賦課台帳として機能した。承久四年(一二二二)の能登国大田文、貞応二年(一二二三)の淡路国大田文によると、一国検注においても国衙が実際に検注を行ったのは国衙領にとどまり、荘園に関しては立券文を提出させるのが一般的であった。 (清水 亮)

いっこくへいきんやく 一国平均役 平安時代後期から中世を通じて、国家的諸行事・事業を遂行するために一国内の荘園・公領を問わず一律に課された臨時課税の総称。個別の税目としては造内裏役・造大神宮役夫工米・宇佐造宮役・大嘗会役・造興福寺役・公卿勅使役・造野宮役・斎宮群行帰京役・造院御願寺役・造一宮役などがあり、これらは一括して勅事・院事・国役とも呼ばれた。さらに南北朝時代以降には天皇即位・譲位用途や将軍拝賀・元服用途など多様な臨時課役が段米・段銭の形で一国平均役として課された。本来、このような諸経費は主に国衙の正税から調達されてきたが、平安時代中期以降の律令制的収取体系の弛緩に伴い、国衙支配下では随時国内への臨時加徴が行われるようになった。しかし十一世紀前期には諸国で臨時雑役を免除された荘園が増大し、そうした臨時加徴も次第に困難となってきた結果、あらためて荘・公を問わず一律に賦課したき旨を申請する国が現われた。一国平均役の成立時期は何をその指標とするかで見解が分かれるが、朝廷がそのような国司の申請を全面的に認可するようになったことに求めるならば、それは長久—永承年間(一〇四〇—五三)のころと考えられる。一国平均役は税目によって全国的・地域的・一国的と賦課範囲を異にするが、賦課の基準はおおむね国衙の土地台帳記載田数であった。ただし鎌倉時代後期以降は賦課基準が各国の大田文記載田数にほぼ限定され、賦課率も課役ごとに反別賦課額が一定化していく。また実際には寺社領の本免田(官省符荘)は多く免除され、さらに三代(白河天皇・鳥羽天皇・後白河天皇)御起請符地や三社(伊勢神宮・石清水八幡宮・賀茂神社)領なども免除対象となっていった。課役の内容は、当初は米・木材・布などの料物と人夫などの労働力の両者が徴発されていたが、やがて米に一本化されるものも現われ、南北朝時代以降になると段銭の形での徴収が一般的となる。一国平均役の賦課権・免除権は本来は当然朝廷が有していたが、鎌倉時代後期ごろから鎌倉幕府が賦課権に関与を及ぼし、南北朝時代の十四世紀後半には室町幕府が朝廷にかわり賦課権・免除権を獲得した。国内においては守護がその実行力を掌握したことにより、守護領国制の形成にも大きな影響を与えた。 (詫間 直樹)
→点役《てんやく》 →国役《こくやく》 →段銭《たんせん》 →段米《たんまい》

いっこんりょう 一献料 室町時代に、荘園領主が守護・守護被官あるいは幕府の有力者など武家側に対して支出した運動費をいう。一献銭・礼銭・礼物・秘計など、さまざまの呼称があり、一種の賄賂の性質を帯びるものも含まれるが、次第に公然と収受されるようになった。たとえば、東寺領若狭国太良荘の場合を見ると、守護一色氏の支配による同荘へのさまざまな賦課は、応安年間(一三六八—七五)から文安年間(一四四四—四九)のころまで、年貢散用状からの集計によるとほぼ定量化しているが、それ以外に兵粮銭・人夫・馬・臨時料足などが、臨時かつ恣意的に賦課された。そこでこれに対する減額・免除あるいは延期などの交渉には、常に礼銭その他の名目による運動費が必要となった。このような例は、同寺領播磨国矢野荘・丹波国大山荘など、散用状類の多く残っている荘園についてみれば、どこも同様であり、東寺領に限らず、半済その他の武家の荘園侵略・支配に伴うこの時代の荘園に一般的なものであったとみてよい。 (福田以久生)

いっしき　一色　一般的な語義としては「焼亡して一色を残すなし」のようにある事物の一種類・一品をいう言葉。荘園公領制下での用法では、一色不輸・一色別符・一色保・一色田など、本来納入するべき官物(あるいは年貢)もしくは雑役のいずれかを免除されて、一色《ひといろ》のみを納めるような状態、あるいはその土地を意味する場合が多い。（田村　憲美）

いっしきしはい　一職支配　戦国時代・近世初頭にみられた封建的土地所有の一形態。室町時代後期、単独相続が一般化してくるとともに、遺産のことを一職また一跡と呼んだが、さらに当時の複雑・重層的な土地所有関係のもとで、領主・農民の一元的な所有を示すものとして、一職が用いられた。一職支配は武家領主が在地の複雑な土地所有関係の上に、一定地域に対する一円知行＝上級土地所有権を設定したものをいうのであって、一職支配というように地域的支配権としての性格が強い。すなわち織田政権では摂津一国を荒木村重、「江北浅井跡」を羽柴秀吉に与えたときなどに、一職進退せしめるとしている。したがって、一職支配は守護権に系譜をひく地域的支配権であった。一職支配を行う領主は、地域内における荘園領・給人知行地に対する充行権をもち、検地・家数改めの実施主体であるとともに、給人の軍事的統率権をもち、百姓よりの夫役徴収権を有していた。また、一職支配は山城では原田直政(山城守護)、細川藤孝(桂川西地)、革嶋市介(南北革嶋)と分与され、封建的ヒエラルヒーを形成した。しかしこのように上から設定されたものであるため、在地における複雑な土地所有関係を廃棄するものでなく、併存し、これを整備するにすぎなかった。豊臣政権の初期にも、一職の扶持がみられるが、太閤検地の進展による石高制の成立とともに、一職支配は止揚される。ちなみに一職は、他にも用例がみられる。すなわち荘園領主大徳寺養徳院では、本来の領主職に名主職・作職をあわせて一職と呼んでいる。これは職の一元的所有を意味するもので、一職支配に対して一職所有ということができる。また一方、農民が土地を一職に所持する場合もみられるが、それは相伝の私領で、公方年貢を納める以外に万雑公事なしとする例が多いように、農民による土地所持権の強いものをさしている。おそらく農民的職である名主職・作職をあわせ所持したものをいうのであろう。これは農民的一職で、一職所持と呼ぶのが適当であろう。（脇田　修）

いっしきでん　一色田　荘園の耕地の一種。中世の荘園の耕地は大別して㈠荘官・地頭などへの給田(給名)、神寺田などの免田および佃、㈡名田(百姓名)、㈢一色田から編成された。このうち㈡には貢納責任者として名主が補任され、その地主的な権利が認められていたが、㈢は荘園領主の直属地で、㈠の一部とともに勧農のとき農民に割り当てられたので散田ともいわれた。一色は一色(一種類)の課役だけを負う意味で、名田が公田の系譜をひくため雑公事と年貢の双方を負担するのに対し、地租たる年貢だけを賦課された。一色田の占める比重は荘園によって異なり、その記載のない荘園も数多いが、建長八年(一二五六)の『若狭国太良荘勧農帳』では預所の勧農権のもとにある総田数二十一町六段余のうち、一色田は七町三段余で、これが七人の名主と二十七人の小百姓に割り当てられている。かかる荘園では、領主側の勧農も農民の小経営も名田と一色田との組合せの上に行われている点に特色があるが、中世後期には必ずしも勧農上の機能をもたず、単に負担の種類による田地の区別を示す場合もあったらしい。永享十二年(一四四〇)摂津国土室荘領家職の田地は「名分」(五名)七町七段小、「散田分」(「一色散在」九十二筆)十一町七段半に区別されていたが、後者の斗代は前者の二倍前後を示している。なお一色田は地名化して各地に残っているが、足利氏の支族の一色氏は三河国吉良荘一色から起り、その苗字としたものである。→散田《さんでん》（黒田　俊雄）

いっしきふゆ　一色不輸　年貢(官物)と雑公事のうち、いずれか一方を免除されていて納めない特権を有すること。具体的な史料上の用例としては、「一色不輸之保」「一色不輸之地」「一色不輸之寺領」「一色不輸之官省符」などと見えて、荘園や国衙領の郷・保などが国衙に対して所当官物ないし国役雑事のいずれかを免除された土地であることを主張し、所領の保全や新たな賦課の拒否にさいして用いられた言葉である。（田村　憲美）

いっしきべつのう　一色別納　⇨別納《べつのう》

いっしきほ　一色保　国衙領の所領単位である保であって、そこに賦課されるべき所当官物ないし国役雑事のうち、いずれかの国衙への納入を免除されたものを指す。例えば、東寺領丹波国大山荘の地は国衙領の保として、十一世紀後半に国司源顕仲によって「一色別符」の地とされ、所当官物は免除されて、東寺に納められた。この特権はその後停止され、保は再び国衙領に編入されたが、国司高階為章の任中に「一色保」として申請され、今度は雑事が免除されている。（田村　憲美）

いっしんでん　一身田　平安時代に見られる田の呼称の一種であるが、史料がきわめて少ないことから、実態については説が分かれている。一説には賜田の一種で、被給人本人一代に限って与えられた田地であるという。すなわち、一般の賜田は子孫に伝えることが許されていたのに対し、一身田は給与期間を本人一代に限定した賜田であろうという説である。史料の中には摂津国租帳(九条家冊子本中右記紙背文書『平安遺文』一〇巻補四六号)のように、賜田と一身田とを区別して記載しているものもある。また別の説では、天長元年(八二四)八月二十日付の太政官符(『類聚三代格』巻八・農桑事)により、六年間の輸租を免ぜられ、一身の間の耕食を許された再開発荒廃公田であろうという。→賜田《しでん》（原　美和子）

いったんとう　一段頭　平安時代から室町時代に使用された、田制上の、面積をあらわす用語。『拾芥抄』中・田

籍部に「凡田以㆓方六尺㆒為㆓一歩㆒、(中略)卅六歩為㆓一段頭㆒、三百六十歩為㆓一段積㆒(中略)一段為㆓一町頭㆒、十段為㆓一町積㆒、一町一尺十歩一寸八歩也、凡厥ノ一町ノ積三千六百歩也」とある。すなわち、一段頭は一段の十分の一(三十六歩)の地積のこと。「頭」は、ものごとのはじめの意で、数詞につけてその十分の一をあらわした。
(原　美和子)

いっちょうざいけ　一町在家　⇩在家《ざいけ》

いっちょうせき　一町積　平安時代から室町時代に使用された、田制上の、面積をあらわす用語。『拾芥抄』中・田籍部に「凡田以㆓方六尺㆒為㆓一歩㆒、(中略)卅六歩為㆓一段頭㆒、三百六十歩為㆓一段積㆒(中略)一段為㆓一町頭㆒、十段為㆓一町積㆒、一町一尺十歩一寸八歩也、凡厥ノ一町ノ積三千六百歩也」とある。すなわち、一町積は一町(十段)の地積のこと。
(原　美和子)

いっちょうとう　一町頭　平安時代から室町時代に使用された、田制上の、面積をあらわす用語。『拾芥抄』中・田籍部に「凡田以㆓方六尺㆒為㆓一歩㆒、(中略)卅六歩為㆓一段頭㆒、三百六十歩為㆓一段積㆒(中略)一段為㆓一町頭㆒、十段為㆓一町積㆒、一町一尺十歩一寸八歩也、凡厥ノ一町ノ積三千六百歩也」とある。すなわち、一町頭は一町の十分の一(一段)の地積のこと。「頭」は、ものごとのはじめの意で、数詞につけてその十分の一をあらわした。
(原　美和子)

五辻宮家領一覧

五辻宮家領

所在国郡	名称	成立年次	特徴	典拠
洛中上京	五辻殿	嘉暦二年九月	西園寺実任から伝領	東福寺海蔵院文書
近江犬上郡	多賀荘	元弘三年五月	半分を多賀社に寄進	多賀神社文書
丹波天田郡	六人部荘内	元徳元年九月	蓮華心院領	東福寺海蔵院文書
同	六人部新荘内私市村行枝名	同	同	同
出雲飯石郡	三刀屋大田荘	同	播磨鵤荘東南条の替	同
備前児島郡	草部郷	同		同
長門阿武郡	牛牧荘	元弘三年八月	後醍醐天皇から安堵	同
日向宮崎郡	柏原別符	延元二年二月	垂水九郎左衛門尉に給与	伊東家古文状
児湯郡	村角別符	同	同	同

いつつじのみやけりょう　五辻宮家領　中世における親王家の一つ五辻宮家の所領。初代の五辻宮守良親王は、嘉暦二年(一三二七)九月、京都五辻の御所を、また翌三年九月に備前国児島郡草部郷などを鎌倉将軍久明親王の子(第二代、熙明親王)に譲り、その翌元徳元年(一三二九)九月、幕府はこれを承認。元弘三年(一三三三)八月、後醍醐天皇は第二代五辻宮にその家領を安堵した。建武二年(一三三五)七月、天皇は第二代五辻宮に対する安堵状を召し上げ、五辻殿等を守良親王の子宗覚に与えた。しかし足利尊氏は同三年八月、第二代五辻宮に対し家領を安堵している。やがて同宮はその子祥益に家領を譲った。永和三年(一三七七)八月、第三代五辻宮(祥益)は、その子幸宮(久世)に丹波六人部荘を譲り、明徳三年(一三九二)八月、久世はこれを宗璨に譲り、のち宗璨が南禅寺正眼院に寄進した。なお初代守良親王は、近江多賀荘を同国多賀社に寄進し、日向柏原別符・同村角別符を同国の垂水九郎左衛門尉に給与した。
(奥野　高広)

いでたちのしょう　出立荘　紀伊国牟婁郡の荘園。現在の和歌山県田辺市西谷付近を中心とする地域。芳益(芳養)荘とも号し、幡助らが天徳二年(九五八)石清水八幡宮護国寺に施入した。以後しばしば国・郡より年貢・雑役などの免除をうけた。したがって官省符荘ではなかったが、延久四年(一〇七二)の後三条天皇の荘園整理に際しては、寛徳二年(一〇四五)以前の由緒が明白であるという理由により領掌が認められた。
(平山　行三)

いでん　巳田　史料上、耕地の所在や耕地の面積を記した後に注記される用語としてあらわれる。意味は必ずしも明確ではないが、一説には、延久二年(一〇七〇)八月十日付の伴有恒田畠売券(厳島神社文書『平安遺文』三巻一〇四九号)に「申沽進私領田畠事、合捌段、在㆓三田郷内深波村字深波㆒畠巳田」とあることなどにより、以前は田であったが今は畠となっているものを指すとされている。
(原　美和子)

いでん　位田　律令制において、五位以上の有位者に支給された田。『養老令』の規定(『大宝令』も同じであったろう)では、正一位に八十町、以下節級して従五位に八町、女には男の三分の二が支給される。同様に有品親王には品階に応じて田が支給され、これを位田と区別して品田《ほんでん》と称した。神亀五年(七二八)以後、外位には内位の半額が支給されることとなった。位田・品田は相当する位階・品階を得ればただちに支給され、死去すれば班年を待たずに収公される。ただし、収公の時期については改正があり、神亀三年には死後六年、宝亀九年(七七八)には死後一年となった。位田の支給にあたっては、半分は畿内に、のこりを外国に給し、かつ一処に十町以上まとめて支給しないのが例であったが(『延喜式』民部省)、延暦二年(七八三)には王臣家が位田の受給を競って民要地を妨げるを停止する勅が出され、また藤原永手の位田が四天王寺に施入されたことのあるをみると、その私営田化を防止することはできなかったらしい。位田・品田ともに輸租田。したがって賃租経営ならば地子と租との差額、直接経営ならば穫稲と租との差額が田主の収入となる。位田・品田の未授のものは輸地子田とされ、その地子は穀倉院に納入された。
(早川　庄八)

いとうづのしょう　到津荘　豊前国企求郡の宇佐宮領荘園。現在の福岡県北九州市小倉・八幡区の一部にあたる地域。『宇佐宮神領大鏡』には寛弘四年(一〇〇七)、企求郡散在の宇佐宮御封田百八十二町八段余と到津周辺の百三十町を相博立券したとある。奈良時代の神封を母胎にした荘園で、宇佐宮としては九州の門戸をおさえる重要

な荘園であった。地頭職は承久の乱後鎌倉幕府に奪われていたが、文永の役後異国降伏祈願のため、建治元年(一二七五)宇佐宮(大宮司公有)に寄進された。以後、大宮司家が支配するようになり、やがて公連に譲られたが、領主名主吉松公令などのごとく宇佐宮社家が各名主職を帯し、公連が到津荘などを基盤に領主化すると、一方では庶流清末氏が荘官職に補任されるなどの状態が室町時代末期まで続いた。総地頭職をもつ公連は総領大宮司家に抵抗して領主化し、悪党的存在であった。終末史料は慶長十二年(一六〇七)である。

参考文献 中野幡能編『豊前国到津荘・津布佐荘史料』(『九州荘園史料叢書』八)

(中野 幡能)

いどくじ 居土公事 京上夫・鎌倉夫などと異なり、荘園現地で荘民に賦課される公事をさす。別に「土公事」ともいう。「土」は中世においては京に対する地方(田舎・鄙)、公家・武家・寺社などの領主層に対してそれ以外の者たちの構成する社会全般(地下・在地)を意味し、「居～」は「居屋敷」「居所」といった言葉と同様に、所在を意味する接頭語である。建武元年(一三三四)七月の若狭国太良荘百姓等申状に「云二京上夫一、云二居土御公事一、無レ之」とあるように、京や鎌倉などの遠隔地で勤仕する課役と対比して用いられる。

(清水 克行)

いとのしょう 怡土荘 筑前国怡土・志摩両郡にわたり存在した荘園。現在の福岡県糸島郡を中心とする地域。成立年代は不詳。荘名は天承元年(一一三一)の筑前国司下文案(『東大寺文書』)が初見。平安時代末期には法金剛院領であったが、のち同院との近縁関係から仁和寺が荘務を執行した。承久の乱後、一旦鎌倉幕府に没収されたが間もなく還付され戦国時代末まで存続した。典型的な辺境大荘園で怡土方・志摩方(友永方)合わせて千四百町歩に及び、原田・中村氏らの在地領主層の支配が強力であった

参考文献 新城常三・正木喜三郎編『筑前国怡土荘史料』(『九州荘園史料叢書』四)

(恵良 宏)

いなか 田舎 古くは、京に対してそれ以外の地を指す言葉であった。たとえば、『万葉集』巻三・三一二の藤原宇合の歌に「昔こそ難波田舎と言はれけめ今は京引き都びにけり」とある。室町時代にも、京の公方に対して鎌倉公方を田舎の公方と表現しており、京の幕府の発布した法に対して在地の法を田舎の大法と称している。一方、十二世紀後半に大和国で、奈良辺の市に対して、南郷荘の市のような奈良辺以外の地域の市のことを田舎の市と言っている例が見られる(東大寺文書『平安遺文』七巻三七五三・三七八八号)。さらに十五世紀後半には奈良で、岩井河以北を「奈良」、以南を「田舎」と称している(『大乗院寺社雑事記』)。『日葡辞書』に「田舎、すなわち、ある主要な町とか市とか以外の土地。一般には五畿内(Goqinai)以外の地をInaca(田舎)と言う」(邦訳)とあるとおり、中世末以降には、都市以外の地を指す用語として定着していたことが知られる。

(原 美和子)

いながきやすひこ 稲垣泰彦 一九二一―八二 中世史。東京大学史料編纂所長。大正十年(一九二一)七月三十一日、広島県呉に生まれる。広島県立呉第一中学校、広島高等学校文科甲類を経て、昭和十九年(一九四四)、東京帝国大学文学部国史学科卒業。海軍予備学生。同二十年、海軍中尉で復員、二十一年、東京帝国大学大学院入学。二十二年、東京帝国大学史料編纂所員。四十一年、同史料編纂所助教授。四十四年、同教授。四十八年、同大学院人文科学研究科教授。歴史学研究会委員長。五十年、同史料編纂所図書部長。五十二年、同史料編纂所長。昭和五十七年(一九八二)二月二十八日没、六十歳。『荘園の世界』(東京大学出版会、昭和四十八年)、『日本中世社会史論』(東京大学出版会、同五十七年)で荘園に関する諸問題の解明を行なっているが、特に「名」は制度的収納単位であるとする説を提起し、「名」研究を進展させた。

(瀬野精一郎)

いなぎのしょう 稲木荘 尾張国丹羽郡の荘園。現在の愛知県江南市付近を中心とする地域。平安時代末、郡司良峯高光が私領を稲木荘と号して長講堂に寄進したという。『和名類聚抄』の稲木郷を中心とする地であろう。建久二年(一一九一)の『長講堂領目録』に課役の数量がみえる。南北朝から室町時代初期にかけて守護の侵略をうけ、応永二十年(一四一三)の目録では稲木荘十七ヵ郷中、長講堂の当知行地は安良《やすら》郷のみで、他の十六郷は守護斯波氏および土岐一族の領有に帰している。

(新井喜久夫)

いなげのしょう 稲毛荘 武蔵国橘樹郡の荘園。現在の川崎市中原区を中心とする地域。平治元年(一一五九)、承安二年(一一七二)に検注が行われたというが明らかでない。鎌倉時代初期には桓武平氏秩父流の稲毛重成が荘官であった。多摩郡小山田荘の荘官小山田有重はその父。『吾妻鏡』によると重成の室は北条時政の息女である。鎌倉時代中期には九条家領荘園の一つとして関白道家から実経に伝領された(『九条実文書』建長二年(一二五〇)十一月『九条道家処分状』)。荘名は室町時代初期まで残っている。

(八幡 義信)

いなづのしょう 稲津荘 大和国宇陀郡の荘園。現在の奈良県宇陀郡菟田野町稲戸付近。興福寺領。延久二年(一〇七〇)の雑役免帳に所見。面積六町だが、于葛里・信奈里(現菟田野町西部・大宇陀町東部)の広い地域に散在していた。室町時代の『三箇院家抄』に挿入されている宇陀郡庄々郷々注文には「稲津北角院」とあって、稲津荘は興福寺北角院領となっていた。応永十三年(一四〇六)ごろの宇陀郡田地帳案(春日大社文書)にみえる稲戸《いなと》荘(定田十五町一段小、分米百石、夏三石、大豆三石)は、おそらく当荘と同じ荘園であろう。戦国時代、稲戸荘は国衆秋山宗誕の被官本田藤九郎が知行していたが、沢源五郎に押領されたという(年未詳十二月十三日「北畠具房書状」沢氏古文書)。

(熱田 公)

いなづみのしょう　稲積荘　甲斐国山梨郡と巨摩郡にまたがって存在したと考えられる荘園。正確な立地は不明だが、『甲斐国志』によれば現在の山梨県甲府市南部から、中巨摩郡昭和町北部・竜王町東部にかけての地域。立券の時期は明らかではないが、承久三年(一二二一)に小笠原長清が承久の乱の首謀者である源有雅を稲積荘小瀬村で処刑したことが『吾妻鏡』にみえることから、承久三年には立券されており、甲斐源氏が当荘と関わっていたことが窺われる。当初の本所・領家は不明だが、弘安八年(一二八五)には仁和寺御室より法金剛院に、稲積本荘と加納とが寄進されている。その後、正応四年(一二九一)・永仁四年(一二九六)・康応元年(一三八九)に雑掌が地頭を年貢未進で訴えているが、いずれも経過は定かではない。その後の荘園としての実態は不明だが、天文二年(一五三三)に法金剛院領として所領目録にその名が見えるのを終見とする。（高橋　傑）

いなのしょう　猪名荘　摂津国河辺郡猪名川の河口西岸にあった東大寺領の荘園。現在の兵庫県尼崎市東南部を中心とする地域。天平勝宝八歳(七五六)孝謙天皇より施入された。初期の状態を伝える絵図によると、東西は川境、南は浜地で、北に口分田と百姓家があり、河口に突きでた四十六町余の荘田をもつ半島であった。北部の集落を中心に三次にわたって堤防を築いて、内部より外縁へと開発をすすめ、天暦四年(九五〇)には荘田八十五町余を有する重要な荘園となった。十世紀には延喜の荘園整理令の影響をうけ、国衙により荘田の規模は固定されたが、別に野百町と浜二百五十町を領有した。浜の中心地は南の長洲浜で、高先生秦押領使などの豪民らが居住、その経済的価値を認めた東大寺は、諸司や刀禰をおいて住人から在家地子を徴収せしめた。しかし、東大寺の支配は必ずしも順調ではなかった。天喜三年(一〇五五)には大名田堵秦成重の九町余に及ぶ隠田や、周辺の摂関家領の寄人でもある村々田堵らの地子物対捍がみられた。

猪　名　荘

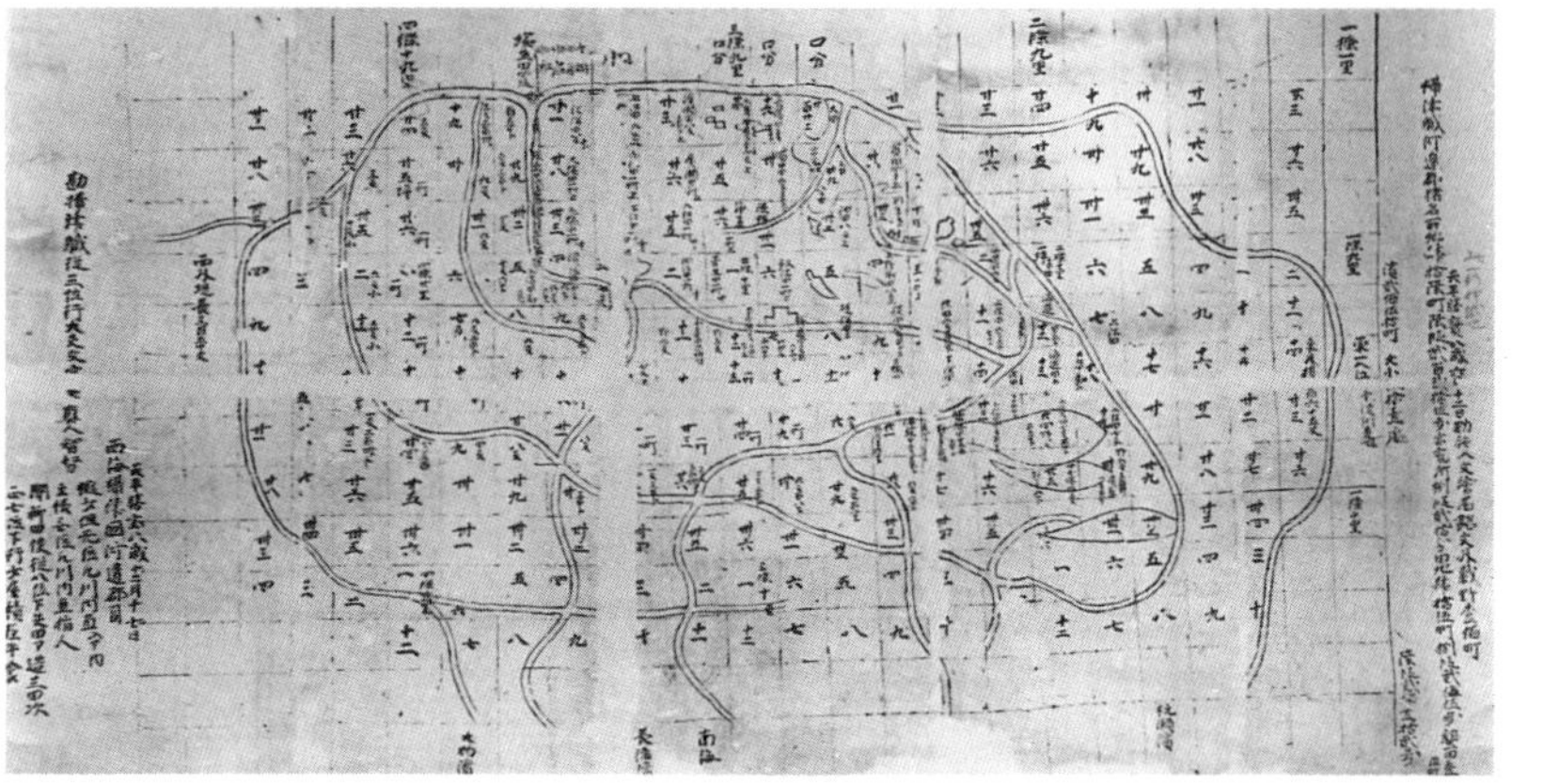

摂津職河辺郡猪名所地図

かかる田堵の動きから長洲御厨が成立する。荘民として明確に把握されていなかった浜の住人は検非違使庁役の追及をうけ、これを免れようと無断で小一条院・二条関白教通・皇太后宮職などの散所に転々と寄進し、身分的特権を得た。ところが皇太后宮職が鴨御祖社の山城の地と相博したので長洲浜は鴨社領となり、その領有をめぐって両者は長く対立、康和四年(一一〇二)屋敷地の地子は東大寺へ、住人役は鴨社へという原則が決定された。この係争中に猪名荘の本田は四十五町と国司に認定され半減した。鎌倉時代には地頭もおかれず、文治四年(一一八八)に伊勢大神宮役夫工、建久九年(一一九八)に八十島役、建保元年(一二一三)に造住吉社役などの国役が免除されて安定したが、その後の発展のないまま、鎌倉時代末期には下司職を武士に侵犯され、次第に退転した。なお、興福寺領猪名荘が鎌倉時代中期から応仁の乱ごろまで別に存在した。

参考文献　『兵庫県史』史料編中世五、『尼崎市史』四　（福留　照尚）

いなのまき　為奈野牧　摂津国河辺郡の猪名河畔から六甲山系の東山麓に設けられた『延喜式』にみえる近都牧の一つ。現在の兵庫県伊丹市を中心とする地域。貞観十五年(八七三)時康親王に、ついで仁和元年(八八五)太政大臣藤原基経に遊猟地として与えられたが、その際百姓の樵蘇放牧は認められており、すでに民間の放牧地として使用されていた。その後同じ摂津国の鳥養(飼)牧や豊島牧とともに右馬寮に属して、京都での諸節会および行幸などに随時繋用するため、諸国貢進の馬を飼育するところとなり、摂津国は寮の命令によって牧子に馬を牽送させていた。天暦二年(九四八)藤原忠平が当牧東部の河面牧で捕獲した鷹を天皇に献じていることからみて、権門に属する私牧が当牧内に設けられ、次第に私牧化されていったものと考えられる。（福留　照尚）

いなばのしょう　因幡荘　近江国神崎郡の荘園。現在の滋賀県彦根市稲枝町上稲葉・下稲葉付近(この付近は明治三十一年(一八九八)まで神崎郡であった)から神崎郡能登川町垣見・五個荘町東北部にわたる地域。東大寺領。立荘年次や事情は不明だが、初見は天平勝宝八歳(七五六)で、国家から東大寺に付与されたものらしい。宝亀六年(七七五)の文書に「因幡田已荒在」とあるのは同荘をさしたものと考えられるが、天暦四年(九五〇)に荘田百二十一町二十六歩、長徳四年(九九八)の注文も同じである。『東大寺文書』の坪付断簡に東大寺が神崎郡垣見郷・山前

郷等に荘田を所有していることがみえるが、これは因幡荘の一部分と考えられ、承徳元年(一〇九七)前後のころ楞厳院らと荘田の領有権を争っていた。その後東大寺の領有は無実化し、弘安八年(一二八五)の注進状では不知行となっている。（坂本　賞三）

いなやつまのしょう　稲八間荘　山城国相楽郡の荘園。現在の京都府相楽郡精華町北稲八間および南稲八妻を中心とする地域。石清水八幡宮寺領で、すでに天暦四年(九五〇)臨時雑役を免ぜられたといい、延久の荘園整理の際も収公を免れた。一方、平治元年(一一五九)十二月五日藤原太子解に、当荘は藤原仲子の私領であったが、寄進して一条殿御領としたとあり、摂関家との関係もあった。なお、寛正六年(一四六五)の『蜷川親元日記』に「御料所山城国稲八妻」とみえる。（須磨　千頴）

いなんのしょう　伊南荘　古代の上総国夷隅郡が南北に分割されて成立した荘園。現在の千葉県夷隅郡の東半部に比定される。当荘は鳥羽金剛心院領であり、伊北荘を含めて「夷隅庄」とも称された。治承寿永内乱期の在地領主は良文流平氏上総系の「伊南新介常景」であった。常景の子息「伊北庄司」常仲は安房国の親平氏勢力長狭常伴の外甥であったため殺されており、常景系の勢力は後退したと思われる。しかし、鎌倉期を通じて伊南荘内には伊北氏の所領が存在していた。なお、上総氏系以外の在地領主としては、当荘の牧別当職であった深堀氏が確認される。南北朝内乱期、足利氏の根本被官高氏が当荘を給与され、十四世紀末頃には畠山基国の所領であった。荘内の榎沢郷地頭職も鶴岡八幡宮別当領化しており、鎌倉府体制下、伊南荘は足利氏の強い影響下にあった。十五世紀中葉以降、伊南荘には狩野氏の勢力が展開し、戦国期には、当荘域は正木氏の勢力下におさめられた。（清水　亮）

いぬかみのしょう　犬上荘　近江国犬上郡の荘園。現在の滋賀県彦根市松原町の地域。仁平元年(一一五一)に広隆寺領犬上荘とみえるのは、『広隆寺縁起』の善理新荘(彦根市芹川町付近)のことと考えられる。その他『近衛家所領目録』に京極殿堂領犬上荘、『三千院文書』に円徳院領犬上荘(彦根市高宮町と犬上郡豊郷町安食付近)、『春日神社文書』に興福寺領犬上荘がみえる。（坂本　賞三）

いぬじにん　犬神人　中世近畿地方の大社に隷属した最も身分の低い神人。特に祇園社の犬神人が有名で、長元四年(一〇三一)、宣旨により祇園四至の葬送法師を捕獲させた(『小右記』)とあるのがその初見である。その後延久二年(一〇七〇)後三条天皇より社領回りの広大な神領を下賜された時、四条以南五条以北の河原田が犬神人に支給された。犬神人の源流は前記の葬送法師のほか、律令制の解体によって、造兵司の雑工戸が受け継いだものと思われる。彼らが弓矢を製造販売して、「つるめさん」(つるめそ、弦売僧)と呼ばれ、現在もその辺に弓矢町の町名が残っているからである。彼らは社内の清掃から、祇園会の山鉾巡幸の警固、社領区域内の警察や執達吏の仕事まで受け持ったが、不浄の清掃区域は市中全域に拡がり、葬送・埋葬などに関する特権を獲得した。そのほか祇園社ならびにその本所山門の走狗として、一向宗や法華宗などの迫害の先兵を務めた。→神人《じにん》（野田　只夫）

いのうえのしょう　井上荘　紀伊国那賀郡の荘園。本荘と新荘とあり、本荘は現在の和歌山県那賀郡粉河町長田付近で総田数六十二町余、新荘はその西に位置した。本荘は元弘三年(一三三三)三月十日花園上皇の院宣によって随心院が襲領し、新荘は建武三年(延元元、一三三六)七月十八日、後醍醐天皇によって、その領家職が粉河寺行人に恩償として与えられた。室町時代の初期には、本新両荘ともに随心院に帰したが明徳・応永年間(一三九〇—一四二八)粉河寺寺僧の押妨をうけた。→別刷〈荘園絵図〉（平山　行三）

井上荘

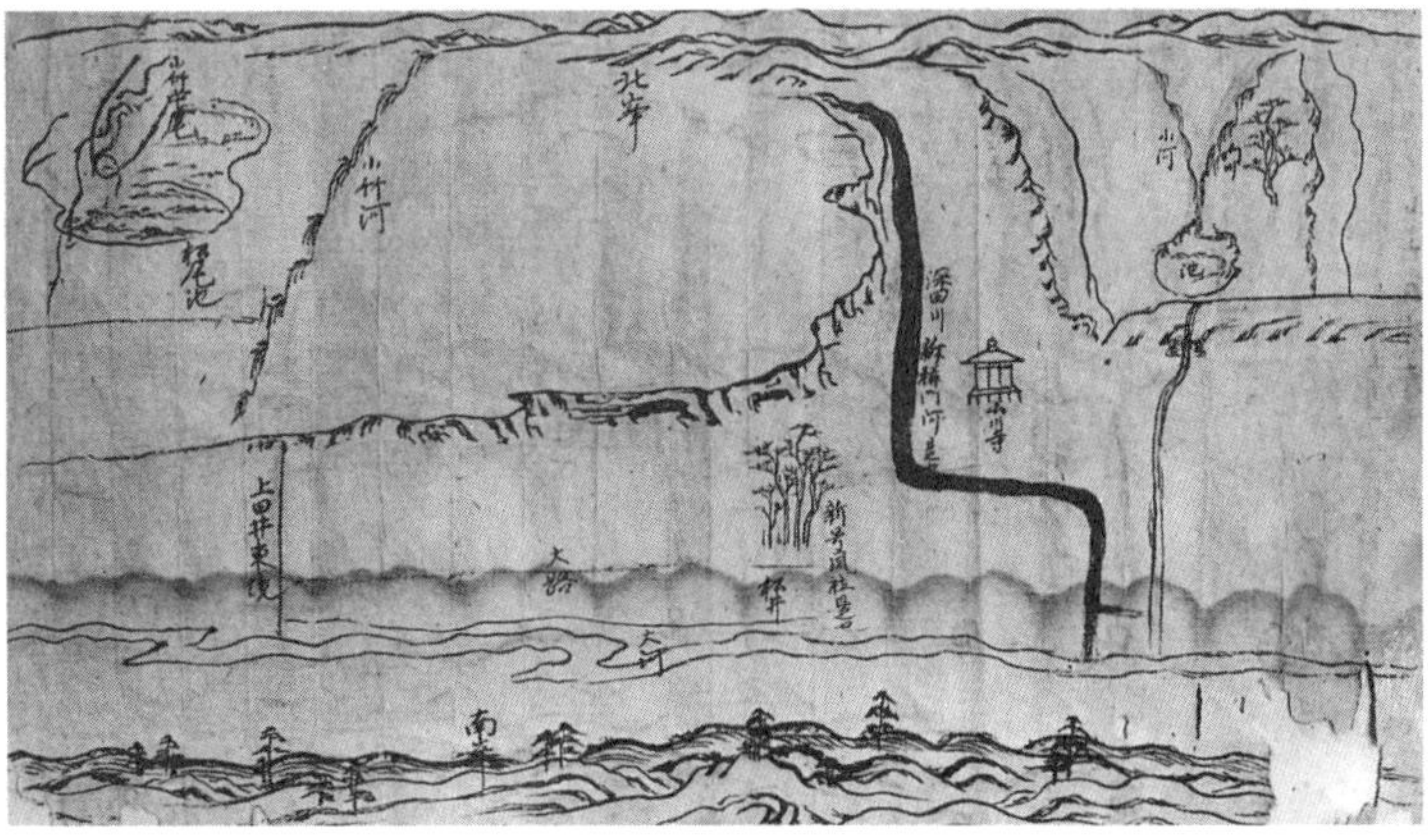

井上庄絵図

いのえのしょう　井家荘　加賀国加賀郡の荘園。現在の石川県の河北潟東岸、河北郡津幡町の南部から金沢市の北部にかけての地域に比定されよう。「井上荘」とも記されるが、よみ方は「いのえ」であろう。平業兼(相模守平業房と高階栄子との子、宣陽門院の異父兄)の所領で、六勝寺の一つの延勝寺を本所とし、のち長講堂領分として伝領された。領家職は貞応元年(一二二二)業兼から子息業光に、嘉禎三年(一二三七)業光からその妹光蓮(勧修寺経俊妻)に譲られたことから、勧修寺家に相承。しかし南北朝時代以降、その領家職半分をめぐって、勧修寺家と二条家との間に紛争が続いた。『吾妻鏡』建久元年(一一

九〇)五月十二日条を初見とし、『勧修寺家文書』、『蜷川親元日記』別録、『石山本願寺日記』などに関係史料がある。（楠瀬　勝）

いのくまのしょう　猪熊荘　山城国乙訓郡西岡地方の荘園。現在の京都府乙訓郡付近。摂関家領で応和元年(九六一)藤原師輔が子尋禅に譲った所領の中にみえ、また仁平三年(一一五三)藤原頼長が春日詣の雑事を課した荘園の中にも含まれている。室町時代には下鴨神社領として現われ、文明十二、三年ごろ野田将監祐兼が下司職給田の年貢公事物を押領した事実が『親長卿記』に記されている。荘名は同書に文明十五年(一四八三)までみえている。（須磨　千頴）

いびのしょう　揖斐荘　美濃国大野郡の荘園。現在の岐阜県揖斐郡揖斐川町を中心とする地域。近衛家の荘園で、十二世紀初め藤原忠実より女の高陽院泰子に譲られた。建長五年(一二五三)の『近衛家所領目録』では興福寺一乗院実信が父基通から譲られており、以後一乗院領となる。南北朝時代ごろまでに荘は北方・南方・三輪・深坂保などに分かれ、ここに揖斐城を築いて進出した土岐頼雄は荘内に大興寺を創建し、三輪保内犬丸名・四ヶ保散在などを寄進している。また深坂保も土岐一族が地頭職をもっていた。（新井喜久夫）

いぶかのしょう　揖深荘　美濃国武儀郡の荘園。現在の岐阜県美濃加茂市伊深の地を中心とする地域。藤原師実の時、すでに摂関家領となっていた。建長五年(一二五三)の『近衛家所領目録』では鷹司院長子に譲られたが、のち鷹司兼平の手に移り、永仁元年(一二九三)兼忠が伝領している。その後大乗院領となる。（新井喜久夫）

いべのしょう　位倍荘　摂津国八部郡の荘園。現在の兵庫県西宮市付近を中心とする地域。もと左大臣藤原頼長の所領であったが、頼長が保元の乱で敗死した翌年の保元二年(一一五七)没官されて院領となり、室町院領に移った。同院領は両統に二分されたが、同荘は大覚寺統の領する所となり、嘉元三年(一三〇五)亀山法皇から後二条天皇に譲られた。その後、山名氏の所領となったが、明徳の乱後の応永元年(一三九四)足利義満は細川頼元にこれを充行った。（福留　照尚）

いほうのしょう　伊北荘　古代の上総国夷隅郡が南北に分割されて成立した荘園。現在の千葉県夷隅郡の西半部と勝浦市の一部に比定される。同国伊南荘を含めて「夷隅庄」とも呼ばれ、鳥羽金剛心院領であった。治承寿永内乱期には良文流平氏上総氏系の伊北常仲が下司であった。常仲は安房国の親平家勢力長狭常伴の外甥であったため殺され、以後、上総広常?→和田義盛→三浦胤義という下司職・地頭職の伝領過程をたどるが、胤義が滅亡した承久の乱以降の状況は不明確である。なお、伊北氏は北条氏と結びつつ当荘内に権益を維持していた可能性が高い。伊北氏は南北朝期には姿を消し、足利氏勢力が当荘に進出する。暦応年間(一三三八—四二)、足利尊氏は荘内の佐古田郷を夢窓疎石に寄進し、観応の擾乱期に同荘の地頭職を佐々木道誉に与えた。だが、道誉への所領給与には「千葉介氏胤」と「駿河守」が反抗した。なお、貞和二年(一三四六)ごろには、当荘領家職三分の二が足利氏の所領化していた。十五世紀中葉、当荘では狩野氏、二階堂氏の活動が確認され、戦国期には正木氏の勢力下に併合されていった。（清水　亮）

いほどのしょう　伊保戸荘　大和国城下郡の荘園。現在の奈良県磯城郡田原本町伊与戸付近。興福寺領。延久二年(一〇七〇)の雑役免帳に所見。公田畠十一町二段大と、左京職田・東大寺田など計十七町八段小。うち東大寺田は杜屋荘と入り組み、保延三年(一一三七)には東大寺との間に問題をおこしている。応永六年(一三九九)の興福寺造営料大和国八郡段米田数注進状(春日大社文書)には、城下郡の興福寺寺務領荘園に「伊与戸　三十六町」が記されるが、当荘の後身であろうか。（熱田　公）

いぼのしょう　揖保荘　播磨国揖保郡内の荘園。現在の兵庫県龍野市・揖保郡揖保川町付近を中心とした地域。上下両荘に分かれ、下揖保荘は鎌倉時代以来皇室御領で、領家職は山科家、地頭職は島津氏が保有していた。南北朝時代の初め、暦応元年(一三三八)島津忠兼が守護赤松則村の武将としての軍忠によって同荘地頭職を安堵され、その後も室町時代中期まで島津氏が領家山科家の代官として貢納を請け負っている。しかし戦国時代永禄十年(一五六七)ころ、領家方は付近の土豪宇野氏に押領された。上揖保荘は室町時代、幕府御領であった。（水野恭一郎）

いまいずみのしょう　今泉荘　和泉国和泉郡の荘園。現在の大阪府和泉市・泉大津市付近。建仁元年(一二〇一)には、槙尾寺の麓の横山郷と田地山林の相論をしている(『猪隈関白記』)から、その方面にも拡がっていたのかもしれない。成立事情を直接語る史料はないが、建長五年(一二五三)の『近衛家所領目録』に摂政兼経の所領中に「(京極殿領内)和泉国今泉荘」とあるところから、京極殿すなわち十一世紀末の藤原師実の時には摂関家の荘園であったことが知られる。その後、妻源麗子を経て忠実に伝領された。十二世紀初頭の摂関家の家財政を記す『執政所抄』に、正月一日に鷹三十枚の京進の賦課が記されている。陽明文庫所蔵『知信記』裏文書の珍光時が提出した証拠文書の一つに永久四年(一一一六)五月摂関家領今泉荘預所河内権守惟安下文があり、預所が置かれていたことが知られる。『台記』仁平二年(一一五二)十一月条には、頼長が春日詣の装束・饗屯食の用途を課した荘園を列挙した中にみえている。その後近衛家に伝領され、五摂家分立後は正応六年(一二九三)の称念院殿(鷹司兼平譲状に家領としてみえることから鷹司家に伝領されたことが知られる。吉野の『吉水神社文書』正平六年(観応二、一三五一)の後村上天皇綸旨に料所として知行すべき由がみえているのが、年次のわかる最後である。（岡田　隆夫）

いまざいけ　今在家　荘園・公領において、もとから在家役を賦課されてきた農民の在家を本在家・正家と称したのに対し、遅れて新たに賦課の対象とされた在家は、脇在家・脇在・今在家・新在家などと称された。本在家という語の早い用例は、永治元年(一一四一)十二月日付の美濃国市橋荘住人陳状案(東大寺文書『平安遺文』六巻二四五四号)にみえるので、当時すでに本在家に対する新しい在家が出現していたと推測される。脇在家・今在家・新在家いずれも、本在家に対して新しい在家である点で共通しているが、たとえば応永二年(一三九五)十二月十日付の相賀庄在家帳(『高野山文書』又続宝簡集三)では、今在家を「今」、新在家を「新」として、両者を区別して記載している。本在家との関係については、地域差なども考慮する必要があるが、概して脇在家・今在家・新在家は、本在家よりも経営規模が小さく、本在家に何らかの形で従属していたものと考えられている。→在家《ざいけ》→本在家《ほんざいけ》・脇在家《わきざいけ》　(原　美和子)

いまとみのしょう　今富荘　若狭国遠敷郡の荘園。現在の福井県小浜市を中心とする地域。本来は国衙領で、若狭国の在庁官人中に重きをなす税所職に付属する別名。税所今富名と呼ばれた。遠敷郡富田郷を中心に、志万・東・西郷、三方郡三方郷、大飯郡青郷に散在する五十五町余の田地からなる。領主は平安時代末期から建久七年(一一九六)にかけては稲庭時定、建久七年から寛喜元年(一二二九)までは若狭氏(なか二年ほど伊賀氏)、寛喜以後鎌倉時代末期まで北条氏得宗で、南北朝・室町時代にいたるまでほぼ一貫して守護領であった。今積・稲積ともいい、国の市遠敷、要津小浜をふくむ。『明徳記』に「分国の大庄」税所今富荘とあり、応永十六年(一四〇九)、内裏の使が来着しているので、この前後皇室直領となり、荘を号したとみられる。同十九年小浜着岸の鉄船公事を内裏に直納している。室町時代を通じ、供御料所として月額三千疋を比較的順調に皇室に貢納したことが、永禄八年(一五六五)まで確認できる。　(網野　善彦)

いまにしのしょう　今西荘　近江国浅井郡の荘園。現在の滋賀県東浅井郡湖北町今西付近を中心とする地域。長寛二年(一一六四)ごろ同荘に大番舎人がいた。源頼朝は平家没官領だった同荘を彼の妹一条能保室に与えた。建武三年(一三三六)当時には花山院家領で、文和二年(一三五三)に綸旨で安堵されている。永享十二年(一四四〇)の『伏見殿御領目録』にみえ、地頭職は智光院が所有して文安四年(一四四七)室町幕府から安堵され、康正二年(一四五六)造内裏役段銭は智光院領として課せられている。　(坂本　賞三)

いもかわのしょう　芋河荘　信濃国水内郡の荘園。現在の長野県上水内郡三水村芋川を中心とする地域。近衛家領。平安時代に立荘。その荘地は信越国境の野尻湖あたりまで含んでいた。荘官は大中臣氏。のち芋河氏を称して北信濃に勢威をふるった。この荘の領家職は室町時代、東福寺海蔵院末寺楞伽寺領となっていた。　(小林計一郎)

いやまのしょう　井山荘　越中国礪波郡の荘園。現在の富山県東礪波郡庄川町ないしは砺波市東部を中心とする庄川右岸の地域に比定されるが、諸説がわかれ決定的なものはない。『続日本紀』神護景雲元年(七六七)三月己巳条にこの地方の豪族利波臣志留志が東大寺に墾田百町を献じたとあり、これを基礎として成立した。この北にはすでに東大寺領となっていた伊加流伎野・石粟が連続してあった。同年十一月には荘地百二十町のうち、四十七町八十五歩が開田となっていたが、以後は衰退。延暦四年(七八五)九月の国司牒には井山荘の北に浪人物部男針の家があったとあり、また承和八年(八四一)の某院政所告状案には東大寺荘所の所管にあった浪人が某院に寄進されたため、年々農業が荒廃、地子の収入が欠乏したので、造東大寺所が浪人の還付を要請したとあり、荘田の地子的経営に浪人が参加していたことが知られる。長徳四年(九九八)の注文定では別功徳分荘とされ、荘田四十町とあるが「已荒」となっていた。史料は『東南院文書』『東大寺文書』など。　(楠瀬　勝)

井　山　荘

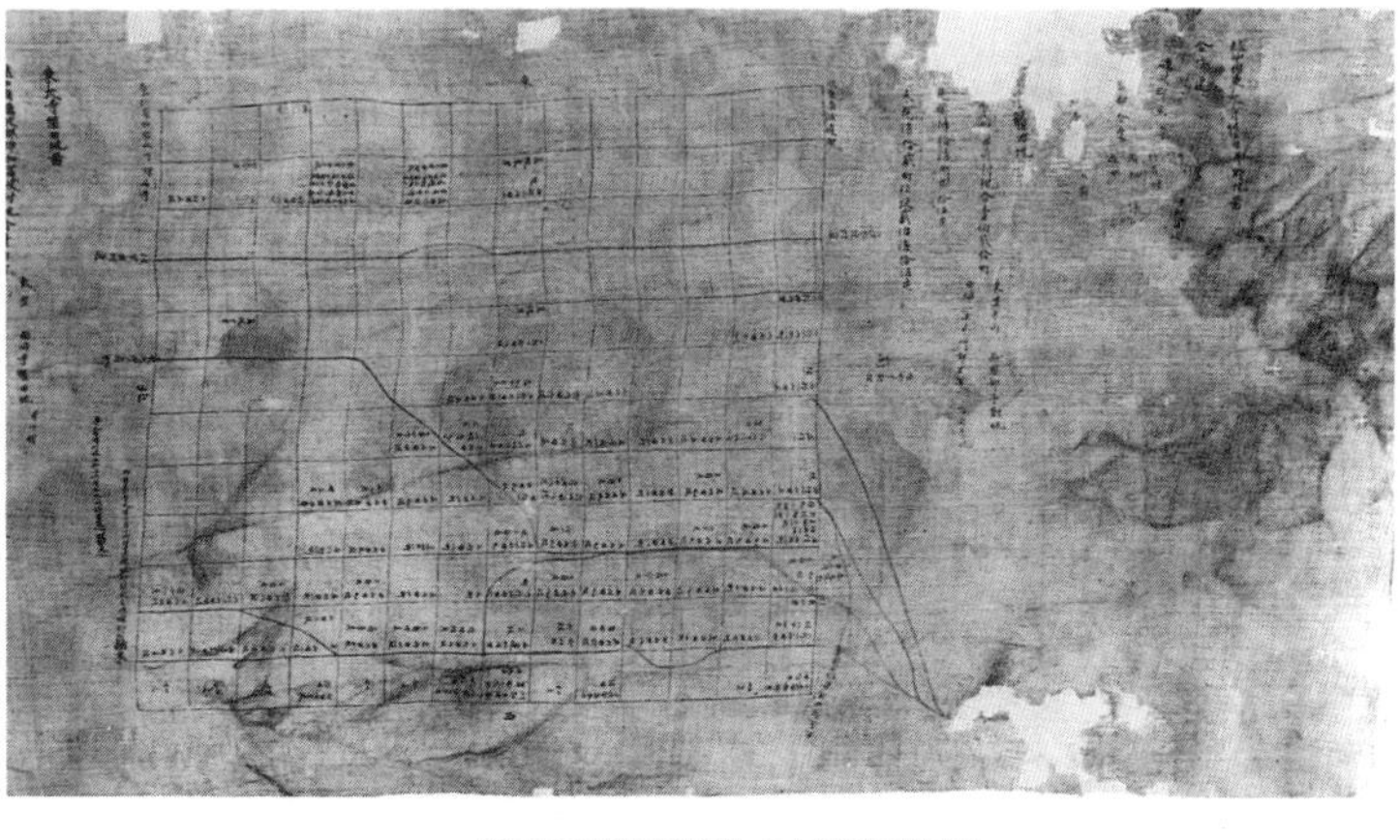

越中国礪波郡井山村墾田地図

いゆのしょう　伊由荘　但馬国朝来郡の荘園。現在の兵庫県朝来郡朝来町伊由市場を中心とする地域。『和名類聚抄』の朝来郡伊由郷のうちで荘内に式内社伊由神社がある。『但馬国大田文』には弘安年中(一二七八―八八)二十八町、近衛南殿領、地頭太田太郎左衛門政頼とあり、ほかに惣追捕使田一町四段が付されている。　(仲村　研)

いらこのみくりや　伊良胡御厨　三河国渥美郡の伊勢神

宮(外宮)の御厨。現在の愛知県渥美郡渥美町伊良湖岬を中心とする地域。『皇太神宮建久已下古文書』(『神宮雑書』)に収める建久三年(一一九二)八月の神領注進によると、成立は少なくとも十二世紀初頭以前であった。同十年三月、鎌倉幕府は御厨惣追捕使を停止している(『吾妻鏡』)。弘安九年(一二八六)には、一禰宜度会(檜垣)貞尚が神祇少輔隆逸と御厨の地をめぐり争っている(『勘仲記』)。この貞尚の祖父の兄貞材(村)は御厨の給主であり、貞材の叔父春章の母は伊良胡住末吉の女であった。また『櫟木文書』によれば度会行文は御厨内の買得地と女子分の地を国行・繁行・行古の三子に共同の知行を命じた処分状を残している。神宮祠官が在地と深くかかわりあっていたことがうかがえる。『神鳳鈔』の建久四年の注進によると、外宮への上分は三石、雑用三十石であり、貞治三年(一三六四)には上分鯛二十隻、口入所行彦の得分は鯛三十隻であった。 (西垣　晴次)

いりあい　入会　入会という語は広くは、同一場所・地域を複数の人または村が利用し、あるいはそこから得分(年貢・地子など)を取る関係を意味する。入相とも書く。河川の同じ場所に設けた灌漑用の堰を複数の地域が用いる入会堰(立会堰ともいう)、一村が複数の領主に支配される入会支配(入組支配ともいう)などの例をあげることができる。しかし重要なものは一村の住民または複数の村々の住民が、同一地域の林野や海面を利用して、農・漁民の生活・生産の資材を採取する関係である。山野の利用につき入会という言葉を使った資料の初見は、天文五年(一五三六)とある伊達家の『塵芥集』に、「先々より境なく入あひにかり候山野のこと」と記されたものである。ここでの主意は入会山野の開墾を禁ずることであり、入会の細部の様相はわからない。家畜の飼料である秣《まぐさ》、肥料用の草刈りにふれた資料はさらに古いが、これ以前のものにはそれらの用途に供する林野が耕地と同様個別に占有されるか、山年貢を納めて使われることを示したものが多い。近世村落成立以前である天文の入会の主体は村、あるいは村を構成する意味の百姓ではないと思われる。豊臣秀吉に始まる近世検地は、それ以前の郷より狭い地域である村を単位として行われ、以後この村が領主の年貢賦課の単位となる。江戸時代に広くみられる林野の入会には、この村が単位となり、一村の百姓全員が入会利用する村中入会と、複数の村々が広大な林野を利用する村々入会とがある。村中入会の利用する林野を内山・内野と呼んで、その利用が総百姓の入会利用であっても入会と呼ばない地方もあるが、入会を村を形成する村民の社会関係の特質とみる立場では、村中入会が入会の基本的形態である。小農の村である近世の村に先立つ地域集団は一般的には郷と呼ばれ、その住民の集団は惣と呼ばれた。惣の構成員はかつての名主《みょうしゅ》層で、多くは下人を持ち、家持下人に所持地を貸し与え、作あい(小作料)をとった。この層は耕地とともに林野をも個別に所持しており、その一部は武士化し、一部は土着して近世村落の上層となった。近世の村の成立は、この家持下人や分家層、さらには下人の一部が自立した農家になる過程であり、同時に村域は自給農業の単位にふさわしい広さの小地域となる。この村の成立の際、その地の小農の自立の様相に応じて、村中入会が成立する。かつて山を持った上層に対して、近世の検地で新しく百姓と認められた層の数が多く、その発言権が強いとき、林野の多くの部分は村中入会となり、あるいは一部の林を上層の百姓林として残りを村中入会とし、時には大部分が私的利用を認める百姓林となるなどの地域差を成立させている。これに対して村々入会は新田村の成立や本田村内部における新田の増加、農家数の増加によって林野利用が増大し、旧来の利用林野の奥地まで利用されるに至る過程で、複数の村々が広大な林野を入会利用することとなる。大河川中・下流の新田村が、数里十数里をへだてる奥山に入会権をもつことにその例をみることができる。これらの入会利用関係が確定していくには、相接する村々が林野の利用を争う山論に際して、領主が訴訟の裁定によって介入することが大きな力となっている。 (古島　敏雄)

いりきいん　入来院　中世における薩摩国薩摩郡内に設定された官倉。平安時代後期院倉の名が地名化した。現在の鹿児島県薩摩郡入来町。『入来院文書』の存在により、「在家」・「門」・村落など中世社会の基礎構造研究上、重要な地域となっている。建久八年(一一九七)の『薩摩国図田帳』によると田数は九十二町二段で、うち七十五町が半不輸の島津荘寄郡とあるが、これはいわゆる公田数であり、建長二年(一二五〇)の「入来院村々田地年貢等注文」では楠本・ひさくくち・倉野・中村・城籠・塔原・副田・清色・市比野の各村よりなり、田数は百九十三町八段となっている。本主は伴氏で平安時代末には信房が入来院弁済使別当であり、鎌倉時代後期塔原名主であった寄田信忠はその後裔。平安時代末期に一時阿多忠景の弟忠永に押領され、その没官後千葉常胤が惣地頭となったが、寛元四年(一二四六)相模国御家人渋谷定心が惣地頭となり、その子孫は伴氏など在地勢力を圧倒し、順調に領主制を発展させ、正嘉二年(一二五八)には地頭請が成立した。南北朝時代中期には寄郡としての実態もなくなり、渋谷氏後裔の入来院氏の国人領主化がすすみ、以後次第に島津氏の領国体制に組み込まれていった。 (工藤　敬一)

いりさく　入作　⇩出作《でさく》

いりひ　圦樋　川や池と用水路との間で水を通すため、川や池の堤に箱状・筒状などの樋《とい》を通した。その樋の口のこと。川や池と用水路との間で水量を調節し、水を出し入れする役割を担った。近世以降、圦樋または圦《いり》と呼ぶ例が多く見られるようになる。江戸時代の圦樋の構造については、たとえば佐藤信淵の『隄防溝洫志』巻四などに詳しくみえる。水量調節のため、上下に開閉する構造になっており、一枚戸・二枚戸・三枚戸があったこと

などが知られる。圦樋は、古くは「楲」あるいは俗に「樋《ひ》」とも書かれ、「ひ」または「いひ」と言った。また、樋《ひ》の口ともみえる。『日本書紀』武烈天皇五年六月条に「塘楲《いけのひ》」がみえ、『今昔物語集』巻三二第二二には「池ニハ楲《いひ》ト云フ物ヲ立テ、打樋《うちひ》ヲ構テ水ヲバ出セバコソ、池ハ持《たも》ツ事ニテハ有ルニ」とある。しばしば用水をめぐる相論がおこった中世においては、樋の幅の寸法と通水の深さを規定して、給水量を調節している事例がある。また、樋や井口の支配権も問題となった。たとえば、鎌倉時代の「大和国西大寺与秋篠寺堺相論絵図」(東京大学文学部所蔵)をみると、赤皮《あうこ》(波)田《だ》池の樋の支配が相論の重点となっている。秋篠寺の主張によれば、大治(一一二六―三一)の宣旨によって、池水の四分の三は秋篠寺の進退、四分の一は西大寺の進退と定められており、池の北樋は秋篠寺の一円進止、南樋は両寺の通用であった。しかし西大寺が北樋を打塞ぎ、南樋を一向横領してしまったのだという。この絵図からは、樋の口の構造も窺われる。

(原　美和子)

いりめ　入目　必要とする費用、入費のこと。中世・近世の史料に多く見られる用語。入目注文・入目日記・入目算用状・入目勘録状などとよばれる文書が多数伝わる。用例は数多いが、たとえば、正長元年(一四二八)八月七日付の二十一口方評定引付(『東寺百合文書』ち)に「金堂前砂代之事、毎年参貫文雖レ可ニ沙汰申一、此沙汰用途等入目アル之間、去年応永卅四年ヨリ三ケ年半分可レ有ニ御免一」とある。また、文禄五年(一五九六)十二月五日付の唐入軍役人数船等島津家分覚書(『島津家文書』二)には「作舩、一、九端帆、四十五そう、但、舟壱艘ニ付六十五貫文ツヽ入目、一、八端帆、廿一そう、但、舟壱艘ニ付五十五貫文ツヽノ入目、合作舟六十六艘、入目惣都合四千三百五貫文、右米ニ〆二千八百七十石」とみえる。『日葡辞書』に、「この作事の入目は十貫目でござる」(邦訳)とみえる。

(原　美和子)

いりょう　井料　井堰・溝・堀・堤防などの使用者に課せられた貢租。また、これら灌漑施設の構築や整備にあてる費用をも指した。律令時代には、灌漑施設の開発・維持は国家が行い、これに要する費用は修理池溝料として、国衙財政の一環として主に出挙によって調達された。井料は荘園領主が灌漑施設を開発・所有し、その使用料を農民から徴収することによって発生した。これは名主や直接の耕作者が負担して、田地の面積に比例して毎年納められるのが普通であり、米または銭で納めた。中世末になると、惣荘として井料を負担している例もみられる。井料は、領主に代わって用水を管理する井司の手を通じて徴収され、やがてそれは井司の権利の一つとみなされ、井司に認められた給田とともに相続・売買の対象ともなった。荘園における用水施設の築造や修理は農民の賦役によることもあったが、領主から功食が給付される場合があった。これも井料と呼び、その年の年貢の中から控除して農民に下行《げぎょう》されたり、その収穫を井料米にあてる井料田と呼ぶ特定の耕地を定めたりした。中世においては、農民からの要求によって、領主はかなりの井料米を下行したようである。なお、貢租としての井料は、戦国大名や近世大名によっても徴収され、用水の管理のための費用にあてられた。

(岡田　隆夫)

いりょうでん　井料田　そこからの収穫を用水源や灌漑施設の構築・修理の費用にあてるために設定された田地。荘園制下においては用水権は領主の手にあったが、その築造・修理などは農民の労働によっていた。荘園領主はそれに対して功食を支給することが多く、それは井料米として年貢から控除される場合もあったが、そのための米を生産する特定の田が設けられ井料田と呼ばれた。

(岡田　隆夫)

いりょうまい　井料米　井領米とも書く。中世の荘園で用水源あるいは灌漑施設の支配者が、用水利用者より徴収する米・銭などの使用料を「井料」といった。延文四年(一三五九)大和国西大寺が、その支配する新池の井料米段別二升を、新池の池水を利用する名主と作人とに半々ずつ負担するように定めた例がある。また用水源・灌漑施設の築造・修理などにあたって、その賦役労働に従う農民に給与する米を井料米と称し、井料米を生産するために特定された田地を井料田ともいった。近世では他村の田畑を潰れ地にして用水を掘った場合に、その潰れ地相応の地代として年々米または貨幣を渡すことがあるがこれを井料米または水代米といった。地方によっては堀敷米ということもある。このほか、田畑を道路・堤防・池塘・護岸などの土木工事のために潰したときに、その田畑を村高から削らずに残して、その年貢を井領米として上納することもあった。　↓井料《いりょう》

(伊藤　好一)

いれじち　入質　⇩質《しち》

いわいのしょう　石井荘　⇩いしいのしょう

いわしみずのしょう　石清水荘　大和国宇陀郡の荘園。現在の奈良県宇陀郡大宇陀町岩清水付近。興福寺領。延久二年(一〇七〇)の雑役免帳に所見。面積は二町。応永十二年(一四〇五)宇陀郡は興福寺大乗院門跡の知行、諸家領は半分知行となったが、秋山氏知行分の中に当荘は所見(『三箇院家抄』)。『三箇院家抄』挿入の宇陀郡荘々郷々注文には、当荘は興福寺吉祥院領とみえる。応永十三年と推定される宇陀郡田地帳案(春日大社文書)には「岩《イワ》洽水《シミツ》庄」とみえ、定田五町と畠五名からなり、職事・沙汰人領を除く米・麦・大豆四十二石六斗は、栗谷・辰巳両人の当知行であった。

(熱田　公)

いわしみずはちまんぐうりょう　石清水八幡宮領　京都府八幡市高坊に鎮座する石清水八幡宮の所領。当宮領は神宮寺護国寺別当が管轄したので、宮寺領と呼ばれた。朱雀天皇天慶三年(九四〇)将門・純友の乱(承平・天慶の乱)平定報賽として二十五戸の封戸を寄進されたのをはじめとし、公封・私封の寄進相つもって、平安時代末には封戸三百余戸に及んだ。荘園は、承平六年(九三六)開発

石清水八幡宮領

石清水八幡宮 社領一覧

所在国	郡	名称	成立年次
山城	相楽郡	稲間荘	天暦四年
	同	綺荘	天文十五年
	同	橘園	天禄二年頃
	久世郡	奈良荘	延久以前
	同	御牧荘	文明九年
	同	藤輪田園	文永十一年以前
	同	際目郷	長禄三年以前
	乙訓郡	川原崎荘	延久頃
	綴喜郡	祖穀荘	保元三年以前
	同	薪荘	同
	同	新田原荘	同
	同	野尻郷	文明四年
	紀伊郡	下三栖荘	大永元年
	(郡未詳)	本田荘	保元三年以前
	(同)	西八条西荘	天文以前
	(同)	今福郷	応永十五年
	(同)	生津郷	長禄三年以前
大和	添下郡	秋篠荘	保元三年以前
	宇陀郡	宇陀園	同
摂津	有馬郡	塩田荘	同
	能勢郡	木代荘	承久二年
	西成郡	淡路荘	正安四年以前
	同	賀島荘	長享二年
	百済郡	三津寺荘	応永二十二年以前
	八部郡	福原荘	文安四年
	同	兵庫荘	同
	東生郡	今福荘	享禄四年
	(郡未詳)	土室園	保元三年以前
河内	丹比郡	矢田荘	承平六年
	同	田井荘	文和元年
	錦部郡	甲斐荘	貞元二年以前
	同	布志見荘	同
	渋河郡	大地荘	長保年中
	古市郡	古市荘	保元三年以前
	同	法通寺荘	応永十七年
	若江郡	若江荘	保元三年以前
河内	河内郡	神並荘	保元三年以前
	同	林燈油園	長元元年
	高安郡	窪荘	保元三年以前
	石川郡	中村荘	同
	同	紺口荘	同
	志紀郡	田井荘	仁安三年
	大県郡	高井田荘	元久元年
	茨田郡	大交野荘	天福三年以前
	同	走井荘	応長元年以前
	同	星田荘	永禄十二年以前
	(郡未詳)	今富荘	保元三年以前
	(同)	本御座荘	同
	(同)	寺島荘	同
	(同)	延命園	同
	(同)	大御園	同
和泉	大鳥郡	蜂田荘	同
	和泉郡	岸和田荘	応永四年以前
	(郡未詳)	放生米代荘	万寿四年
	(同)	御香園	長元九年
	(同)	加守郷	永和五年
伊賀	伊賀郡	阿保荘	元久二年以前
伊勢	桑名郡	幡鉾荘	康永四年
	(郡未詳)	大枝厨	永徳元年
尾張	(同)	鶴栗厨	貞治二年
三河	(同)	宮道郷	応永二十四年
遠江	(同)	向笠郷	貞和五年以前
近江	坂田郡	細江荘	保元三年以前
	同	大原荘	応永十六年
	(郡未詳)	福能部荘	康暦二年
美濃	池田郡	泉江荘	万寿元年
	可児郡	明知荘	元永元年
	(郡未詳)	枳束荘	保元三年以前
信濃	更級郡	小谷荘	同
	筑摩郡	塩尻郷	貞和四年
越前	(郡未詳)	道田保	保元三年以前
	(同)	稲吉保	永和三年以前
	(同)	河南下郷	永和五年
越前	(郡未詳)	横越郷	文亀元年以前
加賀	能美郡	能美荘	建武五年
能登	能登郡	一青荘	保元三年以前
	同	恵曾飯川保	同
越中	礪波郡	徳満荘	文明十一年
	同	蟹谷荘	長禄三年以前
	同	埴生保	保元三年以前
	新川郡	金山保	応永十九年
	射水郡	姫野保	長禄三年以前
越後	(郡未詳)	乙面保	永享二年
丹波	船井郡	質美荘	治安三年
	氷上郡	柏原荘	弘安九年以前
	同	葛野荘	応永三十年
	同	安田園	長元八年
	多紀郡	酒井北荘	応永三十年
	同	酒井郷	同
	(郡未詳)	北荘	天文以前
丹後	熊野郡	佐野荘	保元三年以前
	同	鹿野荘	至徳元年以前
	同	永富保	安貞以前
	竹野郡	黒戸荘	保元三年以前
	丹波郡	益富保	明徳二年
	同	成久保	同
	同	末成保	同
但馬	出石郡	菅荘	保元三年以前
	同	太田荘	観応三年
因幡	巨濃郡	宇治荘	永仁元年以前
出雲	能義郡	安田荘	元暦二年以前
	仁多郡	横田荘	同
	意宇郡	石坂保	同
	(郡未詳)	須佐郷	建武三年
石見	邇摩郡	大国保	保元三年以前
播磨	飾磨郡	松原荘	治安三年以前
	同	継荘	保元三年以前
	佐用郡	船曳荘	同
	赤穂郡	赤穂荘	元暦二年以前
	(郡未詳)	福田保	永徳元年以前
美作	勝田郡	大吉荘	保元三年以前
	同	梶並荘	同
	(郡未詳)	伊志荘	元暦二年以前
備前	児島郡	肥土荘	同
	邑久郡	佐井田荘	永禄四年以前
備中	下道郡	水内荘	文安四年
	賀夜郡	吉川保	保元三年以前
	(郡未詳)	櫛代郷	文明五年
備後	沼隈郡	藁江荘	文安三年以前
	(郡未詳)	櫃原保	保元三年以前
安芸	安芸郡	三入保	同
	同	呉保	元暦二年以前
	(郡未詳)	美別府	保元三年以前
周防	熊毛郡	石田保	同
	都濃郡	遠石荘	元久二年以前
	同	得善保	同
長門	美禰郡	大美禰荘	元暦二年以前
	同	大福荘	文明十三年
	豊西郡	吉見郷	応永八年
紀伊	牟婁郡	出立荘	天徳二年
	伊都郡	隅田荘	寛和二年
	那賀郡	鞆淵荘	寛弘五年
	同	野上荘	治安二年以前
	日高郡	園財荘	長元八年
	名草郡	岩橋荘	応永二十九年以前
	海部郡	衣奈園(荘)	天元四年
淡路	津名郡	炬口荘	保元三年以前
	同	鳥飼荘	元暦二年以前
	同	枚石荘	同
阿波	板野郡	萱島荘	保元三年以前
	勝浦郡	生夷荘	仁安三年
讃岐	三木郡	牟礼荘	保元三年以前
	寒川郡	鴨部荘	仁安三年
	刈田郡	山本荘	同
	三野郡	本山荘	正安四年以前
	(郡未詳)	草木荘	保元三年以前
伊予	伊予郡	玉生荘	嘉元四年以前

所在国郡	名称	成立年次
伊予 温泉郡	吉田郷	建武四年
土佐 香美郡	夜須(安)荘	安貞以前
筑前 糟屋郡	吉原荘	正和二年以前
同	殖木荘	同
筑後 御原郡	三原荘	寛正七年
日向 宮崎郡	佐土原郷	文亀三年以前

(『石清水文書』等により別宮・別宮領を除き、石清水八幡宮領とある荘・園・郷・保のみを掲げた。)

された河内国矢田荘をはじめとして次第にその数を増し、延久の荘園整理の際には、宮寺領は山城国に六ヵ所、河内国に十六ヵ所、和泉国に三ヵ所、紀伊国に七ヵ所、美濃・丹波国に各一ヵ所、計三十四ヵ所を数えたが、うち十三ヵ所は券契不分明の故を以て停止された。しかし当宮に対する上下の信仰は厚く、特に源頼信がこの神を崇信して以降は、源氏の氏神として各地に勧請され、それが宮寺領となったため、保元三年(一一五八)には荘園・別宮などを合わせた宮寺領は、百ヵ所、分布せる国は三十三ヵ国に及んだ。武家政権成立後は、この傾向がますますはなはだしく、たとえば弘安八年(一二八五)の『但馬国大田文』には、八幡宮領と注する別宮は十三ヵ所百数十町に及ぶ。伊勢大神宮領・賀茂社領と合わせて三社領と呼んで一国平均の諸役も免除され、幕府もまたしばしば宮領の地頭職を停止、武士の対捍を制止した。このほか、護国寺宿院である極楽寺領も保元三年に三十七ヵ所があった。社家は田中・善法寺・東竹などの諸坊に分かれたが、各坊にも所領があり、特に田中坊は、天承元年(一一三一)以来筑前筥崎宮検校を兼任してその宮領を支配し、善法寺は百四ヵ所の寺領をもつ宇佐八幡宮弥勒寺を支配し、東竹坊は宝塔院を管領してその院領伊予玉生荘以下十二荘を支配した。かくて鎌倉・室町時代の宮寺坊領は四百余ヵ所に達したが、近世に至り、これらの所領坊領の大部分は宮寺からはなされ、朱印地六千三百八十四石余、その他諸大名の寄進地、社僧神官の買得地二千三百余石を擁し、明治維新に及んだ。

(竹内　理三)

いわたのしょう　岩田荘　大和国城上郡の荘園。現在の奈良県桜井市芝付近。興福寺領。延久二年(一〇七〇)の雑役免帳に所見。長谷寺免田五町・大神神田二町五段半と公田畠、計十三町九段百五十歩よりなる。中世には『三箇院家抄』に「院入庄号岩田庄」とあるように、もっぱら院入荘とよばれた。興福寺大乗院根本所領十七荘のうち。面積は十三町余(段銭の賦課面積は十三町)。一名一町六段の完全均等名荘園で、名田は四名、計六町四段。その分米は四十八石で、分米中から、荘名のいわれとなった禅定院の院入十講米七石を負担。公事は、瓜代、畳用途、御菜用途など。寛正のころは、四名に八人の名主がいた。名田の他は、定使給や方々知行地などの間田。室町時代前期の下司は、十市八田氏(以上『三箇院家抄』)。応仁の乱後、越智氏の勢力が及び、越智与党の戒重氏が下司となったが、大乗院領として維持された。天正八年(一五八〇)織田信長の検地には「岩田庄院入」八町余が大乗院家知行として指出され(広島大学大乗院文書)、同十三年の太閤検地には「院入岩田庄検地帳」が作成されている(成簣堂大乗院文書)。

(熱田　公)

いわでのしょう　石手荘　紀伊国那賀郡の荘園。現在の和歌山県那賀郡岩出町のうち、中迫・荊本・備前・西野・高瀬・清水・大町・高塚・溝川・岡田の地が荘地である。古くは「河南院字石手村」と称せられ、長暦年間(一〇三七―四〇)以前から、那賀郡司日置為世について伴兼時・紀利任・伴時通・平公里・平為里と相伝し、大治元年(一一二六)九月、為里は下司職を留保して高野山覚鑁に寄進し、覚鑁は、伝法二会供料所として立荘を申請し、同四年十一月三日鳥羽上皇の院庁牒が紀伊国衙に下り、四至に牓示を打ち官物雑事が免除された。この時の検注帳案によれば、田代五十町・池三ヵ所・荒野百十町・在家五宇であった。こうして高野山伝法院領として継承され、鎌倉幕府のもとにおいても保護をうけた。貞応元年(一二二二)十月十九日、幕府は他の院諸荘とともに新補地頭を停止し、寺家をして進止せしめている。

(平山　行三)

いわまのまき　石間牧　甲斐国八代郡の牧。現在の山梨県西八代郡六郷町岩間付近を中心とする地域。富士川の東側、常葉川の渓谷の北に接する山麓地域と推測されている。創設年代は不明。『兵範記』保元二年(一一五七)三月条によれば、左大臣藤原頼長の所領であったが保元の乱によって没官され、後院領とされた。『吾妻鏡』建保元年(一二一三)五月七日条に、和田氏の乱の勲功の賞として伊賀二郎兵衛尉光宗に「甲斐国岩間」が与えられたとみえる。

(吉田　孝)

いんぐうぶんこくせい　院宮分国制　院・女院およびこれに准ぜられた中宮・斎宮などに、除目の際国守を推挙する権利を与えて収入を得させる封禄制度。平安時代に行われ、形式的には南北朝時代に及ぶ。この封禄を給わることを「受領を賜ふ、受領に預る」などといい、これによって任ぜられた国守には「院分・院分受領・院御給」などという注が付けられる。またその国をふつう御分国というが、この用語は鎌倉時代になると、公卿の知行国の場合にも見られる。なお分国が中宮や斎宮に及ぶのも、平安時代末期から鎌倉時代初期のことである。分国を給せられた院・女院は親近な関係にある者を国守に推挙する。その国守は受領として国衙に赴任したと思われるが、給主である院・女院の収入が何であったかは明らかでない。院宮分国制の起源を年給制度に求め、年官として国守が給せられたものであるという説を採れば、給主の収入は、さらに、国守の俸料であるという説と、任料であるという説とに分かれる。たしかに知行国制の場合、鎌倉時代になってから任料を収める例が開けるけれども、平安時代にさかのぼることはない。また俸料であるとす

れば、国守の収入は無ということになり、疑問が残る。そこで、この分国制度の系統を一種の料国制に求める説に従うと、国守が納入するその国からの公納物であるということになる。つまり分国の国守は公納物を官府などに納入しないで、給主である院・女院に納入すると見るのである。こういう例はすでに天平宝字八年(七六四)に見られる。つまり廃位された淳仁天皇に淡路国公を授け、淡路国の調・庸・官物を廃帝の料物にあてたことである。弘仁元年(八一〇)、平城上皇に大和国の田租・地子稲を納入させた例もある。また天長三年(八二六)に始まる親王任国制も、親王を太守とする上総・常陸・上野三国の公納物を、無品親王の費用にあてたと見る説がある。こういう前例が宇多上皇に及ぼされると、同上皇の特別な地位に対応する封禄として料国制が強化拡充され、湯沐料のほかに一国を院の分として割き、公納物を挙げて院に納入させることにし、これが三十余年も続いたと思われる。その間に院には料国を給し、その国守には院司をあてるという慣習が、分国制度として定着したと見られる。ともかく分国については、宇多上皇に給せられた延喜八年(九〇八)の信濃、同十八年の武蔵の例が史料の上で最も古い。女院に及んだ例としては正暦二年(九九一)の東三条院の場合が最初である。ところで分国ははじめ一ヵ国であり、したがって院分受領の推挙権は四年目ごとに与えられたのであろうが、公納物の漸減に伴い、平安時代中期から分国の数を増して、「毎年受領一人を給ふ」ようになった。『扶桑略記』はこれを年分受領と呼んでいる。しかしこのころから実質的には衰退の方向をたどることになるのである。→知行国《ちぎょうこく》

(時野谷　滋)

いんし　院使　寺院院家から所領荘園に差し遣わされる使者。同様に上皇・女院の院庁から遣わされる使者もともに院使と呼ばれた。多くの場合、寺領・院御領の現地における境界の確定に関わるかたちで文書にあらわれる。立荘に際しての四至確定では国使とともに立券文に署判を加えており、領主側の現地における執行責任を負っている。堺相論などに際しては現地に派遣され、現地の荘官や在地沙汰人らとともに境界の確定、打渡を見届けそれを保証する役割を担った。それゆえ訴訟に際しては「院使実検勘文に任せて」という具合に事実を担保する存在として扱われる。なお寺院院家からの使者は必ずしも院使と呼ばれるわけではない。例えば青蓮院から遣わされる場合、単に使者と呼ばれている例がほとんどである。使者には力者など寺内身分下位のものが当てられている。

(福眞　睦城)

いんじ　院事　⇩勅事《ちょくじ》・院事《いんじ》

いんどうのしょう　印東荘　下総国印旛郡の印旛沼東岸地域に成立した荘園。荘域は現在の千葉県佐倉市・酒々井町・富里町・成田市南西部にわたる。平安末期の成立と推定され、十二世紀段階で荘内に村司・郷司などの村落領主の存在が確認される。文治二年(一一八六)、「成就寺領印東庄」として現れる。下司は良文流平氏の族長上総常澄であり、その子息印東常茂(常義)に継承された。常茂は平家方人であったため殺害されたが、印東氏のなかには上総氏の族長広常に属して頼朝側に立った者もおり、彼らは上総広常の滅亡後、その地位を継承した上総千葉氏に属して行動する。宝治合戦で三浦氏・上総千葉氏とともに印東氏が没落した結果、当荘の地頭職は千葉介頼胤に継承され、荘内の貝塚郷は常陸平氏行方氏に伝領された。なお、建武二年(一三三五)、西園寺家の家領であったことが確認できる。なお、当荘内の寺院は、金沢称名寺と密接な関係を持っていたことが明らかにされている。十五世紀後半には、千葉惣領家の本城本佐倉城が築かれ、下総の政治的中心となった。

(清水　亮)

いんのしまのしょう　因島荘　備後国御調《みつぎ》郡の荘園。現在の広島県因島市の全域を占める。建久二年(一一九一)の長講堂所領注文に「因島」とあるので、これ以前に後白河上皇によって立券されたものと推測される。建治二年(一二七六)の備後国御調郡内諸荘園領家地頭注文によると、因島は常光院領の「三津庄」と宣陽門院領の「因島中庄」「重井浦」の三つに分かれ、それぞれに北条氏一門の地頭が置かれていた。しかし、因島荘の地頭職は北条氏得宗家のもとにあった。鎌倉幕府の滅亡後、後醍醐天皇は同荘地頭職を尾道浄土寺に寄進した。建武四年(一三三七)の因島三荘地頭方年貢注文によると、このころ名単位に塩年貢が賦課されており、その合計が千六百六十俵余にもなっていたことが知られる。なお、因島荘地頭職は、足利尊氏によって暦応元年(一三三八)に東寺に改めて寄進された。東寺の荘務は、南朝方の悪党や沼田小早川氏一門により押妨を受け、その支配は次第に有名無実となり、寛正五年(一四六四)の東寺廿一口供僧評定引付抄の記事を最後に姿を消す。

(松井　輝昭)

いんべのしょう　忌部荘　大和国高市郡の荘園。現在の奈良県橿原市忌部付近。談山神社領。明応六年(一四九七)の『忌部庄差図』が、同社に所蔵されている。それによれば、忌部・大路堂・曾俄の三聚落を含み、もともと三個の荘園であるが「野一之在所」といわれて、忌部荘をもって代表荘名としたようである。条里名や坪付の明記はないが、百七十五の坪にわたる。大和地方にあっては広大な荘園で、荘の中央の南よりを横大路が東西に横切る。四至は、東は妙法寺堺および五位境、南は忌部領、西は葛上道および曲河の辻堂、北は飯高一本木をそれぞれ限るとみえる。室町時代後期まで、談山神社領として維持されたが、土豪曾我氏、開発者をまつる太主神社の神主忌部政忠らが活動し、年貢なども押領された。明応七年の段銭は曾我氏の押領とあってわずか一貫文、永正十七年(一五二〇)の談山神社造営の諸郷奉加銭も一貫文というように、微微たる収納にすぎなかった。なお鎌倉時代には、興福寺西金堂領の忌部荘があった(寛元三年

忌部荘

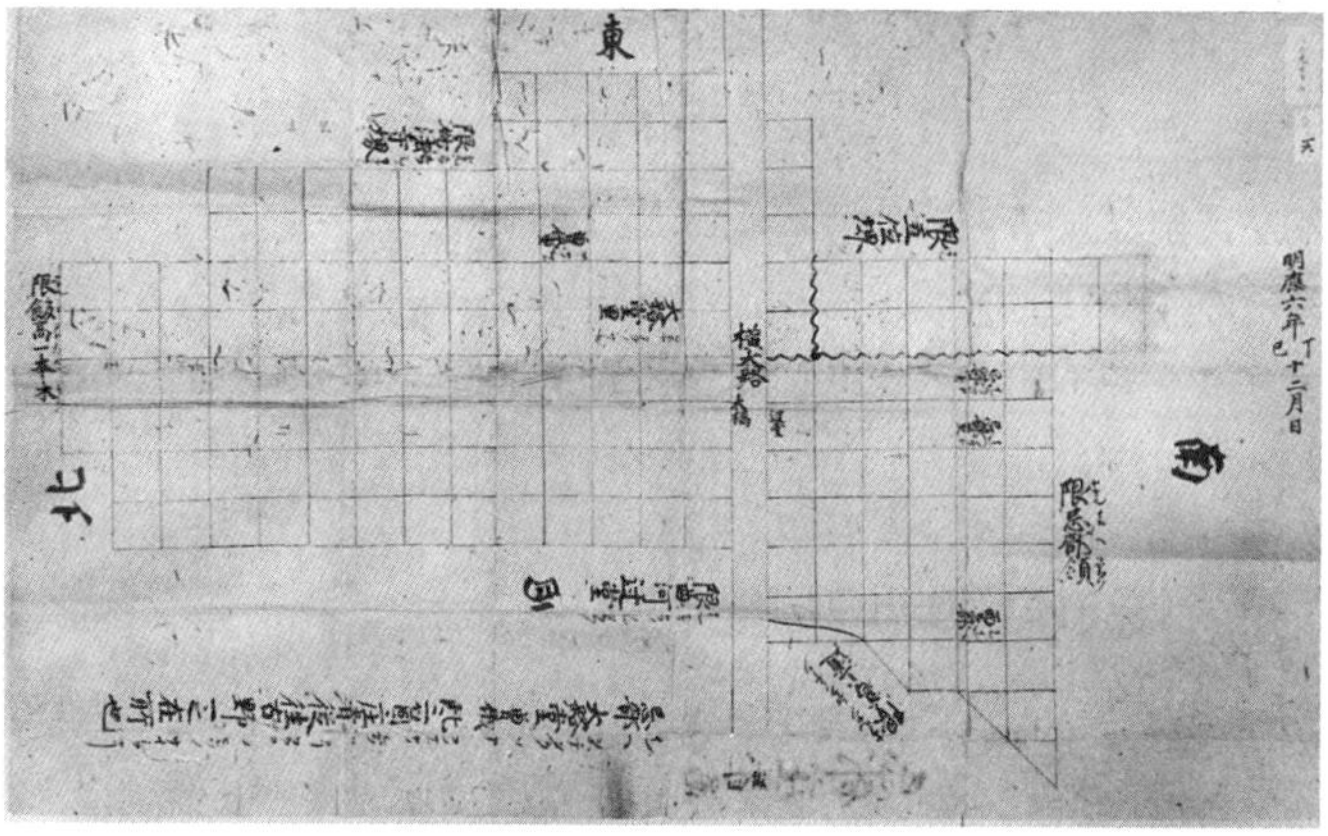

忌部庄差図

(一二四五)「一乗院門跡実信御教書」天理図書館保井文庫)。　(熱田　公)

いんまい　員米　⇨かずまい

いんめんのしょう　院免荘　院庁牒または院庁下文によって官物雑事の負担を免除された荘園。荘園は国司庁宣によって官物雑事を免除された国免荘と、太政官符または官宣旨によって免除された勅免荘に分類できる。国家権力に対する安定性ではもちろん勅免荘がすぐれ、国免荘は絶えず収公の危険にさらされていた。国司交替に際して前司の免判を後司が否定することはしばしばであり、国免荘が存続してゆくためには代々の国司の免判をとり続けるか、永久的効力を持つ文書を獲得するかのいずれかであった。院政期に入って国免荘の性質を超えるものとして現われたのが院庁牒・下文を得た院免荘であって、国免荘を院庁・御願寺・女院庁などに寄進して成立したものが多かった。院免荘は実質的内容から見て勅免荘と異なるところはなかったが、なお官符・宣旨を得て勅免荘たらんと努力しており、実際に移行した例もある。院免荘は荘園の窮極的形態である勅免荘に至る前段階であるといえる。　→勅免荘《ちょくめんのしょう》　(鈴木　茂男)

いんりょう　院領　上皇・法皇の統轄する皇室領。古代末から中世の皇室の経済的基礎であった。白河天皇が後三条天皇から伝えた皇室領は、播磨・備前の国衙領、後院領と勅旨田であろう。白河天皇から後醍醐天皇まで、皇室領は最盛期を迎える。この期間の皇室領の特徴は、上皇(法皇)が管領(統轄)した場合の多いことと、天皇・上皇・女院が祈願のため社寺を建て、あるいは定めて、荘園を施入し、貴族たちも自分の荘園の保全のため、そこに寄進して成立した、祈願の社寺領が圧倒的に多いことである。この社寺の創建は後三条天皇の金剛寿院に始まり、後嵯峨天皇の浄金剛院まで約二十八寺と、新熊野・新日吉の二社であった。社寺領は不輸租で、押妨されることも少ない。また女院領も世間、特に幕府の猜疑を避けるための隠れ蓑であった場合が多い。鳥羽上皇は白河法皇が崩御の後、皇室領のすべてを伝領し、創建した祈願寺の寺領、中宮待賢門院・皇后美福門院・女上西門院・同八条院・近衛天皇の各祈願寺領を管領した。後白河天皇(上皇)は、保元元年(一一五六)鳥羽法皇から遺領を譲られ、女院領も管領した。そして保元の乱に党した藤原頼長らの所領を没収して後院領に加え、祈願の社寺を建て、その所領を定めた。建久三年(一一九二)二月に遺領を処分(処分状に目録を添付)。後鳥羽天皇はこれを相続した上に、八条院領を伝え、青蓮院慈円・平親範の寄進を受けた。承久の乱後、幕府は後高倉院に没収した皇室領の大部分を返上。のち後堀河天皇・四条天皇を経て、後嵯峨天皇は文永九年(一二七二)崩御前に処分。大部分は亀山天皇(上皇)が管理。のち大宮院領・八条院領・七条院領・室町院領半分などが集積された。これら大覚寺統の皇室領(約三百九十以上)の多くは、後宇多上皇から延慶元年(一三〇八)皇子尊治親王に伝領された。また後深草上皇は長講堂領・法金剛院領・熱田社領・室町院領半分の持明院統領(約二百五十)を伝え、嘉元二年(一三〇四)伏見上皇に譲与した。このように、皇統が大覚寺統と持明院統とに分立すると、各派の上皇が自派の所領を統一して確保することに努めた。　(奥野　高広)

う

うえきのしょう　植木荘　(一)筑前国糟屋郡の荘園。現在の福岡県粕屋郡須恵町植木付近。殖木荘とも書く。成立年代不明。平安時代末期すでに石清水八幡宮領として別当田中坊に荘務が執行されたが、本来は筑前宇美八幡宮領六箇荘の一つとして成立したらしい。のち田中家より分かれ宇美宮検校職を相伝した房清の系統(宇美宮家)に伝わった。史料的には大永二年(一五二二)を以て荘名は消えるが、室町時代より守護大内氏配下の在地土豪層によって支配され荘園の機能を失っていた。

(二)筑前国鞍手郡の荘園。現在の福岡県直方市。遠賀川・犬鳴川合流地点に位置する。成立年代不明。十二世紀藤原頼長家領としてみえ、保元の乱後没官されて院領となり、のち後鳥羽天皇の母七条院に伝わった。安貞二年(一二二八)、後鳥羽の妃修明門院へ譲与、これよりさらに猶子四辻宮善統親王に伝え、以後南北朝時代まで四辻宮家が本家職を伝領した。鎌倉時代、領家は七条院法華堂門跡に相承されたが、その後は明確ではない。

参考文献　『福岡県史』一下、『直方市史』上

(恵良　宏)

うえだ　殖田　苗代で仕立てた苗を植える田。また、田植えを済ませた田をいう場合もある。植田とも書く。農事の祭礼もここで行なわれたらしく、『長秋記』大治四年(一一二九)五月十日条によれば、殖田祭の事(史料大成本では「種田事」とあり)として赤水干・紺帷・黄生絹裳を着た植女二十人が田植えを見せ、そのあと田楽法師十余人が左左良・笛・鼓に合わせて田楽を演じた。殖田は平安時代から古文書にあらわれる。天喜五年(一〇五七)、隣郷から越後国石井荘に移ってきた古志得延は、一旦は荘司に従って二十余町を開田耕作したが、やがて荘司とトラブルを起こした。そのさい馬四疋と殖田三町六反が争点となっている(京都大学所蔵東大寺文書『平安遺文』三巻八七三号)。また静真は笠置寺燈油田の耕作を請け負ったが、承安四年(一一七四)ごろ定珍なる者と相論をおこした。原因は静真の殖田を定珍が打ち返したためであった(堀池春峰所蔵文書『平安遺文』一〇巻補一二一号)。鎌倉時代には文永三年(一二六六)山城国愛宕郡大野郷の氷室田畠の中に「字殖田三段」がみえ(広島大学所蔵氷室文書『鎌倉遺文』一三巻九四九三号)、また正応二年(一二八九)豊後国一宮八幡賀来社の燈油田の中に「殖田」がみえる(柞原八幡宮文書『鎌倉遺文』二二巻一六九一一号)。

(新井　孝重)

うえとう　上頭　京都に在住する荘園領主。またその屋形。在地の領主である地頭に対してこう呼ぶ。寛永十九年(一六四二)大倉虎明筆狂言集『餅酒』に「加賀の国のお百性で御座る、毎年大晦日さかいにもつてまいり、元日に上とう(上頭)へあがる、じつさうぼうのきくざけ(菊酒)で御ざる」「越前の国のお百性で御ざる、いつも大晦日さかいにもつてまいり、元三にうへとう(上頭)へあがる、ゑんきやう(円鏡〈カガミモチ〉)で御ざる」、同狂言集『三人夫』に「淡路の国の百性で御ざる、いつも上とう(上頭)へみねんぐう(御年貢)をささぐる、いそひでもつてのぼらふとぞんずる」とみえる。庶民の間では上頭はいつも正月のようにのんびりしている、と考えられ羨ましがられていた。同狂言集『餅酒』「きのめたうげ(木芽峠)の大雪にさ、へられ(妨げられ)、只今もつて罷上る、いそいでもつて罷のぼらばやと存る(中略)、うへとうはいつも、お正月で御ざる程に、くるしうあるまひと存る」とみえる。

(新井　孝重)

うえのまき　上野牧　平安時代から紀伊国日高郡に存在した私牧(私営の牧場)。現在の和歌山県御坊市名田町上野の付近、御坊市の中心より南南東に約六キロ、西は海に面し、海岸から緩やかな傾斜が東につづく牧場として好適な立地条件をそなえた所である。牧の所有主は明らかでないが、『為房卿記』によれば、永保元年(一〇八一)九月に熊野詣をした藤原為房は、同月二十九日夜この牧の預の宅に宿泊しており、また『中右記』によれば、天仁二年(一一〇九)十月に同じく熊野詣をした藤原宗忠も上野牧において祓を行い、昼食を喫したことが知られる。鎌倉時代中期に近いころには、牧場も田園化し民家が多くなり環境が変化したことは、藤原実氏が熊野詣に際し「昔見し野原は里になりにけり数そふ民のほとそ知らるる」(『続古今和歌集』一八)と詠んでいることによっても推察ができる。

(平山　行三)

うかいのまき　宇養牧　長門国の馬牧。所在は未詳であるが、現在の山口県豊浦郡豊浦町宇賀にあてる説と長門市真木にあてる説(『防長風土注進案』所収『両国名所雑記』)がある。おそらく宇養は「うまかひ」と訓んだものであろう。兵部省所管の官牧。『延喜式』兵部省の諸国馬牛牧に「長門国(宇養馬牧・角島牛牧)」とみえる。同式の左馬寮の項に長門国牛を貢する記事があるが馬はみえない。当国の良馬の所見が少ないので、馬はおそらく長門の国用に供したものかと思われる。

(川副　博)

うがごう　宇賀郷　出雲国出雲郡の郷。現在の島根県簸川平野の東部から平田市中部を経て島根半島の西北岸猪《い》目《め》の辺にわたる地域である。『出雲国風土記』に出雲郡八郷の一つとして、郡家の正北十七里二十五歩にあり、と記している。郷内の社として『延喜式』神名帳に宇加神社がみえる。『和名類聚抄』にも出雲八郷内に数えられているが、大永三年(一五二三)の文書に楯縫郡宇賀郷と記したものである。中世にはこの地に宇賀荘があり、建武二年(一三三五)の後醍醐天皇綸旨によってその地頭職が鰐

淵寺根本薬師堂に寄進されたことが知られる。（金本　正之）

うがわのしょう　鵜河荘　越後国刈羽郡にあった荘園。現在の新潟県柏崎市付近。暦応四年（一三四一）扇谷上杉朝定が当荘内安田条を丹波安国寺に寄進したのが初見。当地には大江姓安田氏が地頭と称して居住し、安国寺の領有は実現しなかった。その後朝定の後裔八条上杉氏が永享四年（一四三二）幕府から安堵されたり、文亀元年（一五〇一）には一部が北野社領とされているが、安田氏が代々相伝して現地を支配した。（羽下　徳彦）

うき　浮　泥深いところ。沼地。湿地。泥・涅とも書く。鎌倉時代の語源辞書『名語記』五には「水つきて、ふめば、足もたまらず、ふかくいる所をうきとなづく、如何、答様もなく、うけば、うきと云歟、浮也」とあり、『今昔物語集』巻二六第一三には「然《サ》テ、西ノ四条ヨリハ北、皇賀（嘉）門ヨリハ西ニ、人モ住《スマ》ヌ浮《ウキ》ノユウユウト為《ス》ル一町余許有《ばかりあり》（中略）葦ヲ其浮《ソノウキ》ニ敷《シキ》テ、其《ソノ》上ニ其辺《ソノホトリ》ノ土ヲ救《スクヒ》テ、下衆共《ゲスドモ》ヲ多ク雇《ヤトヒ》テ刎置《ハネオキ》テ、其《ソノ》上ニ屋ヲ造《ツクリ》ニケリ」とある。浮田は泥の深い田、泥の中に浮いている状態の田。建久八年（一一九七）日向国図田帳にみえる「浮田《ウキダ》庄三百丁」の荘名もこの土地の状態に由来するか。紀伊興山寺文書には元徳二年（一三三〇）に定龍なる細民が伊都郡政所下方妙寺村の「浮《ウキ》田」百二十歩を四十八巻講の衆中へ寄進したことがみえる。『尋尊大僧正記』明応二年（一四九三）十二月五日条には「横田庄御米損免事」に関連して「浮田一丁五反三百廿七歩」「此内隠田ノ畠・浮田在之」とある。（新井　孝重）

うきくじ　浮公事　中世の雑公事つまり雑税の一種である。中世商工業の発達とともに、それに参加する供御人・神人・商人らは産物やその加工品などを特権的に売買するために、本所に公事を納めて免許を得ることが多かったが、そのうち、特に取り扱う商品が種々であって固定せず、またその公事額も浮動して一定しないなどの場合に、年限をかぎって、あるいは臨時に納める公事を浮公事といった。つまり浮動して定まらない雑税の謂である。山城国の山科七郷では、郷民が果物やその他の農産物の余剰、郷内産出の竹類などを京都へ売り出すことに努め、そのため他の妨げなく特権的に商売できるように、文明九年（一四七七）十二月には領主である山科家へ浮公事を納めて、かわりに商売免許の札を合わせて五百三十九枚支給されている。（宮川　満）

うきぐんぶん　浮郡分　語義は不明。高野山領備後国太田荘にみえる預所の給田。元徳元年（一三二九）十月十六日太田荘雑掌地頭代和与状に「一、浮郡分事　右、為預所給田之上者、任先例所止地頭綺也矣」（『鎌倉遺文』三九巻三〇七五二号）とある。地頭は先例として、この給田に関与できなかった。いつこの給田が設定されたかは不明であるが、嘉禎元年（一二三五）十月二十五日関東御教書には「次称郡分、以新儀立預所給田之由、地頭等所申也、先例歟、新加歟、同糺明可令注申」とみえる（『鎌倉遺文』七巻四八四三号）。高野山寺家は郡分と称し、新儀をもって預所給田を立てた、と地頭が異議を唱えているところをみると、嘉禎元年以前に地頭からの同意のないまま設定されていたらしい。（新井　孝重）

うきしまのまき　浮島牧　下総国（千葉県）の牧。『延喜式』に「下総国浮島牛牧」とあり、平安時代中期にあった官牧の一つであるが、現在地は不詳。吉田東伍の『大日本地名辞書』では馬加（千葉市花見川区幕張町）付近にあてている。その根拠は下総国府（市川市国府台）から浮島駅（千葉市幕張町）・河曲駅（千葉市寒川町）を経て上総国府（市原市能満）に達するとみて道程にかない、また造成前の幕張海岸が遠浅で低い洲を成して島に似ている点である。他に東京都墨田区牛島とする説（村岡良弼『日本地理志料』）がある。（小笠原長和）

うきた　浮田　⇩うき

うきたのしょう　浮田荘　日向国宮崎郡にあった宇佐宮領の荘園。現在の宮崎市西部に浮田の地名がある（もと生目村）。天喜五年（一〇五七）、封民三十四人の代に荒野を施入され開発したものに始まる。柏原別符・細江別符・長峰別符は浮田荘の別符として平安時代後期に成立したもの。建久八年（一一九七）の『日向国図田帳』では、田数は三百町であるが、『宇佐宮神領大鏡』には、起請定田百十二町とある。平安時代末以来摂関家を本所としていたが、その後近衛家から鷹司家に伝えられ、鎌倉時代中期以降は春日社大般若転読料所として、東北院家が相伝知行し、上分の一部は関東祈禱供料にも宛てられた。

参考文献　日高次吉編『日向国荘園史料』一（『九州荘園史料叢書』六）（工藤　敬一）

うきみょう　浮名　公事負担者たる名主の定まらぬ田地か。嘉禎二年（一二三六）三月、出雲国加賀荘持田村の地頭・預所・公文は下文によって、同村の所当公事を負担する本名六名と、「万雑事を停止し、起請田として所当を弁」ずる浮免ないし浮名について勧農を行い、浮名については今年だけは去年に減定された斗代によって所当を究済すべきことを認め、耕作する百姓を定めている（『水無瀬神宮文書』）。また元徳三年（一三三一）十二月、信濃国太田荘大倉郷では大名二名、小名八名、浮名二名の計十二名の田畠在家野畠などについて、当作人が定められている（『金沢文庫古文書』）。これらの事実だけからは断定はできないが、浮名は散田名などのように公事負担者の定まらぬ田地で、一色田・勧農田などと同様に、年々定められる作人が耕作し、所当のみを弁じた田地ではないか、と思われる。　↓一色田《いっしきでん》（網野　善彦）

うきめん　浮免　十世紀以降土地制度の一つである免田の一形態。本来、国衙から公事課役を免除される雑役免田は、特定の耕地を指定せず、一定の面積が指定されるだけであった。このような国衙からの雑役免除（受給者側からいえば雑役収取対象）の下地《したじ》が固定せず、年によって浮動する状態の免田を

浮免という。律令制下の正税官物は本来土地を対象とし、したがってその不輸免田(本免田)化は、直接特定田地を指定しえたが、雑役免田の場合は、公事・課役自体、本来人別に課せられることがたてまえであった点や、本免田以外の土地を求めて免田化するため、新開田や不安定な耕地を対象とせざるをえず、したがって下地を固定化することは困難であり、かつ受給者(荘園領主など)側でも、公田を雑役免田化し、国衙の手を介して収取を行う以上、浮免田の方が有利であった。承安二年(一一七二)肥前国武雄社領で「因レ之、件上分田為二浮免一、以二得田之内一古今所二募来一也」といわれたように、損田をさけてその年々の得田をあてるのが通常であった。しかし生産力の発展とくに不安定耕地の安定化がすすむと、かえって浮免田の固定化、すなわち定免田化がはかられ、雑役免田受給者の土地とその耕作者の一体的把握をめざし、検田が行われるに至る。その時期はおおむね十一世紀の初頭、院政期であり、雑役免田を中心とする荘園の荘域確定化となる。初期の浮免の例では、東大寺の大仏供白米免田・御油免田・香菜免田、興福寺の進官免田など大和国諸荘園における浮免が著名である。中世では荘園領主の荘官・地頭らへの給分としての雑役免田(公事免田)が浮免の形をとり、高野山領備後国太田荘(広島県世羅郡甲山町・世羅町一帯)では、地頭別作二十町は雑役免であったが「雑役免者浮免也」とされ、延文五年(一三六〇)山内首藤資綱譲状に「信乃国きのふの符下平田参町地頭職幷浮免の田屋敷之事、但此所者、未三下地於分二之間、不二分明一」とみえる。同じころ薩摩国入来院(鹿児島県薩摩郡入来町)でも、地頭の譲状の中に「坪付」にのせられない浮免地が存在したことがみえている。近世の薩摩で郷士に給与された「門《かど》」地のほかに「浮免高」があるが、それは開墾地に由来し、全収穫を取得しうる給田的性格をもつという。→門《かど》

(島田 次郎)

うけおい 請負 依頼主とあらかじめ期限と報酬を取り決めて、仕事を引き受けること。延久二年(一〇七〇)興福寺大和国雑役免坪付帳によると「注進 中八条庄請負渡坪々事」(興福寺・天理図書館文書『平安遺文』九巻四六三九・四六四〇号)とある。戸籍・計帳に基づく律令国家支配が崩れ、地税を基礎とする国家支配に再編されると、名《みょう》を単位とする公田の耕営と官物の進納は、有力な農業経営者の請負によってなされるようになった。負名《ふみょう》と呼ばれる彼らは、毎年「利田請文」を国家に提出して、耕営と納税の仕事を引き受けた。請負の体制は「摂関政治」期の徴税体系のなかに一貫するものであったが、荘園公領制の成立はこの請負の体制を、職《しき》の体系として確立させる意味をもっていたという。鎌倉時代末期の混乱のなかで、職の体系が大きく攪乱されると、その反動として本所による直務支配があらわれた。しかし直務支配を実現し維持存続することは、守護・国人の荘務請負要求や、地侍・住民の地下《じげ》請《うけ》要求と衝突し簡単ではなかった。

(新井 孝重)

うけおいだいかん 請負代官 荘園領主に対して年貢納入を請け負った代官のこと。南北朝期以降になると、荘園領主が直接荘園を支配する方式から、彼ら代官に年貢納入を請け負わせる請負代官制が一般的となる。請負代官就任に際しては多額の補任料を収めることが条件とされ、相応の経済力を有する土倉や酒屋などの金融業者や五山僧が請負代官となることが多かった。また荘園領主がこれらの金融業者からの借財の抵当として彼らに代官職を与えることもあった。実際に荘園現地から年貢徴収を実現するためには現地の守護や国人、さらには幕府奉行人等の協力が不可欠であったったため、請負代官には経済力ばかりでなく、これら広範な人びととの人脈を有することが求められた。その一方で、年貢徴収のために現地に地下代官を起用することはあっても荘園経営そのものに携わることは少なく、彼ら請負代官は徴税請負人的性格が顕著であった。

(高橋 典幸)

うけくち 請口 荘園の管理を委託された者(代官・請人)が、豊凶にかかわらず納入を約した一定額の年貢。請料。中世後期になると、本所の直務能力はその意欲にもかかわらず、実際には守護被官人らの妨げによって衰退の一途をたどった。このため、本所は能力のある者と一定額の年貢納入を契約し、かわりに年貢徴収などの荘園管理を任せた。請口はこの契約慣行を前提にあらわれた。『尋尊大僧正記』四、康正三年(一四五七)八月十五日条「一去十三日摂州濱郷代官事、柚留木大進ニ仰付之、請口廿貫文之由仰之、自余代官徳分也」、同記五、長禄元年(一四五七)十二月十九日条「濱郷請口料足毎年廿貫文處、当年事、云請申初門云炎旱、如本々可沙汰事難義之由歎申入間、五貫文免除了」、同記百、文明十四年(一四八二)十月十六日条「摂州濱郷請口事、西田新五郎請申入之、補任之」、同記百十七、文明十七年三月二十四日条「請申入摂州濱郷御年貢請口事、山間源三方請文如此候万一無沙汰候者」とみえる。

(新井 孝重)

うけさく 請作 中世の小作。双務契約的なものと恩恵的なものとがあり、また有期的請作と永年請作とがある。十、十一世紀ころ、荘園や国衙領内で田地を借耕して地子・官物などを負担する、田堵・負名と呼ばれた公民系の大小の農民が広汎に存在した。この小作形態を請作という。請作は古代班田制下、補足的に存在した賃租という一年有期の小作制度に由来し、契約は毎年更新されるのが原則であった。ゆえに請作者は身分上かなり自由であるが、反面、作手《さくて》と称された土地占有用益権が法的に弱く、請作者としての地位は不安定であった。すなわち毎年耕作開始にあたり、年来の作手であっても、荘園領主・国衙に対して用益申請の請文を提出し、秋期領主の所勘に従うことが義務づけられ、充作として領主の恣意的な配分・収取を拒否するのが困難であった。なお平安時代の地子・官物は段別三～五斗が慣例であった。十二世紀にはこの請作経営の反復を梃子に作手の私有権化に

向かい、さらに農民の私有地であった園宅地・治田との錯綜が進展するなかで、有期的請作関係は世襲の永年作手ないし名主職の取得・認定へ止揚されていくが、同時に領主への身分的従属性を強め、請作名耕地は領主的再編成を受けて、領主から恩恵的に充行われるものとの観念が生じた。中世の農村はかかる名を基幹として発展する。名は一般に家父長制的複合家族経営をとるが、村内にはこのほか、名に結ばれない一色・散田・浮免などと呼ばれた領主直属地を依然として一年ごとに請作する小農民が存在した。彼らは名田の下作的請作を兼ねつつ次第に自立の道を歩み、鎌倉時代後期には旧名の分解と相まって多数の新名が結成され出す。辺境の在家農民の場合、請作の権利が中世を通じて劣弱であるが、請作地が遅ればせながら漸次第二次名に結ばれていく点は中央に同じである。なお中世後期、先進地域では請作権たる名主職が得分権化して、名主は加地子収取地主となり、下《した》地《じ》は独立小農民の請作に委ねられる傾向が強かった。

(佐川　弘)

↓一色田《いっしきでん》　↓散田《さんでん》　↓田堵《たと》

うけしょ　請所　鎌倉―室町時代、荘官・地頭・守護などが荘園・国衙領の下地《したじ》支配の権限を委任されて定額年貢の納入を契約した租税請負制度。「うけどころ」ともいう。ときには請所となった荘園それ自体、あるいは請負職名をも請所といい、請所となった下地を請地・請所、請負年貢を請口・請料といった。平安時代末期、在庁官人が荘官に代わって荘園年貢を徴収して領家に送進したり、源平合戦(治承・寿永の乱)の混乱期に地方武士が下地の管理を委任され、年貢納入を請け負ったのが請所のはじまりといわれている。請所は平安時代末期の荘官、特に下司請などに始まり、鎌倉時代には地頭請が派生し、南北朝・室町時代には守護請、現地の農民らが請け負う地下《じげ》請《うけ》・百姓請、禅僧や京都の富裕商人による代官請まで生まれた。請所化の直接の契機は、ひとつは鎌倉幕府が御家人に対する一種の恩賞として行なった請所の口入(斡旋・推挙)で、鎌倉時代初期、幕府発祥の地である関東の武蔵・相模の荘園にその例が多い。一方、寄進地系荘園においては、下司など地方豪族が本家・領家との私契約にもとづいて事実上荘園支配の権限を掌握し、一定の年貢を納入する請所が成立した。このような例は鎌倉時代初期、東国・北陸など辺境荘園にみられる。同じ私契約請所でも荘園領主と請負者である荘官・地頭との間で相論・和与を経て成立した請所は、鎌倉時代中期以降、山陽道など西国地方の荘園にその例が多い。紀伊国阿氏川荘・丹後国永富保・播磨国久留美荘・備後国地毗荘・安芸国三田郷などはその好例である。相論・和与を経て成立した請所には、領家側から種々の付帯条件がつけられ、請負者の権限は著しく制約された。この場合定額年貢のほかに、各種夫役や臨時課役の納入が義務づけられ、契約違反の場合は請所解約、荘園領主側荘官の入部、荘園領主側からの下地中分申請などの諸条件がつけ加えられた例もみられる。鎌倉幕府は貞応元年(一二二二)、地頭・御家人が請所と称して預所・郷司を追放することを戒め、文永五年(一二六八)には請所となって二十ヵ年経過した請所は領家側がかってに解約できないとして地頭・御家人請所保護の方針を打ち出している。しかし正安元年(一二九九)には寛元以前契約の請所は解約できないが、幕府口入地以外の私契約請所で、承久以後のものは本所の進止にするといった譲歩を荘園領主側に行なった。さらに元亨二年(一三二二)、国衙領請所のうち口入地以外の請所は解約できる、しかし康元元年(一二五六)以前のものは私契約請所でも解約できないが、弘安七年(一二八四)以後の私契約請所は国司の意志によって左右できる、としている。請負年貢の納入は当初は守られたが、時とともに契約は守られず、未進が増加し、荘園領主の荘園支配は事実上崩壊した例が多い。高野山領紀伊国南部荘(和歌山県日高郡南部町)では下司請から地頭請に変わったが、契約年貢五百石の未進が続き、嘉暦元年(一三二六)の時点で未進額は千三百九十六石余にのぼった。東寺領備中国新見荘(岡山県新見市)では室町時代、守護細川氏の代官安富氏が年百五十貫文で請け切ったが、嘉吉元年(一四四一)から寛正元年(一四六〇)までの二十ヵ年で計二千二百貫文という巨額の未進滞納が行われた。守護請においてはこの傾向がさらにはなはだしく、荘園支配は事実上崩壊に追い込まれた。

↓請料《うけりょう》　(佐々木銀弥)

うけち　請地　⇩請所《うけしょ》

うけにん　請人　鎌倉時代以後、明治初年まで保証人を意味する語。令制には中国法系の保人《ほにん》という保証人があり、債務者逃亡・死亡の場合に限って弁済義務を負った。別に奈良時代には固有法の償人《しょうにん》が認められるが、これは債務不履行の場合、ただちに債務者に代わって弁済の責に任ずるものであった。鎌倉時代から保証人は一様に請人と呼ばれたが、借用証文などに単に請人と書けば保人的義務を負い、債務者が弁済しないときは代わって弁済するという特約があれば償人的義務を負った。江戸時代になると保証人は請人・証人といわれ、正徳三年(一七一三)以後は、債務者が弁済しない場合、および欠落《かけおち》・死亡の場合にも代償すべきことが確定されて、保人・償人的区別は消滅した。請人は金銀子の借用証文に債務者と連署押印したのである。以上は金銭貸借に関する金請の請人であるが、江戸時代には奉公人・借地人・借家人などの身元を保証する人請の請人の制度もキリシタン禁制に対する必要もあって発達を見た。奉公人の場合、判賃を取って請人となり、奉公先を周旋することを営業とする人宿《ひとやど》もあった。請人に対して奉公人の身元を保証するのが人主《ひとぬし》、または下請人で、人主は通常親または兄であった。奉公人の請人は奉公人が逃亡、主人の金の引負《ひきおい》すなわち使込みをしないことを保証し、もし逃亡したときには前借金を返済せねばならず、またキリシタンでないことなどを保証した。借地人の保証を地請、借家人の保証を店請《たなうけ》という。これらの請人は地代・店賃の支払を保証

し、地位・店立《たなだて》、すなわち地所・家屋の明渡しのときには引き取る責を負い、キリシタンでないことなどを保証した。請人としての押印を一般に請判《うけはん》という。請人単独の記名押印、あるいは契約当事者なども連署加印した証文が請状・請証文であって奉公人請状・地請証文・店請証文などと呼んだ。（平松 義郎）

うけりょう　請料　請口ともいい、荘園や国衙領などの貢納責任者が納入を契約した請負年貢のこと。請所においては豊凶にかかわりなく定額の請料＝定額年貢米・銭が一定期限内に納入される約束であった。請料の額は請所以前の年貢高よりは一般に少なく、しかも多くの場合契約は守られず、請料の未進滞納が行われた。高野山領備後国太田荘（広島県世羅郡甲山町・世羅町）の請負以前の年貢高は年千八百石であったが、応永九年（一四〇二）、備後国守護山名氏が年千石の請料で守護請の契約を結んだが、その後三十七ヵ年の間に滞納額は二万六百石余の巨額にのぼっている。→請所《うけしょ》（佐々木銀弥）

うさじんぐうりょう　宇佐神宮領　大分県宇佐市南宇佐に鎮座する宇佐神宮の社領。宇佐郡は神郡ではなかったかと思われるが、史料はない。天平十二年（七四〇）藤原広嗣の乱の報賽として封戸二十戸が寄せられたのをはじめ、同十八年には聖武天皇病気平癒の祈願に霊験あり、三位に叙し封四百戸・水田二十町が寄進され、神託により大仏鋳造の黄金が発見されると、天平勝宝二年（七五〇）には大神に封八百戸・位田八十町、比売神に封六百戸・位田六十町が寄進され、伊勢大廟を凌ぐ日本第一の神封となった。しかし、同七歳神託によって国庫に返したが、天平神護二年（七六六）比売神封戸六百戸が復された。『新抄格勅符抄』によると延暦十七年（七九八）には大神分八百戸も復され千四百十戸となった。この比売神封戸は豊前四百十烟（上毛・下毛・宇佐郡）・豊後百十五烟（大野・国東郡）・日向百十五烟（児湯・臼杵郡）で、これを三国七郡の御封と呼び、平安時代中期以後は十郷三ヵ荘となる。大神分は豊前（全郡）・豊後（国東・速見郡）・筑前（嘉麻・穂浪郡）・筑後（生葉・御井・山門郡）・肥前（三根・小城・杵島郡）の五ヵ国約十七ヵ郷内に散在し、のちに本御荘十八ヵ所と呼ばれ、後の寄進・開発・買得系荘園を常見名田または新荘として管理した。封戸の荘園化は九世紀末から始まり、位田・供田なども荘園化された。荘の立券年代をみると、年代分明の荘は八十余荘があり、これを封戸衰退一期（九―十世紀初め）・二期（十―十一世紀半ば）・三期（十一世紀半ば―十二世紀末）に分けると、第一期三ヵ荘、第二期二十九ヵ荘、第三期五十ヵ荘となる。これに成立不分明の所領を加えると百二十二ヵ所があり、建久図田帳には豊前国五千町、豊後国二千八百余町、日向国千九百余町とみえる。ほかに弥勒寺領として九州九ヵ国に百十四ヵ所の荘園領所がある。到津記録などには宇佐宮領一万六千町弥勒寺領八

宇佐神宮領

宇佐神宮　社領一覧

所在国郡		名称	成立年次	特徴
筑前	御笠郡	府中宇佐町南園	永保二年二月	買得、大宮司宇佐公則
	嘉摩郡	綱別荘	保元元年以前	立券か、この年押領される
	穂浪郡	椿新荘	同	同
	御笠郡	府中余部村	安元元年以前	買得、大宮司宇佐公通
筑後	生桑郡	小家荘	治安三年七月以前	
	御井郡	守部荘	万寿三年十月	立券
	上妻郡	御深荘	治安三年七月以前	国免、位田八町、小河荘内
	山門郡	小河荘	同	立券、位田
	同	小家小河荘松延恒見別符	康和年中	装束料所
	同	松延今仁別符	同	同
	（郡未詳）	宇治浦	保安年中以前	買得か、大宮司宇佐公基この頃三子に譲る
豊前	田河郡	勾金荘	長元五年二月	相博立券、康平元年三月新加入田相博立券
	同	虫生稲光	承徳元年九月	寄進
	同	虫生別符	康和三年十月	寄進、帥大江匡房法華三昧仏聖燈油料
	同	鏡山外		採銅所村
	企救郡	到津荘	寛弘四年四月	相博立券
	同	貫荘	天喜二年	相博立券、上毛・宇佐郡と相博
	同	長野荘	永保年中	寄進、帥藤原資仲公家一切経会料
	同	横代別符		
	同	蒲生安則		
	同	貫入田		
	京都郡	津隈荘	康平四年頃	相博立券、京都・中津郡と相博
	筑城郡	某	永承二年	寄進、五節供料大宰帥寄進、永治元年にもあり、五十町
	同	城井浦	康平元年以前	寄進か、日下部安恒私領、大宮司宇佐公順保安四年寄進
	同	角田荘	康平六年六月	見、八月立券（新入を）、法華不断経（仏聖燈油料を含む）立券
	同	伝法寺	天永元年閏七月	買得、常見領
	同	広幡社	保安二年三月	寄進、権中納言兼都督源某
	同	橋社	同	同
	同	赤幡社	同	同
	同	幡野浦	保安二年七月	買得、大宮司宇佐公順、葛井宗任
	下毛郡	深水荘	長徳六年十一月	寄進、権大宮司宗海、前播磨如海宝前燈油料
	宇佐郡	新開荘	寛弘六年以前	立券か
	同	平田別符	保延元―安元元年	開発、大宮司宇佐公通買得
	同	江島別符	同	同
	（郡未詳）	三十戸	天慶三年八月	寄進、平将門追討報賽

所在国郡	名称	成立年次	特徴
豊後 日田郡	日田郡五所	天喜二年八月	相博、肥前宇佐宮領、藤津郡二ヵ所と相博
大野郡	緒方荘	元暦元年以前	立券、この頃大宮司宇佐公通譲得
海部郡	丹生津留畠	寛仁三年	寄進
大分郡	勝津留	永承三年	常見所領
同	勾別符	寛治五年六月	寄進、三昧堂仏聖燈油料、権帥、のち文治頃津守荘加納
速見郡	石垣荘	嘉保二年頃	
同	朝見郷	保元年中以前	寄進か、半不輸領後不輸領
国東郡	田染荘	天喜五年以前	立券、位田か
同	田原別符	天喜五年三月	開発、大宮司宇佐公則外題判
同	櫛来別符		開発
同	大田原別符		同
肥前 基肄郡	重枝	保延元―安元元年	譲得、大宮司宇佐公通買得
三根郡	米多荘	嘉保二年頃	
同	村田別符	応徳二―保安四年	買得か、大宮司宇佐公順
同	下毛薗	保安―保延元年	寄進、藤井宮時
神崎郡	荒田神崎東	保延元―安元元年	譲得、大宮司宇佐公通買得
小城郡	赤自荘	永承元年	立券
同	小城東西伴部郷	延久五年	買得、津守常見買得後半不輸
同	大楊荘	永保元年二月	立券
杵島郡	大町荘	寛弘三年	立券、用作三町五段
藤津郡	桑垣	天喜年中以前	寄進か
高来郡	油山十二ヵ所	延喜十年二月	寄進、宇多院内親王家
同	高来別符	康和三年十月	寄進、帥大江匡房法華三昧仏聖燈油料
同	伊佐早村	保安―保延元年	寄進、藤井宮時
肥後 玉名郡	伊倉別符	康和五年	買得、筑前講師永源より大宮司宇佐公順
山鹿郡	石原別符	永承―承暦頃	買得(弁済)、大宮司宇佐公則
日向 臼杵郡	富田荘	永承年中	開発、国司海為隆封民十五人代
同	臼杵荘	治暦二年	立券、封民代
同	長井院	寛治二年	浮免立券、封民十六人(臼杵郡)代
同	岡富別符	長承年中以前	開発か、検田目録にあり
那珂郡	新名爪別符	治暦二年	開発
同	那珂荘	永保三年	立券、封民三十八人(郡家院)代、常見領府外題
同	田島荘	寛治七年八月	立券、国司中原某、那珂郡封民四十人代

所在国郡	名称	成立年次	特徴
日向 宮崎郡	宮崎荘	永承年中以前	立券不明、封民二十三人代
同	宮崎荘村角別符	永承年中	開発
同	宮崎荘竹崎別符	同	同
同	宮崎荘渡別符	同	同
同	浮田荘	天喜五年	立券、封民三十四人代
同	浮田荘柏原別符	嘉保二年五月	開発、大宮司宇佐公順か、庄司
同	浮田荘細江別符	嘉保二年か	開発
同	浮田荘長峯別符	同	同
同	大墓別符	保延元―安元年以前	開発、この頃大宮司宇佐公通譲得
諸県郡	諸県荘	天喜五年	立券、封民八十人代
同	瓜生野別符	長承年中以前	検田目録にあり

(『宇佐宮神領大鏡』による。但し年代判明の分のみ)

千町歩とある。その後武士に押領され、室町時代末期には豊前・豊後・筑前を辛うじて留めたが、豊臣秀吉の九州征討で没収され、社頭は破壊、神職は四散した。天正十七年(一五八九)には黒田長政が三百石、ついで細川忠興が千石、正保三年(一六四六)には徳川家光が千石の朱印地を寄せ明治維新を迎えた。

(中野　幡能)

うさみろくじりょう　宇佐弥勒寺領　⇨弥勒寺領《みろくじりょう》

うしがはらのしょう　牛原荘　越前国大野郡の荘園。現在の福井県大野市付近。醍醐寺領。応徳三年(一〇八六)国守源高実が荒地二百余町の地をト《ぼく》して寺家に施入したものとも、あるいは本主東大寺五師忠範が下司職を留保したまま右大臣源顕房の沙汰として寄進したものともいわれるが明らかでない。いずれにしても同二年白河中宮藤原賢子の立願によって建立された円光院の経済的基盤のために、そのころ寺領として立荘されたことは間違いない。円光院は元海以後座主の直接支配する院家となり、したがって牛原荘も中世末まで一貫して座主の直領として存続した。はじめ見作田二十五町にすぎなかった同荘も、元海のころには南・北・庄林・中夾四荘に分かれ総面積四百六十余町に及び、年貢のほか恒例臨時の寺家の行事、兵士役などの夫役を提供して醍醐寺経済を支える有力荘園に発展した。鎌倉時代初頭二階堂行政が地頭に任ぜられ、承久の乱後は当時の地頭が従類百余人を率いて入部するなど、寺家側と激しい抗争をくり返した。このころ同荘は丁・井野部・中夾・庄林の四郷よりなり、鎌倉時代末期井野部一郷からの年貢運上銭は二百五十三貫文を数えた。室町時代に入ると、代々の将軍からの安堵も空しく次第に

知行は不安定となり、特に応仁前後から守護斯波氏や朝倉氏らの侵略を免れることは不可能となり、半済や守護請が行われ、兵粮米の徴収が寺家の収入を低下させた。寺側は給主を通じ収益の確保につとめたが、戦国時代には全く有名無実化した。（笠松　宏至）

うしのごう　牛野郷　尾張国中島郡の荘園。現在の愛知県一宮市牛野通の地。国衙領に属し、文和二年(一三五三)以前、領家・地頭間に下地中分が成立している。領家として右大臣家(文和二年近衛道嗣)、三位殿などの名が知られるが、醍醐寺が知行国主となったのち、応永九年(一四〇二)守護斯波氏は斎藤某を給人として入部させ押妨している。一方地頭職は貞治元年(一三六二)荒尾泰隆が妙興寺に売り、寺家はこの鎌倉街道に沿う交通至便の地に市場を開設した。このほか熱田社も何らかの職をこの郷にもっていた。（新井喜久夫）

うしまきのしょう　牛牧荘　長門国阿武郡の荘園。現在の山口県萩市椿東の中津江、椿の沖原付近。阿武川口の三角洲の空閑地を牛の放牧に利用したのが荘園化したもの。建武三年(一三三六)四月十一日、足利尊氏が同国府中の忌宮神社に寄進した(『長門忌宮神社文書』)が、荘内見久新田を先宮司代官らが濫妨するを以て、翌年二月三日幕府は守護厚東武実に令し、これを止めさせた(同)。その後も武家の横暴やまず、ことに見島氏は城郭を構えて濫妨するので、同五年(暦応元)九月四日重ねて守護厚東武実に令し、これを止め下地を大宮司国道に交付させた(同)。『師守記』貞和三年(一三四七)十二月二十八日条に「今日自㆓長門牛牧荘㆒牛四頭到来」とみえる。また文明十一年(一四七九)三月五日には、同荘見久新田が同地春日宮大般若経田に寄進されて居る(『忌宮神社祠官吉屋氏文書』)。のちの川島荘は当荘の一部である。（川副　博）

うすいごう　碓氷郷　筑前国嘉麻郡に置かれた古代の郷。現在の福岡県嘉穂郡碓井町臼井付近。朱鳥元年(六八六)天武天皇により筑紫観世音寺造営のための封戸郷として施入されたが、造営完成後もひき続いて寺領化し、十一世紀初頭、散在した封田を一円化し、併せて国司入部を拒否する荘園となった。以後観世音寺の支配が続いたが、平安時代末期、同寺が東大寺末寺となるに及んで漸次東大寺の支配下に入り、南北朝時代ごろまで年貢運上が続いた。（恵良　宏）

うすきのしょう　臼杵荘　豊後国海部郡の荘園。現在の大分県臼杵市一帯。海部郡丹生郷から臼杵荘と丹生荘が成立。立荘年次・成立事情などは不明。領家は九条家、のち一条家。臼杵戸次荘ともあるが一般に別荘とする。面積二百町歩。治承・寿永の乱に臼杵惟隆が活躍。のち北条氏・大友氏が地頭職となる。永享七年(一四三五)伊予国の河野通教が室町幕府から恩補された。のち、大友親繁・政親が住み、永禄五年(一五六二)宗麟の丹生島城移遷で臼杵が発展。荘名は慶長ごろまでみえる。（渡辺　澄夫）

うずくまりだ　うずくまり田　検注帳に登録記載されていない田、隠田の一種と考えられる。管見の限り建治元年(一二七五)十月二十八日紀伊国阿弖河荘百姓仮名書言上状に見られるのみである(『鎌倉遺文』一六巻一二〇七六号)。隠田のうち、伏田は荘園領主側による検注の際に発見された隠田で、伏料と称する米銭を支払うことで免租にしてもらった荘園領主公認の隠田であったとされる。これに対して、うずくまり田は地頭と百姓の相論において問題となり、荘園領主の関与はうかがわれない。このため荘園領主の検注から洩れた隠田を地頭が発見し、伏料のごとき何らかの見逃し料を取り立てて存在を黙認していた田をうずくまり田と称したのであろうと思われる。
→隠田《おんでん》・出田《しゅつでん》（福眞　睦城）

うすなのしょう　少名荘　越前国足羽郡の荘園。現在の福井市東部地区の寮を中心とした地域であろう。大同三年(八〇八)左右馬寮の用として越前の地七十余町が充てられた。所在地は不詳だが、この半分の左馬寮分が少名荘田と推定される。『延喜式』左右馬寮では「越前国少名庄」に「ウスナ」と傍訓を付し、荘田数「卅五町八段二百九十六歩、(佃十町)」とする。これは左馬寮で、右馬寮分は「越前国桑岡・尾箕両庄卅五町八段二百九十六歩、(佃八町)」とし、両荘田あわせて七十余町となる。またこの荘田については、「毎年依㆑件営種、自余皆収㆓地子㆒、以充㆓秣料及雑用㆒」としており、一種の官営田として、その地子が左右馬寮の秣料と雑用に充てられたと考えられる。その後の推移は不明だが、左右馬寮に所属したことから、寮が地名となって、現在に残ったのであろう。（楠瀬　勝）

うずみひ　埋樋　地中に埋設した用排水の樋。「うめとい」とも訓む。『百姓往来』に「水損旱損之手当者池留井、河筋者堤を築、筧《かけひ》・埋樋《うめとひ》・圦《いり》・土手・堰《かわよけ》・齟齬《くひちがい》・関《せき》板《いた》・羽口《はぐち》・柵《しがらみ》迄、逐一目論見帳を以、年々村方之物入、可分別者也」とみえる。中世後期の太良荘では地震による地形変化で排水できなくなった下水を、隣荘今富荘の用水路の下に埋樋を設置して大河(北川)に落とすことにしたが、水損をおそれた今富荘がその埋樋の口を塞いだ。このため太良荘に水が溜まり、太良・今富の両荘は寛正の初めから相論を開始した。寛正二年(一四六一)六月日東寺雑掌申状案に「依寺領埋樋、今富大堤幷田地損失云々」「埋樋違乱濫觴事」(東寺百合文書ハ五〇—五九)、『地方凡例録』九に「埋樋竪樋　竪横を尺八樋とも云」「樋頭溜池の方に而、竪樋内法八九寸四方、埋樋に仕込、埋樋は土中横に成、竪樋ハ竪に成、竪樋に三四寸程之穴四ツ五ツ明け」とある。なお、中世・近世には上水道としても利用された。『太平記』巻第六に「如何様南の山の奥より、地の底に樋を伏、城中へ水を懸入るる歟と覚候」、『紀侯言行録』中に「江戸之赤坂中屋敷へ玉川の水を埋樋ニ而、取廻されけるニ、水おもふ様ニ不来」とみえる。（新井　孝重）

うだがわのしょう　宇多河荘　伯耆国汗入郡にあった荘園。現在の鳥取県西伯郡淀江町。仁安三年(一一六八)が荘園名の初見。もとは心豪という僧の私有地であり、保元年間にこの地が日吉社に寄進されたことで荘園として確立したとされている。元久二年(一二〇五)には鎌倉幕府より京都大原の来迎院が地頭職を得ているが、その後の史料によれば当荘は宇田川東荘と上荘、下荘とに分かれている。このうち、東荘は当初は平親範(法名円智)の私領であり、その後親範より宣陽門院(後白河院皇女)に寄進されたと思しく、鎌倉時代の史料には同門院領として見えている。一方、上荘は山内首藤氏が地頭職を獲得し、文永七年(一二七〇)には鎌倉幕府より安堵を受けている。また下荘は山門が知行していたようである。その後室町時代に入ると伯耆守護山名氏によって「宇多河」が大山寺に寄進されたことが知られるが、その後の当荘の状況は明らかではない。　(山田　康弘)

うだのしょう　宇多荘　和泉国和泉郡の荘園。所在地は『和泉志』に、和泉郡の宇多大津・忠岡・板原・下馬瀬の四村を宇田荘と呼ぶとあり、今の大阪府泉大津市南部および泉北郡忠岡町の地域で、大津川の河口にあたり、泉大津市に「宇多」の地名を残している。安元二年(一一七六)の『八条院領目録』に庁分御荘の中に和泉国宇多勅旨とみえ、鳥羽天皇皇女八条院暲子の所領であった。建仁元年(一二〇一)『後鳥羽院熊野御幸記』の十月六日条に、上皇の一行が大泉荘と宇多荘に泊ったことがみえ、注に八条院姫宮とあり、八条院の猶子となった後鳥羽院皇女春華門院昇子に伝えられたことが知られる。春華門院没後、順徳天皇に伝えられ、承久の乱後一時幕府に没収され、承久三年(一二二一)後高倉院守貞親王に返され、のちに大覚寺統に伝えられた。徳治元年(一三〇六)の『昭慶門院御領目録』には庁分として「和泉国宇多荘」と記されているから、このころまでは厖大な八条院領の一部として伝領されていたことが知られる。『大乗院寺社雑事記』文明十一年(一四七九)五月十三日条に、一乗院家御領注文の中に和泉国報恩講料所として宇多荘が記されているから、室町時代には一乗院に伝領されたものと思われる。　(岡田　隆夫)

うちこし　打越　鎌倉時代の境相論で、訴人(原告)の訴えに理のない事が判明したとき、当事者の請求がなくとも、訴訟で得ようとした土地と同じ面積の所領を、幕府は訴人から割き取り、論人(被告)に引き渡した。その土地をいう。境打越。また所領の境界を越えて土地を横領することをいう場合もある。嘉元三年(一三〇五)閏十二月十二日関東下知状「次打越事、積論所分限、可被打渡也」(朽木文書『鎌倉遺文』二九巻二二四四三号)。嘉暦二年(一三二七)閏九月二十八日鎮西御教書「薩摩国石上村堺打越事、被裁許如性訖、守下知状可打渡由」(入来院家文書『鎌倉遺文』三八巻三〇〇二三号)。文保元年(一三一七)六月七日関東下知状「源三郎屋敷　除打越地定」(天野文書『鎌倉遺文』三四巻二六二二六号)。各地に地名としても存在。陸奥国苅田郡の「うちこし在家」(晴宗公采地下賜録)、加賀国の「超勝寺下　前打越下」(『天文日記』天文二十一年(一五五二)十一月四日条)、豊後国大野郡の「緒方庄打越名鳥越村」(現緒方町越生字城山元亀二年(一五七一)初夏二十三日の紀年を持つ六地蔵幢銘)、肥後国宇土郡の「打越」(応永十一年郡浦庄地検帳、阿蘇家文書)などがある。山を越えた所。地形上の「鞍部」の意。　(新井　孝重)

うちさく　内作　中世荘園領主の直営地の請負耕作のこと。「うちつくり」ともいう。転じてのち在地領主や名主の直営田・名田の一部を、その隷属農民が請作することも意味した。荘園の佃《つくだ》の場合は内作佃と呼び(『建長四年大和国楊本荘検注帳』)、内作佃から名田に転化した名《みょう》として内作名がある。南北朝時代の東寺領の丹波国大山荘では、七番の番にそれぞれ一段ずつの内作があり、一般に斗代は高い(七斗四升ないし一石四斗五升)が、公事免除でしかも上田が多かったから、番頭・名主に対する一種の給田的な性格をもつ。加賀国軽海郷では名主自身がさらにその隷属小農民に耕作させ、播種から刈入れまでの耕作過程を監視下において収奪するといった点で、請作人側の占有耕作権は弱かった。　(島田　次郎)

うちさくつくだ　内作佃　興福寺大乗院領大和国楊本荘でみられる佃。楊本荘は惣田数百一町余、除田二十九町余、定田畠七十二町余であって、四十名で構成されていた。定田畠のうち佃五町五段余があるが、四種類の佃のうち「内作佃」一町四段(斗代一石四斗五升)は、預所名とみられる七名に各々二段ずつ割り当てられている。内作佃は預所名内に含まれており、預所がその給名に中に設定し、耕作者の割り付けもおこなった私的な佃であると考えられている。荘官などに私的な領有、経営が認められた田地を内作(うちさく・うちつくり)と称するが、内はイエの内を意味し、この場合、預所の私的佃である性格を表示している。　(田村　憲美)

うちさくみょう　内作名　興福寺大乗院領大和国楊本荘において公事名二十七名の内、内作佃《うちさくつくだ》二段ずつを割り付けられた七名を内作名と呼んでいる。内作佃が均等に配分されているにも関わらず、内作佃と並んで四色佃と称される本佃・新所佃・堀河佃などの領主佃は全く設定されていない。荘官などに私的な領有、経営が認められた田地を内作(うちさく・うちつくり)と称するが、内はイエの内を意味し、領主佃が設定されていないことは、楊本荘の内作名が預所の私的管理下におかれた名田であることを示唆している。　(田村　憲美)

うちはらごう　内原郷　紀伊国日高郡の郷名。『和名類聚抄』に「内厚」と記せるは「内原」の誤りである。郡の西北の端に位置し、現在の和歌山県日高郡日高町がほぼその地域を占める。郷の中央を北から南に西川が貫流し、下流に日高平野が展開する。後世の高家荘はこの郷の内である。　(平山　行三)

うちまき　散米　⇩さんまい

うちまきのしょう　内牧荘　美濃国厚見郡の荘園。現在の岐阜市付近。仁和寺大教院領市橋荘内六ヵ郷の一つとして内牧郷とも内牧村ともみえている。この内牧荘は市橋荘の西境に位置していたため、永治元年(一一四一)に厚見郡八条九里・十里の田地および本在家敷地合わせて十二町五段の地の帰属をめぐる西隣の東大寺領茜部荘との間の相論にまき込まれた。東大寺側がこの地はもと内牧荘と川を隔てており、ここの在家人が河東の内牧の畠へ出作していたのであり、市橋荘はそれを由緒として出作人の居住地をも内牧荘分として割き取ったと主張するのに対し、市橋荘側は先年の洪水で境としていた友河が市橋荘の中心を流通するようになり、このため一部が河西になってしまったのだからその地は本来内牧荘の地であると反論した。相論は市橋荘に有利に展開したと思われるが明確なことは不明。この内牧荘は右馬権頭領とみえ、また承安元年(一一七一)には某が別符郷とともに内牧郷を「たく女」に譲っている。この人たちが領家または預所であろう。　(新井喜久夫)

うつほのしょう　内保荘　伊賀国阿拝郡の荘園。現在の三重県阿山郡阿山町内保。東大寺領。北杣(玉滝杣)五箇荘の一つで、天平勝宝元年(七四九)東大寺に勅施入された玉滝杣の杣工が内保村に出作して寺領化した。国衙側から昌泰二年(八九九)には玉滝荘・内保荘の墾田十町一段三百三十六歩を注進し、久安五年(一一四九)には寺領内保村がみえ、養和元年(一一八一)には内保村から十五石の封米を東大寺に納入している。建保四年(一二一六)には伊賀国留守所から内保村見作田十一町に対して十五石四斗の野宮屋々材木用途料米が課されており、平安時代—鎌倉時代初期の見作田は十一町ほどであったと思われる。荘田は正応三年(一二九〇)に貞宗名がみえ、また元応二年(一三二〇)には武延名がみえているから、名体制に編成されていたことが判明する。そして一旦事が起った場合は、玉滝・湯船・鞆田・槇山の諸荘とともに連合してこれにあたる一味約諾をなしており、文保元年(一三一七)信楽住人が当荘に乱入した際、東大寺は五箇荘一同して排除すべきことを命じている。南北朝時代に入ると、貞和二年(一三四六)ごろから当荘にも服部持法を首領とする北伊賀悪党が乱入し、他の諸荘と同様東大寺の支配は次第にゆらいでいった。康暦二年(一三八〇)に、内保荘談義供料の一部分を学侶に下行しているが、地下所務の実は全くあがっていない。　(小泉宜右)

うつみのしょう　内海荘　尾張国知多郡の荘園。現在の愛知県知多郡南知多町内海の海沿いの地域。皇室領。その北方にあった野間荘とともに野間・内海荘として保延六年(一一四〇)立券、田畠百五十七町五段余。安楽寿院領として、康治二年(一一四三)官使不入および諸国役免除の特権を得た。寄進主は長田荘司忠致の一族か。のち、八条院領に含まれ、嘉元四年(一三〇六)の目録に列記されるが、支配の実態は不詳。一方、建久二年(一一九一)以降、長講堂領目録にもあげられ、調度品・仏事用途および兵士役を負担、鎌倉時代中期以後は糸と絹を納める。応永二十年(一四一三)ころより野間荘と分離されたらしく、当荘は室町幕府の将軍近習畠山貞清の知行下におかれた。長禄・寛正のころ、相国寺塔頭大智院領として見えるが、同院のもつ廻船公事徴収権は、智多郡守護一色一族の被官らにより、すでに失われつつあった。　(上村喜久子)

うとくせん　有徳銭　室町時代に有徳人と呼ばれる富裕者に課せられた臨時税。有得銭とも書く。長禄・寛正ごろより文明年間(一四六九—八七)に多く見られる。興福寺・延暦寺などが恒例臨時の仏・神事やその他の費用として寺領荘園の有徳人に賦課したが、今川・山名・細川ら守護クラスの武家もまたその分国内に課徴した。賦課額は富裕の度合いによって差等があり、上・中・下の三段に分ける場合もあった。有徳銭の源流は鎌倉時代末期にあり、東大寺領伊賀国黒田荘で嘉元二年(一三〇四)に有得借米と称する富裕税が見られるが、同荘で正和三年(一三一四)有得御幸銭の課税があり、米の借用という原初的形態から銭貨の賦課という室町期的、一般的形態への変化がすでにうかがわれる。文明年中より後には変質して個人単位から郷を単位に賦課するようになる。また土豪が恣意的に強制賦課するに至り、奈良その他の都市の富民は集中的にその対象となった。有徳銭は単に徳銭ともいい、あるいは有福ともいわれることがあった。　(金本正之)

うとくにん　有徳人　富裕者の意。有得人とも書き、有徳の人・徳人・得人などともいう。中世から近世まで用いられた語であるが、文献に数多くみえるようになるのは鎌倉時代後期からである。『沙石集』に、鎌倉の「町ノ局」という「聞ヱシ得人」(巻二)や「酤酒家ノ徳人ノ尼」(巻六)、「山寺ニ有得ノ房主」(巻七)などの話がみえるように、ふつう有徳人といわれたのは非農業的、非領主的な富裕者であり、身分もそのころ凡下といわれた商人・借上・土倉・山僧・酒屋などであった。いわば荘園の代官、地主的名主、商人、金融業者、貿易業者など、当時荘園制社会のなかにようやく活発化してきた貨幣経済とともに現われた階層である。有徳の徳=得も、荘園制的収取をあらわす「得分」の得に通じるものと解しうる。『太平記』三に「馬物具ヲ捨タル事、足ノ蹈所モ無リケレハ、東条一郡ノ者共ハ、俄ニ徳附テソ見タリケル」とある例に見るように、徳=得は、どちらかといえば資財・銭貨・米穀など動産的富を指す。しかも「徳附ク」という用語法が示すように、成金=拝金的な世相をも反映している。『徒然草』二一七段に、ある「大福長者」の言葉として「人は万《よろず》をさしおきて、ひたぶるに徳をつくべきなり、まづしくては生けるかひなし、とめるのみを人とす」とあるのもそれである。しかし他方、有徳人が社寺などへ莫大な寄進をした話も数多く伝えられ、『康富記』

文安四年(一四四七)六月十八日条に、「商売之徳人」であった京都の地下人が夢想の告げによって、六角堂本堂の造営のために千二百貫文という大金を献じたことを記しているように、室町時代にはいっそうその例が多い。有徳人はとかく貪慾冷酷とみられたために、現世利益または滅罪・懺悔の意味でかえって宗教的な意識をもったり、そういう説話が伝えられたりしたのである。有徳人のこのような非領主的、庶民的な致富の側面は、やがて近世の上方町人にひきつがれたから、仮名草子や浮世草子などにも有徳人という語やその話をのこすことになった。
（黒田 俊雄）

うにごう 有弐郷　伊勢国多気郡にあった古代の郷。現在の三重県多気郡明和町有爾の付近。『和名類聚抄』にみえ、「宇爾」とよんでいる。郷内の有爾村に神宮の土師御器長がおり、由貴の御饌に供える土器を製造していた。『皇太神宮儀式帳』では孝徳天皇の時まで郷内鳥墓《とつか》村に神《かん》庤《だち》があったと伝えている。郷内には鳥墓のほか池上《いけべ》・土《と》羽《ば》・野中・田中の村があった。
（西垣 晴次）

うね 畝　畠を耕起した後に、作物を植えつけるために一定間隔で列状に土を盛り上げた部分。「畦」とも書く。畝をつくることによる利点としては、以下の点があげられる。㈠畝間の溝に余分な水分が流れ落ち、土壌の水分が適当な状態に保たれる。㈡根の発育に適した膨軟な土壌が厚く確保される。㈢日光や風をうける面積が広いため、水分蒸発が盛んになる。㈣施肥が容易に行える。
（清水 克行）

うね 壟　田畠のなかにあって、微高地として耕作放棄されている地目。「リョウ」「ロウ」とも読む。八世紀の弘福寺領讃岐国山田郡田図、永久五年(一一一七)十二月の秦安元田地去状、文治五年(一一八九)三月の春日社領垂水西牧榎坂郷田畠取帳(摂津国垂水荘)、十三世紀の大和国添下郡京北班田図などにみえる。垂水荘においては、河川の氾濫によって生じたものとされ、十三世紀以降、同地が「浜」とよばれるようになることから、「壟」は国衙の検注によって採用されていた名称と考えられている。
（清水 克行）

うねのしょう 有年荘　播磨国赤穂郡内の荘園。現在の兵庫県赤穂市有年。『朝野群載』所載の長和四年(一〇一五)の播磨国符によれば、そのころ太皇太后宮大夫藤原公任の家領で、代代相伝とあるから、祖父小野宮実頼の代あたりから小野宮流の家領となっていたのであろう。このとき同荘の総検校・検校・別当・預・専当など荘司八人、寄人四十一人が臨時雑役を免除されている。鎌倉時代には建長五年(一二五三)の『近衛家所領目録』にその名がみえ、また南北朝時代から室町時代中期にかけては実相院門跡領となっているが、戦国時代には全く武士に侵された。
（水野恭一郎）

うねののまき 畝野牧　能勢川が猪名川に合流する摂津国河辺郡畦野《うねの》(現兵庫県川西市)を中心とした諸国牧の一つ。大同三年(八〇八)牧馬が逸出して民の稼業を損害するとの理由で、当牧は廃止されたが、その実体は失われず、多田源氏が武士団として発展する基盤の一つをなしたのではないかと考えられている。その後は荘園化されたらしく、『勝尾寺文書』に畝野荘とみえ、十五世紀半ばには多田院と堺相論をしている。
（福留 照尚）

うねめしりょう 采女司領　令制宮内省の被管で、采女らを管掌する采女司の所領。元慶五年(八八一)の諸司要劇田設置にあたり、采女司は山城国で八町四段余の官田を給され、官人らの要劇ならびに番上粮料に充てたが、別に采女の衣食の料に充てる采女養田の制があり、『延喜式』では采女を貢する郡ごとに養田三町を置くと定めた。のちには采女養料を国役として諸国より進済させるようになり、長享二年(一四八八)には越前以下十五ヵ国、延徳三年(一四九一)には但馬以下十七ヵ国に下命され(『宣秀御教書案』)、永正十一年(一五一四)の『頼継卿記』には、摂津以下七ヵ国が千疋宛の進済を命ぜられたことがみえる。また『元長卿記』付載の文明十四年(一四八二)の御教書案には、山城国紀伊郡上鳥羽郷采女田および同国采女司領久世村のことがみえ、永正十三年の『守光公記』にも「采女知行」たる播磨国飾磨郡英賀荘(兵庫県姫路市英賀付近)のことがみえるが、古代の要劇田ないし養田との関係は詳らかでない。
（橋本 義彦）

うねめでん 采女田　采女の資養のために置いた田。采《うね》女肩巾田《めのひれた》・采女養田ともいう。改新の詔では、百戸をもって采女一人の粮に充てる規定があるが、『大宝令』以前すでに采女肩巾田が置かれていた。『大宝令』では廃止されたが、慶雲二年(七〇五)四月復活した。もと輸租田であったが、『延喜式』の制では不輸租田、ただし未授の間は輸地子田であった。すなわち采女を貢する郡に養田三町を置き、郡司主帳以上をして作らせ、獲稲から佃料(耕作料)および運賃などを差し引き、残余を舂米または運びやすい軽物にかえてその主に送納させた。延喜十四年(九一四)八月の官符によると、諸国に無主采女田(闕采女田)四十八町があったが、これは寛平九年(八九七)采女の定員が改訂され、旧来の定員が国により減廃されたため、その分が受田者の死闕後賃租されたものである。采女田は後世なお存続し、室町時代にも山城紀伊郡上鳥羽などに存在した。
（磯貝 正義）

うののみくりや 宇野御厨　肥前国松浦郡におかれた御厨。宇野御厨の名の出ている最古の史料は、『石志文書』康和四年(一一〇二)八月の源久所領譲状であるが、この御厨は大宰府の御厨であった可能性が高いが、これを確認できる史料は残っていない。またその成立年代も不明である。御厨という地名は現在長崎県松浦市の一部(もと北松浦郡御厨町)に残っているが、平安時代末から鎌倉時代にかけての文書によって、宇野御厨荘と呼ばれるようになったころの領域を推定すると、東は今の佐賀県伊万里市から伊万里湾内福島などの島嶼以西、北は大島をはじめ平戸その他の島嶼を含む長崎県北松浦郡の大部分に

わたり、西南五島列島に及ぶ広い地域を占めている。正応五年（一二九二）『肥前国河上宮造営用途支配惣田数注文』には、宇野御厨荘三百町と記され、地域の広さに比べて田地の占める割合は少ない。この地方は平安時代末期以降、松浦党の本拠であったことは周知のとおりである。（三好不二雄）

うまあしまい　馬足米　関料（津料）の一種。「馬足課役」「馬足役」（臨川寺文書）、「馬足」（書写山文書）ともいう。主に港津において、年貢米や商売物を陸揚げし駄馬に積み替える際に徴収された。積み替えられる駄馬の頭数を基準にして徴収されたことから、その名がつけられたと考えられ、津料の徴収方法を彷彿させる名称である。（清水　克行）

うまかいりょう　馬飼料　中世荘園における公事の一種。荘内の農民が荘園領主や地頭のために馬を飼育する代りに、米その他の現物や貨幣などを納める場合をいったものと考えられる。紀伊国阿氏川《あてがわ》荘においては、荘民は領家の馬一匹を飼育する義務があったが、地頭方についてはその先例はなかった。しかしながら地頭が預所代を兼ねるようになってから、馬飼料四升が徴収されるようになったので、同荘の百姓らは建治元年（一二七五）五月、この地頭の非法の停止を求める訴えを起している（『高野山文書』五）。また石清水八幡宮領の淡路国鳥飼荘の弘安元年（一二七八）十二月八日の雑掌法橋明舜と地頭藤原富綱の和与状によれば、いくつかの地頭の非法とともに、馬飼料の徴収が停止されている（『石清水文書』一）。（上島　有）

うまりょうでん　右馬寮田　左右の馬寮のうち、右馬寮が独自の運営財源を得るために有した官衙領（諸司田）の一つで、他の官衙領と同様に職員の生活給に充てられたほか、秣料などの馬の飼育費用等に消費された。諸司田の中では比較的早くから設けられたもので、大同三年（八〇八）に左馬寮に水田二百四十七町余と陸田十七町余が与えられたのと同様に右馬寮にも水田二百四十五町余と陸田十七町余が施入されたのが初見である（『類聚三代格』巻一五、大同三年十月十三日格）。その後、十世紀までにさらに増加し、『延喜式』巻四八によると、大和国の京南荘・鼠栗栖荘、越前国の桑岡荘・尾箕荘、信濃国の田地百八十四町余、播磨国の田地一町が右馬寮領として見えるほか、勅旨牧である摂津国の鳥養牧、為奈野牧、豊島牧がその所管となっていた。これらは当時、右馬寮を領家とする荘園としての性格が濃厚であった。（牛山　佳幸）

うめづのしょう　梅津荘　山城国葛野郡の荘園。現在の京都市右京区梅津段町。梅津惟隆の開発。十三代の後裔尼真理が本家職を摂関家に寄進。永久元年（一一一三）には藤原忠実領中に見え、のち近衛家領。真理は嘉応元年（一一六九）荘内に長福寺（天台宗）を建て、先祖奉造の尊像を安置、梅津荘領の新荘田・上荘田・深草名計九町三段余を寄進して供僧進止とし、検田使の収公を禁止した。この寺田耕作の田堵は、六段半～一町六段余の田地請作の負名で、五人は本家方万雑事免除、うち四人は長福寺湯役をつとめ、一人は掃除役を勤仕し、その他毎月四ヵ日人別一度の掃除と万雑事を勤める規定であった。十二世紀段階の田堵（負名）のあり方を示す一資料である。鎌倉時代末期に寺領・所領の争いがつづくが、暦応二年（延元四、一三三九）下司清景が寺を再興、花園院の信任ある大幢国師（月林道皎、臨済宗）を招じ総領主職を寄進したため荘務は長福寺に帰した。花園院は当寺に臨幸し勅願所とした。荘名は室町時代まで見える。（渡辺　澄夫）

うめどい　埋樋　⇨埋樋《うめひ》

うらさく　裏作　⇨二毛作《にもうさく》

うらとね　浦刀禰　古代末から中世に、浦人の長として、浦・浜・津・泊を統轄・管理した者の職名。元来、在地の刀禰は九世紀ごろから令制の郷長の機能低下に伴い、村人の集団を代表し、その慣行を保証・主張するとともに、検察も行う一種の村役人として、畿内を中心に広く現われる。しかし農村部の刀禰の多くが田畠の管理と結びつき、名主・荘官となるのに対し、田畠との結合の少ない浦・津や山野などの刀禰は平安時代末期までその機能を失わず、それ自体、所職となり、中世を通じて補任の対象となった。北陸・山陰道の海辺（越中・能登・越前・若狭・丹後など）、大坂湾・紀伊水道・伊勢海に面する国々（和泉・摂津・紀伊・土佐・伊勢など）の浦に見出される。給田若干を与えられて年貢・公事沙汰の責任を負う荘官的性格をもつ反面、網漁業の指揮者＝村君を兼ねるなど共同体の長としての性格が強い。鎌倉時代後期以降はほぼ世襲。近世初期まで職名は残り、それを姓とする家も少なくない。（網野　善彦）

うらのちょうじゃ　浦長者　浦人を統轄する長。永暦元年（一一六〇）の日吉社領とみられる近江国某御厩住人等解に、社司とともに所役を催す浦長者がみえ（京都大学所蔵『兵範記』仁安三年正月巻裏文書）、建保二年（一二一四）大津東浦の長者丸が日吉神人と韓崎で闘諍《とうじょう》している（『天台座主記』）。鎌倉時代末期、越前国坪江下郷の三国湊・阿古江にみえる長者は、浦長者ないし宿長者であった可能性がある。そうじて平安時代後期以降、宿駅・港湾・山野浦浜などに現われる長者は、非農業民集団を統轄する長という点で、刀禰に近似しているが、長者はより私的な性格の強い称号で、浦刀禰が所職となったのに比べると、所職になることはまれである。和泉国和田氏の相伝した上条惣長者職、河内国水走氏の相伝した以南惣長者職は、長者が所職となった例であるが、直ちにそれを浦長者であったとはいえない。（網野　善彦）

うら・はま　浦・浜　一般的に湖海が屈曲し陸地に入りこんでいるところを浦、屈曲がなく湖海に接する平地を浜という。律令制下では浦・浜の排他的占有は禁じられ、公私共利とされた。現実にそこで漁業・製塩に携わる人々の定着性自体がまだ不安定だったのである。八世紀以

降、王臣寺社は浦・浜を占取領有し、非農業的生産の場および水上交通の拠点として、その経済体系に組み入れ始め、貞観寺領備後国深津荘浜六町、東大寺領播磨国赤穂荘塩浜五十町余、延暦寺領若狭国志積浦などが九・十世紀に見出される。しかしそこで生産に従事する人々に対する支配は、浦・浜の領有とは別で、東大寺領摂津国長渚浜を拠点として、鴨社供祭人が漁業を行うようなこともありえた。これは、一応その根拠は定まったとはいえ、生産者の定着度がなお弱かったことによるものと思われる。十一世紀半ばには、浦・浜の生産者の本拠である家屋は、国衙や荘園領主から在家として掌握され、そこに開かれたわずかな田畠を含め、公式の所領の単位としての浦・浜が成立する。それは荘・郷・保の内部の単位としてだけでなく、保・名と並ぶ独立した行政単位として大田文に記載されることもあった。特に塩浜は丈量されて売買・譲与の対象となり、伊予国弓削島のように所当官物が賦課された場合もある。鎌倉時代前期、浦・浜は生産者の移動により無主の荒浦となることもまだあったが、反面新たな浦・浜の開発も進行し、鎌倉時代後期以降は、定着した生産者の生産の場、ないしそれを前提とする在地領主の支配の対象として安定する。地先の水面も占有の対象とされ、そこに確定した漁場の使用秩序も定まり、塩木山の浦の成員への分割も進行する。塩浜が田畠・塩木山とともに名に編成された弓削島のような場合も見出されるようになった。しかし一方では、塩業・漁業・舟運業などの分化が浦・浜の内部で進行し、南北朝・室町時代になると、それぞれの浦・浜自体が、製塩村・漁村・港町に分化し始める。戦国時代、浦・浜の人々は大名によって水軍や海上輸送に水手として動員され、また貿易船の担い手となったが、浦・浜のなかには、和泉の堺浦、若狭の小浜のように都市として確立してゆくものもあった。しかし近世初頭、特に豊臣秀吉の文禄・慶長の役を契機に漁民に対する課役として水主役が設定されると、その負担の有無によって、浦方・浜方と村方・地方とが区別されるようになる。地先漁場での漁業権は浦方・浜方のみに認められ、たとえ同じ村内でも、地方はそこから排除されたのである。こうして浦・浜はその分業上の機能を公認されたが、反面それが権力によって固定され、鎖国によって、漁業の発展も、港湾としての役割も、著しく制約された。江戸時代中期以降、地方・村方の漁業への進出などにより、この固定した情況も次第に崩れ、幕藩体制の崩壊、明治政府の成立とともに、浦・浜は制度上、一般の村と特に区別されることはなくなった。

（網野　善彦）

うりきしん　売寄進　中世における土地所職の移動形態の一種。鎌倉時代末期ごろから、同一人物が同一物件に関して同年月日付の売券と寄進状をあわせ作成している例が往々存在する。これが売寄進である。従来売寄進は、鎌倉幕府による永仁五年（一二九七）の徳政令発布以後、その適用を免れるため、売券と同時に寄進状をも作成し、実際には売却しながら表面は寄進をよそおったものであると理解されて来た。しかし、売寄進には別に単独の文書で「永代売寄進申下地之事」と書いたものや、「半分寄進分、半分売地也」と明記してあるものもみられ、さらには室町幕府がたび重なる徳政令において通常売寄進地を除外例とした事実があるが、かような場合には右の理解を適用すると矛盾を生ずる。結局、売寄進は本来ある物件についての一部売却・一部寄進という行為を指すものと考えられ、徳政令発布以後は、これを徳政忌避手段とする場合も生ずるに至ったものと思われる。

（須磨　千穎）

うりゅうののべっぷ　瓜生野別符　日向国宮崎郡内の別符。現在の宮崎市瓜生野地区。『宇佐大鏡』によれば、この瓜生野と同じく宮崎郡内の大墓別符は、大宮司公順の私領であり、妻の惟宗氏がこれを伝領し、源平内乱期に大宮司であった宇佐公通が養孫としてこれを継承したことが明らかにされている。宇佐宮の賦課の対象となる起請田は五十町であったが、長承の目録では、定田九十町七段と記され、建久八年（一一九七）の日向国図田帳（島津家文書『鎌倉遺文』二巻九二三号）では田積百町であった。図田帳では、弁済使貞吉とあり、大墓別符と同人で、東国御家人は配されていなかった。南北朝期には、別符内に臨済宗の金剛寺が建立され、金剛寺文書が今に伝えられている。室町期以降別符の名は史料上見えなくなるが、天正期には、島津氏の知将として知られる上井覚兼がこの地を領し、瓜生野八幡宮の祭礼などに関わっていたことが知られる。

（海老澤　衷）

うりゆずり　売譲　中世における土地所職の移動形態の一種である。鎌倉幕府が著名な永仁の徳政令を発布した直後の永仁五年（一二九七）六月二十三日、野部友吉なる人物が、山城国紀伊郡佐井佐里二十五坪所在の私領田地一段を藤原氏女に売却した際の売券が『東寺百合文書』ヒの中にのこっているが、これには別に同年月日付の譲状がそえられており、その奥書に「関東御徳政間、譲状幷売券二通ニ給内也」と記されている。かように、同一物件について売券と譲状が同時に作成される場合、これを売譲と称するのである。右の例によれば、売譲は実際には売却であって、譲状は単に徳政を避ける手段として添付されたにすぎず、それ以外に何らの実効は持たないものと考えられる。しかし、売譲を常に徳政忌避手段とのみ理解するのは疑問で、類似の行為である売寄進と同様、一般的にはむしろ徳政と無関係な一部売却・一部譲渡の行為を意味するとした方が妥当であろう。

（須磨　千穎）

うるうづきやく　閏月役　荘園領主の計画的な年間公事収取組織における閏月分の公事・夫役。荘園領主は年貢以外に、公私生活に必要な一切の万雑事を徴するため、荘園・名・番を単位として、日別・月別・季別に割りつけ、年中間断なく収取する組織を作った。中断が許され

ないから、閏年に閏月役が生じた。閏年は農民にとっては、一ヵ月分の公事・夫役が加重されたことになる。興福寺大乗院重色御領六十四荘や長講堂領などが典型的例である。（渡辺　澄夫）

うれしのしょう　宇礼志荘　河内国錦部郡にあった荘園。現在の大阪府富田林市嬉付近。興福寺大乗院領。初見は、仁平二年(一一五二)と推定される七月六日「右少弁藤原資長書状」(『平安遺文』六巻二七五九号)。弘長三年(一二六三)十二月日の所当注文から当荘の面積・課役などの全容が明らかになる(『鎌倉遺文』一二巻九〇三四号)。それによれば、田畠荒熟三十九町八段半三十六歩、うち除分十五町三段小十七歩、定得田畠二十四町五段二十歩で、課役として年貢米、大豆・麦代衣服銭の他、領家分雑事、大乗院の宿直、御寺役、預所得分、定使得分、検田畠雑事などの負担がみえる。除分として寺社免田があるが、荘内か近隣の寺社であろう。除分のうち給田からは、当庄に預所・下司・公文・職事が設置されていたことが窺える。南北朝期、文中三年(一三七四)には長慶天皇綸旨により当庄の公文職甘南国幸跡が観心寺に与えられている。室町期、大乗院門跡尋尊による『三箇院家抄』の「雑務年中調達」のうちに当荘の役負担がみえる。（堀　祥岳）

うわのしょう　宇和荘　伊予国宇和郡の荘園。現在の東宇和郡・宇和島市・北宇和郡を中心に、八幡浜市や津島町域にも及んだと思われる。鎌倉末期の段階で三百一町六段三百歩、室町期の諸史料から荘内には、永長・立間・三間・久枝・成藤・須智・黒土・板道間・来村・津島三ヵの各郷の存在が認められ、永長郷に荘政所が設置されていたとみられる。成立については諸説あるが、初見は寛喜三年(一二三一)三月二十七日の将軍家政所下文案。正安四年(一三〇二)八月には後高倉院法華堂領であり、領家職は西園寺家が保有していた。皇室領となったのは、後高倉院の没した貞応二年(一二二三)五月十四日以前か。西園寺家が領家職を手に入れたきっかけは、承久の乱での功績を上申した西園寺公経の運動であろう。鎌倉末期には西園寺家は、荘内の土豪層を所務雑掌に任命して当荘を経営したらしい。地頭職については鎌倉期に、一分地頭職を橘薩摩氏が保持していたことがわかる。南北朝期にはいると、西園寺家の分裂などという事態が発生するが、室町期には本宗家が荘務権を掌握した。その後伊予西園寺氏内で代官職を巡る紛争が起こっている。荘名は天正九年(一五八一)まで確認できる。（櫻井　彦）

うわばた　上葉畠　桑畠か。仁平元年(一一五一)若狭国太良荘に「上葉田畠」がみえ、以後、鎌倉・南北朝時代を通じ、同荘および同国名田荘、前河荘、西津荘多烏・汲部浦、但馬国下鶴井荘、同国小佐郷などに現われる。太良荘の上葉畠は「往古より上葉を弁進し来った」畠といわれ、鎌倉時代後期、預所と百姓の間でその帰属が争われており、南北朝時代には上葉畠地子を領家に銭納している。多烏・汲部浦でも鎌倉時代末期に「上葉分」が代銭納されている。また名田荘田村の各名には桑畠が付属しているが、一方で各名は「上葉八両」のような負担を負っており、鎌倉時代中期以後、それは上葉畠からの上葉銭・上葉用途として銭納されている。前河荘では「上葉綿」が納められた。他方、桑葉を畠地子とともに弁進した例は、寛治三年(一〇八九)筑前国把岐荘にみられ、鎌倉時代後期の若狭国御賀尾浦でも、養蚕の際の桑の帰属が地頭代と百姓の間で争われている。以上の諸例から、上葉畠は上葉＝桑葉や綿を弁進する負担を負った桑畠と推定される。（網野　善彦）

うんじょう　運上　荘園制下で運上とは、年貢を中央領主などに、運送して貢納することをいう。納入者と受領者の間にある程度の空間距離の存在を前提としており、したがって地頭などの現地領主への納入などには、あまり使用しない。本来は課税の意を含まない語である。（新城　常三）

うんののしょう　海野荘　信濃国小県郡の荘園。近衛家領。現在の長野県小県郡東部町本海野を本郷として、東部町の大半から上田市へまたがる地域。平安時代立荘。海野の地名は『和名類聚抄』の「童女《をむな》郷」、『日本霊異記』の「嬢《をむな》里」の訛であるといわれる。文治二年(一一八六)の乃貢未済庄々注文(『吾妻鏡』同年三月十二日条)に「殿下御領」とみえ、建長五年(一二五三)の『近衛家所領目録』に「庄務本所進退所々」として載せられている。地頭は滋野系海野氏で、寛元元年(一二四三)滋野光氏が同荘内田中郷地頭職を子経氏に譲ったのを初見として、所領譲渡に関する史料が多い。この荘におこった海野氏は源平時代から活躍し、木曾義仲に属したが、のち鎌倉御家人となった。鎌倉時代には一族の禰津氏をはじめ滋野氏の大部分が諏訪明神を氏神とする神党になった。戦国時代に勃興した真田氏は海野氏の支流であり、その氏神白鳥神社は、海野氏の鎮守であった。（小林計一郎）

え

えいこう 永荒 ⇩荒田《こうでん》

えいさくて 永作手 ⇩作手《さくて》

えいしゅりょう 営種料 田地を耕作するために必要な種子やその他の費用のこと。一例として、『延喜式』巻二二民部上によれば、山城・大和・河内・和泉・摂津の畿内五ヵ国の官田は、穫稲町別五百束(和泉国は四百束)に対して営種料は町別百五十束(和泉国は百二十束)との規定が見える。この場合は収穫の三割に当たる分が種子代に充てられていたことを示している。 (牛山 佳幸)

えいたいうり 永代売 日本中世における売買の一形態。文字通りに取れば永久に売る売却という意味であるが、現在の売却とはやや趣を異にしていた。日本においては、古代以来、現在のような所有権の完全な移動を意味する売却は存在せず、常に売主の買い戻しを前提としていた。永代売の「永代」も「永遠」ではなく、「年期を限っていない」程度の意味であり、「いつかは取り戻せる」売却であった。時代が進むにしたがって現代のような売却も行われるようになったが、あくまで本銭返し・年季売などの条件付き売買が基本であり、本来の持ち主の土地に対する権利は、一貫して強固なものであった。このような観念は、中世に特有の現象である徳政・地発《じおこし》の背景をなしていたと共に、近世における質地騒動にまでつながっていた。 (村井 祐樹)

えいだか 永高 中世末期、貫高つまり領主の諸賦課基準高の銭貨(貫文)による標識を、特に永楽銭の価値を標準として表示する、東国地方だけでひろくみられた慣行。戦国時代の銭貨、とりわけ永楽銭の通用状況には著しい地域差があり、東海(濃・尾・勢)地域を交錯地域とし、西国では、永楽銭は超精銭たる「古銭」に対して、一〇～三〇%の割合で用いられる悪銭にすぎない。しかし東国では、戦国大名の領国経済圏の形成に照応しつつ、永楽銭が超精銭として顕現し、諸他の銭貨の鐚銭化を随伴しながら、単に通貨たるにとどまらず、現実の通用とはむしろ乖離《かいり》した、銭貨の抽象的規準標識とされるような傾向を強め、特に領主層の所領支配の雑多な内容を永楽銭を規準として統轄表示する、永高(永盛・永別)慣行を生むに至ったと推察される。弘治二年(一五五六)下総結城氏の示す「永楽かた一銭」統一政策、永禄七年(一五六四)北条氏の「二銭取引」令などの撰銭政策は、永高形成と連関を内にもつであろう。天正五年(一五七七)武蔵の北条氏検地では「九拾弐貫七百六文定納、此永楽四拾六貫三百五十三文」というように、永高の二倍の定納貫高が計量され、同十二年遠江の徳川領の年貢勘定は「永楽・以上百九拾九貫九百七十文、鐚・以上八百壱貫五百八十五文」と、基準永高の四倍の鐚銭で収納され、慶長三年(一五九八)下総香取社領では懸銭賦課が「永楽十貫文に弐百七十文つゝ之算用」と、永高基準で行われ、同七年会津蒲生領でも所領の永高表示が認められる。しかし『地方凡例録』の「貫高・永高ハ悉く訳違ひたることなれども、後世に至りてハ相紛れ」という、永高と貫高の関係についての説の当否はなお明確ではない。徳川幕府は永楽銭のこうした機能を、慶長九年正月条令を以て公定(永一貫文＝鐚四貫文)し、同十三年十二月永楽銭通用の停止を令したが、その基準性は失われず、永高・永銭勘定などの慣行はなお石高制下にも残存した。 (藤木 久志)

えいち 永地 本来は永代にわたって保有、用益できる土地という意味の語で、土地売券の上に「定二永地一、沽却」というような形でみえるものである。史料上の初見は康保三年(九六六)五月十日の志摩国答志郡少領島実雄治田売券で、語それ自体は、以後、中世を通じて使われている。しかし鎌倉時代になると、「又於二此田地等一、云二質券一、云二永地一、不レ売レ之」(嘉元三年(一三〇五)三月二十四日、大中臣重房田地売券)といわれていることからわかるように、質券による土地売買などとは区別された、土地の永代売買そのものを指すようになる。共同体的な土地用益の形が崩れて、私的土地所有が形成されつつある時期に、その土地が売買の対象たりうる私有地であることを明示するために、「永地と定める」という手続きが必要になったのだと考えられる。また永地と同じような意味で、永地より早くから使われていたものに、常地、常土という語がある。「常」は、常に変わらぬこと、不変を意味する語であるから、常地、常土も用益者および用益の状態が変わらない土地、つまり共同体的な用益の対象下にない土地のことであるが、これは「常地売二与誰某一」「売二与常地誰某一」というように、売買行為を修飾する形で使われることが多い。つまり常地売買とでもいうような土地売買の一つの形態(のちの永代売買に相当する)があったのである。「定二永地一」という行為は、そのような土地売買の事実上の存在を前提として、その対象たりうる土地を何らかの方法で認定しようとしたときに、発生したのであろう。なお永地を長地と表記している例があり、「ながち」と読んだことが分かる。 (大石 直正)

えいちがえし 永地返 永代売買が行われた土地を本主に戻すこと、すなわち徳政のことである。「高野山文書」嘉元三年(一三〇五)三月二十四日、大中臣重房田地売券(『鎌倉遺文』二九巻二二一四二号)の担保文言に、「若有質券・永地返沙汰、又付番頭違乱出来時者、付子々孫々、可致本直銭沙汰」とある。質券返・永地返の沙汰などがあった場合は、子孫が本直銭を弁償する、という意味である。質券・永地は土地売買の一つの形で、永地はもとは永代にわたって保有できる土地を意味し、その売買は

「定永地、沽却」などと表記されたが、転じて永代売買そのものを指すようになった。永地返はそれをひっくりかえすこと、すなわちその永代売買がなかった状態に戻すことである。引用史料の場合は、売主の子孫が本直銭を払って、土地を取り戻すことになる。なお永地を「長地」と表記することがあり、「ながち」と訓んだものと思われるので、永地返も「ながちがえし」と訓んだ可能性がある。（大石　直正）

えいでん　営田　一般的には土地を耕営すること、またその土地のことをいい、大化のころにすでに用例がみえるが、九世紀初頭以後国家が国費で農民を使役して直接に開発経営にあたる公営田、民間で私費を投じて同様な経営を行う私営田が顕著になると、むしろそれの通称になった。公営田には官田と公田の別があり、官田にはさらに国営田と省営田があった。一方、私営田は王臣勢家や国郡司らの営むかなり大規模のものから富農の営む小規模のものまであったが、いずれも水利・労働用具・役畜・種子・営料などを準備し、経営者みずからが労働編成と監督を行う直営方式で、全穫稲を収取する経営形態をとっていた。編成される労働力は功食支給による周辺農民の雇傭労働力であったが、営田の規模が大きければ大きいほど雇傭労働への依存度は高くなり、多量の営料が必要となるわけで、公営田の場合は正税稲で賄われたが、私営田の場合は経営者の蓄稲が大きな比重を占めることになり、ここに私出挙が営田と密接な関連を持つ理由がある。またこの私営田経営を補強するものとして、農民の未進調庸を経営者が私物で代輸し、後にその利を倍にして収取するという一種の私出挙活動のみえることに注目される。こうした農民が重要な営田労働力として存在したことは見逃しえない。承和九年（八四二）に大宰府から訴えられた前豊後介中井王の私営田は著名であるが、これに見られるように、経営者が私宅を構えて経営にあたるとか、また営田が諸所に散在する場合には、国郡司や有力農民を動員して経営監督にあたらせるといった場合もあった。この方式はすでに富裕農民が在地において小規模ながら行なっていた方式を採用したもので、公営田経営に際しても、功食支給の額や方式は私営田のそれが参考とされている。しかし、この直営方式は耕作農民の成長、耕地に対する私有権の強化に伴って、次第に困難となり、やがて農民の請作方式にと変化していった。荘園内の佃はその残滓との見解がある。→公営田《くえいでん》（亀田　隆之）

えいにんのとくせいれい　永仁の徳政令　永仁五年（一二九七）三月、御家人所領の売買・質入れおよびそれに関連する事項について、鎌倉幕府の発した一連の法令。のちに関東御徳政法などと呼ばれた。その内容は、㈠今後御家人所領の売買・質入れを禁止する、㈡すでに売買・質流れとなった所領は無償で本主に返還させる、㈢ただし買得安堵状を下付されたもの、および年紀を超過した所領は㈡から除外する、㈣非御家人や侍身分以下の者の買得地については㈢を適用しない、㈤債務の不履行を含む一般の債権債務に関する訴訟を受理しない、㈥越訴制を廃止する、の六項であるが、㈢・㈣は㈡の細則（のちに若干の規定が追加される）で、骨子は㈠・㈡・㈤・㈥の四点。中でも㈡が社会的に大きな影響を与えたところから、わが国最初の徳政令として古くから注目されてきた。しかし法の内容からすれば、全くの新法ではない。㈠については、『御成敗式目』以来長い曲折を経ながらも、文永四年（一二六七）恩領・私領の別なく売買・質入れを禁止した先行法令があり、㈡についても文永十年には質券地、弘安八年（一二八五）ごろには売買地に対する無償取戻し令が立法されている。さらに㈤は永仁二年の部分的越訴禁止の強化にすぎない。このように永仁の徳政令を個別的に見れば、それぞれ先行法令があり、また立法趣旨からいえば御家人制を権力の主要な基礎においた鎌倉幕府が、御家人制のもつ集団的閉鎖性の故に必然的にとらざるを得ず、また事実くり返してきた、御家人所領保護政策の一例にすぎないと見ることもできるが、一連の立法の全体的な効果、ことにそれの社会的、経済的影響力には先行法令と同日に論じがたいものがある。立法直後の四月早くも常陸の留守所が本法を適用し、六月には山城で徳政忌避のために売券と同時に譲状が作成される等々、たちまち全国的に影響があらわれ、幕府末期に至るまで徳政令の適用をめぐる多数の史料が伝わっている。また「たとえ天下一同の徳政が行われてもこの売買には適用されない」という意味の、いわゆる徳政担保文言も永仁の徳政後の売券にはじめて現われ、かつ急速に拡まって、やがて売券の一つの慣用句となるのである。永仁の徳政令が鎌倉幕府の立法史上・政策史上に占める位置、幕府の衰亡との関連性など、今後改めて検討すべき問題は少なくないが、ここには考慮を要する次の二点を示すにとどめる。㈠法文はあくまで御家人所領のみをその対象としているにもかかわらず、実際には御家人の関与しない質券・売買地にまで法の効力が波及している事実。㈡この法の効力が長い持続性をもった事実。従来永仁の徳政令は翌六年二月「廃止」されたと説かれることが多いが、六年令は売買・質入れ禁止令の撤廃、越訴制の復活を宣言したにすぎず、永仁五年以前の売買・質入れ地の無償取りもどしは六年令によって再確認されたといってよい。幕府の判決によって取りもどしが実現されるのは大半が六年以後に属する。このように徳政令をめぐる裁判が長期にわたって行われたこと自体、一つの社会的効果を与えたことが考えられる。最後に御家人所領問題とは一見無縁にみえる越訴の廃止が徳政諸法の一つとして立法された理由も明らかではないが、専制化を志向する得宗（北条氏嫡統）権力にとって越訴は一つの障害であり、かねてその廃止を企図していたが、徳政令という御家人保護法とのだき合わせによって一挙にその実現を期したのではないか、とする説も行われている。（笠松　宏至）

えいへいじりょう　永平寺領　福井県吉田郡永平寺町志比にある曹洞宗の本山永平寺の所領。永平寺は最勝光院領越前志比荘にあり、鎌倉から南北朝時代にかけ、同荘の地頭波多野氏の庇護をうけて寺辺に若干の所領を持っていたにすぎなかった。ところが室町時代中期以後に瑩山派の人々が同寺に入寺するころから寺運が隆盛となり、所領も増加していったと思われる。しかし、たびたびの火災で関係文書を焼失したためその実態は明らかでない。こののち、天文十四年（一五四五）十月、朝倉孝景が志比荘下郷の闕所中十貫文分の地を、ついで天正十三年（一五八五）閏八月、羽柴（堀）秀政が寺領四十石および寺辺の田地三町余を寄進している。さらに寛文元年（一六六一）九月、福井藩主松平光通が寺領の市野村二十石に三十石を加え五十石とし、また延宝四年（一六七六）三月、松平昌親がさらに二十石を加えて七十石とした。しかし、『和漢三才図会』によると、寺領二百四十石とみえている。明治三十五年（一九〇二）、田畠二十余町、山林五十町の払い下げをうけたが、昭和二十二年（一九四七）の農地改革で田畠の多くを失った。（今枝　愛真）

えいりょう　営料　古代において公私田の別なく労働力を使役して、土地を開発経営する際の必要経費をいう。したがって、種子（種籾）・佃功（賃金）・食料などの総計が営料にあたる。国家の経営する土地の場合、営料は正税から支出されたが、その額は一段当り稲十束から十二束ほどであった。しかし土地の性格・種類などによっては上記以外のものが営料に含まれることもあった。たとえば弘仁十四年（八二三）に、大宰府管内に実施された公営田の場合は、設置事情も関係して右の諸項目のほか修理官舎池溝料や耕作にあたった農民の調庸料まで含まれた。民間の場合に営料を充分準備できるのは寺社や中央貴族など階層的に限られたため、農民は営料不足で可耕地を放置することもあった。国家はこれに対し収穫時に返納することを条件として正税を貸与した。それはまた国家の勧農政策のあらわれであった。仁寿二年（八五二）の太政官符はこのことを示している。（亀田　隆之）

えいりょうち　永領地　永代売買された領地、すなわち知行地のこと。永地という語があり、もとは永代にわたって保有できる土地を意味したが、転じて鎌倉時代には土地の永代売買を意味するようになった。その土地を領地に限定した語が永領地である。嘉吉元年（一四四一）の徳政令（室町幕府追加法二一三～二二一条）に「一　永領地事／任元亨例、過廿箇年者、銭主可領知、至未満者、可被返付本主、但為凡下輩者、不依年紀、領主可相計之」とある。永代売買された知行地に、徳政令をどのように適用すべきか述べた条項である。本銭返地、年紀沽却地、質券地については別に条項があり、無条件で本主に返すことになっている。永領地がこれに対して知行年紀法の保護を受けているのは、それが領地すなわち凡下輩以外の知行地だったからに他ならない。（大石　直正）

えがしらつねはる　江頭恒治　一九〇〇—七八　経済史。滋賀大学教授。明治三十三年（一九〇〇）十月七日、佐賀県杵島郡佐留志村（現、江北町）に生まれる。佐賀県立小城中学校、佐賀高等学校文科乙類を経て、昭和二年（一九二七）、京都帝国大学経済学部卒業。同大学院入学。同四年、大阪府立浪速高等学校講師。六年、大阪府立岸和田中学校講師。八年、日本経済史研究所所員。十年、彦根高等商業学校講師。十三年、昭和高等商業学校講師。十四年、満洲国立建国大学助教授。十五年、同教授。二十年、満洲国解体とともに同自然解任。二十二年、彦根経済専門学校教授。「日本荘園経済史論」により京都帝国大学から経済学博士の学位を取得。二十四年、滋賀大学教授。二十六年、同経済学部長。四十一年、滋賀大学教授を定年退官。同名誉教授。京都産業大学経済学部教授。『近江商人中井家の研究』により日本学士院賞。四十六年、同退職。昭和五十三年（一九七八）十月五日没、七十七歳。『高野山領荘園の研究』（有斐閣、昭和十三年）、『日本荘園経済史論』（有斐閣、同十七年）等、戦前の荘園史研究に多くの業績を残した。（瀬野精一郎）

えがのまき　会賀牧　河内国志紀郡と丹比郡に広がっていた牧。現在の大阪府羽曳野市・藤井寺市・松原市をふくむ地域。牧の名は、大和川が石川と合流する地点にあって著名な古代の餌香市（会賀市）や、仲哀・応神・允恭などの天皇陵が恵我長野西陵・恵我藻伏岡陵・恵我長野北陵などと「恵我」を冠して称されていることから、この地方一帯の古い「エガ」という呼び方に由来したものと思われる。仁平二年（一一五二）、冷泉院領であったといい、勅旨牧として成立したのではないかと推測される。同年、会賀牧住人らが牧の権威をかり醍醐寺領田畠に出作しながら所当年貢を未進している。観応元年（一三五〇）にも同牧住人藤井光文らが東金堂領荘田に乱暴を加えたことがあり、同牧住人らが近隣の荘園に出作していたことがわかる。寛正元年（一四六〇）ごろ、会賀牧の一部は西園寺家領であり、その収納分五貫文が家宰黒原周景に給分として与えられており、この周景は法隆寺領松原荘内にあった公領会賀牧の年貢銭十五貫文・年貢米五石の徴収を請け負っていた。（三浦　圭一）

えきでん　易田　地味が悪いため一年おきに耕作し休耕中に地力を回復せねばならぬ田。「片荒《かたあらし》」ともいわれた。制度的には中国の影響を見ることができる。『漢書』食貨志には一年休耕する田を一易の中田、二年休耕する田を再易の下田というとあり、朝鮮でも中国の影響を受け高麗以前から制度化されていたことが知られる。日本では『養老令』の規定によると口分田として班給の場合、良田の倍額の四段を与え租は二段分を徴収するとあるが、『延喜式』主税では不輪租田とされている。易田は野地・荒地の開墾熟田化の過程で登場して来たものと考えられ、灌漑用水の不足により旱災に遭いやすいこと、消耗した地力回復のため休耕を人為的にせねばならないことなどが発生条件としてあげられるが、これらは用水施設の整

備と集約的利用や施肥・深耕の一般化により克服されるものであった。しかし弘仁十二年(八二一)六月の官符や天長四年(八二七)六月の官符によると畿内にかなりの易田の存在が知られ、その克服は困難であったことが窺われる。むしろその克服は田堵・名主層の耕地安定化への努力により、上述の技術的解決を通して次第に行われ、易田の熟田化を生んでいったと理解されている。

(亀田　隆之)

えしょます　会所枡　大和興福寺とその鎮守の春日大社で、鎌倉時代中頃から仏餉米や供料米などの仏事用途を配分したり、支払ったりする際に用いられ始めた枡で、春日神社文書建保二年(一二一四)三月二十二日興福寺返抄(『鎌倉遺文』四巻二〇九四号)に見えるのが早い例である。これは一般に領主が収納後の年貢米を消費・支出する際に用いる、いわゆる下行枡(相節升)の一つで、室町時代頃になると、興福寺でそれまで使われていた長講枡(七合枡)に取って代わり、同寺内における基準的な下行枡としての地位を確立した。語源は興福寺の四目代の一つで、維摩会以下の諸会式の設営とそれらに必要な供料の下行を担当した、会所の目代が専らこれを保管し、使用したことに由来している。　→長器《ちょうき》

(牛山　佳幸)

えず　絵図　⇩地図《ちず》

えだごう　枝郷　⇩本郷《もとごう》・枝郷《えだごう》

えだむら　枝村　⇩本郷《もとごう》・枝郷《えだごう》

えちのしょう　愛智荘　近江国愛智郡の荘園。現在の滋賀県愛知郡愛知川町付近。東大寺領荘園。天平勝宝元年(七四九)、元興寺三論衆が伊賀に墾田を買得した事実がある。当時元興寺は各寺院に住した三論衆(教団)の中心であったが、この墾田買得の財源となったのは、半年ほど前、五大寺に勅施入された経論転読料であったと思われる。数年後、元興寺三論衆(宗)は同じ財源によって、近江愛智郡内に墾田を買得し集積し始めたらしいが、この集積活動は九世紀に入ってからもしきりに続けられた。このころ、東大寺三論宗も同じ郡内に元興寺三論宗領と隣接ないし入り組んだ場所に墾田を求め、集積活動を行なっていた。ここが東大寺封戸のおかれた大国郷・薮郷にあったためでもあろうが、大安寺三論宗も隣接地に墾田を持ったかと思われるので、三論教団が共同して共通の場所に所領を求めたと見るべきか。貞観十八年(八七六)には佃二町、地子田十町よりなる東大寺領愛智荘が確認されるが、十世紀中ごろの史料にみえる東大寺領大国荘はその後身であろう。さらに一世紀後の史料に大国寺領田とあるのが、やはり同じとすれば、この地に建てられたらしい大国寺の管する東大寺領となったかと臆測される。九世紀初めの元興寺三論宗領の規模が東大寺のそれより大きかったことは確実で、国判をうけ国図に登載され、十一世紀中ごろまで大きな変化をうけることなく存続した。延久三年(一〇七一)以降、それまで元興寺およびその他諸寺の三論宗教団のなかから選んで任じられた三論長者が東大寺東南院院主に固定し、これに伴って元興寺三論供家領愛智荘は事実上東大寺領となる。このとき、大国荘がそのなかに包摂されたかどうか明らかでない。その後、国図は法的証拠力を失って行ったようで、荘域の変動があったり国衙の収公があったりして経営は安定しなかったが、十二世紀半ば過ぎまで東大寺領として存続したことが確認できる。しかし鎌倉時代に入ると不知行となったらしい。愛智荘関係史料は平安時代初期の律令村落を考えるのに重要であるばかりでなく、末期の国衙の支配と畠地子の発生の事情などを考えるにも恰好である。なお、依智荘と記されることもある。　→大《おお》国荘《くにのしょう》

(弥永　貞三)

　円成寺領は宇多天皇の勅施入と伝えられ、官省符による免除をうけていたが、永久五年(一一一七)国司の公役賦課を訴えた。この寺は平安時代末以後、遅くとも元弘三年(一三三三)までには仁和寺の末寺となっており、その所領も仁和寺の支配下に入った。康暦二年(一三八〇)、同荘の系譜を引く「愛智円城寺」は、土貢の半分を留保のうえ、東寺に寄付された。また、日吉社領愛智荘は、元応元年(一三一九)の日吉社領注進状に愛智下荘、康正二年(一四五六)の「造内裏段銭并国役引付」に愛智上荘とあり、上下に分かれていた。

(玉井　力)

えどのしょう　江戸荘　武蔵国豊島郡の荘園。現在の東京都千代田区麴町付近といわれている。中世の史料にはその名が明らかでないが、鎌倉時代初期には桓武平氏秩父流の江戸重長が荘官であったと思われる。秩父流一族の畠山・小山田・稲毛・河越などの諸氏は武蔵国内で荘官をつとめその地名を称している。また、江戸重長は幕初より武蔵国の諸雑事を沙汰するなど武蔵国の御家人として活躍しており、江戸氏は江戸荘を本拠として発展したとおもわれる。

(八幡　義信)

えとみのしょう　榎富荘　越前国坂井郡にあった荘園。現在の福井県坂井郡春江町江留。寿永三年(一一八四)後白河上皇は、院領であった同荘を粟田宮に寄進している(『平安遺文』一〇巻補一四八号)。また、鎌倉初期、同荘は後白河上皇の娘殷富門院領であり、領家は民部卿御局で、乳母夫の外記入道が預所となり、さらにその定使藤内太郎が同荘からの収入をもとに借上などで私欲を貯えたという記事がある(『鎌倉遺文』三巻一六四〇号)。南北朝期以降、同荘は上荘・中荘・下荘に三分割された。上荘の預所の一部は、康応元年(一三八九)大徳寺塔頭如意庵に寄進されており、また、上荘幸禅名は京都北野神社領であった。中荘半分は大覚寺領となり、応永二十六年(一四一九)以降、預所職は在地の曹洞宗寺院竜沢寺に売却された。さらに、長禄二年(一四五八)寺領目録によれば、上荘・中荘・下荘に散在して、いくつかの名が在地寺院称念寺・光明院寺領ともなっていることがわかる。

(錦　昭江)

えなのみその　衣奈御園　紀伊国海部郡の荘園。現在の

和歌山県日高郡由良町衣奈の地。この地は古代の海部《あまべ》の居住地で、大化改新後、国の西部海浜地帯を点綴してつくった海部郡に編入された。平安時代この地に衣奈御園があり、石清水八幡宮寺の荘園として五月五日の御供の和布《わかめ》などを奉仕した。延久四年(一〇七二)、後三条天皇が券契を調査し、あらためて寺領を認定した際には(いわゆる荘園整理)、「宇衣奈園」(水田四町六段)として領掌が認められた(延久四年九月五日太政官牒、『石清水文書』)。(平山　行三)

えなみのしょう　榎並荘　摂津国東生郡北部の荘園。旧大和川右岸で淀川との合流点に近い、現在の大阪市旭区・都島区・城東区一帯にわたる。規模は大きいが面積は不明。はじめ法隆寺領で、十一世紀の初め法隆寺はこれを売却し、のち藤原憲房、その子敦憲、ついで藤原基俊(中御門宗忠の叔父)の家領となり、基俊のあとは上荘・下荘の二つに分割された。下荘は基俊の嫡女へ、上荘はその次女へ伝領。のち上荘は再度東方・西方に分けられ二人の女子に伝えられた。十三世紀なかばの『近衛家所領目録』の中に「庄務無本所進退所々」の一つに「榎並上西方」、「庄務本所進退所々」に「榎並上東方」「同下庄」がみえている。京都から難波津への水路の要衝にあった関係か、多くの権門寺社に分割されて伝領されたが(『水左記』承暦四年(一〇八〇)六月二十五日条)、いったん近衛家領に包摂され、その後南北朝時代には春日社領となり、応仁・文明の乱前後では、榎並上荘半分と同下荘東西両方は北野社領となっている。(島田　次郎)

えびと　江人　鵜飼・網引とならんで宮廷に供御の贄を貢納した品部。令には宮内省大膳職のもとに雑供戸があり、『令義解』は「謂、鵜飼、江人、網引等之類」とし、『令集解』には「釈云、別記云、鵜飼卅七戸、江人八十七戸、網引百五十戸、右三色人等、経レ年毎レ丁役、為二品部一、免二調雑徭一」とある。江人とは、鵜(鸕)によって魚を捕える鵜養、さて網・地曳網などの網を用いて魚をとる網引に対し、おそらく梁・筌などをもって魚をとるものを指すのであろう。平安時代には、江人は江長と贄戸があり、徭丁をあてるよう変化したが、『延喜式』では、内膳司のもとに、「山城・河内・摂津・和泉等国」の「江網曳御厨」があり、「所レ請徭丁、江卅人、網曳五十人」と記されている。やはり徭丁をあてたが、江・網曳の区分は存在している。上記各国の江人は御厨の供御人で、雑供戸の後身である。『新撰姓氏録』に、「江首江人附」があり、彦八井耳命の後とするのは、品部たる江人の統率者の氏であろう。(平野　邦雄)

えまのしょう　江馬荘　伊豆国田方郡依馬郷の地が荘園となったもの。現在の静岡県田方郡伊豆長岡町北江間・南江間。元弘三年(一三三三)以前から那智山尊勝院が領家職を有し、同院護摩供料とされていた。南北朝時代に領家職に関して紛争があったが、貞和元年(一三四五)に至り紛争は尊勝院泰済の勝利に終った。この時代に足利氏は伊豆国利生塔(修禅寺に設けられた)領として江馬荘の年貢の一部分を寄進したが、地頭寺岡但馬権守が未進したので、足利直義は年貢の銭二百貫に当る下地を割いて寺に与えるため、観応二年(一三五一)に関東管領足利基氏に指令を発している。なおこの地は鎌倉時代には北条氏が伊豆国における重要な所領として地頭職を有していたと思われる。ちなみに北条義時は江間小四郎と称し、その孫に江馬光時がいる。おそらく北条氏滅亡後地頭職は足利氏に与えられ、ついでその被官寺岡氏に与えられたのであろう。(石田　祐一)

えまのそま　江馬杣　伊勢国多気郡の宮川上流の大杉谷のあたりにあった伊勢神宮の杣。現在の三重県多気郡宮川村江馬。絵馬杣とも書く。式年遷宮の用材は、内宮は神路山、外宮は高倉・高神山の御杣山から出したが、用材の不足により寛仁三年(一〇一九)の内宮の遷宮では志摩国答志郡を、さらに文永五年(一二六八)の外宮の遷宮には同国度会郡阿曾山を用いた。江馬杣は嘉元二年(一三〇四)の内宮の仮殿遷宮、式年遷宮から神路山に代わって用いられ、元亨三年(一三二三)・元徳二年(一三三〇)の遷宮の用材も同様であった。暦応三年(一三四〇)、南北朝の動乱により江馬杣が南朝側におさえられたため、三河国設楽山を杣山とした。以後、杣山は美濃山となったが、天文十年(一五四一)の外宮仮殿遷宮から再び江馬杣が杣山となった。元禄二年(一六八九)までの遷宮用材は江馬・大杉山からとられたが、宝永六年(一七〇九)から木曾山(美濃山)に代わった。この間、寛政元年(一七八九)の遷宮の時、大杉山を用いたのみで、以後現在まで木曾山の用材が用いられている。(西垣　晴次)

えもんふりょう　衛門府領　宮城を警護し、行幸に供奉することなどを職掌とする令制衛門府の所領。天平宝字元年(七五七)衛門府に八町九段余の射騎田を置いて官人の騎射練武の資に充てたが、衛門・衛士両府合併後の『延喜式』では、左右衛門府にそれぞれ十四町二段余の射田を与えて山城・近江・摂津三国に置き、別に勅旨蒭畠二十町を山城国に置くと定めた。保安元年(一一二〇)ごろのものとされる『摂津国租帳』に、左衛門府田として二町余、右衛門府田三町余を載せているのは、この射田の名残であろう。また元慶五年(八八一)の諸司要劇田設置にあたり、左右衛門府にも大和国で各二十六町五段余の官田を充てられたが、延久二年(一〇七〇)の『興福寺雑役免帳』に載せる左衛門府田七町余・右衛門府田三町一段余は、その後身の一部であろう。ついで平安時代末期には、大嘗会斎場に点定される例であった京都北郊の北野が、左衛門府領として同府の管理下にあったというが、この近辺にはほかに船岡や花園の左衛門府領、大嘗会野畠や柏野荘などの右衛門府領の存したことが鎌倉－室町時代の文書・記録に散見する。また文治五年(一一八九)以降室町時代に至る十数通の売券をもつ西京左衛門町田三段は、公役として段別三斗三升の年貢と五度の夫役を負担する左衛門府領である。『拾芥抄』の東西京図にも左

衛門府領一覧

左衛門府

所在国郡	名称	特徴	典拠
山城 右京	西京左衛門町田	右京三条坊門、西京極以東、沢と号す	東寺百合文書カ
葛野郡	(北野)	大嘗会斎場	兵範記
同	(船岡)	極楽寺敷地並びに芝築地名田を含む	海蔵院文書・和長卿記
同	(花園)	賀茂祭埒銭を徴す	和長卿記
愛宕郡	(八瀬・大原)	五月節日菖蒲御輿の用材及び賀茂祭埒銭を徴す	同
大和 十市郡等	左衛門府田	七町余が数郡に散在	興福寺雑役免帳
摂津 西成郡	左衛門府田	二町余	摂津国租帳

衛門府領

右衛門府

所在国郡	名称	特徴	典拠
山城 葛野郡	大嘗会野畠	千本朱雀通西方、府年預職領	新善光寺文書・伺事記録
同	柏野荘	柏野畠とも号す、府年預職領	仲光卿記・伺事記録
大和 十市郡等	右衛門府田	三町一段余が数郡に散在	興福寺雑役免帳
摂津 西成郡	右衛門府田	三町余	摂津国租帳

衛門府町十二町・右衛門府町三町を載せ、戦国時代西京右衛門府町は同府年預職領になっているが(『伺事記録』)、それらの多くは、上記左衛門府町田の例に近い状態であったと思われる。そのほか室町・戦国時代には、京都七口の関所を入る塩に対し、左衛門府が塩課役と称して関銭を徴し(『宣胤卿記』)、同じく塩合物に対して右衛門府が関銭を徴した(『伺事記録』)。また左衛門府が毎年五月節日に調進する内侍所の菖蒲御輿の用材を洛北八瀬・大原両所の府領より貢進させ、賀茂祭埒銭を上記両所および花園から徴したことも『和長卿記』にみえる。

(橋本 義彦)

えらびうま 択馬 平安時代中期、臨時に諸国勅旨牧に命じて、馬を択んで貢進させるもので、中央から択馬使が派遣される。十世紀ごろ、中央で所要の馬は、諸国の官牧および勅旨牧の貢馬でまかなわれたが、承平・天慶の乱後、東国の勅旨牧の貢進がとどこおると、天慶四年(九四一)官符を下して、国ごとに五十四の馬を択び、進めさせることとし、択信濃国御馬使として左馬少属佐々貴晴樹、択武蔵甲斐国御馬使として右馬少属櫟井直幹を派遣した。これらの使者は、それぞれの国の勅旨牧から、所定数の馬を貢上し、それらの馬は、繋飼御馬に准じて、左右馬寮に分けて飼わせられた。この処置は、先例に任せてとあるから、この以前にも、時々その例があったことが知られる。

(竹内 理三)

えりぜに 撰銭 「えりせん」・清撰・精選などともいう。奈良・平安時代、銭貨のうち文字不鮮明なものなどを選び嫌う者があった。この行為を択銭といったが、これが撰銭のはじめである。平安時代末以降中国銭が渡来し通用するようになると、私鋳銭や磨滅・破損した銭貨がふえたので、不良な銭貨(悪貨)を選びすて、替銭を要求する行為、すなわち撰銭が起り、特に室町時代になるとこれが激増した。当時の貨幣価値は、個々の貨幣の素材価値で維持されていたのであるから、これは損失防衛の当然の行為だったのである。しかし時代とともに商品流通が発展すると、精銭だけでは到底貨幣需要を満たすことはできなくなり、われ・かけ銭など最も価値の低劣な銭(鐚《びた》)を除く悪銭は、打歩《うちぶ》付きで精銭に混じて使用されるようになった。このような場合に適正な打歩を要求する行為も撰銭と呼ばれた。また時には銭貨の数量を検する行為も撰銭といった。市場では撰銭の基準が自然にでき上がっていたから、撰銭のために市場が混乱したことはないが、渡唐銭が嫌われるために明との貿易の利を阻害される室町幕府や、貢納に際し悪銭を多く納入しようとする領民から、なるべく多くの精銭をとりあげようとする戦国大名などにとって、民間で自由に撰銭が行われるのは望ましくなかった。そのために幕府や大名が撰銭を制限する撰銭令を出したが効力は乏しかった。江戸時代に入り寛永通宝が大量に流通するようになった後にようやく撰銭は消滅した。

(滝沢 武雄)

えりぜにれい 撰銭令 撰銭を制限する令。「せんせんれい」ともいう。室町幕府や戦国大名・社寺などの出したものが知られている。室町幕府が明応九年(一五〇〇)以後永禄十年(一五六七)までに発令したものを見ると、はじめは㈠選んで良い銭(京銭・うちひらめ・かけ銭など)と選んではならぬ銭(根本渡唐銭)とを明示した撰銭の制限、㈡悪銭売買の禁止、㈢罰則、を定めているが、のちには㈣渡唐銭の精銭に対する混入率を法定し、㈤悪銭を理由に、商売を拒否することと、物価を吊上げることの禁止を加えている。これらのうち㈠と㈣が中心であったが、戦国大名や社寺の場合もほぼこれと同様であった。ただ東国の結城・北条氏の場合は、特定の精銭(のちには永楽銭一銭となる)の使用を強制している点が西国と相違している。撰銭令が出されたのは、撰銭によって生じた障害を除いて、貨幣の円滑な流通を促進するためであったといわれている。たとえば甲斐国で撰銭のために連年銭貨不足であったのに対し、武田氏が『甲州法度之次第』第四十二条で、所定の悪銭以外の撰銭を禁じたのはその一例である。しかし『言継卿記』天文元年(一五三二)二月十二日条により、撰銭が行われても話合いで円滑に銭貨が授受されたことが知られるように、市場には自然に善悪銭の適正な比価が生じており、撰銭が必ずしも貨幣流通を混乱させるものではなかったと考えられるから、幕府などの撰銭令制定の意図は別なところにあったとしなければならない。そこで室町幕府の場合について見る

と、常に根本渡唐銭(洪武・永楽・宣徳銭)の価値を精銭同様に引き上げる、またはそれを一定の率で精銭に混じて使用させることを目指していることがわかる。これは撰銭令が貨幣流通量の増大をはかるためのものであると同時に、日明貿易の利益を財源とした幕府にとっては、根本渡唐銭の価値の引上げによる、その利益拡大のためのものでもあったことを示している。同様なことは戦国大名の撰銭令についてもいえる。大内氏は里銭・売買銭としては永楽・宣徳銭を選ぶことを禁止しながら、貢納にあたっては両銭の納入を百文中二十文に限定し、武田氏は一旦特定の銭を除く悪銭通用を命じながら五年後にはその令を廃し、結城・北条氏は精銭(悪銭中の上位のものを含む)のみの上納を命じている。つまり各氏とも貨幣流通の促進というよりは、精銭の大名への集中をはかっているのである。東福寺が貢納にあたり麁永楽・新銭・磨などを選ぶべしと規定しているのも全く同じ趣旨である。すなわち撰銭令はその発令者の利益を護るために撰銭を制限したものであるといえよう。これに対し在地領主や領民が抵抗したことも知られている。浅井氏・武田氏の場合を除き、撰銭令が十分な効果をあげられなかったのは、市場の慣習を無視した利己的な規定だったからである。なお浅井氏の場合成功したのは、近江における貨幣経済の発展が悪銭の流通を必要としたためであるといわれるが、同様な条件の京畿では失敗し、後進的な甲斐国では成功したことを見ると、単にその点だけを強調することはできない。発令者の権力の強弱が問われなければならない。また撰銭令には効果はあったが、その結果悪貨は良貨を駆逐するというグレシャムの法則が発動し、良貨が退蔵されてこの政策が失敗に終ったという説があり、この説の是非をめぐり激しい論争があったが、当時は貨幣不足の状態が続いており、悪貨は打歩をつけて流通しており、また精銭の場合でも貨幣価値は素材価値を下廻らなかったという理由で、今日ではほぼ否定されている。近世になり江戸幕府が永楽銭の使用を禁止し、特定の悪銭を除く銭貨の同価値使用を強制した後も、撰銭は衰えず、幕府は延宝二年(一六七四)まで数回にわたり撰銭令を出している。その効力は十分ではなかったが、寛永通宝が需要を満たすに至って、ようやく撰銭は行われなくなった。

(滝沢　武雄)

えりのおやごう　魞親郷　近江国野洲郡木浜郷の通称。現在の滋賀県守山市木浜町付近。堅田の対岸にある木浜郷は、中世末期以降、琵琶湖最大の魞漁業を行い、近世にはみずから魞親郷と称した。大魞八ヵ所、小魞三十ヵ所を許され、葭魞年貢米十七石余、魞役米二斗余を納めている。その魞は湖岸から一キロも沖手につき出し、対岸堅田の目前にまで迫り、琵琶湖の「諸浦親郷」といわれた堅田と、しばしば漁場相論を行なっている。魞の敷設権は明治以後もひきつがれた。

(網野　善彦)

えんがくじりょう　円覚寺領　神奈川県鎌倉市山ノ内に在る臨済宗円覚寺派の大本山円覚寺の所領。弘安五年(一二八二)十二月創建された円覚寺は、翌六年三月、尾張国富田荘が寄進されてから、次第に所領を増加していったが、南北朝時代に入ると、押領・濫妨によって、鎌倉時代のおもな所領は漸次縮小し、南北朝時代の終りごろまでにはほとんどなくなってしまう。一方、新たに寄進される所領もあるが、その規模は概して小さなものである。これは本山が単に儀式を行うだけの場所となり、塔頭の独立化がすすむからであろう。しかもその所領は越後・駿河をのぞき、関東に集中する。戦国時代の所領は明らかでないが、北条氏末期の所領高は、塔頭の分を含めて、百四十四貫ほどであった。豊臣秀吉は徳川家康に検地をさせ、当知行高をそのまま認めたからである。ただし家康は寺領を山ノ内と極楽寺に集中してしまった。天正十九年(一五九一)十一月の家康寄進状によれば、百四十四貫八百三十文である。こうして、明治の上地まで続いた。

(貫　達人)

えんぎのしょうえんせいり　延喜の荘園整理　延喜二年(九〇二)三月十二日・十三日、私的大土地所有に対する一連の法令(太政官符)が発せられた。その内容は、㈠勅旨田の設置を全面禁止する、㈡院宮王臣家が、課役を遁れようとする諸国の富豪・百姓から田宅を手に入れて彼らの私宅・私田とするのを禁止する、㈢院宮王臣家が百姓私宅を没収して荘家として稲穀物を蓄積し、官倉への納付に応じないのを禁止する(ただし㈡㈢については、相伝の荘家たること分明で国務の妨げとならないものは除く)、㈣院宮王臣家の山川藪沢占有を禁止する、㈤院宮王臣家および内膳司の臨時に立てた厨を停止する(ただし、元来内膳司の領する厨は除く)、以上から成っている。類似の禁令は九世紀以来個別に出されているにすぎず、この時点にこれら大土地所有に関する問題が一挙にまとまって法令化されたところに、古くから荘園整理令として取りあげられてきたゆえんがある。私的大土地所有全般にわたってこのような法令が出されるに至った原因としては、九世紀以来諸国の百姓・富豪の輩らが、律令制的公地公有体系の盲点をつきながら、彼らの私的土地所有(中世的土地所有の前駆形態)を確立しようとして、皇室・院宮王臣家・下級官司などと私的に結びつき、その保護のもとに既述㈠から㈤の禁止の対象となったような私的大土地所有を築いていったこと、その勢いは九世紀末には全面的な対策なしには律令的公地公有体系・収取体系を維持しえないまでになっていたこと、などがあげられる。かくて政府は、この法令によって、土地公有体系・収取体系の麻痺を建て直そうとめざしたのではあるが、政府の意図の如何にかかわらず、その結果は、律令制本来への復帰ではなく、土地所有体系の変質を前提とした編成がえであり、特に、㈡㈢㈤の例外規定が公的に承認されたことは、かえって以後の私的土地所有の荘園化を体制的に保証する役割を担うこととなった。

(義江　彰夫)

円覚寺領

円覚寺寺領一覧

所在国郡	名称	成立年次	特徴
尾張 海部郡	富田荘富吉加納	弘安六年三月寄進	地頭請所、嘉慶二年以後不見
同	富田荘得真村	正安二年二月寄進	
中島郡	福満寺寺職畠	徳治元年十一月	貞治二年以前不知行
同	池尻	同	同
同	国分・溝口村	正中二年二月	地頭職、永和三年以後不見
春部郡	篠木荘	永仁元年六月	地頭職、請所、初め造営料所、嘉慶二年以後不見
同	林・阿賀良村	元亨二年六月	貞治二年以前不知行
駿河 志太郡	葉梨荘上郷・中郷	観応二年三月	応永二十六年以後不見
安倍郡	下島郷地頭方	貞治元年十二月	同
同	下島郷郷司方	貞治元年八月	同
富士郡	浅眼荘東郷外	永和三年十一月	同
駿東郡	佐野郷	永和元年二月	造営料所
伊豆 君沢郡	府中関所	応永十三年閏六月	造営料
相模 足柄下郡	箱根山葦河宿関所	康暦二年六月	造営料、大森葛山関務半分の替
同	箱根山水飲関所	応永十三年六月	造営料
鎌倉郡	正観寺上畠並びに小福礼山上散在小畠	弘安七年九月	下地
同	山内荘吉田郷内田一町在家一宇	徳治元年九月	正観寺前地の替、延慶元年に再び元に復す
同	円覚寺門前地	永仁四年二月か	
同	鎌倉中間別銭一文	永和二年十二月	造営料、三ヵ年間
同	鎌倉中酒壺別銭十疋	応永二十一年五月	造営料、一ヵ年間
武蔵 橘樹郡	丸子保平間郷半分	応安五年二月	応永二十六年以後不見
同	神奈川帆別銭	康暦元年十二月	仏日庵造営料
荏原郡	品川帆別銭	同	同
豊島郡	江戸郷前島内森木村	建武四年以前	地頭職、応永二十六年以後不見
比企郡	竹沢郷内	宝徳元年六月	宝徳元年六月以後不見
安房 安房郡	長田保西方	貞治年中寄進、応安二年以前	仏日庵領、応永十二年以後不見
上総 畔蒜郡	畔蒜南荘亀山郷	弘安六年六月	地頭職、応永二十六年以後不見
望東郡	大崎村	応永三年六月	応永二十六年以後不見
埴生郡	一宮荘南上郷	同	同
土気郡	堀代郷駒込・赤荻村	同	同
下総 印幡郡	印西条	応永二年七月	文安四年以後不見
香取郡	大須賀保毛成・草毛村	正応三年五月	地頭職、永享十一年以後不見
相模・安房・上総・下総	棟別銭一疋	至徳元年六月	造営料
常陸 新治郡	小河郷	永和二年十一月	造営料所、三ヵ年間
真壁郡	中根村	至徳二年三月	応永二十六年以後不見
上野 那波郡	玉村御厨内北玉郷	弘安九年正月	仏日庵仏事用途、地頭職、永享六年以後不見
駿河・甲斐他関東八ヵ国	棟別銭十文	永和二年九月	造営料
出羽 村山郡	寒河江荘五ヵ郷	永仁三年閏二月	大陽寺の替、地頭職、仏日庵領か、応永二十六年以後不見
越前 今立郡	山本荘	弘安九年二月	預所、地頭職、永仁六年以後造営料所、嘉慶二年以後不見
越後 沼垂郡	加地荘	永和二年閏七月	応永二十六年以後不見
播磨 賀古郡	五箇荘内蚖草北村	正和四年六月	貞治二年以前不知行
(国郡未詳)	浜木屋地	永仁五年九月	永仁五年九月以後不見
(同)	毎月四日大斎料	徳治二年五月	御内に課す
(同)	八楠郷	貞治二年以前	貞治二年以前不見

(檀那塔仏日庵領を含む。典拠はすべて『円覚寺文書』)

えんきゅうのしょうえんせいり 延久の荘園整理 後三条天皇の延久元年(一〇六九)に実施された荘園整理。整理令の直接の史料は伝わらないが、同年八月二十九日筑前国嘉麻郡司解案(『東大寺文書』)に「今年二月廿二日官符」を引いて「神社仏寺院宮王臣家諸庄薗、或停三止寛徳二年以後之新立庄一、或嫌二僥倘地一相三博膓腴一、或恣駈二平民一籠三隠公田一、或無二定坪付一庄、或諸庄薗所在領主、田畠惣数、慥注二子細一可レ経二言上一之由、被レ下二宣旨一者」とあり、また同年閏十月十一日伊賀国司庁宣(『東南院文書』)に、「去治暦五年三月廿三日下二五畿内七道諸国一官符偁、寛徳二年以後新立庄園、永可二停止一者、加以雖二往古庄園一、券契不レ明、有レ妨二国務一者、厳加二禁制一、同以停止者」とみえていることからおよその内容がわかる。嘉麻郡司解案の引用する二月二十二日官符は㈠寛徳二年(一〇四五)以後の新立荘園の停止、㈡やせ地を嫌い肥地と相博し、あるいは平民を使って公田を隠したもの、あるいは定まった坪付がない荘、あるいは諸荘園に所在の領主・田畠惣数を注進すべし、といい、伊賀国司庁宣の引用する三月二十三日官符は、㈠寛徳二年以後の新立荘園の停止、㈡往古の荘園でも券契の明らかでないもの、国務に妨げあるものは停止する、ことをその内容としている。両官符の㈠は共通しており、天喜三年(一〇五五)の荘園整理令にもみえている。前官符の㈡子細言上と後官符の㈡停止する、とは異なった内容であって、相対応しており、前者は後者の準備作業と見られるから、いわゆる延久の荘園整理令は二月二十二日と三月二十三日の二回にわたって発せられたものであることがわかる。なお『扶桑略記』『百錬抄』には二月二十三

日条に後官符の内容を記しているが、これは三月二十三日条にかけるべきものを誤ったものであろう。延久の荘園整理の方法は荘家から文書を提出させてこれを調査し、国衙の注申をも勘案して停止・免除の結論を出し、あるいは勅裁を請うことであって、このための機関として太政官の朝所《あいたんどころ》に記録荘園券契所(記録所)を設置し、寄人五人を置いた。『百錬抄』はこれの設置を延久元年閏二月十一日とするが、この年は十月が閏であるから、閏十月十一日の誤りであろう。記録所の勘査によって整理令にふれる荘園は停止されたが、反面該当しない荘園はたとえ官省符がなくとも、国判・郡符があれば免除された。その結果は太政官牒で通達されたから、免除された国判の荘などは一躍勅免の荘になったことになり、荘園としての法的な立場は強固なものになることになった。この荘園整理の実施された程度は、かの著名な石清水八幡宮護国寺に下された延久四年九月五日太政官牒(『石清水文書』)によれば、所載の同宮寺荘園三十四ヵ所のうち免除されたもの二十一ヵ所、停止されたもの十三ヵ所、田積の判明するものについていえば、総田積六百五十一町五段百七十三歩のうち百六十八町八段八十歩が停止された。約二六%が不輸を取り消されて公領とされたわけである。これは荘園整理の困難であったこの時期においては非常に高い比率であるといわねばならないであろう。なお『愚管抄』に「宇治殿(頼通)ノ時一ノ所ノ御領〳〵トノミ云テ、庄園諸国ニミチテ受領ノツトメタヘガタシ」と評され、当時最大の荘園領主であった摂関家の所領については、同じく『愚管抄』は、「別ニ宣旨ヲ下サレテコノ記録所ヘ文書ドモメスコトニハ、前大相国(頼通)ノ領ヲバノゾクト云宣下アリテ、中〳〵ツヤ〳〵ト御沙汰ナカリケリ」と述べて、天皇の意志によって整理の対象から除外されたとしているが、この見解は同時代史料に反証があるので成立しない。すなわち摂関家領も整理の例外でなかったことについては、『後二条師通記』康和元年(一〇九九)六月十三日条に、父師実の言葉として「庄薗文書、後三条御時(延久之比)依レ召所レ進也」と記されて、文書の勘査をうけていることがわかり、事実、同記寛治五年(一〇九一)十二月十二日条には藤氏長者領であった土井荘について「件所者後三条院記録(所脱か)之創被二停止一也」と同荘が整理をうけたことが記されているのである。藤原氏に外戚を持たず、三十五歳の壮年にて即位した後三条天皇の荘園整理の積極性を推察すべきであろう。しかし、摂関家にかわる新しい権力の出現はこの後荘園の存在形態の新しい様相を招来した。すなわち、国司・寺社・在地領主などは院庁と特別の関係を結んで収公を免れんとし、競って院の御願寺、女院領に荘園を寄進して院庁関係荘園となってゆき、院庁には膨大な数の荘園が集積されてゆくことになるのである。　(鈴木　茂男)

えんし　園司　⇩そのし

えんしょうじりょう　円勝寺領　⇩六勝寺領《ろくしょうじりょう》

えんしょうじりょう　延勝寺領　⇩六勝寺領《ろくしょうじりょう》

えんそん　塩損　海浜に面した荘園公領で、水田が津波などで海水を被ったり、あるいは干拓田の水路に海水が流入したりして、稲の生育が阻まれ、収穫に損害を与えること。　(牛山　佳幸)

えんち　園地　律令制のなかに規定された地目の一つ。園地に直接触れた規定は、田令園地条・同賃租条、戸婚律在官奪私園圃条などである。田令園地条は園地の班給・還公に関する規定、賃租条はその賃租・売買に関する規定を含み、戸婚律は園圃の侵奪に関する罪を定めている。以上のほかにも田令桑漆条・同宅地条などは園地を考えるのに欠かせない条文であるが、最も基本的なものは園地条である。同条は、(一)園地は地の多少に随って均給すること、(二)絶戸の場合は還公することの二つを定めた条文で、「均給」と「還公」を要件とする園地は、その要件を持たぬ宅地に比べれば明らかに公権力によって私有権が制限される地種である。しかし、賃租条に定めるとおり園地は所定の手続をとれば賃租・売買が許され、還公するための唯一の条件となっていた絶戸の場合でも、所有者が生存中に売った園地は還公の対象とならなかった。均給規定はあっても還公規定は有名無実に等しい矛盾をそれ自体のうちにもっている。唐の田令のうちでわが園地と対比すべきものは「園宅地」と「戸内永業田」とである。両者ともに班給規定はあるが還公規定を欠く。前者については土地の兼併を禁ずる一般規定以外には売買などについて何らの制約もないが、後者は特定の場合にのみ売買が許され、貼賃・入質も禁じられた。さらに桑楡が課植され、収授の限りにあらずとされながら狭郷においては事実上収授の対象とされることもあった。それ故、土地所有の性格からみれば、わが園地は唐の「園宅地」に近い。しかし仔細に比較すると園地条の構文は「戸内永業田」関係条文に手を加えたものと判断される。『大宝令』田令には桑漆条と宅地条とがなかったらしいが、それから考えると、『大宝令』の立法者は唐の「園宅地」と「戸内永業田」を併せたようなものとして園地を構想し、わが国の実情を加味したと思われる。新令制定に際し、唐の「園宅地」になぞらえて宅地を新設し、桑漆条を立てて園地条と補完関係に置き「戸内永業田」に対置させたのではないか。『大宝令』の園地は古来のハタ(ケ)をそのなかに包摂したであろう。新令の改訂の背後には霊亀以降の陸田奨励政策があったと思われるが、陸田は口分田に準じて収授の対象となったと推測される。陸田もやはりハタ(ケ)と呼ばれた。故に同じ「畠」という文字が律令用語としての宅地(一部)・園地・陸田などのすべてに通用したことになる。畠を一律に園地と解したり、陸田と園地・宅地とを同一視したりするのは正しくない。園地の耕営法を具体的に伝える史料は少ないが、国家の所有する園地についていえば、品部によるもの(園池司)、雑徭によるもの(国衙の薬園)、仕丁によるもの(内膳司の園)などがみられ、国家(所有者)の強い所有権と強力な直

接経営の様相が知られる。八・九世紀の史料にあらわれる園地にはあまり大規模なものは見当たらず、桑漆課植の史料はあるけれども実態は必ずしも明らかでない。畠地子経営が発展するのは十一世紀以降の史料にみられるが、畠の用語の複雑な性格を考えると直ちに律令用語としての園地に結びつけるのはむずかしい。（弥永　貞三）

えんちょう　堰長　用水路の開発や管理を担当したり、あるいは洪水などに遇った際に、その修理のために労働力の徴発と編成にあたった在地の有力者で、田堵層の中から任命されていたと考えられる。十二世紀初期に伊勢国大国荘でその存在が確認されるが（東寺百合文書保安三年正月二十八日伊勢国大国荘田堵等解『平安遺文』五巻一九五〇号）、この時は荘内に堰長を名乗る者が複数いて、本家の伊勢神宮から遣わされた祠官らとともに、水害で破損した堰溝を修理するための堰料の支給と、流失した田畠の年貢免除を願い出ている。（牛山　佳幸）

えんでん　円田　普通に荘園制下の荘田の在り方を示す語。他荘田や公田を交えない一円地形態の荘田。江戸時代では円形の田地の意。一般に口分田や治田などの多い畿内先進地帯では散在荘園が多いが、中間・辺境地帯では郡郷司の寄進や権門の囲い込みなどにより郷・村単位に荘園化するから、円田形態となりやすい。これは名田の在り方や名田小作の関係にも影響する。散在荘園は境争いが多く、荘民の出入作関係から、年貢とくに公事・夫役の収取に支障がおこる。散在荘園で荘家もなく専属荘民のいない摂関家領山城国小塩荘では、公事・夫役収取はできなかった。荘園領主が十二、三世紀ごろ、買得・相博などによって円田化をはかるのは、荘田の確保＝年貢収取のほかに、荘民の支配＝公事・夫役収取が目的であった。しかし完全な円田形態となることは稀で、この不自然な荘園の框《わく》を破る運動が荘民の中からもおこり、室町時代の郷村制成立の中で、農民の力により克服された。（渡辺　澄夫）

えんでん　塩田　製塩のため、海辺につくられた田様の土地。文献にみえる塩浜（塩田）の語句は『三代実録』貞観十七年（八七五）十二月十五日の記載を初見とするが、わが国における塩浜成立の時期、すなわち海水の濃縮方法が藻利用から浜利用に転換するのは奈良時代と推定される。奈良・平安時代の塩浜の実態は明らかでないが、鎌倉時代初期における伊勢国の塩浜は僧顕昭の『六百番陳状』によると、海岸地帯の遠浅の潟を利用して、潟がかわいてから塩分の凝固した砂をかきあつめ、これに海水をそそぎ、濃厚な鹹水《かんすい》を得て、これを塩釜で煮沸、煎《せん》熬《ごう》して塩を得るという製塩方法で、ほとんど人工を加えない単純な塩浜であった。こうした形態の塩浜は一般に「自然浜」と呼ばれているが、いま一つ中世以前の塩浜形態としては塗浜式のいわゆる「揚浜」がある。この形式のものは海岸より少し高い土地をひらたくして、砂をまいて塩田の地場をつくり、その地場へ海から海水をはこんで撒布する。太陽熱と風力によって水分が蒸発し、塩の結晶が地場の砂につき、その砂をかきあつめて海水をそそぎ濃い海水（鹹水）をとる（揚浜法）。釜屋で煎熬して塩をとるのは自然浜と変りない。中世、瀬戸内島嶼部にこの種の揚浜がみられるが、近世はもちろん、明治以降も瀬戸内島嶼の一部や山陰・北陸など干満の差が少ない地方に揚浜が数多く残された。塩の荘園として有名な伊予国弓削島荘（東寺領）では一般百姓名にそれぞれ百五十歩～二百歩の塩浜が付属し、燃料を採取する山も分割所有され、名田経営の一環として別個に生産が行われていた。鎌倉時代初期、単純な自然浜であった伊勢の塩浜も室町時代になると、堤防で囲まれ、塩田には溝が縦横にはしり、その上製塩設備も充実し、近世初期の入浜塩田に余程近い形態にまで進んでいる。これらの塩浜を入浜塩田と呼べるかどうか、にわかに判断しかねるが、近世入浜塩田は揚浜塩田の系譜をひくものではなく、その構造からみて、自然浜の発展形態と思われる。近世初期、播州赤穂塩田を創始とする近世入浜塩田の構造は、塩田地場が堤防によって外部の海からとざされ、不要な海水の浸入がふせがれている。地場の一部をほって溝をつくり、樋門からみちびかれた海水は溝から毛細管現象によって塩田地場に滲透し、地場の表面にまいてある砂（撒砂）に付着し、これが太陽熱と風力によって蒸発し、濃い海水のくっついた砂ができる。この鹹水を集めて海水をかけて濃い塩水（鹹水）をとるのである（入浜法）。こうした入浜塩田が近世期を通じて、瀬戸内を中心に開発されていくが、ほぼ元禄前後には通常「一軒前」と呼ばれる一町～一町五段の規模をもつ入浜塩田の基本型が形成される。瀬戸内の塩田軒数も宝暦年間（一七五一―六四）には二千軒をこえ、文化年間（一八〇四―一八）には生産高も四百～四百五十万石に達したと推定される。この入浜式塩田も、昭和二十八年（一九五三）以降は流下式塩田に転換されたが、イオン交換膜法による製塩法の出現によって、長期にわたってわが国の塩生産を担ってきた塩田製塩も同四十六年度、ついにその幕を閉じることになった。（渡辺　則文）

えんりやくじりょう　延暦寺領　大津市坂本本町にある天台宗の総本山延暦寺の所領。延暦寺は山門とよび、延暦七年（七八八）最澄の開創。天長八年（八三一）近江国分寺供料を割いて延暦寺僧二十四口の供養にあて、貞観五年（八六三）人康親王家が近江愛智郡の田九十四町を伝法供料に、常康親王家が同高島郡の田四百三十町を救急料として延暦寺に寄進し、ともに免租地となったのが寺領の初見である。のち元慶二年（八七八）美濃から四王堂仏僧供料として毎年白米・黒米各十斛を送らせ、同五年近江大浦荘墾田二十八町と俘囚浪人を寄せて国司に専当させ、仁和二年（八八六）には近江の米百斛を施入し、正税稲一万五千束を割いて出挙しその利を西院釈迦堂仏燈僧供料にあてた。延喜二年（九〇二）宇多法皇が御幸し、近江滋賀郡勅旨田十町を舎利会および法華三昧料として寄

延暦寺 寺領一覧

所在国郡	名称	成立(所見)年次	特徴	典拠
山城 乙訓郡	小塩荘	建仁三年以前(実全座主のとき)	後高倉院のとき摂津野間荘と相博、のち光明峯寺領	妙法院文書
同	富坂荘	承久三年以前(承円座主のとき)	仏聖燈油料	三鈷寺文書
同	乙訓荘	建保元年二月見	無動寺領	華頂要略
葛野郡	高田荘	暦応元年四月見	妙法院門跡領	長福寺文書
同	上野(上桂)荘	正和二年九月見	修明門院領、山門東塔北谷衆寄進と号す	東寺文書
同	河原荘(徳大寺)	康永三年七月見	顕頼卿息女桂禅尼、昌雲に譲る、のち妙法院門跡領	妙法院文書
同	小泉荘	文明三年六月見	青蓮院門跡領	華頂要略
久世郡	美豆牧	応永二十一年閏七月見	牧内浮免、青蓮院門跡領	同
愛宕郡	粟田荘	永享二年十一月見	青蓮院門跡領、荘内水田一町は康暦元年十楽院門跡領	室町家御内書案・華頂要略
同	八瀬荘	嘉暦二年正月見	青蓮院門跡領	新撰座主伝
同	大原西荘	文和元年十二月見	平等房領	華頂要略
紀伊郡	石原荘	元応元年十月見	荘内友貞名、日吉社領	日吉社神領注進
綴喜郡	飯岡(岡成)荘	康永三年七月見	上西門院女房西御方、実全座主に譲る	妙法院文書
宇治郡	岡屋荘	天徳四年五月寄進	横川法華堂領、田数百六十余町	慈恵大僧正遺告
同	四宮河原	応仁二年六月見	北山竹内門跡領	言国卿記
大和 高市郡	常門荘	元応元年十月見	二宮・十禅師・大行事社神供料所	日吉社神領注進
十市郡	長原保	文明三年六月	青蓮院料所	華頂要略
河内 石川郡	岐子荘	弘安四年五月見	西塔領	西琳寺文書
古市郡	尺度荘	建保元年見	大乗院領	慈円譲状
讃良郡	中牧	貞応元年寄進	妙法院門跡領	妙法院文書
茨田郡	岸和田荘	永暦元年寄進	昌雲相伝領、新日吉社に寄付	同
同	葛原荘	同	同	同
同	今津荘	康永三年七月見	妙法院門跡領	同
渋川郡	荒馬荘	貞応元年寄進	妙法院門跡領、文永五年には西塔領	妙法院文書・天台座主記
和泉 日根郡	淡輪荘	建保元年見	慈円別相伝	慈円譲状
和泉郡	上泉(大泉)荘	応永三十年二月見	青蓮院門跡領	華頂要略
摂津 東生郡	日吉荘	嘉応年中	日吉社領	日吉社神領注進
西成郡	鷺島荘	永正三年五月見	青蓮院門跡領か	華頂要略
島上郡	津江荘	康正二年見	妙法院門跡領	康正二年造内裏段銭并国役引付
島下郡	石井荘	貞応元年四月見	荘預所少将局、日吉聖真子宮に寄進	随心院文書
河辺郡	野間荘	康永三年七月見	山城小塩荘と相博、妙法院門跡領	妙法院文書
能勢郡	田尻荘	同	円実法眼、実全座主に譲る、妙法院門跡領	同

所在国郡	名称	成立(所見)年次	特徴	典拠
伊勢 (郡未詳)	名切荘	応永十五年七月見	青蓮院門跡領	華頂要略
尾張 中島郡	千代丸保	元応元年見	日吉十禅師御服料所として国司寄進	日吉社神領注進
愛智郡	一楊御厨余田方	文永八年七月見	康永三年には妙法院門跡領	妙法院文書・天台座主記
(郡未詳)	陽明門院勅旨田	同	上西門院女房西御方、実全座主に譲る、妙法院門跡領	同
三河 渥美郡	村松荘	建保元年二月見	常寿院領、貞治四年青蓮院門跡領	華頂要略
遠江 長上郡	羽鳥荘	文保元年十二月見	荘内上方、青蓮院門跡領	同
城飼郡	赤土荘	建久九年九月見	千僧供領	天台座主記
榛原郡	勝田荘	建武三年十二月見	崇徳院御影堂領	華頂要略
駿河 志太郡	稲葉郷	応永十年六月見	青蓮院門跡領	同
同	籔田郷	同	清浄金剛寺領	同
甲斐 巨摩郡	加々美荘	建保元年二月見	慈円別相伝	同
相模 足下郡	成田荘		新日吉社領、保元年中昌雲に賜わり、永暦年中社領に寄進、文永九年西塔領	妙法院文書・天台座主記
武蔵 橘樹郡	稲毛本荘	建保元年二月見	大乗院領	華頂要略
入間郡	河越荘	文治二年七月見	新日吉社領	吾妻鏡
上総 周淮郡	周西郷	応永十年六月見	明王院領	華頂要略
下総 海上郡	白井荘	文治二年三月見	延暦寺領	吾妻鏡
豊田郡	松岡(豊田)荘	建保元年二月見	慈円僧正別相伝	門葉記・慈円譲状
常陸 筑波郡	村田上郷	弘長元年七月以前	房全僧正相伝	妙法院文書
(郡未詳)	石神村	応永十年六月見	願円寺領	華頂要略
近江 滋賀郡	真野荘	文永九年五月見	横川領	天台座主記
同	真野新免	建保元年二月見	無動寺領	華頂要略
同	真野北荘	応永頃	青蓮院門跡領	青蓮院文書
同	和邇荘	嘉禄二年七月見	楞厳院領	天台座主記
同	和邇浜	元応元年十月見	日吉社領	日吉社神領注進
同	木戸荘(木戸三ヶ荘)	元久元年七月見	根本中堂領	同
同	山田荘	康平六年見	妙香院領	青蓮院文書
同	大和荘	元慶七年春寄進	西三条女御より常住明王に寄進、建保元年では無動寺領	山家要略記・華頂要略
同	志賀南・北荘	建保元年二月見	三昧院領	華頂要略
同	比良荘	明応六年十一月見	荘内に山門領あり	松平義行所蔵文書
同	伊賀立(筏立)荘	建保元年二月見	相応和尚千手堂領に寄進、建暦で無動寺領、応仁で青蓮院門跡領	華頂要略
同	筏立南荘	康正二年見	北方は妙法院門跡領	妙法院文書
同	仰木荘	文永八年七月見	年貢百杲を講堂造営料所とす、応安に青蓮院門跡領	天台座主記・祇園執行日記
同	堅田荘	弘長二年八月見	堅田浦検断を横川・西塔争う、横川楞厳院領	天台座主記・本福寺由来記
同	普門荘	康永三年七月見	常住金剛院領	妙法院文書
同	竜花荘	元徳二年十一月見	応永二年に南竜花荘あり	華頂要略

所在国郡	名称	成立(所見)年次	特徴	典拠
近江 滋賀郡	戸津荘	応永年中見	青蓮院門跡領、文明六年戸津浜日吉十禅師神木地	青蓮院文書・華頂要略・新撰座主伝
同	大野荘	康永三年七月見	妙法院門跡領、のち青蓮院門跡領	妙法院文書
同	東坂本	天元二年八月	住人ら国役停止	天台座主記
同	三津浜	同	住人ら国役停止、のち文殊楼領	天台座主記・三千院文書
同	苗鹿村	同	同	同
同	法光寺	嘉禄年中寄進	座主尊快法親王領、のち妙法院領	法光寺文書
同	葛川山	相応和尚結界	息障明王院領、応永二年に根本中堂領	華頂要略
同	穴太薗	建永元年見	桜下門跡領	門葉記
同	志賀勅旨田南・北荘	嘉暦二年十二月以前	恵心院領	三千院文書
栗太郡	木河荘	観応二年十月見	延暦寺領	曼殊院文書
同	砥山荘	建保元年二月見	坂本御塔領、のち青蓮院門跡領	青蓮院文書・華頂要略
同	蔵垣荘	文明十二年見	浄土寺門跡領	親元日記別録
同	勝部日武末保	保安年中	日吉社領	日吉社神領注進
同	高野	元応元年十月見	同	同
同	栗太北郡	同	同	同
同	栗太勅旨田	嘉暦二年十二月以前	恵心院領	三千院文書
甲賀郡	大原荘		荘内神田一町、日吉社領	日吉社神領注進
同	大原上野荘	康永三年七月見	実宴法印遺領、昌雲僧正領掌	妙法院文書
同	青木荘	同	妙法院門跡領	同
野洲郡	野洲荘	嘉暦二年十二月以前	梶井門跡領	三千院文書
同	野洲新荘	建保元年十二月見	最勝四天王院領	華頂要略
同	中津南荘	元応元年十月見	荘内本神田、日吉社領	日吉社神領注進
同	立入荘	天禄三年五月以前	立房は立入荘のことか、建保元年には三昧院領	慈恵大僧正遺告・華頂要略
同	篠原荘	元応元年十月見	日吉社領	日吉社神領注進
蒲生郡	比佐荘	康平六年五月見	妙香院領	青蓮院文書
同	佐々木荘	建久二年四月見	千僧供領	天台座主記
同	佐々岐上・下山保	文明四年十二月見	正応二年に見える佐々上・下保と同じか	華頂要略
同	熊野南・北荘	元応元年見	日吉社領、季節神供幷相撲会浴布料所	日吉社神領注進
同	津田荘	延喜十二年六月施入	西塔院四王像燈分料	叡岳要記
同	奥島荘	建武三年十二月見	荘内真如堂、粟田宮門跡領	華頂要略
同	横山郷	元応元年十月見	日吉社領	日吉社神領注進
同	体光寺荘	文明四年七月見	青蓮院門跡領	青蓮院文書
同	小神牧	元応元年十月見	日吉社領	日吉社神領注進
同	得珍保		同	今堀日吉神社文書
同	黒国保	元応元年十月見	同	日吉社神領注進
同	桐原友貞保	保元元年八月寄進	十町、日吉二宮・十禅師神供料所	同
同	狛月谷	元応元年十月見	日吉社領	同

所在国郡	名称	成立(所見)年次	特徴	典拠
近江 神崎郡	伊庭荘	嘉暦二年十二月以前	円徳院丈六堂領	三千院文書
同	高屋荘	天禄三年五月以前	桑名忠村ら施入	慈恵大僧正遺告
同	建部荘	文治二年閏七月見	日吉社領	前田家所蔵文書
同	栗見荘	寿永二年頃	胡桃荘に作る、千僧供料所	源平盛衰記
同	神崎東・西保	建保元年二月見	三昧院領	華頂要略
愛智郡	香薗	平治元年閏五月見	宝荘厳院領	徴古文書
同	香荘	観応元年八月見	妙香院領、蚊野荘に作る	妙香院宮御院参引付
同	愛智上・下荘	康和五年十二月寄進	日吉社領、後三条院勅付ともいう、建長五年の天台座主記に愛智下荘は円融房興行の大乗講料所とあり	惟賢比丘筆記・天台座主記・日吉社神領注進
同	新日吉荘	長享元年九月見	青蓮院門跡領	華頂要略
同	吉田郷	元応元年見	日吉社領、愛智郡四ヵ郷のうち	日吉社神領注進
同	日夏荘	嘉暦二年十二月以前	円徳院丈六堂領	三千院文書
同	三村荘	平治元年閏五月見	宝荘厳院領、安貞二年西塔領となる	徴古文書・天台座主記
同	小椋荘			華頂要略
犬上郡	甲良荘	元応元年見	荘内大覚名、日吉社八ヶ度御戸開神供料、応仁元年惣荘を日吉社に寄進	日吉社神領注進・応仁略記
同	犬上荘(高宮郷・安食郷)	嘉暦二年十二月以前	円徳院領	三千院文書
同	小熊荘	元応元年見	日吉社領	日吉社神領注進
同	八坂荘	同	同	同
同	福満荘	貞応元年六月見	青蓮院門跡領	青蓮院文書
同	福光保	建保元年二月見	大懺法院寄進領、康正二年には安居院領	華頂要略・康正二年造内裏段銭幷国役引付
同	後三条勅旨田	文暦元年八月見	大成就院領、延徳三年には後三条保と見ゆ	青蓮院文書・華頂要略
坂田郡	坂田荘	建保元年二月見	三昧院領	華頂要略
同	坂田新荘	建永元年見	同	門葉記
同	坂田保	元応元年十月見	日吉社領	日吉社神領注進
同	細江(平方)荘	嘉禄元年五月見	日吉新御塔領、行玄寄付	門葉記・華頂要略
同	箕浦荘	文永八年五月寄進	西塔法華・常行両堂営作料所、康永三年に西塔東谷常住金剛院領	妙法院文書・天台座主記
同	朝妻荘	同	同	同
同	常喜新(鳥羽上)荘	正和三年八月見	後鳥羽院御影堂領	青蓮院文書
同	国友荘	建永元年見	聖覚領掌	門葉記
同	下坂荘	嘉暦二年十二月以前	梶井門跡支配	三千院文書
同	金武保	建保元年二月見	坂本御塔領	華頂要略
同	山室保	応永頃	青蓮院門跡領	青蓮院文書
同	坂田北郡	元応元年十月見	神田二十五町、日吉社領	日吉社神領注進

所在国郡	名称	成立(所見)年次	特徴	典拠
近江 浅井郡	浅井東・西荘	往古の勅施入	妙法院門跡領	妙法院文書
同	大浦荘	元慶五年三月施入	もと清和院領、延暦寺文殊七軀大聖文殊并五仏燈油修理料所、長久二年に円満院領	三代実録
同	菅浦荘	建久三年十一月以前	檀那院領	菅浦文書
同	稲葉今村荘	元応元年十月見	日吉社領	日吉社神領注進
同	曾根村	同	村内神田二町余、日吉社領	同
同	浅井勅旨田	嘉暦二年十二月以前	恵心院領	三千院文書
伊香郡	富永荘	寿永二年閏十月寄付	延暦寺千僧供領、十七・八条預所職は応永十九年青蓮院門跡・大成就院領	天台座主記・華頂要略
同	富永保	嘉暦三年十二月以前	梶井門跡支配	三千院文書
同	富永新保	同	梶井門跡実相院領	同
同	伊香荘	同	梶井門跡五仏院領	同
高島郡	賀茂荘	保延三年四月見	当荘下司日吉馬役勤仕	天台座主記
同	三尾荘	建保元年二月見	三尾社、慈円別相伝	華頂要略
同	木津荘(郷)	保延四年九月寄進	中堂千僧供領、元応元年木津郷は日吉社領	天台座主記・延暦寺文書・華頂要略・日吉社神領注進
同	大処荘	正暦元年二月見	妙香院領、のち実相院領、康元元年造法華堂料所	山門堂舎記・天台座主記
同	善積荘	康元元年四月見	もと実相院領、造法華堂料所	三千院文書・天台座主記
同	今津	文明六年十二月見	日吉十禅師神木地	華頂要略・新撰座主伝
同	鞆結荘	天禄三年五月以前	楞厳院領、建保元年には三昧院領	慈恵大僧正遺告・華頂要略
同	黒田江西荘	同	楞厳院領	同
同	海津東浜	延徳元年七月見	青蓮院門跡領	華頂要略
同	中荘	康正元年十二月見	東塔領	新撰座主伝
同	比叡荘	建保元年二月見	坂本御塔領	華頂要略
同	開田荘	康元元年四月見	もと実相院領、造法華堂料所	天台座主記
同	音羽荘	文和元年四月見	延暦寺領	足利将軍代々下知状
同	嶮熊野荘	正応二年五月見	青蓮院門跡領、荘内修理田(出作)、国実名あり	華頂要略
同	高島荘		梶井門跡領	三千院文書
同	小川保	元応元年見	日吉早尾社供祭料所	日吉社神領注進
同	安曇御厨		日吉社領	妙香院宮御院参引付
(郡未詳)	修宇東・西荘	文永五年十一月施入	無動寺領	天台座主記・華頂要略
(同)	小一条勅旨田	康永三年七月見	本家職、妙法院門跡領	妙法院文書
(同)	小神牧	元応元年見	日吉七社神供料所、早尾社供祭料所	日吉社神領注進
(同)	舟木給主職	応永二十六年十一月見	天台座主領	華頂要略
(同)	朝田御薗	康永三年七月見	実宴遺領、昌雲領掌、妙法院門跡領	妙法院文書

所在国郡	名称	成立(所見)年次	特徴	典拠
美濃 安八郡	平野荘	天治二年十月検注	比良野荘に作る	天台座主記
本巣郡	船木荘	応永六年九月見	荘内十六条、青蓮院門跡領	華頂要略
可児郡	莚戸上・下郷	応永十年六月見	青蓮院門跡領	同
信濃 小県郡	浦野荘	文治二年三月見	日吉社領	吾妻鏡
若狭 三方郡	前河荘	元応元年見	同	日吉社神領注進
同	織田荘(同浦三所)	建保元年二月見	常寿院領、永徳三年青蓮院門跡領	華頂要略
同	山東郷	正長元年正月見	青蓮院門跡領	同
同	山西郷	寛正二年九月見	同	同
同	志積浦	天禄三年五月以前	妙香院領	慈恵大僧正遺告
越前 敦賀郡	野坂荘	応永三十四年二月見	荘内山泉郷青蓮院門跡領、代官職及び荘内沓見郷等長禄三年に見ゆ	華頂要略
同	織田荘	安貞二年寄進	本家職は安貞二年七条院より妙法院へ、領家職は本領主高階宗泰より円音寺へ、文永五年東塔領	妙法院文書・天台座主記
同	加恵留保	元応元年見	日吉十禅師長日御供料所	日吉社神領注進
同	八田別所	康永三年七月見	妙法院門跡領	妙法院文書
同	葉原保	文明四年十二月見		華頂要略
丹生郡	大虫荘	文永五年十一月施入	西塔領、北白河院より妙法院へ寄付	妙法院文書・天台座主記
足羽郡	大田野保	元応元年十月見	日吉社二季神楽幷大般若転読料所	日吉社神領注進
今立郡	別司保	文明三年五月見	千僧供領	華頂要略
坂井郡	藤島荘	建保元年二月見	六条法印寄進、建久六年に大乗院勧学講領	天台座主記・華頂要略
加賀 能美郡	南・北白江荘	文永五年十一月施入	東塔領、のち妙法院門跡領	天台座主記
石川郡	押野荘	康永三年七月見	妙法院門跡領	妙法院文書
加賀郡	大桑荘	元応元年見	日吉三社御供料所	日吉社神領注進
同	永富荘	同	同	同
能登 能登郡	大呑荘	康元元年正月見	定任法眼私領	天台座主記
羽咋郡	堀松荘	同	日吉社領	同
鳳至郡	大屋荘	仁治二年十一月見	建武三年には崇徳院御影堂領として見ゆ	華頂要略
越中 礪波郡	福田荘	康永三年七月見	妙法院門跡領	妙法院文書
越後 蒲原郡	大槻荘	建武三年十二月見	崇徳院御影堂領	華頂要略
佐渡 賀茂郡	新穂荘	元応元年見	日吉社領	日吉社神領注進
丹波 天田郡	六人部荘	同	荘内重吉・行包名、日吉社領	同
同	奄我荘	建保元年二月見	六条法印寄進荘、荘内大日寺あり	華頂要略
何鹿郡	吾雀荘	文永九年五月見	西塔領、荘内中村は横川領、荘内西方村は後高倉院のころ、近江田中荘と相博して妙法院領、康永三年西方・向田両村は妙法院門跡一円所領とあり	妙法院文書・天台座主記
(郡未詳)	時常保	元応元年見	時恒に作る、荘内に日吉二宮・十禅師御供料所あり	日吉社神領注進
(同)	今林荘	延文元年五月見	日吉社大般若転読料所	華頂要略・新撰座主伝

所在国郡	名称	成立(所見)年次	特徴	典拠
但馬 朝来郡	東河郷	正嘉元年十二月施入	山門御仏修造料所	天台座主記
同	平野荘	文永八年五月施入	西塔法華・常行両堂営作料所	同
同	黒河荘	康永三年七月見	妙法院門跡領	妙法院文書
同	新井荘	同	同	同
出石郡	大垣御厨		性守妙法院門跡のとき、安芸大朝新荘と相博	同
気多郡	三方郷	嘉禄二年七月寄付	横川中堂領、但馬国大田文に三方荘と見ゆ	天台座主記・但馬国大田文
城崎郡	木崎荘	元応元年見	日吉社領	日吉社神領注進
同	大浜荘	弘安四年十二月見	妙音院領、正長元年に青蓮院門跡領	但馬国大田文・華頂要略
同	竹野郷	文永八年七月見		天台座主記
因幡 高草郡	吉岡荘	長禄二年八月見	青蓮院門跡領	華頂要略
伯耆 久米郡	山守荘	文永八年十一月寄進	総持院修理料所、嘉元二年には荘内北谷は青蓮院門跡領	天台座主記・華頂要略
汗入郡	宇多河荘	元応元年見	日吉二宮季節神供料	日吉社神領注進
同	保田荘	貞和二年二月見	常寿院門跡領、文明八年には不動院(青蓮院門下)領	華頂要略
出雲 島根郡	三津厨	天禄三年五月以前	不断念仏八講等僧供料	慈恵大僧正遺告
播磨 明石郡	田中荘	嘉禎元年四月寄進	妙法院門跡領	妙法院文書
賀古郡	賀古荘	正応三年注進 永正三年五月見	青蓮院門跡領	華頂要略
印南郡	的形荘	康永三年七月見	妙法院門跡領	妙法院文書
飾磨郡	英保	正長元年正月見	青蓮院門跡領	華頂要略
多可郡	安田荘	応安六年五月施入	仰木荘と相博、荘内五ヵ郷(中村・曾我部・野間・安田・高田郷)、青蓮院門跡領	同
神崎郡	八千種村	康永三年七月見	妙法院門跡領	妙法院文書
加東郡	東敦利荘	元応元年見	後鳥羽院寄付、日吉社領	日吉社神領注進
同	大部荘	延徳二年十二月見	地頭方、山門法華堂領	伺事記録
美嚢郡	三木本郷	文永五年十一月施入	七条院より日吉社領に寄進	妙法院文書・華頂要略
美作 英多郡	林田郷	嘉元二年五月見	郷内清正名、貞永元年六波羅蜜寺燈油料所	華頂要略
勝田郡	香美荘	嘉禄二年二月寄進	日吉十禅師領	天台座主記
同	富多荘(河辺郷・弘野郷)	元応元年十月見	日吉社領	日吉社神領注進
苫東郡	高倉荘	応永年中	常寿院(青蓮院門下)領	青蓮院文書
備前 (郡未詳)	塩荘	貞観八年施入	無動寺不動堂領	叡岳要記
備中 窪屋郡	大市荘	元応元年見	日吉大宮侍所台盤料所	日吉社神領注進
同	子位東荘	正安三年十一月見	青蓮院門跡領	華頂要略
後月郡	県主保	暦応三年七月見	尊勝院法華堂領、のち青蓮院門跡領	同
安芸 山県郡	大朝荘	文永五年十一月施入	西塔領(枝村を除く)、康永三年荘内大貫村は妙法院門跡領	妙法院文書・天台座主記
高田郡	吉茂荘	元応元年十月見	日吉社領	日吉社神領注進
(郡未詳)	甲立保	暦応三年十一月見	尊勝寺法華堂領	華頂要略

所在国郡	名称	成立(所見)年次	特徴	典拠
長門 大島郡	向津奥荘	応保元年以前	昌雲私領、新日吉社領に寄進、建久八年源実朝地頭職を寄進、一円社領となる	妙法院文書
(郡未詳)	得善保	応永九年三月見	小比叡社領	長府常楽寺文書
紀伊 在田郡	石垣荘	元応元年十月見	日吉社領	日吉社神領注進
(郡未詳)	庭田荘	文永五年十一月施入	横川領	天台座主記
讃岐 寒河郡	志度荘	建保元年二月見	慈円別相伝	華頂要略
刈田郡	柞田荘	建長年中寄付	後嵯峨院寄付、日吉社領	日吉社神領注進
那珂郡	木徳荘	承元四年七月充賜	根本中堂修造用途	天台座主記
阿野郡	北山本新荘	建武三年十二月見	崇徳院御影堂領	華頂要略
伊予 温泉郡	前斎院勅旨田	康永三年七月見	妙法院門跡領	妙法院文書
南宇和郡	観自在寺荘	文明元年四月見	青蓮院門跡領	華頂要略
桑村郡	桑村本郡	承久年中寄進	日吉社四季御神楽料所	日吉社神領注進
筑後 山門郡	瀬高上荘	文永九年五月施入	昌雲相伝領、東塔領に施入、康永三年には妙法院門跡領	妙法院文書・天台座主記
豊後 国東郡	六郷山	建保元年二月見	慈円別相伝	華頂要略
肥前 養父郡	中津隈荘	承元四年七月充賜	根本中堂修造用途	天台座主記
松浦郡	鏡荘	建保元年二月見	三昧院領鏡社あり	華頂要略
薩摩 日置郡	伊集院別符	康永三年七月見	妙法院門跡領	妙法院文書
(国郡未詳)	得芳荘	建保元年二月見	雲林院領	華頂要略
(同)	井村荘	同	常寿院領	同
(同)	井上新荘	同	同	同
(同)	山内荘	同	同	同
(同)	桜井荘	同	同	同
(同)	内田荘	同	同	同
(同)	波志波荘	同	同	同
(同)	原見荘	同	同	同
(同)	朝日荘	同	常寿院領、山城相楽郡か	同
(同)	板西荘	同	坂本御塔領	同
(同)	稲井荘	同	大懺法院寄進領	同
(同)	原荘	同	同	同
(同)	小島荘	同	六条法印寄進荘	同
(同)	榑葉荘	同	同	同
(同)	犬甘野荘	長享元年閏十一月見	青蓮院領か	同
(同)	牛骨荘	嘉暦二年十二月以前	文殊楼領	三千院文書
(同)	大崎領	同	同	同
(同)	安良荘	同	円徳院丈六堂領	同
(同)	甘露荘	同	円徳院新御堂領	同
(同)	宮野保	同	梶井門跡支配	同

進した。『延喜式』によると近江から定心院料三万束・西塔院料一万五千束、美濃から法華総持院料四万束・四王院料四万束の出挙稲があてられ、また近江から数十斛の白米・黒米・大小豆・胡麻油などを供給することが規定されている。ついで延喜十二年貞頼親王は近江津田荘を釈迦堂に施入し、天慶二年(九三九)陽成上皇は近江小中島荘・越前太田荘を安楽院に施入し、翌三年には戒壇院燈分料稲として近江で二千束を出挙し、また応和二年(九六二)横川楞厳院法華三昧料稲として近江・美濃から各四千束が出挙稲にあてられ、さらに寛仁三年(一〇一九)には近江守源経頼の俸料三千五百束を割いて正税に加挙した。つまりこの時期までの延暦寺の経済は、多く律令の規定する出挙稲や国衙の正税米に依存していて寺領はまだ僅少であった。すでに古く仁明天皇が定心院を、文徳天皇が法華総持院と四王院を、朱雀天皇が延命院を御願寺として山内に建立しており、その傾向は時代とともにいよいよ盛んとなるが、それとともに藤原師輔の子尋禅が良源の弟子となってから摂関家をはじめ良家の子弟の山僧となるものが多く、ために寺領荘園が急増した。尋禅は父師輔から所領十一ヵ所を譲得して住房妙香院領とし、師の良源も師輔ほかの帰依者から山城岡屋荘・近江鞆結荘など七ヵ所の所領寄進を受けていた。かくして山上山下三千坊はそれぞれの所領をもち、一山の鎮守日吉山王社も諸国に莫大な所領を有するに至った。それらは叡山三塔の惣寺に属する所領のほかに、一山を総括する座主の所領、座主の属する門跡領、門跡の支配する末寺領など各種の所領からなっており、それらが分割処分されて伝領されるなど複雑な所領関係が生じた。建保元年(一二一三)に慈円が道覚法親王に譲った青蓮院門跡領は、無動寺領・三昧院領・常寿院領・大乗院領ほかからなる八十数ヵ所に及ぶ広大なものであったし、日吉社領は元応元年(一三一九)の『日吉社神領注進記』でその大要を知ることができる。一般に山門領六万石と称するが、山門領荘園が最大に膨張した鎌倉時代はそれに近かったであろう。寺領は近江と美濃に特に集中し、山門の僧兵は在地の豪族と紛争をくり返した。元亀二年(一五七一)九月、織田信長の焼打ちで一山は壊滅した。その後豊臣秀吉は山門の復興を許して、文禄四年(一五九五)坂本と葛《かつら》川《がわ》の千五百七十三石を山門領として与え、秀吉の没後、徳川家康が東坂本三千四百二十七石を加増して、近世山門領五千石が成立したが、昔日の全盛を再現すべくもなかった。のちに正保三年(一六四六)に東照宮領二百石、慈眼大師堂領五十石が加えられ、明暦元年(一六五五)に滋賀院領として雄琴・比叡辻・穴太から千石、元禄十年(一六九七)には安楽律院領として百石が加増され、合計六千三百五十石が近世の最高額となる。（石田　善人）

おいもの　負物　⇩ふもつ

おうがのしょう　相賀荘　紀伊国伊都郡の荘園。現在の和歌山県橋本市付近の地域。紀ノ川をはさんで南北に分かれる。陸奥守藤原氏女より高野山の覚鑁《かくばん》に寄進され、覚鑁の住房密厳院領となり、長承二年(一一三三)太政官符により立券。「田堵」坂上豊澄を下司とし、以後鎌倉時代を通じて子孫または一族が下司であった。立荘のころは田数九十余町、所当四百余石。承久の乱後地頭大田馬允が任命されたが、貞応元年(一二二二)停止。密厳院が高野山を離れ根来寺山内に移った後もその所領として維持経営されたが、高野山は、南荘はいわゆる空海の御手印縁起の内として獲得を企図、元弘三年(一三三三)高野山領となる。応永二年(一三九五)高野山は南荘の在家・田畠の検注を実施。同三年の『庄田惣目録』などによれば、南荘の在家八十五宇、田二十二町五段余、畠四十三町二段余。在家・田畠とも、高野山上・山下の人給などに配分されている。また同年の分田帳は全荘規模ではないが、多数の零細作人が登録されている。北荘は室町時代も密厳院領として維持されたとみられ、うち柏原には区有文書があり、惣の文書として注目される。南荘は近世も引き続き高野山領であった。（熱田　公）

おうさく　押作　⇩おしさく

おうづのしょう　麻生津荘　紀伊国那賀郡の荘園。現在の和歌山県那賀郡那賀町麻生津中を中心とする地域。鎌倉時代の初期には麻生津保と称し、承久のころ高野山に

寄進されたという説があり、正応二年（一二八九）九月七日の自阿弥陀仏田地譲状（『高野山文書』続宝簡集六六）には「在金剛峯寺領紀伊国麻生津庄」と記されており、高野山領であったことが明確である。中世を通じてこの状態は続いた。（平山　行三）

おうののまき　負野牧　上総国望陀郡の牧。『延喜式』に上総国大野馬牧とならんで負野牛牧とある。しかし、『和名類聚抄』にみえる「望陀郡飫富《おう》郷」の地にあった牧であるとみれば、旧望陀郡飯富村、現在袖ヶ浦市に『延喜式』の飫富神社があり、上総五社の一つといわれ、この付近の地とみることができよう。飯富（飯は飫の誤か）の西隣牛袋野が牧址だという村岡良弼の説（『日本地理志料』）がある。小櫃川右岸のデルタ地帯で、付近に菅生遺跡・金鈴塚などがある。（小笠原長和）

おうみのまき　麻績牧　美濃国（岐阜県）にあった牧の荘園化したものであるが所在は不明。仁安二年（一一六七）ごろ平宗盛が平時忠宛の書状のなかで、藤原済綱の主張を支持していることから、済綱が何らかの権利を持っていたことが知られる。のち皇室領として伝領されて室町院領となる。乾元元年（一三〇二）室町院領が大覚寺・持明院両統に折半された時、この牧は大覚寺統に帰したが、嘉元三年（一三〇五）亀山上皇の遺言によって持明院統の後伏見上皇に譲られ、法金剛院領となり、元弘三年（一三三三）後醍醐天皇もこれを安堵している。康応元年（一三八九）以前、この牧の東方は廬山《ろざん》寺領となっており、応永十三年（一四〇六）足利義満もこれに安堵を与えた。しかし文明十年（一四七八）の足利義政の御教書には「如レ元所二返付一」とあり、すでに押領されていたことが知られている。なお麻績は麻続とも書かれた。（新井喜久夫）

おうらいでん　往来田　京都の賀茂別雷神社（上賀茂社）で行われていた特殊の土地制度。同社の氏人（社家）の共有に属する田地があり、百四十人分に区分されていて、年齢順に百四十人まで給与され、その氏人が死亡するか神主・禰宜などの社司に任ぜられれば社中に返還して、次の順位の氏人（未受給者の最年長者）に給与される。社務で死亡したときには、遺族に十年または十五年給与したこともある。社中と氏人の間を往来するので往来田といったという。また廻給田ともいう。同じ仕組みで給与されるものに、貴布禰田（五十七人分）・老者田（十人分）・河原畑（二十三人分）があり、往来田と合わせて給与された。往来田の起源は、嘉元元年（一三〇三）に、一条以北の水田が徳政によって社家に返付されたときに、七十町の地を五段ずつに分けて、氏人へ年齢順に配当したのに始まるといい、応仁元年（一四六七）写の『往来田古帳』によれば、大宮・川上・中村・岡本・小山の五郷に一段ずつ存していた。太閤検地などでこの区分はこわれ、一ヵ所にまとめられたようである。江戸時代には、受給資格として年齢のほかに、一定の神事に勤務するなどの条件がつけられていた。また一人あたりは平均して七〜八石の高であったが、十二〜十三石より五〜六石までの差があったために、仕替田と称して、給与された田地を一旦返還して、良田が上ゲ田（返還田）になるのを待って受け取る制度も行われた。往来田の耕作は社領の農民が作人となって行なったが、作人職の売買は認められた。氏人より下級の刀禰・神人にもそれぞれ廻給田があった。これらの制度は明治維新で消滅したが、田地は社禄廃止のときに公債を下付して上地させたものと推測される。近世の地割制度とも異なり、賀茂氏の一族間に平等に配分するという特殊制度が数百年間も存続したのは他に例をみない。（児玉　幸多）

おうりょう　押領　他人の財物を奪い取って支配することであるが、特に、古代末期から中世にかけ荘園制下の田畑・年貢・公事などの知行を自己のものと主張して侵奪することを意味する法律用語として使用された。たとえば『東大寺文書』永治元年（一一四一）十月二十九日の東大寺牒案に、「又於二四条五条内治田、荒野等一者、為二平田庄加納一所レ被二押領一」。押領が行われると、押領された者は、押領して現在支配を行なっている者を相手として知行回収の訴を提起することができた。中世に入ると、押領に関する訴訟はいよいよ頻繁かつ複雑になり、それに伴って幕府法や荘園の本所法には、押領および押領の訴に関する多種多数の法が設けられた。鎌倉幕府が『御成敗式目』において、当知行と称して不正の方法によって他人の所領を給わり生産物を貪り取った者について、押領した分を返還させ、押領した者が前から知行せる所領は没収し、所領のない者は遠流に処すると規定し、また、地頭が領家分を押領した場合は、いわゆる知行年紀法を適用しないと規定した（追加法）などはその一例である。（平山　行三）

おうりょうし　押領使　令外の官。はじめは兵士を管理統率する役で、戦乱の時に任命される臨時の職であったが、のち転じて常置の職となり、部内の奸盗・狼藉のものを逮捕鎮圧する役となった。『貞丈雑記』四に「押はおさへる也、領は我物にして支配する也、使は役の字の意也」といい、在々所々の守護のためにこの役人をおいて、狼藉をおさえさせ、そこを宰領支配させるのであるとしている。『武家名目抄』職名部附録二上には、「押領使の司とる所は、大かた追捕使に同し」という。これは主として常置の職となってからの性格の説明である。『三代実録』元慶二年（八七八）六月七日条に「陸奥押領使大掾藤原梶長等所レ将援兵」とあるのが初見である（原文は「押領」に作るが、後述七月十日条の記事から「押領使」と思われる）。同年七月十日条にも、上野押領使権大掾南淵秋郷ら六百余の兵士のことがみえている。この種の押領使のことは『扶桑略記』『本朝世紀』『将門記』などにもみえる。常置の職としての例には、『朝野群載』によると天暦四年（九五〇）二月、下総守藤原有行が、国司として押領使を兼ね、随兵三十人を給せられんと請うたこと、また寛弘三年（一〇〇六）四月、淡路国司が押領使を補し

たいと申請していることなどがあり、諸国に置かれたごとくである。一方、天暦六年には、越前国が追捕使・押領使の随兵らの横行になやみ、押領使の停止を請うている。源頼朝が兵馬の権を握って守護・地頭設置を認められてからは押領使のことは幕府の成敗するところとなったようである。そして荘園・神社にも押領使がおかれ、給田が与えられた。なお、『吾妻鏡』嘉禎二年(一二三六)正月十七日条には、将軍藤原頼経が疱瘡のあとに出る瘡二十余ヵ所になやんだ記事があり、「御股御膝腫物(号二押領使一)」とある。これは「あれうし」のなまりであるという。

(貫　達人)

おおあざかのみくりや　大阿射賀御厨　⇩阿《あ》射《ざ》賀《かの》御《み》厨《くりや》

おおいしのごふう　大石御封　筑後国生葉郡の荘園。現在の福岡県浮羽郡浮羽町大石を中心とする地域。筑前観世音寺領。筑後川が日田盆地より筑紫平野に流出した扇状地上にあって支流隈上川に挟まれた地域である。延喜五年(九〇五)の『観世音寺資財帳』にみえる二百烟の封戸の内、筑後国生葉郡大石郷五十烟に相当する。朱鳥元年(六八六)天武天皇の施入による封戸がそのまま寺領化し、隣接の山北封とともにやがて荘園的な土地支配を受けるようになった。平安時代末の大石封は作田五十九町余を数え、所当米六十八石を徴収する荘園となっているが、荘号を立てず「封」の号を残しているのは封民を寺人視した結果であろう。観世音寺が東大寺末寺となるに及び、東大寺領に編入され、山北・碓井・金生とともに寺領四封と称して重視されたが、大石・山北には年貢運上の史料はみられない。中世に入ると史料が消滅して終末も不明であるが、大石荘と称して観世音寺の支配が続けられた。

(恵良　宏)

おおいずみのしょう　大泉荘　(一)大和国城上郡の荘園。現在の奈良県桜井市大泉付近。興福寺領。延久二年(一〇七〇)の『興福寺雑役免帳』に所見。二十条一里・二里にわたり、常楽会免田四町、法興院田四段、大蔵省田三段計四町七段の不輸田よりなる。応永六年(一三九九)の興福寺造営料大和国八郡段米田数注進状(春日大社文書)には、城上郡の寺務領として「大泉庄　十六町四段半」が記される。天文五年(一五三六)の十市郷内進官荘々注文(京都大学蔵一乗院文書)には、若宮祭礼などの料所である寺務領の進官荘の一として大泉荘は記されるが、課役は「無沙汰」であった。

(熱田　公)

(二)和泉国和泉郡の荘園。所在地は『和泉志』に和泉郡府中を「一名大泉、又上泉」とあるから、現在の大阪府和泉市府中町にあたる。治承四年(一一八〇)の皇嘉門院(藤原聖子)惣処分状(『九条家文書』)にみえるのが初見で、この時養子良通に譲ることを条件にその実父九条兼実に処分されている。良通は早世のため、元久元年(一二〇四)九条兼実置文(『九条家文書』)で宜秋門院藤原任子に伝えられ、貞応元年(一二二二)宜秋門院令旨(『民経記』裏文書)で大嘗会役が免除されたが、この文書に仁安の官符によりこの役は勤仕しないとあるので仁安年中(一一六六―六九)には成立していたことが知られる。その死後九条道家に伝えられた。建長二年(一二五〇)の「九条道家初度惣処分状」(『九条家文書』)には家領として見え、年貢は宜秋門院の高野護摩供料に当て、領家職は故女院(宜秋門院)の仰せによって譲るとある。「大泉荘相伝系図」(『高野山文書』西南院)によると鎌倉時代末までに一条家に伝領され、領家職は元亨二年(一三二二)田中姫君から召し上げられ、日野資明が当時領家であったことが知られる。その後南朝の綸旨によって暦応元年(延元三、一三三八)和泉国松尾寺に(『松尾寺文書』)、さらに同四年(興国二)紀伊国丹生社に(『高野山文書』宝簡集)与えられた。『大乗院寺社雑事記』文明六年(一四七四)十二月二十四日条には、大乗院門跡の代官が大泉荘から帰ったことがみえる。天正十三年(一五八五)の九条殿不知行分目録(『九条家文書』)に、和泉国大泉荘が載せられている。

(岡田　隆夫)

(三)出羽国田川郡の荘園。現在の山形県鶴岡市周辺の地域。長講堂領。建久二年(一一九一)の『長講堂領目録』にその名がみえるのが初見で、応永十四年(一四〇七)の『長講堂領目録』では年貢として砂金百両、馬二疋を出す定めになっているが、当時は国絹二百疋の代納となっていた。かなりの大荘であったと想像されるが、その荘域ははっきりしない。庄内平野の庄内というのは大泉荘内のことという説もあるが、根拠はない。鎌倉時代には大泉(武藤)氏が地頭であったらしい。

(大石　直正)

おおいだのみくりや　大井田御厨　伊勢国員弁郡の御厨。現在の三重県員弁郡大安町の付近。伊勢神宮(内宮)領。保元の乱の結果、後白河天皇に没収された平正弘の所領の一つであった。室町時代の『氏経神事記』『氏経引付』にその名が散見する。応仁二年(一四六八)には正月元日の禰宜以下の祠官の大饗料米十石(大上分)と年中諸節供料米三石(小上分)のうち、前者は未進という状態であった。

(西垣　晴次)

おおいちのしょう　大市荘　大和国城上郡の荘園。現在の奈良県天理市柳本町付近。興福寺大乗院領。大乗院根本所領十二荘の一つ。十七条七里に、北東は楊本荘、西南は大田荘などと入り組んで所在。成立過程は未詳。貞和三年(一三四七)の興福寺造営料大和国八郡段米田数幷済否注進状や応永六年(一三九九)の同種史料(ともに春日大社文書)には、城上郡大乗院方として「大市庄　五町二反大」と所見。『三箇院家抄』では、面積は十三町二段二百四十歩。五名(うち二名が下司名)よりなり、大和の通例の荘園とは異なって条里制の一坪一町を単位として名田が構成されている。その他の荘田の構成や、公事、給主方の公事なども同書に詳しい。室町時代、給主は東北院、のちに仏地院。下司は釜口長岳寺の普賢堂。楊本荘と入り組んでいることから、紛争がたえず、百姓が「去状」をだしたこともあり、紛争をめぐって給主や筒井・十市氏など周辺の国人も活躍。関係史料は『大乗院寺社

雑事記』などに多数みえる。天正八年(一五八〇)の大乗院領指出には、大市荘として田積八町四段五段切十八歩、分米七十三石六斗五升八合六勺が指出されており(広島大学蔵大乗院文書)、戦国時代末期まで大乗院領として維持されていたことが判明する。　(熱田　公)

おおいのしょう　大井荘　(一)美濃国安八郡の荘園。現在の岐阜県大垣市。天平勝宝八歳(七五六)聖武天皇から東大寺に施入されたものと伝える。以後天文年間(一五三二―五五)まで東大寺領の中心の一つであった。延久の荘園整理の際の国司側の主張では、本免田二十町というせまいものであったが、十一世紀ごろから拡張して、建保二年(一二一四)には見作田だけで百七十二町余の広さになっていた。荘官組織の中心は、開発領主大中臣信清の後裔と伝える大中臣氏に相伝されていた下司である。同氏は下司名(石包名)だけでも六十九町余を所有し、当荘の事実上の支配者であったが、十三世紀の後半以後一族内の分裂をおこして没落した。室町時代には大垣氏信・西尾直教など現地の土豪による代官請負が行われている。また当荘は永仁三年(一二九五)の検注帳によると、荘官・有司・間人《もうと》・百姓の四階層からなる特異な構成をもっていた。年貢は美濃国茜部荘の場合と同じく絹で納めるのを本来の姿としている。　(大石　直正)

(二)相模国足上郡の荘園。現在の神奈川県足柄上郡大井町付近。足柄平野北東部を流れる酒匂《さかわ》川中流域左岸にあった。『吾妻鏡』文治四年(一一八八)六月四日条に載せる同年五月十二日付の院宣に「相模国大井庄事/延勝寺領也、於年貢者、早可進寺家」とあり、この荘の領家は延勝寺であることが知られるが、年貢未納の当事者の記載はない。建保元年(一二一三)五月の和田氏の乱ののち、恩賞として山城判官(二階堂行村)に充行われ、以後二階堂氏に伝わり、文永三年(一二六六)六月、同行久は荘内吉田島ほか一所を女房に譲渡した(『二階堂文書』)。同九年、同行景の所領は将軍家政所下文によって安堵されたが、その時の所領目録に荘内金子郷・吉田島の地名がみえる。しかし弘安八年(一二八五)の安達泰盛の乱(霜月騒動)に二階堂行景が加担したため没収されたものと思われる。前記の諸史料から金子郷・吉田島の地名があったことが知られる。建武四年(一三三七)三月には、足利直義が下文をもって「大井田郷内霜窪村」を二階堂政頼に、他の所領とともに亡父二階堂行貞の譲状などに任せて安堵しているが、それには金子郷・吉田島の地名はみえない。降って『小田原衆所領役帳』には「太井」と表記される地名がみえる。　(福田以久生)

(三)甲斐国巨摩郡にあった荘園。ほぼ現在の山梨県中巨摩郡甲西町・増穂町を中心とした地域。当初は布施荘の加納もしくは新荘として立券されたらしく、元永二年(一一一九)に遠江前司基俊から、その娘である中御門宗忠の子宗重の妻に寄進された。このとき寄進されたのは領家職であったと思われ、本所は摂関家である可能性が高い。荘園は大きく南北両条に分かれ、南条は現増穂町を中心とした地域、北条は現甲西町を中心とした地域に比定される。立券の際の庄司としては、菅野成兼の名が、その後建治二年(一二七六)には橘姓大井氏の名がみえるが、いずれも在地領主として定着することはなかった。確実に当荘の在地領主と特定できるのは、南北朝期に南条である現増穂町付近に入部した、守護武田信武の子大井信明である。この大井氏は、戦国期の信達・信業の時代になると、守護家の信虎に対抗しうるような勢力を保持するようになった。　(高橋　傑)

おおいのまき　大結牧　下総国の牧。『延喜式』兵部省によれば下総に大結馬牧を記す。神名帳に葛飾郡意富比神社とあるのもこの牧に鎮座したものであろう。今の千葉県船橋市付近と思われる。この地が伊勢神領となり、船橋(夏見)御厨として発展し、大結牧の名称が消滅したものと考えられる。現在同市の船橋大神宮に意富比神を合祀している。伊勢神宮の大祓などの祭儀に馬を貢進している。　(小笠原長和)

おおいりょうりょう　大炊寮領　令制宮内省の被管、大炊寮の所領。同寮は供御稲粟の供進、諸国舂米の収納および諸司食料の事などを掌る。その所領は、おおよそ便補保と御稲田よりなる。便補保は殿上熟食米以下の公役を弁済する料所で、その殿上米とは『延喜式』にみえる内裏殿上侍所の日別二斗五升の料米をさすといい(『康富記』)、すでに鎌倉時代初期にはその料所に充てる便補保が諸国に存したことが知られる(『三長記』)。いま室町・戦国時代までの文書・記録からこの種の寮領を拾うと、十四ヵ所をあげることができる。御稲田は御稲《みいね》ともいい、「内裏・春宮毎日朝夕供御料所」(『師守記』)である。令制では、供御米は宮内省所管の官田から大炊寮供御院に収納された稲穀をもって備進し、その官田は大和・摂津・河内・山城の四ヵ国に計百町おかれたが、貞観四年(八六二)二月十五日付の官符(『類聚三代格』)によれば、天安元年(八五七)以降、供御稲進納国は山城・摂津・河内の三ヵ国に限定されている。また文保元年(一三一七)六月付の河内国河内郡御稲田雑掌の申状(『師守記』)によれば、「後三条院御宇延久年中」上記の三ヵ国に御稲田を定め置いたといい、大炊寮御稲田が令制官田の後身であることは疑いない。『本朝世紀』久安五年(一一四九)十一月三十日条の河内国石川御稲田は、寮領御稲田の確実な文献にみえる早い例であり、山城国河副里の御稲田二段も、すでに延久の坪付帳に記載されていたという(『師守記』)。その後室町・戦国時代にいたる間、文書・記録にみえる御稲田の数は五十ヵ所を越えるが、山城・摂津・河内の三ヵ国に、段単位で散在しているのが特徴的である。そのほか鎌倉―室町時代には、京都および近郊の米穀商人から大炊寮役として「米穀売買課役毎年家別壱果分」(一果は寮家政所枡のほぼ一石二合)を徴した(『壬生家文書』)。以上の寮領は、殿上米料所とか供御料所と称して「不レ可レ有二他役一之由承久以後度々公験分明也」(『師守記』)とい

大炊寮領一覧

大炊寮領

所在国郡	名称	特徴	典拠
近江 浅井郡	朝日郷内小横山殿上米料所		康富記
高島郡	賀茂領内殿上米料所		同
美濃 不破郡	玉村保		師守記・康富記
席田郡	莚(席)田保		同
若狭 三方郡	田井保		同
加賀 加賀郡	田上保	承久三年十二月官符宣案あり、永享五年中原康富知行	康富記
丹波 天田郡	今安保		師守記・康富記
因幡 八上郡	四部(分)保	文保元年四部保雑掌申状あり	師守記
播磨 揖保郡	香山保		同
美作 大庭郡	久世保	応永・嘉吉年間壬生官務家知行	師守記・師郷記・壬生家文書
備中 都宇郡	隼島保	吉備津社神供並びに殿上米料所	壬生家文書
備後 御調郡	栗原保		師守記
安芸 賀茂郡	高屋保		師守記・康富記
土佐 香美郡	香宗我部保		香宗我部家伝証文
山城 乙訓郡	乙訓上村御稲		師守記
同	久世村御稲	乙訓上村御稲のうち	同
同	大江御稲	同	同
同	寺戸御稲	同	同
同	富坂御稲	乙訓上村御稲のうち、上上野郷御田ともいう	師守記・壬生家文書
同	菱川御稲	乙訓上村御稲のうち	師守記
同	古河御稲	菱川御稲のうち	同
同	乙訓下村御稲	延慶年間下司職補任あり	師守記・壬生家文書
同	下久世御稲	下久世荘内	同
同	灰方御稲		壬生家文書
同か	淀水湛御稲		壬生家文書・押小路家文書
葛野郡	葛野御稲	中原師守知行	師守記
同	今堂御稲	葛野御稲のうち	同
同	西九条御稲		同
同	上桂御稲		壬生家文書
同	下桂御稲		同
同	嵯峨御稲		同
同	梅津御稲		同
山城 紀伊郡	東九条御稲		師守記
同	深草御稲	東九条御稲のうち	同
同	九条糠辻子御稲	同	同
同	三栖御稲		康富記
同	河副里御稲	延久坪付・建保国検帳に載す	師守記・九条家文書
同	芹川御稲		師守記
同か	西条御稲	史料に「西条井芹川御稲」とみゆ	同
宇治郡	南山科御稲	中原師守知行	師守記・壬生家文書
同	小栗栖御稲	南山科御稲のうち	師守記
同	木幡御稲	同	師守記・壬生家文書
同	北山科御稲	延慶年間下司職補任あり、中原師守知行	同
久世郡	狭山郷	応永年間寮領、のち内膳司領、御稲徴納か	康富記
綴喜郡	奥山田荘	御稲徴納	師守記・康富記
同	奥山田御稲	荘方・御稲方併存	師守記・伺事記録
同	田原御稲		師守記
同	市辺御稲		同
同	大住御稲	隼人司領大住荘内	康富記
同	奈島御稲		同
同か	御粟園御稲	御粟貢進、寮年預が半分知行	師守記
相楽郡	相楽御稲	春日祭供神物貢進	師守記・康富記
同	木津御稲	木津荘内	師守記・康富記・宣秀御教書案
河内 石川郡	石川御稲	久安五年御稲田供御人上洛愁訴す	本朝世紀・観心寺文書・師守記
河内郡	河内御稲	文保元年御稲田雑掌申状あり	師守記・康富記
讃良郡	讃良御稲		師守記
若江郡	若江御稲		同
摂津 島上郡	安満御稲		同
同	富田御稲	仕女職補任	同
島下郡	島下御稲	同	同
同	溝杭御稲		同
豊島郡	六車御稲	問丸が御稲等徴納	同
同	豊島北条御稲	仕女職補任	同
河辺郡	河辺北条御稲		同
同	小戸御稲	小戸荘内、寮目代が預所職知行	師守記・康富記
武庫郡	武庫御稲	寮目代が預所職知行	師守記
能勢郡	中村御稲	文応元年中村御厨と相論	吉黄記・師守記・康富記
(郡未詳)	八木郷御稲	内膳司領八木郷内	康富記
(国郡未詳)	清水御稲		同

うように厚く保護され、戦国時代に至るまで存続したものも少なくなかったが、一面鎌倉時代より大炊頭を世襲した中原氏では、寮領を管領して公役を勤めるとともに、自家経済の重要な支えとしたのである。（橋本　義彦）

おおうちごう　大内郷　丹後国加佐郡の郷名。京都府舞鶴市大浦半島の北部に比定され、『和名類聚抄』にその名がみえる。郷内には大内荘・吉囲荘がある。大内荘は『丹後国田数帳』に正応年中（一二八八—九三）九十七町二段三百歩とあって、暦応年間（一三三八—四二）には東寺供僧領である。吉囲荘は出羽権守平辰清の開発による寄進地系荘園の典型的なもので、文治年間（一一八五—九〇）には八条院が本家職をもち、建武年間（一三三四—三八）には下地三分一が東寺二十一口方の進止、三分二は源時重と左衛門尉政茂の相伝するところとなっている。（仲村　研）

おおうちごりょう　大内御領　⇨皇室領《こうしつりょう》

おおうちのしょう　大内荘　㈠伊賀国伊賀郡の荘園。現在の三重県上野市。東荘と西荘に分かれ、東荘は建仁二年（一二〇二）最勝金剛院領であったが、のち九条家領となった。また嘉禎元年（一二三五）に石清水八幡宮に寄進されたこと、および建武元年（一三三四）には西方に地頭のあったことが知られる。（小泉　宜右）

㈡丹後国加佐郡にあった荘園。吉囲《よしい》荘とも呼ばれた。現在の京都府舞鶴市の西舞鶴地区に大内の字名が残る。寿永三年（一一八四）、平辰清は相伝の私領である大内郷を「御勢を募らんがため」八条院女房弁殿御局に寄進したが、弁殿は大内郷の一部と思われる地域を「後代の牢籠を断たんがため」八条院に寄進、文治二年（一一八六）、本家八条院から大内郷吉囲荘の預所に補任された。預所職はその後、左衛門督局から大納言阿闍梨宝覚、藤原氏女、同子息時重・義弟政茂に伝えられたが、時重・政茂は建武五年（一三三八）、領家（預所）年貢の三分の一にあたる二十石を東寺御影堂長日理趣三昧料所として寄進した。荘の名称は左衛門督局譲状の段階で「おうち（大内）の庄」と見え、東寺領となってからも、もっぱら大内荘と呼ばれたようである。南北朝期に大内荘預所職をめぐって六波羅蜜寺円海・隆信と大日姫宮との間で相論が起こっており、また十五世紀には北野真満院領の吉囲荘（号大内郷）が見えるが、それらがどのように関係するかは明らかでない。なお江戸時代には広域地名として大内庄がみえる。（馬田　綾子）

おおうらのしょう　大浦荘　近江国浅井郡の荘園。現在の滋賀県伊香郡西浅井町大字大浦、琵琶湖最北部の漁村。はじめ皇室御領。平安時代初期元慶五年（八八一）、清和院より大浦荘の墾田二十八町五段百八十九歩が荘内浪人とともに延暦寺文殊院に寄進されたことが『三代実録』にみえる。その後天台座主明尊の私領となったらしく、その請により長久二年（一〇四一）二月二十四日の太政官符によって、寺門派三門跡の一つである円満院の所領となり、同年十二月の官符で四至が確定された。鎌倉時代になると、隣荘、山門檀那院領菅浦荘と激烈な堺相論が始まり、ことに、日差・諸河の二地域を争って百五十年間に及ぶ相論を展開した。その間、領主は日野（裏松）家にかわり、その代官松平益親がながく支配したが、大浦荘が菅浦荘を武力によってついに屈服させた寛正二年（一四六一）以後、代官益親との関係は悪化し、大浦荘の名主たちは領主裏松家に益親を訴えて、烈しい争論を展開した。なおこの当時大飢饉のため荘民の数は減少している。（金本　正之）
→菅浦荘《すがのうらのしょう》

おおえのみくりや　大江御厨　河内国の河内江と呼ばれた湖沼（東大阪市）を中心に、摂津国渡辺や津村郷（大阪市）などの大阪湾に面した地域をふくむ広大な皇室領。延喜五年（九〇五）に設けられ、御厨子所の管轄に属した。『高野山御参詣記』や『水走文書』によれば、御厨には御厨司がおかれ、そのもとに執当職や追捕職をもつ下司などが一般供御人の管理や検断にあたったと考えられる。供御人は江での漁業に従事して御贄を貢進しただけでなく、本田二百三十町歩の免田を耕作・経営して得た地子米を魚類などにかえて貢納し、さらに水運にも従事した。永承三年（一〇四八）関白藤原頼通の高野山参詣の際、水手として大江御厨夫三十人を給し、御厨司忠光は下司などを率いて水路を指南している。広い経済活動の場であったこの御厨は、元永二年（一一一九）に供御人・在家・免田の再編が行われたが、長元四年（一〇三一）には衛府の狩取と漁場争いがおこるなどの混乱もあり、応保元年（一一六一）には田地の荒廃、供御の未進、他荘の侵略などによる支配の衰退から再建がはかられ、国司もその管理にあたった。鎌倉時代には摂津の国司が当御厨の検校職を兼帯しないと供御の違失が多いと述べている。その後、御厨子所別当は内蔵頭が兼任したので、御厨子所領は内蔵寮領に包摂され、また山科家がそれらの職を世襲した結果、大江御厨も内蔵寮領となり、山科家が管轄した。しかし、このころには摂津にあった所領は失われて大江御厨と河俣御厨に細分・矮小化された。『教言卿記』や『山科家礼記』によれば、室町時代も応仁の乱までは御贄の品々や年貢・人夫役を貢進したが、文明四年（一四七二）畠山合戦の混乱期に、河俣御厨は半済と称して地頭三浦氏が押領し、大江御厨は守護被官が押妨、同十二年ともに不知行地となり退転した。なお、中心地の河俣や渡辺の津を根拠に、それぞれ河内水走氏や渡辺源氏が中世領主として発展した。（福留　照尚）

おおがのしょう　大神荘　豊後国速見郡の荘園。現在の大分県速見郡日出町一帯の地域。成立過程不明。大神郷の荘園化したもので、宇佐弥勒寺喜多院領。『豊後国図田帳』では面積百七十町歩が三つに分かれ、西の日出・津島は北条時宗が地頭、北の近部・藤原・井手村は戸次時頼、東の真奈井・野木乃井之村は戸次時頼・利根頼親。別に日出荘と大神荘ならびに乃木井を区別し、「大神・藤原両荘」などとあるのは、右三者の分立したものと考え

られる。荘名は南北朝時代まで見える。

参考文献 渡辺澄夫編『豊後国荘園公領史料集成』四下　（渡辺　澄夫）

おおかわどのみくりや　大河土御厨　武蔵国埼玉郡北半と足立郡西南部の御厨。伊勢神宮（二宮）領。大河戸とも記される。現在の埼玉県北葛飾郡松伏町大川土を遺称地とし、越谷市辺にかけての古利根川流域一帯とする説があるが、三郷《みさと》市・八潮市一帯にもまたがって存在したと思われる。元暦元年（一一八四）正月、源頼朝が権禰宜度会光親に付して神宮に寄進した。建久三年（一一九二）には内宮に上分八丈絹四十疋、御幣紙四百三十二帖、外宮に上分八丈絹三十疋、長日御幣紙四百六十八帖の他、起請雑用に八丈絹三十疋を負担している。　（西垣　晴次）

おおくにのしょう　大国荘　㈠伊勢国多気・飯野郡の荘園。現在の三重県多気郡多気町弟国を中心に、櫛田川流域にわたる。東寺領。桓武天皇の皇女布施（勢）内親王の賜田七百七十二町の一部百八十五町九段百八十歩が、その没後の弘仁三年（八一二）東寺に勅施入され、成立した。承和十二年（八四五）の伊勢国符によると、その四至は東は宇保村高岡、西は中万氏墓、南は多気郡佐奈倉崎、北は四神山里縄并大溝であり、条里の復原によると、荘域は飯野郡の十条から十五条に存在したと考えられる。この荘域は櫛田川の氾濫にしばしば見舞われる地域であった。荘内に公田が混在していたので、承和二年公田と隣接の川合荘田と相博し、円田化がはかられた。また同時期の天長九年（八三二）と斉衡三年（八五六）に大国・川合両荘の開発料として浪人が施入された。この時期の荘田の経営は田堵の請作によっていた。田堵らは当荘が伊勢神宮の神郡内にあることを理由に地子の弁進を拒否し、さらに十一世紀後半になると荘田の侵略をすすめた。田堵のうちには神宮の下級神官である権禰宜であった者もあり、彼らは神宮の権威をかり東寺側に対抗した。一方、保安二年（一一二一）八月の洪水は当荘に大きな損失を与え、荘田三十二町四段百八十歩のうち損田は十三町三段、荘畠二十四町百六十歩のうち損畠は十町三段半に及んだ。こうした地域的条件と田堵・神宮の両者による荘田への侵略は、大国荘への東寺の支配力を弱体化させることになった。十二世紀から十四世紀にかけその動向は明らかでないが、正安二年（一三〇〇）八月十五日の雑掌申状案によれば地頭佃・領家佃があった。康永三年（一三四四）三月光厳上皇は所務を寺家に寄付し、これをうけて東寺長者賢俊は当荘を聖教書写談義講説料足とした。貞和元年（一三四五）には久成が任料四貫二百で預所になっている。しかし、当時悪党の活動が著しく、同三年には池村七郎左衛門以下の濫妨がみられ、同五年には野田彦六が寺務の下知と称して入部し、東寺の当荘への支配は次第に有名無実化した。応安元年（一三六八）には、愛曾六郎以下の押領にゆだねられ、永和二年（一三七六）五月には、南朝側の陣するところとなり、一粒の所務にも及ばぬという状態になった。明徳五年（一三九四）の廿一口方引付によれば、当荘は安芸守忠俊なる者に押領されていたが、隆禅僧都が給主職を望んでいる。この結果は明らかではないが失敗に終ったものと思われる。当荘の史料には平安時代における田堵の経営をうかがう好史料が豊富。史料は『東寺百合文書』および『教王護国寺文書』。　（西垣　晴次）

㈡石見国邇摩郡の荘園。現在の島根県大田市邇摩町大国付近を中心とする地域。『和名類聚抄』には邇摩郡に大国郷がみえている。古くより石清水八幡宮寺領であり、保元三年（一一五八）十二月三日付官宣旨に、石清水八幡宮并宿院極楽寺領荘園の領家・預所・下司・公文などに対し、神領を掠領することを禁じ、宮寺領として三十四の国々において百ヵ所を列挙している中に、石見国大国保とみえており、石見国唯一の宮寺領なることがわかる。また元暦二年（一一八五）正月九日付源頼朝袖判の下文に八幡宮寺領として十一ヵ国に四十ヵ所を列挙し、それに対する武士の狼籍を停止しているが、その中に同じく石見国大国保とみえる。しかしその後は徴証を欠き、伝領関係も定かではない。　（金本　正之）

㈢近江国愛智郡の荘園。現在の滋賀県愛知郡愛知川町付近。貞観十八年（八七六）の僧安宝の定文で知られている東大寺領近江国愛智荘は、この大国荘と同じものとも考えられる。東大寺僧安宝が農民の治田を買得集積して東大寺領荘園としたもので、輸租荘園である。大国荘とみえる初見は天暦四年（九五〇）で、荘田七町一段三百二十歩。長徳四年（九九八）の注文には七町一段二百二十歩。のち十二世紀中ごろには隣接する元興寺領愛智荘と合体して東大寺領愛智荘となっていたらしい。鎌倉時代に七条院→修明門院→四辻宮善統親王→後宇多院→尊治親王から再び四辻親王家へと伝領された大国荘がみえ、同荘ではこれと重複して、西園寺家や興福寺東円堂が領有権を有し（現在愛知川町に東円堂という字がある）、鎌倉時代末には上荘と下荘とに分かれていた。なお弘安八年（一二八五）の東大寺領注進状には愛智郡の大田荘（大国荘の誤りであろう）は不知行となっている。　（坂本　賞三）

→愛智荘《えちのしょう》

おおくらしょうでん　大蔵省田　大蔵省の独自の財源として設定された、いわゆる諸司田の一つ。大蔵省の職員の給与などに充てられた。その主体は元慶五年（八八一）、前々年の畿内五国に設置された元慶官田の一部を、京官諸司に配分することによってできた要劇料田に起源がある。延久二年（一〇七〇）九月二十日興福寺大和国雑役免坪付帳（興福寺文書・天理図書館所蔵文書『平安遺文』九巻四六三九・四六四〇号）によると、当時大和国内に十八町余の大蔵省田があったことがわかるが、これはその後身と考えられる。ただし、この頃には、省田からの収入の一部である雑役が興福寺に寄進されており、大蔵省に

大蔵省領一覧

大蔵省領

所在国郡	名称	特徴	典拠
大和　城上郡等	大蔵省田	十八町二段余が数郡に散在	興福寺雑役免帳
(下総香取郡か)	大須賀保	正応元年幣料を課す	勘仲記
常陸　新治郡	大蔵省保		常陸国作田惣勘文
同	笠間保	右掲の大蔵省保と同一地域か、正応元年幣料を課す	勘仲記
上野　那波郡	玉村保		勘仲記・円覚寺文書
長門　豊浦郡	員光保		萩藩閥閲録
紀伊　那賀郡	市保	高野山伝法院領石手荘と論田あり	根来要書

収取されていたのは官物のみであった。　（牛山　佳幸）

おおくらしょうりょう　大蔵省領　令制大蔵省の所領。同省は諸国から京進の調や財物の管理、出納を掌る。延久二年(一〇七〇)の『興福寺雑役免帳』には、大蔵省の要劇田十八町二段余が大和諸郡に散在していたことを載せているが、これは元慶五年(八八一)大和・摂津両国に置かれた六十二町五段余の要劇田の名残であろう。また弘安二年(一二七九)の『常陸国作田惣勘文』には、五十一町二段余の大蔵省保が記載され、徳治元年(一三〇六)にはこれが六十六町余にふえている。正応元年(一二八八)大蔵省幣料の進済を命ぜられた笠間保は、この大蔵省保をさすらしく、また同時に幣料を課せられた大須賀保も同省領であろう。このほか天承元年(一一三一)の文書にみえる紀伊国市保をはじめ、二～三の省領の存在を知り得るが、一方同省の財政は、後世に至るまで諸国の納物に依拠する面が強く、また省内の実務は次第に省年預の掌るところとなり、のちには堀河氏がこの年預職を世襲した。　（橋本　義彦）

おおさとのしょう　大忍荘　土佐国香美郡の荘園。現在の高知県香美郡香我美町あたりの地域。大里荘とも書き、物部川上流と香宗川流域を占め、南は海岸までのびている。立荘年次・成立事情は不明だが『和名類聚抄』にみえる大忍郷が荘園化したもので、鎌倉時代初期に成立したものであろう。『元亨釈書』に鎌倉極楽寺の忍性が「療病悲田之院」の費用を当荘の年貢でまかなったことがみえている。鎌倉時代末期―南北朝時代ごろは熊野神社領となったが、室町時代には妙心寺末寺の吸江庵に属する光明寺の支配下にあった。荘園の開発は名主たちによって行われたが、彼らは互いに契約を結んで自己の利益を守り、脇名を派生しながら発展した。東川清遠名の山川氏、行宗名の行宗氏、槇山の専当氏らは荘内の有力名主であった。南北朝時代以降細川氏が土佐の守護となってからはその勢力下にあったが、中世末には畑山・山田両氏が支配した。天文末年以降長宗我部氏の所領となり、天正十五年(一五八七)・十六年に検地が行われ、現在五冊の地検帳が残存している。山内氏入国後、近世村落に変貌した。　（山本　大）

おおしま・おきつしまのしょう　大島・奥津島荘　近江国蒲生郡の荘園。現在の滋賀県近江八幡市北津田の地内。中世文書では奥島荘とある。本来湖岸から離れた島内であり、住民は、農民である一方、魞《えり》を有する漁民でもあった。平安時代から延暦寺の厩料所であったがその起源は詳らかでない。平安時代中期、承保元年(一〇七四)三月二日奥島荘司土師助正は解文(寄進状)を以て相伝の畠地七段を長命寺に寄進したが、これが奥島荘に関する現存最古の古文書である(『長命寺文書』)。中世、鎌倉時代から南北朝・室町時代にかけて、山門の荘官と荘民間にしばしば確執があった(『大島・奥津島神社文書』)。また南北朝から室町時代には、荘の一部は青蓮院門跡領となっており(『青蓮院文書』)、一部は山城国善入寺領となっていたことが知られるが(『大島・奥津島神社文書』)、地積など詳しいことは不明である。荘内に式内社、大島・奥津島神社が相並んで鎮座する。　（金本　正之）

おおしまささきべのしょう　大島雀部荘　摂津国武庫郡の荘園。現在の兵庫県尼崎市西部にあたる。左大臣藤原頼長の所領であったが、保元の乱後没官されて院領となり、さらに蓮華王院を本所とする荘園となった。同荘では預所に相当するものを本領主といい、源氏女某が預掌していたが、文治三年(一一八七)その職は頼長の子師長に譲られた。翌年師長はこれを高遠流の藤原孝道に譲与し、孝道の女が宇多源氏の源資信に嫁いだ結果、子の源時経に伝領された。後醍醐天皇の時、「非分之御沙汰」として時経の子少将資名が拝領したが、その後、臨時の朝恩として、蔵人俊清・楠木正成・僧正覚円らに充行われ、康永年間(一三四二―四五)西園寺家に付された。しかし、所務は赤松則祐に掠領され、また村上源氏の源雅康(母は資名の女)が自己の伝領を主張して認められ、雅康の子孫に伝領された。なお永正十七年(一五二〇)細川高国について活躍した雀部与一郎兄弟は同荘の地侍であろう。　（福留　照尚）

おおしまのしょう　大島荘　㈠伊予国越智郡の島嶼部(大島)の荘園。現在、愛媛県越智郡吉海町に本庄・津倉の地名が残っている。醍醐寺領。鳥羽院の御願による廊御堂の費用にあてるため、もと中院右大臣源雅定を領家と仰ぐ大島のうち甘原方の田三十町と、藤原基隆が伊予守のとき鳥羽院一品宮に寄進した大島のうち吉浦方の田五十町とを合わせて寺領とされたものである。また両方には畠が七十六町ずつあった。大治三年(一一二八)に官使・史生などが牓示を打ったが、その時吉浦方の田は四十三町、甘原方の田は三十七町であった。荘園年貢は田が段別五斗、畠が段別麦二斗で、その他塩地子三十石(他に牛の使用料二斗)、桑代絹二十疋、交易綿一両があった。こ

のうち米百八十七石一斗四升が人件・仏事などの寺用にあてられた。なお預所の得分は段別二升、公文・出納はそれぞれ段別一升であった。寺領になってからも廿原方三十町については中院家が依然領家職を保有していたが、雅定の孫通親が寺用年貢を多額に未進したため、寺家から院庁に訴えられ、領家職五代相伝の由を披陳したが、結局寺家に直属することになった。鎌倉時代における大島荘の地頭に関しては明らかでないが、康暦元年(一三七九)安芸国の小早川宗平が、幕府から大島荘の地頭職を与えられている。この地頭職はのちに半分、さらに四分の一に分割されて小早川一族に譲り渡されている。(渡辺　則文)

(二)越後国古志郡の荘園。現在の新潟県長岡市付近。殿下御領で、文治二年(一一八六)三月、源頼朝知行国内諸荘園の年貢進納が求められた時の注文にみえる。長享元年(一四八七)には、近衛政家が守護上杉房定に年貢進納を催促しているから、一貫して摂関家領であったとみられる。もっとも、文明年間(一四六九—八七)には守護上杉氏の料所であって、守護代長尾氏が知行しているから、守護の請所となっていたものであろう。(羽下　徳彦)

おおすみしょうはちまんぐうりょう　大隅正八幡宮領　鹿児島県姶良郡隼人町に鎮座する鹿児島神宮(正八幡宮)の所領。十一世紀前半以降、鹿児島神社が石清水八幡宮・宇佐弥勒寺の支配下に入り、大隅正八幡宮が成立した。正八幡宮は種々の権威づけを行い、薩摩・大隅に社領を形成しようとした。島津荘の拡大に対して、大隅国衙が正八幡宮と結託した結果、国衙領のかなりの部分が半不輸の正八幡宮領化した。建久八年(一一九七)段階での大隅国内の正八幡宮領は、国内の惣田数の四割強を占める田千二百九十六町三段小である。その内訳は、不輸五百町五段小・応輸(国方所当弁田)七百九十五町八段である。大隅国内の正八幡宮領は、小河院・桑東郷・桑西郷・帖佐郡・蒲生院・吉田院・加治木郷・禰寝院南俣・栗野院・鹿屋院内恒見・姶良荘である。これらのほとんどは、正八幡宮不輸・応輸および国領で構成された半不輸領である。上記所領の国領部分には、多く経講浮免田が設定され、国衙を通して正八幡宮に所当が納入された。建久八年段階での薩摩国内の正八幡宮領は、一円社領荒田荘八十町と、高城郡・東郷別符・薩摩郡・伊集院に設定された半不輸の万得領(万得名)百四十五町三段に分かれる。万得領は薩摩・大隅両国に存在し、十一世紀後半から十二世紀前半、大隅国司を父に持つ正八幡宮執印公賢が、国衙在庁を中心とした領主層からの買得、寄進などの手段によって形成した所領と思われる。鎌倉初期、正八幡宮領全体の惣地頭として頼朝側近の中原親能が補任されたが、正八幡宮側の反発で停止された。その後、帖佐郷・荒田荘・万得名に地頭が補任されたが、元久元年(一二〇四)に再度停止され、以後、惣地頭は当社領には置かれなかった。社領内に拠点を持つ国御家人である「宮方御家人」は、鎌倉末期には初期よりも減少している。この現象の背景にも正八幡宮の影響力が存在していた。南北朝期、正八幡宮は、大隅守護島津氏に対抗する勢力の拠点となったが、室町期には島津氏の勢力下に入った。(清水　亮)

おおすみのしょう　大住荘　山城国綴喜郡大住郷の地に成立した荘園。現在の京都府京田辺市大住・松井の地域。大隅・大炭荘とも書く。鎌倉時代興福寺領として近くの石清水八幡宮寺領薪荘との間にしばしば用水争論を起した。嘉禎元年(一二三五)には興福寺衆徒が薪荘に押し寄せ在家六十余宇を焼き、他方では八幡宮寺の所司家人らが大住荘内居住の春日社神人を殺傷するなど、事は容易に落着せず、ために弘安五年(一二八二)には、亀山上皇の院宣をもって両荘ともに替地を与え永代争論を鎮めようとする議さえ起っている。室町時代にも、文安二年(一四四五)石清水八幡宮寺の神人が荘内の橘御供田のことについて訴訟を起し、宝徳三年(一四五一)には隣接松井村の百姓との間に草刈場の堺争論が生じた。なお、弘安元年荘内田地二段の所当米が東大寺に寄進された例があり、また『康富記』には康正元年(一四五五)当時荘内に隼人司領大嘗会田一町二段があったことがみえる。(須磨　千頴)

おおそねのしょう　大曾禰荘　出羽国の荘園。通説では東村山郡大曾根村(山形市大曾根)にあてるが、飽海郡内の地(山形県酒田市付近)とする説もある。立荘の経過は明らかでないが、関白藤原忠実の所領として久安四年(一一四八)その子左大臣頼長に譲られている。保元の乱後の保元二年(一一五七)三月、他の頼長の所領とともに没官され、後院《ごいん》領となった。十二世紀中ごろには奥州藤原氏(基衡)の管理下にあって、布二百反、馬二匹の年貢を頼長のもとに送っていた。(大石　直正)

おおたのしょう　大田荘　(一)大和国城上郡の荘園。現在の奈良県桜井市太田付近。長保三年(一〇〇一)平惟仲の施入により白川寺喜多院(寂楽寺)領となった荘園の中に、当荘が所見。長久三年(一〇四二)の寂楽寺宝物紛失状案にはそれは「加地子荘」とみえる(以上高野山文書)。ついで延久二年(一〇七〇)『興福寺雑役免帳』に所見して興福寺領。十七条二里、十八条三里・四里・五里、十九条四里にわたり、計十九町二段。鎌倉時代から、興福寺一乗院門跡根本所領の一。貞和三年(一三四七)の興福寺造営料大和国八郡段米田数幷済否注進状(春日大社文書)には、一乗院方城上郡に「大田庄　六町大」と記される。ただし他の諸荘とともに段米は備後教蓮坊に抑留されていた。延元三年(一三三八)には名和行氏に当年の兵粮料所として充行われたこともあるが(同年七月二十六日「後醍醐天皇綸旨案」名和文書)、小面積ながら室町時代も一乗院領として維持され、羽津里井荘など周辺諸荘と六師川の分水をめぐって用水相論がたびたびくり返された。なお当荘の東北部は大乗院領大市荘と接していた。室町時代の下司は一乗院方衆徒の岸田氏。(熱田　公)

大隅正八幡宮社領一覧

大隅正八幡宮領

所在国郡	名称	成立年号	特徴	典拠
豊後 上毛郡	上毛郡 勤原村	弘安七年	弘安七年、鎌倉幕府の地頭職寄進により社領化	薩藩旧記雑録・島津家文書
薩摩 鹿児島郡	荒田荘	十一世紀後半～十二世紀前半	一円社領	島津家文書
薩摩郡	高城郡	同	半不輸領(万得領)、一部は島津荘と相論	同
同	東郷別符	同	半不輸領(万得領)	同
同	薩摩郡	同	同	同
日置郡	伊集院	同	半不輸領(万得領)、一部は島津荘と相論	同
大隅 嚩唹郡	曾野郡	同	半不輸領(万得領含む)、経講浮免田あり	桑幡家文書
肝属郡	小河院	同	同	同
同	鹿屋院	同	半不輸領(恒見名)	同
姶羅郡	筒羽野	同	筥崎宮浮免と国衙領からなる半不輸領、筥崎宮の本家が石清水八幡宮のため、便宜上正八幡宮領としたものか	同
同	桑東郷	同	半不輸領(万得領含む)、経講浮免田あり	同
同	桑西郷	同	同	同
同	帖佐郡	保安三年	藤原忠実の寄進により社領化、半不輸領(万得領含む)、経講浮免田あり	同
同	蒲生院	十一世紀後半～十二世紀前半	半不輸領(万得領含む)、経講浮免田あり	同
同	吉田院	同	同	同
同	加治木郷	同	半不輸領	同
大隅郡	禰寝院 南俣	同	保安二年以前に社領化、半不輸領	同
同	姶良荘	長久年間	一円社領、国司寄進により成立、四季大般若供料田	同
桑原郡	栗野院	同	半不輸領	同
菱刈郡	菱刈郡 入山村	同	筥崎宮浮免、筥崎宮の本家が石清水八幡宮のため、便宜上正八幡宮領としたものか	同

(二)武蔵国埼玉郡の荘園。現在の埼玉県熊谷市東部を北西端とし、春日部《かすかべ》市を南東端とする細長い七市八町にわたる地域。荘内の村落は古利根川流域の自然堤防上に分布する。この荘は、『吾妻鏡』文治四年(一一八八)六月四日条に八条院の所領として記され、おそらく十二世紀中葉に立荘されたものと推定される。開発・寄進者は、秀郷流藤原氏の大田大夫行尊に始まる行政・行光らの大田氏と推定される。中心部の北葛飾郡鷲宮《わしみや》町に鷲宮が鎮座している。 (峰岸 純夫)

おおたのしょう 太田荘 (一)備後国世羅郡の荘園。現在の広島県世羅郡甲山町一帯を中心とする地域。開発領主橘氏は下司職を留保して、上級得分権を平家に寄進し、平重衡は預所職を留保して、同荘を後白河院に寄進した。仁安元年(一一六六)のことである。嘉応元年(一一六九)には、年貢運送のために尾道村に倉敷が設定された。太田荘の年貢米約二千石と瀬戸内海交通の要衝尾道浦の確保は、平氏政権にとって重要な経済的基盤であった。下司橘氏は、公文などの進止権、村々神主の沙汰権を持ち、根本屋敷を中心に門田畠を領有し、荘民の労働力を徴発して直営田を経営し、荘民との間に生ずる軋轢《あつれき》を「私武威」によって弾圧した。治承・寿永の乱で、平家が滅び当荘は没官領とされたが、橘氏は入部した土肥実平・遠平を頼んで鎌倉御家人となり、下司としての支配を続けた。文治二年(一一八六)、後白河院は、当荘を高野山に寄進した。荘園領主高野山は、僧鑁阿《ばんな》の努力によって荘務執行組織(預所体制)を確立し、支配力を在地に滲透させていった。この期の耕作田は六百十三町余で、除田三十三町余、定田五百八十町余(御佃十二町、官物田五百六十八町余)であり、年貢収納は、預所代と定使の責任であった。建久七年(一一九六)、橘氏は謀叛の咎によって関東に召し下され、そのあとに、三善康信が地頭として補任された。彼の死後、子康継が太田荘太田方地頭職を、同康連が桑原方地頭職を安堵され、以後、一族が地頭職を相伝した。康連一族が幕府の要職にあって在地下向ができず、桑原方の支配が代官による間接支配であったのに対し、太田方の地頭は在地に密着した支配を展開した。地頭は、下司から継受した諸権益を槓桿として百姓名を押領し、門田・別作の経営に平民百姓を徴発するなどして支配力を伸張した。預所も、有力名主層を配下に引き入れ、悪党を扶持するなどして勢力を強化したが、十三世紀後半に預所となった和泉法眼淵信のごときは、他国他荘の請負代官を兼任し、尾道浦を拠点として年貢運送業を営み、巨万の富を蓄積したといわれている。鎌倉時代中末期には、年貢未進などをめぐって地頭と預所との対立は激化し、文永―嘉暦年間(一二六四―一三二九)にわたって三回も和与《わよ》が行われた。南北朝内乱期には地頭三善氏が両軍に分裂して勢力を減少させ、荘園領主権力も、広沢・三吉・杉原など近隣在地領主の荘内侵入によって弱められ在地の掌握が不可能となった。内乱の過程に三善氏は近隣在地領主とともに守護山名氏の被官となり、守護の領国支配が展開する。応永九年(一四〇二)、

山名時熙が当荘を年貢千石で請け負ったが(守護請)、契約は空文に等しく、永享年間(一四二九―四一)までに未進額は二万六百余石に達した。寛正年間(一四六〇―六六)までわずかに続いた高野山と太田荘の関係も、応仁の大乱以降は絶え、毛利氏・山内氏などの知行地が荘内各所に見られるに至って、当該地域の荘園としての歴史は終り、戦国大名領としての歴史が始まるのである。

参考文献 瀬野精一郎編『備後国大田荘史料』一

(佐藤 和彦)

(二)信濃国水内郡の荘園。現在の長野県上水内郡豊野町・三水村および長野市長沼にあたる地域。立荘は平安時代で近衛家領。承久の乱の恩賞として地頭職が島津氏に与えられたと推定され、島津氏の請所となった。荘の中心は神代《かじろ》、のち北国街道松代通り神代宿(豊野町豊野)になった地である。荘内大倉(大蔵)・石村両郷地頭職は北条氏一族の金沢氏の所領であったが、北条実時後家および実時女により武蔵金沢の称名寺に寄進された。その後、室町時代まで、太田荘は本家が近衛家、大倉・石村両郷の地頭職は称名寺、石村南・津野・神代・下浅野・赤沼・長沼などの諸郷の地頭は島津一族で、惣領家は石村南郷のみを相承した。南北朝時代には島津氏代官が大倉郷を侵略し、称名寺は幕府に訴えて紛争三十余年に及んだが、ついに島津氏および隣接高井郡の武士高梨氏に押領された。近衛家は暦応二年(一三三九)太田荘を東福寺海蔵院に寄付した。応永七年(一四〇〇)幕府は海蔵院の要請により、信濃守護に命じて太田荘領家職の押領人を退けており、文明十二年(一四八〇)にも、太田荘を海蔵院に返付している。地頭および近隣の武士の侵略に必死で抵抗している姿がうかがわれる。

(小林計一郎)

おおたぶみ 大田文 中世の、特に鎌倉時代を中心に、各国ごとに作成された一国内の国衙領・荘園別の田地面積、さらに領有関係を記録した文書。当時「大田文」「田文」「田数帳」「惣田数帳」「田数目録」「作田惣勘文」などとよばれたものの総称で、「図田帳」もまたその一種とみなされる。別表に示したように現在二十一種の存在が知られ、うちほぼ完全な形で残っているものが十三種あるが、いずれも鎌倉時代のものである(ただこのうち『丹後国田数帳』のみは、鎌倉時代末の年記を有するにもかかわらず、内容そのものは明らかに室町時代十五世紀の半ばすぎのものである)し、また鎌倉幕府の田文作成令など、作成事実の判明している場合が九例ほどある。ところでその記載内容には、A型―一国内国衙領・荘園すべての田地面積を記すもの、A′型―同じく田地面積プラス国衙領の応輸田の所当米を記すもの、B型―同じく田地面積プラス領有関係、特に地頭の氏名を記すものの三種が区別されるが、一応A・A′両型は国衙の大田文、B型は幕府側の大田文と判断される。A型の作成目的には、伊勢神宮役夫工米・大嘗会米、国の一宮の修理造営役など、一国内の国衙領・荘園平均に、その単位面積当りに賦課される一国平均の課役徴収の基礎資料とする場合が多く、A′型は一国で行われた国衙の惣検注の成果を整理集約し、国衙で収納すべき米の量を把握するために作成されたと考えられる。これに対し、田地面積と領有関係、特に地頭についての記載の詳細なB型は、幕府の国内統治実現のための重要な素材であり、地頭補任状況の調査、地頭御家人への御家人役賦課の際の基準面積の把握などを目的としていた。その作成手続はB型の場合は幕府の命をうけた各国守護が、A・A′型の場合には国司が、それぞれ国衙在庁に命令して作成・注進させたものであり、資料とされたのは国衙に整理・保存されていた種々の検注帳、荘園の立券文書などであった。ただ鎌倉時代中期以降になると、B型作成の際、守護が特に資料として御家人や各荘園・郷・保ごとに報告を求め、より実体に即した内容とする努力を払っている例もある。その発生時期についてはまだ定説がないが、一国平均の課役の体制化、あるいは荘園整理令との関連からみて、十一世紀半ばからの院政期を始期と考えるべきであろう。鎌倉時代以後にも一国平均の課役、あるいは段銭を賦課する際の基本面積を表示した基本帳簿として、中世を通じて重要視され、利用された。一国単位に国衙領・荘園の面積比率、分布状況、領有関係、地頭補任状況などの鳥瞰図を与えてくれるえがたい好史料であり、さらに若干の場合には記事を加工して荘園化の年代を究明し、荘園制の発展過程を明らかにすることもできる。だが一方では中世を通じてしばしば伝写・利用されているため、現在の伝本に改竄・追書の行われている可能性もあり、本文批判は厳密に行われねばならない。→田文《たぶみ》

大田文作成令等一覧

事項	年月日	典拠
武蔵国田文の作成	正治元年11月30日	吾妻鏡
武蔵国田文の作成	承元4年3月14日	同
翌春、駿河・武蔵・越後三国の大田文作成令	建暦元年12月27日	同
肥前国図田帳の存在	嘉禄年間	実相院文書
播磨国田文の注進	嘉禎4年	峯相記
和泉等西国田文注進令	建長元年6月5日	久米田寺文書
駿河・伊豆・武蔵・若狭・美作・安芸等諸国田文注進令	文永9年10月20日	東寺百合文書・萩藩閥閲録
播磨国田文の注進	建治2年	峯相記
紀伊等諸国田文の注進	弘安年間	紀伊続風土記

(石井 進)

おおちのしょう 大地荘 河内国渋川郡邑智《おおち》郷のあたり、六条冷江里・次田里、七条橘嶋里・足代里・足代里外にまたがる約二十五町歩の石清水八幡宮領荘園。この荘園

の中心は現在の近畿日本鉄道奈良線布施駅南方の東大阪市足代町あたりの足代里であり、その周辺、大阪市生野・東成両区にまで散在していた。大地荘の荘名は、邑智郷から起ったものと思われる。後三条天皇の荘園整理政策にそって石清水八幡宮領荘園が点検された時、この荘園はその合法性がほぼ確認され、大部分の領有が許された。延久四年(一〇七二)の太政官牒によると、長保年間(九九九―一〇〇四)以後、代々の国司から荘領としての免判をうけ、石清水八幡宮では、この荘園の収入でもって、同社を勧請した行教の正月十八日の遠忌会僧供料にあてていた。この延久四年の点検にあたって、従来から免除されていた本免二十五町百三十歩より余分の四段歩余は、領有の法的根拠がないとして収公された。

(三浦　圭一)

大田文一覧

名称	作成年月日	記載事項	伝存状況	所収書名
日向国図田帳	建久八年六月日	B	◎	島津家文書・(改定)史籍集覧・鎌倉遺文
薩摩国図田帳	同	B	◎	島津家文書・(改定)史籍集覧・鎌倉遺文
大隅国図田帳	同	B	◎	(改定)史籍集覧・日本歴史一四二・鎌倉遺文
肥後国図田帳	建久八年閏六月日	B	△	相良家文書・鎌倉遺文
肥前国図田帳	建久八年七月日	B	△	大分県史料・鎌倉遺文
筑後国惣図田帳	建久八年□月十一日	B		大分県史料
豊後国図田帳	建久八年	B		醍醐寺文書・大分県史料・鎌倉遺文
豊前国図田帳	建久年間	B	△	大分県史料・鎌倉遺文
筑前国図田帳	同	B		金剛三昧院文書
肥後国惣図田帳	建保四年	B		熊本県史料
豊後国図田帳	同	B		醍醐寺文書
能登国田数目録	承久三年九月六日	A	◎	加能古文書・(改定)史籍集覧・鎌倉遺文
石見国惣田数注文	貞応二年三月日	A	◎	鎌倉遺文
淡路国大田文	貞応二年四月日	B	◎	続群書類従・大日本史料・鎌倉遺文・栃木県史
若狭国惣田数帳	文永二年十一月日	A′	◎	福井県史・鎌倉遺文
常陸国作田惣勘文	弘安二年	A	○	続群書類従・茨城県史料
豊後国図田帳	弘安八年九月晦日	B	◎	続群書類従・編年大友史料
但馬国大田文	弘安八年十二月日	B	◎	続々群書類従
肥前国河上宮造営用途支配惣田数注文	正応五年八月十六日	A	◎	佐賀県史料集成
常陸国田文	嘉元四年八月十日	A	◎	安得虎子・佐竹古証文
丹後国田数帳	正応元年八月日	B	◎	(改定)史籍集覧

大田文

(一)記載事項欄
A は一国内国衙領・荘園すべての田地面積を記すもの
A′は同じく田地面積プラス国衙領の応輸田の所当米を記すもの
B は同じく田地面積プラス領有関係、特に地頭の氏名を記すもの

(二)伝存状況欄
◎印は完全な形で伝わっているもの
○印は一部分のみ欠け、大部分が伝わっているもの
△印は大部分が欠け、一部分のみが伝わっているもの
空欄は逸文のみ伝わっているもの

おおつくだ　大佃　⇩佃《つくだ》

おおつのみくりや　大津御厨　駿河国志太郡の御厨。現在の静岡県焼津市付近の地域。伊勢神宮(二宮)領で、建立は嘉承年間(一一〇六―〇八)以前。『兵範記』裏文書(仁安四年夏巻)によると、駿河所在の七ヵ所の神宮領が収公された時にも、大津御厨は小杉御厨とともに収公されなかった。文治五年(一一八九)地頭の板垣兼信は院宣を受けた源頼朝により改易されたが、この時は太皇太后(藤原多子)領であった。建久三年(一一九二)の『神宮雑書』では、給主は故一条大納言家子息とされている。同四年の二宮進官注文(『神鳳鈔』)では、内宮に白布三十段、紙三百帖、外宮に四丈中布三十段、雑用三十段を貢進していた。中世末の『外宮神領目録』『外宮神領給人引付』では、白布三十端、雑紙三百三十帖と記されている。なお『神鳳鈔』には、大津御厨のほかに大津新御厨、二百町五段百八歩がみえている。

(西垣　晴次)

おおつます　大津枡　近江国大津で使われた十合枡。三井寺・延暦寺の収納枡でもあり、それぞれにおいて三井寺枡・山門枡ともいう。大津は延暦寺、園城寺(三井寺)を控え、水陸交通の要地として寺領荘園の物資の集積地であった。このため園城寺・延暦寺ともそれらの収納計量に用いるための枡を整えたものと見られる。中世では荘園ごとに用いられる枡の容積が異なっていることが一般であるので、おそらく集積地の大津においてそれらを一元的に計量し直すために用いられた収納枡である。『古今要覧』によれば方形四寸八分五厘、深さ二寸三分弱の大きさ、京枡の八合三勺に相当し、天正十四年(一五八六)十月に京枡へ改められるとするが、石田三成による同年検地ではこの大津枡が基準として用いられたと推定され、公定枡である京枡に切り替わるのは文禄五年(一五九六)検地以後と見られる。

(福眞　睦城)

おおとものしょう　大友荘　相模国足上郡の荘園。現在の神奈川県小田原市の東大友・西大友はこの荘の遺名であろう。立荘年次や成立事情の詳細は不明。『和名類聚抄』足上郡に伴郡郷(伴部の誤)、『荒陵寺(四天王寺)御手印縁起』に食封足上郡大伴郷などとあるのが、大友荘の前身と考えられる。『大友系図』によると、藤原秀郷の後裔大友四郎経家からこの地を支配したらしく、経家の女婿中原親能、ついで親能の養子能直へと伝えられた。この能直を大友氏の家祖としているのは、本領大友郷の地頭職や養父親能の遺領を能直が相続したためであろう。なお、延応二年(一二四〇)の能直室深妙所領配分状(『志賀文書』)には大友郷とあり、まだ荘号はない。それが建長四年(一二五二)の関東裁許下知状案には大友荘とみえる(『詫摩文

書』)。寛正三年(一四六二)足利政知は、東大友半分の地を鶴岡八幡宮へ寄付した(『鶴岡八幡宮文書』)。『小田原衆所領役帳』にも東西大友の名と所領役高が記されている。
(三浦　勝男)

おおとりのしょう　大鳥荘　和泉国大鳥郡の荘園。現在の大阪府堺市鳳を中心とした地域。南は草部郷(荘)に接し村上以北、東は蜂田郷(荘)に接して石津川以西、北は石津郷(荘)に接し、西は海であったと思われる。『田代文書』・『大鳥郷文書』(『徴古雑抄』所収)によると、平安時代末期から鎌倉時代前期の承元五年(建暦元、一二一一)までは国衙領大鳥郷であった。正安四年(乾元元、一三〇二)『室町院御領目録』(八代恒治旧蔵文書)に「和泉国大鳥荘　北白河院　院御分　椎野寺」と註されており、北白河院(後高倉院妃持明院陳子)の没年である暦仁元年(一二三八)以前に立荘されていたと考えられる。その後室町院(後堀河天皇女暉子)領となり、室町院の没後、院領は持明院・大覚寺両統に二分されたが、大鳥荘は持明院統に伝領された。南北朝時代には、南朝が建武四年(延元二、一三三七)大鳥荘領家職を祈禱料所として金剛寺に寄進し、文和三年(正平九、一三五四)荘内安久・利春名を新待賢門院(後醍醐天皇後宮阿野廉子)に管理せしめた(『金剛寺文書』)。持明院統から北朝に伝えられた大鳥荘の領家椎野寺は延文四年(一三五九)領家代官を田代利綱に委ねた。室町時代に大鳥荘下条奉行職は北野宮寺造営料所としてたびたび幕府の安堵状を得、永正十五年(一五一八)六月二十六日室町幕府奉行人奉書をもって大鳥荘の名は見えなくなる(筑波大学所蔵『北野神社文書』)。平安時代末期国衙領の時から郷内に摂関家・高陽院大番舎人九名が確認され、彼らは用水施設を握り、刀禰としてこの地に勢威を持っていた。元仁元年(一二二四)五月承久の乱の功により伊豆国田方郡田代郷(静岡県田方郡修善寺町)の御家人田代信綱(浄心)が大鳥郷地頭として入部した。以後領主制確立に向かっての田代氏と、荘園領主・在地勢力との激烈な戦いが行われた。大鳥荘上条に分かれた浄心の孫通綱の系統に伝えられた『田代文書』によってこの間の事情が知られる。弘安八年(一二八五)大鳥荘雑掌と和与。応長元年(一三一一)下地中分。翌二年作られた注進状と、建治二年(一二七六)の「上村地頭方名丸帳」とを比較すると、この中分が坪分けであったことが判明する。中分後地頭方となった下地に大番舎人の雑免田が含まれていたことから、地頭と大番舎人の全面対立となり、嘉暦元年(一三二六)以後、先に犯過人として追放された沢村宗綱の孫大番保司基宗・舎人歓勝らは、城郭を構え、近隣の勢力と結び悪党化し、南北朝の動乱に入る。田代氏は足利方に立ち、悪党の鎮圧に奔走、観応二年(一三五一)をもって悪党の史料は見えなくなるので、大番舎人を圧倒したものと思われる。室町時代には応永二十一年(一四一四)大鳥荘上条地頭職作付事など、地頭方の土地帳簿が多数あり、田代氏の領主制展開がうかがわれる。なお当荘は古代駅制の草部駅を南にひかえ、熊野街道が通っていたため、分業関係が進み、室町時代の史料には散所・大工・左官・鍛冶などが住んでいたことがみえる。
(岡田　隆夫)

おおなりのしょう　大成荘　尾張国海部郡の荘園。現在の愛知県海部郡立田村内大成・外大成の地。延暦年間(七八二—八〇六)の伊勢国多度神宮寺田の発展したもので、のち神宮寺が東寺末寺になるに及んで、曲折はあったが東寺領となった。当荘は大成・新堤・葸尾・塩田の四郷より成り、建治三年(一二七七)東寺長者の知行から東寺直属となる。領家職は行厳僧都の門葉で東寺に執行たるものの間に伝えられたが、延文四年(一三五九)下地半分を供僧方の直納とし、応永二年(一三九五)残り半分も供僧方に移った。この間、守護土岐氏の被官猿子頼蔭・大成弥太郎らの押領が行われている。
(新井喜久夫)

おおねじまのまき　大根島牧　出雲国島根郡の牧。大根島は現在の島根県八束郡八束町で島根半島東側の中海《なかうみ》に浮かぶ火山島であり、古くはタコ島(蜛蝫島)といったが、今は「だいこんじま」という。面積六平方㌔で玄武岩からなるなだらかな傾斜地をもち、放牧に最適であるところから、往古より馬牧であった。『出雲国風土記』島根郡条に蜛蝫島の牧がみえ、『大宝令』厩牧令による牧の一つと推定され、また天平六年(七三四)『出雲国計会帳』に「種馬帳一巻」がみえるのも、大根島牧の牡馬に関するものであろうと推論されるが、『延喜式』の諸国牧(官牧)の中には記載されていない。ともかく古くより地味豊沃で茅・蕗《ふき》などが生い茂り、人家もなかったというから牧場として最適であったことは間違いない。現在でも、畑地と牡丹園が開かれ水田はほとんどない。
(金本　正之)

おおのいのしょう　大野井荘　豊前国京都郡の荘園。現在の福岡県行橋市大野井を中心とする地域。宇佐八幡神宮寺弥勒寺領の一つ。弥勒寺は宇佐宮封戸の中で経営されたが、聖武天皇に寺田を施入されてから徐々に独立、寺田は豊後国国埼・速見両郡などの「浦部拾五箇荘」となった。宇佐宮が荘の寄進をうけるのは十世紀のはじめからであるので、弥勒寺もそのころから寄進をうけたと思われる。弥勒寺は宇佐宮のように開発買得があまり考えられないので、「得善名田」などの領主の治開田の寄進が多かったと思われる。最古の史料は長保元年(九九九)の文書で、京都郡宇原・草野荘が弥勒寺領になっているようだから、そのころ弥勒寺領となったとみてよかろう。大野井荘の初見は平安時代末期の『喜多院所領目録』(『石清水文書』)に荘田四十町名田八十町とあり、承久二年(一二二〇)石清水祐清は宝清に大野井荘などを譲った。石清水に本家職が寄進されていた。鎮守は行橋市王野八幡宮。
(中野　幡能)

おおののしょう　大野荘　(一)豊後国大野郡の荘園。現在の大分県大野郡大野町・朝地町一帯の地域。大野郷の荘園化したもの。初見は建久九年(一一九八)であり(『三聖寺文書』)、平安時代末期ごろの成立であろう。領家は京

都三聖寺。上村・中村・下村・志賀村の四ヵ村に分かれ、面積三百町。大友能直の養父中原親能が在地領主大野泰基を伐って地頭職を恩給され、能直が譲与されて貞応二年(一二二三)妻深妙に、深妙は仁治元年(一二四〇)男女子息に配分。これから大友庶子家土着の本拠となり、志賀村南方志賀氏、上村一万田氏らが発展。志賀氏の惣領制的分割相続、正応二年(一二八九)の下地の坪分け中分、正和三年(一三一四)の分直し一円中分など、鎌倉時代地頭制度の一典例。鎌倉時代末期経済的に行き詰まった志賀氏は、南北朝の争乱で大友惣領家に従って足利方につき領主的発展をとげ、隣の直入郷岡城に移る。天正九年(一五八一)ごろまで、大友義統は三聖寺に同荘年貢三百貫文を請け負っている。

参考文献 渡辺澄夫編『豊後国大野荘史料』(『荘園史料叢書』)、九州荘園綜合研究会編『豊後国大野荘の研究』

(渡辺 澄夫)

(二)大和国宇陀郡の荘園。現在の奈良県宇陀郡室生村大野付近。延久二年(一〇七〇)の『興福寺雑役免帳』に所見。常楽会免田三町よりなり、所在の地名が記されている。ついで、大治四年(一一二九)と天承元年(一一三一)に伝法院領大野荘住民が、伊賀国名張郡竜口村などと堺争論をおこし乱妨を働いたという(大治四年「伊賀国留守所下文案」東大寺文書ほか)。伝法院は興福寺別当で室生寺二世の修円の開創。雑役免の大野荘は、再編成されたものであろう。鎌倉時代後期以降、当荘は興福寺東門院の管領下に入る。応永十三年(一四〇六)ごろと推定される宇陀郡田地帳案(春日大社文書)では、「大野庄田十八町三反六十(歩脱)小屋当知行」で、年貢米高は百二十六石余。戦国時代は、宇陀郡の国衆沢氏の勢力下にあった。

(熱田 公)

(三)阿波国那賀郡の荘園。現在の徳島県阿南市大野町付近を中心とする地域。『和名類聚抄』の大野郷の地。平治元年(一一五九)の宝荘厳院領荘園注文にみられる十二ヵ荘の一つ。本家は宝荘厳院、領家は九条家。元久元年(一二〇四)ごろには本荘と新荘に分かれている。元徳二年(一三三〇)後醍醐天皇によって他の宝荘厳院領とともに東寺に寄進されたが、建武以来阿波の守護細川頼春に押領されている。

(渡辺 則文)

(四)出雲国秋鹿郡にあった荘園。現在の島根県松江市。嘉禄二年(一二二六)に鎌倉幕府より紀季成が当荘の地頭に補任されたのが初見。立荘の事情は未詳。本家は最勝光院、領家は聖護院であり、正中二年(一三二五)の史料によれば領家には当荘より畳四十帖・綾被物二重・兵士十人などが納められることになっていたとある。しかし、紀季成が地頭に任じられて以降、次第に大野氏(紀氏)の勢力が拡大した。大野氏は鎌倉時代以降も大野荘内の権益を相伝し、戦国時代に入ると尼子氏、ついで毛利氏に属したが、その後没落し、当荘は宍道氏が知行したようである。また、当荘内には日御碕神社及び同検校日置氏も鎌倉時代より権益を有しており、文明三年(一四七一)には室町幕府より杵築大社の社司が押領した「大野庄内国守名」などを日置検校政継に返付するよう下知が出されている。なお、当荘の荘園名自体は天正年間においても見られる。

(山田 康弘)

おおののまき 大野牧 (一)上総国(千葉県)にあった牧。『延喜式』に「上総国大野馬牧」とあるが所在不明。先学の三説を紹介するにとどめる。(一)旧市原郡高滝村駒込(市原市駒込)。吉田東伍の説(『大日本地名辞書』)。(二)旧夷隅郡大野村(夷隅郡夷隅町大野)。小沢治郎左衛門の説(『上総国町村誌』)。(三)旧市原郡白鳥村朝生原《あそうばら》(市原市朝生原)。朝生原は近世水帳に「麻生原」とあり、この「麻生」を「おう」と読み、大野の遺称とみる。村岡良弼の説(『日本地理志料』)。

(小笠原長和)

(二)信濃国筑摩郡にあった御牧《みまき》。『延喜式』にみえる信濃十六牧の一。『政事要略』にのせる信濃勅旨十一牧のなかにもみえ、『吾妻鏡』文治二年(一一八六)三月十二日条の乃貢未済庄々注文には左馬寮領としてその名がみえる。貞観九年(八六七)右大臣藤原良相は筑摩郡大野荘の地百二町余を貞観寺に施入している。この大野荘は大野牧と関係が深いと思われる。松本市寿地区大野田がその地名の名残りといわれるが、異説もある。

(小林計一郎)

おおはたのしょう 大幡荘 播磨国美嚢郡内の荘園。現在の兵庫県美嚢郡吉川町大畑付近。建長五年(一二五三)の『近衛家所領目録』にその名がみえるが、成立は平安時代中期にさかのぼると推定される。そののち近衛家領を離れ、室町時代中期のころには典薬頭丹波頼豊・頼秀父子がこれを相伝していることが『丹波氏系図』(『続群書類従』系図部)にみえる。

(水野恭一郎)

おおばのみくりや 大庭御厨 相模国高座郡大庭郷、現在の神奈川県藤沢市の一部にあたる地域に、十二世紀初頭成立した伊勢神宮領。長治年間(一一〇四―〇六)相模国住人鎌倉権五郎景政が山野未開地であった大庭郷内の開発を国衙に申請し、判許を得て、浮浪人労働力を使って開発を行い、その結果永久五年(一一一七)大神宮御厨として寄進。荘域四至は東は鎌倉郡玉輪荘、西は神郷、南は海、北は大牧埼で、田地面積は久安元年(一一四五)に九十五町、中世で百五十町であった。大庭郷内の新しい郷である鵠沼郷・殿原郷・香川郷などの十三郷より成っていたらしい。開発領主平景政は桓武平氏の末流で、景政の子孫が代々本御厨の御厨司・下司職を世襲し、特に景政の孫景忠のときより大庭氏を名乗った。十二世紀末治承・寿永の乱に際し、石橋山の戦で平氏に与同し源頼朝に敵対した大庭景親は、その息男である。この御厨は国司免判によって成立したため、国衙在庁官人の押妨にしばしば悩まされ、収公・停廃の危機にさらされ、住人の逃散、田畠荒廃をまねき、きわめて不安定であった。国司の交替ごとに新任国司の免判を得ていたが、のち官宣旨を得て勅免荘となり、政治的保護をうけて安定した。天養元年(一一四四)源義朝は留守所目代源頼清と結び自

己の郎従ならびに在庁官人を率いて御厨内鵠沼郷に乱入し、武力による押妨を行なった。下司大庭景宗はこれに対し、大神宮・太政官の力によって危機を回避した。のち中世を通じて伊勢神宮内宮の安定した荘園として存在した。関係史料に『天養記』(『相模国大庭御厨古文書』)がある。（高田　実）

おおはらのしょう　大原荘　近江国坂田郡にあった荘園。現在の滋賀県坂田郡山東町西部一帯から伊吹町、東浅井郡浅井町に広がる地域。荘名の初見は承安四年(一一七四)、法勝寺の蓮花蔵院(新阿弥陀堂)領で仁和寺が代々伝領してきたとされ、白河院御起請文に任せて伊勢役夫工や勢多橋などの諸役を免除されている。当初は仁和寺領で、永久二年(一一一四)白河上皇によって建立された法勝寺新阿弥陀堂に寄進され、本家を蓮花蔵院、領家を仁和寺とするようになったものであろう。貞応年間(一二二二－二四)、佐々木信綱の長子重綱が地頭職に補され、大原氏を称している。文和四年(一三五五)以前に中分されている。応永十六年(一四〇九)に荘内の春照郷・夫馬郷が石清水八幡宮に寄進され、同二十一年に雑掌への引渡しが命ぜられているが、永享三年(一四三一)には両郷の本主による乱入狼藉事件が起こっている。文明十年(一四七八)段階でも当知行として荘名がみえる。（宮崎　肇）

おおばん　大番　内裏・摂関家御所・将軍御所・国司館などの警備体制のこと。「大」は尊称。摂関家大番は、近江・和泉・摂津の三ヵ国に設定された大番舎人が、自己の名田内に大番負田を与えられ、輪番で御所の警備などにあたった。鎌倉番役は鎌倉殿の御所の警備であり、源頼朝期には行われていた。だが、賦課の範囲が東国十五ヵ国の御家人に確定され、「大番」と称されるのは、摂関家出身の九条頼経が鎌倉殿となった嘉禄元年(一二二五)十二月以降である。内裏大番は、白河院政期には行われていた可能性もあるが、一国ごとの公役として体制化したのは保元・平治の乱以降であり、平氏が各国の武士団に催促を行なった。鎌倉幕府は、建久年間以降、内裏大番を独占的に請負い、「京都大番役」という御家人役の最重要事に位置づけた。京都大番役の経費は御家人の得分から供出するものであったが、十三世紀中葉以降、経費の一部を在地に転嫁することが公武の合意事項となった。（清水　亮）

おおばんぞうめん　大番雑免　大番舎人が摂関家の大番を勤仕するため、自己の名田内に給与された大番負田内の雑免田・免在家のこと。大番負田は大番舎人が存在した近江・和泉・摂津に存在したが、その内容は十二世紀段階では明確に定められていなかった。だが、十二世紀中葉の近江国建部荘で、大番舎人の雑免田三町・免在家四宇が存在していた事例がある。大番負田の内容や舎人数をめぐって大番舎人と荘園領主・国司・地頭が対立する状況を調停するため、摂関家が寛喜三年(一二三一)に出した「折中の法」では、近江国の大番負田を舎人一人別に給田一町・雑免田三町・免在家四宇と定めている。摂津・和泉でも、雑免田・免在家の員数は近江と同じであった。（清水　亮）

おおばんとねり　大番舎人　摂津・和泉・近江の三ヵ国内の公領や荘園の有力名主《みょう》が、摂関家に隷属してその宿直警備や雑役に従ったもの。各名から一人ずつの舎人が一ヵ月に十日間ずつ上番し、摂関家政所の指揮により京番頭の支配のもとに、宿直を主とする役にあたった。平治元年(一一五九)閏五月から六月にかけての記録(『兵範記』裏文書)によれば、一ヵ月間に三ヵ国から上番した舎人は、近江の二百六人を筆頭に二百六十八人に及び、番子舎人と呼ばれて政所をはじめ摂関家の納殿・細工所などに配置された。この舎人役に対して、舎人には名田内の一定の耕地が給田・雑免田として免除され大番領と呼ばれた。大番領には保司がいて散在する数個の大番領を統轄した。舎人は上番にあたっていくつかの番に分けられ、各番には番頭があった。この大番番頭は、舎人の催促や、のちに舎人の身役の代りに米を納めるようになるとその大番米を徴収した。大番舎人は律令制の舎人が摂関家に与えられ、一方国衙の身役を逃れ摂関家の権威によって在地で勢力を伸ばそうとする有力な者がそこに結びつき、平安時代中期に成立したものであろう。大番舎人は摂関家との人的関係によって成立したのであり、摂関家の支配・領有の対象は舎人そのものであって、それを通じての土地ではなかったと考えられている。（岡田　隆夫）

おおばんばんとう　大番番頭　⇨大番舎人《おおばんとねり》

おおばんぶでん　大番負田　大番舎人が、摂関家の宿直・護衛や雑役に従事するため、その名田内に給与された給田・雑免田・免在家のこと。十二世紀にはその存在が確認できる。大番舎人は、近江・和泉・摂津の荘園・公領の名主層が諸負担の軽減を求めて大番舎人化し、免判によって認定されたものであり、原則として摂関家領には存在しなかった。よって、大番負田も上記三ヵ国の摂関家領外の荘園・公領に存在し、特に舎人数の多い近江に多く存在した。本来、大番負田は名別に設定され、その内容は多様であった。だが、舎人の増加に伴う大番負田の増加によって、舎人の員数や大番負田の内容をめぐって舎人と荘園領主・国司・地頭の相論が増加した。そのため、近江では、寛喜三年(一二三一)、地頭側の要求に応じて舎人数を固定し、舎人側の要求に応じて給田を与える「折中の法」が摂関家から出され、大番負田の内容が舎人一人別給田一町・雑免田三町・免在家四宇に定められた。（清水　亮）

おおばんみょう　大番名　別に摂関家大番名ともいわれるように、摂関家大番役勤仕の対象として設定された名のことをいう。十一・十二世紀の交、すなわち畿内における均等名形成期になると、摂関家は近江・摂津・和泉三ヵ国に、かかる名田を有した舎人を設定し、この名を賦課の対象として、自家の兵士上番その他の諸役を大番

役と称して編成するようになった。すなわち、同役は、この名ごとに均等割りに賦課され、そのみかえりとして、これら舎人たちには、名別均等に給田・雑免田・免在家および余田が給与されたのである。大番名は、鎌倉時代末期ごろまでは生命を有していたが、南北朝時代ごろより空洞化し、室町時代には消滅する。（義江　彰夫）

おおばんやく　大番役　⇩京都大番役《きょうとおおばんやく》

おおばんりょう　大番領　⇩摂関家大番領《せっかんけおおばんりょう》

おおふちのしょう　大淵荘　大和国添上郡の荘園。現在の奈良県大和郡山市美濃庄町付近。興福寺領。延久二年（一〇七〇）の『興福寺雑役免帳』に所見。添上郡京南二条二里にあり、公田二町五段よりなる。正治二年（一二〇〇、弘安八年写）の興福寺維摩会不足米餅等定（興福寺文書）にも所見して興福寺維摩会用途を負担している。（熱田　公）

おおべのしょう　大部荘　播磨国賀東郡の荘園。現在の兵庫県小野市付近。東大寺領。久安三年（一一四七）東大寺領播磨国赤穂荘・垂水荘・粟生荘の替として、大部郷の田地荒野を立券荘号して寺領となった。その後当荘の所属をめぐって国衙との相論が起ったが、応保二年（一一六二）寺領として確認された。源平合戦（治承・寿永の乱）の後、東大寺復興のため建久元年（一一九〇）勧進上人重源に与えられ、重源の申請により宋人陳和卿に充行われ、同三年八月、久安三年の宣旨に任せて朽損した四至牓示を立て、同年九月、重源により荘内に浄土寺が創建された。同八年六月、重源から東南院主定範に譲与され、以後当荘は東南院により補任された預所・雑掌・公文などの荘官が在地支配を行なった。建保三年（一二一五）には地頭が補任され、荘務をめぐって寺家との紛争を惹起した。また永仁二年（一二九四）供米未進のため改易された前雑掌垂水繁昌は、久留美荘地頭など近隣の勢力を語らって荘内に乱入し、荘民の資財などを略奪した。地頭代・神人なども悪党繁昌に与同して濫妨を働いた。このほか乾元元年（一三〇二）には浄土寺住侶らの「時衆」が荘務押領を企てた事件、元亨二年（一三二二）以来二十余年間にわたる公文職をめぐる王氏一族の内紛などにより、寺家支配は動揺した。南北朝内乱期に入ると、南・北の抗争が荘内にも及び、荘内保全のため雑掌堯賢・公文性阿代官などが武家方に参戦している。しかし次第に守護赤松氏の勢力が荘内に及び、守護使が再三乱入し、文和元年（一三五二）には播磨住人豊福則光が恩賞の地と称して公文職を押領し、康暦元年（一三七九）に彼を公文職に補任する有様であった。享徳三年（一四五四）には土一揆が起り、守護赤松氏の被官人と称し、当荘図師職を押領し、土地を買得集積して勢力を拡大していた百姓五郎左衛門を殺害している。天正八年（一五八〇）豊臣秀吉は東大寺に対して寺領三百石を安堵した。

参考文献　『兵庫県史』史料編中世五　（小泉　宜右）

おおみなみのしょう　大南荘　大和国（奈良県）の荘園。郡名・所在地など不詳。醍醐寺北白川新三昧堂領。『醍醐雑事記』に所見。「免田廿町」からなるとされ、燈油免田などの荘園化したものと推定される。名は、大仏供名三町、松井名三町、長谷名二町、別符名三町、時常名三町、道貞名三町、下司名三町（うち二町は給田）の七名からなる。所当は一町あたり「別低《マヽ》一駄半・油一升・空佃米五斗也」とみえ、他に五節供の公事がある。名田は二町歩の一名を例外として各三町歩からなり、町別均等の所当が課されていることから、いわゆる均等名荘園の一つにかぞえられる。平安時代後期に成立していたはずであるが、他に関係史料はなさそうである。（熱田　公）

おおみやいんりょう　大宮院領　後嵯峨天皇の皇后大宮院（藤原姞子）の所領。後堀河天皇准母邦子内親王（安嘉門院）は、父後高倉院から譲られた八条院領のうちの宗像社などを、後鳥羽上皇の後宮修明門院に譲与。宝治元年（一二四七）八月十八日、鎌倉幕府は筑前宗像社と肥前神崎荘とを後嵯峨上皇に進呈。同月二十七日、同上皇は西園寺実氏の要請によって、宗像社を大宮院に伝えた。文永九年（一二七二）正月、後嵯峨上皇は崩御に先立ち、治世（院政を行う後継者）と院領の処分を定めた。大宮院は亀山殿・浄金剛院と院領、さらに改めて宗像社を伝領した。なお大宮院は高橋宮領のほかに、摂津天王寺遍照光院・同葺屋・堺などを伝領（『伏見宮記録』所収「後深草院処分状」）しているが、後嵯峨上皇からの譲与であろう。大宮院は正応四年（一二九一）ころに同院領を後宇多上皇に譲り、父亀山法皇の管理に属した。亀山法皇は嘉元三年（一三〇五）七月に院領を処分し、亀山殿と浄金剛院を後宮昭訓門院に伝えた。後宇多上皇は翌徳治元年（一三〇六）六月これを昭慶門院（亀山天皇皇女）領とした。別表（九四頁）参照。（奥野　高広）

おおむろのまき　大室牧　信濃国高井郡の牧。現在の長野市松代町大室付近。『延喜式』所載信濃十六牧の一つで、『吾妻鏡』文治二年（一一八六）三月十二日の乃貢未済庄々注文にも載る。この地には五百基近い古墳があり、その大部分が積石塚で、朝鮮系帰化人の築営になるものともいわれ、大室牧の経営者も、これらの人だろうかと推定する説がある。『政事要略』にみえる信濃御牧六牧の筆頭にあり、盛んな牧だったらしい。中心部は国史跡に指定され、史跡公園となっている。（小林計一郎）

おおものしょう　大面荘　越後国蒲原郡の荘園。現在の新潟県見附市付近。文治二年（一一八六）には鳥羽院十一面堂領、のち延徳二年（一四九〇）には栂尾中坊が一部分の領家となっている。南北朝時代の一時期越中の豪族井上氏が地頭職を有したが、康永三年（一三四四）山内上杉憲顕が地頭職を与えられている。その後一部は守護上杉氏から本成寺に寄進されたり、大江姓安田氏や和田中条氏などに与えられたりしている。おそらく守護の料所であったろう。（羽下　徳彦）

おおやのまき　大宅牧　肥後国宇土郡に設けられていた律令制下の官牧。『和名類聚抄』にみえる大宅郷の地であ

大宮院領

大宮院領一覧

所在国郡	名称	成立年次	特徴	典拠
山城 葛野郡	亀山殿	文永九年正月		後嵯峨院処分帳案
愛宕郡	西七条領	徳治元年六月	浄金剛院領	昭慶門院御領目録
大和 高市郡	曾我荘	同	大和西大寺領等もあり	昭慶門院御領目録・高山寺縁起・門葉記
河内 丹比郡	大富荘	同	浄金剛院領	昭慶門院御領目録
和泉 和泉郡	沼間荘	同	同	同
大鳥郡	若松荘	同		昭慶門院御領目録・故大宰帥親王家御遺跡臨川寺領等目録
摂津 同	塩穴荘	同	高橋宮領	昭慶門院御領目録
(郡未詳)	長方荘	同	浄金剛院領	同
莵原郡	葺屋荘	嘉元二年七月	長講堂領	後深草院処分状
東成郡	生魂新荘	徳治元年六月	浄金剛院領	昭慶門院御領目録
西成郡	福島荘	同	同	同
住吉郡	堺荘	嘉元二年七月	最勝光院領	後深草院処分状
伊勢 員弁郡	富津厨	徳治元年六月	桑名郡にも富津厨あり	昭慶門院御領目録
(郡未詳)	仏勝寺	同	浄金剛院領	同
常陸 久慈郡	佐都荘	元弘二年六月		故大宰帥親王家御遺跡臨川寺領等目録
同	佐都荘東岡田郷	同		同
同	佐都荘西岡田郷	同		同
近江 伊香郡	伊香荘	徳治元年六月	浄金剛院領	昭慶門院御領目録
滋賀郡	粟津橋本御厨	元弘二年六月	本家内侍所、後嵯峨天皇領	故大宰帥親王家御遺跡臨川寺領等目録
美濃 多芸郡	高田勅旨	同		同
不破郡	南宮社	徳治元年六月	南宮荘もあり	昭慶門院御領目録・永保寺文書・故大宰帥親王家御遺跡臨川寺領等目録
(郡未詳)	正近山	同	浄金剛院領	昭慶門院御領目録
若狭 遠敷郡	国富荘	同	同	同
越前 今立郡	大屋荘	同	同	同
加賀 (郡未詳)	富永御厨	元弘二年六月		故大宰帥親王家御遺跡臨川寺領等目録
丹波 氷上郡	葛野荘	徳治元年六月	宝荘厳院領	昭慶門院御領目録
但馬 城崎郡	気比水上荘	同	土御門上皇源恵僧正知行	昭慶門院御領目録・門葉記
出石郡	弘原荘	同		同
石見 邑知郡	桜井荘	同	浄金剛院領	昭慶門院御領目録
美作 勝田郡	富多荘	徳治元年六月	日吉社領	昭慶門院御領目録
備中 後月郡	県主保	同	高橋宮領	昭慶門院御領目録・門葉記
紀伊 名草郡	和佐荘	弘安六年八月	紀伊歓喜寺領	歓喜寺文書
阿波 名東郡	富吉荘	元弘二年六月	今林准后領	故大宰帥親王家御遺跡臨川寺領等目録・臨川寺重書案文
讃岐 三野郡	二宮荘	徳治元年六月	浄金剛院領	昭慶門院御領目録
大内郡	大内荘	同	同	同
(郡未詳)	鷲峯寺	同	同	同
筑前 宗像郡	宗像社	宝治元年八月		葉黄記・宗像神社文書・大宮司系図
肥後 山鹿郡	山鹿荘	徳治元年六月	浄金剛院領	昭慶門院御領目録
(国郡未詳)	中津御厨	同		同
(同)	松原新荘	同		同
(同)	常陸本荘	同		同

(付表) 祈願社寺一覧

所在国郡	社寺名	成立年次	特徴	典拠
山城 葛野郡	浄金剛院	文永九年正月	後嵯峨上皇の譲与	後嵯峨院処分帳案
同	蓮花心院	元仁元年五月	仁和寺内	皇后宮職管領目録
同	仁和寺五智院	同		同
愛宕郡	歓喜光院	同		同
同	智恵光院	同		同
同	石蔵大雲寺	同		同
紀伊郡	安楽寿院	同		同
宇治郡	醍醐寺大智院	同		皇后宮職管領目録・醍醐寺新要録
同	醍醐寺成身院	弘安九年十二月		醍醐寺新要録
(郡未詳)	阿弥陀峯付蓮花谷	元仁元年五月		皇后宮職管領目録
摂津 西成郡	天王寺遍照光院	嘉元二年七月		後深草院処分状
近江 滋賀郡	日吉御塔	元仁元年五月		皇后宮職管領目録
同	叡山常住金剛院	同		同
播磨 賀茂郡	清水寺	元仁元年正月		播磨清水寺文書
紀伊 伊都郡	高野山大伝法院	元仁元年五月		皇后宮職管領目録
同	高野山覚王院	同		同
同	高野山菩提心院	同		同
同	高野山東西塔	同		同

ろう。旧網津村を中心とするあたりと考えられ、江戸時代は松山手永《てなが》に属し、現在は熊本県宇土市内に含まれる。『三代実録』貞観六年(八六四)十一月四日条に「勅停二肥後国大宅牧一」とあり、官牧としてはこの時停められたが、近代までも牧場があったという。 (工藤敬二)

おおやぶのしょう 大荆荘 越中国新川郡の荘園。天平宝字三年(七五九)「大藪開田地図」のように「大藪」とも記す。同地図の西南の隅に記されている「大江辺墓」を現在の富山県中新川郡立山町浦田地区の稚子塚古墳に擬定し、荘域を立山町と上新川郡大山町にわたる白岩川流域に比定する説があるが、断定はしがたい。天平勝宝元年(七四九)に百五十町の野地が東大寺墾田地として占定されたが、前記開田地図が作成された天平宝字三年でもなお未開のままであった。神護景雲元年(七六七)五月には百五十町のうち、開田が十八町であり、同年十一月には開田が十九町一段六十歩、残りはなお未開であった。これ以後も開墾は進展しなかったようで、長徳四年(九九八)には百五十町は「悉荒廃」と記されている。しかし寛弘二年(一〇〇五)にはなお未進地子の勘納が催促されてもいる。史料は『東南院文書』、成巻本『東大寺文書』などのうちにあり、『富山県史』史料編一古代に網羅的に採録されている。 (楠瀬 勝)

大荆荘

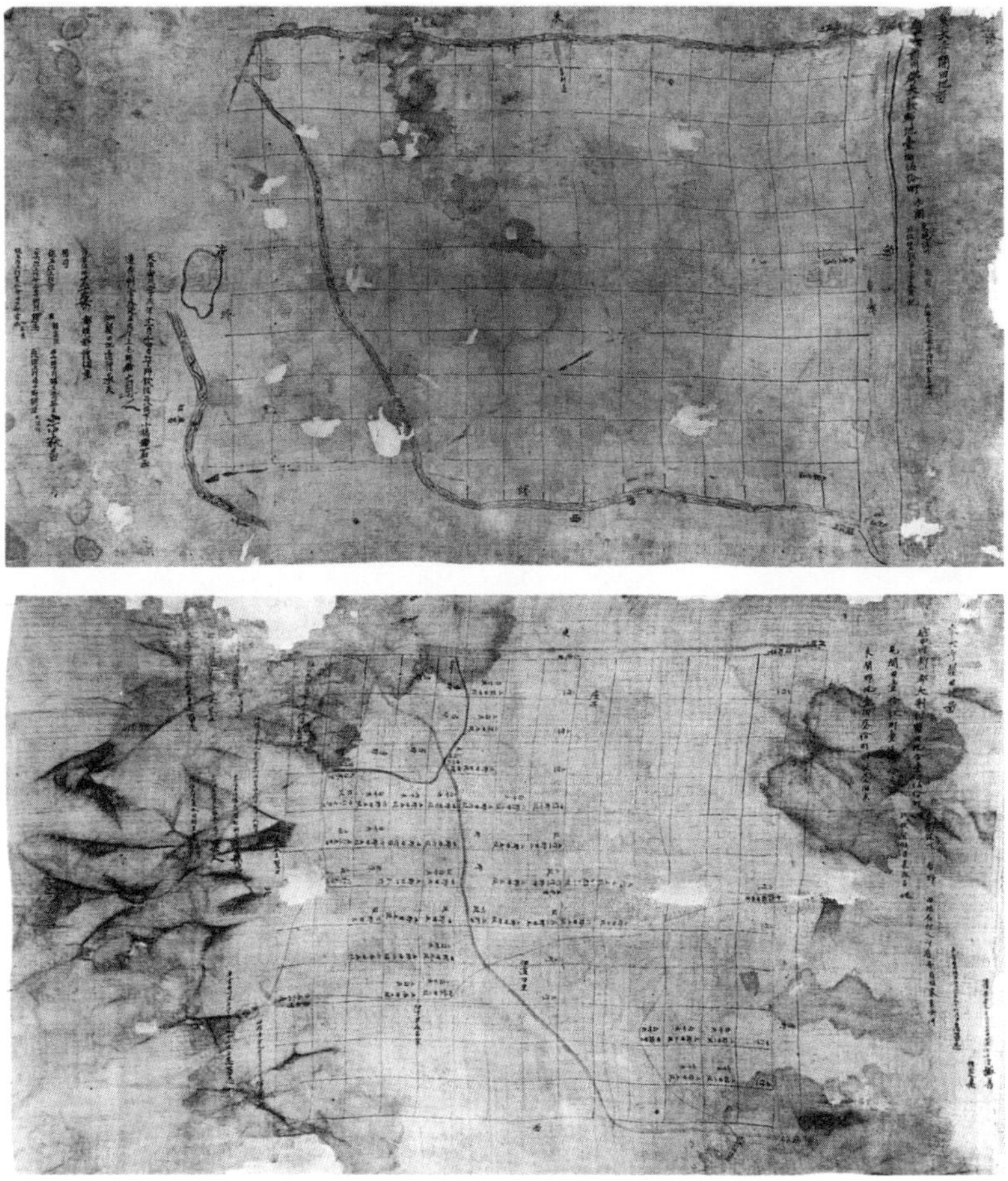

(上)越中国新川郡大藪開田地図(天平宝字3年11月14日)
(下)越中国新川郡大荆村墾田地図(神護景雲元年11月16日)

おおやまのしょう 大山荘 丹波国多紀郡河内郷の地に成立した荘園。現在の兵庫県篠山市大山地区。東寺領。立荘は承和十二年(八四五)である。東寺は綜芸種智院の売却代金で丹波国大山地域の田畑を買得したが、その買得地は、ときの長者実恵の承和十二年の奏請を容れた同年の太政官符・民部省符によって、勅施入の東寺領荘園となった。この勅施入地は墾田九町余と林野三十五町および池一ヵ所であり、東寺は荘家を設けて荘官を任命し、田堵を使って経営に努めた。荘官は、はじめ東寺から派遣の僧侶で荘別当・専当といい、のちには国郡衙の関係者が任ぜられて別当・荘預(合わせて荘司)といい、平安時代末期以降には案主・公文さらに預所などと呼んだ。国衙は寺田が荒廃するごとに現作田免除主義をとって収公し、東寺はそれに抗議して免除を求め、こうして収公・免除をくり返しながら、延久元年(一〇六九)の荘園整理令以降には滅亡状態になった。しかし応徳三年(一〇八六)の東寺の五重塔の復旧を契機として、源顕房らの奔走により、この塔の仏聖燈油料および修理料にあてるため、大山荘は一色田という形で再建された。その後も、収公と、荘再建とがくり返されたが、国守高階為章は終任に近い康和四年(一一〇二)に大山荘が官省符荘であることを認め、宣旨に従う旨の解状を朝廷に出したので、現地では立券坪付が作成され、注進された。この結果、荘域は四百三十二町に拡大し、うち荘田は四十五町に増大したうえ、不輸不入の特権をも認められた。為章は終任後、大山荘の預所となって強力に支配をおしすすめた。こうして大山荘は長く続いた現作免除主義を廃して、一円の東寺領となり、康和―永久年間(一〇九九―一一一八)一時動揺の後安定し、さらに荘田を増やして保安三年(一一

二二)には六十町となり、ほかに加納田二十町をみるに至った。鎌倉時代に入っても、荘田六十町を含む大山荘の東寺支配は安定していたが、承久の乱後、関東から中沢氏が地頭として入部し、次第に勢力をのばして東寺の権益を侵害するようになったので、東寺の要請で仁治二年(一二四一)から当荘は地頭請となり、さらに永仁三年(一二九五)には東寺と地頭とが下地を中分することになり、池尻村内一井谷と賀茂茎谷および西田井村とで合わせて田地二十五町、畠地五町、山林若干が領家方東寺領となった。東寺では乾元元年(一三〇二)から従来の執行方にかわって、供僧方が荘所務を司るようになり、文保二年(一三一八)からは一井谷で百姓請をみるに至った。その前後から農民の間では次第に村落自治の動きが活発となり、また荘内では大山市場が発達して商品流通もみられ、

大 山 荘

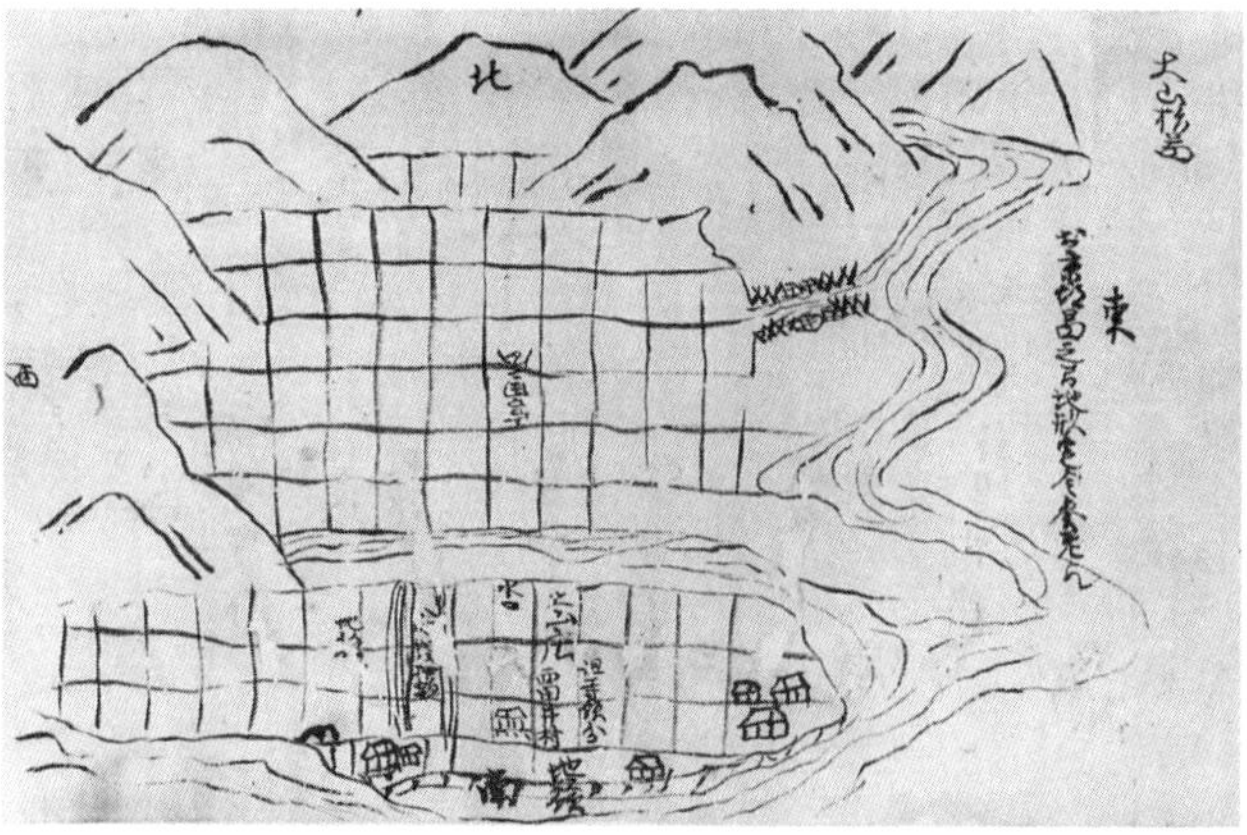

丹波国大山庄用水差図案(徳治3年)

さらに大山荘の厳増や隣の宮田荘の前公文生西法師らの悪党の活躍も盛んになった。その他、宮田荘との用水争いは古くからみられ、また西田井の田地は用水の都合で荒廃・再開がくり返された。南北朝時代になると、文和・延文ごろには東寺の支配がやや安定し、再編成をみたが、その後は次第に守護の進出が激しくなり、貞治四年(一三六五)から、守護仁木氏の入れた半済給人田所により、年貢の半分がおさえられた。応安二年(一三六九)には、守護山名氏により半済給人が退けられたので、東寺は同四年検注して荘園の維持に努め、また至徳三年(一三八六)から番頭制をとって再編成に努力したが、守護山名氏の勢力が荘内に及び、番頭制は明徳三年(一三九二)に廃止されて武士代官の請負制となり、その請切料はその後年代の下るほど減少した。そのうえ土豪層の侵入や農民層の台頭も激しく、永享元年(一四二九)には一井谷百姓の土一揆をみた。応仁の乱を経て、永正五年(一五〇八)に代官中沢元綱が討死して、東寺は進藤元広を代官に任じたが、波多野氏の勢力下にある長塩元親が侵入し、進藤を退けて荘域を握り、東寺領大山荘はここに消滅した。

参考文献 『兵庫県史』史料編中世六 (宮川 満)

おかざきのしょう 岡前荘 (一)大和国城上郡の荘園。現在の奈良県桜井市桜井・外山付近か。興福寺領。延久二年(一〇七〇)の『興福寺雑役免帳』に所見。城上郡二十四条二里・三里にあり、公田と常楽会免田計五町二段六十歩よりなる。正治二年(一二〇〇、弘安八年写)の興福寺維摩会不足米餅定(興福寺文書)にみえる「南岡前庄」は当荘と思われ、鎌倉時代に興福寺維摩会用途を負担している。

(二)大和国平群郡の荘園。現在の奈良県生駒郡安堵町岡崎付近。興福寺領。延久二年(一〇七〇)の『興福寺雑役免帳』に所見。平群郡八条四里・九条五里、額田西十条五里の十四ヵ坪に分布する公田八町八段二百七十七歩からなる。仁平三年(一一五三)の田地売券に「岡前庄蔵入道」らが、在地有力者として署名している(額安寺文書)。正治二年(一二〇〇、弘安八年写)の興福寺維摩会不足米餅等定(興福寺文書)にみえる「北岡前庄」は、当荘と思われる。 (熱田 公)

おがさわらのまき 小笠原牧 甲斐国巨摩郡の牧。現在の山梨県北巨摩郡明野村小笠原付近。茅ヶ岳の南麓地帯。勅旨牧の一つ穂坂牧に隣接していたと推測されている。創設年代は不明。応和元年(九六一)に冷泉院小笠原牧の馬が貢進されていることが、『西宮記』『北山抄』などによって知られる。「小笠原へみ(逸見)の御牧」の名は古歌にしばしば現われる。建長五年(一二五三)の『近衛家所領目録』によれば、篤子内親王(後三条天皇女、堀河天皇中宮)領を経て、近衛家領となる。『吾妻鏡』建暦元年(一二一一)五月条に、小笠原御牧の「牧士」のことがみえるので、鎌倉時代にも牧の機能を保持していたと推測される。小笠原牧と甲斐源氏の一族小笠原氏との関係を強調する説が有力であるが、小笠原氏の本拠は中巨摩郡小笠原であるとして両者の関係を疑問視する説もある。なお南北朝期にみえる山小笠原荘は、当牧の後身と推定されている。

参考文献 『須玉町史』 (吉田 孝)

おかのまき 岡野牧 駿河国(静岡県)の官牧。現在地沼津市。官牧は諸国牧とも呼ばれ、全国に四十四牧あった。駿河国には岡野牧と蘇弥奈牧の二つの馬牧があった(『延喜式』兵部省)。 (西垣 晴次)

おかのやのしょう 岡屋荘 山城国宇治郡岡屋郷の地に成立した荘園。現在の京都府宇治市五ヶ庄を中心とする地域。奈良と京都を結ぶ街道に沿い岡野屋津を擁して交通上重要な地にあった。藤原氏に伝領されたが、十世紀後半右大臣師輔の没後、遺言により比叡山の楞厳院法華堂に寄進された。以後摂関家は名目的な本所で、荘務はもっぱら楞厳院院家が進退した。寄進当時は田数百二十余町で地子は三十石を出なかったが、その後ことに検察

を加え、百六十余町に勘定して官符を申請し、租税官物と荘司らの雑役を免除された。地子は年々倍増し天禄二年(九七一)ごろには百六十余石にもなったが、翌三年僧良源は置文して一層開発を図るべしとし、地子を三分して一は法華堂常燈料、一は修理料、一は八講料に充てしめた。摂関家との関係では、仁平三年(一一五三)藤原頼長が春日詣の装束饗の費用を当荘などに課しており、建長五年(一二五三)の『近衛家所領目録』には同家領として出現している。　(須磨　千頴)

おかやのまき　岡屋牧　信濃国諏訪郡の牧。現在の長野県岡谷市付近。『延喜式』所載信濃国十六牧の一。平安時代末期は左馬寮の管轄。治承四年(一一八〇)武田信義は伊那郡の平氏与党を滅ぼした奉謝として岡仁谷(岡屋)郷などを諏訪下社に寄進したが、このなかに岡屋牧も含まれていたらしく、以後、この牧は諏訪下社領になり、駒牽役などを果たさなくなったらしい。至徳二年(一三八五)小笠原政経は岡屋・辰野両牧の駒牽役などを免じている。　(小林計一郎)

おがわのまき　小川牧　武蔵国多摩郡の牧。勅旨牧の一つで、右馬寮に所属していた。多摩川の支流の秋川にそった西秋留・東秋留付近にあたり、現在は東京都あきる野市にはいっている。『延喜式』によると、武蔵国の勅旨牧は初め石川・小川・由比・立野の四牧で貢進する駒数は五十匹であった。そのうち、小川牧からは十匹があてられた。毎年九月に国司が牧別当とともに牧馬を調査し、翌年八月に貢進した。また、この地は武蔵七党の一つである西党(小川氏)の本拠地であると考えられている。　(八幡　義信)

おきいし　置石　中世関税の一称呼。正応二年(一二八九)朝廷が摂津尼崎・渡辺、播磨室泊などに寄港する上洛船より、石別一升の升米を、下向船より置石を出さしめて、播磨魚住泊の修築に宛てしめたのがその初見。ついで延慶元年(一三〇八)東大寺八幡宮領摂津兵庫関で、西国往《おう》反《へん》の下り船より置石を徴しているが、このことは十六世紀初め永正ごろまで断続的に行われている。置石の語源は、港湾修築用の石材を意味したが、実際には米または銭をもって徴されるのが例であった。置石の率は一石一升の升米と同率の百分の一であった。　→升米《しょうまい》　(新城　常三)

おきたのしょう　興田荘　(一)大和国城上郡の荘園。興福寺領。延久二年(一〇七〇)の『興福寺雑役免帳』に、南北両荘に分かれてみえる。南荘は、城上郡十八条二里、十九条一里の二十一ヵ坪に、不輸免田畠・公田畠計十三町三段三百歩が分布。この坪付は、現在の奈良県桜井市大西付近。同帳には別に十市東郷十九条四里にも興田南荘一町七段小が記されるが、この条里は城上郡十九条一里とほぼ重複する。応永六年(一三九九)の興福寺造営料大和国八郡段米田数注進状(春日大社文書)にも城上郡大乗院方に「興田南庄　七町」がみえ、大乗院領であった。一方北荘は、雑役免帳では、城上郡十五条三里、十六条二里・三里、十七条二～四里にわたる三十三ヵ坪に、不輸免田畠・公田畠計十六町九段二百六十歩が分布。この坪付は、現在の天理市柳本町付近。

(二)大和国忍海郡の荘園。康平元年(一〇五八)の竹林寺解案(東大寺文書)に、竹林寺領として忍海郡三十一条一里にある「忍海郡興田庄」十町歩が記される。この条里は、現在の奈良県橿原市観音寺町。以後、竹林寺領としての史料はない。ついで延久二年(一〇七〇)の『興福寺雑役免帳』忍海郡の項に「興田庄田畠九町三段六十歩」が記されて、興福寺領。忍海郡三十一条二里、三十二条二里にあり、公田六十歩の他は不輸免田。その中に竹林寺田一町があるが、条里は竹林寺領興田荘と一致しない。現在の御所市出屋敷。正治二年(一二〇〇、弘安八写)の興福寺維摩会不足米餅等定(興福寺文書)の「龍花院御庄々」の中に南興田荘がみえる。『三箇院家抄』は大乗院支配下の竜花樹院領興田荘は南興田荘とも号し、雑役免帳興田荘(忍海郡)の後身としている。『三箇院家抄』は、興田荘の面積は七町歩、年貢米十二石は大乗院方の国民倶志羅氏の給分となっている。ちなみに北興田荘は、前掲興福寺維摩会不足米餅等定に大乗院領としてみえ、『三箇院家抄』には葛下郡とし、また惣菩提山領と記すが、面積等の記載はない。　(熱田　公)

おきとみのしょう　興富荘　(一)大和国平群郡の荘園。興福寺領。延久二年(一〇七〇)の『興福寺雑役免帳』に所見。長講免田・小一条院勅旨田など不輸免田畠と公田畠計百九町九段三百歩の大荘園。荘地は平群郡夜摩郷九条七～九里を中心に、百六十余ヵ坪に散在。中心地は現在の奈良県生駒郡斑鳩町興富・阿波付近。平安時代後期以後、当荘は興福寺一乗院領として諸史料にみえ、一乗院十二ヵ所御領の一にかぞえられる(『簡要類聚鈔』)。雑役免の興富荘が、再編成されたものであろう。応永三十四年(一四二七)の一乗院昭円講師段銭納帳(天理図書館保井文庫)では、面積五十六町余で、三十二貫九百文の段銭を納めている。室町時代後期には、筒井氏の勢力下におかれた。なお鎌倉・南北朝時代には、法隆寺の仏名大会供米も負担している。

(二)大和国十市郡の荘園。現在の奈良県橿原市木原町付近。興福寺領。延久二年(一〇七〇)の『興福寺雑役免帳』十市郡東郷の項に、「興富庄二町五反」が記され、二十三条一里、二里の八ヵ坪に分布する。平安時代後期以降諸史料にみえる興福寺一乗院領の十市興富荘は、雑役免荘の再編成されたものとみられる。また、平群郡興富荘の「末荘」とされる(『簡要類聚鈔』)。応永三十四年(一四二七)の一乗院昭円講師段銭納帳(天理図書館保井文庫)には「重色三丁七反小　十市興富四ヶ郷」と記される。　(熱田　公)

おきながのしょう　息長荘　近江国坂田郡の荘園。所在は明確ではないが、滋賀県坂田郡近江町を流れる天野川は古く息長川と呼ばれていたので同町付近であろう。東

大寺領。仁平三年(一一五三)の『東大寺諸荘園文書目録』に「浅井郡息長庄券」とあるのは郡名を誤記したものであろう。宝亀三年(七七二)以後の国郡判があったといい、天暦四年(九五〇)には荘田四町三段六十歩、長徳四年(九九八)の注文では同荘は別功徳分荘として荘田十九町二段三百二十歩。安元元年(一一七五)にも存続していたことがみえる。弘安八年(一二八五)の寺領注進状では荘田七十六町二段とあるが、すでに東大寺の支配は無実となっていた。 (坂本 賞三)

おくしまのしょう　奥島荘　近江国蒲生郡、かつては琵琶湖に浮かぶ島嶼奥島にあった荘園。現在の滋賀県近江八幡市内。西に隣接する津田荘とあわせて「大島・奥津島荘」とも呼ばれる。立荘の年次・事情は未詳であるが、荘名の初見は平安中期承保元年(一〇七四)である。伝領関係は不明ながら、中世を通じて延暦寺領であり、室町・戦国期には山城善入寺・天竜寺宝篋院・青蓮院門跡などの領有関係も確認される。島内に鎮座する大島奥津島神社に伝わる大島奥津島神社文書は、当荘荘民の宮座を紐帯とする惣結合を示す史料としてつとに有名であり、特に弘長二年(一二六二)の荘隠規文は現存最古の惣掟として知られている。荘民の生業の中心は湖岸で営む魞漁であるが、荘官と荘民との間で、また隣荘との間で、しばしば相論が起こっている。また漁業だけでなく、郁子・材木・石炭・石材・藺草などの産出でも有名で、さらに島郷市を介しての商業活動も盛んであった。 (宮崎 肇)

おくのたかひろ　奥野高広　一九〇四—二〇〇〇　中世史。東京大学史料編纂所助教授。明治三十七年(一九〇四)八月二十一日、兵庫県洲本市細工町に生まれる。兵庫県立洲本中学校を経て、昭和三年(一九二八)、国学院大学国史学科卒業。東京帝国大学史料編纂掛業務嘱託。同十六年、史料編纂官補。二十年、著書『皇室御経済史の研究』により帝国学士院恩賜賞受賞。二十六年、「皇室御経済史の研究」により国学院大学から文学博士の学位を取得。二十九年、東京大学史料編纂所助教授。この間『大日本史料』『史料綜覧』の編纂に従事。四十年、同定年退官。東京造形大学教授。五十三年、同退職。平成十二年(二〇〇〇)五月五日没、九十五歳。『皇室御経済史の研究』(畝傍書房、昭和十七年)、『皇室御経済史の研究』(後篇)(中央公論社、同十九年)の刊行により、皇室領全般の内部構造の解明に果たした功績は大きく、その成果はなお研究者の利用に供されている。 (瀬野精一郎)

おくやまのしょう　奥山荘　越後国蒲原郡北部から、岩船郡南部にかけての荘園。現在の新潟県北蒲原郡加治川村・中条町・黒川村と岩船郡関川村にまたがる。摂関家領。荒川の支流女川の上流を奥山というが、ここから切出川をさかのぼり、胎内川を下って紫雲寺潟の東北部の沖積平野を荘域としている。城氏の一族に奥山黒太郎永家があり、城氏が開発領主であることが知られる。鎌倉開府により、木曾義仲追討の恩賞として和田義茂に地頭職が与えられ、弟の宗実、義茂の子重茂、その妻津村尼を経て時茂(道円)に譲られ、時茂は茂長・茂連・義基の三人の孫に北条《きたじょう》・中条《なかじょう》・南条に三分して与えた。黒川家・中条家・関沢家がここに始まる。この三家をそれぞれ惣領として、高野・築地《ついじ》・金山・羽黒・関などの庶家があり、また長橋・飯角《いいずみ》などの在地領主もあった。鎌倉時代後期の「越後国奥山庄波月条絵図」「奥山荘・荒川保堺相論和与絵図」(重要文化財)と称する二枚の彩色絵図があり、これによって、武家屋敷・在家・鋳物師・七日市・高野市・非人所・荘境・用水路・道路・堰・河流・寺院・宮・墓塔・政所条江上館などをかなり復元して考えることができる。現に牓示・館址・石卒塔婆・廃寺址がよくのこっている。鎌倉幕府が滅びたとき、中条茂明は所領を失い、黒川茂実は足利尊氏に応じて家運を保持した。茂明の子茂継は宮方と武家方に出仕して本領を回復、惣領の庶子に対する統制を強化し、南北朝内乱期に黒川氏とともに有力な揚北《あがきた》の国人に成長する。また関沢領の金山条は称名寺領となり、関沢家は応永の乱で守護上杉氏の破官となった。奥山荘関係古文書は約五百五十点で、黒川・中条・築地・羽黒・加地・河村・三浦・高野・大見水原・長井斎藤などの諸家や大輪寺に伝来したが、江戸時代には主として米沢藩の中条家に集められた。現在は山形大学附属図書館と東京反町英作(重要文化財指定『越後文書宝翰集』)の所蔵にかかるものがほとんどで、『斎藤文書』は北蒲原郡安田町の斎藤徳太郎、その他中条町役場・高橋幸平などが所蔵している。 ↳別刷〈荘園絵図〉

参考文献　『奥山庄史料集』(『新潟県文化財調査報告書』一〇)、鈴木精英編『(中条文書)越後国奥山荘史料』(謄写刷) (井上 鋭夫)

おくら　御倉　⇩公方御倉《くぼうおくら》

おくらしき　御倉職　⇩みくらしき

おぐらのしょう　小椋荘　近江国愛智郡の荘園。現在の滋賀県愛知郡愛東町小倉付近から神崎郡永源寺町政所谷一帯にかけての地域。平安時代末期には摂関家領となっていたらしく、木材の貢進を主とし、木材は愛知川によって当荘と近接する摂関家領柿御園に運ばれ集積されていた。『近衛家所領目録』では請所となっている。 (坂本 賞三)

おぐらのしょう　小蔵荘　(一)大和国城上郡の荘園。現在の奈良県天理市柳本町大海付近。興福寺領。延久二年(一〇七〇)の『興福寺雑役免帳』に所見。東西に分かれ、維摩会免田など不輸免田畠と公田畠計三十町三百歩よりなる。十五条～二十条に散在し、楊本荘などと重複。のちの史料にはこの荘名はみえないが、再編成されたのであろう。

(二)大和国山辺郡の荘園。興福寺一乗院領。現在の奈良県山辺郡都祁村小倉付近か。貞和三年(一三四七)の興福寺造営料大和国八郡段米田数幷済否注進状(春日大社文書)、一乗院、山辺郡に「小蔵庄　四町六段大」と記される。

一石四斗の段米は「悉難渋」で、「号宮方進納」の押紙がある。南北朝時代には南朝方の支配下にあった。以後室町時代にかけて、段銭関係の史料に荘名は散見する。

(熱田　公)

おぐらのしょう　巨倉荘　山城国久世郡の荘園。現在の京都府宇治市小倉町近辺。保元元年(一一五六)七月藤原忠通の『庄々目録』にみえ、建長五年(一二五三)『近衛家所領目録』には「高陽院(忠通の妹、鳥羽天皇后)領」とある。降って建武三年(延元元、一三三六)光厳上皇が勧修寺に安堵した所領十八ヵ所中に当荘が含まれ、また『親元日記別録』に文明十三年(一四八一)当時積善院領として銭主巨倉次郎の押領を蒙ったことがみえる。

(須磨　千穎)

おぐりのみくりや　小栗御厨　平安時代に常陸国新治郡に設けられた御厨。現在の茨城県真壁郡協和町小栗と周辺の地域。伊勢内宮領。小栗氏の根拠地だった。のちに小栗保・小栗六十六郷とも記されている。鎌倉時代田数三百二十町余。建長二年(一二五〇)以前から九条家領で地頭請所となっていた。室町時代の戦乱により小栗氏はこの地を時に失い、時に回復した。応永三十一年(一四二四)に上杉定頼が北小栗御厨内小萩島郷を鶴岡八幡宮に寄進している。

(石田　祐一)

おくりぶ　送夫　鎌倉幕府の東海道駅制において、馬とともに宿駅に常備された人夫を送夫または御物送夫といい、幕府公用物資やまたは駅制利用者の携行品の運搬にあたった。鎌倉時代初頭の建久五年(一一九四)以前より、大宿に八人、小宿に二人の送夫を備えていたが、その後の常備数は明らかでない。実際例としては、寛元二年(一二四四)国分太郎左衛門なるものが、関東下向に際し、六波羅探題北条重時が、直書をもって近江鏡宿以下の宿宿に送夫三人ずつを賦課し、また文永三年(一二六六)伊勢神宮の遷宮に際し、幕府政所が献上の絹を輸送するについて、東海道および伊勢路の宿々に送夫四人ずつを出さしめている。古代駅制では、馬のほか荷物輸送のため特に人を配備したことはなく、鎌倉時代に至ってはじめて、人=送夫が馬と並んで駅制の重要な担手となった。なお駅制以外にも単なる輸送人夫などを送夫ということがある。

(新城　常三)

おくれだ　後田　晩稲《おくて》の稲を作付した水田のことで、晩稲だけしか作付できない水田を意味するものではない。晩田ともいう。水稲品種の早稲《わせ》・晩稲への分化は、すでに奈良時代にみられるが、作付地域は西日本が主で、これは気候的条件によることもあろうが、鎌倉時代に二毛作が普及し、田麦収穫後に遅れて田植をすることがふえ、それでもなお収穫をあげうる稲の品種の改良が進んだものと考えられる。『清良記』は中世末・近世初頭で、黒小法師・黒定法師・小児など二十四種類の晩稲があったことを述べている。

(三浦　圭一)

おさかべのみくりや　刑部御厨　遠江国引佐郡にあった伊勢神宮(二宮)の御厨。現在の静岡県引佐郡細江町付近。成立は嘉承年間(一一〇六—〇八)以前。建久三年(一一九二)給主は大中臣親範であった。『神鳳鈔』には内宮に上分三十石、外宮に上分三石とある。『享徳元年内宮神領目六』では大田押領とあり、当時すでに退転していた。なお、『門葉記』にもその名がみえる。

(西垣　晴次)

おさめます　納枡　租税収納のための枡は、種々の名称で呼ばれたが、江戸時代初頭の諸藩において、年貢徴収のために使用された枡を、納枡と称した場合が多い。秋田藩・米沢藩・金沢藩・福井藩・名古屋藩・鳥取藩・松江藩・広島藩・福岡藩などの諸藩にその例がみられる。そしてそれらは払枡と併用されている。容積は、京枡よりやや大きいのが普通であったが、寛文九年(一六六九)の幕府の新京枡採用令により、ほとんどが京枡に切り替えられた。　→下行枡《げぎょうます》　→払枡《はらいます》

(宝月　圭吾)

おしさく　押作　荘園公領などで、権利を有しない者が力づくで無理やりに田畠の耕作をすること。東寺百合文書の治暦三年(一〇六七)六月三日讃岐国曼荼羅寺僧善芳解案(『平安遺文』三巻一〇〇五号)に見えるのが早い例で、ここでは曼荼羅寺領の畠地が、名主の逃亡を理由に郡司によって売却され、他人に「押作」される恐れがあるとして、善芳が留守所に訴えている。

(牛山　佳幸)

おたかのみくりや　小高御厨　遠江国佐野郡の御厨。現在の静岡県掛川市にあたる地域。伊勢神宮(二宮)領。大江広経が本主より買得、嘉保元年(一〇九四)右馬頭藤原兼実に公験を献上、立券化をはかった。保安二年(一一二一)、広経の孫仲子は権禰宜度会忠倫を口入神主として神宮に寄進し、翌年建立、奉免の宣旨が下され、御厨となった。上郷が内宮領、下郷が外宮領であった。天承元年(一一三一)には上分米六十六石で、そのうち六石は毎年三ヶ度御祭供祭料、六十石は外宮の一禰宜度会彦忠に弁済していた。建長二年(一二五〇)小高下御厨の口入職は度会彦輔から邦(郡)彦に譲られた。元徳元年(一三二九)神宮は庁宣を以て検校弘国に宛て上分米未進の催促をしている。『神鳳鈔』では内宮に上分六石、口入三十石、外宮に上分六石、雑用六十石を貢進とされている。『外宮神領目六』では六石、『享徳元年内宮神領目六』では、六貫文とみえている。

(西垣　晴次)

参考文献　日本塩業大系委員会編『日本塩業大系』史料編古代・中世二

おだのしょう　織田荘　越前国丹生郡の荘園。現在の福井県丹生郡織田町を中心とする地域。本領主高階宗泰の七条院への寄進にもとづいて、建保六年(一二一八)に七条院庁下文および国宣が下され、四至を定め勅院事恒例臨時の大小国役を免除し、同院御所内の持仏堂(歓喜寿院)の御領として立荘をみた。のち七条院法華堂領となり、本家職は修明門院に伝領されたが、領家職は仁和寺道助入道親王に譲与され、さらに妙法院領となったことから、山門(比叡山延暦寺)の支配下に入った。その時期は不明だが、天台座主尊助法親王のとき、文永五年(一二六八)

に山門三塔興隆のために寄せられた妙法院領十ヵ荘のうちの一つとして、東塔分に充てられ、また享徳二年(一四五三)には荘内の剣大明神宮寺(織田寺)が山門本院東谷檀那院の末寺とされた。しかし鎌倉時代中期から室町時代初期にかけての妙法院や山門の織田荘に対する具体的な支配関係は明らかでない。応仁の乱以後には山門にかわって、朝倉氏の勢力を背景にして、剣大明神宮寺が荘内の大部分を事実上領有した。また朝倉氏を滅ぼした織田信長が同寺との特別の関係にあるという理由で、従来のごとく安堵されて、太閤検地に至った。織田町の『山岸家所蔵文書』には室町時代後期のものと推定される指出帳と公事納帳があり、それによれば名体制を基本とする収取体制が依然として存続されていたことが知られる。このほかに主な史料としては『剣神社文書』がある。

(楠瀬　勝)

おちつき　落付　原義は公務のために派遣される役人や使者が目的地に到着することだが、転じてその際に現地の役人や農民などが行う接待や饗応を指す。もともと、令制下では国司や勅使、その他さまざまな公務を帯びて任地に遣わされた官人に対して、路次の住人が食料・馬匹などを提供する義務があり、これを「供給《ぐきゅう》(たてまつりもの)」と呼んだが、こうした慣行が次第に着任後の接待に変化したものである。通例は三日間にわたって酒食のもてなしをしたので、三日厨と呼ばれることが多い。三日厨の初見は永保三年(一〇八三)、源義家が陸奥守となって任国に赴任したときの例だが(『奥州後三年記』)、鎌倉時代になると備後国太田荘などのように、預所などの荘官が下着する時にも行われていた(高野山文書建久元年六月日僧鑁阿置文『鎌倉遺文』一巻四六二号)。また、寺院でも別当の着任に際して同様の饗応がなされていたことが、法隆寺の例から知られる。　↓三日厨《みっかくりや》

(牛山　佳幸)

おつきのしょう　乙木荘　⇩おとぎのしょう

おっしょ　負所　皇室や国家によって、寺社などに公田の雑役分が寄進されたものをいう。公田の所当宮物はもとのまま国衙に収めることを原則としていた。もともと負所とは雑役免の荘田と内容を一にするものであって、この負所部分の雑役は国衙によって収取され、寄進先である寺社給主に交付される手続をとっていたから、寺社給主が負所の耕地を直接に支配し雑役を直納させる構造のものではなかったし、雑役の収取額は固定していたが、負所田の坪付は固定せず、国衙の意向によって移動することがあり、浮免的性格をもっていた。しかしこの負所田の坪付が固定化するようになったことと併行して、寺社給主による負所田を直接に一円的に支配する傾向がうまれ、寺社直属田の性格を強め、名に割りあてて経営・耕作にあたらせることとなった。もともと負所田の耕作者・責任者を負人といい、浮免的経営であったため、負人の負所田に対する占有権は弱いものであったが、名への割当て経営が行われるようになって、名主による占有権が強化され、ついに名田化して、「負所名」などと呼ばれるようになり、名主による負所の相伝も展開していった。このような段階になると、荘官や農民の開墾に基礎をおき、耕作経営者の占有権がかなりはやくから実現していた負田と近い内容のものとなっているが、元来負所は、農民などの勤労の事実にもとづくのではなく、皇室や国家から寄進されたという、いわば上級所有権の分与から発したものである点で、負田とは成立事情を基本的に異にしている。

(三浦　圭二)

おっしょ　追所　⇩負所《おっしょ》

おとぎのしょう　乙木荘　大和国山辺郡の荘園。現在の奈良県天理市乙木町付近。興福寺大乗院領。成立過程は不明であるが、『三箇院家抄』には「上庄領主　内山中院、下庄領主　内山上乗院」と記され、はじめ内山永久寺領で、永久寺が興福寺の支配下に入ったことから、大乗院領となり、永久寺もひき続き権利を有したようである。永仁頃と推定される「乙木荘条里坪付図」(猪熊信男氏旧蔵)・「乙木庄土帳」(内閣文庫所蔵)がある。鎌倉時代後期の耕地の配分状況などが判明する。早く西岡虎之助の研究があり、渡辺澄夫も均等名荘園の一つにとりあげている。坪付図は、十一条七里・八里、十二条七里・八里にわたり四十八坪を図示。短冊型の耕地が図示され、各筆について佃・名田・屋敷・他領などの田種、名請人名、貢租高などを記載。佃は十二条七里三十五坪を中心に計一町九段。屋敷は十二条八里二・三・十・十一坪に各一段宛十九ヵ所(屋敷は半折型が多い)。名田は、預所名・下司名のみが「名」とされ、他は「名」を付さない人名のみ十七人を記載。預所・下司名と合わせて計十九人で、佃一段、屋敷一段を各人均等に名請する。預所・下司名は、実際の耕作者とみられる人名を記載。これを小作とみれば、何ら分付記載のない人名の耕作地は自作田となる。この分類によれば、地主二、自作十、自作兼小作七。名田・自作田は計九町二百四十歩。ほかに公事田二段、地子田一段大があり、これを加え、屋敷・佃を合計した名請地は預所名一町二段が最大、八段一人、七段十一人、約六段五人、四段大一人となる。年貢は佃は一律一石四斗、自作田は一斗～六斗。坪付図は他に他領分や鳥居も記載。貞和三年(一三四七)の興福寺造営料大和国八郡段米田数幷済否注進状(春日神社文書)には、大乗院方の山辺郡に乙木荘二十一町八段二段切がみえ、応永六年(一三九九)の同種史料(同)にも同様に記される。なお、春日社の節供料を負担する乙木荘が、鎌倉時代以来史料にみえる。近世に乙木村の名があり、現在もツクダなどの小字名をとどめる。

(熱田　公)

おとな　乙名　中世後期以降の村落においてその代表者、あるいはその上級階層を「おとな」と呼んでいる場合がある。史料によっては大人・老長・老男・長老・宿老・長男・長衆・老人などの文字があてられている。畿内およびその周辺では鎌倉時代末期以来の生産力の発展にさ

乙木荘

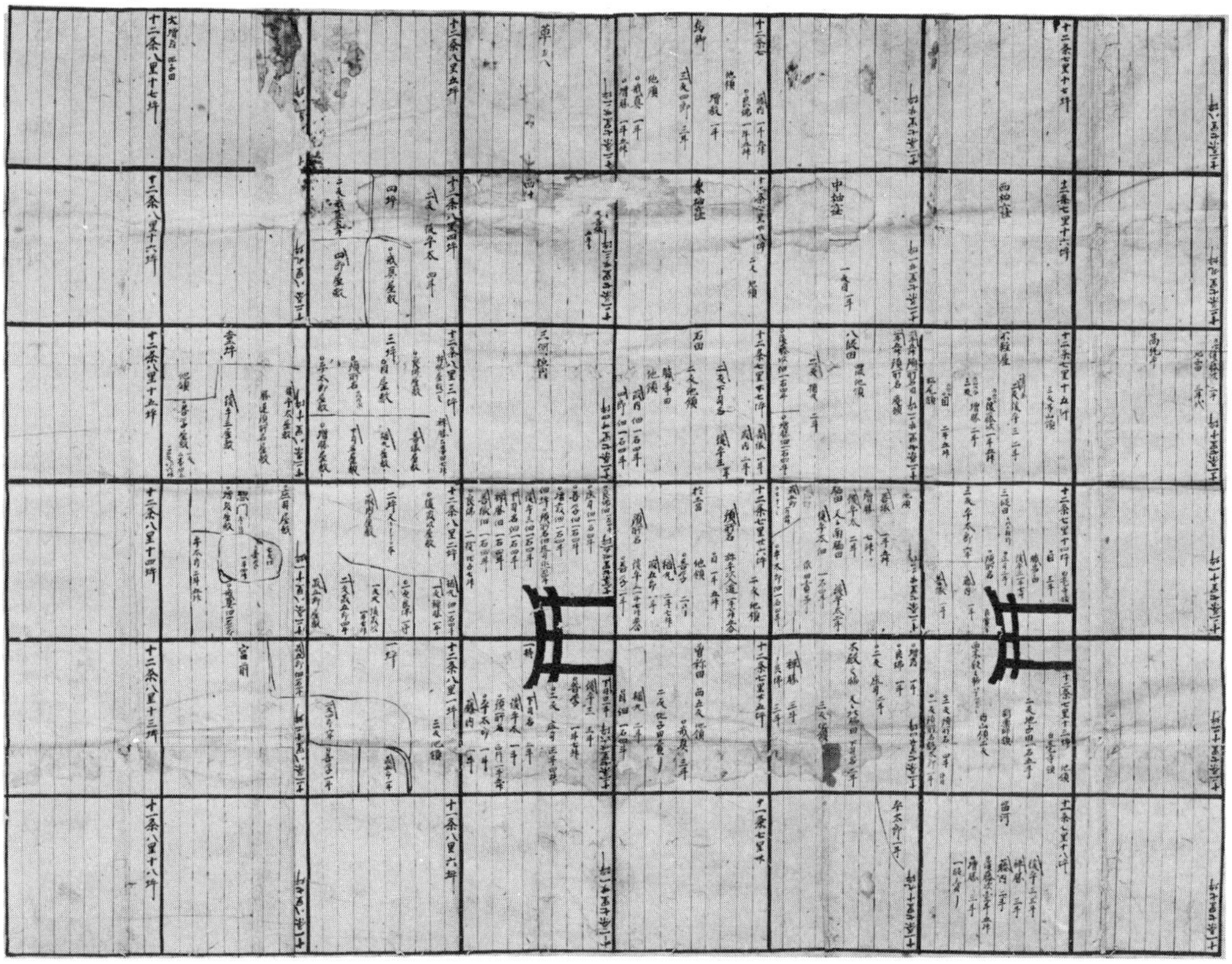

乙木庄土帳

さえられて十五世紀に至ると惣村と呼ばれる村落結合が展開した。この惣村を代表する人たちは当時「おとな」と呼ばれていた。彼らは地下の百姓として身分は百姓であるが、領主側からは「…方」と呼ばれ、一般の百姓からは「…殿」と敬称をつけられ、地侍・殿原として「ひらの百姓」といわれる一般百姓とは区別されていた。彼らは多く沙汰人・公人・政所・地下代官などの年貢・公事などを収納する権力機構の末端の職務に任ぜられていた。『本福寺跡書』に「隣郷イカナル里ニモ老《おとな》ニ成テ得分《とくぶん》アリ」と記されているように、その得分の一部を配分され、また棟別銭免除などの特権をもっていた。その数は村落によって相違があるが、近江国伊香郡菅浦荘では二十名ばかりの「おとな」がいる(寛正二年菅浦荘置文)。惣村と密接な関係にある宮座においても若衆・若者組や中老に対して老衆・年寄衆があった。年齢的にも階層的にも上位にあたる呼称である。前述のような特権をもつ「おとな」になるには、それなりの儀式や礼銭が必要であった。これを「おとな成《なり》」といっている。山城国伏見荘の小川善啓は惣の中核となっている神社の御香宮の祭礼に多額の助成を行い、「地下おとなり」を行なっている(『看聞御記』)。こうした「おとな」と呼ばれるものは、いわば、村落の実力者であり、村役人的な性格を持っており、「土豪層」と呼ばれる存在であるといえよう。こうした村落における「おとな」「おとな百姓」の名称は、その性格や機能あるいはその出自においては相違があるが、近世に入っても用いられている。小前百姓・平百姓に対する村落の上層民をさし、この層から年番や入札で名主を出すところもあった。

(福田栄次郎)

おとわのしょう 音羽荘 伊賀国阿拝郡の荘園。現在の三重県阿山郡阿山町付近。建長二年(一二五〇)十一月の「九条道家初度惣処分状」にみえ、はじめ藤原忠通によって最勝金剛院に寄進され院領となったが、のち和泉禅興寺の替として相博された。現在も阿山町に音羽の字名が残っている。

(小泉 宜右)

おなのみくりや 尾奈御厨 遠江国浜名郡の御厨。小奈とも書く。現在の静岡県引佐郡三ヶ日町付近。伊勢神宮(内宮)領。『師記』『水左記』によると、承暦四年(一〇八〇)遠江守基清が御厨の作田三十余町を刈り取ったことで神宮側から訴えられている。また御厨は基清の前任国司為房により免判が与えられている。元久元年(一二〇四)の九条兼実置文ではこの御厨は年貢を勤めず庁役にも従っていない。『神鳳鈔』では、上分十五石、凡絹三十疋を神宮に貢進していた。

(西垣 晴次)

おのしのまき 鈖師牧 『延喜式』に安房国白浜馬牧とならんで鈖師馬牧とあるが、所在不明。千葉県安房郡丸山町の丸山川左岸(丸本郷の東方)に珠師《じゅし》ヶ谷《がや》がある。付近は保元の乱の時、源義朝に従った丸氏の根拠地で、北

部に展開する嶺岡山脈は戦国時代末期里見氏の馬牧の地といわれ、江戸時代中期徳川吉宗は幕府直営の牧を興した。右の地的環境よりして鈖師は珠師の誤りと考え、珠師ヶ谷をこれに当てるのが妥当であろう(嶺田楓江『千葉県古事志』)。 (小笠原長和)

おのたけお 小野武夫 一八八三―一九四九 農村史。法政大学教授。明治十六年(一八八三)八月三日、大分県大野郡百枝村(現、三重町)に生まれる。同三十四年、大分県立農学校卒業。農商務省に勤務しながら、大正元年(一九一二)、法政大学専門部政治科卒業。同二年、帝国農会に入る。九年、農商務省に異動。永小作の調査に携わる。十四年、「郷士制度の研究」により東京帝国大学から農学博士の学位を取得。十五年、法政大学経済学部講師。昭和六年(一九三一)、同教授。同二十一年、同退職。昭和二十四年(一九四九)六月五日没、六十七歳。戦前『日本庄園制史論』(有斐閣、昭和十八年)を刊行し、荘園制研究の先鞭をつけた。 (瀬野精一郎)

おののまき 小野牧 (一)武蔵国多摩郡の牧。勅旨牧の一つ。『和名類聚抄』の多磨郡小野郷の地で、現在の東京都八王子市柚木から多摩市・稲城市にわたる地域にあたる。隣接して由比牧がおかれていた。『政事要略』二三によると、承平元年(九三一)十一月に勅旨牧に加えられ、石川・小川・由比・立野などの牧と並んで右馬寮に所属し、毎年八月二十日に四十疋を貢進することになっていた。その牧駒には「拯」の字を烙印する規定であった。また、この時牧の別当として散位小野諸興が補任され、牧駒の調査にあたることとなった。この人はのちに武蔵権介になって国内の群盗追捕に活躍する。天慶元年(九三八)には諸興に代わって弟永興が上洛している。またこの一帯は平安時代後期から南北朝時代に活躍した武蔵七党の一つ横山党(小野氏)の本拠地といわれている。小野氏は寛弘元年(一〇〇四)に小野牧の別当となった野三郎資隆の父義隆が横山党の始祖、その弟時資が猪俣党の元祖となり発展した。 (八幡義信)

(二)常陸国の牧。十世紀後半の大納言藤原朝光の和歌(『新千載和歌集』)に、「ひたちなる小野の御牧の露草のうへしは駒のおくにぞ有ける」とある。小野御牧とは『延喜式』の官牧信太馬牧のことで、信太郡小野郷(茨城県稲敷郡新利根町内)の地と推定されるが、異説があり、信太郡北部(稲敷郡美浦村内)にあったともいわれる。 (石田祐一)

(三)信濃国伊那郡の牧。現在の長野県上伊那郡辰野町小野から塩尻市北小野にかけての地域。諏訪郡に属したこともある。『延喜式』にはみえず、『吾妻鏡』文治二年(一一八六)三月十二日条の乃貢未済庄々注文に左馬寮領として載っている。『延喜式』所載の宮処《みやどころ》牧から分かれたものであろうともいう。早く退転して諏訪下社領となったらしい。北小野から南へかけて、牧の内・牧よせ・馬の神・こまつなぎ・ませかき・まみち・神牧・牧原・駒頭・厩尻・入前寄《いりまよせ》・木戸口・駒沢口など、牧場に関する地名が多く残っている。 (小林計一郎)

おののみやけりょう 小野宮家領 平安時代公卿を輩出した名家、小野宮家の所領。家祖小野宮太政大臣藤原実頼の遺領はみな養子実資が伝領し、ために実資の富裕は世間の語り草になったと『大鏡』に伝えるが、『小右記』によると、実頼の次男頼忠と三男斉敏(実資の実父)にもかなりの所領が分与されている。頼忠の所領は、永祚元年(九八九)彼の没後、佐理・公任ら一族の間で分配され、実資も筑前国高田牧を伝領した。のちに公任が「代々相伝之処」と称した播磨国有年荘もその一つであろう。斉敏の伝領分は、天延元年(九七三)彼の没後一旦頼忠が管領したらしく、頼忠の遺領処分の際に斉敏の男高遠に譲られた。それには実資に関係ある所領が二十ヵ所ほどあったという。実資は、小野宮邸をはじめ、最も多くの所領を実頼から譲られたものと思われるが、その全貌は明らかでない。ただ寛仁三年(一〇一九)十二月、女子千古に小野宮邸および荘園・牧厩などの大部分を処分した際、尾張国浅野荘など六ヵ所の所領が他の諸子(養子)にも分与されたことが『小右記』にみえ、ほかに実資の所領と思われるものとして、河内国辛島牧など五ヵ所ほどを同記から拾うことができる。ことに上記の高田牧は重要な所領であったらしく、牛馬および絹・米などの例進物のほか、魚貝・海藻類や唐綾・香木・陶器などの別貢物がしばしば貢進されている。このうち唐綾などは大陸貿易品

小野宮家領

小野宮家領一覧

所在国郡	名称	特徴	典拠
山城 乙訓郡	神足園	寛仁三年藤原実資処分	小右記
尾張 丹羽郡	浅野荘	同	同
(郡未詳)	海部荘	同	同
近江 (同)	上高岸下荘	同	同
(同)	鶴見厩	同	同
美濃 可児郡	明地荘	藤原実頼所領、藤原経平伝領	石清水田中家文書
但馬 朝来郡	黒河園	寛仁三年藤原実資処分	小右記
播磨 赤穂郡	有年荘	藤原公任相伝所領	朝野群載
筑前 (郡未詳)	高田牧	永祚元年藤原頼忠より同実資に伝領、日宋交易に関係	小右記
(以下、藤原実資の所領かと推測されるもの)			
河内 河内郡	辛島牧	長和四年玉串荘と相論	小右記
摂津 豊島郡	桜原荘	寛仁二年宿荘と相論	同
信濃 (郡未詳)	洗馬牧	藤原実資に貢物を進む	同
石見 (同)	中津原牧	同	同
美作 (同)	栗栖荘	同	同

と思われるが、長元二年(一〇二九)には、高田牧司の仲介で、宋の貿易商から実資に書簡と進物が贈られており、同牧が筑前の沿海に位置して、日宋貿易に関係していたことを推測させる。その後、小野宮邸の地は、千古の女子である藤原祐家室からその孫女源師頼室、その男源師光へと伝えられたことが『明月記』にみえ、また承暦二年(一〇七八)の「大宰大弐藤原経平宅解」によれば、経平は始祖実頼の所領美濃国明地荘を伝領していたというが、その他の小野宮家領の消息は明らかでない。(橋本 義彦)

おはりのしょう 小榛荘 越前国坂井郡の荘園。現在の福井県坂井郡内。現在地への比定復原はむずかしい。大治五年(一一三〇)の『東大寺諸荘文書幷絵図目録』に「紙坂井郡小椿村地卅九町四段百廿歩」とあるのは、絵図の記載からとったものであろうが、また仁平三年(一一五三)の『東大寺荘園絵図目録』に「小椿庄 一帖紙 宝字三年」とあり、いずれも「小榛」を誤写したものであろう。成立時期は天平宝字三年(七五九)以前にさかのぼるのではなかろうか。荘田数は、天暦四年(九五〇)に四十町とあり、また長徳四年(九九八)には四十七町四段四十歩とし、これを抹消しているが、「荒廃数多、熟田不幾」と記されている。(楠瀬 勝)

おふちのまき おふちの牧 陸奥国の牧。歌枕として『八雲御抄』にその名がみえる。所在地については、岩手県花巻市付近、青森県上北郡尾駮沼《おぶちぬま》、宮城県牡鹿郡牧山などの諸説があるが、いずれも確かな根拠があるわけではない。「をふちの駒」という歌枕が、『蜻蛉日記』『後撰和歌集』『後拾遺和歌集』などの和歌に詠みこまれていて、陸奥国の「をふち」というところ、すなわち「をふちの牧」の産馬のことだといわれている。(大石 直正)

おみのみくりや 麻績御厨 信濃国筑摩郡にあった皇大神宮(内宮)領の御厨。現在の長野県東筑摩郡麻績村付近。この御厨の中心であったと考えられる神明社が現存。平安時代の立荘と推定される。平安時代末期には平正弘が本家(本所は神宮)であったが、保元の乱後、収公されて院御領となり、また内宮領に戻された。建久四年(一一九三)この御厨の供祭物(年貢)は鮭百五十隻、鮭児一桶、搗栗一斗、干菜米一斗であり、口入料《くにゅうりょう》(係の神官への年貢)は六丈布六十段、四丈布十六匹、鮭三十隻、鮭児一桶であった(『神鳳鈔』)。これによると、犀川およびその支流で鮭が多くとれたことがわかる。この御厨はのちに口入神主の私領となったらしく、寛正五年(一四六四)八月、内宮禰宜荒木田永量は、その所領麻続・会田両厨を折半して、二子に分与している。なお、この御厨内の矢倉村は鎌倉幕府の有力者伊賀氏の所領で、北条義時の後家伊賀氏が、その婿藤原実雅を将軍に立てようとして失敗した事件で元仁元年(一二二四)その兄伊賀光宗がこの地に流された。光宗が許されてのち、矢倉村はまた伊賀氏に戻された。この御厨からおこった麻績氏は伊賀氏の支流らしく、建武四年(一三三七)伊賀盛光代麻績盛清が関東に転戦している。なお麻績は史料ではしばしば麻続とも書かれた。(小林計一郎)

おむろりょう 御室領 ⇨仁和寺領《にんなじりょう》

おやぎづのみくりや 小楊津御厨 駿河国益頭郡の御厨。現在の静岡県焼津市豊田付近。伊勢神宮(外宮)領。永保元年(一〇八一)に建立。長寛元年(一一六三)・治承元年(一一七七)に国役停止の宣旨が下されている。建久三年(一一九二)の供祭物は上分米三石。別宮土宮九月・十二月両度の神事直会大饗料米三十石、起請雑用米十七石。給主は大中臣宗親であった。中世末の『外宮神領給人引付』にも三石の上分米と記されている。(西垣 晴次)

おやけのしょう 小宅荘 播磨国揖保郡内の荘園。現在の兵庫県龍野市東部一帯の地域。建武中興成って間もなく、後醍醐天皇から同荘の三職(領家職・預所職・公文職)が大徳寺に施入され一円不輸の寺領とされた。その後、観応元年(一三五〇)から貞治五年(一三六六)にかけて、同荘の開発領主の子孫と称する貞興・貞宗(姓不詳)が三職の知行を主張して争い、守護赤松氏もこれを支援する態度を示したが、結局、幕府の厳命によって大徳寺の一円領掌が確定している。(水野恭一郎)

おやだ 親田 稲の種子をまいて、苗を育てる田で、苗代田とも、また種田とも呼ばれる。日本の稲作は、縄文晩期末ごろから弥生時代の初頭ごろに西日本で開始されたが、苗代作りはすでに『万葉集』や風土記にもみえるので、奈良時代には一般的となっていたことがわかる。近世に入ると、中世以来の農業技術の進展にともない、直播田は稀となり、苗代を作って田植えをする方法が主流となった。(畠山 聡)

おやまだのしょう 小山田荘 武蔵国多摩郡の荘園。鶴見川の上流域で、現在の東京都町田市上小山田町・下小山田町にあたる地域。鎌倉時代初期には桓武平氏秩父流の小山田有重が荘官であった。有重は保元・平治の乱に源義朝に従軍し、その後、幕府御家人として活躍した。その息男稲毛重成は橘樹郡稲毛荘の荘官であった。また、男衾郡畠山荘の畠山氏、入間郡河越荘の河越氏などもその一族である。(八幡 義信)

おやまのしょう 小山荘 (一)下野国都賀郡の荘園。現在の栃木県小山市辺。小山朝政が寛喜二年(一二三〇)二月二十日嫡孫長村に譲与した所領のなかに「寒河御厨号小山庄、重代屋敷也」とあるのが初見である。この後にも同じような表現が見られる。小山荘とは寒河御厨の別称であったということになる。小山荘と『和名類聚抄』都賀郡小山郷との関連は明らかでない。⇨寒河御厨《さむかわのみくりや》 (入間田宣夫)

(二)越前国大野郡にあった荘園。荘域は広く、現在の福井県大野市を中心に、隣接する大野郡・足羽郡の一部を含む。長承二年(一一三三)六月十四日官宣旨案に記載され

小宅荘

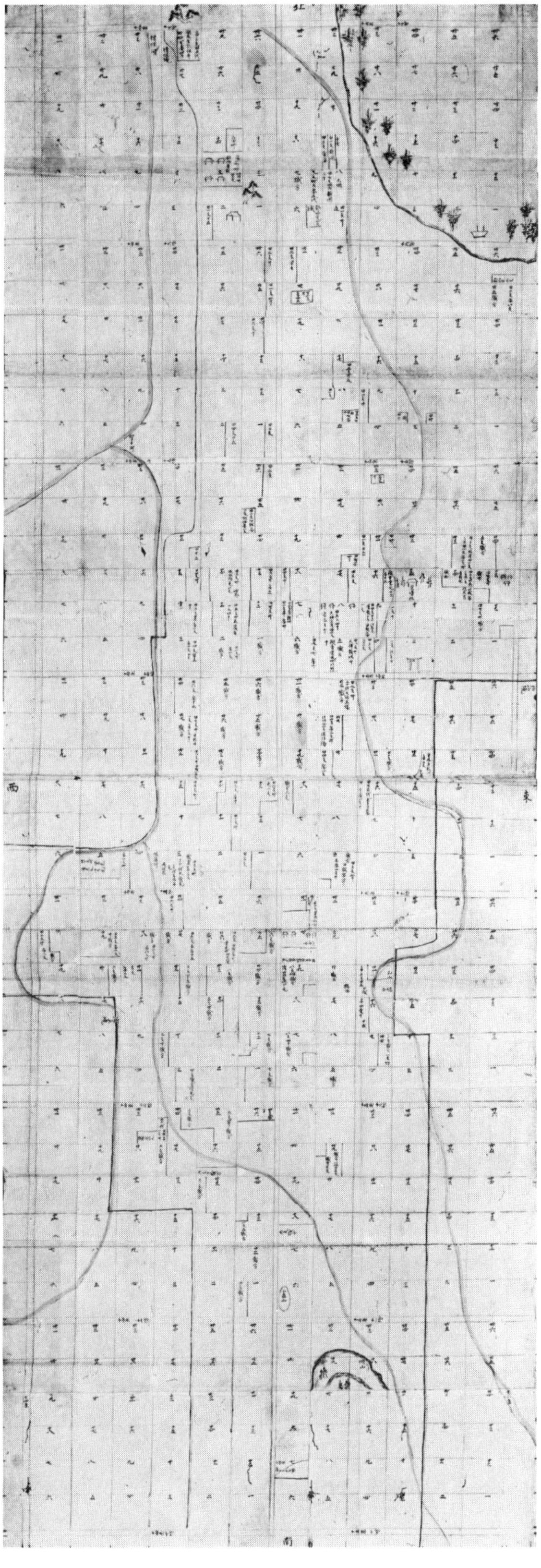

播磨国小宅庄三職方絵図

ている藤原成通の数百町の私領を、成通が、後に安楽寿院に寄進し立荘されたと考えられる(『平安遺文』五巻二二七八号)。当初、領家職は成通の子孫が相伝したが、次第に諸氏によって分割され伝領されていった。建保四年(一二一六)には、北条義時が地頭に任じられており、鎌倉後期には下地中分されている。嘉元四年(一三〇六)の昭慶門院御領目録に安楽寿院領として「越前国小山庄円雄法印、御年貢二万疋、円雄知行分万疋別納也」とみえる(『鎌倉遺文』二九巻二二六六一号)。さらに、嘉暦三年(一三二八)、地頭伊自良知綱と領家興福寺浄明院が対立、悪党大納言房を地頭側が退治する等の条件で、領家方の郷も地頭請所となった。室町期に領家職は春日社に移行したと推定され、永享十二年(一四四〇)に、代官長栄が荘官・農民らに指出を提出させて作成した田数諸済等帳には、郷村ごとの田数・年貢公事が詳細に記されているが、これによって、地下請の成立と、多数の仏神田がうかがえる。なお、天文年間(一五三二—五五)まで小山荘の名は史料に確認されるが、支配の実態は不明である。

(錦　昭江)

おやむら　親村　⇨本郷《もとごう》・枝郷《えだごう》

おゆみのしょう　小弓荘　尾張国丹羽郡の荘園。現在の愛知県犬山市の地域。『良峯系図』によれば丹羽郡郡司良峯季光が正暦年中(九九〇—九五)法成寺に寄進したといい、同書事書にはその弟小弓大夫惟光が藤原道長に寄進したと伝える。荘は近衛家に伝領され、保元元年(一一五六)ごろ開発地をめぐって国衙と争っている。のち文和二年(一三五三)土岐高山伊賀守に濫妨され、近衛道嗣は楞《りょう》伽《が》寺に寄進した。文明十二年(一四八〇)東福寺海蔵院領となるが、実質知行は行われなくなっている。

(新井喜久夫)

おりたのしょう　織田荘　若狭国三方郡の荘園。現在の福井県三方郡美浜《みはま》町の御岳山《みたけやま》東麓と西麓で、海に面する地域。十一世紀には山東・山西両郷に荘田をもつ二十町程度の延暦寺領であったが、十二—十三世紀にこれとは別に山東郷二十二町八段余・山西郷六十三町二段余をも荘園化し、この荘田は半不輸から一円の荘園となった。建暦三年(建保元、一二一三)の慈鎮譲状にみえる「織田庄・同浦三所」は、青蓮院門跡の支配下の天台常寿院領で、同年には熾盛光堂の諸用途米百二十四石八斗を、また貞応元年(一二二二)六月の慈鎮置文によると年貢米三百石と夏物少々を負担しており、天福二年(文暦元、一二三四)八月の慈源所領注文によると所当六百石であった。

荘官には公文・惣追捕使・下司・政所があり、下司は若狭国御家人惟宗氏であったようである。南北朝時代に一色範光が若狭守護となり、その守護代が応安三年(一三七〇)に山東・山西の地を押領したことに反発する戦いが、翌四年の若狭国一揆に発展した。寛正二年(一四六一)九月には青蓮院門跡領として室町幕府から諸公事・課役などが免除された。こののちも山東・山西両郷は同門跡領としてみえるが、荘名はみえなくなる。

(楠瀬　勝)

おわきのいち　小脇市　中世初頭から繁栄した近江の市庭。現在の滋賀県八日市市に地名も残存する。この地は東山道愛智川に近く、伊勢への通商路、八風越・千草越の要路であった。近江商人中大きな比重をもつ得珍保《とくちんのほう》保内商人の住郷に近接し、商人活躍の中心地のひとつであった。すでに『源平盛衰記』に「小脇の八日市」がみられ、鎌倉時代、定期市が開かれていたことがわかる。中世後期にも八日市庭の繁栄が伝えられるが、その場所は小脇よりも東北に移ったという。応安七年(一三七四)には、八日市庭沙汰用途として、二月に六貫文、六月に五貫五百文が山門に納入されている。この文書が、『今堀日吉神社文書』中にあることからみて、八日市で営業する保内商人が、八日市を支配する山門に公事銭を納入したものと考えられる。小脇商人も保内商人とならんで特権をもつ座商として活躍し、伊勢への通商を行い、また、塩商人として寄子商人を四人もかかえていたものもあった。

(脇田　晴子)

おわりのくにげぶみ　尾張国解文　永延二年(九八八)十一月八日付で、尾張国の郡司・百姓らが国守藤原元命《もとなが》の非法横法を朝廷に訴え、その解任を要求した三十一ヵ条約八千字より成る文書。尾張国郡司百姓等解文・尾張国申文ともいう。十世紀の地方政治の実態を物語る史料として珍重されている。解文は日本調漢文の四六騈儷体を用いたかなりの名文で、はたしてこれが郡司・百姓らの作文に成るものか疑う説もある。すなわち、解文成立時の政治情勢とも考えあわせて、京都の学者・官人の手に成るものではないかという。内容的に僧侶の作文とみられなくもないが、この点は断定できない。当時、百姓に訴えられた国司は多く、長和元年(一〇一二)加賀守源政職の場合は訴状三十二ヵ条、寛仁三年(一〇一九)丹波守藤原頼任の場合は訴状二十四ヵ条というが内容は伝わらない。現存する本解文の主要な写本は次の四本である。井上恒一旧蔵早稲田大学所蔵本(重要文化財)は、弘安四年(一二八一)八月五日書写の奥書を有し、春日社家に伝来したもの。第十四条末尾から第三十一条の一部までを欠くが、提出日付と署名を有する唯一の写本である。東大史料編纂所所蔵本は、嘉元二年(一三〇四)具注暦等が紙背にあり、応長元年(一三一一)十一月十七日書写の奥書を有する。首部より第五条の一部までを欠く。江戸時代天保ごろには東大寺尊勝院校倉に在ったらしいが、のち坊間に流れ、昭和四十年(一九六五)史料編纂所の所蔵となった。真福寺(宝生院)本(重要文化財)は、正中二年(一三二五)八月十一日、伊勢国桑名郡小山勝福寺で書写したとの奥書を有する。首部から第一条の一部までを欠く。大正十四年(一九二五)名古屋温故会から複製本が刊行された。改定史籍集覧本は、文和二年(一三五三)四月三日書写の奥書を有した写本を、尾張国海東郡の西方教寺(現、円成律寺)の古書中から宝永六年(一七〇九)に発見したものという。首尾欠文のない完本である。本解文は、『(改定)史籍集覧』一四の他、『大日本史料』二ノ一(永祚元年二月五日条)、『平安遺文』二、『新編一宮市史』資料編六、『日本思想大系』八、『早稲田大学所蔵荻野研究室収集文書』上などに収める。

(阿部　猛)

おんじょうじりょう　園城寺領　大津市園城寺町にある天台寺門宗の総本山園城寺の所領。園城寺は俗に三井寺といい、山門に対し寺門と称された。園城寺が延暦寺から分離したとき、粟津・大津から山科にわたる山麓周辺部は園城寺に属し、当寺の根本寺領となった。粟津別保荘などがそれで、寺では草創の檀越大友氏の荘園城邑、つまり貞観十年(八六八)の国郡判で承認された北は比叡に接し南は山階(山科)に至り西は山州(山城)に跨り東は江湖(琵琶湖)に入るといわれる広大な四至を主張する。特に密教を重んじ加持祈禱の法験を誇る当寺は平安貴族の帰依を集め、荘園制の発達に伴い多くの寺領寄進を受けたであろうが、山門のため何度も罹災して文書記録を失っていて、寺領の全容は把握しがたい。長久元年(一〇四〇)に関白藤原頼通の室源隆姫が当寺堂行堂に土佐和食荘を施入し、翌年二月長吏明尊が私領近江大浦荘を円満院に寄進したのが現在知られる最も早い例で、その後源義光が新羅社と金光院に近江山村・柏木両郷を寄せた。義光以後、園城寺は源氏と関係を深め、源頼政の挙兵を援けたために平氏の兵火に罹り、源頼朝は近江横山荘・若狭玉置荘を寄せその再興を援助した。建仁三年(一二〇三)には智証大師誕生の地讃岐金倉郷が寄進されたほか、鎌倉時代末期までに近江坂田荘・黒本荘、大和喜殿荘、下総王造荘、讃岐真野荘などが成立した。後醍醐天皇が山門の武力を利用したのに対し、寺門は足利尊氏に接近し、建武三年(一三三六)光厳院院宣で寺領荘園や逢坂関を安堵され、尊氏も近江山賀荘・伊勢丹生荘・尾張枳頭子荘など十二ヵ荘を造営料所として寄せ、足利義詮も伊勢・丹波・石見・美作・安芸などの十四ヵ所を施入した。特に逢坂関や淀関を領し、瀬田橋と港町の大津を抑えその経済収入は大きかった。戦国時代には寺域近在を除く寺領荘園は崩壊したが、文禄四年(一五九五)には豊臣秀吉の怒りにふれ、伽藍は破却して叡山に移し寺領を没収された。秀吉に信任された聖護院道澄の尽力で秀吉の死の前日に寺門再興を許され、北政所は秀吉の遺志で寺領四千三百二十七石余を寄進した。徳川氏もおおむねこれを踏襲し、近接六ヵ村四百六十九石余の朱印地を与えていた。なお、円満院・聖護院・実相院各門跡領を含む寺

園城寺領

園城寺 寺領一覧

所在国郡	名称	成立(所見)年次	特徴	典拠
山城 久世郡	狭山荘	建武四年十一月見	もと法隆寺領、内膳司と相論、実相院門跡領	実相院文書
同	枇杷荘	応仁二年十月見	狭山荘内に成立、実相院門跡領	同
同	平等院	永承七年三月造	関白藤原頼通、のち円満院兼帯	
同	淀関	暦応四年見	当年三月より明年二月まで千百貫文	園城寺文書
宇治郡	三室戸寺	伝宝亀年中創		
同	四宮河原新関	暦応四年見	恵鎮、上分五十貫文を園城寺護法社へ	園城寺文書
相楽郡	脇荘	建武三年九月見	大雲寺領	実相院文書
(郡未詳)	大工田	同	同	同
大和 葛上郡	琴引別符	同	同	同
山辺郡	喜殿荘	永保元年正月以前	常喜院領、民部卿藤原泰憲寄進	寺門伝記補録
摂津 豊島郡	萱野荘	建武三年九月見	大雲寺領	実相院文書
(郡未詳)	正木荘	同	同	同
(同)	福富荘	同	同	同
伊勢 桑名郡	野代荘	同	同	同
飯高郡	丹生荘	嘉元三年五月見	唐院領四ヵ荘の一つ、のち建武四年二月足利尊氏佐渡守跡として園城寺領に寄進	唐院一年中目録・園城寺文書・寺門伝記補録
同	勾御厨	文和元年四月充行	大神宮領、赤堀下野守跡、園城寺領	園城寺文書・寺門伝記補録
飯野郡	長田荘	同	長田左衛門蔵人跡、地頭職・領家職とも園城寺領	同
尾張 知多郡	寺本荘	嘉元三年五月見	唐院領、丹生荘・阿波曽荘・多気荘とともに四ヵ荘という	唐院一年中目録
同	枳頭子荘	建武四年二月寄進	名越遠江入道跡、園城寺領、のちに醍醐三宝院領となる	園城寺文書・寺門伝記補録
春部郡	於田江荘		南滝院領	実相院門跡系譜
下総 匝瑳郡	玉造荘	文治二年三月見	園城寺領	吾妻鏡
近江 滋賀郡	和邇荘崇福寺	建武三年九月見	和邇荘は山門横川楞厳院領	園城寺文書・寺門伝記補録
同	粟津別保	康永元年四月寄進	地頭職を新羅社へ、足利尊氏寄進、別保荘・粟津五ヶ所ともいう	同
同	小松荘	康正二年見	聖護院領	康正二年造内裏段銭幷国役引付
同	逢坂関	建武三年九月見	園城寺領	園城寺文書
甲賀郡	柏木郷	嘉承元年九月寄進	源義光、土貢七十二石を新羅社へ	園城寺伝記・寺門伝記補録
同	山村郷	永久二年七月	源義光、私領を関白家の牧に寄進、柏木郷と共に金光院覚義阿闍梨に仏餉燈油料として	同
同	酒人郷	仁平元年二月	柏木・山村両郷と共に金光院へ施入	園城寺伝記
同	檜物荘	正中二年三月見	領家職を聖護院へ、本年貢百石、本家は最勝光院	東寺文書
同	蔵田荘	永享四年八月見	聖護院門跡領	室町家御内書案
近江 野洲郡	山賀荘	建武四年二月寄進	猷覚跡、園城寺領	園城寺文書
蒲生郡	横山荘	元暦元年十二月寄進	源頼朝より、園城寺領	吾妻鏡
愛智郡	三村荘	応仁二年十二月見	円満院領、一部に青蓮院領あり	円満院文書
同	岸下荘	同	同	同
犬上郡	犬上位田	建武三年九月見	大雲寺領	実相院文書
浅井郡	大浦荘	長久二年二月寄進	円満院領、大僧正明尊	菅浦文書
同	草野荘	嘉元三年五月見	唐院領、のち南・北両荘に分かれて円満院門跡領、一部に青蓮院領あり	唐院一年中目録・伏見宮記録
同	板木加納荘	応仁二年十二月見	円満院領、一部に青蓮院領あり	円満院文書
同	後一条勅旨田	同	同	同
坂田郡	坂田荘	永保元年正月以前	常喜院領、民部卿藤原泰憲寄進	寺門伝記補録
同	黒本荘	承元二年寄進	実相院領	同
高島郡	善積荘弘部郷	建長五年以後	園城寺造営料所	実相院文書
同	開田荘	同	同	同
同	大所荘	同	同	同
(郡未詳)	朱雀院田	建武三年九月見	大雲寺領	同
美濃 武芸郡	志津野荘	同	同	同
信濃 上水内郡	善光寺	文治二年三月見	園城寺領	吾妻鏡
上野 利根郡	沼田荘	正平六年十二月寄進	荘内志賀摩六郎左衛門尉跡、荘田彦太郎跡、足利尊氏より園城寺領に	園城寺文書
若狭 遠敷郡	玉置荘	元暦元年十一月寄進	平家没官領、源頼朝より寄進、下司職は関東の沙汰、唐院領	若狭神宮寺文書・唐院一年中目録
同	瓜生荘	康正二年見	聖護院門跡領	康正二年造内裏段銭幷国役引付
越前 今立郡	小磯辺保	暦応元年八月見	地頭職、園城寺造営料所	園城寺文書
(郡未詳)	宮成保	同	同	同
(同)	角原	同	同	同
佐渡 賀茂郡	青木保	康永三年十一月寄進	地頭職、足利尊氏より園城寺青竜院へ、飛驒国高原小八賀南方の替	同
同	賀茂保	同	同	同
同	梅津保	同	同	同
同	浦河保	同	同	同
同	大野保	同	同	同
(郡未詳)	津浦保	同	同	同
丹波 船井郡	野口荘	暦応三年六月見	荘内東光寺田、円満院領	伏見宮記録
(郡未詳)	井上次郎左衛門入道跡	文和元年四月充行	足利義詮より、園城寺領	園城寺文書
但馬 気多郡	大将野上・下荘	弘安八年十二月見	領家職、円満院宮領	但馬国大田文・伏見宮記録
出石郡	薬王寺	同	聖護院領	但馬国大田文
同	高滝寺	同	同	同
石見 那珂郡	小石見郷	文和元年十月	地頭職、足利義詮より、園城寺造営料所	園城寺文書
邇摩郡	久利郷	同	同	同

所在国郡	名称	成立(所見)年次	特徴	典拠
石見 (郡未詳)	上・下出羽郷	文和元年十月	地頭職、足利義詮より、園城寺造営料所	園城寺文書
(同)	永久郷	同	同	同
(同)	福屋郷	同	同	同
(同)	用田郷	同	同	同
播磨 赤穂郡	鞍位荘	建武三年九月見	大雲寺領	実相院文書
美作 苫東郡	青柳荘	文和二年六月寄進	地頭職、足利義詮より園城寺へ	園城寺文書
久米郡	垪和東・西荘	暦応三年六月見	もと後宇多院領、円満院宮領	伏見宮記録
備中 小田郡	走出荘	建武三年見	南滝院領	実相院門跡系譜
安芸 賀茂郡	志芳荘	文和元年十月	地頭職、足利義詮より、園城寺造営料所	園城寺文書
同	下品地郷	同	同	同
豊田郡	能美荘	同	同	同
(郡未詳)	郡戸郷	同	同	同
(同)	戸野郷	同	同	同
(同)	久芳保	同	同	同
讃岐 那珂郡	真野荘	承元二年正月	園城寺領	寺門伝記補録
同	金倉荘	建仁三年寄進	円珍誕生地、国領金倉郷より園城寺領、九条良経の奏による	続左丞抄・寺門伝記補録
同	金倉寺	文永五年	田畠荒野三十余町を寄進	
同	買田荘	建武三年九月見	真野荘内、園城寺領	園城寺文書
土佐 安芸郡	和食荘	長久元年十月寄進	関白藤原頼通室源隆姫(具平親王女)が園城寺常行堂再興に際して	寺門伝記補録
(国郡未詳)	阿波曾荘	嘉元三年五月見	唐院領四ヵ荘の一つ	唐院一年中目録
(同)	多気荘	同	同	同

門領荘園の検出しうるものは別表のとおりである。

（石田 善人）

おんち 恩地 主人が封建関係を結び奉公の義務を負った従者に対し、新たに勲功の賞として与える土地で、私領と区別された。鎌倉幕府では御家人の戦場での勲功また幕府への仕官の忠労に対し、特別の恩恵として給与された。またこの二種の功労ある者は幕府に恩賞を請願することも許されていた。鎌倉時代には御家人の私領も封建関係に繰り入れられたが、恩地は特別に厚い保護を受けたので、譲状のなかに勲功の地である旨を特記する風習があった。恩地はもともと拝領者の一代限りのものであったが、鎌倉三代将軍源実朝時代から大罪を犯すことがなければこれを子孫に相続することが許されている（『吾妻鏡』建永元年正月二十七日条）。わが国ではそれが個人よりも家に与えられるという性格が強かったからである。『御成敗式目』では私領は売却できるが、主人の厚い恩寵による恩地は売買が許されず、あえてこれを行なった者は罪科に処せられるとされている（第四八条）。その追加法では、恩地が入質され質流れとなり第三者の手に渡ることを警戒し、借銭の半分以上が弁済できる場合はもとの持主に返させるが、それができないときは幕府に召し上げ他の勲功者に給与することとなし（佐藤進一・池内義資編『中世法制史料集』一、追加法第一三九条）、またこれを他人に贈与（和与）する場合、長年にわたり親しい間がらで、かねてからそれを契約していることが明らかでないときは、これを幕府に召し上げることと決め（同第四五一条）、恩地が由緒のない者の手に渡らないよう配慮している。室町幕府も先代の法令に従ってその売却を禁じたが、年紀売と入質（質流れは禁止）に限ってこれを許している（同二、追加法第二三二条）。戦国大名においても私領と恩地の区別があり、私領には軍役と城普請が課せられるくらいであったが、恩地には諸種の公役（恩役）が課せられた。この場合もその売却は禁ぜられ、わずかに年紀売のみが許され、これを質に入れるにも大名の許可を必要としたり、また三ヵ年を限るなどの制限がつけられていた（『甲州法度之次第』『新加制式』）。恩地の出現に先行して、平安時代、荘園領主から荘官に対する給田・給名、作人に対する土地の充行があったが、そこにはまだ御恩という観念が十分に発達せず、年貢・公事の上納を契約する経済的関係にすぎなかった。しかし武家社会の影響を受けて、鎌倉時代の中ごろから荘園領主も御恩を強調し、年貢・公事を怠ったときはこれを不忠と呼び、恩給の土地を召し放されてもやむをえないと誓約させるようになる。恩地は恩領とも呼ばれ、所領（所職）の給与であり、土地そのものよりも実際は土地に付随した職務的用益権が給与されたのである。幕府から給与された恩地のおもなものは地頭職をはじめ各種の荘官職・有司職であり、さらに官職的色彩の強い守護職もその対象となった。また荘園領主からは荘官職のほか名主職・作人職などが給与の対象となった。しかし荘園制がすでに崩壊していた戦国大名の場合は、土地そのものが給地の対象になっていた。

（河合 正治）

おんち 隠地 ⇩隠田《おんでん》・出田《しゅつでん》

おんでん・しゅつでん 隠田・出田 隠田とは農民が公租を納めずに隠匿して私に作取りする田地、つまり隠匿の田地をいう。隠地・隠没田ともいう。畠の場合は隠畠と称する。隠田は古代から中・近世を通じて存在したようであり、それは廃絶戸の田地や逃亡者・死者の田地などを隠匿して耕作し、国家または領主側の役人に報告しない場合、また新たに開墾した新田畠を隠して耕作する場合などに生じた。特に班田制の末期や領主権の弱い遠隔の荘園、中世末期から近世前期にかけての人口・家数の増加、新田開発の盛行期などには、かなりの隠田が形成されたようである。隠田は国家・荘園領主・封建領主などの土地所有者の収入を減少させることになるから、領主側は一般にこれを厳禁するとともに、その摘発に努め、また隠田の露顕した場合にはそれを没収し、隠田をしたものを処刑するなどの対応策をとった。古く班田制のころには、たとえば貞観十七年（八七五）、ときの政府

は左右京職の絶戸田を隠さずに報告したものには、その田地の半分を三年間耕食することを許し、また隠して耕作していたものを処刑すると決めている。鎌倉幕府は隠田の露顕した場合にはその隠田の開始以来の年貢を納めさせ、これに従わない場合には没収することにしている。戦国大名の領国法のうちにも、『大内家壁書』や『信玄家法』には隠田のことについて規定されており、特に『長曾我部氏掟書』には隠田はそれを報告したものに褒美を与え、検地帳によって沙汰し、隠田をしたものが地頭つまり給人であればそれを罪科に処し、百姓であれば検地以来の年貢二倍を納めさせ、従わないときは頸を切ると規定している。江戸時代には隠田の禁止はいっそう厳重になり、自首するものは宥すが、発覚したときには隠田主は中追放とし、その所有する田畑・屋敷などは没収して闕所とし、村役人も連座制で処罰されることになっていた。以上のような厳重な禁止規定にもかかわらず、隠田はあとを絶たなかったので、領主側はさらにそれを摘発することに努めた。各荘園で古くから検注が行われ、また中世末から近世にかけて村ごとに検地がしばしばくり返されたのも、その目的の一つは隠田の摘発にあった。荘園領主へ出した荘官の請文や検地の際の奉行人らの請文には、隠田を厳禁し、その摘発に努力することを誓約した箇条を含む場合がきわめて多い。事実、『東寺百合文書』や『高野山文書』などをみると、隠田が摘発されて農民が追放され、そのあとを新しい農民に充行われた例がときどきみられる。隠田が摘発されて新しく打ち出された田地を、出田または踏出・出目などという。『相良家文書』に「出田佰拾壱町伍反弐丈内但建暦二年検注仁所被取出田也」とあり、また永禄六年(一五六三)の『甲斐国恵林寺領検地日記』によると、踏出が大部分の筆にみられ、全体では本成高五十七貫七百六十四文に対して八十二貫五百九十文に及んでいる。隠田が摘発または露顕するおそれのある場合、農民がすすんで伏料または勘料と称して米銭を領主へ提供し、隠田を合法的な耕地として領主の承認をうけた場合もあり、このような種類の隠田を伏田といった。隠田をすることは不法行為であるが、同時に弱い農民にとっては、領主側の苛酷な取収を逃れるただ一つの方法でもあった。したがって、隠田は不法ではあるが、同時に少なくとも一面では、年貢の未進・逃散・土一揆などのような積極的意味はないにしても、階級矛盾の消極的な現われともいえよう。
（宮川　満）

おんぽ　恩補　主人が封建関係を結ぶ従者を恩恵として荘園・公領の所職に補任すること。荘園制では職務とそれに付随した土地用益権とが不可分であったので、もともと職務授与の行為であった補任が土地の充行と同様にみなされるに至り、恩補と恩給とが同一視される。幕府から恩賞として補任された地頭職は職務より土地用益権に重点があったが、さらに地主からの土地そのものの充行も、名主職・作人職の恩補と呼ばれることがあった。
（河合　正治）

おんみょうりょうりょう　陰陽寮領　令制中務省の被管で、天文観察・造暦・占筮・報時などを掌る陰陽寮の所領。同寮は、天平宝字元年(七五七)諸生の衣食に充てるため十町の公廨田を給されたが、『延喜式』では、河内・摂津両国に各五町の勧学田を置くと定めた。保安元年(一一二〇)ごろのものとされる『摂津国租帳』に、島上郡で同寮田五町の記載のあるのはその後身であろう。また仁和四年(八八八)山城・河内・摂津三国に計五十七町余の官田を設け、同寮官人・諸生の月料に充てたほか、天長三年(八二六)河内国若江・渋河両郡の地二十町を、貞観五年(八六三)に上記若江郡の空閑地四町を陰陽寮に給したことも国史にみえる。また平安時代中ごろより陰陽頭を世襲した土御門家(安倍氏)が御祈禱料所として相伝知行した所領も、いま十数ヵ所知られる。それらは陰陽師個人に給与された祈禱料ともみられるが、他面「御料所」と称されるごとく、同家ではこれを公私の用途に充てたものと思われる。
（橋本　義彦）

陰陽寮領(土御門家領)一覧

所在国郡	名称	特徴	典拠
山城　葛野郡	西院荘内小田	陰陽田と称す	土御門家文書
摂津（郡未詳）	山田	下司職知行	同
（同）	芹野	公文職知行	同
近江　滋賀郡	竜花荘	平安末期安倍泰親下司職知行	同
美濃　方県郡	佐野郷		同
同	平賀郷		同
（郡未詳）	津保下保		同
若狭　遠敷郡	名田荘内上村		同
越中　射水郡	二上荘	領家職知行	同
但馬　朝来郡	東河荘		同
同	衣摺村		同
播磨　神崎郡	河述北条	領家職知行	同
（郡未詳）	坂田村		同
備後　安那郡	河北荘		同
紀伊　海草郡	鳴神社	後白河朝安倍泰親領家職拝領	同

陰陽寮領

か

かいきゅうでん　廻給田　⇩往来田《おうらいでん》

かいしょます　会所枡　⇩えしょます

かいせい　皆済　年貢や公事を規定どおり全額納入すること。個々の耕地や農民が負担すべき年貢や公事の額は事前に行われる検注などにより決定されていたが、それは一度にまとめてではなく、ある一定の収納期間内に何回かに分けて納入されるのが普通であり、その度に納入額が記された請取もしくは返抄という領収証が領主の側から農民に対して発行された。そして収納期間が終了すると、農民はその間に受け取った領収証を領主のもとに持ち寄ってその集計が行われ、未進の有無が判定された。すなわち、領収証記載の納入額の総計が規定額を上回っていれば皆済となり、あらためて年貢・公事の皆済を証明する領収証(皆済請取)が作成され、余剰分は次年度に繰り越されることもあった。逆に規定額に達していなければ未進となり、領主に対する負債として処理された。（高橋　典幸）

かいそん　皆損　その年の作物の生育状況が全滅であること。それによって年貢も全額免除とされた。皆損は、水害や旱害などの自然条件による結果でもあるが、領主と農民の間での損免交渉の成果としての側面も大きい。すなわち、大水や日照りなどの異常気象により作物の生育状況が悪い場合には、領主と農民との間で年貢控除をめぐって損免交渉がもたれ、不作の程度が判定され、それにもとづいた年貢の免除額が決定されるが、皆損は生育状況が全滅と認定されることであり、年貢も全額免除とされた。ただし、農民の側は希望する損面額が認められるまで収穫をサボタージュするなどの手段をとったことにみられるように、この交渉は領主と農民との政治的な駆け引きの場であり、その結果認められた皆損も実際の作物の生育状況とは無関係な場合も多かった。このような場合、皆損認定を勝ち取ることは、農民にとって在地に余剰を留保する契機となった。（高橋　典幸）

かいたのしょう　粥田荘　筑前国鞍手郡の荘園。現在の福岡県鞍手郡宮田町を中心に隣接の直方市一帯にわたって所在した。『和名類聚抄』にみえる粥田郷を中心に成立した荘園と考えられる。立券年代は不明。平安時代末期、鳥羽院武者所粥田経遠らの在地土豪の私領集積と院への寄進により成立したものであろう。本所は成勝寺で室町時代まで続き、領家職は当初は不明だが、鎌倉時代に入り、経遠の子山鹿秀遠の平氏与党の罪で没官され、院より源頼朝に預けられ、転じて北条政子の所領となり、元仁元年(一二二四)、政子の手から高野山金剛三昧院に施入された。金剛三昧院は地頭・預所両職も帯し、粥田荘は室町時代末期まで本領として重要視された所領であった。建久八年(一一九七)の「筑前国図田帳」によれば本荘八十町で近隣諸郷の加納田は六百町に及んだ。のちにはそれぞれ別箇の荘園に独立して金剛三昧院の支配を離れ、鎌倉時代末期には三百五十町が当知行田数であった。粥田荘は遠賀川の中流域に位置し、水運も盛んであった。荘政所(荘屋敷)のおかれた堺郷は近隣諸郷の経済的中心をなし、市場も鎌倉時代中期から見られ、遠賀川河口の蘆屋津もまた粥田荘の外港的位置を占めていた。室町時代以降、守護の半済によって惣荘半分が武士に押領され、さらに大友・少弐・大内氏らの抗争によって荘園支配の実質を喪失していったが、天正十四年(一五八六)、秋月・大友氏の対戦による粥田荘討入りを最後に崩壊したと考えられる。

参考文献　『直方市史』上　（恵良　宏）

かいづにしはまのしょう　海津西浜荘　近江国高島郡の荘園。現在の滋賀県高島郡マキノ町西浜付近。海津は琵琶湖に臨む交通の要点で、室町時代には海津西浜と同東浜とがそれぞれ惣を結成して湖上交通に従事しており、堅田や菅浦などとも連繋を保っていた。菅浦と大浦とが対立抗争したとき、海津西浜は菅浦側に味方し、文安二年(一四四五)に菅浦勢に加わって大浦を襲撃した。永正三年(一五〇六)本願寺実如の命で越前朝倉氏を攻めた軍が海津に敗走してきたとき、海津東・西浜の者がこれを脅かした。天正ごろ九条家が海津西庄浜(海津西浜とも記されている)二百二石を当知行していた(『九条家文書』)。なお、室町幕府御料所の海津西荘があるが、当荘との関係は明確でない。（坂本　賞三）

かいでんず　開田図　荘園を描いた絵図のうち、主に古代の、民部省などに保管された田図(班田図)に由来する条里制の方格地割を記入した図上に、墾田の開発状況などを記載したもの。墾田図ともいわれる。正倉院に八世紀の東大寺領関係のものが多数残されており、その端書などから、当時は開田地図とか墾田地図と呼称されていたことが知られる。田図を基礎に条里坪付内部の墾田数や荒地の数値のみを記した簡単なものもあるが、東大寺の北陸初期荘園の開田図のなかには、木の生い茂れる山地や丘陵、魚の泳ぐ沼地などまで記した絵画的表現の豊かなものもあり、後の本格的な中世荘園絵図の先駆をなすものといえる。田地についての記載内容は、主に一坪ごとの開発地と未開地の内訳数であり、場合によっては所有権の移動の経緯をも記すこともある。八世紀の土地開発や墾田所有の具体相を知るための基本史料。『日本荘園絵図聚影』に集成されている。（小口　雅史）

かいと　垣内　古代・中世において、比較的小規模な開発耕地の周囲を垣でめぐらし開発者の占有を示したもの。はじめカキツ・カキウチといい、中世では、カキウチ・

カイトの呼称がならび行われている。現在では一般的にカイトであるが、地域によっては、カキウチ・カケウチ・カキナイ・カクチ・コーチ・ケート・カイチ・カイツ・カイドと呼び、垣内のほか、垣外・垣分・垣富・貝戸・貝津・貝渡・開戸・開土・替戸・外戸・海戸・海津・海道・戒度・皆トなどの字をあてている。その分布は九州南半をのぞくほとんど全国に及ぶ。九州では垣内同様の区画地を「薗《その》」と呼んでいる。現存するものについてその内容を分類すると、㈠地域結合、㈡部落共有林、㈢同族集団、㈣屋敷地の一部分、㈤一区画の屋敷地、㈥区画された一団の耕地、㈦一区画の原野、㈧地字名《ちあざ》、㈨屋号などとなる。起源については大正初年から歴史学・集落地理学・民俗学などの分野での研究があり、㈠条里制上の環濠集落説、㈡倉垣院《くらかきいん》説、㈢古代貴族邸宅敷地様式の民家集落への移行説、㈣開墾者の特殊権利対象地説、㈤治田・墾田などのしめゆい地私領化説などがある。現在では㈠〜㈢に共通する屋敷地群＝集落中心の起源説よりも、㈣・㈤の開墾地説が有力である。すなわち、平安時代初期の文献では畠地を垣根や中垣でかこった垣内がまずあらわれ、宅地の垣内は、「宅垣内」「垣内屋敷」と呼んで垣内一般と区別している例があり、これに対応して垣内に付せられた水田は「垣津田」「垣内門田」と呼ばれている点や、現在でも耕地・山林・未開地のみの区画が垣内と称されている例がある。したがってその成立過程は、本来畠地化したところ、または水田開発予定地が、垣などによって区画されるとともに、その中に含まれた開発・耕作のための仮小屋(田屋《たや》)に作人が常住化(「居垣内」化)するに従い、これをとりまく屋敷畠・林(麦・苧・桑・栗などをつくる)や、垣内内外の水田(垣津田)や、未開の山野なども一括して垣内と呼び、占有者や地形・地物の名前・特徴を冠して、何々垣内といわれるに至ったとみられる。かような屋敷および屋敷畠と水田との組みあわせよりなる個人垣内(一戸で一垣内)から、隣保垣内(数戸の農家群)、ないし部落垣内(旧大字または小字・組単位の地域呼称化)への推移も想定しうる。古代・中世では一段前後から一町余りに及ぶ(伊勢国近長谷寺領・大和国若槻荘・紀伊国荒川荘・伊予国弓削島荘)が、その多様性は、条里制施行の平野部か山間の谷戸田地域かといった地形上や、開発形態の上での差異および、開発進行過程の度合いによる。また開発による成立という点からして、当初は免租地であったと考えられるが、垣内畠の水田化、垣内耕地の永作手化、あるいは垣内耕地の一部の作職・下作職分化などに伴い、十二世紀から十五世紀には、その年貢・公事・加地子などの負担が一般的となり、一方では垣内経営のうち、耕地を屋敷地からきりはなして売買する例もみられるに至る。かような点から名田よりも在家に近い性格をもっていた。ただ名田・在家と異なり、早くから地字化しており、所有や経営関係を示さなくなる。こうして垣をめぐらした耕地区画的特質が失われ、さまざまな地目を含んだ一区画の土地の地名と化した。　（島田　次郎）

かいとうのしょう　海東荘　尾張国海東郡の荘園。現在の愛知県海部《あま》郡甚目《じもく》寺町付近。上・中・下の三荘からなり、海東三ヵ荘と総称された。立荘は平安時代末期と推定され、後白河院御願寺の蓮華王院(俗称三十三間堂)領であったが、荘務執行権は元暦元年(一一八四)源頼朝から平頼盛に安堵された。その後、上・中両荘は頼盛の嫡子光盛、光盛の四女三条局、久我通忠室を経て、正応二年(一二八九)通忠の嫡子通基に譲与され、久我家領となった。三ヵ荘地頭職は初め千秋有範、ついで有力関東御家人小山《おやま》氏が補任された。小山氏は領家年貢の未進を重ね、建武政権下から南北朝時代にかけて小山一族は地頭職を失い、中荘地頭職は後醍醐天皇から久我家が賜わる。上荘では松葉・新屋両郷地頭平賀忠時が久我家と所務相論を起こして足利直義の裁定を受け、中荘地頭職は真如寺、ついで室町時代初期以来等持寺の領有に帰した。この間尾張守護土岐氏の一族などが領内に進出、やがて等持寺の僧や土岐氏の被官が請所代官となり、寛正三年(一四六二)を最後に久我家の同荘支配は断絶する。　（小川　信）

かいのしょう　甲斐荘　河内国錦部郡の荘園。現在の大阪府河内長野市付近。延久四年(一〇七二)九月五日の太政官牒に石清水八幡宮領甲斐伏見荘としてみえる。葦谷山・佐太山などの山地を含み宮道里・狭田里・久保田里などにまたがる散在荘園で、観心寺領高田荘と混在する。石清水八幡宮に神用馬場三昧料を負担した。承久の乱に下司国範は後鳥羽上皇の徴兵を受けたが参加せず高野山に逃れ、乱後地頭が設置された。南北朝内乱期に荘内安満見(天見)で合戦があった。この荘園は室町時代初期まで存続していた。　（三浦　圭一）

かいほつ　開発　平安時代から鎌倉時代初期にかけて荘園・領主制・中世村落が成立する基礎となった荒野・荒田の開墾をいう。奈良時代の初期荘園における開墾では、「治開」「墾開」などの文字が使われたが、平安時代の初期にはいると、それとならんで「開発」の文字が使用されるようになる。延暦二十二年(八〇三)の太政官符に「出羽国須㆓開発㆒地」とあり、同二十三年の東大寺家地相換券文に「開発七段余」とみえるのはその早い例である。もともと「開発」とは田地を「ひらきおこす」の意味で、未開の原野の新たな開墾だけでなく、荒廃田の再開をも含む概念であった。天平十五年(七四三)の墾田永世私財法施行以後、開墾者がみずから池溝堰堤など用水施設を建設した「私水」を用いて開田した墾田の私有権が確立した。他方、令制でも荒廃した公田・私田を他人が申請して再開した場合、三年あるいは六年の耕作権が開発者に認められていたが、これも平安時代初期には終身の権利に発展した。このような条件のもとで、在地の「富豪の輩」や郡司級土豪、およびこれと結合した院宮王臣社寺の大規模な墾田開発が進み、荘園が濫立され、またそ

れと平行して農民による「百姓治田」の開発と私有が展開した。十世紀の国図に登録されていた公田(本田)は、すべてが既耕地ではなく、多くの不耕地(田代や荒廃田)を含んでいた。このような公田に対して「勧農」を実施し、これを「満作」させることは国司の主要任務であった。そのため国衙は常に内外の開発者を募り、三ヵ年の官物・加地子免除などの特典を与えて、公田の開発と再開につとめることになり、この体制のもとで大小の開発が促進された。荘園四至内の開発についても事情は同じである。しかし国衙の規制が強く収公されやすい「図内」の開発よりも、条里外の未開原野を広く占めて開田する領主的開発が優勢になっていった。開発者は国衙または領家政所に開発を申請し、開作すべき荒野・田代の四至・面積を明らかにしてこれを充行われる。その場合他に「領作」する者のないこと(無主)が条件であるが、現実には公・私田や民宅を含んで囲い込まれることも多い。開発地にはまず「堀垣」で固めた屋倉・垣内畠・在家などが設けられ、これを基地にして内外の浪人や百姓を、「招き寄せ」とか「相語らい」というような、一種の雇用形態で開墾労働力として編成した。開発者の家人や下人・従者は、監督労働に従事したようである。こうして開発者がみずから調達した開墾費用を支出しその指揮監督にあたることが「功」を加えることであり、また在地領主としての「勧農」の基本部分であった。開発労働力の確保とならんで重要視されたのは、水の問題すなわち池溝堰堤の建設と整備である。当時最も開発が容易だったのは、谷戸《やと》田や扇状地の湧水付近および自然堤防のバックマーシュなどであるが、大規模な開発は水の乏しい荒野や、湿地のひろがる氾濫原に向かう場合が多かった。用水を引くためには、池や堰を作り、井口から引水する大溝や樋を設け、たえずこれを浚渫し修理しなければならず、また大河の中流や河口の氾濫原では、水を防ぐ堤の築造と排水工事を要した。潮の出入する海岸の江に堤をきずいて干拓する開発も行われていた。文書にみえる播磨国矢野荘・伊賀国黒田荘・加賀国能美荘・河内国水走・摂津国長洲御厨などの歴史には、以上のごとき開発の諸事実が示されている。領主的開発は単に私的な地主権だけではなく、開発田の勧農を中心とする「所務」や、雑事・検断を含む強力な根本領主権を生み出した。開発にもとづく「別名《べつみょう》」や「保」の設立や、在地における世襲の「職《しき》」の成立は、それが国司・領家によって法的に裁可された形態であり、鎌倉時代の地頭御家人の根源もそこにある。しかしそれと同時に、武門の「開発領主」を生みだす場合とは異なった類型の開発が存在した。それは播磨国小犬丸保の例にみるように、「土民等」が功力をつくし池を構築するという型の村落的な住人の共同開発である。これは平安時代末から鎌倉時代初期の荘園・公郷村落の成立と存立の重要な基盤になった。また一方では、官衙領や社寺領の「保」の建立の場合のように、武士の在地領主でなく、官人や神官・寺僧が「功」を加えて開発し、荘園を発展させつつその下級領主になることも多かった。官務家小槻氏と若狭国国富保、祇園感神院とその諸保、下鴨社禰宜と摂津国長洲御厨開発などはその例である。初期の鎌倉幕府は関東御分国である武蔵以下東国の地頭に命じて「水便荒野」の開発を推進させたが、こうして造成された「新田」は「地頭得分」とし、「堀内」にひとしい検注免除の特権を与えた。開発領主を御家人の正統とする幕府のもとでは、開発が強力な領主権を保障したのである。

(戸田　芳実)

かいほつりょうしゅ　開発領主　平安時代以来の開発によって本領を確立し伝領した中世在地領主の典型。根本領主ともいう。鎌倉時代末に成立した幕府訴訟関係の解説書『沙汰未練書』では、「御家人トハ、往昔以来為二開発領主一、賜二武家御下文一人事也」「本領トハ、為二開発領主一、賜二代々武家御下文一所領田畠等事也」と述べている。このように鎌倉時代には開発領主であることが、幕府御家人の本質的属性とみなされていた。墾田にもとづく土地私有者は奈良時代の墾田永世私財法の施行以後にひろく発生し、地子の収得権者をあらわす「領主」の用語は延喜四年(九〇四)の文書に初見するが、本格的な在地領主としての開発領主の成立は、平安時代中期のことである。開発領主の出身階層は、当時の公領・荘園で「富豪の輩」「大名田堵」と呼ばれた在地の上層で、彼らが郡郷や荘園四至内の荒野・空閑地を占定し、「功」を加え、「浪人」を招きすえて大規模な開田を行い、国衙・荘家から開発田を「進止」する権能を公的に与えられた場合、そこに開発領主が形成される。開発領主には郡・郷司や荘官級の領主と、国司・五位官人級の領主との二階層または二類型があって、前者が後者に従属している場合が多い。したがってそれは身分上では百姓に属する土豪から中央貴族の子弟までを含み、また職能では武士を主としながらも、そのほかに中下級官人・神職・寺僧などの開発者も伴っていた。開発領主が生まれるための物的・人的な基本要因は、㈠本宅と付属耕地(または垣内)および田屋の設定と領有、㈡家政権力機構確立と家人の配置、㈢下人・従者・在家農民など隷属労働力の所有、㈣開発料の確保と支出、㈤浪人らの誘致と編成、㈥池溝堰堤の建設・修固などである。領主一族の指揮下にこれらを結合して遂行された荒野の開発を通して、所領田畠とその農民に対する強力な「進止」権が形成された。これが根本領主権の実体的な内容である。こうして開発領主は、単なる加地子領主とは異なり、佃(直営田)を経営し、恣意的な雑役・夫役を課し、家に備わる権力行使としての私検断を行なった。このような開発に由来する在地領主権を公的権力に高めたのは、国司・領家による郡司・郷司・保司・下司・公文・別名名主など諸職への補任である。在地領主はこれらの「職《しき》」を「先祖開発の所帯」と称して世襲・伝領し、その職の管轄領域を「先祖相伝敷地」とか「住郷」と呼んだ。

この本領の構成は、屋敷・門田畠・在家・名田・給田および荘・公田の進止権など複合的で、均質な一円排他的所有ではない有機的構造をもっていたが、その全体が本領（開発私領）として嫡子に伝領され、また御家人の場合、幕府の下文によって安堵されたのである。この開発領主は、農村における封建領主制成立の基本形態として位置づけられ、都市に集住する荘園領主との関係が重要な研究課題となっている。（戸田 芳実）

かえせん・かえまい 替銭・替米 中世の為替。㈠遠隔地へ米銭を送るのに、現物の代わりに手形（証文）を送付し、該地で米銭を受け取る場合と、㈡他地での支払いを約束する手形を振り出して、銭貨を借用する場合とに利用された経済制度。銭を対象とするものを替銭、米を対象とするものを替米という。古辞書では、替銭を「カイセン」（静嘉堂文庫本『運歩色葉集』）、「カハシ」（尊経閣文庫本『節用集』）、「カワシ」（尊経閣文庫黒本本『節用集』）などと訓んでいる。また『東寺百合文書な』には「かへせに」、興福寺本『因明短釈』紙背文書には「かはしせに」と書いている。替銭・替米に使われる手形を、割符《さいふ》《わりふ》・切符《きっぷ》・切紙などと呼んだ。㈠は、現在の為替に相当し、その手続は、次のごとくである。依頼人が、他地へ送るべき額の米銭を、手形の振出人に渡すと、振出人は、送達地にいる取引人を支払人として、割符（手形）を振り出す。割符は米銭の受取地に送られ、受取人（依頼人自身の場合もある）が、支払人に割符を呈示し、一覧払いの場合は、すぐに米銭を受け取る。また多くの場合は、割符を支払人に呈示して、裏に支払日と支払約束文言を記し加判してもらった。この裏書を「裏付」といい、その指定日に米銭を受け取った。裏書のもらえない割符は「違割符」と呼ばれた。また手形振出人を割符主と呼び、振出・支払を営業とする商人を、替銭屋・割符屋・替屋などと称した。この種の替銭史料の初見は、文永元年（一二六四）四月に書写された『因明短釈』紙背の数通の文書で、和泉・大和・因幡などから、おそらく奈良へ送銭されたときのものとみられる。㈡他地での支払いを約束した借銭に利用された替銭史料の古いものは、永仁元年（一二九三）十二月二日加治木頼平替銭請取状案（『東寺百合文書』な）で、訴訟のため鎌倉に在った頼平が、資金不足から借銭をするため、京都東寺の僧を支払人に指定し、支払期日や支払不履行の際の損害賠償の条件を記した証文である。中田薫は、この請取状の法律上の性質を、他地払の約束手形であると規定している。この種の替銭は、室町時代、京都の公家・武家・社寺などが、経済的困窮から、遠隔地の荘園年貢を引当てに、商人などから借銭する際、支払地を当該荘園として融通を受けた時にも、多く利用された。この替銭には、利息が付せられたため、徳政令の対象とされた。→為替《かわせ》 →割符《さいふ》（百瀬今朝雄）

かえせんや 替銭屋 中世、為替を取り扱った業者。「かゐや」・替屋・割符屋《さいふや》とも書かれている。為替を扱った商人として、早期にみえるのは、応長元年（一三一一）備後から京への送銭を扱った淀魚市次郎兵衛尉である（『厳島供養経』紙背文書）。替銭屋は、一般に専業者ではないというのが通説で、中田薫は、替銭手形振出人は、支払地の問屋（支払人）に対し、貨物を発送した荷主で、問屋より受け取るべき商品の代金をかたに割符を振り出すと述べ、豊田武もまた、相当の資力を貯える商人の兼業と述べている。替銭屋の多くみえる地は、史料的制約もあろうが、京都・淀川沿岸の山崎・瀬戸内海を擁する堺などであるが、このほか「湊々替銭、浦々問丸、以二割符一進二上之一」（『庭訓往来』卯月十一日中務丞書状）とあるように、海陸交通の要地に替銭屋が存在した。（百瀬今朝雄）

かえち 替地 土地の交換をいう。古代においては、永換・相換・相博・相替などと称され、公券をたて売買に準ずる手続を経て交換が許可された。口分田・職分田の売買は絶対に禁止されたが、田地が犬牙錯綜し、両者ともに希望した場合に限り交換が許された。そのため権門・寺社・富豪の徒が交換を口実に下田を上田に換えたり、不便な土地を便利な土地と交換して弊害が生じた。中世における交換は、相博・相替とも用いられたが、換地・替地ともいわれ、やはり売買の場合と同様に券文の作成が必要とされ、この券文を「相博状」と称した。替地の際は判物が与えられ、この下付によって交換が許されたが、これは領主が給人に給与したり、また給人の方から領主に申請して没収地のなかから替地を受けることもできた。なお、今川・武田氏は恩地の替地を禁じている。近世には、当事者双方の合意のうえに宅地・田畑を交換する相対替が、年季売・本物返・質流れなどとならんで土地永代売買禁令の脱法行為として行われたが、このほか、許可を得て旗本が拝領地を交換する場合や金沢藩のごとく隣村相互の錯綜地の交換が行われる場合があった。また、幕府の用地として召し上げられた土地の代地、および大名の国替の場合なども替地といわれた。近代における交換は私的土地所有権が法認されて、各個人間で合意のもとに行われたほか、耕地整理による替地（換地）や分散耕地の集団化を目標とする交換分合が行われた。（渡辺 隆喜）

かがちのしょう 香々地荘 豊後国国東郡の荘園。宇佐八幡宮の神宮寺である弥勒寺領で、現在の大分県西国東郡香々地町内で竹田川の中下流域が中心であった。この上流域の夷岩屋は、国東半島における天台系の寺院群である六郷山に含まれるものであった。弘安八年（一二八五）の豊後国大田文（平林本、『鎌倉遺文』二〇巻一五七〇〇号）では、田積六十町で、弥勒寺領と記すとともに地頭として河越安芸前司をあげており、東国御家人の所領となっていたことが知られる。建武期になると河越氏は没官され、その跡には大友氏の一族である田原氏の所領となった。河越氏の抵抗があったものの、田原氏の庶家や被官松成氏が支配し、戦国期に至っている。山間部には六郷山の開発による払《はらい》集落の存在が知られ、大分県立歴史

博物館が荘域の詳細な調査を実施し、全体像が明らかとなった。

参考文献　渡辺澄夫編『豊後国来縄郷・小野荘・草地荘・都甲荘・真玉荘・臼野荘・香々地荘史料』(『豊後国荘園公領史料集成』二)　(海老澤　衷)

かがとのしょう　香登荘　備前国和気郡の荘園。現在の岡山県備前市香登の一帯。本荘は堀河天皇が立荘した勅旨田で、その後、八条院・美福門院に伝領されたというから、元来、皇室領の荘園である。美福門院はこれを高野山菩提心院に寄進した。『根来要書』の建久元年(一一九〇)の八条院庁下文によると、当荘内に池成田四十余町があり、旱魃洪水の愁いが逐年絶えないとある。低湿地であったのであろう。同四年の八条院庁下文によると、平家政権のとき業資(姓は不明)なるものが平重衡に属し、理不尽に本荘の下司に任じた。そこで女院は後白河法皇から、彼に未進あれば下司職を改易すべき院宣を得た。しかるに、その後数千石の未進があり、かつ軍兵を率いて寺使を殺害するなどの狼藉を働いたので、永く業資の下司職を追放すべきことを荘官らに命じている。その後、『後宇多院御領目録』によると庁分とあるから、本家職は永く皇室にあったらしい。また『親元日記別録』によると寛正五年(一四六四)、御室脇門跡威徳院が香登荘の領家分を有していたことがみえる。　(藤井　駿)

かがみのしょう　鏡荘　近江国蒲生郡の荘園。鏡駅・鏡宿の存した地、現在の滋賀県蒲生郡竜王町の西北部にあったと思われる。『康正二年(一四五六)造内裏段銭幷国役引付』に鏡荘の名と領主佐々木兵部の名が記されている。『佐々木系図』によれば、佐々木定綱の次男定重の子久綱(承久の乱の京方)が鏡と称し、のちに定重の弟信綱の子孫の貞氏の系統が鏡と称した。おそらくこの地を所領としたのであろう。　(石田　祐一)

かかりぜに　懸銭　中世において、貨幣で納入された年貢・公事などの総称。貨幣経済が発展すると、従来現物で納入した年貢や雑公事、および夫役や段米が銭納されるようになった。年貢は代銭・分銭、雑公事は品目により油銭などとよび、夫役は夫銭、段米は段銭とよぶ。他に、家別にかける棟別銭や商工業者に対する賦課銭もある。ただし、後北条氏の場合、「陣夫、内夫、段銭、懸銭並びに大普請の人足」(弘治二年(一五五六)北条氏印判状)といい、懸銭は別個の賦課とされている。　(阿部　猛)

かきしまのまき　垣島牧　『延喜式』兵部省諸国馬牛牧にみえる周防国垣島牛牧。現在の山口県光市室積の東南約八キロの牛島であろう。牛島は『防長地下上申』に「うしま」と訓ずる。今も同じ。吉田東伍『大日本地名辞書』も「此に外ならじ」とし、近藤清石も「所謂垣島牛牧蓋是」(村岡良弼『日本地理志料』周防国)とするが、『山口県文化史』は一説とする。牛島は『続日本紀』天平二年(七三〇)三月丁酉条に「周防国熊毛郡牛嶋」とみえるが、のち大島郡に入り、旧藩時代にも大島郡に加えられ、明治九年(一八七六)十一月熊毛郡に移管された(山口県布達書)。東西約三キロ・南北約一キロなるも、古来民戸が多い。しかし官牧も中世すでに廃されたらしく『延喜式』以後所見がない。ちなみに海島は馬の逸出の虞れもないので、付近には馬牧が多く、すぐ東隣の佐合島には京都賀茂社の佐河御厨牛牧があった。北の熊毛郡田布施町内の馬島(旧大島郡)も御薗生翁甫『防長地名淵鑑』に「蓋し中古馬牧の遺名なり」とする。また徳山市内大津島に接続した元離島の馬島は『防長地下上申』には「往古まき馬有レ之たる由、其故に馬島と申ならはし候由申伝」とし、前記『防長地名淵鑑』にもまた「蓋し中古馬牧の遺なり」としている。牛島の地はまた『続日本紀』前掲条には「熊毛郡牛嶋西汀、吉敷郡達《き》理山所レ出銅試加二冶錬一、並堪レ為レ用、便令二当国採冶一以充二長門鋳銭一」とあり、切畑山とともに銅山の跡を残している。寛治四年(一〇九〇)七月十三日、賀茂両社に分置された御厨中に、隣島と併されて「周防国　佐河牛島御厨」(『賀茂社古代荘園御厨』)とみえる。　(川副　博)

かきつ　垣内　⇨かいと

かぎとり　鎰取　庫蔵の鍵を預かり、その開閉を掌る職。(一)令制では中務省被管の大少典鎰が監物とともに各司の鎰を管理し、大蔵省・内蔵寮の大少主鎰は倉庫の出納にあたった。また諸国の正倉には徭丁としての鎰取がいて出納にあたった。(二)社寺にも鎰取が置かれたが、特に浄土真宗では開山の御影の厨子の鍵を預かったため勤番の別名ともなり、のち下間氏が鎰取役を世襲した。(三)社寺領の荘園にも倉庫の鍵を預かる役として鎰取がいた。(四)近世には村役人の一つとして郷蔵の管理をした。また蝦夷地において勘定所の支配下で倉庫の出納を掌った。　(岡田　隆夫)

かきのみその　柿御園　近江国神崎郡の荘園。現在の滋賀県神崎郡永源寺町北西部・八日市市北東部一帯。三郷に分かれ、上郷は杠葉尾《ゆずりお》・蓼畑・萱尾・佐目・和南・相谷・山上、中郷は池田・今田居・寺・岡田・薗畑・林田・上、下郷は中小路・妙法寺・神田・野・外・河合寺などをいう。平安時代以降、中世を通じて、近衛家領荘園として伝領された。室町時代にその一部で永源寺領および臨川寺領になった部分もある。　(金本　正之)

がくえんじりょう　鰐淵寺領　島根県平田市別所町にある天台宗寺院鰐淵寺の所領。『鰐淵寺文書』によるに、建暦三年(一二一三)二月無動寺検校坊政所下文があり、出雲国国富荘は無動寺領にして、同荘経田百町を鰐淵寺が領知すべしとある。同荘はのちには完全なる鰐淵寺領となった。建武二年(一三三五)三月十八日後醍醐天皇より出雲国宇賀荘地頭職、翌三年正月十五日同国三所郷地頭職の寄進があり、貞和五年(一三四九)十一月二十五日光厳上皇より同国漆治郷の寄進があり、また興国元年(北朝暦応三、一三四〇)六月二十五日後村上天皇より同国比知新宮半分地頭職を知行せしめられ、正平六年(北朝観応二、

一三五一)七月二十五日前美濃守富田秀貞が同国阿井郷を寄進している。以上が中世における鰐淵寺領の主要なるものである。近世に及び、天文十二年(一五四三)六月二十七日・二十八日尼子晴久より直江・国富両所名主職の知行を認められ、以後尼子・毛利両氏に受けつがれ、天正十九年(一五九一)十二月十六日毛利氏よりあらためて国富荘・宇賀郷などの地九百三十五石八斗六升九合を交付された。堀尾吉晴が入国するに及び、慶長九年(一六〇四)および元和二年(一六一六)三月八日同国において三百石を付与せられ、これが寛永十一年(一六三四)九月二十六日京極忠高、および同十五年十二月六日松平直政に受けつがれた。明治元年(一八六八)十一月二十四日明治新政府よりあらためて二百石の知行が認められた。

(村田　正志)

かくおんじりょう　覚園寺領　神奈川県鎌倉市二階堂にある鷲峯《じゅぶせん》山真言院覚園寺の所領。所領の詳細は未詳であるが、開山心慧智海が伊予国新居西条荘八ヵ村のうち、得重・得恒・福武・稲満の四ヵ村を覚園寺領とし、本家役以下の公事を勤仕すると述べて安堵の下文を請うているから、これが創立当時の所領で、心慧は代官職をもっていた。このほか上総・武蔵・越中・相模・越後・上野などの国にわたって所領があったが、いずれも郷・保・村ていどの小さな所領である。なお光厳上皇が、造営料として靫負尉百人の成功《じょうごう》を寄進しているのは注目される。戌神将胎内には、上総国伊南荘花布施郷・同荘うつののの郷内乙部屋敷、同国馬野郡郡本・富益郷、同国畔蒜荘横田郷、常陸国酒依郷関係の文書があった。寺領と考えるべきかもしれない。

(貫　達人)

かくしだ　隠田　⇩隠田《おんでん》・出田《しゅつでん》

かくのしょう　賀来荘　豊後国大分郡の荘園。現在の大分市内大分川とその支流賀来川の一帯。平安時代には、豊後国一宮である由原八幡宮の大般若経修理料田等に宛てられていた散在田があったが、長徳四年(九九八)に至って社殿造替のため、賀来荘が由原宮に寄進されたとの由緒を有する。賀来荘の確実な初見は、治承元年(一一七七)のことで、弘安八年(一二八五)の豊後国大田文(平林本、『鎌倉遺文』二〇巻一五七〇〇号)では、田積二百町で、領家は一条家、地頭は賀来五郎惟家であった。他の写本では、二百三十町で、本荘二百町、平丸名三十町とする。由原宮の大宮司は、賀来荘の荘務においては雑掌または預所と位置づけられていた。地頭賀来氏は、豊後大神氏の佐伯惟家を祖とする家柄で、代々下司職を安堵されるものであったが、承久の乱後地頭職に任じられた。室町期からは大友氏の家臣団となり、十六世紀初頭には大宮司職をも兼帯して戦国期に及んでいる。

参考文献　渡辺澄夫編『豊後国荘隈郷・勝津留・笠和郷・賀来荘・阿南郷史料』(『豊後国荘園公領史料集成』五上)

(海老澤　衷)

覚園寺領

覚園寺　寺領一覧

所在国郡	名称	成立年次	特徴
相模　愛甲郡	毛利荘内妻田・散田・荻野	文和元年以前	足利尊氏禁制
同	毛利荘妻田東光寺	応永十六年	塔頭泉竜院領、覚園寺住持ら寄進
同	毛利荘荻野阿弥陀堂	同	同
小坂郡	鎌倉内七貫百文	天正十九年	徳川家康寄進
(郡未詳)	真広名	貞和四年	足利義詮寄進
武蔵　比企郡	竹沢兵庫入道跡	応永四年	塔頭真言院領、足利氏満寄進
橘樹郡	金河村	康永以前	塔頭持宝院領
上総　畔蒜郡	畔蒜北荘野□内田地	同	角田修理寄進
夷灊郡	伊南荘布施郷	同	名越竹鼻寺用
(郡未詳)	小蓋・八板村	文和元年以前	足利尊氏禁制、造営料所
(同)	小蓋公文給	応永十六年	塔頭泉竜院領、覚園寺住持ら寄進
下総　猿島郡	古河内田畠三貫文	永禄十年	足利義氏寄進
相模・常陸	棟別	文和二年頃	造営料、動乱により実功なし
上野　山田郡	寮米保内庶子分	貞治六年	塔頭持宝院領、足利基氏寄進、同国群馬郡黒田山郷の替
下野　(郡未詳)	金剛教王寺及び同寺領	文安五年以前	足利義政安堵
越中　礪波郡	般若野荘内三谷寺	康永以前	塔頭蓮華院領
越後　苅羽郡	埴生保内	延文二年	
(郡未詳)	宮河自在寺	応永十六年	塔頭泉竜院領、覚園寺住持ら寄進
伊予　新居郡	新居西条荘内得重・得恒・福武・稲満四ヵ村	徳治元年以前	代官職か
(国郡未詳)	岡田郷	康永以前	塔頭領か
(同)	河満村	同	塔頭持宝院領
(同)	小林郷	同	同
(同)	副泉	同	塔頭蓮華院領、千田氏領
(同)	推津屋敷	天正十四年以前	
	靫負尉百人成功	康永元年か	光厳上皇寄進

(典拠はすべて『覚園寺文書』)

かくりき　脚力　中世前後に、通信または物資の輸送にあたる人夫の一称呼。「きゃくりき」ともいう。その用語は、古代において調庸を運搬した脚夫に連なるものがあろう。通信にあたる脚力は、飛脚に類するが、飛脚のごとく必ずしも迅速性を要求されなかったようである。このほか、荘園年貢その他の物資の運搬者に脚力の用例も多い。荘園などでは、このような脚力役を夫役として農民に課すことも少なくなく、建久元年(一一九〇)高野山領備後国太田荘では、田地二十町に、一人の脚力を徴している。

(新城　常三)

かけひ　懸樋　川や堀、溝をこえて向こう側に水を通すために地上にかけ渡した樋のことで、竹や木板で作られた。「かけどい」とも読む。「掛樋」「筧」とも呼ばれた。地中に埋めて水を通す埋樋《うずみひ》に対する語。徳治三年（一三〇八）七月東寺領大山荘は、隣接する近衛家領宮田荘と相論を起こして用水の供給ができなくなったため、懸樋による給水を行なっていたが、十分な用水の確保ができず、結局井料田を宮田荘に去り出して和与を結び、新溝を掘って用水を確保している。このように耕作地で利用される懸樋は、用水の供給においてはあくまでも副次的な存在であったようである。（畠山　聡）

かこ　加挙　古代の官稲出挙において一定額以上の出挙を行うこと。時期によってその実態に変遷がある。㈠平安時代初期、特定の目的のために例挙を上廻る加挙が認められた。佐伯清岑（天長四年（八二七）没）が上野守の時、申請して行なった加挙や、天長七年・八年に陸奥国が地方官の優遇のために行なった公廨稲の加挙、承和五年（八三八）安芸国で駅子の食料に充てるために行なった公廨稲の加挙などがこの例。㈡ついで特定の社寺の供料に充てるために加挙が行われた。承和七年に諸国文殊会料として国別二千ないし千束を加挙し、仁和二年（八八六）に円覚寺料として山城国正税を加挙したのはこの例。㈢九世紀末ごろより諸国の本穎が不足し始め、私稲を官稲とともに加挙することがあった。仁和元年、大蔵善行が子嶋寺のために私稲四百束を加挙し、天暦七年（九五三）、源兼明が施無畏寺三昧料に充てるため私稲三千束の加挙を申請したのはこの例。㈣延喜五年（九〇五）十二月、官稲出挙の定数（式数）を減省した国で用残の生じた場合には翌年の出挙にその残稲を加挙して式数の回復をはからせた。これを残稲加挙法という。㈤十世紀に入ると、本穎の維持がますます困難となり、ついに本稲の現物を出さずに利息分のみをとる率稲制が行われるようになった。尾張国郡司百姓等解（尾張国解文）第一条にみえる加徴は、率稲制にもとづく加挙であり、以後こうした率稲制による加挙が一般化したことが『北山抄』一〇などにみえる。（薗田　香融）

かこ・すいふ　水主・水夫　もともと船に乗り組み、水上で労働力を提供するものの一般的な呼称であると思われるが、歴史的には次の二領域に区分して把握するのがよいであろう。第一の領域は、領主とその支配漁民との間で形成されたものである。中世までの領主ないし支配者も、その時々の必要に応じて漁民を水主として徴集しており、それがいわゆる水主役のはじめと考えられる。時々の必要というのは主として軍事上の必要が多かったであろうが、その他の物資輸送などもあったと思われる。たとえば足利尊氏は、建武三年（一三三六）の西奔のときには備後尾道の浄土寺に入り、同年逆に九州より大挙して東上するときにも再び同寺に入っているが、それらの航行にあたり、特に湊川水戦の際には、尾道の漁民が珂子（水主）として従軍していたという。また天正十一年（一五八三）豊臣秀吉が大坂築城を開始し、その城石切出しが各地で行われたときも、塩飽諸島や尾道浦の漁民がその輸送に用いられたし、さらに塩飽・尾道の漁民とともに、秀吉の朝鮮出兵の際には、兵力輸送の水主をつとめさせられていた。すなわち尾道浦では六十余人の徴発があったし、塩飽諸島では六百五十人の水主を豊臣氏の御用船方として常備することを命ぜられた。このような関係をより一般的に拡張して考えれば、源平両氏の瀬戸内海の海戦や、天正年間ごろの小田原北条氏と南総里見氏の海戦などにおいて水主の役をつとめたのは、いずれも支配下の漁民であったものとみられる。いうまでもなく、このような漁民の夫役負担に対しては、かなりの反対給付が与えられたものと考えてよい。天下太平になったとはいえ、近世初頭においてはまだ軍事上の必要も重視されたし、また経済の発達に伴いますます人や物資の移動も増加していった。だから水主役の必要は総体として低下しないどころか、むしろ増加したと考えてよい。そのような状況のもとで整備された幕藩体制においては、それ以前の実績やその他の事実関係によって藩により形態的差異が大きかったとはいえ、水主役や水主は制度化されることが少なくなかった。特に夫役としての水主役は、水主役という名称であるかどうかを別にすれば、実質的には多くの沿海諸藩で賦課されていたものと思われる。またそれに対する反対給付として漁場占有利用権などが付与されていたようである。というよりもそのような夫役負担能力が一人前のものを一人前の漁師（百姓）とし、それを沿海町村の構成員とするところも少なくなく、その結果として各村の漁場占有利用権もかれらが共有するようになったものとみられる。このような形態の制度をとった藩の典型として和歌山藩・徳島藩などをあげることができる。徳島藩では沿海諸村の棟付帳をみると、百姓を御蔵加子と称していた。各藩とも内容に軽重の差こそあれ、水主役のような夫役をみな賦課していたであろうから、前述の制度と相違する形態とはいえないが、多くの藩でみられたもう一つの形態は、藩内の主要漁村を水主浦・御立浦などとして選定し、それらを主要な水主役負担者とし、その反対給付として広大な漁場占有利用権などを付与するものであった。ついでにふれれば松江藩のように、日常的必要を満足させる藩側の体制であろうか、下級家臣のなかに足軽なみの舟手方水主を置いたところもあった。また以上の形態とは別に、高知藩の場合には各浦の浦人を水主・漁師・商人・間人の四つに区分して公認していた。これらは階層に近いもので、安政四年（一八五七）安芸郡奉行所の定目によると、「廻船・市艇等上方通之居船頭、鰹漁船之居船頭、鯨方頭分之業を勤候者等、身分宜しく御用銀諸御用立銀米度々致㆓調達㆒、地中困窮者へ押立致㆓助力㆒候者は本水主号を唱可㆑申に付、急々取締名号可㆓願出㆒候」とあり、廻船業者や主要漁業の経営者、それに鯨組の主立ちが本水主であった。ほか

に廻船業や漁業などを本業とするおもだったものは水主号を称すべきであった。次に第二領域、すなわち漁業などの私経営における水主について述べよう。わが国の代表的な沿岸漁業が本格的に発達するのは近世においてであるが、その過程で五、六十人の労働力を必要とする大規模な網漁業をはじめ、多人数の協業によらなければならないものが多く、それらは小漁民の共同経営によるもののほかは、経営者の責任において必要労働力を調達しなければならなかった。廻船業においても同様の事情を考えてよい場合があったと思う。近世においてはこのような必要労働力を下人労働でまかなうほどおくれた関係の残存しているところはむしろ例外で、一般には村内や近村からの雇用労働力によることが多かった。それらの労働力は水主・水夫・船方・船子・網子などと呼ばれていた。もちろんその雇用関係の内容は経営者と労働力提供者の間の個々の関係によって規定されるが、九十九里地曳網経営などの例でみると、近世中・末期には年季奉公など前借金に緊縛された形態が多かった。（二野瓶　徳夫）

かこう　下行　⇩げぎょう

かこめん　水手免　荘園・公領に設定された免田・免在家の一つ。水手とは、一般には船長である楫取に指揮される下級船員のことであるが、船員の総称もしくは楫取を意味する場合もあった。水手免は人給として史料上に現われ、楫取免と同義か、楫取も含めた船員全員の活動に対する給与であったと考えられる。日向国高知尾荘の雑掌と地頭の相論を裁許した「田部文書」建長六年（一二五四）四月二十六日関東下知状案（『鎌倉遺文』一一巻七七三八号）では、「十社大明神幷びに神主・下司・公文・水手免等」が本免と認定されている。なお、この高知尾荘は内陸部の荘園であり、水手免が、沿海の荘園・公領だけでなく、内陸部の荘園・公領にも設定されていたことが知られる。（清水　亮）

かさいのみくりや　葛西御厨　下総国の御厨。同国西端にあった。隅田川の東、中川（中世の利根川下流）を越え、江戸川（中世の太日川）に至る間は中世には葛西郡といったが、永万元年（一一六五）二所大神宮領葛西御厨があらわれ、上葛西・下葛西あわせて三十三郷があり、本領主葛西三郎清重が伊勢大神宮に寄進、斎宮寮占部安光の先祖が御厨領家口入職を相伝してつかさどったという。応永ころの御厨田数注文写に、猿俣・小鮎・金町・飯塚・曲金・荒張・下小岩・長島・二江・鹿骨・島俣・今井・東一江・上小岩・上篠崎・下篠崎・寺島・渋江・上木毛河・下木毛河・松本・東小松河・一色・奥戸・小松・西小松河・上平江・隅田・堀切・立石・木庭袋・小村江・亀無・蒲田・西一江・中曾禰・下平江の諸郷がみえ、応永五年（一三九八）の惣田数千百三十六町五段（『鏑矢伊勢宮方記』）。現在の地名と比較してその範囲をみると、東京都葛飾区と江戸川区のほぼ全域が含まれ、それに墨田区の北部を加えたものである。昭和七年（一九三二）以前における東京府南葛飾郡の区域内に包含される。応永年間には上分米欠怠の傾向があらわれ、次第に神領としての性格がうすれ、室町時代以後葛西荘とも呼ばれ、戦国時代には後北条氏の勢力下に入る。近世は武蔵国に入る。葛飾区水元猿町には御厨神明宮がある。

参考文献　『千葉県史料』中世篇県外文書　（小笠原長和）

かさとりのしょう　笠取荘　山城国宇治郡上醍醐の山中にあった荘園。現在の京都府宇治市東笠取・西笠取を中心とする地域。醍醐寺領。笠取川の東に同寺延命院領笠取東荘、西に同観音堂領笠取西荘があった。前者は承安元年（一一七一）当時田積九町七段百二十歩、後者は治承三年（一一七九）実検取帳では水田十七町十歩という規模で、他に畠地・山地があった。東荘は天徳二年（九五八）に延命院に施入されたと推測される。西荘はもと清住寺領であったが、天徳年中藤原国光がこの地に観音堂を建て、その後自身の公廨稲三千束を近江国の正税に加挙した息利をその燈分料に宛てていたのを、長保二年（一〇〇〇）当荘と相博（交換）するに及んで観音堂領となった。その後また清住寺に返付されたが、観音堂は公験紛失と称してこれを拒み、長元七年（一〇三四）再び相博することとなった。両荘とも中世を通じて醍醐寺領として維持され、近世にも寛永二年（一六二五）の三宝院門跡領目録（案）中に東笠取村・西笠取村として出現する。（須磨　千頴）

かさはらのしょう　笠原荘　遠江国城飼郡の荘園。現在の静岡県袋井市内。『小右記』によれば、長徳三年（九九七）十月二十八日、太皇太后宮昌子内親王は、笠原牧の馬二疋を藤原実資に与えており、当時笠原牧は同内親王領であった。その後この牧は摂関家領となり、万寿四年（一〇二七）七月ごろには関白藤原頼通の所領となっている。もと牧を称していたこの地も、ようやく開発が進み、嘉承元年（一一〇六）には笠原荘と呼ばれるようになる。すなわち『中右記』同年九月十二日条によると、左大臣源俊房は、その家領笠原荘の荘司大蔵少輔藤原保隆を、年貢未進のかどで解任したという記事がみえる。文治四年（一一八八）には、当荘は八条院領となっているが（『吾妻鏡』同年六月四日条）、それは美福門院の母が源俊房の女であり、八条院は美福門院の女であることから、八条院に伝領されたものと考えられる。鎌倉時代以降、寺社・公家・皇室領荘園の没落とともに、当荘も皇室の手をはなれ、南北朝・室町時代には一宮高松神社領として史料にその名がみられる。（上島　有）

かさはらのまき　笠原牧　信濃国伊那郡にあった御牧（勅旨牧）。『延喜式』左馬寮所載の信濃十六牧の一つ。現在の長野県伊那市美篶《みすず》笠原を中心とした地域と考えられる。笠原集落の西に広がる六道原が牧の中心らしく、この原の西北端にある上牧という地名は牧のなごりらしい。笠原の近くにある蟻塚城址は牧官の館などのあった跡かといわれる。伊那谷の五世紀後半から六世紀にかけての古

笠取荘

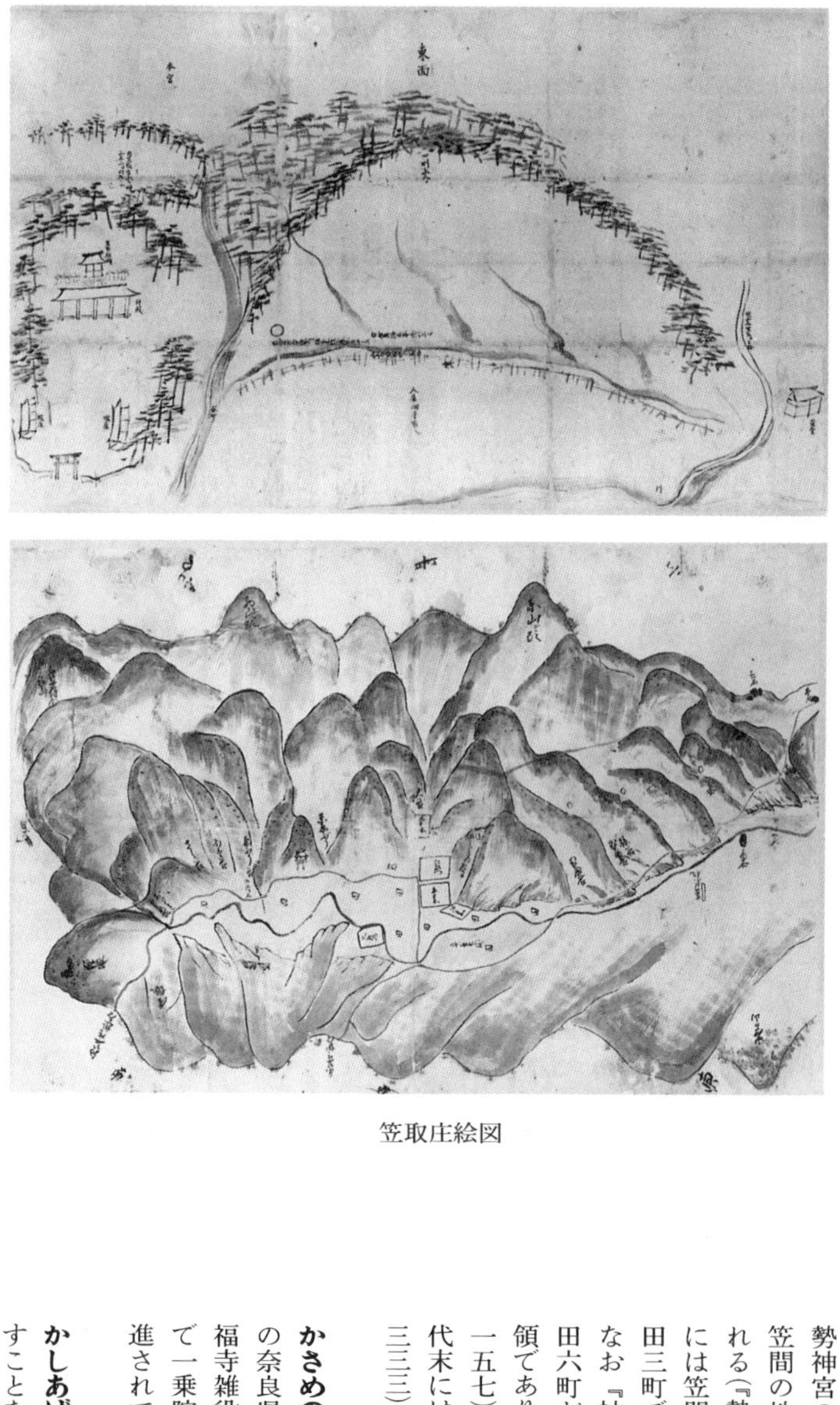

笠取庄絵図

墳からは馬具関係の出土品が多く、大化改新後、伊那を中心に国牧が設けられ、奈良時代の末に御牧が設けられて国牧はそれに吸収されたらしい。信濃国の御牧の貢馬は年八十疋(うち望月牧三十疋)、牧馬の総数は貞観十八年(八七六)に二千二百七十四疋であった。信濃国の御牧は平安時代末期にはすべて左馬寮領に転じ、『吾妻鏡』文治二年(一一八六)三月条の乃貢未済庄々注文には信濃所在の左馬寮領の牧二十八をあげてあるが、その最初に「笠原御牧」がみえる。この牧を根拠地とした笠原氏は平安時代末期から武士として活躍した。なお笠原牧の所在を、北信濃(現中野市あたり)とする説もあり、前記の注文には笠原御牧のほかに、北信濃に「笠原牧南条　同北条」の二牧が記されており、平安時代末期には伊那の笠原牧とは別に北信濃にも同名の牧ができていた。

(小林計一郎)

かさまのしょう　笠間荘　大和国山辺郡の荘園。現在の奈良県宇陀郡室生村北部。大治三年(一一二八)の『東大寺荘園目録』に「笠間庄(加二鷹生一又有二御封米一)」とあり東大寺領。当時隣国伊賀国鷹生荘を含んでいたらしく、長徳四年(九九八)の注文では笠間荘は伊賀国とある。建仁元年(一二〇一)の散状では笠間荘上郷が二十三町一段余(定得十町七段余)、同下郷は翌年二十一町余(定得十町七段余)とあり、上・下荘に分かれていた。鎌倉時代末期までその名がみえる。

(渡辺　澄夫)

かさまのみくりや　笠間御厨　伊勢国員弁郡にあった伊勢神宮の御厨。『和名類聚抄』に笠間郷がみえる。現在、笠間の地名はなく、三重県員弁郡員弁町笠田付近かとされる(『勢陽五鈴遺響』)。『神鳳鈔』はじめ神宮の所領目録には笠間御厨はみえず、二宮領の笠田御厨があり、上分田三町で六・九・十二月に各三石の上分を出していた。なお『神鳳鈔』には笠間郷荒祭宮神田一町と笠間郷司職田六町がみえる。笠間御厨は保元の乱当時は平正弘の所領であり、乱後、後院領となった(『兵範記』保元二年(一一五七)三月二十九日条)。なお、笠間荘があり、鎌倉時代末には北条維貞が地頭職をもっていたが、元弘三年(一三三三)七月十九日、岩松経家にあたえられた(『由良文書』)。

(西垣　晴次)

かさめのしょう　笠目荘　大和国平群郡の小荘園。現在の奈良県生駒郡安堵町付近。延久二年(一〇七〇)の『興福寺雑役免帳』が初見。常楽会免田の定着した雑役免荘で一乗院家領。鎌倉時代一町余の荘内田地が西大寺に寄進されている。南北朝時代末期まで荘名がみられる。

(渡辺　澄夫)

かしあげ　借上　鎌倉時代を中心として、銭を高利で貸すことをいい、それを行う高利貸をも借上または借上人といった。もとの意味は、年貢のため銭を高利で借りることであろう。古代の出挙《すいこ》の転化したものであるとも考えられる。『庭訓往来抄』には、「借上《かしあげ》」のことを記し、「銭ヲカシテ十日々々ニ利ヲ加ヘ上ルヲ云ナリ」といっている。『源平盛衰記』には、延暦寺の行人らが山門の威をかりて、「出挙借上入チラシテ、徳付」いたことを述べているが、これは山僧が高利貸をやって富を蓄えたことをさすものである。元暦元年(一一八四)平家が西海道を封鎖し、米などが運上されなくなったとき、賀茂社の社司が東西に奔走して、借上の物を借用したことがある(『横浜市立大学所蔵文書』)。借上の語の初見であろう。仁治二年(一二四一)伊賀国印代郡内新久吉の借上銭五貫文を

京都で利分を加えて弁済することが、『歴代秘録』裏文書にみえる。文永三年(一二六六)安芸国沼田荘の地頭小早川国平は、新荘と本荘の檜を勝手に伐採して借上人に与えたので、寺家ではこれを六波羅探題に提訴した(『小早川家文書』)。備後国太田荘の山中郷では、預所が毎年交替し、その交替のたびごとに法に背き、乱暴を致すため、これを「借上人」のようだと言っている(『高野山文書』)。貨幣経済の進展に伴って、この種の高利貸はいよいよその数をまし、『庭訓往来』にも、「泊々借上、湊々替銭、浦々問丸」といわれるほど、港町などに多く現われた。地頭の中には、借上を代官にして、それから援助を受けるものが少なくなかったし、生活の苦しくなった御家人は、大切な武具や先祖伝来の土地まで質に入れて借上から銭を借りた。鎌倉幕府はこの形勢を見、延応元年(一二三九)諸国の地頭らが山僧ならびに商人・借上輩を地頭代官に任命することを禁止し、翌仁治元年にも、凡下輩の領地を買うことを停め、自今以後はたとえ私領であっても、凡下の輩ならびに借上らに売り渡すにおいては、近例にまかせて彼所領を収公することを申し渡した(『新編追加』)。しかし北条氏の得宗の被官に借上がなるような状態であったため、この禁令はあまり効果はなかった。借上という語は室町時代中期にはなくなり、鎌倉時代の中期以後から用いられてきた土倉の語が、高利貸を代表するようになった。→土倉《どそう》 (豊田　武)

かしいぐうりょう　香椎宮領　福岡市東区香椎に鎮座する香椎宮の所領。本宮のはじまりに、池田郷・山田郷・和田郷・和白郷・三苫郷・三代郷・原上郷・蒲田郷・新原郷・今在家郷・府之郷・八田郷・多々羅郷・諸田郷・宇瀰郷などに合わせて八百数十町の所領を充てられたと社伝にあるが、確証はない。これらの地名は多く筑前国粕屋郡内であるので、神宮周辺が神郡的性格をもったことを伝えるものかも知れない。『延喜式』民部省下に香椎宮守戸一烟とあるので、当時は山陵並みの取扱いをうけていたことがわかるが、平安時代末から石清水八幡宮善法寺領となった。文永五年(一二六八)修理料二百町の寄進を伝え、建武三年(一三三六)足利尊氏が西遁して多々良浜に戦ったとき、当宮領を安堵し、豊前国夏焼、筑後国牧・菅などの所領を寄せ、所領田数千二百十三町に及んだ。しかし戦国時代に武士に押領され、天正十五年(一五八七)豊臣秀吉の九州征討の際に宮領は没収され、神人は離散した。同年小早川隆景が入部して、社殿を復興し、池田郷・山田郷・多々羅郷などの地百五十九町の神田を寄せたが、次の秀秋に再び没収され、天和三年(一六八三)黒田光之が三十石の地を寄進し、延享元年(一七四四)に七十石を加増され、のち文政三年(一八二〇)に五十石の加増をうけて、明治維新に及んだ。 (竹内　理三)

かじし　加地子　公領・荘園の作人が、国衙・荘園領主から賦課される地子(所当)とは別に、その請作地の地主的小領主(私領主)や名主に対して負担した一定の加徴分。平安時代中期以降国衙領内にはひろく私領の成立がみられた。私領とはいえ国衙領である以上国衙に対する所定の官物(地子)負担があったが、その私領たるゆえんは、私領主が地子とは別個に自身の得分をそこから徴集する権利を国衙から承認され、かつその売却が自由であった点にある。この私領主の得分が加地子である。保元三年(一一五八)四月日の伊賀国在庁官人等解に「云二領主一者、官物之外、給二庁宣一、段別或五升或一斗令レ徴二納加地子一者、当他国之例也」とあるのがそれで、したがってかかる私領主は加地子領主とも称せられる。中世荘園においては、年貢公事の負担責任者である名主が、みずからも得分収取権者として自己のかかえる名田畠の作人からいわば中間所得を収取している場合、その得分を指して加地子といい、また加徳・片子などとも称した。右述の私領主の加地子と系譜的連関をもつものである。鎌倉時代後期以降の土地生産力の向上とともに、加地子は土地の経営耕作権とは離れた単なる名主職所有者の得分権＝加地子名主職として一般的に成立し、多く田畠一、二段ごとに売買・寄進の客体としてひろく移動するようになる。そして室町・戦国時代には土倉や一部寺院あるいは土豪などがこれを積極的に集積してゆく例が多くなった。加地子の額は鎌倉時代以降荘園年貢のそれを凌駕している例が少なくない。作人から加地子が納入される方法には、年貢と加地子がまとめて名主に納められ、名主が加地子を差し引いたのち自己の責任で年貢を納入する場合と、年貢も加地子もそれぞれ単独に作人から直納される場合とがあり、前者が本来の姿であったが、時代が下降し名主の中間搾取者的性格が強まるにつれて後者の例が増加していった。なお、近世の加地子は小作料の別称である。 (須磨　千頴)

かじしみょうしゅしき　加地子名主職　名田経営の解体過程で形成される、加地子得分を主な内容とする名主職。十二―十三世紀に確立する荘園領主制は中核的荘民の土地所有を名主職として編成し、これを媒介として中世農民の剰余労働を年貢・公事として収奪する体制を作りあげた。これが、ふつう本名体制・旧名体制といわれる荘園領主制のもっとも安定した段階である。鎌倉時代の生産諸力の発展は農業経営の発展をもたらし、右の剰余労働部分は拡大され、畿内先進地帯においては鎌倉時代中末期以降、それ以外の地域でも南北朝時代以降、名主職の分化すなわち加地子名主職と作職への分化を現象させ、加地子名主職が売買・譲渡・寄進の対象となる独自の土地所有に転化した。加地子名主職の分化過程は多様であるが、一般的には旧名主職所有者が、作職を留保し、耕作権を維持する形で形成される。これによって、加地子名主職は寺社をはじめ、酒屋・土倉などの商業高利貸資本、荘内外の荘官層、名主上層などによって買得集積され、地主的土地所有の成立をもたらす。中世後期の荘園領主制はこれによって荘民の全剰余労働収奪の危機に直面し、その内部は複雑な職所有が重なり合い、次第に衰

退の方向へ進んでいった。（高田　実）

かじしりょうしゅ　加地子領主　十一―十二世紀の中世成立期の公領・荘園において、加地子取得徴収権を国衙から公的に承認された領主的土地所有の一形態で、中世領主的土地所有の第一段階の領主をいう。史料上は私領主・領主としてあらわれる。保元三年（一一五八）、伊賀国の在庁官人らが「云二領主一者、官物之外、給二庁宣一、段別或五升或一斗令レ徴二納加地子一者、当他国之例也」とのべ、加地子領主の一般的存在を指摘している。その特徴は、㈠国衙に官物＝本地子を納める点では一般公田の農民的土地所有と同質であること、㈡それ以外に段別五升〜一斗の加地子の取得徴収の権限を持つ点で領主的土地所有の特質を持つこと、㈢ただし所領内百姓に対する人格的支配隷属関係を特定に形成していないこと、㈣領主が在村せず、在京領主として存在していること、などが指摘できる。したがって加地子領主的土地所有は、土地所有実現のための独自の経営・収奪様式に立脚しているというのでなく、国衙領体制による政治的保証によって実現されている所有であり、その本質を律令国家的土地所有と排他的に矛盾対立するものとは理解しえない。平安時代中期以降顕著な寄進地系荘園成立の主体となる在地領主の基本的性格は、かかる加地子領主的土地所有であり、これを槓杆として、さらに領域内百姓に対する人格的支配隷属関係を確定することによって、第二段階の本格的領主的土地所有へと傾斜していく。一方十二世紀に領域内荘民の全剰余労働収奪の生産様式として確立する荘園領主的土地所有も、加地子領主的所有の否定と吸収合体を経過することによって体制化されるのである。（高田　実）

かじとり　梶取　一船の長として船の舵をとって、漕ぐもので、主として古代・中世に用いられ、のちの船頭に連なる。古く挟杪・柁師などとも書く。律令制下国家貢納物の輸送に、海人・漁民などを梶取として用いた。『万葉集』一六に神亀年中（七二四―二九）筑前宗像郡の百姓宗形部津麿が、大宰府の命で対馬へ粮を送る船の梶取をつとめていたが、老齢となったので船仲間の白水郎（海人）荒雄と交替したとあるのはその一例である。梶取の下には一般船員である水手が乗り組むが、荘園制下水手は一般農民・海人などの夫役が多かったが、梶取は、航路に習熟し運航に熟達したものでなければならないから、特定のものに固定される傾向があった。肥後人吉荘のように梶取を専当する荘官の存在する例もあったが、多くは、名主がこれにあたり、零細な給田・免田を得てこの業務に携わった。荘官ないし名主的梶取のなかには、やがて荘園的支配を脱して独立・成長するものもあった。嘉禎元年（一二三五）のころ、薩摩山川の梶取が、地頭島津忠綱の所従的身分から脱却して主人に対抗したのは、その一例である。彼らのなかには、自荘のみならず他荘の年貢を輸送したり、業務の余閑にその輸送能力を生かして、商行為に携わるものもあった。こうして成長した梶取のなかには、文永年中（一二六四―七五）のころ、輩下に梶取業務にたずさわる数名の代官をかかえ、自身は、実務より遠ざかって交通業者となった醍醐寺報恩院領筑前若宮荘の梶取貞末法師のようなものもあり、同じく筑前怡土荘梶取檜是光のごとく、土地を集積して、自名是光名を立ててその名主となり、さらに荘内に阿弥陀堂を自立建立して、ここに田地二段を寄進するほどの富裕人もあった。鎌倉時代後期以降の商品流通は、開放された輸送機関を必要とするために、梶取の荘園からの離脱を一段と促進し、その成長を促した。南北朝時代前後から梶取の称呼が船頭という称呼へ移行するのがみられるのは、荘園制的輸送から商品輸送へと輸送界の大きな展開に伴う、単なる操舵者から、独立的な輸送業者への成長を意味するものと思われる。（新城　常三）

かしのしょう　菓子荘　大和国の荘園。条里にやや疑問があるが、城下郡（奈良県磯城郡）から葛上・葛下両郡（大和高田市・御所市など）に散在する荘園。東・西荘から成り、興福寺領。延久二年（一〇七〇）の『興福寺雑役免帳』が初見。弘長元年（一二六一）の史料に田数八町五段とみえる。室町時代には大乗院門跡領として三町とある。（渡辺　澄夫）

かじのしょう　加地荘　越後国蒲原郡にあった荘園。現在の新潟県新発田市、北蒲原郡加治川村を中心とした地域。立荘時期、成立事情は不明であるが、平安時代末期には、平姓城氏の一族に加地三郎の名があることから城氏と関係あったとみられる。『吾妻鏡』によると、文治二年（一一八六）には金剛院領、堀川大納言家沙汰となっている。地頭職は源頼朝の側近の一人佐々木三郎盛綱に与えられたとみられる。盛綱は当時越後国守護も兼ねていた。子孫は鎌倉時代を通じて荘内に割拠、宗家は加地氏を名乗り、庶家は室町時代以降新発田氏などの豪族となった。永和二年（一三七六）一部は長尾氏によって没収され、鎌倉円覚寺に寄進された。なお、『東大寺文書』に寺領加地荘とみえるのは南接の豊田荘のことである。

参考文献　『奥山庄史料集』（『新潟県文化財調査報告書』一六）（阿部　洋輔）

かしまじんぐうりょう　鹿島神宮領　茨城県鹿嶋市に鎮座する鹿島神宮の所領。『常陸国風土記』によれば神戸は大化前代に八戸あり、孝徳天皇は五十戸を加え、那賀国造・下総国海上国造の部内をさき合わせて神郡鹿島郡を置き、天武天皇はまた九戸を加えたが、持統天皇四年（六九〇）六十五戸に整えたという。神賤は奈良時代放たれて神戸となるものが多く（『続日本紀』）、延暦五年（七八六）当時、神封百五戸（うち神賤戸五十戸、別に神賤戸五十戸という解釈もある）であった（『新抄格勅符抄』）。平安時代、藤原氏長者は職封より十戸を寄進するのを例とした。平安時代末期以降、神官はそれぞれ職に付属する所領（職領）と私領を基礎に、その職を世襲した。大宮司は宮地・宮領・神田・渡田・御供従料・幣馬・幣牛・立網・引網な

鹿島神宮 社領一覧（中世）

鹿島神宮領

所在国郡	名称	田積	保有者	特徴	典拠
常陸 鹿島郡	南条	町 段 歩 三五〇・〇・〇〇〇		往古より神郡	鹿島神宮文書
同	豊野・赤見・神野屋敷		大宮司	治承年中、大宮司と物忌と相論、仁治元年、摂関家政所下文により大宮司信景が領掌	同
同	用富名		同	応永二十三年、大宮司則密、本用富名・新用富等を則弘に譲与	同
同	用重名		大禰宜（職）	建久元年、大禰宜親広、摂関家政所下文により屋敷とともに職領として知行を認めらる	同
	塙寺		同	文保二年、摂関家政所下文により大禰宜良親領掌を認めらる	塙不二丸氏所蔵文書
	二重佐古村		同	建武元年、大禰宜高親、用重名とともに同名内、南三昧院・塙寺・二重佐古村・下生村・息須賀郷等を社領として注進	
	下生村		同		同
	息須賀郷		同		
	大畠		大禰宜（私）	正安三年、前大禰宜朝親、能親に譲与	同
	南三昧院		大禰宜（職）	正応四年、摂関家政所下文により大禰宜朝親領掌を認めらる	鹿島神宮文書
同	上能名		同	同	同
同	立用神田		同	同	同
同	高栈敷		同	同	同
同	千富名		物忌	元暦元年当時、万雑公事を免除	吾妻鏡
同	全富名		宮介	元暦元年、物忌の千富名の例に任せ万雑公事を停止	同
同	弘富名		権祝	弘安四年、神主（大宮司）則幹の押領を権祝三田久守訴う	勘仲記裏文書
同	安丸名		和田権祝	応永三年、神官ら梶山幹継の非法を棄破し、和田権祝家貞の知行を全うされんことを訴う	鹿島神宮文書
同	沼尾		大禰宜（私か）	応永三十一年、某、年貢十結を大禰宜憲親に寄付	同
同	坂戸		坂戸神主	弘安二年、坂戸神主占部忠常、社家（坂戸宮）の沙汰とす	同
同	北条	二八八・九・二四〇		往古より神郡	同
行方郡	本納	三三五・三・三〇〇	大禰宜（職）	建久元年、神官ら大禰宜職に付される神領として親広に付されんことを請い、翌二年、摂関家政所下文により地頭行方景幹の非法を停め、大禰宜親広の沙汰として神事を専らにせしむ	同
同	麻生	一三・六・六〇	同	同	同
同	大生	八八・一・一八〇	同	同	同
同	延方	六・八・二四〇	同	同	同

所在国郡	名称	田積	保有者	特徴	典拠
常陸 行方郡	中根	町 段 歩 一六・〇・六〇		康永二年神領田数注文に見ゆ、即六町四段・馬渡六町六段六十歩・石川三町	鹿島神宮文書
同	荒原	六・四・三〇〇		康永二年神領田数注文に見ゆ	同
同	藤井	一一・一・三〇〇		同	同
同	木田見	一一・八・〇〇〇		同	同
同	若舎人	（二・〇・〇〇〇）	護国院	康永二年、郷内根地木村を高師冬奉書により不断護摩料所として寄付	護国院文書
同	小高	（一六・二・三三〇）	同	貞和三年、国司庁宣により鹿島護摩堂料所として寄付	同
同	嶋前	（六・七・六〇）	同	同	同
同	小牧	五六・一・一八〇	大禰宜（職）	建久二年、摂関家政所下文により郷建立以後地頭の口をかけざる地として、大禰宜親広の進止を認めらる	鹿島神宮文書
同	加納	一四六・六・六〇	大禰宜（職）	保延五年、官符・国司庁宣により日次御供料所として寄進、最勝講田十町・毎月御供田百二十九町三段三百歩・毎夜御燈油田七町二段百二十歩、大禰宜職領として相伝、文保二年、加納十二郷と見ゆ	鹿島神宮文書・塙不二丸氏所蔵文書
	山田			徳治元年、関東下知状により大禰宜能親と地頭牛熊丸・幹貫との相論を裁す	新編常陸国誌
	高岡			建武元年、大禰宜高親社領注進状に加納十二ヵ郷内と見ゆ	塙不二丸氏所蔵文書
	成井			徳治元年、関東下知状により大禰宜能親と地頭良円との相論を裁す	新編常陸国誌
	大崎			同右により大禰宜能親と地頭春幹・幹高・助幹との相論を裁す	同
	四六			同右により大禰宜能親と地頭輔行・行幹・行時との相論を裁す	同
	石神			徳治二年、関東下知状により大禰宜能親と地頭幹胤・定幹との相論を裁す	鹿島神宮文書
	相賀			徳治元年、関東下知状により大禰宜能親と地頭平氏との相論を裁す	新編常陸国誌
	小幡			同右により大禰宜能親と地頭幹知との相論を裁す	同
同	大賀		大禰宜（私）	弘安五年、異国降伏祈禱の賞として鎌倉将軍家、地頭職を大禰宜頼親に寄進	鹿島神宮文書

所在国郡	名称	田積（町・段・歩）	保有者	特徴	典拠
常陸 南郡	惣社	七六・六・二四〇		康永二年、神領田数注文に見ゆ	鹿島神宮文書
同	米吉名	二・三・一八〇		同右、敷地一町三段半・御供田一町	同
同	田余	三九・〇・三〇		同右、毎月五ヵ度御供田三町九段・同朔幣田七町八段・春秋二季最勝講田二十町・毎月五ヵ度御燈油田一町三段・四季転読大般若田二町三段百二十歩・新免御供田一町・馬上免九段・唱人三人九段・祝三人九段	同
同	上吉景	一〇・五・一八〇	大禰宜	安元元年、国司庁宣により下妻広幹の妨を停め、大禰宜則親に沙汰せしむ	同
同	下吉景	（一・五・一八〇）	同	同	同
同	竹原	（一五・〇・〇〇〇）	権禰宜	弘安五年、留守所下文により権禰宜朝親を給主職に補任	同
同	小河	（四一・一・〇〇〇）	大宮司	文永三年、摂関家政所下文により神主（大宮司）定景を給主職に補任	同
同	大枝	三・四・二四〇	大禰宜（職）	（新免、大般若経奉読料所）正治二年、大禰宜親広、政親に譲与	塙不二丸氏所蔵文書
同	田木谷	三・八・一八〇		康永二年、神領田数注文に見ゆ（新免）	鹿島神宮文書
同	石光	八・〇〇〇		同	同
同	橋	（二五・七・〇〇〇）	大禰宜（私）	承安四年・治承四年、国司庁宣により日次御供不足料に宛て、大禰宜則親に知行せしむ、養和元年・寿永二年、源頼朝永代鹿島社に寄進	鹿島神宮文書・塙不二丸氏所蔵文書
	倉員		同	暦仁元年、大禰宜政親、橘郷倉員村を政家に譲与	鹿島神宮文書
筑波郡	郡分	二・〇・〇〇〇		康永二年、神領田数注文に見ゆ	同
真壁郡	椎尾助貞	一・〇・〇〇〇		同	同
同	竹来	五・〇〇〇		正和元年、文治のころ鹿島神田五段ありという	同
同	白井	（二〇・〇・二四〇）	大禰宜（私）	応永三十一年、足利持氏、真壁安芸守跡を寄進	同
信太郡	大谷		物忌	治承元年、政所下文により家景の妨を停め、物忌の沙汰とす	護国院旧蔵文書
伊佐郡	平塚		大禰宜（私）	応安元年、室町将軍家足利義満鹿島社に寄進	鹿島神宮文書
中郡	磯部		磯部禰宜	寛元三年、大中臣氏、子息能行・高重に譲与、宝徳元年当時、大禰宜氏親の私領として氏親、嫡子に譲与	塙不二丸氏所蔵文書

所在国郡	名称	田積（町・段・歩）	保有者	特徴	典拠
常陸 東郡	吉原	四・三・三〇		康永二年、神領田数注文に見ゆ	鹿島神宮文書
同	赤沢	四・一・一八〇		同	同
吉田郡	戸田野	二五・一・三〇〇	大禰宜（職か）	元徳三年、給主職について相論あり	同
同	白方	一四・〇・一八〇	大宮司	建長七年、摂関家政所下文により面々の妨を停止し、神主（大宮司）則光の進止とす	同
同	平戸	一・一・〇〇〇		康永二年、神領田数注文に「貞応二年相伝、太神領恒富」と見ゆ	同
那珂西郡	大橋・加津見沢	四・一・〇〇〇		康永二年、神領田数注文に見ゆ	同
同	塩子		大宮司	建長七年、摂関家政所下文により本神領として面々の妨を停止、神主（大宮司）則光の進止とす	同
佐都東郡	世谷	一三・二・六〇	世谷禰宜か	養和元年、源頼朝鹿島社に寄進（世谷禰宜の所領として相伝か）	塙不二丸氏所蔵文書
同	大窪	九・六・二四〇	権禰宜（私）	同右、元暦元年、頼朝、中臣親盛の沙汰として神事を勤仕せしむ、以後親盛流に相伝、大窪南方塩浜は親盛・則長・幹則と伝領	鹿島神宮文書・塙不二丸氏所蔵文書
	塩浜		同		
	塩片倉		同	正安三年、関東下知状により大窪郷内塩片倉村、権禰宜実則跡に返付	鹿島神宮文書
	相賀		同	正安元年、関東下知状により塩浜とともに権禰宜実則跡の輩に領知せしむ	同
（郡未詳）	中茎		大宮司	建長七年、摂関家政所下文により面々の妨を停止し、神主（大宮司）則光の進止とす	同
（同）	恒久	二・〇〇〇		康永二年、神領田数注文に見ゆ	同
下野 芳賀郡	大内荘東田井郷		大禰宜（私）	永徳三年、鎌倉公方足利氏満、高橋三郎跡半分を鹿島社に寄進	同
下総 豊田郡	他家		同	永徳三年、田井郷半分東田井、他家・久安村を大禰宜治親に打渡	塙不二丸氏所蔵文書
同	久安		同	同	同

(一) 保有者欄の大禰宜(職)は大禰宜職領、大禰宜(私)は大禰宜私領
(二) 田積欄の( )は弘安・嘉元の大田文の田数

鹿島神宮　社領一覧(近世)

神官・供僧別(慶長九年)

神官・供僧	石
大宮司	一〇〇
物忌代当禰宜	三〇〇
大禰宜	四〇
大祝	四〇
和田祝	一〇
検非違使	二〇
宮介	二〇
惣追	二六
坂戸祝	二〇
田所	六
神宮寺	三〇
護国院	三〇
広徳寺	三〇
正等寺	二〇
五台院	一〇
息栖別当	一四
文殊院	六
定額	六
長永寺	六
東林	六
検校	六
福寿坊	六
座主	六
法橋	六
普済寺	三〇
根本寺	一〇〇
御手洗	三五
神宮寺常陸帯	一〇〇
小社家二一人	五五
小別当	二〇
中神	一四
小禰宜三六人	七二
八乙女八人・神楽大夫四人	四〇
舞大夫	三
鐘大夫	二
惣大行事	二〇〇
造営領	三〇〇
合計	一七三五

村別(慶長十一年)

村	石斗升合
宮中一円	一三九〇・三・二・〇
鹿島郡佐田村	三四三・六・二・〇
行方郡延方村	一八七・一・八・〇
同　大生村	七二・八・二・六
(このほか宮中各居屋敷を除く)	
高辻	二〇〇〇・〇・〇・〇

どのすべてを知行したが私領は少なく、中世を通じて多くの所領を得た大禰宜が最も実力を有した。慶長七年(一六〇二)、徳川家康は二千石を与え、同十一年神官の屋敷を除き、宮中・佐田村・延方村・大生村の地をもってこれにあてた。うち大宮司百石、当禰宜三百石、大禰宜・大祝各四十石であった。　(網野　善彦)

かしまのしょう　賀島荘　駿河国富士郡の荘園。現在の静岡県富士市今井・前田・岩本付近。文永五年(一二六八)八月に、当荘内の実相寺衆徒等が、当時他所の高僧より選ばれている同寺院主職を、北条泰時の下知に基づき、住僧中より選ぶことを求め、五十一ヵ条にわたって訴えている。また、観応二年(一三五一)には荘内の田地五段が実相寺に寄進されている。十五世紀にはいると、領主として相国寺雲頂院・同寺鹿苑院などが確認できるが、今川氏の被官による年貢上納の懈怠、下地に対する違乱が繰り返されている。相国寺は数度にわたって幕府に訴えを起こしているが、その後も違乱は絶えてはおらず、荘園としての実態はほとんど失われていたようである。十六世紀には荘名は見られなくなる。　(西尾　知己)

かしまのまき　鹿島牧　肥前国藤津郡の馬牧。現在の佐賀県鹿島市の北端部、東は有明海に臨み北は塩田川を界線とする州島に置かれたものであろうと考えられているが、確かな位置は不明である。『延喜式』兵部省諸国馬牛牧条によれば、肥前国には馬牧と牛牧それぞれ三ヵ所合計六ヵ所の官牧が置かれていたが、これはその一つ。西海道諸国の官牧の馬は五、六歳に達すると大宰府に送られ、帳を兵部省に送る定めであった。　(三好不二雄)

かじめん　鍛冶免　荘園・公領に生産物を納める金属手工業者の活動の維持のために設定された免田のこと。国衙領の鍛冶免は、若狭・尾張などの事例から、国衙近傍に設定される傾向が見出される。これは、荘園公領制の形成期、国衙に直属していた諸工房の財源が「細工保」「細工所保」などの別名に編成されたことに由来する。細工保自体は鎌倉期には解体傾向にあったが、鍛冶免など個々の手工業者の免田は一定度残存し続けた。　(清水　亮)

かしゃくし　呵責使　呵責とは、せめとがめること。中世、年貢や公事などの未進・対捍を行う百姓を勘責し、その催促を行うために荘園領主が在地に派遣した使者のことで、督促使や嗷々使、譴責使、呵法使などとも呼ばれた。このように荘園領主が在地へ呵責使を派遣することは、年貢・公事徴収の直接的な行為の一つで、特に高野山や興福寺の膝下荘園、また東寺領大山荘のような近国の荘園でしばしばみられる。　(畠山　聡)

かじゅうじけりょう　勧修寺家領　藤原氏北家高藤(醍醐天皇外祖父)流に属する勧修寺家の所領。その概要は、家祖勧修寺経顕の観応二年(一三五一)正月十四日付処分状および延文五年(一三六〇)七月二十九日付追加処分状にみえる。この処分状は、正治二年(一二〇〇)の吉田資経処分状、建長二年(一二五〇)の吉田経俊処分状、嘉暦三年(一三二八)の坊城定資処分状などとともに、『勧修寺家文書』に収められている。経房の処分状は首部を欠いているが、家地を除いて十三ヵ所の荘牧を載せ、そのうち近江国湯次荘など五ヵ所を家嫡の資経に譲っている。しかしそれらの所領は経顕には一ヵ所も伝わらず、それまでに諸家に分散している。経顕の所領は、㈠資経の新所領、㈡経俊の新所領、㈢定資の新所領、㈣経顕の新所領から成る。㈠は資経の処分状にはじめて載せる九ヵ所のうち、摂津国小林上荘など二ヵ所である。㈡は加賀国井家荘以下七ヵ所で、長講堂領を主とし、かの宣陽門院の生母高階栄子の孫女が経俊に嫁した縁により、経俊の所領となったもので、定資を経て経顕に伝えられた。㈢は伏見御領など二ヵ所で、ほかの定資新所領は多く長男俊実に譲られた。㈣は近江国山前北荘など九ヵ所で、経顕が父定資のあとをうけて持明院統に親近し、北朝の重臣として活躍したことによるところが大きく、その処分状に載せる所領のほかにも、「朝恩」として備中国を知行し、院執権あるいは御乳父として数ヵ所を拝領している。以上の所領で特徴的なことは、そのほとんどが院・女院などを本家に戴く領家職ないし預所職の領有で、そのうちには個人的俸禄的なものも少なくない。そこにも勧修寺家の政治的・社会的地位をみることができる。　(橋本　義彦)

かしゅうのしょう　賀集荘　淡路国三原郡の荘園。現在の兵庫県三原郡南淡町の賀集を冠する地域。建久三年(一一九二)、後白河院の御願によって創建された高野山宝塔三昧院(のちに後白河院の妃丹後局高階栄子が願主となって宝幢院と改号)領としてみえる。本家職は後白河院から丹後局に譲られ、さらにその娘宣陽門院に伝えられた。領家職は丹後局の息平業兼、その嫡男業光、その妹治部卿局へと伝領。本家職が丹後局に譲られる際、大嘗会・造内裏などの課役が免除され、また後鳥羽上皇によって国司による荘米の差し押さえが停止された。貞応二年(一二二三)の大田文によれば、田百二十町と畠によって構成されている。なお地頭は、承久の乱以前は阿波国御家人左近将監忠光であったが、乱後関東御家人船越右衛門尉に改められた。宣陽門院創建の長講堂に施入されたあと、十四世紀半ば以降三条家が知行した。南北朝期には守護細川氏が知行し、室町期以降土豪賀集氏の活動のあとがみられる。(櫻井　彦)

かしょ　過所　古代・中世の関所通行手形。「かそ」ともいう。古代では多く過所と、中世では主として過書と誌す。律令制下の過所の制度は、多く唐令にならった。関を越えようとするものは、官吏は勤務している本司に、庶民は、郡司に過所の交付を請わねばならない。それには本人の氏名・年齢・官位、本人に同行する従者の数、携帯物資の品名・数量、乗用する馬牛の数などのほか、旅行目的・行先地・通過する関所名などが誌される。本司は過所を請う辞牒を勘査して、これを聴許すべきものと認めたときは、郡司は過所の発給を求める解を国司に上り、在京諸司は、これを京職に求める。国司・京職は、再びこれの適否を審査した上で、はじめて過所が交付される。このように過所の交付には、誤ちなきよう、その手続は慎重を極めたので、交付までに相当の時日を要した。過所の有効期間は、発給の日から一ヵ月で、もし病気そのほかで出発がおくれ、有効期間が切れれば、再交付を受けねばならない。過所なくして関所をひそかに通り抜けるものは私度、関所によらずして脇道を通るものは越度、他人の名を冒して過所を得て通ったものは、冒度としてそれぞれ罪に問われた。なお船舶も、長門・摂津の海関を通るものは、過所を要し、中央では京職、地方では摂津職・国司・大宰府などが、その過所を交付した。平安時代中期以後、古代的関所の衰頽に伴い、過所の必要性も薄れたが、なおしばらくは官使などに形式的に発布されていた。平安時代末以後、関所は単に交通料を徴する経済的関所と化するようになったが、それに伴い過書(過所)は、関所の通行手形であるよりは、むしろ交通税の免除状の性格が強かった。過書の発給者は、朝廷・幕府・社寺権門・守護、さらにのちには戦国大名などとさまざまであり、その過書が果たして実効をあげうるかどうかは、発給者と関所領主間の力関係によって決定された。なお、このほか鎌倉時代には、幕府が東海道などにおいて、通信用の早馬、物資運搬の人夫の調達を要請する文書も過書と呼ばれたが、建治三年(一二七七)ころ、六波羅探題府に、この宿次過書を専当する奉行があった。また中世の過書の書式は、古代と異なり、一般に簡単であって、通行する人名・物資名ならびにその数量などが記載されるにとどまる。江戸時代に入ると、関所通行許可証は、一般に関所手形もしくは単に切手の名称をもって呼ばれ、わずかに淀川を上下する「過書船」にその名残をとどめているにすぎない。(新城　常三)

かしわぎのみくりや　柏木御厨　近江国甲賀郡の御厨。現在の滋賀県甲賀郡水口町。永久元年(一一一三)に源義光がその私領柏木・山村両郷を摂関家の牧として寄進。鎌倉時代には伊勢神宮領柏木御厨となり、同郡山中村地頭山中氏が柏木御厨の上山村友行名を領有したが、やがて山中氏は柏木御厨で勢力を増大していった。元弘元年

勧修寺家領

勧修寺家領一覧

所在国郡	名称	特徴	典拠
山城　葛野郡	西院松井寺	西院松井寺並びに同西荘は後白河院御起請の地、浄土寺二位(高階栄子)所領、経俊処分状所載	勧修寺家文書
同	西院常葉村	経俊処分状所載	同
同	西院生田村	同	同
紀伊郡	伏見御領	長講堂領、定資処分状所載、元応二年坊城定資伏見殿並びに御領の相伝奉行の院宣を賜わる	同
大和　宇陀郡	雨師社	長講堂領、経俊・定資各処分状所載	同
河内　茨田郡	島頭荘	北野宮寺領	同
摂津　武庫郡	小林上荘	新熊野社領、資経・経俊・定資各処分状所載、弘安七年万里小路資通と坊城俊定の相論あり	勧修寺家文書・勘仲記
尾張　知多郡	大野荘		勧修寺家文書
近江　神崎郡	山前北荘	室町院領、労効により経顕知行の光厳院宣あり	同
越前　坂井郡	坂北荘内高椋郷	坂北荘は長講堂領	同
加賀　加賀郡	井家荘	長講堂領、経俊・定資各処分状所載	同
丹波　船井郡	野口荘内神前村	野口荘は長講堂領	同
同	野口荘内重富村		同
但馬　七美郡	射添荘	歓喜寿院領	同
伯耆　汗入郡	久永御厨内大谷保	久永御厨は長講堂領	同
播磨　揖保郡	桑原荘	最勝光院領、経俊処分状所載	同
備前　磐梨郡	和気荘		同
備中　(郡未詳)	宝塔院	長講堂領、経俊・定資各処分状所載	同
安芸　豊田郡	能美荘	安嘉門院領、資経・経俊・定資各処分状所載、吉田資経本荘を吉田経俊に、別府方を万里小路資通に譲る	同
紀伊　牟婁郡	近露名田	定資処分状所載	同

(一三三二)の柏木御厨五郷(柏木本郷・酒人郷・上山村郷・中山村郷・下山村郷)の検注では見作田三百町、定田のほぼ四分の一が代官給になっている。 (坂本 賞三)

かしわざきのまき 柏前牧 平安時代甲斐国に存在した三御牧(勅旨牧)の一つ。毎年の貢上馬数は真衣野牧と合わせて三十疋(『延喜式』左右馬寮)、駒牽の日は八月七日であった(『西宮記』『北山抄』など)。位置については山梨県東山梨郡勝沼町柏尾説などもあるが、八ヶ岳山麓の同県北巨摩郡高根町念場原方面に比定する説が有力。同町樫山はその遺称といわれ、野馬平・南牧ヨセ・北牧ヨセ・懸札など牧にちなむ地名も残存する。十一世紀前半を最後にこの牧の駒牽の記事はみえなくなる。 (磯貝 正義)

かしわじまのまき 柏島牧 肥前国松浦郡の牛牧。所在については松浦郡値嘉郷中の一島とする説もあって必ずしも明確でないが、同郡逢鹿駅近くの柏島《かしわ》すなわち現在の佐賀県唐津市の神集島とするのが妥当のようである。『延喜式』兵部省諸国馬牛牧条によれば、肥前国には馬牧・牛牧それぞれ三ヵ所の官牧が置かれているが、これはその一つ。西海道諸国の官牧の牛は四、五歳に達すると大宰府に送り、帳を兵部省に提出する定めであった。 (三好不二雄)

かしわでのしょう 膳夫荘 大和国十市郡池上郷の荘園。現在の奈良県橿原市膳夫町付近。大化前代の膳(膳夫)氏の故地で、同氏は膳夫(膳部)を率いて供御を掌った。荘成立年代は不明であるが、中世は同国百済・忌部・箸喰の諸荘とともに談山神社領に属した。永正十二年(一五一五)の『膳夫庄差図』によると、香久山の北で、寺川の支流である米川と八釣川の合流する地点に立地する。条里では北条(京南二十四条)一里(出合里)・二里(出垣内里)・三里、南条(二十五条)一里(ヲシ里)・二里(池尻藪里)・三里の六里にまたがり、北は横大路をへだてて吉備荘、西は木本海(街)道によって高殿荘・八釣荘、東は吉備荘、南は八釣荘に接する。総面積七十八町四段七反切の純平野型条里制荘園である。南条二里十三坪・十四坪・二十三坪・二十四坪の膳夫寺は、膳氏の氏寺であろう。荘名は天文十三年(一五四四)ごろまでみえる。 (渡辺 澄夫)

膳 夫 荘

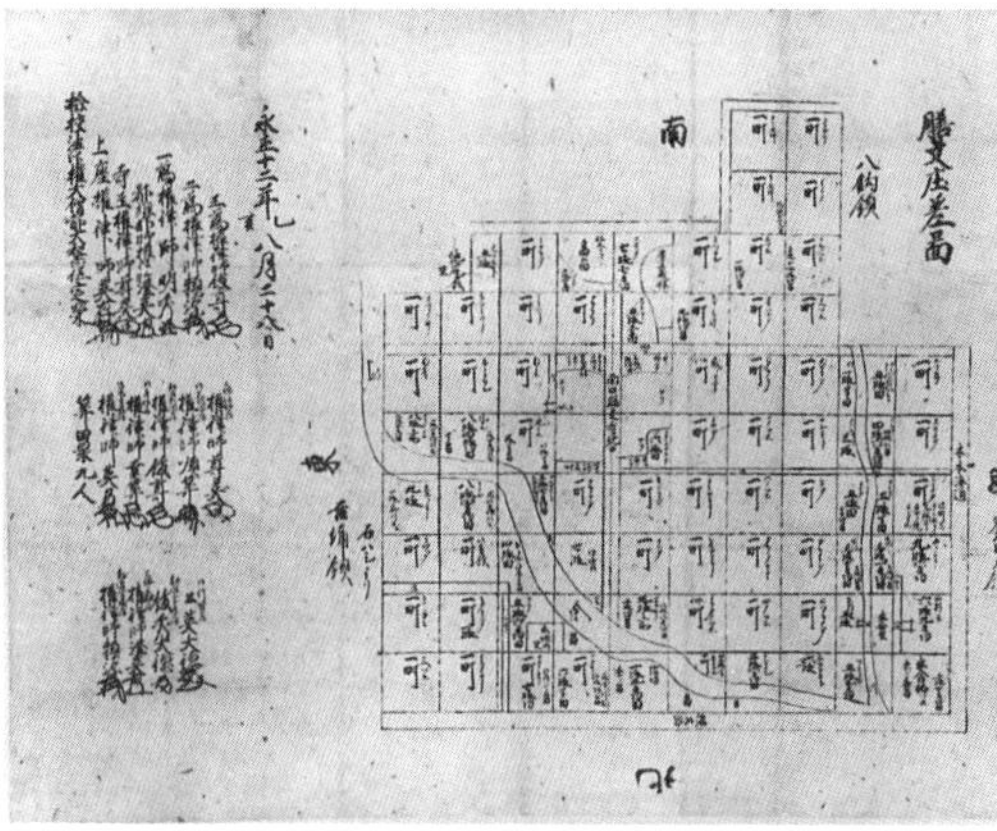

膳夫庄差図(永正12年8月28日)

かしわののしょう 柏野荘 伊賀国阿拝郡の荘園。現在の三重県阿山郡伊賀町柏野付近にあたる地域。立券荘号の年次は明らかでないが、天暦四年(九五〇)の『東大寺封戸荘園幷寺用帳』には「伊賀国阿拝伊賀両郡柏野庄田十四町二百七十歩」と注され、このころまでには東大寺領として成立していることが知られる。下って『東大寺要録』所収の長徳四年(九九八)東大寺領諸国諸荘田地注文によると、「阿拝郡柏野庄田廿町八段十九歩 常荒河成収合(公か)十六町七段三百十三歩」とあり、さらに別功徳分荘として「阿拝郡柏野庄田廿町八段八十九歩」が記載されているから、合計荘田四十町余に拡大していることになる。反面、常荒・川成・収公などによる損田の面積も、かなりの比重を占めていることを示している。八代恒治所蔵『長講堂領目六(録)』には「御影堂領 伊賀国柏野庄 年貢油一石」とみえるから、鎌倉時代初期には東大寺をはなれて後白河院の長講堂領となっている。 (小泉 宜右)

かしわばらのしょう 柏原荘 近江国坂田郡の荘園。現在の滋賀県坂田郡山東町柏原付近。醍醐寺領。同荘地は延暦十二年(七九三)に百済王家が開発し、その後領有者が幾度か変わったあと、清和源氏の満仲の孫頼盛の系(柏原氏)に開発領主権が伝えられた。この過程で白河天皇の中宮賢子への寄進が行われ、賢子はこれを郁芳門院に譲ったが、応徳二年(一〇八五)醍醐寺円光院が建立されると柏原荘は同院に施入され、同年太政官符で公認された。同官符では百姓地二町余、墾田二十六町余、空地八十一町余とある。開発領主権をうけついで荘官の地位にあった源盛清(頼盛の孫)が死んだころには年貢未進が累積し、天承元年(一一三一)寺家は盛清の子から荘務をとりあげた。正治二年(一二〇〇)同荘に住む柏原弥三郎が鎌倉幕府の軍に追討された。『醍醐寺文書』には柏原荘領家方ということが鎌倉時代末にみられるが、下地中分が行われていたらしい。『醍醐寺雑事記』では柏原荘が柏原方と大野木方とになっているが、文安六年(一四四九)の『三宝院門跡管領諸職諸領目録』(『醍醐寺文書』)などには柏原荘と大野木荘とが別に記されている。 (坂本 賞三)

かすがしやます 春日社枡 大和国春日社において使われた枡。広義においては春日社が各地荘園所領から収納する際に用いた収納枡、社内各所・行事に対する下行(支給)に用いられた下行枡を指す。年未詳霜月十二日大蔵卿法印良慶書状(天理図書館蔵保井氏旧蔵文書)には「春日社領御年貢升」と見える。ただし興福寺との密接な関係から課役徴収に興福寺枡が用いられる例も多く見られる点は注意を要する。『古今要覧』には春日社枡として社家目代が収納の際に用いた一斗枡、神供枡といわれる下行

に用いられたであろう枡の二つがみられる。神供枡は十合枡、すなわち一升枡で京枡の六合七勺三寸に相当したという。日代の米納枡は一斗枡と言いながら、神供枡より三勺大きいばかりであったようである。これらの枡は天正十四年(一五八六)十月、豊臣秀吉代官中坊源五により京枡利用が強制的に命じられたことで役割を終えたものと見られる。（福眞　睦城）

かすがたいしゃりょう　春日大社領　奈良市春日野町に鎮座する春日大社の所領。天平神護元年(七六五)に常陸鹿島社に神封二十戸が春日神祭料として寄せられたのに始まるが、藤原氏がその封戸や上分米の一部を割いて祭祀する例なので、春日神戸の確立もなかった。春日社領荘園が成立するが、春日社は摂関家領なので本所が摂関家、春日社が領家職を握るしくみとなる。九州島津荘などがこの例だが、春日の神威を借りるため、摂関家をはじめ、藤原氏や興福寺領荘園の所職ないし年貢公事の一部が分与寄進され、それらの大半が春日社領となるので列挙することは不可能である。しかも春日社は興福寺に支配されることになり、春日社領と興福寺領とのすべてが春日社兼興福寺領として包括された。なお春日祭祀料は大和国に課せられたのが伝統化し、守護段銭としての催徴も加えられた。将軍足利義満が応永初年に大和国の宇智郡と宇陀郡を春日社に寄進し、大和守護の一乗院と大乗院の両門跡にそれぞれ管領せしめたが、実は大和の他の十三郡はすでに春日社に返付しており、これも返付したものであり、大和一国が「春日神国」であって、興福寺の両門跡がこれを支配したのがわかる。ともかく春日社領の荘園所職ないし上分米は、その寄進の目的にそってその料所とされる。たとえば治安元年(一〇二一)後一条天皇から大和添上郡の二郷が春日祭祀修造料として、康和二年(一一〇〇)白河上皇から越前河口荘が社頭一切経転読料所として寄進された。なお神供料所として氏長者藤原頼通が長暦元年(一〇三七)に添上郡楊生の神戸四郷を寄せたのに始まり、寿永二年(一一八三)に同基通が摂津垂水西牧を寄進するに至る歴代氏長者の料所寄進で、日次御供・旬御供・神戸御供が確立する。日次御供の朝御供は摂津垂水西牧、夕御供は興福寺学侶が大和国中から負所米を催徴し、備進するしくみである。もとより春日祭をはじめ神事法会の料所がそれぞれ定まる。これに対し、社家の給禄ないし私領的な料所もみえる。同じく春日社領といわれるが、神領と社領の区別も生じた。やがて段銭や市座銭などで社領衰微が補われる。近世、春日社兼興福寺領二万千余石の朱印領が成立するが、このうち神宮領(興福寺五師預かりの神供料)三千四百七十五石余・神供田(社家禄)千五百五十四石余・燈明田(禰宜禄)千六百五十一石余が春日社分で、なお修理・祈禱屋の領もあるし、別途に式年造替料や祭礼料が寄せられるしくみである。若宮祭礼に御旅所神殿料木が国中に課せられるのも神国大和(春日神領)の名残りだといえる。（永島福太郎）

かすがのしょう　春日荘　大和国添上郡の荘園。現在の奈良市古市町付近。寛弘九年(一〇一二)の「東大寺所司等解」によると添上郡東六条三里・四里、七条三里・四里に位置し、「此内公私田地無二相交一」とあり東大寺領。天平勝宝八歳(七五六)聖武天皇の勅施入地で、聖霊御宇の時の別宮の地とある。長徳四年(九九八)の注文では六町二段六十四歩であるが、天治二年(一一二五)には二十五町四段三百歩(定得田十六町九段百二十歩)となっている。当荘の地利は本願聖霊の五月二日御国忌料にあてられていた。建保二年(一二一四)の目録には、「当庄者寺家四至内、春日山辺也」とあるが、右は場所を移したものか。荘内に菟足社田三町五段半・興福寺観禅院田五段・高鷲寺田四段・勧道院田五段二百歩があるとして興福寺が押領し、正暦二年(九九一)ごろから相論が継続する。荘名は鎌倉時代までみえるが、建保二年には三箇寺僧や在家人の略取で「一庄如レ無レ之」とある。（渡辺　澄夫）

かずまい　員米　数米とも書く。交分の一種で、平安時代末頃が史料上の初見。保司・預所・下司ら荘官が年貢収納の際に掌や手近にある箕ですくい落とした米が員米で、本来は、年貢収納の際に目減りを想定してあらかじめその分を計上しておいたものであるが、のちに徴収の作業にあたった荘官の得分となった。掌や箕ですくい落としたものなので、その量は一定ではなかった。類似の付加税として、あらかじめ正米に対して付加率が定まっていた口米《くちまい》がある。斗《ます》で計る際に斗概《とがき》で余分の米を掻き落とし、莚にこぼれた米を荘官の得分とした。あらかじめ付加率が定まっていた筵付米《むしろつきまい》は同じように収納の際に莚にこぼれた米を沙汰人の得分としたことに始まる。このほか付加率が一定ではなかった筵払《むしろはらい》などがある。（畠山　聡）

かすやのしょう　糟屋荘　相模国大住郡にあった荘園。現在の神奈川県伊勢原市上糟屋・下糟屋等を中心とした地域。久寿元年(一一五四)に立券され平治元年(一一五九)に安楽寿院領として改めて認められた。一時期荘園停止状態にあったが、承久―元仁年間(一二一九―二五)には、本所は安楽寿院、領所(領家あるいは預所か)は源雅清と確認できる。田数は百九十八町一段三百歩、畠数は五十五町三段六十歩、年貢は四丈白布二百反であった。嘉元四年(一三〇六)にも安楽寿院領として当荘がみえる。鎌倉期の在地領主は糟屋氏であったが、有季が比企能員の女婿であったことから比企能員の乱に連座して没落、その後は北条氏領となったと考えられる。延文二年(一三五七)には久我家が領家職保持を認められるが、現地の支配は扇谷上杉氏の手に移ったと考えられ、家宰太田道灌が暗殺されたのも当地であった。天文二十年(一五五一)に荘園名の終見をみるころには、実態は失われていたと考えられる。（高橋　傑）

かせだのしょう　挊田荘　紀伊国伊都郡の西端にあって、紀ノ川の北岸に位置した荘園。現在の和歌山県伊都郡か

つらぎ町、JR和歌山線笠田駅の西方一帯。古く畿内の南限とされた兄《せの》山(『日本書紀』)はこの荘の西南隅にあり、荘の中心部には萩原駅が置かれていた(『延喜式』)。平安時代末期の荘成立後は東は官省符荘、西は名手荘、南は渋田荘、北は静川荘と境を接していた。成立の事情は明らかでないが、初期の状況を示す史料としては、次の長寛二年(一一六四)七月四日太政官牒案(『根来要書』下)が唯一のものである。「(上略)右、得二彼院所司等去五月日解状一称、(中略)但致(マヽ)二四至一者、(任脱か)鳥羽院庁御下文旨、以二古流一為二北堺一、可レ被レ打二牓示一之由、雖レ須レ訴申一、件古河以南嶋畠、先年之比、依レ被レ打二入讃岐院御領立(笠か)田庄一者、彼嶋畠于レ今未レ令二領知一、然而件笠田庄、国司季範任被二国領一畢(下略)」。これによると久安のころには笠(桛)田荘は崇徳院領で、紀ノ川の流域の変動によって渋田荘と境相論をおこしていること、また国司源季範(任期久安四年(一一四八)—仁平二年(一一五二))の任中に停廃収公されていることがわかる。この後、桛田荘がどのようにして再興されたか詳らかでないが、やがて後白河院を本所と仰ぐようになり、文覚の訴えに応じて、寿永二年(一一八三)十月十八日院から神護寺に寄進され、神護寺領となるに至った。桛田荘内萩原の宝来山神社に伝わる延徳三年(一四九一)三月年預多聞院法印権大僧都某の記した文書によれば、寿永二年十月十八日には院庁下文が発給され、元暦元年(一一八四)八月十六日には立券文が作成されたとある。神護寺には有名な「桛田荘絵図」(重要文化財)が蔵されているが、宝来山神社にも全く同じ構図の「桛田荘絵図」(同)が伝えられている。写ではなく同時期に作成されたものと思われる。両図は細部まで酷似しているが、神護寺の絵図には牓示が五ヵ所記されているのに対し、宝来山神社の絵図には二ヵ所しかないのが大きい相違点である。従来桛田荘の成立とその後の経過を説くのに『大覚寺文書』の天長六年(八二九)二月十日日根秋友解、承和十三年(八四六)十月十二日紀伊国国庁宣、元慶二年(八七八)十月五日日根秋友処分状、承平五年(九三五)六月二十一日日根秋重処分状が使われてきたが、この一連の文書はすべて偽文書であるので、これらに拠った所説は成立しない。⇨別刷〈荘園絵図〉
（鈴木　茂男）

かせだのべっぷ　加世田別符　薩摩国の別符。現在の鹿児島県加世田市内を流れる万之瀬《まのせ》川流域を中心とする地域。建久八年(一一九七)の薩摩国図田帳(島津家文書『鎌倉遺文』二巻九二三号)によれば、田積は百町で、宇佐八幡宮の神宮寺である弥勒寺が二十五町を領有し、残る七十五町は公領で、惟宗忠久が地頭となっていた。ただし、この地が島津荘であった徴証はない。公領はさらに山田村二十町、千与富四十町、村原十五町に分かれていたが、このうち村原は没官領であることが明記され、地頭として佐女島四郎(鮫島宗家)が入っていた。千与富を領していた郷司弥平五信忠は薩摩平氏の一族別符五郎忠明の子で、別符郡司を称し、開発領主であったと推定される。南北朝期には守護島津氏に抗したが、室町時代には屈服し、以後加世田別符は、島津氏の重要な所領となった。天文八年(一五三九)には伊作島津氏が加世田城を攻め落とし、戦国大名としての基礎を築いた。
（海老澤　衷）

かたあらし　片荒　⇩易田《えきでん》

かたこ　片子　⇩加地子《かじし》

かただのしょう　堅田荘　近江国滋賀郡にあった荘園。現在の滋賀県大津市本堅田町を中心とする地域。立荘年次や成立事情は充分に明らかにすることはできないが、南北朝時代以降は延暦寺横川の楞厳院領であったことが明らかである。地頭には安貞元年(一二二七)に佐々木信綱が補任されている。十四世紀初頭には海賊の根拠地となり、湖上上乗《うわのり》を得分とする一方、漁業・造船などを業としていたところから賀茂・貴船の両社とも供御関係を結んでいた。「殿原衆」と呼ばれた地侍層を中心に堅田惣荘が形成されていたが、その下には堅田三方または四方と称される郷村があった。殿原層は居初《いそめ》党・小月《おづき》党・刀《とう》禰《ね》党などの党を結び、山門七関の一つである堅田関の関務をにぎり、宮座を独占していた。しかし、南北朝時代以降になると「全人《まとうど》」層以下の直接生産者の勢力が、次第に大きくなり、応仁二年(一四六八)に起きた山門衆徒などによる堅田大責を契機に殿原層の優位は動揺を示した。また、荘内に浄土真宗本願寺派の道場である本福寺が作られたところから、中世末には一向一揆の一拠点ともなった。
（黒川　直則）

かだのしょう　鹿田荘　㈠備前国御野郡の荘園。現在の岡山市の南部、旭川の右岸一帯の広大な地域で、明治時代の御野郡鹿田村および同古鹿田村に相当する。平安時代初期から藤原氏の氏長者に付属した殿下渡領として有名である。藤原冬嗣・藤原時平のころ本荘の年貢米は興福寺の法華会や大原野神社の二季祭饗の料にあてられた。

鹿田荘㈠

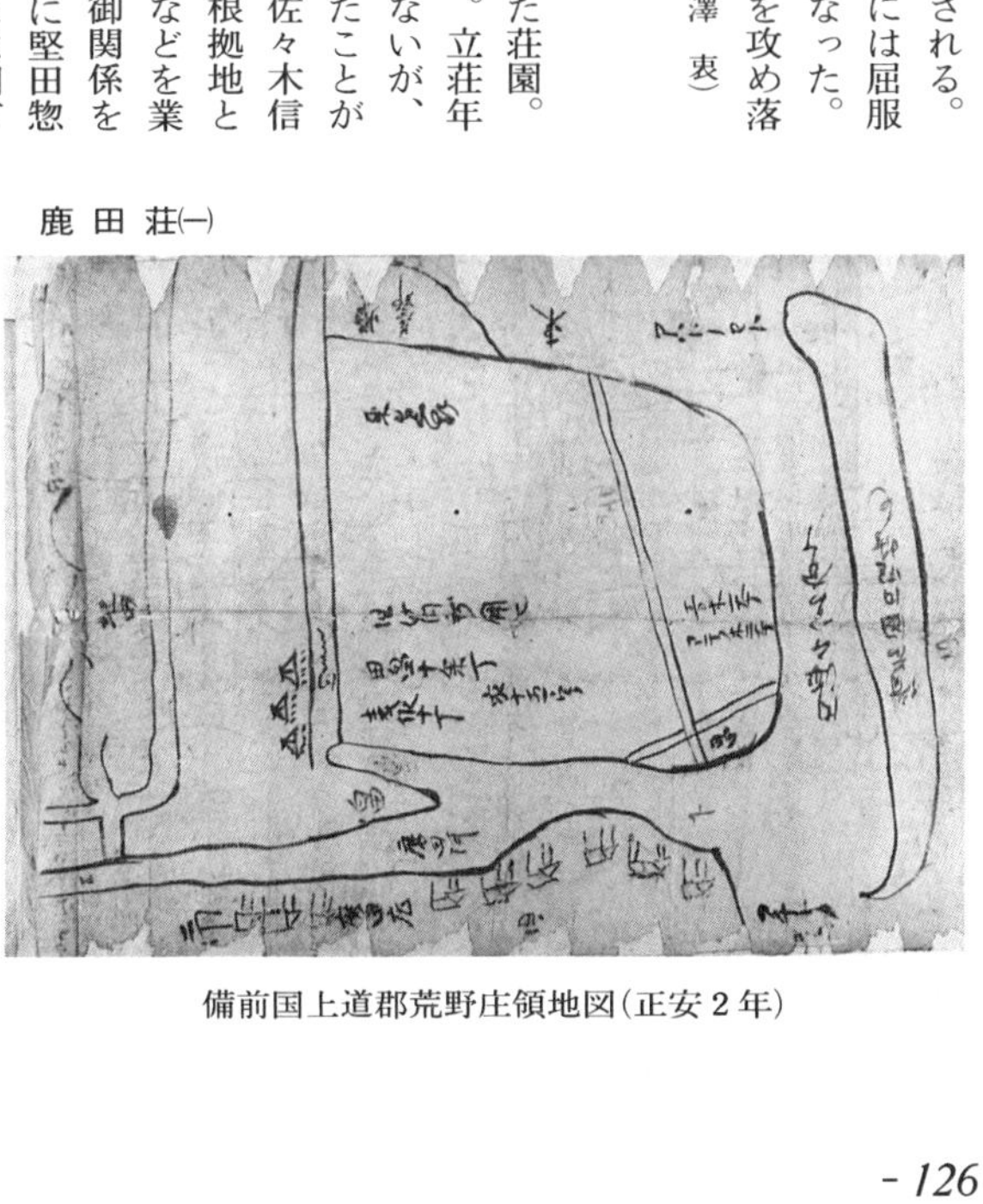

備前国上道郡荒野庄領地図(正安2年)

寛和二年(九八六)に備前国司藤原理兼と荘司守貞との間に係争が起り、理兼は荘倉にあった地子米三百二十石を奪い荘司の一味の居宅三百余を破却した。ために理兼は解任され放氏された。下って文和元年(一三五二)興福寺は鹿田荘において松田左近将監・田所彦七らの武士が押妨するを幕府に訴えている。松田・田所らは在地の悪党であろうから、次第に鹿田荘を蚕食したらしい。しかし、『大乗院寺社雑事記』によると、文明十三年(一四八一)のころにも当荘の本家職は関白家に、領家職は興福寺にあったが、その年貢は松田氏の請所であった。『宣胤卿記』明応六年(一四九七)条に殿下渡領としてなお鹿田荘の名がみえるが、その知行は有名無実となっていたと推定される。なお、鹿田河(旭川)を境として東に荒野荘があり、その絵図に鹿田荘の一部が描かれている。

(藤井　駿)

鹿田荘㈡

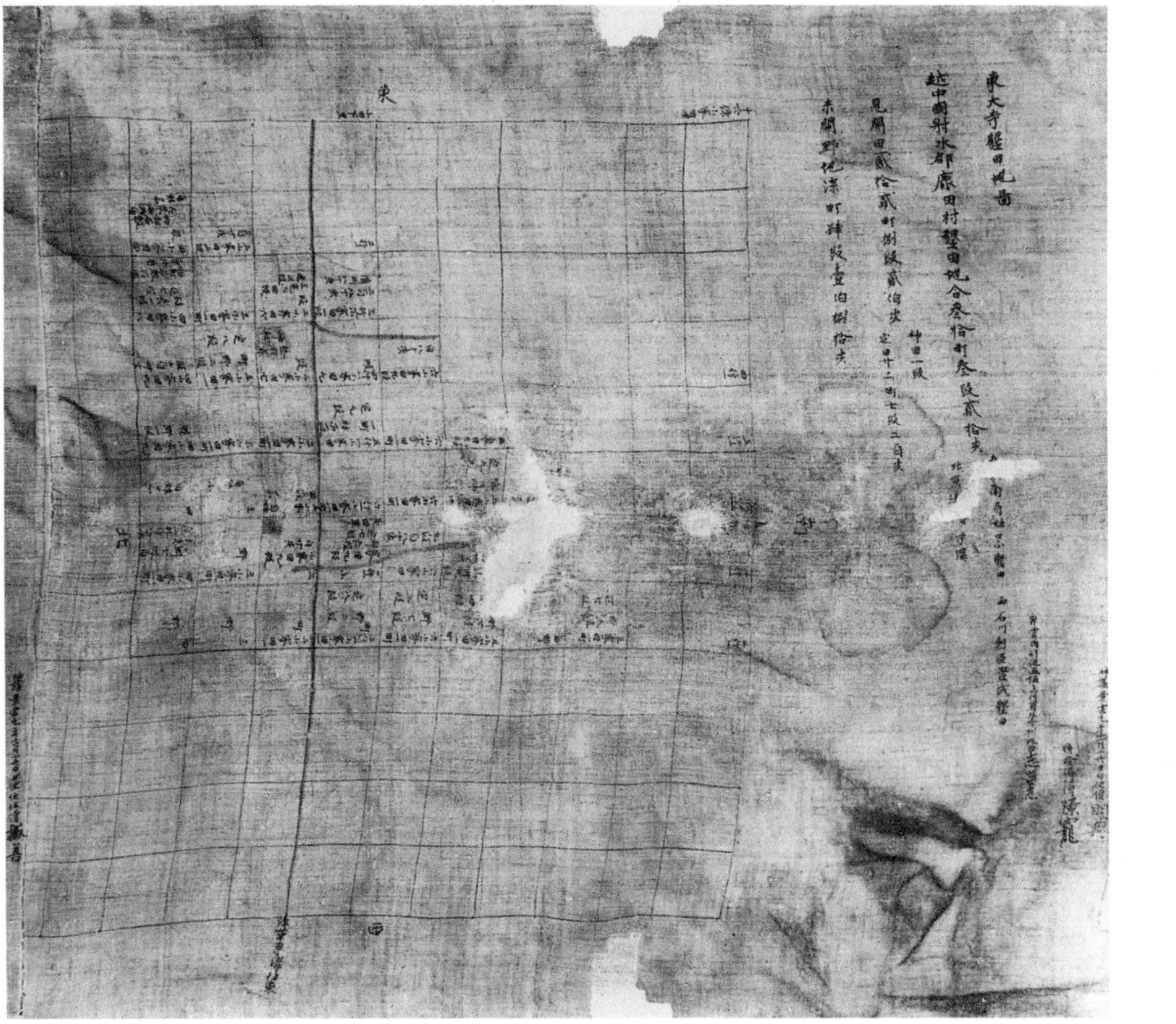

越中国射水郡鹿田村墾田地図(神護景雲元年11月16日)

㈡越中国射水郡の荘園。条里の復原から、ほぼ現在の富山県高岡市東南部に比定されるが、確定はしがたい。天平勝宝元年(七四九)東大寺墾田地として二十九町三段百歩の野地が占定されたもので、神護景雲元年(七六七)五月の越中国司解には「全佃」ともある。しかし、長徳四年(九九八)の注文定には「悉荒廃」とみえ、寛弘二年(一〇〇五)八月には未進地子の進納が催促されてもいる。

参考文献　『富山県史』史料編一、『高岡市史』上

(米沢　康)

かだのしょう　賀太荘　紀伊国海部郡の荘園。加太・賀田なども書く。紀伊国の西北端に位置し、『和名類聚抄』賀太郷の地で、現在の和歌山市加太付近。天平二十年(七四八)東大寺塩山中に海部郡加太村二百町がみえ、平安時代に引きつがれる。鎌倉時代に入ると、建長五年(一二五三)の『近衛家所領目録』の中に「庄務無本所進退所々」の一荘としてあらわれ、近衛家領となっている。田畠からの年貢のほかに塩や魚類の公事も負担する荘園で、刀禰公文職が補任されるなど、漁村の特徴がみられる。鎌倉時代には預所が直接支配にあたっているが、室町時代には政所があらわれる。政所を世襲していた向井氏に中世文書が多数蔵されている。式内社加太神社、修験道の伽陀寺が荘内にあり、その関係史料も注目される。戦国時代末期には根来寺の勢力が及んでいた。戦国時代末期の収納関係の帳簿も残されている。

参考文献　宇野脩平編『紀州加太の史料』一(『常民文化研究』七〇)

(熱田　公)

かたはた　片畠　中世の既耕地は、その年に耕作された見作、その年だけ意図的に耕作が放棄された「年荒」、長年にわたって耕作されていない「常荒」とに区別されて把握されていた。このうち「年荒」は片荒ともいわれ、休耕し土地を休ませることにより地力を回復させようとするもので、荒地を克服していく過程に現われる農法の一つと評価されている。畠でも十二世紀初めをすぎると、麦畠(得畠・損畠)、片畠、荒畠とに区別されて把握されるようになる。このうち、片畠は加地子賦課の対称となっていないこと、麦畠と荒畠の中間にあることから、地力が不安定な土地であったが、「見作」と「年荒」を断続的に繰り返すことで、麦畠＝安定耕地化を目指す土地であったことがわかる。すなわち片畠とは「片あらし畠」のことである。　（畠山　聡）

かたよせ　片寄　広域的な半不輸の所領や郡・郷など特定領域内に浮免として、あるいは散在的に設定されていた免田所領からの所当などを、より限定された一定の場所(地域)に集中して収取するように整理すること。肥後国の阿蘇本末社領では、源平の内乱によって従来国衙が保証して来た免田例下米の同社への進済が困難になったため、建久五年(一一九四)宣旨をもって、従来免田の存在した諸郡内でそれを片寄し(片寄免田)、独自に収取せしめることとした。また肥後球磨郡の場合は、建久三年に半不輸の球磨荘(球磨御領)を片寄して、王家領の人吉荘、関東御領の永吉荘・須恵荘、および公領に三分された。これらはいずれも鎌倉幕府の成立に伴う幕府主導の片寄である。このほか肥前の安富荘、陸奥の好島荘などでも片寄が行われたことがわかる。地頭得分(加徴)の片寄が問題となった例としては、備後国太田荘の場合があり、建保五年(一二一七)六月八日地頭善信(三善康信)置文に、「於二加徴一者不レ可二片寄一」(『高野山文書』)とある。　（工藤　敬一）

かたよせめんでん　片寄免田　⇩片寄《かたよせ》

がちぎょうじ　月行事　中世・近世においては地縁的な町や座・仲間などの職種の共同体が幹事役を月ごとの回り持ちにすることがあったが、その月当番を月行事という。すでに山城国一揆は「惣国月行事」を定めている(『大乗院寺社雑事記』文明十八年(一四八六)五月九日条)。『祇園社家記録』(『八坂神社記録』上)天文二年(一五三三)六月七日条に、「山鉾ノ義ニ付、朝山本大蔵カ所ヘ下京ノ六十六町ノクワチキャチ(月行事)共、フレロ、雑色ナト皆々来候テ」とあり、京都下京の町には、それぞれ月行事が置かれていたことがわかる。こうした当番が年ごとの当番の場合年行事といい、京中土倉の座的機関「一衆」では、年行事が置かれていた(『祇園社記』一七(『八坂神社記録』下))。また日数ごとに交代する「日行事」の場合もあった。これらの行事は共同体の平等構成に基づいて行われた当番制である。京都では元亀元年(一五七〇)十二月に一条町に火事があり、火元の僧と月行事が責任を問われて、斬刑に処せられている。文禄五年(慶長元、一五九六)の鶏鉾町の定法度にも月行事が責任者となっている。しかし、町の自治行政の主宰者として「年寄」が置かれ、その下に月行事が置かれる場合もでてきた。永禄十二年(一五六九)には饅頭屋町の織田信長宛の誓詞に「年寄」が出てきて、元亀二年の六角町の織田五奉行宛の文書には「年寄」二人についで、月行事が連署している。長期的な「年寄」(年寄行事ともいう)に対して、月行事は補佐的なものになっている。江戸でも、「名主」の下に月行事が置かれた所と、名主が置かれず月行事持ちの町とがあった。「此町に月行事はなきか、何とて火番をかたく申付ざるぞ」(『慶長見聞集』二、下郎のいふ事世に広まる事)、「火事之節、(中略)同町中名主月行事相心得、早々可被相触候」(『憲教類典』五ノ一五上、江戸町触、享保三年(一七一八)十二月四日)など。商職人の組合では、「一諸商人諸職人組合相極メ、月行事相定、新規之品巧出し不申候様」(『御触書寛保集成』三六、享保六年十一月)など。大坂の遊廓でも「イヤ身請の衆は親方がすんでから、宿老殿で判を消し、月行事から札取らねば大門が出られませぬ」(『冥途の飛脚』)とあるように宿老の下に月行事が置かれていた。　（脇田　晴子）

かちょう　加徴　荘園・公領において、正規の税である官物や年貢に加算して徴収すること、また徴収されるもの。十世紀末には始まっており、十一世紀には臨時もしくは恒例の課役として国司・荘園領主・荘官らによって広く徴収されるようになった。造宮料、造内裏料、兵粮米などがその典型である。下司など荘官の得分としても段別三～五升の加徴(米)徴収が一般に認められていたようであり、それが鎌倉期の地頭得分としての加徴米につながる。しかし、地域による賦課額の差が大きく、加徴賦課はただちに百姓の負担増となるため、しばしば紛争のもととなった。承久の乱後、没収地におかれた先例のない場合の新補地頭の得分に段別五升の加徴米が認められ、新補率法の地頭は公田から加徴(米)を徴収できるようになったが、鎌倉幕府追加法二三条によれば、加徴は正税官物の中から徴収すべきものとされ、百姓の負担に配慮されている。なお江戸時代には小作料を加徴と呼ぶ地域があった。　（古澤　直人）

かちょうまい　加徴米　公領・荘園において、正規の正税(租米)や年貢のほかに、付加して徴収される米。公領においては、永祚元年(九八九)の「尾張国郡司百姓等解文」に、国司藤原元命が非法に加徴した事実がみられ、荘園に関しては、寛仁元年(一〇一七)醍醐寺領伊勢国曾禰荘に対し、国司より加徴米三十石を賦課した例や、寛治二年(一〇八八)醍醐寺領越前国牛原荘の内検帳に、段別五斗の所当米のほかに、五升の加徴米が付加された事実などをみる。これらが史料の上では早い例であるが、当時一般に加徴米徴収が行われていたらしい。鎌倉幕府の地頭設置後は、地頭の加徴も行われ、地頭の得分の一形態として一般化されていたが、本補地頭の場合には、

これを得分としないものもあり、すべて、それぞれの本領における先例慣例に従っていた。備後国太田荘地頭三善氏の場合は、はじめ段別五升の加徴米を取得していたが、建久三年（一一九二）以後は、段別三升となっている。このように、地頭の加徴米徴収の有無およびその量は、個々の地頭により異なるが、一般には段別五升ないし三升であったらしい。承久の乱後に設置された新補地頭の場合は、得分の率法が法定され、一律に段別五升の加徴米が認められた。しかし、地頭勢力の伸張に伴い、新補地頭のみならず、本補地頭までもが新たに加徴米を徴収することが多く、これは新儀非法として禁止されていた。なお室町時代以後、年貢米輸送中の欠損を補うために、あらかじめ増徴されるものを加徴米と呼ぶようになる。また江戸時代には、小作料を加徴米と呼ぶところもあった。（安田　元久）

がっかんいんりょう　学館院領　令制大学寮の別曹で橘氏の氏院、学館院の所領。学館院は右京二条、西大宮付近にあったが（『伊呂波字類抄』）、久安三年（一一四七）橘氏是定《ぜじょう》になった藤原頼長が鳥羽法皇に奏して同院の再興を図ったときには、みな耕田となって、築垣を残すだけであったという（『台記』）。この再興計画の結末は明らかでないが、のち永禄十年（一五六七）や元亀元年（一五七〇）に薄《すすき》（橘氏）家が年貢を収納したことの知られる西京の学館院田（『言継卿記』）は同院旧址であろうか。また延徳三年（一四九一）薄以量は、学館院別当領河内国中振郷を「代々当知行之旨」に任せて安堵すべき旨の綸旨をたまわっている（『宣秀御教書案』）。（橋本　義彦）

かつのしょう　賀都荘　但馬国朝来郡賀都郷の荘園化したもの。現在の兵庫県朝来郡和田山町加都・竹田の一帯で池寺荘ともいう。弘安八年（一二八五）の『但馬国大田文』では、賀都荘は歓喜光院領で百四十一町六段余であり、うち領家分は上荘六十八町五段余、内訳は常荒流失一町二段余、仏神田十一町八段余、定田五十五町五段余となっており、下荘は地頭安坂薩摩左衛門尉祐広に下地中分されたもので七十三町余であり、内訳は流失十五町六段余、仏神田十七町三段余、定田十町余（残三十町余不明）となっている。（仲村　研）

かつらがわ　葛川　近江国志賀郡。現在の滋賀県大津市旧葛川村付近の安曇川の渓谷に沿って南北に広がる山間地。貞観元年（八五九）天台修験道開祖相応が修行のため入り、堂社（のちの明王院）を建立したことに始まると伝わる。葛川は修験の聖地であったため、立券の手続きを経てはいないが、相応が創建した無動寺が領家となっており、青蓮院を本家と仰いだ。豊富な山林資源をめぐって近隣の伊香立荘・木戸荘・朽木荘・久多荘など諸荘との相論が絶えず、中でも南に接する伊香立荘との相論は最も激しく長期にわたって争われている。そのうち文保年間（一三一七―一九）の相論の過程で作成されたという葛川絵図は、十四世紀初頭の山村が詳細に描かれており、住民の空間認識を解明する好史料として注目されている。なお、こうした相論は、当初無動寺の山野禁制をめぐる問題の埒を出るものではなかったが、やがて住民の山野用益やそれに伴う商業活動が活発になるにつれ、住民同士の山野相論の性格が強くなり、戦国期には、北隣の朽木の住民・朽木氏と高島郡内の板商売をめぐる相論が起きている。葛川の村落は、鎌倉末期には上・中・下の三村に分れ、それぞれ左右漁座の宮座の存在が知られるが、こうした村落結合をもとに近世につながる集落が形成されていった。（宮崎　肇）

かつらのしょう　勝浦荘　阿波国勝浦郡の荘園。現在の徳島市勝占町・丈六町・方上町・多家良町を荘域とする。丈六町には本庄の地名が残っている。永延元年（九八七）の東大寺符案に荘名がみえ、はじめ東大寺領であったが、建仁三年（一二〇三）にはすでに高野山金剛峯寺領になっている。勝浦本荘の地頭職は鎌倉時代末期以降、摂津国の能勢氏が相伝領掌していたようである。のち当荘は仁和寺領になっているが、領家職は地蔵院に寄進され、明徳・応永のころ地蔵院の住職が勝浦荘の代官職を所有している。

参考文献　徳島大学教育学部社会科教育研究室編『阿波国荘園史料集』（渡辺　則文）

かど　門　中世後期南九州農村一帯に分布した経営と支配の単位で、農民的土地所有が劣弱な点、在家と名《みょう》の中間的存在といえる。名頭と若干の名子とから成る近世鹿児島藩の門はこの中世の門を母体として、これに土地割替制度・人配政策を加味しつつ、藩権力の統制下、近世的変容をとげたものである。同じころ陸奥国糠部郡に特異な九戸四門の制が行われたが関係不詳である。門という呼称は垣内に通ずるものがあり、元来住居と屋敷の一画を指したらしい。それが在家役収取の単位呼称に転じていったのであろう。平安時代末期から門並役とか、その門別の公事を個々に門苧・門布・門麦などと称えた例は全国にある。南九州においても門の呼称は古くからあったと思われるが、郷村内に、編成された門が一斉に成立するのは南北朝時代以降である。成立期の門はしばしば在家と並在し、また門の呼称に某薗門というのが多く、門の前身が薗であったことを示している。永和四年（一三七八）の史料（『島津家文書』）に薩摩郡内「あかさうつのかりや薗同門付水田」とあり、薗が屋敷・畠の一画であるのに対し、この薗の内外に水田が造成されて薗付水田＝門付水田と称し、発展して屋敷・畠・水田を一体化した経営・支配の単位としての門が成立した。これに在家による領主名田請作の定作化、生産力の増進に基づく旧在家の分解・新在家の分立、在地領主制の進展などの情況が合流して門体制が成立した。門体制下の農民は主要単位である門のほか、水田平均約三～五段の屋敷、隷属的な作子などと呼ばれた階層に区別された。門は一～二段程度の門主居屋敷を中心に水田約一～三町を付与され、ほかに薗畠・荒野などを含み、与田を付与され、神田廻作

の制も存した。また多く傍系・名子の類の居住する屋敷を従えて族縁共同体を構成していた。耕地は集中性と分散性を兼備し、門共同体内部に不断に小経営分化の傾向のあったことが認められる。屋敷は新自立単婚小家族経営で、作子は領主・給人の耕地や浮免の請作者と目される。村内にはまた自作の小給人層、門・屋敷を単位に充行われた上級家臣の知行地も存在した。中世南九州の水田は浸蝕谷の迫田型が支配的で、自然、在家は孤立農家・小村的集落を形成し、このような村落には封建的郷村共同体の発達は困難で、在地領主は一円領主化に際し、在家を個別的に掌握支配しようとして門の制度を編成したという見解がある。しかし中世南九州農村に迫田型が多いとはいえ、平野部にも水田は発達しており、かつ畠作を重視するなら、門体制が後進地所産の特異な支配形態ではあるが、むしろ中世在家の進化と村落共同体の一定の展開を前提としている。すなわち旧在家体制より新在家体制への移行途上、新経営の分立は門・屋敷として前向きに認めつつも、小経営の続出に警戒的で保守的な郷村上層在家の、優位確立の要求を容れた、封建領主による在地支配方式の再編成であり、それはまた惣領制を克服する後進地領主制樹立の途でもあった。（佐川　弘）

かとく　加徳　⇩加地子《かじし》

かどた　門田　⇩門田《もんでん》・門畠《もんばた》

かどなみやく　門並役　一宇を単位として均等に賦課する所役のことで、いわゆる在家役のことである。在家役は、検注の際に屋敷と付属耕地を一体なものとみなし、その間数までとらえるのではなく、均等なものとして宇数を確定することが主眼であったために「門並の役」とも呼ばれた。成立は十一世紀半ば頃と考えられ、その例は広く全国的に見られる。十二世紀後半をすぎると畿内やその周辺では、年貢・公事の統一的な取得を目的とする百姓名の編成が進行し、在家役収取体制が副次的な存在となるが、浜・市・津・宿といった非農業生産領域や、百姓名編成があまり進展しなかった東国や南九州では、依然として在家支配が維持されて門並役による賦課が続いていった。元和五年（一六一九）、京都の町では将軍徳川秀忠の上洛の礼銭が門並役で賦課されている。（畠山　聡）

かどののしょう　葛野荘　丹波国氷上郡の荘園。現在の兵庫県氷上郡氷上町氷上・三原・三方など佐治川西側の山谷の旧葛野村一帯。平治元年（一一五九）の東寺宝荘厳院領荘園注文には葛野牧とあり、葛野荘は葛野牧の荘園化したもの。当時は本家が宝荘厳院、領家が冷泉中納言朝隆であるが、正慶元年（一三三二）の『帥親王御遺領目録』によれば、領家職は天王寺入道大納言基嗣・青蓮院尊助法親王・後嵯峨院・大宮院・昭慶門院を経て大宰帥親王家に相伝され、貞和年間（一三四五—五〇）には保安寺が領家となっている。正慶元年には領家と地頭荻野五郎入道との間に下地中分が成立している。当荘の本家役は平治以来、米百石・油一石一斗と定められているが、領家と本家との間で争いが起り、文保年間（一三一七—一九）に和与が成立したものの、貞和元年に再び宝荘厳院側の下司季正と保安寺雑掌良澄とが争い、至徳二年（一三八五）に東寺雑掌頼勝は、保安寺に対して下地中分を要求している。

参考文献　『兵庫県史』史料編中世六　（仲村　研）

かどののまき　葛野牧　丹波国氷上郡にあった牧。現在の兵庫県氷上郡氷上町氷上・犬岡・西中・柿柴・長野・三原・三方の一帯。平治元年（一一五九）閏五月の東寺宝荘厳院領荘園注文では、葛野牧は本家宝荘厳院、領家冷泉中納言朝隆で、領家は本家へ米百石・油一石一斗の納入が定められている。年貢の内容から牧の荘園化が明らかであるが、貞和二年（一三四六）の宝荘厳院所司による一連の言上状には、葛野荘または葛野牧とあり、同時代に荘と牧の二様の呼称がなされている。（仲村　研）

かとりじんぐうりょう　香取神宮領　千葉県佐原市香取に鎮座する香取神宮の所領。社領の源流としては、『延喜式』式部省上に下総国香取郡（『和名類聚抄』によると六ヵ郷、ほぼ現在の千葉県佐原市・大栄町・神崎町・下総町の範囲）が神郡とみえ、また大同元年（八〇六）牒（『新抄格勅符抄』）に神封七十戸とあり、十一世紀の記録類に藤原氏からの神封寄進のことが数例みえる。十二世紀になると有力神官大禰宜・大宮司の指導による開墾が行われ、次第に「香取十二郷」といわれる村々が成立した。十三世紀末の『田数目録』『麦畠検注取帳』によると、その総田数は三百町に近く、検注対象となる麦畠も百町を超えている。

香取神宮領

十三、四世紀の香取神宮領一覧

種別	所在国	内容
香取十二郷	下総	小野・織幡・綱原（葛原牧の開発・大禰宜家領）、加符・相根（神主職付属）、多田・新部・追野・佐原・大畠・吉原・二俣・丁古・鍬山・津宮・篠原・大倉・返田・新家・苅馬・萱田などの諸村
散在神田畠	同	小見郷内・木内郷内・虫幡内、柴崎浦・神宮寺浦など所在の神田畠
神官名田畠	同	犬丸・金丸（大禰宜付属）、司（神主付属）、その他神官の名田畠
香取社町	同	神宮所在地の町
寄進地	同	下福田郷（源頼朝寄進）・相馬戸頭郷（足利尊氏寄進）・千田荘田部郷内一町田（上総二郎寄進）
同	常陸	行方郡内の地（藤原摂関家寄進）
末社	下総	大戸社・大戸荘、神崎社・神崎荘、その他の末社・神宮寺など
関務	同	風早荘内戸崎関・大堺関、下河辺荘内彦名関・行徳関、葛西荘内猿俣関など
海夫役	同	海上郡飯沼津・野尻津、香取郡神崎津ほか二十四津浦
同	常陸	鹿島郡嶋崎津・荒野津、行方郡西蓮寺船津・高須津、東条荘内阿波崎津ほか四十四津浦

このほか中世の社領としては、末社の大戸・神崎両社や散在神田があるほか、養和元年(一一八一)に源頼朝が下福田郷を、文和元年(一三五二)に足利尊氏が戸頭郷を寄進しており、また十四世紀の史料には戸崎・大堺・行徳・猿俣などの関務や、下総・常陸両国数十ヵ所の津の海夫役がみえている。しかし一方では千葉氏をはじめとする武士の侵害や神官の内部抗争もあり、神領の三分の二が地頭に押領されたという史料もみえる。またこれに対する社家の訴訟も活発に行われ、応安七年(一三七四)の鎌倉府への神輿動座はその典型的なものであった。これを終えた十四世紀末の大禰宜大中臣長房の時期が神宮領の最盛期といえよう(付表はこの長房の譲状を基礎としている)。江戸時代の神宮領としては、香取社九百石、大戸社百石、神宮寺金剛宝寺二十石などの朱印地が史料にみえている。

(福田　豊彦)

かなえどのりょう　釜殿領　天皇の行水や神饌用の湯をわかす禁中の湯屋、釜殿の所領。『禁裡御行水柴木役銭文書案』(『東山御文庫記録』)には「釜屋」ともみえる。同文書によると、釜殿は天文二十一年(一五五二)長坂口の柴木商人が「毎日御行水柴木役銭」の納入を難渋するのを訴え、同二十四年には、雲林院・来鼻の柴商人が公事銭を納入しないと訴えている。また天文八年釜殿と山城国愛宕郡長谷・岩倉・花園三郷とが、公事銭納入について相論し、結局小野領ではこれを沙汰しているが、長谷等三郷は納入の義務がないという、三郷の主張が幕府に認められた(『伺事記録』)。なおこの小野領は主殿寮領小野山を指すのであろうが、応保二年(一一六二)小野山郷人らの訴えにより、釜殿の同所要地の占拠を停止された(『壬生家文書』)。

(橋本　義彦)

かなおかのしょう　金岡荘　備前国上道郡の荘園。岡山市内の旧西大寺町と雄神村にわたる地域と推定される。その起源は不明だが、鎌倉時代には東荘と西荘に分かれ、主要部分は東荘にあったらしい。金岡東荘は興福寺法務菩提院大僧正慈信の別相伝の荘園で、延慶三年(一三一〇)慈信は大和西大寺の末寺額安寺に寄進した(『額安寺文書』)。しかし、『後宇多院御領目録』には興善院領として金岡荘があげられているから本家職は皇室にあったと考えられる。南北朝時代以後、額安寺のほか、二尊院も本所の領家職を持ったが、領家と在地の地頭との紛争が絶えず、次第に武士に押領されたらしい。『康正二年造内裏段銭並国役引付』によれば、康正二年(一四五六)には金岡東西領家職を京都の北野神社が保有している。応仁の乱を契機として赤松氏の領分となり、一部が備前西大寺観音院に寄進されたらしい。

(藤井　駿)

かなくらいのまき　金倉井牧　信濃国高井郡にあった牧。信濃国所在の御牧のすべてを掲載した史料が二種類ある。その一は『延喜式』左馬寮で、ここに十六牧が掲げられている。その二は『吾妻鏡』文治二年(一一八六)三月条の乃貢未済庄々注文で、ここには左馬寮領の二十八牧が掲げられている。前者のうち、三牧が消失して、十五牧が新加されているが、金倉井牧はこの新加の牧の一つである。現長野県下高井郡山ノ内町湯田中の金倉がこの牧名のなごりであり、志賀高原から流出する横湯川と角間川が合して夜間瀬《よませ》川となるあたりで、現在温泉地として知られている。この地に「金倉の弥勒」と称せられる大治五年(一一三〇)在銘の石仏がある。ここから二キロほど夜間瀬川の下流に、上条という地があり、至徳二年(一三八五)二月十二日付の市河甲斐守宛の斯波義種安堵状(『市河文書』)にみえる「上条御牧」がここにあたると思われ、その下流さらに二キロほどの所に宇木(牧場関係の地名とみられる)という集落があるから、金倉井牧は、金倉から夜間瀬川にそう両岸一帯と志賀高原を含む広い地であったらしい。

(小林計一郎)

かなくらのしょう　金倉荘　讃岐国那珂郡の荘園。『和名類聚抄』の金倉郷の地で、現在の香川県丸亀市金倉町・善通寺市金蔵寺町を荘域とする園城寺領である。安元元年(一一七五)五月の「東大寺荘園文書注文」に金倉保が東大寺の便補保として記載されている。貞観年間(八五九—七七)に延暦寺別院として園城寺を再興し寺門派の祖となった円珍(智証大師)がこの地の出身であったことから、建仁三年(一二〇三)朝廷では、当時国衙領であった金倉荘の地を園城寺に寄進した。弘安三年(一二八〇)沙弥成真なるものが金倉上荘の公文職に補せられ、子孫の世襲が安堵されている。また建武三年(一三三六)光厳上皇が園城寺長吏性覚法親王にその寺領を安堵しているが、讃岐国所在のものとして金倉上荘・買田荘・真野荘があげられている。なお貞治二年(一三六三)平政平が金倉上荘貞安名内の田地三段を金倉寺八幡宮に寄進している。

(渡辺　則文)

かなつのしょう　金津荘　加賀国加賀郡のち河北郡にあった荘園。現在の石川県河北郡七塚町の全域と宇ノ気町・高松町の一部地域。寿永三年(一一八四)の源頼朝下文案に上賀茂社領として安堵されているのが史料上の初見であるが、立券は寛治四年(一〇九〇)朝廷により賀茂上下社に不輸田六百余町が寄進された際と見られる。鎌倉期の正安二年(一三〇〇)には、南隣の北英田保との干潟の帰属をめぐる境相論が起きている。室町中期の寛正二年(一四六一)には半国守護赤松政則が「代々守護請之地」として代官職を請け負っているが、永正二年(一五〇五)には賀茂社直務支配となった。その後一向一揆の興隆に伴い、当荘惣荘は河北郡五番組に属し、また木越光徳寺の押領などによって年貢収納は難渋した。公用銭の額は百貫文から十貫文まで一定しないが納入は持続している。しかし天正年間(一五七三—九二)には退転したと見られる。

参考文献　『高松町史』史料編

(石崎　建治)

かなふせます　金伏枡　うすい鉄板を口縁に打ちつけた枡の総称。収納や下行の際に使用される斗概《とがき》によって枡の口縁が磨滅し、それによって生じる枡目の減少を防止

するために、鉄板を打ちつけた。十二世紀半ば頃が管見上の初見で、鎌倉時代に入るとその使用事例が散見するようになり、室町時代になると広く利用されるようになった。金伏枡という名称は、容量・計量対象物・地名・人名等による普遍的な桝名とは全く別の範疇に属し、枡の構造上の特徴に由来したものだったため、しばしば他の名称と併用された。また、鉄に比べて容易に入手でき、しかも材質が堅い竹を口縁に貼り付けた「竹伏枡」も広く利用された。（畠山　聡）

かなんのしょう　河南荘　備後国安那郡の荘園。荘域は現在の広島県御調郡御調町を流れる御調川以南の沿岸流域地帯と推定される。当荘の名が史料的に確認されるのは、『高野山文書』(『宝簡集』九)嘉応元年(一一六九)十二月の「太田庄沙汰人実次愁状」一通のみである。前年の仁安三年(一一六八)十月、太田荘では荘域が海辺からへだたっているので御調郡尾道村の田畠五町を船津の倉敷地として免給してほしい旨の嘆願がなされ、翌年四月には国司の裁許を得、さらに十一月には院庁下文によって確認された。前掲の愁状は三(御)調南条荘が尾道村に太田荘の倉敷地設置が許可されたことを不満とし、何かと妨害するので、これの停止方を言上したものである。これに対して国守の裁決には「為二河南庄一不レ可レ致レ妨」とある。この河南荘と三調南条荘との関係であるが、当荘の別名を三調南条荘と称したものか、本来別のものであるのを、都を国庁としている国守が現地不案内で混同したものか、にわかに断定しがたい。（渡辺　則文）

かねざわごう　金沢郷　鎌倉から室町時代にかけ、武蔵国六浦荘内に六浦郷・釜利谷郷・蒲里谷《かまりや》郷・富岡郷とともに存在した郷。『和名類聚抄』でいう久良岐郡鮎浦《ふくら》(鮎浦か)郷のことと思われ、その地域は現在の神奈川県横浜市金沢区六浦から金沢・寺前・町屋町・洲崎町・平潟町を含むと考えられる。金沢郷名の初見は金沢文庫所蔵『金宝抄』奥書の建治三年(一二七七)であるが、地名としての金沢は正嘉二年(一二五八)に、すでにみえている(金沢文庫所蔵『伝法灌頂雑要抄』奥書)。（三浦　勝男）

かねじゃく　曲尺　㈠かねざし・さしがね・大工がね・鉄尺・まがりかねなどの呼び名がある。また略して「まがり」あるいは「かね」とも呼ぶ。建築用の工具の一種で、鉄または真鍮の長短二つの尺を直角に組み合わせ、それぞれに尺・寸・分の目盛をつける(この目盛は昭和四十一年(一九六六)四月以後計量法によりメートル法に統一されたが、五十二年十月復活した)。長い方を長手《ながて》、短い方を妻手《つまて》という。尺の目盛面を表目《おもてめ》といい、裏面を裏《うら》目《め》という。裏目にはふつう表目を一辺とする正方形の対角線の長さにあたる目盛、および丸目《まるめ》といって表目を直径とする円周の長さにあたる目盛がきざんである。このほか唐尺といって表目一・二尺を八等分し、これに財・病・離・義・官・劫・害・吉の八文字をきざんだものもある。古く中国において刀剣や仏像あるいは家屋の吉凶判断に用いたものと考えられる。要するに曲尺は、設計や工作に必要な数値を計算することなく実現するための工具である。起源は不明であるが、飛鳥時代に建築技術とともに大陸または朝鮮半島からもたらされたものと思われる。㈡この曲尺《かねじゃく》に目盛られた尺がまた一種の尺度の名称となって、通常曲尺《きょくしゃく》と呼ばれる。この場合は呉服尺や鯨尺と区分するためのもので、形状や材料とは関係がない。その長さは現在の尺の系統に属する。もとはたぶん唐の大尺すなわち『大宝令』の大尺で、当時の長さは法隆寺の天平尺その他の資料から現在の尺で約九寸七分(約二九・四センチ)と推定される。その後漸増して江戸時代にはほぼ現在の長さになった。明治初年大蔵省が尺度の制を定めようとしたとき、この種の尺に四厘ほどの出入りがあって標準決定が困難であった。そこで寸法によって定まっている枡の容量に変化を与えないため、たまたま伊能忠敬が用いた尺が枡の寸法に適合するところからこれを標準にとった。この長さは三十三分の十メートルで、以来今日に至っている。制定の経過を記した明治七年(一八七四)の大蔵省文書(「度量衡取締規則設立一件記」、同年二月二十二日度量衡改正掛編述)によれば、伊能忠敬の用いた尺は、享保年間(一七一六―三六)徳川吉宗が紀州熊野神社の古尺を模して司天台で用いた享保尺と、曲尺の一種で享保尺より四厘短い又四郎尺とを折衷したもので、これを折衷尺と呼ぶとある。しかし享保尺も折衷尺も実証的根拠が薄く、明治曲尺は枡の寸法とメートルとをよりどころとして定められたものと考えられる。（小泉袈裟勝）

かねつきめん　かねつき免　鐘撞役に対する給分としての免田。「鐘撞田」や「鐘槌田」、「鐘突田」も同じ。寺院の鐘は、人びとに時刻を知らせるものとして欠かせないものであったため、早くから鐘撞役によって管理されていた。十一世紀半ばになると寺領内に「かねつき免」といった給免田が設定され、そこからの得分が鐘の管理に充てられるようになった。しかしその一方で、十六世紀半ば頃になると得分のみが下行されることもあった。鎌倉時代末以降、畿内を中心にして惣村が形成されると、惣村内にある寺院の鐘は、非常・危険の際に村人を招集するための通信手段として重要な存在となった。村では、鐘撞田のような田畠を村内に設定し、そこからの得分を用途に充てることで鐘を管理した。（畠山　聡）

かのう　加納　平安時代、荘園の本免田に付加された荘田で、荘園を拡張する手段の一つとなったもの。十世紀の延喜ごろ以後の荘田は、諸国の国衙がその田所《たどころ》に保管している国図に登録された免田だけに官物不輸の権利が認められ、国司は検田を行なってその免田の田数と坪付《つぼつけ》を確認することになっていた。これを本免という。荘園領主が本免以外に、開発や買得によって地主権を獲得した田地は、官物を負担し、地主得分だけが領主の収入になった。これが本来の加納である。しかし国司が封戸代などの名目で公田を割いて荘園に免田を加えること(加免)が一般化するにつれて、これが加納とされるようになり、

やがて荘園領主や有力荘民が、公田を加納と称して荘領化するに至って、荘園が急速に増大した。延久元年(一〇六九)の荘園整理令は、この加納や出作によって生じた新立荘園の停止を主なねらいとして発布された。（戸田　芳実）

かのうでんし　加納田司　荘園領域内の開発などに伴って発生した加納田に対する収取を管理した国衙の役人。領域型荘園が展開するにつれ、多くの荘園領域内には所領開発に伴って新たな田地が発生した。国衙はこれらの田地を立券外の地として掌握し、国衙正税の賦課対象地(公田)として把握した。これら加納田の収取を管理したものが「加納田司」と呼ばれた。ただし確認できる限り、久安五年(一一四九)五月六日東大寺僧覚仁伊賀国目代中原利宗問注記案(『平安遺文』六巻二六六四号)のほか、「加納田司」という呼称の類例が他に存在しないため、一般的な呼称であったか、不明である。（守田　逸人）

かのうのしょう　金生荘　筑前国鞍手郡の荘園。現在の福岡県鞍手郡若宮町金生に比定される。朱鳥元年(六八六)、大宰府観世音寺造営時に施入された封戸(金生郷五十烟)が荘園化した。立券年代は明確でないが、治安年中(一〇二一―二四)と推定される。観世音寺が東大寺末寺となるに及び、その支配を受け、検田使も本寺から派遣をみるなど観世音寺の支配力は弱まった。大治年中(一一二六―三一)の作田面積は百三十町内外、年貢米四百石余を本寺へ運上している。金生は山間の盆地に位置するが、年貢米輸送に遠賀川と支流犬鳴川を利用して大量の米を運送することができ、現存の関係史料は大半が年貢米輸送に関するものである。その後、文永九年(一二七二)まで東大寺への年貢米送状が残っているが観世音寺の支配はどのように行われたか明らかではない。（恵良　宏）

かのうへんしょう　仮納返抄　封戸物などの納物の一部を納入したことを証明する領収書。東大寺文書にあらわれる封戸物の仮納返抄では、次のような機能性が明らかになっている。ある人物(甲)が私的に東大寺へ封戸物の一部としてさまざまな料物を納入し、東大寺から仮納返抄を受け取ったのちに、甲は指定された東大寺封戸所在国へ仮納返抄を携えて赴き仮納返抄に記載された分の料物を徴収した。その際、仮納返抄は料物を徴収した国の国衙へ提出された。このような仮納返抄を利用した収取形態は仮納返抄が為替の役割を果たしたものとして注目されている。なお、東大寺文書には十一世紀後半の東大寺封戸物の仮納返抄(案文)が比較的まとまって残されている(『平安遺文』三巻九三七―九三九、九四四―九四九号)。（守田　逸人）

かのこぎのしょう　鹿子木荘　肥後国飽田郡にあった荘園。現在の熊本市北部および鹿本郡植木町・菊池郡西合志町の一部をふくむ地域で、東西両荘に分かれ、東荘には山室・大窪・清水・松崎・長迫などの地名が残る。本領主は沙弥寿妙、その孫高方が権限保持のため応徳三年(一〇八六)大宰大弐藤原実政に寄進した。実政の失脚後は春宮大夫藤原公実の系統に受けつがれ、外孫刑部大輔隆通(願西)の時、能米二百石・油六斗の料所として勝功徳院に寄進され、さらに仁和寺を本家とすることとなった。立券荘号は保延五年(一一三九)という。その後国衙の収公にあったため、願西は更めて承安元年(一一七一)建春門院を介して後白河院の立券をうけた。その系統の権利は、内大臣具実・太政大臣基具の堀川源氏家につながり、鎌倉時代後期には惣下司職の補任など、事実上領家として機能した。しかし本家仁和寺の権利には変更はなかったようである。一方、寿妙・高方の系統は「地頭預所職」を伝え、永仁元年(一二九三)ごろ、それにゆかりの藤原氏女が、「権門に押領」された権利を回復するため、東寺供僧方にこれを寄進し、堀川源氏家と東寺の対立が起っている。在地では、沙弥行西(長浦遠貞)が建永元年(一二〇六)、東荘内の所領の一部分を菊池永富に、大部分を大友能直に代官職を保留して寄進し、その権限は東荘惣下司職(地頭)として、能直の子孫詫摩氏に相承された。その後詫摩氏の伸長著しく、元徳二年(一三三〇)には、東荘五郎丸名地頭詫摩顕秀と領家雑掌の間で坪分中分が行われている。応永のころ、領家方は賀島入道なる者の請負になっており、文明十年(一四七八)の「仁和寺領目録」にも鹿子木荘の名がみえるが、荘園としての実質がいつまで維持されたかは不明である。

[参考文献]　杉本尚雄編『肥後国鹿子木・人吉荘史料』(『九州荘園史料叢書』三)（工藤　敬一）

かののしょう　狩野荘　伊豆国田方郡の荘園。現在の静岡県田方郡天城湯ヶ島町の地域。天城山に発し北流する狩野川とその支流沿岸の低地に発達した荘園。『和名類聚抄』にみえる田方郡十三郷の一つに狩野郷がある。荘園としての初見は、『吾妻鏡』文治四年(一一八八)六月四日条に引用されている、同年五月十二日後白河上皇院宣で、蓮華王院領としてみえる。『尊卑分脈』には、伊豆国押領使工藤維職の曾孫茂光の子、宗茂が狩野氏を称し、その子宗時は狩野新介と称したとある。貞応元年(一二二二)十二月二十七日に死去した天野遠景は同国天野郷に居住していたが、その所領の一つに狩野荘内牧郷があり(『萩藩閥閲録』)、同郷の地頭職について加藤景義と兄景朝との間に相論があったことが『吾妻鏡』嘉禎元年(一二三五)八月二十一日条にみえる。ほかにも熊坂村・田代郷・立野などの地名を、文献に見出すことができる。（福田以久生）

かのやいん　鹿屋院　島津荘大隅方を構成する荘園。現在の鹿児島県鹿屋市内の鹿屋川を中心とし、その周辺に存在した。建久八年(一一九七)の大隅国図田帳(大隅桑幡家文書『鎌倉遺文』二巻九二四号)によれば、島津荘寄郡として八十五町九段、大隅正八幡宮領として鹿屋院内に恒見名として八町があった。建久九年には、島津荘地頭の地位にあった惟宗忠久が鹿屋院弁済使職を得て、荘務にも携わったが、建仁三年(一二〇三)に忠久が改替され

てからは、在地の有力者である肝付氏一族などが補任された。島津荘は鎌倉時代に近衛家から興福寺一条院に領家がかわり、支配の形態も変化するが、その状況はこの地域の弁済使補任によって明らかとなる。南北朝期に入ると、大隅半島南部に勢力のあった禰寝氏が地頭職を得て、肝付氏や島津氏の家臣であった田代氏と複雑な抗争を繰り返すが、戦国期には島津氏の直接的な支配が及ぶようになった。 （海老澤　衷）

かばのみくりや　蒲御厨　遠江国長上郡にあった御厨。現在の静岡県浜松市東郊。当所には平安時代初期から蒲大神（のち蒲神明宮と改称）があり、その神主蒲氏が開発した所領を伊勢内宮に寄進して御厨となり、みずから惣検校職を留保して所領経営にあたった。『神鳳鈔』には、「内宮蒲御厨（三十石、五百五十丁）」と注しているから大規模な地域を占めていたことが知られる。鎌倉時代初期に地頭職を設置され、正治元年（一一九九）に一旦停止されたが、その後北条氏得宗領として北条泰家まで相伝した。その間蒲氏は地頭代として在地経営につとめた。元弘三年（一三三三）七月十九日地頭職は後醍醐天皇から飛驒国守護職に任命された岩松経家に与えられ、さらに高師泰の手に移り、暦応四年（一三四一）三月二十七日蒲清保が師泰から惣検校職を安堵されている。師泰の知行は貞和五年（一三四九）ころまで続いたが、のち幕府料所となり、明徳二年（一三九一）十月八日に足利義満から塔婆料所として東大寺に寄進され、東大寺領となった。しかし「伊勢上分米下地」と称される田地からは段別一貫文の上分米代銭が内宮に納入され、寺家の支配外にあった。室町時代中期以降は守護斯波氏の代官応島氏の支配をうけ、戦国時代には戦国大名今川氏の権力基盤となった。在地農民は諸公文・平百姓・下人という三階層からなり、諸公文が惣を構成して主導権を握り、あるいは上部権力に抵抗し、あるいはそれに服従して勢力発展につとめた。 （小泉　宜右）

かばやのみくりや　蒲屋御厨　伊豆国賀茂郡の南部にあった御厨。現在の静岡県下田市西南部の田牛《とうじ》とその周辺にあたる地域。伊勢外宮領。天永三年（一一一二）設置。『吾妻鏡』は源頼朝が治承四年（一一八〇）に史大夫知親の蒲屋御厨支配を止める命令を発したと記している。御厨内の多牛村は暦応二年（一三三九）に足利氏によって伊豆三嶋社に寄進されたが、それ以前は宇都宮九郎左衛門尉の所領だった。 （石田　祐一）

かふちょうせいてきどれいせい　家父長制的奴隷制《どれいせい》　⇩奴隷制

かべのしょう　可部荘　安芸国安北郡の荘園。太田川中流域にあり、現在の広島市安佐北区可部町の西半分の地域を占める。『和名類聚抄』にみえる安芸郡漢弁郷のあとである。大治二年（一一二七）鳥羽院が可部荘百八石を高野山に寄進したことにより高野山領（西塔領）となった。鳥羽院の所領となる経路は不明であるが、近隣の三田郷や壬生荘の例からして、在地土豪から寄進されたものと考えられる。安元二年（一一七六）の『八条院領目録』に可部荘がみえるが、年貢は高野山、他の貢納は八条院という関係が推測される。明徳三年（一三九二）の高野山の寺領注文には「不知行」とあり、事実上の収納は行われなくなっている。室町時代になると、東隣三入荘地頭熊谷氏の勢力が次第に強くなってくる。 （渡辺　則文）

かまいのまき　竈合牧　『延喜式』兵部省諸国馬牛牧にみえる周防国熊毛郡にあった馬牧。現在の山口県熊毛郡上関町所管の長島に擬する。長島は旧藩時代には大島郡に加えられ、明治九年（一八七六）十一月熊毛郡に移管（山口県布達書）。竈門関（竈戸関、室町時代上ノ関）があるので、竈合《かまい》の名はその竈によったとされる。里人は上関町の蒲井《かまい》に牧ノ跡という地名あるに擬するが、一に南盛というに擬する者もある。蒲井ならば地形は高山を背にし山裾も広い。吉田東伍『大日本地名辞書』には竈島の誤とし、「馬牧は今の上之関の西北なる馬島なるべし」とするが、必ずしも明確ではない。村岡良弼『日本地理志料』には近藤清石は「竈合当レ作ニ竈戸一上関即此」とするとみえる。『上関宰判風土注進案』は備前の長島と誤っている。牧は『延喜式』以後みえず、あるいは私牧と化したか。山地は人煙耕地少なく、脚力訓練もよく、海島は馬の逸出の虞れ少ないので、長島の内にも付近の島にも馬牧が多かったようである。 （川副　博）

かまくらばんやく　鎌倉番役　鎌倉幕府の御家人役の一つ。将軍御所諸門の警固にあたる鎌倉大番役と、将軍御所内の宿衛にあたる御所内番役とに分かれる。はじめ将軍源頼朝の時代、関東番役または当番と称して御家人が一ヵ月ないし二ヵ月間交代で昼夜勤番する制があった。承久元年（一二一九）藤原頼経の下向に伴い宿侍の制が定められ、従来西侍（将軍居所の西方に位置した建物、御家人の詰所）に着到したしかるべき御家人は、以後東小侍（同じく東方に位置して建てられた御家人詰所）に伺候し警固にあたることになった。しかし嘉禄元年（一二二五）十二月に至り無人となっていた西侍勤番の制を復活し、遠江国以下十五ヵ国（駿河・伊豆・相模・武蔵・下総・上総・安房・常陸・信濃・甲斐・上野・下野・陸奥・出羽）の御家人が一年十二ヵ月を所領高の多少によって勤務期間を割り当てられて交代で諸門の警固に任ずることになり、これを鎌倉大番役と称するようになった。ただし北条時房以下しかるべき御家人は代官を差し出すことを認められた。かくして東小侍は特定御家人の侍するところとなり、西侍は諸国交代勤番の御家人の侍するところとなった。小侍所別当が東小侍を管轄し特定御家人の御所内番役・供奉随兵役などを掌り、侍所別当が西侍を管轄し鎌倉大番役などを掌った。大番の称は、『吾妻鏡』貞応二年（一二二三）五月十四日条に「台所番衆幷侍大番勤仕之輩」とあるのが初見で、承久の乱後、京都大番役の整備につれ、鎌倉幕府の番制も次第に整えられ、大番の名

称も使用されるに至ったのであろう。鎌倉大番役の勤仕期間は各御家人について一ヵ月ないし二ヵ月で、一年ごとの結番とすれば、勤番の周期は御家人により、毎年勤仕のものもあり、隔年または数年ごとの場合もあったであろう。京都大番役に比較してその勤仕期間は短く、勤番回数は多かったといえる。鎌倉大番役を勤仕する東国御家人の譲状などには一族間の勤仕日数や用途の配分について記したものがある。弘長元年（一二六一）鎌倉幕府は御家人の中に、奉行人に金品をおくって鎌倉大番の免除を望む者のあることを指摘し停止を令している。鎌倉大番役が東国一般御家人の勤仕であるのに対し、寛元四年（一二四六）結番の近習番をはじめ、文応元年（一二六〇）の昼番、建長四年（一二五二）の格子番、同じく問見参番、正嘉元年（一二五七）の廂番など、将軍御所内の宿衛にあたる番役は、おおむね在鎌倉人とよばれる東国特定御家人の勤仕するところであり、小侍所の番帳に記載されたしかるべき御家人の中から選ばれた。六番で一番数名から十数名で、子・午の日勤仕のごとき六日ごと勤番か、一日より五日に至るのごとき五日ずつ勤番の方式であった。一人で他の番役を兼ねるものもあり、また将軍出行の際、供奉随兵役を勤めるものも多かった。しかし御所内番役の整備の進行は一方では将軍警固役の実質性の喪失と形骸化を意味していた。→番《ばん》

（五味克夫）

かまくらふ　鎌倉夫　鎌倉時代、地頭・御家人は所領内の百姓を徴発して鎌倉に赴かせ、労役に服させた。その人夫または夫役をさしていう。坂東夫などともいわれた。『入来院文書』寛元三年（一二四五）の渋谷定心置文に鎌倉より人夫を召される時は、屋敷田畠の数に応じて諸子に割り当てよ、また多数の人夫が賦課された際は女房分にも割り当てよとある。これは幕府から御家人役として人夫を賦課された場合で、御家人は所領の多寡に応じて一族に配分し、百姓を徴発したのであろう。これとは別に地頭が鎌倉に出向する際や滞在中の雑役を勤めるために、あるいは関東御公事を鎌倉に運搬するために所領内の百姓が徴発された。『高野山文書』によれば高野山領備後国太田荘で建保五年（一二一七）三善信が地頭であった時、一荘内一年中関東人夫役は四人と定められていたが、のちにはこれを超過して徴発されるようになったとみえ、元徳二年（一三三〇）雑掌と地頭の間で原則の再確認を行なっている。『田代文書』正和四年（一三一五）五月和泉国大鳥荘上条地頭の非法としてあげられている中に「号二鎌倉夫一用途段別六十文責取事」の一条がある。これは地頭が人夫を徴集する名目で百姓にその用途銭を賦課したのであろう。また正和二年の伊予国弓削島領家方百姓等の申状によると先例の鎌倉夫用途三貫文をこえて六貫文徴収された旨を訴えている。このように地頭はしばしば先例を無視して過大の負担を荘園の百姓に課したから領家側との間で紛争の原因となることが多かった。

（五味克夫）

かまたのみくりや　鎌田御厨　遠江国山名郡にあった伊勢神宮の御厨。現在の静岡県磐田市鎌田・稗原・西之島・西貝塚を含む地域で、近世には御厨十七ヵ村と呼ばれ、鎌田には旧県社鎌田神明宮が鎮座する。康和四年（一一〇二）十一月、内宮領鎌田御厨惣検校村主永吉は国の拒捍使により町別凡絹十疋代（疋別准米二石）を宣旨・国判に背き賦課されたことを訴えている（『光明寺古文書』）。『中右記』元永元年（一一一八）正月十五日・三月二十九日条の、遠江守基俊が当御厨に関して神宮の訴追を受け、処罰されたのも、これにかかわるものであろう。『吾妻鏡』寿永元年（一一八二）五月十六日条によると、御厨の給主禰宜度会為保（為康）が、安田義定の押領を源頼朝に訴えていて、延長年中（九二三―三一）以来の神領であるといっている。為保の名は『神宮雑書』の建久三年（一一九二）八月の神領注進にも給主外宮権神主為保としてみえている。なお、為康は『猪隈関白記』の正治二年（一二〇〇）八月四日条によると、度会俊弘と御厨内字中嶋新開田をめぐって争っている。御厨の内部には長角神領（『光明寺古文書』）、仮屋崎郷・下於保・伊加子（『櫟木文書』）、蒔原郷・和口郷（『蠹簡集残編』）があった。供祭物は、『神鳳鈔』に「二宮内上分二十一疋、百丁」とあり、長角神領は「二宮内上分三石」とある。寛正三年（一四六二）十月九日の『氏経卿神事日次記』にみえるのが最後である。

参考文献　日本塩業大系編集委員会編『日本塩業大系』史料編古代・中世二

（西垣晴次）

かみうちのしょう　上有智荘　美濃国武儀郡の荘園。「こうずち」ともよむ。現在の岐阜県美濃市東部にあたる地域。十一世紀の藤原師実の時、すでに摂関家領となっていた。建長五年（一二五三）の『近衛家所領目録』では家実の女鷹司院長子に譲られたが、のち鷹司家領となり、永仁元年（一二九三）兼平よりその子兼忠が伝領した。この時、金蓮華院領とある。貞和四年（一三四八）北方各別名の領家職は勘解由小路兼綱に与えられ、応安四年（一三七一）その子広橋仲光が伝領している。一方在地には鎌倉時代、美濃源氏の木田氏流および山県氏流に上有智蔵人と称する人物が認められるが、その所職および相互の関係は不明。のちこの所職は山県氏より美濃佐竹氏流の公清に相伝され、やがて南北朝の内乱で分裂した佐竹氏のうち、足利尊氏方の佐竹義基が建武三年（一三三六）勲功の賞として上有智荘上下・弾正荘地頭職を充行われた。しかしこれはまもなく佐竹氏の手を離れたらしく、観応元年（一三五〇）北方各別名内曾田井郷の地頭は山井刑部卿言範であった。なおこの時、同郷の領家は猪熊入道宰相中将とあり、北方各別名を有する広橋家との関係は明らかでない。

（新井喜久夫）

かみかつらのしょう　上桂荘　上桂上野《かみの》荘・上野荘ともいう。山城国葛野郡の荘園。現在の京都市西京区上桂・桂上野の地域。文和三年（一三五四）十二月日付田数幷年貢注進状によれば、本荘分・新荘分・河原田あわせて十

上桂荘

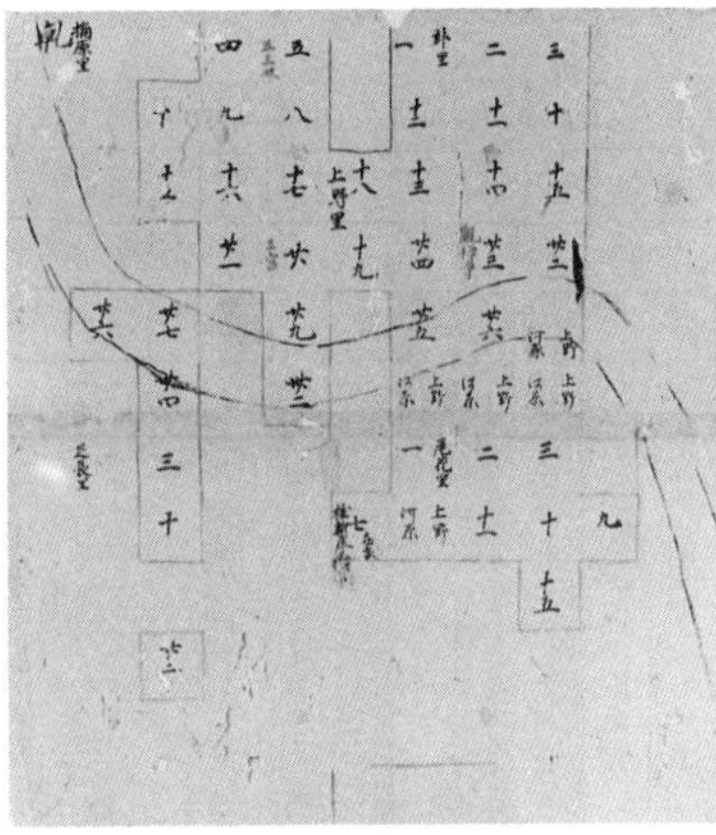

山城国上桂庄差図

五町八段三百三十六歩という小規模荘園である。十世紀中期桂津守の津公が開発、長徳三年(九九七)時の領主玉手則光が中司職(のちの下司職)留保の条件で領家職を東三条院女房大納言局に寄進し、その後これを継承した内大臣阿闍梨清厳が、さらに本家職を七条院に寄進した。かくして七条院領となった当荘は、正応二年(一二八九)後宇多院にうけつがれ、ついで正和二年(一三一三)には拝師荘・矢野荘例名などとともに東寺の寺領として施入された。この前後約半世紀にわたって当荘領主権の帰趨をめぐる複雑多彩な相論が展開されたが、貞和四年(一三四八)ほぼ東寺の一円支配が確立した。以後、弘治年間(一五五五―五八)までその支配が継続したことを確認できる。

参考文献 上島有編『山城国上桂庄史料集』上・中
(須磨 千潁)

かみかどまのしょう 上門真荘 尾張国葉栗郡の荘園。現在の愛知県葉栗郡木曾川町門間はその遺称地で、単に門真荘ともいう。長講堂領で、建久二年(一一九一)の『長講堂所領注文』を初見とする。応永十四年(一四〇七)の『長講堂領目録』によれば、領家職は供僧方・町(日野)資藤・慈光寺光仲に分割されている。『看聞御記』によると、光仲の所領は「門真庄半分」とあり、同二十八年、孫の持経の時、勅勘をうけいったん没収されるが、光仲(法名通光)の嘆願により通光に安堵された。地頭職はいつのころからか六角高頼の手にあったが、幕府は長享元年(一四八七)十月、六角氏を討ち、これを臨川寺に与えた。これを内海氏が三百貫で請け負っているが、内海氏は門真荘土着の桓武平氏長田流の末裔であろう。また『伺事記録』によると延徳二年(一四九〇)、安禅寺観心尼(恵春女王)の所領「門真庄内河野郷」が安堵されているが、これは本家職であろう。
(新井喜久夫)

かみくらのしょう 神蔵荘 肥後国託麻郡にあった荘園。神倉荘とも書く。現在の熊本市東南部、ほぼ北は白川、南は加勢川、東は江津湖、西は鹿児島本線でかこまれる地域で、国府・春竹・世安・重富など、名《みょう》にゆかりの地名が残っている。神蔵の荘名はおそらく国府に隣接した三宅(屯倉)郷と関係するものと思われる。立荘の年次は不明だが、もと後白河院領と考えられ、鎌倉時代初頭には、本家最勝光院、領家浄土寺大納法師御房(藤原公房か)、預所出雲左近将監重通、下司掃部頭(中原親能)、惣公文川尻三郎実明、惣別当小国十郎安高が確認されるほか、政所・預所代・下司代・田所・年預・別当などからなる現地の荘官組織も整備されていた。本来安富荘とよばれる詫磨本荘の新荘として成立したもののごとくであるが、鎌倉時代前期には二十八名七百十六町五段の田数をかぞえ、本年貢上絹百二十疋を、最勝光院の御念仏衣服料として負担する料所となっていた。在地領主としては、本領主の宗形氏綱、その沽券をうけた橘宗頼らの名がみえるが、多分平家没官領として中原親能が下司職を与えられたため、正治元年(一一九九)当時には、宗頼は下司代となっていたようである。親能の下司職は、いわゆる惣地頭職に相当するものと判断され、それは承元三年(一二〇九)その養子の大友能直に、「神蔵庄近部鳥栖」の地頭下司職として継承された。さらに元仁元年(一二二四)詫摩能秀が「神蔵庄(付木部鳥栖等)地頭下司職」を相続安堵され、以後詫摩氏が飽田郡鹿子木荘・益城郡隈牟田荘などとともに相伝支配した。建武四年(一三三七)最勝光院執務職・備中国新見荘領家職とともに、神蔵荘領家職は教王護国寺に付せられたが、鎌倉時代末の正中二年(一三二五)すでに上納年貢は半減しており、その後も荘名は残るものの、荘園としての実態は、南北朝時代前期に失われてしまったようである。

参考文献 杉本尚雄編『肥後国神蔵・守富・八代荘史料』(『九州荘園史料叢書』九)
(工藤 敬一)

かみとくじのほう 上得地保 周防国佐波郡に所在した保。現在の山口県徳地町の一部にあたる。得地上保とも称し、また「上徳地」とも記す。国衙領得地保が早くから上・下に分割されて成立した。一時、源頼朝によって石清水八幡宮寺に寄進され、「得地庄」と称したが、寛喜三年(一二三一)周防国が再度東大寺造営料国になったのを契機に国衙へ返還された。なお、上得地については返還条件の替地付与が実現しなかったために、天福元年(一二三三)八幡宮寺は訴訟に及んでいる。建長二年(一二五〇)には東福寺領として見える。室町時代には保内に上村・下村が成立し、下得地保とあわせて「得地三ヶ村」と呼ばれた。また鎌倉時代以来、佐波川河口の伊佐江津(山口県防府市)で保に関わる物資の積み出しが行われ、同津も上得地保の一部と認められていた。室町時代以降は次第に大内氏や陶氏が支配権を浸食していった。
(久保健一郎)

かみののしょう 上野荘 ⇨上桂荘《かみかつらのしょう》

かみののしょう 神野荘 ⇨神野真国荘《こうのまくにのしょう》

かみやのしょう 紙屋荘 越後国蒲原郡の荘園。当荘の所在は『大日本地名辞書』以来新潟県中蒲原郡村松町の一部地域に比定されていたが、三島郡南部(長岡市付近)とするのが正しいと思われる。平安時代末から鎌倉時代

初期には摂関家領。建武三年(一三三六)には実相院門跡に安堵されている。永享三年(一四三一)、同門跡には替地が給され、足利満貞に与えられたが、これが実現したか否か疑わしい。一方、鎌倉時代末期には得宗領が設定されていたとみえ、建武四年これが大友氏泰に与えられ、大友氏の知行は永徳三年(一三八三)まで徴証がある。荘名は戦国期まで残るが、荘園としての実体は室町時代中期には失われたであろう。

(羽下 徳彦)

かめい 仮名 ⇩けみょう

かめやまてんのうりょう 亀山天皇領 亀山天皇(一二四九―一三〇五)が伝領した所領。文永九年(一二七二)正月後嵯峨法皇から六勝寺・鳥羽殿・冷泉殿・讃岐国・美濃国などを譲られた(『伏見宮御記録』元二所収「後嵯峨院処分状」)。同十一年に後宇多天皇に譲位後は院政をとる。㈠弘安三年(一二八〇)と正応二年(一二八九)の二回、順徳天皇皇子四辻宮善統親王から七条院領三十八所を譲られた。㈡弘安六年九月安嘉門院の死後、その知行した八条院領を伝えた。㈢正応四年(一二九一)ころ大宮院は、その所領を後宇多上皇に譲るが、亀山上皇の管領に属した。㈣正安二年(一三〇〇)室町院の死後、乾元元年(一三〇二)八月にその所領を伏見上皇と折半して伝領した。以上の合計は七条院領三十八、八条院領二百三十、室町院領五十三、後嵯峨天皇譲与分二国と七十余、大宮院譲与分四十一(別に筑前宗像社など多くの社寺領がある)、および祈願の社寺とその所領で、総計二国と四百三十以上である。この莫大な御領を統制し、大覚寺統領の基礎を

亀山天皇領

亀山天皇 所領一覧

所在国郡	名称	成立年次	特徴	典拠
山城 紀伊郡	法伝寺	天正五年十二月	後嵯峨天皇より伝領、二尊院に寄進、正親町天皇安堵	京都御所東山御文庫記録
大和 高市郡	小北荘	嘉元三年七月	妹さいこくに譲与	亀山院御凶事記
同	波多小北荘	同	昭慶門院に譲与	同
河内 高安郡	高安荘	永仁二年九月	磯長廟に寄進	叡福寺文書・昭慶門院御領目録
摂津 八部郡	位倍荘	保元二年三月	後院領、後二条天皇に譲与	亀山院御凶事記
島下郡	宿野荘	嘉元三年七月	景房法師に譲与	同
西成郡	津守荘	弘安六年八月	本家職は亀山上皇領	勘仲記
遠江 敷智郡	浜松荘	養和元年閏二月	西園寺公衡に譲与	吾妻鏡・亀山院御凶事記
長下郡	飯田荘	嘉元三年七月	後伏見上皇に譲与	亀山院御凶事記
榛原郡	初倉荘	平治元年閏五月	宝荘厳院領、南禅寺に寄進	東寺百合文書レ・南禅寺文書
甲斐	国衙領	嘉元三年七月	昭慶門院に譲与	亀山院御凶事記
安房 平群郡	群房東西荘	寿永二年七月	後白河上皇領、安楽寿院領	荏柄天神社文書
美濃	国衙領	嘉元三年七月	昭訓門院に譲与	亀山院御凶事記
(郡未詳)	麻続牧	同	後伏見上皇に譲与、法金剛院領	亀山院御凶事記・園太暦
若狭 遠敷郡	名田上・下荘	正嘉二年八月	蓮華王院領、万秋門院に譲与	徳禅寺文書
越前 今立郡	西谷荘	嘉元三年七月	西殿准后に譲与	亀山院御凶事記
同	酒井荘	同	同	同
足羽郡	あしはの安居郷	同	景房法師に譲与	同
大野郡	小山荘	同	昭慶門院に譲与	同
加賀 石川郡	笠間東保	乾元元年十二月	筑前宗像社の替に南禅寺に寄進	南禅寺文書・吉続記
加賀郡	小坂荘	正安元年三月	南禅寺に寄進	南禅寺文書
(郡未詳)	得橋郷	乾元元年十二月	筑前宗像社の替に南禅寺に寄進	南禅寺文書・吉続記
越後 三島郡	佐橋荘	文治二年三月	六条院領、後二条天皇に譲与	吾妻鏡・亀山院御凶事記
丹波 何鹿郡	栗村荘	同	崇徳院領、後伏見上皇に譲与	吾妻鏡・園太暦
播磨	国衙領	弘長元年七月	亀山殿車宿造営	仁部記
多可郡	多可荘	嘉元三年七月	後伏見上皇に譲与	亀山院御凶事記
備前 津高郡	長田荘	同	景房法師に譲与	同
備中 窪屋郡	渋江荘	同	後伏見上皇に譲与	同
賀陽郡	吉備津宮	弘安五年二月	後鳥羽天皇旧領	勘仲記
小田郡	三成郷	乾元元年十二月	筑前宗像社の替に南禅寺に寄進	南禅寺文書・吉続記

所在国郡	名称	成立年次	特徴	典拠
備後 (郡未詳)	殖田荘	嘉元三年七月	昭慶門院に譲与	亀山院御凶事記
周防 吉敷郡	秋穂二島荘	建治二年正月	菩提院領に寄進	仁和寺文書
淡路 津名郡	内膳保	貞応二年四月	歓喜光院領、妹さいこくに譲与	淡路国大田文・亀山院御凶事記
阿波 那賀郡	福井荘	嘉元三年七月	後二条天皇に譲与	亀山院御凶事記
讃岐	国衙領	弘長元年七月	亀山殿車宿造営、後宇多上皇に譲与	仁部記・亀山院御凶事記
寒川郡	富田荘	康治二年八月	安楽寿院領、妹さいこくに譲与	安楽寿院古文書・亀山院御凶事記
多度郡	良田郷(荘)	弘安四年八月	善通寺に寄進	続左丞抄
三野郡	宅間郷	嘉元三年七月	西殿准后に譲与	亀山院御凶事記
(郡未詳)	井戸郷	同	堀川准后に譲与	同
(同)	豊福荘	同	後二条天皇に譲与	同
土佐 香美郡	田村荘	弘安五年八月	後嵯峨上皇から伝領	勘仲記
筑前 宗像郡	宗像社	乾元元年十二月	幕府の政策で南禅寺領を離れ亀山法皇領にかえる	南禅寺文書・吉続記
豊後 (郡未詳)	古渡・山内・足定	嘉元三年七月	堀川准后に譲与	亀山院御凶事記

確立した。なお亀山殿・花園殿以下の殿舎、禅林寺・紀伊歓喜寺・播磨朝光寺以下の祈願寺とその所領は含まない。嘉元三年(一三〇五)七月崩御前に御領を処分し(『亀山院御凶事記』)、大覚寺統領は後宇多上皇の管領に帰した。

(奥野　高広)

かもがわのじりのしょう　鴨河野尻荘　山城国乙訓郡の荘園。現在の京都市伏見区内。天元三年(九八〇)二月二日、某寺資財帳(『金比羅宮文書』)に、山城国内の寺領として、石原田二段・広幡畠三段その他と並んで「鴨河野尻庄卅町」とみえている。鴨川が桂川に合流する付近に位置したと考えられるが、この地は淀川上流の船津としては京都に最も近接し、その門戸として地理的・経済的に重要であって、古来要人の利用も少なくなかった。

(須磨　千頴)

かもじんじゃりょう　賀茂神社領　京都の賀茂神社すなわち賀茂別雷《かもわけいかずち》(上賀茂、京都市北区上賀茂本山)・賀茂《かも》御《み》祖《おや》(下鴨、同左京区下鴨泉川町)両社の社領の総称。同社領の形成・発展は朝廷の尊崇と保護によるところが大きい。まず大化のころ、封戸十四戸・神田一町八段が寄せられている。当時の賀茂神社はまだ上社のみであり、下社は八世紀中期に分立したと考えられるが、これに応じて下社には天平勝宝二年(七五〇)御戸代田一町が、さらに天平神護元年(七六五)封戸二十戸が充てられた。降って長岡京遷都の翌年の延暦四年(七八五)には両社に山城国愛宕郡内の封戸各十戸が進められ、貞観七年(八六五)にはやはり山城国で神田各五段が、また天慶三年(九四〇)には平将門追討の報賽としてそれぞれ山城国の封戸十戸が寄進されている。天徳元年(九五七)にも若干の封戸が増加した。このほか『小右記』によると十一世紀初期上社七十余戸、下社五十余戸の神戸が存在したことが知られる。かかる経過ののち、寛仁元年(一〇一七)には愛宕郡内の八郷が神領として両社に頒ち寄せられるに至った。上社には賀茂・錦部・大野・小野、下社には蓼倉・栗野・上粟田・出雲の各四郷が進められたが、これら諸郷はその後長く社領の中心的位置を占めるものとなった。これを賀茂神社領形成過程における第一の画期的事件とすれば、続いて寛治四年(一〇九〇)神税不足を補うために上・下社いずれにも不輸田六百余町が寄進され、また諸国に御厨が分置されたのは、いわば第二の画期的出来事であった。この時上社では阿波国福田荘・若狭国宮河荘・加賀国金津荘・近江国安曇河御厨など荘園二十二ヵ所と御厨若干からなる社領が形成され、下社では『賀茂社古代荘園御厨』の記載によると荘園十九ヵ所・御厨九ヵ所が設定されたという。これ以後も社領は漸次増加して中世に及んだ。中世には、上・下社とも約七十ヵ所の社領の存在が知られる。近世には、上社は二千五百七十二石、下社は五百四十一石の社領高を認められている。

(須磨　千頴)

賀茂神社領

賀茂神社領一覧

賀茂別雷神社

所在国郡	名称	特徴	典拠
山城 愛宕郡	河上郷	もと賀茂・大野・錦部・小野の四郷、寛仁元年朝廷より神領として寄進、のち上記六郷に分れ、総称して境内六郷という	小右記
同	大宮郷		
同	小山郷	宝徳三年当時の田地、河上郷六十八町六段三百二十歩、大宮郷六十五町一段四十歩、小山郷四十七町七段三百四十歩、中村郷九十四町三段半四十歩、岡本郷三十六町六段二十歩	
同	中村郷		賀茂別雷神社文書
同	岡本郷		
同	小野郷		
綴喜郡	森本郷		
同	水主郷	文治二年九月五日、源頼朝、武士の狼藉を停め、先例に任せ神役を勤仕せしむ	
同	富野郷		賀茂注進雑記
同	奈島郷	天文十六年二月十七日、幕府、奈島郷(賀茂社競馬料所)を違乱する者の不法を停止	賀茂注進雑記・三浦周行氏所蔵文書
同	草内郷		
同	奈木郷		
和泉 日根郡	深*日荘	寛正五年十二月二十六日、幕府、淡輪次郎左衛門尉の当荘押領を停止	賀茂注進雑記
同	箱*作荘	大永六年四月五日、幕府、深日・箱作両荘公文鳥取弾正忠の年貢押妨を停止、賀茂社社家に安堵	賀茂注進雑記・三浦周行氏所蔵文書
摂津 河辺郡	米*谷荘	貞観六年三月十四日、太皇太后宮職勅旨田四十五町九段七十歩を寄進されたものという 文安三年四月八日、幕府、摂津多田院に多田荘内米谷への段銭催促を停止	賀茂注進雑記 多田院文書
尾張 葉栗郡	玉*井荘	応仁二年当時、年五十九貫文の公用銭を負担	馬場義一氏所蔵文書
愛知郡	高*畠荘	 平家没官領、源頼朝、妹一条能保室に譲る 室町時代一条家領、兼良尾張国広徳寺に売与	賀茂別雷神社文書 吾妻鏡 桃花蘂葉
三河 宝飯郡	小*野田荘	文治二年十月一日、源頼朝下文を社家に遣し、武士の狼藉を停止 文安五年、領家分七十貫文・本家分四十五貫文の年貢を代官の請切となす	吾妻鏡 馬場義一氏所蔵文書
遠江 敷智郡	浜松荘内岡部郷		賀茂別雷神社文書
城東郡	比*木荘	寛治三年十一月十二日、藤原致継の寄進により社領となる	同
榛原郡	笠*名郷		同
同	落*居浜		同
近江 高島郡	安*曇河御厨	寛治四年七月、朝廷より寄進、神人五十二人・神田百五十六町(人別公田三町を引募る) 文治二年九月五日、源頼朝、佐々木定綱の当荘押領を停止	賀茂注進雑記 吾妻鏡
同	賀茂荘		賀茂別雷神社文書

所在国郡	名称	特徴	典拠
近江 蒲生郡	船木（賀茂）荘*	暦応年中、一井太郎左衛門尉頼景ら狼藉	建武以来追加
		康正二年、造内裏段銭五貫文を賦課	康正二年造内裏段銭並国役引付
		延徳三年、延暦寺僧明静坊慶運当荘を冒占	賀茂別雷神社文書
		延徳三年十一月二十二日、幕府、賀茂社に当荘領家職を安堵	同
美濃 池田郡	脛長荘*		同
若狭 遠敷郡	宮河荘*	寛治四年、朝廷より寄進された不輸田六百余町中の一所	座田文書
		文暦元年六月十八日、延暦寺政所、山僧宗俊・宗慶らの当荘内矢代浦并大谷村等を濫妨するを停止	鳥居大路良平氏所蔵文書
		嘉禎三年、当荘雑掌、大谷畠・矢代浦に関し国衙領宮川保地頭と相論	賀茂別雷神社文書
		永享二年十月十一日、足利義教、当荘本家職を片岡社禰宜富久に返付	鳥居大路良平氏所蔵文書
		長禄二年五月十九日、足利義政、賀茂社権禰宜益久に当荘本家職を領知せしむ	賀茂別雷神社文書
同	矢代浦*	仁安三年八月、若狭国司平経盛、国役雑事を停止し、日別供御を備進せしむ	同
加賀 加賀郡	金津荘*	寛治四年、朝廷より寄進された不輸田六百余町中の一所	温故古文抄
		寛正二年五月二十二日、幕府、加賀半国守護赤松政則に当荘を管せしむ	蔭涼軒日録
		文明六年十二月十二日、賀茂社、当荘安堵の勅裁を請う	親長卿記
能登 羽咋郡	土田荘*	文治四年立券、田数十六町七段六歩（本四十一町七段四歩）	能登国田数目録
同	賀茂荘	田数三十町	同
同	桃浦*		賀茂別雷神社文書
越中 新川郡	新保荘四分二*	宝徳三年十二月二日、綸旨により領主職安堵	同
		文明七年、賀茂社社務貞久、今参局と当荘の地を争う	親長卿記
丹波 氷上郡	由良荘*	文治二年九月五日、源頼朝、北条義時の当荘知行を停止、神役を勤仕せしむ	賀茂別雷神社文書
		応永元年十一月二十六日、足利義満、当荘本家職を片岡社禰宜男平に安堵	鳥居大路良平氏所蔵文書
		文明八年十二月五日、朝廷、当荘貢租の一部を祈禱料として賀茂・貴布禰両社に寄付	親長卿記・賀茂注進雑記
		文明九年六月、朝廷、当荘を神主弥久に与え、祈禱料に充てしむ	親長卿記
		文明十年八月二十二日、賀茂社社司等、当荘を故賀茂勝平の養子信平に還付せられんことを請い、許されず	同
		文明十八年三月、貴布禰社、当荘年貢欠滞により祭祀を行わず	同

所在国郡	名称	特徴	典拠
丹波 何鹿郡	私市荘*	応保元年七月、高橋宗長、田畠五十五町七段余を寄進し社領となす	座田文書
但馬 出石郡	矢根荘	賀茂社は本家、領家は智徳門院、田十五町九十歩、ほかに余田三町八段三百三十歩	但馬国大田文
伯耆 会見郡	星河荘*	寛正五年五月四日、幕府、伯耆守護山名教之をして当荘を賀茂社雑掌に渡付せしむ	鳥居大路良平氏所蔵文書
（郡未詳）	稲積荘*	治承四年、当荘を伯耆国に付す（ただし、荘号を停廃せず）	玉葉
		長講堂領	島田文書
出雲 大原郡	福田荘*	文治二年九月五日、源頼朝、宗遠の当荘地頭職知行を停止	賀茂別雷神社文書
		貞永元年八月十九日、幕府、伊北時胤の当荘地頭職知行を停止	同
石見 （郡未詳）	久永荘	源頼朝の寄進と伝える	同
		文治二年十月一日、源頼朝、当荘地頭を停止	吾妻鏡
播磨 宍粟郡	安志荘*	文治二年九月五日、源頼朝、武士の狼藉を停め、神役を勤仕せしむ	賀茂注進雑記
		永享四年九月三日、幕府、播磨守護赤松満祐に賀茂社司修平の訴えにかかる安志荘衣服未納米および賀茂社領内正覚寺押領分の所務を抑留せしむ	御前落居奉書
揖保郡	林田荘*	文明九年十一月二十六日、朝廷、賀茂社社司勝平の遺領安志荘神米割分ならびに屋敷等を養子信平に安堵	親長卿記
同	室御厨	天文八年三月二十七日、足利義晴、賀茂社に林田東保を直務せしむ	伺事記録
同	塩屋御厨*	応永元年十一月二十六日、足利義満、室・塩屋御厨を片岡社禰宜男平に安堵	賀茂別雷神社文書
同	網干荘		賀茂注進雑記
美作 久米郡	倭文荘*	社務領として相伝	賀茂別雷神社文書
		代官請として永正十年までは三百六十貫文、以後は百八十貫文の公用銭を運上	同
大庭郡	河内荘*	永暦元年、四条坊門油小路賀茂別宮領となる	鳥居大路良平氏所蔵文書
		永享二年九月二十九日、足利義教、美作田村中坊に命じ、下河内荘年貢の内二十貫文を倭文荘年貢内の替として正珍に渡付せしむ	御前落居奉書
勝田郡	便補保*		賀茂別雷神社文書
備前 上道郡	竹原荘*	寿永二年十一月、院庁、備前国在庁官人らに命じて両荘年貢米を煩なく運上せしむ	賀茂注進雑記
邑久郡	山田荘*	同	同

所在国郡	名称	特徴	典拠
備前 邑久郡	豊原荘内尾張保	嘉元二年十月十五日、讃岐川津郷の替として寄付	座田文書
		正中元年十二月二十五日、前左大臣家当荘を元の如く賀茂社に返付	鳥居大路良平氏所蔵文書
		嘉吉元年十二月三日、幕府、備前守護山名教之に被官人の当保押領を停止せしむ	賀茂注進雑記
		宝徳三年十二月二日、綸旨により領主職安堵	賀茂別雷神社文書
同	豊原荘内包松保		同
備後 甲奴郡	有*福荘	文治二年九月五日、源頼朝、土肥実平の当荘狼藉を停止	吾妻鏡
周防 熊毛郡	伊*保荘	文治二年九月五日、源頼朝、当荘ならびに竈戸関・矢嶋・柱嶋等に土肥実平・大野遠正らの押妨を停止	賀茂別雷神社文書
		文明十年十月二十四日、幕府、大内政弘に当荘への段銭賦課を命令	正任記
同	竈*戸関		賀茂別雷神社文書
同	柱*嶋		同
大島郡	(伊保荘内)矢*嶋	仁平二年、社領伊保荘の内として所当・雑事を免ぜらる	鳥居大路良平氏所蔵文書
紀伊 海部郡	紀*伊浜御厨		賀茂別雷神社文書
淡路 津名郡	生*穂荘	十二世紀初め頃日供貢進の社領として立荘	中右記
		田四十町、畠・浦	淡路国大田文
同	佐*野荘		賀茂別雷神社文書
阿波 三好郡	福*田荘	寛治四年朝廷より寄進された不輸田六百余町中の一所、当時の田地十二町二百十歩、畠地七町七段二百六十歩、桑畠一町百二十歩	賀茂別雷神社文書
		文明八年十一月三日、細川成之、天竺某に命じ、当荘請料未進分を徴納せしむ	土佐国蠹簡集
讃岐 多度郡	万濃池之内		賀茂別雷神社文書
阿野郡	氏部荘	細川政元、寺町通定の訴えにより香川元景に命じ塩入某らの妨げを停止、地下人に当荘年貢を社納せしむ	同
鵜足郡	川津郷	鎌倉時代中期、社領として寄付	同
		嘉元二年十月、社領より除かる	座田文書
伊予 野間郡	菊*万荘	百三十町	伊予国内宮役夫工米未済所々注文
		嘉禄元年六月十六日、朝廷、賀茂久子に当荘預所職を安堵	座田文書
	佐*方保	二十四町小(佐方郷)	伊予国内宮役夫工米未済所々注文

＊を付した社領は、源頼朝が武士らの狼藉停止を命じた寿永三年四月二十四日付下文案（『賀茂別雷神社文書』）に記載されているもの。

賀茂御祖神社

所在国郡	名称	特徴	典拠
山城 愛宕郡	蓼倉郷	寛仁元年、朝廷より神領として寄進	小右記
同 同 同	栗野郷 上栗田郷 出雲郷	享禄元年九月六日、幕府、蓼倉郷沙汰人渡辺頼依を罷免、社家に直務せしむ	京都御所東山御文庫記録
		天文二十年十二月、下鴨社祠官、幕府に蓼倉郷沙汰人渡辺市正の違乱停止を請う	同
同	浄原郷	天文七年十月二十九日、幕府内談衆当郷のことにつき審議	大館常興日記
乙訓郡	猪熊荘	仁平年中、摂関家領	台記別記
		文明年中、野田将監祐兼当荘下司職を押領	親長卿記
同	小赤目荘	賀茂祐躬知行を、文明十年九月造営料所として社家に充行	同
久世郡	久世荘	文明十四年ごろ、荘内寺田郷内に前社務祐躬の私領あり	同
同	宇治田上網代		賀茂社古代荘園御厨・賀茂御祖皇太神宮諸国神戸記
相楽郡	賀茂荘	文明年中、当荘下司土橋善教押領、神役闕怠	親長卿記
摂津 武庫郡か有馬郡か	小野荘	寛治四年朝廷より寄進された不輸田六百余町中の一所(以下同時寄進の社領については、単に寛治四年寄進と記す、ただしすべてを寛治立券とは断定できない)、四十町	賀茂社古代荘園御厨・賀茂御祖皇太神宮諸国神戸記
		文明十年四月、綸旨により、神事を全うするため当荘に課役を懸くるを認める	親長卿記
河辺郡	長洲御厨	下地は東大寺領、建保年中鴨社社司と東大寺三綱と知行権を争う	東大寺要録
同	尼崎御厨		賀茂社古代荘園御厨・賀茂御祖皇太神宮諸国神戸記
島下郡	三島郷		同
		文明九年十二月二十五日、朝廷、下鴨社社務祐躬の奏請により、布施貞清を三島江関務ならびに梅原荘代官職に補任	親長卿記
(郡未詳)	平安荘	康正二年、造内裏段銭三百文	康正二年造内裏段銭並国役引付
遠江 城飼郡	河村荘	寛治四年寄進、公田三十町	賀茂社古代荘園御厨・賀茂御祖皇太神宮諸国神戸記
		文明十五年五月二十日、朝廷、下鴨社前禰宜祐長に同祐久の所領当荘ならびに志津荘御米分・寒江荘・勝田本荘等を安堵	親長卿記
同	賀茂荘		教王護国寺文書
近江 高島郡	高島荘	寛治四年寄進、五十町	賀茂社古代荘園御厨・賀茂御祖皇太神宮諸国神戸記
		文明十四年三月、下鴨社祝秀顕、同祐久および氏人伊忠と当荘内下司職半分七里村を争い訴訟	京都御所東山御文庫記録・親長卿記

所在国郡	名称	特徴	典拠
近江 高島郡	音羽荘		賀茂社古代荘園御厨・賀茂御祖皇太神宮諸国神戸記
同	安曇河御厨		同
野洲郡	邇保荘		和簡礼経
		康正二年、造内裏段銭三百文	康正二年造内裏段銭並国役引付
滋賀郡	堅田御厨		賀茂社古代荘園御厨・賀茂御祖皇太神宮諸国神戸記
蒲生郡	豊浦荘内海		同
美濃 席田郡	席田荘		同
山県郡	梅原荘	寛治四年寄進、公田四十町	同
		土岐氏被官斎藤弥次郎、応仁の乱中、当荘公用銭三百九十余貫を弁済せず	賀茂御祖皇太神宮諸国神戸記
		文明九年十二月二十五日、朝廷、下鴨社社務祐躬の奏請により、布施貞清を当荘ならびに三島江関務代官職に補任	親長卿記
		文亀二年十二月、下鴨社祠官ら、布施貞清の当荘違乱停止を朝廷に訴う	京都御所東山御文庫記録
		永正五年十二月、下鴨社禰宜祐平、布施貞清の当荘公用等掠取を幕府に訴う	林康員文書
若狭 遠敷郡	玉置荘		賀茂社古代荘園御厨・賀茂御祖皇太神宮諸国神戸記
三方郡	丹生浦		同
越前 丹生郡	志津荘	寛治四年寄進、田地四十町	同
		康正二年、造内裏段銭十二貫文	康正二年造内裏段銭並国役引付
		文明十五年五月二十日、朝廷、下鴨社前禰宜祐長に同祐久の所領当荘御米分ならびに寒江荘・勝田本荘・河村荘等を安堵	親長卿記
加賀 能美郡	開発荘	康正二年、丹波国三和荘公文職ならびに当荘、造内裏段銭一貫五百文	康正二年造内裏段銭並国役引付
越中 婦負郡	寒江荘	明徳四年七月十三日、朝廷、当荘ならびに倉垣荘を下鴨社日供料所として禰宜祐有に沙汰せしむ	賀茂社古代荘園御厨・賀茂御祖皇太神宮諸国神戸記
		応永二年三月十日、朝廷、当荘に別納として日供および夏季御神楽両役を沙汰せしむ	賀茂社古代荘園御厨
		長禄二年六月、下鴨社前禰宜梨木祐種、幕府に当荘代官らの年貢冒占を訴う	山城賀茂社文書
		文明十五年五月二十日、朝廷、下鴨社前禰宜祐長に同祐久の所領当荘ならびに志津荘御米分・勝田本荘・河村荘等を安堵	親長卿記

所在国郡	名称	特徴	典拠
越中 射水郡	倉垣荘	寛治四年寄進、田地三十町	賀茂社古代荘園御厨・賀茂御祖皇太神宮諸国神戸記
		明徳四年七月十三日、朝廷、当荘ならびに寒江荘を下鴨社日供料所として禰宜祐有に沙汰せしむ	同
		応永元年二月二十五日、綸旨により、当荘を下鴨社禰宜梨木祐有に渡付	賀茂御祖皇太神宮諸国神戸記
		康正二年造内裏段銭七貫文	康正二年造内裏段銭並国役引付
		文明四年四月十一日、幕府に勅し、畠山政長の部下神保某の当荘違乱を停止せしむ	親長卿記
		文明十五年十月六日、下鴨社氏人当荘上使職景定・白石名主景盛ら、年貢抑留により氏人職を放たる	同
（郡未詳）	吉良荘	康正二年、造内裏段銭三貫文	康正二年造内裏段銭並国役引付
越後 蒲原郡	石河荘	寛治四年寄進、公田四十町	賀茂社古代荘園御厨・賀茂御祖皇太神宮諸国神戸記
		文明三年、下鴨社祠官氏人ら、当荘ならびに三和荘公用の一部を日供御飯料下行分に切り向けんとし、神人らと争う	賀茂御祖皇太神宮諸国神戸記
		応仁・文明の乱にて当荘亡所となり土貢欠滞	同
丹波 氷上郡	三和荘	寛治四年寄進、公田四十町	賀茂社古代荘園御厨・賀茂御祖皇太神宮諸国神戸記
		文明十年四月、下鴨社禰宜梨木祐宣、朝廷に当荘ならびに都宇・竹原荘公文職安堵を請う	親長卿記
同	賀茂荘		賀茂社古代荘園御厨・賀茂御祖皇太神宮諸国神戸記
多紀郡	小野荘		同
丹後 竹野郡	木津荘	寛治四年寄進、田地四十町	同
		五十二町二段二百五十四歩	丹後国田数帳
（郡未詳）	氷室荘		賀茂社古代荘園御厨・賀茂御祖皇太神宮諸国神戸記
但馬 出石郡	土野荘	寛治四年寄進、田地五十町	同
		七十町	但馬国大田文
因幡 八上郡	土師荘	寛治四年寄進、田地四十町	賀茂社古代荘園御厨・賀茂御祖皇太神宮諸国神戸記
		康正二年造内裏段銭四貫文	康正二年造内裏段銭並国役引付
		文明四年四月二十三日、下鴨社禰宜祐樹、叔父祐野と因幡の領地を争い、祐野夫妻を害し自殺	親長卿記

所在国郡	名称	特徴	典拠
出雲 能義郡	安来郷(荘)	文治元年正月、源頼朝、当郷を冬季御神楽料所として寄進 戦国時代、出雲守護尼子氏代官請	吾妻鏡 賀茂御祖皇太神宮諸国神戸記
意宇郡	筑陽郷		賀茂社古代荘園御厨・賀茂御祖皇太神宮諸国神戸記
播磨 赤穂郡	鞍位荘		同
印南郡	伊保崎御厨	寛治四年寄進	同
飾磨郡	賀茂網代		同
(郡未詳)	塩岡荘	延久年中、後三条天皇寄進	鴨脚秀文文書
美作 (同)	河合荘	同	同
備中 浅口郡	富田荘	寛治四年寄進、六十町 康正二年造内裏段銭三貫二百五十文	賀茂社古代荘園御厨・賀茂御祖皇太神宮諸国神戸記 康正二年造内裏段銭并国役引付
(郡未詳)	富田新荘	文明十三年十二月二十九日、朝廷、下鴨社禰宜梨木信祐に社司分領当荘の地を安堵	親長卿記
(同)	戸見保		賀茂社古代荘園御厨・賀茂御祖皇太神宮諸国神戸記
備後 (同)	勝田荘	寛治四年寄進、田地四十町 文明十五年五月二十日、朝廷、下鴨社前禰宜祐長に同祐久の所領勝田本荘ならびに寒江荘・志津荘御米分・河村荘等を安堵	同 親長卿記
安芸 沼田郡	竹原荘	寛治四年寄進、四十町 承久の乱後、小早川氏地頭職知行 永享元年十月二十八日、足利義教、小早川盛景に都宇・竹原両荘等地頭職を安堵 文安二年九月二十三日、都宇・竹原荘領家祐顕、小早川盛景に両荘領家職を管せしむ 康正二年造内裏段銭三貫文 文明十年四月、下鴨社禰宜梨木祐宣、朝廷に当荘ならびに三和・都宇荘公文職安堵を請う 文明十四年五月二十六日、下鴨社社務祐宣、都宇・竹原等の地を同祐孝に譲与せんことを朝廷に請う、聴許 文明十五年十月、都宇・竹原両荘代官小早川弘景、公用銭を運上せず	賀茂社古代荘園御厨・賀茂御祖皇太神宮諸国神戸記 小早川家文書 同 小早川什書 康正二年造内裏段銭并国役引付 親長卿記 同 同
同	都宇荘	承久の乱後、小早川氏地頭職知行(その他、竹原荘の箇所参照)	賀茂社古代荘園御厨・賀茂御祖皇太神宮諸国神戸記 小早川家文書

所在国郡	名称	特徴	典拠
周防 熊毛郡	佐河牛島御厨	寛治四年寄進	賀茂社古代荘園御厨・賀茂御祖皇太神宮諸国神戸記
長門 厚狭郡	厚狭荘	寛治四年寄進、公田三十町	同
紀伊 海部郡	仁儀荘	同	同
同	紀伊浜御厨		同
日高郡	日高河上御杣		同
讃岐 多度郡	葛原荘	寛治四年寄進、田地六十町	同
阿野郡	鴨部荘		同
(郡未詳)	内海御厨	寛治四年寄進	同
伊予 宇和郡	六帖網御厨	同	同
桑村郡	吉岡余田		同
(郡未詳)	内海御厨	寛治四年寄進	同
土佐 高岡郡	津野荘	康和二年二月二十七日、土佐国司藤原有佐、同国の社領潮江荘(海没)の替として立荘	勘仲記裏文書
(郡未詳)	潮江荘	寛治立券、康和二年正月地震により海没	同
豊前 (同)	江島御厨	寛治四年寄進	賀茂社古代荘園御厨・賀茂御祖皇太神宮諸国神戸記
豊後 海部郡	水津御厨	同	同
同	木津御厨	同	同
(国郡未詳)	河面荘		賀茂御祖皇太神宮諸国神戸記

かものしょう　賀茂荘　山城国相楽郡加茂の荘園。現在の京都府相楽郡加茂町付近。東大寺領・興福寺領・下鴨社領・右大将家(藤原実能)領などの同名の荘園があった。東大寺領賀茂荘は長久二年(一〇四一)以降鎌倉時代末期まで史料上に現われるが、成立事情は不明。『東大寺続要録』によれば十三世紀初期十一町三段二百四十歩の規模を有した。十二世紀初め隣荘山田牧との間に栗林の領有権などをめぐる紛争を生じており、また十三世紀末から十四世紀初期にかけては当荘を舞台に悪党の活動が盛んであった。興福寺領賀茂荘は二十町歩ほどの荘園であったと考えられ、知られる限りでは十五世紀中期以降興福寺が燈油代・威儀供料・八講供料などを収取していた。しかし戦国時代に入りその支配はとみに困難化した。この時期には土豪賀茂一族の活躍が見られ、織田政権によるその組織化の動きがあった。下鴨社領については『親長卿記』が文明年中(一四六九―八七)下司土橋善教による押領の事実を伝える。　（須磨　千頴）

かもろくごう　賀茂六郷　中世を通じて京都の賀茂別雷神社(上賀茂神社)の膝下の神領であった岡本・河上・大宮・小山・中村・小野の六郷の総称。現存地名で示せば、

岡本郷は上賀茂、河上郷は西賀茂と大宮の北部、大宮郷は紫竹・紫野、小山郷は小山、中村郷は出雲路より北の下鴨の地域に大体相当し、小野郷は北方山間部である。これらの諸郷が神領となったのは、寛仁元年(一〇一七)朝廷により上賀茂・下鴨両社に対し愛宕郡内の八郷が頒ち寄せられて以来である。元来同社は山城国内有数の大社として朝廷の尊崇が厚く、同郡内においてたびたび神封・神田あるいは神戸を寄進されており、神社と周辺諸郷との関係には浅からぬものがあったが、寛仁の寄進以後は文字通り膝下の所領として社領の中核的存在となった。このとき賀茂別雷神社に寄せられたのは賀茂・錦部・大野・小野の四郷であるが、うち賀茂郷は中世には河上郷となり、錦部郷は岡本・中村の両郷、大野郷は大宮・小山の両郷にそれぞれ分かれた結果、いわゆる境内六郷となった。寄進当初は域内に散在する一部の官衙領や神社仏寺の所領などは除外されていたが、のちにはこれらも含めて漸次一円所領化し、中世の境内六郷に対しては「凡一条以北田地屋敷等、以二一代社務之成敗一、末代亀鏡仁備之条、先規之通法一社存知勿論也」(『大徳寺文書』一五〇六号)と表現されるような一円的支配権が行使されるに至った。山間に位置する小野郷を除いて他の五郷には、神社の氏人百四十人に対し原則として一人五段宛配分された往来田が一段ずつ散在していたのをはじめ、台飯田・斎院田・壇供田その他社用に供される各種の田地が入り組んで存在し、社領の本役として段別に百文か八十文の御結鎮《みけち》銭を負担するのが通例であった。室町・戦国時代になると大徳寺の塔頭や土倉などがこれら田地の名主職や作職をさかんに買得し、さらに太閤検地が行われた結果社領は著しく削減され、六郷の維持は不可能となった。　（須磨　千穎）

賀茂六郷

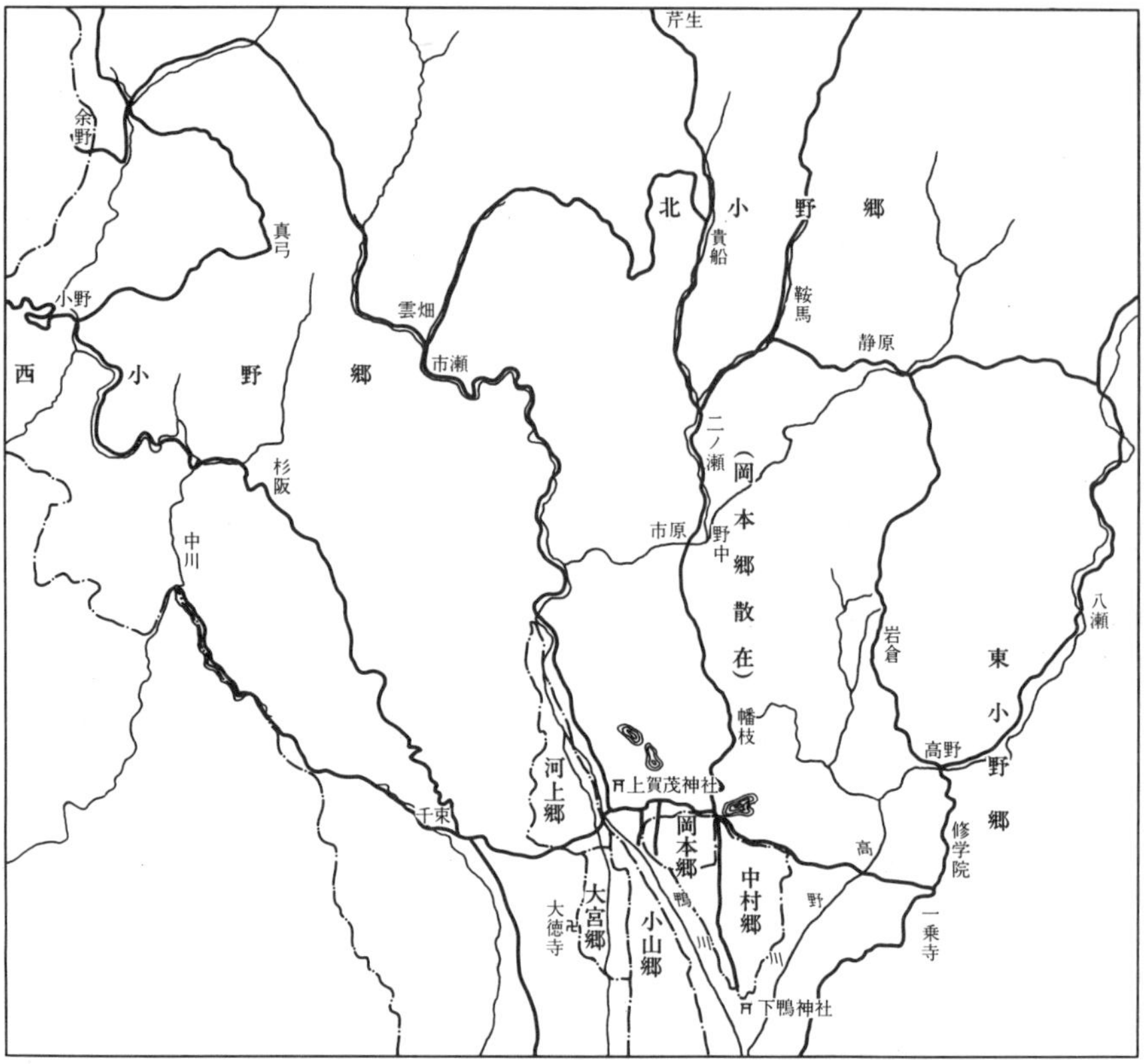

賀茂六郷概略図

かもんりょうりょう　掃部寮領　令制宮内省所属の令外官司、掃部寮の所領。同寮は宮中の清掃、式場の鋪設、その資材の調達などのことを掌る。掃部寮は元慶五年(八八一)河内国に三十五町五段余の要劇田を与えられ、また『延喜式』の制では、藺田一町を山城国に、蔣《こも》・菅などを供進する蔣沼百九十町を河内国茨田郡に置いた。この蔣沼は、さかのぼっては『令集解』職員令掃部司条所引の別記や古記にみえる「茨田葦原」をうけ、降っては大江匡房の『遊女記』にみえる大庭荘につながる地であろうか。元亨三年(一三二三)の大庭御野供御人の申状によれば、同荘は文武天皇大宝年中(七〇一—〇四)の立券荘号以来、禁裏・仙洞の御座供進以下重役無双の地であると称し(『勝尾寺文書』)、大庭料所ともよばれている(『吉黄記』)。建武四年(一三三七)には足利尊氏が御野内散所名土民の年貢抑留を停止したことも知られる(『押小路家文書』)。このほか宝治元年(一二四七)の『葉黄記』には、同寮便補保の出雲国赤江保・周防国久賀保・備中国永富保が国司のために顚倒されたことがみえ、さらにその永富保は、南北朝時代に備中の国人多知部満景の押妨にあっている(『壬生家文書』)。また宝徳元年(一四四九)の『康富記』には、寮領の上野国綿貫荘が今年から年貢を沙汰すると報知してきたことを記している。以上の荘保のほか、掃部寮は大和の莚作手座や京都長坂口の紺灰座を領掌した。大和の莚作手座については、建久六年(一一九五)同寮が新座の停止を奏請しているから(『三長記』)、すでに本座が存在したことになる。また山城九条の三ヵ村において小莚公事を徴収していたことが『実隆公記』にみ

掃部寮領一覧

掃部寮領

所在国郡	名称	特徴	典拠
河内 茨田郡	大庭荘	大庭御野とも称す、寛元元年・正元元年・文永五年寮領興行宣旨あり、貞和四年高師泰兵粮所にあつ	遊女記・吉黄記・勝尾寺文書・押小路家文書・園太暦
上野 群馬郡か	綿貫荘		康富記
出雲 能義郡	赤江保		葉黄記
備中 （郡未詳）	永富保	応安五年多知部満景の押妨を停止す	葉黄記・壬生家文書
周防 玖珂郡か	久賀保		葉黄記

える。長坂口の紺灰座は応永の初めごろに起り、藍玉から色藍を滴出する紺灰を取り扱ったが、長坂口では問屋営業を営み、洛中に四座をおいて紺灰営業を独占し、掃部寮に毎月課役を納めた。永正十四年（一五一七）には紺灰座中法度を定め、平安時代以来掃部頭を世襲してきた中原家の承認を得ている（『壬生家文書』）。 （橋本 義彦）

かやく 課役 ㈠律令制で調・庸・雑徭の総称。ただし稀に租も含む場合や雑徭を除く場合がある。「かえき」とも「賦役《ふやく》」ともいう。課役は律令国家の租税の基本ではあったがすべてではなく、また律令国家の衰退後は租税一般の呼称となり、特定の税目を指示する術語ではなくなった。日本の律令制が模範とした唐の律令制は、国家財政の基本を成年男子に賦課する人頭税である租・調・役（またはその代納物の庸）に置き、これらを課役と総称した。この中の役（正役・歳役ともいう）には、その補完として各種の雑多な徭役労働が雑徭という税目で付随したので、租・調・役・雑徭の四者を課役と総称することもあった。しかし七世紀後半の日本が律令の編纂を通じて本格的に唐制を継受しはじめたとき、課役は課と役の二字に分解して理解しようとし、課は従来から物納租税であったミツギ（調）に、役は同じく朝廷が賦課した徭役労働のエダチ（役）に当てはめ、そのほかに国司の賦課する徭役労働をクサグサノミユキ（雑徭）という税目で新設した。そのときに租は、古くから土地税とされてきた上、まだ農耕になじまない民も少なくなかったためか、人頭税である課役には含めなかった。大宝元年（七〇一）施行の『大宝律令』では、役（歳役）を徭役労働で徴発する代わりに庸という代納物で徴収することにしたので、課役は一般に調・庸・雑徭の三者の総称となったが、訓ではしばしばミツギ・エダチと読んだために、調・庸（役）のみを指すと誤解して雑徭を除外してしまった条文（賦課令斐陀国条）や、模範とした唐令の条文を手直ししえずに租まで含めてしまった条文（賦役令水旱条）も生じた。天平宝字元年（七五七）施行の『養老律令』では、前者は改訂されたが後者はそのままであった。また両律令とも、課役の負担者を課口または課と呼び、不課口または不課と区別し、一人でも課口のいる戸を課戸、一人もいない戸を不課戸とし、これを律令国家の行政・財政にとって基本的な台帳だった戸籍・計帳に記載した。特に課役による収入を総計する目的で毎年作製される計帳では、課役を現在納めている者を見輸（見は現と同じ）、何らかの理由で一定期間免除されている者を見不輸、課役の全部を納める者を全輸、一部免除されている者を半輸と分類した。また課・不課を問わず各人については、中国で行われてきた性別・年齢別区分である丁中制に基づく呼称を令に規定（戸令三歳以下条）して、これを注記した。戸籍や計帳での実例により、その呼称を補完して示せば別表の如くである（太字の部分が令にみえる文字）。課役の負担者は少丁（中男）・正丁・老丁であったから、これら成年男子を課丁とも総称し、その負担額は正丁を一とすれば、老丁は二分の一、少丁は四分の一の割合とし、課役のほかに賦課する調庸・舂米などの運搬、四人か三人に一人の率で徴集する兵士、五十戸について二人（立丁と廝丁）ずつ徴用する仕丁などの徭役労働も、すべて課丁の中から指名したが、彼らに対しては労働の軽重に応じて課役の一部または全部を免除する措置を定めた。また身体障害者に対しては、程度によって残疾・癈疾・篤疾に分類し、残疾は残丁と呼んで老丁とともに次丁と定め、調を老丁と同額納めさせるが庸と雑徭とは免除し、癈疾は課役全免、篤疾にはその上に子孫・近親・隣人の中から介護者を侍丁として一人指名させ、侍丁には庸と雑徭とを免除した。侍丁は耆老の中の八十歳以上にも一人、九十歳以上には二人、百歳以上には五人与えたが、これらの措置は律令制が法家の思想に基づくのみならず、儒家の思想の系譜も引いていることを示す。なお課役の内容である調・庸・雑徭のおのおのの負担額および負担年齢については『大宝律令』施行以後、しばしば改訂があったが、その主要なものは、慶雲三年（七〇六）の庸の半減、養老元年（七一七）の正丁の調副物（調の付加税）と中男の調の廃止、天平宝字元年の中男・正丁の年齢の各一歳引き上げと翌年の老丁・耆老の年齢の各一歳引き下げとによる課口の範囲の縮少、そして天長五年（八二八）の老丁の雑徭廃止である。→調《ちょう》 （青木 和夫）

課役 ㈠

年齢（数え年）	大宝令時代 男	大宝令時代 女	養老令時代 男	養老令時代 女
一―三歳	緑児	緑女	黄男	黄女
四―一六歳	小子	小女	小男	小女
一七―二〇歳	少丁	少女・次女	中男	中女・小女
二一―六〇歳	正丁	丁女・正女	正丁・丁男	丁女・正女
六一―六五歳	老丁	老女・次女	老丁	老女
六六歳以上	耆老	耆女	耆老	耆女

㈡律令税制は十世紀に入ると急速に崩れはじめる。公出挙はすでに九世紀末に田率賦課に変わっているが、永延二年（九八八）の尾張国郡司百姓等解によると調絹の徴収

について「疋別所當料田、先例二町四段、代米四石八斗也」とみえ、調も田率賦課に代わっているのが認められる。このような中で、十一世紀の前半に、段別三斗の米の徴収を中心とし、それに若干の付加税の加わった公田官物率法が成立し、租・庸・調・雑徭等の律令税制は農民に対する徴税面では消滅する。この結果、調・庸・雑徭の総称として用いられてきた本来の意味での課役は消滅した。しかし、課役の語は、その後も史料上に現われる。公田官物率法にしたがって徴収された租税を所当官物といっているが、この外に勅事・院事と称される臨時の雑役が農民には賦課され、また国司による大小の国役もあった。勅事・院事というのは、天皇や上皇の命によって臨時に賦課されるもので、具体的にいえば伊勢神宮役夫工作料米・造内裏役・造寺役・大嘗会役等で、荘園・公領の別なく一国平均に賦課されるのが原則であった。これらの臨時の雑役を総称する語として、十一世紀以降、課役という言葉が用いられている。これら課役は臨時の賦課よりはじまったと思われるが、国役の中には恒常的に賦課されるものもあったようで、例えば『吾妻鏡』元暦元年(一一八四)四月二十三日条所引の常陸国目代にあてた源頼朝御教書には、下河辺四郎政義の所領常陸国南郡に対し、所当官物および恒例課役以外の国役を免除してほしいとの要望が記されている。臨時・恒例の課役は、負名といって、所当官物納入の責任者として国衙に把握された人たちが負担したが、それは人別に賦課される場合と田率に賦課される場合とがあった。前者は名役または在家役であり、後者は段米あるいは段銭である。段米・段銭も課役の中にいれられていたことは、「田率課役」という言葉が残っていることから証される。十一世紀に入ると、班田収授を行おうとする政府の意図は全くなくなり、土地はすべて私領として扱われ、私領の領有者である領主のものとなる。所領に対しては処分権の行使が保障されたから、国司のきびしい収奪から逃れようとする領主たちは、所領を中央の権門あるいは寺社に名目的に寄進し、寄進型荘園が急激に多数成立するようになる。この寄進型荘園は不輸とされ、従来の公田官物率法に基いて国衙に納められていた所当官物は年貢として荘園の領家方へ納められ、課役も、多くの場合公事と称され、荘園の領家方へ勤仕させられるようになる。課役の系譜を引く公事は、恒例・臨時のものがあり、名役・在家役あるいは田率の公事として荘園領主側に納められたのである。

(泉谷　康夫)

高陽院領

高陽院領一覧

所在国郡	名称	成立年次	特徴	典拠
山城 相楽郡	木津荘	長寛二年十一月	観自在院に寄進	兵範記裏文書・観自在院文状
同	山田牧	長元二年	東大寺と相論	東大寺文書
葛野郡	梅津荘	建長五年	近衛家領	近衛家所領目録
摂津	高陽院田	保安元年	西生郡以下に所在	摂津国租帳
近江 神崎郡	柿御園	康平五年正月	近衛家領	康平記・兵範記
越中 射水郡	阿努荘	保延年間	同荘内に所在	兵範記裏文書
豊前 宇佐郡	宇佐町南園	久安元年	宇佐八幡宮と相論	宇佐宮神領大鏡

かやのいんりょう　高陽院領　鳥羽上皇の後宮高陽院(藤原泰子)の所領。山城宇治田原の地は、すでに平安時代中期に藤原氏の所領となっているが、それは兼家の子道長から忠実を経て、高陽院泰子に伝えられた(『京都府史蹟勝地調査会報告』八)。高陽院は父忠実の寵愛をうけ、父から数十ヵ所にのぼる所領を与えられた。その中には山城梅津荘・同木津荘、近江柿御園などが含まれていた。久安三年(一一四七)六月高陽院御倉町の絵仏師は「御願造立」について請願している(『兵範記』仁平二年(一一五二)二月巻裏文書)。久寿二年(一一五五)十二月没後に、院領は近衛家に回収された(『梅津曾五郎所蔵文書』)。

↓近衛家領《このえけりょう》

(奥野　高広)

かようもんいんりょう　嘉陽門院領　建保二年(一二一四)六月後鳥羽上皇皇女礼子内親王に嘉陽門院の院号が宣下されると、院領の寄進があった。翌三年七月同門院庁は、河内金剛寺住僧の寄進で同寺の別院弘法大師御影堂を祈禱所にした(『金剛寺文書』)。金剛寺は治承四年(一一八〇)にはすでに寄進によって八条院領となっている(同)。それはやがて順徳天皇に伝領し、後鳥羽上皇が管領している。上皇は皇女の嘉陽門院に金剛寺を知行させたのであろう。承久の乱によって幕府に没収されたにちがいないが、やがて本主に返された。正嘉元年(一二五七)五月、後嵯峨上皇御所で嘉陽門院がその所領河内東馬伏荘を後嵯峨上皇建立の浄金剛院に寄進するのを中止したいとの申請を議している(『経俊卿記』)。文永十年(一二七三)八月同門院の没後にその所領は亀山上皇に伝領したであろう。なお嘉陽門院は、長門の河内包光保を山城竜翔寺に寄進した(『大徳寺文書』)。

(奥野　高広)

からしまのまき　辛島牧　河内国河内郡若江北条付近の牧。現在の大阪府東大阪市内に所在。『小右記』の著者藤原(小野宮)実資の家領で、牧の荘園であった。長和四年(一〇一五)四月ごろ、近隣の摂関家領玉串荘の荘民が牧馬を追い散らし、出作する事件が起り、藤原実資は河内郡司署印の報告書や牧の公験を左大臣藤原道長に提出し、辛島牧の四至確定を申請し、河内郡司で辛島牧司であった源 訪《みなもとのとぶらう》に玉串荘司を兼ねさせて調停を計ろうとしたことがあった。南北朝内乱期に獄囚料田・若江寺領であった辛島保の地頭職をめぐり、酒勾頼名と山城忠澄が争っているが、辛島牧との関係は明らかでない。

[参考文献]　『布施市史』一

(三浦　圭一)

からつくだ　空佃　荘園における領家佃や地頭佃において、耕作者である名主に種子・農料を与えず全収穫を佃

米として収取する高斗代の佃をいう。名主の得分が皆無となるのでこの称がある。東寺領若狭国太良荘では、寛元元年(一二四三)、地頭若狭忠清が名主に佃一段充を課し、種子・農料を与えず不熟損亡を論ぜず二石を責め取り、二石佃すなわち空佃として六波羅探題から禁止された(『東寺百合文書』ほ)。当荘の領家佃の斗代は、当時一石四斗であった。 (渡辺 澄夫)

かり 刈 ⇩束把刈《そくわかり》

かりきのしょう 狩城荘 ⇩かるきのしょう

かりくら 狩倉 中世における在地領主の狩猟ならびに騎射などの軍事訓練の場として、一般の立入禁止を行なった山野のこと。狩蔵とも記し、近世では鹿倉山《かくらやま》ともいった。平安時代では荘園領主の所領内の狩猟場を狩庭《かりば》・鷹栖山《たかすやま》などと称し、一定の社会的分業の場としての役割をもっていたが、武士の発生とともに、その担い手たる在地領主層の所領開発と支配の拡大の中で、公領・荘園の山野を狩庭として独占し、狩猟を業とする住民を戦闘要員の一部に編成し、狩庭を同時に恒常的な軍事訓練の場とした。十三世紀初頭の阿蘇大宮司家では、「狩倉内、おおもり、あつまや、たかやま、ひらた」の四ヵ所を、北条時政から、他の妨げを停止する旨の下文を与えられており(『阿蘇文書』)、安芸国三《み》入《り》荘でも、嘉禎元年(一二三五)地頭熊谷氏一族内で所領配分が行われた時に、同荘内を貫流する川を境として東西に狩蔵山を二分している(『熊谷家文書』)。近世においては、はじめは幕府領・藩領のいずれにおいても、一般の狩猟を禁じて、将軍・藩主以下の軍事訓練をかねた狩猟のために、狩倉あるいは鹿倉山が設定された。しかし時代が降るにつれて、武士の狩猟がすたれ、軍事訓練も形式化してゆき、狩倉も単なる立林・立野(保護林野)化した。 (島田 次郎)

かりくりや 狩厨 地頭が狩りを行なったときの酒宴のこと。荘園領主の使者や地頭を迎えた際の百姓側の饗応は、一般に厨《くりや》・饗《あえ》・供給《たてまつりもの》と呼ばれ、公事の一種として百姓の負担であった。地頭は、領内に狩倉を設けて射技の訓練も兼ねた狩猟を行い、その際百姓からの饗応を受けたが、鎌倉時代中期以降、限度を越えた饗応をめぐって負担の軽減を求めた百姓の訴訟が頻発した。同じ時期に鎌倉幕府は、御家人に対してたびたび追加法を発令して鷹狩の禁止を命じているが、その背景の一つには狩厨の負担を巡って、地頭と百姓らとの対立があったものと考えられる。 (畠山 聡)

かりしき 刈敷 「かしき」「かっちき」などともいう。春先、山野の青草(ノカシキ)や木の若芽(ヤマカシキ)を刈り取って、生葉のまま肥料として田畑に敷き込むもので、わが国の水田稲作中心の農業にあっては、その基肥として古代以来、苗草として広く一般に使用された。自給肥料の根幹をなすもので、刈敷はそのほか焼いて草木灰として、あるいは飼料・敷草として用いた後の厩肥として、また直接それを堆積して造った堆肥としても使用された。戦国時代の農業事情を示す『清良記』は刈敷がその時代の重要な肥料であることを示しており、江戸時代の前期も刈敷系統の肥料(刈敷・厩肥・堆肥・灰)が基肥として普遍的に使用された。したがって刈敷の供給地である入会地の利用権をめぐって、しばしば深刻な争いが生じた。また刈敷の刈取り・運搬・踏込みには多くの労力がかかり、商業的農業が発達すると購入肥料(金肥)の使用がふえていった。そして明治以降、金肥の一般化とともに、刈敷の利用は漸次すたれた。 ↓入会《いりあい》 (三橋 時雄)

かりたろうぜき 刈田狼藉 他人の知行する田畠の作物を、自己に権利ありとの暗黙の主張のもとに、実力で刈取り奪取する行為。平安時代末期から室町時代中期にみられ、ことに、鎌倉・南北朝時代に頻出する。畠麦を刈るものを特に刈麦狼藉という。米麦獲得を目的とする窃盗行為、堺相論に際しての示威、所領知行自体を争い裁判に訴えて繋争中に行う中間狼藉の一形態など、種々の場合がある。本来は所務の争いであり、裁判では刈り取った現物の帰属が争われるのであるが、鎌倉時代末期には、たとえば高野山領荘園におけるように、狼藉の面を重視して追放・私領没収などの刑を科する傾向がみられる。刈田という行為が実力行使を伴う以上、容易に打擲・刃傷・殺害などの刑事事件に転化するからであって、実例は多い。鎌倉幕府法でも当初は所務相論の一種とみなされ、文永六年(一二六九)には、刈田面積の百倍以上を相手方に引き渡すなどの判例がある。しかし幕府はこれを治安紊乱を招くものとして重視し、延慶三年(一三一〇)には検断沙汰(刑事裁判)の対象とし、守護に、被害者の通告によって現場に急行して狼藉を鎮め、検証の結果を幕府に報告せしめることとした。当座の狼藉を鎮圧し秩序を回復する権限を守護に与えたのである。この制度は室町幕府にも継受され、貞和二年(一三四六)に、刈田狼藉を検断方の沙汰とし所領三分の一召放に処すると定められているが、やがて守護の専権事項とされ、守護の国内支配強化の一契機となった。 (羽下 徳彦)

かりば 狩庭 ⇩狩倉《かりくら》

かりょう 過料 中世から近世に行われた財産刑の一種。主刑として経済的負担を課することは律令制の衰退以後に始まる。過怠と称して寺社の修理などを命じたり財物や銭貨を徴したが、ことに銭貨を徴することを過怠銭・過銭・過料などと称した。たとえば建長五年(一二五三)の鎌倉幕府法は他人の妻と姦通した罪科に対し名主輩ならば過料二十貫文、百姓ならば五貫文としている。戦国大名が行なった刑罰の中にも散見される。 (牧 英正)

かりわけこさく 刈分小作 中世末期から戦後農地改革に至るまで行われた小作制度の一つで、地主と小作人があらかじめ総収穫物の取分比率を決めておき、収穫時にその比率に従って小作料と小作人取分を分配するもの。作分《つくりわけ》・毛分《けわけ》小作・分作《わけさく》・束分《つかわけ》・半作《はんさく》など地方によって異なる名称があり、分布もほぼ全国的である。普通小作で

は小作料の額をあらかじめ一定した定額小作料であるのに対して、刈分小作では豊凶にかかわりなく一定の割合(双方五割ずつ、または六割・四割、四割・六割が普通で、折半が最も多い)で分けられ、よほどの凶作でない限り、減免のない一種の定率小作料であった。明治・大正期の刈分小作では一般に劣悪地ないしは新開耕地に多くみられるもので、地主の小作地に対する管理(作物作付の制限、手入の監督など)、小作人の地主に対する賦役(地主取分の運搬・脱穀・調製労働や、農耕作業、用水路修繕など)を付随しており、小作人の地主に対する従属性は強い。律令制下の賃租や、江戸時代享保期以降の定免制も一種の定率による剰余労働の収奪形態だが、それらが租税たる側面をもつのに対して、刈分小作の場合は地主と直接生産者の間に成立する地代形態である。中世の作半《さくはん》はその意味で先駆形態とされる。すなわちそれは荘園領主・在地領主らの直営地を個々の作人に配分して請け負わせ、収穫時に一定の率にわけて収穫し分配する(結果的には定地賦役部分と作り取り部分の耕地に二分する)ものであった(『雑談集』四、『古本説話集』五八話など)。この作半は史料上平安時代末期の畿内地方に最も早くあらわれ比較的生産力の高い耕地の地代形態とみられている。したがってのちの刈分とは性格を若干異にするもので、前者から後者への移行の理由はなお明らかではない。刈分作分が史料上にみえるのは十五世紀初頭であって、畠を水田化した場合とか、劣悪地の場合や、裏作の麦の刈分の場合や、荘園領主の手作の困難さによる刈分小作への移行の場合などの例がある。近世初頭でもほぼこれらの形をひきついだが、ただ後世の場合のように名子や被官百姓らが劣悪地に対して、年毎に刈分の請文を出す形態もみられた。明治以降では山間後進地帯に多くみられる特殊な小作慣行とされ、衰退過程にあった。(島田 次郎)

かるきのしょう 狩城荘 越中国礪波郡の荘園。条里の復原から、ほぼ現在の富山県砺波市東部を中心とする庄川右岸の地域に比定されるが、確定はしがたい。天平勝宝元年(七四九)東大寺墾田地として占定された「伊加流伎野地百町」の平安時代における称呼で、天暦四年(九五〇)十一月の『東大寺封戸荘園并寺用雑物目録』に「狩城庄田百町」とあるのが初見。この南には東大寺領井山荘、北には同石粟荘が連なっていた。「伊加流伎野」は神護景雲元年(七六七)十一月の越中国司解では「伊加留岐村」とも記されているが、当時、百町のうち見開八段三百四十歩・未開九十九町一段二十歩、越中国に所在した東大寺領荘園を通じて、最も開墾の遅れたところであった。以後も開発は進まなかったようで、長徳四年(九九八)の『東大寺領諸国荘家田地目録』には狩城荘田百町「悉荒廃」とみえ、寛弘二年(一〇〇五)八月には未進地子の勘納が催促されてもいる。 →別刷〈荘園絵図〉 (米沢 康)

狩城荘

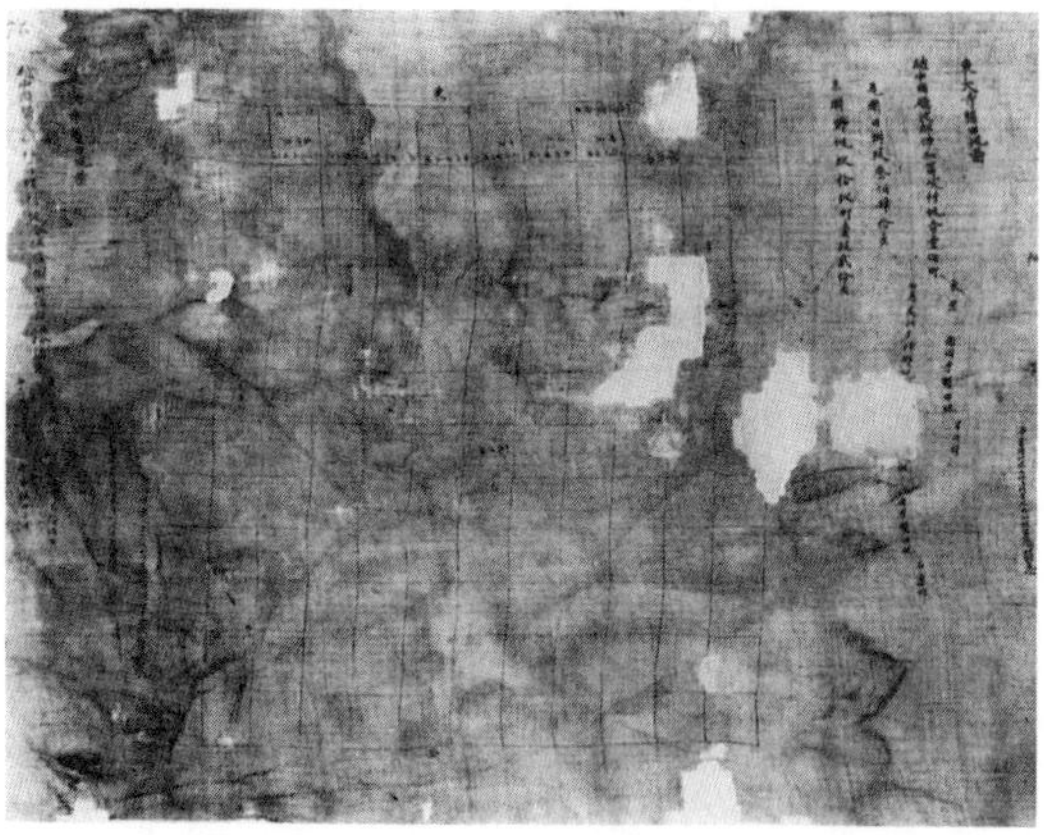

越中国礪波郡伊加留岐村墾田地図(神護景雲元年11月16日)

かわいのしょう 川合荘 伊勢国飯野・多気両郡の荘園。現在の三重県多気郡多気町の井ノ内・四疋田・相可・兄国など櫛田川の流域を荘域とした。東寺領。従四位下屋部王家領の勅旨田を宝亀四年(七七三)皇太子山部親王(のちの桓武天皇)が伝領し、延暦二十二年(八〇三)正月七日、遮那丈六夜燈日供・毎七月十五日施盆料として勅施入された。本田は六十六町であった。荘域は同じ東寺領大国荘と接していたが、不定四至とも荘外施入勅旨田とも称され、地域的なまとまりを欠いていた。天長九年(八三二)・斉衡三年(八五六)の両度、飯野郡の浪人が荘の開発のため施入されている。承和二年(八三五)大国荘の一円化のため、大国荘内の公田二十一町二段百四十歩と川合荘田が相博された。承和十二年相博後の川合荘田四十余町は、神民・国司などが相博にことよせて収公しようとしたが失敗した。延長年間(九二三—三一)には東寺側が公田と相博した川合荘内の田を虜掠し、承平二年(九三二)には太政官符によりその行為は是認され、川合荘田は六十六町と相博前の姿に戻った。十一世紀後半に入ると、神宮の権威を背景に荘内の田堵は荘田を押領し、また成願寺はかつての荘内の相博田のうちの十五町を寺領と称し妨領するなど東寺の支配力は弱まった。荘の経営は田堵への散田=請作体制でなされ、田堵の請作地はすべて一町単位で構成されていた。田堵の負担した地子は町別六斗にすぎなかった。この低い地子負担は、多気・飯野両郡が神宮の神郡であったためであり、田堵は神宮から公事夫役を課せられていた。また田堵はその請作地を神宮の御厨田として請作する場合もあった。保安二年(一一二一)八月の櫛田川の洪水は東寺の支配力を後退させた。以後、大国・川合荘と称されはしたが、川合荘独自の史料を欠くようになり、その実体は失われたものと思われる。史料は『東寺百合文書』および『教王護国寺文書』。

(西垣 晴次)

かわいのしょう 河合荘 越前国足羽郡の荘園。現在の福井市九頭竜川北岸・坂井郡春江町南部一帯の地。森田町内の河合新保はその遺名。九頭竜川の北岸一帯にわたるので河北荘とも呼ばれる。建久三年(一一九二)には皇

室御領であったが、室町時代初め一時越前守護斯波高経が勲功賞として与えられた。皇室御領に復してのち貞治六年(一三六七)醍醐三宝院が下地の一円支配をまかされた。戦国時代朝倉貞景の時三千四を上納したが、領家側は二万五、六千四を要求、戦国時代末期には荘内の一部分は、坂井郡御簾尾(金津町御簾尾)の竜沢寺領となった。（重松　明久）

かわおろし　川下　一つの水源に依存して水田耕作を行う村落・荘園では、日時を定めて順番に引水を行うことを番水と称したが、番水が開始されることを大和国興福寺領荘園では川下と称していた。→吉水《きっすい》・乱水《らんすい》　→番《ばん》水《すい》（瀬野精一郎）

かわかみじんじゃりょう　河上神社領　佐賀県佐賀郡大和町川上に鎮座する河上神社(現、与止日女《よどひめ》神社)の所領。大部分が平安時代後期に国免田として成立し、山田東郷・城崎郷・小津郷・深溝郷など佐嘉郡東部の川上川沿岸の条里制地域に散在していた。安元二年(一一七六)六月の神田注文と文応元年(一二六〇)十月の免田寄進年紀次第注文記載のうち、平安時代末以前の寄進とされている社領は、西岡虎之助の整理によると別表のとおりである。このうち神位田系統の田地はすべて定免であったが、寄進田の方は、近隣の別名領主の寄進にもとづき、国衙が奉免した浮免田であった。その後も寄進地は増加し、鎌倉時代中期には総田数三百町余で、うち一割が定免田であった。個々の免田を管領するのは別名名主で給主といわれ、それを座主が統括した。その支配収取は独自の機構によるのではなく、国衙機構に依存し、座主も国衙の出先機関的性格がつよい。ただ山田東郷の河原村だけは、神人として「鉾造進役」「社頭四壁掃除」をつとめ、国役を免除されていた。鎌倉時代後期に至り、国衙機能の衰退とともに給主の対捍が相つぎ、座主支配は危機を迎えた。座主は給主との相論の中で、免田得分相当(約一割程度)の下地進止所領の確立を志向し、南北朝時代にかけて座主の地位も国衙から自立し、安徳・鎰尼・尼寺ら国衙近傍の特定在地勢力の私的機構化していった。しかし、一宮の伝統により、内乱期にも千葉・今川氏らの一国支配の拠点として重視され、定免化した社領は曲折を経つつも維持された。慶長十八年(一六一三)鍋島勝茂は、佐嘉郡の佐保川・川嶋・川上村のうち百七十二石を社家に永代寄付した。（工藤　敬一）

河上神社領

神田の種類	神位田系統	寄進田	合計
神事料免	一三町二段	七町二段	二〇町四段
仏事料免(講経免田)	五町五段	一三一町五段	一三七町
見役所課料免(修理免田)	二町	三六町五段	三八町五段
職員給田	二町八段	四町	六町八段
総計	二三町五段	一七九町二段	二〇二町七段

(西岡虎之助『荘園史の研究』下一による)

かわかみのしょう　河上荘　(一)大和国添上郡の荘園。現在の奈良市川上町付近。東大寺領。東大寺境内に近接し、古くからの寺領であったかと考えられるが、荘園としての初見は康平五年(一〇六二)で、春日荘などと同じく段別三斗宛の米を徴収する、国議不輸免田系の荘園であった。鎌倉時代初期以後、三斗米の徴収はほとんど退転したが、永仁二年(一二九四)に再興の議がおこり、同四年綸旨によって旧のごとく認められた。長らく中絶していたこととて、三斗米徴収の復活には荘内外から反対があったが、以後室町時代中期まで東大寺領として維持された。河上荘を特色づけるのは、その独得の支配構造にある。全体は八名《みょう》から構成されているが、その名は通常の荘園の名ではなく、三斗米など課役の徴収単位であるにとどまり、東大寺僧が名納所に補任され、名単位で収納の結解を行う。したがって名主職保有者は農民ではなく、農民は作職をもつにとどまり、しかもその作職は東大寺から補任されたようである。名別の結解状は、現存史料では元徳元年(一三二九)を最古とするが、その編成は、永仁再興時にさかのぼるかもしれない。かくて当荘は、全荘がいわゆる間田であり、収納のため番を編成したのが、すなわち当荘の名である、と解される。ただし東大寺の収納は三斗米にとどまったようで、作人は他に負所米を負担した。荘園とはいっても、土地・人民をすべて支配する形態ではなく、農民の土地に対する関係も、領有関係も錯綜した、奈良近郊荘園の一例といえよう。名別の結解状には田積の記載はなく、総面積は判明しない。なお有名な北山十八間戸は、当荘の中にあった。（熱田　公）

(二)丹後国熊野郡の荘園。現在の京都府熊野郡久美浜町新庄・市場・須田一帯で、旧川上村地域。『和名類聚抄』の丹後国熊野郡川上郷のうちにある。長禄三年(一四五九)の『丹後国田数帳』によると、川上本荘は百七町九段余のうち、一町六段は大雲寺、五十町二段余は延永左京亮、二十六町九段余は伊勢肥前守、二町一段余は保田中務・永田又次郎の支配分で、川上新荘四十町七段余のうち、二十町三段余は伊賀次郎左衛門、二十町三段余が駒沢備後守の支配分となっている。元応二年(一三二〇)山城国長福寺雑掌親氏と地頭代覚実との間に下地中分が成立し、関東下知状によって承認されたが、暦応元年(一三三八)には長福寺雑掌能有が前丹後国守護代上杉頼成の押妨を訴え、長福寺の領家職は同年十月の院宣と同三年七月の足利直義の下知状で安堵されている。しかし、この争いは康永二年(一三四三)に至るも継続しており、文和元年(一三五二)長福寺雑掌有政は、上杉氏の被官と推定される上田入道・越界小四郎・島田次郎らの濫妨を訴え、これに対して室町幕府は長福寺雑掌に下地を沙汰し付けるよう命じている。この争いは元応二年の下地中分を承認する長福寺と、これに反対する上杉氏との対立であり、幕府は長福寺に有利に裁定したが、現実には領家分が地頭の押妨でとどめられている。なお康正二年(一四五六)

の河上本荘段銭は三貫文で伊勢肥前守が納入している。（仲村　研）

㈢近江国高島郡の荘園。現在の滋賀県高島郡今津町付近。『和名類聚抄』に川上郷がみえるが、河上荘の起源は、角山君家足の墾田が、天平十二年（七四〇）に小野石根に渡され、のちに藤原頼通の所領となり、平等院建立に際して平等院に施入されて治暦四年（一〇六八）官符で公認されたのである。同官符によれば東は琵琶湖岸から西は若狭国堺に及んでいた。中世末期には山門大講堂が同荘地頭職をもっており、文亀二年（一五〇二）朽木氏がその代官を望んでこれに任ぜられているが、そのころまでに同荘は領家方と地頭方に分けられていた。（坂本　賞三）

かわきたのしょう　河北荘　㈠大和国（奈良県）の荘園。建長二年（一二五〇）の九条道家の惣処分状（九条家文書）に所見。一条実経に譲った「新御領」の中に含まれ、一族の法印道祐から「寄㆓進藻璧門院法華堂㆒」とみえる。ついで南北朝時代の「興福寺衆徒等評定引付」（成簣堂大乗院文書）九月二十九日条に、「宇智郡川北庄事、長者宣幷決断所牒等如此候」とみえる。道家惣処分状の河北荘も、宇智郡であろうか。（熱田　公）

㈡筑後国御井郡にあった山城北野社領の荘園。北野荘とも称されている。現在の福岡県三井郡北野町、大刀洗町富多・三川地域に比定。立荘の時期は不明であるが、平安時代末に、大宰府府官藤原家実、家兼が開発領主として北野社に寄進したことによって、河北荘が成立したものと思われる。早稲田大学所蔵文書「元久元」六月廿七日北条時政書状に、「筑後国河北庄地頭家兼」とあり、家兼は鎌倉幕府成立後地頭に補任されたことがわかる。その後地頭は北条朝時に与えられていたが、嘉禄三年（一二二七）には、朝時の地頭職を停止し、北野社家の進止とされている。田中穣旧蔵文書建仁元年（一二〇一）十一月日高良社上下宮幷小社等造宮所課荘々田数注文案によれば、北野荘二百五十町と見える。その後、河北荘地頭職について、家兼の孫の筑後国御家人北野家重と北野社雑掌とが相論しているが、北野社文書弘安三年（一二八〇）四月七日六波羅探題裁許状、弘安七年（一二八四）三月四日関東裁許状によって、いずれも北野社家の進止であることが認められている。鎌倉幕府滅亡後、北野家綱は建武新政府に訴えて、地頭職の回復を意図しているが、北野社文書建武元年（一三三四）四月九日後醍醐天皇綸旨写によって却下されている。しかし南北朝動乱の中、北野社文書応安六年（一三七三）九月日北野宮寺祠官等解状写で訴えているように、「宮寺最初之神領」「勅事・院事悉以被免除」されていた河北荘も、「近年鎮西大略依為敵陣、当庄徒成軍勢濫妨之地」とあり、荘園としての機能が失われていることがわかる。（瀬野精一郎）

かわぐちのしょう　河口荘　越前国坂井郡の荘園。現在の福井県坂井郡芦原・金津・坂井の各町を含む一帯の地。本庄郷を中心とし、新庄・新郷・大口・兵庫・荒居・王見（大味）・関・溝江（金津付近）・細呂宜の十郷より成り、これらの郷名はおおむね今日の地名としても伝わる。康和年中（一〇九九―一一〇四）白河上皇が一切経料所として興福寺に寄進したのに始まると延慶二年（一三〇九）成立の『春日権現霊験記』にみえるが、寛正五年（一四六四）興福寺大乗院門跡尋尊の記した「春日社毎日不退一切経方条々」（成簣堂文庫蔵）によれば、寄進された年は康和二年とされる。これらは後代の史料であるので確かなことはわかりかねる。おそらく藤原利仁将軍の子孫と称する斎藤氏ら土着豪族が開発を進め興福寺に土地を寄進、のちに荘園として追認されたのであろう。本所は興福寺塔頭大乗院であるが、鎌倉時代同じく興福寺塔頭東北院が領主権を主張し争ったこともある。建永元年（一二〇六）以来、地頭が停止され、寛喜元年（一二二九）以後は守護不入地となり、正応元年（一二八八）成立の隣接の坪江荘とともに、興福寺の重要な所領となる。嘉元三年（一三〇五）の「諸庄算用状引付」の河口荘分田地計千百六十八町七十歩のうち、本一色田・井料田・仏神田などの除田と徳丸・太郎丸・岩永・藤沢・武沢・福光・春吉などの別納名田の面積は約六百町歩で、残り約六百町歩が一般課税田であり、分米は段別九斗であった。管理機構としては、領主の大乗院門跡が最高管理者の検校となり、その下に大乗院下の院家が給主（雑掌・預所ともいう）となり、在地に政所がおり荘務を担当、名主・在家を支配した。鎌倉時代以降年貢請負制が進展、直務地と請所に分かれる。前者は検校所を設け直接派遣の寺官をおき直務地の年貢を集め、後者は一郷一所の政所屋を設け年貢収納などの荘務をとった。請負的荘官は職人ともよばれ、公文・政所・専当・別当があり、朝倉・甲斐らの武士が任命されることも多く、次第に荘地を侵略した。のち戦国大名朝倉氏に大部分を奪われたが、朝倉氏滅亡後、天正二年（一五七四）十一月大乗院は愁状を送り河口荘の恢復を織田信長に懇請したが容れられず、廃絶に帰した。

[参考文献]　井上鋭夫編『北国庄園史料』（重松　明久）

河口荘

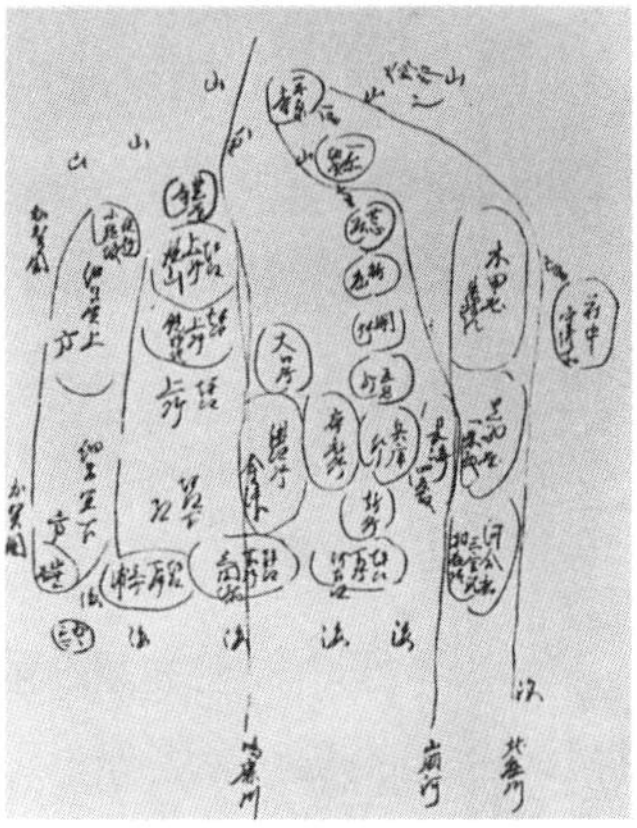

越前国河口・坪江庄近傍図
（文明12年8月3日）

かわごえのしょう　河越荘　武蔵国入間郡と高麗郡にかけての荘園。現在の埼玉県川越市の西部、宿粒《しゅくりゅう》（入間郡）・上戸《うわど》（高麗郡）が確認できるから入間川をはさんだ地域。地名としては河肥・川越とも書かれる。永暦元年（一一六

○)後白河上皇による新日吉社の創建後、河越氏の寄進によって立荘と推定される。以後、新日吉社(＝皇室)を本家、河越氏の地頭請所として存続。『吾妻鏡』文治二年(一一八六)七月二十八日条によると、同社領長門国向津奥荘とともにこの荘の年貢未進が幕府と朝廷の間で問題化している。地頭河越重頼が源義経の縁者の故に源頼朝によって誅殺され、地頭を継承した後家尼と幼子の命に名主・百姓が従わず、加えて領家(某)の死去などの事情が重なった故である。文応元年(一二六〇)河越経重は上戸の荘内勧請神新日吉山王宮に推鐘一口を奉納した。応安元年(一三六八)河越直重は平一揆を結成し宇都宮氏綱と結んで鎌倉府に反抗、滅亡し、河越荘は没収された。寛正三年(一四六二)関東の分裂のなかで同荘は上杉持朝に与えられ、以後扇谷上杉氏の拠点となった。

[参考文献]『川越市史』史料編中世一　(峰岸　純夫)

かわし　為替　⇩かわせ

かわしばた　交易畠　文治四年(一一八八)から同五年にかけて後白河法皇が大規模な検注を実施したが、この時弓削島荘内には、ほぼ均等な交易畠をもつ二十二の百姓名が設定され、年貢・公事賦課の単位として、少なくとも南北朝期まで維持されていた。これらの百姓名には、おのおの百五十歩もしくは二百歩の塩浜が付され、年貢を塩で納入するよう義務付けられていた。交易畠の年貢の麦は、この塩生産のために百姓へ給付されたものである。すなわち交易畠とは、畠の年貢物(麦)をもって、塩とかわす(交易)ために配分された畠という意味である。　(畠山　聡)

かわしまい　替米　⇩替銭《かえせん》・替米《かえまい》

かわしまのしょう　革嶋荘　山城国葛野郡の荘園。京都市西京区川島。『台記別記』仁平三年(一一五三)十一月二十九日条に、左大臣藤原頼長の春日詣の屯食を負担して「革島一具」とあるのが早いが、建長五年(一二五三)『近衛家所領目録』には「革嶋京極殿(師実)領」とみえ、頼長の曾祖父代からの所領とされている。保元の乱で没収、のち七条院領になったがこれは一部で、革嶋はなお近衛家領として存続した(同目録)。こののち南北二荘に分割され、北荘は山科家領、南荘は近衛家領となり、前者を河嶋荘、後者を革嶋荘と区別している。正和二年(一三一三)の名寄帳に十二名、田畠九町五段六十歩とあり、著名な嘉暦元年(一三二六)革嶋幸政筆の南荘図には、当荘の二つの荘域、荘田の地積と坪付、用水路が記入されている。貢租は年貢五十九石余のほか、京都近郊荘園特有の年中行事・日常生活のための物資・人夫などを負担している。鎌倉期以降土豪革嶋氏が当荘に拠り、また荘民は桂川からの用水を共有することから、近隣の諸荘と提携して事にあたる機会が多く、戦国期には土一揆などの発生地とされた。天文十九年(一五五〇)になお「革嶋」の文字による荘名をとどめている。　(尾藤さき子)

革嶋荘

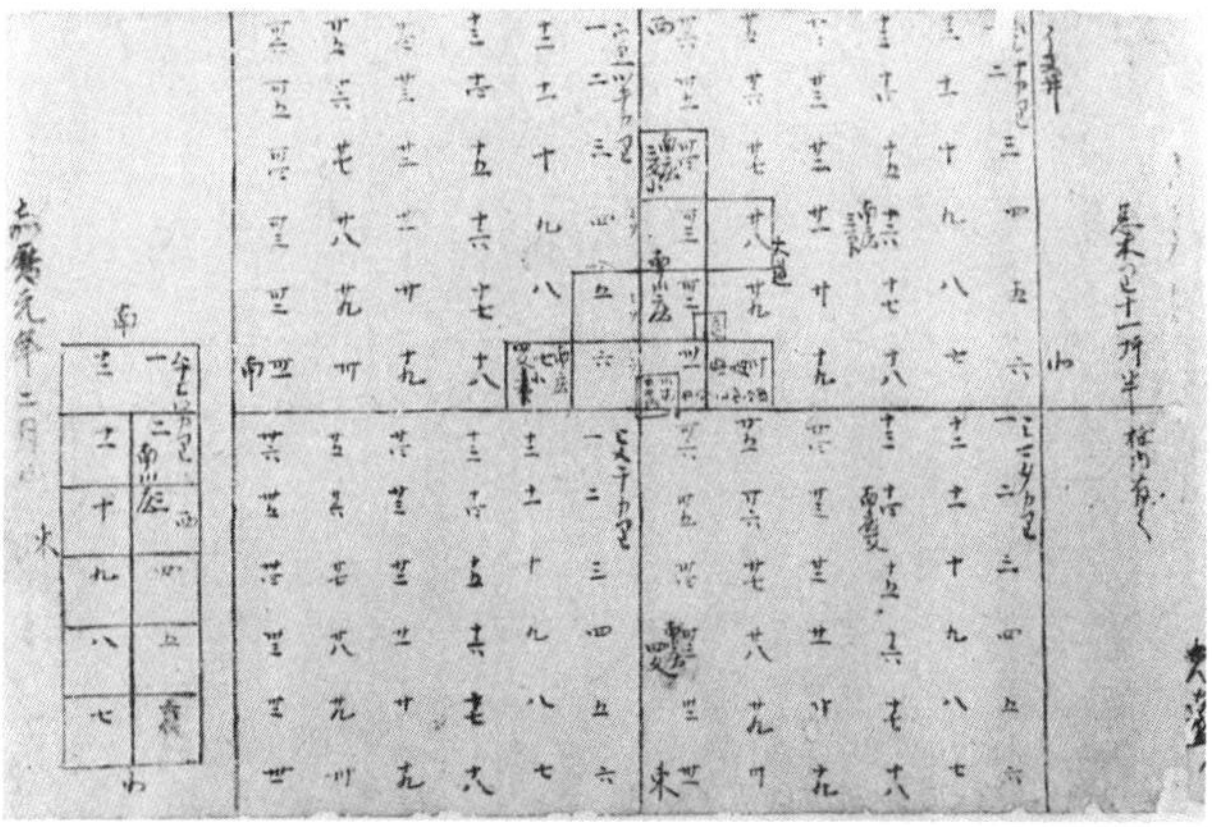

革嶋南庄差図(嘉暦元年2月)

かわせ　為替　離れた土地への送米・送金に、手形・証書などで代用する制度。十三世紀中葉からみられる。中世では、為替と書くことはほとんどなく、通常、替銭と書き、「かえせに」「かえせん」「かわし」などと訓んでいる。また米が対象の場合は替米という。年貢輸送、あるいは訴訟費用の送達にあたり、現物を輸送する危険や不便を避け、手形を利用することが始まった。室町時代には商業取引の発達に支えられ、要地の問屋らの手で為替業が営まれ、為替の利用が盛んとなった。為替の仕組みは、為替依頼人が振出人(割符主・替銭屋)に米銭を渡して為替手形(割符)を受け取り、この手形を手形所持人が支払指定地において支払人に付し、手形と引換えに米銭を受領するものであったが、当時はまだ、裏書により第三者へ手形上の権利の移転を行うことのできる裏書制度はなかった。しかし十五世紀には、必ずしも依頼人と振出人との間で、直接為替取組みが行われたとは限らず、振出人の振り出した手形を入手した商人が、手形需要者(本来の依頼人たるべき者)に譲渡する変則的方法が、相当に行われていたと思われる。手形には十貫文単位のものが非常に多く、これを割符一ツ(十貫文)、二ツ(二十貫文)などと数え、また五貫文の手形を半割符と称していることは、右の事情と関連するものであろう。なお手形(割符)は為替手形とともに他地払約束手形が用いられており、ともに「かわし」と呼ばれていた。支払を拒絶された手形は違割符といったが、この場合には、手形所持人から振出人に償還請求が行われた。このような不良手形が多いのも中世の特徴で、商業機構の未発達によるものである。このため為替取組に際して、質物を取ったり、振出人に保証人(請人)を立てさせることがあった。しかしこの保証人は振出人の死亡または失踪のときのみ、その保証責任を負うにすぎなかった。　→替銭《かえせん》・替米《かえまい》　(百瀬今朝雄)

かわそえのしょう　河副荘　肥前国佐賀郡にあった荘園。現在の佐賀市、佐賀郡川副町、諸富町の一部地域。京都最勝寺領。初見史料である『長秋記』大治五年（一一三〇）七月二十日条によれば、河副荘は新立荘であるので、満作しないため、本来の年貢は二千石であるが、実際に到来したのは八百石に過ぎなかったと見える。その後、鎌倉幕府が成立すると、河副荘に惣地頭天野政景が補任され、荘内に極楽寺を建立し、承元二年（一二〇八）に免田一町が燈油田として寄進されている。以来北条氏一族と河副荘は密接な関係があり、関東御祈願所となった佐嘉郡高城寺には、北条氏によって河副荘内の所領所職が寄進されており、荘内に得宗領が存在していたことがわかる。河上神社文書正応五年（一二九二）八月十六日河上宮造営用途支配惣田数注文には「河副荘一千六十七丁一反」とある。その後も有明海の干拓による荘域の拡大が図られたらしく、南北朝時代以降、「河副南北荘」「河副新荘」等の呼称が見える。（瀬野精一郎）

かわだのしょう　河輪田荘　阿波国麻殖郡の荘園。現在の徳島県麻植郡山川町付近を荘域とする。九条家領。永久五年（一一一七）の民部卿家政所下文によると、当荘の四至が広博のため国衙から訴えられ、正しい四至を定めて牓示を打ち直すよう命ぜられている。なお治承四年（一一八〇）の皇嘉門院仮名譲状には「あは　かわゝた」と記されている。応永のころには光明照院領になっている。

参考文献　徳島大学教育学部社会科教育研究室編『阿波国荘園史料集』（渡辺　則文）

かわちのしょう　河内荘　河内国の荘園。『中右記』によれば永久二年（一一一四）関白藤原忠実の荘園とあり、この年、同荘内の俊義法師とその従類である日吉神人、およびこれに与同する院御厩舎人らが同荘の本券文書を盗んで摂津国の福地牧・榎並荘に潜伏・往反し、同荘を日吉社に寄進しようとする非法を起したため、検非違使が追捕し勘問している。応永五年（一三九八）八月ごろには仁和寺御室永助入道親王の所領であったらしい。（三浦　圭一）

かわて　河手　中世の交通税の一称呼。一般に河川を往来する船に対する課税を意味し、河川の産出物による収益は含まれない。鎌倉時代初頭以来、諸国の河手は津料とともに、地頭の得分と化し、幕府はこれを停止したが、建暦二年（一二一二）地頭の訴えにより安堵した。承久の乱後、新儀に河手を徴する地頭多く、下知状を帯びる者以外はこれを禁止した。河手の称呼は、主として鎌倉・南北朝時代に多く、その後、著減する。（新城　常三）

かわなり　河成　⇩荒田《こうでん》

かわのべのしょう　河辺荘　美濃国加茂郡の荘園。現在の岐阜県加茂郡川辺町の地域。十一世紀の藤原師実の時、すでに摂関家領であった。のち近衛家に伝領された。室町時代には斎藤氏の所領に帰し、享徳元年（一四五二）、斎藤利永が河辺荘長夫銭ほかを善恵寺に寄進している。（新井喜久夫）

かわむらのしょう　河村荘　遠江国城飼郡の荘園。現在の静岡県小笠郡菊川町中央部一帯。寛治四年（一〇九〇）、白河上皇が賀茂御祖社（賀茂下社）の御供田として寄進した二十八ヵ所の荘園の内に当荘の名が見える。一方、嘉応二年（一一七〇）のものと推定される官宣旨案によると、当荘は九条民部卿が遠江の知行国主であった頃、松尾社に寄進され、のち新日吉社領とされている。両者の関係は不明。ただし、賀茂下社と当荘との関係は十五世紀末まで確認できる。同社領の領家職は十五世紀末に勧修寺藤原氏の海住山大納言高清が見え、延徳二年（一四九〇）には清閑寺家幸がその遺領を安堵されている。また、建久二年（一一九一）には、本主三郎高政が北条時政に当荘を寄進している。弘安九年（一二八六）には、当荘東方地頭として北条師時の名が見られるから、建久二年以来、地頭職は北条氏により相伝されてきたものと思われる。（西尾　知己）

かわらだ　河原田　河川の沖積扇状地や、自然堤防の後背湿地、あるいは河口デルタ地帯につくられた古代・中世の自然灌漑による水田。弥生文化段階の水田遺跡は、安倍川氾濫原の登呂（静岡県）や、大和川中流流域の唐古（奈良県）にみられるように、低湿地水田であるから、これらも河原田の一種であると考えられるが、七—八世紀の律令国家体制下の開発につづいて、人工灌漑がすすんだ荘園制時代にも、なお河川流域の自然灌漑状態の水田がのこされた。十世紀初頭の伊勢国大国・川合両荘の櫛田川デルタ地域にみえる河原田などは、不安定で損田になりやすい田畠であったが、他方年貢のほかに公事なども負担しうるような河原田もあらわれ、やがて地字名化した。大井川河口デルタに成立した南禅寺領遠江国初倉荘では、十四世紀の史料に、本田とならんで「河原新田」がみえ、その面積も七十数町に及び、本田に匹敵するほどであった。十五世紀には比較的大規模な河原新田を開発保有する名主上層とならんで、本田すらもたぬ下層の名主百姓・散田作人・下人らによる小規模な河原新田がみえ、後者は当時の焼畠や、ほまち田とならんで下層農民自立の一契機をなしたとみられている。（島田　次郎）

かわらでらりょう　川原寺領　奈良県高市郡明日香村大字川原にある寺院川原寺の所領。川原寺は河原寺とも書き、弘福寺《ぐふくじ》ともいう。『新抄勅格符抄』によれば、常陸国百戸・上野国百五十戸・武蔵国百五十戸・紀伊国百戸、合わせて五百戸の封戸が天武天皇二年（六七三）に施入されたという。文書の上での初見は、和銅二年（七〇九）十月二十五日の「弘福寺田畠流記帳」である。これによると大和国広瀬郡・山辺郡・葛下郡・高市郡・宇智郡に水田五十三町八段二百七十八歩、陸田十二町五段百二歩をはじめ、河内国若江郡、山城国久世郡、尾張国中嶋郡・丹羽郡、近江国愛智郡・伊香郡、美濃国多芸郡・安八郡、讃岐国山田郡に合わせて水田百五十八町四段百二十一歩、陸田四十九町七段三歩の寺領があったことがわかる。延

川原寺　寺領一覧

所在国郡		名称	特徴	典拠
山城	久世郡		和銅二年田地十町二百三十八歩・陸田三十七町一段二百六十一歩	弘福寺田畠流記帳
大和	広瀬郡	大豆村	和銅二年田地二十町九段二十一歩	同
	同	広瀬荘	長和二年田地四十三町二段三百五十四歩	白河本東寺百合文書九
	同	木戸池内	長和二年田地十七町二段二百八十歩	同
	同	瓦山	長和二年瓦山一処・瓦竈三口	同
	山辺郡	石上村	和銅二年田地二十八町四段百四十六歩	弘福寺田畠流記帳
	同	山辺荘	長和二年田地二十九町三段二百八歩	白河本東寺百合文書九
	葛下郡	成相村	和銅二年田地一町二段七十二歩	弘福寺田畠流記帳
	高市郡	寺辺田	和銅二年田地三町三段三十九歩・陸田十一町九段百二歩、長和二年田地九町九段百八十九歩	弘福寺田畠流記帳・白河本東寺百合文書九
	宇智郡	二見村	和銅二年陸田六段	弘福寺田畠流記帳
	十市郡		宝亀二年田地四町施入	安藤文書
	同	佐位荘	長和二年田地七町四段四十歩	白河本東寺百合文書九
河内	若江郡		和銅二年田地十二町六段百四十歩	弘福寺田畠流記帳
尾張	中島郡		和銅二年田地十町四段二百八十一歩	同
	丹羽郡		和銅二年田地十町	同
近江	愛智郡		和銅二年田地十一町一段三十六歩	同
	同	平流荘	延久二年田地十一町四段二百九十八歩	東寺文書礼
	伊香郡		和銅二年田地十町二段二百二十八歩	弘福寺田畠流記帳
	同	伊香荘	延久二年田地十町二段二百三十六歩	東寺文書礼
	同	蔵部荘	延久二年田地三十一町九段九十歩	同
	甲賀郡	椋部荘	延久二年弘福寺三綱解に見ゆ	東寺百合文書モ
	同	水主荘	同	同
美濃	多芸郡		和銅二年田地八町	弘福寺田畠流記帳
	安八郡		和銅二年田地十二町	同
讃岐	山田郡		和銅二年田地二十町	同

川原寺領

暦十三年(七九四)の文書目録によれば、同寺領の田畠は、大和・山城・河内・摂津・近江・美濃・播磨・紀伊・讃岐の諸国にわたっており、和銅二年の田畠流記帳の記載と若干の相違がみられる。弘仁九年(八一八)、同寺は空海に付せられ東寺(教王護国寺)の末寺となるが、長和二年(一〇一三)には大和国において寺辺水田をはじめ佐位荘・山辺荘・広瀬荘・木戸池内など百七町余があり、延久二年(一〇七〇)には近江国に平流荘・伊香荘・蔵部荘合わせて五十三町余と、ほかに面積は不明であるが椋部荘・水主荘が同寺領であったことが確かめられる。中世になると東寺領荘園として「弘福寺幷河原(城)庄」という言葉がみられ、これは高市郡の寺辺水田が荘園化したものと考えられるが、河原城荘を山辺郡の河原城荘とする説もある。（上島　有）

かわらのしょう　河原荘　大和国平群郡の荘園。比定地は未詳だが、現在の奈良県生駒市壱分町川原かとする説がある。東大寺領。寛弘七年(一〇一〇)寺領荘園の防河夫役・臨時雑役の停止を求めた東大寺牒に、御香園として、墳田荘・池尻荘とともに、平群郡三所の一つに数えられている。しかし、これ以後東大寺領中に所見はなく、その後の歴史は不明である。『荘園志料』は、のち東寺領となったとするが、これは河原城荘と混同した見解。東寺領河原城荘は、史料の上ではしばしば河原荘と略称されるが、河原城荘は山辺郡にあり、平群郡河原荘とは別とすべきである。（熱田　公）

かわわのしょう　河曲荘　伊勢国河曲郡にあった摂関家領の荘園。現在の三重県安芸郡河芸町付近か。『中右記』長承二年(一一三三)七月二十七日条によれば、当時の預は盛信(木工助藤原盛信か)であった。建長五年(一二五三)十月二十一日の『近衛家所領目録』によれば、藤原師実領であり、藤原基通より藤原兼基に譲られ、建長当時、春日局が知行していた。『伺事記録』延徳二年(一四九〇)閏八月十八日条によれば、当荘は仁木千代菊丸の知行地であった。（西垣　晴次）

かん　貫　(一)質量の単位。尺貫法の基本単位。明治二十四年(一八九一)公布の度量衡法で四分の一五《キログラム》と確定された。千匁《もんめ》にあたる。律令制における質量単位は唐制にならって銖《しゅ》・両および斤であった。二十四銖が両、三両が大両、十六両が斤である。一方中国においては唐の武徳四年(六二一)開元通宝が発行され、その質量や寸法は歴代貨幣の標準とされるようになった。その質量は二・四銖で、以後の一文銭はこの質量を標準とした。宋代以後この値を質量の単位とする慣習が生まれ、泉または銭が質量単位の名称ともなった。この慣習的単位がわが国にもたらされ、その千倍すなわち一文銭千枚分を貫とし、銭の十分の一を分と呼ぶ慣習が定着した。その時期は明確でないが、中国銭を多く輸入した室町時代と考えられる。貫は一文銭千枚を紐で貫いてまとめた状態に由来すると思われる。「もんめ」は一文の目方の意で、匁は泉の草書である。貫は江戸時代においても商品の取引には用いられたが、金・銀、貨幣には用いられず、明治四年の新貨条例でも基本は銭で、最初の値は三・七五六七四《グラム》、のち三・七五六五二一《グラム》と訂正されている。同二十四年度量衡法の制定により貫が基本となって現在の四分の一五《キログラム》となったので、わずかに減少したことになる。計量法により昭和三十三年(一九五八)末をもって商取引上の使用は禁止されている。（小泉　袈裟勝）

(二)計銭の単位。銭一千文を一貫と称するが、その由来は一文銭千枚を一条の緡《さし》に貫いて一結としたことにあるという。また一貫を一〆と記すことが多いが、これも一結

すなわち一しめ、からきたもののようである。なお九六《くろく》銭計算の場合は九百六十文をもって一貫とする。また銀貨の場合も千匁を一貫と称するが、この場合の貫は目方の名称である。（榎本　宗次）

かんえきでん　勘益田　⇩勘出田《かんしゅつでん》

がんおうじのしょう　願皇寺荘　丹波国氷上郡の荘園。現在の兵庫県氷上郡柏原町柏原の稲荷神社一帯と推定される。願皇寺は応和元年（九六一）の『妙香院荘園目録』にその名がみえ、願皇寺荘は正応二年（一二八九）に山城勧修寺領で下地中分されている（『勧修寺文書』）。明応八年（一四九九）の『久下道祖増丸知行目録』には柏原荘願王寺村とあって、柏原荘の中にあることがわかる。永禄年中（一五五八―七〇）には谷丹波守重親がこの地に居を構え、文禄年中（一五九二―九六）には豊臣氏の直轄領となった。

参考文献　丹波史談会編『（丹波）氷上郡志』上（仲村　研）

かんかりょう　勘過料　中世関税の一称呼。古代において、関所を通過せしむることを勘過というが、その後、関所が関税徴収の機関と化するに至って、通過料の意味で関銭の一つとなった。治暦元年（一〇六五）越前敦賀津・若狭気山津・近江大津その他の刀禰が、越中の運上調物の一部を勘過料と称して徴したのがその初見である。勘過料は、その後断続することなく、今のところ永禄十一年（一五六八）まで検出され、数多い関税称呼中、使用された期間の最も永いものである。（新城　常三）

かんがりょう　官衙領　令制下に中央の諸官司が独自の運営財源を得るために有した所領のことで、諸司領ともいう。主として職員の衣食などの生活給に充てられている。奈良時代にもすでに一部が存在したが、多くは九世紀以降になって設定された。種々の名目で官衙に施入された田畠や園地などのほか、平安初期のいわゆる元慶官田を割いて配分された要劇料田や番上粮田等に起源を有するものなど、さまざまなものがあり、成立過程も各官衙によって一様ではない。延久二年（一〇七〇）九月二十日興福寺大和国雑役免坪付帳（興福寺文書・天理図書館所蔵文書『平安遺文』九巻四六三九・四六四〇号）には、諸荘園に混じって内蔵寮田・左右馬寮田・左右京職田・穀倉院田などの多くの官衙領田が所見されるが、この当時はすでに、その多くが実質的には荘園化していた。（牛山　佳幸）

かんぎこういんりょう　歓喜光院領　京都市左京区にあった歓喜光院の所領。歓喜光院は鳥羽上皇の寵妃美福門院（藤原得子）建立の寺で、多くの寺領が寄進された。それは永暦元年（一一六〇）十一月八条院に伝領し、建久八年（一一九七）正月以仁王の遺子三条姫宮に、元久元年（一二〇四）二月八条院に、建暦元年（一二一一）六月後鳥羽天皇皇女春華門院に、同十一月順徳天皇（後鳥羽上皇管領）に伝

歓喜光院領

歓喜光院領一覧

所在国郡		名称	成立年次	特徴	典拠
大和	高市郡	波多小北荘	嘉元三年七月	亀山上皇領	亀山院御凶事記・昭慶門院御領目録
河内	讃良郡	讃良新荘	徳治元年六月		昭慶門院御領目録
摂津	河辺郡	富島荘	建長二年十一月	九条道家領・八条院領	九条家文書・昭慶門院御領目録
	島下郡	宿野荘	寛仁二年五月	後一条天皇中宮藤原妍子領	小右記・朝野群載・昭慶門院御領目録
三河	碧海郡	上野荘	徳治元年六月		昭慶門院御領目録
甲斐	巨摩郡	鎌田荘	保延三年四月		中右記・昭慶門院御領目録
近江	蒲生郡	比牟礼荘	承久三年	比牟礼社は大報恩寺領	比牟礼神社文書・昭慶門院御領目録
	高島郡	広瀬北荘	徳治元年六月	南荘は後宇多上皇領	昭慶門院御領目録
	（郡未詳）	虫生社	承安三年六月	石山寺領	吉記・昭慶門院御領目録・宮内庁書陵部所蔵雑文書
美濃	可児郡	久久利荘	徳治元年六月		昭慶門院御領目録
	安八郡	小泉荘	同		同
	各務郡	鵜渭荘	同		同
	（郡未詳）	全居荘	同		同
信濃	埴科郡	大穴荘	文治二年三月		吾妻鏡・昭慶門院御領目録
加賀	加賀郡	倉月荘	徳治元年六月	のち中原氏の家領	昭慶門院御領目録
丹波	多紀郡	多紀荘	永治元年八月	鳥羽上皇領	九条家文書・東大寺文書・昭慶門院御領目録
但馬	朝来郡	賀都荘	弘安八年	のち池寺荘、百四十一町余	但馬国大田文・昭慶門院御領目録
	（郡未詳）	河合温泉	徳治元年六月	河合・温泉両寺	昭慶門院御領目録・山科家文書
出雲	意宇郡	来海荘	同		昭慶門院御領目録
播磨	赤穂郡	矢野別符	文治二年六月	美福門院領、のち東寺領	吾妻鏡・海老名文書・松雲寺文書・東寺百合文書ヒ・昭慶門院御領目録
	同	矢野例名		矢野別符の田四十三町余を割く	吾妻鏡・海老名文書・松雲寺文書・東寺百合文書ヒ・昭慶門院御領目録・美吉文書
	同	矢野別納		重藤名	昭慶門院御領目録
	美嚢郡	吉河上・下荘	弘安六年四月	安嘉門院領	大報恩寺文書・昭慶門院御領目録・建内記
	同	竹原村	同		同

所在国郡	名称	成立年次	特徴	典拠
美作 久米郡	垪和東・西荘	徳治元年六月		昭慶門院御領目録
備後 沼隈郡	長和荘	同	八条院領、悲田院の知行	同
紀伊 名草郡	三上荘	治暦三年二月	八条院領	紀伊続風土記所収薬王寺文書・吾妻鏡・願成寺文書・昭慶門院御領目録
淡路 津名郡	内膳荘	貞応二年四月	同	淡路国大田文・亀山院御凶事記・昭慶門院御領目録
筑前 早良郡	野介荘	徳治元年六月	同	昭慶門院御領目録
肥後 益城郡	岳牟田荘	同		阿蘇文書・昭慶門院御領目録
同	豊田荘	文治元年九月	八条院領	玉葉・昭慶門院御領目録
日向 宮崎郡 那珂郡 児湯郡	国富荘	建久八年六月	八条院領、千五百二町	日向国図田帳・昭慶門院御領目録

領。承久三年（一二二一）幕府が後鳥羽上皇の領地を没収して、後高倉院守貞親王に旧八条院領を返上したときに、歓喜光院領は二十六所とある（『三宝院文書』一五）。さらに守貞親王の二女安嘉門院から亀山上皇・同皇子恒明親王（嘉元三年（一三〇五）七月）・同皇女昭慶門院を経て、徳治元年（一三〇六）六月後宇多上皇（亀山院皇子）に、延慶元年（一三〇八）閏八月上皇から皇子尊治親王（後醍醐天皇）に譲与された。応永三十年（一四二三）十一月に称光天皇は歓喜光院で美福門院国忌八講を修している（『薩戒記』）。歓喜光院領の多くは南北朝時代に飛行したが、長禄二年（一四五八）四月将軍足利義政は、播磨吉河上荘領家職を万里小路時房に安堵させた（『山名文書』）。その本所職は禁裏領である。末寺に興善院がある。　→八条院領《はちじょういんりょう》

（奥野　高広）

かんきじゅいんりょう　歓喜寿院領　七条院（藤原殖子）は、建保二年（一二一四）洛中七条堀河の御所内に持仏堂を建立し、のち歓喜寿院と称した。同四年二月、すでに若狭太良荘は、歓喜寿院修二月会雑事と領家役を納めている（『東寺百合文書』は）。同六年十月七条院は本領主高階宗泰の寄進をうけ、越前織田荘を（『妙法院文書』）、承久三年（一二二一）四月にその御領若狭太良荘の堺四至の牓示を打ち（『東寺百合文書』ら）、重ねて歓喜寿院領に定めた。安貞二年（一二二八）九月歓喜寿院領を養子光台院御室道助法親王に譲与した（『仁和寺御伝』、『東寺百合文書』ら）。康永三年（一三四四）七月日の無品親王庁解（『妙法院文書』）には、七条院が安貞二年に歓喜寿院領を譲与したのは、妙法院尊性法親王だとある。しかし寛喜元年（一二二九）九月仁和寺道助法親王は、七条院の法会を行なっている（『明月記』）。道助法親王は仁治元年（一二四〇）十一月太良荘を東寺に寄進した。東寺は七条院の本願を忘れぬため、歓喜寿院米として十石を同院に納めることにした（『東寺文書』楽）。

（奥野　高広）

歓喜寿院領一覧

所在国郡	名称	成立年次	特徴	典拠
若狭 遠敷郡	太良荘	建保四年二月	のち東寺領	東寺百合文書う・は
越前 丹生郡	織田荘	建保六年十月	のち妙法院領、織田氏発祥地	妙法院文書・東寺文書
（郡未詳）	久次荘	貞応二年六月	小槻氏が代官	常盤内常林寺領之事
但馬 二方郡	八太荘	養和元年十一月	新熊野社領もあり	新熊野神社文書・但馬国大田文
同	二方荘	同	同	同
七美郡	射添荘	弘安八年	地頭射添弥三郎入道	但馬国大田文
紀伊 日高郡	富安荘	元徳二年九月	後醍醐天皇皇子世良親王領	故太宰帥親王家御遺跡臨川寺領等目録

かんげつ　閑月　冬など、農作業に閑のある季節。要月または忙月の対語。中国の古典では国家が人民を使役するのは農閑期に限るべきであるとされ、聖徳太子の『憲法十七条』にもこの主旨の一条（第十六条）が立てられた。隋や唐の律令制では閑月と忙月との別が関係条文に取りいれられ、これにならった日本では戸が他国に転居するとき（戸令）、城や堀を修理するとき（軍防令）は閑月に限り、人民を土木工事に雇役するときは閑月ならば五十日以内、要月ならば三十日以内、またその戸にほかに働き手がなければ閑月、あれば要月に雇役すること（賦役令）とした。また閑月は一般には冬季と解釈されているが、『令集解』賦役令の諸説は、閑月は十月から二月まで、要月は三月から九月までと解釈している。なお律令時代を通じて人民を使役する際の詔勅には「閑月に逐《したが》って」という語句が時折みられる。

（青木　和夫）

がんごうじりょう　元興寺領　奈良市にある寺院元興寺の所領。元興寺は、平城遷都後、京内に飛鳥の飛鳥寺（法興寺・元興寺）を移したものであるが、旧寺名の通り飛鳥寺ともよび、新元興寺とも称した。天平十九年（七四七）勘録された『元興寺伽藍縁起幷流記資財帳』によれば、この時の元興寺領は水田四百五十三町七段三百四十三歩で、このうち四百三十八町四段三百四十三歩が定田とされ、大和・河内・摂津・山背・近江・吉備・紀伊の七ヵ国に存在したことが知られる。またこのほかに寺封として千七百戸をもっていた。天平勝宝元年（七四九）に墾田地限として二千町を定められたが、同五、六年にかけて、近江国依智郡で水田を購入し、これは元興寺三論衆の供田とされていたが平安時代には東大寺東南院領となった。寺封に重点を置いていた元興寺では、寺封の貢租が滞り、

明詮はこれについて「曩日延祥僧正為二此寺別当一、僧供始絶、（中略）時代漸衰、寺之封邑不レ貢レ租也」（『日本高僧伝要文抄』三所引『音石山大僧都伝』）と述べている。室町時代には東大・興福両寺が元興寺を末寺にしようと争い、また武士の押妨もあって正長のころには寺辺の田数町であった。慶長七年（一六〇二）に朱印地五十石を受けて命脈を保った。（栗原　治夫）

かんざきのしょう　神崎荘　肥前国神埼郡にあった荘園。現在の佐賀県神埼郡神埼町を中心とする地域。神崎荘は肥沃な佐賀平野の中心部に位置しているが、仁明天皇承和三年（八三六）空閑地六百九十町が勅旨田となったのが荘園成立の契機となり、その後、後院領として相伝され、平安時代末期には日宋貿易の拠点にもなった。鎌倉幕府成立後、後白河院御領として兵粮米を課すことを停止されている。承久の乱により没収され、地頭に三浦泰村が補任されたが、宝治合戦（三浦氏の乱）による泰村の没落により後嵯峨院領となった。以後皇室領として相伝されたが、現実には不知行の状態にあった。そこでモンゴル襲来による鎮西御家人に対する恩賞地配分に苦しんだ鎌倉幕府は、神崎荘を恩賞地配分の対象とし、正応二年（一二八九）三月十二日多数の鎮西御家人に分割して孔子《くじ》配分したが、配分された田地・畠地は荘内に散在しており、しかも一人当り配分された田地の広さは最低三町、最高十町に過ぎないものであった。正応五年八月十六日の『肥前国河上宮造営用途支配惣田数注文』（『河上神社文書』）によれば、「院御領神崎庄三千丁」とみえるが、荘内には肥前国一宮河上神社領免田・神崎荘内鎮守櫛田神社・高志神社・東妙寺・妙法寺・修学院などの社寺領が入り組んだ複雑な支配関係が形成されている。その上、鎮西御家人に対する恩賞地配分があって、支配関係をさらに複雑とすることになった。このような神崎荘の特殊性は、南北朝時代以後になっても変わらず、武家方・征西将軍宮方・足利直冬方から絶えず勲功恩賞地の対象地に供されることになった。この地域は条里坪付が行われており、神埼町の本堀・神納・蔵戸・永歌・石井ヶ里などの各部落には、一坪から三十六坪まで完全に残存しており、そのほか駅ヶ里・田道ヶ里などと呼ばれる集落名が多数残っており、条里坪付の史料が豊富なことと相まって、条里の復原が可能である。神崎荘の名称は明応年間（一四九二—一五〇一）まで行われているが、南北朝動乱期以後は、ほとんど荘園としての機能を失っていた。

参考文献　瀬野精一郎編『肥前国神崎荘史料』（『荘園史料叢書』）（瀬野精一郎）

かんざきのまき　神崎牧　兵部省所管の牛牧の一つ。『延喜式』兵部省にみえ、平安時代に武蔵国にあったことが知られる。その位置は不明。（石田　祐一）

かんし　官使　太政官から派遣され、太政官符や官宣旨を伝える使者。荘園制下においては、荘園の立券（立荘）時の領域確定や、確定された領域の領有をめぐって発生した問題（隣荘との四至相論など）の処理のために派遣される。十二世紀以降、立券に際しては、中央から官使（もしくは院使）を派遣して、国使（国衙の使者）とともに荘園現地を実検、立券言上させる形式が主流となってゆく。それにともない、それまで立券に際して主体的な役割を果たしていた郡司や刀禰などの在地勢力の役割が後退することになる。しかし、その後の官使の業務も荘園現地の古老百姓の証言に準拠してなされる性格のものとされており、その限りにおいて、地域の法秩序に依拠するものであった。（清水　克行）

かんじゅじりょう　勧修寺領　京都市山科区にある真言宗の寺院勧修寺の所領。勧修寺には約百巻、数千通にわたる古文書が蔵され、それが春夏秋冬の四つに分類され、そのほか江戸時代の寺領文書、長吏の日次記《ひなみき》などが蔵されている。それらのうち、寺領文書として最も古いものは保元三年（一一五八）勧修寺田畠検注坪付で、勧修寺辺二百五十四町と買得田が中心であり、永暦元年（一一六〇）には右の寺辺田地山野および諸国末寺荘園に恒例臨時の国役を免除されている。建武三年（一三三六）の勧修寺寺領目録では、加賀国郡家荘・三河国重原荘など十八ヵ所で、尾張国甚目寺は勧修寺の末寺であった。その後、足利氏による所領寄進もあったが、応仁の乱後、諸国の荘園の年貢は渋滞し、寺内も荒れ、太閤検地以後、寺領の中心となったのは鎮守八幡宮領宇治郡十一郷および安祥寺を中心とする山科七郷の寺辺の領地にすぎなかった。石高制になってからは、織田信長は三百石を施入したが、豊臣秀吉との対立によって総高八百石を六百石に減ぜられ、その後済深入道親王が東大寺大仏殿再建に尽力してより千十二石に加増された。（平岡　定海）

勧修寺領

勧修寺　寺領一覧

所在国郡	名称	成立年次
山城　宇治郡	勧修寺寺辺田園	
同	小野郷	
同	山科郷	
同	安祥寺	
久世郡	巨倉荘	建武三年以前
（郡未詳）	願興寺	
大和　葛下郡	大畠荘	建武三年以前
河内　（郡未詳）	貞法寺	
伊賀　阿拝郡	新居荘	建武三年以前
尾張　海部郡	甚目寺	
三河　碧海郡	重原荘	建武三年以前
甲斐　巨麻郡	加々美荘	同
武蔵　橘樹郡	河崎荘	同
近江　犬上郡	清水本荘	同
美濃　土岐郡	小築・釜戸両郷	同
加賀　江沼郡	郡家荘	同
越中　射水郡	浅井弘上	同
美作　苫西郡	西香々美荘	元弘三年以前
備前　上道郡	金岡荘内西大寺	
淡路　津名郡	塩田荘	建武三年以前

（典拠はすべて『勧修寺文書』）

かんしゅつ　勘出　律令制下、主計寮・主税寮などは、毎年諸国から提出される大帳・調庸帳（主計寮）、租帳・

正税帳(主税寮)などの公文を勘会したが、勘会によって国司の不正・雑怠を摘発することを勘出といい、これを記録して国司の責任を追及することを「勘出を置く」と称した。調・庸・正税などの官物が勘出された場合には、国司は翌年これを弁済するのが原則であったが、九・十世紀に年々の勘出物が補塡されぬまま年を経るのが常態となると、「暫く勘出を置くも公文を勘済す」、つまり、勘出したものはその旨を記録するが、その責任は追及せずに、公文は受領したことにする、という便法までとられるようになった。 (早川 庄八)

かんしゅつでん 勘出田 土地を検注して調べた結果、新しく見つけられた田地のこと。律令制時代におこなわれた班田では、勘出田が摘発・登録された。筑前国観世音寺領黒島荘(本公験十九町六段)の場合、応徳元年(一〇八四)に検田使(書生・郡司等)が各坪を調べて合計一町八段の田を勘出したが、同寺は満町の坪から勘出田が出ることはおかしいとして、筑前国衙にこの勘出田の免除を訴え、認められている(百巻本東大寺文書『平安遺文』四巻一二一四号)。 (菅原 正子)

かんじょうかけ 勧請掛 勧請縄、勧請吊り、あるいは「道切り」などとも言う。中世の武士の館や屋敷などで、入り口の門柱に注連縄を張り、木札や枝葉を吊り下げて行われた一種の呪術儀礼。『一遍聖絵』や『法然上人絵伝』などの絵巻物にしばしば描かれており、また、具体的な作法の記録として越後の『色部氏年中行事』がある。木札には神仏名や呪符号が書かれたが、「勧請板」と言って『大般若経』を転読した旨を書き記したものもあった。修正会の一形態と考えられるオコナイ・ショウゴン・初祈禱などの行事の中で行われることが多く、村や地域社会の安穏を祈る共同体の儀礼としての意味をもっていたと考えられる。実際には天台・真言系寺院の僧侶が介在したらしい。現在も、主として近畿地方に民間習俗として残されているが、多くの場合、村の入り口や領域の境界に懸けられており、邪悪なものが村内に入るのを防ぐ意味に変化している。 (牛山 佳幸)

かんしょうふしょう 官省符荘 国家が、太政官符(符とは上下関係にある官司の間で上級官司から下級官司へ下す文書のこと)や、太政官の指令に基づいて民部省(土地関係事項を掌る)が発した符によって、荘田の不輸租やその領有を公認した荘園のこと。律令制以来荘園の不輸租と領有とを公認するのは太政官であるべきだが、領有者がみずから荘と称した荘園や国司が認めた国免荘が出現してから、官省符荘という用語はこれらと区別する意味が付与されてくる。平安時代中期から諸国で多くみられるようになる国免荘は、その国司の任期間だけその国で保証されるにすぎないもので、もともと国司は荘園の不輸租を公認する資格はなかったのである。荘園に関する官省符の史料的初見は東寺領丹波国大山荘に関する承和十二年(八四五)九月十日民部省符案(『東寺文書』)とされていたが、この民部省符案は内容に疑問があり、十世紀以後に作成されたものである。しかしこのような官省符は八世紀には存在していたと思われる。もともと律令制下で国家が荘田の不輸租を公認したのは特定の社寺の神田・寺田としてであり、したがって官省符荘は社寺にだけ認められていたものと考えられる。この意味からすれば、官省符荘の実体は律令国家の国家的土地所有が制度として整えられた時期に始まるというべきであろう。しかし官省符荘という称が使われるようになってくる契機は別に存在したらしい。当初は神田・寺田が輸租田で租は本主たる社寺のもとに入ると解釈されていたのが(『令集解』田令六年一班条所引の古記)、平安時代初期には不輸租田とされており、また史料上で寺田の賃租価直が天平宝字年間(七五七―六五)ごろから地子と記されるようになってくる。この間の変化は、神田・寺田が官省符荘たる性格をもつようになることと関係があると考えられる。官省符荘は官省符によって国家から付与された荘田の田租が不輸とされるもので、その不輸となった田租を含んだ荘田の賃租価直が荘園領主の得分となるわけである。律令制下では官省符荘に専属する労働力の存在は法的に認められなかったから、その経営は周辺の公民の賃租によるべきものであった。なお九世紀末までは、官省符荘において買得・新開などで新たに付加されてきた田地も、班田収授の際に班田図に登録されたならばそれらの田地も既存の官省符荘田と同質に取り扱われて不輸租となった。しかし十世紀初頭ごろから、官省符荘の不輸租の範囲は当初の官省符に記載された荘田だけに限定され、それ以外の荘田は荘領であることには変わりがなかったけれども輸租(このころからは官物を出す)とされる原則となった。そして十一世紀後期ごろには、官省符荘田では官物も雑公事もともに不輸とされて荘園領主の収入となった。平安時代にしばしば発せられた荘園整理令は官省符荘田(不輸田)を対象としたものではなく、このような官省符荘不輸田は荘園整理令で収公されることはなかったのである。 →立券荘号《りっけんしょうごう》 (坂本 賞三)

かんしょうふのしょう 官省符荘 紀伊国伊都郡の荘園。高野山金剛峯寺領。平安時代末期、文治元年(一一八五)には荘内は河南・河北・下方に分かれており、この区分は中世を通じて一貫している。金剛峯寺の主張によれば、草創以来、高野山麓・紀ノ川南岸に政所を設けたとあり、寛弘元年(一〇〇四)太政官符によって寺田領有、臨時雑役免除を認められ、さらに治安三年(一〇二三)藤原道長の寺領施入をうけ、河南が成立した。永承三年(一〇四八)藤原頼通が紀ノ川の対岸の政所河北を施入、翌四年金剛峯寺は、紀伊国伊都・那賀・名草・牟婁の四郡散在の寺田と交換し、寺領を一所に集中することを申請、官符により租税官物免除・国使不入が認められ、ここに官省符荘が成立した。これが河北である。さらに康平六年(一〇六三)には西隣の掛里村・大谷村を荘内に編入して下方が成立し、東西一〇キロ、南北八キロに及ぶ荘園となった。荘

域は現在の和歌山県伊都郡高野口町・九度山町・かつらぎ町のほか橋本市西部を含み、東は相賀荘、西は拝田荘・志富田荘、南は高野山、北は葛城山脈に接する。十一世紀末から、十二世紀初めにかけて、高野山は坂上氏・長氏など在地の土豪を抑圧、百姓身分を形成させた。高野山の膝下荘園として統制はきびしく、名は存在せず、荘官を介して租税を高野山に納める体制もとられず、田地（分田）・在家（免家）は、個々に寺僧などに配分され、年貢・公事・夫役を寺僧に納付した。鎌倉時代後期以来、地主層として殿原が成長したが、かれらは在家役を免除され、政所に勤務して荘内の治安維持にあたり、庁番殿原と呼ばれた。建武四年（延元二、一三三七）、応永元年（一三九四）―三年に、高野山による田畠・在家の検注が行われ、荘内の構造を知る好史料を残している。豊臣秀吉は天正十八年（一五九〇）高野山領を没収、翌年あらためて寺領一万石を寄進した。その中に官省符荘の地域は含まれているが、荘名は消滅し、村単位に変わっている。しかし江戸時代後期まで官省符荘の地名は残った。

（上横手雅敬）

かんじん　間人　⇩もうと

かんしんじりょう　観心寺領　大阪府河内長野市寺元にある真言宗寺院観心寺の所領。所領の中心は河内国錦部郡内の石川上流にあたる鳩原・大井・小深・石見川・上岩瀬・下岩瀬・小西見などの集落とその周辺の山地をふくむ観心寺膝下の荘園である。『観心寺縁起実録帳』に「承和三年（八三六）河内国錦部・石川両郡山地千五百町」とあるが、寛治元年（一〇八七）五月の河内国庁宣案にみえる観心寺領山内の境域にあたるものと思われる。建保六年（一二一八）四月に下司職が故僧延尊の意趣によって竜太丸に譲られ、応永元年（一三九四）十月には公文もみえ、荘園としての開発が次第に進んだ。鎌倉時代末からは僧・名主間で田畠山地などの売買譲渡も盛んとなったが、木材・薪産出地としての寺領でもあった。室町幕府は半済《はんぜい》を実施したが、段銭・臨時課役は免除し、検断を停止することもあった。中世末には観心寺七郷とよばれ、文亀元年（一五〇一）には田数十四町六段余があり、太閤検地時に請米ほぼ三百石の観心寺村となり、うち二十五石が豊臣秀吉によって観心寺に寄進された。その他、別表のように多数の荘園を有した。

（三浦圭一）

観心寺　寺領一覧

観心寺領

所在国郡	名称	所見年次	特徴	典拠
河内　錦部郡	観心寺山内	承和三年	山地千町	観心寺縁起実録帳
同	高田荘	承和八年―貞観十一年・元慶七年	三十八町	観心寺縁起資財帳
同	治田野荘	貞観十四年	六町五段	同
同	高向荘	元中四年（嘉慶元）	領家職年貢千疋	観心寺文書
石川郡	観心寺山内	承和三年	山地五百町	観心寺縁起実録帳
同	佐備荘	貞観十一年	五町一段	観心寺縁起資財帳
同	大友荘	同	五町七段	同
同	新開荘	同	十町四段	同
同	田舎荘	同	一町	同
同	仲村荘	同	二町一段	同
同	社屋荘	同	一町	同
同	切山荘	同	二十町	同
同	東坂荘	同	二十三町	同
古市郡	古市荘	貞観十六年	十六町六段	同
丹比郡	野田荘岩瀬	興国三年（康永元）	一町、地頭得分	観心寺文書
同	大堀荘		領家職	同
茨田郡	小高瀬荘	興国元年（暦応三）	同	同
（郡未詳）	宇礼志荘	文中三年（応安七）	公文職	同
和泉　和泉郡	八田荘	正平二十一年（貞治五）	利行・富益両名	同
大鳥郡	塩穴荘	興国四年（康永二）	領家職	同
日根郡	鳥取荘山中関	正平二十四年（応安二）		同
伊勢　（郡未詳）	和田荘	正平二十一年（貞治五）	農楽名半分	同
尾張　中島郡	長岡荘	正平三年（貞和四）	地頭職	同
（郡未詳）	今村荘	正平四年（貞和五）	同	同
但馬　下養父郡		弘仁十四年―天長元年	二町六段	観心寺縁起資財帳
紀伊　伊都郡	近河内荘	貞観十一年	八町三段	同
同	大山田荘	同	三町二段	同
那賀郡	秋名荘	貞観十六年	十五町五段	同

かんすい　間水　中世、興福寺領で行われた、灌漑用水利用の一慣習。興福寺領大和国の能登・岩井両河では、番水に際して、吉水（番水配水となる興福寺支配下の水）となると、関係六荘に二回ないし六回の引水が行われるが、各荘の引灌の順序の決定には、各荘からそのつど用水要求の申文が興福寺に宛てて出され、寺側は審議の上で水文と称する引水許可の文書を交付するという形で、寺が用水統制の全権を握っていた。番水の一般性として、ある土地（村）の番であった用水の引灌が終ると、すぐに切替が行われ、次の番の土地（村）に引き渡されることとなっている。ところが能登・岩井両河用水および大川用水（子守川、現在の率川）では、この切替に際して、特殊な慣習としての間水が存在した。間水とは番水の輪番巡回中、その期間中においていずれの土地にも引灌されない一昼夜ないし数昼夜の水であり、この水は能登・岩井両河の場合は興福寺公文目代の、大川用水では寺務大童子、または子守社神主の所得であった。公文目代はこの水を興福寺西金堂領の修正荘厳田に寄進し、大童子はこれを一昼夜三百文でほかに売却しているなど、間水の利用権が所有の目的となっており、

いわば用水事務担当者の給分(権利)となっていた。六荘以外にもこの間水で養われていた水田のあったことが知られている。間水発生の因由については、申文提出期の競合から起る順位決定の審議に一昼夜位の時間を要したこと、また紛争が継続中であれば、その間、領主としては一荘に引灌せしめるのは依怙の沙汰となる恐れのあることなどから、六荘以外に流すほかはなく、やがてたび重なって間水の存在が常態化、制度化し、公文目代の給分となったと推察される。大川用水では申文提出の風習はなかったが、いつしか両河用水での制度が採り入れられるに至ったものと考えられる。→番水《ばんすい》

(喜多村俊夫)

かんぜおんじりょう　観世音寺領　福岡県太宰府市観世音寺にある天台宗観世音寺の所領。朱鳥元年(六八六)に筑前国百戸・筑後国百戸を施入されたのが初見で、この封戸は、筑前国碓井郷・金生郷、筑後国大石郷・山北郷の四郷を充てられたものである。この四郷は、当寺の根本寺領として、以後永く領有され、十一世紀ごろから荘園化した。寺田としては、和銅二年(七〇九)官符施入による筑後国諸郡の十六町の熟田に始まり、筑前・肥前の各地に水田の施入をうけ、そのうち筑前席田郡の寺田は博太荘内にあって、同荘領主高子内親王家と相論を起した。十世紀後半には、大宰府郭内に寄進や寺家雑人の開発などで寺田が増え、大宰府兵馬所や学校院と相論している。荘園としては、大宝三年(七〇三)の官施入になる筑前国把伎野・山鹿林、筑後国加駄野が荘園化した把伎荘・山鹿荘・加駄荘があり、延喜五年(九〇五)の『観世音寺資財帳』には、これら以外に筑前国長尾荘・筑後国生葉荘をあげている。同十年には大宰府権帥在原友于が肥前国杵嶋荘を施入し、天慶三年(九四〇)には筑前国高田荘の施入があり、その後も筑前国黒嶋荘・船越荘が寺領となり、把伎・黒嶋・船越・山鹿は、さきの荘園化した四封とともに四封四荘と称し、根本寺領として、その年貢米は二千数十石に及んだ。さらに十二世紀には、当寺別当で外国貿易行なって富裕になるものがあるなど、平安時代の当寺の経済はかなり潤沢であったらしい。それに目をつけた東大寺が、当寺をその末寺とすることに成功した保安元年(一一二〇)以後は、当寺寺領からの年貢米の大半は東大寺本寺に吸い上げられることとなった。たとえば、大治四年(一一二九)四封四荘の年貢二千四十一石のうち、東大寺に運上した分は千五百十八石に及び、鎌倉時代には鎮西米と称して東大寺の重要な財源となった。当然、当寺の繁栄の基礎は失われ、没落の一途をたどるほかはなかったのである。その後の寺領の様子は明らかでない。

(竹内理三)

観世音寺領

観世音寺　寺領一覧

所在国郡	名称	成立年次	特徴	典拠
筑前 嘉麻郡	碓井郷	朱鳥元年	十一世紀ごろより荘園化	新抄格勅符抄
同	長尾荘	延喜五年以前	草葺屋あり	観世音寺資財帳
鞍手郡	金生郷	朱鳥元年	十一世紀ごろより荘園化、保延三年百三十六町三十歩	新抄格勅符抄・根岸文書
席田郡	博太荘	延暦十一年	一切経料田、貞観ごろ高子内親王家と相論	蜂須賀家旧蔵文書
上座郡	把伎荘	大宝三年	施入当時は野・園、のち荘園化、金堂仁王長講衆料、保延三年見作田五十一町五段百八十歩	東大寺文書・大東急記念文庫文書・観世音寺資財帳
同	黒嶋荘	治安二年	立券当時十九町六段、保延三年見作田五町二段二百四十歩	東大寺文書
穂浪郡	高田荘	天慶三年	買得田、預作人の臨時雑役免除	同
怡土郡	船越荘	天承元年以前	保延三年見作田二十七町八段百八十歩	根岸文書
遠賀郡	山鹿荘	大宝三年	施入当時は山林、のち荘園化	内閣文庫所蔵観世音寺文書
筑後 生葉郡	大石郷	朱鳥元年	十一世紀ごろより荘園化、保延三年見作田五十九町八段二百四十歩	新抄格勅符抄・根岸文書
同	山北郷	同	十一世紀ごろより荘園化、保延三年見作田四十七町三段六十歩	同
同	生葉荘	延喜五年以前	草葺屋あり	観世音寺資財帳
御井郡	加駄荘	大宝三年	施入当時は野、のち荘園化	内閣文庫所蔵観世音寺文書・大東急記念文庫文書
肥前 杵島郡	中津荘	延喜十年	権帥在原友于施入、本田三十一町四段三十歩	東京大学所蔵観世音寺文書
(国郡未詳)	柴田荘	保元以前		内閣文庫所蔵観世音寺文書
(同)	吹田荘	同		同

かんそん　旱損　水不足、日照りによる作物の不作。この反対が水損である。年貢公事の減免を求める愁状が出ると現地に実検の使者が遣わされた。損害の実態が確認されると年貢公事の減免措置がとられた。

(福眞睦城)

かんだか　貫高　中世に特有の土地・地代などの銭貨(貫文単位)による標示の方式。寛政六年(一七九四)成立の『地方凡例録』は石高・永高とともに貫高の項を掲げ、「文永の頃より貫高起り、足利時代に至り、東国・西国とも専ら貫高と成」といい、「田地の坪数に軍役を割付るより起り」「知行領知など此貫高を用」と説いた。これは今日の研究の到達点とも符合し、貫高の起源と特質を考える大切な手掛りである。すなわち、この貫高は国家による段銭の課徴や私的な土地売買、質における銭貨支払いなどとともに、領主諸階層の要求により、十三世紀後半(文永ごろ)以降を画期として十四世紀前半ごろには全国化する荘園・所領における年貢公事などの代銭納慣行の

成立に重要な根拠をもち、一筆ごとの分銭高の打出しを経てひろく標準的な目安としての分銭高も形成され、戦国時代には諸大名の権力編成の基準として、固有の意義をおびるに至った、と考えられる。たとえば、西国の厳島社領の田地のばあい、一段当り年貢高はしばしば分銭高で表示され、その評価は田品に応じて三百文から七百文の間を二十五文刻みで十七段階に分けて示すという方式をたてまえとしたが、現実にはその平均値にあたる五百文に集約される傾向を示し、一段＝五百文は田地の標準貫文として、五百目・五百前・五百田のように表わされた。一段＝五百文の基準は個々の領域を超えて東国の後北条領など全国にかなり一般的である。また畠地も後北条領で一段当り百五十文から二百文の間で百六十五文が基準とされ、田地とともに貫高に結ばれた。在家役＝雑公事も蕨一把は五文、薪一駄は八文（武田氏）というように換算基準が定められ、そして、貫高千五百目といえば三段の田積に換算され（毛利氏）、段銭も「百貫文地より六貫文懸」（後北条氏）とか「五百目につき六百文」（毛利氏）というように課率が決められるなど、明らかに一筆ごとの実体としての年貢額を示す分銭高ほんらいの意味から離れて、田畠そのものから、さらに村高や所領の高などの評価基準として機能するに至った。これをほんらいの分銭高と区別して貫高と呼び、その果たした独自の意義を特に戦国大名の権力編成との関連で追究しようとする仮説が貫高制論である。なお、東国では貫高の特殊形態として永高表示も行われ、近世、石高制下でも、江戸幕府の永一貫文＝鐚四貫文という公定換算率のもとで、永高・永銭勘定が行われ、西国（毛利領）でも、「石貫」とよばれる一貫文＝一石の慣行をもとに、近世になって「石貫銀」という石貫基準の代銭納制が行われるなど、貫高の基準性が近世にも利用されたばあいが少なくない。

（藤木　久志）

かんだかせい　貫高制　研究史上、貫高制をめぐる諸説は、戦国大名特質論という、共通の方向をめざしながらも、なお多様な内容をもつが、あえて大別すれば、通説ともいうべき収取体系からみた分銭・貫高論、分業流通の観点からの貫文制論、それに公田段銭・貫高論の三つになるであろう。まず貢租の銭納制の問題との関連で年貢の貫高表示制として論じた中村吉治『近世初期農政史研究』（昭和十三年（一九三八））は、年貢の貫高表示の慣例に注目して、それは銭納制の表われというよりは、和市による米銭などの換算割合の決定をもとに、現物納・代銭納いずれもの共通の基準とされるという特性をおび、貫高表示のもとで現実にはむしろ米納制が卓越していたと指摘した。また、伊東多三郎「所謂兵農分離の実証的研究」（『社会経済史学』一三ノ一八、同十八年）は貫高のもつこのような基準性に着目するところから、貫高による所領の高づけは、武士と農民との関係、つまり年貢高の表示というよりは、むしろ大名と武士との関係つまり軍役高の基準として史的意義をもつと説いた。さらに、戦後、杉山次子「室町後期に於ける伊達領内の所領構造」（『国史談話会雑誌』一）は、中村説・伊東説を批判的にうけつぎ、戦国時代の貫高とは、大名―軍役定量化、領主―一定年貢確保、農民―年貢固定化という三者の要求の統一の所産であると主張し、この考えをさらに進めた小林清治「東北大名の成立」（古田良一博士還暦記念会編『東北史の新研究』所収）は、大名知行制の観点からおなじ伊達氏の全領域的規模での貫高制の確立を論じて、それは何よりも、大名が地頭領主に対する棟別銭・段銭および軍役の課徴の完遂のために行なったものだが、それのもたらした知行地の数量表現の徹底は、地頭領主と本領との固有のつながりを切断して知行制のひらかれた関係を生むこととなり、百姓の地頭に対する年貢負担を定量化する根拠ともなった、と本格的な貫高制論を示した。以上のような貫高制への理解の一般的な傾向を集約するかたちで、その後、中村吉治「戦国大名論」（『（岩波講座）日本歴史』八所収）は、貫高制を説明して、それは戦国大名の直接的・一円的・統一的な収取関係の基準を定立するという、領国支配に不可欠・共通の基本方策であり、中世的・荘園制的な支配・収取制度とまったく対立するものであると述べ、そうした土地表示の統一基準が銭貨単位になった根拠は、中世の丈量単位の錯雑多様さを包みこむ貨幣流通の広さ、段銭の一国平均賦課方式の展開などに求められるとした。宮川満「戦国大名の領国制」（清水盛光・会田雄次編『封建国家の権力構造』所収）も年貢銭納制を貫高制成立の契機とみながら、さらに戦国大名領では貫高年貢と段銭高の統一による新しい貫高制の成立をも認めうると述べ、佐脇栄智「後北条氏の貫高制についての一考察」（『日本歴史』一七一）も、貫高は大名が検地による年貢高の調査をもとに設定した年貢収納の基準であり、大名が「国法」として年ごとに定めた「納法」（換算率）に媒介され、現物納の基準とされ、荘園的土地所有を克服し、大名領国を形成するのに寄与したと説いた。いずれも中村説系の通説的な見解といえよう。次に、特に分業流通の観点を基礎にこの銭高表示をとる「貫文制」の本質に注目し、軍事編成・流通統制・農民支配という戦国大名権力の基軸を統一的に説明することをめざして、近世史の側から佐々木潤之介「幕藩制の構造的特質」（『歴史学研究』二四五）は次のように述べた。戦国大名は貫文制により、荘園制下での名主層の被収奪形態をうけつぎ、貨幣取得と流通統制＝領国経済の封鎖を通じて、在地領主・名主層への経済的支配を強め、貫文制を単位とした知行制・軍事力編成の原則を確定した。大名領国と前代の守護領国とはその基礎構造は同一であるが、戦国大名はこの貫文制によって区別される特質をもつに至った。この貫文制の権力の本質は、先進地における幕藩制的秩序の成立に伴う分業関係の全国的な拡大傾向の中で、後進地における小農民経営の展開を促すような生産力的な基礎が強化されていこうとする動向が進むこと

に対抗する、後進地の家父長的な名主層の対応・峻拒の要求を基本として軍事的・権力的に編成された戦国大名権力の基軸をなしているという点に求められる、と。ついで、この問題をめぐって、安良城盛昭『太閤検地と石高制』は、戦国大名にとって貫文制による土地所有(所領)の大小に応じた軍役の統一的な賦課・年貢夫役の統一的基準の設定は重要課題であったが、一方軍事力強化のための大名の貨幣要求に基づく独自の商業政策を伴った貫文制の農村への押しつけは、支配権力の矛盾を激化させたと、貫文制の内包する矛盾を指摘し、佐々木説とともに、ともすれば年貢銭納制論の域にとどまりがちであったそれまでの貫高制論に新しい展望を与えた。一方、これとは別に戦国大名権力の固有の矛盾の構造を明らかにしようとする方向で通説を批判しつつ、石高制に対比しうる新たな貫高制論をめざしたのは村田修三「戦国大名毛利氏の権力構造」(『日本史研究』七三)である。すなわち、戦国大名の掌握した貫高は知行制・軍役・段銭の統一的基準として、幕府守護体制に基づく段別の段銭賦課原理を歴史的な根拠として設定され、それによった貫高制は、領主階級の結集と農民支配とを統一編成する中核的な権力の原則を確定するため、戦乱の克服、農民弾圧を緊急な課題として、個々の在地の完全な掌握をあとまわしにして強行実現された点に特徴があると論じた。新たな大名論をもとにこれら諸動向を批判的に総括した永原慶二「大名領国制の構造」(『(岩波講座)日本歴史』八所収)は、次のように論じた。貫高制は、戦国大名が農民支配=年貢収取と知行宛行=軍役賦課を統一的に実現するために設定した、全国的に共通性ある基準高で、近世の石高制に近似の性格をもつ、大名領国制支配の機軸的施策である。その基準の貫高の設定は、室町幕府が軍役や役銭の賦課のため採用した、代銭納年貢額と公田面積を基礎とする所領の貫高表示の方式を継承し、戦国大名独自の検地(本年貢高に加地子分を主とする踏出高を加え、田地一段五百文の基準で表示)を強めていく過程で実現される、と。以上の諸説は錯綜しながらも、貫高制論を通じて戦国大名権力の特質を追究しようとする点で共通した関心を示している。ただ、貫高つまり貨幣量表示の示すところについて、年貢公事の代銭納制・段銭賦課のひろがりなどに根拠を求めながら、根底をなす流通過程への関説は必ずしも一様ではなく、また実証面でも公田高・検地高、石高制との関連性や地域的な偏差の追究など、戦国大名論をめぐって幾多の課題が残されている。

(藤木 久志)

かんだち 庤 伊勢神宮の行政面を担当した官衙。また神宮の所領である御厨におかれた年貢収納のための役所も庤と呼ばれた。神庤とも書く。『皇太神宮儀式帳』では垂仁天皇の時に有爾鳥墓村に「為二雑神政行一」に神庤を設け、孝徳天皇の時に御厨と改め、神庤司を大神宮司と改称したと伝えている。天慶六年(九四三)十一月十九日の「伊賀国名張郡司請文」(『光明寺古文書』)にみえる神庤は御厨に設けられた庤の初見であろう。御厨に設けられた庤は、年貢収納の場としてだけではなく、宗教的な機能をもっていた。『吾妻鏡』養和元年(一一八一)七月八日条に相模国大庭御厨の庤の一古(市子=巫女)娘がみえることや、同書文治元年(一一八五)十二月四日条に、度会生倫が源頼朝の国土泰平の願書を捧げて安房国東条御厨の庤に参籠して祈り、夢の告げにより頼朝が馬を庤に献じていることや、寿永元年(一一八二)八月十一日に平政子の安産を祈って三浦平六を東条庤に遣わしているのは、庤の宗教的側面を示すものといえよう。また千葉県成田市郷部出土の墨書土器に「忍保庤」の文字がみえている。

(西垣 晴次)

かんでん 官田 二種類ある。一は皇室供御田としての令制官田、二は位禄などの公用を支えるために元慶三年(八七九)に設置した、いわゆる元慶官田。

(一)供御田としての官田は、『大宝令』では屯田といい、屯司を置いて管理させた。令制以前の御田・屯田の系譜をひくものとみられる。『養老令』では官田と改称し、宮内省の管轄に属し、大和・摂津国に各三十町、河内・山背(山城)国に各二十町の計百町を置いた。官田の経営には、二町ごとに牛一頭を配置し、中中以上の戸の雑徭を免じて飼養させた。耕営には班田農民の雑徭の労働力をあて、宮内省から派遣された田司が監督した。官田の標準収量は令文にはなく、神護景雲二年(七六八)に町別稲五百束と定められた。この年、官田を宮内省管轄の省営田と、所在の国司管轄の国営田とに分けた。『延喜式』では総田数八十六町で、省営田四十町、残りが国営田だった(表参照)。標準収量は町別五百束(和泉国は四百束)、営種量は町別百五十束(和泉国は百二十束)だから、八十六町からの収益は二万九千九百六十束(舂米で千四百九十八石)である。官田のその後の変遷は不明。久安五年(一一四九)大炊寮河内国石御稲田供御人ら数百人が大挙して院に訴えたことがあったが、この供御田には官田の後身が含まれているかもしれない。

官田 (一)

	山城	大和	河内	和泉	摂津	合計
省営	町 8	町 9	町 8	町 —	町 15	町 40
国営	12	7	10	2	15	46
合計	20	16	18	2	30	86

(二)元慶三年(八七九)中納言兼民部卿藤原冬緒の提案に基づき、畿内五ヵ国に四千町の官田を設置した。山城・河内・摂津国に各八百町、大和国に千二百町、和泉国に四百町である。官田に指定した田が口分田か乗田か確証はないが、乗田であろう。冬緒の奏上は、「近代以来、一年例用位禄王禄、准穀十七万余斛、又京庫未レ行二衣服月粮一、必給二外国一、其数亦多、並是正税用尽終行二不動一、当今年中所レ用卌五六万斛、況亦有損之年多費二不動一」(『類聚三代格』)といい、官田設置の目的は、九世紀後半の太政官

財政の膨張と、その支出増大による諸国正税稲・不動穀の消尽という危機的状況に対応して、官田の収益をもって「支二公用一」えんとするにあった。換言すれば、律令制の解体過程に、権力の比較的滲透しやすい畿内諸国において中央財政を賄わんとしたもの、いわば中央財政の部分的な自給体制を確立しようとしたものである。官田の経営方式は、一部を小作経営、一部を直営とした。前者は、耕作農民の希望によって、地子制または賃租制とした。地子制は『弘仁式』の定める田品制による対価支払法によるもので、法定穫稲数を上田五百束・中田四百束・下田三百束・下下田百五十束とし、地子はそれぞれの五分の一とする。賃租制の価直は国例によったが、やはり穫稲の五分の一である。直営部分については、㈠官田営料は田品にかかわらず町別百二十束とし、春に正税から流用し、秋の収穫後に本倉に返納する。㈡穫稲は上田三百二十束・中田三百束とする。㈢穫稲収納用の倉庫は営田の近くに建てる。㈣土人・浪人を問わず、力田の輩をえらんで正長に任じ、営田の管理にあたらせる。㈤正長を催督するため、郷ごとに惣監を置く。惣監は、諸司官人や近衛・兵衛・二宮舎人および雑任ら下級官人から、郷里の推薦するものをえらんで任命すると定めた。この経営方式は弘仁十四年(八二三)の大宰管内公営田制と同じである。元慶五年に至り、官田制は変質し始めた。このとき官田を分割して、一部を諸司要劇料田・番上料田・月料田に宛てることになった。もともと要劇料などは、各官衙・官人に対して米・銭で支給するものであったが、調庸物が十分に集まらぬため規定どおりには支給できず、やむなく諸国正税を以て宛てたが、諸国の正税稲・不動穀も底をつくありさまで、ついに官田を割いて各官衙の財源とするに至ったのである。元慶五年に分割されたのは、大蔵省の六十二町五段百九十八歩、内蔵寮の六十町三段百八十歩以下、四十九官司に計千二百三十五町二段三百四十九歩で、以後九世紀末までに千六百九十三町余に及んだ(表参照)。分割された官田は、多くは地子制・賃租制経営により、その収入が各官衙の財源となった。分割後も、官田は事務的には宮内省の統轄下にあったが、やがてその統制力は失われ、ほかの諸司田とともに、官衙領荘園(官荘)の一角を形成する。延久二年(一〇七〇)の『興福寺雑役免帳』は大和国内の興福寺領を書き上げたものであるが、雑役免田畠の項目に神社仏寺諸司要劇田畠とよぶ田畠が五百九十三町余り含まれている。これらは、所当の官物を官衙に、雑役を興福寺に納入する土地である。

（阿部　猛）

官田 ㈡

	山　城	大　和	河　内	和　泉	摂　津	合　計
元慶官田	町段歩 800.0.000	町段歩 1200.0.000	町段歩 800.0.000	町段歩 400.0.000	町段歩 800.0.000	町段歩 4000.0.000
元慶5年要劇田	194.3.239	467.9.218	260.0.196	—	312.9.052	1235.2.345
元慶8年—昌泰元年要劇田	133.3.077	56.3.233	26.1.006	—	139.3.358	355.1.314
元慶7年—昌泰元年月料田	93.4.193	—	27.9.096	7.0.000	62.9.211	191.3.140
その他	7.120	—	—	—	49.0.293	49.8.053
寛平8年返還田	71.0.329	—	—	—	66.7.312	137.8.281
要劇田・月料田合計	350.7.300	524.3.091	314.0.298	7.0.000	497.5.242	1693.7.211
残官田	449.2.060	675.6.269	485.9.062	393.0.000	302.4.118	2306.2.149

かんでん　乾田　灌漑を止めたり、排水したときに土地が乾燥して畠地にすることができる田。荘園史研究においては、乾田の普及(湿田の乾田化・畠地の乾田化)が水田二毛作成立の条件でもあることから、中世の農業生産力水準の指標として研究対象とされてきた。本来、先史時代より湿田は水田適地とされてきたが、十一十二世紀の二毛作の展開にともない、中世では次第に湿田は水田不適地とされ、乾田が水田適地とされるようになってゆく。それを可能にした背景には、㈠系統的な水管理のための灌漑水利体系の整備、㈡乾田適地を耕起するための鉄製農具や犂耕(牛馬耕)の普及、㈢多肥投下のための肥培技術の発展(とくに肥灰)、といった農業技術の一定の進歩があった。その結果、中世水田の約三〇%程度は乾田化されていたと考えられている。

（清水　克行）

かんでん　間田　一般に耕作しない遊休田や無主地をさす。中世興福寺領荘園に多い間田は、所有主である名主のいる名田に対する概念である。ただし荘園制では無主地は原則的に荘園領主に帰属するから、間田即荘園領主直属地で公領ともよぶ。間田の範囲は、一般に名田と本佃は含まず(広義の間田)、新佃・預所給・上級荘官給を含まない場合(狭義)、時には見捨地をさす場合(最狭義)もあり、範囲が厳密でない。本田である名田・本佃は荘の基本構成として所有主がおり、狭義の場合は新佃以下が本田中から占定されたためで、逆に間田とされる場合は本田外(余田)から占定されたためと一応考えうる。一般に下級荘官給や人給田が間田とされるのは、のちに間田中から便宜支給したからである。残余の間田は名主に充行い均等名編成をする例もあり、大部分は地子田として作人に借耕させた。間田の比率の高い畿内荘園を、「名田・間田体制」とよぶ学者もある。間田は新田や悪地で荘縁辺部に多く(備後国太田荘の別作)、低率ないし斗代不同の地子を収める一色田であった。散田名は公事・夫

役のない地子田となるので斗代を増した（若狭国太良荘）。間田百姓は間人身分のものが多く、水路の使用権もなく名主層から疎外されたが、室町時代には一部公事を負担し、徐々に名田化した。太閤検地から間田は本田となり、近世では逃散田は惣作となるため、鍬下年季や別名新田・見捨地などに系譜を残すのみである。 →一色田《いっしきでん》 →散《さん》田《でん》 （渡辺 澄夫）

かんとうおんとくせい　関東御徳政　⇒永仁の徳政令《えいにんのとくせいれい》

かんとうごくにゅうち　関東御口入地　鎌倉将軍から、その御家人に対し、封建的に給与しうる所領に準ずる所領・所職。すなわち、将軍が国司・荘園領主と交渉し、国衙領や荘園の地頭職・荘官職などに、御家人を推薦しうる土地である。口入とは、この推薦、あるいは干渉の意味で、この場合、所領・所職の直接の補任権は、国司・荘園領主にあるが、実際には、将軍の意志がはたらき、将軍の恩給と同じ効果をもった。 （安田 元久）

かんとうごせいばいち　関東御成敗地　狭義には、関東進止所領と同義であるが、さらに広義に用いる場合には、関東進止所領はもちろん、関東御領（将軍家領）内の所領・所職、および関東御分国における在庁職など、鎌倉将軍が自由に成敗（管轄・進退）することのできる所領・所職のすべてを総称する場合もある。たとえば、一般の地頭職のほか、将軍家領における預所職など、鎌倉将軍が自由に、その御家人に給与し得た所領のすべてを包含する。 （安田 元久）

かんとうごぶんこく　関東御分国　鎌倉幕府の首長である将軍家＝鎌倉殿の知行国。将軍家は知行国主として一族や有力な御家人を朝廷に推挙して名国司とし、目代を派遣して国衙を支配し、国衙領からの貢租を収入とすることができた。元暦元年（一一八四）六月、源頼朝が三ヵ国を与えられたのに始まり、翌文治元年（一一八五）八月にはさらに六ヵ国が加わった。その後若干の出入りはあったが、文治年間にはほぼ八ないし九ヵ国程度であり、実朝の将軍時代、建保元年（一二一三）には遠江・駿河・武蔵・相模の四ヵ国に減少した。以後、幕末に至るまでほぼ四ないし六ヵ国の線を維持したが、終始不変であったのは駿河・相模・武蔵と嘉禄元年（一二二五）以後の越後の国々にすぎなかった。知行国制度は平安時代後期の有力貴族の主要な経済的基盤の一つであって、しかも頼朝ほど多量の知行国を一人で独占した例はそれまでにもなかったから、この意味で関東御分国とは将軍家の貴族性、幕府基盤の公家的側面の好箇の表現であったとされる。しかし将軍家知行国の前提には、源平内乱期から幕府のおし進めてきた諸国国衙の実力的支配の進行という現実があったのだから、単純に公家側の知行国と同一視すべきではあるまい。幕府の成立期に将軍家知行国が主として東国に一つのブロックをなして集中していたことも、実力支配によって基礎づ

関東御分国

関東御分国一覧

国名	期間	特徴	典拠
三河	元暦元年六月より文治元年四月まで	名国司源範頼	吾妻鏡
駿河	元暦元年六月よりおそらく鎌倉幕府滅亡まで	名国司はじめ源広綱、以後有力御家人ことに北条氏一族多し、元久元年四月には一国内検あり	吾妻鏡・遷幸部類記・玉葉・勘仲記
武蔵	同	名国司はじめ平賀義信、以後有力御家人ことに北条氏一族多し、国務・守護ははじめ国司が行い、仁治元年以後は北条氏嫡流の手に相伝されて国司から分離	吾妻鏡・遷幸部類記・明月記・吉続記・鶴岡八幡宮文書・秩父神社文書
伊豆	文治元年八月より安貞元年五月以降仁治二年以前まで	名国司はじめ山名義範、文治五年十二月源頼朝は朝廷より当国を「永代知行」すべき命を受く、しかしのちに公家側知行国となる	吾妻鏡・勝延法眼記
相模	文治元年八月よりおそらく鎌倉幕府滅亡まで	名国司はじめ大内惟義、以後北条義時以下北条氏一族、文治五年十二月源頼朝は朝廷より当国も「永代知行」すべき命を受く	吾妻鏡・遷幸部類記
上総	文治元年八月より同五年まで	名国司足利義兼	吾妻鏡
信濃	文治元年八月より建久元年以降建仁二年以前まで	名国司はじめ加賀美遠光、目代比企能員、能員は同時に当国守護	吾妻鏡・明月記・斉民要術裏文書
越後	文治元年八月より元久元年四月以降建永元年四月以前まで、および嘉禄元年よりおそらく鎌倉幕府滅亡まで	名国司はじめ安田義資、嘉禄元年以降は北条氏一族、元久元年四月には一国内検あり、寛元四年北条光時は当国の国守・国務を併有、正嘉元年には同政村が当国の国務を賜わる、正応五年ごろには同時村が国務か、寛元三年には目代が当国守護同朝時の被官	吾妻鏡・三長記・平戸記・北条時政以来後見次第・越後文書宝翰集
伊予	文治元年八月より同年十二月まで	名国司源義経	吾妻鏡
豊後	文治元年十二月より同二年三月以降五年三月以前まで	名国司藤原季光、それまでの国司もまた国人もともに源義経に同意、かれらを尋ね沙汰する目的で源頼朝が知行国に要求	同
下総	文治元年十二月より建久元年十二月以降建保元年二月以前まで	名国司源邦業・安田義定	同
遠江	元久二年八月より建保元年二月以降正応元年九月以前まで	名国司はじめ北条時房、以後北条氏一門多し	明月記・遷幸部類記・公卿補任
陸奥	寛喜三年より弘安七年八月以降十一月以前まで	名国司には北条氏一門多し	明月記・勘仲記
備前	承久三年十月より正嘉二年以前まで	承久の乱後兵粮料所の意味で幕府に与えられる	承久三年四年日次記
備中	承久三年十月より寛喜三年八月まで	承久の乱後兵粮料所の意味で幕府に与えられる、のちに陸奥と交換	承久三年四年日次記・明月記

けられていた幕府の東国支配の確立のための制度的保障の一環としてであろう。以後、幕府体制の確立とともに、その役割も低下し、国数も減少した。その支配形態については史料がきわめて乏しく、ほとんど解明されていない。名国司は頼朝時代には源氏一族だけに限定されていたが、やがて有力御家人にも拡大され、執権政治成立以後は北条氏一族の有力者のみで独占された。中でも相模・武蔵両国の守には執権・連署などが任命された。なお鎌倉幕府が特殊に強力な支配権を及ぼしていた領域としての東国を関東御分国とよぶ場合もあった。

（石井　進）

かんとうごりょう　関東御領　鎌倉幕府の首長である将軍家＝鎌倉殿の直領。将軍家が本家もしくは領家として支配した荘園や国衙領で、将軍家家領ともよぶ。その地頭職は恩給として御家人に給与されるが、年貢・公事などの貢租は幕府の主要な財源の一部であった。将軍家にとってもっとも強い支配を行いえた所領であり、幕府の経済的基礎として重要な役割を果たしたが、伝存する関係史料があまりにも乏しく、その全貌はほとんど明らかになっていない。関東御領を歴史的由来によって分類すれば、㈠源氏の家領、㈡平家没官領、㈢承久没収地、㈣その他の没収地や朝廷からの給与地、などに分けられるが、㈠は平家政権の時期にいずれも平家の手中に帰していたから、㈠は㈡に包含される。㈡平家没官領は、朝廷が平氏一族・与党の所領を一旦没収したのち、あらためて勲功の賞として源頼朝に与えたもので、全国で五百余ヵ所にのぼったが、そのすべてが本家・領家などの職であったわけではなく、したがっていわゆる平家没官領の全部がすなわち関東御領とはいえない（なおこの点は以下の㈢㈣でも同じである）。㈢承久の乱の勝利によって、幕府は京方の貴族・武士の所領三千余ヵ所を没収した。その中にも本家・領家の職は少なくなく、これによって関東御領はさらに増大したことは疑いない。㈣それ以外にも種々の機会に幕府の没収した所領や、また建久元年（一一九〇）に頼朝が院から給与された大功田三百町（所在地などは未詳）などが関東御領を構成していたが、その全貌はいまだに不明である。したがって以上諸種の所領の相互間の比重の差、あるいは全国的な分布状況などについても明らかにできない。なお関東御領の存在から鎌倉殿は一大荘園領主であるとし、鎌倉幕府は荘園制の上に立つ政権であると説かれることがある。しかし関東御領成立の歴史的由来を考えるとき、これを単純に貴族・大社寺の荘園領主と等置してよいかどうかは疑問である。また関東御領の全体が明らかでない段階では、幕府の性格規定との関連づけについても慎重でなければなるまい。関東御領の支配にあたっては幕府の政所がこれを統括して、年貢・公事を徴収し、御家人が預所や地頭に任命されて現地を管理した。現地の豪族が地頭となっていた場合を除き、預所と地頭は同一人で、おおむね将軍に近い有力御家人が任命され、かなり活潑な現地の経営にあたった例が多い。特別の場合を除いて御領に対する守護の介入は禁止され、またその貢租の納入状況などの調査は政所で行い、西国の御領については担当の奉行が京都に常駐した。医道・陰陽道の者が御家人の養子として御領を知行すること、御領を知行する後家女子が在京することはともに禁止されている。鎌倉時代中期以降、執権北条氏の勢力が増大するに伴って関東御領の支配権はようやく北条氏に奪われ、その末期には大半が北条氏、特に得宗家の所領と化した。

（石井　進）

かんとうしんししょりょう　関東進止所領　鎌倉幕府において、鎌倉殿が自由に、その御家人に給与しえた所領。換言すれば、荘園・公領において、その補任権が鎌倉殿にある所職の一類型。関東御成敗地ともいう。元来、荘園・国衙領は多くの所職の集合体であり、所領・所職の給与あるいは補任の権は、本来国司・荘園領主の手中にあったが、源頼朝が文治元年（一一八五）十二月に諸国荘園地頭職の補任権を勅許されるに及んで、公領・荘園を問わず、その御家人を地頭職に補任することが可能となり、これらの地頭職は、関東進止所領の代表的なものとなった。新恩の地頭職はもちろんのこと、本領安堵の地頭職の場合でも、その本領の承認を形式上は給与または補任で行うのが一般的であったから、これらの地頭職はすべて関東進止所領である。また承久の乱における京方没収地をはじめ、謀叛人・犯過人の所領が没収された場合も、これを幕府は御家人に自由に給与しえた。これも進止所領である。なおこの場合、地頭職に限らず、その他の荘官職でも、没収所領・所職の給与・補任権が幕府にある以上、すべて関東進止所領であった。

（安田　元久）

かんとうちぎょうこく　関東知行国　⇨関東御分国《かんとうごぶんこく》

かんとうばんやく　関東番役　⇨鎌倉番役《かまくらばんやく》

かんとうふ　関東夫　⇨鎌倉夫《かまくらふ》

かんとうみくうじ　関東御公事　鎌倉時代、幕府が御家人に課した所役。「かんとうおんくじ」ともいう。広義には御家人役と同じであるが、狭義には軍役・番役・警固役・供奉随兵役など、戦時・平時の自身または代官が勤務する所役などを除き、主として用途の調進など経済的な負担によるものをいう。恒常的なものと臨時的なものとがあり、後者が多い。㈠内裏・院御所修造用途、㈡社寺修造用途、㈢社寺祭礼用途、㈣篝屋修造用途、㈤防鴨河堤用途、㈥駅家雑事、㈦流人雑事、㈧将軍御所修造用途、㈨将軍上洛用途、(一〇)幕府諸儀式の用途、(一一)埦飯役、(一二)舎人・人夫役など多種多様のものがあり、本来公役として行われていたもの、あるいは行われるべきものを鎌倉幕府の成立によってこれと並行し、あるいはこれに代わって武家役として御家人らに賦課されたもの（㈠―㈦）と、幕府の成立によって御家人の所役として賦課されたもの（㈧―(一二)）とがある。賦課の範囲も種類によって在鎌倉御家人・在京御家人・畿内近国御家人・某国御家人・

有勢御家人・特定御家人・一般御家人というように異なっていた。徴収は守護または各御家人の惣領が統轄した。公事の配分の多少は田率所課で所領の田数の多少によったが、御家人内部の配分方法は公事田数の多少に従って配分したようで、惣領が庶子の分をとりまとめて一括納入するのが普通であった。しかし庶子でも特に別納を認められる例もあり、庶子が割当て分を納めぬ場合は惣領がこれを立て替え、あとで庶子から倍額を取り立て、従わぬ場合は庶子の所領を没収して惣領に与える規定であった。公事配分をめぐる惣庶間の争いは元寇のころから特に著しくなってきた。御家人も子孫に所領を譲与する際は細かに公事の配分についても規定し、惣庶間の争いを防止しようとしているが、あまり効果はなかった。関東御公事は鎌倉幕府の財政の主要な支柱の一つであり、その徴収は御家人所領を基礎としていたから、幕府はその確保につとめ、種々の保護立法をしている。一例をあげれば『御成敗式目』では所領を譲られた御家人の女子が月卿雲客(公家貴族)に嫁した場合、その女子は所領の多少に従って公事を勤めるべきこととされ、仁治元年(一二四〇)には雲客に嫁する女子への所領譲与を禁止している。さらに御家人が恩領・私領を問わず所領を非御家人・凡下甲乙人に売却することを禁止するに至ったのも、御家人領の減少による公事徴収の基盤の縮小を恐れたからでもあった。鎌倉幕府が諸国に命じて大田文を作成注進させたのも、一つには公事を正確に賦課徴収することを目的としていた。しかし関東御公事の数量の増大は御家人の窮乏を促進することになったから、鎌倉幕府は御家人保護の立場から特定の公事を負担する所領はほかの公事をすべて免除するなどの負担軽減策をとったこともある。また地頭が所領内の百姓に負担を転嫁することが多く、その非法を訴えられることが多かったため、幕府も禁令または制限令を出して紛糾を避けようとつとめた。(五味　克夫)

かんとなり　官途成　中世村落の宮座において行われる村人の通過儀礼のひとつで、律令制に由来する官位・官職(官途名)を称号として授けられること。「かんどなり」ともいう。村人の一生は成人式にあたる烏帽子成《えぼしなり》、官途名を授与される官途成、村落の中堅指導者となる乙名成《おとななり》を経、入道成《にゅうどうなり》をして現役を退くことになる。官途成で与えられる称号には、中央や国司の官職からきた大夫・衛門(右衛門・左衛門)・右馬(右馬頭)・権守・介・権介や本来、平氏など権門の内舎人《うどねり》を意味する官途である平内・源内・藤内などが知られている。この村落宮座における官途成の儀礼は、荘園領主や国衙が配下の村人にたいして行った官途補任が下降して、村落独自の儀礼となったもので、十三世紀中期にはじまり、十四世紀中期に一般化したと考えられる。これにあたって当該村人が拠出する直物《なおしもの》(宮座に納付する米銭)は村落寺社の造営などに充てられた。官途成によって宮座の構成員は身分的に明確にされ、村落内身分秩序は強化された。(田村　憲美)

かんのう　勧農　律令政府は国守が年に一度属郡を巡行し、民情を視察し、これを教化すべきことを定めていたが、その際、国守が郡領を督励して農功を勧め、農事荒らすことなく、郡内の田疇を闢くべく努力するよう命じていた(戸令国守巡行条)。不堪佃田の多いことを憂慮した仁寿二年(八五二)の太政官符はかかる律令的勧農の原則をさらにくわしく、国郡司が春には出でて田を巡り、池堰を修固し、耕農を催し勧め、力める者は褒し、懈る者は督励すること、もし不耕の地があり、その主に耕作能力がなければ救急義倉稲を給与し、なお不足のときは営料を貸与して耕蒔させて秋の収穫時に返納させること、また耕作者の得られない田は公力をもって営種し、全収穫を官の倉庫に収めることなどを決めている。神護景雲元年(七六七)には勧課農桑のことに専当する国司・郡司・農民を選ばせた。天平宝字五年(七六一)政府は畿内で用水施設に適当な箇所を調査させ、同八年に畿内および周辺諸国に造池使を派遣している。律令政府による農耕生産の指導督励は開墾の奨励・池溝整備などに発揮されるとともに、天長六年(八二九)には堰渠不便の地には、唐国の風にならい、地の便宜に従って手動・足踏・畜力(牛)などによる水車を備えさせようとし、貧乏の輩には国司が造り、修理も救急稲を用いることにしている。また承和八年(八四一)には大和国宇陀郡の例にならって、長雨に備え、田中に木を構えて稲を懸け干す稲機《いなばた》を諸国にひろく普及させようとした。また弘仁九年(八一八)には日照りつづきで播種不能がひろがっていたが、いかなる土地であっても、百姓が水のあるところをえらんで自由に種子をおろし、苗代づくりをすることを特に許し、主人には田植の後に返還すればよいとしており、承和九年にも同じ処置がとられている。またしばしば大麦・小麦・粟・黍・稷・稗・大豆・小豆・胡麻・蕎麦などの陸田耕作を奨励し、凶年に備えようとし、耕種の町段、収穫の多少を計帳使に付して報告させ、そのための国郡司の専当を定めるなどしている。天平二年(七三〇)、政府は桑漆帳の記載を厳格にし、巡検して殖満させるよう諸国に令し、大同二年(八〇七)にも同じ処置をとった。律令政府の一般的な農村教化政策は、その後、中世の荘園領主にもうけつがれていくが、そこでは国家による勧課農桑といったような一般的な勧農政策ばかりでなく、特に春における勧農の語が定着し、秋の収納の行為に対置して用いられるようになる。そのような意味での勧農とは荘田を満作させるためにとられる領主側のさまざまな行為を意味した。毎年春の池溝の整備、百姓逃死亡跡などの不作田の再開発、そこへの作人の招置(これを散田という)、必要な場合にとられる年貢・公事の減額措置(斗代の決定)、あるいは種子・農料の下行などである。長治元年(一一〇四)春に紀伊国木本荘では勧農使が下向し、三十一町三段の荘田に種子農料を下しており、若狭国太良荘では延応元年(一二三九)に預所定宴が満作を目的として農料を下

し、斗代を減じた。勧農とは荘田満作のための行為であるから、百姓の逃死亡による不作田の発生は防がねばならず、極力土浪人を招居して万雑公事を免じたり、斗代を減じたりしたのだが、越中国石黒荘では、このようにして作人を据置いた田を特に勧農田と称して他と区別していた。また勧農にあたって作人を割りつけた検注帳を特に勧農帳と称したこともあり、太良荘では康元元年(一二五六)に勧農帳が作成され、石黒荘でも勧農帳がみえる。池溝灌漑の整備には多大の労働力が必要であったが、領主などは勧農に際して農民を雇仕する権限を有しており、備中国新見荘では田所が勧農に際して百姓を一度平均役に雇仕している。播磨国福井荘にあった一町一反の井料田は勧農のときに人夫の食料を支出するために設けられたものであった。中世で勧農にかかわったのは荘園領主ばかりでなく、源平の内乱(治承・寿永の乱)の最中には、寿永二年(一一八三)に安芸国で平氏が採用したとみられる国衙の勧農使が認められ、翌元暦元年(一一八四)には、木曾義仲を滅ぼしたばかりの源頼朝が北陸道へ鎌倉殿勧農使を派遣している。文治元年(一一八五)の国地頭は鎌倉殿勧農使のあとをうけて国衙の勧農権に介入するたてまえであったが、文治二年の国地頭制停廃とともに現実化していった鎌倉幕府の守護制度のなかには、右の権限は継承せしめられなかった。鎌倉時代の地頭は一部の本領安堵地頭をのぞいて一般にはもともと荘園の勧農権を与えられておらず、この問題をめぐってしばしば領家と争った。しかし荘園における勧農の権限は農耕生産に関係する水と土地との支配を意味したから、領主支配の根幹をなし、やがては荘園における地頭の下地進止権のなかに包摂されて、日本における封建的土地所有の内実を形成していった。（大山　喬平）

かんのうし　勧農使　中世、勧農のために現地へ派遣された使者。東大寺別院崇敬寺領紀伊国木本荘では長治元年(一一〇四)の春、勧農使が下り、四至内の荘田を耕作させ、そのうち三十一町三段には寺家から種子作料を下行した。寿永二年(一一八三)七月、平氏政権下の安芸国において、在庁平兼資が自己の公廨給田の割り替えを申請した際、国衙の勧農使散位某が田所にあてて許可の外題を書き与えた。元暦元年(一一八四)四月、源頼朝は木曾義仲濫妨の跡を追って、鎌倉殿勧農使として比企朝宗を北陸道に派遣、越前国河和田荘内に朝宗の下知をうけたと称して地頭代字上座が侵入した。比企朝宗はのちに北陸道一帯の守護人としてみえるところから、平氏政権下の安芸国の勧農使にさかのぼって、鎌倉幕府守護制度の形成過程を示すものとして注目されている。（大山　喬平）

かんのうちょう　勧農帳　勧農は年貢収納の目的を達成するための最重要課題として位置付けられており、古代においては諸国に勧農使を派遣し、荘園においては預所が荘官を率いてその任に当ることになった。勧農の任務は田地を満作させ、年貢収納の目的を達成するため、作人への田地割当、池溝灌漑用水等の整備、荒廃田の開発、種子農料の下行等多岐にわたるため、その成果を報告するために作成された注進状のことを勧農帳と称した。東寺百合文書は・教王護国寺文書建長八年(一二五六)二月日若狭国太良荘勧農帳案(『鎌倉遺文』第一一巻七九六六号)によれば、文書作成者は預所代、公文代であり、各名《みょう》の田数、斗代、分米、加徴、勧料、作人名等が記載されている。勧農帳を作成する者は勧農権の保有者であり、下地進止、耕作人支配に絶大な権限を保有し、それを行使することになったので、勧農帳の作成者が現地支配に果たした役割は大きい。（瀬野精一郎）

かんのしょう　官荘　古代・中世において、官衙が領有した荘園のこと。令制中央官衙の財政は大蔵省・民部省の倉庫に集積された調庸物によって賄われたが、諸司田(諸司公廨田)といって、各官衙独自の財源を持つことがあった。平安時代初期の大土地所有制の展開に伴い、官衙もそれぞれ大土地所有者に転化する傾向がみえてきた。天長年間(八二四―三四)大学寮以下諸官衙にかなりの量の土地を与えたが、大部分は荒廃地・空閑地だった。元慶三年(八七九)に設置した官田は、そこからの収入を諸司官人の給与に充当したが、同五年以後、官田そのものを各官衙に分割して与え、要劇田・番上粮田・月料田と称した。これが、従前の諸司田とともに官衙領荘園成立の基礎となった。このほか、絶戸口分田(職写田)から京職領、氷室田から主水司領、陵戸田から諸陵寮領、公田地子収取権から太政官厨家領および穀倉院領の荘園が成立した。これら官衙領荘園は、各官衙の長官職が世襲化するに従い、公家領荘園の性質を帯びた。主水司領が清原氏の、主殿寮領が小槻氏の、大炊寮領が中原氏の家領化したなど、その例である。（阿部　猛）

かんのまき　官牧　令制の牧の制度が、軍団制の廃止などによって衰え、代わって平安時代前期に諸国に設定された兵部省所管の官営の牧。『延喜式』兵部省に諸規定がある。官牧に馬牧と牛牧があり、馬牧は、駿河岡野牧・蘇弥奈牧、相模高野牧、武蔵檜前牧、安房白浜牧・鈖師牧、上総大野牧、下総高津牧・大結牧・木島牧・長洲牧、常陸信太牧、下野朱門牧、伯耆古布牧、備前長島牧、周防竈合牧、長門宇養牧、伊予忽那島牧、土佐沼山村牧、肥前鹿島牧・庇羅牧・生属牧、肥後二重牧・波良牧、日向野波野牧・堤野牧・都濃野牧の十七ヵ国二十七牧、牛牧は、相模高野牧、武蔵神崎牧、上総負野牧、下総浮島牧、備前長島牧、周防垣島牧、長門角島牧、伊予忽那島牧、筑前能巨島牧、肥前柏島牧・擯野牧・早埼牧、日向野波野牧・長野牧・三原野牧の十一ヵ国十五牧。もっぱら東国と西国に設定され、馬牧はほぼ東西に均衡しているが、牛牧は西国に多い。これら牧には、令制の諸国牧の系譜をひくものも少なくないと推定され、したがって令制の牧子・牧長、あるいは官牧と並んで設けられた勅旨牧と同様、牧監などがあって、馬牛の牧養と繁殖にあ

たっていたと推定される。『延喜式』兵部省では、牧馬は五、六歳、牧牛は四、五歳のものを、毎年左右馬寮に貢進すとある。ただ西海道の馬牛は大宰府に送って、報告書だけを中央に送り、府が定額兵馬二十疋の中の十疋と牧馬十疋とを鴻臚館に分置して危急に備えしめ、肥後二重牧の馬は、抜群の良馬を京進し、ほかを大宰府の兵馬と当国他国の駅伝馬に充てしめ、下総国の官牧の馬は、毎年三疋を斎宮寮宮売祭の祭馬に、八疋を斎宮寮大祓の祓馬に充てるなどの例外規定以外は、中央に貢進する。ただし各牧内の適齢馬牛の全部を貢進するのではなくて、定数以外の馬牛は牧に残留される。伊予忽那島の馬牛牧では、毎年貢進数は馬四疋・牛二頭で、残留の馬牛は、それぞれ三百余疋に達した。貢進に堪えぬ牧馬は、官に申告して売却し、雑皮の直と混合し、出挙した利稲で、貢馬の道中の秣(一日当り疋別四把ないし一束であった)や、牧馬の秣料に充てる。雑皮は死馬死牛の皮革で、馬の場合、五尺已上の馬の皮は稲五束、四尺已上は三束、三尺已上は一束の沽価と定められていた(『延喜式』主税寮)。こうした官牧も、必ずしも円滑に経営されたわけではなく、駿河国の官牧の牛は百頭と定められていたが、その放飼の煩いが多いという理由で、一定数を限って売却し、その直稲を正税に混合して出挙し、その利稲をもって、年料の牛を民間から買い上げて貢上する(『続日本後紀』承和十二年(八四五)三月癸酉条)というように、交易制に移る国もあったことや、十世紀以後は、中央の馬は、もっぱら勅旨牧の貢馬で賄われるようになったことは、それを物語る。　↓勅旨牧《ちょくしまき》　(竹内　理三)

かんばらのしょう　蒲原荘　駿河国庵原郡の荘園。現在の静岡県庵原郡蒲原町のあたりか。『吾妻鏡』文治四年(一一八八)七月二十八日条にみえるのが初見。そこでは中原親能が中原師尚に代わって蒲原荘の年貢にかかわったことがみえるが領家と両中原氏との関係は不明。承久三年(一二二一)四月九日の源雅清寄進状で、雅清は先祖相伝の金剛心院領の同荘領家職を先考(源通資)の菩提のため石清水八幡宮護国寺に寄進し、金剛心院への年貢は宮寺の沙汰とし、領家職は別当法印幸清の門跡が相承することにしたことが知られる。さらに貞応元年(一二二二)四月二十九日の太政官牒は同年三月十九日の別当法印大和尚位権大僧都幸清の解状により年貢以外の諸役の免除その他を認めている。弘安元年(一二七八)三月日の承賢・賢秀・日持・日興連署申状では蒲原荘内の四十九院に住む彼らが法華宗を学んだことで外道大邪教とされ、住坊・田畠を奪われたとみえる。荘域、面積などは不明。　(西垣　晴次)

かんひゃくしょう　堪百姓　承平二年(九三二)九月二十二日丹波国牒(『平安遺文』一巻二四〇号)によれば「件郷(余部郷)本自無地百姓口分班給在地郷々、因茲当郷調絹、為例付徴郷々堪百姓等名」と、余部郷の負担する調絹は百姓口分田がないため、周辺の郷々の「堪百姓名」に賦課されるのが例とされている。「堪百姓」とは、負担に堪えうる者、すなわち富豪層を示すと思われるが、この呼称が一般的に使われていたものか、類例が存在しないため不明である。　(守田　逸人)

かんべ　神戸　古代において朝廷より特定の神社に寄せられた民戸、すなわち封戸《ふこ》で、神封《しんぷ》《しんぽう》ともいう。『日本書紀』崇神天皇七年十一月条に、はじめて「神戸」を定めることがみえ、大化前代にはこのほかにも若干の所見がある。これらは封戸というよりは、むしろ神社に属する部民と考えられ、大化改新以後、神祇制度の整備の過程において、神戸の形成を見るに至ったものであろう。神祇令には神戸より出す調・庸および田租は、神社の造営・供神の料(神饌・幣帛・祭具・装飾・備品など)に充て用い、神用の余剰は税《おおちから》または神税と称して義倉に準じて貯蔵し、出挙《すいこ》はこれを禁じ、それらの事務は国司が掌り、検校した結果を神祇官に報告することが規定されている。このように神戸の所産は官に納めることなく、すべてその寄せられた神社がこれを収得して神用に充て、その余剰についてもこれを神聖視してほかに転用せず、国司は不断にそれらを監理し、これを神祇官に報告したのである。神戸の戸籍や計帳も国司が作成し、また神祇官がこれを管掌したのであるが、さらに国司は神戸の中から神社の祭祀・儀式に奉仕する祝部《はふりべ》を簡定する責を負うていた。元来神戸の民は一般に公役に赴かず、神社の修理などに従ったので(『類聚三代格』一、弘仁二年(八一一)九月官符)、その課役は一般民戸よりも軽く(同八、寛平六年(八九四)六月官符)、経済的にも恩恵を受けていたが、加えて神戸の内部から選ばれた祝部を通じて人的にも結ばれ、神戸の人々の神社に対する信仰的精神的な根基もこれらによって培われたと考えられる。なお神戸の民は得度することを許されなかったが、これは仏教や僧侶を忌むというよりは、もっぱらその貢租の低減を防止するためである。『新抄格勅符抄』の大同元年(八〇六)牒によると、神戸を寄せられている神社は全国で百七十社、神戸の総数は五千八百八十四戸である。そのうち宇佐八幡宮は千六百六十戸で、伊勢大神宮は千百三十戸であり、大和神社の三百二十七戸がこれに次いでいる。宇佐が伊勢を凌駕しているのは、奈良時代以降の同宮の護法的性格にもとづく特殊なものと考えられる。このようにして百戸以上は八社、百戸未満十戸以上は五十四社で、そのほかの百余社は一戸ないし数戸という少数のものである。これを寺封の東大寺の五千戸、飛鳥寺の千八百戸と比較するとすこぶる少ないことがわかる。これは神社の経済生活が寺院に比して簡素で小規模であったことによるものであろう。ちなみに、全郡の課戸を挙げて神戸として神社に寄せられたものを神郡《しんぐん》という。大化改新後久しからずして伊勢大神宮以下全国七社に八郡(のち九郡)が置かれた。なお、平安時代中期以降律令体制が動揺し、地方制度が紊乱するに伴って、神戸も国司の支配を離れ、その実質的な機能が失われると、神社は競って神戸を荘

園化し、神戸の名を負う荘園が各地に造成されるに至るのである。　↓神郡《しんぐん》　（小島　鉦作）

かんべのしょう　神戸荘　播磨国明石郡内の荘園。現在の兵庫県神戸市垂水区垂水町付近。立荘年次は不明であるが、建長二年（一二五〇）十一月の「九条道家初度惣処分状」（『九条家文書』）に、嫡孫右大臣忠家への譲与分として挙げられている所領のうちに、播磨国内では佐用荘とともに神戸荘の名がみえ、九条家領として伝領されたことが知られる。　（水野恭一郎）

かんべのしょう　鴨部荘　伊予国越智郡の荘園。現在の愛媛県玉川町を中心に、今治市西部までを含み混んだと推測されるが、詳細は不明。建長七年（一二五五）十月の伊予国神社仏閣等免田注進状案に荘名がみえ、荘内には八幡三昧堂（六丁）・佐礼寺（現在の仙遊寺、九丁二反二百二十四歩）の免田と、兼信（二丁八反九十二歩）なる人物の封戸田が存在した。また建治二年（一二七六）九月の田所得分免田注文に「上部卿」とあるのは「鴨部郷」のことと思われる。同荘は、国衙領である鴨部郷が荘園化して成立したものと考えられるが、十三世紀後期までは同地域内に国衙領も存在しており、天文年間まで郷名は確認される。正安二年（一三〇〇）には大山祇神社領となっており、その後延元二年（一三三七）にも荘内の延松名・貞光名が大山祇神社社家大祝氏に安堵された。このうち貞光名は散在名であったらしい。南北朝期には、当荘周辺域が戦場となったこと以外は不明で、室町期以降の動向も追うことができない。　（櫻井　彦）

かんぺん　勘返　差し戻すこと。調査した結果、前に決定されたことをくつがえすこと。元来は、勘合（調べ合わせること）して返すという意味。荘園や田を勘返する、公田に勘返する、などという具合に用いられたが、荘園に限らずさまざまな場で使用された。鎌倉幕府では引付衆が上申した件が評定所で否決されたときに、引付衆に戻してふたたび審議することをいう。また勘返状は、書状の返事を、受け取った書状の答える部分に勘（合点）を加え、行間などに文章を書き加えて差し出し人に返した文書のことをいう。　（菅原　正子）

かんぼく　監牧　⇩牧監《ぼくかん》

かんまい　官米　官物のうち色代納を原則とする「准米」の部分を指した用語。官物として米以外の物品を賦課した際、その賦課額を米に換算して表示したためにこの名称で呼ばれた。十一世紀半ば公田官物率法が諸国で定められると、官物は見米や准米、油、見稲、穎などで納入するよう定められるが、実際には見米と准米の二本立てで、しかも国司が必要に応じて種々の物品を米に換算した官米で賦課していた。官米の主体は、伊賀国では米であったが、東国では布、美濃や尾張では絹を基本とするなど、全国的な官物物品体系が形成された。十二世紀に入ると百姓による官物軽減闘争が繰り広げられ、その結果、畠や在家に対する賦課の開始とあいまって多くの諸国で減額と見米による一色化が進み、官米による賦課は減少していった。しかし鎌倉時代以降の公田官物率法でも、若狭・安芸・筑前などの諸国で官米の制が残り、絹が徴収されていた。　（畠山　聡）

かんもつ　官物　令制下の租・調・庸・雑物など貢納物の総称、平安時代中期以降の公領における貢納物、また荘園における年貢所当のこと。『日本書紀』の古訓では「オホヤケモノ」とよみ、『政事要略』は田租を官物と称するといい、また同書は『令義解』が「官物者郡稲也」というのに注して「案、官物者万物皆約也、（中略）以二郡稲一色、不レ可レ称二官物一」ともいっている。『類聚国史』は、出納官物・収納官物・塡納官物・乗（剰）官物・犯官物・隠截官物・焼亡官物・漂損官物・免官物の項に、大税・郡稲・出挙稲・租・調・庸・雑米、およびこれらを収納する倉庫（正倉）のことを挙げている。平安時代中期以後、令制の租調庸制が変質し、公領における貢納は、官物と雑役と総称されるが、その内容を直接具体的に明示する史料はない。ある場合には、田租と地子米を合わせたものを官物といい、ある場合には、貢納物を官物と田率雑事に分けている。永延二年（九八八）の尾張国郡司百姓等解（尾張国解文）は、国守藤原元命が地子田にも租税田と同様に官物を加徴したと記す。その内容は不明であるが、段別穎稲一束六把で、おそらく、のちに臨時雑役とよばれるものに相当すると思われる。平安時代後期になると、それまでの官物と臨時雑役の収取体系にかわって、国ごとに公田官物率法が定められた。永承元年（一〇四六）大和国の大田犬丸負田の場合、四町三段二百四十歩の所当官物として、「米五石二斗四升四合、田率田（分か）四石三斗七升、検田段米八斗七升四合、穎二百六十二束、公文勘料五束」が挙げられている。これを段別に直すと、基本の所当官物は穎六束（米三斗）で、田率分一斗・検田段米二升の計四斗二升となる。これは、当時の大和国の荘園の領主得分が段別三斗だったのと数字的にあい応じている。ついで、保安三年（一一二二）の伊賀国在庁官人等解は国内官物率法を左のごとく記録している。

国内官物率法

別符

反別見米五斗

公田　反別

見米三斗内京庫納一斗

准米一斗七升二合

油一合

見稲一束

穎二束

院　御庄出作公田　反別

見米三斗

准米一斗七升二合

穎三束

ここでの官物は、租米のほか雑物を含むが、十二世紀以後は、公田官物率法に含まれない課役を臨時雑役と総称

したらしい。官物のうち稲で納めるものを官稲、米で納めるものを官米という。また、中世荘園において所当の年貢を官物とよぶことがあり、その呼称はのちのちまで残存した。（阿部　猛）

かんもつかちょう　**官物加徴**　平安時代、規定の官物・年貢のほかに、増徴されたものをいう。永延二年(九八八)の尾張国郡司百姓等解(尾張国解文)の第二条に、国守藤原元命が、租税田・地子田を区別せず、地子田にも官物を加徴したといい、第四条に、正税出挙利稲のほかに、いわれなき率稲を段別二束八把増徴したと訴えている。永承四年(一〇四九)紀伊国某郡収納進未勘文によると、御館人々名から、米六十石余と頴稲九百九十束余を徴収し、ほかに段米六石七斗余を徴収している。これは、おそらく検田段米といわれる加徴米であろう。寛弘三年(一〇〇六)弘福寺領の大和国諸荘園に検田使が段米を賦課し、永承元年、大和国大田犬丸負田に検田段米がかけられた。官物加徴には定まった内容や数量はなく、時代により場所により区々だったと思われる。（阿部　猛）

かんもつでん　**官物田**　官物を賦課された田。一般的には国衙官物を賦課された公田を意味するが、平安末期以降荘園公領制が展開するにつれ、荘園内における年貢賦課対象となる田(定田)の呼称ともなった。（守田　逸人）

かんもつりっぽう　**官物率法**　十一世紀中頃に各国で定められた段別官物の賦課率。伊賀国の事例では別府・公田・荘園出作田それぞれで賦課率が異なるなど、必ずしも一律ではなかった。そのため、国司は任初となると国中の官物率法を把握することが重要であった。また、官物率法は、国家の承認が得られれば、変更も可能であった。ただし、保安四年(一一二三)九月二十九日官宣旨(『平安遺文』五巻二〇〇〇号)によると、官物率法は格条に載せられるところであるとされており、国家より何らかの基準は定められていたと思われる。現在の理解では段別三斗が官物率法賦課基準額として有力視されている。（守田　逸人）

かんらく　**勘落**　勘《かんが》え落とすこと、また調査し除くこと。室町時代以降は権利の否定、没収の意。鎌倉時代には荘園・公領の検注のとき、給免田・名田などを調査し、その一部または全部について、これらの名目から除く行為をさす場合が多い。この場合、除かれた田畠などは調査主体(荘園領主など)の支配下に入った。そのため給免田・名田その他の権利の保有者は、しばしばこれを没官・横領と受け取ったので、室町時代以降、勘落は次第に没収と同義に用いられるようになったものと思われる。（網野　善彦）

かんりょう　**欠料**　荘園の年貢を運送する際に、年貢米がこぼれたりして分量が減ることを前もって考えに入れ、その分を雑用出費として免除するもの。永暦元年(一一六〇)に筑前国観世音寺から東大寺に運上された年貢米では、米七十三石三斗七升のうち、運上の途中で消費される雑用米が二十三石三斗七升で、そのなかの二石が欠料であった(内閣文庫所蔵観世音寺文書『平安遺文』七巻三〇九一号)。（菅原　正子）

かんりょう　**勘料**　荘園制下の雑税の一種。平安時代の末ごろから、国司や荘園領主は、代替りないし必要時に、それぞれ国衙領または荘園を検注(土地調査)して、田畑総面積を確保し、そのうち年貢を課せられない常荒・不作・損田・給免田・井料田などを差し引き、年貢の賦課される定得田畑を把握した。この検注に際し、在地の名主や寺社はこれをできるだけ免れようとして、国司または荘園領主へ若干の米銭を納めることもあった。この検注の免除ないし軽減を望んで納める料足を勘料といい、米納のときは勘料米、銭納の場合は勘料銭と呼んだ。これに対して、国司や荘園領主は勘料を斥けることもあったが、多くは検注の費用の一部などに当てるため勘料を課すようになり、のちには検注するといって実際には行わず、勘料をとるようにもなった。東寺領若狭国太良荘では、建長六年(一二五四)に東寺の実検使が下向して検注したとき、地頭後見の恒弁法橋が勘料銭五貫文を出して地頭免田一町の検注免除を請うたが、実検使はこの勘料銭を斥けて検注し、この一町を地頭名田として所当米十石六斗二升を計上している。しかし太良荘全体では、右の検注で勘料米五斗六升三合が課せられ、また文永七年(一二七〇)・建治二年(一二七六)の内検にも、それぞれ勘料米五斗六升余が課せられている。これは太良荘の惣田数二十八町のうち不作・河成・除田を引いた定田十八町七段余に対して、段別三合の割で賦課されたのである(以上『東寺百合文書』は)。東寺領遠江国原田荘細谷村では、弘長三年(一二六三)の正検の際、勘料米三石六升余が課せられており、これは定得田に対して段別一升の割であった(同ら)。このように勘料は主に段別賦課であったが、ときには特定の田を勘料田としてそれにあてることもあった。勘料は貢租の一部として国司ないし荘園領主の収入、または実検使の得分となった。（宮川　満）

かんりょうし　**勘料使**　勘料を徴収するために派遣された使者。→勘料《かんりょう》（菅原　正子）

かんりょうせん　**勘料銭**　⇩勘料《かんりょう》

かんりょうまい　**勘料米**　⇩勘料《かんりょう》

き

ぎがのしょう　儀俄荘　近江国甲賀郡の荘園。現在の滋賀県甲賀郡水口町嶬峨を中心とし、新城・今郷・中畑に及ぶ地域。勧学院領。保安四年（一一二三）に公領と堺相論を生じて国司庁宣が出されたのが史料的初見（『蒲生文書』）。『摂籙渡荘目録』（『九条家文書』）の氏院領の中に「儀俄庄　田三十町七段百三十歩、畠八町六段百二十歩」とみえ、「春日社御寄進地也」と注している。同荘の下司は蒲生氏の支族儀俄氏で、同氏はここを本拠として蒲生郡にも所領をもっていた。儀俄氏は永仁四年（一二九六）地下の狼藉を鎮定した功により三年を限って同荘の預所職を与えられた。なお鎌倉時代末期には儀俄荘に本荘と新荘とができていた。南北朝時代に蒲生の本宗家が南朝に味方して敗れてから蒲生一族の中で儀俄氏の地位がたかまってくる。貞和元年（一三四五）下司儀俄氏が同荘年貢や一部の荘田を押領したので領家勧学院はこれを幕府に訴え、儀俄氏はこれに承伏した。応安元年（一三六八）儀俄荘から毎年三十貫文の春日社上分物を出す契状が作成されている。　（坂本　賞三）

きくまのしょう　菊万荘　伊予国野間郡の荘園。現在の愛媛県越智郡菊間町を中心とする地域。寿永三年（一一八四）四月二十四日の源頼朝の下文に荘名がみられる。京都上賀茂神社の社領で、競馬料所に指定されている。鎌倉時代末期ごろの耕地面積は百三十町歩であった。当荘の預所職は賀茂社神主家が代々相伝知行していた。ところが、文明十三年（一四八一）に至り、当荘の所務職および本家職・領家職・小倉名を、河野氏の一族で在地の有力者である得居宮内大輔に四十五貫文で請け負わせている。得居氏の代官職は、菊万荘の消滅する天正十年代まで続き、社家雑掌は公用銭受取りのため毎年下向していたようである。元亀元年（一五七〇）から天正十三年（一五八五）までの菊万荘公用銭社納目録が残っているが、戦乱などの理由でほとんど納入されていない。天正十三年河野氏の滅亡により伊予国は小早川隆景の支配するところとなったが、翌十四年正親町天皇は隆景に菊万荘の段銭を従来どおり社納するよう命じている。　（渡辺　則文）

きこちょう　寄戸帳　伊勢国の伊勢神宮領である神三郡（度会郡・多気郡・飯野郡）を構成した戸田の基本台帳。同神宮の宮司庁において作成され、内宮・外宮寄戸帳があった。寄戸帳の実物は残されていない。戸田からは一定の額の官物が同神宮に納入され、寄戸帳には戸田の名称と納付先の神宮内の職掌などが書かれていたと推定される。　→戸田《こでん》　（菅原　正子）

きこんちけいしょうえん　既墾地系荘園　墾田地系荘園のなかで、未墾地の占取・開発によって成立する自墾地系荘園に対し、すでに開墾されている墾田・口分田などを買得・相博・譲与・寄進などの方法で集積して成立する荘園をいい、今井林太郎が『日本荘園制論』（昭和十四年（一九三九））で提唱して以来、学界共通の概念として定着した。この型の荘園の発生は墾田地系荘園の形成とともに古いといってよいが、九世紀に入って国家の労働力に強く依存する自墾地系荘園の経営がゆきづまるに及び、墾田地系荘園の主流をなすに至った。　→墾田地系荘園《こんでんちけいしょうえん》　→自墾地系荘園《じこんちけいしょうえん》　→初期荘園《しょきしょうえん》　（義江　彰夫）

きさいちのしょう　私市荘　近江国坂田郡の荘園。東大寺領。現在のどこにあったかは不明で、『近江坂田郡志』では現在の米原町あたりかとしているがべつに明証があるわけではない。天暦四年（九五〇）の『東大寺封戸荘園幷寺用帳』では「庄田四町八段百卅歩」とあり、『東大寺要録』の長徳四年（九九八）注文定では「四町九段百六十歩」とある。同荘は琵琶湖に面して諸荘園からの年貢運送のために設定された荘倉処であろうかと推測されている。　（坂本　賞三）

きさく　寄作　平安時代の荘園で特徴的にみられる耕作関係で、外部の農民が荘園に寄り付くかたちで入作《いりさく》することをいう。当時の荘園は、中世荘園の名主百姓のような固定した荘民が多数を占めていたのではなく、中心的な荘家直属の荘民のほかに、近辺の公民や浪人や他荘民から成る多くの寄作人《きさくにん》を必要とした。それは本来荘園が耕地の領有を主として成立した体制であったからで、土地の取得が先行し、その後に耕作者を獲得しなければならない事情から、寄作の制度が発達した。荘田の面積は定まっていたが、それをすべて耕作するには直属の荘民では足りず、できるだけ多くの耕作田を確保するために、外部から作人を徴募せざるをえなかったのである。公田でも同じ事情で寄作が行われた。寄作人は地子《じし》を定めて荘田を請作《うけさく》し、地子を滞納すればその作田の権利を失った。この荘田経営方式は、中世荘園の名田以外の間田・一色田の制度にうけつがれた。　→出作《でさく》　（戸田　芳実）

きしのしょう　貴志荘　紀伊国那賀郡の荘園。現在の和歌山県那賀郡貴志川町に所在。平安時代末期の立荘で、仁和寺領。荘官貴志氏が開発領主らしい。鎌倉時代後期には西園寺家領。貴志川をはさんで東西に分かれ、小鹿阿念・伊東某が鎌倉時代末期の地頭。後醍醐天皇の「元弘の勅裁」によって河東地域が高野山領になったが、東西に分裂後も宮座を通じて荘としてのまとまりを保っている。なお『紀伊続風土記』は、和歌山市北部の貴志にも同名の荘園が存在したと記述するが疑問である。　（小山　靖憲）

きしょうでん　起請田　中世の荘園公領において、荘官・百姓の神仏に対する起請によって確定され、それ以後の年貢・公事賦課の基準とされた田地。肥後国人吉荘では、

建久九年(一一九八)の検注によって定められた田数が起請田とされ、領家の支配はその田数を基準として行われていた。丹波国大山荘や和泉国日根荘では、年貢の百姓請、村請の際に百姓から起請文が提出され、それによって年貢賦課の基準となる田積、年貢額が決定されていた。そしてそのようにして決定された田積を起請符之地といっていた。また備後国太田荘では、建久三年に荘園領主高野山を代表する鑁阿《ばんな》の手印をおした置文に、荘官・百姓が起請の詞を書き加えることによって、年貢・公事の率法や荘官得分さらには百姓に対する免除分を確定している。こうした手続きによって確定された田地が起請田なのである。国衙領にも起請田と呼ばれる田地があるが、それは郡郷司などが国司に利田請文というものを提出し、国の一宮などに対する起請によって確定されたもので、その手続きは利田起請ともいわれる。（大石　直正）

きしょうふのち　起請符の地　⇩起請田《きしょうでん》

きしわだのしょう　岸和田荘　河内国茨田郡の荘園。現在の大阪府門真市岸和田付近。永暦元年(一一六〇)後白河上皇の時創建された新日吉神社の荘園となり、康永三年(一三四四)ごろ、妙法院門跡昌雲の代から門跡の支配をうけた。貞和二年(一三四六)四月、足利直義は同荘を高野山金剛三昧院内大日堂に寄進し、直義の母上杉氏の遺骨を分かって胎内に納めた本尊も安置した。大日堂は先祖である足利義氏が造立したもので因縁が深いという理由からであった(『金剛三昧院文書』)。室町時代には、妙法院が本所、北野社家が領家の関係にあった。（三浦　圭一）

きしんがたしょうえん　寄進型荘園　十一―十二世紀に盛行した、いわゆる荘園寄進に基づいて成立したところの、荘園の一類型をさす称呼で、「初期荘園」(墾田地系荘園)に対置される概念として用いられる。在地領主層に属する人々の間で土地開発がすすみ、その開発領主たちによる合法・非合法両面での、実際的土地領有が進行する状況下で、彼らは、その所領の領有を強力化し国衙の収奪から逃れるため、その開発私領を中央の寺社・権門勢家に寄進し、受寄者の力により荘園として立券することが行われた。こうして生まれた荘園では、やがて不輸・不入の特権を確保し、国家的支配権の割譲に近い姿を現出するが、十二世紀以降には古い初期荘園に系譜をひくものはほとんど消滅し、この寄進型荘園が普遍的となり、ここに中世的荘園体制が生まれた。寄進型荘園にあっては、寄進者たる在地領主は下司・公文などの荘官の職を得て、職務的用益権(職によって表現される収益権および収益を実現するための所務権)を留保するのが一般である。受寄者は通常領家とよばれるが、領家が荘園保持の力に欠けるとき、さらに上級の権力者に所領を寄進(本家寄進)し、本家を設定する。法的にみて本家がその荘園の領有権と荘務権とを排他的に掌握しているとき、その荘園領主を本所と称した。こうして寄進型荘園にあっては、本家―領家(預所)―下司・公文といった階層的な領有・支配および収益の関係が形成されていた。なお寄進型荘園として把えるべき荘園の類型を、古くは「寄進地系荘園」と称していたが、この概念では初期荘園における既墾地系荘園の場合にみられるところの、農民・富豪らの土地寄進によって成立する荘園と上記の中世的荘園との本質的相異を明確にし得ず、また開発領主層の荘園寄進は単なる土地寄進ではないので、「寄進地系」とすることは適切でない。そこで安田元久『日本荘園史概説』(昭和三十二年(一九五七年))ではじめて「寄進型荘園」の概念を用い、近時ようやくこの呼称が一般化してきた。　↓寄進《きしん》地系荘園《ちけいしょうえん》　↓墾田《こんでん》地系荘園《ちけいしょうえん》（安田　元久）

きしんちけいしょうえん　寄進地系荘園　ごく広い意味では寄進によって成立する荘園一般を指すこともあるが、通常は、墾田地系荘園が衰退する平安時代後期に国家的諸権限の割譲をめざして活発化する寄進行為を通して成立する荘園をいう。このような意味での用語の使用はすでに西岡虎之助「荘園制の発達」(『(岩波講座)日本歴史』、昭和八年(一九三三))に「寄進地系統の荘園」の表現でみられ、以来広く用いられてきた。すでに墾田地系荘園が展開した奈良時代から平安時代初期のころに、既墾地系荘園は農民・富豪らの寄進によって成立することが多く、延喜二年(九〇二)の荘園整理令においても原則上強く禁止されたほどであったが、この種の荘園は国家的諸権限の割譲を内容としたとはいいがたく、一般には寄進地系荘園の範疇では捉えないことが多い。しかし、墾田地系荘園が衰退する平安時代後期に入り、田地の不輸、寄作者の雑役免など国家的租税収取の諸権限の割譲を内容とする荘園が一般的に存在するようになると、在地で政府―国衙による収奪をはねかえそうとする有力農民およびその中から領主的支配を指向する在地領主層たちは、かかる国家的権限の私的割譲を政府または国衙に認めさせるべく、自己の開いた私領田畠を積極的に中央の寺社・官人・貴族らに寄進するようになった。かかる荘園の寄進が開始された初期の段階では、寄進によって成立する荘園の内容は必ずしも領域と住民を包摂したものとはいえないが、十二世紀初頭の鳥羽院政のころより、免除の対象は私領田畠・寄作者から領域・住民へと拡大され、それとともに不輸・不入の特権を得ていわば国家的行政権の地域的割譲に近い内容の荘園さえつくられることとなった。荘園寄進が認められると、荘園領主の使と官使・国使らの立会いのもとに荘園領域を定めて牓示をうち、その旨を記した文書(公験)が作成されて、正式に国家的権限がゆずられることになる。荘園寄進の結果寄進者は下司・公文などといわれる荘官の職を得、受寄者は通常領家と呼ばれるが、領家が中・下流の貴族である場合、彼らは荘園整理令にもとづく国司の停廃行為を押えるため、さらに上級の寺社・皇族・官人・貴族などいわゆる権門勢家に所領を寄進し、これを本家と仰ぎ、みずからは預所と称することもあった。このような荘園寄進の行

為に対し、受寄者側は、その初期の段階においては、寺社・中下流貴族を別とすれば、必ずしも積極的にうけとめその支配に乗り出していたとはいえないが、封戸・位田・職田など律令的俸禄体系が弛緩して荘園への経済的依存度が高くなるに及び、同時にまた長久・寛徳・天喜・延久・康和などの荘園整理令を通してかえってかかる荘園の存立が体制的に承認されるに及んで、寄進行為を積極的にうけとめ、計画的な荘園支配に乗り出すこととなった。中田薫「王朝時代の庄園に関する研究」(『法制史論集』二)以来、在地領主の寄進行為は、国衙の収奪を逃れるための方便であり、領家・本所などは一定の得分以外ほとんど荘園支配の実権をもたないという考え方が支配的であったが、永原慶二「荘園制の歴史的位置」(『日本封建制成立過程の研究』所収)によって、在地領主が合法的に獲得できた権限は意外に少なく、荘園領主側の荘務行使がそれなりに行われていたことが明らかとなり、さらに安田元久「いわゆる「寄進型荘園」について」(『日本歴史』三〇五)は、従来寄進地系荘園の名で把えてきた荘園は「寄進型荘園」の概念で見直すべきことを提唱しており、古代から中世へと展開の中における寄進地系荘園の歴史的位置は、再検討をすべき段階に入っている。 ↓寄進型荘園《きしんがたしょうえん》 ↓自墾地系荘園《じこんちけいしょうえん》 (義江 彰夫)

きたうちのまき 北内牧 信濃国筑摩《つかま》郡にあった左馬寮領の牧。長野県松本市内田牧の内がその跡であろうと考えられている。『吾妻鏡』文治二年(一一八六)三月十二日条信濃国「国内乃貢未済庄々注文」に左馬寮領としてみえるのが初見、『延喜式』左馬寮所載の信濃勅旨十六牧のうち埴原《はいばら》牧がこの注文にみえず、また嘉暦四年(一三二九)の『諏方上宮頭役結番帳』に「内田牧埴原地頭(下略)」の記事があるので、埴原牧が北内・南内の二牧に転化したものであろうと考えられている。 (小林計一郎)

きたきどののしょう 北喜殿荘 大和国山辺郡の荘園。現在の奈良県天理市喜殿町を中心とする地域。興福寺領。延久二年(一〇七〇)の『興福寺雑役免帳』に初見。同帳によれば、法興院田・内匠寮田・内蔵寮田などの不輸免田十二町八段余と公田畠十四町七段余、計二十七町六段からなり、山辺郡六条六里、七条二里—六里、八条三里・四里の四十三ヵ坪に散在する。当荘はその後再編成され、正治二年(一二〇〇、弘安八年写)の興福寺維摩会不足米餅定についで応永六年(一三九九)の『興福寺造営料大和国八郡田数注進状』(『春日神社文書』)には山辺郡に「寺方 北喜殿庄三十二町」と所見し、室町時代には興福寺の寺務領となっていたことが判明する。さらに天文十五年(一五四六)の「若宮祭礼幷十二大会以下所出料所進官米庄々十市郷諸庄注文」(京都大学国史研究室蔵『一乗院文書』)にも「北喜殿庄田数四丁三反七反切」と所見。面積は次第に縮小しつつも戦国時代まで興福寺寺務領として維持されているが、関係史料は乏しい。 (熱田 公)

きたのてんまんぐうりょう 北野天満宮領 菅原道真を主祭神として京都市上京区馬喰町に鎮座する北野天満宮の所領。平安時代には、摂政右大臣藤原忠実が北野社に備後五烟・阿波五烟の封戸を寄進して以来、摂政が就任のはじめに祇園・上下賀茂・松尾社とともに寄封する例となった。当社創立後程なく寄せられた社領があったと思われるが、筑後国河北荘を「宮寺最初の神領」と伝えている。年紀の明らかなものでは、天永元年(一一一〇)に能登守藤原基頼寄進の能登国菅原荘を最古とする。足利氏は尊氏以来その尊崇・庇護もっとも篤く、文明五年(一四七三)には二十四ヵ国に八十ヵ所の社領が存在している。造営料所は造営奉行職に属し、ほかに常燈料所・三年一請会料所・御供料所・法華八講料所・神楽料所・千句料所・御経料所・連歌会所領などがあり、祈禱料所は御師職に属する。これらは戦国擾乱の際に多く喪失したが、なお六万六千石と記され、豊臣秀吉は天正十九年(一五九一)朱印地六百一石二斗一升を寄進し、江戸幕府はこれを継承して明治に及んだ。別表(一七二—一七四頁)参照。 (竹内 秀雄)

きっすい・らんすい 吉水・乱水 中世を通じて興福寺領の荘園であった大和国の能登・岩井両川用水をはじめ、大川用水(子守川、現在の率川)、穴師川用水、西門川用水などでは、灌漑用水の必要期になると、用水分配法の一種である番水の開始を告げる吉水札が領主興福寺によって立てられた。吉水とは、当時の言葉で番水の開始を意味する川下《かわおろし》以後、水稲の成熟による番水の終結までの用水のことであり、また寺家の番水統制下にある用水を意味している。吉水はまた巡水の名でも呼ばれているが、これは用水が番水によって、巡々に各荘の間を巡って分配されることから出た名前である。吉水以前、および吉水以後の水は不吉水であり、興福寺の統制外の水であるから、番水に加入していない土地でも引用しうる。ただし吉水の期間は必ずしも定まってはいないようであるが、八月以降ともなれば用水の要求も尠くなるから、大体七月一杯ないし八月中旬ごろまでで、以後が不吉水となったと思われる。また吉水の途中でも、降雨などの原因で、河川用水が混濁した場合も不吉水であり、その間は番水は一時中止される(札ながし)。このような不吉水を特に乱水と称し、河水が清澄に帰れば、吉水に帰った旨の、興福寺の立札によって番水の再開始となる。しかし吉水中に小雨を見て用水の混濁状況の不分明なままに、一方は吉水期間中として番水の継続を主張し、他の一方は用水が濁って吉水ではないとし、各荘の自由引水を主張して双方の争論となった例もある。乱水中の用水の引灌については、明確な史料を欠くが、おそらくは取り勝ちともなる風習が一般であったかも知れない。興福寺領荘園では一般的には用水の統制権は、興福寺の寺務の手中に、特に分配に関する事務は公文目代がとったから、統制分配の命令は寺務から公文目代を経て発せられ、その手で札が立てられた。番水の開始に札を立てることは大和地方では広く一般であったようである。 (喜多村俊夫)

北野天満宮領

北野天満宮 社領一覧

所在国郡	名称	成立年次	特徴	典拠
山城 上京	右衛門府領柏野之内		菊亭家寄進	北野神社文書
同	宮城内野畠・新開右馬寮	応永九年二月	足利義満寄進、造営料所	同
同	二三条保			北野神社引付
下京	四条坊門西洞院所々散在		燈明料所	同
同	五条内裏敷地半分(紅梅殿跡)	文安元年八月	常磐井宮寄進、常燈料所・大政所修理料所・三年一請会料足	北野神社文書
同	九条田地			同
乙訓郡	八幡生津郷菱川荘	暦応年中	光明天皇寄進	猪熊信男氏所蔵文書
葛野郡	西唐橋			北野神社文書
同	西京敷地田畑等			同
同	西京新御寄進・御所之内	文安四年六月	足利義尚寄進	同
同	西七条内		御供料所	北野神社引付
同	大藪	天正十九年九月	豊臣秀吉寄進、百石	北野神社文書
同	西院村内	同	豊臣秀吉寄進、七十三石九斗二升、土居成・屋敷成替	同
同	同	同	豊臣秀吉寄進、三十七石六斗三升、境内屋敷成替	同
同	西京	同	豊臣秀吉寄進、百四石四斗六升	同
愛宕郡	東松崎郷内田地毎阿弥分	永享九年五月	外会所領(日連歌料所)	大徳寺文書
同	雲林院上野	天正十九年九月	豊臣秀吉寄進、九十六石	北野神社文書
同	上賀茂	同	豊臣秀吉寄進、百八十九石二斗	同
紀伊郡	古河(久我か)荘内田中分			同
久世郡	宇治之内三郎五郎(跡)茶園		足利義持寄進	同
同	上奈良郷	応永六年十月	足利義満寄進	同
綴喜郡	池田荘	応永八年三月	足利義満寄進、信読大般若経・常燈以下料所	同
相楽郡	上狛野荘		徳大寺実時寄進	北野神社文書
同	下狛以下散在田地	応永三十一年二月	高倉永藤寄進、武田信長跡	同

所在国郡	名称	成立年次	特徴	典拠
山城 相楽郡	祝薗荘		結城氏寄進	北野神社文書
同	菱田荘(左馬寮領内正親町田)		高倉永藤寄進、水饗田	同
同	和束荘(杣山内水谷村)		一色詮範寄進	同
同	石垣荘		嘉暦元年同荘と円提寺の間に堺争論あり、同三年同荘の堺につき和束杣住人狼藉す	同
河内 河内郡	上田村(郷)	応永二十五年十一月	足利義持寄進、八箇所内、造営料所・日供料所	同
茨田郡	大和田荘	同	同	同
同	岸和田荘	同	同	北野神社引付
同	葛原荘(郷)	応永二十七年七月	足利義持寄進	北野神社文書
同	島頭荘	応永二十五年十一月	足利義持寄進、八箇所内	同
交野郡	馬伏荘	同	同	同
和泉 大鳥郡	大鳥荘内下条	同	足利義持寄進、造営料所	同
同	蜂田寺	正平八年九月	後村上天皇寄進、常燈料所	曼殊院文書
和泉郡	坂本(郷)荘	応永六年十二月	足利義満寄進、若狭国阿(安)賀荘替地	北野神社文書
同	八田荘	同	足利義満寄進、大門跡、若狭国阿(安)賀荘替地	同
(郡未詳)	毛須寺別当職・菊重名			同
(同)	七ヶ里	応永六年十二月	足利義満寄進、若狭国阿(安)賀荘替地	同
摂津 東生郡	榎並荘	正安三年七月	院宣により北野別当領となる	曼殊院文書
		明徳二年十二月	足利義満寄進、造営料所・法華堂長日勤行支度料・祈禱料所	北野神社文書
同	郡戸荘	応永五年十一月	足利義満寄進、松田満秀跡、造営料所	同
西成郡	中島内仏性院			北野神社引付
島上郡	富田鵜飼瀬	延文五年八月	足利義詮寄進、御師給	北野神社文書
島下郡	石井荘		支(至)道今西跡	同
豊島郡	熊野田(秋永名)		近衛家寄進、修正松明役	同
同	簾料(新荘)		簾料所	北野神社引付
河辺郡	西富松荘		支(至)道今西跡	北野神社文書
菟原郡	蘆屋荘	応永八年二月	足利義持寄進	同
同	得位時枝荘(御影荘)	明徳元年五月	沙門覚円寄進	同
同	山道荘		修正役	同
八部郡	兵庫下荘野田内末延名			同

所在国郡	名称	成立年次	特徴	典拠
伊賀 阿拝郡	新位部荘			北野神社引付
伊勢 三重郡	北河尻			北野神社文書
飯野郡	北長太(田か)荘	延徳三年六月	聖護院道興寄進	北野神社引付
(郡未詳)	北石津加納堀江			同
尾張 中島郡	於々保(於保新部村)			北野神社文書
同	本神戸荘	応永七年八月	比丘尼真照寄進	同
丹羽郡	下浅野保	永享二年十月	祈禱料所	同
愛智郡	則武北一色			北野神社引付
(郡未詳)	有脇村		足利義満寄進	同
(同)	野村保			北野神社文書
(同)	成富権介跡	文和二年四月	土岐頼康寄進	北野神社引付
三河 宝飯郡	星野荘	康暦元年十一月	一色範光寄進、高井彦四郎跡	北野神社文書
(郡未詳)	高井郷		細川讃岐守寄進	北野神社引付
遠江 敷智郡	浜松荘内鞍松郷		相模守寄進	北野神社文書
周智郡	宇苅郷		足利義持寄進	同
駿河 (郡未詳)	河原一色	康安元年九月	足利義詮寄進、清武跡、御師給	同
上総 長柄郡	笠森寺			同
近江 栗太郡	大萱村		足利尊氏寄進	同
同	新賀木葉落			同
同	田上中荘	応永五年六月	足利義満寄進、勢田建部社神主田上三郎跡、祈禱料所	同
甲賀郡	馬杉荘	応永二十八年十二月	足利義持北野御霊社へ寄進	同
野洲郡	石田郷内上方一色		足利義詮寄進	同
蒲生郡	九里			北野神社引付
神崎郡	建部荘	応永五年六月	足利義満寄進、祈禱料所	北野神社文書
犬上郡	八坂荘	永享二年八月	足利義教寄進、正月・四季千句料所	同
坂田郡	北野(荘)	永享六年八月	足利義教寄進	同
伊香郡	中荘内田井郷	康暦元年三月	佐々木高氏寄進、拝殿燈明料所	同
高島郡	新荘内北野田	応永二十八年六月	足利義持寄進、永田上総介跡	同
同	田中郷(荘)	同	足利義持寄進、佐々木田中下野守跡	同
同	西万木	同	同	同

所在国郡	名称	成立年次	特徴	典拠
美濃 多芸郡	久津	応永五年五月	足利義満寄進	北野神社文書
同	多芸(村)		土岐成頼寄進	同
不破郡	綾野郷	応永十五年十月	足利義持寄進、野間中務入道跡	同
大野郡	古橋荘	康暦元年四月	土岐道功寄進	同
本巣郡	文殊中村		土岐被官伊藤先祖寄進	同
各務郡	芥見荘内日野郷	康応元年十月	足利義満寄進、志多見跡、造営料所	同
賀茂郡	蜂屋三ヶ一色内世良田村	応永八年八月	多治見貞康寄進	同
(郡未詳)	磯生郷東方			北野神社引付
(同)	則松郷	明徳二年九月	足利義満寄進、則松入道跡、秋冬法華八講料所	北野神社文書
飛驒 吉城郡	荒木郷	応安六年十一月	足利義満寄進	同
若狭 (郡未詳)	東郷国衙			同
越前 丹生郡	糸生郷山方	長禄二年十一月	足利義政寄進、千秋範安跡	同
足羽郡	得光保(郷)	貞和二年閏九月	足利尊氏寄進、造営料所	同
同	社荘	応永五年五月	足利義満北野御霊社へ寄進、佐々木高秀跡、造営料所、美濃国久津替地	同
坂井郡	河和田荘	応永五年八月	仁和寺御室入道永助親王寄進	同
(郡未詳)	榎富上荘内幸禅名	文安五年九月	大覚寺門跡寄進、御師給	同
(同)	河南下郷半分	康暦元年二月	足利義満寄進	同
加賀 能美郡	長崎保	応永二十五年十二月	足利義持寄進	同
江沼郡	富墓荘(柴山荘)	嘉禎元年八月	高辻長成寄進、法華八講料所	菅原長者記
同	福田荘	応永二十五年十二月	足利義持寄進、長崎四郎跡、両季神楽料所	北野神社文書
同	山代本郷半済	至徳二年	足利義満寄進、長崎四郎跡	同
石川郡	小泉保	応永二十五年十二月	富樫満春寄進	同
同	豊田保(郷)	同	足利義持寄進、長崎四郎跡	同
同	西笠間保	至徳三年十二月	足利義満寄進、笠間用光跡、祭礼料所・三年一請会料所・二季法華八講料所	同

所在国郡		名称	成立年次	特徴	典拠
能登	能登郡	湯河四柳荘		足利義満寄進	北野神社文書
	羽咋郡	菅原荘(保)	天永元年十月(永久二年ともいう)	藤原基頼寄進、常燈料所・造営料所・三年一請会料所・大般若経料所	温故雑帖
越後	頸城郡	大積郷(荘)	応永三十一年二月	上杉房方寄進	北野神社引付
	魚沼郡	上(於)田荘(関郷)			北野神社文書
佐渡	雑太郡	蜷河(川)保		足利義満寄進	同
丹波	桑田郡	氷所内愛宕(阿当護)新免			同
	船井郡	桐野牧河内村			同
	同	船井荘	建武三年五月	足利尊氏寄進、御前御燈・六ヶ御願料所	同
	同	広瀬久富荘			北野神社引付
	同	法音寺沙汰人等跡	明徳三年四月	細川頼元寄進	北野神社文書
	多紀郡	宮田郷		柏料	同
	天田郡	和久荘内浮田名			同
	何鹿郡	吾雀西方(世木村)	応永五年八月	細川満元寄進、神前東西常燈料所	同
	(郡未詳)	弘武名			北野神社引付
丹後	加佐郡	大内荘(郷)(吉囲荘)		山名宮田寄進	同
	与謝郡	山田郷内景垣名	明徳三年三月	一色満範寄進	北野神社文書
	丹波郡	時武保	応安四年二月	洞院家寄進	同
	(郡未詳)	大田荘			北野神社引付
但馬	城崎郡	気比荘水上	永和四年五月	青蓮院一品親王家寄進	北野神社文書
因幡	巨濃郡	岩井荘吉田保内竹見村・小羽尾村	応永二年二月	足利義満寄進	同
	同	岩恒(常)保		仁和寺寄進	北野神社引付
播磨	賀古郡	小松原荘		常磐井宮寄進、常燈料所・祈禱料所	同
	飾磨郡	英賀東西細工所・別納西細工所			黒板勝美氏所蔵文書
	神崎郡	貝野荘			同
	多可郡	松井荘	建武元年二月	足利尊氏寄進、毎月燈油料所	古文書雑集
美作	英多郡	林野保	応永十九年五月	足利義持寄進、四季御供料所・法華八講料所	北野神社文書
	同	吉野保	同	同	同
	苫東郡	高野郷			北野神社引付
	久米郡	長岡荘内藤原村五名	応永元年八月	山名道功寄進	北野神社文書
備前	上道郡	金岡荘			北野神社引付
	(郡未詳)	菅原郷		燈油料	温故雑帖
備中	(同)	平田郷内北野名			北野神社文書
備後	深津郡	吉津荘(保)			同
長門	豊東郡	員光保	延元四年二月	光明院寄進、法華・金剛般若経長日転読料所	同
淡路	津名郡	鮎原荘			貞応二年在庁注進
讃岐	香川郡	井原荘内鮎滝			北野神社引付
	多度郡	吉(良)田荘		常燈用途	嘉元四年御領目録
筑前	那珂郡	比恵荘			北野神社引付
	(郡未詳)	延藤村			同
	(同)	遍智院			同
筑後	御井郡	河北荘		最初の神領という	北野神社文書
豊前	京都郡	蓚田・片島			北野神社引付
	筑城郡	高墓荘			同

きづのしょう　木津荘

㈠山城国相楽郡の荘園。現在の京都府相楽郡木津町の地域。摂関家を本家とする荘園であるが、この地は八世紀以降南都への諸物資、特に材木の陸揚地で、東大寺・興福寺など諸大寺の木屋が置かれており、荘民は木守として興福寺の寺役をも勤仕していた。本家職は十二世紀初期に藤原忠実からその女高陽院泰子(鳥羽天皇皇后)が伝領し、ついで法性寺観自在院に寄進されたと伝える。源平争乱の時期には武士の狼藉が続き、「民烟悉逃散、仏事皆顚廃」といわれる状態になったという。元暦・文治年中(一一八四—九〇)には、梶原景時が弟友景に命じて本家政所の舎人を追い出して当荘を押領したため、院庁や幕府がその停止を命じている。

(須磨　千頴)

㈡若狭国大飯郡の荘園。現在の福井県大飯郡高浜町を中心とする地域。『和名類聚抄』の木津郷の地であろう。立荘の時期・事情は不明。文永二年(一二六五)の『若狭国惣田数帳』にも所見なし。九条家領立石荘・同新荘の荘域と重なるので、この両荘と関係深いものと思われる。建久七年(一一九六)六月「若狭国源平両家祗候輩交名」に木津平七則高・薗部次郎久綱の名がみえるが、建長二年(一二五〇)六月「若狭国旧御家人跡得替次第」には、木津平七・薗部刑部丞跡は承久の乱後、地頭の押領により御家人役を勤めずとある。『若狭国税所今富名領主代々次第』に寛喜元年(一二二九)から翌年にかけてのころ、北条時氏の代官に木津摂津守基尚があり、同氏の所領を

「押領」したのは北条氏とも考えられる。明徳四年(一三九三)将軍足利義満は丹後九世戸に参詣の序に木津荘高浜の矢穴(奇岩の洞穴)を見ているが、これが荘の初見。その後応永十四年(一四〇七)義持も同様にこの荘に立ち寄っている。　(網野　善彦)

(三)丹後国竹野郡の荘園。現在の京都府竹野郡網野町木津一帯。寛治四年(一〇九〇)賀茂社に寄進され、正応元年(一二八八)の『丹後国田数目録』によれば、地積は五十二町二段二百五十四歩である。『熊谷家文書』によると、元弘三年(一三三三)熊谷直清が朝敵討伐の綸旨をうけ、木津荘の毛呂弥八郎を破ったことがみえ、明徳の乱には山名満幸が京都を追われ、木津細陰荘で討手を防ごうとしたが、国人が結集せず伯耆に落ちたことが『明徳記』にみえる。　(仲村　研)

きっぷ　切符　⇨割符《さいふ》

きどののしょう　喜殿荘　大和国高市郡の荘園。現在の奈良県橿原市を中心とする地域。承保三年(一〇七六)の関白左大臣(藤原師実)家政所下文案(『東大寺文書』)によれば、当荘はもと肥前守源頼房の所領で、承保元年(延久六)女子と女婿と思われる越後権守高階業房に処分されたが、女子分について紛争を生じたので、業房から政所御使と在郡司による糺定を請い、あらためて摂関家領荘園として立券された。頼房・業房は領家である。その所在地は、同年の高市郡司刀禰等解案(『東大寺文書』)に、条里が示されている。その記述は難解であるが、高市郡東二十四条一里から三十一条三里辺にわたっており、かつ豊瀬荘とも呼ばれたことが判明する。また同文書によれば、荘内には木葉堰・豊浦堰・佐味堰など七堰と池五ヵ所があった。右の条里内には飛驒・南喜殿・西喜殿の諸荘があるが、入り組んで存在したものであろう。平治元年(一一五九)の大和国目代下知状案(『東大寺文書』)には「宿院領　殿下御領　喜殿御庄　田永御庄」と所見。領家職は奈良の宿院領となったことを示し、そのまま室町時代に至ったものと考えられる。一方本家職は建長五年(一二五三)の『近衛家所領目録』に高陽院領として所見し、前引宿院領と同じく田永荘(高市郡)と併記されている。

参考文献　『橿原市史』　(熱田　公)

きにん　寄人　⇨よりうど

きのもとのしょう　木本荘　紀伊国海部郡の荘園。現在の和歌山市木ノ本・西ノ庄に所在。天平十九年(七四七)『大安寺伽藍縁起幷流記資財帳』にみえる海部郡木本郷の墾田予定地百七十五町が起源。この地は葦の密生した低湿地で開田が進まず、大安寺の経営はまもなく放棄された。平安時代、東大寺の末寺崇敬寺(安倍寺)がこの葦原田を領有し、十一世紀中期以降寺家や住民の手で開発が進んだ。十一世紀後半から十二世紀初めにかけて東大寺の威を背景に領域支配をはかる領家崇敬寺と、国衙との抗争が続き、この対立に村上源氏の源有政が私領と称して武力介入し、崇敬寺も東大寺鎮守八幡宮に得分を寄進して僧兵をひき入れ、しばしば武力衝突がおこった。その後の経緯は不明なことが多いが、平安時代より東西の二地域があり、鎌倉時代には東荘と西荘に分かれた。木本宗時・宗高が鎌倉時代中期の荘官で、彼らは湯浅党の構成員でもあった。南北朝から室町時代の地頭に平氏盛・杉原盛直の名があるが、彼らの系譜関係などは明らかでない。　(小山　靖憲)

きや　木屋　貯木場の称で、材木の集散中継地に設置され、特に木津における木屋の規模は大きく、木津の発展とともに問丸化するものもある。山城国相楽郡泉木津では天平十九年(七四七)には大安寺木屋と薬師寺木屋が東西に接して設置されており、大安寺木屋には薗地二町が付属していた。泉木津には東大寺・興福寺・元興寺の木屋も設置され、木屋を中心に周辺の杣山の点拠が企図された。東大寺木屋は同寺建立の際に設置され、四町の畠が付属している。保元三年(一一五八)東大寺は山城国相楽郡使所へ泉木津木屋所の由緒を記して木屋の没落を訴えており、平安時代末期官大寺木屋の衰退をあらわしている。一般に木屋には管理者として木屋預がいて、その下に木守・寄人が材木の搬出入・保管などの木屋役を勤仕し、また他より材木などが搬入される場合、津料などの徴収にもあたった。近世において、材木の集散中継地などの貯木場や材木屋の集中しているところに木屋の名が残っている。　(仲村　研)

きやくりき　脚力　⇨かくりき

きゅうしゅ　給主　荘園制において給田・給名を与えられたものをいい、また特に寺領荘園において、預所職・下司職や地主職を与えられた僧侶を給主といった。中世に、荘園的諸職のうち、預所職・名主職が荘園領主＝本所・領家に帰属している場合、これを地主職とよぶことがあった。大和国興福寺領の場合、預所職や下司職・地主職・名主職を分与されたものを給主また給人といった。十四世紀初めごろの史料が、「百姓は給主に相い随うべきの条、諸国の通例なり」というのも、給主は荘園領主の分身というべきものだとすれば当然の主張といえよう。したがって、臨時の課役が田地に賦課されたとき、地主(領主)と百姓(名主)が折半負担する慣習のあるとき、給主は被給与田地の地主分の課役を負担せねばならなかった。→給人《きゅうにん》　(阿部　猛)

きゅうでん　給田　荘園領主が荘官や、手工業・運輸などの特定の分業担当者に対して給付した田地。平安時代末期から鎌倉時代初期にかけて成立した。畠の場合は給畠という。荘官給田には、預所給・地頭給・下司給・田所給・公文給・惣追捕使給・案主給・刀禰給・番頭給・公人《くにん》給・図師給・定使給・職仕給など、年貢輸送関係には、梶取給・船給・夫領給など、手工業者には、鍛冶給・番匠給・檜物給・紙漉給・土器作給・絵所給などがあった。名主には通常与えられなかったが、その年貢徴収などの荘官的役割が重視されるに至って、のちに若干の荘園(貞治三年(一三六四)播磨国大部荘、永正三年(一五〇

六)大和国倉(蔵)荘など)では名主給がみられた。在地領主化過程にある地頭・下司・田所・公文など上層の荘官の場合、荘園成立の際、堀ノ内・門田畠などのほかに本来の自己の開発根本所領の一部を、荘園領主から給田として公認され、刀禰・番頭・定使あるいは梶取・夫領などの諸給田は、ほぼ畿内およびその周辺の荘園を中心に分布するが、それぞれの荘務の一部を実務的に担当する上層農民に給与された。手工業者の給田は、国衙所在地の近くに存在し、律令制下の収取体制の崩壊に伴って行われた国衙領再編成の中で、従来の国衙工房の経済的基礎として設定され、これとほぼ平行して荘園や、武家領内の手工業者は、領主諸階層の自給的要求と、その技術的成熟度に応じてその一部に給田が与えられた。免田が一般に公事免除であるのに対して、給田は年貢・公事とも免除され、その分は給田所有者が収得する。その点で荘官の雑免田・給名とは区別し、しばしば「本給田」と称した。承久の乱(承久三年(一二二一))後、鎌倉幕府は新補地頭の得分として、荘園・公領の十一町別に一町の給田(ほかに段別五升の加徴米など)を規定した。しかし一般的には「諸庄園之習、或給田、或雑免、若二町、若三町歟、更不レ過二此数一者也」(『高野山文書』宝簡集五、金剛峯寺根本大塔供僧解状案)とされ、荘園によって異なっていた。給田の農業経営内容については、必ずしも明らかでないが、一般的に㈠荘官佃や正作・門田畠などと同様、みずからの下人・所従や、他の名主百姓らの賦役によるか、㈡名主百姓以下の農民に請作せしめるかのいずれかで、時代が降るにつれ㈠から㈡へ移行した。地頭らはこのような経営の発展に対応し、幕府の規定をこえて、「百姓名」や「本司跡名田」(前任者の名田)を強引に給田化し、周辺の一般農民をも隷属化せしめつつ、その領主制拡大をめざしていった。　(島田　次郎)

きゅうにん　給人　平安時代では、年給すなわち年官・年爵を賜わった人を給人・給主などと称した。年給は、律令制崩壊期に現われた一種の封禄制度であったが、中世に至り、土地・人民を支配する新しい領有関係が成立するとともに、給人の性格もまた変化した。中世においては、幕府や荘園領主から恩給・給田を受給したものを給人とよび、特に現在その土地を知行する給人を当給人と称し、以前にその地の給人であったものを本主といった。また室町時代に荘園に半済が実施されると、守護から半済分を預けられたものを半済給人とよんだ。守護大名は領国支配を拡大・強化するために、在地領主らを自己の被官・給人(守護大名の被官も給地を与えられるという意味では給人とよばれる)として掌握しようとしたが、徹底しなかった。戦国大名は、領国内の国人・土豪層の領地をすべて大名のあてがう給地(知行地)であるとし、その知行高を基準に軍役や公事・夫役などを賦課し、かれらを給人・知行人として家臣団に組織しようとした。家法・分国法において、給人の名田地の売買は認めているが、大名の与えた恩給地の売買を禁止しているのも、給人統制の一端を示すものである。しかし戦国時代では、一般に給人の在地支配はきわめて強く、給地(知行地)の農民は、給人の直接支配下におかれ、恣意的、暴力的な収奪をうけていた。給人知行権の内容は、大別して年貢徴収権・夫役徴発権および領主裁判権に分けられる。給人は、その知行地の名主・百姓に対して、一方的に貢租額を決定し、強制的に徴収した。また戦時・平時を通じて陣夫役・普請役などや、給人手作地への無償労働をはじめとする地頭役・代官役などの夫役を徴発した。もし農民が、貢納や夫役の提供を怠納したり拒否したりした場合は、追放・妻子抑留・水牢などの苛責を加えた。さらに再生産の不可能な農民に、米金を高利で貸し付け、返済できないものは、債務奴隷として駆使した。その他、自己の知行地全体に領主裁判権を行使して、土豪的な村落支配を行なっていた。このような強固な給人知行制が続くかぎり、大名の領知権は制約され、大名権力の集中・強化は不可能となるので、領主権の確立をめざす近世大名は、兵農分離による家臣団の城下町集住を前提として、給人知行制を近世的地方《じかた》知行制として再構築するか、あるいは完全に形骸化するかの方向をおしすすめた。太閤検地はそのために重要な契機となり、知行地が「検地のうえ、所を替えてあてがわれる」という封建的知行制の原則が確立された。　(北島　正元)

きゅうぶん　給分　中世においては、荘園領主が荘官たちに、武士が被官に対して給付した土地・米・銭などをいう。『経覚私要鈔』『大乗院寺社雑事記』『多聞院日記』には、興福寺の給分について詳しい記述がみられる。それによれば、興福寺では、寺僧・寺官・衆徒のほか、支配下の手工業者や寺領荘園の荘官たちに各種の給分を与えていた。『大乗院寺社雑事記』寛正二年(一四六一)八月十三日条によれば、下北面順尭は大和国蔵荘五段などの給分を与えられていたが、これを売却しようとしたために没収されようとしている。これは給分が土地の場合であり、売買が禁止されていたことがわかる。また、長禄二年(一四五八)の同国羽津里井荘の算用状では鵲寺主の給分八石を除いた算用がされており(『大乗院寺社雑事記』長禄二年十月二十七日条)、この給分は年貢収納後に給米の形で差し引かれている。荘官の事例では、明応二年(一四九三)の同国若槻荘算用状において「預所田以下諸給分等相二除之一」いて算用がされており(『大乗院寺社雑事記』明応二年十二月条)、預所田なども給分と称されている。そのほか、絵所・塗師・土器作手などにも給分が与えられていた。興福寺では給田・給米などを総称して給分と呼んでいたようである。武家の給分としては『吾妻鏡』嘉禎元年(一二三五)五月十三日条に「京中数ケ所有二空地一之由、聞食及之間、於二関東御家人給分一者、以二使者一加二巡検一、今年中可レ搆二屋舎一之由」が六波羅探題に命じられた記事があり、早くから武家の給分の存在したことが知られる。さらに、『大内家壁書』の中に、百姓の逃散に触

れて「寺社本所領幷諸給分本領等百姓」という記事がみえ、ここでは寺社本所領に対して武家領を給分地と呼んでいる。近世においては、下級役人や中間・小者、あるいは一般の奉公人に対する給料を給分とよんでいた。

（黒川　直則）

きゅうみょう　旧名　平安末期から鎌倉初期にかけて、名を基軸として荘田を編成する体制が一般化したが、この名を、いわゆる「名の解体」を通じて鎌倉末期頃から出現する新たな名（新名）にたいして旧名という。本名ともいう。旧名は、荘園現地の土地所有にも配慮しながら、荘園領主の年貢公事の収取単位として創られたものである。旧名が荘園制成立時の農民的な土地所有・経営とどのように関連するかについては、地域的な偏差や現地の開発のあり方、領主との関係の差異によって一概には括れず、今後さらに検討されなければならない。旧名を一個の経営体とみて、旧名の解体をもって小経営の一般的成立と見る見解と、もともと名は年貢・公事取収の単位であるから、経営の問題としてみるのは誤りとする見解とがある。年貢公事収取制度としての旧名は、新名の成立後も「名本」「名親」「名代」などの名称で遺制として戦国時代まで存続することがあった。

（田村　憲美）

きゅうみょう　給名　荘園制において、荘園領主が荘官・地頭その他に職務上の報酬として与えた名田。地頭に与えたのを地頭名、下司《げし》は下司名、公文《くもん》は公文名、田所は田所名とよんだ。給名は、年貢を荘園領主に納めるが雑公事は免除されたもので、雑免《ぞうめん》という。鎌倉時代、備後国太田荘では、下司橘兼隆に対して、本給田三町のほかに三十町の雑免が給名として認められており、これらは開発や買得によって集積したもので、在地領主として成長しようとする下司の所領の中核を形成した。給名の経営は、下司の召し使う所従・下人の労働力、および荘園内の平民百姓の労働力を使役して自営されるか、あるいは近傍農民に小作されるかした。太田荘では、免家《めんけ》（領主高野山から給分として荘官に与えられた在家）の労働力も給名の耕作に用いられた。

（阿部　猛）

きゅうめん　給免　⇩給田《きゅうでん》

きゅうやく　給役　知行役または恩役ともいう。戦国大名制下においては家臣団編成の基本的要因とされた。戦国大名は、その領国の年貢・諸公事など課役高を貫高を基準に掌握した。一方、家臣に対しては、この貫高に基づいて給地を与えた。この給地を与えられた家臣が給人であり、給人の負担する課役が給役である。給役の種類や量は戦国大名により、あるいは領国としての成立事情によって若干異なるが、軍役と城普請などの日常的な奉仕から成り立っていた。しかし、『長宗我部元親百箇条』に「若給役過上者、奉行中江相理、以二其上一有様ニ可レ引、御急用之時者、本軍役之外にも、人数あひかさミ可レ勤、奉行江重而遂レ理公役ニ可レ引事」とみられるごとく、軍役が優先されていた。軍役は合戦などに際して動員される軍事力であるが、給地の貫高に応じて人数が規定され、所持すべき武具の種類・量までが定められていた。

（黒川　直則）

きょうおうごこくじりょう　教王護国寺領　京都市南区九条町にある教王護国寺の所領。延暦十三年（七九四）の平安遷都の直後、羅城門の左に東寺、右に西寺が創立されたが、教王護国寺はこの東寺である。教王護国寺領の荘園として最も早く成立したのは、延暦二十二年桓武天皇によって施入された伊勢国川合荘である。ついで弘仁三年（八一二）には、東寺の造営促進の目的で、故布施内親王の所領伊勢国大国荘・摂津国垂水荘・越前国高興荘・同国蒜島荘が施入された。これらは東寺が密教の根本道場として空海に賜与されるまでに成立した荘園であるが、それ以後の荘園に丹波国大山荘がある。これは空海の開設した綜芸種智院の地を弟子の実恵が売却して得た代金で購入した土地を寺領として申請し、承和十二年（八四五）太政官符を得たものである。このほか天永元年（一一一〇）ころには、民部卿大納言源俊明が山城国葛野郡高田郷を寄進しているが、全体として平安時代の東寺領荘園は微々たるものであった。東寺の荘園経営が積極化するのは、鎌倉時代中期以降で、弘法大師に対する新たな信仰の展開によるものである。まず後白河法皇の皇女宣陽門院は大師に深く帰依し、行遍を助けて中世寺院としての東寺の発展に尽力し、直接あるいは行遍を通じて大和国平野殿荘・伊予国弓削島荘・安芸国新勅旨田（後三条院勅旨田ともいう）・備前国鳥取荘を東寺に寄進した。このころ若狭国太良荘が御室宮道深法親王から、また大和国高殿荘が行遍から寄進され、尾張国大成荘・周防国秋穂二島荘・肥後国鹿子木荘も東寺領となり、その経済的基盤が充実をみるに至った。一方、鎌倉時代になると、広大な伽藍を維持するための造営料所も寄せられた。文治五年（一一八九）には後白河法皇の分国播磨国が修造国として付されたが、建久二年（一一九一）には備中・備後など十一ヵ国の正税が寄せられ、源頼朝も十万疋の銭を奉加した。建久四年には播磨守護梶原景時の権限を制限して、それを文覚に付して東寺の修造にあてたが、文覚の失脚後は召し上げられ、嘉禎元年（一二三五）には肥後国、暦仁元年（一二三八）には丹後国、仁治三年（一二四二）には安芸国が当寺に付せられた。文永七年（一二七〇）塔婆が炎上するや、その再建のための料国として弘安元年（一二七八）には対馬国が、その後淀関所、五畿内の棟別銭が、弘安九年までには佐渡、ついで下野の二国が付せられ、永仁元年（一二九三）塔婆の完成をみた。その後もひきつづき造営料国が寄せられ、永仁五年には佐渡・下野両国の代りとして安芸国が永代当寺に寄せられた。後宇多上皇の時になると、東寺の所領はいちだんと充実する。すなわち上皇は延慶元年（一三〇八）正月二十六日、東寺灌頂院において灌頂を受け、正和二年（一三一三）、自筆の施入状をしたためて、山城国拝師荘・同国上桂荘（上野荘ともいう）・八条院町・播磨国矢野荘例名を東寺に施入し、文

教王護国寺領

教王護国寺 寺領一覧

所在国郡	名称	成立年次	特徴	典拠
山城 洛中	八条院町	正和二年十二月	後宇多上皇寄進	東寺文書御宸翰
葛野郡	高田郷	天永元年頃	民部卿大納言源俊明寄進	東寺文書礼
同	上桂荘	正和二年十二月	後宇多上皇寄進	東寺文書御宸翰
同	植松荘	文和元年四月	足利義詮寄進	東寺文書楽
乙訓郡	久世上・下荘	建武三年七月	足利尊氏寄進	東寺百合文書イ
紀伊郡	拝師荘	正和二年十二月	後宇多上皇寄進	東寺文書御宸翰
同	東西九条	康安元年九月	足利義詮「当年貢」を寄進、のち永代寄進	東寺文書
大和 平群郡	平野殿荘	延応元年正月	宣陽門院が行遍に寄せる、のち東寺領となる	東寺百合文書コ
山辺郡	河原城荘	応永六年二月	東寺長者俊尊寄進	東寺文書五常
宇陀郡	檜牧荘	貞治元年十一月	法印真瑜寄進	東寺百合文書こ
高市郡	高殿荘	寛元元年閏七月	行遍の買得地、のち東寺領となる	東寺百合文書ヒ
河内 茨田郡	鞆呂岐荘	応永十三年八月	荒河善政、当荘半分を寄進	東寺百合文書し
河内郡	新開荘	建武三年六月	足利尊氏寄進	東寺文書五常
摂津 住吉郡	堺荘	嘉暦元年三月	最勝光院領、後醍醐天皇寄進	東寺文書楽
豊島郡	垂水荘	弘仁三年十一月	嵯峨天皇寄進	林康員氏所蔵文書
能勢郡	山辺荘	嘉暦元年三月	最勝光院領、後醍醐天皇寄進	東寺文書楽
武庫郡	昆陽寺荘	暦応四年四月	足利尊氏、同荘請料を寄進	東宝記
河辺郡	長谷荘	嘉慶元年九月	四郎左衛門尉秋久、同荘半分を寄進	東寺百合文書ニ
(郡未詳)	美作荘	暦応元年正月	足利尊氏寄進	東寺文書射
伊賀 (同)	平柿荘	文和二年五月	近衛経家、東寺実相寺に寄進	東寺文書数
伊勢 多気飯野郡	川合荘	延暦二十二年正月	桓武天皇寄進	東寺文書甲号外
飯野多気郡	大国荘	弘仁三年十一月	嵯峨天皇寄進	林康員氏所蔵文書
尾張 海部郡	大成荘	建治三年八月	もと伊勢多度神宮寺領、東寺直務地となる	東寺百合文書ッ
三河 額田郡	山中郷	康暦二年六月	足利義満寄進	東寺文書数
遠江 敷智郡	村櫛荘	嘉暦元年三月	最勝光院領、後醍醐天皇寄進	東寺文書楽
佐野郡	原田荘	同	同	同
榛原郡	初倉荘	元徳二年正月	宝荘厳院領、後醍醐天皇寄進	東寺百合文書イ
甲斐 巨摩郡	甘利荘	同	同	同
常陸 行方郡	成田荘	嘉暦元年三月	最勝光院領、後醍醐天皇寄進	東寺文書楽
信太郡	信太荘	文保二年正月	後宇多上皇寄進	東寺文書書
近江 甲賀郡	檜物荘	嘉暦元年三月	最勝光院領、後醍醐天皇寄進	東寺文書楽
蒲生郡	三村荘	元徳二年正月	宝荘厳院領、後醍醐天皇寄進	東寺百合文書イ
浅井郡	湯次荘	嘉暦元年三月	最勝光院領、後醍醐天皇寄進	東寺文書楽
同	速水荘	元徳二年正月	宝荘厳院領、後醍醐天皇寄進	東寺百合文書イ
愛智郡	香園	同	同	同
信濃 小県郡	塩田荘	嘉暦元年三月	最勝光院領、後醍醐天皇寄進	東寺文書楽
若狭 遠敷郡	太良荘	仁治元年十月頃	御室宮道深法親王寄進	東寺文書御
越前 坂井郡	志比荘	嘉暦元年三月	最勝光院領、後醍醐天皇寄進	東寺文書楽
(郡未詳)	高興荘	弘仁三年十一月	嵯峨天皇寄進	林康員氏所蔵文書
(同)	蒜島荘	同	同	同
丹波 桑田郡	佐伯荘	嘉暦元年三月	最勝光院領、後醍醐天皇寄進	東寺文書楽
船井郡	野口荘	文永十一年正月	亀山上皇寄進	東寺百合文書に
多紀郡	大山荘	承和十二年八月	もと東寺が伝法会料として購入した田地、太政官符を得る	東寺文書無号
氷上郡	葛野牧	元徳二年正月	宝荘厳院領、後醍醐天皇寄進	東寺百合文書イ
天田郡	奄我荘	同	同	同
丹後 加佐郡	吉囲荘	暦応元年五月	源時重寄進	東寺百合文書ホ
同	志楽荘	元徳二年正月	宝荘厳院領、後醍醐天皇寄進	東寺百合文書イ
出雲 秋鹿郡	大野荘	嘉暦元年三月	最勝光院領、後醍醐天皇寄進	東寺文書楽
播磨 揖保郡	桑原荘	同	同	同
備前 赤穂郡	矢野荘	正和二年十二月	後宇多上皇寄進	東寺文書御宸翰
赤坂郡	鳥取荘	寛元元年四月	宣陽門院寄進	東寺文書数
上道郡	豆田郷	元亨元年十月	後宇多上皇寄進	東寺百合文書ヤ
同	福岡荘	嘉暦元年三月	最勝光院領、後醍醐天皇寄進	東寺文書楽
津高郡	長田荘	同	同	同
備中 賀夜郡	多気保	元徳二年正月	宝荘厳院領、後醍醐天皇寄進	東寺百合文書イ
哲多郡	新見荘	嘉暦元年三月	最勝光院領、後醍醐天皇寄進	東寺文書楽
備後 御調郡	因島荘	暦応元年正月	足利尊氏寄進	東寺文書射
世羅郡	津口荘	元徳二年正月	宝荘厳院領、後醍醐天皇寄進	東寺百合文書イ
安芸 安芸郡他	新勅旨田	仁治三年三月	宣陽門院寄進	東寺百合文書こ
高田郡	三田郷	元応元年八月	後宇多上皇寄進	東宝記
賀茂郡	高屋郷	同	同	同
(郡未詳)	平田郷	同	同	同
周防 吉敷郡	秋穂二島荘	文永二年七月	後深草上皇寄進?	東寺百合文書る
熊毛郡	美和荘	嘉暦元年三月	最勝光院領、後醍醐天皇寄進	東寺文書楽

所在国郡	名称	成立年次	特徴	典拠
阿波　那賀郡	大野荘	元徳二年正月	宝荘厳院領、後醍醐天皇寄進	東寺百合文書イ
讃岐　寒川郡	志度荘	嘉暦元年三月	最勝光院領、後醍醐天皇寄進	東寺文書楽
伊予　越智郡	弓削島荘	延応元年十二月	宣陽門院寄進	同
温泉郡	味酒郷	嘉吉二年三月	河野通元寄進	東寺百合文書ト
筑後　三潴郡	三潴荘	元徳二年正月	宝荘厳院領、後醍醐天皇寄進	東寺百合文書イ
御原郡	三原荘	嘉暦元年三月	最勝光院領、後醍醐天皇寄進	東寺文書楽
肥前　松浦郡	松浦荘	同	同	同
肥後　飽田郡	鹿子木荘	永仁三年閏二月頃	開発領主沙弥寿妙の子孫の寄進	東寺百合文書し
託麻郡	神倉荘	嘉暦元年三月	最勝光院領、後醍醐天皇寄進	東寺文書楽

㈠宝荘厳院領については平治元年閏五月「宝荘厳院領庄園注文案」（『東寺百合文書』レ）にみえるものを、最勝光院領については正中二年三月「最勝光院領庄園目録案」（同ゆ）にみえるものをすべて記載した。したがってこの中には、宝荘厳院および最勝光院の東寺寄進当時、他領となったものも含まれている。
㈡鎌倉時代以降東寺に付された造営料国および洛中・洛外の散在田は省略した。

保二年（一三一八）には常陸国信太荘を、元応元年（一三一九）には安芸国衙別納の地たる高屋郷・平田郷・三田郷を寄せた。後醍醐天皇も密教の発展に意を注ぎ嘉暦元年（一三二六）、講堂において『仁王般若経』を修するなど六ヵ条の立願をおこし、最勝光院執務職を東寺に寄せ、ここに同院領の播磨国桑原荘以下の二十ヵ荘が東寺の支配下に入ることになった。ついで元徳二年（一三三〇）には宝荘厳院執務職を東寺に寄進した。これによって同院領近江国三村荘以下十二ヵ荘が東寺領となった。以上は鎌倉時代における上級支配者の東寺帰依の実態であるが、鎌倉時代末期ごろからは、庶民の大師に対する信仰も広く行われるようになり、洛中・洛外の零細な土地が、東寺御影堂に寄進されるようになる。室町幕府が成立すると、歴代の足利将軍は東寺に帰依し、また武神としての八幡神を崇敬したので、ここに東寺鎮守八幡宮に対する信仰と大師信仰が結びついて、東寺の宗教活動はさらに発展をとげる。建武三年（一三三六）六月、足利尊氏は入京とともに河内国新開荘を、ついで山城国久世上下荘を東寺に寄進した。しかし新開荘はまもなく東寺の支配が行われなくなり、暦応元年（一三三八）には、代わって備後国因島荘・摂津国美作荘が東寺に寄せられた。二代将軍足利義詮は、山城国植松荘を寄進した。南北朝時代以降、東寺は広大な伽藍の維持・修理のため、費用をしばしば幕府に請うている。暦応四年尊氏は摂津国昆陽寺荘の請料を東寺に付して、塔婆の修理料とした。康安元年（一三六一）には義詮が山城国東西九条女御田の「当年年貢」を修理料所として東寺に寄せたが、やがて同所は東寺に永代寄進をされた。さらに康暦二年（一三八〇）には、義満が三河国山中郷の料足を西院造営料として寄進した。足利将軍家以外の寄進によるものとしては、丹後国吉囲荘・伊賀国平柿荘・大和国檜牧荘・摂津国長谷荘・大和国河原城荘・河内国鞆呂岐荘・伊予国味酒郷が、公家・東寺関係者あるいは在地の豪族などから東寺に寄せられた。これらの所領寄進は、東寺の大師信仰あるいは八幡信仰が、階層的にもあるいは地域的にも、広汎に行われるようになったことを示すとしても、現実にどの程度東寺の寺院経済に貢献したかは疑問である。東寺の荘園所領の拡大は南北朝時代で終り、その前後から、洛中・洛外の零細な散在所領の寄進・買得が積極化する。それとともに段銭・棟別銭といった臨時の収入が新しい財源として登場し、多様な収入で寺院経済が維持されることになる。戦国時代になると、ほとんどの荘園は武家の蚕食するところとなり、近世に入ってその所領は二千三十石と定められた。
（上島　有）

きょうくだりのしゅうのうし　京下収納使　京都の領主から現地の荘園に年貢を収納するために派遣された者。鎌倉幕府追加法第七条の「丹後国新補地頭所務事」で、国保司跡は地頭が収納し、京保司跡は地頭ではなく京下収納使が沙汰することを定めている。
（菅原　正子）

きょうごうみょうしゅ　強剛名主　鎌倉時代末期から南北朝時代にかけて、畿内やその周辺で地侍化した有力名主。「代官的名主」ともいう。東寺領大和国平野殿庄雑掌解案（『東寺百合文書』ネ）に「当庄の百姓は余所に似ず事において強剛に候」とあることから称する。名子的な隷属農民による直営と、一部荘民による小作によって経営する百姓名を基盤に成長し、公文・総追捕使などの下級荘官職をも保持して荘園村落の指導層となり、荘民の意向を代表して荘園領主や地頭級の在地領主に対抗、やがては守護の被官として領主化するものもあらわれた。
（池永　二郎）

きょうしきりょう　京職領　令制の京域内の行政・警察・訴訟などを掌る左（右）京職の所領。左右京職は元慶五年（八八一）河内国にそれぞれ二十六町八段三百二十四歩の要劇田を与えられたが、別に部内の計帳手実を提出せぬ戸の田地を没収し、職写田と号して職中の諸費に充てる制度があり、『延喜式』には、左右京職の厨料はそれぞれ毎年職写田百町の地子をもって充てると規定している。延久二年（一〇七〇）の『興福寺雑役免帳』に載せる左京職田八十二町余は職写田の明徴はないが、保安元年（一一二〇）ごろのものとされる『摂津国租帳』には、各郡に十数町から百町をこえる左右京職写田が記載されている。また長和五年（一〇一六）には、東大寺領摂津国水無瀬荘四至内に職写田が混入しているか否かについて相論あり（『東大寺文書』）、永久二年（一一一四）にも左京職写田について中宮職と相論のあったことが『中右記』にみえる。さらに応永十年（一四〇三）足利義満が坊城俊任に安堵した左京職領山城国嚢塚田は「保安以来所見分明」と称し（『東

京職領一覧

所在国郡	名称	特徴	典拠
山城	一条巷所	一条戻橋南面若王子社敷地に隣接	若王子神社文書(享禄三年)
	四条坊門大宮通巷所		本能寺文書(大永四年)
	四条坊城巷所		勅裁口宣部類(応安七年)
	猫間畠	七条坊城壬生に在り、中原康富知行	康富記
	梅小路巷所		猪熊信男氏所蔵文書(延文四年)・東山御文庫記録(応安三年)
	八条巷所	遍照心院知行	東寺百合文書ト(応永二十年)
紀伊郡	九条東西巷所	東寺と相論あり	東寺百合文書リ(文和二年)・東山御文庫記録(宝徳四年)
同	左京職田	石田と号す、紀伊郡社里三十一坪に在り	東寺百合文書ミ(建治二年)
乙訓郡	左京職郷	後円融上皇、坊城俊任の知行を安堵	東山御文庫記録(永徳三年か)
相楽郡	泉郷内左京職田		東大寺文書(仁安二年)
(郡未詳)	蓑塚田	保安以来所見分明と称す	東山御文庫記録(応永十年)

右京職

所在国郡	名称	特徴	典拠
山城	二条朱雀巷所	穀倉院と相論	師守記
	三条坊門朱雀巷所	同	同
	八条朱雀西南巷所	東寺御影堂知行	東寺百合文書ト・ヌ(康永四年他)
	唐橋朱雀巷所		東寺百合文書ヌ(文和三年)
	植松荘内巷所	東寺領植松荘内田地五段半	東寺百合文書ヒ(永徳元年他)
	壬生巷所		宣胤卿記・宣教卿記
	西七条右京職田		後鑑・宣教卿記
	西坊城巷所	北は信濃小路、南は九条を限る	東寺百合文書ト(至徳元年他)
	八条巷所	遍照心院知行	東寺百合文書ト(応永二十年)
	秋田巷所	中道寺と相論	東山御文庫記録(応永二十一年)
	鴻臚館跡巷所		師守記・宣胤卿記
	右京職下司職田	九条に在り	師守記
	右京職目代職田	五段、壬生に在り	宣教卿記
葛野郡	花園巷所		東寺百合文書ヌ(延慶三年他)
摂津 島下郡	鳥養牧内右京田		吉黄記
(国郡未詳)	下保	歳末公事物として木炭を中御門家に貢進	宣胤卿記

山御文庫記録』)、『吉黄記』正嘉元年(一二五七)九月二十三日条にも摂津鳥養牧内右京田のことがみえるが、詳細は明らかでない。また『延喜式』には、京中の大小路辺および卑湿の地に水葱芹蓮の類を栽植することを許し、空閑地は播種営作を奨励することを規定しているが、こうして田畠化したのが後世の巷所であろう。『宣胤卿記』永正元年(一五〇四)十一月十日条には右京職巷所について、「東ハ朱雀、南ハ九条、西ハ西ノ京極、此内古之小路分、今為二田畠一是巷所也」と記し、南北朝・室町時代の京職領の中核はこの洛中巷所であった。南北朝時代ころから左京職領は、左京職職務を相伝した小川坊城家が知行し、右京職領は同じく中御門家が知行したが、「右京職巷所事、為二内裏御公領一、公役異二于他一」(『宣胤卿記』)とか、「禁裏御料所洛中左京職巷所事」(『東寺文書』楽部)と称してその維持に努める一方、職家の重要な財源としたのである。

(橋本　義彦)

きょうじょうふ　京上夫　中世荘園において、荘園領主や地頭らの賦課する夫役の一つである京上役に従務するもので、京都と荘園現地間の交通・通信などにあたる。これは貴族・社寺などの荘園領主の大半が、京都ないしその周辺にいることから起るものであって、荘園領主と荘園現地間には、荘園監理、年貢の収取ならびにその運送などをめぐり、荘官などの往還が反覆されたが、その際、農民を京上夫として伴うのが常であった。たとえば、神護寺領播磨福井荘では、応長のころ預所二名中、一名は在荘、一名は在京していたが、この在京預所の福井荘往還には、百姓ならびに馬数十匹の徴発が通例であった。また荘園領主が、家宅の警衛、雑役勤務のため、京上夫を課すことも多く、摂関家の大番舎人はその顕著な例で、平治のころ年間総数三千二百十六名に達した。しかしながら、京上夫役の最大なるものは、荘園年貢の運送であって、その数は尨大なものと考えられる。中世において、農民の上洛は、大半京上夫によるものであるから、京上夫は彼らにとっては京都の地を踏み中央文化に接することができるほとんど唯一の機会であった。

(新城　常三)

きょうしん　京進　荘園・公領の年貢・公事・段銭などを京都に進上納入すること。年貢・公事を荘園領主に進上する際、領主の所在地が都であることが多かったので、京進の語が広く用いられた。応永十三年(一四〇六)十二月日付『東寺領丹波国大山荘年貢算用状』をみると、年貢百十石のうち、除分として仏神免・田楽免・井料免・職事給など四十九石一斗二升を控除し、残り六十石八斗八升を東寺に納めるが、そのうち実際に納入した四十五石九斗二升八合三夕五才を「京進」分とよんでいる。文保二年(一三一八)六月十四日付大山荘一井谷百姓等起請文では、年貢について、「旱風水の損亡に依らず、元よ

り京庫納たるの上は、毎年十一月中に寺庫に運上せしむべきものなり」と誓い、「京進」の内容を、都の領主の倉庫に納めることと述べている。紛らわしい語に京済《きょうせい》がある。京済は、おもに段銭などを、荘園現地で納める（国済という）のではなく、荘園から京進された米銭を京都で納めることをいう。

（阿部　猛）

きょうせい　京済　主として南北朝・室町時代、幕府が課した諸種の段銭・役夫工米などの一国平均役を、守護の手を経ず直接幕府や当事者に納入したこと。室町時代には、伊勢神宮造替や諸大寺社の修造、即位・譲位・大嘗会などの朝廷公事、さらに幕府御所建修造など多様な国家的行事遂行の費用として、特定の国や諸国平均に臨時課税としての段銭（段米）が課せられた。この課税基準は、各国大田文記載田数＝公田であった。南北朝時代後期ごろから、この徴収権は各国守護の握るところとなった。本所領・武家領を問わず、所領の領主層や在地の農民層にとって、守護使の入部による譴責徴収は避けたい事態であった。東寺などの有力寺社勢力は、しばしば課せられた段銭の免除を申請し、それが拒否されると京済を望んだのである。しかしこの京済の推進主体は、権門寺社勢力というよりは、のちに五番編成の奉公衆として将軍直属軍事力となっていく当参奉公の輩であった。応安五年（一三七二）七月、院宣を受けた幕府は、諸国に日吉神輿造替段銭を課したが、その際、当参輩（のちに奉公衆＝直勤御家人）の京済政策を明確に打ち出したのであった。以後この当参輩の京済は一貫して維持されていく。奉公衆の所領は特定寺社領などとともに将軍の御判によって直接安堵され、守護使不入の地となり、国内における守護支配の展開に楔の役割を果たしていった。幕府は守護に段銭など諸役の広汎な徴収権を認めつつ、一方では在京・在国奉公衆に守護使不入、段銭など京済の特権を認め、そのバランスの上にみずからの存立基盤を求めたのであった。

（田沼　睦）

きょうとおおばんやく　京都大番役　鎌倉時代、幕府御家人の所役の一つで、京都の内裏・院御所諸門の警固にあたる。内裏大番役・大内大番役などともよばれる。『沙汰未練書』には「大番トハ（中略）内裏警固番役ナリ」とある。この時代、他に鎌倉大番役・摂関家大番役などもあったが、一般に大番役といえば京都大番役をさす。その発生の時期・事情などについては明らかではないが、衰退した衛士上番の制にかわり、平安時代後期には諸国の武士が交替上番して内裏の警固にあたっていたと思われ、すでに大番の称呼も用いられていた。文治元年（一一八五）源頼朝の軍が京都に入ると、内裏・院御所の警固、市中の警備などについてもその管掌するところとなった。しかし大番役は公役としての性格からはじめのうちは御家人以外の武士でも勤めていたが、頼朝はこれを御家人の勤仕すべき第一の奉公義務としてとりあげ、非御家人の勤役を排除した。たとえば建久三年（一一九二）美濃国内の武士に充てて、御家人たるべきものは守護の催促に従い上洛して大番役を勤めよ、御家人たることを望まぬ者は申し出よ、と令しているのはその具体例とみられる。大番役勤仕のため在京中の御家人の統制には当初京都守護があたったが、その権限はさして強くなかった。承久の乱では大番役のため上洛中の淡路国の御家人が守護佐々木経高の統率下に院方に加わるという有様であった。このため乱後設置された六波羅探題はその統制を強化し、以後在京の大番衆は六波羅探題・守護の統轄下におかれることとなった。また鎌倉の侍所は御家人の統制機関として大番役の結番・賦課はもちろん、大番役に関する訴訟についても管掌し、六波羅探題と緊密な連絡をとっていた。勤仕の手続としては、まず幕府が勤仕せしめんとする守護または有力御家人に対して勤仕期日の半年ないし一年ほど前に催促状を出す。これをうけた守護（有力御家人）はさらに国内の御家人や一族に何日までに上洛すべき旨の指令を伝えた。この大番催促は守護の職権の第一とされていた。また幕府で六年間分ほどの勤番表を作成し、それにもとづいて順次勤仕せしめることもあった。大番役の番頭となった守護たちは御家人や一族を統率して内裏・院御所諸門の警固や市中の警備を分番担当したのである。このように一般に国単位で数国ずつ、御家人が一定期間勤番する定めであったから、大番役は国役・守護役などともいわれた。そして勤仕終了後守護は各御家人充に覆勘状《ふっかんじょう》（勤仕終了証明書）を発行したが、それは御家人であることを示す証拠として重用された。しかし主として東国の有力御家人の場合には守護とは別に催促をうけ一族で勤仕する例もあった。勤仕期間については『承久軍物語』に前代三年であったのを頼朝が六ヵ月に短縮したとあるが定かではない。史料にあらわれる限り、勤仕期間は三ヵ月ないし六ヵ月であり、その周期は大体十年に一回ほどで、全く勤番しなかったものもいた位である。具体例を薩摩国の御家人宮里氏の場合でみると、同氏は建久九年・建保四年（一二一六）・建長六年（一二五四）・弘長三年（一二六三）の四回勤仕している。しかしいったん勤仕するとなると長期間の滞京であり、その経費は自己負担であったから、御家人役の随一としてその勤仕を名誉とする反面、口実を設けて免除をうけようとする動きもあった。またかねてより惣領・庶子間で負担の配分を定めておき、経費を積み立てておくなどのこともあった。勤仕の実状については当時の公卿の日記にもみえ、京都市中の治安維持に重要な役割を果たしていたことがうかがえる。幕府も大番衆の遅参や勤仕の忌避などについては、一ヵ月故なく不参すれば二ヵ月余分に勤めさせるとか、勝手に老齢や出家などを理由に代官をさし出してはならないとか、種々罰則・禁令を定めるなど、勤仕の督励につとめた。また一時的に諸国御家人の大番役を止めて、在京人に代行させたり（在京人の大番役は免除されていた）、元寇に伴う異国警固番役の創設以来、同役を勤仕する鎮西および一部西国御家人の大番役は免除

したりするなどのことはあったが、原則として鎌倉時代を通じて全国御家人の所役とされていた。また大番役の勤仕を命ぜられた御家人が領内の百姓に所役を賦課するため、荘国領主・荘官らとの間にしばしば相論がおこり、幕府も文応元年(一二六〇)には、大番役の場合、百姓の負担は段別銭三百文、五町別に官駄一疋・人夫二人と定め、これ以上の負担をかけてはならぬと定めている。右と関連して御家人の負担過重などの社会経済史上の問題や、諸国の御家人が長期間にわたり京都に滞在するなどのことから、中央の文化の地方伝播、地方文化の交流など、文化史上の影響も大きかった。建武政府も内裏大番役の制度を設け、諸国武士の勤役としたが、一部実施をみたのみで終り、室町幕府ではこの制度を設けなかった。→鎌倉番役《かまくらばんやく》 (五味 克夫)

きょうのじょう 京定 荘園からの年貢を荘園現地において計量して領主側に支払うのでなく、京都へ運び込んで計量し納入すること。現地における納入は国定である。京定は荘園領主にとっては年貢の確実な把握と収入につながったが、納入する側にとっては運搬・計量の膨大な負担として跳ね返った。 (福眞 睦城)

きょうぶん 交分 平安時代末期以降、荘園における年貢以下の現穀租税は、一応現地の収納枡で計量されるが、収納後さらにもう一度、領主側の枡で計りなおされることが広く行われた。その場合両枡の容積の違いで、数量上の差異を生じた。これを「斗升違目」などと称した。領主の枡が現地の枡より大きい時には計量の数値は減少し、逆に小さい時には増分を生じる。減少分を「縮《ちぢみ》」、増分を「延《のび》」、特にこれを「交分」と称した。当時「縮」より交分を生ずる場合が圧倒的に多かった。いま交分の具体的な事情を高野山金剛峯寺領備後国太田荘についてみよう。正安二年(一三〇〇)六月二十九日同荘(桑原方)「嘉禎検注目録」(『高野山文書』)によれば、官物田総面積は二百六十三町七段三百三十歩。年貢米は現地の「返抄」枡で五百二十二石九斗五升七合。これを「下斗」と称する高野山側の小さい枡(一斗につき七升の交分がつく)で計りなおすと、三百六十六石六斗六升九合九勺という交分が出る。その結果高野山の収納総額は八百八十九石六斗四升六合九勺という計算になったという。このような交分は、他の荘園の租税の計算においても、しばしば認められた。『二十一口方評定引付』の応永二十年(一四一三)四月二十八日条に、東寺領播磨国矢野荘で、この種の交分が代官の得分とみえているが、他の諸荘でも、交分が現地代官の得分となった例が多い。交分はかような性格から転化して、計量とかかわりなく、本税に対する付加税として徴収されるに至った場合も少なくなく、早くも平安時代末ごろからその史料を残している。 (宝月 圭吾)

きょうぶんまい 交分米 ⇨交分《きょうぶん》

きょうまい 交米 ⇨交分《きょうぶん》

きょうます 京枡 枡の一種。一升枡でいえば、内法で縦・横ともに曲尺で四寸九分、深さ二寸七分、すなわち容積六万四千八百二十七立方分の公定枡である。中世において極度に紊乱した枡の制度は、中世末期の商品経済の発展などにつれ、漸次統合の機運を迎え、商業枡の一種として「京都十合枡」が出現し、京都を中心として広く使用された。永禄十一年(一五六八)、織田信長が京都に統一政権を樹立すると、これを公定枡と決めた。この枡は当時「京枡」と呼ばれた。ついで豊臣秀吉の太閤検地が諸国に実施され、石盛や租米の徴収がこの枡で行われたので、京枡の使用圏が諸国に拡大した。しかし当時の京枡の容積は、必ずしも一定していなかった。またそのころから大坂への廻米などを中心として、京都・大坂などとの経済的関連を強めてきた諸藩の内には、進んで京枡を採用するものもあった。このころ京都では、福井作左衛門が京枡座として、京枡の製造・販売に従事した。天正十八年(一五九〇)、江戸に入った徳川家康は、遠江の商人樽屋藤左衛門を江戸に招き、江戸枡座に指定し、京枡の製造・販売を命じた。この当時の京枡の容量は、およそ六万二千五百立方分ほどであった。しかし京都の京枡は、その後次第に容量を増し、寛永年間(一六二四―四四)には六万四千八百二十七立方分となった。京都・大坂経済と密接な関係をもって発展を遂げつつあった江戸の京枡(江戸枡)が、京都の京枡と容積上に格差があることは許されなかった。そこで幕府は寛文九年(一六六九)、江戸の京枡を京都の京枡の容積にあわせ、全国の枡の制度を確立した。そして全国を東西に分け東三十三ヵ国を江戸枡座に、西三十三ヵ国および壱岐・対馬を京都枡座に分掌させ、それぞれに同一規格の京枡(当時新京枡と呼んだ)の製造・販売の独占権を与えた。それとともに両枡座に分掌国内の枡の検定権を許した。江戸時代の京枡の種類は一斗・七升・五升・一升・五合・二合五勺・一合の七種で、枡の口辺に対角線状に鉄準(弦)を渡したので、これを「弦掛枡《つるかけます》」とも称した。これらは穀用枡であって、そのほかに液用枡(木地枡)も作られた。かように幕府の全国枡の制度が確立した結果、天領や諸藩の多くは、両枡座から京枡を取り寄せ、領内に使用させた。しかし大藩では古来の枡を固守したり、京枡と同容積の枡を自藩で造り、あるいは城下の商人を枡座に指定し、これに製造・販売させたりしたところもあった。また地域により、計量の対象物に応じ、特殊な枡がつかわれたこともあった。明治維新政府が成立すると、明治八年(一八七五)、度量衡制度の変革による混乱をおそれた政府は、京枡をそのまま認めてこれを法定枡とした。しかし独占的な京都・江戸両枡座を廃止し、検定は政府が行い、製造・販売は民間に任せた。このようにして、四百年の歴史を持ち生活に密着し続けた京枡も、昭和三十四年(一九五九)、メートル法の実施により、その法的な生命を断った。 (宝月 圭吾)

きょうみょうちゅうもん 交名注文 人名を列記した文

書をいい、散状・交名折紙ともいう。平安時代以降公家・武家ともにこの様式の文書を出している。朝廷・幕府主催の儀式・法会・歌会などの参仕者、宿直番など諸役の勤仕者、賞罰・上申・報告など事件の関係者の名前を列記したもの等々、多種類にわたっているが、形式はいずれも人名を注文式に列記したものである。公家の散状の料紙には折紙を用いる定めとなっていることから、他の場合も折紙を使用する例が多かった。応永二十一年（一四一四）十二月十八日の称光天皇即位大礼の参仕者の交名を注した称光院御即位散状（『看聞御記』別記）、平安時代末期から江戸時代まで書き継がれた真言院後七日御修法請僧交名（『東寺百合文書』ろ）、元暦二年（一一八五）四月十五日の東国住人任官輩交名（『吾妻鏡』）、正和四年（一三一五）十一月の摂津国兵庫関悪党交名注文（『東大寺文書』）などが著名な例である。　（小泉　宜右）

きょうめ　京目　金・銀の秤量単位の地域的名称の一種。主として南北朝時代ごろから江戸時代初期ごろにかけて用いられた。文明十六年（一四八四）五月の大内氏掟書に従えば、当時「京都の大法」として、金・銀の秤量が一両を四匁五分と決められているにもかかわらず、大内氏領でこれを五匁として売買されているのを非法とし、これを処罰すると規定している。これに拠って、そのころ金・銀の秤量法が、京都と地方（田舎）とで異なっていた事実がわかる。このように京都で公定された秤量すなわち両目を「京目」、これに対して地方で行われた両目を「田舎目」と称した。鎌倉時代中期以降の金一両を四匁五分とする両目が、南北朝時代以後も「京目」として使用されたが、江戸時代になると四匁四分となった。銀の両目も金とほとんど変わらなかったが、江戸時代には、四匁三分ないし四匁となった。一般に田舎目は京目より、すこし重かった。『三貨図彙』はその理由を京都への運賃を加算するためとしているが、疑問がある。元来京都での両目であった京目は、京都経済の全国的拡大に伴い、江戸時代初期には基準両目として、地方でも採用された。天正三年（一五七五）の「佐枝若狭守等連署金子借用証文副状」（『佐枝文書』）は、後北条氏領内の文書であるが、それに「黄金拾両、京目」とあり、これが永楽銭十一貫文にあたるとみえている。これによってこのころ小田原でも京目がつかわれていたことがわかる。また『梅津政景日記』によれば、慶長年間（一五九六―一六一五）に、出羽の産金が、駿府において京目で計量されていたことがみえている。　（宝月　圭吾）

きょざいけ　居在家　⇨いざいけ

きょずみのしょう　清澄荘　大和国添下郡の荘園。現在の奈良県大和郡山市にあたる。天暦四年（九五〇）の『東大寺封戸荘園幷寺用帳』に「清澄庄田地廿七町二段七歩」を所見。応保二年（一一六二）の官宣旨案には、荘内薬園村は天平勅施入とされる。所在地は天喜五年（一〇五七）の清澄荘解案に京南一条二里、保延元年（一一三五）の八幡部重行請文に京南一条一里が現われるが、建治元年（一二七五）の検田帳によれば、京南四条一里・二里、五条一里・二里からなる。平安時代には、薬師寺領薬園荘と境を接することから東大寺と薬師寺との間で激しい紛争がくり返されたが、それらの結果、荘域にも変更があったものであろう。建治の検田帳作成にもかかわらず、弘安八年（一二八五）には「顚倒所々」の中に数えられ、鎌倉時代後期には、東大寺領としては有名無実となったようである。一方建久二年（一一九一）の西大寺所領荘園注文には「添下郡清澄庄田畠四十六町」が所見する。ただし「大体有名無実」という。また『三箇院家抄』には興福寺大乗院の重色所領六十四荘のうちに清澄荘十四町六段が所見し、九名からなることなどが記されている。以上、東大寺領・西大寺領・興福寺大乗院領の清澄荘があるが、相互の関係は未詳。おそらく相互に入り組んで存在していたのではないかと思われる。　（熱田　公）

きょせん　挙銭　鎌倉時代に行われた銭貨を用いた利息付貸付のことをいう。稲・銭などを用いて古代に行われていた「公・私出挙」は、中世においても「私出挙」として荘園領主、在地の土豪、都市の商人などによって行われていた。輸入された宋銭の流通が十二世紀以降盛んになるにつれて、銭貨による利息付貸付が行われるようになり、これを特に「挙銭」といった。次第にその利息は高利となり、中央貴族の家政や荘園支配にまで影響を及ぼすようになり、嘉禄元年（一二二五）十月、公家政権では新制を発し、「挙銭」については貸借期間は一年以内とし、それを過ぎても利息は五〇％を超えてはならないとした。鎌倉幕府もこれをうけて翌二年正月二十六日の追加法で御家人らに趣旨を徹底させた。鎌倉では、質物をとって「無尽銭」と号して「挙銭」が続けられ、幕府は建長七年（一二五五）八月、これを取り締まっている。
→利銭《りせん》　（三浦　圭一）

きらのしょう　吉良荘　三河国幡豆郡の荘園。現在の愛知県西尾市と幡豆郡吉良町に跨がる地域。平治元年（一一五九）が初見。皇嘉門院（藤原忠通の女聖子、崇徳天皇の中宮）御領で、東条・西条よりなる。皇嘉門院から甥九条良通に、さらにその甥九条道家に相伝し、道家は建長二年（一二五〇）子の一条実経に吉良西荘を譲った。この譲与当時すでに地頭請所で、年貢上絹三十四疋三丈の契約であった。地頭職は三河国守護足利義氏が兼ねたが、子息長氏に譲り、長氏は吉良氏の祖となる。こうして吉良荘は吉良氏の本領となり、やがて公家の支配が全く及ばなくなるが、荘名は後世まで用いられた。　（小川　信）

きりた　切田　「検注帳に登録され、年貢を切りあてることのできる田か」とも言われるが、意味不明。平安時代では弘仁十一年（八二〇）の近江国蚊野郷墾田売券（『平安遺文』一巻四七号）に「十二条八長田里廿七広田口切田参段」と見えるのが唯一であるが、この史料による限り公田とは切り離された「墾田」に近い意味のようである。

また、検注帳などには「…切三段」という記載が散見するが、これも既往の田地の周囲を切り開いた「切添」の意味合いが強い。一方、鎌倉時代末期の東寺領丹波国大山荘では、領家方の支配権を東寺供僧方が掌握するようになるが、その供僧方が支配することになった「大方」に対して、各寺院組織の費用分として分配した耕地を「切田方」と称している。これらによる限り、検注帳に登録され年貢が賦課される、という意味合いより、本体の耕地に対する副次的な耕地としての意味合いが強いように思われる。（木村　茂光）

きりだす　切出　「伐出」とも書き、その意は惣荘のうち一部の土地を特定し、その地に相応する年貢等を上納することとされているが、永仁三年(一二九五)の中沢基員請文案では、それまで地頭中沢基員の請所であった大山荘を下地中分をする際、「当庄内田地廿五町(中略)、地頭方より寺家に切出すところ也」とあり(『鎌倉遺文』二四巻一八七七四号)、文書の事書では「大山庄分田の事」とも言われているから、本体の耕地から一部を割き、他に変更することを意味すると考えられる。また嘉暦四年(一三二九)の六波羅下知状でも、田地八段が「公田として切出す」と記されているが(『鎌倉遺文』三九巻三〇五九一号)、これらはもと地頭と専当(荘官)の「算失」田(給田の一種)であったから、この場合も地頭などの給田の一部を切り割き公田に変更したという意味になり、大山荘の事例と同じ意味として解することができる。（木村　茂光）

きりはらのまき　桐原牧　信濃国筑摩郡にあった牧。現在の長野県松本市里山辺・入山辺付近に比定されている。応和元年(九六一)後院《ごいん》領桐原牧の貢馬二十疋を牽進した記録があり(『北山抄』)、平安時代中期まで後院領として貢馬を納めていた。歌枕として知られ、「相坂の関の岩かど踏みならし山たち出づる桐原の駒」(『拾遺和歌集』大弐高遠)など古歌に多く詠まれている。『延喜式』にこの牧がみえず、あるいは信濃国府の近くに設けられた国牧であったかとも考えられる。水内郡桐原(長野市桐原)にあったという説もある。（小林計一郎）

きろくしょ　記録所　⇩記録荘園券契所《きろくしょうえんけんけいじょ》

きろくしょうえんけんけいじょ　記録荘園券契所　後三条天皇が諸国の荘園の公験を直接中央政府で審査するために設置した機関で、記録所ともいう。ただし後三条天皇が創設したものと、天永や保元の記録所は、必ずしも同一性格のものではなかったらしい。『百錬抄』延久元年(一〇六九)閏二月十一日条に、はじめて記録荘園券契所を置き、寄人などを定め、太政官朝所《あいたんどころ》で仕事を始めたとあるが、延久元年(治暦五年)に閏二月はなく、閏十月であることから、右の『百錬抄』の月日には疑問が出されている。同所が存在したことを示す史料的初見は『八坂神社文書』延久二年二月二十日太政官符に「記録庄園券契所去正月廿六日勘奏」とあるものである。同所設置の目的は、延久荘園整理令によって荘園の公験を直接中央政府が審査しようとしたことにある。同所設置まで、寛徳二年(一〇四五)・天喜三年(一〇五五)の荘園整理令では、荘園整理を怠る国司は見任を解却するとあるように実施責任者は国司とされており(ただしこのため国司が見任を解却された実例はない)、荘園領有に関する訴訟が出されたときに中央で裁決されたにすぎなかった。延久の記録荘園券契所は、本所の公験・注文、国司の注文、および在地荘官の公験(『東南院文書』延久元年閏十月十一日伊賀国司庁宣)を資料として勘申したのであり、この同所の勘申を参考として陣定で判定を下した。記録所の勘申が陣定の参考資料とされるということは、そのあと保元記録所に至るまで変わらなかった。なお荘園領有の公験を中央で直接審査するようになる萌芽として、すでに後冷泉天皇の治暦元年(一〇六五)越中国の国司申請による荘園整理の際に、荘園整理を妨げる荘園の公験を中央で調査するとした事例があり、また十一世紀四十年代までは所領領有争論を審理するとき国郡司の調査が基本にされていたのが、それ以後は中央で公験を審査したり官使を派遣して調査して裁決が下されるように明確に変わってきたことも見逃してはならない。荘園領有の公験を中央で審査するというのは延久の記録荘園券契所の特性であって、天永の記録所にはその機能がなく、保元の記録所も部分的に公験審査を行なっただけであった。だから延久整理令のあとにも国司を実施責任者とした荘園整理令が出されている。記録荘園券契所で行われた公験審査では、ただ立荘の官省符があるか否かを調べただけではなく、寛徳二年より前から国司が不輸を認めていた実績があるか否かも調査された。ここで寛徳二年以前から国司が不輸を認めていた事実が認められたなら、政府は不輸の荘園として公認したのである。同所が国司の注文や在地荘官の公験をも資料としたのは、寛徳二年以前に不輸の実績があるか否かを調査するためであった。白河院政期の天永二年(一一一一)九月に再置された記録所は、荘園領有に関する訴訟を取り扱うためのもので、ここでは延久の記録荘園券契所のような荘園領有公験の審査を目的としたものではなかったと考えられる。この天永の記録所では、上卿に権中納言藤原宗忠、弁に蔵人左少弁源雅兼、寄人に大外記中原師遠・大夫史小槻盛仲・明法博士三善信貞らが任命されたが、これは延久の記録荘園券契所の例にならったものだという(『中右記』天永二年九月九日条)。保元元年(一一五六)閏九月に出された保元新制をうけて設置された保元の記録所は、荘園券契の審査と、荘園領有に関する訴訟との二つを扱うものであった。ただし荘園券契の審査については、公家領荘園の公験を提出させたのではなく、寺社領に限定されていた。さらにその寺社というのは、保元新制に示された寺社に限定されていたとする説も出されている。保元の記録所が設置されたのは、保元元年十月十三日に寄人十二名の宣下が行われているので、十月十三日の少し前であった

と考えられる。上卿は権大納言藤原公教(『今鏡』すべらぎ下、おほうちわたり)、弁は権右中弁藤原惟方・左少弁源雅頼・右少弁藤原俊憲(『兵範記』『醍醐雑事記』)、また十月十三日に任ぜられた寄人十二名の人名は『兵範記』同日条に列記されている。↓荘園整理《しょうえんせいり》 (坂本 賞三)

きん 斤 唐制に由来する質量単位。十六両または百六十匁、六〇〇《グラム》をいう。この大きさは『大宝令』で定められて以来ほとんど変わっていない。唐制のままなので唐目ともいう。『大宝令』によれば、権衡は二十四銖を両(小両)とし、三両を大両とし、十六両を斤とするとあり、実際には大両だけが用いられて小両は薬の調合などに用いられたにすぎない。後代商品の取引単位として品種ごとに基準量がきまり、それぞれ斤の呼称を用いたため、あたかも多種類の斤が存在するかのようになった。たとえば薬種は物により六十匁、百二十匁、百八十匁、二百匁あるいは二百三十匁、煙草は二百匁、木綿は六百匁などである。一斤を百六十匁とするのを唐目という呼称はこれらと分かつために用いられたのであろう。明治二十四年(一八九一)制定の度量衡法により一斤は百六十匁に統一されたが、商品別の斤の一部はなお習慣的に用いられた。食パンなどに用いられる斤は実は一《ポンド》の俗称で、もと英斤といわれたものの略されたものである。 (小泉袈裟勝)

きんとうみょう 均等名 平安時代末期から鎌倉時代にかけての畿内荘園の本名にみられる一町から二~三町前後の平均した田積の百姓名。その荘園を均等名荘園とよぶ。完全均等名と不完全均等名がある。名田は散在的で名屋敷も一段あてが多い。領家・預所の佃が多種かつ均等で、特に雑多で過大な生《なま》の公事・夫役が名別均等に賦課されるのが特色。その発生は大化前代の土地割り替え、班田制、奴婢の土地植えつけ、古代家族の解体の結果等々の説があるが、荘園領主の均等公事収取のための名再編成とするのが通説。大和国内興福寺雑役免系荘園に多く、人間支配先行の雑役免系荘園の特殊型とする説が強いが、久我荘・太良荘の例などから速断は無理。成立過程も不均等名に対する荘園領主直属地(間田・一色田)の補足説に対し、田堵の地子田均等充行説があり、発展段階についても、人と土地との未分化的癒着(古代的)説と、人と土地の一体的支配即封建制説がある。別表は徳治二年(一三〇七)の『大乗院家領若槻庄土帳』から検出した均等名。下司名・公文名をふくめ十五名から成る。各名一段あての均等屋敷を有し、十名は二段あての佃を割りつけられている。三名の佃は不明、二名は一段であるが、おそらくこれは佃を名主の自主耕作として名田に加えたため、名田と区別できなくなったためで、原形は名別二段あてと推定される。このほか御作半(一色田か)や公田が加えられているが、十五名は一町五段三百十四歩から二町三段までのほぼ平均した面積の名を形成する。当荘ではこの均等名の形成過程は必ずしも明瞭でないが、大乗院領出雲荘では、本佃一段あてを割りつけられた八名は、種子食料差引きの一般的方式によらず、佃作料田を名田に付加して均等化をはかっている。佃は名主の荘園領主に対する夫役(労働賦役)を代表し、名別均等公事を象徴する。若槻荘では明記されないが、出雲荘では名別均等公事が多い。↓合名《あいみょう》 ↓集名《しゅうみょう》 (渡辺 澄夫)

興福寺大乗院領大和国若槻荘の均等名

	名田畠(町段歩)	屋敷(町段)	佃(町段)	御作半(町段歩)	公田(段歩)	合計(町段歩)
西垣内名	一・七・二四〇	一	?			一・八・二四〇
西名	一・六・一二〇	一	二	三・二四〇		二・三
中田名	一・五・二四〇	一	?	三・一二〇	一二〇	二・〇・一二〇
大東名	一・五・一五〇	一	一	二	三三〇	二・〇・一二〇
島名	一・五・六〇	一	二			一・八・六〇
清六名	一・四・二七〇	一	?	一		一・六・二七〇
大垣内名	一・四・一二〇	一	二	二四〇		一・八
南垣内名	一・四・九〇	一	二			一・七・九〇
牛飼田名	一・四	一	二	一		一・八
平群名	一・三・二七〇	一	二	三		一・九・二七〇
池尻名	一・三・一二〇	一	二	一	一二〇	一・七・二四〇
庄屋垣内名	一・一・二四〇	一	二		一・二四〇	一・六・一二〇
集名	一・二・二〇四	一	二		一一〇	一・五・三一四
下司名	(一)四	一	二			一・七
公文名	(一)五	一	一			一・七
合計	一九・七・三二四	一・五	二・二	一・五・二四〇	三・二〇〇	二五・四・四四

均等名

下司名・公文名の( )内は給田

きんとのまき 近都牧 平安時代、都の近くに設けられた官営の牧場。毎年十月までに、諸国から貢上する繋飼の馬牛を左右馬寮が均分して撿領し、兵部省に報告し、訖ってこれを近都の牧に放ち飼いする。この放ち飼いされた馬は、年中の諸祭の祓馬や節会や行幸用の馬に用いられる。その牧は、右馬寮の管するもの摂津国鳥養牧(島下郡)・豊島牧(豊島郡)・為奈野牧(河辺郡)、左馬寮の管するもの近江国甲賀牧(甲賀郡)・丹波国胡麻牧(船井郡)・播磨国垂氷牧(賀茂郡)の六牧である(『延喜式』左右馬寮)。のちには荘園化したが、その大部分は、中世になっても牧名をのこした。 (竹内 理三)

きんや 禁野 皇室の御猟場として一般の狩猟を禁止した原野で、標野《しめの》ともいう。『養老令』雑令国内条では、禁処とされた地以外は、「山川藪沢之利、公私共レ之」と規

定されているが、禁処とされたのは要塞地・水源地・官用林と禁野であった。禁野の初見は『日本書紀』持統天皇三年(六八九)八月丙申条で、紀伊国那耆野と伊賀国身野の名がみえる。そのほか、大和国都介《つげ》野・蜻蛉《あきつ》野・葛《かずら》城《き》山、和泉国日根野、山城国嵯峨野・大原・栗栖《くるす》野・木《こ》幡《はた》野・田原野、播磨国印南《いなみ》野などが知られている。禁野には守護・預・専当を置いて監理させた。禁野の制は民業を妨げないことを旨とし、原則として管内の草木採取や農耕を許したが、禁野預らが百姓の牛馬を略取し、あるいは鎌や斧を奪う非法を行うことがあり、禁制が出されたりした。多くの禁野が廃絶したのちに、室町時代まで残ったのは河内国の交野で、十六世紀末まで、五節の神事の雉を献上していた。 (阿部　猛)

きんりくごにん　禁裏供御人　⇩供御人《くごにん》

きんりごりょう　禁裏御料　⇩皇室領《こうしつりょう》

く

く　絇　質量による糸類の荷姿の単位。糸の種類によって異なる。賦役令調絹絁条に「凡調絹絁糸綿布、並随㆓郷土所出㆒、正丁一人(中略)糸八両、綿一斤、布二丈六尺、並二丁成㆓絇屯端㆒」とあり、『令義解』の注に「糸十六両曰㆑絇也」とあるので絇は一般に十六両となるが、『延喜式』主計寮には「上糸四両、中糸五両、麁糸七両各為㆑絇」とあり、糸の種類により質量を異にした。駄法においては同主税寮に「凡一駄荷率絹七十疋、絁五十疋、糸三百絇(下略)」とあり、一絇を十六両とすれば一駄は四十八貫となる。 (小泉袈裟勝)

くいせのしょう　杭瀬荘　摂津国河辺郡猪名川の河口にあった荘園。現在の兵庫県尼崎市杭瀬付近。承徳三年(一〇九九)の藤原通俊処分状には「杭瀬島領田」とみえ、十一世紀の中半、河口の島の開発から始まったと考えられる。その後、通俊の女が藤原経実の室であった故であろう、堀河流藤原氏の伝領するところとなった。しかし、鎌倉時代には、周辺の湿地が荒野にかわり、陸地つづきになると、近隣の猪名荘を領有する東大寺や橘御園の領主叡山浄土寺が開発を進めて侵害を始め、十四世紀初頭には、当荘は東大寺と浄土寺の両雑掌により中分知行される事態を招いた。元亨元年(一三二一)藤原氏女に当荘は安堵されたが、東大寺との係争は南北朝時代にも続いた。なお、鎌倉時代末期の春日社家の記録に「当社(春日社)御供料所摂津国杭瀬村」とみえ、一乗院家の管掌のもとで神人の下向がなされているが、この係争の間に堀河流藤原氏より春日社に寄進されたのであろうか。 (福留　照尚)

くうかんち　空閑地　未墾地を指す律令用語。『大宝令』田令には「荒地」および「空閑地」と呼ばれる二種の未墾地が規定されていたらしく、前者は開墾して熟田とするために灌漑施設を新設する必要のある未墾地、後者はその必要のないもので、原則として国司が開墾すべき土地であったと推測される。されば「空閑地」は国司が既存の灌漑施設を利用し国司権力を行使して開墾すべき未墾地で、律令国家が本来的に意図した耕地(公田)拡大策をそのうちに蔵した地種として立文されたと思われる。もっとも、『大宝令』に「荒地」があったことを疑い、あるいは「空閑地」を国司が開墾する土地とみることに反対する見解もあるが、「荒地」が『大宝令』田令にあったことはほぼ疑いがなく、国司以外の者が「空閑地」開墾に関わるものとして『大宝令』に規定されていたという明証は見出し難い。百万町歩開墾令・三世一身の法など八世紀初頭に律令政府が相ついで打ち出した開墾奨励の政令は、「空閑地」を国司開墾の対象に限定する『大宝令』の令文を無意味なものとし、墾田永年私財法は灌漑施設新設の有無によって地種を区分する法的根拠を失わせた。かくて『養老令』田令は「荒地」を削除したが、「空閑地」については国司の開墾の対象と解し得るような表現を残している。おそらくこの部分は国家が公田拡大を推進する主体であるというたてまえを堅持するためか、あるいは不用意にか、『大宝令』の令文が残されたものであろう。『養老令』施行当時の実態としては、空閑地の開墾主体を国司に限定するようなことはなかったので、「空閑地」とは未墾地一般の意味とかわりないものになったと思われる。国司が空閑地を開墾した場合、在任中は輸租田として佃食することを許され、任期が満ちれば収公して公田とし、口分田その他に班給しあるいは農民に賃租して地子を徴した。国司以外の者が開墾する場合少なくも和銅

以後は国司の認可を必要とした。百姓が開墾した場合三世一身の法以前は国司の恣意によって収公されたとする見解もあるが、ある期間を過ぎると一定条件のもとで収公され公田とされたとみるのが妥当であろう。三世一身の法などの墾田法は収公の条件を中核に持つ法令である。
(弥永 貞三)

ぐうけのしょう 郡家荘 加賀国能美郡にあった荘園。現在の石川県小松市・能美郡寺井町・根上町の一部地域。平安末期より史料に現れ、荘名の由来は能美郡家縁辺から進展した開発領が、郡家の故地を包含したためとされる。板津荘とも称す。旧来は江沼郡内の荘園とされてきたが、現在は能美郡内に比定されている。初め安楽寿院領であるが、鎌倉中期以降勧修寺領としても現れ、建武三年(一三三六)光厳院院宣による安堵以後は、勧修寺の一円進止領として伝領。なお平安末期での安楽寿院付属の無量寿院・平等王院への料米は、八十六石・百十三石であった。室町期に入り幕府は守護方の干渉停止を命じているが、一方で室町中期以後は荘内百姓の逃散や預所の違乱によって度々年貢未納となった。応仁の乱後勧修寺は直務支配を試みたが、戦国期に入ると本願寺に年貢納入の口添えを求めており、元亀元年(一五七〇)以後当荘の名を示す史料は見られない。
(石崎 建治)

くえいでん 公営田 私営田に対する語で、歴史的には、九世紀における律令体制の破綻・矛盾の進行に対処して、その財政の危機を克服し歳入を確保するために、案出設置された国家経営の田制。「こうえいでん」ともいう。弘仁十四年(八二三)二月二十一日、参議兼大宰大弐小野岑守の建議に基づき、大宰府管内九国における口分田(六万五千六百七十七町)・乗田(一万九百十町)合わせて七万六千五百八十七町のなかから、一万二千九十五町(口分田五千八百九十四町・乗田六千二百一町)の水旱不損の良田を割取し、はじめて設置されたもの。具体的には大宰府管内における連年の不作と疫病の流行による人民の疲弊と涸渇を救済するとともに歳入を確保するために、「時によって宜しきを制す」制度として発案され、太政官において一部修正を経て決定施行された。その内容については、種々論議があり、いまだ一定しないものがあるが、原案の大筋は以下のとおりである。まずその耕営は、徭丁六万二百五十七人(調庸全輸の全正丁、庸免除半輸の全正丁、調庸免除の見不輸正丁十七人)を耕作者とし、それに食料(人別米二升)と佃功(町別百二十束)を給し、一人三十日の労働で(雑徭説もあるが、雇役とみる)、五人で一町を耕作させ、その全収穫を収納する。次に管理運営については、「村里幹了者」から「正長」を任命して、一町以上の田についての一切の管理にあたらせ、出納を容易にするために、百姓の住居に近く「小院」を建てて、田租と納官を除く穫稲を収納した。穫稲の運用は、全穫稲五百五万四千二百二十束のうちから、佃功(百四十五万千四百束)・租料(十八万千四百二十五束)・調庸料(百五十万七千七百九十束)・徭丁食料(七十二万三千八十四束)・修理溝池官舎料(十一万束)として合わせて三百九十七万三千六百九十九束を支出、残りの純益百八万四百二十一束を「納官」として国衙に送り、正税に混合、動倉に収納した。租料も国衙に送り、不動倉に収納する。その調庸料(人別調二十束・庸十束)とは、農民が窮迫のため、調庸物を夏月の安値の時に売り、貢進の日に倍価の物を買い進めるといった状況に対して、夏月にそれを正税で買い上げ、秋の収穫後に営田の穫稲から返納することにしたものである。以上の岑守(府解)原案では、公営田すべてを輸租とし、その施行期間を三十年としたが、太政官の決定は、口分田割取部分を輸租、乗田割取部分を輸地子とし(原案通りとの説も強い)、四年を限って施行するように修正された。この決定案の場合、その地子稲は「小院」に収納されず、大宰府に送られ、またその「納官」の数量は原案(全輸租)より大幅に減少することになる(『類聚三代格』一五、『政事要略』五三)。四年間の試行期以後、肥後国では嘉祥三年(八五〇)、さらに斉衡二年(八五五)に営田の継続を申請、許されて実施されており(『類聚三代格』一五)、筑前国では一時停止ののち、貞観十五年(八七三)の班田に際し、口分田から良田九百五十町を択びとって復活、その徭丁には「不レ論二土浪人一」と浪人をも耕作者として加えるに至っている(『三代実録』)。他の大宰府管内諸国については明確でない。一方、府管内九国以外の国では、その先駆として弘仁四年に乗田三十町を割取設置した石見国営田の三年間の実施(『日本後紀』)、また壱岐における貞観十八年以降二年間の営田(百町)の実施、さらに上総国における元慶三年(八七九)以降二年間の公営田の実施がみられる(『三代実録』)。これ以後、公営田制はその姿を消すが、元慶三年の畿内に設置された官田制は、その営田方式を採用継承したものである。以上の公営田制施行の意義について述べると、経営面においては、民間の私営田経営にならったものであるが、それを直接徭丁駆使による奴隷制的経営とみる説、徭丁家族の個別的経営による委託経営とみる説の対立があり、税制面においては、調庸現物収取の停止(免除)、土地生産物収取(地税化)への転換とする説、調庸の正税による交易備進への転換とする説、調庸制の非変質説などの諸説、また官稲出挙制における、正税出挙の停止、正税の営田への投下、その収穫=納官を利稲とみなす(正税の地税化への傾向)説があり、田制面においては、公営田を班田制の一形態とみる説が提示されており、いずれも定説をみるまでには至っていない。 ↓営田《えいでん》 ↓官田《かんでん》
(宮本 救)

くがのしょう 玖珂荘 周防国玖珂郡の荘園。『和名類聚抄』の玖珂郷の地で、現在の山口県玖珂郡玖珂町を中心とする地域。官道山陽道の通路にあたる。後白河法皇長講堂領。建久二年(一一九一)十月、院御領玖珂荘の課役・寺役およびその不勤を注進し(『島田文書』)、同郡用田(周東町)極楽寺(旧二井寺)鐘銘に「周防国玖珂荘新寺

文永九年(一二七二)十一月(下略)」とみえており、南北朝時代には大内氏の将平井入道祥助の所領となったが、応安七年(一三七四)十月二十二日将軍足利義満は但馬鎌田荘などとともに地頭職を天竜寺金剛院に安堵させた(『鹿王院文書』)。その後応永十一年(一四〇四)五月二十八日義満は安芸国沼田の小早川則平に周防・長門両国内平井入道祥助跡を充行い(『小早川家文書』)、永享七年(一四三五)二月二十一日、将軍義教は天竜寺金剛院をして同院領周防国玖珂荘領家職に安堵させている(『鹿王院文書』)。その後は詳らかでないが、永正十年(一五一三)荘内祖生郷岩隈八幡宮楼門、天文三年(一五三四)同宮宝殿再建の棟札にともに大内氏の将陶興房大檀那とみえ地頭であったことを知る。 (川副　博)

くげでん　公廨田　「くがいでん」とも読む。本来は「公廨(＝官衙)の用にあてるための田」という意味であり、唐ではこの意味で用いられたが、わが国の律令制では、職田の一種を指した。すなわち、『大宝令』では職田のうち在外諸司官人(大宰府官人および国司)のそれを特に公廨田と称したのである。この名称は『養老令』では京官職田・郡司職田とともにすべて職分田に統一されたが、実際にはこの職分田の語はほとんど用いられず、在外諸司の職分田は依然として公廨田とよばれた。不輸租田で、その耕作には事力《じりき》があたる。一方、天平宝字元年(七五七)に、大学寮・雅楽寮・陰陽寮・内薬司・典薬寮に学ぶ学生の供給料にあてるために「公廨之田」が置かれたのをはじめとして、本来の語義にかなった諸司公廨田が設定されるようになり、律令政府の財源難を救う各官司独自の財源として重要性を増して行った。 ↓職分田《しきぶんでん》 (虎尾　俊哉)

くげりょう　公家領　皇室・摂関家・貴族・官人の所領。皇室・摂関家を除く貴族・官人の所領のみをさすこともある。〔成立〕律令制下の貴族・官人の経済は官位に応じた国家的給付によっていたが、律令制の弛緩に伴う給付の動揺とともに、貴族・官衙はそれぞれに経済的基礎を確立すべく動きだす。八世紀、有力貴族は山野藪沢を占定し、墾田永年私財法以後は墾田の開発を進め、独自な所領を確保し始める。応天門の変で没官された伴善男の所領は、墾田・陸田・山林・庄家稲・塩浜・塩釜などから成り立っており、九世紀末には、荘家を立てて稲を蓄え、付近の百姓の田地・舎宅を買得・押領する貴族が多くなった。一方、官人の俸禄を賄うため、元慶三年(八七九)、畿内に官田が、同五年、諸司田が設定された。この間に進んだ国司による徴税請負は、十世紀以後、体制化し、貴族・官衙の経済はもっぱらこうした国司の進納物に依存するようになった。中下流貴族の経済は困難になり、地方に下って土着するものもあったが、なかにはみずから国守(受領)となって富を積み、任期中に荘をたて、皇室・摂関家などの上流貴族に寄進するものも現われた。皇室は後院領、摂関家も渡領の中心部分を確保する一方、こうした荘園の寄進をうけていたが、十世紀には、その経済はなお国司の貢献に依存するところ大であった。しかし十一世紀半ば以降、在地領主の動きの活潑化に伴い、受領はその皇室(院)・中央貴族への土地寄進を積極的に媒介し、いわゆる寄進地系荘園が広汎に成立する。また皇室の御願寺、摂関家の氏寺などの封物、官司への納物の負担を、国司が特定の土地に転嫁して、荘や保(便補保)をたてることも広く行われた。さらに雑役を免除され、内廷的官司や所を通じて皇室・摂関家と人身的従属関係を結んでいた人々が給免田を与えられて供御人などとなり、給免田を中心とする御厨・御薗・荘が現われる。この間、国衙の支配下の土地も、荘園と同質の国衙領となり、それを基礎に上流貴族・摂関家の知行国、院宮の分国も成立し、十二世紀には荘園・国衙領を基礎とする中世的土地制度が姿を現わす。そのなかで形成された公家領は、(a)皇室領、(b)摂関家領、(c)上流公家領(久我家・西園寺家)、(d)中下流公家領(勧修寺家・山科家)、(e)官人的公家領(小槻氏・中原氏)などに分けることができる。〔特質〕㈠一般公家領(c)・(d)・(e)は国衙・官司などの国家機構に依存しつつ形成されたので、そこに確保されたのは領家・預所・保司などの所職であり、国家的支配権に関わる本家職を掌握したのは皇室・摂関家のみであった。㈡所職の性格によって保持の仕方は異なるが、公家領は一般に、殿舎・家地、御願寺・氏寺およびその所領、諸種の荘園からなる。また各種の官司の長官が次第に特定の家に世襲されるようになると、官司領(便補保、御厨・御薗)、供御人、率分所などがこれに加わる(官務・主殿頭の小槻氏、大炊頭・造酒正の中原氏、内蔵頭の山科家など)。知行国・院宮分国も世襲されるものがでてきた(院分国の讃岐・美濃・播磨、西園寺家の伊予、中院家の上野など)。皇室は官司領・供御人に対して、いわば本家の立場に立つが、摂関家にも随身下毛野氏の管理する散所など、この種の所領が含まれている。㈢一般公家領は(イ)家領型、(ロ)代官型、(ハ)俸禄型に大別される。(イ)はみずからが開発にも関わった世襲性の強い所領で、荘務権は一般公家がもつ。(ロ)は預所として管理を委ねられた所領で、事実上、世襲されるが、なお本家が補任権を掌握している。(ハ)は家司などになったとき、本家から俸禄として一時的に与えられた。㈣これに対して本家の立場に立つ皇室・摂関家は、おおよそ(ハ)を直領・渡領として保持し、(ロ)の荘務権を掌握しているが、(イ)は得分権(課役賦課権)のみにとどまった。㈤皇室領から官人的公家領までそれぞれに特徴はあるが、鎌倉時代には、女系にも相続され、婚家にその所領が入る場合もみられた。しかしおそくとも南北朝時代には男系相続が確立し、安定した家領が形成される。〔崩壊〕応安の半済令で、天皇・院・摂関家の料所(直領)・渡領などは幕府によって保証されたが、一般公家領は動乱の過程で半済され、不知行となるものが多かった。しかし京都内外の地、畿内および近国の荘園・国衙領は、武家や高利貸の代官の手に委ねられつつ

も、室町時代を通じて維持され、特に供御人の系譜をひく商工業者(座)および関所(率分所)などからの得分が大きな比重を占めるようになった。応仁の乱後、なかには大名となる公家(姉小路・北畠など)もあったが、荘園・国衙領はごく一部を除いて、ほとんど公家の手から離れる。ただ京都の地や座・関所に対する支配は、戦国時代にも、なおひきつづき維持された。 →皇室領《こうしつりょう》 →摂関《せっかん》家領《けりょう》
(網野 善彦)

くげん **公験** 国家公権またはそれに準ずるものが特定の人間または資産を対象に特権を付与し効力を保証するために作成した文書。古代から中世にかけて広く用いられた用語であるが、元来は令制に基づく概念であり、通常僧尼を対象とするものと一般むけのものとの二つのケースがあった。まず僧尼関係では、度縁を得て僧または尼になった者にその身分を保証するために下付した文書、あるいは僧尼の長旅を保証するため給付した証明書を公験と呼んだ。このうち前者については唐僧鑑真の渡来後、戒牒を授与することが行われるようになりこれに代置されたのでそれ以後中絶したが、後者についてはその後も残され平安時代に及んだ。他方一般に広く用いられていたのは、個々の土地・財産などの造成・売買・譲与・紛失などにあたり公的機関が発給した効力保証文書に対する指称であり、令制下では、通常公験は管轄の郡・郷司を経て京職・国衙で保証の判を加えることによって成立した。公式様《くしきよう》文書の形式に従って作成されるタイプの公験は、平安時代以降律令制の変質とともに漸次消滅したが、国家公権が私産の効力を認可・保証する公験の作成は以後も長く存在した。すなわち平安時代中期以降各種外題安堵・官宣旨・下文・宣旨・院宣などが多様な私人(寺社・公卿諸家・公領荘園住人等々)の多様な私産・権利を認可・保証する事態が生じ、これらの文書がそれぞれその私的権利の効力を表現する役割を担うようになると、右述公式様公験にかわって公験の名で呼ばれることとなり、鎌倉時代以降は幕府の下付するかかる文書も公験として扱われるに至った。また、他面これと並行して、公権についての観念の変化に対応しながら、荘園領主や在地の領主・保証人らが認可・保証した文書も公験と呼ばれる風が生じ、時代の下降とともに一般化した。公験は通常私的所有および権利を最も強く保証する文書と意識されて代を重ねて保管され、私産・権利が私人間を移動し伝領されてゆくばあいは公験をともに渡すか否かがその移動が権利の全面的移動を示すか否かの指標ともなった。
(義江 彰夫)

くごでん **供御田** 天皇の食膳に供する供御米を出す田。史料上には御稲田あるいは御稲として現われることが多い。令制では官田と呼ばれ畿内に分置され宮内省管轄の大炊寮が収納にあたった。しかし律令体制の衰退と荘園の増加などによる供御稲の未進が増大したため、平安時代院政期の初期ごろに山城・摂津・河内などの各国に御稲田を設置するとともに御稲を差し出すための供御人が置かれた。供御田としての御稲田の史料上の初見は『本朝世紀』久安五年(一一四九)十一月三十日条にみえる河内国石川郡石川御稲田の供御人の上洛愁訴の一件であるが、供御人の訴えによれば石川御稲田が設けられたのは保延年中(一一三五—四一)である。御稲田は中世に至り大炊寮領とされ「毎日不闕朝餉幷昼御膳料所」として御稲を進上していたことが『師守記』裏書などから知ることができる。
(清田 善樹)

くごにん **供御人** 本来、天皇の供御(食物)の貢進を行うもので、禁裏供御人とも称する。その身分的従属関係の結果として、他の国家的課役の免除の特権を得ていた。のちには、その特権を拡大し、関所などの自由通行権・営業権・営業独占権などを獲得した。また、その特権を獲得するために商工業者で供御人となったものが多い。また、その種類も拡大されて、単に食物関係のみならず、鋳物・火鉢・水銀などにも及び、供御人を従属させた官衙もひろく多数にわたっている。すなわち、膳部などを奉る御厨子所にもっとも多く、魚類貢進の粟津供御人、菅浦供御人、摂津今宮供御人、六角町供御人、姉小路町供御人、上桂供御人、野菜類では精進御園供御人、宇治菓子供御人、蓮根供御人、大和黄瓜御園供御人、木幡竹子供御人、生蕈・蕈供御人、唐納豆供御人、また六角の鳥供御人、嵯峨猪皮供御人があり、その他、炭供御人、火鉢供御人、竹供御人があった。主殿寮では小野山供御人、大炊寮には御稲田供御人、主水司氷室供御人、蔵人所燈籠供御人、丹波粟作御園供御人、右衛門府に梅ヶ畑供御人、右京職の素麵供御人、掃部寮の莚御作手などがあげられる。供御人の起源は、古代の贄人にあると考えられるが、この語が、嘉承元年(一一〇六)の日吉社交名注進(『打聞集』裏文書)や、『本朝世紀』久安五年(一一四九)条(「大炊寮御稲田供御人」)にみられることから、供御人としての編成の画期は、延久ごろと考えられている。しかも、その編成は、在地における横のつながりを前提とし、貢納者集団としてであった。それは寺社権門の寄人・神人・散所雑色などと同様のものであった。本来の供御人は、生産または採取した食料を貢進するものであったが、平安時代後期、供御貢進が欠除し、その解決策として、御厨子所では預紀宗季によって、建久三年(一一九二)京都「三条以南魚鳥以下交易輩」を供御人として課税している。これは供御人の支配が、生産の上分貢進から、交易すなわち営業に対する課税へと移行したことを示すものである。これによって、営業税を出すものが供御人となり、営業権を認められたから、かかる供御人の集団が「座」として独占権を主張するに至った。元弘三年(一三三三)の『内蔵寮領等目録』は、内蔵頭の山科家が御厨子所別当を兼任したことから、御厨子所の供御人が記載されているが、かかる傾向はさらに顕著となっている。蔵人所に鋳物師が所属したのはかなり古いと思われるが、燈炉供御人としての編成は仁安三年(一一六八)

とされている。かれらは供御人の身分を獲得することによって、諸国遍歴行商のための関所自由通行権を取得し、さらにのちには、営業独占権を行使している。このように、官衙の課税や関所の設置に伴い、それを納入するものや、納入を脱れんとするものが、新たに供御人として編成されるに至った。それ故に本来的な供御人がもっていた身分的従属関係はうすれて、二重三重の従属関係を結んでいる。たとえば蔵人所燈炉供御人は同時に、日吉社聖真子神人であり、殿下御細工であった(『経光卿記』紙背文書)。また、東大寺鋳物師を兼ねた蔵人所燈炉供御人もあった。御厨子所の摂津今宮供御人は、祇園社大宮駕輿丁であった。さらに南北朝・室町時代における農村の商品経済の発展の結果、農民的供御人が成立した。たとえば、京都近郊の山科・宇治・木幡などの農民が、農間副業として京都に農産物を行商するが、その営業権と関所通過の特権のために、内蔵寮―御厨子所の供御人の身分を獲得している。その貢納銭は、文明十三年(一四八一)竹子供御人十人で、毎年五百文と竹子一束であった。『言継卿記』によれば、山科家の供御人よりの収入は、文明ごろにくらべて、大永以後急速に減少し、永禄年間(一五五八―七〇)には、大津・粟津供御人、竹供御人の公事銭が若干納入されるにとどまっている。これに、最後的な打撃を与えたのは豊臣秀吉の楽座令であった。供御人支配の痕跡をとどめるのは、蔵人所小舎人の職を世襲した真継家が、江戸時代、諸国鋳物師を統轄した例であろう。

(脇田 晴子)

ぐさいせん 供菜船 神社に御厨・神戸などから魚介類を貢進するための船。建暦元年(一二一一)の「北条時政袖判下文」(『伊豆下之神社文書』)に伊豆国仁科荘松崎下宮の鰹船二艘が石火宮の供菜のため課役を免除されたことがみえている。また建仁三年(一二〇三)十一月四日の官宣旨(『徴古文府』)によると志摩国国崎神戸では伊勢神宮への朝夕御饌料・荷前の蚫・恒例供祭物などを運ぶ神戸の船を供祭船と呼んでいた。貞永元年(一二三二)六月三十日の官宣旨(『賀茂別雷神社文書』)で近江国高島郡安曇河御厨に属した船木北浜の供菜人を供祭人とも称しているから、供菜船も供祭船と呼ばれることもあったと考えられる。

(西垣 晴次)

ぐさいにん 供菜人 神社の御厨などに属し、魚介類を貢進することを役とした人びと。供祭人とも呼ばれる。久安三年(一一四七)九月の「賀茂御祖社司等解」(『東南院文書』)は同社領の摂津国長洲御厨の供祭人の由来を網人や河漁にたずさわる輩を招きすえたことによるとしているように、供菜人は漁民であった。供菜人は御厨外にも神威を背景に活動し、商業活動にも従事した。

(西垣 晴次)

くさて 草手 草地の用益料。山野で草を刈り取る代償として課税されたもの。主として米銭が課されたが、絹や塩が課された例もある。康和四年(一一〇二)九月十四日の東大寺般若会支度下行日記には「楽人草手料」がみえ(『平安遺文』九巻四六五八号)、正元元年(一二五九)十月の湯浅光信訴状案では、紀伊国阿弖河荘地頭湯浅光信が預所の新儀非法のひとつとして、「厨草手料」と称して百姓等に過分の米銭を課したことを挙げている(『鎌倉遺文』一一巻八四二一号)。

(宮崎 肇)

くさば 草場 中世の草場は、「草庭」とも表現され、畠地あるいは野原に近いものと思われる。私領化され相続・売買の対象となった。近世の草場は、畿内や紀伊などでは被差別部落が斃牛馬の処理権を行使する領域の意で、部落ごとに縄張りとしての草場があった。この権利は株化して草場株とよばれ、被差別部落に特有の動産となった。

(小田 雄三)

くさふ 草夫 ⇩夫役《ぶやく》

くじ 公事 荘園制下の年貢(所当)のほかの一切の雑税を公事という。これは、荘園の基本である墾田地系の荘園が十世紀ごろから成立するに伴い、律令制の租の系統が所当(年貢)と呼ばれて、荘園領主の収取対象とする私的なものと見なされたのに対し、庸調・雑徭の系統をひくものが雑役・雑事などと呼ばれて引き続き国衙・国の収取対象として公的な国役・公役さらに公事と見なされたことに基づく。東寺領丹波国大山荘では、承平五年(九三五)に、国衙が庸調・雑徭系の官交易糸絹・調沽買絹・国佃穎・官修理檜皮・丁馬之雑役などを荘内の堪百姓に課したのに対し、東寺がそれらの臨時雑役の免除を求めており、寛弘六年(一〇〇九)の伝法供家牒には、「国郡奉行、免レ除官物租税・臨時雑役等ニ」とあり、長和二年(一〇一三)の荘司解ではじめて臨時雑役が公事とされ、康和四年(一一〇二)の官宣旨案では「弁ニ出官物一、勤ニ仕国役一」とあって所当官物に対し、臨時雑役は国役とされたことがわかる。また長治二年(一一〇五)の興福寺政所下文案でも臨時雑役が国役と呼ばれ、保延三年(一一三七)の御牧織手隆恵申状には「家地三百歩をハ御公役料ニ(中略)件公事料家地」とあって、臨時雑役が公役すなわち公事とされたことがわかる。こうして荘園成立期に発生した公事は、その後ずっと荘園制下で年貢とともに賦課され、太閤検地まで存続した。公事の種類には、賦課する主体からみて勅役・院役・国役・神役・寺役・本家役(本役)・預所役・下司役・武家役・地頭役・守護役などがあり、賦課の対象からみて御家人役・荘役・段銭・棟別・人別・間別・牛別・帆別・山手・川手・浦役・関銭・津料・市庭銭・座銭さらに一献料・節料などがあった。公事の内容は雑公事《ぞうくじ》と夫役で、前者は後述のようであり、後者は京上夫・兵士役・佃の耕作・仕丁・炭焼夫・草刈夫など多種多様で室町時代には守護や国人・戦国大名による陣夫・人足・軍夫などが増大した。公事の収取法には、日(月)割計算による日(月)別公事、面積または名を単位とする段別公事・名別公事があり、また均等名制・番頭制・当名主制などがあった。均等名制は、名田面積を領主権力により均等化して公事負担を均等化する体制で、興福

寺領をはじめとする畿内荘園に多かった。番頭制は荘田を何番かに分かち、各番に公事を賦課して各番頭を納入責任者とする体制、当名主制は名の分解に伴い当名主(本名主・名本・名代ともいう)を任命し、本来の名の範囲の公事収取にあたらせる体制である。なお高野山領や戦国武将の領国では、年貢地とは別に公事地を指定して公事を収取する場合もあった。公事の負担者は公事足・公事家などと呼ばれ、それは下人・所従や脇在家ではなく、名田保有の名主であり本在家であった。かれらが納める公事は現物・現夫を原則としたが、時と所によって銭納もあり、また年代の下るほど代銭納つまり公事銭が主となった。室町時代になると、公事はおもに守護さらに戦国大名が賦課し、残存の寺社領でも武家に寄生してのみ収取が可能であった。また当時は名が分解して年貢地と公事地となり、公事は後者に課せられる傾向にあったが、太閤検地では公事地を認めず、公事は年貢化した。公事はまた雑公事・万雑公事《まんぞうくじ》とも呼ばれた。いずれも所当・公事・夫役と並べる場合の公事で、調・雑徭系の公事となったものであることには変わりない。雑公事の用例としては康和五年の感神院所司解にすでに臨時雑役が「件の雑公事」と呼ばれている。その内容は畠・河川・山野の産物、餅・酒・油・布・紙などの農産加工・手工業品などである。万雑公事は多種多様な雑公事を一括した呼称である。 (宮川　満)

くじあし　公事足　荘園・公領の公事を負担する者のことである。古くは長治二年(一一〇五)の「東大寺領伊賀国黒田荘徴使解」に「宗たる公事足」である武元を徴使にするとの文言がみえる(『平安遺文』四巻一六四八号)。『貞永式目』第二十五条にも、関東御家人が公家を婿として所領を譲るため、「公事足が減少」したとの記述がある。文明十六年(一四八四)の大和国五条郷では、在家四十五人中三十二人が公事足であったことがわかる(『政覚大僧正記』九月二十六日条)。公事足は、公事のかかる人＝公事人であり、公事足の在家は公事家ともいわれた。公事家は、百姓＝自営農民の在家であり、名主であり、郷村制村落の中核的存在であった。公事を負担することが格式となり、それが近世にうけつがれて、本百姓として、村落の上層部となった。 (海老澤美基)

くじせん　公事銭　中世社会において、雑公事・夫役などの公事を現物・現夫のかわりに納める銭のこと。公用銭・公事役銭とも呼ばれた。公事は、もともと現物・現夫で納めるのを原則としたが、時と所とによって、あるいは年代の下った時期に成立した公事のうちには、銭納の場合もあった。公事銭の早い例は、都市住民の家屋敷を対象に賦課された棟別銭・間別銭・地口銭・地子銭、あるいは市庭銭・座役銭(座銭)などで、これらは鎌倉時代からみられる。備中国新見荘では、建武元年(一三三四)の納帳によると、市庭公事銭・駄銭・座役銭をはじめ、市庭後地銭・桑代銭・栗代銭・段別銭・歳男銭など、多くの公事銭ないし公事の代銭納がみられる。公事銭ないし公事の代銭納は、交通・商工業・商品流通の発達に伴って増加した。室町時代の公事は、守護・戦国大名の賦課するものが主となったが、それらは銭納が中心であり、公事の代銭納が一般化した。なお公用銭という場合には、荘園または郷村の公用に使うために徴収される銭を意味することもあり、室町・戦国時代にその用例が多い。 (宮川　満)

くじでん　公事田　⇩定公事田《じょうくじでん》

くじばんでん　公事番田　荘園領主の公事を負担するために、番に編成された田。いくつかの名田を集めて、番に結いだし、各番ごとに公事を負担する。畿内および近国に見られる。荘園領主の営む仏事・神事などの年中行事にあわせて、必要な現物を課すためのものである。番の数は、行事が日別、月別であるため、その性格上、十二や三十といった、六の倍数となることが多い。番の大きさも、均等規模に編成されたものと不均等の規模のものがある。農民の負担の格差をなくし、負担を軽減するためにできたもので、番には納入責任者である番頭が置かれている。番頭には番頭給があり、番頭は下級荘官的性格を持ち、実力者であった。平安期からみられるが、大半は、十三世紀後半の名田解体過程に現れたものである。 (海老澤美基)

くしぶちのしょう　櫛淵荘　阿波国那賀郡の荘園で、現在の徳島県小松島市櫛淵町の地域。東北は立江・太奈荘、南は大野荘、西は生夷荘に接する。はじめ櫛淵別宮といわれ、鎌倉時代以降石清水八幡宮寺領であった。承久の乱後、秋本二郎兵衛尉が新補地頭となったが、地頭分と号して荘民の能田を領作したため貞応元年(一二二二)幕府から濫妨停止を命じられた。しかしその後も当荘の所務について、地頭秋元左衛門次郎泰恒らと領家側預所との間に相論があり、たびたび和与が行われたが解決せず、弘安四年(一二八一)に至って地頭と預所紀資村との間で神社・仏寺ならびに田畠山野葦原以下の分割を定め、それぞれの分について坪付注文が作られた。また地頭の神用米未進分六百石の補償として、地頭分の能田四町五段を弘安四年から十一年を限って領家方に引き渡すことを定め、同年五月二十九日幕府から承認された。南北朝時代には外宮の役夫工米を免ぜられ、応永年間(一三九四—一四二八)には守護請となり、領家職ならびに公文・田所職が守護の代官、さらに社家の雑掌に沙汰されるなど複雑化したが、次第に守護領化していった。 (山本　大)

くじみょう　公事名　中世の国衙領・荘園の名のうち公事負担の義務を課せられているものをいう。官物・年貢と並ぶ基本的な賦課である公事は、本来人別賦課たる性格を有したが、のちには在家別あるいは名別・番別・段別などの形で賦課されるようになった。ところで一つの荘園において名別に公事が課される場合、必ずしもすべての名にそれが課されたとは限らない。たとえば鎌倉時

代の春日神社領摂津国安満荘では、九十一町歩余の荘田が計三十名に分かれていたが、うち春秋の月別公事を負担したのは二十五名のみで、残る五名はこれを免ぜられていた。一般に前者が公事名、後者が公事免名と称されている。公事名は普通の百姓名であり、公事免名は荘官名であることが多い。また、大乗院領大和国楊本荘に例が見られるように、同じく公事名ではあっても、あらゆる公事をすべて負担する名すなわち「惣公事名」と、一部の負担を免ぜられている名とが存在する場合があった。
（須磨　千頴）

くじめん　**公事免**　荘園領主から公事を免除された田。公事は雑役ともいい、十世紀以降国衙より公民に賦課したが、荘園内の公事雑役免除を槓桿に公民の荘民化が進行し、公事賦課権は漸次荘園側に移譲されていった。また十一世紀から現われる新開発地別符の名・保も公事雑役免除の特典に与かった。やがて荘園内は百姓名を単位に年貢・公事が賦課されるようになるが、管理人の荘官・地頭は年貢・公事全免の給田が支給されたほか、その所有地給名が公事免であった。一方名田を持たない下層農民は公事負担の能力に欠け、かれらの請作に俟つことの多い一色・浮免・散田・間田など名に結ばれぬ田地も公事免地であった。たとえ散田名・浮名などと名呼ばわりされる場合でも公事免であった。なお中世後期の東国などで、有力在家・名主が所有耕地から若干賦課対象面積を控除される公事免地は、有力農民の公事負担を考慮した反対給付で、公事はもちろん、年貢にも及んだ軽減措置と思われる。
（佐川　弘）

くじめんみょう　**公事免名**　⇩公事名《くじみょう》

くじや　**公事家**　中世社会において公事を賦課された在家。公事足・公事在家などともいう。近世以降の公事家は、それが家格化した村の有力構成農家。荘園制の成立に伴い、庸・調・雑徭の系統をひく雑公事・夫役などの公事は、公事足・公事在家などと呼ばれる農民に課せられた。公事足は公事を負担するもの＝公事人を意味し、すでに長治二年（一一〇五）の伊賀国黒田荘佐々貴今犬丸解や『貞永式目』にみえる。この公事足の在家が公事家である。在家とは、家屋敷と人間とその保有田畠すべてとの統一体で、保有地・年貢負担の面からは名主であるが、家屋敷・公事負担の面からいうと公事在家・公事家である。したがって、公事家は下人・所従や作人・脇在家ではなく、より有力な農民であり、名主・本在家であった。応永三年（一三九六）の高野山領官省符荘庁番殿原請文に、「公事足之百姓」「根本百姓之公事在家」などとあり、また一乗院領佐保田荘永享七年（一四三五）引付にみえる「二条クシヤ」は、公事家の呼称の早い例である。公事家は、一般に名田（高野山領の場合は主に公事地）を経営しながら、雑公事・夫役などを負担していた。その後、室町時代前期から後期にかけて名の分解が進行し、そのため年貢地（散田）と公事地（屋敷・公事田畠）とに分かれる傾向がみられた。その結果、公事は主に公事地保有農民に賦課され、そのため公事家は変質して公事地保有農民となった。しかし、太閤検地においては公事地を認めず年貢地化し、すべての田畠屋敷に高つけして年貢を課し、夫役は家屋敷にかけて役家とした。その結果、近世村落では一般に役家が出現した。しかし耕地の少ない山村漁村など、公事をもって年貢としていた地域では公事家の呼称がなお存続した。そこでは、公事家は村役公事を支える家柄として、宮座の構成員となり、また村有林の株（公事家株）所有者となり、家格化して長く存続した。　↓公事《くじ》
（宮川　満）

くじょうけりょう　**九条家領**　九条家は五摂家の一つ。藤原氏北家の嫡流より分かれた。平安時代末、摂関家領をほぼ惣領した藤原忠通は、その大部分を長子基実に譲り、一部を女子聖子に譲った。前者は近衛家領となり、九条家はこの後者を基礎にして成立したのである。皇嘉門院聖子は、治承四年（一一八〇）五月、異母弟兼実の息良通に、最勝金剛院領十一ヵ所、九条領三十四ヵ所、近江国寄人、和泉・摂津・近江三ヵ国の大番舎人などを譲与したが、良通の早世によりこれらは兼実の伝領するところとなったのである。全体として漸増しつつあった九条家領の主要部分は、兼実→兼実女宜秋門院任子→道家と伝領され、九条家領は最盛期を迎えた。建長二年（一二五〇）十一月道家の惣処分状によれば、東福寺などの寺院領を含め、惣数百十二ヵ所にのぼった。この時期は九条家から一条・二条の二摂家が分立した時期としても重要である。この処分状により九条忠家は二十六ヵ所（女子一期分相続後は四十六ヵ所）を伝領した。以後建武三年（一三三六）四十ヵ所、応永三年（一三九六）十六ヵ所と減少し、天正二年（一五七四）時点では東九条など京都近郊のほかは、ほとんど不知行状態となった。近世初期慶長六年（一六〇一）の当知行分は、東九条、近江国海津西浜、丹波国十勢村など千四十二石であった。
（田沼　睦）

くじょうのしょう　**九条荘**　大和国山辺郡の荘園。現在の奈良県天理市九条町・吉田町を中心とする地域。興福寺領。延久二年（一〇七〇）の『興福寺雑役免坪付帳』に所見し、十条二里―四里、十一条五里、十二条二里―四里、十三条二里―四里に散在する二十一町五段六十歩からなる。当荘はその後再編成され、正治二年（一二〇〇、弘安八年写）の興福寺維摩会不足米餅定（興福寺文書）では「竜花院御庄々」の中に所見、ついで竜花樹院を支配下においた興福寺大乗院領として、南北朝時代以後史料に所見する。室町時代には、大乗院重色領六十四荘の一つで十三町七段七十歩、ほかに非重色領の九条荘四十三町五段七段切がある（『三箇院家抄』）。重色領の名田は「五名十町」とみえ（同）、いわゆる完全均等名の一かとみられる。給主・下司は大乗院方衆徒の福智堂氏。他に大乗院方衆徒の井上氏も給主の一人。布留郷五十六郷の一つ。
（熱田　公）

くずはのまき　**楠葉牧**　河内国交野郡の荘園。現在の大

九条家領

九条家領一覧

所在国郡	名称	特徴	典拠
山城	高松殿跡地		⑤⑥⑦
	岩倉	道家に伝領されず	①
紀伊郡	東九条	応永期以降も継承	①②③④⑤⑦
同	九条河原菜園		③
綴喜郡	曾束荘		①②③
久世郡	久世荘	一条家領へ	①②③
乙訓郡	小塩荘		③④
葛野郡	下桂	④で不管領	④
大和 添下郡	清澄荘		④⑤⑦
(郡未詳)	河北荘	一条家領へ	③
河内 石川郡	石川荘	宣仁門院領	③
茨田郡	点野荘	佺子→一条家領へ	②③
同	高柳荘		③
(郡未詳)	稲富荘		③
和泉 和泉郡	大泉荘	佺子→一条家領へ	①②③
同	春木荘	一条家領へ	③
同	久米田寺		②③④
日根郡	日根荘	天福元年成立	③④⑤⑦
同	善興寺	一条家領へ	③
	御酢免	九条・一条両家領	③
摂津 八部郡	輪田荘	延久三年成立	②③④⑤⑥⑦
河辺郡	生嶋荘		③④⑤⑦
同	潮江荘	一条家領へ	③
同	富嶋荘	同	③
有馬郡	松山荘	佺子→一条家領へ	③
同	有馬温泉荘		④⑤⑦
能勢郡	倉垣荘	一条家領へ	①③
(郡未詳)	井門荘	④で不管領	③④
(同)	たかひら荘	道家に伝領されず	①
(同)	ゆかしま荘	同	①
伊賀 阿拝郡	浅宇田荘	一条家領へ	①②③
同	音羽荘	道家に伝領されず	①②
伊勢 伊賀郡	大内荘	一条家領へ	①②③
員弁郡	山郷荘	同	②③
朝明郡	富田御厨	同	②③
鈴鹿郡	和田荘		②③④⑤⑦
奄芸郡	林西荘		③④⑤⑦
(郡未詳)	薗倉荘		③
(同)	五真加利御厨		③
尾張 海部郡	杜荘	道家に伝領されず	①②
知多郡	英比荘	佺子→一条家領へ	③
同	但馬保		⑤⑦
(郡未詳)	大県社		③④⑤⑥⑦
尾張 (郡未詳)	二宮荘	大県社と同一実体か	⑦
三河 幡豆郡	吉良西荘	一条家領へ	①②③
遠江 浜名郡	小奈御厨	道家に伝領されず	②
伊豆 田方郡	三津御厨	一条家領へ	①②③
那賀郡	井田荘	同	①②③
甲斐 山梨郡	志摩荘		④⑤
(郡未詳)	経田荘		③
武蔵 多西郡か	船木田荘		①②③④⑤
同	船木田新荘	一条家領へ	①②③
橘樹郡	稲毛荘本	同	①③
同	稲毛荘新	道家に伝領されず	①②
安房	国衙領		⑥
下総 海上郡	三崎荘		①②③④⑤
常陸 茨城郡	小鶴荘北	道家に伝領されず	①②
同	小鶴荘南		①②③④⑤
新治郡	小栗御厨	一条家領へ	②③
筑波郡	村田荘	道家の遺命では一条家領へ	③④⑤
同	田中荘		⑤
近江 浅井郡	田川荘	道家に伝領されず	②
神崎郡	伊庭荘		④⑤⑦
同	小幡位田	一条家領へ	②③
栗太郡	大江荘	同	③
伊香郡	伊香古荘	同	③
美濃 大野郡	衣斐荘		①②③④⑤⑥⑦
同	石田荘		①②③⑤⑥⑦
同	古橋荘	一条家領へ	③
安八郡	世保荘	佺子→一条家領へ	③
席田郡	郡戸荘	④で不管領	③④
武芸郡	下有智御厨		④⑤⑥⑦
信濃 水内郡	千田荘		②③
若狭 大飯郡	立石荘	佺子→一条家領へ	①②③
同	立石新荘	同	①②③
越前 足羽郡	足羽御厨	同	③
同	東郷荘	一条家領へ	③
今立郡	鯖江荘	佺子→一条家領へ	③
丹生郡	美賀野部荘	一条家領へ	③
坂井郡	河和田新荘	同	③
同	長田荘		③
加賀 敦賀郡	気比荘		③
加賀郡	小坂荘	道家に伝領されず	②
江沼郡	熊坂荘	宣仁門院→東福寺へ	③
(郡未詳)	鏡荘	佺子→一条家領へ	③
(同)	勅旨田	道家に伝領されず	②
能登 珠洲郡	若山荘		①②③④⑤⑥

阪府枚方市付近。殿下渡領の一つで典型的な近都牧。長和四年(一〇一五)七月、左大臣藤原道長が播磨国牧馬十疋を河内牧に放したが、これは楠葉牧であろうとされている。牧の住人は摂関家の権威をかりて傲慢で、永観二年(九八四)、楠葉牧司が河内国司と紛争を起して、検非違使の発向をうけているし、紀伊守藤原重経なる人物が下馬せず楠葉牧政所前を通過しようとして、同地の下人にとがめられたりしている。摂関家の家司が上御厩別当に補任されて牧の知行にあたり、現地には政所があって牧司が牧の管理維持の責任をもち、多くの住人が実務にあたっていた。御厩舎人の往来もあった。応保二年(一一六二)ごろ、牧の住人が近隣荘園に出作して年貢を納入しないことなどがあり、牧住人が農民化していった。また、鎌倉時代末になると住民で麴室を営み麴売買に従事するものもでて、牧の機能を果たさなくなり、南北朝時代以降は楠葉荘となり、石清水八幡宮の支配が及んだ。また平安時代から鎌倉時代にかけて牧住人の一部が土器製造に従事し、『梁塵秘抄』にも歌謡が収録されていて、「河内鍋」として著名であった。

(三浦 圭一)

ぐぜいいんりょう 弘誓院領 弘誓院は鳥羽天皇の皇后美福門院の御願寺歓喜光院(永治元年(一一四一)建立)の末寺。永暦元年(一一六〇)美福門院崩御ののち女八条院に、さらに後鳥羽天皇皇女春華門院を経て順徳天皇に伝領し、後鳥羽上皇

所在国郡	名称	特徴	典拠
能登 鳳至郡	町野荘		④⑤⑥
越中 (郡未詳)	四箇荘	一条家領へ	③
越後 沼垂郡	白河荘		①②③④⑤⑥
(郡未詳)	たは荘	道家に伝領されず	①
(同)	小幡余田	同	①
丹波 桑田郡	賀舎荘	佺子→一条家領へ	①②③
同	賀舎荘の内さと	道家に伝領されず	①②
何鹿郡	小幡位田	同	②
多紀郡	多紀荘		④⑤⑥⑦
丹後 丹波郡	丹波荘	一条家領へ	③
但馬 城崎郡	新田荘		④⑥
養父郡	赤崎荘	道家に伝領されず	②
朝来郡	田道荘	同	①②
(郡未詳)	御紙田	同	①②
伯耆 (同)	長田荘	同	②
出雲 出雲郡	林木荘		①②③⑤
同	美淡(談か)荘		⑤
大原郡	末次荘		③④
石見 邇摩郡	大家荘	道家に伝領されず	①②
播磨 神崎郡	田原荘		④⑤⑥⑦
同	蔭山荘		④⑤⑥⑦
多可郡	安田荘		④⑤⑥⑦
美嚢郡	久留美荘		④⑤
佐用郡	佐用荘	④で不管領	③④
同	豊福荘		③
明石郡	神戸荘	同	③④
賀茂郡	厚利荘	佺子→一条家領へ	③
(郡未詳)	赤目荘		④
美作 久米郡	大井新荘	近衛兼経室仁子領	③
備前 児島郡か	小豆島荘		③④⑤
備中 小田郡	駅里荘		②③④⑤⑥
備後 御調郡	御調荘	道家に伝領されず	②
深津郡	坪生荘	一条家領へ	①②③
奴可郡	奴可東条	佺子→一条家領へ	③
(郡未詳)	三条院勅旨		②③④⑤
安芸 山県郡か	大麻荘		④
周防 大島郡	屋代荘	一条家領へ	①②③
(郡未詳)	得地上保		③
紀伊 在田郡	下野荘	道家に伝領されず	①
那賀郡	井上本荘	一条家領へ	③
同	井上新荘		③④⑤
牟婁郡	三栖荘	一条家領へ	③
阿波 麻殖郡	河輪田荘	道家に伝領されず	①②
同	高越寺	④で不管領	③④

所在国郡	名称	特徴	典拠
阿波 那賀郡	大野本荘	一条家領へ	②③
同	大野新荘		②③④⑤
讃岐 寒川郡	富田荘		③
同	神前荘	一条家領へ	③
那珂郡	子松荘		②③④⑤
三野郡	託間荘		③
同	本山荘	一条家領へ	③
香川郡	坂田荘	同	③
同	笠居御厨		③
同	飯田郷		③
鵜足郡	河津荘	一条家領へ	③
刈田郡	朴田荘		③
伊予 和気郡	吉原荘	一条家領へ	③
土佐 幡多郡	幡多郡	同	③
	本荘・大方荘・山田荘・以南荘・加納久礼別符		
安芸郡	安芸荘	④で不管領、二条家領へ	③④
(郡未詳)	片山荘		④⑤
筑前 下座郡	三奈木荘		③
遠賀郡	山鹿荘	④で不管領、二条家領へ	③④
筑後 三毛郡	三毛山門荘	一条家領へ	③
豊後 海部郡	臼杵荘		①②③④⑤
大分郡	戸次荘		①②③④⑤
同	津守荘	道家に伝領されず	①②
肥前 杵島郡	大田荘		①②③⑤
佐嘉郡	与賀荘	佺子→一条家領へ	①②③
彼杵郡	彼杵荘		③④⑤
肥後 益城郡	守富荘	一条家領へ	②③
飽田郡	窪田荘	同	③
日向 児湯郡	平群荘	④で不管領	③④
(国郡未詳)	中村荘		④
(同)	田井荘		④
(同)	湊	④で不管領	④
(同)	西堂	同	④
(同)	高天寺		④

典拠史料
①治承四年五月十一日皇嘉門院譲状
②元久元年四月九条兼実処分状・同年八月九条兼実処分状
③建長二年十一月九条道家惣処分状
④正応六年三月十七日九条忠教文書目録
⑤建武三年八月二十四日九条家当知行地目録案
⑥応永三年十二月二十五日九条経教遺誡
⑦(年月日未詳)九条家領目録案

が管領した。承久の乱ののち、幕府から後高倉院に返上され、貞応元年(一二二二)四月、後堀河天皇は弘誓院領に対する違乱を停め、同院に院領を保証した(『随心院文書』乾)。翌二年五月後高倉院の第二女安嘉門院の所領となり、弘安六年(一二八三)安嘉門院薨後、亀山上皇の努力でその管領に帰し、女昭慶門院の所領となった。やがて弘誓院領は本寺歓喜光院の所領とともに大覚寺統の所領となった。承久の乱後に幕府が後高倉院に返上した時の目録では、弘誓院領八ヵ所とあるが(『大日本史料』四ノ一六所収『三宝院文書』)、『昭慶門院御領目録』では六ヵ所にすぎない。別表(一九七頁)参照。　(奥野　高広)

くぜのしょう　久世荘　山城国乙訓郡の荘園。『和名類聚抄』の「訓世郷」の地。現在の京都市南区の桂川右岸の地域にあたる。平安時代から鎌倉時代にかけて、土地開発の進展とともに、この地も漸次細分化されて、上久世荘・下久世荘・東久世荘(築山荘)・本久世荘(大藪荘)の各荘が成立したものと考えられる。このうち久世上下荘は、鎌倉時代には得宗領であったが、幕府滅亡後いちじ久我家領となり、建武三年(一三三六)七月一日、足利尊氏は「天下泰平、国家安寧」を祈って、その地頭職を東寺鎮守八幡宮に寄進した。かくして南北朝時代以降、東寺支配下の荘園のうちでも、最も重要な役割を果たす久世上下荘が、東寺領の荘園として出発することになるのである。上久

世荘は、畿内荘園としては比較的数少ない一円性荘園であって、約六十町の田畠が完全に地頭職を有する東寺の支配を受けた。毎年の所定の年貢高は二百二十八石余で、公事銭が三十貫余であった。以上が東寺の上久世荘に対する賦課の主なものであるが、これ以外に、人夫役と藁および糠といった雑公事も課された。これに対して下久世荘は、畿内荘園に一般的にみられる散在性荘園であって、田地総面積六十八町余のうち、㈠地頭職を有する東寺が直接支配をする東寺本田が十一町余、㈡東寺が地頭加地子を徴収しうる諸本所領が二十七町、㈢全く東寺の支配を受けない他本所領が二十九町余あった。そして㈢のうちには四町七段の久我家領から、一段の大原野田に至る二十の本所領に分割されている。このほかに畠として、本畠五町余・加徴畠五町余、合わせて十町余があった。これに対する毎年の東寺への所定の年貢米は五十九石余で、公事銭は十五貫余であった。この両荘は、東寺膝下荘園のうちでも、最も支配の徹底した荘園であって、東寺の任命する公文・下司が荘民を代表するとともに、また忠実に東寺の命令を執行した。しかしながら室町時代中期以降になると、年貢減免を中心とした「荘家の一揆」もみられ、また「土一揆」の動きも活潑であった。応仁・文明の乱に際しては、いちじ畠山義就に席捲されたこともあるが、乱後再び東寺の支配に復した。しかしこのころになると、ようやく武家の侵略がはげしくなり、大永年間(一五二一—二八)になると、東寺の支配の実態はほとんどなくなり、天正十三年(一五八五)三月十日、久世上下荘は他の山城国内の東寺領荘園とともに、豊臣秀吉の安堵を受けるが、これを最後に東寺の手をはなれてしまうのである。この久世上下荘のほかに、平安・鎌倉時代には、安楽寿院領久世荘という名がみられるが、これはのちに久我家を領家とする東久世荘・本久世荘にあたるものであろう。また鎌倉時代には、九条家領あるいは一条家領の久世荘もみられるが、これはのちの下久世荘の他本所領のうちにみえる九条殿領(九段余)・一条殿領(一町二段)に及ぶものと考えられる。

(上島　有)

久 世 荘

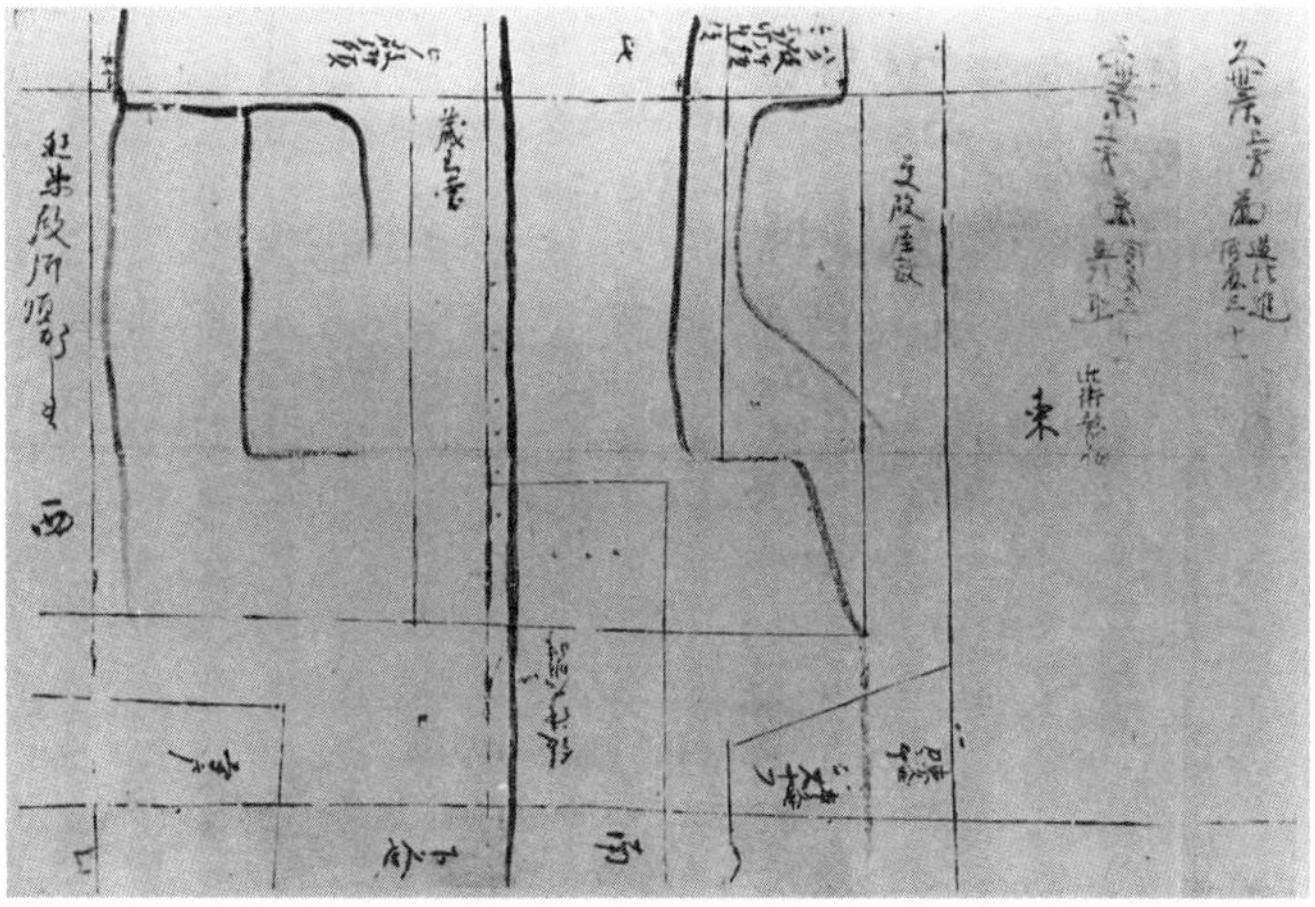

山城国上久世庄図(暦応３年10月１日)

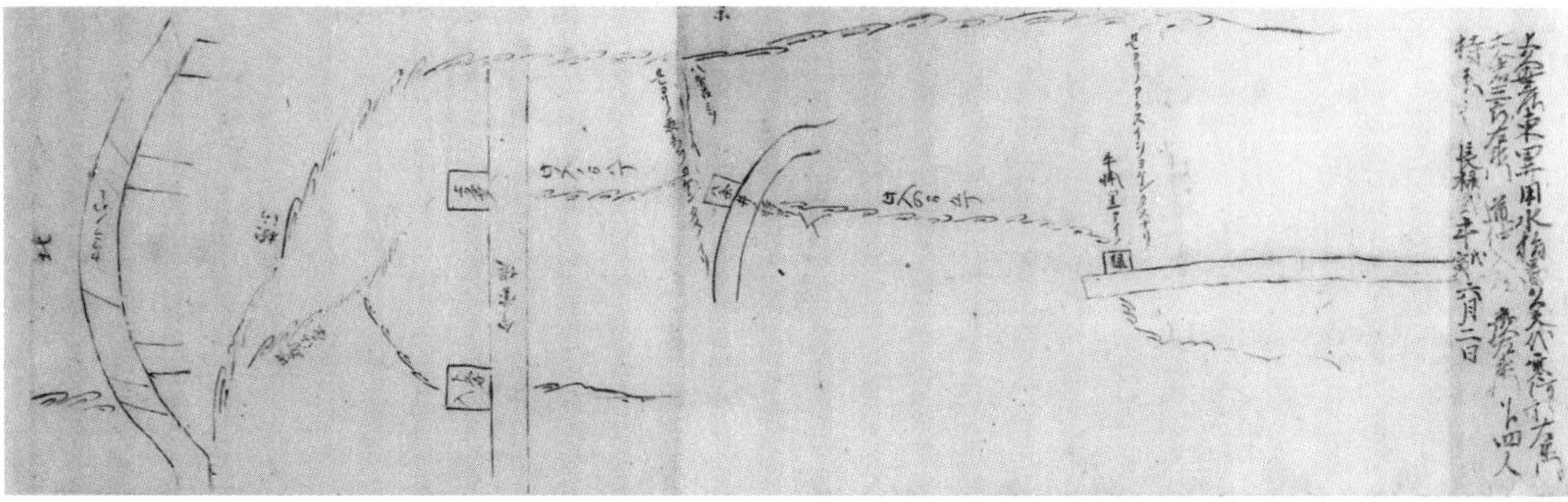

東寺領山城国上久世庄東田井用水指図(長禄２年６月２日)

くそおきのしょう　糞置荘　越前国足羽郡の荘園。現在の福井市二上・帆谷・太田町にあったとされる。東大寺領。天平宝字三年(七五九)と天平神護二年(七六六)の年次を異なる二幀の開田図が現存し(『東大寺文書』四)、前者で開田二町五段三百十六歩、未開田十二町五段二百八十八歩、後者で開田四町二段十一歩、未開田十一町六段二百五十七歩の寺田が知られる。天暦五年(九五一)の足羽郡庁牒によれば、糞置荘は「曾所不聞也」と記され、平安時代中期にはすでに荒廃がはなはだしかったようで

ある。

(亀田 隆之)

くだらのしょう 百済荘 大和国十市郡・広瀬郡・高市郡の荘園。現在の奈良県北葛城郡広陵町付近。多武峯領。談山神社文書では、戦国時代にみえる。また同文書には年紀未詳であるが室町時代作成と推定される差図がある。十市郡十七条四里、広瀬郡十八条―二十二条、高市郡二十二条三里にわたって二百七十三坪を記載し、一部に坪名を記し、百済寺・唐楽寺・蓮光寺など寺名も記されている。差図には荘園面積の記入はないが、天正ごろと推定される多武峯寺領注文案(同文書)には、「百済方田畠屋敷分」として百十六町八段余が記されている。なお多武峯領とは別に広瀬郡には興福寺一乗院領の百済荘があり、応永六年(一三九九)の面積は十一町三段大、また同大乗院領の蓮光寺(面積二町三段大)もあった(興福寺造営料大和国八郡段米田数注進状、春日神社文書)。

(熱田 公)

くちだのしょう 椋田荘 ⇨くぼたのしょう

くちまい 口米 本年貢のほかに加徴された一種の付加米。本年貢の減損を補填したり荘官などの得分にあてられたりする性質を持ったものと考えられる。始源は明らかでないが、鎌倉時代末期の史料には「口籾」の名称で出現する。すなわち正和四年(一三一五)二月十五日『陸奥国好島浦田検注目録』に、本田二町六段余に対し、年貢「帖絹二疋四丈」が記載されているほかに段別一斗五升五合の口籾の割当がみられ、また元徳元年(一三二九)の大神宮領伊勢国安東郡専当沙汰文によると、「本御田」の負担として段別一石の「宮中正供用」に加えて、正供一石に四斗の割合で口籾が課された例を知りうる。後者の場合口籾は「出納鎰取」や「物忌」の得分ならびに公文所への納入分にあてられている。より後代の事例では、『大徳寺文書』所収の明応二年(一四九三)正月晦日付『養徳院領田地并地子帳』の記載に、年貢一石に五升の割合で「口之米」を負担する田地、あるいは地子百文に対し五文の「口之銭」を課される敷地のあったことがみえる。口銭は口米の銭納化したものである。このほか名称は違っても同性質の付加米は中世を通じて普遍的に見られるが、降って太閤検地により貢租賦課体系が統一的に整備

糞置荘

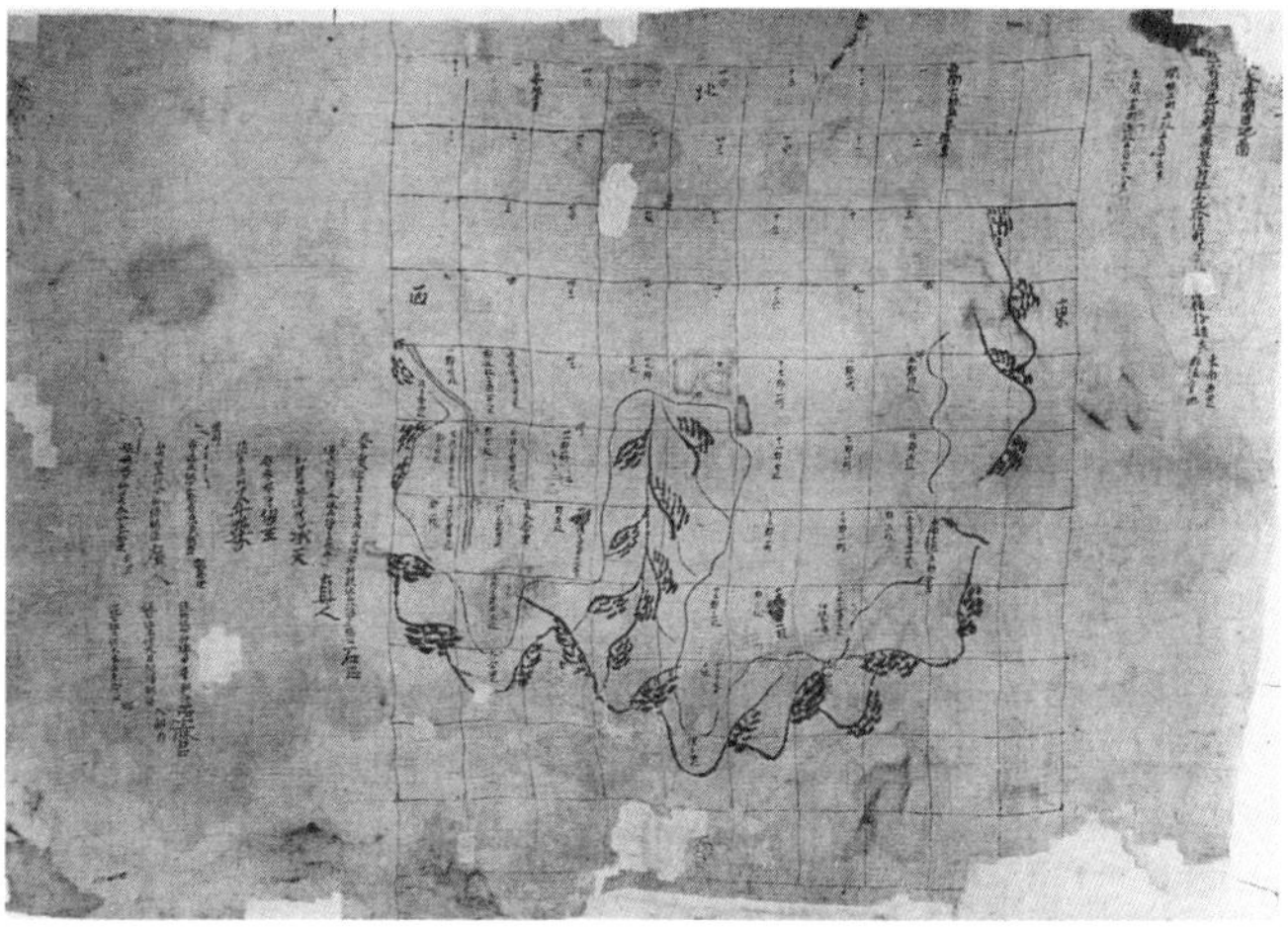

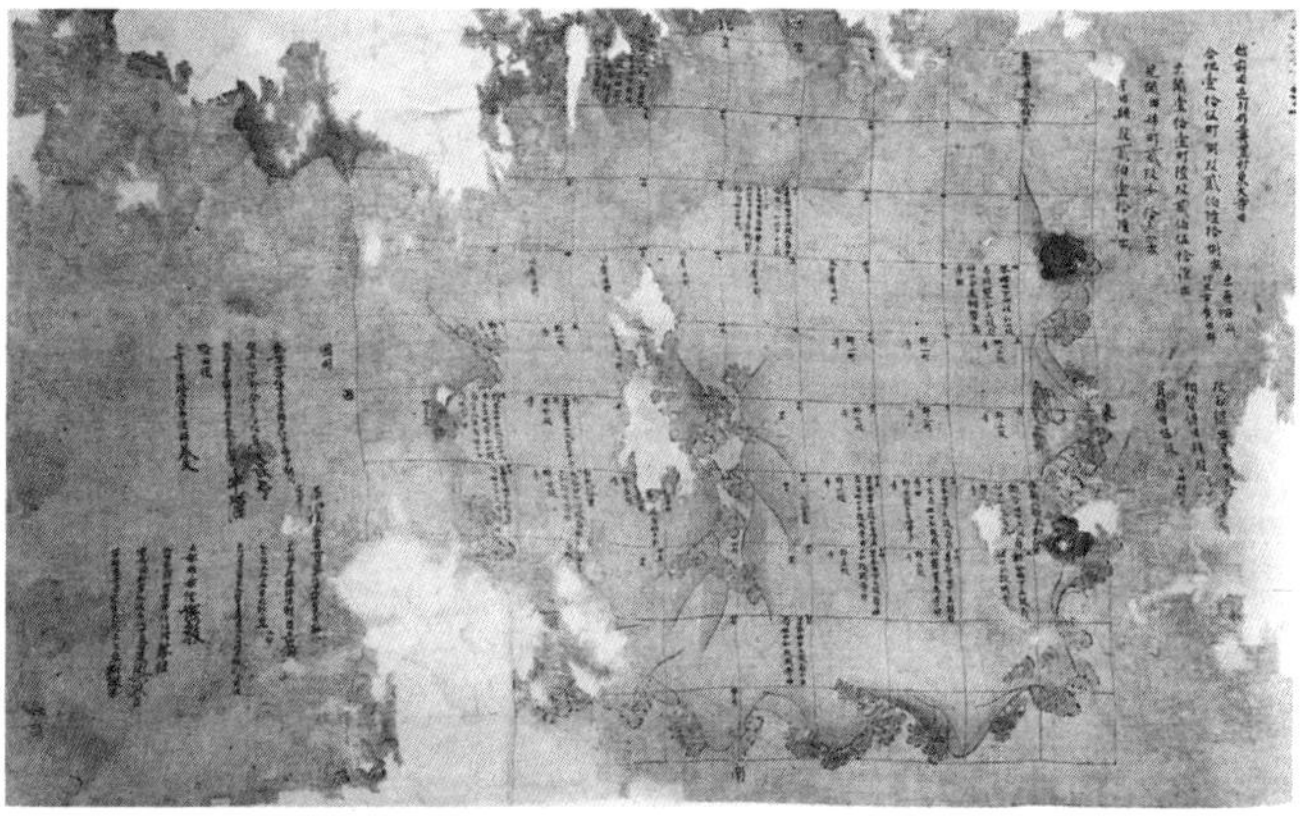

(上)越前国足羽郡糞置村開田地図(天平宝字3年12月3日)
(下)越前国足羽郡糞置村開田地図(天平神護2年10月21日)

百済荘

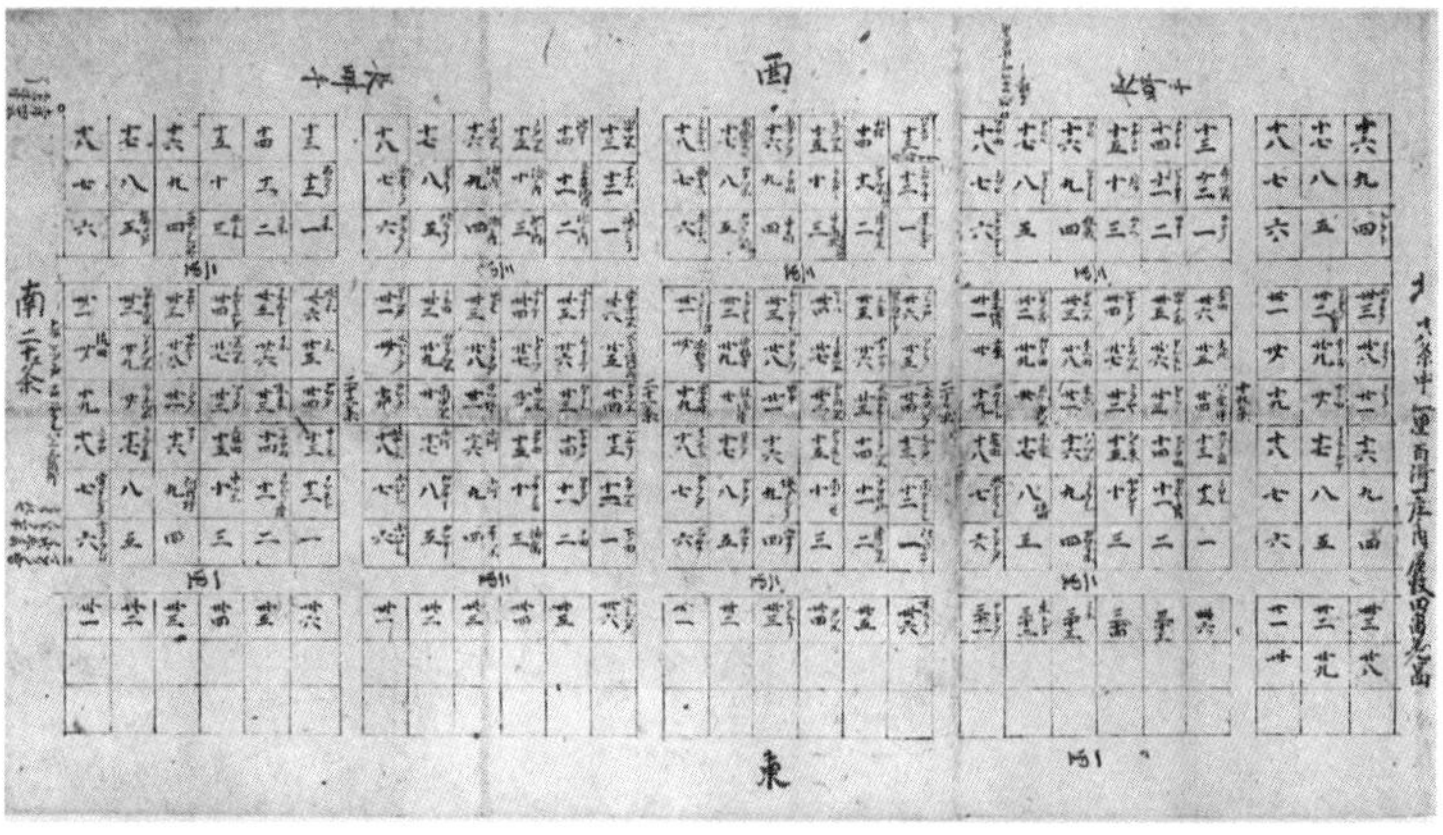

百済一庄之内屋敷田畠差図

されるに及び、口米についても「一口米之事壱石に付而弐升之外別に役米有之間敷事」と規定されるに至った。これは中世的な雑多な付加米を整理し定率の口米一本に改めたもので、税制上の重要な変革を示すものである。

(須磨　千穎)

くちめせん　口目銭　⇩目銭《めせん》

くちもみ　口籾　⇩口米《くちまい》

くつきのしょう　朽木荘　近江国高島郡の荘園。現在の滋賀県高島郡朽木村が、ほぼ荘域にあたるものと考えられる。史料的初見は長保三年(一〇〇一)六月二十六日付平惟仲施入状案である。このとき、同荘は平惟仲によって白川寺喜多院に施入されたのであるが、その後の伝領については明らかでない。ただ、正安元年(一二九九)には二位法印源舜が、文保元年(一三一七)には梅小路重氏が領家職を持っていたことが明らかとなるのみである。一方、地頭職は近江源氏佐々木氏の一族信綱(近江守)が「承久勲功」として、同荘の地頭職を拝領し、義綱に至り朽木氏を称して以来、戦国時代の末まで、一貫して朽木氏が伝領した。本荘は山間部の荘園であり荘内からは多くの材木を産したが、一方若狭・近江・山城を結ぶ交通の要衝に位置していた関係で、地頭朽木氏は関所や市場支配にも関係し、流通路の支配をも、その経済的基盤に組み入れていた。

(黒川　直則)

弘誓院領

弘誓院領一覧

所在国郡	名称	成立年次	特徴	典拠
河内　石川郡	一志賀荘	久寿二年	式内社壱須賀神社鎮座	随心院文書・昭慶門院御領目録・明月記
摂津　西成郡	富島荘	同	のち興善院領	随心院文書
島下郡	三島荘	同	年貢千疋、西大寺領	随心院文書・昭慶門院御領目録・西大寺文書
同	石井荘	安元二年二月	もと摂関家領、柳津(武庫)川にそう荘園	山科家古文書・長秋記・随心院文書・昭慶門院御領目録
丹後　丹波郡	周枳(枳)荘	久寿二年	昭慶門院御領目録は丹波国とする	随心院文書・昭慶門院御領目録・丹後国諸庄郷保総田数帳目録
播磨　宍粟郡	三方荘	同	式内社御形神社鎮座	随心院文書・昭慶門院御領目録
揖保郡	藤三位荘	同	余戸郷に所在	随心院文書
淡路　三原郡	掃守荘	同		随心院文書・昭慶門院御領目録・淡路国大田文

くつなのしょう　忽那荘　伊予国風早郡忽那島の荘園。現在の愛媛県温泉郡中島町にあった。天平十九年(七四七)の『法隆寺伽藍縁起幷流記資財帳』によると、同島に法隆寺の庄があり、『延喜式』兵部省、『三代実録』には牛馬の牧場があり、貢物に牛馬を用いた旨を伝えている。後者によると、牛馬が繁殖し農耕に被害を及ぼすので、これらを売却するよう願い出て許可された。『島田文書』によると、平安時代末期に長講堂領が存在しているが、その成立については開発領主の裔の藤原(後世忽那と改姓)俊平が所領を後白河院に寄進したのに始まる。本家は後白河院、領家は長講堂。また俊平は武藤荘＝東荘、松吉荘＝西荘を開発し、前者を俊平の子兼平に、後者を兼平の弟家平に継承させた。その子孫は長講堂領をも侵犯したので、その間に紛争が繰り返され、たびたび鎌倉幕府に訴えられた。幕府の滅亡後、忽那氏の隆盛時代を迎えたので、長講堂領の実権は同氏の掌握するところとなった。『長講堂目六』によると応永十四年(一四〇七)に同島に荘が残存しているけれども、その後の状況は不明である。

(景浦　勉)

くでん　公田　⇩こうでん

くどくでん　功徳田　功徳田として知られるものには、『延喜式』主税寮にみえる船瀬《ふなせ》功徳田《くどくでん》しかなく、この「船瀬」がどこか特定の船瀬(船の碇泊地)を指すのかどうか不明であるが(九条家冊子本中右記裏文書『摂津国租帳』にみえていることが参考となろう)、これの維持経費を支弁するための財源として設定された。これに類したものとして造船瀬料田というものも同主税寮にみえる(前掲『摂津国租帳』に「船瀬料田」とあり)。功徳という語が梵語 guṇa の訳で善行の報いとしての福徳を意味する仏教の用語であり、また僧による善行が具体的には公益の土木事業の形をとることが多かった点から判断して、功徳田とは一般に公益土木事業のための財源として設定された田であろうと思われる。不輸租田であるが、その経営は賃租方式で、その地子稲を以て支出にあてたと考えられる。

(虎尾　俊哉)

くにけんでんし　国検田使　平安時代、国司が、国内の農地の検田のために、派遣した使者。田地の熟不・退転・面積・品位・境界・作人などを調査し、地子を定めた。荘園領主が荘園に派遣した検田使もあった。国や郡に検田所が置かれ、国検田使は、郡司とともに、検田を行なった。古代では、諸道巡察使が検田にあたっていた。国検田使は検田を行い、検田結果に基づき、国検田帳を作成した。国司の代ごとに検田を行なった。国司は税の確保のため、荘園にも、国検田使を入れて検田をし、開発田の摘発、収公を行なった。当時は農地の状態が不安定であり、たびたびの荘園整理令によって、検田は強化され、荘園領主との対立が頻発した。荘園領主は、荘園の安定性を確保するために、国検田使を荘園に入部させない不入権の確立をめざした。

(海老澤美基)

くにけんでんちょう　国検田帳　平安時代、国検田使が検田した結果を記した帳簿。検注帳の一種。国検田使は、国司の命によって、国内の農地の検田を行なった後、国検田帳を作成した。一筆ごとに面積、所在地、耕地の状態、作人、境界などを記し、末尾に作成日時を書き、責任者が署名した。くわしいものには朱で、一筆ごとに、

注記のあるものもあった。国検田丸帳とも呼ばれた。国検田帳をまとめた国検田目録も作成された。国検田目録には、惣田数、仏神田、荒不田、荘官給などの除田、定田を記した。田図も作成された。天治三年（一一二六）の「伊賀国名張郡国検田目録」が残っている（『平安遺文』五巻二〇五八号）。 （海老澤美基）

くにこうえきのきぬ　国交易絹　平安時代の臨時雑役のひとつ。十世紀律令制の租税体系は、官物と臨時雑役に移行した。農民に対して、賦課された恒例・臨時の課役である臨時雑役には、雑徭の系譜を引く物が多いが、交易物系の物もあった。交易物とは、調庸制の衰退後、中央の需要に応じて、諸国が正税を財源として、調庸相当物を交易して入手し、進上したものである。国交易絹については、寛弘三年（一〇〇六）の「大和国弘福寺牒」に、国検田使が弘福寺領の荘田を収公した際、段米と共に賦課され、勘責されたが、弘福寺側が大和国衙に免除を求め、許可された例がある（『平安遺文』二巻四四四号）。他には承平五年（九三五）東寺領丹波国大山荘に賦課された官交易糸絹、調沽買絹などがある（『平安遺文』一巻二四五号）。十一世紀半ばに、臨時雑役の中の交易物系課役は、公田官物率法の成立により、消滅した。 （海老澤美基）

くにざっしょう　国雑掌　律令国司制のもと、国司の監察制度として毎年政務報告や貢納物輸送のため上京していた朝集使・大帳使・税帳使・貢朝使（四度使）の雑掌を起源とする。四度使雑掌は国司受領化の傾向と相まって四度使にかわって、公文を中心とするその職務を果たすようになった。十一世紀以降に彼らは国雑掌として史料上に現れると同時に、その職務もかつての四度使雑掌と比して拡大した。その職務は、所当官物や雑役、納官封家済物などの徴収と納入に関する事務を扱った。国雑掌は史料上「某成安」と称したのが特徴であり、これは「案を成す」の意と考えられている。国雑掌には、おもに下級官人が起用され、在京することが多かった。なお、国雑掌はおもに十一世紀～十二世紀の史料上に多く登場するが、鎌倉期以降にも活発に活動していたことが指摘されている。 （守田　逸人）

くにじち　国質　中世後期から近世初頭にかけて市場法などに喧嘩口論などと同じく禁止条項として多くあらわれる語。この語は、債権・債務関係において、債務者が債権者の負債返還要求に応じない場合、債権者が、その損害賠償を求めて、他国人である債務者の代りに債務者の同国人または同国人の動産を質取する（私的に差し押える）行為を意味する。『日葡辞書』の質の項には、国質・所質「ある国、または、土地の債務者や殺害者などの代わりに、その国や土地から取る人質」とある。同様の質取行為には、債権者の質取対象となる債務者の帰属集団の相違により、郷質・所質・荘質・方質・村質などが存在した。これらの質取行為は、「世間の法」と呼ばれるごとく、在地における慣習法として当時社会的に容認されていた行為で、国質・郷質などの語の出現は、守護領国・郷村共同体の成立との関係からいって南北朝時代をさかのぼらないが、その淵源はきわめて古いものであることが想定される。未開社会における他氏族員に対する氏族の一成員の債権や債務が、その所属する氏族の債権・債務であり、そして同時にその氏族の全成員の債権・債務であるという関係は、民族学の調査などにより多く報告されている。さらにこの国質にみられる個人対個人の関係として設定された債権・債務関係が、個人対集団、集団対集団の関係に転化するという関係は、決して債権・債務関係にとどまるものではない。ある個人がなんらかの被害を他の集団の成員より蒙った場合、その被害者の所属する集団（国・郷など）は、それを自己の集団全体に対する攻撃とみなし、その加害者または、その加害者の属する集団（国・郷など）の成員に対して、単にその成員であるという根拠により報復を行うことが、中世社会において通常の行為として存在した。『塵芥集』（百三十条・百三十一条）には、伊達氏分国の者が他国人に対し、また他国人が伊達氏分国内の者に対し、殺害・刃傷を行なった場合の処置を定めているが、ここでは、加害者と同国人で、たまたま直ちに報復可能なその被害者の属する国に居あわせたという理由だけで、事件に全く無関係な第三者が報復の対象となって殺害されるという状況が前提とされている。このように本来的には、氏族の一成員による犯罪、氏族の一成員に対する犯罪が、それぞれその所属する氏族による犯罪、その氏族に対する犯罪とみなされるという原始的観念と思われる観念が、荘・郷・国などの社会結合体の相互関係にまで、変質しつつも拡大再生産されているという事実は、わが国の中世社会における個人と共同体、諸共同体の相互関係、さらにはそれらによって規定される社会の体質を考えるうえで注目される。次に国質という社会的に容認された慣習と幕府・大名などの上部権力の法との関係であるが、上部権力がこれを禁止するのは、まず市場の平和の維持のための市場法である点注目されるが、中世においては一般的には、分国法（『今川仮名目録』『塵芥集』など）においても権力との関係において制限されつつも、全面的禁止には至っていない。国質を単に、債権者が債務を返済しない債務者の財産を私的に差し押える行為と見たり、市場の秩序維持に重点をおいて見たりする従来の評価は、当たらない。　↓高質《こうじち》　↓郷質《ごうじち》　↓所質《ところじち》 （勝俣　鎮夫）

くにじとう　国地頭　文治元年（一一八五）十一月末、源頼朝が後白河法皇に要求して承認されたいわゆる文治の守護・地頭の設置の際の地頭の一類型。昭和三十五年（一九六〇）、石母田正によってはじめて提唱された概念で、個々の荘園・郷・保におかれた荘郷地頭職とは区別され、国ごとに設置されて何らかの形で一国を知行の対象とする地頭職を意味し、その内容として各国の荘園・公領平均に段別五升の兵粮米を徴収する権利を主とし、同時に賦課対象となる荘公の田地に対しても検注権をふくむ文

配権を行使するものとされている。その直接の前提となったのは文治元年十一月初め、源義経・行家が後白河法皇にせまって九州・四国諸国の兵粮米徴収権と荘園・公領の沙汰権、国衙組織の支配権を内容とする九州・四国地頭職に任命させたことにあるが、より一般化していえば国務が知行の対象となり、一国の官物が多くの得分権保持者の間で分割されるようになった知行国の段階ではじめて成立した制度であるといえる。ほぼ以上のような石母田の主張は研究史上画期的なものであり、学界にかなりの支持者を獲得したが、兵粮米の徴収停止に伴って国地頭が早く衰頽したため関係史料のきわめて乏しいこともあって、国地頭と荘郷地頭との関連、一国惣追捕使(守護)と国地頭との関係、国地頭の消滅と転化の過程などまだ解明されていない問題点を多く残している。

(石井　進)

くにしゅう　国衆　⇩国人《こくじん》

くにつくだ　国佃　平安時代後期、国衙領の中に設定された国衙直領のうち、国司として経営する佃。国作佃ともいう。一般の公領や在庁名とは区別された国司の直領であり、国司の収入源とされた。古くは、永延二年(九八八)の尾張国郡司百姓等解文に「子弟郎等到着之初、交替之日、不漏一烟、以令預作佃満国内」とある佃がこれと同様のものと思われ、国司藤原元命の着任当初から国司として経営する佃が存在し、百姓らに預作させていたことがわかる。仁安元年(一一六六)ごろの飛騨国大田文には、各郡・郷・名等に庁分佃・郡郷司佃等と共に国佃が割り付けられており、これらに在庁給を合わせて国衙直領が構成されていたことが推定される。これら国衙直領は目代によって管理され、平安時代末期から鎌倉時代には、庁分佃や、やはり国衙在庁の直領である御館分田などとともに、有力在庁に支配されることとなった。

(糟谷優美子)

くにとみのしょう　国富荘　㈠日向国宮崎郡国富本郷の荘園。現在の宮崎市大淀川南方を中心とする地域。平安時代末期に八条院領として成立。平氏政権下では平頼盛の荘務下にあった。建久八年(一一九七)の『日向国図田帳』によると河北の那珂郡・児湯郡にも拡大し、河南十一郷、河北十郷にまたがる、一円荘千三百八十二町、半不輸の寄郡百二十町という、現在の宮崎市・宮崎郡佐土原町・西都市にまたがる日向国の中心部を占める大荘園となっている。『日向記』によると京進の納所一万六千貫といわれる。建久のころは土持太郎宣綱が、日下部盛平の養子として譲与をうけ、地頭になっていた。その後領主権は後鳥羽院・亀山院などを経て後醍醐天皇に伝えられ、建武中興の功として足利尊氏に与えられた。尊氏は建武二年(一三三五)三月同荘石崎郷地頭職を、北条高時の菩提のため丹波光福寺(安国寺)に寄進、さらに暦応三年(一三四〇)六月には、阿波那賀山荘とともに国富荘を天竜寺に、七月には同荘内の田嶋郷を山城国物集女荘の替として大光明寺に寄進した。しかし建武三年以降、同荘内太田城が南軍の伊東祐広や肝付兼重の拠点となるなど、合戦と在地勢力による押領によって次第に退転していった。荘名所出文書の下限は貞治元年(一三六二)十二月である。荘域の地は鎌倉時代は土持氏の基盤であったが、南北朝時代以降は伊東氏の根拠地となった。さらに江戸時代には、島津氏庶流佐土原藩の中心地となる。

参考文献　日高次吉編『日向国荘園史料』一(『九州荘園史料叢書』六)

(工藤　敬一)

㈡若狭国遠敷郡の荘園。現在の福井県小浜市の内、旧国富村を中心とする地域。吉原安富の仮名で国富郷を私領とした官務小槻隆職は、永万元年(一一六五)若狭国司庁宣を得て、これを官御祈願米・造八省米・法花会料米・官厨家納絹代を弁済する便補保とした。隆職はさらに功力を入れ、開発に努め、建久六年(一一九五)犬熊野浦を含むこの保を官符によって国富荘とし、以後、荘は小槻氏が代々領家職を相伝する官務家領となる。荘には御家人国富氏もいたが、地頭職は建久七年まで稲庭時貞(下司か)、以後、若狭氏から伊賀氏に変わり、承元元年(一二〇七)、建保四年(一二一六)の相論を通じて、弘安元年(一二七八)伊賀光政のとき領家との和与中分が成立した。このころ年貢の一部は日吉社二宮、同十禅師、法光明院(小槻国治建立)にさかれ、本家は浄金剛院、近隣の松林寺も田畠を一部管領している。元亨以前に得宗領となった地頭職は、元弘三年(一三三三)一旦小槻匡遠に与えられたが、暦応年間(一三三八―四二)太子堂(速成就院)に付され、延徳二年(一四九〇)までは変わっていない。小槻氏の伝領した領家職は南北朝時代、守護一色氏の違乱により半済、永徳元年(一三八一)旧に復するが、応永十六年(一四〇九)ごろ守護代三方氏に半済され、守護武田氏の時代、半済は固定化する。永正十六年(一五一九)幕府が守護の妨げを退け、小槻氏の相伝領知を認めたのを最後に、所見がなくなる。

(網野　善彦)

㈢越前国坂井郡の荘園。史料に鯖田国富庄とみえ、福井県坂井郡春江町中筋・寄安および福井市旧森田地区に比定される東大寺領の初期荘園で、後世分立する。天平宝字元年(七五七)坂井郡司品治部公広耳が寄進した田地百町を基礎として成立。長徳四年(九九八)の東大寺領諸国庄家田地目録(『東南院文書』)にも「坂井郡国富大庄田卌七町七段卌歩、同郡国富小庄田卌七町一段百八十歩」とみえるが、すでに荒廃して、これを最後に史料からも消える。

(松原　信之)

くにとものしょう　国友荘　近江国坂田郡の荘園。現在の滋賀県長浜市国友町を中心に、今・小沢・下之郷町一帯に比定される。建永元年(一二〇六)の慈円の「大懺法院条々起請事」に、桜下門跡領荘園の基本とあり、藤原通憲の孫聖覚が伝領ののち慈円領となったことがみえる。一方建長五年(一二五三)の『近衛家所領目録』にも、近衛家が荘務権を有しない荘園の一つとして国友荘がみえ、高陽院が荘号をたてたとあるが、両者の関係は明らかで

ない。（髙橋　昌明）

くにのげよう　国下用　南北朝時代の荘園において、荘園領主側の代官・荘官などが在地において支出した必要経費、特にその国の守護大名との関係によって生じたさまざまの支出をいう。荘官らが荘園領主に対して年貢を送付するにあたって、収納支出の明細を年貢散用状などによって報告するが、その中で、守護から賦課された兵粮米・段銭・守護夫役・矢銭などの納入分、納入に際しての運搬を担当した百姓の粮米・食料など、さらには負担の軽減その他を計る交渉に要した一献料・酒肴代などの経費などの一切を、この項目でまとめて計上し、年貢納入分より差し引いて報告した。東寺領の若狭国太良荘・丹波国大山荘・播磨国矢野荘などの史料（『東寺文書』『教王護国寺文書』）にその例が多く見出されるが、一般に南北朝時代の中期においては収納予定額の一〇％をこえる事実があり、応安年代（一三六八―七五）以降に入ると五％以下に減少しさらに固定化する傾向が見出せる。この実際の支出をめぐって、荘園領主・代官層・百姓が、それぞれ自分に有利に他に転嫁しようと策動する例も見出せる。（福田以久生）

くにのじゅうにん　国住人　平安時代末期から鎌倉時代にかけて、諸国に本拠をかまえて居住する有勢者を国ごとに示す呼称。『吾妻鏡』に「相模国住人大庭三郎景親」「近江国住人佐々木源三秀義」「伊勢国住人伊藤武者次郎」「伊予国住人河野四郎越智通清」などとみえる治承・寿永内乱期の武士らは、その典型的存在である。律令地方行政のもとでは、「国住人」の名称はなかったが、平安時代中期の摂関時代になると、公家日記などで地方在住者を「国人」と称することが一般化し、またそれとならんで国単位で「住人」の用語を使う場合もあらわれてくる。中央の史料によるかぎりでは、当時の「国人」「住人」は、中央と直接に関係する地域の上層であることが多い。地方の立場に近い軍記物でも、『陸奥話記』では前九年の役で活躍する武士を相模や出羽の「国人」と称し、『奥州後三年記』に至って、出羽・参河・相模の「国の住人」が登場するようになる。これに対して、在地有勢者と直面する大宰府や諸国衙では、中央に先んじて管轄する国郡支配地域の主要構成員を「住人」として認知しており、十一世紀初頭に大宰府が刀伊襲来の軍功ある武士として、筑前国志麻・怡土両郡の「住人」を中央へ注進したように（『小右記』）、公文書に国郡住人の名称を用いていた。摂関時代には、これら国郡の住人勢力の伸張によって、国衙・荘園支配の中世的転換と再編成が進み、国内の郡・郷・保・別名・荘・牧・杣・御厨・御園など、さまざまな領域・所領の「住人」が史料の文面に登場し、院政時代における中世社会成立の下からの推進力になった。保元・平治から治承・寿永に及ぶ内乱期に、国郡を越えて政治的、社会的行動を展開した武家領主その他の在地勢力が「国住人」の主体であるが、その中から鎌倉時代の公武政権を支え、公領荘園の「住人百姓等」を支配する地頭級在地領主層が発展する。（戸田　芳実）

くにのじょう　国定　㈠収納した荘園年貢を現地で荘斗あるいは国斗で計量し確定した年貢額。したがって、ここから現地での経費や輸送・保管の費用を差し引いた残りが、正米（京定）となる。文永六年（一二六九）十一月七日の若狭国太良荘米散用状によると、国定九十三石七斗一升に対して、正米一石あたり二斗二升の雑用が差し引かれ、京定（正米）七十六石七斗三升が京着する。さらにここから歓喜寿院修二月料十石が納められた残りが、寺斗で計量し直される。寺斗は荘斗より小さく、荘斗一斗が寺斗では一斗一升八合五夕となる（斗出。ただしこの斗出率は一様ではない）ので、計量し直された額（延定）は七十九石七升五合となり、これが東寺において配分されることになる。㈡国司の交替に際して、公的私的な事柄を問わず前司からの指示を指す用語。またはその国毎の先例。国例。（糟谷優美子）

くにます　国枡　⇩国斗《こくと》

くにゅうけしょ　口入請所　鎌倉時代の地頭請所のうち、幕府が荘園領主に地頭請所となすよう申し入れ（口入）をすることによって成立したものをいう。幕府が地頭に対する恩賞として与えたもので、例えば、建久三年（一一九二）相模国吉田荘地頭職は、幕府が領家円満院に申請して請所とし渋谷某に与えられている（『吾妻鏡』）。地頭請所には、他に地頭自身が領家や国司と契約して成立する私契約請所があるが、口入請所はそれに先行する形態で、その多くが十二世紀末頃までには成立したとみられる。私契約請所の場合その任免権はあくまで本所側にあり、地頭が契約通りの請料を納めない場合は、本所の進止によって請所を解約することができたが、いわゆる「関東御口入之地」である口入請所に対しては、幕府は一貫して解約させない保護政策をとり続けた。また、恩賞地や相伝の私領と同様に、口入請所も売買質入れを禁止し、非御家人・凡下に請所権の移ることも禁じた。（糟谷優美子）

くにん　公人　中世において公権を有する組織に属し、公的任務にたずさわる下級の職員。鎌倉・室町幕府における公人、東大寺など寺院権門における公人のほかに、朝廷や院に所属する六位以下の下級官人、国衙の職掌人・雑色などを公人と呼んだ。㈠鎌倉・室町両幕府では、政所・問注所・侍所などの下級役人を公人とよんだ。『武家名目抄』職名部八下は、「其身卑賤ながら公方の禄を食するものなれば、しかよびて私人にわかちしなり」と説明している。下級役人といってもその階層は広い範囲を含み、鎌倉時代には政所・問注所の寄人も公人とよばれたが、室町時代には一般に、営中の雑用や走り使いを勤める政所や侍所の下部《しもべ》の呼称となった。『貞丈雑記』に「公人朝夕人《ちょうじゃくにん》」の項を設け、「公人も朝夕人も公事の時、政所にてこまづかひする役人也」と説いているのは後者である。この場合には多く姓

を記されず、卑賤な職とみなされていたことがわかる。『伊勢守貞忠亭御成記』や『三好筑前守義長朝臣亭御成之記』には、「御厩者・御輿舁・御牛飼」などと併記されている。　（福田　豊彦）

㈡東大寺・興福寺・延暦寺・東寺・金剛峯寺などの寺院権門に所属する下級の中綱・小綱・専当・堂童子・仕丁などの下所司を公人と称した。史料上鎌倉時代からみえ始め、荘園の年貢・公事の徴収、未進の譴責、一国平均役の徴収（興福寺）、検断、使者、その他の雑役に従事した。公人は集団として座的構成を有し、血縁関係で結ばれ、寺辺に居住し、他の郷民と異なり課役を免除された。その経済的基盤は給田などよりもむしろ検断料や使節料・節供料など各種の下行物であったと思われる。なお、東大寺・興福寺・延暦寺などの公人は近世においても権限を縮小し、存続した。　（稲葉　伸道）

くぶんでん　口分田　班田収授の法において、戸口数に応じて戸（郷戸、ただし房戸制の存続期間中は房戸）を単位として班給された田。輸租田。良人の男は二段、女はその三分の二にあたる一段百二十歩、奴は良男の三分の一にあたる二百四十歩、婢はその三分の二にあたる百六十歩（一段は現在のおよそ三百六十坪、一一八八平方メートル）が法定の班給額であったが（ただし官戸・公奴婢は良人と同額で不輸租田）、実際には国ごとにこれより低い基準額を定めて班給する（郷土法）という方法がとられる場合が多かったと見られる。また易田《えきでん》（地味がやせて隔年にしか耕作できない田）は倍給される定めであったが、これは平安時代初頭に一部の国で特例的に実施されたにすぎない。口分田の年齢上の受給資格は、『浄御原令』では全く制限がなかったと考えられるが、『大宝令』以後は六歳以上とされ、養老七年（七二三）には奴婢に限って十二歳以上と改められた。口分田には水田をあて、その戸の本貫のなるべく居宅に近いところに、地味その他の耕作条件を勘案して分散的に班給するのを原則としたが、水田の不足する地方では、他の郡郷で班給することも認められていた。たとえば京内の戸の口分田や後進開発地に存する口分田などにその実例が認められるが、そのほか、水田の不足する山城・阿波の両国では陸田をも交えて班給し、志摩国の分は伊勢・尾張の両国で班給することも例外的に認められていた。口分田の割替えは六年ごとの班年に行われたが（洪水で流失した場合などには直ちに乗田を以て代給）、その割替えは全面的に行われたのではなく、死亡者や新規受田者の存する戸の口分田だけを部分的に収授した。そのために各戸の保有する口分田は班田を繰返すごとに一層分散的な形態（耕地の側に即していえば錯圃形態）をとるようになった。口分田は律令法の概念では、田主の存する田を意味する「私田」と見なされたが、売買・譲渡・質入れは禁じられ、官司にとどけた上での一年を限度とする賃租が認められたにすぎない。この点からは、むしろ広義の「公田」の範疇に入れられていたのは当然である。もっとも、奈良時代すでに口分田の質入れを示す史料があり、右の禁令がどの程度まで守られたかには問題もある。口分田の耕作は大部分の場合、自家労働力によって行われたと思われるが、賃租に出される場合も必ずしも少なくなかった。通常の家族構成の戸が法定額の口分田を班給された場合、その口分田からの収入はおよその戸の食料をまかなう程度のものであったらしい。九世紀に入り、班田収授の施行が間延びして来ると、口分田は各戸の私有田としての性格を帯びるようになり、売買・質入れなどが行われ、十世紀初頭の班田収授の法の廃絶後は、名目的には残存しても、実質的には農民の私有地化した。　↓班田収授《はんでんしゅうじゅ》の法《ほう》　（虎尾　俊哉）

くぼう　公方　養和元年（一一八一）、特定寺院の封物に対し、国衙に弁済すべきものを公方済物といったように、私的支配者に対し、国家的統治権の所在をさす。㈠鎌倉時代後期以降、荘園・公領を一円地として支配する寺社本所・武家をおしなべて公方とよぶ慣習が一般化する。一円地の支配者はそれ自身、統治権に関わるものとみられたことによるのであろう。以後、売券の罪科文言に現われる公方、また戦国時代、畿内およびその周辺にみられる公方年貢の公方は、この意と解してよい。㈡弘安六年（一二八三）前後から、得宗・御内人・御内御領に対して、将軍を公方、御家人を公方人々、関東御領を公方御領という制規が公式化する。これは安達泰盛が関与して定めた制規とみられる。建武新政期および南北朝時代の南朝側では、朝廷を公方とよんだ。ついで室町将軍・鎌倉御所およびその後身である古河・堀越の御所も公方といわれた（関東公方・古河公方・堀越公方）。戦国時代の大名を公方とよぶ場合は、この権限の継承の場合と、㈠の意からの場合とがあると思われる。江戸時代には将軍・天皇を公方といった。　（網野　善彦）

くぼうおくら　公方御倉　室町時代京都にあった土倉の中で、室町幕府財貨の管理・出納にあたっていたもの。禁裏の財貨を管理するものが「禁裏御倉《きんりみくら》」と呼ばれていたことからすれば、「くぼうみくら」と呼ばれていたものかも知れない。当時京都に住んでいた公家や有力武家の財貨管理の方法をみると、自邸内に倉庫がないわけではなかろうが、火災や盗難に備えて、寺院や懇意な商人・土倉などに財物を預託した例がしばしば見られる。『看聞御記』にみえる伏見宮家と土倉宝泉房や林泉房との関係などは代表的な例である。将軍家の場合も例外ではなく、将軍邸に隣接する相国寺の一部を倉として利用する一方で、有力な土倉に財貨の管理をさせていた。将軍家の財産管理にあたるこれら土倉を、当時の史料では「御倉」とか「公方御倉」と敬称し、のちには、これに「倉奉行」の名称を付している（『武家名目抄』など）。公家・武家を問わず、財貨の預託に際して土倉（金融業者）がしばしば利用されたというのは、倉庫の安全性もさることながら、非常時における金銭融通の便もおそらく相当大きな要因

となっていたであろう。さて、将軍家と土倉とのこのような関係が成立した時期については確かなことはわかっていないが、幕府が土倉を賦課対象として掌握するのが十四世紀末葉とされているから、十四世紀末から十五世紀初頭にかけてと考えて大過あるまい。公方御倉の管掌しているものとしては、酒屋・土倉・味噌屋・日銭屋などの役銭、棟別銭などの銭貨、諸方より進納される鎧・太刀・漆器・衣類・扇子・紙など物品の管理・出納、それに公的記録・文書の保管などが知られる。太刀などの物品は贈答品として用いられるだけでなく、仏事などの際に換金してその費用に充てられることが多かった。法体で坊号を持つ正実坊・禅住坊・定泉坊らと、俗体の籾井氏らが御倉の構成員としては著名である。法体のものはいずれも在京有力土倉で、納銭方の成立とともに幕府の配下に入ったものと考えられている。納銭方には有力土倉だけでなく有力酒屋からも任ぜられるが、公方御倉であることは、土倉が納銭方になる有力な資格となっていた。幕府の側にあって財貨出納の実務を担当するのは政所である。幕府公式の行事などに要する経費は政所執事代が統轄し、政所の長官たる執事は将軍家に関することのみに関わっていたようである。幕府側から御倉へ財貨を預託する時は、担当者が「送状」なるものを作り、それに奉行人連署の「下書」と称する添書をして送る。請け取った御倉では「請取」を出す、という手順を踏んだ。支出する場合は、担当者の請求によって奉行人連署の支払命令書が作成され、担当者がこれを御倉に示して支払いを受ける場合もあったが、のちには、まず担当者が請取状を作り、その袖の部分にやはり「下書」と称する奉行人連署の支払命令文言を記して代用することもあった。ただし、公方御倉は同時に何箇所か存在し、しかも預託物には銭貨だけではなく銭貨に換算しにくい物品も少なからずあったから、政所が幕府財産の総体を掌握しきっていたかどうかということになると、多分に疑問であろう。（桑山 浩然）

くぼうねんぐ 公方年貢 中世、荘園公領制下における本年貢のこと。年貢の中で、特に本来の領主に納めるべき年貢のことを本年貢と言い、鎌倉時代後期以降、荘園領主・地頭領主のことを「公方」と称するようになったことで、本来の領主＝公方に納めるべき年貢＝公方年貢となった。この語彙自体は、南北朝期以降、特に戦国期に畿内近国地方を中心に、売券・寄進状などのいわゆる在地文書に多く見られた。これは中世後期、在地社会において、年貢と言われるものの内容が拡大し、また本来の領主以外に納める加地子得分などが比重を増すことにより、従来の本年貢と区別する必要が生じたことが原因であると考えられている。中世後期においては、加地子得分が公方年貢の数倍となることが常態化したが、戦国期になっても公方年貢自体が消滅することはなく、そこに戦国期における荘園制の存続を見いだす見解もある。（村井 祐樹）

くぼうやく 公方役 室町時代、幕府や守護によって諸荘園などに課せられた夫役や雑公事。公方御公事とか公役とも称せられた。室町時代の公方が、幕府将軍家だけでなく、守護や荘園領主も意味したのに関連して、公方役の内容も異なってくる。応永二十九年（一四二二）高野山領四郷・志富田荘・小河内・炭荘・四村・志賀郷・三谷郷・古佐布郷・長谷郷・官省符荘上方・同下方など百姓らの公方役負担状況についての申状（『高野山文書』又続宝簡集三三、四郷以下公方役書上）によれば、その内容は、京上夫銭・山芋・ところ・わらび・渋柿・柱・板・こも・なわ・河内夫・伊勢夫・酒かい夫・炭持夫・竹持夫・米持夫・魚持夫・栗持夫・風呂材木持夫・莚持夫・伝馬・節供雑事など多種多様であった。この公方役は守護の課したものであって、志富田荘百姓は、この重い負担のため逃散の動きを示した。一方、豊臣秀吉が、洛中地子銭免除とともに施行した公方役免除（『室町殿物語』八）は、幕府課役を継承した内容を持つ公方役の免除であった。（田沼 睦）

くぼたのしょう 椇田荘 越中国射水郡の荘園。現在の富山県高岡市西南部に比定されるが確定はしがたい。天平勝宝元年（七四九）東大寺墾田地として百三十町八段百九十二歩の野地が占定されたもので、神護景雲元年（七六七）十一月には百五十七町二段百六十歩を数えていた。しかし、長徳四年（九九八）には荘田四十町八段百九十二歩「悉荒廃」とみえ、寛弘二年（一〇〇五）には未進地子の勘納が催促されてもいる。（米沢 康）

くぼたのしょう 窪田荘 肥後国飽田郡の荘園。現在の熊本市北部町釜尾付近か。九条家領。その成立過程などは一切不明であるが、建長二年（一二五〇）十一月の九条道家初度惣処分状（『九条家文書』）のなかの「家地文書庄薗事」の項に、前摂政一条実経宛の分のうち、新御領の一つとして「肥後国窪田庄准后御領」とある。准后は道家室藤原綸子である。それ以後の伝領関係など詳らかにしない。ほかには建治二年（一二七六）三月三十日高麗進攻計画に伴って、兵員・武具の注進を行なった窪田荘預僧定愉の存在が知られるぐらいである（石清水田中家文書）。（工藤 敬一）

くぼのしょう 窪荘 大和国添上郡の荘園。現在の奈良市窪之庄町付近に比定される。窪城荘ともいう。はじめ喜多院二階堂領。鎌倉時代初期、喜多院主円満已講が院主職を興福寺大乗院門跡に寄進して、大乗院領となる。円満已講は、別に春日社八講季頭役勤仕のため当荘内十五町歩を金阿弥陀仏に売却、その跡をついだ僧聖僘は建長六年（一二五四）これを東大寺三面僧坊に寄進し（建長六年二月日「僧聖僘寄進状」天理図書館所蔵文書）、ここに東大寺三面僧坊領の窪荘が成立した。建長七年の年貢米は四十七石で、下司給・井料等をのぞき僧坊供料三十六石（建長七年十一月二十五日「窪荘米配分注文案」東大寺文書）、文永七年（一二七〇）には、下司代以下十五名によ

椇田荘

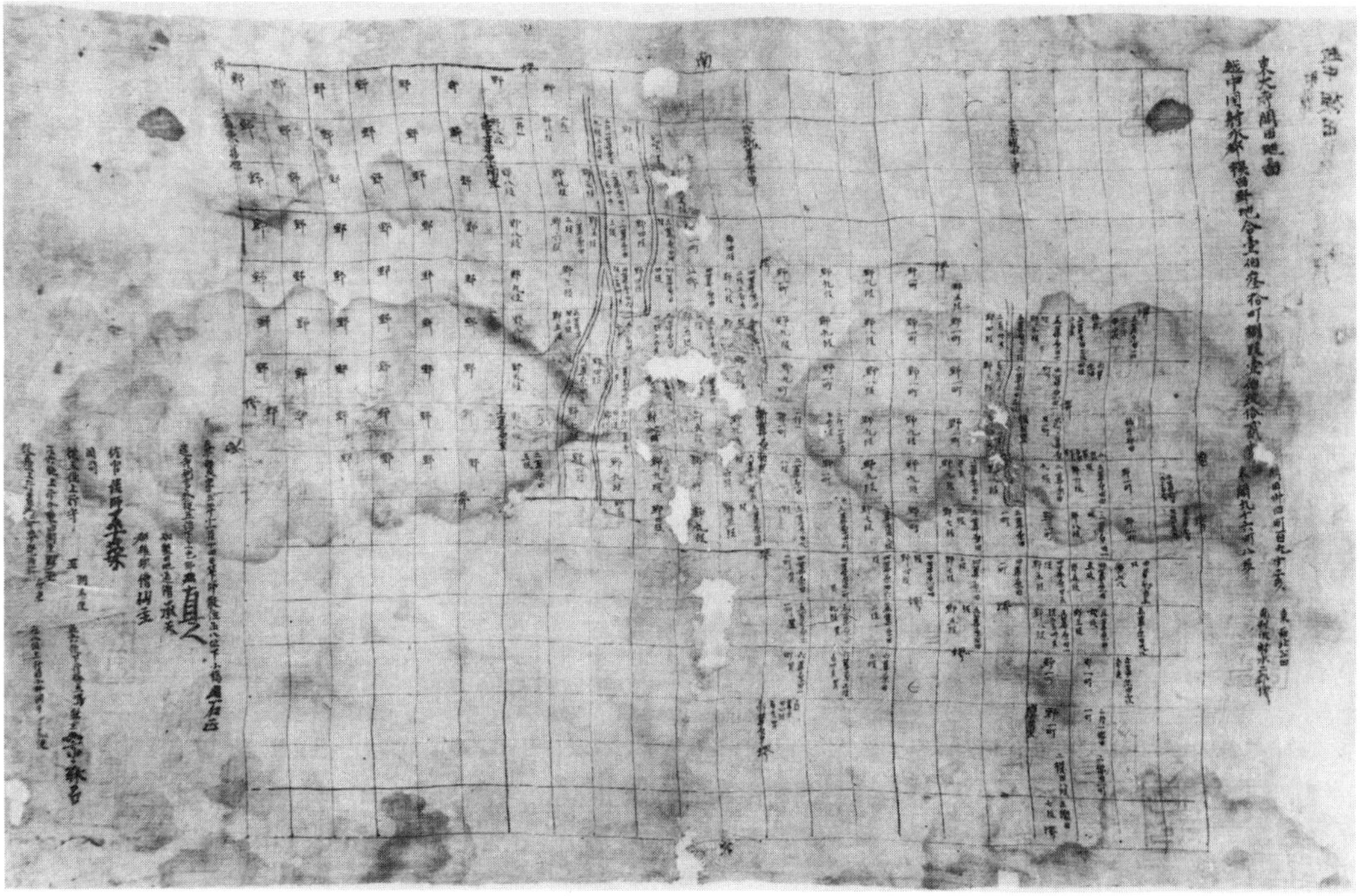

(上)東大寺越中国諸郡庄園惣券(天平宝字三年十一月十四日)　(下)越中国射水郡椇田開田地図(同)

天平勝宝元年(749)に占定された越中国の東大寺墾田地については、天平宝字3年(759)寺家・国司によって墾開状況が検定され、「東大寺越中国諸郡庄園惣券」と「越中国射水郡椇田開田地図」等が作られた(『東南院文書』)。これによると、椇田荘は射水郡条里の7・8・9・10条にわたる東西にやや長い荘園で、四至の東・西・北は口分田、南は礪波・射水2郡の境となり、8条西辺と9条の中央部にはそれぞれ南北に溝が走っていた。開田の分布はこの溝と深くかかわりあっていて、田名にも「葦原田」が多い。経営の根拠地は西部にあったようで、7条に「椇田里」があり、その3行1の坪には「社幷神田」も存在する。本荘がまた椇田村と称されたのも、その故であろう。野地占定後10年を経て、開田34町192歩、未開96町8段となった。ともに占定された同郡内の須加・鳴戸・鹿田3荘に比べて、開田率は低いが、荘域そのものも開田地も最も大きかった。

る年貢の百姓請も行なわてれいる(文永七年九月十九日「窪荘百姓等請文」同)。東大寺三面僧坊領の窪荘も正願院負所米、興福寺二階堂負所米等を負担しており(年月日未詳(弘安元年ごろ)「窪荘百姓等申状」同)、大乗院領と同一地域にあったかと推定される。一方、貞和三年(一三四七)・応永六年(一三九九)の段銭関係史料には、添上郡の大乗院領荘園として「窪城庄荘」二十二町八段が所見(貞和三年二月「興福寺造営料大和国八郡段米田数幷済否注進状」春日大社文書、ほか)。室町時代には大乗院重色領の一で、『三箇院家抄』では面積三十二町大。二階堂負所米二十一町段別一斗、同修正料五段(油一斗)、正願院方一斗六升、大宅寺荘負所米七段段別三斗、本談義屋秋季方一段が記されるが、名田等の記載はない。室町時代の下司は大乗院方衆徒の窪城氏で、同氏の国人としての活躍は『大乗院寺社雑事記』等に散見する。(熱田　公)

くまい　供米　仏や神にそなえた米。「供」には「マウク・タテマツル・ソナウ・ツカマツル・ノソム・タマフ」の義がある(『類聚名義抄』)。仏寺・神社で恒例・臨時に行われた修法・法会・講などの運用に必要な物を、一般に供料・供物・会料などと呼ぶが、そのうち特に米の場合を供米という。仏神にそなえたあと下行、配分するという形をとり、ふつう僧に食料として下行される分と、毎日のそなえ物や他の寺用に使われる分とに分けられる(たとえば「僧供料米」と「仏供料米」、

「人供」と「壇供」)。院政時代以降、多く史料上に登場し、供米を出すべき負田や荘園が置かれ、所当官物や年貢が充てられた。供米を出す田を「供田」「供米田」、納める所を「供所」「供米所」などという。神に供する米は、別に「供祭料米」「くましね」「くま」「おくま」とも呼ばれた。なお、天皇への供御米を御供米と呼んだ例もある。

(稲葉 伸道)

くまいでん 供米田 社寺供米の料に宛てる田をいう。神仏に供える米を「くまい」または単に「くま」ともいうので、「くまいでん」を「くまでん」と呼ぶこともある。官私の寄進によるものが多い。

(三橋 時雄)

くまさかのしょう 熊坂荘 加賀国江沼郡の荘園。現在の石川県加賀市、熊坂川流域。成立事情は不詳。安元二年(一一七六)二月の八条院領目録(『山科家古文書』)に「庁分御庄」としてその名がみえ、また『吾妻鏡』元暦元年(一一八四)四月六日条によると八条院領荘園であり、領家職は平頼盛で、平家没官領とされたが、本所八条院の沙汰にまかせて頼盛家に返付されている。やがて八条院から宜秋門院(藤原任子、九条兼実女)に渡り、さらに関白九条道家に譲られた。建長二年(一二五〇)十一月の九条道家惣処分状(『九条家文書』)によると、この荘園は九条禅尼(九条教実室)に譲り、その死後は宣仁門院(藤原彦子)に譲り、さらにその後は九条忠教(忠家長子)に譲与すべきことが定められていた。しかし、実際には乾元元年(一三〇二)九月に後宇多上皇領となり、徳治元年(一三〇六)六月には昭慶門院(亀山天皇皇女)に伝領されるなど、鎌倉時代には九条家の手を離れ、院領・女院領として存続したらしい。一方、領家職はいつのころからか鎌倉将軍家領(関東御領)とされ、弘安十年(一二八七)十月十一日の関東下知状(『東福寺文書』)には「当庄者領家地頭両職共以関東進止也」とみえる。また同下知状によると文永十年(一二七三)下地中分が行われ、その領家方が弘安三年九月に東福寺に寄進された。以後南北朝時代には東福寺領荘園として伝領され、寛正三年(一四六二)三月の東福寺雑掌言上状(『東福寺文書』)を最後として実態的な荘園としての熊坂荘は史料上から消滅する。なお、当荘の領家職・地頭職と称する得分権、あるいは土地所有権は戦国時代にも存続し、熊坂荘の残存形態は天文九年(一五四〇)五月まで『天文日記』によって確認される。しかし、この時期には中世荘園としての実態は失われた。

(安田 元久)

くまのさんざんりょう 熊野三山領 本宮(熊野本宮大社)・新宮(熊野速玉大社)・那智(熊野那智大社)の熊野三山は、もともと別個の経済を立てた自治体で、三山ごとに政所を置き事務の衝にあたらしめていた。しかし次第に一つの緊密な宗教的協同体を形成するに至り、院政時代に入ってよりは、三山を通ずる勅補の職として、全山管理の局にあずかる熊野別当の上に、熊野三山検校を推戴することとなった。よって、三山の社領には、各社それぞれ別個に伝領しているものも、三山共有のものもあり、単に「熊野山領」「熊野社領」などとだけ記されていて、いずれに所属するか分明でないものも少なくない。初見は『新抄格勅符抄』に、天平神護二年(七六六)、熊野牟須美神に四戸、同じく速玉神に四戸を充て奉るとあるものである。速玉神は新宮であるが、熊野牟須美神は、当時、那智はまだあらわれていず、必ずや本宮をさしていったものに相違ない。三山が諸国に莫大の社領を奄有し、経済的実力にものいわせて、軍事の方面にも進出し、源平合戦以来の戦史に花々しい活躍の跡をとどめるようになったのは、ことに院政時代におけるあまたたびの上皇・法皇・女院の三院御幸などに際しての社領の寄進によるところがあずかって大きかろう。御幸のはじめは宇多法皇であるが、一説に寛平九年(八九七)法皇は熊野に御幸あって、荘園を奉加・寄進せられたという。これを延喜七年(九〇七)に訂せば、あるいは信憑し得られようか。ついで寛治四年(一〇九〇)白河上皇は熊野に行幸あって、紀伊国二郡(一郡とも)五ヵ所、合わせて百余町の地を、また元永二年(一一一九)紀伊・阿波など五ヵ国の地各十烟、合わせて五十烟を寄進せられたが、その宛所を「熊野山」「熊野御山」としているのは、『紀伊続風土記』に従えば、「三山に(共有のものとして)御寄附ありしならん」という。なかでも著名なのは、長寛(元年(一一六三))の祭神論を惹き起した本宮の社領甲斐国八代郡八代荘である。久安年中(一一四五―五一)、格特の由緒のあるにより、国司藤原顕時の奏聞に基づき、本宮の十一月八講の用途に宛てるため、鳥羽法皇が永く当領とせられたところである。本宮領は、『本宮文書』の「社頭割符之事」によると、「三千五百七十町」であり、文書の奥書に「大治三年(一一二八)十一月□日」「天文四年(一五三五)正月□日書写、内陣ニ納之也」とあって、白河法皇・鳥羽上皇の初期院政時代のことであったという(なお末尾にも「白河院御吟味之時」にこれを相定めたと記しているが、内容に後世の修治の手の加えられている疑いがないでもない)。また、宮地直一氏所蔵文書に「熊野山本宮御神領諸国有之覚事」があって、「一、七百貫、従ニ内裏一御寄進、衆徒領、三栖庄」以下諸国の本宮領を詳しく掲げているが、たとえば「一、十二貫、燈明料、遠江国土橋」とあるのは、徳川家康の永禄十二年(一五六九)の寄進状にいう「遠州山野之荘土橋郷八貫文」にあたろうから、おそらくは「十二貫」は「八貫文」を正しいとすべく、しかもそれは那智の十方院(実報院・実方院・高坊なども)宛のものであるから、本宮領のうちに数え入れるのは謬りでないかと思われる。一体にこの文書は、貫高が高きに過ぎるように感ぜられる。次に那智についてみるに、その最も古い寄進状は、応徳三年(一〇八六)内侍尚侍藤原氏(関白教通の女真子)が紀伊国在田郡比呂荘および宮原荘の免田それぞれ十三町五段を実報院に施入したもので、『那智文書』中にあってもことに人口に膾炙するものである。その総額は、時代が降るが、慶長六年(一六〇一)

熊野三山領

熊野三山領一覧

所在国郡	名称	成立年次	特徴	典拠
伊勢 一志郡	御山戸	建武三年二月	新宮神官料、室町将軍寄進	紀伊続風土記
同	八対野荘上村・下村二所	康暦元年十一月	一所は那智十三所ならびに如意輪堂・滝本千手堂御鏡大餅料田、一所は同正月十一日千尼読経料田、性周禅尼寄進	那智文書・紀伊続風土記
安濃郡	草生荘内二段半	建武四年七月	熊野三御山御初物料、荘地頭沙弥道盛寄進、分米三石	那智文書
尾張 (郡未詳)	牛野荘	承久三年三月	那智滝本御油料所、後鳥羽上皇寄進	同
三河 宝飫郡	竹谷荘	文治元年二月	熊野山領、開発領主散位俊成寄進	吾妻鏡
同	蒲形荘	同	同	同
遠江 敷智郡	入野郷内	永禄十年二月	那智実報院領、今川氏真寄進、百五貫文、駿河国北安東替地	那智文書
城東郡	峯田郷	永正十四年十月	那智十方院(実報院)祈願料、井伊千代寿寄進、一町六段の年貢三貫文	同
(郡未詳)	山野之荘土橋郷	永禄十二年十二月	那智十方院(実報院)領、徳川家康寄進、八貫文	同
駿河 有度郡	長田荘	嘉吉元年四月	那智領、足利義教寄進	同
安倍郡	足洗荘	正治二年八月	本宮領	猪隈関白記
同	服織荘	元亨二年	新宮領	紀伊続風土記
同	北安東荘	貞和二年八月	那智領、買得	同
同	(北)安東万足	弘治二年五月	那智実報院領、今川義元寄進	那智文書
伊豆 田方郡	江馬荘	貞和元年	新宮尊勝院領、准后より「如レ元可レ令二管領一之状」あり	紀伊続風土記
甲斐 八代郡	八代荘	久安年中	本宮十一月八講用途、鳥羽法皇寄進	長寛勘文・本宮旧記
武蔵 豊島郡	豊島郡十八ヵ村	文保二年七月	新宮領(『本宮由緒記』に六ヵ村を本宮領とするのは疑問)、今王子村王子権現及飛鳥社別当金輪寺に蔵むる経文の奥書に「奉二施入一武州豊島郡熊野御宝前、文保二年戊午初秋、大施主右衛門尉平行泰敬白」とある	紀伊続風土記
安房・遠江		文和三年十二月	新宮造営の御料国のうち、後光厳天皇寄進	同
上総 畔蒜郡	畔蒜荘	文治二年六月	熊野別当知行所	吾妻鏡
下総 匝瑳郡	匝嵯南荘	文治二年三月	熊野領	同
越前 南条郡	脇本荘	正治二年八月	本宮領	猪隈関白記
但馬 朝来郡	多々良岐荘	建久五年閏八月	鳥居禅尼(新宮別当行範妻)所領、源頼朝寄進	吾妻鏡
播磨 揖保郡	浦上荘	文治五年三月	熊野御領	吾妻鏡
同	栗栖荘	正平六年三月	新宮領、後村上天皇寄進	紀伊続風土記
	播磨国田畠若干	永保元年	本宮領、紀氏某子寄進	本宮旧記
美作 久米郡	稲岡南荘	仁平元年二月	那智の御師高坊(実報院)領、源義国寄進	那智文書
	美作国田邑	建武二年十二月	新宮領、後醍醐天皇寄進、足利尊氏跡	紀伊続風土記
備前 磐梨郡	和気荘	元弘三年六月	本宮領、総追捕使沙弥行西寄進	同
周防 (郡未詳)	橋爪坊領		那智領、毛利隆元・同元就寄進、十貫文	同
紀伊 在田郡	比呂荘	応徳三年十一月	那智領、内侍尚侍藤原氏(真子)寄進、十三町五段	那智文書・紀伊続風土記
同	宮原荘	同	同	同
同	糸賀荘	延文二年二月	本宮領、後光厳天皇寄進	本宮玉置氏文書・紀伊続風土記・紀伊国古文書纂
日高郡	南部荘		守子女王寄進、別当湛快下司職となり年々三百石の所当を進済、安元三年六月二十二日付春日局消息によれば、湛快の子湛増が継ぎ、色代二百石を加え、五百石を年々運上、建武三年室町幕府より本宮に寄進	高野山文書
同	藺宝郷	建暦二年二月	熊野三山一紙、後鳥羽上皇寄進、百九十石のうち、新宮禰宜六十石、本宮三昧僧二十石、那智社壇承仕十二石、残り九十八石は御幸の際の大粮料	新宮文書
同	富安荘	暦応元年三月	新宮領、足利氏の兵粮料所、のち安堵	紀伊続風土記
同	高家(荘)	同	同	同
同	稲南村(印南荘)	同	同	同
同	切目荘	同	同	同
同	櫟原荘	同	同	同
牟婁郡	佐野荘	貞応元年四月	鳥居禅尼所領、のち子息長詮法橋相伝	吾妻鏡
同	本宮五ヵ村・雁山村	乾元元年正月	本宮領	紀伊続風土記
同	鵜殿荘司知行地	興国二年十二月	新宮領、後村上天皇寄進	同
同	芳養荘上・下	文正元年十二月	新宮神輿御帰座料所、畠山政国寄進	同

所在国郡	名称	成立年次	特徴	典拠
紀伊 牟婁郡	市野々村・二河村	慶長六年十二月	那智山領、浅野幸長寄進	那智文書
同	大野荘大野村・新宮村・鵜殿村・鮒田村・高岡村	同	新宮社領、浅野幸長寄進、高三百五十石	新宮文書・紀伊続風土記
	紀伊国四戸	天平神護二年	熊野牟須美神(本宮)領	新抄格勅符抄
	紀伊国四戸	天平神護二年九月	速玉神(新宮)領	同
	紀伊国二郡五ヵ所百余町	寛治四年正月	熊野山領、白河上皇寄進、『百錬抄』には「一ヶ郡」	師通記・扶桑略記・帝王編年記
	紀伊国段銭	永享五年三月	新宮造営料、足利義教寄進	紀伊続風土記
阿波 板野郡	日置荘	天授五年三月	新宮領、長慶天皇寄進	同
伊予 新居郡	西条荘	建武三年二月	新宮衆徒料、室町将軍寄進	同
土佐 香美郡	大里荘	文和元年九月	新宮造営料所	同
紀伊・阿波・讃岐・伊予・土佐		元永二年九月	熊野御山領、白河上皇寄進、五ヵ国の封各十烟、合わせて五十烟	中右記・長秋記・十三代要略
筑後 上妻郡	広河荘	保延四年	熊野三山領、待賢門院寄進	坂東寺旧記
同	広川荘	建永元年六月	熊野社領	三長記

「熊野山本宮御神領諸国有之覚事」(宮地直一氏所蔵文書)によれば、さらに多くの荘園名を挙げうるが、成立年次を欠いているので省略した。

の「那智山神領之事」では、「一、弐拾□(四か)石八、(燈御供)滝本領」以下、合わせて「六百三拾□(三か)石四斗七升三合」を数えている。これは戦国の乱世を経過した後のことであって、三山の極盛期たる院政時代にはその幾層倍もの広大な社領を有していたことと想像される。新宮に関しては、建暦二年(一二一二)後鳥羽上皇が、紀伊国日高郡薗宝郷百九十石のうち、新宮禰宜に六十石、本宮三昧僧に二十石、那智社壇承仕に十二石を寄進し、残り九十八石は御幸の折の大粮料とせられたが、その院庁下文は現に新宮に所蔵されている。この社領の総額を記したものは、まだ管見に触れないが、『紀伊続風土記』に収める『新宮文書』中に、「遠江事、平河郷、二百十二石八斗八升七合」以下三十三郷、合わせて「千七百廿一石五斗三升三合歟」と記した一通がある。これはおそらく造営料所としての遠江国の郷名とその要脚を注したものであろうが、新宮が本宮や那智に劣らない莫大な社領を有していたことを推測し得られよう。慶長六年、時の領主浅野幸長および同忠吉は、本宮社領三百石、ほかに竹ノ坊へ金十五両、那智山領三百石、ほかに御山分二十石五斗四升七合、新宮社領三百五十石を寄進した。これが明治四年(一八七一)まで続く。前代に比するときは、だいぶんの削減であるが、それは江戸幕府の社寺領に対する根本方針より出たことでもあった。そこで、三山はこの苦境を切り開くため、貸付業にもっぱらその努力を傾注したのである。（西田 長男）

くまのしょう 球磨荘　肥後国球磨郡の荘園。現在の熊本県人吉市の地域。平氏政権によって球磨一郡規模をもって設定された王家領であり、かつ平家領の半不輸の荘園で、球磨御領ともいわれた。鎌倉幕府が成立すると平家得分は没官の対象となり、建久三年(一一九二)片寄《かたよせ》が行われ、王家領の人吉荘六百町、関東御領(永吉荘・須恵荘)五百町、および公領九百町に三分された。これらの田数は得分の指数的表現であり、球磨荘は公田二千町相当の半不輸領であったとみられる。↓人吉荘《ひとよしのしょう》（工藤 敬一）

くもくせん 口目銭　室町時代、銭納の年貢や段銭などの税金の付加税として徴収された税金。一説には、これらの税が銭納される際に混入する悪銭による減損を防ぐため、あらかじめ余分に徴収したもので、江戸時代にはこれが制度化されて口永、あるいは口銭となったという。しかし、鎌倉時代に既に年貢収納に際しての付加税として口米が行われており、その流れをくむものであろう。例としては、「妙興寺文書」嘉吉三年(一四四三)の国衙年貢請取状に「合三十五貫五百七十七文、口目銭とも、右所納如件」、「栄山寺文書」明応九年(一五〇〇)の宇智郡夏季御段銭催促状に「反別六十文宛、目銭口目銭、将策如前々相加」、「観心寺文書」永正十六年(一五一九)段銭皆済状に「休秋季分御段銭之事、合七貫三百五十八文、此外口目銭納之」などがある。いずれも口目銭の具体的な額は示されず、元の税額に対する付加の割合は一定のものとして認識されていたものとも考えられる。（糟谷優美子）

くもん 公文　中世荘園における荘官の一。はじめは諸官衙から出す公的な文書=公文を扱う人を公文といい、文筆・算数に明るい人が任ぜられたが、やがて現地において荘園の管理に従う下級荘官の一として公文が設けられるようになった。したがって荘官としての公文も、荘園の記録・文筆のことを掌るのが本来であった。しかし鎌倉時代以降になると、その本来的な意義は漸次薄くなり、下司・田所・案主・総追捕使・押領使などの他の荘官とともに、広く荘務を掌る荘官としての性格が強くなってくる。これら荘官の設置は、時代によりまた場所によって一定しておらず、公文を欠く荘園も少なくはなかった。そして彼らは荘園領主の命によって、現地で荘地・荘民を管理し、年貢・公事・夫役などを確実に領主に上納するなどの任務を有した。公文のかかる職務に対して、領主からは公文給が与えられたが、それは下司に給わった諸給付に準じて考えられる。↓下司《げし》（上島 有）

くもんかんりょう 公文勘料　検注に際して賦課された米銭の一種で、特に国衙等の公文所にある土地台帳との勘合にかかる費用に充てられたもの、あるいはその作業

に携わった者の得分。例えば大和国大田犬丸名では、永承元年(一〇四六)から天喜元年(一〇五三)までの間に二十四通の結解状が残されているが、その内、永承元年と同七年のみ段別二升の「検田段米」と町別一束の「公文勘料」が賦課されている。このことからこれらは臨時の課役であり、稲垣泰彦はこの両年が国検の年にあたったと推定している。また、大治四年(一一二九)の筑前国観世音寺封惣勘文には、「勘料米」が、「公文所直人等例給勘料」と記されていることから、大宰府公文所で勘合作業にあたった者に支給される「例給」となっていたことがわかる。次第にこの作業は形式化し、勘料も恒例の雑税となっていったと考えられる。（糟谷優美子）

くもんさんしつ　公文算失　検注や収納の際の計算上の損失を、田地や年貢の中から除分としてあらかじめ除いておくことを算失というが、それが実際の損失の有無にかかわらず、単に田数の集計外の田地として認められ、荘官の給分とされるようになる。そのうちの公文の給分を公文算失という。備中国新見荘では、嘉禄二年(一二二六)二月に「算失料」について、荘官三人(公文・田所・惣追捕使)で平均に分配すること、もしこれが守られなければ「算失料」を募ることを停止することが定められている。同荘の文永八年(一二七一)七月の作田惣目録によると、公文には他の荘官と並んで一丁の公文給と、それとは別に、他の荘官とともに一律に一丁三段の公文算失が認められている。また、備後国大田荘では、嘉暦四年(一三二九)四月の六波羅探題裁許状によると、複数の郷に、公文算失・地頭給算失・専当給算失・平民分算失・御使算失など様々な算失が設定されていた。（糟谷優美子）

くやく　公役　公的な課役の意で雑税の一種。もとは国家が負課する労役を意味したが、のちには荘園領主によって課せられる公事に類する税の呼称としても用いられた。ただし公事と比較するとその用例はきわめて限定されており、史料上には「天下一同之公役」「役夫工等之公役」「造内裏幷種々公役」と記されたり、「国使幷公役」を停止する命令が荘園に出されたり、また織部司・造酒司などの官司が課す課役や大炊寮の御稲田供御人の奉仕が公役と呼ばれたりしていることから、公役の語は年中行事などの費用として徴収される公事の中でも国家的な色彩がこいものを特に指していたと考えられる。それゆえ公役の徴収は重視され、室町幕府の下で役夫工米の徴収を行なっていた守護は、公役の対捍をしばしば所領没収の口実とした。また室町幕府の重要な財源であった三種役(酒屋役・土倉役・味曾役)も公役と称していた。（清田　善樹）
↓課役《かやく》　↓公事《くじ》

くやのまき　久野牧　上野国に置かれた九ヵ所の御牧(勅旨牧)の一つ。『延喜式』左馬寮には久野牧とあり、群馬県沼田市上久屋町、下久野町一帯に比定する説がある。しかし、『日本後紀』弘仁二年(八一一)十月丙寅条に「上野国利根郡長野牧、賜㆓三品葛原親王㆒」とある点から、『延喜式』の久野牧は、長野牧の誤記であろうとされ、利根郡月夜野町(旧古馬牧村)上牧・下牧付近がその牧地と想定する説もある。当牧の別当については明らかでない。（勝守　すみ）

くようせん　公用銭　⇩公事銭《くじせん》

くら　倉　財物を納めるための建物。穀物を収納するため、弥生時代から造られた。律令時代には調庸物や諸国の貢献物を収めるものには蔵、正税その他の米穀類を収めるものには倉、兵器・文書を収めるものには庫の字を用いている。中央官庁や地方の国衙などにある公の倉、あるいは社寺の主な倉を正倉といった。正倉には時に応じて老人や貧民などに支給し、飢饉の際の救済に用いる米を入れた動倉と、遠年の儲、非常の備えとしての不動倉とがあり、不動倉の開閉には太政官符を必要とした。また寺院の正倉では開閉に寺の三綱の許可を必要とするものがあり、これを綱封倉といった。東大寺の正倉院宝庫はさらに厳重に管理された勅封である。倉庫は湿気を避けるため、高床に造られることが多く、構造は横材を蒸籠組にしたものと、柱を立ててこれに溝を彫って板を落としこんだものとがある。また前者には三角形断面の材を用いた校倉、厚板を用いた板倉、丸太を用いた丸太倉があったが、現存する社寺の古い倉は校倉が多く、板倉と柱に板を落としこんだものはごく稀で、丸太倉は残っていない。倉は防火を重視するので、令にもその規定があり、藤原頼長は書庫に土を塗り防火的とした。中世になって、商業が盛んになってから、京都の商家では土蔵が多く造られ、土倉は金融業者の代名詞にもなった。その構造は詳しくはわからないが、『春日権現霊験記』に焼け残った大壁造りの土蔵が描かれているので、それからおおよそ察せられる。大壁造りの土蔵は近世になるとますます発達し、都市では非常に多く建てられるようになった。その構造は柱の外に丸竹などを打ちつけ、厚く土壁を塗ったもので、窓や出入口にも土戸を用いた。農家では南西諸島や伊豆七島などには高床がみられるが、一般には都市の土蔵と同じもの、あるいは板倉の外に土を塗ったもの、板倉や板を落としこんだものが多く用いられている。（太田博太郎）

くらがきのしょう　蔵垣荘　近江国栗太郡の荘園。現在のどこかは不明。建武三年(一三三六)のものと考えられる院宣で実相院門跡領として南滝院領倉恒(垣か)荘内宮武名が安堵され、長禄三年(一四五九)の『実相院門跡領目録』にもみえる。また『親元日記』政所賦銘引付の文明十二年(一四八〇)の項に「浄土寺門跡領江州栗太郡散在分蔵垣庄」とある。（坂本　賞三）

くらしき　倉敷　正しくは倉敷地といい、倉所または倉町ともいう。倉庫の敷地のことである。各地の荘園にあっては、年貢・公事といった荘園領主への貢納物を保管する倉庫は、荘園の重要な施設であり、荘園の中心地に置かれるのが普通であった。しかし貢納物の運送は主と

して海路によったから、海上交通に便利な土地が倉敷として えらばれることが多かった。その代表的な例として後白河院(のち高野山)を本家とする備後国太田荘の倉敷たる尾道(広島県尾道市)が挙げられる。太田荘は世羅郡の東部の山間にあったが、海上交通の便にめぐまれていなかったので、荘の下司・沙汰人らは、仁安三年(一一六八)、太田荘に比較的近い沿海地の尾道を倉敷地にしたいと国衙に願い出で、翌年それが認められた。これが港町としての尾道の出発点である。このほかに厳島神社領安芸国志道原《しじはら》荘の倉敷は伊福郷(広島市)に、同じく厳島神社領安芸国壬生荘の倉敷は桑原郷(同)に、東福寺領周防国上得地保の倉敷は伊佐江(山口県防府市)に、また安芸国三入荘の倉敷は佐東(広島市)にそれぞれ設けられている。これらの土地には倉庫だけでなく、広い土地が付属する場合が多く、やがて独立した荘園になることもあった。倉敷の住人たちは、はじめは荘園の貢納物の保管・積出しにあたっていたが、やがて運送・商業活動にも進出し、独立して問丸となり、領主の依頼を受けて年貢米などの売却を行うようになる。室町時代になると、これらの問丸は商品の中継取引に重要な役割を果たすようになり、倉敷は港湾都市として栄え、主な港湾には、ほとんど例外なしに問丸の存在が認められるようになる。これらの問丸は、倉敷料(倉庫保管料)や問料(売買手数料)などを徴収する。そして問料の率は時と所によって一定していなかったが、倉敷料は鎌倉時代から室町時代にかけては、大体貢納物の一%が普通であった。たとえば『東大寺文書』に収める明徳二年(一三九一)二月晦日の周防国衙仁井令の年貢支配結解状によると、兵庫津の問丸が六十石の年貢米に、その一%にあたる六斗の倉敷料をとっており、他の同時代の倉敷料も、ほぼこれと同率であった。 (上島　有)

くらつけ　倉付　王臣勢家が墾田などの穫稲を有力農民の私倉に預け置くこと。延暦二十年(八〇一)の年紀をもつ『多度神宮寺伽藍縁起并資財帳』によると、多度神宮寺は、同寺の墾田などの穫稲を倉付として、同寺にゆかりの有力百姓市无伍伯木部坂継の私倉外垣の倉に預け置いたとある。したがって倉付＝借倉の関係を思わせるが、寺は坂継に私出挙を代行させて蓄財をはかっているから里倉負名に通じ、荘家による荘園経営の過渡的形態を窺わせる。 (米田　雄介)

くらのしょう　蔵荘　大和国添上郡の荘園。現在の奈良県天理市蔵之庄町を中心とする地域。倉荘とも書く。興福寺大乗院の根本所領の一つ。延久二年(一〇七〇)の『興福寺雑役免帳』に、添上郡京南三条五里を中心に同三条四里、四条五里にわたる三十五ヵ坪に二十一町三段小が所見。雑役免の荘園としては、比較的まとまっている。その後大乗院領となり、正治二年(一二〇〇、弘安八写)の興福寺維摩会不足米餅等定(興福寺文書)では「大乗院御庄々」中にみえ、室町時代中期の景観は『大乗院寺社雑事記』(長禄二年(一四五八)十月二十三日条)に「倉庄廿七町八反六十歩ノ田地、堺ハ北ハ川ヲ限、南ハ阿弥陀堂ヲ限テ、西エハ井殿庄ヲ堺ナリ、東ハ倉庄ノ在家ヲ出テ、一町五反計大略間田也、名田ハ西ニアリ、佃御米下地ハ四町五反也」と記される。二十七町八段六十歩は南北朝時代以来の段銭課税面積で、『三箇院家抄』も同面積で十二名とするが、実際の荘田は、佃四町五段、諸給田・除田十八町九段、立野・倶志羅・十市御米および大乗院御供米八町二段、計三十一町六段となる。名田の明細は不明であるが、立野以下の八町二段であろう。「十二名々役」があることからみても、均等名荘園の一つ。公事は約三十種にも達し、『三箇院家抄』に明示される。室町時代中期の下司は大乗院方衆徒の森本氏。他に立野・倶志羅・十市氏も、名田の分米中から給分を得ていた。内閣文庫に室町時代作成の「倉庄土帳」(坪付差図)が蔵されるが、延久の坪付帳の図示がみられ、必ずしも室町時代の状況を記さない。 (熱田　公)

くらはしのしょう　椋橋荘　摂津国猪名川の下流域にあった摂関家の荘園。永承三年(一〇四八)関白藤原頼通の高野詣に水手を供し、水運にも関係した。平安時代末、同荘の寄人が公田を横領したり、東大寺領猪名荘と所領を争ったりしており、猪名川流域の変化や干拓化に応じて荘域を広げ、豊島郡の東荘(大阪府豊中市南西部)と河辺郡の西荘(兵庫県尼崎市北東部)に分かれたが、両荘は鎌倉時代にも摂関家の近衛家領に属した。なお、地頭改易問題から承久の乱の契機となった倉橋荘は同地域にあった別の荘園と考えられる。のちに足利尊氏から東大寺に寄進され、室町時代中期に「南都尊勝院領椋橋庄不知行」とみえるのは、後者の倉橋荘のことであろう。

参考文献　『兵庫県史』史料編中世五、『尼崎市史』一 (福留　照尚)

くらみのしょう　倉見荘　若狭国三方郡の荘園。現在の福井県三方郡三方町内の北は黒田、南は倉見に至る地域。御賀尾浦(神子浦)を含む。この浦の四至が定められたのは嘉応二年(一一七〇)なので、荘の成立はそれ以前であろう。新日吉社領。鎌倉時代初期の地頭は若狭忠季、荘内の恒枝名は御家人の所領で、建久七年(一一九六)、御家人倉見平太範清の名がみえる。承久以後、倉見氏の所領は地頭に押領された。嘉禎元年(一二三五)、御賀尾浦海人を神人にしようとする日吉神人拒捍使の乱妨をうけ、正嘉元年(一二五七)、永富保と堺を争っている。永仁四年(一二九六)の実検目録では定田三十町余、十九名と一色田からなり、加野新田三十七町余が加わる。御賀尾浦百姓に対する地頭裁許状の袖判は二階堂氏のそれに酷似するので当時の地頭は同氏と推定される。応永十八年(一四一一)、荘内の黒田・小野・加尾三名は鹿王院領となる。そのころ荘全体は等持院領で、前者は文明十年(一四七八)、後者は文正元年(一四六六)まで確認できる。 (網野　善彦)

くらもと　倉本　荘園の倉庫を管理する者。荘園の領主

蔵　荘

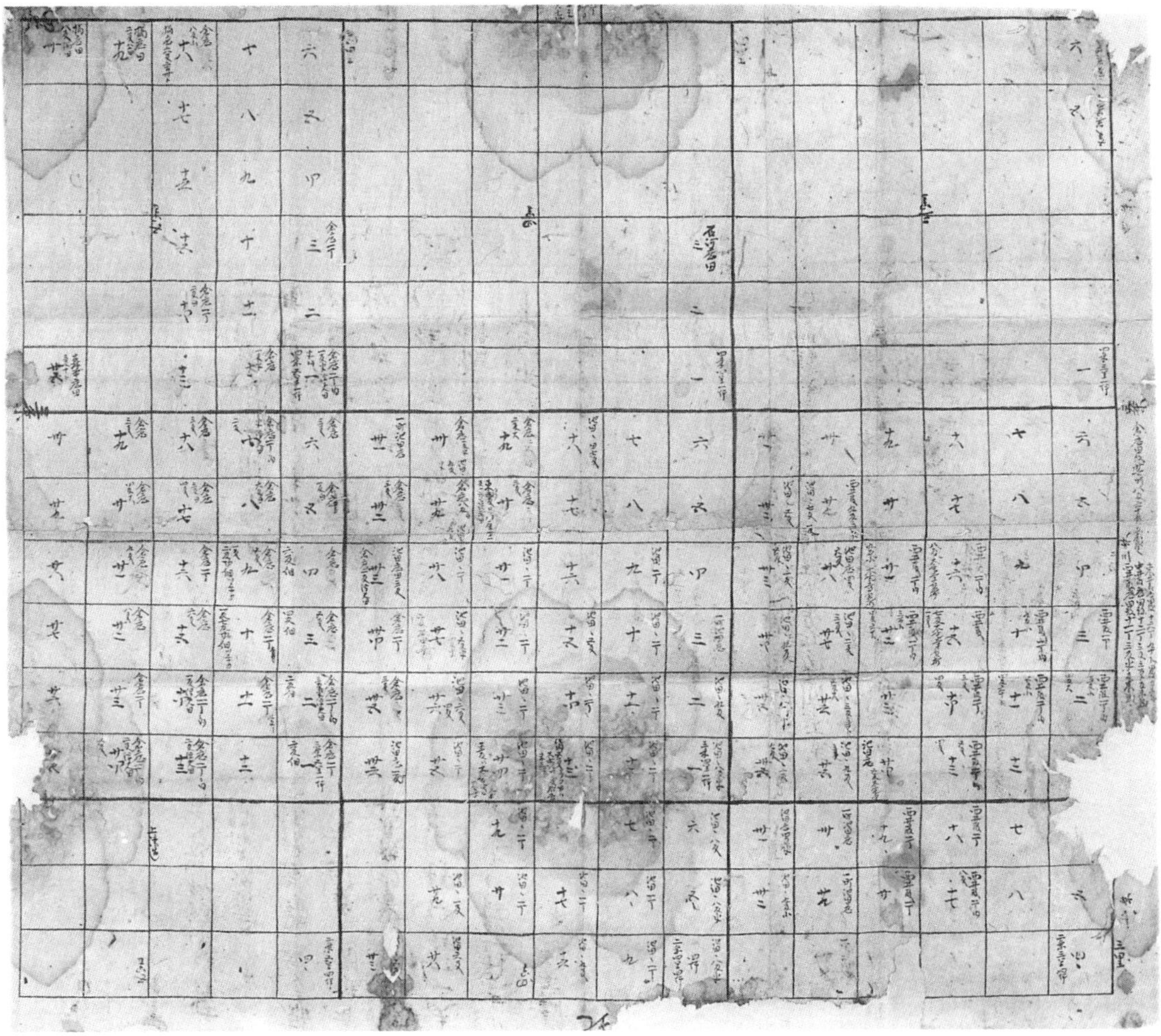

倉 庄 土 帳

は、荘園の年貢物を保管するため、荘園の政所や積出港・中継港・居住地の付近に倉庫を設け、荘官に管理させた。荘官の代りに付近の名主百姓の任命される場合もある。領主はこれに年貢米その他の運送や売りさばきをも依頼し、ときには年貢の徴収にもあたらせた。彼らは給田を与えられ、商品経済の進展とともに次第に重要な機能を果たすようになった。建武元年(一三三四)東寺領若狭太良荘の倉本角大夫のもとへ悪党が押し入り、納め置く年貢以下色々の資財物を奪い取ったことがあった。また延文四年(一三五九)十一月には、同じく東寺領山城上野荘下司兵庫の家人らは、上桂登大路藤三郎の居宅に乱入し、藤三郎が寺から預かっていた寺用米大豆以下を盗み取った。この藤三郎も倉本にあたるものであろう。この倉本の発展したものが、問または問丸である。（豊田　武）

くらやく　倉役　⇩土倉役《どそうやく》

くらりょうりょう　内蔵寮領　令制中務省の被管、内蔵寮の所領。同寮は内廷経済を司り、金銀・財宝等の管理、天皇以下の御服、内侍所の供神物などのことを掌る。『類聚国史』に大同四年(八〇九)正五位下伊勢継子に一身の間給わったと記載する河内国の内蔵寮田十一町をはじめ、寮領の田地・埴地・藍田・支子園などの存したことが、国史や『延喜式』にみえるが、元慶五年(八八一)には要劇ならびに番上粮料として、大和国において六十町余の地が設定された。延久二年(一〇七〇)の『興福寺雑役免帳』には、大和諸郡に計九町八段余の内蔵寮要劇田を載せている。また貞観九年(八六七)ころ故高子内親王(仁明天皇皇女)家領のうち筑前国席田郡の地を買得して寮領とした博太荘があり、大陸貿易活動の根拠とされたといい、大和梨原荘は、春日祭使や貴紳の宿所として『小右記』以下の諸記録に散見する。さらに平安時代から鎌倉時代にかけて、寮領の郷保なども成立したが、元弘三年(一三三三)五月二十四日注進の『内蔵寮領等目録』は、当時の内蔵寮経済の概要を示している。その内容は、㈠内侍所

内蔵寮領一覧

所在国郡	名称	特徴	典拠
山城 愛宕郡	支子御園	鳥部郷椋原村施薬院地の南隣、黄色染料クチナシを貢進	三代実録
(郡未詳)	精進御園	惣官職あり	吉槐記・内蔵寮領等目録
(同)	薬御園	元弘三年当時顚倒	内蔵寮領等目録
大和 添上郡	梨原荘	春日祭使著到所、内侍原荘ともみえる	小右記・東南院文書・内蔵寮領等目録
(郡未詳)	黄瓜御園	瓜を貢進	春日社旧記・内蔵寮領等目録
河内 河内郡	大江御厨	御厨子所領、延喜五年設置	山槐記・大谷文書・内蔵寮領等目録
若江郡	河俣御厨	御服料所、大江御厨河俣執当職あり	内蔵寮領等目録・水走文書・山科家礼記
(郡未詳)	岸御園		内蔵寮領等目録
(同)	俣田御厨		山科家礼記
和泉 大鳥郡	大島・八田・深井	内侍所供神物料所	内蔵寮領等目録
和泉郡	弾正田	同	同
日根郡	近木保	御櫛貢進、高野山領	内蔵寮領等目録・高野山文書
摂津 西成郡	渡辺	大江御厨領、惣官職あり	内蔵寮領等目録
同	津村郷	大江御厨領	同
河辺郡	五ヶ保	橘御園・西桑津・泉部荘などよりなる、内侍所供神物・御殿油料所	同
伊賀 阿拝郡	印代郷岩松名	内侍所供神物料所	同
伊勢 河曲郡	池田別符	内侍所毎月散米料所、正安年中以来地頭と相論	同
飯高郡	丹生山	朱砂・水銀を産す	同
尾張 海部郡	花正保	御服料所	同
三河 碧海郡	碧海荘	犬頭糸を貢進	同
渥美郡	和太保	寛喜三年寮領便補保となす	民経記
遠江 (郡未詳)	小池保	御神事御湯帷料所	内蔵寮領等目録
上総 畔蒜郡	畔蒜荘	御服料所	守光公記・実隆公記・山科家礼記
近江 甲賀郡	信楽郷	櫃・桶など雑器貢進	内蔵寮領等目録・教言卿記
愛智郡	押立保	御殿油料所、主殿寮領	内蔵寮領等目録・壬生家文書
浅井郡	菅浦	鯉・大豆・小麦など貢進、御厨子所領	内蔵寮領等目録
美濃 (郡未詳)	金沢保	御服料所	同
信濃 (同)	小長田保	永仁年間十余貫沙汰、元弘三年当時不沙汰	同
上野 (郡未詳)	白井河田山保	元弘三年当時不沙汰	内蔵寮領等目録
越中 礪波郡	蟹谷保	御服所打殿料所	中右記・内蔵寮領等目録
丹波 氷上郡	栗作保	御殿油料所	内蔵寮領等目録
天田郡	夜久郷	御服所料所	同
丹後 丹波郡	石丸保	同	同
安芸 高宮郡	多地(治)比保	御殿油・内侍所供神物料所	同
阿波 麻殖郡	麻殖保	内蔵寮済物運上の地とみえる	吾妻鏡
筑前 席田郡	博太荘	斎院高子内親王家より買得、観世音寺と相論あり	蜂須賀家文書
壱岐 石田郡	物部郷	御服料所	内蔵寮領等目録

毎月朔日供神物月宛国々、㈡御服月料国、㈢御殿油月宛国々、㈣御服紅花国々、㈤三河国犬頭糸、㈥御厨・御園・郷保、㈦率分銭・御倉町地子、㈧供御人・商人公事銭より構成されている。㈠は正月より十二月までに閏月分を加えた十三ヵ月に、若狭国以下畿内近国十三ヵ国を配当し、十二月分の河内の米二十石以外は、ほぼ十石ずつを課したが、近年は代銭三貫文ないし四貫五百文を貢進することになっている。㈡は但馬以下十二ヵ国が宛てられ、絹・呉綿などを課したが、近年は代銭納入となっている。㈢は『延喜式』に載せる「御殿燈料油」にあたり、伊予以下十二ヵ国(ただし後掲の『山科家古文書』によれば十二月分の河内国が脱落しているらしい)にほぼ油二石二斗ずつを課している。㈣は甲斐以下七ヵ国に染料の紅花を課したものであるが、当時は悉く顚倒されたと注している。㈤は三河特産の良質生糸を貢進させたものである。なお㈠から㈤までのうち、たとえば御服月料国の四月分が丹後国石丸保に課せられているように、便補の郷保に宛てられた場合も少なくない。また『山科家古文書』の「毎月朔日内侍所供神物幷御殿油之事」なる目録は、元弘目録の㈠と㈢を併せた内容にほぼ一致する。㈥は「寮領」と冠して、河内国大江御厨以下二十二ヵ所を載せている。㈦の率分銭を徴する関所は、東口・四宮川原と長坂口を挙げているが、室町時代には木幡口・大津口・坂本口・鞍馬口・西口・南口・淀口・近江朽木口・摂津芥川・淀納所・河内楠葉・辰巳口などの率分所を加え、寮収入の最大の財源となった。また御倉町地子は倉庫跡の借地料で、年額十貫文であった。㈧は供御人および商人に対する課税であるが、そのうちの六角町生魚供御人や今宮供御人などは御厨子所供御人とも称されており、鎌倉時代以降内蔵頭が御厨子所別当を兼帯したため、御厨子所の支配した供御人なども寮領の目録に載せられるに至ったのであろう。また南北朝時代

山科家の内蔵頭独占世襲が確立してからは、寮領も家領とともに相伝領掌され、同家雑掌大沢氏の管掌するところとなって近世初頭に及んだ。 （橋本 義彦）

くりたひろし 栗田寛 一八三五―九九 古代史、神祇史。帝国大学文科大学教授。号、栗里。天保六年（一八三五）九月十四日、常陸国水戸（現、茨城県水戸市）の商家に生まれる。石河明善・会沢正志斎・国友善庵等に従い学ぶ。安政五年（一八五八）、彰考館に出仕、総裁豊田天功の指導を受け、『大日本史』志・表の編修にあたる。明治二年（一八六九）、廃藩後も水戸家家扶として『大日本史』編纂に従事。同六年上京して大学院編輯課に出仕、ついで教部省考証掛に任じられ『特選神名牒』の編纂に従事。十年、同省廃止により太政官修史館掌記に転じる。十一年、官を辞し、水戸へ戻る。十二年、彰考館の再開により『大日本史』刊行に尽力した。十七年、元老院御用掛。二十五年、久米邦武更迭のあとをうけて、帝国大学文科大学教授となる。明治三十二年（一八九九）一月二十五日没、六十五歳。同日、文学博士の学位を取得。『荘園考』（大八洲会、明治二十一年）は、荘園を体系的に論じた最初の著書である。 （瀬野精一郎）

くりはらのしょう 栗原荘 陸奥国栗原郡の荘園。荘域などは不明。建長五年（一二五三）の『近衛家所領目録』にその名がみえ、請所になっている。「京極殿領内」と註記されているので、はじめ京極殿すなわち藤原師実の所領であったのが近衛家に伝えられたもので、十一世紀末までには荘園として成立していたと考えられる。鎌倉時代中・後期には、当荘内一迫《いちのはざま》板崎郷・苅敷郷などの地頭職は狩野氏の一族の甲斐氏が伝えるところであった。 （大石 直正）

くりやぞうじ 厨雑事 荘園・公領における雑公事のうちの供給雑事の一つで、現地に到着した地頭や預所の代官や検注・勧農・収納の使などに対する饗応の費用の負担や食事の世話などの奉仕をいう。特に到着後の歓迎の饗宴は三日間行われたので三日厨ともいい、酒肴のほか引出物が贈られた。この饗宴には沙汰人、荘官、百姓まで列席するのが通例で、本来、代官や使者と荘民との関係を取り結ぶ重要な場であったと考えられる。三日厨の後も、滞在期間中の食事や秣の世話をする長日厨、同様の奉仕をあらわす房仕役もあるが、これらが長期間に及ぶことから「百日房仕役」などともいわれた。中央の役人をさかんにもてなす習慣は古代からのものだが、些細な公事でも多数の使者が頻繁に下向したり、すぐに帰洛せず幾日も滞在して多くの厨米を責め取るなど、百姓が厨雑事の非法を訴える史料も多く残されている。 （糟谷優美子）

くるまのしょう 栗真荘 伊勢国奄芸郡の荘園。現在の三重県鈴鹿市白子町・安芸郡河芸町・津市栗真町を荘域とした。車間庄（『太平記』）・車庄（『看聞御記』）とも書く。初見は嘉承二年（一一〇七）十二月の摂政右大臣家政所下文（『朝野群載』）。建長五年（一二五三）には高陽院領（『近衛家所領目録』）、天授五年（康暦元、一三七九）に後円融院領、応永元年（一三九四）に禁裏領、以後、皇室領。『御湯殿上日記』天正八年（一五八〇）六月三日条を最後に姿を消す。地頭は文治三年（一一八七）大江広元、鎌倉時代末には北条一門。のち地頭職は伊勢神宮に寄せられた。嘉吉元年（一四四一）年貢は千三百貫（『建内記』）、享禄元年（一五二八）には四万六千疋（『御湯殿上日記』）であった。 （西垣 晴次）

くるみのしょう 久留美荘 播磨国美嚢郡にあった荘園。現在の兵庫県三木市久留美を中心とした地域。九条家領、後に春日社領。正応六年（一二九三）の九条家文庫文書目録に久留美と見える。永仁三年（一二九五）には当荘地頭が大部荘（現、小野市）前雑掌垂水繁昌とともに大部荘に乱入したとして訴えられている。正安二年（一三〇〇）、雑掌右兵衛尉盛隆は月別公事として毎年百三十貫文を納入することを誓っているが、嘉元三年（一三〇五）の領家方算用状によれば定田は七十五町三段余であった。嘉元元年、延慶元年（一三〇八）と地頭との間に紛争が起こっているが、いずれも和与が成立したようで、さらに元弘三年（一三三三）にも荘内利松名に対する地頭の濫妨が停止された。暦応二年（一三三九）、九条房実の子の権大僧都孝覚が久留美荘を春日社に寄進して春日社領となったが、文安四年（一四四七）には代官が前年の年貢を未進したために祭礼実施が困難になっている。この年の領家年貢は春季祭礼分三千疋、冬季祭礼分が四千疋であった。 （馬田 綾子）

くろうどどころりょう 蔵人所領 平安時代初期成立の令外官司で、皇室経済の一端を担った蔵人所の所領。蔵人所の領知ないし管理下にあったものとしては、禁野・御園・御厨および供御人などがある。元慶六年（八八二）美濃国不破・安八両郡、備前国児島郡の野が永く「蔵人所猟野」とされたことが『三代実録』にみえるが、『西宮記』に載せる河内国交野も蔵人所管轄の禁野で、中世には関所も置かれた（『善通寺文書』）。『山科家古文書』にみえる「蔵人所丹波国栗作御園」は、『小記目録』『山槐記』『経俊卿記』の丹波甘栗御園を指すとみられるし、『朝野群載』所見の山城国田原御栗栖も、『山槐記』には「田原供御所」とみえ、蔵人所に甘栗を貢進する御園であり、源俊房の所領饗庭荘と相論のあった柿御園も蔵人所領である（『水左記』）。また平治元年（一一五九）蔵人所召物使の御笛竹貢進の催促をうけた大隅国台明寺は、天智天皇の御代「笛竹貢御所」に定められたという伝承をもっている（『台明寺文書』）。さらに大和の金剛砂園は、石材の切断や宝石の研磨などに用いる金剛砂を貢進したが、のちには一﨟の出納中原氏（平田家）の知行するところとなった（『京都御所東山御文庫記録』）。また『中右記』元永二年（一一一九）六月七日条に、近年「蔵人所御厨」の多くが私人の所領に打ち入れられたといい、翌八日条には同御厨と春日社・興福寺ならびに坂戸牧との間に相論の

あったことを記しているが、この御厨には御厨子所の御厨などを含んでいるらしい。供御人についても、『菅浦文書』に収める伏見上皇院宣に「蔵人所生魚供御沙汰人」とみえ、御厨子所の供御人が蔵人所供御人ともよばれたことが知られる。そのほか鎌倉・室町時代の文書にみえる燈炉供御人(鋳物師)や、納殿御書櫃を貢進した檜物師、すなわち檜物御作手も蔵人所の支配下にあった。また『経俊卿記』にみえる二条西洞院地をはじめ、恩給地として蔵人所衆に充行われた巷所が若干ある。 (橋本 義彦)

くろこまのまき 黒駒牧 甲斐国の牧。「甲斐の黒駒」は、『日本書紀』雄略天皇十三年九月条の物語をはじめとして、古来名馬のほまれが高く、中世の歌学書『八雲御抄』の名所部の牧の項にも「くろこまの」牧をあげている。一般には甲斐国八代郡黒駒(山梨県東八代郡御坂町の上・下黒駒付近)の地域に存在したとするが、特定の牧の固有名ではなく、「甲斐の黒駒を産した牧」という一般的な名称であった可能性もある。

参考文献 『御坂町誌』 (吉田 孝)

くろごめ 黒米 穎稲または穀からもみ殻を除いたもので、いまだ精白していない玄米。精白したものを白米という。『延喜式』民部省によると、年料舂米として、諸国から大炊寮へ大量の白米が運ばれるのに対し、黒米は、近江・美濃・越前・丹波・播磨・備前から内蔵寮へ合計二百石、近江から民部省へ五百石が運送されることになっている。これらの黒米は、神酒の醸造料、仕丁・今来隼人・今良(官奴婢)らの食料、神馬の秣料などに支出される。 (宮原 武夫)

くろしまのしょう 黒嶋荘 筑前国上座郡の荘園。現在黒嶋の地名は消えているが福岡県朝倉郡朝倉町入地付近と推定される。筑前観世音寺領。治安二年(一〇二二)、大宰府によって立券荘号が成立した。面積は本田数十九町六段で上座郡五図四里に設定された。応徳元年(一〇八四)以後、一町八段余の勘出田をめぐって寺と郡司の紛争を生じ、歴代国司による官物免除が例となって、寺家の支配は続いたが、次第に現作田は減少し、十二世紀における観世音寺の寺領経営の困難と相まって衰退していった。平安時代末期までは存在が確かめられるが以後明らかではない。 (恵良 宏)

くろだ 黒田 稲を植えつける前の田、あるいは、稲が植わっていない田のこと。「くろた」ともいう。稲を植えつければ豊かにみのる肥えた田であることを意味した。なお、地方によっては、稲を刈ったあとのまだ耕していない田を意味することもある。 (菅原 正子)

くろだとしお 黒田俊雄 一九二六―九三 中世史。大阪大学教授。大正十五年(一九二六)一月二十一日、富山県東礪波郡庄下村(現、砺波市)に生まれる。富山県立礪波中学校、第四高等学校文科甲類を経て、昭和二十三年(一九四八)、京都大学文学部史学科国史学専攻卒業。同大学院入学。高槻高等学校教諭。同二十六年、同退職。京都大学大学院特別研究生。三十年、同大学院年限修了。神戸大学教育学部講師。三十五年、同助教授。三十六年、大阪大学文学部助教授。四十二年、歴史科学協議会代表委員。五十年、同教授。五十六年、日本学術会議会員(十二、十三、十四期)。五十八年、「日本中世の国家と宗教」により大阪大学から文学博士の学位を取得。五十九年、同文学部長。平成元年(一九八九)、同定年退官。同名誉教授。大谷大学文学部教授。平成五年(一九九三)一月二十六日没、六十七歳。「権門体制」論の前提として、権門勢家発生の基盤を荘園に求め、荘園の多様な実態を明らかにした『荘園制社会』(日本評論社、昭和四十二年)がある。 (瀬野精一郎)

くろだのあくとう 黒田悪党 鎌倉時代中・末期から南北朝時代中期まで伊賀国黒田荘で活動した悪党。十二世紀初頭の黒田荘完成期に下司として力をつくした大江氏は、以後代々下司職を相伝して在地に勢力を扶植したが、弘安元年(一二七八)ごろ大江清定が御家人服部康直らと与同して年貢抑留などの東大寺支配排除の行動をとり、下司職を没収され悪党(第一期)とみなされた。寺家は幕府に訴え、武家の力によってようやく鎮定したが、清定のあと下司職に補任された大江観俊も清定らと同質の行動をとり、正安二年(一三〇〇)に悪党(第二期)と断定され、寺家はその追捕を幕府に依頼した。この第二期悪党は、第一期に比べて著しく勢力が増大し、観俊・覚舜(観俊の弟)・清高(清定の改名)・道願・仏念(現職公文)・服部遠保らの交名人が縁者の支援をうけ、あるいは惣荘の土民の同心を得て、長期間にわたって寺家対捍を継続した。幕府は守護代平常茂・有力御家人服部持法に悪党召進命令を下したが、両使の遵行は徹底せず、嘉暦元年(一三二六)に至りようやく張本人を召進して配流した。しかし覚舜の甥金王兵衛尉盛俊ら第三期悪党の縁者たちの活動が継続され(第三期)、一方新荘には預所兵部房快実を張本とする悪党の活動もみられ、寺家の年貢・公事の収取は全く途絶した。しかも盛俊らは幕府の追捕をさけるため、禁裏供御人と号して朝廷に接近した。南北朝時代に入っても第三期悪党の活動は継続され、簗瀬荘公文右馬次郎・鷹生荘公文孫五郎らも加わって一層強大となり、南朝方に属して寺家使入部を阻止し、名張郡悪党とよばれた。貞和二年(一三四六)東大寺衆徒の強訴により、幕府は守護仁木義長に悪党退治を命じ、一応鎮定した。しかし義長の守護職改替ののちは再び反東大寺運動を続け、応安二年(一三六九)に至り、守護方に降って悪党活動に終止符をうったが、北伊賀悪党とともに、伊賀国人一揆の母体となった。 (小泉 宜右)

くろだのしょう 黒田荘 伊賀国名張郡の荘園。現在の三重県名張市を中心とする地域。東大寺領。天平勝宝七歳(七五五)孝謙天皇より施入された板蝿杣から発展した。杣工らは食料を得るためと称して黒田村に進出し、寛和二年(九八六)には国司により杣内出作の検田が行われ、長元七年(一〇三四)には杣の四至が確定され、杣内居住

工夫の臨時雑役が免除された。長暦二年(一〇三八)杣内の見作田六町百八十歩の領有が認められ、居住工夫五十人の臨時雑役を免除された。これがのちに黒田本荘とよばれ黒田荘発展の基盤となったが、長久四年(一〇四三)にはじめて黒田荘の名が史料上にあらわれる。東大寺はこの本免田を基点として荘の拡大をはかり、荘民は公領に出作して公田を耕作し、雑役免除の特権により出作地を拡げた。一方公領に居住する農民からもこの特権を得るため黒田荘の寄人(雑役免田堵)になる者が増加した。このころ伊賀国には私営田領主藤原実遠が居り、広大な私営田を経営していたが、このような農民の動きにも影響されて次第に経営困難をきたし、長久四年に矢川の所領地四十町を禅林寺座主深観に売り、天喜四年(一〇五六)には全所領を養子藤原信良に譲った。この所領のうち名張郡に属する土地は、種々の経路を経て最終的には東大寺領となり、黒田出作荘となった。荘民の公領への出作と公民の寄人化によって公領の多くが出作地化したため、これを阻止しようとする国司との間に長期間にわたる抗争が継続した。天喜元年国司藤原棟方は出作荘民の公田籠作・年貢未進を理由として出作地(宇陀川の河東部)の牓示を抜き、官物催徴を命じたが、東大寺がこれに応じないため、官使を遣わして実力行使に及ぼうとし、荘民の反撃にあい挫折した。翌年新任国司小野守経も兵を率いて黒田荘に打ち入り、在家十六宇を焼き、出作田四十六町余を没官した。同四年この事件に対する裁決が下り、牓示を打ち直して荘域は河西部に限定されたが、同時に国使不入・国役免除の特権を得、二十五町八段半の不輸不入荘園(本荘)が成立した。しかも東大寺に給付される御封も出作田三十七町八段百二十歩の官物の内より便補することになり、一旦減少した出作地を拡張する足がかりをも得た。この後も官物の率法をめぐる国司との争い、出作地領有についての興福寺との相論、名張郡司丈部近国・源俊方との対決など種々の事件が起ったが、保元二年(一一五七)威儀師覚仁が預所として在地に下向し、六十六名の名田進退者から田率人夫・万雑事を収取する名体制を完成し、承安四年(一一七四)に後白河院庁下文により出作荘二百四十八町・新荘三十町余が不輸不入の寺領となった。東大寺は在地荘官を任命して荘経営にあたらせたが、初期には別当・将領がみえ、十一世紀中葉には惣検校・惣別当・別当・頭領という組織に変化し、十二世紀初頭には下司・公文・専当・頭領・刀禰という整備された組織になった。これら在地荘官を統轄するため覚仁を初代とする預所(寺僧が任命される)が在地に下向した。荘官の中枢である下司と公文は大江氏と藤原氏が世襲するようになり、鎌倉時代中期には下司・公文・惣追捕使のいわゆる三職を大江氏が独占した。荘民は私領主・小領主的有力名主・名主職保有者(中小名主)・作手保有者(作人)などによって構成されていた。鎌倉時代に至ると、源平争乱の余波をうけて荘内に御家人所領が点在し、また名体制も職の売買によってゆらぎ、さらに源俊方追放に力のあった下司大江氏の勢力の増大など、東大寺の支配は次第に困難となった。特に弘安年間(一二七八―八八)以降大江氏を中心とするいわゆる黒田悪党が発生し、東大寺の支配に対捍するようになってからは、年貢収取も不十分な状態となった。東大寺は、あるいは自力で、あるいは幕府に頼って悪党鎮圧につとめたが、一時は惣荘土民が悪党に加担する状態で成功しなかった。南北朝時代に至ってもその活動は衰えず、南朝に与力して寺家に対抗した。貞和二年(一三四六)守護仁木義長の鎮圧により小康を得、応安二年(一三六九)に至り守護方に降ってその活動に終止符をうった。長期間の悪党の濫妨により寺家の支配はすっかり弱体化し、文和元年(一三五二)に上野房顕快を預所に補任して荘務を一任したが、その条件は顕快に有利なもので、その子孫が寺僧ならば預所職相伝をも認めている。永享十一年(一四三九)百姓らが年貢五十石以下の納入を誓約し、翌年郡内一族人が丈六寺に会して年貢九百六十石納入を約する起請文を提出しているが、この時越智永遠・布施行種など大和の国人が請人として請文を提出し、その様子を幕府に注進しているから、幕府の介入によるもので、寺家の支配が回復したのではない。嘉吉元年(一四四一)年貢百石が納入されているが、その後は所見がなく、永禄三年(一五六〇)の黒田新荘代官職請文を最後として、東大寺の支配の徴証は以後みられない。 ↓板蠅杣《いたはえのそま》

[参考文献] 竹内理三編『伊賀国黒田荘史料』一・二(『荘園史料叢書』)

(小泉 宜右)

くろだのそま 黒田杣 ⇩板蠅杣《いたはえのそま》

くろつちのしょう 黒土荘 豊前国上毛郡の荘園。現在の福岡県豊前市大字久路土付近。鎮守が若宮であるから、平安時代末の立荘であろう。領家は宇佐弥勒寺。このころの弥勒寺所領目録に「庄田三十町、名田四十町」とある。『吾妻鏡』には建保元年(一二一三)五月但馬法眼弁覚拝領、『石清水文書』には承久二年(一二二〇)十二月祐清が本荘を綾姫に譲ったことがみえる。『両豊記』には弘治二年(一五五六)黒土氏は大友義鎮に降り、『門司文書』には天正十年(一五八二)二月門司重盛が息女に荘内を譲るとある。

(中野 幡能)

くわしろ 桑代 中世、桑畠に課せられた地租の一つ。寛喜三年(一二三一)の鎌倉幕府追加法には、桑代を新補地頭の得分とすべきか否かに関する規定がみられ、このころ領主側の重要な収入の一つであったことが知られる。平安時代から鎌倉時代にかけて、濃尾平野の諸荘園は絹の生産地として知られ、畠地は多く桑畠に利用され、桑代を納めていた。東大寺領美濃国大井荘および茜部荘においては、建保二年(一二一四)の注進状(『東大寺続要録』)によると、いずれも「年貢」の絹のほかに「桑代」を負担しており、茜部荘においては「綿一千両」であった。

(上島 有)

くわて 桑手 桑年貢のかわりとして桑以外で納めた物

のことか。十一世紀末に筑前国観世音寺領の山口村には薗桑があって「桑手苧」「桑手絹」を納めており、桑のかわりに苧や絹を納めたと思われる。

（菅原　正子）

くわはたけんちゅう　桑畑検注　⇨検注《けんちゅう》

くわばらのしょう　桑原荘　奈良時代越前国坂井郡にあった東大寺領荘園。現在の福井県坂井郡金津町桑原付近を中心とする地域。天平勝宝七歳（七五五）大伴宿禰麻呂から坂井郡堀江郷の地九十六町二段百十六歩を銭百八十貫文で買得して成立した。桑原荘は同時代の他の荘園に比べて開墾計画や経営状態などを具体的に語る史料を多く持ち、その主なものにいわゆる「荘券第一」「同第二」などと呼ばれる、天平勝宝七歳から天平宝字元年（七五七）に至る四通の文書があり、『大日本古文書』編年四・五、家わけ一八ノ二に収められている。それらによってこの荘の開発・経営事情をみると以下のようである。すなわち、すでに天平勝宝元年五月、寺家野占寺使として法師平栄が造東大寺司史生の生江東人と北陸地方における東大寺の寺地占定を行なったのであるが、この生江東人は天平勝宝六年ころ足羽郡大領となった人物であり、また同時期に越前国史生として現われる安都宿禰雄足は、それ以前は造東大寺司の官人で、のちにこの司の主典となった人物であった。この両名が桑原荘経営に密接に関係しており、造東大寺司は彼らの在地における勢力を利用することによって、この荘の経営の円滑化を図っていることが知られる。もっともこの荘の専当田使として曾禰連乙麻呂が任じられているが、経営報告書には三名の連署を必要とし、これを無視した乙麻呂だけの署名になる報告書は返却されるほどであった。そしてこうした地方豪族利用による開発・経営の姿勢は、当時の他の東大寺領荘園にも多かれ少なかれみられるところであった。桑原荘の開田状況をみると、天平勝宝七歳のいわゆる「荘券第一」によるとき見開田三十二町とみえるが、その内訳に「大伴宿禰開九町」「今開加廿三町」とあり、その個所に朱書で「去年開」とみえ、また別の個所にこの九町は「去年売田」と記すところから、実際はその前年に農民に賃租に出され、さらに新しく二十三町が開墾されたこと、また、すでに天平勝宝六年に二度にわたって田使の専当を禁ずる造東大寺司の符が出されていることが知られるので、この荘は、天平勝宝六年の初めには東大寺の手に入り、開発が行われていたと考えられる。天平宝字元年には開田は四十二町まで増加しているが、九町七段が早くも荒田となっている。この荒廃は用水溝の設備と関係があり、このため造東大寺司は溝の整備拡張や樋の設置に乗り出している。なお、天平勝宝七歳三月の「越前国公験」では、開田は三十二町一段とあるが、同年五月の既述の「荘券第一」には三十二町とあって一段少ない。これは荘券作成にあたり再確認した結果によるものであろう。また、この「荘券第一」によると、開発にあたって荘に建てられた倉屋の造作修理を計画するとともに、建築用具・農業用具・炊事用具なども取り揃えられていることが知られる。寺田の耕作については既述のように賃租耕作が行われ、一町当り六十束ないし八十束の地子稲を徴収しているが、この賃租耕作は、坂井郡大領の品遅部広耳が東大寺に寄進した自己の墾田の地子を、彼自身請け負って賃租しているのとは違い、田令公田条に規定されている公田賃租の形をとっているものであった。このように、桑原荘は律令国家の一官司である造東大寺司や、地方国郡司が経営に参加し、耕作も公田賃租的な耕作が中心を占めるといった、多分に国家権力を背景に持って経営が進められていった荘園であった。それだけに、律令国家権力の消長と歩みを同じくする限界を内包していたということができる。この荘の存在を確実に示す史料は天平宝字二年以後みえない。『大日本古文書』家わけ一八ノ六に収める大治五年（一一三〇）の「東大寺諸荘文書并絵図等目録」には、桑原荘関係の文書として十七通六十八枚の文書名を記し、その中には時代の下るものもあるが、それらはこの荘の存在を確実に物語るとはいえないので、そのまま受けとることはできない。溝江荘との面積の類似から、名称を変更したかとの説もあるが未詳。

（亀田　隆之）

ぐんごうじとう　郡郷地頭　郡や郷、保などの国衙領に設置された地頭。平安期以降、郡・郷・保などが単位所領として並列する中世的郡郷制が成立し、いずれも在地領主化した在庁官人の所領と化していた。彼らが御家人化したり、排除されて別の御家人が補任されたりして成立したのが郡郷地頭である。鎌倉期の守護は国衙の権限を吸収していったが、その過程で数多くの国衙領が守護領化していった。そのため守護領の大半を郡郷地頭職が占めることになった。ところで、近年になって中世的郡郷制の再検討が進んだ結果、単位所領に解体されない郡の機能が注目されるようになってきている。すなわち、国衙の権限を分与され広範な領域に行政機能を及ぼす郡が存在し、そうした郡に設置された郡地頭も一般の荘郷地頭の権限を越えた行政権を有していたことが明らかとなった。このような郡地頭は奥州や九州に多いのが特徴である。

（高橋　典幸）

ぐんのけんでんしょ　郡検田所　十世紀末から十一世紀初頭より史料上にあらわれてくる、所当官物の賦課基準である田積（田地の面積）の確定を行う機関。郡単位で置かれた国衙機関の一つで、検田使・書生などによって構成されていた。検田使は目代などの肩書きを持つ、受領腹心の国衙官人であり、書生もまた多くの場合は国衙官人であったが、検田使のほうは検田所に基本的に常駐せず、また任期もごく短かったのに対し、書生は検田所に常駐することが多かったとされる。なお、郡司は検田所の書生を兼ねることもあったが、基本的には国衙官人である検田使や書生を補佐する役割を担った。本来検田の任務は郡司が担ってきたが、十世紀末から十一世紀初頭にかけて受領によって国衙機構が再編成されると、検田

の機能は郡衙から国衙機関である検田所に移され、その主導権もまた国衙官人が掌握することになり、郡司は単に検田使を補佐するだけの存在になったのである。

（山田　康弘）

ぐんのしゅうのうしょ　郡収納所　十世紀末から十一世紀初頭より史料上にあらわれてくる、郡・郷の徴税を担う機関。国衙から郡・郷に宛てられる所当官物の負担分配や、官物の徴収・未進催促、官庫の管理などを主たる任務とした国衙機関の一つで、郡や郷単位に設置されていたとされる。畿内近国に限らず広い地域にその存在が認められ、収納使や書生などによって構成されていた。収納使は受領腹心の国衙官人が就任し、一方書生については郡司が兼ねることもあったが、多くの場合は国衙官人がこれを担い、収納使と違って収納所に常駐して長期にわたって在職した。本来収納の機能は郡司がこれを担っていたが、十世紀末から十一世紀初頭における受領による国衙機構再編成にともなって、郡司の持っていた収納機能は国衙機関である収納所に吸収され、受領の腹心である国衙官人が収納所の実権を握って直接人民支配に乗り込んでくるという体制に変化していったのである。

（山田　康弘）

ぐんのちょうもつし　郡調物使　郡収納使の一形態で、郡の調を徴収するために派遣された国衙官人。本来郡の検田や収納といった権能は郡司が掌握していたが、十世紀末から十一世紀初頭にかけて受領によって国衙機構が再編成されると、検田や収納機能は国衙機関である郡収納所や郡検田所に吸収され、郡司は単に受領腹心の国衙官人である収納使や検田使などを補佐するだけの存在となっていった。こうして検田や収納の権能を郡司より奪った、収納使や検田使に代表される受領側は苛酷な収奪を行い、その結果、十世紀末から十一世紀初頭にかけては郡司・百姓と受領側との間で紛争が頻発した。例えば永延二年（九八八）には、尾張国郡司百姓等によって収納使・検田使の非法が糾弾されており（『平安遺文』二巻三三九号）、承平二年（九三二）には、丹波国において国衙より郡調物使が派遣され、調絹納入に抵抗する百姓らに対して稲を強制的に検封（＝差し押さえ）するといった事件が起きている（『平安遺文』一巻二四〇・二四一号）。

（山田　康弘）

ぐんぶぎょう　郡奉行　室町～戦国時代の守護の領国支配機構の一つで郡単位に置かれた。「郡代」「郡使」とも称される。古代以来の郡という行政単位は中世以降も完全に消滅したわけではなく、一部再編されながらもなお生き残っており、郡奉行（郡代）は守護、守護代などの下にあってこの郡単位で守護権を執行した。このような郡奉行（郡代）は守護の領国支配機構の末端を担う存在として畿内近国を中心に多くの地域で見られ、その職務はそれぞれの地域によって異同があったが、おおむね守護命令の郡内への伝達や郡内に関する種々の注進、郡内に対する段銭や人夫役などの諸役の賦課・催促・徴収といった役割を担っていたとされており、場合によっては裁判権を行使することもあったとされている。なお、一人が必ず一郡を担当したわけではなく、一人で複数の郡の担当を兼ねる場合や、一郡を数人で担当する場合なども見られた。

（山田　康弘）

ぐんぼうのしょう　群房荘　安房国平群郡、安房郡にあった荘園。現在の千葉県平群郡三芳村・館山市北部地域に比定される。新熊野社領であり、永暦年間（一一六〇—六一）、後白河院から仏聖燈油料として同荘領家職を寄進したのが始まり。本家は後白河院の妹五辻斎院（頌子内親王）であり、預所職は平基親→藤原定経→平基親→平氏女→尼性智→大納言局という伝領過程をたどった。荘内の広瀬郷は、五辻斎院が賀茂社経蔵に施入し、五辻斎院家の院司吉田家が同郷を管領した。鎌倉末期、同荘は東西に分割され、また本家職に九条家が関与した形跡がある。同荘東西領家職は、鎌倉期、鶴岡八幡宮別当定豪・定親（忍辱山流）が新熊野社の別当職を兼ねたため、その法流に連なる鶴岡八幡宮供僧が相伝した。しかし、貞治六年（一三六七）、二代目鎌倉公方足利氏満が、父基氏の菩提を弔うため瑞泉寺に群房荘を寄進したため、室町期には瑞泉寺と鶴岡八幡宮新宮社家の係争対象となった。鎌倉期の地頭は不明であるが、十五世紀前半には今川範政が領有を主張している。

（清水　亮）

け

けい　頃　⇩代《しろ》

けいごでん　警固田　平安時代初期、大宰府の申請によって、新羅の海賊に備える軍士の食料を確保するために設定された田。貞観十一年(八六九)以来、新羅の海賊が北九州を荒らしたのに備えて、俘囚や統領選士をして守らせたが、その糧米の調達が困難となったので、同十五年、筑前国の田百町を割きとって警固田とし、その地子から田租分を差し引いたものを糧米にあてた。豊後国にも置かれたらしく、弘安八年(一二八五)の『豊後国図田帳』に「府警固田十八町」が遺存している。（虎尾　俊哉）

けいでん　圭田　とがった角のある田地のこと。なお、「圭」の文字には角、あるいは量が少ないといった意があり、このことから、荘園図などにおいては次のような土地、すなわち、多くは野であるものの連続して広がる野ではなく、しかも面積が一町未満の地片であり、さらに境界付近の溝・堀沿いといった縁辺部にあって、租などを負担しない土地のことを表現する用語として、この「圭」の語が使用されることがあった。ちなみに、荘園図の中では「圭圃」という表現もしばしば見られ、これは、縁辺部に位置する一町未満の土地(「圭」)であったものが、開拓されて「圃」(土地利用上は畠で、かつ租などを負担する土地を示す用語。「陸田」とほぼ同じ意味)になったものを示していると考えられている。また、「圭」には潔《きよ》いという意味もあり、このことから収穫を祭祀用にあてる田地、いわゆる「神田」のことを圭田と称することもあった。（山田　康弘）

げぎょう　下行　上位者が下位者に米・銭などの物資を下し与えること、支給すること。永久三年(一一一五)東寺執行定俊がその知行する名田雑免一町七段について、段別六斗(下斗に換算して一石二斗)を仏性米に下行しているほか他役なしといっている例、応保二年(一一六二)、大和国目代が仏聖米を下行しないと、東大寺堂司が訴えている例などがある。これらが示すように、寺社において所領からの年貢米を諸種の法会・祭礼の費用、供僧・神官などへの給与などとして支給することを下行といい、その際、下斗・下行斗が使用された。寺社に限らず異国警固のための兵粮米の下行(弘安七年(一二八四)、鎌倉幕府法)、地頭が水手食物を百姓に下行する(同十年、淡路国鳥飼荘)などの用例も多い。また損免について「立毛に応じてこれを乞ひ下行あるべし」(原漢文、『六角氏式目』)といわれているように、損免を与えることを意味する例もあり、江戸時代には支給される物資そのものを下行といった例もある。（網野　善彦）

げぎょうまい　下行米　下行とは上位者が下位のものへ分配支給すること、費用の支払いをすることをいう。また荘園領主が徴収した年貢のうちから経費として必要な相手、事態に対して支給することをいう。すなわち下行米はその支払われる米である。前者の例としては寺院内部において諸役の給与として支給される場合、行事の費用として支払われる場合などがある。後者においては荘園領主が堰や井の修理費用として支出する堰料・井料などがある。（福眞　睦城）

げぎょうます　下行枡　荘園領主が、下行すなわち支払いを行う時、料米の計量に専用する枡。下斗とも称し、また下行の目的・対象などにより、相節斗・長講斗・仏聖斗・会所斗なども呼び、その名称はさまざまである。領主的利害から荘園の収納枡より容積が小さいのが普通である。平安時代末期ごろからみえる。一例を示すと、天養元年(一一四四)醍醐寺円光院納所紀法によれば、円光院の収納枡(一斗枡)は口辺が一尺七分四方、深さ三寸六分であるのに対し、下行枡は口辺が一尺四分四方、深さ三寸五分とあって、下行枡のほうがすこし小さかったことがわかる。このことは中世を通じ、この枡の特色として認められる。また近世では藩によって、家臣に扶持米を給与する時に用いる扶持枡がある。これは下行枡の系統をひく枡であって、領内の年貢を収納する納枡よりも、小さいのが通例である。→納枡《おさめます》　→払枡《はらいます》（宝月　圭吾）

げくうりょう　外宮領　⇩伊勢神宮領《いせじんぐうりょう》

げげでん　下々田　⇩田品《でんぽん》

げさくしき　下作職　中世後期に農民的土地所有は剰余生産物の収取をめぐって、名主職・作職・下作職などの新しい重層的「職」に分化した。下作職はその末端の実質的耕作権である。下作職は年貢・加地子の未進によって改易され、無断売却を禁止され、子孫に相伝できないなど、権利の弱いのが多いが、中世末期には地主的な作職と同質化した下作職も現われ、その場合、下に当作人の請作すなわち小農民の実質的土地保有を分出した。なお用語上、下作職は作職を、また例外的に名主職を指す場合もある。（佐川　弘）

げさくにん　下作人　⇩作人《さくにん》

げざんりょう　見参料　「けんざんりょう」ともいう。室町時代の荘園において、荘官が名主・百姓などに賦課した負担の一つ。見参は、本来主従関係の成立に伴う儀式であったが、この時代になると、下司職や名主職の安堵あるいは補任に際して、その礼銭として納めさせたようである。実例が乏しいので詳しいことはわからないが、応永十二年(一四〇五)四月に、東寺の二十一口方供僧は評定して、大巷所の下司職交替の見参料を百姓に懸けることを定め、その配分方法を評議している(『東寺百合文

書』く)。下司職に任命されたのは下司代であったものであって、この下司代が実際の負担を百姓に転嫁することは差し支えないといっている。このような例や、「見参酒肴」が算用された例(東京大学所蔵『東大寺文書』)、また名職安堵に際しての請取(同『長福寺文書』)など、室町時代応永年間にいくつかの所見がある。これらの場合には、いずれも銭貨で納められていることも注目されるが、事例の発見がなお今後の課題である。 (福田以久生)

げし 下司 もとは身分の低い役人のことをいったが、ふつう現地において荘園管理の実務に従う下級の荘官のことをいう。「げす」とも読む。公家・社寺などの荘園領主の荘園管理の組織としては、その政所ないしは公文所がその任にあたり、これを一般に上司といった。この上司と現地の荘官との中間に位する預所などの荘官が中司で、現地で荘務を行う荘官が下司である。この下級荘官は、荘園の下司という意味で荘司とも呼ばれたが、公文・田所・案主・惣追捕使・押領使などがみられ、それぞれの職務を分掌した。はじめはこれら下級荘官の長を下司といっていたが、鎌倉時代以降になると、公文・田所といった荘司の職掌上の区別は漸次みられなくなり、下司も本来の意義を失って、在地の荘官の一人となった。そしてこれら荘官の設置は、時代によりあるいは場所によって、必ずしも一定していなかった。たとえば鎌倉時代初期の東大寺領美濃国大井荘においては、下司・検校・別当・権別当・惣追捕使などの荘司がみられるが、鎌倉時代末期には下司・田所・公文が荘務を掌り、「三職」と呼ばれた。また南北朝・室町時代の東寺領荘園についてみると、山城国上久世荘は公文だけで、それ以外の荘官はみられない。同下久世荘には下司・公文が置かれ、同上桂(上野)荘は下司だけである。播磨国矢野荘例名では公文・田所がみられ、備中国新見荘には公文・田所・惣追捕使が置かれ、これを「三職」といった。これらの荘官は中央の領主から派遣される場合、開発領主の子孫が任命される場合などがあったが、時代が降るとともに在地の有力者が登用される場合が多くなり、特別な事情のない限り世襲が認められていた。その職務として、荘地・荘民を管理し、年貢・公事・夫役などを確実に領主に上納するとともに、治安維持・侵略防衛の任にあたった。下司のこれらの職務に対して、当然領主側から反対給付が与えられた。その内容も時により、また場所によって一定しないが、その主なものを挙げると次のようなものがある。㈠給田・給名 特定の田地・名田の年貢あるいは雑税を免除して下司に与えたもので、雑税のみを免除した場合は雑免ともいった。㈡加徴米 領主に納入する年貢に対して、段別いくらかの付加税の徴収を下司は認められていた。㈢免家 一定数の荘民を下司に充行なって、その百姓の労役を徴収することが認められていた。㈣その他荘民から夫役を徴収することができたなどである。かくして平安時代から鎌倉時代にかけての下司などの荘官は、武士化するものが多く、幕府の御家人となって地頭に補せられる例も稀ではなかった。しかし南北朝時代以降になると、多くの荘園領主は、下司などの荘官が武家に仕えるのを好まず、その任命にあたっては、守護および武家に奉公しない旨の請文を提出させることが広く行われた。 (上島 有)

げしうけ 下司請 平安末期に開発領主は開発した所領を荘園領主に寄進し、自らは荘園領主より下司職を安堵され、下級荘官となった。これら下司が荘園領主に対し、年貢を請負う行為を下司請という。鎌倉時代荘園内において、下司と地頭は対立を繰り返していたが、地頭が荘園内で下司を圧倒し、地頭領主制を確立するようになると、実質上、下司請は機能しなくなり、それに代って地頭請が一般化するようになった。 (瀬野精一郎)

げしきゅうでん 下司給田 下司の職務に対して荘園領主より給付された田地。年貢は免除されていた。下級荘官である公文、田所、案主、惣追捕使、押領使に対する給田を総称して下司給田と称している場合と、下司給、公文給、田所給と併列されている場合もある。後者の場合は、公文、田所以外の下司に対する給田を意味している。開発した田地を荘園領主に寄進し、下司職を安堵された者が、本来保有していた田地のことは下司本給田と称され、年貢は免除されていない。 (瀬野精一郎)

げしたいにんりょう 下司替任料 下司に任ぜられた者が、荘園領主に納める任料。鎌倉時代中期以後、任料は銭で納めることが増加しており、段別百文の任料が支払われた例がある。 (瀬野精一郎)

げしみょう 下司名 開発領主が開発した田地を荘園領主に寄進し、荘園の下司となった者が保有する名で、荘園内では別名として取り扱われ、荘園の公事は免除されていた。その性格から領主名と称されることもある。田地は下司自身によって一部経営されるとともに、百姓名の名主や小百姓と称される雑役免百姓に散田され、鎌倉時代後期には、「名田方」と称される自立した単位となり、内部に第二次的名が編成されることになった。そこで下司名を下司による農業経営が展開される私有地ととらえることはできない。 (瀬野精一郎)

げしめん 下司免 下司給田は年貢免除、下司名は公事免除という特権を付与されていたので、下司という荘官の職務に対する免除であることから、これらの付与されている特権のことを下司免と称した。 (瀬野精一郎)

けしょうでん 化粧田 嫁入りの節の持参田。「けわいでん」ともいう。武士の娘は庶子とともに所領の分割相続に与ったが、南北朝時代のころ嫡子単独相続制に移行するなかで、それは一期分《いちごぶん》に限られ、さらに室町・戦国両時代の間に女子への譲与は次第に消滅し、女性の地位の低下は決定的となった。わずかに女子への財産分与は嫁するに際して少分のものが化粧料の名義で持たされた。『世鏡抄』は女子には千分の一の所領を一期の化粧料として譲るべきであるが、それも長女に限るといっている。

この化粧料が水田であれば化粧田と呼び、持参金は敷銭などといった。これらはみな夫の管理下に置かれたが、『六角氏式目』は妻一期ののち、特約がなければ、化粧田は女の生家へ返付し、敷銭はその必要はないと定めている。しかし江戸時代には離縁の際には生家へ返したが、一般には夫の所有に帰したようである。（佐川　弘）

げす　下司　⇩げし

げだいあんど　外題安堵　外題とは解《げ》・申状などの上申文書の袖・奥あるいは裏に記載された、その文書に対する承認・確認などの意をあらわす文言のことで、安堵とは所領などの知行権の確認のことである。すなわち所領・土地の譲状・売券・寄進状(施入状)などの余白部分に、その行為を承認する旨を記したのが外題安堵である。奈良・平安時代にあっては、土地の譲与・売買・施入などは、解形式の文書で国司・郡司の承認を求める形をとった。これをうけてその文書の奥に職判・国判・郡判が加えられるが、やがて国司・郡司の署判だけではなく、それを認める旨の文言が加えられるようになる。たとえば延喜十二年(九一二)七月十七日、家地の売買の承認を求めた七条令解の奥に、左京職がそれを認める旨を記して署判を加えている(『東寺百合文書』へ)。また永承三年(一〇四八)七月二日、安芸国高田郡司藤原守満は、三田郷と私領を嫡男守頼に譲与するに際して国判の申請をしているが、国司中原師任はそれを認める旨の外題を奥に加えている(『厳島神社文書』)。これらは外題安堵の早い例である。しかしやがて売買・譲与は、このような形式から直接相手に文書が渡されるようになり、特殊な場合を除いて一般には公権力による安堵は行われなくなる。鎌倉幕府にあっては、御家人の所領の譲与は幕府の承認を必要とした。はじめは安堵の申請が出されると、しかるべき手続を経て安堵下文・安堵下知状が下された。しかし嘉元元年(一三〇三)以降は、提出された譲状の袖(たまには奥または裏)に、執権・連署がこの譲状に任せて領掌せしむべき旨を書いて申請者に交付した。これが鎌倉時代の典型的な外題安堵である。南北朝時代になると、所領の譲与安堵は足利直義の下文によって行われるようになり、外題安堵はみられなくなる。一方元弘三年(一三三三)八月には、出羽国由利郡小友村の安堵を求めた小早川性秋の申状の袖に、国司葉室光顕が安堵の外題を加えており(『小早川家文書』)、建武三年(一三三六)二月には、足利尊氏はその九州西走に際して、諸国の武士を糾合する目的で、元弘没収地返付令なるものを出す。これは建武政権によって没収された所領を返付してほしいという申状の裏に、尊氏がそれを認める旨を記したものである(『醍醐寺文書』『小早川家文書』)。貞和五年(一三四九)肥後国に下った足利直冬は、その後約三年間、九州の経営に従うが、この間直冬は当知行地の安堵を申請する武士の申状の裏に、それを認める旨の文言を多数書いている。これらはいずれも本領安堵の外題であって、戦乱時における武士の要求に応じたものであるが、南北朝の動乱の終息と相まって、本領・譲与ともに外題安堵はほとんどみられなくなる。　➡安堵《あんど》（上島　有）

けちげ　結解　荘園所領からの収入を計算把握すること、またその分配、支配を行うことをいう。例年、荘園所領から荘園領主に対し、その年の収益高の報告(注進)がある。この規定年貢量に対しての減免や損失分などを差し引いてその年の実際の納付高を計算することを「結解を遂げる」と言った。この結果を記載したものが結解状である。大和国大田犬丸名では負田田数、損田数を書き上げ、残る定田から納入すべき所当数、実際に納入された数量を計算しているが、この計算行為と報告が結解に当たる(『平安遺文』三巻六五二号)。さらに、現地から納入された年貢を領主がさまざまな用途に分配・下行することも結解と称したが、こちらは支配と呼ばれることが多かった。　➡散用状《さんようじょう》（福眞　睦城）

けちげじょう　結解状　⇩算用状《さんようじょう》

けっしょ　闕所　中世における闕所は没収の一種であるが、普通の没収(収公ともいう)とは区別があったと考えられる。没収はある所領の没収を、闕所はある者の知行する所領の全部の没収だったとするのである。『御成敗式目』第四十四条は、傍輩の罪科が未断以前にその所帯を得ようとして、その者を悪し様にいうのを禁じている。これはどの所帯が没収されるかわからないので禁じたものと思われるが、罪人が闕所を命ぜられたあとはこれを制限していないのは、かれの所領が全部没収されることになったのであるから、どの所帯を望んでもよいということである。室町時代のある史料には、犯罪により有徳の者の家財宝が悉く闕所されているが、これは闕所が全所領の没収を意味したことからきたのであろう。中世において、所領の意味はきわめて大きかったのであるから、所領を全部没収されると主君への奉公ができなくなり、主従関係断絶の危険があったわけである。すなわち闕所は、これを命ぜられた者のみならず、その家にとっても大きな損失となるのであるから、機会があれば、その一族の者などより、由緒地としてこれの返還を願い出たのは当然である。なお、『建武以来追加』第三百四十六条の永正五年(一五〇八)八月七日の法令に、この悪銭売買の禁令に背いた者の私宅は闕所に行われるべきものとしているが、これは、当時、権門の被官などには一軒以上の私宅を持っている者が少なくなかったので、その全部を没収したことを意味するのであろう。（石井　良助）

けつりょう　欠料　⇩かんりょう

げでん　下田　⇩田品《でんぼん》

げにん　下人　中世社会において百姓とならんで存在した被支配者の主要身分の一つで、主人(主家)に朝夕召し仕われる人格的隷属をその指標とし、所従と同義で呼ばれることが多い。下人という用語そのものは、すでに『続日本紀』延暦四年(七八五)六月十日条に「失㆓先祖之王族㆒蒙㆓下人之卑姓㆒」とあるように、古代の社会的下層を示

す通称であった。平安時代、十世紀の公家日記にも下人の語が用いられ、『貞信公記』天暦元年（九四七）十一月十七日条に「下人猟衣不レ得レ用二手作布一」という下人服装規制の記事があるが、この下人とは、同年同月十三日に公布された新制（『政事要略』）によると「諸衛舎人諸司幷院宮諸家雑色以下人」のことであり、換言すれば「板築荷担之類、奴婢僕従之徒」など、平安京における下級卑賤の者一般を指す貴族側の呼び名である。それ以後、平安時代の日記・文書・説話文学などに登場する下人は、当時の「下衆」と同じ存在で、田堵百姓ら一般住人も、主人に服仕する「従者」も、ともに包括する下層身分呼称として、全国的にひろがった。権門貴族が舎人雑色以下の都の雑人や地方の荘公民をひろく下人と呼び、さらに地方有力住人層がその配下の住民・従者・僕従らを同様に下人と称する社会関係が、ここに展開したのである。このように中世成立期の下人は、直接に古代的奴婢身分に由来するものではなく、律令制解体の社会変動の中で形成された下層被支配身分の概括的呼称であったから、その実態は多様な都鄙の階層・職能・隷属形態を包含していた。下人に関してこれまで集中的に研究されてきたのは、在地領主や有力田堵名主に隷属する農業労働力の問題である。たとえば平安時代中期の高山寺本『古往来』に記された「所部下人」は、奴婢僕従とみられる「一両駆使」と区別すべき近辺農民で、大名田堵の管掌する部内に所属して私的に農料の稲を班給され、田堵の営田を分割耕作する存在であり、また『今昔物語集』などの利仁将軍伝承で語られる領主館周辺居住の下人（「此辺ノ下人」「めぐりの下人」）は、領主が恣意的に課する雑役を朝夕に勤仕する隷属関係のもとにあった。それらは、『東大寺文書』で知られる伊賀国の「私営田領主」が、諸郡の所領に田屋を立て、国内人民を従者として服仕させて佃を宛て作らせたのと同様な領主支配下の隷属農民としての従者的下人にほかならず、その多くは従来の荘公百姓がみずからの家と農業経営を保持したまま、領主・名主の経営のもとに吸収・包摂されたものであった。一方これとならんで、依怙のない者や流浪者が、主家に隷属して草刈・馬飼などの家内補助労働に駆使される形態の僕婢的な下人従者が、領主・名主の家ごとに存在し、譜代相伝の関係で主人と強い絆で結ばれていた。平安時代末期になると、従者に代わって「所従」の呼称が用いられるようになるが、当時の在地領主が「所従を語らいすえて」所領の郷を経営し、あるいは荘園の有力住人が公民百姓を因縁所従と号して国務を妨げるような、中世領主制・荘園制確立の潮流の中で、荘園公領制支配下の名主百姓と、領主・名主支配下の下人・所従の二大被支配者身分が、社会的に定着した。中世の下人もその実態は一様でなかったが、一般にその身柄を主人に所有され、これに人格的・世襲的に隷属して、昼夜朝夕に祗候し召し仕われる身分であるとみなされる点で、人身支配から独立した百姓身分と基本的に区別された。鎌倉幕府法は下人を「奴婢」と表現し、旧主の異論なく十ヵ年下人を召し仕えば新しい主人がこれを取得し得ることを定める一方で、領主が所領の百姓子息やその所従を召し仕う場合、十ヵ年を過ぎたと称してこれを下人化したり、移住のさい所従と号してこれを妨げることを非法として、両者の身分を峻別している。また百姓は地頭荘官の非法を法廷に訴える雑人訴訟の権利を公認されていたが、下人がその主人を訴えて主従対論することは禁じられた。相伝譜代の下人は主人の財産の一部とされ、譲状によって譲与処分の対象になったが、他方で逃散・訴訟などによって主人からの解放を志向する動きと、種々の過程を経て新たに下人化する動きが、中世を通じて並行的に展開した。下人化の契機はさまざまであるが、みずから主人を憑んでその保護と扶持を求める場合、罪をあがなうために「曳文」を出して召し仕われる場合、百姓の人身売買による場合、債務不履行によって「身代」を取られる場合などがあった。下人身分の本質については、戦国大名法によってその五つの側面、すなわち他人の所有の対象、下人の非所有、被給養＝非自立、その強制、苛酷な支配という性格を挙げて、これを日本中世社会に特有の奴隷身分とする学説があるが、それと不可分の百姓身分の性格および両身分の連関構造の問題がなお研究課題として残され、一方、農民としての下人を農奴、百姓を隷農と捉えようとする仮説的見解があって、中世史における主要な論争問題の一つになっている。（戸田　芳実）

けひじんぐうりょう　気比神宮領　福井県敦賀市曙町に鎮座する気比神宮の所領。気比神宮は、古くは笥飯宮また笥飯大神宮とも称した。その社領については『日本書紀』持統天皇六年（六九二）九月条に封二十戸を増すとあるのが初見で、天平二年（七三〇）十二月二百戸を神階（従三位）の料に充て、ついで四十四戸を加えられた。『新抄格勅符抄』の大同元年（八〇六）牒には神封二百四十四戸とみえ、全国神社の中でも屈指の多大な封戸を擁していた。当宮の封戸や租はもと官庫に徴収していたが、ややもすれば国司が他に流用するので、延暦十二年（七九三）二月これを停め、みな神庫に納めて祭祀の用に充て、社の経済に支障なからしめた。平安時代末期当宮はその社領とともに荘園化し、鳥羽院を本家と仰いで皇室領の班に入り、美福門院・八条院・春華門院・順徳院・後高倉院・安嘉門院・室町院・亀山院・後宇多院を経て、後醍醐天皇に伝えられた。一方律令制が崩壊過程に入ると、他の多くの社寺と同じく当宮も封戸を荘園化するとともに、地方有志の寄進を得て荘園を造成した。それらの概要は建暦二年（一二一二）九月に当宮政所が注進した『神領作田所当米已下所出物等惣目録』（表中では『建暦二年気比社領惣目録』とする）によって知られる。それによると、敦賀郡を中心とする越前の沃野十数ヵ所の荘・保と、敦賀・三国の二要港、それにつづく海岸線の浦々を支配し、社領の一部は遠く越中・越後にも及んでいた。その

気比神宮 社領一覧

所在国郡	名称	特徴	典拠
近江 高島郡	木津荘	福万・末吉名は気比社夜燈田	天台座主記
越前 敦賀郡		浮免田百三町四段二百四十歩	建暦二年気比社領惣目録
同	気比荘	承元三年作田四十三町四十歩、領家年貢五百八十二石	建暦二年気比社領惣目録・八条左大臣家遺領目録
同	葉原保	見作田十四町二段大、寿永二年木曾義仲寄進の飯原荘はこの保という	建暦二年気比社領惣目録・八条左大臣家遺領目録・平家物語・気比宮社記
同	少神戸	建暦元年見作田二十三町八段百八十歩	建暦二年気比社領惣目録
同	諸木野	建暦元年見作田三十八町一段三十六歩	同
同	莇野保	承元三年作田六十三町四段二百四十歩、領家年貢四十七石	建暦二年気比社領惣目録・八条左大臣家遺領目録
同	野坂荘	遣田二十四町五段小、敦賀郡浮免田百二十八町の内	建暦二年気比社領惣目録
同	池見保	所当米等十六石	同
同	三刀	所当米等五十石	同
同	五幡保	神楽用途米三十六石四斗余	同
同	島川(郷)	所当米二石五斗	同
同	大縄間	所当米十八石、三箇浦の一つ	同
同	沓浦	承元三年田四町二段百二十歩、三箇浦の一つ	同
同	手浦	三箇浦の一つ、正安三年手浦刀禰職補任	建暦二年気比社領惣目録・秦宗次郎氏所蔵文書
丹生郡	干飯浦	苔・若和布・丸塩等備進	建暦二年気比社領惣目録
同	玉河浦	同	同
同	蒲生浦	浮海神人等逃亡	同
南条郡	大谷浦	苔・若和布・丸塩等備進	同
坂井郡	長田保	長田小森保と併称さる、封米二百十石七斗余、調庸代米七百五石代便補、領家年貢六百四十六石五斗余	建暦二年気比社領惣目録・八条左大臣家遺領目録
同	小森保	長田小森保と併称さる、所当米本家領家得分八百余石、建暦元年領家藤原良輔同保を藤原定家に与う	建暦二年気比社領惣目録・八条左大臣家遺領目録・明月記
(郡未詳)	河原田保	延文二年室町幕府、大宮司をして道林に同保を安堵	気比神宮文書
加賀 石川郡	椋部保	もと神領図免田七町	建暦二年気比社領惣目録
能登		浮免田三町、所当米三十石	同
越中		同	同
射水郡	奈古浦	和布・鮨桶・平割鮭等備進	同
越後		浮免田三町、所当米三十石	同
(郡未詳)	曾平	貢神鮭二百二十尺	同
佐渡		浮免田三町、所当米三十石	同

気比神宮領

作田は二百五十七町余で所当米は千七百石余、これに請加米を加えると二千百十一石で、このうち本家分七百二石余、領家分二百九十二石余、大宮司(預所)分百七十七石余となっている。この本家は前述のごとく皇室で、領家ははやく九条兼実の第三子左大臣良輔がこれを知行し、のち延暦寺に属する青蓮院に伝えられた。当宮は中世末期朝倉氏が滅亡するころまで越前国内の所々の社領を領有し、刀禰職などを補任していたが、のち社運衰え、江戸時代の社領は百石に過ぎなかった。（小島　鉦作）

けひのしょう　気比荘　越前国敦賀郡の荘園。現在の福井県敦賀市の気比神宮一帯。建長二年(一二五〇)の『九条道家惣処分状』(『九条家文書』)によると、当荘の本所職は藤原良輔から後家禅尼を経て最勝金剛院領に、さらに九条道家の有に帰したと考えられ、領家職は気比社が保有していた。ついで徳治元年(一三〇六)の『昭慶門院御領目録』(『竹内文平氏所蔵文書』)では興善院領として荘名がみえ、九条家から興善院領を経て昭慶門院憙子内親王の御領に移ったが、南北朝争乱期以後は気比社領を残して事実上衰微した。なお、気比荘の比定地としては丹生郡気比庄の可能性も高い。（松原　信之）

げびゃくしょう　下百姓　中世後期の下百姓は、田所・公文・名主などに属した下人であるが、譜代相伝の下人とは異なり、百姓が没落して荘官の庇護の下に入ったものである。したがってその存在形態は一般の百姓とほとんどかわらない。近世の下百姓は、その初期においては家父長的土豪経営下の隷属農民であり、十七世紀後半以後においては、本百姓が内々に持高を分配した二、三男や奉公人であり、一戸前として独立しておらず、帳付されなかったが、水呑百姓とは区別された。（小田　雄三）

げます　下斗　⇩下行枡《げぎょうます》

けみ　検見　中世・近世に行われた徴税法の一つで、検見使が、その年の田畠の作物の出来具合を検じ、租税を決定すること。「けんみ」とも読み、毛見とも記す。平安から室町時代には、荘園・公領の公的な調査を検注といい、土地の所在・面積・作人・年貢額・年貢負担者等の調査が行われ、結果は一筆ごとに帳簿(検注取帳)に記載された。これによって、田畠・在家・桑・漆などの樹木の面積・本数が確定され、年貢・公事等の量が定められた。立荘や領主の代替わりなど、定期に正式に行うものを正検(大検注・惣検)という。正検以外の全ての検注を内検といい、正検による土地台帳を基に、毎年、見作・損・得を調査し、年貢初等を確定するために行われる。また、毎年の内検が実施されない場合、水旱虫風による被害を受けた時、現地からの申請により検見が行われた。これも内検といった。↓検注《けんちゅう》（松井　吉昭）

けみょう　仮名　一般的には、源義経を源九郎と呼ぶよ

うに、武士などの実名に対する通称・呼び名のことであるが、荘園公領制の関連では、平安中期ころから公田の官物・雑役納入を請け負った有力農民である負名田堵が「大田犬丸」「稲吉」などと名乗るなど、豊饒と繁栄を予祝する仮名が広く使用された。また、中央の貴族・官人が諸国で土地の開発や所領の登録を行う場合にも、若狭国国富荘の開発領主小槻隆職が「吉原安富」と称したように仮名が用いられたが、これも本名をはばかるほかに、予祝の意があったのであろう。このほか、諸国で国衙の雑務に従事する国雑掌が、共通して「成安」を称した事実もあり、中世において仮名は各方面で社会的に認知されていた。　（田村　憲美）

げようまい　下用米　下行米《げぎょうまい》と同意語で上から下へ給与する米、または支払う米のこと、また下向米ともいう。そもそも下行には下のものに支払う、または支給する意があり、それが米で行われたものが下用米である。↓下行《げぎょう》　（斎藤　洋一）

げようます　下用斗　⇩下行枡《げぎょうます》

けらのしょう　介良荘　土佐国長岡郡の荘園。現在の高知市介良を中心とする地域。『和名類聚抄』の土佐国長岡郡気良郷が平安時代末期に荘園化した。領家は伊豆走湯山密厳院。平治の乱後、源頼朝の弟希義が当荘に配流された。鎌倉時代初期には源内民部大夫行景が地頭となり、のち土豪の曾我氏が荘官をつとめた。南北朝の内乱期には細川氏の支配下に入り、半済施行のため領家勢力は後退し、内乱末期には吸江庵（寺）領となる。以後、同庵寺奉行の長宗我部氏が管し、やがて所領化した。天正十五年（一五八七）十二月一日に始まり翌十六年正月二十二日に集計された『長宗我部地検帳』、および慶長二年（一五九七）二月の『岩屋新塩田・古塩田地童帳』に荘名がみえるが、山内入国後近世村落に変貌した。　（山本　大）

けらのしょう　気良荘　美濃国郡上郡の荘園。現在の岐阜県郡上郡明宝村気良付近。近衛家領。建長五年（一二五三）の『近衛家所領目録』に高陽院（藤原忠実女泰子）領内とあり、これは忠実の養母四条宮領を受け継いだものといわれ、その成立は十一世紀にさかのぼる。近衛家に伝領されたが荘務権はなく、天福元年（一二三三）、基通よりその子道経の室武蔵に伝領。のち貞治六年（一三六七）、安居院行知が勅により解官、気良荘は他人に充行われたと『愚管記』にみえる。領家職であろう。なお、土岐頼数が気良を号していることより、在地の土岐氏が何らかの職を有していたことが推定される。　（新井喜久夫）

けりょう　家領　院宮王臣家・権門勢家・武家・官人らの家が伝領することを公認された所領、荘園。家の領地。平安時代後期、これまでの血縁的・擬血縁的集団としての「氏」が分解し、門流が形成され、始祖と祖先祭祀・持仏堂を中心に「家」が成立した。「家」は夫婦を中心とした家領を持つ経営体である。摂関家では、院政期前半、藤原忠実が、京極殿領・高陽院領・冷泉宮領などを集積して家領荘園群を形成した。しかし、分割相続が行われており、家長による家領全体の統括は弱かった。保元の乱・源平争乱の摂関家内部の対立や政治的外圧のなかで、高陽院領・京極殿領を家領とした近衛家と、皇嘉門院領を家領とした九条家とに分立し、さらに鷹司・二条・一条が分立した。ここに家領と摂関氏長者の地位に付属した各摂家を渡り動く渡領（氏院寺領）が完全に分離した。また鎌倉時代、久我家領・小槻家領なども其の骨格が形成され、鎌倉時代末期頃から嫡子単独相続に移行した。　（松井　吉昭）

けん　間　長さの単位。六尺をいう。この大きさの単位は、たとえば『延喜式』雑式に「其度以二六尺一為レ歩」とあるように、古くは歩《ぶ》であった。一方、この長さが建築における柱間《はしらま》の標準寸法ともなって、間合《まあい》の呼称として間（けん）が用いられたが、歩が六尺平方の面積単位に代わるに及んで、間が歩に代わって土地などの長さの単位にも用いられるようになった。尺の大きさが変化しているので、間もしたがって変化しているが、定義としては曲《かね》尺《じゃく》で六尺をいうことに変りはない。現在の値は、明治八年（一八七五）度量衡取締条例によって尺が三十三分の一〇《メートル》とされたときに定まった。しかし検地においては用いる間桿《けんざお》に、技術的あるいは政策的要素が付加されることが多かった。たとえば桿の端末の摩耗分として一分ないし三分を長くし、あるいは土あげ分を見込み、太閤検地のように六尺三寸桿を用いるの類であり、江戸時代には貢米増徴のため名目坪数が増加するよう六尺より短い桿を用いることがしばしば行われた。建築においては間は目安で、間桿は設計寸法に対してそのつど曲尺で目盛って用いた。また長宗我部元親のように、領内の建物の規格を統一するため「城普請、其他何によらず、本間六尺五寸間たるへし」（『長宗我部元親百箇条』）などと定めた例もある。　（小泉袈裟勝）

けんえいし　見営使　平安時代中期、検田使に先行して、国司が課税対象となる田数調査（検田）のために国内に派遣した使。延喜十五年（九一五）十月二十二日付丹波国牒は、東寺伝法供家が、丹波国大山荘の新開田が寺領であることを証明する郡判を求めたことに対する返牒であり、国衙は「検見営使所」に命じて「図帳」（国図）を調べ、国図に寺田と記している。また天慶三年（九四〇）九月二日東大寺領高庭荘坪付には、「右件の寺田は、見営使の符の旨により、勘注し進む所、件の如し」とある（『平安遺文』一巻二五一号）。因幡国高草郡の公文預（図師を含む郡司の一部）が、郡衙に提出された見営使の依頼によって東大寺の寺田を調査している。十世紀前半、見営使は郡司に補佐されながら、国図（国内の公田を定めた）を基にして見営田を調査し、馬上帳を作成した。十世紀後半になると、見営使の実態は検田使と同様に移行してきた。　（松井　吉昭）

げんかいでん　見開田　初期荘園を中心とした古代の荘園関係文書において、墾田地全体のうち、現に開発され

耕地となった田を示す用語。それに対してまだ開墾されていないか、いったん開墾されても耕作が放棄されたり天災によって再び荒地に戻った地を「未開」と称する。荘園ごとの年次別決算報告書や開田図に記載される、開発ずみの墾田の総数を示す場合に広く使用されている。また荘園を公認する官省符などでも総面積中の開発済みの墾田数を示すときに用いられる。（小口　雅史）

けんかそんし　検河損使　平安時代、霖雨・洪水などにより河川が損壊した場合、その実検のために派遣される臨時の職。延喜六年（九〇六）初見の検近江国神埼・愛智・犬上三箇郡河損使の例では、長官に掃部允従七位上春道敏助、主典に正八位上家原恒門が補せられ、使一行の発遣に際しては、官符を近江国に下して、当使の処分に従うよう命じ、駅鈴二口を支給している（『類聚符宣抄』八）。また、特に水害による堤防の被害を視察するために、検《けん》水害堤使《すいがいていし》を補することがある。貞観十二年（八七〇）の検河内国水害堤使が唯一の例で、この場合、その構成員は三等官制をとり、長官に従五位上行少納言兼侍従和気彝《つね》範《のり》一人、および判官一人・主典二人となっている（『三代実録』七月二日条）。（渡辺　直彦）

けんきゅうずでんちょう　建久図田帳　建久年間（一一九〇―九九）鎌倉幕府が諸国の在庁官人らに命じて作成させた一国単位の土地台帳。国内の田地の面積、荘公の別、荘園領主・地頭・在地領主（荘官・名主）名など所領支配の状況を示す記載があり、幕府が御家人に所領を与えたり、御家人役を賦課する際の資料としたものと思われる。完全な形で伝存するのは建久八年の薩摩・大隅・日向国のものであるが、他に断簡として伝存するものに豊前・肥前・肥後国のものがあり、筑前・筑後・豊後国についてもその存在したことを示す明証がある。九州一円ほぼ同時期に作成されたものと思われる。『大隅国図田帳』には在庁等申状が副えられており、それには鎌倉幕府の指令をうけた守護所牒が記されていて、図田帳作成の目的・事情が明らかである。守護所牒には、在庁は急ぎ参上して国内の郡郷図田、荘園田数、本家・領家・預所および地頭・政所・弁済使の名等を注進せよとあり、幕府の指令には、九州諸国の国内事情にくわしい在庁に命じて惣田荘公を注進させよ、田数、荘公の別、郡別の明細、荘公の地頭の名、政所・弁済使の名等を注進させよ、これは地頭補任の現況を知り政務の資料にするためである、とある。また薩摩国については同年、大隅国については翌年、御家人交名が注進されており、図田帳の作成と御家人交名の注進は、ともに幕府の支配力の強化と整備を意図して行われたものと考えられる。『薩摩国図田帳』についてみれば、最初に総田数をあげ、各地頭の支配田数を記している。次に寺社領・島津荘一円領・同寄郡・没官領などをあげ、そのあと郡院郷に分かって明細を記している。末文に、図田注文は去る文治年中（一一八五―九〇）のころ、豊後冠者の謀叛、乱逆によって失われてしまったので大略を注進するとあるように、記載が必ずしも精密でないことを断わっている。『日向国図田帳』の末文にも、去る元暦年中（一一八四―八五）のころ、武士乱逆のため譜代の国の文書は散々に失われてしまった、しかしここに寺社荘公惣図田の大略を注進するとの記載がある。各図田帳の末尾には注進した在庁官人の連署がみられるが、大隅国の場合では大判官代・諸司検校・田所・税所と目代の連署となっている。なお、各図田帳は『鎌倉遺文』二巻九二二―九二七・九二九号、『（改定）史籍集覧』二七、『大分県史料』、『九州荘園史料叢書』、『島津家文書』（『大日本古文書』）、『相良家文書』（同）などに収められている。→大田文《おおたぶみ》　（五味　克夫）

けんぎょう　検校　荘官。延喜二年（九〇二）の官符にみえるのをはじめとして、丹波国大山荘で承平五年（九三五）に僧平秀が荘検校と称され（彼が荘別当とか荘預とよばれていたのと同じものと考えられる）、播磨国有年荘で長和四年（一〇一五）に総検校・検校をはじめとする荘官がみられたように、平安時代中期に荘官として検校と称されたのは荘の在地最高責任者であったらしい。検校という称は検校するという動詞に発するもので、十世紀に諸国で郡の官人の称の一つに検校というのがみられるようになることも注目されよう。平安時代後期には在地荘官の最高責任者には下司の称が一般的に用いられるようになる。しかし、それ以後も時として荘官の名称として検校がみられることがある。（坂本　賞三）

けんけい　券契　財産、特に土地に関する権利を示す文書のこと。券文。証文。土地の売買、荘園の設立などの際に文書が作成されるが、それを一般に「券契を立つ」などと表現した。主として平安時代から鎌倉時代にかけて使われた言葉。律令では、園宅地および奴婢の売買には、所管官司（京職ないし国・郡）の認可をうけた「公券」、馬牛の売買には、官司の認可を必要としない「私券」を立てること（「立券」）が規定されていて、律令本文には「券契」という用語はみられないが、天長十年（八三三）に成立した『令義解』は、令文の「立券」を「立券契」といいかえている（関市令売奴婢条）。宅地売買の令の規定は墾田売買にも準用され、墾田売買には「公券」が立てられるようになったが、平安時代中期ごろから、次第に、土地売買の「公券」はみられなくなる。しかし、荘園の設立は、のちまで官司（太政官・国衙）の認可を要件とした。→立券《りっけん》　（中野　栄夫）

げんさく　見作　見作田（畠）ともいい、現作とも記す。荒田に対し、現在実際に耕作され収穫をあげている田。したがって、特別の事情のないかぎり所当や加地子を負担すべき土地であった。建長六年（一二五四）十一月二十七日太良荘実検取帳目録案には、「惣田数二百十八町一反三百十四歩　不作九反三百歩　河成七反六十歩　見作田二十六町四反三百十四歩　除田七町八反七十歩（中略）定田十八町七反大四十歩」と記載されている（『鎌倉遺文』一一巻七八二五号）。検注帳には見作田と荒田（不作・河

成)の総面積を別々に記載し、見作田は領主が年貢課役を徴収できない除田(神田・寺田・佃・荘官や手工業者の給田等)と年貢課役徴収の対象となる定田とに分かれる。さらには坪とか名ごとにその内訳(損田・得田など)を注記している例が多い。また、畠においても同様である。（松井　吉昭）

げんさくでん　見作田　単に見作ともいう。見は現の意で、荒田に対し現在耕作可能で収穫のある田地のこと。したがって見作田は、たとえば「随二見作一弁二済加地子一」などといわれたように、特別な事情のないかぎり所当や加地子を負担すべき土地であったから、荘園の検注帳などには、見作田と荒田の総面積を別々に記載し、さらには坪とか名《みょう》ごとにその内訳を注記している例が少なくない。作田と書き同じ意味に用いた場合もある。（須磨　千頴）

けんさくのたみ　兼作の民　史料上、「諸方兼作之土民」などと見える。中世農民の一特質であり、諸方の荘園所領を耕作する農民のこと。その行為を出作という。中世を通して一貫して存在する耕作・農民形態である。特に畿内荘園のように、散在・入り組みとなっている場合、たとえば東寺領・春日社領の両方に耕地を保有する兼作農民が多く存在した。平安時代末期以降、所領と住民を一元的に支配しようとする領主の動きが活発になると、領主双方が年貢・公事を徴収しようとし、長期にわたる紛争を引き起こした。領有関係が錯綜している中世においては、避けられない現象であり、農民にとっては領主支配を制約する意味を持った。そのため領主は、荘内に住宅を建てさせて名田を宛行ったり、他領の者に下作の契約を禁じたりした。十五世紀の惣村の成立など、村落構造の変化の中で次第に減少していった。（松井　吉昭）→出作《でさく》

げんじき　減直　直は「値」の意。価値を減じること。減らされたねうち。年貢徴収にあたり、品物の値踏みをして、その値が法定の値より低いとときは、差額分を現物で増徴すること。弘安元年(一二七八)十二月八日六波羅下知状の「見絹・綿色代間事」に、東大寺領美濃国茜部荘の雑掌が地頭の納期遅延、減直した代銭納を謂われなしとし、現物の絹・綿で収納すべしと主張している(『鎌倉遺文』一八巻一三三一六号)。それに対し地頭代伴頼広は、色代納の例があるだけでなく、近年、絹・綿が高直になり、田の所当米で絹・綿を買うのが困難になった。美濃の国衙領の一般の慣例では、四丈別七百文であるのを、茜部荘は特別に四丈別一貫四百文(八丈絹一疋二貫八百文)で代銭納しており、「全非減直歟」とし、現物納とすれば、荘内の百姓は一人と雖も安堵することはできないと反論している。（松井　吉昭）

げんじち　見質　「みじち」とも読み、現質とも記す。動産物件の入質のこと。将来の収穫を質物に供する場合のように、実物の現存しない権利質に対して、目的物が現存する有体質を意味する。「質」は、占有質と無占有質(抵当)との両者を含む意味で、中世において、貸借契約に際し、質権を設定することが多くあった。質権設定には、担保物件の占有を債権者に引き渡してしまう入質と、今日の抵当に相当するもので、債権者が担保物件を占有しない見質(差質)との二種があった。対象物件が不動産、ことに土地である場合、占有を引き渡すことによって、その土地からの収益は債権者に帰属することになる。したがって入質の場合、債務者は別に利息を支払わない。対して見質(差質)の場合は、債務者は別に利子を支払う。また、担保物件に関する権利文書を債権者に渡す文書質は、無占有質の一種である。（松井　吉昭）

けんしゅんもんいんりょう　建春門院領　後白河天皇の女御、高倉天皇の生母建春門院(平滋子)の所領。建春門院は承安三年(一一七三)八月最勝光院を建立(新熊野神社の近くか)、多くの寺領を寄進した。その崩御の前年安元元年(一一七五)十二月、肥前国松浦荘は鳥羽法皇を経て後白河上皇に伝領していたのに、根本領主国兼法師の子孫が調度文書を若狭局に譲り、建春門院領とした。しかし治承二年(一一七八)六月後白河上皇は、平政子解状と前建春門院庁下文に任せて、使者と大宰府および肥前国の使とともに現地に臨み、牓示をうち立券し、最勝光院領とした。尾張国那古野(屋)荘は権中納言藤原顕頼の男小野法印顕恵の開墾地で、建春門院領となり、のち同院法華堂領となった。安元二年六月二条天皇中宮高松院の崩御後に同院領を譲られたが、その七月に建春門院の崩御後に高倉天皇中宮平徳子に伝える(『玉葉』治承五年二月四日条)。のち建春門院領は後白河上皇に伝領する(『百錬抄』治承三年六月三日条)。別表(一二一四頁)参照。→最勝光院領《さいしょうこういんりょう》（奥野　高広）

げんせい　減省　正税出挙本稲の式数を減ずること。「げんしょう」とも訓む。本来、官人・物資などの削減を意味する普通名詞であったが、九世紀以降、正税の返挙・未納・虚納・未進が進み、『延喜式』などに規定の定額の正税出挙数の引下げが行われ、それを正税減省または減省といった。減省は水旱虫損や国司交替時の欠損などに際し、申請して特に認められるもので、単年度限りの臨時的なものであったが、国司らは臨時に認められたものを例減省と称して本数の補塡を行わず、本稲が次第に減少するため、延喜五年(九〇五)十二月正税減省の国は明年必ず残稲の加挙を行い、式数の回復を令した(『類聚三代格』一四)。しかし大勢を覆すに至らず、康保四年(九六七)の和泉国では本稲八万束に対し定挙二万六千束(『類聚符宣抄』八)、長保三年(一〇〇一)の山城国では式数四十万束のところ定挙約十二万束(『朝野群載』二六)で、このほか減省申請の諸例をみると、式数に対する減省率が右の諸例のごとく七〇%に上る例が多く、国衙財政の破綻を窺わせる。（米田　雄介）

けんせきし　譴責使　⇨呵責使《かしゃくし》

けんそんでんし　検損田使　律令時代に損田を実地に検

建春門院領一覧

所在国郡	名称	成立年次	特徴	典拠
山城 洛東	最勝光院務職		建春門院本願	東寺百合文書セ
洛中	京地	養和元年二月	平時忠、建春門院遺領のうちを平時子領とする	玉葉
乙訓郡	長岡荘	正嘉元年以前	法華堂領	経俊卿記・仁和寺文書
宇治郡	山科郷山科御所	治承三年以前	雅宝僧都の寄進、後白河上皇に伝領、新御所造営	百錬抄
大和 添上郡	北櫟本荘	建仁元年以前	建春門院の生前の所領かどうか未詳、法華堂領、櫟本荘は東大寺領	三長記
河内 (郡未詳)	大田荘	承久三年以前	建春門院法華堂領	久我家文書
尾張 愛智郡	那古野(屋)荘		建春門院の生前の所領かどうか未詳、法華堂領	建春門院法花堂領尾張国那古野荘領家職相伝系図
丹後 竹野郡	船木荘	承安三年以前	田数六十町、のち貴族の三条家が地頭	玉葉・丹後国田数帳
安芸 山県郡	壬生荘	嘉応二年	禁裏・建春門院の祈禱料所	厳島神社文書
讃岐	国衙領	嘉応二年正月		玉葉
(郡未詳)	豊福荘	正嘉元年以前	法華堂領	経俊卿記
肥前 松浦郡	松浦荘	安元元年	建春門院崩御後最勝光院領に編入、後白河上皇に伝領	古文書纂・東寺百合文書サ
肥後 飽田郡	鹿子木荘	建久六年以前	鳥羽上皇から後白河上皇を経て伝領	僧綱補任申文裏文書

建春門院領

査するために臨時に派遣された官使。令の規定によって損田はその程度に応じて租調庸が免除されることになっていたので、国司は毎年損田の実態を太政官に報告することになっていた。この報告に作為不正が行われることが多かったので、慶雲三年（七〇六）免税措置が調庸にまで及ぶ戸が五十戸未満であれば国司の処分にまかせ、五十戸以上の時には太政官に報告させ、三百戸以上の時は奏聞することにした。史料上の明証はないが、こういう場合に太政官からその国あてに検損田使が派遣されることになったと考えられる。その後平安時代に入って損田の処分については相当な変更が行われたが、検損田使派遣の原則に変更はなかった（史料上の初見は天長二年（八二五））。なおこの検損田使を覆損使と同一視する見解もあるが、覆損使は損田の調査にあたった国司を指すと思われる。→損田《そんでん》

（虎尾 俊哉）

けんだん　検断　中世における保安・警察的行為および刑事的事件を指す語。その権限を検断権、その訴訟を検断沙汰、その任にあたる役職を検断職、また断罪の結果没収された財物を検断物などと称する。語句としては近世に至っても一部地域において大庄屋の称として、あるいは町の支配役人の職名などとして残存した。検断の対象となる行為は『沙汰未練書』が検断沙汰の項に挙げる謀反・夜討・強盗・山賊・海賊・殺害・刃傷・放火以下で、ほぼ現在の刑事事件に比定されるが、他に昼強盗などの中世特有のさまざまな違法行為をも含んでいる。一般に律令制度の変質・崩壊とともに保安警察・訴訟・行刑の制度も変質・分解し、平安時代末期には国衙や不入権を確立した荘園領主がこれを分有するに至った。十二世紀末より鎌倉幕府の成立発展に伴い守護・地頭が設置されると、おのおのに付随した検断権が地頭御家人によって行使されることとなり、旧来のものと競合しこれを凌駕する傾向を示した。『御成敗式目』によれば守護は謀叛・殺害に加えて夜討・強盗・山賊・海賊の追捕を認められており、その権限の拡大に伴い、やがて室町時代には刈田狼藉の追捕なども認められることとなる。また有力な御家人の内には幕府成立以前より国衙の諸職を保持していたものもあり、そのいわゆる在庁職の中には名称はまちまちではあるが検断権を含むものもあり、結果的には御家人制度を通じてそれが幕府の支配下に吸収されることともなった。また守護によって安堵を受け組織化された御家人の中にも従来より国衙の検断権を保有していたものもあり、結果的にこの場合も守護の検断権に国衙のそれが吸収されることとなった。また地頭の職務・権限の中にも盗犯・放火・賭博などについての検断権が含まれているのが一般的で、荘園侵略の一手段ともなった。幕府は地頭による苛酷な検断を禁止し、一方でその治安維持のための機能の発揮を求めている。地頭の検断権の具体的内容はさまざまであるが、新補率法の地頭については没収財産の配分を、領家・国司が三分の二、地頭が残る三分の一と定めており、検断に伴う財産上の処理、検断についての得分が荘園領主との間で重要な問題とされていたことを示している。すなわち頻発した所務相論の中での争点として検断があらわれてくるのは没収物の帰属の問題としてである。守護についても『御成敗式目』は重犯の輩の跡を恣意を以て没収することを禁じ、犯科人の田宅・妻子・資財をも没収しようとすることを禁止している。幕府が地頭御家人を通じて治安維持や保安警察の実をあげようとするのに対し、地頭御家人はその権限を利用してその経済的利益の拡大を目指したため、荘園領主との間に検断をめぐっての訴訟を頻発させる結果となったが、幕府は十三世紀末に至り、訴訟法上でも検断に関するものを所務・雑務沙汰と区分し検断沙汰として独立させるに至った。

（石川 晶康）

けんだんざた　検断沙汰　鎌倉幕府訴訟制度の一つ。身分制による幕府訴訟制度は十三世紀末に至って訴訟の対象による類別へと転換し、検断沙汰と所務沙汰・雑務沙汰に三分された。検断沙汰とは、『沙汰未練書』によれば謀叛・夜討・強盗・窃盗・山賊・海賊・殺害・刃傷・放

火・打擲・蹂躙・大袋・昼強盗・路次狼藉・追落・女捕・苅田・苅畠以下についての相論、すなわち訴訟であると規定されており、ほぼ今日の刑事事件についての訴訟である。裁判を扱う機関は関東では侍所、六波羅では引付の所管から検断方の専掌へと移った。鎮西では他地域と異なり守護がこれを管轄し、守護退座の場合のみ鎮西探題がこれを裁決した。一般の守護の刑事裁判権の存否については、大犯三箇条の解釈と関連して学説上争いがある。検断沙汰が受理されるための要件としては、当該事件の被害者または加害者、およびこれに代わることが認められる者のうち、少なくとも一方が地頭御家人であることを原則とした。本所法・公家法内部で完結すべきもの、主従・父子間でのもの、地頭進止下の凡下の輩相互間での軽犯などについては幕府は介入せず、ただ本所がその裁判権を放棄した場合などに例外的にこれを受理したと考えられている。訴は訴状の提出によって開始されるが、その際、訴人すなわち原告の名、犯行の具体的内容すなわち時と場所、財産に対する侵害の場合は別に損物注文、そして論人、すなわち被告の名を明示しなければならない。公権力が職権によって犯罪を発見、告発して始まるものではなく、訴も単に被害を申告してその捜査・検挙・告発を期待するためのものではない。被害者および名指しされた加害者が正当な訴訟当事者であり、訴の提起、挙証責任、そして法の発見すら当事者の努力・責任によって維持されることを本質とするもので、その意味で弾劾主義、あるいは当事者追行主義による訴訟とこれを呼ぶこともある。故に、まったくの第三者が訴人となることはないが、殺害の場合の被害者の近親や一族、凡下の輩が直接の被害者である場合の主人・領主、当該地の当知行者は訴人たり得た。すなわち、被害者本人、その一族・主人、そして社寺などの本所そのものが通常の訴人であり、論人についても同様であった。女子および代官も当事者たり得たが、幼少の者が単独で提起することは認められなかったと推測されている。さて訴が受理されると訴状とともに「問状之召文」が論人に送付され、論人には訴に対する反論、答弁のための陳状の提出と出頭が命ぜられる。論人がこれに応じない場合には訴人の申請によって二度・三度の召文が発せられるが、なお出頭せず、出頭しても陳状を出さない場合は「日限召文」が出され、これにも応ぜぬ場合には身柄の拘置へと進む。論人が召文に応じて出頭し陳状を出すとこれが訴人方に交付されるが、同様の訴状と陳状による応酬が計三度、すなわち三問三答が行われる。ただし、当事者の申請により二問二答で応酬を打ち切り、次に進む場合、訴人・論人間で和与、すなわち和解が成立して訴そのものが終結する場合もあった。さて書面による三問三答が終ると両当事者による口頭での応酬、すなわち「対決」となるが、この時、論人が直接加害者の主人である場合はその下手人をも伴って出頭するべきであった。この三問三答と対決における両者の主張と証拠によって判決が下されるわけであるが、証拠の第一は物証であった。財産犯の場合の贓物がその代表であった。中世では一般的に行われた拷問にもとづく白状が論人に対して行われることは認められていないが、下手人たる凡下らに対する例は存するので、その場合は証拠として採用されたであろうと考えられる。証人の申請は訴人・論人双方に認められており、おのおのその責任においてこれを指定し請求し得たが、その場合の証人は、退座規定に含まれるような血族・姻族、あるいは当事者に顕著な利害関係を有することが明白なものは不適格とされたようである。また、審理の過程で実検の必要が認められた場合には使者が派遣されることもあり、また訴人の申請によって守護が事件の検証を行なった例もあり、これらの結果は証拠として有効なものと認められたであろう。判決は証拠にもとづき下されたが、侍所が管轄する時は侍所頭人・奉行連署の下知状、六波羅探題の場合は六波羅下知状、鎮西守護ではその書下、鎮西探題では鎮西下知状により、それを勝訴した側に与えることによって完結した。右のような当事者に大きい比重のかかった訴訟手続はすでに本所法のもとでも、ある程度存在していたことが今日では解明されており、併せて考えるべきものである。また、身分制に立脚した訴訟制度のもとでの刑事的分野の研究は未だ充分ではない。総じて所務沙汰に関する史料が大部分を占める史料の残存の現状からしても、刑事訴訟に関する研究はなお今後に俟つところも大である。なお、室町幕府の訴訟制度の上で検断沙汰に該当するものは、一般に「侍所沙汰」の名称で理解されている。

（石川　晶康）

けんち　検地　広義では支配の基礎を明らかにするために行われる土地の基本調査と解されるが、通例は近世検地についていわれている。近世検地は、村を単位に行われ、まず村の境域を定め、村内の土地については、一筆ごとに田・畑・屋敷などの別とその所在を明らかにし、それぞれ段別を丈量し、土地の肥瘠による等級(地位《ちぐらい》)を査定して米の収穫量(石高)をはかり、また土地の所持者(作人)を決定して、貢租の負担者とその基準額を石高で確定したもので、その結果作られる土地台帳が検地帳(水帳)である。貢租の基準とされた土地の生産力が、田はもちろん実際には米を作ることのない畑・屋敷なども米の収穫量の石高で確定されたのは、田・畑・屋敷それぞれの等級に応じて一段当りの米の法定収穫量が石盛としてあらかじめ認定されていたものによったのである。近世検地は間竿《けんざお》・間縄《けんなわ》を用いて土地を丈量したので竿入・縄入ともよばれた。要は各土地の所属と生産力を確定して、貢租徴収の基礎を定める土地調査で、検地帳に登録された作人は名請《なうけ》・名負《なおい》といい、その名請した土地の石高に対する納税の義務とひきあてに、その土地の所持権を保証された。しかしそのことはまた土地の石高相応の生産力の実現を義務付けられたことでもあり、自由に放棄す

ることは許されなかったから、その土地に緊縛されるということでもある。このように近世封建制の根底をすえるものとして行われたのが近世検地であるが、このような意義を有する全国検地は、豊臣秀吉のいわゆる太閤検地によって画されているが、従来の貫・苅・蒔など耕地の生産力表示を米の量制である石高に直したので、天正の石直《こくなお》ともいわれている。しかし検地と同趣旨の土地調査そのものは、古くから支配の根本として行われたものであり、近世検地もその伝統を受けたものである。

　検地ないし地検などの用語が広く使われてくるのは戦国大名らによってである。戦国動乱の中に、荘園制的な支配体制がまったく崩壊して、武士の一元支配による大名領が確立してくると、荘園制的な諸職にからまる複雑な土地の領有関係を整理して、現実に即した単純化が戦国大名らによって急速に進められていく。すなわち、旧守護分国の完全な支配権を得た戦国大名は、守護公権を継承する形で分国内に段銭賦課の基準として貫高制を確立していくが、その場合、従来段銭賦課の基準となった荘園・公領制下の本年貢高にかかわらずに、なんらかの権利関係の成立している田畑をすべて検地の対象として、本年貢・加地子得分・雑公事など諸掛りを一元化し、貫高として確定していった。戦国大名として検地を実施した早い例としては、北条早雲による永正三年(一五〇六)相模国における一、二の例や、同氏綱が永正十七年相模国で比較的広い範囲にわたって行なったことなどが伝えられているが、天文年間(一五三二―五五)以降になると、今川氏輝・同義元(駿河・遠江・三河)や、北条氏康・同氏政(相模・武蔵・伊豆・上野)、朝倉義景(越前)、毛利元就・同輝元(安芸・備後・石見・出雲・周防・豊前)、武田信玄・同勝頼(甲斐・信濃・駿河)、上杉謙信(越後)、島津義久(肥後)など、今日その実施が確認されている。なおこれら戦国諸大名の検地で、本年貢高を貫高でなく石高(分米)で表示したものもみられた。織田信長もまた、近江・伊勢・山城・大和・丹波・播磨・丹後・信濃その他に、永禄十一年(一五六八)以降天正十年(一五八二)まで、ほとんど連年検地を行なっている。信長の検地は本年貢高を分米(石高)で示したものが多い。これら戦国諸大名や信長の検地についてみると、当時戦乱忽々の折でもあり、また旧来の所領関係の整理も一朝一夕に行えない事情などもからまって、多くは指出《さしだし》あるいは坪付《つぼつけ》を徴する方法(土地状況の書上げ)で行われており、奉行を派遣して、一定方式による丈量を行なったという事例はあまりみられなかったようである。もっとも、信長の場合、近江・山城・大和の場合、旧来の所領関係による指出を徴する方法で行なっているが、伊勢・越前・丹波・播磨については、それぞれ滝川一益・柴田勝家・長岡(細川)藤孝・羽柴(豊臣)秀吉の責任において検地を行わせており、在地の実態の掌握もかなり精密になっていったことがうかがわれる。秀吉は天正八年、信長の指令により播磨国の検地を奉行として担当している。その実施の具体は明らかでないが、結果として土地の生産力を石高で表示する石高制のとられていることが注目されている。同十年山崎の戦によって信長政権を事実上継承した秀吉は、その直後山城国の検地に手をつけているが、以後彼の死亡する慶長三年(一五九八)まで連続的に検地を行なっている。なかでも天正十八年小田原北条氏を滅ぼしたころから文禄年間(一五九二―九六)はもっとも精力的に行われ、その範囲はほとんど全国に及んだ。太閤検地・天正の石直・文禄検地などともいわれる。秀吉の検地は土地の生産力把握を目ざしたことが特徴であるが、はじめのうちは指出検地も多く、また検地規準や方法も必ずしも同一ではなかった。天正十八年の『奥州会津検地条目』によると、石盛(斗代)が石高ではなく永楽銭の貫文高で示されている例などもある。しかし、漸次精密な方法をとり、基準の統一がはかられ、文禄三年の『就伊勢国御検地相定条々』などにみられるように、このころ、一応太閤検地の基準が整備・確定されたといえる。すなわち、㈠三百六十歩一段の旧法を改め、六尺三寸を一間とする三百歩一段の制をとって、町・段・畝・歩などの定量単位を採用する、㈡地目は田・畑・屋敷とし、地位は上・中・下の三段階とし、別に下々地を設ける、㈢十合一升の京枡による石盛(田畑一段当りの収米量)の法をもって、土地の生産高を査定し、旧来の貫高等の年貢高による土地表記を石高に改める、㈣検地にあたっては村と村との境界を明らかにする村切《むらぎり》牓示《ぼうじ》を立て、村切を行う、以上がその統一規準の要領である。ここにはじめて統一した方法による全国的な土地調査が完成されることとなるのである。慶長三年の『検地目録』によると、全国総石高は千八百五十万九千四十三石(壱岐・対馬を除く)となっている。　(後藤　陽一)

けんちゅう　検注　荘園制下の土地調査。古代の校田・検田、近世の検地にあたる。検注には、荘園成立時の立券検注、国司の荘内検注、荘園領主の行う正検(大検注)や臨時の内検などがあり、その目的・方法に若干の差がある。荘園の立券検注は、平安時代、不輸租の特権が認められて荘園が成立する場合、一般にみられた。この検注の目的は、収取主体が国衙から荘園領主に変わる土地および年貢の量を明確化するにある。その方法は、政府の命により官使・国使・荘官らが現地に臨んで、四至を定めて牓示をうち、四至内の田畠などを検注して坪付ないし検注帳を作成するのが常である。この荘園立券の検注により、荘内田畠の一坪ごとの現作・荒・不作の別、山野、在家などが明らかにされ、荘園領主はその年貢を収取する権利(不輸の特権)を認められた。そのため国衙の検田使は荘内へ入部できなくなったが、実際にはその後も、次のように入部し検注することもあった。国司の荘内検注は、立券した荘園の田畠が当時は一般に開発・荒廃をくり返す不安定耕地で、荘内に本免田畠のほかに新開分・加納分が生ずることも多く、したがって国司は

それらを摘発し課税する必要から実施された。また、そうでなくても国司は課税地の減少を防ぐため、しいて検田使を入れて検注し荘園領主と対立することが多かった。この国司の荘内検注は、延喜二年(九〇二)・延久年間(一〇六九—七四)などの荘園整理令による政府の荘園抑制策に伴い、いっそう強化された。承和十二年(八四五)に官省符荘として成立した東寺領丹波国大山荘では、延喜二十年ごろから永久二年(一一一四)まで、国使入部による検注・収公、東寺の申請による免除がくり返されている。こうした国司の荘内検注に悩まされた荘園領主は、検田使の入部を拒否し得る特権を政府からとりつけて不輸性の確実化に努め、同時に国司が荘園から賦課収取する庸調・雑徭系の公事をも、自分のものとして収取する特権(不入権)の獲得に努めた。その結果、荘園は次第に国司の検注・公事徴収を排除する不輸不入の特権を確保するようになっていった。荘園領主の検注は、不輸不入性の確保とともに、荘園経営のもっとも重要な一つとして強力に実施された。すなわち、荘園領主は荘民から年貢・公事を適切・確実に収取するために、検注使を現地に派遣して、荘内の田畠面積、河川山野の状態、耕作状況、年貢の徴収基準などを綿密に調査させた。これを一般には検注または実検・検見などと呼んでいる。この検注のうち、領主が荘園からの年貢・公事収取の目安をたてるため、一定の年限をおき、あるいは下地中分のときなどに、一荘全体にわたり実施されるものを正検または大検注と呼んだ。正検の実施された荘園では、近世の定免制のように年々の豊凶にかかわらず、年貢・公事が次の正検まで一定していた。しかし、旱水風霜害や虫害による田畠の被害はしばしばあったから、そのような場合には、荘民が被害地の年貢免除を求めて調査を乞うのが常であり、こうした必要に応じて領主が実施する検注を内検と呼んだ。古代の覆検、近世の検見制に相当する。内検は被害状況を調べて、適切な年貢とするのが目的であり、したがって必要に応じてしばしば行われ、ときには毎年実施されることもあった。東寺領安芸国新勅旨田で弘安元年(一二七八)・永仁二年(一二九四)・同四年などに内検が実施され、一筆ごとに得・損・不作の面積、得田の面積・斗代に応じた年貢が決められている。東寺領丹波国大山荘西田井では、文安元年(一四四四)から康正二年(一四五六)まで、享徳二年(一四五三)をのぞき毎年内検が実施され、得・荒・捨を調べて得田年貢が決められている。この内検は、荘民の経営を存続させ、荘園を維持するためきわめて重要であった。

検注は律令制下の検田や近世の検地と目的・実施法などの点で似ているが、若干の相違もある。検田では田籍とともに田図を作ったが、検注では検注帳のみである。検注のとき決める斗代は段当り年貢高であるが、太閤検地以降の斗代は年貢高ではなく、法定の段当り生産高である。また検注の際の面積・米高は、長さ・枡の単位がちがうから検地のときのそれと同一基準では比較できない。なお検注帳の登録人と検地帳のそれとは、性格に若干の差がある点に注意を要する。荘園領主が荘内を検注する場合、一般に田畠の検注に中心をおきながら、在家やその他をも合わせて検注する場合もかなり多く、ときには在家の検注に中心をおく場合もあった。これを在家検注という。在家を検注するのは、公事賦課の対象である在家を把握するためである。大治四年(一一二九)の遠江国質侶牧・紀伊国石手荘などの検注では田畠・山野とともに在家が調査され、文永十年(一二七三)の高野山領紀伊国阿氐川上荘の検注では、在家を中心に実施されて本在家三十二宇・脇在家五十五宇が把握され、他に桑・柿・栗・漆が調査されている。また、荘園制下における桑畑調査を桑畑検注という。桑の把握を目的とした検注である。これは養蚕による絹を公事として確保するのが一つの目的である。桑畑検注は田畠や在家の検注に付属して実施されることが多いが、ときには桑畑のみが検注される場合もあった。伊予国弓削島荘では、文治五年(一一八九)に桑畑検注が行われ、桑三百七十三本・代塩三百七十三籠が把握されている。ところで、律令制下において輸租田に被害があった場合、貢租を減免するために被害の実情を調査することを覆検、または覆損ともいう。『続日本紀』天平宝字七年(七六三)八月の条に、使を遣して阿波・讃岐両国を覆検させて飢民を賑給すとあり、同九月にも尾張・美濃・但馬・伯耆・出雲・石見の六ヵ国が年穀不稔のため、使を派遣して覆検させるとある。その使を覆検使または覆損使という。賦役令の水旱条には損害が五割なら租、七割なら租調、八割以上なら課役も免ずとあり、国司はこれを順守し、検田使に調査させた。これと同様に、荘園領主の命をうけて荘園を検注するものを検注使、また実検使・検田使ともよび、一般に不正のない厳正な人物が選ばれた。検注使は領主へ起請文を出し、現地に赴いて荘園の一角から一筆ごとに現作・荒・不作の面積、定田畠・給免・井料の別を調査し、作人・在家・雑物なども調べて記載し、定田畠の斗代を決め、全体をまとめて田畠総面積、年貢を賦課できない荒・不作・損田や給免地・井料・荘内寺社田などの面積、それらを差し引いた年貢賦課の定田畠の面積・年貢額、さらにときには在家数や桑畠の桑・柿・漆などの数を調べ、それらを記載した検注帳を作成して領主へ報告提出した。

（宮川　満）

けんちゅうし　検注使　⇩検注《けんちゅう》

けんちゅうじゃく　検注尺　検注に際し、土地の丈量に用いる物指。太閤検地では、基準となる曲尺一尺(約三〇・三センチ)の検地尺をもとに作製された六尺三寸(約一九〇・九センチ)＝一間の竿を用いた。江戸幕府は、六尺(一八一・八センチ)を一間としたが、実際には一間に付き一分(約〇・三センチ)の砂摺りを加えた六尺一分(一八二・一センチ)の一間竿と一丈二尺二分(約三六八・四センチ)の二間竿との二種が使用された。

（松井　吉昭）

けんちゅうちょう　検注帳　荘園制下における検注の結果を記載した帳簿。その成立過程をみると、まず荘園の成立に際し官使・国使・荘官らの立会いで検注が行われ、検注帳が作成された。これには荘園の四至内田畠が一坪ごとに記載され、坪付ともいわれた。ついで国衙の検田使が荘内を検注した場合にも作成された。さらに荘園領主が年貢・公事収取の目安をたてるため、または旱水風害などによる被害状況の調査のため、荘内を検注した場合にも作成された。その記載内容には詳細なものと、簡略なものとがある。詳細なものは、一筆ないし一坪ごとに田畠の現作・荒・不作の面積、名請人、給田・井料田・寺田・神田などの注記を記載し、しかも最後にそれらをまとめて田畠総面積、荒廃田・除田、それらを差し引いた定田畠、その年貢額、さらに在家・雑物などをも記載している。簡略なものには、右のうち名請人を略したもの、一筆ごとの田畠面積のみのもの、あるいは最後に項目ごとにまとめた記載のみのものなどがある。いずれも、奥に「注進如件」などの書止めと、検注使・荘官らの署名がある。検注帳は地鑑帳《かがみちょう》・正検帳(大検注の場合)・内検帳(部分的な臨時の場合)・実検帳・丸帳・馬上帳《ばじょうちょう》などとよばれ、検注目録の作られるのが常であった。馬上帳ともいうのは、検注使が騎馬で荘内を巡廻して検注したことから生じた名称で、また検注馬上帳・馬上取帳・馬上丸定などともいわれた。検注目録は検注の結果を整理して、田畠総面積、荒・損・不作や荘官給・寺田・神田などの除田、定田畠、その年貢額、雑物などの項目ごとにまとめて記載した帳簿である。一般に、それはまとめた記載が多く、大和国出雲荘の文治二年(一一八六)検注目録は、同年の坪付(検注帳)が一筆ごとの記載であるのに対し、それをまとめて名別の面積・人給・堂敷地などを記載している。検田帳は国衙または荘園領主任命の検田使が荘園内を検注して、結果を記載した帳簿で、検注帳の一種であるが、平安時代初期から鎌倉時代初期までの検注の場合に、この呼称が多い。記載内容は田畠一筆ごとの詳細な記載が多いが、検田目録という場合には項目ごとにまとめた簡単な内容であり、また初期のものには、貞観元年(八五九)近江国依智荘検田帳のように、一筆ごとに荒廃、治田、農民の非法などを詳細に記したものもある。実検帳は実検使が荘園内の田畠を一筆ごとに検注し記載した帳簿で、検注帳と同じく内検帳・取帳ともいう。若狭国中手西郷の文永二年(一二六五)のものには書出しに「注進　文永二年内検帳事」とし、各坪ごとの記載があり、奥に「右、実検帳如件」とあり、また端裏に「西郷里田取帳」とあって、いろいろ呼ばれたことがわかる。実検丸帳は実検の結果をまんべんなく記載した帳簿である。検田丸帳・内検帳丸目録・丸帳・マロカシなどともいい、平安初期から鎌倉初期までの検注の場合に丸帳の称が多い。文治四年伊予国弓削島荘検田目録の端裏に「田ノマロカシ」とある。検注帳を史料として利用するには、まず田畠の総面積から荘園の規模、また荒廃田・除田・定得田畠の比較および在家数、雑物などから荘園の性格を知ることが大切である。次に検注帳が年代をおいて何冊かあるときは、右の年代的変化を知ることができる。さらに一筆ごとに名請人の記載がある場合には、各人の持分を計算して、荘園を構造的に考えることもできよう。しかしその場合、各名請人の持分をただちに経営規模とみて、経営形態や経営内容を判断することは危険であり、特に名請人に片書き・添書きの人名記載がある場合は、いっそう複雑で、誤った判断におちいりやすい。その場合には、各人の持分内容を深く検討し、また年代の近い別の検注帳類があったらそれと比較考察し、また他の関係文書やその他の諸条件を考え合わせて、慎重に判断することが必要である。　（宮川　満）

けんちゅうとりちょう　検注取帳　検注に際して作成される帳簿のうち、耕地・旧耕地(不作・川成など)が一筆ごとに記載されている帳簿のこと。耕地ごとに所在・面積・名請人が記され、一般的には注進状の様式をとる。中世では丈量することを「取る」といい、検注取帳はまさに丈量行為の結果が記されたものであるといえよう。この検注取帳には四点の機能が期待されていた。一点目は、一筆ごとの耕地の所在を明らかにすること、二点目は、検注時点での耕地の状況と面積を確定すること、三点目は、一筆ごとの名請人を確定すること、四点目は、領主の下地進止権の及ぶ範囲を確定することであった。このような性格上、下地中分の際に利用されることもあった。検注取帳は通常在地において荘官が保管するものであり、荘園領主は必要に応じて、召し上げたり案文を書き送らせたりした。現在残されているのは、校正案文とでもいうべきものなのである。↓取帳《とりちょう》　（高橋　傑）

けんちゅうもくろく　検注目録　⇩検注帳《けんちゅうちょう》

けんちょうじりょう　建長寺領　神奈川県鎌倉市山ノ内にある鎌倉五山の一つ建長寺の所領。史料湮滅して詳らかでないうえ、幕府が現物支給をしていたという仮説もあるが、正和五年(一三一六)四月の建長寺仏殿立柱疏には「本寺諸荘田庫神祇」とみえるから、複数の荘園を領していたことが知られ(『建長寺文書』)、また一時期、小早川景宗の本領を寄進されていたことがわかる(『小早川家文書』)。また鎌倉時代末には、建長寺造営料唐船が出された。その後、永正十七年(一五二〇)北条氏綱が検地を行い、鎌倉小代官後藤若狭守の判のある寄進坪帳が残っている。その写しによれば、三貫四百八十四文で、場所はみな鎌倉の内で与えられている。天正十八年(一五九〇)八月、豊臣秀吉は当知行の地を安堵し、国役を免じた。同十九年十一月、徳川家康の寄進状によれば、鎌倉内の小町村と十二所の内で合わせて九十五貫八百四十文余が寺領とされている。その配分は常住が十貫文、末寺塔頭の内で最も多い明月院が三十一貫文である。江戸時代後期には、祠堂金の貸付けも行なっている。なお塔頭領と

建長寺領

建長寺　寺領一覧

所在国郡	名称	成立年次	特徴	典拠
相模　淘綾郡	柳田郷新日吉敷地内	永和五年四月	宝珠庵領、尼祖欽寄進、畠・在家・浦浜等	宝珠庵文書
大住郡	糟屋荘沼部郷内稲荷田	長禄二年以前	西来庵領	西来庵文書
高座郡	懐嶋郷内辻	文安五年以前	西来庵領、定作田九段・定作畠二町二段半	同
鎌倉郡	吉田郷内布施村	長禄二年以前	西来庵領	同
同	小笠原泰清鎌倉屋地	永仁五年	鎌倉幕府、小早川景宗より収公、建長寺に寄進、元応二年替地を与えらる	小早川家文書
下総（郡未詳）	某郷内	永和四年十二月	宝珠庵領、道維寄進、足利基氏菩提料ほか	宝珠庵文書
上野　利根郡	奈久留見村三分二方内滝安名	応永二十七年以前	宝珠庵領、発智伊豆守違乱	同
下野　簗田郡	簗田御厨内某郷地頭職	応安元年八月	宝珠庵領、足利義詮寄進、神税三十貫余を十貫とす	同
安芸　沼田郡	都宇荘	永仁五年	鎌倉幕府、小早川景宗より収公、建長寺に寄進、元応二年替地を与えらる	小早川家文書
阿波　板野郡か	坂西下荘内小笠原泰清跡	同	同	同
（国郡未詳）	広木郷秋山村	応永十二年以前	宝珠庵領、中沢四郎掠給	宝珠庵文書
	建長寺造営料唐船	正中二年	翌嘉暦元年帰朝	中村文書・比志島文書

しては、西来庵と宝珠庵の所領が知られる（正続庵（院）は建武二年（一三三五）円覚寺に移ったのでここでは省く）。　（貫　達人）

けんでん　検田　公租・年貢などの徴収のために農地の面積、所在地、地味、耕作者などを検査確定する作業。検注にほぼ同じ。検田は国衙が国内各地の国衙領や荘園内部の課税対象確定のために検田使を遣わして行うものと、荘園領主が年貢徴収対象地の確定のために行うものとの二種類に大別される。一般には国衙によって実施される前者を指して言う場合が多い。これは班田に際して検田を行い、校田図を作るという国家の土地政策の基本作業であったことにも由来しよう。このため検田は古代から荘園の立荘が盛んとなる中世前期にかけて所見する。やがて各地の荘園が不輸租不入権を獲得し、国検田使の立ち入りを拒否するようになると荘園領主が年貢賦課対象の検田を実施するが、これは一般的には検注とか検見とよばれ検田の語が使われるのはまれである。検田は国司や領主の交代時期、必要とされる適宜に実施された。　↓検注《けんちゅう》　（福眞　睦城）

けんでんかんりょう　検田勘料　検田にかかる経費をまかなうための費用、またそれをまかなうための雑税。国司や荘園領主は公租・年貢の賦課対象となる定田を把握するため検田使を現地に派遣する。この際、在地の名主や寺社などは定田への指定を逃れようとして検田使に米銭を提供する場合があった。こうして提供されたのが勘料で一種の賄賂の要素を持っていた。やがて国司・荘園領主側は検田費用をまかなうための雑税として勘料を賦課するようになった。勘料は国司、荘園領主の収入になったほか、検田使の得分となった。検注と称して勘料を徴収しながら、実際には行わないなど問題になる例も見られる。　↓勘料《かんりょう》　（福眞　睦城）

けんでんしくごう　検田使供給　検田のため現地に遣わされた使者（検田使）が道々で糧食・馬などの提供を受けることや、検田実施の現地において供応を受けること。またそれらの費用を指す。特に後者は三日連続で行われるのを例としており三日厨などと称した。これは酒食の提供だけでなく多数の引き出物を伴うため、在地の負担はおびただしかった。検田や検注と称して供給を強要する例も少なからずあり愁訴の対象となった。　（福眞　睦城）

けんでんしゅうのうし　検田収納使　国衙が行う検田（国検）に際して現地に派遣される使者、国検田使である。収納使の称をもって呼ばれるのは検田使が在地の名主・寺社の所有地、また荘園内部の農地に対して公租賦課の対象地である定田を認定する作業を行い、公租減免農地（損田）や隠田を新たに定田として収公する措置をとるためである。　（福眞　睦城）

けんでんたんまい　検田段米　検田の際、国衙や荘園領主は現地に検田の費用を負担させる雑税として勘料を賦課する。この勘料は年貢や公租の賦課対象である定田の段数に対して、段あたり何升、何合として賦課される例がみられるので段別に賦課された検田勘料のことと考えられる。　↓勘料《かんりょう》　（福眞　睦城）

けんでんちょう　検田帳　⇩検注帳《けんちゅうちょう》

げんぷ　現夫　代銭などによる納入ではない、実際の夫役。「高野山勧学院文書」応永二十九年（一四二二）六月二十九日、志富田荘百姓等請文案に、「公田公事・山上人足之事、一段別ニ一日人夫一人宛可進上申者也、於殿原作者、夫料一人別ニ弐拾文宛請取之、自百姓中現夫お可進上」とある。殿原の作田は人夫一人あたり二十文の夫料を負担し、その分の現夫は百姓中が出すという意味で、現夫は夫料に対する語として使われている。この場合の現は、現金・現物などの現で、中世では、現米・現作などの形で使われる語である。　（大石　直正）

けんぷう　検封　検封は本来律令国家が物品を倉庫に保管する際、保管を全うするために行なったもので、物品の員数を確認して封を加える行為を指していた。貞観十二年（八七〇）五月二日の太政官符は、府庫保管の甲冑な

どの器仗を、府吏交替に際して検封を解き、破損の器仗の修理を命じている。また天禄三年(九七二)の天台座主良源遺告にも、顕密法文を厳重に保管するために検封していることが記されている。これらの例は本来の検封のあり方を示している。これがやがて犯罪人財産の差押え、支配者の命令に違背したものの住屋が一時的に封鎖されることの意味に使用されるようになる。「財物住宅等検封」「検封住宅」の用語例はその典型的なものである。支配者が寺社の場合には、検封に注連《しめ》を張ることがあった。十五世紀の法隆寺領では年貢未進の農民の住屋が検封され、田畑が点札され、さらに神木が下されている。田畑の点札は耕地や作物が差し押さえられ、農民の立入りが禁じられるのである。神木は榊に御幣が付されたもので、領主としての寺社の権威を象徴するものである。重科のため検封された住屋は、破却されて建材や家財を一切没収され、年貢未進の場合には、未進分納入ののちに検封が解かれた。支配者の検封に対し、被検封者は個人で、あるいは利害を共通するものが共同で執行者に抵抗し、封を切り破ることもあったが、このような行為には罰が加重された。（仲村　研）

けんふかんでんでんし　検不堪佃田使　⇩不堪佃田《ふかんでんでん》

けんまい　間米　在家の間口の広さを表す柱間の数(間数)を基準に課される地子。『東大寺続要録』所収、建保二年(一二一四)五月、東大寺領諸荘田数所当等注進状(『鎌倉遺文』四巻二一〇七号)では、摂津国長洲等浜の在家六百八十七家の間数八百六十七間に対し、二十余石の地子が賦課されており、これを間米と記している。この間数は在家の間口の広さを表す柱間の数の六百八十七家分の合計で、間米は一間あたり三升ほどの賦課であったと推定される。長洲浜は現在の尼崎市。淀川の河口にできた砂浜で、在家の密集する都市的な場であった。間米はそうした都市的な場に対する課税の一種であった。（大石　直正）

げんみょう　現名　⇩名《みょう》

けんもんせいけ　権門勢家　権勢のある家の意。奈良時代にも「勢力の家」といった用法がみられるが、平安時代に入り、九世紀の末あたりからにわかに用例が増加する。たとえば、最初の荘園整理令として知られる延喜二年(九〇二)三月十三日付太政官符には、「権門」「権貴」「豪家」や、「多勢之家」(つまり勢家)などの類似語が多数所見し、いずれの場合も諸院諸宮王臣家あるいは五位以上を指している。墾田開発の普及によって現われたそれら有勢者と地方の土豪・有力百姓との結託による墾田地の不法占有や課役の忌避を禁止する太政官符類に登場するのが特徴。平安時代後期には、在地豪族が国衙の干渉を排除する目的で権門勢家の権威をたのみ、これに所領を寄進する、いわゆる寄進型荘園の被寄者となった。この間、貴族社会も藤原氏(北家)優越のもとに格差が増大し、門地・家格の高下による権門(貴族)と寒門(貴族)とに分化した。平安時代末期には院がその頂点に立つ。世俗的な力をもつ有力寺社も権門勢家の一翼を担い、中世では武家が新たな権門となり、宮廷公家との間に権威と権力の補完関係が形成された。（村井　康彦）

けんもんたいせい　権門体制　日本中世の国家体制をさす歴史学上の概念。黒田俊雄「中世の国家と天皇」(『(岩波講座)日本歴史』六所収、昭和三十八年(一九六三))で、はじめて提唱された。この説では、日本中世の国家体制は、それまでの通説のように鎌倉・室町幕府の支配を中心に理解すべきでなく、権門といわれた諸勢力が、対立競合しながらも相互補完関係を保ちながら、天皇と朝廷を中心にして構成していたものとみる。この権門とは、王家(天皇家)・摂関家その他の公家諸権門、南都・北嶺をはじめとする諸大寺社、武家(幕府)などで、それぞれ組織していた主たる社会層や結集形態には差違があった。すなわち公家は主として古代以来の王臣家や貴族を組織し、寺社は顕密諸宗の僧侶・社官らを寺院機構や本末関係で結集しており、武家は御家人制度を軸に主従関係によって多数の武士・郎党を統率していた。しかしいずれも政治・社会的に権勢をもつ門閥的勢力であって、政所など種々の家政機関と別当・家司・侍などを擁し、下文・奉書をはじめ基本的に同一様式の文書を発給し、荘園・公領の諸「職」知行を経済的基盤とし、多少とも武力(兵力)を備えていた。中世の国政は、これら諸権門の伝統的かつ職能的な権力分担により原則として慣例的に運用され、朝廷は支配体制の伝統的権威を飾る儀礼(公事)の場であったが、ときとして諸権門の対立競合が表面化するとそれを調整する角逐の場ともなった。廟議による重大決定は天皇の名による宣旨で公布され、恒例や臨時の夫役・段銭が国家的次元の租税として荘・公一円に賦課された。それらは、弁官局・検非違使庁など官衙に属する官司や国衙・守護所などによって執行されたが、その職の多くは家業化・私権化していた。天皇は、王家という権門の長または一員であるとともに、諸権門の頂点に立つ国王としてときには形式上、ときには実際上の権力者であり、その地位は、顕密仏教の教説や神国思想によって宗教的にも権威づけられ、「王法」(世俗権力)と「仏法」(寺社勢力)との相依相助が強調された。また京都は、権門体制の王都であるとともに、諸権門の集住地、荘園公領制社会の経済・交通・文化の中心でもあり、奈良・鎌倉も権門の拠点の都市であった。権門体制は、国政の主導権を掌握する権門の隆替によって、ほぼ三段階に区分できる。第一(成立期)は院庁政権が主導権をもった院政期、第二は鎌倉幕府が他の諸権門を制圧しながらも公武両政権が併立していた鎌倉期、第三(衰退期)は室町幕府が他の権門を事実上従属させ公武癒着融合の状態になった室町期である。そして平安時代中期の摂関政治期は律令体制から権門体制への過渡期、戦国期は権門体制から幕藩体制への過渡期である。また荘園公領制を封建的社会関係の一つとみるなら、権門体制は日本における封建

国家の前半期の形態といえる。けれども権門体制説に反対して、公家政権と武家政権とはまったく異質な対立的なもので、後者が前者を圧倒していくところに中世国家史の基調があるとみる見解や、中世に統一的な国家機構の存在は本質的に認め難いとする見地もある。
（黒田　俊雄）

けんれいもんいんりょう　建礼門院領　高倉天皇の中宮、安徳天皇の生母建礼門院(平徳子)の所領。寿永二年(一一八三)二月、建礼門院庁は、丹波国桑田郡佐伯郷時武名の住人秦頼康が、伝領の名田を去年最勝光院正月の法華八講燈明布施・被物ならびに高倉院法華堂国忌雑事料所に寄進し、のち官物不輸の庁宣を得ているのに、さらに役夫工米・大嘗会・造内裏以下の勅事・院事ならびに大小国役免除の庁宣に預かりたいとの申請のまま、三回目の庁宣を発給した(『田中忠三郎氏所蔵文書』)。最勝光院領は、安元二年(一一七六)七月建春門院崩御後に後白河上皇の管領となるが、そのうち少なくとも佐伯郷時武名(のち佐伯荘)と高倉院法華堂領は、建礼門院平徳子の所領であった。平家滅亡後の文治三年(一一八七)二月源頼朝は門院の幽栖を知り、平宗盛が知行していた摂津国真井・嶋屋両荘(ともに所在未詳)の没官領を進上した(『吾妻鏡』)。
（奥野　高広）

こ

こ　戸　律令制における地方行政組織の最末端の単位で、里(郷)・保の構成単位となり、また戸籍・計帳の記載の単位となったもの。「へ」とも読む。戸の源流は欽明朝における帰化人の戸籍作成や白猪屯倉の田戸の設定などにあるといわれており、大化後の戸籍制度の丁中制に晋制の老・耆の区分や次丁の語が用いられているところから、それは晋の影響をうけた新羅など古代朝鮮の戸制にならったものではなかったかと推測されている。大化改新後の編戸は五十戸をもって一里としたが、持統天皇四年(六九〇)に『浄御原令』戸令に基づいて改めて五十戸一里に編成され、以後里(郷)制が終焉するまで存続した。班田収授や課役の賦課は原理的には個人を対象に行われるものであるが、実際には戸ごとに集計が行われ、戸が農民支配の基本単位となった。そのため、戸は課役負担の多少によって上・中・下の三等の政戸に区分され、また別に貧富の差によって上上・上中より下下に至る九等に区分された。戸は戸主と戸口とからなり、戸主には原則として父系的家長をもってこれにあて、戸主は籍帳の申告や納税の責任を負い、戸内の班田や浮浪・逃亡の監督を行なった。また五戸をもって一保とし、各保には保長をおいて保内の相互扶助と検察の事務を執らせた。籍帳面の戸口は戸主の五等親まではその親族称呼を標記し、それ以外の親族と非血縁者はすべて寄人・寄口の名を冠し、戸主や戸口の所有する家人・奴婢も戸の一員として戸の末尾に記載された。戸口には課役負担能力を決定するために種々の区分等級が設けられた。まず性別を明らかにし、さらに年齢によって黄(『大宝令』では緑)・小・中(少)・丁・老・耆の六つの年秩に区分した。黄児は三歳以下、小子は十六歳以下、中男は二十歳以下、正丁は二十一歳から六十歳まで、老丁は六十一歳から六十五歳まで、耆老は六十六歳以上であるが(天平宝字初年に中・丁の年齢区分を一歳引き下げ、老・耆を一歳引き上げ)、課役を負担するのは男子の中・丁・老だけでこれを課口といい、その他をすべて不課口という。戸内に課口がいれば、その戸を課戸といい、いなければ不課戸といった。不具・病疾の者はその程度の軽いものから順に残疾・癈疾・篤疾の三等級に分けられ、だいたい癈疾は七十歳以上十六歳以下と同様の取扱いをうけ、篤疾は八十歳以上十歳以下と同様の、残疾は老と同様の取扱いをうけ、残疾と老はあわせて次丁と名づけられた。ところで、五等親以外の親族や非血縁者をも含む戸が当時の農民家族の実態であったかどうかについては学説が分かれており、いずれとも決しがたいが、今日一般的には当時の農民家族は現存する八世紀の戸籍や計帳にみられるような平均二十～三十人の複合大家族であったと考えられている。すなわち律令国家は、六年ごとにつくる戸籍によって常に農民家族の実態を戸として掌握していったとみるのである。しかしこのような見方でいけば、当然里数か戸数のいずれかを増やしていかなければならないわけだが、実際には十世紀半ばまで里数と戸数はほとんど変化しておらず、したがってこの一般的見解が成り立つためには造籍ごとに里(郷)内の戸のほとんどを農民の実態に即して必ず割り変えていったということを論証しなければならないという批判も一方において広く行われている。戸令の諸規定からみても、特別のことがなければ同戸は常に同戸として存続するのが原則であって、戸口の申告がない限り、上から絶えず分割・併合が行われるものではなく、実際にもそのような煩雑な手続きが造籍ごとに広くしかも恒

常的に行われていた様子は史上にほとんどうかがわれない。賦課・徴税そのほかの民政上の便宜のために五十戸一里制が厳存したという事実を念頭において考えた場合、最初の編戸の時、現実の生活体である小家族＝家を戸として掌握したが、里数と戸数が固定されていたため時間の経過とともに戸内人口の漸増と血縁関係の複雑化とによって次第に実態から遊離していき、現存籍帳の戸にみるような複合的家族構成を示すに至ったとみる学説のほうが納得できる根拠をもっている。もし律令政府が造籍のたびに戸の実態を掌握できるほどの行政能力を持っていたとすれば、天平十五年(七四三)の墾田永年私財法以降の図籍は土地所有の実態をつねに掌握し得たはずである。しかし実際には、戸籍に関しては奈良時代中期から激化する偽籍を許し、土地に関しては、荘園の土地相論に用いられた奈良時代の「四証図」や、平安時代の田図の地目・地籍の異同記載、平安中期以降の国衙検田使による現作掌握の程度によって知られるように、当時の行政能力によって人と土地の実態を掌握することはきわめて困難であった様子が窺われる。したがって、律令制の施行当初から戸籍は家族の実態を掌握し得たとする説を安易に肯定することには慎重でなければならない。もっとも律令国家が農民の実態掌握の努力を最初から放棄したわけではなく、霊亀元年(七一五)郷里制を施行して戸内に派生分立してきた小家族(最初に編戸された時の戸と同じ規模の家族で、『令集解』戸令五家条古記にいう「一戸の内、たとえ十家ありとも家の多少をかぞへず」(原漢文)の家にあたる)を戸数に制約のない房戸として再掌握して課税・免税の対象とし、農民の直接的支配の貫徹をはかった。そして旧来の里制下の戸を郷戸として五十戸編戸の原則を堅持した。しかし天平十二年にはついに房戸制による直接的人身掌握を断念し、旧来の五十戸一里(郷)制に戻して郷戸を貢租徴税の単位とした。九世紀にはいって律令体制の根幹であった班田収授制が解体し始めると、一方において農民は浮浪・逃亡・符損・例損といった手段によって課役忌避を行い、死亡者を除籍しなかったり、課口を女性戸口に書き変えたり、出生者の入籍を行わなかったりするなど、農民の抵抗によって戸は次第に形骸化していき、十世紀初頭より収取の基準が土地に置かれるようになってくるとますます戸の意義を失っていった。戸籍に基づいて某郡某郷某戸主某戸口という書き方をした例は、郷戸では承平二年(九三二)、京戸では応和元年(九六一)が最後であるから、十世紀中ごろには律令に基づく戸は郷制とともに解体したと考えてよく、以後農民は国衙領や荘園において新たな原理のもとに編成されていった。　（平田　耿二）

こあざかのみくりや　小阿射賀御厨　⇨阿射賀御厨《あざかのみくりや》

こいずみのしょう　小泉荘　㈠山城国葛野郡の荘園。西院小泉荘ともいう。現在の京都市右京区西院付近。永保二年(一〇八二)刀禰らが荘内の荒田畠一町を僧知増に開発させた事実が知られ、関連文書には「小泉御厩」ともみえる。『台記別記』や『近衛家所領目録』に「西院御厩」「小泉院厩」とあるものがこれで、少なくとも十二世紀中期には摂関家領となっていた。前記一町はのち大徳寺如意庵領となり、延徳二年(一四九〇)まで荘名がみえる。　（須磨　千頴）

㈡越後国岩船郡の中御門流藤原氏の荘園。現在の新潟県村上市と岩船郡域。本荘と加納から成り、ほぼ同郡域を占めたが、その南東には国衙領荒河保があり、荘内を流れる瀬波河(現在の門前川)も漁鮭を済物とする国衙領であった。十一世紀後半ころ、大宮右大臣藤原俊家(道長の孫)の代に、免田三十町を基本とする中御門家の荘園として成立。加納の成立は十二世紀初めごろか。同家の根本家領として、南北朝時代までの伝領が知られる。その上級領有権には変化があり、鳥羽院政期に本所として金剛心院、鎌倉時代初期には新釈迦堂(中御門家は預所)が知られる。鎌倉時代初期、平姓秩父氏の季長が地頭職に補され、やがて本荘(庄)氏(本荘に住)と色部氏(加納方色部条に住)に分かれて、在地領主として発展する。　（藤木　久志）

こいちじょういんりょう　小一条院領　三条天皇皇子敦明親王(小一条院)の所領。敦明親王は後一条天皇の東宮となったが、藤原氏の圧迫にたえかね、寛仁元年(一〇一七)八月東宮を辞した。その要請で小一条院の号を与えられるが、藤原道長の女寛子と婚すると、封戸・年官・年爵のほかに道長からも多くの所領を進上されたであろう。近江国の小一条院勅旨田(『妙法院文書』)のような勅旨田が他国にも見られたにちがいない。なお摂津国河辺郡長洲浜は、在家住人が増加するにつれて、猪名本荘から分化するようになり、少なくとも天暦十年(九五六)ころまでに長洲荘として形式上独立した荘園形態をつくった。その在家住人だけが、のちに小一条院を領主とする。その権利は、その皇子式部卿敦賢親王、二条関白藤原教通、その女皇太后宮歓子にと伝領した(嘉承元年(一一〇六)五月二十九日官宣旨、『摂津国古文書』)。　（奥野　高広）

ごいのしょう　五位荘　摂津国島上郡西南部に所在した摂関家の荘園。現在の大阪府高槻市芝生町付近。藤原師実領であったが、鎌倉時代には近衛家に伝領され、その支配は室町時代にも続いた。『大乗院寺社雑事記』にも荘名はみえ、この間に寄進により春日社または興福寺が領家になったと考えられる。応仁・文明の乱後は在地土豪の西面氏や守護代香西氏の一族が代官職に補任されており、武士の代官請負制から押領へと衰退過程を辿ったものと思われる。　（福留　照尚）

ごいんちょくしでん　後院勅旨田　⇨勅旨田《ちょくしでん》

ごいんりょう　後院領　後院は本宮に対する補助的または予備的な御所のことで、さらにその殿舎とそれに付属する所領や財物を管掌する機関でもある。その所領は天皇の経済対象であり、院政期には「治天《ひとと》の君」の上皇の所領であった。室町時代にも能登国一青荘のように皇室

後院領

後院領一覧

所在国郡	名称	成立年次	特徴	典拠
山城 上京	冷泉院町内	寛元二年十二月	佐伯康長の私領と相博	川瀬佐一氏所蔵文書
下京	後院町	治承四年正月	五条堀川、材木商人	玉葉
洛東	城興寺	建久三年九月	九条北・烏丸西、後鳥羽天皇後院領	同
同	禅林寺	保元二年三月	旧領主平忠貞	兵範記
	檜物作手	寛喜三年六月	北野宮寺大座神人の訴えにより後院檜物作手の濫妨停止	民経記
葛野郡	河島荘	保元二年三月	旧領主藤原頼長	兵範記
綴喜郡	大道寺	同	同	同
同	田原荘	同	同	同
久世郡		同	二ヵ所、旧領主平忠貞	同
宇治郡	山科郷栗栖	同	旧領主平忠貞	同
同	宇治院	天暦元年十一月	宇多天皇後院領	岷江入楚所引李部王記
大和 添上郡	平城京内地	承和三年五月	空閑地二百三十町、太皇太后宮朱雀院領、旧領主嵯峨天皇皇后橘嘉智子	続日本後紀
山辺郡	藤井荘	保元二年三月	旧領主藤原頼長	兵範記
(郡未詳)	蓮華牧	大治五年八月	秋篠寺との相論	長秋記
河内 丹比郡		承和三年二月	荒廃田十三町、皇太后宮後院領、旧領主淳和天皇皇后正子内親王	続日本後紀
大県郡	大丸岐山小野	寛平元年十月	後院領	日本紀略
志紀郡	会賀牧	長元九年十二月	後朱雀天皇、旧領主後一条天皇	範国記
交野郡	楠葉牧	建仁三年四月	院厩、雑役免除	春日若宮社家古文書
和泉 日根郡		貞観三年六月	田・山・岡二十三町余、淳和院領	三代実録
摂津		承和八年十二月	地三百町、後院牧、九条家冊子本『中右記』裏文書所収『摂津国租帳』には保元元年の後院勅旨田・朱雀院勅旨田の記事あり	続日本後紀
		嘉祥三年二月	荒廃田六十一町、冷然院領	同
八部郡		承和五年三月	乗田二十一町等、後院勅旨田	類聚国史
同	位部荘	保元二年三月	旧領主藤原頼長	兵範記
島上郡	桜井荘	同	同	同
川辺郡	野間荘	同	同	同
同	富松荘	同	同	同
武庫郡	大島雀部荘	同	同	同
伊勢 鈴鹿・河曲郡		同	散在田畠、旧領主平忠貞、伊勢大神宮領五十一町を除く全部か	同
鈴鹿郡	井後村	文治三年四月	地頭ら公卿勅使伊勢国駅家雑事を勤めず	吾妻鏡
同	安楽村	同	同	同
伊勢 鈴鹿郡	葉若村	文治三年四月	地頭ら公卿勅使伊勢国駅家雑事を勤めず	吾妻鏡
同	平野村	同	同	同
同	久吉名	同	同	同
河曲郡	河曲村	同	同	同
度会郡	上野村	同	同	同
壱志郡	曾根荘	天慶元年十一月	朱雀院領	醍醐雑事記
同	山田野荘	保元二年三月	旧領主藤原頼長	兵範記
員弁郡	大井田御厨	同	旧領主平正弘	同
同	石川御厨	同	同	同
同	笠間御厨	同	同	同
同	富津御厨	同	同	同
尾張 愛智郡		貞観三年七月	荒廃田百八町余、冷然院領	三代実録
中島郡	櫟江荘	保元二年三月	旧領主藤原頼長	兵範記
遠江 城東郡	笠原牧	承平元年二月	券文呈示、のち後院牧・関白藤原頼通領	貞信公記抄・西宮記
甲斐 八代郡	石間牧	保元二年三月	旧領主藤原頼長	兵範記
相模 足柄下郡	成田荘	同	同	同
大住・愛甲郡		貞観七年三月	空閑地四百町、内見開田十五町、淳和院領	三代実録
武蔵		天長六年十二月	空閑地二百九十町、西院(淳和院か)勅旨田	類聚国史
幡羅郡		承和元年二月	荒廃田百二十三町、冷然院領	続日本後紀
秩父郡	秩父牧	承平三年四月	勅旨牧、旧領主朱雀院	政事要略
近江		承和四年七月	荒廃田六十四町、太皇太后宮後院領、旧領主嵯峨天皇皇后橘嘉智子	続日本後紀
		承和十二年四月	荒廃田十四町、後院開田	同
蒲生郡		承和四年三月	荒廃田四十三町、後院勅旨田	類聚国史
(郡未詳)	小神旧牧		旧領主嵯峨天皇	御料地史稿
美濃		承和二年十一月	荒廃田十町、後院勅旨田	類聚国史
加茂郡	深萱荘	保元二年三月	旧領主藤原頼長	兵範記
可児郡	広見荘	長元九年十二月	旧領主後一条院	範国記
信濃 伊那郡	福地牧	同	同	同
筑摩郡	麻続御厨	保元二年三月	旧領主平正弘	兵範記
安曇郡	野原郷	同	同	同
水内郡	市村郷	同	同	同
同	高田郷	同	同	同
同	橡原荘	文治二年三月	城興寺領	西宮記・吾妻鏡
(郡未詳)	萩原牧	天暦三年十月	駒牽	西宮記
下野 安蘇郡	佐野荘	保元二年三月	旧領主藤原頼長	兵範記

所在国郡	名称	成立年次	特徴	典拠
陸奥 桃生郡	本良荘	保元二年三月	旧領主藤原頼長	兵範記
磐井郡	高鞍荘	同	同	同
出羽 飽海郡	大曾禰荘	同	同	同
同	遊佐荘	同	同	同
同	屋代荘	同	同	同
越前 坂井郡			田、旧領主淳和天皇	御料地史稿
加賀 江沼郡	額田荘	建久六年三月	刑部卿典侍を預所職となす	御教書類
能登 鹿島郡	一青荘	保元二年三月	旧領主藤原頼長	兵範記
越中 新川郡	吉岡荘	同	同	同
越後 魚沼郡	殖田村	同	旧領主平正弘	同
丹波 桑田郡	曾我部荘	同	旧領主藤原頼長	同
天田郡	土師荘	同	同	同
丹後 丹波・竹野郡		仁和二年八月	熱田・荒田百五十町余、後院田	三代実録
播磨 加古郡	高砂御厨	延久二年二月		扶桑略記
備前 御野郡		承和二年三月	空閑地百町、後院勅旨田	類聚国史
備後 世羅郡	太田荘	建久七年五月	後院領	宝簡集・続宝簡集
安芸 安芸郡	牛田荘	天慶元年十一月	朱雀院領	醍醐雑事記
周防 玖珂郡	山代荘	保元二年三月	旧領主藤原頼長	兵範記
紀伊 牟婁郡	三栖荘	同	同	同
阿波 那賀郡	竹原荘	同	同	同
筑前 鞍手郡	植木荘	同	同	同
豊後 大分郡	植田荘	同	旧領主藤原頼長、三百三十五町二段、領家大納言二位局	兵範記・豊後国図田帳
同	高田荘	仁安二年十二月	後院領、二百町、領家城興寺	同
肥前 神崎郡	神崎荘	長元九年十二月	後院領、旧領主後一条天皇	範国記

領として機能した旧後院領もある。後院領は在位中から供御や行幸の時の饗饌などの費用の対象でもある。すなわち宮廷の正月元旦の替物の用途、楾《はんぞう》・御座の簾などを後院から徴したこともある(『三長記』建久六年(一一九五)十二月十九日条)。後院領について、藤原道長の詞として「御門の御領」といい、『大鏡』の著者は「代々のわたり物」と表現した。すなわち、天皇と上皇のほかは伝領することができないたてまえである。叔姪でも摂政・関白となれば伝領できた「殿下の渡領」とは違う。肥前国神崎荘も後白河法皇が伝領し、やがて後村上天皇が領有している(『園太暦』観応二年(一三五一)十二月十八日条)。後院は院の御所となるはずだが、在位中に崩御になると、後院司らが後院と後院領の処分をし、次の天皇に譲進した。すなわち後一条天皇崩御のときに、後院司らが一条院で後院領を処分し、次の天皇(後朱雀天皇)に譲進している(『範国記』長元九年(一〇三六)十二月二十二日条)。後院領は一条天皇以後も増加した。ことに保元二年(一一五七)三月には、保元の乱に崇徳天皇に味方した藤原頼長以下の所領を没官して、後白河上皇の後院領とした。そして同法皇のあとは、建久三年(一一九二)九月、未処分の城興寺を後鳥羽天皇の後院領とした。承久の乱後に後院のうち朱雀院は後堀河天皇に伝領した。後嵯峨上皇は文永九年(一二七二)正月処分帳を草し、後院領のうち播磨国衙領と神崎荘を後深草上皇に分譲した。そのほかの後院領の大部分は亀山上皇・後宇多上皇・後醍醐天皇に伝領した。後村上天皇は、正平六年(一三五一)十二月、後院領御膳所神崎荘のことに綸旨を下した。応安七年(一三七四)八月、後円融天皇は、朱雀院の竈神殿などの押妨について、大納言典侍の訴えを容れて停止させており(『仲光卿記』)、山城国大雲寺領の近江国朱雀院田を実相院が管している(『実相院文書』『門跡伝』)。文明十一年(一四七九)閏九月、院庁官中原盛富は、知行分朱雀院田百姓中の浄貞入道の作職分のうちの一段の年貢を納入しない不法を室町幕府に訴えた(『親元日記別録』下)。この時点で朱雀院田は後院領であり、禁裏料所である(『元長卿記』永正五年(一五〇八)二月四日条、『実隆公記』大永七年(一五二七)十月十九日条、『後奈良天皇宸記』天文四年(一五三五)十二月二十六日条)。また後奈良天皇の生母勧修寺藤子が知行したことがある。

(奥野　高広)

ごう 合 ㈠容積の単位。升の十分の一をいう。古代中国に起源をもち、『漢書』律暦志に、黄鐘管の内容積を龠とし、二龠を合としたとある。龠の容積は八百十立方分とあるから、合は千六百二十立方分。漢尺を約二三センチとして計算すれば今の一・三勺ほどになる。その後、尺・升とも漸増し、さらに唐代には単位量の三倍量も大量として公定された。『大宝令』は唐制によったが、令の尺にも大小二種あり、また『令義解』には十龠を合とするなどとあって、容積の実体に諸説が生じて一定しない。各種の説によれば、小は今の四勺から大は六勺に分布する。その後も漸増し、しかも区々にわたったが、近世初頭に京枡が定められるに及んで一定の方向に向かい、寛永のころ一升が方四寸九分、深さ二寸七分と定められて合も一定した。㈡土地面積の単位で、歩または坪の十分の一をいう。合が升の十分の一であるところから、一般に単位量の十分の一の呼称に用いられ、面積にも用いられるようになった。

(小泉袈裟勝)

ごう 郷 律令国家の地方行政組織の末端単位。令の規定では里と称し、国・郡の下部組織として五十戸を単位に編成された行政村落。里制は霊亀元年(七一五)式により郷に改名(和銅改名説があるが疑問)、その下に郷戸内房戸を構成単位とする「里」を置く郷里制に改編された

が、二十五年後の天平十二年(七四〇)には下部の「里」が廃止され、以後郷制として展開した。郷は五十戸編成ということから、その郷域を確定していないが、従来の自然村落を二、三包摂し編成したものであったと思われる。全国の郷数は八世紀の状況を示す『律書残篇』には四千十二郷、十世紀の『和名類聚抄』には四千四十一郷とみえる。郷には百姓の清正強幹のものから選んだ長一人を置き、戸口の検校、農桑の課殖、非違の禁察、賦役の催駆を掌らせた。郷長の地位はその重い責務に比してはなはだ低く、原則として官人の列にも入らず、その報酬もただ徭役(庸・雑徭)を免除されるにすぎなかった。九世紀以降、郷支配において、郡司配下の税長と徴税丁・調長・庸長などの郡雑任による収税事務の分掌、在地有力者の刀禰による土地関係の証判行為など職役の分化が進行し、郷長の権限の縮小、支配機能の低下が現われる。それとともに戸籍―班田制の崩壊、それに伴う五十戸編成の解体と班田農民の分解―田堵・名主の成立といった変質が進行し、十世紀から十一世紀にかけて、郡下の行政単位としての郷は郡と併存する国内単位所領の郷へ、郷長は郷司へと大きく改編変質する。 (宮本 救)

こうえいでん 公営田 ⇩くえいでん

こうえきせい 交易制 交易は交関ともいい、代価を支払って物品を購入するという一般的な意味のことばである。したがって私人間で行う私交易、官衙と私人の間で行う官交易のいずれも存したが、交易制という場合は、律令制下において官衙が代価を支払って私人から物品を購入し、その物品を以て財政運用に充てる制度をいう。律令国家の財政はいちおう中央官衙財政(中央財政)と地方の国衙財政に分けられるが、前者は後者に依存するという関係にあった。すなわち中央財政の主要な財源は、公民から無償で徴収する調・庸と、国衙が貢納する年料春米および交易進上物であったが、後者はいずれも国衙正倉に貯備する正税のうちの正税出挙の利稲を以て米とし、あるいは物品と交易して進上するものであった。もっとも交易進上物の財源はもとは郡稲であったから、その起源は律令制以前の国造による貢納制にさかのぼる可能性がある。八世紀以後の官交易には、㈠中央官衙が市などで必要物資を入手する交易、㈡国衙が国衙運営上の必要物資を入手する交易、㈢上述の国衙から中央への交易進上物などがあったが、このうち律令財政史上最も重要なのは㈢である。これには⑴各国が毎年定められた物品を一定量進上する年料交易進上物(これを交易雑物という)と、⑵太政官符等による中央官衙の要請に応じて臨時(年料外)に交易進上する場合のものとがあった。しかし八世紀後半以降調・庸の違期・未進が顕著となり、さらに九世紀に入り中央財政が窮迫してくると、⑴⑵いずれも増大し、中央財政のこれに対する依存度はますます高くなり、いわゆる「調庸制から交易制へ」という財政構造上の変化が生じるに至る。 (早川 庄八)

こうえきばた 交易畠 ⇩かわしばた

ごうおきめ 郷置目 ⇩惣掟《そうおきて》

こうおつにん 甲乙人 本来「甲の人や乙の人」の謂で、ある特定された人間以外の第三者をさす中世語であったが、転じてある特定の権利や資格から排除された人間の総称として用いられるようになる。一方、庶民は一般に所領所職の正当な知行人としての資格をもち得なかったから、この両者が結びついて、「甲乙人等トハ凡下百姓等事也」(『沙汰未練書』)といわれるような一種の身分呼称となり、侍身分に発せられれば悪口罪の対象とさえなりかねない蔑称となった。 (笠松 宏至)

こうかのしょう 甲賀荘 志摩国英虞郡の荘園。現在の三重県志摩郡阿児町甲賀付近。長徳二年(九九六)の伊福部利光治田処分状案に「甲賀御庄下司出雲介」と見えるのが初見。十二世紀以降は摂関家から近衛家へと伝領され、南北朝期に至るまで近衛家領の中核をなしていた。また、弘安元年(一二七八)には当荘の百姓が魚貝貢進の神田と号して伊勢神宮内宮への上分米を対捍する事件がおきており、荘内に伊勢神宮神田が存在し、内宮に対して上分米を負担していたことが分かる。室町後期に入ると、国人甲賀氏のため、近衛家による荘園支配は困難となっていったと思われる。 (西尾 知己)

こうがのまき 甲賀牧 近江国甲賀郡にあった古代の牧。『延喜式』左右馬寮によれば、近都六牧の一つで、左馬寮に属し、諸国から朝廷に貢進されてきた馬牛を一時的に放牧する牧であった。甲賀郡に置かれた牧は二ヵ所あったといわれ、現在の滋賀県甲賀郡信楽町大字牧と同土山町頓宮が比定されているが、詳細は不明。 (髙橋 昌明)

こうかもんいんりょう 皇嘉門院領 崇徳天皇の皇后皇嘉門院(藤原聖子)の所領。保元二年(一一五七)七月に後白河天皇は、故左大臣藤原頼長の旧領東三条殿の券契を崇徳上皇皇后の皇嘉門院に与えた(『兵範記』同年七月二十七日条)。そして仁安二年(一一六七)五月同門院は封戸を辞し、所領荘園安堵の宣旨を六条天皇に願った。その所領は門院の父藤原忠通から譲られたところである(同、仁安二年五月二十三日条)。承安二年(一一七二)十二月に右大臣藤原(九条)兼実は、皇嘉門院が伊賀国のうち(最勝金剛院領のうちとあるから大内東荘であろう、『明月記』建仁二年(一二〇二)二月七日条)の役夫工米の減額を申請したことを議した。兼実は仏事が断絶するとの理由を認め、半減しているのをさらに減額する処置をとっている(『玉葉』承安二年十二月十三日条)。門院は治承四年(一一八〇)五月処分状(「皇嘉門院仮名譲状」、天理図書館所蔵)を草し、翌養和元年(一一八一)九月後白河法皇の閲を経て、最勝金剛院領などを兄兼実の長子良通に、石見国益田荘などを弟兼房に譲った(『九条家文書』『玉葉』)。別表(二三六頁)参照。 (奥野 高広)

こうぎもんいんりょう 広義門院領 後伏見上皇の女御広義門院(藤原寧子)の所領。崇光上皇は光厳・光明両上

皇嘉門院領　広義門院領

皇嘉門院領一覧

所在国郡	名称	成立年次	特徴	典拠
山城 洛中	東三条殿	保元二年七月	藤原頼長旧跡、後白河天皇の譲与	兵範記
愛宕郡	岩倉	治承四年五月	兄九条兼実の長子良通に譲与	皇嘉門院仮名譲状
紀伊郡	東九条荘	同	同	同
久世郡	久世荘	同	同	同
摂津 能勢郡	倉垣荘	康平五年正月	同	同
和泉 和泉郡	大泉荘	治承四年五月	同	同
伊勢 鈴鹿郡	和田荘	保延元年八月	権中弁藤原光房寄進	荘園志料所収園太暦
尾張 海部郡	杜荘	治承四年五月	兄九条兼実の長子良通に譲与	皇嘉門院仮名譲状
三河 幡豆郡	吉良荘	治承元年八月	譲与に任せ藤原参子を預所職となす、四年五月藤原長子に譲与	宮内庁書陵部所蔵古文書・皇嘉門院仮名譲状
武蔵 多摩郡	船木田本荘・新荘	治承四年五月	兄九条兼実の長子良通に譲与	皇嘉門院仮名譲状
橘樹郡	稲毛本荘・新荘	同	同	同
下総 海上郡	三崎荘	同	同	同
常陸 茨城郡	小鶴北荘・南荘	同	同	同
近江 神崎郡	小幡位田	同	兄九条兼実の長子良通に譲与、仮名譲状は越後とし、元久元年兼実譲状は近江小幡位田とする	皇嘉門院仮名譲状・九条家文書
美濃 大野郡	衣斐荘	同	兄九条兼実の長子良通に譲与	皇嘉門院仮名譲状
(郡未詳)	宇多勅旨	同	同	同
(同)	岩田	同	同	同
若狭 大飯郡	立石本荘・新荘	同	同	同
越前 (郡未詳)	今泉	同	弟信円法印に譲与	同
能登 珠洲郡	若山荘	同	兄九条兼実の長子良通に譲与	能登国田数目録・玉葉・皇嘉門院仮名譲状
越後 沼垂郡	白河荘	同	同	皇嘉門院仮名譲状
古志郡	高波荘	同	同	同
丹波 桑田郡	賀舎荘	治承三年九月	同	玉葉・皇嘉門院仮名譲状
但馬 朝来郡	田道荘	治承四年五月	弟藤原兼房に譲与	皇嘉門院仮名譲状・但馬国大田文
(郡未詳)	御紙田	同	兄九条兼実の長子良通に譲与	皇嘉門院仮名譲状
(同)	かみみち	同	弟藤原兼房に譲与	同
出雲 出雲郡	林木荘	同	同	同
石見 邇摩郡	大家(宅)荘	安元二年十一月	藤原頼輔に知行させる、兄九条兼実の長子良通に譲与	玉葉・皇嘉門院仮名譲状
美濃郡	益田荘	治承四年五月	弟藤原兼房に譲与	皇嘉門院仮名譲状

所在国郡	名称	成立年次	特徴	典拠
紀伊 在田郡	下野荘	治承四年五月	弟藤原兼房に譲与	皇嘉門院仮名譲状
阿波 麻殖郡	河輪田荘	同	兄九条兼実の長子良通に譲与	同
豊後 大分郡	津守荘	同	同	皇嘉門院仮名譲状・豊後国図田帳
肥前 佐嘉郡	与賀荘	同	同	皇嘉門院仮名譲状
(郡未詳)	うきう	同	弟信円法印に譲与	同
和泉・摂津・近江の大番舎人		同	兄九条兼実の長子良通に譲与	同
(国郡未詳)	春日塔	同	弟信円法印に譲与	同

広義門院領一覧

所在国郡	名称	成立年次	特徴	典拠
山城 洛中	六条坊城地	延文元年三月	藤大納言三品に知行さす	京都御所東山御文庫記録
紀伊郡	伏見荘	延文二年二月	光厳院・崇光院伏見に帰る	椿葉記
同	山田保	延文元年三月	一品宮知行	京都御所東山御文庫記録
摂津 菟原郡	葺屋荘	同	『長講堂領目録』に入れず	同
美濃 安八郡	大榑荘	同	領家職常住院知行	同
武芸郡	白金荘	康永元年五月	今出川院菩提料所として清和院に寄進	清和院文書
越前 敦賀郡	脇本荘	延文元年三月	常住院知行	京都御所東山御文庫記録
加賀 (郡未詳)	宮永保	同	一条殿対御方に給恩	同
(同)	某荘	同	同	同
丹波 桑田郡	弓削荘	同	長講堂領、天竜寺知行	同
船井郡	野口荘	同	伝領の由来	同
播磨	国衙領	同	同	同
明石郡	伊川荘	同	二万疋の役、貞和三年伊川上荘布施畑村領家職を播磨大山寺に安堵	京都御所東山御文庫記録・大山寺文書
美作 (郡未詳)	豊福荘	同	法金剛院領、四条隆蔭知行	京都御所東山御文庫記録
(同)	山田下保	同		同
(同)	富美荘	同	上西門院領	同
備前 上道郡	浅越荘	同	有名無実	同
(国郡未詳)	有田荘	同	光明法皇に進む	同

皇らとともに正平七年(一三五二)六月、楠木正儀らのために大和国賀名生に移らされた。のち足利義詮の求めで後光厳天皇が践祚する。そして後伏見天皇女御広義門院が長講堂領・法金剛院領・今出川院(藤原嬉子)遺領を管領した。特に長講堂領の保全については意を用いている(『京都御所東山御文庫記録』乙二二・五九)。同門院は御願寺として大光明寺を山城国伏見の地に建立し(『智覚普明国師語録』)、その寺領として、長講堂領中の伏見荘をあてた。これが伏見領の成立であって、のち大光明寺領として、崇光院の子孫に伝領した。延文二年(一三五七)二月光厳・光明両法皇と崇光上皇は南朝の天野行宮から帰洛すると、上皇が長講堂領を管領する。

(奥野 高広)

こうごんてんのうりょう 光厳天皇領 光厳天皇(一三一三—六四)の所領。元弘三年(一三三三)六月後醍醐天皇は隠岐から帰洛すると、後伏見上皇に対し、後伏見・花園両上皇および永福門院の所領を安堵させ、八月には播磨国を光厳上皇の所領と定めた。しかし建武三年(一三三六)六月、足利尊氏が光厳上皇を奉じて上洛すると、八月光厳上皇に長講堂領・法金剛院領・熱田社領・室町院領半分などを進上した。またその十月、光厳上皇は仁和寺法守法親王に法勝寺円堂の寺務職を管領させた(『仁和寺文書』)。さらに康永二年(一三四三)四月、同上皇は、皇太子興仁親王に因幡国と法金剛院領・熱田社領を譲り管領した(『椿葉記』所収「光厳院御処分状案」)。正平六年(一三五一)南北両朝が合一しても、後村上天皇は長講堂領・法金剛院領を安堵し、熱田社は官社とした。上皇は延文二年(一三五七)二月天野行宮から帰京すると、長講堂領などを管領するが、貞治二年(一三六三)四月これを崇光院に譲り、置文を定めた(『椿葉記』所収「光厳院御置文案」)。

(奥野 高広)

こうさいめんでん 香菜免田 東大寺の大仏御香菜料のため大和国内に設定された三百六十町の雑役免田。当初、浮免であったが承保三年(一〇七六)に定免化し、その所当官物が東大寺の大和国封戸物に便補され、嘉承元年(一一〇六)には国衙から検注権を獲得し、雑役免系荘園として確立した。しかし、平安時代末期には興福寺などの押領によって退転し、鎌倉時代初期にはわずかに大仏前不断香田の名で残っているにすぎない。

(稲葉 伸道)

こうざにほんしょうえんし 講座日本荘園史 長い蓄積を持つ日本中世荘園史研究の、一九八〇年代末段階での総括を意図した講座。吉川弘文館刊。未完。編者は網野善彦・石井進・稲垣泰彦・永原慶二。執筆者は各巻十名前後。全十巻のうち現在八巻を刊行。昭和六十四年(一九八九)刊行開始。第一巻～四巻は総説的論稿(①荘園入門、②荘園の成立と領有、③荘園の構造、④荘園の解体)、第五巻以降は個別荘園の紹介を地域別に行なったもの(⑤東北・関東・東海、⑥

光厳天皇　所領一覧

所在国郡	名称	成立年次	特徴	典拠
山城 上京	楊梅高倉地	暦応四年五月	冷泉烏丸の替地、法観寺に寄進	法観寺文書
同	四条櫛笥西頬地	暦応四年八月	一町、四条隆資跡	立本寺文書
下京	七条坊門町・西洞院地	貞和元年六月	六条新八幡宮に寄進	若宮八幡宮文書
洛東	最勝光院・宝荘厳院	建武三年九月	東寺長者益守に両院の執務職を安堵	東寺百合文書・根岸文書
同	粟田宮	暦応二年五月	千体阿弥陀堂敷地内を寄進	東寺百合文書ゐ
葛野郡	浄金剛院	暦応四年十一月	浄金剛院管領分を天竜寺に寄進	天竜寺造営記録
乙訓郡	長岡荘	建武三年十一月	仁和寺知行	仁和寺文書
大和 平群郡	生馬荘	同	同	同
摂津 武庫郡	大島雀部荘	貞和三年十一月	源雅顕に安堵	伏見宮御記録
伊勢 員弁郡	富津御厨	暦応四年九月	室町准后に安堵	臨川寺重書案文
尾張 丹羽郡	瀬部御厨内	貞和四年五月	洞院実夏知行	集古文書
中島郡	円光寺	康永三年九月	祈願所	妙興寺文書
甲斐	国衙領	貞和四年四月	洞院公賢知行	園太暦
相模 足柄下郡	成田荘	暦応四年九月	室町准后に安堵	臨川寺重書案文
常陸 久慈郡	佐都荘東・西岡田	同	同	同
近江 滋賀郡	粟津御厨	同	同	同
栗太郡	橋本御厨	同	同	同
浅井郡	草野南・北荘	暦応三年六月	円満院尊悟入道親王に安堵	伏見宮御記録
(郡未詳)	平安寺	建武四年	恵光院領	妙法院文書
美濃 安八郡	大榑荘	建武三年八月	足利尊氏より地頭職を受く	京都御所東山御文庫文書
多芸郡	高田勅旨	暦応四年九月	室町准后に安堵	臨川寺重書案文
賀茂郡	深萱荘	文和二年八月	三位局知行	伏見宮御記録
同	馬瀬郷	康永元年二月	水無瀬御影堂に寄進	水無瀬神宮文書
同	東田原郷	貞和四年三月	同	同
(郡未詳)	有里	暦応元年十一月	同	同
若狭 遠敷郡	名田荘須恵野村	建武四年十一月	成重に預所職を安堵	徳禅寺文書
加賀 加賀郡	井家荘若子村・笠野村南方	建武三年八月	足利尊氏より地頭職を受く	京都御所東山御文庫文書
能登 羽咋郡	家田荘	同	同	同
同	土田荘	文和二年八月	三位局知行	伏見宮御記録
丹波 桑田郡	弓削荘	建武三年八月	足利尊氏より地頭職を受く、暦応三年暦応寺に寄進	京都御所東山御文庫文書・天竜寺造営記録
同	出雲社	暦応四年十二月	武士の乱妨を停む	出雲神社文書
船井郡	野口荘東光寺田	暦応三年六月	円満院尊悟入道親王に安堵	伏見宮御記録
氷上郡	三井荘	同	淳和院領、中院通冬知行	中院一品記

光厳天皇領

所在国郡		名称	成立年次	特徴	典拠
但馬	気多郡	大将野上・下荘	建武三年九月	円満院尊悟入道親王知行	伏見宮御記録
因幡		国衙領	康永二年四月	皇太子興仁親王に譲与	同
播磨		同	元弘三年八月	光厳院領となす	岩崎所蔵文書
	多可郡	多可荘	建武三年八月	足利尊氏より地頭職を受く	京都御所東山御文庫文書・赤松文書
	美嚢郡	平位荘	建武三年九月	円満院尊悟入道親王知行	伏見宮御記録
美作	(郡未詳)	的場南条	暦応四年九月		天竜寺重書目録
	久米郡	垪和東・西荘	建武三年九月	円満院尊悟入道親王知行	伏見宮御記録
備中	下道郡	園東荘	貞和五年三月	梅津長福寺に領家職を寄進	宸筆集
	哲多郡	新見荘	建武三年九月	最勝光院領、東寺長者益守に安堵	東寺百合文書
備後	(郡未詳)	垣田荘	暦応四年九月	室町准后に安堵	臨川寺重書案文
紀伊	日高郡	富安荘	康永元年十二月	摂津母恩寺に寄進	母恩寺文書
淡路	津名郡	都志郷	建武三年十月	東福寺に領家職を寄進	東福寺文書
阿波	名東郡	富吉荘	康永元年十二月	摂津母恩寺に寄進	母恩寺文書
讃岐	三野郡	二宮荘	同	同	同
筑前	那珂郡	住吉社	文和二年八月	三位局知行	伏見宮御記録
豊後	大野郡	蓮城寺	建武三年九月	円満院尊悟入道親王知行	同

北陸・近畿Ⅰ、⑦近畿Ⅱ、⑧近畿Ⅲ、⑨中国、⑩四国・九州)。このうち③・⑩が未完である。刊行が十年以上にわたっているため、必ずしも八〇年代までの議論のみではなく、それ以降の最新の研究成果も取り入れられている。一巻〜四巻は現時点での荘園史研究の到達点を示す論稿が収められており、また、五巻以降は個別荘園の概要をつかむには便利な構成になっている。(村井 祐樹)

こうざんじりょう 高山寺領 京都市右京区梅ヶ畑栂尾にある高山寺の所領。平安時代については史料がなく未詳。史料が存するのは当寺中興の明恵(高弁、貞永元年(一二三二)没)の代以降である。領家職を有していたのは、大和国奄治荘、近江国吉身荘(半分)、美濃国小岐(木)曾荘・遠山荘奥遠山・貝小野保・石(巌)利荘(三分)などで、主要な所領は美濃国内にあったようである。そのほかにも、多くの国々に荘園所職や田畠などが寄進されていた。なお、『高山寺文書』中にみえる荘園の中には、但馬国温泉荘や紀伊国相賀荘のように、文書の文面からは当寺との関係が明らかでないものもある。所領の寄進の時期が明らかなものは大部分が鎌倉時代中期以降で、明恵の代に寄進されたことが明らかなのは、大和国曾我荘内田畠・丹波国野口荘内水田六町のみである。江戸時代の寺領としては、元和元年(一六一五)徳川家康により、山城国一乗寺内五十八石が安堵され、以後幕末にまで及んでいる。(田中 稔)

高山寺　寺領一覧

高山寺領

所在国郡		名称	成立年次	特徴	典拠
山城		富家殿以下田地	永享八年四月以前	入江坊領	高山寺文書
大和	高市郡	曾我荘内田畠	承久元年	金堂長日勤行仏聖常燈人供料	高山寺縁起
	平群郡	高安荘内田地	康暦二年以前	作主職、護摩堂幷御影供方料	高山寺文書
	(郡未詳)	奄治荘	文永七年八月	領家職	同
河内	河内郡	新開新荘都賀尾田	正応元年	五段、下司給内	同
和泉	日根郡	淡輪荘東方	暦応元年八月	東坊領	同
摂津	東成郡	榎並荘内田畠	暦仁元年頃か	阿弥陀堂等長日勤行仏聖燈油人供料	高山寺縁起
近江	野洲郡	吉身荘	暦応元年十二月	半分、領家職、方便智院領	高山寺文書
美濃	恵那郡	小岐(木)曾荘	永仁六年八月	領家職	同
	同	遠山荘奥遠山	文和三年二月	領家職、池坊領	同
	(郡未詳)	貝小野保	応永二十三年八月以前	同	同
	(同)	石(巌)利荘	延文四年以前	三分一、領家職、方便智院領	同
信濃	更級郡	四宮勅旨	永仁六年八月		同
越前	(郡未詳)	宇坂荘			同
加賀	(同)	右荘(本・新荘)	永享十年四月以前		同
丹波	船井郡	野口荘埴生村水田	貞永元年正月	六町、三重塔仏聖燈油人供料	高山寺縁起
	(郡未詳)	神尾山金輪寺	正嘉二年四月以前		高山寺文書
但馬	二方郡	温泉荘竹田・寺木村		高山寺領か	同
	養父郡	高田郷田畠	正安二年二月	地頭職内田畠、入江坊領	同
備前	上道郡	浅越荘	永徳三年頃	清水房領	同
日向大隅薩摩		嶋津荘年貢内		経蔵長日勤行供料	同
(国郡未詳)		細川荘内押入田	暦仁元年	鎮守社供料	高山寺文書・高山寺縁起
(同)		恒真名	至徳元年三月以前		高山寺文書
(同)		武蔵廓畠		禅堂院領、二町	同

こうじ 公事 ⇩くじ

ごうし 強市 強制的な売買を意味する古代の法制用語。「和市」の反語。職制律によれば、官人が監臨する所で強市(威もしくは力を以て物を買う)を行なった場合には、価額が相当であっても、笞五十に処せられた。また雑律によれば、一般に売買が和《あまな》わないのに較固して取った場合には、杖八十に処せられた。中世になると、「押売」「押買」の禁制がしばしば出されるが、強市は押売・押

買に近似した意味であったと推測される。　↓和市《わし》　（吉田　孝）

ごうじ　郷司　律令制変質後の国衙領の地方官の名称。その発生時期は十一世紀初頭ころ。律令制下の国の下部行政単位は郡・里(のち郷)であり、郡司・里(郷)長が支配する定めであったが、律令制の弛緩は税制面では庸調などの人別賦課方式に代わって段別賦課方式となり、また民政にあたる地方官の主務が徴税に置かれるなどの変革を伴った。そうした変革の中で、郡衙の雑任による税目別責任分掌が地域別分掌に変化し、郡内に設けた郷倉を中心とする行政区画が重視され、従来の郷長の機能は消滅した。こうして再編された国衙領の組織では、郡と郷は律令的郡郷とは異なり相並ぶ行政単位となった。この再編された郷の行政責任者が郷司である。再編された郷には、郡を上下とか南北とかに分割した名称のものや、『和名類聚抄』の郷を継承したものなどさまざまである。郷司には、郡内で開発や買得により大規模な所領田畠を有する私領主が任命され、その地位は多く世襲された。郷司は一郷に限らず数郷を兼ねる場合もあった。国衙機構上、郷司はその郷の徴税責任者として国衙に直結し、田畠の正税官物と郷内在家からの在家役との徴納にあたり、加徴米などの得分を得た。また郷司は多く在庁官人として留守所の構成員でもあった。その地位は事実上世襲されたが、国司の補任を必要としたので必ずしも安泰とはいえなかった。郷司は国衙機構上の公的地位であるとともに、補任前に保持した私的地位、すなわち大規模な所領田畠と私的隷属民および郷内一般農民の上に有する影響力などを、郷司に補任されることにより保障されたものでもあった。その限りでは、王朝権力下の不安定な在地領主制が郷司職を槓桿として安定的に成長し得た側面は評価できるが、それが職として王朝国家の職秩序に共通した性格を保持した限り、領主的成長を抑制された側面も見落とし得ない。後者の側面から、郷司がその地位の安定を求めて寄進により荘園制秩序に入って下司となり、さらに地頭となる例が少なくない。　（松岡　久人）

こうじち　高質　債権者が債務不履行人の動産を私的に差し押える行為を意味する語。年貢・公事などの滞納にもとづく差押え行為にも使用されるが、一般的には借状などの担保文言に多くあらわれる。すなわち「彼直物に相当の程見合に高質物を取らるべし」などと表記され、いかなる場所でも、本人を見つけ次第、債務相当分の差押えを許す契約上の語として用いられる。差押えの対象が債務者本人の動産に限定される点、郷質などと異なる。　（勝俣　鎮夫）

ごうじち　郷質　A郷に所属するaという者がB郷に所属するbという者と貸借関係を結び、債務者bが債権者aの債務を返済しない場合、aがbの所属するB郷の共同体成員であるcというaとbとの債権・債務関係に関係のない第三者、またはcの所有する動産を質取る(私的に差し押える)行為をいう。鎌倉時代にはすでに郷質に先行して、荘質なる語がみられるが、郷質という語が史料的にあらわれるのは、郷村制の成立と関連して十五世紀以降であり、十七世紀初頭に姿を消す。この間、郷質は、国質などと併記され、室町幕府・大名の市場法の最もポピュラーな禁止条項としてあらわれる。この行為は、在地の慣習として社会的に容認されており、債務取立て手段として現実に広汎に行われたことが知られるが、戦国大名のもとにおいても、市場などの限定された場所をのぞいては、上部権力によって次第に制限が強化されつつも全面的には禁止されない。　↓国質《くにじち》　（勝俣　鎮夫）

こうしつりょう　皇室領　皇室・宮廷の私的経済の収入源を皇室領という。律令体制では宮廷の経済体制が法的に規定されている。それでもその地位が至高であるために、多くの理由から私的の収入源が芽生え、しかも律令制の衰頽につれて拡大してきた。そして皇室経済の収入源の大半を占めるようになる。のちには皇室領で皇室経済を支えるようになる。なお皇室領は、禁裏御領(料)とか大内御領とも表現される。摂関家と外戚関係のない後三条天皇は、天皇権力の回復と藤原氏の専権を抑圧することを意図した。同天皇の延久元年(一〇六九)の荘園整理令をうけて、整理令は大治二年(一一二七)・保元元年(一一五六)と公布されるが、これは藤原氏一門以外に「院」というより高度の権門家が存在することを明示した。後三条天皇は券契の不分明な荘園は没収し、「後三条院勅旨田」とした。また同院の分国は一国だが、後白河院からのち院宮の分国は激増する。歴史の流れが変わったことによって、土地所有者は摂関家に対するのと近似した条件で国司の手痛い反撃をさけ、その所領の安全のため院(上皇・法皇)に寄進した(それらを管理した貴族・寺院は得分を与えられるが、それが家領や寺社領でもある)。白河・鳥羽・後白河の三上皇(法皇)の院政時代に、広い意味での皇室領は画期的な増加をした(「三代御起請符地」とよび、特権をもつ)。その形体はまず社寺領である。神社では後白河上皇が創建した新日吉《いまひえ》社・新熊野《いまくまの》社であり、また諸国の一宮などの大社が皇室領になった場合も多い(別表参照)。寺院は天皇・上皇・女院が祈願のため建立したり(表面では天皇の御願寺、院の近臣の国司の造進)、既有の寺院を御願寺と定め所領を寄進し、また他から寄付があり寺領を構成した。寺院では、ふつうに法勝寺以下の六勝寺をはじめ二十八ヵ寺、その所領は五百ヵ所以上である。このうち後白河上皇の長講堂領には年間に砂金百両、米五千三百八十四石、絹千二百十六疋、糸四千二百七十四両をはじめ、土地の産物もあり、巨額な数量が納入された。本家の後白河上皇の収入はかなりの額に及んだであろう。平安時代初期の奈良東大寺の収入は米約九千石、恒常支出は約二百五十人の人件費をふくめて約三千石、これに建物の修理費は多い年で四千数百石、少ない年で約千五百石であり、長講堂領の荘園からだけ

皇室領神社・祈願寺一覧

所在国郡	名称	成立年次	特徴	典拠
山城 洛東	粟田宮	建久三年十一月	崇徳天皇粟田廟を粟田宮と改め、祭日を定む	師光年中行事・玉葉・師守記
同	今日吉社	永暦元年十一月	遷座式	百錬抄
同	今熊野社	同	同	同
大和 吉野郡	雨師社	建久二年十月	丹生川上神社、長講堂領	島田文書
和泉 和泉郡	積川社	養和元年十二月	新熊野社領	新熊野神社文書
伊勢 (郡未詳)	今熊野社	乾元元年正月	室町院領	乾元元年室町院御領目録
尾張 中島郡	真清田社	元暦元年四月	一宮、八条院・安楽寿院領	吾妻鏡・久我家文書
愛智郡	熱田社	建久二年八月	上西門院領	吾妻鏡
三河 宝飯郡	平尾社	応永十四年三月	殷富門院祈願所	島田文書
碧海郡	雉鯉鮒社	同	同	同
上総 長柄郡	橘木社	元仁元年四月	安楽寿院領	橘木社文書
近江 高島郡	三(水)尾社	徳治元年六月	七条院・後宇多上皇領	昭慶門院御領目録
同	同新社	同	同	同
野洲郡	兵主社	応永十四年三月	後白河法皇祈願所	島田文書・後光厳院宸記
蒲生郡	菅田社	寛喜三年十月	新日吉社領	民経記
同	比牟礼社	徳治元年六月	歓喜光院領	昭慶門院御領目録
(郡未詳)	虫生社	同	同	同
美濃 不破郡	南宮社	同	一宮、大宮院領	同
坂田郡	伊富岐神社	同	後嵯峨上皇領	同
信濃 諏訪郡	諏訪社	元暦元年四月	一宮、八条院領	吾妻鏡
若狭 遠敷郡	若狭上下宮	徳治元年六月	一宮、若狭彦神社、室町院領	昭慶門院御領目録
越前 敦賀郡	気比社	建暦二年	一宮、鳥羽上皇・八条院領	気比宮社伝旧記
丹生郡	大虫社	安貞二年八月	七条院領	妙法院文書
越中 新川郡	立山外宮	養和元年十二月	雄山神社別宮、新熊野社領	新熊野神社文書
同	日置社	徳治元年六月	八条院・安楽寿院領	昭慶門院御領目録
丹波 桑田郡	出雲社	元暦元年九月	一宮、蓮華王院領	吾妻鏡
但馬 養父郡	水谷社	徳治元年六月	養父神社、安楽寿院領	昭慶門院御領目録
出石郡	出石社	暦仁元年十一月	四条天皇領	出石神社文書
因幡 法美郡	宇倍社	応永十四年三月	一宮、後白河法皇祈願所	島田文書
伯耆 河村郡	倭文社	平治元年九月	一宮、安楽寿院領	安楽寿院古文書・玉葉
出雲 出雲郡	杵築社	承元二年十一月	一宮、出雲大社、承明門院領	吾妻鏡
秋鹿郡	佐陀社	徳治元年六月	昭慶門院領	昭慶門院御領目録
意宇郡	揖屋社	建久二年五月	成勝寺領	宮内庁書陵部所蔵祈雨法御書裏文書
播磨 賀茂郡	佐保社	嘉吉二年十月	播磨国衙領	伏見宮御記録
多可郡	荒田社	徳治元年六月	八条院庁分	昭慶門院御領目録
美作 苫田郡	中山社	建久二年十月	一宮、長講堂領	島田文書
備中 吉備郡	吉備津社	建久三年十二月	一宮、平家没官領	吾妻鏡
備後 (郡未詳)	河尻社	建武四年三月	光厳上皇祈願社	壬生家文書
周防 佐波郡	玉祖社	天文二年	一宮、法金剛院領	法金剛院文書
吉敷郡	秋穂二島別宮	建久二年十月	長講堂領	島田文書
紀伊 名草郡	鳴神社	正和二年八月	後白河上皇領、毎月泰山府君祭料所	土御門家文書
阿波 板野郡	大麻比古社	建久二年十月	一宮、長講堂領	島田文書
讃岐 香川郡	田村社	嘉元三年七月	一宮、亀山上皇領	亀山院御凶事記
多度郡	大麻社	徳治元年六月	後嵯峨上皇領	昭慶門院御領目録
三豊郡	大水上社	同	二宮、大宮院領	昭慶門院御領目録・故大宰帥親王家御遺跡臨川寺領等目録
伊予 宇摩郡	三島社	康和五年	白河上皇領	京都御所東山御文庫記録所収旧記・島田文書
宇和郡	高田社	徳治元年六月	八条院領	昭慶門院御領目録
筑前 糟屋郡	香椎宮	元暦元年四月	後白河上皇領	吾妻鏡
宗像郡	宗像社	同	八条院領	同
筑後 御井郡	高良社	建久二年十月	長講堂領	島田文書
豊前 田川郡	彦山	養和元年十二月	新熊野社領	新熊野神社文書
肥前 佐賀郡	河上社	正応五年八月	後宇多上皇領	肥前国惣田数注文
肥後 阿蘇郡	阿蘇社	徳治元年六月	一宮、安楽寿院領	阿蘇文書・昭慶門院御領目録
山城 葛野郡	真如院	応永十四年三月	もと待賢門院祈願所	島田文書
(郡未詳)	竹林院	同	同	同
(同)	護念院	同	もと上西門院祈願所	同
(同)	任寿院	同	殷富門院祈願所	同
摂津 (同)	神雄寺	同	同	同
(同)	西浄光院	同	同	同
伊豆 (同)	清浄光寺	文治二年八月	同	同
飛驒 (同)	賀□□寺	応永十四年三月	殷富門院祈願所、寺僧の寄進	同
能登 鹿島郡	石動山	文治二年八月	祈願所	同

の収益がいかに莫大であるかがよくわかろう。後院の経営の資源となる後院領は、約千九百六十六町余だが、多くは空閑地か荒廃田である。しかし保元二年に後白河天皇は、保元の乱で崇徳上皇に味方した藤原頼長らの所領約四十二ヵ所を没収して後院領に編入した。天皇領の一つの形体として女院領がある。女院が寺を建てて所領を施入したり(実際は国司などが建て、また寺領を寄進することが多い)、上皇(法皇)が崩御ののち所領を女院に分譲したことも多い。こうして女院領が

成立する。待賢門院・上西門院・美福門院・八条院・建春門院・殷富門院・七条院・室町院・昭慶門院らの所領が特に多量である。この女院領など女性名義の皇室領は、その時点での天皇か、院政をとっている上皇(法皇)の管理下にあって統一されていた。鎌倉幕府に対し、宮廷では政権回復をめざす底流があった。後鳥羽上皇の院政時代は、皇室領の歴史の上で黄金時代であった。そしてこの莫大な皇室領をふまえて承久の乱がおこり、失敗に帰した。幕府は上皇方の三千余という所領のすべてを没収し、のち後高倉院や旧主に留保条件をつけて返上し、四条天皇を経て後嵯峨天皇に伝領。同上皇は所領の多くを寵愛する亀山天皇に伝え、その兄後深草上皇には少分を譲った。後嵯峨上皇の遺志が素因となって、皇統は持明院・大覚寺の両統に分かれた。そして両統は互いにその所領の増殖をはかる。大覚寺統の亀山上皇は七条院・八条院・室町院領半分を管領し、その所領は合計二国と三百八十ヵ所以上に及んだ。これを後宇多上皇がうけ、のち皇子尊治親王に伝えた。持明院統の所領は長講堂領を中枢とし、後深草上皇領・法金剛院領・室町院領半分などから構成される。それは約二百五十ヵ所である。持明院統は所領の増殖よりも保全、特に長講堂領を大事にすべき旨の後深草上皇の遺志を体して努力した。両統とも幕府を意識して、女性(女院)を名義上の所有者としたのが特徴的である。皇室領は一つの荘園に対し、何人もの領主のある場合が多い。たとえば肥後国鹿子木荘の開発領主の子孫鹿子木高方は、預所職と荘務領掌の権を留保し、大宰大弐藤原実政に寄進し領家とし、年貢四百石を貢上した。のち実政の曾孫願西は領家得分のうち二百石を出し、この荘を鳥羽上皇の女高陽院《かやのいん》に寄進し本家とした。同院はまもなく没したので、この荘は勝功徳院に寄進され、さらに鳥羽法皇の妃美福門院のはからいで仁和寺御室に寄進された。これら多くの本所・領家は天皇か上皇(法皇)の管領(総理)によって統一された。皇室領の管領の権利を譲渡する時には、処分状か譲与状に目録を添えて後代の証跡とした。広義の皇室領として諸司領がある。それは中央官庁の所領であり、指定した国から指定の物品をその官庁に納入させる料国と、寮領とから構成されている。寮領には荘園、供御人《くごにん》や商人への課税とか、率分銭《そうぶんせん》(関税)もある。内蔵寮や内膳司は市場で魚鳥などの販売品に課税し、毎日の宮廷の食費の一部にあてたという。鎌倉時代中期ころから官庁の職員は世襲する慣行となり、そこの長官は官庁の収入で任務を勤め、また宮廷に納め、自分一家の経済を賄っていた。このような貨幣経済の進展に対応して、座や供御人が発生してくる。商工業が発達していく過程で強力な組織化と保護者が必要であった。平安時代末から鎌倉時代にかけて宮廷・貴族・社寺・荘園領主らに隷属している商工業者は、座という同業組合を結成した。そのうちで四府《しふ》(左右衛門府・左右兵衛府)の駕輿丁座《かよちょうざ》などは大きい組織である。天皇家の食饌品を生産・捕獲・採集し献上するのを任務とした農民や漁民の集団の供御人は、余剰物を市販し、その商品について独占販売権をもっている。のち天皇家への納入は、現物貢納から代銭納入へと転換する。中世の手工業のうち機業・製鉄・鍛冶、京都を中心とする製紙・醸造業などは、大なり小なり宮廷との結びつきの上に発展していく。南北朝時代になると、南朝方の皇室領は消えさり、北朝方のも時世の荒波をかぶる。応永二十年(一四一三)に、長講堂領は二百以上の実数が二十ほどに減った。しかも荘園の崩壊は時とともに激しさを加え、戦国の世となる。皇室領は約六十だが、毎年年貢を納めるのは僅少である。諸司領は内侍所・神祇官をはじめ五十に近い官庁領が残り、宮廷の経費の一部を支弁できた。供御人はかなりの人数が内蔵寮供御人などの名称で営業した。しかしその納入額は年に十貫文にすぎない。ただ率分所はその数は不明だが、内蔵寮領京都西口関から年額百六貫以上も寮頭山科氏に納めている。このほか戦国時代には諸方から定期・臨時の進上物があった。皇室領各荘園の事務をとる申次《もうしつぎ》を統制する御料所奉行一名があった。申次は貢納の十分一を分一《ぶんいち》として与えられる。織田信長が中央政権を確立すると、残存する皇室領の上に、元亀二年(一五七一)京都の上京と下京に米五百二十石を貸し付け、その利米月額十三石を宮廷に納めさせた。さらに天正三年(一五七五)新しく山城国内の十一ヵ郷を皇室領とした。その翌年からの収納米は二百九十石余になり、その後なお二ヵ所を増している。豊臣秀吉は室町時代からの皇室領と信長が進上した分などを皇室領とした。秀吉は天正十三年・十六年に皇室領を定め、十九年にも進上したであろう。ただ信長・秀吉時代の皇室領はさほど多くない。

(奥野　高広)

こうしょ　巷所　平安京の条坊間の街路地であったところが、都市の変化によって道路の機能を失い、単なる空閑地となったり、田畑となった地域をいう。元来地子免除の土地であったが、鎌倉時代末期ごろより本所に属して地子が徴収されるようになった。永久三年(一一一五)三月の東寺権上座定俊申状写に、下京の針小路以北の巷所が昔から道路として耕作されていなかったことが記され、承安四年(一一七四)二月には、八条朱雀巷所の売券もみえる。巷所はその性質上、周囲の田地の本主から押領されたり、また零細民・散所民らの居住地ともなりやすかった。街路が巷所に変形するのは社会問題であり、正安元年(一二九九)十一月には、伏見上皇の院宣で東寺辺の巷所の耕作停止を命じている。また永徳二年(一三八二)四月には、東寺領八条以南巷所の下司職請文もある。巷所の定義は『宣胤卿記』永正元年(一五〇四)十一月条にくわしく記されている。

(野田　只夫)

こうすい　公水　律令国家の支配下における灌漑用水は、法文の上では『養老令』雑令国内条にみるごとく「公私共利」のたてまえに立ち、また同令取水漑田条にみるごとく用水の導引方法について原則的な統制しか示さず、

農民の慣習に委せているようであるが、それは農民の恣意的な使用を許すものではなく、国家の管理統制下に使用が認められる性質のものであった。そこではすべての用水は国家のものとの観念が主張されたのである。これが公水主義であり、この観念のもとに管理の対象となる用水が公水である。この公水主義は、すべての土地は国家の地であるとの公地主義と相応じるとともに、公水を導引した地ゆえに公地であるとして公地主義を支えるものでもあった。この公水主義に基づく用水の管理制度つまり公水制は、大化改新以後実施に移され、『大宝令』制により確立した。そして地方国郡司は公水制に則して灌漑用水の管理統制にあたりながら、勧農政策を行なっていった。しかし、大土地私有の進展に応じて公水制に一つの変化が生じ、公的な労働力を使用してでき上がった用水設備中の水を使用した場合は国家の地とするが、私的な労働力使用により完成した用水設備中の水を使用した場合は、公川より導引水しても私水と認めてその地も私墾田とするに至った。こうした変化を生む直接の契機となったのは、養老七年(七二三)の三世一身の法と考えられる。すなわち、墾田の用益期間を用水設備の性質いかんに求めたこの法令が、私的設備中の水すなわち私水、私水利用による耕地すなわち私墾田という制度的変化を生むこととなったのである。もっともその後においても本来的な公水主義は事あるごとに主張されたが、全般的な傾向としては私水の存在を大きく認める状態となった。公水制は律令国家の衰退に応じて衰えていくが、ただ律令権力と対立しながら在地で用水を掌握する層の未成熟もあって、国衙官人による支配の形でなお生き残るのである。　(亀田　隆之)

巷所

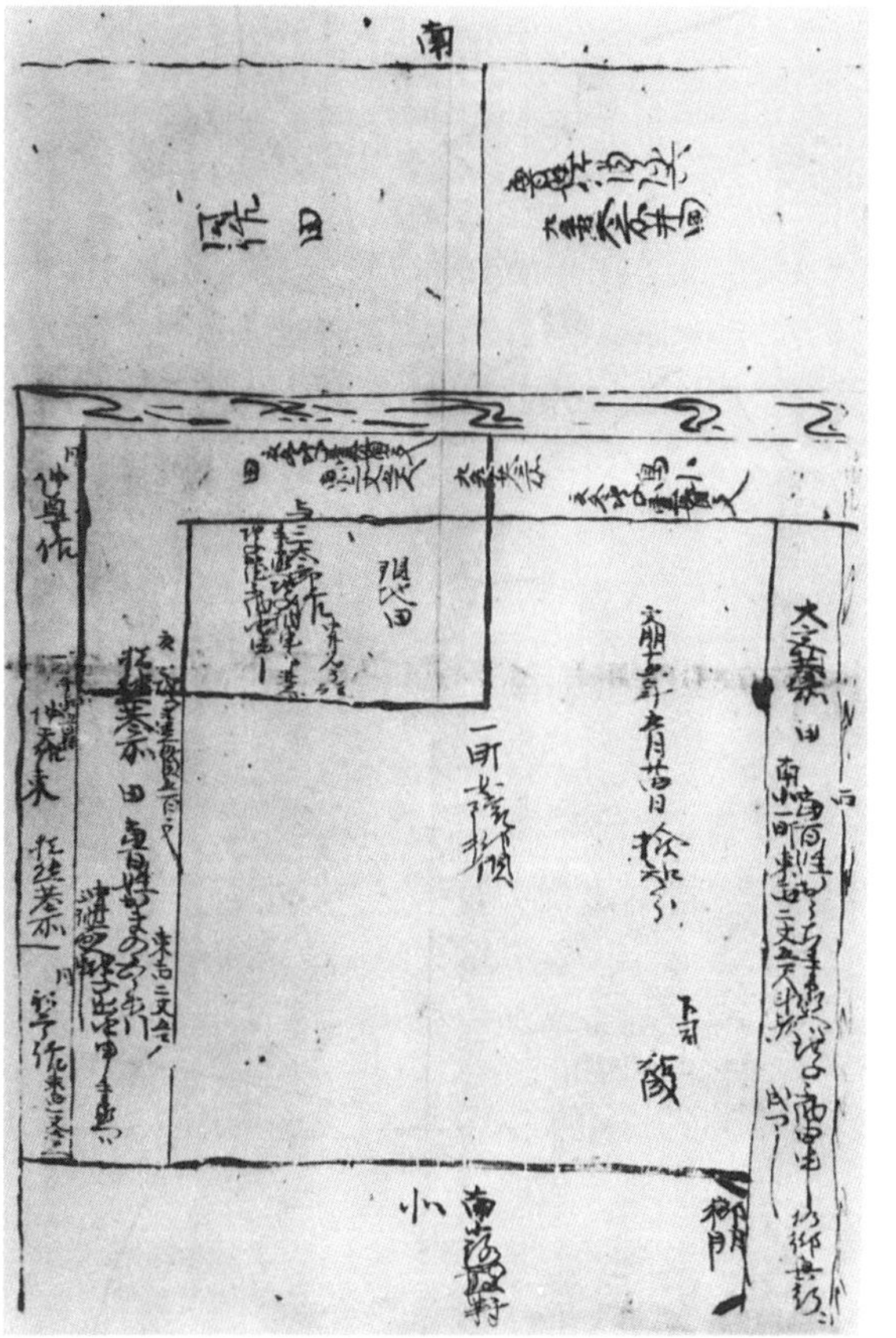

京都左京巷所田指図

こうぜんいんりょう　興善院領　興善院は、鳥羽天皇の御願寺安楽寿院の末寺で、九条坊門の南、東洞院の東にあり、民部卿藤原顕頼が建立して寄進した(この寺の敷地はのち東寺領、『東寺百合文書』せ三七―五〇)。仁平元年(一一五一)十一月の坪付下文によると、その寺領は山城国拝志荘(紀伊郡内散在水田)十一町、近江国石灰新荘、伊賀国新居荘二十町があり、この三ヵ所は康治の官符にも登載され、根本の寺領である。その後に成立した寺領は別当藤原惟方以下の寄進にかかる(『昭慶門院御領目録』)。鳥羽上皇は永治元年(一一四一)出家のときに所領を処分し、女八条院に十二ヵ所を分譲した(『百錬抄』)が、なおそれらは管領した。そして保元元年(一一五六)七月崩御にあたり、遺領と管領している所領を後白河天皇に伝えた。後白河天皇は八条院領も管領した。建暦元年(一二一一)六月八条院の崩御によりその遺領は後鳥羽天皇女春華門院に伝わり、順徳天皇に伝領し、後鳥羽上皇が管領した。承久の乱ののち、後高倉院を経てその女安嘉門院の所領となり、弘安六年(一二八三)九月その没したのち亀山上皇の努力でその管領に帰し、その女昭慶門院領となった。興善院領は、本寺安楽寿院の所領とともに大覚寺統の所領となった。　(奥野　高広)

ごうそ　強訴　僧徒が武器を帯し、鎮守神を押し立てて公家に強請したのをいう。嗷訴の通称。神人(神民)・衆徒それぞれが入洛して愁訴するのは九世紀ごろに始まるが、衆徒(大衆)が神人らを動員して神威をかざす「大衆・神人」(僧兵)の入洛強訴は、神仏習合思想の成熟する十二世紀ちかくからのことで、比叡山延暦寺(北嶺)・東大寺・興福寺(南都)・多武峯・吉野金峯山寺・熊野山などのそれが知られる。なかんずく、春日神木を奉ずる興福寺(僧綱も供奉するから全寺)、日吉神輿を奉ずる延暦寺の強訴は、南都・北嶺の強訴と称せられ、また僧兵の跋扈としてその代表とされる。非理を理に変えるのが「山階道理《やましなどうり》」(『大鏡』)といわれ、白河法皇がままならぬものとして賀茂川の水、双六の賽と並べて山法師をあげた(『源平盛衰記』)のが知られる。興福寺の強訴は寛治七年(一〇九三)、近江守高階為家が同国市荘の春日神人を凌打したかどで

興善院領一覧

興善院領

所在国郡	名称	成立年次	特徴	典拠
山城 紀伊郡	拝志荘	仁平元年十一月	根本寺領、東寺領	昭慶門院御領目録
摂津 河辺郡	富嶋荘	同	歓喜光院領	同
伊賀 阿拝郡	新居荘	同	水田二十町、勧修寺領	同
遠江 長上郡	美園御厨	同	安嘉門院の押妨を訴う	昭慶門院御領目録・東寺百合文書フ
近江 愛智郡	大国荘	同	修明門院領	昭慶門院御領目録
坂田郡	坂田保田	同		同
犬上郡	石灰新荘	同	牛飼の元三用の水干を納む	同
越前 敦賀郡	気比荘	同	八条院庁分	同
(郡未詳)	蕗野荘	同		同
丹波 (同)	吉国荘	同		同
但馬 朝来郡	広谷荘	同	七十町二段、本家二十七町四段半・領家四十二町七段半	昭慶門院御領目録・但馬国大田文
養父郡	八木荘	同	悲田院領、六十一町二十歩	同
同	軽部荘	同	悲田院領、五十六町九段百七十歩	同
美含郡	佐須荘	同	七十八町七段十歩	同
美作 (郡未詳)	法界寺	同	仁和寺領	昭慶門院御領目録
備前 上道郡	金岡荘	同	のち東西二荘に分かれる	同
備後 沼隈郡	長和荘	同		同
(郡未詳)	津本郷	同	後高倉院法華堂・悲田院領	同
安芸 (同)	後三条院本勅旨田	同		同
讃岐 寒川郡	長尾荘	同		同

為家の流罪を要求して達成(官側の記録による)、延暦寺は嘉保二年(一〇九五)にその入洛の衆徒を関白藤原師通が加賀守源頼治に命じて阻止せしめたが、そこで神民が殺傷されたかどで師通を呪詛、頼治の流罪を成就したのがはじまりである(日吉神輿入洛の実現は嘉応二年(一一七〇))。白河上皇の執政時代に強訴は盛んになるが、その神仏篤信がこれを助長したのである。永久元年(一一一三)、南都は清水寺、北嶺は八坂社を扼して激突寸前となる増長ぶりを示すし、神木・神輿を別殿に動座して入洛決行をほのめかしたり、あるいは閉門・閉籠だけで目的が達成せられるに至った。これらの強訴に際し、公家は神慮を恐れて廃朝するが、興福寺では七大寺を従え、吉野勝手明神(勝手神社)および布留明神(石上神宮)を随行せしめて威力を増し、これに異議をとなえる公家衆は神慮にさからったとして、春日社頭で放氏《ほうし》の神罰に処せられた。藤原氏の氏姓を失うから、官位を喪失し朝勤はできなくなる。やがて非を悔いれば続氏するしくみである。鎌倉時代、南都・北嶺の両寺は社寺領名主層を僧兵集団(興福寺では衆徒・国民(神人)、両門跡に分属して坊人と称す)に編成して強訴の武力強化をはかったが、武家政権の武威には及ばず、なお公家が政治の実権を失ったため、強訴は漸減した。南北朝時代に神木入洛の強訴がまた盛んになるが、これは余喘だった。室町時代は動座や閉門が主となり、公家化した足利政権を脅かすこともあったが、これも無意味となって強訴は終った。 (永島福太郎)

ごうそう 郷倉 平安時代初期、郡内の郷ないし数郷ごとに設置された倉。律令制下では正倉が郡単位に設置され、郡司の管理のもと、不動租穀の収蔵、郡稲の運用、貢納物の収納にあたったが、延暦十四年(七九五)閏七月十五日の官符(『類聚三代格』)により郷ごとに一院を置くことに改められた。それは一つは百姓貢納の便宜、一つは火災による類焼回避のためであったが、同年九月十七日一郷一院の制をゆるめ相接する比近の郷ではその中央に一院を置くことに修正された。こうして出現したのが郷倉である。郷倉には設置当初は当該郷内の輸する田租・正税などを収納し、在来の郡家の正倉にある不動穀は動かさないことにされたが、当時の不動物用尽後は郷倉にも不動物を収納した。しかし、調庸制→交易制→臨時雑役制への移行、現地における正税用尽・不動開用、これに代わる里倉負名の出現の結果、郷倉は不動物収蔵・正税運用の機能を失い、所当官物収納の機能に限定されるに至った。 (松岡 久人)

ごうそんせい 郷村制 郷村制は狭義には鎌倉時代後期から江戸時代初頭にかけて畿内およびその周辺にみられる自治的な村落制度を指し、「惣村」と同義に使用されている。山城国宇治郡内の律令制的な行政区画である山科郷は、野村・大宅・西山・北花山・御陵・安祥寺・音羽など本郷七郷(村)を中心にした自治機構が成立していたが、これは名実ともに自治的郷村である。自治的な郷村の典型とされる近江国菅浦は、律令行政区画では浅井郡塩津郷の単独の集落から成るものであって、「郷」とは何の関わりもない村である。律令制的な「郷」との関係の有無に関わらず住民による自治的な構造と機能をもった村落を「惣村」と捉える場合が多い。少なくとも律令制的な「郷」の枠組を残しながらその内部に存在する「村」または「里」との経済・社会・政治または宗教的な重層的結合の構造と機能を果たしているものを郷村制度と考えれば、郷村制は住民による自治にその成立の基盤を求めることはできず、年貢徴収の実務やその法的制度的保証、さらには在地領主の本領形成や祭祀権掌握にまで関わって、中世から近世にかけての支配の末端機構としての役割を果たしているのである。建久七年(一一九六)、和泉国国衙が大島郷浦公事収納にあたった際、上・野田・中・高石四ヵ村の村刀禰と惣刀禰とがその保証の証判を加えていて、惣刀禰は村刀禰の上位にあって大島郷務に関与していたと思われ、支配機構としての郷村制がと

られていたことがわかり、その成立は古代にさかのぼることができる。鎌倉時代後期、和泉守護代官を勤めたこともある信太氏は和泉郡信太郷の総鎮守社聖神社の神主職を相伝し、郷内の村々住人を祭祀組織として編成し、信太郷を本領として支配していた。室町・戦国時代になり、郷村組織が年貢・公事を請け負い、反守護・反荘園領主などの闘争を展開し、自治と抵抗の組織に転化することもあったが、村がそれぞれに自立して郷村制が縮小・解体することもみられた。豊臣政権下、兵農分離や刀狩、また検地により郷村制のもつ自治と抵抗の構造と機能が奪われていき、徳川幕藩体制の確立に伴って、山役や浦役などを含めた村高が決定されると、郷村制を支えていた所有や経営の基盤が圧迫され、庄屋(名主)・年寄・組頭・百姓代など支配の末端組織としての村方三役が決められ、村の住民が檀那寺のもとに編成されるなど、郷村制はさまざまな社会的基盤を失っていった。江戸時代中期以降には、商品経済の発展によって地主や都市との関係が強まり、いよいよ郷村制は衰退した。しかし中世に起源をもつ郷村規模の祭祀組織が温存している場合は多いし、中世末の土豪の系譜を引く大庄屋がいて村を超えた紛争・対立の処理調停にあたる場合が多く、郷村制は完全に崩壊したわけではない。明治初年の郷学校制度や明治二十二年(一八八九)四月に実施された町村制にかつての郷村組織が復活したかにみえるものもある。→惣《そう》村《そん》

(三浦　圭一)

ごうだてんのうりょう　後宇多天皇領　後宇多天皇(一二六七―一三二四)の所領。弘安三年(一二八〇)と正応二年(一二八九)の二回、順徳天皇皇子四辻宮善統親王が伝えた修明門院領(もと七条院領)の譲与をうけ、正応五年九月後嵯峨天皇皇后大宮院の崩御により、亀山殿・浄金剛院領・筑前宗像社以下を譲られた。嘉元三年(一三〇五)七月、亀山上皇から冷泉殿文庫・北白川殿・薬草院・讃岐国・因幡国・八条院庁分・安楽寿院・歓喜光院・智恵光院・蓮華心院・万里小路殿・亀山殿・浄金剛院領などを譲られた。その九月亀山上皇の崩御後に、後宇多上皇は大覚寺統所領のすべてを管領する。翌徳治元年(一三〇六)六月十二日、上皇は所領のすべてを名目上同胞の昭慶門院に譲与した。その九月十五日門院は入道する。いずれも鎌倉幕府の猜疑の眼をそらそうとの目的である。延慶元年(一三〇八)八月、後二条天皇崩御、花園天皇践祚、後二条天皇弟尊治親王(後醍醐天皇)立太子。後宇多上皇は、閏八月同親王に所領のすべてを譲った(持明院統の花園天皇の写した譲状が京都御所東山御文庫に現存、『宸翰英華』)。文保二年(一三一八)後醍醐天皇が践祚すると、後宇多上皇はやがて幕府と交渉し、元亨元年(一三二一)から天皇親政が実現した。そして大覚寺統は持明院統と折半した室町院領を回収しようとして失敗。後宇多上皇領の多くは後醍醐天皇に伝領した。

(奥野　高広)

こうちのしょう　河内荘　美作国大庭郡の荘園。同郡河内郷に成立した。現在の岡山県真庭郡落合町上河内・中河内・下河内付近。平治元年(一一五九)美作国司庁宣により賀茂政平が河内南保司職とされ、京都四条坊門油小路の賀茂別雷神社別宮に毎月供料を備進することとなり、翌永暦元年(一一六〇)に立荘、同別宮領河内南荘となった。後年の史料では徳大寺実定の寄進という。実定が領家、別宮が本家、同社神主賀茂氏が預所であったと考えられ、鎌倉時代中期まではこれを確認できる。元暦元年(一一八四)源頼朝が武士の狼藉を停止した賀茂社領四十二ヵ所のうちに「河内庄」とみえる。永享二年(一四三〇)田邑中坊(代官か)に「下河内庄」年貢のうち二十貫文を正珍宛てに沙汰するよう命じた将軍家御内書案が残る。

(須磨　千頴)

こうちょう　綱丁　調庸雑物を京に運送するとき、脚夫・運脚を率いる運送責任者。綱丁は国が進納する色数を注載したもの(これを門文《かどぶみ》という)を現物とともに送り先の所司に届け、日収(受領書)を受け取る。国司史生以上あるいは郡司がこのような運送責任者になった場合は綱領とよばれている。寛平七年(八九五)九月二十七日官符(『類聚三代格』)では、土浪を駆役して進官雑物の綱丁とするのが諸国の例だといっているが、綱丁については、門文を偽造するなど種々の問題が生じていたことが知られる。荘園制が成立してくると荘園からの年貢の運送責任者が綱丁とよばれた例もあり、たとえば長承二年(一一三三)に作成された観世音寺領筑前国山鹿荘の年貢運上勘文(内閣文庫所蔵『観世音寺古文書』)に「一石、綱丁粮料」とみえる。

(坂本　賞三)

こうつのしょう　木津荘　近江国高島郡にある荘園。現在の滋賀県高島郡新旭町の地域。東は琵琶湖に面し、安曇川扇状地状三角洲北部一帯から背後に展開する広大な饗庭野台地を占める。『和名類聚抄』にみえる木津《こつ》郷を中心として成立した荘園と考えられ、荘内北端に湖西の要港木津がある。保延四年(一一三八)鳥羽上皇より千僧供料荘として延暦寺に施入された。施入時の四至は「南十三条、西追分、北十八条」。建保四年(一二一六)以降、南北に堺を接する古賀・善積両荘としばしば堺相論を展開。仁治元年(一二四〇)ごろ預所承弁が荘内福万・末吉両名の所当を増徴したため、同名が気比社夜燈田であると主張する延暦寺横川の衆徒らに訴えられ、同年十月承弁は預所を改易されている。室町時代には延暦寺の所領のうち、同国伊香郡富永荘・神崎郡栗見荘とならんで「三箇庄聖供」とよばれ最も重視され、応永元年(一三九四)の将軍足利義満の日吉社参籠の時、その費用を負担したのはこの三ヵ荘であった。また同二十八年の足利義持の日吉社参籠の時御拝堂人夫三十五人ほかが課せられている。木津荘の全貌を示す史料は、同二十九年からややおくれて作成された『注進木津荘引田帳』で、それによると荘田は三百九十七町余、うち定田は二百六十八町余で、百十六人の名請人が存在、耕地は名に編成されており、二町以下のものが圧倒的に多い。寺庵がかなりの耕地を有

後宇多天皇領

後宇多天皇 所領一覧

所在国郡	名称	成立年次	特徴	典拠
山城 上京	冷泉殿文庫	嘉元三年七月	亀山上皇から譲与	亀山院御凶事記
下京	八条院院町	正和二年十二月	東寺に寄進	東寺百合文書ヒ・ミ
洛東	蓮蔵院	元亨二年五月	歓喜光院末寺、白河川北、法眼道祐知行	昭慶門院御領目録・報恩院文書
愛宕郡	北白川	嘉元三年七月	亀山上皇から譲与	亀山院御凶事記
同	東岩倉	元応年中	勅願寺創建	応仁記・山城名勝志
葛野郡	薬草院	嘉元三年七月	亀山上皇から譲与	亀山院御凶事記
同	上桂荘	正応二年七月	四辻宮が伝領、正和二年東寺に寄進	東寺百合文書ヒ
紀伊郡	拝師荘	正和二年十二月	東寺に寄進	東寺百合文書イ・ミ
久世郡	淀津	文保二年十一月	淀津米半分を永く高野山大塔修造料にあつ	高野山文書
和泉 (郡未詳)	隆池院	弘安五年五月	祈願所	久米田寺文書
伊勢 (同)	証誠寺	元応元年閏七月	室町院領、後宇多上皇から召し上ぐ	花園天皇宸記
(同)	密厳寺	嘉元元年三月	祈願所	御巫文書
三河 賀茂郡	高橋荘・同新荘	徳治元年六月	八条院庁分、宣政門院領	昭慶門院御領目録
常陸 信太郡	信太荘	正和二年十二月	東寺に寄進	東寺百合文書ヒ・ミ
久慈郡	佐都荘	徳治元年六月	大宰帥世良親王伝領	昭慶門院御領目録・天竜寺文書
近江 蒲生郡	成安保	元亨元年五月	祇園社に寄進	北風文書
栗太郡	竜門荘	正和五年七月	清滝宮談義用途料所	醍醐寺新要録
信濃 埴科郡	倉科荘	文治二年三月	城興寺領	吾妻鏡
更級郡	小谷荘	元亨元年	愛染明王堂領	山城名勝志所収八幡宮末社記
出羽	国衙領	文保二年三月	前中納言吉田定房知行	継塵記
若狭	同	文保二年四月	高倉准后知行	東寺文書イ
遠敷郡	名田荘下村	嘉元三年四月	亀山上皇から譲与	徳禅寺文書
越前	国衙領	延慶元年閏八月	鎌倉幕府の進上	後宇多院譲状案
加賀 加賀郡	小坂荘	嘉暦二年八月	南禅寺領	海老名文書
同	大野荘	暦応三年九月	臨川寺領	臨川寺文書
江沼郡	熊坂荘	正嘉元年九月	安嘉門院法華堂領	経俊卿記
能美郡	得橋郷	徳治元年六月		昭慶門院御領目録
同	得南・益延・長恒名	徳治三年七月	得橋郷の加納となす	南禅寺文書
石川郡	笠間東保	徳治元年六月		昭慶門院御領目録
丹波	国衙領	文保二年三月	前右大臣藤原実泰知行	継塵記
丹後 竹野郡	黒戸荘	元亨元年	愛染明王堂領	山城名勝志所収八幡宮末社記
但馬 朝来郡	多々良岐荘	弘安八年十二月	もと安嘉門院領	但馬国大田文
因幡	国衙領	延慶元年閏八月	亀山上皇から譲与	後宇多院譲状案
巨濃郡	服部荘	正応三年七月	後嵯峨院妃知行	楞厳寺文書
播磨 美嚢郡	吉河上・下荘	正長元年二月	歓喜光院領	建内記・播磨清水寺文書
佐用郡	舟曳荘	元亨元年	愛染明王堂領	山城名勝志所収八幡宮末社記
印南郡	印南荘内	正和五年四月	醍醐寺報恩院祈禱料所	高野山不動院文書
赤穂郡	矢野例名	正和二年十二月	東寺に寄進	東寺百合文書ヒ・ミ
備前 和気郡	金剛東荘	元亨元年九月	額安寺知行	額安寺文書
上道郡	豆田郷内	元亨元年十月	国衙領、東寺に寄進	東寺文書
児島郡	肥土荘	元亨元年	愛染明王堂領	山城名勝志所収八幡宮末社記
備中 小田郡	三成郷	文保元年八月	南禅寺内の亀山天皇等御影堂料所	南禅寺文書
備後 世羅郡	神崎荘	元応元年五月	高野山遍照院領、祈禱料所	高野山文書
安芸	国衙領	元応元年八月	平田村・三田郷井原村を国衙領に編入	東宝記
高田郡	三田・平田郷	正和二年十二月	東寺に寄進	東寺百合文書ヒ・ミ
賀茂郡	高屋保余田	同	同	同
紀伊 伊都郡	高野山灌頂院	嘉元二年五月	祈願所	高野山金剛三昧院文書
名草郡	歓喜寺	元亨二年七月	山門末寺の号	歓喜寺文書
阿波 板野郡	萱島荘	元亨元年	愛染明王堂領	山城名勝志所収八幡宮末社記
名西郡	名西荘	嘉元三年二月	院宣を下し大蔵卿局所領とす	吉口伝
讃岐	国衙領	嘉元三年七月	亀山上皇から譲与	亀山院御凶事記・後宇多院譲状案
多度郡	良田郷	徳治二年八月	善通寺に返付	善通寺文書
刈田郡	姫江荘	嘉元三年七月	亀山上皇から譲与	亀山院御凶事記
(郡未詳)	梶取名郷	永仁三年閏二月	国衙領のうちか	実躬卿記
(同)	西大野郷	徳治元年十二月	祇園社に寄進	八坂神社文書
筑後 山門郡	瀬高横手荘	康永三年正月	城興寺領	師守記
豊後 大分郡	高田荘	弘安八年十月	同	豊後国図田帳
肥前 神崎郡	神崎荘	文治二年二月	三千町、もと鳥羽上皇領	吾妻鏡
佐賀郡	河上宮供田	正応五年八月	二十七町一段	肥前国惣田数注文
肥後 山本郡	山本西荘	徳治元年六月	蓮華心院領	吾妻鏡・昭慶門院御領目録
益城郡	岳牟田荘	文保二年九月	歓喜光院領、高野山勧学院営作料所	高野山文書
(郡未詳)	小宇島	正嘉元年九月	安嘉門院法華堂領	経俊卿記

し、有力者による土地集積の進展が推測される。また引田帳記載の屋敷の分布形態の復元によって、当時荘内集落は明らかに集村の形態をとっていたことが判明する。応永二十九年の木津荘寺領注進状によれば斗代は六～二斗代。長享二年（一四八八）八月室町幕府は朽木氏に対し、延暦寺西塔領木津荘の年貢を無沙汰する名主らの退治を命じている。十六世紀後半ころより当荘は饗庭荘とよばれるようになった。（髙橋　昌明）

こうでん　公田　「くでん」ともいう。公田の意味は時代によって変化し、かつ一義的ではない。律令制下では有主田に対する無主田、さらに口分田などを班給したあとの国家直属田としての乗田などの意に用いられたが、平安時代末期十一世紀後半の寄進地系荘園の広汎な成立を介して、荘園に対立する語、すなわち公領を意味するようになった。鎌倉時代の公田はこれを継承して公領（国衙領）を意味するとともに、荘園公領の定田の意に用いられた。荘園公領制下の田地は、公的検注によって確定され、諸種の人給田（地頭・荘官・手工業者）や仏神免田を除き定田数が定まる。「本所より有限の検注を遂げる時は公田たるべき也」（追加法四四条、原漢文）に明らかなごとく、これが公田と表現され、年貢公事負担の基準となった。この公田＝定田は、鎌倉時代末期以降固定化される傾向にあったが、この点では公田は新開田とも対比される意味を持った。定田としての公田は室町時代にも継承され、荘園制支配の基盤となっただけでなく、公田耕作者としての百姓層が、在地領主層による支配強化に対する抵抗の拠処ともなったのである。一方、一国単位の荘園公領の田数を記載した大田文の作成は、鎌倉幕府や王朝政権によって積極的に実施され、地頭職補任資料となり、その登録田数は、年貢公事の徴収基準、伊勢神宮の造替など一国平均役の賦課基準ともなった。論点の一つは、この大田文記載田地が、一貫して公田と称されたか否かである。今のところ、この大田文記載田地が、荘園・公領・武家領を問わず公田と称されたのは南北朝時代以降と思われる。室町幕府は、諸種の一国平均役を段銭として統一し、前代以来の大田文の機能を継承しつつ、公田＝大田文田地を基準としてこれを賦課したのである。守護も、この公田を基礎として一国段銭賦課権を握り領域支配を実現していった。崩壊し、給人給地となった室町期荘園の行方は、守護による大田文公田としての登録でもあった。個々の領主は、公田に対する段銭負担を、所領に対する領主権主張の根拠としていた。室町時代、荘園の定田と大田文登録田地という二つの内容を持った公田は、幕府・領主諸層・百姓など、それぞれの場で重要な役割を担いながら、戦国検地、そして最終的には太閤検地によって消滅するのである。

↓大田文《おおたぶみ》

（田沼　睦）

こうでん　洪田　「こうだ」ともいい、後田とも記す。地形的には谷水が合流する一帯に存在し、水損に成りやすい極端な湿田。史料上、鎌倉時代末期から登場し、室町時代にみえる。春の耕作開始時期には、洪田に水が留まりよどんでしまって、田起こしができなかったり、田植時期になっても水が入り込み、なかなか水が抜けない状態になったりする。洪田から水を抜くために樋を造成してあるが、それが機能しないことも多い。若狭国太良荘では、洪田は四町余で、名別に編成されていた。劣悪な生産条件にある洪田は、乾元二年（一三〇三）閏四月日若狭国太良荘百姓申状に「徐後田（洪田）内免所当米」とあるように、洪田全てが免除されているわけではなく、その一部が所当米免除であった。百姓としては不安定な収穫ながら、これを私的得分としていた。（松井　吉昭）

こうでん　荒田　中世の荘園や公領の土地検注目録には、見作田と区別された各種の荒田がみられる。これを大別すると、「常荒」「永荒」などと表現される荒廃状態が恒常的に続いている荒田と、「年荒《ねんあれ》」「今荒」「田代」などと表現される中世に特有の不安定耕地を示す荒田とがあげられる。前者は、長期的・半永久的な荒廃地であるから無主の荒野と異ならず、そのために一般に耕作責任をもつ年貢負担者も定まらない。明確に丈量されているので、かつての田地が荒廃したものであり、国衙や荘園領主はしばしば「浪人を招き居え」て開発することを保司や預所に期待した。このような荒田が開発された場合には、荒野の開発と同様に新田としてあつかわれ、開発者の強い本主権が認められた。このような荒田の発生原因をみると、自然的条件によるものが一般的だと考えられ、土地そのものが地味薄く災旱にあいやすい場合、あるいは河川の洪水による場合などがある。洪水による荒廃田は特に「河成《かわなり》」とよばれた。これに対して後者の「年荒」「今荒」「田代」は、中世前期に特に多くみられるもので、土地生産性や農業技術の低劣さに規定されて連年耕作が不可能なために、人為的・計画的に耕作と休耕をくり返す荒田である。こうした荒田あるいは耕地用益慣行は、当時「かたあらし（片荒）」と呼ばれ、中世の和歌の題材とされた。土地検注目録に「年不」あるいは「当不」などと記載された田地は、「かたあらし」によって休耕中であることを示すものと考えられる。中世前期にはこのような耕作が断続的に行われる不安定耕地の比重はかなり大きく、中世の農業生産力の向上の最も大きな課題の一つが、この不安定耕地の安定化であった。こうした不安定性の原因は、灌漑用水技術が低劣であることによって災旱にあいやすいこと、施肥・耕耘技術が低劣であることによって地力の回復が十分に行われないことなどの地勢的・生産技術的な面と、中世前期の請作慣行や農民の浮浪性、あるいは国衙・荘園領主の収奪の過重などの社会的・政治的な面とがあったと思われる。戸田芳実によれば、「かたあらし」の地は、無主地として農民の牛馬放牧に開放されたといわれ、また永原慶二によれば、「年不」の田地が再耕作された場合、新規開墾地と同様に新田と

してあつかわれたという。このような休耕地の荒田を再開する春季の耕起作業は「荒田打《あらたうち》」といわれ、中世農民の年間農作業の中でも重要かつ苛酷なものであった。

（小田　雄三）

こうでん　**講田**　講の費用に宛てるために設定した田地。講（本来は講会）の費用はもと寺院に入る寺領収納米（供料）のうちから支出していたが、のち一定の田を定めてその所当米を以て宛てるようになる。「一切経会免」「仁王講免」「冬季法花十講免田」（以上『河上神社文書』）などがそれである。講会の願主が国である場合には国衙の租米が免じられ、社寺もその田には講以外の負担を免じて除田とした。鎌倉時代初期には特定の講を示さない「件寺講田幷神田」（元暦元年（一一八四）、『金剛寺文書』）や「当社分散在講田」（文治二年（一一八六）、『伊和神社文書』）が現われる。講田の永久性を求めて、寺院の柱に寄進趣意を刻銘・墨書する例もあった（元興寺・当麻寺など）。このころから講会に参加する僧侶が固定し、得分の安定のためにも講衆を結成して講田の管理にあたる風を生じた。南北朝時代以後は僧侶以外にも結衆の範囲が広がり、民間信仰的な念仏講・地蔵講・月待講・熊野講などが簇生するとともに、講田のみに依存する風は薄れたが、永久と固定を求めて座田・頭田《とうだ》に酷似する形を採ったものがのちに至るまで存在した。

（萩原　竜夫）

こうでんかんもつりっぽう　**公田官物率法**　公田（荘園・公領の別を問わず所当官物・一国平均役・関東公事を賦課するために登録された田地）から官物を徴収する際の賦課基準としての段別収取額。官物とは、本来租庸調など官庫に収納された物を総称したもので、租以外は人別に賦課されるのが基本であった。しかし律令制的な個別人身支配を基礎とする収取体系が崩壊してから以後は、収入を確保するために土地を基に段別に賦課されるように変化し、かつての租や正税出挙の利稲、徭の一部などが地税化したものが官物と称されるようになった。公田に対する官物の賦課基準は段別三斗が一般的で、これは太政官が下した法令に基づくものと考えられているが、決して全国一律に定められたものではなかった。たとえば元永元年（一一一八）十二月九日付の但馬国司庁宣（『朝野群載』）では国司が在庁官人に対して同国内の官物率法の注進を命じているし、また「国例率法」の語も史料上にみられる。しかし「抑官物率法所載格条也」といわれるとおり、三斗代が一般的であったことは否定できない。保安三年（一一二二）二月の伊賀国在庁官人解（『東南院文書』）には、同国の官物率法として「別符段別見米五斗、公田段別見米三斗」と記されている。公田官物率法の基準額が段別三斗とされたのは十一世紀中ごろと考えられている。これによって律令制以来の租が解消され、また率法成立以前における臨時雑役中の交易物の京進部分が京庫納として官物化されて中央政府の手によって確保することが可能になったという点に歴史的意義があるとされる。そのことは、平安時代を単に古代国家から中世国家への過渡期と考えずに、在地領主制・荘園制の形成に影響を及ぼし、しかも律令制国家とは異なる歴史的性格をもつものと見ようとする王朝国家論の立場からも重視されている。

（清田　善樹）

こうでんたんせん　**公田段銭**　公田を対象に一段別何文という形で賦課された公事。段銭は、朝廷の大嘗会や内裏造営、大寺社の修造・法会、幕府の諸行事などの費用のために臨時に徴収され、南北朝・室町時代に室町幕府が賦課・徴収する制度として整備された。室町期の公田は大田文に記載された田地を意味した。幕府は段銭を賦課した国の守護に徴収を命じ、守護は大田文に記載されているそれぞれの荘園等の田数に基づいてその領主から段銭を徴収した。大田文の例として、丹後国諸庄園郷保惣田数帳は、正応元年（一二八八）八月と書かれているが、守護一色氏が公田段銭徴収のために長禄三年（一四五九）に再作成させたものである。一方納入する側では、有力寺社や公家、幕府の近習などは、負担を少しでも減らして守護の介入を退けるために、段銭の免除や、守護を経ずに京都で幕府に直接段銭を納入する京済の許可を幕府から取得した。段銭は次第に恒常的な賦課となり、守護や戦国大名等による領主的賦課に変化していく。

（菅原　正子）

ごうどのしょう　**郡戸荘**　美濃国石津郡の荘園。現在の岐阜県海津郡平田町・海津町付近。九条家領。建長二年（一二五〇）、九条道家は忠家に譲与したが、この荘は石山尼から道家室綸子が譲られたものという。同処分状には本家を藤原良輔の後家八条禅尼、地頭を中原師員とする。地頭職は師員の子孫摂津氏に受けつがれ、そのうちの脇田郷は明徳二年（一三九一）までに土岐満貞の手に帰し、この年、大徳寺如意庵に寄進されている。

（新井喜久夫）

こうのしょう　**香荘**　近江国愛智郡の荘園。現在の滋賀県愛知郡秦荘町大字香之庄を中心とする地域。康和四年（一一〇二）白河法皇（一説に堀河天皇）が御願寺として寺号を定めた尊勝寺の香料を負担した「御香御園荘」であり、荘名の由来は播磨国尊勝寺領瓦荘が瓦を負担したことによるのと軌を一つにする。従来本荘関係の文書が大略皆無であったためにその存在が不明であったが、近時六巻三十五点の『近江国香庄文書』（重要文化財、『早稲田大学所蔵荻野研究室収集文書』上に所収）が発見されてその欠が補われた。本荘はもと大学頭大江通国の私領であったが、康和年間に尊勝寺へ寄進したので同寺が本所となり、大江氏は領家となった。長治元年（一一〇四）七月二十日大江通国譲状を最初とし、延文三年（一三五八）正月勧修寺経顕申文に至る平安・鎌倉・南北朝の各時代の文書によって伝領経過が判明するが、延慶二年（一三〇九）八月二十三日醍醐寺権律師経賢譲状によって本荘は醍醐寺と関係を生じ、暦応二年（一三三九）九月三日賢俊僧正自筆置文に「尊勝寺領」となお称しながら醍醐寺領とな

った。延文三年(一三五八)には『醍醐寺文書』に土御門高倉天神社領として醍醐寺門跡管領となっている。しかし応仁二年(一四六八)「醍醐寺方管領諸門跡等所領目録」を最後に醍醐寺領としても消えて行った。　(荻野三七彦)

こうののしょう　神野荘　⇨神野真国荘《こうのまくにのしょう》

こうのまき　古布牧　古代の馬の牧。現在の鳥取県東伯郡東伯町付近。『和名類聚抄』では伯耆国八橋郡古布郷の地である。『延喜式』の規定による諸国牧(官牧)の一つで、全国三十九ヵ所のうち伯耆国に設けられたのはこの牧のみである。兵部省の管轄に属した。馬は五、六歳になると左右馬寮に貢進することになっており、馬帳だけを兵部省に進上する定めであった。　(金本　正之)

こうのまくにのしょう　神野真国荘　紀伊国那賀郡の荘園。現在の和歌山県海草郡美里町にあった。神野・真国はそれぞれ別個の荘園であるが、立荘の当初から併称される。貴志川上流部に位置し、両荘合わせて東西約一二キロ、南北約五キロ。古くより、丹生都比売神の一時的宮居の地であったとされる。平安時代後期、開発領主の長依友が藤原成通に寄進し、成通はさらに鳥羽院を本家に仰いで、康治元年(一一四二)立券が行われた。神護寺に所蔵される「紀伊国神野真国庄図」(重要文化財)は、この時に作成されたもの。寿永元年(一一八二)成通の養子泰通は領家職を神護寺へ寄進し、神護寺領となったが、文覚失脚ののち藤原光親が領家となり、承久の乱で没官地となった。ついで後高倉院領に返却され、承久三年(一二二一)院から高野山に寄進されて、以後、戦国時代末期まで高野山領として維持された。ただし昭慶門院領中に当荘の名がみえ、形式的な本家職は皇室領としてとめおかれた。この地は、空海のいわゆる御手印縁起の四至内にあり、高野山は長依友の時から十石の得分をもち、平安時代後期以来強力に寺領化を目ざしてきたが、承久の乱によって念願を達したわけである。地頭は承久の乱後一時北条時氏が任命されているが、高野山の要望によって停止された。支配機構としては、高野山上の預所のもと、預所代(中司)・公文・惣追捕使があり、刀禰・番頭が存在する。なお、史料上で名主職の語はなくはないが、他の高野山膝下の諸荘と同様に、名体制はとられなかったと思われる。承久三年当時の高野山に対する年貢は両荘合わせて九十四石余、太閤検地後の石高は二千八百三十六石である。負担としてはほかに、この地は熊野参詣の裏街道にあたり、院政時代に御幸の路次雑用を負担したこと、平安時代末期には杣山としても重視されたことも注目される。さらに、文永から正和にかけ、悪党の動向を前にして、高野山が当荘荘官から徴した請文が十五通現存し、一種の荘園法としても注目される。　⇨別刷〈荘園絵図〉　(熱田　公)

こうば　貢馬　古代における特殊な服属儀礼を伴った馬の貢進制度。「くめ」ともよむ。律令制度においては、国家の必要とする軍馬・乗馬は、全国的に設置された国営牧から貢進される定めであり、厩牧令にその規定がある。ところが、奈良時代の末期から平安時代の初期にかけて、この全国一律の牧の制度はくずれ、ある限られた国の特定の牧だけが、その国家ないし朝廷の需要に応ずる体制に再編されていった。それは、貢進する側についていえば、官牧(諸国牧)・諸国繋飼馬・勅旨牧、貢進をうけた政府側からすれば、櫪飼馬・近都牧・国飼馬というような制度である。官牧とは、令制の牧の伝統を縮小してほぼそのままの形で伝えたもので、『延喜式』段階で十七ヵ国二十七牧あった。諸国繋飼馬というのは、固有の牧を持つことなしに貢進する馬をただ繋ぎ飼うだけのもので、これも『延喜式』では十一ヵ国百五頭と定められている。勅旨牧とは、天皇が必要とする馬を確保するために、勅旨によって設定された牧のことで、『延喜式』にのるところでは、甲斐国三牧・武蔵国四牧・信濃国十六牧・上野国九牧の四国三十二牧あった。これは、当時勅旨田などというような形で推進されていた天皇領主制形成の一形態であった。勅旨牧から貢進される馬は駒牽《こまひき》と呼ばれる特別な儀式によって授受された。これは天皇以下百官が立ち合う儀式で、単なる実用以上のものである。これには古い馬飼奉仕の伝統がこめられ、服属を表明する儀礼でもあったと考えられる。勅旨牧が東国にだけ設置されたのも、東国が朝廷に「馬飼の国」として奉仕するという意味あいのものであった。貢進された馬の一部は馬寮で櫪飼され、残りは近都牧で飼われるか、畿内近国の国に委託し飼いおかれた。奥州藤原氏が貢金とともに貢馬のつとめを負ったのも、馬飼の国東国の伝統のしんがりに連なったからであった。　(高橋　富雄)

こうはいでん　荒廃田　⇨荒田《こうでん》

こうはんもんいんりょう　光範門院領　後小松上皇後宮、称光天皇の母光範門院(藤原資子)の所領。前摂政一条兼良の知行する越前国足羽荘に対し、常盤井宮が旧領であるとして訴訟したが、後小松上皇は兼良の知行を正当と認め、永享六年(一四三四)三月同宮に替地を与えた。この替地は光範門院が知行している魚公事の月宛三十貫文のことである。しかし翌七年六月に、常盤井宮はその魚公事について上皇の機嫌を損じたため、門院領に復した(以上、『看聞御記』)。なお和泉国堺の念仏寺は光範門院の祈願寺であったから、その寺領も管領したであろう(応永三十二年(一四二五)十一月光範門院令旨、『開口神社文書』)。　(奥野　高広)

こうふくじぞうやくめんちょう　興福寺雑役免帳　延久元年(一〇六九)の荘園整理令の際、興福寺が大和国内の同寺雑役免田畠の田数・荘園名・条里坪付などを注して官に提出した文書。『進官帳』ともよぶ。知事法師長円・権専当法師尋慶の署名がある。東諸郡・西諸郡の二冊から成る。前者は延久二年九月二十日の作成で興福寺が所蔵。後者は延久三年(二年の誤写)九月二十日付で、前半は興福寺、後半部を天理図書館が所蔵。東諸郡は応永十

五年(一四〇八)十二月の写本で表紙を欠き、『興福寺録高反別記』の外題が付されている。総田数二千三百五十七町九段三十五歩を下津道によって東西に分かち、それぞれ不輸免田畠と雑役免田畠に分けて荘園ごとの面積を記し、さらに郡ごとに荘園別にその総田数・雑役免の内訳面積および条里坪付まで記している。『大日本仏教全書』所収の『興福寺資財帳』は東諸郡を収めたものであるが誤りが多く、『平安遺文』九所収のものが包括的で最も正確である。 (渡辺　澄夫)

こうふくじます　興福寺枡　大和国興福寺において用いられた枡。興福寺が荘園各所からの収納に用いた収納枡(荘枡)、寺内各所への下行(支給)に用いた下行枡。興福寺枡の種類は非常に多く、『大乗院寺社雑事記』に詳しい。広義には大乗院などの院家器も含まれる。様々な荘枡で集積された年貢を計量し直す基準枡、下行枡として平安中期以降は長講枡が用いられた。やがて諸講会の下行には仏聖枡が使われるようになり、治承五年に原器が作成されている。また興福寺の寺内会計は会所目代が司っており、会所目代が下行に用いた会所枡が室町時代以降は長講枡に代わって基準枡、下行枡の位置を占めるようになった。会所枡で下行された内容物はさらに他の枡で計り直して末端まで支給され、各段階の枡の容量差である延分《のび》が諸役の得分とされた。天正十四年(一五八六)十月、豊臣秀吉による検地に伴う京枡頒布で多様な枡はおおむね役割を終えるに至る。 (福眞　睦城)

こうふくじりょう　興福寺領　奈良市登大路町にある法相宗大本山興福寺の所領。平城京左京三条七坊の寺地(十六町)に四条七坊の四町(花園)と東松林二十七町とを付属して発足、これに藤原不比等らの施入の寺田(本願施入田畠)や官施入の墾田千二百町などが加わった。その千町の墾田は越前・加賀両国内に在ったが、大和国および摂津国沿海地方の獲得が競われた。藤原仲麻呂は維摩会復興の際、近江国鯰江百町の故藤原鎌足の功田を料所として施入した(大供料所)。堂塔や祈願法会の寄進には料所が添えられる。天長十年(八三三)、伊都内親王が母藤原平子の遺言により墾田などを東院西堂に寄せた願文に春日四所明神も照鑑せられるとの語がみえるが、早くも春日社・興福寺の一体化ないし春日社兼興福寺領の出現が約束づけられている。興福寺は大和国および近国の墾田の荘園化に努めて根本寺領を確立したが、さらに土豪(在地領主)層の春日神人をまず手なづけたのが幸いし、春日社支配の道が開かれるし、神人を起用して社寺領統制に宗教的威力を利用した(神宝を振る)。荘園上分米や諸職の寄進、末寺の帰属が盛んになる。保延元年(一一三五)の若宮創建で、摂関家のもとに春日社・興福寺の一体化が示されるが、この前後に大和国の春日神国化や藤原氏・興福寺の荘園鎮守に春日社が勧請されることになり、摂関家領などにも及んで春日社兼興福寺領が成立し、これが興福寺の支配に帰した。康和二年(一一〇〇)、白河法皇の春日社頭一切経転読料所寄進に際し、検校職が興福寺に付せられたのが興福寺の春日社領支配の公認といえるし、春日社に寄進された摂関家領の島津荘本所職や春日神供料所摂津国垂水東西牧領家職も興福寺に支配されることになる。なお、大和国一円にわたり雑役免田(負所)を獲得する。十二世紀、興福寺領の最盛が示され、東は陸奥国小手保荘(福島県)から西は九州の島津荘(鹿児島県坊津に至る)に及ぶ興福寺領が展開する。鎌倉時代、興福寺寺門領(別当領)として近江国笠・岡田・淵・物部・安吉・浅井・鯰江・犬上、摂津国吹田・河南・新屋・浜崎・甘舌・沢良宜・猪名・溝杭、河内国足力・狭山、山城国加茂・瓶原・狛野・綺・大住・朝倉、播磨国吉殿・三箇、備前国小岡、安芸国日高、讃岐国藤原、丹波国三俣戸、和泉国谷河、大和国田村・京南・神岡・佐井・楢の各荘園や、竜門寺・竜福寺・竜蓋寺各別当の荘園・末寺があげられる(『興福寺年中行事』)。これは維摩会などの十二大会料所などと称えられる根本寺領であり、なお雑役免荘数十所や南都七郷、さらには別当支配の堂塔料所や春日社領(添上郡東山中の神戸四ヵ郷・宇陀郡など)・宿院佐保殿領などが加わる。またなお、別当領よりは広大な門跡・院家の荘園・末寺ないし諸院諸坊の寺僧田も興福寺領なのだから枚挙に遑がない(それぞれに土地台帳は存在した、たとえば大乗院門跡領は『三箇院家抄』)。荘園崩壊期に入っても、なお祈願料所の寄進ないし買得もある。この崩壊期に段銭・棟別銭や市・座および関などが寄進あるいは設置され、その銭貨収入が弥縫財源となった。なかんずく、段銭は国役として大和国に賦課ができたし、関銭では摂津国兵庫南関・河上五ヵ関の収納が大きい。ともかく、戦国乱世を経た天正八年(一五八〇)、織田信長の検地に際して提出した二万三千余石(守護段銭も含む)の指出が中世の春日社兼興福寺領の推測資料となる。ちなみに、これには末寺および他国所領は含まれない。ついで豊臣政権では曲折もあったが、文禄四年(一五九五)の太閤検地により、寺門(別当)領一万五千余石、別判物として一乗院門跡領約千五百石、大乗院門跡領九百五十余石、春日宮本領三千二百余石が充行われ、続いて江戸幕府の元和三年(一六一七)に春日社兼興福寺領二万千百余石の朱印が下付され、近世朱印領地が確立した。これに両門跡領も、奈良町の一角を占める春日社兼興福寺領の町も含まれたし、春日山の領有あるいは用益権も認められた。なお、祭礼の猿楽料や、また造営には造国制の伝統により料足が寄進される。これが明治四年(一八七一)、社寺領上知令によりわずかに堂舎を遺して官没された。 (永島福太郎)

こうぶん　交分　⇨きょうぶん

こうめいちゅうぶん　交名注文　⇨きょうみょうちゅうもん

こうや　荒野　山・林・野・河原・池・河・海などによって構成される未開地。元来は無主地であったが、平安時代末期から荘園の中にとりこまれるようになった。古

代末―中世初期には、在地領主が国衙や荘園領主に申請して盛んに開発を行い、開発地は三年間の所当雑事が免除されたり、不輸地とされて在地領主の開発者としての本主権が強固なものと認められた。鎌倉時代の東国では、荒野開発の結果成立した新田に対する荘園領主の検注権が否定されている。荒野はまた田畠に開発されるだけでなく、池が築かれて用水源となり、草柴を刈る採草地や牛馬を飼育する放牧地としても利用された。かなりの割合で丈量されたものがみられるが、畿内では私的に細分化され、相伝・売買・譲渡された。荒野はこのほか、手工業生産や狩猟・漁撈の活動の場としても利用され、その用益には一定の慣行が存在したが、それは強い領主的規制をうけていた。　（小田雄三）

こうやさんりょう　高野山領　弘仁七年（八一六）七月空海は高野山を下賜され、その地は山上と山下の政所周辺一部で、不入の地であったといわれているが、いまだ寺領と称すべきものではなかった。東西両塔や鐘楼の建立に広く道俗知識を勧進し、なおかつ容易に完成しなかったのは寺領皆無が最大の原因である。承和二年（八三五）正月、真言宗年分度者三人の設置が認められ、毎年九月金剛峯寺で試度されることになったが、功徳料米十斛・油一斛が認められているのみであった。同年二月、金剛峯寺は定額寺に列したが、東寺後七日御修法出仕僧の得分の一部を修理費や雑費に充てるほど経営は苦しかった。同八年、実恵が燈明料にもこと欠く実情を訴えた結果、燈分ならびに仏餉料二千八百束、金剛峯寺料五千六百十六束が支給されるに至った。金剛峯寺の寺田が最初に史料に現われるのは貞観十八年（八七六）で、このとき紀伊国伊都・那賀・名草・牟婁の四郡に散在する水陸田三十八町歩が不輸租田と認められた。天慶四年（九四一）座主済高のとき久曾丸が花園荘を開発したといい、これが高野山の最初の自墾地系荘園であるというが、確証はない。正暦五年（九九四）大火の後、検校雅真は天野社に伊都郡内六箇七郷（天野・花坂・志賀・四村・教良寺・山崎村）を寄進したという。寛弘五年（一〇〇八）、伊都・那賀・在田郡司に対して、寺領の志賀・毛無原・阿氐河などの郷々の雑事を糺し行うことを要請した。このころまでに寺領の正統性を主張する御手印縁起ができ上がっていた。高野山に本格的な寺領荘園が急増するのは摂関・院政時代に入ってからである。治安三年（一〇二三）藤原道長が登山参詣して政所河南の地を、ついで永承三年（一〇四八）藤原頼通が参詣して政所河北を施入した。永承四年五月、伊都（四町六段七十四歩）・那賀（十四町七段六十六歩）・名草（十三町四段二百六十三歩）・牟婁（十八町六段二百九十四歩）の四郡散在の水田四十一町四段百五十歩・陸田七町百八十七歩と、政所前田・荒野とを相博し、いわゆる官省符荘が成立し、康平六年（一〇六三）万燈会料揖里・大谷二村が施入されたがこれを吸

高野山領

高野山領一覧

所在国郡	名称	成立（所見）年次	特徴	典拠
山城 葛野郡	河嶋	明徳三年十月見	御影堂領	興山寺文書
	淀関	弘安以前	大塔領	紀伊続風土記
	木津関		同	同
大和 宇智郡	坂合部	明徳三年十月見	金剛峯寺領	興山寺文書
同	深山	同	同	同
同	丹原小荘	建武元年十月見	金剛三昧院領	金剛三昧院文書
十市郡	夜部荘	安貞元年七月	寂静院領	五坊寂静院文書
同	竹田	応永七年正月見	勝蓮花院領	勧学院文書
同	葛本	同	同	同
河内 河内郡	新開荘	弘安四年三月見	金剛三昧院観音堂領	金剛三昧院文書
讃良郡	讃良荘	寛喜元年八月	金剛三昧院護摩堂領	同
茨田郡	岸和田荘	貞和二年四月	金剛三昧院大日堂領	同
石川郡	石川東条内散在寺領田畠		遍照光院領	紀伊続風土記
（郡未詳）	江和泉荘	興国四年（康永二）八月	奥院領	福智院文書
（同）	江南村	元弘三年八月	同	興山寺文書
和泉 大鳥郡	高石下条	応永七年正月見	宝性院領	勧学院文書
和泉郡	助松	同	同	同
同	大泉荘	貞応二年十一月見	平等心院領	西南院文書
同	横山荘	仁治二年二月	金剛三昧院念仏用途・蓮花三昧院仏聖燈油料	金剛三昧院文書
日根郡	近木荘	弘安七年	丹生社領	又続宝簡集
同	長滝荘内弥富名	明徳三年十月見	同	興山寺文書
南郡	土生郷	暦応元年	高祖院領	高祖院文書
同	八田郷	仁治元年十月	金剛三昧院念仏用途・蓮花三昧院仏聖燈油料	金剛三昧院文書
同	麻生荘	元弘元年十一月	丹生社領	宝簡集
（郡未詳）	菟田	明徳三年十月見	奥院領	興山寺文書
（同）	長泉荘		同	宝簡集
（同）	長家荘		寂静院領	紀伊続風土記
摂津 河辺郡	小屋荘	建武三年五月見	安養院領	甲州慈眼寺文書
武庫郡	武庫下荘	文暦元年四月	寂静院領	五坊寂静院文書
島上郡	小真上荘	正和五年十月	金剛三昧院内遍照院領	金剛三昧院文書
（郡未詳）	能勢荘地黄御園		遍照光院領	紀伊続風土記
伊賀 （同）	虎武保	宝治二年四月	金剛三昧院南塔所領	金剛三昧院文書

所在国郡	名称	成立(所見)年次	特徴	典拠
伊勢 三重郡	大連名内柴田村・深瀬村	嘉暦二年三月	金剛三昧院領	金剛三昧院文書
(郡未詳)	三箇山荘		寂静院領	紀伊続風土記
(同)	山田野荘		同	同
尾張 (同)	木津次荘	弘安四年三月見	金剛三昧院領	金剛三昧院文書
遠江 秦原郡	初倉荘	安元元年六月	大伝法院領	根来要書
長下郡	頭陀寺荘	建久三年八月	金剛寿院領	仁和寺文書
加賀 河北郡	樫久目	文明七年六月	寂静院領	五坊寂静院文書
石川郡	益富保		無量寿院領	紀伊続風土記
但馬 (郡未詳)	弘原荘		平等院領	但馬国大田文
因幡 八上郡	石田本荘	正応元年二月	御影堂領	続宝簡集
智頭郡	高狩別符	応永七年正月見	宝性院領	勧学院文書
(郡未詳)	福田別符幷三成	同	金剛峯寺領	同
伯耆 (同)	久永御厨東郷	元徳元年十一月	丹生社領	続宝簡集
(同)	タタナウノ荘	応永六年	西塔領	
播磨 揖保郡	桑原勅旨田	正和元年十一月	金剛三昧院灌頂院料所	金剛三昧院文書
同	福井荘	寿永二年十月	根本大塔領	又続宝簡集
賀茂郡	在田上荘	文保二年八月	金剛三昧院領	金剛三昧院文書
同	福田保	建武元年七月	奥院・丹生社領	宝簡集
(郡未詳)	六箇郷	同	同	同
(同)	道山荘	文明八年正月見	金剛三昧院領	金剛三昧院文書
(同)	佐郷(用か)村	同	同	
美作 英多郡	大原保	暦仁元年三月	金剛三昧院大仏殿領	金剛三昧院文書
備前 和気郡	香登荘	建久元年三月	菩提心院領	根来要書
備中 賀夜郡	多気荘		寂静院領	紀伊続風土記
同	巨勢荘		同	同
備後 世羅郡	神崎荘	正和二年九月	金剛三昧院内遍照院領	金剛三昧院文書
同	太田荘	文治二年五月	根本大塔領	宝簡集
安芸 安芸郡	可部荘	保延五年七月	大伝法院沙汰別所聖人料	根来要書
同	安摩荘	長承元年十一月	西塔領	高野山検校帳
高田郡	高田荘	安元二年四月	根本大塔領	続宝簡集
豊田郡	能美荘	保延五年七月	大伝法院沙汰別所聖人料	根来要書
(郡未詳)	海田荘		蓮華乗院領	紀伊続風土記
(同)	沼荘	長承元年十一月	西塔領	
紀伊 伊都郡	隅田南荘	元弘三年十月	金剛峯寺領	東草集・又続宝簡集
同	相賀荘	長承元年十二月	密厳院領、のち紀ノ川以南は金剛峯寺領	根来要書・東草集

所在国郡	名称	成立(所見)年次	特徴	典拠
紀伊 伊都郡	官省符荘	永承四年十二月	金剛峯寺領	又続宝簡集
同	四郷	応永七年正月見	同	勧学院文書
同	湯河郷	同	同	同
同	花園荘	天慶年間	同	高野春秋
同	蕗荘	弘安八年九月見	蓮金院知行	紀伊続風土記
同	筒香荘	同	南之坊知行	同
同	摩尼郷	同	明王院知行	同
同	北俣郷	同	得脱金剛院領	同
同	丹生川郷	同	花王院領	同
同	三尾郷	同	遍明院・得脱金剛院領	同
同	賀禰郷	同	御室領	同
同	推手郷	同	引摂院領	同
同	渋田荘	久安二年七月	大伝法院領	根来要書
同	三谷荘	応永二十五年	天野社領	紀伊続風土記
同	古佐布荘	同		同
同	細川荘			同
同	志賀郷	弘安年間	持明院領	同
伊都郡・那賀郡	六箇七郷	正暦五年	天野社領	高野山検校帳
那賀郡	静川荘	元仁元年五月見	金剛峯寺領	神護寺文書
同	麻生津荘	承久三年九月見	同	又続宝簡集・興山寺文書
同	名手荘	嘉祥二年正月	根本大塔領	又続宝簡集
同	荒川荘	平治元年七月	金泥一切経蔵領	宝簡集
同	調月荘	元弘三年十月	金剛峯寺領	東草集・勧学院文書
同	東貴志荘	同	同	同
同	鞆淵荘	同	同	東草集・続宝簡集・鞆淵八幡神社文書
同	荒見荘	同	同	東草集・興山寺文書
同	水原荘	同	同	同
同	柴目・小河荘	同	同	東草集・勧学院文書
同	細野荘	応永七年正月見	同	勧学院文書
同	井上本荘	建長二年十一月見	西塔・丹生社領	九条家文書・勧学院文書
同	井上新荘	同	東南院護摩料	同

所在国郡	名称	成立(所見)年次	特徴	典拠
紀伊 那賀郡	三ヶ荘(神野・真国・猿川荘)	康治元年十二月	金剛峯寺領	又続宝簡集
同	野上荘	暦応元年十一月見	天野一切経会料所	同
同	石手荘	大治四年十一月	大伝法院領	根来要書
同	山崎荘	長承元年十月	同	同
同	岡田荘	同	同	同
同	弘田荘	長承元年十二月	同	同
同	毛原荘	弘安年間		紀伊続風土記
名草郡	薬勝寺	明徳三年十月見	金剛峯寺領	興山寺文書
同	多田郷	同	東塔米	同
同	直河郷	同	奥院領	同
同	大野郷	正平十四年(延文四)十月	大門造営料所、のち東塔米	同
同	彌河	応永七年正月見	蓮上院領	勧学院文書
同	山東荘	長承元年十月	大伝法院領	根来要書
同	田井郷	建治二年三月見	丹生社安居供料	宝簡集
海部郡	浜仲荘	元応元年十二月見	金剛心院領	続宝簡集
同	由良荘	嘉禎二年四月	金剛三昧院大臣家月忌領	金剛三昧院文書
在田郡	阿氏川荘	嘉元二年三月	金剛峯寺領	又続宝簡集
同	阿氏川荘窪田名	元亨三年	花王院領	花王院文書
日高郡	南部荘	安元元年六月	蓮華乗院領	宝簡集
淡路 三原郡	賀集荘	建仁三年十月見	宝幢院領	同
阿波 那賀郡	宍咋荘	建保四年八月	蓮華乗院領	金剛峯寺壇上諸堂建立記・続宝簡集
勝浦郡	篠原荘	建仁三年十月見	灌頂院領	宝簡集
同	勝浦荘	同	勝蓮花院領	同
同	多奈荘	同	同	同
(郡未詳)	牛牧荘	同	同	同
讃岐 多度郡	多度荘	文暦元年二月見	寂静院領	五坊寂静院文書
同	仲村郷	延応元年二月	一心院領	同
伊予 (郡未詳)	高田荘		覚皇院領	紀伊続風土記
土佐 長岡郡	富崎別符	延元元年(建武三)八月	堂衆領	興山寺文書
筑前 鞍手郡	粥田荘	元仁元年九月	金剛三昧院多宝塔領	金剛三昧院文書
豊前 田河郡	堺郷	応永十五年八月	金剛三昧院領	同
豊後 大分郡	真木嶋之内十貫文	天文二十二年	西生院	西生院文書
肥後 益城郡	岳牟田荘	文保二年	勧学院領	勧学院文書
(国郡未詳)	下和佐荘	文治五年	随心院領	紀伊続風土記

収し、河南の地も含むに至り、当初現作田二十六町に満たぬものが、応永ごろには上方だけで水田二百町・畑五十余町に達した。応徳年間(一〇八四―八七)、大御室性信親王が阿波国篠原荘を灌頂院に施入し、寛治五年(一〇九一)白河上皇が参詣して安芸国能美荘、嘉承元年(一一〇六)大塔料名手荘、大治二年(一一二七)白河・鳥羽両上皇が参詣し三十口上人米として安芸国可部荘百八石、長承元年(一一三二)鳥羽上皇が登山し西塔領として安芸国沼荘を寄進したほか、大伝法院領七ヵ荘(石手・弘田・山東・岡田・相賀・山崎・志富田)、若狭国御封六十五烟・越後国御封六十八烟などが相ついで施入された。久安四年(一一四八)藤原忠実が金剛心院領浜仲荘、保元元年(一一五六)美福門院が一切経会料荒川荘、安元元年(一一七五)五辻斎院頌子が南部荘、翌二年平清盛が安芸国高田荘、文治二年(一一八六)後白河法皇が大塔領備後国太田荘を寄進した。ただし高田荘については確証はない。鎌倉時代に入っても宣陽門院の蓮華乗院領阿波国宍咋荘(建保四年(一二一六))、後鳥羽院の麻生津荘(承久元年(一二一九))、後高倉院の奥院領神野真国荘(承久三年)、後宇多法皇の肥後国岳牟田荘(正和二年(一三一三))などと天皇一族の施入が続くが、何といっても金剛三昧院を中心に、鎌倉幕府や武士による寄進が相ついだ。たとえば、筑前国粥田荘(元仁元年(一二二四)北条政子が金剛三昧院に寄進)・天野社領和泉国近木荘(正応五年(一二九二))などがある。平安時代末期以降は、塔頭・子院に荘園が寄せられる場合も多くなった。嘉元二年(一三〇四)、三百年来紛争の続いた阿氏川荘が高野山の領有に帰し、近辺寺領の相論も終った。遠隔地荘園は中世後半から徐々に消滅していくが、紀州の近辺荘園は江戸時代まで続いた。豊臣秀吉は三千石の寺領が五万石あることを知り没収するが、木食応其の斡旋で伊都・那賀両郡二万千石を認め、江戸時代まで続いた。その内訳は、奥院領五千石、学侶方九千五百石、行人方六千六百石、聖方二百石の都合二万千三百石であった。

参考文献　東京大学史料編纂所編『高野山文書』、金剛峯寺編『高野山文書』

（和多　秀乗）

こうらしゃりょう　高良社領　筑後国の一宮である高良玉垂宮の社領。高良大社は現在の福岡県久留米市御井《みい》町の高良山の中腹に鎮座。初見は斉衡二年(八五五)、位田四町を加えられたことにある(『日本文徳天皇実録』斉衡二年五月丁卯条)。十一世紀になると国司の保護下社領の免田支配が形成された。平安時代末期には、高良荘として寄進地系荘園の形は取るが、これは高良社・神宮寺を含む高良山一帯とその周辺に散在する社領を総称したものと考えられ、神社による荘園領主的支配が行われたとはいい難い。高良荘は現在の福岡県久留米市御井町を中心とする御井郡、三潴《みずま》郡、山本郡に広がる散在型荘園であると推定されるが、具体的分布や所領構造については

必ずしも明確ではなく、近隣の宝荘厳院領三猪荘内にも社領が含まれていた。高良荘の本家は後白河院を経て(建久二年(一一九一)長講堂領目録)、その後、宣陽門院覲子内親王、その養女鷹司院へと伝領され、以後、持明院統に相伝された。領家は醍醐寺の僧勝賢より遍智院系の成賢、道教に譲与された。この頃の社領は、建仁元年(一二〇一)の「高良宮上下宮並小社等造営所課荘々田数注文案」(歴史民俗博物館所蔵文書)によれば、高良御領として四百九町三段三丈の田地があった。鎌倉後期、道教以後の領家職をめぐって訴訟が起り、以後醍醐寺の宝池院の支配に入る。南北朝時代に入ると、高良社自体は南朝方へ傾斜していたが、領家は宝池院であり、北朝方の三宝院の支配下に置かれた。貞和五年(一三四九)、醍醐寺第六十五代座主賢俊は、宝池院と高良荘を含む付属の荘園を光済に譲与した(醍醐寺三宝院文書)。室町時代には、本家職は皇室、領家は三宝院門跡の満済等に受け継がれた。たびたび作成された「醍醐寺方管領諸門跡等所領目録」に、高良荘の記載はみえるが、応仁二年(一四六八)十月四日の「所領目録」(足利義政袖判)に、「宝池院領」として筑後国高良庄(荘)がみえるのが最後で、以後は荘園的性格は失われたものと考えられる。戦国期に入ると、筑後国の領国支配を進める大友氏の影響下、高良社座主家の領主化が始まったが、天正十五年(一五八七)、豊臣秀吉の九州下向時に、高良山神領は全て没収された。その後、文禄五年(一五九六)、改めて秀吉から千石の社領を寄付され近世社領が成立する。(恵良　宏)

こうりゅうじりょう　広隆寺領　京都市右京区太秦蜂岡町にある広隆寺の所領。貞観十五年(八七三)の『広隆寺縁起資財帳』には、山城国葛野郡に計四十九町十歩の水陸田が記載されている。その内訳は入京二町八段二百九十七歩、天長年中(八二四—三四)にしばらく安養寺に入れた七町六段百一歩、常荒五町九段百三十二歩、河成二段、畠成十一町六十歩、見熟二十一町三段百三十七歩となっており、また仁和三年(八八七)の『広隆寺資財交替実録帳』では計六十四町一段二百七十八歩が記載されているが、これには寺院六町が含まれており、この間の実際の変動は九町一段二百六十八歩である。弘仁九年(八一八)の火災で記録類を焼失したために、創建以来の寺領については知ることができない。(栗原　治夫)

こうりょう　公領　国司(国衙)の支配管轄する領域をいい、私領としての荘園に対する語。国衙領と同義に用いる場合もある。一般に私領なる語は律令制が崩れる十世紀以降顕著となるが、公領もそれと関連して平安時代中期以降諸史料に頻出する。この時期、口分田制(班田制)の崩壊とこれにもとづく財政難に直面した国家は新たな変革を余儀なくされる。国司検田権の強化に代表される中央政府の大幅な権限委譲、および国内耕地(公領)を対象とする官物徴収のための「名」体制への移行などの施策はこれを示す。十世紀以降のこうした段階の国家を近年律令国家と区別して王朝国家と呼称している。公領とはかかる段階に対応するものであった。負名体制を前提に公領における官物納入の確保に努める国司は、徴税請負人と化して受領とよばれた。のちの在地領主制の展開と相まって、公領は国司支配下の土地という意味以上に国衙に結集した在地領主の官物請負が一般化し、構造上荘園と同質性を帯びるに至る。かかる段階の公領を特に国衙領とよぶこともある。荘園公領制(国衙領制)なる表現は、在地領主の存在を前提とする領域型荘園の盛行にみあう現象の中で提起された概念であった。　↓国衙領《こくがりょう》(関　幸彦)

こおりのしょう　郡荘　河内国河内郡にあった荘園。現在の大阪府東大阪市付近。天暦年中(九四七—五七)に醍醐寺に勅施入された河内国五箇荘の一つ。平安時代末から南北朝時代初頭にかけて面積五十町歩で、段別四斗の年貢米のほか、正月用餅・菓子・酒や歳末の畳、醍醐寺三宝院の四月分酒、堂塔修理のための縄、また人夫役など恒例・臨時の公事夫役負担も多く、醍醐寺膝下荘園の重要な一つであった。康永二年(一三四三)ごろには、年貢銭六十貫文で請け負われている。(三浦　圭一)

こがけりょう　久我家領　村上源氏の一流、中院《なかのいん》流諸家の正統久我家の所領。久我家は村上天皇の孫源師房に始まるが、師房が後三条天皇の親政を右大臣として支え、その子俊房・顕房兄弟、顕房の子雅実らが院政期に廟堂に列して摂関家につぐ権位を確立した。さらに、雅実の曾孫通親が鎌倉時代初期に権勢を振るったので、このころまでに多くの所領を集中した。その所領は山城国久我荘をはじめ二十八ヵ国にまたがる七十余ヵ所に及んでおり、本家職が皇室にある領家職が多いのが特徴的である。鎌倉時代後期には池大納言家領の一部が姻戚関係から家領に編入されたが、一方、庶流への分与も多く、南北朝内乱期には、長通の譲状によると久我荘をはじめとする二十八ヵ所を保つにとどまった。その後は武家の抑留などによる不知行地が増え、結局、山城国上・下久我荘、本久世荘(大藪荘)・東久世荘(築山荘)などを太閤検地まで維持し得て、この地の過半は近世にもひきつづき家領となった。別表(二五四～二五五頁)参照。(池永　二郎)

こがのしょう　久我荘　山城国乙訓郡にあった久我家領の荘園。久我の地は現在の京都市伏見区に属し、桂川と鴨川の合流点の西北部の低湿地であり、東は桂川に接し、北には東寺領久世荘があった。久我家は村上源氏の一流であるが、久我荘はこの地に十一世紀末から久我家の山荘(別邸)が営まれたことに由来し、鎌倉時代以前すでに荘園が成立していた。久我家の山荘が存在したことについては、『中右記』『殿暦』にその史料があり、また『明月記』正治元年(一一九九)十二月三日条には久我荘の名がみえ、さらに貞応二年(一二二三)五月三日の後高倉院庁下文(『東寺百合文書』)に八条女院に譲られた所領として、「久我御料庄」がある。嘉元四年(一三〇六)六月十二

久我家領一覧

所在国郡	名称	特徴
山城 乙訓郡	久我荘	久我家根本家領、八条院領、源顕房の「古河水閣」に始まる、のち久我本荘(下久我荘)・久我新荘(上久我荘)に分かれる、伝領して太閤検地に至る
同	東久世荘(植松荘・築山荘)	安楽寿院領、観応元年久我長通譲状には「六条右大臣殿(源顕房)山荘也」とある、伝領して太閤検地に至る
同	本久世荘(大藪荘)	永禄十一年織田信長朱印状まで久我家の伝領が確認される
同	赤日荘	安楽寿院領、平安時代末か鎌倉時代初期作成の「中院流家領目録案」にみえる
葛野郡	小野領	「中院流家領目録案」にみえる
大和 城上郡	三和領	同
同	野辺荘	平頼盛遺領、子光盛から六女安嘉門院右衛門督局に譲られ、のち久我家領、久我長通譲状の「不慮違乱所々」の中にみえる
摂津 豊島郡	呉庭荘	「中院流家領目録案」にみえる
同	豊島	同
島下郡	戸伏領	同
同	新屋御厨	同
能勢郡	能勢	同
武庫郡	大島荘	庶流壬生家に伝領、応安二年壬生雅宗が光明院庁に寄進、寛正ごろと思われる「家領不知行目録」には細川持久が半分拝領、家門領は代官が不沙汰とある
(郡未詳)	二条院	「中院流家領目録案」にみえる
(同)	位田	同
河内 高安郡	高安領	八条院領、「中院流家領目録案」にみえる
讃良郡	讃良	金剛三昧院領、「中院流家領目録案」にみえる
同	三ヶ庄	「中院流家領目録案」にみえる
茨田郡	麻生大和田荘	平頼盛遺領、子光盛の嫡女安嘉門院宣旨局より久我通忠室に譲られ、以後領家職は久我家に伝領、「家領不知行目録」によると北野宮日供料に寄進
(郡未詳)	御位田	「中院流家領目録案」にみえる
和泉 和泉郡	八木	同
伊勢 朝明郡 三重郡	坂部御厨	同
員弁郡	石榑荘	久我家根本家領の一つ、「中院流家領目録案」にみえる、戦国時代末まで伝領したが織田信雄伊勢入部の際はすでに不知行
同	丹生河御厨	「家領不知行目録」には畠山知行とみえる
一志郡	木造荘	六条院領、平頼盛遺領、子光盛の嫡女安嘉門院宣旨局より久我通忠室に譲られ、以後戦国時代末まで久我家が伝領したが織田信雄伊勢入部の際はすでに不知行
尾張 山田郡	山田荘	八条院領、「中院流家領目録案」にみえる、建暦元年久我通光が領家職を譲得(『明月記』)

所在国郡	名称	特徴
尾張 海部郡	海東荘	蓮華王院領、平頼盛遺領、子光盛の四女三条局から久我通忠室へ譲られ、以後久我家領として嘉吉ごろまで伝領
中島郡	真清田社	安楽寿院領、平頼盛遺領、子光盛の嫡女安嘉門院宣旨局より久我通忠室に譲られ、以後久我家領
同	門真荘	「中院流家領目録案」にみえる
同	牛野	同
(郡未詳)	石枕荘	同
(同)	御勅旨	同
(同)	御位田	同
遠江 榛原郡	相良牧	同
(郡未詳)	原御牧	同
駿河 廬原郡	蒲原荘	金剛心院領、「中院流家領目録案」にみえる、庶流唐橋家に相伝されたが、承久三年源雅清から石清水八幡宮に寄進された(『中村直勝氏所蔵文書』)
相模 大住郡	糟屋荘	安楽寿院領、庶流唐橋家に伝領されたようであるが、応永十八年足利義持の久我家雑掌へ同荘領家職を打渡すことを命じた御教書を最後とする
武蔵 (郡未詳)	河辺荘	「中院流家領目録案」にみえる
安房 (同)	髪白荘	同
近江 伊香郡	富永荘	同
栗太郡	安良荘	同
浅井郡	朝日荘	同
同	田根荘	領家職を寛喜年間久我通光が知行(『民経記』)、延徳三年久我家に領家職を安堵すべき室町幕府奉行人連署奉書を最後に以後不明
高島郡	北古賀上荘	文明年間久我家領としてみえる
美濃 池田郡	小嶋荘	「中院流家領目録案」にみえる
同	池田荘	同
大野郡	水取山	同
各務郡	弓削田荘	真如院領、平頼盛遺領、子光盛の嫡女安嘉門院宣旨局より久我通忠室へ譲られ、以後久我家領、久我長通譲状の「不慮違乱所々」の中にみえる
不破郡 本巣郡	三村荘	不破郡関原郷・同伊福貴郷・本巣郡穂積郷、安嘉門院領、「平光盛より嫡女安嘉門院宣旨局を経て久我家領、久我長通譲状の「不慮違乱所々」の中にみえる
上野 (郡未詳)	石井荘	「中院流家領目録案」にみえる
下野 芳賀郡	長沼荘	同
(郡未詳)	東真壁	同
陸奥 白河郡	石河荘	同
能登 羽咋郡	大泉荘	同
越中 礪波郡	水巻御位田	同
越後 沼垂郡	加地荘	金剛心院領、「中院流家領目録案」にみえる、文治二年二月「関東知行国々乃貢未済庄々注文」に「堀河大納言家(定房)沙汰」とある(『吾妻鏡』)

所在国郡		名称	特徴
越後	(郡未詳)	野明荘	「中院流家領目録案」にみえる
	(同)	加保荘	同
	(同)	小神荘	同
丹波	竹野郡	船木郷	金剛三昧院領、「中院流家領目録案」にみえる、徳治元年「永嘉門院御領目録」に領家職は庶流六条右大臣有房とある
	天田郡	奄我荘	宝荘厳院領、「中院流家領目録」にみえる、平治元年「宝荘厳院領荘園注文」(『東寺百合文書』)によれば領家は中院右大臣入道雅定、以後不明
	同	夜久川口	「中院流家領目録案」にみえる
	同	天宗部領	同
	氷上郡	田中荘	同
	桑田郡	神吉荘	同
播磨	佐用郡	宇乃荘	同
	飾磨郡	飾磨荘	同
	宍粟郡	石造荘	安楽寿院領、平頼盛遺領、子光盛の女安嘉門院宣旨局・五条局を経て正応二年久我通基に譲られ、以後久我家領、大治五年宇野村頼の代官職請文を最後とする
	多可郡	這田荘	得長寿院領、平頼盛遺領、子光盛の四女三条局を経て久我通基に譲られ、相伝家領となる、永禄七年別所安治請文を最後とする
美作	久米郡	弓削荘	平頼盛遺領、子光盛の四女三条局から久我通忠室へ譲られ、以後久我家領、久我長通譲状の「不慮違乱所々」の中にみえる
備前	磐梨郡	佐伯荘	同
	(郡未詳)	神崎荘	「中院流家領目録案」にみえる
	(同)	上東郷	同
周防	吉敷郡	吉敷	同
	(郡未詳)	嶋禾賀保	同
紀伊	名草郡	山東	同
	牟婁郡	秋津荘	醍醐寺領、「中院流家領目録案」にみえる、『醍醐雑事記』に領家中院右大臣(雅定)家とある
伊予	越智郡	大嶋荘	「中院流家領目録案」にみえる、本家醍醐寺円光院廊御堂、領家職は庶流唐橋家領として鎌倉時代中期まで伝領
	野間郡	濃満字種荘	「中院流家領目録案」にみえる
豊前	田河郡	金田荘	庶流壬生家に伝領、応安二年壬生雅宗が光明院庁に寄進
肥後	阿蘇郡	阿蘇社	「中院流家領目録案」にみえる、治承四年源定房の阿蘇・健軍両社大宮司職補任の政所下文あり
	詫麻郡	健軍社	同
	益城郡	砥川	「中院流家領目録案」にみえる
	同	安永	同
	菊池郡	木埼	同
	山本郡	山本荘	「中院流家領目録案」による、南北朝時代まで久我家に同荘北方領家職あり(『小代文書』)

(特記したもの以外は『久我家文書』による)

日付の『昭慶門院御領目録』には、「山城国久我本庄、同新庄」とある。これらから久我荘の本家職は皇室、領家職は久我家が伝領したことがわかる。また当荘は上下二荘に分かれており、下荘を本荘、上荘を新荘としているので、久我家の山荘は南部の下荘にあったものと推定される。久我荘の内部構造については残存史料の関係から南北朝時代以降のものしかわからないが、まずその規模および在地構造について応永三年(一三九六)十月の上下両荘の検注帳によってこれをみると、当荘はその立地条件から、畿内型荘園の特徴たる散在荘園の典型的様相を示している。そしてこの時期に上荘は百四町余、下荘は五十町余あり、上荘はそのうち六十三町が百人の名主に、下荘はその大部分が八十人の名主に分割されていた。これはおそらく鎌倉時代までの本名体制が分解し、新名体制が成立した結果を示すものであろう。ただし本荘はそれにもかかわらず、年貢・公事の賦課に関して、戦国時代まで本名体制が保たれている。これは中世を通じて古くからの荘園領主たる久我家の支配が貫かれていたことを示す。当荘の支配組織としては預所・沙汰人などの荘官があり、佃・給田を与えられ、また定使の存在も確認できるが、地頭・公文は見当らない。これは荘園領主直務の荘園であったからと思われる。南北朝時代以後、当荘に対してはたびたび綸旨・院宣・室町将軍家御教書が与えられ、諸公事以下の免除、守護使不入などの特権が保証され、また軍勢・甲乙人の乱入狼藉の禁制が出されて保護をうけ、戦国時代まで久我家に伝領された。戦国時代には、この地方の他荘園と同じく久我荘も武士の押妨にあったが、永禄十一年(一五六八)、織田信長が朱印状を与え、また天正十三年(一五八五)の豊臣秀吉判物によって、久我家の領知が認められた。しかし慶長六年(一六〇一)に至って、この地と久我家との関係が終った。

(安田 元久)

ごかのしょう 五箇荘 (一)河内国内、現在の大阪府寝屋川市・八尾市・東大阪市などに散在した醍醐寺領の五つの荘園の総称。天暦年中(九四七—五七)に勅施入されたもので、郡荘・志紀南荘・志紀北荘・若江荘・渋川荘の五つの荘園があり、その面積合計は百九十五町九段に及ぶ。段別四斗の年貢のほか、恒例・臨時の公事・夫役賦課が多く、醍醐寺領荘園の重要な部分を構成した。南北朝時代には銭納請負荘園化するものもあり、荘園で戦国時代末まで残ったものもある。 →郡荘《こおりのしょう》 →志紀荘《しきのしょう》 →渋川荘《しぶかわのしょう》 →若江荘《わかえのしょう》

(三浦 圭二)

(二)摂津国島下郡東北の山間部にあった忍頂寺周辺の仁和寺領荘園。現在の大阪府茨木市北部を中心とする地域。平安時代、国衙より加挙稲を給されていた忍頂寺が仁和寺の末寺に編入されたころ、これら正税物の荘園化をすすめ、成立したと考えられる。その支配は十六世紀まで続いたが、室町時代には守護勢力の半済や代官請負によ

り衰退し、仁和寺にかわって、同地方を支配した織田信長ら戦国武将の加護を得た忍頂寺住僧らに領知された。なお、十五世紀に我孫子屋次郎知行分が寄進されて大徳寺養徳院領となった五箇荘は、住吉郡に所在する別の荘園である。 （福留　照尚）

㈢丹波国船井郡の荘園。現在の京都府船井郡日吉町佐々江・四ツ谷・田原一帯。『吾妻鏡』文治二年（一一八六）三月八日条に、源頼政の息頼兼が、五箇荘は亡父の家領であったものが、治承四年（一一八〇）の挙兵の科により平宗盛の所領となり、平氏滅亡後、仙洞御領となったので返付を訴えていることが記されている。『那須系図』『伊王野系図』によると、一時那須与一の勧賞に充行われたこともあったらしい。 （仲村　研）

㈣播磨国賀古郡内の荘園。現在の兵庫県加古郡稲美町付近にあった。後白河院領。鎌倉幕府成立期のころには梶原景時が播磨守護職とともに、同荘の地頭職も付与されていたらしく、文治二年（一一八六）―四年ごろ景時の配下の武士が荘内において押妨を行なったことが『吾妻鏡』にみえる。正治二年（一二〇〇）正月梶原一族が誅伐されたのちは、小山朝政が同荘地頭職に補せられている。その後、南北朝時代の観応元年（一三五〇）に播磨守護赤松範資が亡父則村から相続した所領の中に五箇荘内の村の名がみえているから、このころには赤松氏の領主権が同荘内に及んでいたことが知られる。 （水野恭一郎）

こかほう　估価法　古代・中世における物品売買および代物貢納に際しての公定価格・換算率の法。沽価ともいう。律令制では、ある程度の交易を前提としていたから、関市令においても、東西市や異国交易の估価とともに、公田賃租における諸国の估価があげられている。もちろん交易雑物についても諸国の估価が設定されていたらしく、延暦十七年（七九八）の官符では、かかる強制的な估価によらず、和市の価によるべきことが令せられている。これは国衙の行う交易に関してであるが、政府の定める估価法は主として交易雑物や地子交易物などの国衙から官衙への納入の算定に用いるものであった。たとえば延喜十四年（九一四）の官符では、地子交易物に関して、諸国一律に、絹一疋直稲五十束、綿一屯直五束であったのを、諸国の実情に応じて国別の定価法を作り、それに準じて主計官人に収納せしめている。律令制収取体系が現物収取から交易による収取の比重を高めるに従って、估価法はその重要性を増していき、天暦元年（九四七）には交易雑物の価直を減ずることを畿内・丹波などに令している。以後、応和二年（九六二）・寛和二年（九八六）・延久四年（一〇七二）・治承三年（一一七九）と估価法の制定が論じられている。国衙の行う交易や、貢納物の換算価についての估価法の実態を示すのは、永延二年（九八八）における『尾張国郡司百姓等解』（『尾張国解文』）である。尾張国では交易雑物も、地子物交易も、直絹疋別四、五十束、手作布八束以上、信濃布麻布五、六束以下という公定換算率が定例化していた。国例の価法ともいうべきものであろう。これに対して時価は絹疋別百束という大体倍額であり、国司は自分の有利になるように代物弁済を強制して、その差額を収得したのである。なお、鎌倉時代、朝廷は、建久六年（一一九五）および建長元年（一二四九）・二年・五年、幕府は建長五年・六年に估価法を定めており、後醍醐天皇も元徳二年（一三三〇）京都における米価を定めている。 （脇田　晴子）

こかわでらりょう　粉河寺領　和歌山県那賀郡粉河町にある粉河寺の所領。粉河寺は、中世は聖護院末、近世以降は延暦寺末として天台宗に属したが、第二次世界大戦後、粉河観音宗の本山として独立。正暦二年（九九一）あるいは同五年に根本寺領である粉河荘が成立。ついで保延四年（一一三八）藤原（徳大寺）公能の寄進によって栗栖荘が立券され、久安二年（一一四六）官物・国役等を免除された一円所領になった。平安時代から鎌倉時代の寺領は、粉河・栗栖両荘のみであったが、南北朝内乱期に至り、両朝から僧兵の武力を期待されたようで、平田荘・井上本荘・同新荘（志野荘）・長滝荘・塩穴荘上条郷および三上荘内重禰《しとね》郷・坂井郷・本渡《もとわたり》郷の領家職・地頭職などが恩賞として与えられた。足利尊氏の寄進による三上荘内の三郷を除き、他の所領については確実な領有がただちに実現したかどうか疑わしく、粉河荘に隣接する井上本・新荘においても、明徳・応永年間（一三九〇―一四二八）に随心院と領有をめぐり紛争になっている。粉河寺が井上本・新荘を確実に領有するのは、室町時代末から戦国時代であろう。天正十三年（一五八五）の豊臣秀吉の

粉河寺領

粉河寺　寺領一覧

所在国郡	名称	成立年次	特徴	典拠
和泉　大鳥郡	塩穴荘上条郷	延元元年（建武三）十二月	地頭職、大塔若宮（陸良親王）が恩賞として給与	粉河寺文書
日根郡	長滝荘	建武三年十月以前	領家職、足利尊氏が恩賞として給与	同
紀伊　那賀郡	粉河荘	正暦二年か同五年	単に粉河寺領と呼ばれることの多い根本寺領	粉河寺文書・高野山正智院文書
同	井上本荘	延元元年（建武三）	後醍醐天皇の給与と伝えるが、明徳・応永年間に随心院と紛争あり	粉河寺文書・随心院文書
同	井上新荘（志野荘）	延元元年（建武三）七月	後醍醐天皇が恩賞として領家職を給与（同十月足利尊氏も志野荘一円を恩賞として給与）、明徳・応永年間に随心院と紛争あり	同
名草郡	栗栖荘	保延四年三月	藤原（徳大寺）公能の寄進	粉河寺御池坊文書
同	平田荘	元弘三年四月	護良親王が恩賞として給与	粉河寺文書
同	三上荘内重禰・坂井・本渡郷	建武四年十一月以前	地頭職、足利尊氏の寄進	南狩遺文・粉河寺続験記

紀州攻めにより、これらの所領はすべて没収されたが、近世には紀州徳川家の援助もあって七百石を領した。(小山 靖憲)

こかわのしょう 粉河荘 紀伊国那賀郡の荘園。現在の和歌山県那賀郡粉河町付近。紀ノ川北岸の粉河寺を中心とする地域を占め、東は水無川(名手川)で高野山領名手荘と、西は門川(松井川)付近で九条家領井上本荘と接す。中世を通じて粉河荘とはほとんど呼ばれず、粉河寺領の名称が一般的である。正暦二年(九九一)ないし同五年太政官符で名手郷鎌垣東西村の雑役免除が認められ、粉河寺の直轄領として平安時代末期に一円所領に発展したらしい。その後の荘全体の動向は詳らかにし得ないが、鎌倉時代丹生屋《にうや》村に地頭品川氏(清尚・為清)がおり、仁治年間(一二四〇—四三)より名手荘と激しい堺相論・用水相論がおこり、室町時代中期まで続いた。また、鎌倉時代末期以降東村(東野・井田・池田垣内)は若一王子《にゃくいちおうじ》神社の宮座を中心に惣村的結合を発展させ、文明十年(一四七八)より現在まで宮座構成員の家に生まれた男児の名を書きついだ重要民俗資料の『名附帳』を残している。近世には十四ヵ村となり、粉河荘あるいは鎌垣荘と呼ばれた。(小山 靖憲)

こかんし 拒捍使 十世紀以降、正税官物の納入を拒否し、反抗する者があった場合、強制的に徴収するために任命・派遣された官人。「誇干使」と記した史料があるので、訓みが判明する。検非違使庁の下級官人である史生一名が任命されている例が多い。はじめ畿内の国司や左右京職の申請によって国ごとに臨時に任命されていたが、長保五年(一〇〇三、あるいは三年の誤りか)五月二十二日の宣旨によれば、穀倉院所管の無主品田位田の地子未納・拒否者への対策として検非違使庁の官人一人を常任することが定められている。その後、拒捍使の存在は畿内諸国のみに限らず、伊賀・遠江、さらには陸奥にもみられ、臨時雑役の徴収にあたっている例が多い。また山城拒捍使は賀茂祭の斎院御禊点地の際に検非違使とともに参候し、掃除や守護の任にあたることとなっていたと『江家次第』にはみえている。伊勢神宮の神領である伊勢神郡においては、各郷ごとに拒捍使がおかれ、検非違使がこれを兼任していた。神郡の拒捍使に関しては、神役・公役を懈怠なく納入するように命じた神官祭主下文による補任状の書式が『公文所初心抄』に収められるほか、紛失状証判など二、三の史料があり、少なくとも鎌倉・南北朝時代の存在は明らかである。神郡の基本単位の一つである郷におかれていた官人が拒捍使を称していたこと自体、当時の神郡の性格を物語っており、興味深い事例というべきである。(石井 進)

ごがんじりょう 御願寺領 天皇・上皇・女院・皇妃および皇子・皇女らの立願によって建立し、または既設の寺院を指定し、あるいは僧侶や貴族の奏請をいれて供養する寺院を本願の寺といい、天皇の場合は勅願寺という。御願寺の淵源は、大寺(南都六大寺など)と定額寺である。大寺は本格的な勅願寺であり、奈良時代に栄え、定額寺は平安時代に入り盛行した。後者には燈分稲とか修理料が国家から施入される。やがて簡素な手続きが成立し、定額寺ともいう御願寺が多くなる。白河天皇以後の御願寺には、新たに造営した場合と既設の寺院を指定した場合をふくめて、皇室の私寺の傾向が強く、願主がその所領を寄進し、または廷臣らに寄付させた。元仁元年(一二二四)正月安嘉門院邦子内親王は、播磨国清水寺を八条院につづき祈願所とし、その寺領を注進させており(『播磨清水寺文書』)、後醍醐天皇の祈願所ともなった。白河天皇の法勝寺以後(後白河上皇は長寛二年(一一六四)平清盛に蓮華王院を造営させた)の御願寺は、後嵯峨天皇の浄金剛院まで二十八ヵ寺(久安六年(一一五〇)近衛天皇が勅願所と定めた最勝金剛院(『東福寺文書』)などは別)に及んでいる。この御願寺領は皇室の所領としても重要な地位を占めていたので、皇室ではその寺の別当・供僧・阿闍梨には、その器を撰び補すべきことなどを定め(六勝寺の場合、奈良時代の寺院と同じ組織をもったが、それは院政の復古的傾向が寺院にも現われたのであろうという)、また皇室領と同じように、御願寺領の行政権・司法権をも国衙や守護などとは別に行使した。御願寺領からの年貢・公事などは、御願寺とその本家の皇室、領家の廷臣や社寺に納められた。その年貢などの額が判然するのは長講堂領・最勝光院領など僅少にすぎない。しかもそれは時代によって変遷がある。そして寺領目録などに記入されてある貢納額は、本家と寺家の分をふくむのであり、この両者が両分した場合もあって、一様ではない。御願寺には、たとえば歓喜光院末寺弘誓院のように、末寺のある場合が多い。教勢の盛大を誇るとともに経済力も強い。この末寺は本寺に対し、若干の経済的負担をするだけでなく、その住持職についても本寺の統制をうけた。(奥野 高広)

こかんのち 空閑地 ⇨くうかんち

ごきしょうち 御起請地 造内裏役や造大神宮役夫工米といった一国平均役の免除を認められた特権的な荘園。白河・鳥羽・後白河三代の上皇が立てた荘園は特に「三代御起請地」と呼称された。御起請地は神仏に対する起請の文言(符)をもって立荘されたことから御起請符地ともいう。この場合の起請は一切の賦課を禁止する旨を誓約する内容になるから、起請すなわち禁制の意味を包括している。 →三代御起請符地《さんだいごきしょうふのち》 (福眞 睦城)

こぎのしょう 近木荘 和泉国日根郡の荘園。現在の大阪府貝塚市の西南部、近木川下流域に位置した。鎌倉時代中期まで国衙領近義郷であり、文永十一年(一二七四)下地中分をうけたが、弘安七年(一二八四)異国撃退祈禱精誠の功をもって、幕府と国方よりおのおの地頭職と領家職が高野山丹生社に寄進され、高野山領近木荘となった。立荘後、正応五年(一二九二)から高野山によって内検が続行され、特に応永二十八年(一四二一)から六年間

連年着手された検地と現存する検地帳とは注目されている。田積三百三十三町歩余・畠積七十八町歩余の荘域中に、鎌倉・室町時代をつうじて、諸権門八ヶ保と称された内膳司領網曳御厨・淳和院領・召次領・春日社領・大歌所十生長官領・近衛院御櫛造領・御酢免領・新免領の免田九十五町歩余・雑免田百町歩余その他の免田を多数含み、上番・中番・神前番・馬郡番の四番編成と五十四名主や番頭・刀禰・供御人の身分編成とともに、多くの問題点を提起している。（遠藤　巌）

こく　石　㈠体積の単位。十斗をいう。『大宝令』においては中国制度そのままに斛の字があてられた。宋代に二斛を石とする単位ができたが、わが国では十斗の斛を石と記すようになった。㈡和船の積量単位。十立方尺をいう。㈢材木の体積単位。形状にかかわらず十立方尺の体積をもつ材木を一石とする。（小泉袈裟勝）

こくえいでん　国営田　⇩官田《かんでん》

こくがいち　国衙市　九・十世紀段階、すでに国衙は調庸物・雑物を交易によって獲得する拠点であり、一国の商業の中心であった。十二世紀、国衙官人たちが在庁組織を形成する時期、国衙の諸機能は各在庁の館に分離し、従来国衙に直属していた工房なども「細工保」として国衙近傍の別名に編成されるなど、国衙機能は一定度広域化していく。このような状況下、国衙在庁層による正税などの換貨、生活物資の購入などの諸活動を支える市が国衙所在地の近傍に成立してきた。これが国衙市であり、史料上でも、鎌倉末期の常陸の「国府市」、十五世紀初頭の尾張の「中島郡国衙下津市」など「国衙」・「国府」を名に冠した市が見出される。国衙市は、国衙在庁機能とともに展開し、都鄙間交通・隔地間取引の拠点としても機能していた。（清水　亮）

こくがりょう　国衙領　平安時代後期以降、荘園の増大に伴って登場する国衙支配下の土地。私領たる荘園に対し、非荘園部分の国領をいう。単に公領ともよばれ、広義には荘園制が確立しない十世紀段階の公領と同等の概念で使用する場合もあるが、一般的には寄進型荘園の展開する十一世紀後半以降において、領域性を具備した荘園の出現を以て、これに対置し得るものとして、国衙（国司）支配下の土地をいう。その意味で「国衙領」なる語は、公領の相対的減少という現象の中で、公領としての性質が明確に意識されるに至り一般化した表現であった。「荘園・国衙領」としばしば併称される事情もこうしたことによる。十一世紀後半以降、郡郷制の変質という新たな事態の中で、郷・保・別名などとよばれる公領での新しい支配単位が出現するが、かかる所領単位としての郷・保・別名などが国衙領の中核をなした。そこにはおのおの郷司・保司・別名領主がおり、おおむねその地位は荘園の下司に対応するものであった。国衙公権の末端に位置する彼らは、十一世紀以降未墾地・荒廃地の開発にあたり、国衙から一定の特典を付与され開発領主・根本領主としての風貌を顕著にした。国衙近傍の地を別名という形態で分割領有した彼らは、国衙より郡郷司職・保司職に代表される諸職を保証され、公領内の一定地域の租税官物の納入を請け負った。彼らはいわゆる在地領主であり、その意味で平安時代末期の国衙・国衙領は在地領主と不可分の関係にあった。保や別名が一方では国衙領であるとともに他方ではその開発者の私領でもあるという二面性を有した。該段階の公領が狭義に「国衙領」とよばれる理由もここにある。こうした国衙領の一国規模での比重については鎌倉時代の大田文の存在によって推測される。たとえば文永二年（一二六五）『若狭国惣田数帳』には、惣田数二千二百十七町六段余の内訳は、国衙領定田たる応輸田六百四十三町五段余に国衙領除田たる不輸田五百三十七町六段余を加えた千百八十一町一段余が国衙領としてみえ、対する荘園千三十六町五段余との比率は六対五の割合であった。地域によりその比率は異なるとはいえ、荘園が国衙領を完全に圧倒することは現存する淡路・常陸・石見等々の大田文の事例よりなかったとされている。また荘園・国衙領両者の収取形態や内部構造の異同についてみれば、荘園の場合は年貢・夫役の主要な部分は本所に納入され、国衙領については国司あるいは知行国主に納められたという相違はあるものの、本質的には荘園・国衙領ともに十一世紀後半以降の在地領主の介在を前提とする点においては共通しており、構造的に差はない。その意味で両者の同質化も指摘し得る。ただ一般的には荘園の方が国衙領に比し、在地領主への抑制が強い。このことは、従来職権留保付寄進とされる荘園においてさえ、得分関係の面や荘務権の面で荘園領主がまさっているという近年の研究からも明らかである。それだけに国衙領の方が公権をテコとする領主層の成長も大きく、国衙領は武士発生の温床となり得た。鎌倉幕府に結集した御家人層の多くはかかる国衙領に基盤を有したことも、この点と無関係ではない。鎌倉期守護が各国国衙と深い関連をもち、国衙機構を包摂しつつみずからの支配体制を構築する上で、国衙領も守護領と密接な関係の中で推移していった。↓公領《こうりょう》　（関　幸彦）

こくさい　国催　国衙から郷司や荘郷地頭に対して官物・年貢・課役の納入を催促すること。国衙（司）催促の省略型。国衙による官物以下の催徴は、留守所下文などによって行われた。『吾妻鏡』文治三年（一一八七）四月十八日条によれば、美濃国の源頼朝家人平清綱は、彼の地頭所に対する官物未済を先として国催の対捍を続けた結果、その行為を在庁官人より院庁に訴えられた。後白河院よりの訴えにより頼朝は、清綱に対して国衙の下知に従うよう命じ、なお対捍を続ければ、国内から追放するよう下知したのである。南北朝時代以降になると国は守護を意味することが多くなるが、この期、国催と近い語句に「国催促」がある。いうまでもなく守護の催促の意であり、幕府の臨時課役である段銭催徴などの際に頻出する。京

済を獲得した御家人層（寺社などを含む）の要請を受けた幕府は、しばしば段銭の国催促停止の奉行人奉書を下しているのである。　（田沼　睦）

こくしこんでん　国司墾田　在任中の国司が経営する開墾田。任期中は私有が認められた。『養老令』の規定では、未開地で開墾可能地である空閑地の開墾は国司のみが認められているだけで、しかもその私有も在任中だけで、交代の日に還公されるといった限定されたものであった。それは、国司に空閑地の開墾権といった経済的特権を付与することにより、公田の増大を図ろうとしたものであった。国司以外の一般の墾田制は、養老七年（七二三）の三世一身法、天平十五年（七四三）の墾田永年私財法、天平神護元年（七六五）の加墾禁止令、宝亀三年（七七二）の解禁といった展開をみる。さらに令の規定では、国司以外のものが荒廃田の再開発をすべきものとしている。但し荒廃公田の場合、国司が公力をもって再開発し、公田として運営することは当然のことであった。　（松井　吉昭）

こくしふにゅう　国司不入　⇩不輸不入《ふゆふにゅう》

こくしめんぱん　国司免判　平安・鎌倉時代、国司が行なった認可の一形式。国内被管の者が田畠所領の保証・租税の免除・荘園への立券などの要求を提出した際、国司が自己の裁量で外題の形式によって認可の文言を加え署判すること、またはその文書。国司免判とは国司が中央から委任されて自立的に行なった国内行政のあり方を端的に示すもので、そのような行政が成立する平安時代中期以降一般化した。　（義江　彰夫）

こくしゃでん　国写田　寛平三年（八九一）、畿内諸国を対象として、従来からあった左右京職の職写田にならって設けられた不輸租田。畿内の調は銭納とされていたが、その調銭の未納の増大に対処するため、未納の戸の田を没収して国写田とし、賃租に出してその地子稲を以て公用にあてた。　↓職写田《しきしゃでん》　（虎尾　俊哉）

こくじん　国人　南北朝・室町時代に活躍する在地性の強い領主層であり、国衆《くにしゅう》ともいわれる。土着領主として、幕府権力・荘園領主・守護のような外来勢力と対抗し、独自の支配権を確立しようとした。かれらが、国衆として行動する際には、国という連帯意識に立脚した階級的結集を前提とする。国人の研究は、守護領国制論と深くかかわっている。十四、五世紀を、守護領国制の展開期ととらえ、そこにおける国人領主の役割に注目した永原慶二は、国人の具体的階層構成を、鎌倉以来の地頭クラスの領主層として在地に卓越した地位を樹立してきたものと、荘官＝強剛名主層に属して、内乱の開始とともに領主制の形成にのり出したものとに区別し、両者の拠点が、鎌倉以来の伝統的荘園所職にありながらも、荘園領主や守護と対立していたと指摘した（「守護領国制の展開」（『日本封建制成立過程の研究』所収））。黒川直則は、荘内の有力名主・地侍層と、鎌倉以来の地頭に系譜をひくものとを区別し、前者を土豪、後者を国人と呼び、南北朝・室町時代の基本的領主制を把握するための概念として、その領主としての性格を国人領主制と称することを提案した（「中世後期の領主制について」（『日本史研究』六八））。土豪と国人領主との区別は、直接経営の有無と共同体からの規制のされ方の相違に存することとなる。鎌倉時代にも、在地に居住し勢力を持つ武士との意で、国人という語は使用されているが、国人領主の動向が、重要な歴史的意味を持ち始めるのは、十四世紀の中葉、特に、観応擾乱の前後からである。南北朝内乱の過程において、在地領主層は悪党状況を止揚して国人領主制を展開するに至り、室町幕府・守護・荘園領主の興亡に大きくかかわるほどの実力を蓄積していったのである。若狭国で、観応擾乱の影響によって、守護が足利直義派の山名時氏から大高重成へと更迭された時、守護代大崎八郎左衛門の入国を直義派の国人領主たちが阻止している。文和三年（正平九、一三五四）九月に、若狭守護となった細川清氏が、将軍足利義詮と対立した時、清氏は頼りにしていた国人たちに背かれて「朽チタル縄ヲ以テ六馬ヲバ紲（つなぎ）テ留ルトモ、只憑（たの）ミガタキハ此比ノ武士ノ心ナリ」（『太平記』）と述懐したといわれているが、これらの事例は、若狭の政治・軍事情勢が在地に根をはった国人領主によって左右されていたこと、中央政界の動向なども国人たちに的確に把握されていたことの証明である。延文三年（正平十三、一三五八）から翌年にかけて、関東の国人たちは、関東執事畠山国清によって吉野の戦線へと動員された。この動員があまりにも専断的であったので、吉野から関東に帰った大小名（国人）たちは、過重な軍役賦課に反対し、国清を執事の職から罷免してくれるよう、鎌倉公方足利基氏に要求した。かれらは、もしこの要求が認められなかったならば、基氏の支配にも従うことができなくなるであろうと、一味神水して嗷（強）訴したのである。基氏は、国人衆の一揆的行動を「下トシテ上ヲ退ル嗷訴、下刻上ノ至カナ」と思ったけれども、「此者ドモニ背レナバ、東国ハ一日モ無為ナルマジ」（『太平記』）と考えなおし、執事国清を追放した。国人衆の向背が、東国に政治的安定をもたらすか否かの鍵をにぎっていたのである。明徳の乱に敗北して山陰へのがれた山名満幸は、丹後の木津細陰荘に立て籠もって幕府軍に抵抗しようとしたが、「国人一人モ出合ズ、結句地下等心替リシテ、討奉ルベキ由支度アリ」（『明徳記』）との噂を聞いて、さらに伯耆国へと敗走を続けたといわれている。これらの事件は、国人の動向が、当該期の幕府の諸政策や、守護勢力の存続にとって、いかに重要であったかを如実に示しているといえよう。国人領主が、とぎすまされた政治的感覚を特徴として持つに至ったのは、内乱期に成長をとげた支配下農民からのつきあげと、室町幕府・守護勢力による政治的干渉を排除し、さらに流通経済の地域的発展に対応するためであった。国人領主の居館が、分業流通の結節点に設営されたのは、このためである。

備後地毗荘を領した山内首藤氏は、本郷甲山周辺に、三日市・新三日市・九日市・十日市などと称する定期市を開催させ、惣領の居館付近には、鍛冶屋と鋳物屋とを居住させて、直接支配下に置いている。内乱の初段階に安芸三入荘に定着した熊谷氏も、荘の北辺にあった屋敷を南部に移し、農業生産の中心的拠点を支配するのみならず、分業・流通の結節点をも掌握しようとしている。内乱期社会を生き抜いた国人領主は地頭領主段階の散在所職型の所領支配形態を止揚し、本領を中心に集中性を持つ領域支配を行うに至る。安芸の熊谷氏の場合は、武蔵・美濃の各地にあった所領を切りすて、安芸三入荘の支配に専念している。毛利氏の場合も、越後や河内の所領を放棄して安芸吉田荘に全勢力を集中し、十五世紀中葉には、吉田荘・内部荘・竹原郷・麻原郷・豊島村などを支配した。本領吉田荘に隣接した地域が所領として確保されたのである。戦乱の過程において、多くの新恩給地を獲得した国人領主は、荘園領主と地下との対立へ介入して、代官職・所務職などを請け負うこともあった。年貢の請負によって成立した請地型の所領である。本領と請地によって構成される広域の支配を安定的に実現するために、国人領主は、領内の土地・人民の支配を強化した。国人領主による検地や、国人領主間にとり結ばれた人返し規定などは、その象徴的事例である。守護などの上級権力に対抗し、かつ、領内の土地・人民の支配を貫徹するためには、強力な軍事力と国人相互の階級的結集が必要であった。十五世紀後半における安芸小早川氏の家臣団は、一家一属(別分の所領を持つもの)・家子(所役負担の義務を持つ一族庶子)・内の者(村落上層)・中間(無姓の百姓)から構成されていた。東国の国人領主である下野茂木氏の場合は、文明十四年(一四八二)に給人帳を作成し、殿原(有姓の村落上層百姓)・寺家・中間・職人らを貫高制的知行制に編成していた。西国の小早川氏も、東国の茂木氏も、ともに、十五世紀の後半に至れば、村落上層の農民を家臣団化していたのである。南北朝・室町時代に形成される国人一揆は、多様な形態を持っていたが、国人領主間の地縁的結合体であり、成員間の平等を基礎にした契約的関係で結ばれ、多数決制が採用されていることなどに共通の性格を認めることができる。国人一揆は、信濃における応永七年(一四〇〇)の大文字一揆にみられるように、守護などの外部勢力の侵入に反対する在地領主の戦線であったが、それだけではなく、領域内の農民支配を貫徹するための階級的結集であった。内乱を経過するなかで、各地の農村に惣結合が形成され、領主権力に対する農民の闘争組織は一段と充実した。それは、各個別領主の弾圧能力をはるかに越えるものであった。ここにおいて、国人領主の地域的結集が必然となる。十四世紀後半における肥前松浦の国人領主連合や、十五世紀前半の安芸の国人一揆などは、支配領域内の農民とのするどい階級対立を要因として結成されたものである。両畠山氏の交戦と他地域から動員された軍隊の長期駐留に反対して文明十七年十二月に結成された山城国一揆や、永禄十一年(一五六八)の織田勢力の侵入に抵抗するために組織された伊賀の惣国一揆などは、国人層と、土豪・有力農民層との連合戦線であり、国人一揆とは性格を異にするものである。→守護領国制《しゅごりょうこくせい》

(佐藤　和彦)

こくじんりょうしゅせい　国人領主制　日本中世における国家体制、特に後期(南北朝期以降)のそれを理解するために創出された概念。中世後期の国制を、守護大名を中心に捉える守護領国制に対し、現地・在地において中心的な存在であった領主層の動向から把握する。具体的な領主としては、鎌倉時代以来の地頭の系譜を引くもの、もともとは荘園制下の荘官であったものが成長した強剛名主層を想定している。当時、実際に現地において百姓支配を行なっていたのはこれらの領主層であり、かつ守護大名の被官となってその軍事力を構成し、大名や幕府の動向を規定したのも領主層であった。したがって中世後期において最も大きな役割を果たしていたのが、領主=国人であった、という考えが前提となっている。様々な異論・反論が提出されながら、現在においても多用されている概念である。

(村井　祐樹)

こくそういんりょう　穀倉院領　平安時代初期成立の令外官司、穀倉院の所領。穀倉院は創設以来、畿内の調銭や諸国の無主の位田・職田および没官田の地子、年料租舂米などを徴納したが、その後の変遷は詳らかでなく、わずかに長保元年(九九九)の『権記』に院納の紀伊国当年租白米代絹十疋のことがみえ、延久二年(一〇七〇)の『興福寺雑役免帳』に二町八段の穀倉院田を載せ、天永二年(一一一一)の『中右記』に穀倉院別当の訴えによって、信濃国の位田六百町について仗議が行われたことがみえる程度である。一方、院領の荘保としては、十世紀末の立保と称し、建久八年(一一九七)再興して四至を定めた播磨国小犬丸保をはじめ、十ヵ所前後の存在を確認できる。また室町・戦国時代、山城国山崎の油公用の領知をめぐり、穀倉院別当を兼帯した局務の渡領と主張する中原氏と、御師範燈燭料として永代領知を主張する清原氏との間で再三相論があった(『京都御所東山御文庫記録』)。なお『師守記』に散見する「穀倉院々田」は、同院の所在した右京二条南の地であろうか。別表(二六一頁)参照。

(橋本　義彦)

ごくでん　御供田　中世、神社への供物を弁ずるために設定された田。中世宇佐宮領の御供田は、鎌倉時代中・末期に御供米確保を目的に編成され、豊前国岩崎荘・豊後国小野荘にそれぞれの名の一部を占めて設定された。川成など損田となったとき、名内の御供田以外の田地をもって補充する。耕作者は、「駈士」と称する神人であるが、御供米の納入責任者は「部(戸)主」であった。また石清水八幡宮領の場合も、御供田は特定の地山城国大山崎に、御神楽御供米十二石を本役として御供田が設定さ

れた。中世大山崎神人は、御供田が屋敷地に変わっても、本役が代銭納になっても、室町期に至るまで御神楽料として石清水八幡に納入し続けた。 （松井　吉昭）

こくと　国斗　諸国の国衙に常備され、正税などの貢租の計量に使用された一国単位の公定枡。国枡《くにます》ともいう。文献的には平安時代中期ころから、鎌倉時代を通じてみられる。たとえば康元元年（一二五六）の関東御教書案（『益永文書』一）は、宇佐八幡宮造営料米の徴収に関する史料であるが、それに「国衙器物」とあるのが、豊前国の国斗である。鎌倉時代になると国衙の行政的機能が衰退するにつれ、この枡も次第に消滅していった。 （宝月　圭吾）

こくめんのしょう　国免荘　荘園の一形態。国司免判によって成立した荘園をいう。平安時代中期以降諸国行政の実権が中央から国衙に大幅に委ねられるようになるに伴い、国司は官省符荘内の新開発田を免判によって自由裁量で免除することをかわきりに、やがて広大な荒廃公田一般をも免除し、国衙収取の枠外におくようになった。国免荘とは、それが荘園を対象として行われ、それによって成立した荘園を呼ぶ指称である。国免荘は個々の国司の裁量で成立したものにすぎなかったから、その有効期限は通常当該国司の任期中に限られ、交替とともに否定されるケースが少なくなかった。このため、官省符荘や勅免荘の勢力が強大になってゆく平安時代末期以降になると、国免荘の系譜をひくものも、多くは官省符荘や勅免荘にかわることを望むようになっていった。 （義江　彰夫）

こくやく　国役　さまざまな内容を持つ平安時代以降の国役を一律に定義づけることは困難であるが、ごく概括的にいえば、㈠平安・鎌倉時代に朝廷または国衙が、全国または一国に課した臨時雑役としての課役、いわゆる一国平均役なども含む、㈡名称はともかく内容としては室町時代の幕府段銭、㈢室町時代の守護が管国内に課した守護役、㈣室町時代、守護請化された幕府段銭や地頭御家人役など、である。「国役」の史料上の初見は天喜二年（一〇五四）であるが、以後平安時代を通じて頻出する。この時期国衙は、荘園制の成立に対峙しつつ国内支配を強化していった。当時の国衙の収取体系は、所当官物および臨時雑役であった国役収取の二つからなっていたが、いずれも律令制収取体系弛緩の結果出現した新たな対応であった。「臨時雑役」の初見は、「国役」のそれをさかのぼること約一世紀、十世紀二〇年代であるが、内容としての本質的な差異は認められない。臨時雑役の徴収主体が国衙であったこと、十一世紀中葉の国衙支配は中央政府にとっても重要な意味を持っていたことなどから「国役」が多用されるようになったのであろう。中央との関係において広く請負化の進行していた国衙による国役収取の特徴は、その恣意的収取にあったといえる。賦課対象についてみれば、すでに公民への人身的支配を放棄していた中央・国衙支配は、所当官物・国役ともに田率賦課になっていた。この国役は公田＝公領はいうまでもなく、荘園不輸租田にも賦課される傾向にあり、国内作田すべてを対象とした国内平均役であったが、十一世紀中ごろには、荘園領主・田堵住人層の国役免除要求、国衙の承認などの結果、国内公田を対象に賦課されるようになった。さらに平安時代末期、十二世紀初頭には、国衙支配の変容―居住地主義の推進によって公卿の在家を対象とするようになったのである。国役＝臨時雑役の成立が律令税制における調庸・交易制の変質に求められることから予想されるように、その内容は多様であり、絹・糸・紙などの現物、在家夫馬役などの夫役（料）であった。後者の中には、造興福寺役・伊勢神宮役夫工米・内裏雑事など中世一国平均役に通じるものも含まれていた。十二世紀三〇年代以降になると、これらの国役の内、践祚大嘗会役・内裏修理料などが勅（院）事として区別されてくる。「勅院事・大小国役充て催すの例無し」のように、勅院事と国役とが並記される場合がしばしばみられるのである。十二世紀後半以降の荘園制的収取体系の成立は、所当官物・国役を年貢・公事収取の中へ吸収包摂していった。かくて国役の内容は、勅院事・寺社修造料などに収斂されていったのである。鎌倉時代以降の国役は、いわゆる一国平均役が中心となる。幕府開創期に諸国荘公平均に課せられた段別五升の兵粮米が一国平均役であったほかは、伊勢神宮以下の大寺社、一宮・国分寺などの修造料、即位・大嘗会料などの朝廷公事が国役の内容となった。文保二年（一三一八）

穀倉院領一覧

穀倉院領

所在国郡	名称	特徴	典拠
山城　乙訓郡	山崎油保	穀倉院別当の渡領と称す	師守記・康富記・押小路家文書・壬生家文書・京都御所東山御文庫記録
大和　葛上郡	穀倉院田	興福寺領石摩荘内二町	興福寺雑役免帳
高市郡	同	興福寺領雲飛荘内八段	同
尾張　中島郡か	三宅保	三家保・三屋保ともみゆ	師守記
信濃　（郡未詳）	穀倉院領	『中右記』所載の位田六百町と関係あるか	吾妻鏡
上野　邑楽郡	藤崎荘	長和四年上野国移に載す	朝野群載
越中　新川郡か	山室保		師守記
越後　三島郡	比角荘		吾妻鏡・師守記
但馬　朝来郡	比治荘	弘安八年田十九町余あり	但馬国大田文・師守記
養父郡	高田荘	弘安八年田三町余あり	同
播磨　揖保郡	小犬丸保	応保年中平頼盛押領、建久八年復旧、同年文書に建立以来二百年に及ぶとす、局務渡領	続左丞抄・師守記・康富記

の後宇多院院宣に「大山庄大嘗会・役夫工米已下恒例臨時国役、永所レ被二免除一也」とあるごとくである。かかる中世一国平均役＝国役の賦課基準は、朝廷および幕府によって作成された大田文田数であって、荘園・公領を問わず一国平均に賦課されたのである。国役の賦課・免除の主体は朝廷であったが、鎌倉時代後期弘安年間（一二七八―八八）以降になると、関東御分国や九州諸国の寺社修造には、幕府が深く関わるようになり、譴責徴収の面での幕府―守護の関与はさらに広く一般的に認められた。一宮など国内寺社の現実の修造主体が国衙であったことも広く認められるところである。南北朝時代後期、康暦以降になると、国役の賦課・免除権は全般的に幕府の掌握するところとなった。室町幕府は、諸種の国役を段銭として統一し、その内容として新たに幕府御所の造営、将軍の元服・宣下・仏事など幕府将軍関係の段銭を設けたほかは、大田文田数（公田）を基とした賦課方法を含め前代の継承であった。室町幕府の国役＝段銭賦課は、天文十五年（一五四六）足利義輝元服要脚段銭を最後に姿を消す。室町時代の国役は、これまで述べてきたことと異なった現われ方もする。その一つは守護と荘園所領の場における用例であって、荘園に課せられた守護役の意味として用いられた。宝徳三年（一四五一）丹波国大山荘百姓らの記した国役の注進状（『東寺百合文書』に）によれば、その内容は京上夫以下諸種の人夫役、守護代以下の下向礼銭、段銭およびその配符・納入雑務費用などであったが、さらに「定国役、公方・国方段銭以下臨時非分課役等」との表現から推して、守護課役の内、段銭を除いた人夫役などの惣称とした方がよいかもしれない。もう一つは幕府―守護間の用例である。諸国に賦課された幕府段銭（前述のとおり、これが室町時代国役の典型）の内、御家人層の所領以外の段銭徴収は守護を介して行われた。十五世紀の中葉には、この国内荘園所領の幕府段銭は守護請化されており、これが幕府との関係において国役と表現されたことは、かの『康正二年造内裏段銭幷国役引付』によって明らかである。次も同じく幕府―守護間の場における用例である。永正七年（一五一〇）越後守護代神余昌綱は、「毎年相定国役」として采女養料・御垸飯料・御修理替物・治部四郎左衛門尉給物・朝夕新右衛門衣料・小舎人雑色等給物など計百五貫文を京進している（『上杉家文書』一）。一方幕府も越後守護上杉氏に対し、それぞれを越後国役として沙汰するよう命じている。ところで右の項目の内、御垸飯料以下は追加法上からも明瞭に地頭御家人役であり、垸飯料・修理替物などは鎌倉時代以来のものであった。地頭御家人役が国役と表現されるのは、それが国単位に守護によって徴収され、かつ定国役と表現されるように、守護請化されていた結果にほかならない。以上、室町時代の三用例に共通するところは、「国」が守護を意味するに至った事態の反映といえよう。平安時代以来の国役は、室町幕府―守護支配の崩壊によって消滅するが、近世幕藩制下の国役普請などとして再生していった。　（田沼　睦）

こくりょう　国領　⇨国衙領《こくがりょう》

こくりょうせん　国料船　『戊子入明記』に備後国国料尾道住吉丸、また周防国上関薬師丸とみえ、薬師丸は国衙船とも記され、文明十二年（一四八〇）ごろ周防国衙領年貢を運んでいる。いずれも七百石の大船。建仁三年（一二〇三）の「紀伊国司庁宣」（『高野山文書』）に国衙船所とあって書生や梶取が所属していたことがわかる。国料船は国衙船でもと国衙（領）の所有した船で、国領の年貢運送にあたったものであろう。しかしやがてひろく荘園年貢や貨物をも輸送したと思われる。　（小葉田　淳）

こくれい　国例　律令国家解体期の諸国衙が現実に即して実務を運用するため、律令行政の方式を修正して実施した行政上の慣習法。平安時代初期に「富豪の輩」「富豪浪人」らを中心とする国務対捍が激しくなり、従来の籍帳にもとづく公民の把握や、正税調庸などの収納が困難になった。九世紀後半になって各国衙は、「土人浪人を論ぜず」に営田を耕営させ、営田数に応じて正税を出挙し、雑物運京の綱丁に駆役するなど、新たな支配方式を国別に施行し、それらを「国例」として官裁を求める国解を提出するに至った。この動向は令制の原則を改変する格の公布を促し、やがて延喜年間（九〇一―二三）ごろを境とする国制改革を導くことになる。なかでも公民の「戸」と課丁を支配収取対象とする律令行政が、公田の「名」とこれを請け負う田堵を編成した王朝国家の国衙行政に転換したことは、古代から中世への移行における画期の指標として注目される。十世紀以降の王朝国家体制のもとで、国司の権限の強化とともに、留守所・在庁官人機構が整備され、「当国之例」「当他国之例」と称される国例の体系（国衙法ともいうべきもの）が形成された。永延二年（九八八）の『尾張国郡司百姓等解』（『尾張国解文』）によると、調絹進納の期間、検田の勘納段米、京宅運上物の運賃、徴用された夫馬の用途などが同国の国例（国定）によって規定され、国司の非法を糾弾する論拠とされている。また前例・傍例を重視する諸国申請雑事においても、納官封家調絹・布の代銭・代物や押領使・随兵など、さまざまな問題に関する当国他国の例が基準にされた。平安時代後期の荘園乱立と荘域拡張に伴って、国衙・郡司と荘家・荘民との間に、官物率法や雑事勤仕をめぐる争いが盛んになるが、その中で国衙官人は官物における「当国之習」（国例率法）を主張し、国例に任せて雑事を勤仕することを要求した。一方、国内の私領主加地子についても、庁宣で定めた「当他国之例」があった。
（戸田　芳実）

ごけにんりょう　御家人領　中世で御家人領という場合には、多くは鎌倉幕府御家人の所領のことを指す。御家人は源頼朝の代に本領安堵をうけ、その後は勲功に応じて新恩所領所職（地頭職など）を与えられた。これらの御家人の有する種々の所領所職を総称して御家人領と呼ぶ。

これらの御家人領は、御家人が戦時の軍役や大番役その他の御家人役を勤仕する上での経済的基盤をなすものであり、幕府はその保護につとめ、所領の非御家人への譲与・売買・質入を禁止する措置をとった。古くは幕府より与えられた新恩所領の売買のみを禁止していたが、仁治元年（一二四〇）には私領であっても御家人以外の非御家人・凡下等に売却することを禁ずることとし、御家人領が御家人以外の者の手に渡ることを防ごうとした。また西国御家人の中には、幕府から本領安堵をうけない者もおり、荘園領主の侵害をうけやすかったが、これも非御家人の手に渡ることがないようにするなどの保護策がとられた。永仁の徳政令もこうした御家人領保護の一手段であった。（田中　稔）

ごこく　五穀　穀類のなかで重要視された五種類の穀物をさすが、穀物を総称した用語として使用されることもある。五種の穀類は時代によって異なり一定しない。奈良時代には「以都々乃太奈豆毛乃《いつつのたなつもの》」とよび、『日本書紀』には粟・稗・麦・豆・稲とある。『和名類聚抄』には黍・稷・菽・麦・稲となっている。さらに近世初頭の成立とみられる『清良記』には「米、大麦、小麦、大豆、小豆、是を指出して五穀と申候、又、黍、稗、麦、粟、豆、是をも五穀と申候」とある。江戸時代以後、おもに米・黍・粟・麦・豆を五穀とよぶことが多い。いずれにしろ時代・地域によって五穀の名称は一定しない。江戸幕府の農政は、この五穀を中心とする農家経営の掌握にあった。江戸時代中期ごろから各地で特産物的農産物栽培が盛んになったが、幕末まで主穀中心の農政政策は変わることはなかった。（林　英夫）

ごさがてんのうりょう　後嵯峨天皇領　後嵯峨天皇（一二二〇―七二）の所領。四条天皇から譲られた所領が主流で、それは後院領・六勝寺領・蓮華王院領・新熊野《いまくまの》社領・浄金剛院領・筑前宗像社などである。宝治元年（一二四七）鎌倉幕府は所領を進上（『葉黄記』同年八月十八日条）。子の後深草天皇即位後に、後白河天皇の女宣陽門院は、所領を養女の後堀河天皇中宮鷹司院長子に譲り、死後は後深草天皇に伝えさせることにした。しかし、院政をとっている後嵯峨上皇の申入れで、建長三年（一二五一）二月六条殿と長講堂などはただちに同天皇に譲った。しかし、同上皇が管領し（『百錬抄』建長七年八月十日条）、文永四年（一二六七）十月長講堂に関する一切を後深草上皇に引き渡した。後嵯峨上皇は皇子のうち後深草上皇の弟亀山上皇の子孫に皇位をつがせる意思をもち、これが南北両朝分裂の素因となった。同九年正月後嵯峨法皇は治世（治世と皇位は別、同五年幕府にはかり亀山天皇皇子が皇太子についている）と所領処分を決定（『吉続記』）。この処分帳（『伏見宮御記録』元二）によると、後深草上皇分は播磨国と後院領のうち肥前国神崎荘など僅少である。（奥野　高広）

後嵯峨天皇領

後嵯峨天皇所領一覧

所在国郡	名称	成立年次	特徴	典拠
山城 上京	冷泉殿	文永九年正月	亀山天皇に譲与	後嵯峨院処分帳案
洛東	禅林寺	文永五年閏正月	御幸	深心院関白記
洛中	六勝寺	文永九年正月	亀山天皇に譲与	後嵯峨院処分帳案
紀伊郡	鳥羽殿	建長二年十月	後深草天皇同殿に朝覲行幸、亀山天皇に譲与	岡屋関白記・後嵯峨院処分帳案
葛野郡	亀山殿	建長七年十月	竣工、文永九年大宮院に譲与	百錬抄・後嵯峨院処分帳案
同	浄金剛院	康元元年十月	浄金剛院供養、大宮院に譲与	百錬抄・仁部記・後嵯峨院処分帳案
同	如来寿量院	文永九年正月	浄助法親王に譲与、同院で崩御	後嵯峨院処分帳案・親長卿記・師守記
同	薬草院	同	浄助法親王に譲与	後嵯峨院処分帳案
尾張	国衙領	寛元四年二月	分国のことを諮る	岡屋関白記・葉黄記
近江 滋賀郡	粟津御厨	康永元年三月	尊助法親王の譲進、大宮院に譲与	臨川寺重書案文・天竜寺文書
栗太郡	橋本御厨	同	同	同
愛智郡	三村荘	文永九年正月	宝荘厳院領、円助法親王に譲与	後嵯峨院処分帳案
美濃	国衙領	同	亀山天皇に譲与	同
越前	同	寛元四年二月	分国のことを諮る	岡屋関白記
今立郡	大屋荘	文永九年正月	浄金剛院領、円助法親王に譲与	後嵯峨院処分帳案
敦賀郡	加恵留保	元応元年十月	日吉社十禅師長日供料所	日吉社社領注進記
丹後 竹野郡	船木荘	承安三年二月	もと建春門院領	玉葉・御教書類
播磨	国衙領	寛元四年二月	後深草天皇に譲与、那智造営の国役あり	葉黄記・後嵯峨院処分帳案
明石郡	性海寺	建長六年三月	祈願所	性海寺文書
飾東郡	西河荘	文永九年正月	後鳥羽院法華堂領とし荘号なし、平棟子に譲与	後嵯峨院処分帳案
加茂郡	厚利別府	同	平棟子に譲与	同
飾磨郡	印達南原	同	円助法親王に譲与	同
（郡未詳）	小室荘	同	平棟子に譲与	同
（同）	国内六ヵ所	宝治二年七月	院の北面六人に知行さす	葉黄記
備中 （同）	安成名	同	同	同
（同）	五ヵ郷	康元元年九月	亀山殿御堂領となす	経俊卿記
紀伊 日高郡	和佐荘下村	弘安六年八月	歓喜寺領となす	歓喜寺文書
在田郡	阿氐川荘	康元元年四月	大宮院の御産費を課す、もと鳥羽宮領	又続宝簡集
讃岐	国衙領	文永九年正月	亀山天皇に譲与	後嵯峨院処分帳案
鵜足郡	河津郷	同	浄助法親王に譲与、のち宣政門院領	後嵯峨院処分帳案・外記日記裏書・賀茂別雷神社文書

所在国郡	名称	成立年次	特徴	典拠
讃岐　香川郡	円座保	文永九年正月	平棟子に譲与	後嵯峨院処分帳案
刈田郡	柞田荘	元応元年十月	後嵯峨上皇寄進、日吉社十禅師料所	日吉社社領注進記
三木郡	井部郷	文永九年正月	後嵯峨院新法華堂領、円助法親王に譲与	後嵯峨院処分帳案
伊予	国衙領	寛元四年二月	分国のことを諮る	岡屋関白記
(郡未詳)	国内三ヵ所	宝治二年七月	院の北面六人に知行さす	葉黄記
土佐　香美郡	田村荘		後嵯峨上皇の時、国衙のため顚倒さる	宮内文書・雨森善四郎氏所蔵文書
筑前　宗像郡	宗像社	文永九年正月	もと修明門院領、大宮院に譲与	後嵯峨院処分帳案
豊後　大分郡	植田荘	同	円助法親王に譲与	同
同	津守荘	弘安六年八月	本家職は後嵯峨院領	勘仲記
肥前　神崎郡	神崎荘	宝治元年八月	承久の乱後地頭補任、地頭停廃、後深草天皇に譲与	葉黄記・後嵯峨院処分帳案
(国郡未詳)	松本山荘	文永二年三月	勘解由小路某の献上	外記日記

こさかのしょう　小坂荘　加賀国加賀(河北)郡の荘園。現在の石川県金沢市小坂町を中心とする地域。立荘事情については不明。元久元年(一二〇四)四月の九条兼実譲状に九条家領としてみえる。以後、二条家が伝領したが、一時期、南禅寺領あるいは春日社領となる。鎌倉時代の地頭は仁治三年(一二四二)ごろ海老名氏であったが、建武四年(一三三七)仁木義有が荘内大志目村地頭職を入手。天文六年(一五三七)前関白二条尹房は知行回復のために在荘した。　(岡田　清一)

こさく　小作　小作とは農業における生産形態の一つであり、他人の所有地を借地して耕作し、その使用料を支払うことを意味し、日本における寄生地主制の展開は小作の存在形態に強く規制されている。また、自己の所有地を自分で耕作する自作の対概念としても使われる。あるいは戦前日本資本主義の農業部門において地主・自作・自小作・小作といった階級構成の一指標ともされる。小作形態の発生史では奈良・平安時代の賃租田や墾田の経営に端初を見出すことができるが、小作は本来子作と表現されたように親方に隷属する経営や同族団における借地を意味しており、荘園制下の名主と名子の関係にまでさかのぼることができる。鎌倉時代末期・南北朝時代には土地に対する諸権利の職体系が分化し、作職の売買まで行われて借耕関係が展開した。しかし、中世の小作は一般的には支配・隷属という身分関係に立脚した経営形態を主流としており、土地所有者と土地を持たざる農民による経済上の土地貸借関係という性格ではなかった。小作形態が土地制度上において主要な経営体として登場するのは近世中期以降である。　(佐藤　常雄)

こさく　雇作　中世の直営田である佃《つくだ》において農民を一種の雇傭労働力として耕作に使役する経営方式。弘仁年間(八一〇―二四)の公営田にみられるように、古代の公私の営田においては功食料を給与して農作に従事させ、その全穫稲を経営主が収める経営法が一般に行われていたが、その系譜を引くものと考えられる。平安時代末、仁安元年(一一六六)の飛驒国雑物進未注進状では、公領の郷や別名に置かれた除田の中に、「国佃」「庁分佃」「郷司佃」などとならんで「雇佃」が記載されており、院政期国衙が公田の一部を佃として分轄経営し、国・庁分・郡郷司など得分権者の定まったもののほかに、雇作の佃を設けていたことがうかがわれる。この公領の佃の得分は段別一石二斗余の高斗代で、食料を給与する代りにその全収穫を収納したものと思われる。雇作の呼称は鎌倉時代の地頭・公文らの直営田経営において用いられ、丹波国雀部荘では、地頭が荘民を農作に雇仕するのは、耕日・殖日・草取日の人別一年三ヵ度であり、食物を日別に給するとされており、また「地頭正作雇作百姓事」は、当荘一所の例でなく諸国の傍例であって、召し仕う日に食物を下行することはもちろんであるともいわれている(『山城東文書』)。また肥前国佐嘉御領における雇作は、名田内の田一町に御領住人らを催し集め、種子を下行して耕作するというものであり(『肥前竜造寺文書』)、備中国新見荘の場合には、田所が勧農の時に「百姓一度平均役」として雇仕せしめるのを先例としたという(『東寺百合文書』ウ)。以上、鎌倉時代の諸例にみられるように中世の雇作は、領内百姓一円に領主佃の農作に必要な時期を限って課せられる定量の農耕夫役であるが、そのさい耕作に要する種子や日別の食料を給与される一種の雇傭形態をとり、領主に人身的に隷属して恣意的に使役される下人・所従とは区別され、百姓らはややもすればその限度を越えて臨時非分に駆使しようとする地頭らと争った。　(戸田　芳実)

こさつきせん　小五月銭　奈良興福寺大乗院門跡において毎年五月五日に催す小五月会演能の料足をいう。この小五月銭を上納する諸郷を小五月郷といい、大乗院門跡領や同じく寄郷という隣接の他寺領郷が若干加わる。同門跡鎮守天満社の神事として始まったのかもしれないが、十四世紀ちかく南市が開かれ、乾元元年(一三〇二)に市神エビス神が祭られたのが画期であり、南市の本所たる春日若宮の社頭で郷民が田楽法師(のち猿楽)を伴って演能を奉賽したのがその圧巻であった。なお祭礼は諸郷年寄を刀禰が率いて奉行する民衆化神事として楽しまれたが、南市の衰退で、同門跡では小五月銭を間別銭として徴課はするが、演能は行わず、ささやかな神事に終ることになった。ちなみに、小五月銭の課徴台帳が毎年作成せられ、『小五月銭改打帳』と題される。天正十年(一五八二)を最終とする数冊が現存するが、これにより奈良街地の発達や住民職業構成もわかる。　(永島福太郎)

ごさんじょういんちょくしでん　後三条院勅旨田　安芸国衙近傍に散在していた荘園。延久年中(一〇六九―七四)に新制にともなって設定された。いつからか、本勅旨田・新勅旨田に分かれた。本勅旨田は、嘉元三年(一三〇五)には粟田口別当藤原惟方以下が寄進した興善院領としてその名が見える。新勅旨田は鳥羽上皇・上西門院・宣陽門院と伝領され、仁治三年(一二四二)に東寺に寄進された。当時の田数は十四町八段六十歩。当初より供僧の荘務権が強く及び、この時期の東寺領荘園の荘務に深く関わった菩提院行遍・了遍や、その下で働いた聖宴・定宴らも当地にはあまり関わっていない。当地は行遍の借財の質に入れられていたが、建治元年(一二七五)に当地関係文書等を了遍より供僧が譲り受け、銭主の訴えも退けられると、供僧が荘務権を完全に掌握した。その後、度重なる守護の押領や、百姓の損免要求により、暦応二年(一三三九)が史料上の終見となっている。(高橋　傑)

ごさんじょうてんのうりょう　後三条天皇領　後三条天皇(一〇三四―一〇七三)の所領。後三条天皇親政の目的は、摂関家の勢力を削減することにあった。それが経済方面では荘園の整理であり、政治上では院政の実行となった。このため延久元年(一〇六九)設置された記録荘園券契所は、一定の期限後、もしくは券契の不明の不正な荘園は、これを収公して国有とする政策を推進した。関白藤原頼通の荘園についてもついに券契が出され、石清水八幡宮領三十四所のうち十三所を停廃させている。東大寺も、記録所の厳重な催促で文書を提出した。その結果収公された荘園の多くは、後三条天皇領に編入された。後三条院勅旨田がこれである。なお『東文書』にみえる「三条院勅旨田」を、三浦周行は「後三条院勅旨田」の後を略したものと解しているが、賛意を表し得ない。後三条天皇には、この勅旨田のほかに後院領があり、円宗寺を創建して勅願寺とした。これは白河天皇に伝えられ、安芸国後三条院勅旨田は、のち後宇多上皇領となっている。(奥野　高広)

↓延久《えんきゅう》の荘園整理《しょうえんせいり》

後三条天皇　所領一覧

後三条天皇領

所在国郡	名称	成立年次	特徴	典拠
山城　葛野郡	円明寺	延久二年十二月	後三条天皇創建、勅願寺、翌年円宗寺と改む	百錬抄
尾張　丹羽郡	後三条院勅旨田	延久四、五年頃	領家職が後三条天皇領	良峯氏系図
三河　碧海郡	碧海荘	仁安三年七月	後三条天皇女御領、犬頭糸六十絢を天皇年中御服用途に納む	兵範記
近江　犬上郡	後三条院勅旨田保	文暦元年八月	大成就院領	青蓮院文書・京都御所東山御文庫記録
野洲郡	近江勅旨田	延徳二年二月	後三条院勅旨田	宣秀卿記
高島郡	後三条□	大永六年八月	無沙汰	朽木文書
丹後　(郡未詳)	後三条院勅旨田	康永二年九月	勅旨田内雀部郷を梶井宮と松尾社前神主が訴訟	師守記
美作　(同)	便補保	承安四年九月	円宗寺領、山科御所材木を課す	吉記
備後　(同)	御封米	同	円宗寺備後国御封米未済	同
安芸　(同)	後三条院勅旨田(本勅旨)	仁平元年十一月	のち宣陽門院庁東寺に寄進、延慶元年後宇多上皇同寺に返付	昭慶門院御領目録・東寺百合文書こ
(同)	後三条院勅旨田(新勅旨)	嘉禄二年五月		東寺百合文書な

こし　雇仕　⇩雇作《こさく》

こじとう　小地頭　鎌倉時代、関東下文によって地頭職や名主職を安堵された弱小名主層御家人が存在する所に、有力御家人が惣地頭に補任された場合、弱小名主層御家人のことを惣地頭に対して小地頭と称した。したがって惣地頭が存在しない場合は、弱小名主層御家人のことを小地頭と称することはない。『貞永式目』第三十八条には、惣地頭が所領内の名主職を押妨した場合は別納の下文を名主に与え、名主が惣地頭に違背した場合は名主職を改易されることを定めている。また『室園文書』宝治二年(一二四八)九月十三日関東裁許状に「随又右大将家御時、拝ニ領地頭職御下文一之輩、被レ補ニ惣地頭一之日、令レ安ニ堵名主職一、号ニ小地頭一者鎮西之例也」とあり、惣地頭と小地頭の関係が示されている。小地頭は鎮西に多くの例がみられるところから、小地頭は鎮西独特の存在形態とする見解と、鎮西以外にも存在したとする見解とがある。鎮西に小地頭が多く発生した背景には、名主層を御家人として把握しなければならなかった鎮西の特殊事情と密接な関連があり、それを前提として東国有力御家人が鎮西の惣地頭に補任されたため、小地頭が鎮西に多く出現することになった。小地頭には在地御家人ばかりでなく、東国御家人が補任された例もある。先述の『室園文書』および『竜造寺文書』嘉禄三年(安貞元、一二二七)三月十九日関東裁許状にみえるように、惣地頭と小地頭は得分収取をめぐってしばしば対立したので、『貞永式目《そうじとう》』第三十八条を定める必要があったのである。(瀬野精一郎)

↓惣地頭

こしべのしょう　越部荘　播磨国揖保郡にあった荘園。現在の兵庫県揖保郡新宮町南東部から龍野市北部。尊勝寺の建立に伴って御願寺領荘園として成立したと考えられ、預所職は寄進者の藤原親忠から娘の美福門院加賀(藤原俊成妻)へと伝えられた。建久四年(一一九三)、俊成は当荘を上、中、下の三保に分け、それぞれを加賀所生の娘八条院三条(五条上)、子息の成家、定家に譲った。この三保はその後、上荘、中荘、下荘と呼ばれる。下荘は定家の子の為家以後は複雑な相論が展開するが、最終的に冷泉為相、為秀へと伝えられた。南北朝期になると河原氏の勢力が及び、河原氏は康正二年(一四五六)下荘分

の造内裏段銭を納めている。中荘は成家が按察局へ譲り成家没後に相論が起こったが、按察局の子息宝寿丸の領知が認められた。延徳二年(一四九〇)に越部中荘領家方として栂尾中坊(観海院)が確認される。上荘は八条院三条からその娘(俊成の養女となり俊成卿女と呼ばれる)に譲られ、晩年に越部荘に下向した彼女は越部禅尼と呼ばれた。天正九年(一五八一)、越部上荘千二百五十四石が羽柴秀吉から黒田孝高に与えられ、翌十年には片桐貞隆が越部内二百石を与えられた。 (馬田 綾子)

こじましょうさく 小島鉦作 一九〇一―九六 中世史。愛知県愛知郡島野村(現、名古屋市天白区)に生まれる。愛知県立第五中学校を経て、大正十二年(一九二三)、神宮皇学館本科卒業。神宮文庫司書兼神宮皇学館助手。同十三年、東京帝国大学史料編纂掛員。十五年、同史料編纂官補。昭和十六年(一九四一)、大日本史料第五編部長。同十八年、成蹊高等学校教授。二十四年、成蹊大学政治経済学部教授。三十六年、「神社領知制の研究」により東京大学から文学博士の学位を取得。四十三年、成蹊大学経済学部教授。四十四年、同定年退職。同名誉教授。立正大学文学部教授。五十一年、同定年退職。平成八年(一九九六)八月二十九日没、九十五歳。神社領荘園の研究をまとめた著書として『神社領知制の研究』(吉川弘文館、平成七年)がある。 (瀬野精一郎)

こしゅ 戸主 ⇩戸《こ》

こしらえ 拵 構え出す、取り計らう。用意する。工夫する。装飾するなどの意に使われる用語。「大和国注進可令拵進伊勢初斎王遷坐料野宮柴垣事」「且任先例、今月内可令拵進也」(『平安遺文』六巻三〇二三号)、「興福寺公文所下 幡田津沙汰人等 可早任下知、積下木柴等事、右、木柴自来廿日可被拵之」(『鎌倉遺文』一三巻九三九一号)などの使用例がある。 (福島 紀子)

ごしらかわてんのうりょう 後白河天皇領 後白河天皇(一一二七―九二)の所領。その所領は鳥羽天皇らから後院領(藤原頼長の没官領が増加)・六勝寺領のほか、金剛寿院・証金剛院・蓮華蔵院・証菩提院・得長寿院・宝荘厳院・勝光明院・安楽寿院・法金剛院・歓喜光院・金剛勝院・蓮華心院・金剛心院などを伝領し、蓮華王院・長講堂・新日吉《いまひえ》社・新熊野《いまくまの》社を創建し、その社寺領を定めた。また、鳥羽天皇皇后美福門院の建立した歓喜光院・金剛勝院・弘誓院などのうち、金剛勝院領の譲与をうけた。なお皇后建春門院のため最勝光院を、皇女殷富門院のために蓮華光院を建て、女院領と定めた。建久三年(一一九二)二月十七日後白河法皇は病危急により所領を処分した(『玉葉』)。すなわち後鳥羽天皇には後院領・六勝寺領・蓮華王院領・鳥羽法住寺・新日吉社領・新熊野社領・最勝光院領・神崎荘・豊原荘・会賀荘・福地牧を、殷富門院には金剛勝院領・押小路殿を、宣陽門院に

後白河天皇領

後白河天皇 所領一覧

所在国郡	名称	成立年次	特徴	典拠
山城 上京	尊重寺	建保二年二月	平親範の祖親信建立、もと五辻に所在	洞院部類記
同	高松殿跡	建久三年三月	一町、高階栄子知行	大徳寺文書
下京	西八条の地	文治三年八月	没官の地	吾妻鏡
同	六条殿	文治四年十二月	移徙	仙洞御移徙部類記
同	八条の地	元暦元年七月	藺田四段小、待賢門院の時から御座莚料を納む	白河本東寺百合文書
洛東	粟田宮	元暦元年四月	粟田廟創建、建久三年十一月粟田宮となす	吉記・玉葉・師光年中行事
同	禅林寺	治承三年八月	祈願所、勅・院事停止、寺領山城須智荘・近江音羽荘等	前田家所蔵文書
洛南	城興寺	建久三年三月	後白河天皇遺領、後院領に編入か	玉葉
洛中	清浄心院	同	祈願所、高階栄子知行	大徳寺文書
同	霊光寺	正嘉元年四月	法華堂領	経俊卿記
	勅旨田	保元三年八月	四千町歩、譲位後官符請印	兵範記・保元三年記
葛野郡	平等寺	建保二年二月	もと広隆寺西に所在	洞院部類記
同	松井寺西荘	建久三年三月	西院内、院領、高階栄子知行	大徳寺文書
紀伊郡	伏見荘	建久二年十月	長講堂領	島田文書・洞院部類記
同	上鳥羽荘	文明三年閏八月	後白河院法住寺領	妙法院文書
同	河副里二十一坪	貞治二年二月	二段、法華堂領	師守記
同	護法寺	建保二年二月	もと伏見里に所在	洞院部類記
宇治郡	山科沢殿	建久二年十一月	山科殿竣工、院領、高階栄子知行	都玉記・大徳寺文書
同	山科小野荘	建久三年三月	院領、高階栄子知行、小野西荘に後白河天皇御影堂あり	大徳寺文書・勧修寺文書
相楽郡	木津荘	文治三年六月	高陽院寄進、観自在院領	観自在院文書
同	笠置寺	建久八年二月	祈願所	春華秋月抄草
大和 添下郡	鳥見荘	文治五年七月	平家没官領	太上法皇御受戒記後付
同	矢田荘	同	同	同
山辺郡	山辺荘	正嘉元年四月	法華堂領	経俊卿記
同	藤井荘	保元二年三月	藤原頼長没官領、蓮華王院領	兵範記・吾妻鏡
(郡未詳)	円福寺	建久三年三月	高階栄子知行	大徳寺文書
河内 茨田郡	走井荘	元暦元年四月	平家没官領	吾妻鏡
同	葛原荘	応保元年正月	新日吉社に寄進	妙法院文書
同	岸和田荘	同	同	同
錦部郡	観心寺	治承三年八月	長承元年鳥羽上皇祈願所、勅・院事等停止	前田家所蔵文書
同	金剛寺	建久二年四月		金剛寺文書

所在国郡	名称	成立年次	特徴	典拠
摂津 八部郡	兵庫荘	建久三年十二月	一条能保室領となる	吾妻鏡
同	福原別荘	承安元年十月	近辺の荘園二三も召上ぐ	長方卿記
島下郡	溝杭荘	建久三年三月	清浄心院・長講堂・隼人司領、高階栄子知行	大徳寺文書
(郡未詳)	志宜寺	同	清浄心院領、高階栄子知行	同
伊賀 伊賀郡	長田荘	元暦元年四月	平家没官領	吾妻鏡・妙心寺文書
伊勢 一志郡	木造荘	同	同	吾妻鏡
朝明郡	富田荘	文治三年四月	地頭ら公卿勅使伊勢国駅家雑事を対捍	同
(郡未詳)	野俣道荘	元暦元年四月	平家没官領	同
尾張 丹羽郡	井上荘	文明三年十月	領家職	山科家礼記
遠江 (郡未詳)	西郷上村	建久三年三月	院領、高階栄子知行	大徳寺文書
駿河 志田郡	大津御厨	文治五年五月	地頭坂垣兼信を罷む	吾妻鏡
富士郡	富士神領	文治四年六月	地頭の非法	同
駿河郡	大岡荘	元暦元年四月	平家没官領	同
廬原郡	蒲原荘	文治四年七月	年貢未進	同
甲斐 巨摩郡	武河牧	建久五年三月	京都に貢馬	同
相模 鎌倉郡	山内荘	建久二年十月	のち長講堂領	島田文書
足柄下郡	成田荘	応保元年正月	新日吉社領	妙法院文書・天台座主記・故大宰帥親王家御遺跡臨川寺領等目録
武蔵 埼玉郡	大田荘	文治四年六月		吾妻鏡
下総 相馬郡	相馬御厨	文治二年三月	年貢未済	同
葛西郡	船橋御厨	同	同	同
近江 滋賀郡	石山寺	治承三年八月	祈願所、勅・院事停止	前田家所蔵文書
神崎郡	伊庭荘	保元元年七月	崇徳上皇、源為義に与う	参考保元物語
坂田郡	筑摩十六条	元暦年中	日吉社領	日吉社社領注進記
高島郡	毘沙門堂	建久二年六月	堂供養	吾妻鏡・一代要記
美濃	国衙領	文治二年六月	在庁申状を鎌倉幕府に下す	吾妻鏡
安八郡	青柳荘	保元元年七月	崇徳上皇、源為義に与う	参考保元物語
同	尼寺荘内東神護寺郷(青柳)	建久三年三月	院領、高階栄子知行、のち冷泉中将入道道意安禅寺に寄付	大徳寺文書・高橋義彦氏所蔵文書
賀茂郡	蜂屋荘	建久元年四月	成勝寺領、内宮役夫工米未済	吾妻鏡
多芸郡	高田郷	同	地頭を改補	同
石津郡	時多良山	同	地頭に仏神役を勤めさす	同
(郡未詳)	犬丸	同	地頭を改補	同
(同)	菊松	同	同	同

所在国郡	名称	成立年次	特徴	典拠
信濃 伊那郡	伴野荘	文治四年九月	年貢欠怠	吾妻鏡
安曇郡	野原荘	文治二年三月	年貢未済	同
同	住吉荘	同	年貢未済、院領、高階栄子知行	吾妻鏡・大徳寺文書
水内郡	弘瀬荘	同	年貢未済	吾妻鏡
同	市村荘	同	同	同
佐久郡	佐久伴野荘	同	同	同
陸奥 白河郡	白河荘	文治四年三月	もと藤原信頼領、のち平重盛知行	同
若狭 遠敷郡	西津荘	文治元年正月	勝載使得分、のち神護寺に寄進	神護寺文書
越前 今立郡	池田荘	文治二年六月	法住寺殿造営料所	長門本平家物語
(郡未詳)	榎富荘	元暦元年八月	粟田宮に寄進	天理図書館所蔵吉田宮文書
加賀 能美郡	能美荘	建保二年二月	尊重寺領	洞院部類記
石川郡	北島保	建久三年	小槻隆職建立開墾	壬生家譜
越中 新川郡	吉岡荘	文治三年三月	地頭の不法あり	吾妻鏡
越後 蒲原郡	大面荘	文治二年三月	鳥羽十一面堂領	同
同	大槻荘	同	年貢未済	同
魚沼郡	於田荘	同	預所備中前司信忠	同
頸城郡	佐味荘	同	鳥羽十一面堂領	同
丹波 桑田郡	吉富荘	元暦元年五月	神護寺領、後白河上皇寄進	神護寺文書
同	曾我部荘	暦仁元年十一月	法華堂領	吾妻鏡
船井郡	野口荘	建久二年十月	のち長講堂領	島田文書
何鹿郡	栗村東・西荘	元暦元年八月	粟田宮に寄進	天理図書館所蔵吉田宮文書
天田郡	土師荘	建久三年三月	祈願所領、高階栄子知行	大徳寺文書
氷上郡	石負荘	文治二年三月	兵粮米停止	吾妻鏡
(郡未詳)	今南荘	同	同	同
但馬 朝来郡	山口荘	元暦元年四月	平家没官領	同
同	朝来新田荘	建久三年三月	院領、高階栄子知行	大徳寺文書
城崎郡	木前荘	建保二年二月	護法寺領	洞院部類記・京都御所東山御文庫記録
伯耆 三方郡	温泉荘	仁安元年二月	立券牓示	高山寺文書
汗入郡	宇多川東荘	建保二年二月	護法寺領	洞院部類記
久米郡	矢送荘	同	同	同
出雲 意宇郡	揖屋荘	仁安元年四月	式内社揖屋神社鎮座	吉田黙氏所蔵文書

所在国郡	名称	成立年次	特徴	典拠
播磨	国衙領	文治元年	後嵯峨天皇に伝領	吾妻鏡・公卿補任
美嚢郡	東這田荘	元暦元年四月	平家没官領	吾妻鏡
同	福井荘	貞応元年二月	後高倉上皇、神護寺に返付	神護寺文書
加茂郡	在田荘	元暦元年四月	平家没官領	吾妻鏡
多可郡	安田荘	建久三年二月	尊勝寺領、高階栄子知行	大徳寺文書
神崎郡	蔭山荘	同	自在王院領、高階栄子知行	同
同	瓦荘	同	蓮華王院領、高階栄子知行	同
揖保郡	桑原保	文治二年六月	武士押領、最勝光院領、高階栄子知行	吾妻鏡・大徳寺文書
同	拝保	同	国衙領、武士押領	吾妻鏡
賀古郡	五箇荘	同	武士押領	同
揖保郡	上蝙(上遍)荘	同	同	同
(郡未詳)	石田荘	元暦元年四月	池大納言家領三十四所のうち	同
(同)	建田荘	同	同	同
美作 英多郡	江見荘	元暦元年八月	粟田宮に寄進	天理図書館所蔵吉田宮文書
久米郡	弓削荘	元暦元年四月	平家没官領	吾妻鏡
備前	国衙領	文治二年六月	法勝寺塔用途	同
磐梨郡	佐伯荘	元暦元年四月	平家没官領	同
和気郡	香登荘	久安二年五月	立券注進	根来要書
上道郡	居都荘	建久三年三月	法華堂領、高階栄子知行	大徳寺文書
備中	勅旨田	永暦元年十二月	改めて立て院領とす	山槐記
窪屋郡	大市荘	元応元年十月	後白河院寄進、日吉社領	日吉社社領注進記
阿賀郡	英賀荘	建久三年三月	金剛心院領、高階栄子知行	大徳寺文書
加夜郡	葦守荘	貞応元年二月	後高倉上皇、神護寺に返付	神護寺文書
備後 世羅郡	太田荘	仁安元年正月	本家、平重衡領、のち尾道村も開発	宝簡集・吾妻鏡
同	神崎荘	建久三年	小槻隆職建立開墾	壬生家譜
安芸 高田郡	吉茂荘	建保二年二月	尊重寺領	洞院部類記
沼田郡	生口荘	正嘉元年五月	法華堂領	経俊卿記
(郡未詳)	後三条院本勅旨田	仁平元年十一月	宣陽門院に譲与	昭慶門院御領目録・島田文書
周防 大島郡	嶋末荘	文治四年十二月	鎌倉幕府知行の由緒を具申	吾妻鏡
長門 大津郡	向津奥荘	応保元年二月	新日吉社領	妙法院文書
紀伊 名草郡	栗栖荘	久安二年四月	粉河寺領、鳥羽天皇から伝領	興国寺文書・粉河寺旧記
那賀郡	荒川荘	平治元年五月	田仲・吉仲両荘の相論、のち八条院領	宝簡集・奥文書
同	吉仲荘	建久三年三月	法成寺領、高階栄子知行	大徳寺文書

所在国郡	名称	成立年次	特徴	典拠
紀伊 在田郡	阿氐川荘	文治二年二月	定恵法親王領	又続宝簡集
同	石垣荘	建保二年二月	平等寺領	洞院部類記
伊都郡	渋(志富)田荘	長寛二年七月	永く不輪租とす	根来要書
同	拝田荘	貞応元年二月	後高倉上皇、神護寺に寄進	神護寺文書
日高郡	高家荘	元暦元年八月	粟田宮に寄進	天理図書館所蔵吉田宮文書
同	河上荘	貞応元年二月	後高倉上皇、神護寺に寄進	神護寺文書
淡路	国衙領	貞永元年三月	宣陽門院に伝領	民経記・葉黄記
津名郡	由良荘	元暦元年四月	平家没官領	吾妻鏡
三原郡	福良荘	建久三年三月	高野山宝塔三昧院領、高階栄子知行	大徳寺文書
同	賀集荘	同	同	同
阿波 三好郡	金丸荘	同	蓮華王院領、高階栄子知行	同
板野郡	一宮	同	院領、高階栄子知行	同
同	小嶋荘	元暦元年四月	平家没官領	吾妻鏡
那賀郡	竹原荘	長寛元年九月	本家後白河上皇、領家藤原伊通	八桙神社文書・隆善寺文書
讃岐 寒川郡	長尾荘	仁平元年十一月		昭慶門院御領目録
伊予 喜多郡	矢野領	元暦元年四月	平家没官領	吾妻鏡
温泉郡	前斎院勅旨田	応保元年正月	新日吉社に寄進	妙法院文書
土佐 高岡郡	高岡荘	治承元年	摂津四天王寺五智光院に寄進	天王寺記
筑前 糟屋郡	香椎社	元暦元年四月	平家没官領、『久我家文書』は香椎荘とするが香椎社であろう	吾妻鏡
志摩郡	安富領	同	平家没官領	同
(郡未詳)	田原荘	元暦元年八月	粟田宮に寄進	天理図書館所蔵吉田宮文書
筑後 三潴郡	三潴荘	文治五年三月	平家没官領	吾妻鏡
御原郡	三原荘	元暦元年四月	同	同
肥前 神崎郡	神崎荘	文治二年二月	兵粮米停止	吾妻鏡・河上神社文書
佐賀郡	河上社	文治二年五月	河上社座主職替補、後宇多院領	河上神社文書・肥前国惣田数注文
松浦郡	松浦荘	治承二年六月	最勝光院領として立券、高階栄子知行	東寺百合文書サ・大徳寺文書
肥後 玉名郡	高瀬荘	文治二年正月	武家狼藉停止	吾妻鏡
益城郡	豊田荘	文治元年九月	八条院領	玉葉
山鹿郡	山鹿荘	徳治元年	承徳元年醍醐寺無量光院に寄進、のち後宇多上皇領	醍醐雑事記・昭慶門院御領目録
球磨郡	球璞臼間野荘	元暦元年四月	平家没官領	吾妻鏡

後醍醐天皇所領一覧

後醍醐天皇領

所在国郡	名称	成立年次	特徴	典拠
山城 上京	冷泉殿・同文庫	延慶元年閏八月	後宇多上皇の譲与	後宇多院譲状案
摂津 河辺郡	満願寺	正中二年五月	勅願寺に准ず	集古文書
同	神崎	嘉暦二年二月	三津商船の目銭を東大寺に与え東南院を修造	東大寺文書
西成郡	四天王寺	建武二年	土佐国高岡荘のうちを寄進	四天王寺由緒沿革記
同	渡部(辺)	嘉暦二年二月	三津商船の目銭を東大寺に与え東南院を修造	東大寺文書
八部郡	兵庫	同	同	同
尾張 海部郡	富田荘	元弘三年八月	円覚寺領、阿野廉子に与う	相州文書
遠江 榛原郡	平田寺	嘉暦二年閏九月	祈願所	平田寺文書
常陸	国衙領	元亨三年正月		府中総社文書
近江 坂田郡	長岡荘鳥羽上郷	延元二年(建武四)二月	伊吹山護国寺に寄進	大原観音寺文書
若狭 遠敷郡	知見村	嘉暦二年四月	蓮華王院領、所務を置く	徳禅寺文書
越前	国衙領	延慶元年閏八月	後宇多上皇の譲与	後宇多院譲状案
坂井郡	志比荘	正中二年十二月	最勝光院領、地頭に寺用を直納さす	東寺文書
因幡	国衙領	延慶元年閏八月	後宇多上皇の譲与	後宇多院譲状案
播磨 加東郡	清水寺	元応二年十一月	もと八条院祈願所、寺僧、召功三十人を賜わり修造料とせんことを請う	播磨清水寺文書
讃岐	国衙領	延慶元年閏八月	後宇多上皇の譲与	後宇多院譲状案
肥後	同	元応元年三月	藤崎社の造営料所となす	藤崎八幡宮文書

は六条殿・長講堂領法金剛院を、前斎院式子内親王には大炊殿・白川常光院領など、前斎宮好子内親王には花園殿・仁和寺を伝えた。白河・鳥羽・後白河三代に設定された皇室領を三代御起請符地(『随心院文書』承久四年(一二二二)四月五日太政官牒など)といい、特殊な歴史をもっていた。なお後白河天皇の御影堂領・法華堂領がある。↓三代御起請符地《さんだいごきしょうふのち》 (奥野 高広)

ごだいごてんのうりょう 後醍醐天皇領 後醍醐天皇(一二八八―一三三九)の所領。その所領は延慶元年(一三〇八)閏八月後宇多上皇から讃岐国・越前国・因幡国・八条院領・安楽寿院・歓喜光院・智恵光院・蓮華心院・万里小路殿・亀山殿などを(『後宇多院譲状案』)、元亨二年(一三二二)六月六勝寺を(『皇代暦』)譲られた。ただし、嫡子後二条天皇崩御のため弟に伝えるが、一期ののちは後二条天皇皇子邦良親王にすべて譲与せよとの留保条件がついていた。そのほか室町院領の半分、七条院領の半分、最勝光院も伝領。正中元年(一三二四)六月上皇崩御ののち、大覚寺統の所領はすべて後醍醐天皇が管領した。また昭慶門院領は、後醍醐天皇と皇子世良親王(帥親王)領に分かれた。天皇は元弘三年(一三三三)六月隠岐島から京都に還ると、長講堂領・法金剛院領などを後伏見上皇に、室町院領半分を花園上皇に保証した。しかし天皇所領の諸国の一宮・二宮を荘園制から解放した。そして北条氏家督の所領を「供御料所」にあてたり、朝用分の新設などを実施したが、所領は激減した。 (奥野 高広)

こだまのしょう 児玉荘 武蔵国児玉郡の荘園。児玉氏(党)の本拠地であった。現在の埼玉県児玉郡児玉町を中心とした地域と考えられるが、荘域も、本家・領家関係も不明である。『玉葉』安元元年(一一七五)十一月十四日条では、児玉荘と神流川で接する上野国高山御厨と相論をおこし、その濫行を相手方より朝廷に訴えられているから、その成立は十二世紀中葉ころと推定される。また『武蔵七党系図』によると、児玉党の一員阿佐美実高は、仁治二年(一二四一)に「武蔵国児玉御荘」などの所領を子息らに譲渡している。しかし、文書史料に「児玉荘」と記される場合は少ない。 (峰岸 純夫)

こつくだ 小佃 ⇩佃《つくだ》

こっけん 国検 十一世紀中葉、公田官物率法が定められ、また土地相論の裁許が国司から中央政府に移行するようになり、国司の強力な権能は低下していった。このような状況に対応し、国司の専断傾向の強い検田は、十一世紀後半頃から、国司と郡司・荘園の妥協によって領主権を確定し、帳簿に記載する検注へと変化していった。不入権を持つ荘園の展開によって、国司の検注は実質的には国衙領に限定され、「国検」と呼ばれた。十二世紀に入ると、一国平均役の成立、郡郷の改編に伴い、荘園・公領の田数を一国単位で掌握する一国検注が行われ、その総括として大田文が作成された。この一国検注も、史料上「国検」と呼ばれる場合がある。東国では国検は早期に困難となり、西国では承久の乱以降、国検が困難になっていた。鎌倉幕府は、承久の乱以後の荘園公領の知行状況を確定させることを志向し、十三世紀第二四半世紀頃も国検が遂行された事例が散見される。以後、国検は形式化・形骸化していく。 (清水 亮)

こづのしょう 木津荘 ⇩こうつのしょう

こづるのしょう 小鶴荘 常陸国茨城郡の荘園。弘安二年(一二七九)の大田文(『常陸国作田惣勘文』)作成当時常陸国北郡にあり、四百町歩の田を有した。平安時代末に皇嘉門院から譲られて九条家領となった小鶴北・南荘にあたるのであろう。境域は不明だが、現在の茨城県東茨城郡茨城町大字小鶴の地を含んだと思われる。応永三年(一三九六)に足利義満が円覚寺正続院に寄進した。 (石田 祐一)

こでん 戸田 令制下における郷戸の耕作田地をいう。律令土地制度の中心をなす口分田の班給(班田制)は人別になされ、その田租は田積に基づき収取されることになっていたが、実際には、戸別単位(郷里制下では房戸別単

位)に処理・運営された。したがって田租の賦課収取単位は戸田といえる(天平十二年(七四〇)『遠江国浜名郡輸租帳』)。だが、戸田が注目され、新たな賦課単位として重要な役割を負って登場して来るのは、九世紀から十世紀にかけて、律令財政の中心的存在であった正税(出挙)が税化、調庸の代替的役割がおし進められて行った過程においてである。天暦二年(九四八)八月二十日、同三年正月二十七日の太政官符に、山城・大和の国栖らが戸田正税免除を請い、許されたとみえ、戸田が正税出挙の賦課単位となっている(『類聚符宣抄』)。戸田の総括的内容については『延喜式』の青苗簿帳にみられる。

（宮本　救）

こどののしょう　神殿荘　大和国添上郡の荘園。現在の奈良市神殿町にあった。寛弘九年(一〇一二)の東大寺前別当雅慶書状(東大寺文書)に、雅慶が年来領掌していると主張するのが初見。室町時代には、興福寺大乗院根本所領十二荘の一つに数えられる。『三箇院家抄』では、田畠三十三町九十歩、名田は一町～八段の九名と四段の半名、計八町六段。佃は大佃二町、小佃一町。残りは間田で、沙汰人二人給一町、塗師・檜物師給各一町などの諸給田、散在間田、方々知行分よりなる。名田分米の大半は御後見方雑務にあてられ、毎月八日の御菜用途以下数種の公事があり、中司得分の公事は名別で負担している。長禄四年(一四六〇)の散田帳(内閣文庫蔵大乗院文書)では、間田は奈良百姓・長井百姓・散在百姓によって耕作されている。延徳三年(一四九一)の散田帳(成簣堂文庫蔵大乗院文書)では面積を四十三町余とする。関係史料は以上の大乗院文書のほか、『大乗院寺社雑事記』にも散見する。

（熱田　公）

ごとばてんのうりょう　後鳥羽天皇領　後鳥羽天皇(一一八〇―一二三九)の所領。その所領は建久三年(一一九二)二月、後白河法皇から後院領・六勝寺領・蓮華王院領・鳥羽法住寺殿・新日吉社《いまひえ》領・新熊野社《いまくまの》領・最勝光院領および平家没官領(『吾妻鏡』建久三年十二月十四日条)などの譲与をうけた。このときから宣陽門院領・殷富門院領・式子内親王領・好子内親王領・七条院領などを管領した(『明月記』『玉葉』、ほかに中宮で九条兼実女の宜秋門院領や最勝金剛院領なども管理したであろう)。同九年正月土御門天皇に譲位すると、千町歩の勅旨田を指示した(『三長記』)。また美濃・丹波(『伏見宮御記録』利四七上所収『三中記』建久九年四月二十一日条)や備中も分国であった。後鳥羽上皇の院政時代に、白河・鳥羽両天皇以来増殖した皇室領は同上皇の管領に帰した。(一)建暦元年(一二一一)六月八条院の遺領の大部分は、上皇の女春華門院に伝わり、十一月その遺領が順徳天皇に伝領し、上皇が管領。(二)同三年二月に青蓮院慈円は、所管の寺領などを上皇の皇子朝仁親王(道覚法親王)に

後鳥羽天皇領

後鳥羽天皇 所領一覧

所在国郡	名称	成立年次	特徴	典拠
	勅旨田	建久九年正月	譲位の時に千町歩を決定	三長記
山城 洛中	白河殿新御堂(最勝四天王院)	承元元年十一月	移徙、三条白河橋辺	百錬抄・仲資王記・明月記・承久軍物語
紀伊郡	鳥羽殿	建久九年三月	後鳥羽天皇の御所の一つ	猪隈関白記
乙訓郡	長岡荘	元徳二年二月	のち光厳上皇領となり、仁和寺知行	山科家文書・仁和寺文書
宇治郡	醍醐寺遍智院	建保六年九月	祈願所、阿闍梨三口を寄進	仁和寺日次記
相楽郡	海住山寺	承元四年九月	祈願所、真言宗智山派	承元四年具注暦
大和 宇智郡	宇野荘	元久元年六月	源重治の非法停止	春日大社文書
添下郡	生馬荘	元徳二年二月	のち光厳上皇領となり、仁和寺知行	山科家文書・仁和寺文書
河内 交野郡	楠葉牧	建仁三年四月	院厩、牧役・雑公事免除	春日若宮社家古文書
(郡未詳)	富田荘	応永十四年三月	祈願料所	島田文書
和泉 (同)	後一条院勅旨田	同	同	同
摂津 豊島郡	長江荘	承久元年三月	寵妓亀菊知行、地頭職改補を鎌倉幕府に指示	吾妻鏡・承久記・承久軍物語
同	倉(椋)橋荘	同	同	同
河辺郡	長洲荘	同	もと小一条院領、東大寺東南院に寄進	東大寺具書
島上郡	服部領	応永十四年三月	祈願料所	島田文書
能勢郡	今西荘	同	同	同
(郡未詳)	新吉田荘	承久元年十二月	醍醐寺阿弥陀院に寄進	醍醐寺新要録
伊賀	国衙領		平家没官領か、元久元年平賀朝政に与う	明月記・仲資王記・三長記
阿拝郡	鞆田荘	承徳二年	六条・後鳥羽・後高倉院領、東大寺華厳宗別院領とし、白河天皇らの菩提料とす	東大寺文書・東大寺要録
同	般若荘	正治元年六月	笠置山般若台領	太上法皇御受戒記後付
同	島原保	観応二年五月	地頭職、後宇多・後醍醐天皇菩提所に相伝	西大寺文書
尾張 山田郡	山田荘	建保元年五月	もと東大寺領、藤原光家から召上ぐ、後宇多天皇伝領	明月記
駿河 富士郡	富士領	文治二年六月	後白河天皇から伝領、綿を進納	吾妻鏡
伊豆 (郡未詳)	清浄光寺	応永十四年三月	祈願料所	島田文書
武蔵 橘樹郡	加勢荘	同	同	同
近江 野洲郡	兵主社	同	同	同
坂田郡	鳥羽上荘	康応元年六月	後鳥羽院御影堂領	南部晋氏所蔵文書・青蓮院文書
浅井郡	伊部	建永元年六月	藤原兼子知行	三長記
同	中野郷	同	同	同

所在国郡	名称	成立年次	特徴	典拠
近江 高島郡	平方荘	建暦三年二月	青蓮院慈円、上皇皇子朝仁親王に譲る	京都大学国史研究室所蔵史料集
美濃	国衙領	建久九年正月	もと後白河院領、後嵯峨天皇伝領	伏見宮御記録所収三中記・三長記・公卿補任
信濃 水内郡	橡原御厨	文治二年三月	九条城興寺領	吾妻鏡
若狭 三方郡	織田荘	建暦三年二月	青蓮院慈円、上皇皇子朝仁親王に譲る	京都大学国史研究室所蔵史料集
越前 足羽郡	河北(合)荘	建久三年八月	のち仁和寺領	仁和寺文書
南条郡	脇本荘	応永十四年三月	祈願料所	島田文書
坂井郡	藤島荘	建暦三年二月	青蓮院慈円、上皇皇子朝仁親王に譲る	京都大学国史研究室所蔵史料集
加賀 江沼郡	額田荘・八田荘	建久六年五月	後院領、刑部卿典侍を預所となす	御教書類・森文書
能美郡	北白江荘	応永十四年三月	祈願料所	島田文書・天台座主記
能登 鹿島郡	石動山	同	天平寺、祈願所	島田文書
越中 新川郡	吉岡荘	文治三年三月	地頭の不法	吾妻鏡
越後 沼垂郡	豊田荘	承久元年四月	東大寺東南院に寄進	東大寺具書
同	同	建暦三年二月	青蓮院慈円、上皇皇子朝仁親王に譲る	京都大学国史研究室所蔵史料集
(郡未詳)	大社荘	建暦二年二月	藤原定家知行	明月記
丹波	国衙領	建久九年四月	源通親知行	伏見宮御記録所収三中記
天田郡	奄我荘	建暦三年二月	青蓮院慈円、上皇皇子朝仁親王に譲る	京都大学国史研究室所蔵史料集
因幡 法美郡	宇倍荘	応永十四年三月	祈願料所、一宮宇倍神社鎮座	島田文書
出雲 簸川郡	杵築社	承元二年十一月	後鳥羽上皇管理	吾妻鏡
播磨	国衙領	文治五年十二月	東寺を修造	玉葉・東寺長者補任
美嚢郡	細川荘	建保元年九月	藤原兼子知行	明月記
同	平井荘	建保四年八月	比丘尼顕蓮知行	徳禅寺文書
加茂郡	大部荘内浄土堂	正治二年八月	祈願所	東大寺文書
同	東敦(厚)利荘	元応元年十月	日吉社十禅師料所、神主成久知行	日吉社社領注進記
同	厚利別符	元久二年三月	因幡局の相伝、のち准后平棟子領	田中繁三氏文書・後嵯峨院処分帳案
(郡未詳)	因世郷	暦応三年九月	法華堂領	三千院採訪目録
美作 (同)	饗庭荘	応永十四年三月	祈願料所	島田文書
備前	国衙領	建久四年四月	鎌倉幕府の請により東大寺に付す	吾妻鏡・玉葉・承久三年四年日次記
邑久郡	豊原荘	建久元年	東二条院伝領	前田家本門葉記・遍明院文書

所在国郡	名称	成立年次	特徴	典拠
備中	国衙領	建保二年四月	前右大臣藤原忠経ら知行	後鳥羽天皇宸記・承久三年四年日次記
賀陽郡	吉備津宮	建久三年十二月	一宮吉備津神社、平家没官領、後亀山天皇伝領	吾妻鏡・勘仲記・仁和寺文書
備後 世羅郡	太田荘	建仁三年十月	不法停止	宝簡集
安芸 沼田郡	生口北荘	応永十四年三月	祈願料所	島田文書
周防 吉敷郡	宮野荘	建久六年九月	承久元年東大寺東南院に寄進	東大寺具書
紀伊 日高郡	切目荘	応永十四年三月	祈願料所、もと石清水八幡宮領切目薗	石清水八幡宮文書・島田文書
同	薗宝(財)郷	建暦二年二月	石清水八幡宮領、後鳥羽上皇御幸小松原宿大粮料	熊野速玉神社文書
那賀郡	静川荘	宝治元年七月	三代御起請符地、高野山領	続宝簡集
牟婁郡	太田荘	同	同	同
名草郡	栗栖荘	元久二年五月	新儀の非法停止	高野山御池坊文書
同	和佐荘	文永五年十一月	後鳥羽院女四辻宮に譲る	歓喜寺文書
淡路 津名郡	安乎荘	貞応二年四月	後高倉院伝領	淡路国大田文
三原郡	賀集荘	建仁三年十月	不法停止	宝簡集
讃岐 那珂郡	真野荘	承元二年四月	園城寺に寄進	寺門高僧記
伊予 越智郡	丹生河御厨	建仁三年四月	伊勢大神宮に寄進	神鳳鈔
(郡未詳)	玉河保	元久元年三月	祭主大中臣能隆の子孫に相伝さす	同
筑前 糟屋郡	宇美宮	元久二年十二月	石清水八幡宮領、後白河天皇より伝領	石清水田中家文書
筑後 上妻郡	広川荘	建永元年六月	祈願料所、熊野社領	三長記・島田文書
肥前 神崎郡	神崎荘	大治二年五月	もと信西法師知行	百錬抄・東大史料編纂所所蔵台記
松浦郡	鏡荘	建暦三年二月	青蓮院慈円、上皇皇子朝仁親王に譲る	京都大学国史研究室所蔵史料集
肥後 山本郡	山本荘	建久二年	蓮華心院領、右少弁藤原資実に与う	拾玉集
飽田郡	鹿子木荘	建久六年四月	鳥羽・後白河院から伝領	僧綱補任申文裏文書
(国郡未詳)	某所	建永元年八月	故平維盛女知行の所領を召上ぐ	三長記

譲った(『(京都帝国大学国史研究室蔵)史料集』、『華頂要略』五五上所収『慈鎮和尚建暦目録』)。㈢建保二年(一二一四)二月、平親範が所領の寺院と本領を宣陽門院に寄進。㈣同六年十月に七条院領のうち歓喜寿院領が成立、また後宮承明門院源在子の所領も管領。こうして後鳥羽上皇領は皇室所領史上最大のものとなったが、承久の乱によってすべて解消してしまった。なお、後鳥羽院法華堂(山城国大原勝林院大原陵)と摂津国水無瀬御影堂には多くの所領がある。

(奥野 高広)

ことひらぐうりょう　金刀比羅宮領　香川県仲多度郡琴平町に鎮座する金刀比羅宮（金比羅宮ともいう）の所領。同宮社領については明らかでないし、また松尾寺との関係もあって、どこから金刀比羅宮社領ということができるのかむずかしい面もある。室町時代、将軍足利義詮は金毘羅祠免田を、同義満は松尾寺金毘羅堂免田を保護したというけれども、明白でない。金毘羅大権現へ社領寄進の明らかなのは、近世、仙石秀久による。天正十三年（一五八五）、秀久は讃岐に封ぜられ、翌十四年、七十石を寄せたけれども、改易によって没収。代わった生駒氏は同十六年より所領寄進をつづけ、『生駒家分限帳』によると合わせて三百三十石を寄進した。生駒氏没落のあとを受けた藩主松平頼重は、この三百三十石を江戸幕府に願い出て、慶安元年（一六四八）二月、朱印地とし、幕末まで変わることはなかった。朱印地とは別に、頼重は毎年五十石を寄進している。朱印地三百三十石の内訳は、讃岐国那珂郡（仲多度郡）五条村百三十四石八斗、榎井村四十八石一斗、苗田村五十石、木徳に二十三石五斗、社中に七十三石五斗余にして、こうした社領を背景に別当金光院は、大きな勢力をなしていた。ちなみに旧神領の村々から頭人筋を出している。　（近藤　喜博）

このえけりょう　近衛家領　平安時代末期の摂政藤原基実を始祖とする摂家近衛家の所領。摂関家領は、保元の乱に始まる政局の激動のなかで、氏長者渡領および氏院氏寺領と、一般家領との分離が進行したが、近衛・九条両家の分立に際しては、九条兼実を後援する源頼朝の干渉にもかかわらず、家領の大部分が近衛家に伝領された。その概要は、建長五年（一二五三）十月作成の『近衛家所領目録』（陽明文庫蔵）にみえ、大番領・散所等を除いて、百五十三ヵ所の所領を載せる。その内訳は、①私的な別相伝地十四、②本所として一定の得分を収取する所領五十、③進止権を保留して有縁の寺社に寄進した所領五、④基本的な年貢収取権を寺社に寄進した所領四、⑤本所として荘務を進退する所領六十、⑥在地領主を請所として一定の得分権をもつ所領二十から成る。またそのうち百三十二ヵ所に伝領の由緒を示す肩付が注されているが、その内訳は、冷泉宮（三条皇女儇子内親王）領二十一、京極殿（摂政藤原師実）領四十四、京極殿堂（師実室源麗子持仏堂）領八、篤子中宮（堀河中宮篤子内親王）領七、高陽院（鳥羽皇后藤原泰子）領四十六、藤原忠実新領三、同忠通・基通新領各一で、大部分が十一世紀末までに成立したものである。ついで鷹司家が近衛家から分立するに伴い、『近衛家所領目録』中の和泉国今泉荘以下七ヵ所が鷹司家領となったが（宮内庁書陵部蔵正応六年（一二九三）四月付『称念院殿譲状』）、正応三年所課の内訳である『宝帳布所進庄々注文』（陽明文庫蔵）には、氏院氏寺領とともに、五十五ヵ所の目録所載所領がみえ、しかもそれが上記分類の②と⑤にほぼ集中し

近衛家領

近衛家領一覧

所在国郡	名称	特徴		典拠
山城 右京	侍従池	冷泉宮領、藤原保忠より藤原頼忠・教通らに伝領	⑤	朝野群載・台記別記・宝帳布所進庄々注文・後法興院雑事要録
乙訓郡	猪隈荘	冷泉宮領、藤原師輔より尋禅に譲与	②	台記別記・宝帳布所進庄々注文・後法興院雑事要録
同	鞆岡荘	京極殿領	③	台記別記
同	菱河荘	同	②	台記別記・宝帳布所進庄々注文・後法興院雑事要録
同	古河荘	冷泉宮領	②	同
同	調子荘	近衛基通のとき寄進を受く	⑤	
葛野郡	梅津荘	高陽院領	②	宝帳布所進庄々注文
同	革嶋荘	京極殿領	⑤	台記別記・宝帳布所進庄々注文・革嶋文書・後法興院雑事要録
同	桂殿	高陽院領	②	執政所抄・宝帳布所進庄々注文・建武三年家門管領廿五所事・後法興院雑事要録
同	小泉院厩	『台記別記』に西院御厩、『大徳寺文書』に西院小泉庄とみゆ	②	台記別記・大徳寺文書・後法興院雑事要録
宇治郡	岡屋荘	冷泉宮領、藤原師輔より横川法華堂に寄進	②	台記別記
同	羽戸院	冷泉宮領	⑤	台記別記・後法興院雑事要録
久世郡	巨倉荘	高陽院領	②	天理図書館所蔵文書藤原忠通書状案・宝帳布所進庄々注文
同	小巨倉荘	京極殿領	②	同
同	富家殿	京極殿領、藤原忠文より藤原師輔に寄進、五ケ庄と号す	①	執政所抄・宝帳布所進庄々注文・建武三年家門管領廿五所事・後法興院雑事要録
綴喜郡	石垣荘	冷泉宮領、隣接の東大寺領玉井荘と水論あり	⑤	台記別記・宝帳布所進庄々注文
相楽郡	木津荘	高陽院より観自在院に寄進、寛元元年春日社に寄進	③	台記別記・壬生家文書後白河院庁下文・宝帳布所進庄々注文
同	瓺原荘	篤子中宮領、『宝帳布所進庄々注文』に西林寺殿と載す	①	宝帳布所進庄々注文・建武三年家門管領廿五所事
同	山城山田	高陽院領、山田牧・山田庄ともみゆ	⑤	同
（郡未詳）	松茸御園	高陽院領	⑤	康平記
大和 平群郡	吉田荘	宝治元年春日社に寄進、一乗院沙汰	③	台記別記・宝帳布所進庄々注文
広瀬郡	長河荘	近衛基通より信円に譲与	②	康平記・執政所抄・台記別記
宇陀郡	守荘	高陽院領、『台記別記』の守部荘と同じか	②	台記別記
城下郡	平田荘	京極殿領	④	康平記・執政所抄・台記別記・宝帳布所進庄々注文
十市郡	保津荘	京極殿堂領	②	台記別記

所在国郡	名称	特徴	典拠
大和 高市郡	喜殿田永	高陽院領、『東大寺文書』平治元年大和国目代下知状案には喜殿庄・田永庄とす ②	執政所抄・東大寺文書
河内 古市郡	坂門牧	京極殿領、近衛道嗣より三宝院光済に充行 ⑤	台記別記・宝帳布所進庄々注文・建武三年家門管領廿五所事・愚管記
(郡未詳)	河内位田	⑤	
和泉 和泉郡	今泉荘	京極殿領、鷹司家領となる ①	執政所抄・台記別記・称念院殿譲状
日根郡	信達荘	高陽院領、藤原忠実より源師俊の母に預く ⑤	殿暦・執政所抄・宝帳布所進庄々注文
(郡未詳)	御櫛造	京極殿領 ⑤	
摂津 東成郡	榎並上荘西方	京極殿領、藤原基俊預所職相伝 ②	執政所抄・中右記・台記別記・永昌記裏文書・宝帳布所進庄々注文・建武三年家門管領廿五所事
同	榎並上荘東方	同 ⑤	同
同	榎並下荘	同 ⑤	執政所抄・中右記・台記別記・永昌記裏文書・建武三年家門管領廿五所事
同	放出村	京極殿領、榎並荘から分離 ⑤	永昌記裏文書・後法興院雑事要録
島上郡	五位荘	京極殿領 ⑤	台記別記・後法興院雑事要録
島下郡	福井荘	冷泉宮領 ⑤	執政所抄・台記別記・宝帳布所進庄々注文
同	垂水東牧	京極殿領 ④	康平記・執政所抄・永昌記裏文書・台記別記
島下郡か	沢良宜村	⑤	後法興院雑事要録
豊島郡	垂水西牧	春日社に寄進、社家知行 ③	康平記・執政所抄・台記別記・春日神社文書
同	細河荘	藤原忠実新立荘、鷹司家領となる ①	台記別記・称念院殿譲状
同	椋橋東荘	京極殿領、鷹司家領となる ①	執政所抄・台記別記・称念院殿譲状
河辺郡	椋橋西荘	高陽院領、応保二年隣接の東大寺領猪名荘と相論 ⑥	中右記・東大寺文書
同	多田荘	京極殿堂領、多田源氏の本拠 ⑥	執政所抄・台記別記
同	橘御園	高陽院領、応保二年東大寺領猪名荘と相論 ②	康平記・執政所抄・東大寺文書
河辺郡か	六瀬村	高陽院領、六瀬庄ともみゆ ⑤	宝帳布所進庄々注文・後法興院雑事要録
有馬郡か	八多荘	冷泉宮領、『和名類聚抄』の有馬郡幡多郷か ②	執政所抄・台記別記
(郡未詳)	大原荘	高陽院領 ①	後法興院雑事要録
(同)	弘井荘	京極殿堂領 ②	台記別記・宝帳布所進庄々注文・建武三年家門管領廿五所事
(同)	仲牧	京極殿領 ⑤	建武三年家門管領廿五所事・後法興院雑事要録
(同)	御位田	もと近衛基通の位田か ②	建武三年家門管領廿五所事
伊賀 (郡未詳)	田口荘	京極殿堂領 ⑤	執政所抄
(同)	平柿荘	高陽院領、文和二年近衛経家東大寺に寄進 ①	東大寺文書
伊勢 桑名郡	野代荘	高陽院領、長寛元年未進注文にみゆ ②	兵範記裏文書・宝帳布所進庄々注文
同	益田荘	京極殿領 ②	吾妻鏡・宝帳布所進庄々注文
河曲郡	河曲荘	京極殿領、長寛元年未進注文にみゆ ②	中右記・兵範記裏文書・宝帳布所進庄々注文
同	須可荘	篤子中宮領、元暦二年惟宗忠久地頭職に補任 ⑤	兵範記裏文書・島津家文書
奄芸郡	栗真荘	高陽院領、嘉承二年荘民と稲生社神民闘争 ⑥	朝野群載・吾妻鏡
一志郡	家城荘	京極殿領 ⑤	吾妻鏡・宝帳布所進庄々注文
飯高郡か	船江荘	冷泉宮領 ②	
(郡未詳)	甲賀荘	篤子中宮領、西林寺領 ①	建武三年家門管領廿五所事
(同)	麻生御厨	藤原忠通のとき寄進を受く ⑤	
尾張 海部郡	富田荘	京極殿領、弘安六年北条時宗円覚寺に寄進 ⑤	朝野群載・執政所抄・円覚寺文書・宝帳布所進庄々注文・建武三年家門管領廿五所事・後法興院雑事要録
中島郡	長岡荘	高陽院領、寛治八年四至牓示、承元以降堀尾荘と堺相論 ⑤	参軍要略抄裏文書・宝帳布所進庄々注文
同	堀尾荘	高陽院領 ⑥	参軍要略抄裏文書・建武三年家門管領廿五所事
丹羽郡	小弓荘	高陽院領、良峯氏開発、藤原道長に寄進 ⑥	良峯系図・兵範記裏文書・海蔵院文書
三河 碧海郡	志貴上条	京極殿領、藤原保相志貴荘を立券して藤原頼通に寄進 ②	兵範記・天理図書館所蔵文書藤原忠通書状案
同	志貴下条	近衛道経・経嗣父子相伝、観応二年近衛基嗣楞伽寺に寄進 ②	宝帳布所進庄々注文・楞伽寺記
甲斐 巨摩郡	逸見荘	冷泉宮領、逸見牧の後身か ⑥	
同	小笠原	篤子中宮領、後院領小笠原牧の後身か ⑥	
相模 足下郡	早*河荘	近衛基通家領、治承四年源頼朝箱根権現に寄進	吾妻鏡
余綾郡	波多野	冷泉宮領 ⑥	執政所抄
三浦郡	三崎荘	同 ⑥	
上総 望陀郡	菅生荘	冷泉宮領、『近衛家所領目録』に紀伊国とするは誤りか ⑥	吾妻鏡・民経記裏文書
近江 滋賀郡	穴太荘	京極殿領、『康平記』には穴太御園とみゆ ⑤	康平記・執政所抄・台記別記
同	大津御厩	京極殿領 ⑥	執政所抄・台記別記・後法興院雑事要録

所在国郡	名称	特徴	典拠
近江 栗太郡	蔵垣荘	京極殿堂領 ②	康平記・台記別記
同	田上輪工	『後法興院雑事要録』に田上郷とみゆ ⑤	後法興院雑事要録
甲賀郡	信楽荘	高陽院領 ⑤	康平記・宝帳布所進庄々注文・後法興院雑事要録
同	檜物荘	同 ⑤	康平記・執政所抄・宝帳布所進庄々注文・建武三年家門管領廿五所事・後法興院雑事要録
神崎郡	垣見荘	⑤	
同	柿御園	高陽院領 ⑤	康平記・兵範記・宝帳布所進庄々注文・愚管記・後法興院雑事要録
愛智郡	小椋荘	冷泉宮領 ⑥	兵範記裏文書
犬上郡	犬上荘	久寿元年設置の近衛基実の位田二十町の後身か ②	兵範記
坂田郡	国友荘	鳥羽院のとき高陽院御祈料所として立荘 ②	
(郡未詳)	長曾禰	京極殿堂領 ⑤	執政所抄・台記別記・宝帳布所進庄々注文・建武三年家門管領廿五所事
(同)	餉御園	冷泉宮領、『台記別記』には餉庄とみゆ ②	執政所抄・台記別記・宝帳布所進庄々注文
(同)	御品田	篤子中宮領 ⑤	
美濃 多芸郡	山上荘	京極殿領 ②	執政所抄・天理図書館所蔵文書藤原忠通書状案
大野郡	揖斐荘	高陽院領 ②	
本巣郡	生津荘	京極殿領 ⑤	今昔物語・宝帳布所進庄々注文・建武三年家門管領廿五所事・後法興院雑事要録
武儀郡	揖深荘	京極殿領、鷹司家領となる ①	兵範記裏文書・称念院殿譲状
同	上有智荘	同 ①	同
同	蜂屋志津野	高陽院領 ②	兵範記裏文書
同	神野荘	京極殿領 ②	執政所抄
同	武義(芸)荘	同 ②	天理図書館所蔵文書藤原忠通書状案・宝帳布所進庄々注文・後法興院雑事要録
郡上郡	気良荘	高陽院領 ②	愚管記
賀茂郡	河辺荘	京極殿領 ②	宝帳布所進庄々注文・後法興院雑事要録
同	蜂屋太田	高陽院領 ⑤	同
可児郡	仲村荘	同 ⑤	兵範記裏文書・宝帳布所進庄々注文
恵奈郡	遠山荘	高陽院領、『後法興院雑事要録』の大井郷は同荘内 ②	執政所抄・宝帳布所進庄々注文・建武三年家門管領廿五所事・後法興院雑事要録

所在国郡	名称	特徴	典拠
美濃 (郡未詳)	美田荘	京極殿領、藤原忠通書状案の吉田と同じか ②	康平記・執政所抄・天理図書館所蔵文書藤原忠通書状案
(同)	貝小野	京極殿領 ②	執政所抄
信濃 伊那郡	郡戸荘	高陽院領 ⑤	吾妻鏡・宝帳布所進庄々注文
同	蕗原荘	篤子中宮領 ⑤	同
水内郡	芋河荘	高陽院領 ⑤	吾妻鏡・師守記
同	太田荘	同 ⑥	吾妻鏡
埴科郡	英多荘	冷泉宮領 ⑥	同
小県郡	海野荘	高陽院領 ⑤	執政所抄・吾妻鏡・宝帳布所進庄々注文
下野 芳賀郡	仲村荘	藤原忠通新立荘、『吾妻鏡』の仲泉・塩谷は同荘内の別郷 ②	吾妻鏡
陸奥 会津郡	蜷河荘	冷泉宮領 ⑥	
栗原郡	栗原荘	京極殿領 ⑥	
出羽 村山郡	寒河江	同 ⑥	
越前 丹生郡	鮎河荘	高陽院領 ⑤	吾妻鏡・宝帳布所進庄々注文・建武三年家門管領廿五所事
足羽郡	宇坂荘	同 ⑥	兵範記裏文書・後法興院雑事要録
(郡未詳)	越前勅旨	同 ⑤	
越中 射水郡	阿努荘	高陽院領、『近衛家所領目録』に越前国とするは誤り、『後法興院雑事要録』の相浦は同荘の一部か ⑤	兵範記裏文書・建武三年家門管領廿五所事・後法興院雑事要録
越後 古志郡	大嶋荘	高陽院領、『御摂籙渡庄目録』に近衛殿御領と注記 ②	天理図書館所蔵文書藤原忠通書状案・宝帳布所進庄々注文・御摂籙渡庄目録
蒲原郡	紙*屋荘	『御摂籙渡庄目録』に近衛殿御領と注記	天理図書館所蔵文書藤原忠通書状案・吾妻鏡・御摂籙渡庄目録
沼垂郡	奥山荘	高陽院領 ②	吾妻鏡
丹波 桑田郡	保津筏師	⑤	建武三年家門管領廿五所事
同	石田荘	吉田社に年貢寄進、本荘・新荘あり ④	後法興院雑事要録
船井郡	山内荘	京極殿領 ⑤	康平記・執政所抄・台記別記・兵範記裏文書・宝帳布所進庄々注文・建武三年家門管領廿五所事
多紀郡	宮田荘	高陽院領、藤原良房以来の別相伝地と称す ⑤	執政所抄・宝帳布所進庄々注文・宮田荘関係文書・建武三年家門管領廿五所事・後法興院記
丹後 与謝郡	稲富位田	『丹後国田数帳』の稲富保と関係あるか、『建武三年家門管領廿五所事』に丹後位田とみゆ ②	建武三年家門管領廿五所事
但馬 朝来郡	伊由荘	高陽院領 ⑤	兵範記裏文書・宝帳布所進庄々注文
伯耆 河村郡	笏賀荘	冷泉宮領、鷹司家領となる ①	執政所抄・称念院殿譲状
出雲 能義郡	吉田荘	冷泉宮領 ⑤	執政所抄
仁多郡	福頼荘	高陽院領 ⑤	
(郡未詳)	木津嶋	京極殿領 ②	

所在国郡	名称	特徴	典拠
隠岐 知夫郡	知布利	高陽院領、知夫里島か ⑤	
播磨 赤穂郡	有年荘	京極殿堂領、もと小野宮家領 ②	朝野群載・執政所抄・宝帳布所進庄々注文
同	坂越荘	京極殿領、『台記』に藤原忠実が藤原教長に預けたことみゆ ⑤	台記・兵範記裏文書・建武三年家門管領廿五所事・後法興院雑事要録
神崎郡	世賀荘	京極殿領、年貢を春日社・興福寺供料に充つ、『永昌記』にもと後朱雀皇女祐子内親王領とみゆ ④	永昌記・兵範記裏文書
同	高岡荘	藤原忠実新立荘、鷹司家領となる ①	称念院殿譲状
多可郡	椙原荘	京極殿領、本庄・新庄あり、杉原紙を産する杉原谷 ⑤	殿暦・執政所抄・宝帳布所進庄々注文・後法興院雑事要録
美嚢郡	大幡荘	高陽院領 ②	執政所抄
美作 英多郡	粟倉荘	冷泉宮領、『近衛家所領目録』の栗は粟の誤りか ⑤	執政所抄・宝帳布所進庄々注文
備前 (郡未詳)	家浦荘	⑤	
(同)	備前勅旨	冷泉宮領 ②	宝帳布所進庄々注文
(同)	直嶋	⑤	
安芸 沼田郡	大崎荘	京極殿領、大崎上島にあり ①	
長門 阿武郡	牛牧	京極殿領 ⑥	
紀伊 那賀郡	田仲荘	京極殿堂領 ②	永昌記・執政所抄・高野山文書
海部郡	賀太荘	京極殿領、平信範より女子に相伝 ②	宝帳布所進庄々注文
在田郡	保田荘	冷泉宮領 ⑥	執政所抄
讃岐 鵜足郡	塩飽荘	京極殿領、塩飽島 ②	執政所抄・天理図書館所蔵文書 藤原忠通書状案
同	栗隈荘	篤子中宮領、西林寺領 ①	
筑前 粕屋郡	筥崎	石清水八幡宮に寄進、『近衛家所領目録』に豊前国とするは誤り ③	
夜須郡	夜須荘	藤原忠実新立荘、宇治成楽院領、『近衛家所領目録』に筑後国とするは誤り ⑤	
筑後 三毛郡	三池荘	高陽院領、観応二年近衛基嗣楞伽寺に寄進 ⑤	楞伽寺記
豊前 田河郡	伊方伊賀利	⑤	
京都郡	豊前吉田	高陽院領 ⑤	
宇佐郡	宇佐宮	高陽院領、『兵範記』に大宮司公通停任のことみゆ ⑤	執政所抄・兵範記・建武三年家門管領廿五所事
日向 大隅 薩摩	嶋津荘	高陽院領、万寿年間平季基が開発して藤原頼通に寄進 ②	島津家文書・宝帳布所進庄々注文

㈠この表は建長五年の『近衛家所領目録』に基づいて作成し、同目録に載せない二ヵ所の所領名には*を付けた。
㈡特徴欄の①②③④⑤⑥は本文中の分類番号を示す。
㈢典拠欄には『近衛家所領目録』は省略した。

ているのが目につく。その後、皇統の分裂を背景とした近衛家の分裂なども影響したためか、建武三年（一三三六）十一月近衛基嗣が北朝から安堵された家領は、摂津国榎並荘以下二十五ヵ所にとどまる（陽明文庫蔵『建武三年家門管領廿五所事』）。しかし文明十年（一四七八）から永正二年（一五〇五）にわたる『後法興院雑事要録』（同蔵）によれば、荘園解体期においても、畿内近国の所領が同家の財政に重要な役割を果たしていたことがわかる。十六世紀の後半、石高知行制が成立するや、近衛家も織田・豊臣二氏から京都近郊に知行地を与えられ、徳川幕府からも摂津国河辺郡伊丹村その他で計千七百九十七石余の知行を与えられたが（内閣文庫蔵『徳川幕府知行状』）、その後加増して二千七百九十七石余に達して（陽明文庫蔵『近衛家領覚』）、五摂家中最高の石高を保持した。

（橋本　義彦）

こひがしのしょう　小東荘　大和国広瀬郡の荘園。現在の奈良県北葛城郡河合町と同郡広陵町の一部にまたがる地域にあたる。この地はもと「大和国広瀬郡北郷大田犬丸名」とよばれる国衙領の名であったが、天喜二年（一〇五四）大和国はこの地を東大寺大仏供白米免田に指定し、その貢租の一部を大仏供料にあてることとした。ついで承保三年（一〇七六）には同名のうち十一町の坪を定め、立券を行なって東大寺領とし大仏供料所とした。これがいわゆる雑役免型荘園としての小東荘の成立である。これ以後、東大寺はこの荘園の検注権の獲得、周辺の公田・屋地などの寺領化につとめ、天養元年（一一四四）の大和国検のころには四十数町にわたる一円寺領化を完成し、荘司をおいて支配していた。その後、寿永のころ一時平宗盛などに寺領を横領されるという事件もあったが、鎌倉時代を通じて東大寺領として維持され、鎌倉末期河合村の住人で小東荘の名職を所持する一王次郎行康の悪党事件以後、この荘園の史料は見あたらなくなる。この荘園に関しては多くの研究が発表されている。それは大田犬丸名の時代を含めて、この荘園には平安時代の土地制度に関する史料が珍しく多く残っていること、それらを通じて国衙領の名、雑役免型荘園、寺領荘園の成立、あるいは農業経営・収取形態などの研究が可能なことによるものであり、特に大田犬丸名時代に名内の土地に関わりをもっていた私領主山村吉則の名田経営の実態およびその歴史的意義については現在も論争が行われている。

（稲垣　泰彦）

こびゃくしょう　小百姓　荘園内部で公田を耕作し公事を勤仕する名主に対して、それ以外の百姓。小百姓のなかには、荘園内部に包摂された開発領主などの根本所領である別名や、荘園領主の直属地である間田・一色田等を請作するものもある。これらは毎年の散田を経て請作することから、小百姓を散田作人ととらえる場合もあり、浮浪的性格をもつ点も指摘されている。この段階の小百

姓は、田地に対しては安定した権利を持っていないが、鎌倉後期以降になると他の百姓名同様に作職の発生が見られる。下人・所従のような、領主への身分的な隷属民ではない。中世村落は名主職を持つ大百姓の経営と小百姓の経営の組み合わせで成立していたとする見方がある。（福島　紀子）

ごふかくさてんのうりょう　後深草天皇領　後深草天皇（一二四三—一三〇四）の所領。後深草天皇は建長三年（一二五一）二月、後白河天皇皇女宣陽門院から長講堂領を譲られたが、幼少のため父後嵯峨上皇が管領し、文永四年（一二六七）十月これを渡した。『梅松論』や『増鏡』によると、後深草上皇が長講堂領を譲られた際、後嵯峨上皇から子孫は永く在位の望みをたち、亀山天皇の子孫が皇位につき断絶してはならぬとの遺勅があったという。しかしそれが史実でないことは、八代国治が考証している。後深草上皇は後嵯峨法皇の処分で、播磨国衙領と肥前国神崎荘を譲られた。さらに建治元年（一二七五）二月後堀河天皇中宮鷹司院が崩御になると、鳥羽天皇皇女上西門院領の法金剛院領・熱田社領などを相伝した。そして後深草上皇は正安二年（一三〇〇）三月六日、中宮東二条院公子にあてて処分状を与えた。すなわち、嵯峨の北の地は将来必ず全部管領さすこと、長講堂領三荘と新御領および旧上西門院領の二荘などは東二条院の管領だが、将来はその女遊義門院（後宇多天皇皇后）に譲与することを予約した。この後深草天皇宸翰処分状は、京都嵯峨の大覚寺に襲蔵されている。さらに嘉元二年（一三〇四）七月八日に処分状を草し、長講堂領・播磨国衙領は伏見上皇に、法金剛院領は後伏見上皇に、後深草天皇中宮東二条院の旧領富小路亭・山城国伏見領・有栖川亭は遊義門院に譲与した。また天王寺遍照光院と摂津国葺屋荘・同堺荘などは伏見天皇中宮永福門院に譲った。この処分状は、徳治元年（一三〇六）三月鎌倉幕府執権北条師時がみている（中野忠太郎旧蔵『手鑑』）。（奥野　高広）

後深草天皇 所領一覧

後深草天皇領

所在国郡		名称	成立年次	特徴	典拠
山城	上京	富小路亭	嘉元二年七月	遊義門院領	後深草院処分状
	同	土御門亭	同	准后藤原相子領	同
	葛野郡	有栖川西亭	同	同	同
	紀伊郡	伏見荘	乾元元年八月	後嵯峨上皇の譲与	実躬卿記
摂津	西成郡	天王寺遍照光院	嘉元二年七月	永福門院領	後深草院処分状
	菟原郡	葺屋荘	同	同	同
	住吉郡	堺荘	同	同	同
越前	坂井郡	坪江荘	正応元年四月	春日社毎日不退一切経転読料所に寄進	京都御所東山御文庫記録・大乗院記録
但馬	朝来郡	東河郷	建長三年五月	延暦寺仏像修理費を徴す	華頂要略
	同	物部下荘	弘安八年十二月		但馬国大田文
	同	八条院紙田	同		同
播磨		国衙領	文永九年正月	伏見上皇領	後深草院処分状
	明石郡	性海寺	正嘉二年三月	四至内の殺生禁断	性海寺文書
	賀茂郡	吉田荘	徳治元年五月	加東郡清水寺に寄進、清水寺は後深草上皇の祈願寺	播磨清水寺文書
	（郡未詳）	西下郷荘	弘安四年五月	室町院領、後深草上皇押妨	勘仲記・昭慶門院御領目録
紀伊	名草郡	歓喜寺	正応三年十月	祈願所	歓喜寺文書
阿波	（郡未詳）	黒海荘	建長三年九月	藤原成実に与え、人丸影供料に宛てしむ	不知記・皇代暦・皇代暦裏書
肥前	神崎郡	神崎荘	文永九年	後嵯峨上皇の譲与	後嵯峨院処分状
肥後	飽田郡	大慈寺	正応元年十月	祈願所、曹洞宗	大慈寺文書

ごふしみてんのうりょう　後伏見天皇領　後伏見天皇（一二八八—一三三六）の所領。後伏見上皇は法金剛院領を管領していたが、正和元年（一三一二）十二月、伏見上皇から播磨国・長講堂領を譲られた（『伏見宮御記録』所収「伏見院宸筆御譲状符案」）。その譲状・処分状は案文だが、正文の紛失に備えて、正文に准ずるために花押を加えるとの奥書きがある。伏見上皇は両統の確執に深く鑑み、持明院統で後伏見・花園両皇統が内部抗争するのを、特に後伏見上皇に誡め、所領ものちにすべて花園天皇に譲るよう定めた。しかもまた伏見上皇は所領処分状のなかで、長講堂領・法金剛院領・室町院領について述べている。長講堂領については、後伏見天皇皇子量仁親王（光厳天皇）が花園天皇の猶子になり、皇統をつぐべき人なる故に、その時はこれを譲るよう天皇に申し置き、越前国坂北・丹波国野口の二荘を付加した。また法金剛院領は、量仁親王が貧困であるので今日からでも譲るようにと付加した。しかし伏見上皇の崩御後、元応元年（一三一九）に後伏見・花園両上皇は、皇位と長講堂領をめぐり争った。やがて後醍醐天皇は持明院統の所領を保証する。（奥野　高広）

ごほりかわてんのうりょう　後堀河天皇領　後堀河天皇（一二一二—一二三四）の所領。承久の乱後、鎌倉幕府は後鳥羽上皇方の所領をすべて没収した。そして承久三年（一二二一）七月後堀河天皇の践祚とともに幕府は、天皇に後院領・六勝寺領・新熊野《いまくまの》社領・新日吉《いまひえ》社領を、天皇の父後高倉院守貞親王に八条院領・殷富門院領・最勝光院領・蓮華王院領を、長講堂領などは宣陽門院に、七条院には七条院領を返上した。ただし、いずれも幕府が入用の時には収公するとの留保条件がついている。貞永元年（一二三二）五月民部卿勘解由小路（広橋）経光は、後堀河天皇から播磨国吉田荘の訴訟に対しての下問をうけて

後伏見天皇領

後伏見天皇 所領一覧

所在国郡	名称	成立年次	特徴	典拠
遠江 長下郡	飯田荘	徳治元年六月	室町院領	昭慶門院御領目録
美濃 (郡未詳)	麻続牧	同	同	同
越前 敦賀郡	敦賀津	正和五年閏十月	升米を祇園社神輿造替料に宛てしむ	西大寺文書
丹波 何鹿郡	栗村東・西荘	徳治元年六月	室町院領	昭慶門院御領目録
播磨	国衙領	正和元年十二月	伏見上皇より譲与	伏見天皇処分状
多可郡	多可荘	徳治元年六月	室町院領	昭慶門院御領目録
備中 窪屋郡	渋江荘	同	同	同

いる(『民経記』同年五月二十八日条)。その伝来は未詳だが、のち後嵯峨天皇に伝えられる。同年十月後堀河天皇が譲位すると、播磨国衙領は院分となった(同、十月八日条)。後堀河天皇領は、四条天皇を経て後嵯峨天皇に伝領している。

(奥野 高広)

こまきのみその 小牧御園 伊勢国安濃郡の御園。伊勢神宮(内宮)領。『神鳳鈔』に、建久四年(一一九三)注進の分として、内宮小牧御園一斗とみえる。

(西垣 晴次)

こまつのしょう 小松荘 ㈠摂津国武庫郡に平氏が設けた荘園。現在の兵庫県西宮市小松町を中心とする地域。平氏没落後は没官領となり、建久三年(一一九二)源頼朝から妹の一条能保夫人に与えられた。その後、七条院に寄進、さらに仁和寺道助入道親王を経て東寺領となり、皇室が本所、東寺が領家となった。しかし、地頭の侵略などがあり、室町時代には衰退、かわって在地に建立された大徳寺末寺の長蘆寺が、寄進や買得により寺領を拡大し、同寺領小松荘ができた。

参考文献 『西宮市史』一

(福留 照尚)

㈡『和名類聚抄』にみえる讃岐国那珂郡子松郷の荘園で、現在の香川県仲多度郡琴平町を中心とした象頭山東麓の地域。のち小松荘とも書き、九条家の荘園で、法然房源空はここに配流され荘内の生福寺に住んだという。兼実より宜秋門院(兼実女任子)—道家—九条禅尼(道家妻)—宣仁門院(教実女彦子)と伝わり、右大臣忠家の子に譲らる。以後中世を通じて伝領されたが、天正十三年(一五八五)の前田玄以充指出には不知行とみえている。

(山本 大)

こまののしょう 狛野荘 山城国相楽郡の荘園。現在の京都府相楽郡山城町付近。上狛荘ともいう。『和名類聚抄』にみえる大狛郷の地に立荘されたと考えられ、安和二年(九六九)の法勝院領目録(『仁和寺文書』)には田地八町余の「相楽郡大狛庄」が所見。ただし大狛荘は四里にわたる散在型荘園で、その後再編成が行われたものとみられる。文治五年(一一八九)二月五日付僧賢珍田地譲状(内閣文庫蔵『山城国古文書』)に「狛野私領一処事東南院御庄之内」と所見、ついで建久二年(一一九一)五月十九日付西大寺所領荘園注文(『西大寺文書』)に「狛野庄畠七町百八十歩」などと所見、さらに文永二年(一二六五)関白一条実経春日社参の際には、興福寺領として課役が課されている。鎌倉時代初期以来荘名が所見するとともに、諸寺社領が入り組み、領有関係が複雑であった様相を示している。室町時代に入ると、領主の中心は興福寺寺務であることが明確となる。興福寺寺務領の支配組織としては下司・公文・刀禰職があり、また南北二荘に分かれておのおの沙汰人があり、十八名(うち百姓名は十三名)で構成され、多種類の公事が徴された(『大乗院寺社雑事記』文明十二年(一四八〇)六月六日条)。また加地子は仏地院領で、加地子方として別に名主中から十二人の番頭が任命された。面積は、文明十八年下司注進の加地子帳には合計三十七町余が記載される(以上『大乗院諸領納帳』)。なお室町時代中・後期に至っても、領有関係は複雑で、紛争もおきている。応仁の乱

後堀河天皇領

後堀河天皇 所領一覧

所在国郡	名称	成立年次	特徴	典拠
山城 紀伊郡	鳥羽殿	承久三年七月	鎌倉幕府、後鳥羽上皇領を進む	武家年代記・三宝院文書
信濃	国衙領	安禎元年閏三月	藤原定家に国務を行わす	明月記
丹波 多紀郡	桑原御厨	建長六年以前	山にわさび多し、供御の対象	古今著聞集
丹後	国衙領	嘉禄元年正月	持明院殿を建造	明月記
但馬	同	貞応元年二月	延暦寺に付し、諸堂を修造	華頂要略
因幡	同	嘉禄二年八月	中宮藤原長子の分国とす	民経記
播磨	同	貞永元年十月	後嵯峨天皇に伝領	民経記・明月記
印南郡	印南荘	弘安四年四月	法華堂領、室町院に伝領	勅書御内書古案
賀茂郡	吉田荘	貞永元年五月		民経記
同	厚利別府	天福元年四月	後嵯峨天皇に伝領、東厚利荘は日吉社領	前田家所蔵文書
(郡未詳)	西下郷荘	弘安四年四月	法華堂領、室町院に伝領	勘仲記
備前	国衙領	承久三年十月	鎌倉幕府に与え、諸国荘園に兵粮米徴発等を停止	承久三年四年日次記
備中	同	同	鎌倉幕府に与え不法を停止、寛喜三年中宮の分国とす	承久三年四年日次記・明月記・民経記
周防	同	寛喜元年十一月	東大寺、修理のため寄進を請う	明月記
土佐	同	貞永二年正月		民経記
讃岐 (郡未詳)	豊福荘	寛喜三年九月	三条公房の訴訟、亀山天皇に伝領	同

前後、下司・公文には狛山城守秀が任命されたが、狛氏は国人としても活躍し、応仁の乱には山城十六人衆を結成して東軍に属し、西軍大内勢の南山城進出によっていったん没落、乱後は、大和筒井氏を通じて畠山政長派に属した。狛氏が南荘(山城町上狛)に本拠をおくのに対して、北荘(同椿井)には椿井氏が擡頭、狛氏に対抗するとともに、大和古市氏を通じて畠山義就派に属した。畠山両派の抗争が契機となって、文明十七年の山城国一揆がおこるが、当荘は国一揆の舞台の一つとなった。狛・椿井氏の動向を含め国一揆前後の関係史料が比較的豊富なことから、当荘は山城国一揆研究の一中心をなしている。なお当荘は木津から泉大橋を渡った北側にあって奈良—京都間の交通の要地を占め、戦国時代には関所が設けられていた(『大乗院寺社雑事記』明応七年(一四九八)二月十九日条など)。また加地子方には茶の負担もあり、茶の名産地の一つでもあった。

参考文献 『山城町史』史料編 (熱田 公)

ごまのまき 胡麻牧 丹波国船井郡の牧。現在の京都府船井郡日吉町上胡麻・胡麻一帯。『延喜式』左右馬寮に「丹波国胡麻牧、(左寮)、(中略)右諸国所ㇾ貢馬牛、各放ニ件牧一、随ㇾ事繫用一」とあり、胡麻牧は近都六牧の一つとして設置されている。 (仲村 研)

こみなみのしょう 小南荘 (一)大和国添下郡の荘園。現在の奈良県大和郡山市小南町付近。興福寺領。延久二年(一〇七〇)の『興福寺雑役免帳』に所見し、京南三条四里、四条三・四里から五条三里を中心に、七十九ヵ坪に散在する三十六町余の田畠からなっている。室町時代には興福寺寺務領として所見し、応永六年(一三九九)の興福寺造営料大和国八郡段米田数注進(『春日大社文書』)には添下郡の寺務領中に六町四段の面積が示される。一方、大乗院領小南荘も鎌倉時代以来あり、室町時代中期の『三箇院家抄』にも、重職領ではないが小南荘が所見し、「勅使田之内、二階堂方」の注記があり、面積一町三段、一石九斗の二階堂負所米を無沙汰している。『三箇院家抄』に明記はないが、もと喜多院二階堂領かもしれない。(二)大和国十市郡東郷の荘園。現在の奈良県橿原市太田市町付近。興福寺領。(一)と同じく延久二年(一〇七〇)の『興福寺雑役免帳』に所見し、二十条一—四里、二十一条一・三里に散在する八町五段余の田畠からなっている。正治二年(一二〇〇)ころの「興福寺維摩会不足米餅等定」(弘安八年(一二八五)写、『興福寺文書』)の寺務領と推定される部分に「南小南庄 米四石八斗皆納 餅百九十枚皆納 見三枚」と所見する南小南荘は、(一)と区別した当荘の名称ではないかと思われる。以後の当荘に関しては未詳。 (熱田 公)

こみやまやすすけ 小宮山綏介 一八二九—九六 国学者。号、南梁。文政十二年(一八二九)、常陸国水戸(現、茨城県水戸市)に生まれる。祖父楓軒より学統を受け継ぐ。潤野秋斎より儒学を学び、水戸藩に仕える。安政五年(一八五八)、水戸藩弘道館訓導となり、後に『大日本史』志・表編修に従事。明治維新の際は、多年幽閉されたが、東京に出て東京府で地理誌編纂などにあたった。明治二十一年(一八八八)、職を辞し、神宮司庁の『古事類苑』編纂に従事する。明治二十九年(一八九六)十二月二十四日没、六十八歳。明治時代「名田考」(『法制論纂』所収、大日本図書、明治三十六年)を発表し、名田の起源について、墾田起源説を主張した。 (瀬野精一郎)

こめづくり 籠作 ⇨ろうさく

こめみょう 籠名 室町時代の大和国添上郡佐保田荘でみられる名。同荘は興福寺一乗院門跡領で、二十五の均等名から構成されていたが、永享七年(一四三五)佐保田荘引付(一乗院文書)によれば全体は「現名」九名と「籠名」十六名に分けられている。「籠名」は別の史料では「こめ名」とも書かれており、「現名」を現在当知行の名という意味とすれば、それとの対比で「籠名」とは質に入れられている名のことと推定されている。「籠名」は「大友文書」にもみえ、これは百姓逃散の跡として地頭に没収された名のこととみられる。 (田村 憲美)

こもうのしょう 薦生荘 伊賀国名張郡の荘園。現在の三重県名張市薦生を中心とする地域。東大寺領。はじめ薦生牧といい、応和二年(九六二)転経院延珍から藤原朝成に譲与され、康保元年(九六四)立券荘号した。このころ朝成と東大寺の間で相論を行なっているが、保元二年(一一五七)には「東大寺領薦生出作」とみえ寺領となっている。鎌倉時代には預所・公文の名がみえ、南北朝時代文和元年(一三五二)には公文以下が宮方悪党として寺家に反抗している。 (小泉 宜右)

こやでらのしょう 昆陽寺荘 摂津国川辺郡にあった荘園。現在の兵庫県伊丹市昆陽付近。養和元年(一一八一)十二月八日の「後白河院庁下文案」(初見史料)に、後白河院が勧請した新熊野社領の一つとして「摂津国 小屋小林庄」とある(『平安遺文』八巻四〇一三号)。鎌倉期には東西に分割され、西方は高野山安養院領、東方は後宇多院発願の槙尾平等心王院(西明寺)領となっていた。建武新政によって東方の荘務権は楠木正成に与えられたが、足利尊氏によって安陽院の領有と昆陽寺による管領が安堵された。尊氏は再三にわたって当荘を修理料所として東寺に寄進したが、一方で西方への武家の乱妨狼藉を停止し安養院の知行を保護した。康応元年(一三八九)足利義満による西方の相国寺雲頂院への寄進にあっては、安養院はその後の訴えむなしく知行回復には至らなかった。なお、当荘東西両方には蓮華王院が上分得分を保持していたが、のち妙法院門跡に得分権がうつる。また、当地は歌名所としても著名。 (堀 祥岳)

ごりょうしょ 御料所 ⇨料所《りょうしょ》

ごりょうしょぶぎょう 御料所奉行 ⇨料所《りょうしょ》

ごりょうちしこう 御料地史稿 古代から近世に至る天皇家の所領に関して、沿革・変遷などを述べたもの。帝室林野局編。一巻。昭和十二年(一九三七)発行。全体を

六章に分かち、巻末には附録として重要史料集を載せる。帝室林野局が鷹田伊人に委嘱し編纂された帝室御料地沿革調査の成果である。各章の時代区分は、一上代、二律令時代、三院政時代、四両統迭立時代、五御式微時代、六復興時代となっている。一では、県、屯倉、名代等について述べ、二では官田・勅旨田・賜田等、三では後院領・御本願寺社領・女院御領等、四では天皇家領のうちで大きな比重を占める室町院領・長講堂領等について述べる。五は天皇家衰退期という認識のもと、他に比して記述も簡略である。六は信長・秀吉さらに徳川氏による所領の寄進により天皇家領が復興したとする。研究状況・時代状況の制約は大きいが、当時におけるまとまった天皇家領通史として貴重である。（久保健一郎）

こわし 強市 ⇩ごうし

こんくのしょう 紺口荘 河内国石川郡の荘園。現在の大阪府富田林市の一部。石清水八幡宮領荘園。寛平六年(八九四)三月五日河内国石川郡竜泉寺(推古天皇の時、蘇我馬子の創建と伝える)公験(『春日大社文書』)によれば、同寺氏人の私領家地十一町余が紺口荘内に散在しているといい、すでに荘園であったことがわかる。天喜五年(一〇五七)四月三日竜泉寺氏人解案(同文書)でも、氏人の私領家地が継承されていたことがわかる。のち、保元三年(一一五八)十二月、石清水八幡宮領荘園として確認されたもののなかに、河内国紺口荘がみえるから、十二世紀中期までに同宮領荘園になったものである。文和三年(正平九、一三五四)九月、南北両朝抗争のさなか、南朝軍の統率者であった河内守楠木正儀は河野辺左衛門尉に対して、石清水八幡宮の紺口荘における荘務を円滑に実施するため同宮派遣の雑掌の在荘を確保せよと命じている。おそらく当時、南朝方武士が兵粮米確保のため同荘を横領する事実が続いていたものと思われる。（三浦 圭一）

こんごうじりょう 金剛寺領 大阪府河内長野市天野町にある真言宗の古刹金剛寺の所領。金剛寺の所領については、古代は明らかでない。阿観が同寺を再興し、治承四年(一一八〇)八月源貞弘が先祖相伝の私領山野田畠を寄進して以後は、その状況を知り得る。同寺寄進状によると、河内国錦部郡の内東は小山田領を限り、西は和泉境を限り、南は日野境を限り、北は小山田境を限るとあり、それは旧天野村全域にわたる広大なものである。南北朝時代になり、当寺は南朝の尊崇があつく、護良親王は元弘三年(一三三三)五月播磨西河井荘を、後醍醐天皇は延元二年(北朝建武四、一三三七)四月和泉大鳥荘を、翌三年(北朝暦応元)七月同国和田荘を、後村上天皇は正平九年(北朝文和三、一三五四)十二月摂津山田荘を、同じく備中草壁荘地頭職を寄進した。永正のころ、同寺御影堂に天野谷・高向荘・横山荘などの田地を寄進した者があるが、同文書が断簡のために、その人名を明らかにし得ない。近世に至り、天正十一年(一五八三)九月羽柴秀吉は寺領三百七石を寄進しており、これが基本となり、元和三年(一六一七)九月徳川秀忠は同石高を承認している。（村田 正志）

金剛寺 寺領一覧

所在国郡	名称	成立年次	特徴
河内 錦部郡	金剛寺域	治承四年八月	源貞弘寄進
同	天野谷	永正頃	
同	高向荘	同	
和泉 大鳥郡	大鳥荘	延元二年(建武四)四月	後醍醐天皇寄進
同	和田荘	延元三年(暦応元)七月	同
和泉郡	横山荘	永正頃	
摂津 八部郡	山田荘	正平九年(文和三)十二月	後村上天皇寄進
常陸 信太郡	信太荘	某年三月	某寄進
播磨 賀茂郡	西河井荘	元弘三年五月	護良親王寄進
備中 小田郡	草壁荘地頭職	正平九年(文和三)十二月	後村上天皇寄進

(典拠はすべて『金剛寺文書』)

金剛寺領

こんでん 墾田 未墾地に対して現に耕作している田を意味する場合(例、大化元年(六四五)八月詔)と、新たに開墾して得た田を意味する場合とがあるが、多くは後者の意味で用いられている。訓は「はりた」。治田・開田などとも表わされる。占定地全体を「墾田地」と表記し、その中を「見開田」と「未開野地」とに区別する用法もある(例、神護景雲元年(七六七)東大寺領越中国墾田地図)。開墾はどの時代にも行われているが、古代においては既墾田が荒廃する率が高かったので、絶えず未墾地の開墾と荒廃田の再開発が、活発に行われていた。日本では水稲耕作が主であったので、開墾は池溝の開発と深く関連しており、それらの事業には在地首長が大きな役割を果たしたと想定される。『常陸国風土記』行方郡条に載せる箭括氏麻多智や壬生連麿の物語は、そのような在地首長の姿をよく伝えている。また農耕社会において古代王権が形成・拡大する過程では、常に大規模な開墾が行われ、王権の基盤を形成したと想定されている。記紀に載せる大規模な開墾や池溝開設についての伝承は、そのまますべて事実とは認められないとしても、そのような事実を反映するものであろう。治田《はりた》連や小治田《おはりた》宿禰は、開墾の功によって与えられた氏姓と伝えられており(『新撰姓氏録』)、「新治《にいばり》」「小墾田《おはりだ》」など開墾にちなむ地名も広く存在した。大化改新の際に東国に派遣された国司には「国々の堤築くべき地、溝穿るべき所、田墾《は》るべき間は、均しく給ひて造らしめよ」(原漢文)と詔し、律令においても、熟田の増減は直接国郡司の考課に影響し(考課令)、熟田の減少は刑罰の対象ともなった(戸婚律)。律令国家が開墾による熟田の増加を期待していたことは、養老六年(七

二一)の良田百万町歩開墾計画によっても知られる。しかし日本の班田制は、開墾田を開墾者の既受田のなかに自動的に包摂できるような仕組みにはなっていなかったので、班田制施行後間もなく、開墾田の取扱いが大きな問題となった。養老七年の三世一身の法は、墾田の田主権を公認するのと同時に、その収公の時期を明示したが、天平十五年(七四三)の墾田永年私財法では、墾田を私財として永年収公しないことにした。ここに「墾田」は班田収授の対象外におかれることが明確となったが、このような班田制適用外の田を「墾田」と呼んだ例は、すでに『続日本紀』天平二年三月条にも、「大隅・薩摩両国の百姓、建国より以来、未だ曾て田を班たず、其の有する所の田は、悉に是れ墾田なり」(原漢文)とみえる。「墾田」が単なる開墾田の意味ではなく、班田収授の対象とならない私財田を意味する特定の用語として、奈良時代中期以降の田図や田籍にあらわれてくるのは、上述のような日本の班田制の特質と深い関連があった。奈良時代には国郡司が在地首長層と協力して大規模な条里制開発を行なったと推定されるが、平安時代中期以降は在地領主層による中小規模の開墾が多くなる。中世には小河川を利用した開墾が一般であったが、戦国大名の出現によって大河川流域の開墾が促進された。近世には開墾田の意味で新田の語が用いられた。 (吉田　孝)

こんでんえいねんしざいほう　墾田永年私財法　古代の法令。墾田永世私財法・永世私有令などとも呼ばれる。天平十五年(七四三)五月二十七日に「勅」として出された。この勅は、㈠墾田を私財として永年収公しないことを宣言した部分、㈡品位階により墾田地の面積に制限を付し、郡司については特例を設けた部分、㈢国司在任中の墾田について規定した部分、㈣開墾の手続とその有効期間を規定した部分、の四つからなっていたと推定される。しかしこの勅が『弘仁格』に収録される際に、㈡の部分はすでに無効になっていたので削除された。日本の班田制は、墾田を開墾者の既受田のなかに自動的に包摂できるような仕組みになっていなかったので、墾田の田主権はきわめて不安定な状態にあった。養老七年(七二三)の三世一身の法は、墾田の田主権を「三世一身」という期限付きで公認したが、それは同時に墾田の収公方法を明確にしたともみられる。墾田永年私財法は、三世一身の法で定められた収公期限を廃止し、墾田は「私財」として「永年」収公しないことに改めたが、同時に三世一身の法では制限されていなかった墾田地の面積に、品位階による制限を付し、郡司には特例を設けた。すなわち、一品・一位には五百町、二品・二位には四百町、三品・四品・三位には三百町、四位には二百町、五位には百町、六位―八位には五十町、初位―庶人には十町、郡司の大領・少領には三十町、主政・主帳には十町である。この制限額は、位田・口分田・郡司職田の面積の格差にほぼ対応し、田令の終身用益田の階層的秩序を、墾田においても維持しようとする意図がうかがわれる。この制限額は、一見すると広大なように思われるが、位田・口分田などの面積が熟田の班給額であったのに対して、未墾地の占定許容額であった。すなわち墾田地を占定するには、まず国司に申請して判許を得なければならなかったが、地を受けてから三年経っても開墾しない場合には、開墾地の占定は無効となり、国司は他人の開墾申請を認めることになっていた。しかし現実には占定地の一部分だけが開墾されていることが多く、それを「不開」(三年不耕之地)と認定するかどうかをめぐって、紛争がしばしば起った。のちに寛平八年(八九六)四月太政官符は、百姓の開墾田を保護するために、開田率二割に達すれば改判しないことに定めた。墾田地の占定には、百姓に妨げのない地という条件が付されていたが、現実には王臣家の墾田地占定によって民要地が囲い込まれたり、百姓の小規模開墾田が「三年不耕之地」という名目で侵奪されることが多かったと想定される。国司による開墾も大規模に行われたらしいが、永年私財法では、国司の在任中の墾田は「前格」によるとだけ規定されている。この前格が、養老七年格(三世一身の法)を指すか、天平元年十一月官奏を指すかは、説が分かれているが、そのいずれにせよ、国司が任期中に開墾した田は、任期終了とともに収公する規定であったと推定される。天平十五年の永年私財法は、天平神護元年(七六五)三月に廃止され、寺がすでに占定している開墾予定地と、当土の百姓が開墾する一～二町を除いて加墾が禁止されたが、宝亀三年(七七二)十月には再び開墾が許されることになった。この宝亀三年格は、天平十五年格に完全に復帰したものではなく、天平十五年格のなかの墾田地面積の制限規定は、宝亀三年格によって廃止された可能性が強い。もしそうでないとしても、『弘仁格』編纂時までに無効になっていたことは間違いない。墾田永年私財法は、熟田を一定基準で収授する班田制の枠組みからはみ出た墾田を、収授の対象から外してそのまま「墾田」として把握し、その田主権を保証しようとする画期的な政策であった。永年私財法は日本の班田制に質的な転換をもたらしたのである。その上、永年私財法がもっていた限田制的規定も短期間で廃止され、『弘仁格』に編み入れた「天平十五年格」は、開墾田の田主権を保証する法的根拠として永く利用された。墾田永年私財法によって、売買・相伝・寄進が可能な「墾田」という地目が設定されたことは、荘園制が展開する歴史的前提となった。 (吉田　孝)

こんでんちけいしょうえん　墾田地系荘園　未墾地の墾田化あるいは既墾の墾田の集積を通して成立する荘園を総称していう。このタイプの荘園は、荘園形成史上その初期より発生したものであるため、古くは初期荘園の名のもとに捉えられていたが、村井康彦が「庄園と寄作人―墾田地系庄園の特質について―」(昭和三十三年(一九五八)、日本史研究会史料研究部会編『中世社会の基本構造』所収)で提唱して以来、独立した概念として定着するに至

った。養老七年(七二三)の三世一身の法、天平十五年(七四三)の墾田永年私財法の発布を契機として、墾田開発は体制的に承認され、ことに寺社院宮王臣家など中央寺社官人貴族は、律令国家・国衙の積極的な援助のもとに、大規模な開墾を展開するようになった。この際獲得された墾田の要所には開発と経営の核となる家屋が設置され、これを「荘」または「荘所」とよんだが、未開地の墾田化がすすみ、荘と墾田の有機的関係がふかまるに及んで、この二者の結合体を総じて「荘田」または「荘園」とよぶようになった。こうしてうまれた墾田地系荘園は、その成立の経路に即して整理すると、律令国家・国衙の援助のもとにみずから広大な未開地を設定し開発する自墾地系荘園と、すでに熟田化した墾田を買得・相博・譲与・寄進などの手段で集積して経営する既墾地系荘園とに大別することができる。これらの荘園の支配と経営は、古く第二次世界大戦前には寺社官人貴族が所有する奴隷労働によって支えられているとの見解が支配的であったが、現在では浮浪・班田農民に対する賃租や私出挙を媒介とした私営田経営によっていたとみる立場が支配的となっている。自墾地系荘園・既墾地系荘園ともに初発の段階より併存していたと考えられるが、地域分布上の特徴からみれば、前者は中間・辺境地帯に後者は畿内とその周辺に多く存在する傾向をもっており、また荘園発展史上からみれば、律令国家の労働力編成に依存した開発が困難になる九世紀に及んで自墾地系荘園は急速に衰退し、既墾地系荘園が支配的となって平安時代中期に至っている。墾田地系荘園は自墾・既墾のちがいをとわず墾田に対する浮浪・班田農民(のちには平民百姓)の寄作を基礎とした土地制度であって、労働奴隷制的な土地所有ともいえないと同様、のちの寄進型荘園のように領域と住民を一元的に掌握した土地所有とみることもできない。いわば墾田耕作のみを媒介とした耕作者と領有者の私的関係を土台とする土地制度であり、それがそのまま奈良時代から平安時代中期に至る荘園の基本的な姿でもあった。かくして平安時代後期に入り、領域と住民の全面的掌握を指向する寄進型荘園が全国的に成立する段階になって、墾田地系荘園はその歴史的生命をおえ、寄進型荘園を主流とする中世荘園体制の中に発展的に解消することとなった。 (義江 彰夫)

こんでんちょう 墾田長 ↓初期荘園《しょきしょうえん》

初期荘園における荘園管理者の名称の一つ。荘領、荘長、荘司、荘目代などと同義とされる。天平勝宝八歳(七五六)、東大寺野占使平栄らの墾田開発を開発するにあたって、東大寺が因幡国高庭荘を開発するにあたって、在地の豪族国造勝磐が墾田長として協力にあたっているものが、墾田長の代表的な例である。初期荘園の大部分は、墾田を寄作人に賃租させ経営しており、労働力編成のかなめとして、墾田長のような在地の豪族を通じて住人を把握せねばならなかったと考えられる。 (錦 昭江)

こんぽんじゅうにん 根本住人 中世荘園村落において、その草分けとされた上層名主百姓らをいう。荘園が立荘されたとき、四至・田数とともにその在家住人の本数が定められたが、東大寺領美濃国茜部荘の例では、住人は「元八十余家」といわれ、「根本在家敷地」を有している。また穀倉院領播磨国小犬丸保の保民らは、保の建立以来、四至内の「山野畠地在家」を皆以て領知し、隣荘からの畠地・在家の点定や池水の押妨を許さなかった。かれら根本住人は、本名主・本在家あるいは寄人・神人などの身分を帯びて本所に諸役をつとめ、特権的村落上層として座的共同組織を構成し、そこから排除された脇在家・小百姓・散田作人・間人・非人ら中下層民を支配した。鎌倉時代の山門領近江国葛川では「葛川住人根本六人」がおり、同末期の「葛川根本住人末孫交名注文」によると、村民は根本住人末孫五人とその「一類」、および「根本浪人」とその他の浪人の各階層から成っていた。 (戸田 芳実)

こんぽんしりょう 根本私領 中世在地領主の典型たる開発領主(根本領主)が開発にもとづいて私的領有を確立し、また伝領してきたところの本領を根本私領といい、また開発私領ともいう。鎌倉時代末に成立した『沙汰未練書』には御家人の本領の概念を規定して、「本領トハ、為㆓開発領主㆒、賜㆓代々武家御下文㆒所領田畠等事也」としているが、ここにいう本領が御家人の根本私領にほかならず、その領有と伝領のためには、幕府の安堵状が必要であったことを示している。根本私領にあっては開発によって生じた土地および耕作農民に対する強力な進止権が生じたが、その構成は単純な一円排他的私有地ばかりでなく、屋敷・門田畠あるいは給田といった直営地(正作田・佃などと呼ばれる)のほか、在家役を徴収する対象となる在家、雑役免の名田、および在地領主化の過程においてその進止権を獲得し、収益の客体となし得た荘園・公領などが複合的に含まれ、その全体が伝領・安堵の対象となった。 (安田 元久)

こんぽんみょうしゅ 根本名主 ↓開発領主《かいほつりょうしゅ》

荘園の草分け的存在とみなされている名主。具体的な事例としては、丹波国大山荘において、永仁三年(一二九五)下地中分によって地頭中沢氏の領主権を排除した領家東寺が荘を再編するために抜擢した名主藤原右馬允家安がよく知られている。右馬允家安は在地の共同体を代表する乙名《おとな》・沙汰人らの筆頭であり、「地下之故実」と「根本名主」であったことを背景に沙汰人に補任されたという。さらに「むら」の武力を動員して預所重舜の非法と対決、文保二年(一三一八)に年貢の百姓請を成立させるなど、在地の有力者であった。また、同じ東寺領の若狭国太良荘では、時沢名をめぐる相論で、一方の当事者である実円は自らの拠り所を「根本」から名を知行する「根本名主」であることに求めており(建武元年七月日時沢名本名主国広代行信重申状)、その在地における立場が窺われる。 (田村 憲美)

こんぽんりょうしゅ 根本領主 ⇩開発領主《かいほつりょうしゅ》

さ

さいいんこいずみのしょう　西院小泉荘　⇩小泉荘《こいずみのしょう》

さいかのしょう　雑賀荘　紀伊国海部郡にあった荘園。現在の和歌山市街地を中心とした地域。建久七年（一一九六）が史料上の初見で、平親宗領であった。当時この地は高野山への年貢の積み替え港であり、当荘が交通の要衝に位置していたことを窺わせる。その後、建長三年（一二五一）には、鎌倉勝長寿院小御堂の修理料所にあてられている。明徳三年（一三九二）には、当荘内に粟村・中島・宇治・岡・雑賀の村々が存在していたことがわかる。その後、文明十二年（一四八〇）には、日前国懸宮雑掌と、現在の和歌川下流域付近と思われる芝地を争点に堺相論が起きている。従来共同の牧草地であった場所に、当荘側が新たに開発を企てた結果の相論と思われる。戦国期になると、雑賀一揆五組の一つとなり、本郷・岡・湊・宇治・市場・三日市・土橋・福島・狐島・梶取等の地名が見える。近世に至っても当荘の名称は存続するが、中世の荘域とは無関係のものである。（高橋　傑）

ざいきょうあずかりどころ　在京預所　荘園領主の代官である預所で、京都にいる者。預所は数ヵ所の荘園の預所を兼ねており、荘園の現地には在荘預所や預所代などを置いた。（菅原　正子）

ざいきょうだいかん　在京代官　荘園の代官（預所）で、京都にいる者。また、国にいる国司・地頭・守護の代理として京都にいる者。室町時代では、国に下った守護の代わりに京都にいた守護代や家臣をさす場合に用いられた。彼らは幕府の要人や朝廷・公家などと政治的交渉をおこない、諸国の情勢を守護に知らせた。（菅原　正子）

さいぐうぐんこうやく　斎宮群行役　⇩野宮役《ののみややく》

さいくのほう　細工保　国衙に直属する手工業者（道々の細工人）に管理の任された保。平安時代後期に、諸国において奈良時代以来の郡の変質に伴い、国内の種々の手工業が直接国衙に組織されるようになると、国衙は手工業者たちへの給付を、しばしば、当時国衙の主導のもとに生まれてきた公領の新しい所領単位である保をもってあて、一定の収取分を給与し当該保の管理を委ねるに至った。細工保の構造を、若狭国を例にとり、文永二年（一二六五）同国惣田数帳（『東寺百合文書』ユ）によって見ると、細工保は国衙領として国内諸郷に分散し、かつ鍛冶・番匠・檜物師・土器作など各細工人に分有されながら、そのおのおのが細工人の完全な給与分としての除田と定量の租税を出す定田とによって構成されていたことが知られ、細工保の実態を最もよく伝えている。細工保は平安時代後期以降鎌倉時代にかけて諸国にあらわれたが、国衙支配の消滅する南北朝時代にはあるいは守護に吸収され、あるいは解体して、本来の性格を失った。（義江　彰夫）

ざいけ　在家　平安時代後期―室町時代の荘園・公領において、住屋（屋敷）と付属耕地を一体として把握し、在家役賦課の対象としたもので、「薗」といわれることもある。また、その負担者をいう場合もある。その成立は十一世紀後半であり、そのころまでに百姓の居住する「イエ」が、周辺の畠地をふくみ込んで「垣内《かいと》」「家一区」などとして、排他的支配対象として成立するに至ったことが、その前提になっている。具体的には十世紀後半諸権門は、田地をもってはとらえがたい供御人・神人・散所雑色などの非農業民を、その多面的活動を把握するために「在家」として編成したのに始まり、十二世紀の初めには、農業生産の領域でも、国衙が居住地主義に基づいて在家検注を行い、郡司を通じて在家役を賦課するようになり（公郷在家）、荘園・公領を問わず在家の存在が一般化する。しかし、在家農民と田地との結合の強化に対応して、十二世紀後半以降いわゆる百姓名編成が進行する畿内やその周辺部の荘園では、在家役収取体制は副次的位置を占めるにすぎなくなっていくが、一挙に消滅するのではない。たとえば東大寺領伊賀国黒田荘では、鎌倉時代中期に六十六名（百姓名）と二百余家の在家が確認され、名が一部有力農民を中心とする編成であったのに対し、在家は全住民を把握したものであったことがうかがわれる。一般に在家支配は、在家を公郷在家支配の系統をひく在地領主＝地頭の公事収取対象とすることにより百姓名成立後も存続した所が少なくない。なお浜・市・津・宿など非農業生産領域ではより一般的に在家支配が維持された。畿内周辺部にあっても、高野山領の諸荘では百姓名編成は一般に採用されず、在家別収取が基本的体制とされた。高野山領をはじめ荘園領主が在家役収取を公事収取の基本とした荘園にあっては、公事を荘園領主が収取するものを定在家、荘官や在地寺社にその収取権を与えたものを免在家（免家）という。もっとも高野山領でも、南北朝時代末期屋敷面積の検注が行われるようになると、在家役の多くは屋敷年貢化していった。在家がより重要な意味をもったのは、一般に百姓名が成立しなかった東国や南九州においてである。ここでは在家が年貢・公事徴収の基本対象となったからである。もちろんこの場合も田地支配と在家支配は、本来次元を異にするが、田地は在家の請作となっており、在家がその年貢を納めたのである。なお在家には田地は付属しないのが本来であるが、鎌倉時代中期以降在家周辺の開発などで「在家付田」が増加し、東国では「田在家」が成立する。特に東国では、付属耕地が一町歩内外に均等化されたものが多く、これを「一町在家」とよぶ。また在家

が名《みょう》と呼ばれたり(常陸国山田郷)、本在家と名が一致したり(豊前国成恒名)する場合も現われ、「名々在家」と「散在々家」(肥後国人吉荘)、「屋敷分在家」と「作田分在家」(陸奥国骨寺村)といった区分も生じて来る。これは在家の分解を示すものでもある。本来在家別均等公事の収取のため均等在家の維持が目指されたが、実際は「二分一在家」や「四分一在家」などが出現する一方、いくつかの屋敷をふくむものも出現する。概して中世後期の東国の在家には大規模なものが多い。戦国時代以降では出羽国の社寺領に在家史料が多い。慈恩寺領八鍬村十四軒在家・同箕輪村八軒在家・立石寺領荻野戸村六軒在家などは、江戸時代にも祭礼仏事をつとめる役屋であった。本在家が即役屋となったわけではないが、その負担は在家役の系譜をひいている。近世の箕輪村では、村民は在家と水呑に分けられていた。在家の研究はこれまで支配制度上の性格よりもその階級的性格(農奴制形成史上の位置づけ)をめぐって行われ、奴隷制的性格をみる説、複合家族的有力農民説、小経営農奴説などの見解が出されている。しかし実際には、在地領主一族親類の「居在家」(居薗)から、本在家・脇在家・寘《やもめ》の在家(阿氐川荘)、正家・脇住・間人《もうと》の在家(和泉国)など多様な存在がみられ、単純にその性格を規定しがたい。ただ一部の下人化された在家は別として、領主支配は在家住人の人格にまで及ぶものではなく、系譜的にも特殊な隷属民ではなく班田農民に由来するものと見られる。　↓本在家《ほんざいけ》・脇在家《わきざいけ》

(工藤　敬一)

ざいけけんちゅう　在家検注　⇩検注《けんちゅう》

ざいけじし　在家地子　住宅の敷地料。屋敷地子・敷地地子・家地地子などともいう。律令制的収取体系が弛緩し荘園制が成立すると、九―十世紀を画期として地子田経営が一般化したが、これに伴って本来律令制下においてはきわめて私有性の強かった宅地にも、地子が課せられるようになった。これを在家地子という。地子とは本来田畠に対する小作料のことであるが、この場合は借地料に相当するとみられる。同じころ、公事・夫役徴収の目的から在家役が成立するが、この場合の「在家」は園宅地・畠・住人を一体とする収取単位で、律令制的人身支配に由来するものであり、土地支配に由来する在家地子とは歴史的系譜を異にする。十一世紀摂津国長洲荘では東大寺が在家地子を徴収し、一方、同時に鴨社が在家住人を支配して在家役を徴収していたが、これは両者の区別を明確に示している好例といえよう。なお十四世紀に入ると在家地子はほとんど銭納化されるようになった。

(並木　優記)

ざいけやく　在家役　荘園制下、住屋と園宅地そして付属の畠地を統一的に把握した「在家」を対象に、荘園領主や国衙・在地領主から課された雑公事系課役の総称。畠地をふくむ園宅地の存在が必要条件であり、その点で棟別役(銭)と異なる。律令制的収取方式の転換のなかで、畠地生産物の収取と徭役労働の収取が互いに絡みあって、十一世紀後半以降に成立したもので、史料上の初見は寛治元年(一〇八七)十月の近江国符(『石山寺文書』)で、志賀郡司に石山寺鳥居以南の田畠地子ならびに在家役の免除を命じたものである。律令制下、畠地は丈量の対象とされず、屋敷地にふくめられていたから、桑・苧・絹・漆などの各種畠作生産物が、各種の夫役とともに在家別収取の対象となったほか、田地をもっては把握しがたい鮎・薪・炭などの非農業生産物も在家別に宛課されるようになった。それらは総じて調庸物の系譜をひくものである。しかし実際には在家役の内容はきわめて多様であり、さらに中央の荘園領主が遠隔の荘園から収取する場合と、在地の領主や寺社が収取する場合とでは、それぞれの家産経済上に占めるその位置・役割の相違や、輸送上の便益によって、前者では軽物中心となるのに対し、後者では夫役をふくむより多様な内容となるのが普通であった。たとえば鎌倉時代末期豊後国速見郡で在地領主沙弥願念が記したその収取内容によると、在家の一つである草場屋敷は「壱貫文之納取、麦納之時者八斗、一月分日公事十八日、五節之酒一升取、牛馬用序次第、雉子一」を課されることになっている。また元亨四年(一三二四)二月八日の武蔵国狐塚得分注文によると、田地五段・畠三段を有する田在家(東国では鎌倉時代後期、在家と周辺の田地を結びつけて把握する田在家が成立する)は「在家色々銭」として、銭納の形になっているとはいえ、三十数種の公事負担があり、うち古鍬代・漆代・茜代・炭代・酒肴料が「半在家別〇〇文」という形で賦課されている。これらが他の段別公事と異なり、半在家別となっているのは、在家役が本来在家別均等賦課を原則としていたことを示している。均等公事の収取こそ在家別賦課の眼目であった。そしてこの田在家の場合、現実には過半の公事が段別賦課であるにもかかわらず、田在家が賦課対象となっているのは、在家役収取が本来の基本的収取形態であったことを示している。東国でも南北朝時代以降、在家役も多くは屋敷年貢化して行くが、その一部は役屋の負担内容として近世にまでも持ち込まれた。

(工藤　敬一)

さいしょ　税所　平安時代中期以降諸国にあらわれた国衙の「所」の一つ。済所とも書く。長保四年(一〇〇二)十一月一日伊賀国税所勘申案(『東大寺文書』)を初見とし、以後国衙の所の基幹をなす役所として広範に見出される。管轄分野は正税・官物類の収納・勘会一般にわたり、権守・介などの官人とともに惣大判官代・大判官代・判官代・録事代などの職称をもつ数人～十数人の在庁雑色人が、国守の補任ないし承認をうけ、平安時代後期は公文目代(国守の私吏として留守所を統轄した)の指揮のもとに右の職務にあたった。税所は現地国衙行政の根幹をなす役所であったから、在庁官人制が発達する平安時代末期から鎌倉時代には、税所を統轄する在庁官人は、源平内乱のころの若狭国税所名領主稲葉権守時定の例に典型

的に見られるように、厖大な所領を領する国内在庁官人の筆頭格の者であることが少なくなかった。また同じころから税所には、税所を統轄する在庁官人の代官がしばしば税所代の名で登場するが、それも税所を統轄する在庁官人の地位の重要さと表裏一体の現象とみられる。税所を統轄する、在庁官人の地位は、他の所のばあいと同様平安時代末期以降次第に土着化した大領主武士が世襲する傾向を強くしていった。鎌倉時代中期以降には、世襲の結果、常陸・大隅のごとく税所を姓とするものさえあらわれ、南北朝時代に国衙の所としての税所の実が失われてからは、もっぱらかかる姓としてのみ存続した。
（義江　彰夫）

ざいしょうあずかりどころ　在荘預所　⇩在京預所《ざいきょうあずかりどころ》

さいしょうこういんりょう　最勝光院領　最勝光院は、後白河法皇の御所である法住寺殿に付属していた御所の一つ。承安三年(一一七三)建立されたが、その所領も、その後間もなく設定されたものと考えられる。『吉記』承安四年二月二十六日条には、「奏最勝光院御庄々事」として、檜物荘・嶋末荘・志比荘の名が記され、さらに「此外不遑記尽々々」とみえる。また治承二年(一一七八)六月二十日後白河院庁下文案(『東寺百合文書』サ)には、松浦荘は安元元年(一一七五)に建春門院に寄進されたとみえ、文治二年(一一八六)二月の乃貢未済庄々注文(『吾妻鏡』同年三月十二日条)には、最勝光院領として信濃国塩田荘が記載されているから、正中二年(一三二五)三月の『最勝光院領庄園目録』(宮内庁書陵部蔵、案文は『東寺百合文書』ゆ)にみえる荘園のほとんどは、鎌倉時代初期にはすでに最勝光院領となっていたと考えられる。嘉暦元年(一三二六)三月、後醍醐天皇は最勝光院を東寺に寄進するが、その前提として作成されたのが、正中二年『最勝光院領庄園目録』である。ここには播磨国桑原荘以下二十(上下揖保・平位村を独立の所領と考えると二十三)の荘園の名がみられ、各荘の領家の名前・本年貢・兵士役・公事が記載されている。南北朝時代以降になると、最勝光院敷地跡が柳原と呼ばれ、東寺の地子徴収の対象となる。これらの荘園は最勝光院が本家職をもっていたもので、正中段階でも多くの荘園はすでに不知行となっていたものと考えられる。このうち南北朝・室町時代を経て長禄・寛正ころまで、実際年貢の徴収が行われていたのは、新見荘・村櫛荘・原田荘細谷郷・美和荘兼行方と柳原の五ヵ所にすぎない。
（上島　有）

最勝光院領一覧

最勝光院領

所在国郡	名称	成立年次	特徴	典拠
山城 愛宕郡	柳原	南北朝時代頃	最勝光院敷地跡	東寺百合文書る他
河内 茨田郡	大和田荘	鎌倉時代初期頃	最勝光院領庄園目録にはみえず	東寺文書御
摂津 能勢郡	山辺荘	同		最勝光院領庄園目録
住吉郡	堺荘	同		同
遠江 佐野郡	原田荘	同		同
敷智郡	村櫛荘	同		同
常陸 行方郡	成田荘	同		同
近江 浅井郡	湯次荘	同		同
甲賀郡	檜物荘	承安四年		同
信濃 小県郡	塩田荘	文治二年		同
越前 坂井郡	志比荘	承安四年		同
丹波 天田郡	和久荘	鎌倉時代初期頃	最勝光院領庄園目録にはみえず	東寺百合文書サ
桑田郡	佐伯荘	同		最勝光院領庄園目録
出雲 秋鹿郡	大野荘	同		同
播磨 揖保郡	桑原荘	同		同
同	上揖保	同		同
同	下揖保	同	下揖保庄ともみえる	同
同	平位村	同	平位庄(郷)ともみえる	同
備前 上道郡	福岡荘	同		同
津高郡	長田荘	同		同
備中 哲多郡	新見荘	同		同
周防 熊毛郡	美和荘	同		同
大島郡	嶋末荘	承安四年		吉記
讃岐 寒川郡	志度荘	鎌倉時代初期頃		最勝光院領庄園目録
筑後 御原郡	三原荘	同		同
肥前 松浦郡	松浦荘	安元元年		同
肥後 託麻郡	神倉荘	鎌倉時代初期頃		同

さいしょうじりょう　最勝寺領　⇩六勝寺領《ろくしょうじりょう》

さいじょうのしょう　西条荘　伊予国新居郡の荘園。石鎚山系の北麓の海岸平野、賀茂・嶋山・神戸の三郷にまたがる。現在の愛媛県西条市の一部。鎌倉時代後期に荘内末久など四ヵ村が京都遍照心院領、得重など四ヵ村が鎌倉覚園寺領となった。後醍醐天皇も覚園寺領を安堵したが、武家方河野通盛は当荘の一部を風早郡善応寺に、足利義満は地頭職を遍照心院に寄進した。讃岐細川氏の進出により室町幕府は一部を細川頼重に、寛正元年(一四六〇)孫勝久に給与した。以降不詳。
（景浦　勉）

さいだいじりょう　西大寺領　奈良市西大寺芝町一丁目にある真言律宗総本山西大寺の所領。西大寺創建ころの寺領を示す宝亀十一年(七八〇)の『西大寺資財流記帳』では、勅施入などによる荘・村・杣・塩山・木屋・池が畿内を中心に十八ヵ国四十九ヵ所存在した。また封戸は神護景雲元年(七六七)から延暦元年(七八二)までに合計六百三十戸施入されている。しかしこれらの寺領は平安時代を通じてほとんど顛倒し、建久二年(一一九一)にはわずかに領有する畿内・近国の九ヵ所の荘園も「大体有

西大寺 寺領一覧

西大寺領

所在国郡	名称	成立年次	特徴	典拠
山城 相楽郡	狛野荘	建久二年五月	左馬寮収公のため畠七町百八十歩が一町一段百六十歩となる	西大寺文書
同	泉木屋	宝亀十一年十二月		西大寺資財流記帳
同	天山杣内・阿智大河原・笠置津	弘安四年二月	備後民部大夫政康寄進	西大寺田園目録
綴喜郡	飯岡荘	正応二年十一月	後深草上皇寄進、年貢莚三十枚	西大寺文書・西大寺田園目録
葛野郡	葛野池	宝亀十一年十二月		西大寺資財流記帳
乙訓郡	羽束志荘	建久二年五月	平安時代末には顚倒、九町二段百二十歩	西大寺文書
久世郡	久世荘	同	平安時代末には顚倒、一町	同
大和 高市郡	加隆荘	宝亀十一年十二月	建久二年では畠一町二段半	西大寺資財流記帳・西大寺文書
葛上郡	新井荘	天福二年六月	尼尊印寄進	西大寺田畠目録
宇陀郡	耳良村栗林	宝亀十一年十二月		西大寺資財流記帳
同	茅原荘	同		同
宇智郡	桃嶋荘	同	建久二年では田畠一町余	西大寺資財流記帳・西大寺文書
十市郡	坂戸荘	建久二年五月	四町六段三百二十歩	西大寺文書
同	十市荘	同	四町九段三百七歩	同
同	橘本荘	弘安五年十二月	右馬権頭入道親証寄進、弘安五年売却	西大寺田園目録
平群郡	飽波荘	建久二年五月	平安時代末には顚倒、田畠三町	西大寺文書
添下郡	小泉荘	弘安元年十一月	僧重金門弟が寄進、三段弘安九年から永仁二年まで七回にわたり総計田畠二十一町六段三百歩・河成七段二百八十四歩を買得	西大寺田園目録
同	清澄荘	建久二年五月	四十六町	西大寺文書
同	阿弥陀山寺	神護景雲元年	某寄進、建久二年には顚倒、鎌倉時代末秋篠寺と相論	西大寺資財流記帳・西大寺文書
同	瑜伽山寺	宝亀十一年十二月	建久二年には顚倒、鎌倉時代末秋篠寺と相論	同
同	秋篠山寺	同	建久二年には顚倒、鎌倉時代末秋篠山(戌亥山千町歩)をめぐる秋篠寺との相論で両寺共用、元亨三年後醍醐天皇綸旨では西大寺支配	同
同	大川押熊	貞和二年十月	段別二斗の負所米の徴収権を有す	西大寺文書
城下郡	森屋荘	寛喜元年四月	尼尊印寄進、二町八段	同

所在国郡	名称	成立年次	特徴	典拠
河内 古市郡	壺井荘	弘安六年十一月	日向前司安部資俊の妻明善と子資遠が寄進	西大寺田園目録
讃良郡	渚浜荘	神護景雲二年	某寄進	西大寺資財流記帳
摂津 島下郡	穂積村	神護景雲三年	某寄進、建久二年には三嶋荘とよばれ、田畠七十町の内半分「領知」	西大寺資財流記帳・西大寺文書
豊島郡	佐伯村	宝亀十一年十二月	高志和麻呂・和諸乙・布勢夜恵女等が寄進、建久二年には顚倒、三十町	同
伊賀 名張郡	須智村	建久二年五月	平安時代末には顚倒、一町	西大寺文書
同	杣	宝亀十一年十二月		西大寺資財流記帳
同	畠川村	同	建久二年には顚倒、栗林十二町四段二百四十六歩	西大寺資財流記帳・西大寺文書
阿拝郡	島原保	正平八年五月	後村上天皇が地頭職を寄進	西大寺文書
尾張 春部郡	青山荘	正応二年十一月	後深草上皇寄進、年貢五貫文	西大寺田園目録
武蔵 入間郡	榛原荘	宝亀十一年十二月	所在不明、安堵郷栗生村と同一か	西大寺資財流記帳
同	安堵郷栗生村	建久二年五月	平安時代末には顚倒、田四十町・林六十町	西大寺文書
近江 滋賀郡	保良荘	神護景雲二年	某寄進、建久二年四十町の内十四町「領知」	西大寺資財流記帳・西大寺文書
同	古津荘	宝亀十一年十二月	建久二年には顚倒	同
甲賀郡	椋部荘	神護景雲四年	宇治鷲取寄進、建久二年には顚倒	同
同	杣	宝亀十一年十二月	建久二年には顚倒	同
同	緑道杣	同	同	同
栗太郡	勢多荘	同	同	同
野洲郡	柴井荘	同	同	同
美濃 方県郡	城田荘	建久二年五月	平安時代末には顚倒、百余町	西大寺文書
(郡未詳)	栗田荘	同	平安時代末には顚倒、田畠二百余町	同
飛驒 大野郡	田地	宝亀十一年十二月	建久二年には顚倒、十町	西大寺資財流記帳・西大寺文書
越前 敦賀郡	敦賀津	永仁六年四月	伏見天皇が津升米を寄進、徳治二年院宣により修造料として五年間寄進	西大寺田園目録・西大寺文書
同	野坂荘	同	伏見天皇寄進	西大寺田園目録
坂井郡	子見荘	宝亀十一年十二月		西大寺資財流記帳
同	高屋荘	同		同
同	赤江荘	同	建久二年には顚倒、百六十八町三段百八十歩	西大寺資財流記帳・西大寺文書
同	馬立荘	同		西大寺資財流記帳
同	綾部荘	同		同
同	今荘	同		同
同	牛立荘	同		同
江沼郡	本堀荘	同		同

所在国郡	名称	成立年次	特徴	典拠
越中 射水郡	榛山荘	宝亀十一年十二月	建久二年には顚倒、四百六町六十四歩	西大寺資財流記帳・西大寺文書
同	中野荘	同		西大寺資財流記帳
新川郡	佐味荘	同		同
越後 頸城郡	桜井荘	同	建久二年には顚倒、三千百五十七町九段二百六十四歩	西大寺資財流記帳・西大寺文書
同	津村荘	同		西大寺資財流記帳
同	佐味荘	正応二年十一月	後深草上皇寄進、年貢三十五貫文、嘉元二年では惣田数百一町六段百二十歩・年貢米百三十三石九斗九升	西大寺田園目録・西大寺文書
蒲原郡	鶉橋荘	宝亀十一年十二月		西大寺資財流記帳
同	槐田荘	同		同
古志郡	三枝荘	同		同
丹波 何鹿郡	吉美荘	正応二年十一月	後深草上皇寄進、年貢香五斗	西大寺田園目録・西大寺文書
船井郡	船坂杣	宝亀十一年十二月		西大寺資財流記帳
丹後 加佐郡	志楽荘	暦応四年十月	足利尊氏が筑後国竹野新荘の替として地頭職寄進、醍醐寺・北禅院造営料所の地域は除かる。正平七年後村上天皇が筑後国竹野荘の替として荘内春日部村の知行を安堵、永正八年には二百二十四貫六百文寺納	西大寺文書
播磨 揖保郡	越部・浦上二郷	建久二年五月	平安時代末には顚倒、水田二町七段四歩	同
印南郡	荘	宝亀十一年十二月	土師年足が寄進	西大寺資財流記帳
赤穂郡	欖尾塩山	神護景雲四年	某寄進、建久二年には顚倒、二百三十五町九段百八十歩	西大寺資財流記帳・西大寺文書
美作 苫田郡	知和荘	建久二年五月	平安時代末には顚倒	西大寺文書
大庭郡	田地	宝亀十一年十二月		西大寺資財流記帳
備前 邑久郡	大豆田荘	同	上道広成寄進、建久二年には田畠五十七町	西大寺資財流記帳・西大寺文書
安芸 安芸郡	牛田荘	同	建久二年には顚倒、墾田七十九町	同
阿波 板野郡	荘	同	栗凡直国継寄進、建久二年には顚倒、水田四十七町五段三百五十三歩・畠十五町二段三百歩	同
讃岐 寒川郡	塩山	神護景雲三年	坂本毛人寄進、建久二年には顚倒、二百五十町	同
同	鴨郷墾田地	建久二年五月	建久二年には顚倒、田地二町・畠四十三町五段三十九歩	西大寺文書
多度郡	田地	神護景雲二年	高志和麻呂寄進	西大寺資財流記帳
筑後 竹野郡	竹野荘	正応二年十一月	後深草上皇寄進、年貢百十石、元弘三年後醍醐天皇が地頭職を寄進	西大寺田園目録・西大寺文書
同	竹野新荘	建武元年十二月	後醍醐天皇が知行を安堵	西大寺文書

名無実」という状況であった。一方それとは対照的に西大寺寺辺では平安時代末から寺領の拡大がみられ、鎌倉時代には寺中(境内)も田畠化され、西大寺寺辺が荘園にかわって重要な経済的基盤となった。鎌倉時代中期叡尊の復興活動を機に在地の有力者からの寄進が相つぎ、ほとんどが五段未満の田畠であるがその数は二百五十筆余に達した。さらに後深草上皇をはじめ最上層の人々から荘園の寄進がなされた。しかしこれらの荘園も室町時代には現地の武士によって侵略されていった。江戸時代、幕府から朱印地三百石が与えられた。（大石 雅章）

ざいち 在地 史料的には十世紀初頭からみえ、ある事案の起こった「現地」をさす用語として使用された。はじめは中央から事案の発生した国を「在地国」、国衙から郡や郡司を「在地郡司」と呼ぶように使われたが、やがて現地の側自身が自らの居住する行政的区域を指して在地と称する用法も出現した。「田舎」という言葉とは異なって、「京」＝中央に対して地方一般を示す用語ではなく、必ず特定の「その土地」という意味で用いられた。「在所」「在郷」などに近い。在地という言葉は、第二次大戦後に日本中世史の叙述と分析のための術語として取り入れられ、広く用いられるようになった。この場合は現地という意味以外に、歴史的に存在した全体社会において、そのより地方的・村落的・都市下層民的・民衆的・民俗的・内発的な部分を総体として指示するという含意をもつ。このより○的という部分には、さらに下位的、民間的、在来的など幾つかの言葉を入れることが可能である。（田村 憲美）

ざいちとくせい 在地徳政 中世後期および戦国期に、幕府・大名などの公権力が発布した徳政令に対し、ある一地域において、地域住民が独自に施行した徳政を在地徳政という。瀬田勝哉がその論文において仮定的に創出したものである。史料的には、「地徳政」・「内輪之徳政」・「私徳政」という文言で現れる。その多くは地域住民が、自らの実力行使によって、地域における貸借関係を清算したものであるが、施行範囲は地域の成員に限定されていた。事例としては、近江国甲賀郡中惣や遠江国井伊谷などが知られるが、最も著名なものは、瀬田によって取り上げられた伊勢国小倭郷の一件である。中世後期～戦国期における、在地社会の主体性をもっとも明確に表す現象の一つとして重視されている。（村井 祐樹）

ざいちょうかんじん 在庁官人 平安時代中後期から鎌倉時代にかけて現地の国衙で行政の実務を担った役人の指称。中央官人の守・介・掾・目が下国して若干の史生を駆使しながら国衙行政をさばく令制の国司制度は、平安時代中期には国衙行政の定着・繁雑化や国守の遥任などのすすむなかで行きづまり、かわって国衙に詰めて雑事を処理する現地土豪出身の雑色人《ぞうしきにん》や、現地に根拠地をつくって在地勢力との結合を強めようとする介以下の四

等官人(雑任国司)が国衙行政を大幅に担うようになった。もっとも平安時代中期のうちは、任期中少なくも一定期間は国守自身赴任するのが通例であったし、雑任国司や雑色人は国守の裁量で任意に任用・解任されていた。しかし、国守の赴任がほとんどなくなり、目代《もくだい》と呼ばれる国守の私吏を使って留守所《るすどころ》と呼ばれるようになった守不在の現地国衙を統轄させる平安時代後期になると、雑任国司や雑色人は、土豪勢力としての成長に伴い、その地位を世襲する傾向を強め、また留守所下に国衙行政を分掌する役所として成立していた税所《さいしょ》・田所《たどころ》・大帳所《だいちょうしょ》・朝集所《ちょうしゅうしょ》・健児所《こんでいしょ》・検非違所・小舎人所・修理所・細工所などの所《ところ》を独占して行政の実権を全面的に担い、さらにその諸権限を地方領主としての所領支配に積極的に活用するようになった。在庁官人という言葉は、彼らが社会的・政治的集団として不可分の勢力となる状況のもとで、彼らを一括して指称する言葉として史料上ひんぱんに用いられるようになる。今まで在庁官人については、『朝野群載』二二所載延喜十年(九一〇)加賀国司庁宣にその語が初見するところから、十世紀初頭の成立とし、またそれを根拠の一つに以後の現地下級国司一般を在庁官人の概念で捉え、国衙行政も平安時代中期には後期と基本的に同じ状態が生まれているとするのが通説であった。しかし、筆者などの研究によれば、『朝野群載』の当該文書には疑点がもたれ、また十二世紀前半までの文書には雑色人の系統を引く惣大判官代・大判官代・判官代・録事代などが在庁、権守・介・大掾・少掾・目など四等官の系統を引く雑任国司が官人、と区別して記されている例がみられる(『林峯之進氏所蔵文書』大治二年(一一二七)八月十七日紀伊国在庁官人等解案、『醍醐寺文書』康治二年(一一四三)七月十六日尾張国安食荘立券文)ところから、在庁と官人とは元来別個な存在で、在庁官人という一個の概念と実体が成立するのは、両者が合体して留守所行政を独占する平安時代末期と捉える見解が生まれてきている。この時期以降、在庁の語には、在庁官人の略称という派生的用法さえ生じるが、在庁と官人の系譜上の身分差は鎌倉時代までのこり、国衙の各種の所の長官は一貫して官人身分のものが多く、在庁官人が文書に連署するときは官人身分のものが後に署名して高い地位にあることを示した。在庁官人は、いずれの国においても平安時代末期から鎌倉時代初期に国衙行政の組織としてもっとも発達するが、鎌倉幕府が草創期に朝廷から諸国在庁官人らを限定付で統率する権限を得、それが諸国守護を通して具体化されていくと、在庁官人は幕府の諸国支配の手足としての性格をも強めるようになり、やがて南北朝時代には国衙支配そのものの解体とともに、守護領国の機構や個々の領主の苗字にその痕跡をとどめるだけのものに変質し、本来の生命を失った。↓留守《るす》所《どころ》

(義江　彰夫)

ざいちょうみょう　在庁名　諸国で在庁官人の直轄領となった名。すでに平安時代中期のころから、国衙を現地で担う人々の所領は、国司子弟・郎等らの佃や御館分田という名で史料に現われるが、国衙行政の実が土着の在庁官人らに担われる平安時代末期には、所領の単位が一般に世襲の私財になりやすい負名《ふみょう》の形態をとるようになるのに伴って、通常在庁官人付属の名《みょう》すなわち在庁名として捉えられるようになった。在庁名は、一般の負名同様通常仮名《けみょう》を付して呼ばれるが、当該在庁の職掌に従って税所名《さいしょみょう》・公文名《くもんみょう》などと呼ばれることもあった。在庁名の存在形態や規模は多様であるが、その性格上一般に国府周辺に多く、比較的大規模な領主名であり、特に有力在庁官人の名は数郡に跨り数百町に及ぶものさえあった。以上の性格をもつ在庁名は、世襲私財と公的支配の制度という二側面をもつところから、戦前の清水三男以来武士発達の温床であることが指摘されていたが、昭和三十五年(一九六〇)大山喬平が在庁名は在地領主制形成の重要なてこであるという視角を提出して以来、日本における領主制形成の性格を解明する素材としても注目されている。以上の発生の歴史をもつ在庁名は、平安時代末期から鎌倉時代にかけて諸国に広範に出現したが、守護が出現して国衙行政に積極的に干渉するようになる鎌倉時代中期以降には、次第に守護領に編入され、南北朝時代以降には守護領の核とさえなって、本来の性格を失った。

(義江　彰夫)

ざいちりょうしゅ　在地領主　中世の在地、すなわち農・山・漁村などの生産世界に生活の根拠地をもち、在地民の生産活動に対し強い指導性をもっていた領主層の総称。奈良・京都などにその根拠地をもち、右のごとき生産世界と直接的な関係をもつことのなかった荘園領主(都市領主)と区別するための表現である。史料上の用例に即していえば、「地頭」「下司」「公文」など各種の職《しき》のもち主とか、「開発《かいほつ》領主」「根本領主」などとよばれるものがそれに相当する。ただし、第二次世界大戦前の学界では、在地領主という表現は一般的にはほとんど用いられておらず、中世を武家の時代とみる考え方から、これを武士と表現するのが普通であった。平安・鎌倉時代の武士一般を、古代奴隷制国家の解体＝中世封建制社会建設の推進主体として積極的に評価する立場から、これを初めて在地領主という歴史的範疇で表現したのは、石母田正である。この石母田の研究を出発点とする在地領主制に関する研究史は、次の三段階に区分されよう。第一期は、昭和二十年(一九四五)から同三十一年の間で、中世封建社会の形成過程を、特に鎌倉幕府の成立・展開に即して捉えようとする立場から、鎌倉幕府の御家人層が形成する在地領主制、すなわち地頭領主制の研究が盛んであった時期である。したがってここでは、南北朝時代に至り、国々の守護がその管国を自己の主体的な封建領国として支配するようになると、地頭領主層はその主従制下に編入され、その歴史的役割を一応完了したと考えられた。第二期は、昭和三十二年から同四十一年の間で、中世封

建社会の形成時期を平安時代中期にまでさかのぼって捉えようとする新しい歴史理論の登場に伴い、特に平安時代中・末期に活躍をみせた初期領主層の研究がすすみ、一方、南北朝時代以後の守護領国時代に入ってのちでも、在地支配の遂行主体は、やはりいわゆる在地領主層であったとする実証的研究の成果にもとづき、南北朝—室町時代の在地領主を特に国人領主として改めて捉え直す風潮が一般化した時期である。しかもこの時期の研究では、前述の初期領主および地頭領主が、荘園制的な職の諸機能(検断権・勧農権など)の利用によって在地支配に臨んだのに対して、国人領主の段階に入ると、商業流通路の把握を通して在地支配にあたるようになったという、領主権力そのものの変質過程が明らかにされるようにもなった。ついで第三期は、昭和四十二年から五十年代中ごろまでの間で、特に在地領主がもっていた権力組織のあり方を、たとえば、下司職・公文職・田所職など各種の職(公権)のもち主である複数の領主が連合・協力して在地支配に臨む政治的連合体制として説明したり、領主層相互の血縁・婚姻を媒介とした族縁的結合そのものの中に、在地領主の在地支配のための協力関係を認めようとする、複数領主論(領主連合論)が登場し始めたのを特徴とする。したがって、ここでは、第一・二期に比較して、在地領主の権力構造研究は精密化したといえるが、半面、石母田以来の在地領主制研究の生命である古代—中世の移行過程の説明がややなおざりになっているのが欠陥である。なお、石母田はかつて、下司・地頭級領主を在地領主の典型としながらも、土着貴族系統の豪族的領主層、田堵・名主級の地主層という幾つかの社会階層の存在に注目したが、現在では、このうち、田堵・名主中の有力者を特に村落領主とよび、これを在地領主の原型として重視する説も登場している。もちろんこれは、在地(生産世界)に対する主たる指導力を握っていたのが、右の三者のうちどれであったかという問題に関する判断の違いに起因している。とすれば、今後、なおいっそうの個別研究の積み上げによる再検討が図られねばならない。その場合、先進・中間・後進(ないしは東国・西国)という地域差が十分考慮されるべきことは、当然である。↓領《りょう》主制《しゅせい》　(鈴木　国弘)

さいふ　割符　鎌倉時代以後、隔地間の貸借を決済する場合に用いられた為替手形。「わっぷ」「わりふ」ともいった。当初、遠隔地の荘園から貢租を運ぶ不便を取り除く目的をもって、この方法が使われた。室町時代になると、商取引に際して銭貨輸送に代わる方法として用いられるようになり、京都・奈良・堺・兵庫津などには割符屋・替銭屋と称する専門の業者が発生した。この為替手形には、期限払い・一覧払いなどがあり、割符・切符・切手と称えられた。この形式は一定していなかったが、江戸時代になると定形化し、為替金融の方法が一般化した。江戸時代には、幕府公金を取り扱う公金為替、大名諸侯の金銭輸送を目的とした江戸為替、京都—大坂間の商取引に用いられた京為替、諸地方と江戸・大坂・京都などの為替取組みに使われた地方為替などが現われ、両替商経営の発達と相まって、為替手形による隔地間取引の発展が本格化した。↓替銭《かえせん》・替米《かえまい》　↓為替《かわせ》　(作道洋太郎)

さいふや　割符屋　⇩替銭屋《かえせんや》

さいもつ　済物　平安・鎌倉時代に、諸国の国衙領や荘園から、国家あるいは領主に納めた貢納物。「なしもの」ともいう。律令的な租税制が乱れるに伴い、官物・地子・年貢・公事など種々の貢納物を、済物と称して直接所々に納入したもの。正応六年(一二九三)八月一日の摂津国司解によると、当国の済物は、所々の済物使が到来し、国司庁宣によって荘園所当官物のうちから納入するのが承前の例であったが、近年済物使は、国司庁宣を請求せず、京都において国司から責め取るようになったとして、先例により京都での譴責を停止するよう訴えている(『勘仲記』)。これにより、本来済物は本所から現地に派遣された済物使によって徴収されるものであったが、後には京都において国司から取り立てるようになったことが知られる。このように済物は、律令的な租税制にかわる一種の貢納制度として、鎌倉時代の末まで行われた。(柳　雄太郎)

さいもつし　済物使　平安・鎌倉時代に、諸国の荘園公領から納められる済物(官物など)を徴収するために、済物を受け取る京都の官司や寺社・貴族などの領主が現地に派遣した使者。済物使は、国司庁宣を得て現地におもむき、済物を徴収した。しかし、次第に京都において国司から直接徴収するようになった。(菅原　正子)

さいりょう　宰領　集団をとりまとめる人から転じて、中世以降、荷物を運送する馬や人夫を指揮・監督する人を指す。夫領ともいう。綱丁・兵士などと同様、荘官に任じられ、免田をもつものもいる。配下には、輸送の実務にあたる持夫・夫丸などがいた。東寺領播磨国矢野荘の例では、「宰領を相副いざる条、年貢紛失の起こり」とあり、輸送責任者としての宰領の重要性がうかがえる。(錦　昭江)

さいりょう　菜料　菜料とは平安時代飯の菜(おかず、副食物)、その材料、また、それらを購入する費用などをいう。『延喜式』大膳職下に菜料の塩(漬菜料の塩)支給規定がある。毎年二月と八月とに皇親(親王・内親王各五十石)、太政大臣(三十石)以下参議(三石)までと、中宮職・春宮坊・侍従所・縫殿寮・内匠寮・木工寮・主殿寮・掃部寮・左右近衛府・左右兵衛府・左右衛門府・隼人司・左右馬寮・内教坊・女官厨・命婦以下などに各数量の塩を支給した。また、『三代実録』元慶八年(八八四)九月十四日条に、大学寮学生の「学生菜料」として左右京職が新銭三十三貫を出挙しその子銭をあてることにしたとある。同条に、こうしたことは「弘仁」以前には行われていたが「天長」以降絶えたとある。さらに、同書仁和二年(八八

六)二月十五日条には、大蔵省銭四千文を毎月内膳司に送り、「供御菜料」にあてるともみえている。

（高橋　崇）

さえきのしょう　佐伯荘　丹波国桑田郡にあった荘園。現在の京都府亀岡市稗田野町佐伯を中心とした地域。寿永二年(一一八三)の建礼門院庁下文によれば、前年に秦頼康が佐伯郷内時武名を高倉院法華堂に寄進し、この年改めて庁宣を申請して勅事・院事・国役を免除されたことがわかる。これによって佐伯荘が立荘されたと考えられ、最勝光院正月御八講灯明料と法華堂における高倉院国忌の雑事を勤仕することになった。最勝光院は高倉天皇の母建春門院が承安三年(一一七三)に建立したもので、高倉院法華堂もそこにあった。最勝光院領は皇室領として伝領され、正中二年(一三二五)に後醍醐天皇より最勝光院執務職が東寺に寄進されたのに伴い東寺領となった。その際に作成された目録によると、領家は松橋僧正すなわち醍醐寺の無量寿院で、本年貢については二ヵ月分の代銭として一貫五百文だけが納められていた。地頭職については、建武三年(一三三六)に足利尊氏が篠村八幡宮に寄進し、貞和四年(一三四八)に足利直義が、観応二年(一三五一)には足利義詮が篠村八幡宮造営料所として三宝院門跡に安堵している。歴代将軍の袖判のある所領目録にみえる佐伯荘地頭方がこれにあたると考えられる。

（馬田　綾子）

さか　斛　量の単位。石と同義。十斗が一斛にあたる。石の呉音がシャク、次音がサクにあたることから石の単位の転用として使用されるようになったという説もある。

（錦　昭江）

さかいそうろん　堺相論　中世における所領の境界をめぐる訴訟。境相論とも書く。所領(不動産物権)の知行者に対して、その知行の不当性を不知行者の側から訴えるのが堺相論の一般的形態であるが、鎌倉幕府法では訴訟が提起されると、論人(被告)たる知行者は論所すなわち係争地の知行を継続するものの、判決が出るまではその処分・沽却は制限され、またもし作毛を刈り取る必要の生じたときは両方の使者の立合いの上これを行うか、あるいは論所・作毛のすべてを訴論人の支配から奪いとって、その所務に干与することを禁じ、裁判所の管轄下に置くことになる。後者の場合、裁判所から「中に置く」旨の命令が出され、これに違反して作毛などを運び去ると「押取狼藉」の罪となる。また当事者主義を原則とする鎌倉幕府法のもとでは、訴訟に関する証拠を裁判所の職権で蒐集することはなかったが、堺相論の場合には、例外的に現地における故老の尋問や、現地の実検を行なったりした。実検は当事者の請求によって行う場合もあるが、請求がなくても裁判所の職権を以てこれを行い得た。『御成敗式目』第三六条によれば、堺相論の場合には実検使を遣して本跡を糺明し、濫訴が明らかなときには堺打越の罰を与えることを規定している。堺相論の訴人(原告)および論人は通常は論所の絵図を提出するが、相論の判決には下知状を以てするほか、絵図に判形を加えて当事者に与えることもあった。この鎌倉幕府の堺相論に関する法は、室町幕府においてもほとんど変りなく継承された。なお堺相論は荘園の境界を争う場合もあったが、本所を異にする西国荘園の堺相論は公家に裁判権があり聖断とされた。しかしこの場合も幕府が六波羅探題をして問注をとげさせ、それぞれの主張を示す相論絵図を提出させるとともに実検を行い問注状を作って公家の記録所に交付し、公家側ではこれに基づいて院評定で裁許されるのが通常であった。

（安田　元久）

さかいのうちこし　堺打越　鎌倉幕府法の上で、堺相論に関する規定。『御成敗式目』第三六条「改旧境致相論事」には、堺相論の場合には実検使を現地に遣して境界を糺明し、もし訴人(原告)に訴えの理がないと認めたときは、特に当事者の請求がなくても、この訴訟によって利得しようとしたものと同一面積の土地を訴人の領地より割き分け、これを論人(被告)に与えるべきことが規定されている。この論人に分与される土地を堺打越といい、また単に打越ともいった。堺論に際して、訴人側から敗訴の場合には濫訴の罰として堺打越を覚悟している旨の打越請文を提出することもあった。また『吾妻鏡』仁治二年(一二四一)三月二十五日条にも明らかなように、本来は訴人の濫訴を対象とした規定であるが、実際には論人の敗訴の場合にも適用し、論人側の押領の罰として、相論の対象地と同じ面積の土地を加えて訴人に打ち渡すことが法的慣行となっていて、これをも打越と呼んでいた。

（安田　元久）

さかいのしょう　堺荘　摂津国住吉郡(堺北荘)・和泉国大鳥郡(堺南荘)の荘園。現在の大阪府堺市の市街地付近。両荘が惣町として環濠された地域は、旧熊野大路の北半町から南半町にかけてである。摂津国堺荘といえば堺北荘、和泉国堺荘ならば堺南荘をさし、両荘の境界は堺市の大小路《おおしょうじ》であった。堺北荘は『開口《あぐち》神社史料』天福二年(文暦元、一二三四)二月念仏寺一切経蔵等建立注文に、建保二年(一二一四)摂津国北荘内に堂を建てたとみえ、鎌倉時代初期に立荘されていた。堺北荘の領有関係については、正中二年(一三二五)三月の最勝光院領庄園目録案にみえ、領家が今林准后で、本年貢として油二石のほか、綾被物二重、兵士役七人を負担することになっていたが、「建長年中(一二四九—五六)以後代銭一貫文外不弁済歟」とあり、鎌倉時代中期から年貢・夫役は代銭納されていたようである。最勝光院は後白河天皇の女御建春門院(平滋子)の御願寺で、同領は後白河院、後鳥羽院と伝領され、承久の乱により幕府に一旦没収されたが、後高倉院に寄進され、安嘉門院を経て大覚寺統に伝えられており、同領の堺北荘は後醍醐天皇から東寺に寄進されたと考えられている。しかし、南北朝時代初期には後醍醐・後村上の両天皇から住吉社に同荘が安堵されており、住吉社領となっている。これは堺の総鎮守であった開口《あぐち》

神社が住吉神社の別宮あるいは奥社であったことや、堺に進出した南朝方の住吉社に対する配慮によると考えられる。あるいは最勝光院領とは別に住吉社領があったのかも知れない。同様のことは堺南荘についてもいえる。堺南荘は『伏見宮御記録』によれば、鎌倉時代には天王寺遍照光院領で、大宮院、後深草院、永福門院と伝領されたが、南北朝時代初期には住吉社領とみえる。その後、北朝方が堺を制圧し、応安六年(一三七三)、後光厳院は東大寺八幡宮修理料所として堺南荘堺浦の泊船目銭の徴収権を寄進し、その期限の切れた三年後には堺北荘での徴収権を与えた。室町時代に入ると、堺南荘は相国寺頭塔崇寿院領となり、応永二十六年(一四一九)には七百三十貫文で地下請されているが、その後、同院は荘主をおいて支配強化をはかったため、自治権侵害を恐れる荘民側と対立し、永享三年(一四三一)荘民側の主張が認められた。同年より嘉吉元年(一四四一)まで幕府料所であったともいわれているが、確証はない。ただ、嘉吉元年に幕府は守護細川政春に同荘を返付し、崇寿院に年貢を納入することを命じており、守護請所になっていたようだが、寛正三年(一四六二)には崇寿院が代官職の改替を行なっており、その領主権は続いていたと考えられる。堺荘では、南北朝時代ころより商工業が活発になり始め、永和三年(一三七七)に荏胡麻売買をして、その独占権を侵害したとして大山崎油神人から訴えられた堺北荘の住民助五郎のほか、康暦元年(一三七九)に河内国金田宮の鐘を鋳造した山川助頼、嘉慶二年(一三八八)に高野山奥院御影堂の資金を寄進した万代《もず》屋などが現われた。室町時代には南禅寺の用材を調達した材木屋や日明貿易についた商人もいた。その多くは土師郷万代の万代屋、草部郷の草部屋、野遠郷の野遠(能登)屋など、近郷から移住してきた人々が多く、『蔭凉軒日録』によれば、堺南荘は田畠がなくて、屋地子をもって土貢としているとあり、戦国時代初期には市街地になっていた。彼らはその経済力をもって地下請をすることにより南北両荘の領主の介入を斥け、開口神社の神宮寺である念仏寺に買得地などを寄進し、その結果として惣的結合を強め、実質的に両荘を統合した堺荘を形成していったようである。これらの地が念仏寺領散在田畠で、南荘では永享十二年に、北荘では嘉吉元年に、それぞれ幕府から安堵され、段銭や臨時課役が免除されている。これらはそれを支えた堺荘の商工人に室町幕府が配慮した結果と考えられる。

(福留　照尚)

さがえのしょう　寒河江荘　出羽国村山郡の荘園。現在の山形県寒河江市・西村山郡河北町の一帯で、村山盆地の西北部、最上川左岸の平野に広がる。関白藤原忠実の日記『殿暦』天仁三年(一一一〇)三月二十七日条に、「寒河江庄」とあるのが初見。建長五年(一二五三)の『近衛家所領目録』には、寒河江荘は「京極殿領内」とある。京極殿は忠実の祖父関白師実。京極殿領は父の宇治殿領をうけ継いだものというから、当荘の成立は忠実の曾祖父宇治殿関白頼通の十一世紀前半にまでさかのぼることになる。そののち鎌倉時代の建長年間に至るまで一貫して、当荘が摂関家藤原氏領(近衛家領)として相伝されたことが知られる。建長五年当時の寒河江荘は地頭請所であった。鎌倉時代の地頭は大江氏。ただし所領の北半分(「寒河江北方」「北寒河江庄」などと記す)は没収されて北条氏所領となった。そのうち吉田・堀口などの五ヵ郷は永仁三年(一二九五)北条氏によって寄進されて鎌倉円覚寺領となった。南北朝時代の観応年間(一三五〇―五一)までは荘園年貢が京進されていたことが知られる。

(入間田宣夫)

さかきたのしょう　坂北荘　越前国坂北(坂井)郡の荘園。現在の福井県坂井郡のほぼ中央部の地域。長講堂領荘園。建久二年(一一九一)の『長講堂所領注文』に荘名がみえ、その後、後白河院皇女宣陽門院を経て文永四年(一二六七)後深草上皇に譲渡され、以後持明院統へ継承された。応永十四年(一四〇七)の『長講堂領目録』を最後に荘名は消えるが、この前後に荘の一部が水無瀬御影堂領に寄進されてからは、荘内にあった長畝《のうね》郷名が頻出し、また同郷内には在地の称念寺・竜沢寺の寺領も生まれた。

(松原　信之)

さかたのしょう　坂田荘　㈠近江国坂田郡の荘園。現在の滋賀県長浜市宮司町・今川町・本庄町付近。成立年次・成立事情とも不明。鎌倉時代以降は山門青蓮院門跡領で、建永元年(一二〇六)十二月の慈円起請文によれば、楞厳三昧院に付属し、同院の法花堂禅供料にあてられている。文暦元年(一二三四)の年貢は千二百石で、うちわけは四百石が「方々寺用」、百石が「御服用途」、二百石が「預所得分」、五百石が「人々給分」であった。同荘から派生したと推定されるものに、坂田新荘があり、同じく青蓮院門跡領である平方荘(細江荘)とあわせ供僧三十口料、都合千八十石を負担した。さらに坂田荘内には別に坂田別符と称される単位所領があり、これも青蓮院門跡領。文明三年(一四七一)には坂田郡の領主垣見氏が荘の公文をつとめていた。長享ころになっても坂田荘は残存し、長享元年(一四八七)十一月には同荘のことにかんする打渡状が出されている。宛所は垣見左近将監。なお当荘と興福寺領坂田荘との関係は明らかでない。

(高橋　昌明)

㈡讃岐国香川郡の荘園。現在の高松市内。建長二年(一二五〇)『九条道家初度惣処分状』によると、道家が娘の後堀河中宮故藻璧門院竴子の法華堂に寄せた新御領で、一条実経に譲られた。鎌倉時代末期には三千院門跡領となり、正中二年(一三二五)承鎮法親王より尊雲法親王(後醍醐皇子護良親王)に譲られているが、その後の推移は不明。なお、室町時代、『親長卿記』などにみえる讃州坂田荘は、同じ坂田郷内にあった坂田勅旨のことで、鎌倉時代末期に大覚寺門跡領となり、子院覚勝院院主が代々知行した。

(国島　浩正)

さかてのしょう　坂手荘　大和国城下郡の荘園。現在の奈良県磯城郡田原本町阪手北・阪手南付近。興福寺大乗院領。『三箇院家抄』によれば、春日東御塔長日結番供田として十ヵ番に編成された荘園の一つ。坂手の地名は古く、『日本書紀』『万葉集』にみえている。『大乗院寺社雑事記』に、田原本座で作った檜物を、坂手座が売り歩いたという記述がある。阪手北集落には、環濠と、濠の内側の「うけづつみ」と呼ばれる土塁とが残り、中世後期の村落の姿をよくとどめている。（和田　萃）

さかとのしょう　酒登荘　大和国添上郡の荘園。天暦四年（九五〇）の『東大寺封戸荘園幷寺用帳』によると田五町六段三百五十歩・畠八段百七十五歩、また年不詳『東大寺領諸国荘家田地目録』によると水田八町・地七町三百十九歩の小規模な荘園であった。別功徳分荘であり、五月二日の聖武天皇のための御斎会料田であったが、早く消滅したようで右以外の史料を欠く。なお『東大寺要録』六および清水正健編『荘園志料』は、この荘園を満登荘とする。（泉谷　康夫）

さかどまきのしょう　坂門牧荘　河内国大県郡の牧から発展した荘園。現在の大阪府柏原市雁多尾畑付近。万寿四年（一〇二七）藤原道長の室倫子の所領とみえ、師通を経て鎌倉時代には近衛家に伝領された。領家職は近衛道嗣の時、三宝院光済に与えられたが、室町時代には春日社であった。なお、文徳源氏の源公則が師通の下家司で河内守になった故か、白河院の北面衆最初の随一といわれた曾孫の康季は当牧に本領をもち、坂戸源氏を称した。（福留　照尚）

さがのしょう　佐嘉荘　肥前国佐賀郡の荘園。佐嘉荘の文献的初見は『太宰府神社文書』の『天満宮安楽寺草創日記』中の「諸堂諸院之数幷、代々寄進事、（中略）御願塔院号西御塔白河院御願、本尊釈迦・多宝・普賢・文珠・二天、永保二年（一〇八二）壬戌帥権中納言藤原資仲承建立、寄進佐嘉荘四十三町三十歩・蠣久八十丁（下略）」という記事である。また、北野天満宮社僧最鎮の記文には、「肥前国佐嘉荘、田四十三町、永保二年白河帝所寄」といっている。これらによれば佐嘉荘は永保二年白河天皇の御願によって建てられた安楽寺西御塔に寄せられた荘園であったことがわかる。正応五年（一二九二）の『河上宮造営用途支配惣田数注文』（『肥前国惣田数注文』）にも、安楽寺御領として「佐嘉庄四十一丁二反」とあるが、この前後から史料に佐嘉上荘の名が現われ、やがてまた佐嘉下荘の名がみられるようになる。それぞれその荘内に含まれている里や名《みょう》その他の地名から判断して、上荘は現在の佐賀県佐賀郡大和町惣座を含む一帯の地域、下荘は現在の佐賀市城内方面を含んだ地域にあったと推定される。はじめに述べた佐嘉荘は、また佐嘉御領とも称されて文書に出てくるが、この佐嘉荘もしくは佐嘉御領は、その内に在る地名その他からして前述の佐嘉下荘と、少なくとも同一の地を含んだ荘であったことがわかる。そしてまた佐嘉荘という称呼は佐嘉上下の荘の二つを併せ呼ぶ惣名として用いられている場合もあったと思われる。（三好不二雄）

さかむかえ　坂迎　熊野や伊勢などへ参詣に出かけたものを、帰着の際に出迎えること。そのとき酒食で饗応する祝宴が伴うので酒迎えと解する説もあるが、本来は神仏の霊威を身につけた道者が聖空間から俗界へ還帰するための境界儀礼、境迎えであった。中世公家の記録に御坂迎（『看聞御記』）・酒迎（『康富記』）などと記され盛んに行われたことが知れる。村境まで出迎えた村人と共同飲食する風は今でも各地にみられる。（桜井徳太郎）

さがらのしょう　相良荘　遠江国榛原郡の荘園。現在の静岡県榛原郡相良町一帯。蓮華王院領の荘園。安田義定と抗争した相良氏が根本領主であろう（『吾妻鏡』）。鎌倉時代初期に相良氏は肥後国人吉荘などに移動し、相良荘については一部堀内重松のみを相伝していた（『相良家文書』）。永仁四年（一二九六）荘内百町などが伏見天皇綸旨によって菊河宿摂待領とされている（『平田寺文書』）。荘故地には堀之内・新庄・地頭方などの地名、鎌倉河岸と呼ばれる港、延慶三年（一三一〇）在銘平田寺石造宝塔などが残っている。（服部　英雄）

さきょうしきでん　左京職田　朝廷の官司である左京職の所領の田。承暦二年（一〇七八）の東大寺領大和国大田犬丸負田十二町九段三百歩の場合、左京職田が一町四段百二十歩含まれており、左京職田からは官物を国衙に納め、その他の公田以外の田地からは雑役を東大寺に納めたと考えられる。（菅原　正子）

さくご　作子　⇨作り子《つくご》

さくしき　作職　中世後期の先進・中間地域の荘園に広く成立した封建的耕作権ないし下級の封建的土地所有権。十三・十四世紀の交、作手・永作手が消滅して作職の類の用語が現われるので、下級所有権として荘園の「職《しき》」の領有体系外にあった作手が、荘園制解体期に領主の直接支配徴収の対象として作職の表現をとったという新見解も出ているが、一般的には、作手と作職とは中世の前期と後期との、異質な荘園の経済構造を反映したところの、異質の農民的土地所有権とみられている。中世初期の荘園制発展期には、重層的「職」の体系下、名主以下の農民の土地所有権は、名内に混入して特認された私領・作手以外、むしろ強い抑制を受けるか未成熟かであった。しかし十三世紀末期以後、まず畿内の荘園において名の分解が始まるとともに、農民的土地所有権の一般的成立を示す多くの作職に関する売券・譲状類が出現する。作職は作手職・作主職・作所職・作人職・百姓職などとも呼ばれ、通例名主に種々の義務や制約事項を記した請文を提出することで確立するが、時には名主職または下作職と混用されることもある。中世初期の荘園では、一色田などを年々請作する小百姓に対して、徴税の末端責任者名主には名内の屋敷を中心とする主要名田の安定経営と世襲が保証された。ただその名田保有は領主に無断で

売却・処分する自由を禁圧されたが、一部下作に回した名田からは若干の利得を収めることができた。そして中世中期、農民勢力の結集に基づく年貢・公事の定量化のなかでの生産力の不断の発展は、名田・一色田の直接生産者に剰余生産物の累積をもたらし、その結果作人の地位の向上と本名の分解や新開・一色田の名田化が進み、上からの制禁を縫って耕作農民の土地所有権が広汎に成立し、さらに中世末期に向かってこの農民的土地所有権である新名主職・作職は、貨幣経済の発達に促進されて剰余の帰趨をめぐる激しい競合・移動を生じ、これを契機に複層の地主的加地子収取権である名主職・作職と実質耕作を担当する下作職ないし当下作に重層的に分化し、かくて下からの「職」の形成に対して、領主・中間層による政治的対応としての、加地子収取権化した名主職・作職の集積現象をさえ引き起した。 ↓作手《さくて》

（佐川　弘）

さくしゅ　作主　領主権の下にありながら、「下作人」から地子を収取する地主的農民の称。平安時代末期から史料上に現われたが、室町時代から戦国時代にかけて多く見られる。初期に用いられた「開発本作主」の語句が示すように、開発に基づく権利を内容とする用語であった。しかし、鎌倉時代初期の正治元年（一一九九）ごろの大和長瀬庄百姓等重申状案（『東大寺文書』四ノ六）によると、伊賀国黒田荘での「開発領作」による「相伝作主」は、「他所」すなわち和泉国に住む「作人」のことで、すでに他の百姓に対する不在地主である可能性を示していた。すなわち、このころまでは、一方で「作主」は「作人」と言い換えられる面があるとともに、他方では地主的性格を明らかにし始めたといえる。この傾向は南北朝時代に入るとますます顕著になり、延元三年（一三三八）の史料（『光明寺古文書』一六）では「作人等、号レ発レ令レ違二乱作主職一者、加二下知一可レ止二違乱一」というように、「作人」と対立する「作主」が現われた。なお、この史料の中の「発」を開墾と解する有力な説があり、それに従えば、「作主職」を脅かすものは「開墾」にほかならず、「作主職」の基礎が開墾・開発にあったことを、よく説明しているといえる。東大寺領大和国河上荘では「作主職」・「作所職」売券が南北朝時代から戦国時代まで頻繁に現われるが、それらの売券には「得分」・「地子」・「下作職」が明記されている例が多くみられる。同荘では、このほかに「地作一円職」売券という「下作職」未分化のものがあり、これは「地主職」と「作職」とが一体である状態を表現していたと見られるから、「作主職」の内容は「地主職」と置き替えられるものであった。同荘のように平安・鎌倉時代に見られた「永年作手」売券が、その後「作主」・「作主職」売券へと変化を見せるのは、領主権の後退とともに、農村内部の新しい分解を反映したものと考えられる。

（関口　恒雄）

さくて　作手　(一)荘園田畠の請料、(二)請作地に対する耕作権、(三)鎌倉時代の供御人である手工業者の呼称、などの意味の史料用語。これは、「つくて」と読まれた例があるが、典拠は鎌倉時代末期の摂津国勝尾寺領の一連の田券に限られており、一般には、作人・作職などとの関連から「さくて」としている。(一)荘園田畠の請料を意味する「作手」は右のうち最も古くから用いられ、初見史料は寛弘九年（一〇一二）和泉国符案（『田中忠三郎氏所蔵文書』）である。同国符案は律令制の解体とともに広がった荒廃水田再開発の対策であったから、「作手」はその政策の一部として取り上げられたと考えられる。すでに十世紀前半には現われていた「作人」は荘園領主に一年ごとに「作手請文」を差し出したが、それは「春時各進二請文一」とか「春時之起請」というように、耕作に先立って提出された。この「春時」という表現に着目すれば、「作手」の起源は田令公田条の「賃租」の語に対する『令義解』の注に「賃租者、凡乗田限二一年一売、春時取レ直者為レ賃也（下略）」とみえる「賃」あるいは「賃租」であったろう。しかし、すでに十世紀中葉には、耕作に先立つ「請文」提出と「随レ作、弁二其地子一」という事態がみられた。かの国符案は、荘園開発の慣行「作手」を公領にも適用したという画期的なものであり、しかも「作手」の初見史料でありながら、すでに時代の変化からは遅れていた。にもかかわらず、鎌倉時代にはいってからも「為二作人沙汰一、弁二請料一」とか、「請料」は十月に弁じたので、もし「作人」を「改定」されるならば「件請料ヲ可二返給一」（『春日大社文書』寛喜二年（一二三〇）僧宣舜紀友清問注申詞案）というように、この意味の「作手」は「請料」と表現されながら根強くみられる。しかし、大勢としては「請料」は「請文」に転化し、「作手」は「加地子」を意味するようになっていった。この意味の「作手」の「手」は「山手」「河手」の「手」と通じ、のちに「手付け」の「手」に引き継がれたと考えられる。(二)水田の再開発が社会的課題となった十一世紀には、荒廃田の開発を請け負う富裕な農民層に、「地利」あるいは「加地子」の負担を条件に一種の耕作権としての「作手」が荘園領主側から付与されるようになった。それは(一)の「作手」の徴収権の委譲を内容とするもので、ここに負担する「作手」から、徴収する「作手」への、事態と用語の大きな変化がみられる。伊賀国名張郡簗瀬郷内「田代荒野」の「開発」を丈部為延に請け負わせ、「作手」においては為延の子孫相伝に領知させた元興寺の大僧都の場合（『東大寺文書』治暦二年（一〇六六）元興寺大僧都房政所下文案）はその好い例である。当時これを「永作手」と呼ぶ場合もあった（『百巻本東大寺文書』嘉承三年（一一〇八）大和国櫟荘田充行状）。こうして、「作手」は在地の富豪＝領主の一種の権利となり、彼らは「作手」を介して「作人」と結びつき、対立することになる。しかし、このような開発型の「作手」の発生の基礎には、請料から請文への転化という「作手」に対する支配の後退があり、請作型の「作手」も「伝領」されるようになり、毎春ではなく代替り

の際に「作手請文」が提出され、「五代相伝作手」(『近衛家本知信記天治二年至五年巻裏文書』兼貞珍光時論田勘注案)などと称され、相伝・売買・寄進の対象になった。こうして、「作手領田」「領所作手」「永作手」の文言を記す多数の作手売券が平安時代末期以降、畿内・近国を中心に現われた。これに対し、荘園領主側の「件庄絵図幷四至之内、何有私人之領乎」(『内閣文庫所蔵文書』寛徳二年(一〇四五)関白家政所下文案)という論理は無力で、平安時代末期にはすでに「作手」を買い戻して、これを「名」に編成し、「名」―「作手」―「作人」に組織し始めた(『東大寺文書』仁安三年(一一六八)大和国高殿荘内東大寺油作人日記)。この場合、「名」は開発型「作手」の集合体、徴税単位であり、そのもとに「作人」が請作する形である。かつての請作型「作手」は、荘園領主の直営地である「負所」にまとめられ、「作人」が耕作したが、かれらは「地主」とは区別される位置を占めた(『東大寺文書』嘉応元年(一一六九)勧学院政所下文)。いまや春時請料(請作型の「作手」)を在地の有力者に負担する社会関係が農村内部に成立し、その結果同じ文書に㈠㈡の意味の「作手」が併記されている例(『東大寺文書』建久二年(一一九一)沙門珍慶寄進状)もみられる。また、作手は荘園の名編成が進む鎌倉時代には、多く「作職」と表現されるようになった。㈢平安時代末期以降、権門・寺社からの供御人の自立の動向に対応して、供御人制が再編成された結果、「白炭焼御作手」「中宮御作手」「燈炉御作手鋳物師」などが現われた。おそらく「作り手」の意で、㈠㈡の場合とは語源的にも別のものであろう。

↓作職《さくしき》　↓作人《さくにん》　↓名主職《みょうしゅしき》　（関口　恒雄）

さくにん　作人　荘園の耕作を期限付きで請け負う農民に対する呼称。十世紀前半の史料にすでに現われるが、当初は「預作人」「寄作人」と呼ばれ、いわゆる初期荘園の耕営のために集められる労働力に対する領主側からの呼称で、そこから「作人」という用語も生まれたものと思われる。彼らは、他方で「田堵」と呼ばれる有力な百姓でもあったし、有姓者や僧侶も含まれていた。国衙側からの彼らに対する課役の追求を免れさせることは、荘園側の「預作人」募集の必要条件であった。初期の「作人」関係史料が、荘園側と国衙の間に交わされた「牒」形式をとるのは、このような事情から来ている。「預作人」の初見史料である天慶三年(九四〇)の筑前国観世音寺牒案(『百巻本東大寺文書』四五)は、以上の事実の好例である。その後、次第に「作人等、雖預作」のように、用語上で「作人」と「預作」に分離するが、両語の関係は十一世紀後半まで続く。この関係を作人の側からみると、荘地の「請作」であって、毎年耕作に先立って「請料」を差し出すことが、その元来の在り方であった。しかし、作人は「年来耕作」「経数十年」という事情から「年来作人」とも呼ばれ、「作人請文」「利田請文」を提出し、「作手」と呼ばれた「請料」は、「請文」提出の慣行に変わっていく。その負担額は、初期には「地子」、のちに「加地子」と称された段別三斗程度の米であり、国衙に対して負担する「租米」は、そこに含まれるか否かをめぐる紛争が生じがちであった。この場合、領主は「本作人」の「地子」不弁済を理由に「宛作他作人」らせることができたが、「作人」の側からも「例作人等依不請作」というように作人関係を解除することができ、いわゆる、領主、作人の相対的に自由な関係が生まれることになった。しかし、十一世紀以降、開発型「作手」が普及するようになってくると、「作人」は名主あるいは作手所有者の下で耕作することとなり、「作人」と「作手」の乖離現象が生じた。「作人」の地位のこの社会的低下傾向は、やがて戦国時代以降、「小」という蔑視の意味を含む接頭語をもつ「小作人」を生み出す基礎になったと考えられる。なお、作人のもとにさらに「当作人」あるいは「下作人」などと呼ばれる耕作農民の存在している場合がある。

↓下作職《げさくしき》　↓作職《さくしき》　↓作手《さくて》　（関口　恒雄）

さくにんしき　作人職　⇩作人《さくにん》

さくはん　作半　収穫物を、地主(領主)と耕作者が折半する刈分小作のこと。田地では佃経営が崩壊する過程で現われる経営形態であるが、いずれの場合にもみられたわけではない。『今昔物語集』や『古本説話集』にみえる「わらしべ長者物語」では、在地土豪の一つの典型的な経営形態のようにえがかれており、平安時代には広く行われていたと思われる。しかし、鎌倉時代に入ると、少なくとも畿内では、生産力の低い劣悪な生産条件の水田でしかみられなくなる。耕地が安定し生産性が向上すると、耕作者は定斗代化を望んだようであり、作半地のほとんどは定斗代の地子田になっていったのである。大和国の「ヒセンノ庄」では、永享三年(一四三一)は非常に不作だったので、この年の収穫だけ特に刈分けたという記録(『南部晋氏所蔵文書』)が残っている。近世も作半は行われていたが、そのほとんどは水田でなく、焼畑においてであった。

↓刈分小作《かりわけこさく》　（泉谷　康夫）

さくほ　錯圃　荘園などの耕地が一円的なまとまりを持たず、他領の耕地と相互に入り組んで、一、二段ないし数段ずつ散在している状態をいう。かような場合、農民は複数の荘園所領の耕地と散りがかり的関係を持つのが普通で、「諸方兼作之土民」などと称された。畿内やその近辺の荘園においては、このような事例がしばしば見出されるが、山城国紀伊郡の諸荘などは特に著名である。この地域には、拝師(志)荘・東西九条女御田・真幡木荘・鳥羽荘・竹田荘・堤荘・山崎荘・芹河荘・三栖荘その他の荘園が、左・右京職や修理職・大炊寮・主殿寮など諸官衙の所領その他とともに、錯雑した入組状態を呈して存在していた。その具体的状況は、十三世紀初期の作成と推定される『山城国紀伊郡里々坪付帳』に詳細に描き出されている(『九条家文書』)。入組関係が複雑であるため、こうした地域では、土地の帰属をめぐっての荘園所領相互間の相論も反復して起った。　（須磨　千頴）

さくもう 作毛 「さくげ」とも読む。田畑に植えられている稲や麦などの立ち毛。その作柄をもいい、『日葡辞書』は「サクモゥガヨイ」を訳して「稲などのできが良い」としている。また、時に耕作する意ともなった。文永五年(一二六八)八月十日の鎌倉幕府追加法は、質入田地の作毛に関して、債務弁済以前は、たとえ本主が押して耕作していても銭主の進止、また弁済後は、もし銭主が耕作していたとしても本主の進止と定めている。 (須磨 千穎)

さくらいのしょう 桜井荘 ㈠摂津国島上郡の荘園。現在の大阪府三島郡島本町桜井の地が比定されている。仁平三年(一一五三)、藤原頼長の春日詣の際、位陪荘とともに蒭千把を負担しており、摂関家領のうち頼長に伝えられた。このため保元の乱後、両荘は没収されて後院領となったが、建暦三年(一二一三)の天台座主慈鎮所領譲状案には延暦寺常寿院領として同荘はみえ、慈鎮から弟子の朝仁親王(後鳥羽天皇の第六子)に譲られ、再び院の管轄となった。 (福留 照尚)

㈡石見国邑知郡の荘園。大覚寺統に伝領された皇室領荘園の一つ。『和名類聚抄』に邑知郡桜井郷とある地域。江《ごう》川本流とその支流市木川が合流する小田・川戸を中心として現在の島根県邑智郡桜江町のほぼ全域、同石見町の西部にまたがり、一部江津市の最南部を含む。貞応二年(一二二三)三月『石見国惣田数注文』に「さくらゐのしやう 五十町」とみえるのが初見。徳治元年(一三〇六)六月の『昭慶門院御領目録』には、後嵯峨院御願寺の浄金剛院領としてみえる。また、延暦寺常寿院も何らかの権利を所有していたらしい。 (金本 正之)

さくりょうまい 作料米 寺社造営料などを荘園・公領の住人に賦課したもの。全国一律に賦課される場合もあるが、国・荘園を指定して賦課されるものもある。荘園領主の賦課する年貢・公事とは違って、中世国家が賦課主体となる臨時不課税であり、本来住人を客体とした公事の性格を持つ。賦課権限が次第に鎌倉幕府に委任されるようになると、鎌倉御家人が請け負うようになり、御家人役として見えるものもある。特に段別に賦課された場合は、作料段米と呼ばれることもある。 (福島 紀子)

さこしのしょう 坂越荘 播磨国赤穂郡にあった荘園。現在の兵庫県赤穂市の坂越湾に面した地域で坂越、中広一帯。仁平元年(一一五一)には摂関家領として成立しており、預所は平信範。建長五年(一二五三)の近衛家所領目録では京極殿(藤原師実)領と記され、以後も近衛家で相伝される。鎌倉時代には地頭が置かれ、正和四年(一三一五)には飽間泰継が地頭であった。また矢野荘(現、相生市)公文寺田氏は「坂越庄内浦分堤木津村畠弐町地頭職」を持っており、近隣の地頭御家人を率いて坂越荘地頭宿所から矢野荘別名に打入ったため、悪党として訴えられている。「坂越浦海賊人」として同浦地頭に捕らえられ、守護方によって誅伐された者もあったという。坂越荘の年貢は文明十年(一四七八)から同十六年までは代官請所として納入が続けられ、その後、大永四年(一五二四)にも一千疋が届けられた。戦国時代に一向宗が広まり、天正頃には法主顕如が永応寺・坂越荘門徒中に対して軍勢参加を命じている。 (馬田 綾子)

さこだ 迫田 迫《さこ》(山間・丘陵・台地を侵蝕して形成された小谷)に造成された水田。鹿児島県南部をはじめ、西日本ではこのような地形を迫または谷《たに》といい、東海地方以東の東日本では、谷戸・谷津・谷《やつ》、または洞《ほら》・迫《はざま》(狭間)・窪(久保)などと称する。鹿児島地方では、シラス台地は侵蝕されやすく、その地形と湧水を利用して、早くから棚田状の水田がつくられている。中世文書にも「迫田」「大迫」「松迫《まつがせこ》」「柳迫《やなぎせこ》」などの水田の所在する字が多くみられる。 ↓谷戸田《やとだ》 (島田 次郎)

ささきぎんや 佐々木銀弥 一九二五―九二 中世商業史。中央大学教授。大正十四年(一九二五)五月十日、山形県飽海郡遊佐村(現、遊佐町)に生まれる。山形県立酒田中学校、陸軍士官学校、山形高等学校文科甲類を経て、昭和二十五年(一九五〇)、東京大学文学部国史学科卒業。立正大学経済学部助手。同二十八年、同経済学部専任講師。三十一年、同助教授。三十八年、同教授。三十九年、茨城大学文理学部助教授。四十三年、同人文学部助教授。四十六年、同教授。四十八年、中央大学文学部教授。五十六年、同文学部長。平成四年(一九九二)九月五日没、六十七歳。中央大学名誉教授。『荘園の商業』(吉川弘文館、昭和三十九年)、『中世商品流通史の研究』(法政大学出版局、同四十七年)をはじめ、荘園と商品流通に関する多くのすぐれた研究を発表した。 (瀬野精一郎)

さざきのしょう 雀岐荘 但馬国出石郡の荘園。現在の兵庫県出石郡但東町字佐々木付近。本家は法勝寺、領家は尾張三位家であったらしいが、弘安八年(一二八五)の『但馬国大田文』によると、七十二町九段四十六歩の田地中、東方三十七町五段三十歩で本家領家に、西方三十六町四段六十歩で下地中分されており、西方の地頭は、但馬国守護の太田氏一族の、太田左衛門三郎入道如道であった。 (大島 新一)

ささきのしょう 佐々木荘 近江国蒲生郡の荘園。現在の滋賀県蒲生郡安土町常楽寺・小中・慈恩寺・中屋の付近。立荘年次・成立事情は明証を欠くが後三条天皇の時代以降皇室領荘園として成立したらしい。天承元年(一一三一)荘の一部二十町余をさいて伊勢外宮領佐々木御厨が建立されている。康治元年(一一四二)のころ左大臣源有仁領、下司職は古代より蒲生郡に栄えた近江の名族佐々貴山君氏の子孫で源姓を名のる源行実一族(本佐々木氏)が掌握。同氏は保延五年(一一三九)荘に下向した源為義(預所か)の申出によって家人となったらしい。平治の乱後、領家・預所職は平氏の手に遷ったが、寿永二年(一一八三)七月、平氏は延暦寺を自氏の氏寺にと望んで、荘の領家・預所の得分を同寺に寄進。以後本荘は延暦寺千僧

供料所となった。その後、下司職は近江に土着し佐々木氏を称した宇多源氏源経方の子孫佐々木秀義に与えられ、さらに子定綱に伝領された。佐々貴山君氏流本佐々木成綱は荘内本知行地の回復を源頼朝に愁訴し、文治元年（一一八五）に至り総管領定綱の命に従うことを条件に安堵されている。建久二年（一一九一）三月守護でもある定綱が前年の水害を理由に荘の年貢を怠ったため、日吉社の宮仕らは神宝を捧げ、定綱の居館に乱入狼藉に及んだ。定綱の子定重らは反撃し宮仕を殺し神鏡を破損したため、事態は政治問題化し、定綱らは処罰された。同荘は佐々木氏の正嫡広綱が承久の乱のとき京方についたため没収され、関東に味方した弟信綱に恩賞として給与。元弘元年（一三三一）、建久二年と同様の事件が発生、延暦寺の衆徒らは守護時信の流罪を要求。南北朝時代になると荘は延暦寺講堂造営料にあてられるようになったが、佐々木（六角）氏頼が聖供米を未納したため観応二年（一三五一）三月日吉社人が荘内に入り進納を促した。氏頼がこれに応じなかったことにより延暦寺衆徒らは客人社の神輿を山上に移し朝廷・幕府に氏頼の処分を強訴している。その後の佐々木荘については詳細不明であるが、その一部は佐々木西荘として六角満高により京都勝定院に寄進されたもようである。（髙橋　昌明）

ささきべのしょう　雀部荘　「さざいべのしょう」ともいう。丹波国天田郡の荘園。現在の京都府福知山市の東部、前田・土・戸田・石原《いさ》・川北の地域。『和名類聚抄』には天田郡雀部郷の地名がみえる。その名は膳部を司る雀部氏に由来すると考えられ、荘民は鎌倉時代には京都松尾神社に贄の魚類を毎日貢進している。元来丹波氏の管掌する土地であったが、寛治五年（一〇九一）に天田郡前貫主丹波兼定から松尾神社に寄進され、その際の寄進状によれば、四至は東が高津郷、西が土師郷并奄我、南が某荘（六人部荘か）、北が大山峯である（『東文書』）。以後、鎌倉・室町・戦国時代を通じて同神社領であった。暦仁元年（一二三八）に同神社と地頭との間で起きた相論の際の六波羅裁許状によると、文治二年（一一八六）梶原景時が代官に補任され、以後飯田清重、その実子大宅光信が地頭となる（同）。その後たびたび同荘を巡る同神社社家内での紛争が記録されている。（大島　新一）

ささのくまのしょう　楽前荘　但馬国気多郡の荘園。現在の兵庫県城崎郡日高町大字佐田・篠垣・荒川の付近。弘安八年（一二八五）の『但馬国大田文』によれば、建治二年（一二七六）帳の記載として、南北二荘があり、全体で四十八町三段六十二歩中、各二十四町余の田地に下地中分されていたが、詳細は不明である。応永年間（一三九四―一四二八）、垣屋播磨守隆国がこの地に楽々前城を築城し、以後、垣屋氏惣領家が代々拠点としていたという。（大島　新一）

さしじち　差質　⇨質《しち》

さしず　差図　地図・絵図・設計図をいうが、その呼称は平安時代にまでさかのぼる。指図とも書く。古くから、各国々はもちろん、荘・郷や京・大内裏・寺社などについて各種の地図・絵図が数多く作られた。これらは単に某図・某絵図といわれるとともに、某差図（指図）とも呼ばれた。また朝廷の儀式や寺院の法会などの次第を記録する一法として、その殿舎・仏堂などの全部または一部の平面図を作り、そこに諸具の配置、座席の位置や移動の道順を記入した図が数多く作られた。これらもまた差図と呼ばれる。それらは単独の図面として作られる場合もあれば、日記や儀式・法会記録中に挿図としてみえる場合もある。国の差図は荘園の立荘・領域の確定に重要なものであった。また荘図その他の所領差図はその支配に不可欠のものとして作られたが、その旧観を知る上で重要な史料となっている。（田中　稔）

さしだしけんち　指出検地　戦国時代から近世初期にかけてみられた土地把握の一方法。大名が直接検地をするかわりに、家臣や寺社・村などに、土地の面積・年貢・耕作者などについて、調査し報告させたこと。指出（差出）ともいう。現存する指出検地帳・指出帳を宮川満『太閤検地論』一・三から若干あげると、天正五年（一五七七）『越前国織田寺社領平等村指出』、同七年『越前国織田寺千手院領指出水帳』、同八年『近江国安治領指出』、同年『法隆寺々領指出』、同十年『千手院領指出』、同十八年『近江国今堀村指出』などがある。その記載様式は、検地帳の記載様式と同じで、小字・面積・分米・名請人が記載されたもの、あるいは所領の面積および収納高の合計のみが記載されたものなどいろいろであるが、天正十年『千手院領指出』に記載されている小字・面積・名請人は、同五年柴田勝家の検地帳の小字・面積・名請人と一致しており、『千手院領指出』が勝家の検地帳の写しであったことがわかる。このように指出検地帳は、実際に検地をして作成したものではなく、家臣・寺社・村などが、土地について調査し、指出（報告）した土地台帳であった。正保四年（一六四七）『備中国浅口郡乙嶋村指出之事』には、田畑の地位別の畝高・小物成・家数・人数などが記され、その記載内容は近世の村明細帳の内容と類似しているから、検地が一般的に実施されるようになったのちの指出帳は村明細帳へと変質したといえよう。織田信長が征服と並行して指出検地を命じ、それによって家臣に給地の支給、軍役賦課を行なったのは、天下統一に急で検地実施の時間的余裕がなく、また指出検地によって旧来の土地関係を一応認め、在地の反発をかわそうとしたからであるともいえよう。しかし他方で検地を実施しているから、信長の土地把握の方法は指出検地から検地を指向していたといえよう。豊臣秀吉は初期のうち指出検地を命じたが、征服と並行して太閤検地を実施し、近世的土地制度である石高制を実現した。その意味で指出検地は、中世的土地把握から近世的土地把握への転換期にみられた土地把握の一方法であったといえよう。なお、大名の例として、前田利家・小早川隆景・蜂須賀家政ら

が、天正十年代に領国において指出検地をしていることを付記しておく。　↓検地《けんち》　（青野　春水）

さた　沙汰　沙は砂、汰はえらび分ける意で、水の中で砂をゆすって、砂金などをえらび分けることから、転じて淘汰すること、精粗を区別すること、理非曲直を明らかにすること、裁断すること、物事を処理することなどきわめて多岐の意味に用いられる。中世においては、改《あらため》沙汰《ざた》・無沙汰《ぶさた》・尋沙汰《たずねざた》・取沙汰《とりざた》・誡沙汰《いましめざた》・申沙汰《もうしざた》・沙汰《さたし》付《つく》・沙汰居《さたしすう》のように、「沙汰」という語の前後に付く動詞は続けて読まれる。鎌倉時代末期に成立した訴訟用語の解説書である『沙汰未練書』の「沙汰」は裁判・訴訟の意味であり、裁許状にしばしばみえる「任二先例一可レ致二沙汰一」の「沙汰」、沙汰雑掌・沙汰代官・沙汰未断・所務沙汰・検断沙汰などの「沙汰」もほぼ同じ判決・成敗・訴訟などの意味で使われている。判決を保留、または訴えを棄却する場合「非二沙汰之限一」という用語が用いられ、審理のやり直しの場合は改沙汰、尋問・糺明の場合は尋沙汰という。「停二止地頭之沙汰一」「不レ可レ致二新儀沙汰一」などの「沙汰」は職務の執行の意味であり、毎年正月に行われる幕府の政務始めのことを沙汰始、上の命令を受けて職務を執行する人のことを沙汰人という。「任二親父之譲状一可レ致二沙汰一」の「沙汰」は所領・所職の知行・領知の意味である。「年貢者無二懈怠一可二沙汰一」の「沙汰」は年貢の徴収・納入の意味であり、年貢を無沙汰しているといった場合は年貢未進のことである。また荘園において年貢を収納する人のことを沙汰人と呼ぶ。「於二少分一者早速可レ致二沙汰一、至二于過分一者、三ヶ年中可二弁済一」の「沙汰」は弁償・支払の意味である。「於二恩賞一者、追可レ有二沙汰一」の「沙汰」は決定・命令・政治的処理などの意味である。「件所領者、依二相伝之由緒一、所レ令二沙汰一也」の「沙汰」は所領の支配・進止・進退領掌の意味である。所領・所職を沙汰付・沙汰居といった場合は、所領・所職を給付する・引き渡す・補任するの意味である。「世上の取沙汰」の「沙汰」は評判・噂の意味である。「今度沙汰出来、猶可レ被レ憚歟」の「沙汰」は問題・事件の意味である。このほか評定・興行・催し・調査・報告・披露・音信・通知などを意味する場合もある。このように中世における「沙汰」は種々さまざまな意味に使用されており、前後の文脈との関係で「沙汰」の意味を判断する必要がある。その中にあって、中世の「沙汰」の使用例の大半は、裁判、判決、命令、職務の処理、土地の支配、年貢の納入などの意味で使われていることがわかる。近世以降では、中世における意味を引き継ぎながらも、「御沙汰書」などの使用例にみられるように、上からの命令・達しなどの意味で用いられていることが多い。　（瀬野精一郎）

さたけのしょう　狭竹荘　大和国城下郡の荘園。現在の奈良県磯城郡三宅町の地を中心とする地域。延久二年（一〇七〇）の『興福寺雑役免帳』には、散在形式をとる興福寺雑役免荘狭竹荘十二町二段三百歩がみえている。また『三箇院家抄』二には、大乗院の支配に属する竜花樹院領狭竹荘十六町九段大がみえている。この竜花樹院領狭竹荘は名田部分と除田部分からなり、名田部分八町一段は二町七段からなる均等な三名に分かれ、残りの除田部分は荘官・坊官などの給田や特定の寺用田にあてられていた。　（泉谷　康夫）

さたざっしょう　沙汰雑掌　⇩雑掌《ざっしょう》

さたしすう　沙汰居　命令によって特定の人物を特定の所領・下地・地位などに配置する場合の用語。　（瀬野精一郎）

さたしつく　沙汰付　命令によって特定の人物に所領、所職を給付し、その進止を委任する意味で用いる用語。　（瀬野精一郎）

さたにん　沙汰人　沙汰とは中世では、裁判、官府の命令、物事の処理、土地の知行、貢納等々多様な意味に用いられている。これらの沙汰を実際に執行する者を広く沙汰人とよんでいる。具体的には役所における職名としては、たとえば四府駕輿丁座の沙汰人は四府（左右の近衛・兵衛府）に各一名おかれ、兄部《このこうべ》を補佐して命令の伝達、下意の上申をつかさどっている。また、集会など運営にあたる幹事・代表者のことも沙汰人といい、寺院の役僧集会・衆徒集会の代表者や、村落の自治組織である惣村の中核となる代表者のことを沙汰人とよんでいる。中世文書などに最も多くみられるのは荘園の沙汰人で、荘園領主の支配機構の末端にあって命令の伝達・執行、荘園年貢の収取などをつかさどっていた。職制としては下級荘官であるが、多くは在地の有力名主層で、村落のなかにおいては刀禰《とね》や乙名《おとな》などとともに、村落の自治組織の中心的存在であり、惣村の代表者としての沙汰人とかさなっていた。　（福田栄次郎）

さたにんたいにんりょう　沙汰人替任料　沙汰人に就任する場合に、荘園領主に納める任料。鎌倉中期以後は銭で納められている場合が多い。荘園において有力百姓が沙汰人になることは名誉のことであり、沙汰人が荘園領主に任料を納めていることは、沙汰人の荘園領主に対する立場の弱さを示している現象である。　（瀬野精一郎）

さたにんびゃくしょう　沙汰人百姓　荘園で沙汰人としての職務を執行している百姓。沙汰人に選ばれた百姓は、荘内の有力百姓であった。東寺百合文書と建仁三年（一二〇三）四月七日弓削島荘沙汰人百姓等解によれば、弓削島荘沙汰人百姓等が、先例に任せて国使の荘内乱入の停止を訴え、伊予国国司庁宣によって国衙の使の荘内乱入を停止させる目的を達成している。このように沙汰人百姓は、荘民の要望を受けて、荘園領主にその要望を訴える役割を果たしている。　（瀬野精一郎）

ざっしょう　雑掌　本来諸官衙の雑務を掌るものの称。『延喜式』には四度使雑掌・朝集使雑掌などの名がみえるが、これは律令制下にこれらの使に随って公文帳弁進などを扱ったもの。平安時代に、国衙官人として調・庸・

雑物の運送に関与するものを国雑掌といい、「成安」なる仮名《けみょう》を称するものが多かった。また国雑掌で在京のものもあり、これは太政官の下級官人で、調・庸・雑物の納入を請け負った。しかし、最も一般的には、荘園制のもとで荘園領主(本所・領家)たる寺社や公家諸家がその荘園の管理にあたらせ、雑務を沙汰させた雑掌のことである。この雑掌のうち主として現地にあって年貢・公事の徴収にあたるものが所務(荘務)雑掌で、預所の別称でもあった。また在京して荘園に関する訴訟事務を行うものが沙汰雑掌であり、地頭との紛争では荘園領主の利益を代表して、訴訟・裁判に臨んだ。東寺では前者を地下雑掌といい、後者を寺方雑掌と呼んでいる。また高野山領荘園では平雑掌と呼ばれるものがあり、これは所務雑掌と沙汰雑掌の権限を併有するものと見られている。なお鎌倉・室町時代の武家にあって厨事・薪炭などの雑費を掌るもの、また修造・営作や犬追物・弓場始などの諸行事、あるいは将軍遊行の際の費用を弁ずるものを雑掌(雑掌人)と称した。また各地の武士・大名で京都に屋敷を持つものが、一族・被官を京都に置き雑務を行わせたものを都雑掌という。江戸時代には公家の家司を雑掌と称した。

(安田　元久)

ざっそけつだんしょ　雑訴決断所　建武政権の訴訟機関。鎌倉時代王朝の所務訴訟は記録所・文殿によって所轄されたが、幕府が倒れ、建武政権が成立すると記録所は公武の訴訟を一手に処理することができず、ここに雑訴決断所が新設された。雑訴とは主として所領関係の訴訟をいい、その処理は政局担当者の重要な責務であった。決断所の設置については『梅松論』と『太平記』に記事がみえる。編成については『太平記』に三番制と記されているが確証がなく、ふつう『比志島《ひしじま》文書』四に収める四番制の雑訴決断所結番交名をもって創設時の形態とみなしている。またその創設の時期については、この交名に載せる職員の考証をとおして、元弘三年(一三三三)九月をさほどさかのぼらぬころと推定される。設置された場所は「郁芳門《いくほうもん》(大内裏外郭東面の南端にある門)ノ左右ノ脇」(『太平記』)であった。翌建武元年(一三三四)八月には、八番制へと拡充され、同時に訴訟機関としての権限も強化された。決断所の職員はその身分階層によって分類すれば、(一)上流廷臣(大納言以上)、(二)中流廷臣(中納言・参議)、(三)下流廷臣(1)弁官級吏僚、(2)法曹吏僚)、(四)武家出身者の四つに分けられる。(一)・(二)は天皇側近グループ、(三)―(1)は弁官グループ、(三)―(2)・(四)は実務担当の下級職員である。『二条河原落書』にいう「器用堪否沙汰モナク、モル、人ナキ決断所」とは以上のような決断所職員の無原則な起用を酷評したものである。決断所の所轄事項や訴訟手続きについては『建武記』に規定があり、これによって決断所の発展の道すじを探ることができる。決断所の判決は牒と下文(実例は少ない)の形で出された。現在、元弘三年十月八日付(『島田文書』)を初見とし、建武二年十二月十日付(『松浦山代文書』)のものまで全百四十点ほどが確認される。これらの決断所牒・下文によってその用途を調べれば次の四つに分類される。(一)所務相論の裁許(主に寺社権門領に対する濫妨行為の停止)、(二)地頭御家人層の所領安堵、(三)綸旨の施行、(四)訴訟進行上の手続き(召喚・論所点置・事情聴取)。このうち(一)・(二)が基調をなし、権限の拡大とともに(三)が付加された。(三)は建武政権成立直後に乱発された後醍醐天皇の綸旨を整理する目的を持つ。『太平記』が決断所の任務を「雑訴ノ沙汰ノ為」と記し、『梅松論』が幕府と比較して「是は先代引付の沙汰のたつ所也」と指摘したのはまさに正鵠を射ている。徹底した天皇親政が建武政権の著しい特徴であるが、決断所はやがて政権を支える枢要の機構となる。しかし建武二年十一月足利尊氏が離反したのを機に、決断所の活動は急速に衰退した。建武政権の構成が公武の寄り合い的性格を持つことは早くから指摘されているが、そのことは政権の成立の諸条件からみれば必然的であった。むしろ支配体制の推移という観点からみて、この公武折衷型の構成が室町幕府体制への移行過程の中で果した役割を積極的に評価する必要がある。

(森　茂暁)

ざつむざた　雑務沙汰　中世武家法の用語で、民事関係を主な内容とする訴訟のことをさす。ほかに、所領・所職などの不動産関係を内容とする所務沙汰と、謀叛・殺害・夜討・強盗・山賊・海賊などの刑事事件を内容とする検断沙汰があった。鎌倉幕府初期における訴訟関係には未詳のことが多いが、侍所・政所・問注所などの訴訟関係における権限内容や管轄事項などの区別は、必ずしも明確ではなかったらしい。所務・検断・雑務三沙汰の分化は、建長年間(一二四九―五六)から弘安年間(一二七八―八八)までのいわゆる得宗専制の成立期に行われたようで、鎌倉時代末期の元応年間(一三一九―二一)ころに成立したと思われる『沙汰未練書』は、この三沙汰の区別を明確にしている。それによると、「雑務沙汰トハ、利銭・出挙・替銭・替米・年記・諸負物・諸借物・諸預物・放券・沽却田畠・奴婢・雑人・拘引以下事也、以㆓是等相論㆒、名㆓雑務沙汰ト㆒」とあり、その管轄については、「関東御分国雑務事者、於㆓問注所㆒有㆓其沙汰㆒、又引付所務賦事、於㆓問注所㆒在㆑之、鎌倉中雑務事者、於㆓政所㆒有㆓其沙汰㆒、亦将軍家諸色御公事支配事等、於㆓問注所㆒在㆑之」と記されている。この「関東御分国」は、将軍家知行国としての関東御分国ではなく、東国一般をさすものと考えられる。西国については、まだ分化は進んでおらず、「六波羅雑務沙汰事、於㆓五方引付㆒、定㆓奉行人㆒、令㆑分㆓充国々㆒、引付衆中共有㆓其沙汰㆒、賦ハ其手頭人訴状書㆑銘、直奉行方賦㆑之、関東ニハ差符ト云」とあり、九州では諸国の守護の権限だったらしい。いずれにおいても、訴訟には当事者主義がとられたので、和与で終ることも多かったようである。このように、鎌倉幕府では訴訟の対象によって三種の沙汰に分けていたが、室町幕府では管轄する部局によって、所務沙汰を引付沙汰、検断沙汰を侍

所沙汰、雑務沙汰を政所沙汰と呼び、ほかに文書の真偽を審議する問注所沙汰を設けている。 （奥富 敬之）

さとのしょう 佐都荘 常陸国佐都西郡を中心とした地域の荘園。現在の茨城県常陸太田市付近。鎌倉期、近衛基嗣→尊助法親王→後嵯峨院→大宮院という本家職の伝領経路をたどった。大宮院の後は亀山院の息女昭慶門院に譲与された。亀山院の死後は、大覚寺統の荘園群を統括した後宇多院のもとで昭慶門院が当荘を知行した。昭慶門院は、当荘を後醍醐天皇の皇子世良親王に譲与した。元徳二年(一三三〇)に親王が没した後、当荘は臨川寺に寄進されたが、その支配は不安定であった。建武二年(一三三五)、当荘は臨川寺の支配を離れたが、暦応四年(一三四一)九月には再び臨川寺領化した。以後、当荘の領家職は天竜寺に移動した形跡がある。なお、治承寿永内乱期、佐竹氏が当荘の在地支配を行なっていたと想定される。鎌倉期には、伊賀氏もしくはその一族の佐伯氏が地頭職を保持し、その一部は婚姻を介して二階堂氏に伝領された可能性が高い。南北朝期以降は佐竹氏が当荘域の支配を回復した。 （清水 亮）

讃岐国山田郡弘福寺領田図

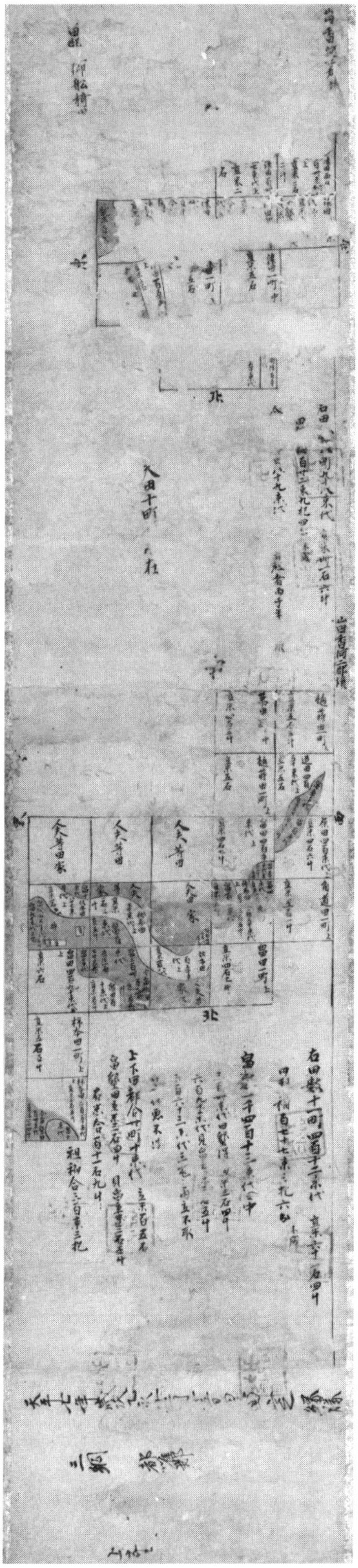

讃岐国山田郡弘福寺領田図(天平七年十二月十五日)

さぬきのくにやまだぐんぐふくじりょうでんず 讃岐国山田郡弘福寺領田図 弘福寺(川原寺)が讃岐国山田郡に有した寺領について天平七年(七三五)の現況を示した田図。香川県大川郡志度町多和神社多和文庫蔵。図上に「弘福之寺」の朱印影十二を数え、「山田郡林郷船椅里」「山田香河二郡境」などの表記もみられ、奥書に「天平七年歳次乙亥十二月十五日田図定」とある。和銅二年(七〇九)の『弘福寺田畠流記帳』(『円満寺文書』)および天平勝宝七歳(七五五)の『山田郡川原寺校出注文』(『東寺文書』)との対校によって本田図の内容に疑点はなく、条里制下の方格地割および寺領の具体的な形態を示す最古の史料として価値が高い。本図は長さ一〇九センチ、幅二八・三センチで南を上にして書かれ、上(南)・下(北)二ヵ処に分かれた寺領が方格地割によって示されている。田畠については個別に面積や田品・直米が記されているが、面積の表示に町—束代の単位を用いていることが注目される。釈文を『大日本古文書』編年文書七に収める。 （虎尾 俊哉）

さののしょう 佐野荘 下野国安蘇郡の荘園。現在の栃木県安蘇郡の田沼・葛生両町および下都賀郡の小野寺を除く岩舟町から佐野市にかけての広大な地域であったとされる。保元の乱以前にすでに摂関領荘園として成立しており、保元の乱後、妙音院領となり、正中二年(一三二五)までは同院領であった。しかるに、十年後の建武二年(一三三五)に西園寺家領となった。しかし、在地領主である佐野氏が本荘の主たる実質的・現実的支配者であった。 （秋本 典夫）

さばしのしょう 佐橋荘 越後国三島郡の荘園。現在の新潟県柏崎市の鯖石川中流域および長鳥川流域だが、四至・立荘年次・成立事情は不明。『吾妻鏡』文治二年(一一八六)に六条院領とみえ、のち、鎌倉時代中期に室町院領、末期に亀山上皇領、後二条天皇領、昭慶門院領と移り、南北朝期に万寿寺領となった。同荘南条地頭職は毛利経光が得て、一帯に毛利氏が成長した。長禄元年(一四五七)北条が専称寺領として安堵されている。 （村山 教二）

さばたのしょう 鯖田荘 越前国坂井郡の荘園。現在の福井県福井市北部から坂井郡春江町にまたがる地域。東大寺領の初期荘園。天平神護二年(七六六)の越前国司解によると、当荘は天平宝字元年(七五七)坂井郡司品治部公広耳が寄進した田地百町を基礎として成立、天暦四年

(九五〇)の『東大寺封戸庄園幷寺用帳』では国富大・小荘を分立して鯖田荘田は十七町四段二百九十歩となった。長徳四年(九九八)の田地目録の記載を最後に「田荒廃数多、熟田不幾」と記して、その実質を失い消滅した。（松原　信之）

さほた　早穂田　早稲を栽培する田。早稲田と同義。稲の品種は、はやくは平安期から、その収穫時期によって、早稲・中稲・晩稲に区別される。とくに、鎌倉期以降は、品種改良も格段とすすみ、各地域の田畠の状況にあわせて、時期を変えて稲をより効率的に栽培するようになった。（錦　昭江）

さほだのしょう　佐保田荘　大和国添上郡の荘園。現在の奈良市法蓮佐保田町を中心とする地域。平安時代末期には東大寺領であったらしいが、詳細はわからない。『簡要類聚鈔』によると、興福寺一乗院領のうちに「佐保田庄大后寺領也」とあるから、鎌倉時代中期には一乗院領となっていたことが知られる。おそらくは大后寺が興福寺の末寺になるに伴い、興福寺領となったのであろう。鎌倉時代以来の佐保田荘には、一乗院領の本免田と、大乗院領の新免田とがある。本免田は一乗院根本御領十二ヵ所の内(『大乗院寺社雑事記』文明七年(一四七五)四月四日条)にあるともいわれ、二条寺主家が預所職を相承し、一乗院方国民の超昇寺氏が下司となっている。荘域は新免田の東に位置して、永享七年(一四三五)の佐保田庄引付によると、二十五名で構成され、三十町余の面積があった。ここに佐保田天神が祭られたらしく、一乗院領の七郷中に佐保田がみえる。大乗院領の新免田は、根本所領六十四荘の中に新免荘とみえる。荘域は平城京左京二条三坊を占め、内閣文庫などに土帳が残る。建長記録には十六町六段八十歩、嘉吉三年(一四四三)には二十町五段三百十歩とあり、大乗院方坊人の法花寺奥がここで給分を受けている。おそらく下司であったのであろう。新免田は室町時代を通じて大乗院領となり、天正年中(一五七三―九二)に及んでいる。なお『太子伝玉林抄』一五では、法隆寺末荘に佐保田荘を挙げるが、おそらく同地にあったと思われる。（秋山日出雄）

佐保田荘

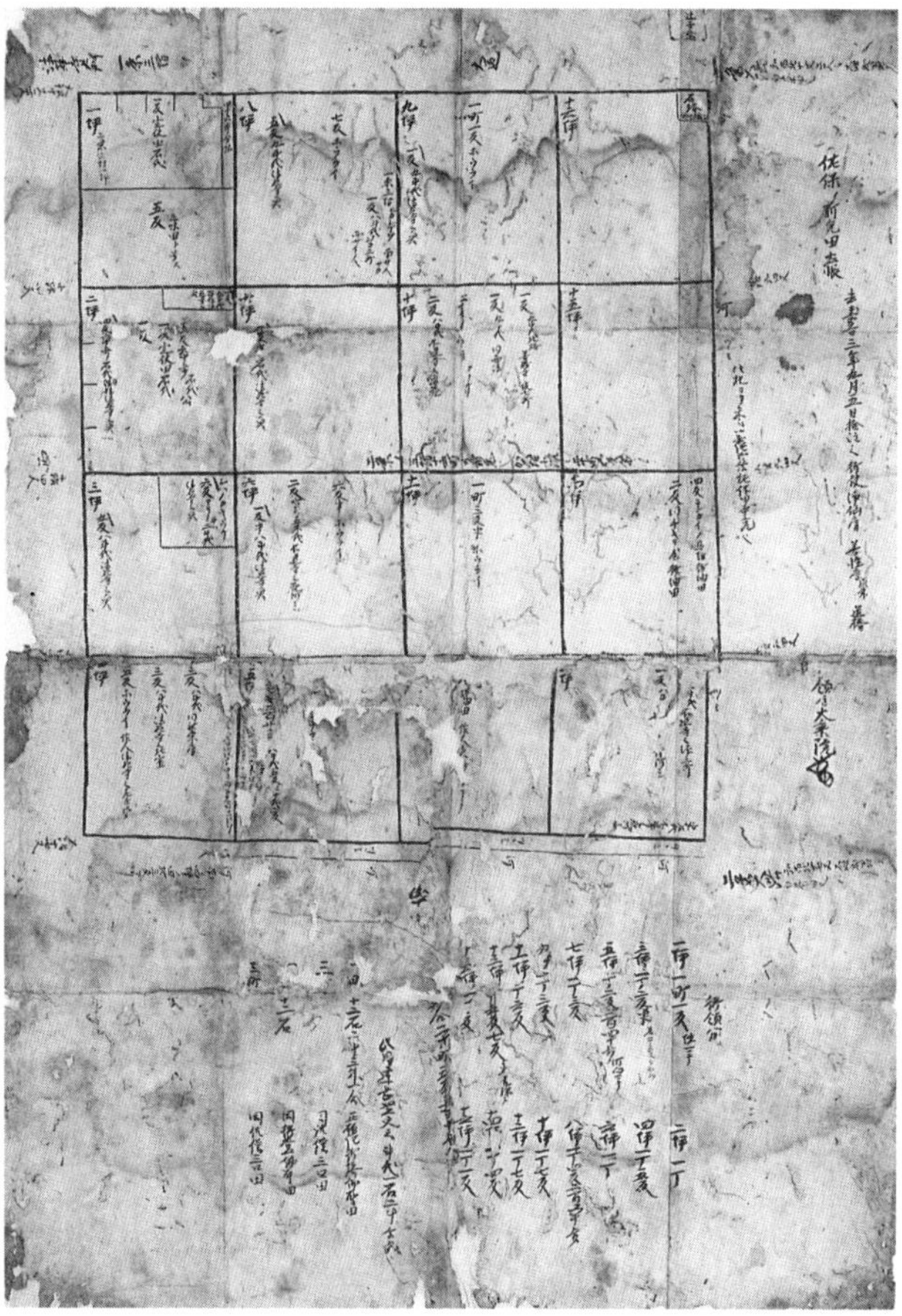

佐保新免田土帳(嘉吉3年9月5日)

さほのしょう　佐保荘　大和国山辺郡の荘園。現在の奈良県天理市佐保庄町を中心とした地域。興福寺領の荘園。立荘年次・成立事情は明らかではないが、延久二年(一〇七〇)の『興福寺雑役免帳』には「五町六反小　公田也」とみえ、山辺郡十二条七・八里、十三条七・八里に所在した。そののち大乗院領として、貞和三年(一三四七)には二十町八段とみえ、永享元年(一四二九)『臨時反銭納帳』には「廿丁八反五貫文」と書かれるが、そののちはわからない。（秋山日出雄）

さまよいだ　飃田　「さまよう」という語意から、熟田と常荒と林が年次ごとによって場所を変えて輪作する林田農法を採用する田を指すと推定される。なお、この場合の荒田とは、用益期間をすぎて林にもどしつつある部分をさす。貞観十五年(八七三)の『広隆寺資財帳』にある山城国葛野郡五条市川里に属する田に「十三上飃田八段二百五十二歩／一段百八十歩熟七段七十二歩畠・十四下飃田八段二百三十一歩／二段百八十歩熟六段五十一歩常荒」とあり、この記載から熟田と畠と常荒が年次によって場所を変えて利用されていた状況をうかがわせる(『平安遺文』一巻一六八号)。（錦　昭江）

さむかわのみくりや　寒河御厨　下野国の荘園。地域は現在の栃木県小山市を中心に南北に拡がりがあった。都賀郡小山郷が荘園化すると一体的に寒川郡の一部も荘園化したと考えられる。この意味において小山荘と同一である。成立時代は院政時代とされ、はじめ院領荘園であ

ったが、仁安元年(一一六六)伊勢神宮に寄進され、寒河御厨が成立した。「寒河」の名称となったのは、寒川郡と深い関係があったためであろう。在地領主は小山氏であったと考えられる。　→小山荘《おやまのしょう》　（秋本　典夫）

さやまのしょう　狭山荘　河内国丹南郡にあった荘園。現在の大阪府大阪狭山市付近。興福寺大乗院領。初見史料は『玉葉』建久二年(一一九一)三月一日条。弘長三年(一二六三)三月十八日「太政官符」によると、当荘は、天平宝字元年(七五七)に本領主草賀種吉が興福寺仏聖燈油料として寄進し、翌年勅施入されたという(『鎌倉遺文』一二巻八九四二号)。この官符は、興福寺による新開発田畠を国衙の管轄外とし本荘と区別する学侶供料とするのを認めたもの。新開地の四至は「東限狭山河　南限自久佐々峯経大鳥郡境道　西限自大鳥丹比二郡境道経佐志久美岡　北限丈六池并龍園寺南」で、現在の天野川・狭山池・西除川を東限とする大阪狭山市のほぼ全域からその北部の堺市丈六に及んだ。嘉元年間(一三〇三―〇六)には、興福寺の在地神人が殺害される事件が発生した。室町期には将軍家御料所となっており、長禄年間(一四五七―六〇)には政所執事伊勢氏が興福寺への年貢納入を請け負っている。文明年間(一四六九―八七)には不知行となり興福寺への上分納入も途絶えた。　（堀　祥岳）

さよね　早米　早稲。荘園の散用状等に見られる稲は、早稲・中稲・晩稲の三種に分けられる。早稲は、四月初めには田植えをして、六月下旬から七月の上旬には収穫となる。播磨国の東寺領矢野荘の散用状によれば大唐米とも見え、八月には市場での換金が始まる。ただし、通常米よりも換金率は二割近く低い。大唐米は、平安時代に日本に入ってきたとされ、「だいたうほうしのよね」ともいわれ、乾田・湿田等の条件を選ばず作付けでき、炊き増えがすることから、鎌倉時代末期頃から始まる新たな荘園開発にともなって導入された品種とも考えられている。しかし室町時代以降も散用状では一定量の大唐米の納入がなされており、開発に伴う一時的な備荒品種というよりは、自然環境の変動を考慮して、中世を通じて作付けされた品種であったと考えられる。収穫後の田では、そばやキビが作れるため、二毛作の表作として利用されたと考えられている。　（福島　紀子）

さよのしょう　佐用荘　播磨国佐用郡内の荘園。現在の兵庫県佐用郡の大部分と赤穂郡・宍粟郡の一部にわたる地域。鎌倉時代の建長二年(一二五〇)十一月、前摂政九条道家が書き記した家領惣処分状に、孫の右大臣忠家に譲るべき家領として挙げられているものの中に、播磨国佐用荘内、東荘・西荘・本位田・新位田・豊福村・江河村(以上、佐用郡)・赤松村(赤穂郡)・千草村・土万村(以上、宍粟郡)がみえ、佐用荘が当時九条家領の荘園で、播磨の西部を貫流する千種川の中流から上流一帯の地域を占める大荘であったことがわかる。鎌倉時代初期のころ以来、赤松氏が佐用荘の地頭職を相伝し、荘内の赤松村に居を構えて、次第に在地領主としての勢力を伸ばした。元弘の乱に際しては、赤松則村(入道円心)が、元弘三年(一三三三)正月、大塔宮護良親王の令旨を拝受して荘内の苔縄城に挙兵し、播磨国中の武士たちを糾合して、鎌倉幕府追討の戦いの第一線に立って活動した。観応元年(一三五〇)則村の没後、嗣子範資に惣領分として譲与された遺領の中に、佐用荘内、赤松上村・三川村・江川郷太田方・広瀬方・弘岡方・本位田・下得久などがみえており、佐用荘は室町政権下においても、播磨守護赤松氏の主要な所領として相伝された。　（水野恭一郎）

さららのしょう　讃良荘　河内国讃良郡の荘園。現在の大阪府四条畷市の西南部から大東市にかけての地域。鎌倉時代初期の本家は八条院、領家は藤原定家の姉九条尼、建暦二年(一二一二)九条尼はこれを成家(定家の兄)に譲渡した。また預所荘司職は藤原秀康であったが、承久の乱で没収され沙弥覚智(安達景盛)に預所地頭職として与えられ、彼は寛喜元年(一二二九)にこれを高野山禅定院に護摩用途として寄進した。霜月騒動の後、内管領に属する大瀬惟時は旧安達領として押領したが、延慶二年(一三〇九)高野山に返領された。

参考文献　『大東市史』　（福留　照尚）

さるかわのしょう　猿川荘　紀伊国那賀郡の荘園。現在の和歌山県海草郡美里町に所在。貴志川の上流に位置する山間荘園で、耕地は少なく、材木の貢進が主な負担であった。西は神野荘に、東は毛原(毛無原)郷に接する。ただし元来は、「神野内猿河村」といわれているように、康治元年(一一四二)に立荘された鳥羽院領神野荘の一部であった。鎌倉時代の承久の乱後、高野山の一円支配下に入り、十三世紀半ばごろから独立して猿川荘と呼ばれるようになる。また神野・真国両荘とあわせて、三箇荘とも称された。開発領主は国覓《くにまぎ》氏で、その後裔は惣刀禰職や公文職などを中世においても相伝しており、十三世紀中葉に高野山や百姓と対立して一時剝奪されたが、まもなく還補された。十三世紀後半から十四世紀にかけて、神野・真国両荘の荘官とともにしばしば高野山に起請文を提出し、統制に服した。こうして膝下荘園としての支配秩序が整えられたと考えられるが、南北朝期以降の推移については不明な点が多い。　→神野真国荘《こうのまくにのしょう》　（小山　靖憲）

さんごう　散合　見積もり。荘園年貢の収納にあたっては、定免と検見があるが、後者の場合は収納の都度、収穫量の見積もりが必要であった。また、前者の場合でも、荘園側から損亡の要求が出された場合、使者を派遣して立毛の検見を必要とすることもある。収穫期の秋に行われる内検の場合、田地に対する検注ではなく、立毛の検見による散合を含んだ内検が行われることもある。荘園現地で荘官・沙汰人立ち会いのもとで散合が行われ、その年の年貢額の内訳が決定される。「上使を以って散合せしむ」などと用いる。　（福島　紀子）

さんごじりょう　三鈷寺領　京都市西京区大原野石作町

にある三鈷寺の所領。三鈷寺の寺号は、証空が当寺に拠って浄土宗西山派の祖となったとき、往生院のある山容が三峰に分かれて密教法具の三鈷に似るところから名付けたという。しかし、三鈷寺の名が『三鈷寺文書』に現われるのは鎌倉時代末期まで下り、たとえば応永七年(一四〇〇)正月十八日の『西山参鈷寺(亦名往生院)当知行山城国寺領目録』のように往生院の旧名はその後も併用されている。ここでは「西山往生院」「善峰寺往生院」と呼ばれたころにさかのぼって述べる。開基源算の死後荒廃した往生院を復興したのは中納言法橋観性である。観性は「夜の関白」の異名をもつ院政期の寵臣葉室顕隆を祖父に、天台座主顕真を兄にもつ名門の出身で、往生院に入院するとき先住賢仁から買得した私領や、観性と同時に西山に隠退し往生院の近くに庵室を構えた養母来迎房尼御前(心仏)が観性のために買得していた料田、観性から受法した慈円から譲られた陸奥前司橘則光の旧領富坂荘預所職、善峰寺僧良秀から買得した田地などを往生院に寄進して、寺の経済的基礎をつくった。観性は慈円を介して九条兼実の帰依を受け、その縁から中山忠親(『山槐記』の記主)や徳大寺実定(観性の叔母「女房三位」の孫でもある)にも帰依された。観性は「所持本尊、聖教並往生院山林、同田地」を慈円に譲ったが、寺領の中心となる「如法仏領山田九ヶ所」はいずれも寺辺の片々たる山田であった。慈円は兼実の死後、首尾五年、中三年間、西山に籠居したほかは主に白河房に住んだから、往生院は観性の遺弟たちが留守していた。慈円が往生院を善恵房証空に譲ったころから寺領は再び拡大した。建暦二年(一二一二)正月、証空は西山水谷田二段のうち一段を能米十二石で買得したが、この田は観性の遺弟聖弘から買得したものであった。聖弘からは建保四年(一二一六)椙谷田二段のうち一段を十二石で買得している。寛喜元年(一二二九)には乙訓郡橘前司領(号山方荘)を成源から百六十貫文で買得したが、これは観性から守円を経て成源が相伝していたものだから、橘則光旧領の富坂荘のことである。証空は観性遺領の所職を買得集約することで寺領の一円化を計ったのであろう。続いて寛喜二年には信阿弥陀仏(宇都宮朝業)が小塩荘の料田一町と、古市村・久世里の料田二町二段を往生院に寄進したが、仏聖燈油や不断念仏衆一口分供料ほかその用途を細かく規定している。宇都宮朝業は親鸞の関東での居所常陸国笠間郷の領主で、兄頼綱とともにすぐれた歌人でもあって将軍源実朝の信任あつく、実朝の死後出家して上洛していた。朝業の寄進は、兄頼綱が出家して法然房源空の弟子実信房蓮生となり、源空の死後はその遺骨を守ってこの地に住み証空の弟子となった由緒に因る。朝業は料田を往生院に寄進したのと同日付で実朝追善料として能米一石六斗五升を定め置く置文をものこしている。また寛喜三年には尼浄因から乙訓郡石原方五段字小細と六段字西沢の地を買得するなど、証空の名声と経営手腕によって、この時期に寺領は大いに増大した。その後も西山義の本寺として寺領の寄進が続き、応永七年の当知行山城国寺領目録によると、領家職として寺戸内三町(此内一町在土川内、南御方浄仁寄進)、同柳田一町(藤原氏沽却)、同櫟坪二段(藤原氏女沽却)、同一町(末寺遣迎院分、僧禅祐沽却)、長井荘内一町、古市内一町(字景石)、堂町一町(以上塩屋兵衛入道信生房昇蓮寄進)、鶏冠井内三町(徳大寺左大臣家寄進)、久世狭山六町余(尼浄妙沽却)、久我田畠一町三段(滋野氏女全阿弥陀仏沽却)、山方四町余(岡崎成源僧正于時僧都沽却)、久世石原方七町余(此内一町東山遣迎院分、三位局浄因沽却)、久世内二町(光明峰寺禅定殿下重御下文、根本後法性寺殿御寄進)、富坂内一町(持明院中納言家寄進)、牛瀬田畠六段(信顕法印沽却)、桂東荘内二段(大和入道寄進)があり、加地子分としては上野名田二段(僧道位寄進、八幡田、菱川荘在之)、同名田四段(弥阿弥陀仏寄進)、六人部名田二段三十歩(覚行沽却)、土河名田四段(藤原氏女沽却)、灰方名田一段(沙弥尋蓮沽却)、菱川名田二段(正観房寄進)、同名田一段(瑠璃女寄進)、同名田五段(塔頭領鉢福)、同名田四段(同)、神部領名田一段(同)、寺戸名田二段小(塔頭領花台)、灰方名田二段(同)、白井前名田三段(同)、菱川名田二段三十五歩(宝修大姉寄進)がある。また別相伝の加地子分として白井前名田三段、土川名田一段、菱川名田二段、同名田二段(八幡田)、同名田四段四十四歩、同名田二段、同名田二段があがっている。集計すると、領家職三十三町三段余、加地子分五町一段余となる。文明十年(一四七八)の当知行目録では、以上の「山城国所々散在田畠山林等」のほかに、摂津有馬郡宅原荘、同武庫郡小林下荘、同河辺郡久々知村貞延名三町余、同生島荘富松郷公田七町余、近江坂田郡小野荘梵網経田があがっている。三鈷寺は応仁以後の兵火で伽藍堂塔の大半を焼失し、寺領もつぎつぎと押領された。不知行分として、近江船木荘、河内田原荘・吉田荘、伊賀六ヶ山内上津宅村、摂津郡家村・溝杭・鳥養、紀石原(遣迎院内)、和泉大泉、備後河北、善光寺の名があげられている。寺辺の山林田畠のみは三好長慶や足利義昭に安堵されてわずかに命運を保っていた。天正三年(一五七五)十二月諸堂再興の正親町天皇綸旨が住持見空に下されたが、再興することができず、同十三年豊臣秀吉は寺辺をのこして寺領を没収した。　(石田　善人)

さんし　散使　室町時代の荘園や戦国時代の農村に置かれた村役人の一種。番頭や名主の下にあって、種々の通達や会計のことなどにあたったらしい。給田が与えられ、散使給・散使免と呼ばれた。応永二十九年(一四二二)の高野山領紀伊国志富田荘(和歌山県伊都郡かつらぎ町)では、番頭・散使給は寺家が立置くとある。なお高野山領紀伊国荒川荘(同那賀郡桃山町)・相賀南荘(同橋本市)、和泉国近木荘(大阪府貝塚市)などの史料では、散仕と記されている。戦国時代の武田氏領にも散使を置き、通達・会計事務にあたらせたが、小使ともよんでいる。江戸時代の長崎の町役人にも散使がいた。　(渡辺　澄夫)

さんしつ　算失　検注や収納の際に生じた計算上の損失を、あらかじめ除田もしくは除分として、荘内の田地もしくは年貢から控除しておくもの。現実の損失の有無とは無関係に、毎年一定額の控除が固定化される。固定化した除田を「算失田」(『鎌倉遺文』五巻三四七〇号)、固定化した除分を「例損失」(『鎌倉遺文』一四巻一〇七五七号)という。これらは、地頭算失・公文算失として荘官の給田や給分ともなる。　（清水　克行）

さんじゃりょう　三社領　⇩伊勢神宮領《いせじんぐうりょう》　⇩石清水八幡宮領《いわしみずはちまんぐうりょう》　⇩賀茂神社領《かもじんじゃりょう》

さんじょ　散所　本所に対しての散所で、正規ではない散在の所という意。それが何をさすかは時代によって大きく変化する。律令官職制とくに衛府の制では、内舎人・近衛・雑色・衛士などが、その本所を律令官職におきながら、院宮諸家に賜与され、散在して勤仕しているものを散所舎人などといった。すなわちこの場合は、院宮諸家が散所となる。また、官衙などに対して、正式でない略式の控えの場所などを散所ということもあった。たとえば、『建武年間記』の「武者所輩可ㇾ存知条々」一、五位以上、可ㇾ用二衣冠一、於二散所一著二鳫衣一者」、ついで、かかる公的なものが変化する荘園体制においては、権門(院宮諸家)の本家を本所と考えて、散在する荘園的所領・別荘・御願寺・津木屋所・牧などを散所とよんだ。したがって、正式に認められている定額の雑色・舎人・召次などに対して、散所に付属するものを寄人的な身分に設定して、摂関家では散所雑色、上皇・女院などでは散所召次、社家では散所神人などと呼称した。「御壺召次等参仕、不ㇾ及二散所召次一歟」(『葉黄記』)とあるごとくである。これは荘園所領として土地支配を拡大したのと同じく、人的支配を増加したもので、国家的な雑公事や臨時雑役を免除されて、その代りに、荘園領主としての本所に奉仕するものであった。たとえば、摂津長渚荘の土地は東大寺の所領であったが、在家人は公的支配に属し、検非違使庁役がかけられた。それを脱れるために、身を二条関白藤原教通家の散所雑色として寄進したごとくである。同じく摂津水成瀬郷の刀禰・住人は田堵であり、八幡宮寄人・殿下散所雑色であったから、かれらの属す階層は同一で、支配と奉仕のあり方から、かく呼ばれたものである。したがって、かかる奉仕者集団をも散所とよび、摂関家には、山城国に山科・淀・宮方、摂津国に山崎・草苅・垂水などに散所があった。大番舎人も同様の身分と見られる。その奉仕は、夫役、手工業製品・農産物・商品など、その生業に従ってさまざまであり、造船や艤舟、運送、節供の菖蒲などの貢進など、本所の行事や日常生活に重要な役割を果たした。ところが商品経済が発展した鎌倉時代以降、商工業者が営業特権を得るため営業税を本所に納付して、神人・寄人・供御人などの身分を獲得するようになると、散所の呼称はすたれ、本神人(本所神人)と、新加神人の区別になった。新加のものは、諸方の権門に関係を結び、もちろん、雑公事免などの特典はない。この中世後期になると、散所という語は、多く、非人・乞食など、被差別民を指す言葉となる。「千秋万歳トテ、コノゴロ正月ニハ、散所ノ乞食法師ガ」(『名語記』)とあるように、声聞師といわれる大道芸人を含んだ集団をさすようになってくる。散所法師・散所非人とよばれ、単に散所・散所者・散所人などともいわれる。『建内記』に、川原者＝穢多、散所者＝声聞師とした記事があるが、一方、東寺領巷所には、散所と声聞師が区別して書かれている。この場合、声聞師は生業を示すものであるが、散所というのは散在の非人集団を指す場合が多い。「散所町」が、「コシキ町」と表現されていたり、「声聞法師ハ乞食事也」と書かれていて、声聞師・乞食・癩病者を含んで集住している地域を鎌倉時代後期ごろから散所とよぶようになった。これは何に対しての散所かというと、上下京中の葬送、癩病者に対して独占権をもった清水坂非人を本所非人としての散所非人であった。すなわち、このころ洛中には散所とよばれる非人の集住地が成立した。かれらは長者に統率される集団で、本来、非人として何の課役義務もない存在であった。洛中を管轄地域とする検非違使庁はかれらに賦役をかけ、それを継承した室町幕府侍所も、所役を課している。後宇多院が東寺へ近辺の散所法師十五人を掃除料として付したのは著名であるが、これは検非違使庁が管轄していた課役徴収権を寄進したものである。かかる寄進によらなくとも、散所者たちは、諸社寺諸家の領域にも居住し始めるから、その領内の散所から課役を徴収した領主も多い。また、土地を耕したり、居屋敷を借りたものは当然のこととして、地子を納入している。諸権門付属の散所、たとえば、醍醐寺西惣門・河林寺散所、相国寺門前の北畠柳原散所・寺領御霊社東西散所・東寺領南小路散所・川端散所、祇園社の今小路散所、北野社の西京散所など、久我家領久我荘散所村などがあげられる。大和では中世

散　所

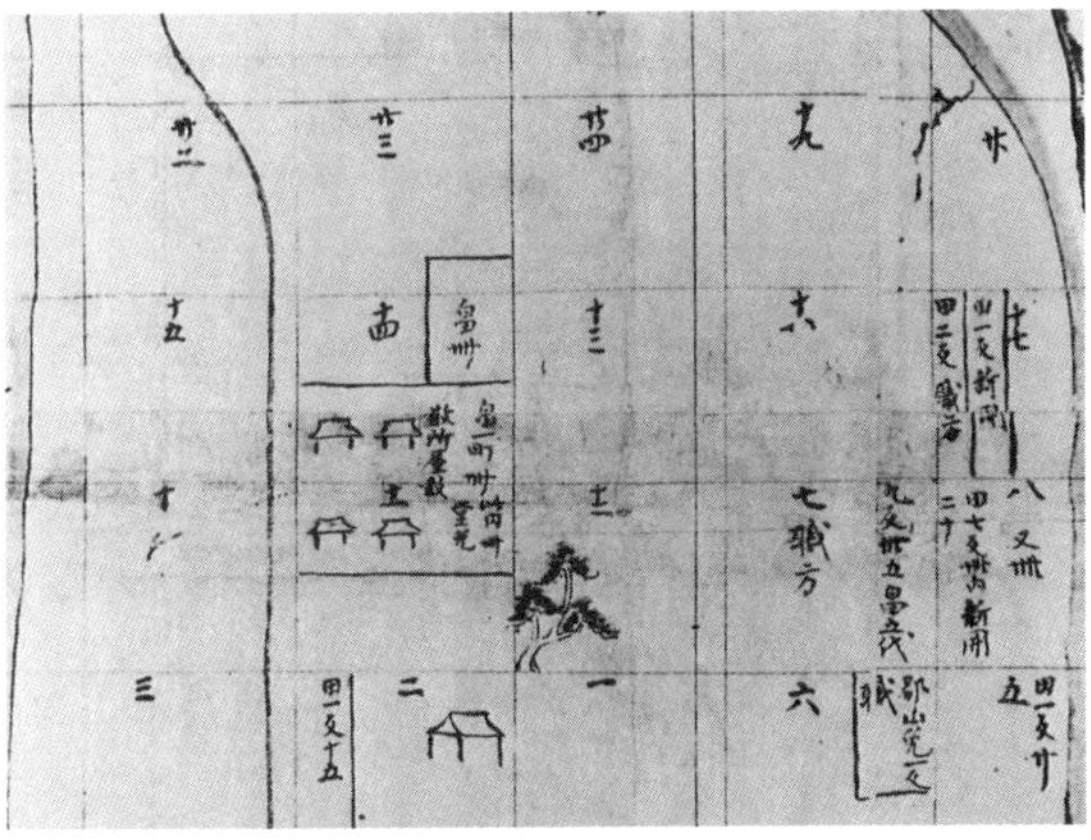

散所屋敷(播磨国小宅庄三職方絵図より)

後期においても、散所は前期的な散所神人などを指したので、声聞師・非人・乞食などはそのままによばれた。声聞道とは、陰陽師、金口、暦星宮、久世舞、盆・彼岸経、毘沙門経などの芸能をいい、また、七道者として、猿楽・アルキ白拍子・アルキ御子(巫女)・金タタキ・鉢タタキ・アルキ横行・猿飼があげられる。これらの芸能者に操り(傀儡子)・絵解などが、散所に包含され、散所長者はその興行権を掌握していた場合もあった。（脇田　晴子）

さんじょうてんのうりょう　三条天皇領　三条天皇(九七六―一〇一七)の所領。三条天皇は藤原兼家の外孫であるため、同道長とは不和であった。天皇がまだ東宮であった寛弘元年(一〇〇四)三月十五日夜、道長邸に入った盗は、東宮領摂津柴嶋《くにじま》荘の荘司の親子だとの情報が道長の耳に入っている。天皇は眼疾にかかり、しかも精神上の負担も重く思い悩んで、後院領のうち冷泉院を道長に譲ろうとした。道長は、古くから帝王領であるのを、今さら自分の私領に加えるのはよろしくない、と返献した。これを記録した『大鏡』には、帝王の代々の渡領であり、朱雀院と同じことだとある。後院領から冷泉院だけを抽出して道長に与えようとのことであろう。天皇の皇女のうちの陽明門院禎子内親王は、天皇崩御の寛仁元年(一〇一七)四月には五歳であったが、あるとき天皇から三条院の公験を与えられて、養育先の生母の里方道長邸に帰ってきた。道長はこれを見て「反古と思い打ち棄てず持ち帰られた」と興じたと『大鏡』にみえる。三条天皇領は多くない。しかし歴代天皇が伝領する後院領は後一条天皇に伝え、また三条院勅旨田も顕在する。（奥野　高広）

三条天皇領

三条天皇所領一覧

所在国郡	名称	成立年次	特徴	典拠
洛中	三条院		もと円融天皇領、三条天皇崩御の地	御堂関白記・大鏡・千載和歌集
	後院領	寛弘八年十月	長和五年四月七日後一条天皇に伝献	大鏡・御堂関白記
摂津　西成郡	柴嶋荘	長保三年六月	もと平惟仲領、仏性院に施入、本家職が東宮領か	高野山文書・御堂関白記
(郡未詳)	三条院勅旨田	承久三年	逸見惟義、承久の乱の戦功にて賞賜	尊卑分脈(清和源氏)
近江　神崎西郡	三条院勅旨田	保元三年十二月	寄人ら申文を上る、堀河天皇に伝領、天仁二年六月証菩提院を建立、寺領とする。	兵範記裏文書
丹波　(郡未詳)	三条院勅旨田	正中二年	三千院門跡知行	三千院文書
備後　(同)	三条院勅旨田	元久元年四月	関白九条兼実、その女宜秋門院任子に譲る。のち道家、嫡孫忠家に伝領	九条家文書

さんじょうにしけりょう　三条西家領　藤原氏北家閑院流の一家三条西家の家領。南北朝時代に始まる三条西家領成立当初の全貌やその後の展開、またのちに家領として見出される荘園以下の立荘契機・年代などを確定することは困難であるが、家領成立期がすでに荘園制の変質期であり、本家・領家職中心の当家領もそうした特徴を持っていたであろう。かかる家領の総体は、十五世紀後半から十六世紀前半にかけての実隆の日記『実隆公記』などによって窺うことができる。当初からの家領であった山城国三栖荘など京都近郊荘園は、なお直務可能な場合もあり、米・麦年貢のほか、若菜・鯉・鮎・鮒などの進上物もあった。畿内以外の荘園は守護請や代官請が多く未進も常態であったが、越前朝倉氏や美濃土岐氏などとの文化的交流によって収納を確保した越前田野村荘や美濃国衙領の存在などは、文化人実隆の姿を偲ばせる。山城鳥羽荘など西園寺家との共有荘園の多かったことも注目される。荘園以外では、淀魚市(塩合物西座)の本所権を西園寺家と分有し、また地方産青苧座の本所権を有するなど、座商業・商品流通に依存した家経済の姿が窺える。特に越後産青苧座販売ルートへの課役は西園寺家経済にとって重要な位置を占めていた。洛中土地所有による地子銭もあった。幕藩体制下の知行高は、山城寺戸村以下五百二石であった。別表(三〇四頁)参照。（田沼　睦）

さんぜいっしんのほう　三世一身の法　養老七年(七二三)四月十七日に出された開墾田についての法令。日本の律令に規定された班田収授の法には墾田の扱いについての明確な規定がなく、墾田に対する開墾者の権利もはっきりとは認められていなかった。そのため開墾田のなかには国郡司によって収公されるものもあったと推定される。そこで政府は、開墾を奨励するために、国郡司の恣意的な収公から開墾者の権利を守る三世一身の法を施行した。すなわち、用水溝や溜池などの灌漑施設を新設して開墾した田は三世(本人・子・孫、または子・孫・曾孫)まで、既設の灌漑施設を利用して開墾した田は開墾者が死亡するまで、収公しないこととした。しかしこの法令は、これまで不明確であった開墾田の取扱いを明確に定めたものでもあり、収公期限が近づくと耕作意欲が減退して開墾田が荒廃することもあったので、天平十五年(七四三)には開墾田を永年私財とする墾田永年私財法が出された。三世一身の法から永年私財法の施行までは、わずか二十年にすぎず、また墾田地占定後、最初の班田の年までに死亡した開墾者の墾田は、さらにその次の班田の際に収公されたと推定されるので、三世一身法によって実際に収公された墾田はわずかであったと推定される。なお三世一身の法には国司が任期中に任国において開墾した田についての特別な規定はなかったと推定されるが、天平元年には、任期が終れば収公することが定められた。
→墾田《こんでん》　→墾田永年私財法《こんでんえいねんしざいほう》　（吉田　孝）

さんそう　山僧　山門(比叡山延暦寺)の僧侶で高利貸業

三条西家領

三条西家領一覧(室町時代末期)

所在国郡	名称	特徴
山城 京中	六条坊門地子	三百三十三疋→百疋
同	武者小路地子	百八十疋→百三十疋
同	西畠地子	八百五十疋→百疋
紀伊郡	石原荘	直務、米・麦・地子
同	鳥羽池田荘	西園寺家と共有、米・節進物
同	富森荘	米・節進物
同	下三栖荘	直務、根本家領、米・麦・銭・茶・節進物
葛野郡	桂新免河島荘	西園寺家と共有、米
久世郡	美豆牧	四千八百疋、茶・野菜・川魚、三日役
	塔森渡場料	二千四十疋
	坂本関苧関役	二百疋
	東口苧関役	三百四十疋
	千本北口苧関役	六百疋
河内 志紀郡	会賀牧	西園寺家と共有、不知行化進行
摂津 河辺郡	富松荘	西園寺家と共有、五百疋、節進物
	淀魚市本所役	西園寺家と共有、二千四百疋
	天王寺苧座役	一万疋
尾張 (郡未詳)	福永保	早期不知行
近江 坂田郡	加田荘	得分二石、正親町三条家領
美濃	国衙領	一万五千疋、不知行化進行
賀茂郡	室田郷	西園寺家と共有、不知行化進行
多芸郡	鷲巣荘	真綿年貢、不知行化進行
	苧関役	三百疋
越前 (郡未詳)	田野村荘	千疋
越後	苧本座役	五千疋
丹波 船井郡	今林荘	米四石
播磨 揖保郡	太田荘	西園寺家と共有、千疋
(郡未詳)	穴無郷	三条西実隆妻勧修寺氏割分の地、千疋
(同)	大山荘	三百疋
備前 児島郡	通生荘	六百疋

(『実隆公記』による)

に従事した者の称。元暦元年(一一八四)、源平争乱で荘園からの年貢が減少した賀茂別雷神社の社司らが、「東西に奔営して借上物を借用す」とあるが、当時の借上はほとんど京都の山僧であった。『源平盛衰記』には、出挙・借上などによって富裕人となった山門行人(山僧)の姿が描かれているが、彼らは事があれば山門大衆を語らい、日吉大社の神輿をかつぎ出しては嗷訴を行うなど横暴の限りを尽くした。鎌倉幕府は、延応元年(一二三九)および翌仁治元年(一二四〇)にわたり、山僧ならびに商人・借上の輩を地頭・代官に補することを一切停止するよう本所に命令している(『新編追加』)。京都には弘安元年(一二七八)ころ「土倉寄合衆」(『八坂神社記録』)が組織され、質流れになった祇園社領備前可真郷の処分を協議しているが、京都の土倉の大部分は山門支配下の山僧であった。正和二年(一三一三)日吉社神輿造替について京都の土倉に課税したとき、山僧はその課役を免除したところ、みずから七百五十疋を納付している(『元徳二年三月日吉社幷叡山行幸記』)。また同じく同四年の課税に対しても、「神人沙汰」として一所別七百五十疋で計二十一万疋、「庁沙汰」として一所別千疋で計五万五千疋が計上された(『実衡公記』)。これによって山僧による土倉は約八割の二百八十軒、その他は五十五軒であったことがわかる。彼らは高利貸業のほかに、荘園領主の年貢公事物の流通に、替銭などを請け負い、金融・流通の面でも活躍した。また正和四年悪党が兵庫関を襲撃し、追捕に向かった守護使と刃傷事件を起したが、「悪党交名注進状」に記された百六人のうち二十人は山僧で、東塔・西塔および京都の加茂川に住居すると記されていた(『東大寺文書』)。 ↓借上《かしあげ》 ↓土倉《どそう》 (野田 只夫)

さんだいごきしょうふのち 三代御起請符地 平安時代末期から鎌倉時代初期の白河・鳥羽・後白河三上皇の時代に、それぞれの上皇の意志で成立した荘園を後代に一括して呼ぶ際の指称。これらの荘園は院宣または院庁下文をもって構立されたが、ふつうその文書に神仏などの権威によって立券する旨を記したから、上皇の起請の文書(符)によって成立した荘園の意で、御起請符地と呼ばれた。三代御起請符地という語が成立した鎌倉時代初期以降これらの荘園は勅事・院事・国事など恒例・臨時の租税・課役の免除や官使・院使・国使・検非違使・守護使などの不入を伴う、最高の不輸不入権をもつ所領と認識されたが、成立の歴史に即してみればすべての荘園が本来この権利をもっていたわけではない。白河上皇の時代には荘園の構立じたいきわめて制限されていたし、鳥羽上皇が構立した荘園も権限内容は荘園の由来・型態によって多様で、一律に右に述べた諸特権を併有してはいなかった。しかし、後白河上皇の治世になると、彼の親政の時代保元元年(一一五六)に発布された新制所見の「九州(全国)の地は一人(院・天皇)の有《たも》つところなり」(『壬生家文書』)という論理を背景に、みずからの承認する荘園に前述のような絶対的権限を与えることが多くなったので、やがて白河・鳥羽両上皇の院宣・院庁下文もこれに準ずるという理解のもとに、三代の荘園すべてを一括して右の内容をもつ三代御起請符地という観念で捉えるようになった。 (義江 彰夫)

さんちょう 山長 ⇩杣司《そまし》

さんでん 散田 散田の語は八・九世紀には、口分田・乗田以外の墾田・寺田・神田などの私有地を指したり、その私有地の中で旧主の手から散逸した田や、得田に対する損田を示したり、多様な用法がみられるが、いずれも基本形態から外れた副次的田の意味である。ついで十・

十一世紀ころの史料には動詞的用法を伴って現われる。その初見は承平二年(九三二)の東寺領伊勢国川合・大国両荘に関する文書で、東寺はその年の春時、使を現地に派遣して「令レ散二田於諸田堵一」めた。荘園周辺の田堵から寄作人を徴募して請作を割り付けることを「散田する」といったのである。また永延元年(九八七)二月、東大寺は阿波国にある諸荘に使者を派遣し、作人から去年までの地子を徴収する一方、当年春時の請文を出させて「散田の務」を励行させている。田堵は毎年請文を提出して荘田の請作に与り、一定の地子を納めた。もし地子の未進など契約不履行の時には、請作の更新が停止された。このような用法の散田は副次的、派生的な散田を意味しない。田堵(作人)の請作地に対する用益権が弱くて不安定な段階にあった平安時代中期の荘園にあっては、むしろ散田請作が荘園経営の基本をなしていた。しかし田堵自身のもつ治田主的側面や契約更新の反覆により、下級土地所有権としての作手・永作手が成立し、さらに領主の田堵専属荘民化の意図などがこれに結びつき、平安時代末期に農民的土地所有を基本とする名体制が成立した。そして中世には、名田に結ばれない新開田その他の破片的田地や名主の没落・逃散などで解体した名田を散田・浮免・一色田などと呼んだが、未進・逃散の名をしばらく散田名として、そのまま領主が差し押えた状態にしておくこともあった。もちろん散田名は他名主らに請作させたが、公事は省かれ、未進分の皆済により本主に返付されることもあった。散田は適宜名に配分されて均等名編成に一役買うこともあったが、通例は領主直属地として人給田に回すほか、大部分は下作人・小百姓・脇在家などと呼ばれた小農民が請作した。中世の中・後期にこの散田作人層の成長が進み、一部は新名主・脇名主に上昇するが、封建領主制の新たな進展と旧名体制を克服できない矛盾の中で、中世村落の二重構成が存続した。

(佐川　弘)

さんでんみょう　散田名　⇩散田《さんでん》

さんどうのしょう　山東荘　紀伊国名草郡の荘園。現在の和歌山市東部に所在。荘内西部を熊野参詣道が南北に縦断している。長承元年(一一三二)、覚鑁の建立した高野山大伝法院に散位平光昌が三上野院山東郷の私領を寄進、ついで翌年官物・国役・臨時雑役の免除が認められた。ほぼ同時に山崎・岡田・弘田・相賀の四荘も大伝法院と密厳院(覚鑁の住房)の所領となっており、これら一連の立荘過程には覚鑁に帰依した鳥羽上皇の力が強く働いている。立券文によれば、田地は見作田三十七町余、年荒三十八町余となっている。荘域内に伊太祁曾社の免田五町があり、また久安元年(一一四五)には、日前・国懸社が八講頭役を荘民に賦課したことをめぐって紛争がおこっており、大伝法院が一円領域支配を実現していたわけではない。立荘後まもなく、田地十五町が真誉(第二代大伝法院座主)に給与されており、一部地域は持明院領として伝領された可能性が強い。鎌倉時代以降の当荘の実態については、不明なことが多いが、承久の乱後のわずかの期間、大炊助入道なる人物が地頭職に補されたことがある。大伝法院が根来に移転されたのちは、根来寺領として中世を通じて継承された。

(小山　靖憲)

さんねんふこう　三年不耕　ある人が空閑地を開発する許可を得てから三年を経過しても着手しない場合は、三年不耕という決まりで開墾の権利を喪失し、第三者にその土地の開墾を許可する規定が存在した。『類聚三代格』巻一六によれば、諸院・諸宮・王臣家がこの法理を悪用し三年不耕と称して農民の土地を奪う事例がしばしば起こったので、寛平八年(八九六)四月政府は開墾する予定の土地一町につき二段を開墾すればこの法理を適用せず、その荒田《こうでん》・閑地は収公しないとして規制緩和し、開墾農民を保護した。

(渡辺　智裕)

さんまい　散米　「うちまき」ともいう。米をまき散らす作法。またその米をもいう。散米には、㈠神に神饌として供える、㈡邪気をはらい清める、という二つの場合が考えられる。神に神饌を献供するには、一般に器に盛り机に載せて供える丁重な方法がとられるが、地位の低い神には散供《さんぐ》の方法を用いる。大殿祭《おおとのほがい》に、忌部が玉を殿の四隅に懸け、御巫らが米・酒・切木綿を殿内の四隅に散ずるといった作法がみられる。このように散米は散供の一つの方法である。節分の豆撒きも本来は散供の一種で、それが邪疫駆除の目的に用いられたのである。邪神悪霊などの地位の低い神に散供による饗応を施し、その心を満足させて境外に去らしめるという考え方があり、これが両様の目的に用いられるようになったのである。散米をもって祓除を行う方法は、中古以降陰陽師によって盛んに行われ、その例は物語・日記などの文学作品のほか記録などにも散見する。

(倉林　正次)

さんもんます　山門枡　比叡山延暦寺の所領で年貢納入に際して用いた寺院枡のひとつで、大津枡・三井寺枡ともいう。中世において主として近江の大津付近で用いられた収納枡で、大きさは方四寸八分五厘、深さ二寸三分弱、分積五万四千百一分、一升の京枡の八合三勺にあたる。天正十四年(一五八六)十月、京枡が豊臣秀吉によって基準枡とされるまで用いられていた。

(渡辺　智裕)

さんもんりょう　山門領　⇩延暦寺領《えんりゃくじりょう》

さんや　山野　狩り場は野・山野といわれ、荒廃した既耕地あるいは開発予定地をさす荒野とは別である。特定の領主によって排他的に囲い込まれていない入会《いりあい》的に利用されている山野は野山という。山野利用の具体的な例は、山菜・果実等の採取、狩猟、建築や木工の用材、薪炭等の燃料、薬草や染料、飼料、肥料、鉱物等地下資源、灌漑用水等、多岐にわたる。山野利用による用益は農民の生活と生業の再生産にとって非常に重要なものであったため山野をめぐる堺相論は激しかった。律令制下では山川藪沢《さんせんそうたく》は公私共利が原則であったが、十世紀には山野

の領有が主張され、十一世紀になると山川藪沢をその領域に取り込んだ領域型荘園が成立するに至る。百姓逃散《ちょうさん》の際には「山野に交わる」「山林に交わる」と称し、実際に山野・山林に駆け入った。これは山野・山林は聖地であり、アジール的性格を有していたからである。山野河海はそれ自体は賦課の対象にはならないが、荘園領主の領有する山野から用益を受けるために立ち入る人には山《やま》手《て》が賦課された。初期中世村落の占有する山野には、在地の共同体が自然に対して取り結ぶ本源的な関係によるものと法的占有権に基づくものの二種類があり、後者が村落の中心近傍に位置し、前者がこれの外縁に存在していた。 (渡辺 智裕)

さんようじょう 算用状 荘園年貢の京進に際しては、そのつど現地の荘官・代官から送状・納状が付せられ、納所搬入が済むと領主側から返抄・請取状が交付されるが、これらとは別に作成される個々の荘園の年貢・公事などに関する年間収支決算報告書を算用状という。散用状とも書き、史料上、平安時代後期から結解《けちげ》状《じょう》の呼称で現われ、鎌倉時代末期から算用状の呼称が多く使われるようになった。算用状は大別して二種類ある。㈠は荘園領主の公文所・政所で作成するもので、一荘一年の年貢の収納を基にして散用・支配・下行《げぎょう》(ともに支給分配する意)の明細を注記する。ふつうは支配状、その他下行帳・納下帳・納下算用状などと呼ぶことも多い。支配状から荘園領主側の人件費・物件費の概要や管理構造がわかる。㈡は地下《じげ》の荘官・代官から荘園領主に対して送付される毎年の年貢納入状況に関する注進状である。内容はまず規定の年貢高から当年の除分・損亡分・未進分などを控除し、次に現地で消費した下用・所済・立用といった必要諸経費を差し引いて定納量を算定し、最後に前年未進分などの追加納入分を足したものが清算納入量となる。地下の算用状が史料上多く現われるのは鎌倉時代末期から南北朝・室町時代で、この時代に年貢の未進・損亡が激増したことが清算事務を必要としたのであり、また現地に計数に明るい有能な請負代官が広汎に出現してきたことも与っている。 (佐川 弘)

し

しあくのしょう 塩飽荘 讃岐国(香川県)塩飽諸島にあった荘園。近衛家領。保元元年(一一五六)七月の藤原忠通書状案に「塩飽讃岐国」とあるのが初見。建長五年(一二五三)の『近衛家所領目録』によれば、「京極殿領内」すなわち藤原師実の所領のうちで、師実より伝領した藤原忠実が、播磨局に与え、さらに正治二年(一二〇〇)播磨局から知足院尼上に譲られた。その後は芝殿姫君に相伝されている。播磨局が与えられたのは領家職で、本家職は近衛家に伝えられた。ただし近衛家は荘務権をもたず、一定の得分のみを所得していた。『執政所抄』によれば、七月十四日の御盆供として当荘の年貢のうちから塩二石が納入されている。『法然上人行状絵図』に、承元元年(一二〇七)法然房源空が讃岐に流罪になる途中塩飽島で地頭高階保遠入道西忍の供応をうけたことがみえるが、西忍は当荘の預所であろう。信濃守護小笠原貞宗の康永三年(一三四四)の譲状、同長基の永徳三年(一三八三)の譲状に、讃岐国塩飽荘があり、この時期には小笠原氏が地頭職を相伝していた。 (国島 浩正)

じあん 寺庵 中世後期、伝統的崇仏政策のほか、在家仏教の弘通、寺院仏葬の庶民社会への普及などにより、武士の氏寺・菩提寺の増設が進み、また庶民の中にも寺院の維持者としての有力な檀家が生まれた。当時の荘園・農村史料に、給人・地侍・名主層に擬せられる小寺・院庵・房・軒など、一般に寺庵と称される階層が散見される。かれらは檀家の族縁か、自立化した大寺の寺僧か、

塔頭の僧で、私領を所持し、中には講などを通じて檀家から寄せられた米銭の貸付を行い、土地を集積する者も少なくなかった。（佐川　弘）

しいし　四至　「しし」「しじ」ともいう。律令制下で班田を完了するためには班給した田の面積（町段）とその位置を示す文言（四至）を記録する必要があった。荘園公領制下では四至の訓み方は「東は限る…南は限る…」のように上から棒読みにした。荘園の所在地を明示したり、東西南北の四方の境界をいい、荘園立券文や土地売券に記載される場合が多い。四至牓示《ぼうじ》は荘園の境界の四隅に設けた境界の目印の石や杭で、立券荘号とともに設置され、設置の際には官使・国司・領家使・荘官が立ち会うのを原則とした。当初の四至牓示は荘園の広さと所在を大まかに示すものであったが、延久の荘園整理令以降は荘園の四至が明確にされ、まとまった荘地と荘民を持つ領域型荘園が現れる。山野河海を用益する生産者の慣行や権利を背景として四至は政治的な領域として定められた。荘園絵図のうち立券図は四至の確定を目的としたものであり、四至牓示図とも称され、図様は概略的である。（渡辺　智裕）

しえいでん　私営田　⇩営田《えいでん》

しえいでんりょうしゅ　私営田領主　律令国家が設定した公営田に対し、おもに平安時代初期・中期に地方豪族らが大規模に経営した田。私営田領主の所領は、領主直轄地と農民保有地からなり、領主は農民に種子農料や食料を支給すると共に、領主直轄地における全収穫が領主の得分となった。しかし、十一世紀以降になると荘園公領制の展開とも相まって、寺社公家等の諸権門による大土地所有が進展する一方、私営田領主は没落を余儀なくされ、その後は加持子領主となったり、あるいは郡・郷司等の公権を獲得して在地領主へと展開した。私営田領主の典型的な事例としては伊賀国黒田荘の大領主藤原実遠が著名である。　↓営田《えいでん》　（守田　逸人）

しおえのしょう　潮江荘　摂津国川辺郡の荘園。現在の兵庫県尼崎市潮江を中心とする地域。建長二年（一二五〇）、九条道家が三子の一条実経に処分した新御領分に藤原憲長入道寄進とみえ、九条家の祖、兼実の家領処分後に同家領になったもの。その後間もなく同荘新免分が泉涌寺領となっており、文明ころまで続いているが、これは実経が、道家の女で同寺の山陵に葬られた四条天皇の母藻壁門院竴子の猶子になったことから、その一部が泉涌寺に渡されたのであろう。なお、康正二年（一四五六）の「造内裏段銭并国役引付」には通玄寺領とあり、六貫文の段銭が課されている。

参考文献　『尼崎市史』一　（福留　照尚）

しおきやま　塩木山　塩を焼く燃料となる木を塩木、塩木を伐採するための山を塩木山・取塩木山・焼塩山・塩山という。中世の荘園公領制下の地種の一つで、用途が限定された山野にあたる。塩木を運ぶ船は塩木船・塩船といった。中世になると塩浜と製塩の燃料源である塩木山を名に付属した塩の荘園が成立するに至った。この例として東寺領伊予国弓削島荘、摂関家領紀伊国加太荘、東大寺領播磨国赤穂荘などがあげられる。古代・中世の製塩業では塩浜より塩木山の占める比重がきわめて高く、中央貴族寺社の塩木山囲い込みによって塩民の塩木採取は困難になった。分割・占有が行われている塩木山では、山手塩《やまてしお》を出すことを義務づけられた山預職《やまあずかりしき》・山守職《やまもりしき》等の所職がみられる。塩木山は次第に伐りつくされて山畑となり、やがて山畠から畠地に転化していき、塩木が自給できなくなると製塩も衰えていった。塩木山が所領・所職になる事例も散見され、その権利の売買も行われるようになった。（渡辺　智裕）

じおこし　地発　売却地・質入地を本来の持ち主が取り戻す行為。「徳政」とほぼ同義で用いられるが、特に十五、六世紀の伊勢・大和地方を中心にした地域の、売券面に多く見られた。この行為の背景としては、土地は本来の持ち主に永遠に帰属するものであり、売却や質入によって他人のもとにあったとしても、それは仮の姿であって、ある契機があれば元に戻るという、いわば呪術的な観念の存在があげられる。その「戻り」の契機は、天災や戦争、代替わりなどの人の交替であり、これらは「復活」・「再生」を引き起こす事象であったと考えられていた。地発を「地おくる」と表現した事例もあることから、「地」が「おくる」→「おきる」＝土地が（自然に）よみがえる・復活する現象であったという認識が存在していたことが推測できる。（村井　祐樹）

しおだのしょう　塩田荘　信濃国小県郡の荘園。現在の長野県上田市街地の南西、塩田平と称せられる東西約二㌔、南北約一㌔の盆地。『吉記』承安四年（一一七四）条に塩田荘の年貢が布千段であることがみえる。『吾妻鏡』文治二年（一一八六）条によると、この荘は最勝光院領（皇室領）であった。この年、島津忠久がこの荘の地頭職に補任されたが、承久三年（一二二一）、同国水内郡太田荘地頭職に転じたので、その後比企氏領を経て北条氏が地頭になった。建治三年（一二七七）、連署北条義政が出家してこの地に住み、その子孫が塩田北条氏として、この荘の塩田城を根拠地として勢力を振るった。塩田の地が鎌倉時代、「信州の学海」と称せられ、常楽寺・安楽寺・前山寺など、多くの寺が建てられたのも、北条氏の財力によることが多い。正応二年（一二八九）以前にこの荘は塩田氏の請所となった。本家に進済すべき年貢は本年貢白布千六十段、綾被物二重、兵士十人であったが、最勝光院領退転後は東寺領になり、年貢も次第に減少して、染物二十一段となり、正応二年には代銭十四貫文となっている。これが全額かどうかはわからぬが、年貢が現物納から代銭に替わっていく一例である。建武中興政府は小笠原貞宗を信濃守護に、村上信貞を信濃惣大将軍に任じて下国させ、信濃の北条氏領の主要部分はこの両氏の支配下に入るが、塩田荘は村上氏領となり、その一族福沢氏

が住んでいた。荘内の西前山中禅寺の享徳二年(一四五三)の銘のある鰐口に「塩田庄前山郷」とあるのが荘名の所見の最後である。武田氏の信濃侵略にあたっては塩田城は村上義清の最後の拠点となった。（小林計一郎）

しおて　塩手　塩手米の省略語。塩を産出する荘園として著名な東寺領伊予国弓削島荘で用いられている用語で、塩に変えるための米の意味。東寺は年貢として収納した米を弓削島の百姓に下行し、その米を代価として塩と交易させ、それによって取得した塩を納入させることが行われていた。（瀬野精一郎）

しおののまき　塩野牧　信濃国にあった御牧。現在の長野県北佐久郡御代田町塩野を中心とする地。『延喜式』所載信濃十六御牧の一つであり、また『吾妻鏡』文治二年(一一八六)三月条所載左馬寮領の牧の一つでもある。付近に馬瀬口《ませ》(御代田町)・牧留・乗瀬(以上小諸市)など、牧場に関係ある地名が残る。浅間山南麓斜面で東には『延喜式』所載の長倉牧(軽井沢町追分付近)があり、西には『吾妻鏡』所載の菱野牧があり、浅間山南麓にはいくつかの官牧が営まれた。（小林計一郎）

しおのやのしょう　塩谷荘　律令制下の下野国塩谷郡から中世成立期に分離した氏家郡を除いた地が荘域。現在の栃木県塩谷郡内。開発領主は源姓塩谷氏であり、婚姻関係によって宇都宮朝綱の庶子朝業が塩谷荘を継承したと考えられる。摂関家領であったが、治承寿永内乱の過程で鎌倉勢力の占領下にあり、文治四年(一一八八)以降、摂関家に本所の権益が返還され、近衛家領として相承された。嘉元元年(一三〇三)段階での塩谷荘の年貢総額は八丈絹二百五十疋であった。その内訳は、上品絹布、白布や多様な図柄の染物、夫領給分などであり、これらの品物の調達を可能とした交易・手工業圏に塩谷荘が組み込まれていたことを示す。鎌倉末期には北条高時が当荘(所職の内容は不明)を給与されたが、塩谷氏は戦国期に至るまで当荘に勢力を維持しつづけた。南北朝期、当荘は足利氏の直轄領となり、鎌倉公方・古河公方段階では関東足利氏の直轄領であった可能性が高い。なお十五世紀前半には、荘内の三依郷が親鎌倉府派の長沼氏・京都御扶持衆宇都宮氏の係争地となり、室町幕府と鎌倉府の対立が領主間の対立と連動した例として知られている。（清水　亮）

しおはま　塩浜　⇩塩田《えんでん》

しおはまじし　塩浜地子　古代・中世において塩浜(塩田)は揚浜《あげはま》と自然浜に大別され、塩浜地子は塩浜に地代として賦課された地子で、塩地子ともいい、塩・銭貨の両様あった。塩年貢は名《みょう》に編成された田畠に賦課されるのに対して、在地の領主・地主は塩浜から地子を徴収し、塩屋には「竈別公事」という公事《くじ》が賦課された。塩浜地子は地頭得分として現われる事例が多く、領主・地頭の支配下にある塩浜・塩屋を請け負う百姓・下作人《げさくにん》から徴収された。中世における地子は畠租をさす場合が多く、塩浜の扱いは畠地にほぼ準じていた。塩浜の丈量や数え方は地域によって多様であり、「一所」「一処」などと記載されることが多かった。丈量された場合は、その地域の田畠と同じ町反歩あるいは町反丈(杖)、もしくは沼井や塩浜の数とみられる単位が用いられた。塩浜が分割・占有されて所領・所職になる例もみられ、その権利の売買も行われるようになり、塩浜が在家＝塩屋の宇数で表現されることもあった。中世初期には塩浜と塩屋は一体で、統一的に掌握されていた。（渡辺　智裕）

しおはまねんぐ　塩浜年貢　塩浜(塩田)に賦課される年貢をいう。中世瀬戸内海島嶼部では、田地・畠地・塩浜・山林の結合された名に年貢塩として賦課されている場合が多い。東寺領伊予国弓削島のように、荘園年貢すべてが塩年貢で納められている例もある。（渡辺　則文）

しおばらのまき　塩原牧　『延喜式』『吾妻鏡』所載の信濃国御牧の一つ。所在地については二説がある。一説は八ヶ岳西麓米沢塩沢を中心とする地(長野県茅野市)にあてる説で、『延喜式』『吾妻鏡』の牧名の記載順からみて、諏訪郡にあてざるを得ないと考えての説。他の一説は現在の長野県小県郡青木村から上田市西部にかけての浦野川流域の地とする。これはこの地に塩原郷という郷があり、また式内子檀嶺《こまゆみ》神社や『三代実録』所載の馬背《ませ》神社などが付近にあること、牧関係の地名が多いことなどがその根拠となっている。（小林計一郎）

じかがみちょう　地鑑帳　⇩検注帳《けんちゅうちょう》

しかだのしょう　鹿田荘　⇩かだのしょう

しかのしょう　四箇荘　越中国射水郡の荘園。東条・河口・曾禰・八代の四保からなり、東条は現在の富山県射水郡大島町から大門町にわたって、河口・曾禰は新湊市川口・中曾禰を中心として、八代は氷見市北部に比定される。延応元年(一二三九)四保が九条家を本所とする東福寺領となり、地頭請所となって四箇荘と称された。建長二年(一二五〇)の処分状によれば、年貢百十石が東福寺惣社神用にあてられていた。（米沢　康）

しがらきのしょう　信楽荘　近江国甲賀郡の荘園。現在の滋賀県甲賀郡信楽町一帯。摂関家領で近衛家に伝領。康平五年(一〇六二)正月、春日祭に屯食二具を出したのが初見。建長五年(一二五三)十月の『近衛家所領目録』に近衛家が荘務権を進退する荘園の一つとしてみえる。十二世紀前半以降永らく東接する東大寺領伊賀国玉滝荘と境相論をくり返した。応仁二年(一四六八)近衛政家が直務支配のため荘内小河郷大興寺に下向した時、長野・江田・神山《こうやま》・小河・杵原《ほそはら》・朝宮の諸郷から沙汰人百姓が見参、このことから当時の荘域は信楽上郷の範囲に限定されていたと推測される。請切代官支配と直務支配とをくり返し、文明三年(一四七一)三月蓮池定光が代官職を請け切った時の内容は年貢百五十貫・炭百荷で、ほかに必要に応じて材木と兵士人夫を召し進めた。明応九年(一五〇〇)守護六角氏が押領をはかり、和談の結果翌年守護請となり伊庭氏が代官職を得た。現地では多羅尾氏が荘

官をつとめ、同荘は結局その一族によって押領された。

（髙橋　昌明）

しき　色　中世では、「色目」などの用例に見られるように、種類・品目を意味した。荘園に関する史料では、特に年貢などの納入物について、その品目を指して使用されることが多い。たとえば、あらかじめ納入物として定められている品目は「見色」と呼ばれ、規定の品目以外の物で納入する場合、「色代」と呼ばれた。特に後者の色代による納入は、すでに平安時代中期以降、国衙官物について、その換算率をめぐり国司・郡司百姓間、国司・荘園領主間で激しい争いが展開されていた。また、荘園においても、鎌倉時代中期以降に銭貨の流通がさかんになるにともない、年貢・諸公事の代銭納が一般化し、荘園領主と荘官・百姓との間で、年貢の現物と銭との換算率（和市）をめぐり紛争が起こるようになる。このような荘園年貢の代銭納の事例としては、東寺領播磨国矢野荘、東大寺領美濃国茜部荘などが特に有名である。

（西尾　知己）

しき　職　律令制の解体過程において、官職が世襲され、それに属する権能や得分が私財化されるにつれて、その地位を職とよぶことが始まった。十世紀に郡司職・郡大領職などの表現が見られだすのが早い例である。十一―十二世紀に荘園公領制が発展するにつれて、荘園では本家職・領家職・預所職・下司職・公文職など、公領では郡司職のほか郷司職・保司職などの職が出現し、ここに職の重層構成をとる荘園公領の領有体系が成立する。このような職の性質については、第二次世界大戦前から特に法制史系の学者が注目し、中田薫・石井良助らはこれらを負担付不動産物権と規定して、得分権の側面を重視した。それに対し、朝河貫一・牧健二らは、その公権的側面を重視するとともに、職と封建関係の異質性を指摘した。戦後には、荘園制・封建制・中世国家史など諸方面の研究から、職の重要性が注目され、永原慶二は概して朝河・牧の所論を継承しつつ、職が決して単純な得分権とはいえず、どこまでも補任手続を経てはじめて知行し得るものであり、家産官僚制国家による給付として一定の支配権能をもつという公権的性格を失っていないこと、また職は一つの土地については重層的に構成され、一人の知行者においては複数を分散的に保有され、全体として職の秩序は荘園公領制を基礎とする国家体制によって保障されるものであることを指摘した。これに対して戸田芳実は、職を封建的土地所有権の表現であるとし、黒田俊雄も職の体系を封建的ヒエラルヒーそのものであるとした。一方、羽下徳彦は職の進止と人の進止は一致しておらず、職の充行関係はただちに主従関係の成立に帰結しないと指摘し、網野善彦は職を官職の私財化という道筋からとらえることに疑義をはさみ、職能という視角から理解する方がよいと提言した。このように職をめぐる諸家の見解は、さまざまの点で一致しておらず、定説が確定しているとはいいがたい。しかし職が荘園公領を貫く領有秩序であり、国家的規模で成立していること、また職の充行関係がそのまま封建的主従制と一致しないこと、についてはほぼ共通の認識に達しているといってよい。残されたもっとも大きな争点は、職と在地領主制のかかわり方についての理解の仕方であり、戸田らのようにこれが在地領主層の存在・成長に積極的な意味をもったと見るか、永原のように初期の在地領主層にとってはそうであっても中世全期を俯瞰すれば、職はかれらにとって制約条件であり、領主制は職を克服することによって発展できたと見るか、という問題点である。それは、結局、職を中世的なものと見るか、古代から中世への移行期の所産と見るかという問題ともいえる。この問題は、地頭職をめぐって、特に鋭くあらわれる。地頭職は、鎌倉殿が設置権を勅許によって一括的に獲得したのち、主従制にもとづき、これを御家人に充行うのであるから、この場合は、職が主従制と不可分に結びつけられたことになり、幕府に結集された武家の実力を背景として、地頭職は在地領主層の領主的支配権行使のもっとも重要なよりどころとなった。しかし、幕府は京都の王朝と荘園公領制を共通の秩序として、地頭職の職権には厳しい枠をはめ、御家人がそれをこえて領主的自立の道を歩むことを厳しく抑制した。幕府は主従制を前提とする地頭職の新設によって、荘園公領制に一定の変質を加えたが、職秩序を全体としては維持する方針を堅持したのである。室町幕府も職の秩序の維持という点では、このような鎌倉幕府の基本方針を継承した。しかし十四―十五世紀を通じて成長した国人領主層は、一面ではなお自己の立場の正統性を職に求めることもあったが、基本的には職の止揚に向かって進み、これに代わって、国人一揆のような地域的領主連合による新たな秩序形成を目ざした。この間、荘園・公領における支配権としての従来の職の下に、加地子収取を内容とする名主職などが出現した。この名主職の性格の評価については、職秩序の深化として従来の職と本質的に異ならないと見る網野善彦のような説もあるが、永原慶二は、むしろ従来の荘園公領制支配では許容されなかった被支配身分層内部における中間収取権が、新たに客体化されてきたものとして、荘園公領制の解体史上に位置づけ、それまでの職との異質性を重視している。こうして、十四―十五世紀を通じて荘園公領制的な職秩序の解体が進行するが、十六世紀に登場する戦国大名は、幕府を軸とする職秩序維持体制から離脱し、自己の権力下にとりこんだ領域内の上級諸職を否認するとともに、検地を通じて加地子名主職をも否認もしくは自己の給恩対象に再編する方向を推進した。戦国大名が職秩序を完全に否認した権力であるか否かについても見解は分かれているが、中世後期を通じて進展した職の解体の流れの中においてこれを見れば、戦国大名の領国制は、すでに荘園公領制的職秩序に代わるものとして登場したといってよいだろう。

（永原　慶二）

じき　直　価値、または値段の意。「あたい」と訓じる。より厳密に定義すると、直は㈠換算基準に照らして計算した架空の換算値、を示す場合と、㈡実際の代価として取引されたもの、を意味する場合の二つの用法がある。㈠の事例は官物の色代納の場合に多く見られる。例えば天喜五年(一〇五七)十一月二十三日には、東大寺に若狭国御封物が准米で納入されているが、この内には実際に納入された手作布が「廿段直廿石各一石」と換算されている。㈡の事例としては、土地売券などで、土地の代価(直)として牛・繭などが現れる事例が見られることにより確認できる。直の対象となる物品としては、平安期には稲・米・銭・絹・布など多様な物品が見られるが、鎌倉期にはいると、銭・米にほぼ限定されるようになる。

→直銭《じきせん》　→直米《じきまい》　(西尾　知己)

しきけんもんいんりょう　式乾門院領　後高倉院の第一女式乾門院利子内親王の所領。後白河法皇の女殷富門院亮子は、建久三年(一一九二)三月、同法皇が御領処分のとき押小路殿と金剛勝院領を譲られ、正治二年(一二〇〇)十月、安井殿に蓮華光院を創建した。建保四年(一二一六)四月殷富門院の死後その遺領は後鳥羽上皇に移り、承久の乱後に後高倉院を経て利子内親王に伝領された。後高倉院が管領したのであろう。利子内親王は嘉禄二年(一二二六)十一月伊勢斎宮に卜定、安貞元年(一二二七)四月御禊のため左近衛府に入る(『民経記』)。斎宮退下ののち、延応元年(一二三九)院号宣下。寛元三年(一二四五)五月後高倉院の八講を行なった。宝治元年(一二四七)正月後嵯峨上皇の皇子宗尊親王を猶子とし(『葉黄記』)、建長元年(一二四九)後高倉院遺領を後堀河天皇の女室町院の没後に宗尊親王が管領するとの譲状を草した。しかしこれは翌二年に破棄され、室町院の永代所領にするという(『室町院御領目録』)。式乾門院は同三年正月二日没し、その遺領は室町院に伝領した。　→室町院領《むろまちいんりょう》　(奥野　高広)

しきじ　職事　㈠律令官人の主体を構成する現職の官人。㈡荘園における荘官の一種。職仕・職士とも書く。下司・公文と併せ三職という。興福寺大乗院領に多い。職掌は明瞭でないが、西岡虎之助は、下司の下でこれを援け、使い走りをする役。荘民中から専任または世襲ないしは番役、時には臨時雇いで勤めたらしいと説く。大乗院領大和国出雲荘では職事給は二段(公文給一段)、勾田荘には職事名がある。「職事沙汰人」ともあれば、沙汰人に発展解消するらしい。　(渡辺　澄夫)

しきしまのしょう　城島荘　大和国城上郡の荘園。現在の奈良県桜井市慈恩寺の初瀬川沿いの地域。興福寺領荘園。延久二年(一〇七〇)の『興福寺雑役免帳』によれば、その荘域は、京南条里の路東二十三条六里と八里に所在している。明治二十二年(一八八九)の慈恩寺村実測全図をみると、二十三条六里の三・四・九坪の小字名は「式嶋」である。この小字名は、城嶋

式乾門院領一覧

所在国郡		名称	成立年次	特徴	典拠
洛中		押小路殿	建久三年三月	殷富門院領	明月記
		安井殿	正治二年十月	同	猪熊関白記
大和	高市郡	石川荘	建久三年三月	金剛勝院領	室町院御領目録
	広瀬郡	広瀬荘	同	同	同
	(郡未詳)	吉貞荘	同	同	同
河内	茨田郡	高柳荘	同	同	同
	石川郡	石川荘	建長二年十一月	泉涌寺四条天皇墓所に寄進	東福寺文書
下総	葛飾郡	葛西御厨		北白河院陳子から伝領	大徳寺文書・室町院御領目録
近江	神崎郡	山前荘	建久三年三月	金剛勝院領	室町院御領目録
	同	山前南荘	同	同	同
	同	山前北荘	同	同	同
	同	山前東荘	同	同	同
	坂田郡	下坂荘	同	同	同
	同	下坂荘十条	同	同	同
	同	下坂荘十一条	同	同	同
	同	下坂荘九条郷	同	同	同
	同	下坂荘金次郷	同	同	同
	(郡未詳)	橋爪荘	同	同	同
	(同)	善覚寺	同	同	同
信濃	伊那郡	伴野荘		北白河院陳子から伝領	大徳寺文書・室町院御領目録
		国衙	安貞元年閏三月	国務藤原実宣、五百貫文で国務を競望。藤原定家が知行国主	明月記
若狭		国衙	仁治元年十一月		東寺百合文書ィ
備前	津高郡	長田荘	元暦元年		京都大学所蔵古文書集
備中	下道郡	園東荘	建久三年三月	金剛勝院領	室町院御領目録
	同	園西荘	同	同	同
紀伊	(郡未詳)	山田荘	同	同	同
筑後	生葉郡	生葉荘	同	同	同
日向	児湯郡	平群荘	建長二年十一月	泉涌寺四条天皇墓所に寄進	東福寺文書

式乾門院領

(付表)　御願寺一覧

所在国郡	名称	成立年次	特徴	典拠
洛中三条白川坊	金剛勝院	建久三年二月	美福門院建立、後白河法皇から伝領	玉葉
山城　葛野郡	蓮華光院	正治二年十月	殷富門院の創建	猪熊関白記

荘の名を伝えるとともに、欽明天皇の磯城島金刺宮に淵源するだろう。この場所については、『太子伝玉林抄』の記述とも一致する。（和田　萃）

しきしゃでん　職写田　左右京職は計帳手実を提出しない戸について、旧帳を転写して計帳を作成し、その戸の口分田を没収して賃租に出し、その地子を京職の公用にあてたが、その没収田を、「京職の転写した戸の口分田」という意味で、職写戸田または略して職写田といった。その起源は不明だが、宝亀十年(七七九)九月にこれを禁ずる勅が出ているから、奈良時代にすでに存在したことが知られる。平安時代には、むしろ固定化してあたかも京職に属する諸司田のごとき観を呈し、『延喜式』左右京職には、これに関する幾つかの規定がある。畿内に散在する職写田の地子は、所在の国の国司が収納したが、その実例は宮内庁書陵部蔵九条家冊子本『中右記』紙背文書『摂津国租帳』にみえる。→京職領《きょうしきりょう》　（虎尾　俊哉）

しきせん　敷銭　㈠中世後期、室町時代以降の文書にみられる用語で、金銭貸借の期限後に返済される元金のこと。土地が担保として銭主の支配下にあれば、担保物件買い戻しのために借り手が返済する「本銭」の意として用いられた。中世における土地の「売買」は、現代の土地売買の意味である「永代売買」のほかに、「本物返」や「年紀売」を含むものであった。すなわち、金銭または代価である米・布などの流れを中心に見れば、貸借の担保として土地「売買」が行われる場合が、多分に含まれていたのである。中世後期、商業・商品流通の活発な展開の中で、土地売買の「質契約」的側面が強くなり、「敷銭」という用語が生まれたと考えられる。天文年間(一五三二―五五)の『甲州法度』五十五ヵ条本追加一条の「定㆓年期㆒之田畠、限㆓十ケ年㆒、以㆓敷銭㆒合㆓請取㆒、彼主依㆓貧困㆒、於㆑無㆓資用㆒者、猶加㆓十ケ年㆒、可㆓相待㆒」という条文によって、年期売買の田畠と敷銭の関係は明らかで、この「敷銭」は「質代金の義」と解されてきた。このような用例はこのほかにもみられるが、十六世紀後半以降の甲斐・駿河・伊豆の諸国に限られていることは、検討を要する問題点である。㈡荘園や所領の代官などがその補任の際、本家・領家に提供し、辞職の際返還をうける一種の身元保証金。『大乗院寺社雑事記』寛正二年(一四六一)十一月七日条の「坪江上下郷政所事、(中略)被㆑仰㆓付大館兵庫頭方㆒候、御補任候間、敷銭以下請文致㆓其沙汰㆒候、此仁事門跡方年貢請切申分」からすると、敷銭と請文の提出によって、大館兵庫頭は坪江上下郷の政所職を得て、この地を「年貢請切」にしたことは明らかである。この場合、「敷銭」はその年に一度だけ提出されたものかどうか明らかではないが、次のような例からすると、年々敷銭が差し出された可能性もあった。永享七年(一四三五)七月四日の東寺領細谷郷代官職請文に、「右御年貢者、拾玖貫文京進定請切申候上者、於㆓当年土貢㆒者十一月中可㆑致㆓其沙汰㆒候、自㆓明年㆒(中略)十九貫文之内、十貫文者敷銭分六月中必可㆓運送申㆒候、相残九貫文者、十一月中可㆓運上申㆒候」(『東寺百合文書』る)とある。年貢「請切」の「代官職」を抵当にして年貢の確保を計ったのである。この場合、代官にとって「敷銭」の十貫文は、貸付金の年賦引き渡しの性格を持ち(十年で百貫文になる)、残りの九貫文よりも責任の重い債務と感じられたのかもしれない。これらの「敷銭」が㈠のように、返還される場合があったかどうかは、不明であるが、一種の質代金と見做すことができるから、㈠の「質代金」の意味を引き継いだ用語と考えられる。㈢妻の持参金。『六角氏式目』の一条、「粧田之事、可㆑為㆑如㆓約諾文書㆒、無㆓文書㆒者、彼妻一期後者、可㆑返㆓付女之生家㆒、幷敷銭同可㆑為㆑如㆓約諾文書㆒、無㆓文書㆒者、女生家江返付儀不㆑可㆑在㆑之事」の用例がそれである。この「敷銭」は、妻の「持参金」と理解されるが、もともとは「粧田」同様に、「一期後」に「返付」されたが故に「敷銭」と称されたと考えられる。「敷銭」の語源については明らかではないが、のちの「敷金」「敷銀」として、現代にまで使用されている。（関口　恒雄）

じきせん　直銭　売買の際にものの価格を銭で換算した値のこと。「あたいのぜに」と訓じる。土地売券において使用されることが多い。土地売買における銭の支払い手段としての使用は、奈良時代にはある程度行われたものの、平安期に入ると、一度はほとんど消滅してしまう。しかし、鎌倉期に入ると、渡来銭の流通により銭の使用が再び活発となる。ただし、京都の土地売券では、治承・寿永内乱期に銭の使用が活発となり、鎌倉中期には完全に銭で取引されるようになる一方、奈良においては、鎌倉前期でも銭使用はまれであり、その普及は鎌倉後期以降となる。以上のように、土地売買という面に限定すると、中世における銭の流通過程にはかなりの地域差がある。このような地域差の背景は、未だ未解明の部分であり、今後解明されるべき大きな問題点であると言える。→直《じき》　→直米《じきまい》　（西尾　知己）

しきだいせん　色代銭　⇩代銭納《だいせんのう》

しきだいのう　色代納　⇩代銭納《だいせんのう》

じきのう　直納　中世において荘園の農民(名主・百姓)が地頭を経ないで直接に荘園領主に年貢を納めることをいう。年貢徴収は地頭の職務であったが、荘園の収取形態は画一的なものではなく、それぞれの荘園の成立事情や慣習によって多様であったから、その荘園の歴史的条件によって直納が行われたのである。嘉暦三年(一三二八)八月十二日関東下知状(『相承院文書』)によれば、鶴岡八幡宮供僧円重と地頭長尾政綱は相模国鎌倉郡北深沢郷の供米を争っているが、政綱は「当郷者、自㆓往古㆒里坪治定之間、供僧等毎年遂㆓検見㆒、随㆓得田㆒面々作人致㆓直納㆒之条、古例也」と述べている。また、下地中分が行われた荘園では、荘園領主方に分割されたところは、荘園領主が地頭を経ないで直接に年貢を徴収することとなったが、こ

のような地を「直納地」といっている。直納と下地中分とのかかわりがうかがわれる。（福田栄次郎）

しきのしょう　志紀荘　河内国志紀郡の荘園。現在の大阪府八尾市志紀町を中心とする地域。同荘は南北二荘からなり、郡・若江・渋川の各荘とともに醍醐寺領河内五箇荘とよばれ、天暦年中（九四七―五七）に勅施入により成立したという。醍醐寺へは正月の節供餅料のほか修理料縄、湯治用の海水運搬の荷や笠取・藁・小俵・白布などを負担した。同寺領として鎌倉時代中期まで続き、その後の経緯は不明であるが、鎌倉時代末～室町時代は興福寺領、永正・大永ごろは薬師寺別当領であった。（福留　照尚）

しきのしょう　志貴荘　三河国碧海郡の荘園。現在の愛知県安城市・碧南市・高浜市・岡崎市付近。長元元年（一〇二八）三河国司の藤原保相が開発した私領を立券し、関白藤原頼通に寄進した荘園。十二世紀中葉には上下条に分かれている。上下条はともに近衛家領として存続するが、上条は鎌倉後期に、一時、近衛基平の女子、新陽明門院位子（亀山天皇妃）領として見られ、下条は仁安元年（一一六六）に平信範の知行するところとなるように、一時的に近衛家の支配を離れる時期も見られる。特に下条の事例は、平治の乱後に政権を掌握した平清盛による摂関家領介入の一例として注目される。正平六年（一三五一）には、禅僧虎関師錬に帰依した近衛基嗣は京都に楞伽《りょうが》寺を建立し、同荘下条が寄進される。しかし、正平二十三年には違乱停止の後光厳院口宣が出されており、当荘の支配が困難になっていたことがうかがわれる。（西尾　知己）

じきふ　食封　古代の封禄制度。単に封ともいう。食封に指定された戸が封戸《ふこ》であるが、食封・封戸ともに「へひと」と訓じ通用する。食封に関する規定は『大宝令』『養老令』ともに変化なく、禄令に、食封として品封・位封・職封・中宮湯沐・功封・寺封・別勅封をあげる。その後、『延喜式』民部上には、東宮湯沐、無品親王の食封、中納言・参議の職封が加わる。規定はないが、神社の神封、上皇・女院などの院宮封もあった。賦役令に、封戸には課戸を充て、その調庸のすべてと田租の半分を封主に給するとあり、条文にないが仕丁も給された。隋・唐の食封には、実収のある実封と、栄誉を表現するのみで実収のない虚封とがあったが、日本の食封はこのうちの実封にあたり、日本には虚封の制度はなかった。しかし藤原不比等が死後に淡海公に封ぜられ、収入がない国封の例が始まる。封戸の課丁と口分田の多少により、封主の収入に差が生じるので、平均化が計られ、『延喜式』では一郷五十戸を課口二百人・中男五十人・租稲二千束とし、不足する場合は他郷から補塡するが、不作の年には中宮・東宮の湯沐以外は補塡しない。田租は、中宮・東宮の湯沐は白米に、他は舂米（玄米）にするか軽貨と交易して封主に送る。その費用と運賃は田租の中から支出する。天平二十年（七四八）に、封戸租米の運賃を正税から支出するとしたこともある。調と庸は、国庫納入と同じく、郡司・綱領が指揮して京に運び封主に納めた。運賃は封戸の負担であったらしい。地方の封主にも国司の責任で送付したらしく、封主が納入先の変更を指示することもあった。『延喜式』民部上には、封戸の三分の一は絁を輸する国に、三分の二は布を輸する国に指定するが、封戸に指定しない禁国があるとも規定する。戸令には、功封の相続は男女に均分するとある。初見は、『日本書紀』大化二年（六四六）正月条の「改新の詔」に、部曲・田庄を廃止する代償として、食封を大夫以上に賜うとあり、文飾を考えてもこれが令制の食封の起源であることはほぼ承認されている。このころの実例は、『日本書紀』孝徳紀と『藤氏家伝』大織冠伝および『常陸国風土記』久慈郡条にみえる藤原鎌足の功封、『法隆寺伽藍縁起幷流記資財帳』にみえる大化三年戊申（六四七、干支によると六四八）に施入され天武天皇八年（六七九）に停止された食封三百戸、『日本書紀』天武天皇元年条にみえる美濃国安八磨郡の皇太弟の湯沐があり、また天智天皇三年（六六四）に定められた民部・家部は、天武天皇四年に廃止された部曲とされるが、位封・職封の原初形態とする説もある。この時期には封主の従来の支配民が封戸となり支配関係に変化はないともいわれ、封主が管理者を派遣し、租税徴収のほか出挙も行なったと考えられる。壬申の乱後、天武天皇二年に三大寺への寺封の施入があり、同五年に諸王・諸臣の「封戸之税」を西国から東国に移し、同年親王以下小錦（のち直位や五位に相当する）以上の大夫・皇女・姫王・内命婦らに食封が与えられた。同九年には寺封を停め施入後三十年で収公することとし、同十一年に親王以下の食封の収公を命じた。これは天武天皇が食封の廃止を企図したと解する説もあるが、三大寺の食封は存続し、この後も食封の賜与が続くので、封主が封民を支配する食封から、国司が租庸調などを徴収し封主に送付する令制型の食封への転換を示すものであろう。これ以後『大宝令』制定まで、食封を量的に（寺封は時間的にも）制限する傾向がある。『浄御原令』では、直位以上に賜与するのを原則とし、位封・職封の位階・官職に対する戸数や功封の種別・相続について規定はなく、大寺を除く寺封の期限を三十年とした。『大宝令』制定により、食封制度は完備した。すなわち位封・職封の支給対象を、位封は三位以上、職封は大納言以上に限定し、東宮湯沐は東宮一年雑用料とし、四位・五位には位禄を定めて食封支給対象から除外し、大寺以外の寺封の期限を五年に短縮し、功封の種別と相続法を定めた。『続日本紀』大宝元年（七〇一）七月条に位封・功封を具体化し、皇太妃（元明天皇）以下女性の皇族に食封を与えたとあるが、食封を失う官人の不満が強かったらしく、同年五位の位禄を増し、慶雲元年（七〇四）に職封、翌年五位の位禄を実施し、翌三年四位に食封を給し、一位以下の封戸を増加した。四位の位禄は実施されなかったらしい。慶雲二年に封戸

の正丁は四丁を一戸に准じ、天平十九年一戸の正丁五～六人・中男一人を率とし、一郷の正丁二百八十・中男五十を定数として、一戸の田租を四十束とした。その後は前掲『延喜式』の数に変わる。和銅七年(七一四)に長親王・舎人親王・新田部親王・志貴親王・長屋王の食封の租を半給から全給に増し、天平十一年にはすべての食封の租を全給とした。『新抄格勅符抄』には、大同元年(八〇六)現在とその後の追加の神封・寺封の分布がみえる。大同三年には位封と位禄が令制にもどされ、この後は国用不足を理由に職封などの返上を願うことが多いが、ほとんど許されていない。九世紀には、封主の徴物使が貢調使らの納物や国司部内の調庸を奪うこともあり、律令制度の変質とともに調庸などの未進も増加して、食封の実態も失われるに至ったとされるが詳細はまだ明らかではない。収公されない寺封においては、封戸そのものが荘園化する場合と、封物を補塡・代輸するために指定された便補地・便補保が荘園化する場合とがあった。 ↓寺封《じふ》 ↓便補保《びんぽのほう》 (水野柳太郎)

しきぶんでん 職分田 『養老令』に規定された特定の官職に在任する者に支給される田地。ただし、『養老令』施行後も、すでに慣熟固定していた職田・公廨田という『大宝令』での名称が公私ともに行われた。大納言以上の職田(議政官に対する特別の手当、不輸租田)、在外諸司官人の公廨田(地方勤務の中央官人に対する手当、不輸租田)、郡司職田(郡司の主たる俸禄、輸租田)と、やや性格を異にする三種類があった。個々の職分田の面積は、最高の太政大臣の四十町から、最低は大宰府や国の史生の六段まで、官職や国の等級によって差があり、田令に明記されている。『大宝令』『養老令』の施行後、奈良時代・平安時代初期を通じて職分田を支給すべき官職の範囲は、諸道博士・坊令・軍毅その他比較的下級の官職について拡大されていった。その耕営は、一般に京官の場合は賃租、外官の場合は官給の事力《じりき》による直営、郡司の場合は家内労働力による直営が多かったと思われる。 ↓公廨《くげ》田《でん》 (虎尾俊哉)

じきほう 直法 値段、金額の意。そもそも、直法とは取引に際して具体的に設定される価格のことを指すが、「鎮西直法」とあるように、一定地域で共通の直法が形成されていたようである。ただし、直法の設定については、紛争の原因となることがむしろ多く、特に官物における代納制が一般化する平安中期以降には、国衙・荘園領主間、もしくは国司・国内郡司百姓間での紛争が問題となってくる。そのため、規定の納入物と代納物との直法を朝廷が設定する必要が出てきた。これが沽価法であり、延暦年間(七八二―八〇六)以降、建武政権に至るまで、朝廷は沽価法を何度か発することとなる。また、荘園においても、年貢の代銭納が進む鎌倉中期から南北朝期には、米・絹などの現物と銭との直法設定が荘園領主にとっての重要な政策課題となる。しかし、茜部荘や矢野荘に見られるように、荘官層による不正な直法の操作が行われ、実質的な年貢の減額を招くことになる。 (西尾知己)

じきまい 直米 売買・貢納・下行の場において、ものの価値を米で換算した値のこと。「あたいのよね」と訓じる。平安時代中期以降、官物の色代納が進むにつれ、米・絹などを基準として納入物を換算することが行われるよ

職分田

職分田一覧

官職	令制(町・段)	令制後(町)
太政官		
太政大臣	四〇	
左大臣・右大臣	三〇	
大納言	二〇	
大学寮		
明経博士		四(五)
助教・直講		三(四)
文章博士		四(六)
明法博士		三(四)
音博士・書博士・算博士		三
陰陽寮		
天文博士・陰陽博士		四
暦博士		三
典薬寮		
医博士		四
針博士		四(三)
左右京職 坊令		二
大宰府		
帥	一〇	
大弐	六	
少弐	四	
大監・少監・大判事	二	
大工・少判事・大典・防人正・主神・博士	一・六	
少典・陰陽師・医師・少工・算師・主船・主厨・防人佑	一・四	
諸令史	一	
史生	六	
府掌		二
国司		
大国守	二・六	
上国守・大国介	二・二	
中国守・上国介	二	
下国守・大国掾・上国掾	一・六	
中国掾・大国目・上国目	一・二	
中国目・下国目	一	
史生	六	
郡司		
大領	六	
少領	四	
主政・主帳	二	
按察使		六
記事		二
鎮守府 府掌		二
軍団		
大毅		六
少毅		四
毅(佐渡国雑太団)		二
主帳(陸奥国・出羽国)		二
主帳(佐渡国雑太団)		一
牧監		六

(一)延暦十年二月、明経・明法両博士および助教・直講に各一町を増給、針博士に一町を減給。
(二)貞観元年六月、文章博士に二町を増給。

うになる。その際、ある物品を米に換算する場合に「料油二石二斗六合　升別直米二斗」のように使用された。また、十一世紀後半頃になると、土地の売買において、それまでの銭・稲などに変わり、米・絹が代価として記載されることが増え、「依有要用、限直米〇石、△△所売渡也」、というような記載が見られるようになる。十二世紀に入ると、京都・奈良では米による取引が主流となる。十三世紀には、売券における代価は次第に銭で記載されることが一般的になるが、依然として米による取引も行われ、以後中世を通じて米は銭とともに、換算物としての機能を持ち続け、「直米」も使用され続ける。　↓直《じき》　↓直銭《じきせん》　（西尾　知己）

じきむしはい　直務支配　本所・領家などの荘園領主が、みずからの手で直接に荘園の所務を行うこと。これを本所直務とも称する。鎌倉・室町時代、武士勢力の荘園侵略の進展に伴い、所領荘園からの収入の確保をはかる荘園領主が、契約により、荘園現地の管理一切を守護・地頭あるいは荘官などにゆだねるかわりに、定額の年貢納入を請け負わせる制度、すなわち守護請・地頭請・代官請などと呼ばれる荘園の請所化が進行した。しかし当初は契約どおりに納入されていた年貢も、やがて未進不納が常態化していった。この状態を打開するため、荘園領主側が機会をとらえて請所制を解消し、直接荘園支配に乗り出した場合、これを直務支配と称する。その場合、普通は代官を派遣して年貢徴収などにあたらせることが多かったが、時には荘園領主自身が現地に下向する例も見られた。文亀元年（一五〇一）、前関白九条政基が、守護細川氏の押領に対抗して、家領和泉国日根荘に下向し直務支配にあたったのはその典型である。直務支配はまた、請所制のもとで守護や在地領主の苛酷な支配に苦しんだ名主・百姓らが、本所・領家に要請して実現する場合もあった。寛正二年（一四六一）、東寺領備中国新見荘の百姓らが、管領細川勝元の被官であった請負代官安富智安を排斥、「直に寺家より御代官を下し候て御所務候へ」（『東寺百合文書』え）としたためた申状を東寺に提出し、ついに東寺の直務を実現させたのは著名な例である。　（須磨　千頴）

じきむだいかん　直務代官　荘園領主が直接荘園を支配するいわゆる直務支配において、上使として現地に下向し、領主の意を体して所務にあたった代理者をいう。これに対して、荘園領主が在地領主や土倉などを代官職に補任し、彼らに荘園の所務を全面委任して年貢の上納を請け負わせた場合、これを請負代官という。請負代官は自己の請所として自由に荘園を支配したが、直務代官は領主の意志の代行者にすぎない。寛正二年（一四六一）、長らく請負代官として君臨して来た武家被官安富氏を排斥し、領主東寺に対しくり返し直務支配を要求した備中国新見荘の百姓らが、「請の御代管事、庄主にても候へ、何様方にても御入候へ、安富方をたにもの（除）け申候上者、直務御代管にて御入候ハす者、一切見申まし」（『東寺百合文書』え）といい、請負代官を徹底的に忌避し、あくまで直務代官の下向を求めて、一味神水して闘った事実は両者の差異を浮き彫りにしている。　（須磨　千頴）

しきもく　色目　物や土地の具体的な形状や種類、数量などのこと。ある物品の製作が依頼される場合、装飾や形状などの細目は色目として示された。また年貢や公事などとして具体的にどのような品目がどのぐらい徴収されるか、その内訳のことも色目と言った。転じて、これらを書き上げた目録なども色目と呼ばれた。　（高橋　典幸）

じきもつ　直物　売買の際に代価として支払うもの。「じきぶつ」とも。直とは値と同義。中世の売買では、銭ばかりでなく、米や布もしばしば代価として用いられた。支払手段が銭であれば直銭、米であれば直米という用法もあったが、直物とはこれら全てを包含した用法である。また、当時の売買慣行として米や銭一種類ではなく、米や布、布や銭などを取りあわせて代価とすることもよく行われ、それらをまとめて直物と呼ぶこともあった。さらに当時の売券に注目すると、「直物の要用あるにより」売却すると記されたものが多いことに気がつく。こうした文言から、複数存在する支払手段の中から売主の側が代価を選択する余地があったことも推測される。支払手段が銭貨に一元化されない中世の売買のあり方を象徴する表現である。　（高橋　典幸）

しぎょう　執行　平安時代以降の寺社に置かれた職名。「しゅぎょう」ともいう。寺社の貫主の下で、実質的な寺務・社務をつかさどることを任務とした。東寺の場合には、貫主たる東寺長者の下に凡僧別当がおり、さらにその下に東寺執行がいて、寺内に常住し、寺家の実務をとり行うとともに、堂塔の日常的な管理・修理を行なった。空海在世中に永真がこの職に就いたのが最初で、以後重代相伝の職となったという（『阿刀文書』）。東寺の末寺高野山金剛峯寺や延暦寺の末社祇園感神院などにも、同様に執行がいて、末寺・末社の実質的な寺務・社務をとり行なった（『高野山検校帳』『又続宝簡集』九四）、『天台座主・祇園別当并同執行補任次第』（『続群書類従』神祇部）。高野山の場合には執行の上に高野山座主・山上別当がおり、祇園社の場合には執行の上に天台座主・祇園別当がいたが、これらの職にはいずれも本寺側の僧が任ぜられたから、高野山執行検校・祇園執行は実質的に両末寺社を代表する存在であった。　（山陰加春夫）

じきりょう　食料　荘園・公領において、荘園領主・地頭荘官などの佃（正作）耕作にあたる百姓・名主に与える食料。農料ともいう。佃経営の代表的形態とされる大宰府管内の「公営田」では、人別二升の食料を三十日間支給した。初期荘園の佃では「営料」に一括されているが、次第に「種子・食」「種子・農料」と記され、食料が区別される（『醍醐雑事記』）。平安時代末期から佃（正作）は名に割り付ける請作（催作）に転じ、荘園領主は全収穫から

種子・食料を除き、残りを佃分米として徴納した。種子・食料は三斗内外が普通で、大和国楊本荘小佃の種子料段別一斗八升が種子のみであるとすれば、食料の額もほぼ推察されよう。地頭は種子のみで食料を与えない例が多く、与えても前者より少量であったと思われる。若狭国太良荘の地頭は種子・食料を支給せず、二石を責め取り、空佃と訴えられた。大和国楊本荘・出雲荘のごとく、種子・食料の代りに佃作料として一色田を名田に加え、均等名を形成した例もある。 ↓種子《しゅし》・農料《のうりょう》 （渡辺 澄夫）

じげうけ 地下請 中世荘園における年貢請負制度の一つ。荘園年貢の請負には鎌倉時代の地頭請に始まり、守護請・地下請などがあり、こうした荘園年貢の請負を請《うけ》所《しょ》とよんでいる。地下とは本来は宮中で昇殿の勅許を得ない官人をいい、殿上人に対する呼称であるが、ここでは荘園における在地の名主・百姓をさしている。地下請とはこうした名主・百姓が共同して荘園の年貢・公事を請け負うことをいっている。故に「百姓請」ともいわれ、荘園内の番頭らが請け負った場合には「番頭請」ともよばれた。毎年一定額の年貢納入を請け負った地頭や守護や地下は、そのかわりに荘園領主からその請け負った土地の支配の全権を委任された。その年貢を請料または請口といい、豊作・凶作にかかわりなく一定しているのが原則であった。当時の荘園経営は天変地異に影響されやすく、収穫に変動が多く、しばしば年貢減免の要求がだされた。荘園領主側はこの要求をしかるべく処理しなければならなかったが、その実態を把握することが困難であった。地下請などの発生している一つの要因である。地下請の早い例としては仁治元年（一二四〇）東大寺領大和国窪荘にみられるが、鎌倉時代の多くは逃亡百姓跡の連帯請であったようである。地下請が顕著になるのは南北朝時代以降のことである。その理由としてはいくつかのことが指摘できるが、まず第一には荘園領主側の勢力衰退ということがあげられる。みずからの力で荘園を支配し年貢を徴収することがむずかしくなってきたのである。特にこのころ従来の年貢収取の単位であった名田《みょうでん》の解体がすすみ、新しい収取組織の改編が求められていたが、荘園領主はみずからそれを果たし得なかったところに、地下請などの請負が多くみられるようになったのである。また、当時荘園村落の人々はみずからの村落生活をまもるために、地域的に結合し「惣」とか「惣中」とよばれる村落の自治組織を結成していた。在地の名主層がその中心的存在であった。自治組織をもった名主・百姓たちは荘園年貢を請け負い、一荘の支配を委譲されるまでに成長していたわけで、地下請の展開は惣村の発展と深くかかわっており、「惣請」ともよばれるゆえんである。一方南北朝時代以降は守護による領国の支配もすすみ、国人や荘官層の多くは守護の被官となっていったが、こうした守護勢力による荘園侵略は一段とはげしくなり、守護請も多くみられるようになった。このようななかで荘園領主が守護勢力の荘園侵略を排除しようとして、在地の名主層を中心とする惣村的組織に年貢徴収を依存するといったことも地下請を盛行させた理由になっていたようである。地下請などの展開は荘園制の崩壊をおしすすめることとなったが、地下請の盛んとなったことは惣村の組織にささえられているとともに、地下請の発展は惣村の経済的基盤を強化することとなり、惣的村落組織を一段と発展させるものであった。 ↓請所《うけしょ》 （福田栄次郎）

じげおきて 地下掟 ⇨惣掟《そうおきて》

じげにん 地下人 朝廷の官人で清涼殿の殿上間に昇殿する資格を与えられていないものを地下、時に地下人といったが、ここで取り上げる地下人はそれとは別のものである。地下人とは位階・官職などを持たないもので、洛中などの庶人、諸国荘郷保の在地に住する地頭・領主層以外の名主・百姓などがこれに含まれる。この用法は中世後期にしばしば史料上にみられるようになったが、凡下・甲乙人と呼ばれる者もそこに包括される。荘園にあっては、荘園領主のもとにいてその支配機構に連なるものに対して、在地にあってその支配下に置かれ年貢を負担する名主以下の百姓が地下・地下人といわれ、彼らの有する諸職を「地下之職」といった。室町時代においては、荘園内で「侍分」と「地下分」の二階層に分けられている例も見られる。この侍分・地下分はともに地下人として総称される名主・百姓に含まれるものであるが、それが荘園内ではさらに有力名主とそれ以下の百姓との二階層に分けられていたことが知られる。このように、地下人・地下とは一つの固定された身分のものを指す言葉ではなく、荘園領主と名主百姓、荘園内の名主と百姓などの関係のもとにおいて、下層の身分を呼ぶのに用いられていたといえよう。在地における名主・百姓の勢力が強まるとともに、彼らによる年貢請負も行われるようになったが、これを「地下請」というのもこうした地下人による請負という意味から出たものである。 ↓甲乙《こうおつ》人《にん》 ↓地下請《じげうけ》 ↓凡下《ぼんげ》 （田中 稔）

しげはらのしょう 重原荘 三河国碧海郡の荘園。現在の愛知県豊田市南西部、知立市、刈谷市付近。当荘の荘官であったと思われる重原左衛門尉は承久の乱において、院方についた。そのため、承久の乱後には所領を没収されたと思われ、当荘の地頭職は二階堂氏に安堵される。しかし、霜月騒動において、二階堂行景が誅せられたため、当荘地頭職も没収されたらしく、その後は大仏氏に安堵される。鎌倉幕府滅亡後には足利尊氏に与えられ、さらに、その後は御料所として奉公衆に分割給付されたが、貞和二年（一三四六）には、足利尊氏より勲功として、当荘の内牛田下切・馬渡・小林三ヵ村の地頭職が二階堂行景の孫の行雄に与えられた。以後、二階堂氏は戦国期まで、当荘を基盤としていたことが確認できる。また、当荘は建武三年（一三三六）には勧修寺門跡領とされてい

るが、その権利内容は定かでない。　（西尾　知己）

じけんだん　自検断　村・町・郷などの地域の社会集団が、その内部において自ら「検断」（犯人逮捕・裁判・処罰執行などの刑事事件処理）を行うこと。私検断、地下検断とも呼ばれる。室町～戦国時代の近江の菅浦や今堀郷、和泉の日根村の例などが有名である。日本の中世社会では国家権力の役割はきわめて限定されており、実際の生活の場では、地縁・血縁など種々の社会集団が自らの力で自立的秩序を維持していた。武士団や寺院などがその典型だが、中世後期に成立する惣村や国人一揆も、領主の介入を排除し、村法や惣掟、一揆契約状にみずからの検断権行使を成文化するなどして、従来領主権の重要な内容を構成した検断権（の一部）を共同体的に掌握した。殺人や放火はもちろん盗みに対しても死刑や追放をもってのぞむなど厳しい制裁が内部で科され、それによって集団の結束や、自立的な秩序維持がはかられた。　（古澤　直人）

じこんちけいしょうえん　自墾地系荘園　開発領主が職権を保留しつつ権門勢家に寄進して成立する寄進地系荘園に対し、荘園領主が未開の荒野を占め、みずから種子・農料・農具などを投入して、自家の隷属民や浮浪化した公民を指揮しつつ、開墾・構立した荘園を呼ぶ学術上固有の用語。西岡虎之助が昭和八年（一九三三）「荘園制の発達」（『（岩波講座）日本歴史』所収）でこのような概念で用いて以来学界共有の語となった。西岡が用いた際、この語は主に発生経路の特徴を示す概念であったが、この形態の荘園は奈良時代末期平安時代初期に多いところから、第二次世界大戦後はもっぱら初期荘園の一形態として、既墾地系荘園《きこんちけいしょうえん》に対する語として用いられている。→既墾地系荘園《きこんちけいしょうえん》　→寄進地系荘園《きしんちけいしょうえん》　→墾田地系荘園《こんでんちけいしょうえん》　→初期荘園《しょきしょうえん》　（義江　彰夫）

しこんでん　私墾田　広義には律令制下で国司墾田以外の一般の墾田をいう。狭義には寺社や貴族による墾田、勅旨田など公権力による墾田を除いた個人の力で開いた墾田をさす。在地の「富豪之輩《ともがら》」「殷富《いんぷ》之輩」などと呼ばれる者たちが私的に集めた労働力によって開かれた田地のこと、あるいは在地の公民や土着した浮浪人が官許を得て自力で開墾し、一定の権利を付与された小規模な私有の田地のことをいう。私墾田は本来口分田の不足を補うために現われたが、結果的に口分田自体の私有地化を肯定し、その状況を促すものであった。さらに寺社や貴族は自らの開墾地の他に私墾田を買得・集積していき、初期荘園成立の大きな要因となった。私的な労働力を用いて完成した用水設備中の水を使用した場合は、公川より導引水しても私水と認定してその土地も私墾田とされた。『延喜式』によれば私墾田に公の用水を用いた場合はその多少により収公されて公田となる事例もあった。　（渡辺　智裕）

じさくいちえん　地作一円　中世後期の大和国関係の史料にしばしばみられる用語で、「地作一円所持」「地作一円拝領」などと表現される。特定所領に関する地主職と作主職とを同一者があわせ所有することをいう。両職はいずれも得分収取権であり、売買の対象ともなったが、地主職の方が上級の所職で、当時事実上は荘園領主もしくは給人が所有しており、一定の「地子」収取権とともに、原則的に作主職進退権が付帯していた。これに対し作主職は一種の中間得分権で、作人を進退し、彼から一定の得分を収取することを権利内容としたが、地主への地子の未進が重なった場合などには、それらの権限が上級所有権者である地主に帰することもありえた。両者の「一円所持」はいわゆる「一職支配」を意味する。興福寺大乗院領神殿荘について、院主尋尊が「地作一円重職御領也、仍作主不レ可レ有レ之」といっているのは、中間得分権者の介在を排除した領主の直接支配の主張である。　（須磨　千頴）

じし　地子　(一)江戸時代以前、田・畠・家地などから収納された年貢・小作料類の名称の一つ。時代・制度の推移により内容・性格に差違がある。古代では田地の賃貸借料をさした。『養老令』田令公田条とその集解古記および賃租条では、田地の賃貸借を賃租、公田の賃租料を地子と呼んでいる。古代では地子は地利ともいい、『続日本紀』養老三年（七一九）九月条に初見する。中国、唐ではすでに貞観十一年（六三七）三月勅（『唐会要』九二）に地子の語がみえるが、唐令では貼賃の語を使っているので、賃租は『養老令』制定者の造語と思われる。養老以前は、田地の賃貸借を売買、賃貸借料を価・直といい、用語上で貸借と売買の区別がなかった。『日本書紀』にみえる大化元年（六四五）九月詔に「有レ勢者分二割水陸一以為二私地一売二与百姓一年索二其価一」とあるのはその初見史料で、大宝田令の公田条にも「販売」と書いてあったらしい。養老以後賃租や地子の語が使われ始めたのは、このころ土地の永代売買が始まり、賃貸借と区別する必要が生じたためとする亀田隆之の説があるが、唐でも日本でも官田や公田の賃貸借料を地子、私田のそれを価直と呼んで区別しているので、公田賃租の制度化の結果と見た方が良い。公田とは班田後の剰余田（乗田）のことで、大宝令制下でも毎年国司が借耕者から地子を徴して太政官に納めていたが（天平二年（七三〇）『大倭国正税帳』、同年『紀伊国正税帳』、同六年『出雲国計会帳』）、天平八年官奏（『続日本紀』）には「郷土沽価」によって賃租するとあるので、当時はまだ地子の全国的基準が決まっていなかったらしい。ところが、『弘仁式』『延喜式』主税では輪地子田の田品を上田（標準穫稲五百束）、中田（四百束）、下田（三百束）、下々田（百五十束）の四等に分け、地子は各穫稲の五分の一と定めている。輪地子田とは不輪租田・輪租田と同様の田の区分用語で、主に乗田であるが、無主田（欠郡司職田など）や射田も含んでいた。この統一基準は、『続日本紀』天平元年十一月条や同七年「弘福寺領田図」、『令集解』田令交錯条・公田条の古記、天平十二

年『遠江国浜名郡輸租帳』などに右の田品(上田〜下々田)や地子率の規定、「輸地子田」の語が初見するので、天平八年官奏の直後に成立したと思われる。↓賃租《ちんそ》 ↓輸《ゆ》地子田《じしでん》 (菊地 康明)

(二)律令制下では地子は公田の賃租料を指したが、平安時代に入って律令制的土地制度が変質崩壊し、荘園の発達を見るようになると、荘園ならびに内容的には類似の性格を持つに至った国衙領の経営において、国衙・荘園領主が田地を田堵らに請作させる(これを「散田」と称する)方式がとられるようになる。その際田堵らは請文を提出し、一定額の「地子」を弁進する義務を負った。寛和三年(九八七)二月一日付東大寺符案に、寺家が阿波国の所領新島・勝浦・枚方などの諸荘に対して使者をつかわし、「去年幷以往地子物」の徴納と「当年散田之務」を行なって請文を提出させるべきことを命じた事例がみられる。荘内の耕地が名田に編成される平安時代末期以後の荘園にあっては、名田からは名主を負担者として年貢・公事を徴収したのに対し、名田以外の領主直属地(間田とか散田・余田・一色田などと呼ばれた)は作人に請作させており、そこからの収納物は通例地子と称された。一方、中世には地子はいわゆる畠年貢を指す場合も多かった。元来律令制では畠地は賦課の対象ではなく、私的な用益に委ねられていたが、十世紀後半ごろ以後になると、畠地に対する地子賦課の事例が少なからず見出されるようになる。早い例では天元三年(九八〇)二月二日の某寺資財帳に、山城・丹波・近江などの諸国に散在する何ヵ所もの畠地が記載され、それらに対してたとえば「広幡畠三段地子」とあるごとく地子が賦課されていたことを確かめ得るし、近江国愛智荘でも十一世紀初期には作畠から地子を徴している。十一世紀後半以降は、国衙領・荘園において畠地に対する検注の実施が通例となり、したがって地子の賦課はごく一般的となった。嘉元四年(一三〇六)二月の山城国池田荘田畠検注目録案に、田地五十七町一段三百歩の分米百十四石三斗四升五合六夕と並べて、「一、畠漆町玖段廿、分地子壱貫伍百捌拾文段別弐拾文」が記されており、文保元年(一三一七)六月の播磨国矢野荘例名地子麦等散用状によると、定畠三町九段三十五代から「公方御地子麦」九石一斗三升一合が出されていたことが判明する。貞永元年(一二三二)十二月十九日の幕府追加法に、「一、畠地子二ヶ度(春夏)地頭可取否事」なる一ヵ条が含まれていることからも、畠地からの地子徴収が一般化していることを知り得る。地子はまた市街地・宅地に課される地税をも指した。屋地子と称するのがこれである。南北朝・室町時代以後になるとその事例が頻出するようになる。『園太暦』正平七年(一三五二)二月二十八日条に載せる同月二十三日付後村上天皇綸旨は、「洛中民屋地子」の停止を令したものであり、永享四年(一四三二)十月十一日の幕府奉行人連署奉書案に、鳩塗師なるものの京都鷹司以南油小路東頬の屋地を安堵し、「地子においては厳密に其沙汰を致すべし」(原漢文)としているのなど、いずれもそれである。かように地子には賦課対象の相違により、田地子・畠地子・屋地子など各種の名称があったが、また領主取分としての地子のほかに中間得分として名主の加地子が現われるようになると、領主のとる恒例の地子は本地子・定地子と呼んでこれと区別された。応永二年(一三九五)十二月日、東寺会中講料所敷地注文に、京都七条坊門櫛笥北頬西角の敷地一所につき、「地子五百五十文」のところ「此内加地子百五十文出之、定地子四百文夏冬弁」と記されているのはその一例である。さらに地子は、たとえば永和元年(一三七五)四月三日の良快八条院々町給主職請文に、「地子の収納は、先例に任せて六月十二月の二季に各半分、地下の済不によらず、懈怠なく執り進むべし」(原漢文)とみえるように、分割徴収される事例が多く、その場合収納の時期によって春地子・夏地子・秋地子・冬地子などと区別して呼ばれた。また銭納される場合も少なくなく、これを地子銭と称した。屋地子は多く地子銭の形をとった。これに対して米納の場合は地子米、麦で納めるものは地子麦という。畠地子では蕎麦その他を納めることもあった。天正元年(一五七三)七月、織田信長が京中の地子銭を免除する措置をとったことはよく知られているが、そのころ以後、地子はほとんど屋地子に限定されるようになり、江戸時代にはまったく都市の宅地税を指すようになった。この時代には銀をもって徴収されることが多く、地子銀と呼ばれている。江戸幕府は初期から京都や江戸の地子を免除し、また寛永十一年(一六三四)には大坂・奈良・堺の地子をも免除しているが、すべての都市にそれが及ぼされたのではなく、長崎の場合など、江戸時代後期のものと見られる地子銀明細帳によると、五十四ヵ町分の総坪数二十五万五坪余に対し、五十貫九十目の地子銀が課されていたことが知られる。↓加地子《かじし》 (須磨 千頴)

じしこうえき 地子交易 国司が公田地子稲を太政官に納める場合、舂米と軽貨交易の二方式があり、後者の場合を地子交易といった。初見史料は天平六年(七三四)『出雲国計会帳』で、「主当地子交易国司目正八位下小野臣淑奈麻呂事」と「主当地子交易国司歴名帳一紙」の二通の弁官宛公文が記されている。しかし、『令集解』田令公田条の古記に「販売」「供公廨料」「以充雑用」などの『大宝令』逸文がみえ、岸俊男のようにこの「販売」を交易の意と解すれば、地子交易は『大宝令』当初からあったことになる。初期の地子交易の状況は明らかでないが、延喜十四年(九一四)八月八日と同十五日の太政官符(『政事要略』『別聚符宣抄』)によると、九世紀以降太政官厨家に舂米と交易物を納めていたのは、畿内五国と伊賀・志摩・隠岐・淡路四国、東北二国、大宰府管下の肥後・日向・大隅・薩摩四国と二島を除く五十一国であった。畿内五国と伊賀では地子を正税に混合し、東北二国では鎮兵の兵粮や狄禄に、大宰諸国では一部を右四国二島司の公廨に充てた(弘仁・延喜主税式)。他の五十一国からは

毎年、舂米五千四百五十三石、絹九百九十疋、商布八千八百四十一段、調布三千二百二十二端、細布二十端、綿千百五十二斤と四千六百九十二屯、鉄千百四十六廷、鍬二千百口、他に油・調味料・魚介・海藻・筵・墨・紙・塩・雑穀など三十種の例進地子雑物が輸納され、これに要する地子稲は鍬までの八品目だけで総計四十一万六千六百八十束にのぼった。これらの品々は毎年の大弁以下の季料米や官内の雑用に供されたが、これ以外にも列見定考禄、夏冬頓給料商布三万八百四十段、晦料油雑穀などの支出があり、その交易料稲三十四万束には諸国の例進外地子稲が充てられた。これらの官人給与や宮廷経費は諸国から納められる調庸物や正税の舂米・交易雑物で賄うのが普通であるが、太政官の場合は特別に公田地子も充用されたのである。十世紀以降律令制が衰えると、諸国の公田は太政官の荘田化し、壬生官務家世襲の厨家領として中世まで存続した。　→賃租《ちんそ》　（菊地　康明）

じしせん　地子銭　⇩地子《じし》

じしでん　地子田　⇩輸地子田《ゆじしでん》

しじはらのしょう　志道原荘　安芸国山県郡の荘園。現在の広島県山県郡豊平町大字志路原を中心とする地域。長寛二年（一一六四）ころ立荘。山県郡の豪族凡家綱が相伝地主として平清盛に寄進、この年清盛は家綱を下司職に補任した。当時は志道領と称しているが、二年後の仁安元年（一一六六）には一御社（厳島神社）御領志道原御荘とされ、倉敷が太田川河口付近に設定されていた。厳島神主佐伯景弘の仲介により清盛を本家、厳島社を領家として成立か。終末所見は応永四年（一三九七）厳島社領注進状。　（松岡　久人）

しほうじ　四至牓示　荘園の地域を確認するため荘園の四至すなわち四方に設置された標識。四至は「しじ」「しいし」、牓示は「ほうじ」とも読む。牓示とは標識のことで一般に石材・木杭・自然木などが利用されたが、特殊な例としては塚を築き、その中に不朽性のあるところから木炭を埋める場合もあった。牓示が設定された場所は原則的には東西南北の四境界線の交差する四地点であったが、事情によってはこれ以外にも設置されることがあり、これを脇牓示と称することもあった。四至牓示の設置は荘園の成立当初から行われていたことであるが、一般化するのは十一世紀に入ってからである。すなわち十世紀までの荘園では多くの場合不輸権は確立しておらず、たとえ不輸権を獲得していても、本免田以外の新開田は常に国衙の検注の対象とされていたため荘園が地域として問題にされることはなく、したがって四至牓示も荘園の広さと所在を大雑把に示す機能以上のものをもたなかったのである。ところで延喜二年（九〇二）以後、荘園の急激な増加に苦慮した政府はたびたび荘園整理令を発布し、その収公に努めたが、十一世紀に入ると荘園整理政策を変換し、整理対象外の荘園に不輸不入権を与え荘園領主による一円排他的支配を認めるようになった。この段階になると荘園は広さだけでなくその地域も重要な要素となり、それを明示するものとして四至牓示が重要な機能をもつようになったのである。また当時の史料に、牓示を抜き棄ることと荘園侵略が同義に用いられていることから明らかなように、牓示とはまさに荘園領主の支配権を象徴するものであった。嘉応元年（一一六九）の「備中国足守庄図」（神護寺蔵、重要文化財）裏書によると、四至牓示は立券荘号とともに設置され、設置に際しては官使・国司・領家使・荘官が立ち会うのを原則とした。またこの時、後世の証拠として四至牓示図が作成されるのを通例とし、現在、神護寺に残る「紀伊国神野真国庄図」「紀伊国桛田庄図」（ともに重要文化財）はその代表的なものである。　（並木　優記）

じしまい　地子米　⇩地子《じし》

じしもつ　地子物　地子として納められる物。その内実は、地子の歴史的な性格変化、地域の特性に応じて多様である。律令制下、荘園制下における地子物は、基本的に米穀であった。しかし、十世紀後半から畠地からも地子が徴収されるようになると、これらは畠地子とよばれ、この頃から米以外に麦・豆・蕎麦・粟といった多様な地子物が見られるようになる。十四世紀になると、貨幣経済の進展にともない、畠地と家地の地子を中心に地子物の銭納化の傾向が顕著になる。とくに京都などの都市部においては、屋地子（地子銭）とよばれる間口の広さに応じて賦課される宅地税が一般化してゆき、やがて十六世紀以降、地子（物）の呼称は事実上、銭納される屋地子をさすものとなってゆく。　（清水　克行）

じしゃいちえんち　寺社一円地　寺社領のうちの一円所領をいう。一般に荘園が公領や、他領と混在している場合、十一世紀中ごろ相博（交換）・買得によって円田化がすすめられ（荘田の一円知行化）、その結果四至牓示の中に公領・他領をまじえず、さらに「為二一円之庄一依レ不レ勤二他所所役一」といわれる「一円庄」（所職の一円知行化）が形成された。十三世紀以降の武家法のもとでは、地頭職設置の荘園や「関東御分」（主として東国）の地域に対して、地頭御家人不在の地を「本所領家一円地」として区別し守護不入権が認められた（『中世法制史料集』一、鎌倉幕府法、追加法四六三条・五三六条）。室町幕府では、本所領一般とは別に、特に寺社一円地を保護し（同二、室町幕府法、追加法五七条・七九条）、応安元年（一三六八）の半済法では、皇室領や「殿下渡領」（摂関家長者世襲領）とともに「寺社一円仏神領」が、半済適用の除外地として優先的にとりあげられている（同九七条）。この場合、寺社が本家（または領家）・地頭の両職を併有する所領をさすものとされている。　→一円所領《いちえんしょりょう》　→寺社本所領《じしゃほんじょりょう》　→寺領《じりょう》　（島田　次郎）

じしゃほう　寺社法　寺社法（社寺法）という場合、広義では寺社に関する一切の法制をさし、国家が寺社に対してもつ統教権と、寺社みずからがその内部を規制する治教権との両者が含まれる。狭義では治教権によるものを

さし、中世の寺院法（寺法）はその代表例である。古代では宗教法制の起源ともいえる聖徳太子の十七条憲法に仏教精神につながるものがあり、それを国家形成の原理として示している。そのあとを承け隋唐の文化の影響下に大化改新の諸制が立てられ、これを継承して制定された成文法を、さらに改正、改補充実したのが『大宝律令』である。これに小修正を施し編纂し直したのが『養老律令』であるが、そこには法源として仏教に関する根本法である僧尼令があり、主として僧尼に対する禁制事項とその罰則が定められている。また神祭に関する根本法である神祇令には、神祇の祭祀ないし神祇行政についての具体的な規定がみられる。さらに律令の補助法規である格・式の制によってその細目が補充されている。以上は統教権によるもので、一方最澄が定めた叡山の内法である『山家学生式』、伊勢神宮の『延暦儀式帳』などは治教権によるものである。中世には法源として武家法の基本法となった『御成敗式目』およびその追加法があげられ、寺社の修造、仏事・祭祀の執行、寺社領の保護、僧侶・神職の所行などに関する多くの規定がみられ、続いて『建武式目』、同追加法が編まれている。一方律令を基とし『延喜式』などを法源とした公家法が行われ、また荘園社会の編成にあたり、荘園の管理について一種の自治法としての慣習法的規制である本所法が存し、寺社領に限ってみると寺社法と荘園法とに大別される。この期の主流は狭義の寺社法で、特に大寺院の叡山・興福寺・東寺・東大寺・高野山などの立法権は国家の手から離れ、多数の僧侶の評議によって法が定められ主要な法源となっている。それは寺務および寺領に関する一切の事項にわたっており、特に租税・治安維持・罪科などの法が多い。従来その特色として死刑の不科があげられているが、実際は死罪なる極刑が行われていたようである。やがて荘園制の崩壊に伴い領国制へと移行すると、いわゆる分国法が行われ、伊達氏の『塵芥集』、武田信玄の『甲州法度』、『長宗我部元親百箇条』などにも各分国内の寺社行政に関する規定が設けられている。村落の自治法である村法も次第に規制力をもつようになり、その中にも寺社の維持・運営に関する規定がみられる。（清田　義英）

じしゃほんじょりょう　寺社本所領　武家領に対して、寺社および公家領の荘園所領のこと。十二世紀以前では特に区別されず、一般に荘務権（国衙の権限を継承した検注権、臨時課役賦課権、検断権、年貢地子決定権などの領主権）をもつ荘園領主の所領を本所領とよび、国衙領と区別した。鎌倉幕府が成立し、関東御領などの将軍家所領（武家領）が確定してくると、これらと区分して、それ以外の寺社・公家領および国衙領を「本所之進止」とした（『御成敗式目』第六条）。ついで蒙古襲来合戦にあたり、西国の地頭御家人とともに、従来守護の軍役催促下になかった本所一円地の住人も、異国警固番役に動員したが（『中世法制史料集』一、鎌倉幕府法、追加法四六三条ほか）、一方守護の検断権も、本所一円地には及ばず（同五三六条）、また鎮西寺社領興行政策（同四九一条・五四四条ほか）によって、寺社領に対して、その沽却質券地の取戻しを命ずるなど、幕府は寺社領に限って一定の保護を加えた。南北朝内乱期に入ると、室町幕府は、武家領・国衙領と区別されたその他の荘園を「寺社本所領」と称し（『中世法制史料集』二、室町幕府法、追加法一―三条・一一条・三〇条など）、特に地頭不設置の荘園を「本所一円知行地」とし、皇室領・摂関家長者世襲領（殿下渡領）などとともに、守護以下武士の違乱を禁じた。幕府は、まず兵粮料所のために特定した寺社本所領を、臨時に守護以下の武士に預けたが、その枠をこえて給人らの押妨がはげしかったのでこれを改め、すべての寺社本所領の下地を返付させ、その違反者の処罰を命じた（同一―七条・九―一一条・二五条・五五条など）。ついで観応擾乱に際して半済法が施行され、一般の寺社本所領の返還と、近江国など八ヵ国内の寺社本所領の半済実施およびこれに違反した武士給人に対しては下地分割を命じた（同五七条・五八条・七九条・八一条）。その際にも寺社一円所領は、半済の適用外とした。内乱末期の応安元年（一三六八）には、改めて半済法を整備し、皇室領・寺社本所一円所領・殿下渡領および公家知行の地頭職所領は、半済適用外とし、一般の寺社本所領荘園は、当分の間下地の半済を認め、荘園領主と給人との間に、所領を本所分と半済分とに二分し、特に武士の本所分への押領を禁じた（同九七条）。以上の経過により、室町政権は、守護以下の寺社本所領侵略に対して、その最大限の歯どめとして、半済法およびそれにもとづく下地中分を認めており、したがってその限りにおいて荘園体制保障をたてまえとしたといえる。戦国時代に入ると、数少ない事実上の「当知行地」たる寺社本所領さえも押領され（同五一三条）、その政策の実効力も少なかった。（島田　次郎）

じしゃりょう　寺社領　⇨社領《しゃりょう》

しじょうず　四証図　八世紀末から十世紀にかけて、私的土地所有の進行、班田制の行き詰り、国郡司・王臣家・殷富百姓らの良田独占化といった状況に対応して、田地校勘の証験として定められた天平十四年（七四二）・天平勝宝七歳（七五五）・宝亀四年（七七三）・延暦五年（七八六）の四度の班田図。田籍とともに四証図籍ともいう。四証図のことが史料上明確にみられるのは、後述の弘仁十一年（八二〇）太政官符においてであるが、その成立はこれより先のことで、延暦十一年班田にあたり、厳正な実施をはかるため、その準備作業である前年（十年）の校田時に発布された格により制定されたと推定される（『続日本紀』延暦十年五月戊子条）。天平十四年班田図が証図として選定された理由は、条里の一条を一巻とした作成方式により、全国的に統一実施された最初の班田図であり、また天平十五年墾田永年私財法発布直前の班田図であったことによる。天平勝宝七歳証図は天平十四年証図から、延暦五年証図は宝亀四年証図から、いずれも二回目（十三

年目）の班田図にあたる。天平十四年証図を起点に、前回の証図から二回目の班田図を証図とするという一定の証図選定方式があったことを指摘しうる。ただ、宝亀四年証図は天平勝宝七歳から三回目の班田図である点、問題となるが、それは二回目にあたる神護景雲元年（七六七）班田が律令本来の政治からすれば、きわめて異常といえる道鏡政権（僧侶政治）下で、しかもはなはだ片寄った寺院優先保護主義の土地政策を背景に実施されたものなので、その班田図は証図として選定するには不適当とみなされたからであろう。宝亀元年道鏡失脚後、最初の班田＝宝亀四年の班田にあたり、まず同三年十月、道鏡政権下の天平神護元年（七六五）に制定された加墾禁止令を廃止し、四年には神護景雲三年に行われた播磨国餝磨郡の百姓（駅子）口分田の四天王寺献入―比郡班給の措置を大半旧に復した。残った一部は延暦五年班田時において整理処置されている。このように宝亀四年の班田―田図籍のもつ意義は大きい。弘仁十一年十二月二十六日太政官符によると、田図は常に留めるが、畿内においては、田籍は四証田籍を除いて一班ののち廃棄し、七道諸国においては、田図のみを進上（田籍進上停止）するよう令されている（『類聚三代格』）。四証図を証験とした事例は、天長二年（八二五）十一月十二日付『尾張国検川原寺（弘福寺）田帳』（尾張国中島郡・丹羽郡所在の弘福寺田の校勘）、延長四年（九二六）二月十三日付民部省符（大和国高市郡所在の弘福寺田の校勘）、また寛平二年（八九〇）ころの『広隆寺資財交替実録帳』（山城国所在の広隆寺田の校勘）、延喜五年（九〇五）九月十日付『因幡国高庭荘検田帳』（因幡国所在の東大寺領高庭荘田の校勘）など（以上『平安遺文』所載）にみられる。　→田図《でんず》・田籍《でんせき》　（宮本　救）

しすいこ　私出挙　⇩出挙《すいこ》

しずかわのしょう　静川荘　紀伊国那賀郡の東端に位置する荘園。現在の和歌山県那賀郡那賀町付近。東は紀ノ川の支流静川（現在の穴伏川あるいは四十八瀬川）をはさんで伊都郡の神護寺領拃田荘《かせだ》に接し、西は高野山領名手荘に連なる。平安時代末期の成立と考えられ、当時の領家は不明であるが、鎌倉時代以降は高野山領となっている。静川の河岸段丘上にわずかの耕地を有するのみで、山間荘園の性格が強い。鎌倉時代中期より、静川からの引水をめぐって、拃田荘との間に相論がおこり、これに山野の入会権がからんで、紛争はえんえんと近代に至るまで続いた。　（小山　靖憲）

しせつじゅんぎょう　使節遵行　室町幕府裁定の執行手続で、所務相論や下地押領の排除などについて幕命をうけた守護が守護代に下達して守護使・遵行使を現地に派遣入部させ、それを実行させること。下地《したじ》遵行ともいう。遵行使（守護使）は、裁許を得た知行者に論所に打渡して打渡状をその相手に交付し、打渡行為の完了を内容とする請文を守護代、守護を経て幕府に提出することによって遵行行為は完了する（遵行とは、上位者の命に従って物事を行うことであり、打渡というのは土地・所領などを引き渡すことである）。文書の流れからいえば、幕府御教書―守護遵行状―守護代遵行状（打渡状）―遵行使打渡状―遵行使請文となるのが一般的であった。幕府の全国統治にとって不可欠のことであった裁許事項の下達は、使節遵行によって支えられていたのである。この使節遵行権が大犯三箇条に加えて守護に付与された法的明徴は貞和二年（一三四六）であるが、現実には鎌倉時代末期の実態を継承し室町幕府開創期からであったと考えてよい。暦応元年（一三三八）足利尊氏は諸国守護に対し幕府法令の遵行を命じており、また康永三年（一三四四）には、諸国守護人以下の使節遵行の遅れを禁じた法令が出されているのである。幕命の遵行は右のごとき守護系統のみではなく、論所・係争地近隣の有力御家人が二人、両使として直接遵行を実行する場合もあった。これは鎌倉時代に行われた方式の踏襲であるが、幕命はそれぞれの遵行使に出され、遵行使の打渡と請文の提出によって完了する。守護勢力が一方の相論当事者などの場合、この方式がとられた。東西を問わず守護使遵行と併存したこの両使遵行は、守護支配が一定の進展を示す南北朝時代末期以降姿を消していった。守護使の現地入部を自明のこととした使節遵行は、十五世紀以降になると幕府裁定執行のための入部から、幕府課役の譴責徴収のための守護使入部へと展開し、守護の領国支配を支える有力な手段となっていく。この方向は守護独自の課役が成立すると一層重みを増す。将軍家近習・奉公衆を主導層として、幕府と密着した五山塔頭や公家が、守護使不入権の獲得を目指し、幕府もみずからの立脚基盤の一方であるこれら御家人層保護の立場から、積極的に守護使不入権を承認していった。使節遵行は時代とともにその意味を変質させていったのである。　（田沼　睦）

しせん　子銭　中世において金銭の貸借関係によって生じた利息の金銭のことで、元本すなわち本銭に対しての利息をいう。中世社会において利息は本銭に対して「子」と意識されており、これは出挙《すいこ》が本来種籾から生まれた「子」を利息としていたことにその起源があるといわれている。利息は子銭・息利・利銭・利平《りびょう》・利分・利米などとよばれ、借券・借書・借用状・勘定状などにおいて何文子銭、あるいは百文別に何文子銭などという表現で用いられた。また、利率を表す語として「把《わ》（和）利《り》」が使用されている。朝廷においては建久二年（一一九一）の宣旨により弘仁十年（八一九）の制にならって利子を定め、鎌倉幕府もこれに準じていた。その後、鎌倉幕府は建長七年（一二五五）に出挙・挙銭《きょせん》において利子は元本の額を超えてはならない旨を定めた。その後の室町幕府も当初はこの制度を踏襲していたが、次第に形骸化していった。　（渡辺　智裕）

じそうりょう　寺僧領　古代・中世の寺院を構成する寺僧は、「寺僧職」にともなう諸供料や、相伝・買得・寄進などにより保有した私領に拠り、寺内止住と法流相承を

実現した。この寺僧が保有する私領を寺僧領と称するが、実態として荘園の「領主」職、名田の「名主」職、田畠の「地主」職・「作主」職等、幅広い権利内容と呼称をもつ。しかし寺僧が田畠耕作の実働に就くことはないわけで、所職にともなう得分を供することが寺僧領の役割と言える。特に寺僧は寺家経営に関わりをもち、とりわけ寺領荘園の領家・預所・給主などの所職の実務を負い、経済力を蓄えるとともに、荘内の田畠をめぐる様々な権利を買得する機会を得た。荘民は田畠から得分を取得する権利を「地主」職として寺僧に売却し、寺僧は「地主得分」を保証された「地主」職を集積して寺僧領を形づくった。この「地主」職に象徴される寺僧領は、法脈にそって相伝され時代をこえて寺僧と仏法の存続を支えたといえる。　（永村　真）

したさくにん　**下作人**　⇨作人《さくにん》

したじ　**下地**　公領や荘園において、課役・所当（年貢）などに対して、これらを生みだす財源としての土地そのものをいう。律令制下では、人身別に課せられる庸・調・雑徭などに比べて、耕地単位に徴収される租・地子などの量的比重は小さかったから、かかるたぐいの用語はなかった。十世紀以降、土地領有が中央・地方の寺社・貴族・豪族らの主要な財産形態になり、荘園制が形成されると、年貢・公事の収取対象たる土地を下地と称するに至った。延長七年（九二九）の豊受大神宮司解に「此下地者、課役之事不有」とあるのをはじめ、「啻非押於下地、剰無備於所当」（『勝尾寺文書』勝尾寺住僧等解案）、「云所当、云下地、可為本所進退也」（『石清水文書』弘安元年（一二七八）淡路鳥飼別宮雑掌地頭和与状写）の例のように、「所当」に対応して下地と称する場合が多い。このほか、「年貢」「所務」「寺用之分限」「供米之分限」「上分」「領家地頭得分」などに対して、下地という呼称が対比的に用いられている。この点に注目すれば、荘園制下においては、「下地の知行」と「所当の知行」との二つの知行の並立、および両者の統一支配を一円知行と考えることができる。特に二つの知行の並立から一円知行への移行は、半不輸や、雑役免系の荘園で、所当や雑役が量的に一定化されていても、「下地不定」（これらを生産し、負担すべき土地および農民が、年により一定でない場合）の段階で、下地を特定し、その面積を固定化しようとする過程としてあらわれる。その際、本家・領家あるいは預所・地頭らの荘園各級領主は、「器量之百姓」を召し付け、勧農を行なって「下地を治定する」ことを、荘園支配の眼目とした（『石清水文書』同前和与状写、『東寺百合文書』エ、宝治元年（一二四七）関東下知状案）。すなわち勧農の実現が、荘園下地の進止権の根幹であり、それは本来的には国衙の勧農権に由来するとされる。この下地進止権をめぐる本家・領家（その代理人たる預所・雑掌）と、地頭・荘官ら在地領主層との対立の中で成立した鎌倉幕府は、はじめ諸国地頭設置の勅許をもって「於諸国庄薗下地者、関東一向可令領掌給」（『吾妻鏡』文治元年（一一八五）十二月二十一日条）としたが、その方針は必ずしも貫徹しえず、承久の乱後、両者の対立に対して調停者的立場をとった（『中世法制史料集』一、鎌倉幕府法追加法二五九条・二九五条）。しかしながら、その後、年貢・公事以下の収奪をめぐる両者の対立が激化し、また百姓請など年貢請負による農民側の下地進止権の掌握がすすむと、田畠耕地のみならず、在家・山林・荒野・塩浜なども下地の対象とされ、領家と地頭との間に、双方の年貢・公事の得分の員数にまかせて、下地の面積・境界を分ける下地分割（下地中分）が行われるに至った。　（島田　次郎）

したじじゅんぎょう　**下地遵行**　⇨使節遵行《しせつじゅんぎょう》

したじしんじけん　**下地進止権**　下地は土地、進止権は支配権のことで、所当（年貢）や課役の支配権に対して、荘園や公領の土地そのものに対する支配権をいう。荘園の場合、下地進止権は本来中央の本家や領家の所持するものであった。彼らが定期的に土地を検注し、現地の荘民を編成・組織して勧農を行い、豊凶に応じて年貢・課役を決定するなどのことが下地支配の内容である。十二世紀末に成立した鎌倉幕府は、御家人としての地頭が荘園や公領の下地支配権を掌握することに当初積極的であったが、やがて中立的、調停的立場に立つようになった。本家・領家と、地頭などの現地荘官とのいずれが実際に下地進止権を持っていたかについては地域差が大きいが、東国の荘園や公領では、下地進止権はほとんどの場合当初から地頭・荘官側にあり、西国でも鎌倉期を通じて次第に現地勢力の側に移行していった。　（安田　次郎）

したじそうぶんちょう　**下地相分帳**　下地中分にあたって作成され、荘園領主と地頭とにそれぞれ手交された台帳。下地が二等分された場合、荘園領主側の雑掌、あるいは地頭のどちらか一方が相分帳を二つ作成し、どちらかの帳を相手に選ばせるという方法が採られた。多くの場合、現地の事情に通じた地頭側が作成して雑掌に選ばせた。下地が二対一や、三対二などのように不均等に中分された場合はまた別である。塩の生産で名高い伊予国弓削島荘では乾元二年（一三〇三）に領家方三分の二、地頭方三分の一に下地を中分することが決まったが、実際の分割をめぐって交渉は難航し、応長元年（一三一一）七月になってようやく田畠、山林、塩浜以下を二対一に分割した相分帳が地頭代によって作成された。なお、相分帳や和与状などの文書を補助するものとして、相分絵図（中分絵図）が作成される場合もあった。　（安田　次郎）

したじちゅうぶん　**下地中分**　荘園にはじめ寄生的な形で存在した地頭が、一円支配権を獲得する契機となった相論解決の方法。鎌倉時代の荘園支配における領家・地頭の権利の二重的存在の状態を背景として両者の間に紛争が生じた。紛争の原因は地頭側の不法行為によることが多く、その種類も多かったが、承久の乱後の没収地に補任された地頭のうち、得分を率法によって定められて下地進止権を認められなかった新補地頭は、下地進止に

対する要求を強くもっていたため、率法による得分を知行した上にさらに下地進止を行う不法行為が特に多く、これを称する「両様兼帯」「両様混領」という成語ができたほどであった。紛争は多くの場合領家方が幕府に訴え訴訟となり、裁許が下りあるいは和与が行われて終った。しかし同じ荘園に紛争が繰り返し発生する場合も多く、ついに紛争の永久的解決を目的として、領家と地頭が権利を行使し得る下地を分取し将来互いに干渉しないことを約し下地中分を行うに至った。この中分は和与によって形成されることが多かったが、幕府は新補地頭の場合に限り、地頭の非法が著しく領家雑掌が中分を申請する場合は地頭が承諾しなくても裁許によって中分できることを特例として認めたが、永仁元年(一二九三)本補地頭にもこれを適用するに至り両地頭の差別がなくなった。下地中分の実例は鎌倉時代の後半に最も多く見られる。中分実施の具体的方法については、その荘園の地に古代班田制が行われたために条里制の最小単位であった坪(面積一町)が遺構として残る場合にはこれを単位にして領家方・地頭方を分ける坪分中分が行われたが、この方法で中分されると結果としてそれぞれの領地が分散することがあった。この坪分中分に対し荘地を一挙にまとめて中分することも行われた。薩摩国伊作荘・同日置北郷においては元亨四年(正中元、一三二四)八月二十一日和与によって下地中分を行い、荘を東から西に流れる伊与倉河を堺として分割し、北を領家分、南を地頭分としたが、この時作成された中分絵図には坪が描かれている。以下に下地中分の実例をあげる。(一)石清水八幡宮領阿波国櫛淵荘では、六波羅における領家・地頭の相論でたびたび和与が行われたが、弘安四年(一二八一)三月三日預所紀資村と地頭秋元泰恒との間で和与が成立し、「領家方と地頭方が坪付注文に随って田畠以下を領知し互いに他を犯さない」という趣旨が和与状に記され、五月二十九日にこの和与を認める六波羅下知状が発せられた(『大日本古文書』石清水文書一)。(二)播磨国久留美荘では、雑掌覚知と一分地頭真部成正とが六波羅で訴訟を行なったが、延慶元年(一三〇八)八月二十五日和与中分が行われ、十月十二日、認可の下知状が発せられた。それには、「為断向後異論所令和与中分也、両方守書分之里坪可令知行者也(中略)或変中分及異論者可被行別罪科者也」(『大橋文書』)とある。(三)額安寺領備前国金岡東荘では、預所藤原義幸と地頭代紀政綱との間で、元亨三年二月五日和与が成立した。和与状には、「五分弐参令分別下地、以弐分為領家方一円可令進止之、以参分為地頭方一円可令進止之」(『額安寺文書』)とある。
(平山 行三)

したじちゅうぶんちょう 下地中分帳 ⇩下地相分帳《したじそうぶんちょう》

したじちゅうぶん ↓和与中分《わよちゅうぶん》

しだのしょう 信太荘 常陸国信太郡の荘園。現在の茨城県稲敷郡の西部から土浦市の一部に及ぶ地域にあった。建治二年(一二七六)の史料に(当荘は)六十六郷の地、惣公田八百二十六町とあり、弘安二年(一二七九)・嘉元四年(一三〇六)の大田文には田数六百二十町と記してある。仁平元年(一一五一)に平忠盛の妻藤原宗子がこの荘園を寄進し、国八丈絹三百疋進納と十一月分の仕丁六人提供と定めた。被寄進者は鳥羽法皇または美福門院と推測されている。その後八条院領となり、所職の一部が八条院より金剛寺に寄進された。八条院領を伝領した後宇多上皇により、文保二年(一三一八)に東寺に寄進された。鎌倉幕府執権北条氏一族の常陸国進出の一環として、旧来の在地領主に代わり北条氏が当荘内の郷単位の地頭となった。南北朝時代以降、現地の支配者は交替をくり返した。また東寺による支配の維持は困難となった。
(石田 祐一)

しだのまき 信太牧 常陸国にあった官牧。『延喜式』兵部省の諸国馬牛牧に「常陸国信太馬牧」と記してある。常陸国信太郡(現在の茨城県稲敷郡の内)に設けられたと思われるが、その位置は定め難い。なお村岡良弼の『日本地理志料』は大納言藤原朝光の歌に「常陸なる小野の御牧の」(『新千載和歌集』)と詠まれた小野牧が信太牧にあたるとし、信太郡小野郷(現在の稲敷郡新利根町の内)の地にあったと推測している。
(石田 祐一)

したひ 下樋 水を通すために地中に埋められた樋。埋《うずみ》樋《ひ》。水は高きから低きに流れるので、通過しなければならない途中の高い場所は、管を埋めて低い地中を通すことになる。このような導水技術はふるくからあったようで、『万葉集』や『古事記』にもみえる。引水、排水のいずれにも用いた。十五世紀半ばの若狭国太良荘では、荘内の排水を下樋を使って隣の今富名の用水の下をくぐらせ、北川に流していた。もともとは今富名用水に合流させていたのであるが、地震による山崩れで用水堤が高くなり、合流させられなくなったからである。この下樋は、太良荘にとっては湿地の開発などに効果の高いものであったが、増水時には北川下流域の今富名などに大きな被害をもたらすものとなった。そのため、今富名側はこの下樋を塞いでしまい、相論となっている。寛正年間(一四六〇―六六)の相論に際して作成された『太良荘樋指図』には「下水樋」と記されている。
(安田 次郎)

しち 質 現行法では、質権の成立には対象たる物件の占有の移転を必要とする(占有質)が、中世および近世では、質という言葉は、占有質と無占有質の両者を含んだ。近世では占有の移転をしないで、借金証文に、単に債務者の当時所持の財産を書き入れる書入という制度が生まれたが、二重書入は禁止されたので、その範囲で債権者の利益を保護しただけである。上世(律令時代)における質はふつう出挙債務に伴った。令の規定では、動産質と不動産質とを区別することなく、債務不履行の場合には、債権者は役所に申告して、質入主立会の上で質物を売却して(売却質)、その代価を債務の消却にあてることになっていた。代価に剰余があるときは質入主に返還されたが、実際上は平安時代より質物を債権者に帰属させること(帰属質)が行われるようになった。中世になると、無

占有質を見質または差質と称して入質と区別することもあった。流質の場合には、質入人は別に流状を作成して質取主に交付した。入質の場合には、質権者は目的たる土地の引渡しを受けてこれを知行し、請返のあるまでこれを収益できたが、債務者から利子を徴収することはできなかった。このほか、収益をもって利息のほかに元本の消却にあて、元本の額に相当する収益があげられると、質物が質入人に戻る入質もあった。本銭返は買戻特約付の売買であるが、年季売とともに債権担保の目的のためにもしばしば用いられた。質の客体となるものは、有体物たる土地(下地)のみでなく、その上の権利(職《しき》)もまたその客体となった。動産質は占有質であり、帰属質であった。室町時代に質屋が現われて、これを土倉・倉庫などといったが、土倉は士民ことに都市の庶民の生活に大きな意味があり、室町時代には土倉の納める土倉役は酒屋役と相並んで幕府の重要な財源であった。近世における土地の質入としては、家質《かじち》と田畠質とが重要である。江戸時代の田畑の質には、大別して、㈠年季が明けても請け戻さなければ流地になる旨約束したものと、㈡年季が明けたら請け戻すべき旨特約したものとがある。前者は、『公事方御定書』の規定では、年季明け後二月間は請戻が認められたが、その後は流質となるもので、江戸時代の後半期でもっとも普通のものであった。後者は、江戸時代の中期に普通のものであって、『公事方御定書』ではこの種の質証文を「通例質地証文」と呼んでいる。江戸時代では取引契約については比較的自由であったが、質地契約については厳密な規定が設けられていた。幕府法上高請がある田畑の永代売買は禁止されていたが、質入の形式でこれを破る者が少なくなかったので、これを防ぐために質入には厳重な制限を設けたのである。そして適法な質入か否かは質入証文の記載が適法であるか否かによって判定された。すなわち、質入が成立するためには質入証文の作成授受が必要であったが、この証文には、質地の名所・位・反別・年号の記載および質地所在地の名主の加印が必要であった。そしてこのいずれかの要件を欠く証文による質地の訴えは受理されず、あるいはその契約は書入とみなされ関係者が処罰されたこともある。上記の諸要件のうち特に重視されたのは、当該土地が質入人の所持地であることを証し、質入が適法に成立したことを証する名主の加印であって、名主は検地帳や名寄帳によって、上記の諸要件が満たされているか否かを調査すべきであったのである。次に、質地は質取主に引き渡されなければならない。引渡しがなければ、その契約は書入とみなされる。以上の形式的要件のほか、実質的要件として、㈠目的の質地が法律上質入を許された土地であること、㈡二重質でないこと、㈢質入の期間は十年以内であること、㈣利子を付するを得ないこと(利子を付すれば書入になる)、㈤倍金《ばいきん》質でないこと、などの制限があった。倍金質とは、質入証文に、当該質地の価格の二倍以上の借金額を記載することであるが、これによって質物の請戻ができないようにすることになるので、これを防止しようとしたのである。切畝歩《きりせぶ》・頼納・半頼納・残地も禁止された。切畝歩は一筆の土地を分割して質入すること、頼納は、質地は質取主が利用するのにこれに対する年貢諸役を質入主に負担させること、半頼納は年貢だけ質取主が負担して、諸役は質入主に負担させること、残地は質地の半分を地主(質入人)に小作させて、その年貢諸役の全部を負担させることである。質取主は質入期間中、質地を進退支配する権利を有し、その年貢諸役を負担した。進退は利用の意味と解する。支配とは所持権行使の事実である。質権者は当該土地の所持者ではないが、所持者のごとく扱われたのである。当時、質取主を地主、質入人を元地主と称し、質取主は質地を所持するといわれたことのあるのはこの故である。質地が田畑である場合には、質取主は手作することも、小作に付することもできる。質入主に小作させる場合を直小作、他人に小作させる場合を別小作と称した。直小作は、土地を質入していながらこれを引き渡さない場合にまぎらわしいので、小作証文を作成するか、質地証文に小作させる旨を書き入れるかすることを要した。転質を又質と称したが、質置主の承諾を得ない又質は禁止された。質入主は債務元本を弁済して質地を請け戻し得たが、請戻期間は質契約の種類によって、各別に定まっていた。その期間を過ぎると、質地は一定の条件のもとに流地として質権者の所有となった。流質の場合には、質入証文と引替えに流地証文を質権者に交付し、質権者はこれによって、名寄帳の名義を変更すべきであったが、年季明流地文言のある質入証文による質にあっては、債権者は質入証文を直ちに流地証文として、名寄帳の名義書替えをすることができた。質地が流地になることによって、質地によって担保されていた債権も消滅した。幕府は質流によって田畑永代売買の禁令が回避されることを恐れたが、田畑の質入を禁止はできず、上記諸要件を備えた質入を認めざるを得なかった。元庄屋その他の村の有力者であった家に多くの質入証文が残っていることがあるが、その多くは流地となったものの証文と思われる。中世において本物返・年季売は債権担保の目的でなされたが、関東地方では年季売、関西では本物返と呼んだ。江戸時代でも動産質は主として質屋の行うところであったが、質屋は置主と証人との両判がなくては質物を取ることを禁止された。質取主が質屋の際は、質置主に質札を交付した。質物が盗難または火災で滅失したときは、債務もまた消滅したが、右以外の事由で質物が紛失したときは、質屋は元金の倍額を払わなければならなかった。

(石井　良助)

しちじょういんりょう　七条院領　高倉天皇の後宮、七条院(藤原殖子)の所領。建久三年(一一九二)三月、後白河法皇の御領処分のとき、後鳥羽天皇が譲与をうけた後院領のうちの山城河嶋北荘・尾張櫟江荘は、まもなく七

七条院領一覧

所在国郡	名称	成立年次	特徴	典拠
洛中	三条殿	建仁三年六月	東宮、七条院の三条殿に行啓	東進記
山城 葛野郡	仁和寺殿	安貞二年八月	嘉禄元年十月七条院御所仁和寺殿に群盗乱入、御所に法華堂がある、のち四辻親王に伝領	修明門院宛処分状写
同	上桂荘	同	内大臣阿闍梨清厳(七条院の甥、母は七条院女房)本所職を寄進	同
同	桂東荘北方	同		同
同	河嶋荘	同	もと左大臣藤原頼長領で後院領に編入、下地は革嶋氏の知行	同
大和 (郡未詳)	広庭荘	同		同
宇陀郡	檜牧荘	建久九年十月	肥伊牧が荘園化	七条院庁下文
平群郡	安堵荘	安貞二年八月		修明門院宛処分状写
宇智郡	部坂荘	同		同
河内 河内郡 若江郡	美濃勅旨	同	河内美濃所在の勅旨田	同
石川郡	石川荘	乾元元年	河内源氏の本拠、室町院に伝わる	正安四年室町院領目録
丹比郡	菅生荘	安貞二年八月		修明門院宛処分状写
和泉 和泉郡	永吉荘	同		同
摂津 島下郡	水無瀬殿	安貞二年六月	もと東大寺領、後鳥羽上皇別業、井内荘が付属	水無瀬宮文書・修明門院宛処分状写・後鳥羽院霊告記
有馬郡	仲荘	安貞二年八月		修明門院宛処分状写
武庫郡	小松荘	同	平家没官領、源頼朝の妹二条能保室が領家職知行	吾妻鏡・修明門院宛処分状写
西成郡	中津荘	同		修明門院宛処分状写
(郡未詳)	倉殿荘	同		同
(同)	右大弁位田	同		同
伊勢 度会郡	吉津御厨	同	神鳳鈔に「志摩国吉津御厨」とある	同
(郡未詳)	野俣道荘	同	平家没官領、後白河上皇領	吾妻鏡・修明門院宛処分状写
(同)	錦嶋御厨	同		修明門院宛処分状写
尾張 海部郡	櫟江荘	乾元元年	藤原頼長の没官領で後院領	正安四年室町院領目録
中島郡	御母板倉御厨	同	皇大神宮御厨	同
遠江 引佐郡	気賀荘	安貞二年八月		修明門院宛処分状写
近江 愛智郡	大国荘	同	東大寺領「大国庄七町」	同
高島郡	三尾新宮	同	高島郡高島町科戸の水尾神社の新宮か	同

所在国郡	名称	成立年次	特徴	典拠
近江 野洲郡	吉身荘	安貞二年八月	守山町の地か	修明門院宛処分状写
美濃 本巣郡	弾正荘	同	権中納言源能俊が白河上皇に献進	同
方県郡	鵜飼荘	同		同
不破郡	国分寺	同	その寺領	同
若狭 遠敷郡	太良荘	建保四年二月	のちに歓喜寿院領とする、さらに東寺に寄進	東寺百合文書う・は
越前	国衙領	建久六年十月	七条院分国	三長記
丹生郡	織田荘	建保六年十月	本領主阿波守高階宗泰の本家職寄進	妙法院文書・修明門院宛処分状写
同	大蟲社	文永五年十一月	後高倉院妃北白河院陳子知行	天台座主記・妙法院文書
敦賀郡	杣山荘	安貞二年八月		修明門院宛処分状写
同	菅原嶋原荘	同		同
今立郡	磯部荘	乾元元年		正安四年室町院領目録
(郡未詳)	毛戸岡荘	安貞二年八月		修明門院宛処分状写
丹波 桑田郡	田能荘	貞応三年四月		古文書纂・修明門院宛処分状写
播磨 明石郡	平野荘	建保四年四月	もと殷富門院領	東寺百合文書ト
美嚢郡	三木本郷	康永三年七月	日吉十禅師社に寄進、荘務職は女院の乳母	妙法院文書
賀茂郡	吉田新荘	貞応三年四月		古文書纂
周防 熊毛郡	東荷荘	安貞二年八月		修明門院宛処分状写
淡路 津名郡	菅原荘	康治二年八月	安楽寿院領	安楽寿院古文書・修明門院宛処分状写
筑前 糟屋郡	植木荘	安貞二年八月	後院領	修明門院宛処分状写・南禅寺文書
肥後 託麻郡	神倉荘	同	最勝光院領	同
山本郡	三重屋荘	乾元元年	藤原宗通領、のち七条院領	正安四年室町院領目録
益城郡	小野鰐荘	安貞二年八月		修明門院宛処分状写
日向 児湯郡	平群荘	乾元元年	式乾門院に伝領	正安四年室町院領目録

(付表) 祈願所一覧

所在国郡	名称	成立年次	特徴	典拠
洛中 七条堀河	歓喜寿院	建保二年二月	七条院の新御堂供養	仁和寺日次記
山城 宇治郡	醍醐寺 唐本一切経蔵	建保六年三月	上清滝宮所在、祈願所とする、権少僧都蔵有の寄文による	上醍醐寺類聚・醍醐寺新要録
摂津 (郡未詳)	新吉田荘 小羽田名	承久元年	醍醐寺領	醍醐寺新要録
(同)	小部荘	建仁三年	同	同
筑前 御笠郡	安楽寺 新三重塔	建永元年五月	青木荘・荒野西郷・兵馬田	安楽寺草創日記

条院に譲進された。また大和檜牧荘は、長厳が領家職を留保し、本家職を建久九年十月、七条院に寄進した。下司職は平盛相。なお建保二年（一二一四）二月には七条院御所内に歓喜寿院が建立された。承久の乱後に鎌倉幕府は後鳥羽上皇管領の所領をすべて没収し、のち兄の後高倉院に返献した。七条院は後高倉院の生母であるから、幕府は女院に直接返上している（『東寺百合文書』ト）。七条院は嘉禄元年（一二二五）三月、檜牧荘などの領家職を東寺の法印権大僧都某に譲与した。翌二年十二月に女院は病のため御領の処分を内定したが（『明月記』）、安貞二年（一二二八）八月重体になり、御領の大略は後鳥羽天皇の後宮修明門院に譲与した。その処分状写が現存している（『東寺百合文書』ヒ・ト、『明月記』『仁和寺御伝』）。歓喜寿院領は後鳥羽天皇皇子道助法親王に譲与された。（奥野　高広）

じちょう　地帳　⇩検注取帳《けんちゅうとりちょう》

しっかしょうえん　膝下荘園　荘園領主の「お膝元（膝下）」にある荘園。荘園領主が集中した京都の郊外荘園の多くはそうであり、東大寺や興福寺の大和国の、延暦寺の近江国の所領なども膝下荘園である。京郊荘園の多くは、耕地が散在的で全体の面積もさほど大きくなく、荘園と現地住民の生活の場である村落が一致せず、したがって荘園領主の支配権もさほど強くなかった。しかし、東寺領上久世荘などのような一円領域型の所領では荘園領主の支配がながく存続した。興福寺の一乗院や大乗院は、大和国の荘園の多くで、耕地と荘民を均等名に編成して支配した。相互にほぼ同じ大きさに編成された名は、おもに公事や人夫役を能率よく賦課し収取するための組織である。寺院のさまざまな年中行事で使われる雑多な物品や、必要にしたがって随時賦課される人夫役などが名単位に納入・勤仕された。均等名荘園に典型的に見られるように、膝下荘園は荘園領主の日常的な用務・必要を満たす所領と位置づけられていた。（安田　次郎）

しっかわのしょう　後河荘　丹波国多紀郡の荘園。後川荘とも書かれた。現在の兵庫県篠山市後川上・後川中・後川下・後川新田の一帯。『東大寺要録』六の「諸国諸庄田地　長徳四年（九九八）注文定」の丹波国の項に「後河庄田二十八町三段二百五十六歩」があり、建保二年（一二一四）五月の東大寺領諸荘田数所当等注進状には、後河荘は荘田二十九町五段百九十歩で、荒田・神仏事田・荘官給田・井料田などを除田とし、定田二十四町四段で所当官米七十三石二斗が定められ、九月の大仏殿般若会料に充てられている。田のほか畠が七町二段余ある。天喜三年（一〇五五）に同荘田堵らは丹波国が鴨頭花紙五十枚を課し、国使が勘責することを訴え、国役免除を東大寺政所に再度申請している。当時、同荘の現作田は十三町とされている。同五年正月の同荘荘司らの解文によると、住人は鴨頭花の負課を忌避して逃散し、還住安堵を訴えている。明徳三年（一三九二）十二月、足利義満は同荘領家半済分を佐竹宣尚に充行っている。

参考文献　『兵庫県史』史料編中世五　（仲村　研）

じっけんし　実検使　なんらかの実態の調査・確認のために派遣される使者。寺社建築の破損や修造状況などを把握するために朝廷から使者が派遣されるような場合も実検使というが、荘園や公領にあっては中央の領主から派遣される場合が多い。その目的は、検注の実施、四至や牓示の確認、争いの対象となっている田畠の所属の調査、洪水や日照りなどによる耕地や作物の被害状況の把握、用水の分配の調整などさまざまであった。問題の性質によっては太政官から派遣される官使や国衙から下される国使などとともに行動することもあった。実検使の派遣は、現地からの要請によって行われることが多いが、その際には公正な処置や報告を期待して「正直の御使」「清直の御使」が求められた。賄賂をもらって不正を働く者が少なくなかったのであろう。（安田　次郎）

じっけんず　実検図　実検使が現地の調査・確認にもとづいて作成した絵図。建保六年（一二一八）の高野山と吉野金峯山との堺相論では、高野山側の提出した「御手印縁起、度々の絵図、代々の官符」と実検図の校合が行われ、金峯山側の新儀が停止されている。（安田　次郎）

じっけんちゅう　実検注　⇩正検注《しょうけんちゅう》

じっけんちょう　実検帳　⇩検注帳

じっけんとりちょう　実検取帳　⇩取帳《とりちょう》

じっけんまるちょう　実検丸帳　⇩検注帳《けんちゅうちょう》

じっそういんりょう　実相院領　京都市左京区岩倉上蔵《あぐら》町にある実相院の所領。実相院は藤原（鷹司）大納言兼基の子で関白基通の孫にあたる静基権僧正が、寛喜元年（一二二九）三月に園城寺（三井寺）に入壇受法し実相院と号したのに始まる。早く同三年には、近江野洲・栗太荘を寺領としていたことが知られる。寺門派の門跡寺院として鎌倉時代には摂関家出身の僧が相嗣ぎ、寺領も次第に増加して、建武三年（一三三六）八月の寺領安堵の光厳上皇院宣には、上記二荘のほか摂津八多荘、播磨有年荘、越後紙屋荘、伊賀音波荘が門跡領となっており、南滝院領の近江倉垣荘内宮武名、備中走出荘、伊勢茅原田御厨、武蔵榛谷御厨、尾張於田沼荘内富益を管理していた。同年九月の同院宣によれば、実相院は大雲寺とその寺領摂津萱野荘、山城犬上田、近江朱雀院田、山城脇荘、美濃志津野荘、摂津正木荘、同福富荘、伊勢野代荘、近江犬上位田、大和参引別府、播磨鞍位荘をも知行しており、その関係から五辻通小川の旧地が応仁の兵火で焼失したのちには岩倉大雲寺に移って再興され、以後、岩倉門跡とも呼ばれる。長禄三年（一四五九）の『実相院門跡領目録』では門跡領と大雲寺領の大半があげられており、播磨有年荘、同鞍位荘、摂津八多荘、同正木荘、同福富荘、同萱野荘、美濃志津野・塩生・太山・小牧四郷、同吉田四箇郷、越後紙屋荘、近江御位田、同朱雀院田宮武名、伊勢野代荘、同山田御厨、山城北岩倉西八郷、同宇治芝原別所の名がみえるほか、南滝院領として三河渥美郡本

神戸郷、越中万見保地頭職、丹後加悦荘、同船木荘、山城久世郡拙杷荘の名があがっている。文亀二年(一五〇二)実相院領は細川政元に一時没収され、享禄元年(一五二八)に足利義維の安堵を受けたものの戦国乱世のなかで寺領は分散解体した。天正二年(一五七四)織田信長は山城西院内十石を、翌年には同北山内百八十石を寄せた。寛永のころ義尊大僧正(足利義昭の孫)の門跡時代に復興し、義尊のあと霊元天皇の皇子義延入道親王が入院し、以後は皇孫が門跡を嗣ぎ、御朱印寺領六百十二石五斗が門跡領として明治維新に及んだ。 (石田 善人)

しっち 質地 金銭貸借のため担保として質入れした土地のこと。地目により質地田・質地畑ともいう。また質入れした土地を小作することを質地小作といい、これは直小作・別小作と年季小作とに分かれる。質入主が従来どおり質入地を耕作し、質取主に小作料を納めるのを直小作、質入主以外の第三者が小作するのを別小作、質入年限より短い年限の小作を年季小作という。質地小作は十七世紀末ころから広範に展開し、質地地主は江戸時代の中心的な地主として続いた。質地は古くからみられるが中世では所領を質入れすることもあり、戦国大名の著名な分国法である『今川仮名目録』や『塵芥集』などには所領の質地に関する規定がある。 ↓質《しち》 (神崎 彰利)

しつでん 湿田 水はけの悪い田。中世では、池田、窪田、洪田(こうだ、こみだ)、深田(ふかだ、ふけだ)、菖蒲田、稗田、沼田、沢田、堀田などと呼ばれ、川の氾濫原や谷奥の地などに一般的に見られた。東国の堀田、堀上田などの湿田では、舟を浮かべて泥状の耕土をすくい上げて田地を作った。田植えにカンジキを用い、稲刈りに田舟を必要としたところも多い。西国においても湿田は少なくなく、たとえば太良荘のように山裾にそって存在した若狭国遠敷郡の荘園・公領には多かった。湿田は収穫がそれほど期待できるものではないが、課役が免除されたわけではなく、名に割り当てられて相応の負担があった。湿田は乾田に比べて日照りに強く、二毛作が出来ないので投入する労働力も少なくてすむ。したがって、中世の生産力段階では、湿田はある程度必要な存在であり、一種の安全弁として作用した。 (安田 次郎)

しでん 私田 公田に対応する概念。私有を公認された田地という一般的な意味での私田概念は、公地公民制をとる律令制下でも潜在的には存在したが、公法上の用語としては、口分田・位田・職分田などの有主田の意味で用いられ、寺田や闕官田や乗田などの無主田を公田とする概念と対応した。しかし天平十五年(七四三)の墾田永年私財法の発布によって、永代私有の認められた墾田が出現すると、前述の公私田概念は動揺し、もっとも私田の名にふさわしい永年私財田たる墾田や寺田などを私田とし、国家が直接管理する乗田や還収権を持つ口分田・位田・職分田などを公田とする公私田概念の方が優越するようになった。しかし、十世紀以降、律令体制が崩壊してゆくなかで、右に述べたような公田の実質的な私領化が進むと、再び公田概念に変化を生じ、公田は所当官物を負担する田地という意味を担って、そのほかの寺田や乗田などと並ぶ水準の概念となったが、それに伴って私田の語は次第に用いられることが少なくなったらしい。
↓公田《こうでん》 (虎尾 俊哉)

しでん 私佃 初期荘園において荘長などの地位にあった地方豪族が私的に経営した田畠。私営田。延暦年間(七八二―八〇六)には親王、王臣家、寺社の山野占有、大土地所有を抑制する法令が相ついで出されたが、荘園現地を実際に支配した荘長らの私佃も大規模なものとなり、「威を仮り勢に乗じて民を蠹す」るものとして延暦十六年(七九七)八月に禁止されている。豪族らは、経営施設である宅・田家を構え、用排水路を整備し、労働用具や役畜を揃え、周辺の一般農民を雇用して種子・農料を支給して直接に経営・監督し、ほぼ全収穫を収納した。雇用された農民は、調庸の未進を豪族によって代納してもらっている場合が多く、このような一種の私出挙によって私的に隷属させられていた。承和九年(八四二)に大宰府に訴えられた豊後前司中井王は、豊後、筑後、肥前国などに広く私営田を持っていた。 (安田 次郎)

しでん 賜田 律令制のもとにおいて、令に規定された給田のほかに別勅によって特定の個人に賜う田地。輸租田。奈良時代の賜田の実例を見ると、学芸・戦功・政績・奉使に対する褒賞が多く、功田に近い性格を有しており、その面積は数町、多くて十町・二十町程度であったが、平安時代初期になると、主に荒廃田を対象として親王・内親王に田を賜わることが行われ、その面積も数十町ないし数百町と増大する。ことに承和年間(八三四―四八)において著しい。これは勅旨田の発達と揆を一にする現象で、光孝天皇が即位以前に所有していた「水陸田地」を即位後ことごとく勅旨田としたことは、両者の性格の類似を端的に示している。またほぼ同じころ、皇親や臣籍に降下した元皇親に空閑地や野を賜う例が数多く見られるが、これも同趣旨のものである。『延喜式』民部省によれば、賜田を持つ人が新たに位田・職田を支給され、あるいは増給される場合は賜田のうちから廻給すべきことになっているが、これが規定通り実施されたとは考えにくい。また『延喜式』主税寮によれば、賜田は未授の間は輸地子田とすることが規定されている。これによれば、被給者の死亡などによって収公された賜田は、他の地目に変更することなく、賜田用地として確保されていたと考うべきことになるが、他にこれを徴すべき史料はない。 (虎尾 俊哉)

じでん 寺田 寺院所有の水田。寺院の建立に伴い、水田を施入して、その収益を建築費や維持費にあてることが始まった。荘園成立以後は、他の地目を含め「寺領」と汎称されることが多い。『日本書紀』には、四天王寺(崇峻天皇即位前紀)・坂田寺(推古天皇十四年(六〇六)条)・

法隆寺(同)の寺田の起源を示す記事があり、『法隆寺伽藍縁起幷流記資財帳』は上記法隆寺の水田の施入を推古天皇六年のこととし、『大安寺伽藍縁起幷流記資財帳』は舒明天皇十一年(六三九)施入の水田を掲げる。ついで『日本書紀』には、大化元年(六四五)八月に諸寺の僧尼・奴婢・田畝の調査を命じ、翌二年三月に籍に脱れた寺に田と山を施入せよと指令したとある。『大宝令』と『養老令』の寺田に関する規定はほぼ同じとされ、班田収授を適用せず、官人百姓が田宅園地を寺に捨施売易することを禁じている。令の註釈書によると、地形の変化により寺田に増減が生じても加授収公しなかった。寺田が不輸租であるとする規定は令にはないが、『大宝令』の註釈書「古記」に、寺田の租は本主に入るとあるから、寺院にとっては不輸租である。おそらく『大宝令』以前からの慣行であろう。八世紀後半に和気清麻呂が撰した『民部省例』は不輸租田とし、『令義解』には不税田とするが、『延喜式』も不輸租田とし、本地により改易しないとある。寺田は、国家から施入あるいは認定されて不輸租となる。諸寺の寺田を記録した「田記」については、『続日本紀』和銅六年(七一三)四月条に、諸寺の田記が錯誤しているため改正し一通は所司に蔵し一通は諸国に頒つとみえ、和銅二年の『弘福寺田畠流記帳』はこの「田記」らしい。天平勝宝元年(七四九)に寺院の開墾が広く許可されたが、開墾や買得により寺院の水田が増加しても、墾田は直ちに不輸租とはならず、寺田として認定される必要があった。この手続が拡大され、寺領荘園に不輸租が生ずる。後世に至るまで、正規に認定された寺領は、ほとんど課税が免除されている。 →寺領《じりょう》 (水野柳太郎)

してんのうじりょう　四天王寺領　大阪市天王寺区四天王寺一丁目にある四天王寺の所領。平安時代初期成立とされる『四天王寺縁起』によると、同寺創建の際、物部氏の没官領たる河内・摂津両国に散在する田地十二ヵ所、計十八万六千八百九十代および居宅三ヵ所などが寺分とされたと記され、その翌年修多羅供料として、摂津国東生郡の田地三千代が施入されており、つづいて七―八世紀には墾田・食封がつぎつぎに施入された。これらの所領の所在は具体的に明らかでないが、河内・摂津・播磨の諸国に散在したものが多い。十二世紀以降の寺領で知られるものは、摂津国新開荘、同国有馬郡阿理野(有野荘)・山口・塩生・青海野上下荘、土佐国高岡荘七ヵ郷などがある。十七世紀中期以降に編纂されたと思われる同寺寺領帳によると、天正六年(一五七八)、織田信長は地子高六十二石を、文禄三年(一五九四)、豊臣秀吉室大政所は金堂領として百石を、慶長六年(一六〇一)、豊臣秀頼は同寺領千石、また同十四年、今宮社領として十五石を与え、元和五年(一六一九)、徳川秀忠は、以上の合計千百七十七石余を旧領として認め、朱印状を与えている。 (島田　次郎)

四天王寺領

四天王寺　寺領一覧

所在国郡	名称	成立年次	特徴	典拠
河内　渋川郡	弓削	用明天皇二年	田地九千四百三十代	四天王寺御手印縁起
同	鞍作	同	田地四千六百九十二代	同
安宿郡	祖父間	同	田地八千五百四十代	同
同	衣摺	同	田地四万九百五十代	同
同	蛇草	同	田地二万二千代	同
同	足代	同	田地二万三千七百六十八代	同
同	御立	同	田地六千百十代	同
若江郡 大県郡	葦原	同	田地一万千百五十代	同
摂津　東生郡	於勢	同	田地一万四千二百七十五代	同
同		崇峻天皇元年	修多羅供料三千代施入	同
同	新開荘		三昧院領、冷泉天皇施入	秋野房文書・四天王寺寺領帳
住吉郡 西成郡	鵄田	用明天皇二年	田地六千五百代	四天王寺御手印縁起
西成郡	熊凝	同	田地九千八百十三代	同
同	伏見	同	田地五百五代	同
有馬郡	阿理野		後醍醐天皇施入	四天王寺寺領帳
同	山口		同	同
同	塩生		同	同
同	青海野上・下荘		同	同
(郡未詳)		保安元年以前	四天王寺荒蒔、九百二十町九段二百八十七歩	九条家文書
(同)		同	四天王寺荒蒔地子、二十町九段二百七歩	同
遠江　長下郡	幡多郷	推古天皇三年	食封五十烟	四天王寺御手印縁起
相模　足上郡	大伴郷	同	同	同
上総　殖生郡	山田郷	同	同	同
常陸　行方郡	当麻郷	同	同	同
近江　浅井郡	岡本郷	同	同	同
信濃　筑摩郡	荒田郷	同	同	同
越中　礪波郡		大治五年以前	寺田	東大寺文書
播磨　飾磨郡	朝来郷	推古天皇十年	墾田十二万七千五百六十代施入	四天王寺御手印縁起
(郡未詳)		神護景雲三年	藤原永手位田施入	類聚国史
周防　(同)		同	食封五十烟	続日本紀・類聚国史
土佐　高岡郡	高岡荘		五智光院領、後白河天皇施入	秋野房文書・四天王寺寺領帳

じとう　地頭　「地頭」の語は、現地を意味する場合と、特定の人あるいは職《しき》を指す場合があった。前者の用例は古く、九世紀末に溯《さかのぼ》ることができる。地頭制度が確立した鎌倉時代以降もその用法は存続する。このような例は「遣三下実検使一、臨二地頭一、問二在地古老人等一、可レ被レ決事歟」(『東南院文書』寛治三年(一〇八九)九月二十日大宰府公文所勘注案)とあるように、係争地自体を指す語であった。転じて係争地に臨む主体(紛争処理を任務としたもの)を地頭と称した用法が見られるようになり、また他方では武力を有する在地の有力者、すなわち在地武士などを「地頭人」「地頭」と称するようになる。康治三年(一一四四)正月十一日筑前国観世音寺領大石山北封并把岐荘司等解案にみる「地頭人」がその早い例である。また「職」としてのそれは久安三年(一一四七)の薩摩国入来院弁済使別当伴信房解を初見とする。このように十二世紀半ばころには、地頭は、特定人または「職」を指す用語としてあらわれる。こうした平安時代末の地頭職の用例をみると、「地頭預所職」なる表現もあるように、主に開発領主が在地における実際上の領主権を留保して所領寄進を行なった際に、その領主権を表現するために用いた名称としてあらわれることが多く、地頭が地主・領主の意とされたことを示している。十二世紀後半になると、従来は特殊であった地頭が一般化した。平氏政権下における地頭職補任は制度としての地頭制を考えるための前提となったものである。畿内・西国方面の武士を権力基盤とした平氏はその家人を組織するにあたり、国衙領・荘園において家人を地頭に補任することがあった。安芸国高田郡七ヶ郷地頭職・同国壬生郷地頭職はその実例であるが、設置範囲は限定もあり、平氏が統一的制度として地頭職補任を行なったものとは考えられない。しかし、これが平氏の家人組織化の一端を示し、かつ在地支配強化を指向したという点において、鎌倉幕府の地頭制度の先駆的形態であったことは疑いない。源頼朝は治承四年(一一八〇)の挙兵以来、その御家人となった在地領主(武士)に対し、本領・本宅の安堵、また新恩の給与を行なったが、その中には地頭職補任の形式をとった事例が少なくなかった。これはのちの地頭制度につながるものとして重要であるが、この時期にはまだすべてが地頭職補任の形式をとったとは限らず、その設置範囲も頼朝が武力を以て制圧した東国および平氏旧領の範囲を出なかった。文治元年(一一八五)十一月の地頭職補任の勅許が、それまで頼朝の私的成敗の形式においてすすめられてきた地頭職の補任に、公法性を与えたという意味において、幕府の地頭制度成立の契機となったとされている。ところが、この勅許の内容や勅許の対象となる地頭職の意味については、最近の学界において守護・惣追捕使との関連をも含めて、種々の議論があり、問題は多岐にわたり、複雑となった。一般にこの勅許の内容は『玉葉』その他の基本史料から、㈠五畿内・山陰・山陽・南海・西海諸国の頼朝家人への分賜、㈡諸国荘公を論ぜず段別五升の兵粮米の徴収、㈢諸国における田地知行、㈣諸国在庁・荘園下司・惣押領使の進退、の四つに集約される。このうち㈠については、東海・東山・北陸の三道の支配はすでに寿永二年(一一八三)十月の宣旨において実現をみており、ここには除外されていたものと判断され、それ故に頼朝はこの段階で全国を対象として諸国守護権(軍事警察権)が与えられたと解釈される。問題は㈡から㈣にわたる内容である。このうち㈡と㈣を惣追捕使の権限とみなし、㈡の田地知行権を地頭の権限すなわち地頭職の内容とみなす点については、ほぼ共通の理解が得られている。ただ㈢の権限の内容については、これを下地領掌権とみる理解が一般的であるが、ほかに荘園検注権、あるいは勧農権とする見解などもあり、その見方は一定しない。というのも一九六〇年代の初め石母田正が文治勅許の対象は荘郷の地頭職ではなく、一国を対象とするものであるとの提言をしてから、「国地頭」の認識が生まれ、文治勅許における地頭補任権を支配単位としての国を対象としたものとみるか、あるいは荘郷を対象としたものとみるか、またあるいはその両者を含むものとみるかによりそれぞれ論議が分かれるからであった。しかし、田地知行が国地頭職の存在を前提としたとしても、国地頭職自体の固有の性質が内乱期における一国規模での軍政官としての職責を意味しているから、一般荘郷地頭の進退権を有したであろうことは疑いない。ところで、国地頭職の存在自体が認識されていなかった時期の諸研究においては、文治勅許の意義は頼朝の公法権の獲得を示す重要な画期たる点にあるとされた。この点は国地頭職が是認されつつある今日の研究状況といえども同様である。しかし、この勅許の評価については、国地頭職論を積極的に支持する論者と、荘郷地頭職を前提とした上で国地頭職の存在を承認する論者の間には微妙な振幅がある。前者においては文治の勅許における地頭職は基本的には国地頭職を指し、それ故に在来の荘郷地頭とは制度的には没交渉であるというのがおおかたの理解である。この点からすれば、幕府地頭制における複数路線として、一つは国地頭制を、一つは荘郷地頭制を念頭におき、国地頭制の画期が文治勅許であったとし、またそこには国地頭制が荘郷地頭制よりもむしろ守護制度との関連で意義を有するとの認識がある。他方、文治勅許を荘郷地頭制の最大の画期とみる後者の立場からは、国地頭制は、荘郷地頭設定の論理を拡大することによって成立したものであって、守護制度と連動しないとする。このように「国地頭」論はいまだ多くの問題を残し、特に守護制度との関連をいかに解するかにより、議論は多岐にわたり、今日なお確説をみない。しかし、この国地頭制は結局は幕府の地頭制度としては定着しなかったし、地頭制度の基幹が荘郷地頭にあった事実にはかわりはなく、また文治の地頭設置の勅許が、治承以来の幕府の地頭制度の成立過程において、建久・承久などの場合と同様に政治的画

期の一齣であったことにはかわりない。地頭の類型としては、補任された所領の性格によって、まず荘園の荘官職としての地頭、国衙領の郡地頭、郷地頭・名地頭などがあった。これらの地頭が幕府地頭制の主流であったが、このほかに右に述べた文治における国地頭も一つの類型として加え得る。また九州のように在地の御家人を小地頭として安堵し、さらにその上に東国武士を惣地頭として設置した場合があり、地頭職の分割相続に伴って一分地頭と惣領地頭の区別が生じた場合もあった。さらに補任の動機によって、御家人の本領を安堵する方法として補任された本領安堵地頭、和田・三浦の諸乱によって滅ぼされた敵人所領や平家没官領・承久没収地を恩賞として与えられた新恩地頭もあった。またその得分収取の形態の相異により、承久の乱後に法定された「新補の率法」にもとづく得分形態を以て補任された新補地頭(新補率法地頭)と、得分はすべて先例によるところの本補地頭とを分ける呼称もあった。この新補地頭と本補地頭の区別は時代が降るにつれて混乱し、ついには承久の乱後に設置された新恩地頭をすべて新補地頭と称するまでに至った。鎌倉幕府の地頭に補任されたものの職権内容については、必ずしも一定ではないが、一般には、荘園国衙領における下地管理権・徴税権、警察および裁判権などがあり、荘園公領制に楔を打ちこむことになった。かかる地頭の職権を通じて、地頭は年貢の対捍・抑留や百姓名押領など、荘園や国衙領の侵略を行い、特に承久の乱以降には、荘園公領の領主権を侵犯し、土地支配権の根本を変革する動きが積極化し、地頭の領主化が進んだ。荘園領主と地頭の二重支配のもとで双方の領主権の対立が激化すると、これの解決のために地頭請や下地中分などの方法がとられたが、現実にはこれらの方策はかえって地頭の一円領主化を推進させ、やがて荘園的土地制度の崩壊をはやめる一因となった。南北朝時代以降、守護領国が発展するとともに、地頭は有力な守護の支配下にくみこまれることとなり、その実態的意義を失った。しかし、「地頭」の語は近世に至っても、領主一般を指すものとして用いられていた。↓国地頭《くにじとう》 ↓地頭領主制《じとうりょうしゅせい》 (安田 元久)

じとううけ 地頭請 荘園・国衙領において地頭が豊凶にかかわりなく、毎年契約した定額年貢の貢納を請け負うこと。請負の対象とされた地を地頭請所とよんだ。地頭請は原則として一定の年貢を納入する以外は、みずからの力で徴収した分をすべて掌中にできるので収益が大きく、それを希望するものが多かった。また請負地の支配・管理などの諸権限を掌握する例も多いため、在地領主制・封建領主制形成史上で一つの重要なステップをなしたと評価されている。鎌倉時代、荘園・国衙領内におかれた地頭の権限は一様ではないが、年貢の徴収・進納・検断・下地管理などの諸権限に及んでいたが、その権限範囲をめぐって本所・領家・国司と対立する例が多かった。とりわけ規定の年貢の未進がくり返されたため、紛争が続発した。こうした紛争の解決や回避のための一つの手段として採用されたのが地頭請・請所契約であった。地頭請は成立の事情によって㈠武家(将軍・北条氏)口入型、㈡寄進系荘園などにおいて留保された在地領主の職権、たとえば下司職などが地頭職に転化した際、その権限が地頭請として承認された寄進型、㈢荘園領主・国司と地頭との間で一定の契約、あるいは相論解決のため和与にもとづいて契約が結ばれた私契約型の諸類型に区分できる。㈡も私契約地頭請の一種といえる。これらのうち㈠㈡のタイプは概して鎌倉時代初期、地域的には東国・北陸に成立したものが多く、㈢は承久―永仁のころを中心に、比較的西国地方に成立した事例が多い。地頭請が契約された請所地からは請料とよばれた契約年貢が現物ないし銭貨で貢納されたが、契約が履行されず紛争に発展した事例が多い。地頭は定額年貢貢納の代償として荘園・国衙領内の下地の管理・検断・検注などの諸権限を掌握し、本所・領家側の使節や荘官の入部を止めたが、力関係、契約時の事情によって地頭側の権限が制約されていた事例も少なくない。すなわち地頭が違約した場合は直ちに請所契約の停止あるいは荘官入部を契約条件とされた例(富田荘・小山荘・地毗荘・三田郷など)、荘内悪党の討伐義務を課された例(小山荘)、定額年貢以外の万雑公事貢納を義務づけられた例(阿南荘光一松名)、違約の場合は下地中分を行なったり(久留美荘)、地頭所領の四分の三を領家側に去り渡す例(石黒荘内広瀬郷山本村)等々、各種の付帯条件・制約・義務を課されたものが多い。鎌倉幕府は当初地頭への恩賞あるいは優遇の一方法として収益の多い地頭請を斡旋したが、これが㈠の武家口入型の地頭請で、幕府はこのような地頭請の権利を鎌倉時代末期まで一貫して保護し、本所・領家・国司側の契約解除の動きを抑える方針を堅持した。しかし私契約にもとづく地頭請と請所に対する政策は、そのときどきの政治情勢によって微妙に変わっていった。貞応元年(一二二二)の法令によると地頭請所となった荘園・国衙領内においては地頭のほか荘官・郷司の並存を容認している。また私契約請所で紛争が起った場合は、荘園領主・国司側の意向によっていつでも解約できることを認め、原則として年紀法の適用を認めなかった。しかし元寇や商品貨幣経済の浸透によって地頭ら御家人層の経済が動揺していた時期には、契約以来とくに違乱・違約のなかった私契約請所については、文永五年(一二六八)のころに二十ヵ年の年紀法を適用して、荘園領主・国司側の解約を抑制している。しかし鎌倉時代末期、得宗専制体制が強化されていった永仁七年(正安元、一二九九)には、私契約の地頭請所について八十ヵ年以前にあたる承久年間(一二一九―二二)より前に契約された請所についてのみ年紀法の適用によって地頭側の権利を保護したが、承久以後永仁七年に至る間に結ばれた私契約請所の継続・解約は本所側の意向にゆだねることとした。国衙領の地頭請所については、元亨二年(一三二二)に武家口入以外の私契

地頭請

地頭請所一覧

国	郡	荘郷村	地頭	本所・領家	類型	初見・確認年代	典拠
摂津	八部郡	輪田荘西方	佐久間長盛息女平氏	九条家	私・和与	永仁六年	九条家文書
尾張	春部郡	篠木荘	円覚寺	長講堂	私	永仁三年	円覚寺文書
	海部郡	富田荘	北条氏・円覚寺	近衛家	私	嘉暦二年	同
	中島郡	篦生御厨			私・解約	寛喜元年―弘安	東大寺文書
三河	幡豆郡	吉良西荘		九条家	寄進カ	建長二年	東福寺文書
遠江	佐野郡	原田荘細谷郷	原小三郎忠益	東寺	私	元徳三年	東寺百合文書
伊豆	那賀郡	井田荘		九条家	寄進カ	建長二年	東福寺文書
相模	鎌倉郡	吉田荘	渋谷氏	円満院	武家口入	建久三年	吾妻鏡
	同	岡津郷	甲斐為成	鶴岡八幡	私・解約	寛元二年	相承院文書
武蔵	入間郡	河肥荘	河越後家尼	新日吉社	武家口入	文治二年	吾妻鏡
	大里郡	熊谷郷	熊谷氏	鶴岡八幡	私	貞永元年	熊谷家文書
	橘樹郡	稲毛荘	稲毛氏	九条家	寄進カ	建長二年	東福寺文書
		船木田新荘		九条家	寄進カ	建長二年	同
		船木田本荘		九条家	寄進カ	建長二年	同
上総	市原東・西郡		千葉常秀			文治六年―建仁元年	九条家本中右記裏文書
下総	海上郡	三崎荘	片岡・千葉氏	九条家	寄進カ	建長二年	東福寺文書
	葛飾郡	下河辺荘	小山・下河辺氏	八条家			門葉記
常陸	新治郡	小栗御厨	小栗氏カ	九条家	寄進カ	建長二年	東福寺文書
	茨城郡	小鶴南荘		九条家	寄進カ	建長二年	同
	行方郡	加納一分相賀郷	平氏（行方氏）	鹿島神宮	私カ	文治二年	塙不二丸氏所蔵文書
	同	加納四六村	行方氏	鹿島神宮	私カ	文治二年	同
近江	愛智郡	押立保	平時基	主殿寮	私	承久二年	宮内庁書陵部所蔵文書
美濃	厚見郡	茜部荘	長井氏	東大寺	私	貞応二年―	東大寺文書
	多芸郡	多芸荘		庁分		嘉元四年以前	昭慶門院御領目録
	同	高田勅旨田	土岐伯耆入道	臨川寺		正慶二年以前	天竜寺文書
	不破郡	南宮社	宇都宮氏	南宮社		正慶二年以前	同
信濃	高井郡	志久見郷		近府伊那春近	武家口入	永仁三年―	市河文書
	小県郡	塩田荘	北条国時	東寺	寄進カ	正中二年	東寺百合文書
上野	利根郡	土井出荘		安楽寿院	寄進カ	嘉元四年	後宇多院御領目録
	緑野郡	高山御厨	小林氏等	伊勢神宮		嘉禄二年	吾妻鏡
下野	足利郡	足利荘	足利氏	安楽寿院（北条氏）	寄進カ	嘉元四年	後宇多院御領目録
		平賀郷	曾我氏	（北条氏）	私カ	承久四年	斎藤文書
陸奥		岩楯村	曾我氏		私カ	延応元年	同
	栗原郡	栗原荘	和田・河野氏等	近衛家	寄進カ	建長五年	近衛家所領目録
出羽	村山郡	寒河江荘	寒河江氏	近衛家	寄進カ	建長五年	同
越前	坂井郡	志比荘	波多野氏	東寺	寄進カ	嘉暦元年	東寺百合文書
	大野郡	小山荘		安楽寿院	私・和与	嘉暦三年	興福寺文書
加賀	加賀郡	倉月荘	津幡人	歓喜光院		嘉元四年以前	昭慶門院御領目録
		富永御厨	足立・諏訪氏	臨川寺		正慶二年以前	天竜寺文書
越中	射水郡	東条保		東福寺	寄進	延応元年	吾妻鏡
	同	河口保		東福寺	寄進	延応元年	同
	同	曾禰保		東福寺	寄進	延応元年	同
	同	八代保		東福寺	寄進	延応元年	同
	礪波郡	石黒荘山本村	藤原定頼	仁和寺	私・和与	元亨三年	仁和寺文書
越後	沼垂郡	四箇荘		九条家	寄進カ	建長二年	東福寺文書
		奥山荘	高井時茂	殿下渡領	私	仁治元年	中条文書
	岩船郡	小泉荘加納方	色部氏	一条家	私	建永年間	色部文書
	同	小泉荘本荘方	色部氏	一条家	私・解約	建永元年―正応	同
丹波	多紀郡	大山荘	中沢氏	東寺	私・解約（中分）	仁治二年―永仁二年	東寺百合文書
丹後	熊野郡	永富保	左衛門尉経忠	石清水八幡	私・和与	永仁六年	石清水文書
	加佐郡	波見・田辺郷			私・解約	寛喜元年―弘安元年	東大寺文書
但馬		水谷荘		安楽寿院		嘉元四年以前	昭慶門院御領目録
出雲	仁多郡	横田荘	三処長綱後家尼	石清水八幡	私	貞永元年	斉民要術裏文書
	飯石郡	三刀屋郷		国衙・杵築社	私・解約	文永三年	千家文書
播磨	美嚢郡	久留美荘跡部村	藤原秀綱	春日社	私・和与	嘉元元年	春日神社文書
	賀茂郡	大部荘坂部村	中条刑部少輔	東大寺		元亨二年以前	東大寺文書

国	郡	荘郷村	地頭	本所・領家	類型	初見・確認年代	典拠
備前	上道郡	福岡荘	吉井弥三郎	東寺	寄進カ	永仁七年	東寺百合文書
備中		上原郷	杉本氏	国衙	口入	承久―	九条家文書
備後	恵蘇郡	地毗荘	山内氏	千光寺	私・和与	延慶元年	山内首藤家文書
安芸	高田郡	三田郷	市河氏	東寺	私・和与	嘉暦二年	東寺百合文書
紀伊	日高郡	南部荘	佐原家連	高野山	私	貞応元年―	高野山文書
	同	富安荘	(地頭代頼竹)	仁和寺・伏見宮	私・和与	文保二年	根岸文書
	在田郡	阿氏川荘	湯浅氏	桜井宮・高野山	私	承元―	高野山文書
筑前	宗像郡	東郷曲村	中原氏	国衙・宗像社	私・解約	貞永元年	宗像神社文書
	同	野坂荘		香椎社	私カ	天福元年	石清水文書
豊後	大分郡	阿南荘光一松名	戸次頼時	柞原八幡	私・和与	建武五年	柞原八幡宮文書
肥前	藤津郡	藤津荘志保田方		坊門家	武家口入カ	元弘元年	仁和寺文書
肥後	益城郡	守富荘		九条家	寄進カ	建長二年	東福寺文書
	球磨郡	人吉荘三ヶ名	相良氏	八条院	私	建武元年	相良家文書
薩摩	薩摩郡	入来院半分	渋谷氏	国衙	私	正嘉二年	入来院文書
	谷山郡		谷山氏	国衙	私	承久三年	山田文書

(一)類型欄で、「私」とあるのは私契約請所、「寄進」とあるのは寄進系荘園の地頭請所、「解約」は請所であったものが停止されたもの、「和与」は和与により契約が継続されるに至ったか、成立したものを示す。
(二)この表は、佐々木銀弥「鎌倉幕府の地頭請所政策について」(御家人制研究会編『御家人制の研究』所収)の表と、島田次郎「中世請所の成立」(津田秀夫編『近世国家の成立過程』所収)の表とによって作成した。

約のものは解約・停止を原則とし、例外措置として康元元年（一二五六）以前、すなわち元亨二年をさかのぼること六十六年以前成立分についてのみ年紀法の適用を認めるが、弘安七年（一二八四）以後に契約したものはたとえ幕府から継続・安堵の裁許状をもらっているものでも、継続するか解約するかは国司の意向によることとした。以上のように地頭請の権限も一様ではなく、請所存続に関する幕府の保護政策も比較的冷淡であり、地頭請が地頭ら在地領主の荘園・国衙領の侵蝕、在地領主制形成に果たした役割を一応評価しなければならないが、通説のように過大に評価することは問題である。（佐々木銀弥）

じとうかちょうまい　地頭加徴米　⇩加徴米《かちょうまい》

じとうきゅうでん　地頭給田　荘郷地頭に与えられた給免田。地頭給とも。鎌倉幕府が定めた新補率法によれば、十一町につき一町が地頭給田として認められることになっていた。また、荘郷地頭はそれ以前に当該所領に存在した荘官の権限をそのまま継承したので、彼らに与えられていた荘官給田が地頭給田に切り替えられることもあった。地頭給田については公事は全額免除の特権が与えられ、年貢についても免除される場合が多かった。そのため、地頭はその周辺の田地をも地頭給田に取り込んで、その特権を適用しようとしたため、それを阻止しようとする荘園領主としばしば対立した。また、地頭給田の耕作に際しては、地頭の下人などばかりではなく、荘民を使役する権限も認められており、地頭にとって地頭給田は単なる経済的な基盤であるばかりではなく、当該所領全体に自らの支配を及ぼす拠点ともなった。（高橋　典幸）

じとうさんしつ　地頭算失　地頭に与えられた給分の一つ。もともと算失とは検注や収納時の計算上の損失のことであるが、そうした損失を見越して、ある一定の田地を年貢負担地から除いて算失田としたり、算失分をあらかじめ年貢額から控除することが行われるようになった。さらにそうした算失分が下司や公文などの荘官に給分として与えられるようになり、下司算失や公文算失と呼ばれるようになった。算失分が荘官らに給分として与えられるようになった根拠は明らかではないが、彼らが年貢収納に携わっていたことと関係があろう。地頭の得分は多くの場合、それに先行する荘官の得分を引き継いだものであったから、地頭算失も系譜上はこれら荘官に与えられた算失分の延長に位置するものである。（高橋　典幸）

じとうだい　地頭代　地頭の正員に対し、その代官として現地において地頭の職務を遂行するもの。鎌倉幕府の地頭職は一人の御家人が諸国に散在する数ヵ所にわたって補任される場合が多かったので、実際の所務を行うために、各地に地頭代を任命派遣するのが普通だった。地頭代となるのは地頭正員の一族の者や、有力な被官人（郎党）等であったが、地頭代は現地において強い権限を付与され、荘園領主側との所務相論等でも、直接の当事者として現われる場合が多い。また『御成敗式目』第十四条は、主としてこの地頭代の罪科に関する規定と考えられるが、それによると、代官が殺害人以下の重科を犯したとき、主人が当該人を召進めた場合には主人の科とならないが、もしこれを庇ったときは、その所領を没収され、代官はその身を召禁ぜられると規定されている。また地頭代が本所の年貢を抑留したり、所務の先例に違背したりしたとき、あるいは訴えられた代官が幕府や六波羅探題の召喚に応じない場合には、代官の所行であっても、主人たる地頭の罪となり、その所領を没収すべきことを定めている。しかし一般には代官が主人の忠実な代理人の立場にとどまることはなく、任地に赴いた地頭代は例外なく現地において、独自に地域的な領主的支配を展開し、鎌倉末期から南北朝時代になるとほとんど地頭正員たる主人の統制から離れていった。（安田　元久）

じとうみょう　地頭名　鎌倉時代以降の地頭がその所領として保有した名(名田)。地頭雑免地(田・畠)あるいは雑役免・給名なども称し、一般に年貢は荘園領主または国衙に納める義務を負うが公事雑役は免除され地頭の得分となった。備後国太田荘における地頭領家の相論に関する元徳三年(一三三一)四月七日の関東下知状に、「地頭名年貢事、右吉富、智門、剛沢、熊丸者、為二地頭雑免一、不レ可レ有二領家方公事課役一、至二年貢一者、現米参分弐、色代参分壱可レ令レ弁二済領家方一(下略)」とあるのもその明証である。地頭の領主的支配の核となるものの一つで、地頭は地頭名内に住み、その土地を借耕する農民を駆使して、その直営地を耕作させるなど、農民の隷属的支配の維持強化を策した。本領安堵の地頭の場合、地頭名は在地領主の開発に基づく領主名に系譜を引く名田畠を指定するのが普通であるが、新恩地頭として新しく補任されたものは、荘園内の一般百姓名を集め地頭得分としての地頭名が設定されたと考えられる。ただし承久の乱後の得分率が法定された新補率法の地頭には雑免田たる地頭名は与えられなかった。しかし、地頭がその領主権拡大の動きの中で、一般の百姓名を自己の地頭名の内に取り込むという傾向が著しかったこともいうまでもない。

(安田　元久)

じとうやく　地頭役　鎌倉・南北朝時代に荘園郷保の地頭に課せられた賦役すなわち「地頭の所役」を意味する場合と、地頭の収益すなわち「地頭得分」「地頭米」として地頭が徴納する課役を意味する場合とがある。前者の例としては、『崎山文書』嘉禎二年(一二三六)七月二十四日関東御教書に、紀伊国湯浅荘内の久米崎王子社の造営を同荘地頭湯浅宗景に「地頭之所役」として命じたことがみえ、また『吉田神社文書』仁治二年(一二四一)三月二十七日吉田社領家小槻某下文写に、吉田社の遷宮夫役について「右御遷宮者、社内之大営邂逅之勤役也、件夫郷別一人、為地頭役令沙汰進者先例也」とあるものなどを挙げることができる。次に後者の用例としては、『久米田寺文書』宝治二年(一二四八)十二月五日関東御教書(和泉国山直郷における久米田寺の免田に関する同寺と地頭との相論についての裁許状)の中に、当該免田に賦課する「地頭得分」、ないしは不法に責取らんとする「地頭米」を指す用語としての「地頭役」がある。これは明らかに地頭が賦課し徴納する恒例の課役である。また同様の用例は、『妙興寺文書』貞治四年(一三六五)十二月二十一日および同五年五月三日前美作守荒尾泰隆地頭職沽却状にもみえる。なお前者の、地頭に課せられた賦役としての地頭役であっても、それが実際には地頭の所管下の農民に充課され、その負担となったことはいうまでもない。またこの意味での地頭役は現存史料から推量すると、神社の造営・修復その他、神事に関するものが多かったようである。

(安田　元久)

じとうりょうしゅせい　地頭領主制　鎌倉幕府の地頭制度を基調として展開した領主制、すなわち鎌倉時代中期ごろから地頭(在地領主)層を担い手として成立・展開した封建的領主制の一類型。いわゆる「領主制理論」の追究の中で生まれた歴史学的概念であり、この地頭領主制の概念を領主制一般の発展のいかなる段階に位置づけるかについては、論者による若干の混乱がある。日本における領主制の理論の定立を試みた石母田正「領主制の基礎構造」「領主制の区分と構造について」(『古代末期政治史序説』所収)などの諸論文以後、領主制に関する研究が集積されていて、それぞれ地頭の展開する領主制について注目し、その歴史的性格をふまえての概念規定を試みてきた。その考え方を整理すると、大きく二つに分けられる。すなわち、㈠十一―十二世紀に成長した開発領主(鎌倉時代の地頭層を含む)の下で展開する領主制を総称して「在地領主制」と規定し、地頭領主制をその中の一段階と考え、それらはやがて封建的領主制へと発展する先駆形態であるとするもの。この場合、地頭領主制は初期封建制を形成する領主支配形態なるが故に、これを初期領主制と規定する立場もあった。㈡地頭が封建的支配を実現する時点を想定し、そこに地頭領主制の本質をとらえんとする立場。すなわち具体的には鎌倉時代中期に封建領主化しつつある地頭層の存在を認識した上で、そこに展開された地頭領主制は本質的に封建的性格を具えたものとする見解。以上のように見解が分かれるのは、結局は領主制一般の発展経過をいかに捉えるかによるものといえるが、鎌倉時代を通じて地頭の領主化の運動が顕著であるという事実を認めるにしても、その領主制は年代の推移とともに発展成長するものと考えるべきであるから、そのいずれの時期または成長段階を限って地頭領主制の成立と断ずべきかは、はなはだ困難な問題である。しかし、地頭の領主権の具体的内容やその特質を考慮するならば、「地頭領主制」とは「地頭による領主的所領支配が実現された体制」、すなわち「地頭が一定の土地に対する勧農権・年貢公事収取権・検注権等を完全に掌握したところの支配体制」と規定し得る。この場合、地頭領主制が時代の推移とともに発展変質する可能性を承認した上での概念規定であることはもちろんである。ところで地頭の領主権は在地武士としての地頭に固有の武力と鎌倉幕府の公的な地頭制度上の職制的権限とによって成立したものである。そして地頭領主制は、根本領主として本領安堵をうけた地頭がその本領において有した領主的性質を中核とし、幕府が政策的に設定した新恩地頭の在地領主化の運動の中で、地頭領主権の強化がすすむことによって成立した。

鎌倉幕府成立期においては、荘園公領制的な土地支配機構の下での公武二重支配の構造を生み出し、在地領主層の荘園への寄生、荘園領主の在地支配の存続があって、地頭は一定の土地に関して所務権を有したものも多いが、その収益権は荘園領主や国衙と分有する形態が一般的で、一円的所領支配を実現し得なかった。また地頭が現実に

直接的支配を及ぼし得たのは名主層のみで、名主経営の中に埋没している直接生産者層の多くを名主への隷属から分離して直接に支配することができないというような所領支配における旧い体制が残存していた。そのため、初期の地頭領主には、いまだ典型的封建領主にまでは成長し得ないという限界があった。しかし鎌倉幕府が創出した地頭制度を通じて幕府権力につながった地頭領主層は、その経済的基礎や政治的支配権の拡大を、荘園侵略という方法で実現せんとし、年貢徴収権を利用しながら年貢の対捍・抑留あるいは押領といった手段で次第に荘園領主の経済源を奪い、また請所・下地中分や、直接の武力行使による押領などにより、荘園領主の勢力や国衙権力を在地より排除し、そこに一円的な領主権を確立して、封建領主化の過程をたどった。そして鎌倉時代初期には地頭が本領の土地経営から未分離であることを特徴とし、名主・百姓の賦役労働に依存する直接経営を主とするものであったが、やがて鎌倉時代中期以後になると、地頭層はその収益実現の対象となる土地を所領と観念し、在地に領主的支配を及ぼすところの、封建的領主たる性格を強めた。ここに地頭領主制の完熟が認められる。
（安田 元久）

しとくせい　私徳政　朝廷・幕府・守護・戦国大名などの出す徳政令に対し、土一揆がみずからの実力で実施する徳政をいう。また地頭などの地域的勢力が発令する徳政令を指す場合もある。私徳政の定義は確定していないが、史料的には両義認め得る。「土一揆為二私徳政一発向之事」（『東寺百合文書』ち）は前者の例。室町時代土一揆は売買・貸借関係の破棄を求めて頻発するが（いわゆる徳政一揆）、その場合幕府や守護に徳政発令を求めるのでなく、しばしばみずから「号二徳政一」して酒屋・土倉・寺院など高利貸に対し要求の実現をせまった。嘉吉土一揆（嘉吉元年（一四四一））では幕府と交渉して徳政令を出させているが、そうした実例はむしろ少なく、正長の土一揆（正長元年（一四二八））をはじめ多くの場合自力で徳政を実施している。これに対し幕府など公権力は「徳政禁制」という形をとりつつ追認することが多かった。私徳政の今一つの語義は、「国次之徳政又者地頭私徳政雖レ令二出来一」（『竜潭寺文書』）のように、「天下一同之徳政」「国次《くになみ》之徳政」（「一国平均之徳政」）に対して、地頭など在地に密着した地域勢力の出す徳政令を指す。史料的には三河・遠江地方に多くみられる。また戦国時代伊勢小倭《おやまと》郷にみられる小倭一揆衆による「此方嘉例之徳政」（『成願寺文書』）などいわゆる在地徳政もこの意味の私徳政に含めてよい。以上私徳政には両義認められるが、実際には両者区別をつけ難い場合も少なくない。正長の土一揆の「当国（大和）ニモ里（郷のこと）別ニ得政ヲ（置）カルナリ」（『社頭之諸日記』）、「正長元年ヨリサキ者カンヘ四カンカウ（神戸四箇郷）ニヲキメ（負目）アルヘカラス」（『柳生徳政碑文』）、嘉吉土一揆の近江奥嶋・北津田両荘沙汰人の徳政（『大島・奥津島神社文書』）、長禄元年（一四五七）大和布留郷の徳政（『大乗院寺社雑事記』）など、いずれも土一揆蜂起との関連で荘郷単位の在地勢力により徳政が実施されている。一定の地域勢力の裏付けをもって実施された徳政が、視点の置き方如何で土一揆の非合法的徳政と見えるわけである。こう考えると、史料的には一方的に「号二徳政一」しているかのごとき土一揆も、多くは主張するに足る根拠を持ち一定の秩序を保ちつつ徳政を実施したことが推測される。その根拠とはたとえば「土地」に限っていうと、古代・中世では売買・寄進など土地所有権の移動は決して安定的ではなく、常に本主権が潜在していたこと、したがって何らかの機会をとらえて土地の取戻しが行われる慣行が存在したことである。大和・伊勢にみられる地発《じおこし》、近江甲賀郡にみられる地徳政（『山中文書』）がそれで、こうした慣行では徳政令や徳政宣言によらずとも、売買・貸借当事者間で個別に土地返還がなされ得た。これをも私徳政の範疇に入れるならば、私徳政は公権力による徳政発令以前から在地には広範に存在したことになる。
（瀬田 勝哉）

しとぬきのしょう　糙脱荘　越後国古志郡の荘園。文度野岐荘とも書く。現在の新潟県長岡市南部、小千谷市北部の信濃川右岸地域。『吾妻鏡』文治二年（一一八六）三月十二日条にみえ、二位大納言家領。鎌倉時代末期には紀伊国歓喜寺領となる。南北朝時代以後は越後国守護上杉氏の料所となり、被官人に給与されている。文明末年の『長尾飯沼氏等知行検知帳』（『上杉家文書』）には当時の給人と知行高が記されており、古志長尾氏が総代官的地位にあって管轄にあたっていた。
（阿部 洋輔）

しどのしょう　志度荘　讃岐国寒川郡の荘園。現在の香川県大川郡志度町志度周辺。『玉葉』治承五年（一一八一）七月二十四日条に最勝光院領とみえ、正中二年（一三二五）まで同院領であったことが確認されるが、この段階では同院領としての実態を失っていた。建永元年（一二〇六）慈円は、彼を養育した禅尼（権中納言藤原通季女、藤原経定室）の死に際して譲り受けた当荘領家職などを、自ら建立した大懺法院へ寄進した。当荘の年貢（米三十石・塩十石・炭五十籠）は、通季女の菩提を弔うことと慈円の命日に供養を行うことに充てられた。建暦三年（一二一三）二月、慈円は青蓮院門跡領を朝仁親王（後鳥羽天皇皇子、後の道覚法親王）に譲るが、その際当荘の年貢は、存命中は霊山院に送付するように定められている。ただし当荘は別相伝とされ、本来慈円の私領的存在だったものが、青蓮院門跡領に包含されたのであろう。天福二年（一二三四）には大成就院領としてみえているが、南北朝期にはいると年貢納入は滞り、観応二年（一三五一）以降の動向は確認できない。なお、室町期には讃岐国守護細川氏領となっていたらしい。
（櫻井 彦）

しどのずせき　四度図籍　⇩四証図《ししょうず》

しとりのしょう　倭文荘　美作国久米郡倭文郷の地に成立した荘園。現在の岡山県久米郡久米町の南部、倭文川

流域の地。立荘時期・成立事情とも不詳。元暦元年(一一八四)四月、賀茂別雷神社領四十二ヵ所に対する武士の狼藉停止を命じた源頼朝下文案に、同国河内荘《こうちのしょう》・便補保とともに出現するのが史料上の初見。鎌倉時代には賀茂社社務が領家・預所両職を一円知行した。室町時代中期、荘内の祥雲寺を領家と記す史料もあるが、戦国時代には依然賀茂社社務領として存続している。事実は同社氏人惣中が公用銭(年貢)を収納し、社務はその一割五分を取得する定めであった。当時は守護赤松氏の被官らにより代官請が行われ、その間公用銭収納は次第に不安定となり、天正十三年(一五八五)を最後に収取の事実を確かめ得なくなる。
(須磨　千頴)

しとろのしょう　質侶荘　遠江国榛原郡の荘園。現在の静岡県榛原郡金谷町志戸呂付近。当荘ははじめ牧を称し、大井川南岸に沿った細長い地であった。大江公資の私領として成立し、公資は長暦年中(一〇三七―四〇)その本家職を藤原道長の六男長家に寄進し、その一族に伝えられたが、天永三年(一一一二)ころ、公資の孫娘の子で当時領家職を相伝していた藤原永実が買得した。大治三年(一一二八)待賢門院の御願寺として円勝寺が建立されるや、同年八月永実の子永範は、その本家職を円勝寺に寄進した。同年十二月の待賢門院庁牒で、遠江国衙にその検注を命じ、翌年三月には質侶牧の検注目録が完成した。これにもとづいて同年五月、院庁は四至に牓示を打つことを命じ、ここに円勝寺を本家とし永範を領家とする質侶荘が成立した。最初の本所年貢は三百石であった。当荘は質侶・湯日・大楊の三郷から成り、田畠原山野合わせて千七百四十四町に及んだ。永範は質侶本荘を嫡子光範に、湯日郷を嫡女(藤原隆兼の妻)に、大楊郷を三女に譲渡した。建久元年(一一九〇)八月ころ、質侶荘地頭板垣三郎兼信が当荘の年貢を納めなかったので、後白河院宣によって源頼朝が兼信を流罪に処している(『吾妻鏡』)。また湯日郷は収公され、これに対して隆兼の子でのち東大寺別当となった宗性は、承久三年(一二二一)その返還を要求しているが、効果は挙がらなかった。降って文永二年(一二六五)二月七日遠江国三代御起請三社領注文案(『教王護国寺文書』)には、当荘は円勝寺領として記載されている。その後の模様は詳らかではないが、応永三十三年(一四二六)八月十一日足利義持は質侶荘領家職半分を清和院長老に寄進、永享三年(一四三一)三月五日には足利義教がこれを安堵しているが、同じくここを清和院領として安堵した長禄二年(一四五八)八月十日の足利義政および延徳三年(一四九一)八月二十四日の足利義稙御判御教書では質侶荘金屋郷となっている。
(上島　有)

じにん　神人　神社の下級神職あるいは寄人《よりうど》。「じんにん」ともいう。神主・宮司などの社司(社家)の被官であり、神事および社務においてその補助や雑役にあたった。神人はもと社司・社人らの総称であったが(『日本霊異記』『今昔物語集』など)、十世紀ちかく神社規模や社領荘園の増大に伴い、人員も増加し、職掌も定まり、下級神職としての神人の身分称が成立した。前代の神賤の後身もあり、隷属的なものと従属的なものの両種があった。神人は社頭の警備や儀仗の役(祭事の一部)にあたったことから、その武力を増し、やがて僧兵と並んで「大衆神民」などといわれ、強訴や乱行で史上を賑わした。院政期の「保元新制」に始まり、室町時代まで神人の兵仗禁止がしばしば令せられている。神人の武力活動は下級神職の神人(本社神人ら)が神宝を奉じて神威をかざし発向した(神宝を振る)のに始まるが、神領に荘官として駐在する散在神人(散所神人ともいう)のほかに、神領増大に関連して在地領主の名主層を神人(これも散在神人)に起用したのが武力活動の主力となった。南都・北嶺の神人や熊野山神人などが有名である。また、神人の列に加えられた漁猟民や工芸・芸能の徒がそれぞれ「座」を組織した。商工人の座には名主層が散在神人としてこれを率いたものも多い。日吉・春日両社の在京神人、祇園社の綿座神人、石清水社の大山崎油座神人、北野社の酒座神人が名高い。なお、賤役に従った犬神人(祇園社)・綱引神人(石清水社)などが知られる。このように神人には種々の呼び名があるが、これは各社それぞれに居住地(本社と散在、神社によっては散所も)、職能、あるいは身分階層がからみ合ったためのものである。ちなみに、春日社には本社神人(三方神人)、散在神人、および白人神人の別がある。また、黄衣神人と白人神人(白衣神人)の称があるが、これはその職能や身分を衣体で表現したものといえる。黄衣神人は春日神人の本宗であり、本社神人(三方神人)と散在神人(狭義の散在神人、根本社領に居住、有力住民も神人に列した)がこれに属したのに対し、白人神人は散在の神人だが(正式には散在神人とはいわない)、特に社寺領荘園名主層を起用し、末社神主職に補して国民の称号を授けたもので、同じく商工人の座衆も白人神人に列した。白人は「シラウト(素人)」と注した例もあるので、神人に准じたものらしいことがわかるし、文字通り白衣を着して神事の雑役に参仕させている。この黄衣神人と白人神人とのちがいは、黄衣神人は春日社(政所)が補任し、白人神人は興福寺が任用したことにちなむらしい(摂津浜崎荘供菜神人は黄衣、奈良油坂油座神人は白人)。春日社・興福寺一体化組織が神人組織を複雑にしたといえる。別当寺の支配をうけたため大社の神人組織は複雑になったのがわかる。これに対し村落鎮守社などでは神主が神人あるいは禰宜を称した。春日社で神人が禰宜を称したのは近世ちかくのことだが、熊野新宮で神領の相野神人が相野禰宜を称して常勤したのが室町時代初期のようであり、このころから各社の神人が禰宜を称することを望んだらしい。神人という称呼は中世末でほぼ消える。同じく神人の社会経済は終り、文芸活動などが若干知られるにすぎない。　→犬神人《いぬじにん》
(永島福太郎)

じぬししき　地主職　荘園公領制における職体制下の私

的土地所有者に与えられた呼称。わが国における私的土地所有の形態は、時代の推移に伴って変化し、種々の様相を呈するが、律令制下における私的土地所有の発生とともに、私的土地所有者のことを地主と称した例が見られる。したがって地主の内容もまた時代とともに変化が見られる。まず十世紀から十一世紀にかけて発生した名《みょう》の年貢請負人であった田堵は、土地の所有者ではなく、占有権を有するにすぎなかったが、それを世襲化することによって私有権が確立すると、田堵のことを地主と称している。この場合地主の権利は作手であり、加地子得分を得た。十一世紀中ごろから山野を開発し土地を私有する開発《かいはつ》領主が現われるが、この開発領主のことも地主と称している。開発領主は所有権の不安定な開発した土地に対する国司の介入を排除するため、中央権門勢家に私領を寄進して荘園化し、荘園領主より下司職に安堵されることによって実質的土地所有権を確保する方策を用いたが、この下司職のことを地主職とも称している。『正木文書』保元二年(一一五七)三月八日左衛門督藤原忠雅家政所下文によれば、上野国新田荘下司職に補任された新田義重は「右、人、依レ為二地主一、補二任下司職一如レ件」とある。また源頼朝は挙兵後、馳参の在地土豪の本領を安堵し、御家人に組織したが、『吾妻鏡』治承四年(一一八〇)十二月十四日条に「武蔵国住人、多以二本知行地主職一、如レ本可二執行一之由、蒙二下知一」とある。このように中世以降私的土地所有者を地主と称した例が散見するが、地主という語が土地所有者に対する一般的名称として広く用いられるようになったのは、近世以降のことである。

(棚橋　光男)

しのうのしょう　信敷荘　備後国三上《みかみ》郡の荘園。現在の広島県庄原市の一部にあたる地域。平城宮跡出土の木簡に「三上郡信敷郷調鍬十口」とみえる信敷郷の地。立荘年次・成立事情は不詳。『吾妻鏡』文治二年(一一八六)正月二十八日条に「備後信敷庄以下数ヶ所地頭職令レ避二与于彼室家一給云々」とあるのが初出。平家没官領で一条能保の妻(源頼朝の妹)に地頭職が与えられた。十四世紀初頭には東方・西方に分けられ、西方は四条烏丸篝屋料所(嘉元元年(一三〇三)十二月関東御教書、『毛利家文書』)。南北朝時代には山内首藤氏、長井氏、安芸の宍戸氏らが支配を争うが、応仁の乱で山内氏が東西代官職・半済・段銭などを得、戦国時代には全域を支配。文禄四年(一五九五)の山内広通給地付立起請文案(『山内首藤家文書』)には、信敷荘は二千百八十七石六斗とある。

(武田　祐三)

しのぎのしょう　篠木荘　尾張国春部郡の荘園。現在の愛知県春日井市北東部、小牧市東部一帯。成立は天養元年(一一四四)、諸郡に散在する皇后(美福門院藤原得子)宮職領畠の代わりとして春部郡東条の篠木郷田畠などの地一円が立券されたことによる。美福門院得子より後は、後白河法皇に伝領され長講堂領となり、建久三年(一一九二)には宣陽門院(後白河皇女覲子)に伝領された。領家職は、鎌倉期の東二条院(後深草上皇中宮)、建武・暦応期の広義門院(後伏見上皇女御藤原寧子)、応永期の日野資教が確認できる。また、地頭職は建久五年に鎌田正清の女が補任されたのを初見とし、十三世紀初めには地頭請となる。その後、鎌倉中期には地頭職は得宗領となっており、正応六年(一二九三)には、執権北条貞時により、造営料所として鎌倉円覚寺に寄進されている。円覚寺による当荘支配は至徳三年(一三八六)まで確認できる。

(西尾　知己)

しのぶのしょう　信夫荘　陸奥国信夫郡の荘園。現在の福島市を中心とする地域。福島市飯坂町天王寺の承安元年(一一七一)八月十九日銘の陶製経筒に「信夫御庄天王寺如法堂」とみえるのが、史料上の初見である。信夫郡が伊達郡を分出したあとで、そののこりの部分が荘園化したものであろう。『古事談』『十訓抄』に「件郡地頭大庄司季春」「信夫の郡司にて大庄司季春」なるものが、平泉の藤原基衡の従者としてみえているが、これは源義経の従者として治承・寿永の内乱に活躍し、討死した佐藤嗣信・忠信兄弟の祖にあたる。平安時代末にはこの一族が荘司の地位にあった(「湯庄司」ともいう)。鎌倉時代には二階堂氏が当荘の地頭であったが、佐藤氏も南北朝時代まで活躍しており、あるいは地頭代の地位にいたのかとも考えられる。南北朝時代には荘内の余部地頭職が結城顕朝に与えられているが、まもなく伊達氏の支配下に入り、伊達郡と並んで最もその力の強く及ぶところとなった。荘名は天文二十二年(一五五三)までは史料にみえる。

(大石　直正)

しのまき　私牧　厩牧令で定められた令制の牧や、『延喜式』兵部省に規定された官牧、あるいは勅旨牧などの公牧に対し、私有の牧を私牧という。延暦十七年(七九八)十二月八日の太政官符では、王・臣・百姓らが所有する牧のうち、無馬の牧は収公する旨を布告し、さらに大同元年(八〇六)八月二十五日の太政官符は、父祖代々の「墓地・牧地不レ在二制限一、但牧无レ馬者亦従二収還一」旨を重ねて公布している。また昌泰元年(八九八)十一月十一日の太政官符に「公私牧野多在二河内国交野・茨田・讃良・渋河・若江、摂津国島上・島下・西成等郡河畔之地一」とみえ、私牧の存在がうかがえ、地方豪族が八世紀ごろには牧を私有し、馬の生産を行なっていたことが推定される。『万葉集』二〇にみえる防人の妻の「赤駒を…」の歌は、放牧している馬を捕えることができず夫を歩かせねばならないことを悲しんだもので、この歌から東国にも早くから私牧のあったことが推定されよう。　→官牧《かんのまき》　→勅旨牧《しまき》　→牧《まき》

(段木　一行)

しはい　支配　古くは分割の意味であって、負担の分割の意味にも用いられた。中世でもそういう意味がなくなったわけではない。たとえば「諸国田文事為支配公事、被召置」という場合の支配はその意味に用いられたのである。中世では、所領を子孫妻妾に「配分」するようなときにも「支配」という言葉を用いた。

(石井　良助)

じばた　地畠　畠と田の中間にある田畠に対して、稲以外の穀物・野菜・果実等の作物が植えられる一般の畠を指す。史料上「地白」とも表記されるので、「じはく」とも読むことが分かる。康平五年(一〇六二)の大和国広瀬荘では、地畠が田・田畠と並んで使用されているので、それぞれ区別されていたことが分かる。東寺百合文書大和国広瀬庄丸帳によると、広瀬庄では水田の斗代は段別三斗、田畠一斗五升に対し、地畠への賦課はもっとも低い段別一斗となっている(『平安遺文』三巻九八二号)。また、畠と同音の畑は、焼き畑を意味した。　(堀本　一繁)

しひのしょう　志比荘　越前国吉田郡の荘園。現在の福井県吉田郡永平寺町・上志比村に相当する地域。九頭竜川中流の河谷地帯に、平安時代末期、最勝光院領として成立した。『吾妻鏡』建久五年(一一九四)十二月十日条に荘名が初見される。領家職は嵯峨中西法印坊、地頭職は六波羅探題評定衆の波多野氏が保有した。その後、最勝光院の衰亡によって正中元年(一三二四)後醍醐天皇はこれを東寺に施入したが、すでに波多野氏の押領するところとなり、東寺はしきりにその回復を幕府に訴えたが、その効もなく、南北朝時代末期には東寺の手を離れた。　(松原　信之)

じびのしょう　地毗荘　備後国恵蘇郡の荘園。現在の広島県庄原市の一部と比婆郡比和町・高野町が荘域にあたる。立荘年次・成立事情は不詳。本家は平氏ゆかりの蓮華王院などで、近隣に平家没官領の信敷荘《しのおのしょう》(庄原市)もあり、平氏勢力下にあったとみられる。荘名は承久三年(一二二一)の関東下知状(『山内首藤家文書』)にみえるのが早い。領家は、永享十二年(一四四〇)の山内時通注進状案によると本郷・上原・下原(庄原市)が嵯峨千光寺、川北(同)が栂尾北坊、伊与(比和町)が延暦寺石泉院、伊与東(同)は妙法院、多賀(高野町)は伏見法安寺となっている。しかし、伊与郷の領家が蓮華王院・延暦寺石泉院・妙法院と変遷しているように、支配関係は複雑である。地頭の山内首藤氏は相模国鎌倉の山ノ内を本貫地とし源家譜代の家臣であったが、源平合戦の当初に平氏方となり本貫地を没収され、のち源義経追討の功などで地位を高めた。山内重俊は承久の乱の功で当荘の地頭職を安堵され、山内通資は延慶元年(一三〇八)当荘本郷を地頭請所とした。山内氏は荘内各郷に配した庶子家を一分地頭とし勢力を扶植する一方、元徳二年(一三三〇)には単独相続制に改め惣領権を強化した。南北朝動乱中の観応二年(一三五一)には、一族一揆を結成し庶子家分立の動きに対処し、戦国時代には備後屈指の国人に成長した。本郷の甲山《こうやま》城跡(県史跡)と菩提寺の円通寺(本堂は国重要文化財)がある。甲山山麓に甲山門田があり、本郷を中心として名の比定、水利、土居跡、鍛冶・鋳物師の跡など中世村落の姿が明らかにされつつあったが、昭和五十五年(一九八〇)の圃場整備工事で旧状は失われた。山内氏は鎌倉鶴岡八幡宮を勧請し荘内に八幡信仰をひろめ、信仰面でも荘民支配につとめた。当荘南部で商業活動も行われ、三日市・九日市・畦《うね》ノ市などの地名が残る。北部は、近世には鉄産地として有名であるが、中世の鉄生産の状況は明らかでない。　(武田　祐三)

じふ　寺封　寺院に施入された封戸。初見は大化三年戊申(六四七、ただし戊申は六四八年にあたる)に法隆寺に施入され、天武天皇八年(六七九)に停止された食封三百戸(『法隆寺伽藍縁起幷流記資財帳』)。ついで天武天皇二年に施入された大安寺・弘福寺・飛鳥寺のものがある(『新抄格勅符抄』寺封部)。同九年には寺封を廃し、現有のものは施入後三十年で収公することとしたが、前記三大寺のものは収公されず、その後、薬師寺や四天王寺の食封が加わり、また三十年を期限として施入されることもあった。『大宝令』禄令の規定は、『養老令』と同文と考えられ、「寺は食封の例に在らず」(原漢文)とし、権《かり》に封じても五年以下とするが、無期限の食封は存続し、東大寺の五千戸をはじめ施入例も多く、『法隆寺伽藍縁起幷流記資財帳』ではこれを「永年」と記す。光仁天皇は、宝亀十一年(七八〇)秋篠寺への施入に際し、慣行は令に違うとして、永くというも天皇一代限りとしたが、他に適用された例はない。租税減免の際に寺神の封が除外されたこともあり、一般の封戸と取扱いが異なる点があったらしい。平安時代に入ると国司による封物の納入が不安定となり、次第に名目化するが、代物を輸する便補保が設定され、荘園化することもあった。なお『新抄格勅符抄』寺封部には、大同元年(八〇六)当時の寺封が記載されている。→食封《じきふ》　→便補保《びんぽのほう》　(水野柳太郎)

しぶかわのしょう　渋川荘　河内国渋川郡の荘園。現在の大阪府八尾市渋川町・植松町を中心とする地域。醍醐寺領。成立は寛仁四年(一〇二〇)以前。当荘は郡・志紀南・志紀北・若江の諸荘とともに河内国五箇荘と呼ばれ、座主の直支配下にあった。年貢のほかに、恒例として座主の拝堂ごとに白布・麻布を二～三反ずつ貢進した。応仁二年(一四六八)の『醍醐寺領目録』に「河内国五ヶ庄」とみえ、戦国時代の初めごろまで存続したことが明らかである。→五箇荘《ごかのしょう》　(宮川　満)

しぶたのしょう　志富田荘　紀伊国伊都郡の荘園。現在の和歌山県伊都郡かつらぎ町東渋田・西渋田付近。渋田荘とも書く。康治元年(一一四二)目代・在庁官人らが高野山大伝法院領諸荘園に乱入した罪を償うために、国司が同院に施入し、久安二年(一一四六)に立券された。立荘当初、仁平元年(一一五一)興福寺西金堂と荘内の免田をめぐって争い、長寛二年(一一六四)には紀ノ川の中州である嶋畠をめぐり桛田《かせだ》荘と相論を引き起している。承久の乱後、遠江太郎が地頭に補任されたが間もなく停廃されている。立荘以来、大伝法院領であったが、正応元年(一二八八)同院の根来移転に伴い根来寺領となったと考えられる。ところが、当荘は紀ノ川の南岸に位置し、いわゆる「御手印縁起」の四至内に含まれるため、元弘

三年(一三三三)後醍醐天皇の「元弘の勅裁」によって高野山領に編入された。高野山は直ちに検注を行なって暦応元年(一三三八)に十九町余の田地を把握し、ついで正平十一年(北朝延文元、一三五六)には五十一町余の田地を把握して当荘の支配を確立した。南北朝時代には志富田兵衛太郎という武士が現地におり、足利直義から軍勢催促をうけているが、その動静については不明な点が多い。室町時代は高野山蓮華乗院領であって、応永十五年(一四〇八)には在家支配帳が作成され、長享二年(一四八八)にも検注が実施されているが、すでに応永年間を通じて殿原と百姓の間で夫役相論が続き、守護課役の軽減を求める百姓の要求などもあって、荘園支配の基礎が揺ぎつつあった。戦国時代も高野山領として存続したと考えられるが、在地の実態などについては不明な点が多い。

参考文献 『かつらぎ町史』古代・中世史料編

(小山　靖憲)

しぶやのしょう　渋谷荘　相模国高座郡の荘園。現在の神奈川県藤沢・綾瀬両市の一部にわたる地域。立荘は平安時代末期か。荘園領主は有力な権勢家と思われるが、未詳。在地領主は、源頼朝の挙兵や源平の合戦に活躍した渋谷荘司重国など渋谷氏一族とみて間違いない。地名渋谷の初見は治承四年(一一八〇)で、『吾妻鏡』同年八月二十六日条には「重国渋谷之館」とみえている。建保元年(一二一三)五月、渋谷一族は和田氏の乱に味方して敗れ、同荘は没収されて女房因幡局に与えられたため、渋谷氏の支配権は弱まったが、重国の子光重は渋谷上荘を相続保持した。また一族のうち薩摩国(鹿児島県)に逃れた者もいたが、光重の子曾司五郎定心は三浦氏の乱(宝治元年(一二四七))の戦功により、薩摩国の入来院地頭職を与えられて下向し、入来院氏の祖となって栄えた。『入来院文書』によれば、荘内に曾司・西飯田などの郷があり、うちもちり(打鋘)・ふかや(深谷)・しもふかや(下深谷)・ふちこゝろ(藤意)等の地名があった。

(三浦　勝男)

しまづのしょう　島津荘　南九州所在の大荘園。万寿年(一〇二六)頃大宰大監平季基が日向国島津院(宮崎県都城市)を中心とする付近一帯の無主の荒野を開拓し、宇治関白藤原頼通に寄進したのに始まる。その後、鳥羽院政期の摂関家の荘園拡大政策(藤原忠実代)や郡司・弁済使ら地方領主の支配権拡張の希求などにより、平安時代末期から鎌倉時代初期にかけて日向・大隅(鹿児島県)・薩摩(同)三国にまたがる八千町をこえる大荘園に成長発展した。建久八年(一一九七)の『日向国図田帳』によれば、日向国では島津院をはじめ、北郷・中郷・南郷・救二郷・財部郷・三俣院・吉田荘の二千二十町が一円荘、穆佐院・真幸院・救二院・櫛間院・飫肥南北郷・新納院など千八百十七町が寄郡、『大隅国図田帳』によれば、大隅国では深河院・財部院・多禰島の七百五十町が新立(一円)荘、横河院・菱刈郡・串良院・鹿屋院・肝付郡・禰寝北俣・下大隅郡など七百十五町余が寄郡、『薩摩国図田帳』によれば、薩摩国では和泉郡・日置北郷・伊作郡など六百三十五町が一円荘、山門院・莫禰院・高城郡・東郷別符・祁答院・薩摩郡・宮里郷・入来院・牛屎院・甑島・日置南郷・満家院・伊集院・市来院・加世田別符・河辺郡・知覧院・頴娃郡・揖宿郡・給黎院・谷山郡・鹿児島郡など二千三百町弱が寄郡となっており、三国の全田数の半分以上が島津荘であった。寄郡は半不輸で雑役免荘の一種であり、一円荘に至る過渡的形態といえよう。本家は摂関(近衛)家で忠実からその女鳥羽天皇の皇后高陽院泰子を経て忠通へ、忠通から基実へ伝領、基実の死後室盛子(平清盛女)が管領、基通が相伝した。領家は家司藤原邦綱の女三位大夫成子。その後、興福寺一乗院主の手に移った。荘園現地の支配機構としては荘政所があり、別当職には平氏や伴氏・藤原氏など在地の有力豪族が任命されていた。文治元年(一一八五)領家および鎌倉幕府から下司職に、翌二年地頭職に補任された惟宗(島津)忠久は目代・留守・押領使職なども併せ有し、惣地頭として各郡院郷の荘官を統轄した。しかし忠久は建仁三年(一二〇三)比企氏の乱の縁坐により島津荘薩摩方を除き、大隅方・日向方の惣地頭職を失い、鎌倉時代同職は北条氏一族の手中にあった。これら外来の総地頭と荘園の寄進者の子孫である、平安時代以来の郡司・弁済使など荘官との現地支配権をめぐる争いは鎌倉・南北朝時代を通じて訴訟、武力衝突の形で進められ、その間本家・領家の荘務権は次第に衰退していった。しかし部分的にその収取は室町時代まで存続している。

(五味　克夫)

しみずまさたけ　清水正健　一八五六―一九三四　中世史。彰考館勤務。安政三年(一八五六)六月七日、常陸国水戸(現、茨城県水戸市)に生まれる。慶応元年(一八六五)、久米幹文の家塾に入る。明治二年(一八六九)、栗田寛について国書漢籍を学ぶ。同三年、水戸藩校弘道館に入り、経史を講究する。同七年、山梨県小学校訓導。十年、東京桜田小学校訓導。十二年、山梨県小学校訓導。十五年、彰考館に入り、『大日本史』志・表の校訂に従事。十九年、同退職。二十九年、秋田県尋常中学校雇教師兼秋田中学校教諭。三十二年、岩手県立盛岡中学校教諭。三十三年、山口県師範学校教諭。三十八年、長野県立野沢中学校教諭。四十年、宮城県刈田郡刈田中学校教師嘱託兼同校教諭。四十二年、茨城県立水戸中学校教諭。大正六年(一九一七)、無窮会調査員。同十三年、臨時御歴代史実考査委員会御用掛。昭和九年(一九三四)八月七日没、七十九歳。『荘園志料』上・下(帝都出版社、昭和八年)を刊行し、網羅的に全国の荘園を検出し、それを国郡別に整理排列し、各荘園の基本的史料を提示した。その後の荘園研究の盛行に貢献した功績は大きい。

(瀬野精一郎)

しみずみつお　清水三男　一九〇九―四七　中世史。和歌山商業学校教諭。筆名、山田浩。明治四十二年(一九〇九)十二月、京都市下京区に生まれる。京都府立京都第一中学校、第三高等学校文科乙類を経て、昭和六年(一九三一)、京都帝国大学文学部史学科卒業。同大学院入学。同

十年、和歌山商業学校教諭。十三年、治安維持法違反容疑で逮捕される。十四年、釈放。その後、牧健二に雇われ、日本古法制書目調査の助手を務める一方、中世村落史の研究を進める。十八年、陸軍に召集、千島列島幌莚島へ赴く。敗戦後、シベリアに抑留され、昭和二十二年(一九四七)一月二十七日、抑留先で死没、三十九歳。唯物史観の立場から中世の荘園構造を研究。中村直勝の義弟。『日本中世の村落』(日本評論社、昭和十八年)、『上代の土地関係』(伊藤書店、同十八年)、『中世荘園の基礎構造』(高桐書院、同二十四年)を刊行し、その後の中世村落研究の出発点となった。 (瀬野精一郎)

じみょういんとうりょう　持明院統領　鎌倉時代に分裂した二つの皇統の一つ持明院統(後深草の皇統)に伝領された皇室領。後深草上皇は文永四年(一二六七)十月、名実ともに長講堂領を所領とした。同九年正月、後嵯峨法皇から播磨国国衙領と肥前国神崎荘を譲られた。また鳥羽天皇中宮待賢門院の祈願所法金剛院領は後堀河天皇中宮鷹司院に伝領、建治元年(一二七五)三月、同院の没後、後深草上皇に譲られた。なお乾元元年(一三〇二)八月鎌倉幕府の折衷案によって室町院の遺領の半部を伝領することになった。以上、持明院統の所領は長講堂領約二百、法金剛院領約四十、室町院領約五十、その他で約三百弱である。室町院領の折半問題から、皇室領は大覚寺統と持明院統とに二分される。後者は後深草上皇が嘉元二年(一三〇四)七月の所領処分状の冒頭に「長講堂は第一大事に候、能々可レ被レ留二御意一候」と書き、長講堂を堅守するよう子孫に戒めている。持明院統領は、幕府と盛衰をともにした。大覚寺統領が、建武の動乱とともに散逸したのと対照的である。 ↓長講堂領《ちょうこうどうりょう》 ↓法金剛院領《ほうこんごういんりょう》 ↓室町院領《むろまちいんりょう》 (奥野　高広)

しめ　四目　占有の標識。「標」、「注連」とも表記する。動詞「占む」の連用形が名詞化したもので、神の居る地域、また、特定の人間の領有する土地に、立ち入りを禁ずることを示すため、木を立てたり、縄を張ったり、草を結んだりして目印とした。「新選六帖」の「山かつのそとものの小田のかたあらし、古年のつくりはしめもおろさず」という歌は、計画的に耕作と休耕を繰り返す「片荒らし」では、休耕中は四目をおろさないという農業慣行のあったことを示す。すなわち、耕作地には四目をおろし耕作者の私的占有権を明示するが、耕作されない場合には四目をおろさず開放し、牛馬の放牧等、他の農民の用益地として利用されたことが推測される。 (堀本　一繁)

しめの　標野　⇩禁野《きんや》

しもかつらのしょう　下桂荘　山城国葛野郡の荘園。現在の京都市西京区桂の地。長講堂領。建久二年(一一九一)の『長講堂領目録』によると、元三・三月御八講・五月五日などの雑事、臨時召人夫などを勤仕していた。応永十四年(一四〇七)の同目録写によると、庁分で、領家は日野入道一位家、年貢米六十石だった。このほかに近衛家領下桂荘もあり、『後法興院政家記』や、近衛政家・尚通父子の作成になる『雑事要録』『雑々記』に関連記事が多くみられるが、長講堂領との関係は不明である。 (泉谷　康夫)

しもかどまのしょう　下門真荘　尾張国海東郡(古くは海西郡に属す)の荘園。現在の愛知県津島市・海部郡佐織町などの地域。荘内の三腰村は新熊野社領であるが、惣荘の領家は不明。地頭の摂津能直は建武四年(一三三七)以来、三腰村を押領したとして訴えられたが、観応二年(一三五一)以降、在地の土岐伊豆入道一族に地頭職を押領された。 (新井喜久夫)

しもこうべのしょう　下河辺荘　下総国葛飾郡の荘園。現在の茨城県古河市から埼玉県北葛飾郡栗橋町・春日部市・松伏町に至る地域で、その間を縦横に渡良瀬川・古利根川・太日川などの諸河流が流れていた。平安時代末期に、開発領主下河辺氏(秀郷流藤原氏)が源頼政を通じて鳥羽天皇かもしくは美福門院に寄進した結果、成立した寄進地系荘園の一つ。荘園領主権は、以後、八条院に伝領された。鎌倉時代中期には荘司下河辺氏が北条氏の被官(御内)となったこともあって、下河辺荘自体北条氏の支配に帰した。その一部は、武蔵国金沢の称名寺に寄進された。南北朝時代以降は鎌倉公方足利氏の所領となり、さらに室町・戦国時代に古河公方足利氏の所領として受けつがれていった。

参考文献　『古河市史』資料中世編 (佐藤　博信)

しもつまのしょう　下妻荘　常陸国新治郡の荘園。下津間荘とも書かれた。村田下荘ともいう。現在の茨城県下妻市域がほぼこれに相当する。村田荘のうち小貝《こかい》川以西の地が十二世紀前半に分立したものであろう。荘名の初出は『吉記』承安四年(一一七四)三月十四日条である。領家は九条家、成立当時の下司は常陸平氏の下妻広幹。広幹の没落後は下野の小山《おやま》氏が地頭職を保つが、鎌倉時代末期には得宗領となる。弘安二年(一二七九)「常陸国作田惣勘文」、嘉元四年(徳治元、一三〇六)八月十日「常陸国造伊勢神宮役夫工米田数注文」には「下妻庄三百七十町」と記載されている。 (堤　禎子)

じもと　地本　職の体系に付属する権利とは別の、土地そのものに対する地主的所有権を示す語。とくに作人(請作者)へ宛作(散田)される田畠そのものを指す場合(『鎌倉遺文』七巻五三一五号)と、作人への田畠の宛作にかかわる権利、具体的には作人より支払われる地子得分を指す場合(『鎌倉遺文』二七巻二〇三六一号)とがある。十五世紀初頭から「下地」が「地本」にかわって地主的土地所有権を表す語に変化してゆくのにともない、「地本」の語は消滅していったと推測されている。 (清水　克行)

しもとくじのほう　下得地保　周防国佐波郡に所在した保。現在の山口県徳地町の一部にあたる。得地下保とも称し、また「下徳地」とも記す。国衙領得地保が早くから上・下に分割されて成立した。一時源頼朝によって石

清水八幡宮寺に寄進され、「得地庄」と称したが、寛喜三年（一二三一）周防国が再度東大寺造営料国になったのを契機に国衙へ返還された。これに伴い荘号も廃されている。文永十一年（一二七四）保内伊賀地村に地頭職が設置されていたことが確認されるが、詳細は不明。暦応二年（一三三九）東福寺の造営料所となり、貞和五年（一三四九）には同寺の収取権限がさらに強化された。室町時代には上得地保内に成立した上村・下村とあわせて「得地三ヶ村」と呼ばれ、各々が寺家に年貢を納めた。文明十九年（一四八七）の総田数百五十四町余。室町時代以降は次第に大内氏や陶氏が支配権を浸食していった。　（久保健一郎）

しもののしょう　下野荘　紀伊国在田郡の荘園。現在の和歌山県有田郡吉備町下津野付近に所在したと推定される。下野は「しもつの」と読んだか。正暦四年（九九三）石垣上・下荘とともに平惟仲領として不輸・不入が認められており、ついで長保三年（一〇〇一）に白川寺喜多院（寂楽寺）に施入された。これ以後の動向については不明な点が多いが、治承四年（一一八〇）の『皇嘉門院惣処分状』（『九条家文書』）にみえる「きのくに　しもつの」は当荘をさす可能性もある。　（小山　靖憲）

じもんりょう　寺門領　⇨園城寺領《おんじょうじりょう》

しゃく　勺　㈠容積の単位。漢代以後用いられ、合の十分の一をいう。「勺」の文字は小さいひしゃくで物を汲みとる形。古来中国でも日本でも容積単位は変化が大きく、今日の一勺は漢代のそれの約十倍になっている。江戸時代初期、一升が六万四千八百二十七立方分と確定し、勺はその百分の一、約一八ミリリットルと一定した。㈡土地面積の単位。容積の単位としての合が升の十分の一、勺が合の十分の一であるところから、他の量についても十進法的分量の単位として合・勺をあてるようになった。土地一坪（歩）の十分の一を合、その十分の一を勺と呼ぶ。一勺は約〇・〇三三平方メートルにあたる。　（小泉袈裟勝）

しゃく　尺　中国・朝鮮および日本を通ずる長さの単位で、また東洋単位系の基本的単位。「尺」の文字は手をひろげて物を計る形の象形で、親指から中指の先端までの長さにあたる。『大戴礼』にも「布レ手知レ尺」とある。そこで起源における長さは約一八センチ、現行の尺の六寸程度である。しかし周代の尺は各説を総合すると約二三センチ、現行の尺の七寸六分ほどになる。尺は時とともに伸長するから、夏・殷代を経て延伸したのである。ただ古代の調律用の尺はこれより短い。音律と笛の長さの間には一定の関係があり、『漢書』律歴志には度の起源として「度者分寸尺丈引也、所三以度二長短一也、本起二黄鐘之長一、以二子穀秬黍中者一黍之広一度レ之、九三十一分黄鐘之長一為二一分一、十分為レ寸、十寸為レ尺、十尺為レ丈、十丈為レ引、而五度審矣」とあり、尺度の基準を黄鐘《こうしょう》の律の笛の長さとしている。黄鐘《おうしき》の律を今の雅楽の黄鐘として計算すると、一尺は約一九・四センチ、現行の尺の六寸四分ほどになる。長沙古墳から婦人の遺体とともに出土した黄鐘笛は一七・六五センチで、これから当時の一尺は現行の尺の約六寸になる。したがって調律尺と常用尺の間には差が生じ、常用尺はさらに延伸して隋代には二四・五センチ、現行の尺の約八寸に達する。また別に、周代には建築用の曲尺が出現した。この曲尺は直角定規を兼ね、その一尺は現行の尺に近く、中国・朝鮮および日本を通じてあまり変化がなかった。そこで隋代にはこれも公定されて大小二尺制となり、これが唐代に受けつがれ、日本でも『大宝令』に採用されたが、小尺は普及することなく消失した。ただ尺は地域や用途による変化があり、特に量地尺と裁衣尺に著しい。日本でも律令以前には唐の大尺の一尺二寸にあたる高麗《こま》尺が量地に用いられたとされ、また裁衣尺には曲尺の一尺二寸にあたる呉服尺と、一尺二寸五分にあたる鯨尺が出現した。公用および一般には曲尺が用いられて幕末に至るが、曲尺も鉄尺と竹尺の間には若干の差があった。そこで明治七年（一八七四）この中間を取って統一した。これが折衷尺で三三分の一〇メートルにあたる。また呉服尺を廃して鯨尺を布帛用として残した。　（小泉袈裟勝）

しゃくこう　借耕　代価を支払い、他者の土地を借りて耕作することをいう。古代では賃租と呼ばれるが、耕作以前の春季に支払うものを賃と称し、収穫後の秋季に支払うものを租と称した。この場合に借耕の期限は主に一年であったが、園宅地においては無制限であった。またこの賃租料については地子と称したが、その額は公田ではその地域の習慣的な額とするが、一般的には収穫の約五分の一であった。このような土地経営法は中世においても引き続き見られ、例えば鎌倉前期の美濃国茜部荘においては、一年の期限の約束で、他者の名田の一部を銭で「買うて」耕作している事例が見られるが、これは古代において賃租を売買と称したのと同様に、借りて耕作していたことを意味するものと思われる。なお室町期に入って、売買・質流などにより地主―小作関係が成立したことに伴い、無所持の小作農民として土地を借耕することが、広く見られるようになった。　（石崎　建治）

しゃくしょ　借書　米穀金銭その他を借用する際、借主が貸主に渡す証文。借券・借用状ともいう。古くは書き出しが「謹解申請借出挙米事」とか「謹辞　申請御出挙米事」のような文言で始まる解《げ》とか辞の様式で書かれたが、中世には次第に形がくずれ、「借用申　料足之事」「借請　用途事」などの事書で始まる様式に変化した。鎌倉時代末期―室町時代にはこれが通例となる。次の行には借用物の額が記され、続いて本文・日付・借主の署名がくるのが普通である。また、奈良・平安時代の借書には充所がなく、本文中にも債権者の名が記されないのが特徴であるが、鎌倉時代になると、充所はなくても本文中には債権者名を記すようになり、室町時代末期には充所を持つ書札体の借書も出現するという変遷をたどった。借書は借主が契約通りに元本・利息を完済した場合、借

主に返却される。その際紙面を墨線で抹消したり、裏面に返済みの旨を記したりして保存されている事例もしばしばある。（須磨　千頴）

しゃくまい　借米　一般的には有利子で貸借された米のことを指すが、荘園においては特に、在地領主による出挙米の貸付を前提として、年貢未進が発生した場合に実質的に債務に転化された年貢未進分と同義で用いられることが多い。出挙とは春季に種籾を貸し付け秋に利息を付けて返済させることであるが、古代においては国家による公出挙と個人による私出挙が存在し、このうち前者は本来勧農や救貧などを目的として国司が租稲を貸し出したものであったが、後に雑税化し強制的な貸付がなされた。この出挙は中世においても、預所・地頭・代官ら在地領主によって行われ、春季の出挙籾貸付を受けて農民らは耕作を開始し、秋季の年貢納入に際して返済することになっていた。しかし年貢や公事が未進となった場合には、この未進分は借銭・借米と同一視される債務として扱われることになり、その対象として場合によっては人身も含めた、質取行為が行われていた。（石崎　建治）

しゃけ　社家　ある神社に世襲的に奉仕する神職家のこと。社家衆・社司家ともいう。神に奉仕する者が職業化されると、その家は累代その神社の神職家を踏襲していくことになった。ここに社家が発生したが、その多くは祭神の末裔である場合も多かった。著名な社家としては、伊勢神宮では、祭主の藤波家（大中臣姓）、大宮司の河辺家（中臣姓）、内宮禰宜の中川・沢田・薗など七氏およそ三十家（荒木田姓）、外宮禰宜の檜垣・松木・久志本など六氏およそ三十家（度会姓）があり、そのほか権禰宜・内人・物忌なども累代世襲する者が多かった。また出雲大社では出雲国造家の千家・北島の両氏があり、阿蘇神社では大宮司家の阿蘇氏、そして日前・国懸神宮では紀伊国造家の紀氏が有名である。そのほか、熱田神宮の大宮司家の千秋氏、宇佐神宮の大宮司家の到津・宮成の両氏、物部神社の国造家の金子氏、住吉大社の神主家の津守氏、日御碕神社の検校家の小野氏があり、さらに、石清水八幡宮の田中・善法寺（菊大路）の両氏（紀姓）、宗像神社の宗像氏、大山祇神社の三島氏、稲荷大社の秦・荷田の両氏、吉備津神社の藤井氏、三嶋大社の矢田部氏、風浪神社の安曇氏などが注目される。なお、賀茂御祖神社（下鴨社）や賀茂別雷神社（上賀茂社）の社家は、賀茂県主の末裔が多く、下鴨社では鴨姓を用いて泉亭・梨木・鴨脚《いちょう》・滋岡など五十余軒の社家が、また上賀茂社では賀茂姓を用いて岡本・松下・梅辻・鳥居大路・藤木・西池・山本など百五十余軒の社家が存した。さきの吉備津神社の場合なども、本宮司家の藤井氏のほか堀家・河本氏など六十余軒の社家がいて、その職を踏襲したという。以上のほかにも、一般に古社・名社には必ずといってよいほど社家があったが、神職世襲制も明治四年（一八七一）五月に禁止された。そして同十七年華族令が公布された際、古来の社家から名家が選ばれて華族に列せられた。神宮の藤波家は子爵に、また河辺・松木の各家、それに出雲大社の千家・北島の両家、日前・国懸神宮の紀家、物部神社の金子家、熱田神宮の千秋家、太宰府天満宮の西高辻家、宇佐神宮の到津・宮成の両家、阿蘇神社の阿蘇家、住吉大社の津守家、日御碕神社の小野家は、いずれも男爵を授けられた。このようにして神職の世襲は廃止されたが、実際に旧社家の存続している神社は現在も少なくない。（三橋　健）

しゃりょう　社領　神社経営の財源で、神領とか御供料所ともいわれ、種類・性格も時代や神社により変遷・差異がある。原始神社では村落全体が社領で司祭者が君主として社領を管理し、大和朝廷の国家統一により村民は部民（神部）になる。崇神天皇の時、天社・国社を定め、神戸・神地を充てたとの伝承もあり、氏人の寄せた神田もあった。大化改新により、公地公民制となるが、例外として神郡が設けられ、伊勢神宮には伊勢国の度会・多気の二郡が充てられ、のち六郡が加えられた。ほかに鹿島神宮の常陸国鹿島郡、香取神宮の下総国香取郡、安房神社の安房国安房郡、出雲大社の出雲国意宇郡、日前・国懸神宮の紀伊国名草郡、宗像神社の筑前国宗像郡などがある。神郡はその正税を社用に、郡内の戸は神戸に充てるのが原則で、神祇令には神戸の調庸田租は国司が監督し神社の祭祀・造営・調度に充てるとあり、『令集解』職員令には雑徭は公事に役すとあるが、部民・神奴婢の性格が強い。奈良時代から神社に一般の封戸を充てることもあり、封戸は神封とも呼ばれ神戸的になり、『新抄格勅符抄』の大同元年（八〇六）牒によれば、八幡神千六百六十戸、伊勢大神千百三十戸、大和神三百二十七戸などと百七十二社に計四千八百七十六戸が充てられている。これらの神封や位田などは十一世紀には荘園化するものもある。御厨は魚介を供神する漁民で構成され、御園は菜果を供神したが、のちには土地生産物も供神の対象にされ、荘園化したものもある。伊勢神宮では十三世紀『神宮雑例集』に四百五十余ヵ所の御厨・御園がみえ、荘号を称する社領は春日大社・賀茂神社・石清水八幡宮の三社に多い。春日社は皇室・摂関家・藤原氏や興福寺領の所職などの寄進をうけたが本所は摂関家で、室町時代には大和一国が「春日神国」となり興福寺の配下にあった。賀茂社は大化のころに封戸十四戸・神田一町余、八世紀分立の下社にも神田・封戸が充てられ、長岡京遷都後寄進あり、寛仁二年（一〇一八）下社・上社にそれぞれ四郷ずつ、ついで寛治四年（一〇九〇）には不輸租田六百余町ずつが寄せられ、中世には下・上社ともに約七十ヵ所の郷荘厨などがあった。石清水八幡宮は貞観二年（八六〇）勧請後、天慶三年（九四〇）には封戸二十五戸を充てられ、十世紀以後荘園が増え、さらに源氏の氏神として各地に勧請されその勧請社が社領となり、本家・領家職を入れると鎌倉・室町時代には四百余ヵ所があり、伊勢・賀茂

とともに「三社領」と呼ばれた。また宇佐神宮も封戸を中心に十世紀以後発展し、寄進・開発・買得により鎌倉時代初期には宇佐宮・弥勒寺合わせて二百五十二ヵ所があった。一般に荘園に代わる社領としては神田があり、直営で神饌米を作る御戸代田と小作田として一般経費に充てる神田があり、その用途により日供料田・朔幣田・年中行事料田などと呼ばれた。以上の社領は大化前代から伝わったもののほかは朝廷・貴族・土豪などの寄進により成り立っていた。平安時代、朝廷は社領荘園に不輸不入権を認めたので神社は荘園領主化した。支配形態は神社により異なった形で中世に入るが、鎌倉・室町幕府は神領興行・守護不入を令し保護した。十三世紀以後守護・地頭の社領押領は激しく、社領は著しく衰える。伊勢や熊野などでは御師の活動が全国的になり師檀関係は社領化した。豊臣秀吉は検地を行い社領を没収、由緒ある社に改めて知行を給している。（中野　幡能）

じゅうおくはきゃく　住屋破却　平安時代、荘園領主に対する荘民の犯罪に関して、領主がとった検封などの措置のほかに住屋破却がある。住屋破却は荘園内における荘民の居住権の否定を意味するが、破却には焼却と壊取とがある。焼却は犯罪を不浄行為と見なし、家屋資財を物理的に消滅させるのに対し、壊取は資財を没収し、建築物を解体して用材を運び取る行為を指す。壊取は年貢公事の未進や荘民間の債務不履行に対する処置であるが、地頭領主制の展開過程で地頭が自領の中に荘民の住屋を解体、運搬、再建して自己の従者・下人に充行うことがある。建治元年（一二七五）の紀伊国阿氏河荘上村百姓等言上状（『高野山文書』）に「百姓ノサイケイチウ、チトウトノエコホチトリ候イヌ」とあるのは、地頭による壊取の事例を示している。領主による住屋破却は、荘民身分の指標である屋敷所有と居住を否定することであり、荘民身分に重大な変更をもたらすものであった。（仲村　研）

じゅうごうます　十合枡　一合枡十杯を以て一升を計る枡（斗とも書く）をいう。令制に拠れば、枡はすべて政府が公定し、石・斗・升・合の計量単位は、十進法で累進する規定であった。しかるに平安時代になると、枡に関する公定制度は乱れ、十進法に従わない私的な枡の発生をみるに至った。鎌倉時代になると、この傾向は急速に進み、十進法による正統的な枡、すなわち「十合斗」以外に、たとえば一合枡八杯で一升となる「八合斗」、一合枡十三杯で一升と計算する「十三合斗」のような十進法によらない私枡が多用されることとなった。ついで室町時代には、このような現象は一層進展を示し、これらの私枡は、「寺十三合斗」「菅浦十三合斗」などのように、さらに多種の枡の発生をみるに至り、枡の制度は混乱の極に達した。しかし他面、商業の発達・市場圏の拡大など、室町時代の経済の急速な進展のもとで、枡の統一に対する要求が強まった。その結果、十進法に依拠する正統的な十合枡が復活する傾向が顕著となってきた。室町時代末期に、全国的に出現する「市場十合斗」などはその例証である。当時経済の中心地であった京都でも、天文年間（一五三二―五五）ごろから、商取引のみならず、広く米の計量などには十合枡が使用され、「京都十合斗」と呼ばれていた。永禄十一年（一五六八）に上洛した織田信長は、これを公定枡と指定した。ついで豊臣秀吉は、太閤検地における石盛の基準枡にこの枡を採用したので、その使用は全国に及んだ。その後容量の増大があったが、江戸幕府はこの枡を「京枡」の名称で全国公定枡として承認したのである。↓市枡《いちます》　↓京枡《きょうます》（宝月　圭吾）

じゅうさんごうます　十三合枡　⇩十合枡《じゅうごうます》

じゅうたくはきゃく　住宅破却　⇩住屋破却《じゅうおくはきゃく》

じゅうにん　住人　⇩国住人《くにのじゅうにん》

しゅうのうかんりょう　収納勘料　年貢等収納時の勘合のために徴収する費用または支給される得分。勘料とは本来、結解や検注帳などの公文の勘合、すなわち調査や関係文書の照合の際に、その職務従事者に対して、一定の支給を行うため、その費用として徴収されたものであるが、同時にその所職に付随した得分権であるともいえる。荘園における年貢等の収納は、まず領主らが農民に年貢等の上納を命じる徴符を発給、定使・収納使らが下向して催促し、年貢等が上納されると返抄を発給して、翌年農民らが返抄の調査を受ける。これに伴って勘料が課せられるわけであるが、このような勘料には公文勘料・収納勘料・検田勘料などの名称が散見され、これらはいずれも、前述のように文書の記載内容と実態との勘合に付随する費用・得分であったと思われる。したがって収納勘料とは、年貢等収納時の勘合に際して徴収・支給された勘料を特に指すものと考えられる。（石崎　建治）

しゅうのうし　収納使　所当官物・年貢等の収納に際して、その監督や催促にあたる者をいう。王朝国家体制下における収納は、まず国衙から郡・郷に所当・官物が割り当てられ、さらにそれらは郡・郷の収納所で、その郡郷内の名に配分されるが、農民は名毎にその課せられた所当官物を納入することとなっていた。そしてこれを受け、その翌年に収納使となった国衙官人が収納所に赴き、郡司らを指揮して農民らを集め、名毎に収納の勘定を行うが、これが王朝国家体制下の収納使の役割である。次いで中世の荘園・公領下においては、検田や収納の権限は荘官・地頭・郡司・郷司らが掌握するところとなった。例えば高野山領備後国太田荘においては、夏冬二回の収納の時期に、郡司もしくは預所代が収納使として現地に下向し、定使とともに催促に当たり、年貢直納地については名主から、地頭進止の荘官名等では地頭から、それぞれ年貢を収納している。（石崎　建治）

しゅうのうしょ　収納所　十世紀末～十二世紀に郡・郷に設置され、官物を徴収する際の事務をおこなった機関。収納使・収納書生とこれを補佐する郡司などがいた。収納所は、国から要求された所当を名に配符し、徴収した

所当官物を勘定して、未進分を催促し、返抄や結解状(収支決算報告書)などを作成した。収納所は略して納所ともよばれた。↓納所《なつしよ》　　（菅原　正子）

しゅうみょう　集名　中世の畿内均等名荘園にみられる複数名主のいる特殊な百姓名。名は一般に一名一名主を通態とするが、二人以上の名主のいる名がある。二～三人の場合は合名《あいみよう》といい、それ以上の不特定多数の場合は集名とよんだらしい。興福寺大乗院領大和国若槻荘の本名は十五の均等名から成るが、うち一名に一町五段三百十四歩の集名がある。内部構造は最高三段八十七歩(うち佃一段・屋敷二百五十歩)をもつ浄念から、最低九十歩の源藤三まで十二人の零細農民から成る。二位の仲二郎の二段二百六十九歩中には、百十歩の屋敷がある。以上浄念・仲二郎二人が屋敷持ちで、合計一段の均等屋敷となる。集名は平安時代末―鎌倉時代初期の均等名編成期に、破片的田堵層を集めて一名を編成し均等公事賦課の単位としたものらしい。同国出雲荘の均等名中の久国名も集名で、同名を人名でよぶのは、前記浄念のごとき屋敷持ちで保有地の多い百姓で代表させたものであろう。↓合名《あいみよう》　↓均等名《きんとうみよう》　　（渡辺　澄夫）

しゅうりこうちかんしゃりょう　修理溝池官舎料　律令制下の諸国において、国内の溝池や官舎の維持修理の費用を賄うために設けられた出挙稲で、利率三〇％で出挙されることになっていた。九世紀になって、正税・公廨稲とは別会計で雑稲として出挙されるものとして、国分寺料稲・救急料稲などとともに、修理官舎料稲・修理溝池料稲が設定された。天長二年(八二五)十二月二十一日官符によれば、修理溝池料稲は大国四万束・上国三万束・中国二万束・下国一万束と規定されている。『延喜式』主税式の諸国出挙正税公廨雑稲条には、国ごとの修理官舎料稲・修理溝池料稲の数量が記載されている。　　（清水　克行）

じゅくでん　熟田　古代においてよく耕作されて収穫のある水田をいう。「熟」は、みのる、なるの意。令制における口分田は、『令集解』の田令田長条古記の引く慶雲三年(七〇六)の格に、「令前租法、熟田百代、租稲三束」とあるごとく、本来熟田を班給するもので、田令荒廃条古記にも、「公給熟田、尚須六年之後収授」といわれている。そのため籍年と班年の間に、校田が実施された。一方、「水旱災蝗」などの災害に遭って「不熟」となり食に乏しいときには、国郡の実検によって賑給の対象とされ(戸令遭水旱条)、あるいは「水旱虫霜」のあった不熟の所は、その損に応じて租免・租調免・課役免された(賦役令水旱条)。また国郡司による田農勧課の評定にあたっては、開発以前の熟田数が基準となり、「熟田之内、有荒廃者」は、「熟田之外、別能墾発者」を考課の対象とし、他方、「熟田之内、有荒廃者」は、増益分から差し引いて評定することが定められている(考課令国郡司条)。↓不熟田《ふじゆくでん》　　（戸田　芳実）

しゅくまい　宿米　年貢や官物とは別の、田地に対する段別賦課米(段米)の一種。「宿料米」「段宿米」ともいわれ、宿直料とも推定されているが、具体的に何を意味するのか明らかではない。大治二年(一一二七)八月二十八日の筑前国黒嶋荘地子結解状(『平安遺文』五巻二一〇九号)では、国衙の検田使の得分として段米・勘料米とならんで段別三升三合の「宿料米」が認められている。建久元年(一一九〇)八月二十五日の筑前国筥崎宮在京所司解案(『鎌倉遺文』一巻四七六号)では「段宿米五斗」が確認できる。文永三年(一二六六)六月の肥前国郡郷検注帳案(『鎌倉遺文』一三巻九五四七号)では、名ごとに多様な数値の「宿料米」が賦課されている。　　（清水　克行）

しゅご　守護　鎌倉・室町両幕府ならびに建武政権において、国ごとに置かれた検断を掌る役職、およびその職にある人。頼朝時代の守護は、管国内の地頭御家人に幕府の命令を伝達するとともに、国衙在庁を指揮して大田文などを作成・注進し、管内寺社や駅路に関する行政事務にもあたっている。しかし『御成敗式目』は頼朝の時の法として、守護の職務を「大番催促・謀叛殺害人(付、夜討・強盗・山賊・海賊)」に限定し、それ以外の沙汰を禁止している。のちに大犯三箇条といわれる守護のこの職務規定が、頼朝時代に制定されたか頼朝に仮託されたものかという問題には、三浦周行・石井良助の間に見解の差異があるが、これもまた守護の歴史的発展過程に成るもので、律令的地方行政機関である国衙の勢力を奪い、これに代位することによって武家政権を全国政権たらしめた、守護の歴史的役割の中で理解しようとする佐藤進一の見解が妥当であろう。現に九州の守護の職務は大犯三箇条に限定されず、管内地頭御家人の訴訟に対する裁判権をもち、過去の成敗についての不易の法も定められており、鎮西探題設置後も雑務・検断の両沙汰は守護に属していた。ここでは蒙古襲来を契機に、本所一円地の住民に対する軍勢催促権も守護に付与された。広く一般的にも、悪党鎮圧が守護の重要な職責となる十三世紀末以降には、博奕の取締りや押買・迎買・沽酒などの市場取締りも守護に期待され、獄舎・官食・兵士の三事が守護役となっているし、延慶三年(一三一〇)には刈田狼藉の制止が職務に加えられている(『新編追加』)。そしてこの鎌倉時代末期には、守護による国衙在庁機構の吸収が進み、大田文にもとづく社寺造営・役夫工米・大嘗会米などの一国平均役の賦課・徴集も守護が行うに至ることは、石井進が明らかにしている。なお陸奥・出羽国においては、葛西・留守の両氏が奥州惣奉行として、鎌倉時代末期に至るまで守護を超える職権を行使していた、とする入間田宣夫の見解は適切であろう。↓総追捕使《そうついぶし》　　（福田　豊彦）

しゅごうけ　守護請　室町時代の守護が、荘園や国衙領の年貢を一定額で請け負った制度。応安元年(一三六八)の半済令は、一般本所領の半分を武家領とする道を開いたが、本所勢力の手許に留保されるはずであった残り半分に対しても、武士勢力の進出は顕著であった。荘園領

主や知行国主は、侵略の主体であった彼ら武士層を代官職に登用することによって、一定の年貢確保に努めた。公家の中には、翌年の年貢を抵当として都市高利貸資本から借銭し、彼らを代官職とする場合もあった。これが代官請負制である。本所勢力は荘園支配の実務から完全に遊離し、単なる得分取得者となっていったのである。この代官に守護(守護代)のなる場合が守護請である。当初、任国内に経済的基盤の少なかった守護は、荘園・国衙領の守護請化を強く望み、室町幕府もそれを支援することもあったのである。文明十二年(一四八〇)一条兼良の記した『桃華蘂葉』によれば、当時の一条家領のうち、膝下荘園以外の和泉・越前・備後国などの多くの荘園が、事実上の守護請地か守護被官の請地になっていた。十五世紀中葉の万里小路家領も同様の傾向を示している。当時の公家の記録に「直務の地」「自専の地」などとあるのは、守護請でないことを表現したものであり、そのほとんどは武士層が代官となっていた。請負額は本所勢力対請負者の契約で決まるので、一般性はなく個別的であった。高野山領備後国太田荘は、応永九年(一四〇二)守護山名時熙の請所となったが、その請額は本年貢千八百石の約二分の一の千石であった(『高野山文書』)。この守護請化が幕府の口入によってであったことに注目しておきたい。万里小路家領播磨国吉河上荘は十五世紀中ごろ守護被官の請地となっていたが、その請額百貫文は、本年貢五百貫文の五分の一であった(『建内記』)。主殿寮領安芸国入江保は、嘉吉二年(一四四二)守護武田氏の請所となったが、請額九十貫文は前代官毛利氏の四十貫文の二倍以上であった(『主殿寮雑文書』)。国衙領の守護請は、東国以外の畿内・東海・西国に広くみられる事象であった。知行国主の領有下にあった国衙領は、一方では郷保地頭=国人領主層の基盤でもあったが、規模においては個々の荘園の比ではなかった。守護にとって、これを請所化することの意味もそれだけ大きかったのである。美濃国衙領は、西園寺家・院御分と分割領有されていたが、明徳元年(一三九〇)守護土岐頼忠は、八千貫文でこれらを請け負っている(『宝鏡寺文書』)。このうち西園寺家分の国衙代官職=守護請は、応永六年幕府御教書により頼忠の「永代知行」が認められた。和泉半国守護細川氏も半国国衙代官職を得ている。万里小路家領備後・美作国衙領はそれぞれ本年貢千貫文の地であったが、二百~百五十貫文で守護山名・赤松氏の請所となっていた(『建内記』)。備中国衙領は本年貢一万八千貫文の地であったが、守護細川氏の請額はわずかに千貫文であった(『蔭涼軒日録』)。ほかにも讃岐国衙領は守護細川氏、播磨国衙領は守護赤松氏の請所となっていた。東国以外の国衙領の守護請は、美濃国の場合に窺えるように、幕府の奨励するところであったと考えられる。個々の領主が国衙領全体の代官となることは現実的にも不可能であった。荘園・国衙領の守護請は、本所勢力からみれば、決定的に減少するとはいえ、本年貢の一部を確保する最終的手段であった。しかし、実際には請け負った年貢・正税(国衙年貢)の未進は恒常的となっていく。これはまた荘園・国衙領が事実上の守護領となっていくことにほかならない。守護はこれら守護請地に被官層を請地代官として登用して被官関係を補強し、また国人層を請地代官とすることによって被官関係を形成していった。守護請の展開は、経済的意味にとどまるものではなく、任国内における守護の権力機構の形成にとっても重要な契機となったのである。　(田沼　睦)

しゅこうりょう　酒肴料　室町時代、荘園領主側が、武家側の守護・守護代やその使に対して支出した運動費をさす。たとえば東寺領荘園の場合、若狭国太良荘・播磨国矢野荘・伊予国弓削島荘などの年貢散用状に散見する。国下用の項目のうちに、酒振舞・酒直・清酒代・酒肴・一献振舞などの表現での支出が記載されているが、これらとは別に、酒肴料・一献料・秘計・礼物など、前者より多少多額のまとまった額の支出が見出される。運動費あるいは賄賂の性質をもったものと見ることができる。守護領国制の進展に伴い、守護大名の圧迫の強い処ほど、支出が頻りとなることはいうまでもないが、荘園領主は、在地の荘官に対して、過分の支出を避け、形のごとく提供せよと指示している。また、文明三年(一四七一)の『東寺執行日記』には、紀州で、年貢徴収に際し盛米一升を余分に収奪してこれを酒肴にあてていたことがみえ、下層農民の負担に転化されていたことが知られる。　(福田以久生)　→一《いっ》献料《こんりょう》

しゅごしふにゅう　守護使不入　鎌倉・室町時代に、守護使が現地に入部するのを禁じたこと。守護は本来的職務である御家人の大番催促や謀反殺害人以下犯科人の追捕・検断などのために国内荘園・公領に使節を入部させる権限を与えられていた。しかし「国務に相交わらず」などの幕府開創期の基本的政策の延長線上、式目制定以前より守護使不入の所々が存在していた。地頭の存在しない「本所一円地」や「権門勢家神社仏寺領」などである。『貞永式目』三十二条には「守護使入部を停止せらるる所々の事、同悪党出来の時は、不日守護所に召渡すべき也」(原漢文)とあり、不入地の悪党人は、本所側で逮捕して守護所に引き渡すように定められている。『追加法』五十九条ではより具体的となり「守護所において犯否を糺明」(原漢文)し、その結果犯罪行為が明らかになった場合には本所側で犯人を捕え、守護は不入地との堺まで出向き、そこで犯人を請け取るように定められていた。国司領家の成敗に不介入という幕府の姿勢は、検断の場においても守護使不入地を成立させていったのである。室町幕府下の守護は、大犯三箇条に加えて、苅田狼籍の検断、広汎な使節遵行権、幕府の課した段銭などの徴収権を与えられていった。幕府は開府当初から裁許など幕命の現地遵行手続の一環として守護使節の入部を認めており、また応安五年(一三七二)日吉社神輿造替段銭の賦課

徴収に際し、譴責徴収のための使節入部を認めた。幕府(国家)財政にとっても大きな比重を占める幕府段銭はしばしば賦課されたし、そのつど起る守護使入部は、入部される在地・領主双方にとって重大な脅威となる。将軍家近習・当参奉公の輩などの直勤御家人、三社以下の有力寺社、五山塔頭、親幕公家など幕府に密着した諸勢力は守護使不入権を得るべく努めこれを獲得していった。彼らは一括して幕府御家人層といってよい。守護使不入は、守護の課役徴収権を背景として、検断権の排除というより、守護徴収使の入部禁止を意味するようになったのである。御家人層にしばしば与えられた段銭免除の特権は、文字通りの免除とともに、「地下催促」「国催促」の停止すなわち守護の介入なしに直接納入する京済を意味したのである。守護使不入権のかかる内容変質は、守護が独自の段銭以下守護役を賦課するようになる十五世紀以降になると、ますます重要な意味を持ってくる。不入地は守護の領国支配における治外法権地として機能し、一元的領国主化を阻止する橋頭堡になるとともに、幕府将軍権力の立脚基盤、幕府の集権的御家人支配を支える場としても機能したのであった。天文二十二年(一五五三)、今川義元が『仮名目録追加』の中で「守護使不入と云事ハ、将軍家天下一同御下知を以諸国守護職被㆓仰付㆒時之事也、(中略)只今ハをしなへて自分の以㆓力量㆒国の法度申付、静謐する事なれば、しゅこ(守護)の手入間敷事、かつてあるへからす」と定め、守護使不入権(地)を否定したのは、その歴史的役割を示すとともに、戦国大名権力の姿を如実に示しているのである。

(田沼　睦)

しゅごしょ　守護所　鎌倉―室町時代の守護館の所在地。鎌倉幕府の成立以降、国ごとに設置された守護は、国衙と並ぶ地方権力・地方支配の中核になっていく。守護の権限は、当初、大犯三箇条に限定されていたが、鎌倉時代すでに国内駅路業務・雑務裁判なども行い、地方行政の一部を担っていた。守護所内に庁・政所・調所などの機関が形成された例も見られる。守護所が、当初、国衙の一機関として国府内に設けられた安芸国の場合は例外であり、一般には国府とは別の場・空間領域を形成していった。国府と守護所が同一の場であったのは、国司と守護が事実上同一人物であった筑前・豊後国などだけである。安芸国でも鎌倉時代中に分離していった。守護所

守護所所在地一覧

守護所

国名	鎌倉時代	南北朝時代	室町時代
山城国	京都	京都	京都
河内国	丹南	古市	(古市)
和泉国		堺	堺
摂津国	兵庫嶋	湊川	
伊賀国	国府所在地(大内郷との説あり)	三田・東村	東村
伊勢国		泊浦	上箕田 多気(北畠氏)
志摩国		泊浦	
尾張国		府中下津	府中下津・清洲
三河国	矢作宿		
遠江国		見附	見附
駿河国		花倉	府中
甲斐国	(石和)	石和	石和・府中
相模国	鎌倉	鎌倉	鎌倉
武蔵国		府中	府中
常陸国		太田	太田
近江国	小脇	小脇・観音寺山	観音寺山
美濃国		小島	革手・鷺山・大桑
飛騨国			(萩原・高山)
信濃国	平芝(塩田・船山・松尾等の説あり)	船山・平芝・府中	府中
上野国	(八幡原)		白井・惣社
下野国		小山	小山
出羽国		山形	山形
若狭国		小浜	小浜
越前国		府中	府中・一乗谷
加賀国		(野市)	野市
能登国		府中	七尾

国名	鎌倉時代	南北朝時代	室町時代
越中国	(放生津)	二上・放生津・守山	守山
越後国		府中	府中・春日山
佐渡国	(真野)		
丹後国	(八田)	八田	八田
但馬国		出石	出石
因幡国		岩常	岩常・布施
伯耆国		田内・打吹	打吹
出雲国	(富田)	富田	富田
播磨国	賀古川宿	白旗・城山	坂本・置塩
美作国	(高田庄・院庄)		
備前国			福岡・三石
備中国		(高梁)	(高梁)
備後国	尾道浦	神辺	神辺
安芸国	国府・銀山	銀山	銀山
周防国		山口	山口
長門国	国府・門司	棚井・長府	(棚井・長府)
紀伊国			大野・広
阿波国	(鳥坂)	秋月・勝瑞	勝瑞
讃岐国		宇多津	宇多津
伊予国	府中	湯築	湯築
土佐国		田村荘	田村荘・中村・岡豊
筑前国	大宰府		大宰府 博多(探題所)
豊後国	高国府(大友氏は守護兼国司)	府内	府内
肥前国		綾部	綾部
肥後国		隈府	隈府
薩摩国	木牟礼	木牟礼・鹿児島	鹿児島

( )内は推定

は水陸交通の要地に置かれることが多かったが、「遷替の職」としての本質を持つ守護の交替により、しばしば移動したのである。時代とともに守護は国司を圧服し、南北朝時代以降は、国内最大の政治権力となり、地方行政官になっていく。守護所は国府に替わり、政治・流通・商工業の中心地になっていくのである。建武政権下の国司・守護併置策を継承しつつ、国司を圧倒した守護は、守護所を伝統的政治都市ともいえる国府の一画に形成された府中に移すこともあった。武蔵・駿河・尾張・信濃・越前・越後国などの府中は、いずれも守護所として確認されている。これらの地域が一般に国内中原地域としての特徴を持っていたのに比し、南北朝時代以降の守護城館地を継承した守護所は、要害地としての軍事的性格を随伴した場であった。南北朝以降の守護職が「相伝の職」となるのに対応し、外的要因による守護所の浮動性は克服されつつあったといえよう。守護所は未熟ながらも城下を形成し、そこには大路往来、市町や店屋、町の者、町屋などが散見される。有力家臣層の屋敷も存在しただあろうし、寺社の集中も見られる。守護城館を中心としつつも、軍事のみならず、政治・経済・交通・宗教などの機能もある程度集中され、かつ非農業民の集住も見られる都市的な場として、戦国時代城下町を準備する側面もあったのである。（田沼　睦）

しゅごだい　守護代　鎌倉・室町時代の守護の代官で、守護の同族や内衆など称された譜代直臣的家臣が登用された。中世の守護は鎌倉や京都に在住するのが原則であり、任国の業務・統治は守護代以下に任される場合が多かった。室町時代になると守護の領国支配が進展していくが、その主役となったのも彼らであった。幕命遵行手続の一環に位置した守護代は、幕府支配体系の中での公的存在ともいえよう。守護の任国のあり方によって守護代の性格も変わる。細川氏の摂津守護代長塩・薬師寺氏、丹波守護代香西氏などは細川氏の本貫阿波・讃岐の直臣であり非国人であった。畠山氏の河内守護代遊佐・神保氏なども河内国人ではなかった。右の守護代はほとんど在京しており、任国支配は郡単位に置かれた小守護代に担われていた。細川・畠山氏などの畿内・畿内周辺国の守護代は非国人、非在地的性格が強かったのである。しかし播磨赤松氏の守護代浦上氏、近江六角氏の守護代伊庭氏などのように、有力国人が守護代となる場合も多かった。また守護による国衙機構包摂の一環として目代が守護代となることもあった。播磨では目代小河氏が守護代化し、大田文田数の確定など広汎かつ重要な権限を行使し、武蔵目代大石氏は、上杉氏の守護代として武蔵国人の組織化に重要な役割を演じている。守護の在京性は在京奉行人制を形成させるが、ここでは在京守護・奉行人と在国守護代以下の対立も見られるのである。守護支配の実質的担い手であった守護代の中には、越前朝倉氏・尾張織田氏・越後長尾氏などのように戦国大名化するものもあったのである。（田沼　睦）

しゅごだいみょう　守護大名　⇩守護《しゅご》

しゅごたんせん　守護段銭　⇩段銭《たんせん》

しゅごやく　守護役　室町幕府下の守護が、南北朝時代以降任国内の荘園・公領に賦課した臨時役で兵粮米や諸種の名目での夫役が中心。守護は本来一国の吏務担当者であり、任国荘園・公領への課役は認められていなかったが、内乱の展開過程で諸種の軍事的賦課を行なっていった。南北朝時代前期、播磨国矢野荘にみえる守護役は、兵粮米のほか、城山城誘夫・弘山陣夫・城山城コシラエの人夫・守護倉作夫・守護因幡発向人夫・城山城塩持夫・但州守護発向長夫・山里陣長夫・軍役催促使(雑役)・在陣長夫・矢蔵作など軍事的色彩の強い夫役であった。応安七年(一三七四)丹波国大山荘へは、守護殿備用米・同憑料足・同カヤカリノ夫・同地引ノ夫・同京上夫などの守護役が賦課された。南北朝の内乱が終焉しても、こうした守護役が継続していっただけでなく、段銭などと合わせて増加する傾向にあった。守護役の本質は、領主としての課役でなく、一国統治者としての広域賦課だったところにある。文亀元年(一五〇一)、播磨国鵤《いかるが》荘に坂元城普請人夫役が賦課されたが、この守護役は当荘のみでなく「国中衛配符入」とあるように一国平均に課せられたものであり、公田一町別一人三十日という賦課方法からみて、守護掌握下の大田文田数を基準としたものだったことが知られるのである。しかしこのことは、守護が独自の収取機構を保持していたことを意味するのではなく、惣的結合による地下請の成立している場合を含め、あくまで荘園的収取機構・荘園村落組織に依存したものであった。守護役は、東寺領荘園などの場合、半分を地下で負担し、半分は東寺負担として公平《くびょう》(年貢)から差し引かれるのが一般的であった。このため荘園年貢は激減し、十五世紀二、三十年代の大山荘では、かつて数十石あった年貢は十石前後となり、同年代の守護側収取量の十分の一ほどに落ち込んでいったのである。守護段銭などとともに恒常的に賦課された守護役は、荘園領主への年貢配分量を極端に低下させつつ、「国定役」「定国役」と表現されるほど在地に浸透していったのである。↓守護領国制《しゅごりょうこくせい》（田沼　睦）

しゅごりょう　守護領　鎌倉―室町時代の守護がもっていた所領。鎌倉時代の守護の職に経済的得分が付属していたか否かには両説があるが、現在ではこれに否定的な見解が強く、そこに地頭職とは異なった守護職の吏務的性格が認められている。しかし守護はその管国内に地頭職などの経済的所職を給与され、それが量的にも質的にも国内の重要な位置を占めているのが普通であった。大田文などが残存して一国のほぼ全容を把握できる淡路・安芸・若狭・豊後・下野・薩摩・大隅・日向および但馬の九ヵ国の守護領を調査した石井進の研究によると、但馬国の守護領は一国総田数の七%であったが、他の八ヵ国では平均三四%に達している。そしてこれら諸国の守

護領は一般に国府近傍の国衙領の中枢部分を占め、そこには在国司職や税所職のような国衙の要職を含んでおり（薩・隅・日では島津荘と同政所）、国内交通上の要地をおさえていた。こうした守護領の配置は守護による国衙機構の支配に対応するものであるが、そうした守護領の中には、安芸国の在庁兄部職や国衙所在郡安南郡地頭職などのように、守護職の改替につれて移動する狭義の守護領も確認されている。建武政権による国司・守護の併置、南北朝内乱期の国衙領支配をめぐる南朝側と室町幕府側との相剋、在地領主諸層の抗争と守護の頻繁な交代などがあって、南北朝・室町時代の守護領は鎌倉時代のそれの単純な継承ではない。細川氏の領国阿波国の守護所が鎌倉時代以来の足利氏の所領秋月荘に置かれ、一国の政治・軍事の拠点となったことなどはその典型といえよう。室町幕府の守護は国内の武士に対する軍事指揮権の裏づけとして半済や敵人所領の預置権を認められたので、これらを含めた広義の守護領は飛躍的に増加したが、足利一門のような新しく入部した守護は一般に国衙領を支配の基盤としており、その意味では狭義の守護領は国衙領にあったということができよう。田沼睦によれば、東国と九州では国衙領は守護職に属するという体制が十五世紀初期までにほぼ実現された。国衙領が皇室や公家・寺社などの王朝的勢力の領有下にあった尾張以西の諸国でも、そのころには多くが守護請化され、守護は国衙領の請地代官として自己の給人を配し、またその正税請負人として地頭国人層の被官化を進めたという。なお、鎌倉時代以来の豊後国の守護大友氏は、北条氏など関東有力御家人の闕所地や一族の庶子・女子領を吸収して千町以上も所領を拡大しているが、この守護領では康暦二年（一三八〇）の直入郷内給人注文にみられるように、早期に所領給与のための貫高制が採用されることも重要な問題である。
（福田　豊彦）

しゅごりょうこくせい　守護領国制　室町幕府下守護の任国支配が、一定の進展を果たした段階を示す歴史学的名辞であるが、第二次世界大戦後の研究史上では封建制の段階論や時代区分論に関わる理論的内容を伴って出発した。すなわち石母田正の『中世的世界の形成』によって提起された守護領の形成＝地域的、分権的封建制の完成という仮説に拠り、当該社会における封建制の組織者とされる守護の、任国支配の内実や権力編成を示す概念として用いられたのである。「守護の領国制」という名辞は、分国制などとともに石母田の前著以前から使用されているが、戦後の守護領国制概念とは区別すべきであろう。石母田説を見据えての初見は、佐藤進一の『鎌倉幕府守護制度の研究』においてであろうが、守護領国制の本格的研究やその性格規定は、一九五〇年（昭和二十五）代前半、永原慶二の「日本における封建国家の形態」および「守護領国制の展開」や佐藤進一の「守護領国制の展開」などによって確立された。これらによって永原は、室町幕府＝守護大名連合政権説を提示して分権的傾向を強調しつつも、守護領国制段階はなお分権的封建国家確立の過渡的一段階とした。さらに守護領国制展開の中心的担い手を国人層に求め、その守護被官化のルーズさに封建的権力機構の未熟さを指摘したのである。佐藤も室町幕府を大守護の連合と相互牽制による勢力均衡の上に築かれた権力であると捉えていた。一方の足を室町幕府論そのものに置き、他方を室町期領主制研究に乗せるというこの段階の守護領国制研究は、その後も継承されていった。「室町幕府＝守護領国制」とか「守護領国制―室町期の領主制」とかいう表現が、かかる研究状況を的確に示している。こうした捉え方は一九六〇年代以降、将軍権力論、荘園制との関連、国人領主制の研究などさまざまな方向から再検討されていった。佐藤は「室町幕府論」で、将軍権力を中心に据え、諸勢力の求心的性格や軍事的、経済的基盤の解明による幕府論を展開し、守護支配も将軍権力の二元性―主従制的支配権・統治権的支配権―の中に包摂されるものとして位置づけ、その後の研究に多大の影響を与えていった。幕府・将軍権力抜きの守護領国制論という藤木久志の批判に結果として答えたものといえる。一方荘園制との関連では、黒川直則や大山喬平らによって守護領国制は荘園制を否定するものではなく、その原理的秩序を維持し、共存関係にあることが検証されていった。荘園制の崩壊→地域的封建制の成立という枠組みが成り立たなくなったのである。また、すでに永原によって守護領国制の実質的担い手であると位置づけられていた国人領主への関心が高まり、盛行した研究蓄積によって、これこそ室町期領主制の基本的形態であるという共通認識が形成されていったのである。かかる研究状況は、あらためて守護の領国支配とは何かという問題を提起させる。藤木久志の「戦国大名にとって守護職は何であったのか」という観点は、守護職の本質を大田文掌握による広域支配権と位置づけつつ、崩壊期から迫る方法の有効性を提示することとなった。この間永原は、室町幕府の性格を将軍と守護大名による補完的権力と修正しつつ、中世後期の社会を国人領主層の地域的権力を基盤とした大名領国制という概念で捉え、守護領国制と戦国大名領国制を包括した視点を提示していた。右のような研究動向の中で、地域的特質＝差異なども考慮した守護支配の実態分析が行われていった。

南北朝時代を通じて、大犯三箇条のほか使節遵行（入部）権・半済給与権・段銭等徴収権などを付与された守護は、守護職の相伝化＝任国の固定化と相まって領国支配展開の条件を確保していった。当初任国内に独自の基盤をほとんど持たなかった細川・畠山氏など畿内・畿内周辺地域の守護は、その獲得に努めた。国衙機構を目代や在庁官人の守護代・被官化などによって包摂し、伝統的行政能力を人的、組織的に継承した守護は、大田文掌握などを媒介として国内に一国公権を発動させ、また独自の課役を実現させる具体的手段を得たのである。東国国衙領

（職）は守護に安堵される場合が多かった。西国のそれは王朝勢力の領有下にあったが、守護請となり事実上は東国同様守護の基盤となっていく。それは単に経済的意味にとどまらず、国衙諸郷保は給人給地、請地代官地となり軍事的、権力的機能も果たしていった。守護独自の課役は、守護役と段銭・棟別銭の二系統であった。南北朝内乱期から見られる守護役は、兵粮米および軍事色の強い人夫役であった。しかもこれは、内乱が終焉を告げ十五世紀以降になるとかえって拡大される傾向にあった。文亀元年（一五〇一）、播磨国鵤《いかるが》荘に課せられた公田町別一人三十日の普請人夫役は、大田文田数を基準としたものであったが、当荘のみでなく国中へ賦課されたものだった。丹波国大山荘の十五世紀中葉段階の守護役は「定国役」と表現されるほど恒常化していた。十五世紀に入ると見られる守護段銭は、春秋二季の段銭などと恒常化していく。賦課基準が大田文公田数だったこと、原則として一国全体に課せられたことなど鵤荘の守護役と同様であった。守護課役の特徴は、大田文田数を基準とした広域的賦課だったところにあった。段銭免除は給付を意味し、段銭を媒介とした知行制の形成も見られたのである。この段銭賦課権は、戦国大名に継承されていった。守護の権力機構の主要部分は一族と本貫国で形成された譜代の直臣である。東国・九州などのように伝統的豪族層が守護となる場合には家臣団の一定の蓄積はあったが、畿内・畿内周辺諸国の多くでは国内領主層の被官化に努めねばならなかった。荘園・国衙領の給地化、段銭の給与、半済地の預置などがその手段となった。守護と被官の関係は、たとえば備後守護山名氏と国人山内首藤氏の間に見られるように本領・給地の基準年貢高の一定の比率で軍役負担をする場合もあるが一般化はできない。かかる守護支配下の国内には国人一揆や不入権確保の有力国人などさまざまな自立的権力が存在していた。守護使不入権（地）の全面的禁止は、戦国大名の課題として遺されていたのであった。守護領国制の実態は、およそ右のごときものであった。　→大名領国制《だいみょうりょうごくせい》

（田沼　睦）

しゅし・のうりょう　種子・農料　平安時代初期から中世にかけて、はじめは公領・荘園、のち荘園で行われた直営田（佃）経営の営料をいう。古くは営料、のちには荘園で種子・農料（農料は食料・作料とも）という。弘仁十四年（八二三）大宰府管内で始めた「公営田」は、町別百二十束の佃功、人別一日二升（三十日間）の食料を給した。永延二年（九八八）の尾張国郡司百姓等解（尾張国解文）では、守藤原元命子弟らの佃は営料を宛てず訴えられた。貞観十八年（八七六）の近江国愛智荘の佃の営料は町別百束である。平安時代末期から荘園の佃は名主に割りつけ、段別一斗五升～三斗内外の種子・農料を下行し、これを全収穫から除いた残りを佃斗代（八斗～一石）と定め納入させた。『庭訓往来』にも、「佃御正作之勧農、（中略）急令下行種子農料」とある。佃には領家佃・預所佃・地頭荘官佃があり、種子・農料の額に多少がある。若狭国太良荘では、地頭が種子・農料を与えず段別二石の佃米を取り、「空佃」として訴えられた。鎌倉時代の大和国楊本荘の五種の佃中、二つの領家佃には一色田から佃作料田を与えて均等名とし、種子・食料の規定がない（『三箇院家抄』）。名主の自主耕作となった佃は時代の下降とともに退化し、斗代も低下して平田化し、種子・農料の意味も自然消滅するに至る。佃経営の賦役を、奴隷制・農奴制のいずれと規定するかで見解は対立しており、種子・農料の性格もそれによって見方が分かれる。　→食料《じきりょう》　→佃《つくだ》

（渡辺　澄夫）

しゅすいしりょう　主水司領　令制宮内省の被管で、供御の水や氷などのことを掌る主水司の所領。主水司領は、主として氷室《ひむろ》とそれに付属する氷室田より成る。供御の氷を儲蔵する氷室は、『日本書紀』仁徳天皇六十二年条に載せる大和の闘鶏《つげ》の氷室の記述を初見とするが、『延喜式』主水司には、大和国山辺郡都介《つげ》をはじめ、山城国六ヵ所、河内・近江・丹波三国各一ヵ所の計十ヵ所に二十一室あったことがみえる。さらに『朝野群載』八所収の康和三年（一一〇一）の主水司氷解文に載せる十二ヵ所の氷室は、『延喜式』所載のものと多少相違するが、おおよそ式の制度が引き継がれているものと思われる。また、広島大学所蔵の『猪熊文書』に収める文永三年（一二六六）の主水司注進状には、山城国の氷室九ヵ所を載せ、それぞれ三町前後の氷室料田を付載している。さらに同文書には、西賀茂氷室山に氷明神社を造営し、氷室を再興すべき旨の天正十三年（一五八五）の正親町天皇綸旨案を収めるが、この西賀茂氷室は『延喜式』所載の栗栖野氷室に比定され、近くに清原氏一族の墓地がある。清原氏は鎌倉時代以降主水正を世襲したが、その間、目代―預―供御人の系列を組織し、氷室に付属する料田を含めて、諸役免除・一円進止の禁裏御料所と称して知行した。なかでも、最古の伝統をもつ大和の都介氷室と、山城・丹波の氷室が室町時代まで存続し、機能していたことが、主水司目代の職にあった中原康富の日記『康富記』によって知られる。なお、主水司敷地跡をはじめ、山城の愛宕郡・紀伊郡に若干の主水司領田の存在したことも、『康富記』その他の史料にみえる。別表（三四八頁）参照。

（橋本　義彦）

しゅっさく　出作　⇨でさく

しゅつでん　出田　⇨隠田《おんでん》・出田《しゅつでん》

じゅんえい　准穎　古代、税の官倉収納に際し、公文記載の便宜上、各税目を穎稲に換算すること。九世紀初め、現物貢納を原則としていた調庸制が大きく変化し、国衙は正税を財源として調庸の未進分を近隣の国から交易によって調達し、中央に上納した。その場合、穎稲を換算基準として対価を計ることが多かったので、稲や稲穀による准稲や准穀よりもむしろ准穎の語が一般化した。正税交易に限らず布施や官人禄物支給の時など、公定価格に

よって行われた財政報告の文書に頻出する。弘仁十四年(八二三)大宰府の公営田《くえいでん》における「課丁(中略)調庸准穎一百五十万七千七百九十束」のように、公民層の分解を原因とする人身掌握の後退や、律令的収奪組織の弛緩が准穎成立の背景にあった。一方、正税が次第に減少した十一―十二世紀には租税が国衙の裁量で収取され、「公田官物率法」の名で国ごとに収奪基準を定めた。絹・糸・綿・布・鍬などが所当官物として名田から上進され、公文書上一律に穎稲に換算され、国衙あるいは権門寺社に納入された。十一世紀半ば、大和国大田犬丸名では米・穎・段米を穎に准じて収納を行い(『東大寺文書』)、『紀伊国名草郡許院収納米帳』(九条家本『延喜式』巻八裏文書)は、負名が郡に進納する官物について貢納量や未進分を准穎に集計しており、公田官物総数を容易に通覧しうる。このように律令制下の複雑な租・調庸・交易雑物が、国衙支配下で名田を単位とする公田官物に変化するのに対応して准穎の換算方式が生じたのである。しかし、十一世紀後半より、米や絹による代納が盛んとなるに従い、准米・准絹に代わられることになる。→正税《しょうぜい》 (梅村　喬)

じゅんけん　准絹　十一世紀から行われた、絹による貢納上の換算値のこと。平安時代後期から鎌倉時代にかけて、国衙や荘園領主は国内の収奪物を米や布あるいは絹に換算して貢納させたり、注進状を作成したりした。国衙支配下の公田に施行された「官物率法」とならんで、調や中男作物に起源をもつ米以外の繊維類や手工業品など貢納雑物を絹量に直した上、「色代」の称で絹一疋に三斗～一石などの米量を定めて、権門寺社の封戸や公田・荘領の年貢の一部として送った。伊賀国黒田荘では、東大寺と国衙の間でこの色代をめぐって深刻な争いを生じた(『東大寺文書』天仁二年(一一〇九)九月二十六日官勘状案)。 (梅村　喬)

じゅんせん　准銭　古代経済における銭貨による価値換算基準。和銅元年(七〇八)古代国家は平城京造営を背景にはじめて銅銭を発行し、財政運用の利便のため調物の徴収や禄の支給に銭貨を用い奨励や強制によって貨幣経済の拡大を企てた。四年、米穀六升を銭一文に、五年には布一常に銭五文の換算率を定めたのをはじめ、貢納、支給品目を銭貨中心に漸次改めようとした。しかし鋳造貨幣の流通は意図したほどでなく、むしろ絹や布、米や穎稲に換算する方法が広く行われた。天平宝字二年(七五八)五月二十九日太政官符に義倉を出す戸の等級を准銭によって区分する例が存する(『類聚三代格』一四)。→准《じゅん》穎《えい》 (梅村　喬)

じゅんのごくう　旬御供　⇨日次御供《ひなみのごくう》

じゅんぷ　准布　古代から中世にかけて行われた現物貢納品の布への換算を表わす語。現物交換が主流であった古代経済では税制も生産物の直接的収奪を原則としていた。八世紀初頭以降鋳貨は発行されるものの流通は畿内と近傍諸国に限られ、交易や給禄にはもっぱら布をはじめ、絹・絁・綿などの軽貨を一般的等価物として代用した。「准レ布為レ価以二官物一市充」(賦役令諸国貢献物条)や、和銅五年(七一二)銭五文を布一常に准ずるなどの措置をはじめとし、銭貨の円滑な運用が困難となる平安時代から鎌倉時代にかけて、封戸物や郡郷の所当、荘園年貢の代物として広く用いられた。 (梅村　喬)

じゅんぷ　順夫　「巡夫」とも書き、巡役として課され

主水司領一覧

所在国郡	名称	特徴	典拠
山城　葛野郡	徳岡氷室	文永の主水司注進状に料田二町九段を載せる	延喜式・朝野群載・猪熊文書・康富記
同	鵜原西氷室	文永の主水司注進状に料田三町四段を載せる	朝野群載・猪熊文書・康富記
同	鵜原東氷室	文永の主水司注進状に料田六段を載せる	同
愛宕郡	静原西氷室	文永の主水司注進状に料田三町を載せる、『延喜式』の小野氷室の内	延喜式・朝野群載・猪熊文書・康富記
同	静原中氷室	同	同
同	静原東氷室	文永の主水司注進状に料田三町三段を載せる、『延喜式』の小野氷室の内	同
同	栗栖野氷室	正親町天皇綸旨案の西賀茂氷室に比定される	延喜式・猪熊文書
同	長坂氷室	文永の主水司注進状に料田三町を載せる	延喜式・猪熊文書・康富記
同	賢木原氷室		延喜式
同	石前氷室	康和の主水司氷解文の霊厳氷室に比定される	延喜式・朝野群載
同	松崎北氷室	文永の主水司注進状に料田三町を載せる	朝野群載・猪熊文書・康富記
同	松崎南氷室	同	同
大和　山辺郡	都介氷室	鎌倉時代勾当職を補任、室町時代福住と号す	日本書紀・延喜式・左経記・朝野群載・民経記・康富記
河内　讃良郡	讃良氷室	『康富記』には更占氷室と記す	延喜式・朝野群載・康富記
近江　志賀郡	竜花氷室		延喜式
丹波　桑田郡	神吉氷室	『延喜式』の池辺氷室の後身、室町時代丹波国氷所保の中核	延喜式・朝野群載・吾妻鏡・三長記・猪熊文書・康富記
山城　(京中)	内野主水司跡	主水司敷地跡、室町時代一部開作	康富記
愛宕郡	葵岸本主水司田	五段	同
紀伊郡	九条主水司田	二段、名主年貢三貫文	同
同	竹田主水司田	三段	同
同	三栖主水司田	安楽寿院領三栖荘の内か	仲光卿記・康富記
同	真幡木主水司田	一段	東寺百合文書メ

主水司領

る夫役の一種のことを指す。巡役とは、中世荘園の特殊な賦課様式による課役であり、領主が荘民を年番・月番などに割り振り、順次に課役を務めさせたものである。そのために、荘民は番や均等名などの単位に編成された。順夫が務めた夫役の具体的な内容は多岐にわたる。例えば、高野山領備後国太田荘では、建久元年(一一九〇)六月の鑁阿《ばんな》置文に「一、順夫・伝馬・脚力等事、伝馬八田二丁別一疋、順夫田一丁別一人、脚力二十丁別一人」と定められており(『鎌倉遺文』一巻四六二号)、伝馬や脚力と並べて記されていることから、この場合の順夫は、年貢等の運搬業務に関連する夫役であったと推測される。その他、佃など領主直営田の耕作が順夫として荘民に割り振られることがあるなど、夫役の内容は、各々の領主の必要に応じて荘園ごとに異なったものと考えられる。
(松澤　徹)

じゅんまい　准米　⇩准穎《じゅんえい》

じゅんやく　巡役　平安時代末期以後の荘園における特殊な賦課方式の課役。「廻役」ともあり、「まわりやく」または「めぐりやく」とよむか。社寺貴族は恒例・臨時の神事・講会、年中諸行事や宿直・警備などのため、必要な公事・夫役を、間断なくかつ多量に収取することが要請された。そのため荘園領主は年間用途体系に合わせ、自家荘園を編成し、あるいは年中暦に割りふりし、順次に課役を勤めさせた。巡役には巡夫・巡湯・番役・兵士・仕丁・大番舎人などの夫役と、「廻り御菜」に代表される雑役との二種がある。久安四年(一一四八)藤原頼長が二親孝養のため、所領二十四荘を配分し、「一月荘四献之、一荘一年二ケ度献之」として、二荘単位に月別二度、魚菜十合・果十合を献上させたのは、「廻り御菜」にあたる。『島田文書』建久二年(一一九一)の長講堂領の場合は、両者の巡役を定めたもの。巡役の単位は荘・番・名などがあり、畿内および周辺荘園に番や均等名の編成されるゆえんである。
(渡辺　澄夫)

しょう　小　⇩大《だい》・半《はん》・小《しょう》

しょう　升　中国・朝鮮および日本を通ずる古代からの容積の基本的単位。「升」の字形は柄のついた「ひしゃく」による。漢代の標準器「新嘉量」によると当時の一升は今の約一・一合、約〇・二《リットル》である。枡は三次元の形で、しかも徴税に用いられたため、升の実際の値は変化が大きく、それをあとづけるのも困難である。現在の日本の一升は豊臣秀吉の定めた京升(京枡)を原型とし、江戸時代に入って方四・九寸、深さ二・七寸、容積六万四千八百二十七立方分と定まり、明治八年(一八七五)これが法定枡となった。
(小泉袈裟勝)

しょう　荘　土地所有の客体。荘は、田中に設けた屋舎をいい、転じて本宅とは別に田園山居のために設けた別荘をいう。中国では、漢代からみられ、それら別荘には、生活のための園地を付属するところから、多くは園ともよばれた。南北朝以後になると、荘とよばれることが多くなり、付属の田園も拡大し、水田には稲、陸田には麻・麦・粟・豆などがつくられ、その耕作には客戸があたった。こうした荘は、唐・宋代にますます発展した。荘の所有者は、唐代には宮廷・貴族・大寺院で、唐末には節度使などの武人が加わり、宋代には官僚・地方豪族などが加わった。中国の荘園は明清に及んで、中国の社会経済の重要な一機構をなした。わが国でも、『日本書紀』に六世紀にはすでに田荘の所在を伝えているが、土地制度としての荘園は八世紀に始まり、十六世紀の太閤検地によって終止符をうたれるまで八世紀の生命をもちつづけ、日本の政治・社会・経済の推移の根幹をなした。明治末期、比較法制史家や西洋史家が、西欧で八世紀ごろに発生し、西欧中世を形成したマナー、グルンドヘルシャフトなどと多くの共通点を指摘して以来、これらを荘園と訳しているが、基本的に異なるものがある。その最も顕著な点は、日本の荘園領主はその厖大な荘園支配にもかかわらず、みずから封建領主化することができなかったことである。これは、日本の荘園所有と支配が、土地からの経済的収奪を目的とし、耕作民の人的支配はそのための手段にすぎぬと考えていたこと、また荘園は土地所有の体制であり、ヨーロッパのごとき村落を通じての支配でなかったため、荘園と村落とは必ずしも一致せず、その面でも人身支配体制である封建体制とは異なるものであったからである。
(竹内　理三)

じょう　丈　㈠中国・朝鮮および日本の長さの単位で十尺をいう。丈の文字は手と十を組み合せたもの。古来、尺の実長には変化があるから、丈の実長もそれに応じて変化がある。現行の一尺は三三分の一〇《メートル》であるから、一丈は約三・〇三《メートル》になる。
(小泉　袈裟勝)
㈡　⇩杖《つえ》

じょう　定　境界を定めて、ある範囲を確定する意味で用いられる。高野山文書の嘉暦四年(一三二九)五月二十六日付の僧西忍田地売券には、「四至」として「限東重友畠岸定、限南重友畠岸定、限西家真作田定、限北谷定」との記載がある(『鎌倉遺文』三九巻三〇六一一号)。また、同じ高野山文書の延元二年(一三三七)三月二十六日付の古佐布村彦二郎加地子銭借券では、「シ、ヒカシヲカキルカミヤノソエニ候ウエイシヲコタニエトヲシテチヤウ、ミナミヲカキルハ、ヲチヤウ、ニシヲカキルカキネヲチヤウ、キタヲカキルタニヲチヤウ」と片仮名書きで記されているので、四至記載の部分を当時どのように読み下していたのか明らかとなり、興味深い。つまり、売券などの土地証文類で特徴的に多くあらわれる四至記載の部分で、「定」は境界地点を示す語句の下につけられて「〜じょう」と読まれ、範囲を確定する意味を付加していたことがわかるのである。また「京定御米佰石」「国斗定」「本斗定」という用例にみられるように、年貢米等の量を計る場合の基準を示す用語として用いられることもある。
(松澤　徹)

じょう　常　古代における長さの単位の一つで、「きだ」

または「きた」と読む。「きだ」の語は、物のきれめ、分割したものという意味をもつ。古い使用例として、『日本書紀』天武天皇五年(六七六)八月条に「布一常」とあり、布の規格の単位として用いられていることがわかる。また、令制では、布一常は長さ一丈三尺(約三・九四メートル)、幅二尺四寸(約〇・七三メートル)の規格の布のことを指した。『続日本紀』和銅七年(七一四)二月条には、「以商布二二丈六尺一為レ段、不レ得レ用レ常」とあり、従来「常」を規格としていた商布を、以後は長さ二丈六尺(約七・八八メートル)の「段」の規格に改めることが定められている。この規格の変更は、商布と庸布の規格を「段」で統一するという意味をもったのであり、調庸以外の商布を、国衙が正税をもって交易して、中央に進上するためになされたものと考えられている。（松澤　徹）

しょういん　小院　古代における小規模な倉のことを指す。院とは、本来は家屋にめぐらした垣の意味であったが、一区画をなす建物のことを指すようになり、宮殿・官舎・学校・寺院・倉庫などの名称に多く付けられた。史料上に「小院」の語が見えるのは、弘仁十四年(八二三)に設置された大宰府管内の公営田や、その営田方式を引き継いで、元慶三年(八七九)に設置された畿内五ヵ国の官田の管理運営方針の中である。そこでは、もし穫稲を納めるための倉が、営田の地から遠く離れている場合には、国司のはからいによって、百姓の住居や営田の近くに「小院」を建てて、そこに収納させることとしている。この小院が、どの程度の規模の倉であったかは不明であるが、各国の正税を収納するために郡ごとに置かれた正倉などの大規模な倉に対して、営田ごとに新たに設けられた小規模な倉を意味したと考えられる。（松澤　徹）

しょういん　正員　官職制度上の正規の職員のことを正員と称した。正規の職員には定員があったので、正員以外の者のことを権官《ごんかん》あるいは員外官と称した。『兵範記』保元元年(一一五六)閏九月十八日条によれば、宣旨によって諸国諸社の神人の濫行を停止しているが、神人には員数に制限があるのに、猥に神人を補任し、正員と号することを濫行の内容として示している。中世以降になると、その職に補任された本人のことを正員と称している。したがって正員は代官に対する呼称となり、地頭代官に対して、正員地頭などと用いられた。鎌倉幕府は『御成敗式目』第十四条で、代官が荘園領主に対する年貢の対捍を行なった場合は、代官の所行であっても、主人(正員)の責任とすることによって、年貢対捍を防止しようとしている。また代官が、非法狼藉の有無を尋問された場合、しばしば正員に問い合わせるよう求めている。このように正員は代官に、代官は正員に責任を転嫁する傾向が認められる。（瀬野精一郎）

しょうえいでん　省営田　⇨官田《かんでん》

しょうえん　荘園　日本の荘園は、発生期にあたる八―九世紀の荘園と十世紀以後の荘園では、その成立事情・所有・経営形態に著しい相違がある。両者を通じて、律令体制と深くかかわりをもって推移したが、前者では律令権力を背景とする中央貴族や中央寺院などの中央権力者による上からの荘園形成が主流を占め、後者は、律令体制からの離脱を目的とした地方の大小の土地所有者からの中央権力者への積極的結合によって成立する。西岡虎之助は、荘園を自墾地系荘園と寄進地系荘園に分類したが、八―九世紀の荘園は前者にあたり、以後の荘園が後者にあたる。藤間生大は前者を初期荘園と名づけた。荘園史の中心は後者にあることはいうまでもない。〔成立〕荘園は、土地を所有経営して土地からの収益を得ることを目的とした土地所有の体系である。単なる土地所有は、どの時代でもみられるが、それを特に荘園とよぶのは、荘園所有者が、中央の国家権力を構成する貴族・大寺院であること、その所在地が荘園所有者の居住地から遠隔の地にあることを原則とし、そのため荘園所有者は現地に経営の拠点―荘所を設定すること、などの特徴による。すでに中国では漢代以来荘があり、宋代は中国荘園の全盛期であるので、わが国の荘園を、他の諸制度と同様その源流を中国に求めるのは正しくない。日本においても私的大土地所有は古代からあり、天皇家の所有地は屯倉、豪族のものは田荘とよばれていたが、大化二年(六四六)の大化改新によって全廃されて公有(国有)とされ、全国民に口分田などとして班給され、一定の期限付でその用益権を与えられた。このときその対象となった土地は、既耕地の水田に限られ、社寺の所領地や貴族の別業(別荘)や墓地、個人の宅地などは、そのまま所有の継続が認められ、山林原野沼沢は公私共利としてその所属は不明確であったので、貴族や豪族は、私有を認められた宅地(別業)・墓地を拠点として、山林原野の囲い込みにつとめた。八世紀の初めごろには、そうした行為の禁制がくり返された。しかし人口の増加による口分田の不足、私有権のない水田に対する農民の耕作意欲の減退に対する口分田の荒廃を防ぐため、養老七年(七二三)に三世一身の法を実施したが、その効果は挙がらなかった。そこで天平十五年(七四三)墾田永年私財法を施行した。これには、開発地の占定には国司の許可を必要とすること、許可を得て三年以内に開発すること、出願者の帯びる位階によってその面積に制限(一位五百町歩以下庶人十町歩)があるなどの律令体制による管理のもとにあったが、この法によって大土地所有は、国家公認のもとに急速に展開することになった。天平勝宝元年(七四九)の大仏完成を記念して、東大寺に四千町歩、元興寺に二千町歩、興福寺に千町歩の墾田地の占有を認めたことは、日本における寺院の大土地所有を一層促進した。こうして成立した墾田は、その使用用益および譲渡売買は所有者の自由であった。国家は墾田の田租を徴収したので、国家の租の収入は増すことになったが、肝心の農民に班給する水田の増加にはならなかった。しかも墾田地を水田化するとき、

公水(国が開いた用水路)を利用した場合には、すべて収公して公田とする令の原則が維持されたので、永年私財とするためには私力で水路を開かねばならず、その労力と費用は大きかった。したがって大土地所有者となることのできるものは、資力と労働力を動員できる権力者や大寺院であった。事実、中央の権力者や大寺院は、地方の各地に墾田地の獲得に狂奔し、多くの墾田地図を作成して開発をすすめ、一般農民はそれに動員されて、みずからの農作の暇もない有様であった。そのため国家は、天平神護元年(七六五)寺院の墾田および百姓の一、二町歩以外の墾田開発を一切禁止した。この時期の僧道鏡を中心とする僧綱政治の政治的意図が反映したものでもあった。したがって宝亀三年(七七二)道鏡が失脚するとこの禁令は解除され、以後再び禁止されることなく、九世紀になると、天皇家自身も、天皇家の財政を補うため、勅旨によって設定する勅旨田や親王家に賜う親王賜田を盛んに行なったため、私的土地所有は国家的規模に拡大した。勅旨田の経営は、地方国司が令制による農民動員により行い、また貴族や寺院は、のちには一般に荘官とよぶ使(田使)を現地に派遣して開田と収益にあたらせた。収穫や農具を収納して経営の拠点とする建物や倉屋を設けてこれを荘所と呼び、そこの地名を冠して何々荘と呼んで、これが荘園名となった。もちろん現地の地方豪族の墾田開発も多く行われたが、それらは荘名をもたない。〔初期荘園〕八—九世紀の荘園は、中央から野占使・検田使・知田事・田使・荘司・荘領・荘長・収納使などを随時派遣・任命し、その経営と収益につとめた。荘所に農具を備え、収穫稲を収納する倉屋を設けたことは、当時は荘園主の直接経営であったことを示している。ときには地方豪族が協力することがあっても、豪族自身が経営を代行することはなかった。耕作の労働力は、手持ちの奴婢などを使用するものもないではないが、大部分は在所周辺の農民と賃租契約を結び、あるいは功稲を支払う雇傭労働力によった。東大寺領越前国桑原荘の開墾には、一町につき稲百束の功稲を支払っている。また開発後の水田公的標準穫稲は、上田で町別五百束、中田で四百束、下田で三百束、下々田で百五十束(稲一束から今日の枡で二升の米を得る)で、これを農民に賃租契約で作らせるとその五分の一を収入とすることができた。荘田は上田が多く、この収入から現地での諸経費、荘園から中央にいる荘園主のもとにはこぶ運賃などが支出された。この運賃が運ぶ米量を超えるような遠隔地では、成り立たなかった。また荘園の規模も、畿内では数段歩から数町歩の小規模なものがほとんどで、大土地所有の成立し得る余地のないことを反映し、畿内から離れるに従って大規模となっている。これは十世紀以後の荘園にもみられるところで、これは地域の階級分化と土地開発の度合いを反映したもので、これを指摘した藤間生大は、畿内型・瀬戸内型・北陸型・東海型・山陰型に類型化した。八世紀の末ごろになると、国の課役を忌避して本籍を離れて浮浪する農民がふえたが、荘所はこれらの浮浪人を収容して労働力とした。浮浪人は荘園主の政治的権勢を栖として調庸の追求を免れることができた。〔寄進地系荘園の成立〕九世紀になると、初期荘園の経営主であった貴族や大寺院は、彼らの政治的地位の変化によって急速にその経営力を失って荘園の荒廃を招いた。一方、農民自身も荘園内の荒地を自力で開いて治田とし、独立自営化する力を蓄積した。九世紀の末になると、自営化した農民や、地方で土地所有を進めていた豪族は、その田地を寺社・官人・貴族など中央政権の有力者に寄進して、その権威の下に国郡の追求を免れようとし、権門勢家もまた、これを進んで受け入れ己れの荘家と称して、国郡の入部を拒否した。こうして荘園は、土地所有者の寄進という形で再発足し、これが爆発的な勢いで全国に及んだ。これを寄進地系荘園とよぶ。寄進者は、その動機は自己の所有地にかかる国郡の諸負担を権門勢家を背景に拒否することにあることを公言し、寄進後もその所有権・経営権を放棄したわけではない。ここに荘園に二重の土地所有者が存在することとなった。寄進者の行為は国法上不法であり、九世紀末から十世紀初めにかけて、しばしば禁制がくり返され、延喜二年(九〇二)には、こうした行為の禁止とこうして成立した荘園の停廃とが発令された。いわゆる延喜の荘園整理令で、のちの荘園整理令の起点となった。〔不輸不入権の成立〕中国唐代の荘園では、その主がなんびとであろうとも納租を免ぜられず、日本でも初期荘園は、納租の義務を免ぜられなかった。しかし日本の令制では、寺田や神田として国家が認定した田地だけは免租の不輸租田であった。初めは限定的であったが、代々の天皇の信仰や寺社の国家的地位から次第に拡大され、十世紀ごろからは、その耕作農民の課役免除にまで及んだ。初めは農民に非合法的に国郡の追求を拒否させていた権門勢家もこれを見倣って、十一世紀ごろからは公然とその荘園の不輸租の特権を国に要求し、その目的を達した。荘園の成立に国の公認を仰ぐ手続を立券荘号といい、その荘園を官省符荘という。これは太政官と民部省の符で公認された荘の意味で、その公法上の存立基礎が最も固い。つづいて地方の国司がその権限によって国役を免除することが行われ、国免荘と称した。この国免は、その国司が代わると次の国司の免判を更新せねばならなかったが、十一世紀中ごろには、伊賀国ではその所管四郡十七郷の三分の二は荘園となって国役に従わずと報告され、十二世紀の初め、紀伊国では管内七郡のうち六郡は、その十分の八、九までが荘園となったと報ぜられた。十二世紀院政が進行すると、院による荘園免除が行われ、白河・鳥羽・後白河三代上皇の認めた荘園は、三代御起請符地として、特にその特権は重んぜられた。免租・免役となれば、国司が荘園内に立ち入ることを拒否する不入権が成立し、十三世紀には国司や検非違使の犯罪人を追捕するための入部すら拒否することとなり、

これが中世の守護不入権として継承された。〔荘園経済の構造〕十世紀以降主流を占めた寄進地系荘園では、被寄進者の権門勢家は本所・領家とよばれ、年々一定の上分をうけとる代りに、国郡司の介入排除を主とする保護を行い、寄進者は荘官下司として、実質的に土地所有と経営を行なった。本所・領家が勢力を失って保護が困難となると、寄進者より受けとる上分の一部を割いて、さらに有力な権門を本所と仰ぎ、みずからは預所となるものや、寄進者が別の本所を求めるなどして、荘園には幾重にも、また幾人も上分得分権者が重なり、その得分権を職《しき》と呼んだ。この職は、典型的には本所・領家、預所、荘官、耕作権者(名主)、耕作者(下作職)という重層的構造をもった。この重層的構造は、全く経済的関係によるもので、人身的関係ではなく、西欧のマナーのように荘園領主が直接荘園内に住み農民と接触することはなかった。荘園所有は、初期ではその地の田地の地子《じし》(賃租料)が主なる収入であったが、不輸不入権を得たのちは、次第に国の調庸徭役にあたる公事《くじ》の収取に拡大した。不輸不入権は農民自身のものではなかったのである。地子は十一、二世紀までは、公定の収穫量の五分の一にあたる段別三〜五斗であったが、十三世紀になると斗代《とだい》と称して段別一斗から一石余に及ぶほど多様化した。一石余となれば、ほとんど全収穫量に近い。これは、初期の地子に田租分が加算されたもので、これが年貢とよばれた。公事は、初めは米以外の荘園主の必要とする物資が主で、たとえば平野部の荘園では瓜・芋・牛旁・蓮・豆など、山間部の荘園では栃・栗・胡麻・薯蕷《やまいも》・柿・干蕨・土筆《つくし》・平茸など、海辺や海島の荘園では塩・干鯛・蠣・海藻などの自然産物、畠地の多い微高地の荘園では麦・大豆・胡麻などを公事として取納した。のみならず一定の期間、本所・領家のもとに出仕して警備をつとめる兵士役さえ加わった。また桶・足桶・飯櫃・折敷・薦《こも》・続松《ついまつ》のような生活具も公事に加わり、年間一定の期間、宝蔵の警固にあたる兵士役さえあった。こうした年貢と公事によって荘園主は、一年の生活資源と家内的労働力をすべて荘園に求め、月割り日割りに各荘園に割りあて、廻御菜《まわりごさい》の仕組みを作り上げた。令制の封禄制度による中央貴族の生活を、全面的に私領荘園の収取に切り換えたのである。この切換えの完成は十二世紀後半である。この仕組みの円滑な運行のために、荘園主の支配力の強い畿内およびその周辺では、農民負担を均等にするため、その耕作田地の均等化をはかり、均等名荘園が出現した。〔荘園構造の変化〕荘園は本来土地所有とその所有にもとづく収取の客体であったが、荘園内には、田地のほかに山林原野を含むものが多く、それらは薪や草肥や用水の供給地となって農民の支配を強化する要因となり、十一世紀の末ごろには、田畠に対する収取のほかに農民の住屋に対する在家役《ざいけやく》を目的とする在家支配が始まった。嘉応三年(一一七一)に山城松尾社領として立券された遠江国池田荘の立券文には、田三百八十五町四段一丈、畑百六十四町三段二丈、野五十八町一段三丈、河三十余町、浜二十余町、河原四十余町、在家五十宇が記載されている。在家支配が表面化するこのころ、農民も荘園内に自己の保有田の開発をすすめ、荘園主の所有田は正作田《しょうさくでん》・御佃《みつくだ》・一色田などとよばれる年貢田、農民の保有田は年貢公事を負担する公事田とよばれた。十二世紀には、農民の階層分化がすすみ、上層は大名田堵として武士化し、下層は下作百姓となって、両者の間には荘園体制とは別個の封建関係が進展し、武士化した大名田堵は、武士の棟梁との間に主従関係を結んで、荘園内に別系統の支配関係を形成した。やがてこの別系統の支配勢力は、文治元年(一一八五)武士の棟梁源頼朝に対して守護・地頭の設置を朝廷が承認したことによって公法化し、この公権による武士の荘園侵略が進行して、貴族の荘園支配は難局に面することになった。荘園の下司の権能を継承した地頭は、年貢を抑留し、下地中分によって荘園下地の私領化をすすめ、守護は半済法を実施して荘園の年貢の吸収をすすめた。十四世紀に一条家の当主一条兼良が、家領の状況を記した『桃華蘂葉』には、五摂家の一家一条家の相伝所領の大部分は、守護または守護代に押領されたと述べている。やがて織田信長が戦国統一に着手するや、その征服地のすべての領主に指出《さしだし》を命じ、それによって更めて領主の知行権を再交付することで、従来の錯雑した荘園知行を整理したが、その業をうけついだ豊臣秀吉は、全国に統一的な基準による検地を実施し、一切の荘園関係をすべて破算にし、新しく村を基準とする石高知行制を実施した。この時点で、荘園は名実ともにその姿を消すことになった。

(竹内　理三)

しょうえんえず　荘園絵図　狭義には古代・中世に作られた荘園に関する地図であって、その空間的・地理的位置と境界、田畠などの耕地や用水・堤、山野河海、宿や津・湊、家あるいは寺社などの建造物などを絵画的に描いた地図をいうが、一般的にはもっと広く解して寺社の境内図・敷地図など類似した性格の絵図・差図(指図)の類も含めている。現在知られている荘園絵図は約二百点ほどである。その図様は、作成目的、描かれる地形や地物の違い、あるいは絵師の技量などによってさまざまであり、一定してはいない。そのため分類には困難が伴うが、現在、地理(地図)学の立場から、㈠方格図、㈡鳥瞰図、㈢方格・鳥瞰図の三つに分類する考えかた、あるいは表現形式によって、㈠田図・差図・土帳類、㈡絵図類、㈢主題図に分類する試みが出されている。それに対して日本史学では、その図様と荘園制の発展に照応させた次のような分類が普通である。㈠墾田図・開田図、㈡立券図、㈢実検図、㈣差図、㈤相論図、㈥下地中分図、㈦郷村図などである。㈠墾田図は、いわゆる初期荘園の図であり、現存図の大部分が東大寺の初期荘園の開田図である(東京大学史料編纂所編『東大寺開田図』(『大日本古文書』家わけ一八『東大寺文書』四)を参照)。律令国家に

荘園絵図

荘園絵図一覧

国名	名称	年紀	所蔵	指定	形状	寸法(縦×横) センチ センチ	備考
山城	山城国葛野郡班田図		お茶の水図書館(東京都)				Ⓓ
	山城国葛野郡班田図(東寺百合文書チ・ヌ・ア)		京都府立総合資料館	重要文化財		五五·三×三〇·八他	右の一部
	嵯峨舎那院御領絵図	建永二年八月十六日(紙背)	天竜寺(京都市)	同	紙本・彩色	一五四·二×一五五·四	ⒷⒸⒹⒺ
	臨川寺領大井郷絵図		同		同	三一·一×一四〇·八	Ⓒ
	応永鈞命絵図	応永三十三年九月(紙背添状)	同	重要文化財	紙本・墨書	二九一·二×二四一·五	将軍足利義持の命により作成ⒷⒸⒹ
	神護寺絵図	寛喜二年十二月二十四日(紙背)	神護寺(同)	同	紙本・彩色	一九九·六×一六〇·七	ⒷⒸⒹⒺ
	高山寺絵図	寛喜二年十一月十六日	同	同	同	一六四·六×一六四·七	ⒷⒸⒺ
	主殿寮御領小野山与神護寺堺相論絵図	寛喜二年九月二十日(紙背)	同	同	紙本・淡彩	一〇四·四×六一·九	ⒷⒸⒹⒺ
	神尾一切経蔵領(長谷)古図写	正嘉二年四月(紙背)	高山寺(同)	同	同	六六·三×五五·四	ⒸⒹⒺ
	神尾一切経蔵領(中野)古図写	同	同	同	同	六八·〇×五五·五	ⒸⒹⒺ
	山城国上桂荘差図(東寺百合文書ヌ)		京都府立総合資料館	同	紙本・墨書	四三·二×三九·四	Ⓓ
	山城国上野荘差図(教王護国寺文書)		京都大学文学部		同	二九·七×四八·八	ⒹⒻ
	山城国五ヶ荘井水差図(東寺百合文書い)		京都府立総合資料館	重要文化財	同	四八·七×五八·五	Ⓓ
	山城国桂川用水差図(同ツ)		同	同	同	八四·五×五四·五	ⒹⒺ
	山城国桂川井手差図(同ひ)		同	同	同	二八·三×四六·八	Ⓓ
	山城国西岡下五ヶ郷用水差図(同ヲ)		同	同	同	八二·〇×四三·〇	
	山城国西岡たかはね井用水差図(同レ)		同	同	同	一〇九·三×七九·四	
	山城国上久世荘東田井用水差図(同ひ)	長禄二年六月二日	同	同	同	二七·六×九〇·九	Ⓓ
	山城国上久世荘図(教王護国寺文書)	暦応三年十一月(紙背)	京都大学文学部		同	四九·五×六七·八	ⒹⒻ
	山城国下久世荘絵図(東寺百合文書レ)		京都府立総合資料館	重要文化財	同	六五·四×五一·九	
	山城国川嶋南荘差図(革嶋文書)	嘉暦元年二月	同		同	三三·五×四九·〇	Ⓓ
	山城国宝荘厳院用水差図(東寺百合文書タ)	延文元年五月	同	重要文化財	同	三一·七×四四·八	Ⓓ
	法性寺御領山差図	正安元年正月三十日	京都大学文学部		紙本・淡彩	五六·八×一一三·八	Ⓓ
	山科地方図写		彰考館旧蔵(焼失)		紙本・彩色	一一七·〇×一八六·七	形状・寸法は東京大学史料編纂所所蔵の複本によるⒹ
	山城国笠取荘		醍醐寺(京都市)		紙本・墨書	八〇·一×一三六·九	
	九条近辺条里図(九条家文書)	永正十六年十一月三日(紙背)	宮内庁書陵部		同	三一·九×八三·四	
	京都左京九条御領辺図(同)		同		同	五六·二×六四·九	
	山城国紀伊郡里々坪付帳(同)		同		同	二六·五×五七五·〇	
	山城国市原野附近絵図		同		同	二四·九×四一·〇	
	山城国市原野附近絵図		同		同	二〇·六×三三·八	
	山城国乙訓郡条里坪付(九条家文書)		同		同	二四·六×四〇·〇	
	山城国乙訓郡条里坪付(同)		同		同	五七·五×六八·二	Ⓓ
	山城国乙訓郡内条里図(久我家文書)		国学院大学(東京都)		同	二一·九×二〇·二	Ⓓ

国名	名称	年紀	所蔵	指定	形状	寸法（縦×横）	備考
大和	大和国添下郡京北班田図写		西大寺（奈良市）	重要文化財	紙本・彩色	七九・五センチ×一五〇・八センチ	
	大和国添下郡京北班田図写		東京大学文学部	同	紙本・淡彩	七八・〇×一六〇・六	Ⓓ
	大和国添下郡京北条里図		同	同	紙本・墨書	五八・一×一〇四・九	Ⓓ
	西大寺往古敷地図		同	同	同	五五・〇×六三・七	Ⓓ
	西大寺敷地図	弘安三年	同	同	同	九二・四×一三三・二	Ⓓ
	西大寺敷地図		同	同	同	五八・九×六六・五	Ⓓ
	西大寺敷地之図		同	同	同	五三・六×六〇・三	Ⓓ
	西大寺領之図		同	同	紙本・彩色	八七・六×一三四・六	
	西大寺与秋篠寺堺相論絵図		同	同	同	七八・八×一五一・五	Ⓓ
	西大寺与秋篠寺堺相論絵図		西大寺（奈良市）	同	同	六〇・六×九九・〇	Ⓓ
	額田寺伽藍並条里図		国立歴史民俗博物館	国宝	麻布・淡彩	一一三・一×六九・六	ⒷⒸⒹ
	東大寺山堺四至図	天平勝宝八歳六月九日	正倉院		同	二九九・〇×二二三・〇	ⒶⒹ
	東大寺虚空蔵絵図		東大寺図書館（奈良市）		紙本・彩色	五六・二×八六・六	ⒷⒹ
	大和国観音寺領図	宝亀二年二月十二日（紙背）	唐招提寺（同）	重要文化財	紙本・墨書	三〇・五×五一・〇	Ⓓ
	大乗院領大和国佐保新免田土帳（大乗院文書）	嘉吉三年九月五日	内閣文庫		同	八五・五×六〇・〇	Ⓓ
	大乗院領大和国佐保新免田土帳（大乗院寺社雑事記）	文明七年四月七日条	同		同	二七・三×二〇・五	Ⓓ
	大乗院領大和国佐保新免田土帳（三箇院家抄）	文明九年十二月	同		同	二六・九×三一・四	Ⓓ
	大和国小五月郷差図写		天理図書館（奈良県）		紙本・淡彩	一七九・〇×一四三・五	Ⓓ
	大和国岩井河南岸諸荘園図（大乗院寺社雑事記）	文明四年八月八日条	内閣文庫		紙本・墨書	二七・三×二〇・五	Ⓓ
	大和国岩井川分水図	永禄八年五月十二日	天理図書館（奈良県）		同	二六・七×六七・六	Ⓓ
	大和国池田荘と井殿荘境溝相論差図（大乗院寺社雑事記）	文明六年六月十三日条	内閣文庫		同	二七・三×二〇・五	Ⓓ
	大乗院領大和国倉荘土帳（大乗院文書）		同		同	六八・〇×七七・〇	Ⓓ
	大乗院領大和国若槻荘土帳	徳治（紙背）	茨城県立歴史館		同	一三三・〇×一二二・二	Ⓓ
	大乗院領大和国若槻荘土帳断簡（大乗院文書）		内閣文庫		同	四三・〇×六一・五	Ⓓ
	大乗院領大和国横田荘土帳	嘉元四年（紙背）	広島大学文学部		同	五七・四×四五・三	Ⓓ
	大乗院領大和国乙木荘土帳		猪熊家恩頼堂文庫（香川県）		同	九四・三×一三〇・五	紙背文書文永二年三月二十日付Ⓓ
	大乗院領大和国乙木荘土帳（大乗院文書）		内閣文庫		同	九五・五×一二六・〇	Ⓓ
	大乗院領大和国楊本荘条里図（大乗院寺社雑事記）	文明十七年九月二十六日条	同		同	二七・三×二〇・三	Ⓓ
	大乗院領大和国出雲荘土帳（大乗院文書）		同		紙本・淡彩	六七・五×一〇〇・五	Ⓓ
	大乗院領大和国羽津里井荘図（神殿庄散田帳）		同		紙本・墨書	二八・〇×三三・五	Ⓓ
	大乗院領大和国古木荘土帳断簡（大乗院文書）		同		同	九五・五×一二六・〇	Ⓓ
	大乗院領大和国古木本・新両荘土帳断簡		広島大学文学部		同	四五・九×一八・八	Ⓓ
	大和国中山荘土帳		同		同	二七・三×四四・六	Ⓓ
	東大寺領東喜殿荘坪付地図	大治三年八月一日	東大寺図書館（奈良市）		同	二七・七×四七・五	Ⓓ
	東大寺領東喜殿荘附近地図		同		同	四八　×三四	Ⓓ
	談山神社領大和国膳夫荘差図	永正十二年八月二十八日	談山神社（奈良県）		同	九〇・〇×一一八・〇	Ⓓ
	談山神社領大和国忌部荘差図	明応六年十二月	同		同	一二五・二×七〇・四	
	談山神社領大和国忌部荘差図		同		同	一一八・一×六八・五	Ⓓ

国名	名称	年紀	所蔵	指定	形状	寸法（縦×横）センチ	備考
大和	談山神社領大和国箸喰荘差図	明応六年十二月	談山神社（奈良県）		紙本・墨書	四一・七×六二・九	Ⓓ
	談山神社領大和国箸喰荘差図写	永正七年八月六日	同		同	六九・二×九一・四	Ⓓ
	談山神社領大和国百済一荘之内屋敷田畠差図		同		同	五五・九×一二四・三	Ⓓ
	談山神社領大和国磯野荘差図		同		同	六〇・五×八二・一	Ⓓ
	殿下御領大和国宿院荘土帳		天理図書館（同）		同	二八・六×四五・五	Ⓓ
和泉	日根野村絵図（九条家文書）	正和五年六月十七日（紙背）	宮内庁書陵部		紙本・彩色	八六・四×五八・六	ⒷⒸⒹ
	日根野村近隣絵図（同）		同		同	八四・四×五九・四	Ⓓ
摂津	摂津国島上郡水無瀬荘絵図（東南院文書）	天平勝宝八歳十二月十六日	正倉院		同	二八・六×四六・一	図面に「摂津国印」ありⒹ
	摂津職河辺郡猪名所地図写	天平勝宝八歳十二月十七日	水木筈夫（奈良県）		紙本・墨書	六四・五×一二三・五	年紀は検討の余地ありⒶⒹ
	摂津国芥川井手差図		大阪府高槻市郡家区		同	三一・五×四五・五	Ⓓ
	摂津国垂水荘図（教王護国寺文書）		京都大学文学部		同	二七・〇×四六・〇	ⒹⒻ
	摂津国垂水荘図（東寺百合文書ゥ）	寛正四年十月	京都府立総合資料館	重要文化財	同	六七・四×五四・五	ⒹⒺ
	摂津国八部郡奥平野村条里図写断簡	応保二年四月吉日	神戸市立図書館		同	二四・三×三二・二	Ⓓ
伊勢	伊勢国智積・川嶋山田境差図		醍醐寺（京都市）		同	二八・四×四六・五	
	伊勢国智積・川嶋山田境差図		同		同	二八・四×四六・五	
	伊勢国櫛田川下流古図（沢氏古文書）		内閣文庫		紙本・淡彩	六一・九×五四・〇	Ⓓ
尾張	円覚寺領尾張国富田荘絵図		円覚寺（神奈川県）	重要文化財	紙本・彩色	一〇一・一×八九・八	ⒸⒹⒺ
	醍醐寺領尾張国安食荘絵図		醍醐寺（京都市）		紙本・淡彩	七三・二×九四・七	
駿河	駿河国安倍郡井川郷上田村等絵図		海野孝三郎（静岡県）		紙本・墨書	二七・二×三七・五	天正十年十一月十五日の年貢帳に添付Ⓓ
武蔵	武蔵国鶴見寺尾荘図	建武元年五月十二日（紙背）	金沢文庫（横浜市）		紙本・淡彩	八六・五×八八・〇	ⒸⒹ
近江	近江国水沼村墾田地図	天平勝宝三年	正倉院		麻布・淡彩	六六　×二五二	図面に「近江国印」あり、左と二図一幀ⒶⒹ
	近江国覇流村墾田地図	同	同		同		図面に「近江国印」ありⒶⒹ
	菅浦与大浦下荘堺絵図	乾元元年八月十七日（紙背）	須賀神社（滋賀県）	重要文化財	紙本・彩色	九一・七×六二・三	年紀は検討の余地ありⒷⒹⒺ
	近江国野洲郡邇保荘条里図		滋賀県近江八幡市江頭区		紙本・墨書	八三・〇×一一七・六	Ⓓ
	近江国比良荘堺相論絵図写	永和二年九月晦日（紙背）	滋賀県高島町北比良公民館		紙本・淡彩	八八・九×一三五・三	年紀は検討の余地ありⒹ
	近江国比良荘堺相論絵図写	同	伊藤晋（滋賀県）		紙本・墨書	八三・〇×一一七・六	同　ⒷⒸⒹⒺ
	近江国葛川荘絵図	文保元年六月	明王院（大津市）		紙本・彩色	九六・二×二〇五・〇	ⒷⒸⒹⒺ
	近江国葛川荘絵図		同		紙本・淡彩	五二・二×一八四・〇	ⒸⒹⒺ
	金勝寺領絵図		金勝寺（滋賀県）		紙本・墨書	九七・五×一一一・七	ⒷⒸⒹⒺ
信濃	信濃国原山古図写	天文十九年	長野県富士見町御射山		紙本・彩色	八〇・〇×一三九・〇	Ⓓ
陸奥	骨寺古図		中尊寺（岩手県）		同	八三・〇×五六・〇	Ⓓ
	骨寺古図		同		紙本・墨書	八三・八×五五・〇	Ⓓ
	陸奥国宮城郡岩城分七町荒野絵図（留守文書）	文永十二年四月十三日（紙背）	水沢市立図書館（同）		同	三八・二×二八・五	Ⓓ
若狭	若狭国丹生浦山沽却注文		福井県美浜町丹生区		同		応永三十一年七月三日の文書を添付Ⓓ
	東寺領若狭国太良荘樋差図（東寺百合文書と）		京都府立総合資料館	重要文化財	同	二七・三×四四・七	Ⓓ

国名	名称	年紀	所蔵	指定	形状	寸法（縦×横）センチ	備考
越前	越前国足羽郡糞置村開田地図	天平宝字三年十二月三日	正倉院		麻布・淡彩	七八×一〇九	図面に「越前国印」ありⒶⒹ
	越前国足羽郡糞置村開田地図	天平神護二年十月二十一日	同		同	六九×一一三	ⒶⒹ
	越前国足羽郡道守村開田地図	同	同		同	一四四×一九四	ⒶⒷⒹ
	越前国坂井郡高串村東大寺大修多羅供分田地図	同	奈良国立博物館	重要文化財	紙本・淡彩	五六・五×一一四・八	ⒶⒹⒺ、
	越前国坂井郡河口・坪江荘近傍図（大乗院寺社雑事記）	文明十二年八月三日条	内閣文庫		紙本・墨書	二七・三×二〇・五	Ⓓ
越中	越中国新川郡丈部開田地図	天平宝字三年十一月十四日	正倉院		麻布・淡彩	七九×一一五	図面に「越中国印」ありⒶⒹ
	越中国新川郡大藪開田地図	同	同		同	七九×一四一	同　ⒶⒹ
	越中国新川郡大荊村墾田地図	神護景雲元年十一月十六日	同		同	六八×六三	図面に「越中国印」あり、左の＊印と七図一幀ⒶⒹ
	越中国射水郡須加開田地図	天平宝字三年十一月十四日	同		麻布・墨書	八一×一〇八	図面に「越中国印」ありⒶⒹ
	越中国射水郡須加村墾田地図	神護景雲元年十一月十六日	同		麻布・淡彩	＊	同　ⒶⒹ
	越中国射水郡鳴戸開田地図	天平宝字三年十一月十四日	福井成功旧蔵		麻布・墨書	七七×一四一	同　ⒶⒹ
	越中国射水郡鳴戸村墾田地図	神護景雲元年十一月十六日	正倉院		麻布・淡彩	＊	同　ⒶⒹ
	越中国射水郡鳴戸村墾田地図		奈良国立博物館	重要文化財	紙本・淡彩	五七・六×六二・七	ⒶⒺ
	越中国射水郡楔田開田地図	天平宝字三年十一月十四日	正倉院		麻布・墨書	七九×一二六	図面に「越中国印」ありⒶⒹ
	越中国射水郡鹿田村墾田地図	神護景雲元年十一月十六日	同		麻布・淡彩	＊	同　ⒶⒹ
	越中国射水郡鹿田村墾田地図		奈良国立博物館	重要文化財	紙本・淡彩	三六・八×五七・六	Ⓐ
	越中国礪波郡伊加流伎開田地図	天平宝字三年十一月十四日	正倉院		麻布・淡彩	八二×九九	図面に「越中国印」ありⒶⒹ
	越中国礪波郡伊加留岐村墾田地図	神護景雲元年十一月十六日	同		麻布・墨書	＊	同　ⒶⒹ
	越中国礪波郡石粟村官施入田地図	天平宝字三年十一月十四日	奈良国立博物館	重要文化財	紙本・淡彩	五七・〇×一一〇・八	同　ⒶⒹ
	越中国礪波郡石粟村官施入田地図断簡		天理図書館（奈良県）		紙本・墨書	五三以上×三〇・五	Ⓐ
	越中国礪波郡井山村墾田地図	神護景雲元年十一月十六日	正倉院		麻布・墨書	＊	図面に「越中国印」ありⒶⒹ
	越中国礪波郡杵名蛭村墾田地図	同	同		同	＊	同　ⒶⒹ
越後	越後国奥山荘波月条絵図		新潟県中条町教育委員会	重要文化財	紙本・彩色	三〇・九×五四・五	ⒷⒸⒹⒺ
	越後国奥山荘荒河保堺相論和与絵図（越後文書宝翰集）		反町英作（東京都）	同	同	三三・八×五〇・二	正応五年七月十八日の和与状ありⒷⒸⒹⒺ
	越後国居多神社四至絵図		居多神社（新潟県）		紙本・墨書	三〇・三×三六・七	Ⓓ
丹波	丹波国吉富荘絵図写	承安四年十月二十日（紙背）	真継梶之助（京都府）		紙本・淡彩	九六・二×一二六・〇	年紀は検討の余地ありⒹⒺ
	丹波国大山荘用水差図（東寺百合文書ヨ）		京都府立総合資料館	重要文化財	紙本・墨書	二八・五×四三・五	徳治三年の関係文書ありⒹⒺ
	丹波国大山荘井手差図（同ネ）			同	同	二八・九×四四・五	
	丹波国出雲神社社領絵図		出雲大神宮（京都府）		紙本・彩色	五八・四×八二・〇	ⒷⒹⒺ
但馬	但馬国出石神社領田図		出石神社（兵庫県）		紙本・淡彩		Ⓓ
伯耆	伯耆国河村郡東郷荘下地中分絵図	正嘉二年十一月（紙背）	柳沢真次郎（大阪府）		紙本・彩色	一一三・五×一〇三・五	ⒷⒸⒹ
出雲	出雲大社并神郷図		千家尊祀（島根県）	重要文化財	絹本・彩色	九三・五×一三〇・六	ⒸⒹ
播磨	法隆寺領播磨国鵤荘絵図	嘉暦四年四月	法隆寺（奈良県）	同	紙本・彩色	一二九・七×一二五・一	年紀は検討の余地ありⒹⒺ
	法隆寺領播磨国鵤荘絵図写	至徳三年五月	同	同	同	一三五・八×一一五・一	
	大徳寺領小宅荘三職方絵図	文和三年三月（紙背）	大徳寺（京都市）		紙本・墨書	二三八・七×六〇・九	Ⓓ
	大徳寺領小宅荘三職方絵図		同		紙本・淡彩	二五六・五×九三・〇	Ⓓ
	播磨国弘山荘実検絵図写	永徳二年八月六日	円尾熙（兵庫県）		紙本・墨書	四一・〇×二七・五	Ⓓ
	播磨国揖保川筋井堰図	文禄四年五月吉日	兵庫県竜野市岩井組		紙本・彩色	六六二・〇×六六・〇	Ⓓ

国名	名称	年紀	所蔵	指定	形状	寸法(縦×横)	備考
備前	備前国上道郡荒野荘領地図	正安二年四月二十三日(紙背)	大宮兼守(奈良市)		紙本・墨書	三一・五センチ×四五・五センチ	Ⓓ
	*備前国西大寺境内市場図		西大寺(岡山市)		同	八四・五×九一・八	Ⓓ
備中	神護寺領備中国足守荘絵図	嘉応元年十二月(紙背)	神護寺(京都市)	重要文化財	紙本・淡彩	一五七・七×八五・四	ⒷⒸⒹⒺ
	備中国賀夜郡服部郷図写		塚本吉彦旧蔵		同	一〇七・二×一一五・五	形状・寸法は東京大学史料編纂所所蔵の複本によるⒹ
	備中国賀陽郡刑部八田部境目出入図写	天正五年二月二十一日	同		紙本・彩色	二七・二×六三・〇	Ⓓ
長門	長門国豊浦郡阿内包光名絵図		大徳寺(京都市)		同	七五・一×五三・九	
紀伊	神護寺領紀伊国神野真国荘絵図	康治二年五月二十五日(紙背)	神護寺(同)	重要文化財	紙本・淡彩	九二・〇×一一三・五	ⒷⒸⒹⒺ
	神護寺領紀伊国挊田荘図		同	同	同	九六・一×一一五・八	ⒷⒸⒹⒺ
	神護寺領紀伊国挊田荘図		宝来山神社(和歌山県)	同	同	九二・〇×一〇七・四	ⒸⒹⒺ
	大徳寺領紀伊国高家荘絵図		大徳寺(京都市)	同	同	三五・八×五三・七	ⒷⒸⒹⒺ
	井上本荘絵図		随心院(同)		紙本・彩色	六五・四×五三・一	Ⓓ
	井上荘絵図		高野山宝寿院(和歌山県)			三一・〇×五四・三	
阿波	阿波国名方郡新島(牧方か)荘絵図(東南院文書)	天平宝字二年六月二十八日	正倉院		紙本・淡彩	五六・九×一〇三・三	左と二図一面Ⓓ
	阿波国名方郡大豆処絵図(同)		同		同	二八・三×五三・二	Ⓓ
讃岐	弘福寺領讃岐国山田郡田図写	天平七年十二月十五日	多和文庫(香川県)		同	二八・三×一二六・〇	図面に「弘福之寺」印ありⒹ
	善通寺伽藍并寺領絵図	徳治二年十一月(紙背)	善通寺(同)	重要文化財	紙本・墨書	八〇・四×一六〇・二	ⒹⒺ
伊予	伊予国弓削嶋荘和与差図(東寺百合文書と)		京都府立総合資料館	同	同	二八・三×四一・〇	ⒹⒺ
豊前	*豊前国小山田社放生殿市場図		宇佐神宮(大分県)		同	二七・〇×三三・〇	Ⓓ
薩摩	薩摩国伊作荘内日置北郷下地中分絵図(島津家文書)		東京大学史料編纂所		紙本・淡彩	九七・二×六二・二	元亨四年八月二十一日の和与状ありⒷ ⒸⒹⒺ
(未詳)	田図断簡		唐招提寺(奈良市)		紙本・墨書		Ⓓ

㈠本表は現存荘園絵図(寺社境内図・京都図・京内敷地図などは基本的に除いてある)の昭和六十年末現在の一覧目録である。今後、若干の増加が考えられよう。なお、中世の市場(市庭)を示す絵図二点も名称に*印を付して収めた。

㈡備考欄には、各絵図の図版がどのような図版集に収められているのかを、以下の記号で示した(Ⓓは模本も含む)。

Ⓐ=東京大学史料編纂所編『東大寺開田図』(『大日本古文書』家わけ一八『東大寺文書』四、昭和四十・四十一年)

Ⓑ=京都国立博物館編『古絵図』(同四十四年)

Ⓒ=難波田徹編『古絵図』(至文堂『日本の美術』七二、同四十七年)

Ⓓ=西岡虎之助編『日本荘園絵図集成』上・下(同五十一・五十二年)

Ⓔ=京都国立博物館編『古絵図の世界』(同五十九年)

Ⓕ=赤松俊秀編『教王護国寺文書絵図』(同四十六年)

㈢各絵図の作成年代については、既に一応の推定のあるものも多いが、まだ確実性に欠けるものが少なくない。そこで本表では、推定年代については一切記さないこととした。右に示した各図版集の解題などにおける推定を批判的に検討して、研究が進められることを期待したい。

㈣寸法については、計測の仕方がまちまちであるので、その点の注意が必要である。

よって作成された班田図と同系統の図様であり、条里が描かれ、各坪ごとに必要な記載がなされていた。また領主の使者・国(郡)司の連署があるのが通常である。代表的な絵図としては越前国足羽郡道守村開田地図・近江国覇流村墾田地図などがある。㈡立券図は、十一・十二世紀以降の中世荘園制の展開とともに、荘園の立券文とともに作成された絵図である。当該荘園にとっては根本絵図となった。原則的には官使・国使、そして荘園領主の使者の三者が立ち会って立券文が作られ、それとともに絵図も作成された。中世荘園は典型的には領域型の荘園であったから、この立券図は四至を確定することに主眼が置かれたものであり、四至牓示図とも称されている絵図が多い。そのような主眼・目的のため、その図様は㈠に比べてはるかに概略的であった。有名な四至牓示図として、神護寺領紀伊国挊田荘絵図・同神野真国荘絵図・備中国足守荘絵図などがある。㈢実検図は、荘園の現地調査のために派遣された実検使が作成した調査結果を図化したものである。たとえば播磨国弘山荘実検絵図などがある。㈣差図は、点数的には土帳・坪付図と並んで多く、一つの考えかたとして荘園絵図を絵図的なものと差図的なものとの二つに分類する見方もあるほどである。平面図的で、絵画的要素のほとんどない図であるが、樋や用水の差図などがあり、荘園の具体的把握には不可欠な図であるといえよう。また次の相論図の中に含めた方

がよいような差図もある。代表的な差図としては、東寺領若狭国太良荘樋差図・同丹波国大山荘用水差図などがある。㈤相論図は、荘園相互間ないしは所領相互間の境界などをめぐる紛争に際して作成された絵図であり、係争地点の描写や注記が詳しい。有名なものとしては西大寺与秋篠寺堺相論絵図・近江国葛川荘絵図・同比良荘堺相論絵図・同菅浦与大浦下荘堺絵図・円覚寺領尾張国富田荘絵図などがある。十三世紀後半以降、荘園領主と在地領主、あるいは在地領主一族間の所領をめぐる相論が頻発したが、㈥下地中分図は、その相論が和与となり荘園などが下地中分された場合に作成された絵図である。図上には境界線が朱線で示され、双方の担当者の署判が加えられた。二部作成されて両方が持ったと思われる。㈤と並んで最も知られている絵図であろう。これも代表的な図を挙げれば、伯耆国河村郡東郷荘下地中分絵図や薩摩国伊作荘日置北郷下地中分絵図などがある。㈦郷村図は、南北朝時代以降の荘園制の動揺によって、荘園領主が新たな対応を迫られて作成するようになった、郷村を対象にした絵図であるとされている。なお、その他に市場図であるとか、開発予定地の絵図であるとか、特色のある絵図も多く、またたとえば「古図」とか「近傍図」と称するだけで、まだその作成目的さえ明らかではない絵図も多く、この分類もまだ十分なものとはいえないことに留意しなければならない。しかも都市化や耕地改良によって現地の景観は大きく変貌しつつあり、荘園絵図の調査・研究は急務となっている。 →別刷〈荘園絵図〉

(黒田日出男)

しょうえんけいかん　荘園景観　近年、中世荘園の景観を復元しようとする研究や、その方法が注目されるようになった。今日、われわれが目にする荘園故地の景観は、もちろん現代のものである。そこでの田園景観は圃場整備で一新された近代的なそれしかないといえる。村も町も一見すれば古い建物は何一つない。しかし戦後すぐから高度成長期以前まで、ほんの二、三十年ほど前の農村には、江戸時代とさして変わらぬ伝統的な景観が残されていた。そのことは仮にその村に近世の村絵図が残されていれば、明白であろう。そうした村の耕地の大部分の景観は、さらに中世にまで遡及できるものであった。村には農地をはじめ、いたるところに字名が付いている。字名とはふつう土地台帳に登録されている地名をいうのだが、それ以外にも通称地名がある。そして耕作する農民はみなその地名を知っていた。田植えや草切り、山焼きをはじめとする共同作業(ゆい)の必要があったから、みなムラのなか全部の地名を知っていたのである。圃場整備で近代化される前の田畑が、近世さらに中世のそれを継承していることは、田畑の地名と近世の検地帳、ないしは中世の検注帳や坪付帳、譲状の地名とを比較すれば明らかである。家々には屋号が付いているものもあり、それらもこうした近世史料に合致するものがあったし、中世文書が残る場合には名《みょう》の名前と屋号が一致したりすることもあった。むろん長い年月を経て、中世・近世には開発の進展があった。井堰が増強されて取水能力が向上し、用水路も延長や分水路の拡充が図られ、また溜池も多く作られたり、嵩上げなどによって貯水量は増えていったから、水田の安定性は限りなく増加した。そうした変化は考慮しなければならない。家屋も中世の掘立柱建物は二十年ほどの寿命しかなく、移動はめまぐるしかったのだが、居住適地は限られており、多くは子や孫によって敷地内の隣接地など再建・更新される。礎石建物になって以降は、数世代に持続される堅牢な建物になった。かくして周辺の小地名に由来する屋号などは長い時代に継承された。すなわち近年までの景観には中世以来のものが多く含まれていたし、さらに館跡や神社の森などが中世を継承する景観の核としてあった。時代の積み重ねてある眼前の景観からは、荘園景観を含む多くの時代景観を読みとることができる。景観を遡及的に分析することによって、中世の景観に近づきうると考えるのはこうした考えによるが、その作業には各時代の絵図や検地帳などの土地台帳類、地誌類を活用することが不可欠であるし、現地調査はもとより、圃場整備以前の古い耕地や村をよく知る古老から、詳細をたずねきいておくことも必要である。

(服部　英雄)

しょうえんこうりょうせい　荘園公領制　日本中世の土地制度ないし社会経済体制を総括的に表示するものとして、「荘園制」ないし「荘園体制」に代わって近時多く用いられるようになった概念。提唱者網野善彦は次のように主張する。荘園制は私的土地所有の体系と表現するだけではすまぬ一種の国家的性格をもつ。しかも十二世紀以降の荘園と公領は、もはや異質な対立するものではなく、本質的に同質で、国家的性格は荘園にも公領にも貫徹している。荘園を中央貴族寺社の、国衙領を在地領主の土地所有と規定し、いずれかを基本的・派生的ととらえるのは一面的で、中世の土地制度はこのどちらを欠いても成り立たない。それは土地と人民を統一的に支配しようとする支配者側の志向と、それを実現させなかった現地の力のかねあいの中で成立している体制で、十一世紀後半から本格的な形成期にはいり、太閤検地によって終止符を打たれる土地制度である。以上のように網野は土地制度としてこの概念を用いたが、一般には「荘園体制」に代わる社会構成を示す概念として受けとられているきらいがある。十一世紀後半から十三世紀前半にかけて鎌倉幕府成立を頂点とする広義の院政期は、激動の中で荘園公領制が形成され確立される時期である。そこに出現する主な徴象として次のごときことがあげられよう。十一世紀後半以降、国衙機構の実質的運営は、在地領主である在庁官人・郡郷司がにない、同時に彼らは荘園寄進の主体となって荘公の下職を占める。そして彼ら在地領主も、その寄進を得て領家職や本家職を保持する荘園領主(国衙領では国守や知行国主)も、ともに排他的な支

配権をもたず、終極的には国家体制の一環として重層的な職《しき》の体系を構成することによって、はじめて農民からの年貢の取りたてが可能であった。また荘園領主の権限は、国家(国衙)権力を分割継承したものであり、その収取物が官物・公事と呼ばれるところに、その国家的性格が如実に表われている。本家・領家・預所などの位置を占める荘園領主およびその家司たちは、権門勢家の家政機関において、それぞれの身分位階に応じた地位を占めると同時に、国家機構の中でもしかるべき官職を占める。そしてその頂点に「九州(日本全土)は一人の有《たも》つ所」という王土思想に表わされるような、荘公を超えた国王(天皇・院)の権威が明示され、荘園公領を論ぜず大田文の田数に応じて賦課されることを原則とする、院事勅事臨時雑役=一国平均の役が、その具体的な発動形態として成立した。鎌倉幕府成立後も事態の本質に変化はない。幕府の成立によって在地領主の地位は安定化し、個々の荘園公領の存在も安定して諸権門の所領体系が確立する。そして承久の乱と『御成敗式目』によって、荘園公領制は百五十年にわたる形成過程を終える。一国平均の役の賦課対象である大田文記載の田地は公田といわれ、御家人役の賦課基準ともなり、公田は荘公領主の共通の基礎となった。そしてそれは室町時代においても、守護段銭などに継承された。以上のごとき荘園公領制の形成期については大方の意見の一致を見ているが、その終末については意見が分かれる。職の体系の規定性を重視し、その崩壊をもって荘園公領制の解体と見、南北朝時代にその終末を求め、それ以降を大名領国制と規定する永原慶二の説、応仁・文明期さらには太閤検地まで、本質的には変わらないとする網野善彦・黒田俊雄・藤木久志らの説がある。これらは中世社会の歴史的評価・時代区分とも大きくかかわって来る問題である。

荘園公領制の歴史的位置については、特にこの新たな概念に即した議論が行われておらず、しかも土地制度として見るのか、社会体制として見るのかによっても異なって来るであろう。ここでは旧来の荘園体制ないしは荘園制社会についての諸説を石井進の整理によって紹介しておく。諸説とも日本中世社会の主要な生産者が、㈠荘園領主あるいは国司の支配下に属する名主・平民百姓と、㈡在地の領主・名主に人格的に隷属する下人・所従の二階層に大別される点ではほぼ一致する。問題はそれぞれの評価や重点のおきどころにある。第一の系統は㈡を家内奴隷と規定し、彼らの農奴化による領主―農奴関係の形成をもって封建社会の成立と見る石母田正・松本新八郎らの説(松本はその画期を南北朝内乱期に求める)に始まる戦後主流の学説である。それを徹底させた安良城盛昭は、日本中世=荘園体制社会は、㈡に基礎づけられつつ㈠と㈡が相互に規定される二重の生産関係に基づく家父長的奴隷制社会であるとし、封建制成立の画期を太閤検地まで押し下げた。この安良城説に対抗する形で後述の第二の系統の諸説が形成されるが、永原慶二は第二系統説へ一歩接近し、㈠を奴隷主ではなく「過渡的経営体」とし、第一系統に立つ独自の見解を提示した。すなわち、中世前期=荘園制は㈠「過渡的経営体」と㈡奴隷に基づく段階=前農奴制社会であり、中世後期=大名領国制は㈠・㈡の上昇・分解によって生成した農奴を基礎とする農奴制社会とし、両者を貫く赤い糸は在地領主制であるとして、中世社会の一貫性をその点から主張する。一方、安良城説への対抗として一九五〇年代の後半以後形成される第二系統の説は、惣じて中世農民は奴隷的存在ではないとし、中世=荘園制社会を封建社会と見る。第一系統の諸説が奴隷の農奴化を基本とするのに対し、第二系統説は自由民の没落農奴化を基本とし、㈡のうち主人の家の外に居住するものを農奴、㈠を封建的隷属農民と規定する。ただし第二系統の中でも㈡を重視する戸田芳実・河音能平らの説と、㈠の荘園領主・国司―名主・平民百姓の関係こそ基本であり、㈡の在地領主・名主―下人・所従の関係は副次的であるとする黒田俊雄説がある。黒田は第一系統を「領主制理論」と名づけて批判し、第二系統の戸田・河音らの主張もその修正版とする。以上の二系統に対し、七〇年代には中世荘園制社会を国家的奴隷制解体期とする説(芝原拓自・原秀三郎)、非農業民の重視、民俗学の成果の導入など斬新な視角から鎌倉時代中期以前を共同体と家内奴隷制を基礎とする未開の野性のなお躍動する社会とし、それが地縁的共同体=村落の成長に伴い成熟した農業社会へ移行し、文明の本格的勝利の段階となるとする網野善彦説などが提起され注目されている。なお、荘園公領制の概念を提起した網野の中世史像が一系統・二系統の諸説と容易にかみ合わないところに問題がある。それは歴史観の問題だけでなく、網野にあっては荘園公領制は土地制度として提起されているにもかかわらず、これを社会構成論にまで拡張して受けとめているところにも起因している。

（工藤　敬一）

しょうえんしようごじてん　荘園史用語辞典　日本荘園史関係の用語に解説を加えたもの。一巻。平成九年(一九九七)刊行。阿部猛編。史料上に見える荘園関係用語に学術用語も加え、採録解説している。採録項目は約三千二百余。想定される用語の読みにしたがって五十音順に配列する。史料・文献を読解する上で、用語について簡便に知ることを目的に編纂しているので、個別の荘園名・荘園領主名は採録していない。解説文も簡潔・平易を旨としている。ただ、簡潔ゆえに逆にわかりにくくなっている場合もなしとしないが、必要に応じて項目末尾に参考文献を掲げ、より詳しい知識を得るための便宜に供している。荘園史研究あるいは荘園関係史料を読むための入門書として至便である。また、採録用語は荘園史に限らず古代・中世史研究のうえで重要なものも含まれており、広く活用することも可能である。

（久保健一郎）

しょうえんしりょう　荘園志料　個別荘園の史料集。清水正健編纂。上・下巻二冊。昭和八年(一九三三)刊行。国郡別に分類した三千数百余にわたる荘園について関連史料を載録、各荘園の沿革と概略を記す一方、おのおのの所在地および荘域を現在地に比定して研究上の便宜をはかっており、荘園研究上の基礎的文献である。なお冒頭には「提要」として荘園全般について略述している。本書編纂の基礎となった史料類は、編者が『大日本史』の編纂に携わった関係で水戸彰考館に所蔵されていた古文書・野史などに限定されており、この点で現段階の研究水準からすれば不備な点も多々あるが、荘園研究上の基礎的文献としての価値は現在も失われていない。昭和四十年本書所収の荘園に関する竹内理三編『荘園索引』(国郡別・五十音順索引)を別冊として付して再刊された。
(並木　優記)

しょうえんせいり　荘園整理　平安時代から鎌倉時代初期にかけて朝廷が行なった、荘園の停止・制約に関する政策。元来、律令国家のもとで土地はすべて国家の所有というたてまえになっていたが、奈良時代末・平安時代初期以来、土地の私的所有が貴族大寺社(院宮王臣家)の大土地所有すなわち荘園を中心に生成し、時代の下降とともに発達していったため、朝廷は国家の土地制度を維持・再建する上から、荘園を停止・制約する政策を持たねばならなくなってきた。それが荘園整理である。荘園整理の歴史は、大把みに捉えると三つの時期に区分けすることができる。まず第一の時期は、平安時代初期から十一世紀初頭に至る時代である。すでに奈良時代末から、院宮王臣家・豪民らの山川藪沢占取の禁止、王臣家やその名をかたる百姓の田地占取・田租不輸の禁止などの法令は個別に出されてはいたが、それらは問題がおのおの個別限定的で当時の荘園化全般を問題にしたものでなく、また特定国を対象としたものも少なくないので、一般に荘園整理令そのものとはみず、その前史の位置にあるものと理解されている。しかし、延喜二年(九〇二)三月十二・十三両日に発布された一連の官符は、当該問題につき、(一)勅旨田の全面禁止、(二)院宮王臣家による諸国富豪・百姓田宅の取得や私田宅化の禁止、(三)王臣荘家となった富豪・百姓宅の官倉納付逋避の禁止、(四)院宮王臣家による山川藪沢占有の禁止、(五)院宮王臣家の厨および内膳司臨時の御厨の禁止を内容とするもので、全国を対象に在来の個別法令を総合して多面的側面をもつ荘園化を全般的に抑止する意図を明瞭に示しているため、古くから最初の荘園整理令として位置づけられている。この整理令は以上の点から後世の荘園整理令の出発点をなすものとして重要な位置を占めるが、わけても右の(一)(二)(三)に付帯された「元来相伝為二庄家一、券契分明、無レ妨二国務一者、不レ在二此限一」という文言には、一定条件を満たす荘園の存続の公的保証という後世の整

荘園整理

荘園整理令一覧(全国一律の整理令のみ)

年月日	摘要	典拠
延喜二年三月十二日	内膳司臨時の御厨と院宮王臣家の厨の停止	類聚三代格
同　三月十三日	勅旨開田の停止、院宮五位以上官人の百姓田地舎宅買収と閑地荒田占取の停止(ただし元来相伝荘家で国務の妨げなきを除く)	同
同	院宮王臣家が民宅を仮りて荘家と称し稲穀等を貯積するのを禁止(ただし元来相伝荘家で国務の妨げなきを除く)	同
同	院宮王臣家の山川藪沢占取の禁止	同
永観二年十一月二十八日	延喜二年整理令以後の新立荘園(格後荘園)の停止	日本紀略
永延元年七月七日(か)	王臣家が荘園田地を設けて国郡を妨げるのを禁止	尾張国解文
寛徳二年十月二十一日	前司任中以後の新立荘園の停止	永承五年七月二十一日太政官符(田中忠三郎氏所蔵文書)
天喜三年三月十三日	寛徳二年以後の新立荘園の停止	治暦元年九月一日太政官符(勘仲記弘安十年七月十三日条)
延久元年二月二十二日	寛徳二年以後の新立荘園の停止、やせ地を嫌い肥地と相博や平民を使い公田を隠したもの、定まった坪付のない荘園、諸荘園ごとの所在の領主・田畠惣数などの注進	延久元年八月二十九日筑前国嘉麻郡司解(東大寺文書)
同　三月二十三日	寛徳二年以後の新立荘園の停止、往古の荘園でも券契不明や国務に妨げあるものは停止	延久元年閏十月十一日伊賀国司庁宣(東南院文書)
同　閏十月十一日	右の整理のため太政官朝所に記録荘園券契所を設け、寄人五人を置く	百錬抄
承保二年閏四月二十三日	寛徳二年以後の新立荘園の停止	承保二年八月二十三日官宣旨(内閣文庫所蔵美濃国古文書)
承暦二年六月十日	寛徳二年以後の新立荘園について荘園年紀・本免田数・加納田畠等を注進させ、先符に任せ停止	天仁二年九月二十六日官勘状(東大寺文書)
康和元年五月十二日	寛徳二年以後の新立荘園の停止	後二条師通記・康和二年五月二十三日官宣旨(東寺百合文書)
保元元年閏九月十八日	久寿二年七月二十四日以後の宣旨なき新立荘園の停止、それ以前の荘園につき本免田のほか加納余田および荘官寄人の濫行の禁止(ただし宣旨および白河・鳥羽両院庁下文を帯するものは天裁を待つ)、諸国寺社の神人・悪僧の濫行の停止、特定大寺社領・仏神事用途の注進	兵範記
二年三月十七日	保元元年令と同内容	保元二年三月十七日太政官符(壬生家文書)
建久二年三月二十二日	本免田以外の加納余田と保元以後の新立荘園および国中訴訟・荘民濫行の注進、天裁を経ず国免庁宣で荘園を立て、諸国人民が私領を神人・悪僧・武勇輩に寄するのを停止、諸国寺社の神人・悪僧の濫行の停止、特定大寺社領・仏神事用途の注進	建久二年三月二十二日宣旨(三代制符)
建暦二年三月二十二日	諸国司が国領を寺社に寄進するのを停止	玉蘂
嘉禄元年十月二十九日	自今以後新立荘園の停止	鎌倉幕府追加法

理令全体にまで共通する性格が読みとれる。しかし、反面この整理令はこの時期固有の性格を代表するという特徴をも持っており、田・宅・官倉・山川藪沢・御厨の各側面を多面的に禁止の対象としている点は、この時期の大土地所有＝荘園化のあり方や朝廷の方針に規定された特徴であり、また右掲引用文に窺われる荘園停立の認定権の国衙への大幅な委譲は、最近の研究が注目しているように、当該期にあらわれる国衙行政権の増強と対応するこの時期の特徴であり、これらの基本性格は、永観二年(九八四)の荘園整理令が延喜の整理令(格)以後の荘園を停止の対象とし、長保四年(一〇〇二)には若狭国司の申請に基づき、国司による同国内の荘園禁止を承認している(『権記』同年四月十日条)ことなどからみて、大枠においてこの後一世紀前後にわたって受け継がれた。古来、延喜をはじめこの期の整理令は荘園が本格的に多数乱立してくるもとで出された禁令であり、摂関政治期にかけて摂関家領を中心に荘園は諸国に充満するに至ったから、整理の目的は貫徹されなかったと理解されてきた。しかし第二次世界大戦後、竹内理三によって皇室・摂関家がこの期を通じ荘園抑止に意欲的であったことが指摘されて以来、整理政策は国司をとおしてかなり貫徹されており、その結果、荘園はこの期を通じてまだ数的に少なく、体制的成立に至っていないという見方が支配的になってきている。第二期は、十一世紀半ばから十二世紀前半鳥羽院政期にかけてである。すでに長久元年(一〇四〇)後朱雀天皇と関白藤原頼通の間で、延喜の整理令を前提としない新しい荘園整理令の発布のいかんが議されていたが、五年後の寛徳二年(一〇四五)には、諸国一律に前司任中以後の荘園を禁止する、いわゆる寛徳の荘園整理令が発布された。この法令は以後当該期の整理令の出発点と認識され、天喜三年(一〇五五)にはこれを受けて寛徳二年以後の荘園の禁止を罰則強化の形で立法し、延久元年(一〇六九)には、天喜の整理令を継承しつつ、なお寛徳以前でも券契不分明で国務を妨げるものは禁止するという一歩踏み込んだ姿勢を示し、またそれを強力に遂行するために全荘園領主に領主名と田畠惣数の提出を命じ、太政官内に記録荘園券契所を設けて、その弁別を摂関家・大寺社をも対象として行なった。以後この方向を受けた整理令は、承保二年(一〇七五)・承暦二年(一〇七八)・康和元年(一〇九九)にも出されており、鳥羽院政期に入ると全国一律の整理令は後退するものの、右の整理令をもとに国ごとに国司が官符を受けて行う整理令はそれなりに繰り返し出された。以上の諸整理令を通観すると、この時期の特徴として、まず延久の整理令に「無ニ定坪付一庄(中略)田畠惣数、慥注ニ子細一可レ経ニ言上一」(『東大寺文書』延久元年八月二十九日筑前国嘉麻郡司解所引の同年二月二十二日官符)とあるように、前段階の多面的な把握と異なり、田畠坪数の認否が主内容となっている点が指摘されるが、それは名田畠を軸とする所領把握方式がこの時期に一般的に定着したことに規定されている。また荘園認否の国衙への大幅な委任を撤回し、罰則強化や記録所設置などを通じ、朝廷みずからが繰り返し立ち入った整理に乗り出すのもこの時期にあらわれた方向であるが、それは近年の研究によって明らかにされてきたように、この時期に入ってようやく諸国一般に荘園の形成が寄進地系荘園を中心に本格化し、公領とならぶほどの比重を占めるようになってきた事実への対応であった。しかし、寛徳の整理令が前司任以前の荘園を問わず、延久の整理令も寛徳以前につき国務の妨げなきものを認めたことは、前時期同様、荘園整理令が条件を満たした荘園を公的に保証する効果をもたらし、この時期の末期、鳥羽院政期に全国対象の整理政策が後退するのは、右の条件が荘園乱立の趨勢を抑止できなかったことのあらわれである。第三の時期は、十二世紀半ばの保元の乱以降十三世紀初頭の鎌倉時代初期に及ぶ時代である。乱直後の保元元年(一一五六)閏九月十八日に発布された保元の荘園整理令は、寛徳以後の停止という前時期の基本線を断ち、後白河天皇即位の久寿二年(一一五五)以後の宣旨なき荘園の停止を打ち出した点で新しい性格の整理令であることをみずから宣言しており、さらに宣旨や白河・鳥羽両院院庁下文なき荘園の寄人および加納余田化の停止、寺社の神人・悪僧らの濫行停止、京畿周辺特定大寺社領用途の注進を内容としているが、この基本方向は平家全盛期にも継承され、さらに鎌倉幕府成立後の建久二年(一一九一)三月二十二日に発布された新制中でもほぼ同じ方向で継承された。以上の点から知られるように、荘園の認否が田畠坪付だけでなく、寄人さらには寺社の神人・悪僧・用途の問題をも含む形で提起されていることは、この時期の荘園が田畠・人間の総体的把握を問題とし、その傾向が寺社領で最もするどくあらわれていたこの時期固有の動向の結果であり、また荘園の停立の規準に宣旨・院庁下文が持ち込まれているのは、権門荘園の一層の乱立と鳥羽院政期以降皇室みずからが大荘園領主になったという新しい状況に対処するためにほかならない。しかし、反面からみれば、宣旨や鳥羽・白河両院庁下文を条件とする形で荘園の存立を公的に保証する性格はこの時期にも一貫して貫かれており、宣旨・院庁下文を拠所とするだけにその保証力は最強となった。だが、十三世紀に入ると荘園の立券・増加の現象自体が下火になった結果、荘園整理を行う前提条件が失われ、荘園整理令は嘉禄元年(一二二五)の新制に持ち込まれたのを最後として発布されなくなり、荘園整理の歴史は終った。→延喜《えんぎ》の荘園整理《しょうえんせいり》　→延久《えんきゅう》の荘園整理《しょうえんせいり》　→記録荘園券契所《きろくしょうえんけんけいじょ》　→保元《ほげん》の荘園整理《しょうえんせいり》

（義江　彰夫）

しょうえんぶんぷず　荘園分布図　全国の荘園の位置を可能な限り地図上に比定し、所在を示したもの。竹内理三編。上下二巻。上巻は昭和五十年(一九七五)、下巻は同五十一年刊行。地図はまず旧国ごとに分けられ、さらにそのなかの地域ごとに分けられている。伊豆など一国

一図のみのものから、近江のように十五図に分けられたものまで、荘園の数・密度の高さや国の広さなどによって分割のあり方は様々である。荘園名は文字囲の種類によって存在時代が一目でわかるように表示され、領家も示されている。また、寺院・神社・関所・城跡・古戦場などの歴史的要地も表示し、旧郡名だけでなく、発行当時の市街地、市郡名・町村名なども表示して現行行政地域との比較を容易にしている。各巻末には解説と荘園の国別索引を付している。個別荘園の各国における位置や各々の位置関係、国ごとの荘園の分布・密度などを一覧することができ、至便である。（久保健一郎）

しょうえんほう 荘園法 中世荘園領主の荘民統治のための法。一方において平安時代後期における王朝国家の法体系を継承し、他方において荘園の在地における慣習法（「民間の習」）を吸収しながら形成される。荘園法は、個別荘園ごとの法規範に限定して用いる場合と、複数の所領荘園を統合した荘園権門における領有の法規範総体（前者を含む）をさして用いる場合の二つがある。法形式としては、前者では荘官起請文・荘官請文・荘官申文などの形をとり、後者では領主の置文・遺誡・起請文・評定事書や随時に発給される下文などの形をとる。その内容は個別荘園と荘園領主支配の形成の歴史に応じて多様であるが、前者の事例に属する文永八年（一二七一）六月十七日紀伊神野真国猿川荘荘官等起請文（『高野山文書』）では、殺生・強窃二盗・放火・博奕や越訴・寄沙汰の禁制、寺僧坊免・所従の処遇、遺盗人の処置、野取馬・放飼牛馬・供料未進・作人不法・市抑買など生産・流通・収取にかかわる規定から守護所使・寺家使・荘官の非法の禁止に至るまで、十五ヵ条にわたって規範が定立されている。また、後者の事例に属する元暦二年（文治元、一一八五）正月十九日の僧文覚起請文（『神護寺文書』）では、神護寺寺中の所職任免・寺務執行・堂塔修造・仏事勤仕・戒律維持・資財処分・所職譲与・寺家訴訟・荘務執行など四十五ヵ条にわたって規式が定められている。なお、本所法は、公家法・武家法などと同じく、その独自の法圏を保ちながら、相互に連関しつつ、中世法の総体を構成した。（棚橋光男）

しょうえんもくろく 荘園目録 全国の荘園を目録化したもの。八代国治編。一巻。昭和五年（一九三〇）発行。本書は八代が荘園研究の参考のために作成したものを、七回忌の年に当たり、友人等関係者が校正を加えて刊行したものである。第一編皇室御領荘園目録、第二編荘園目録、第三編荘園目録索引で構成される。もともとが八代個人の備忘録であるため、整理されておらず体裁の統一もとれていないが、原型が尊重され、誤字の類を除いて校正者による改変は加えられていない。旧国ごとに荘園を記載し、領有関係や、典拠史料などを載せる。特に第一編は、八代が晩年宮内省に委嘱された皇室御料沿革調査に関わる研究の一環である。巻末には八代の略歴と著書・論文目録を付す。当時荘園の目録類はほとんど他に見られなかったため、未定稿であっても発行の意義は十分にあったといえる。また、八代の荘園研究の到達点を一定度知ることも可能である。→八代国治《やしろくにじ》（久保健一郎）

しょうえんりょうしゅ 荘園領主 一般には荘園を領有する都市貴族・大寺社を指すが、関東御領をもつ武門の棟梁＝鎌倉殿も荘園領主である。荘園現地の大土地所有者を在地領主と称するのに対応する概念であり、史料にみえる用語ではない。十一世紀の寄進地系荘園の成立後は、領家・本家として、いわゆる職《しき》の体系の頂点を占める。公家領の場合、在地勢力の寄進を受けて領家職を有するのは中・上級の一般貴族であり、天皇家・摂関家はさらに上分の寄進を受けて本家職を集積し、一般貴族を家司として組織して、政所などの家政機関をもって、荘園からの年貢・公事による家産的経済体制をつくっている。荘園領主の権限は、原則的に国衙の権能を分割継承したものであり、その内容は個々の荘園のなりたちや、荘園領主の性格によって異なるが、一般に東大寺・東寺・興福寺・比叡山・高野山などの寺院は、自前の荘務機構と強制組織、さらには独自のイデオロギーをもち、検注・散田・勧農など下地管理をみずから行う場合が多く、そのため室町時代まで、かなりの荘園を維持することができた。一方公家は、寄進契約による一定の年貢・公事収取のほかは、不輸不入権の確保、外部勢力の侵害防止、荘官の改替など政治的権能を主とし、荘務の実際は在地勢力に依存する場合が多く、そのため公家領荘園は大部分が南北朝時代までに退転する。なお南北朝時代以降は、領家職を武家がもったり、地頭職を公家・寺社がもったりするようになり、荘園領主＝本家・領家という本来の原則はくずれてしまった。→本家《ほんけ》 →領家《りょうけ》（工藤敬一）

しょうかん 荘官 荘園の管理者の総称。荘園領主の任命によって荘内の勧農・年貢徴収・治安維持などの任にあたった。また反対給付として荘内に給分・給田が与えられるのを通例とした。種類・名称は時代・荘園によって多種多様であるが、時代別に代表的荘官名を列挙すると次のごとくである。すなわち奈良時代には田使（田令）・荘目代・荘領などの名称が多く用いられ、さらに平安時代初期になると荘長という名も出現した。また平安時代中期には荘預・荘別当・専当・荘検校・荘司・案主・公文などが、さらに平安時代後期になると預所・下司・公文などが代表的名称となった。荘官には中央の荘園領主の腹心の者が任命されて現地に下向する場合と、現地の有力者が任命される場合の二つの形があったが、時代が降るに従って後者の形が一般的となっていった。その結果、次第に荘官職は世襲されるようになり、荘園の事実上の支配権が荘官層に掌握されていくこととなった。特に十一世紀後半以後増大する寄進型荘園では各地に成長した開発領主が私領を中央の権門勢家に寄進し、みずか

荘園絵図

日本の地図の歴史は、田地の境界を明確にし、領有を確認するための古絵図から始まる。絵図と呼ばれるのは、地形や各種の景観が鳥瞰図風に描かれており、まだ記号化されていないためであって、彩色をほどこしたものが多い。古代においては、班田のための台帳として田図があったことが知られるが、今日伝わるものはなく、東大寺が寺領を開拓し経営するために8世紀に作成した東大寺開田図が、現存最古のものである。班田制度の崩壊につれて、10世紀ごろから荘園が全国にひろまり、荘園領主は領地の実態を把握するために荘園絵図を作るようになった。現存する絵図は約200点であるが、ここでは代表的なもの18点をえらんで掲げた。最近の開発によって従来の景観が急速に失われつつあるが、荘園絵図は歴史的景観を復原するための有力な手がかりとなっている。

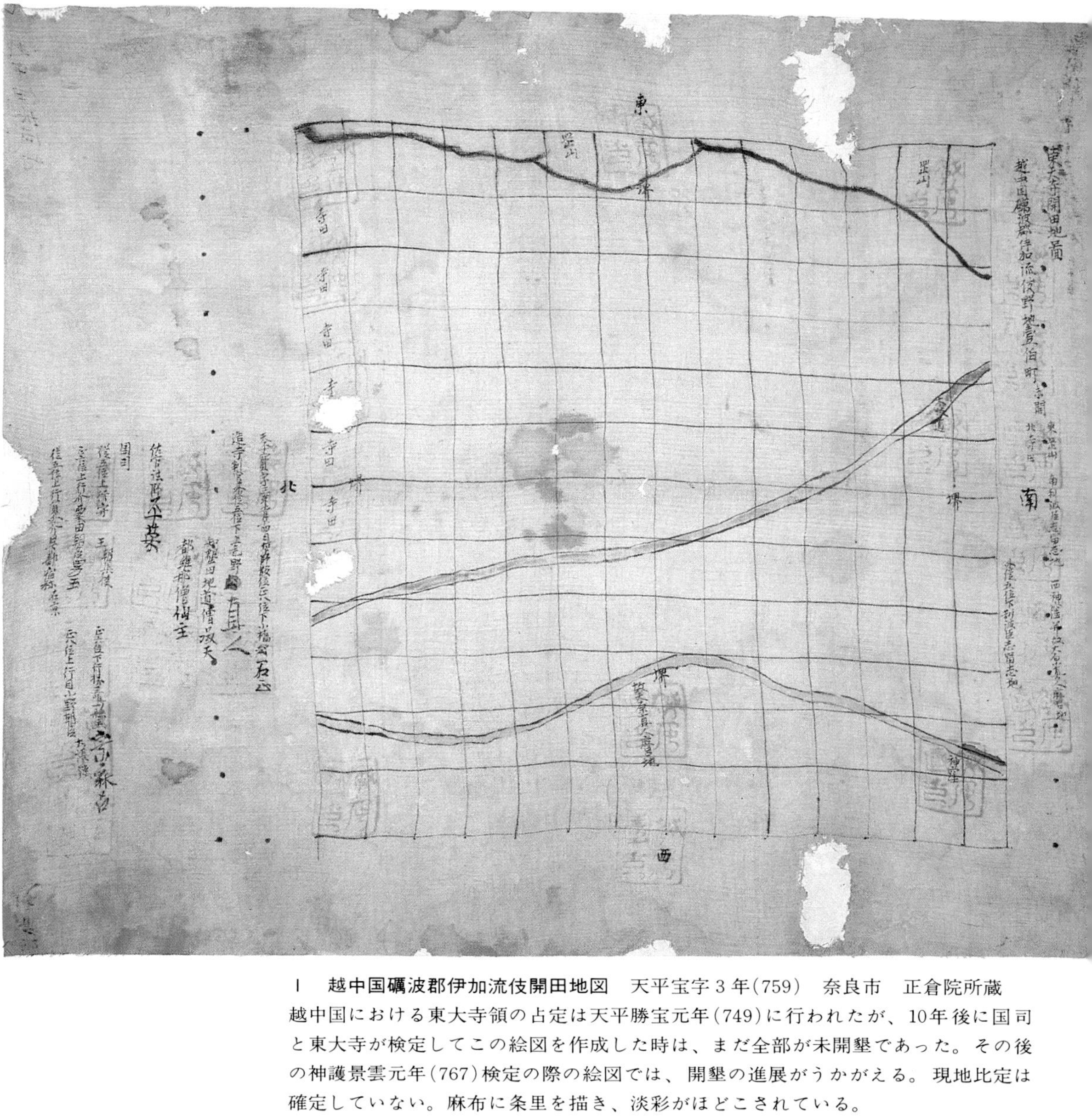

1　越中国礪波郡伊加流伎開田地図　天平宝字3年(759)　奈良市　正倉院所蔵
越中国における東大寺領の占定は天平勝宝元年(749)に行われたが、10年後に国司と東大寺が検定してこの絵図を作成した時は、まだ全部が未開墾であった。その後の神護景雲元年(767)検定の際の絵図では、開墾の進展がうかがえる。現地比定は確定していない。麻布に条里を描き、淡彩がほどこされている。

2　近江国水沼村墾田地図　天平勝宝３年(751)
奈良市　正倉院所蔵
近江国が、国司の指揮によって行なった開墾状況を中央に報告したもので、水沼村30町と覇流村70町の絵図が、近江国司解の中に挿図として描かれている。淡彩。この田地は、その後、東大寺領水沼荘・覇流荘となり、この絵図も東大寺に伝来した。水沼村は、現在の滋賀県犬上郡多賀町敏満寺付近。朱で灌漑用水門が描かれている。

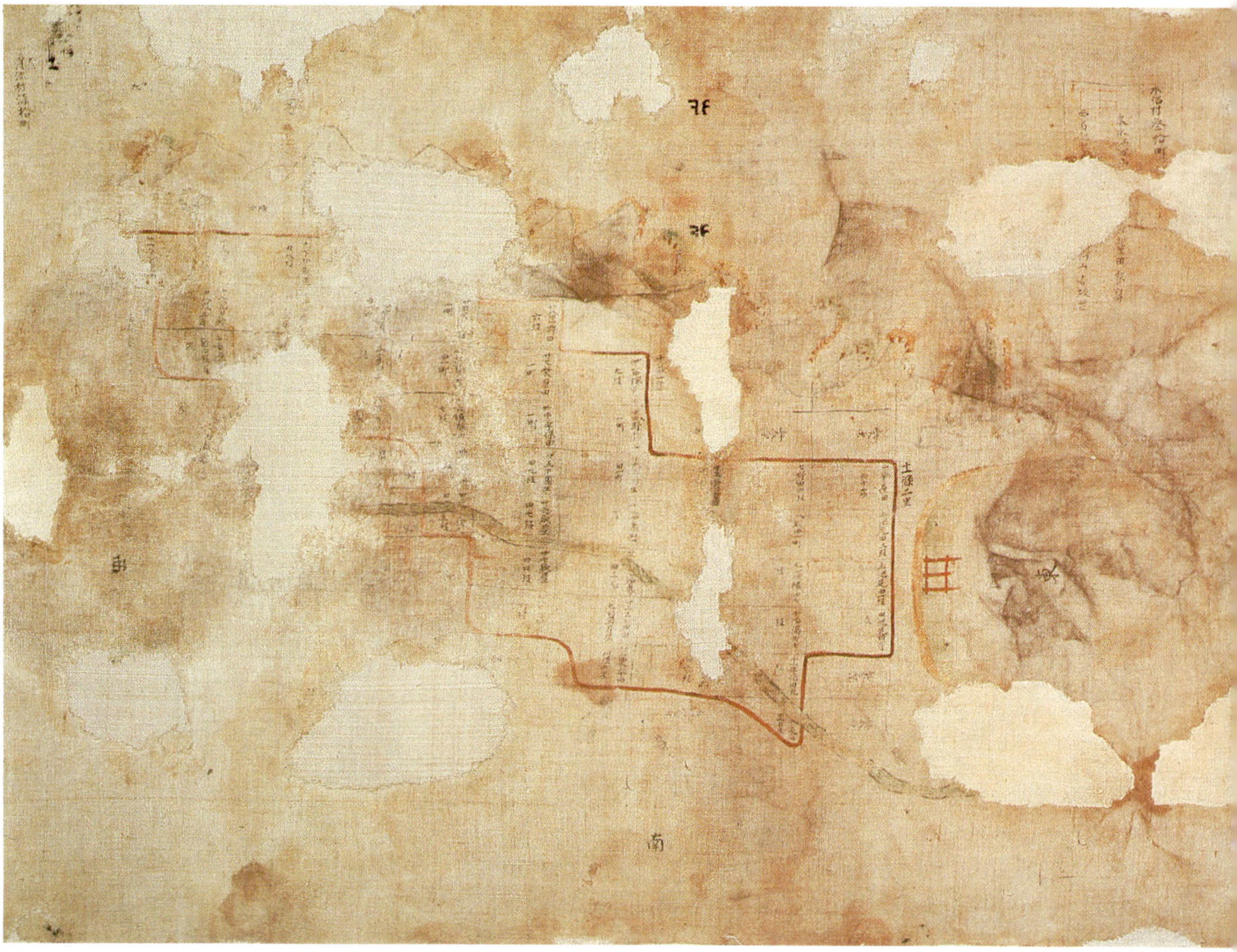

3　越前国坂井郡高串村東大寺大修多羅供分田地図
天平神護２年(766)　重要文化財　奈良国立博物館所蔵
東大寺の大修多羅衆の費用にあてるために、現在の福井県坂井郡三国町にあった田地の地図。天平神護２年に越前国の東大寺領が、国司と東大寺によって検田された時のもので、10町のうち６町が開墾田で、それは交換と買収によって寺田となったものであった。山容や樹木、入江とその中の魚などの描法は、奈良時代の絵画資料としても貴重である。

4　越前国足羽郡道守村開田地図　天平神護 2 年(766)
奈良市　正倉院所蔵
東大寺領道守村は、現地の豪族である足羽郡大領生江臣東人が寄進した田地 100 町をもとにしてできた荘園で、その後、東大寺による整理・交換・買収によって発展した。現地は福井市の西郊、生江川と日野川の合流点付近にあたり、いくつかの沼からの水路があり、百姓の聚落もみえる。本図もまた、奈良時代の山水画として注目すべき作品である。

額田寺伽藍並条里図　奈良時代末期　国宝
倉市　国立歴史民俗博物館所蔵
良県大和郡山市にある額安寺(旧名額田寺)の藍と周囲の条里を麻布に描いている。伽藍配は墨と丹を用いて詳細に記されており、草創の同寺の規模がうかがえる。「大和国印」がされているが、年紀や、国司・三綱の署名はわれていまはない。寺田のほかに、公田と私主名も記入されているが、寺領との境界に、示の石柱がみえるのは興味深い。

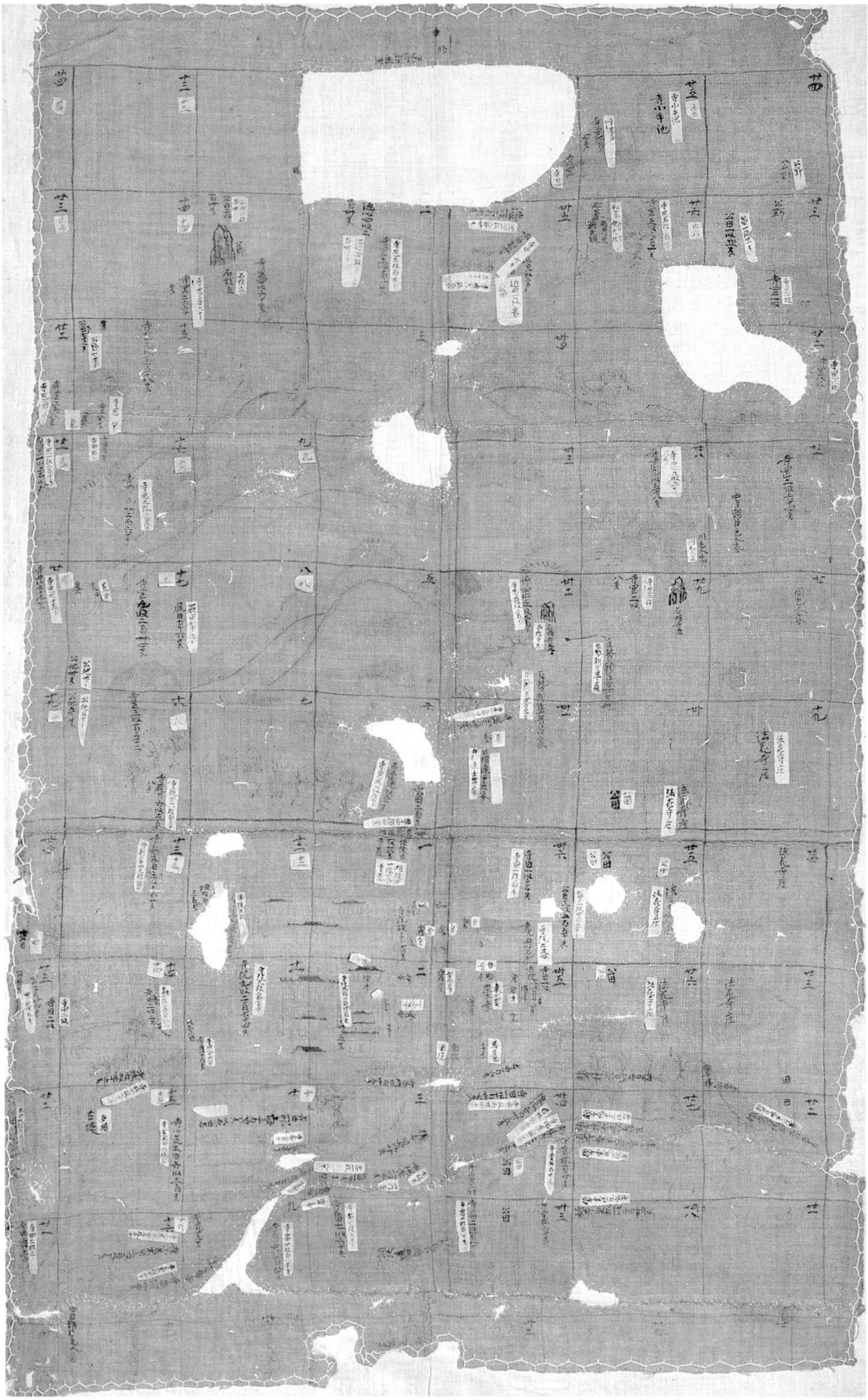

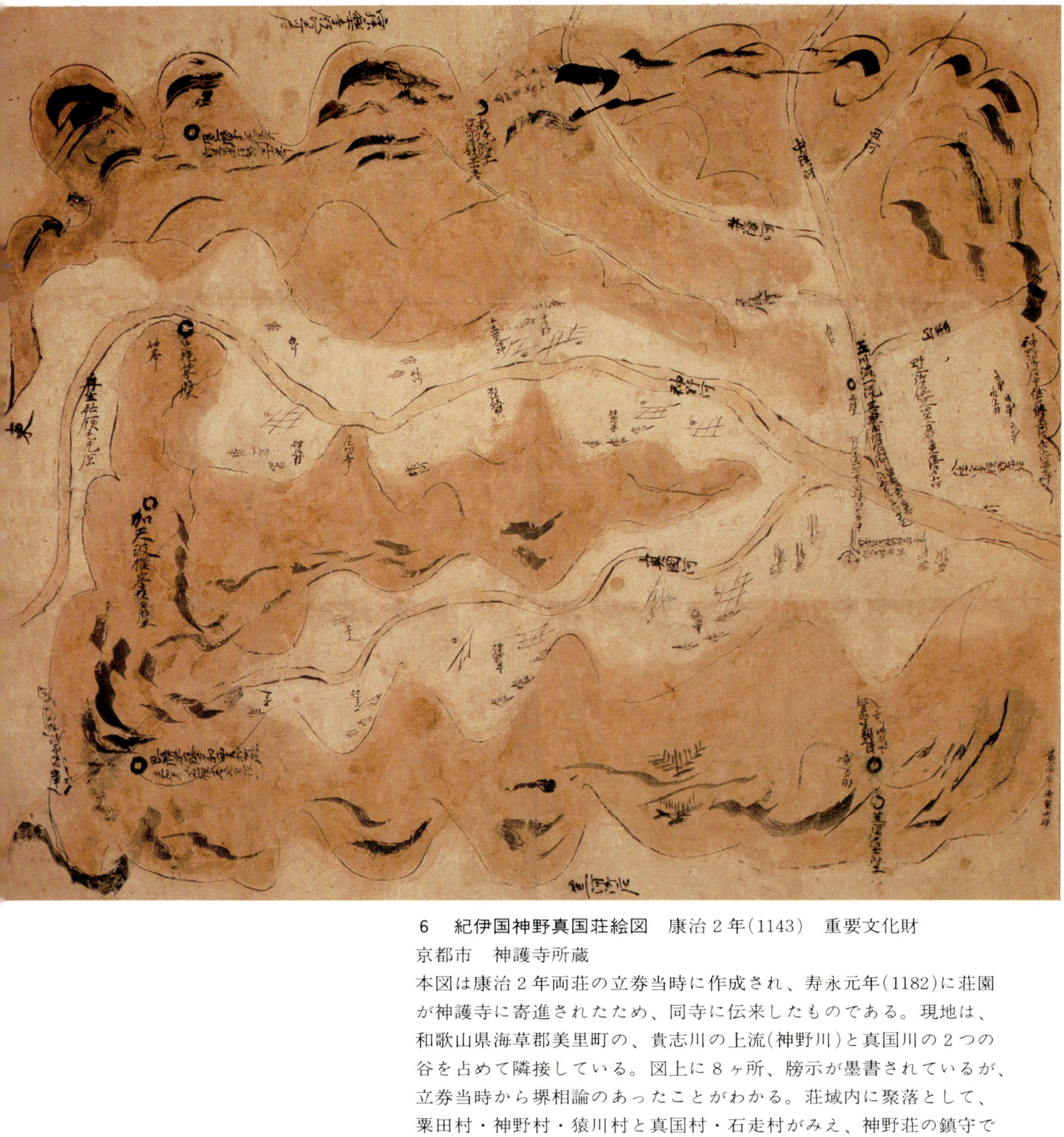

6　**紀伊国神野真国荘絵図**　康治２年(1143)　重要文化財

京都市　神護寺所蔵

本図は康治２年両荘の立券当時に作成され、寿永元年(1182)に荘園が神護寺に寄進されたため、同寺に伝来したものである。現地は、和歌山県海草郡美里町の、貴志川の上流(神野川)と真国川の２つの谷を占めて隣接している。図上に８ヶ所、牓示が墨書されているが、立券当時から堺相論のあったことがわかる。荘域内に聚落として、栗田村・神野村・猿川村と真国村・石走村がみえ、神野荘の鎮守である「十三所大明神」は十三神社として現存する。

7　備中国足守荘絵図　嘉応年(1169)　重要文化財　京都神護寺所蔵

足守荘は、岡山市の足守を中とした地域で、足守川(大井が山地から平野部に流れ出る状地にあった荘園である。本は嘉応元年の立券当時のものあるが、元暦元年(1184)に神寺領となり、絵図も同寺に伝ることとなった。足守川の東に条里の地割が描かれていて田地が開けていた様子がわかが、半刀池はその灌漑用の池あろう。中央の八幡宮は当荘鎮守と思われるが、寺院も7寺がみえ、荘園内に村落が点している。

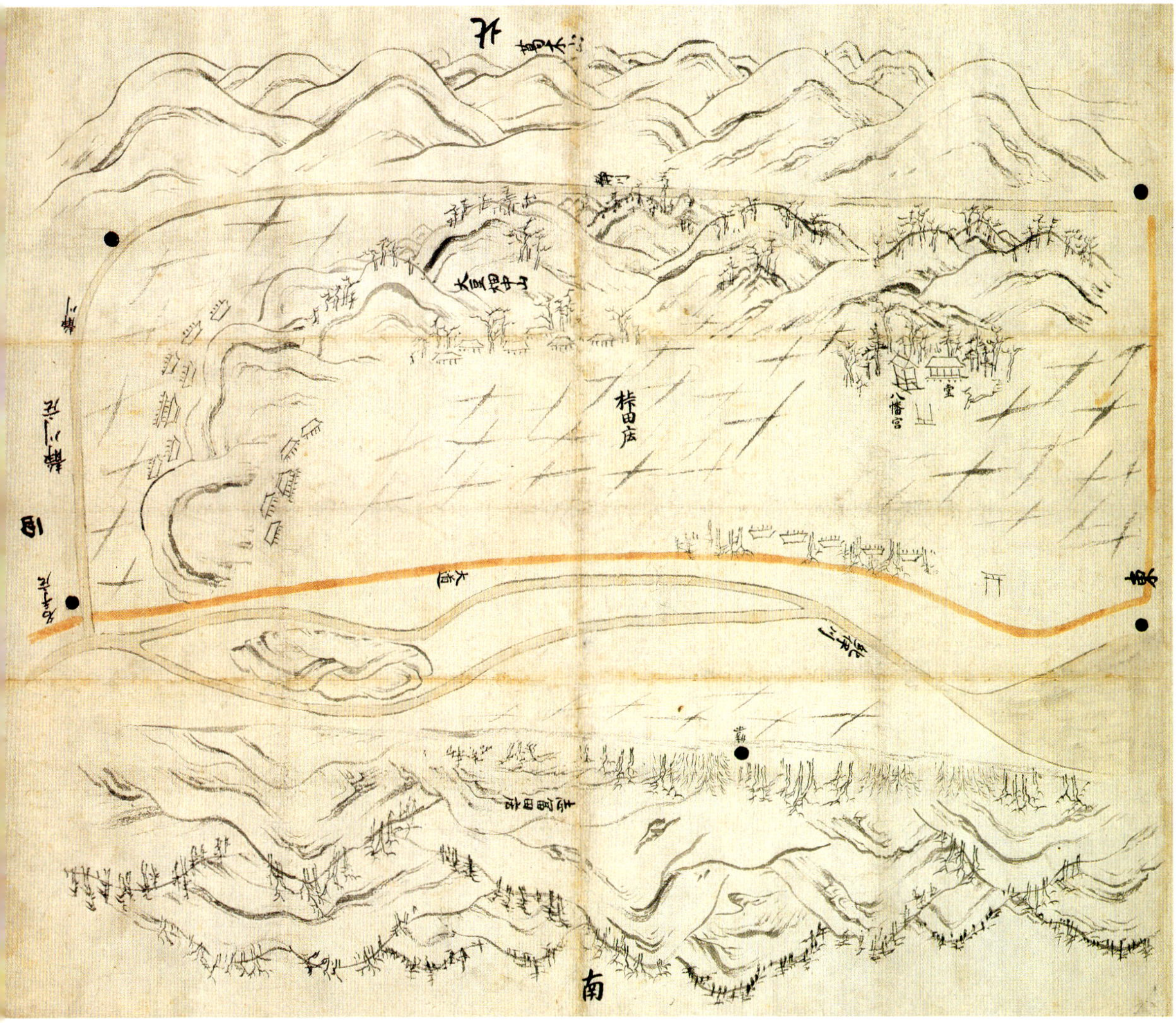

8　紀伊国挊田荘絵図　平安時代末期　重要文化財　京都市　神護寺所蔵

挊田荘は、寿永２年(1183)に後白河法皇によって神護寺に寄進された荘園で、和歌山県伊都郡かつらぎ町の紀ノ川の右岸の地域にあった。絵図の作成については明記はないが、寄進の翌年の立券の際のものかと思われ、その後の堺相論の書き込みもみられる。本図は領家である神護寺に伝わったものであるが、現地の宝来山神社(絵図中の八幡宮)にも、同様の構図のものが伝わっており、領家・現地の両方に荘園絵図が伝来した実例として貴重である。

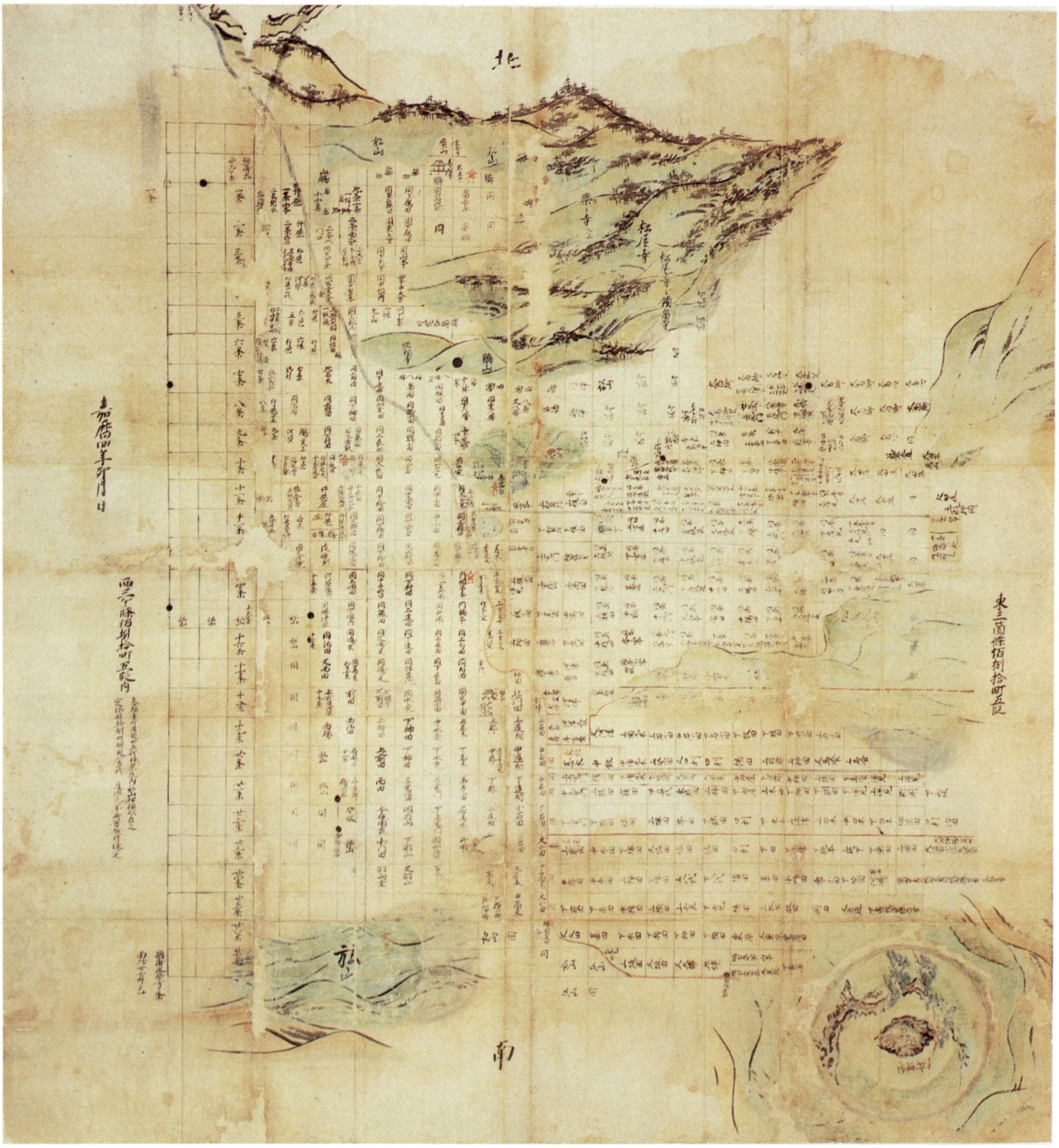

9　播磨国鵤荘絵図　嘉暦４年(1329)　重要文化財　奈良県　法隆寺所蔵

鵤荘は、兵庫県揖保郡太子町にあった法隆寺領荘園で、聖徳太子が施入した水田 219 町余がその濫觴となったものと思われる。建長年中(1249—56)に下司の罪科によって幕府に収公されたが、寺僧の奔走により嘉暦４年に法隆寺に還付された。この絵図はその直後、法隆寺が現地を実検した際に作成されたもので、総田数は 361 町歩とある。図中の荘の堺を示す牓示石が12ヶ所にみえるが、「太子の投げ石」「はじき石」と呼ばれる石が今でも残っている。

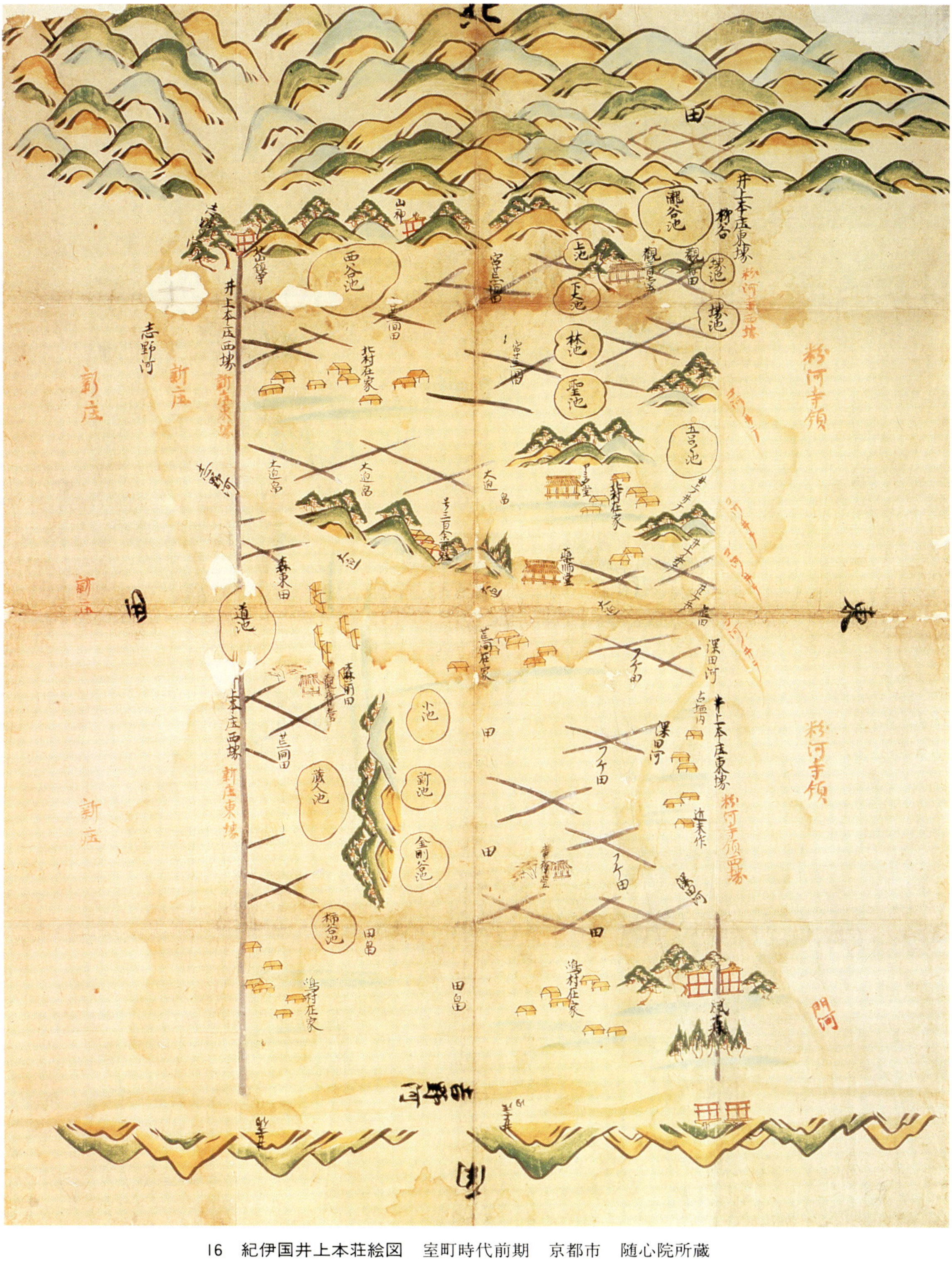

16　紀伊国井上本荘絵図　室町時代前期　京都市　随心院所蔵

井上本荘は、和歌山県那賀郡粉河町にあった荘園で、南が紀ノ川に面していた。京都随心院領であったが、西の新荘の領家は粉河寺行人であり、東の粉河寺領との間にはさまれていた。そのため、南北朝時代の末から同寺の寺僧の押妨をうけて、しばしば随心院と粉河寺の間の争いとなった。この絵図は、そのころ随心院側で作成したものと思われる。灌漑用の池の多いことが注目される。彩色の美しい絵図である。

17　近江国比良荘絵図　室町時代　滋賀県　伊藤晋所蔵

琵琶湖の西岸、比良山系の山麓にあった比良新荘と音羽荘との間に、永和２年(1376)堺相論のあった時の絵図の写しである。弘安３年(1280)にあった比良新荘と小松荘・音羽荘などとの間の相論の時の絵図が基本図となっているらしい。比良荘絵図は滋賀県滋賀郡志賀町から高島郡高島町にかけての一帯を描いているが、２種類の絵図があり、掲出のものは志賀町北小松にあるもので、別の一本が同町北比良に伝わっている。

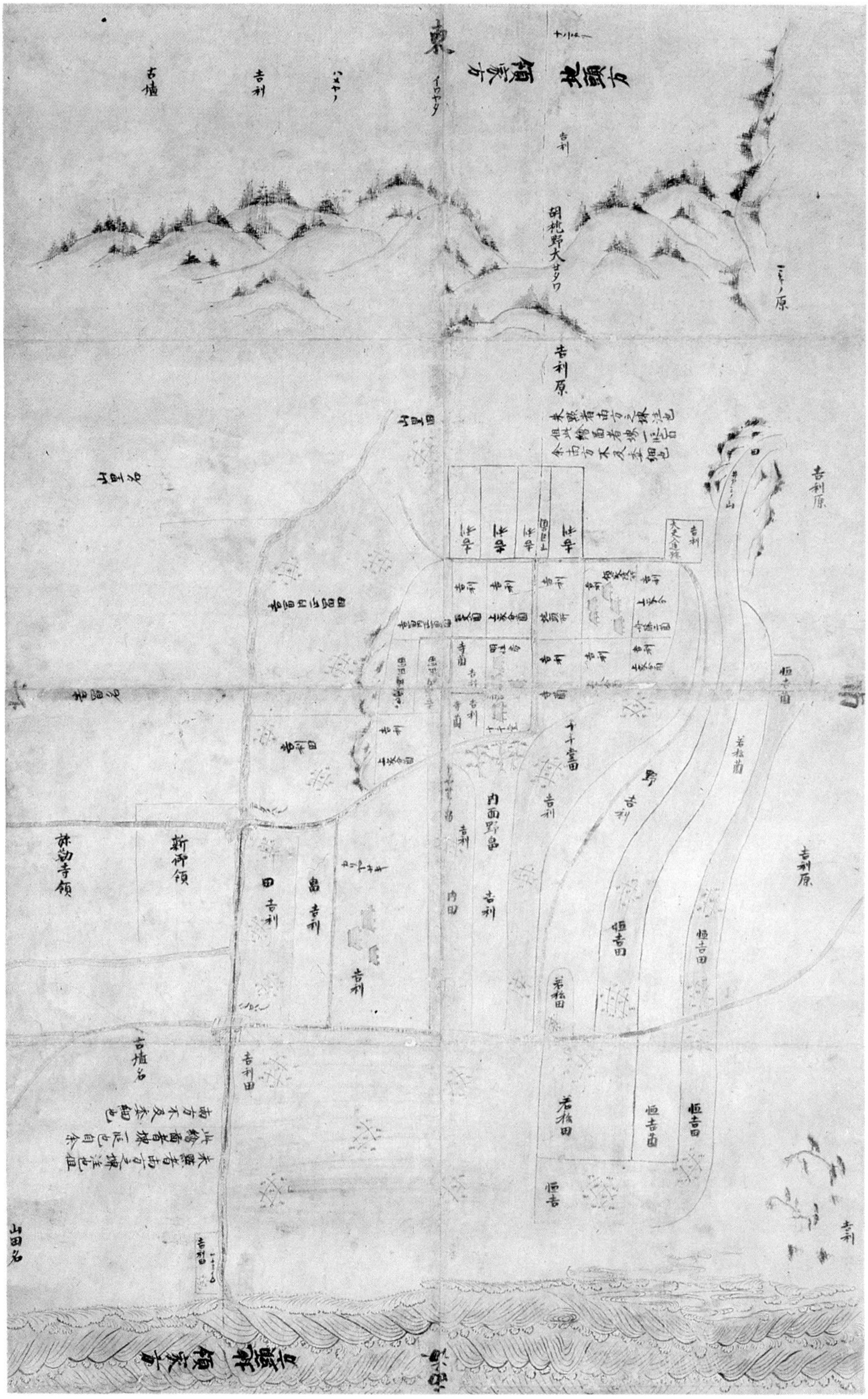

18　薩摩国伊作荘内日置北郷下地中分絵図　元亨４年(1324)　東京大学史料編纂所所蔵
日置北郷は、領家は一乗院、地頭は島津氏で、宗久の時に領家方と地頭方の間で紛争がくりかえされていたが、元亨４年に至って両者の和与による下地中分が成立した。本図はその時作成のもので、朱線で両者の境界を示し、領家雑掌と地頭代の署判が裏にある。日置北郷は、鹿児島県日置郡日吉町のうちで、東シナ海に面した地域である。

(皆川　完一)

らは下司・公文などの下級荘官として従来の私領支配権を留保するのを特徴とするから、このような傾向は当初より顕著であった。鎌倉幕府成立後、開発領主層のほとんどは幕府の基礎たる地頭御家人化し、さらに鎌倉時代中期以後になると幕府の権威を背景として領主制を発展させ(地頭領主制)、荘園領主支配を駆逐するようになっていった。このような状況の中で荘園領主側の利害を代表したのが預所やその代官層である。預所とは本来は領家にかわり下司・公文などの下級荘官を指揮して荘地・荘民支配、年貢徴収などの任にあたる荘官中の最上位に位置するものであるが、彼らは地頭領主制の進展に対してみずからも競合する形で領主制を展開した。現在の研究ではこの預所層による領主制を特に荘官的領主制と称している。ただ一概に荘官的領主制と称しても中央から現地に派遣された預所が次第に領主制を展開していく場合と、すでに在地領主化を果たしている現地の有力者を預所に任命する場合とがあった。前者の例として鎌倉時代中期の東寺領若狭国太良荘預所代(のち預所)真行房定宴や鎌倉時代末期の高野山領備後国太田荘預所和泉法眼淵信の活動などはよく知られているところであり、また鎌倉時代末期東寺領伊与国弓削島荘に乱入した悪党をみずからの軍兵で追却し、その功によって当荘預所職に任じられた承誉などは後者の好例であろう。なお厳密な意味で荘官的領主制と称するのは前者の場合であって、この場合、預所層の領主化と称しても、彼らが支配しえたのは百姓名主層のみで、その内部に包含された隷属的生産者層を支配するまでには至らなかった。そのために名主層の成長や地頭領主層の成長の前にはたえず加地子領主=得分収得者の地位に追いやられる矛盾を内包していたのである。（並木　優記）

じょうがんじのしょう　成願寺荘　大和国山辺郡の荘園。現在の奈良県天理市成願寺町を中心とする地域。興福寺雑役免荘で、延久二年(一〇七〇)の『興福寺雑役免帳』によると、荘田は常楽会免田三町・成願寺田九段・公田畠六町四段小からなっていた。応永六年(一三九九)の『興福寺造営段米田数帳』に「一乗院方　成願寺十四町九段」とみえ、この地には一乗院領荘園もあった。（泉谷　康夫）

しょうかんみょう　荘官名　中世の荘園において各種荘官の所有する給名の総称。通例年貢のみ負担し、雑役は免除された。荘園の検注帳・内検帳・名寄帳などに一般百姓名に交じって仮名《けみょう》で、時には下司名・公文名などと職《しき》種が明記された各種の荘官名が認められる。畿内膝下の荘園では荘官には別に給田があるとはいえ、規模が百姓名にも劣る狭小な荘官名が少なくない。雑役免であるべき荘官名が百姓名と同様に名別公事を勤仕する例さえ存する。器量を見込まれて任ぜられた実務型荘官のゆえであろうか。荘務権が本所・領家側にあるかどうかにもよるが、一般に畿内近国の荘園では荘官名の規模は一、二町前後が通例で、畿内から遠くに隔たるにつれて次第に大きくなる。たとえば安芸国三入《みり》荘では鎌倉時代に公文以下三職の荘官名が十一町四段余・五町二段余・一町五段余で、これらが地頭名として包括されるに至った。荘務権が在地に留保されている名義寄進色の濃い寄進型荘園では、いわば全荘またはその主要部分が荘官職・荘官名であった。そしてこれらの荘官職の多くは鎌倉幕府の創設後、地頭職・地頭名に転じていった。またこの開発私領主の別名を源流とする寄進型荘園でも、荘官職が政変・内乱・紛争などで転々とすれば、在地領主としての基盤は不安定であって、周辺の百姓名主の上に卓越することは困難で、領家の荘務執行の前に屈して荘官職が公文・田所・案主などの諸職に分裂し、地頭に転身しえないでいるような荘官の給名の場合、入部してくる地頭勢力の前に規模の狭小をかこったであろう。なお荘官名の内部状況を示す史料は乏少であるが、家族・下人を駆使しての直営のほか、多く作人・在家・小百姓などの請作にまったようである。（佐川　弘）

じょうきゅうぼっしゅうち　承久没収地　承久の乱後、鎌倉幕府が没収した後鳥羽上皇方の所領。乱後、鎌倉幕府は後鳥羽上皇管領の皇室領はもとより、その計画に参画した側近院臣や京方武士らの所領をすべて没収した。『吾妻鏡』承久三年(一二二一)八月七日条には「叛逆卿相雲客幷勇士所領等事、武州尋註分凡三千余箇所也」とあり、その数は莫大であったことがしられる。この中には卿相雲客らの有する領家職・預所職もあれば、武士らの有する地頭職や下司職など(一部には公文職や在庁名などの名主職も含まれる)もあった。後鳥羽上皇管領の皇室領は、後堀河天皇の父後高倉院に進められたが、この際「但武家要用之時者可㆓返給㆒」という条件が付けられていたという(『武家年代記』裏書)。これが事実であれば、旧後鳥羽上皇領荘園に対しては、幕府の進退権が留保されていたことを意味することとなり注目される。領家職の多くは関東御領となったものと考えられ、預所職の一部は有力御家人らにも与えられた。もっとも数が多いのは京方武士の有していた所領・所職である。それらは勲功あった御家人らに地頭職として分与されたが、その分布を見ると東国よりも西国の方がはるかに数が多い。これらの下司職・郷司職などの補任権はもと幕府にはなく、荘園領主・国司らが保有していた。しかし地頭職となると、その進止権は幕府の掌握するところとなり、荘園領主らの在地支配権は大きな制約を受けることとなる。乱以前においては、西国における地頭職は主に平家没官領ならびに謀叛人跡に補任され、国による差異はあったにせよ、その数はあまり多くなかったものと推定される。ところが承久の乱後はその数は飛躍的に増大し、幕府の権力は東国ばかりでなく、西国にまで大きく拡大した。しかも新たに地頭職に補任されたのはほとんどが東国御家人であり、西国出自の武士の検出例は稀れである。このように、没収地の処分は東国武士の勢力が広く西国に

承久の乱後の新地頭補任地一覧

承久没収地

国名	荘郷名	本所・領家	預所	前地頭・荘官等	新地頭	出身国	備考
大和	井上荘	興福寺・春日社		*藤原秀能	矢田八郎二郎		
	豊国荘	同		*刑部丞行季	長布施九郎重康		
	八条荘	同		*某	某		
	檜牧荘	七条院	*刑部僧正長厳		保信奈次郎政高	信濃	
河内	則光名			*江則光	六波羅探題	(東国)	
	大庭御厨	掃部寮		*増忍(名主職所有か)	某		
	伊香賀郷	国衙領		*藤原秀康	土屋氏	(東国)	
	讃良荘	歓喜光院	*某	*某	安達景盛	(同)	預所地頭職
	甲斐荘	石清水八幡宮	光親室大弐局	*〔下司〕国範法師	為綱		無実の科による没官
	金田(太)郷	国衙領		*〔郡司職他〕北刑部丞憲清	某		同
	長曾禰郷	同		同	某		同
	(惣大判官代職)	同		*北刑部丞憲清	某		同
和泉	信太郷	同			成田氏		
	大鳥郷	国衙領・摂関家			田代入道浄心	伊豆	
摂津	富島本荘			*〔下司〕某 *〔公文〕某	山内宗俊	相模	
	吉井新荘			*末里入道	深堀太郎仲光	上総	
	大工田				同		
	藍荘			*大内惟信か	長沼宗政	下野	
	善法寺				源時光		
伊賀	長田荘(郷)	六条院			島津忠義	(東国)	
	虎武保				源		
伊勢	曾禰荘	醍醐寺			本間左衛門尉家光	武蔵か	以前地頭なし
	勾御厨	二所太神宮			北条時房	伊豆	
	丹生山				同		
	南堀江永恒				同		
	黒田御厨				同		
	両金法師跡				同		
尾張	安食荘	醍醐寺		*〔地頭〕葦(安)食氏か	某		
	海東荘	蓮華王院		*有範	某		
三河	重原荘	勧修寺(建武三年頃)		*重原左衛門尉(次広か)	二階堂元行	(東国)	
伊豆	狩野荘内牧郷	蓮華王院		*加藤光員	加藤景廉	伊勢	
近江	興福寺荘	興福寺か			島津忠義	(東国)	
	三宅郷	国衙領か			品川四郎入道成阿	武蔵	
	豊浦荘	薬師寺			佐々木信綱	近江	

国名	荘郷名	本所・領家	預所	前地頭・荘官等	新地頭	出身国	備考
近江	羽爾堅田荘	山門領か			佐々木信綱	近江	
	栗本北郡地頭職	国衙領		*藤原通明	同		無実の科による没官
	朽木荘				同		
若狭	名田荘	蓮華王院			季行		
越前	牛原荘	醍醐寺		*〔地頭〕土佐三郎広義	時盛		
	生部荘				島津忠義	(東国)	
	久安保重富				同		
	河口荘	興福寺			武蔵局		
加賀	得蔵荘	醍醐寺		*〔下司〕俊綱	左近将監則平		
	額田荘				某		
	軽海郷	国衙領か		*頼高	行忍		
越中	国吉名	同			五十嵐惟重		
	石黒荘内院林郷	円宗寺		*〔公文〕政家	小野沢実氏か		
	同太海郷	同		同	某		
丹波	大山荘	東寺			中沢小二郎基政	信濃か	
	宮田荘	近衛家		*〔公文〕信家	石川六郎〔公文職〕	常陸か	無実の科による没官
	和智荘	仁和寺			某		
	私市荘	上賀茂社	*神主能久	*〔公文〕某	清久小二郎胤行	下野	公文職
	由良荘	同					
	弥勒寺別院				某		
但馬	新井荘	仁和寺			宇多々四郎家守		
因幡	安井保				安木氏		
伯耆	勝田荘	那智山	*刑部僧正長厳		某		
出雲	福田荘	上賀茂社	*神主能久		伊北胤明	上総	
	猪布荘			*大西荘司	同		
	飯野荘			同	同		
	安田荘	石清水八幡宮			恵(江か)戸四郎太郎重持	武蔵	
	淀本荘	八条院			中沢太郎真氏	信濃か	
	三刀屋郷	国衙領か			源助長		
	安来荘			*兵衛尉資朝	松田九郎有忠		
	香折新宮				経泰		
	久野郷	国衙領か			中郡六郎太郎経元	常陸	
	三所郷	同			同		
	万田荘				中郡六郎太郎経元〔一分地頭職〕		
石見	長野荘内美乃知黒谷				菖蒲五郎真盛	相模	
播磨	須富荘				丹治実員	武蔵	
	鵤荘内久岡名	法隆寺		*〔名主〕内藤右馬允成国	青木兵衛五郎重元		

国名	荘郷名	本所・領家	預所	前地頭・荘官等	新地頭	出身国	備考
播磨	菅生荘	長講堂		*〔公文〕飾西永兼	高井五郎頼平		
	永良荘				基康		
	久留美荘	興福寺			真々部氏		本新両様兼帯
美作	二宮荘				行寛法印		
	梶並荘	石清水八幡宮		*〔下司〕景実法師	某		
備中	隼島保	国衙領・大炊寮		*藤原秀康	結城朝光	下野	
	吉備津宮領	後鳥羽院		同	同		
	新見荘	最勝光院		*〔下司〕康仲・頼仲父子	某		
安芸	安芸町村				平賀九郎有信	信濃	
	温科村				某(平盛忠祖先か)		
	三入荘	新熊野社		*〔地頭〕摂津右馬助・平内(又はその一人)	熊谷直時	武蔵	
	都宇竹原荘	下賀茂社		*文章生盛安他二人	小早川茂平	相模	
	原郷	国衙領		*〔地頭〕宗孝親	武田信光	甲斐	
	佐東郡本地頭職	同		同	同		
	安東郡地頭職	同		同	同		
	世能荘	厳島社		同	浅沼次郎		
	大朝本荘	延暦寺西塔院			吉川経光	駿河	
周防	椹野荘	東大寺		*某	時広法師		無実の科による没官
紀伊	南部荘	高野山	*刑部僧正長厳		佐原家連	相模	
	賀太荘				茂木三郎知基	下野	
	神野真国荘	*八条院庁分・藤原光親			北条時氏	伊豆	
	渋田荘	高野山	*刑部僧正長厳		遠江太郎		
	相賀荘	同	同		大田馬允		
	山東荘	同	同		大炊助入道		
	岡田荘	同	同		高麗兵衛尉	武蔵か	
	石手荘	同	同		某		
	市荘	同	同		某		
淡路	都志郷	国衙領		*〔地頭〕女房三(六)条殿	佐野太郎	下野	
	山田保	同		同	保地頭長尾平内・柳沢草加地頭三浦義村	相模	
	室津保	同		*〔地頭・国御家人〕左馬允忠道	讃岐右衛門六郎		
	石屋保	同		*〔地頭〕佐々木経高	長沼宗政	下野	
	内膳荘	歓喜光院		*〔地頭・国御家人〕藤内宗(家)次	飛驒八郎兵衛尉		『醍醐雑事記』紙背文書には下司藤原氏女とあり
	物部荘	御室		*〔地頭・国御家人〕四郎	宇佐見五郎兵衛尉	伊豆	

国名	荘郷名	本所・領家	預所	前地頭・荘官等	新地頭	出身国	備考
淡路	由良荘	禅林寺新熊野		*〔地頭〕加賀兵衛佐	木内二郎	下総	
	炬口荘	石清水八幡宮		*〔地頭・国御家人〕刑部丞経実	相馬小次郎	同	
	塩田荘	勧修寺		*〔地頭・国御家人〕刑部丞範能	藤田兵衛尉	武蔵か	
	志筑荘	新熊野		*〔地頭・国御家人〕源三太郎義広	北条泰時	伊豆	
	生穂荘	上賀茂社		*〔地頭・国御家人〕太郎重助	三沢右馬允		
	ヽ(藤か)穂荘	六条御堂			家三所々領		
	枚石荘	石清水八幡宮		*〔地頭・国御家人〕源次郎	佐野七郎入道	下野か	
	笑原保	国衙領		*〔地頭〕佐々木経高	長沼宗政	下野	
	東西神代郷	同		同	同		
	上田保	同		同	同		
	阿万荘	得長寿院幷八幡宮		*〔地頭・国御家人〕兵衛尉以忠	木村太郎		
	賀集荘	安野宝持院		*〔地頭・国御家人〕右近将監忠光	船越右衛門尉		
	福良荘	同		*〔地頭・国御家人〕兵衛尉以忠	同		
	津井伊賀利荘	最勝四天王院		*〔地頭・国御家人〕刑部丞光盛	平二郎子一人		
	掃守荘	弘誓院		同	矢部又二郎		
阿波	鳥飼荘	石清水八幡宮		*〔地頭・国御家人〕藤三郎守長	佐野七郎入道	下野か	
	櫛淵荘	同			秋本二郎兵衛尉		
	富田荘				河野九郎通久	伊予	
	麻殖保	長講堂	*清基		小笠原長経	信濃	
讃岐	櫛無保	法勝寺か			島津忠義	(東国)	
	金蔵寺			*某	某		無実の科による没官
	河津郷	国衙領			刑部丞重康		
	法勲寺			*某	壱岐七郎左衛門尉時重		本新両様兼帯
	善通寺				某		
	本山荘				足立木工助遠親	武蔵	
伊予	石井郷	国衙領		*河野通政か	河野九郎通久	伊予	
	弓削島荘	長講堂		*〔下司〕平	小宮氏		
	久米郡地頭職	国衙領		*河野通信か	某		
筑前	朝町村	国衙領・宗像社		*〔地頭〕(本名主か)某	上野介資信		宗像社は八条院領
	勝木荘			*〔地頭〕勝木七郎則宗	中野太郎助能	信濃	
豊後	毛井社(村)	国衙領			平林弥九郎親継	同	
肥前	神崎荘	修明門院			三浦泰村	相模	

(*印は罪科人を示す)

承久の乱後の没官守護職

国名	守護	国名	守護
摂津	大内惟信	丹波	大内惟信
伊賀	同	但馬	安達親長
伊勢	同	播磨	後藤基清
尾張	小野盛綱か	安芸	宗孝親
近江	佐々木広綱	長門	佐々木広綱
美濃	大内惟信	淡路	佐々木経高
越前	同	阿波	佐々木高重(あるいは経高か)

(没官者の判明する国のみ)

及ぶ契機ともなった。 (田中　稔)

じょうくじでん　**定公事田**　公事定田・公事田・公事名田・百姓名田ともいう。荘園において賦課の対象となる官物田には、領主に対し年貢・公事・夫役のすべてを上納する義務を負う定公事田と、公事・夫役を免除されて年貢のみ課せられる公事免田とがあった。古代後期から中世へ向かって進展した土地生産力の上昇と農民の成長は収取体系に大きな変化をもたらし、一定の名田付与を条件に百姓名を編成し、ここに年貢・公事・夫役の総合課税体系が成立した。賦課の中心は年貢米にあったが、その増徴には斗代の引上げや隠田・新開田の勘注という難問が介在した。一方荘園や在地領主の開発田は雑役免の特権行使に基づいて農民の私的隷属化を図ってきた実績があり、ここに土地と在家を結合させて支配単位とする道が開けた。百姓名を定公事田と呼んだことは、名田が付与される特権と引替えに公事納入の義務を負うという領主と農民の双務契約を意味し、長く中世荘園制的秩序展開の原点となった。なお定公事田の略称として公事田の語がときどき使用されるが、公事番の制を設定するために公事田ともいい、名田のなかから均等に結い出した公事番田を単に、百姓名に所属しない公事田が荘立用田として、つまり荘民に還元される年貢・公事・夫役などの徴収田として、一部の荘民に割り当てられた例もあり、やや性質の違う場合もある。 (佐川　弘)

しょうけ　**正家**　在家帳に記載された本在家・公在家のこと。在家役は公領では国衙が、荘園では荘園領主が行うが、一宇を単位として門並に賦課された。権門や国衙によって、在家役の賦課基準となる公在家がいったん設定されると、これらは固定的に維持された。国衙による公郷在家の把握は鎌倉時代後期の信濃国の事例でも見え、嘉元二年(一三〇四)に国衙の目代・書生・図師によって「初任正検田在家目録」が作成され、在家四宇が記載されている。また都市において在家検注が行われた場合、宇数ではなく口・奥を間数で丈量する方式が取られた例もある。ただし、新たに家屋が増加した場合、正家に対して脇住などと呼ぶ。 (福島　紀子)

しょうけ　**荘家**　(一)墾田の開発・管理また生産物貯蔵を目的として設置された屋舎・倉と、それに付属した園地の総称。奈良時代には「荘」と称されていたが、墾田開発の発達とともに「荘」周辺の空閑地にも開発の手が伸びるようになると、この「荘」は墾田・屋舎・倉・園地を一体化した概念(荘園)に転化し、この段階で、本来の「荘」を指して特に「荘家」と称するようになった。また転じて荘園の現地における経営管理機構自体を称することもある。(二)荘園領主のこと。『吾妻鏡』文治元年(一一八五)八月十三日条に「国司は国務を行ひ、庄家は庄務を行ふ」とある。 (並木　優記)

しょうけのいっき　**荘家の一揆**　荘園領主に対して、年貢夫役の減免や非法代官の排斥を要求して、荘園を基盤として行われた農民闘争。鎌倉末から南北朝・室町期の文書にしばしば現われる。荘園内部の名主層をはじめとした百姓と、荘園領主の対抗関係が基本であり、荘家の一揆では訴訟と逃散とは農民側に認められた権利としてあった。年貢夫役の減免を基本とすることから、より広範囲な土一揆や徳政一揆とは異なり、荘民生活を守るための対領主闘争として、荘園生活の中の農事暦と密接にかかわりをもって行われることが多い。八月頃から始まる収穫期から、荘園側からの申状提出をもって始まり、損免額をめぐって使者と領主側との数回の問答を経て、妥結を得られない場合、一揆にいたる。強訴や逃散などの実力行使が行われる際には、一揆集団の間で一味神水などが行われる場合もあり、荘園を基盤とした惣荘的な結合の形成が前提となる。 (福島　紀子)

じょうけぶん　**上家分**　九州に顕著にみられる田・在家の把握方式。上家分田は名に編成されない浮田であり、領主の都合によって設定もしくは他の諸料田への転用がなされる場合があり、佃・一色田的性格を具有している。上家分在家は、根本領主の在家役収取の対象として把握されている。つまり、上家分は田地が荘園領主に、在家が根本領主に支配される二元的な把握を受けていた。上家分在家は一種の雑免百姓であったが、間人などと異なり、在地住民の中ではむしろ中心的な位置にあった。二元的な支配の対象であった上家分在家は、新入勢力である惣地頭の在地支配の標的となり、鎌倉期には惣地頭と在来勢力・荘園領主との争奪の対象となった。なお、上家分からの収益は、遠隔地荘園では在地領主を介して荘園領主に上納され、地方寺社の膝下地域などでは荘園領主が直接管理していた。 (清水　亮)

しょうけん　**正検**　⇨検注《けんちゅう》

しょうけんぎょう　**荘検校**　⇨検校《けんぎょう》　⇨荘官《しょうかん》

しょうけんちゅう　**正検注**　検注のうち、年貢公事の賦課面積を確定する本来的な検注を指す。「大検注」「惣検」などともいわれ、耕地一筆ごとの認定と、これに関わる権利関係を記す土地台帳の作成を目的として行われた。正検注は「代一度」とされ、荘園領主の代替わりの際に実施された。国検が国司の交代の際に行われたのと同様であり、荘園領主の検注権が、国衙より委譲されたものであることを示す。正検注によって確定された権利関係

は、再びの正検注によってのみ変更可能であり、次回の正検注が行われるまでは、確定された権利関係が覆ることはなかった。正検注の際には、土地に関わる相論や給免田の申請、地目や耕地面積の変更などの問題が、領主・村落間の合意形成のなかで決着し、権利関係が再編されていった。そのため、荘園支配が安定している時のみに実現が可能であり、中世後期になるにしたがって、実施は困難になっていった。　→検注《けんちゅう》　（高橋　傑）

しょうけんちゅうもくろく　正検注目録　正検注に伴って作成される検注目録のこと。丸帳とも呼ばれる。検注目録は下地知行の正当性を示す根本的な証拠として、荘園領主が正文を保持する習わしが存在し、案文ゆえに領有が認められない事例すら存在した。この目録が効力を発揮するには、「目録固め」という行為が必要不可欠であった。これは検注の結果に関して、領主・在地双方の合意を得た結果行われるものである。文永十一年（一二七四）備後国大田荘では、検注が終了しているのに高野山衆徒が目録固めを妨害していると地頭が訴えているし、正安二年（一三〇〇）薩摩国谷山郡山田・上別符では、地頭が除田の認定を巡って目録固めを拒否している。このように、目録固めの拒否は、正検注の結果を認めない者にとっての抵抗手段であり、荘園領主・地頭双方が取りうる方策だったのである。　→検注帳《けんちゅうちょう》　（高橋　傑）

しょうけんちょう　正検帳　⇩検注帳《けんちゅうちょう》

しょうけんとりちょう　正検取帳　正検注に伴って作成される取帳のこと。通常、正文は在地に保管される習わしであった。正検取帳は、在地における目録の役割も果たした。この帳簿は、検注の結果を領主・在地双方で確認、検注帳の改ざんを防ぐ「読合」の作業に使用された。文永八年（一二七一）備中国新見荘の正検注の際には、取帳に朱合点と同筆で「二月廿二日読合」と書かれている。これは、検注使・公文双方が、取帳を読み合わせながら合点を付すという作業を行なっていたことを示している。このように、正検取帳は在地荘官にとって、収取の最も基本的な台帳として機能していたといえよう。　→検注《けんちゅう》帳《ちょう》　→検注取帳《けんちゅうとりちょう》　→取帳《とりちょう》　（高橋　傑）

しょうけんもくろく　正検目録　⇩正検注目録《しょうけんちゅうもくろく》

しょうこ　荘庫　⇩荘倉《しょうそう》

じょうこう　常荒　⇩荒田《こうでん》

しょうごうじとう　荘郷地頭　荘園や郷・保など単位所領ごとに設置された地頭のこと。荘郷地頭は全く新たに設定されたのではなく、荘園や郷・保の下司や公文などの荘官が謀叛などの重犯罪を犯した場合、それに替えて鎌倉幕府によって設置されるものであった。そのため個々の荘郷地頭は、それ以前に当該所領に存在した下司や公文らの権限と職務を継承した。承久の乱の結果、荘郷地頭が大量に設置されると、継承すべき権限が少なかったり、不明確である場合が多くみられたため、幕府は新補率法を制定し、荘郷地頭の権限の公定基準を示した。下司や公文らの職務を継承した点から、荘郷地頭には荘官としての側面もあったが、荘園領主の側にその補任・解任権はなかったため、荘郷地頭は荘官としての立場を越えた動きを見せるようになった。幕府はそうした越権行為を抑制する立場をとったが、結果として彼らの動きは荘園領主の権限を蚕食していくことになった。　（高橋　典幸）

しょうさいりょう　勝載料　船の積載品＝勝載に対する関税。古代・中世の関税名称の一つで、比較的古くから見られる。弘仁七年（八一六）のころ、摂津大輪田船瀬修造のため、官私船から米を徴し、水脚を役しているが、その二十二年後の承和五年（八三八）にはこの米は勝載料と記されている。その税率は斛別五合すなわち二百分の一であって、中世に多い升米すなわち百分一税などからすれば、半分の低さである。その後、治暦元年（一〇六五）太政官符では、近江塩津・大津・木津、若狭気山津および越前敦賀などの津泊が、越中国から運上される調物を、勝載料と号して割取ることを禁止しているが、この「勝載料」の徴収は越中外の北陸道諸国の官物や私船にも及んでいたに相違ない。このうち敦賀では、鎌倉時代末にも、同地の気比社が神門勝載料以下の関税を徴していた。先の治暦元年の太政官符には、勝載料と勘過料とが同じものを指す語のように使用されており、先の大輪田船瀬のごとく、積荷に対する一定比率の関税であったかどうかは明らかでない。　（新城　常三）

しょうさく　正作　荘園における地頭・荘官の直営田をさす。佃・用作・手作ともいう。ただし長承二年（一一三三）ごろの東寺領某荘では、「御年貢料十八町、御正作一町也」とあり、同年伊勢国大国荘の正作田も、荘園領主直営田をさすとすれば、平安時代にはより広い意味に用いられたらしい。弘長三年（一二六三）の豊後国大野荘志賀村南方の地頭志賀禅季の所領では、「門田・門畠・正用作等」と記し、門田・門畠・用作と区別する。直営田経営には下人・所従などの家内奴隷の使役が多かったが、給名や免在家・領家名の百姓に食料を下行して耕作させる方式（雇作）も行われ、これが次第に名に割り付け種子・農料を下行する催作に変化した（『竜造寺文書』）。『庭訓往来』に「佃御正作之勧農、除二迫地一撰二熟田一急令レ下二行種子農料一」とあるのは、こうした経営方式を示したもの。ただし、在地領主の下人・所従使役の直営田経営は、縮小しながらも戦国時代まで存続した。　（渡辺　澄夫）

しょうし　小使　荘園・郡郷などにおいて、所課を集めたり連絡役をつとめたりした下級役人。賀茂別雷神社境内六郷（賀茂六郷）の場合、郷ごとに小使一人が地下百姓中から補任され、御結鎮銭や競馬会の埒銭などの徴集、所要事項の伝達などにあたっていた。室町・戦国時代の『今堀日吉神社文書』には、伊勢国「員弁之郡之小使」なるものもみえ、今堀日吉社の祭礼・念仏などに際し準備の仕事などにあたったと思われる小使（「庄使」とも書く）も出現する。　（須磨　千頴）

しょうし　荘使　(一)越前国東大寺領の初期荘園に現れる荘園の経営に携わる職名の一つ。越前国江沼郡幡生荘・坂井郡溝江荘・同郡子見荘に「庄使解」が見える(『寧楽遺文』中巻、経済編上)。前二者は同一人物(二名)の発給であるが、署名の箇所ではそれぞれ「庄司」・「佃使」と名乗っており、「荘使」という固有の職名があったとは考えられない。ただ、三通とも「溝」に関わる内容であることから類推すると、荘使が用水関係の職務に携わった可能性もある。(二)平安時代中期以降に現れる荘園の管理に関わる職名。天永三年(一一一二)の弘福寺領大和国広瀬荘使解(『平安遺文』四巻一七七九号)をはじめ、ほとんどが他荘との争論の関連で現れているから、現地の争論を解決すべく荘園領主から派遣された者たちの職名であろう。　(木村　茂光)

しょうじ　荘子　荘園成立期における荘民の一階層の名称。史料上の初見は、延長二年(九二四)八月七日の丹波国大山荘の「庄預并庄子」の臨時雑役を免除することを国衙に要請した東寺伝法供家牒案(『東寺百合文書』せ)。初期の荘園では、荘官(荘別当・専当・荘預・検校など)と区別され、「田堵」などの農業経営専業者で、荘園内に定着した層である。当時荘園では、その成立の契機が、寄進・買得あるいは開発による場合でも、はじめから固有の荘民がいたわけでないから、他の地域から農民を招き寄せたり、浮浪帳から外された「帳外浪人」を施入したり、または「堪百姓」といわれる富裕な農民に寄作させたりした。いずれも課役・臨時雑役を免除され、荘内に定住した。その荘子という名称が使用されたのは、丹波・近江・伊賀・大和などの諸国の荘園であり、時代的にも十世紀から十一世紀の中ごろまでであって、その後は荘民という名称に統一され、吸収されていった。　(島田　次郎)　↓荘民《しょうみん》

しょうじ　荘司　(一)荘預・荘別当・案主・下司などの荘園の管理者の総称。たとえば長和二年(一〇一三)の丹波国大山庄司解案(『東寺百合文書』ヰ)では庄預・別当を合わせて庄司と称している。荘官と同義。各名称は時代・荘園によって多様であるが荘園領主から任命されて荘内の勧農・年貢徴収・治安維持などの任にあたった。(二)荘官中の下司に同じ。下司という名称は本来は上司・中司に対して卑賤な職務にあたる下級官人を示す語であったが、のちに荘園の現地役人名にも転用されるようになった。したがって正確には「荘の下司」であったが、次第に「下司」とも、また「荘司」とも略称されるようになったのである。平安時代末期に現われる畠山荘司重能・下河辺荘司行平などは「荘の下司」として「荘司」を名乗った例である。　↓下司《げし》　↓荘官《しょうかん》　(並木　優記)

じょうし　上司　元来は、荘園の実質的運営にあたった在荘の下級荘官を下司と称したのに対し、彼らを指揮して年貢徴収などの任務に携わった上級不在荘の荘官を総称する語。鎌倉時代以後、最上位の荘官の名称として預所の名が一般化すると、『平戸記』仁治元年(一二四〇)十一月六日条に「可申上司(是預所也)」とあるように預所の別称と考えられるようになった。　(並木　優記)

じょうし　定使　荘園の管理・経営にあたる荘官の一つで、年貢・公事の徴収をはじめ検断のためなどに、領家あるいは預所の命をうけて現地に赴き、在荘の下司・公文などを指揮して荘務にあたった中間的な荘園管理者。「じょうづかい」とも読む。同様の仕事に従うものとして上使があるが、上使は必要に応じて選任される臨時のものであったのに対して、定使は固定的、恒常的なものであった。すなわち個々の荘園には定使給田が設定されている場合があり、また定使職が父子の間に相続されていることなどで知られるように、これは領家(預所)と荘園の連絡にあたる常設の機関であった。　(上島　有)

じょうじし　定地子　⇩地子《じし》

しょうしち　荘質　中世において、借り主が借分を返済しなかった時、貸し主が借り主の住む荘園の住人の財産を差し押さえる質取りのこと。暦応二年(一三三九)三月二十三日付近江国大浦荘住人左近入道注進状(『菅浦文書』上巻、四二号)に、「ちくふしま(竹生島)よりあわたはら(粟俵)、もみたはら(籾俵)をとり候て、おうら(大浦)へもとり候所に、くろとりいのわた(辺)りにて、くまかへ(熊谷)のひがしのとの(東殿)のとのはら(殿原)ゆきあひ候て、しょうしち(荘質)とこう(号)して、おさへとら候ぬ」とあるのが唯一の史料である。鎌倉時代、債権者が債務不履行人の動産を私的に差し押さえる行為を意味する「高質《こうじち》」に由来すると推定され、また「荘質」は十五世紀以降現れる「郷質《ごうじち》」に受け継がれるというが、詳細は不明。　(木村　茂光)

しょうしゅ　荘主　⇩しょうす

じょうしょうじりょう　成勝寺領　⇩六勝寺領《ろくしょうじりょう》

しょうす　荘主　中世後期の禅宗寺院において地方の寺領荘園を管理するために設けられた一種の荘官職。「しょうしゅ」ともいう。俗に給主・代官とも称したが、必ず禅僧をもって補任した。室町幕府の保護のもとで、五山十刹の官寺は、入手した膨大な寺領荘園を管理するために、宋の制にならい、教学専門の禅僧を西班とし、財務・経営を担当する寺僧を東班に組織し、荘主を主に東班所属の都聞《つうぶん》・都寺《つうす》・監寺《かんす》などの要職の僧から任命し、現地に派遣した。その職掌については、『禅林象器箋』は元代の『勅修清規《しんぎ》』の「荘主視二田界至一、修二理荘舎一、提二督農務一、撫二安荘佃一」という文を引用している。任期は五年で再任されることもあり、収入は年貢収納額のほぼ一、二割あった。荘主は禅林内のほか、旧寺院や御料所・公家の荘園の代官請負業務にまで及んだ。その経理能力は当時抜群で、幕府と五山の経済的癒着に貢献した実力は相当なものであった。荘主による直務成功の背景には将軍・守護の保護が関与しているが、在地領主ではない荘主の収奪的経営には限界があった。　(佐川　弘)

しょうず　省図　奈良・平安時代、民部省に保管された

田地の台帳のことで、田図と田籍からなっていた。律令では永久保存の規定であったが、戸主の姓名と口分田の面積を記した田籍は変化が多いために弘仁十一年(八二〇)に変更され、畿内の田籍は天平十四年(七四二)、天平勝宝七歳(七五五)、宝亀四年(七七三)、延暦五年(七八六)の四証年分のみを保存し、他は次の班年のごとに廃棄することにした。また七道諸国の田籍の民部省進納を廃止したため、これ以後、民部省には畿内の四証年の田籍と全国の田図が永久保管されることになった。これを民部省図帳という。諸国国衙に保管されていた田図は国図と呼ばれ、争論の時の証験として活用されたが、十一世紀ころに破損が激しくなり、民部省図帳が代用されるようになった。しかし、荘園制が進展すると検田帳・検注帳が用いられるようになり、民部省図は利用されなくなるが、鎌倉時代まで保管されていたことがわかる。

（木村　茂光）

しょうずしまのまき　小豆島牧　備前国児島郡小豆島の牧。現在の香川県小豆郡の小豆島内。『続日本紀』延暦三年(七八四)十月庚午条によれば、備前国児島郡小豆島に放牧中の官牛が民産を損ずるので、官牛を長島に移し、小豆島の住民をして耕作に専念せしめよ、との勅が下された。『延喜式』兵部省には「備前国(長島馬牛牧)」とあり、備前国邑久郡長島が小豆島に代わって官牧となったわけである。その後も小豆島は備前国に属し、小豆島が讃岐国寒川郡に属したのは室町時代末期からである。なお、小豆島は『日本書紀』応神紀に「あずきしま」と訓じているが、後世はもっぱら「しょうずしま」と呼ばれた。

（藤井　駿）

しょうぜい　正税　古代において、国郡行政の経費や国から中央政府への交易進上物の調達に使用するために郡に設置された正倉に収納して国司が管理・運用した稲穀。『令義解』神祇令神戸条に「租税者、並是田賦、唯新輸曰㆑租、経貯曰㆑税也」とあるごとく、徴収した田租を貯積したものが税である。税の和訓は「チカラ」である(観智院本『類聚名義抄』)。国司が管理する税は「大」の尊称を付して大税と称したが、大税の語は浄御原令制下の持統天皇五年(六九一)に初見する。田租は用途に応じて、遠年貯積用・給穀用の穀と、出挙《すいこ》用・雑用支給用の穎(穎《えい》稲《とう》)の二形態で貯積された。大宝令制以降では田租は穀納が原則とされている。大税は、天平初年からの改革で正税と呼称を改められた。『令義解』賦役令土毛条に「凡官稲之源、出㆑自㆓田租㆒、即分為㆑三、一曰㆓大税㆒、二曰㆓粎穀㆒、三曰㆓郡稲㆒也」とあるごとく(粎穀は正(大)税穀のこと)、公出挙稲の中心は大税と郡稲であった。大税の成立については、田租と大税、大税と郡稲、国郡制成立過程と稲穀などのさまざまな視点から研究がなされているが、特に郡稲との関係から次の三説に分ける案もある。(一)郡稲は屯倉の稲穀収取に起源し大税は大化後の収公財産であるとの説(村尾次郎)。(二)郡稲は国造領での租または出挙などに起源し、大税は屯倉の租あるいは屯倉の出挙と国造領の租の統合されたものとの諸説(竹内理三・水野柳太郎・宮原武夫・早川庄八)。(三)大税・郡稲と、屯倉・国造領の稲穀収取の系譜関係よりも律令国郡(評)制の成立と大税・郡稲の成立の関係を重視する諸説。(三)には、評稲から天武朝に大税が分離しその残りが和銅五年(七一二)に官稲としての郡稲に拡充されたとの説(米田雄介)、大税は評の正倉に集積された稲である税が浄御原令制で大税へと拡充整備されたもので郡稲は『大宝令』の成立により土毛購入費の財源として大税を割取して別置したものとの説(山里純一)、郡稲は国郡制の開始期(大化年代)に評ごとに設けられた国司の伝食・伝馬のための大税から割取された出挙稲で公廨と称されていたとの説(薗田香融)がある。国司は毎年大税(正税)の収支報告のために大税帳(正税帳)を作成して国司の一員が税帳使となり太政官に提出し、民部省により勘会を受けた。国司は正税の欠負未納の塡償責任を負った。なお、出挙を受けたが死亡のため債稲返納を免ぜられた者については大税負死亡人帳(天平十一年(七三九)備中国のものが残存)が作成された。さて、大税(正税)は穀と穎からなり、大税穀は田租を収入源とするもので遠年貯蔵用であったが、和銅元年に不動倉を設定して穀の大部分を「遠年之儲、非常之備、尋常之時、不㆑可㆓輙用㆒」(『類聚三代格』寛平三年(八九一)八月三日太政官符)とされる不動穀を定めた(『延暦交替式』和銅元年閏八月十日太政官符)。これにより大税穀は、開用しない不動穀と、田租を収入源とし賑給《しんごう》などに使用する動用穀の二本立となった。『正倉院文書』中の天平期正税帳によると不動穀は年々の田租収入の数倍から三十数倍にあたる量であるが、法定保存年限を大幅に越え欠損が生じてきたので天平十二年には不動開用が認められて不動穀の新陳代謝がはかられた(『類聚三代格』大同三年(八〇八)八月三日太政官符)。正税中の穎稲は出挙稲として利稲を雑用に支出するべく運用されていた。天平初年段階まではその利稲は田租収入より少ないか同程度の量にすぎなかったが、天平六年に郡稲・公用稲などの雑官稲が正税に混合されて公出挙の一元化がはかられ、同時に国司借貸も定められ、天平九年には私出挙禁止令が出されて公出挙制の充実が行われた。官稲混合後の天平期正税帳によると、出挙利稲は従来からの年料春米・匠丁粮米に加えて、官奴婢食料米・交易進上料・向京使料などの中央への進上に関する支出と、国司・百姓への借貸、賑給、神仏事料、修理料、伝馬・伝食料、国司巡行料などの国郡行政の支出に充てられていることが詳細にわかる。天平十年代には国衙財政の支出が増大したが、それを支える公出挙制の維持推進のために天平十七年に正税から割取した公出挙稲である公廨《くげとう》稲を国ごとに設けた。公廨稲は、不動穀の欠負と出挙の未納の補塡、国内儲物(公用稲に相当)への充用、国司得分の機能を有した。国司得分は、公廨稲の利稲の残余で天平十年に停止された国司借貸の復活の性格をもち、正税運用の国司

請負を強化したものであった。公廨稲の割取により正税の頴稲の使途は官稲混合以前の正税と郡稲の規模に狭められた。国ごとに定められた正税・公廨稲などの官稲の数量は正税式数と称し、『弘仁式』主税・『延喜式』主税上に記録されている。九世紀になると、正税穀からは、二十五ヵ国において位禄・季禄・衣服等料のために年料別納租穀が、十八ヵ国において大粮のために庸米の代替として年料租舂米が京進されることになり(『延喜式』民部下)、頴による交易進上も拡大したので正税の費消が進行した。一方、正税出挙は本稲の班挙を行わず利稲徴収のみを行うようになりまた公出挙の田積賦課が進み、国司交替制度の弛緩による正税欠負未納の増大により、十世紀には正税制度は形骸化していった。すなわち、国郡における正税・正倉・正税帳進上制度の実態が無実化する一方、国司の請負による一定額の塡納・京進と受領功過定の資料としての形式化した正税帳の作成・勘会の状態が十二世紀初頭まで続くのである。　(石上　英一)

しょうせんとう　荘専当　平安時代に現れる荘官名の一つ。本来は特定の業務に「専ら当たる」こと、すなわち専門に担当する職掌を意味し、「造寺所専当」などがあったが、九世紀後半に「荘専当」も現れる。初見は貞観九年(八六七)の高子内親王家荘牒案(蜂須賀侯爵所蔵文書『平安遺文』一巻一五四号)で、そこには「専当春花福長」の署名があるが、翌十年二月の「観世音寺牒案」(同文書、同一五八号)には、前文書で「別当」であった荒城長人が「庄専当」と見えている。さらに長人は同年十月では「庄預」を名乗り(同文書、同一六〇号)、閏十二月にはふたたび「庄専当」と呼ばれているように(同文書、同一六一号)、「荘専当」は明確な職名としては確立していなかったようである。なお、「荘専当」は、長承三年(一一三四)の伊勢国大国荘で「大国御庄専当藤井時光」が確認されるのが最後である(東寺百合文書ほ『平安遺文』五巻二三〇七号)。　(木村　茂光)

しょうそう　荘倉　荘園内に設けられた倉庫。荘園内から徴収した米穀などを貯蔵した。また荘庫に同じ。概して奈良時代には「荘倉」の語が多く用いられ、平安時代以後は「荘庫」が一般的となった。荘庫について、元暦元年(一一八四)四月の後白河院庁下文案(『高山寺文書』)に、但馬国温泉荘下司が荘庫を打ち開き御年貢以下資材物を押取ったと記され、その機能を知ることができる。　(並木　優記)
↓倉敷《くらしき》　↓荘家《しょうけ》

じょうそん　定損　旱水損にかかわりなく、あらかじめ一定の率を定めて損亡を認めることがあり、これを例損、定損という。荘園における検注は、全荘にわたる正検(正検注)と、川成・水損等の災害が発生した場合に臨時に行われる内検(内検注)がある。いったん正検を行い年貢・公事の収取基準を確定すると、次の正検までは豊凶にかかわらずこの基準が守られた。中世では不安定耕地が多く、収納額も自然条件に左右されやすいことから、損亡の実態は内検によって把握しなければならないが、荘園側からの内検の要求は毎年に及ぶこともあり、頻繁に内検を行うことのできない荘園では一定度の損田を認めてこれにあてた。　(福島　紀子)

じょうち　上地　⇩あげち

じょうち　常地　売券に「限常地売与」「常地売与」などと見える。永財、永地と同様の意で、永代売買にあたる意味で用いられる。「永地」の語が十世紀後半から現れるのに対して、常地は十世紀以前から使われている。「常」は用益者や用益の状態が絶えず変動する中で、その地を絶えず不変の状態には置くことを意味する言葉であろうか、売買行為を修飾する形で現れることが多い。「常土」も同じ意味で使われるが、「常地」が鎌倉時代以後も使用されるのに対して、「常土」の使用は九世紀までてみられなくなり、「常地」に先行する用例であろう。　(福島　紀子)

しょうちょう　荘長　平安時代初期から中期にかけてみられる荘官の一種。初期荘園における経営の中心的存在。寄作人の勧誘・未墾地の開発をはじめとする荘園経営の一切を担当した。荘長に任じられたのは、私出挙などを通じて隷属化させた弱小農民を駆使して大規模な田地(営田)を経営していた人々であり、歴史的概念として富豪層・私営田領主などと称されている人々である。彼らは政治的には反律令国家的性格を常に付帯し、その経済活動は律令体制を根底から覆すものであった。たとえば延暦十六年(七九七)八月三日付太政官符で親王・王臣家の荘長が主家の威を仮り多くの私佃を営んで農民生活を破壊していることを指摘し、彼らの私営田経営を禁じているが、このような内容の官符は平安時代初期以来数多く発せられている。　(並木　優記)

しょうでん　荘田　荘園を構成する田地のこと。一国規模の荘園公領の状況を示した大田文などに見える、権門や中央官衙が所有する荘園の田地。国衙が管轄する公領に対して、私領荘園をさすが、天皇家領や寺社領、御厨なども含まれる。出作・加納なども含めて、立荘に際して租税免除の特権を認められた本免田の部分をさす。平安期以来、一国平均役の賦課や国衙の検田使の入部をめぐって、荘園領主と国衙との争点となる。美濃国茜部荘では、国司請負体制のもとで、造内裏役などの臨時雑役の賦課をめぐって、荘田収公が国司の大江定経と荘園領主東大寺との間でたびたび争われている。　(福島　紀子)

じょうでん　上田　⇩田品《でんぽん》

じょうでん　定田　中世の荘園・国衙領において徴税の対象となる基本耕地。定田は除田以外の、雑役免ともいう荘官・在庁・地頭らの給名田、年貢・公事を負担する百姓名田、公事を免ぜられた散田などから成る年貢課役の対象地である。補助的耕地として軽く扱われてきた畠も次第に定畠化して年貢の対象となっていったが、畠はむしろ公事収取の実質的対象ないし農民の再生産に必要

な日常物資の供給源としての意味が大きかった。定田の確定作業が検注帳の作成で、定田は田地の品等に応じた斗代を基に標準量としての年貢米（所当米・分米・定米）が算出される。鎌倉時代から始まる地頭加徴米は定田に課する定めになっていたが、実際には荘官名・在庁名などの分は除外された（『中世法制史料集』一、追加法三六・四三）。一般年貢・公事の賦課においても、給名にはまま斗代軽減の手心が加えられていたようである。鎌倉幕府は御家人役（関東御公事）の賦課配分の基準を荘園・公領を問わず定田の田積と定め、逐次大田文を作成してその確定作業を行なったが、公式の土地台帳上での確定であって、しばしば多くの余剰田が存在した。ともあれ、この定田は公田とも称されて幕府の徴税の一基準となり、つづく室町幕府もこの方式を基本的に踏襲した。こうした定田の公田化のなかで、その田積は固定化したが、南北朝時代前後、本名の分解、散田の名田化、さらには損田・未進の増加、請所・代官制や代銭納への転換などの諸現象も加わって、本来の定田の制は形骸化したが、守護領国制下の国人領主・在地領主はこの形骸化した定田制を換骨奪胎して独自の本年貢・加地子・段銭収取体系の基本として捕え直し、それはさらに戦国大名領国の徴税のもとにも継承されていった。→除田《じょでん》　（佐川　弘）

じょうでん　乗田　古代の班田制における田の一種。口分田・位田・職田などに班給した剰余の田を意味し、口分田が崩埋したとき乗田をもってその分にあてるという『八十一例』（八世紀前半の令の施行細則）の規定は、そのような乗田の性格をよく示している。しかし実際にはある程度の面積がはじめから乗田として確保されていた可能性もある。乗田は律令における公田の根幹をなし、賃租してその地子が太政官に送られ、政府の重要な財源となっていた。→公田《こうでん》　→賃租《ちんそ》　（吉田　孝）

じょうど　常土　⇨常地《じょうち》

じょうとう　上頭　⇨うえとう

じょうとくでん　定得田　荘園・公領において、正検注等により把握された見作田のうち、損田・不作や人給田などの除田を除いた残りの田地。年貢・公事の賦課基準。百姓名に編成されて公事を負担するものと、領主直属地として、一色田・余田・散田・間田などと呼ばれ、公事負担のないものとがある。畠地は含まず田地のみによって構成されるが、賦課される年貢は米のみに限らず、絹・糸・綿・布・油など多様な年貢が課される。特に東海・東山両道の荘園では、絹・綿を年貢とする例が多く、交易によって調達し年貢として納入する場合でも、荘園内部の定得田が基準とされた。また、定得田の中には、一国平均役や関東公事の基準となる大田文記載公田も含みこまれていたことから、荘園領主による強い規制下におかれ、名主による沽却・売買は禁止された。　（福島　紀子）

しょうにん　上人　主に十二世紀、東大寺大仏供白米・燈油・十師供米・修理料稲に関する東大寺の返抄にみえる。実際に白米や油などを運上する運脚でも単なる下作人でもなく、名を構成する私領主であり、同時に地主（作手所持者）に対する田堵（作人）であると考えられている。たとえば東大寺領大和国小東荘では、ひとつの「名」に「地主」、白米の上納責任者としての「名請人」、さらに白米の直接納入者として耕作に関係した「上人」というその機能を異にした三者が存在していた。　（宮崎　肇）

しょうのあずかり　荘預　奈良時代から平安時代初期に多く用いられた荘官名の一種。たとえば承平二年（九三二）九月二十二日付丹波国牒（『市島謙吉氏所蔵文書』）に東寺領大山荘荘預僧平秀・勢豊らが「堪百姓」であったと記されているように、現地の事情に明るい在地の有力豪族・農民が任じられて荘内の下地管理・年貢徴収などの任にあたった。→預《あずかり》　（並木　優記）

しょうのまんどころ　荘政所　中世荘園の現地において下地や徴収物などの管理・運営にあたった機関。その構造は時代・荘園によって多様であるが、在地荘官層によって組織されていた。平安時代末期の鎮西島津荘の荘政所は約十名前後の別当で構成されていたが、この別当はいずれも寄進関係を通じて荘園機構に編入された在地領主層であり、荘政所とはいわば国衙における在庁組織に相当するものであった。　（並木　優記）

しょうのもくだい　荘目代　荘官名の一つ。荘司・田使・荘領などとともに奈良時代の初期荘園で多く用いられた。荘園現地において荘経営に直接携わったが、具体的職掌は不明。このほか特殊な例として文治三年（一一八七）九月九日付の源頼朝下文（『島津家文書』一）に鎮西島津荘地頭島津忠久を荘目代と称したことが知られるが、この場合は地頭職の別称として使用されていたものと考えられる。　（並木　優記）

しょうばく　省陌　⇨せいひゃく

しょうはちまんぐうりょう　正八幡宮領《ぐうりょう》　⇨大隅正八幡《おおすみしょうはちまん》宮領

しょうびゃくしょう　正百姓　中世において脇百姓と対称され、年貢・公事を公式的に負担する農民。脇在家に対する本在家、脇住に対する正家（摂関家大番領）、間田百姓に対する名主百姓（大和国大乗院家領）などと同じ。十四世紀末の越後国奥山荘では、百姓名の十三ヵ名が「正年貢」のほか「馬屋入」などの公事銭、白餅米などの雑公事および、脇百姓の一日分に対して、正百姓は五日分の人足役を課せられている。　（島田　次郎）

しょうふ　商布　奈良〜平安時代に諸国に課せられた交易雑物の税品目。東国や北陸の諸国から正税や公田地子によって交易進納した麻布のこと。和訓「たに」（『和名類聚抄』）。公定価格が設けられ、大蔵省が管轄した。和銅七年（七一四）、商布一段を二丈六尺に定めて一丈三尺の常布と区別し、絁・糸・綿・布の調物を出す国に対して、

調庸以外に糸・綿・布を作らせ、一部を国衙に交易進上させたのが始源である。奈良時代末期交易制度が税制の柱となるに従い拡大していった。一般に調庸の布より低質、粗末であったが実用に適し、時として調庸の代物に充てられた。正倉院宝物中に、伊豆国那賀郡の生部直安麻呂・委文部益人の「調堅魚代商布壱段」の実例を見る。中央財政では天皇の賜物、寺社施入物、故人の賻物、葬料、追善、また祭料や禄料、衛士仕丁の粮料など幅広い用途に充てられ、封戸物として権門に納められることもあった。百姓の産業奨励や急の備えに、あるいは軽貨として古代社会の経済に少なくない意義をもっている。（梅村　喬）

じょうぶん　上分　神仏に上納する貢進物のことで、中世末には一般に年貢・所当をさす。米で上納する場合は上分米、銭の場合は上分銭という。普通に「地利上分」「上分物」「御上分」といったが、平安時代初期から鎌倉時代にかけては「供神物上分」「供祭上分」「上分御贄」「施物上分」などと称し、神社・寺院の用途のために貢納されるものに限られていた。すなわち「上分」とは、領主や地主が、その領有する土地から神仏に上納すべき生産物そのものをいい、米・麦・塩・白布・銭などが、それにあてられている。寛元二年（一二四四）比丘尼浄阿が、その私領田一町五段余を東寺に寄進した際に、「以二彼地利之上分一、限二永代一、毎年無二懈怠一、可レ令レ備二進壱斗（延久宣旨升定）燈油代銭伍佰文一」とするとともに、「於二地主職一者、浄阿相伝」となすことを条件としている（『東寺百合文書』リ）。上分米の場合、その負担する田地を上分田といったが、たとえば肥前国武雄社ではその上分田三町は、本来浮免であって、下地が固定しておらず、毎年荘内の田堵らの耕作・収納を募った。必ず一定の上分を確保するためには、この得田をもって募る浮免の方が有利の場合もあった。この上分米は、上納・寄進をうけた神人らが、これを諸人に貸し出して利米をとることも行われ、それが目的で、寄進者と受寄の社寺の間にたって寄進を斡旋する神官・寺僧があらわれ、またかれらは別に口入人として、「口入料」をうけることもあった。十四世紀に入ると、年貢・所当が下地と対照されるごとく、上分米収取と下地の管理が対称的に史料に記載され、上分は必ずしも神仏への上納物とは限らなくなった。たとえば、享禄四年（一五三一）の山吉政久起請文に「被二仰付一大崎保御料所之御年貢之事、上分四百貫文、幷定夫弐人、御出陣之時者牛壱疋、牽手一人、段米九十俵、可レ致二進納一候」（『上杉家文書』一）とされた。上分米を略して、分米と称するようになって、それは本年貢米を意味するに至った。（島田　次郎）

じょうぶんせん　上分銭　⇩上分《じょうぶん》

じょうぶんでん　上分田　⇩上分《じょうぶん》

じょうぶんまい　上分米　⇩上分《じょうぶん》

しょうぶんみょうしゅ　正分名主　闕所名を一時的に預作する名主か。正分名は上分名とも記され、備中国新見荘に認められる。正分名を領家佃とみる説、または闕所名とする説、あるいは正分名主をいわゆる当名主になぞらえる説などがあって、不詳な点が多い。中世後期、旧名の分解が著しいなかで、生じた闕所名を、公事免扱いになる散田として新興の惣百姓らに配分請作させることを避けて、一時旧名的特定有力名主に夫公事を課して預作させた場合に、これを正分名主と称したらしい。旧名体制維持に執着する領家の直務支配の古い体質に基づく措置なのであろう。（佐川　弘）

しょうべっとう　荘別当　平安時代前期頃からみられる荘官の称。他に荘預・専当・荘検校・荘司などがある。当時、これら荘官の名称は流動的に使われており、たとえば延長二年（九二四）東寺伝法供家牒案では「庄別当」・「専当」を総称して「庄預」と称しており（『平安遺文』一巻二一九号）、長和二年（一〇一三）の丹波国大山荘司解案では「庄預」・「別当」を総称して「庄司」と呼んでいる（『平安遺文』二巻四七二号）。また、同一荘園においても、時代により荘官の名称に変化がみられ、丹波国大山荘においては延長二年から天承元年（一一三一）にいたるまでに「庄別当」の他にも専当・庄検校・庄官・庄預・別当・庄司・下司・案主などの名称がみられる。これらにかわり平安時代後期になると下司・荘司の称が代表的となる。（宮崎　肇）

しょうまい　升米　中世関税の名称の一つ。船の積載品、特に米に対する関税。その意味で勝載料と同じであるが、より普遍的な名称。その語源は、米石別一升、すなわち百分一税からきたものと考えられる。その実体は、すでに鎌倉時代初め建久のころ兵庫関に見られるが、升米の名称は貞応元年（一二二二）が初見である。この升米は、兵庫のほか、河内禁野渚院、越前敦賀、近江坂本・大津など多くの港で徴しているが、鎌倉時代末ころから次第に貨幣をもって納入されるようになった。↓置石《おきいし》（新城　常三）

しょうまい　舂米　稲の収穫物である穎稲ないし穀を舂いて脱穀した米（白米・玄米）。「つきしね」ともいう。穎稲・穀に比べ長期の保存には向かないが、運搬に適し、直接食料となる。古代、穎稲一束から穀一斗を得、さらにそれを舂いて舂米五升を得た。律令税制では、近国や縁海の諸国から田租（正税）の一部を年料舂米として京に貢進することとし、中央官人の食料にあてた（田令田租条、『延喜式』民部下）。平城宮木簡にその貢進荷札が多くみえる。↓正税《しょうぜい》（佐藤　信）

しょうます　荘枡　荘園領主が、所領荘園から年貢などを徴収する際に使用する枡。収納枡であることから「庄納斗」、一荘を代表する枡であるから「庄本斗」などとも呼ばれた。荘園制が全国的に成熟した平安時代中期ころから、ほぼ鎌倉時代を通じて、広く用いられた。同一領主が多くの荘園を領有する場合、各荘ではそれぞれ独自の荘斗がつかわれた。そしてその容量は、必ずしも等量

とは限らなかった。たとえば平安時代末期の醍醐寺の場合をみると、所領十一ヵ荘で、「庄本斗」による徴収が行われている。そのうち等量のものが二組で五ヵ荘あり、異量のものが六ヵ荘ある。しかし同寺の基準枡である「横斗」と比較すると、すべて容量が大きい。このことは、中世の収納枡に共通した特性である。また醍醐寺領にみられる「庄本斗」の容積の不一致は、各荘の成立事情、その後における領主との支配関係によって生じたものである。ついで室町時代になると、「庄斗」はわずかにその名称を残すが、それらはすべて小地域的な私枡にすぎなくなった。 (宝月　圭吾)

しょうみん　荘民　公卿百姓または公民に対して荘園内の住民をさす。一般に百姓名主・在家住人などのことをいうが、のちに一色田(間田・散田)作人・小百姓らや、所従・下人なども含む。初期の荘園の経営では、領主直属の奴婢や、施入された浪人などによるほかには、固有の荘民は存在しなかった。耕作者は荘内に居住せず、居住しても本貫は荘外にある公領の住人であり、したがって寄作したり、田堵として散田請作したりした。彼らは「寄人」といい、その権利は不安定であった。そこで荘園領主は浮浪の輩を招き寄せ、種子・農料を与えて耕作させたり、寄作する者には国役や臨時雑役を免除させたりして荘内に引き入れ「荘民化」をすすめた。十二世紀はじめごろの明法家は「相伝の庄民といへども、公郷に出住するの日は国務に従ひ、代々の公民といへども庄内に入居の時は、公役を叶はざるは、これ当他国の例なり」(原漢文、大治四年(一一二九)十二月三日明法家勘文)と述べ、彼らが公民であるか、荘民であるかは、その居住地によって決定すべきこと、および荘民は国務・公役を免除されるべきである、と指摘した。すでにこのころ荘民には公役免除のほかに、解状を捧げて訴訟の主体となり得ること(永暦二年(応保元、一一六一)六月日諸進法師賢与陳状案)、小過ではその田地を没収されないこと(寿永元年(一一八二)八月二十八日高野山僧鏡尋解)、荘内の検断跡田畠を充行われ得る権利をもつこと(天治二年(一一二五)七月十三日官省符荘住人等解)などが保障された。「荘民」の名称の一般化、すなわち荘民の一般的形成は、十一世紀の末の荘園公領制の成立に伴っていた。荘民は百姓名(または本名)体制の中に編成された。当時荘内には、名主百姓・在家住人と、一色田作人・小百姓層およびそれ以下の下人・所従に至る下層民が存在していたが、彼らはすべて名田を中心に組織され荘園・公領いずれの場合でも、百姓名はその経営と収取の基本的単位であった。名主は、「平民之百姓」「土名百姓」あるいは「在家住人」「根本住人」などともいわれ、「百姓名」「定公事名田」を所持し、一方では年貢・公事を本家・領家に完済する義務をもち、他方では自名に対して「勧農沙汰」すなわち耕地の経営維持のため、必要な労働力編成、種子・農料などの補足などを行い、名田全体を満作せしめる責任・権限をもつ。その規模は地域により異なるが、地頭・荘官名に比べて小規模で、一、二町ないし三、四町位である。百姓名は他の荘園諸職同様、その職体系の一部であり、荘園領主から補任状が発せられたり、また名主職として不動産物権化されたりした。これに対して作人・小百姓らは、身分的にも区別され、荘園領主や荘官の直属地すなわち一色田や、給名・給田などの公事免除地で年貢所当のみを一色に負担する田畠の耕作人であった。しかしその耕作地に対する請作権も、一年ごとに更新させられるような不安定なもので、職体系から外されており、一人前の荘民とは認められなかった。さらに彼らの下には下人・所従など地頭・荘官あるいは上層の名主に人格的に隷属する最下層民があり、このほかに荘域内に必ずしも定住せず、流動的な住民たる浪人・間人・非人・散所・乞食などが存在した。彼らは農業雇仕労働や非農業的生産に従事し、被差別身分とされながらも、荘園内の農業をも含めた社会的分業を担っていた。十四―五世紀に至り、ゆるやかな生産力発展、「荘民」らによる農民闘争などに伴い、伝統的、固定的な年貢公事では、荘園領主は荘園在地に漸次拡大する剰余労働を収奪しきれなくなり、それをめぐって職体系の枠からはみでた地主―小作関係が形成され、百姓名体制は解体し始めた。すなわち一方では地主層として村落領主・地侍などがあらわれ、他方では地下百姓層以下の農民が生ずる。たとえば十四世紀中ごろ山城国上久世荘の名主職所持者は五十二人であったが、約百年後の長禄三年(一四五九)には、侍分二十一名、地下分八十九名がみえ、土一揆蜂起に関する起請文に連署して、領家に提出している(長禄三年九月三十日久世上下荘百姓等連署起請文)。かくして荘民は解体し、惣荘から惣中へ、荘園体制とは別個な農民集団が形成されるに至った。 (島田　次郎)

しょうむけん　荘務権　本家・領家・預所の荘園領主諸階層のうち、荘園支配の実権をもつ者を本所といい、その荘園支配の権能を荘務という。荘務は本来国司(国衙)のもつ国務を分割継承したもので、㈠国司の「勧課農桑」の職権に由来する検田権・勧農権・収納権などと、㈡同じく「非違検察」権に由来する検断権に大別される。㈠は本所の代替り検注を中心に、検田によって荘園の実態を把握し、荘経営に必要な荘官・社寺・手工業者を組織するための給免田＝除田を設定し、それ以外の耕地を名主と小百姓に分配し(散田という)、種子・農料などを用意して満作を計り、さらに適正な年貢・公事の量を定めて確実な収納を果たすことで、鎌倉時代中期以降は下地進止と呼ばれるようになる。㈡は警察権と刑事裁判権で、不入権の確立した荘園では荘務権の重要な一環であった。ただ現実には荘務権は本所と在地の下司や地頭の間で分割されており、特に鎌倉時代中期以降は次第に在地勢力の手に移って行った。 (工藤　敬一)

しょうむだいかん　荘務代官　荘園領主に代わって荘園経営一般を担当した者のこと。荘園経営に関わる権限は

大きく言って勧農権と検断権の二つからなり、前者は年貢収納を実現するための領内の生産環境の整備、後者はそうした生産環境を保全するための領内の警察・裁判権を意味し、これらは究極的には荘園領主に属する権限だった。荘務代官はこれらの権限を荘園領主から委任されることによって荘園経営にあたったが、それは領内の生産環境整備や治安維持に責任を負うことでもあった。この点、徴税請負人的性格が濃厚な請負代官とは対照的で、荘務代官は年貢徴収ばかりでなく、検注や散田、農料の下行などの諸業務にも携わらなければならなかった。南北朝期以降、惣村の自立や守護・国人の介入により荘園領主の荘務権が動揺するようになると、荘務代官の起用による直務に代わって、請負代官に年貢徴収のみを義務づける請負代官制が一般的となっていく。

（高橋　典幸）

じょうやく　定役　「定役公事、臨時課役」(『庭訓往来』)という対句的表現に示されるように、中世、臨時の課役に対して恒例の公事夫役のことを指した。したがって具体的な内容は、田畠耕作の夫役、諸物資運上の人夫役、警護役、掃除役その他種々のものがあった。たとえば夏の農繁期に私に百姓を使うべからざることを規定した文永元年(一二六四)の鎌倉幕府追加法には、「但、領主等作田畠蚕養事、為二先例之定役一者、今更不レ可レ有二相違一」とあり、保司佃に関して「為二百姓等定役一、毎年令二作立一者先例也」と記した文書もみられる(『東大寺文書』)。また鎌倉時代後期の東大寺領長屋荘年中恒例公事注文には、「一年中恒例役」として、節会餅、鏡餅、七草役、三月三日の贄、五月五日の粽、宿直米、比曾縄、戒壇掃除用途米五升、瓜、麦、炭、芋、牛蒡、蓮、ヲミ木、クロメ、豆腐、豆、薦、人夫伝馬用途などが列挙されている(同文書)。

（須磨　千穎）

じょうらくじのしょう　常楽寺荘　伊勢国朝明郡の荘園。現在の三重県四日市市付近。伊勢神宮領。『吾妻鏡』文治三年(一一八七)四月二十九日条に「公卿勅使伊勢国駅家雑事勤否散状事」として、駅家の雑事を勤仕する荘園の一つとして「常楽寺庄」の名があげられている。平氏与党没官領で、地頭は山城介久兼であった。

（倉田　康夫）

じょうりせい　条里制　古代における一町(六十間=約一〇九メートル)方格の地割で行われた農地開拓とそれに伴う土地制度を含めていう。広大なものであって、その北限を秋田市郊外とする日本全体にみられ、ことに西日本には平地全体にわたっている。条里ということばは、班田収授に関連して、六町方格に地割された土地の横の列を条、縦の列を里というふうに数えたところから起った名称である。起点から順次数字を冠して何条何里と呼ぶ。また、その六町方格の一区画を里といい、一町方格を坪という。坪は順次一ノ坪から三十六ノ坪まで数えるが、この数え方に千鳥式坪並(連続式)と平行式坪並(どの段も同じ方向に並ぶ)とがある。だいたい一郡を単位とし、○国○郡○条○里○ノ坪のように呼ばれる。実測地図なり航空写真で一町方格の土地を見つけ、そこに一ノ坪・二ノ坪といった数詞のある坪名の二、三を見出しうるならば、一里内の坪の番号排列は千鳥式坪並か平行式坪並かに排列されているから、一つの里内の坪並の復元ができる。それができれば、図にみるように条と里の方向は定まる。そして地名か古文書によって、三条とか五里とかの名称を得るならば、条の起点・里の起点がわかり、一郡の条里の全体像の復元ができる。ただし郡によっては、条里開拓がいくつかに分かれていて、たとえば摂津国河辺郡などは、南条と北条とに分かれ、その間に無条里地帯を挟んで存在するものであるから注意を要する。条里呼称はおそらく班田収授の必要から起った地番付けであって、条里制の開拓(阡陌《せんぱく》の法)とは、異なった次元のものであることを知っておく必要がある。

弥生文化の流入とともに始まったといわれる稲作は、湿地帯農業であって、はじめは小湿地にしか及びえなかったが、弥生時代後期になると、静岡県登呂遺跡にみられるような、大湿地帯に矢板を打ち込んで人工的畦畔をつくり、これを分割して取扱いやすいものにするだけの技術的進歩がみられた。これは前期古墳時代まで同じ状態が続いたかと思われる。また谷川の水を堰き止めて、そこに人工的湿地帯をつくるいわゆる「小山田」の耕作も行われた。それらは湿地帯に限られていたため有限なもので、それ以上拡がりようのないものであった。条里制開拓が、それまでの水田とまったく違うところは、湿地帯から乾地帯水田農業に移ったことである。それによって、その範囲は無限に近く拡がった。これが生産力の飛躍的増大を招いた。朝鮮を経て輸入された中国の阡陌の法(日本での条里制開拓)は、乾地帯への水田造成であったから、一町方格に土地を開拓してゆくとともに、河川からの取水や池その他の人工的灌漑設備を必要とした。しかし、この条里制開拓(条里呼称の起るまでを阡陌の法として区別する人もある)も、わが国ではいつから始まるのかについては、いまだに学界の意見は一致をみていない。大化改新以後の班田収授に関連して開拓されたものとされてきた条里制を、大化前代へさかのぼりうる可能性を示唆したのは、竹内理三「条里制の起源」(昭和二十五年(一九五〇))であった。条里制の一町を十段に分けるとき半折《はおり》型(色紙型)と長地《ながち》型(短冊型)とがある。前者は一町を横二つに、縦五つに分けるものであって、その一区画(一段)は、長さ三十間、幅十二間となる。それはちょうど、改新の詔の「凡そ田は長さ三十歩、広さ十二歩を段とせよ」(原漢文)というのに一致する。これに対して後者は縦を十に分けるものであるが、竹内はこの長地型が半折型に先行することを例を挙げて示した。落合重信『条里制』(昭和四十二年)はこの説を継承する。条里制開拓が大化前代にさかのぼることになると、それは地方族長層がそれぞれに地方を割拠的に支配する時代である。

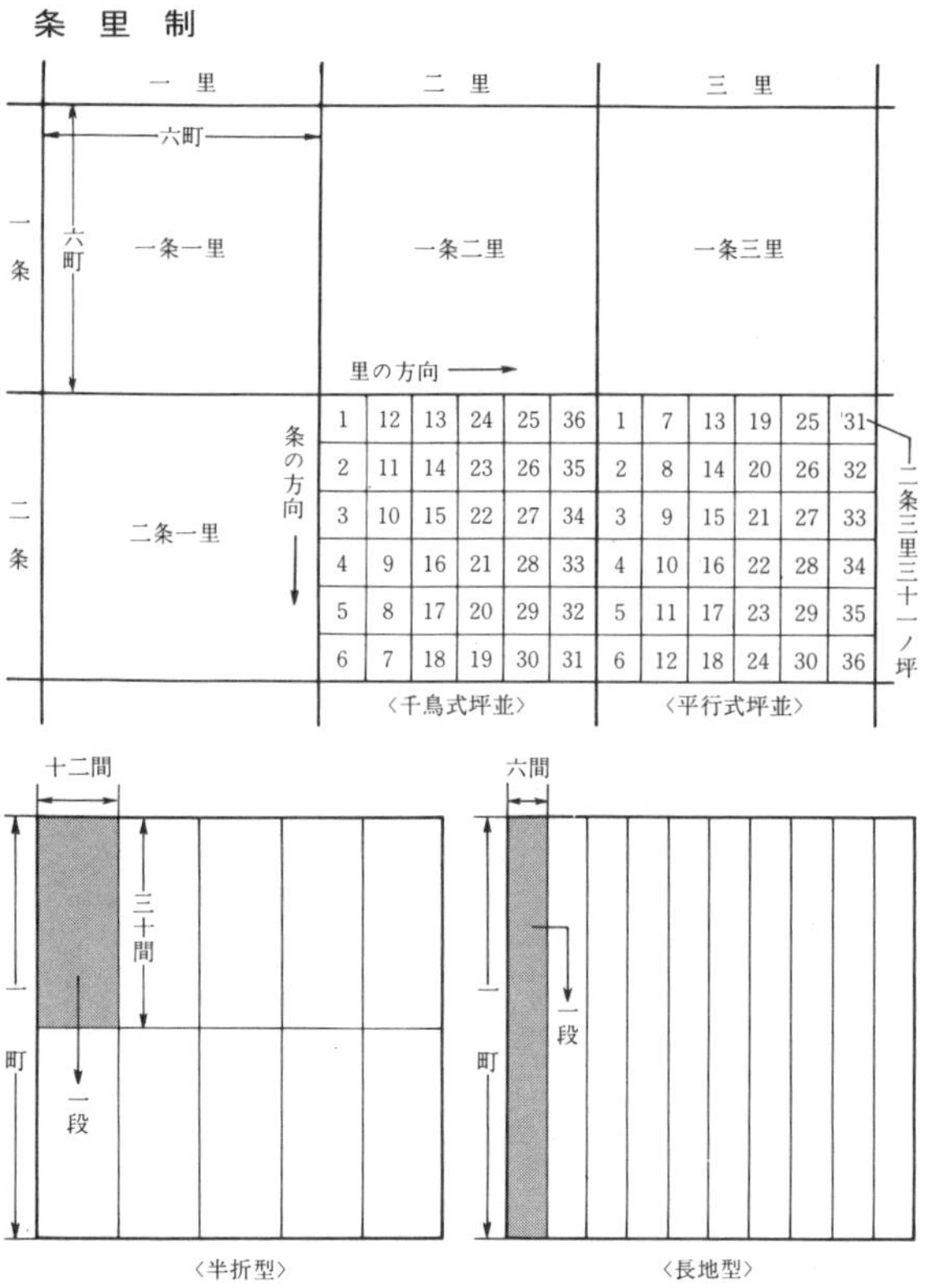

条里坪付と坪地割呼称図

その支配を受けながら、開拓および耕作に従事した条里集落があったことになる。多くの場合、その族長層が誰であり、集落がどこにあったかについての復元確定は困難であるが、条里制遺構（灌漑施設を含めて）と族長層の墳墓あるいは集落上層部の墳墓である古墳は各地に残っている。この条里制農地と古墳との関係をみることによって、その地方の大化前代の状況をある程度復元することが可能である。ことに盆地に条里制遺構があり、周囲の山々に多くの古墳が存在する場合、その関係はいっそう明瞭となる。条里制開拓の開始は、中期古墳時代にまでさかのぼるかとみられる。巨大な中期前方後円墳の出現は、生産力の飛躍的増大なしには考えられないことであるし、またその土木技術は両者まったく同性格のものである。前方後円墳の施工にあたって、地上に図形を描くには、棒と縄と尺をもってするが、条里制開拓の施工も同様である。条里制の池（条里の中の一町分か二町分の池）の堤の搗き固めは、前方後円墳の墳丘の築造と同工程である。その開拓技術者は、秦氏の支配下にあったといわれる勝部ではなかったかともみられている。しかし、多くの文献史家は、確実な文献のない時代であるため、大化前代にさかのぼる条里制開拓（阡陌の法）を認めない。また、あのような大規模な土木工事は、集権的国家の出現によってはじめて可能であって、それ以前の族長層クラスの手に負えるものでないと考える。律令国家になると班田収授が行われ、灌漑用水の管理は原則として国家責任であるとして諸法令が示される。大化以後ことに奈良時代に入るといくつかの班田図が見られ、条里制開拓の記事もみられる。ことに行基の摂津国山本における開拓は、その遺構からみて明らかに条里制開拓であるし、「東大寺開田図」にみられる北陸における開拓なども条里制開拓であることは明らかである。しかし後者の場合これには足羽郡大領生江東人の寄進墾田百町歩が基礎になっており、これは地方族長層の開拓能力を示すものといえよう。大化前代から条里制開拓があったからといって、それがすべてではなく、奈良時代または平安時代に開拓が及ぶものがあっても当然である。開拓が行われたとしても、それが水田化・熟田化するには、じつに長年月を要する。その間、人手不足・水害などによって荒廃してゆくものも少なくない。条里制地割のみられる荘園図によくその荒廃ぶりが示されていることがある。最近、歴史地理学の立場から、条里制遺構を過る山陽道などの研究がなされ、そこに余剰道路幅のあることを示し（六十間幅で割っていくと割りきれないところがあり、そこに一定の道路幅をおくことによって条里復元ができる）、山陽道開設の後、それを基準に条里制地割が行われたものとして、条里制大化以後説を裏付けようとする動きも出ている。一方、最近の考古学的発掘が条里制遺構に及ぶようになったが、それらの報告書によれば、その地の条里制開拓は平安時代初期であるとしているものが多い。開拓の開始に関する意見はやや混沌としてきた観がある。渡辺久雄『条里制の研究』（昭和四十三年）が示した、各地の条里制の方位を地磁気永年変化曲線にあてはめて開拓年代を出そうとした試みは、その後進展をみずに終っている。条里制開拓は班田収授の廃絶する平安時代初期から中期までであり、それ以後は荘園としての独自の開拓に入ることになる。

（落合　重信）

しょうりゅうよう　荘立用　「立用」とはある用に立てること、融通して使用することの意であるが、荘園の経営・維持のために徴収した年貢のうち現地で支出されるものを荘立用という。支出の内容としては、荘園内の神社の経営や祭礼、また寺院の維持と法会の費用などといった荘園内の信仰や年中行事に関するもののほか、荘官などの給分、荘の灌漑施設を維持するための井料・堤修理料なども含まれる。こうした荘の必要経費は、散用状では荒・河成などの損免とともに除分として記載される。「荘立用」の項目が散用状・検注帳といった帳簿類に現われるのは平安末期からであるが、以後それはさまざまな形をとるようになり、時代がくだるほどその項目は多様になってゆく。これは荘園支配のあり方が、単純なものから複雑なものへと推移していった状況を反映しているものといえよう。

（宮崎　肇）

しょうりょう　荘領　㈠奈良時代から平安初期にかけて、初期荘園の荘官の名称。他に田使・荘目代などの名称がみられる。天平宝字六年(七六二)の造石山寺所符案には「庄領」として猪名部枚虫等の名がみえ、天喜四年(一〇五六)三月二十九日の東大寺荘荘領納物勘文案には「庄領」の八丈絹二疋代米三十石以下の納物が書き上げられている(『平安遺文』三巻七八五号)。㈡国衙の支配する公領に対し、私領としての荘園の領域をさす語。　→荘官《しょうかん》　（宮崎　肇）

しょきしょうえん　初期荘園　八・九世紀にみられる王臣家や寺社が開発や買得により所有した私地の呼称。最初は初期の荘園の意味で使用されていたが、藤間生大の提唱以後、政治経済体制の変化と対応させてその特徴や性格を問題とし、律令支配体制から脱却していない荘園を指すようになった。律令制下、土地私有の直接の契機となったのは和銅四年(七一一)の空閑地開発許可の詔、天平十五年(七四三)の墾田永年私財法の発令で、特に後者の比重は大きなものがあった。天平勝宝元年(七四九)、仏教の隆盛を背景に東大寺をはじめとする官大寺に、多量の地が施入されるとともに墾田の限度が定められ、これを契機に寺社や貴族による大土地私有が活発となった。東大寺の場合、この年以後各地に野占使を派遣し、既墾地の買得や未開地の占定などを通して、畿内や北陸・山陰・山陽などの各地方に広大な荘園を所有するに至った。このうち越前・越中の諸荘を例にとると、経営には律令制的官司である造東大寺司の官人が、国郡司とともにその管理にあたった。ただこの方式では中央政界の変遷如何では経営に政治的圧力のかかる危険性があったため、天平宝字八年(七六四)の恵美押勝の乱後は東大寺三綱の手に経営が移ったが、国家の保護はなお大きなものがあり、それだけに律令権力の消長と歩みを同じくすることを免れなかった。初期荘園には荘民は存在せず、耕作労働力として班田農民に依拠したこともあり、国家権力の介在も関係して、その経営は班田農民に対する公田賃租的な方法が一般的であった。国衙との関係も強く、それは越前の桑原荘・道守《ちもり》荘などの灌漑施設の整備や土地の一円化、また耕作労働力の徴発などに示されている。しかしすべての荘園がそうであったわけではなく、同じ越前でも鯖田国富荘は、この地を寄進した郡司がその地子を請け負う経営であった。前者が八世紀末には没落したとみられるのに対し、後者が十世紀初めまで存続したと考えられるのは、こうした経営の違いによるといわれる。ただ、初期荘園の労働力を班田農民に依存したことから、その徴発などにあたって郡司層の地方豪族の存在を無視できず、越前の生江氏、越中の礪波氏などの荘園経営への影響は大きなものがあった。しかし彼らの協力は、律令権力を背景に在地での勢力拡大を意図するものであったため、律令権力の衰退に伴い在地での勢力を次第に失い、それは荘園経営に影響を与えることとなった。こうした傾向は東大寺領のみにとどまらず、ここに初期荘園は衰退を余儀なくされたが、九世紀以降、有力貴族や寺社は、律令制の衰退に伴う在地の変化の中で登場してきた新興の富豪層に注目し、彼らを荘長などに任じて実質的な管理を委ね、その力で労働力を確保し経営の順調化を図ろうとした。こうした動きの活発化により、初期荘園は十世紀ころまでにあるいは荒廃しあるいは変質するに至るのである。　→墾田地系荘園《こんでんちけいしょうえん》　（亀田　隆之）

しょし　所司　鎌倉・室町幕府の侍所および小侍所に置かれた職名。鎌倉幕府においては侍所・小侍所の次官をともに所司といい、別当を補佐した。侍所所司の初代は梶原景時である。執権が別当を兼務するようになると、数人の所司を任じて役務を分担したが、のち小侍所が置かれて職掌の一部が分掌されると、所司も一人となり、北条氏の家令長崎氏が世襲した。小侍所の所司は御家人中の名家の子弟が相ついで選任された。室町幕府の侍所・小侍所には別当が置かれなかったので、所司が長官であった。侍所所司の在職者は頭人・当職と称され、幕府開創期には足利一門や外様の名家から選任されたが、のち山名・赤松・一色・京極の四家が交互に補任され、俗に四職と称された。小侍所の所司も名誉ある重職で足利一門の者が任じられたが、侍所・小侍所の両所司ともに十五世紀末には廃されている。なお、僧侶の職名では、上座・寺主・都維那の三綱を所司と称した。　（二木　謙一）

しょしき　所職　官職・不動産物権・諸種の経済的収益権などにわたり、財産として相伝・譲与(処分)・質入・売買の対象となった職。職は、天慶九年(九四六)八月二十六日の伊賀国神戸長部解案(『光明寺古文書』)に「太神御領名張山預職」とあるのを早い例とし、荘園体制の確立・展開とともに、本所(本家)職から名主職に至る荘園所職や国衙在庁所職、別当職・惣官職などの寺社所職、鋳物師職・塩合物職・関給主職など手工業生産・流通・交通にかかわる所職など多様な展開をみた。保安三年(一一二二)五月十九日の平宗保譲状(『蒲生文書』)に、「右件当職(麻生荘公文職)者、為平宗保先祖開発之所帯也、(中略)於彼所職者、嫡男平宗継仁一円不輸所譲渡也」とあり、また、『沙汰未練書』に、「名主・庄官・下司・公文・田所・惣追補使(中略)以下職人等事、件所職等者、地頭・領家進止職也」とある。「所領所職」「所職所帯」などの連称も行われた。　→職《しき》　（棚橋　光男）

しょしでん　諸司田　令制中央諸官司の領有する田地。天平宝字元年(七五七)大学寮・雅楽寮・陰陽寮・内薬司・典薬寮に公廨田を置き、諸生の供給に充てたのがその初見とされるが、諸司田が広範に成立したのは、いわゆる元慶官田の諸司分配を契機とする。すなわち元慶三年(八七九)、位禄・月料などの官人給与に充てるため、畿内五ヵ国に四千町の官田を設置したが、元慶五年に至り、そのうちの千二百三十五町余を要劇ならびに番上粮料として諸司に分配し、その後も昌泰元年(八九八)に至るまで、

引き続いて多くの官田が諸司田化した。延久二年（一〇七〇）の『興福寺雑役免帳』に載せる大蔵省田以下百七十町余の諸司要劇田は、その後身の一部であろう。この諸司田は、大和国諸郡の二百八十二坪に散在し、雑役を興福寺へ、地子を諸司へ納めるもので、諸司田は一般的に地子を収取する地子田であったと考えられている。一方、元慶官田の諸司分配を機として、諸司経済は本格的に独立化の道を歩み、諸司田も次第に諸司領荘保のなかに姿を没していったものと思われる。　（橋本　義彦）

しょしりょう　諸司領　太政官以下の令制中央諸官司の所領。令制下の中央財政は、諸司固有の特殊なものを除いて、一般的には、調・庸および年料舂米を諸司経費と官人給与の主要な財源として運営された。すなわち絹・布類を中心とする調庸物は、民部省に納めて大粮米などに充てられる庸米を除いて、おおよそ大蔵省に入り、諸司に分配されて、事務・行事の経費に充てられるとともに、官人に位禄・季禄・時服として支給され、大炊寮に収納される年料舂米は、官人の月料および要劇料・番上料として支出された。しかし早くも奈良時代末から平安時代初頭にかけて、調庸物の不足を補うため、諸国の正税交易による絹・布などの貢進が一般化し、さらに位禄・季禄・時服なども諸国において料米をもって支給されるようになった。こうして調庸物は諸国の正税に大きく依存し、国衙財政を圧迫したので、元慶三年（八七九）諸司の公用を支えるため、畿内五ヵ国に四千町の官田を設置した。いわゆる元慶官田がそれで、さらに元慶五年、そのうちの千二百三十五町余を諸司に分配して要劇ならびに番上粮料に充てたのを契機として、諸司財政は独立化の方向を決定づけられるに至った。かくて中央財政の集権制が崩れた平安時代中期以降は、諸司はそれぞれ料物を諸国に割り充てて徴収する料国制を採用するところが多くなった。たとえば主殿寮は、油・大粮米などを丹波以下四十余ヵ国に割り充て、造酒司は、酒・酢醸造料米を山城以下十二ヵ国より徴収し、内蔵寮では、内侍所毎月朔日供神物月宛国々・御服月料国・御殿油月宛国々・御服紅花国々の制を定めた。しかし平安時代末の全国的な動乱を経て、諸国からの料物徴納は急速に困難となり、その体制を維持するため、料国に便補保を立てて納物の確保に努めた。それでも料国制の衰退と土地収益の減少する傾向はとどむべくもなく、それを補う役割を供御人ならびに商人に対する課税や率分関銭などに求めざるを得なくなった。『平戸記』仁治元年（一二四〇）閏十月十七日条に載せる造酒司解によると、当時内蔵寮や内膳司は、京中で「魚鳥交易」の上分を徴して供御に備え、その他の官司も「和市交易之課役」を徴収していたといい、造酒司も洛中の酒屋から屋別酒一升を徴することを聴許するよう上願した。この酒屋役の徴収は、鎌倉時代末期には聴許されているが、大炊寮もそのころには洛中洛外の米穀商人から毎年家別一果の米穀売買課役を徴収している。また諸司の領する率分関は、京都周辺に設けられ、一定の率の関銭を徴して諸司の費用に充てたが、元弘三年（一三三三）五月注進の『内蔵寮領等目録』には、長坂口など二ヵ所の率分銭を載せている。内蔵寮領率分関は、こののち室町時代にかけて、十数ヵ所に増えているが、他の諸司の間にも率分関の設置が急速に弘まった。以上の料国および荘保、供御人・商人の課税、率分関銭などより成る内蔵寮経済は、中世の諸司経済の典型といえるが、そのほか諸国乗田地子の収納から出発した太政官厨家領、令制官田に系譜を引く御稲田が大きな比重を占める大炊寮領、令制以来の氷室を中核とする主水司領、木材切出しの杣を中心とする修理職領など、諸司領の沿革や構成は一様でない。また平安時代後期以降の官司請負制の展開に伴い、壬生家の主殿頭、中原家の大炊頭、清原家の主水正、山科家の内蔵頭など、諸司長官の世襲、独占が定着し、諸司経済と世襲諸家の私経済とが混淆しながら経営、維持されたのも、諸司領に共通した特徴である。　（橋本　義彦）

しょたい　所帯　所持するの意。転じて、所持する客体である財物・所領・所職などをさす。所知。永久二年（一一一四）十二月十三日付の白河院院庁下文（『河上山古文書』）に、「僧湛秀之所帯座主職幷□（講か）免田等社務」とあり、『御成敗式目』第三十一条に、「自今以後、構二不実一、企二濫訴一者、可レ被レ収二公所三分一一、無二所帯一者、可レ被二追却一」とある。のち、生計をともにすること、また生計の意に用いられた。世帯。　（棚橋　光男）

じょでん　除田　荘園・国衙領において、見作田すなわち再生産可能耕地から、定田すなわち賦課対象地を決定するにあたり、一切の年貢・公事を賦課しない耕地として認定された田地。平安時代末期から中世を通じて荘園・国衙領の検注帳で除田が記されないことは珍しい。通例㈠仏神田、㈡荘園領主・開発領主らの直営田、㈢人給田、㈣井料田などからなり、まま㈤損田・川成・不作などが除田扱いになった。㈤が定田から除田に移されて記載される場合は、その損壊回復の見込みがしばらく立たないことを示している。㈠は域内に安穏豊穣をもたらす社寺の維持に要する田地で、しばしば各種の祭礼・法会の用途に充てるものを含む。㈡は佃・正作・門田などと呼ばれ、その農耕は家族および下人・所従の駆使、さらには領内百姓に課する夫役によって行われた。㈢は預所・下司・公文・田所・定使・案主などの各種荘官および在庁・地頭らの給田を主とし、また番匠・鍛冶・土器作・紙漉・紺搔などの手工業者や梶取などの運輸業者の給田を記載するものも少なくない。いずれも領内の管理業務の遂行ないし職能奉仕に対する反対給付である。元来在地領主の門田畠に相当する荘官給に一町・二町・三町といった整数表示が多く、かつしばしば浮免給付であったことは、領主側から俸禄の代りに一定の支配理念に基づいて配給された経緯を示している。ただし人給田の総和は定田に比して決して少ないとはいえない。㈣は堤料・池料とし

て下行する場合もあるが、領主の勧農業務であるはずの灌漑用水施設の維持が在地農民の手に委ねられた結果の、領主による経費の一定保障を意味している。 ↓給田《きゅうでん》 ↓定田《じょうでん》 (佐川 弘)

しょとう 所当 中世、田畠租を指す語。しばしば公事と併称される。年貢と同義に用いられることが多いが、本来の語義は別。「所当」の語が史料に散見するようになるのは平安時代中期ごろからである。天慶五年(九四二)十二月二十九日付太政官符に引く民部省解に、「以二彼口分田地子稲一、令レ交二易其所当調物一」とみえるのは、比較的早い例であろう(『政事要略』)。この場合「所当」は「調物」にかかる修飾語で、同様の用例は「所当馬者定五六疋」とか「所当官物」「所当地子」「所当租税」「所当例役」「所当之年貢」「町別所当凡絹」「所当罪科」その他多様である。要するにこの場合の「所当」は「当つるところの」あるいは「それに相当する」「適当な」という意であり、後代の『式目抄』(天文三年(一五三四)清原宣賢撰)に、「所当トハ、其田ニハイカホト、相当スルヲ云」とあるのもそれである。十世紀初期ごろ以降、かつての律令国家の租・調・庸・雑徭の制にかわって、新たに土地から成る「名《みょう》」を徴税単位とした、官物と臨時雑役から成る収取体制が出現する。官物は段別七升五合(租稲一束五把相当)の租や地税化された正税出挙利稲、徭の一部などの総称、臨時雑役はこれもおもに雑徭や交易雑物系の賦課の総称で、基本的には律令制的諸賦課を継承したものであったが、かつての人身賦課から段別賦課への転換が進むなど、大きな変化が見られた。「所当」の語は、あたかもこの時期の官物あるいは個別の諸賦課に冠して用いられたのである。このの ち十一世紀四十年代に至って、今度は官物と雑公事から成る新徴税体系が成立する。ここでいう官物は、新たに規定された国内官物率法に基づく段別三斗米を基本とするもので、かつての租以下の段別諸賦課や従来の臨時雑役の一定部分をも吸収集約した形のものであり、前代の臨時雑役もそれに伴って編成がえされ、かつ土地への賦課たる性格を強めて、名称も雑役・雑公事などと呼ばれることが多くなった。この新収取体系はその後中世を通じて行われることになり、荘園における年貢・公事収取も基本的にこれにならったものとなるのである。この推移と必ずしも密着した関係はないが、時期的にはやはり十二世紀初期ごろ以降の事実として、「所当」が修飾語でなく単独の名詞として用いられ、それがあてられるべき官物自体あるいは地子とか雑役そのものを意味する事例が漸増する。たとえば、東大寺領紀伊国木本荘の「地利」に関する五月日(長治元年(一一〇四)か)付権少僧都某書状には、「遣二使者一検二注見作一、随二田数一可レ被レ弁二催所当一」とあり、この場合所当は地利を意味している(『東大寺文書』)。また、保延三年(一一三七)三月日の筑前国観世音寺封荘作田地子段米注進状では、地子米・段米・佃代米が一括して「所当」と記され(『根岸文書』)、建久五年(一一九四)十月二十日の上総橘木社年貢定文では、年貢米二百石と布・鞦等をあわせて「件所当物」と表現している(『山城橘木社文書』)。かような経過ののち、修飾語としての「所当」の用例は、中世においても特に「所当罪科」などの場合に長く遺存するものの、年貢とか公事などの所課をいう場合にはほとんどみられなくなってゆく。そして、上記諸事例のごとく当初官物・地子・年貢・雑公事など幅広い内容を含んで使われていた名詞としての「所当」も、漸次限定的に田畠租のみを表現するものに移り変わる傾向を見せた。「弁二済所当於国司領家一、令レ勤二仕公事於寺家社家一」などという場合の所当は、明らかにその意味の表現である(鎌倉幕府追加法)。加えて、こうなると本来は異なる言葉であった所当と年貢とが事実上同じ実体を表現するものとなり、両者弁別し難い場合も多くなるのである。たとえば、暦仁二年(一二三九)正月二十二日付幕府追加法に、「一、陸奥国郡郷所当事 以下被レ止二准布一之例上沙汰人百姓等、私忘二本式之備一、好二銭貨所済一之間、年貢絹布追年不法之条」とみえるが、ここでは所当と年貢が同義語となっている。しかしながら、「御年貢以下所当」(『肥後永池文書』建永二年三月十四日の某下文)という表現が物語るように、「所当」が年貢のほか公事や名主の取得する加地子などをも含めた呼称である場合もやはり存在し、そこから鎌倉時代以降本所・領家の収取する年貢分を指して特に「本所当」という表現も用いられるようになる。応永十七年(一四一〇)二月五日の乾義範田地売券に、一段の田地について「本所当者八幡御供具米ニ五斗、売主方可二沙汰申一、(中略)此外公事ハ更々不レ可レ有候、加地子五斗毎年無二懈怠一可レ納者也」とみえているのは一例である(『勝尾寺文書』)。なお、田畠租としての所当は、国衙や荘園領主の検注によって定められた斗代(租率)に従って納入された。たとえば文和二年(一三五三)五月の山城国上桂上野荘作田所当米散用状によると、同荘の定田の斗代は、ふつうの田地の場合四斗代・三斗代・二斗代に区分されている(『東寺百合文書』ま)。 ↓官物《かんもつ》 ↓公事《くじ》 ↓地子《じし》 ↓雑役《ぞうやく》 ↓年貢《ねんぐ》 (須磨 千頴)

しょほうけんさくのひゃくしょう 諸方兼作の百姓 主として畿内にみられる散在形態の荘園村落では、領主の異なるそれぞれの所領が相互に入り組みの形で存在したため、その地を耕作する農民にとっては、保有する耕地のすべてが特定の領主に属するといった場合はほとんどまれで、それらを「兼作」するというのが一般的であった。こうした諸方兼作の百姓は公事収取が困難なため、畿内型の散在形態の荘園においては、十二世紀から十四世紀にかけて、公事収取の実現・維持をはかる領家によって荘域内住民の保有耕地の一円化がすすめられており、いわゆる諸方兼作農民はしだいに減少していった。 (宮﨑 肇)

しょむ 所務 本来はつとめ・仕事・職務を意味し、『続日本紀』などにもみえているが、中世的な職が成立する

と、その職務とそれに伴う権利義務を指す用語として広く用いられるようになった。具体的には所職・所領の管理、年貢徴収などの収益事務、さらにその得分などをも意味し、動詞としても使われた。『日葡辞書』には「年貢の取立て」と解説している。江戸時代には年貢・貢租の意味で使用されることが多い。　（福田　豊彦）

しょむざた　所務沙汰　中世、特に鎌倉幕府法で定められた御家人などの所領相論に関する訴訟。『沙汰未練書』には雑務沙汰・検断沙汰と並べて所務沙汰の項をおき、「所領之田畠下地相論事也」と定義しているが、現実にはもう少し範囲が広く、石井良助は「所領の上に行使される不動産物権の存在・不存在および効力に関し、或は不動産物権の外的表現である知行の保持または回収を目的として提起された訴訟」と定義し、佐藤進一は「土地財産権の存在・不存在および果実に関し、或は土地財産権の侵害排除を目的として提起された訴訟」と定義している。鎌倉幕府の初期には、こうした訴訟は御家人訴訟として問注所で受理し、予備審議などを経て鎌倉殿が裁断したが、嘉禄元年（一二二五）に評定衆が置かれると、問注奉行の審理結果は執権・連署が臨席する評定の席に上程されて確定された。建長元年（一二四九）に御家人訴訟機関として引付がおかれて間もなく、幕府裁判制度は身分所属による区分から訴訟対象による区分に転換し、引付は所務沙汰の専掌機関となった。当時の武士の基本的要請である土地財産権保護のため、公平な審理と迅速な判決を期したものである。こうして確立される幕府の所務沙汰制度では、越前・尾張以東は幕府の引付方、西国は六波羅探題の引付方が管掌し、永仁元年（一二九三）に鎮西探題が設置されると九州を管掌、それぞれで判決を与えた。所務沙汰では原告を訴人、被告を論人というが、問注所の所務賦（六波羅は諸亭賦）に提出された訴状と具書は、形式的要件を備えているか否かが調べられ、銘が加えられて順次に一方引付に配賦、これをうけた引付は孔子《くじ》により担当奉行を選び、論人に問状を発する。ここに訴は裁判所に係属した。論人に応訴の意志があれば陳状（支状）を裁判所に提出する。こうして訴論人（訴人・論人）は裁判所を通じて訴状・陳状を交換すること三度に及ぶことができ、これを三問三答の訴陳を番《つが》うという。この三問三答の書面弁論で証拠が提出されるが、その中心になるものは証文で、これを具書といい、新しい証拠は二問答までに提出すべき定めであった。訴論人は一問答あるいは二問答の訴陳をもって対決（口頭弁論）に移るように要請することもあった。三問答の書面弁論によって理非が明白になれば直ちに判決が下されるが、そうでなければ召文（召喚状）を発して対決が行われた。対決は引付頭人と衆中が参会した引付の座で行われ、訴論人が奉行の尋問に答える形式で進められたが、事実上は当事者が相互に反論しあう対論であった。問注終了後、訴論人ともに所存があれば重ねて問答をとげることもできた（覆問）。審理が終ると引付一同で評議し、両当事者の主張と理非とを書きとめて引付沙汰落居となる。こうして作られた引付勘録事書は評定の座で読みあげられ、孔子の次第による審議を経て承認されると、下知状の形式による裁許状が作成され勝訴者に交付される。この所務沙汰においては、訴論の過程で両者の和解により訴訟が終了することも少なくなかった。これを和与といい、その和解の契約状である和与状を裁判所に提出し、下知状によって承認されると、この和与は訴訟法上の効力を生じた。また判決の後に不服があれば、覆勘・越訴および庭中の三種の救済方法があった。前二者は判決の過誤に対し、後者は訴訟手続の過誤に対しての救済方法であった。所務沙汰における証拠としては、証文を第一とし、証文不明確の場合には証人の申状により、ともに不分明の場合には起請文が用いられた。この所務沙汰の訴訟手続は徹底した当事者追行主義であり、訴人の訴状提出によって訴訟が始まり、訴人は何時でも訴を取りさげることができたし、問状も訴人が論人に伝達した。訴人が陳状を提出しない場合の催促の書下、その違背に対する召文の発給、召文三ヵ度違背の咎による勝訴の判決なども、申請によってはじめて行われた。証拠も訴訟の当事者が提出し、堺相論以外には裁判所が職権によって証拠を収集することはなかった。

室町幕府の開創期には足利尊氏と足利直義の二頭政治が現われるが、政務は前代同様に評定―引付を軸とし、鎌倉幕府の執権・連署の役割を直義が果たしており、不動産物権の訴訟も前代の所務沙汰の原則が踏襲された。観応の擾乱による直義の没落後、引付方は文和元年（一三五二）に復活するが、次第に権限を失って管領の支配下に入る。この管領制下での引付方訴訟のあり方は必ずしも明らかにされていない。そして永享―文安ごろ、義教・義政期を境として訴訟制度は、右筆奉行人が意見状を作成して将軍がこれに基づいて裁断を下す、御前沙汰・意見の制度へと移行する。ここでは問状に対して日限内に陳状を提出しなければ敗訴とし、裁決にあたって奉行人保有の資料を証拠として採用するなど、職権主義の傾向が認められる。一定の要件を備えている訴に対しては審理手続を省略して論所を訴人に引き渡す道が開かれ、またこのころをもって和与状が消滅することも職権主義への移行と対応するものといえよう。　（福田　豊彦）

しょむざっしょう　所務雑掌　⇩雑掌《ざっしょう》

しょむしき　所務職　中世、荘園の所務を行う権限とそれに伴う得分を内容とする所職。所務とは、荘園の土地を管理して年貢・公事を収取し、荘民に対する検断権を行使することをいう。暦応三年（一三四〇）正月二十三日の祐舜伊予弓削島荘鯨方所務職請文（『東寺百合文書』と）は、所務職の内容を具体的に示す一例であろう。それには「請申　東寺領伊予国弓削島鯨方所務条々」として、年貢銭・塩の運上、宣陽門院仏事用途ほか諸寺役の勤仕、検断、荘家警固、京都沙汰事など五ヵ条が列挙され、「右

所務職者、自二供僧御中一祐舜所レ令二預領一也、任二以前条々之旨一、可レ致二其沙汰一」と記されている。これらの所務は通常荘園の預所がつかさどるところであり、『沙汰未練書』に、「預所者本所御領所務代官也」とあるのはそれを指す。そこから所務職はしばしば預所職の別称となった。右の請文に「若背二請文之旨一者、被レ改二易預所職一、於二公方一、可レ被レ申二行罪科一」という文言がみえるのもそれである。（須磨　千頴）

しょむだいかん　所務代官　荘園領主に代わって実際に荘園経営にあたる者のこと。荘務代官と同じ意味で使われるが、沙汰代官との対で言及されることも多い。すなわち、荘園に関わる訴訟などで荘園領主に代わって法廷に立つ者を沙汰代官と呼ぶのに対し、荘園現地での事務を担当する者のことをとくに所務代官といった。所務とは年貢徴収およびそのための一連の諸業務をさす。訴訟の場では専門的な法廷技術が必要とされたため所務代官とは別の沙汰代官が立てられたように、所務についても専門的な技量を備えた人間が重宝され、一人で複数の荘園の代官職を兼帯する者も現れた。このような所務代官のあり方は荘園により様々であり、預所や雑掌などその呼称も荘園により一定していなかったが、南北朝期以降になると荘園領主による荘園経営のあり方の変質にともなって、請負代官に切り替えられていった。（高橋　典幸）

しょむわけ　所務分け　所務とは本来仕事・職務の意であるが、中世においては所職・所領の管理や年貢収納などを意味する。所務分けとは、領家・地頭間で下地中分がなされる際、荘園を折半し、相互に一円的な支配領域をつくりだすことをいう。その際の分割方式は、荘園を均等に二分するだけでなく、三分の二・三分の一に分割する場合や、荘域をまとめて中分せず里坪を単位として分割する方式など、さまざまな形がとられた。たとえば、文保二年（一三一八）、高野山金剛三昧院領の備後国神崎荘では、「田畠山河以下之下地」を折半して、各々が一円に所務を沙汰すべきことを定めた和与状が作成されている。また、乾元二年（一三〇三）に東寺領伊予国弓削島荘で行われた中分では、「田畠山林塩浜等下地所務以下」を三分の二・三分の一に分割し、三分の二を領家方が、三分の一を地頭方がそれぞれ一円進止することとしている（『鎌倉遺文』二八巻二一三三八号）。（宮崎　肇）

しょむわよ　所務和与　荘園における本所領家・地頭御家人間の相論は、主に地頭の所務をめぐって発生した。地頭の所務の代表的なものとしては、得分取得権、徴税権、警察権（検断権）および下地進止権などが挙げられるが、これらに関する地頭の契約違反をめぐって領家側からの訴えが多発した。その多くは鎌倉幕府の裁判所に提訴されたが、訴訟係属中に和与（和解）の成立する場合が見られた。この種の和与のことを特に所務和与という。地頭請所、領家請所、下地引渡、あるいは下地相分（下地中分）などがあった。訴訟両当事者は和与の内容を和与状に記しこれを相互に交換した上で、受訴裁判所に提出することにより、和与認可裁許状の交付を受ける。これを得ていない和与は、裁判手続の上で法的効力を持たない私和与とされていた。なお、後期の幕府裁判においては、所務和与をはじめとする和与の成立するケースが増加する傾向にあることが見て取れる。（西村　安博）

しょやく　所役　古代から近世の用語で、役目・つとめの意味もあるが、ふつうは田租以外の課役のこと。内容は種々雑多。もっとも一般的なのは、古代・中世に「天下一同之公役、国土平均之所課」などと称されたいわゆる勅事・院事・国役の類である。養和元年（一一八一）十二月八日の後白河院庁下文案には、新熊野社の所司らが、社領荘園に課された「勅事、院事、役夫工、大嘗会、斎宮郡（ママ）行、公卿勅使、宇佐使、餦・乳牛役、造内裏雑事及臨時国役」に関し、「近代国宰動宛二課件等之所役一之間、恒例神事・長日社用闕如之基也」といい、その停止を訴えたことがみえる（『新熊野神社文書』）。このほか「郡之所役」「本家所役」など、公領・荘園の農民らは数多い賦課主体からの所役を負担した。荘園の所役の一例として、保元二年（一一五七）二月の伊賀国玉滝荘司等解案には、「恒例寺役御卅講執事・法花会菓子米・修二月行僧供料・万燈会料板・御修理材木等」がみえる（『東大寺文書』）。（須磨　千頴）

じょやく　除役　賦課すべき諸役を免除すること。→公事《くじ》後北条氏の『小田原衆所領役帳』によると、たとえば小田原衆の一人松田左馬助の場合、その知行高「千弐百七拾七貫七百弐拾文」について、「此内　千貫文　従二前々一致来知行役辻、残而　弐百七拾七貫七百弐拾文　自レ昔除役間、於二自今以後一も可レ為二其分一者也」と記されており、知行役を免除することを指して除役といったことが知られる。（須磨　千頴）

しょりょう　所領　領有の行為または領有の客体をいう。中世においては、領有の主体を領主、領有の行為を領・所領・領掌・領知・知行、領有の客体を領・所領・所帯・所知・知行・知行所などといった。「そりょう」ともいう。『日葡辞書』には、「Xoriŏ（ショリャウ）Chiguiŏ（チギャウ、知行）に同じ。領地、または、相続した財産」としている。貞観十五年（八七三）の山城国広隆寺資財帳（『広隆寺文書』）に、「三町九段九歩、此寺所領」、昌泰四年（延喜元、九〇一）四月五日付の太政官符（『類聚三代格』）に、「応レ聴レ耕二作崇親院所領地五町一事、在二山城国愛宕郡一」とあるのが、早い例である。『御成敗式目』第八条に、「雖レ帯二御下文一、不レ令二知行一、経二年序一所領事、右当知行之後、過二廿ケ年一者、任二大将家之例一、不レ論二理非一、不レ能二改替一、而申二知行之由一、掠二給御下文一之輩、雖レ帯二彼状一、不レ及二叙用一」とあり、また、『沙汰未練書』に、「所務沙汰トハ、所領之田畠下地相論事也」などとある。（棚橋　光男）

しらいのしょう　白井荘　下総国印旛郡下総台地から印

旛沼に流れる鹿島川の中・上流域やその支流弥富川流域に展開した荘園。現在の千葉県佐倉市・八街市に比定される。史料上の初見は文治二年（一一八六）三月で、延暦寺領であった。開発領主は良文流平氏の白井氏であり、鎌倉初期には千葉介常胤の被官化していた。鎌倉前期、千葉胤時（常胤の孫）が当荘を知行し、やはり白井氏を称した。胤時系白井氏は宝治合戦で衰退し、千葉本宗家の被官化していく。白井氏には、鎌倉末期に得宗被官化した者や、瀬戸内海海運に関与する者、南北朝期以降では、足利尊氏の近習となった者、安芸・若狭で活動した者など多様な活動が確認される。南北朝・室町期、当荘には、中村氏、会津芦名氏が権益を持っていたが、白井氏は十五世紀前半まで勢力を維持していた。しかし、享徳の乱の過程で千葉氏の家督が交代したことに伴い、原氏の庶流弥富原氏が当荘域の支配者となり、天正十八年（一五九〇）の小田原北条氏滅亡まで白井荘域＝岩富領を支配した。徳川家康の関東入封以後、北条氏勝が岩富領を与えられ、太閤検地が行われた。（清水 亮）

しらかわのしょう 白川荘 飛驒国大野郡の荘園。現在の岐阜県大野郡白川村を中心とする地域。平治元年（一一五九）十二月五日、藤原太子が藤原忠通の裁定を申請した解状（陽明文庫所蔵『兵範記』裏文書）によると、白川荘ははじめ藤原俊家の所領で、静暹の父が預所職を有していたが、のち俊家はその女で藤原師通の妻全子（一条殿）に譲り、そのころの預所は静暹であった。ところが保元の乱の時に国司による収公が行われたので、静暹の女太子はもとのごとく知行に預りたいと、本家の忠通に訴えたのである。その後、この荘の名は文献にみえないが、建長五年（一二五三）十月二十一日の『近衛家所領目録』（『近衛家文書』）によると、「一条北政所（全子）領」は藤原忠実から忠通、そして二条天皇中宮藤原育子へと譲られ、さらに藤原基房の女と藤原兼房の女の二人に伝領され、勝安楽院領となっている。白川荘もこの一条北政所領の一つとして、このように伝領されたものと思われる。（新井喜久夫）

しらかわのしょう 白河荘 ㈠陸奥国白河郡の荘園。白河領ともいう。現在の福島県西白河郡一帯と、岩瀬郡・東白川郡の一部を含む地域。はじめ藤原信頼の所領であったが、平治の乱後、平重盛のものとなり、鎌倉時代には平家没官領の一部として関東御領となった。『吾妻鏡』文治四年（一一八八）三月十七日条によれば、後白河院が本家であった可能性があるが、不明。鎌倉時代の地頭は結城氏で、結城朝光が文治五年の奥州合戦の功によって与えられたものと推定されている。その後、荘内は南方と北方とに分かれるが、いずれも結城一族に伝えられて、戦国時代には白河結城氏の本拠となった。（大石 直正）

㈡越後国蒲原郡の荘園。現在の新潟県北蒲原郡安田町・水原町・笹神村・京ヶ瀬村一帯の地域。殿下御領の一つとして、長承三年（一一三四）以降は九条家に伝領され、仁平三年（一一五三）の検注では本田数三百町。開発領主は、源平の争乱期に越後守に任じられた城長茂（助職）が「白川御館」と称されていた（『玉葉』）ことなどから、越後城氏であったとみられる。城氏の勢力が潰えたあと、鎌倉幕府のもとでは伊豆国の御家人大見秀家が地頭職を得て、その子実景以降相伝し、荘内の水原条・安田条・山浦条などに拠って苗字の地とした。九条家領としては、享徳元年（一四五二）には「近年有名無実」（『安位寺殿御自記』）となったが、水原氏・安田氏などは上杉家中として戦国時代を通じて在地支配を続けた。（阿部 洋輔）

しらぎえのしょう 新羅江荘 摂津国東成郡の荘園。現在の大阪市東区に所在したと推定される。東大寺領。延暦二年（七八三）六月、官が駅家を設置するため、堀江川の北にあった東大寺領美努郷の荘地九段余と江南の東成郡勅旨荘一町五段を相伝して成立したが、そこには倉三宇と屋一宇があった。美努郷の荘地は、天平勝宝四年（七五二）正月、甲倉一宇と未定倉一口をふくむ三町六段余を東大寺が安宿王家から買得し、天平宝字四年（七六〇）に一部を新薬師寺に売却したため、江南の地は一段余、江北の地は三段余に減少していたが、その後の開発により、江北は九段余に増加していたのである。既有の江南の地が安曇江荘で、新たに交換した当荘と隣接していた。大治五年（一一三〇）三月の「東大寺諸荘文書幷絵図等目録」では、当荘は四町歩に拡大されており、その支配は平安時代末期までみられる。当荘はその規模からみて、安曇江荘とともに、東大寺の難波での交易業務を中心に、他荘からの収納物を一時保管することに使命があったとみられるが、その発展経過は、「荘」が倉庫や屋敷などの建物を中心として、その周辺に園地が付属したものであり、その後に周辺部の空閑地開発をすすめた荘園の展開を例示している。↓安曇江荘《あずみえのしょう》（福留 照尚）

しらつちのしょう 白土荘 大和国添上郡の荘園。現在の奈良県大和郡山市白土町を中心とする地域。東大寺雑役免荘（香菜免荘）の一つで、『東大寺要録』所収『湛照僧都分付帳』には「白地庄廿二町百八十歩北米富」とみえ、勧学院田一町七段・大興寺田三町三段二百三十歩・左京職田二段二百四十歩・大夫殿位田二町六段小・公田畠十四町二百四十歩からなっていた。文治四年（一一八八）の在家注文によると、在家は十五家で、御参宮ならびに造興福寺夫役雑事が免除され東大寺の支配が保障されているが、弘安八年（一二八五）の東大寺領顚倒所々注文では顚倒庄々の中にその名が見出される。このほかに興福寺一乗院領の白土荘も存在した。一乗院の『簡要類聚鈔』に「大后寺領 白土庄」とみえ、応永六年（一三九九）の『興福寺造営段米田数帳』の添上郡のところに「一乗院方白土庄十三町四段」とみえるものであるが、東大寺雑役免荘の白土荘との関係は明らかでない。（泉谷 康夫）

しらはまのまき 白浜牧 古代、安房国安房郡におかれた馬牧。『延喜式』兵部省によれば、安房国には白浜馬牧

と鈖師馬牧の存在が知られている。白浜馬牧は、房総半島の最南端、現在の千葉県安房郡白浜町がその故地と考えられている。平城宮跡出土木簡や『和名類聚抄』記載の白浜郷の郷域におかれ、郷から牧に移行したものと推定されている。（川戸　彰）

しらまつのしょう　白松荘　周防国吉敷郡の荘園。現在の山口県吉敷郡阿知須《あじす》町と宇部市大字東岐波・西岐波の付近。賀宝《かがほ》郷の南側、海に沿った荘園を称した。地名の初見は、建武三年（一三三六）十一月二十六日付『周防弘済寺文書』にみえる「白松郷」で、暦応二年（一三三九）同文書にみえる長門弘済鎮国寺領の「白松庄南方有吉名」なども早いものに属する。しかし白松の地名はさらに古くからあったものと思われ、長門の豪族でのち長門国守護となった厚東氏の『厚東氏系図』古写本（山口県長門市大日比旧庄屋上利氏旧蔵、長門市所蔵）によれば四代武綱、その子永綱はいずれも「白松大夫」と号した旨がみえる。武綱の子息らは長門・周防各地の領主とあるので、おそらく武綱は各地を分領しており、さらに、厚東氏の菩提寺の一つ宇部市東隆寺所蔵の『厚東氏系図』には、四代武綱は「白松大夫、人皇四十六代孝謙天皇之時人也、仁王堂・加保之八幡等建立」とあって、古くより賀宝郷内白松の地に居所を構え、その地名を名に冠したものと思われる。また、『東大寺要録』二には、建久九年（一一九八）四月源頼朝が白松藤二資綱（藤原氏）を椹野《ふしの》荘地頭に補任したという記事がみえ、宇部市五十鈴神社の応永十六年（一四〇九）鰐口銘には「白松庄権現宮」の文字、山口市興隆寺所蔵大内盛見署判『周防氷上山興隆寺一切経勧進帳』には白松兵部少輔和定・白松縫殿允基定らの名がみえる。戦国時代に入り、『周防弘済寺文書』大永四年（一五二四）六月二十八日大内左京大夫（義興）の住持安堵状には「白松弘済鎮国寺」、『周防常栄寺文書』毛利隆元の文書には「白松荘長安寺」とみえる。諸史料中にみえる賀宝荘は、この白松荘とその荘域ほぼ同一と思われるが、降って『慶長五年御朱印辻兼重和泉蔵田与三兵衛検見帳』（『慶長五年検地帳』）にも白松荘がみえるものの、以後賀宝荘の呼称は次第にすたれて、江戸時代は白松村として存し、のち・佐山・井関・岐波の三村に分かれた。（川副　博）

しりょう　私領　十世紀以降の公領・荘園体制下で成立した特定の私的支配権下の土地をいい、私領田・私領治田・私人所領などともいう。律令制下の口分田・墾田などは私田ともいわれ、有期的占有を示し、それ自体は合法的なものであったが、私領は「或狼号二私領一、或致二国郡責一」とのべられたように（天徳四年（九六〇）十二月二十七日太政官牒）、反国衙的であって、その限りでは非律令的である。もちろん時代的に変遷がある。当初は「既謂二公田一、何有二私領一」（寛弘九年（一〇一二）正月二十二日和泉国符案）とあるように「公田」と対置され、墾田永世私財法以来の永代私有権の対象となる治田や、再開発荒廃田などを「私領」とよんだ。当然のことながら、「年貢」（天仁二年（一一〇九）七月十日丹波国在庁官人等解案）、「所当官物」（永保二年（一〇八二）十二月日陽明門院庁下文案）は、「任二見作一弁来、是普通之例」（同前）であり、官物を免除されたわけではない。のちの不輸租田とは、その点で区別され、官物を負担する点では、広義の公田のうちに含まれる。一方段別五升ないし一斗の加地子を徴収することは公認された（保元三年（一一五八）四月日伊賀国在庁官人等解ほか）。私領が私領たるゆえんは、この得分権と、売買・譲渡・寄進などの可能な処分権、および謀反・大逆などの重罪でない限り没収されない権利（年不詳九月十一日明法博士中原章重勘文）であった。荘園も私領の一形態であるが、一般に五位以下の官人所領を私領といい（永承五年（一〇五〇）七月二十二日太政官符案）、「領家」を名のることができる公卿以上の上級貴族や寺社の場合に「荘」を称した（清原宣賢『式目抄』）。下級者の私領は、寄進などにより権門領荘園内に編成され、その権利は預所・下司などの「職」に転化して、重層的土地所有体系を構成し、公領における郡司・郷司などの諸職に対応した。したがって私領主も、国務に反したり領家に背いたりした場合には、他人に改定されることがあり（長寛二年（一一六四）十一月二十九日仮名藤井花元重解状）、その権利にも一定の制約があった。十一、二世紀には、私領の開発や確保および官物・加地子などの収取のため、私領主は武装化せざるをえず、在地領主化して武士団を構成する。鎌倉幕府はかかる私領・私領主を結集・編成し、本領安堵と新恩給与の両方式によって、その社会的、経済的基礎をかためた。鎌倉幕府法では、新恩給与の恩領はもとより私領（または本領ともいう）安堵も将軍家の御恩とされた。私領は売買が認められた（『御成敗式目』第四十八条）が、のち文永四年（一二六七）には恩領同様に禁止され、「停二止沽却幷入流之儀一、可レ令レ弁二償本物一」、すなわち売買・質入時の代価によってこれを取り戻させ（追加法第四百三十三条）御家人所領を保護した。ただし三年後にはこの法令は破棄された。恩領・私領の別はその後も残り、戦国家法（武田氏の『甲州法度之次第』第九条など）にもそれがみられる。→恩地《おんち》（島田　次郎）

じりょう　寺領　仏教が具象化された仏・法・僧の三者が一体として構成された寺院が、その機能を発揮し持続するための経済的基盤として設定された寺院所属の所領をいう。寺領にはいくつかの形態があるが、寺領の称呼が一般化するのは、平安時代以後のことで、それ以前は、寺田・寺地・料所とよばれた。〔起源〕わが国寺領の始めを伝えるものは、物部氏が滅ぼされて、その田宅奴婢を四天王寺に所属させた、というものである。この点、社領が、その神が支配する地域を神地・神戸としてヤマト王権が認定することによって始まったのと異なるといえる。一方、同じ四天王寺の所伝に、聖徳太子が推古天皇からうけた功封の近江国浅井郡岡本郷ほか遠江・信濃・相模・上総・常陸六ヵ国で一郷五十戸ずつ計三百戸を寺

納したとある。一説には、舒明天皇四年(六三二)に二百五十戸を施入されたともいう。封戸の制度が確立するのは、大化以後のことであるので、この所伝は信じ難いが、あるいは社領における神戸のごとき性格をもつ寺戸のごときものがあり、大化後の封戸に整備されたものであろうか。概していえば、大化前代の寺院は、氏族集団による氏族寺院ともいうべき寺院が主流を占め、その維持は、氏族全体によって行われ、寺院独自の経済基盤の必要性は、後世ほどではなかったと考えられる。〔令制寺領〕大化改新で、私地私民は廃止されたが、既存の寺領・社領はその適用を免れ、令制においてかえって制度的に整備された。まず寺田・神田は不輸租田とされた。寺封の期限については、はじめは三十年間であったものが、一期五年間、ついで施入した天皇一代と定められた。これは、寺封はその寺の造営費としての性格を与えられていたからである。寺院封戸の最大のものは、東大寺封戸五千戸であったが、これは造仏造殿が一段落すると、千戸を堂塔修理分、二千戸を三宝常住僧分、二千戸を官家修行仏事分と分割した上で存続せしめられた。したがって一応年限規定はあっても、必ずしも厳守されず、八世紀には、飛鳥寺千八百戸、大安寺千五十戸、山階寺千二百戸、西大寺六百三十戸、法花寺五百五十戸、川原寺五百戸、薬師寺五百戸などが充てられていた。封戸は一郷五十戸を単位として寺院に所属させたものであるが、その戸の調庸租を国司が徴収して、封戸主に納めるもので、律令国家による寺院の維持を最も端的に示すものであるので封戸制の維持が困難となった平安時代末期の寺院においても、なお寺封は存続した。一方、大化改新で廃止を免れた寺田も、天平十五年(七四三)の墾田永年私財法と天平勝宝元年(七四九)、東大寺大仏開眼を記念して、東大寺四千町歩、元興寺二千町歩、大安寺・薬師寺・興福寺・大倭法華寺・諸国国分寺に各千町歩、弘福寺・法隆寺・四天王寺・崇福寺・新薬師寺・建興寺・下野薬師寺・筑紫観世音寺に各五百町歩、諸国分尼寺に各四百町歩、自余の定額寺には各百町歩の墾田を定めると、これら諸寺は、競って全国各地に墾田地を点定し、その国教的地位を背景に在地の土豪の協力を得て、直接経営に乗り出し、寺領のうち寺田の全盛時代を出現した。しかし九世紀に入ると、寺院の国教的地位の変化によって墾田の経営能力は急速に減退して、これら墾田地の荒廃を招いた。〔寺領荘園〕墾田地に代わって寄進地系荘園が寺領の中心となる。寄進地系荘園は、地方の土地開発者が、開発した土地を国司・郡司の賦課から守るために、中央の権門勢家に寄進することによって成立したもので、皇室を含めた権門勢家の建立した寺院も、その中にあった。また八世紀、寺田以外に年々正税から支出されていた寺院の諸経費、寺院造営のための杣《そま》、あるいは封戸すらも荘園化した。寺院は、あるいは寄進者を荘官下司としてその経営を委ね、あるいは本寺僧を下司として現地に派遣して経営を行い、農民から年貢・公事を納入させた。寺院は、令制に基づく寺田不輸権の拡大強化をはかり、田租ばかりでなく、寺領農民の調庸役の免除を国に認めさせ、調庸租を徴収するための国司の入部を拒み、さらに犯罪人の追捕のために国使が荘園に立ち入ることを拒む不入権さえ獲得し、寺領を治外法権化し、十二世紀に増加する勅事・院事などの全国平均の国役も免除を要求しこれを貫徹し、寺領の農民を、あるいは寺奴婢視し、あるいは公民を寄人《よりうど》化して隷民視し、数々の公事を課し、寺院の月々日々の恒例仏事・日常の生活の資まで、各荘園に割り充てて、完全に寺領荘園による寺院活動の機構を完成した。こうした状況は、寺領の内部構造にも反映し、荘園から年貢・公事を送り出す段階で、本寺における使途に分類したり、あるいは荘園内部の田地を使途別に指定したりした。後者の場合、これを料所とよぶ。料所の称呼はすでに奈良時代にあり、その由来は古い。〔寺院分国〕十三世紀になると、新しい型の寺領が出現する。その一つが皇室・公家の分国(知行国)制の導入である。これは、平家に焼打ちされた南都の東大寺・興福寺復興を機として始まったもので、一国の国務権を特定の寺院に与えて、その国の収入をあげて堂舎造建にあてようとしたものである。平安時代後期に、寺院の堂舎造建のために、堂舎を一国ごとに割り充てた造寺国制ともいうべきものがあったが、これは割り充てられた国の守が造立を請け負う成功《じょうごう》の一種であったが、寺院分国は、寺院自身が国主となるものであり、分国は、寺領と目された。寺院分国の国守は、寺院とは関係のない公卿が任命され、寺院は別に勧進上人を任命して国務にあたる。はじめは国守の任期四年ごとに切り替えられた。東大寺の分国周防(文治二年(一一八六)成立)・備前(建久四年(一一九三))・安芸(承久三年(一二二一))、東寺の播磨(建久四年)・肥後(嘉禎元年(一二三五))・丹後(暦仁元年(一二三八))・安芸(仁治三年(一二四二))・佐渡(弘安年中(一二七八—八八))・下野(永仁年間(一二九三—九九))、興福寺の備後(正治二年(一二〇〇))・信濃(弘安七年)、法勝寺の周防(承元三年(一二〇九))、延暦寺の備前(建保元年(一二一三))・但馬(貞応元年(一二二二))・若狭(正和三年(一三一四))、高野山の飛驒・備後(延慶元年(一三〇八))・阿波(延慶二年)等々南北朝時代に及ぶものまで、寺院分国は神社分国と合わせると五十例に近い。寺院は、分国経営に勧進上人を任命する。勧進上人は国衙に目代を置き、国衙領を荘園的に経営して収入で本寺の造営にあたる。やがて国守の任期にかかわりなく、分国は継続され、国衙領は寺領化する。東大寺分国周防国は、江戸時代の末まで東大寺領としてうけつがれた。〔多様化する寺領〕荘園を中核とした寺領は、十三世紀武家権力を背景にした武士の侵略をうけ動揺する。鎌倉幕府は、荘園を否定するものではなく、御家人たちの荘園侵略を抑制したが、実力をもつ在地の武士たちの年貢対捍・抑留を絶滅することはできなかった。寺領の不安定、収入の減少の対策として、

荘園領主は武士に対し下地中分、あるいは請所による収入の安定をはかる一方、新しい財源を模索した。十二世紀末に次第に顕著となった宋銭流入による貨幣の流通は、これを可能とした。それに伴う新所領が港湾河津に設けられた関所である。交通の要衝にあたる港湾や河津では、その利用者からその施設の維持のために若干の利用税とも称すべきものを徴収することは古代からあったが、その徴収のために関所を設けた。この関所の収入を目的として、あるいはその私領内に関所を設け、あるいは公領内の関所の施入をうける。文治三年東寺造営料所として、山城淀関が施入せられたのをはじめとして、鎌倉時代を通じて三十余例を数える。はじめは、社寺造営料としての寺院分国の補塡策としてとられたもので、五ヵ年ないし八ヵ年の期限付で、関料の徴収権を委譲されたものであったが、やがて分国と同じように永代化し、寺領化した。東大寺領兵庫関はその代表的な例である。本寺は、関に雑掌をおき、関料の徴収と、施設の修固を行い、残余を年貢として本寺に納入した。雑掌の請文では関銭千七百貫に及ぶ見込みであった。〔寺領の再編成〕荘園の国使不入権は、武家政権に対しては守護不入権として拡大継承されたが、これを承認保証するものは、前者では太政官、後者では鎌倉幕府であった。しかし戦国時代になり、支配権力が分散すると、寺領の保証は、それぞれ現地の大名の保証と安堵が必要となって、それが得られぬ多くの所領は有名無実となったが、なお所領目録には登録されている。しかし織田・豊臣の天下統一が進み、画一的な検地によって、新しい所領の給与が行われることになって、これまでの所領関係は清算再編され、近世的寺領が成立することとなった。（竹内　理三）

しりょうしゅ　私領主　十世紀以降、公領・荘園内に成立した私領の領主。単に「領主」ともいう。その担い手は、一つは大名田堵などの地方豪族で、開発領主といわれ、その本領・本宅を根拠とするが、さらにすすんで郡・郷単位の領域支配にのりだしてゆく。他の一つは、五位以下の諸司官人や、興福寺・東大寺などの中央大寺社の寺僧であり、ときとして「在京領主」と呼ばれた（寛治二年（一〇八八）六月十九日定使懸光国解）。彼らは「閑廃地」は「遂以二開熟之人一、永為二彼地主一」（弘仁十年（八一九）十一月五日太政官符）という九世紀初頭以来の政府の方針と、これをおしすすめた十一世紀はじめの荒田開発者に対する優遇措置とによって、開発地については、田率雑事免除と、官物の中から段別五升ないし一斗の加地子徴収を認められた。不輸租田や官省符田では、私領主は、その存在は認められなかったが（保元三年（一一五八）八月七日官宣旨案、永長二年（一〇九七）十月十六日興福寺政所下文）、一般にはその後、公領・荘園体制の下で郡・郷司職や下司職などに補任されたり、またこれを相伝したりして、十二世紀以後には荘官・地頭などの在地領主に転化していった。→開発領主《かいはつりょうしゅ》（島田　次郎）

しろ　代　古代における地積の単位の一つ。古く稲一束を収穫しうる地を一代と呼び、その名残りは天平七年（七三五）「讃岐国山田郡弘福寺領田図」の記載にみることができる。もともとその面積は地味その他の条件で必ずしも一定しなかったらしいが、のちには高麗尺方六尺一歩の五歩、すなわち二百五十歩一段制の五歩に相当する地を指すこととなった。これには大陸からの度量衡制の輸入が関係したと見られるが、同時に条里制のような整然とした土地割、また町段歩の地積制が施行されることによって、従来漠然としていた「代」の地積に一定の内容が付与されるとともに、町―代―歩制ないし町―段―代―歩制のように代制と町段歩制が並行するようになり、これによって一代は上述の五歩にあたる地積として位置づけられるに至ったものと考えられる。その時期は大化改新前後で、持統朝以後町段歩制に移行したと見られる。ただ「代」の地積は奈良時代に至っても、既述の「弘福寺領田図」に見るようにその使用が知られ、また三百六十歩一段制の下では一代は七・二歩に相当するが、八十四歩、百六十八歩といった地積のように、一代の整数倍と町段歩制との組み合わせを窺わせる地積が越前・越中をはじめ各地に見られる（たとえば八十四歩は、三分の一段にあたる百二十歩から五代つまり三十六歩を減じた数値、あるいは十代にあたる七十二歩に三十分の一段つまり十二歩を加えた数値と見ることができる）ことは、その存在の根強さを物語る。事実、中世に至っても、東国から九州に至る各地に「代」の地積を見出すことができるが、ただ平安時代以後においては、すべて段の下級単位としてのみ現われ、奈良時代以前のように町の下級単位あるいは町と並ぶ独立の単位としては見えない。また『日本書紀』天武紀・持統紀などにみえる「頃」は「代」を中国の地積の呼称で潤飾したものと考えられている。なお、中世において「代」が「たい」と訓じられていること、「しろ」と訓じたのは『拾芥抄』田籍部が最初で、奈良時代またそれ以前の用例にはすべて訓が付されていないことなどから、これを「しろ」と訓ずることに疑問を示す見解もある。（亀田　隆之）

しろかき　代掻　水田耕作の用語。苗代に播種する前に苗代田を整地する場合にもいうが、一般には本田の荒起しをした後、灌漑した田面を鍬または馬鍬（耙）でさらに細かく砕土攪拌して表面を均らす作業をいう。シロゴシラエ・タゴシラエなどともいい、一～三回行われる。田植前十四、五日に粗（荒）代を始め、続いて中代を掻いて、しばらく土をやすめ、田植直前に植代を掻く。この回数は人手と資本の多寡によって異なり、各回数ごとに馬鍬の歯数を増す。代掻の効果は水田の漏水を防ぎ、田の面を平らにし、土壌を膨軟にして田植をしやすくし、肥料を平均に行きわたらせることにあるので、これは人力による手鍬でも行われたが、著しい重労働であるので、かつては牛や馬の畜力による馬鍬が用いられた。畜力の場合は作用刃を回転させて土壌を砕く回転砕土機や田車な

ども多く用いられたが、近年は機械を用いるのが一般で、代掻の回数も減少している。　（三橋　時雄）

しわよ　私和与　⇩和与《わよ》

しんがいのしょう　新開荘　豊前国宇佐郡の荘園。現在の大分県宇佐郡安心院町に所在。宇佐宮領荘園「本御庄十八箇所」の一つ。延久三年（一〇七一）の国符にみえるが、立券年次は不明。寛弘六年（一〇〇九）宇佐宮焼亡のとき公験が焼失し、数代の国司は前例により免租していたが、荘園整理令により、新古を論ぜず公験のない荘は公田に准じて官物を徴収された。しかし、神事は欠怠し、怪異が頻発したので官物徴収は免じられた。その規模は田数七十九町、用作一町八段、段別獲稲三十束、内種子料六束が除かれていた（『宇佐宮神領大鏡』）。『宇佐宮神領次第大略』によると二十の名《みょう》があった。応永三十年（一四二三）以後は宇佐宮行幸会に多くの社役を勤め、ついで五月会・御祓会・放生会・大嘗会に所役を勤仕してきた（『矢野文書』）。　（中野　幡能）

しんかんのつぼ　新官の坪　新（進）官とは、国衙に官物《かんもつ》のみを納入することを意味する。そして、その対象となる土地は大和国興福寺の雑役免田として位置付けられる。雑役免田の中にあるのが、新（進）官の坪であり、これを「半浮免」ともよんでいる。史料上見られる相坪《あいつぼ》は合坪とも書き、同一坪内の進官該当分を除いた残りの部分のことを指す。「方付《ほうづけ》なし」とは、坪は固定しても、坪内部の指定まではなく、田地の一枚一枚までを具体的に指定したものではない。他方で新（進）官とは、修理所、会所、公文所を中心とする興福寺の寺務機関に納める役務のことをいったが、鎌倉初期以降には、寺内の院家領荘園による雑役免荘園の吸収が進行しており、院家領荘園が寺門の雑役免荘の進官役納入の責任を負う場合も見られるのである。寺門の雑役免荘は、院家領に吸収されたり、恣意的な改編をうけて没落、消滅の道を歩んでいった。　（西村　安博）

しんかんめん　進官免　延久元年（一〇六九）の荘園整理令で、荘園領主が官に券契を提出（進官）し、その券契（進官帳・進官目録）が記録所の審理で正当と認められた荘園が進官免である。藤原頼通の券契提出拒否は、『愚管抄』にみえて有名であるが、建長五年（一二五三）の『近衛家所領目録』には「延久二年十月六日進官目録」とあり、摂関家領も例外なく券契を提出したことは事実。進官が一般的意味に用いられた証拠であるが、のち進官領というのは主に延久二年九月の『興福寺雑役免帳』（『進官帳』ともいう）所載の雑役免田畠を指す。これは一部を除き大半は公田の雑役免で、「負所《おつしよ》」といい、総田数は二千三百五十七町九段三十五歩。この坪付（進官坪）は坪内の方付を欠き、合坪も興福寺に雑役を同心勤仕したため、のち同国の過半を占める同寺領荘園（雑役免系荘園）に発展、膝下荘園としてその経済的基盤となり、均等名荘園などを形成した。興福寺の大和一国吏務賜与の主張、大和守護職の実質獲得の法源としても重要。↓延久の荘園整理《えんきゅうのしょうえんせいり》　↓興福寺雑役免帳《こうふくじぞうやくめんちょう》　（渡辺　澄夫）

じんぎかんりょう　神祇官領　朝廷の祭祀をはじめ、神祇行政全般を管掌した令制神祇官の所領。律令制下の神祇官の経済は、延喜神祇官式に詳しく規定するように、関係諸司・諸国の供給と正税とをもって年中の費用を弁じたが、律令制の集権的中央財政の衰退に伴い、全国の神祇官管下の諸社から年貢を徴収して官中の用度を支える体制に切り替えられた。それは諸司の経済が諸国から徴納する料物によって支えられた料国制に対応するものであろう。永万元年（一一六五）の『神祇官御年貢進社事』（宮内庁書陵部蔵）には、畿内および東海・東山・北陸・山陰・山陽・南海六道の諸国にわたる百一社を載せ、その注記などからみて、平安時代中期から後期の間に成立したものと考えられる。しかし鎌倉時代には、諸社の貢進が急速に減退する一方、摂津国の広田社とその摂社西宮を神祇伯職に付属する神祇官領とし、広田郷を中心とする広大な社領や淡路国広田荘を管領した。ほかに神祇官領としては、備中国久米荘に関する延慶三年（一三一〇）の文書が『伯家秘記部類』（宮内庁書陵部蔵）に収められ、その一通は同荘預所職補任状で、神祭米以下のことを懈怠なく進済すべき旨を下命している。また洛中大炊御門町の東西にわたる神祇官町は、もと厨町から起り、神役課徴の対象となったが、室町時代には地子銭を徴収している。官町は神祇官の重要な所領として存続し、保元三年（一一五八）以降近世初頭に及ぶ文書が、宮内庁書陵部所蔵の『神祇官文書』『伯家秘記部類』や『忠富王記』などに収められている。　（橋本　義彦）

しんぐん　神郡　㈠律令国家において、特定の神社の神域であり、かつ神社の修理・祭祀の用度、その他の諸費用に、部内の田租および調・庸を供せしめる特定の郡をいう。安房国安房郡（安房坐神社）、下総国香取郡（香取神宮）、常陸国鹿島郡（鹿島神宮）、伊勢国多気郡・度会郡（伊勢太神宮）、紀伊国名草郡（日前神社・国懸神社）、出雲国意宇郡（熊野坐神社・杵築大社）、筑前国宗像郡（宗像神社）がそれで（神社名は『延喜式』神名帳による）、これらの神郡は、大化から天武朝の間に設けられ、なかでも伊勢は、寛平年間（八八九―九八）に飯野郡を加え、そののち員弁《いなべ》・三重・安濃《あの》・飯高・朝明《あさけ》郡など、文治年間（一一八五―九〇）までに八神郡を数えるに至り、また出雲は、杵築大社のある出雲郡でなく、熊野坐神社のある意宇郡が神郡に指定されるなどの特性がある。神郡が成立してから、文武・慶雲・養老年間に、神郡郡司の少領以上について、「三等已上親」の連任を許す措置が進められたが、これは鹿島の中臣鹿島連、伊勢の磯部連・新家連（度会氏）、紀伊の紀直、出雲の出雲臣、宗像の宗像朝臣などの、国造でもあり神主でもある氏をさし、これらの氏が郡司と神宮司を兼ねた。そのため、延暦年間（七八二―八〇六）に、出雲において国造と郡領の兼帯をやめ、宗像においても、大領兼神主を停めるとしているが、事実上はこの

ような伝統的な氏が神郡の政務をとったと考えてよい。弘仁年間(八一〇—二四)、伊勢の多気・度会二郡の政務を国司でなく大神宮司に付せしめ、これを律令以前の慣行によるとしているのはそれで、神郡の郡家をミヤケと称したことと関係があろう。郡内の田租はすべて神宮司が直接に検納しており、これを国内七郡の神戸と他の七国の神戸の田租にも拡大適用している。このような神郡の「神税」に対し、神戸は課役、すなわち調・庸の徴収を第一義とし、これを「神封物」と称した。そして神税と異なり、神戸の課丁・封物は国司が検校し、国庫または神庫におさめ、出納も神宮司と国司が立会いの上行なったのである。伊勢においては二神郡のなかにもともと神戸は設定されず、出雲・鹿島なども、神郡中の神戸は一部で、ほとんど神郡以外におかれていた。神郡内の百姓は、「神郡人」「神郡百姓」といわれ、公戸の扱いをうけ、基本的に国司の支配下にあったとみられよう。神郡全体が神戸と見なされたとの説は支持しかねる。神郡と神戸は基本的には大化前代の土地と人身の二元的支配を継承するものといえる。　↓神戸《かんべ》　（平野　邦雄）

㈡伊勢神宮領の一つ。伊勢国十三郡のうち、度会・多気・飯野・飯高・安濃・三重・朝明・員弁の八郡が神郡となり、これを神八郡といった。このうち、神宮の支配が特に強固な、膝下の度会・多気・飯野の三郡を神三郡、また道後三郡といい、北端の三重・朝明・員弁の三郡を道前三郡といった。寄進の時期は、度会・多気の二郡が弘仁八年(八一七)、飯野郡が寛平元年(八八九)、員弁郡が天慶三年(九四〇)、三重郡が応和二年(九六二)、安濃郡が天延元年(九七三)、朝明郡が寛仁元年(一〇一七)、飯高郡が文治元年(一一八五)である。弘仁八年十二月の太政官符には、度会・多気の二郡について、郡内神社・溝池・駅家・正倉・官舎の修理、桑漆の催殖、百姓訴訟裁決などの雑務を大神宮司の管轄と規定しており、この二郡について、宮司が国衙の支配を排除し、国衙行政権と同等の権限を行使したことがわかる。神宮膝下の神三郡と他の神郡との間には、支配権に強弱があったものと思われるが、『太神宮諸雑事記』永承八年(一〇五三)正月六日条に、「度会・多気・飯野三ヶ郡の文図田籍、安乃・三重・朝明・員弁四ヶ郡および当隣国神戸文図帳など、惣じて司中代々の公文、皆ことごとく焼亡し失せをはんぬ」(原漢文)とあるから、司中(宮司庁)が、一般に神三郡に対して国衙行政権的権限を有していたとしてよい。行政機構としては、宮司庁の管轄下に、道後三郡については道後政所・各郡司、道前三郡については道前政所・各郡司、飯高郡については飯高政所、安濃郡については安濃政所がそれぞれ組織され、その下部に郷長・郷刀禰が存在し、さらに神郡惣追捕使・検非違使・郷拒捍使などが検断の任にあたる形となっていた。各神郡の中には、さらに、戸田・神田などの職掌人給田、常供田など祭祀料田、御厨・御園などの中世所領が形成されていた。また、安濃郡は、のち東西二郡に分立するが、その津としての機能から、特別管轄区域としての扱いもうけていたようである。神郡は、全体として古い支配の方式を残していたが、中世を通じて、徐々に神宮の支配権は衰退し、南北朝時代から室町時代にかけて、神三郡に局限されていく。さらに、この三郡についても、惣郷や三方一揆衆などの形成によって、神宮の支配権は徐々に形骸化していく。　（棚橋　光男）

じんごじりょう　神護寺領　京都市右京区梅ヶ畑高雄町にある真言宗東寺派の別格本山神護寺の所領。和気氏の氏寺として建立され、空海の在寺中に勅願寺となった神護寺は、承平年間(九三一—九三八)に荘園四十ヵ所を寺領とした。平安時代中期以降、衰退していた神護寺の再建を志した文覚は、承安三年(一一七三)後白河院に寺領の寄進を要求して配流され、解かれて寿永二年(一一八三)後白河院より紀伊国挊田荘の施入を得、藤原泰時より同国神野真国荘を、翌元暦元年(一一八四)、源頼朝から丹波国吉富荘を、安部資良より備中国足守荘・若狭国西津荘、後白河院より播磨国福井荘の寄進をうけた。これら六荘が神護寺再興の基盤として「根本荘」と称され、元暦二年以後、紀伊国川上荘・摂津国守田荘の二荘が加えられ、六荘と合わせて「神護寺領八ヶ所」と称された。嘉禎元年(一二三五)の寺領目録から守田荘はすでに失せ、代りに「寺辺神護寺」が加わり、寺領八ヵ所を形成している。文覚の神護寺経営を継承した上覚房行慈は、出自した紀伊国湯浅武士団を寺領の荘官として配置し、寺領経営を行なっているのが注目される。　（仲村　研）

しんこんでん　新墾田　⇨あらきだ

しんさんぐん　神三郡　⇨神郡《しんぐん》

しんし　進止　土地・財産・人間などを思いのままに支配すること。「しんじ」とも読み、進退ともいう。古代には「所勘」「沙汰」などの広い意味で用いられる場合があったが、次第に限定され、中世では所領・所職に対する充行と没収、補任と改易の権利を行使することを意味するようになった。近世には主として土地・財産の私法的な処分権を公使する場合に進止の語が用いられた。中田薫は進止を領掌・領知・知行とともに不動産物権(所領)の事実支配を示す用語としてとらえ、進止はわが国固有の法である占有のことであり、進止が人を支配することにも用いられたことを除いては、進止と知行を同一視し、両者に基本的な差異を認めなかった。これに対して牧健二は進止と知行を区別し、進止は所職の補任権、下地の充行権のことで、所職・所領の給与と回収の権能を内容とするものであり、知行は進止より広い概念で、占有・用益・所有・領有など土地を保有することであると主張した。石井良助は、「中世において、進止または進退という言葉は、所職もしくは土地を譲与・質入・寄進等し、あるいは譲与した所職・土地を悔返す等の私法的処分をなしうる権能及び所職もしくは土地を補任し、もしくは宛行い、あるいは改易没収する権能を意味する」(『日本不

動産占有論』）ことを明らかにして、進止には㈠私法上の処分の権能、㈡公法上の裁判の権能、㈢公法的あるいは私法的な補任充行および改易没収の権能、の三つの権能が包含されるとした。さらに知行との関係については、知行が不動産（所職あるいは土地）の事実的行使、すなわち用益を中心とする観念であるのに対し、進止は不動産の私法的処分権、充行補任権と没収改易権およびこれに関する裁判権を内容とする観念、すなわち広義の処分の権能を内容とする観念であると指摘した。牧が、知行は同一の土地に重畳的に存在し得たのに対し、進止（進退）は排他的であり、「一個の所領（土地又は得分）に対して、之を進止しうべき権利者は一人のみ存在し得る」（「初期封建制に於ける所領と其給与形式」（『法学論叢』二四ノ五））とした点や、進止は「権利者の人的身分関係が物支配の権能に投影された語であり、知行が物権的関係として独自の存在をもつにいたらず、なお人的関係と結びついた相対的な支配関係であったことを語るもの」（高柳真三「紹介『日本不動産占有論』」（『国家学会雑誌』六七ノ七・八））とする高柳の主張など、牧・高柳・石井の見解には大きな隔たりがある。しかし進止の本来的な意味についていえば、進止を所職・所領に対する処分権の行使、補任・充行権また改易・没収権の行使であるとする点で、諸氏の見解は一致している。進止はおのおの所領について成立し得るものであり、中世においては、一定の土地の上に、大別して下地の知行と年貢公事などの上分の知行が成立し得たが、前者に対する進止が下地進止であり、後者に対するものが年貢公事の進止である。そしてこの両方をあわせ行なっている場合に、これを一円進止とよんだ。　（鈴木　英雄）

しんしゅ　浸種　農作物の種子を水に浸すこと。播種前の種子に対する予措としては浸種と選種がある。稲作の作業としては一般的で、秋耕以外では浸種と選種が最初の作業であり、病虫害の駆除と発芽の促進という二つの効能を持つものとされる。浸種開始の時期、浸種期間、乾燥期間は地方により異なるが、江戸時代の農書には浸種についての細かい説明がある。たとえば『農業全書』には「寒中に雪汁を貯へをき、春蒔くべき前に種子を漬けてしばし置きて上げて蒔くも虫付かず」とあり、『百姓伝記』でも「やまひ多き草木を寒の水に洗、種ものを寒の水にひたし、ほしをき、曽てやまひなきものなり」といっている。浸種は明治時代になってからも奨励され明治三十一年（一八九八）に農商務省が発した農事改良の訓令の中では「浸種は七日前後を適当とす。水より揚げた種は暫時、水を切り、直ちに播種し、芽出はおこなわぬこと」としている。　（三橋　時雄）

しんぜい　神税　古代の律令制のもとで、特定の神社の資養に充てられた神戸から徴収された田租を貯積し、神社の修造・祭祀の経費に充てた稲（穎・穀）。国司が管理した。神祇令神戸条は「凡神戸調庸及田租者、並充下造二神宮一及供レ神調度上、其税者、一准二義倉一、皆国司検校、申二送所司一」と神税を規定する。神税は原則として出挙を禁止されていた（『令義解』）。神税は官稲の一種であるが、正税とは別置され、天平六年（七三四）の官稲混合においても正税に混合されなかった（天平六年『出雲国計会帳』）。神税は郡の正倉と別に神税倉に収納された場合（天平九年『和泉監正税帳』、『出雲国風土記』意宇郡賀茂神戸条、『類聚三代格』元慶八年（八八四）九月八日太政官符）もあった。神税は正税帳にその収支会計を付載されたことが現存する天平期正税帳から知られる。天平二年『大倭国正税帳』は首部末尾および神戸所在各郡末尾に、天平九年長門・天平十年周防・天平十一年伊豆の各正税帳は首部末尾に、天平九年『和泉監正税帳』は神戸所在郡部に神税が記載される。ところが、『政事要略』五七には税帳枝文として神封租帳とともに神税帳が記され、『延喜式』主税下の正税帳式に神税の項がみえないので、九世紀ごろには正税帳から神税帳が独立したらしい。神社の修造は、封戸のある神社は神税、無封の神社は正税で行われるが（『日本紀略』大同四年（八〇九）四月十六日条）、伊勢神宮・住吉社・香取社・鹿島社の二十年一度の造替には神税の不足を正税をもって補った。祭祀料としては相嘗《あいなめ》祭《まつ》酒料稲（『延喜式』四時祭下）、神田種稲・神祝食料（大《おお》神《みわ》社、天平二年『大倭国正税帳』）がある。八世紀にも神戸租の余剰は神祇官に送られることがあったとの説もあるが（『令集解』神祇令神戸条古記）確認できない。しかし、九世紀には神祇官の官人・品官の季禄・馬料・要劇料・月粮・衣服料が京進された神税・神税交易物により支弁されるようになった（『類聚三代格』貞観十七年（八七五）二月一日太政官符、『延喜式』臨時祭）。なお、伊勢神郡の神税は伊勢太神宮司が直接に管理した（『延喜式』伊勢太神宮）。伊勢神宮神嘗《かんなめ》祭祝詞などにみえる、神戸《かんべ》所進の懸税《かけぢから》は神税のもととなる田租である。　→神戸
（石上　英一）

しんたい　進退　⇨進止《しんし》

しんだちのしょう　信達荘　和泉国日根郡の荘園。現在の大阪府泉南市の一部にあたる地域。荘名は十一世紀末よりみえ、摂関家領。藤原忠実より長女高陽院に譲られたが、摂関家に返され、『執政所抄』では供御座の薦を負担している。鎌倉時代には近衛家が本所として進退した。建武四年（一三三七）、足利尊氏より根来寺伝法院に寄進された。翌暦応元年（一三三八）、左京権大夫が楞伽寺に寄進しているが、伝法院領として続き、応永十六年（一四〇九）、半済を機に守護方に押領され、退転した。
（福留　照尚）

しんでん　新田　荒野の開発により、開発後は開発者が主となる新田は、三年間の「地利免除」、「雑公事免除」をうけるという開発・勧農慣行は、鎌倉幕府の方針であるとともに、すでに十一世紀以来の荘園・国衙領での慣例でもあった。在地領主は現実に、館を囲む堀内の延長として新田を開発していた。鎌倉幕府は、本所領家の新

田に対する検注権を原則的に承認していたが、これに反して、少なくとも東国の地頭にはこれを拒否する権利が与えられていたものと考えられている。例えば、検注実施の年に作付がなく、その翌年以降には作付される可能性のある土地についてさえも、地頭が新田と称して検注除外を主張することにより、検注以後、年貢を一切支払わない場合もあり、新田が必ずしも、新規開墾地のみを意味していたわけではないことは、上総・下総の例から理解される。新田は、荘園領主と在地領主との対抗関係の中で重要な意味をもつものであった。（西村　安博）

しんでん　神田　律令時代に神社の経費に充てるために設定された田。御戸代(御刀代《みとしろ》)、ともいう。収授もされず、売買も認められない不輸租田。特定の田地を某社の神田として、付近の農民に賃租させる場合と、神戸の口分田を以て神田に充てる場合とがあった。その淵源は律令制以前にさかのぼるものと思われるが詳細は不明。神田からの収入は貯えられて神税と称し、祭祀や修造の費用、社司の俸禄などにあてられた。平安時代以降、荘園制の発達に伴い、貴族や在地領主の寄進などによって神社も私領を拡大し、それは神領・御厨とよばれたが、ここに含まれる田も領主から年貢の納入を免除され、神田とよばれる場合があった。（虎尾　俊哉）

じんにん　神人　⇨じにん

しんのうしでん　親王賜田　田令賜田条には、天皇が特別に詔勅を出して賜う田を賜田とする規定があるが、そのなかでとくに親王ないし内親王に使用された田地をいう。早く八世紀にいくつかの事例があるが、九世紀になると六十を超える大量の賜与例があり、とくに延暦期と承和期に集中している。ほぼ全国に配置されたが、天皇自身の勅旨田よりは規模が小さく、畿内ではほとんどが五十町以下で、百町を超える規模のものはすべて畿外に賜与されている。勅旨田とは異なり輸租田である。また勅旨田が国司の直営であったのに対して、親王賜田は賃租契約などを利用した間接経営であった。対象となった地の多くは荒廃田や空閑地などの不耕作地で、皇室の経済的基盤の直接の強化というよりは、律令体制の変質に対応した、親王家やその周辺の王臣家の財力を利用する、耕地の新しい開発促進形態という側面が強い。（小口　雅史）

じんぷやく　陣夫役　出陣の際、兵糧・武具などを戦場へ運搬するために、大名が領国の農民らを徴集し使役させたのを陣夫といい、郷村を単位としてその村高に応じて割り当てた陣夫を陣夫役という。一般に馬とともに動員され、小荷駄の主たる構成員であって、直接の戦闘要員ではない。後北条氏の場合、その賦課は各郷村の貫高を基準とし、貫高四十貫文に陣夫一疋(馬一疋と人一人)の割合とみられる。このような陣夫を、後北条氏は家臣に与え、その家臣によって使役が行われた。人と馬で実際に徴発される陣夫を現夫と呼び、銭や米などで代納のときは夫銭といわれたが、夫銭は一疋分について年間八貫文である。また、徳川家康が天正十七年(一五八九)に三河・駿河・甲斐などの郷村に割り当てた陣夫役は、二百俵の地に対し馬一疋と陣夫一人の規定で、馬のないときは歩夫二人を出し、夫免のときは一段当り一斗ずつの割で納入した。なお、後北条氏には、陣夫役を増徴して、あるいは郡代夫を整理して創設したとみられる廻《めぐり》陣夫役もある。（佐脇　栄智）

しんぽじとう　新補地頭　鎌倉幕府地頭制度上の地頭職《しき》の一類型で、本補地頭に対置される。本来は新たに補任された地頭の意味で、本領安堵の地頭に対して新恩の地頭をさしたが、承久の乱後、多くの新恩地頭の補任が行われた結果、主として承久新恩地頭をさす称呼となり、それ以前に成立した幕初以来の地頭職を本領安堵・新恩にかかわらず本補地頭と総称するように変化した。承久の乱以後は、本補地頭と新補地頭は、本地頭・新地頭とも呼ばれ、制度的、法的に厳密な区別が行われた。ただし、この場合、新恩地頭とは正しくは「新補率法」が適用されるところの狭義の新補地頭を指す。すなわち新補地頭一般の中には、前地頭跡や旧来の下司跡(これらを本司跡という)に補任されたもので、その得分権(収益権)は本司の既得権をそのまま継承したものと、従来全く地頭が置かれず、拠るべき得分の先例のない処に新補された地頭との二種類があり、後者および先例たる得分がきわめて少ない場合に、法定された得分の率が適用され、これを新補率法地頭と称した。そして本司跡の先例に随う得分取得方法と、新補率法によるものとは、法的に厳密に区別され、いわゆる「両様混領」「両様兼帯」は禁止された。この法的解釈からすれば、新補率法地頭のほかは、新恩地頭であっても本補地頭の範疇に属する。なお新補率法は貞応二年(一二二三)七月六日の追加法令(関東御教書)で定められ、地頭は田畠十一町別に一町の給田畠と一段別に五升の加徴米取得権を得たほか、「郡内寺社」の進止(支配管理)については先例に任せ、自由の新儀を禁止すること、下級荘官など領家・国司の進止下にある所職について地頭が妨げを致すべからざること、山野河海の得分は地頭がその二分の一を、また犯過人糾断の際の没収物は地頭が三分の一を取得すべきことなどが規定された。しかし、このような新補(新補率法)地頭と本補地頭との法的区別はまもなく混乱し、「両様混領」「両様兼帯」といわれる行為が多くなり、幕府当局においても概念区分があいまいとなる傾向を示し、やがては承久の乱後の地頭をすべて新補地頭と解することも多くなり、さらに新補・本補の区別さえ大きな意味を失うに至った。それは地頭の地域的領主化の動きに伴うところの当然の結果でもあった。（安田　元久）

しんぽりっぽう　新補率法　鎌倉幕府のもとにおいて、承久の乱後に有功の御家人に与えられた新恩地頭職《しき》のうちには、特にその得分(収益)を当該荘郷の総収益高に対する比率を以て法定された特殊な地頭、すなわち新補率

法地頭があったが、そこに法定された得分の比率を新補率法という。その内容は、十一町別に一町の給免田と一段別に五升の加徴米とを地頭の得分とするものである。この率法は幕府の要請によって出された貞応二年(一二二三)六月十五日の官宣旨に基づき、同年七月六日の「去々年兵乱以後、所レ被レ補二諸国荘園郷保一地頭沙汰条々」に関する関東御教書により法定された。幕府はこれより先、新地頭補任の地における所務・得分の先例について調整させたが、先例としての得分がきわめて乏少の地や、得分の先例のない処の新地頭があり、それらの地頭得分を規定する必要を認めて、この新補率法が生まれた。したがってこの率法は新地頭であっても、本司の所務・得分のあるところは、これを適用範囲外とし、所務・得分の先例なき新地頭を主たる適用対象とした。またこの得分規定は、給免田・加徴米に関するもののほか、山野河海の所出物については領家・国司と地頭とが折半し、犯過人跡の処分(収益)については地頭が三分の一を取得すべきことなども含まれていた。なお新補率法を適用される地頭は、原則として下地進止権を認められなかった。
(安田 元久)

しんみきちじ　新見吉治　一八七四―一九七四　近世史。広島文理科大学教授。明治七年(一八七四)十月九日、愛知県名古屋に生まれる。愛知県尋常中学校、第一高等学校を経て、同三十三年、東京帝国大学文科大学史学科卒業。三十四年、同史料編纂掛編纂委員嘱託。三十六年、広島高等師範学校教授。四十一年、ドイツ留学。四十五年、帰国。大正五年(一九一六)、「日本ニ於ケル武家政治ノ歴史」(独文)により文学博士の学位を取得。昭和四年(一九二九)、広島文理科大学教授兼任。同十三年、同退官。同名誉教授。十五年、東洋大学文学部教授、横浜大倉精神文化研究所委員となる。十八年、東洋大学を退職。二十年、横浜大倉精神文化研究所退職。二十一年、公職追放。二十六年、同解除。二十七年、大倉精神文化研究所研究委員。三十六年、愛知工業大学教授兼任。四十年、大倉精神文化研究所退職。四十四年、愛知工業大学を退職。四十六年、大倉精神文化研究所顧問。四十八年、徳川林政史研究所退職。昭和四十九年(一九七四)十一月四日没、百歳。「名主の研究」(『武家政治の研究』所収、中文館書店、昭和十一年)によって、世襲耕作田起源説を提起した。
(瀬野精一郎)

しんみざた　進未沙汰　十世紀以降、収納使(国使)として国内の郡・郷に派遣された国衙在庁官人は、郡司・郷司・刀禰を指揮して、負名ごとに所当官物の進納額・未進額を算定するとともに未進の負名に対して催促を行い、さらに郡・郷全体の結解(決算書)の作成を行なった。作成された結解は、国衙に提出されて税所の勘合を受けた。このような行為全体を指して進未沙汰といい、王朝国家段階における郡・郷収納所の主要な職務であった。在地領主層の成長にともない、収納使による進未沙汰の単位であった郡・郷は、在地領主が勧農・徴税・検断権をもつ中世的な郡・郷へと再編されていくことになるが、その後も公領・荘園で進未沙汰は行われた。この場合の進未沙汰とは、領主に対して年貢を納入するごとに個々の百姓が受け取った返抄を、翌年領主が百姓を召し出して調査し、年貢の進納額・未進額を明らかにする決算のことを指す。
(松澤 徹)

しんりゅうのしょうえん　新立荘園　一般的には、前回の荘園整理令公布以後に新たに立てられた荘園のこと。荘園の増大は律令国家の財政基礎を脅かすことになったので、その増加に対しては制限が加えられ、既存の荘園も可能な限り整理する必要があった。そこで平安時代を通じてたびたび荘園整理令が出されることになる。とくに延喜二年(九〇二)、寛徳二年(一〇四五)、久寿二年(一一五五)が新立の基準とされ、時代とともに基準年は引き下げられていった。永観令(九八四年)では、最初の荘園整理令である延喜二年を基準に以後の新立荘園が禁止された。寛徳二年に出された整理令は広く全国に官符が出され、前任国司の任期中以後に新立した荘園はすべて禁止され、天喜三年(一〇五五)の整理令では寛徳二年以後の新立荘園を禁じ、新立の基準が延喜二年から約百四十年大幅に引き下げられた。さらに保元元年(一一五六)の最後の整理令では、後白河天皇の践祚の年である久寿二年まで引き下げられた。
(堀本 一繁)

しんりょう　神領　⇩社領《しゃりょう》

しんりょうこうぎょうれい　神領興行令　広義には、鎌倉中期から南北朝期にかけて、朝廷・幕府・荘園領主から出された神社(仏寺)領保護を意図した一連の法令群をさすが、狭義には、弘安七年(一二八四)、正安三年(一三〇一)、正和元年(一三一二)の三度にわたって鎌倉幕府によって出された宇佐八幡宮領を中心とした九州の主要神社五社と伊勢神宮領を対象とする法令を指す。後者では、かつて神社領であった所領は、現在の権利関係如何を問わずに神社に返却することが命じられ、神官以外の「非器の輩」の知行を認めない方針が示された。神領興行令の法理とそれにもとづく裁判は、在地領主層の現実的な所領経営や権利関係を無視し、形式的・即決的・強権的に行われたため、否定的評価が行われてきた。しかし一方で、これを朝廷・幕府による徳政の一環に位置づけ、法の正当性が社会に受容されたことを強調する見方もある。
(古澤 直人)

す

すいかん　水旱　田植え後の「霖雨」(長雨)・「大水」(洪水)などの水害と「炎旱」「干魃」などの日照りによる損害をさす。植えた作物が実らずに飢饉の原因となった。水旱によって、収穫に損亡が生じると、百姓等は年貢の減免を要求し、領主から損亡が認められると、年貢減免が行われる慣例となっていた。しかし、損亡は領主と百姓らの政治的交渉で決まるために、水旱被害の記事は誇張された主張であることも多い。大規模な水旱に際しては、朝廷で占いが行われ、神泉苑での降雨の祈禱や軽罪の囚人放免などの恩赦などが行われることがあった。

(古澤　直人)

すいこ　出挙　古代に行われた利息付きの貸借。出挙という語も、律令におけるその制度も、隋・唐の制を模して成ったものであるが、そうした利息付き貸借の慣行が、律令法継受以前の日本にも存したことは、『日本書紀』大化二年(六四六)三月の詔が吉備島皇祖母(皇極天皇の母)の「貸稲《いらしのいね》」を停止するといい、朱鳥元年(六八六)七月の詔に「天下の百姓の貧乏《まず》しきに由《よ》りて、稲と貨財《たから》とを貸《いら》へし者は、乙酉年(天武天皇十四年(六八五))十二月卅日より以前《さき》は、公私を問《い》はず、皆免原《ゆる》せ」(原漢文)、持統天皇元年(六八七)七月の詔に「凡そ負債者《もののかいおえるもの》、乙酉年より以前の物は、利《このしろ》収《と》ること莫《まな》、若し既に身を役《つか》へらば、利に役ふこと得ざれ」(原漢文)と記していることによって、知ることができる。これによれば、七世紀後半におけるこの種の貸借に、稲を貸付けるものと財物を貸付けるものがあり、またそれには公が行うものと私が行うものがあったこと、さらにはのちに唐制を継受して令にも規定される、債務不履行の場合は債権者が債務者を役して負債を償わせる「役身折酬」の慣行がすでに存したこと、などが知られる。しかしこのような貸借慣行の起源がいかなるところにあったかは、必ずしも明らかではない。ことに重要なのは、のちに公出挙の中心を占めるに至る稲の出挙の起源であるが、これについては、その起源を地域の共同体の再生産機能(この場合は備荒と種稲分与)に求める見解と、逆に、出挙稲の貸付けは食料・佃功・種稲を含む営料の下行を意味するとして、共同体を打ち破るミヤケ制支配のなかにその起源を求める見解とが行われている。もっとも、前者の見解に立つにしても、共同体の共同性が首長によって代表される日本古代の共同体のありかたからすれば、そうした再生産機能は在地首長の手に集中され、遅かれ早かれ「賦課としての出挙」に転化したとみなければならず、そうした転化を経たのちの稲の出挙は、後者の見解のように、外から共同体を打ち破る働きを有するに至ったであろう。律令制下における公出挙としての国家による稲の貸付けは、このような意味での「賦課としての出挙」に転化した利息付き貸借を、国家財政に組み入れて、制度化したものであった。

さて、『養老令』(『大宝令』でも同様の規定であったと推定される)では、雑令に出挙についての規定がある。その要点は、次のごとくである。㈠出挙には、国家が貸付ける公出挙と、私人が貸付ける私出挙がある。㈡貸付ける物すなわち出挙の客体には、財物(財物出挙)と稲粟(稲粟出挙)がある。㈢財物出挙は六十日ごとに元本の八分の一の利息を取り、稲粟出挙は、私出挙ならば年に一倍の利、公出挙ならば半倍の利とするが、いずれも利息が元本を超えてはならないし、また利を以て本とすることすなわち複利を用いてはならない。㈣公出挙・私出挙、財物出挙・稲粟出挙のいずれの場合も、債務者に弁済能力のないときは、「役身折酬」すなわち債務者を役して負債を酬わせることができる。以上が雑令の定めるところであるが、以下に、八世紀以後の、㈠公出挙と㈡私出挙、およびそれぞれについての、⑴稲粟出挙ならびに財物出挙のうちの⑵銭貨出挙と⑶銭貨以外の財物出挙の、制度的変遷ないしありかたを概観しておく。

㈠公出挙　公出挙の中心は稲粟出挙なかんずく稲の出挙であったが、一部に銭貨出挙も行われた。まず、⑴稲の出挙は、律令国家の発足時から国家財政に組み入れられ、諸国の国衙が貯備する稲(これには籾としての稲穀と穂つきの稲である穎稲があったが出挙には穎稲が用いられる)を、春と夏の二度にわたって公民に貸付け、秋収の後に元本(本稲)と五割(のち三割)の利息を徴収するものであって、その利息の稲すなわち利稲は、国衙運営のための諸経費のみでなく、中央政府に対する交易進上物の購入費などに充当された。国衙が貯蓄する稲は、はじめ、その成立の事情ないし使途の別により、大税(正税)と、郡稲・公用稲・駅起稲などの雑色官稲に分けられており、これらは大税(正税)出挙、郡稲出挙などのように個別に出挙されていたが、天平六年(七三四)から同十一年にかけて雑色官稲が正税に混合されて、公出挙も正税出挙に一本化された。これは、国家財政に占める公出挙の重要性が認識され、その強化と拡大をはかるための施策であったと推定されるが、これを推進するため、天平六年には出挙を含む国衙業務に従事する国司を優遇する国司借貸(借貸は無利息の貸付け)が行われ(ただし天平十年に停止)、同九年には公出挙の拡充を阻害する恐れのある私稲出挙が、全面的に禁止されている。さらに天平十七年になると、公出挙制度は一段と整備・拡充され、国ごとの論定稲と公廨稲の設置をみるに至る。論定稲は、毎年その国が出挙すべき正税の量を定めたものであって、これにより正税出挙が強制貸付けであることが明確なものとなった。公廨稲は、そのような正税出挙と正税そのもの

の運用を円滑に行うために設置されたものであって、定められた量の稲を正税から別置して公廨稲とし、これを毎年出挙して、その利稲を以て正税出挙の未納と正税そのものの欠損を補塡したうえで、残余を国司に配分することとされた。残余稲を配分するという手段を用いて、国ごとの一定量の正税の保全維持を国司に請け負わせたものといえるが、しかしこの公廨稲は、設置後いくばくもなく国司の得分と化してしまう。なおその後、出挙利稲を特定の用途に充てるため、正税・公廨稲とは別会計で出挙すべきものとして、国分寺料稲・修理官舎料稲・修理池溝料稲・救急料稲などの雑稲が設置されたが、その多くは九世紀に入って新置されたものであって、国ごとのこれらの数量は、『延喜式』主税式の諸国出挙正税公廨雑稲条にみることができる(そこに定められている数量を「式数」という)。ところでこうした公出挙は、八世紀半ばころまでは、貸付けを受けるかどうかは、受ける場合の数量とともに、当事者の自由意志によるという雑令の規定を反映してか、人別(戸主や課丁のみでなく女性も含む)に貸付けられ、その数量も不定であった(天平十一年『備中国大税負死亡人帳』など)。強制貸付けという性格が強まるに従い、そうした貸付けの方法にも変化があったと推定されるが、これを反映してか、八世紀末から九世紀はじめにかけて、「正税に依り」すなわち正税出挙稲の弁済のために、田地を手離したとする土地売券がいくつも残されている。また九世紀はじめには東山道で戸口数に准じて正税を班挙する方法が採用され、さらには営田数に准じて班挙するという、いわゆる正税出挙の地税化という現象をみるに至る。九世紀末ないし十世紀はじめころの班挙の基準は、段別五束であった。その三割の利稲一束五把は、田租額に一致する。またこのころから、公出挙の貸付けに質的な変化がみられるに至る。すなわち、はやく九世紀のころより、国衙が行う公出挙と在地の富豪層が行う私出挙が結合し、国衙は本稲を富豪層に貸付け、富豪層はこれを私出挙として農民に貸付けて五割(私稲出挙の利率は和銅四年(七一一)に半倍となる)の利稲を得て、そのうえで本稲に公出挙三割の利稲を副えて国衙に返納するという、いわば富豪層による正税出挙の請負ないし浮貸しが行われていたが、十世紀になると諸国では、元本として貸付けるべき正税本稲そのものが無実化していた。ここに登場したのが里倉負名であり、本稲の貸付けと回収を伴わず利稲分のみを国衙が徴収するという方法であった。すなわち、正税本稲は民間の倉(里倉)に分置した形態をとり、利稲分の納入を請負った富豪層(負名)はこれを私出挙して利をとり、そのなかから公出挙の利稲分のみを国衙に納入するのである。このような過程を経て、正税出挙は田租制に吸収され、所当官物化していった。(2)銭貨出挙が公出挙として行われたのは、銭貨の流通状況の制約もあって、京およびその周辺においてであった。八世紀には、天平十六年に紫香楽宮の造営に関連して司別に公廨銭千貫を給して出挙させた例や、造東大寺司が写経所の写経生に貸付けた月借銭の例がある。九世紀にもそうした官司の行う公出挙銭の例がみられるが、承和八年(八四一)二月に平安京西市の東北角の空閑地に置かれた右坊城出挙銭所は、公立の金融機関であったと考えられている。

(二)私出挙　(1)稲粟を私出挙することは、上述のように、天平九年に禁止された。だが民間での稲粟私出挙が、一片の禁令で途絶えることはなかった。何よりも、禁令の出された翌々年の天平十一年正月二十三日の日付をもつ目代国造豊足解の存在が、このことを証明している。これは、禁令の推進者であるはずの藤原氏の封戸の租稲で行なった私稲出挙の決算報告書である。営田と私出挙によって私蓄を築いた階層といわれる富豪層の私出挙が、公出挙と結合し、むしろ正税出挙保全の役割を果たしたことは、上述のとおりである。そのゆえか、九世紀に入ると私稲出挙の禁令はみられなくなる。だがその後の在地における私稲出挙の重要性は、それが後述の財物私出挙と一体化したことにあるとみられる。(2)銭貨私出挙の行われたのも、京を中心とした地域であったが、天平勝宝三年(七五一)には、「豊富の百姓」が貧乏の民に宅地を質として「銭財」を出挙することを禁ずる太政官符が出されており、延暦十六年(七九七)には令の利率を改めて、銭貨私出挙の利息は半倍を限度とするとしている。(3)財物の私出挙は、古くは『日本霊異記』に酒と布の例がみられるにすぎないが、九世紀には、豊後国前司中井王が公民の調庸の未進を代納し、のちに公民から倍の利を取ったという例から知られるように、調庸物の代納という形態をとってあらわれる。そしてこのことがやがて私稲出挙と一体化して(里倉負名の国衙に対する利稲分の納入もいわば代納である)、富豪層・在地有勢者・荘官らによる国衙・荘園領主に対する年貢・所当官物などの請負制に発展し、債務関係に基づく在地の新たな人的隷属関係を生み出すに至る。後世、鎌倉時代の文献にみられる「出挙」の多くは、単純な利息付き貸借というよりも、こうした代納を通じての貸借関係であったとみられる。なお鎌倉時代においても、そのような貸借関係において債務不履行の場合、債権者が債務者に対し「役身折酬」させ、さらには「身代」として債務者ないしその家族を債権者の下人・所従とする慣行が存したことは、注目すべきことである。　（早川　庄八）

すいしゅ　水主　⇩水主《かこ》・水夫《すいふ》

すいしゅのしょうえん　水主荘園　中世、大和国において能登・岩井両川からの用水で灌漑された添上郡神殿《こどの》・三橋《みつはし》両荘を指す。神殿荘は興福寺大乗院領で現在の奈良市神殿町付近、三橋荘は同寺仏餉料所で大和郡山市上三橋・下三橋両町付近に比定される。能登・岩井両川には五ヵ所の井堰が設けられ、河川の南方に位置する、神殿・三橋のほか、四十八町荘・越田尻荘・波多森新荘・京南荘の興福寺領荘園六ヵ所を灌漑していた。この用水は興

福寺公文目代の管理下にあり、毎年、四月末から八月ごろまで各荘園から提出される申文の提出順序に従って、六ヵ荘が順次引水する規定であったが、この両荘は水主の号によって慣習的に用水相論の際にも他荘に優先して引水する権利を有していた。両荘間の引水の先後は申文の順により、同時の場合は籤を引くことも行われている。両荘の持つ水主荘園の称号は、この用水上の特権に基づくと考えられるが、称号および特権の由来は史料上、詳らかでない。→神殿荘《こどののしょう》　→三橋荘《みつはしのしょう》　（田村　憲美）

すいそん　水損　「霖雨」（長雨）や「大水」（洪水）などの水害によって、植えた作物に損亡の生じること。水損によって損害が生じた場合、検注帳には「損」「才」と記され、旱損の場合は「不」と記された。　（古澤　直人）

すいたのしょう　吹田荘　摂津国島下郡の荘園。現在の大阪府吹田市付近。貞観七年（八六五）、淳和天皇の皇子基貞親王に与えられた六十三町歩余の家領が、その後まもなく醍醐寺末の清住寺に寄進されて成立した。久安五年（一一四九）の『醍醐寺座主房雑事日記』（『醍醐雑事記』）によれば、正月に餅百五十枚、五月の節供に粽《ちまき》五十把、七月の七夕に餅四十五合、そのほか雑役として藁三百束、三宝院へ元三の雑菓子を負担している。別に寺家修理料として例緡六十方を納入し、清住寺へは年貢を納めており、本所が醍醐寺で、清住寺は領家であったと考えられる。その負担は雑役分が多く、本所の年中行事の雑役を順次負担して貴族社会を支えた典型的な畿内の荘園。臨時に賦課された雑役では、十二世紀半ば、前座主定海の潮湯治のため三十九荷（一荷四斗入）の海水を淀川をさかのぼって宇治五箇荘まで運んでいる。こうした負担増が荘民の反発を招いたのか、治承・寿永の乱を機にその支配は衰退し、清住寺別当職就任者に吹田荘役が伝えられた記録を残すのみで、鎌倉時代には消滅し、かわって興福寺領が形成される。興福寺領吹田荘は垂水東牧内に下司紀宗季かその先祖によって開発された摂関家領が端緒で、平安時代末期に興福寺に寄進されたと考えられる。ところが、宗季の舎弟が平家与党であったため、追討使梶原景時に下司職は没収され地頭が設置された。これに対し、興福寺や九条良経（宗季は良経の家司）は幕府に訴え、地頭を廃して宗季の下司職が復活、その子孫に伝えられた。しかし、千福丸が下司職のとき、直務支配をはかる興福寺と争いがおこり、正嘉二年（一二五八）に寺家の支配が認められた。これは五十町歩に及ぶ下司得分の成枝名をめぐる争いで、この結果、紀氏の荘官職を否定して興福寺の直務支配が確立した。鎌倉時代末―南北朝時代には在地土豪芥川氏の悪党行為や吹田合戦もあって荘務が衰退したため、寺家は寺僧や春日社神主に荘務を請け負わせる給主体制をとったが、間もなく在地荘官の吹田氏や守護勢力の介入があり、十五世紀半ばには守護被官による代官請負制をとることを余儀なくされた。さらに応仁・文明の乱の際、国人吹田氏に横領され、ついでこれを討った細川政元はみずからの料所として、配下の武士に預けた。その後、一時興福寺は荘務を回復したが、在地に浸透した武士勢力を排除できないまま、同荘は細川合戦の戦場となり、大永年間（一五二一―二八）ごろに消滅した。　（福留　照尚）

すいとう　出納　荘園年貢の徴収・出納・算用などにあたった下級荘官。嘉応二年（一一七〇）八月十日の豊井荘地子注進状の差出書には、出納が定使や公文・荘司らと名を連ね（京都大学所蔵東大寺文書）、天永二年（一一一一）九月八日の紀伊国木本荘作田損得注進帳には、出納二人の給田各三段がみえる（百巻本東大寺文書）。室町時代の近江国摂関家大番領では、保司の下に出納がいて大番米の徴収などにあたり、中には問丸を兼ねた者も存在した（『雑事要録』）。　（須磨　千頴）

すいろん　水論　⇩用水相論《ようすいそうろん》

すがいのしょう　菅井荘　山城国相楽郡の荘園。古河荘とも称した。現在の京都府相楽郡精華町菅井付近。春日社領で大乗院門跡の支配に属した。『三箇院家抄』によると、田二町七段小、畠二十四町六段二百六十歩だった。宝徳年間（一四四九―五二）から代官を称する畠山持国に押領され、応仁・文明の乱には大内政弘に押領され、山城国一揆のときしばらく寺家は直務支配を回復するが、それも永続しなかったようである。『大乗院寺社雑事記』明応三年（一四九四）十二月六日条には、この地が悉く焼払われ下司以下が責殺されたとみえ、同七年九月十日条には新たな違乱のことがみえ、興福寺の支配は次第に衰退していった。永享九年（一四三七）の名田帳によると、名田は、半分に分解したものもあるが、もとは九名で均等名的構成をとっていた。　（泉谷　康夫）

すがのうらのしょう　菅浦荘　近江国浅井郡の荘園。現在の滋賀県伊香郡西浅井町菅浦付近。琵琶湖北岸葛籠尾崎の西の付け根に集落がある。耕地は背後の急峻な山を越した日指・諸河にあり、鎌倉・室町時代の二百年間、大浦荘との堺相論の対象となったが、最終的には菅浦の荘域に含まれた。古代では湖北水運の一停泊地として『万葉集』にも詠まれたが、天皇に魚鳥を貢進する贄人の小集団が住みついていたものと思われる。平安時代末高倉天皇の時に住人の一部は御厨子所供御人身分を得て内蔵寮・蔵人所に属することとなり、湖上廻船や漁撈の面での特権を保証された。一方、菅浦の在家田畠自体はもと隣接する寺門円満院領大浦荘に含まれていたらしい。それを平安時代末、大浦荘雑掌が竹生島弁才天に帰依して私に寄進し、以後竹生島およびその本寺山門檀那院領となったともいわれる。この間の経緯は菅浦・大浦両者の主張に食い違いがあり断定しにくいが、『菅浦文書』中菅浦自身について触れたものとして最古の年号をもつ建久三年（一一九二）十一月日付け天台檀那院検校権律師実遍紛失状では、当時すでに菅浦は竹生島の不断常燈所進地となっている。住民は争論を有利にするため日吉社の八王子神人・二宮権現神人の身分も得た。さらに建武二年（一

三三五)には堅田の湖北進出に対抗するため内蔵寮との関係を強化し、鯉・枇杷・麦・大豆の貢進内容を定めて在家七十二宇がすべて供御人の称を獲得した。この関係は以後天文年間(一五三二―五五)に至るまで確認される(『山科家礼記』『言継卿記』)。室町時代には一時日野裏松家の所領ともなったが、文明二年(一四七〇)には山門花王院とも改めて貢進関係を確定するなど所領関係は複雑である。この間鎌倉時代末期以来惣として顕著な自治活動を展開した。共有文書として中世文書千二百余点を今に残したのもその結果である。貞和二年(一三四六)日指・諸河の田畠永代売買を禁じた置文以下自検断の方式を定めたもの、死罪追放に処せられた者の跡を子供に相続させる縁坐制否定を明記した掟など独自の「所置文」をたびたび作成した。また年貢減免、地下請を行い、山林田畠等惣有財産も持ち、産業面でも桐実油の育成をはかっている。惣の機構は年齢階梯制をとり、二十人の乙名に中乙名・若衆の存在が確認される。また地域的には菅浦全体を東西に区分した双分制をとっている。戦国時代湖北に浅井氏が擡頭すると再び竹生島との関係を強化したが時勢に勝てず、天文ころより浅井氏の支配下に組み込まれた。浅井氏の懸ける公事船の催促や年貢米未進による借銭の累積は惣の財政を圧迫し、また惣内部にも浅井氏と被官関係を持つ者が現われた結果、永禄十一年(一五六八)にはついに守護不入の自検断を放棄せざるをえなくなった。天下一統後の慶長七年(一六〇二)の検地により田畠合七十一町六段五畝二十二歩(内田地は五町四段余)石高四百七十三石と決められた。自治は大きく縮小されたが近世に至るも藩任命の代官および村方三役とは別に「忠老役」がいて独自の力を行使するなど自治の伝統を伝えた。現在も集落の東西入口に四脚門を残し、家号も中世のものを伝えるなど、中世的景観、様相をよく伝えている。　→大浦荘《おおうらのしょう》　→別刷〈荘園絵図〉　(瀬田　勝哉)

すかのしょう　須可荘　伊勢国一志郡の荘園。現在の三重県一志郡嬉野町須賀・須賀領とその周辺一帯の地域。近衛家領。平治元年(一一五九)十一月十七日の須可荘下司為兼息兼真解にその名がみえ、『吾妻鏡』によれば、下司職は平為兼から信兼に移り、信兼も謀反によって没官され、源義経に与えられた。さらに文治元年(一一八五)六月十五日源頼朝はこれを没収して、功臣の惟宗(島津)忠久を地頭職に任じている。また建長五年(一二五三)の『近衛家所領目録』には堀川院中宮篤子領とあり、その後天正十一年(一五八三)内宮領になる。　(倉田　康夫)

すかのしょう　須加荘　越中国射水郡の荘園。須加野地・須加村とも記される。現在の富山県高岡市細池・百橋《どのはし》付近。天平勝宝元年(七四九)東大寺領として占定。天平宝字三年(七五九)の三十五町二段弱が、神護景雲元年(七六七)には五十六町八段弱に拡大されているが、定田は十四町六段余にとどまる。延暦七年(七八八)に荘長川辺白麻呂の名がみえるが、長徳四年(九九八)の『東大寺領諸国庄家田地目録』では「悉荒廃」と記載される。　(浅香　年木)

すがわらのしょう　菅原荘　能登国羽咋郡中央部の荘園。現在の石川県羽咋郡志雄町菅原・杉野屋付近。『和名類聚抄』にみえる羽咋郡邑知郷の南端部に相当し、十一世紀末ごろに住人弘行の私領となり、菅原保と称された。永久二年(一一一四)能登守藤原基頼が開発領主弘行の官物未進の代償として入手し、菅原在良を通して北野天満宮の常燈料所に寄進(『北野社家日記』延徳三年(一四九一)七月十八日条)。承久三年(一二二一)の『能登国田数目録』では、元暦二年(文治元、一一八五)の立券、公田数二十三町四段余と記す。南北朝時代以降は、三年一請会料所の「重色之神領」として、北野社松梅院が知行したが、造営料所への転用や代官職をめぐる相論が絶えず、長享二年(一四八八)には「一銭無運上候」(『北野社家日記』同年十一月二日条)という状態となっている。なお、天永元年(一一一〇)十月日付の能登守藤原基頼寄進状案(『菅原神社文書』)が伝わるが、ときに基頼は陸奥守在任中であり(『中右記』天仁元年(一一〇八)十二月三十日条、『長秋記』天永二年十二月二日条)、天永元年の寄進は信じがたく、もとの寄進状は、大幅に改められて、ほとんど原形をとどめていないと見なすべきである。　(浅香　年木)

すぎやまひろし　杉山博　一九一八―八八　中世史。東京大学史料編纂所教授。号、禿山。大正七年(一九一八)八月四日、神奈川県足柄下郡小田原町(現、小田原市)に生まれる。東京府立第六中学校を経て、昭和十六年(一九四一)、国学院大学学部史学科卒業。同十七年、豊橋予備士官学校甲種幹部候補生卒業。二十年、陸軍砲兵中尉で復員。二十一年、国学院大学図書館司書。二十二年、東京帝国大学史料編纂所嘱託。三十二年、同助手。四十一年、同助教授。四十七年、同教授。五十一年、同退官。駒沢大学文学部教授。六十一年、東京都足立区立博物館長。昭和六十三年(一九八八)十月二十日没、七十歳。『荘園解体過程の研究』(東京大学出版会、昭和三十四年)を刊行し、荘園が戦国大名領へと移行する過程を明らかにした。　(瀬野精一郎)

すくいんのしょう　宿院荘　大和国葛下郡の荘園。荘名は「しゅくいん」とするのが適当。現在の奈良県大和高田市付近。興福寺雑役免田。延久二年(一〇七〇)の『興福寺雑役免帳』によれば地積は十二町三段で公田畠六町四段と不輸免田(興福寺常楽会免田・法興院田)五町九段からなる。現在の大和高田市東中(近世の葛下郡中村)から同市曾大根(葛下郡曾根村・大西村)にかけて位置した。鎌倉時代には興福寺から維摩会用途の米餅を賦課された徴証があり、室町時代にも興福寺仏聖油料所として存続、中村荘とも呼ばれた。当荘の坪付を示した室町時代の『宿院荘土帳』が天理図書館に所蔵されている。なお、中村の地には大乗院門跡領中村荘も所在した。　(田村　憲美)

ずし　図師　平安時代から中世の国郡や荘園で、図帳・

須加荘

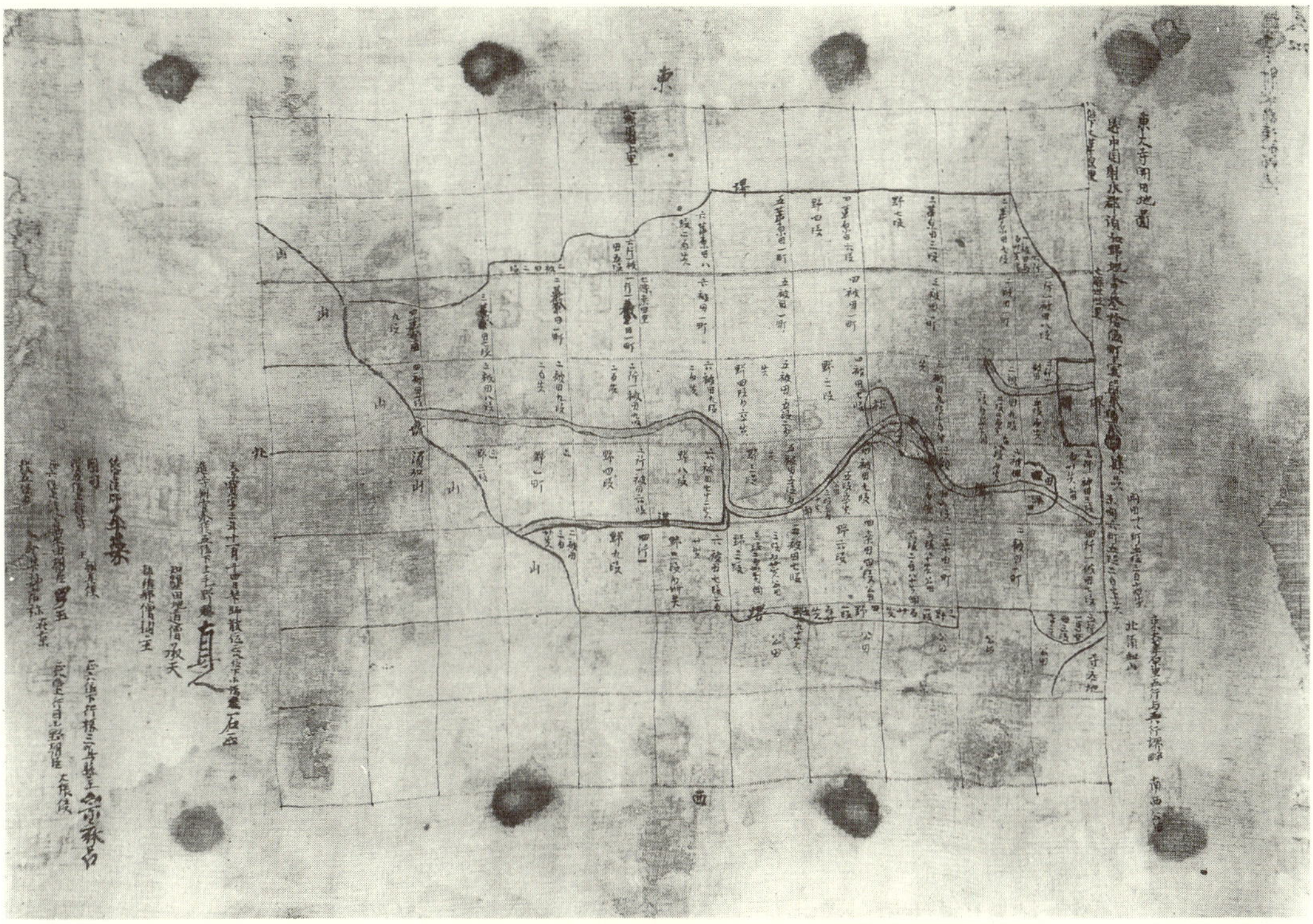

越中国射水郡須加開田地図（天平宝字三年十一月十四日）

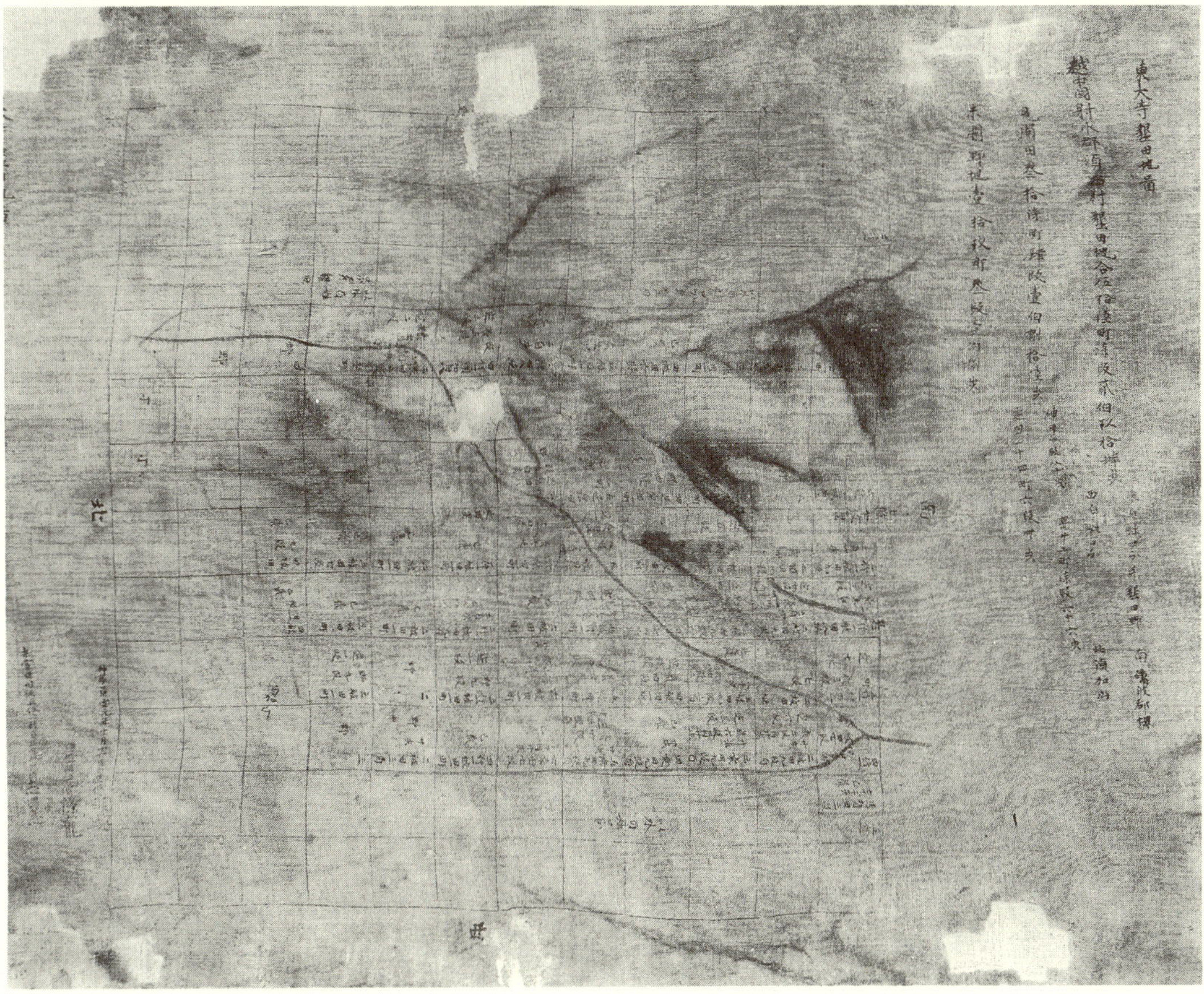

越中国射水郡須加村墾田地図（神護景雲元年十一月十六日）

田図・検注帳の作製にあたった下級役人・荘官。永長二年(承徳元、一〇九七)大和国宇治郡には図師僧永真がおり、保元三年(一一五八)の「勧修寺領検注坪付」には、寺使・郷司・国使・官使に交り検注図師が加判している。同年の大和国検注では、「出二庄々図師一」して立ち会わせており、荘園に図師の普遍化したことを示す。春日神社領摂津国安満荘の図師名二町八段は、図師の給名であろう。 (渡辺 澄夫)

ずしょ 調所 田所・税所などと並ぶ国衙内の役所の一つ。「ちょうしょ」もしくは「ぢょうしょ」というのが本来の呼称ではないかと思われる。国衙において調の収納を司る役所だったと思われるが、十世紀に入って調の制度が崩れてくると、所当官物の代物として納入される絹・綿・布などの手工業製品(軽物)を収納する役所に変わっていった。収納の際、米との換算が行われるが、換算すなわち手工業製品の価格の決定はここで行われていた。このほかに調所は度量衡のことをも扱っていたようである。すなわち、保安五年(天治元、一一二四)二月二十九日付の伊賀国黒田杣司等解には調所尺が調所にありこれによって収納が行われていたことが記されているし、長寛元年(一一六三)の飛騨国調所解は国司が国斤の相違について諮問したのに対し調所が答えたものであって、調所が度量衡のことを扱っていたのが知られるのである。 (泉谷 康夫)

すだのしょう 隅田荘 紀伊国伊都郡の荘園。現在の和歌山県橋本市付近。東は大和国宇智郡、西は高野山領相《おう》賀《が》荘、北は河内国和泉山脈にそれぞれ境し、荘園の中央部を東西に流れる紀ノ川によって北岸の北荘、南岸の南荘に分けられていた。当荘の立荘時期は藤原兼家存命中の十世紀後半とみられるが、延久四年(一〇七二)九月五日付の太政官牒によれば、当初は兼家の建立した三昧院領として寛和二年(九八六)七月国司免判を得て開発されたようである。また同史料によって当荘の本家が一条院であったことも知られるが、これは中世を通じて変わらなかった。しかし十一世紀に入るころ、隅田荘は藤原氏の手から石清水八幡宮へと寄進され、隅田荘内垂井の地に荘園鎮守として石清水八幡別宮たる隅田八幡宮が勧請されている。長治二年(一一〇五)には隅田氏の始祖藤原忠延が同宮俗別当として雑務を執行するなど、荘園経営も軌道に乗り始めている。また長承元年(一一三二)から三十年間続いた相賀荘との境相論にあたって活躍する人物として石清水八幡宮三綱僧任範が挙げられるが、当宮は三綱僧を荘預所に、在地有力者を別宮俗別当・荘公文に定めその下に神人組織を編成しながら荘園支配を強化したのである。ところがこうした支配体制は十三世紀には行き詰まり、建仁元年(一二〇一)十一月、隅田荘預所は停止され荘園経営は在地領主化した藤原氏に委ねられることとなり、藤原氏はその姓を隅田と改めてゆく。鎌倉時代後期、隅田氏は執権北条氏の被官となり、荘内名主層を率い隅田党を結び、惣領は荘地頭代として勢力を振るう。鎌倉幕府滅亡後は、当荘は北荘・南荘に分割され、南荘は高野山領となりその田地は高野山供僧に割り当てられ分田支配が開始される。北荘についてはこの後も隅田党による連合支配が続けられてゆくのであるが、次第に守護領国制の中に組みこまれ、荘園としての独立性は失われてしまった。 (笹谷 幸司)

ずちょう 図帳 奈良・平安時代に民部省および諸国国衙に保管されていた田地の台帳。田令の規定によると、口分田の班給が終った段階で、「具さに町段及び四至を録」(原漢文)することになっていた。この記録には田図《でんず》と田《でん》籍《せき》の二種があり、あわせて田図籍あるいは図籍と呼ばれた。公式令の規定では永久保存することになっていたが、戸主の姓名と口分田の面積を記した田籍は、班年ごとに記載内容が変更されるために永久保存の価値が少ないとして、弘仁十一年(八二〇)その取扱いが変更された。すなわち畿内の田籍は、天平十四年(七四二)・天平勝宝七歳(七五五)・宝亀四年(七七三)・延暦五年(七八六)の四証年の分のみを保存し、他は次の班年に至るごとに除棄することとし、他の七道諸国については、田籍の民部省提出を廃止した。したがってこの時以来、民部省には畿内の四証年の田籍と全国の田図が永久に保管されるたてまえとなったわけであり、これが民部省図帳と呼ばれるものである。一方、諸国の国衙に保管されていた田図は国図と呼ばれ、田地関係の争論にあたって証験とされたが、十一世紀になると田図は多く破損し、民部省図帳が代用されたこともあった。しかし、ほどなく証験としては検田帳などが多く用いられるようになった。ただし民部省図帳は、そのすべてではないにせよ、鎌倉時代まで保存されていたのが、各種の史料にみえている。今日では一通も遺存しない。 →四証図《しじょうず》 →田図《でんず》・田籍《でんせき》 (虎尾 俊哉)

すつだ 捨つ田 ⇨すてだ

すてだ 捨田 中世、洪水や旱魃などのために荒廃し、農民によって放棄された耕地。耕作中であっても、収穫の目安がつかない時は、農民側で故意に田地を「捨置」き、年貢・公事の減免・免除を要求する手段とすることが多い。十五世紀には、畿内地方の荘園でよくみられた。この捨田に対して、荘園領主側は、譲歩して減免したり、あるいは、これを「本所知行」(直接管理)して、随時他の農民に充行うといった対策をとっている。 (島田 次郎)

ずでん 図田 中世において一国内の国衙領・荘園別にそれぞれの面積や領有関係を記録した、大田文と呼ばれる基本土地台帳が作成されたが、それに記載され領有権が確認できる土地を図田という。大田文の中には「某国図田帳」と呼ばれるものがあるが、現存するものはすべて鎌倉時代の九州地方のもので、それらは国衙側ではなく地頭側で作成したものである。この図田が一国平均役や御家人役賦課の基準となった。なお中世後期になると、

周防国や長門国では、この図田以外の田を平田といった事例があることが知られている。（小口　雅史）

ずでんちょう　図田帳　中世、特に鎌倉時代に、一国ごとに作成された、国内の国衙領・荘園別の田地面積・領有関係などを記録した課役賦課の基準となる文書。大田文の一種とみなされているが、伝存のものは、すべて鎌倉時代の九州地方のものである。完全な形で伝わっているものとしては、建久八年（一一九七）の日向・薩摩・大隅国の各図田帳、弘安八年（一二八五）の豊後国図田帳（二種類）がある。これらの図田帳は、すべてB型大田文（幕府側大田文）で、特に地頭の記載が詳細である。建久八年の各図田帳は、源平内乱で各国の図田帳が失われたために作成されたもので、九州の他のすべての国（島部を除く）でも一斉に作成されたことが、断簡などで知られる。そのためか、面積記載はかなり大ざっぱである。弘安八年の豊後国図田帳は、原形をよく伝える「御注進状案」と、鎌倉時代末から南北朝期にそれを下敷きにして作成された「図田帳」との二種類が伝わっている。（中野　栄夫）　→大田文《おおたぶみ》

すながのみくりや　須永御厨　上野国山田郡の御厨。伊勢神宮内宮領。渡良瀬川の東岸、現在の群馬県桐生市川内町付近。成立年次は不詳。面積は五十四町七段。給主は外宮権神主利弘であり、上分として布十反・口入二十段を納めている。『法然上人行状絵巻』によると、厨内の小倉郷に法然房源空の弟子となった薗田成家（智明房）が庵を結び、小倉上人と称せられたとあり、薗田・須永両御厨の地域に発見される石造名号角塔婆の分布から、鎌倉時代後期より南北朝時代にかけて、薗田氏の支配下にあったと推定される。（唐澤　定市）

すみよししゃぞうぐうやく　住吉社造宮役　⇨造寺造宮《ぞうじぞうぐう》役《やく》

すみよしのしょう　住吉荘　信濃国安曇郡の荘園。現在の長野県南安曇郡三郷村を中心に豊科町と梓川村の一部を含む地域。院政時代の成立か。文治二年（一一八六）当時、後白河院領（『吾妻鏡』同年三月十二日条）、のち長講堂領。領家山科家、開発領主は滋野系西牧氏。領家年貢は白布三百反。のち京着銭一千貫であったが、文明九年（一四七七）当時、有名無実になっていた（『山科家礼記』同年十一月四日条）。西牧氏らは南朝に属したため、当荘は建武二年（一三三五）信濃守護小笠原貞宗に与えられた。（小林計一郎）

ずりょう　受領　平安時代以降、任国に赴いた国司の最高責任者をいう。守・権守・介の場合が多い。受領とは本来、官人の交替にあたって事務引き継ぎの際に用いられる用語であり、前任者が後任者へ引き継ぐことを分付というのに対して、後任者が受け継ぐことを受領といった。しかしとりわけ国司交替の場合には、租税の未納などをめぐって引き継ぎが紛糾することが多く、交替政務の重要性もそれだけ大きかったので、受領は主として国司交替事務に関する用語として多く用いられるようになり、やがて国司そのものを指すに至った。そもそも国司の任国における政務は、律令制本来のあり方としては、守・介・掾・目の四等官による連帯責任制のもとに遂行されるべきものであった。しかしすでに八世紀以来、任国に赴任せずに在京する遙任国司があらわれる一方、九世紀には任国の政務に関する権限は次第に在国の上席国司に集中していく傾向がみられ、遅くとも十世紀中ごろには上席の国司が国務を一手に掌握するとともに、その下僚である任用国司は政務から排除されるだけでなく、属吏として駆使されるに至り、上席国司との対立関係が明瞭にあらわれてくる。このような経過の中で国司の交替政務も、上席国司を中心に行われるようになり、在国の上席国司そのものを受領と称するに至った。しかし平安時代後期以降は在地の執政機関として留守所が置かれ、受領は必ずしも常時在国することなく、目代を派遣して政務にあたらせる方式が一般化していった。受領は、「尾張国郡司百姓等解文」によって有名な国守藤原元命にみられるように、多数の郎従を率いて部内に強力な支配を樹立し、その力に依拠した収奪により莫大な富を築きあげた。もっとも解文が元命の支配の実態をそのままあらわしているか否かは検討を要する問題であり、また受領の収奪がすべて無法なものであったとも必ずしもいえず、一定のルールのもとに可能な限りの収奪を行なったものであった。このような受領の富は朝廷や権門貴族の注目するところとなった。朝廷では十一世紀ごろより内廷経済の充実をはかって内蔵頭に受領を任命する慣行が成立し、また権門貴族においても受領を家司・宮司などに任用し、彼らの経済力を自家に取り込んでいったが、院政期に入ると受領は院司受領・院殿上受領などとして上皇のもとに集中し、院政を経済的側面から支えた。しかし反面、院政期前後より、公卿らが子弟を国守に申任することを通じて国守の所得を直接吸収する知行国制が徐々に展開し、また荘園整理政策が次第に後退したことは、受領の収益を減少せしめることとなり、彼らの経済的役割も急速に衰えていった。受領の任用は権門貴族らの全くの恣意によるものではなく、除目によって補任されたが、そのためにまず、主計寮・主税寮・勘解由使などの提出する勘文にもとづいて調庸惣返抄・雑米惣返抄・勘済税帳・率分など、主に任中の財政上の事項についての成績審査を行う受領功過定が行われ、その功過の判定が次の除目、さらには叙位の参考ともされた。しかし権門が受領を取り込もうとする傾向は、他の側面からみれば受領が重任を求めて権門に結びついていこうとする動きと不可分であったから、そこにおのずから売官の風が生じていったことも否定しがたい。（吉岡　真之）

すわたいしゃりょう　諏訪大社領　長野県に鎮座する諏訪大社の社領。いま諏訪大社社殿は上社・下社に分かれ、上社には前宮（茅野市小町屋）と本宮（諏訪市神宮寺）とが、下社には春宮（諏訪郡下諏訪町下原）と秋宮（同町武居）と

諏訪大社領

諏訪大社　社領一覧

諏訪上社

所在国郡	名称	成立年次	特徴	典拠
信濃　諏訪郡	田沢郷	承久以前か	八条院領	諏訪十郷日記・吾妻鏡
同	青柳郷	同	同	同
同	矢崎郷	同	同	同
同	栗林郷	同	同	同
同	桑原郷	同	同	同
同	神戸郷	同	同	同
同	福島郷	同	同	同
同	金子郷	同	同	同
同	大熊郷	同	同	同
同	真志野郷	同	同	同
同	有賀郷	同	同	同
同	小坂郷	同	同	同
同	千野郷	平安末頃か	同	年内神事次第旧記
同	神原郷	嘉暦以前	同	同
同	高辺郷	同	同	同
同	上原郷	同	同	同
同	古田郷	同	同	同
同	粟沢郷	同	同	同
同	船戸郷	同	同	同
同	峯湛	同	同	同
同	于草	同	同	同
同	松木	同	同	同
同	伴町おい河	同	同	同
同	宮公	同	同	同
同	宮仲	同	同	同
同	大田	同	同	同
同	今泉	同	同	同
同	野焼	同	同	同
同	前宮	同	同	同
同	野炎	同	同	同
同	小河	同	同	同
同	大塩ひる沢	同	同	同
同	こまさわ	同	同	同
同	上野	同	同	同
同	武居	同	同	大立増御頭規式
同	埴原田	同	同	同
信濃　伊那郡	宮所	承久以前か	八条院領	諏訪十郷日記・吾妻鏡
同	座光寺	同	同	同
同	平井氏	同	同	同
同	黒河内藤沢	嘉暦以前か	八条院領か	年内神事次第旧記
同	藤沢七郷	同		同
同	藤沢つるまき田	同		同
同	藤沢一沢	同		同
同	伊那郷	同		同
同	伊那御薗	同		同
同	外諏訪伊那下宮	同		同
同	非持	同		同
同	溝口	同		同
筑摩郡	府中白ひめ	同		同
同	白川郷	文治以前	八条院領	吾妻鏡
同	竹淵郷	同		同
佐久郡	佐久山田	嘉暦以前か		年内神事次第旧記
美濃　席田郡	筵田荘	平安末期頃	殿下渡領	諏訪大明神絵詞

諏訪下社

所在国郡	名称	成立年次	特徴	典拠
信濃　諏訪郡	岡仁屋(岡)郷	治承年間	左馬寮領か	吾妻鏡
	(その他、諏訪郡の地名は全く不詳であるが、前掲の上社分を除いた郷村、特に下社付近が多く下社領であったと思われる)			
伊那郡	竜(立)野郷	治承年間	左馬寮領	吾妻鏡
同	黒河内藤沢	文治以前	八条院領か	同
筑摩郡	白川郷	同	八条院領	同
同	小俣郷	同	同	同
同	熊井郷	同	同	同
同	和田郷	寛元以前		尊経閣文庫所蔵文書
同	塩尻東西条	宝徳以前		諏訪下社文書
同	塩尻郷	同		同
同	塩尻小池東西	同		同
同	塩尻新村南方	同		同
安曇郡	大妻南方	同		同
同	千国荘内塩島村	同		同
高井郡	原郷	同		同
同	蕨平村	同		同
同	吉田南方	同		同
小県郡	東馬瀬郷	同		同

（所属不明）

所在国郡	名称	成立年次	特徴	典拠
越前　足羽郡	宇津目保	承久年間		吾妻鏡

㈠このほか上社の神氏支族の分住地（たとえば、更級郡四宮荘・佐久郡伴野荘三塚・上高井郡保科荘・下高井郡平岡村笠原・上伊那郡美篶村笠原・同郡中沢）や下社の金刺氏の分住地には、「諏訪神田」の形をとった社領の存在が考えられるが、確実な史料に欠けるため除外した。

㈡嘉暦年間に作成された上社御射山・五月会頭役の勤仕郷・荘や、同じく嘉暦年間作成の『上社造営目録』所収の荘郷なども、広義の社領に含め得るかも知れないが、これは信濃国一宮という特性にもとづいて鎌倉幕府（ないしは北条氏）によって政治的に設定されたものであり、神社本来の収益源である社領とは区別されねばならないものなので、これも除外した。

㈢また上社の神長官以下五官固有の所領も、神社領にふさわしくないので除外した。

㈣成立年次は、確実性の高い史料の初出年代から類推した。


があり、一社で四ヵ所に社殿がある。上社・下社いずれの社領の場合も、信濃国諏訪郡を中心として、主に同国一円に分布している。上社の社領としては、祭神建御名方神の降臨地である守屋山山麓（現在の前宮付近）および同郡東方、八ヶ岳南麓の扇状地にある神野《こうの》の原（原郷）などが早い時期のものである。古代の状況は正確にはつかみにくいが、宝治三年（一二四九）三月の諏訪信重解状（『諏訪大祝家文書』）に、延暦のころ、「諏訪郡四千町（山野三（二か）千町、海荒原二千町）」を上社の御敷地とした、という記事があるから、おそくとも平安時代初期には諏訪郡内の広範囲に上社社領が拡大されていたと考えてよい。また大同年間（八〇六―一〇）には、封戸七烟が神戸と定められ（『新抄格勅符抄』）、貞観年間（八五九―七七）には水田二段が社田とされたとの記事がみられる（『三代実録』）。中世の諏訪郡内外の上社社領は別表の通りである。なお、上社社領の大半は延久年間（一〇六九―七四）、三代御起請地の一つとして立券され、さらに文治二年（一一八六）三月の「乃貢未済庄々注文」（『吾妻鏡』）では、八条院を本家とする皇族領荘園として登場して来る。他方、下社社領については、同じく八条院領となったことはたしかであるが、まとまった史料がなく、その全貌はほとんどわかっていない。（鈴木　国弘）

すん　寸　古代から中国、朝鮮および日本を通じて用いられてきた長さの単位。尺の十分の一をいう。もと親指の幅に始まる。『大戴礼』にも「布レ指知レ寸」とある。ただ「寸」の字は『説文』に「寸十分也、人手卻二一寸一動脈、謂二之寸口一」とあるように、手に動脈の位置を示す点を打った形である。手の平の下端から親指幅をへだてたところに動脈がある。尺とともに寸の長さにも変化があり、現在の一寸は約三〇・三ミリである。（小泉袈裟勝）

せ

せ　畝　近世で田畑の面積を表わす単位。南北朝時代に近江国・若狭国で用いられたが、はじめは畂と書いた。通常田畑の面積は町・段・歩と、さらに一段＝三百六十歩の小割りとして大＝二百四十歩・半＝百八十歩・小＝百二十歩が戦国大名から織田信長まで続いたが、天正十一年（一五八三）七月近江国蒲生郡今在家村へ実施した太閤検地で大・半・小と混用して三十歩＝一畝、十畝＝一段の畝の単位が採用され、続いて翌十二年十一月、前年の検地漏れ地域への再検地に際し大・半・小は全面的に畝歩制に改められた。徳川氏の場合、関東入国直後の天正十八年八月からごく一部の地域に畝が用いられたが、翌十九年から譜代大名をも含めて畝歩制へ切り替え始め、文禄検地によって徳川氏ならびにその大名ともすべて畝に改めた。畝の単位はごく最近まで続いた。→大《だい》・半《はん》・小《しょう》（神崎　彰利）

せいいん　正員　⇩しょういん

せいきん　成斤　古代において穫稲計量のさい重量単位として「斤」が使用されたが、これは稲一束の重さを一斤（または十斤）とするもので、その場合同一名称でも、一段二百五十歩制に基づく稲一束の重さは、一段三百六十歩制に基づくそれよりも重かった。前者は令制の重量単位である大斤に相当するためこれを「成斤」と呼び、後者はそれに満たないところから「不成斤」と称した。「成斤」の実例は『令集解』田令田長条穴記などにみられる。また、「不成斤」の実例をみることはできないが、前

掲穴記にみえる「不斤成」は「不成斤」のことと考えられる。（亀田　隆之）

せいぜい　正税　⇩しょうぜい

せいせん　精銭　悪銭に対して質量ともに優良な銭貨（善銭）。えりぬきの良い銭の意味で精選と書くこともあった。近藤正斎は「もと制銭と書くべきか」といっているが、それは誤りであろう。中世には皇朝十二銭をはじめ中国から輸入された宋・明銭などが流通しており、中には質量の劣るもの、破損・磨滅したものや、中国・日本などで私鋳された劣悪なものまで混在していたので、撰銭が行われて、悪銭は排除され、あるいは適当な打歩が付せられて割合遣いが行われた。そのような状況下で、無条件に一枚一文の価値を認められて取引された銭貨が精銭である。西国では古銭、東国では永楽銭が精銭として尊重された。徳川政権下では大かけ以下六種の鐚銭《びたせん》を排除した残りの、寛永通宝を含む各種の銭貨は一様に永楽銭に対し四分の一の価値に法定された。しかし実際の取引にあたっては、永楽銭の使用を禁止したので、幕府は一定の法定価値を持つ悪銭を通用させる政策をとったと解されるが、それは結局精悪銭の区別を認めない政策でもあったのである。→撰銭《えりぜに》　→撰銭令《えりぜにれい》（滝沢　武雄）

せいひゃく　省陌　「しょうばく」ともいう。中世以降、銭貨は百枚を以て百文としたが、実際の流通には紐・縄で連結し緡銭《さしぜに》として使用された。鎌倉時代には、一緡《ひとさし》九十七枚を百文としたが、各地の出土銭の状態からもそれが確認される。室町時代以後においては、九十六枚を連ねて百文と見なす慣行があった。この一緡を百枚以下の銭貨で成り立つ勘定を省百といい、百枚で流通させる勘定を丁百《ちょうびゃく》といった。『大乗院寺社雑事記』文明十二年（一四八〇）十二月二十一日条に「赤間関《あかまがせき》（長門国）より西は（一緡が）百文、東は九十七文」とみえるように、九十七枚を百文とすることが一般的な一緡であるが、九州では百枚であったという。これは九州地方での出土銭からも裏付けられる。また東北地方では逆に百枚以上とする出土銭貨の事例がある。さらに中世後期の伊勢神宮では百文を七十二枚とする特殊な省陌慣行があり、これは銭貨下行《げぎょう》の例ではあるが、地域によっては流通に差異があった。（恵良　宏）

せいびょうぼ　青苗簿　律令時代に国司が大帳使に付して毎年政府に提出した公文書の一つ。苗簿または青苗簿帳ともいう。律令制では、田租は耕作者が納入することになっていたので、田租の収納や、その減免措置を行う際には、国内のすべての田地の実際の耕作者を把握しておく必要があった。その目的のために作られた帳。養老元年（七一七）に青苗簿の書式が諸国に頒布され、このころから本格的に作られるようになったらしい。その後、どの程度に実行されたか不明であるが、弘仁十年（八一九）・承和九年（八四二）などの太政官符によると、このころにはほとんど励行されていなかったようであり、政府はその励行を厳命している。この青苗簿は、政府にとって、田租の減免措置が正しく行われたか否かを判定する際に最も基本的な資料となるものであったから、損害のない年にはあまり必要はなかった。そこで承和十二年には損害のあった年のみ作成して提出することに改められた。『延喜式』主税寮下にその書式が掲げられているが、それによると、戸主ごとに他人に賃租させている口分田、自営している口分田その他の田地、他人から賃租している口分田その他の田地、乗田その他の輸地子田のそれぞれの田積・所在地および賃租の場合は相手方の姓名、これらを書き上げさせており、浮浪人に対しても同じ取扱いをしている。（虎尾　俊哉）

せがのしょう　世賀荘　播磨国神崎郡内の荘園。現在の兵庫県神崎郡市川町付近。鎌倉時代、建長五年（一二五三）の『近衛家所領目録』に京極殿領（藤原師実）の内としてその名がみえ、当時、平兼親が知行し、同荘の年貢を以て春日社長日弊ならびに南円堂長日大般若転読などに充つとしている。この後、室町時代、『康正二年造内裏段銭并国役引付』には西南院領として、同荘に段銭二貫文が賦課されている。（水野恭一郎）

せき　隻　本来は双と相対する語で、もう一方、数量を数える時はひとつの意味をもつ。中世においては、年貢・公事に運上される魚、鳥を数える時に使われる外に、船や武器の矢などの合計に使用された。（恵良　宏）

せき　堰　本来の堰は河川を横断して水の流れを塞き止め、流水の分水や貯水量の調整を目的として設置された構造物を意味し、近代以前の堰は岩・石・土俵・杭・篩などで築造されたものである。しかし、近世の堰はその構造物と田畑を灌漑するために、そこから引き入れた用水路をも含めた総称の意味をもつようになり、関東では単に用水路だけを堰筋と称した。堰の地方的名称は多種多様であり、地域によっては用水・圦《いり》・井水・井手・井路・渠・汐・溝・堀・江・川などとも呼ばれた。歴史用語としての堰はもっぱら用水堰と表現される。日本農業は水田稲作を中心にしており、いかなる時代でも灌漑施設の築造が最優先の政策課題とされたことはいうまでもない。また、日本の灌漑形態は古代・中世の溜池灌漑から近世の河川灌漑へという大きな転換がみられる。とりわけ河川灌漑においては河川から取水して水田まで用水を引き入れる用水堰の築造が不可欠となり、戦国大名をはじめ幕藩領主が長大な用水堰を築いて領内の耕地開発に努めたのである。近世に開削された用水堰は数多い。幕府の開発政策に手腕を発揮した関東郡代伊奈備前守忠次は慶長九年（一六〇四）に利根川から引水する大用水堰を築き、灌漑面積八万一千石にも及び、備前渠と称された。また、伊奈家は明暦三年（一六五七）に鬼怒川の河川改修に伴って小貝川左岸の谷原領を開発するために福岡堰を築き、三万石余の広大な新田地帯を出現させた。武蔵国東部の荒野を潤した葛西用水は、古利根川と元荒川の水脈をたくみに連結した一大用水路であり、寛永年間

（一六二四―四四）に着手してから近世を通して数回の新設・改修をくり返した用水堰である。享保改革の新田開発に活躍した井沢弥惣兵衛は下野・下総の両国にまたがる八十八ヵ村組合の鬼怒川を水源とした吉田用水を開いた。また、武蔵国の見沼を干拓し、新しく見沼代用水堰を築いて一万二千町歩余の田畑を灌漑し、舟運にも利用された。中部山岳地帯にも著名な用水堰がみられる。信濃国佐久郡の五郎兵衛・御影・塩沢・八重原の四新田は、土豪層が近世前期に佐久平の荒蕪地に五里～十六里余の長大な用水堰を築いて開発した地域である。用水堰の築造には鉱山開発の金堀技術を応用したといわれる。信濃国諏訪藩領の八ヶ岳西麓地帯の開発では、当初の湧水を利用した小規模灌漑から小河川を取水源とする揚汐に、そして河川を横に連結して用水不足を補う繰越し汐に、という用水堰の技術的変遷がみられる。用水堰の新設と整備については原則として村外の施設は幕府・藩が、村内の施設は農民がそれぞれに費用を負担し、前者を御普請、後者を自普請と称した。用水堰の管理については、井組あるいは水組と呼ばれる村方を単位とした水利組合が結成され、取水・配水・水利費などの水利慣行に基づいて運営された。藩によっては特定の農民を堰守・堰番に任命して用水堰の管理を担当させた。（佐藤　常雄）

せき　関　古代軍事・交通上の要衝に置き、通行者を検査抑止する施設。『類聚三代格』一八、承和二年（八三五）十二月三日付官符所載の陸奥国解に「旧記を検するに剗（関）を置きて以来今に四百余歳」（原漢文）とあり、五世紀前半に設置されたことになり、関所の初見であるが、確かではない。大化改新の詔に関塞を置くとあり、これ以後各要衝に置かれた。『日本書紀』天武天皇元年（六七二）六月甲申条に伊勢の鈴鹿関司がみえ、美濃の不破にも関の存在を暗示する記事がある。この両所と越前の愛発《あらち》の関を三関と呼び、謀反・天皇の崩御などの変事には急使を派して閉ざした。謀反者が東国へ走り兵を起すことを防ぐためで、いずれも近江から東国へ出る要衝なので、近江に都のあった時代の設置と思われる。愛発はのちに山城と近江の境の逢坂に変えられ、平安時代の要関である。東国へはさらに東海道に駿河の横走、相模の足柄、東山道に上野の碓氷が、また山陽道に長門・須磨、また陸奥へは前記のほか勿来《なこそ》、奥地に衣川、出羽へ念珠《ねず》などの関が置かれた。関の管理運営については、『大宝令』『養老令』に関市令が規定された。　→過所《かしょ》　（横田　健一）

せきしょ　関所　中世の関所は、古代の軍事的関、近世の警察的関とは異なった特徴を有し、交通料徴収のための経済的関所であった。律令制度下においては、交通路・交通施設は国家の経営で、その利用も無料を原則とした。しかるにその後、国家財政の衰弱化に伴い、その政策は次第に破綻をきたし、その経営費の一部を利用者に転嫁するようになった。弘仁七年（八一六）以来、摂津国大輪田船瀬の修造のため、官私船に積荷の勝載料と水脚の労役とを宛てたが、これこそは中世的関所の先蹤といえる。その後の土地国有制の衰頽、荘園制の発達などは、自然、交通路・交通施設の修理や経営などの多くを、荘園領主・在地領主・現地民衆などの民間側に委ねるようになった。彼らは、当然、それらの無償利用を認めず、利用者より一定の使用料を徴して、修理費などを分担させるようになった。このような交通路・交通施設の使用料や交通税の徴収所が、中世一般にみられる関所であるが、特に修理費の多くを要する港湾に、比較的早くから、かかる関所がみられたのは当然であった。鎌倉時代中期以降、このような経済的関所が次第に増加したが、その原因の一つに関所の社寺への寄進があった。これまで大社寺の造営・修理などには、多くの場合、国領などの寄進が行われていたが、国領の減少に伴い、その代替財源として国家から港湾などに関所を設けて、それを寄進するようになったからである。弘長元年（一二六一）山城国の淀津艘別銭が高野山大塔修理費に寄進され、弘安九年（一二八六）摂津国の兵庫艘別銭が讃岐国の善通寺修造の資に宛てられるなど、特に鎌倉時代中期、顕著となった。そのほか、荘園領主や地頭など在地領主による私的な関所の設置も少なくなかったが、幕府の抑制策により、その増加はかなりの程度おさえられた。しかし、その後、南北朝時代五十余年の動乱以来、関所は急激に増加した。それは政治的、社会的規範の弛緩とともに、荘園制の衰頽に伴い、その代替財源として、皇室・公卿・幕府・守護・地頭・荘園領主・在地領主その他が競って関所を設けたからで

関　所

中世主要関所一覧

	所在国	関所名	領主
瀬戸内海	和泉	堺	東大寺
	摂津	尼崎	同
	同	兵庫北関	同
	同	兵庫南関	興福寺
	播磨	福泊	同
	長門	赤間	
	豊前	門司	
淀川	摂津	渡辺	東大寺（鎌倉時代）・興福寺（南北朝時代以降）
	同	神崎	同
	同	中島	住吉社
	河内	鵜殿	興福寺
	同	楠葉	同
	同	禁野	同
	山城	淀	興福寺・園城寺
琵琶湖	近江	大津	延暦寺
	同	坂本（七ヶ関）	同
	同	戸津	同
	同	堅田	同
日本海	若狭	小浜	
	越前	敦賀	気比社ほか
	同	三国湊	興福寺

（領主は主なもの）

ある。しかし、これまで関所は港とか渡・橋など、造替や修理を必要とする箇所にだいたい限られていたが、次第に修理費徴収の必要性の薄い街道の至る所に設けられ、関所は著しく増えた。この増加の背景には、商品流通の発展による人および物資の交通量・輸送量の増大と、荘園領主の抵抗により、荘園年貢からの関税徴収が比較的困難であったのに対し、商品への課税が容易であったことが挙げられる。こうして室町時代の中ごろには、関所の爛熟期を迎える。関所は交通量の多い通路や街道に設けられやすく、一定間隔の関所の密度は、その交通量にある程度比例するといえる。京都の七つの入口(京都七口)、京都―奈良間の街道、参詣者の多い通路や社寺門前には、多くの関所が設けられた。室町時代中期、伊勢街道の日永―桑名間のわずか十数キロに六十余の関所があり、さらに同じころ、伊勢一国で百二十の関所が数えられたという。これは、当時の伊勢参宮の発達と密接な関係がある。

さらに、水路では淀川が最もはなはだしく、長禄元年(一四五七)ごろ、最高四百ぐらいの関所が数えられた。淀川が船舶航行量最大の水路であったからにほかならない。さらに一つの関の収益は、船の寄港の多い港や、人の集中度の高い所ほど多く、応長元年(一三一一)東大寺領兵庫関の請負額が年間千七百貫、暦応四年(一三四一)園城寺領淀関の請負額は年間千百貫であるから、実質収益はそれ以上であり、文明年間(一四六九―八七)伊勢神宮門前の岡本関の年収は三千貫にも達したといわれる。したがって、関所の交通界に与えた影響には計り知れぬものがあり、旅行者は困却し、しばしば旅の続行を断念せねばならなかった。文明のころ、伊勢一国内に百二十の関所があったが、伊勢参宮者の十人に一人は関税が払えず、大神宮を目前にして途中から引き返したという。また関所により、物資の潤滑な流通が阻まれ、その上、商人は関税を商品に転嫁するため、物価の慢性的高騰を招き、民衆の経済生活を圧迫していた。このように関所は、直接、旅行者・行商人のみならず、広汎の人々に甚大な悪影響を与えていた。このため、鎌倉幕府以来、建武政府・室町幕府など歴代政府は、これの廃止を企てたが、関所有主の頑強な抵抗にあって容易に成功せず、また関所有主の重圧に苦しむ馬借などの交通業者の闘争によって、一時的な撤廃の実現することもあったが、たちまち旧に復するのが常であった。中世には、以上の経済的関所のほか、古代・近世的な軍事的また警察的な関所が存在しないわけではなかった。特に南北朝時代や戦国時代のような戦乱期に、かかる関所の果たす役割は重要であった。戦国大名は分国の国境に関所を設け、輸出入品の課税のほか、人々の出入りの監視にあたったが、そのいくつかは、そのまま次の近世に継承された。中世的関所がかなり徹底的に廃止されたのは、織田信長・豊臣秀吉の時代である。信長は人心の収攬と商品流通の促進を目ざして、占領地の拡大ごとに関所の撤廃を進めていったが、秀吉もこの政策を受け継ぎ、やがて全国的に関所の大半が姿を消すようになった。この関所の撤廃は治安の恢復などと相まって、交通の発展と商品流通の発達とを推進し、交通量は増大し、商品価格は低落し、近世社会の到来を間近に迎えるようになった。

(新城　常三)

せきせん　関銭　関銭は、中世関所で徴収される銭をいうが、かつて現物で徴収された升米などの関料ものちにはほとんどすべて貨幣化されるので、ここでは、関料の総称として扱う。関銭の名称は今日三十種以上も知られるが、それらは、徴税の場所・目的・対象などによっていくつかに分類される。徴税の場所を示すものに津料・河手・山手、徴税の目的を示すものに勘過料・兵士米・警固役、徴税の率を示すものに升米・率分、徴税の対象を示すものに勝載料・帆別銭・艘別銭・駄口米・馬足役ほかがある。百分一税である升米のように税率・税額の明確なものもあるが、一般には関銭は、関所により全くまちまちである。船に課される艘別船にしても、一艘十文から数百文に及ぶものもあり、陸上では一人一文を最低として、数十文まで千差万別である。同じ通行人でも巡礼などが免除される例も見られるが、商人は一般に重い。応永のころ、京都東寺南口関の関銭は旅人一文ないし二文、駄三文、車十文は、それぞれの荷物の積載量に応じて課税されたもので、この例は多かったものと思われる。また応永三十年(一四二三)の山城大枝山兵士米関所のように、商品の価格に応じて関銭に差などを付けているが、この方式もかなり一般化していたものと思われる。ただし、時代による関銭の推移は明らかにできない。こうして一つの関所のあげる関銭の総額も多く、応長のころ東大寺領兵庫関は年間千七百貫以上、南北朝のころ園城寺領淀関千百貫以上、文明のころ興福寺領大乗院領楠葉関は、同じく千百貫にも上るが、これらはいずれも請負高であるから、実高はこれをかなり上廻り、関銭は関所有主の大きな財源であった。

(新城　常三)

せきて　関手　⇨関銭《せきせん》

せたかのしょう　瀬高荘　筑後国山門郡の矢部川下流域に所在した荘園。現在の福岡県山門郡瀬高町上庄・下庄・大和町鷹ノ尾付近。立荘年代・成立事情ともに不詳。ただ平安時代末期の大治年中(一一二六―三一)以前の成立が確認できる官省符の荘園であった。領家は藤原氏(御子左家)で、道長の曾孫俊忠から外孫に伝領され、大治六年に上・下両荘に分かれた。その後、徳大寺家に伝わり、左大臣実定の時、本家職を待賢門院璋子に寄進した。円勝寺建立後、本家職が同寺に寄せられたが、室町時代には妙法院を本所に仰いだ。平安時代末ごろ上荘の南方に鷹尾《たかのお》別符が加納され、のち下荘に入り、西隣の三潴《みずま》荘と並び上・下荘合わせると二千二百余町に及ぶ広大な荘域を占めた(建仁元年、高良宮造営注文)。鎌倉時代に入ると地頭による所務の妨げが行われた。地頭(惣地頭)は初め天野遠景であったらしいが、のち守護大友能直が補任され、その子秀直は鷹尾別符の地頭職を得た。また同別

符内には上妻氏や安富氏などの御家人層も地頭職を充行われ、武家勢力は深く浸透して行った。領主支配は、本所方・領家方それぞれ預所から代官を派遣し、荘内に置かれた政所を中心に、有力名主層を荘官とする経営が行われた。下荘の鎮守神高良別宮鷹尾神社の祭祀においても荘官・名主層が中心的役割を果たした。しかし南北朝時代には室町幕府によって九州探題料所とされ、足利直冬によって領家職さえも配下の武士たちに充行われるなど武士による荘務の侵害は続いた。徳大寺家による支配の努力も続けられ、室町時代末の永正元年(一五〇四)には肥後国の阿蘇氏を代官職に任じ年貢収取を計った。しかしその後、筑後国に大友氏の支配が及ぶと、国人層に分割知行されて領家の支配は完全に断たれた。荘名は文禄四年(一五九五)の検地までは存続した。(恵良　宏)

せたのしょう　勢多荘　近江国栗太郡の荘園。現在の大津市瀬田付近。奈良時代の荘園で、造東大寺司領と西大寺領二つの勢多荘がある。ともに交通の要衝勢多津に集まる物資調達を目的として設立されたらしい。前者は天平宝字五年(七六一)―六年の石山寺造営の拠点の一つとしての役割を果たし、荘の運営にあたる「庄領」も造石山寺所に出仕した。後者は古津・保良両荘とともに神護景雲二年(七六八)に西大寺に施入。宝亀十一年(七八〇)の『西大寺資財流記帳』には庄図一巻の存在がみえている。両荘は十世紀以降無実化した。(髙橋　昌明)

せちやしない　節養　中世荘園において、季節の変り目である節日に、領主側の預所・下司や雑掌などが荘民に対して饗応・振舞《ふるまい》を行うことをいう。また「節呼」「節振舞」ともいい、これらの方が後代には一般的呼称となる。節日は正月が多く、五月の節句等にも行われた。史料上、正安二年(一三〇〇)三月の若狭国太良荘預所陳状(『鎌倉遺文』二七巻二〇四一二号)に「百姓は重代により、優如(怒)の儀を以て正月の節養と致した」とみえ、また室町時代、正長二年(一四二九)六月の同荘地頭方田数百姓名寄帳(東寺百合文書)には、五斗が「節養」に宛てられている。(恵良　宏)

せちりょう　節料　五節をはじめ諸節日の祝儀に要する物品・費用、またはそれらを賄う賦課の称。元日をはじめ、正月七日(人日)・三月三日(上巳)・五月五日(端午)・七月七日(七夕)・九月九日(重陽)や歳末節などの節日には、朝廷のみならず神社・仏寺から広く諸荘園において祝儀が催された。その儀式次第のなかで節供として、また参会者への饗宴としての節会において供される料物・料足は節料により賄われた。朝儀の節料については、『延喜式』に大膳職・大炊寮の管轄とされ、諸国より上進される調物によっていたが、中世以降は折々に武家の助成を仰ぐことが多々あった。一方、寺社における節日行事を支える節料は、もっぱら寺社領荘園や末寺・末社に対し、公事物として賦課されていた。(永村　眞)

せちりょうまい　節料米　⇨節料《せちりょう》

せちろたわら　せちろ俵　⇨節料《せちりょう》

せっかんけおおばんりょう　摂関家大番領　平安―室町時代に摂関家に対して大番舎人を貢進した領地。代々、摂関家に伝領された。高陽院領である高陽院方大番領と、その他、家領である殿下御方大番領とがあった。大番とは、鎌倉幕府御家人の職務である内裏警固のそれとは異なり、摂関家の家政機関へ上番することで、「大」は摂関家を敬したものかという。平治元年(一一五九)の文書(陽明文庫所蔵『兵範記』裏文書)によれば、このときの大番舎人は政所・知足院殿・納殿・細工所・御服所・下家司といった機関に配属されている。十日を一期間として上番し、主として雑仕を任務とし、ときには年貢の督促や公事をも負担した。その源流は令制の帳内・資人制にあるともいわれるが、くわしくはわからない。大番舎人の貢進を義務づけられた荘園が大番領で、その成立期も明白ではないが、十一世紀前半ごろと思われる。有力田堵・名主層が大番役を勤仕し、その反対給付として給田を与えられ、雑役を免除

摂関家大番領

摂関家大番領一覧

所在国郡	名称	成立年次	特徴	典拠
和泉　大鳥郡	大鳥荘	承安三年見	院方二十人余・殿方九人、本所は室町院	田代文書
同	日下部郷	建仁二年見		同
同	若松荘	嘉暦二年見	本所は東寺	同
和泉郡	八田荘	建長二年見	本所は北野神社	東福寺文書
摂津　河辺郡	猪名荘	久安四年見	本所は東大寺	摂津国古文書
豊島郡	垂水西牧	文治五年見	院方六人・殿方五人、本所は近衛家から春日神社へ	今西文書
近江　坂田北郡	八幡荘	応永二年見	殿下方十二人半、本所は八幡神社、問丸が存在	後法興院雑事要録
同	国友荘	同	本所は京極殿から延暦寺へ	同
同	落蓬山本	同		同
同	上坂	同	本所は相国寺・延暦寺	同
同	細江荘	天福元年見	十二人か、本所は石清水八幡宮	宮寺縁事抄
坂田南郡	種村	応永二年見		後法興院雑事要録
同	桐原	同		同
浅井西郡	今西荘	長寛二年見		陽明文庫所蔵兵範記裏文書
犬上東郡	八坂荘	天福元年見	本所は日吉神社から北野神社へ	同
神崎郡	建部荘	長寛二年見	十六人、本所は建部神社	同
(郡未詳)	月友荘	応永二年見		後法興院雑事要録

されたのが摂関家大番領であるといえる。したがって通常の荘園とは異なり、摂関家は下地の進止権はもたず、元来は摂関家領荘園でないものが大部分である。摂関家と大番領との関係は大番舎人との人格的隷属関係を通じてのものであり、寄進地系荘園の一類型ではありながらも舎人となった田堵・名主層の自立性は強く、大番保を構成した。いわば特異な類型に属し、荘園外の荘園的支配機構などといわれるのはそのためである。荘園としてはきわめて散在的であり、大番国と称される摂津・和泉・近江の三国のみに大番領は分布した。大番舎人の摂関家に対する義務は一番十日の舎人役であるが、これに対して寛喜三年(一二三一)の文書(『田代文書』)によれば、近江国では舎人の有する所領から給田一町・雑役免三町・在家四宇が給付された。給田は地域によって広狭があるが、いかに大番舎人が富裕な農民であったかが知られる。

(井上　満郎)

せっかんけりょう　摂関家領　摂関家が所有・管轄する所領(荘園・家地など)の総称。家領とは、一般に、史料上では摂関家成員が個々に領する家産所領を指すが、ここでは通念に従って藤原氏の氏長者(通常は摂関が就く)が所有・管轄する殿下渡領や氏院氏寺領をも含めた広い意味で扱う。以下、これら構成要素に即しておのおのの性格と沿革を述べる。まず殿下渡領は、単に渡領ともいわれ、氏長者主催の行事を支える長者固有の所領であり、摂関政治期の十一世紀初頭までに、大和国佐保殿・河内国楠葉牧・備前国鹿田荘・越前国方上荘の四所が氏長者交替の儀にその目録(荘牧渡文)をもって新任者に渡される形が整って、長者直領としての性格が固まり、以後、荘牧数も変わらずに室町時代初頭に及んだ。次に氏院氏寺領とは、藤氏大学別曹の勧学院と、道長・彰子・頼通の持仏堂に発する法成寺・東北院・平等院とのおのおのに付属する所領・末寺である。勧学院領を除き、各持仏堂所有者の家領一部の施入から発したという事情から、本来、持仏堂維持の領であるとともに堂管理者の私領的側面が濃厚であったが、氏長者の道長流への固定化とともに三持仏堂の準氏寺化が進んで、全体として間接長者領的な側面が強まり、保元の乱、治承・寿永の乱時に同領の帰属が朝廷・幕府の介入する問題となったのを通して、最終的に氏長者が全面的に間接管理する所領となった。かくして鎌倉時代以後においては、本来の殿下渡領四荘牧とは一貫して機能を異にしたにもかかわらず、氏院氏寺領をも殿下渡領ないし御摂籙渡荘とよぶ風が生じた。氏院氏寺領の数は、道長の法成寺への寄進数が四、五所にすぎなかったごとく、当初は各数所程度であったと考えられるが、十一—十二世紀の間に大幅に増加し、十三世紀以後ほぼ固定し、嘉元三年(一三〇五)の『御摂籙渡庄目録』によって、勧学院領三十四・法成寺領二十八・同末寺十九・東北院領三十四・平等院領十八・同末寺十一が知られる。次に狭義の家領すなわち摂関家成員が領する私領は、平安時代初期から若干数認め得るが、十世紀末、兼家・道長の時代でも一族全体で数十所を超えず、それらは持仏堂に施入するほか、妻・子女らに自由に分与され、その後の継承も当人の意志にまかされていた。しかし、十一世紀、頼通・師実の時代になると所領数は一挙に百数十所に増加し、ついで十二世紀前半、忠実の時代には頼通から妻子女ら近親者に分与されていた家領(京極殿領・四条宮領など)と、祖母・母生家からの家領(冷泉宮領・一条北政所領など)が忠実自身のもとに回収・集積され、保元の乱のときの朝廷の介入、平家全盛時の基実遺領の事実上の横領、鎌倉幕府成立時の源頼朝の介入など政治的危機を経て、鎌倉時代中期までに家領の大半は摂関氏長者を継ぐ家嫡に譲り、他の若干につき家嫡監督下に庶子・女子など近親者に一期《いちご》の間のみの領知を認める伝領形態が固められた。またこの間、鎌倉幕府の介入などを契機として摂関家が幕府成立時に近衛流と九条流に分立するや、九条流へは幕府などから所領の寄進がなされ、旧来の所領をもって優位に立つ近衛流に見合う基盤が与えられた。ついで鎌倉時代中期に、近衛から鷹司、また九条から一条・二条の各流が分出して五摂家に分立するに伴い、摂関家領もこの五系統に分かれ、以後、おのおの右述の家嫡単独相続に近い伝領方式をつづけて室町時代に及んだ。以上、各分野からなる摂関家領の歴史を総体的に整理すると、家領は十一世紀ごろから急激に増加し、まず十一世紀には主に在地からの寄進を受けて、十二世紀には親族領知の所領を集積する形で、さらに十三世紀には幕府などの寄付を通して、段階的に増加し、またそれによって家領は摂関家流全体の行事や家政を支える主要な財源に発展し、管理・領有形態も氏長者・家嫡の一括統轄の傾向の強いものになったと要約できる。その背景には、この間、全国的に荘園が増加し、摂関家みずからそれに対応して在地からの寄進を組織して、財政基盤を俸禄・献上物から荘園中心に切り換えねばならなくなったこと、また十二世紀以降その傾向の拡大するもとで、逆に政治的実権が低下して在地の寄進が鈍り、家領の集中と一括管理が一層必要となってきたことなどの事情があった。これらの個々の家領の領有構造は、その大半が寄進型荘園であるところから、通常、現地寄進者が下司、中間寄進者が領家・預所となる形をとっており、また各家領への本所摂関家の領主権の内容はおのおの成立・沿革により一様でなく、建長五年(一二五三)の『近衛家所領目録』(『近衛家文書』)などによると、摂関家が荘務進退権をもつもの、他領主(領家・預所)などがそれをもつもの、在地領主(下司など)の請所となったものなどからなっていた。またこれらの家領は、鎮西の島津荘その他個別例から知られるように、一円不輸領とともに半不輸・雑役免系荘園も多く、国使不入権を主張できるのも特定の殿下渡領・氏院氏寺領などに限られていたから、一円不輸不入権を誇る権門大寺社領に比べれば領主権は一般に弱く、公家領荘園の例外ではな

摂関家領

摂関家領一覧

殿下渡領

大和 佐保殿(同宿院)
河内 楠葉牧(河南牧・河北牧)
越前 方上荘
備前 鹿田荘

(一)十一世紀初頭以後、一貫して荘園名・数は不変。
(二)『中右記』寛治八年三月十一日条、『葉黄記』寛元四年正月一日条、暦応五年正月日『御摂籙渡荘目録』(『九条家文書』)などによる。

氏院寺領

勧学院領

山城 田原荘
伊勢 鈴鹿荘
志摩 和具
尾張 玉江荘
遠江 浅羽荘
近江 儀俄荘
篠田荘
陸奥 長江荘
丹波 小原荘
草山荘
藤坂荘
御厩立荘
丹波 坂田荘
莵原荘
竈谷荘
播磨 垣岡荘
滝野荘
同荘高島
英賀荘
粟賀荘
伊保荘
備前 鴨津荘
羽野荘
備中 真鍋荘
備中 生坂荘
安芸 倉橋荘
周防 潟上荘
長門 大野荘
宿院
紀伊 櫟原荘
石田荘
有間荘
日高荘
宮原荘

法成寺領(もと道長の持仏堂)

山城 九条領
大原領
大和 稲梁荘
仲河荘
長田荘
河内 天野杣
竹村荘
長野荘
摂津 杜本荘
味舌荘
駿河 小泉荘
近江 玉造荘
愛智勅旨
日野牧
本牧
安吉牧
奥野
丹波 田原桐野牧
瓦屋荘
丹後 三箇荘
但馬 勅旨田
出雲 宇賀荘
隠岐 重栖荘
播磨 緋田荘
備後 勅旨田
紀伊 吉仲荘
讃岐 三崎荘
豊前 弓削田荘

法成寺末寺

山城 成道寺
祇陀林寺
光明寺
青滝寺
大和 法輪寺
河内 妙見寺
常楽寺
伊勢 尼寺
慈悲山寺
近江 観音寺
光明寺
紙屋寺
美濃 大隆寺
仲林寺
越中 慶高寺
美作 安養寺
備後 正法寺
観音寺
伊予 作礼寺

東北院領(もと上東門院彰子の持仏堂)

山城 田原荘
小田荘
豊田荘
大柿荘
池田荘
大和 大山荘
三島荘
若槻荘
河内 輪田荘
支子荘
朝妻荘
若窪荘
和泉 長滝荘
禅興寺
摂津 能勢荘
山本荘
新屋荘
郡戸荘
伊勢 日置荘
窪田荘
尾張 枳豆志荘
勅旨田
遠江 吉美荘
甲斐 布施荘
近江 野州勅旨
首頭荘
美濃 勅旨田
越前 曾万布荘
越後 波多岐荘
但馬 与布土荘
紀伊 池田荘
藤並荘
讃岐 里海荘
筑前 垣崎荘

平等院領(もと頼通の持仏堂)

山城 祝薗荘
河内 玉櫛荘
摂津 杭全荘
近江 大与度荘
安孫子荘
河上荘
近江 小田上荘
勝因保
越中 一瀬保
越後 大島荘
紙屋荘
但馬 樋爪荘
出雲 富田荘
播磨 黒田荘
備前 裳懸荘
備中 井原荘
橋本荘
肥後 甘木荘

平等院末寺

山城 善縁寺
禅定寺
日尾寺
山滝寺
山城 理興寺
岡本寺
弥勒寺
安養寺
河内 若江寺
摂津 蓮台寺
伊勢 極楽寺

(一)嘉元三年(一三〇五)当時。
(二)嘉元三年(推定)・暦応五年正月日『御摂籙渡荘目録』(『九条家文書』)による。

家領(近衛流)

京極殿領(もと頼通領、のち師実(京極大殿)→忠実へ)

山城 菱河荘
鞆岡荘
小巨倉荘
富家殿
沢良宜
革島
小泉院厩
大和 長河荘
平田荘
河内 位田
和泉 今泉荘
御櫛造
摂津 椋橋東荘
垂水東牧
垂水仲牧
榎並上荘西方
同荘東方
摂津 榎並下荘
放出
山崎散所
伊勢 河曲荘
益田荘
家城荘
尾張 富田荘
三河 志貴荘
近江 穴太荘
蔵垣荘
垣見荘
大津御厩
美濃 揖深荘
上有智荘
武義荘
山上荘
神野荘
美濃 生津荘
美田荘
河辺荘
下野 仲村荘
陸奥 栗原荘
出羽 寒河江荘
丹波 石田荘
山内荘
出雲 大津島
播磨 世賀荘
杉原荘
坂越荘
安芸 大崎荘
長門 牛牧
紀伊 田仲荘
賀太荘
讃岐 塩飽荘

京極殿堂領(もと頼通妻隆子領、のち師実妻麗子(京極北政所)→忠実へ)

大和 保津荘
摂津 弘井荘
多田荘
伊賀 田口荘
近江 蔵垣荘
国友荘
近江 犬上荘
長曾禰荘
播磨 有年荘

冷泉宮領(もと三条天皇皇女冷泉宮領、のち師実妻→忠実へ)

山城 猪隈荘
岡屋荘
桂殿
石垣荘
羽戸院
侍従池
摂津 八多荘
福井荘
伊勢 船江荘
甲斐 逸見荘
相模 三崎荘
波多野荘
近江 小椋荘
餉薗
信濃 英多荘
陸奥 蜷河荘
伯耆 笏賀荘
出雲 吉田荘
美作 栗倉荘
備前 家浦荘
直島
勅旨田
紀伊 保田荘
菅生荘
豊前 伊方伊賀利荘

高陽院領(もと頼通女寛子(四条宮)領、のち忠実→忠実女泰子(高陽院)→忠通へ)

山城 巨倉荘
梅津荘
松茸園
山田荘
大和 守荘
喜殿田永荘
和泉 信達荘
摂津 椋橋西荘
橘園
位田
六瀬
伊賀 平柿荘
伊勢 野代荘
栗真荘
尾張 長岡荘
堀尾荘
小弓荘
三河 志貴下荘
近江 信楽荘
檜物荘
柿園
田上輪工
美濃 揖斐荘
気良荘
遠山荘
仲村荘
蜂屋太田
蜂屋志津野
信濃 海野荘
芋河荘
太田荘
郡戸荘
越前 鮎河荘
宇坂荘
越前 勅旨田
越中 阿努荘
越後 大島荘
奥山荘
丹波 宮田荘
保津筏師
丹後 稲富位田
但馬 伊由荘
出雲 福頼荘
隠岐 知布利荘
播磨 大幡荘
筑後 三池荘
豊前 宇佐宮
吉田荘
日向 大隅 薩摩 島津荘

堀河中宮領(もと堀河天皇中宮篤子内親王領、のち忠通へ)

山城 硟原荘
伊賀 甲賀荘
須可荘
甲斐 小笠原荘
信濃 蕗原荘
備前 品田
讃岐 栗隈荘

(一)建長五年(一二五三)当時。
(二)建長五年十月二十一日『近衛家所領目録』(『近衛家文書』)による。

東福寺領(道家創建管領)

山城 九条河原菜苑
周防 得地上保
筑前 三奈木荘

同阿弥陀堂領(最勝金剛院)(もと忠通持仏堂領、のち女皇嘉門院聖子管領→兼実→道家へ)

山城 久世荘
曾東荘
河内 高柳荘
稲富荘
伊賀 浅宇田荘
伊賀 大内西荘
伊勢 蘭倉荘
伊豆 井田荘
下総 三崎荘
越前 気比荘
越前 長田荘
播磨 豊福荘
備後 坪生荘
讃岐 富田荘
伊予 吉原荘

同報恩院領(兼実創建管領、のち道家へ)

摂津 輪田荘
丹波 賀舎荘

同光明峯寺領(道家持仏堂)

山城 小塩荘

宜秋門院領(もと忠通領、のち女皇嘉門院聖子→兼実→女宜秋門院任子→道家へ)

山城 東九条
河内 点野荘
和泉 春木荘
久米田寺
摂津 生島荘
倉垣荘
伊賀 大内東荘
伊勢 山郷荘
和田荘
富田御厨
三河 吉良西荘
伊豆 三津御厨
武蔵 稲毛荘
武蔵 船木田本荘
同新荘
常陸 小鶴南荘
小栗御厨
近江 小幡位田
美濃 衣斐荘
石田荘
信濃 千田荘
若狭 立石荘
同新荘
加賀 熊坂荘
能登 若山荘
越後 白河荘
丹波 賀舎荘
出雲 林木荘
備中 駅里荘
備後 三条院勅旨
周防 屋代荘
紀伊 井上本荘
同新荘
阿波 大野本荘
同新荘
讃岐 子松荘
豊後 臼杵戸次荘
肥前 大田荘
肥後 守富荘

宣仁門院領(道家→孫女彦子(宣仁門院)へ)

河内 石川荘
甲斐 経田荘
肥前 彼杵荘

新御領(主に道家の時代に寄進されたもの)

和泉 御酢免
日根荘
善興寺
摂津 潮江荘
松山荘
富島荘
井門荘
伊勢 林西荘
尾張 奈比荘
大懸荘
常陸 村田荘
近江 伊香古荘
美濃 古橋荘
世保荘
越前 鯖江荘
河和田新荘
東郷
加賀 鏡荘
越中 四箇荘
丹後 丹波荘
出雲 末次荘
播磨 厚利荘
佐用荘
備後 小豆島
備後 奴可東条
紀伊 三栖荘
讃岐 神前荘
本山荘
河津荘
笠居御厨
朴田荘
伊予 吉原荘
土佐 安芸荘
幡多郡
筑前 山鹿荘

(一)建長二年(一二五〇)当時。
(二)建長二年十一月日『九条道家処分状』(『九条家文書』)による。

かった。このため鎌倉時代末から南北朝時代にかけて在地領主の擡頭のもとでその支配は全般的に行きづまり、南北朝時代以降は膝下の若干の所領が直務型の荘園に転化して存続したにすぎない。（義江　彰夫）

ぜっこでん　絶戸田　律令時代の田種の一つ。絶戸とは全戸口の死に絶えた戸のことで、その戸が保有していた田を絶戸田という。喪葬令の規定では、絶戸に五等以上の親族がない場合、その所有する家人奴婢や田宅資財は五保が共同で管理し、財物は死者の供養に用い、家人奴婢は解放して良とし、田地や園地は田令の規定に従って収公することになっていた。しかし、九世紀以降、絶戸田の収公が厳格に行われないようになると、これを占有して隠田とする地方豪族が現われ、中には数百戸分の絶戸田を領有する者すらあった。承和十一年(八四四)、畿内において班田収授を施行するため、位階昇進その他の恩典を与えて絶戸田の申告を奨励し、さらに貞観十七年(八七五)には、申告者に地子半減の上、三年間の耕作権を認めるという譲歩を行い、一方、無申告者に対しては律によって厳重に処罰することを定めたが、この傾向を停止することはできなかったようである。（虎尾　俊哉）

ぜっこんばいばい　絶根売買　絶根とは「根こそぎ」の意味で、奈良時代から平安時代初頭にかけて、土地売買の契約に際して売主が留保条件を設定せず、また後日の買戻しを許さず、「根こそぎ」買主に売却する行為をさす。史料上に於いては、「絶常根」「切常根」と記されることが多い。『正倉院文書』天平宝字五年(七六一)十一月二十七日の大和国十市郡池上郷屋地売券が初見史料で、そこに「絶上件地常根、沽《うり》与東大寺布施屋地」とあり、宝亀七年(七七六)十二月十一日の備前国津高郡津高郷陸田売券(『唐招提寺文書』)にも「申進絁(絶カ)根売買」とある。さらに、弘仁十四年(八二三)十二月九日、近江国長岡郷長丸部今継解(『平安遺文』一巻四八号)にも、「長岡郷長解申　部内百姓切常売買墾田立券事」とあるが、以後中世を通じて、売買契約の史料の中に「絶根売買」の文言はみえない。（恵良　宏）

せのうあらやまのしょう　世能荒山荘　安芸国安南郡に所在した荘園。現在の広島県広島市安芸区瀬野川町上瀬野・下瀬野・中野・畑賀一帯の地域。建久四年(一一九三)国司平親守が太政官厨家納物米三十五石・地子交易絹二十疋・油一石三斗と円宗寺最勝会料米三十石・油二斗の進済地として世能・荒山両村を便補し、その後官務小槻隆職が保建立を国司に働きかけ、同八年四至牓示が定められて立券。翌年には高倉院法華堂正月御国忌用途が加えられるとともに、国使等の押妨停止、隆職子孫の当荘相伝が確認された。当荘地頭職は鎌倉初期は安芸国守護宗孝親の兼帯だったが、承久の乱で失脚し、下野国に本貫地をもつ阿曾沼氏に替わった。以降、鎌倉時代を通じて地頭代野村氏の押妨が続き、南北朝時代に入り建武四年(一三三七)を最後に小槻氏との関係は確認できなくなる。その後は下野国から移住した阿曾沼氏の所領化を遂げたと考えられる。（久保健一郎）

せばのしょう　洗馬荘　信濃国筑摩郡の荘園。現在の長野県東筑摩郡朝日村と塩尻市付近。院政時代の成立か。長和三年(一〇一四)洗馬牧の牧司が藤原実資に駒・牛各一匹などを牽進している(『小右記』同年十月二十三日条)。また、文治二年(一一八六)後白河法皇が信濃知行国主源頼朝に年貢の督促を命じた乃貢未済庄々注文(『吾妻鏡』同年三月十二日条)に「蓮華王院御領洗馬庄」がみえる。蓮華王院は長寛二年(一一六四)後白河上皇の創建であり、当荘はその時、上皇から寄進されたものであろう。のち後鳥羽天皇を経て後醍醐天皇に伝領された。荘の中心は芦ノ田(塩尻市)と推定され、荘域は洗馬・小曾《こそ》部・岩垂などの小曾部川流域から奈良井川左岸にかけての地(塩尻市)、今井(松本市)にわたっていたらしい。のち、西洗馬など鎖川右岸の地(朝日村)にあった洗馬牧の地も、多くこの荘に取り入れられたと考えられる。長享二年(一四八八)の『諏訪下社造宮帳』に「芦田・古祖父(小曾部)・岩垂・今井・今村・西洗馬」の六郷が一組になって記されており、これが洗馬荘の最後の荘域と考えられる。地頭は鎌倉時代以来三村氏で、あるいは牧場経営に長じた禰津氏の系統かといわれる(『大塔物語』)。（小林計一郎）

せまち　瀬町　中世に於いて土地の広さを表わした用語。畝町・狭町・世町とも書く。わずか一畝(一段の十分の一)ほどの狭い区画(マチ)の意から転じた。田地の一区画を指し、文永六年(一二六九)十一月晦日の紀守影田地売券(高野山文書『鎌倉遺文』一四巻一〇五三三号)には、「紀伊国真国庄内字大部賀、小部賀　皆副、合三世(畝)町」とみえている。また鎌倉時代後期成立の語源辞書『名語記』八帖に、「田にせまち如何(略)狭町也、さまちをせまちといへる也」とある。十七世紀の『日葡辞書』にも「セマチ…一日の耕地面積、あるいは田の区画」とあり、僅かな田地の例えに多く使用された。（恵良　宏）

せんじます　宣旨枡　後三条天皇は、荘園整理と並行して、延久四年(一〇七二)に、枡の公定を行なった。この公定枡を宣旨枡、または制定時の年号を冠して、延久宣旨枡と称する。容積は、『伊呂波字類抄』に記された寸法によれば、京枡の六合二勺余にあたる。菅政友はこの枡の制定を寛治年間(一〇八七―九四)と推定し、これを「寛治宣旨枡」と称している。しかし、すでに寛治以前の史料に、宣旨枡の名がみられることから、この説は誤りであることがわかる。この枡は、公家・神社・仏寺関係の計量にしばしば使用され、鎌倉時代になると、京都のみならず、ほとんど全国にわたって、その用例が認められる。鎌倉時代の末、元徳二年(一三三〇)、後醍醐天皇が京都の米価を規制し、宣旨枡一升の米価を銭百文と公定したことは著名であるが、このことは当時の京都では、この枡が基準枡的地位にあったことを示している。室町時代も中期以後には、一般に枡の私枡化が著しく進行する。宣旨枡も例外ではなく、このころでは、京都の北部

および東部地区に私枡として残存した。また名称も、仁和寺宣旨枡・太秦宣旨枡・徳大寺宣旨枡などのように、地名・領主名を冠するものも出現し、その私枡的性格をよく示している。その容量もまた一定していなかったと推定される。（宝月　圭吾）

せんしゅ　銭主　中世、米銭などの貸借関係における債権者。債務者は負人あるいは借主といった。鎌倉時代以降における商品貨幣経済の発達に伴い、田畠・屋敷地などの不動産や動産の売買が盛んになる一方、公家・武家・農民・商人・職人などあらゆる身分・階層間における米銭などの貸借関係もふえ、借上とよばれる専業的高利貸さえ発生するに至った。特に室町時代には一層こうした傾向が著しくなり、京都など都市の土倉・酒屋といったいわゆる有徳人とよばれた有力町衆をはじめ、禅宗寺院・禅僧・武士、さらには地方の領主・名主層に至るまで高利貸を行うようになり、銭主は多様な身分・職業にまで及ぶようになった。貸付に際しての利子は一般に五文子(月五分)から八文子(月八分)程度の例が多くみられ、その際、銭主は各種の動産・不動産を担保として差し押えるといった例がふえていた。室町・戦国時代、土一揆の要求でしばしば徳政令が発布されて債務破棄が行われ、銭主は経済的に大きな打撃を受けた。しかし室町幕府は貸借金額の十分の一ないし五分の一にあたるいわゆる分一銭を幕府に納入することにより、銭主側の債権をも保証するようになった。（佐々木銀弥）

せんじょうまい　占城米　十一世紀初、北宋の江南地方に導入されたベトナム南部占城《チャンパ》国原産のインディカ種の稲。大唐米・秈《とうぼし》・占米ともいう。早熟、耐旱、耐水、耐虫損が特色で、米は粒小く細長、粘り気少なく、赤色を帯びるという。日本にも移入され広く栽培されたといわれるが、荘園関係文書に占城米の名称はみえない。中世、西日本に広く植栽された「大唐米」と同品種かと推測されている。但し大唐米は占城米のみとは考えられず、古代以来、多種の稲が存在したわが国においては、古代種の赤米、黒米等も含めた熱帯ジャポニカ種・インディカ種の総称であろう。鎌倉後期、徳治三年(一三〇八)、丹波国大山荘に「たいたうほうしのいね(大唐法師稲)」とあるのが初見史料で、その後、備前礒上保、讃岐東長尾荘、播磨矢野荘等に太唐米の名がみえる。この名称が一般的に用いられたといえよう。礒上保では吉米に替えて売進む(『大徳寺文書』一二)とあるから良質ではなかったらしく、中国・東南アジアの占城稲の評価の低さと共通し、わが国の文学作品での評価とも共通する。中世末期の『日葡辞書』には、大唐米を「唐法師と同じ、赤い米」とし、古代以来稲には「法師」とつく品種が多いので、唐より伝来の意味がこめられた名称であろう。『清良記』には太唐米の品種として八種類の名称をあげ、旱損・虫損は少ないが風による脱粒が多いことを記す(インディカ種)。大唐米と占城米が同一品種であるか否かは現在の段階では疑問視されている。（恵良　宏）

せんせん　撰銭　⇩えりぜに

せんせんれい　撰銭令　⇩えりぜにれい

せんだのしょう　千田荘　信濃国水内郡の荘園。『和名類聚抄』の水内郡の郷に芹田があり、「セムタ」と訓を付する写本もあり、千田は芹田の転訛である。現在の長野市上千田・中千田付近。藤原氏領。平安時代末期成立か。元久元年(一二〇四)四月二十三日の九条兼実自筆処分状により、「千田小中島庄」が当時兼実の女宜秋門院任子(後鳥羽上皇中宮)の領になっていたことがわかる。のち建長二年(一二五〇)以前に宜秋門院から不断念仏料所として善光寺に寄進された。安貞元年(一二二七)千田庁官から知行国主藤原定家に年貢を送っており、荘域に国衙領千田郷がまじっていた。地頭は村上氏の一族千田氏で、寛元二年(一二四四)千田蓮生は市村景家と人勾引のことで争っている。また千田讃岐守は応永七年(一四〇〇)の大塔合戦に加わっている。千田氏の館は中千田にあり、ここが荘の中心か。元亀元年(一五七〇)以前、千田の一部が飯縄神領、葛山衆二人の領地になっており、またこの年、のこりの千田が武田信玄により栗田氏に与えられている。なお天正六年(一五七八)の『下諏訪春宮造営帳』によると、東千田・西千田・南千田の三集落に分かれていた。（小林計一郎）

ぜんつうじりょう　善通寺領　香川県善通寺市善通寺町にある真言宗寺院善通寺の所領。暦応四年(一三四一)ごろの『善通寺領目録』に、一円保・生野郷修理免・良田郷領家職・弘田郷領家職・羽床郷萱原村・櫛無保地頭職とある。一円保は、平安時代、讃岐国那珂・多度両郡散在の寺領を保延四年(一一三八)に国司が寺周辺に集中一円化し、その後いく度かの再散在、収公の時を経て、寛喜元年(一二二九)の官宣旨により本寺随心院門跡領として確立。善通寺は下級

善通寺領

善通寺寺領一覧

所在国郡	名称	成立年次	特徴	典拠
讃岐　多度郡	一円保	保延四年	田二十七町六十歩、畠四十四町三百歩、上級領主随心院	善通寺文書・東寺百合文書・宮内庁書陵部所蔵文書
同	生野郷修理免	弘長三年	善通寺修理料所	善通寺文書
同	良田郷領家職	弘安六年	永仁六年下地中分、中分後の寺領定田二十三町三段四十八歩	善通寺文書・金倉寺文書
同	弘田郷領家職	鎌倉時代	善通寺修理料所、上級領主随心院	善通寺文書
阿野郡	萱原村	南北朝時代初期	誕生院領	同
那珂郡	櫛無保地頭職	同	足利尊氏寄進、誕生院領	同
鵜足郡	井上郷公文職	南北朝時代	細川頼春寄進、善通寺塔婆領、一町二段三百歩	同
(郡未詳)	一分地頭職	建武四年	真誠寄進、誕生院領、二段	同

領主である。生野郷修理免は建長元年(一二四九)知行国主九条道家が生野郷内公田十二町を寄進、弘長三年(一二六三)郷内の山林荒野をあわせ、四至内の公田を相博して成立。良田郷領家職は建治二年(一二七六)亀山上皇が良田郷西分の郷務を寄進、弘安六年(一二八三)国衙への官物雑役納入を免除されて成立した。萱原村・櫛無保地頭職は南北朝時代初期に寺内誕生院領となったが、櫛無保地頭職は島津氏が所有しており、有名無実と思われる。目録外の寺領には、鵜足郡井上郷公文職、在所不明の誕生院領一分地頭職などがある。 (国島 浩正)

せんとう 専当 (一)朝廷の官職。本来は特定の業務を専門に担当することを意味し、のち転じて職名として使用される。職名としての初見は貞観九年(八六七)三月二十六日付高子内親王家庄牒案。(二)社寺の職名。別当の下で雑事に従事した下級職員。(三)平安時代に現われる荘官名の一つ。中央の荘園領主から派遣され荘園実務を担当。荘園の実権が在地領主層に掌握されるようになった平安時代末には見られなくなった。 (並木 優記)

せんとうたんせん 仙洞段銭 仙洞御所を造営する費用をまかなうために賦課された段銭のこと。仙洞とは仙人のすみかの意味で、譲位した天皇(太上天皇)を仙人に擬して、その御所を仙洞御所と呼んだ。段銭の賦課は、朝廷諸行事や大寺社造営のための費用として諸国に賦課された一国平均役を起源とする。南北朝時代に一国平均役の賦課・徴収権が朝廷から幕府に移行すると、室町幕府が守護を通じて諸国に賦課する制度が整備され、仙洞段銭もこの制度にしたがって賦課・徴収されていた。その具体例を一つ挙げると、『看聞御記』などによれば、応永二十三年(一四一六)、後小松上皇の東洞院御所が火災により焼失したため、翌年にかけて、新御所の造営のために「諸大名国々段銭」が命じられている。なお、東寺領の丹波国大山荘や山城国久世上下荘・植松荘・拝師荘・上野荘などでは、幕府によってこの仙洞段銭が免除され、催促が停止されている。 (松澤 徹)

せんのう 銭納 ⇩代銭納《だいせんのう》

せんぱく 阡陌 元来は中国秦代の制で、南北の道路を阡、東西を陌といい道路の意。わが国では転じて耕作地をいい、田地については畔道を指すことが多い。古代に施行された条里制地割の道路および耕作地の区画を示す史料が多く、「条里阡陌」を弁ぜず、「阡陌条里」を混乱せず、「条里に阡陌」を相定め等々との表現がみえる。また平安時代より室町時代に至る田地売券類には、所在地や境界を示す時に使用される例が多く、とくに条里制遺構地域には上述の表現が見られる。また東の阡陌、西の阡陌などとみえて単なる境界の道路を示す用語として使用された。 (恵良 宏)

せんゆう 占有 占有は、一般的には、自己のためにする意思をもって物を所持することをいう。江戸時代の「所持」は占有だという説があるが、同時代の「所持」は所有の意味であると考えるから、この説はとらない。中世土地法上、「知行」は重要な意味を有したことは疑いないが、筆者はこれを占有と呼べると考える。筆者の考えでは、「知行」は不動産物権を有すとの主張に基づく、その物権の事実的行使である。この事実的行使を中世では「所務」と呼んだが、「所務」は「知行」の客観的要素であり、これを欠く場合、「知行」は「不知行」と呼ばれた。そうして見ると、「知行」は物権に対する意味で占有と呼ぶことができると考える。 ↓知行《ちぎょう》 (石井 良助)

そ

そ 租 ⇩田租《でんそ》

そう 惣 中世に出現した村落共同組織をいう。惣は揔の異字で、音通で総に同じく「聚束」(あつめたばねる)の意味を持つ。あとに続く語彙と合わせて、いくつかの集合としての全体を意味する言葉である。たとえば、惣寺、惣社(一国内の主な社を一ヵ所に勧請した社)、惣荘、惣郷、惣国(およそ郡規模の国人・土豪の組織)などと記され、その全体組織を示すものとなった。やがて惣荘・惣郷などの村落共同組織を単に惣とのみ記して、全体組織を指すものとなった。惣とは惣結合のことであり、惣百姓の組織である。惣は信仰のよりどころとして寺庵や社、それに付随する田畑などの共有財産を持ち、祭祀を行い、山野・用水などの管理を行い、対外的には、近隣の惣や領主権力に対応した。惣は、乙名《おとな》・年老《としより》などの指導層を中心に運営され、一定の成員権を持つ者によって構成されていた。 ↓惣村《そうそん》 ↓宮座《みやざ》 (峰岸 純夫)

そううけ 惣請 ⇩地下請《じげうけ》

ぞうえいりょうごく 造営料国 特定の寺社などの造営・修造のための財源として充てられた国のこと。造国ともいう。本来、寺院・神社の造営・修造の財源には封戸が充てられていたが、律令制の変容に伴い、一国平均役や諸国所課(国宛)で財源が賄われるようになった。造営を命じられた国の国司を造国司と呼ぶ。治承寿永の内乱で焼失した東大寺の再建の際、東大寺造営料国として周防国が東大寺の知行国となったように、鎌倉期にはいると

寺院自体が知行国主となり、寺院が国務を司る寺院知行国が見られるようになる。（守田　逸人）

ぞうえきめん　雑役免　⇩ぞうやくめん

そうおきて　惣掟　鎌倉時代末期から戦国時代にかけて畿内およびその周辺地域にみられる農民の自治組織である惣村が、自分たちの日常生活や惣の組織・運営のために制定した掟をいう。史料上には惣庄掟・惣庄置文・惣中掟・惣分置目・郷置目・地下《じげ》掟などといろいろによばれている。近江国菅浦荘（滋賀県伊香郡西浅井町）では十四世紀に入ると惣置文がみられるが、貞和二年（一三四六）には十二名の乙名《おとな》衆の署名のある次のような置文がある。「ところおきふミの事　一、日指諸河田畠をいて一年二年ハうりかうといふとも永代おうることあるへからす、このむねをそむかんともからにおいてハ、そうのしゅんしをとゞめらるへく候、よんてところのおきふミの状如件」。当時、菅浦の惣荘は日指・諸河の地をめぐって大浦荘と相論しており、この地を確保するためにその田畠を外部の者に永代売をすることを禁止し、これに違犯したものは惣みずからこれを処断しているのである。こうした惣掟・自検断は惣村を規定する要因の一つであると論じられているものである。惣掟は貞和二年の菅浦惣村置文のように特定のことが単独に定められている場合もあるが、なかには何ヵ条にも及ぶ箇条書のものもある。たとえば近江の『今堀日吉神社文書』の延徳元年（一四八九）「定今堀地下掟之事」などは二十ヵ条より成っている。概していえば初期のものは単独のものが多くあり、時代がくだるとともに何ヵ条にも及ぶ箇条書のものが増加しているようである。惣掟にとりあげられている事柄は、日常生活一般にかかるもの、公事納入にかかるもの、惣の組織・運営にかかるもの、灌漑用水や入会にかかるもの、惣有財産の管理にかかるもの、宮座にかかるもの、戦時の自衛にかかるもの等々であり、それぞれの惣により多種多様の内容が決められているが、ほとんどの場合、違犯者に対する処罰規定が設けられている。このような惣掟の性格は、時期により地域によって多様であるが、在地法の成立という点からは共通に把えることができるのではないかと思われる。惣分置目や郷置目とも称されるが、置目とは中世から近世にかけて使われた文言で、掟・規定の意である。処刑《おきめ》とも書かれる。（福田栄次郎）

そうかん　総官　平氏政権が養和元年（一一八一）に設置した官の一つ。天平三年（七三一）の畿内惣管を先例として、遠国凶徒に備え畿内近国の叛乱を鎮圧するという軍事目的から、五畿内・近江・伊賀・伊勢・丹波の九ヵ国を対象に、平宗盛が補任されたもの。治承三年（一一七九）十一月のクーデタにより平清盛は後白河院政を停め独裁政権を樹立したが、独自の権力体系をもっていなかったため、政権としての矛盾がこれによって解決されたわけではなく、内乱は拡大進行していった。このような危機に直面して平氏のとった方策が総官職および翌月新設した総下司職の補任であった。総官は九ヵ国国衙に対し追捕・検断の側面から指揮権を発動し、国内武士を直接把握することができた。このような権限は本来各国ごとに国守が保有するもので、平氏もクーデタにより全国の半数にのぼる国を一門・家人で占有し、国衙軍制の掌握をはかった。しかし旧来の律令的国制に依拠していたのでは事態に対応できないため、新たに独自の権力機構に基づく在地の直接把握を目指したのである。これにより平氏は畿内を中心とする地域的軍事政権の樹立へと歩み出したということができる。この総官職は鎌倉幕府の守護の先駆形態といわれているが、国地頭の先駆といわれる総下司との関係、源頼朝の東海道惣官との比較、平氏家人制との関連等々今後に残された課題も少なくない。
↓国地頭《くにじとう》　↓守護《しゅご》（飯田悠紀子）

そうかんもん　惣勘文　勘文とは、何らかの調査結果を上申・報告する文書であり、惣勘文とは、それらの勘文を集成した文書のことを指す。惣勘文といわれる文書には、作田の田地面積の調査結果を集成した「作田惣勘文」と、年貢・公事賦課の根拠となる田数とともに、年度ごとの年貢・公事の進納状況と未進の有無を記載して集成した「田数所当惣勘文」あるいは「見作田所当惣勘文」の二種がある。前者の代表的な例として、弘安二年（一二七九）の『常陸国作田惣勘文』がある。これは大田文の一つであり、一国平均役賦課のための台帳として、常陸国内の荘園・公領の田数を集成したものであるとされている。後者は主に荘官などから荘園領主に対して提出されたもので、年度途中の進済や年貢・公事の種別ごとに作成される勘文を、年度ごとに集成してつくられる決算書の意味をもっていた。（松澤　徹）

ぞうくじ　雑公事　⇩公事《くじ》

そうけんぎょう　惣検校　荘官の一種で、現地の最高責任者。検校の語意は、物事を点検し誤りをただすこと。耕作地の検注や、年貢公事の沙汰を行なった。天喜元年（一〇五三）七月、東大寺領美濃国茜部荘の荘司・住人等が四至の確定や、検田・収納・四度使の入部、臨時雑役賦課の停止を求めた際、惣検校僧が冒頭に署名している（『平安遺文』三巻七〇二号）。東寺領肥後国鹿子木荘においては、預所職を帯する中原親貞が同職の次第相伝文書を盗まれたため領家政所裁を申請した際、その外題安堵では「鹿子木庄検校職」と記されているので、預所・預の別称であったことが分かる（『平安遺文』七巻三三二二号）。また、惣検校は国衙や寺社においても見られた。前者では、在庁官人を統括する立場にある最も有力な在庁の職であり、後者では、寺務や僧尼の監督をするものをいう。（堀本　一繁）

そうけんとりちょう　惣検取帳　ある地域一円を対象として行われた検注の結果を記した台帳。荘園領主が年貢・公事を賦課し、百姓がそれらを負担する基礎台帳となった。惣検注取帳ともいう。検注には、正検注（惣検・大検注）と内検がある。前者は、「領家代一度正検」（『鎌倉遺文』

一八巻一三三八八号)といわれる領主の代替わりごとや、相論時、あるいは、荘園領主にとって年貢等が大幅に減少する「下地失墜」といった状況下において、領有地全域を対象として実施された。後者は、損亡検見で被害地のみを対象とした。検注帳を作成するにあたっては、荘園領主側から実検使が派遣され、荘官や百姓とともに現地に臨み、一筆毎に年貢・公事を負担すべき耕地の確認作業を行い、耕地の所在地および範囲、面積、斗代、年貢負担者を調査した。

（堀本　一繁）

ぞうこうふくじやく　造興福寺役　⇨造寺造宮役《ぞうじぞうぐうやく》

そうさのしょう　匝瑳荘　下総国匝瑳郡に立てられた荘園。『金沢文庫所蔵聖教』に「瑳匝(マヽ)御庄福岡郷」「匝蹉(マヽ)庄米倉郷」などの語がみえ、この地名により建長年間(一二四九―五六)に現在の千葉県八日市場市辺に匝瑳荘があったことがわかるが、中世には現在の八日市場市、匝瑳郡野栄町・光町辺に、匝瑳南条荘(南荘)・北条荘が存在したことも確かである。匝瑳荘とはこの南条・北条両地を合わせた呼称か、そのいずれかの略称であろう。十二世紀後期のこの地方には、上総氏系の匝瑳氏、常陸の佐竹氏、および下総国守為光流藤原親通の孫千田親政の支配が入り組み、しかも源頼朝の東国政権時代にそのいずれもが後退して、下総守護千葉氏系統の伸長があり、在地の権利関係にも不明のところが多く、立荘過程もわからない。匝瑳南条荘は『吾妻鏡』文治二年(一一八六)三月十二日条に「熊野領」とみえるのを初見とし、十三世紀には同荘東方は熊野山領、地頭は千葉一族の椎名氏、同西方も地頭は千葉一族の飯高氏であった。北条荘の荘号の初見は十二世紀末の香取神宮遷宮用途注進状(『旧大禰宜家文書』)であるが、停廃されたようで鎌倉時代には国衙領であり、南北朝時代に再び荘号がみえてくる(地頭は飯高氏)。下総一宮香取神宮の二十一年に一度の遷宮造替の際には、南条荘は百石の用途料を負担し、北条荘は地頭が内院中門一宇を造進する定めであった。なお南条荘の領家と地頭との相論に関する文永九年(一二七二)十二月二十七日付け関東下知状(『金沢文庫文書』)は、上総・下総両国の新田検注免除の記述があることで知られている。天文年間(一五三二―五五)までその荘名は史料にみえるが、実態は不明である。

参考文献　『千葉県史料』中世篇県外文書

（福田　豊彦）

ぞうじ　雑事　⇨公事《くじ》

ぞうしきでん　雑色田　律令時代の行政用語で、「各種の田地」の意。「葛野郡百姓口分田多入㆓都中㆒、宜㆘停㆓山背国雑色田㆒、班㆓給百姓㆒㆖、其代於㆓四畿内㆒置」(『類聚国史』一五九、田地上、口分田、延暦十二年(七九三)七月辛卯条)のごとく用いられた。令にみえるもののほか、『延喜式』主税上、勘租帳条に、設置目的・用途・輸不の別などを異にする各種の田地の名称が掲げられている。

（虎尾　俊哉）

ぞうじこく　造寺国　寺院の堂塔・廻廊などの造営の負担を負わされた国をいう。律令制の下で官立の大寺を建築・修理する場合は、造寺司を置き、造営料に充てられた食封の封物や官物の調・庸などを用いてこれにあたらせるのが普通であった。しかし平安時代中期に入るとこういう方式はとれなくなり、たとえば天延元年(九七三)大和薬師寺が焼亡したのを復興するについては大和など十ヵ国が造寺国に充てられ、また永承元年(一〇四六)興福寺が全焼したのを再建するについては近江など二十四ヵ国以上が充てられている。後者の場合などになると、造寺国は雑公事の免除のほか国内のすべての荘園から造営料を徴収することを請うている。やがて院政期になると造寺国は寺社へのそれを除く公納物の免除ないし納入延期を認められるようになり、また造寺国に知行国が充てられることも起り、さらに文治二年(一一八六)から周防国が東大寺の知行国になるという変態も始まった。

（時野谷　滋）

ぞうじぞうぐうやく　造寺造宮役　国家的大寺院や伊勢神宮以下地方の大社(一宮など)を再建・修造する際、造営費として諸国の荘園・公領に課された臨時課税の総称。実際には、「造興福寺役」「造東大寺役」「造大神宮役夫工米」「宇佐造宮役」「住吉社造宮役」「日吉造宮役」などの税目で徴収された。これら課役の発生時期は個々に異なるが、おおむね十一世紀半ばから十二世紀にかけて成立していった。これは、国司による臨時加徴を国家が公認したものであるが、その要因は、令制収取体系の弛緩に伴う中央・国衙財政の破綻、さらには封戸に代表される寺社収入の窮乏化にあった。寺社側では、封戸などの減少により造営財源を漸次荘園に求めていくが、大修造や再建の際には叶うべくもなかった。このような国家財政の逼迫より、新たに寺社の造営を諸国に請け負わせる方法がとられたのである。賦課範囲につき全国・地方・一国の差異はあれ、これらの造寺造宮役は一国平均役として課されることもあり、また勅事・院事・国役ともよばれてくる。造興福寺役については、永承度再建の際、所課国方式をとって全国的に賦課がなされた。このとき、一国平均賦課の申請(七ヵ国)や官使派遣の申請(二ヵ国)が行事所に提出され、すべて認可を受けた(『造興福寺記』)。このような造営形態は、以後の康平・永長・治承の再建でも継承されている。造東大寺役賦課の徴証はさほど多くないが、万寿四年(一〇二七)山城・伊賀両国に「東大寺大仏殿柱曳夫」が充てられたり(『小右記』)、永久三年(一一一五)造東大寺行事所から伊賀国黒田杣に対して人夫役・材木などが催徴されたりしており(『東大寺文書』)、その一端を窺うことができる。宇佐神宮の造営は大宰府の所管であり、三十三年に一度の式年造営や臨時修造の際には、九州諸国に宇佐造宮役が賦課された(このため役夫工米の所課は原則として免除された)。しかし、ここでも荘民・荘園領主による造宮役対捍の問題は例外でなく、そのため鎌倉時代初期の建久四年(一一九三)には、寺社

領および三代(白河・鳥羽・後白河上皇)御起請符の地であっても宇佐造宮役を免除せず平均に充て、しかもこれを永例となす、とする宣旨が下されるに至った(『八幡宮関係文書』)。また、同年には「記録所支配」によって造宮役が賦課されている例もみられる(同)。住吉社造宮役は、摂津国一宮ともなった住吉神社の二十年一度の式年造替に際して、また日吉造宮役は、院政期以降神輿入洛で名高い近江坂本の日吉神社を修造するに際して、それぞれ摂津国・近江国の国内(荘園・公領)に賦課された造営料である。仁平二年(一一五二)摂津国吹田荘に対して「住吉造宮所課」が免除された事例(『醍醐雑事記』)、保延四年(一一三八)近江国柏原荘に対して「造日吉社役」が免除された事例(同)などは、その徴証といえる。その他、出雲国における杵築社(出雲大社)造宮役、紀伊国における日前国懸造宮役、加賀国における白山造宮役なども同様の性格を持つものである。中世に入ると、造寺造宮役は、造内裏役・大嘗会役などと同様に段米・段銭の形態をとって徴収されるようになる。大田文記載田数を基準に荘園・公領を問わず一国平均役として課される点、平安時代のそれと変化はないが、鎌倉時代後期以降になると、幕府が徴収執行機関として関与を深めていく。さらに室町時代には、幕府が、それまで朝廷にあった造寺造宮役の賦課・免除権をも獲得し、造寺造宮役は幕府段銭として再編・統一されていくのである。（詫間　直樹）

そうじとう　惣地頭　鎌倉幕府が補任した地頭の一形態。鎌倉幕府成立当初は、国地頭をはじめ広域の地頭に補任された者を意味したが、のちには小地頭《こじとう》(西国とくに鎮西に多くの例がみられる名主《みょうしゅ》的在地地頭)が補任されている上に、さらに東国有力御家人が地頭に補任された場合、これを小地頭に対して惣地頭と称した。したがって一族の惣領を意味する惣領地頭とは性格内容を異にする。惣地頭については、『吾妻鏡』文治元年(一一八五)八月二十一日条に、下河辺政義のことを常陸国南郡惣地頭職、同正治二年(一二〇〇)五月二十八日条に、畠山重忠のことを陸奥国葛岡郡惣地頭と称した記事がみえる。この場合の惣地頭は郡単位の広い地域に設定された地頭を意味していると思われる。ところが建久年間(一一九〇―九九)、鎮西において関東下文によって地頭職や名主職を安堵された名主層御家人が発生すると、幕府は東国有力御家人を小地頭と重複する地域の惣地頭に補任した。このような惣地頭については、『御成敗式目』第三十八条に「一、惣地頭押妨所領内名主職事」とあり、惣地頭が所領内と称して、別納の下文を給わっている名主(小地頭)に対し非法濫妨することを禁じており、小地頭が惣地頭に違背した場合には名主職を改易すると述べている。さらに鎮西における惣地頭の性格について、『竜造寺文書』嘉禄三年(安貞元、一二二七)三月十九日の関東裁許状によれば、惣地頭の得分は本得田は段別五升の加地子米、新得田は段別二升五合の加地子米と定められていたことがわかり、建久年間以後嘉禄三年までの約三十年間に、肥前国佐嘉御領の惣地頭は、天野遠景、中原親能、神庄司、堀親家、天野政景、右衛門大夫、中村五郎、蓮沼忠国と頻繁に交替しており、惣地頭は「加徴米以下得分管領之仁」と称されているように、在地性は稀薄であったと思われる。また『室園文書』宝治二年(一二四八)九月十三日の関東裁許状によれば、「随又右大将家御時、拝領地頭職御下文之輩、被補惣地頭之日、令安堵名主職、号小地頭者鎮西之例也」とあるのを根拠に、惣地頭は西国とくに鎮西独得の存在形態とする見解と、鎮西以外にも惣地頭の使用例が認められるところから、鎮西独得の存在形態ではないとする見解とが対立している。同じ惣地頭の名称を用いているが、鎮西と鎮西以外の地の惣地頭の間には性格の相違が認められるのであるから、鎮西的惣地頭は独得の存在形態であるといえよう。このことは鎮西的惣地頭が成立するためには、名主層で御家人となる者の存在が前提となるが、鎮西以外の地においては、名主層御家人の絶対数が少なかったので、鎮西的惣地頭―小地頭関係は成立しなかったものと考えられる。鎮西における惣地頭はいずれも東国有力御家人であり、鎮西在地御家人で惣地頭に補任された例はない。はじめ得分収取権のみを目的として設置された惣地頭も、次第に徴税権・下地管理権・勧農権・人的管理権を行使するようになった徴証があり、惣地頭と小地頭との間に支配・被支配関係の発生が認められる。　→小地頭《こじとう》　→惣領地頭《そうりょうじとう》
（瀬野精一郎）

ぞうしゅしりょう　造酒司領　令制宮内省の被管で、供御および節会などに供する酒・醴・酢の類の醸造のことなどを掌る造酒司の所領。造酒司は、元慶五年(八八一)要劇ならびに番上粮料として、摂津国に九町二段三百三十三歩の諸司田を割り充てられたが、一方、『延喜式』によると、造酒司において醸造する御酒の料米二百十二石九斗余は、山城・摂津両国の宮内省営田の穫稲、大和・河内両国の正税稲、和泉国の国営官田の穫稲および正税稲を充て、雑給酒や酢の料米は、民部省より庸米の支給を受けるとする(以上造酒式)。また新嘗会の黒白二酒料米は、畿内の宮内省営官田の稲を舂いて造酒司に送納させ、正月三節会および新嘗会の料酒は、山城・大和・河内・摂津四ヵ国に仰せて、正税を用いて醸造し、造酒司に送らせると規定している(以上民部式)。しかしこうした制度も平安時代中期には維持できなくなり、山城・大和・河内・和泉・摂津・近江・若狭・加賀・播磨・備前・備中・備後の十二ヵ国から料米を徴収する方式に切り替えられた。すなわち『平戸記』仁治元年(一二四〇)閏十月十七日条に載せる嘉禄二年(一二二六)十一月三日付の官宣旨によると、年中恒例臨時の仏神事以下、月次・日次の公事雑務に供する酒・酢の料米を上記十二ヵ国に割り充てる方式が「延久宣旨・康和抄帳」にみえること、しかし嘉禄二年当時は、河内・和泉・摂津の三国が割充ての半額程度を便補地によって貢納するにすぎないこと

などが知られる。この制度の起源は明らかでないが、おそらく延久の後三条新政の一環として成立したものであろう。また上記の便補地とは、河内の甘南備保、和泉の土師郷（保）、摂津の大田保であるが、大田保はすでに『山槐記』応保元年（一一六一）十二月二十六日条にみえ、土師保は応安七年（一三七四）の文書にも造酒司領としてみえる（『荘園志料』）。しかしこの料国制も上述のように崩壊に瀕したので、仁治元年、造酒司は嘉禄の官宣旨により納物の弁済を督促する厳重な御教書を諸国に下すとともに、洛中酒屋から屋別酒一升の上分を徴することを聴許すべき旨を上願した。この酒屋役の徴収は、すぐには許可されなかったらしいが、内閣文庫所蔵『押小路文書』には、洛中酒鑪役（酒屋に対する課税一般の称）を造酒正に安堵する旨の元亨二年（一三二二）の綸旨などが収められているので、鎌倉時代末までには聴許されたことがわかる。また造酒正はそのころから中原氏（のちの押小路家）が世襲したので、酒屋役も同氏の相伝知行するところとなった。 （橋本　義彦）

そうしょう　惣荘　中世後期社会における農民の恒常的な自治組織。十三世紀の後半、農業生産力の向上、分業流通の展開などを背景として形成された結合組織である。中世前期村落の農民結合が、主として有力名主層を中心として組織されたのに対し、後期村落の共同組織は、いわゆる弱小農民層を含みこんでいるところに特徴を持つ。それは、惣・惣村と呼ばれることもあった。惣は、山林・原野・田畠などを惣有地として保持し、年貢を地下請《じげうけ》し、灌漑用水などを自主管理し、惣置文・惣掟を持っていた。惣結合の最高議決機関は寄合といわれ、そこでは、日常生活の諸問題（農作業の開始、協同労働の分担、祭祀の頭役など）から、領主への訴訟、蜂起に至るまで、村落民の全行動が決定され、乙名《おとな》―年寄―年行事と呼ばれる人々が事務処理にあたった。村落生活を維持するためのさまざまな掟（惣儀）がつくられ、村人は掟を遵守し、それに違犯すれば、惣（衆中）から追放された。惣への裏切り行為（返り忠）は厳しくとがめられ、科料、追放、住宅破壊、死罪などの刑罰が定められていた。惣結合は、裁判権と検察権とをあわせた自検断権をも持っていた。農民たちは、一味同心して起請文を書き、村落生活と農業生産の擁護、年貢・公事の減免、非法代官の排除を要求した。農民たちが諸要求を記して領主権力へ提出する書状を百姓申状《もうしじょう》というが、この申状が作成されたのも寄合の場においてであった。村落上層の指導者層と一般構成員との間に、剰余生産物の確保をめぐって矛盾を内包していたとはいえ、惣は農民闘争の拠点であり、自治の砦であった。十四世紀には荘家の一揆が、十五世紀には土一揆が展開したが、惣がその基盤であった。惣村の代表者によって惣郷といわれる組織が形成されることもあった。惣郷は十五世紀に展開する広域闘争を指導した。しかし、十五世紀の後半から十六世紀において、村落外高利貸資本の浸透や、戦国大名による領域支配の強化などによって惣は窮乏化し、惣の構成員が戦国大名によって被官化されるという状況のなかで、農民の自治組織としての惣結合は歴史的意義を失い崩壊していくのである。→惣《そう》→惣村《そうそん》 （佐藤　和彦）

そうしょういっき　惣荘一揆　中世農村の自治組織である惣荘を基盤として行われた農民の一揆。惣荘は、惣が荘園を単位に特権的な名主層だけによって構成される段階を特定して呼ぶ場合と、広範な諸階層の百姓によって構成される段階の惣村まで含めて呼ぶ場合とがある。前者は今日の研究者の間で用いられる学術上の概念で、惣荘から惣村への発展、というように用いられ、主として室町期の惣村に対し、鎌倉時代の惣結合を指す。また、惣村がいくつか集まった広域の惣結合を、惣郷とならんで惣荘と呼ぶ場合もあり、個々の村単位の惣村を惣荘と呼ぶ場合もあった。永和三年（一三七七）、東寺領の播磨矢野荘で起きた惣荘一揆では、名主百姓層が一味神水を行なった上で逃散し、代官の非法を訴えている。惣荘一揆は、農民諸階層が一致団結して、領主側に対し、年貢減免要求、荘官の非法糾弾等を行う政治的行動と評価されている。 （堀本　一繁）

そうせちます　相折斗　荘園領主や寺社等の上位者が下位のものに米穀を給与する時に用いられた枡。中世に数多く存在した私枡の一つ。下行斗・供米斗ともいう。平安時代中頃に始まり、鎌倉時代に多く見られるようになった。国衙が召米として分割下行する時や、あるいは寺内において年貢米等を諸種の用途や法会料等に宛てるため支出・配当するに際し、計量のために用いられた。相折（節）とは、分割して支払う意。収納された年貢を個人の給与・食費その他の特定の用途として支払ったり、特定の荘園からの年貢を仏事費用として指定分配することをいった。「金沢文庫古文書」元応二年（一三二〇）八月日付陸奥国玉造郡内越後大夫僧都知行分召米結解状に使用例が見える（『鎌倉遺文』三六巻二七五六三号）。 （堀本　一繁）

そうせつちょう　相節帳　費用を割り充てることを相節といい、相節帳は支配状の一種であるが、特に祭祀・仏事に関する物品・金銭の年間の使途明細を予定注記した帳簿をいう。相折帳とも書く。早い例としては東寺蔵『永承三年（一〇四八）高野御参詣記』裏文書に治暦二年（一〇六六）八月の御祈願所年中相節帳がある。おそらく藤原摂関家祈願所関係の支出予算書で、書き出しは「勘申年中相折用途事」とあるが、この注進文書の作成者は記名されていない。康治二年（一一四三）二月の「筑前国観世音寺年料米相折帳」の末尾は「右件米、相折例下料者、依近代例、勘文注進如レ件」とあり、検校以下八人の寺僧の署名を備える。『高野山文書』に散見する相節帳では、おおむね検校・阿闍梨ら上級学侶の集会・評定により、または評定の幹事役の年預ら三沙汰人の統制の下に年間の仏事配分予算が決定され、これが下部機関に通達されて

いる。（佐川　弘）

そうぞく　相続　相続法は財産法と身分法との絡み合いの上で成立するものであるから、社会経済の動きによって左右されることがきわめて多い。ここでは中世（平安時代後半—室町時代）の相続について見ていく。中世は荘園の発達期であるが、この時期に武士の間に、一家・一門・一流などという本家分家より成る軍事団体が発達した。この団体の統率者を家督といい、本家相続人がこれになる。各家の相続人を家嫡または嫡子などと呼んだ。生得の嫡子は出生と同時に嫡子たる身分を取得したが、かれが家を継げないときは、父祖は孫らのうちから嫡子を選定するが、この場合、これらの者を養子とした上で相続させる慣習であった。鎌倉時代の末ごろより、単独相続法が発達したが、家督の統率権の一部は主君の役人が、他の部分は各家の家長が行うようになったので、後者を家督と呼ぶようになった。家名が尊重され、家の相続を家名の相続と称するようになった。平安時代後半期では、家父は生前にその財産を処分しておくことが普通であり、処分しておかない場合は、未処分として例外とされた。中世中期である鎌倉幕府の法では、恩領も処分の対象とされた。幕府は処分と和与とを区別し、前者は子孫妻妾に対する贈与、後者をそれ以外の者への贈与とし、御家人による所領の和与は原則として禁止された。処分の方法としては、処分者が処分状（譲状）を作成し、これに処分者が加判して譲受人に交付した。所領の処分は原則として、財主の自由になしえたところである。平安時代後半期以後、所領は諸子に分割譲与するのが普通であった。所領の譲与を受けた御家人は幕府に安堵を申請するのが普通であった。未処分の場合には、被相続人の意向が尊重されたが、それが不明のときは、その後家が遺産の処分権を有した。諸子分割の方式によりある家の所領が分割されていくと、その家領は狭小になるので、地方豪族の間では、古くより所領を分割相続させながら、嫡子に全所領を知行させるという関係を設定することが行われた。その場合の嫡子を惣領、その他の諸子を庶子と呼んだ。この方式は幕府の公事の徴収上も便宜であった。武士の間では、多くの場合において、惣領庶子の関係は家督と一族の輩との関係と一致したが、一致しない場合もあった。所領の細分化を防ぐ他の方法として、単独相続法が発達した。これはその所領を一子に譲るとともに、将来にわたって分割を禁じるもので、鎌倉時代末より南北朝時代に行われた。（石井　良助）

そうそん　惣村　鎌倉時代末期から安土桃山時代にかけて主として畿内およびその周辺地域においてみられた自治的村落をいう。惣村の指標となる歴史的用語は「惣《そう》」「惣中《そうちゅう》」で、大きなものは古代律令制下の地方行政区画であった郷を範囲とするものもあるが、一般的にはいくつかの集落から構成されているものが多い。小さなものでは単独の集落からなり、近世における行政村の規模のものまである。また荘園がそのまま惣を形成している場合、惣荘とよばれることがある。近江国菅浦惣荘などがその例である。惣には住民の生産・生活を維持するための惣有財産がある。薪、竹木、肥料や飼料にする草、肥料にする草木灰、さらに屋根葺用の茅を採取する山林原野などがある。また鎮守社・村堂の田畠などがあって住民の共同作業・輪作、さらには特定の住民が一定年限を請負って耕作され、その収穫は堂社の維持、祭礼仏事などの費用にあてられている。また惣有の船舶・池・用水路などがあり、その分水などについては厳格な自主規制がある。また惣には置文《おきぶみ》・掟《おきて》とよばれる惣固有の成文法のほかさまざまな慣習法があり、惣内部での生産活動・消費生活、他村との交流などに厳しい規制があり、それを破るものに対しては死刑、各種の体刑、家財没収、村内追放、罰金などの制裁措置がとられ、いわゆる自検断が実施されている。また惣で共用する枡などをもつところもあり、加地子《かじし》得分を計量したり米穀を売買したりする時などに使用され、耕地の評価や流通の公正などに惣が関与した。領主に対して年貢徴収を請け負い（百姓請・地下請）、年貢総額・年貢率の固定化や年貢の減免を要求し、さらに年貢納入者側である惣による年貢率そのものの決定（土免《どめん》）などを実現することもあった。

惣は住民の自治的な運営機関として宮座（まれには寺座）をもち、惣の自治的運営は宗教活動と結びついていた。宮座のある惣の鎮守は、かつて式内社であったという由緒のあるもの、路傍の小祠であったような産土《うぶすな》的なもの、荘園領主や在地領主によって勧請された神社など多様であった。惣は宮座の座員によって運営されたが、惣の住民すべてが平等に参加したわけではない。まず男性に限られ、女性の参加は例外的であったり特殊な職掌をもつものに限られたりした。また男性のなかでも、地侍・有力農民など特定の上層農民によって排他的に独占され、特権として世襲されることが多かった。これら座員は「本座衆」「本結衆」「内座衆」などとよばれていた。室町時代中期以降になると、一般住民で座席に加わるものがでてくるが、その資格は鎮守や宮座に対して田畠や社殿修造費・宮座運営費などを寄付した行為への恩恵として与える場合が多く、それでもなお本座衆には加えられず「子座」「新座」「孫座」「外座」などとして一定の差別をうけた。新しく移住してきた住民や、父祖伝来の耕地をもたない農民（間人《もうど》・一色田《いっしきでん》作人・散田《さんでん》作人などという）、心身に一定の障害があり、制裁・処罰をうけて村落から追放されたもの（非人など）、また地侍・有力農民のもとに人格的に隷属している下人などの身分のものは座の構成員にはなれなかった。惣の恒常的な運営にあずかる住民は、乙名《おとな》・年寄・中老などとよばれ、寄合合議に参加し、年齢階梯制に従って任務を分担しながら、惣の年中行事を執行し、対外的、対内的な実務を行うが、その最高責任者は「職事《しきじ》」などといい、鎮守祭礼を主宰したり

した。非常事態が起った場合には、一般住民が惣運営にあたることもある。その時も人数制限・年齢制限などが加えられることもあった。そのような時には、早鐘を撞いて非常呼集する大寄合や、武装して夜間に野原などに結集し合議する野寄合などがあって、結束の意志を固めるために神水を汲みかわし(一味神水《いちみしんすい》)蜂起することがあった。武装して蜂起する際の中心になったのは惣の「若衆」であるが、かれらは神事祭礼などの事実上の担い手であった。

惣村は、近世にはいって独立行政村となる小村群、あるいは垣内《かいと》などとよばれる小集落群から成り立っているものが多いが、惣村を構成する住民にとってその小集落は、より日常的な生活の場であり、環濠が設けられていたところもある。惣の乙名層はすべて、このような小集落に屋敷をもち、小集落住民からは「村主《むらぬし》」などとよばれることもあった。乙名層の小集落に対する私的支配・規制は惣全体の公的規制の分担と併行することもあったし、また乙名の私的行為が小集落住民の規制をうけることもあった。これら小集落住民が参加する宮座が成立するのは十七世紀後期ころからであって、それは惣の崩壊を意味した。また惣は共有地や灌漑用水さらに惣の境界などをめぐり近隣の惣と利害が対立することもあり、その調停・和解のためさまざまな方法がとられた。また守護や国人と政治的、軍事的に対立した時、近隣の惣が連合して相互扶助しながら防衛にあたることがあり、「組郷《くみごう》」などと表現されている。十五世紀末、大和国布留郷では農民の蜂起総勢四千名に及んだと伝えられていて、このような政治的結集が郷をこえ、一郡ないし数郡規模となり恒常化したものを「郡中惣」「国一揆」などと考えてよかろう。

中世村落の自治に関する研究は一九二〇年(大正九)代から始められ、近江国の今堀や菅浦などを素材として農民的自治・防衛の組織が明らかにされてゆき、住民意識の追究にまで及んだ。中世後期における農民の多様な闘争が追究され、さらに中世宮座の実証的研究成果のうえに立って、四〇年(昭和十五)代前半にかけて、中世村落の自治組織に「郷村制」「惣村制」という体制概念が与えられて、日本村落発展史の全過程のなかで、中世後期の村落を体系的に位置づけようとする方向がだされた。また惣村の成立・発展が名《みょう》の分解、一般農民の台頭と併行しているところから、日本における農奴制や封建制の形成との関連が問題にされ始めてきた。一九四〇年代後半、すなわち第二次世界大戦後の惣村研究はその成果のうえに継承され、惣構成員の多様な側面が明らかにされるとともに、郷村制や村落共同体との関連が問われ始め、五〇年代後半には、惣村をもって村落共同体と同一視するもの、惣村はまだ村落共同体ではないとする慎重論、さらに惣村はむしろ村落共同体の第二次的編成を経たもので、村落共同体の成立は惣村成立より前の段階にあるとする説などが出そろった。しかし村落共同体論の理論的位置づけが不十分なまま惣村という歴史的実態の追究に重点をおいたため、必ずしも成果をあげたとはいえなかった。それよりも、中世後期の農村文化・民衆文化の発展が惣村に支えられたという観点から、芸能・文学などに新しい局面がひらかれるとともに、惣内部の構造分析に精緻さが加えられた。すなわち宮座記録から惣村内部の身分秩序の実態が明らかにされ、また惣置文・掟などの考察から惣的規制・自検断の厳しさが注目され、加地子得分をめぐる研究の展開と相まって、中世後期における中間層=惣の指導者層の支配階級としての側面が強調されてきた。その結果、惣村を、台頭する小農民一元論で説明しきることは困難となり、惣村の内部矛盾に力点をおいた研究がみられるようになった。また荘園領主や在地領主に対抗しながら擁護しようとした惣村がもつ自治の基本的意義をややもすれば軽視し、領主制支配の一つの類型として一定の自治を与えられた惣があるとする見解も出されてきた。しかし現在では、惣の内部に、すなわち惣村そのものに最初から階級関係と分裂的な身分構成が存在したことを認めたうえで、なお全体が領主制支配への対抗と農民的自治を志向するものであったことを見落すまいとする点では多くの見解は一致しているとみてよい。だがその内部矛盾の在り方をどう把えるかについては意見の分かれるところで、一つは、一般農民層(平百姓層)の自立化が高まり独自な動きを強めることによって、中間層は一般農民層の利益を支える惣的規制にしばられ、その枠内での行動を強いられるとするものである。この見解はなお四〇年代の惣村制研究の大きな成果に強い影響をうけているといってよい。それに対し、今一つの意見は、惣村を中間層の政治的連合組織としてみようとするものである。すなわち、この中間層は、惣内部の剰余生産物が惣の外部に収奪され、流出することを自治的惣組織の強化を通じて防ぎ、しかもその剰余生産物をみずからの手もとに留保し蓄積するため、惣規制を私物化し、一般農民を新たな従属関係のなかにおこうとすると理解する。この見解に従えば、惣内部の非和解性はいよいよ強まることになるが、その中間層のもとで展開する生産関係を農奴制的なものとみるか、隷農制的なものとみるかで、さらに議論の分かれるところである。

惣の剰余生産物の留保、富の蓄積は、地域社会の分業発展を促し、それが京都・奈良などの政治都市や、兵庫・堺・大湊・大津など年貢輸送中継港湾都市が、近隣の農村との繫がりを強めるという変化を与えるのみならず、地域的な小都市(門前町・寺内町などの形態をとる)を発展させてゆくのである。これら諸都市もまた自治組織を形成するが、それを惣村の延長として理解しようとする見解は強い。都市の高利貸は、弱小町民や近隣の村民を債務者にして、利益をあげていて、都市の自治も惣村のそれと同様矛盾を拡げる一面があった。また、十六世紀になると、斃牛馬処理業・皮革業さらに芸能などに従事

し、賤民視されていた人々が、農業を営み始め、小集落を形成するに至り、惣村生活とのかかわりを深めてゆく。しかし惣村の宮座に座席が与えられたかどうか明らかではない。十六世紀末から十七世紀にかけて、未解放部落が形成されてゆくが、それが惣村の歴史とどのようにかかわっているかを解明することは、今後の大きな課題である。　→乙名《おとな》　→郷村制《ごうそんせい》　→沙汰人《さたにん》　→地下請《じげうけ》　→惣掟《そうおきて》　→惣荘《そうしょう》　→惣年行事《そうねんぎょうじ》　→惣山《そうやま》　→惣寄合《そうよりあい》　→番頭《ばんとう》　→宮座《みやざ》

（三浦　圭一）

そうそんいっき　惣村一揆　村落史研究の中で中世後期の自治的村落を惣村ととらえ、これを中心とした一揆を惣村一揆と称した。しかし、中世社会は「惣荘」と「惣村」の二重構造からなるという視点が提起された現在では、かつての惣村論で展開されてきた研究用語としての「惣村」と、「惣荘」の関係が問題となる。惣村は、小百姓層をも含み込んだ自治的な集団であり、荘園制の支配機構である年貢請負や検断などを、村落の側に取り込み、政治主体としての成長を遂げる。反面、村落上層の土豪層にとっては小百姓支配のための機構としての側面も持つ。しかしこれらは荘園支配機構の下部組織として存在するのではなく、自治的農業共同体としての側面をも持つものであった点を重視して、「惣村」の語が使われた。研究史上の惣荘一揆と惣村一揆との質的な違いをどこに求めるのかは、荘園制の本質をどのように把握するかに関わる問題である。

（福島　紀子）

ぞうだいじんぐうやくぶたくまい　造大神宮役夫工米　伊勢神宮二十年一度の式年遷宮の際、造替費用として諸国の荘園・公領に課された臨時課税。伊勢神宮役夫工米、略して役夫工米《やくぶたくまい》などとも呼ばれる。名称の由来は、役夫の労働力を代米形態をとって徴収したところにあるが、平安時代には「役夫工」「役夫工作料」「造伊勢太神宮作料米」など多様な名目で在地に課されており、役夫そのものも徴収されていた。律令制下における遷宮では、労働力に伊勢・美濃・尾張・三河・遠江の五ヵ国から国別に国司・郡司各一人が率いてくる役夫を用い（『皇太神宮儀式帳』）、造営費および役夫の粮食などには神戸から収納する神税を充て、不足のときには正税で補った（『延喜式』）。しかし、十世紀以降令制収取体系の解体が進行するにつれて、官庫の窮乏化とともに役夫・神税の充当も困難なものとなってきた。そこでこの原則に代わって、十一世紀後期より役夫に要する費用を広く諸国に賦課する方式が採用された。これがいわゆる役夫工米制である。「役夫工」の史料的初見は『後二条師通記』寛治七年（一〇九三）二月十四日条であり、嘉保二年（一〇九五）・承徳元年（一〇九七）の内宮・外宮遷宮時には、「役夫工（米）」が全国的規模で課されたことが確認される（『中右記』など）。だが実際には、一回前の承保・承暦度の遷宮時において、かかる制が始められたと考えられている。賦課徴収方法についてみると、まず朝廷内に遷宮行事所が設置され、ここから国々に一定量が割り当てられた。ついで国司は賦課田数・負担額・期限などを記した配符を作成して、これを管下の荘園・公領に下す。役夫工米の弁済責任は国司にあったが、現地での実際の徴収は、国衙官人（国司の使）や造宮使（神宮の神官が就任）が派遣した役夫工使（催使）が行なった。役夫工米は、勅事として、また一国平均役として在地に課されたが、荘園制の発達に伴い荘民・荘園領主の抵抗・拒否も一段と強化され、ために国家が改めて寺社領免除の宣旨を下すことも頻りに行われた。一方、国司の側では徴収の実をあげるため、中央に官使の下向を申請したり、荘園からの催徴は荘園側の徴税機構に委ねて京済もしくは国済の方法をとるなどの対応を示した。かような状況のなかで、鎌倉時代初期の建久四年（一一九三）諸国に宣旨を下して、神社仏寺領および三代（白河・鳥羽・後白河上皇）御起請符の地であっても役夫工米を免除せず平均に充て、しかもこれを永例となす、としたことは注目される（『高野山文書』）。鎌倉時代後期以降、寺社修造に対する幕府の関与が深まり、役夫工米徴収にも及ぶようになる。またこのころから、役夫工米の銭納化も進行していった。室町時代に入ると、幕府は、それまで朝廷にあった役夫工米の賦課・免除権を獲得し、役夫工米を幕府段銭の中に再編していった。しかし、幕府権力の推移・衰退とともに賦課範囲が東国、そして関東諸国へと限定されていき、また未進も顕著となっていった。ゆえに、造営の遅滞、式年の延引という事態も避け難く、ついに寛正三年（一四六二）の正遷宮を最後として、役夫工米の制も廃絶するに至るのである。

（詫間　直樹）

ぞうだいりやく　造内裏役　平安宮内裏および里内裏の造営・修造費用として、諸国の荘園・公領に課された臨時課税。「造内裏役」としての史料上の初見は永治元年（一一四一）八月四日の太政官符であるが、実際には、すでに十世紀段階より国司の臨時加徴による徴収が行われていたと考えられ、十一世紀前期以降、「造宮料加徴米・夫」「造内裏料加徴物」「造宮材木加徴米」「造宮料物」などとして顕在化する。造宮費や労働力は、調庸・雇役などの充当から、十世紀中期以降、国衙所在の官物（正税・不動穀など）による交易進上へと変化していったが、これは、いまだ令制収取の枠内における調達形態の改変であった。よって造内裏役の成立は、このような形態から国司の臨時加徴による費用調達形態への転換が、国家により公認された点に求められる。時期的には、十一世紀中葉の長久度内裏造営時に措定される。この背景には、公民の寄人《よりうど》化の盛行と、それに伴う王臣家荘園の臨時課役拒否という問題が存在していた。以後、造内裏役は一国平均役として全国的に賦課され（たとえば延久度の内裏造営）、十二世紀前期には勅事とも呼ばれるようになる。これは、内裏造営が王朝権力を最も象徴する事業とみなされたからであろう。賦課徴収方法についてみると、まず造宮事業遂行主体である造内裏行事所が朝廷内に設置さ

れ、内裏の各殿舎・門廊の国宛に基づいて造営費が諸国に割り当てられた。ついで国司は負担額・期限などを記した配符(切符)を作成して管下の荘園・公領に下し、国衙が把握していた荘公の田積を基準に臨時加徴を行う(国家はその前提作業として、荘公の賦課範囲を確定するために全国対象の荘園整理令を発令したと考えられる)。このような賦課基準は、鎌倉時代の大田文記載田数に受け継がれていく。十二世紀以降、荘園制の発達に伴い造内裏役も荘園からの催徴が困難となっていくが、保元度の内裏造営では、行事所から権門寺社やその荘園に対して直接、宣旨・下文を発給して、荘園側に課役弁済責任を負わせる方法をとった。鎌倉時代前期の承久度内裏造営においても、ほぼ前代(特に保元度)の造営費調達形態が踏襲されているが、以後は幕府も内裏造営に関与を深めていく。たとえば、建長度の造営において、内裏修造所課が御家人役とされたごとくである。室町時代に入ると、賦課・免除権が朝廷から幕府の手に移るとともに、造内裏役は幕府段銭(米)の一つ=造内裏段銭(米)として再編され、守護を介して公田数(大田文記載田数)に基づき徴収されるようになる。しかし、造内裏段銭による徴収も、幕府権力の衰退とともに行われ難くなり、天文九年(一五四〇)の禁裏御修理要脚を最後として姿を消す。

(詫間　直樹)

そうたどころ　惣田所　下級荘官の一種。平安時代から室町時代にかけて、国衙領および荘園の現地にあって、雑務一般、とくに土地関係の帳簿を取り扱った。鎌倉期、高野山領備後国太田荘では、預所—預所代—下司・公文・惣田所・惣追捕使・公人—荘民という支配構成であった。東寺領備中国新見荘では惣追捕使・公文とともに田所が「三職」と呼ばれ、東寺により補任された。これらは、荘務権の行使をめぐり地頭としばしば対立した荘園領主側の預所や雑掌が地頭に対抗し、その支配力を確保しようとして、現地の土豪層を下級荘官に取り立てたものである。新見荘の田所は給与として田所名をもち、勧農の時に百姓を一度に平均役として雇仕できるなどの特権が付与されていた。文明元年(一四六九)、守護細川方代官の入部に反対した新見荘の土一揆では、一揆の指導者となった。

(堀本　一繁)

そうちゅうおきて　惣中掟　⇩惣掟《そうおきて》

そうついぶし　総追捕使　惣追捕使とも書く。平安時代末期、諸国の国衙は荘園・公領の争いに際し追捕使を派遣して、在家や人身の追捕などの検断にあたらせた。それに応じて荘園・公領の住人の中には国衙とつながりをもち代々追捕使に任ぜられる者が出現するようになり、また荘園領主に要請して追捕使に任ぜられる者もあらわれた。かくて国内に広く散在するこのような追捕使を統轄するために、源平の内乱期に設置されたのが総追捕使である。養和元年(一一八一)正月に平宗盛は畿内近国の総官職に任ぜられると、その下に総追捕使を置いたが、それは国または郡を単位としていたようである。その先蹤に基づいたのであろう、源頼朝は元暦元年(一一八四)に平氏追討を名目に梶原景時や土肥実平らを総追捕使に任じ、畿内近国に派遣している。この総追捕使は一国内の追捕使を統轄するとともに、頼朝との主従関係に入った御家人を指揮して平氏追討に携わっている。文治元年(一一八五)に平氏が滅びると、総追捕使の非法は大きな問題となり、二月には鎌倉殿御使二名が畿内近国に派遣され非法停止にあたったが、ついに六月には一旦廃止された。しかし十一月には源義経・行家の追討を名目に再び置かれている。このたびは一国を単位とするのみならず、広域な荘園にも置かれ、同じく諸国・荘園に置かれた地頭と相まって、幕府の西国支配の先兵として位置づけられたのである。翌年になると、頼朝の朝廷への協調政策により国地頭制が後退するに伴い、総追捕使は幕府の諸国支配の重要な拠点となり、かわりに荘園の総追捕使の方が廃されたり、地頭の職権に吸収されていく。その後文治年間の奥州合戦を経て義経追捕の名目は失われたが、総追捕使は朝廷と幕府の命令を受け、一国内の追捕活動にあたる職制として定着・存続する。さらに建久年間(一一九〇—九九)の御家人制度の整備に伴って総追捕使はそれまで東国において一国の御家人の統率や検断にあたっていた守護の名称に統一され、守護制度としての発展をみる。↓守護《しゅご》

(五味　文彦)

そうでん　早田　早く成熟する早稲を植えた田。「わさた」「はやた」とも読む。早稲田ともいう。『日葡辞書』では「Sōden Vasada(早稲田)早く植えつけられた田、または、初めに刈り取られる田」とある。奈良時代には、すでに熟期によって早稲と晩稲の区別があり、『万葉集』には「早田」「早稲」の語が見える。平安時代になると、さらに中間の「なかて(中稲)」が現れた。早稲を作付けするのが早田、中稲をつくるのは中田、晩稲をつくるのが晩田と呼ばれた。早・中・晩田の区別によって、地域の自然条件に適した作付けが可能になり、自然災害の危険を分散させ、被害を少なくできるようになった。とくに収穫期の早い早田は、季節的に干害・風水害などを受けにくい点で有利であった。

(堀本　一繁)

ぞうとうだいじやく　造東大寺役　⇩造寺《ぞうじ》造宮役《ぞうぐうやく》

ぞうにん　雑人　平安時代より広く一般庶民をさし、鎌倉時代には凡下《ぼんげ》・甲乙人《こうおつにん》と同一視されたが、その一方では中世をつうじて奴婢・下人・所従と同様に人身的に主家に隷属して雑事に従事し、動産として質入・売買・譲渡の対象になったものをも雑人と称した。中世の軍団編成では、具足《ぐそく》を付けないで参戦し、騎乗の将を防衛したり、敵の矢面に立ったり、敵陣の防御柵を切り破ったりした雑兵《ぞうひょう》のことを雑人原《ぞうにんばら》(雑人輩)と称していたが、これも奴・下人・所従などの身分的とりあつかいを余儀なくされた屈強・老練の雑人男子たちが戦場で主家に奉仕していた姿にほかならないであろう。なお、鎌倉幕府のもとでは、御家人・非御家人を侍の身分とし、名主・百姓

をはじめ一般庶民を雑人として、両者の法的処遇を明瞭に違え、雑人の間での訴訟事は、これを「雑人訴訟」とみて「雑人奉行」が直接に管掌した。また、宝治元年(一二四七)に鎌倉幕府が法廷での座席を定めた「訴訟人座籍事」では、侍は客人座、郎等《ろうとう》は広庇《ひろびさし》であるのに対して、雑人は大庭《おおにわ》とされていた。（横井　清）

そうねんぎょうじ　惣年行事　中世後期に畿内およびその周辺地域にみられた農民の自治組織である惣村の年行事。行事とは元来「年中行事」とか「日中行事」といって、事を執り行うことを意味したが、転じて事を受けもって世話をすることをさし、さらに事の執行を掌る役をさすようになった。平安時代に蔵人でその事にあたったものを「行事の蔵人」といっている。惣村には乙名(長老)・中乙名・若衆などの組織があり、重要事項は乙名の合議によって決められ、ときには全構成員の寄合も行われたが、常時は乙名のなかから年ごとに輪番交替で年行事を定めて、惣の運営にあたった。その担当する職務はそれぞれの惣により多種多様であったが、村民の日常生活一般から年貢・公事の納入ならびに減免、惣有財産の管理・保存、寄合の運営、宮座の組織等々があげられ、ときには戦時の指揮にもあたった。→乙名《おとな》（福田栄次郎）

そうはく　相博　土地・家屋その他財物を交換することで、主として古代・中世に用いられた語。散在する所領の一円化をはかる目的で相博が行われる例はしばしば見られた。承和二年(八三五)、東寺が寺領伊勢国大国荘の荘田百八十五町九段百八十歩の内に混在する公田二十一町二段百四十歩を、近接する同寺領川合荘の荘田の一部と相博することにより、その一円化を実現し、荘園支配の強化をはかったのは、著名な一例。→替地《かえち》（須磨　千頴）

ぞうふなせりょうでん　造船瀬料田　律令時代に船瀬つまり船どまりの維持修理の費用を支弁するために設定された田。略して船瀬料田ともいう。仁寿三年(八五三)十月十一日の太政官符に、摂津国大輪田船瀬に関わる「船瀬庄田」なるものがみえているが、同類のものであろう。なお『延喜式』主税上には、この造船瀬料田とならんで「船瀬功徳田」なるものが、ともに不輸租田として掲げられている。その用途は不詳。時代は降るが、保安二年(一一二一)ころの『摂津国租帳』(九条家冊子本『中右記』裏文書)には、この二種の田が散見しており、ほかには所見がない。おそらく摂津国のみに設定されたものか。（虎尾　俊哉）

そうべつせん　艘別銭　鎌倉時代中頃より、津や港に入ってくる船舶に賦課した関銭の一種。船別銭。「そうべちせん」とも読む。商品・商船を主要な課税対象とし一艘別に一定の銭貨を徴収した。弘長元年(一二六一)、山城淀津で上洛船一艘につき十文を徴収したのが早い例で(『鎌倉遺文』一二巻八七一七号)、摂津兵庫島・尼崎、河内禁野内渚院でも見える。当時の関税は、荘園年貢銭には米の現物が課され、商船に対しては一船単位の貨幣関税が課された。艘別銭は十四世紀以降はほとんど見られなくなり、商品課税をさらに明確にしたと見られる商船目銭が主流となる。同様の例に帆別銭がある。出入りの船舶の帆の大きさに応じ、銭貨を徴収した。例えば、南北朝末期の関東の浦々では帆一段につき三百文が徴収されている。（堀本　一繁）

そうへんしょう　惣返抄　封戸など、諸国衙が官物のうちから進納すべき年度分の料物を完納した際に発給された領収書。とくに十一世紀以降の史料に多くみられる。納官封家済物などの進納物を一部ずつ納めた国司は、その分の仮納返抄を受け取り、年度分の料物を完納した際にそれぞれの納官封家から惣返抄を受け取った。国司は任期を終えると惣返抄を中央に提出し、受領功課制度による監察をうけた。（守田　逸人）

そうまい　早米　早稲ともいい、稲の品種のうち、早く実るものを区別した名称。また、その早稲から収穫し、年貢として領主に納入した米のことを指す。「はやまい」「そうよね」「さよね」とも読む。稲が品種を分けて栽培されたのは、自然災害などによる凶作の危険を分散させるためであり、出穂期が早い早米は、夏の干害・風水害などに遭いにくい点で、有利であったと考えられている。鎌倉時代後期の東寺領若狭国太良荘では、早米は陰暦の八月下旬から九月上旬にかけて納められており、全体の年貢量の二〇％ほどを占めていた。また、鎌倉時代末期の高野山領備後国太田荘では、早米を十二月中に紀州あるいは堺あたりに着岸させる旨が荘官起請文に記されている。荘園領主にとって早米は、その年にとれた新米が最初に納入される年貢であったことから、とくに象徴的な意味を持ち、その納期や納入量に特別の関心が払われていたといえる。（松澤　徹）

そうまのみくりや　相馬御厨　下総国相馬郡の伊勢神宮領。その範囲は、ほぼ同郡の郡界と一致するとみられ、現在の茨城県取手市から千葉県我孫子市・柏市・鎌ヶ谷市・東葛飾郡沼南町あたりにかけての地域におおよそ推定されている。『神鳳鈔』によれば田数千町ともいわれている。平良文から代々相伝された所領を大治五年(一一三〇)千葉常重(平経繁)が皇大神宮(内宮)に寄進し、御厨として成立した。常重は下司職と加地子収取権を留保して、保延元年(一一三五)それらを子の常胤に譲ったが、康治二年(一一四三)源義朝に押領され、義朝は久安元年(一一四五)改めて御厨を伊勢神宮に寄進した。一方、常胤もそれに対抗して、翌二年御厨を伊勢神宮に寄進してその領有権を主張したため、二重の寄進という事態が生じた。平治の乱で義朝が敗死したのち、御厨は謀叛人の所領としていったん国衙に収公されたが、間もなく源(佐竹)義宗が前国司藤原親通の子親盛の譲りを得たと称してその領有権を主張し、応保元年(一一六一)伊勢神宮内外二宮に御厨を寄進した。それに対し、常胤も同年伊勢神宮内外二宮に改めて御厨を寄進したため、御厨の領有権をめ

ぐって義宗と常胤は激しく対立するようになった。結局この相論は常胤が敗北し、いったんその領有権を失うことになった。その後、鎌倉時代初期に至るまでの間、御厨は一時伊勢神宮領から後白河院領となったこともあるが、やがて伊勢神宮領に復帰し、以後、伊勢神宮の雑掌による相馬御厨支配に関する史料が応永三十二年(一四二五)まで確認できるから、少なくともそのころまでその社領として存続した。治承四年(一一八〇)源頼朝挙兵ののち、常陸の佐竹氏討伐の功によって常胤は御厨の領有権を回復し、その下司職(地頭職)は常胤の次男師常にうけつがれ、師常は相馬氏の祖となった。その後、御厨内の所領は代々その子孫に継承されていったが、分割相続によってその一部は新田氏の一族岩松氏のほか、島津氏・摂津氏・足助氏などにも女子分として伝領された。なお、相馬御厨に関する史料には、『鏑矢伊勢宮方記』(『櫟木文書』)などがある。 (田代　脩)

ぞうやく　雑役　「ざつえき」ともよむ。租・調・庸および雑徭・出挙・交易などからなる律令租税体系は、十世紀から十一世紀中期にかけての公領では、米納を中心とする官物と、夫役・雑物よりなる雑役(臨時雑役とも称される)の二つの体系に移行していた。また荘園においては、年貢・雑公事・夫役の体系に変わっていた。この官物については、令制下の租と出挙に系譜をひき、令制下の調・庸・雑徭・交易などの人身別賦課たる税品目が変質・解体し、それぞれがその独立性を失った段階で雑役に継承されたとする説と、従来の調・庸に関しては、雑役ではなく、官物に包括されていったとする説との二説がある。この雑役は、当初形式的には有力な公民百姓に対して、人身的に賦課するかたちをとっていたが、十一世紀中期の公田官物率法の成立を境として、土地に対する賦課方式に変質していった。　↓官物《かんもつ》 (鈴木　哲)

ぞうやくめん　雑役免　ふつう、中世の荘園・国衙領において雑役の納入を免除された荘官・在庁・郡司・地頭などの名田をいう。「ぞうえきめん」ともよむ。平安時代後期の荘園には、官物は国衙へ、公事・雑役は荘園領主へと別々に納める半公半私の形式のものがあった。これを雑役免系荘園という。同じころ、在庁・郡司ら地方の有力者が国司に申請して設定した開発地は、別符・別名・別作などと呼ばれて輸租田ではあるが、雑役は免除された。武士の私領はこの雑役免の別名の開設ないし百姓治田の集積に基づくものが根幹をなし、やがてそれらは寄進地系荘園に転化して不輸不入の特権にあずかるか、荘園化した国衙領の構成単位に発展していった。荘園でのこの在地領主の私領の中核をなした門田・門畠は荘官給田・給畠、雑役免の私領主名田は荘官給名田と呼ばれて、荘園内のその他の仏神田・領家佃・百姓名田・散田(一色)などの耕地と並び立つことになった。大規模な別名の成立があまりみられなかった畿内の荘園では、荘官の給田・給名の規模はそれぞれ一～三町程度が標準であった。荘園管理の職務に対する給与であったからであるが、規模の大小は本所・領家側の荘務権の有無、程度によって大きく違った。たとえば上野国新田荘のように、荘園全体が寄進によって下司職に補任された新田郡司新田義重の開発私領であったような場合、原理的には荘園全部がすでに雑役免である下司名であったわけである。鎌倉時代中期、豊後国国東御領内諸富名庶子分三分の一の内容は門田三町弱、公田雑免方三町一段、そのほか若干の新開・門畠および在家十七宇であった(『志賀文書』)。公田(名田)の雑役を免ぜられていた在地領主は、その公田の請作に関与したと思われる周辺の農民の隷属化を推し進めてこれを在家と呼び、在家百姓に対しては雑役に相当する在家役を強制的に賦課した。高野山領備後国太田荘は源平争乱期に複雑な経過をもって成立した寄進地系荘園である。寺領荘園のなかでは下司(地頭)の雑役免の占める面積は大きく、文永七年(一二七〇)の「太田庄内桑原方所務和与状」によると「於二六十三町一者、往古為二地頭雑免一之条、不レ及二異儀一」とあり(『高野山文書』)、鎌倉時代初頭、下司橘兼隆・光家は門田畠と号して百余町、雑免と称して数百町の田畠を押領したという。太田荘は見作田六百十三町、畠百町というから、供僧らがまるで兼隆・光家の私領に等しいと嘆じたのも首肯できる。地頭はこの門田畠・雑役免を槓桿として百姓名の押領を企て、百姓名や在家からおびただしい雑公事・在家役の収奪を強行した。雑役免の特権の行使拡大が地頭の本質の最もあらわな姿であった。太田荘では「雑免者浮免也、下地不定」といって給田によくみる論理を雑免拡張策に援用している。なお諸種の理由で百姓名に結ばれなかった散田も雑役免であったが、それは請作すべき小農民が雑役を負担する能力に欠けていたからである。 (佐川　弘)

ぞうやくめんけいしょうえん　雑役免系荘園　国衙から免除された雑役の徴集を通して形成した荘園。この概念は、村井康彦が昭和三十四年(一九五九)「平安後期の社会構造」(『日本史研究』四二、のち「雑役免系荘園の特質」と改題され同著『古代国家解体過程の研究』に収録)で提唱して以来広く用いられるようになった。畿内寺社領とくに大和国東大寺・興福寺領などでその形成過程と構造が詳細に明らかにされている。それによると、元来律令国家のもとで油・香菜から夫役に至るまで直接国家から支給される形になっていた官寺社の雑役収取は、十世紀初頭に国衙の正税によってまかなわれるシステムに転換し、やがて十一世紀には国衙承認のもとに直接現地から雑役を徴集する方式が定着した。これを雑役免といい、その対象となる田地は雑役免田と呼ばれ、その土地は全体として荘園と呼ばれるにふさわしいものになった。以上の経緯からこの種の経路で成立した荘園を雑役免系荘園と呼ぶのである。雑役免系荘園の本来の田地のあり方は、雑役賦課が農民に均等に割りふられる形で行われたため、当該田地が年とともに移動する浮動性の高いもので、浮免《うきめん》と呼ばれたが、時代の下降とともに特定の土地

に固定された定免《じょうめん》になるものが多かった。雑役免田は収取上の位置や性格から負名・負田といわれ、時には半不輸とも呼ばれ、在来均等名として理解されてきた田地の多くはこのタイプに属する。また一つの土地をめぐって国衙と官物・雑役を分け取る形にあったため領有関係は常に不安定な要素を孕んでおり、さらに成立自体が国衙の認可に規定され、立荘後も一貫して国衙が官物収取を理由に検田権を持つのがふつうであったから、一般に国衙に対し弱い立場にあった。しかし、荘園全体のなかでの雑役免系荘園の量的比率は高く、たとえば興福寺領のばあい、同寺が延久二年(一〇七〇)に作成した『興福寺雑役免帳』によると、同国内百五十一荘・二千三百町の八割近くが雑役免田からなっているほどであった。なお、十一世紀末から十二世紀になると荘園領主側から不安定と従属性を克服する動きがあらわれ、特定の荘園では在来封戸として国衙から別個に寺社に与えられてきた官物を既存の雑役とともにその荘園の固有の収取物とすることに成功し、官物・雑役双方を収得する一円型の荘園に転化したが、すべてが一円荘化したのではなく、十二世紀以後も雑役免荘園は少なくなかった。村井によって提唱されて以来、雑役免系荘園はまず畿内を中心に右のような形で解明されてきたが、その後工藤敬一によって九州肥前河上社領・宇佐宮領・摂関家領島津荘などに同一構造の雑役免系荘園がかなりの比重で中世にまで存在していることが検証されてから、全国的かつ一般的に存在していたものであることが明らかにされ、荘園類型や形成史上、既墾地系荘園・寄進地系荘園とならぶ重要な概念であることが認められてきている。（義江 彰夫）

そうやま 惣山 鎌倉時代末期から戦国時代にかけて、畿内およびその周辺地域にみられる農民の自治組織である惣村は、田畠・山林などを惣有財産として所持していたが、惣の所有する山林を惣山といった。惣村を規定する要因として惣有財産・年貢地下請・惣掟・自検断などがあげられるが、惣山はまさにその惣有財産の一つである。近江国菅浦荘(滋賀県伊香郡西浅井町)の惣村には、次のような惣山を買得している文書がある。「うり渡申候ゑひ地の山之事／合壱所者、(有在所ハ菅浦内大浦林の事也、)／右件山ハ、公文重代林ニて候へ共、有用之、仍而代拾九貫五百文にゑひたいうり渡申候所しん正也、然間、しゝそん〳〵におひても、拾九貫五百文之料足を以、彼山を所望仕候ハん事ハ存候ハず、就徳政儀い乱煩を一言申候まじく候者也、為後日少(証)文如件状、／文正弐年(応仁元、一四六七)(丁亥)二月大吉日(公文新左衛門尉)俊胤(花押)／菅浦惣庄御中へ」。なお、惣山に似た文言としては、江戸時代に越後高田藩などにおいて「惣作山《そうさくやま》」とよばれる藩有の山林があったことが知られている。（福田栄次郎）

→惣村《そうそん》

ぞうよう 雑徭 古代の律令制において、成年男子に課せられた労役の一種。一年間に六十日以内、国郡司によって地方の雑役に徴発された。雑徭は『浄御原令』で制度化されたが、律令制以前からのミユキの系譜をひく労役であった可能性が強い。ミユキは天皇またはそのミコトモチ(国宰など)が地方に巡行(ミユキ)してきたときの奉仕役にその起源があると推定され、地方豪族が地域社会で独自に徴発してきた労役とは別系列の、朝廷のための労役であったと考えられる。屯倉(ミヤケ)の民に課された労役がその中心であったと推定する説もある。したがって初期の雑徭も朝廷のための労役という性格が強く、律令制における雑徭は調庸と並んで課役のなかにふくまれるようになる。『浄御原令』の雑徭はまだミユキの系譜を直接に引く臨時的な性格が強く、一郡(評)以上の行政地域に対して一年間雑徭を免除してしまうこともあった。しかし『大宝律令』の施行とともに国司の職務や権限が大幅に拡大されると、一郡以上の行政地域に対する免除は行われなくなる。雑徭を充てて行われる仕事の内容も次第に拡大し、特に道路や堤防の新設、水田開発に不可欠な池溝の新設などに雑徭が充てられ、雑徭は律令国家の地方行政を支える重要な役割を果たした。賦役令の雑徭条には「凡そ令条外の雑徭は、人毎《ごと》に均しく使へ、総《す》べて六十日を過ぐることを得ざれ」と規定され、当時の律令の注釈書は、正丁に六十日、次丁に三十日、中男(少丁)に十五日ずつ雑徭を課するとする。雑徭は国郡司のもとにある計帳(歴名)によって徴発されたが、天平五年(七三三)の右京計帳手実には徭銭(左右京で実役の代りに徴収された銭)の記載があり、正丁百二十文・次丁六十文・少丁三十文、すなわち前記の日数に一日二文の割合で徴収されている。また雑徭は正丁の場合一年に六十日以内で徴発することになっていたが、堤防や池溝の修理などに充てられる労役を雑徭日数のうちに数えるかどうかをめぐって、奈良時代の明法家の解釈は大きく食い違っていた。その背景には、郡司らが地域社会のなかで独自に徴発してきた労役が、国司の命令で徴発する雑徭のなかに次第に組み込まれていく流動的な状況があったと推定される。しかし明法家の注釈は、それらの労役を雑徭日数のうちに数える方向に統一されていき、『令義解』では歳役以外の労役はすべて雑徭とする。律令では雑徭日数は六十日以内と規定されていたが、実際には国郡司が六十日いっぱい使役することが多かったので、天平宝字元年(七五七)に藤原仲麻呂が政権を握ると、雑徭日数の限度を三十日に半減した。この改革は仲麻呂が没落すると廃止されたらしく、延暦十四年(七九五)には再び六十日から三十日に半減されている。一年間に徴発した雑徭の内訳を毎年中央政府に報告する制度は、奈良時代には成立していなかったと推定されるが、大同三年(八〇八)には諸国から雑徭徴発の内訳を「徭帳」に記して報告させる制度が成立し、弘仁十四年(八二三)の公営田制の立案の際にも徭帳が利用されている。一郡以上の行政地域に対する雑徭の免除は、『大宝令』施行後は行われなかったが、弘仁十三年には天下百姓のこの年の雑徭が全免され

ることになる。しかしそれは、雑徭として行われてきた仕事を全廃するのではなく、やむを得ず公役に従うものには正税から一人一日あたり一升の米を支給することとしたのであり、その規準が太政官符として公布された。この弘仁十三年閏九月二十日官符(『類聚三代格』)は、当時の政府がどのような労役を国務に不可欠のものと考えたかを具体的に示し、徭帳の後身と推定される「徭散帳」もこの弘仁十三年格によって勘査されている。中央政府は徭帳や徭散帳を利用して、雑徭を調庸や正税を確保するための代償物として操作するようになる。律令制では雑徭には原則として正税から食料を支給しなかったが、正税とは別枠で修理池溝料などの出挙制が九世紀に急速に拡大してくるのは、雑徭徴発によっては灌漑施設などの維持が困難になり、修理料稲から功食を支出して労働力を編成し直す必要が生じていたためと推定される。貞観四年(八六二)、左右京の徭分を全免し、畿内の雑徭を三十日から十日に大幅に減少したが、それは田租を倍増することによって(すなわち田租の増徴分を功食に充てる雇役によって)雑徭の不足分を補おうとしたのであった。また同時に出挙も停止し、出挙の利稲分も田租の増徴分によって補充することになった。この大規模な改革は、畿内における三年間の試行に成功すれば全国に及ぼす計画であったが、二年にして失敗し、貞観六年に田租・出挙は旧に復し、雑徭は十日から二十日に延長された。全国の雑徭日数がこの直前に三十日から二十日に減少されたのに合わせたのである(ただし『延喜交替式』では諸国の雑徭日数は三十日、『延喜式』では左右京は六日と規定されている)。国司の雑徭徴発権は、国司の刑罰権が制約されていた神戸や伊勢神郡においてまず失われ、国司の権力や権威の低下とともに、なしくずし的に解体していったと推測される。なお「雑徭」の語は、奈良時代から平安時代にかけて次第に「徭」と省略される傾向にあり、また律令では「歳役(庸)と雑徭」を意味した「徭役」の語も平安時代には雑徭(徭)と同義に用いられる例が多くなる。↓課役《かやく》　(吉田　孝)

そうよね　早米　⇩そうまい

そうよりあい　惣寄合　村落共同組織である惣の会議(集会)のこと。主に南北朝・室町時代の畿内・近国にあらわれる。惣寄合は、㈠単位村落の寄合と、㈡村落連合である惣荘・惣郷の寄合という二つのレベルで行われ、その形態は、乙名《おとな》・年老《としより》などの代表者会議と、十五歳以上の男子全員が結集する大寄合(総決起集会)などがあり、集会の場所は鎮守の社や堂などが使用された。寄合開催の目的は、祭礼の挙行、紛争の処理、犯科人の摘発・処理などの惣内部の問題全般にわたり、対外問題としては、隣接村落との山野・用水相論、領主権力に対する年貢減免要求、非法代官の更迭要求などさまざまであった。備中国新見荘では、十五世紀後半に「里村之百姓中寄合」というような単位村落の寄合が行われ、高瀬・中奥・奥・里などの各村から年貢減免などの申状が東寺に提出されている。また守護細川氏被官の寺町が請負代官として入部しようとした時、新見荘民の大寄合が八幡宮で行われ、東寺以外は地頭に持たないと決議し、大鐘をついて触れ廻った。またこのような寄合・大寄合は周辺の国衙領の荘・郷でも行われ、細川氏の代官入部阻止の動きが見られた。十六世紀初頭、和泉国日根野荘入山田村は、菖蒲・大木・船淵・槌丸などの単位村落より成っていたが、重要時には鎮守の滝宮で、「滝宮惣評定」(全体代表者会議か)が行われた。また円満寺の早鐘をついて、大寄合を行い、外部勢力の侵入などに対処することがあった。播磨国矢野荘では、南北朝時代に十三日講という宗教的行事に事寄せて、毎月十三日に惣寄合が開かれていた。応安二年(一三六九)には、この十三日講が、荘民の一揆嗷訴の共同謀議の場となっていることを東寺側が察知し、この場における一揆の指導者実円の刃傷事件を理由に、実円および十三日講を抑圧するという事件がおこっている。寄合についての農民側の記録は全く現存せず、詳細については不明な点が多い。↓惣村《そうそん》　(峰岸　純夫)

そうりょう　惣領　律令制以前に惣領(捴領)という職があったが、平安時代中・後期以後は、一人で所領全体を領有することを意味した。長治三年(嘉承元、一一〇六)の平盛正解に「田畠を惣領する」とあるのは、この例であり(『東寺百合文書』)、その「惣領」の対象には田畠のほか、寺・村・山などがあり、「領掌」と同義にも用いられた。久安三年(一一四七)の前大隅掾建部親助申状には、親助が父の処分に任せて、禰寝院《ねじめいん》南俣を惣領したとある(『禰寝文書』)。これは「惣領」という言葉が、相続(譲与)と結びついた例である。康治二年(一一四三)の某申状では、遠江国鎌田御厨を女子数人が相続するのに対し、高康神主一人が所有することを「惣領」といっており(『光明寺文書』)、「惣領」は分割相続とは逆に単独所有を意味していた。平安時代後期から土地全体(惣所領)を「惣領」という例がみられる。長寛三年(永万元、一一六五)の清原兼次譲状(『古文書纂』、偽文書説もある)に「三人の子に惣領を分かち宛つ」、文治二年(一一八六)の太政官符などに「惣領の地本を妨ぐ」とあるのがそれである(『吾妻鏡』同年十一月二十四日条)。惣所領の中に、他人の土地が含まれている場合、全体の領主は惣領・惣領主・惣(惣領)地頭などとよばれる。養和元年(一一八一)源頼朝が相模早河荘に住む乳母の屋敷田畠の保全を同荘の惣領地頭に命じたのはその例であり(『吾妻鏡』同年閏二月七日条)、『御成敗式目』第三十八条によれば、「惣領を給はるの人」(惣地頭)の所領内に、村ごとに名主のいたことが知られる。その場合、公事は惣領が一括納付した上で、領内に配分する。惣領とその下の小領主の関係は、公事勤仕のためのものであり、原則上は族縁とは無関係であるが、実際には族縁関係のある場合が少なくない。右の早川荘の惣領地頭は土肥遠平であり、頼朝の乳母はその娘であった。建久七年(一一九六)の宇佐貞成申状でも、元重名

惣領の宇佐太子は、同名内に田畠を持つ貞成の姉であった(『永弘文書』)。貞応二年(一二二三)大友能直はその所領を諸子に分与するとともに、関東御公事は嫡子親秀が惣領として支配(配分)するように命じている(『志賀文書』)。寛喜二年(一二三〇)長沼宗政は嫡子時宗に下野国長沼荘などを譲るとともに、庶子に対する支配を認めているが、嫡子時宗は惣領ともよばれている(『皆川文書』)。すなわち庶子に対して、嫡子と惣領は同義に用いられている。このように公事の賦課と相続とが結びついたのが、いわゆる惣領制であるが、室町時代、文安元年(一四四四)に成立した辞書である『下学集』には、「家督とは一家の惣領也」とあり、家督=惣領とされている。家督は軍事的統率者で、家督と一族の輩との関係は人的関係であり、惣領・庶子は所領の分割によって生じた物的関係であって、家督と惣領とは本来は別箇の概念であるが、実際は両者が重なる場合が多い。父祖は諸子に所領を分割する一方、嫡子(惣領)を立て、他の諸子(庶子)に対する種々の権限を付与する。惣領の権限としては、公事支配権のほか、庶子領統制権・軍事統率権・祭祀権などが挙げられる。鎌倉時代中・後期以来、単独相続が進むと、惣領・庶子の関係は次第に崩壊した。 →相続《そうぞく》 →惣領制《そうりょうせい》 →嫡子《ちゃくし》 (上横手雅敬)

そうりょうしき 惣領職 ⇨惣領制《そうりょうせい》

そうりょうじとう 惣領地頭 鎌倉時代の地頭制度において、一族の惣領で鎌倉幕府より地頭職《しき》を給与された者、あるいは一族の庶子に分割された地頭職を統轄する地頭という意味で用いられる。この惣領地頭に対し、庶子で分割された地頭職を保有する地頭のことを一分地頭、半分地頭、三分一地頭などと称した。したがって惣領地頭と惣地頭とは全く性格内容を異にしており、混同してはならない。鎌倉御家人制度においては、元来一族の惣領を御家人として把握し、惣領に地頭職を給付するのを原則とした。一方鎌倉幕府は御家人の所領相続は、庶子に対する分割相続を原則とし、いわゆる惣領制によって、鎌倉幕府が御家人役を課す場合は、惣領に対して一括これを課した。そこで所領の分割相続が行われている場合、惣領は庶子に対し分限に応じて御家人役を分担させ、惣領は庶子の分担分をとりまとめて幕府に勤仕することになっていた。したがって惣領地頭は一族中の一分地頭に対しては優越した統制権を保有していた。しかし鎌倉時代中期以降、庶子である一分地頭は惣領地頭の支配を脱し、独立しようとする傾向が顕著となり、一方惣領地頭は分割相続から長子単独相続に移行することによって、一分地頭の独立化を防ぐ策を講じている。このような動きの中で、室町時代以降もなお惣領地頭と一分地頭の存在が認められる。 (瀬野精一郎)

そうりょうせい 惣領制 中世武士の形成する同族結合の体制。すでに江戸時代、塙《はなわ》保己一の『武家名目抄』には、「一家の嫡流たる者が、支流の輩の領知を統領して惣領地頭となり、支流を指揮して、軍役をはじめ公事諸役を勤仕した」という内容の指摘がある(職名部三〇)。研究上の概念として「惣領制」をはじめて用いたのは中田薫であった。大正二年(一九一三)に発表された「仏蘭西のParageと日本の総領」では、「一の所領を数子に分配したるに拘はらず、封主に対する所当公事勤仕の関係に於ては、不分の一体と看做し、その大部分の知行者たる長子を以て、その全部の総領知者と看做すの制」と惣領制を規定している。所領が分割相続される一方、「大部分の知行者たる長子」、すなわち惣領は(ただし、惣領=嫡子は父祖が選定するのであって、嫡出長子とは限らない)一族を代表して、その全所領に課される諸負担を勤仕するとともに、一族内部に対しては、その負担を庶子たちに配分するのである。なお中田は公事勤仕のための物的関係である惣領と、血縁に規定される人的関係である家督とを峻別した。しかし実際には血縁関係と、所領支配に基づく公事勤仕とは不可分であり、惣領と家督とは一致する場合が多い。中田に始まる法制史的立場からの惣領制研究は、その後、三浦周行・牧健二・石井良助らによって展開されていった。それに対して昭和十七年(一九四二)松本新八郎の「名田経営の成立」は新たな視角を提供した。松本によれば、㈠惣領は一定の土地の知行権を全体として前惣領から相続する、㈡惣領は耕作する要具をつけて、その土地を子弟近親に分与する、㈢惣領の知行権には荘園領主の賦課を負担する義務が伴うので、惣領は土地を配分した子弟近親を統制し、それぞれの分担分の賦課を徴収する権利を持つ、㈣惣領は土地以下一切の生産手段の所有者であり、血縁的紐帯や固有財産の権威によって、一族を半奴隷的に支配する、とのことである。松本説は惣領制を財産相続の一形態として理解する中田以来の法制史的見解を発展させ、農業経営のあり方と結びつけて把えようとするものであった。豊田武は松本説を展開させ、武士は有力名主であるから、武士階級の族的結合と名主層のそれとは原理的には同一だとし、平安時代末期から鎌倉時代中期における本名《ほんみょう》・脇名《わきみょう》の統制・隷属関係と惣領・庶子関係との密接な関連を指摘した。佐藤進一も松本説を継承するとともに、鎌倉幕府が惣領の一族統率権を承認した上で、御家人に対する軍事的統制・関東公事徴収の二面において、惣領制を利用したことを明らかにした。松本・豊田らの見解は、一時は武士団研究の主流とさえなったが、豊田が惣領制と本名体制とを同質視した点については、本名・脇名が農業経営上、相互に依存するのに対し、惣領・庶子の農業経営はそれぞれ独立しており、両者は形態的に似ていても、実質は異なるとする石母田《いしもだ》正の批判があった。上横手雅敬も法制史的立場から松本・豊田を批判した。その内容は、相続は前惣領から新惣領へと行われたものではなく、惣領が子弟近親に所領を分与したものでもなく、父祖が惣領を選定し、惣領以下の諸子に所領を分与したのだから、惣領・庶子の間に半奴隷的支配など生まれるはずが

ないとし、中世武士の族的結合は、惣領の強い統制によってではなく、族的結合(一族)を構成する各単婚家族の共和的結合によって成立しているとするものであった。主要な論点となったのは、庶子に対する惣領の統率権の強弱であった。豊田は惣領権の内容として、㈠所領統制権(庶子領の検注・検断権。所領が分割されても惣領が本券を所持。庶子が所領を処分するには惣領の許可が必要。庶子領没収権)、㈡公事支配(配分)権、㈢軍事統率権、㈣祭祀権などを挙げている。これに対しては新田英治や上横手の批判があるが、たとえば㈣などは惣領権の強さを示す証拠にはならず、重要なのはやはり㈠、特に庶子領没収権である。しかし惣領が庶子領を没収しうるのは、庶子が惣領への服従を命じた父祖の意に違背したためであり、それは惣領の権限というよりも、むしろ親権として説明されるべきものである。惣領が㈡の公事支配権を持っていたことは確かであるが、新恩地のように、事実上本来の所領から独立している所領であっても、一括して本来の所領に加えられて公事を勤めることがあり、公事支配は所領の実際の存在形態と無関係に成立しうる法的擬制であるから、公事支配権の存在によって、惣領権の強さを立証することはできない。また羽下《はが》徳彦も上横手と同様の立場に立ち、惣領制が貫徹するのは、惣領が家長であるような小範囲の血縁集団の場合であり、それを超えて惣領権が発動されるのは、幕府が経済的、軍事的奉仕のために作り出した擬制だとしている。要するに分割相続が行われても、所領は一族の共同知行であったから、惣領が一族を代表し、統轄するのであるが、共同知行は族外に対しては強く意識されても、族内においては別問題であり、共同知行が直ちに惣領権の強さを意味しないのである。惣領制の成立については、これを平安時代後期に求めるのが通説であるが、平安時代に惣領制が存在したことを否定し、鎌倉幕府が公事賦課の必要から創出したと見る説もある。鎌倉時代中期以後は族的結合に変化が生じ、庶子家が独立する一方、分割による所領の細分化を避けるため、惣領権が強化され、単独相続に移行する。鎌倉時代中期から女子一期分《いちごぶん》の制が始まり、女子に譲られた所領が、その没後は惣領に返還されるようになるのも、一族所領の分散を阻止するためであった。室町時代に至り単独相続が確立すると、庶子は惣領の家臣となるが、武士階級の結合は血縁から地縁的なものに移行していった。鎌倉時代中期以後の族的結合のこのような変化は、通常は惣領制の解体と評価されるが、一部には惣領制の強化とする見解もある。河合正治は鎌倉時代後期から惣領家の一族統制権を意味する「惣領職」が生まれ、南北朝時代には所領とは別個に惣領職の観念が形成され、独立性の強い有力庶子家をも含めて、惣領制再編成の傾向が見られるとし、単独相続の成立をもって惣領制の解体と見ることに反対している。惣領制については、豊田の精力的な研究をはじめとして、昭和三十―四十年代には活発な議論が行われたが、その後はほとんど研究が行われなくなった。昭和五十年代からは、武士のみならず貴族・農民をも対象に加え、惣領・庶子などの一族だけでなく、その支配下の郎党・下人などをも含めて「家」という概念が盛んに用いられ、惣領制に関する研究成果も、その中に包摂されるに至っている。「家」に関する理解は多様であるが、「家」は古代社会では未成熟であり、中世になって社会生活の基本単位となったと見られ、惣領制の解体期における家長権の強化も、「家」の発達と理解される。他方「家」の内部に介入しえなかった幕府などの公権力は、「家」の解体を図ったとされ、「家」の解体によって、近世の主従制が成立したと見られている。しかし「家」研究の発達によっても、中世武士の族的結合としての惣領制を論ずることが、無意味となったとは思われず、今後再検討の上で研究を深める必要がある。 (上横手雅敬)

→相続《そうぞく》 →惣領《そうりょう》

そえまい 副米 平安時代末期に、大和国の東大寺や興福寺など畿内の大寺社の雑役免田において、正物に付加され副物として徴収された米のことを指す。十一世紀に定免化して成立したとされる東大寺領の燈油免田の例では、東大寺は国衙によって大和国高殿荘などに御油免田六十六町を切り宛てられており、ここから正物としての段別一升の油に加えて段別二升の副米を徴収することが認められていた。久安三年(一一四七)七月の東大寺御油荘注文によれば、東大寺はこの御油免田から、副米の他に「土毛米」や「菓子」「薪」など種々の雑物を徴収していたとしているが、それらを徴収する権利は本来的なものではなく、その賦課をめぐって興福寺や春日社との間で相論が発生している。なお、本来的な付加税としての副米は、律令制下で調正物に付加され徴収された「調副物」の系譜を引いたものであると考えられている。 (松澤 徹)

そがべのしょう 曾我部荘 ㈠大和国城下郡の荘園。現在の奈良県天理市武蔵町辺。興福寺雑役免荘の一つとして延久二年(一〇七〇)の『興福寺雑役免帳』にみえる。それによると、巨勢寺田一町七段、蓮城寺田九段、公田畠五町より成っていた。『三箇院家抄』に「曾我部庄竜花院五町四反大卅歩」とみえ、この地にはのち大乗院方竜花院の荘園が成立している。同抄によると下司は大乗院方国民の十市氏で、分米三十六石二斗余を出し、諸公事を勤仕していた。 (泉谷 康夫)

㈡丹波国の荘園。比定地としては桑田郡宗我部(京都府亀岡市)、天田郡宗部(福知山市)、多紀郡宗部(兵庫県篠山市)などがあり、確定しがたい。保元の乱後、左大臣藤原頼長家領のうち、丹波国曾我部荘・土師荘が没収され、後院領となり、その後、後白河院法華堂領となっている。嘉禄元年(一二二五)の東大寺末寺荘園二十八ヵ所のうちにその名がみえ、後白河院領より東大寺領への転入が想定される。暦仁元年(一二三八)に曾我部荘は地頭を補されず、守護使入部を停止されている。 (仲村 研)

そく 束 古代における頴稲の計量単位。一束は十把。一把は両手の拇指と中指で稲をつかむ量をいい、最初は量が一定しなかったらしいが、やがて一定面積から収穫しうる稲の単位として用いられるようになり、一代《ひとしろ》(二百五十歩一段制の五歩の面積に相当)から穫れる稲の量を一束とするに至った。これを成斤の一束と称する。令では三百六十歩一段制のため一歩の収穫が減ずることになったが、同じ一束の単位を使用した。これを不成斤の一束という。成斤一束の稲は穀米にして一斗、舂米にして五升(現在のほぼ二升に相当)に換算された。『大宝令』では田租は一段当り不成斤二束二把の頴稲で納めることを定めたが、慶雲三年(七〇六)成斤の稲一束五把の納入に改められた。なお田租は実際は穀で納めたため史料上には斗升単位で示されているが、出挙の場合は頴稲を用いるのが慣例であったため、史料には束把単位で記されている。 (亀田 隆之)

そく 足 人体の一部である足は、体を支える部位であることから、中世の荘園では課役などの負担、また、課役などを負担する人の意味で「足」の語が使われた。「脚」の字も用い、「あし」とも読む。例えば、「公事足」とは、課役である公事を負担するという意味で、「公事足之百姓」というのは、公事を負担する百姓のことを指す。「無足(無足人)」とは、公事などを負担することのできない人という意味から、貧しい人、自立することのできない人を指した。さらに、この負担の意味から派生して、負担をまかなうためのもの、経費(費用)という意味も生じた。「料足」という語の「足」はこの意味であり、「要脚」も同意で用いられる。中世では経費は金銭に限定されないが、次第に金銭を指すことが多くなり、それとともに経費の意味を含まず、単に「銭」の意味で用いられる「足」の用法もあらわれる。 (松澤 徹)

そくいたんせん 即位段銭 天皇の即位の儀式の費用を調達するために、田地一段当り一定額賦課される公事銭。初見史料は京都大学所蔵文書文和三年(一三五四)九月日新熊野長床雑掌禅憲申状に、同社領美濃国池田荘の地頭が後光厳天皇の即位料を課したのに対し、同年七月に免除の綸旨を受けていることを根拠に、幕府に対しその停止を申請したものである。これにより免除権は朝廷が保有し、その徴収の実務には地頭が当たっていたことがわかる。その後即位段銭の免除権も幕府が掌握するようになっている。 (瀬野精一郎)

そくみょう 即名 ⇩名《みょう》

そくわかり 束把刈 稲一束の収穫がある土地を一束把刈とする耕地面積の単位。束刈または刈ともする。鎌倉時代以降、中世・近世に一部で使用された。鎌倉時代には、北陸・東北地方のほか、大和・摂津・近江・駿河などにあり、一段を三百刈・三百五十刈・六百刈などとする。室町時代から一段百刈の例が多く、北陸・東北地方で貫高とともに刈高が知行地で使用され、近世には六把一束の地を一刈とし刈詰ということもあった。収穫量による面積単位は、町段歩制以前からの代《しろ》《たい》があり、その系統を引くとされるが、代は一段五十代であるから、束把刈は実際の収穫量、あるいは稲一束から得る米を計る升の大小により不定となったものか、または別個に成立したものであろう。なお、束尻も束把刈と関係するが、古代には代を尻とする例があるので、代系統の単位である。 (水野柳太郎)

そづかのしょう 曾束荘 山城国綴喜郡の荘園。現在の大津市大石曾束町付近。久安年中(一一四五―五一)、藤原忠通が最勝金剛院草創の際に寄付し同院領となったが、本家職は九条家に代々伝えられた。建長二年(一二五〇)の「九条道家初度惣処分状」(『九条家文書』)で、九条道家は、年貢を宜秋門院高野護供料とし、領家職を九条禅尼に譲与している。 (泉谷 康夫)

そとはた 外畠 麦作をしていなかったために、夏の検注から除外された畠地。中世では水田の裏作として麦の作付が行われたので、麦が収穫できるのは温暖で降雪の少ない地域に限られていた。 (瀬野精一郎)

そねのしょう 曾禰荘 伊勢国一志郡の荘園。現在の三重県一志郡三雲町・松坂市松崎浦町辺。醍醐寺領。天暦二年(九四八)、朱雀院から水田百四十町余が醍醐寺へ寄進された。しかし、伊勢国司藤原国風の荘田収公、雑役賦課があったため、醍醐寺は租税・雑役の免除を朝廷へ申請した。その結果、同五年に太政官符を、七年に民部省符を得て、改めて官省符荘として承認された。それにもかかわらず、平安時代をつうじて、斎宮群行雑事、公卿勅使役などが賦課されている。平安時代末期、伊勢平氏の一志郡進出がみられ、仁安元年(一一六六)には平信兼が預所となった。平氏滅亡とともに、信兼の預所職は没収され、文治三年(一一八七)山内首藤経俊が地頭職に補任されている。交通の要衝に位置していたので、南北朝の内乱期にはしばしば戦乱にまきこまれた。暦応二年(一三三九)には、近隣の在地領主らによる荘内打入りがあり、民屋追捕、刃傷狼藉、寺用米奪取、松崎浦での船の破却などがあった(『醍醐寺文書』)。貞和三年(一三四七)には年貢の百姓請も行われている。平安時代以降、醍醐寺座主のために、和布・荒布・青苔といった海産物などが現物で納められていたが、室町時代には、年貢公事の代銭納化がみられた(『満済准后日記』)。北畠氏によって守護請された当荘は、応仁の乱を経るなかで、寺領としての実質を喪失していった。 (佐藤 和彦)

その 薗 (一)一般には家屋敷に隣接する菜園。律令制下で認められた公民の私有地「園地」はこれに該当。(二)中世九州における在家の別称。律令制の「園地」はのちに貴族の墾田を付属した私有地「荘園」や伊勢神宮などの社有地「御薗」などへの転用が認められるが、一般公民の所有した「園地」は平安時代後期、次第に畠地として丈量され、賦課対象地すなわち公畠扱いになってから、律令用語としては消滅した。ただ中世用語「在家」「屋敷」

のなかには多少の畠が含まれるのが実態であった。ところが九州ことに南九州では水田の開発が後れ、畠作が生産主力であった(焼畑耕作の慣行も考慮される)ので、荒野を含む広域の占拠地である畠地の表示には、農民の「屋敷」の概念では包摂しきれず、「薗」の呼称が引き続き用いられたのであろう。九州以外では垣内《かいと》がほぼこの薗にあたる。薗畠の作物は園菜・五穀のほか桑・苧・藍・茜など多種にわたった。薗は中世に在地領主に隷属するに至り、住民・家屋・屋敷・畠地の統一体としてその支配単位を構成した。その際、単位としては「某薗」と呼ばれたが、領主側の総称としては隷属した薗の主「在家」が好んで用いられた。「屋敷」は薗・在家の同義語でもあったが、領主や土豪の屋敷を指す場合も多く、「居薗」と併用された。しかし中世後期には農民の薗は多く「屋敷」単位に再編され、南九州では本薗が「門」に昇格すると、脇薗が「屋敷」と呼ばれた。薩摩国伊作荘では下司名居屋敷を中心に一門の居薗がそれを取り囲み、外縁に名頭(百姓名主=本在家)薗が散在していた(『島津家文書』)が、このような形態が九州中世中期の典型的な薗村落の展開景観といえよう。九州の水田開発は後発ながら主として在庁・郡司らによって進められた。古代末・中世初期に造成された領主的名田がそれで、領主一族の勢力を結集して、また周辺の薗住民の夫役ないし雇傭を併用して進められた。薗住民は領主名田の請作にあずかったが、領主の名田経営と薗支配は別々の原理でなされた。しかし請作の反覆は薗と名田の結合を導き、一方、薗ごとに付田の開発が盛行し、家父長制的本薗に小薗・脇薗・外薗などが分出するころ、農民の動向に対応した領主の、薗と田地を統一不可分の単位とする支配体制の再編成が進展していった。→居薗《いその》　→門《かど》　→薗付田《そのつきだ》　(佐川　弘)

そのきのしょう　彼杵荘　肥前国彼杵郡の荘園。現在の長崎県長崎市・大村市・佐世保市(一部)をふくむ東・西彼杵郡にわたる大村湾を中心とする近隣海岸沿いに開けた散在荘園である。広い地域であるが、山が海岸に迫って田地はとぼしかった。正応五年(一二九二)八月十六日の河上宮造営用途支配惣田数注文では、田数四百十二町五段とある。彼杵荘の荘名は建長二年(一二五〇)十一月日の九条道家初度惣処分状(『九条家文書』)に九条家領としてみえるのが初見。道家から孫女の四条天皇妃藤原彦子(宣仁門院)に譲られている。その後は、仁和寺領となり、鎌倉時代末期には、九条家の菩提寺である東福寺に寄進されている。南北朝動乱期には、社会的混乱もあり、九条家・東福寺による荘の支配も不知行の状態で、近隣の他の荘と同様に、征西将軍宮方・武家方双方の恩賞地に充てられて、九条家が保有の領家職も兵粮料所や恩賞地として、深堀氏や阿蘇大宮司などに充行われている。

参考文献　瀬野精一郎編『肥前国彼杵荘・伊佐早荘史料』(『九州荘園史料叢書』七)　(石田　保)

そのし　園司　中世寺社領荘園の一つである御園《みその》に置かれた所司。「えんし」とも読む。御園からの官物・公事の収納など管理事務を行うとともに、神社領のばあいは、御園の供祭所を中心とした祭祀・神事を遂行した。治安四年(一〇二四)三月九日付け興福寺維摩会菓子御園司解(九条家本『延喜式』裏文書)には、御園司として上司五名、別当・預各二名が署判を加えている。長治二年(一一〇五)十月三日付け伊勢皇太神宮禰宜庁下文案(『神宮雑書』)では、伊勢国野中御園の「次第解(マヽ)司之職」として、検校・別当・御贄持丁各一名があげられ、「供祭事」の勤仕が命せられている。元暦元年(一一八四)八月二十三日付け東大寺所司請文案(『東大寺文書』)には、伊勢二所太神宮領の伊賀国田原御園司の名がみえ、御園司の組織は平安時代末期以降整備されていったものと思われる。→御園《みその》　(棚橋　光男)

そのたからのしょう　薗財荘　紀伊国日高郡の荘園。現在の和歌山県御坊市湯川町財部・薗・御坊・島を中心とする地域。長元八年(一〇三五)紀広明らによって石清水八幡宮寺に施入され、延久の荘園整理の際にも水田三十町・畠二十町が認められている(延久四年(一〇七二)九月五日付太政官牒)。四月十七日の神功皇后御国忌用途に宛てられる荘園として室町時代に至るまで石清水八幡宮寺領であったと考えられるが、当荘と地域的に重複する園宝郷が建暦二年(一二一二)に熊野新宮領として立券されたとする史料もある(『熊野速玉大社古文書』)。この文書はいささか検討を要すると思われるが、次第に熊野三山の勢力が当荘に及びつつあったことは確かであろう。　(小山　靖憲)

そのだのみくりや　薗田御厨　上野国山田郡の御厨。伊勢神宮の二宮(内宮・外宮)領。渡良瀬川の西岸、現在の群馬県太田市吉沢辺から桐生市広沢・相生町にかけての地域。成立は保元元年(一一五六)。広さ二百余町。給主は内宮神主荒木田成長で、両宮へおのおの布三十反を納めている。承安二年(一一七二)新田荘の新田義重によって、厨務を妨げられたと訴訟している。薗田御厨を基盤とした薗田氏は、鎌倉御家人として活躍しており、対岸の須永御厨と薗田御厨の地域に石造名号角塔婆(鎌倉時代から南北朝時代にかけて造立)が分布していることから渡良瀬川流域に勢力をもっていたことが知られる。　(唐澤　定市)

そのつきだ　薗付田　「在家付田」「屋敷付田」ともいう。中世の九州では薗付田と呼ぶ方が一般的であるが、中世後期の中・南九州では「門付水田」と称されるようになる。古代に国府周辺区域を除いて水田開発が遅れた中・南九州では、公民の薗に依拠する畠作主力の生産慣行が根強くて、末期にようやく在庁・郡司ら在地領主による名田開発が展開した。名田の開発と経営は領主一族のほか周辺の薗住民も巻き込んだから、領主の薗支配への厳しい触手が波及し、一方名田の請作に触発された薗住民は次第に生産主力を畠作から水田耕作に切り換える努力

を注ぎだす。鎌倉時代後半から薗内外の谷・迫に「薗田」「前田」などと呼ぶ切添新開田がつぎつぎに造成されるが、順次、領主に捕捉されて、やがて、たとえば暦応三年(一三四〇)、日向国南郷の沙弥貞阿譲状の所領坪付に「門貫薗付水田、薗田弐段、前田弐段、千与木図田参段、口無壱段二十(代)」(「長谷場文書」(『日向古文書集成』))とあるように、成長した薗の姿がみられるようになる。しかも右の「門貫薗付水田」はすでに「末弘名」との結合が認められるのであるが、薗と請作名田の結合と、他方薗の分解が進展するなかで、領主は薗・薗付田・名田の一体的把握を実現した。これを在家体制ともいう。中・南九州における十四世紀以降の検注帳や坪付帳はこのような農民支配単位としての、すなわち広義の「薗付田」「屋敷付田」「門付水田」、および単位に結ばれない「浮免」の広汎な成立を示している。 ↓在家《ざいけ》 (佐川　弘)

そま　杣　律令国家や権門貴族・寺社が、造都や宮殿・寺院などの大規模建築のために設けた建築用材伐り出し用の山林。古代国家は平城京や平安京などの相つぐ造都や宮殿・寺院などの造営・維持のために、常に大量の良材を必要としていた。権門貴族も同様で、彼らの邸宅からは年中槌音の絶えることはなかった。寺社にしても、絶えることない造営・修理が行われていた。こうした諸大建築のためには大量の木材が必要とされたが、当時の交通条件では遠隔地からの運搬などは困難で、杣はどうしても畿内とその近国に集中して設定された。代表的な杣としては、たとえば近江国では、高島郡の宇治平等院領の子田上杣、法成寺領の三尾杣、あるいは寂楽寺(白川寺喜多院)領の朽木杣などが知られ、湖水や瀬田川などの水運を利用して運材された。伊賀国では、同国南部に拡張された東大寺領板蠅杣があり、北部には同じく玉滝杣などがある。また同国の名張川南岸山地には、興福寺が維摩会料・寺家修理料の杣と主張した国見杣などがあった。また丹波では平安京の造営のために設定された山国杣などがある。杣や山には、「山作所《やまつくりどころ》《さんさくしょ》」や「作所」と呼ばれる経営管理機関が設置され、その担当者たる杣司らが、杣工・筏師らを編成・指揮して必要な材木の伐り出しなどを行なっていたのである。そうした杣や山は、本来はっきりとした境界がなかったのであろう。そこでたとえば玉滝杣は「杣をもって所業となし、更に四至を堺せず、牓示を打たざる所」だと主張してみずからの杣仕事のテリトリーを拡大しようとし、その一方では、そうした杣や山のテリトリーを守ろうとする杣司・山守・山預らの活動がみられたのである。それは、領域侵犯に対する科料として、侵犯者の所持する鎌や斧などの道具を奪いとるのを習いとするものであった。こうした杣や山の領域侵犯における侵犯者の道具取り上げが、杣設定以前からの古い慣習であるか、それとも国家や貴族の杣設定とその特権的、排他的な支配権が生みだしたものか、興味深い点だが、今のところどちらとも決しがたい。ただすでに平安時代初期以来行われていたことは確かで、こうした山林における習いは中世・近世における山林侵犯における作法として一貫して行われ続けた。杣の住人としては、杣司のもとに杣工・筏師などがおり、また伐採した材木の河岸の集積地には木守がいた。東大寺の杣の場合では、十世紀後期以降、杣工の定着化が進行し、他方、周辺住民の寄人化が活発化して林業以外の要素が増加していった。前述したように、杣は本来山林伐採の機能によって設定されていたのであり、伐採跡の焼畑やその常畠化した畠、杣内の谷間などに開墾された田畠に対する支配権を保証されてはいなかったのであったが、杣の支配者たる貴族や寺社は、杣内山林の伐採の一定度の進行に伴って作りだされてきた杣工や周辺の住人たちの手になる開発耕地を何とか杣の支配権に包摂しようとするようになった。それは定着化しつつあった杣工や周辺住民らの対国衙の利害ともほぼ一致したものであった。しかし、杣の本来の機能以外の田畠の支配をも行うには、杣のままでは限界がある。杣の設定範囲を領域化し、その内部を一円支配しようとする運動が、十世紀末以降荘園領主たる貴族・寺社と杣工ら在地住人のそれぞれで次第に活発化し、杣の荘園化が目指されるようになった。たとえば黒田荘の前身の板蠅杣の場合では、十世紀末期に、本来大和国にあったものが、東大寺別当光智によって伊賀国内に杣四至の拡張がなされ、十一世紀初期には、焼原杣などを包摂し、「本願勅施入文」を偽作して、それをもとに太政官符を獲得し、そしてついに十二世紀の後半の承安四年(一一七四)には、黒田荘の荘園化を完成させることに成功したのである。荘園領主の力量や住民の動向、国衙の対応の違いによって時期などはさまざまだが、全体的にはほかの杣でも同様のプロセスをたどり荘園化していった。前述の諸杣は、それぞれ朽木荘・三尾荘・山国荘といった具合に荘園化していった。しかし、山間地の荘園であるから、荘園となっても林業を基礎とする

主要杣一覧

所在国郡	名称	備考
山城 相楽郡	天山杣	興福寺領
同	和束杣	
乙訓郡	大江杣	禁裏御料所
大和 添上郡	北野杣	西大寺領
伊賀 名張郡	板蠅杣	東大寺領
同	国見杣	東大寺・興福寺領
阿拝郡	玉滝杣	東大寺領
近江 甲賀郡	縁道杣	西大寺領
同	甲賀郡杣	同
高島郡	子田上杣	宇治平等院領
同	朽木杣	寂楽寺領、のち荘園
同	三尾杣	法成寺領、のち荘園
栗太郡	田上杣	藤原宮造営用
丹波 船井郡	船坂杣	西大寺領
桑田郡	山国杣	平安京造営用、のち荘園
周防 佐波郡	得地杣	東大寺・東福寺領

ことに変りはない場合の多かったことはいうまでもない。また、杣の住民たちは、ただ領主の要求に応えて材木を調達していた訳ではない。領主の勢威を利用して都鄙間を交通し、京都や奈良で榑《くれ》などの杣における林業製品を販売していたのである。（黒田日出男）

そまく　杣工　⇩杣《そま》

そまし　杣司　杣の経営管理にあたった者。古代律令国家の造都や権門貴族・寺社の大建築などの用材伐り出しのために設定された杣には、その杣の作業を運営する経営管理機関とそのメンバーが必要とされた。経営管理機関が「山作所」「作所」などであり、そのメンバーが杣司である。たとえば伊賀国板蝿杣、のちの黒田杣（さらにのちの黒田荘）の場合では、杣別当・専当・頭領などが置かれていたことがわかる。十世紀後期の同杣の杣別当は粟田良種といい、隣の鷹生牧の刀禰《とね》でもあって、東大寺による杣の四至拡張に協力した。また、彼ら杣司の支配と編成下には、杣工・筏師などがおり、杣における材木伐採・搬出労働に従事していた。杣司は、杣工集団の編成主体として、杣で行われる山口祭などの祭事をも主宰したと考えられる。やがて杣の荘園化が進行していくと、彼らは下級荘官に編成されていった。また、同様な存在としては、山司・山預・山守・山長などが挙げられよう。（黒田日出男）

そみなのまき　蘇弥奈牧　駿河国の牧。『延喜式』兵部省に駿河国馬牧として岡野と蘇弥奈の二つがあげられている。蘇弥奈牧の所在については、古くから静岡市街の北にある牧ヶ谷や内牧の地名の存在や、名馬磨墨《するすみ》が藁科川中流の栃沢の産であるという伝説などを合わせ、安倍川と藁科川に挟まれた合流点以北の山地にあったものと考えられている。『静岡県史』三（昭和十一年（一九三六））は、さらにこの地域には蘇弥奈と発音が似た美和・美輪という地名があることもあげ、同地域を比定している。しかしこれには異論もあって、静岡県富士市比奈《ひな》、あるいは同市大淵曽比奈《そびな》ではないかとの説があるが、これら発音の似た両地については牧の存在を推測できる地名はない。一方、牧ヶ谷・内牧付近をあてる説についても、それを直接実証できる資料はなく、状況証拠だけである。（若林　淳之）

そりまち　反町　耕作作付等がされずに放置されている田地。休閑地。反町となった理由としては耕作者の逃散、良好な収穫が期待できない悪田、種子の不足等種々の理由が考えられるが、反町を解消させることは、荘官、沙汰人等に課せられた重要な任務であった。（瀬野精一郎）

そん　損　田地に作付がなされた後、旱損、水損、虫損等によって収穫が得られなくなった場合、検注取帳などに、田数の下に「損」と記載され、略して「才」と表記されることが多い。これに対し収穫のあった田地には「得」略して「イ」と表記される。あらかじめ損亡が予想される場合は、例損、定損と称して除田の中に算入されている場合もある。したがって検注取帳に「損」とあるのは、予想外の特殊事情によって損亡が生じた場合に限られ、種々の理由ではじめから作付自体ができなかった田地については、検注取帳に「不」と表記されている。これらは内検によって決定すべき事柄であるが、実際には荘園領主側と現地沙汰人との交渉によって認定されていることが多い。（瀬野精一郎）

そんえきちょう　損益帳　律令時代、毎年諸国から政府あてに上申される帳簿を、所轄の官司が勘査する際に、前年の帳簿と記載内容を比較してその増減を書き出した帳簿。ただし数多い帳簿のすべてについて作られたのではなく、重要なものについてのみ作られたらしい。少なくとも大帳・租帳・税帳・調（庸）帳などについて作られたことは明証がある。現在のこされたものはないが、たとえば「某国某年調帳損益帳」などと呼ばれた。一例として主税寮における税帳の勘査に際しての損益帳の作成などについてみると、主税寮は税帳を勘査した結果、問題がなく「返抄」を発給すべき場合には損益帳二通を作り、一通を太政官に、一通を民部省に提出した。また問題があって「返帳」の措置をとるべき場合には損益帳一通を作って寮に留めた。ただし、承和十四年（八四七）以降は、「返抄」を発給する際に損益帳二通を作る手続を廃止し、「返帳」した国の分についてのみ損益帳一通を作り、これと返抄を発給した国々の分の税帳（主税寮にある）とによって、全国の正税の損益の総計を算出し、これを明年の正月までに民部省を経て太政官に報告することになった。この改正は『貞観式』に規定され、『延喜式』に受けつがれている。なお、この損益帳を損得田帳と同一視する見解もあるが、これは大いに疑問である。（虎尾　俊哉）

そんしょうじりょう　尊勝寺領　⇩六勝寺《ろくしょうじ》領

そんでん　損田　一般的には、律令時代に風水害・旱害・虫害・霜害などの天災によって収穫の損われた田を指し、「不熟田」と同義であるが、律令行政上の用語として輸租帳などで「損田」「得田」といい、その田積を示す場合には、やや特殊な用語法に従っている。すなわち、賦役令の規定によれば、損害の発生した際には、国司が実情を検分して太政官に報告し、各戸の損害の程度を十分法で表わし、五分以上の損は租を免じ、七分の損は租調を免じ、八分以上の損は租と課役とをすべて免ずることになっていた。そして令の規定にはないが、慣習不文の法として損四分以下の戸に対しても、損害の程度に比例して租を減免する措置がとられていた（これを「半輸」といい、天平十二年（七四〇）の『遠江国浜名郡輸租帳』に実例がみられる）。この「五分以上」とか「七分」とかいうのは、戸別に、その戸の全応輸租田からの標準収穫量に対する減収の割合を十分法で示したもので、これを具体的に輸租帳などに示す時は、田積に換算して記した。たとえば一町の応輸租田を保有する戸が、そのすべての田に損害

を受けて半作となって、損五分と判定された場合、輸租帳には、「損田五段・得田五段」と表現されることになる。したがって、実際に損害にあった田のすべてが損田とされるのではなく、減収分に比例する田積に相当する分だけが「損田」と表現されるわけである。→検損田使《けんそんでんし》

（虎尾　俊哉）

→不熟田《ふじゅくでん》

そんめん　損免　干ばつ、洪水、虫害などの自然災害によって収穫が減少した場合、その田畠の年貢が減額または免除されること。作物が被害を受け百姓側が損免要求をした場合、領主側が被害を認識すると、代官を派遣して被害状況の調査（内検）が実施され損免額が決められた。東寺領荘園では、それぞれの荘園を管轄する供僧組織の評定で損免額が決められたが、遠隔地荘園の場合は損亡の実態を把握するのが困難で、領主間の情報交換や上使の派遣など種々の手段で情報収集に努めたが、基本的には「天下一同損亡」を損免を認める条件としていた。損免要求は室町時代には最も主要な年貢減免闘争となり、豊凶に関わらず毎年のように損免要求を繰り返す荘園もあった。百姓側は損免要求を言い分通り認めさせるため、年に何度も要求を行なったり、地子・年貢等をすべて抑留したり、時には荘をあげて逃散する惣荘一揆を行うこともあった。

（糟谷優美子）

そんもう　損亡　損・損失とも記し、近世には損毛とも書く。天災・人為を問わず所持する土地・家屋・財産や身内の者すなわち家臣・妻子・所従などにつき損害を受けまた失うこと。『貞永式目』は領主が逃散した百姓の妻子を抑留し資財を奪い取ることを「令二損亡一」と記している。その他新堰堤の構築が旧主の田畠の荒地を招く損亡（『塵芥集』）、田畠へ放たれた牛馬による作毛の損失（『相良氏法度』『吉川氏法度』）などは加害被害当事者間の問題である。水旱虫霜などの天災による田畠・作物の損亡は社会政治問題で、平安時代に恒常的現象としてあらかじめ定率をもって計算から除外する例損の法が敷かれてから、この制度は中世の荘園・公領にも及んで半ば慣例化した。また特に損亡の多い年に、在地の申請に基づいて実施される内検も、領主と農民のはげしいかけひきの場となった。中世後期には未進や損免の増加が名主加地子収取の増額と見合うほどで、損亡の扱いの政治性が知られる。この慣例に歯止めをかけようとしたのが戦国大名で、『六角氏式目』にその画期的政策の基準が明示されている。

（佐川　弘）

た

た　田　水田のこと。古代の律令制国家においては班田収授制などにより水田を根幹とする人身支配を確立したが、律令制が破綻する平安中期以降、全国の公領・荘園を支配した王朝の貴族政権による支配体制は、公田・荘田を基礎とする土地中心のものとなった。年貢収取の基礎は田地であり、米やそれ以外の各種の年貢も田数を基準にして賦課され、鎌倉幕府の御家人役も大田文の田数を基準としていた。開発行為は土地所有の根拠とされ、そのため中世の開発は、荘園公領制下の各種の領主、田堵名主層、散田作人、小百姓層、及び名子・下人・所従らの各階層により、それぞれの社会・経済的条件にあった形で進められた。この開発は、未開地の新開発とともにむしろ不安定耕地の永久荒廃化をさけ「かたあらし」と呼ばれる農法で、安定した水田を拡大、定着化させたことに特徴がある。さらに水田の二毛作化も進み、集約的安定生産が可能となった。

（糟谷優美子）

だ　駄　(一)馬背で貨客を送ること、またその送り馬。『大鏡』には、「駄一疋を賜はせよ、はひ乗りて侍らん」とあるが、これは後者の意。(二)馬一疋に負わせる規定の重量。『続日本紀』天平十一年（七三九）四月乙亥条には、「令下天下諸国一改二駄馬一疋所レ負之重大二百斤一、以二百五十斤一為上レ限」とあり、『延喜式』では、一駄の荷率を絹七十疋・絁五十疋・糸三百絇・綿三百屯・調布三十端・庸布四十段・商布五十段・銅百斤・鉄三十廷・鍬七十口とし、さらに公私の運送米は五斗を一俵、三俵を一駄と規定して

いる。くだって江戸時代になると、駄荷は、慶長六年(一六〇一)には三十貫目限りとし、翌七年に四十貫目、同十六年には四十五貫目となったが、寛永二年(一六二五)に再び四十貫目となって以降、幕末まで変化はなかった。なお、酒三斗五升入り二樽を駄ともいう。

（丸山　雍成）

たあそび　田遊　正月を中心に、その年の豊作を招くために、田の土ならしから米の収穫までの作業過程を模擬的に演じる民俗芸能。地域によって、御田《おんだ》・春田打・春鍬・田祭などのよび名がある。アソビは本来鎮魂のための歌舞をいい、田に強力な神の霊魂をいわい込めて、ゆたかな稔りを生じさせようとの願いがこめられている。平安時代初頭の延暦二十三年(八〇四)二月、二所太神乃御饌を供する御刀代田の御田種蒔下ろしの祭のとき「耕作殖状」の所作が行われたと『止由気宮儀式帳』にあるなどは田遊の一類かとみられるが、田遊の文字は、下って鎌倉時代初頭の『建久三年皇太神宮年中行事』二月条に「殖田遊作法」とみえる。現在、田遊の名で行なっているのは東京都板橋区徳丸六丁目北野神社や同区大門諏訪神社であるが、両者ともに大太鼓を田に見立て、そのまわりで町歩調べから田打ち・田うない・代かきなどと実際の耕作そのままの過程を歌と唱え言と所作で模擬していく。その間、男と女が性交の所作を見せたりするのは、稲種子の豊産を促す類感呪術の一つで、ほかにも広くみられる演目である。東海・近畿地方では、寺院の修正会を農村行事に習合した「おこない」の一部として演じることが多く、やはり、稲作の逐一を物真似なり唱え言で表現する。四、五月に行うところも、佐賀県神埼郡神埼町仁比山《にいやま》神社その他にあり、三重県鈴鹿市伊奈富《いのう》神社のように田遊を伴う獅子舞を伝えるところもある。

（三隅　治雄）

たあるじ　田主　⇨田人《たうど》

だい　代　⇨しろ

だいあんじます　大安寺枡　天平十九年(七四七)の『大安寺伽藍縁起幷流記資材帳』に、次の記載がある。「合銅斗幷升参口　斗二口之中、一口入水二斗　一口入水一斗、升一口普通物」。「斗」は一斗枡を指し、「升」は一升枡を意味すると考えられるので、当時大安寺には、銅製の一斗枡が大小二個と、一升枡が一個所蔵されていたことがわかる。また、この記事中の「入水」の注記だが、これは使途を示している可能性もあるが、「水で計った場合の」(二斗)という意味であると考えられ、当時、液体と粒体(穀物)とでは規格の異なる枡を使用していた可能性を示している史料といえよう。

（糟谷優美子）

たいえのしょう　高家荘　紀伊国日高郡の荘園。大家荘とも書く。現在の和歌山県日高郡日高町付近。荘内中央を南北に熊野参詣道が通じている。十二世紀初めに園城寺末の真如院領としてみえる。これがのちの高家本荘であって、鎌倉時代以降は聖護院領。一方、同時期に民部卿藤原実明領ともみえ、これがのちの高家新荘と考えられる。新荘は十四世紀に守良親王領となり、ついで大徳寺に寄進された。本荘と新荘は鎌倉時代初期より相論を繰り返しており、大徳寺に伝わる「高家庄絵図」も南北朝時代の相論に関係するとみるのが通説であるが、絵図の作成を鎌倉時代末期にさかのぼらせ、原村と池田村の領有を明示するためだとする見解もある。また、南北朝時代以降、在地の武士による押領も進み、北からは鹿瀬峠を越えて湯浅氏の一族崎山氏が進出し、南からは湯河氏の勢力が及んだが、戦国時代には湯河氏の領有に帰した。なお、鎌倉時代末期より高家東荘・同西荘の名がみえるが、これは新荘の一部であって、原村・池田村とともに大徳寺領高家荘の四村を構成していたと思われる。

（小山　靖憲）

だいかくじとうりょう　大覚寺統領　鎌倉時代に分裂した二つの皇統の一つ大覚寺統(亀山の皇統)に伝領された皇室領。文永九年(一二七二)正月、後嵯峨法皇の所領処分により成立した。それは皇室領のうちで最も由緒の深い後院領、白河・鳥羽両上皇の時代に成立した六勝寺領、後嵯峨天皇勅願の浄金剛院領などである。この大部分は、同法皇の皇后大宮院藤原姞子と亀山天皇およびその弟たちに伝えられた。同法皇崩御以後、後深草上皇の分以外は、亀山天皇が管領し、文永十一年正月、後宇多天皇に譲位後は院政をとり、依然として所領を管理した。亀山上皇は所領増殖の機会に恵まれた。㈠弘安三年(一二八〇)七月、順徳天皇の皇子四辻宮善統入道親王から管領下の高倉天皇典侍七条院殖子の遺領三十八所のうち二十一所を後宇多天皇に進献、さらに正応二年(一二八九)残り十七所の寄進を受けた。㈡弘安六年九月、後高倉院守貞親王の次女安嘉門院邦子内親王が没した。同院は鳥羽天皇の女八条院の遺領を承久の乱後に伝領している。亀山上皇はこの遺領継承を鎌倉幕府に交渉して成功した。㈢正安二年(一三〇〇)五月後堀河天皇の女室町院暉子内親王が没した。亀山法皇は、室町院領の全部を大覚寺統に加えようとするが、持明院統の伏見上皇の反対で、幕府の折中案によって、乾元元年(一三〇二)八月室町院領は二分された。以上、大覚寺統の所領は総計二国と約四百所である。亀山法皇は嘉元三年(一三〇五)九月崩御前に所領を処分。後伏見上皇には五所を譲与。のち後宇多上皇が管領し、延慶元年(一三〇八)閏八月には、大覚寺統領のすべてを皇子尊治親王(後醍醐天皇)に譲った。

（奥野　高広）

だいがくりょうりょう　大学寮領　令制式部省の被管で、古代の教育機関、大学寮の所領。大学寮は天平宝字元年(七五七)、諸生供給料に充てるため、三十町の公廨田を置いたが、延暦十三年(七九四)これを不足として、さらに越前国の水田百二町五段余を加えて勧学田と名付け、生徒の食料などに充てることとした(『類聚三代格』)。ついで天長元年(八二四)山城国の地五町九段を、同四年には河内国の荒閑地五十町を大学寮にたまわった(『類聚国

高家荘

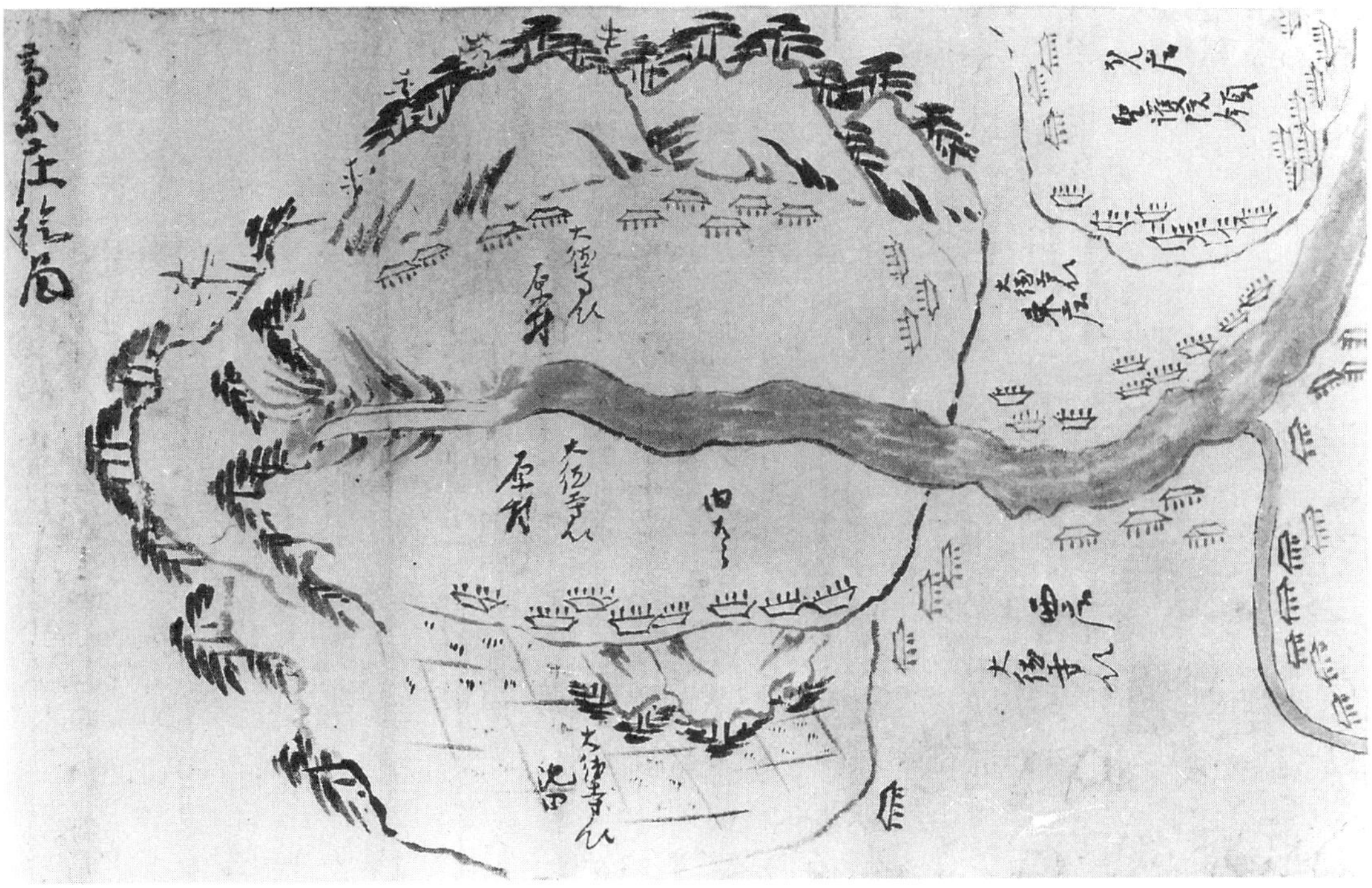

高家庄絵図

史』)。以上のうち越前の水田は、もと罪人大伴家持の没官田であったが、家持の無罪を主張する伴善男の奏請により返給されたという(『意見十二箇条』)。『延喜式』には、越中国十八町四段余・播磨国十七町余・山城国七町の大学寮田を載せ、郷土の估価に准じて賃租し、学生の食料に充てると規定している。また同式には、常陸国において五万四千束、近江・越中・備前・伊予各国において各一万束の稲を出挙し、その利息を舂米並びに軽物として大学寮に送納し、寮家の雑用に充てると定めている。しかし延喜十四年(九一四)の三善清行の『意見十二箇条』では、勧学田は減少して山城国の七町を遺すのみとなり、出挙の稲も無実化したといい、その復興の必要が力説されている。その後も大学寮は令制学制とともに衰退の一途をたどり、室町時代に大学寮の跡地などをめぐる相論が史料にみえるにとどまる(『京都御所東山御文庫記録』)。なお宝徳元年(一四四九)西坊城長政が知行安堵の綸旨をたまわった「諸国紙駄別課役」は、諸国より京都に搬入される紙駄に対する課役徴収権で、大学頭を世襲した西坊城家が大学寮領として知行したものであるという(同上)。 (橋本 義彦)

だいがわりけんちゅう 代替わり検注 荘園領主の代替わりに行われた正検注のこと。古代・中世において、荘園領主や国司など土地の領有者が、耕地の所在地・一筆ごとの耕地面積・租税量・租税負担者などを調査・認定するために行なった行為を検注という。検注には、その目的・方法・規模などからいくつかの区別があるが、そのうちでも、領有地全域を対象として行われた正検注(大検注・実検注)が本来的なもので、すべての検注の基本と考えられていた。文永九年(一二七二)六月二十三日付の関東下知状(中尊寺文書『鎌倉遺文』一四巻一一一五二号)に「一、検注事、右、衆徒則如二文永元年下知一者、検注者代一度可レ遂之由、被二定下一之処、別当不二叙用一之由申レ之」とあるように、正検注はしばしば行われるのではなく、元来は支配者の代替わり、すなわち、公領では国司の交替、荘園では領主の代替わりに行われるのが普通であると考えられていた。このような正検注のことを、国司初任、一任一度、代替、代一度の検注などと称した。ただし、「預所代一度」という表現もみえるので、代替わりは多様に理解されていた可能性が指摘されている。
→検注《けんちゅう》 →正検注《しょうけんちゅう》 (原 美和子)

たいかん 対捍 『類聚名義抄』には「ムカヒコバム」とあり、本来は何ごと(何者)かに反抗し、何ごとかを拒否することを意味する。捍は拒と同義語で、対捍を拒捍と同じ意味に用いることが多い。古い用例として、職制律に「対捍詔使、而無人臣之礼者、絞」とあり、律疏は、この「対捍詔使」を説明して「対レ使拒捍」としている。また『日本書紀』天武天皇十一年(六八二)条に「詔曰、(中略)其有犯重者、応請則請、当捕則捉、若対捍以不見

捕者、起当処兵而捕之」とある。さらに『法曹至要抄』の「拒国郡以上使事」条に「対捍使」「対捍詔使」とみえ、その他「対捍国司」「対捍検非違使」という用例もある。そのいずれの用法も「こばみしたがわず」「むかいこばむ」の意で、拒否・抵抗をあらわす。やや時代が降り、『将門記』に「于レ時、長官藤原維幾朝臣、為レ令レ弁ニ済官物一雖レ送ニ度々移牒一、対捍為レ宗、敢不ニ府向一」とあり、官使などに抵抗し、その命令をこばむ意味に用いる。中世、特に荘園制下においては、地頭・荘官などが荘園領主に対して反抗することにも用いられ、この時代の用法の諸例を総合して考えると、対捍とは、年貢公事・所当課役あるいは恒例臨時の雑役、その他何らかの義務を賦課される立場にあるものが、その義務の履行を拒否し、支配権力者に事実的行為の上で積極的に抵抗する場合に、主として用いられる表現である。年貢・公事に限っていえば、単に未済・未進の状態をつくり出すというだけでなく、また懈怠のごとき、単なる不実行を意味するものでもなく、そこに強い拒否の意志が汲みとられる場合こそが、対捍の本来的意味である。　（安田　元久）

だいかん　代官　中世、正員に代わって職務を代行する者に対する名称。代官の早い時期の使用例としては、『九暦』天暦元年（九四七）の記事に「外記是連申云、造酒正清鑑忽不ニ参入一、可レ賜ニ代官一者、依ニ外記定申一、以ニ主殿頭時雨一可レ令レ奉ニ仕之由仰了」とみえ、平安時代中期以降国司遙任・知行国制の盛行に伴って、史料に代官の名称がみえることも増加するようになったが、国司や知行国主の代官のことは、目代と称された。『吾妻鏡』養和元年（一一八一）三月十三日条によれば、鎌倉に参着した安田義定の使者は源頼朝に対し、頼朝の代官として遠江国を守護せしむと言上しており、同元暦元年（一一八四）三月一日条によれば、頼朝は平家追討のため安田義定・木曾義仲を鎌倉殿の代官として上洛せしめたとある。鎌倉時代には代官は守護代・地頭代を意味する呼称として用いられるようになった。『御成敗式目』第三条には、守護が代官を郡郷に補して、公事を荘保に充て課すことを禁じており、同第十四条では、代官が殺害以下の重科を犯した場合、正員が代官の身柄を召し進めた時には、正員には罪科を懸けてはならないが、代官をかばって代官に科がない旨正員が申し立て、のちに代官の罪科が露顕した時には、正員にも罪科が懸けられると規定している。また代官が年貢を抑留したり、先例の率法に違背したりした場合には、たとえ代官の所行であっても、正員はその責任を逃れることはできなかった。このことは正員の責任とすることによって、正員と代官とが互いに他方に責任を転嫁することを防止し、年貢対捍の責任の所在を明確にすることを意図したものと思われる。さらに代官が関東・六波羅よりの召喚に応じなかった場合には、正員の所帯を召されるものと規定している。鎌倉時代初期には、守護代は一人と定められていたが、時代が降ると複数の守護代が存在した例も少なくなく、戦国時代にはこのような守護代から戦国大名となった例が多い。また追加法嘉禄三年（安貞元、一二二七）閏三月十七日関東御教書によれば、地頭代官が、荘園領主より訴えられた時、代官であると称して訴訟を難渋することを禁じ、同延応元年（一二三九）九月十七日関東御教書によれば、地頭代官に山僧・商人・借上らを補任することを禁じている。また荘園の管理にあたる預所・雑掌・公文・下司など荘官にもその職務を代行する代官が置かれ、預所代・公文代などと称された。のちには正員の荘官は単なる得分の取得者となり、代官が在地にあって所務を遂行するようになったため、預所職《しき》などを給主職と称し、それに対して代官職なる呼称も生まれることになった。室町時代以降、代官が年貢を請け負う代官請も発生することになったが、惣じて代官の地位は正員のそれに比して不安定なものであった。　→正員《しょういん》　→又代官《まただいかん》　（瀬野精一郎）

だいかんうけ　代官請　中世においては荘園や国衙領で、その管理一切を請け負ったものにゆだね、そのかわりに毎年一定額の年貢を納入させる年貢請負が行われたが、その一つの形態で代官職《しき》をもつものによる年貢の請負をいう。中世では代官とは主君の代理として事にあたる者をよんだ。守護代・地頭代などである。また、荘園において荘官の下で荘園の管理などその職務を現実に代行した預所代・下司代も代官とよばれ、所職が成立して代官職となった。東寺領備中国新見荘（岡山県新見市）では応永十五年（一四〇八）守護細川氏の直臣安富氏が代官職となり、年百五十貫文で年貢を請け負っている。以来数十年にわたって安富氏が新見荘の年貢を請け負ったが、嘉吉元年（一四四一）から寛正元年（一四六〇）までの二十ヵ年に計二千二百貫文の未進をするとともに、農民からはきびしい収奪をつづけた。そのため寛正二年には荘民による代官安富排斥の運動がおこった。また、京畿の荘園では京都の富裕商人が代官となり荘園年貢を請け負っているような場合もみうけられる。　（福田栄次郎）

だいけんちゅう　大検注　⇨検注《けんちゅう》

たいけんもんいんりょう　待賢門院領　鳥羽天皇の皇后待賢門院（藤原璋子）の所領。大治三年（一一二八）三月、待賢門院は祈願寺円勝寺を創建。同年十二月、同門院庁は、永範が先祖伝来の私領である遠江榛原郡質侶牧《しどろ》を円勝寺に寄進したので、寺領として遠江国衙に立券の手続きを指令した（東大寺図書館所蔵宗性自筆『唯識論第五巻問答抄』紙背文書）。また同年十一月、同門院は円徳院に多宝塔を建て祈願所とした（『百錬抄』など）。円徳院は第三十二代天台座主明快が前中宮藤原賢子の菩提を弔うため、応徳三年（一〇八六）近江東坂本梶井（大津市）に建立した寺院であり、ここが梶井門跡の里坊となった。大治四年三月、待賢門院の女房は皇后宮権大夫源師時に対し、故右京大夫の後室領深草を女院に譲与させよと申し入れた。師時はその日記『長秋記』において「彼院女房や侍らは、縁に触れ、便を尋ね、理非をいわず諸国の庄園を

押領する」(同年三月二十四日条)と慨嘆している。待賢門院は同五年十月に法金剛院を再興して祈願寺とした。保延五年(一一三九)十一月、藤原周子は私領一所を法金剛院に寄進している(『仁和寺文書』)。同院崩御ののち、円勝寺領は鳥羽上皇に、法金剛院領は上西門院に伝領された。待賢門院領は円勝寺領・法金剛院領として発展してゆく過程であった。 (奥野 高広)

たいこうけんち 太閤検地 豊臣秀吉が全国的規模で実施した検地の総称。天正十年(一五八二)、明智光秀を山崎に破った直後、山城の寺社から土地台帳を徴収し、現実の土地所有・保有関係の確認を行なったことに始まるが、その二年前の天正八年、織田信長の奉行人として秀吉が実施した播磨検地は、事実上の太閤検地とみなされ、秀吉自身が家臣に知行を充行っている。秀吉は征服地を拡大するごとに原則として検地を実施し、土地についての権利関係を改めたうえで知行地を給付し、または自己の蔵入地に編入した。太閤検地の施行原則は、六尺三寸＝一間の検地竿を用い、一間四方を一歩、三百歩＝十畝を一段、十段＝一町として土地を丈量した。地域の政治的、経済的条件によって若干の差はあるが、畿内、近国の場合、水利・裏作麦の有無・干水損など種々の生産条件を考慮したうえ、田畠をそれぞれ上・中・下・下々の四段階に分け、一段当りの標準収穫量を上田＝一石五斗、中田＝一石三斗、下田＝一石一斗、上畠＝一石二斗、中畠＝一石、下畠＝八斗とし、下々田・下々畠は見計らい、屋敷は中田または上畠並として石盛をつけ、京枡の採用によって量制の統一も行なった。一筆ごとの耕地に一人の耕作者を定め、その者の名前を検地帳に記載することによって耕作権を保証するとともに、年貢納入の義務を負わせた。また、長百姓《おとな》が小百姓から小作料を徴収したり、小百姓に夫役労働を課したりすることなどを禁止し、中間搾取の絶滅をはかった。これらは「一地一作人の原則」「作合否定の原則」と呼ばれる太閤検地の基本原則である。検地は村を単位として行われ、村の境界には榜示を立て紛れないようにした。なお、天正十八年の奥羽検地では、永楽銭で斗代(石盛)を定めるなど、地域の実情や慣習に基づいた方式がとられる場合があった。秀吉が検地に際してとった態度は厳しく、特に征服地においては反抗する者には徹底的に弾圧する方針で臨んだ。土豪層が村落内で有していた特権は否定され、すべての土地が年貢賦課の対象となるので、彼らのなかには検地反対一揆をおこして実力で領主に対抗する者もあった。百姓が土地を捨てて他領へ赴くことや、商人・職人などに転ずることも禁止された。このような形で土地に緊縛された百姓に課せられる年貢は、検地によって確定された自己の保有地の石高(所持石高)に、領主側が定める年貢率(免)を乗じた値として算出される。また、上級領主が自己の家臣に土地を給付する場合も石高を基準にしており、家臣はこれに応じて軍役を奉仕する義務を負った。すなわち、領主・農民間の基本的階級関係を示す年貢＝生産物地代収取の原則と、領主階級内部のヒエラルヒーを形成する軍役賦課＝知行授受の原則は、いずれも石高に拠っており、もはや土地面積の広狭などは問題とされていない点に注意する必要があろう。太閤検地によって創出された石高制は、地代原則と領有原則という近世封建社会の基本的な関係を貫く基本原理であるが、これは、領主側が土地生産力をより根底的に把握する必要からとられた方式なのである。石高制下では、田はもちろん、実際に米を生産するはずのない畠・屋敷も米の標準収穫量で示されており、町場など交通、商業の盛んな地域の石盛は、純農村地域よりも高くなるような事例も紹介されている。石高制には、分業関係を内包した社会的総生産力を把握する方向が見出されるが、この点、貫高制が年貢納入額のみを問題にしていることと好対照である。昭和二十八年(一九五三)―二十九年ごろの学界は、太閤検地の歴史的意義をめぐっての論争が活発に行われた。問題提起者である安良城盛昭は、太閤検地以前の社会を家父長的奴隷制と規定し、太閤検地は中世末期の複雑な土地関係を整理し、小農民経営が自立して領主と一元的な関係をとり結ぶ契機をつくり出す革命的な土地政策として、その意義を高く評価した。これに対して宮川満は、太閤検地が小農民自立に果たした役割は認めるも、村落支配者層の特権を容認するような妥協的側面も強かったことを指摘し、相対的革新策であると主張した。後藤陽一は、すでに自立を達成している小農民を中心とした村落共同体が、太閤検地によって年貢村請の主体となった事実を強調した。遠藤進之助は、領主に対して夫役を負担しうる農民を役屋として設定することが太閤検地の基調にほかならないと指摘した。この論争の意義は、ともすれば「封建社会」という形で一括してとらえられてきたわが国の中世と近世を、社会構成体の違いの問題として提示したことにあり、史料分析の方法など歴史学における理論と実証のあり方に問題が投げかけられている。現在、戦国大名検地とその政策基調の研究の進展によって、太閤検地の本質について、光が当てられようとしており、また、指出検地と丈量検地との違いを機械的に対比する考えに批判も出されている。 →検地《けんち》

(三鬼清一郎)

だいごじりょう 醍醐寺領 京都市伏見区にある真言宗醍醐派の総本山醍醐寺の所領。醍醐寺は当山派修験の本寺でもあり、笠取山全山を寺域としている。山頂伽藍を上醍醐、山麓の伽藍を下醍醐と称し、根本寺地は上醍醐である。貞観十六年(八七四)聖宝(理源大師)はこの地を真言三密の道場と定め、同十八年自刻の准胝・如意輪両観音を奉安して醍醐寺を開創した。以来、醍醐・朱雀・村上の三天皇および醍醐天皇皇后藤原穏子の帰依厚く、延喜七年(九〇七)には薬師堂が、ついで五大堂が建立され、その後、下醍醐に釈迦堂・法華堂・五重塔が建てられている。寺領としては、准胝堂領として加賀国得蔵荘

醍醐寺領

醍醐寺 寺領一覧

所在国郡	名称	成立年次	特徴	典拠
山城 宇治郡	笠取荘	承和十三年八月	清原長谷施入、東西二荘、座主領	醍醐雑事記
同	小野荘		三宝院領	醍醐寺文書
同	山科荘			同
紀伊郡	前滝荘	延喜十一年十一月	般若僧正施主	醍醐雑事記
乙訓郡	久世郷		三宝院領	醍醐寺文書
同	高畠		三条八幡宮別当領	同
愛宕郡	久多荘		三宝院領	同
綴喜郡	多賀		三条八幡宮別当領	同
大和 宇智郡	田殿荘		左女牛若宮別当領	同
河内 茨田郡	郡荘		座主領	同
摂津 島下郡	吹田荘			醍醐雑事記
同	山田荘		左女牛若宮別当領	醍醐寺文書
豊島郡	桑津荘		同	同
有馬郡	野鞍荘		仏名院領	同
(郡未詳)	時友		三条八幡宮別当領	同
伊勢 一志郡	曾根荘	天暦二年か	座主領	同
奄芸郡	南黒田		遍智院領	同
尾張	国衙		三宝院領	同
春部郡	安食荘	延喜十四年	同	醍醐雑事記・醍醐寺文書
同	得重保		同	醍醐寺文書
愛智郡	鳴海荘		同	同
海部郡	日置荘		左女牛八幡宮別当領	同
(郡未詳)	瀬部		三宝院領	同
三河	国衙		同	同
上総 (郡未詳)	梅佐古	建武二年九月	足利尊氏寄進、粟飯原五郎跡、篠村八幡宮領	同
近江 高島郡	船木荘		三宝院領	同
浅井郡	河毛郷		同	同
坂田郡	柏原荘	応徳二年	本主山城前司源盛清寄進、座主領	醍醐雑事記
同	大野木荘			醍醐雑事記・醍醐寺文書
愛智郡	香荘	延文三年二月	足利尊氏寄進、高倉天神領	醍醐寺文書
美濃 可児郡	帷荘		三宝院領	同
大野郡	牛洞郷		同	同
安八郡	森部郷		左女牛若宮別当領	同
若狭 遠敷郡	須恵野村		三宝院領	醍醐寺文書
越前 大野郡	牛原荘		本主東大寺忠範、座主領	醍醐雑事記・醍醐寺文書
加賀 江沼郡	得蔵荘	天永元年	准胝堂領	醍醐雑事記
越中 婦負郡	御服荘		三条八幡宮別当領	醍醐寺文書
同	吉川		同	同
礪波郡	院林郷		遍智院領	同
(郡未詳)	太海郷		同	同
丹波 多紀郡	曾地村		三宝院領	同
桑田郡	篠村荘		篠村八幡宮別当領	同
同	佐伯荘	建武三年二月	地頭方、足利尊氏寄進、篠村八幡宮領	同
天田郡	佐々岐荘	観応二年正月	足利尊氏寄進、牧八郎跡、篠村八幡宮別当領	同
丹後 加佐郡	朝来村		三宝院領	同
熊野郡	鹿野荘		同	同
阿波 三好郡	金丸荘		遍智院領	同
讃岐 寒川郡	長尾荘			同
伊予 越智郡	大島荘	大治三年	領家土御門雅定	醍醐雑事記
土佐 吾川郡	大野郷		左女牛若宮別当領	醍醐寺文書
同	仲村郷		同	同
筑前 遠賀郡	楠橋荘		領家西園寺家	同
(郡未詳)	武恒		左女牛若宮別当領	同
(同)	犬丸方		同	同
筑後 御井郡	高良荘		宝池院領、長講堂領	同
肥前 佐嘉荘	佐嘉荘		三宝院領	同
肥後 山鹿郡	山鹿荘	承徳元年十二月	白河院寄進、無量光院領	醍醐雑事記

や、近江国浅井郡・山城国宇治郡などに三昧供料田や仏聖燈油田を有していた。また上伽藍円光院には近江国柏原荘・越前国牛原荘・伊予国大島荘、延命院には山城国笠取荘などが付され根本寺領となっている。これらの寺領はのちに座主領となり、本寺領荘園の中心を成していた。また醍醐寺は真言宗小野法流の中心であり、それぞれの法流は下伽藍の諸院によって相承されている。その経済的基盤としての諸院領荘園が鎌倉時代につぎつぎと成立し、法流が師資相承されるに伴って諸院領荘園も師資相承のかたちで伝領されていった。鎌倉時代末期から下伽藍諸院の中で三宝院の勢力が強くなり、代々の座主も三宝院に集中する傾向がみられるようになるにつれて、本寺領荘園も座主領として三宝院の管領下におかれるよ

うになってくる。特に南北朝時代に至って三宝院賢俊僧正が足利尊氏の厚い帰依を受け、寺内の権力が三宝院に集中化されるようになると、諸院領荘園も三宝院によって集中的に管領されるようになった。また、賢俊と足利尊氏の関係から篠村八幡宮・左女牛若宮・三条八幡宮の別当領もこのころから三宝院の管轄下に入り、実質的に醍醐寺領(三宝院領)は増大している。 (大三輪竜彦)

だいじょういんごう　大乗院郷　⇩南都七郷《なんとしちごう》

だいじょうえやく　大嘗会役　天皇即位の後に挙行される大嘗会の用途調達のため、諸国の荘園・公領に課された臨時課税。平安時代には米・絹などが徴収されており、中世には銭納も行われた。十世紀段階までの諸国における大嘗会用途調達形態は、大嘗会行事所からの所課を、国司が正税を用いて交易し進上するものであった。しかし、公出挙制の解体に伴う正税の減直化・無直化に直面した国司は、これを管下の荘園・公領より無償で臨時加徴するようになっていった。大嘗会役としての成立は、このような転換が国家により公認された時期に求められるが、いまこれを確定することはむずかしい。しかし、康治元年(一一四二)近衛天皇の大嘗会の際には「大嘗会役」「大嘗会所課雑事」「大嘗会所役」などとして所見することから、おそくとも十二世紀半ばまでには成立していたとみられる。さらに、同じころ大嘗会役は造内裏役・造大神宮役夫工米などと同様、勅事として、また一国平均役として課されてくる。しかし、大嘗会役が免除された荘園も多かったらしく、元暦元年(一一八四)には三百荘にも及んだという(『吉記』元暦元年十一月三日条)。鎌倉時代になると、仁治三年(一二四二)後嵯峨天皇の大嘗会用途として、諸国諸荘に大嘗会米が田数注文に基づき賦課された事例(『平戸記』仁治三年六月二十六日条)をはじめとして、文永十一年(一二七四)後宇多天皇の大嘗会の際には、諸国に「大嘗会者、天下之重事、諸国之課役也、是以所レ被レ宛二召段別三升米一也」とする宣旨が下されて段米が徴収されたように(『常陸国惣社宮文書』)、大嘗会役は段米もしくは段銭として賦課徴収されるようになる。そして、このような形態は、室町時代にも幕府段銭(米)として継承されていくのである。 (詫間　直樹)

だいずどころのしょう　大豆処荘　阿波国名方郡の荘園。現在の徳島市国府町付近。天平勝宝八歳(七五六)名方郡に設定された東大寺の荘園新島荘の一地区である。新島荘は吉野川河口の低湿地帯に数キロずつはなれて所在する本庄地区、枚方地区、および大豆処地区という、堤防・道などにより水防工事をほどこされた三地区から構成されている。大豆処は面積十町という小さな地区であるが、創立時点に作成されたと推定される絵図が現存し、吉野川ぞいの津に設定された荘園という景観が明らかになる。新島荘そのものは十世紀後期まで続くが、大豆処地区は九世紀中期を最後にその姿を見せなくなる。　↓新島荘《にいじまのしょう》 (丸山　幸彦)

大豆処荘

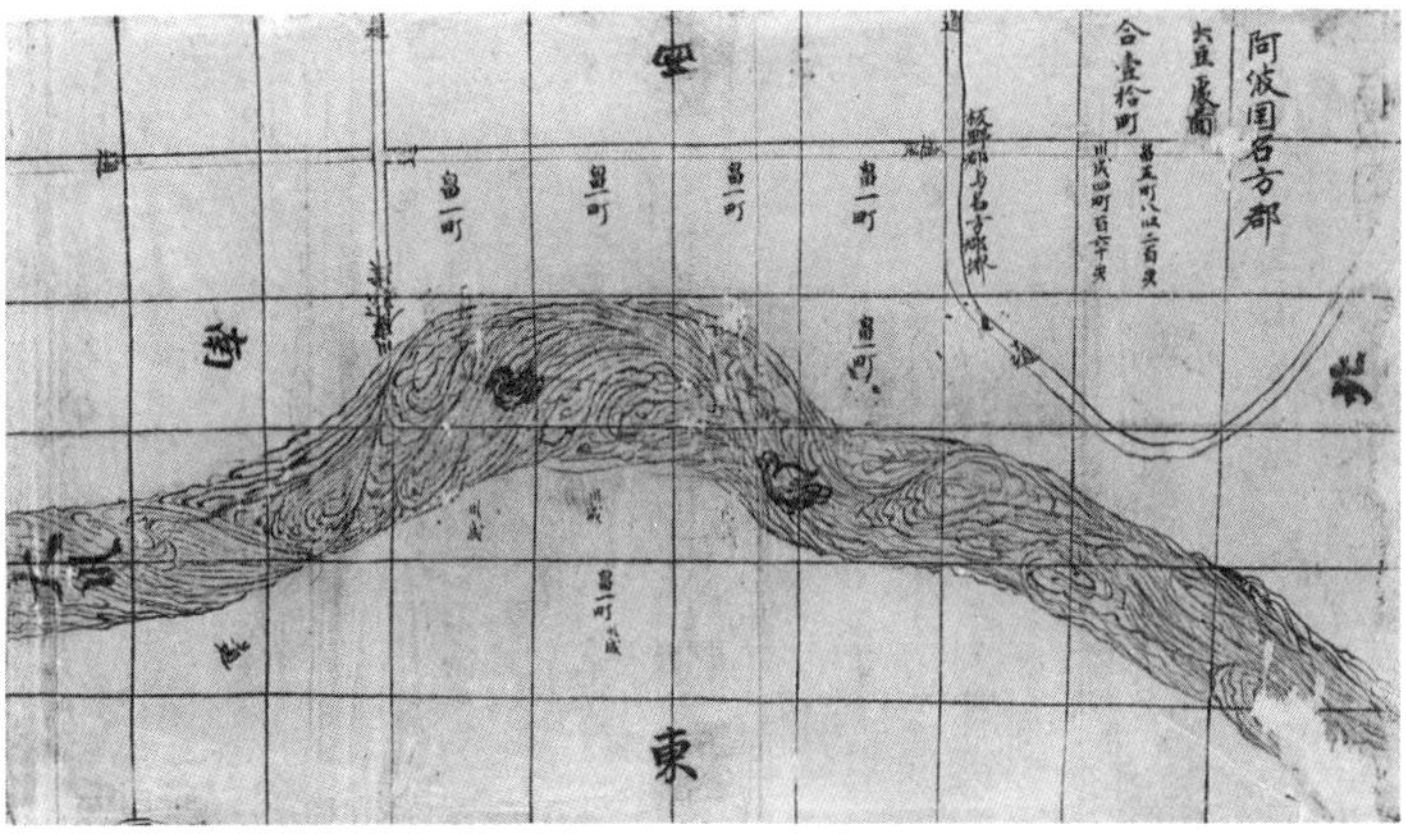

阿波国名方郡大豆処絵図

たいぜい　大税　⇩正税《しょうぜい》

だいぜんしきりょう　大膳職領　令制宮内省の被管で、朝廷における饗膳の調進のことなどを掌る大膳職の所領。大膳職も他の諸司と同じく、元慶五年(八八一)要劇ならびに番上粮料として、河内国の官田四十二町七段を割り充てられたが(『類聚三代格』)、その後の状況は明らかでない。また養老職員令によると、大膳職には鵜飼・江人・網引などの雑供戸が隷属していたが、延暦十七年(七九八)網曳長・江長を、同十九年近江国の筑摩御厨長をそれぞれ内膳司の隷下に移すべき旨の太政官符が発せられ(『類聚三代格』)、以後筑摩御厨は内膳司領と称されるようになった。また大治四年(一一二九)ごろ和泉国に大膳職陶器寄人の存したことが文書にみえる(『狩野亨吉氏蒐集文書』七)。弘安二年(一二七九)の大膳職申状(『勘仲記』弘安七年四月記裏文書)によれば、上総国墨田保は「往古便補之地」であるといい、また「当職課役」は正月一日より十二月除夜に至るまで、恒例・臨時の勤その隙なく、いわんや御興行の間、いよいよ繁劇を加えたが、便補の所々が国衙・荘園に押妨され、あるいは守護・地頭に押領されて有名無実となったと訴えているので、かつては大膳職領の便補保が各地に存したことを推測させる。『大日本史料』五ノ一所引の貞応二年(一二二三)四月付『淡路国太田文』の記載中、「掃守保田四十三町八反百四十歩」に「大膳職供御領」と注するのは、その徴証の一とみなすこともできる。 (橋本　義彦)

だいせんのう　代銭納　中世の荘園・公領、あるいは武家領などにおいて、年貢・公事物などを現物で納入する代りに、貨幣で納入する制度。納入される代銭額を決める方法は、後述のようにいくつかあり、一定していない。

銭納ともいい、色代納の場合も代銭納されている例が見られる(『高野山文書』)。年貢・公事物の代銭納例は十三世紀に入って散見するようになるが、特にその後半から十四世紀にかけて激増する。それは基本的には鎌倉時代以降における農業および手工業における生産力の向上、日宋・日元貿易に伴う大量の中国銭貨の流入、国内における商品貨幣経済の進展、地方の荘園・公領や港津などにおける定期市の開催など、種々の歴史的条件の変化が背景にあったといえる。こうした年貢物代銭納化の直接的なきっかけは、㈠京都・奈良などの商品貨幣経済にもっとも早くからまきこまれ、日常の消費生活において銭貨使用度が高くなっていた公家・大社寺など荘園領主側の要求、㈡荘園・公領内で荘園年貢や公事物を徴収し、貢納する責任を負い、しかも定期市での交換にもっとも深くかかわり、年貢の販売価格・相場の変動によって中間利潤を取得する機会の多い地頭・地頭代・荘官ら在地領主層の要求、㈢年貢や余剰物資の換貨のため定期市とのかかわりを深めていた荘園農民や漁民などの要求等々をあげることができる。㈠の荘園領主層のいわば上からの要求による代銭納は、⑴日宋貿易に伴い中国産絹・錦・綾など高級衣料や各種唐物が輸入されて流通し、また国内遠隔地商業発展に伴い地方特産物が京都・奈良など都市市場に出廻るようになって、荘園領主たちはそれらを容易に入手できるようになり、自己支配下の荘園から年貢・公事物を現物で納入させる必要性が減じていたこと、⑵さらに貢納されてくる大量の年貢米や絹綿のうち、みずからが消費する以外の余剰分を都市市場で放出・換貨することは、価格面で必ずしも有利ではなく、それらはむしろ地方の市場で換貨し、その代銭で受け取る方が有利なため、当初から代銭での納入を要求するようになって実現した。㈡の在地領主側により現地側から代銭納が要求されるようになったのは、彼らの多くが地方の定期市やそこに出入する商人を支配していて、交換機能を掌握していたこと、さらに大量の年貢の換貨に際して、価格を操作したり、価格の変動に対応したりすることで中間利潤を取得する機会がふえていたことによるものであろう。美濃・尾張やそれ以東の、養蚕・製糸が盛んで上質の絹・綿・生糸を産出する荘園の地頭らが代銭納を強く要求したのは、一つはそれらをめぐる取引が活潑で、価格の上昇や変動が比較的激しく、中間利潤取得の機会が多かったためと考えられる。㈢農民・漁民らのいわゆる下からの要求による代銭納は、⑴京都西郊の東寺領上久世荘民などのように、都市市場に近く、生産物を換貨する機会に恵まれていた場合、⑵東寺領の丹波国大山荘や播磨国矢野荘、さらには前述濃尾荘園の荘民のように、都市商人の行商圏内にあり、中央―地方間の商品流通にまきこまれ、物価変動にも敏感な場合、⑶若狭国汲部・多烏浦漁民のように、換貨しやすい海産物を年貢としていた場合、⑷東国地方のように現物年貢の納入が、輸送面で負担が大きい場合等々、各種の条件によって要求されるようになり、実現された例が多い。納入される代銭額は、㈠名《みょう》別・田積別に賦課額が決定されるもの、㈡現物年貢の総高を時々の和市(相場)にもとづいて換貨し、販売代金をそのまま納入するもの、㈢荘官や地頭の請所荘園・公領のように、田畠の面積や和市の変動と関係なく、領主側との契約にもとづく定額の代銭を納入するものなど一定していない。南北朝・室町時代には代銭納は公事・夫役にまで拡大適用されるようになっていた。しかし守護・国人領主らによる荘園・公領の侵害、年貢の守護請・代官請の増加、あるいは未進の激増、守護側の各種段銭徴収などによって、十三世紀以降の荘園制的代銭納は減退の一途をたどっていった。いずれにしても代銭納慣行の普及・拡大は、農民・漁民らの、下からの要求を主とした、いわゆる貨幣地代の成立・発展と必ずしも同一視することはできないが、大量の年貢物を取引する有力都市商人の地方荘園・公領巡回、中央都市―地方間遠隔地商業を促進し、地方国人領主の知行を田積や職《しき》による表示から貫文表示に変えてゆく要因をなし、戦国時代の貫高制成立の一つの歴史的前提をなしたといえる。

(佐々木銀弥)

だいとうまい 大唐米 とうぼし(唐法師・唐芒子)・赤米ともよばれた外来米。原産地は占城《チャンパ》地方(ベトナム中部の安南地方)で、宋の真宗のころ(十一世紀初め)中国に入り、中国から日本に伝えられたという(『和漢三才図会』など)。おそらく平安時代末期か鎌倉時代前期には移入されたのであろう。品種としては早稲で、小粒ではあるが細長く、虫害や旱害には強くて、白地(畠地)のようなところでも栽培でき、収穫量も多い上に、飯にすれば炊き増えするのが長所であった。欠点としては、風で落穂しやすく長雨では腐りやすいこと、粘り気が少なくて味が淡泊なため食味に劣ることであった(『清良記』『本朝食鑑』『重修本草綱目啓蒙』など)。しかし、脱粒性の高いことは脱穀作業を容易なものとすることから長所でもあった。とりわけ多収穫であることが中世の農民に歓迎されたらしく、移入後、九州・中国・四国・畿内など西日本を中心に、その栽培は急速に広まったといわれている。一般に斗代は一度決定されるとかなりの期間は変更されなかったので、多収穫品種は農民の余剰分の取得増を招いたのである。しかし、領主側は食味の劣る納入物では減収となるので、やがて品種によって銭貨との換算率をかえた。貞和二年(一三四六)の東寺領播磨国矢野荘の算用状によると、一般の米は石別九百文か八百七十文であるが、大唐米は石別八百文と低くなっている。鎌倉時代には早稲栽培に適した西日本各地で普及し、零細農民の自立化をすすめる一助となり、やがて領主側も換算規定を行なったのである。大唐米は一種類ではなく、『清良記』によれば、早大唐・白早大唐・晩大唐などの八品種がみえ、その後にも移入されたり改良されたりしたものがあったようであるが、多くは早稲であり、白大唐と赤大唐のう

大徳寺寺領一覧

所在国郡	名称	成立年次	特徴	典拠
山城 愛宕郡	大宮郷内賀茂雑役田	応永十六年閏三月	塔頭如意庵領、作職買得	大徳寺文書
同	大宮郷内二丁田	応永二十四年六月	同	同
同	大宮郷内賀茂草畠田地	応永二十八年三月	同	同
同	大宮郷内小森	文明十一年九月	塔頭如意庵領	同
同	大宮郷内シャウシカツホ	長享元年八月	大徳寺風呂料	同
同	大宮郷内塚本	明応二年七月	同	同
同	大宮郷内柚木坪	文亀二年十一月	塔頭大用庵領	同
同	同	永正六年十月	塔頭松源院領、作職買得、天文五年大用庵へ売却	同
同	大宮郷内八重田	永正十年七月	塔頭養徳院領、名主職買得	同
同	大宮郷内トカマロ坪	大永二年十二月	同	同
同	大宮郷内柳田	大永七年六月	塔頭養徳院領、名主・百姓職買得	同
同	大宮郷内竜坪	永正元年二月	塔頭養徳院領、百姓職買得	同
同	大宮郷内殿田	大永三年八月	塔頭松源院領、百姓職寄進	同
同	大宮郷内雲林院後ノ垣副	天文二年七月	塔頭松源院領、作職買得	同
同	大宮郷内ハイシナ田ノツホト	天文三年九月	同	同
同	大宮郷内戸之カハ子	大永四年四月	塔頭松源院領、百姓職買得	同
同	大宮郷内斗我摩利	天文元年十一月	同	同
同	大宮郷内仏尻東縄本	弘治元年十二月	大徳寺領、百姓職買得	同
同	河上郷水垣	永享十年七月	大徳寺領、寄進	同
同	河上郷二町縄手太田	永正三年八月	大徳寺領、還付	同
同	河上郷ワラヒ岡湯屋田	大永四年十二月	塔頭養徳院領、百姓職買得	同
同	河上郷柿木	天正十年四月	大徳寺領、作職買得	同
同	中村郷大墓蔵垣内	永享十年七月	大徳寺領、寄進	同
同	中村郷流木後、賀茂社頭供僧畳田	文明十四年十二月	大徳寺風呂料寄進	同
同	松崎姜田	大永五年五月	塔頭養徳院領	同
同	松崎薑田	永正八年十月	同	大徳寺文書・伺事記録
同	小山郷流木後御酒田	文明十二年十二月	大徳寺雲門庵祠堂方買得	大徳寺文書
同	小山郷八段坪	大永六年十一月	大徳寺領、買得	同
同	小山郷中溝九日田	永禄十年十二月	大徳寺領、作職買得	同
同	小山郷はなからけ	同	同	同
同	小山郷たもと本刀禰田	天正十年十二月	大徳寺領、百姓職買得	同
同	船岡山字北フケ	大永七年二月	大徳寺風呂料、寄進	同

所在国郡	名称	成立年次	特徴	典拠
山城 愛宕郡	岡本郷西荒草	天文十七年八月	大徳寺領、祠堂方買得	大徳寺文書
同	賀茂高岸田	永正元年五月	塔頭養徳院領、寄進	同
同	栗野郷岩蔵内柚木川	永正十年十二月	塔頭養徳院領、名主職買得	同
同	栗野郷北岩蔵下村郷ミササキ	同	同	同
葛野郡	西院小泉荘内随身名	康応元年十一月	塔頭如意庵領、寄進	同
同	梅津荘	永徳二年十一月	同	同
乙訓郡	築山(東久世)荘	応永二十二年五月	塔頭如意庵領、買得	同
久世郡	伊勢田郷	康暦元年八月	塔頭如意庵領、寄進	同
河内 (郡未詳)	妙高寺寺田	貞治三年三月	大徳寺領	同
摂津 武庫郡	福田村称名寺並敷地	嘉暦三年正月	同	同
同	小松荘	康暦二年四月	塔頭如意庵領	同
同	松村加納	応永三年六月	同	同
同	鳴尾相撲免	同	同	同
同	宮武名	康暦二年五月	同	同
河辺郡	多田荘興福庵坊敷地	応永二十年正月	同	同
西成郡	鷺島荘	長禄二年十二月	塔頭養徳院領	同
住吉郡	五箇荘	文明三年閏八月	同	同
同	平野荘	応永五年十二月	塔頭如意庵領	同
同	杭全荘	応永元年十二月	同	同
東成郡	般若寺寺田	貞和五年十一月	大徳寺領	同
(郡未詳)	山本荘	建武二年四月	同	同
伊賀 (同)	得枝名		大徳寺雲門庵領	同
尾張 葉栗郡	松葉荘破田郷	永徳二年正月	塔頭如意庵領	同
下総 埴生郡	遠山方御厨	元弘三年七月	同	同
葛飾郡	葛西御厨		元弘三年播磨浦上荘に替地	同
近江 犬上郡	西今村	文明七年九月	塔頭養徳院領	大徳寺文書・蔭凉軒日録
同	甲良荘内興禅扞寺領	延徳三年七月	同	大徳寺文書
高島郡	開田荘	至徳三年九月	塔頭如意庵領	同
美濃 土岐郡	妻木郷内公文名	応永七年二月	同	同
安八郡	脇田郷	明徳二年四月	同	同
各務郡	弓削田本郷	建武四年八月	大徳寺領	同
稲葉郡	長森荘	嘉慶二年十一月	同	同
信濃 佐久郡	伴野荘	元弘三年六月	同	同
若狭 遠敷郡	名田荘	暦応三年十一月	徳禅寺領	同
越前 坂井郡	春近郷内末平名	応永九年正月	塔頭如意庵領	同
(郡未詳)	榎富上荘	康応元年六月		同

ち、より多収穫の赤大唐が栽培された。赤大唐は米粒に薄赤い斑点があるもので、江戸時代に赤米とよばれたのはこれである。しかし、食味の劣ることから、「朝夕も余所は皆赤米なれども、此方は播州の天守米」(『好色一代女』四、栄耀願男)とか、「最下品ニシテ賤民ノ食ナリ」(『重修本草綱目啓蒙』)と、江戸時代には下等米としてあつかわれていた。 (福留 照尚)

だいとくじりょう 大徳寺領 京都市北区紫野大徳寺町に所在する臨済宗の名刹大徳寺の所領。大徳寺は創建後まもない元弘三年(一三三三)ごろに土貢七千六百石を得たというが、それは寄進による寺領の成立がもたらしたもので、寺領寄進の史料的初見は正中二年(一三二五)十月十一日付の中御門経継播磨国小宅荘内三職寄進状とみられ、嘉暦三年(一三二八)五月十六日には五辻宮守良親王寄進による紀伊国高家荘が成立した。元弘三年北畠民部卿局の寄進で下総国遠山方御厨、新田義貞施入の播磨国三方西荘が成立し、大徳寺を外護する後醍醐天皇はそれら寄進寺領の安堵をするとともに同年信濃国伴野荘を施入し、宗峯妙超の申請を受けて播磨国浦上荘地頭職を下総国葛西御厨の替地として寄進、さらに翌建武元年(一三三四)八月二十一日小宅荘以下四荘を一円不輸寺領とした。しかし、建武新政の挫折、政権交替のなかで寺領の領掌は難しくなり、建武三年ごろには浦上・小宅・高家の各荘が領有できた主な寺領であったという。同四年光厳院の施入で美濃国弓削田本郷が成立し、応安四年(一三七一)には土貢五十貫文で知行されている。室町時代には院宣・綸旨下賜による既得寺領の領掌確認がなされ、また将軍足利義満・義持らが小宅荘や高家荘などに課役免除・守護使不入地とする若干の保護を加えたが、諸寺領は押領・濫妨により領有は困難で、年貢所当は滞った。しかし、一方では徳禅寺や如意庵・松源院をはじめ諸塔頭に田畠寄進や祠堂金施入がみられ、大徳寺および塔頭は小規模の寄進寺領を獲得するとともに、名主職・百姓職・作職などを買得して寺領の集積を行なっている。それら大徳寺および塔頭の既存寺領は織田信長によりそのまま安堵されたが、天正十三年(一五八五)豊臣秀吉はその領知方を改め、大宮郷に千百六十五石をはじめ、北山・西賀茂・谷山田村・西院の山城地域に総額千五百四十六石五斗二升の御朱印寺領を下付し、元和元年(一六一五)徳川家康は御朱印寺領二千十一石を与え、大徳寺方丈・塔頭寮舎は御朱印配当として分与され、おのおのの経済基盤となし、明治の上地までつづいた。 (竹貫 元勝)

所在国郡	名称	成立年次	特徴	典拠
丹波 氷上郡	佐治荘吉宗名		大徳寺領	大徳寺文書
多紀郡	八上部	応永六年八月	塔頭如意庵領	同
桑田郡	山国杣	宝徳三年三月	塔頭大用庵領、買得	同
同	山国荘	文明四年三月	塔頭大用庵領	同
伯耆 河村郡	竹田郷地頭職	明徳二年六月	塔頭如意庵領	同
播磨 揖保郡	小宅荘三職	正中二年十月	大徳寺領	同
同	浦上荘	元弘三年十一月	同	同
同	上揖保荘	永和二年十月	塔頭如意庵領	同
明石郡	田中荘	貞治五年六月	徳禅寺領	同
美嚢郡	平井荘	永仁四年十二月	同	同
宍粟郡	三方西荘	元弘三年十一月	大徳寺領	同
印南郡	大塩荘内寺田村	文明十一年見	徳禅寺領	同
備前 邑久郡	礒上保内一色田	永徳元年二月	塔頭如意庵領	同
上道郡	居都荘地頭職	明徳二年六月	同	同
備中 川上郡	湯野郷	明徳三年十月	同	同
紀伊 日高郡	高家東荘	嘉暦三年五月	大徳寺領	同
同	高家荘四ヵ村	元弘三年十一月	同	同
伊予 浮穴郡	荏原郷浄瑠璃寺並塔頭寺領	応永三年四月	同	同

だいのう 代納 律令解体期の富豪農民による代輸と同義に用いられることもあるが、中世では代銭納の意味で使用されることが多い。鎌倉時代中期以降、諸荘園で現物の年貢・雑公事に代えて銭貨による納入が広範に行われた。京都を中心とする商工業座の発展に加えて、日宋貿易による輸入奢侈品の流通増大の結果、荘園領主層の欲望充足のため、貨幣への要求が高まったことなどによる。 ↓代銭納《だいせんのう》 ↓代輸《だいゆ》 (関 幸彦)

たいのしょう 田井荘 (一)大和国山辺郡の荘園。現在の奈良県天理市田井之庄町付近。興福寺大乗院領。『三箇院家抄』によると、総面積四十町五段、その中の十二町が名田で、一町二段から一町六段までの八名より成っていた。荘官として公文・下司・職事が置かれていたが、『大乗院寺社雑事記』文明十四年(一四八二)十月三十日条によると、彼らは門跡方諸公事の沙汰をしなかったという。なお、荘内の田地三町四段は東大寺新禅院に寄進され同院領となっていたし、このほかにも他領が多く含まれ、領有関係は複雑だった。 (泉谷 康夫)

(二)河内国丹北郡の荘園。現在の大阪府松原市田井城付近。石清水八幡宮領。成立は平安時代後期。保延三年(一一三七)四月の検校光清別当任清連署譲状(『石清水文書』)に「相博荘田井」とあり、他との交換で石清水領となったらしい。文和元年(一三五二)、室町幕府が前代設置の地頭職を石清水に寄進した。荘内には隣りの松原荘公事田が混在し、公事銭九百九十文を負担していた。戦国時代まで存続したらしい。

(三)河内国志紀郡の荘園。現在の大阪府八尾市田井中付近。安楽寿院領。平安時代後期に成立。嘉元四年(一三〇六)の『昭慶門院御領目録』に「河内国田井庄 長任朝臣

御年貢三千疋」とあり、建武新政とともに消滅したようである。（宮川　満）

だい・はん・しょう　大・半・小　田畑の面積を表わす単位。平安時代（史料上の初見は延喜二十二年（九二二）『大鳥神社流記帳』）から近世前期まで使用。歩を付して大歩・半歩・小歩ともいう。一段＝三百六十歩の小割りで、大＝二百四十歩（一段の三分の二）、半＝百八十歩（一段の二分の一）、小＝百二十歩（一段の三分の一）で、たとえば六百歩は一段大、百五十歩は小三十歩などと書く。天正十一年（一五八三）—十二年に実施された太閤検地から新たに畝（三十歩＝一畝）が用いられ、大・半・小は畝の単位に改正される。徳川氏の場合は、天正十八年伊豆国総検地で従来の基準を改め、三百歩一段で大＝二百歩（一段の三分の二）、半＝百五十歩（一段の二分の一）、小＝百歩（一段の三分の一）を用い、翌十九年まで続いた。また一方では、同十八年関東の一部に畝歩制を採用し、文禄検地では大・半・小は廃止された。なお例外ではあるが、文禄三年（一五九四）八月和泉国太閤検地、慶長六年（一六〇一）六月和歌山藩浅野幸長検地では一段＝二百五十歩が用いられている。↓畝《せ》（神崎　彰利）

たいひょうごのしょう　田井兵庫荘　大和国高市郡の荘園。現在の奈良県高市郡高取町大字田井庄および兵庫付近。田井庄と兵庫は曾我川の支流吉備川によって二つに分けられているので、この荘園は一荘でありながら田井兵庫荘と併称されたようである。あるいはもとは田井荘と兵庫荘の二荘であって、それが領有者が同じところから一荘にされ田井兵庫荘と併称されるようになったのかもしれない。『吾妻鏡』建久三年（一一九二）十二月十四日条によると、この荘園は平家没官領で鎌倉幕府の領有に帰していたが、源頼朝は、これを妹である一条能保室に与え、彼女の死後はその男女子息に譲り与えられている。その後どのような経路を経たかは不明だが、室町時代には春日社領荘園として現われる。康正二年（一四五六）三月の田井兵庫荘御供米算用状によると荘田は不均等な三十一名に分かれているが、もとは十名ほどの均等名構成だったと推定されている。同算用状の末尾には「公文代観念タイノ庄」「下司代助三郎ヒャウコ」の並記された荘官署名がみえる。なお、山辺郡にも田井荘と兵庫荘があったが、前者は興福寺大乗院領であり後者は興福寺雑役免荘と東大寺雑役免荘であって領有者を異にする上、両荘の地に比定される奈良県天理市田井之庄町と同兵庫町は一里近く離れており、この両荘を田井兵庫荘と併称することはなかったと考えられる。（泉谷　康夫）

だいぶつぐのしょう　大仏供荘　大和国十市・城上両郡にかけて散在した興福寺雑役免荘。現在の奈良県桜井市上之庄・東新堂・大福付近などの地域。総田数は五十町。貞応三年（元仁元、一二二四）五月十八日の関東寄進状案によると、この地は平家没官領として源頼朝が賜預り、彼の没後その所職は東大寺鎮守八幡宮に寄進されている。またこの地は多武峯領でもあったようで、『大乗院寺社雑事記』には、年貢をめぐっての興福寺との紛争の記事がみえる。同記延徳三年（一四九一）十一月二十一日条によると、当時大仏供荘は上・中・下の三荘に分かれていた。（泉谷　康夫）

たいぶつくめんでん　大仏供免田　⇩免田《めんでん》

だいほう　大法　中世から近世にかけて、動かし難い規範を大法と称することがあった。『大内氏掟書』金銀両目御定法事にみえる「こかねしろかねの両目の事ハ、京の大法として（下略）」の大法とは室町幕府の法を指し、「寺家大法」（『東寺文書』）は寺家における慣例であり、殺害された被管人の讎を討つことを「是天下の大法也」（『高野山文書』）と称するのは、それが室町時代の復讎に関する慣習であることを主張したものであった。大法の語は、このように支配者の立法、あるいは公認された強い規範をさすのみならず、庶民の間で行われる取引行為その他の慣習もこう呼んだ。謡曲『自然居士《じねんこじ》』のなかで「我等が中に大法の候」と主張し、相手も「我等が中にも大法の候」と口論をしている。江戸時代にも、密通事件の始末を、男女とも死罪とする「表向の御沙汰」に対して、七両二分の内済金で和解する慣習を「世上の大法」と称している。（牧　英正）

たいまのしょう　当麻荘　大和国葛下郡の荘園。現在の奈良県北葛城郡当麻町付近。興福寺一乗院の重色御領であり、本家を近衛家としていた。応永六年（一三九九）の興福寺造営反米田数帳によると六十六町五段百十七歩、同十二年の近衛殿御所造営反銭支配状によると三十五町七段三百六歩、同三十四年の一乗院昭円講師反銭納帳によると八十二町五段半四十八歩と田積が大きく異なっている。応永十二年の段銭支配状によると、荘田はもとほぼ均等な二十八名からなっていたが、当時は分解を始めており、名田は福塚氏をはじめとする在地武士の領有に帰していた。（泉谷　康夫）

だいみょうたと　大名田堵　九世紀半ば以降の史料にみられる、荘園・公領を請作した農民を田堵といい、収納の単位であった名（その責任者が負名）と田堵の性格が一体化していった結果、名主が成立したという説がある。この田堵のうち、請作地が大きく、大規模な経営を行なった者を大名田堵と言った。寛弘九年（一〇一二）正月二十二日付の和泉国符案（田中忠三郎氏所蔵文書『平安遺文』二巻四六二号）によれば、田堵には大小あって、大名田堵は「富豪之輩」と表現され、「小人」の田堵とは区別されている。大名田堵の典型的な姿は、平安末期成立の『新猿楽記』に描かれている。すなわち、三の君の夫出羽権介田中豊益は、「偏耕農為㆑業、更無㆓他計㆒、数町戸主、大名田堵也」と記されており、水害・旱魃の年を予想し、農具を調達し、労働力をよく編成・保養し、大規模な農業経営を行い、毎年多くの収穫をあげた農業の上手であったという。↓田堵《たと》（原　美和子）

だいみょうのこさく　大名の古作　「大名」は大名田堵

を指し、「古作」とは古くから耕作していること、またその耕地や人のことを言う。寛弘九年（一〇一二）正月二十二日付の和泉国符案（田中忠三郎氏所蔵文書『平安遺文』二巻四六二号）によれば、大名田堵が長期にわたって公領を請作するなどした結果、作手《つくて》権を有するようになり、「大名之古作」と称してその土地を私領化するようになったという。そのような場合、たとえその耕地が荒廃していても、他の小名田堵らには再開発の権利が与えられなかったことが知られる。（原　美和子）

だいみょうりょうこくせい　大名領国制　中世後期における守護大名・戦国大名の領国支配体制を表す概念。戦後早くから現在まで、大名による領国支配のあり方を広く領国制あるいは大名領国制と表現する論者は多いが、明確な支配体制概念としてはじめて提示したのは永原慶二である。永原は荘園制の解体後、十四世紀末から十五世紀における守護の任国支配が封建的領国の性質を濃くする点に注目し、これを大名領国制の最初の段階として守護領国制と呼ぶ。ついでこれが発展、また国人が守護を排除するなど複数の経路により、領国内の土地・人民支配を徹底させた戦国大名領国が成立したとする。これを大名領国制の本格的展開の段階と捉えるのである。荘園制との関わりでは、永原説以外の大名領国制は必ずしもこれとの接点を持たないが、永原説は荘園制の解体を前提とするため、これを中世後期になお規定的な体制と見る立場とは基本的に相容れないところが特徴である。（久保健一郎）

だいゆ　代輸　農民の未進調庸を代納すること。代輸は『養老令』戸令、戸逃走条に戸逃亡に際し、五保が追訪すべきことを述べ、三年除帳の間は「五保及び三等以上の親、均分して佃り食め、租調は代りて輸せ」（原漢文）と規定されており、その制度上の沿革は古い。律令制が崩れる九世紀以降、富豪浪人＝「力田之輩」は私物を以て、調庸物を代輸し、私出挙活動のテコとしたり、自己の営田で農民を耕作させた。豊後国中井王に代表される私営田経営は好例である。また国衙へ代輸する彼らは流通機構の掌握者でもあった。納税請負人たる性格をもつ富豪浪人は、周辺農民の課役を代輸（代納）することを通じ、班田農民の従属化を拡大していった。なお代納・代輸が位階授与の対象となっており、階級分化に果たした役割は少なくない。八世紀段階には、国家の容認のもとで私稲を富豪層が国家事業（国分寺造営・蝦夷征討）に献上し位階（外従五位下）を授与されるケースが多く、九世紀になると、この傾向が変化し、農民の代納行為により位階を与えられる傾向がみられる。（関　幸彦）

たいろう　大粮　古代、中央諸官司に属して働く衛士・仕丁・采女・女丁・断丁らに支給された食料（米・塩や布・綿）のこと。公粮ともいう。財源は諸国から貢進された庸（庸米・庸塩・庸布）であり、それを収納する民部省から出給された。『延喜式』などによれば、諸司は翌月支給すべき大粮の総額や被給者数を所管の省に文書（解《げ》）で上申し、各省はそれをまとめて民部省に請求文書（移《い》）を送る。民部省は太政官に上申し承認の官符を得てから翌月分の大粮を出給した。『正倉院文書』中には天平十七年（七四五）に各官司が出した大粮請求文書群が伝えられており、当時の日常的な官司運営に果たした大粮の役割がうかがえる。（佐藤　信）

たうち　田打　稲作における作業過程の一つで、春先から代掻きまでの間に水田を鍬で耕起することを指す。「荒田打」「田起こし」ともいう。その年の豊作を祈願する予祝行事として主に正月に行われる田遊びでは、詞章を唱えて模擬的な所作を演じることによって、稲作を中心とした農作業の過程が再現されるが、その番組編成の中で、田打は田植えと並んで重要な位置を占める。田遊び自体のことを指して「田打」「春田打」と呼ぶ地域もあり、それこそが田遊びの本源的なあり方を示唆するという指摘もある。また、中世後期の事例になるが、十五世紀中頃の菅浦・大浦の村落間紛争では、実力行使の一端として、双方の村落が係争地の田の「田うち」を行っており、田打が当知行を実現するための行為として認識されている。つまり、田打は、豊穣を祈る象徴的な意味を持つとともに、稲作の作業過程の中で最初にあたる点などから重要視されていたと考えられる。（松澤　徹）

たうど　田人　田植えに際して、日雇いでその作業に従事する者の呼称。田植えは稲作の全過程の中でももっとも労力を要する作業であり、しかもその適期が限定されていたため、他所からの雇人によって人手を補い、労働力を集中して行う必要があった。中世の田植唄を書留めたものとされる『田植草子』の歌詞には、有力農民と見られる「田主」の徴募に応じて田植作業に従事し、その報酬として「徳米」を得る「とうど」（田人）の姿が生き生きと描写されている。田主（雇主）と田人（雇人）の関係は、もちろん単純な雇用関係とはいえず、強制力をともなう場合も考えられるが、ここで「徳米」が支給されていることが重要であろう。また、歌詞中に「（田主が）けふのとうどに米千石をかしいた（今日の田人に米千石を炊いだ）」などと見えるように、作業時の食糧も田主側から支給されていたと考えられる。（松澤　徹）

たおこし　田おこし　⇨田打《たうち》

たかいのまき　高位牧　信濃国高井郡の御牧《みまき》。現在の長野県上高井郡高山村を中心とする地。『延喜式』左右馬寮所載信濃国十六御牧の一つ。貞観七年（八六五）当時、貢馬を出す信濃御牧十二牧の一つであった。文治二年（一一八六）の「関東御知行国々内乃貢未済庄々注文」（『吾妻鏡』）には左馬寮領高井野牧とみえている。牧が置かれたのは千曲川の支流松川により形成された扇状地で、近世にも高井野・牧・駒場《こまんば》など牧に関係ある村名があった。牧集落の南東約一キロ福井原に堀に囲まれた地があり、繋馬場跡ともいわれる。高井の地名は高井郡の名のおこった所らしい。『新撰姓氏録』山城国諸蕃によると「高井造」は

高麗《こま》王の子孫であると記されており、高井牧もあるいは渡来人が開発したものかもしれない。平安時代末ころ信濃源氏井上氏の一族須田氏が牧内に住み、また平姓和田氏が地頭を勤める東条荘が牧内へ延びてきた。

（小林計一郎）

たかおかのしょう　高岡荘　播磨国神崎郡内の荘園。現在の兵庫県神崎郡福崎町高岡付近にあった。鎌倉時代建長五年（一二五三）の『近衛家所領目録』に同荘の名がみえるが、その後、正応六年（永仁元、一二九三）の鷹司兼平の譲状に、次子左大臣兼忠への譲り分として同荘の名がみえているから、鎌倉時代末期のころには、近衛家から分立した鷹司家の所領となっていた。また寛喜二年（一二三〇）に、当時播磨守護であった小山《おやま》朝政の嫡孫長村への譲状に、播磨国守護奉行職・高岡北条郷とともに、高岡荘がみえているので、鎌倉時代初期のころ以来、同荘の地頭職《しき》は、守護領の内であったことがわかる。

（水野恭一郎）

たかぎのほう　竹城保　陸奥国宮城郡の東に位置した保。現在の宮城県宮城郡松島町から利府町にわたる地域。初見は文治二年（一一八六）であり、保司の存在が確認できるが詳細は未詳。保内には、陸奥国一宮塩竈社の祭料田・免在家や国司御厩佃が存在していた。文治五年（一一八九）奥州合戦の恩賞として同保地頭職が千葉常胤に与えられた。以後、常胤の次男相馬師常に伝領され、保内諸郷・村を相馬一族が分有したが、鎌倉末期には保内の赤沼郷が得宗被官長崎氏に給与されている。なお、同保内には得宗家との関係が深い松島円福寺（後の瑞巌寺）が所在していた。また、十五世紀には保内「あらぬまの郷住人」が熊野那智山の旦那となっていた。十四世紀中葉から後半、奥州管領吉良・畠山両氏の対立に始まる奥羽の混乱に伴い、相馬氏の勢力は後退し、奥州探題大崎氏の勢力がのびた。戦国期、天文七年（一五三八）の段銭古帳作成以前には伊達氏領化した。

（清水　亮）

高倉院法華堂領一覧

高倉院法華堂領

所在国郡	名称	特徴	典拠
山城　宇治郡	法華三昧堂供田	山科陵の付属地から支給	玉葉
同	音羽荘	清閑寺法華堂領	醍醐寺文書
丹波　桑田郡	佐伯郷時武名	秦頼康、寿永二年私領の時武名を建礼門院に寄進、年貢は最勝光院に、また法華堂の燈明・布施・被物・国忌雑事を勤める、『醍醐寺文書』によれば宝徳元年に「同国佐伯・地頭方」とある	田中忠三郎氏所蔵文書
安芸　安芸郡	世能荘・荒山荘	あわせて世能・荒山荘という。太政官便補領で、高倉院法華堂領として正月に国忌雑用を納める、承久三年荘官右史生清原宣景は代官地頭沼次郎の不法を訴える	壬生家文書・京都大学図書館所蔵清家文書

たかくしのしょう　高串荘　越前国坂井郡の荘園。福井県坂井郡三国町西方の三里浜周辺に比定される。東大寺領。串方荘とも称する。天平宝字八年（七六四）二月九日「越前国公験」（『東南院文書』）によると、東大寺が同七年十二月に坂井郡海郷の高串葦原九町三段百四十四歩と家一区（草屋二間）・地二町を左京六条二坊戸主従七位上間人鵜甘の戸口正八位下間人鷹養の手から銭三十三貫で買得した土地を中心とする。天平神護二年（七六六）十月二十一日付の「越前国司解」（『東南院文書』）や「越前国坂井郡高串村東大寺大修多羅供分田地図」（奈良国立博物館蔵）によると、荘地は未開四町・開田六町で、開田のうち二町七段二百十六歩は改正、三町二段百四十四歩は買得の手段によって寺領化したものとする。このうち買得地は間人鷹養が所有する以前は、荒墓郷戸主高椅連安床の戸口同姓縄麻呂の墾田であったとされる。この時期、天平宝字七年の買得地の大半は串方江によって流失したとみられる。荘周辺の西側に槻村泉・榎本泉、北側に榎津社が存在しており、労働力の定着が推察される。

↳別刷〈荘園絵図〉

（藤井　一二）

たかくらいんほっけどうりょう　高倉院法華堂領　高倉天皇山陵の法華堂の所領。高倉天皇崩御の翌寿永元年（一一八二）春ころ、丹波国佐伯郷時武名の名主秦頼康は、この名を高倉天皇中宮の建礼門院に寄進しようとしたが、国司庁宣に「官物不輸」の文字を書き入れることで延引した。翌二年二月建礼門院は下文をもってこれを受け入れ、時武名を高倉院法華堂領とし、正月の御八講の燈明・布施・被物ならびに法華堂の御国忌雑事にあてることにした（『田中忠三郎氏所蔵文書』）。建仁元年（一二〇一）七月、安芸国司が清閑寺法華堂領安芸国世能荘の牓示を抜き棄てて問題を起した（『三長記』）。この法華堂は、盛時には法華三昧堂（跡地不明）・宝塔（清閑寺本堂東北の山上に石塔が立つ）などを擁した。その法華三昧僧は六口で各二町をあて、交坂・大墓両御領から給与する旨、建久六年（一一九五）九月後鳥羽上皇の裁可を受けた（『玉葉』）。明応四年（一四九五）三月十三日、近衛政家は東山御墓所に参拝し、高倉天皇の御影を拝した。寺僧は伝来の高倉院勅筆の屏風絵を見せた（『後法興院政家記』）。なお文亀元年（一五〇一）十一月には、一和尚以下六和尚が奉仕している（京都大学所蔵『土山文書』一）。また清閑寺法華堂別当職は、室町時代に醍醐三宝院の管領下にあった。

（奥野　高広）

たかくらてんのうりょう　高倉天皇領　高倉天皇（一一六一―八一）の所領。鳥羽天皇皇女で、二条天皇の中宮となった高松院姝子内親王は、荘園と京地などを所領とした。同院は安元二年（一一七六）六月に没する前に、後白河上皇の女御建春門院平滋子に伝えた。上皇の実力によってであろう。しかし、同年七月建春門院も没した。同院は高倉天皇の生母であったので、高倉天皇が高松院領を伝領する。養和元年（一一八一）正月、天皇崩御の時に中宮

高倉天皇領

高倉天皇所領一覧

所在国郡	名称	特徴	典拠
山城　宇治郡	音羽荘	正応五年閏六月高倉院法華堂禅衆と音羽荘住人との相論あり、文亀元年十一月種基を下司職に補任	壬生家文書・土山文書
摂津　河辺郡	野間荘	保元二年後院領に編入、仁安三年十一月には伊予局の知行、領家職はのち徳禅寺・妙法院と転転とする	徳禅寺文書・妙法院文書
尾張　海部郡	富吉荘	建久八年立券、高倉院法華堂領	壬生家文書
加賀　江沼郡	熊坂荘	寿永二年平頼盛室領、八条院領となる、高倉天皇譲状のうち、幕府に連絡、法華堂領とする	吾妻鏡・経俊卿記
越後　蒲原郡	青海荘	高松院領、年貢未納、関東知行国のうち、式内社の青海神社鎮座	吾妻鏡
古志郡	吉河荘	高松院領、のち長講堂領	同
丹波　桑田郡	佐伯郷時武名	寿永二年建礼門院庁下文、用途未進を責む、高倉院法華堂領	田中忠三郎氏所蔵文書
安芸　安芸郡	世能村・荒山村	建久四年安芸国司平親守の立券、太政官厨家納物米、高倉院法華堂領	壬生家文書・京都大学図書館所蔵清家文書

平徳子(建礼門院)に譲ったといわれる(天皇の譲状があった。『経俊卿記』康元元年(一二五六)九月十七日条)。のちに中宮の令旨と号して強く奉行したので、後白河法皇は内心不満であったという。　(奥野　高広)

たかくらのしょう　高鞍荘　陸奥国の荘園。摂関家領。高倉荘とも書く。『台記』仁平三年(一一五三)九月十四日条が史料上の初見。それによれば、この荘は左大臣藤原頼長の家領で、奥州平泉の藤原基衡が現地の管理者であった。このとき頼長と基衡の間で、この荘をふくむ奥羽の五つの頼長家領(高鞍・大曾禰・本良・屋代・遊佐)の年貢増額について交渉があり、この荘は馬三疋・金二十五両・布五百段に改められた。この五荘は、久安四年(一一四八)に頼長が父の忠実から譲り受けたものといわれ、十二世紀初めまでには、荘園として成立していたものである。基衡の父の藤原清衡が寄進したものともいわれるが、確かでない。保元の乱のあとの保元二年(一一五七)三月、他の頼長家領とともに没官され、後院領に編入された。鎌倉時代以後の領有関係は不明だが、戦国時代にも「三迫《さんのはさま》、高倉庄七十三郷」といわれている(『余目《あまるめ》氏旧記』)。なお、荘域については、現在の宮城県北部の栗原郡金成町を中心とする三迫川の流域一帯の地、という説と、岩手県西磐井郡花泉町を中心とする地で、戦国時代に「流《ながれ》二十四郷」といわれたところ、三迫はふくまれない、という説がある。　(大石　直正)

たかさごのみくりや　高砂御厨　播磨国賀古郡内の御厨。現在の兵庫県高砂市にあたる。加古川の川口に位置し、朝廷に魚類などを供進した。『扶桑略記』延久二年(一〇七〇)二月十四日条に「高砂御厨の魚を停廃し、精進物を供せしむ」(原漢文)とあるが、これはおそらく一時的の処置と思われる。早く『延喜式』内膳司に、諸国貢進御贄の年料の中に、「播磨国、(鮨年魚《あゆ》二担四壺)」とあり、塩づけの年魚が朝廷に貢進されているが、それにも、この御厨からのものが含まれていたかとも察せられる。この地はまた古代以来、瀬戸内海沿岸の港としても栄え、源通親の『高倉院厳島御幸記』にも、「高砂のとまり(泊)に着かせ給ふ、よも(四方)の船ども碇をおろしつゝ、浦々につきたり」など記され、『平家物語』一〇、藤戸には高砂の遊女のこともみえ、西播磨の室《むろ》の泊と相並んで、古代から中世にかけて播磨国の海辺で最も繁栄した海港であった。　(水野恭一郎)

たかしまのしょう　高島荘　近江国高島郡にあった荘園。現在の滋賀県高島郡高島町・安曇川町・新旭町付近の地域。『和名類聚抄』の高島郡を中心として成立したとされ、荘名の初見は寛治四年(一〇九〇)である。当荘の領家職は西園寺家で、元亨二年(一三二二)西園寺実兼は当荘を子息兼季に譲与している。弘安七年(一二八四)には、当荘の地頭職以下の所職が朽木氏に安堵されている。同荘は鎌倉後期以降、高島本荘・新荘を号するようになるが、両荘ともにその領家職は文明年間(一四六九―八七)まで西園寺家庶流の菊亭家に伝わっている。また、文明年間には北野社も新荘内に社領を有していた。なお、高島本荘は現高島町・安曇川町に、新荘は現新旭町に比定されるが、本荘内には朽木氏の本領となる案主名・後一条等の名田がある。　(宮崎　肇)

たかだのしょう　高田荘　㈠大和国添下郡の荘園。現在の大和郡山市高田町付近。もともと薬師寺別院伝教院領の荘園だったようだが、伝教院主は第四代尋覚以降興福寺大乗院門跡の兼帯するところだったので、鎌倉時代末期には大乗院領の荘園となり、伝教院は預所としてその得分を得ていたようである。『三箇院家抄』二によると、総田数三十町九段二百九十歩で、その中の十町は名田であり一名《みょう》が二町の五名からなる完全な均等名構成をとっていた。名田以外の構成については不明な点が多いが、三町三段の切田、一町三段百二十歩の浮免《うきめん》田のほか、預所田、預所佃、大乗院方の佃、間田などのあったことが知られる。下司は、『三箇院家抄』一によると、椿尾氏であった。椿尾氏は、現在の奈良市南・北椿尾町辺にいた在地武士で、大乗院方坊人である。なお『多武峯略記』に高田荘と称する荘園がみえるが、これは十市郡(桜井市大字高田《たかた》)にあった荘園であろうとされる。　(泉谷　康夫)

㈡河内国錦部郡の荘園。現在の大阪府河内長野市高向《たこう》、日野付近。観心寺領。元慶七年(八八三)の『観心寺勘録縁起資財帳』(『観心寺文書』)によれば、承和八年(八四一)

―貞観十一年（八六九）に六次にわたって、墾田の買得、信者の寄進、民部省符や国判による施入などで成立、同時期は僧真紹により観心寺の整備がなされており、石川上流に散在するこれらの地も、このころに高田荘としてまとめられたと考えられる。（福留　照尚）

㈢但馬国養父《やぶ》郡の荘園。現在の兵庫県朝来《あさご》郡和田山町高田一帯。康治二年（一一四三）八月十九日の安楽寿院充の太政官牒案に、末寺領として但馬国養父郡内壱処字水谷神宮寺の四至の南に「大塚并石和郷高田庄堺」とあるのを初見とする。弘安八年（一二八五）の『但馬国大田文』によると、荘田は三町三段百四十歩で、内訳は仏神田六段半四十歩、領家預所佃三段、地頭給六段、公文給三段、定田一町四段二百八十歩である。領主は本家が穀倉院、領家史長者、地頭荻野三郎頼定とあり、地頭職《しき》は貞和元年（一三四五）に雑賀六郎入道善乗に充てられ、同三年に二階堂行秀が拝領したが、行秀は備中国真壁郷にある真壁彦三郎犯科跡との所領替えを要求している。永享三年（一四三一）には真如寺領となっている。（仲村　研）

㈣伊予国風早郡の荘園。現在の愛媛県北条市庄を中心とした地域。ほかに越智郡菊間町高田《こうだ》、また北宇和郡津島町高田《たかた》に比定する説もある。鳥羽天皇皇女暲子内親王（八条院）所有の高田勅旨田が荘園化したらしく、安元二年（一一七六）八条院庁分の荘として名がみえる。後鳥羽院領を経て、亀山天皇に伝領せられ、さらに同天皇皇女昭慶門院は他の庁分とともに後宇多院に譲渡し、ついで後醍醐天皇に伝えられた。南北朝内乱により、その存在不明となる。（景浦　勉）

㈤筑前国穂浪郡の荘園。現在の福岡県嘉穂郡穂波町高田《たかた》を中心とする地域。観世音寺領。天慶三年（九四〇）、正六位上源敏が長姉珍子の菩提を弔うため寄進した治田十一町九段百歩を立荘したもの。源敏は、これらの治田を笠小門門子や美作真生から購入しており、寄進時には観世音寺俗別当小監伴宿禰や検臨使大宰帥家令紀朝臣が立ち合い、立荘時には筑前国衙に預作人美作真生らの田租・臨時雑役免除を申請している。保安元年（一一二〇）、観世音寺が東大寺の末寺となるに及び、高田荘公験も東大寺に進められた。（有川　宜博）

㈥豊後国大分郡の荘園。現在の大分市東部に位置し、大野川の河口に近い沖積地が中心である。建久四年（一一九三）には、宇佐八幡宮の造営用途が高田荘二百余町にかけられており、弘安八年（一二八五）の豊後国大田文（平林本、『鎌倉遺文』二〇巻一五七〇〇号）では、本荘百八十町と牧村二十町によって構成され、本荘の領家は城興寺（藤原忠通が九条堂を改称したもの）、地頭は三浦入道殿（宝治合戦に生き残った三浦一族）であった。当荘は水陸交通の要衝にあり、乙津と呼ばれる港湾施設も存在し、鎌倉時代には畿内への航路が確立していた。南北朝期になると、豊後守護大友氏時がこの地を管領し、以後大友惣領家の所領となったが、南朝もこの地に注目し、所領化を図っている。内部単位として徳丸名・門田名・別保名・徳久名以下多くの名があったが、戦国時代には大友氏家臣団の給名となった。

参考文献　渡辺澄夫編『豊後国稙田荘・津守荘（勾保）・判田郷・戸次荘・丹生津留畠地・高田荘・毛井村・大佐井郷・小佐井郷史料』（『豊後国荘園公領史料集成』五下）（海老澤　衷）

たかだのまき　高田牧　筑前国にあった馬の牧。所在地については遠賀《おんが》郡・鞍手郡・宗像《むなかた》郡・粕屋郡などの諸説があり現在のところ不明。小野宮家領。藤原実頼―頼忠―実資と伝領。実資の日記『小右記』に散見。十世紀後半から十一世紀前半にみえる。牧司に府官藤原蔵規（菊池氏祖）や宗像社大宮司宗像妙忠や宗形信遠など在地有力者が任じられ、豹皮・沈香・青瑠璃瓶などの唐物（貿易品）や高田牧例進物として年貢絹・米・贄などを実資のもとへ届けた。このことから、高田牧が私貿易の拠点の一つであったとみる説もある。牧の経営には大宰府および筑前国衙などの官庁の保護があったとみられ、『小右記』寛弘二年（一〇〇五）五月十三日条に、故大宰帥平惟仲が壱岐の荒馬を獲えるため高田牧牧子十三人を追い渡したことがみえる。『養老令』厩牧令によれば、馬百疋に牧子二人を置くことになっており、高田牧の規模の一端をうかがうことができる。また、褒賞として高田牧の駒が相撲人らに給せられたこともある。（有川　宜博）

たかつかさいんりょう　鷹司院領　後堀河天皇中宮の鷹司院（藤原長子）の所領。宣陽門院（後白河天皇皇女覲子内親王）の運動で、同院の養女でもあった近衛家実の女長子は、嘉禄二年（一二二六）七月後堀河天皇の女御、同月中宮となった。寛喜元年（一二二九）四月院号宣下。後堀河上皇は文暦元年（一二三四）八月崩御以前に鷹司院を四条天皇の母儀に准ずると伝え、宣陽門院は承諾していた。そこで嘉禎三年（一

鷹司院領一覧

所在国郡	名称	特徴	典拠
山城　紀伊郡	石原荘	大宮椙堂仏神事料田、永仁元年鷹司兼平は同基忠に譲る	神田喜一郎氏所蔵文書・鷹司家文書
大和　山辺郡	角符	角荘は東大寺領、大宮椙堂仏神事料田、永仁元年鷹司兼平は同基忠に譲る	鷹司家文書
尾張　中島郡	性海寺	祈願寺、鷹司院令旨あり	性海寺文書
（郡未詳）	椙厩戸	文永四年鷹司院は関白鷹司兼平に譲る	下郷伝平氏所蔵文書
但馬　（同）	上西門院御紙田	伝領した上西門院領のうち	但馬国大田文
備後　恵蘇郡	泉田大宮椙堂仏神事料田	永仁元年鷹司兼平は同基忠に譲る	鷹司家文書
筑前　宗像郡	赤馬荘	鷹司院仏事料所、永仁元年鷹司兼平は同基忠に譲る	同
筑後　山門郡	瀬高荘	建長三年鷹司院は高良社造替役を免除	醍醐寺文書

鷹司院領

二三七)七月、宣陽門院は鷹司院を伴い参内した(『玉蘂』)。宣陽門院は長講堂領などを伝領していたが、承久の乱後は四十歳を越えたので、近衛家実の女を養女として、後世の安穏を願ったのであろう。しかし、寛元四年(一二四六)正月後深草天皇が即位すると、宣陽門院は所領のすべてを鷹司院に伝え、のち同天皇に譲る決定をした。建長三年(一二五一)二月後嵯峨上皇の申入れで、六条殿・長講堂はただちに天皇に伝え、鷹司院に旧上西門院領だけを譲り、これものちには天皇に譲与することになった(『長講堂由緒』)。宣陽門院は建長四年六月没し、その遺領のうち上西門院領は鷹司院が伝える。しかし寛元四年四月落飾し、建治元年(一二七五)二月没した。その遺領は鷹司兼平の女に伝えるが、兼平は譲状と違うので家領二ヵ所を加えた(『鷹司家文書』)。しかし、これらは後嵯峨上皇が管領した。そして、永仁元年(一二九三)十月、亀山上皇は鷹司院遺領を伏見天皇領とした(『伏見天皇宸記』)。(奥野 高広)

たかつかさけりょう 鷹司家領 鷹司家は五摂家の一つで、藤原氏北家の嫡流近衛家実の子兼平を祖とする。家祖の兼平が近衛家から分与された荘園、および同じく近衛家から所領の配分を受けた鷹司院(藤原長子)の分も譲られ、根幹となったことが、建長五年(一二五三)十月の『近衛家所領目録』(陽明文庫所蔵)および正応六年(一二九三)四月の『称念院殿(兼平)譲状』(宮内庁書陵部所蔵)によって知られる。兼平はこのほか長講堂領なども獲得し、その全容は別表のごとくである。このほか、同譲状には家地として、大宮北屋(基忠分)・猪隈・安養院(兼忠分)が記されている。天正七年(一五七九)信房が鷹司家を相続再興した時、織田信長から山城国紀伊郡吉祥院において三百石が充行われた。江戸時代は、はじめ千石、のちに千五百石となった。(飯倉 晴武)

鷹司家領一覧

所在国郡	名称	特徴	典拠
河内 渋川郡	網代荘内御名	基忠分	称念院殿譲状
和泉 和泉郡	今泉荘	同	称念院殿譲状・近衛家所領目録
摂津 豊島郡	椋橋荘	同	同
同	細河荘	兼忠分、金蓮華院領	同
甲斐 (郡未詳)	青嶋荘	基忠分、長講堂領	称念院殿譲状
常陸 吉田郡	吉田荘		京都大学所蔵狩野亨吉氏蒐集文書
近江 高島郡	饗庭荘	基忠分、最勝寺領	称念院殿譲状
美濃 武儀郡	宇多院	基忠分、長講堂領	同
同	弘見荘	同	同
同	揖深荘	兼忠分、金蓮華院領	称念院殿譲状・近衛家所領目録
同	上有智荘	同	同
越前 今立郡	酒井荘	兼忠分、本願寺仏事料所	称念院殿譲状
但馬 七美郡	小代荘	基忠分、長講堂領	同
伯耆 河村郡	笏賀荘	兼忠分	称念院殿譲状・近衛家所領目録
播磨 神崎郡	高岡荘	同	同
筑前 宗像郡	赤馬荘	兼忠分、鷹司院御仏事料所	称念院殿譲状
(国郡未詳)	大観寺領乙生遺領	基忠分	同
(同)	東三条勅旨田	兼忠分、御影堂領	同
(同)	衣比須島	兼忠分	同

鷹司家領

たかつのまき 高津牧 下総国にあった古代の馬牧。現在の千葉県八千代市高津(印旛放水路右岸の丘陵地上)に比定される。『延喜式』兵部省諸国馬牛牧条に「下総国、高津馬牧」とみえる。この地域は中世は萱田郷に属したらしく、近世には小金牧の一部であった。(野口 実)

たかどののしょう 高殿荘 大和国高市郡の荘園。現在の奈良県橿原市高殿町付近。十一世紀二十年代ころ大和守源頼親の私領六十六町に成立した東大寺燈油料所五ヵ荘の一つで二十五町。雑役免荘で、春日二季彼岸不断法華経・興福寺西金堂不断香役料所のほか神通寺・海竜王寺・薬師寺などの不輸免田に設定され、これらからの燈油が東大寺に給付された。本家は摂関家、領家は源師房(村上源氏、藤原頼通猶子)家と考えられる。鎌倉時代に入ると本家職《しき》は、北白川院(藤原陳子、後高倉院妃、後堀河天皇母)に移ったようで、以後、後高倉院皇女式乾門院を経て室町院(後堀河天皇皇女)に相承され(『室町院御領目録』)、その後持明院統系荘園になったものと考えられる。南北朝時代貞和二年(一三四六)に興福寺東北院家に寄せられ、東大・興福両寺の領主権争いがくり返されたが、興福寺が優勢で、東北院領となってゆく。なお東寺八幡宮御供料所でもあった(『東寺文書』)。(朝倉 弘)

たかののまき 高野牧 平安時代の相模国の官牧。所属郡は未詳。『延喜式』兵部省にみえる諸国馬牛牧の一つに、相模国高野馬牛牧がある。現地の軍団の兵馬、駅伝馬にあてられるほか、毎年馬四疋と牛八頭が高野牧から朝廷に貢進された。比定地は未詳であるが、伊勢原台地の池端(神奈川県伊勢原市)・沼目(同)などにあてる説がある。(八幡 義信)

たかはしのしょう 高橋荘 三河国加茂郡の荘園。現在の愛知県豊田市北部・中部、西加茂郡三好町・藤岡町・小原村の一部付近。安元二年(一一七六)の八条院領目録に「庁分御庄」として見えるのが初見。その後は他の八条院領と同様、大覚寺統の主要な経済基盤として継承されていった。また、亀山上皇の時には年貢の一部が石清水八幡宮に寄進されている。南北朝期の伝領関係については不明であるが、明徳二年(一三九一)には、相国寺領として見える。荘官としては、康和五年(一一〇三)以後

には藤原惟康(または雅康)・長田忠致が見られ、治承・寿永内乱期には小野成綱・同盛綱、承久の乱後には中条家長が確認できる。これ以後、永享四年(一四三二)に中条満平が将軍足利義教の勘気に触れたため、一時期、高橋荘を追放されることもあったが、戦国期に至るまで中条氏は当地を基盤として活動している。（西尾 知己）

たかはしのみやりょう 高橋宮領 土御門天皇の皇子尊守法親王の所領。尊守法親王は妙法院門跡で、高橋宮と称した。貞応元年(一二二二)六月、尊性法親王は尊守法親王を弟子とした(『承久三年四年日次記』)。そして寛喜三年(一二三一)四月、比丘尼観如の譲りに任せて、大和国曾我荘など五ヵ所を尊守法親王家に譲進するのを許す官符が下った(『門葉記』七九)。さらに延応元年(一二三九)九月、前天台座主尊性法親王が示寂したので、同年十二月その付属状に任せて、妙法院門跡尊守法親王に遺領を相伝させる官符が発給された(同)。その遺領は先師尊性法親王の家領十三ヵ所と、順徳天皇の女大谷姫宮の家領六ヵ所とである。後者は嘉禄年中(一二二五―二七)に手継証文を副えて尊性法親王に譲った。そこで、天福元年(一二三三)に安堵の宣旨を受けた。そして姫宮一期ののち、尊守法親王は先師の譲状を受けている。尊守法親王は幼くして尊性法親王に入室して、多年服仕し、去る延応元年八月尊性法親王病危急の時に譲与を受けた。そこで官符宣旨を下されたいと申請し、同年十二月二十五日に発給された。その内容は、『門葉記』七九に「高橋宮(尊守親王)遺領目録」として残されている。また寛喜三年四月の官符写は「督三品遺領目録」として『門葉記』に収録されている。（奥野 高広）

高橋宮領一覧

所在国郡	名称	特徴	典拠
山城 宇治郡	醍醐栢杜堂塔敷地	一言寺の南に所在	山城名勝志
大和 高市郡	曾我荘	比丘尼観如の譲り	門葉記雑決・西大寺田園目録
河内 茨田郡	今津荘	尊性法親王の譲り	門葉記
和泉 大鳥郡	塩穴荘	八条院領、高橋宮領内西御方領、上条・中条・下条に分かれる	昭慶門院御領目録
摂津 河辺郡	楊津荘	楊津河尻は八条院領、大谷姫宮の譲り	門葉記
有馬郡	貴志荘	大谷姫宮の譲り	同
(郡未詳)	宿久山荘	同	同
伊勢 朝明郡	額田荘	額田郷の地、大神宮神田か、尊性法親王の譲り	門葉記・神宮雑例集
飯高郡	五箇山荘	五箇山御薗といい、二所大神宮領	門葉記・神宮雑例集・神鳳鈔
(郡未詳)	茂福荘	尊性法親王の譲り、『経俊卿記』正嘉元年九月条の「茂福名」はこの茂福荘か	門葉記
尾張 (同)	津鼻荘	尊性法親王の譲り	同
遠江 引佐郡	刑部御厨	尊性法親王の譲り、二所大神宮領	門葉記・神鳳鈔・神領給人引付
佐野郡	小高荘	同	門葉記・神鳳鈔
近江 蒲生郡	奥島荘	大谷姫宮領、尊性法親王の譲り	門葉記
同	比牟礼荘	大谷姫宮領、尊性法親王の譲り、歓喜光院領、比牟礼神社鎮座	門葉記・昭慶門院御領目録
下野 都賀郡	皆河荘	守護長沼氏の本拠、長沼氏は『淡路国大田文』作成の責任者、大谷姫宮の譲り	門葉記
越後 古志郡	志都岐荘	志度野岐荘の誤記であろう、大谷姫宮の譲り	吾妻鏡・門葉記
但馬 城崎郡	気比水上荘	比丘尼観如の譲り、領家職は比丘尼覚重の相伝、貞和五年三月播磨国清水寺に寄進	門葉記雑決・播磨清水寺文書
備前 御野郡	大安寺荘	建久七年十一月東大寺領として立券言上させる、比丘尼観如の譲り	門葉記雑決・東大寺続要録
備中 小田郡	草壁荘	比丘尼観如の譲り	門葉記雑決
後月郡	県主保	比丘尼観如の譲り、領家職は青蓮院領	青蓮院文書
備後 甲奴郡	有福荘	尊性法親王の譲り、賀茂別雷社領四十二所の一つ	賀茂注進雑記・吾妻鏡
(郡未詳)	植田荘	大谷姫宮の譲り	門葉記
周防 大島郡	安下荘	尊性法親王の譲り	同
(郡未詳)	柳谷領	尊性法親王の譲り、地名は山城国にもあるが未詳	同

高橋宮領

たかはのしょう 高羽荘 加賀国の荘園。遺称地がなく、所在郡・位置は不明。『醍醐雑事記』によれば、同国の治《はる》田《た》荘と対をなし、ともに延長八年(九三〇)三月に醍醐寺准胝《じゅんてい》堂領として立荘、天暦七年(九五三)八月五日付の官省符を帯し、長和五年(一〇一六)十月まで醍醐寺による領有が確認できるが、十一世紀後半に両荘とも国衙に没倒された。その後も醍醐寺側は回復工作を続けるが、国衙は、「熟田」を理由に寺領復活を認めなかった。寛治二年(一〇八八)春に同国加賀郡の得蔵《とくら》保(荘)の再開発をはかって保司職《しき》を入手した醍醐寺少別当賢円は、翌三年十月に、高羽・治田両荘の回復を断念する代償として、醍醐寺領得蔵荘の国免を得ている。（浅香 年木）

たかばのしょう 高庭荘 因幡国高草郡の荘園。現在の鳥取市西部の湖山池《こやまいけ》と千代川《せんだい》の間一帯。東大寺領。天平勝宝八歳(七五六)に、聖武天皇の勅を奉じて、東大寺野占使平栄らが在地の豪族国造勝磐の協力を得て六十七町九段二百十九歩の地を占定したことに始まる。天平神護元年(七六五)には、同荘の墾田長であった国造勝磐の私墾田五町八段二百十六歩をその妻子より買得し、合計七十三町八段七十五歩になり最大の荘域を有するに至った。しかし、東大寺の高庭荘経営は困難であったらしく、延暦二十年(八〇一)になると、勅施入地の五十五町一段三十九歩を参議藤原縄主に、同二十二年には、同地の十二町八段百八十歩を因幡守藤原藤嗣に売却し、東大寺領は天平神護元年に勝磐の妻子より買得した地のみになった。承和九年(八四二)に、東大寺は寺使石川真主を派遣し同

荘地の勘定を行い、縄主らへの売却には不正があったとして、その返還を太政官に申請した。寺田回復の主張は十世紀初期にもされたが、その努力はむくわれなかった。寺家側に残された土地も、長徳四年(九九八)の『諸国庄家田地目録』に高庭荘十二町一段百八十六歩は荒廃と記されるように、多くは荒廃していった。寛弘元年(一〇〇四)に、荒廃地開発の努力をするが成功せず、まもなく消滅していったとみられる。なお、縄主が買得した地は、彼の死後に源寛の治田となり、その後、藤嗣の買得地とを併せて文徳天皇の皇女晏子内親王の手に移った。寛平七年(八九五)になると、同地は陸奥出羽按察使藤原有実と紀高子に売却された。（松原　弘宣）

たがわのしょう　田川荘　近江国浅井郡の荘園。現在の滋賀県東浅井郡湖北町・浅井町・虎姫町の各一部にまたがる。初見は文和四年(一三五五)の後光厳天皇綸旨。河毛郷・中野郷・伊部郷・丁野郷からなり、河毛郷は醍醐三宝院領、中野・伊部両郷は大覚寺領、丁野郷ははじめ東大寺のち大覚寺の領としてみえる。南北朝―室町時代において、地頭らの勢力によって侵略をうけた。（髙橋　昌明）

たきぎのしょう　薪荘　山城国綴喜《つづき》郡の荘園。現在の京都府京田辺市大字薪付近。薪御園ともいう。石清水八幡宮領。二十四節二季の神楽燎料として用いる薪を備進する薗として石清水八幡宮に寄進され成立した。保元三年(一一五八)十二月三日付官宣旨に宮寺領としてみえるのが初見だが、寄進の年次は不詳。嘉禎元年(一二三五)五月、北に接する興福寺領大住荘との間に生じた用水相論は、石清水八幡宮と興福寺との大規模な衝突にまで発展し、翌春までつづいた。その鎮圧のため鎌倉幕府は、男山守護を置き、また大和国に守護地頭を設置したほどであった。この時、薪荘の在家六十余宇が興福寺衆徒によって焼払われたという。弘安五年(一二八二)の相論に際し、朝廷は紛争の根絶を期し、院宣をもって大住荘とともに薪荘を関東一円の地とした。しかし、『師守記』貞治六年(一三六七)九月十七・二十七両日条によると、すでに薪荘は石清水八幡宮に還付されており、大住荘との相論もまた継続している。↓大住荘《おおすみのしょう》（泉谷　康夫）

たきのくちのしょう　炬口荘　⇨たけのくちのしょう

たきのしょう　多芸荘　美濃国多芸郡の荘園。現在の岐阜県養老郡養老町の北部から大垣市の一部にまたがる地域。皇室領。貞観十四年(八七二)の『貞観寺領目録』に、熟田十二町・未開地百二十八町、計百四十町の多芸荘がみえるが、これとの関係は未詳。建久三年(一一九二)には源頼朝が纐纈盛安に「多記庄半分」を与えており(『平治物語』)、同九年には八条院領としてみえる(『明月記』)。鎌倉時代後期には地頭請所となっていたが、南北朝時代初頭の地頭は美濃守護土岐頼貞であった。荘内は多芸島・榛木・吉田・大跡・友江・安久・椿井・直江などの郷に分かれ、南北朝時代から室町時代初期にかけて、明智氏・島田氏らの土岐一族や近江佐々木氏が各郷地頭となっている。室町時代には禁裏料所として年額万疋の年貢を送進することに定められており、十五世紀末期には守護代斎藤氏が代官となっているが、このころを最後に、以後荘園としての一体性は失われた。（谷口　研語）

たぐちのしょう　田口荘　㈠大和国吉野郡の荘園。現在の奈良県吉野郡大淀町大字越部小字田口付近。興福寺領。平安時代には雑役免荘で九町四段余。のち同寺寺務領。㈡大和国宇陀郡の荘園。現在の奈良県宇陀郡室生村大字田口付近。興福寺領。室町時代に同寺大乗院領で三十町六段余。（朝倉　弘）

たくみりょうりょう　内匠寮領　令制中務省所属の令外官司で、宮中・朝廷の調度の製作などのことを掌る内匠寮の所領。内匠寮には、元慶五年(八八一)要劇ならびに番上粮料として、摂津国において官田二十三町二段を充て、さらに寛平九年(八九七)内匠寮長上要劇料として、大和国において二十五町六段余、摂津国において三十三町(二十三町とする異本あり)一段余の官田が充てられた(『類聚三代格』)。延久二年(一〇七〇)の『興福寺雑役免帳』にみえる大和国の内匠寮田十一町六段余は、上記の長上要劇料田に系譜を引くものであろうか。また『実隆公記』所収の延徳三年(一四九一)十二月二十七日付の勧修寺教秀の消息によれば、内匠寮領の西京田畠・敷地などはすでに松梅院に押領されているといい、大原にも寮領はあるが、年貢は昔より納入されず、公事物として納めていた薪・蕨・栗・茶なども、菩提院万里小路冬房が沽却したので近年は不知行となっていたところ、今年種々交渉した結果、公事物少分の進納があったという。（橋本　義彦）

たけうちりぞう　竹内理三　一九〇七―九七　古代・中世史。東京大学史料編纂所所長。明治四十年(一九〇七)十二月二十日、愛知県知多郡岡田町(現、知多市)で生まれる。愛知県立半田中学校、第八高等学校を経て、昭和五年(一九三〇)、東京帝国大学文学部国史学科卒業。東京帝国大学史料編纂所業務嘱託。同十年、史料編纂官補。二十年、史料編纂官。二十三年、九州大学法文学部教授。二十四年、九州大学文学部教授。三十一年、西日本文化賞。三十三年、朝日文化賞。三十四年、東京大学史料編纂所教授。三十六年、「日本に於ける貴族政権の成立」により東京大学より文学博士の学位を取得。四十年、東京大学史料編纂所所長。四十三年、同教授を定年退官。早稲田大学文学部教授。四十四年、紫綬褒章。五十三年、早稲田大学教授を定年退職。六十三年、日本学士院会員。文化功労者。平成四年(一九九二)早稲田大学名誉博士。東京大学名誉教授。同八年、文化勲章。同九年、知多市名誉市民。平成九年(一九九七)三月二日没、八十九歳。『寺領荘園の研究』(畝傍書房、昭和十七年)、『荘園分布図』上・下巻(吉川弘文館、同五十・五十一年)『伊賀国黒田荘史料』一・二(吉川弘文館、同五十・五十四年)をはじめ、戦前、戦後を通じて多くの荘園に関する研究成果を

発表し、『平安遺文』『鎌倉遺文』の刊行による網羅的史料の利用を可能にしたことと相まって、わが国の荘園研究の最大の功労者といえる。（瀬野精一郎）

たけだのしょう　竹田荘　㈠山城国紀伊郡の荘園。同郡竹田里を中心に存在した。現在の京都市伏見区竹田のあたり。竹田荘の初見は文永十年（一二七三）六月一日付玄海寄進状で、竹田・芹河散在没官領地頭職《しき》を三聖寺に寄進した内容のものである。この周辺は、東寺領拝師荘や東西九条女御田、主殿寮田・主水司田などが入り組んでおり、荘田は散在形式を示し、特定の荘民は存在せず、畿内荘園の特質をよく示している。（泉谷　康夫）

㈡大和国城下郡の荘園。現在の奈良県磯城《しき》郡田原本町大字法貴寺・同八田・同唐古《からこ》地域。興福寺領。十一世紀前半に成立か。同後半には竹田東・同南・同北の三荘となる。雑役免荘で合計三十八町余。なお大和国にはこれとは別に宇陀郡にも竹田荘があり、同荘は東大寺尊勝院領。現在の宇陀郡菟田野《うたの》町内か。（朝倉　弘）

たけのくちのしょう　炬口荘　淡路国津名郡の荘園。現在の兵庫県洲本市炬口付近。石清水八幡宮領。康治二年（一一四三）太政官牒案に菅原荘に南隣する荘とみえ、保元三年（一一五八）官符に宮寺領としてみえ、文治元年（一一八五）、源頼朝は宮寺領として安堵している。承久の乱後、貞応二年（一二二三）の『淡路国大田文』に「八幡宮御領、炬口荘（前地頭刑部丞経実国御家人、新地頭相馬小次郎雖賜、依領家訴、地頭領家御沙汰也）、田四十丁、畠、浦一所」とあり、地頭の任命にあたって、領家である石清水八幡宮が訴訟中であること、また田地四十町歩、若干の畠地と港の所在を記している。地形的に山が海にせまる北部の山上に炬口城があった。中世末期の淡路の土豪、安宅氏が構築したもので、今も本丸跡地などを残している。当地に鎮座する八幡神社は、延喜年間（九〇一—二三）に石清水八幡宮より神霊を勧請したと伝え、新田義貞の着用という腹巻・兜（重要文化財）その他を所蔵している。（三宅　進）

たけのしょう　多気荘　備中国賀陽《かや》郡の荘園。現在の岡山県上房《じょうぼう》郡賀陽《かよう》町竹荘《たけのしょう》付近。『和名類聚抄』にみえる多気郷の地か。荘名の初見は養和元年（一一八一）十二月八日後白河院庁下文案で、新熊野社領二十八所の一つとしてみえる。『吾妻鏡』寛喜三年（一二三一）六月二十二日条に、高野法印貞暁によって多気荘は西園寺実氏の子道勝に譲られたことがみえる。のち長講堂領に属し、応永十四年（一四〇七）の目録に御影堂領とされている。なお平治元年（一一五九）の宝荘厳院領荘園注文にみられる備中国多気保との関係は不明。（三好　基之）

たけはらのしょう　竹原荘　㈠安芸国沼田郡の荘園。現在の広島県竹原市東野《ひがしの》町付近。京都賀茂《かも》御祖《みおや》社（下賀茂社）領。『下賀茂神戸記』に「安芸国竹原庄　四十町」とあり、寛治四年（一〇九〇）官符によって立券されたものと推定される。平安時代末期、北に隣接する国衙領都宇《つう》郷の中心部も立荘されて同社領都宇荘となったため、以後、両荘は実質的に一体をなし、中世を通して多く都宇竹原荘と併称された。竹原荘の公文は、承久の乱で京方に味方したため所職を奪われ、代りに沼田荘地頭であった小早川茂平が都宇竹原両荘の地頭職《しき》に補任された。正嘉二年（一二五八）茂平は子息政景に都宇竹原荘地頭職を譲与、政景の子孫が竹原小早川家として沼田の本宗家から分立した。天文十三年（一五四四）毛利元就の子隆景が竹原小早川氏の養子となり、ついで同十九年惣領家も継いだので両家は合体した。なお、都宇竹原荘の公用銭は、わずかながら安土桃山時代末期まで賀茂御祖社に上納されていた。→都宇荘《つうのしょう》（渡辺　則文）

㈡阿波国那賀郡の荘園。現在の徳島県阿南市付近。関白藤原忠実から頼長に伝えられた。頼長が保元の乱で失脚したため、この荘を含む二十九ヵ処の所領とともに没官せられ、後院領となった。それ以後の動向について、長寛元年（一一六三）に藤原基実がこの荘の鎮守八桙神社に水田を寄進したとされているが、文書自体に疑問があるなど明らかではない。ただ、南北朝時代に安宅・須佐美両氏が地頭としてこの地に勢力をのばしていたことは確認できる。（丸山　幸彦）

たけふせます　竹伏枡　口縁部に竹片を張りつけた枡の構造上の名称。史料上は鎌倉時代後期からかなり広く見られる。なお、鉄を張ったものは金伏枡という。竹を張る本来の目的は、通常木製の枡の構造を強固にし、斗概の使用などによる摩耗を軽減させ、それによって計量の正確性を保つことにあったと思われる。しかし、竹は縦に割れやすいため、枡に釘で打ちつける際にかなりの厚みをもたせる必要があり、新たに竹を張る際や竹の摩滅にともなう張り替えの際などに容量の増加が起こったことから、しばしば紛争の原因となった。暦応四年（一三四一）、東寺領播磨国矢野荘西方の名主・百姓等は、現地荘官の田所脇田昌範が、年貢収納枡の容量を増やす意図で枡に竹を張ったとして、東寺に対して抗議している。年貢収納をめぐる領主とのぎりぎりのせめぎ合いのなかで、枡の容量の変化に鋭敏に反応し、不正を訴える百姓たちの姿を読みとることができよう。（松澤　徹）

たけべのしょう　建部荘　㈠近江国神崎郡の荘園。現在の滋賀県八日市市の北部および神崎郡五個荘町、箕作《みつくり》山の東麓、愛知《えち》川南岸に、建部神社のある伊野部（五個荘町）を中心に北は三俣（同）から南は八日市場（八日市市）までの十五ヵ村を擁した日吉社領。日本武尊の名代《なしろ》に起源し、元は勢多に遷祀された建部神社の所領とする口碑があるが、立荘の経緯や沿革は不明。初見史料は文治二年（一一八六）の源頼朝の下文。建部神社領をはじめ北野神社・天竜寺、愛智郡の百済寺などの所領を含み、中世末まで存続。（畑井　弘）

㈡美作国真島郡の荘園。現在の岡山県真庭郡湯原《ゆばら》町藤森・二川付近か。『和名類聚抄』にみえる健部郷の地か。皇室領荘園の安楽寿院領で、のち八条院領、昭慶門院領に受

け継がれる。初見は『玉葉』治承元年(一一七七)八月二十五日条。八条院と美作国司との間に、支配をめぐって「未曾有之訴」があった、とある。嘉元四年(徳治元、一三〇六)の『昭慶門院御領目録』に、安楽寿院領とみえ、所職の一部が藤原忠氏から京極准后(西園寺相子)に進められた。 (三好 基之)

たざいけ 田在家 家・屋敷のみでなく、田地をもふくみ込んで収取の対象として把握された在家の呼称。中世後期の東国に多い。東国など辺境では、鎌倉時代末期以降在家農民の開墾活動による「在家付田」の形成および在家農民の田地請作権の強化がすすむ一方、荘園領主支配が消滅に向かい、名田と在家を区分する荘園制的収取編成が無意味となる段階に、在地領主による収取対象として出現する。在家支配を基本としたものであるが、実態としてはいわゆる百姓名に近い。 →在家《ざいけ》 →百姓名《ひゃくしょうみょう》 (工藤 敬二)

だざいふりょう 大宰府領 九州を管轄した大宰府は、律令行政機構の一官衙として、諸費用を筑・豊・肥の三前三後の六ヵ国に負担させていた。承和五年(八三八)、府公廨を確保し、不足すれば六ヵ国の正税を通行しうる権限が与えられ、貞観十五年(八七三)には、筑前国に警固田百町、府儲田《ふちょでん》二百町を設置されるなど財政基盤の整備が進められた。天慶四年(九四一)、藤原純友の府への侵入と破壊は、府機構を変質させる。府官は各給田を有し、諸司田たる兵馬田、学校院田等や直営田の府佃が置かれた。府官層は諸司田、府佃を中心に所領拡大を進めている。しかし、天延三年(九七五)、大弐藤原国章が兵馬所秣田《まぐさでん》を観世音寺へ施入して以降、府官長(権帥、大弐)による管内寺社への府領寄進がたびたび行われた。長保六年(一〇〇四)には、警固所、主厨司領田四十町が観世音寺へ施入され、宇佐八幡宮へは、永保年中(一〇八一―八四)に豊前国長野荘(府佃、府領名田)が、寛治五年(一〇九一)には、豊後国勾《まがり》別符、永長二年(一〇九七)には豊前国虫生《むしお》別符、康和元年(一〇九九)に筑後国原田荘の地利物、保安二年(一一二一)には豊前国赤幡《あかはた》社(府社)がそれぞれ寄進・施入された。また保安二年、大隅国禰寝院《ねじめいん》南俣《みなみまた》府領が大隅正八幡宮へ寄せられている。大宰府の安楽寺(天満宮)領も府官による開発地や府領が寄進されて成立した荘園が多い。こうした度重なる寄進によって府領の多くは寺社領へ変貌。中世においては、建久八年(一一九七)の薩摩国図田帳に、府領社(府社)五ヵ所七十九町余の所領、大隅国図田帳には、正八幡宮領の中に、府別符として加治木郷百六町余、禰寝院南俣郡本《こおりもと》三十町があげられる。断簡であるが筑前国図田帳にも府領の存在が記され、豊前国にも二百八十町の府領が存在した。鎌倉時代の府領は、東国御家人武藤氏が少弐として大宰府を掌握したことにより、武藤氏所領と化したと見られている。具体的な所領、その過程は不明。肥前国の武雄《たけお》社は府社の代表的存在であるが、武藤氏による影響を強く受けていた。元亨二年(一三二二)六月七日、鎌倉幕府は、武藤貞経に府領興行を命じているが(宇佐樋田文書『鎌倉遺文』三六巻二八〇五五号)、実情は知られない。南北朝・室町以後はほとんど消滅したと見られる。府領の特徴は、宰府より遠隔地に在り、いずれも郡内各地に散在し、名や佃で小規模。多く浮田的形態をとり、国半不輸地、雑役免が多い。また管内の中小神社を府社(府領社)として支配したことも特色といえよう。 (恵良 宏)

たじし 田地子 ⇩地子《じし》

たしぶのしょう 田染荘 豊後国国東《くにさき》郡の荘園。現在の大分県豊後高田市の南東部一帯、国東半島の中央部、桂川の中流域。宇佐八幡宮の荘園であり、その重要な位置を占めた本御荘十八箇所の一つにあげられている。正確な成立年次は不明であるが、他の本御荘十八ヵ所がほぼ十一世紀の成立であるので、この田染荘の成立もそのころであると推定される。弘安八年(一二八五)の『豊後国大田文』によれば、田積は九十町で、本郷四十町、吉丸名二十町、糸永名三十町に分かれていた。このうち、本郷と吉丸名は、池部・横嶺条里および上野条里の中とその辺縁部に存在し、糸永名は蕗谷の糸永井堰が灌漑する水田を中心とする地域であったと推定される。宇佐神宮の神官永弘氏が所蔵する『永弘文書』を中心に関係史料は六百点以上に及び、特に鎌倉時代後期の政治問題であった神領興行法の具体的な施行例が明らかにできる点は貴重である。なお、荘域内の小崎地区は中世以来の水田景観を残すところで、田園空間博物館として保存が図られている。

参考文献 渡辺澄夫編『豊後国荘園公領史料集成』一(『豊後国田染荘田原別符史料』) (海老澤 衷)

だじょうかんちゅうけりょう 太政官厨家領 令制太政官の厨房で、かつ諸国の公田(乗田)の地子を管掌した太政官厨家(略して官厨家・官厨・厨家)の所領。官厨家領は厨家の諸国公田の地子管掌に由来する。『養老令』田令によると、諸国の公田の地子は太政官に送って雑用に充てよとし、『弘仁式』主税には、五畿内と伊賀国、陸奥・出羽両国および大宰府管内の諸国を除き、自余の諸国の公田の地子は軽貨(絹・布など)に交易して太政官に送ること、ただし近国および沿海の諸国は舂米にして運漕することと定めているが、『延喜式』主税上では、その送り先を「太政官厨」と特定している。一方、承和五年(八三八)には、大宰府管内の地子交易法を定めて、綿一屯直稲八束とし(『続日本後紀』)、『延喜式』主税上にも大宰府管内の地子は、一部を除き、軽貨(綿)に交易して送進するとしている。また延喜十四年(九一四)八月十五日付の官符(『別聚符宣抄』)に引く厨家の解状には、「諸国例進地子雑物」の色目・数量を定めた天安二年(八五八)正月二十九日の官符が存したことを述べているので、官厨家の地子管掌の機能はそのころまで遡ることができる。その延喜十四年の官符の制によれば、地子例進の諸国は伊勢以下四十六ヵ国と大宰府にわたり、その納物は、米五千四

官中所領一覧

太政官厨家領

所在国郡	名称	特徴	典拠
摂津 能勢郡	摂津国採銅所	長暦年中建立、官務渡領、銅・紺青・緑青を三種土貢と称す	壬生家文書・続左丞抄
上総 市原郡	今富保	壬生国宗建立、官中便補保、大宮季継に分付、以後壬生・大宮両官務家相論	壬生家文書
常陸 那珂郡	石崎保	建久六年本領主相慶より壬生隆職に寄進、同九年官厨家便補保、壬生国宗・同妹蓮妙相伝	同
同	吉田社	長承年中社務職を吉美侯氏人より小槻政重に寄進、壬生隆職子孫相伝知行の宣旨を賜わる	壬生家文書・常陸吉田神社文書
近江 坂田郡	細江荘	建久四年壬生隆職綸旨を奉じて建立、官厨家領、列見定考炊料米便補	壬生家文書
陸奥 安達郡	安達荘	仁平元年史生惟宗定兼官厨家便補地として立荘、定兼没後壬生隆職地主職伝領	同
若狭 遠敷郡	国富荘	永万元年壬生隆職(仮名吉原安富)開発立荘、官御祈願所料米・造八省院料米・官厨家納物等便補	壬生家文書・続左丞抄
越前 敦賀郡	中津原村	氷料米料所、官厨家の氷例進に関連するか	壬生家文書
坂井郡	池上荘	官中便補地、大宮官務家相伝知行	壬生家文書・続左丞抄
加賀 石川郡	北嶋保	建久三年壬生隆職建立、官中便補保、壬生国宗より大宮季継に分付、以後壬生・大宮両官務家相論	壬生家文書
越中 射水郡	黒田・中村保	官厨家便補保、建武四年壬生匡遠知行安堵の院宣を賜わる	同
美作 大庭郡	田原荘	壬生隆職本領主三野頼延より伝領、元暦二年御斎会行事所便補地となす	同
備前 和気郡	日笠保	壬生国宗本領主藤原季景より伝領、官御祈願所便補保となす	同
備中 窪屋郡	山手保	壬生国宗建立、官中便補保、国宗より大宮季継に分付、以後壬生・大宮両官務家相論	同
備後 世羅郡	神崎荘	世良西条神崎荘ともいう、壬生隆職開発建立、御祈願所領、正慶元年壬生匡遠知行安堵の院宣を賜わる	同
安芸 安芸郡	世能荒山荘	世能村・荒山村より成る、壬生隆職開発、建久四年官厨家納物・円宗寺最勝会料米・秋季御読経料米便補地並びに高倉院法華堂領となす	同
同	阿土熊野保	文治四年大宮広房本領主貞宗の寄文を得て知行、御祈願所領となす、大宮官務家相伝知行	同
周防 熊毛郡	宇佐木保	造寺官得分、壬生官務の造東大寺次官世襲によるか	同
紀伊 名草郡	旦来荘	八省御斎会並びに官御祈願所領、大宮官務家相伝知行、正和元年大宮伊綱、知行安堵の院宣を賜わる	同
讃岐 那珂郡	柞原荘	壬生隆職開発建立、仁安三年子孫相伝の宣旨を賜わる、官中便補地	壬生家文書・続左丞抄
土佐 香美郡	吉原荘	壬生隆職本領主源包満より伝領、建久九年官御祈願所料米・官厨家納物・円宗寺法花会料米等便補地並びに高倉院法華堂領となす	壬生家文書
肥後 (郡未詳)	高樋荘	官中便補地、建武三年壬生匡遠、安達荘・日笠荘・世能荒山荘・吉原荘と共に知行安堵の院宣を賜わる	同

百余石・絹八百二十疋・商布九千三百余段・調布三千二百余端・大宰綿四千屯・鍬二千一百口から、塩・堅魚以下の海産物、上紙二千張その他の雑貨に及んでいる。しかし一方では、すでに『三代実録』元慶七年(八八三)十月二十日条に載せる官厨家の解状に、近年権官や栄爵が激増し、その位田などに諸国の乗田が充てられるため、地子が減少すると訴え、さらに国司が好んで地子田を租田に混合するのが、地子減少の大きな原因であるとも指摘された(『別聚符宣抄』所収延喜十四年八月八日付官符)。こうして地子例進制の維持は次第に困難になり、それに代わるものとして便補の荘保が設置された。平安時代中期以降、近江国から進納されていた「列見定考炊料米」の便補のため、同国に設置された細江荘は、その典型的な例である(『左経記』、『中右記』、『壬生家文書』二)。一方、官務の世襲化に伴い、官厨家領は官御祈願所領などとともに官中便補地として一括され、官務渡領ともいわれたが、さらに官務家小槻氏が壬生・大宮二流に分かれたため、その伝領をめぐってしばしば両官務家の間で相論が起きた。官厨家領を含む太政官関係の所領は、別表のごとく、『壬生家文書』その他により、二十数ヵ所検出できるが、ほかに室町時代末に断絶した大宮官務家に伝領された所領も存したと思われる。

（橋本　義彦）

たしろ　田代　主に奈良時代から鎌倉時代にかけて用いられた地目の名称。時代とともに変化するため三段階に分けて理解されている。奈良―平安時代初期は開発予定地の総称として用いられたが、十一世紀後半以降畠地の収奪の開始とともに田代と畠代に分化し、それぞれ条里地割内の水田予定地・畠地予定地を意味するようになる。三段階目は鎌倉時代以降で、水田・荒田などを含んだ田地の総称として用いられた。田代が地目の名称として独自の意味を有したのは条里地割内水田予定地としての平安時代後半であったといえよう。

（木村　茂光）

たぜに　田銭　田地の段別に応じ賦課する税。「でんせん」ともいう。「相良氏法度」に「田銭触の時、五日の内に相揃べき事」と見える。永享五年(一四三三)の丹波国大山庄算用違目事書案(東寺百合文書に一五九号)によれば、同荘の田銭について「年々守護役幷に田銭等」と見え、配符に従い百姓と寺家(東寺)とが折半して納入するものであった。大山荘では「田銭」は荘園年貢や幕府の段銭とは別に賦課されている。守護段銭や領主段銭などのいわゆる「私段銭」の類であろう。なお、応永三年(一三九六)の金沢称名寺田畠銭注文案(金沢文庫文書)には、田銭とともに「畠銭」が掲げられている。

（田中　健二）

ただのしょう　太多荘　但馬国気多郡にあった荘園。現在の兵庫県城崎郡日高町。当荘は文治元年(一一八五)に伊勢神宮の外宮領として立荘された荘園であり、同年に

はさらに永代不輸神領とされ、上品紙や八丈絹などを外宮に貢納することが定められている。弘安八年(一二八五)の注文によれば、当荘の田積は八十一町余であり、伊勢大神宮領で領家は岩倉皇后宮権大進、地頭は楽前藤内兵衛入道了一であったと記されている(『鎌倉遺文』二一巻、一五七七四号)。室町時代の当荘には大岡寺(日高町)領が多く所在していたらしく、例えば長享二年(一四八八)には当荘の田地一段が在地武士の太田氏から大岡寺に寄進されている。また、当荘の一部は室町幕府三代将軍足利義満によって春屋妙葩に安堵され、康暦元年(一三七九)に義満の御内書が発給されている。その後当荘は南禅寺が領するところとなり、同寺は応永二十一年(一四一四)に四代将軍義持によって安堵をうけているが、その後の状況は未詳である。　(山田　康弘)

ただのしょう　多田荘　摂津国河辺郡の荘園。現在の兵庫県川西市・宝塚市の北部、三田《さんだ》市東部、川辺郡猪名川町付近。山間に開かれた荘園。初見は仁平三年(一一五三)で摂関家領であった。十世紀末、清和源氏の祖源満仲が現川西市の多田の地に多田院を創建して以後開発が進み、十一世紀ごろに摂関家に寄進されたものと思われる。その荘域は、ほぼ河辺郡北部全域に及んでおり、畿内地方にあっては荘園史の常識を越える広さ。内部に諸権門領が含まれていたが、特に山野はすべてその支配下にあり「御領山九万八千町」といわれた。開発領主多田源氏は源平合戦で源義経に与して追われ、多田荘は大内惟義に預けられたが、ついで承久の乱で大内氏が京方に与して追われ、北条泰時に給付される。以後、北条得宗《とくそう》家が地頭職《しき》を伝領し、本家近衛家の請所《うけしょ》として北条家公文所が支配した。南北朝・室町時代も幕府から段銭免除・守護使不入などの特権を与えられているが、荘園としての実質は次第に解体していった。　(丹生谷哲一)

たたらぎのしょう　多々良岐荘　但馬国朝来郡の荘園。現在の兵庫県朝来郡朝来町多々良木・奥多々良木の一帯。平安末は八条院領。その後、安嘉門院が伝領した。建久五年(一一九四)閏八月十二日に源宰相(兼忠)の所領で地頭職《しき》に熊野鳥居禅尼(源義朝姉)が補任されている。弘安八年(一二八五)の『但馬国大田文』によると、荘田十六町で神田二段、地頭給二町八段、徴使給一町、檜物給壱丁、定田十町からなる。本家は安嘉門院、領家は関東分、地頭加治八郎輔朝である。興国元年(北朝暦応三、一三四〇)七月十日、本荘は後村上天皇から山城国正伝寺に御祈禱所として寄進されている。　(仲村　研)

たちのまき　立野牧　武蔵国都筑郡にあった古代の牧。延喜九年(九〇九)の太政官符に勅旨牧としてみえ、毎年馬十五疋を都へ送っている。『延喜式』左右馬寮によると武蔵国四牧の一つとして二十疋の年貢御馬が規定されている。その他『北山抄』所引『村上天皇記』応和元年(九六一)九月二十三日条、『本朝世紀』長保元年(九九九)二月八日条、『小右記』長和三年(一〇一四)二月四日条などに、この牧の馬が駒牽《こまひき》に加わっている史料がみえる。比定地については、横浜市港北区・緑区、東京都町田市など諸説がある。　(八幡　義信)

たちばなしまのしょう　橘島荘　河内国渋川郡の荘園。現在の大阪府八尾市域内。大覚寺統領。『新編追加』に弘長元年(一二六一)、同荘の名主百姓が地頭に知らせず田地を売買したことを鎌倉幕府が不法としたことがみえる。徳治元年(一三〇六)亀山上皇から昭慶門院に譲渡されたが、もと本所は真如院、領家は堀川具守であった。暦応三年(一三四〇)細川和氏は同荘光国名を臨川寺三会院に寄進。正長元年(一四二八)畠山満家に代官職《しき》が与えられており、南北朝時代より室町幕府の御料所となっている。　(福留　照尚)

たちばなのしょう　橘荘　下総国香取郡の荘園。東《とう》荘とも呼ばれた。千葉一族の東氏の名字の地。現在の千葉県香取郡東庄《とうのしょう》町を中心に、小見川《おみがわ》町と干潟《ひかた》町の一部を含む地域。荘号は『吾妻鏡』文治二年(一一八六)三月十二日条の関東御知行国々内乃貢未済庄々注文に二位大納言家領としてみえ、隣荘三崎荘とともに、摂関家領で皇嘉門院領であったかと推察されている。建久八年(一一九七)の香取社式年遷宮には作料米百石を究済。当荘は平常重の私領であった国衙領立花郷の後身とみられるが、同郷は保延二年(一一三六)に官物未進を口実に国司に収公されており、当荘の千葉氏との関係は、源頼朝挙兵に貢献した常胤六男胤頼の東氏に始まる。荘内には、古代以来の伝承をもつ東大社が東荘三十三郷の鎮守として尊崇され、また各村郷に妙見社(星の宮)が祀られて、民俗学的にも興味深い地域である。　(福田　豊彦)

たちばなのみくりや　橘御厨　武蔵国橘樹《たちばな》郡橘樹郷を中心に成立したと思われる御厨。古代には『和名類聚抄』に橘樹郷の名があり、伊勢神宮領を記録した鎌倉時代末期の史料『神鳳鈔』に武蔵国「橘」とある。田数は七百三十九町七段六十歩、新田が七百余町という広大な所領であった。同書には「橘」とのみあって「御厨」との記載はないが、御厨であったと推定される。前祭主・宮司・内宮前一禰宜跡らの支配する伊勢神宮領。比定地は橘樹神社の鎮座する現在の神奈川県川崎市高津区子母口《しぼくち》付近一帯。　(八幡　義信)

たちばなのみその　橘御園　摂津国河辺郡の荘園。現在の兵庫県尼崎・伊丹両市域内。摂関家領。康平五年(一〇六二)藤原頼通の春日詣に裹飯を負担しているが、名称よりみて、柑橘の供御負担から始まり、供御・雑役負担のかわりに「御役田」の特権を得た周辺住人が、寄人として摂関家に従属し、次第に荘園化したと考えられる。そのため平安時代末期には東大寺領猪名荘と相論した。当御園は高陽院《かやのいん》(藤原忠実の女、泰子)を経て近衛家領となったが、基通から子の浄土寺円基に譲られ、叡山浄土寺領となった。鎌倉時代末期の元徳元年(一三二九)、公文職をめぐって浄土寺と「大炊助入道女子藤原氏幷後家等」との争いがあり、同時に御園内安延名の所当米を伊丹村

住人西道が抑留する事件がおこっている。前者に関しては、暦応二年（一三三九）御園内森本大路村の下司公文職などが（斉藤）基伝の未亡人見性より子の森本（藤原）基康に譲与されており、両職についての「本御下文等」は惣領伊丹殿のもとにあるとみえ、浄土寺と公文職を争ったのは伊丹氏か庶子家の森本氏と推定される。また後者について訴えをうけた六波羅探題は、伊丹左衛門三郎に通告して西道を召喚するように命じており、御家人伊丹氏の配下にあった住人による侵略と考えられる。このように伊丹氏と一族の森本氏は当御園の荘官職を基盤にし、御園内を侵略して勢力拡大をはかっているが、浄土寺の支配は十五世紀後半まで続いた。なお当御園には摂関家の散所雑色がおかれており、鎌倉時代には近衛家の別荘、難波江館があった。（福留　照尚）

たちばなもとのしょう　橘本荘　大和国十市郡の荘園。現在の奈良県橿原市葛本町など耳成山周辺の地域。興福寺領。散在性荘園。延久二年（一〇七〇）の『興福寺雑役免帳』にみえ、雑役免荘で十四町余。戦国時代にも寺務領進官荘で若宮祭礼並十二大会料所として存続。（朝倉　弘）

たづく　田付く　平安末期に行われていた農事慣行。荒木俊夫が初めて紹介した。鎌倉初期の歌学者顕昭の「袖中抄」に「田づくとは田つくるものの春の時稲を人にとらせくらはして、夏に成て田植る時に物もくはせずして、田をうゑさするをこそ田づくとは申せと云り。すでにあらぬ事也」とのように見える。荒木は、平安末期に行われていた雇傭者による春の勧農期における現物支給と夏の繁忙期における被雇傭者側からの労働力の供与という雇用関係の存在を指摘し、春の現物支給が夏の田植えにおける雇傭労働力編成を決定することを示した。黒田日出男は、被雇庸者は「稲をとらせ」「くらはして」もらっていたのであり、食事の支給だけではなく、種稲の供与を受けることこそが春の勧農時の被雇庸者にとって重要であったことを指摘するとともに、「たづく」を「田付く」と見、被雇傭者を特定の田に付けるという意味合いの言葉と推定している。（田中　健二）

たつののしょう　立野荘　大和国平群《へぐり》郡の荘園。現在の奈良県生駒郡三郷町大字立野付近。興福寺燈油免田。延久二年（一〇七〇）の『興福寺雑役免帳』によると田数は六町である。室町時代の『三箇院家抄』には上荘・下荘がみえる。上荘は大乗院領で二十二町四段大、下司は大乗院坊人の立野氏。下荘は御室領で八町八段であった。（泉谷　康夫）

たつののまき　立野牧　信濃国伊那郡の牧。現在の長野県上伊那郡辰野町辰野を中心とする地。天竜川とその支流横川《よこかわ》川の合流する地で、伊那谷の北端にあたる。北に岡屋牧、西に宮処《みやどころ》牧、東に平井手牧がそれぞれ隣接し、牧の多い地帯である。立野牧は『延喜式』左右馬寮所載信濃十六牧に含まれない。治承四年（一一八〇）竜市郷・岡仁谷郷が諏訪社下社に寄進された（『吾妻鏡』）。この「竜市」は立野のことである。下社領になったのちも、立野牧は駒牽《こまひき》役（貢馬役）だけは負担していた。文治二年（一一八六）の「関東御知行国々内乃貢未済庄々注文」（『吾妻鏡』）に左馬寮領「平野牧」がみえ、これは「立野」の誤記と考えられる。承久元年（一二一九）鎌倉幕府は左馬寮使に立野・岡屋両村を違乱することを停め、同二年、左馬寮は信濃国十九牧の牧司に、諏訪下社領立野・岡野両牧を違乱するのを禁じている（『諏訪大社下社文書』）。貞治六年（一三六七）信濃十九牧大使が辰野・岡野両牧の寮家課役などを免じ、至徳二年（一三八五）、修理亮（小笠原政経か）が両牧の駒牽役・国役雑事を免じている（『諏訪大社下社文書』）。以上の『諏訪大社下社文書』はいずれも偽文書の疑いが強いけれど、作成された年代は当時をあまり降らぬと見られ、南北朝時代ころまで、両牧の支配や負担をめぐり左馬寮と諏訪社下社との間に紛争が続いたことがわかる。（小林計一郎）

たていしのしょう　立石荘　若狭国大飯《おおい》郡の荘園。現在の福井県大飯郡高浜町立石付近。皇室領・摂関家領。治承四年（一一八〇）五月十一日付皇嘉門院（藤原忠通の娘聖子）処分状（『九条家文書』）に、立石本荘および新荘の名がみえるのが早い。鎌倉時代を通じて九条家から一条家、さらに一部が二条家に伝領されている。（西山　克）

たての・たてやま　立野・立山　中世、荘園領主や在地領主（地頭など）が住民たちの入会利用を禁止した野や山。同様のものとして立林もある。律令体制のもとでの山野（山川藪沢）は、法的には公民各階層の入会地としての性格を持っており、その利用をめぐる規制策も、特定の目的・機能に限って占取・用益権を認め、それとぶつからない限りでは農民たちの草木採取などを認めていた。それに対して十世紀に入ると、律令制的山野規制に対立する領主的山野領有が顕在化し、またそれと対立したり、その山野領有権を吸収して貴族層や大寺社などの荘園領主的山野領有が進行した。そして、山野利用をめぐる住民に対する新たな領主的規制が成立発展してきたのである。それは、民衆の山野利用・用益に対する賦課の出現であり、十二世紀には、領域内山野での草木の採取に「山手」を徴収されている事例が見出される。中世成立期の民衆は、彼らなりの山地の共同体的、入会的利用を発展させてきたのだが、こうした領主たちの山野領有によって新たな規制と賦課を被ることになったのである。そして中世になると荘園領主や在地領主たちは、自己の利害のために、領有する山野を特に指定して「立野」「立山」「立林」とし、そこを農民たちが入会利用するのを禁じた。たとえば『御成敗式目追加』によれば、山野の用益というのは、地頭の設定した「立野」「立林」以外については、農民たちの慣行的用益に任せるものだとある。逆にいえば、「立野」「立林」では農民の慣行的、入会的用益を認めないのである。しかし、もちろん、荘園領主・在地領主たちは、「立野」「立山」などの領有する山野を住民た

ちにまったく利用させないのではなく、そこを利用させるかわりに「山手」「山料足」「立野銭」などのさまざまな名目の利用料徴収を行なったのである。こうした山野は領主の地代取得源の一つなのであった。中世民衆にとって山野は、㈠採草地としてだけでなく、㈡立木地、さらには㈢開墾可能地などとして、農業や諸生産そして生活を続けるのに必要不可欠であったから、そうした賦課徴収を受けつつ「立野」「立山」「立林」へ入ったのである。そうした山野に対する領主の支配権を示すのが、たとえば戦国家法の一つ『結城氏新法度』第九条である。それによれば、他人の立てた「立山」や「立野」に入って盗伐していた下人などが討たれたとしても、その者の主人は相手を非難したりできないとしている。また同第百条も、他人の立てた「立山」「立野」およびその周囲に立ち入ることを禁止する条項である。（黒田日出男）

たてやま　立山　⇩立野《たての》・立山《たてやま》

たと　田堵　田刀・田都とも所見するが、田堵が一般的。耕営地の周囲に堵《かき》をつくって結界としたことによる呼称か。平安時代中期、公領・荘園の請作者（預作者）として活動した百姓。貞観元年（八五九）十二月の元興寺領近江国依智荘検田帳に、荘田の預作者である前伊勢宰依智秦公安雄らの名が「田刀」として登場するのが、記録上の初見である。権門勢家や国衙が、未墾地の開発や荒廃公田の再興、あるいはその後の耕営に際し、当該地の周辺の公民や浪人（他国人）、あるいは他領荘民を作人として徴募したことから、その求めに応じて「請作」（「預作」「負作」とも）にあたる百姓（「有能借佃者」）が現われ、これが田堵と呼ばれた。十一世紀中期、東大寺領越後国石井荘では荘司が隣国より浪人を招き寄せて荒田の開発にあたっているが、そのなかには古志得延のように、比郷より来住し、荘司に名簿《みょうぶ》を捧げて田堵になった者もいた。田堵は請作に際し、春時に領主（権門・国衙）に請文《うけぶみ》を提出し、領主から宛文《あてぶみ》（充文）を与えられた。つまり請作期間は原則として一年で、毎年契約を更新すべきものとされた。領主側は請文＝宛文に基づき、一定面積の荘田や公田を割りあてたが、これを「散田」（「散田する」）といい、秋収時の地子徴収とならぶ重要な荘務（国務）とされた。請作地の散田に際し、偏重を避けるために良田と悪田を取りまぜるなど、田品を考慮した例がある。また条里制施行地域では、一坪＝一町が散田の基準面積とされた場合が多く、これが田堵の標準的な請作規模であった。請作地の大きいものを「大名田堵」、小さいものを「小名田堵」といった。田堵の中には貧窮の田堵とか独身の田堵などと呼ばれた弱小田堵もいたが、一般的にいって有力農民（堪《かん》百姓）であり、またいずれの場合でも、生活の本拠は請作地以外に有していたのがふつうである。請作地には、稲吉名《みょう》というごとく田堵の名を付して明示した。そこでこれを名田（名）ともいった。田堵が請作地に対してもつ権利は、当初は一年という有期的な用益権にすぎなかったが、義務の方も原則として一定額の地子の貢納に限られていた。したがって地子の貢納を怠れば改易される反面、これを履行する限りにおいては継続される性質のものであったから、既成事実の積み重ねを通じて、たとえば「五代相伝の作手」を主張するような田堵も出現し、当該地に対する権利を強めて行った。一方、領主側、ことに荘園領主にとっては、毎年耕作者を徴募し、寄作人＝田堵による不安定な経営を避けるためには、田堵の荘民化を進める必要があった。特に十世紀に入ってから頻繁となった、国衙による臨時雑役の賦課が、寄作人の離散とそれによる荘園の荒廃を招く場合が多かったため、領主は雑役免除に奔走する一方、田堵の権利を認めることを余儀なくされた。こうした諸条件のもとで進んだのが田堵の名主化で、耕地（名田）に対する権利は名主職と呼ばれた。同じ名田（名）という呼称でも、田堵段階のそれとは実質において差異の生じていることに留意する必要がある。田堵は平安時代中期に盛んとなった墾田活動のにない手として登場し、荘園の中核となる一方、公領においても重要な役割を果たした。したがって「寄作人（者）」とか「諸方兼作の民」などと呼ばれ、複数の領主と関係をもつことが多かったが、その関係を逆手にとって、課役を忌避対捍するものが少なくなかった。平安時代後期の荘園整理令が、こうした田堵（名主）の寄作（出作）関係を規制しようとしたのもそのためである。またこのような田堵の行為は、一筋縄では従わない対捍行為のことを「田堵の対捍に似たり」といわしめるほどの、一種の諺さえ生んだ。なお藤原明衡の『新猿楽記』には、その名も田中豊益という大名田堵が登場するが、創作とはいえ、農業技術を駆使し、労働力を編成して農耕にあたった田堵の典型的な姿が描かれている。（村井　康彦）

作手《さくて》　↓名《みょう》　↓名主《みょうしゅ》　↓名主職《みょうしゅしき》　↓請作《うけさく》　↓

たどころ　田所　荘園内におかれた荘官。十世紀ごろから国衙の内部にその専門部局として税所・調所・健児所その他の「所」が成立してくるが、その一つに田所があった。十二世紀なかごろから、それにならってか、荘園内にも、荘田の管理・掌握を担当する荘官として田所がおかれるようになった。しかし、たとえば鎌倉幕府追加法（『中世法制史料集』一、追加法第十二条）に、「一、公文・田所・案主・惣追捕使有司等事／右、件所職、随レ所、或在レ之、或無レ之、必雖レ非二一様一」とみえるように、各荘園に画一的におかれたものではなく、おかれない場合も多かったようである。したがって、その職掌も一様でなかったと思われるが、なおはっきりしない点が多い。田所として有名なのは、室町時代中期（寛正―文明年間（一四六〇―八七））ごろの、東寺領備中国新見荘関係史料にみえる田所で、新見荘では、公文・惣追捕使とならんで三職とよばれ、重要な荘官であった。（中野　栄夫）

たどころ　田荘　田地と屋・倉などの建造物からなる農業経営の拠点。『日本書紀』の大化改新の詔の第一項に、「昔在《むかし》の天皇等の立てたまへる子代の民・処処の屯倉、及

び、別には臣・連・伴造・国造・村首の所有《たもて》る部曲の民・処処の田荘を罷めよ」(原漢文)とある。この詔に記された大化前代の財政的収入源は、二つの仕組みによっている。一つは、子代の民と部曲の民であり、いわゆる部民制にかかわっている。もう一つが、屯倉(ミヤケ)と田荘(タドコロ)である。田荘は、部曲の民とともに、臣・連・伴造・国造・村首が支配していた。ところで、田荘(田庄)は「タドコロ」と訓まれるほか、「ナリドコロ」とも訓まれる。タドコロとナリドコロを区別する考えもあるが、田荘と表記されるかぎり、実態は同じであろう。なお、ナリドコロと訓まれる語に、『日本書紀』では「田家」「別業」がある。ミヤケ(屯倉)の語は、治天下大王(天皇)・朝廷のものを表わす接頭語の「ミ」と、建造物としての「ヤ」が存在する場所を意味する「ヤケ」からなり、特別のヤケをさす。ナリドコロの「ナリ」は生産の意であるから、タドコロは、稲作水田のナリハヒに関係の深い言葉であり、「トコロ」は「特定の機能をもつ場所ないし機関」の意味であろう。『日本書紀』崇峻即位前紀に、「(物部守屋の)大連の奴の半と宅とを分けて、大寺(四天王寺)の奴・田荘とす」(原漢文)とある。この記事によれば、宅と田荘・田宅とは同じような実態をさしている。そうであれば、ミヤケ(屯倉)とタドコロ(田荘)は、設置目的などが違うので政治的意義を異にするが、ヤケとトコロ自体は景観的なあり方が実質的に同じである可能性が強い。ミヤケ(屯倉)やタドコロ(田荘)は、農業経営のための拠点であり、経営のための建物や倉庫からなっていた。そして、周辺に存在した田地から、初穂を含めた稲が収納された。タドコロと称される以上、臣・連・伴造・国造・村首が所有する田地が付随していたと思われる。経営のあり方など詳細は不明であるが、田地を耕営する人間は、田荘には所属していなかった。崇峻即位前紀にみえる四天王寺の田荘では、田地の耕営にかつて物部守屋が所有していた奴を利用したであろう。このような田荘では、奴婢労働の比重が高かった可能性がある。『日本書紀』によれば、大化前代の田荘は改新詔によって廃止され、代りに食封や布帛が支給された。改新以降には、飛鳥皇女の田荘や、『万葉集』に大伴坂上郎女が滞在した跡見田庄(跡見庄)・竹田庄がみえる。後者は、大伴氏の田地耕営のための経営拠点で、屋や倉が存在するのだろう。『大安寺伽藍縁起幷流記資財帳』には、奈良時代における墾田地・水田・薗地などのほかに、処処庄があげられている。庄のすべてが農業経営の拠点である田荘ではないが、庄倉と屋から構成されている。　(吉村　武彦)

たなかごう　田中郷　近江国高島郡の郷。現在の滋賀県高島郡安曇《あど》川町大字田中付近。鎌倉時代の嘉禎元年(一二三五)からみえる。当時の地頭は近江源氏一族の佐々木次郎左衛門尉高信。南北朝時代には地頭職《しき》が北野天満宮に帰属。長禄二年(一四五八)足利義政は法眼禅親にこれを領知せしめている。郷内上寺や南市には高信の子孫が居住していた。『近江輿地志略』にみえる田中荘は当郷の郷域と重なる。　(髙橋　昌明)

たなかのしょう　田中荘　㈠常陸国筑波郡の荘園。現在の茨城県つくば市田中を中心とする地域。『吾妻鏡』文治四年(一一八八)三月十七日条の諸国荘園注進に、村田荘・下村(下妻)荘とともに記載がある。八条院領の一つで、領家職《しき》は九条家が保持した。弘安二年(一二七九)の『常陸国大田文』には「田中庄五百丁」、嘉元四年(徳治元、一三〇六)の『大田文』には「一下妻庄三百七十町　一同加納田中庄　五百丁」と記載されている。この荘域は平安時代末期には常陸南半部に広く勢力を扶植していた常陸平氏本宗の支配下にあったが、建久四年(一一九三)当主多気義幹が没落、同荘は常陸守護八田知家の手に入った。その子知氏は田中を名字としている。弘安八年の霜月騒動で田中氏は没落、田中荘は得宗領になったと推定される。鎌倉幕府倒壊時は北条泰家が地頭であった。その後同荘は足利氏の領地とされたが、貞和二年(一三四六)ころには佐竹貞義が四分の一の地頭職を得ている。応安年間(一三六八―七五)には一時小田孝朝が荘務権を得るが、至徳三年(一三八六)没収され、上杉朝宗に替わる。しかし十五世紀後半には、また小田氏が進出した。このころには領家九条家の手を離れており荘園としての機能はすでに失われていたようである。現つくば市田中の日枝神社は十五世紀前半には、田中荘総鎮守と称されていた。　(堤　禎子)

㈡紀伊国那賀郡の荘園。現在の和歌山県那賀郡打田町・桃山町の付近。田仲荘とも書く。十一世紀に摂関家領として成立したと推定されるが、その経緯は未詳。天永元年(一一一〇)、摂政藤原忠実が日吉神社の八王子社で法華講を始めさせた際、当荘の得分の一部がその用途に宛てられている。鎌倉時代は近衛家領にふくまれるが、近衛家は本家職《しき》のみをもち、荘務権はもたず、領家職は僧円基(近衛基通の子)、僧慈禅(近衛兼経の弟)を経て、その法系である浄土寺門跡が室町時代末期まで伝領したようである。保元元年(一一五六)以降、当荘の預所佐藤仲清・能清父子が平家の威勢を背景に紀ノ川南岸の田畠を押領したため、荒川荘との間に激しい堺相論が起った。しかし、能清らの行動は鎌倉幕府に支持されなかったため、文治二年(一一八六)ごろ佐藤氏は没落し、紛争は一応終息した。ちなみに、『尊卑分脈』の記述を信じることができれば、仲清の弟は歌人として著名な西行(俗名佐藤義清)である。鎌倉時代には田中氏を称する武士が現地におり、湯浅党の構成員となっている。なお、鎌倉時代末期に荒川荘では源為時を張本とする悪党の活動をみるが、その発端は為時が田中荘預所図書助の甥を殺害したことにあった。室町時代の応永五年(一三九八)以降、紀ノ川以南の入会山をめぐって荒川荘との間に山論が起っており、この相論は近世まで続き、現在も打田町と桃山町の境界には未定の箇所がある。　(小山　靖憲)

㈢大和国添上郡の荘園。現在の奈良県大和郡山市付近。

東大寺領。平安時代には雑役免荘で二十町九段余。のち南北両荘となる。なお大和国城下郡には興福寺領田中荘があり、現在の奈良県磯城《しき》郡田原本町大字鍵付近。平安時代には雑役免荘で十六町余。　（朝倉　弘）

たながのしょう　田永荘　大和国葛上郡にあった荘園。現在の奈良県高市郡高取町車木、御所市柏原付近の地域。摂関家（鎌倉時代以降は近衛家）領・醍醐寺報恩院領。立荘は後冷泉天皇皇后藤原寛子の時とされ、皇室領であった。以降、当荘の本家職は藤原忠実→藤原泰子→藤原忠通→近衛基実→近衛家実→近衛兼経と相伝され、兼経以降も近衛家に相伝された。もとは、大和守源頼親の所領であったと推測され、頼親の寄進によって当荘が立券されたと考えられる。領家職は摂関家の氏神春日社参詣のための宿所である宿院が保有していた。ただし、文明年間（一四六九―八七）以前には宿院は廃絶しており、それ以降は興福寺務が領家であった可能性が高い。また、当荘域の時重名・新免の地は醍醐寺座主報恩院成賢の菩提料・法華供養法料に充てられた。院領注文に記載された所領の規模は時重名四町五段半、公事料田一町四段、新免一町六段であった。　（守田　逸人）

たなかみのまきのしょう　田上牧荘　近江国栗太郡の荘園。現在の大津市上田上牧町・上田上中野町・上田上芝原町・上田上新免町・上田上平野町・上田上桐生町のあたり。牧の荘園化したもので室町時代より見える。永享十一年（一四三九）朝倉六郎繁清・楢葉近江守満清は、幕府法廷で常在光寺領田上杣《そま》荘と山堺相論を行い、湯起請が行われた。康正二年（一四五六）の『造内裏段銭并国役引付』によれば、楢葉左京亮領として段銭一貫文が納入されている。国内愛智《えち》郡の永源寺も荘内に田地を有していたらしい。応永元年（一三九四）将軍家より荘内在家十所が同寺に寄進され、明応三年（一四九四）にも佐々木小三郎就綱に押領された貢米が、幕府の沙汰によって、寺家に返付されている。その後永源寺の支配は次第に困難になり、永正十三年（一五一六）牧荘旧寺領地が、六角氏綱により、渓橋廊下修理料として、改めて同寺に寄進されている。　（高橋　昌明）

たなだ　棚田　耕地の傾斜が一定の限界を超えているため、自然の地形のままでは耕作できない場合、山腹などの傾斜地に階段状に耕地を造成したもの。梯田・膳田ともいわれる。このようなものは必ずしも水田に限らず畑にもあるが、その場合は棚畑とか段々畑といわれる。中世における耕地の開発は、平坦な平野部の開発から山間谷あいの棚田に象徴される山田の開発に進み、畿内周辺部や辺境の谷状地形の地域で、谷戸《やと》田・迫《さこ》田とも呼ばれる棚田の小規模の開発が行われることが多かった。棚田は山腹や沢の傾斜面に石積みなどして階段的に切り開いた田畑で、湧水や溜池の灌漑を中心に古くから発達したものである。近世の検地においては山間などの棚田数枚を一筆にまとめて縦何間、横何間、総坪数何坪の田地と野帳に記すのであって、これを拾歩《ひろいぶ》と呼び、石盛も下々田より下げて付け、取箇もともに低かった。　（三橋　時雄）

たに　商布　⇨しょうふ

たにがわのしょう　谷川荘　和泉国日根郡にあった荘園。現在の大阪府泉南郡岬町多奈川付近。興福寺領。建久九年（一一九八）、後鳥羽上皇の熊野詣に伴う宿所造営役の賦課をめぐって興福寺―国衙間で相論がおこる（初見史料）。課役を拒否した谷川荘に対して、和泉国国司の平宗信が乱妨に及び、同様の事態が池田荘・春木荘等にも起こった。興福寺は国司の流罪を訴えて大衆蜂起し神木動座の準備にまで至るが、結句、国司の播磨国配流、衆徒側の首謀者として玄俊の佐渡国配流を命じた院宣で落着した。十三世紀後半からは地頭非法がみられ興福寺が訴訟している。興福寺からの賦課物は様々なものが散見される。氏長者の春日社参宮の時に十日間の人夫役二十人を勤めたのが先例となり、以後代銭一貫五百文を納めている。また、秋季八講や慈恩会の進物としてそれぞれ一膳分の負担がみえる。弘安元年（一二七八）の興福寺再建に際しては当荘が料木の拠出地となっている。　（堀　祥岳）

たにのしょう　多仁荘　周防国熊毛郡の荘園。現在の山口県熊毛郡田布施町付近。成勝寺領。保延五年（一一三九）成勝寺の創建時の寄進か。領家は平安時代末ころ権中納言藤原実綱。源頼朝のころ荘内は田布施など諸郷より成り、それぞれ領家があり、また地頭がいたらしい。しかし以後は田布施村の動向が知られるだけである。実綱から田布施村を譲与された嫡女覚妙は、同村の惣領を猶子公氏に譲り、田十町などを公氏の息教誉に譲与した。公氏の没後嫡子実蔭と教誉の兄弟間に起った相論は、成勝寺の実済・公遍の介入もあり長期に及んだが、文永七年（一二七〇）上田布施の田地十七町余などを教誉に付けることで決着をみた。ついで教誉はその所領を成勝寺役のない地として東福寺別院常楽庵に寄進した。他方同村領家職《しき》は少なくとも十四世紀中期まで惣領正親町三条家に伝えられた。一方、公遍は弘安十年（一二八七）以前に成勝寺の領主権を東福寺普門院などに売却しており、田布施村の権利の多くは東福寺に移ったらしい。十六世紀中葉には年貢は有名無実に近かった。　（松岡　久人）

たねいけ　種池　種籾を苗代に蒔くに先立ち発芽を促すために漬けておく池。「たないけ」ともいう。『古事類苑』の「浸種」の項に関係資料がまとめられている。同書に掲げられている嶋津重豪の『成形図説』では種籾を浸《か》す水を種井と言い、稲井・籾井の語を同義とする。院政期の歌人源俊頼の『散木奇歌集』に「秋かりしむろのをしねを思ひ出てはるぞたな井にたねもかしける」の歌があり、鎌倉初期の歌学者顕昭の『散木集註』（寿永二年（一一八三）成立）の註に、「たな井とは、種をひたしておく井なり。それをばたな池ともいふ也。其たねつけて置をば、種か（浸）すともいふなり。又たねこすともいふなり。なはしろがき（苗代掻）のうへよりたねをまきいる、をば、

たねこすと申とかや」と見える。宮崎安貞の『農業全書』には稲の品種ごとに浸種の時期・期間や方法を詳述している。 （田中　健二）

たねのしょう　田根荘　近江国浅井郡の荘園。現在の滋賀県東浅井郡浅井町のあたり。鎌倉時代より見える。『和名類聚抄』にみえる田根郷と関係ある荘園か。按察大納言藤原朝方領であったが、朝方が源義経に与同し解官されたのを機に、地頭佐々木定綱が押妨。その後領家職《しき》は久我家から西園寺家に移り、また後醍醐天皇は田根荘の院米を、春日社御祈禱料足として、興福寺一乗院の二位得業に知行させている。一方、地頭職は文和元年（一三五二）足利義詮より佐々木導誉に与えられた。さらに『伺事記録』延徳二年（一四九〇）の記事によれば、雲居庵雑掌が当知行安堵を申請している。そのほか山門も当荘に領有権を有していたらしく、文安四年（一四四七）山門西塔院訴訟条目の一つに、山門末寺大吉寺領として仁治年間（一二四〇―四三）以来知行してきたこと、文安元年以来畠山但州が横領していることがみえる。天正十九年（一五九一）田根荘谷口村に検地が行われ、百九十五石四斗の石高がつけられた。 （髙橋　昌明）

たのうのしょう　田能荘　丹波国桑田郡にあった荘園。現在の大阪府高槻市田能・出灰《いずりは》地区にあたる。貞応三年（一二二四）、相博によって仁和寺北院領から七条院領となり、本家役として鳥羽院法華堂へ年貢を納めた。その後修明門院、四辻宮善統法親王へと譲られた。領家は教令院で、宝治二年（一二四八）の法印道厳譲状によると、当荘が地頭兼帯であり預所職が範快法橋であったことがわかる。正和三年（一三一四）、春宮尊治親王令旨によって、七条院領十七ヵ所の一つとして改めて四辻宮入道親王に安堵された。この一連の伝領との関係は明らかでないが、永仁六年（一二九八）に伏見天皇綸旨によって仁和寺宮に安堵されている。なお鎮守の樫船神社に残る貞応元年（一二二二）、同二年の棟札には、荘民らが社殿を造営し計五体の神像・仏像を像立したことが記され、六人の百姓、二人の後家からなる根本住人を中心に、それぞれの「縁共」と称される小百姓らによって当荘が構成されていたことがわかる。 （馬田　綾子）

たはた　田畠　「でんぱく」とも訓んだ。日本の耕地は、大別すれば「水田」と「畠」に分けられる。「水田」は、水を湛えて稲などを作れるようにしてある耕地であり、それはさらに「乾田」と「湿田」に分けられる。「乾田」は栽培に必要な期間以外は水を落として乾かすことのできる「水田」であり、「湿田」は一年中湛水状態にある「水田」である。稲作の発達史の観点からすれば、「湿田」状態からの脱出すなわち「乾田」化こそが「水田」の生産力を高める基本的な発展方向であった。それに対して「畠」というのは、「水田」以外の耕地であり、穀類・豆類・芋類・野菜類、あるいは果樹や桑・茶など種々さまざまな作物が作られる耕地である。「畠」の字は、「水田」に対する「白田」（乾いた田を意味する）から作られた国字であり、「はく」「はたけ」「はた」などと訓んだ。それに対して「畑」も国字であり、「火田」の二字から作られた。意味は焼畑である。したがって「畠」の字と「畑」の字とは本来区別されていたのであるが、中世末期には次第に混用されるようになり、近世初期になると「畠」と「畑」の字の区別はなされなくなる。そして、「畑」の方が検地帳などでむしろ一般的に使用されるようになったのである。世界的に見れば、もちろん「水田」は全耕地面積の約一割にすぎず、大部分の耕地は「畠」なのであるが、日本では、水田中心主義の農業観が歴史を貫いており、可能な限り「水田」を作ろうとしてきた。しかし、農民を主体とした民衆にとって、「畠」とそこで作られる多くの作物こそ、食のみならず生活全体にとっても、また商品作物生産の上でも、きわめて重要であった。「畠」の研究は概して遅れているが、民衆生活史の把握のためにもその解明が期待されている。そうした研究の進展によって、歴史上の支配階級のみならず、歴史家さえも強く影響されてきたところの「水田中心史観」と称される農業の見方を相対化する途が開けると思われる。そして実際、現代日本の耕地面積の約四〇％は畑地であり、中世以前には、さらに比率が高かったであろう。そうした田と畑が混在・併存し、両者が緊密に結びついているという点に日本農業の特色があるともいえるのである。以下には、第一に、田畠の開発史とその開発ピークについて、第二に、田と畠の相互関係を軸にして、その安定化・集約化についての概観をすることにしたい。〔田と畠の開発史〕日本における水田と畑・畠の成立は、縄文時代農耕に関する問題が未解決だが、ほぼ弥生時代前期から始まるとされる。田と畠の開発は、どの時代にも常にさまざまな形で行われてきたことはいうまでもないが、問題は開発のピークである。日本農業史の発展過程において、四つの大開発のピークがあるといえよう。第一のピークは、条里制にもとづく大開発であり、灌漑・治水をもあわせて、国家権力が主体となって推進された。これは律令国家的大開発である。第二のそれは、中世の成立期すなわち十一世紀から十三世紀にかけての大開発時代である。この時期には、「開発」が土地所有の成立根拠とされたので、在地領主を中心にして、上は荘園領主から下は一般農民に至るまでの社会諸階層の開発の営為が集中された。領主権力が小さく、かつ分立・分散した中世では、もちろん、個々の開発規模は、第三のピークたる近世初期と比べてずっと小さい。しかし、当時の人口・技術力からすれば、きわめて大規模な開墾の行われた時代であるといえる。第三のピークは、十六世紀末期から始まる近世初期の大開発時代である。十七世紀は大規模開発の時代である。近世社会の「平和」の出現によって、耕地開発が至るところで企てられ、一大開発ピークが出現した。それ以前のどの大開発期よりも大規模な開発が全国各地で進行したのである。そして、第四のピークが近現

代における開発である。このような開発ピークの見通しは、もちろん関連史料が多く研究の進んでいる水田中心にみた場合であるが、たとえば中世においては、畠地の方の開発も十二世紀前後に一つのピークを迎えたと考えられるように、水田とほぼ重なるような開発が進行したのであろう。また焼畑も、山地開発の一環として、あるいは山村における農業の重要な耕地として、近代に至るまで大きな耕地面積を維持してきたことに注意しなければならない。〔田と畠の相互関連と集約化〕水田農耕は当初から、畦畔によって区画され、灌漑・排水設備をもつ「水田」も造られていた。しかし、留意すべきは、「田」にせよ「畠」にせよ、大地に造成する容器的生産手段であるから、それぞれの地域の気候条件や地形・地質条件などに規定されてしまう面はきわめて大きいことである。たとえば、冷寒地や多雪地で二毛作の可能性を論じることは、少なくとも前近代では無意味である。そうした地域での水田稲作の発展は二毛作化ではありえない。また、同時代でもさまざまな条件・質の「田」や「畠」が同時に存在していた。焼畑は、近代日本でも約七万町歩も作られていたし、田植えが遅くとも弥生時代後期には行われ始めている一方で、苛酷な労働条件の低湿田も近代に至るまで行われてきていたのである。したがって、農業の発達段階の評価は、慎重な比較が必要なのである。しかし大局的に見れば、やはり焼畑は常畠化が可能であれば畠地化され、畠地は灌漑条件が整えば水田化されていったし、水田も乾田化の方向に徐々に進行していった。律令国家の時代は、もちろん「水田」中心であり、「畠」は副次的存在であったが、「陸田」の奨励を行うようになる。しかし、十分な開発が行われたとはいえないだろう。十世紀以降の中世農業の発展は、新しい営農主体としての中世農民の登場と領主制の発展によっている。開発のめざましく進行した中世成立期には、田畠の両方に大量に見られた「片あらし」と呼ばれるような不安定耕地の安定化が目指され、「畠」における安定的な二毛作と「水田」の一部すなわち天然の「乾田」では二毛作も行われるようになった。つまり、中世成立期以降、安定化・集約化の課題が目指され、次第に田畠の安定化と集約化に向かっていくようになるのであるが、しかしそれは中世を通じての緩やかなプロセスであったとみるべきである。近世になると、中世農業と比べて質的に異なる集約化の段階を迎える。十七世紀の後半期以降になると農書が各地で作られ始め、農業集約化と商品作物の栽培が急速に発展し、それに見合う田畠や焼畑の利用が行われるようになる。畿内の発達した商業的農業では、乾田を一、二年畠作することで地力維持・病虫害防止と商品生産を目的とする、田畠輪換方式も行われたのである。そして近代日本では、農業の近代化を目指して、乾田馬耕に象徴されるような、湿田の排水工事による乾田化・耕地改良が推進された。現代の水田は、いわゆる高度経済成長期以後における機械化農業に見合う水田を作り出す圃場整備事業の進行によって、第二次世界大戦前までの伝統的な耕地景観を消滅させていった。その一方で、日本全体に都市化が進行し、都市近郊の農地は宅地化の波に直面している。日本の田畠のありかたはいかなるものであるべきかをめぐって農政の根本が問われているのが、現代であり現在であろう。

（黒田日出男）

だふ　駄夫　駄馬を牽いて客や荷物を運ぶ人夫。近世の馬方・馬子に当たり、駄賃を収入とした。嘉暦四年（一三二九）の備後太田庄雑掌了信書状（高野山文書『鎌倉遺文』三九巻三〇五三三号）によれば、訴訟のため急きょ鎌倉へ下った雑掌は「国の夫・伝馬を相待たず、京都において乗馬し荷懸駄夫以下、臨時に賃を以って雇」ったため二重の費用がかかったことを荘園領主へ訴えている。交通や運送の便のため駄夫を雇うことは、永禄九年（一五六六）の備中新見庄使入足日記（『教王護国寺文書』一〇巻二七七一号）にも見え、「さかい（堺）よりお坂（大坂）まで」の「駄賃」が百文であった。なお、文応元年（一二六〇）十二月二十五日の追加法（『鎌倉遺文』一二巻八五九四号）には、京上役に関わり、「夫駄」の語が見える。夫役と伝馬役の意である。

（田中　健二）

たぶさのしょう　田総荘　備後国甲奴《こうぬ》郡の荘園。現在の広島県甲奴郡総領《そうりょう》町・甲奴町、双三《ふたみ》郡吉舎《きさ》町の一部などの谷あいの地が荘域とされる。立荘年次、成立事情、領家（南北朝時代には長福寺大祥院）など不詳。承久の乱後、備後国守護長井時広（大江広元の次男）が地頭となり、孫重広は当荘に移り田総氏を名乗る。嘉元三年（一三〇五）に下地中分が行われ、領家の地名が残る。戦国時代には地毗《じび》荘（比婆郡・庄原市の一部）を中心に勢力のあった山内首藤氏の支配下に入った。田総氏は毛利氏に従い、慶長五年（一六〇〇）、長州萩に移っている。

（武田　祐三）

たぶみ　田文　平安後期から鎌倉時代にかけて作成された一国ごとの田地の台帳。「大田文」「図田帳」「田数帳」「作田惣勘文」など様々な名称で呼ばれるが、現在は大田文をこれらの田文の総称としている。「田文」は本来、奈良時代の班田に際して作成された田図・田籍をさし、のち班田制の廃絶にともない国衙検田帳の呼称となったものである。大田文が「国検目録」であることは文永二年（一二六五）の若狭国大田文の例から明らかである（『鎌倉遺文』一三巻九四二二号）。詳細な記載があるものでは、郡・郷・荘・保・村・名などの諸単位ごとに荘・公の別や領有関係を示し、惣田数（惣面積）とその内の本田、河成・畠成・不作・給田・神仏田などから成る除田の面積などを記している。鎌倉期の大田文には幕府の命令によって作成されたものもある。これら大田文は一国平均役や御家人役、段銭の賦課台帳として用いられた。なお、畠についても検畠目録や畠文が作成された。

（田中　健二）

だべつせん　駄別銭　中世における租税の一つで、荷駄

ごとに賦課銭を設定することを示す。このような賦課方式を取るのは、物資流通に関係する、市場における租税、または通行税(関料・警護料など)であることが多い。前者の事例としては、淀魚市における賦課の事例があげられる。しかし、むしろ後者の事例の方が多く見られる。京都七口においては、広橋家が絹綿について駄別役を賦課する権利を認められている。また、陸上交通のみならず、水上交通の場においても、村上水軍が大内氏より、日向・薩摩より運ばれる「唐荷」に対して、堺において駄別銭を取る権利を認められている事例があげられる。荷駄別に銭を賦課するという発想は、おそらく中世的な経済的関所の増加、銭貨流通の発展が見られる鎌倉中期以降に普及したと思われるが、以上の事例からも、流通過程での租税単位として広範囲に普及していたことがうかがわれる。（西尾 知己）

たべのしょう 田倍荘 大和国山辺郡の荘園。現在の奈良県天理市田部町およびその周辺。興福寺雑役免荘。延久二年(一〇七〇)の『興福寺雑役免帳』によると、西荘・南荘・東荘に分かれていた。正治二年(一二〇〇)の『興福寺維摩大会料帳』には寺門領として「南田部庄」がみえ、応永六年(一三九九)の『興福寺造営段米田数帳』には「一乗院方 西田部庄」がみえるが、詳細は不明。（泉谷 康夫）

たまがきのみくりや 玉垣御厨 伊勢国河曲《かわわ》郡の御厨。現在の三重県鈴鹿市玉垣地区一帯。『門葉記』に収める康平六年(一〇六三)妙香院荘園目録に玉垣荘とみえ、永久三年(一一一五)神宮領になったようで、建久三年(一一九二)『伊勢大神宮神領注文』には内宮領・殿下御厨ならびに外宮権神主故晴康ら所領とある。室町時代末期には神宮と請作者の間に年貢納入をめぐる問題が続いた。『神鳳鈔』には八十三町三段余・上分米九石とある。（倉田 康夫）

たまくしのしょう 玉櫛荘 河内国河内郡にあった荘園。現在の大阪府東大阪市玉串元町・八尾市上之島町・福万寺町付近。初見は『小右記』長和四年(一〇一五)四月五日条。永承七年(一〇五二)関白藤原頼通が平等院を建立した際に寄進された九ヵ所の一つで、以後平等院領となった。治暦年間(一〇六五―六九)の太政官符によって殿下渡領となる。渡領の全容を記した嘉元三年(一三〇五)頃の「摂籙渡荘目録」の平等院領の中に当荘がみえ、年貢七百五十石という規模はそのうち最大。弘安年間(一二七八―八八)、恩智新田をめぐる争いから、当荘住人吉弘が「日吉生得神人」と称して石清水八幡宮神人に矢を射たため、八幡宮神人から吉弘の処罰を求める訴訟が起こった。鎌倉末期の当荘は楠木氏の拠点である可能性がある。一方、南北朝期には松高名が水走氏の所領となっていた。当荘は、永徳年間(一三八一―八四)に相国寺に寄進され相国寺領となる。文明年間(一四六九―八七)には一時幕府御料所化。応仁年間(一四六七―六九)まで平等院の得分米がみられる。（堀 祥岳）

たまたきのしょう 玉滝荘 伊賀国阿拝郡の荘園。現在の三重県阿山郡阿山町付近。東大寺領。玉滝杣《そま》から出発したが、次第に荘園化していき、やがて玉滝荘とも呼ばれるようになった。本来玉滝杣付近は、橘氏の所領であったが、天徳二年(九五八)に橘元実は、その一部である内保を平時光に売却し、また東大寺には、その先祖相伝の墓地の地域を杣として施入した。東大寺は、この墓所杣をベースにして、次には内保や同じく橘氏の所領だった湯船などを入手し、次第に四至=領域を拡大していったのである。そして玉滝杣はそれらの地域を包括する呼称となった。こうした拡張の過程において、国司との衝突も起り、天喜年間(一〇五三―五八)以降、平安時代を通じて国司との間に作田をめぐる紛争を繰り返していった。また、十一世紀最末期以降、この地に平家の勢力が入ってきたため、東大寺はその対応にも迫られるに至った。すなわち承徳元年(一〇九七)には、杣内の鞆田村に平正盛によって六条院領鞆田荘が立荘されたため、以後平氏との相論が起きる。永久三年(一一一五)には、正盛が鞆田村を押し取り、また保安四年(一一二三)には平忠盛が鞆田村・予野村・真木山村を押妨している。こうした一連の攻防において、大治四年(一一二九)十一月二十一日付東大寺所司解が主張している玉滝荘の四至は、玉滝・内保・鞆田・真木山・湯船というそれぞれ独自な経緯で所領化した地域を包含しており、ほぼ現在の阿山町域にあたるようである。鎌倉時代に入ると、国司との間に断続的に続いていた出作をめぐる紛争も、建仁元年(一二〇一)には、四至内であれば寺領とすることで決着し、また平安時代末期以来の懸案であった近江国信楽《しがらき》荘との丸柱をめぐる紛争にも勝利して、東大寺はこの地の領域支配を確立した。しかし、「北杣五箇村」とも呼ばれたように、玉滝荘は玉滝・湯船・鞆田・内保・真木山の五ヵ村で構成され、結束していたが、やがてそれぞれが荘と称するようになり、鎌倉時代末期になると次第に五ヵ村の結合は弱まり、内部的な対立も見られるようになる。そして建武四年(一三三七)には、「名誉大悪党」と称された服部持法らの悪党によって押領されたりして荘支配に深刻な打撃を受けた。かくてこの悪党の活動以後は、東大寺の支配は弱体化していったのである。そして、その後の呼称では北伊賀荘と呼ばれるようになったとすれば、戦国時代までは一応東大寺領として続いたとみられる。 →内保荘《うつほのしょう》 →鞆田荘《ともだのしょう》 →真木山荘《まきやまのしょう》 →湯船荘《ゆぶねのしょう》（黒田日出男）

たまたきのそま 玉滝杣 伊賀国阿拝郡に設定された東大寺領の杣。現在の三重県阿山郡阿山町玉滝付近。領家は同寺の尊勝院である。橘元実が、天徳二年(九五八)二月十日付の施入状で、その先祖相伝の墓地を東大寺に施入したことに始まる。当初の四至は、「東限玉滝西峰 南限岡本西谷 西限真木川東峰 北限阿部川谷南峰」であったが、やがて東大寺は、杣工らの居住する玉滝村を包

含するとともに四至の拡張・拡大に乗り出し、十二世紀初頭には「東限賀茂岱朝宮谷　南限伊勢道藤河　西限信楽杣　北限近江国」とあるごとく、北は近江国甲賀郡に接するなど広大な領域の杣とするようになっていき、やがて玉滝荘と称するに至る。杣から荘園へと転換していった代表的な例の一つである。　（黒田日出男）

たまてのしょう　玉手荘　大和国葛上郡の荘園。現在の奈良県御所《ごせ》市大字玉手付近。興福寺領。寿永二年（一一八三）の興福寺政所下文にみえ、四町二段三百歩で覚春が給主（預所）。室町時代には『三箇院家抄』に「玉手庄」は「北円堂供」として、興福寺大乗院領となっており、同寺北円堂が預所。北円堂供とは、同堂における後鳥羽院の発願による瑜伽論検校の料所の意味である。　（朝倉　弘）

たまのいのしょう　玉井荘　山城国綴喜《つづき》郡の荘園。現在の京都府綴喜郡井手町大字井手付近。東大寺領。東大寺は天平宝字年中（七五七―六五）の勅施入と称し、『東大寺要録』所収の長徳四年（九九八）の注文は「本地三十六町」と記すが、大治三年（一一二八）の『東大寺荘園目録』によると田八町・畠八町余である。荘地は南で玉川を挟んで石垣荘と接し、東に井手寺があった。荘内の田堵らは、石垣荘・井手寺の住民としばしば水利や境界をめぐって争いを起し、東大寺もその相論に巻き込まれている。東大寺の知行は室町時代までつづくが、『大乗院寺社雑事記』九八によると、文明年間（一四六九―八七）には大内義弘の南山城進駐によって知行不能に陥っている。　（泉谷　康夫）

たまむらのみくりや　玉村御厨　上野国那波郡にあった伊勢神宮内宮の御厨。現在の群馬県佐波郡玉村町付近。建久三年（一一九二）伊勢大神宮神領注文（『神宮雑書』）によると、給主は内宮一禰宜荒木田成長、長寛年中（一一六三―六五）成立とあり、百二十五町の神田・名田などの上納として「布三十端」を納めていた。鎌倉時代には、上野守護安達氏の家人玉村氏が領有している。霜月騒動（弘安八年（一二八五））によって没収された玉村御厨は、北条氏得宗領となり、北条氏より北玉村が弘安九年円覚寺に寄進された。北玉村以外の玉村御厨は、極楽寺へ寄進されたと推定される。　（唐澤　定市）

たみやのしょう　田宮荘　越前国坂井郡の荘園。現在の福井県坂井郡春江町西長田付近に比定される。東大寺領。成立は天平勝宝元年（七四九）の野地占定によるとみられ、西北一条五・六・七里、二条六里、一帯に展開した。天平神護二年（七六六）十月二十一日「越前国司解」（『東南院文書』）によると、荘内・外に分布した百姓口分田・墾田・乗田は改正（墾田一町・乗田二段百三十六歩）と相替（口分田十三町九段九十九歩）の手段によって寺領に編成された。長徳四年（九九八）の『東大寺諸国荘家田地目録』（『東南院文書』）には「田宮庄田五十三町七段三百廿六歩」の田積を伝える。　（藤井　一二）

たむらのしょう　田村荘　(一)大和国山辺郡の荘園。現在の奈良県天理市田町付近。本願施入田からなる興福寺の一円所領。延久二年（一〇七〇）の『興福寺雑役免帳』によると田数は二十七町八段である。中世を通して興福寺寺門領として存続し、その間若干の田数の増加もみられる。応永二十八年（一四二一）の田村庄田数御米注進状によると、十名《みょう》からなる名田部分は、菩提山名を除き、一名宛一町八段の完全均等名構成をとっていた。なお応永六年の『興福寺造営段米田数帳』には、寺門領の田村荘と並んで、一乗院領の田村荘もみえている。　（泉谷　康夫）

(二)土佐国香美郡にあった荘園。現在の高知県南国市田村の地域。物部川下流右岸に位置。天長三年（八二六）空海の弟子真体が亡妹の七七日忌にあたって神護寺に寄進し、鎌倉期には後嵯峨院領となり亀山院に伝領されたと記録がある。元亨四年（一三二四）三池道覚が嫡子貞鑑に田村郷を譲与している。三池氏は摂津守中原師員の孫貞房が筑後国三池郡の地頭となったのを起源として、貞房の子師時の代から三池氏を称したものであり、同じ中原氏の出身ということから、同荘は南北朝期に摂津氏にさらに伝領されている。至徳二年（一三八五）上荘が、応永九年（一四〇二）下荘も摂津氏から細川頼之建立の洛西にある地蔵院に寄進された。以後、同荘内には守護代細川氏の代々の居館が設けられた。細川氏は、荘内に勢力基盤をもつ入交氏や千屋氏らの国人を被官化し、領国支配のかなめとした。細川氏没落後は、長宗我部氏によって同荘は再編された。　（錦　昭江）

ためいけ　溜池　主に灌漑に充てる目的から、雨水・渓流などを貯溜するために築造された池。その目的を遂行するため、原則として水を引きこむための掛水路《かけそ》、所定の田に灌水するための送水路、一定量以上になった水を堤の保護のため流水さす設備である除《よ》げと呼ばれる排水口、そして排水を流下さす水路といった付属施設を持つ。溜池は全国的に広く分布しているが、特に密集しているのは奈良・香川・兵庫などの諸県で、これは風土条件が深く関係している。これらの地域は降水量が少ない上に、この地域を流れる河川は短小急流で、水田を潤すための用水を必要時期に充分に補給しえないところから、それを補う用水設備として溜池が多く設けられた。昭和五十五年（一九八〇）での、日本全国で溜池に灌漑用水源を依存する面積の割合は、全灌漑面積の一〇％ほどである。溜池の歴史は古く、すでに記紀や風土記に築造の記事がみえるが、記紀の場合圧倒的に畿内それも大和の記事が多い。このことは、これらの造池の多くが大和朝廷によってなされたことを語り、遅くとも五世紀末ごろより灌漑を目的とした造池工事が活発に行われたことが窺われるが、他方においては在地の豪族による造池もまた数多く行われた。ただその場合の造池は、山沿いの浅い谷に築堤して谷に注ぐ水を集める谷池的構造のものが多く、独自の集水域をほとんど持たない皿池は、大和盆地では

平安時代以降の築造であったと見られる。八世紀以後律令国家はしばしば池の築造や修営に関する命令を出し、公水主義に基づく勧農政策の一環としてその事業は活発であったが、国司が任地において造池にあたり、勧農の実を挙げた例も見られる。さらに僧侶の教化力を利用し、その指導・統率によって民間の労働力を徴発しての造池も見られた。行基による摂津昆陽池・河内狭山池などの築造・修営は著名である。平安時代に入っても同様な目的から造池を命ずる政令は頻繁に出されたが、国家の援助のもとに僧侶を起用しての造池も多く見られ、弘仁十二年(八二一)の空海による讃岐満濃池修造や、天長二年(八二五)の真円の大和益田池造営などが知られる。ただこのころより律令支配は次第に衰退を示し、公水主義も大きく後退するに至り、それに伴って国家の手による大規模な造池事業は影をひそめていった。中世、荘園制下においては、当時の技術力・財力も関係して用水施設の設置は一般に消極化し、溜池の造営も例外ではなかった。したがって前代に設置された溜池をほぼそのまま使用することが多かったが、新たな造池がまったく見られなかったわけではない。たとえば法隆寺領内では文永十年(一二七三)の大谷池、元応二年(一三二〇)の悔過谷池の造営のことが見え、西大寺領内では年代は不明であるが、いくつかの池が築造されたことが知られる。これらの池の管理については、法隆寺では奉行または池守が置かれ、西大寺では寺本奉行、寺僧奉行の監督下に農民より選ばれた井守がその管理にあたった。また、寄進地系荘園においては、荘官層の在地領主が積極的に池を築造したことが窺える。一方、荘園内における有力農民層が用水に対する権利を次第に獲得し、造池なども活発に行うようになった点に注意される。建久八年(一一九七)の播磨小犬丸保の、また永仁二年(一二九四)の和泉池田荘の造池はその代表例と見られる。ただ荘園制下においては、荘園支配そのものが個別分散的であるため、築造された池は比較的小規模であり、荘園の枠を超えて使用されるものではなかった。それは狭山池が建仁二年(一二〇二)重源の修造を最後に以後数百年間荒廃のまま放置され、満濃池も元暦元年(一一八四)の堤防崩壊後は江戸時代まで放置されたことからも知られる。したがって、造池を含んでの大規模な用水事業は、荘園制が崩壊し、従来の荘園の枠を超えた広汎な村落相互間の自治的結合が生まれるまで待たねばならなかった。戦国大名による大規模な造池事業はこの自治的結合の状況に対応するものであった。江戸時代、各藩は貢租の実を挙げるため、従来の田畑の維持に加えて新田開発に積極的であったが、開発のための用水施設の設置にも配慮し、藩内の有力な農民たちを造池にあたらせた例を数多く見ることができる。また中世以来放置されていた狭山池・満濃池もこの時代初期に再興されるに至った。ただこの時期の灌漑を見るとき、伊奈流(関東流)などの新しい技術によって河川灌漑が進み、溜池灌漑にとって代わる傾向を示すようになって来たことや、また溜池灌漑も農閑期の河川の水を導入し、親池を持つ溜池群に再編成されるに至っていることに注意が向けられるのであり、この傾向は以後幕末に至るまで変わることはなかった。

（亀田　隆之）

たもうさく　多毛作　田畠において一年に三回作付を行うこと。水田での二毛作は十二世紀初頭までに成立しており、畠での二毛作は十二世紀後半にはかなり展開していた。室町初期には水田において三毛作が行われるようになる。応永二十七年(一四二〇)日本を訪れた朝鮮使節宋希璟の『老松堂日本行録』には「日本の農家は、秋に水田を耕して大小麦を種《ま》き、明年初夏に大小麦を刈りて苗種を種き、秋初に稲を刈りて木麦を種き、冬初に木麦を刈りて大小麦を種く。一水田に一年三たび種く」と見える。排水可能な乾田で水を落として大小麦を作り、その後に早稲を作り、さらに「木麦」(蕎麦)を作っていたのである。戦国末期の成立とみられる『清良記』にも三毛作の記事がある。それは水田において早稲を作った跡に蕎麦などを蒔き、その収穫後、さらに早麦を栽培するという水田三毛作であり、宋希璟の見聞とほぼ一致する。

（田中　健二）

たや　田屋　本宅と離れた遠方の田地を経営するために設けた建物。古く『万葉集』一三に、「神南備《かんなび》の清き御田《みた》屋《や》の垣内田《かきつだ》の池の堤の」(原万葉仮名)とみえるのは、神田の管理人がいる聖なる田屋である。平安時代の私営田領主は、諸郡に有する所領に田屋を立てて佃《つくだ》を宛て作り、国内人民はその従者となって服仕したといわれる。また荘園の田堵《たと》らが、大河を隔てた公領など往来に不便な田に出作する場合、現地に田屋を構え作り、その畠に出居していたという史料がある。このような出作小屋の田屋、および地主の手作地経営施設としての田屋は、後世まで東北・北陸・山陰などの山間にひろく存在し、各地にタヤの呼称を伝えている。また中世末から近世にかけて伊勢信仰をひろめた伊勢御師《おし》が、各地に設けた「田屋神明」は、田屋の経営形態と類似した布教伝道の基地とみられる。

（戸田　芳実）

たらのしょう　太良荘　若狭国遠敷《おにゅう》郡の荘園。現在の福井県小浜市付近。当荘は平安時代末期には太良保と称された国衙領であり、開発領主として出羽房雲厳の存在を確認できるが、立荘の経緯は不詳。荘園としての史料上の初見は建保四年(一二一六)二月日付「前治部卿家政所下文案」(『東寺百合文書』は)。この時点での本家は歓喜寿院(後鳥羽院母七条院建立)、領家は若狭国知行国主源兼定であったが、間もなく領家職《しき》も本家歓喜寿院に付属される。承久の乱後は一時国衙に収公されたが、延応元年(一二三九)十一月再び歓喜寿院に返還されて荘号を回復。この時、領家職が後高倉院子仁和寺御室道深法親王に分譲された。さらに翌仁治元年(一二四〇)には道深法親王より領家職が東寺に寄進され、以後太閤検地に至るまでの三百年余東寺領として存続した。この間に東寺に

太良荘

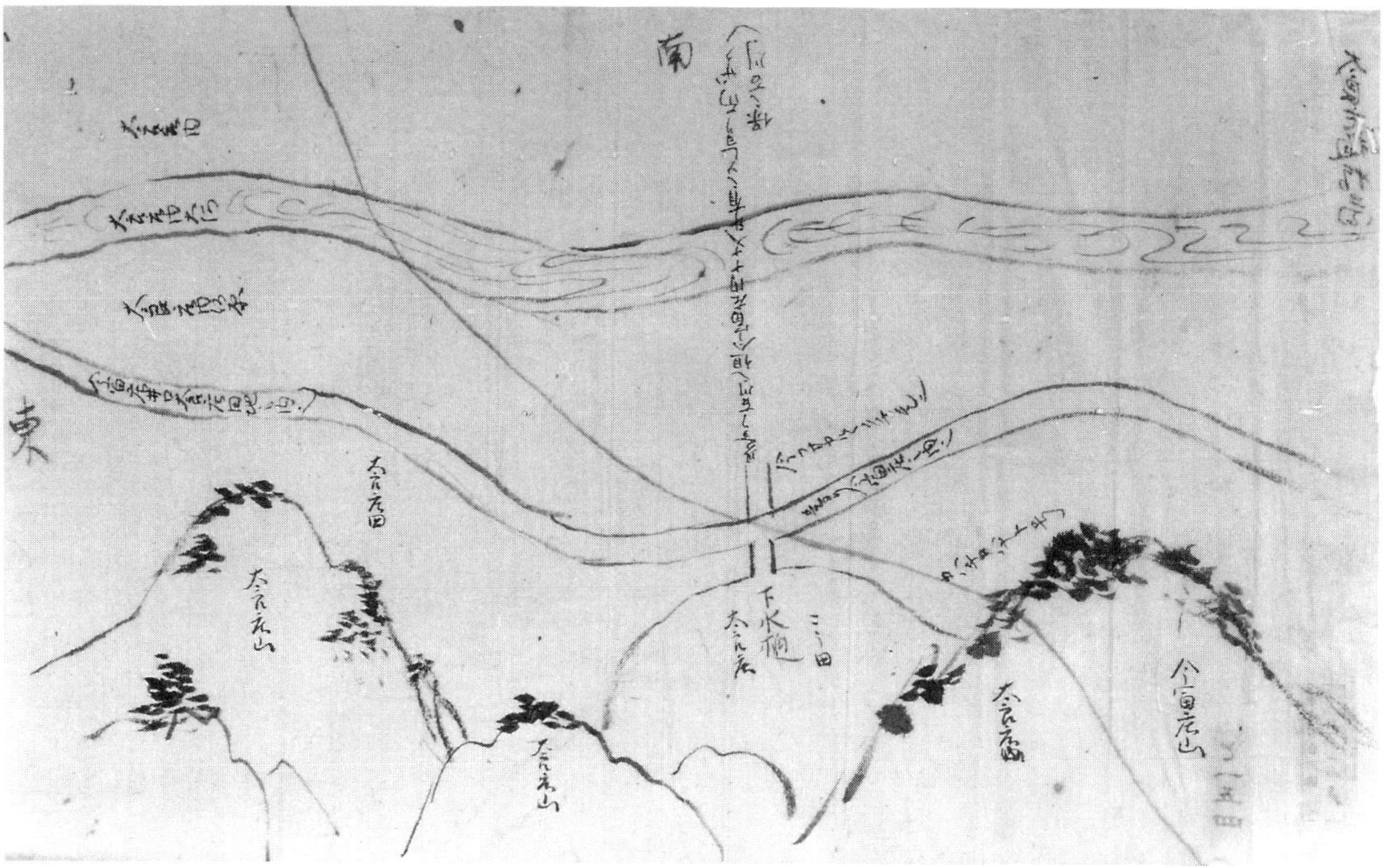

若狭国太良庄樋差図

残された豊富な史料群によって、荘の具体的様相が知られる数少ない荘園の一つとして、当荘をテーマとした研究は多数にのぼる。なお当荘荘務は建長七年（一二五五）東寺長者行遍の置文によって、新設された供僧中の沙汰に委ねられ、伊予国弓削島荘・安芸国新勅旨田・大和国平野殿荘とともに供僧供料所と定められている。ところで領家職を寄進された東寺は、鎌倉幕府初期の政治的動乱、遠敷・三方二郡総地頭若狭氏の非法、またそれらに伴う百姓の逃亡などのため、まさに荒廃の危機に瀕していた太良荘現地に預所代真行房定宴を派遣、荘経営の基礎作りに乗り出した。そのため現地に下向した定宴は直ちに種子・農料を下して勧農を開始する一方、寛元元年（一二四三）には百姓らを指導して六波羅探題で地頭代定西と相論を行わせ、定西を罷免するという完全な勝利を獲得している。この時、百姓らが定宴に「七代に至るも不忠・不善を存ずべからず」と記した起請文を捧げていることは荘官の領主化を示す事例としてことに有名である。さらに定宴は宝治元年（一二四七）地頭代定西と荘の支配権をめぐって相論を起し、幕府より勧農権が領家方にあることを確認されている。このような経過ののち、建長六年実検に着手、この結果に適宜調整を加えて収取対象と収取額を定めた『実検取帳目録案』（『東寺百合文書』は）を作成しているが、これは後世に至るまで東寺支配の基準となったものである。また同八年（康元元、一二五六）の『勧農帳案』（『東寺百合文書』は・外）は史料的性格からいえば、この年の収取の基準を定めた年貢目録であるが、その記載方法は百姓各人別にその経営の内容と収取額が記されているため、当時の荘園村落の様相が具体的に表現されており、村落研究史上著名な史料の一つとなっている。その後の当荘を概観すると乾元元年（一三〇二）九月に地頭若狭忠兼が突然罪科に処せられて忠兼所有のほかの十三ヵ所の所領とともに得宗御内御領に編入されている。そして直ちに高市道森房が実検使として入部、領家方田地まで検注し、また名《みょう》の結い直しを実行、新たに名主より任料をとり補任状を発給した。このような非法に対して寺側は乾元二年納所公文頼尊を雑掌に任命するとともに得宗被官に対する訴訟を開始した。元弘三年（一三三三）五月鎌倉幕府の滅亡に伴って、七月二日地頭乱妨停止の綸旨が下され、荘務権が供僧中に返還されるとともに地頭職も寄進され、ここに東寺の一円支配が完成した。室町時代はほかの荘々と同じく百姓らの政治的成長が著しく、次第に東寺の荘園支配力は弱まっていったが、東寺の最重要荘園の一つとして天正十六年（一五八八）浅野長政の手による太閤検地によって荘園所職秩序が解体されるまでその命脈は保ち続けた。

参考文献 『若狭太良荘史料集成』一（並木 優記）

たるみのしょう 垂水荘 ㈠摂津国豊島郡の荘園。現在の大阪府吹田市西南端と豊中市の一部。東寺領。弘仁三年（八一二）布施内親王の開発遺領が東寺に寄進されて成立。千里丘陵西南端の低湿地に位置した同荘は摂関家領垂水西牧榎坂郷に内包されており、同郷住人が出作して

いたことから、平安時代末期に牧役賦課をめぐる紛争があり、その解決とともに約九十町歩の荘域が確定した。鎌倉時代には、同荘の開発領主とみられる下司重経が平家与党だったため、没収されて関東口入地となったが、その一族と思われる釆女出雲局は根本の開発領主であると主張、元久元年（一二〇四）に下司職《しき》を幕府から承認された。こうして在地支配権を得た出雲局は、預所・下司・公文の三職を握り、その一族が鎌倉時代末期まで継承したが、この間、直接支配を求める東寺は、暦仁元年（一二三八）荘内に灌頂御影供料田十四町余を設定して一部支配権を獲得、さらに荘官補任権は本所にあると京都政権に訴えてその獲得に成功、延慶元年（一三〇八）寺僧厳伊を預所に任命、嘉暦元年（一三二六）には荘務を同寺供僧中に移した。これに対し、出雲局の末裔朝倉氏と与同する芥川氏は下司職をめぐって東寺と争ったが、荘民の反発もあって敗れ、貞治四年（一三六五）に東寺の支配は確定した。そのころ荘内では新村落の蔵人村が形成されていたが、東寺は勧農行為を行い村民の生活慣行を保証するとともに、荘内を十一ヵ番に編成して収納体制を固め、直務《じきむ》支配を進めた。その支配は供僧の衆議により、毎年、寺僧や商人を荘務請負者に選任していたが、十五世紀に

垂水荘(一)

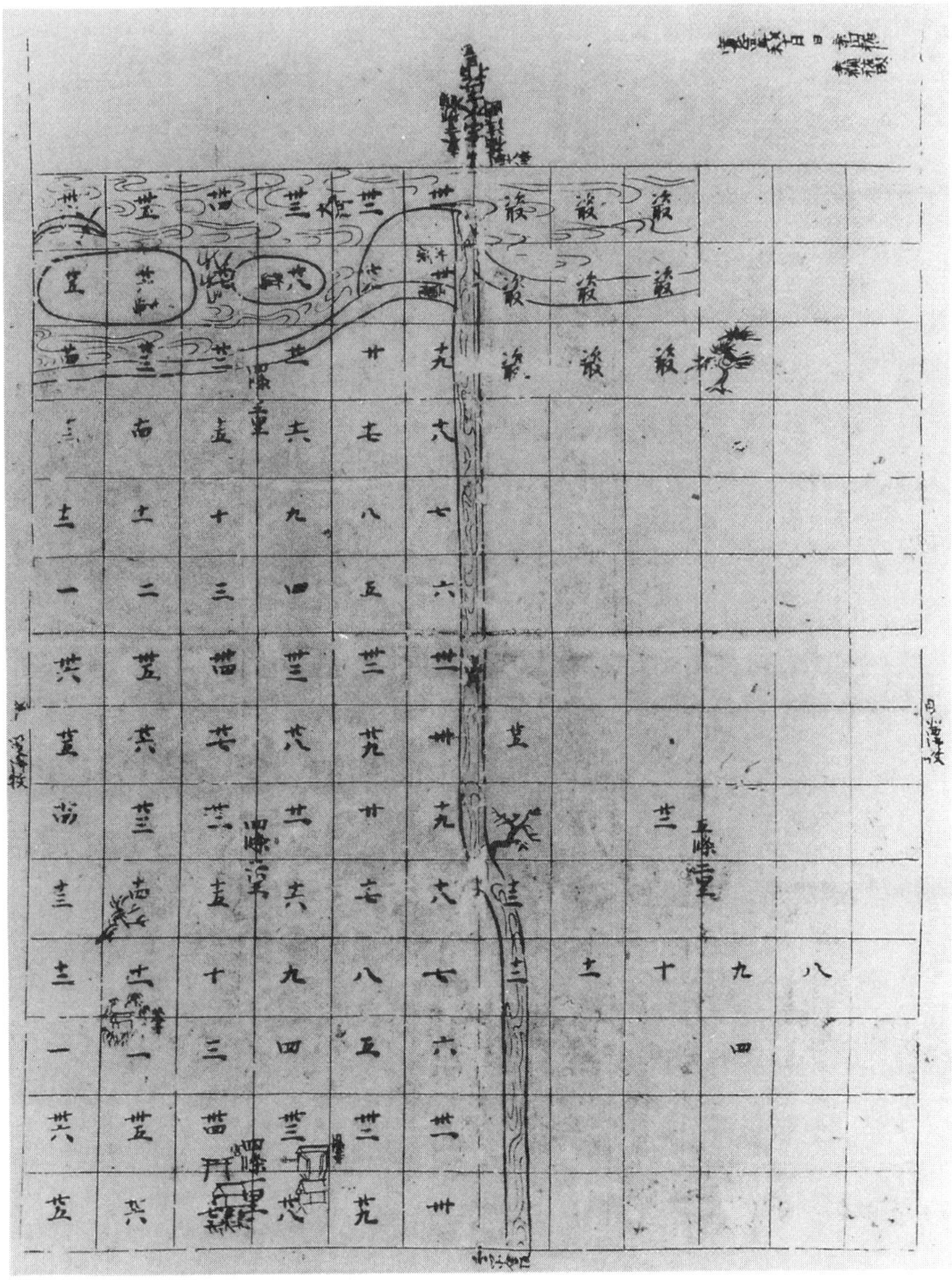

摂津国垂水庄差図(寛正四年十月)

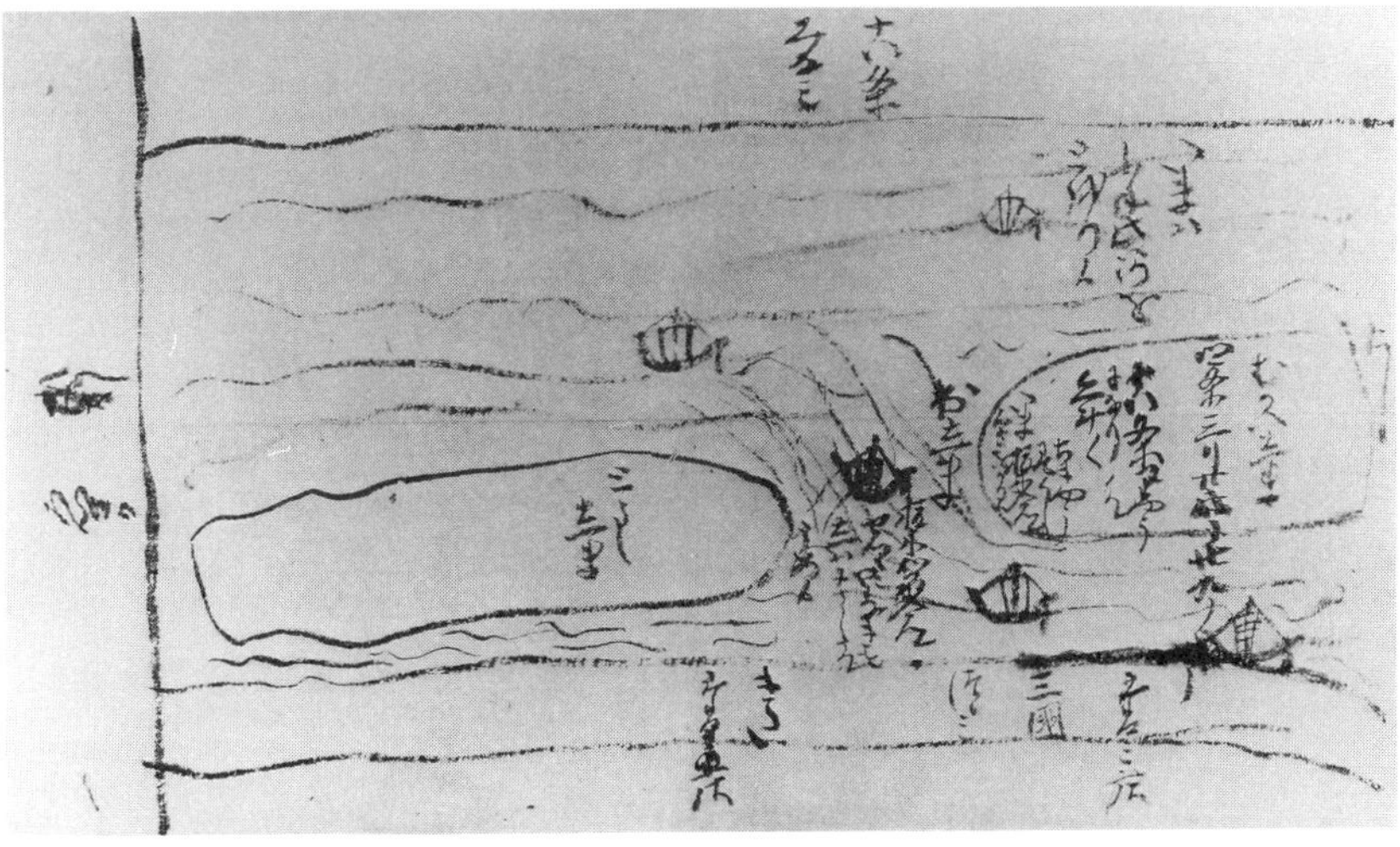

摂津国垂水庄図

入ると在地土豪・守護被官による代官請負制に変わった。永享五年(一四三三)三宝院門跡の口入で代官に就任した榎木慶徳以降は、道重・吉重の三代が続き、その支配に反発する強剛番頭を制圧するためか道重は守護細川氏の被官となり、守護代官請負制を展開したが、応仁の乱後は戦国大名化した守護細川氏や近隣の有力武士池田氏の介入で、榎木氏の支配も終り、同荘は荘園としての実体を失っていった。このほか本荘は鎌倉―室町時代の農村構造やその変化などもわかる荘園である。(福留　照尚)

㈡播磨国明石郡内の荘園。現在の神戸市垂水区垂水・塩屋町のあたり。東大寺領。『東大寺要録』に引く太政官符によると、本荘は天平二十年(七四八)十一月に明石郡垂水郷の塩山地三百六十町が勅施入されたのに始まり、東は寒河、南は海辺道、西は垂水河、北は太山堺に至る地域であった。その後、平安時代末期の大治五年(一一三〇)の『東大寺諸国庄々文書并絵図等目録』にも、同じ境域で垂水荘三百六十一町とみえているが、久安三年(一一四七)に至って、垂水荘は、同じ播磨国内の粟生荘(多可郡)・赤穂荘(赤穂郡)を合わせた三荘とともに、賀茂郡の大部荘と相博されて、東大寺領を離れた。(水野恭一郎)

たるみのまき　垂水牧　㈠摂津国豊島郡と島下郡とにまたがって存在した摂関家の牧。豊島郡の萱野・六車・桜井・榎坂の諸郷(現在の大阪府豊中市・箕面《みのお》市)に属する分を垂水西牧、島下郡の西条・中条の諸郷(現在の大阪府茨木市・吹田市)に属する分を垂水東牧と呼んだ。その成立は、官牧さらに近都牧《きんとのまき》の衰退に伴い、藤原氏(摂関家)が警固、年中行事や交通運輸に必要な牛馬を確保するため、十世紀初めごろから、先祖鎌足以来家領などを有した島上郡の南に接する千里丘陵一帯に私牧を獲得したのに始まる。天暦三年(九四九)、村上天皇から献上馬の一部が垂水御牧に下賜されている。その後、当牧は牧内の籠作《ろうさく》と出作による加納《かのう》とにより、荘園化しながら拡大して東西に分かれた。康平五年(一〇六二)には、関白藤原頼通の春日詣に際し、東・西両牧に雑役として屯食《とんじき》各三具が課せられている。摂関家は平安時代後期に次第に斜陽化するとともに、保安年間(一一二〇―二四)に東牧の年貢を氏神春日社に寄進し、また寿永二年(一一八三)には西牧の年貢・雑役を同じく春日社に寄進した。こうして当牧の本所は摂関家(五摂家の分立後は嫡流の近衛家)、領家は春日社となり、また氏《うじ》の長者の春日詣に際しては従来どおり牧役として屯食・続松を負担し続けた。この垂水牧付近は特に他の権門寺社領や国衙領が細かく交錯しており、かつ源平内乱で混乱したので、それを整理するためか文治五年(一一八九)に検注が行われた。現に残存する『春日社領垂水西牧榎坂郷田畠取帳』(『今西文書』)は、その検注の結果を整理して春日社領を明らかにしたもので、これによると、西牧榎坂郷の構成やその前後の情勢が詳しくうかがわれる。その後、東牧では本所近衛家が支配し続け、年貢・雑役を徴収して年貢を春日社に納めていたが、権門に押領されたり、在地領主や住民が次第に勢力を伸ばして年貢・雑役を納めないものが現われたりしたため、近衛家の支配は次第に衰退していった。西牧でも同様の動きがみられ、春日社に対して在地領主や住民が反抗し、また悪党左近衛尉助村らの蜂起が続いた。しかし、春日社は神人を派遣して武力で在地を抑えるとともに、弘安三年(一二八〇)には年貢の村請制を実施し、また鎌倉時代末期には中臣連(若宮神主千鳥家の分家今西氏)を牧務代官として現地に入部させ、支配にあたらせた。今西代官は在地の土豪・住民に接近しながら、その協力を求め、南北朝内乱の被害を最小限に喰いとめた。また今西代官は番頭制を実施し、みずからも番頭の一人となって、所領の維持とその支配に努めた。それでも室町・戦国時代には侵略をうけて所領が縮小し、衰退を余儀なくされたが、しかし今西代官の力で、春日社は西牧の一部を所領として江戸時代まで維持できた。
(宮川　満)

㈡播磨国内にあった近都牧《きんとのまき》。『延喜式』に、左右馬寮に所属する近都牧六ヵ所が挙げられているうちの一つに、「播磨国垂水牧」とみえ、左馬寮の所管であった。その所在については賀茂郡と明石郡の二説があって明確にはし難いが、賀茂郡の東部、現在、兵庫県加東郡東条町・社《やしろ》町の内に、それぞれ東垂水・西垂水の地名の残っているあたり一帯の地域にあてるのが、妥当のように考えられる。(水野恭一郎)

たわらのしょう　田原荘　㈠山城国綴喜《つづき》郡の荘園。現在の京都府綴喜郡宇治田原町。摂関家領。もと禅定寺の所領だったが、摂政藤原頼通のとき禅定寺が平等院末寺になったため摂関家領となり、のち近衛家に伝領されて近衛家本家・平等院領家・禅定寺預所という関係が成立した。荘田百町の荘園だったが、千町の杣《そま》山が付随しており、隣接する曾束《そづか》荘との乾元年間(一三〇二―〇三)の大田谷をめぐる争いをはじめとし、山堺相論を幾度もくり返している。この地には、ほかに保元の乱で没収されて後院領となったもと藤原頼長家領田原荘や、田原供御所、また隼人司領などがあった。(泉谷　康夫)

㈡河内国讃良郡の荘園。現在の大阪府四条畷《しじょうなわて》市域内。大覚寺統領。『河内国小松寺縁起』に引く保延五年(一一三九)の勧進奉加帳に田原郷地頭代僧道・公文代教智らの名がみえ、同史料は疑問はあるが、平安時代末期にこれら土豪が開発して七条院に寄進して成立したものか。安貞二年(一二二八)、同荘をふくむ七条院領三十八ヵ所は修明門院に譲られ、その後、四辻宮善統親王に伝えられたが、同荘など二十一ヵ所は亀山上皇に伝領された。
(福留　照尚)

㈢播磨国神崎郡内の荘園。現在の兵庫県神崎郡福崎町田原付近。『九条家文書』によれば、この地は平安時代永祚元年(九八九)のころ、播磨国の大掾伊和豊忠が先祖相伝の所領として保有し、その後、数代伊和氏の一族がこれを持ち伝えたが、大治三年(一一二八)伊和一族から中央

貴族の源師行の手に移った。ところが師行は保延七年（永治元、一一四一）に、さらにこれを鳥羽法皇の院庁に寄進し、毎年油十八石一斗一升を年貢として納めることを条件に、この地ははじめて鳥羽院御領の荘園となった。そして師行はその預所職《しき》となった。その後、同荘は鳥羽法皇から皇女八条院暲子に伝えられたが、鎌倉時代末期正応六年（永仁元、一二九三）三月の『九条忠教文書目録』に「田原庄」、建武三年（一三三六）八月の『九条道教家領目録案』に「播磨国田原庄一円」の記載がみえ、鎌倉時代の中ごろ以後、九条家領となっている。なお正応四年八月の『田原御荘実検注文』によれば、当時、同荘の惣田数は二百五町六段余に及んでいた。（水野恭一郎）

たわらのべっぷ 田原別符 豊後国国東郡に存在した別符。大分県西国東郡大田村の大半を占め、桂川とその支流石丸川の流域から成る。『宇佐大鏡』によれば、天喜五年（一〇五七）に紀季兼が開発を宇佐大宮司に申請し、許可された。当初半不輸の地であったが、保元年間（一一五六―五九）には、五十九町七段と定められ、宇佐八幡宮の不輸の神領となった。開発領主紀季兼の子孫は、代々この地を領掌し、鎌倉時代に至ったが、弘安八年（一二八五）の豊後国大田文（平林本、『鎌倉遺文』二〇巻一五七〇〇号）によれば、大友能直の庶子泰広がこの地に入部し、次第に勢力を拡大した。文永弘安の役を経て、二代基直の時には地頭としての地歩を固め、苗字の地田原氏を名乗り、南北朝期以降国東半島一帯に勢力を拡大した。宇佐宮神領次第案では、十九ヵ名が確認され、三十石の所当が収納された。曲折はあるが、戦国期まで宇佐宮の収取は継続された。大田村教育委員会によって別符の荘園関連遺跡について詳細な調査が行われている。

参考文献 渡辺澄夫編『豊後国田染荘・田原別符史料』（『豊後国荘園公領史料集成』一）（海老澤 衷）

たん 段 ㈠土地や山林の面積の単位。名称の初見は『日本書紀』大化二年（六四六）条のいわゆる改新の詔で、田積単位としてみえるが、この時期に田積単位としての「段」が使用されたことには疑いが持たれ、むしろ『大宝令』において、一町の十分の一の面積を表わす単位として使用されたとみられる。中国では地積の単位として「段」が使用されたことはないが、北魏以来「一しきり」「一区分」の意で「段」が用いられた例は多い。日本の場合も一町の十分の一区切りの意で使用されるに至ったものであろう。一段の広さは大化前代より使用されていた地積の五十代《しろ》に相当する。この場合一代は令大尺（高麗《こま》尺）の六尺平方を一歩とする五歩の面積にあたるから、一段は二百五十歩となるが、『養老令』田令では一段は「長卅歩、広十二歩」とみえ、一段は三百六十歩となる。しかし、後者の場合の一歩は令大尺の五尺平方を一歩とするもので、一段の面積に変りはなかった。その後和銅六年（七一三）の唐尺の導入により、和銅大尺（唐大尺＝令小尺）六尺平方＝一歩、三百六十歩＝一段と変更になったが、一段の面積は従前と全く変りはなかった。以後「段」は「町」「歩」と応じながら地積単位の名称として定着し、面積も太閤検地まで原則としてそのまま使用されたが、太閤検地では従来の制を改め、曲尺（和銅大尺＝令小尺）の六尺三寸平方を一歩とし、三十歩を一畝、十畝を一段、十段を一町とした。明治の地租改正において曲尺の六尺平方を一坪（歩）とし、三十坪を一畝、十畝を一段、十段を一町と定めた。この一段は約九・九二アールにあたる。㈡布の寸法の単位。『養老令』賦役令に正丁一人の歳役の負担として、庸布二丈六尺を出すことが規定されているが、この二丈六尺（約七・八メートル）の布（幅は二尺四寸）が一「段」の布である。この「段」は庸布だけでなく、長さ二丈六尺・幅二尺四寸の寸法の布を指すものとして、商布などにも用いられた。慶雲三年（七〇六）二月に「人身之庸、並宜減半」（『令集解』賦役令歳役条）とされ、正丁二人分の負担として一段の庸布を出すこととなったが、養老元年（七一七）十二月格で正丁二人分の庸布は、長さ二丈八尺に変更になった。㈢距離の単位。距離一町の十分の一で、六間に相当する。面積の呼称の町・段の関係を距離に及ぼしたものであろう。いつころから使われるようになったかは未詳であるが、『今昔物語集』巻二三第二話、『宇治拾遺物語』第三十一話などにみえるのが早い例である。

↓大《だい》・半《はん》・小《しょう》 ↓町段歩制《ちょうたんぶせい》（亀田 隆之）

たんぎれ 段切 中世に使用された土地の長さと面積の単位。反切とも書く。『東大寺文書』仁治三年（一二四二）の「僧実俊家地売券」以下一連の手継券文に、「合南口東西七間三尺、北口東西七間四尺、南北五段切者」とあり、間口を間と尺、奥行を段切で示している。寛元元年（一二四三）の「僧実俊家地売券」以下には、同じ奥行を「奥半切者」とするものがある。半切は一町の半分であろうから、これと一致する五段切も一町の半分とすると、一段切は一町の十分の一である。ただし、この所在地は平城左京二条三坊四坪で、三条大路に南面するから、正確に一町（三百六十尺）の半分とはいえない。四坪の南北幅を一町とし、中央の中垣までを五段切としている。室町時代になると、大和と伊勢で、一段の十分の一（三十六歩）の面積単位として、段切が使用された。間口一段切（三十六尺）に対し、奥行一段切の場合、間口を自明のこととして省略したものか、あるいはこれに相当する面積（三十六歩）として記したと考えられる。（水野柳太郎）

たんせん 段銭 中世、田地一段別に賦課された公事《くじ》。本来は臨時的なものであったが、のちには次第に恒常化した。その起源は、朝廷諸行事や大寺社修造などの費用として諸国に賦課された一国平均役が、年貢・公事の銭納化の展開に伴って、田地一段別何文という賦課形態に変化していったことに求められよう。一国平均役が段銭として賦課された事例は鎌倉時代後期から史料上に散見するが、史料的な疑問もあり、その初見の時期は確定し難い。いずれにせよ、鎌倉時代には一段別何升という形態の段米としての賦課がなお一般的であり、段銭として

の賦課が一般化するのは南北朝時代のことである。南北朝時代にはまた一国平均役の賦課・徴収の権限が朝廷から幕府に全面的に移行し、それに伴って段銭に関する室町幕府の諸制度が南北朝時代から室町時代初期にかけて整備されていった。室町幕府の段銭は、その内容から分類すれば、大嘗会や内裏造営などの朝廷諸行事の費用、伊勢神宮以下の寺社の修造および法会などの費用、そして将軍拝賀などの幕府諸行事の費用に大別される。このうち幕府諸行事の費用としての段銭の出現はやや遅く十五世紀中ごろであり、以後時期が下るに従ってその比率が増加してゆく。また賦課の形式から見れば、諸国に賦課されたものと、特定の国を指定して賦課されたものとがあった。これらの段銭は、大田文《おおたぶみ》に記載されたいわゆる公田を対象とし、一段別何文という形で守護に対して賦課の指令がなされ、守護代以下の守護の支配機構を通じて徴収され、幕府に納入された。幕府内においては段銭に関する機構として奉行人の中から国ごとに国分《くにわけ》奉行が定められ、また別に総奉行が定められた。一方では有力な寺社・公家および将軍近習・奉公衆は幕府から段銭の免除ないしは京済《きょうせい》の特権を認められていた。京済とは段銭を守護の手を経ずに京都において直接幕府に納入する権利であり、納入者にとっては負担の相当な軽減となった。また同時にこの特権によって彼らの所領は守護の干渉を排除することが可能となっていたのであり、特に将軍近習・奉公衆のこうした特権は、幕府の守護統制の一環として大きな意味を持っていた。以上のような室町幕府の段銭制度は、十五世紀中ごろ以降大きく変質してゆく。その大きな契機となったのは、段銭が国ごとに一定額で守護によって請け負われる守護請の出現である。段銭守護請の史料上の初見は現在のところでは永享五年(一四三三)の多田院造営要脚であり、この時は越中国段銭がこれに充てられて守護畠山氏が五百貫でこれを請け負った。こうした守護請は十五世紀中ごろにはその額も一国百貫ずつに固定化し、「国役」なる名称で一般化する。この時期には地頭御家人役が守護の請け負いとなったものも同様に「国役」と呼ばれており、「国役」はその本来の内容にかかわらず単に守護に対する定額賦課を示す概念となっていた。段銭がこのような形態に変化したことは、幕府が在地における賦課体系から切り離され、幕府にとっての公田支配とそれを通じての賦課体系がその意味を失いつつあったことを示している。しかしながら一方では、この段階においては有力寺社・公家や将軍近習・奉公衆の段銭京済の特権がなお存続しており、彼らの所領については段銭が守護の手を経ずに幕府に直納されていた。著名な『康正二年造内裏段銭并国役引付』は、そうした国役と京済の並存していた十五世紀中ごろの段銭賦課の実態をよく示している。これ以後戦国時代における段銭の賦課形態の変化は、守護による京済特権領域の包摂という形で進行し、幕府にとっての段銭はより完全に守護に対する定額賦課としての国役に転化していった。戦国時代の幕府段銭はその多くが幕府諸行事の費用であり、天文十五年(一五四六)の足利義輝元服要脚を最後として史料上からその姿を消す。これ以後も幕府の戦国大名に対する何らかの形での賦課は見られるが、そこにおいてはもはや公田に基づく段銭としての性格は失われている。一方、こうした国家的な一国平均役の賦課とは異なり、領主諸階層が独自に賦課したものとして、守護段銭や領主段銭などのいわゆる私段銭が存在するが、これらの成立の契機もやはり一国平均役の賦課に求められる。守護の場合は、すでに述べたように幕府の賦課する段銭の徴収権を与えられており、その結果分国における段銭の賦課体系を自己の支配機構に組み込むことが可能であった。これを梃子として守護はみずからを賦課の主体とする守護段銭をその分国に成立させてゆく。守護段銭は応永年間(一三九四―一四二八)から史料上に現われ、十五世紀中ごろには一般的に成立し、また次第に恒常化していった。このことはほぼ同時期に幕府の賦課する段銭が守護の定額請け負いによる国役に転化していったことと密接な連関を有する。段銭の国役化によって幕府が在地における賦課体系と切り離されたことにより、公田の支配とそれを通じての段銭の賦課体系はより完全に守護の分国支配の一環に組み込まれ、またそのことにより守護段銭の一層の展開が可能となったのである。このようにして守護の分国支配における段銭の重要性が増大するに従い、その支配機構も整備され、段銭奉行などの機構が多く設置された。守護はまた段銭をその知行制に組み込んで国人に対する給与の対象とし、被官関係の形成に利用した。一方、当初から段銭京済の特権を与えられていた将軍近習・奉公衆も、みずからの所領におけるその賦課体系を梃子として独自の領主段銭を成立させることが可能であった。そうした条件はまた守護から段銭を給与された国人においても、また段銭京済の特権を得ていた荘園領主においても同様であり、十五世紀中ごろ以降、段銭は国役という形で幕府制度としての枠組みをかろうじて残しつつ、実質的には領主諸階層にとって独自の収取体系として機能するに至るのである。こうした状況の中で、段銭の賦課形態も従来の公田に対する段別賦課という形態にとどまらず、領主にとってより多くの剰余を収取することが可能な形態に転化してゆく。特に十六世紀後半の後北条氏や毛利氏などにおいては、土地に対する貫高の確定に伴い、貫高に対する一定の比率によって段銭の額を算出するという賦課方式が確立していた。ここにおいて、段銭は公田に対する段別賦課という本来の意味を失い、戦国大名のもとにおいて新たな形態の収取体系としてその経済的基盤に組み込まれていったのである。　↓京済《きょうせい》　↓公事《くじ》　↓国役《こくやく》　↓守護請《しゅごうけ》　↓段米《たんまい》

（今岡　典和）

たんせんぶぎょう　段銭奉行　⇨段銭《たんせん》

たんどくそうぞく　単独相続　⇨相続《そうぞく》

たんのわのしょう 淡輪荘 和泉国日根郡の荘園。現在の大阪府泉南郡岬町淡輪付近。九条家領。九条家出身の大僧正慈円がその乳母(藤原通季の娘)から伝領し、九条家領となった。荘域は東西に分かれ、下司・公文がおかれて土豪淡輪氏が代々任ぜられた。南北朝の内乱で、九条家の支配は衰えた。守護楠木正儀は正平十年(北朝文和四、一三五五)に東方領家職《しき》三分の一を、戦功のあった淡輪忠重に与え、その後も土豪の侵略などがあり、応仁の乱ごろ衰亡したようである。（宮川 満）

たんばのしょう 丹波荘 (一)大和国山辺郡の荘園。現在の奈良県天理市丹波市町付近。興福寺雑役免荘。延久二年(一〇七〇)の『興福寺雑役免帳』によると、維摩会漬瓜免田六町、額安寺田二町、公田畠五町六段大の計十三町六段大からなっていた。応永六年(一三九九)の『興福寺造営段米田数帳』の山辺郡条に「一乗院方 丹波庄十四町四段」とみえ、興福寺一乗院領丹波荘のあったことが知られるが、鎌倉時代中期の『簡要類聚鈔』にはみえないので、それ以降の成立と思われる。また、『三箇院家抄』に記載する顛倒荘々の中には「丹波庄二階堂 十九町八反半 添上郡」とみえ、雑役免荘の北に隣接して興福寺大乗院領丹波荘のあったことも知られる。なお、石《いその》上《かみ》神宮所蔵の元亀元年(一五七〇)『丹波領惣田数帳』には、布留《ふる》社領の十三町四段が記されている。この地は布留社(現石上神宮)の門前であり、室町時代中期以降市場町が形成され、丹波市として栄えた。その中心は、はじめ上街道を西に入った奥之垣内だったが、次第に街道筋へと移っていった。（泉谷 康夫）

(二)丹後国丹波郡の荘園。現在の京都府中郡峰山町丹波の一帯。丹波郷の一部が荘園化したもの。建長二年(一二五〇)十一月の『九条道家惣処分状』には、地頭後藤基綱が当荘を九条道家に寄進して安堵の宣旨を下され、また後嵯峨天皇からも綸旨を下されたが、国司がこれを無視して侵略したため訴訟に及んでいることが記されている。地頭後藤基綱は、建久六年(一一九五)八月に丹波国志楽荘・伊禰保への濫妨狼藉を訴えられている御家人後藤左衛門尉基清の子である。後藤氏は元弘三年(一三三三)五月、足利尊氏勢の熊谷直久によって攻めおとされる丹波郷の城主後藤佐渡次郎入道に連なるこの地の有力御家人と推定される。なお荘中の鶴ヶ尾城は後藤氏の子孫の居城と伝えられている。康正元年(一四五五)八月の『丹後国田数帳』では、丹波郷百八十町七段余のうち六十町が段銭の対象とされ、他は免除されているが、このうち丹波荘の占める地積は不明である。（仲村 研）

たんひゃくしょう 堪百姓 ⇩かんひゃくしょう

たんぷ 担夫 物を担いで運ぶ人夫。特に古代において諸国より調・庸などの貢物を都に運んだ人夫。『続日本紀』に散見する負担の輩・担脚・脚夫・運脚・調脚などは同じものである。「賦役令調庸物条」では、「運脚は均しく庸調の家に出さしめよ」と定め、『令義解』には「庸調の家、人ごとに均しく物を出だし、運脚の功食に宛る」と見える。調・庸を都へ運ぶ担夫の往復に要する食料は自弁が原則であった。平安時代においても、大同五年(八一〇)二月十七日の太政官符(『類聚三代格』)で、調・庸の運搬以外の「京に向う担夫」への食料の支給を認めており、調庸の運搬のための食料は自弁であった。都へ上った担夫を国司が労役に用いることが慣行化したため、弘仁十三年(八二二)の太政官符(同前)では任務を終えた担夫を都での労役に駆使することを禁じている。中世において荘園年貢の運送のため都に上る京上夫は担夫の後身である。（田中 健二）

たんべつくじ 段別公事 荘園の二大所課の一つである公事(雑税・夫役)の賦課形態の一つ。一般に公事は、(一)名田面積に比例して賦課される段別公事、(二)面積に応じない名別(名別均等)公事、番別(番別均等)公事、在家別公事などがある。名田面積に差等がある以上、段別公事が最も自然かつ公正で、関東御公事も「田卒(率)所課」であった。ただし荘園領主側が均等公事を要する場合、均等名編成や、名田を組み交える番編成など、下地組織の操作が行われた。↓公事《くじ》 ↓田率公事《でんりつのくじ》 ↓名別公事《みょうべつくじ》（渡辺 澄夫）

たんまい 段米 内裏修造再建・寺社造営・大嘗会などの費用調達に際し、朝廷や幕府が段別に賦課した臨時的付加米のこと。永延二年(九八八)『尾張国郡司百姓等解文』によれば、すでに十世紀後半の段階で国司は「臨時之公用」として正税利稲以外の率徴を段別に強行しており、段米の原初的形態とみられる。十一世紀以降、個々の税目が明確化してくる中で、それらは諸国の荘園・公領を問わない一国平均役としても課されてくる。鎌倉時代の文永十一年(一二七四)後宇多天皇の大嘗会に際しては、段別三升の用途米が諸国に国内平均に課されたが(『常陸国惣社宮文書』)、このころから段米の銭納化が進み、室町時代に入ると、段銭による徴収形態が一般的となる。また、幕府はいままで朝廷にあった段米・段銭の賦課・免除権を獲得して、これを幕府段銭(米)として再編することにより支配の強化を図った。元来段米徴収の責任は国司にあったが、荘園領主や守護が徴収に関与してくることに伴い、その責任を請け負わせる場合もあった。かくて朝廷・幕府の公的段米(銭)に対して、守護・寺社などが課す私的段米(銭)が生じ、荘園制を変質させていく一要因ともなった。↓段銭《たんせん》（詫間 直樹）

ち

ち　地　本来は田地、畠地、屋地、山野を含む土地そのものを意味する用語である。在地、下地などとも用いられ、土地の上に重層的に存在する諸権利を除外したより包括的な土地を指す。しかし、中世で単に「地」という用語が用いられている場合は、農村より都市の家地について用いられていることが多い。（瀬野精一郎）

ちえこういんりょう　智恵光院領　智恵光院の所領。智恵光院の創建の地は「法勝寺北、花園向」と『拾芥抄』下にみえるが、創建者などは判然しない。鳥羽天皇の第三女暲子内親王は、応保元年（一一六一）八条院の院号を受け、承安四年（一一七四）二月仁和寺中に蓮華心院を創建した。同門院は鳥羽上皇の所領処分の時に、所領十二ヵ所と鳥羽の安楽寿院領などを譲られ、永暦元年（一一六〇）美福門院が没したとき、歓喜光院領を伝承した。そして、安元二年（一一七六）二月に「八条院領目録」（内閣文庫所蔵『山科家古文書』）が作られる。そのうち「智恵光院御庄」としては豊後国戸穴荘だけである。建暦元年（一二一一）六月八条院が没すると、遺領の大部分は後鳥羽天皇の女春華門院に伝わるが、春華門院も同年十一月に没したので、すべては順徳天皇に伝領し、後鳥羽上皇の管理に入った。承久の乱ののち鎌倉幕府に没収されるが、承久三年（一二二一）七月後高倉院に返進された。そのなかに「智恵光院領五ヶ所」がある（『大日本史料』四ノ一六所収『三宝院文書』）。これら八条院領は、のち北白河院・安嘉門院・亀山上皇・後宇多上皇にと伝領される。嘉元三年（一三〇五）亀山法皇が崩じたので、翌徳治元年（一三〇六）その女昭慶門院は所領目録（『竹内文平氏所蔵文書』所収『昭慶門院御領目録』）を作った。そのうち、智恵光院領は三ヵ所であった。（奥野　高広）

智恵光院領

智恵光院領一覧

所在国郡	名称	特徴	典拠
丹波　多紀郡	大沢荘	平惟仲の私領、室町時代には皇室領（『山科家礼記』文明九年十二月条）	又続宝簡集・昭慶門院御領目録
出雲　（郡未詳）	淀荘	蓮華心院領でもある、本新二荘があり、本荘は中尾荘ともよぶ	昭慶門院御領目録
豊後　海部郡	戸穴荘		山科家古文書・昭慶門院御領目録

ちかいでん　治開田　「はりひらく田」の意味で新規開発田のこと。古くは八世紀半ばの東大寺領北陸初期荘園関係文書中にみえ、十世紀以後も使用されてはいるが、ほぼ同義語の墾田・治田に比して、使用例ははるかに少なく売券などに数例を数えるにすぎない。小規模な開田にも大規模な開田にも使用されている。墾田・治田が開発の結果としての田地を指すのが一般的であるのに対して、治開田はむしろ開発行為そのものを強調する際に使用される語である。（小口　雅史）

ちかうちのしょう　近宇智荘　大和国宇智郡の荘園。現在の奈良県五条市近内町付近。興福寺燈油料所。延久二年（一〇七〇）の『興福寺雑役免帳』にみえ、雑役免荘でもある。四町。坪付は長畚条と近内条の各一里・二里。また平安時代以降、仁和寺（京都市）領近内荘も近内町付近に存在。近宇智荘と同一かどうかは不詳。（朝倉　弘）

ちかぶ　近夫　荘園において百姓に課される人夫役の一つ。地頭・荘官などが彼らの居住地の近隣・近在の地へ百姓を徴発する夫役のことを近夫という。これに対して、遠く離れた京都での従事を要求されるものに、京上夫がある。これには、在地の地頭代官・荘官などが上京する際に百姓に課せられる雑役や、あるいは、京都の地頭・荘園領主が在地の百姓を召し使う夫役などがあった。また、百姓の身体を長期間支配する夫役のことを、とくに長夫（永夫）といった。これらの夫役を負うことのできるのは百姓身分に他ならなかったが、夫役の具体的内容をめぐって、地頭・荘官等と百姓との間で争いになることが多かった。（西村　安博）

ちぎょう　知行　中・近世における土地支配の概念。知行は広義には事物に主宰として支配することを意味し、知行の対象は土地とは限らず、事務・職務の場合もあり、特定の国を与えられて国務を知行する知行国のような例もあった。しかし、土地に関していわれることがもっとも多く、この意味の知行については、占有とする説と、認定された権利に基づく支配と見る説とがある。権利の有無にかかわらず、現に知行することを当知行、権利があっても現に知行していないことを不知行という。公家法では知行権の確認は証拠文書（公験《くげん》）によったが、鎌倉幕府が制定した『御成敗式目』では、本来的権利の有無にかかわらず、二十年を越えて知行した者の知行権を保証する知行年紀制を成立させ、現在の領主の知行権を保護した。室町幕府法では、年紀法の重点が、知行年紀よりも文書年紀に移行しているが、これは平安時代以来の知行の事実と公験との対立に、一応の結論を与えたものといえる。荘園などにおいて、他の領主の支配を排し、単独の領主が知行することを一円知行といった。荘園的知行を基盤として、主君が従者に封地を与えることによって封建的知行が成立したが、その知行の対象は職《しき》であった。荘園制が崩壊し、職が消滅した後、近世においては、幕府は大名や上級家臣に俸禄として封地を支給した

が、これを知行といい、領主は領民から直接年貢を徴収した。俸禄には封地を支給される者と、蔵米を支給される者とがあったが、広義では両方を含めて知行と呼んだ。中世の知行に関して、中田薫の説を発展させた石井良助は、知行とは不動産物権を有するとの主張に基づく該物権の事実的行使、したがって占有であるとした。また中田が知行をゲルマン法におけるゲベーレ Gewere に比定したのに対し、石井はゲベーレとローマ法のポッセシオ possessio の中間に位置するものと見た。石井説に対しては、牧健二・高柳真三が批判を加え、石井の反論もあって、知行論争が展開された。まず石井・牧論争は三点に分かれる。第一点は、石井が知行を不動産物権の事実的行使、占有とするのに対し、牧が不動産物権の行使自体、すなわち設定された権利に基づく支配と見る点にある。知行が占有か否かというこの論争は、石井の提案により、押領も知行か否か、すなわち不法な知行が存在したか否かに集約されて行われた。石井はこれを肯定し、牧は否定するのである。知行と認定されたものでも、裁判の結果によっては、押領と判定される可能性のあることを牧は認めたが、それほど知行が不安定なものならば、知行は事実上押領をも含んでいたと見られることになり、論争は石井に有利に展開した。しかし知行が押領を含んでいたからといって、それによって知行が占有か否かの問題が解決されたとはいえない。第二点は第一点と関連して、知行の語源、およびそれと知行の本質との関係についてである。石井によれば、知行の実態をなす「所務」は収納であるが、牧によれば所務は事務であり、事務の執行をぬきにした所領知行はあり得ず、中世の「知行」「領掌」という言葉は「知」「掌」など事務執行を意味する律令用語から出ており、所務知行が事務執行を意味するのも、このような事情によるという。これに対して石井は、中世の所務は荘園の事務(荘務)に由来し、しかも平安時代後期には、所務は収納に重点を置いて考えるようになっており、土地支配を意味する「知行」は律令系の「知」などとは関係がなく、国語系の「しる」から出たものだとする。石井は荘園制を律令制から切り離し、土地を職務から切り離すことによって、整合的な理論体系を完成したが、実際は田畠領掌と事務執行とは一体であって切り離せない。石井は荘園制を自己完結的に把え、中世の種々の知行権を荘園領主的支配の分派として説明するが、在地領主の支配権は、荘園領主の地主権から分かれたものではなく、荘園領主・在地領主のいずれの土地所有も、律令制的土地所有から平行して出て来たものである。荘園の成立を歴史の起源と見るかのような石井の見解よりも、律令制以来の展開を考え、封建制の成立を視野に入れた牧の見解の方が説得的であり、歴史学の研究に与えた影響も大きい。右の二点を総合すると、知行の本質には職務性があるが、中世の知行は客観的には不法なものをも含んでいたことになる。これは日本における封建制の形成にあたっては、律令制(国家)からの継承の側面と、在地から成長、上昇した側面とがあり、その両側面の統一的把握が必要であることを示している。第三の論点も、やはり知行の性格と関係する問題であるが、『御成敗式目』第八条に、「一、雖レ帯二御下文一、不レ令二知行一、経二年序一所領事／右、当知行之後、過二廿ケ年一者、任二大将家之例一、不レ論二理非一、不レ能二改替一、而申二知行之由一、掠三給御下文二之輩、雖レ帯二彼状一、不レ及二叙用一」とある「当知行」について、石井が元来は「不知行」とあったはずだとし、この条文は不知行による消滅時効の規定と見るべきだと述べ、中田をはじめ、本条を取得時効の規定とする通説を批判したのに対し、牧は「当知行」のままでよいとしたのである。石井がこの問題を取り上げたのは、石井が知行をゲベーレとポッセシオの中間に位置付けたことに関係があり、『式目』は本来不知行年紀制(消滅時効)でありゲベーレ的であったが、のち本条が当知行年紀制(取得時効)として理解され、ポッセシオ的性格を帯びるようになったのだと見るのである。しかし時効の成立を特定の時代・社会と結びつけることの当否には疑問があり、一年と一日、あるいは二年で時効が成立するゲベーレ・ポッセシオと、知行年紀制の二十年の時効とを安易に比較することにも問題はある。「当知行」「不知行」という表現は、知行権の獲得者を主体とした文章を作るか、喪失者を主体とするかで変わって来るのであり、『御成敗式目』第八条は単なる時効の規定であって、取得時効・消滅時効のいずれでもない。したがって『式目』の本文は、従来どおり「当知行」でよいし、この条項が取得時効か消滅時効かを論じても無意味だと思われる。ただし、佐藤進一のように、本条を「当知行」の原文のまま消滅時効とする見解もある。次に石井・高柳論争は、石井・牧論争に比べて法学的次元で、かみ合うことなしに展開した。高柳は法社会学的な立場に立って、石井が知行を不動産物権の概念で純粋に法的に処理したために欠落した問題点を指摘し、「人の支配」と「土地の支配」とのからみ合いの中で、全社会構造との関連において、知行を把えることの必要性を説いたのである。なお石井紫郎は、中田や石井良助の研究で、知行とゲベーレの比較が重要な論点になっていることから、ホイスラー・フーバー・ヒュープナーら、十九世紀ドイツ法史学者のゲベーレ論を検討し、中田・石井の研究において、それらの学説が並存・混在していることを指摘した。

（上横手雅敬）

ちぎょうこく 知行国　公卿などにその国の知行権を与えて収入を得させる一種の封禄制度。平安時代の中期ないし後期に成立し、特に院政の進行とともに急速に発展した。その後、平家の全盛期を迎えると同氏一門に、鎌倉時代に入ると将軍に多数の国が宛てられ、さらに東大寺などにも及んだ。そのほか、同一国の相伝や知行権の売買も見られるなど、様相は変わってゆくけれども、室町時代まで続いた。この制度は年給や分国のような公的

なものではなかったが、除目のときに給せられることは同じであった。知行国を賜わる者を国主、知行主などといい、その国主は自分の子弟など親近者を国守に申任し、任期中の四年間、国守ないし私的に派遣する目代を通して知行権を行使した。国主の所得の実態を明らかにする具体的史料は存在しないが、知行国も官物・雑役・封物などの公納物を課せられることに変りはなかったから、それら所定の責任額を納入した以外の、国守としての俸料を含めたその国からの収入を一家に取り込んだのであろう。この意味では、国主は支配権を行使することによって収入を得たともいえよう。支配権を行使することを、国務・吏務を執る、沙汰する、知行する、などといい、また知行国を沙汰国・領国・分国などといい、知行国を与えられることを賜国・給国などというが、国主が行使する国守の支配権は一般の受領国司のそれと変わるところはない。みずから受領を兼任することが憚られる地位にある公卿に、親近者を身代りにして受領としての収入を得させるという形態の封禄である。なお知行国を御分国が公卿にまで及んだものと考え、御分国は年給で受領国司を賜わったものと解し、これを前提として国主の収入を推定する説もあるけれども、この前提はすでに崩れたものと認められる。知行国の成立関係史料の扱い方に関して、国守以外の某が某々国の吏務を執っている事実が確認できれば、その国を某の知行国と判断するという見解に従うと、治安元年（一〇二一）の大納言藤原実資の伯耆国などが早い例として挙げられるが、そういう事実に加えて、某に某々国が封禄として与えられていることを確認する必要があるとする見解に従うと、院政開始のころまで引き下げられる。知行国に、直接、接続する先行の制度は認められないけれども、参議の兼国、成功、御分国などの諸制度が影響を及ぼしたことは確かであろう。参議に対して食封給与数が少額であることを補わせるために国守を兼任させる制度は、このころも行われていたが、大・中納言に対しても封物の激減を補わせるために、受領の収益を宛てたのが知行国であったと見られる。これは間もなく摂関家にまで及んだ。知行国といっても公納物を負担することに変りはなかったから拡大に歯止めがなく、次第に摂関家などには二、三ヵ国が宛てられ、やがて平家一門は三十余国、源頼朝は九ヵ国を知行した。こうして変質は続けていたものの室町時代にまで及ぶ。　（時野谷　滋）

ちくまのみくりや　筑摩御厨　⇨つくまのみくりや

ちけん　地検　⇨検地《けんち》

ちこうりょう　池溝料　律令時代における用水事業は、国家の管理支配のもとにあった。諸国に池溝料が設置されることにより、用水設備の整備維持が行われたが、溝池の破損修復の費用は正税出挙の利稲を宛てることになっていた。これが池溝料である。律令国家は国司に対して、池溝等灌漑設備の総数およびそれらの中の修復すべき数とを、池溝帳という書式によって報告することを命じている。弘仁四年（八一三）の時点では、修復の責任は後任国司にあり、費用は前任国司の公廨稲の中から支出することになっていたが、天長二年（八二五）の格に拠れば、中破以上は前任国司より修理料を徴し、それを功（粮）に宛てて農民を雇役したが、小破の場合は、雑徭を用いて修理することが定められている。国司は、自らに課せられていた用水施設の修理をしばしば放置することがあり、その実質的責任は郡司層が肩代わりさせられていたようである。　（西村　安博）

ちさくいちえん　地作一円　⇨じさくいちえん

ちさくいっぷ　地作一符　⇨重職《ちょうしき》

ちし　地子　⇨じし

ちず　地図　地球上のある広さの土地について、その境界、そこにある地物、たとえば山川・田畑・住居・集落・道路などを、紙や布その他の材料の平面上に図示したもの。もとより正確な地図は、精密機械による地球表面の実測の結果を適当な投影法によって平面に展開し、一定の縮尺を用いて図示し、方位を明示しなければならない。そのような地図は西洋近世に至ってはじめて現われた。しかし見取図程度の地図はすでに先史時代から作られ、現存の未開種族でも最近まで木片や砂などを用いて地図を画いていた。エジプトではパピルスを、バビロニアでは粘土板を用いて地図が作られたが、ギリシャ・ローマ時代に至ると地中海中心の世界図も画かれた。中国では『周礼《しゅらい》』に大司徒がみえ、天下土地の図を以て国土全域の自然人文を管理する官職とされ、戦国時代には多くの地図が作られた。晋の裴《はい》秀に至って今日の平面図法に基づき『禹貢《うこう》地域図』を作ったようである。わが国では大化二年（六四六）正月改新の詔が宣せられたが、その八月に班田の実施を促すとともに「宜観国々壃界、或書或図、持来奉示」と国々の地図を徴したのが史上の初見である（『日本書紀』）。さて班田のために田地の区画が一町（一〇八壃前後）四方の碁盤割に整理された。そして方六町を里といい、条と里の座標を用いて各里の地番をたとえば三条五里というように表示し、これを地図に表わしたのが田図である。田図は民部省に保管されたが今は散逸して伝わらない。この間に有力寺社や貴族は広大な田畑や空閑地を国から与えられ、のちには買得によりさらに拡張して荘園を経営した。そして田図にならって荘園の地図を作った。墾田図・開田図などと呼ばれる。その遺存するものの中で、後世の写しではあるが、年代的に最も古いものは天平七年（七三五）の「讃岐国山田郡弘福《ぐふく》寺領田図」である。東大寺が近江・越前・越中などに所有した荘園の地図十三葉が正倉院に遺存し、民間に流出したものを合わせて奈良時代の二十葉の田図の写真が『東大寺開田図』（『大日本古文書』東大寺文書四図録）に集録されている。これらの田図は麻布に書かれたものが多く、条里は経緯線としての意味をもち、地図投影法上、方格図ということができる。また条里の枡目の大きさからその

縮尺もわかる。千分の一から三千分の一くらいの縮尺のものが多く、四周に方位が示されているので地図としての精度が高い。現在の地形図上に比定し得るものも多い。国郡図については天武天皇十年(六八一)多禰国(種子島)図、同十三年に信濃国図など辺疆諸国の地図も作成されたので全国にわたって存在したであろう。これらを接合すれば日本全図も作り得るわけで、後世、聖武天皇時代の高僧行基によって作成されたとされ行基図と呼ばれる日本全図が存在する。京都仁和寺蔵の行基図は嘉元三年(一三〇五)に写されたものである。慶長版の『拾芥抄』に所載されて広く全国に行われ、また海外にも伝えられた。中世には荘園が全国に拡がり、荘境についての紛争に伴う荘園絵図が画かれ、また鎌倉幕府による地頭補任によって領家と地頭とが下地《したじ》を中分するための荘園絵図などが多く残っている。系譜的に古代の田図に連なるものであるが、時代が下るに従って条里的経緯線は影が薄くなり、山河や寺社・民家などを絵画的に表現して、地図としての精度は落ちたが絵図と呼ばれるにふさわしい芸術性を加えた。これはやがて近世の村絵図へと伝承された。近世初頭ポルトガル・スペイン船が渡来し、宣教師によりヨーロッパの世界図・地球儀などがキリシタン大名らに献上され、やがて世界図屏風も作られた。福井市浄得寺のそれは、その代表作である。日本からも朱印船が南洋に進出したが、その際ポルトガル船などで使用されたポルトラノ型海図(海図上に方位盤から放射状に派出する多数の方位線が引かれ、航海者はそれによって目的港への進路を決めることができる)を輸入し、のちにはこれを自作するに至った。徳川家康は天下を統一して江戸に幕府を開いたが、慶長十年(一六〇五)全国の大名に命じて国絵図を作成提出させた。これを第一回として、寛永十年(一六三三)、正保元年(一六四四)、元禄十年(一六九七)、天保六年(一八三五)にも国絵図を調製させた。正保図以降は一里六寸(縮度二万千六百分の一)の大縮尺の地図で、大国図では畳八畳分を超えるほどの大型地図であった。これらの国絵図を縮小して連ね日本全図も作られた。正保日本図は一里三分すなわち縮尺四十三万分の一であり、日本国土の輪郭がかなり正しく描出された。近世の鎖国時代にも長崎を通じて、先には利瑪竇(マテオ＝リッチ)により漢訳された「坤輿《こんよ》万国全図」が、後にはオランダから直接世界図が輸入され、これらに基づく世界図が出版された。日本人による実測に基づく日本図は伊《い》能忠敬《のうただたか》によって完成された。（米倉 二郎）

ちちぶのまき 秩父牧 武蔵国秩父郡・児玉郡に置かれた牧。現在の埼玉県秩父市の北端から秩父郡吉田町・皆野町・長瀞《ながとろ》町・児玉郡神泉村にわたる地域に存在した。すでに延喜三年(九〇三)には秩父牧からの貢馬が行われている。朱雀院領秩父牧は承平三年(九三三)四月に秩父郡石田牧と児玉郡阿久原牧とをあわせて勅旨牧の一つとなる。このとき毎年の貢馬数を二十四とし駒牽《こまひき》の式日を八月十三日とすることが定められ、別当に藤原惟条が充てられた(『政事要略』二三)。延喜五年には牧司利春(高向利春、『西宮記』五)、天慶二年(九三九)には別当藤原惟修の名がみえ(『貞信公記抄』)、天暦五年(九五一)には父馬が秩父牧に給付されている(『樗嚢抄』)。桓武平氏良文流秩父氏族の武基は『桓武平氏系図』などの諸系図に「秩父別当」と記されており、秩父牧別当として牧の経営に関与していたと考えられる。（黒羽 融）

ちぢみ 縮 ⇩交分《きょうぶん》

ちでん 治田 「はりた」と訓じ、墾田と混用もされたが、多くは百姓が私的に開発・耕作する小規模田を指す。墾田永年私財法発令後、百姓が私的に治開した田もはじめ、墾田と称されていたが、権門・寺社・豪族らの大規模な墾田設定が盛んになると、公領・荘園の内部で、現実に治開して、占有・耕作する事実のみが私有性主張の根拠である小規模な百姓墾田は、奈良時代末期、おおむね区別して治田と呼ばれ始める。ただし治田が広汎に成立したのは平安時代である。百姓治田は九世紀には立券が公認され、田図に登録されたが、十世紀にそれが抑止され、公験《くげん》も与えられず不安定化し、国衙による収公や荘園領主の兼併の対象にさらされる。治田を造成した治田主は田堵《たと》と呼ばれ、その所有権は永作手として保証されたが、不輸不入成立期の荘園では「私領主あるべからず」の論法で、百姓の治開権は一般荘田なみの請作の枠の中に吸収されていく。そして古い治田は公田との区別も曖昧になり、公領・荘園の名田編成過程で、多くのその私領所有権は抑圧・否定されていった。↓墾田《こんでん》 ↓田堵《たと》 ↓名田《みょうでん》 （佐川 弘）

ちばのしょう 千葉荘 下総国千葉郡の荘園。現在の千葉市を中心とする地域。『吾妻鏡』承元三年(一二〇九)十二月十五日条に「千葉介成胤者、先祖千葉大夫、元永以後、為当庄検非違所之間、右大将家御時、以常胤被補下総一国守護職之由申之」とあり、千葉大夫＝常重(あるいは常兼)が元永年間(一一一八—二〇)に千葉荘の検非違所となったこと、さらに同書文治二年(一一八六)三月十二日条に載せる「関東御知行国々内乃貢未済庄々注文」に八条院領とみえることなどから、常重あるいは常兼が開発所領を鳥羽院に寄進して成立したものと考えられる。その後、鎌倉時代末期の『永嘉門院使家知申状幷御領目録』にも「庁分」とみえ、八条院領として伝領されたらしい。その規模については不明であるが、香取神宮の遷宮に関する作料官米について「先例不勤仕云々 千葉庄三百斛」とあり、下総国では下河辺荘とともに最大であった(香取神宮遷宮用途注進状)。荘内には池田郷・堀籠郷などの郷名とともに、南北朝時代以降には千葉城(千葉楯)の存在も確認される。さらに大日堂・閻魔堂・堀内光明院・千葉寺などの寺院もあり、写経・研学・談義など、学僧の活動も活発であった。

参考文献 『千葉県史料』中世篇県外文書
（岡田 清一）

ちもりのしょう　道守荘　越前国足羽郡の荘園。現在の福井市西部、足羽川・日野川の合流点一帯に展開した古代の東大寺領荘園。荘地は天平勝宝元年(七四九)に東大寺野占使によって占定された野地と、天平勝宝末年ころに足羽郡大領生江臣東人が施入した墾田百町からなる。成立時の田積は不明だが、天暦四年(九五〇)十一月二十日『東大寺封戸荘園幷寺用帳』(『東南院文書』)には三百二十六町二段五十五歩を数えた。成立後の経営は停滞し、寺田は百姓や在京の船王・従七位上上毛野公奥麻呂戸口田辺来女らによって奪取され、また校田使によって寺田の一部は公田登録され、班田年に口分田として班給された。荘域内に口分田や墾田を耕作した百姓は、本貫は荘周辺に限らず郡内一円に及び、その背後に活発な移動・移住耕作と新たな集落の発達が推定される。同荘の経営再建を語る天平神護二年(七六六)十月二十一日付の「越前国司解」「越前国道守村開田地図」(ともに『東南院文書』)によると、道鏡政権のもとで第三者の墾田・口分田や乗田を改正・相替・買得の手段で一円化したことが知られる。荘内・外に墾田・屋舎を私有した船王・田辺来女も、恵美押勝(藤原仲麻呂)の乱に連坐して没官され、東大寺領に吸収された。同荘の経営拠点として西南隅と東北隅に倉屋をふくむ「荘所」が構成された。また周辺には生江・足羽・道守氏ら有力農民の「畠」や一般百姓の「家」「畠」が集中して分布し、開発・経営に関与した労働力の定着を示している。寺田は上・中・下の田品を付して賃《ちん》租《そ》にだしたものと考えられる。道守荘の推移を示す史料は乏しいが、天暦五年十月二十三日「足羽郡庁牒」(『東南院文書』)には「雖在条里、本自或荒野、或原沢」とし、また長徳四年(九九八)の『諸国荘家田地目録』(『東南院文書』)にも「荒廃数多、熟田不幾」とみえ、作人の離脱が著しかった状態を伝えている。正倉院に天平神護二年作成の絵図(麻布)が伝存する。　↓別刷〈荘園絵図〉
(藤井　一二)

ちゅうぐんのしょう　中郡荘　律令制下の常陸国新治郡が十一世紀頃、東・中・西に分割され、この内の中郡が荘園化したもの。現在の茨城県西茨城郡岩瀬町付近。十二世紀中葉、在地領主大中臣氏の寄進によって蓮華王院領として成立。史料上の初見は承安四年(一一七四)。地頭職は、大中臣氏→安達氏→北条氏という伝領過程をたどる。そのため、建武政権下では元弘没収地となり、足利氏に与えられたと思われる。しかし、南北朝期には南朝方の根拠地となった。なお、荘内の磯部郷の預所職は鹿嶋大禰宜家が伝領した。常陸の南朝勢力が撤退してから、足利氏一門の仁木氏が当荘の地頭となり、荘内太田郷の地頭職は、仁木氏→右大将家法華堂→室町幕府政所執事伊勢氏という伝領過程をたどる。また、応永年間(一三九四―一四二八)、当荘は室町幕府御料所・内裏御料所の徴証があり、鎌倉府が管理していた。結城合戦の初段階で足利持氏の遺児安王丸・春王丸が挙兵したのは当荘内の木所城であり、鎌倉府の直接支配の強化がうかがえる。戦国期には結城氏の勢力圏に入った。
(清水　亮)

ちゅうし　中司　荘園における上司である預所の補佐役として下司以下の荘官を管理した職。高野山領では入寺《にゅうじ》の僧が補せられたが、中司・預所連判の下文もあれば、中司・番頭・公文ら連署の証文もある。大乗院領大和国楊本荘では預所の口入《くにゅう》によって学侶《がくりょ》以下の僧の中から選任された。中司得分公事・中司佃・中司給田の史料も散見するが、中司職は必ずしも荘園常置の職でもなく、中には下司職に比定される中司職もあり、また「中使」と記されたものもあって、不詳な点が多い。
(佐川　弘)

ちゅうそん　虫損　中世の稲作において、農民等が最も恐れたのは、水害・旱害と並んで虫・鳥・獣による損害であった。虫害については、例えば、嘉元三年(一三〇五)八月日東寺領若狭国太良庄の百姓申状(『鎌倉遺文』二九巻二二三一五号)からわかるように、稲の開花期に害虫に襲われると、その被害が甚だしく、刈り取ることもできないので、放置しなければならない状態もしばしば発生していたのであった。この事態は、大唐米(印度種赤米)の伝播によって少しずつ解消されていくことになった。この品種は、占城すなわち安南地方原産の長粒の赤米で、風害に弱く、食味が劣っているという欠点があったが、その早熟性、対旱対虫害性、多収穫性が好まれたことにより、中世農民に歓迎されるところとなり、西日本地域に拡がったと考えられている。しかし東寺領播磨国矢野荘に関する算用状に拠れば、市場での相場は、在来種が一石一貫百文ならば、大唐米は一貫文という具合であり、大唐米は商品価値が劣っていた。
(西村　安博)

ちゅうでん　中田　⇩田品《でんぽん》

ちゅうぶんえず　中分絵図　下地中分は、荘園領主と地頭の間で年貢・課役や下地をめぐる相論が頻発した鎌倉後期、その解決手段として和与・裁許などで多く用いられた方法である。下地中分に際して、河川などの明確な中分線が存在しない場合には絵図が作成され、和与状・裁許状など文書の記載を補完する資料としての機能を期待された。これが中分絵図である。現存する中分絵図として代表的なものは、「薩摩国日置北郷下地中分絵図」(十四世紀前半)・「伯耆国東郷荘下地中分絵図」(十三世紀中葉)である。「薩摩国日置北郷下地中分絵図」では、絵図の表面に記された屈曲を伴う中分線を挟み込むようにして地頭代と領家雑掌が裏書を加えている。この裏書は、中分線の改竄を防ぐために加えられたものであり、中分線を固定するという中分絵図の機能を明確に示している。
(清水　亮)

ちょう　町　㈠土地や山林の面積の単位。名称の起源は中国に求めることができる。「町」が中国で地積などの単位として使用されていたことは『左氏伝』の注や、漢代の土地売買文書などから知られるが、ただ隋・唐では地

積の単位としては「頃」「畝」が一般に使用され、「町」をみることはできず、また漢代の一町の広さも明らかではない。日本での使用は『日本書紀』清寧・顕宗紀などにすでにその名称がみえるが、これらは当時の地積単位である「代《しろ》」を中国風に潤飾したものと思われ、信憑性は薄い。ただ推古朝ごろには一部では「町」が地積単位として使用され、五百代の面積を一町と称するに至ったと考えられている。『養老令』(『大宝令』もほぼ同文)では令大尺(高麗尺《こま》)の五尺(令小尺=和銅大尺の六尺に相当)の長さを一歩と定め、田令で「凡田、長卅歩広十二歩為㆑段、十段為㆑町」と規定して、町・段・歩の対応換算関係を明示した。ただ、この条文によると一町は一段のいずれか一辺を十倍した矩形に考えられるが、実情は一辺が和銅大尺で六十歩の正方形の形状であった。「町」は「段」「歩」と同様、以後地積の単位の名称として定着し、面積も太閤検地まで原則としてそのままに使用されたが、実際はかなり崩れていたらしい。太閤検地では地積の統一的測量を目的として、従来の制を改め、曲尺(令小尺=和銅大尺に相当)の六尺三寸平方を一歩とし、三十歩を一畝、十畝を一段、十段を一町とした。明治の地租改正において曲尺の六尺平方を一坪(歩)とし、三十坪を一畝、十畝を一段、十段を一町と定めた。この一町は現在の約九九・二アールにあたる。(二)平城京や平安京の条坊制において、坊を構成する単位の呼称。町はまた坪とも呼ばれた。平安京の一坊は十六町より成り、その一町は道路を含んで四十丈平方の正方形であった。(三)距離の単位。上述の古代における一町の地積の一辺がまた長さでの一町となる。和銅大尺によれば三百六十尺である。こうした距離の一町の呼称、また和銅大尺六尺を一間と呼び、一町を六十間とする測量法がいつ成立したのかは未詳だが、上述の地積の一町と深い関係にあることが推測され、当時の耕地区画制度である条里制に起源を求める見解がある。この一町は現代のメートル法に換算すると約一〇九メートルになる。

(亀田　隆之)

→町段歩制《ちょうたんぶせい》

ちょう　調　古代律令制下の基本的税目の一つ。和訓は「つき」「みつき」。調とともに課役を構成する庸が本来力役(歳役)の代納物であるのに対し、調は物納租税の中心として、官人への禄をはじめとする諸種の用途に充てられ、律令国家の主要な財源とされた。ミツキとは元来神や共同体首長へのタテマツリモノであり、朝廷への貢納物を意味する。『古事記』崇神天皇段や『日本書紀』同天皇十二年条に、男の「弓端之調(弭調)」(獣肉や皮革)、女の「手末之調(手末調)」(布帛類)を課したとあるのが初見で、その年代はともかく、原初的なミツキの制を示唆するものであろう。『日本書紀』大化二年(六四六)正月朔日条のいわゆる「改新之詔」には、「田之調」(一町につき絹は一丈、絁は二丈、布は四丈)、「戸別之調」(一戸につき布一丈二尺)の制度がみえ、古来のミツキが中国の法制にならい、調として制度化されていくさまが窺われる。右の「戸別之調」には晋の戸調式の影響が指摘されているが、調が唐制と同じく丁調として整えられるのは『浄御原令』からと推定される。また「改新之詔」には、さらに調副物として塩・贄《にえ》を貢することが規定されている。このニエもミツキと同様、古くから朝廷に貢上されたものであるが、一般にニエが山野河海の産物であるのに対し、ミツキは繊維製品を中心とする点に特色が求められる。しかし先の「弓端之調」に含まれる獣肉はニエと共通し、またニエも神や首長に対する初物の貢献に由来するので、両者は本質的に相通ずる性格を持つものであったと考えられる。令制ではニエは法文上調雑物の中に吸収されるが、それとは別に供御物として、奈良時代以降も引き続き貢上された。『大宝令』『養老令』の規定では、調は絹・絁・糸・綿・布などの繊維製品を中心とし、そのほか鉄・鍬・塩や雑多な海産物など(調雑物)を、それぞれ郷土の所出に応じて輸納させることとなっていた。唐制のように貨幣的物品である布帛類に統一できず、このような規定となったのは、当時の流通経済の未発達に加え、律令調制が多分にミツキやニエの性格を継承するものであったためとみられる。その正丁一人あたりの負担量は各品目ごとに詳細に定められているが、たとえば絹・絁ならば八尺五寸、六丁で一疋(長さ五丈一尺、広さ二尺二寸)を成す定めであった。次丁(老丁と残疾)は正丁の二分の一、少丁(中男)は同じく四分の一の負担で、正丁にはさらに正調の三十分の一ほどの調副物が課された。ただし京・畿内の調はすべて布で、負担量も畿外諸国の二分の一であり、調副物も課されない。諸国からの調物は庸物とともに、都からの距離に応じ、近国は十月三十日、中国は十一月三十日、遠国は十二月三十日までに京納する定めで、その輸送にあたる運脚も調庸を出す民衆の負担であった。また調庸物の運京にあたっては国司の一人が貢調使に任ぜられ、調帳(および庸帳)を弁官に進上し、民部省主計寮での勘会《かんかい》を受けた。以上のような令規定に対し、京・畿内の調は慶雲三年(七〇六)には「戸別之調」(内容未詳)に改められ、さらに和同開珎が鋳造されると銭納へと移行した。調の銭納は養老六年(七二二)には一部周辺諸国にも及ぼされる。また和銅四年(七一一)には挑文師を諸国に派遣し、錦・綾の織り方を教習させ、国衙工房でこれらの高級織物を生産し、調として貢上させることとした。さらに養老元年には調副物と中男の正調を廃し、替わって中男作物の制度を創設、同年および同三年にはそれぞれ調布、絹・絁の丈量規格・成端疋法を改めるなど、種々の改正が行われた。八世紀末以降、調庸制が動揺し、調庸物の麁悪・違期・未進が増大すると、正税交易によって調庸相当の物品を購入する交易雑物の制度が拡大される。一方政府は調庸率分を定めるなど、調庸物の確保に種々の対策を講ずるが、九・十世紀を通じて調庸制の解体は進み、平安時代後期には調は名田を賦課単位とする公事《くじ》のなかに吸収された。

(鎌田　元一)

→課役《かやく》

ちょうき　長器　特定の講会の料米の下行にしばしば使用されるために、その講の名称を冠した下行斗があったが、例えば、長講斗(長器・長合斗)などがそれである。長講会は、長日講会の略称であり、すべて不断に勤修する講会を意味し、必ずしも特定の法会を指すものではなかったと考えられるが、東大寺の場合、下行斗の一種として長講斗によってその料米が配分・下行された長講会が存在したと推測される。興福寺における長講斗は、もともと法要の料米を配分・下行するための下行斗として、平安時代中期頃に発生し、当初は基準枡的な役割を果たしていた。東大寺の場合と同様に、下行斗として使用されるようになるのは鎌倉時代以降のことであるが、同時に、会所斗が並行して使用されていた。各仏事田の収納枡で徴収された仏事料米は、すべて長講斗に換算・下行された。鎌倉時代の末期以降、下行斗は長講斗に代わって会所斗が盛んに使用されるようになる。（西村　安博）

ちょうき　逃毀　『御成敗式目』四十二条、『追加法』百八十二条、大永七年(一五二七)「契定博奕以下政道規式条々」(『法隆寺文書』二)などにみえる言葉。「とうき」「にげこぼち」とも読む。『邦訳日葡辞書』は「家と世帯道具をすべて捨てて領主の所から逃げ去ること」と定義し、『蘆雪本御成敗式目抄』は「百姓すでに年貢・所当を無沙汰して、そのほか又は地頭緩怠いたし、その地所をみづから退散する百姓を云ふ也」(原漢文)と規定し、『御成敗式目注』は「年貢・所当を無沙汰して逃散す、是は百姓に過ある也」と解する。逃毀の語が史料の中に残されている事例は少ないが、その解釈の仕方によって、中世の百姓が土地に緊縛されていたのか、領主のもとからの去留の自由を持っていたのかという、中世の身分制の基本的な問題につながるところから多くの見解が示されている。その第一は、逃亡者の遺した財物を破壊し奪取する領主側の行為とする見解である。第二は、農民側の逃げるという行為と解する。第三は、未進などの債務を負い、資財や妻子をおいて逃げる行為と規定する見解である。（黒川　直則）

ちょうこうどうりょう　長講堂領　京都市下京区富小路五条下ル本塩竈町にある長講堂(法華長講弥陀三昧堂)の所領。後白河法皇は、建立した六条殿(六条大路北、西洞院大路の西)の持仏堂について、建久三年(一一九二)正月に「長講堂起請」を定め、所領は「別紙」に注すとある(『伏見宮記録』)。その「別紙」は建久二年十月に寺領荘園約九十の一年中の課役や寺役などを定めた内容の『長講堂領目録』(『島田家文書』)である。八代国治は、応永十四年(一四〇七)三月の院庁官島田益直が注進した「長講堂領目六　益直注進／宣陽門院御領目録」(八代恒治旧蔵『集』)が「別紙」だとする。その内訳は百十四ヵ所、内容は百二十八ヵ所である。八代の集計の概要は、砂金百両、米五千三百八十四石、絹千二百十六尺、糸四千二百七十四両、綿二万二百五十六両、香七石六斗、油二十石五斗、緑青七百両、鉄一万鋌だが、建久二年の目録にみえる元三などの雑事や仕丁・門兵士らの夫役もある。後白河法皇は、建久三年三月十三日の崩御前に御領を処分し、六条殿・長講堂およびその所領は、寵愛の深い丹後局(高階栄子)を生母とする宣陽門院に譲与した。建久六年四月、源頼朝は東大寺大仏殿供養に参列のため上洛した時に宣陽門院に謁し、後白河法皇の遺旨であった長講堂領七ヵ所の増立を申し入れた(『吾妻鏡』)。前掲の目録の内か、新しく増加したのか判然しない。承久の乱後に長講堂領も鎌倉幕府に没収されるが、やがて返還された。しかし、同門院は四十歳を越えたので、近衛家実の女長子を養女とし、嘉禄二年(一二二六)後堀河天皇に入内させた(のち中宮、鷹司院)。寛元四年(一二四六)正月後深草天皇が即位すると、宣陽門院は所領のすべてを鷹司院に伝え(この時の「宣陽門院所領目録」は『島田家文書』に収めた貞応三年(一二二四)八月十日の寄進を追記しており、書出しが「庁分」でなく「一女房別当三位家領」で始まっている)、一期ののち同天皇に譲る決定をした(『東寺百合文書』へに「長講堂、宣陽門院御管領之時、先被レ譲ニ進鷹司女院一、後者被レ譲ニ後深草院一、一円管領」とある)。しかし、建長三年(一二五一)二月後嵯峨上皇の申入れで、六条殿・長講堂などはただちに天皇に譲り、鷹司院には上西門院領だけを伝え、のちには天皇に譲ることになった(『長講堂由緒』)。天皇は十歳であり、後嵯峨上皇が管領した(『百錬抄』建長七年八月十日条など)。文永四年(一二六七)十月、後深草上皇の要請のまま、後嵯峨上皇は長講堂以下の文書を渡し(『長講堂由緒』)、翌五年十月に出家した。後嵯峨上皇の遺勅で、後深草上皇の子孫は長講堂領などを伝領し、即位の望みを断ち、亀山上皇の子孫が皇位につくように定めたという『増鏡』や『梅松論』などの説は、八代国治によって否定された。後深草上皇は正応三年(一二九〇)以前に、山城国伏見御領・摂津国葺屋荘・尾張国篠木荘・播磨国平津荘などを妃東二条院に譲った(『但馬楞厳寺文書』など)。伏見御領は長講堂領であるから、領家職を給与されたのであろう。しかし正安年間(一二九九―一三〇二)ころには、その所出で後宇多天皇の皇后となった遊義門院に伝わる。東二条院と後深草法皇の崩後、東二条院領はすべて遊義門院領となり、その崩後は伏見上皇領となった。後深草上皇は遺詔して、長講堂領を別相伝することを厳禁している。後嵯峨法皇の意志を利用した鎌倉幕府執権北条時宗の政策で、後深草と亀山の両皇統が皇位継承を争うことになった。嘉元二年(一三〇四)七月、伏見上皇は後深草上皇から長講堂領などを伝領した(『伏見宮記録』)。正和元年(一三一二)十二月、伏見上皇は四十八歳に達したので、出家するため所領を処分し、長講堂領を後伏見上皇に伝えたが、のちには花園天皇に譲るように定めた(同)。さらに伏見上皇は、宸翰で御領処分を重ねた。「長講堂領は後伏見上皇が管領し、のちに天皇に譲進すべきこと、後伏見天皇の

長講堂領一覧

所在国郡	名称	特徴	典拠
山城 洛中	富小路亭	長講堂領を離れる、正安元年五月後深草上皇異議	里見忠三郎氏所蔵文書
同	有栖川亭	同	同
同	五条烏丸敷地	貞治三年十二月大判事に安堵	師守記
同	楊梅西洞院と油小路の間	東西一町、天正二年十一月院庁官久家に安堵	島田家文書
乙訓郡	下久世荘	新寄進地	④
同	願徳寺	長講堂領寺役①	①④
葛野郡	真如院	祈願所、待賢門院寄進②、承久三年の後鳥羽院領没収目録に十ヵ所とあり	②・醍醐寺文書・昭慶門院御領目録
同	武蔵堀地(池か)	御領目録に入れず、萩原殿とあり、伏見宮の知行か	④
同	下桂荘	庁分、長講堂西洞院面築垣六尺三本③	①②③④
紀伊郡	伏見荘	庁分、永暦元年五月後白河院庁下文	①②④・大谷大学所蔵文書
綴喜郡	市辺荘	上西門院の進めた新御領	②
同	松井荘	上西門院の進めた新御領、法金剛院領	②
相楽郡	銭司荘	上西門院の進めた新御領	②
(郡未詳)	平判官田	新寄進地、年貢御影堂燈油	④
大和 平群郡	平野殿荘	のち東寺領、庁分④	②④
宇陀郡	雨師社	雨師荘が付属、年貢緑青七百両、近年続松千把④、長講堂西洞院面築垣一尺三寸六分一本③、建治二年十月吉田経俊は同俊定に譲る	①②③④・勧修寺家文書・大乗院寺社雑事記
高市郡	八釣荘	年貢小莚二百枚④、長講堂六条面築垣一本③	①③④
広瀬郡	中村荘	庁分、年貢正月御影菓子④	②④
(郡未詳)	慈光寺	庁分、年貢油一石④、長講堂進物所土門③、国民ら押妨⑤	①②③④⑤
河内 茨田郡	池田荘	上西門院の進めた新御領②、西園寺家領	②・西園寺家文書
(郡未詳)	富田荘	祈願所料所	②
和泉 日根郡	吉見菟田荘	年貢油五斗、吉見方・菟田方④、長講堂楊梅面築地一本③	①③④
(郡未詳)	後一条院勅旨田	祈願所料所	②
摂津 東生郡	久岐今福御厨	上西門院の進めた新御領	②
島上郡	服部御領	祈願所料所、服部荘	②
島下郡	溝杭荘	庁分、年貢未定④、長講堂築垣六条面一本③	②③④
河辺郡	生島荘	九条家領のち長講堂領、庁分、所課なし①、長講堂西洞院面築垣一尺三寸六分一本③	①②③④
摂津 菟原郡	葺屋荘	御神祭神籬片具十一月分①、御影堂北面屏③	①③④・嘉元二年後深草院処分状
(郡未詳)	松村荘	庁分、所課なし①、長講堂楊梅面築地一本③	①②③④⑤
(同)	今南荘	祈願所料所	②・水左記
(同)	志宜寺	庁分、年貢米二十石④、長講堂西洞院面築垣四尺三本③、建久三年三月志宜寺と溝杭荘は祈願所清浄心院領、高階栄子に安堵さす	①②③④・大徳寺文書
(同)	西浄光院・舎那院	新寄進地、年貢小文畳四帖	④
伊賀 阿拝郡	柏野荘	御影堂領、年貢油一石④、長講堂楊梅面築垣四寸一本③	①③④・建内記
伊勢 朝明郡	豊田御厨	庁分④、長講堂六条面築垣六尺九寸三本③、守護世保康政の被官人知行⑤	①③④⑤・吾妻鏡
飯野郡	黒部御厨	上西門院の進めた新御領②、伊勢大神宮領	②・神宮雑例集・神鳳鈔
飯高郡	高志御厨	上西門院の進めた新御領	②
(郡未詳)	御炭山荘	同	②
(同)	米守納所	庁分、年貢米十石④	②④
(同)	釈尊寺	建久三年正月蓮華王院の知行を停む、正安三年六月濫妨停止	釈尊寺旧記
(同)	常光寺	新寄進地	④
尾張 丹羽郡	稲木荘	長講堂楊梅面築垣四寸一本③、守護と土岐一族ら押妨⑤、郡司良峯高光の寄進	①③④⑤・良峯系図事書
葉栗郡	藤懸荘	庁分、年貢糸二十両④	①②④
春部郡	篠木荘	円覚寺請所、科野郷	①④・建内記
愛知郡	小鍋村	本主僧頼禅、備後仲高の違乱を訴う	勘仲記弘安元年裏文書
知多郡	野間荘	野間内海荘と連称①、年貢絹百三十疋・糸二百二十両④、野間荘を細川中務大輔、内海荘を畠山将監貞清入道押妨⑤	①④⑤
海部郡	上門真荘	下の誤記か、今熊野社領、御影堂西対西端二間③	①③④
(郡未詳)	勅旨田	上西門院の進めた新御領	②
(同)	宮吉御領	同	②
(同)	松荘	新寄進地、年貢銭三十貫文	④
(同)	右大臣家	御領の号があっても年貢不済②④、源実朝の遺領か	②④
遠江 磐田郡	山香荘	年貢糸二百四十両・綿二千三百両・上紙五十両・小紙七千帖④、長講堂楊梅面築垣一本③、守護斯波義教押領⑤	①③④⑤
駿河 富士郡	富士荘	後白河天皇領、所課なし①、庁分、年貢綿千両④	①②④⑤・吾妻鏡
伊豆 那賀郡	仁科荘	不所課荘①、年貢白布七百段④	①④

所在国郡	名称	特徴	典拠
甲斐 都留郡	波賀利荘	庁分、年貢不定④、長講堂楊梅面築垣一本③	①②③④
(郡未詳)	青島荘	不所課荘①、年貢白布三百段・帷布二十段④、永仁元年四月鷹司兼平は家領を同基忠に譲る	①④・鷹司家文書
相模 鎌倉郡	山内荘	御領の号があっても年貢不済②④	①②④
武蔵 橘樹郡	賀勢荘	祈願所料所、加瀬荘とも書く	②
上総 埴生郡	玉崎荘	上西門院の進めた新御領、上総国一宮の玉前神社鎮座	②・民経記寛喜三年裏文書
近江 滋賀郡	筏立荘南方・北方	上西門院の進めた新御領、伊香立・伊賀多津とも書く	②・青蓮院文書・妙法院文書
同	錦部保	所課なし、新立①、庁分、年貢米八十石④、長講堂楊梅面築垣一本③	①②③④
野洲郡	兵主社	祈願所料所、野洲郡の名祠	②
愛智郡	吉田荘	上西門院の進めた新御領、『昭慶門院御領目録』は庁分	②
坂田郡	忍海荘	女房別当三位家領②④、長講堂西洞院面築垣二尺一本③、清閑寺に寄進④	②③④
美濃 武芸郡	宇多弘見荘	宇多院と弘見荘との連称、年貢絹二十疋④、長講堂楊梅面築垣四寸一本③、永仁元年四月鷹司兼平は家領を同基忠に譲る	①③④・鷹司家文書
安八郡	大榑荘	上西門院の進めた新御領、正治二年十一月長沼宗政に地頭職安堵	②・皆川文書
山県郡	伊自良荘	年貢絹七千疋④、長講堂東対東端四間付釣屋、御影堂東端四間③、戦国期にも貢納	①③④・建内記
厚見郡	平田荘	市俣郷・革手郷・加納郷・六条郷・鶉郷よりなる、市俣郷は長講堂楊梅面築垣一本、革手郷は長講堂油小路面築垣一本、六条郷は御影堂西対四間、鶉郷は長講堂透渡殿③	①③④
賀茂郡	深萱荘	年貢絹二十五疋④、長講堂六条面築垣二尺四寸二本③、保元二年成立の後院領	①③④・兵範記
同	蜂屋北荘・南荘	北荘は年貢絹十七疋・成菩提院念仏用途絹糸、南荘は年貢絹百五十疋・糸百両・綿二百三十両④、北荘は御影堂西対二間、南荘は御影堂東対西端二間③	①③④
群上郡	山田荘上保・下保	上西門院の進めた新御領、東常縁の所領	②・東系図
(郡未詳)	饗庭荘	女房別当三位家領②、年貢未定④	②④
信濃 水内郡	市村高田荘	年貢白布千四百五十段④、長講堂釜殿③	①③④・吾妻鏡・教言卿記
安曇郡	住吉荘	建久三年三月高階栄子に安堵さす	①④・大徳寺文書・吾妻鏡
上野 利根郡	利根荘	御領の号があっても年貢不済	④
同	拝志荘	御領の号があっても年貢不済、右馬寮拝志牧	②④
下野 那須郡	那須上荘・下荘	上西門院の進めた新御領	②
出羽 田川郡	大泉荘	年貢砂金百両、近来絹二百疋④	①④

所在国郡	名称	特徴	典拠
若狭 遠敷郡	吉田三宅荘	吉田三宅荘と連称	①④・看聞御記
越前 敦賀郡	敦賀津	長講堂楊梅面築垣一尺二寸一本、同西洞院面築垣一尺三寸六分一本③、勝載料	③・山城真経寺法華経裏書
同	脇本荘	祈願所料所	②
坂井郡	坂北荘	河合荘ともいう、荘内の長畝郷は院御方常御所、但馬郷は院御方常御所中居、船寄郷は女院御方常御所、高椋郷は御車寄二融③	①③④
同	和田荘	年貢米六百石④、長講堂母屋二融③	①③④
(郡未詳)	御所侍名田	引募敦賀郡名田勤仕番役	④
加賀 能美郡	能美荘	庁分、年貢山上村三百両・石内村七百両④、長講堂油小路面築垣一本③、石清水八幡宮領	①②③④・石清水文書
同	北白江荘	祈願所料所、のち妙法院領	②
加賀郡	井家荘	庁分④、長講堂鐘楼③、後白河上皇地頭の不法を停む、建治二年十月吉田経俊は同俊定に譲る(ただしこのうち中条は同経良に譲る)	①②③④・吾妻鏡・勧修寺家文書
(郡未詳)	富安荘	年貢米二百石・本国絹二百疋④、御影堂西面壇垣織戸中門③	①③④
能登 能登郡	上日本荘	本荘と新荘があり①、庁分④、長講堂進物所唐門・上土門③、守護畠山満慶押領⑤、久安二年立券	①②③④⑤・能登国田数目録
羽咋郡	土田荘	上西門院の進めた新御領②、文治四年立券、賀茂社領	②・賀茂注進雑記
同	家田荘	御影堂領、年貢香一石④、長講堂楊梅面築垣一本③、守護畠山満慶押領⑤、八十五町六段、永承六年立券	①③④⑤・能登国田数目録
同	甘田保	御簾二間、元三雑事は近年勤めず①、もと四町七段余、元久元年の検注二町六段	①・能登国田数目録
越中 新川郡	新保御厨	庁分、年貢綿十両④、御影堂進物西③、賀茂社領	①②③④⑤・賀茂注進雑記
越後 古志郡	吉河荘	年貢綿五千二百十六両、糒十五石④、長講堂西洞院面築垣一尺三寸六分一本③	①③④・吾妻鏡
蒲原郡	福雄荘	上西門院の進めた新御領	②・吾妻鏡
(郡未詳)	中壠社	同	②
丹波 桑田郡	弓削荘	長講堂河井橋③、天竜寺押領⑤、天竜寺領	①③④⑤・天竜寺重書目録
船井郡	野口牧	野口荘①、庁分④、長講堂定朝堂、長講堂油小路面築垣二本③	①②③④
氷上郡	前山荘	長講堂公卿座中門廊五間③	①③④
同	石負荘	上西門院の進めた新御領	②・吾妻鏡
天田郡	和久荘	庁分、肥前国松浦荘の替④、長講堂油小路面築垣一尺五分五本③	③④⑤

所在国郡	名称	特徴	典拠
丹後 与謝郡	宮津荘	女院御所庇③、百五十五町余内十三町四段余御料所	①③④・丹後国田数帳
熊野郡	久美荘	六十二町余内四十一町八段余御料所	①③④⑤・丹後国田数帳
同	田村荘	不知行④、長講堂上中門付橋③、百二十三町余、建仁元年五月久美・田村両荘と鹿野保と堺相論	①③④・丹後国田数帳・猪隈関白記
但馬 朝来郡	物部荘	上西門院の進めた新御領②、物部上荘十六町五段余、同下荘八町	②・但馬国大田文
同	朝来荘	朝来新田荘と連称①④、長講堂定朝堂渡殿③、守護山名時熙押領⑤、建久三年三月高階栄子領、六十四町五段、領家分九町六段	①③④⑤・大徳寺文書・但馬国大田文
出石郡	善住寺悲田院	御影堂領④、長講堂六条面築垣一本③、悲田院領善住寺荘、三十町	①③④・但馬国大田文
城崎郡	木前荘	城崎荘とも書く、庁分、七十四町六段、日吉社領、宣陽門院領、護法寺領	①②④・但馬国大田文・建保二年二月起請
同	新田荘	朝来新田荘と連称①④、長講堂公卿座渡殿③、百六十四町余、領家方百四町七段余	①③④・但馬国大田文
二方郡	大庭荘	久斗大庭荘と連称①④、七十四町五段余、百姓名田三十八町九段余	同
同	久斗荘	久斗大庭荘と連称①④、四十九町余	同
七美郡	菟東小代荘	年貢修二会壇供④、菟東荘五十二町余、小代荘三十八町大、永仁元年四月鷹司兼平は家領を同基忠に譲る	①③④・但馬国大田文・鷹司家文書
(郡未詳)	御紙田	上西門院の進めた新御領、所課なし①、長講堂楊梅面築垣一本③	①②③④
因幡 法美郡	宇倍荘	祈願所料所、因幡国一宮の宇倍神社鎮座	②
伯耆 汗入郡	宇多河荘	建治二年十月吉田経俊は勘解由次官某に譲る、宣陽門院領、護法寺領	勧修寺家文書
同	宇多川東荘	宇多河荘あり、長講堂油小路面築垣一本③、元久二年九月幕府は地頭職を大原来迎院に寄す	②③④・吾妻鏡・建保二年二月起請
久米郡	矢送荘	庁分、護法寺領、年貢米五百石・鉄一万鋌④、稲積矢送荘と連称、御影堂文車宿③	②③④・建保二年二月起請
同	久永御厨	久米か、庁分、年貢米五百石・鉄一万鋌④、長講堂六条面築垣八尺四寸七本③、由良郷を相国寺押妨⑤、大神宮領、後白河上皇領	①②③④⑤・玉葉
(郡未詳)	稲積荘	庁分、年貢莚百枚④、長講堂御文車宿③、賀茂社領	①②③④・賀茂注進雑記・玉葉
出雲 (同)	長海荘	上西門院の進めた新御領	②
播磨 明石郡	黒田	長講堂領を離れる、正安元年五月後深草上皇異議	里見忠三郎氏所蔵文書
多可郡	松井荘	北野社領もあり、庁分、左方・右方④、進物所御車宿③、室町幕府領	①②③④・蜷川親元日記

所在国郡	名称	特徴	典拠
播磨 印南郡	平津荘	年貢米五十石④、長講堂公卿座東三融③、長講堂領を離れる、正安元年五月後深草上皇異議	①③④・里見忠三郎氏所蔵文書
飾磨郡	巨智荘	上西門院の進めた新御領、はじめ新熊野社領	②・新熊野神社文書
同	菅生荘	年貢米五十石④、六条殿公卿座廊并釣殿③、永正二年十一月公用三十五貫文を海没	①③④・拾芥記・飾西系図
同	広峯社役	長講堂仏前畳四帖請取状、長禄四年三月刑部大輔紀朝臣島田定直	八坂神社文書
美作 苫東郡	中山神社	美作国一宮、御領の号があっても年貢不済②④、長講堂西洞院面築垣二尺七寸一本③	①②③④
苫西郡	富美荘	上西門院の進めた新御領	②
真島郡	真島荘	年貢油五石④、御影堂西対東端一間③	①③④
(郡未詳)	豊福荘	上西門院の進めた新御領	②
備前 御野郡	三野新荘	新寄進地、稲木荘地頭の替、年貢地蔵講米	④
赤坂郡	鳥取荘	年貢米千石④、長講堂母屋北三融③	①③④
備中 賀夜郡	巨勢荘	非御領、御影堂領、年貢米二十石	④
同	多気荘	御影堂領、年貢米二十石④、長講堂西洞院面築垣一尺三寸六分一本③	③④
浅口郡	小坂荘	不知行の地を寄進、乾元二年五月後宇多上皇召し返す	三聖寺文書
(郡未詳)	三村荘	年貢三月講用途④、長講堂僧座③	③④
(同)	宝塔院	庁分、長講堂楊梅面築垣一丈二寸一本③、建治二年十月吉田経俊は同経世に譲る	②③④・勧修寺家文書
(同)	両法華堂	庁分、備中国宝塔院両法華堂、年貢香三石④、長講堂楊梅西築垣一丈二寸一本③	③④
備後 安那郡	河北荘	川南荘もあり(『宝簡集』)	①④
御調郡	因島中荘	御影堂領、御影堂進物所東③、付高浜社④、領家宣陽門院御領、六町、地頭相模左近大夫将監(建治二年八月)	①③④・東寺文書百合外
安芸 高田郡	吉茂荘	庁分、年貢米百石④、長講堂進物所四足門③、尊重寺領、日吉社領	①②③④・六巻部類鈔・元応元年日吉社領注進状
沼田郡	生口北荘	祈願所料所②	①②④
(郡未詳)	後三条院勅旨田	上西門院の進めた新御領、宣陽門院東寺に寄進	②
周防 吉敷郡	秋穂二島別宮	周防二島①、女房別当三位家領、仁和寺菩提院愛染王に寄進④、長講堂六条面築垣二尺三寸一本③	①②③④
玖珂郡	玖珂荘	領家天竜寺金剛院、年貢枝木千物④、長講堂二融③、金剛院押領⑤	①③④⑤
長門 阿武郡	阿武御領	もと平家没官領、長講堂御影堂③、守護大内盛見押領⑤	①③④⑤

所在国郡	名称	特徴	典拠
紀伊 在田郡	石垣荘	庁分、長講堂楊梅面築垣二本③、守護畠山満家押領⑤、長保三年平惟仲が白川寺喜多院に寄進、建保二年平等寺領	①②③④⑤・又続宝簡集・洞院部類記
日高郡	切目荘	祈願所料所、はじめ切目園	②
(郡未詳)	東桝荘	上西門院の進めた新御領	②
淡路 三原郡	福良賀集荘	福良荘と賀集荘を連称、御影堂領④、長講堂西洞院面築垣二尺七寸二本③、守護細川満俊押領⑤、建久三年三月高野山宝塔三昧院(高階栄子)領	①③④⑤・大徳寺文書
同	伊賀利荘	御影堂領④、長講堂築垣六条面二尺四寸二本③	③④⑤
阿波 阿波郡	秋月荘	上西門院の進めた新御領	②
麻殖郡	麻殖御領	麻殖保、庁分、年貢紅花千両④、守護押領⑤	①②④⑤・吾妻鏡
名東郡	大麻比古社	阿波国一宮、年貢油一石④、長講堂公卿座軒廊③、建久三年三月高階栄子領	①③④・大徳寺文書
名西郡	河北荘地頭職	弘安七年十二月肥前国松浦荘の替、後深草上皇の院宣により菅原清長に知行さす	教王護国寺文書
那賀郡	宍咋荘	所課せざる荘々①、女房別当三位家領②④、高野山蓮花乗院に寄進④、守護押領⑤	①②④⑤
同	那賀山荘	年貢材木千物、榑一万寸④、長講堂母屋次融③	①③④
伊予 越智郡	弓削島	所課せざる荘々①、女房別当三位家領②④、東寺に寄進④	①②④
宇摩郡	三島荘	三島神社鎮座、年貢油二石④	①④
風早郡	忽那荘	忽那島①、年貢米五十石④	①④
土佐 土佐郡	朝倉荘	上西門院の進めた新御領	②
筑前 宗像郡	赤馬荘	同	②
怡土郡	怡土荘	同	②
那珂郡	住吉荘	上西門院の進めた新御領②、長講堂楊梅面築垣八寸二本③	②③
糟屋郡	志賀島	所課なし、長講堂西洞院面築垣一尺三寸六分一本③	①③④
筑後 上妻郡	広川荘	祈願所料所	②
御井郡	高良荘	所課せざる荘々①、年貢米二百石④、長講堂油小路面築垣一尺五本③	①③④
肥前 佐嘉郡	巨勢荘	庁分、年貢米二百石④、御影堂東西釣屋③	①②③④⑤
松浦郡	松浦荘	建春門院領、建久三年三月最勝光院(高階栄子)領	①②・大徳寺文書
肥後 託麻郡	安富荘	庁分、年貢米五十石④	①②④
同	六箇荘	年貢米八百石④	①④
(国郡未詳)	桑原郷	某荘の構成分子か、長講堂油小路面築垣三寸一本	③
(同)	無足(地名か)	長講堂油小路面四尺三寸	③

(祈願寺一覧)

所在国郡	名称	特徴	典拠
山城 洛中	尊重寺	もと五辻、旧跡は後鳥羽上皇領、寺領は安芸国吉原荘・加賀国能美荘	京都御所東山御文庫記録甲一一五
同	護法寺	もと伏見、現在は出雲路、寺領は但馬国木前荘・伯耆国宇多河荘・同矢送荘、宣陽門院領	同
葛野郡	竹林寺	祈願所、待賢門院寄進	②
(郡未詳)	護念寺	不断念仏所、殷富門院祈禱所	②
(同)	任寿寺	殷富門院祈禱所、覚成僧正寄進	②
摂津 (同)	神雄寺	殷富門院祈禱所、能覚法印寄進	②
三河 碧海郡	雉鯉鮒社	殷富門院祈禱所	②
宝飯郡	平尾社	藤原家平寄進	②
伊豆 田方郡	清湯走寺(走湯山寺)	走湯山権現、元仁元年八月沙弥蓮意・大江業康ら寄進	②
飛驒 大野郡	袈裟寺	千光寺、殷富門院祈禱所、寺僧寄進	②
能登 能登郡	石動山	祈禱所、元仁元年八月沙弥蓮意・大江業康ら寄進、山上に伊須流伎神社と天平寺あり	②

特徴・典拠欄に数字で示したものは次のとおりである。
①建久二年十月の『長講堂領目録』(『島田家文書』)
②貞応三(元仁元)年の『宣陽門院所領目録』(『島田家文書』)
③文永十一年ころの「六条殿御修理間宛」(『八代恒治氏所蔵文書』の『集』)
④応永十四年三月の『宣陽門院御領目録』(『八代恒治氏所蔵文書』の『集』)
⑤応永二十年の『長講堂領目録』(『京都御所東山御文庫記録』甲一〇八)

皇子量仁親王は花園天皇の猶子であるから伝領させる」との内容である(『東山御文庫文書』)。元亨二年(一三二二)から後伏見上皇は花園上皇に長講堂領などを譲与しようとし、嘉暦元年(一三二六)二月に実現した(『岩崎家文書』『伏見宮文書』)。後醍醐天皇は、後伏見上皇に長講堂領などを安堵した(『園太暦』観応二年(一三五一)十一月二十六日条)。建武三年(一三三六)四月後伏見上皇崩御ののちは、光厳上皇に伝領した(『椿葉記』)。正平六年(一三五一)南北両朝が一統した際に、後村上天皇は、光厳上皇に長講堂領を安堵した。翌七年に同天皇によって同上皇らが大和国賀名生に移されると、その妃広義門院が長講堂領を管領した。延文二年(一三五七)二月光厳法皇らが帰洛すると、崇光上皇が管領したが、貞治二年(一三六三)四月光厳法皇は長講堂領などを崇光上皇に譲与し、「崇光上皇の長子栄仁親王が践祚すれば伝領し、そうでなければ後光厳上皇が管領する、両方治元(治世)ならば崇光上皇の子孫が管領せよ」と定めた(『伏見宮記録』)。応永五年(一三九八)正月崇光上皇が崩御すると、後光厳天皇の孫後小松天皇は長講堂領などを没収した。同二十

年称光天皇が践祚の初め、室町幕府に宛てた長講堂領の目録があり(『京都御所東山御文庫記録』甲一〇八)、押妨された事実を伝える。正長元年(一四二八)七月称光天皇崩御、皇子のないため、伏見宮貞成親王の長子彦仁王が践祚。後花園天皇である。長講堂領なども天皇の所領となる。永享五年(一四三三)二月貞成親王は『椿葉記』を作り、所領の沿革を精細に記して天皇に上り、永く相論のなからんことを述べた。両統迭立問題を複雑化した最大の素因は、長講堂領の巨大さである。しかも応永二十年の目録では、過半が守護らに押領されており、のち年貢を運上する荘園は、山城国灰方郷・丹波国山国荘などを別にして、越前国坂北荘・美濃国伊自良荘・備前国鳥取荘などにすぎない。（奥野　高広）

ちょうこうます　長講斗　⇩長器《ちょうき》

ちょうさん　逃散　中世における農民闘争の一形態。一荘・一村の百姓たちが共同し、集団で田畠を捨て、荘園を退去する闘争をさす。十一世紀後半から十二世紀にかけて始まり中世末期に及ぶ。このころから、農民たちは荘官の非法などについて、その具体的状況を述べ、その改善や非法荘官の改替を要求するために百姓申状を出すようになる。この百姓申状による訴訟が認められなかった場合に、逃散を行うことが多かった。中世の農民は、この逃散のことを「田を避り棄つ」「山林に交わる」「山野に交わる」と表現することもある。いずれも、行動様式の形態を示す言葉である。しかし、この逃散は古代における逃散・浮浪とは異なり、集団的行動である点に特徴がある。この闘争は、耕作放棄を伴うものであるから、農民にとっては生産の基盤を失いかねないものであり、共同による集団行動であることにおいて、はじめて領主へ要求を貫徹させる力となった。その団結を守るため、神前で盟約を結ぶ起請文を書き、全員が署名したあと、これを焼き、その灰を混ぜた神水を廻し飲む「一味神水」を行なったのちに逃散に及ぶのが普通であった。中世では、その「手法」が問題にされることはあっても、逃散そのものが非法とされることはなかった。このことは、中世社会において、農民が領主に対して「去留の自由」をもっていたためと考えられている。農民たちは逃散後も百姓申状を提出して領主との交渉を継続した。荘園を退去したのちにも、農民たちは組織性を維持していたのである。領主側は、この交渉過程で「還住」を策したのである。逃散のあとに、新規の百姓が補任されることは比較的少なく、農民たちの還住によって解決されることが多かった。（黒川　直則）

ちょうしき　重職　荘園領主が在地の職《しき》を合わせ持つとき、これを「地作一円」「地作一符の地」と呼び、重職、すなわち、職を重ねるということを意味した。この場合にいう地作とは、地主職と作主職のことをいう。他方で、重色《じゅうしき》ともいう場合もあった。これは、重要な役割を果たすという意味から、重要な所領のことを指すときに用いられた語である。例えば、「仏神事の重色、公家・武家の課する所、他に異なる」、「当荘は重色無双の寺領」、「当荘は重色他に異なる寺領なり」、あるいは「重職と非重職とを引級するものなり」などの用例が見られる。（西村　安博）

ちょうしそうぞく　長子相続　⇩相続《そうぞく》

ちょうじつくりや　長日厨　公事のひとつである祇候雑事、供給雑事のひとつ。院使、殿下御使、国使、幕府御使、検注使や収納使などが在地に下向したとき、境の地で使者を出迎え(境迎え)、到着した日(落着)と三日間は特別の祝いの酒飯でもてなし(三日厨)、滞在中の毎日の食事や馬の秣など飼料の世話をすること(平厨)などは百姓の公事であり、供給雑事とか下向雑事・厨雑事と呼ばれた。使者や代官の滞在が長期間におよぶ厨雑事を長日厨と呼んだ。寛喜三年(一二三一)、幕府は新補地頭の長日厨を禁止した(追加法二七条)。淡路国鳥飼別宮でも地頭の長日厨は五節供とともに停止され、地頭は百姓に長日厨を賦課することができなかった(石清水八幡宮文書『鎌倉遺文』一八巻一三三一八号)。若狭国太良荘では勧農使収納使が下向したときには百姓らが「百日房仕役」を負担するのは「勿論」であった(東寺百合文書『鎌倉遺文』二七巻二〇四一二号)。長日厨以外の賦課をめぐる裁判が繰り返され、次第に公事が定量化されていった。⇩平厨《ひらくりや》　⇩三日厨《みっかくりや》（井原今朝男）

ちょうしのしょう　調子荘　山城国乙訓《おとくに》郡の荘園。現在の京都府長岡京市大字調子。近衛家領。建長五年(一二五三)の『近衛家領目録』の「庄務本所進退所々」荘園中にみえ、普賢寺殿すなわち藤原基通のとき下毛野武守の寄進によって成立したと注記する。下毛野氏は代々近衛家に随身として仕えた家柄である。その本拠地を近衛家に寄進することにより、支配権を強固に確保しようとしたと思われる。調子荘は室町時代まで下毛野氏の所領として存続した。（泉谷　康夫）

ちょうじゃ　長者　一群の人々のうちで、かしら立った者、「長《おさ》」となる者をいい、また有徳人《うとくにん》・富裕者を一般に長者と称している。中世においては、氏長者《うじのちょうじゃ》、東寺長者、一道の長者、武士の長者、郷の長者、宿の長者、遊女の長者、散所長者など、さまざまな種類の長者がみえ、「藁しべ長者」のように福徳備わった富人を長者という場合も多い。氏長者は古代の氏上《うじのかみ》に由来し、八世紀末ごろからこれを長者と呼ぶようになった。平安貴族の王氏・源氏・藤氏・橘氏ら諸氏は、それぞれの氏長者を有し、長者は氏人を統制して、氏神氏寺や大学別曹を管理し、氏《うじの》爵《しゃく》の推挙を行なった。僧職では東寺一山の管長を長者と称した。また芸能の道に秀でた者を、その道の長者と呼ぶことがあり、『中右記』に「管絃の道に長じ、(中略)琵琶、箏、和歌、横笛、篳篥《ひちりき》みな以てこれを伝ふ、(中略)一道長者なり」(原漢文)という記事がみられる。あるいは同記に、「故義家朝臣、年来武士長者として、多く無罪の人を殺すと云々」(同)とあるように、ならぶもののない武

門の棟梁を、武士の長者ということがあった。これは武士の統率者と、「兵の道」の第一人者との双方の意味を含むものであろう。郡司・荘官のような在地の有勢・富裕なる者を、郷の長者と呼ぶ場合もある。『今昔物語集』の猿神退治説話の主人公は、「其後、其郷の長者として、人を皆進退し仕《つか》ひて」と語られており、『宇津保物語』吹上にえがかれた紀伊国牟婁《むろ》郡の長者神南備種松も同様な存在であった。このような長者は社会変動のなかで急激に台頭・没落することが多く、その記憶がさまざまな長者伝説を生み出した。また陸路水路の要所に発達した宿駅や津泊には、青墓《あおはか》宿・池田宿、神崎津・室泊のように、「宿の長者」「遊女の長者」が居り、しばしば女性を長者とした。貴族社寺に属し、交通・掃除・芸能などの諸役をつとめた「散所《さんじょ》」にも長者がいた史料がある。（戸田　芳実）

ちょうたんぶせい　町段歩制　土地面積の単位規定。七世紀以前の土地面積の単位は「代《しろ》」であったが、大宝元年(七〇一)に施行された『大宝令』において、町段歩制が採用された。唐の頃畝歩制にならっているが、代制との整合の必要により、独自のものとなっている。田令《でんりょう》に「凡そ田は長さ三十歩、広さ(幅)十二歩を段と為し、十段を町と為せ」(原漢文)とあり、雑令《ぞうりょう》に、「凡そ地を度《はか》るは、五尺を歩と為し、三百歩を里と為よ」(同)とある。大尺(高麗《こま》尺)五尺を一歩(約一・八メートル)とし、幅一歩、長さ一歩の土地を面積の一歩(約三・三平方メートル)とする。三百六十歩が一段(約一・一九アール)、三千六百歩で一町(約一一・九アール)となる。一代は七・二歩(約二三・八平方メートル)であった。和銅六年(七一三)に、唐大尺に等しい従来の小尺を度地の大尺としたが、高麗尺(従来の大尺)と唐大尺(従来の小尺、和銅以降の大尺)の公定比率は十二対十とされていたので、一歩を六尺とし実長の変化を避けたため、表面上は面積単位に変化はなく『延喜式』に至る。なお令や式に規定はないが、面積の歩以下の単位は尺・寸で、一歩が六尺、一尺は十寸であった。これらの尺・寸も歩と同様に、幅一歩に対する長さで面積を示す原則によって導かれた単位と思われる。天平十九年(七四七)の『法隆寺伽藍縁起并流記資財帳』の土地面積に記された「三尺六寸」は、幅一歩、長さ三尺六寸に相当する面積を表わし、〇・六歩にあたり、「二尺四寸」も同様に〇・四歩を示している。平安時代以降、段の下に各種の補助単位が使用され、公文書に使用されることもあったが法定のものではない。一歩の長さにも六尺・六尺三寸・六尺五寸などが生じた。十六世紀後半の太閤検地においては、一歩を六尺三寸、一段を三百歩とし、段の下に畝(三十歩)を置く、町段畝歩制が規定され、江戸幕府は一歩を六尺一分とし、町段畝歩制を継承した。一歩は約三・三平方メートル、一畝は約九九・五平方メートル。明治二十六年(一八九三)施行された「度量衡法」では、「勺歩ノ百分ノ一、合歩ノ十分ノ一、歩或ハ坪六尺平方、畝三十歩、段三百歩、町三千歩」と規定した。昭和二十六年(一九五一)公布された「計量法」において、メートル法によることとなり、町段歩制は廃止されたが、個人的には使用されている。

→代《しろ》　→段《たん》　→町《ちょう》　→歩《ぶ》

（水野柳太郎）

ちょうどのもんじょ　調度文書　動産や不動産についての権利の存在を証明するために所持した文書群。物権の存在を証明するために官庁が交付した証文を公験とよぶ。物件や土地の譲与、寄進、貸借、質流、売買などに際して物件や土地の権利を移転する意志を明示する文書が作成されて移転先に交付する。公験、譲状、寄進文、借状、流文、売券など手から手へと受け継がれる一連の証文を「手継」とか「調度文書」と呼ぶ。平治元年(一一五九)僧聖賢は売券に「本公験并手次文書等相具」して意玄院に土地を売却している(京都大学所蔵文書『平安遺文』六巻三〇三五号)。承久二年(一二二〇)右大将西園寺公経が尾張国松枝荘を仲資王の家領北山家地等と交換した相博状では「調度文書等」を副え渡している(大徳寺文書『鎌倉遺文』四巻二六七二号)。また松王丸なる者が出挙の質物に置いていた家地を質流れにした流状でも「調度の文書を相副」えている(根津美術館所蔵文書『鎌倉遺文』五巻三〇八五号)。内容的には多様な文書群からなる。（井原今朝男）

ちょうふ　徴符　国衙領や荘園において、官物(年貢)・公事の徴収額を賦課単位ごとに記載した文書。農民にとっては上納命令書であり、徴下符または単に下符と称することもあった。平安時代に国衙から広く発給されていたことについては史料上の徴証は少なくないが、実例は鎌倉時代になって未納分の納入督促状である未進徴符とともに現われ、室町時代のものが比較的多く残存する。徴符は毎年完納が済むと不要となるから残存率が低いのである。通例、奥に「注進如件」の書留と公文の署名がある。国衙領の徴符は、たてまえは国衙から発行され、郡司が徴符を本に官物以下の徴収・勘責を行なったが、平安時代末期、国衙領が変質する過程で、郡司の支配下の郷・村に公文が置かれ、郡司による徴収は公文による徴符・結解《けちげ》の作成を前提として執行されるという関係が成立した。高野山領備後国太田荘の郷々では鎌倉時代、荘内に郡司が下着すると下司・公文らは雑事を奉仕し、この荘内の秋年貢収納法では、八月・九月から徴符を作成して郡司・定使が督促し、弁済すれば返抄《へんしょう》が交付された。また名田に対する郡司加徴米は公文が作成する徴符と連携して賦課され、さらに公文ら自身各支配下名田に対して募った段別二升の供給米《ぐきゅうまい》徴符が残存する。国衙領で徴符を媒介に形成された郡司と公文の提携関係は、やがて荘園における下司・地頭と公文の関係に発展した。なお棟別銭・段銭の徴符も存するが、それらはふつう配符と称された。（佐川　弘）

ちょうふ　調布　古代律令制下の調の一品目。麻布・苧布。初見は『日本書紀』大化二年(六四六)正月朔日条のいわゆる「改新之詔」で、絹絁糸綿とともに「田之調」

の一品目としてみえ、一町につき一端（長さ四丈、広さ二尺半）の賦課とされる。加えて「戸別之調」としても毎戸一丈二尺の布（のちの常布）が課された。令制では正丁一人につき二丈六尺（広さ二尺四寸）の賦課で、二丁分を合成し、五丈二尺を以て端とする定めであるが、養老元年（七一七）十二月二日格（『令集解』）により、一丁の調分二丈八尺と庸分一丈四尺を併せ、丁ごとに一端（四丈二尺）の調庸布を輸すよう改められた。ただし常陸の曝布や上総の細布・望多布など、特殊な布は二丁もしくは三丁の調分を合成して端を成すよう定められたので、以後調の輸納には丁ごとの人身布と合成布が併存することとなり、この制は『延喜式』にまで受けつがれた。正倉院宝物中にはこの養老元年格制による調布の遺品が多くみられる。なお京畿内の調は令制では一律に布を輸す規定で、正丁一人につき一丈三尺の人身布（常布）を納めさせたが、慶雲三年（七〇六）の「戸別之調」への改制を経て、和同開珎の発行後は銭納（調銭）へと移行した。（鎌田　元一）

ちょうぶん　庁分　中世、庁の直轄領ないしは収益を示す語で、具体的には院・女院庁分を指す場合と国庁分を指す場合とがある。前者は院領・女院領荘園のうちの御願寺領以外の院・女院庁の直領のことで、八条院領の庁分はその代表例。安元二年（一一七六）二月の八条院領目録（前半『高山寺古文書』、後半『山科家古文書』）には安楽寿院領などの御願寺領と並んで四十一ヵ所の庁分がみられるが、これらは承久三年（一二二一）の後高倉院への後鳥羽院領返進目録（『醍醐寺文書』）、嘉元四年（一三〇六）後宇多上皇処分状（いわゆる「昭慶門院御領目録」（『竹内文平氏所蔵文書』））により女院・院に代々庁分として伝領されたことが知られる。この庁分は御願寺領と同じく女院の女房や院近臣などが知行した。後者の国庁分は一般公領や在庁名と区別される国司の直領ないしは収益である。十二世紀後半、飛騨国では庁分佃が国佃とともに郡郷などに設定され、これとは別に庁分物が郷や在庁より進められ目代の得分とされている（仁安元年（一一六六）ころの飛騨国雑物進未注進状（宮内庁書陵部所蔵『中右記部類』巻十六裏文書））。庁分を在庁佃、国佃を国司佃とする見解もあるが、庁は「たち」とも訓み、庁分佃は御館分田などと同様に元来国司の直領で、目代の管理下に置かれたと考えられる。十二世紀前半の雑事注文（半井家本『医心方』紙背文書）には国佃とは別に御館分田がみられる。庁分の権利関係や経営形態は地域・時期により異なり、鎌倉時代には多くは有力在庁の支配下に入っていった。（中込　律子）

ちょうぶんのつくだ　庁分佃　国衙領のうち、目代の得分となる庁分物が賦課される国衙の直営田で、各郡郷や保に均等に配分された。国司の得分となる国衙の直営田は御館分でこれも各郡郷保に配分され国佃・国司館分・国司御厩佃などと呼ばれた。飛騨国雑物進未注文（中右記裏文書『平安遺文』七巻三四一〇号）によると、国佃・庁分佃・郷司佃・先使田などが各郡郷の名に配分されている。伊賀では名張郡御館分田が国司館分と主張され（東大寺文書『平安遺文』八巻四〇〇〇号）、陸奥でも国司御厩佃と御厩舎人が十の郡郷に配置されていた（『吾妻鏡』建久元年（一一九〇）十月五日条）。これらは、雑事注文（医心方裏文書）にみえる「国舎人数事」「国佃事」「郷保司佃并得分（国人・御館人）」と関連し、ほぼ各国でも同様のシステムであったとみられる。御館分田を請負った郷司郡司保司らが御館人と呼ばれ、庁分佃を請負ったものは国人とよばれた。飛騨国では各郡郷などの名に配分された庁分佃は「除分」とされたが、そこからは「庁分物」として在庁蒻手布、郷分蒻手布、蒔苧、大豆、勘料布苧などを徴収し「目代得分」になった。（井原今朝男）

ちょうもつし　徴物使　九世紀、院宮諸家・王臣家や諸司は封戸や俸禄の負物分などを直接現地で確保するため、調庸類を京都に運上する調綱郡司や雑掌の下に派遣させた使者をいう。このころ権門勢家や諸司は、国司を介することなく郡司や富豪之輩を家人などに組織して直接諸国に使者を送って家に与えられた律令的給付である官物・調庸などを確保しようとした。寛平三年（八九一）五月二十九日太政官符（『類聚三代格』）は、諸司院宮諸家の家使のひとつである「徴物使」が調綱郡司や雑掌の下で官の配分前に調庸や備蓄の稲や官物などを押取ることを禁止した。天治二年（一一二五）東大寺領大和国春日荘では東大寺から現地に派遣され所当米の徴収や検田にあたった使者を「徴使」と呼んでいた（東大寺文書『平安遺文』五巻二〇五二号）。十二世紀には実検使・検注使や散田使、収納使などに機能分化した。（井原今朝男）

ちょくえいでん　直営田　領主の直接経営の一形態で、平安期に領主の直轄地を百姓の徭役労働によって経営した形態をいう研究用語。史料上は「公営田」「官田」「佃」を指す。直営田を研究用語として概念化した最初の研究者は明確になしえないが、水上一久「荘園に於ける佃に就いて」（『歴史学研究』七ノ五）、今井林太郎『日本荘園制論』、清水三男『日本中世の村落』などはいずれも荘園領主の「直轄地」が名主の徭役労働による経営であることを指摘し、「直営田」という研究用語はもちいられていない。赤松俊秀「公営田を通じて観たる初期荘園制の構造に就いて」（『歴史学研究』七ノ五）や石母田正『中世的世界の形成』も、平安期伊賀国黒田荘における藤原実遠の「直接経営」は田屋方式で「直轄地における徭役労働の提供」によるもので、中世領主の下人所従による門田・門畠や手作地経営とも異なる一形態とした。村井康彦「田堵の存在形態」（『史林』四〇ノ二）は、佃を領主の「直接経営」と呼び、令制官田・公営田・元慶官田は経営主が種子農料を下行していることから「直営田」としている（『古代国家解体過程の研究』）。安田元久も佃を「荘園領主の直営地」と呼んだ（『日本荘園史概説』）。戸田芳実は十一世紀初頭の藤原実遠の所領経営は人格的に隷属した農民の賦役による「直営田」を耕作させたものとして用

いている(『日本領主制成立史の研究』)。大山喬平はさらに富裕百姓や地頭の門田・佃・正作をも「直営田」と拡大して理解している(『日本中世農村史の研究』)。→官《かん》田《でん》 →公営田《くえいでん》 →佃《つくだ》 (井原今朝男)

ちょくじ・いんじ　勅事・院事　朝廷・院(法皇・上皇)が諸国の荘園・公領に賦課した臨時課税。具体的な税目をみると、勅事には造内裏役・造大神宮役夫工米・大嘗会役・造野宮役・斎宮群行帰京役・伊勢公卿勅使役などがあり、院事には新御願寺役・熊野詣雑事・日吉詣雑事・鳥羽御堂池掘役などがある。これらは、米、材木などの現物納や人夫役などの徭役の形で催徴された。勅事の初見は保延二年(一一三六)、院事の初見は久安四年(一一四八)であるが、実質的な賦課は、勅事が十一世紀中葉から、院事が十二世紀初めごろからそれぞれなされていたとみられる。平安時代に入り、律令制的収取体系の解体が漸次進行するが、十世紀初頭、租・調・庸・雑徭・交易雑物などの律令的税目は官物・臨時雑役の二本立てに再編される。この内、臨時雑役は十一世紀中葉以降さらに分化し、国衙の充て課す恒常的雑役が国役・万雑役などと呼ばれてくる一方で、内裏造営などの国家的事業遂行のために課された臨時用途は、まさしく臨時の雑役たる意味を強め、荘園・公領を問わない一国平均役として徴収されるようになっていく。勅事・院事はともにこの系譜を引くものであり、それが十二世紀前期より荘園関係史料に現われ始めたのである。その場合「無ㇾ例ㇾ充三催勅院事・国役一」などのように、国役と併記されることが多い。賦課方法についてみると、個々の税目によって賦課範囲は全国的・地域的・一国的と異なるが、臨時用途が必要とされるや、いずれもそのつど国宛に基づいて官符・宣旨・院宣などが国司に発せられ、諸国に賦課がなされる。ついで国衙は管下の荘園・公領に対して賦課内容、賦課率、納入期限などを記した配符を下し、田率に徴収した。鎌倉時代以降には、その賦課基準が大田文記載田数として明確化し、賦課形態も段米もしくは段銭によるものが主となる。徴収責任は国司にあったが、荘園制の発展に伴う荘民の抵抗などにより国衙が荘園から催徴することが困難な状態になってくると、朝廷・院庁は、荘園からの徴収分については、中央から直接荘園領主に課役弁済を命じる方式を採用し、荘園側の徴税機構を通じて収納させ(京済・国済)、課役完済の円滑化を図った。なお、室町時代には勅役・院役と呼ばれた例もあるが(『吸江寺文書』)、すでに段米・段銭の賦課・免除権は朝廷から幕府の手に移り幕府段銭として再編されていたので、そのような名称のみ残されたものとみられる。 (詫間　直樹)

ちょくしでん　勅旨田　勅旨田なる田種は、主に奈良・平安時代に土地制度上の実質を有した。その初見は天平勝宝八歳(七五六)正月十一日付美濃国司移とされ、以後、各種史料にかなりの用例をみることができる。勅旨田の設置要件については、『延喜式』雑式において、公式令勅旨式条に則り、勅旨を発布、施行すべきことが規定されている。すなわち、勅旨を以て設置する故に、勅旨田の名称が用いられたのであろう。八世紀の勅旨田は、『続日本紀』にその記事が採録されていないこともあって事例に乏しい。天平勝宝年間の近江国司解(同国水沼村覇流村墾田地図を含む)を勅旨田の設置例とみなす見解もあるが、なお今後の検討を必要とする。九世紀の勅旨田関係史料は比較的豊富である。『日本後紀』以下の国史に記事も多く、『類聚三代格』などにも関係史料が収められているため、勅旨田は特殊に九世紀に盛行したとする見解も生まれたが、史料的偏在を即、実態と理解してよいかどうかは疑問とすべきであろう。勅旨田は畿内辺境を問わず、全国的に設置された。それは広大な面積の空閑地・野地・荒廃田を占拠する例が多く、開墾事業としての特徴が著しい。その開墾には公水が用いられ、開発経費には諸国の正税や乗稲が充てられている。このように勅旨田の登場は、まず第一に八・九世紀における水田開発推進政策の一環に位置づけることができる。しかるに、この政策は延喜二年(九〇二)三月十三日付太政官符(『類聚三代格』一九)によって変更され、開発経費の国庫負担が廃止された。このため、十世紀以後の勅旨田には開墾事業としての性格が稀薄である。『延喜式』主税式は勅旨田を不輸租田と規定しており、勅旨田の主な収益は地子米であった。史料上、「勅旨田」のほかに「後院勅旨田」や「院勅旨田」などの語をみるが、これらの区別は地子米の収納機関によると考えられる。勅旨田地子米は穀倉院や内蔵寮に収納され、院勅旨田地子米は院庁別納所に収納された。同様に、後院を地子米収納機関に特定したものを「後院勅旨田」と称したのであろう。勅旨田はこれら諸機関の活動を支える財源の一つであった。勅旨田の果たしたもう一つの役割は、賜田や施入田への転化である。前掲の初見史料は勅旨田として開墾された田地が東大寺に施入された例であり、また、院勅旨田にも太上天皇の死去後、寺社や縁者に処分された例がある。寺社や貴族の大土地所有の形成を促進しようとする企図は、勅旨田政策の基本的要素であったと考えられる。後世、荘園に転化したのちも、なお勅旨田の名を荘号とする例は多い。勅旨田の性格については、これを皇室の私有地とする見解と、それに反対する見解との対立がある。天皇や朝廷のあり方についての理解に関わる問題であろう。 (河内　祥輔)

ちょくしまき　勅旨牧　律令時代の皇室領牧。『西宮記』には「勅旨牧在二馬寮式一、毎年駒牽是也」とある。これによると左右馬寮に所属する牧が勅旨牧であるということになる。また太政官符により勅旨牧に編入されることもある。延喜九年(九〇九)十月一日付太政官符に「応三立野牧為二勅旨一」(『政事要略』二三)とあるが、『延喜式』左馬寮には立野牧は御牧の一つに数えられており、『延喜式』成立以前に勅旨牧に編入されたと推定される。承平元年

(九三二)十一月七日付太政官符には「応㆔小野牧為㆓勅旨㆒」(『政事要略』二三)とあり、同三年四月二日付太政官符には「応㆘以㆓朱雀院秩父牧㆒為㆗勅旨牧㆖」(同)とある。小野牧の別当は小野諸興、秩父牧(石田牧・阿久原牧よりなる)の別当は藤原惟条で、ともに武蔵国の在庁官人であり、承平・天慶の乱直前に検非違使に任命されている。『延喜式』によると、勅旨牧からの貢馬は祭礼・行幸・節会・宮中警備など宮中用に供せられるほか、兵部省への給与、売却などにもあてられている。勅旨牧は東国に設置され、京上貢馬ののちに畿内近国の牧に飼養させている。↓牧《まき》

(段木　一行)

『延喜式』所載勅旨牧

貢上牧

国名	牧名	貢上馬数
甲斐	柏前・真衣野・穂坂	六十疋
武蔵	石川・小川・由比・立野	五十疋
同	小野・秩父(石田・阿久原)(承平の太政官符による追加)	六十疋
信濃	山鹿・塩原・岡屋・平井手・笠原・高位・宮処・埴原・大野・大室・猪鹿・萩倉・新治・長倉・塩野・望月	八十疋
上野	利刈・有馬島・沼尾・拝志・久野・市代・大塩・塩山・新屋	五十疋

飼養牧

国名	牧名	地子負担荘園等
山城	(不明)	美豆厩
大和	(同)	鼠栗栖荘・京南荘・率川荘二十四町一段余
河内	(同)	
摂津	鳥飼・豊島・為奈野	二町
伊勢	(不明)	
近江	甲賀	
美濃	(不明)	
越前	(同)	桑岡荘・尾箕荘・少名荘三十五町八段余
丹波	胡麻	
播磨	垂水・家島	一町

勅　旨　牧

ちょくめんのしょう　勅免荘　勅免すなわち勅命によって免許された荘園のこと。勅免にもとづくという以外明確な定義はみられない。従来、勅免荘は官省符荘と同一のものとみなされてきたようであるが、「雖㆑無㆓官符㆒、豈非㆓勅免㆒乎」(『醍醐雑事記』一二、長承元年(一一三二)九月二十三日付官宣旨案)、「件庄園等、或載㆓官省符㆒、或為㆓勅免地㆒」(書陵部所蔵『壬生家古文書』保元二年(一一五七)三月十七日付太政官符案)などとみえるように、官省符荘と対立的にいわれる場合も多い。寺社領荘園に多い。しかし院政時代になるとそれとは異なり、院(天皇)が、備前香登《かがと》勅旨(のち香登荘)や伊予国高田勅旨(のち高田荘)などのように特定の郷を勅旨田ないし院領化する例がみられる。こうして成立した荘園は、初期荘園や寄進地系荘園とは、成立の経緯、性格を異にするので、特に勅免荘とよび、そういった類型の荘園を特に勅免地系荘園とよぶべきとの見解が最近提出されている。

(中野　栄夫)

ちり　地利　広い意味では土地から生ずる利益一般を指すが、多くの場合土地とくに田畠から上がる収入をいう。したがって所当・官物・年貢・地子・作徳・小作料など各種の表現が意味するものは、いずれもこれに含まれる。治暦二年(一〇六六)三月十一日、元興寺大僧都房政所下文案に「開発三ケ年間地利免除、其後者於㆓官物㆒者可㆑弁㆓済国庫㆒、於㆓壱段別一斗御加地子㆒者、可㆑弁㆓進領家㆒者也」(『東大寺文書』二ノ五)とみえ、永暦二年(一一六一)二月二十七日の下総権介平常胤解案に、「以㆓田畠地利上分幷土産鮭等㆒、欲㆑被㆑令㆑致㆓年中三度御祭六節会御贄之勤㆒」(『櫟木文書』)とあるのなど、いずれもその具体例である。ただし、地利の語がより限定的に田租を差し引いた残りの地主得分を意味する場合もある。寛弘七年(一〇一〇)二月五日、石部千吉請文に、「至㆓于田租㆒則為㆓公済之支㆒、於㆓于地利㆒又成㆓開発之利㆒」(『二見郷文書』)とあるのはその一例である。近世においても、地主が小作人から受け取る貢米のうち、年貢として上納する分を差し引いた純所得を指して地利と称した。

(須磨　千穎)

ちりがかり　名の耕地が散在し、地主と作人の関係も複雑で入り組んでいること。史料上は「諸方兼作」などとみえ、「山城国紀伊郡里々坪付帳」(『九条家文書』三巻八二五号)などが著名で、研究用語としては「散りがかり」とか「錯圃」とか呼ぶ。須磨千穎「山城国紀伊郡における散在所領と村落の地理的考察」(『中世の窓』四、一九六〇)は、紀伊郡内の拝師荘、東西九条女御田、真幡木荘、鳥羽荘などが多くの諸司領と散在・入組状態にあり、作人が複数の荘園所領と請作関係を結んでいることをあきらかにした。中世の農村では一人の作人が複数の名主や荘園の耕地を請作したり、耕地も散在、入組状況になっていることが明確になり、一荘の検注帳や名寄帳のみから作人の耕作権や経営体を復元していた名主論研究に反省を迫ることになった。↓錯圃《さくほ》

(井原今朝男)

ちんそ　賃租　古代の田地経営法の一種。地主が一定の賃料を取り耕地を貸し与える行為で、『令集解』田令公田条の諸法家の説明によれば、春の耕作前に借料を前払いして借りる行為を賃、秋に収穫量に応じて借料を支払う行為を租といったが、賃・租は同時に借料をも意味した。収穫後の借料はまた地子とも称した。「賃租」という語の成立には、中国の土地取引における買戻条件付売買の制である貼賃の「賃」、また土地賃貸借の制にみられる「賃」あるいは「租」の用語が参考にされたとみられる。公田の賃租料は郷土估価によるとあるが、上掲『令集解』の古記の説では地子率は十分の二であり、また弘仁・延喜両主税式にも同率の地子規定がみえるが、この率は公田以外の田でもおおむね同様であった。ただ元慶五年(八八一)二月の太政官符に「或地子或価直、任㆓民所㆑欲随㆑宜弁行、其地子之法自有㆓式文㆒、価直之数宜㆑依㆓国例㆒」と

あるところより、春の前払いの借り方と秋の後払いの方法は別個の性格とみられるが、後者の方が成立は古く十分の二の地子率が定着していたのに対し、前者は後者に影響されて成立した方法で、賃借料は地域により異なるとする説もある。この賃借料は一般に稲であったが、銭貨のほか、米や絁などを支払っている例もある。賃租は一般に売買と呼ばれ、『養老律令』の賃租関係の条文に対応する『大宝律令』でも賃租の語に対応する語は売買であったと考えられるが、賃租の語は『大宝律令』からすでに使用されていたとの説もある。ただ、『養老律令』成立後も売買の語は広く使用されていた。賃租の期限は田の場合は一年であり(田令賃租条)、これを過ぎると処罰された(戸婚律過年限賃租田条)。ただし園地には年限はなく永売も認められていた。田の賃租を一年としたのは、賃租関係が固定的に継続した場合、永売と実質的に同一になってしまうためと考えられ、したがってこの規定は事実上、田の永売禁止の規定ともみられる。また戸婚律の処罰が貸主に適用されているのは、賃租する土地に対する権利が貸主の側に強かったことを示す。賃租貸借はすでに大化前代からみられた現象で、奈良時代にはほとんどすべての種類の田地が賃租の対象地となっていた。天平七年(七三五)の「弘福《ぐふく》寺領讃岐国田図」や、天平勝宝七歳(七五五)から天平宝字元年(七五七)にかけての東大寺領越前国桑原荘の四通の荘券などをみると、寺田が周辺の農民に十分の二の地子率で賃租されていたことが知られ、また八世紀後半には、自己の墾田を売却した後その地を賃租している例や、売却後の土地に対して三年後の賃租契約を結んでいる例もみられる。このように賃租耕作が一般的であった理由として、中央貴族や大寺社などの耕作労働力の不足と、一方賃租する農民側の耕地不足をあげうるが、また口分田班給に際し遠隔地に班給される場合があり、そのため農民相互間の賃租も盛んであった。ただ賃租が一般化するとき、地子率の決定には一定面積からの穫稲量が密接に関係するため、地味の公定が必要になるわけで、田の質を定めた田品制は、賃租経営と密接な関係を持って成立したものといえる。また上掲の賃租耕作権の留保の例にみられるように、中央勢家に私地を永売した後も、その土地に対する耕作権を依然として保持する行為は、律令制の衰退に伴ってより活発となり、賃租期限の延長化を生み、次第に請作の制に変化していった。 →地子《じし》 （亀田 隆之）

つ

つ 津 津は一般に船の停泊するところであるが、これには河川の渡し場と水上交通上の船着場すなわち港の意味の二つがあった。大化前代の記紀などの津は、水門《みと》・浦などとほぼ同義で、軍船の発着地や難波津・那津などのごとく外交使節の停泊地など、特別の場合に現われることが多い。津が河の渡し場として使用される場合は津《つ》・済《わたり》・済などとも誌される。大化改新の際、要路の津済の渡子が利用者より渡賃を徴することを廃し、その代償として田地を給したのはこの例で、交通路の国家公営主義を明らかにしたものとされる。しかし津は渡し場よりも水上交通の船着場としての機能がより重要であり、かかる津は、泊《とまり》・船瀬・船津などの語彙とほぼ同義に用いられて、互いに混用され、その間の区別はつけ難い。津には、何らか人工的施設の加えられることが多いと看られるが、このうち船瀬については、造船瀬所とか、船瀬に稲などを献じて昇叙されるなどの例の散見から、津の人工的施設面を表に出した場合に使用されることが多かったようである。律令制下において、地方相互の水上交通のため大小さまざまの津があったが、特に重要な津は国津であった。国家貢納物の水上輸送は、国ごとに指定された一つの津から発送された。かかる港が国津であるが、このほか国府の外港を国府津《こうづ》と呼ぶこともあった。これには相模国国府津のほか、陸奥国府である多賀城の外港であった塩竈の香津《こうづ》などがあるが当然、国津と国府津とは一致する場合が多かった。国津として知られるものに、

北陸道では、加賀国比楽湊・能登国加島津・越中国曰理津・越後国蒲原津などがあるが、そのほか、紀伊国紀伊湊・伊勢国大湊・播磨国飾磨津・周防国佐波津なども国津または国府津とみられる。これらのほか、ところにより郡衙の外港としての機能を果たす郡津があった。一方国津などから輸送される国家貢納物を受け入れる津が中央に見られた。淀川の河口難波津はその古いものの一つであるが、平安時代初期、三国川が開かれて大輪田船瀬がこれに代わった。そのほか、奈良の外港の泉木津や、京都の外港大津・淀津・山崎津などがあった。国津そのほか重要な津は、国がその修築・運営などにあたったが、実態は必ずしも明らかでない。古代末、周防・安芸・摂津・紀伊・隠岐などの各国に見られる船所は国衙の船および水上交通を司る機関であるが、これらは国津などにおいてかなり早くから成立していたものではあるまいか。その後、荘園時代に入ると荘園は年貢輸送の必要上荘園内や近傍に津を設け、一方荘園領主も年貢受入れのため、格好の水辺に外港を設けた。熊野山の新宮、延暦寺の三津(御津)・坂本、石山寺の瀬多津などこの例で、津は荘園の発達とともにさらに増加していった。なお鞆津・淀津などのごとく地名に津を付して船着場であることを示すほか、海津・大津・坊津など完全に地名化しているものも多く、主として木材を取り扱うためとみられる木津《きづ》《こづ》も現在各地に見られる。ただこれら地名の発生は必ずしも古代に限らず、後世にわたるものもある。特に中央の津は交通上の要地を占めるため、比較的早くより単なる船着場から交易の中心地となるものもあった。山城国山崎津はすでに平安時代の初め酒造業者が活躍し、漁商比屋之地と呼ばれ、同じく淀津には市があった。津のなかには後世港湾都市化するものも少なくないが、これらはその先蹤といえる。津がこのように純粋な船着場から脱却して多面的機能を帯びた都市化する場合、歴史的名辞としての津の役割は終ったものとみられ、したがって津は多分に古代的名辞と解されよう。

（新城　常三）

ついぶ　追捕　本来は官による罪人の追求・捕縛を意味する律令用語。罪人の追捕は『養老令』捕亡令によれば官司が人夫・兵士を差発して執行すべきものとされている。奈良時代から平安時代後期まではもっぱら人身捕縛の意味で用いられていたが、十二世紀初頭には公卿在家役の徴収にあたって国使が百姓の私財物を奪取する行為を追捕と表現する事例がみえ始め、ついで鎌倉時代以降は追捕といえば主として財物の没収を指すようになった。このような追捕には、地頭・預所が年貢の未進を理由に百姓の私財物を押し取る場合、あるいは守護使が兵粮米の徴取のためと称して荘家の年貢を没収する場合など、種々の事例が見出せるが、いずれも、所職や職権に由来する正当な事由を背景として、私宅・倉庫その他これに准ずる諸施設内に侵入してその内の資財物を押取する行為といい得る。また、正当な職権行為たる証しとして、追捕の執行は昼間になされる必要があったらしい。

（田村　憲美）

ついぶし　追捕使　押領使と同じく十―十二世紀に、国単位に「凶党」追捕を目的として補任された令外官。九世紀末から東国を中心に活発化する在地諸勢力の反国衙武装蜂起(当時「凶党」「凶賊」と呼ぶ)に対し、政府は蜂起発生諸国に臨時に押領使を補任して鎮圧(追捕)する政策をとるようになったが、将門の乱(このときも坂東諸国に押領使配置)ののち、十世紀中葉には全国的に押領使・追捕使が常置されるに至る。畿内諸国および近国(伊賀・近江など)は追捕使、東海・東山・山陰・西海道諸国は押領使、北陸・山陽・南海道諸国は両者混在、という地域的分布傾向がある。追捕使・押領使とも補任形式・任務は基本的に同じである。補任手続は、国司が国内武士のなかから適任者を選んで「国解」で太政官に申請し、「太政官符」で補任が認められるという形式をとる。任務は、「凶党」追捕を命じる太政官符(「追捕官符」)をうけた国衙の指令によって「凶党」集団を追捕することであり、自己の判断で独自に武力発動しうるのではないし、追捕した犯人の首級や身柄は「国解」とともに国衙から太政官に進上される。「凶党」追捕における追捕使の武力は、自己の郎等だけでなく、必要に応じて「追捕官符」にもとづき国内武士を動員できたと思われる。追捕使・押領使の地位はやがて特定の有力武士の家系が世襲するようになり、有力在庁職をも兼帯して平安時代末期には国衙の軍事・行政の実質を掌握する卓越した地位を築くに至る。鎌倉幕府守護制度は、押領使・追捕使の制度と権限を継承したものである。「追捕宣旨」をうけて中央から反乱(「凶党」「凶賊」)鎮圧に派遣される使者も追捕使というが、この種の追捕使は国単位に補任される国追捕使とは性質を異にする存在であり、「追討宣旨」をうけて派遣される追討使と同系列の制度としてあつかうべきである。

↓押領使《おうりょうし》

（下向井龍彦）

ついぶろうぜき　追捕狼藉　財物没収行為としての追捕の執行を不正行為とみなしていう言葉。鎌倉幕府法においては追捕をめぐる相論は所務沙汰であった。その審理では追捕執行を裏づける権利の正当性が第一に問題とされ、追捕物の被追捕者への返還をもって結着がつけられるのが原則であった。したがって、正当な職権に基づく追捕は全く不法ではなかった。追捕執行に際してはしばしば人身への侵害を伴うにもかかわらず、通例、追捕者への科刑はなされなかった。鎌倉時代後期に至って追捕それ自体を犯罪とする観念が生じるようになり、追捕狼藉なる成語が一般化した。これとともに追捕者に対する科刑要求もなされるようになったが、鎌倉幕府は追捕を一貫して所務として扱っている。『沙汰未練書』には検断沙汰の一つに「昼強盗」を掲げ、その割註に「但追捕狼藉者所務也」としている。

（田村　憲美）

つうのしょう　都宇荘　安芸国沼田郡の荘園。現在の広島県竹原市付近。下鴨社領。『延喜式』に都宇駅、『和名

類聚抄』に都宇郷がみえ、荘域は古代山陽道と賀茂川支流の葛子《かずらこ》川との交差するあたりと推定される。平安時代末期に下鴨社領都宇荘とみえ、寛治四年(一〇九〇)下鴨社に寄進された竹原荘と本荘・新荘の関係で成立したものか。新庄《しんじょう》の地名がその所在を推測させる。都宇竹原荘と連称される場合が多い。源平動乱に平家に味方した都宇竹原荘の荘官らは、承久の乱に京方となって所職を奪われ、小早川茂平が地頭職《しき》を得、新荘内では地頭給田・同給畠各二町を有した。茂平の譲りを受けた政景から竹原小早川家が始まるが、政景の子景宗のとき、政景死後に起った相続争いの際、幕府は景宗の所領を取り上げ、鎌倉の建長寺に寄進し、二十数年後の幕府の返還後も建長寺からは容易に返還されず南北朝時代に及んだ。竹原小早川家は足利尊氏から安堵を受け、前の弘景の代から代官職を有したが、応仁の乱以降下鴨社の領主権は有名無実となった。 ↓竹原荘《たけはらのしょう》

参考文献 『竹原市史』 (松岡　久人)

つえ　杖　中世に使用された面積の単位。「丈」と混用された例もあるので、「じょう」と音読することもあったらしい。常陸・下総・遠江・伊勢・筑前・筑後・豊後・日向・薩摩・大隅・壱岐などの例が知られ、主に民間で使用された。一般には一段の五分の一(七十二歩)にあたるとされるが、常陸・伊勢・筑前・筑後・豊後には、一段の六分の一(六十歩)とする例がある。元来は、間竿を「杖」と呼び、その長さを意味した。ついで、広さ五十杖(三百六十尺、一町)に対し、長さ一杖の長方形の土地(七十二歩)の面積を表記するとき、広さを省略したため、面積の単位となったと考えられる。同様に六尺の間竿の場合は、間口六十杖(三百六十尺、一町)に対し、奥行一杖の長方形の土地(六十歩)の面積を一杖と表記している。広さ一歩・長さ一歩の面積を一歩とするのと同様の原理から生じた単位と考えられる。 (水野柳太郎)

つか　束　古代・中世に使用された長さの単位。拳・握・掬と書く例が『古事記』と『日本書紀』にある。親指を除く四指の幅という。中世の軍記物では、矢の長さを示すときに使われ、『源平盛衰記』に「十二束二伏の鏑矢」とあり、『太平記』にも「十二束三伏」や「十三束三伏」の例があって、「そく」と音読したとされている。伏《ふせ》は下級単位で、一指の幅をいい、四伏が一束である。 (水野柳太郎)

つきあてのへいし　月宛兵士　荘園領主は邸宅の守備や宿直にしたがう門兵士、御倉兵士、宿直兵士などを月ごとに荘園に配分して年中課役として徴役した。院の長講堂領での事例をみれば、六月分の三十日間油小路面を守る門兵士六人分が摂津国葺屋荘、楊梅面門を守る門兵士三人が但馬国菟束小代荘、西洞院面二門と六条面と油小路面の門兵士十二人が肥後国六箇荘にそれぞれ賦課された。六月分の御倉兵士は、摂津国志宜寺一人、遠江国山香荘一人、美濃国蜂屋南荘一人の合計三人。こうした月宛の賦課は兵士役だけではなく公事にもみえ邸宅での雑事に従う仕丁や続松明なども月宛仕丁、月宛続松明などと呼ばれた(島田文書『鎌倉遺文』一巻五五六号)。こうした夫役を月充てで荘園に賦課する権限がなぜ本所・領家職に認められたかは不明であり、国家行事を共同執行できる本所・領家が役を他に賦課することができるという説が提起されている。 (井原今朝男)

つきぎょうじ　月行事　⇩がちぎょうじ

つきしね　舂米　⇩しょうまい

つきもとのしょう　槻本荘　大和国高市郡の荘園。現在の奈良県高市郡高取町大字森・同薩摩付近が中心。興福寺燈油料所。散在性荘園。延久二年(一〇七〇)の『興福寺雑役免帳』にみえ、雑役免荘でもある。七町。室町時代には、同寺七堂燈油料所として存続。 (朝倉　弘)

つくだ　佃　古代から中世にかけての荘園・公領における、荘園領主・預所・地頭・下司・郡司・郷司らの賦役労働による直営田。ただし地頭以下の場合は、用作・正作・手作・門田などとよぶ例が多い。佃の源流は、大化前代の屯倉に系譜する令制の官田が、宮内省田司の監督下、班田農民の徭役を用い、種子・営料のみを支給し農具持参で無償耕作された直営方式や、公営田および初期荘園の直営法に求められる。貞観十八年(八七六)の近江国愛智《えち》荘の荘田十二町のうち、二町の荘佃のみえるのが古い例。元慶五年(八八一)政府は直営方式の官田の半分を残し、半分は地子田に改めた。十世紀ごろからの田堵の地子田請作もその延長であるが、荘園領主権の浸透しやすい畿内近国には、多くの荘園に佃が存続した。これ以後の寄進地系荘園では、寄進とともに開発領主の直営田が折半され、一半は荘園領主佃として吸い上げられ、残りは下司・地頭の手作地となったといわれ、公領の郡郷司も私領内に手作田を有したと考えられる。佃の特性を列挙すると次のようになる。㈠耕作農民の労働力は無償で、わずかの種子・営料(農料・食料《じきりょう》・作料とも)のみの支給で、全収穫に近い量が収取される。支給されない場合は空佃《からつくだ》という(若狭国太良《たら》荘地頭佃)。大乗院領大和国出雲荘のごとく、代りに作料田を与える例もある。㈡全収穫に近い収取であるから、佃には元来斗代がない。しかしのちの史料から拾うと四斗から一石八斗と開きがあるが、一石余がふつう。二石は空佃とある(太良荘)。㈢以上の結果、佃は名田と異なり、公事のかからない一色田である。㈣なお臨時課役・段銭などがかからず、領家の点札などもない。したがって「取帳目録」などでは除田の中に入れられる。㈤佃には損免が認められない。㈥その立地が水旱損の少ない熟田で、荘の中央部に集中的に占定される点、名田の散在性と対照的である。㈦荘田の拡大に伴い新設された形跡があり、種類も多様である。成立過程からは本佃・新佃、領有者により本家佃・本所佃・領家佃・預所佃・保司佃・中司佃・地頭佃などがあり、大佃は領家佃、小佃は預所佃の別称らしく、所在地から八坪佃、営佃方式から廻佃・内作佃等々の称が

ある。賦役労働による初期佃は田堵の請作佃に転化し、平安時代末期の名主・名田の成立期に、名にほぼ均等に割り付け、種子・農料を下行し名役として名主の責任耕作に委ねられる。以上の結果佃斗代が成立し、名主の余剰生産の可能性が生ずる。ただし鎌倉時代の地頭佃・正作は、下人・所従らの奴婢的労働力が使役された。名に割り付けられた中世の佃は、時代の下降とともに名田中に埋没し、佃坪も忘れられ佃米を出すのみとなる。さらに佃斗代も低下して名田並みの平田(単地)化し、佃米の銭納化も見られる。こうした佃の退化によって、佃の売買が行われるようになり、佃の機能は完全に消滅することになる。地頭らの在地領主の佃・正作なども、鎌倉時代末期以後、徐々に下人らに解放され小作地となった。

(渡辺　澄夫)

つぐちのしょう　津口荘　備後国世羅郡にあった荘園。現在の広島県世羅郡世羅町津口から賀茂にかけての地域。鳥羽上皇の御願寺宝荘厳院の荘園で、平治元年(一一五九)の宝荘厳院領荘園注文によると、院近臣の藤原忠能が領家(預所)で、米三百石、油四石三斗を進上することになっていたが、忠能が死去した後はその妻(大納言藤原長忠女)に伝えられたようである(『平安遺文』六巻二九八六号)。南北朝期には、備後国地毗荘地頭山内氏の一族が荘内に勢力を伸ばした。建武三年(一三三六)には津口荘内の賀茂郷一分地頭山内七郎入道観西は、備後各所で南朝勢力と合戦を交えているが、その際に賀茂郷内にあった住居が攻撃され焼失した。また康永二年(一三四三)には山内通綱・通範が賀茂郷善法寺に「津口庄内賀茂郷地頭方乙丸名」の田畠を寄進している。また応永二十一年(一四一四)頃には守護山名常熈から山内熈通に津口庄半済が与えられているほか、山内通久の遺領を書き上げた明応五年(一四九六)の山名俊豊加判知行目録に津口荘地頭分がみえる。

(馬田　綾子)

つくて　作手　⇩さくて

つくまのみくりや　筑摩御厨　近江国坂田郡の御厨。現在の滋賀県坂田郡米原町朝妻筑摩のあたりの琵琶湖岸。天智天皇の時代にはじめて置かれたとする見解もある。もと大膳職に属しのち内膳司領。延暦十九年(八〇〇)五月の太政官符に筑摩御厨の御厨長のことがみえる。『延喜式』によれば、当地からの貢進物は醬鮒・鮨鮒・味塩鮒であった。『扶桑略記』延久二年(一〇七〇)二月十四日条には「永く近江国筑摩御厨を停む」(原漢文)とある。この時点で贄人の免田が、供御田として公認されることによって、荘園化が進んだと考えられる。日吉社領筑摩拾陸条はその転換した姿の一つを示すか。

(髙橋　昌明)

つくりご　作り子　中世・近世に用いられた身分呼称の一つで、隷属性の強い小作農民をいう。全国的にみられるが、時代・地域によってその内容は多様で、名子・被官・下人・子方などとよばれるものとほぼ同じ存在である。地主から耕地をはじめ農具・役畜・種子・肥料などの生産手段や宅地・家屋・食糧などの生活手段を与えられ、地主に身分的に隷属し、与えられた耕地を耕作するとともに、地主の耕地を耕作したり地主の家事に従事したりした。『相良氏法度』の第二十四条には「検断之所へ、作子置候者、主人可返、但当作かり取候者、其年者公役すへし」とある。↓小作《こさく》

(福田栄次郎)

つけざた　付沙汰　訴訟を有力な第三者や沙汰人、奉行、合奉行らに付託して有利に運ぶこと。鎌倉幕府追加法四〇八条は、山僧による寄沙汰とともに「付沙汰之輩」を禁止し身柄を関東に召し上げている。しかし、雑人訴訟の場合には「大夫属入道善信に付けこれを挙申す」(『吾妻鏡』建長二年(一二五〇)四月二十九日条)と第三者を介することが認められている。東寺供僧が令旨を挙状として弁官に申状を提出した際も「御教書を給い権亮に付沙汰すべく候」(東寺百合文書『鎌倉遺文』二一巻一六〇四五号)と奉行の指定を要求している。東大寺でも「凡ハ時ノ付沙汰人、結解を遂げ奉るべく候上は御不審あるべからず候」(百巻本東大寺文書『鎌倉遺文』二五巻一九一七二号)とある。これは十五世紀後半に出現する「時ノ領主」「時ノ公方」よりもかなり早期にみえる「時ノ沙汰人」であり在地性がうかがえる。十四世紀以降にみえる「沙汰付」は、「可被沙汰付下地於彼局」(黄梅院文書『神奈川県史資料』四五一四号)などのように使節遵行で打渡すことを指し、まったく別の意味になる。

(井原今朝男)

つけものまい　付物米　年貢米に付属する付加税。単米、筵付米、八合米などを総称して「つけもの」「付物米」と呼んだ。東寺の諸堂佛聖人である僧教仏と地下沙汰人らは、寺務十一代にわたって「佛聖米十四石五斗六升」と「付物米」一石九斗六升を下行されていたが、当代の寺務になってから供僧中から支給されなくなったとして応長二年(一三一二)二月に東寺長者に提訴した(東寺百合文書『鎌倉遺文』三二巻二四五三九号)。このとき、「付物米」は「八合米二斗二升」「たん米九斗九升」「むしろつき七斗五升」からなっていた。筵付米は、筵に残った米で量る人に与えられた筵払と同一とされてきたが、近年、納所・定使等の得分として三～一〇％の付加率が設定されて徴収されたという見解が出された。付加税には、ほかに口米・員米・交米(分)などが知られているが、それらが「付物米《まい》」に含まれるか否かは不明である。↓筵付《むしろつき》

(井原今朝男)

つだじま　津田島　阿波国名東郡に所在。現在の徳島市津田町付近。別保と称される国衙領であり、隣接する南助任保とともに春日社領阿波国富田荘の前身をなす。平安時代末期、この地は粟田重政・藤原親家という二人の有力在地領主の私領であったが、文治二年(一一八六)から行われた興福寺廻廊造営に際して、その造営の任にあたった大江泰兼が造営料所に充てられたこの保の保主になるとともに、相伝の所領と称して積極的に荘園化の運動を進め、元久元年(一二〇四)に富田荘としての立券に成功する。↓富田荘《とみたのしょう》

(丸山　幸彦)

つだのしょう　津田荘　近江国蒲生郡の荘園。現在の滋賀県近江八幡市の北部、元の津田入江(現在では干拓されて津田町)を囲む中之庄町・北津田町・南津田町の地域。延暦寺西塔院領。『叡岳要記』に清和天皇の皇子貞頼親王が延喜十二年(九一二)に「西塔院四王像者是依家願昔日奉造所安置也、年来以件庄地子稲便充燈分」という由緒から寄進した元皇室領だったとある。太古より宗像《むなかた》三女神を祀ってきた津田荘だと主張する『御鎮座記』(『大島奥《おき》津島《つしま》神社文書』)の土伝もあり、奥島《おきつしま》荘と並んでこの地帯の開発の歴史は相当古いと見てよい。承保元年(一〇七四)の「奥島御庄司解」(『長命寺文書』)では新庄司僧・中庄司紀・南公文僧・御庄司林の四人が「津田御庄司等」と肩書きし、このころには南・北・中の三荘に分かれ、中世村落形成期に入っていたらしい。織田信長の祖流平親真の父を重盛の遺児資盛とし母を津田荘の人とする『織田氏家譜』の落胤説は後世の偽作。　　(畑井　弘)

つちいっき　土一揆　日本の中世は一揆の社会である。武士の一揆、僧侶の一揆、農民・馬借の一揆など、さまざまな一揆が、それぞれの要求をもち、相互に複雑にからみあいながら、独特な世界を形成した。それらの一揆のなかで、土豪・農民・馬借などが徳政と号して蜂起し、酒屋・土倉などを襲撃して(私徳政)、ついには、室町幕府権力に徳政令を発布させ、債務破棄と土地取戻しとを承認させたのが土一揆(徳政一揆)である。中世社会の形成とともに、農民諸階層による支配階級に対する闘争が開始される。庄家の一揆と称される個別領主に対する闘争が、主として、十三、四世紀にみられた(貞和二年(一三四六)七月十九日「東寺領山城国上久世荘百姓等連署条々請文」(『東寺百合文書』イ))。惣結合の進展を背景として、十五世紀には、畿内を中心により広範な組織的闘争、すなわち土一揆が展開したのである。なお、土一揆は土民一揆を略したもので、「どいっき」と読むともいわれているが、仮名書き史料には「つちいっき」と記されている。

昭和二十三年(一九四八)、「土一揆論」(『新日本史講座』所収)を発表した鈴木良一は、中世の農民闘争を政治史との関係においてとらえ、訴訟逃散→強訴逃散→土一揆→国一揆という発展系列を明らかにし、土一揆を中世農民闘争の基本形態であると位置づけた。これに対して、同三十八年、「応仁・文明の乱」(『(岩波講座)日本歴史』七所収)において稲垣泰彦は、年貢夫役の減免や非法代官の排斥を要求する庄家の一揆を高く評価し、構成主体の関係から、土一揆を農民闘争としては評価できないと主張した。同四十二年、黒川直則は「徳政一揆の評価をめぐって」(『日本史研究』八八)において、十五世紀の農村における加地子名主職の売買、未進年貢の累積の意味などを検討し、土一揆への参加勢力の主体が農民諸階層であったことを明らかにして、土一揆を農民闘争として評価すべきであ

土一揆一覧

発生年月	国名	事項	典拠
文和三年	近江	この年、土一揆起こる(土一揆の語の初見)	東寺百合文書
正長元年八月	同	土一揆蜂起	満済准后日記・大徳寺文書
元年九月	山城	醍醐の地下人ら徳政と号して蜂起	満済准后日記
元年九月—十一月	同	土民ら徳政と号して蜂起、京都に攻め入る、私徳政	東寺百合文書・満済准后日記
元年十一月	大和	土一揆蜂起、奈良に徳政令発布される、播磨・伊賀・摂津・河内・和泉・紀伊・伊勢の諸国に波及	春日若宮社頭之諸日記・東寺百合文書・伊和神社文書
永享元年正月	播磨	土一揆蜂起、守護赤松氏の軍兵らと戦う	薩戒記
同	大和	宇多郡で土一揆蜂起	満済准后日記
元年二月	丹波	土一揆蜂起	同
元年七月	伊勢	山田で土一揆蜂起、神人を襲撃	満済准后日記・御前落居奉書
四年四月	同	神三郡で土一揆蜂起	満済准后日記
五年閏七月	近江	馬借蜂起、入京をはかる	満済准后日記・看聞御記
六年七月	同	土民・馬借ら蜂起	満済准后日記
嘉吉元年八月	伊勢	土一揆蜂起	光明寺旧記
元年八月—九月	近江	土一揆蜂起、守護六角氏の軍兵と戦う	建内記
同	山城	土民数万、京都八口を封鎖して徳政令を要求、幕府徳政令を発布	建内記・東寺執行日記
元年九月	山城 大和	山城の土民・馬借ら奈良を攻撃	薬師寺旧記
三年二月	山城	鳥羽・塔森の土民ら徳政と号して永代沽却地を取り返す	管見記(公名公記)
文安四年七月	同	西岡で土一揆蜂起、徳政を要求して京都に乱入、幕府の軍兵と戦う	東寺執行日記
同	近江 河内	徳政一揆蜂起	経覚私要鈔
四年七月—八月	大和	馬借、徳政を要求して奈良を攻め、刈田を行う	同
宝徳三年十月	同	土一揆蜂起、徳政を要求して奈良に攻め入り市中に放火、興福寺・大乗院・元興寺金堂など焼失	康富記・大乗院寺社雑事記
享徳元年閏八月	若狭	太良荘の農民、徳政を企てて牢人らを引き入れる	東寺百合文書
三年九月	山城	土一揆蜂起、幕府分一徳政令を発布	東寺執行日記・康富記・斎藤基恒日記
三年十一月	播磨	大部荘で土一揆蜂起、五郎左衛門を殺害	東大寺文書
康正二年正月	遠江	蒲御厨で土一揆蜂起、引間市を焼く	同

土　一　揆

発生年月	国名	事項	典拠
長禄元年十月—十一月	山城	土一揆蜂起、一揆軍東寺に籠もり、土倉兵・幕府軍と戦ってこれを破る	経覚私要鈔・山科家礼記
元年十一月—十二月	大和山城	大和布留郷の住民と山城木津の馬借ら徳政を要求して奈良を攻撃	経覚私要鈔・大乗院寺社雑事記
二年七月	山城	西岡の土民、徳政一揆を計画するが未遂に終る	東寺百合文書
三年正月	越前	河口・坪江荘で土一揆蜂起	経覚私要鈔
三年九月	大和	土一揆蜂起	大乗院寺社雑事記
同	山城	西岡辺りで不穏な動向があり、久世荘の侍・地下人ら一揆に参加しないことを誓わせられる	東寺百合文書・東寺廿一口方評定引付
三年十一月	同	西岡で土一揆蜂起、京都を攻撃	経覚私要鈔・蔭凉軒日録
寛正三年九月—十一月	同	土一揆蜂起、京都七口を占拠して赤松軍と戦う、土一揆軍の大将蓮田兵衛討たれる	東寺百合文書・東寺執行日記
三年十月	山城大和	山城木津の馬借ら奈良を攻撃、筒井氏らの軍兵と戦う	大乗院寺社雑事記
四年九月	山城	土一揆京都を攻撃、幕府軍に鎮圧される	蔭凉軒日録
六年十月—十一月	同	西岡で土一揆蜂起、京都を攻めて東寺を占拠、幕府軍に鎮圧される	東寺百合文書・東寺執行日記・蜷川親元日記・蔭凉軒日録
文正元年九月	同	馬借・土民・在京武士ら徳政を要求して蜂起、私徳政	大乗院寺社雑事記
同	山城大和	山城木津の馬借ら徳政を要求して奈良を攻める	同
応仁元年三月—四月	同	山城木津の馬借ら徳政を要求して奈良を攻める、般若寺文殊院など焼失	同
文明元年九月	備中	新見荘の名主百姓ら「土一揆をひきならして」守護代官を排斥	東寺百合文書
元年十月	備後	土一揆蜂起	萩藩閥閲録
同	山城	醍醐寺領の住人ら半済と号して蜂起	三宝院文書
四年九月—十月	大和	馬借ら徳政を要求して蜂起、薬師寺など焼失	大乗院寺社雑事記
七年十月	安芸	東西条の地下人ら徳政を行う	毛利家文書
十二年三月	丹波	前守護代の被官ら徳政を要求して蜂起	晴富宿禰記
十二年九月	大和	土民ら徳政を要求して蜂起	大乗院寺社雑事記
十二年九月—十二月	山城	土民ら京都七口の関所の撤廃と徳政を要求して蜂起、私徳政、幕府徳政令を発布	大乗院寺社雑事記・山科家礼記・宣胤卿記
十四年閏七月	同	土民ら徳政を要求して蜂起	東寺廿一口方評定引付
十五年	和泉	この年、堺南荘の土民ら徳政を要求して蜂起	政所賦銘引付
十六年十一月	山城	京都で土民蜂起、東寺を占拠して酒屋・土倉を襲撃、細川政元の軍勢と戦い敗れる	実隆公記・東寺鎮守八幡宮評定引付・後法興院政家記

発生年月	国名	事項	典拠
文明十七年七月	近江	土一揆蜂起	蜷川家文書
十七年七月—九月	大和	惣国一揆、徳政を要求して蜂起	法隆寺文書・大乗院寺社雑寺記
十七年九月	山城	京都で土一揆蜂起	蔭凉軒日録・親長卿記
十七年十月—十二月	同	国人と土民ら両畠山軍の撤退と自治を要求して蜂起	大乗院寺社雑事記
十八年八月—十月	同	土民ら徳政を要求して東寺を占拠、私徳政、細川政元・土倉兵と戦い敗れる	東寺百合文書・実隆公記・後法興院政家記
長享元年八月	同	土一揆蜂起	蔭凉軒日録
二年九月	同	京都で土一揆蜂起、細川軍に鎮圧される	実隆公記・蔭凉軒日録
延徳二年三月	同	土民ら一揆し、京都を攻めて北野社を占拠、これを焼く	実隆公記・蔭凉軒日録・後法興院政家記
二年閏八月	同	土一揆蜂起、酒屋・土倉、一献料を出して妥協をはかる	東寺百合文書・実隆公記・蔭凉軒日録
二年十月	山城大和	山城南方に土一揆蜂起、京都侵入の噂が流れる、奈良興福寺徳政令を発布	政覚大僧正記・大乗院日記目録
二年十一月	山城	宇治で土一揆蜂起	後法興院政家記
三年正月	近江山城	近江坂本の馬借、徳政と号して京都北野社を占拠	北野社家日記
明応二年八月	山城	京都下京に土一揆乱入、細川軍に鎮圧される	大乗院寺社雑事記
二年十一月	近江	土一揆蜂起、日吉社を占拠、僧兵と戦い敗れる	大乗院寺社雑事記・後法興院政家記
四年九月	山城	久世・木津の土民ら徳政を要求して京中を攻撃、土倉軍と戦い敗れる	東寺百合文書・大乗院寺社雑事記・実隆公記
五年八月	播磨	土一揆蜂起	晴富宿禰記
五年十二月	山城	宇治で土一揆蜂起、不穏な情勢となり、幕府禁制を出す	後法興院政家記
六年九月—十月	同	京都北郊の土民ら徳政を要求して蜂起、土倉軍と戦い敗れる	実隆公記・後法興院政家記
六年十二月	大和	長谷寺近辺の土民・馬借ら徳政を要求して蜂起、長谷寺徳政を施行	大乗院寺社雑事記
七年正月—二月	同	奈良の土民ら徳政を要求して蜂起、土倉は店を閉める、筒井氏の軍兵と戦う	同
永正元年八月—九月	山城	西岡の土民ら徳政を要求して蜂起、香西又六の指導によるとの噂が流れる	後法興院政家記
三年七月	（北陸）	北陸諸国で土一揆蜂起	大乗院寺社雑事記
五年正月—二月	山城	京都で土一揆蜂起、下京の土倉を攻撃	実隆公記・元長卿記
六年二月	同	土一揆蜂起	実隆公記
十七年正月—二月	同	土一揆蜂起、京都を攻撃、幕府徳政令を発布	二水記・元長卿記

発生年月	国名	事項	典拠
大永六年十一月—十二月	山城	土民ら徳政を要求して蜂起、幕府徳政令を発布	二水記・三宝院文書・厳助往年記
天文十五年九月—十二月	同	土一揆蜂起、京都を攻撃、幕府徳政令を発布するが、土倉は承認せず	厳助往年記
永禄五年三月—四月	同	西岡の土民ら徳政を要求して蜂起、幕府徳政令を発布するが、土倉兵は承認せず合戦に及ぶ	長享年後畿内兵乱記

鈴木良一「土一揆論」(『新日本史講座』所収)、中村吉治『土一揆研究』、戸田芳実・稲垣泰彦編『土一揆と内乱』などによる

ると稲垣説を批判した。一九六〇年代の研究が、参加勢力の構成をめぐる論争に終始したのに対して、一九七〇年代には、徳政および徳政状況をどのように評価するかが議論の中心となった。同五十一年に「惣と土一揆」(『(岩波講座)日本歴史』七所収)を発表した村田修三は、室町幕府と土一揆との交渉過程を詳細に検討した結果、京都・奈良といった全国的な拠点における一揆の蜂起につづいて、地方的な拠点に徳政状況をつくり出し、これを在地に持ち帰る、これが徳政一揆の基本形態であると述べている。同五十四年、『戦国法成立史論』によって、農民たちが徳政と号して蜂起することの意味を問いかけた勝俣鎮夫は、徳政、すなわち地発であると主張する。地発こそ、中世社会の内部に、日常的に潜在する徳政状況であると論じ、徳政一揆を、保有地を取り戻し、自己の生活を守る農民の闘いであると指摘している。

〔正長の土一揆〕正長元年(一四二八)は、全国的な飢饉と、「三日病」の蔓延した年である。八月に近江国で、九月には山城国醍醐で地下人が徳政と号して蜂起した(『満済准后日記』正長元年九月十八日条)。京都の土一揆は東寺を拠点に、洛中の土倉・酒屋に押し寄せ、借書を焼き捨て、質物を取り返した。いわゆる私徳政を行なったのである。室町幕府は、徳政を禁止する旨の命令を発したが、土一揆は、またたくまに、畿内を中心に広範な地域に波及し、「惣テ日本国ノコリナク御得政」(『春日若宮社頭之諸日記』正長元年十一月二日条)といわれるような状況を呈した。京都の土一揆は、幕府から徳政令をかちとることができなかったが、近江・大和・河内・摂津・播磨の諸国では、国別の徳政令が出された。大和国では、守護興福寺によって徳政令が発布され、見質の本銭三分一の返還・憑支、五年以前の借書の破棄、去年以前の未進年貢の破棄が定められている(『春日若宮社頭之諸日記』正長元年十一月二十五日条)。徳政令によって未進年貢の破棄が承認されたことは、農民にとって大きな成果であり、かれらが土一揆に参加する際の一つの要因となった。正長の土一揆が、支配者層にいかに大きな衝撃を与えたかは、「凡亡国之基、不レ可レ過レ之、日本開白以来、土民蜂起是初也」(『大乗院日記目録』正長元年九月日条)の表現からも明白である。

〔嘉吉の土一揆〕嘉吉元年(一四四一)六月、将軍足利義教が播磨守護赤松満祐に暗殺された。猿楽見物の場で将軍が討たれるという事件は、「将軍如レ此犬死、古来不レ聞二其例一事也」(『看聞御記』嘉吉元年六月二十五日条)との衝撃を人々に与えた。そして同年九月、赤松討伐のために幕府軍が播磨国に出陣して、京都防衛が手薄になった間隙をぬって土一揆が蜂起した。近江国から始まった土一揆は、やがて京都に波及し、数万の土民が将軍の代替りに徳政を行うのは先例であると称して蜂起したのである(『建内記』嘉吉元年九月三日条)。侍所の武士たちが、土一揆鎮圧のために動員されたが、土一揆勢におされて鎮圧することができなかった。九月三日、幕府軍を破った土一揆勢は、洛南の東福寺を占拠。九月四日には、洛北の北白川でも土一揆が蜂起し、五日には、洛南の土一揆勢が東寺を、丹波口の土一揆軍が西八条を、西岡衆が北野太秦寺を占拠して京都を完全に包囲した(『東寺執行日記』)。将軍暗殺という権力闘争の間隙をついて蜂起した農民たちが、将軍の交替ごとに徳政令を出すのは先例であると主張したことは、天皇の恩恵による年貢免除とか、幕府が御家人救済のために発した徳政令とは異なって、農民たちが、みずからの権利としてこれを要求し始めたことを意味し、重要なことがらである。土一揆軍は京中に侵入すると同時に、京都と諸国とを結ぶ交通路を封鎖した。京都経済圏を麻痺させ、幕府を交渉の場につかせる意図をもっての行動であったことは明白である。京都諸口の封鎖と酒屋・土倉への攻撃とを同時に行うためには、緊密な連絡を取りつつ「徳政ト号シテ在々所々ヨリ」(『東寺執行日記』嘉吉元年九月五日条)京中へ攻め入ることが必要であった。京都周辺の要地を占拠し、整然と組織的に幕府と交渉した結果、幕府に徳政令を発布させることに成功したのである。幕府は、最初、徳政令の適用を土民に限定しようとしたが、土一揆側は公家・武家にも適用すべきであると主張して妥協せず(『建内記』嘉吉元年九月十二日条)、ついに、幕府は土一揆の力に屈して、一国平均の徳政令を発布したのである(九月十二日令)。その後も、土一揆は、永代沽却地の取扱いなどをめぐって幕府と交渉をつづけ、「領主のはからい」との条件つきではあるが、永代沽却地への適用を承認させた(閏九月十日令)。しかし、これが実施されると、所領の全面的な崩壊となるからとの理由で、延暦寺から幕府への圧力がかかり、この結果、最終的には、永代沽却地を除外して、本銭返しの土地、年紀沽却地、借書・質券地などへの徳政令適用が決定したのである(閏九月十八日令)。延暦寺が永代沽却地への徳政適用に猛烈に反対したのは、遠隔地荘園が守護勢力の侵蝕によって減少しつつあるなかで、高利貸資本を導入することによって畿内近国の土地集積を行い、かろうじて維持できてきた寺院経済が、もし、

徳政令を適用されれば、たちまちにして崩壊してしまうのではなかろうかという危機感からである。政治的にも経済的にも延暦寺と癒着していた幕府は、延暦寺の強い反対を無視できなかったのである。閏九月十八日令は、土一揆の要求からみれば、はるかに後退したものとなったが、東寺領若狭国太良荘の農民たちのように、閏九月十日令を楯にとって、いかなる権門からの借物返還要求にも応じないとの闘争を展開した場合もあった(嘉吉元年十一月日「太良荘御百姓等申状」(『東寺百合文書』ツ))。〔長禄・寛正の土一揆〕室町幕府は、文安四年(一四四七)徳政禁制、享徳三年(一四五四)分一徳政令(債務額の十分一を幕府に納めたもののみが徳政を認められる法令)、長禄元年(一四五七)分一徳政禁制(幕府に分一銭を納めた債権者の権利を保障する法令)を発布する。これらの法令は民衆の徳政要求を逆手にとって、幕府財政を補塡しようとするものであった。このことが、幕府権力の腐敗につながることは明白である。この間にも、支配権力を震撼させる農民蜂起が頻発した。長禄元年十月、馬借と農民とを中心とする土一揆が法性寺に乱入して質物を奪い取った(『経覚私要鈔』長禄元年十月十日条)。翌二年には京都西郊の農民たちが、白昼に高札を立て、夜陰にまぎれて集会を開き、徳政一揆を企てている(長禄二年七月二十八日「室町幕府奉行人連署奉書」(『東寺百合文書』京))。寛正三年(一四六二)の土一揆は九月十一日に蜂起した。一揆の指導者は蓮田兵衛というものであった(『長禄寛正記』寛正三年九月十一日条)。この年の土一揆は、いったん鎮静したが、十月二十一日に再度蜂起し、相国寺の東門を攻撃し、幕府内にまで侵入するのではないかといわれるほどの勢いを示した。幕府は、京極持清・赤松政則らに一揆の鎮圧を要請したほどである(『蔭凉軒日録』寛正三年十月二十三日条)。なお「大名之内者、又号ニ土一揆引汲レ者、所々仁令ニ乱入一」(『大乗院寺社雑事記』寛正三年九月二十一日条)という事態も発生していた。鎮圧軍の兵士が土一揆勢に加わっているのである。寛正六年にも、山城国西岡の土一揆が蜂起した。この時、幕府は、一揆行動が継続している間、革島・鶏冠井ら西岡被官衆は在京しているようにとの命令を発している。将軍直属の被官らが一揆に与同することを禁止しようとした処置である(『蜷川親元日記』寛正六年十一月十一日条)。十一月十日、土一揆は洛中に侵入して東寺に閉籠した。かれらは、幕府に対して徳政発布を要求し、万一にも攻撃を受けた場合には、堂舎に火をかけるであろうと、その主張を強硬にくり返している。かれらが閉籠にあたって、「於ニ境内一者、更々不レ可レ致ニ濫妨狼藉一也、万一左様之事仕者、急承テ、堅可レ致ニ成敗一也」(『東寺廿一口方評定引付』寛正六年十一月十二日条(『東寺百合文書』け))と一揆内の秩序を厳格に保っていることは注目すべきことであろう。この期における農民蜂起の頻発は、室町幕府権力の分裂をもたらし、応仁・文明の乱の一つの要因となった。応仁・文明期(一四六七―八七)、土一揆は連年のごとく蜂起し、幕府権力はその対応に忙殺されることとなる。 →徳政一揆《とくせいいっき》

（佐藤 和彦）

つちうちやく 土打役 興福寺・春日大社造営のため、大和国の一国平均に課せられた課役。「どちょうやく」ともいう。「土打」とは本来は瓦を作る際の基礎作業。治承兵火ののち、興福寺の一部堂舎は律僧の勧進によって再建され、以後律僧の勧進活動は次第に興福寺修造の実績をつんだ。これを背景に、建治三年(一二七七)火災後の再建過程で、権門勢家領を論ぜず、大和の一国平均課役としての土打役が登場、多武峯や東大寺などの反対を排して、定着した。土打役には、在家役としての人夫役と段米役があるが、次第に段米に一本化し、ついで段銭もみられるようになった。催徴・免除権は当初朝廷にあり、やがて幕府に移行した。これらは、一般の段米・段銭の場合と同様である。徴収の実務は、当初西大寺・唐招提寺など律宗寺院が奉行したが、十四世紀半ば興福寺内に律院唐院・新坊が成立し大勧進所となって、造営を奉行するに至った。十五世紀後半、衆徒・国民らの私段銭が盛行し始めると、他の段銭同様、土打役も有名無実となった。

（熱田 公）

つちくら 土倉 ⇩どそう

つちだ 土田 平安時代には荘田と区別し、一般公田の意味で用いられている。中世後期になると作付されていない土地に対して、土田という用語が使用されている。土だけの土地という意味で用いられたのであろう。

（瀬野精一郎）

つちだのしょう 土田荘 (一)能登国羽咋《はくい》郡の荘園。現在の石川県羽咋郡志賀町。賀茂別雷神社領で、在地では賀茂荘と呼んだ。寛治四年(一〇九〇)朝廷が寄進した社領荘園二十二ヵ所のうちの一つであった可能性が高い。保延年間(一一三五―四一)から約四十年、同社正祝賀茂成兼が社恩として知行しており、永仁元年(一二九三)正禰宜能季が預所職に補されているなど、領家・預所職は賀茂社家に相伝された。戦国時代には「社務廻領」といわれているが、実態は氏人惣中が公用銭を収納し社務と折半していた。収納は戦国時代末まで確認できる。十三世紀初期の『宣陽門院所領目録』に上西門院所進の「新御領」の一つ「能登国土田庄」がみえるが、隣接する別荘園かと思われる。

参考文献 『志賀町史』資料編一

(二)大和国平群郡の荘園。現在の奈良県生駒郡平群町大字三里《みさと》・大字西宮付近。十二世紀初期、東大寺華厳会料免田となった。

(三)近江国蒲生郡の荘園。現在の滋賀県蒲生郡竜王町北部・近江八幡市南端部付近。十世紀初頭に民部卿大納言源昇家領であり、天元三年(九八〇)の某寺資財帳には寺領としてみえる。

（須磨 千頴）

つちみかどてんのうりょう 土御門天皇領 土御門天皇(一一九五―一二三一)の所領。後院領を父後鳥羽上皇か

ら伝領したが、なお出雲国杵築社(出雲大社)領も譲られたであろう。承元二年(一二〇八)十一月、鎌倉幕府は北島孝元を杵築社権検校・祝師および御供所別当職に補任するよう、同社の領家坊城家に要望した(『吾妻鏡』)。孝元の父資忠は、源頼朝に対し大功があったので、右の職に補せられたが、その先例によって推挙したという。すでに杵築社領は、後白河上皇領であり、後鳥羽上皇に伝わり、土御門天皇領に移ったものであろう。建保二年(一二一四)八月に土御門院庁は、中原孝高の乱妨を停め、出雲国造孝綱を杵築大社神主ならびに惣検校職に補任している(『北島文書』)。承久の乱ののち本社領は没収されるが、後鳥羽上皇後宮の承明門院源在子(土御門天皇母)の所領となり、のち室町院に譲られ、さらに北朝方に移り、山科氏が代官となった。杵築社領は除田を除き、二百九十町余から、土御門院庁に千百石余を納めている。土御門天皇所領は現存の史料だけでは僅少すぎるようである。(奥野　高広)

つちやまのしょう　土山荘　播磨国賀古郡内の荘園。現在の兵庫県加古川市平岡町土山付近にあった。『八坂神社文書』によれば、鎌倉時代末期、正安二年(一三〇〇)閏七月の六波羅下知状には「領家薬師寺別当法印坊」「地頭得宗御領」とみえ、そのころ同荘は大和の薬師寺領の荘園で、地頭職《しき》は北条氏の得宗領であった。鎌倉幕府崩壊後、建武三年(一三三六)に同荘地頭職は足利尊氏から、播磨国の広峰社に寄進されたが、南北朝時代末期の嘉慶二年(一三八八)広峰社の神主範長に不法のことあり、足利義満は同地頭職を、広峰社の本社である京都の祇園社執行宝寿院の所管に移した。なお明徳二年(一三九一)の地頭職得分注進状によれば、そのころの同荘地頭職の得分は米百五石・銭六十貫文などであった。(水野恭一郎)

つつきのしょう　筒城荘　壱岐国石田郡にあった荘園。現在の長崎県壱岐郡石田町付近。宇佐弥勒寺領。史料には管城庄とも見える。菊大路家文書応長元年(一三一一)十二月十五日善法寺尚清処分状写によれば、壱岐管城荘は、弥勒寺領であるが、別納の地であるので、権別当康清に譲与したとある。同地域に管城八幡宮が存在し、吉永文書弘安三年(一二八〇)八月十九日某寺公文所下文写によれば、管城社に、給田壱町、弥勒寺三昧田伍段が給付されている。筒城荘の成立の時期については明らかではないが、平安時代同地域に筑前国観世音寺領として継《つぎ》埼牧《さきのまき》が存在していたことが知られ、その読み方が類似しているところから、筒城荘との関係が推定されるが、詳細については不明である。正平二十四年(一三六九)の壱岐神領図には、老松天神領九十四町の中に筒城村が含まれていたことがわかる。(瀬野精一郎)

つつみのまき　堤野牧　日向国に設定された兵部省の馬牧。『延喜式』兵部省諸国馬牛牧の日向国条に堤野馬牧とみえ、国史大系本『延喜式』には「ツツマノ」と読みが付けられている。西海道諸国は毎年五、六歳の牧馬を大宰府に送ることを義務付けられている。清水正健編『荘園志料』は宮崎県諸県《もろかた》郡小林郷堤村(小林市堤)を比定地としているが、那珂郡上田島庄内堤村(宮崎郡佐土原町堤)もあり、そのいずれが該当地であるか確証はない。(瀬野精一郎)

つどめ　津留　物資の他領との移出入の制限・禁止、すなわち荷留のことで、それが津＝港で行われることが多いため、この語彙が生まれたが、禁止物資によって米留・塩留などがあった。すでに守護領国間などでも見られたであろうが、特に盛んになったのは自領・他領意識の明確となる戦国時代からであった。戦国大名はその存立上、特に物資の国外移出には、平素より深く注意を払い、一定の手続を採らしめていたが、必要に応じて制限ないし禁止することがあった。領内の生産が限られ、民需に支障をきたす物資や、移出が好ましからぬ軍需物資などが主で、前者の物資には、米・塩などの生活必需物資が多い。後者の例には、天文年間(一五三二―五五)今川氏の熏皮・毛皮・滑皮などの軍需物資があるが、そのほか、『長宗我部元親百箇条』にみられる馬も、この例に入るであろう。また、津留は必ずしも戦国大名の間だけのことではなく、領内の支城などの小経済圏相互の津留もあったが、その津留も戦国大名の統制下にあった。さらに戦国時代の津留は、移出入の禁止が主であったが、領内特定産業や業者保護などのため、近世のごとき移入制限・禁止もまま行われた。今川氏が領内の木器産業育成のため採った措置はその一つである。戦国大名相互が平常関係から、さらに敵対・戦闘関係に進めば、これまでの事情のほか、相手国への経済封鎖の必要性が加わり津留は一段と強化された。永禄十一(一五六八)、二年ころ、今川氏真が北条氏康と計り、敵対関係にあった武田信玄への戦略の一つとして、両氏の領国、伊豆・相模・駿河・遠江方面から武田氏領へ、塩の供給を停止したのは、その典型的事例である。津留には、単に物資の移動が止まるほか、国境や港が厳重に看視または閉鎖され、商人の往来、船舶の運航も制限・禁止されたから、その影響するところは広汎かつ大であった。(新城　常三)

つのしまのまき　角島牧　長門国豊浦郡に設けられていた牛牧。角島は現在の山口県豊浦郡豊北《ほうほく》町大字角島で、響《ひびき》灘に面する豊浦郡の最北端、島戸浦の西に海士《あま》ヶ瀬戸を挾んで位置する。『延喜式』兵部省諸国馬牛牧条の長門国の項に、宇養牧と並んで角島牛牧がみえ、同式民部下年料別貢雑物条の長門国の項に牧牛皮八張がみえる。長門牛牧よりの牛の貢進(六～七頭)は永久元年(一一一三)までは文献上確かめられ(『殿暦』)、そのころまでこの牧の存続が推察される。(松岡　久人)

つののしょう　津野荘　土佐国高岡郡にあった荘園。本荘は現在の高知市須崎市、新荘は高岡郡葉山村・東津野村・檮原町の地域。康和二年(一一〇〇)大地震のため海没した下鴨社領潮江荘の代替として、土佐国司藤原有佐

により立荘。立荘時の荘域は、鎌倉期津野本荘と呼ばれ、立荘後開発された領域である津野新荘と区別して呼称される。南北朝期以降、在地豪族津野氏が台頭し、本荘部分は、貞和四年（一三四八）津野氏の地頭請により、同氏が実質的な支配権を掌握していった。新荘の方は、地頭職・領家職とも室町後期まで、下鴨社の祝や禰宜が補任されているが、本荘と同様、着実に津野氏が、新荘内にも支配権を確立していった。津野氏はその後細川氏の被官となり、元亀二年（一五七一）以降は長宗我部氏の配下となる。なお、荘内の須崎は海上交通の要衝でもあり、また、戦国期に荘民がさかんに伊勢参宮をおこなっていたことでも知られる。（錦　昭江）

つののまき　都濃野牧　日向国児湯《こゆ》郡都濃郷に設定された兵部省の馬牧。現在の宮崎県児湯郡都農町付近。『延喜式』兵部省諸国馬牛牧の日向国条に都濃野馬牧とみえる。西海道諸国は毎年五、六歳の牧馬を大宰府に送ることを義務付けられている。（瀬野精一郎）

つばきはらのしょう　椿原荘　越前国丹生郡の荘園。現在の福井県丹生郡清水町付近。東大寺領。同地は天平三年（七三一）に国司から同郡岡本郷戸主佐味公入麻呂に判給された経緯をもつが、開墾しないため天平勝宝元年（七四九）に東大寺によって占定された。寺領編成の内容を示す天平神護二年（七六六）十月二十一日「越前国司解」（『東南院文書』）によると、改正田十六町二段二百十六歩（国分寺田・佐味入麻呂奪取田・百姓墾田）と相替田七段二百四十歩（百姓口分田・墾田）が知られる。天暦四年（九五〇）十一月二十日『東大寺封戸荘園幷寺用帳』（『東南院文書』）には田積五十町を数える。（藤井　一二）

つぶさのしょう　津布佐荘　豊前国宇佐郡の荘園。現在の大分県宇佐郡安心院町内の津房川流域を中心とするが、院内町にも及ぶ広大な領域を有する山間部の荘園であり、集落耕地は広く点在していた。領家は宇佐八幡宮の神宮寺である弥勒寺喜多院で、鎌倉期の所領注文によれば、田積は八十町であった。平安後期に弥勒寺は石清水八幡宮を本家としたので、当荘は石清水八幡宮善法寺領となり、その雑掌が荘園の支配に努めた。荘内には宇佐宮行幸会以下の神事諸役を勤仕する恒松名が散在していた。この名は、深見荘などにもあり、荘園を横断する性格を有していたが、その支配には恒松氏があたっていた。また、宇佐宮の有力な末社である妻垣社の大宮司安心院氏の活動も活発であった。室町期になると、周防の大内氏と豊後の大友氏の係争の地となって、石清水八幡宮の統治は不可能となり、宇都宮氏の系譜を引く在地領主佐田氏の進出が著しくなった。

参考文献　中野幡能編『豊後国到津庄・津布佐庄史料』（『九州荘園史料叢書』八）（海老澤　衷）

つぼ　坪　古代における土地区画。元来は道・溝・畦畔・柵・塀・建物などで区画された土地をいう。宮中の桐壺・梨壺などもその例である。都城の地割では、一坊を十六に区画したものを坪または町といい、天平十九年（七四七）の『大安寺伽藍縁起幷流記資財帳』園地の項に「一在左京七条二坊十四坪、一在同京同条三坊十六坪」とあるのが初見。条里制地割においては、一里を三十六等分した一町の正方形の区画を坪といい、延暦十九年（八〇〇）の山城国紀伊郡司解案に「九条深草東外□坪」とあるのが史料上の初見であるが、水田の方格地割成立期にさかのぼるかと思われる。→条里制《じょうりせい》（水野柳太郎）

つぼうのしょう　坪生荘　備後国深津郡の荘園。現在の広島県福山市坪生町付近。摂関家領。治承四年（一一八〇）五月十一日の「皇嘉門院惣処分状」（『九条家文書』）に「ひこ（備後）　つほう」とあるのが初出。藤原氏の氏寺、法性寺（跡地は京都市東山区）内に、久安四年（一一四八）最勝金剛院が建立された際、藤原忠通により寄進された。同院および坪生荘本家職《しき》は、忠通の息女皇嘉門院、九条兼実、宜秋門院任子、九条道家へと伝えられた。さらに、建長二年（一二五〇）十一月の「九条道家惣処分状」（『九条家文書』）で、本家職は道家の子、一条実経に譲られ、室町時代末期まで一条家領として伝わった。年貢は最勝金剛院の寺用とされたが、南北朝時代末期には、領家職の半分は守護料所となり、応仁の乱では、山名是豊が当荘に入るなど混乱が激しく、一条兼良も『桃華蘂葉《とうかずいよう》』に年貢三千五百疋の未収状況を記している。戦国時代には小早川隆景が支配した。（武田　祐三）

つぼえのしょう　坪江荘　越前国坂井郡の荘園。現在の福井県坂井郡三国町・芦原町・金津町付近。奈良興福寺兼春日社領。荘名は『和名類聚抄』にみえる坂井郡「坪江」郷に由来する。正応元年（一二八八）勅願三十講料所として後深草上皇が興福寺へ施入したもので、荘域は九頭竜川の支流、竹田川の右岸を占めて上郷・下郷に分かれる。成立当初の記録によれば、田数六百二町七段余、分銭千四百八十一貫余を数え、南隣する河口荘とともに河口坪江荘と併称されたり、北国荘園と総称されたりするなど、興福寺塔頭大乗院の管理下にあって「門跡無双の脂膏《しこう》」と呼ばれるほど大乗院門跡の主要財源であった。その後は新開荒廃が著しく、田数の漸減をみ、立荘当時の検注で三百十四町七段余を数えた坪江下郷の田積も、文明五年（一四七三）の調査では本田わずかに九十四町余、佃・新田などを加えても二百六十六町八段余にすぎない。しかし、荘内には金津や三国湊などの市場や商港を有し、さらに三国湊や三ヶ浦の漁業権も含まれるなど、経済的にも重要性の高い荘園であった。在地の荘官としては、公文・政所が置かれ、地頭職《しき》・郷司職の名もみえるが、これら代官職には将軍側近の大館氏や国人堀江氏・朝倉氏が年貢を請け負って任命され、次第に勢力を強めていった。そして戦国大名朝倉氏の擡頭とともに、これら諸職は朝倉一族およびその家臣の専有するところとなったが、年貢は細々ながら朝倉滅亡期まで一応確保された。→河口荘《かわぐちのしょう》

参考文献　井上鋭夫編『北国庄園史料』（『福井県郷土叢

書』一〇)、印牧邦雄編『小浜・敦賀・三国湊史料』(同六)

(松原　信之)

つぼさし　坪差　⇩坪付《つぼつけ》

つぼつけ　坪付　土地の所在・面積についての記載のことで、一筆ごとの坪付を列記した帳簿である坪付帳の意味にも用いられた。養老七年(七二三)の三世一身の法や天平十五年(七四三)の墾田永年私財法により、耕地の所在・面積・耕作状況などを詳細に知る必要が生じ、条里制地割に付せられた条里坪の名称や数詞により、また京内の地割に付せられた条坊坪の数詞によって所在を示すことが始まって生じた用語であろう。坪付の用語は、平安時代の初期、大同五年(弘仁元、八一〇)から弘仁三年(八一二)の間のものと推定される「太政官符案」(『富田仙助氏所蔵文書』)に、「在坪付券文」とあるのが初見。しかし、坪付帳の形式をもつ最古の文書は、天平十五年の『弘福《ぐふく》寺田数帳』(『大日本古文書』二)であり、天平十九年の『大安寺伽藍縁起幷流記資財帳』の園地の項にも、「一在左京七条二坊十四坪、一在同京同条三坊十六坪」とあるから、用語の成立は奈良時代にさかのぼると思われる。なお、従来は十世紀の『西宮記』や『小野宮年中行事』の「不堪佃田奏《ふかんでんそう》」の項にみえる「坪付帳」を初見として説明されているが、これは損田の坪付帳であって、一般的な坪付帳の用例ではない。土地の実情を把握するため、面積と所在、所有や耕作の状況を記した坪付帳は、荘園・公領ともに目的に従い各種のものが製作され、上申する場合には坪付注文ともいわれた。鎌倉時代以降にも多く見られる。ただし、中世末期から近世に見られる「坪付」は意味が転化していて、大名などの支配者が家臣に与えた「知行目録」である。　→条里制《じょうりせい》　→坪《つぼ》

(水野柳太郎)

つぼつけちょう　坪付帳　免田、寺田、荘田、負田、名田などの所在・面積・地目・人名などを記載したもので、中世の土地公証書類のひとつ。すべての中世国衙に基準国図や大田文が存在したとする見解があるが、それらと坪付帳との関係は不明である。坪付には多くの種類があり、荘園領主が免田や寺田を坪ごとに記載して民部省や国司に提出して認定を求めた「立券坪付」(東寺百合文書『平安遺文』四巻一四八九号)や、寺領の田畠を記載した坪付を作成して国司に所当官物免除をもとめたもの(栄山寺文書『平安遺文』二巻四七一号)などが一般的である。大和では「荘々図師を出し使者と相逢い、所進の坪付に任せ注除せらるべし」(東大寺文書『平安遺文』六巻二九五五号)とあり、国検が荘園領主の提出した坪付と実態とを検証するものであった。大和国小東荘の特定名である重貞名・行貞名に属する田畠の所在を注進した名坪付(東大寺文書『平安遺文』六巻二九九一号・二九九四号)や若狭国太良荘の助国名坪付(東寺百合文書『鎌倉遺文』二六巻一九九六一号)などは検注帳からの抜粋である。播磨国吉河下荘の荘田のうち政所が清水寺に寄進した「寄進田斗代坪付」(清水寺文書『鎌倉遺文』四一巻三二三五五号)や安芸国沼田荘楽音寺新燈油田坪付(楽音寺文書『鎌倉遺文』一九巻一四二三六号)は、名からそれらの田を「引き募り」「出田」したもので検注帳の帳簿操作したものである。

(井原今朝男)

つぼわけちゅうぶん　坪分中分　下地中分や半済の際に各坪ごとに下地を領家方と地頭方にそれぞれ折半する方法。豊後国大野荘志賀村では正応五年(一二九二)「下地を折中せらるといえども、坪分たるにより相論出来の間」(志賀文書『鎌倉遺文』二三巻一八一四七号)とあり、各坪ごとに下地中分をしたが、紛争がつづき正和三年(一三一四)に「分直」を行い「堺を南北に立てこれを折中せしめ両方に相分け互いに一円領掌すべきなり」とされた。坪分ごとに中分する方法と堺に牓示・中分線を引くふたつの方式があったことがわかる。嘉暦二年(一三二七)十二月十三日肥前国塚崎荘石富名の武雄妙円田地屋敷折中の場合(武雄神社文書『鎌倉遺文』三八巻三〇〇九七号)も、梶原里三十四坪にあった八段四杖を五段二杖と三段二杖に分け、前者を荘方、後者を地頭方としており坪分中分であった。相模国金目郷の二階堂忠貞跡の知行地が宝戒寺と瑞泉寺との間で私折中されたとき、在地の光明寺も二分され寺領とともに本尊も折中され、観音像と寺領五町五段が宝戒寺、阿弥陀像と寺領五町三段が瑞泉寺の進止になっている(相州文書『神奈川県史資料編』五〇七〇号)。

(井原今朝男)

つみだ　摘田　農法のひとつで「蒔田」ともいい、低湿田に籾を直播し発育した稲を間引き摘み取って収穫するもので田植えをしない。摘田が中世でも「谷田」や「堀上田」で行われたとする高嶋緑雄『関東水田の研究』の見解がある。他方、これを批判し、中世史料上は「ほまち」「瀬町」「河原田」などとみえる小規模水田に「斗蒔」「升蒔」したものが直播農法であった可能性があるとする鈴木哲雄『中世日本の開発と百姓』の見解がある。摘田は史料上は近世後期にしかあらわれないことは高嶋も指摘しており、低湿田を示すものとして概念化するものか、直播農法を指すものとして概念化しているものか未整理のまま論争になっている。島畠など農法や農地の地目をめぐる研究は未開拓な研究分野である。　→蒔田《まきた》

(井原今朝男)

つもりのしょう　津守荘　豊後国大分郡の荘園。現在の大分市大字津守を中心とする一帯。大分川下流の右岸に展開しており、豊後国府の存在した荏隈郷の対岸にあたり、水陸交通の要地であった。『和名類聚抄』にはすでに津守郷がみえるが、治承四年(一一八〇)五月十一日の『皇嘉門院惣処分状』に「つもり」が豊後国の荘園として記されており、平安時代末期には摂関家領として成立していたものと推定される。弘安八年(一二八五)の『豊後国大田文』によれば、田積は百七十町で、内部には光永名・恒元名のほか、別作・片島・岩屋・勾保・福成名などの所領が存在した。この時の領家は勘解由小路中納言家と

鶴岡八幡宮 社領一覧

鶴岡八幡宮領

所在国郡	名称	成立年次	特徴	典拠
伊勢 朝明郡	長井厨内名田	応永十七年以前	神主大伴時連所領	大伴文書
（郡未詳）	真近納所地頭職五分の一	徳治元年三月	替地不足分	鶴岡八幡宮文書
遠江 鹿玉郡	宮口郷地頭職	暦応二年四月	備前入道定証跡	同
駿河 益頭郡	益頭荘	承久三年十一月	神宮寺燈油料所	吾妻鏡
有度郡	入江荘内長崎郷三分の一	永仁元年七月	座不冷供養御供料所	鶴岡八幡宮文書
同	入江荘楠木村	同	同	同
同	池田郷	応長元年正月	毎季大般若経転読料所	同
甲斐 都留郡	押野村半分	永享五年十一月	甘利近江入道跡	神田孝平旧蔵文書
相模 足上郡	大友荘	文和二年十二月以前		大友文書
同	東大友半分	寛正三年十二月	松田左衛門尉跡	鶴岡八幡宮文書
足下郡	桑原郷	治承四年十月	御供料所、鎌倉時代は西桑原郷のみ	吾妻鏡
同	高田郷	寿永二年二月	新宮若宮領	鶴岡八幡宮文書
同	田嶋郷	同	同	同
同	小田原宿関所	宝徳四年以前	両界一切経以下修理料所	同
同	湯本関所	正長二年以前か	大蔵稲荷社領、神主大伴氏兼帯	大伴氏所蔵文書
同	早河荘内久富名半分	応永九年十月	小別当大庭弘能所領	鶴岡八幡宮文書
同	箱根山関所	宝徳二年以前	御供料所、落合式部入道買得地	大庭文書
余綾郡	出縄郷	元暦元年七月	末社熱田社領、佐竹義長跡、神主大伴氏兼帯	吾妻鏡
大住郡	阿布里保			金沢文庫古文書
同	富（戸）田郷	文和元年四月	両界壇所料所	鶴岡等覚相承両院所蔵文書
同	厚木郷半分	弘安六年頃	脇堂御供米料所、文和元年足利尊氏、円覚寺正続院へ渡付	正宗寺文書
同	女（恩）名郷	同	脇堂御供米料所	鶴岡八幡宮寺供僧次第
同	南波多野荘	文和元年九月	修理料所	鶴岡八幡宮文書
同	中坂間郷	元暦元年六月	相撲家真の給田畠・在家、御八講料所	相州文書・金子文書
同	弘河郷	文治年間	文恵・寂静・乗蓮各坊本料所、暦応二年足利尊氏当郷地頭職寄進	鶴岡八幡宮寺供僧次第
高座郡	下海老名郷	応永九年十一月	領家職、末社三嶋社領、神主大伴氏兼帯	鶴岡神主家伝文書

所在国郡	名称	成立年次	特徴	典拠
相模 高座郡	大庭御厨内藤沢郷	文治元年頃	林東・智覚・実円・真智・仏乗・座心各坊本料所	鶴岡八幡宮寺供僧次第
同	星野	元亀三年以前		香象院文書
鎌倉郡	村岡郷	建久二年十一月	長日不断本地供料所	同
同	佐介谷屋地	治承四年か	修正会・月々例祭・御八講以下の料所	鶴岡事書日記
同	北深沢郷	文治二年八月	善松坊重衍給田	鶴岡八幡宮寺供僧次第
同	八幡宮佮人野田九郎跡	宝徳三年九月	神主大伴持時に宛行う	鶴岡八幡宮文書
同	富塚	建久二年十一月	長日不断本地供料所	香象院文書
同	岡津郷	建久年間以前	供僧の給田	相承院文書
同	長尾郷田屋村	正安三年以前	同	同
同	長尾郷小雀村	永仁三年以前	同	同
同	長尾郷金目村	正和三年以前	同	鶴岡八幡宮文書
同	阿久和郷	宝徳二年以前	御供料所、徳政により返付	大庭文書
同	山内荘吉田郷	正平六年十二月		鶴岡八幡宮文書
同	谷部郷	宝治元年六月		同
鎌倉郡 高座郡	大庭御厨内俣野郷	文治元年頃	林東・智覚・実円・真智・仏乗・座心各坊本料所	鶴岡八幡宮寺供僧次第
三浦郡	大多和村	天文五年以前		鶴岡八幡宮文書
同	菊名郷	弘安六年頃	脇堂供米料所	鶴岡八幡宮寺供僧次第
東郡	長沼郷	天正十八年以前	毎月三ヵ度小御供料所	後藤家文書
武蔵 久良岐郡	久友郷	貞治四年以前		鶴岡八幡宮文書
同	杉田郷	文和元年六月	仁木氏旧領	鶴岡八幡宮寺供僧次第
多西郡	吉富（関戸）郷	永徳三年九月	上下宮本地供養護摩料所	鶴岡八幡宮文書
多西郡か	平井彦次郎跡	応永十九年三月		同
同	河越兵庫助跡	応永三十二年六月	松岡八幡宮日御供料所	同
同	金曾木重定・市谷孫四郎等所領	正和元年八月		神田孝平旧蔵文書
橘樹郡	稲目郷	建久年間以前か	御燈料所	鶴岡八幡宮文書
同	神奈河郷	同	同	同
同	篠原郷	弘安六年頃	脇堂供米料所	鶴岡八幡宮寺供僧次第
同	太尾郷	同	同	同
同	鹿嶋田郷	弘安九年十一月	座不冷本地供養法料所	鶴岡八幡宮文書
同	師岡保内大山（鶴見）郷	寿永二年二月	新宮若宮領・放生会料所	中野家文書
同	師岡保内入江郷	永享四年正月	長日最勝王経料所	鶴岡八幡宮寺社務職次第
同	師岡保柴関所	嘉吉元年以前	本地護摩供料所	鶴岡八幡宮文書

所在国郡	名称	成立年次	特徴	典拠
武蔵 橘樹郡	寺尾郷渋沢村	文安四年以前	弘誉給分	鶴岡八幡宮文書
同	小机保出戸村	永徳二年七月	紀五郎・同八郎等跡、神主大伴時国給分、祈禱料所	鶴岡神主家伝文書
荏原郡	世田谷郷上弦巻半分	永和二年正月		鶴岡八幡宮文書
豊島郡	小具郷	正和元年八月	金曾木彦三郎重定所領	同
同	岩淵関所	永享元年以前	大蔵稲荷社領、神主大伴氏兼帯	大伴家伝文書
豊島郡か	平尾郷	弘安六年頃	脇堂供米料所	鶴岡八幡宮寺供僧次第
足立郡	矢古宇郷	承久三年八月		鶴岡八幡宮文書
同	佐々目郷地頭方	永仁元年六月	座不冷勤行・四季講料所	鶴岡脇堂供僧次第・鶴岡八幡宮寺社務職次第
同	箕田郷河連村	応安元年八月		鶴岡八幡宮文書
入東郡	女景郷	応安二年以後	御殿司装束料所	御殿司職一方系図
同	難波田小三郎入道跡	応永七年十二月	六郷保内原郷の替地	鶴岡八幡宮文書
同	横沼郷	天正十八年以前		後藤家文書
入西郡	青木村	宝徳二年以前	御供料所、徳政で返付	大庭文書
比企郡	三尾谷郷	永享元年以前か	大蔵稲荷社領、神主大伴氏兼帯	鶴岡神主家伝文書
男衾郡	崛戸郷次郎方半分	応安四年八月		鶴岡八幡宮文書
同	津田郷	応永二十一年以前	放生会料所	同
幡羅郡	熊谷郷	文治三年八月か	地頭熊谷氏の請所	吾妻鏡
同	熊谷郷(南)久下	文治元年頃	永乗坊・円乗坊本料所	鶴岡八幡宮寺供僧次第
同	颬尻郷	寿永二年二月	のち蓮華坊本料所	鶴岡八幡宮文書
同	颬尻郷高柳村	文治元年頃		福原家文書
安房 平群郡	岩井不入計半分	康暦元年閏四月	本地御供料所	鶴岡八幡宮文書
安西郡	群房荘広瀬郷	文和元年九月か	神主大伴氏所領	鶴岡神主家伝文書
上総 市東郡	市東郡内	建武二年八月	年貢用途五十貫文	鶴岡八幡宮文書
真野郡	椎津郷	建武二年十月	田地一町	同
埴生郡	一野村	文和元年以前		喜連川家御書案留書
同	佐坪村	同		同
同	二宮荘小林郷半分	文和二年十月	末社武内社領	鶴岡神主家伝文書
北山辺郡	滝沢郷	応永七年十二月		鶴岡八幡宮寺供僧次第
周東郡	大谷村	応永二十四年正月	岩松満国跡	鶴岡八幡宮文書
周西郡	大山名上村浜子・青木村	永享二年六月	簗田満助寄進地	同

所在国郡	名称	成立年次	特徴	典拠
下総 葛飾郡	下河辺荘高柳郷地頭職半分	永徳二年二月	久友郷の替地	神田孝平旧蔵文書
同	下河辺荘彦名河関	応永二十六年以前		鶴岡八幡宮文書
猿島郡	幸嶋荘弓田	応永三十一年五月	上野国群馬郡長野郷内東荒浪村の替地	神田孝平旧蔵文書
常陸 那珂東郡	国井郷	応永二十一年八月	佐竹義人跡、放生会料所	鶴岡八幡宮文書
北条郡	宿郷	応永二十四年閏五月	上杉禅秀跡、松岡八幡宮領	同
同	北小栗御厨内小萩嶋郷	応永三十一年十二月		同
近江 (郡未詳)	報恩寺半分地頭職	正応元年十一月	長日不断本地御供料所、武蔵国橘樹郡鹿嶋田郷の替地	同
美濃 各務郡	岩滝郷	建長四年九月	別当法印隆弁所領	吾妻鏡
信濃 伊那郡	遠山荘	養和元年八月か	祈禱料所、のち蓮華坊勝円・悉覚坊仲円給田	吾妻鏡・鶴岡八幡宮寺供僧次第
上野 群馬郡	長野郷東荒浪村	応永三十一年以前		神田孝平旧蔵文書
甘楽郡	岡本郷	同	長野郷東荒浪村の替地	同
邑楽郡	館林	天正十六年三月	二十貫文の地	鶴岡八幡宮文書
多胡郡	片山荘	宝治元年四月	新宮領	神明鏡
下野 足利郡	足利荘	建久五年十一月	一切経・両界曼荼羅供養供料所	吾妻鏡・鶴岡八幡宮寺供僧次第
同	足利荘内粟谷郷	宝治二年二月	両界壇所供料所	鶴岡八幡宮文書
同	足利荘赤見郷八日市町	永享五年以前	相承院領	相承院文書
同	足利荘五百部郷名草	同	同	同
同	足利荘駿河給		荘内所々在之	鑁阿寺文書
同	足利荘赤嶋宮			同
同	足利荘八幡宮			同
同	足利荘肥後給			同
安蘇郡	佐野荘富地(藤)郷半分	永享八年五月	毎月本地御供七ヵ日料所	鶴岡八幡宮文書
陸奥 白河郡	石河荘大寺光義跡	応永五年十二月		同
同	石河荘山崎村			同
能登 鳳至郡	諸橋保	建長三年五月	別当法印隆弁所領	吾妻鏡
越後 頸城郡	水階福光名内惟延跡	貞和四年六月以前	神主大伴氏所領	大伴氏所蔵文書
周防 吉敷郡	小鯖荘半分地頭職	正応元年十一月	長日不断本地御供料所、武蔵国橘樹郡鹿嶋田郷の替地	鶴岡八幡宮文書
伊予 (郡未詳)	斎院勅旨田東方并恒弘名地頭分	同	同	同
(国郡未詳)	長南常行・目良恵円所領	正和五年十一月	本地御供料所、上総国埴生郡佐坪・一野村か	同

(供僧・旧八幡宮社人・末社の所領を含む)

あり、前権中納言経光に比定する説が有力。応永二十六年(一四一九)には、津守荘は熊野山長床領となっており、大友氏であった預所職が、京都熊野社智蓮光院の僧宣深法印に交替している。以降永正年間(一五〇四—二一)ごろまで智蓮光院の直務支配が行われ、その後に大友氏の請負に転化したものと推定される。 (海老澤 衷)

つや 津屋 語源的には「邸家」に同じく、「停二売物一取レ賃処也」といわれる。しかも、津とは水陸の接点で海・川・湖・沼等、列島内に津(津頭)に関わる地名は多い。特に京畿を軸とした北陸・西国の津はその公的設備から私的設備を含めて諸税・年貢の運送・交易の重要な基地であった。例えば、『延喜式』巻二十六、主税上の諸国運漕功条には「自塩津漕大津船賃石別米二升、屋賃石別一升」などとあり、津に設営された屋(=倉庫)に物品が一時的に保管され、その保管料、すなわち「屋賃」が米一石につき一升の定めであることがわかる。この津屋の構造・実態については明らかではないが、安元二年(一一七六)三月二日付肥後国鹿子木庄文書目録(『平安遺文』七巻三七四八号)には「一通四枚 津屋沙汰国司庁宣等同(保延六年四月六日)」とあって、某津屋における某国司による年貢保管上の指示が出されており、十二世紀前半の津屋を知る手懸りとなる。 ↓問丸《といまる》 (糸賀 茂男)

つゆ 露 大和、河内地方の方言で、用水路のことを露と称した。『三箇院家抄』第二に「一、露ハ田ェ水ヲ入ル道ヲツユト云ナリ、道ノハタニモ在之、又道ニテナケレ共、溝川ヲ露ト云也、安マ・ニアラタメヌ事也」と説明している。東大寺文書永正十年(一五一三)三月日菩提山寺金蔵院快憲田地寄進状に「限四至 東類地 西露 南類地 北露」とみえる。この寄進された田地は、西側と北側が用水路に接していたことを示している。 (瀬野精一郎)

つら 頬 面《おもて》と同義。面は頬に先行して使用されている。特定の地点を指示する方法のひとつ。特に京都関係の史料に見える。京都では十二世紀頃から条坊制に基づいた土地区画の表示方法が変化し、街路によって宅地の所在地を示す方法がとられるようになる。宅地売券などに示される表示を見ると、「室町通り」「六角通り」などの街路名に「面」「頬」などを続けて表記する例が見られる。面は街路に面した地点を指すのに比べ、頬は街路の側面にあたる地点を指す。古代の条坊制による町の表記では東西の二面にしか開口部のない京都の町が、「面」「頬」という表記の出現により、四辺を街路によって囲まれ、独立した一区画を構成する四面の町に変容したことを示す。 (福島 紀子)

つりょう 津料 中世関税の一つ。津=港において徴収される関税。関税は、港や河川の利用料にその起源を発すると看られるので、津料の名称は比較的早くから現われる。その初見は『東大寺文書』保延元年(一一三五)五月待賢門院庁下文で、当時、伊賀国黒田荘内夏見・矢川・中村の三ヵ津の沙汰人が、津料を取らんがため東大寺東円堂修理料材を抑留し、待賢門院庁がこれを禁止しているごとく、津料は当時未だ公認されぬものであった。その後、鎌倉幕府は、諸国の関所を廃止した際、津料・河手を止むと達しているごとく(『吾妻鏡』建暦二年(一二一二)九月二十一日条)、津料は関税の総称として一般化しているが、これは中世を通じて変わらず、津料は関税名称として、最も多出するものの一つである。ただ津料は関税徴収の場所を示すのみで、関税の率や米か銭かの徴税物の内容を現わすものではない。したがって津料が百分一税の場合は升米ともいわれ、貨幣の場合は関銭とも誌されるのであって、中世の関税名称には相互に混淆するものが多いが、津料もその一つである。 ↓升米《しょうまい》 ↓関銭《せきせん》 (新城 常三)

つるがおかはちまんぐうりょう 鶴岡八幡宮領 神奈川県鎌倉市雪ノ下に鎮座する鶴岡八幡宮の所領。相模・武蔵両国の約六十数ヵ所など、東国を中心に存在したが、その消長は鎌倉の盛衰と軌を一にした。鎌倉時代の社領はすべて幕府の寄進によって成立しており、当宮が幕府の強力な保護下で維持されたことを物語っている。承久の乱以降に成立した社領の多くは闕所地が充てられ、北条氏はこれら社領を通じて全国的に勢力を扶植していった。鎌倉幕府滅亡後は、足利尊氏が社領の寄進・安堵を行なって神威を保ち、鎌倉公方の治政まで社領はほぼ安泰であったが、室町時代中ごろになると当宮は経済的に逼迫したようで、社領を売却している。宝徳二年(一四五〇)鎌倉公方足利成氏は徳政を行い、売却された社領を小別当に返付した。天正十八年(一五九〇)の社領は永千百七十貫百二十一文で、領地は相模国四ヵ所、武蔵国七ヵ所に散在するだけとなり、翌十九年には、徳川家康は社領を鎌倉内の雪ノ下・乱橋・扇ヶ谷・本郷(大町)・浄明寺にまとめて安堵したが、貫高は八百四十貫四百五十文に減少した。この高は江戸時代を通じて増減せず、明治四年(一八七一)の社領の上地まで存続した。別表(四九〇～四九一頁)参照。 (三浦 勝男)

つるめそ 弦売僧 ⇩犬神人《いぬじにん》

て

て 手　代りとなるもの、物の形態や働きを変えるという意味から代償、代価、代金、さらには雑税を意味する用語として、種々の名詞の下に付けて用いられている。塩手、山手、野手、草手、市手、関手、河手、酒手などと用いられているのはその例である。　（瀬野精一郎）

てあしやく 手足役　⇩足手公事《あしでくじ》

ていでん 定田　⇩じょうでん

でさく 出作　古代から中世にかけて、特定の所領の住人が、他の所領などの土地を耕作することをいう。「しゅっさく」「でづくり」ともいう。特に、荘園に居住する荘民が、荘域をこえて付近の公領を耕作することをいうが、「兼又出作之輩、住二他庄一之間、不レ痛二勘責一」（『高野山文書』文永八年（一二七一）六月十七日付神野真国猿川三ヶ庄々官等連署起請文）といったように、荘民が他荘を耕作する例もみられる。中世までは、出作は入作《いりさく》ともいわれ、出作・入作の区別はなされていないようである。出作で特に有名なのは、伊賀国黒田荘の事例である。黒田荘は、元来東大寺の材木を切り出す杣であるため、平坦地は少なく、墾田も思うようにならないので、百余人にのぼる杣工たちは、杣の四至外の公田を耕作するようになった。そのためその出作田は拡大し、天治二年（一一二五）伊賀国名張郡司検田丸帳によれば、黒田荘田二十五町八段半に対し、黒田荘出作二百四十七町九段六十歩となっている（『根津美術館所蔵文書』天治三年正月日付伊賀国名張郡司解案）。それ以前から伊賀国の東大寺封戸百戸分の便補地にこの出作田があてられて、黒田荘の加納化していたが、承安四年（一一七四）十二月十三日に、後白河院庁下文によって、出作田と新荘とを不輸寺領化することに成功している（『東南院文書』）。出作は、その土地・耕作民の帰属あるいは課役負担・徴収という問題と深くかかわるので、しばしば相論の種となっているが、中世末まで存続した。また近世においては、農民が自己の居住する村以外の他村の土地を耕作することをいい、その土地を出作地といった。これに対し、耕作地の村からは、これを入作といった。出作の年貢は土地所在地の村に納め、諸役も土地所在地の村の百姓なみに負担する定めであった。近世初頭には、出入作関係はかなり多かったらしく、初期検地帳で無屋敷とされる百姓のうちのかなりの部分は出作百姓であったとみられている。その後、漸次整理され出入作関係は減少していった。　↓寄作《きさく》　（中野栄夫）

てしまのまき 豊島牧　摂津国豊島郡にあった右馬寮領牧。現在の大阪府箕面《みのお》川流域、箕面市の西小路・箕面・桜・牧落付近。官牧の衰退にかわって設置された近都牧《きんとのまき》の一つである。『延喜式』左右馬寮によると、当牧は摂津の鳥養牧・為奈野牧とともに右馬寮に属し、諸国から貢献された牛馬を寮から受けて放牧し、事に従って繋ぎ朝廷・政府の用に供す、とある。年代の下るに伴い次第に荘園化し、預所・下司がおかれた。下司左衛門尉経真は安貞二年（一二二八）以来、近接する勝尾寺領を侵略したため争論が続き、勝尾寺側はこれを右馬寮頭に訴えた。そこで右馬寮では寛喜二年（一二三〇）、牧預所であった源景基を実検使として現地に派遣し調査させた結果、経真の非であることが判明したので、経真に濫妨を停止するよう厳命している。こうして当牧は、右馬寮領として鎌倉時代まで存続したことがわかる。

参考文献　『箕面市史』　（宮川　満）

てつぎしょうもん 手継証文　手継公験・手継文書・手継券文・手継状などともいう。手次証文とも書く。「手継」の意味は『日葡辞書』に「一人の人からほかの人へと継承すること。または、手から手へ渡すこと」とあるごとくである。平安時代後期以降私的土地所有の発展に伴い、家地田畠などの売買・譲渡・寄進・相博などに際して作成される売券・譲状・寄進状・相博状などの証拠文書が、それらの土地に対する自己の権利を主張するための根拠として、きわめて重要な意味を持つものとなった。そのため、土地の権利が移動するたびごとに、それを証明する文書が既存の関連文書すべてとともに手から手へ受け渡され、大切に相伝される慣習が成立した。その際、最初の売券の右端に第二の売券の左端が貼り継がれるという形で、権利の移動が重なるに伴い、次第に長い巻物ができていくことになり、この連券を手継証文と称したのである。保元元年（一一五六）十二月三日、藤原氏女家地店棚譲状案に「手つきせうもんをあいそへて、あこ女にゆつりわたす所しちなり」（『大徳寺文書』）と記され、また天永元年（一一一〇）十二月十日の東大寺三綱注進状案に、著名な私領主藤原実遠の所領に関して「矢河中村二処、実遠譲二与佐保殿預信良一、次当麻三子、次薬師寺別当隆経、次藤蔵人保房、次寺僧実与、代々手継見二文書一、今地主件実与也」（『東大寺文書』四ノ七）とあり、同じ矢河・中村両条に関する仁安三年（一一六八）五月二十九日の伊賀国黒田荘出作文書目録に、これら一連の文書を「一巻（八通十三枚）代代領主手継等」（同文書四ノ三）と記載しているのなどを通じて、具体的に手継証文の在り方が知られる。それまで一括して譲与・売買されてきた土地が、ある時点で分割譲与されたりする時には、相伝文書を手継として渡せないため、譲渡者の手元の本券（根本の証文）のうち該当部分の記載を抹消し、別に案文を作成して渡したり、本券や手継証文を渡せない旨を断り書きするなどのことが行われた。　（須磨千頴）

てづくり 手作　古代末から中世にかけての荘園・公領

における、荘園領主・地頭・荘官・郡郷司・有力名主などの直営田。佃・正作・用作・門田などともいう。初期荘園の荘園領主直営田は、十世紀以後地子田に転化したが、一部は佃として存続した。寄進地系荘園では、開発領主の手作地は一部吸収されて荘園領主の佃、一部は荘官・地頭などの手作地として残された。有力名主の名田は、在家・作人などの小作地となったが、一部は手作地として存続した。荘園領主の佃は、平安時代末期以後名主に割り付け、地頭も時に名主に割り付けたが(若狭国太良荘)、一般に地頭・荘官・郡郷司・有力名主の手作は、下人・所従などの不自由労働者が使役された。これら在地領主の手作地は、居館・屋敷近辺の良田で、門田ともいう。鎌倉時代の地頭・御家人の手作は、こうした奴隷的生産様式を内包しており、当代封建制の未熟さを示す指標ともされた。しかしこれも鎌倉時代末期以後、徐々に小作地化していった。 ↓佃《つくだ》 (渡辺　澄夫)

でづくり　出作　⇩でさく

でひ　出樋　地中にうめていない溝のこと。明渠。暗渠を意味する伏樋の対となる用語。農業用の用排水に利用された。摂津国垂水荘において確認される出樋の場合、悪水抜きのための排水施設であったと推定されている。その設置・維持の費用については、領主である東寺が堤の修造費用などとともに助成しており、年貢から控除がなされていた(享徳二年(一四五三)三月十六日榎本通重書状『東寺百合文書』ア五三函六二号)。 (井上　聡)

でめ　出目　⇩隠田《おんでん》・出田《しゅつでん》

てらだのあくとう　寺田悪党　鎌倉時代末期から南北朝時代初期まで播磨国矢野荘で活動した悪党。地頭海老名泰季との下地中分後、公文として在地に勢力を扶植していた寺田法念(範家)が、十四～五名の百姓名を自領に取りこみ、東寺に奉仕すべき公事まで進止するという行動をとり、文保二年(一三一八)ころ公文職《しき》を没収され悪党とみなされた。その組織は、㈠張本人寺田法念の一族、㈡坂越荘地頭飽間氏らの近隣諸荘の地頭、㈢山僧石見房らの高利貸資本の結合したものであった。東寺は元亨三年(一三二三)ころと建武元年(一三三四)の二度にわたって上使を下し、在地の有力名主層らを結集して東寺軍を編成し、寺田悪党と互いに城郭を構えて合戦し、これを破った。しかし法念の孫範長から家督を譲与された飽間光泰は、守護赤松氏の被官となり、相伝所領奪還と称して在地を押領し、延文五年(一三六〇)には兵粮料所として知行するに至った。 ↓悪党《あくとう》 ↓矢野荘《やののしょう》 (小泉　宜右)

てらどのしょう　寺戸荘　大和国宇陀郡の荘園。現在の奈良県宇陀《うだ》郡菟田野町大字見田《みた》・同宇賀志《うかし》などをふくむ地域。興福寺領。散在性荘園。延久二年(一〇七〇)の『興福寺雑役免帳』にみえ、雑役免荘で五町二段小。室町時代、『三箇院家抄』では同寺一乗院領とある。 (朝倉　弘)

でんがく　田楽　農耕儀礼に伴う芸能に、散楽芸が結びついたもの。豊作予祝のため、田植えのとき歌舞する田遊びを、それがある程度まで標準演技の形成された段階で、散楽者が固有の芸に採りこみ、新しいジャンルとしたのであろう。後世に残った田楽までも、刀玉《かたなだま》・品玉《しなだま》・輪鼓《りゅうご》・高足《たかあし》・一足《いっそく》など、散楽の演目が含まれており、楽器にも編木《ささら》や腰鼓など、外来めいたものが使われたからである。これら散楽の固有芸は、かなり高度の訓練を要するので、農民が本業のかたわら習得し、かれらの芸に採りこんだとは考えにくい。田遊び風の芸を得意とする散楽者が多くなり、やがて専業の田楽者が生まれたのであろう。田楽の初見記事として『三代実録』貞観八年(八六六)閏三月一日条の「天皇(中略)御二東門一覧二耕田一、農夫田婦、雑楽皆作」が知られるけれども、田楽といえるものだったか否かはわからない。明らかな記事としては、延喜二十二年(九二二)の『和泉国大鳥大明神五社流記帳』にみえる田楽がいちばん早い。ついでは、山崎の者が松尾社の祭で田楽を演じたという記事で(『日本紀略』長徳四年(九九八)四月十日条)、その芸態は『栄花物語』御裳着に治安三年(一〇二三)の田楽見物を記した条から、ある程度まで推察できる。その盛行は院政期に入ってからのことらしく、十一世紀後葉ごろ以後に田楽の記事が多くみられる。大江匡房の『洛陽田楽記』(『朝野群載』三)には、永長元年(一〇九六)夏の田楽(永長の大田楽)を詳述するが、これは田楽というよりも、街上を華美・異風の扮装で練り歩く行事すなわち風流《ふりゅう》に田楽の芸態を持ちこんだもので、当時、貴賤を問わず大流行した。職芸田楽者の芸を素人がまねたのは、職芸者の間でそれ以前に模倣可能なところまで田楽が定型化されていたことを示すと考えられる。素人にまで模倣された田楽は、もはや農耕儀礼との結びつきを失い、娯楽的な芸能へ変性していったと考えられる。それは、地方の社寺などで、神事や仏会の余興として田楽がひろく行われるようになった原因でもあったろう。田楽が娯楽化した段階で、在来の芸だけでなく、いっそう魅力的な芸を採りこむことが必要とされたらしい。十三世紀中葉ごろから、歌唱と舞踊をマイムふうの芸に結合した「能」が猿楽者によって考案され、おそらく好評だったからであろう、田楽者もこれらを採り入れた。両者を区別するため、それぞれ「猿楽の能」「田楽の能」とよぶ。しかし、田楽のほうに名手が多く出たようで、十四世紀初葉には、田楽の能が猿楽の能よりも優位に立ち、北条高時は田楽能の熱心な愛好者であった。足利尊氏もそうだったし、世人が田楽能に熱狂したことは、桟敷が崩れて多数の死傷者を出した貞和五年(一三四九)の京都四条河原における勧進田楽によってわかる(『太平記』二七)。このときに出演していた一忠や、奈良田楽の亀阿弥は、いずれも名人とうたわれた。ところが、猿楽能のほうで観阿弥清次が活躍するようになったころから、次第に形勢は逆転し、十五世紀中葉より後は田楽能が衰退して、能といえば猿楽能をさすのが

普通となる。しかし、田楽能が行われなくなっても、本来の田楽芸は地方に残存し、現在においても六十ヵ所内外は命脈を保っている。春日若宮・那智大社・毛越《もうつう》寺などが代表的であり、『江戸名所図会』に出ている浅草三社祭や王子権現祭の田楽も参考となる。（小西 甚一）

でんかのわたりりょう 殿下渡領 ⇩摂関家領《せっかんけりょう》

でんけん 田券 田地の所有を証する文書を田券という。売券や寄進状のみならず、官符・院宣・国符・庁宣など、文書形式の如何を問わず権利を付与・保証するものを広く包括する。券文、券契の類義語。特定の田地・荘園に関わる文書類一括を指し示すこともあり、その場合、手継と同義となる。中世前期の田地売券には、しばしば、どこそこの券文を売り渡すと記されていることがあり、券文が田地所有を象徴していたことを窺わせる。なお、田地所有を示す田券に対して、屋地の所有を表すものに地券がある。（井上 聡）

でんこう 佃功 平安時代に設定された公営田などの経営において、耕作に徴用した班田農民らに与えた手間賃をさす（『類聚三代格』弘仁十四年（八二三）二月二十一日格）。佃は、耕作するという意。類義語として佃料という語もある（『日本三代実録』元慶五年（八八一）三月十四日条）。鎌倉時代になると使用例が見られなくなる。（井上 聡）

てんさつ 点札 点定立札の略語。点札は中世における所領支配に関して年貢公事の未進、隠田に対する処置の方法で、領主が未進者・隠田主・逃亡人などの家屋・土地・作毛などの物件を差し押える場合の行為をいう。領主は対象物件の周囲に立札や神木（神木と神木との間に注《し》連縄《めなわ》を張ることもある）をたて、領主の排他的占有権の確立を宣告する。暦応二年（一三三九）、法隆寺衆徒は作麦の点定について「毛ノ点定之時ハ、シメヲ立、地ヲ点定之時ハ、札ヲ立之条、往古之規式也」「次為作毛点定立札之事、此又重犯之跡無是非、先ツ立札之条、公文験（検）断之旧例也」と『嘉元記』は記し、法隆寺領における作毛点定には注連縄、土地点定には立札が差し押えの一般的形態であった。ただし、重犯には作毛でも立札が使用された。注連縄による点定に際して物件の周囲に神木が打たれたことは、『多聞院日記』文明十七年（一四八五）閏三月十七日条に、興福寺領大和国越田尻において未進田が点札され、「神人幷定使十郎丸下向、神木三十九本指之」とされ、興福寺領では神木をたて注連を張ったことも点札と呼ばれている。領主によって立札・神木が撤去された場合、被撤去者は領主に「札ノ本」「注連ノ本」という礼銭を納入した。百姓は点札された土地、家屋内への立ち入りは禁じられたが、時にはこれを無視し、差し押えられた作毛を刈り取る場合もあった。（仲村 研）

でんし 田使 奈良から平安初期にかけて設立された初期荘園において、現地の管理・経営を担当するため中央から派遣されたもの。「荘使」「佃使」ともいう。下級官人と推定される田使は、一定期間、在地にあって開発や収納などの雑務を行なった。天平勝宝七歳（七五五）に成立した東大寺領越前国桑原荘では、造東大寺司によって国衙の官人が国使に任命されて統括責任者となり、そのもとに田使が派遣されていた。田使は大舎人寮に属する人物であったが、現地の事情に通じた郡司クラスの有力者らとともに、荘所を拠点として経営に当たっていたことが判明する。（井上 聡）

でんし 佃使 ⇩田使《でんし》

てんじょう 点定 古代・中世において一定の土地、家屋、そのほかの物件に排他的占有権を確立することをいう。承和九年（八四二）七月二十四日の因幡国司解に、東大寺僧と官人が「共点定田地也」とあり、寛弘六年（一〇〇九）十二月二十八日の太政官符案に、藤原武智麻呂の死後に「点定墓於大和国宇智郡加美郷前山」とあり、また延久四年（一〇七二）九月五日の太政官符に「新以立券、随則点定荒野、所不令出入他人也」とあるように、点定は、この場合国家権力による一定領域の囲い込みを意味する。久安四年（一一四八）四月二十八日の美濃国茜部荘田数注文には「不弁所当御年貢、其身逃去之間、点定両人作田稲九百余束」とあり、永暦元年（一一六〇）十月二十三日の前太政大臣藤原忠通家政所下文に「被運送雑物等之処、皆悉点定、不随所勘由、所被申也」と、債務者の物資や運送物資を差し押える場合も点定の用語が使われている。室町幕府法にも「可被止私宅点定事」という一条がある。永万二年（一一六六）三月二十二日の散位足羽友包起請文に「預所乃田ニ札立、点定制止候田ヲ苅取候」とある点定は、点札と同意である。➡点札《てんさつ》（仲村 研）

てんすいでん 天水田 人工的な灌漑排水施設による水利の便がなく、自然の雨水や湧水だけを頼りに稲を栽培する水田。水が使い難い離島や山間部に多かった。冬の間から田植に備えて水田に雨水を溜めておくので、水田裏作は不可能であった。それどころか旱天が続くと水稲の植付けも不可能となるので、天水田の畦には土を手でていねいに塗り、水洩れを防いだ。天水田は旱魃の被害を受けやすいので、明治以降は用水改善が行われ、ほとんど姿を消した。（三橋 時雄）

でんず・でんせき 田図・田籍 出籍は「でんじゃく」とも訓み、両者を合わせて「図籍」という。本来は班田収授法において、班年ごとに行われる収授の結果を、地図の形式で示したものが田図、文書の形式で示したものが田籍である。しかし田図については、この班田図以外のたとえば校田図や寺領関係のものなども含めていうことがある。田令口分条には、口分田の班給後「具録ニ町段及四至ニ」と規定されている。この台帳となる記録が田籍にほかならず、班田法施行のはじめから作成されたものと思われるが、現在一通も遺存していない。一方、これを図示した班田図の方は、おそらくすこし遅れて作成されるようになり、天平十四年（七四二）の班年あたりから

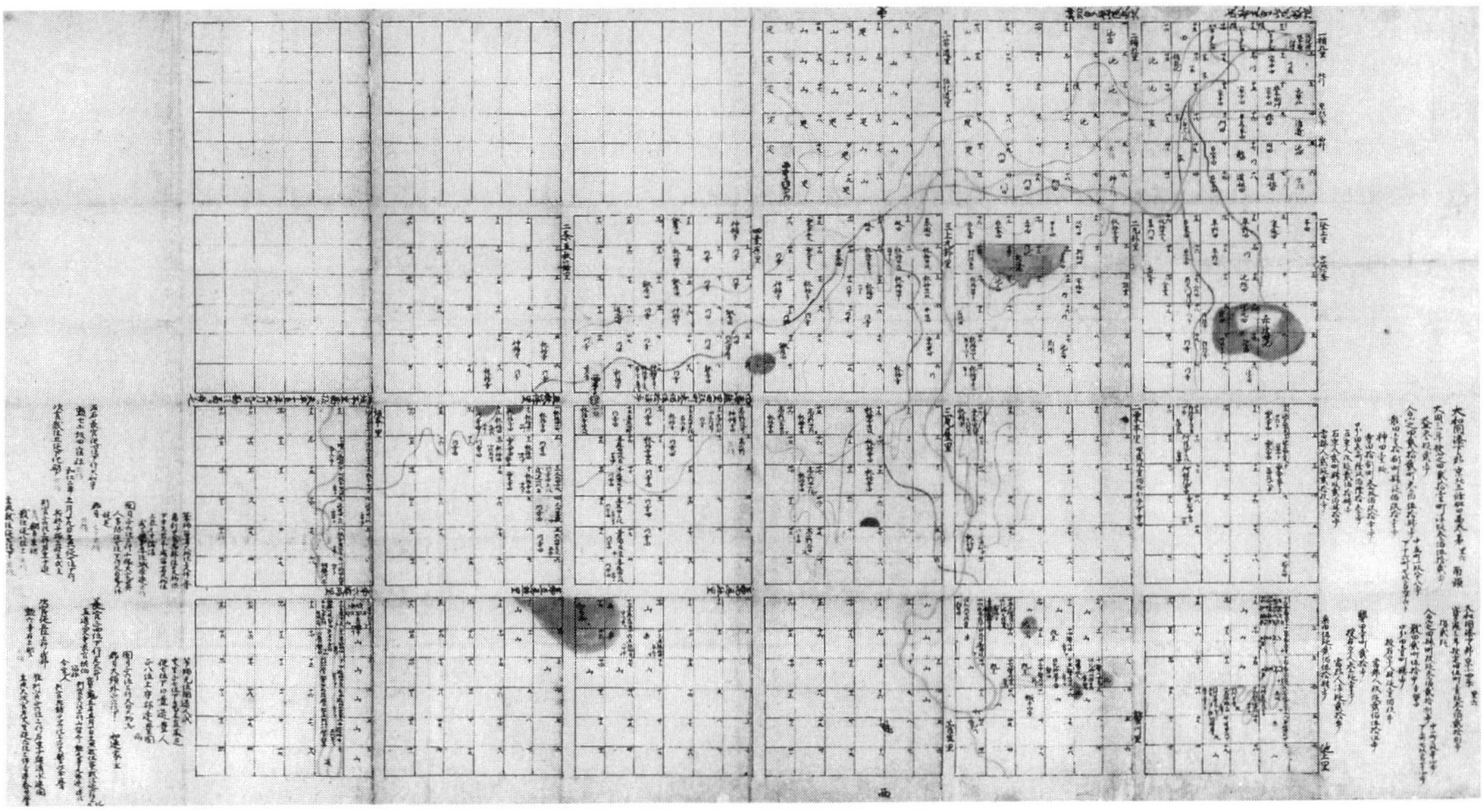

大和国添下郡京北班田図
（西大寺所蔵）

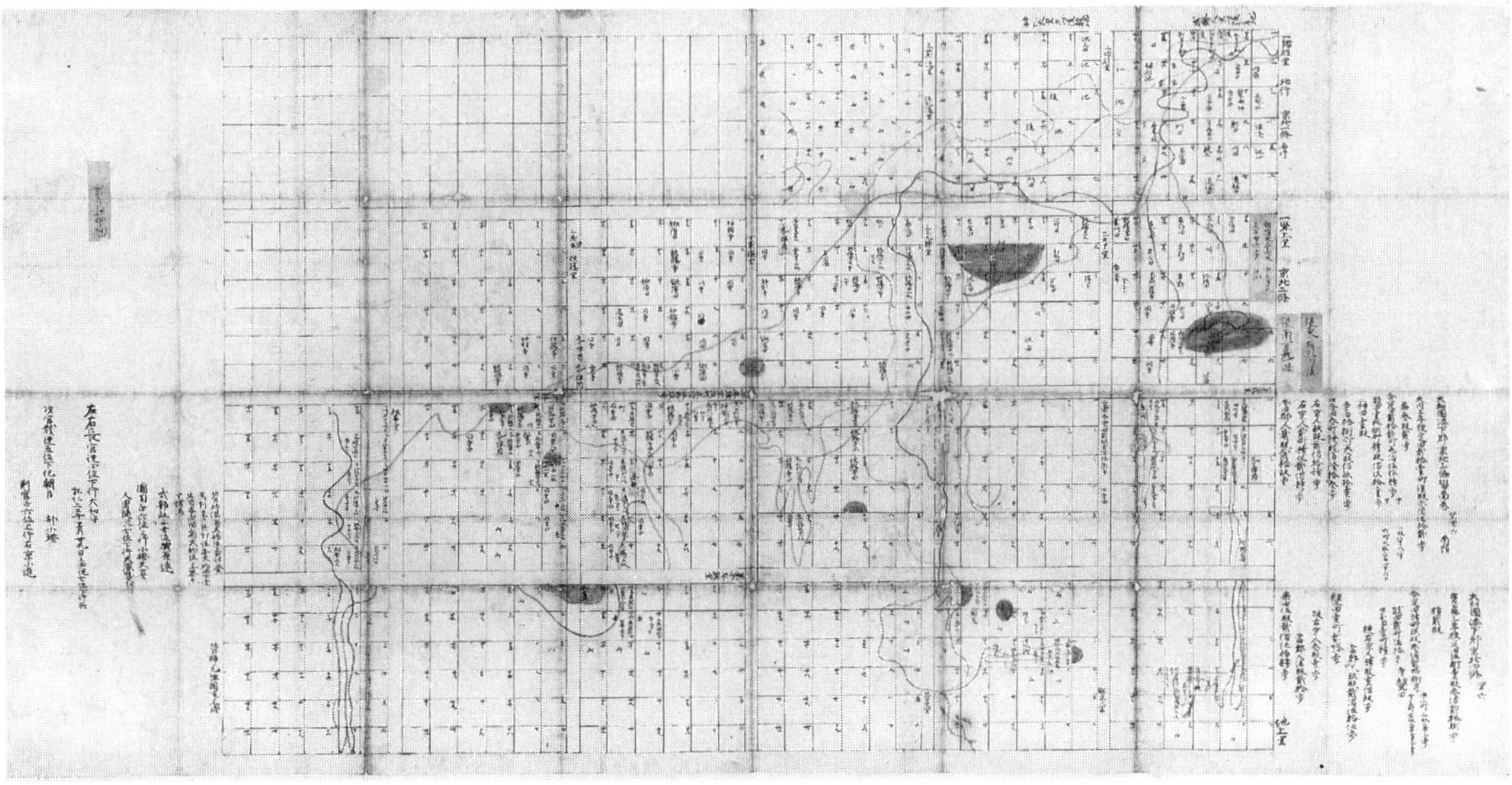

大和国添下郡京北班田図
（東京大学文学部所蔵）

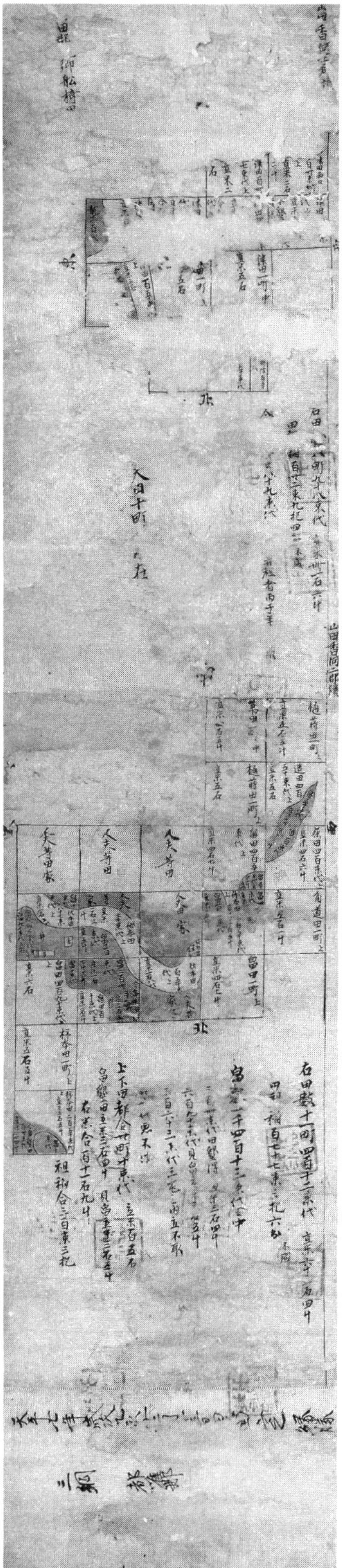

讃岐国山田郡弘福寺領田図（天平七年十二月十五日）

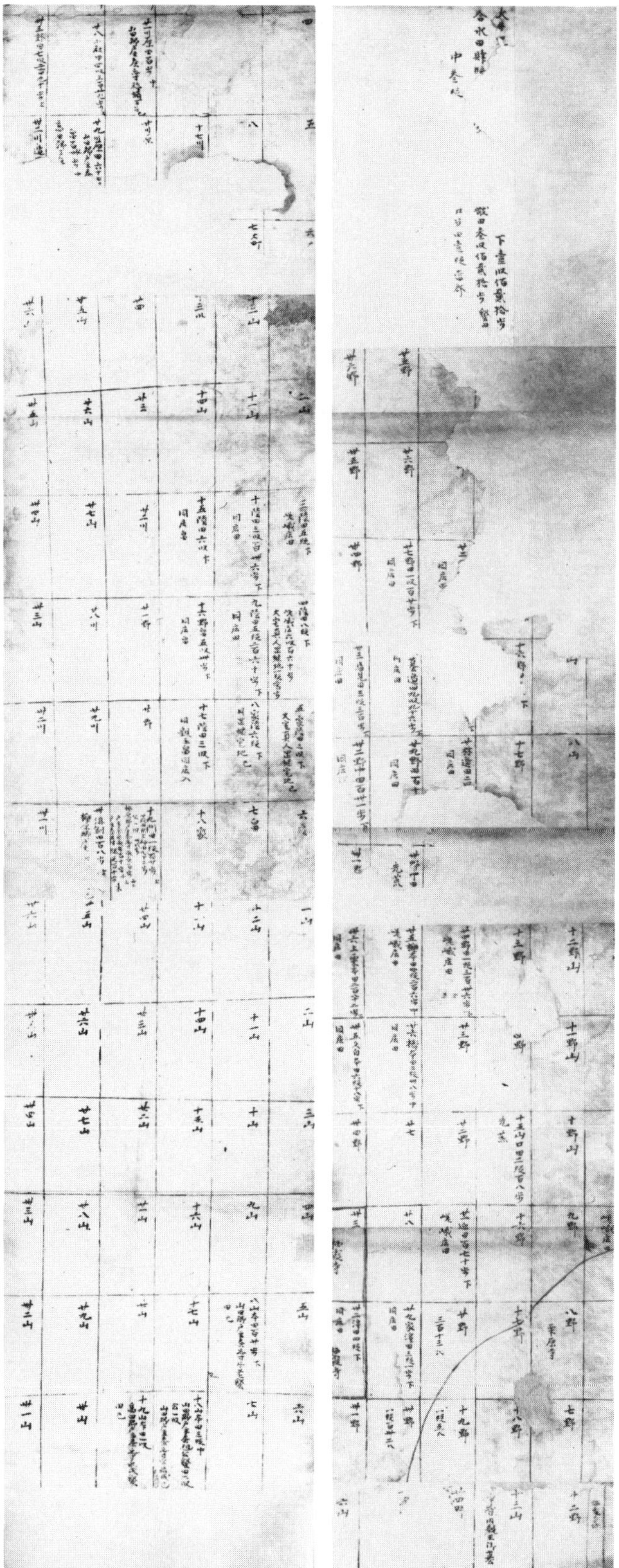

山城国葛野郡班田図（天長五年）

全国的に統一された様式に基づいて整備されるようになったと思われる。この天平十四年図と天平勝宝七歳(七五五)・宝亀四年(七七三)・延暦五年(七八六)の各班田図は、「四証図」と一括され、平安時代初期には田地に関する証験とされた。班田図として現存するのは、大和国添下郡京北四条班田図(宝亀四年)・同三条班田図(弘仁元年(八一〇))の合成図と、山城国葛野郡班田図(天長五年(八二八))、その後二、三回分の追記)の断簡だけであるが、これらによってみると、班田図は条里制の条ごとに一巻とし、各巻には、その条に属する里の図が巻首から順に配列されていたと考えられる。班田図以外の田図としては、天平七年の讃岐国山田郡弘福寺《ぐふくじ》領田図や、一連の東大寺開田図(『東大寺文書』)が現存しているが、これらの田図の多くは、国衙の班田図を基礎として作られたものらしい。
→四証図《しじょうず》 (虎尾 俊哉)

でんせき 田籍 ⇩田図《でんず》・田籍《でんせき》

でんせん 田銭 守護や戦国大名から田地に賦課された銭。段銭と同義で用いられることが多い。「たのぜに」とも読むか。鎌倉時代にはこうした用例は確認できないが、室町期に入ると地域をこえて広く散見するようになる。段銭と同様、守護役や棟別役と並べられて使用される事例が多い(東寺百合文書に永享五年(一四三三)十二月日丹波大山荘算用違目事書案、陸前熊野神社文書天正三年(一五七五)三月七日伊達輝宗免状)。徴収の目的を明示して「賀茂之田銭」のように記す用例もある(天文七年(一五三八)後奈良天皇女房奉書『大日本古文書』大徳寺文書一巻二五三三号)。 (井上 聡)

でんそ 田租 律令制のもとで田の面積に応じて課される税。単に「租」と記されることが多い。『大宝令』『養老令』の規定では、田一段について稲二束二把(不成斤、一束=十把)、一町(=十段)について二十二束を納めることになっていた。これは百代《しろ》につき稲三束(成斤)を納めるいわゆる「令前租法」に基づくものである。すなわち、百代の地積は町段歩《ぶ》制における二段に相当するので、一段については一束五把(成斤)ということになる。ところが、代制では高麗《こま》尺六尺四方(三十六平方尺)の歩を基礎にしてその五歩を以て一代としたが、令の町段歩制では五尺四方(二十五平方尺)の歩を基礎としてその三百六十歩を以て一段とした。しかも当時の度量衡制の原理では田一代(=五歩)から稲一束を得る(一束の稲は米に舂いて五升、したがって田一歩から米一升を得る)こととされていたので、歩が三十六分の二十五に縮小されたことに伴って、束把や升も同じ比率で縮小された。旧来の束把を「成斤束」、旧来の升を「大升」と呼ぶのに対し、この新しい束把を「不成斤束」、新しい升を「減大升」と呼ぶ。したがって、一段につき成斤一束五把の租法を不成斤に換算すると二・一六束となる。この端数を切り上げて設定された租法が、令制の一段二束二把という租法である。しかし、そもそも成斤の束というのは長い間の慣行によって定量化され、かつ農民の間に定着していたはずだが、その成斤の束からかなり人為的な操作によって設定された不成斤の束が、実際に用いられることは期待できないことで、現実には、成斤の一束五把で計量し、これを令の制度に合わせて不成斤の二束二把と読みかえて田租の徴収を行なっていたとみてよい。あたかも、尺貫法からメートル法に切り換わった現在でも、実際には、単に一坪を三・三平方《メートル》、一段を一〇《アール》、一町を一《ヘクタール》と読み替えていることに類似している。律令政府も、『大宝令』施行後まもなくの慶雲三年(七〇六)には、公式に成斤制にもどることとして、一段につき一束五把、一町につき十五束ということになり(田五歩から稲一束、田一歩から米一升という原理は放棄)、その後かわることはなかった。もっとも田令の規定や慶雲三年制の規定の表面では、田租は穎稲《えいとう》で納めるようになっているが、実際には、かなり早くから穀《もみ》で納めるようになっていたらしい。慶雲三年制でますの平衡のことが問題とされているのは、そのためであろう。なお前述の「令前租法」については、『大宝令』施行の直前まで行われていた(したがって『浄御原《きよみはら》令』時代も令前租法の時代)という説と、『浄御原令』施行の直前まで行われていたという説とがある。田租の起源については、古く各地域の共同体における初穂を神に奉るという農耕儀礼のなかから生まれ、共同体の首長への税へと転化し、大和朝廷時代のタチカラとなり、律令制下で田租として定着したと見る説が有力である。唐律令において同じ租が人別賦課の「丁租」であったのに対し、これを手本とした日本律令において「田租」となっていること、田租の負担者が田主すなわち田の所有者でなく、佃人すなわち実際の耕作者であったこと、また当時の稲の収穫高に対する田租の割合が三〜五%程度で、かなり低率とみなさざるを得ないこと、これらの諸特徴は、田租の起源を前記のように見ることによって理解しやすい。賦役令水旱虫霜条の規定によれば、田租は戸ごとに五分以上の減収、すなわち半作以下の年には全免されることになっていたが、日本には古くから損害の程度に応じてタチカラを減免するという、いわば比例免ともいうべき制度が慣行的に確立していたらしい。したがって前掲の賦役令の規定は、この伝統的な比例免制はそのままにしておいて、その上に重ねる形で唐制を輸入して制定されたと見るべきであろう。現に天平十二年(七四〇)の『遠江国浜名郡輸租帳』(『正倉院文書』)や『延喜式』主税下では、「半輸」の名のもとに損四分以下の戸に対してこの比例免を実施している。当時の日本の稲作技術の水準からすれば、これらの規定の存する限り、田租が一〇〇%徴収可能な年はほとんどなかったと見てよい。この状況に国司の不正がからむと、田租徴収の歩どまりは一層低下しよう。そこで神亀元年(七二四)ないしそれ以前に「不三得七法」なるものが制定されて、一国内を通計して最低七〇%の田租確保が基準化された。その後、この不三得七の収租定率法は延暦十六年(七九七)・十九年・

二十一年の三回にわたって目まぐるしく改訂されたが、結局大同元年（八〇六）、不三得七の旧例に復し、以後変わることはなかった。↓正税《しょうぜい》　（虎尾　俊哉）

でんとう　田頭　田のほとり、かたわらを意味する。頭は、ほとり、周辺の意。転じて、田のひろがるような広い場所も指す。「国検田使臨田頭之日」のように（『平安遺文』二巻四七三号）、さまざまな使が実際に田地を実検する場合に多く用いられる。なお、地頭が「地のほとり、現地」という意味から、職としての地頭になったと同じように、田頭から平安時代の村落に登場した有力農民である田堵《たと》の語が生まれたとする説もあるが、史料的な根拠は明確でない。（井上　聡）

でんぷ　田夫　一般に田地を耕作するもの、農夫、百姓を示す。一方、「不顧田夫野客之身」（仁平二年（一一五二）正月二十二日近江国葛川常住僧解『平安遺文』六巻二七四八号）、「忽令成田夫栖之條、無慙之次第也」（文永六年（一二六九）十月日近江伊香立荘官百姓等申状案『鎌倉遺文』一四巻一〇五〇八号）のように、否定的な文脈で用いられることが多く、賤しいもの、いなかもの、教養のないものといったことも含意する。そうした意味をさらに強めた田夫野人という用語もある。（井上　聡）

でんぽん　田品　律令時代における生産高による田地の等級を指す。「でんぴん」とも訓む。『弘仁式』断簡および『延喜式』主税上に、公田の穫稲について「上田五百束、中田四百束、下田三百束、下下田一百五十束」とみえるのが、田品制に関して知られる唯一の規定であるが、田品制は公田以外の田種に対しても広く適用された。ただしこの規定を律令制の当初からのものとは見なしがたい。現存の史料による限り、九世紀初頭までは各種の田地について上・中・下の三等田品制（時にこれを細分した上上・上中・上下・中上・中中・中下・下上・下中・下下の九等制）が行われたらしい。この三等制に下下田が加わって四等制となったのは、田令に規定されていた「易田倍給」制が、九世紀初頭にはじめて発動され、現実に易田と認定される田が出現したことと関係があろう。三等制下の下田のうち、特に地味が劣悪で隔年耕作の必要のある田を易田と認定したため、これに対応する田品を設定する必要を生じ、これを下下田と命名したことによって四等制が生まれたと見る訳である。前掲の式条において下下田の穫稲のみが等差級数をなさず、下田の半分となっていることは、易田倍給の規定と合致する。なお「田品」の用語は延喜十四年（九一四）八月八日の太政官符（『政事要略』五三）にみえるのが、ほとんど唯一の例と思われ、それほど多用された訳ではない。後世、田地の等級制そのものは引き続き存在したが、「田品」の語は用いられなかった。↓易田《えきでん》　（虎尾　俊哉）

てんやく　点役　中世において臨時に課せられた雑役（雑税）。天役とも書かれた。戦国時代末期の『日葡辞書』には「テンヤク　ある仕事をするようにと、主君がすべての人に負わせる任務、または、義務」とある。『太平記』一〇には新田義貞が兵粮米のために「近国の庄園に臨時の天役を被レ懸ける」とある。本来中世において天役とは天皇が課した臨時の税で、勅事・勅役と同じで、造内裏役・大嘗会役・伊勢神宮役夫工米などの一国平均役であった。この天役が『太平記』にみられるように領主の兵粮米のために課せられる雑役をも意味するようになり、主君＝領主の点定した役である点役と区別がなくなっていった。このような語句の変化は、もとは朝廷や足利将軍をさす語であった「公方」が、やがて荘園領主や守護さらには在地領主をも意味するようになったのと同じである。室町時代には点役（天役）は、大田文などで把握された田数を基準として公田に課せられた。（福田栄次郎）

てんやくりょうりょう　典薬寮領　令制宮内省の被管で、医療および薬物のことを掌る典薬寮の所領。天平宝字元年（七五七）典薬寮に公廨田十町を置き、諸生供給の料に充てたのをはじめ、延暦十七年（七九八）には大和・近江両国に各四町の勧学田を置き（『類聚三代格』）、さらに天長三年（八二六）河内国渋河郡の荒廃閑地二十町、同七年近江国荒廃田三十七町八段と空閑地二十町五段が典薬寮に与えられ（『類聚国史』）、承和四年（八三七）宮城北方の園池司の地の内、荒廃地二町も同寮に充てられ、同六年には東鴻臚院地二町を御薬園に充てられた（『続日本後紀』）。ついで仁和二年（八八六）月粮米を京庫より支給するのを停め、山城・和泉・摂津三国において官田九十二町三段余を給い、寛平九年（八九七）には摂津国の官田十一町五段余を侍医らの要劇料に充てた（『類聚三代格』）。『延喜式』典薬寮には、勧学田十八町を置き、そのうち大和国の九町と近江国の四町の地子をもって医生・針生の食料に充て、大和国の五町の地子を薬生らの食料に充てると規定する。延久二年（一〇七〇）の『興福寺雑役免帳』に載せる大和国中園荘の典薬寮田一町、久寿元年（一一五四）の近江守某請文案（『民経記』貞永元年（一二三二）記紙背文書）にみえる近江国の「典薬寮庄」は、上記の勧学田に関連をもつものであろうか。また『延喜式』の制では、山城以下五十三ヵ国と大宰府から毎年貢調使に付して年料雑薬を送納すると定めているが、ほかに和泉国および薬園から各十石の生地黄を納めることとし、さらに山城国葛野郡に供御の地黄を殖栽する地二町を置いた。延長二年（九二四）九月、「地黄御園」のことに依り、検非違使を和泉国に遣わしたのは（『貞信公記抄』）、この式の規定に対応するものであろうし、『実躬卿記』嘉元元年（一三〇三）八月記の紙背にも、和泉国地黄御園の土民の対捍を停止すべき旨の綸旨を載せる。そのほか、仁安二年（一一六七）摂津国地黄御園に対する国役免除を請う典薬寮解（『兵範記』仁安四年記紙背文書）、承久二年（一二二〇）内裏用途米などの課役免除を請う地黄御園供御人らの解（『民経記』寛喜三年（一二三一）六月記紙背文書）がある。さらに『延喜式』には、供御乳の料に充てるため、味原牧を典薬

寮牛牧とし、乳牛を飼育することを定めているが、この摂津国味原牧については、すでに元慶八年(八八四)九月一日付の太政官符にみえ(『類聚三代格』)、さらに『権記』長保元年(九九九)七月十九日条をはじめ、『遊女記』や上記の仁安二年の典薬寮解および『勘仲記』永仁元年(一二九三)八月四日条の記事にみえる。なお応安元年(一三六八)十一月、備前国楢津・周匝両保を国衙別納とし、御薬料所に充て、典薬頭丹波篤直をして管領させる旨の後光厳天皇の綸旨が下されている(『柳原家記録』)。

(橋本　義彦)

でんりつのくじ　田率公事　古代～中世において、田率つまり土地の面積を単位として賦課される公事のこと。公事は、主として田地に賦課される官物・年貢に対するもので、その他の一切の雑賦課をいった。公事の徴収方法としては、名別公事・在家別公事・人別公事・段別公事・日(月)別公事などがあったが、段別公事と同様のものである。たとえば、文治二年(一一八六)十二月日の一乗院領大和国池田荘丸帳(『根津文書』)によると、池田荘の定得田には、下司名(末貞名)を除いて、段別三斗の年貢のほかに、町別絹二疋・紅花三両の田率公事が賦課されている。池田荘は、下司名以外の名は、ほぼ均等の面積を有するいわゆる均等名荘園であるので、各名の田率公事負担もほぼ均等であり、実質的には名別公事と変りないものとなっている。このように田率公事が賦課される場合は、雑免以外の定田に課せられるのが通例で、除田は年貢・公事ともに免除、給名(下司名・公文名など)は雑免(公事免)となるのが一般的である。なお、賦課内容は、夫役も含み、地域・時代・領主によって雑多である。　→段別公事《たんべつくじ》

(中野　栄夫)

でんりつのぞうじ　田率雑事　古代・中世の荘園・国衙領において、田の面積を単位として賦課されていた雑公事のこと。官物・所当・年貢以外の様々な雑賦課、ならびに労役である夫役も含む。田率雑事によって徴収されたものは多岐にわたっており、糸綿(『平安遺文』三巻七四八・八五三号)、京上役(同四巻一二五八号)、油(同六巻二六五二号)、藁(同八巻三八一七号)、絹・紅花(『鎌倉遺文』一巻二〇一号)、蒭(同二巻一一五〇号)、織布・打綿(同九巻六六四五号)などを確認することができる。律令制の弛緩に伴い本来人別に賦課していた諸税目の徴収が困難になり、十一世紀前半を境として、人から田率すなわち土地の面積へと基準を切り替えがなされるなかで成立してきた。なお雑公事の徴収方法については、人や土地ではなく在家を単位とする方法も広くみられる。

(井上　聡)

でんりつのぶやく　田率夫役　夫役とは労働課役のことであり、田率夫役とは田積に応じて労働課役が賦課されることをいう。律令制のもとで夫役は庸・歳役・雑徭などがあったが、これらは本来人別賦課であった。たとえば歳役は公民に課せられた徭役の一つであるが、京畿以外の正丁一人が年に十日食糧自弁で中央の造都・造宮などに服する課役であった。ところが律令制の弛緩がすすみ、八世紀後半以降課役を免れるために戸籍の記載を偽り女子を多くするなどが行われたり、公民の逃亡が多くみられたりするようになり、夫役の人別賦課が困難となってきた。そこで夫役を公民の保有する田積によって賦課するようになっていった。その変化の時期は夫役の内容、地域などによって多様で、一時期を画して区別することはできないが、臨時雑役が人別賦課によって行われている例は一〇二〇年代まではみることができる。また、古文書には「田率雑事」の文言はしばしばみられるが、「田率夫役」の文字はあまりみられない。　→夫役《ぶやく》

(福田栄次郎)

でんりゅうじりょう　天竜寺領　京都市右京区嵯峨天竜寺芒ノ馬場町に所在する臨済宗天竜寺の所領。創建当初の暦応二年(一三三九)、造営料所として足利尊氏は日向国国富荘の一部を、同三年に山城国物集女荘・備後国三谷西条地頭職・日向国国富荘残り・阿波国那賀山荘地頭職などを寄進し、光厳上皇は丹波国弓削荘地頭職を寄進している。造営料所として寄せられたこれらのほかに、貞治三年(一三六四)、光厳上皇は塔頭の金剛院領として播磨国的部南条を寄進している。至徳四年(一三八七)閏五月の天竜寺土貢注文には、以上六ヵ所の寺領のほかに山城国長井荘・丹波国六人部荘・同国瓦屋南北荘・同国豊富荘・加賀国横江荘・阿波国平島荘・近江国建部下荘・遠江国村櫛荘・備中国成羽荘などの荘名がみえ、寺納米と銭貨の総計は二千四百二石・五千七百二十一貫文にのぼる。このほか室町期を通じてその名がわかる寺領は、山城国嵯峨野春木原小田・近江国坂田神田・同国奥島荘・若狭国安名・打越分・備中国草壁荘・同国有漢保・摂津国木工荘・越前国志比荘・能登国能登島東方・越後国五十公郷・信濃国四宮北条などがある。

(宮崎　肇)

と

と　斗　中国古代に始まる容量の単位。十升をいう。斗はひしゃくで汲む意の文字である。容量の単位は変化が大きく、残存する漢代の標準器、新の嘉量から得られる一斗は今の一升一合ほどである。『大宝律令』に採用された唐の斗はこの四倍ほどとされている。日本の斗は寛文年間(一六六一—七三)に一升が方四寸九分、深さ二寸七分と確定して、以後今日まで変わらない。その容量は一八・〇四リットルである。↓升《しょう》
(小泉袈裟勝)

ど　土　⇩土田《つちだ》　⇩土貢《どこう》

とい　問　⇩問丸《といまる》

どい　土居　土を盛りあげてつくった土手・堤をいう。中世までは土塁といわず土居というのが通例。古代から官衙、屋敷や城郭の周囲に防御のために土を盛って垣とすることが行われた。古代においては、国府などの周囲に土塁を築くことが行われ、その遺構が伊勢・美濃・佐渡・周防などの国府跡や多賀城跡に残存している。また中世においては、文明本『節用集』に「土居　ドイ　屋敷也、或作二土囲一」とみえるように、屋敷は武士にとって最良のとりでとなるために特に防御上の配慮をこらし、屋敷全体を土居で囲むことがよく行われ、そのため屋敷全体を土居とよぶこともみられた。たとえば、乾元二年(一三〇三)四月二十六日平子重有和与状案(『長門三浦家文書』)には「庄内土居壱丁五段(単田定、此内五段者屋敷、号二窪垣内一、残壱丁者、サイ田一所在レ之)」とあり、土居一町五段のうち五段が屋敷、一町が田地で、土居が屋敷とともに田地までをも囲んでいたことが知られる。関東御家人が地頭として現地に下向すると地頭屋敷を構え土居をめぐらすことが行われた。たとえば、応永四年(一三九七)十二月日讃岐国東長尾荘除田地注進状(『三宝院文書』)には、地頭土居十七町六段百九十歩のほか、公文土居八町六段百五十歩、田所土居四町八段三百五十歩などがみられる。屋敷にしては面積が広すぎるが、これは田畠をも土居の内として自己の権利を強く主張したためとみられる。このような荘官あるいは名主の土居は、小字として残存している例が多い。平地にあっては外周に堀を掘ってその土で土居を築くことがよく行われたため、屋敷の周囲に土居、その外周に堀があるといった例も多い。そのため、土居屋敷を堀の内とよんでいる場合もある。特に城郭にあっては、土居は大規模となり部分的に石垣を用いることもあった。土居の上部が石垣のものを鉢巻土居、下部が石垣のものを腰巻土居といった。土居の中で最も大規模なものが、天正十九年(一五九一)に豊臣秀吉が京都復興に際して京都の周囲にめぐらした御土居でその総延長は約二三キロに及ぶ。これによって洛中・洛外が区切られたが、都市防御・治安維持機能よりも鴨川の氾濫を防ぐために役立ったといわれている。
(中野　栄夫)

といしき　問職　鎌倉—室町時代、荘園領主が年貢物の運送にあたった問丸に充行なった所職。荘園領主は港津に居住していた問丸などに問職を給与し、支配下荘園から貢納されてくる年貢米などの運送にあたらせていた。こうした奉仕の代償として問職に伴う問給として一定の問田とよばれる給田を支給したり、あるいは運送年貢物の一〜一〇％程度の問米を支給したりしていた。興福寺大乗院領の山城国木津荘、高野山領紀伊国南部荘、近江国八幡荘、あるいは山城国淀津には荘園領主から充行われた問職の所持者がおり、年貢の米・材木などの運送、あるいは倉庫保管などにあたっていた。南北朝時代以降荘園制が衰退するとともに、問職は東大寺油倉問職、淀津塩商売問職、出雲国宇竜浦北国船問職、京都の美濃・飛驒産柾取引宿問職、豊後国問職、摂津国採銅所問職などのように一種の得分権ないし座的特権と化し、中継・卸売問屋の性格や機能を帯びるものがふえていった。
(佐々木銀弥)

どいっき　土一揆　⇩つちいっき

どいのしょう　土井荘　越後国古志郡の荘園。現在の新潟県見附市田井付近か。東大寺領。延暦十七年(七九八)九月桓武天皇の皇女朝原内親王が賜わった「越後国田地二百五十町」(『日本紀略』)を始源とするもので、皇女の遺訣により弘仁九年(八一八)三月その母酒人内親王が美濃国厚見荘・越前国横江荘とともに土井荘二百町を東大寺に施入した(酒人内親王御施入状)。長承二年(一一三三)「東大寺領越後国荘園文書返納目録」によれば弘仁十一年に民部省符を、同十三年には越後国符を得て公認され、天長七年(八三〇)には荘域も確定した。土井荘は般若会料として東大寺に施入されたが、長徳四年(九九八)「東大寺領諸国荘家田地目録案」によれば別功徳分荘とされ、その所当は十月十五日悔過料にあてられていた。土井荘の経営状況を示す史料は乏しいが、永治二年(康治元、一一四二)三月二十五日「越後国留守所牒」によれば同じく東大寺領の頸城《くびき》郡石井荘とともに蒲原郡加地郷内の地と交換され、国衙領となって消滅する。
(荻野　正博)

といまる　問丸　主に鎌倉・室町時代、重要港津や都市あるいは宿場町などに居住し、渡船、荘園年貢物や商品の運送・陸揚げ・倉庫保管・中継・売買などに従事した運送業者。問の語源については、「問津」あるいは「問泊」といった言葉や、これらの言葉に基づく機能に由来しているとする説、「問」は字音や内容も中国唐の「邸」に類似しており、それが倉庫を意味していたことと相通じている点に求める説、古い記録に記されている津屋からきたとする説、浦々で貨物の集散にあたっていた刀禰に語

問　丸

中世港津問丸一覧

国名	港津名	初見年代	典拠
山城	淀津	仁安三年	兵範記
	木津	治承三年	山槐記
	宇治	応安二年	愚管記
	桂	保延元年	長秋記
	鳥羽	建武元年	護国寺供養記
和泉	堺	嘉吉元年	金剛峯寺文書
摂津	尼崎	寛正四年	東大寺文書
	兵庫	応長元年	同
	渡辺	貞和二年	京都大学所蔵田中文書
伊勢	桑名	永禄年間	今堀日吉神社文書
	大湊	永禄四年	伊勢古文書集
三河	大浜	応永二十八年	称名寺文書
駿河	沼津	永禄十一年	沼津駅家文書
伊豆	江浦	弘治三年	久住文書
武蔵	品河	明徳元年	金沢文庫古文書
	六浦	応安三年	同
下総	古戸	同	同
近江	海津	長禄三年	三宝院文書
	今津	天正十年	河原林文書
	長浜	天正九年	南部文書
	朝妻	観応元年	祇園執行日記
	八幡	応永二年	後法興院雑事要録
	舟木(蒲生郡)	観応元年	宝荘厳院評定引付
	坂本	文明五年	菅浦文書・蜷川親元日記別録
	大津	嘉元三年	東寺百合文書は
	木(古)津	弘安十年	勘仲記
	舟木(高島郡)	文明五年	蜷川親元日記別録
若狭	小浜	暦応三年	臨川寺重書案
越前	三国湊	天正十一年	森田文書
	敦賀	文永七年	勧学講条々
越後	直江津		婆相天(謡曲)
出雲	宇竜浦	永禄四年	日御碕神社文書
紀伊	紀伊湊	弘安年間	高野山文書
	新宮	貞和二年	京都大学所蔵田中文書
筑前	博多	天正十五年	櫛田宮文書

源を求める説など、種々の説に分かれていて定説はない。また問丸の「丸」は、人名の麿から起ったとする説があるが、これまた確証がない。問丸は、当初、文献上では「戸居」とか「問居」などと記されており、平安時代末期、保延元年(一一三五)ころ山城国の桂に戸居男、仁安三年(一一六八)同国淀津に問男、治承三年(一一七九)同国木津に問の存在がそれぞれ確認できる。鎌倉時代、地方荘園からの年貢運送関係史料がふえるにつれ、船で運ばれてきた年貢物が陸揚げされた淀川・木津川沿岸の淀津・鳥羽・木津、琵琶湖の大津・坂本、日本海の敦賀・小浜、瀬戸内海の兵庫などの問丸の活動が脚光をあび、彼らは年貢物の陸揚げ、倉庫保管、馬借・車借への積換え、委託販売、関銭の代理徴収、宿所提供など、幅広い活動を行うようになる。主として荘園年貢の運送にあたっていた問丸は一種の荘官とみなされ、荘園所職の一つである問職に任命され、一定の問給・問田、あるいは一定の得分を支給されていた。鎌倉時代末期以降、商品流通の発展が著しく、京都・奈良を中心とする畿内市場と地方生産地間との流通が活潑になると、中央と地方とを結節する重要港津に居住する問丸は、年貢物の取扱いに加えて、一般商品の取扱いもふえ、年貢米などの委託販売や本所に代わって関銭の代理徴収を行なった場合の手数料収入、輸送運賃、倉庫保管料収入、商品の中継・卸売り販売に伴う利潤などによって富を蓄え、いわゆる有徳人とよばれる富裕な商人となり、町政・市政を牛耳り、堺や兵庫の問丸のように日明貿易などにも参加するものも現われた。室町時代初期の作と伝えられる『庭訓往来』には、「泊々借上、湊々替銭、浦々問丸」と記されているように、鎌倉・南北朝時代の主要港津には問丸が存在し、活動していることが常識化していた。事実、室町時代になると、淀川・木津川沿岸港津以外に、瀬戸内海沿岸、山陰・北陸沿岸、関東から伊勢湾に至る太平洋沿岸の重要港津にはほとんど問丸が存在していたことが史料的に確認できるようになる。特に淀川水運と内海水運を結節する兵庫には、文安二年(一四四五)ころ、『兵庫北関入船納帳』などによって、東大寺支配下の北関だけで五十数名の問丸が居住し、瀬戸内海沿岸各地から送り込まれる年貢米などのほかに、大山崎油神人の独占取引き下にあった荏胡麻、年間十万石以上の内海産塩、材木・米・魚・干物・布・苧・藍・莚・鉄・備前焼・紙などの諸物資を、各地から来航した船頭から受け取り、規定の関銭徴収にあたっていた。彼ら問丸の取扱いの荷物は次第に特定化するか、あるいは特定地方産出の物資だけを専門に取り扱う傾向がみられる。たとえば、兵庫北関の問丸、道祐・衛門四郎・衛門九郎の三人が文安二年に取り扱った塩の量は全体の五〇%以上にあたる五万七千石近くにのぼり、問丸の木屋・二郎三郎が取り扱った南海産榑は、全体の七八%にのぼる二万九千石余にあたる。こうなると、問丸は従来からの年貢物の運送・保管などを中心とした荘官的な役割から、特定物資の中継の卸売り問屋としての性格と機能とを強めていたことがわかる。同じころに興福寺支配下にあった兵庫南関の機能が保持されていたとすれば、南関にもこれに類した問丸たちが多数居住していたことが推測される。室町時代、淀川沿岸にはときに六百余の関所があったと伝えられている。これらは淀川航行船舶のうち、沿岸船着場に寄った船が荷揚げを行なったり、積換えをしたりしたとき、船着場の問丸に支払った手数料が一種の関料とみなされ、六百余の関所設置のことが誤り伝えられたものと考えられる。室町・戦国時代、国内商品流通の発展につれて、京都や奈良といった中央都市、あるいは主要街道の宿場町などには、米・塩・魚・油・紙・紺灰・苧・綿・漆・銅・材木など、重要商品の独占的取引きをめぐって問丸・問屋が発生した。近江国坂本において、美濃・飛驒国より送られてくる杣など材木の独占取引にあたった問丸、同じく坂本で越後産青苧の中継取引にあたった海津屋香取という苧問、美

濃紙の独占取引を主張した近江国枝村の紙問丸、京都濬谷口で塩合物高荷を独占していた宿問今村などは、重要商品の運送・中継・卸売りにあたった問屋であった。また京都・堺などで国名を屋号にした商人たちの多くは、特定の国の物産を独占的に取引きしていた卸売問屋の一種とみなしうる。戦国時代に関東・東海道・北陸道地方の城下町や宿場町に登場する伝馬問屋・宿問屋も、それぞれの地域の戦国大名と結びついて、伝馬による人間・物資の輸送や宿屋、さらには軍需物資などの取引にあたった特権的な運送業者であり、御用商人でもあった。

(佐々木銀弥)

といもり　樋守　河川・湖沼などに設けられた取水堰の樋門を管理したものを指す。またそこから引かれた用水路の管理なども行なっていた(『大乗院寺社雑事記』文明十二年(一四八〇)七月三十日条)。一般に、灌漑施設の維持は、農業再生産のうえで不可欠な要素であったため、その維持費用は領主によって年貢から控除されていた。樋守の場合も、村から給分が与えられていたと推定される。また、海にむかって干拓が進められた地域においては、防潮用樋門の管理が樋守の役割であった。満潮時に樋門を閉めて海水の流入をふせぎ、干潮時に樋門を開放して干拓地内の余水を排出する作業を行なった。そうした立地にあった播磨国福井荘では、貞応三年(一二二四)十一月の「福井荘西保実検帳」に除田・除米として樋守の給分を確認することができる(『鎌倉遺文』五巻三三二〇)。

(井上　聡)

といりょう　問料　鎌倉―室町時代、港津などに居住していた問丸が、年貢・商品の輸送、陸揚、倉庫保管、あるいは年貢物の委託販売を行なった際に荘園領主から支給された一種の手数料。問居料・戸居料ともよばれた。鎌倉時代の問丸は、山城国木津や紀伊国南部荘の問丸のように、荘園領主から問職に任命されて、一種の荘官として年貢物の輸送にあたり、その代償として問給・問田などを与えられたものもあった。一方年貢の代銭納化に伴う年貢物の換貨・販売に際して値付、すなわち価格の決定について手数料を支給されるものもあった。東大寺領周防国仁井令の年貢米の委託販売に際して兵庫問丸に与えられた問料は、関銭や船賃と区別されていたが、やがて年貢物のみならず商品など貨物一般の揚陸費・倉庫保管・委託販売などの手数料全体を意味するようになった。その額は取扱年貢高の百分の一程度の例が多いが、武蔵国金沢称名寺の年貢米を扱った六浦・古戸の問丸のように、各一斗と問料が固定していた場合もあった。

(佐々木銀弥)

とうき　逃毀　⇩ちょうき

とうぐうりょう　東宮領　皇太子の日常経済を賄うための御領。皇太子は常置でなく、各代もその期間は短いものが多く、東宮領として固定、伝領化されたものはない。平安時代は封戸・年給が多く、春宮坊料稲粟を諸国に課すこともあった。中世に皇室領が形成され、それが伝領されるようになると、皇統を継ぐものとして一部または全部を皇太子時代に譲与されることがあったが、これは東宮領というより皇統の惣領としての性格が強い。尊治親王(後醍醐天皇)が、父後宇多上皇から大覚寺統領を譲与されたのはその例である。

(飯倉　晴武)

東宮領

東宮領賜与例

親王名	年月日	内容	典拠
正良親王(仁明天皇)	天長七年二月十日	山城国水田五段・陸田一段二百歩	類聚国史
道康親王(文徳天皇)	承和元年四月二十六日	美濃国荒廃田・空閑地五十町　(立太子以前)	続日本後紀
同	同元年八月八日	摂津国西成郡閑地百町　(同)	同
同	同二年七月二十一日	山城国愛宕郡空閑地二町・上野国山田郡空閑地八十町　(同)	同
同	同五年二月二日	丹波国桑田郡空閑地三十町　(同)	同
敦仁親王(醍醐天皇)	寛平三年	封戸半減　(同)	日本紀略
同	同四年十月九日	山城国相楽郡荒廃地四十一町二段二十歩　(同)	同
同	同七年二月十一日	年給(陸奥権少掾)	公卿補任
憲平親王(冷泉天皇)	天暦四年七月二十八日	山城・河内・摂津国より春宮坊御料稲・粟(依例所定)	類聚符宣抄
同	康保元年七月二十九日	加封五百戸	日本紀略
守平親王(円融天皇)	同四年九月二十三日	封戸千戸　(同月一日立太子)	同
同	安和元年十月五日	加封五百戸	同
敦成親王(後一条天皇)	長和元年四月三日	勅旨田百町(一条天皇遺領の内)	小右記
善仁親王(堀河天皇)	応徳二年八月二十五日	封戸二百戸(本封の外)　(立太子以前)	為房卿記
宗仁親王(鳥羽天皇)	康和五年十月四日	封戸千戸(本封の外)	中右記

とうごうのしょう　東郷荘　(一)伯耆国河村郡の荘園。東郷池周辺に広がり、現在の鳥取県東伯郡東郷町・羽合《はわい》町の大部分を占める。松尾社領。倭文《しとり》神社経塚出土康和五年(一一〇三)経筒銘にみえる河村東郷が、のちに立荘されたものである。河村東郷は河村郡が東西に分割されてできたもので、『和名類聚抄』にみえる多駄・埴見・河村などの諸郷を含む。立荘の時期は不明であるが、宝治元年(一二四七)以前に、荘内の西別所について松尾社がその領有権を主張し、認められているから、少なくともこれ以前に同社領となっていたことは確かである。正嘉二年(一二五八)には、領家松尾社と地頭(不明)との間で、下地中分がなされた。その時作成された中分絵図および裏書によれば、当荘は大きく分けて三つの部分からなっ

ていた。第一は池南岸地域。南の三朝《みささ》郷に接する山地と東郷川・埴見《はなみ》川流域の水田地帯からなる。第二に西岸の浅津から橋津にかけての平野部。第三に北岸の馬野として利用されていた丘陵地帯である。なお、池周辺でも倭文神社周辺の丘陵、それに隣接する野方、および対岸の長江は当荘には含まれない。中分にあたってはこれらがそれぞれ二分された。しかも第二の部分は面積は等分であるが、その方法は三分してその内の二ヵ所を地頭が得るというものであり、全体としてはやや複雑な分割の仕方となっている。その後の領有関係については、松尾社の知行は戦国時代初期まで確かめられるが、寛正二年（一四六一）には守護の押領が停止されているし、延徳二年（一四九〇）にも守護が請地と号して領家職を押妨したと訴えられていることから、室町時代末期以降は守護の押領にあって、社家の知行は著しく困難であったことが知られる。なお、社家の知行については、明徳三年（一三九二）、神主一族の秦相季から相勝へ譲られた別相伝社領中に、「浅津預所職・□□西山分」などがみえていて、内部でさらに知行の細分化が進んでいたこともうかがえる。

（錦織　勤）

東郷荘㈠

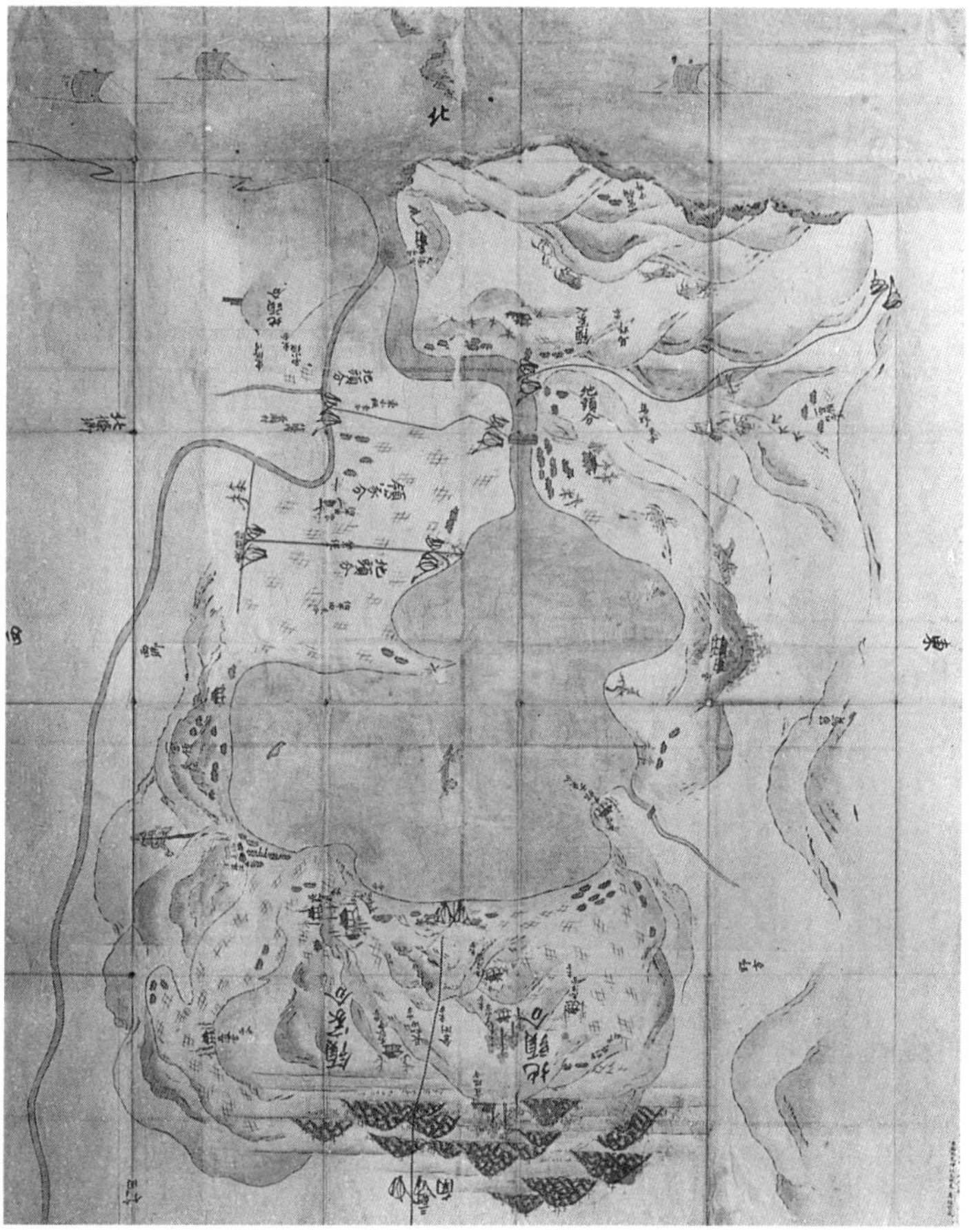

伯耆国河村郡東郷庄下地中分絵図

㈡越前国足羽《あすわ》郡の荘園。現在の福井市東南、旧足羽郡東郷村の一帯。建長二年（一二五〇）十一月付の『九条道家処分状』（『九条家文書』）によると、当荘は九条家領から一条実経に処分されたが、その後その三分の一が東福寺に寄進された。一方、地頭職《しき》は承久三年（一二二一）五月付関東下知状案（『島津文書』）によると、承久の乱の勲功賞として惟宗忠久に給付され、南北朝時代には朝倉高景に充行われたが、当荘は朝倉氏居城の一乗谷に近接するため、応仁の乱後は完全に朝倉孝景の押領するところとなった。

（松原　信之）

とうさく　東作　春の耕作。東は春を意味する。農作業一般を意味する場合もある。「東作の業」（『吾妻鏡』文治二年（一一八六）六月一日条）・「東作の勤」（同建保元年（一二一三）五月九日条）という表現も散見するが、意味は同様である。また「東作に属《つ》く」・「東作に臨む」（『続日本紀』）などの用法も見られる。秋の収穫を意味する西収と対になる用語。

（井上　聡）

とうじのしょう　田道荘　但馬国朝来郡の荘園。現在の兵庫県朝来郡朝来町口田路《くちとうじ》・中田路・奥田路の一帯。治承四年（一一八〇）五月十一日の皇嘉門院惣処分状に「たちま」国に「たち」の地名があり、元久元年（一二〇四）四月二十三日の九条兼実の処分状にも但馬国田道荘が記され、皇嘉門院・九条兼実・宜秋門院（兼実の女）・九条道家の順に伝領されている。弘安八年（一二八五）の『但馬国大田文』によると、田道荘は領家分十二町、地頭給二町五段、公文給五段の十五町の畠からなる。本家は一条殿、領家民部大夫、地頭佐貫三郎太郎、公文八代孫五郎入道道仏である。

（仲村　研）

とうじょうのみくりや　東条御厨　安房国長狭郡の御厨。現在の千葉県鴨川市東部から天津小湊町一帯。伊勢外宮領。平安時代末期、安房国長狭郡が東西に分割再編されて成立した長狭東条を、元暦元年（一一八四）源頼朝が「朝家安穏」のため外宮に寄進して成立。成立当初の供祭物は上分白布五端・長日御幣紙三百六十帖・起請雑用料白布二十端。南北朝時代ころは上分四丈布五段・長日御幣

紙五百六十帖・雑用料布百段であった。日蓮の生誕地で、文永元年(一二六四)地頭東条景信が彼を襲撃したことはいわゆる「小松原の法難」として著名。　（野口　実）

とうじりょう　東寺領　⇩教王護国寺領《きょうおうごこくじりょう》

とうだいじかいでんず　東大寺開田図　奈良時代、近江・越前・越中等の諸国にある東大寺領の開発状況を描いた荘園絵図集。原図には「東大寺開田地図」「東大寺墾田地図」と題したものが多いが、東大史料編纂所で蒐集刊行するに際し、本書名を採用した。原図は主として麻布に描かれ、首に所在地・総面積・四至を記し、条里の区画内に未開と開墾の別、田種・面積を記入し、また施入・買得・改正・相替等の寺領取得整理の手段を記したところもある。境界・道路・水路等には諸種の彩色を施し、まま山容・樹木等を描写したものもある。諸図は寺領検田の際に作成されたもので、奥に東大寺より派遣された検田使と在地国司の署名があり、国印が捺されている。『東南院文書』中にある天平神護二年(七六六)十月二十一日越前国司解、天平宝字三年(七五九)十一月十四日東大寺越中国諸郡庄園惣券、神護景雲元年(七六七)十一月十六日越中国司解等の文書には、諸図と対応する記載があり、いずれも開田図と同時に作成された報告書である。これらはいわゆる初期荘園の実態を研究するための重要史料であり、歴史地理史料としても貴重であるが、山容や樹木、水路の流れ、魚等を大和絵風に描くなど、初期の山水画の遺品としての価値も高い。東大寺領荘園絵図は、大治五年(一一三〇)三月十三日と仁平三年(一一五三)四月二十九日の東大寺文書目録に多くのものが記載されており、仁平三年の整理では五合中の第五唐櫃に入れられ、東大寺の印蔵に収納されていた。しかしその後の伝来は明らかでないが、たまたま天保四年(一八三三)の正倉院校倉修理に際し、大湯屋に移納した塵埃唐櫃中より古絵図類十三点が発見され、修補が加えられた。その後明治初年に東大寺より皇室に献納され、「東南院旧蔵東大寺献納図書」として正倉院に襲蔵されるに至った。『東大寺開田図』はこれを中心として、諸所に流出した開田図を集め、『大日本古文書』中に『東大寺文書』四として図録・釈文二冊を刊行したものである。開田図はなおほかに「阿波国名方郡新島庄絵図」および同郡「大豆処絵図」、「摂津職島上郡水無瀬庄絵図」があるが、これらは別に刊行されているため、省略された。　（皆川　完一）

東大寺開田図

東大寺開田図一覧

1 近江国水沼村墾田地図	天平勝宝三年	正倉院所蔵
2 近江国覇流村墾田地図	同	同
3 越前国足羽郡糞置村開田地図	天平宝字三年十二月三日	正倉院所蔵
4 越前国足羽郡糞置村開田地図	天平神護二年十月廿一日	正倉院所蔵
5 越前国足羽郡道守村開田地図	同	正倉院所蔵
6 越前国坂井郡高串村東大寺大修多羅供分田地図	同	(奈良国立博物館所蔵)
7 越中国礪波郡伊加流伎開田地図	天平宝字三年十一月十四日	正倉院所蔵
8 越中国礪波郡石粟村官施入田地図	同	(奈良国立博物館所蔵)
参考 越中国礪波郡石粟村官施入田地図	(年次未詳)	(天理図書館所蔵)
9 越中国射水郡須加開田地図	同	正倉院所蔵
10 越中国射水郡楔田開田地図	同	正倉院所蔵
11 越中国射水郡鳴戸開田地図	同	(福井成功旧蔵)
12 越中国新川郡丈部開田地図	同	正倉院所蔵
13 越中国新川郡大藪開田地図	同	正倉院所蔵
14 越中国礪波郡井山村墾田地図	神護景雲元年十一月十六日	正倉院所蔵
15 越中国礪波郡伊加留岐村墾田地図	同	同
16 越中国礪波郡杵名蛭村墾田地図	同	同
17 越中国射水郡須加村墾田地図	同	同
18 越中国射水郡鳴戸村墾田地図	同	同
参考 越中国射水郡鳴戸村墾田地図	(年次未詳)	(奈良国立博物館所蔵)
19 越中国射水郡鹿田村墾田地図	同	同
参考 越中国射水郡鹿田村墾田地図	(年次未詳)	(奈良国立博物館所蔵)
20 越中国新川郡大荆村墾田地図	同	同
附録1 摂津職河辺郡猪名所地図	天平勝宝八歳十二月十七日	(水木笘夫所蔵)
附録2 東大寺山堺四至図	天平勝宝八歳六月九日	正倉院所蔵
附載 東大寺古絵図包衣墨書銘	天保八年	正倉院所蔵

とうだいじしちごう　東大寺七郷　⇩南都七郷《なんとしちごう》

とうだいじりょう　東大寺領　奈良市雑司町にある華厳宗の総本山東大寺の所領。創建期の東大寺は、本願聖武天皇の帰依のもとに、主に、朝廷から施入された五千戸の封戸と、四千町を限りとする寺田に経済的な基盤をおいた。このうち封戸は、用途により、営造修理塔寺精舎分千戸、供養三宝・常住僧分二千戸、官家修行諸仏事分二千戸に三分され、また、大和・越前・越中をはじめ諸国に分布した寺田は、当初、造東大寺司と東大寺三綱とにより開墾・経営され、ともに東大寺の堂塔造営事業と、寺内外にわたる宗教活動とを支える豊かな財源となった。ところが聖武天皇・光明皇后の崩御後、東大寺は朝廷からの優越的な処遇を次第に失う一方で、桓武天皇による統制強化、封戸の削減、寺田の荒廃という事態に直面する。そこで平安時代前期には、東大寺別当や所司による利銭・出挙を含む財源確保や、年中行事を軸とする財務再編の努力により、寺家財政の再建が図られた。さらに平安時代中期以降には、封戸物の便補、大和国正税物を負担する郡郷田地の定免化、大和国崇敬寺・筑前国観世音寺などの末寺化による末寺所領の吸収、施入・買得による積極的な寺領荘園の獲得等々の手段により、急速に

東大寺領

東大寺　寺領一覧

所在国郡	名称	成立(所見)年次	特徴	典拠
山城 相楽郡	泉木津荘	宝亀九年施入	寺田、尊勝院領	東大寺文書・東南院文書
同	瓶原荘	天平宝字六年見	寺田	東大寺文書
同	賀茂荘	嘉保二年見	官省符荘、東南院領	同
同	狛野荘	嘉禄元年見	東南院領	東大寺続要録
同	岡田荘	同	同	同
同	綺郷	康保四年見	尊勝院領	同
同	祝園郷	同	同	同
綴喜郡	玉井荘	天平宝字四年施入	寺田	東大寺文書・東大寺要録
同	清水荘	康保四年見	尊勝院領	東大寺続要録
宇治郡	宇治荘	嘉禄元年見	東南院領	同
久世郡	石田荘	康保四年見	尊勝院領	同
(郡未詳)	槻村荘	同	同	同
大和 添上郡	梨原荘	天平勝宝八歳施入	寺田、西南院仏聖燈油料施入	正倉院文書
同	東市荘	天平勝宝八歳買得	寺田	同
同	西市荘	同	同	同
同	佐保院	延暦二十三年相博	同	東南院文書・東大寺要録
同	酒登荘	天暦四年見	同	東南院文書
同	春日荘	天平勝宝八歳施入	同	東南院文書・東大寺要録
同	櫟本荘(櫟荘)	神護景雲年中開発	寺田、白米免田、大仏・八幡・花厳会・仏生会等料所	同
同	河上荘	康平五年見	大湯屋温室料田、大仏・八幡燈油料所	東大寺文書・東大寺要録
同	水間荘(水間杣)	天喜四年見		東大寺文書
同	窪荘	建長六年施入	三面僧坊領	保井芳太郎所蔵東大寺文書
同	白土荘	康保四年見	雑役免田、尊勝院領、東南院領	東大寺要録・東大寺続要録
同	田中荘	永観二年見	雑役免田、香菜免田	東大寺要録
同	檜垣荘	同	同	同
同	簀川荘	康保四年見	香菜免田、尊勝院領	東大寺要録・東大寺続要録
同	長井荘	同	香菜免田	東大寺続要録
同	和邇荘	同	香菜免田、尊勝院領、東南院領	東大寺要録・東大寺続要録
同	櫟北荘	同	香菜免田、尊勝院領	同
同	多富荘	同	尊勝院領	東大寺要録

所在国郡	名称	成立(所見)年次	特徴	典拠
大和 添上郡	大岡荘	康保四年見	尊勝院領	東大寺要録
同	倉喜荘	同	香菜免田、尊勝院領	東大寺要録・東大寺続要録
同	箕田荘	永観二年見	香菜免田	東大寺要録
同	横田荘	同	同	同
同	山村荘	同	同	同
同	大宅荘	同	白米免田	同
同	中荘	寛弘七年見	香菜免田	東大寺文書
添下郡	松本荘	永観二年見	同	東大寺要録
同	杉荘	寛弘七年見	同	東大寺文書
同	清澄荘	天平勝宝八歳施入	寺田	東大寺文書・東南院文書
同	薬薗荘	久安二年見		東大寺文書
同	深溝荘	康保四年見	尊勝院領	東大寺続要録
山辺郡	長屋荘	天平勝宝年中施入	寺田、白米免田、尊勝院領	東大寺要録・東南院文書
同	新富荘	嘉禄元年見	尊勝院領	東大寺要録
同	横路荘	同	同	同
同	隠岐荘	同	同	同
同	布留荘	寛弘七年見	香菜免田	東大寺文書
同	菅田荘	同	同	同
同	千代荘	同	同	同
同	池上荘	永観二年見	同	東大寺要録
同	石名荘	同	同	同
同	今井荘	同	同	同
同	角荘	同	香菜免田、東南院領	東大寺要録・東大寺続要録
同	兵庫荘	同	香菜免田	東大寺要録
同	息長荘	平治元年見	同	東大寺文書
宇陀郡	笠間荘	天喜四年見		同
同	草薬園	康保四年見	尊勝院領	同
同	竹田荘	同	同	同
同	橘荘	同	同	同
同	萩原荘	同	同	同
城上郡	赤尾荘	永仁元年見		同
同	檜垣荘	嘉禄元年見	東南院領	東大寺続要録
同	椿富荘	康保四年見	尊勝院領	同
同	鷹堤燈油園	同	同	同
同	他田荘	平治元年見	香菜免田、白米免田	東大寺文書
同	東吉助荘	康和三年見	香菜免田	同
同	西吉助荘	同	同	同

所在国郡	名称	成立(所見)年次	特徴	典拠
大和 城下郡	杜屋荘(村屋荘)	天平勝宝四年見	寺田	正倉院文書・東南院文書
同	遠南荘	康保四年見	尊勝院領	東大寺続要録
同	内田家地	同	同	同
同	中西荘	寛弘七年見	香菜免田	東大寺文書
同	田中荘	同	同	同
十市郡	十市荘	天平宝字五年買得	寺田	同
同	大仏供荘	元仁元年	東大寺八幡宮領	同
同	杜本荘	康保四年見	尊勝院領	東大寺続要録
同	千代荘	寛弘七年見	香菜免田	東大寺文書
同	喜荘	康和三年見	同	同
高市郡	飛驒荘	天平勝宝八歳施入	寺田、香菜免田	内閣文庫所蔵東大寺文書
同	高殿荘	久安三年見	御油荘	東大寺文書
同	東喜殿荘	同	同	同
同	西喜殿荘	同	同	同
同	城戸荘	同	同	同
同	波多荘	同	同	同
同	大槻荘	嘉禄元年見	東南院領	東大寺続要録
同	長富荘	康保四年見	尊勝院領	同
同	宮富荘	同	同	同
同	田倍荘	同	同	同
同	山本荘	同	同	同
同	近坂荘	同	同	同
同	八多荘	同	同	同
同	美作荘	平治元年見	香菜免田	東大寺文書
広瀬郡	小東荘	康平七年	白米免	同
同	小林荘	寛弘七年見	香菜免田	同
平群郡	平群荘	天平勝宝八歳施入	寺田	同
同	壙田荘	寛弘七年見	香菜免田	同
同	河原荘	同	同	同
同	池尻荘	同	同	同
同	福田荘	嘉承二年	花厳会免田	東大寺続要録
同	土田荘	建保二年見	同	同
同	安田荘	同	白米免田	同
同	東羽鳥荘	同	同	同
同	西羽鳥荘	同	同	同
葛下郡	中門荘	嘉禄元年見	東南院領	同
同	田辺荘	康保四年見	尊勝院領	同
同	水上荘	大治三年見		同

所在国郡	名称	成立(所見)年次	特徴	典拠
大和 (郡未詳)	戒本田	建保二年見		東大寺続要録
(同)	別符荘	嘉禄元年見	東南院領	同
摂津 島上郡	水無瀬荘	天平勝宝八歳施入	寺田、東南院領	東大寺文書・東南院文書
河辺郡	猪名荘	同	寺田	東大寺文書
同	長洲荘	同	東南院領	同
西成郡	安曇江荘	天平勝宝四年買得	寺田	同
同	頭成荘	嘉禄元年見	東南院領	東大寺続要録
住吉郡	新羅江荘(白江荘)	同	寺田	東大寺文書
豊島郡	杭瀬荘	弘安八年見		同
同	椋橋荘	建武三年施入か	尊勝院領	尊勝院文書
八部郡	兵庫関	延慶元年施入	東大寺八幡宮・東塔・東南院修理料所	東大寺文書
伊賀 阿拝郡	玉滝荘(玉滝杣)	天徳二年施入	尊勝院領	東大寺文書・東大寺要録
同	湯船荘	天禄二年見	東南院領	東大寺文書
同	槙山荘(真木山荘)	保安二年見	尊勝院領	同
同	柏野荘	天平勝宝三年買得	寺田、常荒	東南院文書
同	内保荘	天延元年立券	尊勝院領	東大寺文書
同	鞆田荘	天永二年見	大仏修正壇供料所	同
伊賀郡	別府荘	嘉禄元年見	東南院領	東大寺続要録
名張郡	黒田荘(板蝿杣)	天平勝宝三年施入	長元七年杣住人臨時雑役免除	東大寺文書
同	黒田出作	承安四年立券	封物便補	同
同	黒田新荘	同	新学生供料所	同
同	鷹生荘	長徳四年見		東大寺要録
同	簗瀬荘	治暦二年見	東南院領	東大寺文書
同	青蓮寺保	大治元年見	二季御八講料所	根津美術館所蔵東大寺文書
山田郡	山田荘(山田有丸荘)	建久元年見	東南院領	東大寺続要録
同	馬野荘	貞和二年見		東大寺文書
同	阿波荘	嘉禄元年見	東南院領	東大寺続要録
同	広瀬荘	建久元年見	同	同
同	富永荘	嘉禄元年見		同
(郡未詳)	丸柱保	保延五年見		東大寺文書
伊勢 三重郡	三重荘	天平宝字元年見	寺田	東大寺文書・東南院文書
飯野郡	飯野荘(川合大国荘)	嘉祥二年見		大東急記念文庫所蔵東大寺文書

所在国郡	名称	成立(所見)年次	特徴	典拠
尾張 海部郡	海部荘	天平勝宝四年施入	寺田	東大寺文書・東南院文書
中島郡	中島荘	同	同	東大寺文書
春日井郡	春日部荘	同	同	同
山田郡	山田荘	同	同	同
愛智郡	愛智荘	同	同	同
葉栗郡	葉栗荘	同	同	同
丹羽郡	丹羽荘	同	同	同
遠江 長上郡	蒲御厨	明徳二年施入	東大寺塔婆料所	東南院文書
近江 神崎郡	因幡荘	宝亀六年見	寺田	正倉院文書・東南院文書
愛智郡	大国荘(依智荘)	貞観年中施入	寺田、東大寺三論別供衆燈料	東大寺要録
蒲生郡	周恵荘	宝亀六年買得	寺田	正倉院文書
同	必佐荘	貞観十三年見	同	東大寺文書
犬上郡	平流荘(三島荘)	宝亀三年開発	同	東大寺文書・東南院文書
同	水沼荘(三島荘)	同	同	東大寺要録
坂田郡	坂田荘	天平宝字六年見	同	正倉院文書
同	息長荘	天暦四年見	同	東南院文書
同	私市荘	同	同	同
滋賀郡	大津荘	天平宝字六年見	同	正倉院文書
栗太郡	勢多荘	天平宝字六年	同	同
美濃 安八郡	大井荘	天平勝宝八歳施入	寺田、法花会料所	東大寺文書・東南院文書
厚見郡	厚見荘(茜部荘)	弘仁九年施入	川成常荒、本学生供料所	東大寺要録
同	勅旨荘	天平勝宝八歳施入	寺田	東大寺文書
信濃	国衙領	延文五年施入	久我具通寄進	同
下野 都賀郡	薗部保	応保二年便補		東南院文書
同	戸矢子郷	長寛二年便補		東大寺文書
芳賀郡	古酒荘	長徳四年見		東南院文書
越前 丹生郡	椿原荘	天平勝宝元年施入	寺田	同
同	水成荘	天平神護二年見	同	同
足羽郡	糞置荘	天平宝字三年見	同	正倉院文書
同	栗川荘	天平勝宝元年施入	同	東南院文書
同	鴫野荘	天平神護二年施入	同	同
同	鎧荘	天暦四年見	同	同
同	道守荘	天平神護二年施入	同	同

所在国郡	名称	成立(所見)年次	特徴	典拠
越前 坂井郡	国富荘	天平神護二年施入	寺田	東南院文書
同	鯖田荘	同	同	同
同	小榛荘	天暦四年見	同	同
同	子見荘	天平神護二年施入	同	同
同	高串荘	天平宝字八年買得	同	同
同	溝江荘	天平神護二年見	同	同
同	桑原荘	天平勝宝七歳買得	同	同
同	田宮荘	天平神護二年見	同	同
加賀 能美郡	幡生荘	天平宝字三年見	同	同
加賀郡	横江荘	弘仁九年施入	同	東大寺要録
越中 礪波郡	狩城荘	天平勝宝元年施入	同	正倉院文書・東南院文書
同	石栗荘	同	同	同
同	井山荘	天平神護三年施入	同	正倉院文書・東大寺要録
同	杵名蛭荘	弘仁六年見	同	東南院文書
同	高瀬荘	康永元年施入	周防国大前村替所、八幡宮領、学生供料所	東大寺文書
射水郡	須賀荘	天平勝宝元年施入	寺田	東南院文書
同	榠田荘	同	同	同
同	成戸荘	同	同	同
同	鹿田荘	同	同	同
新川郡	丈部荘	同	同	同
同	大荊荘	同	同	同
同	入善荘	建保二年見		東大寺続要録
越後 頸城郡	石井荘	天平勝宝五年見	寺田	東大寺文書・東南院文書
同	吉田荘	天暦四年見	同	東南院文書
同	真沼田荘	同	同	同
古志郡	土井荘	弘仁九年施入	同	東大寺要録
沼垂郡	豊田荘	嘉禄元年見	東南院領	東大寺続要録
丹波 多紀郡	後河荘	天暦四年見	寺田、般若会料所、八幡宮造営料所	東南院文書
氷上郡	布佐比荘	同	同	同
桑田郡	曾我部荘	嘉禄元年見	東南院領	東大寺続要録
因幡 高草郡	高庭荘	天平勝宝八歳施入	寺田	東南院文書
伯耆 (郡未詳)	河曲荘	天暦四年見	同	東南院文書・東大寺文書

所在国郡	名称	成立(所見)年次	特徴	典拠
播磨 明石郡	垂水荘	天平二十年施入	寺田	東大寺要録
赤穂郡	石塩生荘(赤穂荘)	天平勝宝八歳施入	同	東大寺文書
多可郡	粟生荘	天暦四年見	同	東南院文書
賀茂郡	大部荘	久安三年見		東大寺文書
(郡未詳)	穂積荘	応永五年見	東大寺八幡宮領	同
(同)	益気荘	保元二年見		同
(同)	剣坂荘	永正十二年見	東南院領	東京大学所蔵東大寺文書
(同)	市別符	同	同	同
備前 津高郡	氷田村	天平宝字元年施入	寺田、東大寺唐禅院十方衆僧僧供料所	東大寺文書
御野郡	韓形村	同	同	同
同	野田荘	建久八年見	重源上人立券、東南院付属	同
邑久郡	長沼荘	同	同	同
同	神崎荘	同	同	同
同	南北条	同	同	同
周防 吉敷郡	椹野荘	天平勝宝六年見	寺田	東大寺文書・東南院文書
同	湯田保	正治二年見	国衙領、阿弥陀寺料田	東大寺文書
同	宮野荘	建久六年見	陳和卿寄進、東南院領、五十口学生供料所	上司文書
同	平井保	永仁二年見	国衙領	尊勝院文書
同	吉木保	同	同	同
同	平野保	同	同	同
同	黒河保	同	同	同
同	千代丸保	同	同	同
玖珂郡	与田保	建久九年見	同	東大寺文書
同	神代保	永仁二年見	同	尊勝院文書
佐波郡	仁井令	同	同	同
同	富海保	同	同	同
同	得地保	貞永元年見	同	東大寺文書
同	牟礼令	正治二年見	同	周防国阿弥陀寺文書
同	佐波令	同	同	同
同	大前村	同	同	東大寺文書
同	小野保	同	同	周防国阿弥陀寺文書

所在国郡	名称	成立(所見)年次	特徴	典拠
周防 都濃郡	鷲頭出作保	永仁二年見	国衙領、五師得分	尊勝院文書・東大寺文書
同	切山保	同	国衙領	尊勝院文書
同	千代次保	同	同	同
同	富田保	同	同	同
同	戸田保	同	同	同
同	矢地保	同	同	同
同	得善保	文治三年見	同	東大寺文書
同	末武保	同	同	同
熊毛郡	宇佐木保	永仁二年見	同	尊勝院文書
同	曾根保	同	同	同
同	立野保	同	同	同
同	東荷保	同	同	同
同	安田保	同	同	同
同	小松原保	同	同	同
同	三井村	同	同	同
同	勝間保	同	同	同
同	大野保	正中二年見	同	周防国国分寺文書
同	馬屋河内保	文治五年見	同	兄部文書
大島郡	久賀保	同	同	吾妻鏡
同	日前保	同	同	同
同	由良保	同	同	同
紀伊 海部郡	加太荘	天暦四年見	寺田	東南院文書
同	木本荘	康和二年見	末寺崇敬寺領、八幡宮二季八講・彼岸僧供	東大寺文書
那賀郡	三毛荘	天暦四年見	寺田	東大寺要録
阿波 名方郡	新島荘	天平勝宝元年施入	同	東南院文書
伊予 新居郡	新居荘	天平勝宝八歳施入	同	東大寺文書・東南院文書
筑前 御笠郡	碓井封	大治四年見	末寺観世音寺領	内閣文庫所蔵観世音寺文書
同	金生封	大治二年見	同	尊勝院文書
同	大石封	康治二年見	同	内閣文庫所蔵観世音寺文書
同	山北封	大治二年見	同	東大寺文書
同	把岐荘	天承元年見	同	内閣文庫所蔵観世音寺文書
同	黒島荘	大治二年見	同	東大寺文書
同	船越荘	天承元年見	同	同
遠賀郡	山鹿荘	長承二年見	同	同

寺領の整備と拡大が進められた。とりわけ十世紀後半の別当光智による、封戸・寺田の確保、伊賀国玉滝杣の占有と玉滝荘の立荘、同国板蝿杣の拡張、美濃国茜部荘の立荘や、平安時代後期から院政期に及ぶ伊賀国黒田荘における周辺出作公田の寺領化の企ては、この時代の寺領拡大の動向を象徴するものであろう。治承四年(一一八〇)の平重衡による南都焼打ちと同五年の寺領没官は、東大寺に打撃を与えたが、時をおかず寺領荘園は返還され、建保二年(一二一四)には、その数三十三荘を数えた。また、後白河上皇・源頼朝の後援のもとに、造東大寺大勧進職の重源上人に主導された再建活動の財源として、周防・播磨・備前・安芸・肥前の各国が、相ついで造営領国として施入され、特に周防国衙領は江戸時代に至るまで、寺家経営を支える柱となる。また、寺家再建に尽力した重源以下の勧進聖の活動により、備前国野田荘をはじめとする寺領荘園が立荘されるとともに、仏聖燈油田・大湯屋田が集積され、延慶元年(一三〇八)伏見上皇により施入された兵庫北関や、観世音寺御封からの鎮西米など、荘園・国衙領・散在田畠・関所という、多様な形態の財源から寺納される年貢所当により、中世の東大寺は維持された。なお、鎌倉時代以降の寺領経営は、寺家直務と寺内院家の請負いとが併存しており、寺家が本家職を、院家が領家職を保有する構造の請負いの寺領は、寺家・院家の両者を維持する財源となった。しかし、応仁・文明の内乱以降、遠隔地寺領の経営は困難となり、さらに永禄十年(一五六七)松永久秀と三好三人衆との合戦の渦中で、大仏殿をはじめ諸堂宇が焼失し、再度東大寺は大きな打撃を蒙った。以後、堂塔再興の勧進活動と寺家経営体制の再編とが図られ、大和櫟本村の朱印地や周防国浮米などを合わせた三千二百石余を主要な財源として、江戸時代の東大寺は維持されることになる。

(永村　真)

とうちぎょう　当知行　所領、所職等を実際に知行している状態を示す用語で、当知行している人のことを当知行者と称する。当知行には、知行する正当な権利の有無は関係なく、武力を用いての不法押領であっても、その状態に対する用語として使用されている。『貞永式目』第八条によれば、当知行の状態で二十年経過した場合は、源頼朝以来の慣習法によって、理非には関係なく、当知行者を改替することはできないと規定している。これは当知行二十年で当知行者の取得時効が成立することを意味し、年序の法と称された。不法押領によって当知行が成立している場合は、正当な知行権を有している者が、その権利を行使できない状態が存在することになり、そのような状態のことを不知行と称した。不知行な状態が二十年経過した場合、その権利は失われることになった。
→不知行《ふちぎょう》

(瀬野精一郎)

とうのしょう　東荘　⇩橘荘《たちばなのしょう》

とうふくじりょう　東福寺領　京都市東山区本所に所在する臨済宗東福寺の所領。寺領の初見は、暦仁元年(一二三八)に寄進された越中国四箇保である。四箇保とは、東条・河口・曾根・八代保の総称で、四箇保の地頭等が京上年貢百石という地頭請所の契約とともに、九条道家創建の東福寺に寄進したのである。建長二年(一二五〇)の「九条道家惣処分状」からは創建当初の東福寺の様相が窺える(『鎌倉遺文』一〇巻七二五〇号)。それによれば、寺領には、長老の一向管領として九条河原菜苑九町・周防国得地上保・筑前国三奈木荘があった。惣社(成就宮)領には越中国四箇保がみえる。最勝金剛院領には、藤原忠通の寄進による山城国久世荘・同国曾東荘・伊賀国浅宇田荘・同国大内西荘・伊豆国井田荘・備後国坪生荘・下総国三崎荘・播磨国豊福荘・伊予国吉原荘、さらに八条禅尼(藤原良輔後家)の寄進による伊勢国薗倉荘・河内国高柳荘・同国稲富荘・越前国気比荘・同国長田荘・讃岐国富田荘がみえる。報恩院領には摂津国輪田荘・丹波国賀舎荘が、光明峯寺領には山城国小塩荘・播磨国千草村・備後国奴可東条がみえる。鎌倉末～南北朝期の寄進も多く、貞和三年(一三四七)の「東福寺領諸荘園文書目録」には、周防国上下得地保・加賀国熊坂荘・備中国上原郷・美作国勝賀茂郷をはじめとする二十ヵ所前後の寺領やその他の寺地に関する重書が記載されている。これらのうち、土佐国大方荘・武蔵国船木田新荘・伊豆国井田荘・越前国東郷荘三分一等は一条家の寄進によるものである。室町幕府の歴代将軍は寺領荘園目録とともに御判御教書を発給し、寺領安堵・課役免除を行なっている。例えば延徳二年(一四九〇)の足利義植による安堵の際の寺領荘園目録には、淡路国都志郷をはじめとする九ヵ国十荘園と山城国散在田畠ほかの諸得分の記載がある。天正十三年(一五八五)豊臣秀吉は、寺領千八百五十四石を寄進し、当寺の法燈の維持を大いに援助した。その後、慶長十九年(一六一四)徳川家康は、朱印千八百五十石余を下付している。

(堀　祥岳)

とうぼう　逃亡　⇩浮浪《ふろう》

とうぼし　唐法師　⇩占城米《せんじょうまい》

とうみょうしゅ　当名主　畿内をはじめ先進地帯の荘園では、鎌倉時代末・南北朝時代以降、本来の百姓名の一名田一名主の体制がくずれ、一名に数人の名請人＝新名主が生まれ、旧名単位の収取は不完全となる。かかる状況に応じて名田ごとの公事・夫役の収取を実現するために、彼ら新名主の代表一人を当名主として、公事・夫役の徴収責任を負わせるもの。その早い例として備中国新見荘の文永八年(一二七一)の地頭方実検名寄帳では六十余の本来の百姓名が、それぞれ数人の名請人に分割されていたが、その中には「一、光依当名主蓮阿」といった形で当名主が登場する。最初にこのことを新見荘や山城国久我荘の場合から指摘した杉山博は、「当名主」「名代」などの用語で表わされるこのような収取体制を、当名主体制と呼び、それは中小名主職所有者(新名主)による年貢・公事直納に至る過渡的な収取体制であり、政治史的

には守護領国制に対応するものとした。これがどの程度一般的体制といえるかについては議論があるが、名田の解体過程に荘園領主が公事・夫役収取のためいくつかの名田を組み合わせて番を作り、各番の名田を均等規模にしてそれぞれ番頭をおき責任を負わせる番頭制や、十六世紀山城国久多荘など典型的にみられる激しい土地移動に対応しての荘園年貢の収取編成である「名をや」「名本」体制、丹波国山国荘などにみられる相名主との異同などが検討されねばならない。　（工藤　敬二）

とうやく　頭役　村落の宮座で、神事の舗設責任者を頭人・頭屋・当屋、その任務を頭役という。古代の朝廷・寺院の行事・諸講会において、主宰の地位にあたるものが頭で、この名称を継承したものらしい。宮座では、神主と神事舗設責任者である頭人とは、同一人が兼帯する場合と、両者別人の場合とがあるが、いずれが本来の形態であるかは未詳。頭人・頭屋の決定は、座衆の年齢順、入座順、神籤、廻り持ち、一定の家順などがあり、それに決定されたものは、その年間の役を果たす責任がある。頭屋は旅行・肉食の禁止、その他厳重な精進潔斎が要求され、神饌・神供調備、直会《なおらい》の座衆饗応などの任務がある。その莫大な経費は頭役として自己負担が原則であるが、負担を均平し頭役勤仕を容易かつ円滑ならしめるため、荘内の名田をほぼ均等面積の番に編成し、番役として負担した例もある。乾元元年(一三〇二)美作国弓削荘志呂神社の四町六段二十歩の十均等番はその一例。↓宮座《みやざ》　（渡辺　澄夫）

とうゆめんでん　燈油免田　古代・中世の寺院で本尊供養の燈明や堂宇の御燈の油をまかなうため設けられた免田。『延喜式』によれば官大寺の燈油は正税物交易により国衙から寺納される定めであったが、未納が重なるなかで、正税物を一定面積の田地に便補し、その官物または雑事を免除し燈油料に宛てることになった。燈油免田の多くは郡郷内で地域を特定しない浮免として生まれ、燈油料は郡郷から直接に寺納されたが、この浮免が寺院側の意向により地域を固定した定免とされ雑役免系荘園となった。例えば東大寺では、大和国衙が負担する六石四斗余の燈油は、主に高市郡の正税交易により寺納されたが、高市郡内に町別一斗として六十六町の燈油免田が設けられ、さらにこの免田から御油荘五ヶ荘が立荘された。ただし免田から発展した御油荘には複数の荘園領主が重層的に併存し、東大寺は燈油・夫役等を賦課するのみで排他的な経営は行えず、しばしば他の領主との紛争を繰り返した。　（永村　眞）

とおちのしょう　十市荘　大和国十市郡の荘園。現在の奈良県橿原市十市町付近。(一)天暦四年(九五〇)の『東大寺封戸荘園幷寺用帳』に「十市庄田地二町五段十歩」とみえ、東大寺領。次に欠年(長寛二年(一一六四)か)の『大和国石名荘等坪付案』に「十市庄八町九反六十歩　紀市安」とある。これは紀市安の私領に成立した東大寺雑役(香菜)免荘。坪付は十市郡東郷二十条二里、二十一条一里・二里、二十二条一里で、十市町と同市葛本《くずもと》町に比定される。(二)西大寺領十市荘四町九段余も存在(建久二年(一一九一)『西大寺所領荘園注文』)。(三)また延久二年(一〇七〇)の『興福寺雑役免帳』に「十市庄卅町九反大」と記す。当荘は興福寺雑役免荘。その田畠は、十市郡東郷十九―二十三条の一―四里の間が中心で、十市町とその周辺に散在。室町時代、『大乗院寺社雑事記』では、同寺務領の仏聖領十《と》市《いち》荘としてみえる。なお同記には、同寺大乗院領十《と》市《いち》荘、散在田畠もみえる。預所は同寺松南院。　（朝倉　弘）

とおののほう　遠野保　陸奥国の保。現在の岩手県遠野市。建武元年(一三三四)八月三日付の『遠野・南部家文書』に「阿曾沼下野権守朝綱代朝兼申、遠野保事、申状如此」、また観応元年(一三五〇)八月二十日阿曾沼秀親譲状に「一所　陸奥国遠野保地頭職事」として遠野保がみえる。その後、小山氏嫡子所領状に「一陸奥国　菊田庄加湯竈郷定遠野保地頭職事　江刺郡内角懸郷半分地頭職事　長根牧」とあり、室町時代末期まで遠野保の存在が知られる。しかしその範囲、戸数その他については不明である。なお室町時代末期の『盛岡南部家文書』中の、葛西家最後の当主、晴信が南部氏に宛てた書簡に「彼是用所子細等之間、於遠野郡令申談」とあり、室町時代末期(天正十六年(一五八八)ごろか)には「遠野郡」と称したこともあったらしいが、今のところ「郡」と明記したのは、この文書のみである。近世は八戸南部氏の城下町となり横田村と称した。　（森　ノブ）

とおやまのしょう　遠山荘　美濃国恵那郡の荘園。現在の岐阜県中津川・恵那両市を含む恵那郡一帯。近衛家領。南北朝時代以降は領家職《しき》を天竜寺香厳院・高山寺池坊などが分領。鎌倉時代初期に加藤景廉が地頭となり、その子景朝を始祖とする遠山氏が当荘を基盤に発展した。　（谷口　研語）

とかきりょう　斗概料　斗欠料とも書く。「概《とかき》」は升の上に盛り上がった計量物を掻き落とす道具をさす。年貢米の収納は升による計量が行われるが、収納者の恣意による計量を防ぐため概の使用が義務づけられた。中世では、荘園からの年貢米を計量するための荘園ごとの荘升、領主の側で荘園からの年貢米を計量するための領主升、収納後の年貢米を配分するための下行升など諸種の升があり、また計量の機会も数度あった。升の違目によって生じる交分が、予め付加税として荘園年貢に盛り込まれる事例も多いが、概を使用した計量の際にこの手数料として斗概料を盛り込む場合もあった。計量の手数料ないしは付加税のこと。　（福島　紀子）

とかりのまき　利刈牧　古代、上野国に置かれた牧。『延喜式』左右馬寮によると、御牧三十二牧のうち、上野国には利刈牧を含めて九牧があり、同国からは年貢馬五十疋を上納する規定であった。利刈牧は、『和名類聚抄』にみえる群馬郡利刈(訓、止加利)郷にあった。利刈郷の位

置については、利根川と吾妻《あがつま》川の合流点の地形から生まれた地名として、現在の群馬県北群馬郡子持《こもち》村白井《しろい》から北牧《きたもく》付近にかけての地域と推定されているが明らかでない。 （唐澤　定市）

とく　得　得田の意。検注帳などの記載で定田として年貢・公事の賦課基準となった田地の内、収穫のあがる田を指し、略して「イ」と表現されていることがある。対は「損」で損亡を現す。得田は二種類から成り、ひとつは年貢・公事を負担する田地。もうひとつが雑免と呼ばれ、公事を納めない代わりに年貢斗代が高い田地である。得田と損田は、荘園領主の行う内検注を経て確定されるが、正検注で確定される定得田と異なり、そのときの気候や自然条件によって変動した。領主側では得田を少しでも増やす必要があった。東寺領の播磨国矢野荘では、貞和元年（一三四五）に実検注が行われたが、この際は、荘園の代官や荘官、名主層が立ち会い、「立錐を残さず、段歩の後田以下悉く公平に結び入れた」とあり、領主側の得田把握の意図と、荘園側との相互確認の中で定得田が確定された。さらにこの中から選定される得田と損田は、時節ごとの荘園側からの要求が反映される局面でもあり、交渉は荘家の一揆に発展することもあった。 （福島　紀子）

どくじ　土公事　ここでの「公事」は賦課の義であり、荘園領主が荘民に課す夫役の意に用いた。例えば『大乗院寺社雑事記』康正三年（一四五七）八月十四日条には「土公事の事も非レ無二先例一候、則先例如レ此とて嘉吉三年（一四四三）の例出之、寺番匠・寺鍛冶事如二此間一土公事被二仰付一処」とあって、大乗院（興福寺）領の荘民、つまり土民（住民）で番匠・鍛冶の技術保有者が寺（大乗院）に出仕して一定期間、専属職人としてその技術を奉仕する（夫役）実態を示している。「土」とは広義には、土地・大地・国土などの意であるが、中世社会ではむしろ領主からみた領地（所領）、京・都（中央）からみた地方（田舎・在地・地下）を指して用いられ、土貢・土民・土一揆など全てこの観点からその実態が理解される。 （糸賀　茂男）

とくじのほう　得地保　周防国佐波郡に所在した保。現在の山口県徳地町の一部にあたる。早くから上・下に分かれ、上得地保・下得地保あるいは得地上保・得地下保と称していた。「徳地」ともいう。一時源頼朝によって石清水八幡宮寺に寄進され、「得地庄」と称したが、寛喜三年（一二三一）周防国が再度東大寺造営料国になったのを契機に国衙へ返還された。当荘に森林資源が豊富であったことが返還の要因である。これにより荘号も廃された。上得地保は建長二年（一二五〇）には東福寺領となっており、下得地保も暦応二年（一三三九）同寺の造営料所となり、貞和五年（一三四九）には収取権限がさらに強化された。こうして南北朝時代なかばには得地保全体が東福寺領となった。室町時代以降、次第に大内氏や陶氏に支配権を浸食されたが、延徳二年（一四九〇）でもなお現地支配を行う公文職は寺家が有していた。 （久保健一郎）

とくせい　徳政　仁徳ある政治。善政。債務破棄・売却地の取戻し令。その基本理念は、本来あるべき正しい姿に戻すこと、すなわち復活・復古にある。徳政という語は古く『春秋左氏伝』にみられるが、前漢の儒学者董仲《とうちゅう》舒《じょ》の唱えた天人相関説にもとづき、治世者が災異発生の原因となった自己の不徳を謝し、攘災を目的として行う仁政を特に徳政と称するようになった。わが国でも八世紀には、このような儒教思想にもとづく徳政が史料上確認され、以後、天皇の不予や災異の発生の際、囚人を恩赦し、鰥寡孤独《かんかこどく》に賑恤《しんじゅつ》を加え、貧窮者の債務を免除するなどの徳政が施行された。一方このような儒教的徳政の思想的基盤と深く関連しつつも、中国では古くから徳政と称されることなく、皇帝の即位の時など大赦とともに滞納した租税、貸付債務の免除などの施策がとられることが多かった。また紀元前二千年前の古代メソポタミア諸国では、不動産売買の無効、債務の免除などがしばしば令せられ、それが、神々が定めた正しい秩序を復活させる、神々の代理人である王の第一の責務と考えられていた。わが国でも、売買・譲渡した物をある期間内ならば本主が取り戻すことができる「商変《あきかえし》＝商返」が天皇によって令せられたことが『万葉集』によって知られる。このような政策は、天平勝宝三年（七五一）十一月の「天平勝宝元年より已前、公私の債負未だ納めざる者悉く原免に従」う徳政のごとく、必ずしも徳政と称されるものばかりではなかったが、広く世界の古代国家にみられるように、一種の徳政思想ともいうべき社会観念にささえられ施行されていた。そして、この天皇など支配者の交替などを契期として、売買・債権債務契約が破棄されるべきであるという社会観念は、以後のわが国の徳政のありかたを強く規定していった。さて、保元の乱後だされた荘園整理令、神人・悪僧濫行停止令、神寺領および神寺用途注進令よりなる保元の新制は、徳政とされており、これによって荘園をもとの公地に戻す荘園整理令が、復活・復興の精神による徳政思想にもとづいて行われたことが知られるとともに、この徳政は中世前期の公家徳政に大きな影響を与えた。元暦元年（一一八四）源頼朝が朝廷に奏請した徳政は、具体的には社寺領・神仏事の興行、僧家の武具停止であり、仁治元年（一二四〇）彗星の出現により朝廷で審議された徳政沙汰は、諸社祭礼と記録所の興行、すなわち復興であった。やがて、元寇という非常事態に直面した朝廷・鎌倉幕府は「弘安の徳政」と呼ばれる一種の政治改革としての徳政を競って施行し、ここにわが国政治史上徳政のピークを迎えることになった。この時、亀山院政が精力的に実施した徳政は、仏神事および雑訴の興行を二大眼目としていた。仏神事興行は、神殿・寺塔の修復や祭礼・祈禱の励行など、伝統的徳政のスローガンであったが、この徳政の意義は、弘安八年（一二八五）の立法によって寺社の経済的裏づけである流失した寺社領を取り戻して復興させるところにふみこん

でいる点に求められる。幕府も同じく御家人の売却所領の無償取戻しを定めた形跡があるが、弘安の徳政を主導した安達泰盛が霜月騒動で討たれたため、この徳政は社会的影響をのこさずに終り、のち永仁の徳政令に結実した。このようにこの時代の徳政は、朝廷においては、俗人領となった神仏のものを本来の仏神領に戻し、幕府では同じく御家人領を御家人のものとするという同じ観念にもとづく政策であったのであり、前者の徳政から後者の政策としての徳政令が生みだされたといえる。つぎにこの時公家において「徳政の最要なり」といわれた雑訴興行すなわち裁判制度の整備拡充は、理不尽の訴訟である嗷訴《ごうそ》・寄沙汰を禁止するとともに、幕府訴訟制度にならって評定などの審議機関を整備した。特に神事・仏事・任官・文学などを徳政沙汰として雑訴沙汰から分離させたことは、司法と行政の分離策とも評価されるべき改革であった。また幕府においても、この徳政において引付の機能を整備するなど裁判制度拡充のための多くの立法がなされ、幕府訴訟制度の完成期を現出させた。さらに公家徳政の大きなねらいとして、「遷代の職」である官職などを相伝し家産化して「永代自専の職」としている現実を、本来の姿に戻す方向が打ちだされている。このような鎌倉時代後期の徳政のうちだした方向を継承し、それを極限まで追求して実現させようとしたのが後醍醐天皇の建武新政であり、建武新政は、それ自体が鎌倉時代の徳政の一つの帰結としての徳政そのものであったと位置づけられる。一方、永仁の徳政令に結実した御家人売却地の無償取戻しの法理は、中世の人々の取戻し不能の売買、確実に保護される債権は、むしろ不自然な売買、特異な貸借であり、何らかの契機によって本主に戻るのが正しい姿であるという意識のなかで混乱なく拡大解釈され受容された。そして以後徳政の呼称は、売却地取戻し、債務破棄を内容とする徳政令をさすものとして社会に定着していった。室町時代に入って、畿内を中心に惣が結成され、百姓とその耕作する田畠との関係が強まり、次第に土地は百姓のものという社会意識が育っていったが、同時に酒屋・土倉などの高利貸資本が農村に浸透し、年貢など課役負担に苦しむ百姓の債務が増大し、その所持する土地が失われていくようになった。このような状況のもとで百姓は惣村を母胎とした土一揆を結成し、徳政をスローガンにして蜂起した。正長の徳政一揆が蜂起した正長元年(一四二八)は、全国的に飢饉であり、しかも室町幕府の将軍が足利義教に交替する代替りの年であった。また幕府に天下一同の徳政を要求し、これを発布させた嘉吉の徳政一揆が起った嘉吉元年(一四四一)も将軍の代替りが行われる年であるとともに暦の上で辛酉《しんゆう》革命の年であった。このように徳政一揆の蜂起は世替り・世直しの意識と深く結びついており、世の中があらたまって、すべてのものが一新=復活され本来の正しいありかたに戻すことを目的にしていたことが知られる。徳政一揆がかかげた徳政の内容は種々のものがあったが、その中心となったのは売却地の取戻しと未進年貢を含む債務の破棄であった。このような徳政思想は、徳政というスローガンをかかげることはなかったが、江戸時代も百姓一揆のなかに継承され、大名の代替りの際などの質地取戻し運動として展開され明治初期にまで及んだ。室町幕府は正長元年には徳政令をださなかったが、全国各地で徳政一揆はみずからの力で徳政を実施し、天下一同の徳政が行われた年とされた。大和の柳生(奈良市)の地蔵石に彫られた徳政碑文は、この時みずからが勝ちとった徳政一揆の成果を記したものである。以後幕府は嘉吉の徳政令をはじめ徳政令を乱発したが、その多くは一揆の力におされて発布したものであり、その法の性格も、徳政一揆の徳政実施を広域的に合法化する側面をもつとともに、徳政一揆の徳政施行を限定化、秩序化する徳政禁制の性格をも強くもっていた。むしろその意味で重要なのは各地域に展開した徳政状況をそれぞれの地域で秩序化していく動きと、そのなかで立法化された在地徳政令である。近江国甲賀郡の郡中惣では、売り主側が私的に買主に徳政を要求し、礼銭を受けとる代りに徳政を免除するという慣行が生まれていた。また伊勢小倭荘の一揆集団は、みずから在地徳政令を発布するとともに、徳政衆とよばれた調停者が、徳政実施に伴う紛争を慣行にもとづいて解決する体制をつくりあげていた。今日残されている在地徳政令としては、嘉吉の徳政一揆の徳政施行の際、近江の奥島《おきつしま》・北津田の二ヵ村が合同で出した村法としての徳政令が有名である。これら在地徳政令は幕府徳政令が除外した永代売却地の取戻しを限定づきながら認めているものが多いなどの特徴がみられる。これらの事実は、中世後期、さらには近世の農民の永代売土地売券に、徳政担保文言が多く付されていることに相応するもので、わが国の前近代社会を一貫して流れる社会思想としての徳政思想のひろがりと底の深さをよく示している。　↓徳政令《とくせいれい》　(勝俣　鎮夫)

とくせいいっき　徳政一揆　中世における農民闘争の一形態。室町時代に起きた土一揆のうち、徳政令の発布を要求して蜂起したものをいう。正長元年(一四二八)畿内・近国に徳政令を要求して一揆が蜂起し『大乗院日記目録』同年九月日条に「日本開白以来、土民蜂起、是初也」と記されるものが初見とされている。この時、近江・山城・大和・伊賀・伊勢・紀伊・和泉・河内などの各国で徳政一揆の蜂起が確認され、大和・河内・播磨・摂津で徳政令が出されたことが知られている。ただし、徳政令の内容全体が分かるのは大和の場合だけである。ところで、徳政一揆の動向をもっとも詳しく知ることができるのは、嘉吉元年(一四四一)に起きた京都の徳政一揆である。この一揆は「土民数万」(『建内記』)といわれる大規模なもので「鳥羽・吉祥院以下中道ヨリ東一揆ハ東寺ニ籠、二、三千人これあり、丹波口一揆ハ今西宮籠、一千人斗(計)」(『東寺執行日記』)というように、いくつかの地域的まと

まりを持った一揆が京都の四周の堂舎などに籠って京都を包囲した。ここから、京中の酒屋・土倉などの高利貸を攻めて、借書の破棄や質物の取り返しを行なった。京都を包囲したのは、交通や京中への物資の流入を遮断することによって、その都市的機能を麻痺させる目的であり、神社・仏閣に籠ったのは要求が受け入れられない場合に、これに放火するとして幕府を圧迫する目的であった。徳政一揆によって寺院などが焼失した例は多いのである。また、一揆が高利貸を攻撃するのには、自分たちの借書や質物を取り返すだけでなく、酒屋・土倉の蔵を開かせ、すべての質物を返還させることに目的があった。このため、土倉などが蔵を開いた場合には、一揆に参加していない公家や僧侶のところにも質物が返済されてくるのが普通であった。高利貸を攻撃するには、酒屋・土倉役の減少という形で、幕府経済そのものに打撃を加えることに目的があった。これによって、嘉吉元年には室町幕府が最初の徳政令を発布するのであるが、一揆がその内容についても条件を付けていることが注目される。しかし、いつの場合でも徳政一揆は嘉吉一揆のように、連帯性をもって一斉に蜂起するとは限らない。たとえば、長禄元年(一四五七)の一揆の場合には、十月九日ごろ京都南郊の土一揆が蜂起し、西岡の土一揆は同月二十六日に京中に入り、南山城の一揆は十一月一日になって洛中に攻め込んでいる。さらに、これらの一揆が退散した同月三日になって山科の土一揆が京中に入り、同六日に退散するというように、各一揆の間に時期的なずれが生じている場合がある。また、質物の取り出しについても「田舎者ハタ、取、竹田・九条・京中者ハ十分一出取之」(『経覚私要鈔』)といわれるように、その動向にも差異がある。それでも、荘園を越えた地域的結合が一揆の基盤にあったことは確実である。このため、徳政一揆はおのおのの荘園領主を対象とするのではなく、幕府そのものへの闘争として、中世農民闘争の最高潮に達したものとする評価がある。一方、徳政一揆には馬借や下級武士の参加が見られることから、純粋の農民闘争とは評価できないとする意見もある。→土一揆《つちいっき》　(黒川　直則)

とくせいきんせい　徳政禁制　貸借・売買などの経済的契約関係を実力によって破棄しようとする行動を規制する法令。または、このような行動を抑止するため、無条件であるいは条件付で、契約の有効性を宣言する法令。社会秩序を維持するという観点からすればいずれの政治権力においてもありうることではあるが、通常は室町幕府によるものを指す。正長元年(一四二八)の土一揆に際しては、幕府による徳政令は発令されず、秩序維持のための禁制が出されたのみであった。「嘉吉の乱」後の混乱に乗じて蜂起した土一揆の要求に屈して嘉吉元年(一四四一)徳政令を発令した幕府は、土倉役の停止という予想外の影響を受けることとなった。これに対処するためであろう、享徳三年(一四五四)の土一揆の際はまず徳政禁制を令する。しかし土倉が破られ、幕府への土倉役の停止が必至となったのをうけて、契約額の十分の一(分一銭を幕府に納入することを条件に債務破棄を認めるよう規定を改めた。禁制を改めてはみたもののこの改正による申請者はほとんどなく、幕府の財源補填の目論見は達せられなかった。そこで翌康正元年(一四五五)になって債権者より申請のない時は債務者の契約破棄申請も認めることにした。その後長禄元年(一四五七)、文明十二年(一四八〇)の場合は、分一銭納付条件付徳政禁制ではあるが、一定期間後の債務破棄申請も認めるものとなっており、禁制とはいうものの、債権・債務者の相反する立場を利用した幕府の土倉役補填策と化した。　(桑山　浩然)

とくせいもんごん　徳政文言　⇩徳政《とくせい》

とくせいれい　徳政令　すでに締結されている売買・貸借・寄進などの契約について、無条件で、もしくは条件を付して、契約関係の継続、もしくは破棄を宣言する法令。一般には契約関係の破棄宣言のみを意味すると理解されやすいが、当代のさまざまな契約形態に対応して除外規定も少なくない。また、契約の破棄を認めない趣旨のいわゆる「徳政禁制」も徳政令に含めることが多い。発令の主体は、京都ないし畿内近国にあっては室町幕府であることが多いが、近江国における守護六角氏、大和国における興福寺など地域権力によるものや、惣による徳政令の事例もみられる。いずれにせよ、経済界に動揺を与えるものであったから、平時に発令されることはなく、徳政令を要求する徳政一揆とか、戦乱時における政治的な駆引きとかが発令の契機となることが多かった。嘉吉の乱後の政治的混乱に乗じて一揆が蜂起し、その結果発令された嘉吉元年(一四四一)の徳政令が、室町幕府による徳政令の最初である。この時の法令は、はじめは徳政を認めるという簡単なものであったが、その適用をめぐって混乱が続いたので、永領地、御判・下知状を帯する地、売寄進地、祠堂銭、本銭返、年紀沽却地、質券地、借書、土倉以下の流質物について個別に規定した改正法が発令され、これが、以後の幕府徳政令の雛型となった。徳政令は契約当事者に影響を及ぼすだけでなく、土倉役を重要な財源としていた幕府にも歳入減をもたらすこととなった。その欠を補うためであろう、享徳三年(一四五四)に徳政令を発令せざるをえなくなった時は、契約額の十分の一(のちに五分の一)の分一銭を幕府に納めることを徳政令適用の条件とした。以後、若干の変遷はあるものの、分一銭の納入は幕府徳政令の基本原則となった。現在も残る分一銭収納を記録した引付は、当時の経済関係を知ることのできる重要史料である。　(桑山　浩然)

とくせん　徳銭　⇩有徳銭《うとくせん》

とくぜんのほう　得善保　周防国都濃郡に所在した保。現在地比定は山口県徳山市下上あたりとする説もあるが不詳。周防国衙領で、文治三年(一一八七)以前に筑前太郎家重が地頭に補任されていたが、押妨を重ねたため、

周防国在庁官人と東大寺勧進大和尚重源から訴えられた。その後、当保は石清水八幡宮遠石別宮領となったが、建久元年(一一九〇)以来御家人内藤盛家が地頭と称して押領を続け、翌二年八幡宮別当成清が乱妨停止を命じる下知状を発給している。建長二年(一二五〇)ついに幕府は当保の地頭職を停止するに至った。また、国衙の介入による相論も起こり、石清水八幡宮寺の進止とすべき院宣がしばしば発給されている。当保は鎌倉時代には造外宮役夫工米を免除されていたが、南北朝時代になると徴収されるようになったため、貞和元年(一三四五)朝廷・幕府ともにその停止を命じている。室町時代には大内氏やその被官が押妨を重ねていった。　(久保健一郎)

とくそうりょう　得宗領　鎌倉北条氏の家督である得宗の家領。徳宗領・徳崇領とも書き、得宗御領・御内御領・御内所領ともいう。北条泰時の代に確立し、鎌倉の得宗家公文所が統轄するようになり、同時頼の代に最も増加したらしい。得宗の権力が及んでいた北条一門の庶子家領とともに、北条氏の専制化(得宗専制)の経済的基盤になったばかりでなく、多数の得宗被官を通じて、間接的に、その軍事的、官僚的基盤ともなった。伊豆国時代の北条氏所領は、同国田方郡北条郷程度でしかなかったと思われるが、鎌倉幕府成立後、急速に増加し、現在までに三百余ヵ所が検出されている。東北地方と九州に多く、東国がこれに次いでいるが、一国単位では陸奥国と若狭国とに最も多い。農・鉱業生産力が高く、交通・軍事上重要な地域が多い。主な成立契機は、東北地方は奥州藤原氏の滅亡、武蔵・相模国などの東国は比企・畠山・和田・三浦氏など有力御家人の滅亡、畿内近国は承久の乱、九州は平家の滅亡と元寇とである。初期には将軍からの拝領が多かったが、中・末期には承久京方武士領や族滅御家人の没収地が多い。また、守護職占取による守護領や、罪科御家人の没収地のほか、わずかであるが、寄進・買得・押領などもある。ほぼすべてが地頭職であるが、初期には預所職兼帯もあり、末期には本家職・領家職・郡司職などの兼帯もあった。在地支配は、ほぼすべて給主・代官によった。もともと被官に乏しかったので、初期の代官は一般御家人が多く、中期には得宗被官が多い。末期に得宗被官上層部(御内宿老)が鎌倉に常住して官僚化すると、在地の土豪を又代官に起用する例が多くなるが、一方、在地支配を続けた得宗被官下層部(御内之仁)は、在地に定着して独自に領主化の途を進むものもあった。早くから年貢の銭納化と地頭請の傾向とが顕著だったので、事実上、得宗の地位は荘園領主のそれに酷似していた。なお、末期には関東御領も准得宗領化していた。鎌倉幕府滅亡後に「元弘収公地」となり、「相模入道ノ一跡ヲバ内裏ノ供御料所ニ被レ置、舎弟四郎左近大夫入道ノ跡ヲバ兵部卿親王ヘ被レ進、大仏陸奥守ノ跡ヲバ准后ノ御領ニナサル」と『太平記』一

得宗領(含北条氏一門領)一覧

所在国郡	名称(所職)	始期・相伝略系・終期	典拠
山城 宇治郡	醍醐寺東院西角房山地	～建暦元(一二一一)・七・二五(義時知行)→………	鎌倉一八八二
乙訓郡	上久世荘	～嘉元二(一三〇四)・一〇・一七(師時、公文を補任)→得宗領→………	鎌倉二二〇一〇、東寺百合を貞和二・三・二七
同	下久世荘	～永仁五(一二九七)・三・六(徳政令)……得宗領→………	東寺百合京康永四・九
(郡未詳)	江□荘	～建暦元(一二一一)・七・二五(義時知行)→………	鎌倉一八八二
大和 高市郡	波多荘	～寛喜元(一二二九)・九・二七(泰時知行)→………	鎌倉三〇〇二
河内 若江郡	八尾則光名	承久三(一二二一)(承久の乱で没収)時盛→………	鎌倉六二五六
高安郡	大窪荘	建治三(一二七七)・七・四(時宗拝領)……得宗領→………	建治三年記七・四条、鎌倉一二八五六
摂津 島上郡	小真上荘	～永仁四(一二九六)・二・二三(頼助、有助へ譲与)→………	鎌倉一九〇〇五・一九〇〇七・二五九六〇、高野山文保元・七・三
西成郡	福島荘	～徳治元(一三〇六)・六・三(安東蓮聖が代官)→………	鎌倉二二六六〇
同	生魂新荘	同	同
河辺郡	多田荘(多田院)	(承久三(一二二一)・六・五(大内惟信、承久の乱で京方))～貞応二(一二二三)・九・二四(泰時書状)→得宗領跡	鎌倉二七六〇・五三二一・五三二四・一一〇九七
伊賀 伊賀郡	予野荘	～安貞二(一二二八)・三(時房知行)→………	鎌倉三七三七・九三二一・九三二三・九三三三
伊勢 桑名郡	園村	→宣直跡	御鎮座建武二・九・二
員弁郡	長尾荘(御厨)	→直俊跡	同
同	笠間荘	→維貞→家時跡	御鎮座建武二・九・二、集古元弘三・七・一九
三重郡	大連名内柴田・深瀬村	～延慶元(一三〇八)・一一・二八(永忍禅尼寄進)……→(代官長崎泰光)跡	鎌倉二三四六五・二九七八三、御鎮座建武二・九・二
河曲郡	永恒	承久三(一二二一)(承久の乱後、時房拝領)→………	吾妻貞応元・三・三条
同	南堀江	同	同
同	柳御厨	→泰家跡	御鎮座建武二・九・二、比志島欠年
同	池田別符	→(大仏流か)→宣直跡	御鎮座建武二・九・二
同	河曲荘	同	同
鈴鹿郡	安楽村	同	同
同	岡田荘	→(宗政流か)→貞規後室跡	同
同	原御厨	建治三(一二七七)・七・四(時宗拝領)→貞時→貞時後室安達氏跡	建治三年記七・四条、鎌倉一二八五六
庵芸郡	黒田御厨	承久三(一二二一)(承久の乱後、時房拝領)→(佐介氏・常葉氏か)→高房・範貞跡	吾妻貞応元・三・三条、御鎮座建武二・九・二
同	栗真荘	→(時村流)→貞煕・茂時・時種跡	御鎮座建武二・九・二
同	窪田荘	→煕時後室南殿跡	同
同	上野御厨	→貞時後室跡	同
同	林荘	→貞房跡	同
一志郡	荘田方	～正和三(一三一四)・八・二七(守護貞顕の守護領)→………	鎌倉二五二二五

得宗領

所在国郡	名称(所職)	始期・相伝略系・終期	典拠
伊勢 飯高郡	石津荘	→法印貞源跡	御鎮座建武二・九・二
同	大塚荘	同	同
同	勾御厨	承久三(一二二一)(承久の乱後、時房拝領)→……	吾妻貞応元・三・三条
多気郡	丹生山(丹生荘)	承久三(一二二一)(承久の乱後、時房拝領)→(佐介氏・安芸氏か)→時俊後室・佐介氏跡	吾妻貞応元・三・三条、御鎮座建武二・九・二、園城寺建武四・二・晦
(郡未詳)	安枝名	→閑宗後室跡	御鎮座建武二・九・二
(同)	吉藤柳利光吉名	→宣直跡	同
(同)	両金法師跡	承久三(一二二一)(承久の乱後、時房拝領)→……	吾妻貞応元・三・三条
(同)	(十六ヵ所)	承久三(一二二一)(承久の乱後、時房拝領)→嘉禄二(一二二六)・七・一(四ヵ所を辞退)→……	吾妻貞応元・三・三、嘉禄二・七・一条
尾張 海部郡	富吉加納	〜弘安六(一二八三)・七・一六(時宗、円覚寺に寄進)得宗領……	鎌倉一四九〇八
同	富田荘	〜弘安六(一二八三)・三・二五(時宗、円覚寺に寄進)得宗領……	鎌倉一四八二四
中島郡	玉江荘	→貞直跡	比志島欠年
春部郡	篠木荘内野口・石丸保	〜永仁元(一二九三)・六・二五(貞時、円覚寺造営料所とする)→得宗領……	鎌倉一八二二七、円覚寺暦応二・二・七
知多郡	枳頭子荘	→貞家跡	園城寺建武四・二・晦
三河 碧海郡	重原荘	弘安八(一二八五)・一一・一七(霜月騒動後二階堂氏より没収か)……→貞直跡	比志島欠年
同	二宮荘	→跡	同
渥美郡	牟呂郷	→得宗領跡	結城欠年
同	草間郷	同	同
(郡未詳)	小山辺荘	→守時跡	比志島欠年
遠江 敷智郡	浜松荘内宇間郷	〜永仁四(一二九六)・一〇・二七(教時女尊浄尼、西大寺に寄進)→……	鎌倉一九六九三
同	村櫛荘東郷・西郷	〜正和元(一三一二)・六・三(宗宣没)→……	鎌倉二九〇六九
麁玉郡	宮口郷	→定証跡	鶴岡宮暦応二・四・五
長上郡	蒲御厨	〜建久八(一一九七)・六(時政、代官補任)→正治元(一一九九)・三・二三(停廃) 安貞元(一二二七)・一〇・三(時房、代官補任)……→泰家跡	鎌倉九二一・一〇四四・三六七二・三八九九、集古元弘三・七・一九
磐田郡	池田荘	→泰家跡	比志島欠年
佐野郡	谷和郷	→維貞跡	同
同	下西郷	同	同
同	大池荘	→高家跡	集古元弘三・七・一九
城飼郡	河村荘	建久二(一一九一)・一一・二三(河村高政、時政に寄進)……→正応二(一二八九)・七・九(東方地頭師時)……→	吾妻建久二・一一・二三条、鎌倉一七〇六二
(郡未詳)	宇狩郷	→維貞跡	比志島欠年
(同)	渋俣郷	→泰家跡	集古元弘三・七・一九
駿河 志太郡	伊賀留美郷	〜宝治元(一二四七)・二・一六(時頼、走湯山に寄進)→……	鎌倉六八〇二・六八六六
益頭郡	益頭荘	〜文治四(一一八八)・六・四(時政地頭)→……	吾妻文治四・六・四条
有度郡	池田郷	〜応長元(一三一一)・正・一九(貞時、鶴岡八幡宮に寄進)→……	鎌倉二四一七四
同	入江荘	高時押領→得宗領跡	太平記一三
廬原郡	興津郷	〜安貞二(一二二八)・三・六(泰時、被官譲状を安堵)→……	鎌倉三七〇八

所在国郡	名称(所職)	始期・相伝略系・終期	典拠
駿河 富士郡		〜文治三(一一八七)・三・一〇(時政の口入で橘次為茂が田所職拝領)→義時→泰時→経時→得宗領→……	吾妻文治三・三・一〇、建暦二・五・七、建保元・四・二九、寛元二・二・三条
同	賀島荘	〜元仁元(一二二四)・一一・一五(泰時、院主職補任を規定)→……	鎌倉九八九四・一〇三九八
同	泉荘	→泰家跡	比志島欠年
駿河郡	佐野荘	→貞直跡	同
同	大岡牧(荘)	→泰家跡	集古元弘三・七・一九
伊豆 田方郡	北条郷(郡)	平安時代末期→時政→義時→泰時→得宗領→高時・得宗領跡	北条系図、吾妻文治五・六・六条他
同	寺宮荘	建久元(一一九〇)・九・二一(時政拝領)→……	吾妻建久元・九・二一条
同	江間郷(荘)	〜養和元(一一八一)・四・七(義時、江間を称す)→江間流→……	北条系図、吾妻養和元・四・七条
同	三島社	〜元久二(一二〇五)・二・二九(時政支配)→得宗領……	鎌倉一五三四・八六五六・九〇二九
同	三薗郷	〜元久二(一二〇五)・二・二九(三島社領)→弘安四(一二八一)・閏七・二七(時宗、地頭職を三島社に寄進)→……	鎌倉一四四一〇
同	郡宅郷(郡)	→上野介ら跡	三島社延文六・六・一、同六・六・二五
同	三浦荘(三津荘か)	→元弘三(一三三三)・一一・二三守時後家喝命所	鶴岡宮元弘三・一一・二三
那賀郡	宇久須郷	〔文永五(一二六八)・五・三〇(新田岩松領)〕→貞直跡	鎌倉一〇二五一、比志島欠年
同	仁科荘	〜建暦元(一二一一)・七・一八(時政、供菜を免除)→……→貞直跡	鎌倉一八八二三、比志島欠年
甲斐 山梨郡	塚原	→七郎跡	大善寺建武四・七・一六
八代郡	大石禾郷	〜嘉元三(一三〇五)・四・二六(覚恵、棟別銭徴収)→……	鎌倉二二一八五
巨摩郡	甘利荘南方	〔文治元(一一八五)(甘利行忠殺害)〕〜文永八(一二七一)・四・二七(時宗、代官を補任)→……	紀伊三浦文永八・四・二七、尊卑分脈
(郡未詳)	小岡郷	→七郎跡	大善寺建武四・七・一六
(同)	安村別符	→泰家跡	集古元弘三・七・一九、岩松応永三・七
相模 足上郡又は高座郡	菖蒲	建保元(一二一三)・五・七(和田氏の乱後、義時拝領)→……	吾妻建保元・五・七条
大住郡	波多野荘南方	〜建保三(一二一五)・正・六(時政没以前に院主を補任)→重時→長時→久時→守時……	鎌倉二六五六四・二六六一五
同	糟谷荘	建仁三(一二〇三)・九・二(比企氏の乱で糟谷氏滅亡)……→貞直跡	比志島欠年
同	田村郷	〔宝治元(一二四七)・六・五(三浦氏滅亡)〕……→貞直跡	同
同	弘河郷	→定証跡	鶴岡宮暦応二・四・五
愛甲郡	奥三保	〜元亨三(一三二三)・一〇(得宗被官の合田・本間氏が給主)→得宗領……	円覚寺元亨三・一〇
高座郡	絃間郷	→貞直跡	比志島欠年
同	懐島郷	〔弘安八(一二八五)・一一・一七(二階堂行景殺害)〕……→貞直跡	鎌倉一二一四三、比志島欠年、北条九代記弘安八・一一・一七条
鎌倉郡	山内荘	建保元(一二一三)・五・七(和田氏の乱後、義時拝領)→得宗領跡	吾妻建保元・五・七条、円覚寺欠年
(郡未詳)	治須郷	→貞直跡	比志島欠年

所在国郡	名称(所職)	始期・相伝略系・終期	典拠
武蔵 久良岐郡		……→金沢氏か……	比志島欠年
同	六浦荘	〔建保元(一二一三)・五・二(和田氏の乱)又は宝治元(一二四七)・六・五(三浦氏の乱)〕……→宝治元(一二四七)・六・六(実時)→金沢氏跡	吾妻宝治元・六・六条、鎌倉一〇五三三
荏原郡	六郷保大森郷	→五郎跡	下総大慈恩寺明徳二・二・二五
同	世田谷郷か	~延慶元(一三〇八)・一〇・一三(北条成願、時頼の守本尊安座)→……	駒留八幡神社神像墨書銘、円宗寺位牌
足立郡		→泰家跡	比志島欠年
同	大谷郷	→右近将監跡	芦名建武元・四・一〇
同	佐々目郷	~永仁四(一二九六)・二・二八(頼助没)→……	北条系図(佐々目僧正)、鶴岡宮建武二・八・一七
入間郡	横沼郷	~正嘉元(一二五七)・一一・二八(時頼、鎌倉大慈寺釈迦堂に寄進)→……	鎌倉八一六七・八一六八
埼玉郡	太田荘	~寛喜二(一二三〇)・正・二六(泰時の公文所、新開を沙汰)→	吾妻寛喜二・正・二六条
(郡未詳)	桑塚	→跡	比志島欠年
安房 北郡		〔弘安八(一二八五)・一一・一七(霜月騒動後、二階堂氏より没収)〕……→金沢氏→……	鎌倉一五六四六、北条九代記弘安八・一一・一七条、金沢文庫(欠年)六・三
上総 市原郡	与宇呂保	~建治二(一二七六)・一〇・二三(実時没以前に称名寺用に配分)→上総女房跡	金沢文庫欠年一二七
同	市原荘	(長崎高資が代官か)……	尊経閣(欠年)三・三
畔蒜郡	畔蒜南荘亀山郷	〔建保元(一二一三)・五・七(和田氏の乱で収公)〕~弘安六(一二八三)・七・一六(時宗、円覚寺に寄進)得宗領……	吾妻文治二・六・一一条、鎌倉一四九〇八
望陀郡	飯富荘	建保元(一二一三)・五・七(和田氏の乱後、時房拝領)……	吾妻建保元・五・七条
長柄郡	橘木荘	元久二(一二〇五)・七―建永元(一二〇六)・一〇(良海の醍醐寺座主期間に義時請所)……	橘神社(欠年)二・一四、鎌倉一五三五
下総 葛飾郡	下河辺荘	~建治元(一二七五)・四・二七(実時が譲与)→……	鎌倉一一八七七
印旛郡	平塚郷	~寛元元(一二四三)・一一・一一(実時領)→……	鎌倉六二四七・六二四八・九二一七
同	印西郷	同	同
海上郡	東荘上代郷	元応元(一三一九)・一二(東盛義の三分一を収公)~元亨元(一三二一)・六・二三(称名寺に寄進)→……	金沢文庫元応元・一二、鎌倉二七三〇八
埴生郡	埴生荘	~寛元元(一二四三)・一一・一一(西条のみ実時領)→建長三(一二五一)・三・七(足利義氏跡を実時拝領)→……	鎌倉六二四七・六二四八・九二一七、吾妻建長三・三・七条
常陸 新治郡	下妻荘	~永仁五(一二九七)・閏一〇・一三(宗宣、八幡宮別当を補任)→維貞→家時→……	大宝八幡宮永仁五・閏一〇・一三、嘉元二・二・八、鎌倉二一三九六
伊佐郡	平塚郷	→時綱跡	鹿島神宮応安元・閏六・一二
真壁郡	真壁荘竹来郷	〔正安元(一二九九)・一二(真壁盛時没収される)〕正安二(一三〇〇)・八(光政拝領)→……	鎌倉二〇四六五
同	田村村	~元亨三(一三二三)・一一・三(得宗被官工藤貞行が代官)→得宗領→……	鎌倉二八五七三

所在国郡	名称(所職)	始期・相伝略系・終期	典拠
常陸 筑波郡	田中荘	→泰家跡	比志島欠年、鎌倉一三八一四
同	若森郷	~徳治元(一三〇六)・四・一四(得宗被官千竈氏が代官)→……	鎌倉二二六〇八
信太郡	信太荘	~正中元(一三二四)(守政、年貢を対捍)――→一門跡	東寺百合せ元徳元・一二・七、同三・五・二七、鎌倉三〇八二四
茨城郡	惣社敷地	→時家・師頼→……	常陸惣社欠年
北郡		~建治二(一二七六)・一〇・二三(実時没以前に称名寺用に配分)→……	比志島欠年、金沢文庫欠年一三七、鎌倉一二三六四
行方郡	小牧村	嘉元元(一三〇三)(時綱拝領)→……	鹿島神宮欠年
那珂東郡		→維貞跡	比志島欠年
吉田郡	吉田郷	~弘長元(一二六一)・七・三(時広安堵状)→……	鎌倉八六七八
同	恒富郷	→家時跡	吉田薬王院延元四・三・一三
久慈郡	大窪郷	〔~永仁元(一二九三)・四(平頼綱の乱の収公地)〕……→桜田氏か→……	鎌倉一八一六七・二〇七一三
同	東岡田郷	→式部大夫跡	臨川寺元弘三・八・七、鎌倉三二八二四
同	茨連	→貞国跡	正宗寺本北条系図
近江 甲賀郡	柏木御厨	~建治二(一二七六)・一〇・二三(実時没以前に称名寺用に配分)→……	金沢文庫欠年一三七
同	池田御厨	→泰家跡	比志島欠年
同	岩根郷	~建治元(一二七五)・一〇・二一(時宗寄進)→……	鎌倉一二〇五三
愛智郡	岸下御厨	→泰家跡	比志島欠年
犬上郡	多賀神社	~元亨二(一三二二)・一一・一六(得宗領)→……	鎌倉二八六六八
高島郡	広瀬荘	→維貞跡	比志島欠年
美濃 高城西郡		~貞永元(一二三二)・一一・三(泰時領)→……	吾妻貞永元・一一・三条
安八郡	中河御厨	→得宗領跡	小笠原建武四・八・一三
同	大榑荘	〔正治二(一二〇〇)・一一・九(小山宗政領)〕~貞永元(一二三二)・一一・一三(泰時領)→……	吾妻貞永元・一一・一三条、鎌倉一一六六
信濃 伊那郡	伊賀良荘	~文治四(一一八八)・六・四(時政地頭)→元徳元(一三二九)・三(時見・篤時ら)→跡	吾妻文治四・六・四条、守矢嘉暦四・三
同	伴野荘	~嘉元二(一三〇四)・六・六(時範)→嘉元三(一三〇五)・五・四(宗方)→……	守矢嘉暦四・三
同	春近領二吉郷	~建長四(一二五二)・八・七(時頼の裁許)→……	鎌倉七四六三
同	春近領小井氏郷	同	鎌倉七二七三・七二七四・七四六三・一六〇八六
筑摩郡	捧荘	~元徳元(一三二九)・三(英時)→……	守矢嘉暦四・三
同	浅間郷	~元徳元(一三二九)・三(基時)→……	同
更級郡	四宮荘	→時顕跡	天竜寺重書貞和二・六
水内郡	深田郷	弘長三(一二六三)・三・一七(時頼買得)→……	吾妻弘長三・三・一七条
同	太田荘	〔文永四(一二六七)・一二・一九(島津長久領)〕~建治元(一二七五)・四・二七(実時譲与)→藤原氏女→顕時→貞顕跡	鎌倉九六二七・一一八七・二三八五、南北(九)一三三一
埴科郡	春近領船山郷	~元徳元(一三二九)・三(基時)→……	守矢嘉暦四・三

所在国郡	名称(所職)	始期・相伝略系・終期	典拠
信濃 小県郡	塩田荘	~建治二(一二七六)・三・六(義政)→左近将監→……	鎌倉一二五九三、北条九代記建治三・五・二六条、東寺欠年
同	小泉荘	~延応元(一二三九)・七・一五(泰時、善光寺に寄進)……→泰家跡か	吾妻延応元・七・一五条、比志島欠年
上野 那波郡	北玉村御厨	~弘安九(一二八六)・正・二三(得宗家公文所奉書で円覚寺仏日庵に寄進)→得宗領→……	鎌倉一五七八八
佐位郡	淵名荘	~文永九(一二七二)・一一・一八(得宗被官黒沼太郎入道が荘政所)→得宗領跡か	鎌倉一一一四六、太平記一〇
新田郡	新田荘	~元応二(一三二〇)・五・三(高時、長楽寺住持を補任)→……得宗領→……	鎌倉二七四八二、宇都宮建武二・九・二七、太平記一〇
邑楽郡	佐貫荘内板倉郷	~永仁元(一二九三)・一〇・六(得宗家公文所奉書で伊豆山に寄進)→得宗領→……	鎌倉一八三八六
下野 安蘇郡	阿曽沼郷	→伊時跡	関城繹史建武三・七、鶴岡社務記録
塩屋郡	塩谷荘	~嘉暦元(一三二六)・正・一五(これ以前に高時拝領)→得宗領→……	金沢文庫(欠年)正・一五
陸奥 白河郡	白河荘	→駿河入道後家跡	白河証古建武三・三・三
会津四郡	大会津・河沼・耶麻・大沼郡	(宝治元(一二四七)・六・五(三浦氏滅亡))……→泰家・顕業跡	由良元弘三・七・一九、宇都宮建武二・九・二七
安積郡		→国時跡	秋田藩採集元弘三・五・二三
伊達郡		→得宗領跡	伊達建武五・閏七・二六
刈田郡		→名越氏・刈田氏→……	北条系図、太平記一〇
名取郡		(宝治元(一二四七)・六・五(三浦氏滅亡))→宝治元・七(時頼、代官を補任)→……	吾妻建保元・五・七条、鎌倉六八五六
菊多郡	上田荘	→泰家跡か	比志島欠年
磐城郡	好島荘	~文永元(一二六四)・三・一九(得宗被官神四郎了義、荘内の紙谷郷を拝領)→……	鎌倉一二四九三
標葉郡		~正中元(一三二四)・六・二(高時の安堵状)→……	鎌倉二八七六二
伊具郡	伊具荘(郡)	~文永七(一二七〇)・三・一(有時没)→伊具氏→……	北条系図、斗蔵寺鐘銘
同	伊具荘内金原保	~元亨三(一三二三)・一一・三(得宗被官工藤氏が代官)→得宗領→……	鎌倉二八五七三、有造館本結城元弘四・正・一〇
亘理郡	坂本郷	~建治二(一二七六)・一〇・三(実時没以前に称名寺寺用に配分)→竹岸殿→……	金沢文庫欠年二三七、相馬建武四・二・六
黒河郡		→実顕・時村女跡	諸家系図所収建武三・一一・九、留守観応元・五
玉造郡		~建治二(一二七六)・一〇・三(実時没以前に称名寺寺用に配分)→金沢氏→……	金沢文庫(欠年)三・五、欠年三七・一六二三
磐井郡	奥玉保	(弘安八(一二八五)・一一・一七(霜月騒動後、二階堂氏より没収か))→金沢氏→称名寺→……	二階堂欠年、鎌倉一七六九九
同	平泉保(毛越寺)	弘安一〇(一二八七)(盛朝、毛越寺別当に就任)→讃岐法印実助→信濃律師朝演→……	経蔵別当相伝系図、中尊寺建武元・八
遠田郡		建保元(一二一三)・五・七(和田氏の乱後、泰時拝領)→……	吾妻建保元・五・七条、鎌倉一八二六

所在国郡	名称(所職)	始期・相伝略系・終期	典拠
陸奥 閉伊郡		~弘安八(一二八五)・正・二三(貞時、得宗被官に分与)→……	鎌倉一五四〇九
糠部郡		(建久元(一一九〇)(大河兼任の乱))~義時か→得宗領→泰家・茂時跡	鎌倉六七六八、比志島欠年、白河元弘三・一二・一八
津軽四郡	田舎・鼻和・平賀・山辺郡、外浜	(建久元(一一九〇)(大河兼任の乱))~義時か——→得宗領跡	鎌倉二四〇四・六七六八・九〇三、比志島欠年、結城欠年
(郡未詳)	葛西氏旧領	(弘安一〇(一二八七)(盛朝、毛越寺別当に就任))~(盛朝ら押領・越境)→……	中尊寺建武元・八
(同)	蝦夷里	~正中二(一三二五)・九・一一(得宗被官安東宗季が代官)→……	鎌倉二九一九四
出羽 村山郡	寒河江荘	~永仁三(一二九五)・閏二・二五(得宗被官工藤氏、知行分を円覚寺仏日庵に寄進)→……	鎌倉一八七五九
置賜郡	屋代荘	~弘長三(一二六三)・六・三(当荘にて『三周義釈』が書写される)→金沢氏→……	由良(欠年)四・五、金沢文庫蔵『三周義釈』奥書
平賀郡		→忠時跡	平賀家延文四・四・一〇
田川郡	大泉荘	(建長四(一二五二)・八・一四(大泉流武藤氏村か))→……	吾妻建長四・八・一四条、由良(欠年)四・五
若狭 遠敷郡	国富荘	~(元亨元(一三二一)—同三)——→得宗領跡	鎌倉九四二三・一〇四一九、壬生元弘三・五・九、新写建武二・八・二六
同	大興寺	~(元亨元(一三二一)—同三)——→得宗領→……	鎌倉九四二三
同	西津荘(汲部浦・多烏浦)	安貞二(一二二八)泰時→経時→重時→八郎→時輔→時宗→貞時→宗方→宣時→貞時→高時→得宗領跡	鎌倉九四二三・一〇三七二・一〇九四九、若狭国守護職次第
同	太良荘	乾元元(一三〇二)・四・二三(得宗領化)——→得宗領→得宗領跡	鎌倉九四二三・二〇七七一・二四二七九、東寺百合元亨三、建武元・五
同	賀尾浦	~(元亨元(一三二一)—同三)——→得宗領→……	鎌倉九四二三
同	阿納浦	同	同
同	志積田	同	同
同	常満保	同	鎌倉九四二三・一〇三八四
同	栗田保(別当田)	同	鎌倉九四二三
同	松林寺	同	同
同	賀茂社	同	同
同	開発保	安貞二(一二二八)泰時→経時→重時→八郎→時輔→時宗→貞時→宗方→宣時→貞時→高時→得宗領跡	鎌倉九四二三、若狭国守護職次第
同	恒枝保(西郷・志万郷)	乾元元(一三〇二)(若狭忠兼より没収)……→得宗領→得宗領跡	鎌倉九四二三、東寺百合ゑ建武元・四
同	富田郷	~(元亨元(一三二一)—同三)——→得宗領→……	鎌倉九四二三
同	是光名	同	同
同	正行名	同	同
同	利枝名	同	同
同	今富名	寛喜元(一二二九)又は同三(一二三一)経時→時頼→時宗→貞時→高時→得宗領跡	鎌倉九四二三・一〇三八四、若狭国今富名領主次第

所在国郡	名称(所職)	始期・相伝略系・終期	典拠
若狭 遠敷郡	吉田荘	～(元亨元(一三二一)―同 三)→得宗領→	鎌倉九四三
同	鳥羽上荘・下荘	同	同
同	織手名	同	鎌倉九四三・一〇三八四
同	東郷	～文永五(一二六八)・七(得宗被官工藤氏が給主)→得宗領→	同
同	秋里名	～(元亨元(一三二一)―同 三)→得宗領→	同
遠敷郡か	光里名	同	鎌倉九四三
同	得永名	同	同
同	千代次名	同	同
同	武延名	同	同
同	吉松名	同	同
同	時枝名	同	同
同	国掌名	同	同
同	七郎丸名	同	同
同	八幡宮	同	同
同	日吉社	同	同
同	相意名	同	同
同	是永名	同	同
同	安行名	同	同
同	四郎丸名	同	同
同	清貞名	同	同
同	沢万名	同	同
同	東出作	同	同
大飯郡	岡安名	同	同
同	友次浦	同	同
同	恒貞浦	同	、同
同	佐分郷	安貞二(一二二八)泰時→経時→重時→八郎→時輔→時宗→貞時→宗方→宣時→貞時→高時→得宗領跡	鎌倉七三〇三・九四三、若狭国守護職次第
三方郡	倉見荘	～元応二(一三二〇)八・三―得宗領→	鎌倉九四三・二七五四一
同	馬背竹波	～(元亨元(一三二一)―同 三)→得宗領→	鎌倉九四三
同	佐古出作	同	同
同	能登浦	同	同
三方郡か	永富保	同	同
同	得吉保	同	同
越前 丹生郡	大蔵荘	～文治二(一一八六)・九・三(時政)→	吾妻文治二・九・一三条
今立郡	山本荘	建治三(一二七七)・七・四(時宗拝領)→	鎌倉三九〇三・一九六五六、建治三年記七・四条
大野郡	牛原荘	～建保三(一二一五)・正・六(時政没以前に時政領)(二階堂行政・伏見広義)～貞応元(一二二二)・四・五(時盛)→時治跡	鎌倉二九三・二九四三・二九四・二九五・六二〇四、北条系図、太平記一〇

所在国郡	名称(所職)	始期・相伝略系・終期	典拠
加賀 能美郡	軽海郷	～元徳元(一三二九)・七(称名寺領)→金沢氏→	金沢文庫嘉暦四・七、元徳二・閏六
加賀郡	笠野南方	→遠江前司女跡	保阪建武四・五・一八
石川郡	大野荘	→正中二(一三二五)・九・二四以前に下地中分→得宗領跡	天竜寺貞和二・閏九・一九、康永二・一一・二六、欠年
能登 羽咋郡	若部保	→兵庫入道跡	鎌倉二六八、永光寺暦応三・三・六
越中 新川郡	堀江荘	→時有・顕時・公篤跡	祇園社記御神領部元弘三・九・三、八坂社元弘三・一一・一九、祇園宝寿院建武五・四・三
射水郡	岡成名	安貞年間(一二二七―二九)朝時に寄進…→名越流	朽木正慶元・九・二三
越後 頸城郡	松山保	→右馬権頭義時跡	仁木建武四・四・二
同	沼河郷	(正安三(一三〇一)・七(備前前司宗長)―延慶二(一三〇九)・七(宗長没))→	吉田家本追加欠年
古志郡	志土岐荘	(能登入道拝領)→	金沢文庫(欠年)正・一五
蒲原郡	弥彦社(荘)	～文永八(一二七一)・三(時宗、地頭職を補任)→	弥彦神社縁起
同	紙屋荘	→得宗領跡	南北(九)九六一・一七四六
沼垂郡	奥山荘金山郷	～永仁元(一二九三)・八・二九(顕時女・時如妻領)→	三浦和田貞和六・二・二五
同	奥山荘中条	～永仁四(一二九六)・一一・二四(貞時拝領)→規時→	鎌倉一五三二八
岩船郡	荒河保	～正応五(一二九二)・七・一八(時村か)→	鎌倉一七九七一、三浦和田元徳三・六・五
佐渡 羽持郡		→貞直跡か	比志島欠年
雑太郡	石田郷	～文永九(一二七二)・夏(宣時知行)→	鎌倉一一〇九五
同	吉岡	→貞直跡か	比志島欠年
(郡未詳)	六斗郷	→泰家跡	同
丹波 氷上郡	成松保	～元応二(一三二〇)・一〇・五(内管領長崎高資の奉書で建長寺に寄進)→得宗領→	鎌倉二七五八一・二七五八二、円覚寺(欠年)三・二一
但馬 養父郡	小佐郷(恒富名・一分方・二分方)	～弘安二(一二七九)・八・一九(公時)→	鎌倉一三七三五・一五七七四
出石郡	太田荘	～弘安八(一二八五)・三(越前前司後室)→	鎌倉一五七七四、鎌倉実記文治二・五
伯耆 久米郡	北条郷	～建長元(一二四九)・一一・三(重時、代官を補任)→	鎌倉七一三一
出雲 意宇郡	竹矢郷	～文永八(一二七一)・一一(時宗)→	鎌倉一〇九二三
出雲郡	漆治郷	～文永八(一二七一)・一一(下野入道女)→…弘安元(一二七八)・六・二五(時宗か)→延慶三(一三一〇)・三(師時寄進)→	鎌倉一〇九二三・一三〇九〇・二四一五六
飯石郡	須佐郷	～文永八(一二七一)・一一(時宗)→	鎌倉一〇九二三
仁多郡	横田荘	～文永八(一二七一)・一一(時輔)→	鎌倉一〇九二三・一一一七五・一一一七六
播磨 明石郡	垂水郷	→貞直跡	比志島欠年
賀古郡	五箇荘	～正和四(一三一五)・六・二(御内御恩地)→	鎌倉二五五五一
飾磨郡	土山荘	～正安二(一三〇〇)(得宗領)→	鎌倉二〇五三〇

所在国郡	名称(所職)	始期・相伝略系・終期	典拠
播磨 揖保郡	福居荘	(天福元(一二三三)・九・一七(吉川氏領))〜……→維貞跡	鎌倉四五六三、由良元弘三・七・一九
賀茂郡	在田上荘・下荘	〜貞応元(一二二二)・七・二三(義時領)→……嘉暦元(一三二六)(安達時顕、領家職を寄進)……	鎌倉二九八一・二六七七・二六〇四、高野山嘉慶元・一〇
備前 和気郡	日笠荘	→勝阿跡	鎌倉三〇三九、新写建武二・八・二六
備後 葦田郡	城山	→貞直跡か	比志島欠年
恵蘇郡	高野	同	同
御調郡	因島荘(領家職兼帯か)	→得宗領→……→泰家跡	浄土寺元弘三・一一・三〇
同	三津荘	〜建治二(一二七六)・八(右近将監)→……	鎌倉一二四六〇
同	重井荘	〜建治二(一二七六)・八(領家左近将監正円)→……	同
同	因島中荘	〜建治二(一二七六)・八(宗政)→……	同
周防 佐波郡	下得地保	〜弘安六(一二八三)・八・九(時村寄進)→……	鎌倉一四九三三
長門 豊浦郡	吉永荘	弘安五(一二八二)・八・二四—同七・正・一七(忠時守護に在任)→……	南北(九)五四三、長門国守護職次第
同	一宮荘(吉母村)	同	同
同	二宮荘	弘安五(一二八二)・八・二四—同七・正・一七(忠時守護に在任)→(守護七代)→嘉暦元(一三二六)・三・二〇(時直返付)	鎌倉二九六九〇、南北(九)五四二、長門国守護職次第
紀伊 伊都郡	隅田荘	〜弘安八(一二八五)・六・一七(業時)→時兼→基時→仲時跡	鎌倉一五六〇八・一六四八六・一九七一六、須田家元弘元・九・二
淡路 津名郡	志筑荘	〜貞応二(一二二三)・四(時房領)→……	鎌倉三〇八八
同	掃守荘	→得宗領→高時跡	鎌倉三〇八八、随心院建武二・二・一〇
伊予 久米郡	良生名	〜弘安七(一二八四)・七・二一(顕時、代官を補任)……	鎌倉一五二五三
同	国清名	同	同
同	久米良郷	→維貞跡か	比志島欠年
土佐 香美郡	大忍荘	〜弘安七(一二八四)・四・四(時宗没以前に忍性に寄進)→……→貞時→……	鎌倉一六〇六五・二六九七四、元亨釈書一三
(郡未詳)	下中津山	→得宗領→泰家跡	由良元弘三・七・一九
筑前 怡土郡	怡土荘	→維貞跡	鎌倉三二七四、南北(九)一〇八・一二四
宗像郡	宗像社(本家・領家・預所・地頭)	宝治元(一二四七)・六・五(三浦氏滅亡)〜乾元元(一三〇二)・一一・二三(三職兼帯)→……	鎌倉六八二六・二一二三九・二三八三、南北(九)三六四四
遠賀郡	山鹿荘内麻生荘野面荘上津役郷	〜建長元(一二四九)・六・二六(時頼、代官を補任)→時宗→得宗領→……	鎌倉七〇八八・九〇六七・二〇一六
嘉麻郡	綱別荘	〜正応五(一二九二)・三・二六(得宗被官片穂氏が代官)→……	鎌倉一七八五六・二三三九五・三二七七〇

所在国郡	名称(所職)	始期・相伝略系・終期	典拠
筑後 御原郡	三原荘東郷・西郷	〜正中二(一三二五)・三(関東備前守領)→……	鎌倉二九〇六九
竹野郡	竹野荘	→得宗領→高時跡	南北(九)三七六
同	竹野新荘	同	南北(九)一八七
山本郡	竹井荘	〜(寛喜年間(一二二九—三二)(支岐氏三代、代官を相伝))→	志岐元徳二・三
三潴郡	三潴荘弥富名	〜文永元(一二六四)・八・二一(長時没以前の給分)→……	鎌倉一一六八三
三毛郡	三毛南郷堺村	(正中元(一三二四)・二・一三(中原貞宗領か))……→得宗領跡	鎌倉二八六六四、南北(九)一九四
豊前 田河郡	糸田荘	→貞義跡	太平記三
企救郡(規矩郡)		〜建治二(一二七六)・一〇・三(実時没以前に称名寺寺用に配分)→……→高政跡	鎌倉一三三一一、金沢文庫欠年一二七・五四三、平氏系図、太平記三
同	門司関	〜(宝治年間(一二四七—四九)(宝治の過書))→……	鎌倉二二六九一・二八六九五、比志島欠年
仲津郡	吉田荘	→家時跡	南北(九)二九九四
上毛郡	吉富名	〜建治三(一二七七)・一二(女房領)→……	鎌倉一二九〇四・一二九二七
同	上野村	→得宗領→泰家跡	南北(九)二九〇〇
(郡未詳)	平島	→兵庫頭宗演跡	南北(九)一二三〇
(同)	御沓村	→得宗領→泰家跡	南北(九)一八八・二三三・二四・二四〇・二四三
豊後 玖珠郡	岩室村	(弘安八(一二八五)・九・晦(岩室良信領))……→高政領→高政跡	鎌倉一五七〇〇・一五七〇一、南北(九)一六三
大野郡	三重郷	(弘安八(一二八五)・一一・一七(霜月騒動後、安達氏より没収))〜元弘元(一三三一)・一〇・三(基時領)→……	鎌倉一五七〇〇・一五七〇一、南北(九)三三六
同	井田郷	〜弘安八(一二八五)・九(時輔女領)→……	鎌倉一五七〇〇・一五七〇一、南北(九)五・六
海部郡		〜弘安八(一二八五)・九・晦(公明領)→……	鎌倉一五七〇一
同	臼杵荘	〜弘安八(一二八五)・九(業時領)→……	鎌倉一五七〇〇・一五七〇一
同	佐賀郷	〜弘安八(一二八五)・九(貞時領)→得宗領→……	鎌倉一五七〇〇
同	丹生荘	(弘安八(一二八五)・九(大友頼泰領))〜九・晦(業時領)→……	鎌倉一五七〇〇・一五七〇一
大分郡	永興寺・国分寺内梨畑	〜弘安八(一二八五)・九・晦(公時領)→……	鎌倉一五七〇一
速水郡	石垣荘別符	〜文永一〇(一二七三)・六・九(宗長領)→……→公明→……	鎌倉一一三四二・一五七〇〇
同	大神荘日出・津島	〜弘安八(一二八五)・九(貞時領)→得宗領→……	鎌倉一五七〇〇・一五七〇一
同	山香郷(荘)広瀬	(弘安八(一二八五)・九・晦(工藤致持領))……→宮内少輔治時領→治時跡	鎌倉一五七〇〇・一五七〇一、工藤勲欠年
国崎郡	田染郷(荘)吉丸名	〜弘安八(一二八五)・九(公時領)→……	鎌倉一三一〇七・一五七〇〇・一五七〇一
同	来縄郷(郷司職)	嘉元三(一三〇五)・五・四(大友能泰、宗方に与力して所領を没収、式部大夫女領化)……	鎌倉一五七〇〇・一五七〇一、松成欠年、北条九代記
同	安岐郷(荘)成久名	〜弘安八(一二八五)・九(宗頼母辻殿領)→……	鎌倉一五七〇〇・一五七〇一

所在国郡	名称(所職)	始期・相伝略系・終期	典拠
肥前 三根郡	坊所保(領家)	↓孫四郎跡	南北(九)一九〇
同	西坊所保	～文保二(一三一八)・一・三(万寿領)↓……	鎌倉二六八三五・二六八六二、南北(九)三三六・一九七三
佐嘉郡	河副荘	～正応元(一二八八)・正・一八(朝房領)↓……↓時定↓定宗↓ ……↓高政ら跡	鎌倉一六四八五・一六八〇八、南北(九)七二六・七九八・一三〇二
同	佐賀領	〔建長五(一二五三)・一二・八(高木資朝領)〕～建治二(一二七六)・一〇・三(実時没以前に称名寺寺用に配分)↓……↓顕実跡	金沢文庫欠年一二七・五四三、南北(九)二一一〇・一七六五三
同	安富荘	建治三(一二七七)・六・一三(時宗拝領)↓……↓得宗領↓……	建治三年記 六・一三条
小城郡	高来西郷(領家・惣地頭)	～弘安九(一二八六)・閏一二・二八(時定領)↓……	鎌倉一六一三〇
高来郡	山田荘(領家・地頭)	～弘安九(一二八六)・閏一二・二八(時定領)↓……↓随時↓…… ……↓治時跡	鎌倉一六一三〇・二五六六三、南北(九)五五八一
肥後 阿蘇郡	阿蘇社(預所兼帯)	～建久六(一一九五)・正・二(時政領)↓義時↓時定↓定頼↓ ……	鎌倉七六四・一二四八・三四六八・六七七八・九五六八・一〇三一七六
同	阿蘇社小国郷	～建長七(一二五五)(時定下向)↓定宗↓随時――↓治時跡	満願寺年代記
託麻郡	安富荘	建治三(一二七七)・六・一三(時宗拝領)↓……	建治三年記 六・一三条
同	健軍社(預所兼帯)	～建久九(一一九八)・三・一五(時政領)↓泰時↓得宗領↓時頼 ↓泰家跡	鎌倉一〇一八・三七五五・六六〇二、南北(九)一八〇二、比志島欠年
同	皆代	↓高政跡	南北(九)二六〇三・三〇七
益城郡	六箇荘	～安貞二(一二二八)・六・一九(泰時領)↓……	鎌倉三七六一・二五八三六
同	甲佐社	～建久九(一一九八)・三・一五(時政領)↓長時↓時頼↓…… ↓高家・邦時跡	鎌倉一〇一八・六九四六・七一一九・七一三〇・七三五八、南北(九)一八〇二
同	守富荘	～宝治二(一二四八)・三・三(長時領)↓……	鎌倉六九四六、南北(九)八六・三六八〇
宇土郡	郡浦社	～建久九(一一九八)・三・一五(時政領)↓……	南北(九)一八〇二
同	宇土荘	承久三(一二二一)(承久の乱後、尊長領より没収)↓…… ↓嘉元三(一三〇五)(師時領か)↓……	鎌倉二七五四・三三五九
天草郡	志岐浦	～〔寛喜年間(一二二九―三二)(泰時、代官を補任、寄進)〕↓ 得宗領↓……	鎌倉一九四〇、志岐元徳元・一〇
同	大浦	↓高政跡	南北(九)二六〇三・三〇七
葦北郡	葦北荘(佐敷浦・久多良木浦)	葛西殿領↓文保二(一三一八)・七・五(高時安堵)↓得宗領↓ ……	鎌倉二六七二七
球磨郡	人吉荘北方	寛元元(一二四三)・一二・一三(相良氏領の半分を没収)経時↓…… ……↓得宗領↓……↓高時跡	鎌倉六二六六・六三二一・六六四四・六六四五・六六四六、相良元弘四・正
同	球磨領	弘安八(一二八五)・一一(岩門合戦後、少弐景資より没収)……	鎌倉六六四〇・六六四一・一四八九八・二八二九八
日向	島津荘日向方	建仁三(一二〇三)・九・四(比企氏の乱後、島津忠久より没収)時政↓……↓守時↓英時跡	吾妻建仁三・九・四条、比志島欠年、南北(九)二六八
宮崎郡	国富荘	↓泰家跡か	比志島欠年

所在国郡	名称(所職)	始期・相伝略系・終期	典拠
大隅	島津荘大隅方(鹿屋院・岸良村・久富名)	建仁三(一二〇三)・九・四(比企氏の乱後、島津忠久より没収)時政↓……↓公時↓時家↓幸夜叉丸↓高家跡	吾妻建仁三・九・七条、鎌倉一三四六一・一七三二・一三三四五、南北(九)一一〇七
熊毛郡	多禰島	↓高家跡	南北(九)六五六・一〇一〇
薩摩 高城郡	新田宮(郡司兼帯)	～建仁三(一二〇三)・一〇・二六(時政、執印・院主を補任)↓……	鎌倉一二九五
河辺郡	加世田別符	～徳治元(一三〇六)・四・一四↓……↓得宗領↓…… ↓時敏跡	南北(九)一三一七
同	(鬼界島・大島・七島等)	↓得宗領↓……	南北(九)一九〇八・一九二一 鎌倉一三六〇八

㈠本一覧には、京・鎌倉などの屋地は含まない。

㈡「名称(所職)」欄に所職の記入のないものは、通常は地頭職であるが、史料に本家職・領家職・郡司職などの記載されていないものも含む。

㈢「始期・相伝略系・終期」欄の表記は次のとおりである。

例(1)建治三(一二七七)・七・四(時宗拝領)↓

建治三年七月四日に時宗が拝領し、それ以降の所有であることを示す。

(2)～建暦元(一二一一)・七・一五(義時知行)↓

建暦元年七月十五日に義時が知行しているので、それ以前からの所有であることを示す。

(3)〔承久三(一二二一)・六・五(大内惟信、承久の乱で京方)〕～貞応二(一二二三)・九・二四(泰時書状)

承久三年六月五日、前領主大内惟信が承久の乱において京方であったからそれ以降で、また貞応二年九月二十四日に泰時領であったことが確認されるので、それ以前に没収されて所領となったと推定されることを示す。

(4)……

北条氏領であったと推定されるが、徴証史料のないことを示す。

(5)↓泰家跡

元弘収公時に泰家の所領であったことを示す。

㈣「典拠」欄の略称は次のとおりである。

秋田藩採集	秋田藩採集文書	下総大慈恩寺	下総大慈恩寺文書	東寺百合	東寺百合文書
芦名	芦名古文書	集古	集古文書	南北(九)	南北朝遺文九州編
吾妻	吾妻鏡	浄土寺	浄土寺文書	二階堂	二階堂文書
岩松	岩松文書	諸家系図所収	諸家系図所収文書	仁木	仁木文書
忌宮社	忌宮神社文書	白河	白河文書	比志島	比志島文書
宇都宮	宇都宮文書	白河証古	白河証古文書	常陸惣社	常陸惣社文書
永光寺	永光寺文書	新写	新写古文書	平賀家	平賀家文書
円覚寺	円覚寺文書	随心院	随心院文書	保阪	保阪文書
小笠原	小笠原文書	須田家	須田家文書	松成	松成文書
園城寺	園城寺文書	相馬	相馬文書	三浦和田	三浦和田文書
鹿島神宮	鹿島神宮文書	尊経閣	尊経閣文書	三島社	三島大社文書
金沢文庫	金沢文庫古文書	大善寺	大善寺文書	壬生	壬生文書
鎌倉	鎌倉遺文	大宝八幡宮	大宝八幡宮文書	守矢	守矢文書
紀伊三浦	紀伊三浦文書	多賀社	多賀神社文書	八坂社	八坂神社文書
祇園宝寿院	祇園宝寿院文書	橘神社	橘神社文書	結城	結城文書
朽木	朽木文書	伊達	伊達文書	有造館本結城	有造館本結城古文書写
工藤勲	工藤勲文書	中尊寺	中尊寺経蔵文書	由良	由良文書
高野山	高野山文書	鶴岡宮	鶴岡八幡宮文書	吉田薬王院	吉田薬王院文書
御鎮座	御鎮座伝記紙背文書	天竜寺	天竜寺文書	臨川寺	臨川寺文書
相良	相良文書	天竜寺重書	天竜寺重書目録	留守	留守文書
志岐	志岐文書	東寺	東寺文書		

二にあるが、事実は足利尊氏・直義・岩松経家らに与えられている。建武初年に、各地で北条氏与党の乱が頻発している。　（奥富　敬之）

とくちんのほう　得珍保　近江国蒲生郡の保。現在の滋賀県八日市市の南部一帯の地。延暦寺東塔院領。旧蒲生郡中野村中野・今崎・今堀・小今《こいま》、市辺《いちのべ》村三津屋・市辺・蛇溝《へびみぞ》、玉緒村柴原・下二俣・尻無《しなし》・大森にあたる。保内郷と簡称する。山僧得珍が愛知《えち》川から用水路を引いて農地化し農民が定着したと伝える。各郷に山王日吉神社を勧請した社がある。それらの宮座を中心としておそくも鎌倉時代から各郷に惣結合が発達したところとして著名である。農村であるが古くより商業活動に従事し、呉服座・紙座・塩相物《しおあいもの》座などを結成して、東は美濃・尾張・伊勢より近江を経て西は京都まで広い行商区域を有した。これら職種を包含して対外的に保内座商人が結成され、山門東塔院の庇護を受けて、他地域の座商人としばしば商権を争い、ことに伊勢路へ抜ける八風《はっぷう》・千種《ちぐさ》両峠の交通路独占を試みて争論を繰り返した。保内座商人団結の中心は今堀郷（八日市市今堀町）であり、今堀日吉神社に蔵されていた中世文書によって、宮座を中心とする惣結合の実態ならびに保内座商人活動のあとを知ることができる。十六世紀に入ると、六角氏の権力が次第にこの地域を覆い、各郷の地侍層もその被官化するが保内座商業は中世を終るまで盛んであった。しかし天正の検地を受けて以降漸次近世村落化した。　（金本　正之）

とくでん　得田　古代・中世において、その年の収穫のあった田地を得田、何らかの理由によって収穫のなかった田地、あるいは収穫の少なかった田地を損田という。損田に対しては、官物・年貢その他の減免措置がとられた。一般に、荘園その他の所領の内部は、仏神田・人給田などの特定の用途に宛てられる除田と、所領の基幹的田地で、普通いくつかの名に分割されている定田などに分けられているが（それ以外に常荒田などが存する場合もある）、こういった基本的枠組みは正検（正検注・大検注）によって決定されるものであり、勝手に変更することは許されなかった。毎年風水干疾、川成などによって生じる損田は、そのつど認定してもらい、それにもとづき官物・年貢その他の賦課を負担した。損率が低い場合は、現地での認定に委ねられる場合が一般的であるが、損率が高いと荘園領主に願い出て検注使を派遣してもらい、その実見により、得田・損田が定まった。なお、損田でも、領主と農民との力関係、あるいは領主のお目こぼしによって、毎年一定率の損田を認められる場合もあり、それを例損といった。　→検注《けんちゅう》　→損田《そんでん》　（中野　栄夫）

とくにん　徳人　⇩有徳人《うとくにん》

とくぶん　得分　言葉そのものの意味は自分のもらい分、わけまえ、取り分、利益、もうけ等々であるが、歴史的には律令制においては財産相続権をもつ者の取り分をいうが、荘園・公領制においては、国衙・荘園領主・荘官・地頭などが、その権利に応じて収得する収益をいう。公領や荘園においては国衙や荘園領主は官物（地子）・年貢を賦課徴収したが、平安時代中期以降公領・荘園のなかにひろく私領の成立がみられるが、その地主的小領主（私領主）や名主は、その土地から官物（地子）・年貢とは別に、自分の収入を徴収する権利が承認されるようになった。これは売却も自由であり、一つの権利として定着し得分権となった。こうした私領主の得分は加地子とよばれ、私領主は加地子領主とも称せられた。鎌倉時代後半以降は土地の生産力の発展とともに、この私領主や名主さらには作人たちの得分権は加地子名主職・作職・下作職等々の所職として一般的に成立し、盛んに売買・寄進の対象となっている。室町・戦国時代には畿内およびその周辺部では寺院や在地領主・土豪・土倉などが、こうした所職（得分権）を積極的に集積しているのがみられる。また、このころになると官物（地子）・年貢よりも加地子得分の方が高額になっており、畿内では本年貢が一段につき三斗から四斗であるのに対して加地子得分は五斗から六斗となっている。　→加地子《かじし》　（福田栄次郎）

とくぶんしん　得分親　被相続人の財産分与に預かることを法的に認められていた親族。古代には嫡母・継母・嫡子・庶子・女子をさし、『法曹至要抄』にも子孫のほかは伯叔・兄弟以下みな得分親に入らずと規定している。『御成敗式目』には未処分跡について「時宜に任せて」配分すると定められているが、得分親である後家・嫡子・庶子・女子が配分に預かるのが一般的であった。また実子であっても他人の養子となった者は得分親の資格を失う規定や、遺領相論不参加者は配分から除外される規定（後悔法）があったが、後悔法は永仁ごろに破棄された。　（鈴木　英雄）

とくまい　徳米　一般には、年貢を差し引いて残った米の意である。得米ともいう。「徳（得）」の義の中から、この用法はもうけ・利益・利得の意ととるべきであり、収益者として年貢上納をむしろ損失とみる心情の表現といえる。徳米を給わると使用されている場合は、労働の代償としての賃金を与えられたことを意味する。　（糸賀　茂男）

とくら　土倉　⇩どそう

とくらのしょう　得蔵荘　加賀国加賀郡の荘園。『醍醐雑事記』所引寛治三年（一〇八九）十月加賀国司庁宣案に、所在を「大野郡」とするのは誤り。犀川《さいがわ》河口の左岸、宮《みやの》腰《こし》津（金石《かないわ》港）の南辺、現在の金沢市専光寺町付近に比定され、『和名類聚抄』にいう大野郷の一部をなす。寛治二年に醍醐寺少別当賢円が得蔵保の再開発をはかって保司職《しき》を入手。翌年、すでに国衙に没倒されていた同国高羽・治田《はるた》両荘の代償として国免を受け、醍醐寺准胝《じゅんてい》堂領となる。四至を「東限津屋寺西縄手、西限浜、南限河、北限湊」とする臨海荘園。天永元年（一一一〇）の田積百町（本田五十町、不作田代五十町）。本補地頭は置かれず、新補

地頭左近将監則平も、貞応元年(一二二二)に寺家の要請により解任。賢円以後、領家職は醍醐寺理性院の院務職に付属したが、観応擾乱のおり、理性院院務顕円が南党に与したため、足利政権によって一時闕所とされ、その後、院務職とともに相論の対象とされた。応永十二年(一四〇五)の理性院院務宗助の譲状は、得蔵荘をなお理性院領に含めているが、実効性は疑わしく、応永十五年には、「得蔵地頭・領家分」が、臨川寺領大野荘の付属領としてあらわれる。ただし、南北朝時代以降の「得蔵地頭・領家分」は著しく規模が縮小されており、明応四年(一四九五)の大野荘の年貢算用状に「得蔵分」として掲げられる年貢米は二十一石余にすぎない。 (浅香　年木)

とくり　得利　字義は「得」と「利」で利益・もうけの意。得理ともいう。「何に得利ある事なりとも、世間の聞悪しかりぬべからん事をば」(『六波羅殿御家訓』第三条)、「公文不慮に得利して、所帯に安堵したりけるが、其恩を報ぜんとや思けん」(『太平記』三五、北野通夜物語事)などと用いられる。さらに、正応二年(一二八九)八月日若狭国太良荘雑掌尼浄妙重申状案(東寺百合文書『鎌倉遺文』二二巻一七一二五号)には「寛元被㆑成㆓地頭得利御下知㆒之由、自称之上者、指㆓非越訴㆒、今更不㆑可㆑致㆓沙汰㆒云々」とあって訴訟に勝つ意にも用いる。この例として「得理」を用いることもあり、「得理之官符」(『将門記』)、「抑今年所㆑被㆓仰下㆒会生妙玄等、共得理者也」(『権記』寛弘八年(一〇一一)十月九日条)、弘安十年(一二八七)十一月十八日付四辻宮入道善統親王譲状案「令㆓得利㆒者、其時重可㆓相副㆒之状如㆑件」(東寺百合文書『鎌倉遺文』二一巻一六三九四号)のように使用されている。 (糸賀　茂男)

どこ　土戸　奈良・平安期の京外の戸を指す語で、京内の戸を京戸(きょうこ・けいこ)というのに対して用いた。いわゆる国衙法(国例)が顕著になる平安期、土人と浪人(土浪人と一括)を区別せずに課税する「不論土浪人」策が励行され、この中で国務対捍者の国外追放が規定化された。「土戸」とは土人の戸籍の意であるが、これも追放の対象となり、国衙はこうして忠実な公領(公営田)耕作民の把握に臨んだ。しかし、すでに国内諸郡には種々土地所有形態が混在し、京戸所有の水田も少なくなかった。「京戸田」「土戸田」が並立的に記録されるのもこの実態の反映で、元慶四年(八八〇)三月十六日条(『日本三代実録』)、寛弘三年(一〇〇六)九月二十一日大和国栄山寺牒(栄山寺文書『平安遺文』二巻四四三号)、保安元年(一一二〇)摂津国租帳(九条家冊子本中右記裏文書『平安遺文』一〇巻補四六号)などに散見する。 (糸賀　茂男)

どこう　土貢　土地からの貢納物をいい、主として田租を指す。『運歩色葉集』には訓みを「とこう」と記す。貞治五年(一三六六)十一月の東寺申状案に、若狭国太良荘の「年貢内三分之一」を守護方から要求されたのに対して、「当庄今年土貢半分」はすでに前半済給人に責め取られた、残り分を守護方に召されてはたちまち寺用が欠如すると述べた箇所があるのは、実際の用例の一つである(『東寺百合文書』は)。 (須磨　千頴)

どごう　土豪　一般的語義からは、その土地の豪族・有勢者の意であるが、村落史・荘園史の範疇からは特に十四―十六世紀(中世後期)での用法が注目される。いわゆる「在地領主」のうち、国役(段銭)賦課の対象であり、地頭御家人としても幕府(守護)によって正式に把握されている国人領主とは区別された農業経営者(上層農民)を土豪という。その研究史的呼称は地侍・小領主・地主・村落地主・村落領主・戦国期地主・名田地主など多数であるが、いずれも「在地小領主」として把握対象としている。国人領主に従属(被官化)しつつ、果ては戦国大名の武力組織に編成されるが、この過程でその在地性(村落共同体成員としての志向)が問われている。国人と同様の志向はその区分を困難にしているが、荘官諸職(下司・公文等)を帯し、名主職を通して一般農民との借耕関係を結びつつ基本的には土地集積をはかった(地主化)が、本役賦課権はなかった。→国人《こくじん》 (糸賀　茂男)

どこうでん　土公田　本公田(本来の公田で大田文などに登録される)に対応する水田で、新たに検出された上で国衙によって認知されたものと推察し得る。建久四年(一一九三)正月日神主賀陽某譲状(備中吉備津神社文書『鎌倉遺文』二巻六五三号)には、庭妹郷内の処分田が「本公田」と「土公田」に区分されて譲与されている。しかし、ここでも「土」の意味に付いては一層の考慮が必要であろう。 (糸賀　茂男)

とごうのしょう　都甲荘　豊後国国東《くにさき》郡の荘園。現在の大分県豊後高田市大字払田・荒尾・築地・松行・新城などにあたる地域。のちに六郷山領(延暦寺領)であった大力・加礼川・梅木・一畑・長岩屋などが荘域に組み込まれる。国東半島西南部、都甲川の流域に広がる山間荘園で、古くはその細長い谷地形から都甲浦とも呼ばれた。宇佐八幡弥勒寺の荘園の一つであり、公田数は七十町(弘安八年(一二八五)『豊後国図田帳』)、あるいは九十町(『石清水文書』弥勒寺領所領注文案)ともいわれる。払田・荒尾地区には条里遺構が認められ、この条里を望む払田の丘陵の上には、荘官として荘務にかかわった弥勒寺僧侶の屋敷の跡や、地頭の一族の屋敷跡(堀や土塁を巡らした屋敷区画)が現在も残っている。都甲荘の開発は十一世紀にさかのぼる。開発領主は左近大夫源経俊といわれ、その婿となったのが、のちに地頭となる都甲(大神《おおが》)氏である。荘園領主は宇佐八幡弥勒寺であるが、十一世紀から石清水八幡宮と弥勒寺の結合が進み、十二世紀半ばには弥勒寺は石清水八幡宮別当の支配下に置かれるようになり、石清水派遣の目代(のち留守)が弥勒寺を統括した。そのため、弥勒寺領と称しているが、実質は石清水八幡宮領に等しい状態となり、都甲荘にかかわる最初の文書もこの目代の下文である(『都甲文書』)。鎌倉時代に入ると、宇佐八幡宮関係の荘園では、同宮が平家に協力したこともあって在地領主の交代もあったが、当荘では大神

氏が地頭として認められ、都甲氏を称した。しかし鎌倉時代後期の一族相論によって豊後守護大友氏の介入を招き、地頭職の半分を大友氏に奪われた。さらに室町時代初期にはその地頭としての地位も失い、新たに大友氏の一族である吉弘氏が入部して松行付近に館を構え、その奥の長岩屋や加礼川などの六郷山領の支配権をも確保した。そのため、これ以後、都甲川上流の六郷山領は次第に吉弘氏の手で一体的に支配されるようになり、その地域も都甲荘の中に含まれていった。その吉弘氏も大友領国の崩壊によってこの地を去り、近世の村の成立によって都甲という単位は意味を失った。

参考文献 大分県立宇佐風土記の丘歴史民俗資料館編『豊後国都甲荘の調査』資料編・本編(『大分県立宇佐風土記の丘歴史民俗資料館報告書』一〇・一一)

(飯沼　賢司)

とこじめ　床締　犂の刃先の触れる土底の部分を床という。水田には土質によって、床から漏水する田と、漏水しにくい田とがあった。前者は悪田であり、後者が良田、能田ということになり、干損の被害も少なく稲収穫が多いことになる。そこで水漏れの多い田は、床の部分に粘土などを入れる土地改良を行うことによって悪田を良田に変えることが行われた。この作業のことを床締といった。

(糸賀　茂男)

ところじち　所質　「所」と呼ばれる一定の領域の住民を対象とする、国質や郷質と同様な中世の質取り行為。債権・債務関係の債務者、ないし紛争の一方の当事者と同じ「所」の住民だというだけの理由で、債務履行を迫る債権者ないし他方の当事者から人質にとられたり、差押えをうけたりすること。「所」と呼ばれる領域は、ある武士の支配領域を指す場合も、大坂石山寺内町や大山崎のような都市である場合もあった。　↓国質《くにじち》　↓郷質《ごうじち》

(神田　千里)

とし　斗子　一升枡のこと。鎌倉時代ころから使用され始めた名称。文永八年(一二七一)の醍醐寺領犬丸方預所得分雑物送状に「糒弐斗参升(斗子定、わりほしい也)」(『醍醐寺文書』)とあるのをはじめとし、中世を通じて史料にその名が散見する。中世ころまでは、枡の主体は一斗枡であると考えられ、枡の惣称は「斗」であった。しかるに鎌倉時代ころから、精密な計量が要求され、斗の下の単位である升を計量する一升枡の必要性が認識されるようになった。こうして多用されるようになった一升枡を、「斗」の子、すなわち「斗子」と呼ぶようになったと考えられる。

(宝月　圭吾)

としょう　斗升　「斗」も「升」も容積の基本単位。『大宝令』で、十合＝一升、三升＝大升の一升、十升＝一斗、十斗＝一斛と決められたが、なお大小量制は複雑で列島規模の統一は実現しなかった。延久の荘園整理令(延久元年(一〇六九))に基き、「宣旨枡」(一升は現在の〇・六七升)が公定升となったが、これでも全国統一は不能。豊臣秀吉の太閤検地で「京枡」に統一され(一升は現在の九合九勺《しゃく》三撮《さつ》)、寛文年間(一六六一―七三)には一升の容積が方四・九寸、深さ二・七寸に定められ、明治八年(一八七五)にわが国の法定枡《ます》となり現在に至っている。　↓下行《げぎょう》　↓枡

(糸賀　茂男)

どそう　土倉　土塗りの壁を持つ倉庫建築、また質物を納める土倉によって象徴される室町時代の金融業者。質屋。「とくら」「つちくら」ともよぶ。奈良時代の官衙建築に板倉、甲倉と並んで土倉が見えるが、建築構造ははっきりわからない。十二世紀中ごろの愛書家藤原頼長の書庫は、四方が板壁で、その上に石灰を塗り、戸には剝落しないよう蠣殻を塗ってあったとされる(『台記』)。十四世紀初頭に成立した『春日権現霊験記』に描かれた倉は、柱を塗りこめてしまって、土屋根の上に草や板で屋根を葺く様式の、今日の土蔵建築と同じものになっている。十六世紀の京都の様子を描く洛中洛外図には、どういう訳か土倉の場面は発見できない。土倉は、たえず火災の危険にさらされながら、寺社の倉のように広い敷地や、堀・生垣といった防災施設の作りにくい商人らが、商品や財産の保管場所として建てたものであろう。貴族や一般庶民もこのような商人の倉に重宝や文書を預けることがあり、時には預託財産を担保とした金融も行われた。鎌倉時代後期には、質物を預かって金融を行う者を「無尽銭土倉」と称し、南北朝時代になると単に「土倉」と呼ぶようになった。しばしば「酒屋・土倉」と連称されることをみれば、酒屋を営む者に土倉が多かったと考えてよいであろう。このころまでの京都の土倉は山門(延暦寺)や祇園社など有力寺社の被官であるものが多かった。室町幕府が土倉を支配下におくようになるのは明徳四年(一三九三)のことである。幕府は年額六千貫文の酒屋土倉役を納入することを条件に、臨時課役の免除を保証した。幕府は土倉の中の有力者を介して役銭の徴収にあたり、彼らがのちに「納銭方」と呼ばれるものになった。土倉の営業に関しては、永享初年ごろまでには「土倉方一衆」と呼ばれる「座」的な組織ができていた。利子は百文を一ヵ月借りた時に何文の利子を払うかという形で表示され、「何文子」と称された。質物の種類によって異なるが五ないし六文子くらいが多い。二文子以下の祠堂銭は徳政令の適用除外にされる例であったことと比較すれば、とりたてて高利というわけではない。流質期限は、これも質物の種類によって異なるが、絹布の類で十二ヵ月、武具で二十四ヵ月などと定められていた。預かっている質物が盗難にあった際の補償規定なども定められている。土倉役は幕府にとって重要財源となっていたので、火災などによって営業が不可能になっても容易に役銭免除を認めず、また自由廃業も規制した。しかし徳政令が発布され、土倉の質物が返却されると、幕府としても土倉役の納入を免除せざるをえなくなった。幕府は分一銭と称して債権額の十分の一ないし五分の一を幕府に納入することを徳

政令適用の条件とするようになり(分一徳政令)、また土倉役の徴収にあたる納銭方の業務を請負制として、土倉役の安定を計った。　↓借上《かしあげ》　↓山僧《さんそう》　↓土一揆《つちいっき》

（桑山　浩然）

どそうやく　土倉役　鎌倉・室町時代の京都における金融業者である土倉に対する課役。鎌倉時代後期には、質物を預かって金融を行う者を「無尽銭の土倉」と称し、南北朝時代になると単に「土倉」と呼ぶようになった。十四世紀初頭正和ころには京都市中に三百三十余軒の土倉があったという史料があり(『日吉社幷叡山行幸記』)、近江坂本や嵯峨にもかなりの数の土倉があったらしい。室町幕府発足に際し制定された『建武式目』に、無尽銭土倉に「莫太の課役」が課せられ疲弊しているので、これを興行(振興)しなければならないという一条があることからすれば、鎌倉時代末期には土倉はすでに相当の経済力を有していたことが推測される。正和の史料によれば京都の土倉の八割は「山門気風の土蔵」とみえ、土倉の大多数は山門(延暦寺)や山門の京都における代理人的立場にあった祇園社の配下にあったらしい。山門や祇園社からは恒例・臨時の課役が賦課され、朝廷もまた即位式など臨時的な大きな行事の費用を経済力のある土倉に負担させようとした。政権を樹立して日の浅い幕府は、山門など旧勢力の強固な土倉支配を容易に打ち破れなかったが、嵯峨臨川寺の土倉などは十四世紀中ごろからこれを掌握し、洛中の土倉についても朝廷の臨時役の徴収などを通じて徐々に支配力を強めていった。幕府の土倉に対する支配がはっきりした形をとるのは、明徳四年(一三九三)の「洛中辺土散在土倉幷酒屋役条々」(『中世法制史料集』二、追加法一四六―一五〇条)と題する法令である。その第一条では、諸寺・諸社の神人ならびに諸権門の扶持奉公人に対して、課役の免除特権など一切の既得権を剝奪し、第三条では、幕府政所方の年中行事費用年額六千貫文を負担することを条件に、寺社や朝廷からの臨時課役を免除すると規定している。この法令によって、幕府は京都市中における卓越した政治力を背景にして土倉・酒屋を掌握し、一方土倉・酒屋は不定期的な課役を免れることになった。とはいえ永年にわたる山門の影響力が一気に消滅したわけではなく、山門では、翌応永元年(一三九四)の足利義満の日吉社社参に際して、洛中の有力土倉に屛風の調達を命じている(『日吉社室町殿御社参記』)。幕府による土倉掌握が貫徹していると考えられる文明十七年(一四八五)になっても、権門の威力を背景に土倉役を難渋してはならない、と命じていること(追加法二八八条)を見れば、旧勢力の排除は容易ではなかったことがうかがわれる。幕府の土倉役徴収は、土倉の中の有力者に何軒かの土倉を受け持たせ、これを介して各土倉の経営規模に応じて役銭を負担させる形をとった。個別土倉と幕府を結ぶこれら有力土倉は「納銭方」と呼ばれ、のちには土倉役の納入を一定額で請け負うようになった。土倉役銭がどれ位の量であったかは容易に知りえないが、十五世紀の中葉嘉吉ころの数字として月額二百貫文位という推定もある。

（桑山　浩然）

とだのしょう　富田荘　出雲国能義郡にあった荘園。現在の島根県能義郡広瀬町。立荘の事情は定かではないが、永暦元年(一一六〇)より荘園名がみえる。鎌倉時代末には藤原氏の氏長者の支配する摂関家渡領(平等院領)であり、鉄二千五百三十廷などが進納される定めになっていた。文永八年(一二七一)当時の荘園面積は九十九町余、地頭は出雲守護の佐々木氏が任じられ、その後地頭職は佐々木氏一族の富田氏が継承した。しかし、富田氏は南北朝の動乱以降次第に没落し、文和三年(一三五四)に京極氏が当荘を獲得するに至っている。京極氏は出雲守護であり、明徳の乱以降に同氏の出雲支配が確立してくると当荘内に築かれた富田城は出雲守護所とされ、以後戦国時代に至るまで出雲一国の重要な政治・軍事の中心的役割を担った。なお、当荘の荘園としての形態は南北朝時代には失われたとされているが、戦国時代の永禄十二年(一五六九)においても荘園名がみられる。

（山田　康弘）

とだよしみ　戸田芳実　一九二九―九一　中世史。神戸大学教授。昭和四年(一九二九)一月二十六日、東京府豊多摩郡渋谷町(現、東京都渋谷区)に生まれる。大阪府立茨木中学校、大阪府立浪速高等学校文科を経て、同三十年、京都大学文学部史学科国史学専攻卒業。三十五年、京都大学大学院文学研究科博士課程単位取得退学。三十六年、神戸女子薬科大学講師。三十九年、「中世領主制成立史の基礎研究」により京都大学から文学博士の学位を取得。神戸女子薬科大学助教授。四十三年、東京都立大学人文学部助教授。四十九年、神戸大学文学部教授。平成三年(一九九一)同定年退官。同名誉教授。神戸女子大学文学部教授。平成三年(一九九一)八月二十九日没、六十二歳。『日本領主制成立史の研究』(岩波書店、昭和四十二年)、『初期中世社会史の研究』(東京大学出版会、平成三年)の刊行をはじめ、荘園に関する多くのすぐれた研究成果を残したが、特に荘園内における領主制の展開について終始究明し問題を提起した。

（瀬野精一郎）

どちょうやく　土打役　⇩つちうちやく

とつのみくりや　富津御厨　伊勢国桑名郡の御厨。現在の三重県桑名郡多度町戸津《とづ》付近。保元の乱で没官された平正弘領のうちの一所(『兵範記』)で、承久三年(一二二一)の『伊勢大神宮神領注文』によると、正弘没官後、宣旨に任せ立券、外宮領として供祭物、三度御祭御贄米六石を備進する御厨になったという(『神宮雑書』)。ただし当御厨を伝える『神宮雑書』『神鳳鈔』『外宮神領目録』など、いずれの書も員弁《いなべ》郡富津御厨との混乱がみられる。弘安四年(一二八一)法務大僧正定済譲状(『醍醐寺文書』)によると、これより先、定済は彼の外祖母藤原経子(中納言三位、法名善智、葉室光親室)から当御厨を譲られている。その後『建武三年故師親王御遺領目録』(『臨川寺文書』)

によれば、藤原師家子基嗣・世良親王・北畠親房と伝領されてきている。本家としての得分は正慶元年(一三三二)の『故大宰帥親王家御遺跡臨川寺領目録』(『臨川寺文書』)には「年貢十貫文計之地」とある。地頭に関しては不明である。（倉田　康夫）

ととりのしょう　鳥取荘　備前国赤坂郡の荘園。現在の岡山県赤磐郡山陽町北部、赤坂町南部を中心とする地域。皇室領。建久二年(一一九一)、応永十五年(一四〇八)の『長講堂領目録』に荘名がみえる。寛元元年(一二四三)宣陽門院によって年貢のうち少分が東寺御影堂に寄進された。また応永二十年、荘内の別納仁保村は後小松上皇から後崇光院へ譲られた。室町時代以後は、現地の代官職は山名氏、のちに赤松氏であったが、被官の浦上氏さらに宇喜多氏が下請けした。米銭のほかに紙を貢納した。（三好　基之）

となみのしょう　礪波荘　越中国礪波郡の荘園。現在の富山県砺波市の地域。狩城荘(伊加留岐村)の異称と思われる。仁平三年(一一五三)四月二十九日の『東大寺諸荘園文書目録』のみにみえて、他の東大寺領荘園の目録にはあらわれない。同目録では、「礪波庄」の項目を立てて、天平宝字三年(七五九)の絵図一帖を掲げたのちに、別に「狩城庄」を立項して、神護景雲元年(七六七)の絵図二帖の存在を伝えるが、現存する両年の越中国礪波郡関係の絵図のなかで、ここにいう「礪波庄」の絵図に相当するのは、実は「伊加流伎開田地図」であり、仁平の目録にいう「礪波庄」は、伊加留岐村(狩城荘)の異称とすべきである。　→狩城荘《かるきのしょう》　（浅香　年木）

とね　刀禰　律令制下の刀禰の語義については「百官主典以上称二刀禰一」と説かれている(『吏部王記』)。しかし、大和の広瀬神社の大忌祭祝詞に「倭国の六御県の刀禰」とみえるものから、戦国時代の山城国狛野荘の刀禰延命寺氏に至るまで、刀禰の歴史的生命は長い。また、平安京の保刀禰、農山漁村の郷刀禰・村刀禰・里刀禰・保刀禰・浦刀禰・津刀禰、さらに伊勢神宮の宮刀禰など、その種類もきわめて多く、なかには、在地における社会的な重みによる顔役的存在に近いものもあった。そのうち、平安京の坊内におかれた保刀禰は、十世紀ごろから、保長に代わって現われ、京職や検非違使庁の配下で、家地売買の保証・在家や人夫役支配・非違の検察などに従っている。農山漁村の刀禰も、律令的郡郷制の解体過程で、在地における現実的諸機能の担い手として登場してくる。そして、最初は「保証刀禰」の名で、主として田畠売券などの保証人となっているが、十一世紀ごろを境として、「在地刀禰」の呼称が一般化するとともに、その機能も多面的になる。それは、「刀禰幷在地人等」「在地随近刀禰等」「在地判」などの用法と相まって、この時期に、勧農や祭式などを通して在地に形成されてきた在地住人結合に基礎づけられていたと考えられる。もちろんそれは、一方では、国衙や荘園領主など上部権力の「在地司」や荘官として組み込まれ、検注や徴税機能を担わされる存在であったことを意味する。しかし、荘園公領制下において、刀禰職は「職の体系」の最末端に位置づけられており、身分的には名主百姓身分であった。たとえば、十三世紀の和泉国池田荘では、刀禰を中心とした「沙汰人名主百姓等」が新池を建立して開発を推進し、刀禰職の移譲に際しては、一切の関係書類を「在地」に提出しなければならなかった(『松尾寺文書』『岡家文書』)。また、中世における村落の座の初見史料として有名な、寛治六年(一〇九二)の山城国八瀬里刀禰乙犬丸解(青蓮院吉水蔵『菩薩釈義』紙背文書)が、刀禰の座役勤仕に関するものであり、正嘉年間(一二五七―五九)の山城国宇治田原の『禅定寺文書』でも「三座之刀禰以下座衆」とあるように、刀禰は、村落における座衆の中核的存在であった。刀禰が畿内周辺地域に限って見られるのも、これらの地域における座的結合や惣村の形成と深く関わっていよう。なお、刀禰は、山野河海との関わりが強く、早く延暦年間(七八二―八〇六)、播磨国赤穂郡坂越郷所在の東大寺領の塩山をめぐる紛争に際して「村里刀禰等」が証申しており(石崎直矢蔵、延暦十二年四月十七日坂越神戸両郷解)、十世紀には、淀・山崎・大津など京周辺の交通の要衝地に津政所がおかれ、津刀禰が、使庁の管轄下で、勘過料の徴収や河舟交通運輸の諸機能に従事していた(『親信卿記』『宇治関白高野山御参詣記』)。さらに、若狭国の田烏浦や志積浦では、近世まで刀禰の活躍が見られる(『秦文書』『安倍文書』)が、これらも、やはり、港湾・漁村という社会集団の特質に根ざしていたものと思われる。（丹生谷哲一）

とねのしょう　利根荘　上野国利根郡全域にまたがる荘園。現在の群馬県利根郡全域。「利根荘」という名称での初見は正応三年(一二九〇)。当荘は「土井出・笠科荘」ともいい、この荘名での初見は、安楽寿院領としての徴証が確認される康治二年(一一四三)。以後、八条院領となり、亀山院を経て、その子恒明親王に伝領された。亀山院の死去した嘉元四年(一三〇六)以降、大覚寺統の荘園群全体を管領した後宇多院のもとで恒明は当荘を知行したと思われる。院政期の在地領主は不明であるが、鎌倉・南北朝期の地頭は大友氏であり、地頭請所であった。室町期には万里小路家領となり、年貢額は百二十貫文、上野国人の那波氏を代官としたが、応永二十三年(一四一六)の上杉禅秀の乱後、上野白旗一揆の押領を受けた。嘉吉三年(一四四三)六月、那波氏が改替された後、越後長尾氏と関係の深い松村氏が代官に補任された。以後の状況は不明で、恐らく不知行化したと想定される。（清水　亮）

とのばら　殿原　中世における侍身分を示す汎称の一つ。邸宅に住む人の尊称であった「殿」に複数を示す接尾語「輩《ばら》」が合成、広く男子を表現する語として使用された。『宇津保物語』春日詣に「舞人は、とのばらの君達、殿上人、わか御君達より始めて」とみえ、侍身分形成の前段

階には広く高貴な人々、殿たちの意で用いられたが、中世社会では特に武家の男子に対する敬称として用いられた。さらに荘園村落内で荘官と一般農民の間に位置する階層としても殿原の表現がみえる（『高野山文書』正応四年（一二九一）九月十八日神野荘総追捕使代国高請文）。中世村落における上層農民、すなわち地侍層に属し、非侍身分たる凡下身分とは区別された。彼らの多くは中世末には下層の侍身分たる若党とともに武家奉公人の指称として諸史料に散見される。なお、かかる意味とは別に寺院に所属する俗人の下役人の称としても、殿原が所見する（『高野山文書』応永二十七年（一四二〇）十二月十七日三所十聴衆評定事書案）。（関　幸彦）

とのもりょうと　主殿寮斗　主殿寮は令制の宮内省被管の官司で、天皇行幸の際の乗物（輿輦）や雨具（蓋）の維持管理や、内裏の庭の清掃、宮内の灯燭・庭火の管理、薪炭の調達などを担当した。大同三年（八〇八）に官奴司を、寛平八年（八九六）に主油司を併合した。主油司は全国からの調の油脂を管理保管する官司で、その油は主殿寮の燈油として使用されていた。主殿寮斗とは、平安末期、諸国から主殿寮に納められる燈油を計量したこの寮の基準による枡斗のこと。（小口　雅史）

とのもりょうりょう　主殿寮領　令制宮内省の被管で、供御の車輿や帷幄の調進、殿庭の清掃や燈燭・薪炭のことなどを掌る主殿寮の所領。主殿寮には、元慶五年（八八一）要劇ならびに番上粮料として、大和国において官田二十四町五段余が充てられ、さらに仁和四年（八八八）主殿寮殿部二十人の粮料として、山城国の官田二十一町二段余を給された（『類聚三代格』）。延久二年（一〇七〇）の『興福寺雑役免帳』にみえる大和国の主殿寮田六町六段、あるいは天治元年（一一二四）の坪付が存した山城国散在の要劇田（『壬生家文書』）は、上記の官田に系譜を引くものであろうか。また文治六年（一一九〇）四月日付の諸国油・大粮米・仕丁・簦藁済否等注進状は、主殿寮便補保成立の経緯をもの語る好史料で（『壬生家文書』）、その内の安芸国入江保や近江国押立保は室町時代末まで寮領として存続した。そのほか、京北の小野山および市原野・二瀬・野中の諸郷は、木材・薪・炭・松明などを貢納し、禁中の日常生活に欠かせない御料所として、平安時代から主殿寮の管領するところであった（以上、『壬生家文書』）。なお鎌倉時代初頭、壬生官務家の国宗が主殿頭に補任されて以来、同家が主殿頭を世襲したため、主殿寮領も同家が相伝知行することとなった。（橋本　義彦）

主殿寮領一覧

所在国郡		名称	特徴	典拠
山城	京中	主殿寮敷地	櫛笥以西、壬生以東、土御門以北、一条以南	壬生家文書
	同	主殿寮北畠	櫛笥以西、朱雀以東、一条以北、五辻以南	同
	同	大嘗会畠	北畠の内九段	同
	乙訓郡・紀伊郡・久世郡	山城国散在田畠	天治元年の主殿寮要劇田坪付あり、元弘三年の後醍醐天皇の綸旨安堵状には葛野郡を加える	同
	葛野郡	小野山	寛治以前から主殿寮領、供御人・作手あり、木材・薪・炭・松明等貢納	壬生家文書・神護寺文書
	愛宕郡	市原野・二瀬・野中	小野荘ともいう、木材・柴・松明等貢納、加茂社領に隣接、相論多し	壬生家文書・今江令太郎氏所蔵文書
伊賀	名張郡	薦生保	建武三年十二月二十七日付知行安堵の光厳上皇院宣に見ゆ	壬生家文書
近江	甲賀郡	東西保	天長年中より保号ありという、東西各五町、供御以下宮々の雑器等貢進	民経記寛喜三年七月記紙背文書
	愛智郡	押立保	文治六年主殿寮注進状に年料油便補地として立保と見ゆ、承久二年の地頭請文に所当米八十八石と見ゆ	壬生家文書
下野	寒川郡	戸矢子窪田保	建武三年十二月二十七日付知行安堵の光厳上皇院宣に見ゆ	同
加賀	江沼郡	橘嶋保	貞応以前の立保、なお文治六年主殿寮注進状によれば加賀国では前年便補保を立てたという	同
因幡	高草郡	国安今嶋保	建武三年十二月二十七日付知行安堵の光厳上皇院宣に見ゆ	同
美作	勝田郡	飯岡郷	文治六年主殿寮注進状に便補地として立保、ついで宇野村に立て改めたが遂に損亡と見ゆ	同
備中	（郡未詳）	小刑部郷	文治六年主殿寮注進状に代々国司便補地として立保せるも、当任顚倒すと見ゆ	同
安芸	高宮郡	入江保	文治六年主殿寮注進状に前年入江郷を便補地として立保と見ゆ、後に毛利氏が領家職知行	壬生家文書・毛利家文書
長門	（郡未詳）	河内包光保	元徳二年の預所職補任状および領家方年貢五貫文の契状あり	壬生家文書
紀伊	名草郡	六十谷加納	建武三年十二月二十七日付知行安堵の光厳上皇院宣に見ゆ	同
壱岐	石田郡	志原保	建武三年十二月二十七日付知行安堵の光厳上皇院宣に見ゆ、観応二年の預所職補任状あり	同

主殿寮領

とばてんのうりょう　鳥羽天皇領　鳥羽天皇（一一〇三—五六）の所領。鳥羽天皇は、後院領・御願寺領をふくむ白河天皇と堀河天皇との所領を譲られた。天永二年（一一一一）九月に荘園記録所を置くが、その業績は未詳。摂関家の藤原忠実を味方にして荘園の入手に努力した。また中宮待賢門院の侍臣や女房らは鳥羽上皇の威光を背後に、七道諸国の荘園を押領したという（『長秋記』大治四年（一一二九）三月二十四日条）。即位してまもない天永二年四月に、河内国の観心寺を祈願所に定めている。上皇の院政が近づいた大治元年七月、祈願寺の根来寺大伝法院に平某が同国石手村を寄進した。上皇の所領は、女院領・祈願社寺領と純粋の所領とに類別される。皇后美福門院・中宮待賢門院・皇女上西門院・同八条院らのため女院領

鳥羽天皇 所領一覧

鳥羽天皇領

所在国郡	名称	特徴	典拠
山城 紀伊郡	鳥羽離宮	白河天皇創建、寛治元年二月竣工	百錬抄
同	芹河荘	保延五年七月、鳥羽東殿新塔三昧供僧給田を充行う	安楽寿院古文書
同	殿岡荘(岡成荘)	正応元年正月、後深草上皇、鳥羽院祈願の十一面堂本尊を大和国西大寺四王院に移し、この荘を寄進	興正菩薩行実年譜・西大寺田畠目録
河内 丹比郡	松原荘	保延年中、山城国広隆寺薬師如来供料	広隆寺縁起
尾張 春部郡	篠木荘	皇后宮領として天養元年九月立券、鳥羽院庁下文	円覚寺文書
同	安食荘	醍醐寺灌頂院領として康治二年八月立券	醍醐寺文書
上総 望陀郡	飫富荘	鳥羽院、春日社御塔に寄進、石清水八幡宮別当玄修の訴	陽明文庫所蔵兵範記仁安四年正月巻裏文書
近江 坂田郡	平方荘	美福門院立願・鳥羽上皇建立の日吉社新塔料所、供僧供料百余石	門葉記
同	柏原荘	醍醐寺円光院領、天養元年八月、勢多橋材木の雑事免除	醍醐雑事記
同	神田	日吉社に寄進、二十五町、四・五両月駕輿丁役及び季節神供料所	元応元年日吉社社領注進状
高島郡	木津荘	保延年中山門に寄進、牓示を定む	延暦寺文書
若狭	分国	天治二年、受領藤原家成	公卿補任
越前 大野郡	牛原荘	醍醐寺円光院領、長承元年九月立券、年貢米三百石	醍醐雑事記
同	泉郷	醍醐寺円光院領、長承二年正月立券	同
加賀	分国	大治二年、受領藤原家成	公卿補任・中右記
越中	分国	大治元年、受領藤原公能	公卿補任
越後 頸城郡	大面荘	鳥羽十一面堂領、文治二年三月年貢未納	吾妻鏡
同	佐味荘	同	同
蒲原郡	大槻荘	院領、文治二年三月年貢未納	同
丹波 多紀郡	多紀荘	もと勅旨田、永治元年八月歓喜光院に寄進	九条家文書
播磨 赤穂郡	久富荘	もと藤原顕季領、女房二位伝えて美福門院領となる、保延二年二月立券言上	白河本東寺百合文書・根来要書
神崎郡	田原荘	長寛元年十一月、八条院庁下文	九条家文書
備前 和気郡	香登勅旨	保延六年、鳥羽上皇、暲子内親王に譲る	根来要書
安芸 (郡未詳)	沼荘	長承二年根来寺西塔仏餉料所に寄進	高野春秋
紀伊	分国	大治五年、受領藤原公重	中右記
那賀郡	石手荘	大治四年十一月、根来寺大伝法院領石手村を荘号立券	根来要書
同	岡田荘	根来寺大伝法院領、長承元年十一月立券、四十四町余	同
同	山崎荘	根来寺大伝法院領、長承元年十一月立券	同
紀伊 那賀郡	弘田荘	根来寺大伝法院領、長承元年十二月寄進	根来要書
同	荒川荘	長承三年鳥羽院庁、田中荘等の境相論を裁す	宝簡集・奥氏文書
同	神野真国荘	根来寺領、康治元年十二月立券、久安四年鳥羽院領	又続宝簡集・神護寺文書
名草郡	三上野院	長承元年十一月立券、大伝法院領、三十七町余	根来要書
同	山東荘	根来寺大伝法院領、長承元年十一月立券	同
同	栗栖荘	久安二年四月粉河寺領、不輸租とする	粉河寺御池坊文書
在田郡	阿弖河荘	高野山領	又続宝簡集
日高郡	南部荘	安元元年六月五辻斎院(頌子内親王)、鳥羽天皇菩提所高野山蓮華乗院に寄進	宝簡集
伊都郡	相賀荘	長承元年十一月高野山密厳院に寄進	根来要書
同	渋田郷	根来寺大伝法院領、久安二年七月立券	同
淡路 三原郡	国分寺荘	鳥羽勝金剛院領、田三十三町	貞応二年淡路国大田文
同	阿万荘	得長寿院・石清水八幡宮領	同
伊予 風早郡	高田荘	もと勅旨田、立券の翌永治元年国郡役免除	根来要書
筑後 山門郡	瀬高荘	上荘と下荘あり、仁平二年十一月鳥羽院庁年貢督徴、のち妙法院領	吉田文書・妙法院文書
肥前 松浦郡	松浦荘	保延五年鳥羽院庁下文、別符、安元元年建春門院領、のち最勝光院領、弘安七年十二月阿波国名西郡河北荘地頭職と相博	東寺百合文書サ・最勝光院領庄園目録・吾妻鏡
肥後 飽田郡	鹿子木荘	鳥羽院庁下文	東寺文書百合外

(祈願寺社一覧)

所在国郡	名称	特徴	典拠
山城 紀伊郡	安楽寿院	保延三年十月創建	百錬抄
同	金剛心院	久寿元年八月鳥羽離宮内田中殿のうちに創建	同
愛宕郡	最勝寺	元永元年十二月創建、尊勝寺の東	同
同	円勝寺	大治三年三月待賢門院創建	同
同	得長寿院	長承元年三月鴨河の東に創建	同
同	宝荘厳院	長承元年十月白河に創建、平治元年閏五月の宝荘厳院領庄園注文あり	百錬抄・東寺百合文書レ
同	歓喜光院	永治元年二月美福門院創建	百錬抄
同	金剛勝院	康治二年八月美福門院創建	同
同	峰定寺	久寿元年四月祈願寺として再興	大悲山峰定寺縁起
葛野郡	法金剛院	大治五年十月待賢門院の再興	百錬抄

所在国郡		名称	特徴	典拠
山城	葛野郡	広隆寺	保延年中御幸し、河内国丹比郡松原荘を薬師如来供料に寄進	広隆寺縁起
	宇治郡	醍醐寺灌頂院	康治二年八月尾張国春部郡安食荘を寄進、荘号立券	醍醐寺文書
	同	醍醐寺円光院	堀河天皇生母藤原賢子の立願、長承元年九月越前国大野郡牛原荘を立券せしむ、翌二年正月藤原成通領同郡泉郷を立券	醍醐雑事記
大和	添上郡	春日社塔	法眼玄修の寄進、仁安二年(カ)四月行幸賞として石清水八幡宮俗別当に給与、不法を訴う	陽明文庫所蔵兵範記仁安四年正月巻裏文書
摂津	西成郡	坐摩神社	保延四年四月崇徳天皇、鳥羽上皇の祈願所とする	渡辺敏雄氏所蔵文書
尾張	丹羽郡	二宮社	大県神社、天養元年正月院別当権大納言藤原実行に社務を知行さす	九条家文書・醍醐寺文書
近江	滋賀郡	延暦寺	保延年中同国高島郡木津荘を山門に寄進、牓示を定む	延暦寺文書
	同	日吉社新御塔	美福門院立願・鳥羽上皇建立、日吉社頭、供僧三口	門葉記
陸奥	磐井郡	中尊寺経蔵	承元二年五月鳥羽院祈願所別当任命	中尊寺経蔵文書
紀伊	伊都郡	金剛峯寺	長承二年正月封戸百十三烟を寄進	高野春秋
	同	高野山密厳院	長承元年十一月同国伊都郡相賀荘立券	根来要書
	同	高野山蓮華乗院	鳥羽天皇菩提所、五辻斎院(頌子内親王)創建、安元元年六月同国日高郡南部荘を寄進	宝簡集
	那賀郡	粉河寺	久安二年同国名草郡栗栖荘を本領とし、立券荘号	粉河寺御池坊文書
	同	根来寺大伝法院	康治元年十月奏状	根来要書

を定め、また最勝寺・得長寿院・宝荘厳院・勝光明院・安楽寿院・円勝寺・法金剛院・歓喜光院・金剛勝院・蓮華心院などの祈願寺を建て、なお在来の社寺を祈願所に定め、それぞれの所領を充てた。上皇は永治元年(一一四一)三月出家の時に所領を処分し、美福門院に九ヵ所、八条院に十二ヵ所を分けたが、管理はつづけた(『百錬抄』同年八月四日条)。保元元年(一一五六)七月崩御に際し、遺領とともに管領中の崇徳天皇の成勝寺領、近衛天皇の金剛心院領・延勝寺領などを後白河天皇に譲与した。

(奥野　高広)

とまつのしょう　富松荘　摂津国河辺郡の荘園。現在の兵庫県尼崎市域内。後院領。もと左大臣藤原頼長領であったが、保元の乱により没収され、後院領となった。その後の状況は不明であるが、十五世紀後半の『摂津国寺社本所領幷奉公方知行等注文』(『蜷川家文書』、内閣文庫所蔵)には「三条侍従中納言家領／院御庄内(溝杭・茨木／鮎河・戸伏)富松庄不知行」とみえ、十五世紀ごろには三条侍従中納言家が領家となっていたが、応仁・文明の乱で崩壊したとみられる。

(福留　照尚)

とまり　泊　⇩津《つ》

とまりのうらのみくりや　泊浦御厨　志摩国答志郡の御厨。現在の三重県鳥羽市浦村町一帯の地域。当御厨は伊勢国と志摩国との境に位置し、二国一括して扱われていたため、伊勢国度会《わたらい》郡の内宮領ともみえ(『神宮雑例集』)、また伊勢と志摩の双方にもみえてくる(『神鳳鈔』)。当御厨は神宮領であると同時に伊勢国棚橋法楽寺の所領でもあった(『三宝院文書』)。室町時代は九鬼氏が支配し、守護一色義直の入部を阻止する争いを起している(『醍醐寺文書』)。

(倉田　康夫)

とみさかのしょう　富坂荘　山城国乙訓《おとくに》郡にあった荘園。現在の京都府向日《むこう》市上植野町あたり。長久五年(寛徳元、一〇四四)十月七日付乙訓郡司解にみえる春宮大夫藤原頼宗家領富坂荘と、保安二年(一一二一)十一月日付富坂荘司解にみえる陸奥守橘則光私領富坂荘とがあった。則光私領富坂荘は元暦元年(一一八四)三鈷寺に寄進されたが、室町時代には消滅し、三鈷寺は、頼宗の子孫の持明院家から寄進をうけた一町を領有するだけだった。なお室町時代に富坂荘は、持明院家領としてのほか、清和院領としても史料に現われる。

参考文献　『向日市史』上

(泉谷　康夫)

とみじまのしょう　富島荘　摂津国中島にあった荘園。現在の大阪市北区中津から西の兵庫県尼崎市常光寺、杭《くい》瀬《せ》に至る地域付近。平安時代末期に美福門院の御願寺歓喜光院の荘園として成立(『東大寺文書』)。皇室を本家、山城の広隆寺を領家としたが、領家職《しき》は国司に収公されたらしい。当荘は淀川・三国川(神崎川)の下流域で、土砂の堆積・流路の変化により、領域が西に増大し変動しやすく、本荘・新荘さらに東・西に分割されたようである。山内首藤宗俊は承久の乱の勲功で本荘の地頭となり、その職を長く子孫に伝えている(『山内首藤家文書』)。嘉元四年(徳治元、一三〇六)の『昭慶門院御領目録』には、富島荘が歓喜光院領・興善院領の双方にみえる。双方とも皇室管領とはいえ、分割後、本家を別にしたから、ともに本来の荘名を名のったのであろう。近世の『摂津志』には西成郡の浜・光立寺・三番・新家の四ヵ村(中津付近―東方)を富島荘と呼び、また河辺郡浄光寺・杭瀬・梶が島の三ヵ村(尼崎市―西方)も富島荘と呼ぶとあり、東・西に分割された当荘の遺制と考えられる。右『御領目録』の歓喜光院領富島荘は、さきに九条道家が佐々木女房から譲進されて建長二年(一二五〇)にその子一条実経に譲ったもので、中納言中将(一条内経)のとき返付されたとある。これは九条家領のあり方からみて、おそらく西方であり、内容は領家職であろう。当荘は建武新政のとき霧散するが、足利義詮は延文五年(一三六〇)に富島蔵人太郎跡の当荘下司職を尼崎の大覚寺に寄進している(『大覚寺文書』)。

参考文献　『西成郡史』

(宮川　満)

とみたのしょう　富田荘　㈠尾張国海東郡の荘園。荘内川下流域に立地、愛知県名古屋市中川区富田町を中心に、

港区南陽町、海部《あま》郡蟹江町・七宝《しっぽう》町・大治《おおはる》町の一部を含む。寛治年間(一〇八七―九四)官符により四至が定められた。康和五年(一一〇三)藤原忠実領として史料にはじめてみえ、下司《しき》職に平季政が補任されている。領家職はのち近衛家に相伝され、建武政権下では一旦新待賢門院領となるが、建武四年(一三三七)近衛家に復した(別相伝の飛地北馬島の正応三年(一二九〇)の領家は姉小路実文)。地頭は北条氏得宗家。建暦元年(一二一一)北条義時の代に地頭請が成立。弘安六年(一二八三)北条時宗から鎌倉の円覚寺に地頭職が寄進され、嘉暦二年(一三二七)再度請所が成立し、正和四年(一三一五)から三十四年間、東隣の一楊御厨との間で境相論がくりかえされた。十四世紀半以降守護一族・在地勢力による押領が激化、円覚寺は応永三年(一三九六)ごろ当年分を、ついで同八年には本荘半分を上総国内の伊勢氏領と交換した。近衛家の記録には大永四年(一五二四)まで荘名をみるが、実質的な支配は明応三年(一四九四)までか。なお十四世紀半頃の成立と推定される本荘および周辺の寺領の絵図が円覚寺に伝わる(重要文化財)。 →別刷〈荘園絵図〉 (上村喜久子)

(二)讃岐国寒川郡の荘園。現在の香川県大川郡大川町と白鳥町五名地区。安楽寿院領。康治二年(一一四三)八月十九日付太政官牒に同院領荘園十四ヵ所の一つとしてみえる。四至は、東大内郡堺、西石田郷内東寄艮角西船木河并石崎南大路南泉畔、南阿波国堺、北多和奇神前両堺山峰を限るとあり、ほぼ『和名類聚抄』所載寒川郡難破郷の全域を占める。『安楽寿院古文書』中の鎌倉時代前期の記事と思われる「庄々事」によれば、長承三年(一一三四)十二月の立券、田畠二百九町四段百五十歩、年貢百石。「庄々事」記述当時の知行者は女房三位局である。また『九条家文書』建長二年(一二五〇)『九条道家惣処分状』に、当荘領家職は八条左大臣藤原良輔の遺領で後家禅尼が相伝、その一期《いちご》ののち最勝金剛院に寄進の旨記されている。安楽寿院領は大覚寺統院領として伝領。嘉元四年(徳治元、一三〇六)『昭慶門院御領目録』には、当荘は六条中納言知行、小御所に年貢五万疋沙汰が定められている。 (国島 浩正)

(三)伊勢国鈴鹿郡の荘園。現在の三重県鈴鹿市中富田町・西富田町の付近。文治三年(一一八七)の「公卿勅使伊勢国駅家雑事勤否注進状」にみえ、平家没官領。後白河院領で地頭は工藤左衛門尉助経。その後、時代は不明だが神宮祭主領となり、田村の峯氏が代官として年貢を請け負っている(『氏経引付』内宮政所大夫氏秀書状)。永享四年(一四三二)神祇権大副大中臣秀直と兄宗直との間で、当荘半分と原荘をめぐって相論が起り、永正八年(一五一一)まで続く。 (倉田 康夫)

とみだのしょう　富田荘　阿波国名東郡・以西郡の荘園。現在の徳島市内。吉野川河口南岸に位置する海岸低湿地荘園。元久元年(一二〇四)南助任保(名東郡)・津田島(以西郡)の地が、開発領主粟田重政・藤原親家より下級貴族大江泰兼に譲渡され、泰兼からさらに大和国春日神社に寄進されて成立。成立時の「庄領」は田八町三段余・畠十三町五段余・常荒三十町五段。本家得分は油一石。成立直後に二度にわたって国領に収公されたため、領家泰兼は報恩会用途米三十石の寄進により興福寺領を兼ね、領有の安定をはかったが、元仁元年(一二二四)ころ上級貴族藤原隆衡によって領家職《しき》を横奪されるに至る。この横奪は当荘の前身地が別納保であったことに起因するとみられる。鎌倉時代中期以降、当荘の分割によって成立したとみられる北助任荘・助任郷が史料に散見するが、当荘は興福寺僧による請負化などによって、少なくとも室町時代中期ころまで存続した。 →津田島《つだじま》

参考文献　沖野舜二編『阿波国荘園史料集』 (福家 清司)

とみながのみくりや　富永御厨　加賀国加賀郡の御厨。金沢市西郊の寺中《じちゅう》・畝田《うねだ》・松村町付近。永暦元年(一一六〇)立券、永万元年(一一六五)奉免の伊勢神宮領。建久三年(一一九二)当時の給主は四条隆房。大宮院・昭慶門院を経て、領家職《しき》は後醍醐天皇の皇子世良親王に移り、元徳二年(一三三〇)に臨川寺領となる。正中年間(一三二四―二六)の地頭職は得宗領。『神鳳鈔』は「二百余町」と記すが、神宮以外の史料からは元弘三年(一三三三)を最後に姿を消し、臨川寺領大野荘に吸収される。 (浅香 年木)

とみのしょう　鳥見荘　大和国添下郡の荘園。現在の奈良県生駒市鹿畑町付近。興福寺領。総面積三町二段百二十歩の雑役免荘として延久二年(一〇七〇)の『興福寺雑役免帳』にその名がみえ、また五十七町七段小の大乗院領荘園として『三箇院家抄』にもみえている。応永六年(一三九九)の『興福寺造営段米田数帳』には「寺方 上鳥見庄五町八段」がみえ、雑役免系統の荘園も室町時代まで存続していた。 (泉谷 康夫)

とみやすのしょう　富安荘　紀伊国日高郡の荘園。現在の和歌山県御坊市に所在。成立の経緯や領有関係には詳らかでない点が多いが、鎌倉時代末期の本家は歓喜寿院、領家は世良親王家を経て臨川寺、地頭は陰陽師豊前前司となっている。文保二年(一三一八)地頭と雑掌の間で和与が成立し、地頭請所となった。南北朝時代には幕府の管領するところとなり、初期には和泉の日根野氏や熊野新宮別当に預け置かれたが、室町時代以降は熊野から進出した湯河氏の拠点となった。 (小山 靖憲)

どみょう　土名　⇩百姓名《ひゃくしょうみょう》

どもう　土毛　草木などその土地から生じるもの。賦役令土毛条に「凡そ土毛臨時に用ゐるべくは、並に当国の時の価に准へよ。価には郡稲を用ゐよ」(原漢文)とあり、官物で購入する諸国(朝集使)貢献物と区別している。また、対等外交を求める新羅使が、調を土毛と改称して放逐される事件が天平十五年(七四三)以降続く。『尾張国解文』では、徴税使が個人的に土毛という臨時の不正規の

税を徴発して郡司・百姓に訴えられている。（宮原　武夫）

ともだのしょう　鞆田荘　伊賀国阿拝郡の荘園。現在の三重県阿山郡阿山町上友田・中友田・下友田付近。東大寺領。北杣(玉滝杣)五箇荘の一つで、玉滝杣の杣工が鞆田村に出作し、その田地が東大寺御封便補の地に充てられ寺領化した。永久三年(一一一五)には作田は六十余町に達し、住人は四十余人を数えるに至ったが、これより先、承徳元年(一〇九七)、白河院への接近を意図した平正盛により、十五町余の家地・田畠が六条院に寄進され、六条院領鞆田荘が成立した。このため当荘において国衙・東大寺・六条院(平氏)の領有権争いが激化した。保安二年(一一二一)在庁官人は鞆田村住人の御封便補残分の所当官物未済を訴え、東大寺は鞆田・真木山・予野の三村を国司および平忠盛に押領されたと訴えている。久安年間(一一四五―五一)伊賀目代中原利宗により鞆田村は収公されたが、寿永二年(一一八三)平氏の没落により、東大寺は田地六十余町の還付を請い、後白河院庁下文により承認された。翌年鞆田荘出作田の所当官物は東大寺封戸の便補として免除され一円寺領となった。六条院との相論も、貞応元年(一二二二)後高倉院によって東大寺尊勝院の領有を認められ終止符をうった。以後東大寺は荘内に鎮守八幡宮神人を定め置くなど荘経営につとめたが、地頭による年貢未進、服部一族大谷弥太郎の侵略などがあり、一応応安年間(一三六八―七五)まで米の納入がみられるが、地下所務の実はあがっていない。　→玉滝荘《たまたきのしょう》（小泉　宜右）

とものしょう　伴野荘　信濃国佐久郡の荘園。現在の長野県佐久市から山梨県境に近い南牧村平沢までのほぼ南佐久郡全域にあたる地域に散在した郷村の集合体で、建武二年(一三三五)当時二十四ヵ郷を数えた。十二世紀後半、後白河院領として立荘され、後鳥羽院らの手を経て乾元元年(一三〇二)には室町院領となりそののち持明院統に伝領された。領家職《しき》は中納言藤原基家に与えられ、その娘北白川院陳子らの手を経て花園上皇に相伝され、元徳二年(一三三〇)大徳寺の開山宗峯妙超に寄進された。地頭職は文治二年(一一八六)当時小笠原長清に与えられ、その子時長ら伴野氏に伝領された。弘安八年(一二八五)霜月騒動で伴野氏が没落すると北条氏一門に与えられた。鎌倉幕府滅亡に際して元弘三年(一三三三)後醍醐天皇はこれを大徳寺に寄進し、領家・地頭両職とも寺家の掌握するところとなった。鎌倉時代後期には鎌倉街道が荘内を通過し、千曲川の自然堤防上には伴野市が形成されていた。この市は弘安二年一遍が踊念仏を始めた所として『一遍聖絵』にも描かれている。野沢・桜井・大沢・小宮山・上臼田など主要な郷村には領家佃がおかれ、上臼田には地頭手作地があった。大徳寺は領家年貢と地頭得分を惣年貢と称し郷村単位に収納額を決め、その総額は約七千六百貫文にのぼった。それらは各郷ごとに代銭納とし二日町屋の商人を介して為替によって京都に送られた。南北朝時代、出羽弥三郎・倉沢弁房ら悪党が蜂起した。貞和五年(一三四九)伊勢神宮の役夫工米徴収の関係史料を最後にその動向は不明となる。（井原今朝男）

ともぶちのしょう　鞆淵荘　紀伊国那賀郡の荘園。現在の和歌山県那賀郡粉河《こかわ》町鞆淵地区の全域にほぼ相当する。遅くとも十一世紀初めまでに成立し、鞆淵薗《その》とも呼ばれ、平安・鎌倉時代には石清水八幡宮領であった。延久四年(一〇七二)の荘園整理の際も石清水領として認められ、水田十三町百八十歩とされている。荘内のほぼ中央に鞆淵八幡神社が勧請され、安貞二年(一二二八)には石清水より神輿が送られた。元弘三年(一三三三)に後醍醐天皇によって、鞆淵荘はいわゆる御手印縁起の四至内ということで、高野山に寄進された。鞆淵荘の特色は、下司・公文と惣に結集する百姓らとの対立・抗争が、三度にわたって繰り返されたことである。第一期は十四世紀初頭の嘉元・正和期で、下司・公文と神人・百姓らの抗争がみられた。第二期は南北朝内乱期の貞和・観応期であり、下司鞆淵景教と番頭・百姓らとの間に雇夫を中心とする下司方公事をめぐり、激しい武装闘争が展開され、高野山の調停で和解した。第三期は応永期で、応永二十五年(一四一八)から三十二年にかけて展開され、百姓らは下司方十三ヵ条、公文方十一ヵ条の非例・非法の停止を訴え、逃散を繰り返した。荘園領主高野山は、下司鞆淵範景が守護被官として京上夫一件を譲らなかったため、これを荘外へ追放し、ようやく闘争は終息した。正長元年(一四二八)には大検注が実施され、翌二年(永享元、一四二九)に作成された『鞆淵薗大検注分田総目録』によると、総面積四十一町五段余、分米百二十四石五斗余とあり、その後次第に減少するが、ともかくも中世末まで高野山の支配は維持された。（本多　隆成）

ともやくでん　鞆役田　「鞆」は「塘」のことで、堤を意味する。したがって、干拓地の塩堤＝防潮堤の維持・修理の費事をまかなうために設定された田地のこと。鎌倉時代末期の「肥後小早川文書」に三点ほど確認できる(『鎌倉遺文』三〇巻二二九一二号、三一巻二三七九一号、三六巻二七九五三号)。「鞆大役」「潮鞆大役」などと呼ばれているから、重要視された役であったことがわかる。しかし鞆役が賦課された田はいずれも「陸田」(畠地)「常々荒田」「荒田」と記され、ある田地は「弘安八年(一二八五)より荒蕪」と言われており、さらに、すべて開発の対象になっているから、この田地は塩堤の内側にあった不安定な耕地で、開発する代償として鞆役が賦課されたのであろう。平安時代・鎌倉時代の用水や築堤のための労働力は雇用労働力に頼ることが多かったと言われているから、この場合のように「役」として田地に賦課された例は少ない。（木村　茂光）

ともゆいのしょう　鞆結荘　近江国高島郡の荘園。現在の滋賀県高島郡マキノ町浦・小荒路《こあらじ》一帯の山間地域。『和名類聚抄』にみえる鞆結郷の地から生まれたと考えられ

る。当地の豪族角好子先祖相伝の田地六十余町を、十世紀中葉比叡山法華堂に寄進して成立。冷泉天皇の時官省符によって、田地の租税、荘司・荘子六十人の雑役を免除された。天禄三年(九七二)天台座主良源の遺告(『慈恵大師遺告』)により、荘地子の上分を法華堂四季懺法間燈明料に充て、残りは本尊常燈房舎修理料とされた。建暦三年(建保元、一二一三)「慈鎮所領譲状案」によると、延暦寺三昧院に付属する青蓮院門跡領。文暦元年(一二三四)のころ所当二十五石。荘名はのち嶮熊野荘と改められたというが、文明三年(一四七一)の「青蓮院門跡領目録案」には、依然鞆結荘とある。　(髙橋　昌明)

ともろぎのしょう　鞆呂岐荘　河内国茨田郡にあった荘園。現在の大阪府寝屋川市北部付近。康治二年(一一四三)鳥羽上皇が御願寺安楽寿院に施入した十四ヵ所の荘園の一つ。同年八月十九日の「太政官牒案」(初見史料)に、四至が「東限大路　南限登道　西限河　北限大堤」とある(『平安遺文』六巻二五一九号)。本家職は安楽寿院から八条女院を経て大覚寺系の皇統に伝領された。領家職は、六条家に相伝された一方で別納分が設定されており(嘉元年間)、その領家には経真法印がいた。その後、応永十三年(一四〇六)八月十五日の領家職契約状によると、領家職半分は六条家にゆかりの荒河治部少輔入道善政がもち、半分は東寺八幡宮に寄進されていた。八幡宮得分は毎月五十貫だった。康正年間(一四五五―五七)に三条家による得分保持が窺えるが、文明年間(一四六九―八七)には当荘は室町幕府御料所河内十七ヵ所に組み込まれていた。天文年間(一五三二―五五)には、河内守護畠山氏と守護代木沢氏らによる年貢押領がみえる。　(堀　祥岳)

どようけんちゅう　土用検注　陰陽道の観念では、土用にあたる時期には土を犯すこと(建築・葬送など)が忌避される傾向にあったが、検注も犯土と考えられ、土用を避けて行われる傾向にあった。鎌倉初期の伊賀国簗瀬保では、土用の前に検注を行おうという発想が荘園領主側にみられ、在地の側でも摂津国垂水荘では、至徳三年(一三八六)に在地荘官が土用に入る前に検注を行なって欲しいと荘園領主側に訴えている。また元仁元年(一二二四)、北条泰時は上野国の検注に際して、二人の陰陽師に土用中の検注が憚りがあるかどうか諮問し、一方は憚りが有ると、一方は牓示を調べなければ憚りが無いと返答したが、結局泰時は検注を行なっている。このように、幅広い階層の人々が、土用検注忌避の観念の影響下にあったことは、荘園領主と現地との土を介した最も直接的な接点が検注であったことを示し、ひいては当時の土地領有観念をよく表しているといえよう。　(高橋　傑)

とよだたけし　豊田武　一九一〇―八〇　日本中世史。東北大学教授。明治四十三年(一九一〇)三月九日、東京市赤坂区(現、東京都港区)に生まれる。東京府立第一中学校、浦和高等学校文科乙類を経て、昭和七年(一九三二)、東京帝国大学文学部国史学科卒業。同大学院入学。文部省宗教局にて宗教制度・史蹟調査に関する事務嘱託。同十四年、東京女子高等師範学校講師。同助教授。十六年、同教授。二十年、文部省図書監修官を経て、二十二年、東北帝国大学法文学部教授。三十年、「中世日本商業史の研究」により東京大学から文学博士の学位を取得。四十八年、東北大学教授を定年退官。同名誉教授。法政大学文学部教授。昭和五十五年(一九八〇)三月二十九日没、七十歳。辻善之助の甥。『中世日本商業史の研究』(岩波書店、昭和十九年)において、荘園と商業流通の問題について論及したほか、『武士団と村落』(吉川弘文館、三十八年)、「東北の荘園」(『豊田武著作集』八所収、吉川弘文館、五十八年)、「高野山寺領の変遷」(『豊田武著作集』七所収、吉川弘文館、同五十八年)などがある。　(瀬野精一郎)

とよたのしょう　豊田荘　越後国蒲原郡の荘園。現在の新潟県北蒲原郡笹神村北部から豊浦町・新発田市南部にかけての地域。東大寺領。同寺の荘園文書注文などには加地荘とも書かれるが、北接する加地荘とは別である。同寺領として頸城《くびき》郡に石井荘・真沼荘・吉田荘、古志郡に土井荘があったが、平安時代中期にはいずれも退転した。保延元年(一一三五)に越後国留守所は東大寺から寺領復旧の要請を受けると、石井荘・土井荘を収公してその代りとして沼垂郡加地郷内に豊田荘を新設して立て替えた(『東大寺文書』)。荘域は田三百余町、山野二千余町を含む広大なもので、東・北は佐々木川、西は下御方(福島潟)、南は鹿子岡(未詳、笹神村内)を境界としていた。平安時代末期には越後城《じょう》氏の進出もみられたが、鎌倉幕府成立後は開瀬義盛が地頭に任じられた(『江藤文書』)。その後の地頭領主は不明。室町・戦国時代を通じて荘名は散見するが東大寺領としては鎌倉時代を境にその機能を失ったとみられる。　(阿部　洋輔)

とよだのしょう　豊田荘　(一)大和国十市郡の荘園。現在の奈良県橿原市豊田町付近。当荘は東大寺領荘園として東南院が管領し、惣寺の課役も勤仕した。鎌倉時代末には東大寺西室の知行するところとなったが、院主の手によって吉野金峯山寺に売却された。東大寺衆徒らは当荘の返付を公家に訴えたが、成功せず、建武年間(一三三四―三八)以降は南朝の勢力下に入ったこともあって全く東大寺の支配から離れたとみられる。下司は国民十市氏。文和二年(一三五三)の東大寺領大和国散在田地幷抑留交名注文には「一所十市郡豊田庄　十市八郎コレヲ、サウ」とある。なお、当荘付近には領主を異にする同荘号の荘園があった。一は春日社領豊田荘で、春日社に夕御供を備進した。また、興福寺一乗院門跡領豊田荘があり、門跡の段銭などを課されている。応永三十四年(一四二七)の一乗院昭円講師反銭納状に「豊田庄」がみえ田積は十町三段小であったという。以上、三つの豊田荘のほかに、橿原市豊田町付近には、興福寺十二大会・春日若宮の用途を負担する進官田や若干の興福寺大乗院門跡領もあったらしい。　(田村　憲美)

(二)下総国豊田郡の荘園。松岡荘とも号す。現在の茨城県

下妻市南部、結城郡千代川村東部・石下《いしげ》町東部および水《みつ》海道《かいどう》市北東部を含む地域とされる。開発領主は常陸大掾氏一族の豊田氏。『吉記』承安四年（一一七四）八月八日条に蓮華王院領とみえ、『吾妻鏡』文治二年（一一八六）三月十二日条には按察使家領とある。十三世紀前半、当荘の領家職は西園寺通季女―慈円―慈源と相伝されたことが知られ（『門葉記』二、慈円起請文、『華頂要略』五五、慈鎮所領譲状案、同五五、慈源所領注文）、寛元四年（一二四六）における荘内田久安両郷の預所は左馬権頭入道昇蓮、給人は日阿（結城朝光）、本地頭は忠幹（豊田氏か）であった（『吾妻鏡』同年十二月二十九日条）。（野口　実）

㊂肥後国益城郡に存在した荘園。現在の熊本県下益城郡城南町・豊野村の地域。八条院領。山科家古文書安元二年（一一七六）二月日の八条院領目録に「肥後国豊田」と見えるのが初見史料。『玉葉』元暦二年（一一八五）九月二十五日条によれば、源朝朝が伊豆国馬宮荘を九条家領であることを知らずに伊豆走湯山権現に寄進してしまった善後策として、豊田荘を九条兼実に与えようとした時、頼朝が女院から与えられているのは預所職であるので、兼実が女院領の預所となるのは先例がないとして断わっている。その後八条院から後鳥羽上皇に伝領されたが、承久の乱によって没収された。のちに後高倉院に返付され、安嘉門院、亀山上皇、恒明親王、昭慶門院、後宇多上皇、後醍醐天皇へと伝領され、いわゆる八条院領として大覚寺統の経済的基盤を構成した。南北朝時代以後は、菊池氏をはじめ、九州における南朝方の拠点となっている。応永二十八年（一四二一）頃筑前博多の筥崎宮領としてその名が見えるが、同宮領となった経緯は明らかではない。（瀬野精一郎）

とよはらのしょう　豊原荘　備前国邑久《おく》郡の荘園。荘域は邑久郷・尾張保を含む六ヵ郷。現在の岡山県岡山市、邑久郡邑久町などの吉井川河口付近一帯。荘内には備前一宮の安仁《あに》神社や千手山弘法寺がある。応永二十五年（一四一八）の「備前国棟別銭沙汰幷無沙汰在所注文案」（『東寺百合文書』ヌ）に禁裏御領豊原と記す。正中元年（一三二四）荘内の尾張保を賀茂神主家に返付せしめている（『賀茂別雷神社文書』）。荘の周辺には東大寺領の長沼・神崎・南北条の諸荘が成立し、豊原荘の在地領主との間に争いが絶えなかった。元徳三年（一三三一）の『東大寺文書』によれば、今木・大富らが東大寺領に乱入した。正中二年、豊原荘内においても弘経・範平らが違勅狼藉を働き、六波羅探題の追捕を受けている（『入来文書』）。荘内は今木・大富・和田など、『太平記』にその活躍がみえる武士団の拠点であった。応永の棟別銭注文では、有異儀在所で「ふミ入り候ハす」と記す。のち、浦上・宇喜多氏の支配が及んだ。（三好　基之）

とりかいのしょう　鳥飼荘　淡路国津名郡の荘園。現在の兵庫県津名郡五色町鳥飼付近。石清水八幡宮領。承久の乱後の貞応二年（一二二三）『淡路国大田文』に、「八幡宮御領、鳥飼庄、前地頭藤三守長国御家人、新地頭佐野七郎入道、田卅町、畠、浦一所」とある。元暦二年（一一八五）正月の源頼朝下文にも、八幡宮寺領安堵として鳥養（飼）荘が、また応永年間（一三九四―一四二八）にも鳥飼荘の下知状がみられる。この荘園については、文永七年（一二七〇）・弘安元年（一二七八）などの「和与」に関する文書があり、領家雑掌と地頭との間の、押領の公田、納入米の未進、荘園管理についての新たな地頭の介入など数多くの争点で訴訟が行われたが、和与により相論が終結している。またこの荘園の中心的機能をもった鳥飼八幡宮（石清水八幡宮別宮）は鎌倉時代の沃懸地《いかけじ》螺鈿金銅装神輿（重要文化財）を所蔵している。（三宅　進）

とりかいのまき　鳥養牧　摂津国島下郡鳥飼にあった右馬寮に属した近都牧《きんとのまき》の一つ。大阪府摂津市鳥飼の地域。『延喜式』左右馬寮によると、諸国から貢献する牛馬を放牧し、事に従って朝廷・政府の用に供した。年代の下るに伴い、開発されて荘園化し、その領主職は鎌倉時代に西園寺家が掌握し、その後、支流の洞院家に相伝されたが、室町時代には同じく支流の今出川菊亭家が握っている（『看聞御記』）。（宮川　満）

とりた　取田　中世の荘園・公領の検注のおいて、耕地の丈量を行うことを「取る」「取り出す」といい、丈量が終わった田を「取田」と称した。それゆえ中世の検注とは「取る」作業であり、その結果を記したものが検注取帳である。「取る」作業（実検）に際して、土用検注は陰陽道でいう犯土に当たるのではないかという危惧から、忌避されたようである。中世の検注はいくつかの作業から成り立っているが、「取る」作業では検注使、荘官のみならず、農民も参加して行われ、一筆ごとの田地につき所在地や耕地状況、作人者などが確定された。その後「目録固め」されるが、この作業で定田数、除田数、所当米額が算出され、そこで作成された目録が年貢収納額の基準となった。「取る」方法としては、中世の丈量が不統一であることから、国ごと荘園ごとに多様であったと想定されるが、一般的には目測や歩幅が広く用いられたと考えられている。（堀内　寛康）

とりだし　取出　⇨勘出田《かんしゅつでん》

とりちょう　取帳　国衙領・荘園において、田畠を実地に調べてその面積・所在・占有人などを片端から順次に書き連ねた文書。検注取帳ともいい、平安・鎌倉時代の検田帳も取帳と呼んだ。また検田使・検注使が騎馬で巡検したので馬上帳の名がある。定期的に荘園全域を検注した帳簿を実検取帳・正検取帳などと呼び、随時、また風水干損などがあった年、異同や損得の状況を調べたものが内検取帳である。取帳は元来使の役人が現地の荘官ら立会いのもとで、一筆ないし一坪ごとに巡検、注記したもので、江戸時代の野帳《のちょう》にあたるが、読み合わせを行い、清書の上、荘園領主に報告したので、時に名寄帳形式に記載したものもある。いずれにせよ末尾に「注進如件」と書き、使と立会荘官の署名がある。取帳を元に総

田数・荒・不作・見作・除田・定田・損田・得田(畠も同様)などの項目、さらには分米・田率公事などにつき集計、報告したものが取帳目録・検注目録で、検田丸帳というのも目録の類である。しかしこれらの呼称にはしばしば混同がみられる。→検注帳《けんちゅうちょう》　(佐川　弘)

どれいせい　奴隷制　奴隷とは、奴隷主に全人格を生産手段として所有され、全剰余労働を搾取され、売買・譲渡された直接生産者のことである。奴隷制は封建社会にも副次的な生産関係として存在し、資本主義社会でも、南北戦争期までのアメリカ合衆国南部の棉作地帯では、アフリカから掠取された黒人奴隷が生産の主要な担い手として存在した。しかし奴隷制が主要な生産様式としてその社会構成の歴史的性格を規定したのは、世界史的にも、原始社会解体後の古代社会においてである。以下では古代社会の奴隷制に限定して述べる。奴隷制は、奴隷を所有する側での、原始社会内部での生産諸力の発展によって剰余労働が発生し、他人の労働の搾取が富の源泉となりうる段階で発生した。奴隷の発生には、戦争によって他の共同体を征服して獲得された捕虜、共同体内部での犯罪者とその家族、債務を履行できなかったもの、の三つの契機がある。当初は共同体の共有とされることもあったが、共同体内部の家父長的諸関係の発展のもとで、家父長によって私有されることが支配的になる。このほか、共同体首長のもとに集中的に所有されるばあいもある。奴隷は、その労働の質によって、奴隷主の家庭内での家事労働に使役される家内奴隷と、生産労働に使役される労働奴隷とに区別される。労働奴隷には、奴隷主の家族の生産労働の補助として使役される家父長的奴隷と、奴隷主の所有する手工業工場や農場の主要な労働力として使役される狭義の労働奴隷とがある。なお家内奴隷も家父長的奴隷の一形態とみてよい。奴隷は、原則として、家族をもたず、生活資料は奴隷主からの供給に依存して生活する。奴隷制が世界史的にもっとも典型的に発達したのは、古典古代とくにローマ社会においてであった。ここでは奴隷は社会的生産労働の主体となったとされ、国家は大量に消費される奴隷を補給するために、周辺地域に対して絶え間のない奴隷獲得のための戦争を行なった。その一方で自由人である市民は生産労働から離れ、国家への寄生を強めた。このように奴隷制が社会の生産活動をささえ、政治なども、奴隷の獲得とその体制維持を主要な課題とするに至った社会は、奴隷制生産様式を運動法則とする奴隷制社会である。奴隷は、法的にも人間として認められず、牛馬などと同じく「物を言う道具」として扱われた。奴隷はみずからの人間としての尊厳性を回復するために各種の闘争を行なった。逃亡・サボタージュなどは日常的な一般的闘争であるが、逃亡奴隷が武装して反乱をおこすこともしばしばで、スパルタクスの反乱はそのもっとも大規模なものであった。ローマ帝政末期になると、奴隷制は袋小路に入る。自由人たる市民は国家に寄食して生産活動から離れ、国家権力も衰退して奴隷獲得戦争も成功せず、奴隷の供給が途絶える。また生産諸力の発展も奴隷労働とは矛盾する方向に進んでゆく。これらの諸要因が重層的に作用して、奴隷に家族を認めてその子を奴隷とする方式がとられ、また家族生活に必要な最低限の収入を得る場として保有地を認めるようになる。このような家族と保有地をもつ奴隷はコロヌスと呼ばれた。コロヌスは土地付奴隷であり、のちの封建社会の農奴の先駆形態であった。以上のような古典古代の奴隷制は、地中海貿易をはじめとした社会的分業の発達した歴史的条件のもとで、世界史上、もっとも典型的な奴隷制とされ、これとの関係で各地域の古代社会の奴隷制が研究されることになる。日本をふくむ非西欧的世界(いわゆる「アジア」)では、古典古代のような奴隷制は成立しなかった。

日本での奴隷制研究は、日本古代の奴隷の存在形態を具体的に解明すること、奴隷の存在を社会全体のなかでどのように位置づけるか、古典古代の奴隷制とは異なる古代の階級関係をどのように概念規定するか、の三つの課題をもって行われてきた。特に後二者の課題は、第二次世界大戦前・戦後の「アジア的生産様式論争」と不可分の関係をもって進められてきた。こうした論争は国際的にも行われており、国内の論争もこれと密接な関係があるが、以下では国内の論争・研究に限って述べる。日本古代の奴隷制の研究は、一九二〇年(大正九)代の日本資本主義の政治的、経済的、社会的矛盾の激化していた時期に、古代の「社会問題」の一つとして奴婢の存在に関心が寄せられたことから始まった。この時期の研究では、奴婢が階級としての奴隷であること、奴婢関係史料を博捜して可能な限りその存在形態を考えることなどが課題とされたが、奴婢が量的に少数であることから日本古代に奴隷制社会を考え難いとする主張も行われた。一九三〇年(昭和五)代に入ってマルクス主義歴史学の奴隷制研究が、当時、国際的に行われていたアジア的生産様式論争と密接にかかわりながら始まった。この時期の代表的な学説としては、渡部義通・早川二郎の説がある。渡部説は「日本型奴隷制」論とよばれるもので、その後の学界に大きな影響を与えた。渡部説を要約すると次のとおりである。列島社会の不均等発展を前提とし、先進地域では一・二世紀に家父長制による家内奴隷制が、三・四世紀には一部に労働奴隷制も出現する。一方、広汎に存在する後進地域では氏族共同体的関係が支配的であり、列島全体での社会的分業はすこぶる未発達であった。このような歴史的条件のもとでの列島内の階級社会は、先進地域の奴婢所有を基礎とする支配階級が、後進地域を共同体的関係を保持したままの形で支配することによって成立する。この共同体的関係を破壊することなく成立した搾取関係を部民制とし、部民は先進地域での奴隷制を運動法則として形成されたものであるから奴隷的存在である。このような奴婢制と部民制の連関・統一によっ

て成立したのが日本古代の階級社会であり、これを日本型奴隷制と規定した。この奴隷制は五・六世紀から律令制初期まで続くが、平安時代中期以降に農奴制を基礎とする封建社会への転換が始まり、鎌倉幕府の成立によって封建社会が完成する。以上の渡部説は、日本型奴隷制を考えることによって日本古代にも巨視的には奴隷制社会が成立していたとし、同時代に異なる生産関係の併存を認めながらも、奴隷制を運動法則とする社会構成体の成立を主張した点で、方法的にはすこぶる注目すべきものがある。早川説は初期と後期によって差がある。初期の説は、大化前代を原始的社会構成末期の貢納制社会であるとし、大化改新以後に国家的封建制が成立するとして、日本古代の奴隷制社会の存在を否定していた。後期の説では、原始社会末期に先進共同体による家内奴隷制の一定の発展を基礎にした他共同体に対する支配関係の成立という構造をもつ種族奴隷制の成立を考え、その後の展開については、家内奴隷制がその発展の飽和点に達し、しかも古典古代的な労働奴隷制の発生する条件の欠如したところに発生したものを部民制とし、部民は共同体的関係が支配と搾取の手段となっている種族奴隷であるが、前代のように征服共同体全体による所有ではなく、征服共同体の構成員が個別に所有する点で異なっている。大化改新を社会構成転換の画期とし、それ以後を国家的封建制とみるのは初期の説と同じである。ただし国家的封建制のもとでの家内奴隷所有と共同体的諸関係の根強い残存を認める点では、初期の説と異なる。渡部説と異なる点は、一貫して労働奴隷制を認めない点と、種族奴隷という概念をその内容を規定せずに用いている点である。昭和十一—十三年の国家によるマルクス主義弾圧によって、奴隷制に関する論争的研究も中絶させられることになる。しかし一九四〇年代の前半期に、渡部義通の共同研究者であった石母田正《いしもだしょう》・藤間生大《とうませいた》・松本新八郎らによって、八世紀から十世紀の時期について、階級分化論にもとづく実証的な奴隷制研究が開拓されてゆく。石母田は八世紀の戸籍・計帳を分析して郷戸構成の地域差に注目し、郷戸をローマ的な家父長制家族に至る過渡的な家族形態とみてこれを家族共同体とし、特に「寄口」が家父長的奴隷制の代用物としての家父長的な隷属労働力であることを論じ、八世紀社会での日本における家父長制的分解の形態を具体的に明らかにした。また「家人」について、彼らが家族と私業(保有地の耕作)をもつ累代の賤隷で売買の禁じられた奴隷であり、世界史的にはコロヌスとして把握すべきものであるとした。石母田の寄口・家人に関する研究は、八世紀の奴隷制的諸関係の存在とその歴史的位置を実証したものとして重要な意義をもつ。藤間は八世紀の初期庄園を分析して、その労働力が相対的には少数である庄園主の所有する奴隷労働力と、庄園の周辺に居住する班田農民を強制的に結集させた労働力からなり、前者が規定的な役割を果たしたことを論じている。第二次世界大戦後の日本での奴隷制研究に大きな影響を与えたのは昭和二十二年に訳出されたマルクスの遺稿「資本制生産に先行する諸形態」(以下「諸形態」と略称)である。「諸形態」は『経済学批判要綱』の一節であるが、ここでは、労働主体が共同体成員であることによって共同体的土地所有の主体となっている本源的所有について、アジア的、ギリシャ・ローマ的、ゲルマン的な諸形態があることを分析している。アジア的形態(以下、「アジア的共同体」という)では、労働主体が共同体に全面的に依存し埋没していて自立性をもたず、共同体的所有が共同体の結合を人格的に体現するただ一人の結合的統一体にのみ独占されるという構造をもつとし、社会はこうした共同体の重層的関係として構成されるが、そこでは諸共同体の結合的統一体としての専制君主のみが所有主体であり、諸共同体は占有主体であるにとどまり、共同体成員は唯一の所有者である専制君主の財産・奴隷であるとし、この関係を古典古代の奴隷制と対比して「東洋における総体的(全般的)奴隷制」die allgemeine Sklaverei des Orients と称した。以後の奴隷制論は、この総体的奴隷制をどのように理解するかをめぐって活潑な論争が行われることになる。「諸形態」を訳出した飯田貫一・岡本三郎らは、総体的奴隷制を共同体的諸関係を基礎にした未発達の奴隷制であるとし、アジア的生産様式とは総体的奴隷制の社会をさすとした。戦前以来の日本型奴隷制論に立つ人々は、家父長的奴隷制の一定の展開を前提にして総体的奴隷制が成立するとし、日本古代を二つの奴隷制が相互に制約しつつ二重に支配する社会として理解した。これらの説に対して安良城《あらき》盛昭は、総体的奴隷制を家父長的奴隷制に先行するものとして明確に区別すべきであるとし、律令制社会までを総体的奴隷制、以後の荘園制社会を家父長的奴隷制とし、八世紀以降の律令制社会を天皇・貴族・寺社などの奴婢所有による奴隷制と、アジア的共同体成員である班田農民の総体的奴隷制との、二つの生産関係の相互規定する社会とした。塩沢君夫は前述のすべての説を批判し、アジア的共同体を基礎とする社会は、共同体による共同体支配が行われている最初の階級社会で、これを貢納制と規定し、アジア的生産様式とはかかる内容をさすとする。さらにアジア的共同体の分解を通じて家父長的奴隷制が出現するとし、律令社会までを貢納制、中世社会を家父長的奴隷制とした。太田秀通は、原始社会から階級社会に移行する第一段階をアジア的生産様式として世界史的な普遍性をもつとし、君主による共同体支配を総体的奴隷制とし、さらにそのなかに四つの発展段階のあることを考えようとした。筆者は、総体的奴隷制は原始社会末期に共同体の公共的機能を私的な支配手段とするに至った首長の共同体支配によって成立し、そのばあい首長の家父長的奴隷の所有は前提とはならず、首長の奴隷所有は総体的奴隷制を前提として生ずるとし、総体的奴隷制の解体は共同体内部の家父長的関係の展開によって成員が自立

的な個別経営を実現することによってもたらされるとし、アジア的共同体内部での個別経営成立以前と以後で総体的奴隷制の二段階を考えるべきで、第二段階の具体的徴表は国家の成立に求められるとした。原秀三郎は、芝原拓自の「諸形態」理解に基づき、アジア的共同体は原始共同体であるとし、さらに従来の原始共同体理解が成員の自由と平等の関係を共同体の基礎とみなしていたのは誤りで、共同体的結合に対する人格的依存関係が基本であるとし、また総体的奴隷制概念を否定して成員の人格的奴隷状態＝可能性としての奴隷制とみることを提唱する。原始共同体解体後のアジアの奴隷制については、共同体首長の家内奴隷(のちに家父長的奴隷に訂正)所有を基礎にし、それを共同体成員に拡大したものが基本形態で、国家的に拡大された家内奴隷制＝国家的奴隷制と把握すべきであるとする。律令国家をこの段階とし、以後の中世社会を家父長的奴隷制とみる点では安良城・塩沢説に同じである。林直道は芝原・原の「諸形態」理解を批判し、アジア的共同体を基礎とするアジア的生産様式は原始共同体の段階のものであるが、東洋の専制君主のもとにそのままうけつがれて総体的奴隷制の基底的ウクラードを構成するとし、総体的奴隷制はアジア的共同体を「まるごと」支配搾取する関係であるとする。このような関係の発生については、共同体首長の支配者への転化(特に共同体財産の横領を重視する)によるとしている。中村哲は、マルクスの前資本制社会論の全体を独自の論理によって再構成し、特に小経営生産様式が奴隷制・農奴制社会の内部に副次的ウクラードとして存在することを重視し、奴隷制を、奴隷主が小経営者であるばあいの補助的労働力としての家父長的奴隷と、奴隷が小経営者である土地占有奴隷の二つの基本形態として把握する。アジアの古代専制国家の階級関係については、原始共同体の内部に小経営が形成され、しかも成員が生産手段としての土地を所有せず、土地所有が専制君主に集中し、共同体成員は土地保有奴隷として存在するもので、こうした奴隷制を国家的奴隷制と規定する。熊野聡は中村説に対して、奴隷は本来的に小経営者ではありえず、中村の主張する土地占有奴隷概念の基礎にあるヘイロータイ・コロヌスは奴隷の例外的存在であって、これを奴隷制の基本的なものの一つとみることはできないと批判している。以上の奴隷制に関する論争的研究史を通じてあらためて確認しうることは、日本古代の階級関係を考えるうえで、首長または専制君主が共同体を「まるごと」支配搾取する関係を重視すべきであるということである。この関係は、太田秀通の指摘するように、古典古代の奴隷制とは明らかに異なるものである。このことからこうした支配隷属関係を奴隷制以外の用語で把握すべきであるという主張も生まれており、吉村武彦は隷農制概念を提起している。さらにこのような隷属関係の具体的内容を実証的に追究してそれぞれの概念の内容を理論的のみでなく歴史的に豊かにしてゆくことが必要である。この点で石母田正が首長制論を導入して、国家・首長・共同体成員の関係を具体的に総体的奴隷制として論じていることは、示唆に富む。さらに古代の奴隷は身分としての賤民であり、一般共同体成員は良民身分であった。身分と階級の問題は古くかつ新しい問題であるが、主として理論的に論究されてきた奴隷制論の深化にとって、古代の身分制に表現されている具体的な諸関係を社会構成史的に再検討してゆく必要がある。　（吉田　晶）

とん　屯　律令時代に用いられた綿の取引単位。主税式に「凡一駄荷率絹七十疋、糸三百絇、綿三百屯、（中略）銅一百斤、鉄卅廷」とあり、主計式には綿は四両を屯となすとあるのでこれを令の大両によって計算すると、綿三百屯は七十五斤、十二貫となる。一駄の率とすれば小に過ぎるので、駄法においては大両の三倍を単位にとったとされている。江戸時代の一駄は三十六貫と定められていた。すると一屯は百二十匁にあたる。（小泉袈裟勝）

とんだのしょう　富田荘　日向国臼杵《うすき》郡の荘園。現在の宮崎県日向市財光寺・日知屋《ひちや》付近。宇佐八幡宮領。『宇佐宮神領大鏡』によれば、国司海宿禰為隆の任期中の永承年間(一〇四六―五三)に、封民十五人の代として、荒野の地に四至を差し、宇佐八幡に寄進し立券したもので、起請定田四十四丁とみえ、長承年中(一一三二―三五)の検田目録では、定田五十五丁であったものが減少したとある。所当例済物は重色八十八石、軽色八十八疋、田率綿三十三両、桑代絹十二疋、上品二疋代六疋、絁絹六疋であった。建久八年(一一九七)の『日向国図田帳写』には、富田荘八十丁、臼杵郡内、地頭は故勲藤原左衛門尉とある。故勲藤原左衛門尉とは工藤祐経のことである。『到津《いとうづ》文書』天文二年(一五三三)八月三日宇佐宮領注文に富田荘八十町とあり、富田荘が宇佐宮根本所領として保持されていたことがわかる。

参考文献　日高次吉編『日向国荘園史料』一(『九州荘園史料叢書』六)　（瀬野精一郎）

とんだのほう　富田保　周防国都濃《つの》郡にあった東大寺造営料の同国衙領。現在の山口県新南陽市富田を中心とする一帯。『和名類聚抄』にみえる富田郷の地域。富田保は文治二年(一一八六)東大寺造営料とされた周防国衙領に含まれていたと思われる。地頭職《しき》も建武元年(一三三四)兵庫関の替所として東大寺に寄進されたが、少なくとも康応元年(一三八九)―応永十七年(一四一〇)の間は陶氏《すえ》に安堵され、その後、ある時期から再度東大寺領となった。永正六年(一五〇九)陶興房は富田保地頭職を預かり、毎年地頭得分五百石の沙汰を申し請けている。なお上記建武元年の『東大寺文書』および文安元年(一四四四)室町幕府下知状・同二年室町幕府奉行連署過書(『上司家文書』)に限り「富田荘」とみえるが、富田保のほかに富田荘があったとは思われない。　（松岡　久人）

な

ないくうりょう　内宮領　⇩伊勢神宮領《いせじんぐうりょう》

ないけん　内検　⇩検注《けんちゅう》

ないけんちょう　内検帳　⇩検注帳《けんちゅうちょう》

ないけんとりちょう　内検取帳　⇩検注取帳《けんちゅうとりちょう》

ないさくみょう　内作名　⇩名《みょう》

ないぜんしりょう　内膳司領　令制宮内省の被管で、天皇の食膳の調進のことを掌る内膳司の所領。内膳司には元慶五年（八八一）要劇ならびに番上粮料として、河内国において官田二十四町一段が充てられ、さらに仁和四年（八八八）内膳司番上料として、山城国において一町余の官田を給された。また延暦十七年（七九八）網曳長一人・江長一人を大膳職より内膳司に移し、同十九年筑摩御厨長一人を同じく大膳職より内膳司に移管した（『類聚三代格』）。『延喜式』にも、和泉国網曳厨・河内国江厨・近江国筑摩厨からそれぞれ魚味を供進することがみえる。このうち江厨は御厨子所領大江御厨の前身といわれ、筑摩御厨は延久二年（一〇七〇）停廃されたが、網曳御厨は内膳司領として永く存続し、『高野山文書』所収の康平三年（一〇六〇）三月十八日付蔵人所牒案・寛元三年（一二四五）七月十七日付六波羅下知状案・永仁元年（一二九三）十一月日付網曳御厨供御人訴状案および『玉葉』文治二年（一一八六）正月二十日条、『経俊卿記』正嘉元年（一二五七）四月十九日条・同八月三日条などに関係史料がある。『延喜式』の制では、和泉・紀伊・淡路・近江・若狭五ヵ国が結番して毎日国内の御厨の御贄を貢進するとし、京北園・奈良園・山科園・奈癸園・羽束志園・泉園・平城園、併せて三十九町五段余の園地を置いて蔬菜・果樹を栽培し、別に山城国乙訓郡に芹・水葱を植える水田六段余を置いた。また仁治元年（一二四〇）閏十月三日付の造酒司解によると、内膳司は市辺において魚鳥の交易の上分を徴取し、日次の供御を備進していたという（『平戸記』）。なお『康富記』宝徳元年（一四四九）八月八日条に山城国狭山郷が、同二年七月二十一日条に摂津国八木郷が内膳司領であったことがみえる。　（橋本　義彦）

なうけにん　名請人　検注により田畠・屋敷地の所持者として領主から認定され、検注帳に名前を登録された農民を指す用語。検注帳には耕地一筆ごとにその所在地、面積、耕作状況、人物の名が記載されるが、その人物が名請人であり、徴税単位とされる名にかかる年貢や諸役を納入する義務を請け負っていた。名請人の多くは名主とよばれる農民である。十三―十四世紀になると、耕地一筆ごとの面積の規模が小さくなり、それに伴い名請人一人当りの名請面積も小さくなる傾向にあった。こうした要因には、この時期、名主層の耕地の売買や分割などで、一名＝一名請人の名体制が分裂し、一名に二名以上の名主に名田が分離されて新名主が増加し、名体制が解体したこと、また領主がこの頃から、名主のほかに自立化する隷属的な下人・所従などの小農民を検注帳や名寄帳に登録し、彼らを収取の単位として把握するようになったためとされている。　（堀内　寛康）

なかいずみのしょう　中泉荘　下野国都賀郡にあった荘園。現在の栃木県都賀郡大平町を中心に、小山市西部、藤岡町北部、東西約六キロ・南北約八キロにわたる広大な荘園。南北朝・室町期には「西御荘」とも呼ばれた。成立時期・成立過程は不明。近衛家領であり、鎌倉期には本荘・新荘（加納）という構成をとっていた。治承寿永内乱期には鎌倉勢力の占領下にあり、文治四年（一一八八）、本所の権益が近衛家に戻されたが、荘務の実権は関東に留保された可能性が高い。鎌倉初期には将軍側近の宗孝尚が当荘に何らかの権益を有し、小山氏も当荘の加納を鎌倉～南北朝期にかけて知行していた。その他、鎌倉期には、大見氏、二階堂氏も当荘内に権益を有しており、二階堂氏の跡所領は南北朝期に白河結城氏に与えられた。小山義政の乱で小山氏が滅亡した後、当荘には犬懸上杉氏の勢力が浸透した。上杉禅秀の乱で犬懸上杉氏が滅亡した後、再興小山氏が当荘内の一部を回復した。享徳の乱の過程で一時期、古河公方から那須氏に当荘が与えられた。また、古河公方足利政氏によって、文亀二年（一五〇二）、荘内の大中寺に同荘内の西水代郷が寄進されている。　（清水　亮）

ながいのしょう　長井荘　㈠大和国添上郡の荘園。現在の奈良市南永井町・北永井町の地にあたる。『東大寺続要録』には、東大寺尊勝院の根本所領の一つとして長井荘の名がみえている。また、『三箇院家抄』二の顚倒荘々目録の中には、「長井　正願院寄」とみえ、大乗院領荘園のあったことが知られる。正願院は大乗院末寺正暦寺の別院である。この大乗院領長井荘は、春日社の神供米を出していたようである。　（泉谷　康夫）

㈡武蔵国幡羅《はら》郡の荘園。荘域は、利根川中流域右岸の平野部、現在の埼玉県大里郡妻沼《めぬま》町を中心とした地域。成立年次は不明であるが、平安時代末期には平家領で、仁安元年（一一六六）斎藤実盛が平清盛の命で下向し支配したという。鎌倉時代には和田氏の所領となり、建保元年（一二一三）五月、和田氏の乱の勲功賞として安達時長に与えられた。荘内には実盛の創建したと伝える聖天山長楽寺があり、宝徳二年（一四五〇）八月、寺内聖天堂別当職が鶴岡八幡宮の相承院に寄進されている。文明年間（一四六九―八七）、長尾景春が山内《やまのうち》上杉顕定に叛旗を翻した際、岩松明純は父家純に叛き、当荘など三ヵ所の安堵状を顕定に要請し、山内方についている。　（菊池　紳一）

ながえのしょう　長江荘　㈠摂津国豊島郡の荘園。現在

の大阪府豊中市西南部。長江・倉橋両荘の領家は後鳥羽院の寵姫、白拍子亀菊であったが、地頭と対立、亀菊の訴えにより、承久元年(一二一九)院が地頭の改補を要求して幕府と対立、承久の乱の一因となったので知られる。慈光寺本『承久記』には時の地頭は北条義時とみえ、のちに足利尊氏は建武三年(一三三六)正月倉橋荘を東大寺に、貞和三年(一三四七)九月同荘内長島を勝尾寺に寄進しており、承久の乱後、両荘は北条氏領となり、後者が長江荘かと推定される。 (福留 照尚)

(二)甲斐国八代郡の荘園。現在の山梨県東八代郡八代町永井付近に比定される。『和名類聚抄』にみえる八代郡長江郷の地に成立した荘園。『長寛勘文《かんもん》』に、「安多」と共に八代荘の加納地としてみえるのが唯一の所見。紀州熊野社領。勘文によれば、当地は応保二年(一一六二)に甲斐守藤原忠重から「免除之庁宣」を受けている。現在、永井には荘塚と呼ばれる塚が残るが、これは当荘成立の際造られたものと伝えられる(『甲斐国志』)。 (秋山 敬)

ながおかのしょう 長岡荘 尾張国中島郡の荘園。現在の岐阜県羽島市南部から安八郡輪之内町、海津郡平田町・海津町、さらには愛知県尾西市から中島郡祖父江《そぶえ》町・海部郡八開村などにも及ぶ大荘園であったと推定される。近衛家領。鎌倉時代には地頭として長瀬次郎・佐々木信綱・宮盛氏などの名がみえ、また石田郷郷司職《しき》を高橋氏が相伝していた。長瀬次郎は「長岡十郷」の住民を率いて隣接する堀尾荘へ乱入している。南北朝時代正平三年(貞和四、一三四八)には北畠親房が、当荘地頭職を河内観心寺に寄進している。荘は古木曽川によって河東・河西に区分され、石田郷のほか、西方郷・大藪郷・秋江郷・堺方郷などの郷があり、公文名《みょう》・友重名・包次名などの名に編成されていた。鎌倉時代末期以降、荘内の田畠が多く大須真福寺に売却あるいは寄進されるようになり、同時に荘内のそれら田畠を大須荘と称する例が出てくる。『康正二年造内裏段銭幷国役引付』に「六百文 雅楽備中入道殿 尾州長岡庄段銭」とみえるが、このころすでに近衛家領としての実態は失われていたであろう。 (谷口 研語)

ながおのしょう 長尾荘 讃岐国寒川郡の荘園。現在の香川県大川郡長尾町の地域。醍醐寺三宝院領。承元二年(一二〇八)閏四月十日の『後鳥羽上皇院庁下文案』によると、当荘は、藤原顕能が讃岐守在任中(一一一二—二〇)に外記広資法師が相伝私領を顕能の父顕隆に寄進して成立。承元二年に顕隆の曾孫宗頼の妻兼子によって最勝四天王院に寄進された。同院と承久の乱との関わりで長尾荘は乱後幕府に没収され、二位家(北条政子)法華堂領となった。嘉元四年(一三〇六)の『昭慶門院御領目録案』に興善院領として長尾荘がみえるが、これは同荘の領主権の一部と思われる。鎌倉幕府滅亡後、長尾荘は二位家右大臣家法花堂別当職として貞和三年(一三四七)ころ三宝院に寄進された。応永三年(一三九六)二月、年貢二百貫文で石河浄志請負となるが、四月には年貢米五百石その他で沙汰人百姓らの地下請となり、当荘における惣の存在を推察させる。翌四年、相国寺僧昌緯が給主になるが、地頭の濫妨、百姓の逃散で所務不能となり、六年二月、守護細川氏被官で長尾荘地頭の寒川常文が京進三百貫文で請け負うことになった。八年、相国寺僧周興に請負がかわるが、応永十七年には請口二百六十貫文で寒川氏が再任された。 (国島 浩正)

ながかわのしょう 長河荘 大和国広瀬郡の荘園。現在の奈良県北葛城郡広陵町東部の地域。本家は摂関家。初見は『康平記』康平五年(一〇六二)正月条所引の藤原頼通の春日詣定。嘉承二年(一一〇七)七月には藤原忠実の発願になる春日社頭での唯識講などの料所となった(『中右記』)。以後同社が領家であったが、のち興福寺一乗院に移った。執行は箸尾氏、公文は金剛寺氏。貞和三年(一三四七)には百六十五町余と別符所九十一町余が存在。 (朝倉 弘)

ながかわのみくりや 中河御厨 美濃国安八郡の御厨。現在の岐阜県大垣市中川町付近。伊勢神宮領。十二世紀半ばころには美濃国内神領輸物の済所とされた。鎌倉時代初期の田数三百五十六町。神税は内宮に租米五十石・長絹二十疋、外宮に各半分。鎌倉時代は北条得宗領。南北朝時代から室町時代前期には小笠原氏が地頭で、領家には月輪尹賢や万里小路時房の名がみえ、このころ、荘内は南方・西方に区分されていた。戦国時代まで神領として維持されたらしく、天正十五年(一五八七)の注文に米七十五石七斗・銭五十八貫文が計上されている。ただし、これも三年間未納であった。 (谷口 研語)

なかきどののしょう 中喜殿荘 大和国城下郡の散在性荘園。現在の奈良県磯城《しき》郡田原本《たわらもと》町大字小阪・同阪手北・同西井上《にしいね》・同八田付近。興福寺領。延久二年(一〇七〇)の『興福寺雑役免帳』にみえ、十七町四段余。不輸免田畠の勧学院田・左京職田・春宮大夫位田・大蔵省田・法興院田・伝法院田・無主位田、計十一町八段余と公田畠五町六段余からなる雑役免荘。その田畠は、城下郡東郷十五条・十六条の一里・二里の間に散在。十二条一里・二里(大字八田)に三町八段余が離れて存在していた。荘号「中喜殿」の「中」は、同寺雑役免荘の山辺郡北喜殿荘(天理市喜殿町)と高市郡南喜殿荘(橿原市城殿町)の間に位置していたことによるものであろう。延久二年の時期、田畠は固定化(定免)していたものと考えられ、平安時代末期には検注権が付与され、公田畠の官物の給付も済み、荘園としての実質を備えていたものと考えられる。鎌倉時代以後は、同寺寺務領として存続したとみなされる。 (朝倉 弘)

ながくらのまき 長倉牧 信濃国佐久郡の牧。現在の長野県北佐久郡軽井沢町長倉を中心とした地。『延喜式』左右馬寮にみえる信濃十六勅旨牧の一つ。この地には東山道長倉駅・式内長倉神社もあり、古くからこの地方の要地だったらしい。『政事要略』二三所引外記日記によると

承平七年(九三七)に貢馬を納めた信濃六牧の一つであった。文治二年(一一八六)には左馬寮領(『吾妻鏡』同年三月条所引関東御知行国々内乃貢未済庄々注文)。嘉暦四年(元徳元、一三二九)『大宮御造栄之目録』に「長倉牧」とあり、鎌倉時代末まで牧と呼ばれていた。現在、軽井沢町中軽井沢(旧沓掛《くつかけ》)の北方に「駒飼いのどて」と伝承される東西方向の土塁が残っており、富ヶ丘には繋馬場跡と考えられる土塁で囲んだ地がある。 (小林計一郎)

なかしまのしょう 中島荘 尾張国中島郡の荘園。天平勝宝四年(七五二)東大寺に勅施入された寺田からなり、延喜十七年(九一七)寺家の申請に基づき同寺領尾張荘とされた。郡名を荘号としたのは天禄二年(九七一)の国郡立券の時か。郡内の寺田は、天暦四年(九五〇)の注文に百五十六町余、長徳四年(九九八)の注文では二百九十六町余とみえる。鎌倉期には荘園としての実態を失い、弘安八年(一二八五)には顚倒の由来さえ不詳とされた。 (上村喜久子)

ながしまのしょう 長島荘 肥前国杵島郡の荘園。現在の佐賀県武雄市周辺。京都蓮華王院領。荘の中央部に杵島郡の惣鎮守武雄神社が鎮座しており、この地域の開発も武雄神社によって行われた。立券荘号の時期は不明であるが、『武雄神社文書』承安二年(一一七二)藤原貞門解状に「当社是御庄第一之鎮守」とあることから、それ以前であることがわかる。『河上神社文書』正応五年(一二九二)河上宮造営用途支配惣田数注文(肥前国惣田数注文)によれば、「一千五百十七丁」とみえ、肥前国の荘園では神崎荘に次ぐ面積を有する荘園である。

参考文献 瀬野精一郎編『肥前国長島荘史料』(『九州荘園史料叢書』一一) (瀬野精一郎)

ながしまのまき 長島牧 備前国邑久《おく》郡内の長島に置かれた官の牧。現在の岡山県邑久町長島。『延喜式』兵部省に諸国馬牛牧の一つとして「備前国(長島、馬牛牧)」とある。『続日本紀』延暦三年(七八四)十月庚午(三日)条に、備前国児島郡小豆島の牧に放たれた官牛が民産を損じたので長島に遷したと記す。 (三好基之)

ながすのしょう 長洲荘 摂津国河辺郡の荘園。現在の兵庫県尼崎市長洲東・西通付近にあたる。長渚とも書く。天平勝宝八歳(七五六)勅施入をうけた東大寺領猪名荘の海岸部で、淀川の右岸河口にあたり、当時長洲浜と呼ばれた。この長洲浜は元来荒浜で、長徳四年(九九八)には二百五十町あった。この浜に漁民が居住し、集落をつくるに及んで、猪名荘から独立した荘園形態をとるようになったと考えられる。荘名の初見は寛治六年(一〇九二)であるが、猪名荘から独立した時期は天暦十年(九五六)ころと推定される。東大寺は諸司や刀禰を置いて住民から在家地子を徴収していたが、一方住民は、漁民としての特権を守り、検非違使庁役の追及を免れるため、東大寺に無断で、小一条院敦明親王・式部卿宮敦貞親王・二条関白藤原教通・皇太后宮藤原歓子と、つぎつぎに散所として身を寄せ、歓子はこれを常寿院に寄進した。応徳元年(一〇八四)鴨社司県主惟季は、毎日の御膳奉始に必要な魚介類を求めるため、社領山城国栗栖郷の田地とこの散所(三十人)を相博《そうはく》し、鴨社領長洲御厨《みくりや》が成立した。以降当荘内の在家住人は鴨社の供祭人となり、官役・国役が免除されることになった。鴨社は漁民や浪人の来住を奨励したので、在家数は次第に増加し、久安三年(一一四七)ころには千家に達したという。元永元年(一一一八)鴨社は長洲御厨結番の日と神人三百人・間人二百人という住人の身分の設定を行い、支配を強化した。鴨社の支配権は、本来住民の身柄に限定されていたが、領域的支配に発展していった。寛治六年東大寺は、鴨社が在家地子を徴収し、四至牓示を打ったことを知り、朝廷に訴えた。しかし、東大寺の当荘に対する実質的な領地権は回復せず、嘉承元年(一一〇六)名目として寺領は元のごとし、在家は鴨社の支配とする宣旨が下された。東大寺の支配下にあったのは、建保二年(一二一四)で在家六百八十七家・地子二十余石にすぎず、正和四年(一三一五)の年貢は二十五貫文であった。鎌倉―南北朝時代、当荘の開発が進み、大物御厨・尼崎御厨が分出するが、開発田の支配についての東大寺・鴨社の相論が鎌倉時代末まで続いた。なお、荘名の終見は永正十五年(一五一八)である。 →猪名荘《いなのしょう》

参考文献 『兵庫県史』史料編中世五、『尼崎市史』四 (菊池紳一)

ながすのまき 長洲牧 下総国猿島郡所在の兵部省の官牧。馬牧。茨城県岩井市長須を比定地とする。『延喜式』兵部省、諸国馬牛牧条には下総国の官牧として長洲・高津・大結・木島の馬牧と浮島牛牧の五牧がみえる。長洲はその名が示すように鵠戸《くぐいど》沼・常陸川・一ノ谷《いちのや》川・藺沼に囲まれた半島状の地形で馬牧に適していたらしい。現在でも小字に五斗蒔《ごとまき》(五頭牧)・小間口(駒口)など牧に関係深い地名が残されている。 (関幸彦)

ながすのみくりや 長洲御厨 摂津国川辺郡にあった御厨。現在の兵庫県尼崎市長洲東・西通付近。神崎川の右岸河口の浜地で、北接する東大寺領猪名荘の海岸部にあたる。住民は東大寺からの地子賦課に加え検非違使庁からも庁役を課され、その回避のため、小一条院敦明親王に始まり、関白藤原教通、小野皇太后藤原歓子(教通女)など次々と皇室・権門に従属して散所となった。歓子は長洲散所を常寿院に寄進し寺領としたが、応徳年間(一〇八四―八七)に鴨御祖社領栗栖荘と相博され、ここに鴨社領長洲御厨が成立した。散所は鴨社の供祭人となり漁業・交通・交易に従事して鮮魚を貢進したが、浜を開発して農業をも営んだため、東大寺はその開発田に地子を課して領主権を主張し鴨社と争った。嘉承年間(一一〇六―〇八)に土地は東大寺領、在家は鴨社領で決着したが、対立はなお続いた。鎌倉末期には悪党の侵略にあった。また、海岸部の開発に伴い大物・尼崎御厨が分出し、中世後期には長洲村ともみえる。

参考文献 『尼崎市史』四 (堀 祥岳)

なかたかおる 中田薫 一八七七―一九六七 法制史。東京帝国大学教授。明治十年(一八七七)三月一日、鹿児島県に生まれる。第二高等学校を経て、同三十三年、東京帝国大学法科大学政治学科卒業。同大学院入学。三十五年、東京帝国大学法科大学助教授。四十一年から三年間イギリス・ドイツ・フランスに留学、四十三年、法学博士の学位を取得。四十四年、帰朝、同教授。大正十四年(一九二五)、帝国学士院会員。昭和十二年(一九三七)、同定年退官。同二十一年、文化勲章。貴族院議員。二十六年、文化功労者。昭和四十二年(一九六七)十一月二十一日没、九十歳。著書として『庄園の研究』(彰考書院、昭和二十三年)があり、明治時代に法制史の立場から日本の荘園を西欧のマナーとの対比で考察した最初の研究者であった。その研究視角は日本の封建制の問題に発展することになった。 (瀬野精一郎)

ながたにのしょう 長谷荘 摂津国能勢郡にあった荘園。現在の大阪府豊能郡能勢町長谷付近の地域。能勢は、各地に採銅所が設置され、近隣の住人を寄人・傜人として採銅の任務にあたらせていた。かれらが耕作する採銅所領は東郷と西郷に散在していたとされ、その経営は官務家と呼ばれた小槻家が伝領した。長谷荘は、西郷に属し、太政官官務家採銅所領とされるが、明応十年(一五〇一)に預所であった成就心院住持原聡が、長谷荘本所分田畠新田山野等を二十貫文で庄林与三左衛門尉に永代売却しているのが、史料所見である。この売券に対して、官務家は、金山分については庄林分の支配を不承認であると抗議している。その後、庄林氏の支配は進展したようであるが、永正十七年(一五二〇)管領代飯尾秀兼奉書案には、西郷地侍らに対して、以後庄林氏の命令に従うことを命じているように、十六世紀中期に至るまで、同氏に対する地侍による抵抗がみられる。 (錦 昭江)

ながたのしょう 長田荘 (一)備前国津高郡の荘園。宇甘《うかい》川上流の賀茂郷・建部郷を含む地域。現在の岡山県御津郡御津町西部・加茂川町南部・建部町の一部にあたる。本所は最勝光院で、のち東寺に寄進された。領家は室町女院で、亀山上皇、後二条天皇を経て、大覚寺に伝領された(『東寺百合文書』ル)。正中二年(一三二五)三月の『最勝光院領荘園目録案』(同ゆ)に御念仏料所として年貢が記載されている。鎌倉時代に荘の雑掌と、荘内の賀茂郷内中村新山下賀茂の地頭式部頼泰、靏峯河内村の地頭式部光藤、紙工保の地頭式部光高、建部郷の地頭式部妙光の女とが所務について相論し、弘安十年(一二八七)四月に幕府の裁許を得ている(『神田孝平氏所蔵文書』)。その内容は、荘官職に関すること、検断のこと、狩猟ならびに賀茂郷の小河漁のこと、本田畠を新田畠に混合すること、荘内の信濃村のこと、などについてであった。式部氏はのちの国人、伊賀氏である。なお長田荘の訓は現地では「おさだ」の説もある。 (三好 基之)

(二)伊賀国伊賀郡の荘園。現在の三重県上野市長田付近。平家所領として没官されたが、源頼朝は元暦元年(一一八四)他の旧領とともに平頼盛に返付した。承久三年(一二二一)伊勢神宮の御厨《みくりや》として寄進され、のち室町院領となり、貞治元年(一三六二)妙心寺玉鳳院に寄進された。一方地頭職《しき》は、承久の乱の戦功により、承久三年島津忠義に充行われ、文永八年(一二七一)には島津久時が相伝している。 (小泉 宜右)

(三)越前国坂井郡の荘園。現在の福井県坂井郡坂井町東長田・春江町西長田付近。建暦二年(一二一二)九月付の注進状(『越前気比宮社伝旧記』)に「長田小森保」とみえ、平安時代末期から鎌倉時代初期にかけて八条院領であった気比社に付与された封戸が保に便補されたもので、領家職《しき》は藤原摂関家に相伝された。建長二年(一二五〇)十一月付『九条道家惣処分状』(『九条家文書』)によると、長田荘領家職は藤原良輔からその後家八条禅尼を経て最勝金剛院に相伝された。 (松原 信之)

(四)伯耆国会見《あいみ》郡の荘園。現在の鳥取県西伯郡西伯町法勝寺を中心とする地域。法勝寺領。元久元年(一二〇四)の九条兼実譲状によって、当荘の所職が花山院兼雅から息女御堂御前(九条良通室)へ譲られたことが知られる。その後は、真恵房(良通の弟良経息女)、さらに嵯峨禅尼へと伝えられた。なお、初見は建久元年(一一九〇)であるが、そこにはそれ以前に大舎人允藤原泰頼が当荘の職を没収されたことが記されている(『吾妻鏡』)。 (錦織 勤)

ながたのみくりや 長田御厨 信濃国高井郡の御厨。現在の長野市若穂保科を中心とする地域。外宮領。保科御厨ともいう。千曲川の支流保科川の扇状地。寛治三年(一〇八九)の建立。永久三年(一一一五)の宣旨により御厨となった。長承元年(一一三二)御厨たることを認められたが、国司藤原親隆はこれを停廃しようとし、抵抗した神人を殺害した。神宮側の訴訟により、引き続き外宮御厨と認められた。年貢は布二百端・神馬二疋(のち一疋)であった。御厨内の川田小出に長田神社(旧名、神明社)があり、保科村が祭祀権を持っていた。 (小林計一郎)

ながち 長地 ⇩永地《えいち》

ながちがた 長地型 ⇩条里制《じょうりせい》

ながつくて 永作手 土地に対する一定の権利を示す用語。平安時代中期から鎌倉時代に史料上にみられる。荘園領主や国の上級所有権に対して、一般農民の私地・私領などの下級所有権を作手と称されたが、永作手も本質的には、作手と同一のものと想定される。作手の権利は、先祖相伝や買得、新たな開発などによっても発生し、また相伝、譲与、売買の対象となった。ところで、作手と永作手について、従来から請作との関係から、作手を有期的占有権(耕作権)、永作手は永代占有権で売買処分が可能であり、両者の権利内容、成立事情の相違を主張する説がある。これは永作手という用語が、「先祖相伝の永作手」という事例がしばしばみられる点から、その永続

性の意味を強調した説といえる。しかし、両者の初見には年代的にそれほどへだたりがなく、また内容的にもさほど相違もみられないので、両者は同一のものと考える方が適当と思われる。（堀内　寛康）

なかにしのしょう　中西荘　大和国城下郡の荘園。現在の奈良県磯城《しき》郡田原本《たわらもと》町大字為川南方《ためがわなんぽう》か同金沢、ないしは同宮古の、いずれかの小字中西付近。『東大寺要録』に城下郡として「中西庄八町八段二百歩　南市安」とあり、南市安の私領に設定された東大寺雑役（香菜）免荘。同私領は、不輪免田としての東大寺念仏院田・木寺田・神戸田・左京職田、計六町余と公田二町七段余から成っていた。以上は十一世紀後半の状況を示すものであろう。（朝倉　弘）

ながののしょう　長野荘　㈠豊前国企救郡の荘園。現在の福岡県北九州市小倉南区長野付近。宇佐宮領。『和名類聚抄』にみえる企救郡長野郷に成立したもの。『宇佐宮神領大鏡』によれば、本荘の四至は、東は多原野、南は山、西は牟礼浦、北は大道を限っていた。田数は佃のほか中古から荘司が「起請田卅町」を申請し、所当九十石を弁済していた。本荘は元来府領で、大宰帥藤原資仲が永保年中（一〇八一―八四）佃・所当を公家祈禱のために一切経会料として宇佐宮に寄進したもの。「保安六年（マヽ、天治二年（一一二五）か）」帥藤原顕頼は『金剛般若経』転読のために当荘水田などを充て不輪の神領として寄進、国衙との異論もあった。長寛元年（一一六三）豊前守大中臣某は料田十一町のほか余田三十町を同経長日転読のために不輪地とし、前記四至が決定した。嘉応元年（一一六九）には勅事など臨時課役も停止。仁安二年（一一六七）改めて一切経・金剛般若経料所として不輪地となる。養和元年（一一八一）宇佐宮本家藤原基通は当荘を地頭中原助光に知行させた。鎌倉時代には対捍があり、応永の『神事下行日記』には一切経会分請僧六十口・供米六十石があり、近年対捍とある。（中野　幡能）

㈡石見国美濃郡・吉賀郡にあった荘園。現在の島根県益田市。元暦二年（一一八五）が荘園名の初見。立荘の事情は明らかではないが、建長八年（一二五六）当時は当荘は粟田宮社領とされており、応仁二年（一四六八）に至っても粟田社は当荘に支配権を有していた。また、貞応二年（一二二三）の注文によれば、当荘は百八十八町に及んでいたとある。ただし、当荘には荘園全体を実質支配するような領主はなく、特に鎌倉時代末期から南北朝時代にかけては地域ごとに異なった在地の領主層によって地域分散的な支配が進められたという。その後、文明六年（一四七四）に益田氏（益田貞兼）が当荘内七郷の地頭領家職などを室町幕府八代将軍足利義政の御判御教書によって安堵され、これ以後、やや紆余曲折を経るものの次第に益田氏が当庄の一円領域的支配を確立していった。なお、荘園名は戦国時代の天文十五年（一五四六）においても見られる。（山田　康弘）

ながののまき　長野牧　日向国臼杵《うすき》郡に設置されていた平安時代の牛牧。現在の宮崎県東臼杵郡北郷村付近。『延喜式』兵部省、諸国馬牛牧条に日向国に長野牛牧が置かれていたことがみえ、四、五歳の牛を毎年大宰府に送るべきことが定められていた。（瀬野精一郎）

ながぶ　長夫　古代・中世社会において、封建領主が農民に賦課した長期間にわたる夫役（労働課役）を意味する用語。「永夫」とも書く。長夫に対する語が「近夫」。農民を田植え・草取り・稲刈りなどの農作業や、年貢・荷物の運送などに使役するのが長夫である。また、荘園領主の大半が京都に集住していたこともあって「京上夫」（荘民らを上洛在京させて雑役につかせる）と称される夫役も賦課した。この長期にわたる京上夫勤仕は、労働力の収奪であり、農民にとっては耐えがたい大きな負担であったので、農民らはその軽減を要求して闘った。地頭らの在地領主も、農業夫役を長期にわたって支配下の農民に賦課したが、農民らがこれを地頭の非法として鎌倉幕府に訴えたので、幕府は農繁期の百姓夫役を制限した。室町・戦国時代になると、守護大名や戦国大名は、陣夫と称して長期間にわたり農民らに軍役を課した。（堀内　寛康）

ながふちのしょう　長淵荘　筑前国上座郡の荘園。現在の福岡県朝倉郡朝倉町付近。京都尊勝寺領。同寺執行尊長が後鳥羽上皇の近臣であったことから、承久の乱後に没収されて関東御領となり、のちに文永・弘安の役の恩賞地として、正応元年（一二八八）十月三日付で、多くの勲功のあった鎮西御家人に孔子《くじ》配分されている。『入来院文書』『禰寝文書』などには、筑後国長淵荘とみえるが、筑前国と書くべきものを筑後国と誤記したものと思われる。（瀬野精一郎）

なかむらけん　仲村研　一九三一―九〇　中世史。同志社大学教授。昭和六年（一九三一）十二月二十四日、現在の鳥取県境港市に生まれる。大阪府立八尾高等学校を経て、同三十年、同志社大学文学部文化学科文化史学専攻卒業。同大学院文学研究科文化史専攻修士課程入学。三十八年、同博士課程単位取得退学。同人文科学研究所専任研究員（助手待遇）。五十年、同専任研究員（教授待遇）。五十三年、同教授。六十年、「中世惣村史の研究」により仏教大学から文学博士の学位を取得。平成二年（一九九〇）三月十三日没、五十八歳。『荘園支配構造の研究』（吉川弘文館、昭和五十三年）、『中世地域史の研究』（高科書店、同六十三年）、『紀伊国阿氏河荘史料』全二巻（吉川弘文館、同五十一・五十三年）など主として畿内荘園の研究に従事し、研究成果を挙げた。（瀬野精一郎）

なかむらなおかつ　中村直勝　一八九〇―一九七六　中世史、古文書学。第三高等学校教授。大手前女子大学学長。明治二十三年（一八九〇）六月七日、滋賀県滋賀郡大津町（現、大津市）に生まれる。滋賀県立膳所中学校、第三高等学校を経て、大正四年（一九一五）、京都帝国大学文科大学史学科国史学専攻卒業。同大学院入学。同八年、

第三高等学校講師。九年、同教授。十一年、京都帝国大学文学部講師。昭和二年（一九二七）、同文学部助教授兼任。同二十一年、「荘園の研究」により京都帝国大学から文学博士の学位を取得。二十三年、第三高等学校教授兼京都大学助教授を退官。三十一年、京都女子大学文学部教授。四十一年、大手前女子大学学長。四十六年、日本古書学会会長。昭和五十一年（一九七六）二月二十三日没、八十五歳。『荘園の研究』（星野書店、昭和十四年）に多くの古文書に基づく荘園研究の論考が収録されている。

（瀬野精一郎）

なかむらのしょう　中村荘　㈠相模国余綾郡の荘園。現在の神奈川県足柄上郡中井町付近。天養元年（一一四四）、源義朝が伊勢神宮領大庭《おおばの》御厨《みくりや》に三浦氏など相模の武士を率い侵入した事件の時、その輩下の一人に中村庄司平宗平の名がみえ、これが荘名の初見（『天養記』）。本来、『和名類聚抄』にみえる余綾郡内の中村郷が荘園化したものであろう。開発領主は宗平の祖としても不明、領家・本家なども不明である。中村川に沿った現在の小田原市東部から中井町付近の地域と考えられるが、足柄上郡大井町の一部、曾我周辺を含むとの説もある。

（福田以久生）

㈡下野国芳賀郡の荘園。現在の栃木県真岡《もおか》市の西南部、旧中村地区を中心とする地域。五行川の西岸、同川と鬼怒川との間の洪積台地上に展開した。摂関家領。「仲村」とも書かれる。史料的初見は『吾妻鏡』文治四年（一一八八）三月十七日条。室町時代文安・宝徳期の書写奥書をもつ熊野神社蔵『大般若経』奥書に「中村庄下中里」などとみえる。建長五年（一二五三）には興福寺一乗院前大僧正実信の管轄（『近衛家所領目録写』）とあり、以後一乗院領として伝領。建武ころの地頭は小栗重貞（『皆川文書』）。

（新川　武紀）

㈢和泉国和泉郡にあった荘園。現在の大阪府岸和田市山直中町付近。春日社領のち久米田寺領。文永九年（一二七二）九月、興福寺衆徒によって神人五人が当荘に下されている（初見史料）。弘安元年（一二七八）には、熊野詣の御幸米進済が院宣で命じられている。同二年七月日の珍姉子申状には「観音寺領中村新荘」とあり、中村新庄が寛平二年（八九〇）に主殿貞恒が開発した私領で、姉子の曾祖父僧聖俊まで十一代伝領されてきたとある（『鎌倉遺文』一八巻一三六五二号）。正安元年（一二九九）聖俊の系譜に連なる沙弥尊正と法眼実憲との相論の結果、同荘領主職は中分され、以後「新庄」表記はなくなる。同三年、法眼実憲・実舜によって当荘領主職半分が久米田寺僧食料に寄進された。南北朝期、久米田寺領は東方・東荘と呼ばれ、守護細川氏によって領家職が安堵された。南朝方による安堵の綸旨も残る。その後、守護により兵粮料所化されたが、宝徳年間（一四四九―五二）に久米田寺に返付された。

（堀　祥岳）

なかむらのしょう　仲村荘　美濃国本巣郡の荘園。現在の岐阜県本巣郡本巣町文殊付近。もとは高陽院（藤原忠実の女）領で、建長期には近衛家が領家職として荘務権を掌握しており、預所は盛長法印であった。近衛家の支配は長享二年（一四八八）まで確認できる。地頭職は宝治二年（一二四八）に本司跡として大友氏が補任されている。永仁五年（一二九七）以前には当荘は上下に分割されるが、ともに大友氏が地頭職を保持したと思われる。文保二年（一三一八）には下方地頭と領家方雑掌との間で、荘務をめぐり相論が行われ、以後、南北朝期に至るまで地頭の年貢抑留をめぐり、相論が繰り返される。大友氏の支配は永徳三年（一三八三）まで確認できる。また、建武四年（一三三七）には、大友貞宗追善料として、当荘年貢の内三千疋が京都八坂法観寺塔頭に寄付されている。この寄付分は当荘の内、文殊・中村分であり、明応年間（一四九二―一五〇一）には、北野社領として見える。

（西尾　知己）

ながやのしょう　長屋荘　㈠大和国山辺郡の荘園。現在の奈良県天理市東井戸堂町・西井戸堂町付近。東大寺領。天平勝宝元年（七四九）の勅施入と称し、天暦四年（九五〇）の『東大寺封戸荘園幷寺用帳』では荘田は二町二段にすぎなかったが、建保二年（一二一四）の注進状では田八町三段・畠二町四段の荘園に発展しており、中世末まで存続した。この東大寺一円所領の長屋荘とは別に、一町五段の東大寺大仏供白米免田長屋荘があり、また東大寺尊勝院領長屋荘もあった。

㈡大和国山辺郡の荘園。現在地は㈠に同じ。興福寺領。延久二年（一〇七〇）の『興福寺雑役免帳』には、二十一町一段五十歩の雑役免田長屋中荘と、常楽会免田の長屋西荘（二町）、同東荘（六町）がみえる。この系譜をひく寺門領長屋荘は、進官荘として天文五年（一五三六）の若宮祭礼幷十二大会料所書上げの中にみえている。一方、『三箇院家抄』には、大乗院領荘園として「長屋庄　南円堂十七町七反十五歩」がみえている。この中の八町四段は名田で、十四名《みょう》に分かれており、一名宛六段の完全均等名構成をとっていたのではないかと推測されている。荘官としては、沙汰人のほか公文・定使などが置かれていた。

（泉谷　康夫）

なかやまのしょう　中山荘　大和国山辺郡の荘園。現在の奈良県天理市中山町。興福寺雑役免荘。延久二年（一〇七〇）の『興福寺雑役免帳』によると、三町の常楽会免田、四段の春日神戸田、四町一段小の公田畠からなっていた。なお、『三箇院家抄』には、顚倒した興福寺大乗院領荘園として「中山　正願院」の六段がみえている。

（泉谷　康夫）

ながらのしょう　長柄荘　㈠大和国葛上郡の荘園。現在の奈良県御所《ごせ》市名柄付近。延久二年（一〇七〇）の『興福寺雑役免帳』によれば、面積は十二町一段で、藤原不比等が興福寺に施入した本願施入田という。室町時代に至っても興福寺七堂仏餉料所として存続した。㈡大和国山辺郡の荘園。現在の奈良県天理市長柄町・西長柄町付近。

中 山 荘

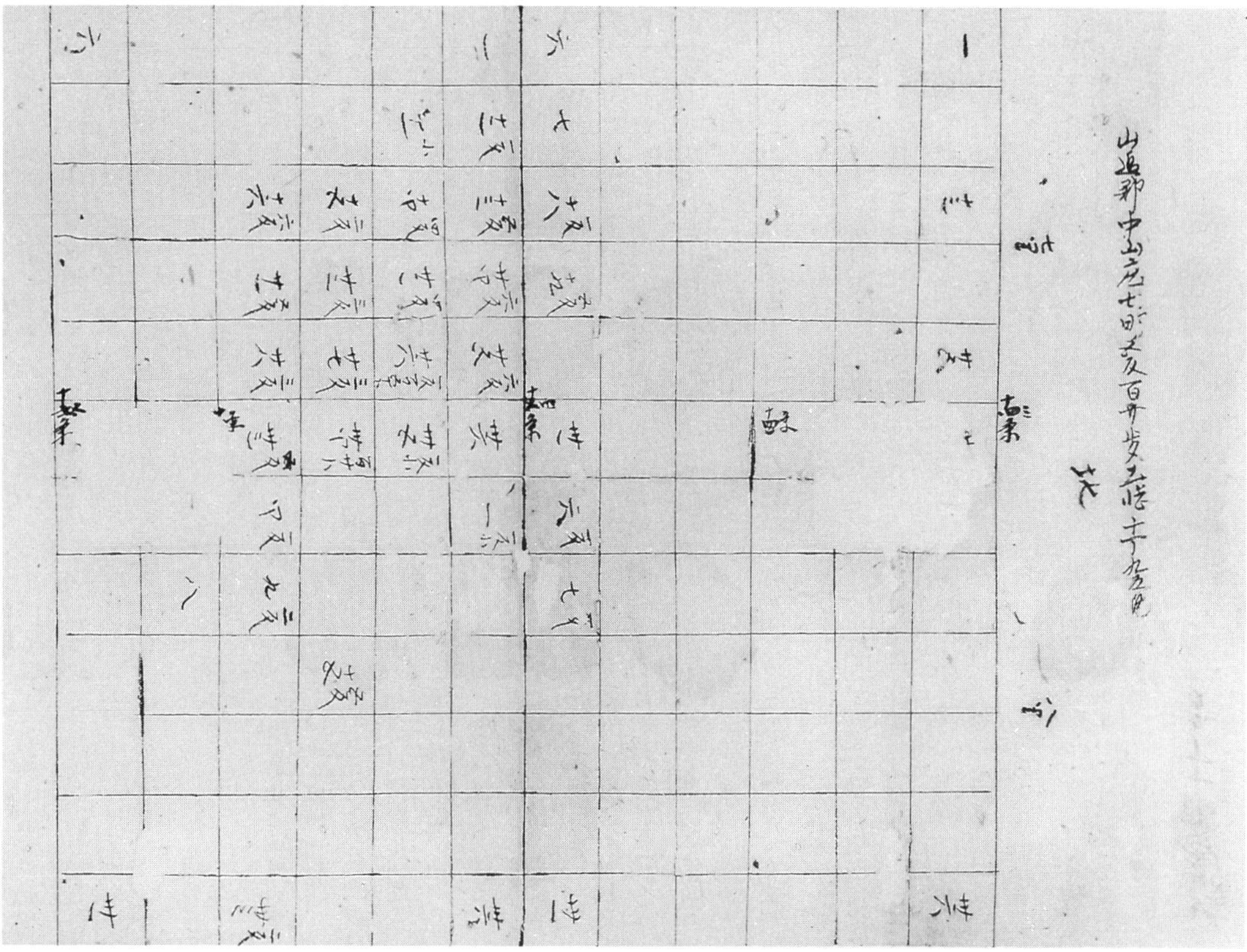

大和国中山庄土帳

延久二年の『興福寺雑役免帳』に雑役免荘園としてみえ、面積は十七町三十五歩。荘田は公田畠十二町百五十五歩と不輸免田四町五段二百四十歩からなっていた。下って、室町・戦国時代にも進官荘として興福寺十二大会の用途などを負担している。このほか、同地には、興福寺大乗院門跡領の長柄荘もあり、門跡段銭などを賦課された。

（田村 憲美）

ながわのしょう 長和荘 備後国沼隈郡にあった荘園。現在の広島県福山市瀬戸町長和付近。嘉元四年（一三〇六）の昭慶門院領目録によると、藤原惟方が美福門院の御願寺歓喜光院に所領を寄進したことに始まり、美福門院の死後は娘の八条院が伝領し、以後、歓喜光院領として伝えられたことがわかる。この目録では同時に安楽寿院末寺の興善院領としても見え、領家は安居院悲田院とされている（『鎌倉遺文』二九巻二二六六一号）。地頭は承久の乱後に守護となった長井氏一族で、長井時広の六男泰経は長和五郎と称している。地頭職はその後、兄の泰茂が和与によって二分し、東方は甥の田総重広に与えられ、以後、田総氏に伝えられる。西方は泰茂から二男の頼秀に譲られ、頼秀はそれをさらに二分して貞頼に譲った。貞頼の譲りを受けた頼元（貞広）は一族の毛利広世と父子の契約を結んだが、広世が福原荘地頭職を譲られ福原氏を称するようになると、地頭職の領掌についても確かめられなくなる。なお長和荘は草戸千軒町遺跡の後背地にあることから、倉敷ないしは市場としての同遺跡の役割が指摘されている。

（馬田 綾子）

なご 名子 中世荘園制下に発生した隷属的農民を意味する用語で、同じく隷属的身分関係の強い下人・所従・脇の者などに類する下層身分の農民。史料的には鎌倉末期から見え、ほぼ全国的に存在したとされる。中世の名子は、有力名主層に隷属し、主家から耕地のほか家屋・山林などを借り受け、その生産物で家族を養い、主家の要求に応じて労働力を提供した。隷属性の強い名子は、売買の対象とされることもあったようである。しかし、鎌倉末期以降の名田経営の解体や、隷属民の自立・解放が進むなかで、名子から解放されるものもあったとみられる。嘉暦四年（一三二九）頃の加賀国軽海郷の名子江四郎の場合、一方で江四郎名として現われ、市場に板を売りにいくほどの経済的立場にあったことが知られる（『鎌倉遺文』三九巻三〇六二九号）。その後名子は、太閤検地で解放されるが、一部後進地域では、江戸時代まで存在した。

（堀内 寛康）

なごやのしょう 那古野荘 尾張国愛知郡の荘園。那古野は名古屋の古名とされ、南北朝時代荘内に安養寺があったことから、その旧地名古屋城あたりを含む地域と推定されるが、荘域・規模など不詳。開発領主は九条顕頼の子小野顕恵（東大寺別当）、立荘はその没年から安元元年（一一七五）以前と考えられる。顕恵は本家職《しき》を姪にあ

たる建春門院に寄進、女院没後は建春門院法花堂領とされた。領家職は顕恵の子孫が相伝、四代目以降は女子相伝となった。六代目松王の子幸松の養女藤原氏女と、松王の姪幸寿の系譜をひく東光寺僧本妙との間で領家職をめぐる相論がおこっている。松王・幸寿はそれぞれ三河武士足助《あすけ》重澄・重房の女であり、相論は重房が霜月騒動に坐したことを契機としている。この相論に関する領家職相伝系図が当荘の成立・伝領についての唯一の史料。永享三年（一四三一）の御内書案に「那古野　今川左京亮殿代」とみえ、室町時代には荘園領主に代わる今川氏の支配下におかれたことが知られる。（上村喜久子）

なすのしょう　那須荘　下野国那須郡にあった荘園。現在の栃木県那須郡那須町・小川町・烏山町・大田原市にわたる地域。古代那須郡が那須南条郡・同北条郡に分割された後、南条から那須下荘・武茂荘が、北条から那須上荘・固田荘・稗田御厨・佐久山御厨が分立し、那須荘が成立したと想定される。上荘・下荘の区分は十三世紀前半には確認される。当荘は、鳥羽院皇女上西門院から後白河院皇女宣陽門院に伝領されており、十二世紀、王家領荘園として成立したと思われる。在地領主は那須氏であり、治承寿永内乱期以前から織豊期に至るまで当荘域を支配した。十四世紀中葉に、那須氏では「越後守」を名乗る庶子家が台頭し、鎌倉府に直結した存在となる。これに対して、那須惣領家は十五世紀前半に京都御扶持衆化した。享徳の乱の過程で越後守系那須氏は古河公方と結びついて惣領家を圧倒し、十六世紀初頭に那須荘を統一した。なお、「那須荘」の呼称は、豊臣秀吉の小田原城攻め後の天正十九年（一五九一）段階でも使用されている。（清水　亮）

なたのしょう　名田荘　若狭国遠敷《おにゅう》郡の荘園。現在の福井県遠敷郡名田庄《なたしょう》村に発し、小浜市を貫流する南川の流域一帯に比定される。名田郷を前身として一一七〇年代に荘号したと考えられる。正嘉二年（一二五八）八月日付釈観空譲状（『大徳寺文書』）に蓮華王院領若狭国名田荘とみえる。以後、鎌倉時代を通じて本所職・領家職《しき》ともに複雑な伝領過程をたどり、やがて南北朝内乱期の半ばに至って大徳寺の塔頭である徳禅寺に集中、知行されるようになった。以後、一貫して守護勢力の侵犯にさらされるが、史料的には十六世紀中ごろまで同寺の支配を追うことができる。（西山　克）

なつじし　夏地子　⇨地子《じし》

なっしょ　納所　十一・十二世紀の年貢・公事などの収納事務に携わる者がいた倉庫。国衙や郡・郷の収納所（納所と略称）は収納使・書生などの在庁官人や郡司・郷司らが管掌した。そして律令制的徴税体系が崩れ、名体制が成立するまでのこの過渡期には、郷内の有力農民による納税請負制としての農民的納所も成立した。また東大寺のような大寺院では荘園や直接収納を行う郡郷領域が拡大するにつれ、付属の納所を設置し、さらに荘園在地が数個の納所に編成される場合も生じ、それらでは上下の僧が収納役に選任された。寺院の納所は中世を通じて存続した。また大津・淀などの船津には各国衙経営の納所もあったらしいが、東大寺も納所を設け、預と呼ぶ管理者を置いて出納・輸送・保管の業務を担当させ、扱う物資の約一割を納所得分として給付した。それゆえ納所のなかには、得分を基に出挙《すいこ》を行い、作手職を集積する者も現われた。郡郷納所でも国衙に対して官物を請け負うようになると納所得分が公認されたらしい。建久年間（一一九〇―九九）、高野山領備後国太田荘桑原方下司得分に石別三升の納所得分があったが、郡郷納所得分が下司・地頭の得分として継承されたのであろう。なお、納所は守護大名領国支配機構としても設置された。（佐川　弘）

なつなり　夏成　夏を納期とする年貢などを意味する用語で、「夏済」とも書き、「なつなし」ともいう。夏成に対応するものに、春・秋を収納とする「春成」「秋成」や、事例は少ないが「冬成」と称されるものもある。秋成は米年貢が一般的であるが、夏成は冬作の収穫物を夏に年貢として上納させたもので、「夏麦」「麦地子」などの用語が、荘園史料にみられるように、畠作の中でも最も多く栽培された大麦・小麦など麦が多かった。鎌倉中期以降は、貨幣経済の発展につれて、代銭納される場合もあった。中世後期の東寺領若狭国太良荘では、畠地子が銭で収納され、「夏成分」「秋成分」の年二度の徴収に分かれているが、これは畠地二毛作に伴う、夏地子・秋地子に相当するものと考えられている。なお、江戸時代になると、関東のみは畑年貢＝物成を夏期に上納させたことから、これを夏成と称した。（堀内　寛康）

なつみのみくりや　夏見御厨　下総国葛飾郡の御厨。現在の千葉県船橋市夏見を中心とする地域。伊勢内宮領。船橋御厨とも称した。建久三年（一一九二）の『伊勢大神宮神領注文』によると、保延四年（一一三八）の建立で、白布二十端・起請布三十端を内宮に貢進することになっていた。『吾妻鏡』文治二年（一一八六）三月十二日条には「院御領」とみえ、十二世紀末、香取神宮の遷宮に際しては作料八十斛を負担している（『旧大禰宜家文書』）。『神鳳鈔』によると地積は二百町。在地領主は千葉氏一族と思われる。（野口　実）

なつむぎ　夏麦　夏に上納される冬作麦。麦は畠作物の中で最もよく栽培され、平安時代中期頃には、畠作の地子として一般化された。また麦の普及は、水田の裏作（二毛作）を可能にし、田麦と称された。水田二毛作の普及により、鎌倉時代中期になると、その地子をめぐって、地頭と農民が相論をおこすようになり、文永元年（一二六四）の鎌倉幕府法によれば、地頭による田麦の地子徴収を禁止し、田麦は農民の自由に任せるよう命じたことが知られる。ところで、現在千葉県松戸市の日蓮宗寺院本土寺に伝わる、室町～戦国期の過去帳の分析により、春が飢饉の季節で、春から初夏にかけて死亡率が集中し、五月

になると死亡率が低下したとする見解がある。その要因について、夏麦の収穫・納入による食糧事情の緩和が、生存を永らえさせることができたとされている。この時代、まさに夏麦は、東国の人びとにとって、生存上重要な収穫物であったといえる。（堀内　寛康）

なてのしょう　名手荘　紀伊国那賀郡の荘園。現在の和歌山県那賀郡那賀町のかなりの部分と同郡粉河《こかわ》町の一部をその領域とした。当荘は、康平七年（一〇六四）、藤原頼貞なる人物の寄進により、まず石清水八幡宮寺領荘園として成立した。しかし延久四年（一〇七二）、荘園整理令にもとづく記録所の審査によって同荘は停廃された。嘉承二年（一一〇七）、高野山金剛峯寺大塔領荘園として再立荘、以後、同寺の根本荘園の一つとして、天正十八年（一五九〇）まで存続した。鎌倉時代までの当荘は金剛峯寺領とはいっても、その実、同寺座主（東寺一長者）の支配権のきわめて強い荘園であった。しかし、このような事態は鎌倉時代中・末期以降、漸次解消され、南北朝時代中期までには実際上の経営権が同寺衆徒の手に移った。永享四年（一四三二）、衆徒によって大検注が行われ、荘内の野上・馬宿・中・西・江川の五ヵ村の、田八十二町六段余、畠十二町余、在家六十九宇が掌握された。また同時期、当荘の荘官組織が預所・下司・公文・惣追捕使・刀禰などから成っていたことが知られる。当荘は直《じき》務《む》支配のため、目立った武士団は存在しなかった。わずかに鎌倉時代中期から南北朝時代末期にかけて代々公文職《しき》を継承した小領主宇野氏の活躍が注目される。また正応四年（一二九一）ごろ、「悪党」元当荘住人金毗羅次郎義方・悪八郎家基の跳梁がみられた。当荘の歴史を彩る最大の事件は、仁治二年（一二四一）から応仁元年（一四六七）までの約二百三十年間にわたって断続的に争われた、隣荘粉河寺領丹生屋村との用水・堺相論である。水無川（現名手川）からの取水権をめぐってしばしば紛争が勃発し、その紛争が、はじめは荘園領主間の相論として、時代が降ると村落間、さらには地域権力間の相論として現象する様が看取できる。なお、鎌倉時代中期にはすでに荘内に名手市場が存在した。（山陰加春夫）

なぬし　名主　中世における「名主」は、通常「みょうしゅ」と読まれ、名田所有者を指す用語であるが、「なぬし」と読まれた例もみられ、人により地域により一様でなかったといわれる。名主《なぬし》は一般的には、江戸時代の村役人を意味する語で、名主と同格としての呼称として、ほかに庄屋、煎入等の称がある。中世において「なぬし」と読まれた例としては、永仁四年（一二九六）十月二十六日肥後人吉荘稲富豊永名田名主注進状案に、「ちうしんいなとみとよなかのミやうのたのなぬしの人〱の事」とみえ（肥後相良家文書『鎌倉遺文』二五巻一九一七〇号）、また延徳二年（一四九〇）十二月春日神人主殿允春枝目安に「御名ぬし」と記され（『春日神社文書』二）、中世の荘園史料にその事例がみえる。こうした中世荘園制社会の名主（みょうしゅ・なぬし）の系譜を引くものが、近世の名主（なぬし）であり、村内行政の道接責任者になったと想定される。（堀内　寛康）

なまずえのしょう　鯰江荘　近江国愛智《えち》郡の荘園。現在の滋賀県愛知郡愛東町鯰江付近。名神高速道路が愛知川をまたぐ地点の北岸。興福寺領。本荘の初見史料である文永五年（一二六八）「供目代英禅置文」（『春日大社文書』）に「秦朝元開発地、□□□下司畢、次下司藤井氏（中略）其後雖有補任之輩、其仁不分明、而紀貞道補彼職之後、貞道・貞政（貞道之二男）・景政（貞政之嫡男）三代之間、都無違乱」とあるが、立荘年次や沿革は不詳（『公卿補任』延暦元年（七八二）条に参議近江守藤原種継の母を従五位下秦朝元の女と記す）。同置文は、景政の従弟で「武家有便宜」という建部入道西蓮が預所春光院僧都良兼に迫って下司職《しき》を横領し、それを佐々木信綱の嫡男泰綱を養君と仰いで譲渡したことに発端し、嘉禄二年（一二二六）から文永二年にわたった守護権力側と荘官・百姓らとの争論を詳録している。南隣の柿御園の下郷総追捕使道西法師による狼藉事件を伝える元応二年（一三二〇）の記録もあり、『蔭凉軒日録』は長禄二年（一四五八）に鯰江筑後守高真跡などが鹿苑院領となった件を記す。（畑井　弘）

なまづのしょう　生津荘　美濃国本巣郡の荘園。現在の岐阜県本巣郡穂積町生津を中心に一部岐阜市にまたがる地域。『今昔物語集』二七に、関白（藤原兼家か）の家人藤原孝範が当荘を預かっていたことがみえる。その後、師実を経て近衛家に伝わり、室町時代まで同家領であった。室町時代には東西に区分されており、土岐島田氏が今峰村を除く東方の地頭となっている。戦国時代には石清水八幡善法寺家が当荘に得分権を有していた。（谷口　研語）

なよせちょう　名寄帳　封建社会における年貢公事収納のための土地台帳。中世の荘園では、検注によって把握された田畠・屋敷を、主として名別に、ときには年貢公事の負担者別に整理して、一筆ごとにその面積・年貢高・荒損高などを記入し集計した帳簿が作成された。これが名寄帳である。主として名別に整理され集計されたから、名寄帳と呼んだのである。作成の目的はいうまでもなく年貢公事収納のためであり、領主側はその名請人を把握し、名請高を年貢として徴収した。近世の各村でも、同様に検地帳に基づいて名寄帳が作られた。それは、村内の年貢納入者ごとに、その田畠・屋敷の等級・面積・分米などを一筆ごとに記入し、集計したものである。様式などは中世荘園の名寄帳とほぼ同じである。相違点は、一筆ごとの高ないし集計された名請高が、中世の名寄帳では年貢高であるのに対し、近世の名寄帳では見積生産高としての分米（すなわち石高）である点である。近世にはこの名寄帳によって、賦課される年貢諸役や村入用その他を、名請人の名請高に応じて割りあて徴収した。名寄帳によると、村内の田畠保有状況や農民構成などが把

握される。これらの点は、さらに名寄帳を検地帳と比較して考察すると、一層明確になる。同じ村における同じ年の名寄帳と検地帳とを比較すると、次のような相違点の認められる場合が多い。㈠名請人の数は名寄帳の方が検地帳よりも多い。㈡各名請人の名請高は名寄帳の方が検地帳よりも少ない。以上の傾向は、太閤検地段階の両帳の間に特に顕著であり、それは次のような理由による。太閤検地の実施された当時は、先進地域を中心に、有力農民に隷属的な小農民の多くが、有力農民から借りた田畠を耕作しながら実質的にその田畠の権利を握って、有力農民に加地子納入を拒否するほどに成長していた。現実に田畠を耕作して、年貢を納入する農民の把握を原則とした太閤検地では、これらの小農民をその田畠の名請人として検地帳に登録し、彼らの耕作地に対する有力農民の権利を排除した。これに対し、名寄帳では、領主に納める村請の年貢を、従来納めていた有力農民の保有高に応じて割りあて、彼らのみを名請人として登録した。そのため、上述のような両帳の差が生じたのである。したがって、同年の名寄帳と検地帳とが揃って存在する村の場合、両帳を分析して比較考察すると、有力農民と小農民との関わりあいや、両者からなる村落構成、土地保有の状況、階層分化などが、より的確に把握されて興味がある。上述のような両帳の差は、特に先進地域では太閤検地の段階に最も多く、その後は次第に減少していくのが一般的傾向である。後進地域では、右の動向がかなり遅れるのが普通であった。→検注帳《けんちゅうちょう》　（宮川　満）

ならのしょう　奈良荘　山城国久世郡奈良郷の荘園。現在の京都府八幡《やわた》市下奈良付近。石清水八幡宮領。延久の荘園整理令に際し、宮寺四至内ということで、延久四年(一〇七二)九月五日付太政官牒により石清水八幡宮領として承認された。当初の荘田は六町九段三百歩で、領有は室町時代までつづいた。なお、『北野社家日記』によると、奈良郷は、足利義満が大内義弘討伐の戦勝を祈って北野社に寄進し、戦国時代まで北野社の支配をうけていた。→延久《えんきゅう》の荘園整理《しょうえんせいり》　（泉谷　康夫）

なりたのしょう　成田荘　㈠相模国足柄下郡の荘園。現在の神奈川県小田原市成田《なるだ》付近。荘名はあるいは「なるだ」と呼んだか。成立事情は不明。『兵範記』保元二年(一一五七)三月二十九日条所引の太政官符に初見、左大臣藤原頼長領であったが、保元の乱後没官され、後白河天皇の後院領とされた。同上皇が新日吉社に寄進したのち、新日吉社領として妙法院門跡に本家職《しき》が相伝され、領家職は大宮院・昭慶門院・世良親王と伝えられ、室町時代は天竜寺領。荘内に北成田・飯泉などの郷があり、小早川氏の庶流が北成田郷内の屋敷・名田を、飯泉氏が飯泉郷を領有していた。　（福田以久生）

㈡常陸国の荘園。正中二年(一三二五)の『最勝光院年貢散用注進状』(『宮内庁書陵部所蔵文書』)に「常陸国成田庄」とある。現在の茨城県行方《なめがた》郡北浦町成田を遺称地とする説と北浦町北部から鹿島郡鉾田《ほこた》町南部にかけた地域を比定する説とがある。しかし右の文書以外には同荘についての史料は伝わらず、東国の荘園としては著しく小規模であるため、国名を誤記したものではないかとの説もある。　（堤　禎子）

なりめ　成目　所当官物等の納入ずみの分を意味する用語で、未進に対比して用いられている。平安時代の十世紀あたりから、律令制下の税負担関係に大きな変化がみられ、国衙領では田畠など徴税単位としての名が編成され、税負担に堪える者に、その名の課税を負担させることになったが、この徴税請負人が負名と呼ばれ官物を負担した。承暦二年(一〇七八)三月、近江国の国衙官人の書生・権介らが注進した近江国御館分作田官物結解によると、百二十七町五段二十代の御館分田(公領)の官物進未が記載されており、官物を負担する負名別に成目・未進が記されている。それによると、負名の成吉の場合、二十四石六斗二升七合五夕の官物負担に対して、官物納入ずみの成目が二十石四斗五升、未進が四石一斗九升七合であることが知られ、官物負担に対する成目、未進分の実情がうかがえる(『平安遺文』一〇巻補一二号)。　（堀内　寛康）

なるとのしょう　鳴戸荘　越中国射水郡に所在した古代の荘園。東大寺領。「なるこ」とも読み、成戸荘とも記す。比定地は未詳だが、現在の富山県射水郡大門町付近にあてる説がある。成立は天平勝宝元年(七四九)四月の寺院墾田地許可令にもとづく野地占定による。荘地は同郡十二条葦原里・沢浴里、十三条大塩上・中・下里に展開し、天平宝字三年(七五九)十一月十四日「越中国諸郡荘園総券」(『東南院文書』)によると、総地五十八町三段十歩(開田三十三町三百十歩・未開二十五町二段六十歩)で、荘園の内・外に「三宅所」が設置された。このうち開田は、八年後の神護景雲元年(七六七)十一月十六日「越中国司解」(『東南院文書』)では五十一町四段四十歩へと拡大した。天平宝字三年絵図(福井成功旧蔵)・神護景雲元年絵図(正倉院所蔵)が知られる。　（藤井　一二）

なるみのしょう　鳴海荘　尾張国の荘園。名古屋市緑区鳴海町にその遺称がみられ、同区大高町・愛知郡東郷町・豊明市の一部も含む。成立年代は不詳。内裏祈禱料所。延文二年(一三五七)後光厳天皇綸旨に鳴海東西荘としてはじめてみえ、以後醍醐寺三宝院門跡の管領下におかれた。応永三十三年(一四二六)には、年貢未進のため内裏は直納を求めているが、足利義政の安堵を得ていた同門跡領として応仁二年(一四六八)まで記載をみる。鎌倉御家人小笠原長時の子孫が清時以後鳴海姓を名乗るのは当荘地頭職《しき》との関連か。　（上村喜久子）

なわて　縄手　田のあいだのあぜ道の意で、「畷」とも記され、多くは直線である。古代―中世の売券などの荘園関係史料には、田畠の東西南北の境を示す四至記載に「東限万町田西縄手」などとみえ(『平安遺文』四巻一五〇〇号)、境界としての意味を持っていた。下地中分の代表

鳴戸荘

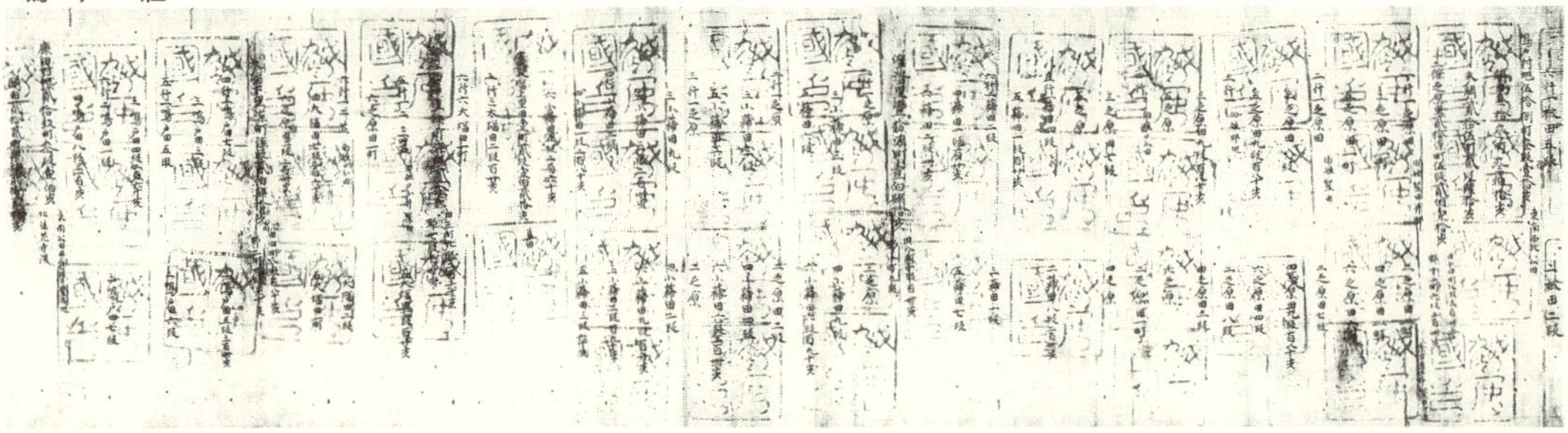

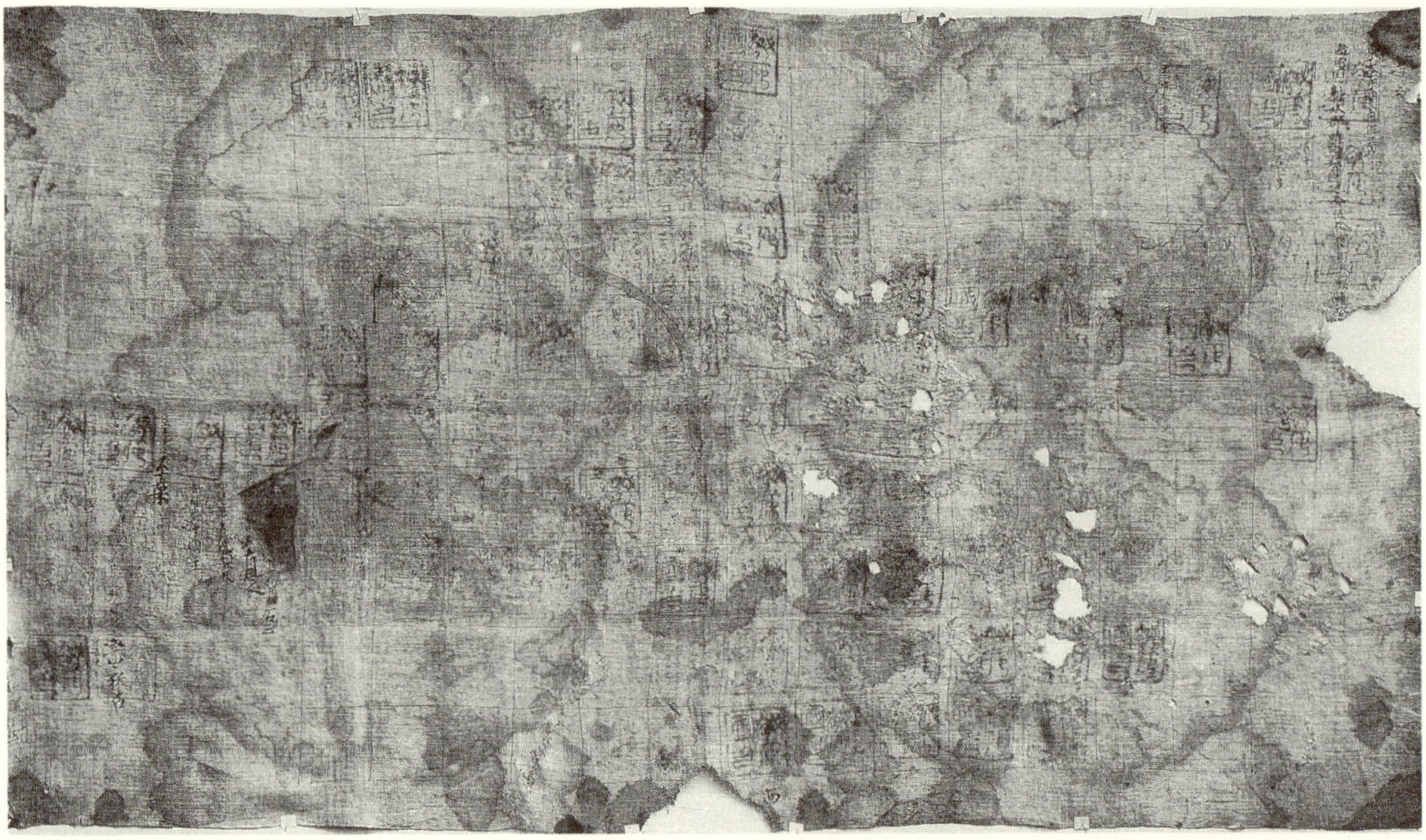

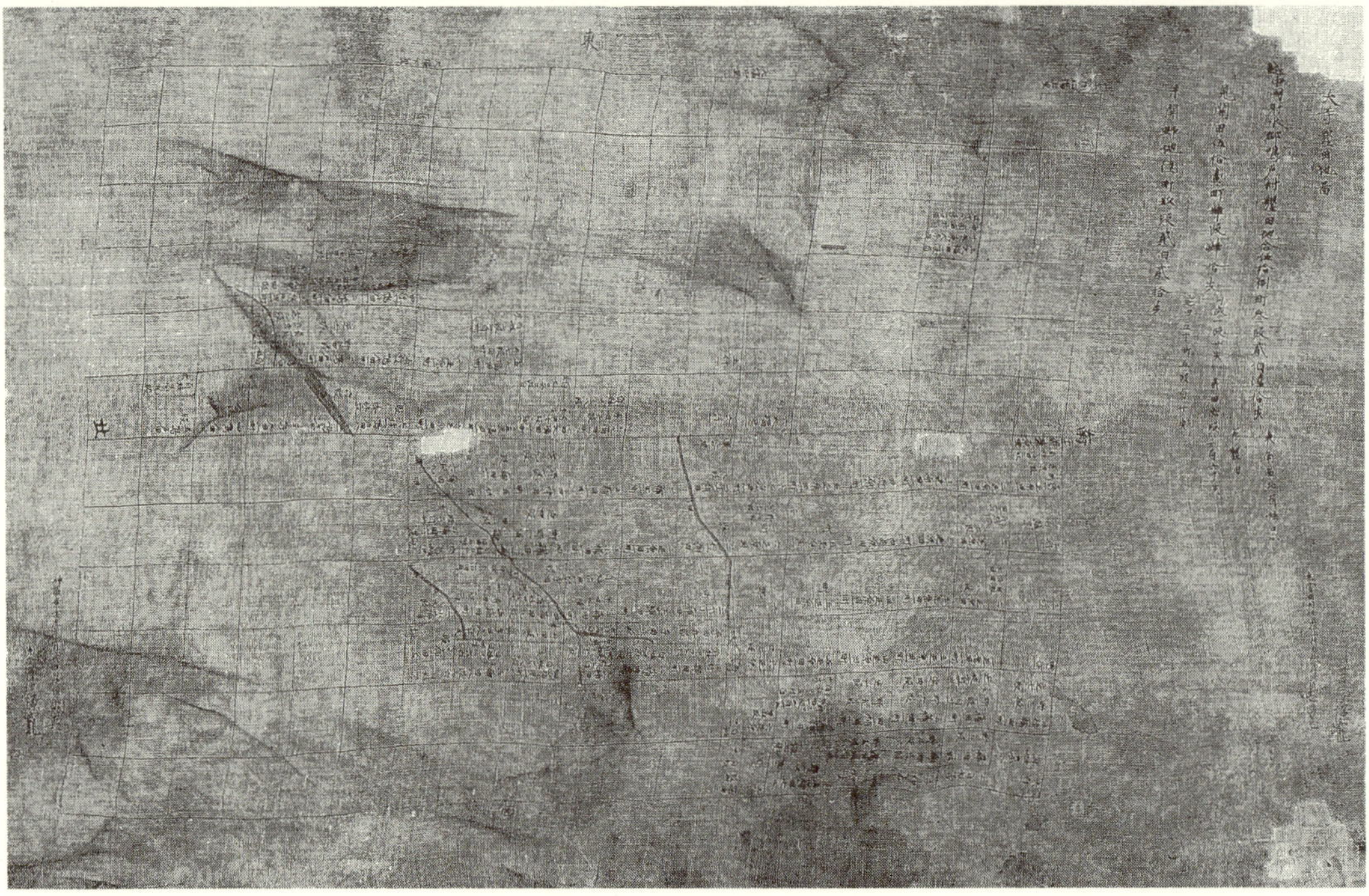

(上)東大寺越中国諸郡庄園惣券(天平宝字三年十一月十四日)　(中)越中国射水郡鳴戸開田地図(同)　(下)越中国射水郡鳴戸村墾田地図(神護景雲元年十一月十六日)

南都七郷

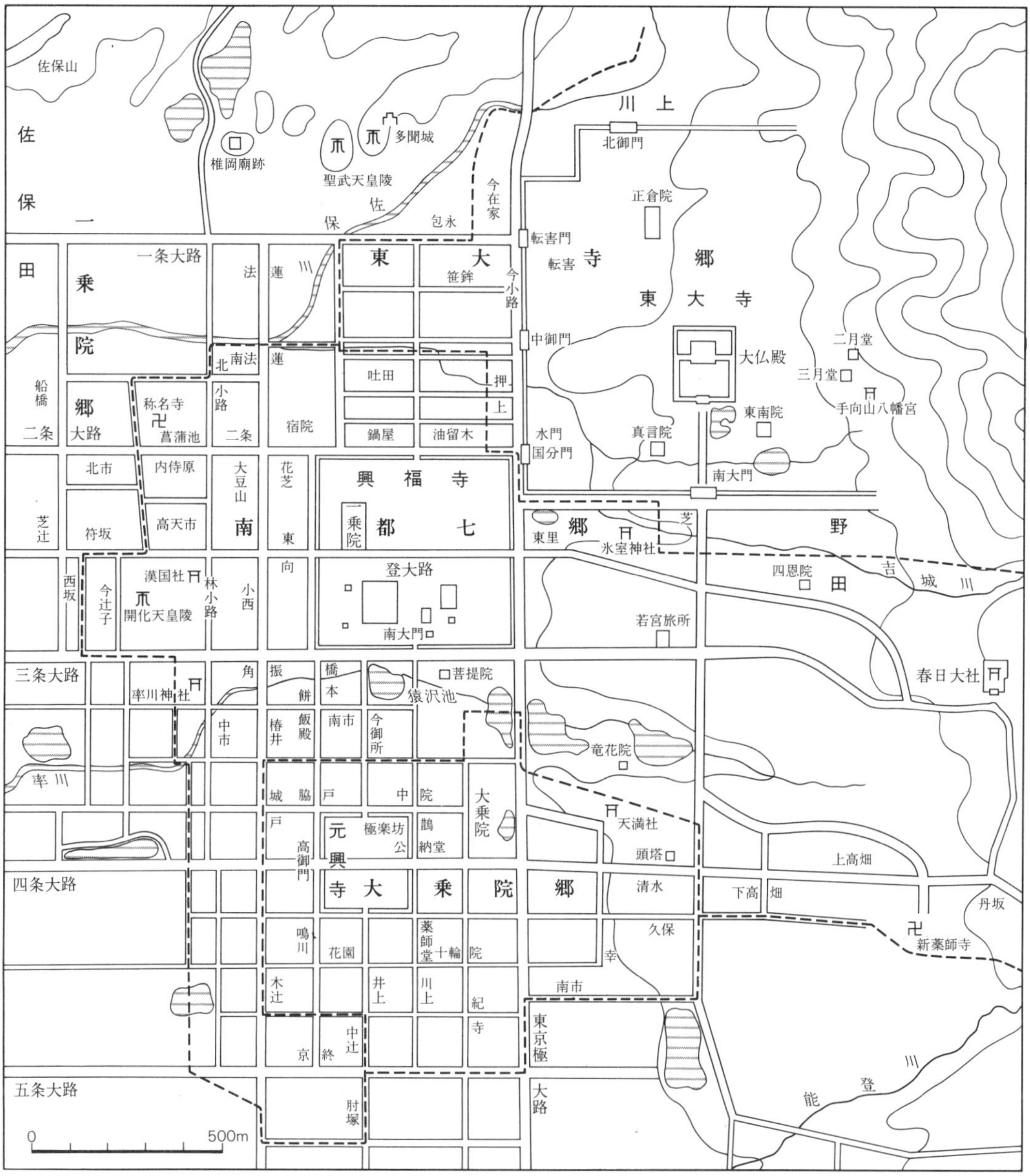

南都諸郷図

南都七郷一覧（室町時代初期）

南大門郷（食堂郷）	東城戸　西城戸　脇　戸　鳴　川　花　園　井　上　高御門
新薬師郷（塔郷）	上高畑　下高畑　新薬師　京　終　肘塚（貝塚）　中　辻　二坂（丹坂）
東御門郷（金堂郷）	中　村　登大路　東　里　西野田　東野田　芝　重持院
北御門郷（講堂郷）	菖蒲池　下北小路　南法蓮　宿　院　新乗院　押小路　吐田（半田）　油留木
穴口郷（北円堂郷）	符坂北方　高天北方　阿弥陀院　内侍　原　二　条　東芝辻　西芝辻
西御門郷（西金堂郷）	小　西　角振北方　林小路　高天南方　符坂西方　今辻子北
不開門郷（南円堂郷）	今辻子南　下三条　上三条　角振南方　椿井橋爪　橋　本　餅飯殿

（『実暁記』による）

的な絵図で、正嘉二年（一二五八）に作成された「伯耆国東郷庄下地中分絵図」には、中分線となった「紫縄手」が直線道路として描かれており、その東西中分線で古代から残る肥沃な伯井田の水田地域が、領家分と地頭分とに分割されていることが知られ、縄手が境界として利用されていたことを物語っている。また中世の検注には農民も立ち合い、検注使との

間で一筆ごとの認定や要求がなされて結着をみたようであるが、高野山文書五巻又続宝簡素五十一、一〇二四号、十二月五日某庄百姓等言上状によれば、そうした農民と検注使との交渉の場が、縄手において行われていたことがうかがえる。（堀内 寛康）

なんげつ 難月 夏季の五・六月を指す用語で、農民が農作に追われる農繁期（農月・農節）に当たる季節。農業は季節により農民の労働力に大きな変化を及ぼすが、この季節は農民にとって田植え、麦刈り、養蚕など農作業が集中する時期であり、最も困難な季節であった。この厳しい期間を、農民は家族、親類・縁者の労働力を用いて農事に励んだのである。荘園領主側もこの期間は、農事を妨げないよう、農民の使役をさし控えたようである。しかし、在地領主として農民支配の拡大を進める地頭は、農繁期にも農民を自らの経営にあてる夫役を徴発していたため、農民は夏三ヵ月間は、夫役を賦課させないよう荘園領主に訴えていることが知られる。文永元年（一二六四）四月の関東御教書（新編追加）によれば、夏三ヵ月間は、百姓を私的に使役することを禁じていたことがうかがえ、鎌倉幕府の難月に対する姿勢を知ることができる（『鎌倉遺文』一二巻九〇七三号）。（堀内 寛康）

なんぜんじりょう 南禅寺領 京都市左京区南禅寺福地町に所在する臨済宗南禅寺の所領。永仁七年（一二九九）、亀山法皇が南禅寺開創の根本文書とされる宸翰の「禅林寺起願文」を起草し、寺領として遠江国初倉荘・加賀国小坂荘・筑前国宗像社を寄進した（『鎌倉遺文』二六巻一九九六五号）。これが寺領の初見である。亀山法皇はその後、正安二年（一三〇〇）には小坂荘の替として播磨国矢野別名・同国大塩荘・但馬国池寺荘を寄進（『鎌倉遺文』二七巻二〇四九八号）、さらに正安四年には筑前国宗像社の替として加賀国得橋郷・同国笠間東保・備中国三成郷を寄進した（『鎌倉遺文』二八巻二一一八三号）。以後、当寺は大覚寺統が管領する寺として保護をうけ、後醍醐天皇は建武元年（一三三四）に遠江国新所郷を寄進し、同二年には尾張国杜荘等を充行った。建武新政の崩壊後、室町幕府は当寺を官寺として保護し、寺領も増加した。応安年間（一三六八―七五）の山門造営にあたっては、幕府によって造営料所として能登国櫛比保地頭職が宛てられた。康暦二年（一三八〇）の「南禅寺塔頭慈聖院領諸荘園重書目録」によれば、貞治―永和年間（一三六二―七九）に摂津国揚津荘・同国福島村・筑前国植木荘・河内国島頭荘・但馬国土田郷墓垣村地頭職・加賀国小坂荘・同国得蔵荘東西内田畠等が相ついで寄進されており、塔頭慈聖院の十四世紀後半における所領拡大が窺える。足利義満は、至徳三年（一三八六）但馬国小佐郷地頭職を当寺に寄進している。応永二十一年（一四一四）には、足利義持が若狭国玉置荘三分一方地頭職・但馬国太多荘寺領分・越中国小佐味三分一・豊前国糸田田原を龍華樹院領として安堵している。十五世紀半、各地の寺領で荘官・名主の違乱や守護方の押領などが続くようになった。その動向は応仁の乱後も止まることがなく、文亀元年（一五〇一）の「寺領目録」によれば、加賀国の諸所領・播磨国大塩荘・同国矢野荘・備中国三成荘を除く所領がことごとく「守護押領」となっていた。その後、豊臣秀吉は京都近辺の五百九十石余を寺領として安堵した。徳川家康によってさらに三百石が加増された寺領八百九十二石余は、明治維新まで維持された。（堀 祥岳）

なんとしちごう 南都七郷 奈良、興福寺の門前郷。別当（寺家）領。中世、その支配のため、数十の郷（のち町）を、興福寺の七堂・七口の門（方角）にちなんで七組に組成したので、この称がある。康和四年（一一〇二）に興福寺四面郷とみえるのが源流である。鎌倉時代中期には七郷郷民に夫役などを課しているので、その成立がわかる。室町時代初期の郷名は別表のとおりである。別当領なので、学侶・六方衆がこれを支配し、七郷に一名ずつの沙汰者（主典）が統制に任じた。なお、検断には衆中（官符衆徒）が充てられたが、不入の権を有する一乗院・大乗院両門跡郷は除き、東大寺郷（東大寺七郷は組郷でなく七つの単位郷（小郷））や元興寺郷（検断は大乗院門跡と入りがち）にも入部した。室町時代中期、衆徒の覇者が官符（官務）棟梁となって衆中を駆使し、奈良市中雑務検断職を称して市政を壟断することになった。筒井氏が官符を称し、衆中沙汰衆の中坊氏を奈良代官に起用する。その支配は南都七郷・東大寺郷・元興寺郷など奈良中心街地にわたったことで、社寺の領域圏を超えた郷民自治組織である「奈良惣中」の発生が促進されたともいえる。（永島福太郎）

に

にいいのしょう　新居荘　㈠伊予国新居郡の荘園。愛媛県新居浜《にいはま》市船木から泉川にわたる地域に比定される。東大寺領。天平勝宝八歳(七五六)の国司定文に四至が記され、野八十町・池地三町六段百十歩とある。墾田の開発による初期の荘園か。天暦四年(九五〇)の『東南院文書』では、田地四町六段百八十歩・畠地八十八町三段百八十歩、合計九十三町あった。四十九年のちの長徳四年(九九八)には、畑地が四町六段百八十歩も増加しているのに対し、水田が一町八十歩も減少している。荘園が一円領地化する趨勢からすれば、地域内の他人の所領と交換した結果であろうか。天永三年(一一一二)に東大寺が伊予国衙に対し、調庸・雑物の代米を完納するよう督促しているので、地方豪族が荘長としての実権を拡大したのに対し、本家の統制が弱くなったためと思われる。大治五年(一一三〇)付の『東大寺領諸荘文書幷絵図等目録』に明記されているが、仁平三年(一一五三)以降は荘名がみえないので、消滅したのであろう。㈡遍照心院領。文永七年(一二七〇)および同九年付の『大通寺文書』によると、源実朝の後室八条禅尼が亡夫の菩提を弔うために遍照心院(のち大通寺)を建立、幕府が同院に新居郡三郷を寄進した。この荘と東大寺領との地理的関連は不明。嘉吉二年(一四四二)付の『森田文書』に同院雑掌が細川氏の押領を排して、同荘地頭職の回復を幕府に訴えた。天正八年(一五八〇)付の『棚守房顕覚書』によると安芸厳島神社が一時同荘に関与したようである。(景浦　勉)

にいじまのしょう　新島荘　阿波国名方郡の荘園。現在の徳島市付近。東大寺領。天平勝宝八歳(七五六)東大寺は西日本各地に多くの荘園を同時に設定するが、その際、阿波国吉野川河口の低湿地に作られたのがこの荘園である。それぞれ離れたところに存在する本庄地区(四十二町)、枚方地区(三十一町)、大豆処地区(十町)の三地区から成りたっており、枚方・大豆処の二地区については八世紀中期作成の絵図が現存する。本庄・枚方両地区は低湿地に堤防を築き、その内部に畠地を主にした耕地を開発することを目的に設定されており、大豆処地区は吉野川ぞいの津に交通・運輸の拠点にすることを目的に設定されている。荘成立以後も九世紀中期にかけて在地農民の主導のもとで堤防の新築などがなされ、開発は着実に前進している。九世紀中期の承和年間(八三四―四八)、東大寺は所領の再建に着手し、農民の開発した耕地を奪い、荘田の再編を企て、抵抗をうけている。十世紀後半、別当光智の荘園再編運動の展開を契機に、それまで衰退していたこの荘も、荘園としての機能を回復し、荘内の開発、耕作の組織化がなさ

新　島　荘

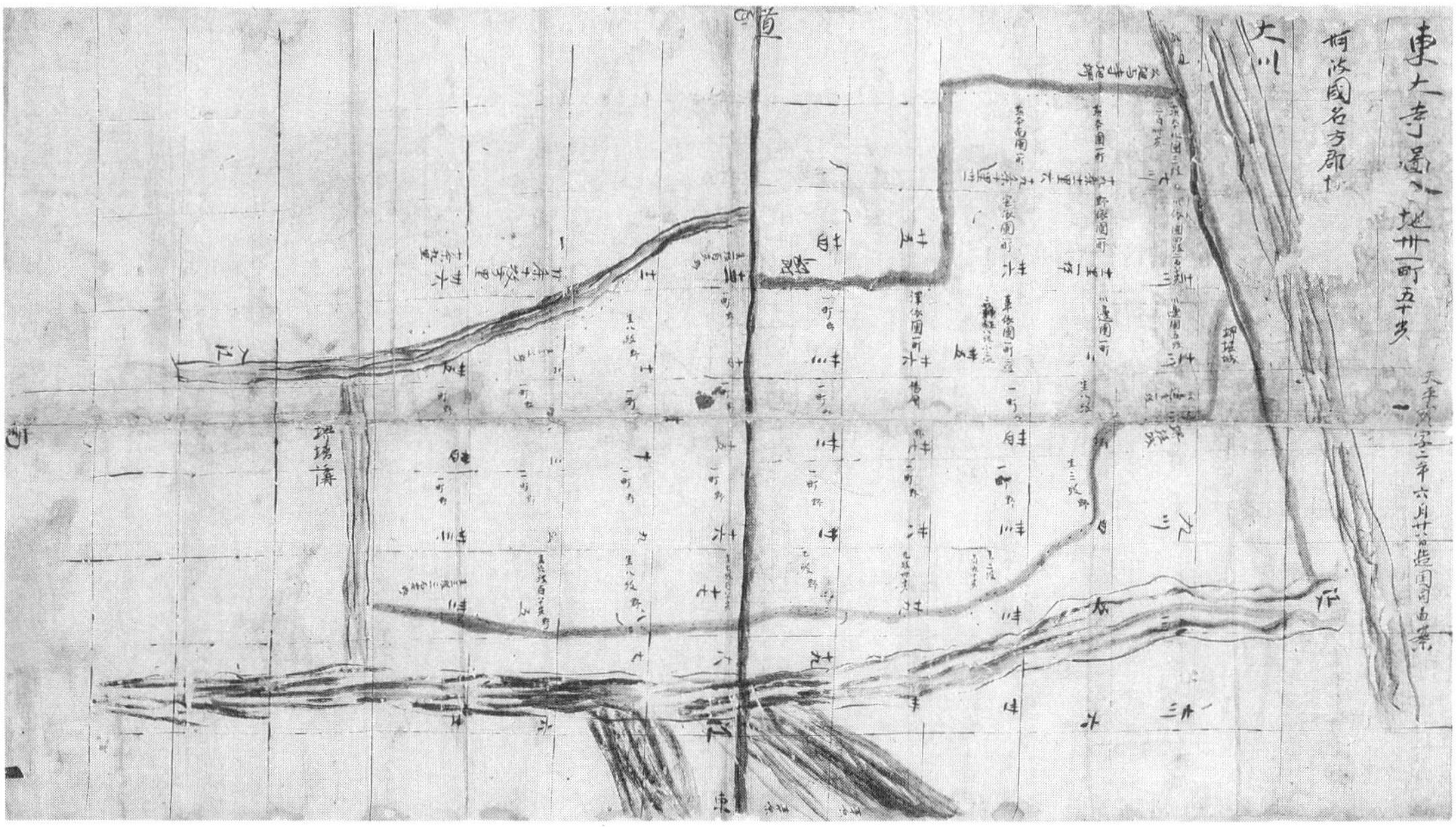

阿波国名方郡新島庄田地図(天平宝字2年6月28日)

れていく。しかしそれも一時的なことであり、十世紀末には最終的に姿を消していく。→大豆処荘《だいずどころのしょう》

（丸山　幸彦）

にいとみのしょう　新富荘　大和国山辺郡の荘園。現在の奈良県天理市新泉《にいずみ》町の地にあたる。興福寺領。総面積二十二町七段四十歩の雑役免荘として、延久二年（一〇七〇）の『興福寺雑役免帳』にその名がみえている。また別に、東大寺尊勝院根本所領の一つとして、『東大寺続要録』の中に新富荘がみえている。

（泉谷　康夫）

にいはりのまき　新治牧　信濃国小県《ちいさがた》郡の御牧《みまき》。現在の長野県小県郡東部町新張《みはり》を中心とする地。烏帽子《えぼし》岳・湯ノ丸山麓一帯の地。『延喜式』左右馬寮にみえる信濃十六御牧の一つ。承平七年（九三七）に貢馬を納めた信濃六牧の一つ（『政事要略』二三所引外記日記）。天慶四年（九四一）には望月牧とともに貢馬を進めている（『本朝世紀』）。文治二年（一一八六）には新張牧とみえ左馬寮領（『吾妻鏡』同年条所引関東御知行国々内乃貢未済庄々注文）。牧内と思われる禰津《ねつ》を本貫とする禰津氏が牧官であったらしい。付近には鞍掛《くらかけ》・牧家《ぼくや》など牧関係と思われる地名がある。

（小林計一郎）

にいみのしょう　新見荘　備中国哲多郡の荘園。現在の岡山県新見市の一部と阿哲郡神郷町の一部にわたる地域。南北七里、東西一里の大荘。『東寺百合文書』などに多数の史料を伝える。開発領主は大中臣孝正で、大中臣氏から壬生官務家（小槻氏）に寄進され、官務家から本所職が最勝光院に寄進された。後醍醐天皇によって嘉暦元年（一三二六）最勝光院執務職と所領の本所職が東寺に寄進され、東寺領新見荘が成立した。元徳二年（一三三〇）領家職が、元弘三年（一三三三）地頭職が東寺へ寄進された。地頭職はその後間もなく失ったが、領家職については、小槻氏内部および小槻氏と東寺との間に、所職の確保をめぐって争論が続き、観応二年（一三五一）再度東寺の支配が承認された。新見荘は文永八年（一二七一）までには、東方地頭方と西方領家方とに下地中分されていた。新見荘の地頭は新補地頭で、鎌倉時代の地頭の氏姓は不明であるが、のち新見氏が地頭を称している。下地中分の方法は、領家の一円支配地と領家・地頭の支配の入組地とに分割され、それぞれが二ヵ所ずつ、計四ヵ所に分割されている。地頭方の領主は、室町時代に入ると相国寺であった。新見荘の現地の管理は、荘官である預所・公文・田所・惣追捕使によってなされた。鎌倉時代の預所は辻田氏、公文は大中臣氏、田所は菅野（三善）氏、惣追捕使は不明である。室町時代も後半になると荘官は三職と称される公文・田所・惣追捕使によって構成され、田所に太田（のち金子）、公文に宮田、惣追捕使に福本の諸氏が任命され、以後この体制が固定した。彼らはいずれも荘内の有力名主の出身とおもわれる。その他領主から給田畠を与えられている者として、朝夕・保頭・番匠・鍛冶・図師らがいた。明徳の乱（明徳二年（一三九一））後、守護勢力の進出が激しくなり、守護の被官が荘園の年貢を請け負うようになってきた。応永元年（一三九四）新見直清の代官請をはじめ、備中守護細川氏の被官安富氏の代官請が続いたが不正が続発し、寛正二年（一四六一）名主四十一名の連印による要求によって代官請は終り、東寺の直務《じきむ》支配となった。しかし寛正四年、直務代官祐清が殺害され、犯人の農民をかくまった嫌疑で地頭政所が焼打にあうという事件が起きた。応仁の乱後、直務支配は終り、守護勢力につながる在地武士の多治部・妹尾・新見・三村氏らが年貢を請け負い、天正二年（一五七四）まで続いた。新見荘では鎌倉時代に市庭《いちば》が成立し商取引が行われていた。市庭は高梁《たかはし》川に沿って二日市庭と三日市庭があり、特に三日市庭には常設の市庭在家が立ち並び、年貢をはじめ田畠山間の産物が換金され、年貢の銭納も行われた。物資は船運で高梁川を下り、連島で大船に積み替えられて京畿に送られた。割符による信用取引も行われ、京・平野の商人も来た。

参考文献　瀬戸内海総合研究会編『備中国新見庄史料』、『岡山県史』二〇

（三好　基之）

にいやのまき　新屋牧　古代、上野国に置かれた牧。『延喜式』左右馬寮によると、御牧三十二牧のうち、上野国には新屋牧を含め九牧があり、同国からは年貢御馬五十疋を上納する規定となっていた。『和名類聚抄』によると甘楽《かんら》郡に新屋（訓、邇比也）郷がある。新屋牧は新屋郷のあった群馬県甘楽郡甘楽町大字天引《あまびき》・同大字金井から南方の山地にかけての地域にあったと推定されている。

（唐澤　定市）

にえ　贄　神に供する神饌、または天皇へ貢納される食料品の総称。「にえ」の語源は、「には」「にへ」など初物貢献にかかわる新嘗《にいなめ》に関連する語とされ、もとは共同体の神や首長に対する初物貢納に起源があると推測されている。ヤマト王権に対する贄貢納が大化前代から存在し、これが王権への服属儀礼的性格や、大王のみが受領しうる供御物的性格を持つものとされていたことが、記紀の神武・応神・仁徳朝の記事や風土記の伝承などからうかがえる。この大化前代からの日本独自の食料品貢納の伝統は、大化以後も引き継がれ、大化改新の詔第四条にも贄貢納規定がみえる。さらに律令制下でも、調は繊維製品にとどまらず食料品が調雑物や調副物に編入され個人賦課の税目となった。しかしそれとは別に天皇への贄貢納が存続したことが、藤原宮や平城宮その他から出土した大贄・御贄などと表記した貢進物付け札木簡や、正税帳をはじめとする文献史料から確認できる。これらによると、贄として貢納された食料品は、海水・淡水産の魚類を中心に、貝類・海藻類・調味料・獣類・果実類などの生鮮品や加工品からなる、多彩な山野河海の珍味である。律令制下の贄貢納体制の中で、その全体像を把握できる時期のものは、平安時代の『延喜式』内膳司のものである。これは㈠諸国貢進御贄（節料・旬料として御厨や畿内近国を中心とする貢納。同宮内省に規定される

諸国所進御贄の内容にほぼ対応する)と、㈡年料(大宰府や諸国からの貢納。同宮内省に規定される諸国例貢御贄の主要部分にほぼ対応する)の二つに大別できる。前者は贄戸《にえこ》や特定の地域の海部などの集団による贄戸御厨的採取調達、後者は諸国の国衙や郡家の責任のもとで雑徭や交易による採取調達の貢納形態といえる。この二つの系統の貢納形態が、七世紀末・八世紀の時期にも存在したと考えられる。特に前者は、たとえば三河国播豆郡篠島・析島・比莫島の三島の海部が集団として贄を月料の方式で貢納した木簡に、後者は諸国が国単位・郡単位・里単位など、基本的に個人名を記さない貢納を示す木簡などに表われているとみられる。しかし平安時代との細部における相違などもあり、その解明に今後の贄木簡史料の増加が期待されている。贄の輸送は、原則として雑徭担夫を用い、国郡司クラスの御贄使などに引率されて京進し、その粮料が正税支給されていた。また生鮮品の駅伝輸送や大宰府の船舶輸送もある。ただし律令制下での贄貢納、特に年料系の諸国貢納は現実的には九世紀ころから停滞する傾向にあり、畿内近国を中心とする御厨からの貢納に依存する度合がさらに増加していく。同時に贄戸から贄人《にえひと》への移行や贄採取の場である山野河海の荘園化の進行に伴い、十世紀初頭に御厨の再編強化策を打ち出すが、十一世紀中ごろ以後、御厨自体の荘園化、贄人の供御人化が進み、中世的贄貢納へと移行していった。

(勝浦　令子)

にえしょ　贄所　淀津にあった朝廷の内膳司付属の役所。『延喜式』によれば、淀津には、長さ三丈の川船が置かれ、木津川右岸にある内膳司所管の奈良園・奈癸園などからの供御物を一時的に保管する倉庫的機能をもつ施設があったとある。これから推測すると、贄所は淀川を通って集積される供御・贄などを保管し、それを運搬する川船(高瀬船など)が置かれた施設とみられる。実務者としては預・執行などが置かれ、衛門府番長以下が上番していた(長元元年(一〇二八)四月一日衛門府月奏文・同四年正月二十三日右衛門府解)。永承三年(一〇四八)、関白藤原頼通が高野山参詣の際、大蔵録重高を淀の御贄所の執行に任じようとしたという話が残っており(『宇治関白高野山御参詣記』)、十一世紀中期までは淀津において重要な機能を果たしていたようであるが、その後の活動は不明である。しかし、中世では贄や供御などは蔵人所の所管として再編されるので、贄所も存続していたとすれば、蔵人所と関係したと考えられる。

(飯沼　賢司)

にえひと　贄人　贄を採取、貢納する人。平安時代には、九州地方では、贄が大宰府を通じて貢納されたため、その管轄下にある宇野御厨の贄人は大府贄人と号して活動した(『平安遺文』)。彼ら贄人は一般に御厨に属し、海上交通などその職能に対して種々の特権を与えられていたといわれる。中世には天皇の贄の制度はほとんど解体し、朝廷の御厨も失われたが、蔵人所を中心に内廷経済の機能は存続しており、鵜飼や江人らは供御人として天皇との関係を持ち続けていた。↓贄《にえ》

(飯沼　賢司)

にくうりょう　二宮領　⇩伊勢神宮領《いせじんぐうりょう》

にしおかじゅういっかごう　西岡十一ヶ郷　京都西郊の村落連合。西岡というのは、桂川と西山丘陵に挟まれた一帯を指す地名。十一ヵ郷には徳大寺・上桂・下桂・革《かわ》嶋《しま》・下津林《しもつばやし》・寺戸《てらど》・牛ヶ瀬・上久世・下久世・大藪・築山を数えるのが一般的である。これらの諸荘園の領有関係は錯綜していたが、桂川から引水する「十一箇郷溝」と呼ばれる灌漑施設を共用していた。この十一箇郷溝が途中で二つに分かれていたところから、前掲の十一ヵ郷のうち寺戸までが上方六ヶ郷、牛ヶ瀬以下が下方五ヶ郷と呼ばれることがあった。これらの郷名は用水相論関係の資料に姿を見せることが多いが、下方五ヶ荘と上野荘の用水相論に関連して永享五年(一四三三)ごろには、五ヶ荘井の井守を上久世荘の公文が掌握していた史料が伝わっている。相論のときだけではなく、日常から用水を共同管理していたのである。ただし、桂川の洪水などによる地形変化に伴って、取水口がしばしば変化したために、用水を共同管理する荘園も時代によって変化したようである。たとえば、康暦二年(一三八〇)の請文には五ヶ郷として久世・寺戸・河嶋・富田・下桂が挙げられて

西岡十一ヶ郷

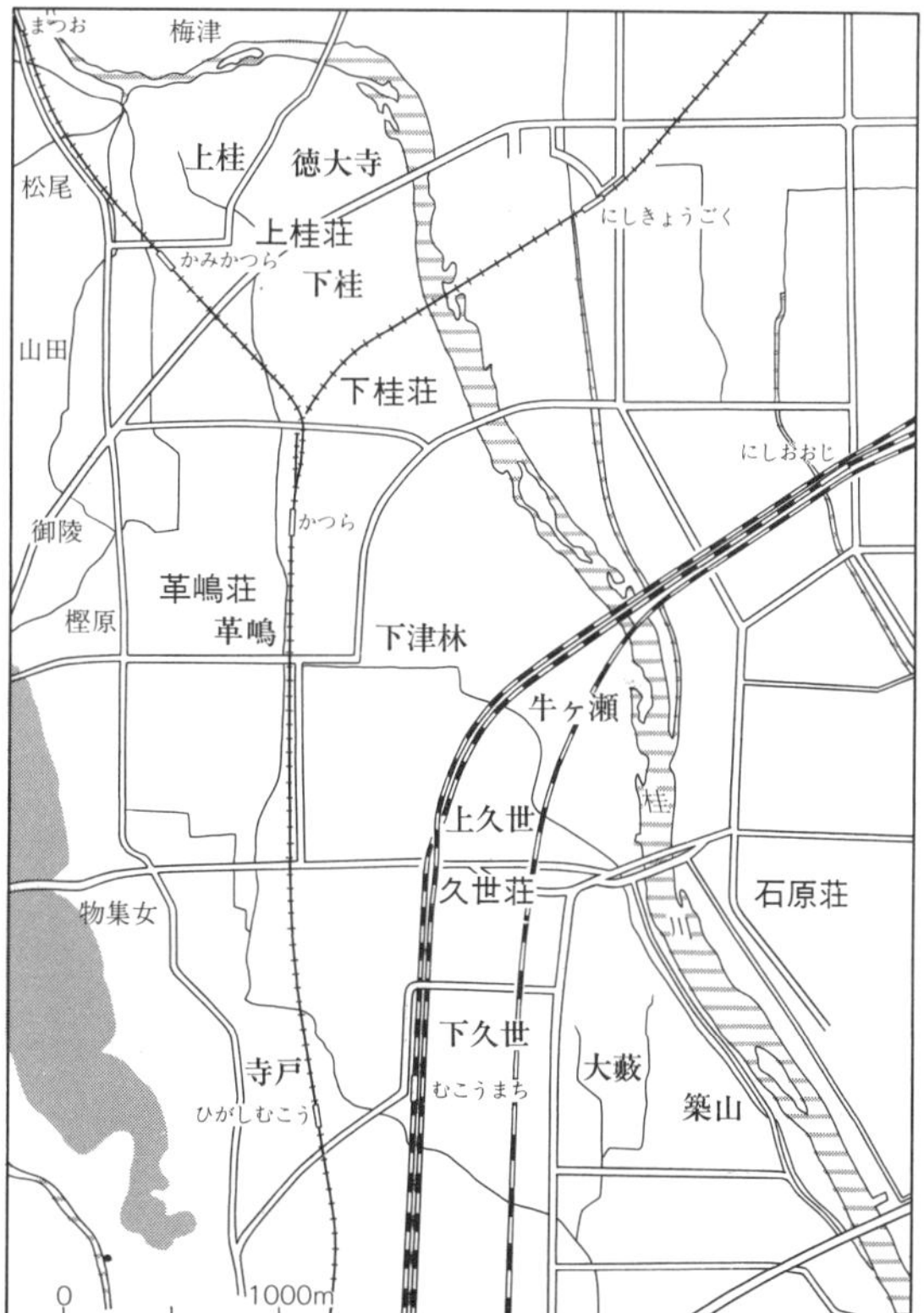

西岡十一ヶ郷概略図

いたようであり、これは応永二十六年(一四一九)七月付の東寺申状に添えられた指図とも一致している。しかし、明応年間(一四九二―一五〇一)に西八条西荘との間で用水相論を展開した五ヶ荘は上久世・下久世・大藪・牛瀬・三古(鈷)寺であった。したがって、十一ヶ郷と呼ばれる荘・郷も時期的に変化を示したことになる。　(黒川　直則)

にしおかとらのすけ　西岡虎之助　一八九五―一九七〇　中世史、特に荘園史、民衆史。東京大学史料編纂所史料編纂官。明治二十八年(一八九五)五月十七日、和歌山県伊都郡見好村(現、かつらぎ町)に生まれる。大正五年(一九一六)、和歌山師範学校卒業。小学校正科教員免許取得。同県の四郷尋常高等小学校訓導。十年、東京帝国大学文学部国史学科選科修了。東京帝国大学史料編纂掛勤務。十三年、同編纂官補。昭和八年(一九三三)、東京帝国大学史料編纂所史料編纂官。同二十四年、『民衆生活史研究』により毎日出版文化賞。二十九年、東京大学史料編纂所退官。早稲田大学文学部教授。三十二年、『荘園史の研究』全三巻(岩波書店、昭和二十八・三十一年)により朝日賞。四十一年、同定年退職。昭和四十五年(一九七〇)二月二十六日没、七十四歳。『荘園史の研究』には荘園の内部構造解明の論文が収録されている。このほか蒐集した荘園絵図を収録した『日本荘園絵図集成』上・下(東京堂出版、同五十一・五十二年)がある。現在も使用されている荘園に関する学術用語も西岡によって創出されたものが多く、荘園研究に果たした功績は顕著である。　(瀬野精一郎)

にしかどまのしょう　西門真荘　尾張国葉栗郡の荘園。現在の岐阜県羽島市小熊町を含む地域に所在。二階堂基行が地頭職をもち、仁治元年(一二四〇)十月、これを子の行氏に譲っている。　(新井喜久夫)

にしきどののしょう　西喜殿荘　大和国高市郡の荘園。現在の奈良県橿原市城殿《きどの》町付近。東大寺領と興福寺領がある。㈠東大寺領。十一世紀前半の時期大和守源頼親の私領六十六町に成立した東大寺燈油料所五ヵ荘の一つ。久安三年(一一四七)の「東大寺御油荘公事注進状」には「五町之中見作三町八段」とみえ、小規模荘園であった。荘号「西喜殿」の「西」は同燈油料所の東喜殿荘(橿原市上飛驒町付近)と関係する。公事には、町別一斗の燈油のほか、副米・土毛米・菓子・薪・紅花があったが、燈油は当初からの雑役免と考えられる。鎌倉時代中期以後南北朝時代にかけて、在地武士や荘官らの違乱が相つぎ、年貢などの抑留されることが多かった(「東大寺注進状」)。㈡興福寺領。至徳三年(一三八六)の『興福寺一乗院良昭維摩会講師段銭帳』に「西喜殿庄現二十一町六十歩」とあり、興福寺一乗院領。詳細不明。　(朝倉　弘)

にしづのしょう　西津荘　若狭国遠敷郡にあった荘園。現在の福井県小浜市西津および片荘として多烏浦も含む。元暦二年(一一八五)正月十九日文覚起請文に、検非違使尉安倍資良が、西津の勝載使の得分を神護寺に寄進したとある(『平安遺文』九巻四八九二号)。安倍氏は、その後、預所職を保持した。勝載料が徴収されていたことから、同荘の津は立荘時から港としての機能をもっていたと推定される。また、文覚は、多烏浦を同荘の片荘とした。文覚が配流となると、一時同荘は鳥羽院領となるが、承久の乱後、再度神護寺領となった。文永二年(一二六五)の惣田数帳案では同荘田数十七町九反二百三十歩と記載されている(『鎌倉遺文』一三巻九四二二号)。鎌倉後期には、北条氏得宗家が地頭職を保持した。また、鎌倉期を通じて、同荘片荘である多烏浦と汲部浦間では、塩山・網場をめぐって対立が続いた。室町期、守護一色氏の守護所がおかれ、守護支配の本拠地となった。　(錦　昭江)

にちじのごきょう　日次御供　⇩ひなみのごくう

にちやくぶ　日役夫　十四世紀末期、東寺領丹波国大山荘の地頭中沢氏が大山荘百姓に賦課した夫役のこと。応永二年(一三九五)の東寺雑掌頼勝申状案(『東寺百合文書』に四六―四八、『大山村史』史料編二五二号)によれば、地頭中沢三郎左衛門尉は、不法にも日役夫と号して毎日のように東寺方百姓を駆使し、非分の課役を賦課したために、百姓はそれに堪えられず逃散してしまい、大山荘は「亡処」になってしまったという。大山荘関係史料にはこれ一通しかないため、夫役の内容については不明である。　(木村　茂光)

にったのしょう　新田荘　上野国新田郡の荘園。同郡一円に成立した。現在の群馬県太田市、新田郡新田町・尾島町・藪塚本町・笠懸町、佐波郡東《あずま》村・境町の一部、勢多郡新里《にいさと》村新川《にっかわ》、さらに利根川の変流により南岸となってしまった埼玉県深谷市横瀬・石塚・高島などもこれに含まれる。北の鹿田《しかだ》山を頂点とし、東北の八王子・金山丘陵、西の早川、南の利根の旧河道に囲まれた三角形の地域で、大間々《おおまま》扇状地の東半部にあたる。北の鹿田山南麓を扇頂とし、扇央は笠懸野といわれる広大な荒蕪地(現在では果樹園や桑畑)を形成し、扇端の標高六〇メートルの等高線付近からは一斉に湧水が噴出し、ほぼこの等高線にそって金井・市野井・上野井・小金井など、井の付く地名が並ぶ。その南に水田地帯を形成する。古代以来の集落はこの湧水地帯とその南部や八王子丘陵のヤトなどに立地する。天仁元年(一一〇八)に浅間山が大爆発し、その火山灰(Bテフラ(軽石))が新田郡に降り注ぎ、田畠がほとんど潰滅した(『中右記』)。十二世紀前半はこの荒廃状態を克服する再開発の過程で私領が形成され、それをもとに新田荘は成立していく。この再開発を組織化した新田義重は、保元二年(一一五七)自分が「地主」であった新田郡西南部の女塚など十九郷の「空閑《こかん》の郷々」(開発私領)を左衛門督藤原忠雅に寄進し、忠雅は義重を下司職《しき》に補任している。やがてこの荘園は院の御願寺金剛心院領となっていく。嘉応二年(一一七〇)にはこの荘は新田郡全域に拡大され、新たに郡から荘に転化した地域の諸郷

の在家・田畠目録が作成されている。このように成立・完成した新田荘は、鎌倉時代には新田一族(新田・世良田・岩松・里見・額戸)の基盤となり、南北朝内乱以後は新田氏の庶家岩松氏の所領、戦国時代には岩松氏の家臣から下剋上で権力を掌握した横瀬(由良)氏の新田領となった。
(峰岸　純夫)

にながわのしょう　蜷河荘　陸奥国河沼郡・耶麻郡の荘園。現在の福島県河沼郡会津坂下町・柳津町を中心として、耶麻郡の一部に及ぶ地域。建長五年(一二五三)十月二十一日の『近衛家領目録』にその名がみえ、このときは請所になっていた。同目録の当荘条には「冷泉宮領内」との注記があり、十一世紀末までに冷泉宮(三条院の皇女儇子内親王)の所領として成立し、藤原忠実の領有を経て近衛家領になったものであることがわかる。南北朝時代には、常陸大掾一族の真壁氏が荘内の勝方村の地頭職《しき》をもっていた。荘域は、文禄三年(一五九四)の『蒲生領高目録』(内閣文庫所蔵)にみえる「稲川郡」(百二十九村、石高にして三万五千四百十八石余)が、ほぼそれにあたるものと考えられる。
(大石　直正)

にのみやかわわのしょう　二宮河匂荘　相模国余綾郡の荘園。現在の神奈川県中郡二宮町周辺。同国の二宮であった河匂神社を中心として押切川(中村川)の下流一帯の地域。河匂荘ともいう。歌人藤原俊成の女の京極局(建春門院(平滋子)・八条院に仕えた)から、八条院に寄進された。立荘年次や事情は明確でないが、京極局の妹を妻としている藤原盛頼が仁安二年(一一六七)ころ相模守であったことから、このころの成立と考えられる。八条院から春華門院・佐渡院(順徳天皇)・安嘉門院と本家職《しき》が相伝され、領家職は無上智という尼から三香(三善か)氏の得弥に譲られたこと、年貢として御簾一間・紫縁畳三帖の上納が定められていたことが、嘉禎四年(暦仁元、一二三八)四月の安嘉門院庁政所下文でわかり、正嘉二年(一二五八)正月にも三香氏の領家職安堵の庁下文が発せられたが、これらは、正安三年(一三〇一)六月十日の亀山法皇院宣案にみえる「訴陳」に際して提出されたものらしい。嘉元四年(徳治元、一三〇六)の『室町院御遺領目録』には、庁分の一つとして「河匂庄」があり、大宮中納言源有房が領家職をもっていた。この荘の開発領主は明徴はないが、中村庄司宗平(『天養記』に、源義朝の側に加わり大庭御厨《おおばのみくりや》に押し入ったとみえる)の子に二宮友平(土肥実平の弟)の名がみえる。おそらく中村一族の開発を考えて誤りないであろう。
(福田以久生)

にほせい　二圃制　一年おきに耕作と休耕をくりかえす土地利用方法の一形態。二圃制はそれなりに安定した生産諸条件を前提として確立される耕作方法といわれる。中世成立期の耕地には、大別して安定耕地と不安定耕地との二種類があり、後者の比重はかなり大きく、その不安定耕地は「片あらし」(片荒)と呼ばれ、「見作」と「年荒」を反復する連作不可能な耕地とみなす説がある。「片あらし」は、古代律令制下で地力が乏しいため、一年おきに耕作する「易田」に相当するとされている。現在、この不安地耕地(年荒)を「片あらし」と考える説は、広く受け入れられているが、一方でこの「片あらし」農法を二圃制として把え、いくつかの論点で批判する説もある。しかし、中世初期特有の農業生産諸条件の不安定性からみて、二圃制の概念を考え合わせると、不安定耕地である「片あらし」農法を、二圃制として把える説には疑点がありそうである。
(堀内　寛康)

にほのしょう　仁保荘　周防国吉敷郡の荘園。現在の山口市の東北部、仁保川の流域一帯。立荘年次・成立事情ともに不詳。初見は建久六年(一一九五)であるが、貞観九年(八六七)『安祥寺縁起資財帳』に「吉敷郡□保庄」とあるものが当荘の前身である可能性がある。本家は法勝寺、領家は日野家で、領家が下地進止権を有し、また南北朝時代初期まで初任検注権を保持した。建久八年平重経が当荘地頭に任じられ、子孫これを継ぎ応永十八年(一四一一)より領家職《しき》を相伝した。室町時代末には有名無実化したが荘名は近世にも残る。
(松岡　久人)

にほんこだいしょうえんず　日本古代荘園図　古代日本の古地図に関する情報を集成し、その性格や特性の検討を行なったもの。金田章裕・石上英一・鎌田元一・栄原永遠男編。一巻。平成八年(一九九六)刊行。古代の古地図は荘園の田畠などを表現するために作成されたものが多いので、本書では一括して「古代荘園図」と総称している。総論に当たるI古代荘園図の成立と機能、研究法を論じたII古代荘園図研究の諸方法、東アジア世界での比較を試みたIII東アジア世界と荘園図、個別の荘園図を検討したIV古代荘園図各論の四部で構成される。古代史学・歴史地理学・考古学・地形学の各分野にわたる執筆者が、多面的・学際的な検討を加えている。巻末には古代荘園図の比定地案内を付し、現地探訪の便宜にも配慮している。中世荘園絵図の前史的位置づけで扱われがちだった古代荘園図に本格的な検討を加えた書として重要である。
(久保健一郎)

にほんしょうえんえずしゅうえい　日本荘園絵図聚影　古代・中世に作成された荘園絵図二百六十四点を収める大型図録で、全七巻からなる。描かれた荘園の所在地に応じ、東日本一・二、近畿一・二・三、西日本一・二に分類されている。荘園絵図ばかりでなく、寺社境内図や縁起絵など関連絵図も多く収録しており、比較対照の便を図っている。なお京都を中心に多数作成された都市図については除外されている。モノクロ大型図版に、カラー図版を添える形式をとり、図によっては分割図や部分図を添える。また各絵図には名称、法量、制作時代、所蔵に関する情報が付されている。同聚影刊行によって、網羅的に荘園絵図の原本図像を検討することが可能となり、刊行と平行して絵図研究は大いに進捗した。東京大学史料編纂所編。昭和六十三年(一九八八)から平成十四年(二〇〇二)にかけて出版された。
(井上　聡)

にほんしょうえんえずしゅうせい 日本荘園絵図集成　古代・中世の土地関係絵図を中心に、現存荘園関係絵図を網羅しようとしたもの。上下二巻。上巻は昭和五十一年(一九七六)、下巻は同五十二年刊行。西岡虎之助編。本書は西岡が原本より模写・蒐集した絵図を中心に、死後補訂が加えられて刊行に至った。上巻は西岡蒐集本のうち室町時代までのものを扱い、下巻は西岡本の戦国時代以降の分と蒐集洩れおよび後に発見されたものを扱っている。上・下巻とも絵図写真版からなる図録編を主とし、これにそれぞれ解説が付されている。解説には絵図の原寸、成立年代、所蔵ないし出典、材質、彩色、成立事情、現地比定、参考文献等を載せる。収められた関係絵図の総点数は、参考図を含めて二百二十四点(うち新たに蒐集されたもの百点)、図版は主要絵図の部分図を含めて三百六十頁にのぼる。荘園関係絵図を網羅的に蒐集・集成したものとして貴重である。　(久保健一郎)

にほんしょうえんしりょう 日本荘園資料　全国の個別荘園に関わる情報を集成したもの。国立歴史民俗博物館編。二冊。平成十年(一九九八)刊行。本書は、国立歴史民俗博物館による「日本荘園の現地情報集成」の調査報告書『博物館資料調査報告六　日本荘園データ』一・二(平成七年三月刊行)をもとに、その後の調査成果を加え、訂正のうえ刊行された。荘園は旧国別に分けられ、郡名・現在の市町村、史料上の初見年を載せる。さらに、本家・領家、出典史料、『平安遺文』『鎌倉遺文』の所見文書番号、記録類の所見日付等を載せる。また、利用の便宜のために、荘園に関わる論文の目録を集成したものが別冊『荘園関係文献目録』とされている。荘園ごとに、関連論文の著者・論文名、発表年月等を掲げる。荘園に関わる膨大な情報が集成され、おもな関連論文も併せて検索できる意義は大きく、荘園研究に至便である。　(久保健一郎)

にほんしょうえんだいじてん 日本荘園大辞典　荘園を全国規模で網羅的に選出し、解説を加えたもの。一巻。平成九年(一九九七)刊行。阿部猛・佐藤和彦編。選出した荘園は約六千百五十件に及ぶ。これをまず旧国別に分け、さらに五十音順に配列している。見出しの荘園名は一般によく用いられる呼称により、別称・異称は解説文中で示すか見よ項目を立てている。各荘園については、所属郡(不明の場合は所属国)、現在の比定地、起源(史料上の初見等)、荘園領主、規模等を述べ、関連する事件・事柄、人物の動向、当該荘園の解体事情等をできるだけ広く解説するように努めている。主要項目の末尾には必要に応じて参考史料・文献を掲げ、同国内で頻出あるいは国全体の参考となる史料・文献は各国の末尾に掲げる。巻末には荘園関係の主要参考文献目録および全国総合五十音順の荘園名索引を付す。戦後荘園研究の一つの到達点を示す。　(久保健一郎)

にもうさく 二毛作　同一の耕地に年一回、一作物を作付するのを一毛作といい、年二回、別々の作物を作付けることを二毛作または両毛作という。その場合、主作物を表作、あとの作付を裏作といい、年三作以上作付するのを多毛作という。二毛作は一毛作と比較して土地の利用率が高いため、耕地の少ない場合は有利で、施肥や犂耕など農業技術の発展に伴って一毛作の二毛作化が進み、場所によってはさらに一年三作以上の多毛作に進む。二毛作の起源は明らかでないが、平安時代の中期から二毛作の存在を語る史料があり、鎌倉時代中期には水田裏作の麦(表作は稲)に課税することを禁止する法令(関東御教書)が出ている(『新編追加』)。このような水田二毛作が成立する不可欠の前提は、中世成立期の畠作の発展であり、さらには畠二毛作の成立・発展であった。水田二毛作は稲の裏作に大麦などを栽培するのであるから、二毛作の成立に先行して冬作畠の長い経験と畠二毛作の技術があったのは当然である。このように乾田や畠地の展開は二毛作成立の条件であったが、その場合、多肥化と犂耕が必要となる。そのような技術は平安時代にすでに一定の水準に達しており、刈敷(草肥)・厩肥・草木灰(肥灰)が基本的な肥料であった。このように鎌倉時代中期の文永元年(一二六四)に出ているこの関東御教書は九州の肥前にも伝達されており、十三世紀中葉には畿内以西のかなりの広い範囲に水田二毛作が普及していたようである。室町時代初期になると、瀬戸内海沿岸の尼崎付近では秋に麦を蒔き、翌年の初夏にそれを収穫し、そのあとに稲を作って、初秋に稲刈りを行い、そのあとに木麦《そば》を作る三毛作さえ行われていたとされる(宋希璟『老松堂日本行録』)。しかし中世後期に水田二毛作がどの程度普及したかは不明で、西日本の先進地域で二〇～三〇%、東国ではさらにそれを下廻ったであろうと思われる。この数値は『清良記』によるものであるが、近世初期には広く各地で二毛作が奨励され、そのため犂耕が奨励された。江戸時代には本百姓の小規模経営が一般的に成立し、耕地利用の集約化が進むと、品種改良・購入肥料・灌漑用水施設などの諸条件に恵まれた近畿や山陽方面を中心として水田二毛作の範囲が一層拡大され、畑地における二毛作も普及し、ここに二毛作は主穀以外に各種の商品作物へも及んだ。もっとも寒冷地や深雪地ないし水旱損地帯では二毛作は全く不可能であったことはいうまでもない。明治以後は購入肥料の種類と量の増加、土地改良の実施などにより、二毛作の普及が一段と進み、明治十九年(一八八六)には当時二百七十万町歩の田地の中で二毛作以上作付は六十六万町歩で、二五%弱であった(エッゲルト『日本振農策』)。第二次世界大戦後は、水田における一毛作・二毛作の比率がほとんど相半ばするに至ったが、その後、日本経済の高度成長の結果、二毛作は激減し、昭和五十三年(一九七八)における耕地利用率は一〇二・九%、冬期耕地利用率は一〇一%となっている。　(三橋　時雄)

にゅうぎゅうやく 乳牛役　荘園に対して役夫工米・内

裏造営役などと並んで、臨時とはいいながら頻繁に賦課された勅事・院事などの雑役の一つ。史料上の初見は久安六年（一一五〇）に伊予国弓削島荘に勅事として賦課されたもの。養和元年（一一八一）には院事として全国規模で賦課された事例もある。ただいずれも役名が記されているだけで、その具体的内容は不明である。乳牛はすでに七世紀から記録があり、令制でも宮内省被管の典薬寮に乳戸が所属し乳牛の飼育や搾乳にあたっていたことが知られる。全国からの貢納なので、乳牛役の具体的品目は、おそらく日保ちのする乳製品である蘇のたぐいであったものと推測される。　（小口　雅史）

にゅうぜんのしょう　入善荘　越中国新川郡にあった荘園。現在の富山県下新川郡入善町が遺称地であるが荘域は不詳。立荘の時期は大治年間（一一二六―三一）と推定され、越中国内の東大寺領荘園の荒廃に伴い、東大寺受戒料の用途のため立荘された。仁平三年（一一五三）の国司庁宣によって造内裏役が、嘉応元年（一一六九）・文治四年（一一八八）の院宣によって伊勢役夫工米が、それぞれ免除されている。承久三年（一二二一）には、東大寺の求めにより、承久の乱に際した武士の狼藉停止を命じた宣旨が出された。鎌倉末期には地頭の入部停止を東大寺側が幕府に働きかけている。室町期に入り、寛正三年（一四六二）には東大寺東室の知行となり、また寛正五年頃の年貢収納は六、七百貫に上っている。しかし応仁の乱後、守護畠山氏の請所化や押領などによって、東大寺支配の形骸化が進み、明応九年（一五〇〇）以後の動向を示す史料は見られない。　（石崎　建治）

にょういんりょう　女院領　皇室領荘園の一つで、平安時代末期から鎌倉時代にかけて院号宣下をうけた内親王以下の女院が、主に本家職を有して管領する荘園群をいう。天皇・院から譲与されたものや、その創立した祈願寺に寄せられ、のち譲与された御願寺領荘園を主とし、これに庁分を加えた場合が多い。院は、不婚の皇女を表面上の領有者と定め、不分割の規制を有する膨大な荘園群とした。代表的なものとして、八条院領・七条院領・室町院領・大宮院領などがあり、それらには、六勝寺のほか、鳥羽院創建の得長寿院・宝荘厳院・安楽寿院、中宮待賢門院創建の法金剛院、皇后美福門院の歓喜光院・金剛勝院、皇女八条院の蓮華心院、近衛天皇の金剛心院の所領も加わっている。個々の女院領の内容はそれぞれの項目に譲るが、なかでも長講堂領と八条院領が代表的なものであった。長講堂領は後白河法皇が皇女宣陽門院に譲り、後鳥羽上皇が院領管領の目的で宣陽門院の猶子とした皇子六条宮（雅成親王）が承久の乱に参画したため鎌倉幕府に一旦没収され、のち門院に返却、養女鷹司院を経て後深草天皇に譲られ、持明院統に伝えられた。建久二年（一一九一）段階では四十二ヵ国九十ヵ所を数える（『島田家文書』）。八条院は鳥羽院の皇女で、後院領と安楽寿院領を院から、また母美福門院から歓喜光院領を譲られ、みずからも蓮華心院を建てた。承久の乱後、一旦没収ののち後高倉院に返献され大覚寺統に伝領されるが、その数は全国に二百二十一ヵ所余であった。この女院領を含む荘園群の伝領が、政治的諸事件の背景にあったことは、中村直勝の、以仁王《もちひと》の挙兵の背後に八条院の存在を想定した研究によって明らかにされた。近年、女院司の構成と役割に注目した金子和夫の研究、院政という特異な政治構造と不可分の存在として女院制度の、経済的基礎、女房の存在形態、周辺の武者の存在などをとりあげた五味文彦の研究、女院が貴族・官人に与えた年官・年爵の御給をとりあげた永井晋の研究などがあり、特に、『八条院庁文書』の新発見と紹介を整理して、源平争乱との関連に論及した石井進の研究が注目される。八条院領に限らず、その他の女院領の個別的研究も、今後の課題であろう。　→皇室領《こうしつりょう》　（福田以久生）

にんきゅう　人給　国司や荘園領主が在庁官人・荘官・手工業者・運送業者・散所などの職務に対する報酬として支給した米・田畠をいう。寺社に与えられる仏神給・供米などと区別して呼ぶ。給米・給名・給田の形をとり、荘園公領の支配体系の中に給主を編成することを目的とした。職務給としての給米が土地化し、給名・給田となったものと考えられる。諸司要劇料・番上粮料・月料などの官人給与を先蹤としたものであろう。内膳給・召次給など国家的次元で設定された人給田と国衙・荘園単位に設定されたものとがあり、人給田は仏神給・損田とともに除田に含まれる。給田は年貢公事、給名（免田）は公事を免じ、その分を給主が取得し給米は米が下行される。『若狭国惣田数帳写』には在庁給・職掌人給・雑仕女給・国掌給・雑色給・御厩舎人給・私舎人給・道々細工等給・地頭給・下司給・公文給・浦々刀禰給・散仕給などがある。免田や仏神給とともに給免田制と捉え、名田制と並び荘園公領制を支える基本的柱とされている。　（正木喜三郎）

にんなじりょう　仁和寺領　京都市右京区御室大内《おむろおおうち》にある真言宗御室派総本山仁和寺の所領。御室領とも称された。仁和二年（八八六）、光孝天皇の御願により仁和寺が造営された際、河内仁和寺《になじ》荘が造営料所とされたことに始まり、治暦二年（一〇六六）五月には、仁和寺二世師明親王（性信）が関白藤原通教の病気平癒の祈祷で験があったとして尾張国堤田荘・阿波国篠原荘が施入されている。その後平安後期から鎌倉期にかけて皇室の絶大な庇護をうけ、大和国近内荘・越前国河合荘・越中国石黒荘・丹波国主殿保・但馬国大内荘をはじめ多くの荘園が寄進され、一時その数は百余ヵ荘を数えた。しかし室町期には往時の寺領の半数以上が退転してしまい、ことに応仁の乱の兵火によって全山が焼亡したことにより衰微を極めることとなった。文明十年（一四七八）八月の仁和寺当知行不知行所領文書目録によれば、当知行の寺領として四十数ヵ荘、不知行の寺領として六十数ヵ荘が書き上げられており、その衰微のさまがうかがえる。（宮崎　肇）

にんぷやく　人夫役　公事のうち、直接労働で納める課役のこと。夫役。㈠地頭・荘官が荘民に課す田植・刈取・草刈などの農夫、㈡荘園領主の課す宿直役・兵士役などの雑役、㈢代官・荘官に認められた房仕役・京上夫・送迎夫などの供給雑事に分けられる。人間の労働自体を夫丸、人・馬の徴収は夫馬と称する。長時間の過酷な労働であったため、足手公事・朝夕役とも称された。特に地頭が勧農の時に人夫を召し使ったり、京上の際に人夫と伝馬を徴発するなど恣意的な賦課がなされることがあり、賦課の方法と労働量をめぐって領家との間でしばしば相論が発生している。荘民にとって忌避すべき課役であり、領主に対する減免要求のうちでも重要な位置を占める。時代が下るにつれ、次第に代物納が好まれるようになり、夫銭・夫米などの形で納められた。これを夫公事と称する。守護も在地に対し段銭とともに人夫役を課すことができたが、この場合多くは実労働であった。
（苅米一志・山本隆志）

にんりょう　任料　荘園所職《しょしき》の補任に際し、被補任者が荘園領主側に提出する貢納金。酒肴料と併記される場合もあり、一応別箇のものと考えられるが、契約とも謝礼とも解釈される。古く、元永元年（一一一八）七月東大寺別当の補任事始の際の饗膳禄物注文に、仁和寺寛助の始任の饗膳八十五前の内に料物前別五升が「大井任料」と注記されている。美濃国大井荘の負担の意味かと思われるが、確証はない。久安二年（一一四六）六月、東寺の四禅師任料検納状では、総計四十八石八斗の米を任料といい、染唐綾・白唐綾・顕文紗・唐絹などの織物の代にあてているが、これらは鎮西直法によって納入された。十四世紀以降になると、東寺・東大寺・法隆寺などの荘園関係史料に散見する。正和五年（一三一六）閏十月、東寺領伊予国弓削島荘では、いわゆる悪党の活動が活溌となっているが、荘の預所職の補任に際し、那須蓮願は二十五貫文の任料納入の請文を捧げ、武家方と語らった別人が補任されるという風聞に対処した。その相手方は、弁房承誉らしく、かれもまた東寺に三十五貫の任料を納めて所務職を拝領したと主張しており（元亨四年（正中元、一三二四）正月承誉申状）、荘園領主の支配体制に参加し得るか否かが在地領主にとって他者に対し優位に立ち得るかどうかの鍵であったことを示している。播磨国矢野荘例名供僧方預所職の補任（貞和二年（一三四六）六月一日）、同寺宝荘厳院執務職補任（同三年十一月十三日深源請文）、矢野荘供僧方給主職（貞治五年（一三六六）二月三十日法眼禅舜請文）、太良荘名方百姓任料（『東寺百合文書』ハ、三七三）など、任料提出は史料によると所職の高下を問わなかったようである。ただ貞和三年深源請文では、任料は衆中に、酒肴料は自身の取分とすることを誓約している。法隆寺では、三綱以下、絵所預・別当・小別当の任料の規定があり、それぞれ差異があったようであるが、『嘉元記』文和三年（一三五四）条によると、「依天下動乱、無参人之間、来物得分無之」として絵所預任料の減額が評議されている。一般に、これらの現実の負担者は、荘園の名主以下の農民であることは疑いない。久安三年薩摩国入来院弁済使別当解によれば、別当伴信房が薩摩郡山田村の地頭に任ぜられた際、その任料を京都に進上したといっているが、遠隔地荘園の例として注目され、先に述べた久安二年東寺四禅師任料検納状にみえる「鎮西直法」が想起されるが、詳細は不明である。
（福田以久生）

ぬ

ぬかたでらがらんならびにじょうりず　額田寺伽藍並条里図　麻布を継いだ上に墨・丹などを使用して額田寺（奈良県大和郡山市額田部寺方町にある現額安《がくあん》寺）の伽藍と周囲の条里を記入したもの。左右および下部は切断され、当初にはあったはずの国司・三綱の署名、年紀は失われているが、図に見られる人名から考えて天平宝字年間（七五七―六五）の製作と推定される。中央下部の額田寺の伽藍については、金堂・講堂・三重塔などの主要建造物以外に食堂・務屋などの付属建物も詳細に示している。条里は平群郡九条三里・四里、十条三里・四里の範囲を示し、その上に額田寺領と他領との境界を線および色わけで示す。寺領には地目・面積を各坪ごとに記載し、他領は公田と記載するほか、私領には所有者名を記入する。そのほか道路・丘・墳墓などを記入し、墳墓は現況ともほぼ一致する。榜示の石柱も描かれている。文字面には大和国印が見られ、記載内容とあわせて、本図が寺領図であることを暗示する。縦一一〇・六センチ、横七一・二センチ。国宝に指定されている。　→別刷〈荘園絵図〉
（栗原治夫）

ぬかとうじょう　奴可東条　中国山地の備後国奴可《ぬか》郡東部にあった荘園。現在の広島県比婆《ひば》郡東城町の一部地域。立荘年代などは不明。『平家物語』に平家方としてみえる奴可入道西寂《ぬかにゅうどうさいじゃく》の勢力圏内にあり、隣接の信敷《しのお》荘（現、広島県庄原市）が平家没官領であることなどからみて、平家にかかわる荘園であろう。建長二年（一二五〇）の「九条道

家初度惣処分状」にみえるのが初出。嘉禄二年(一二二六)に道家の子頼経が将軍に迎えられた際、幕府から九条家に贈られた荘園ともいう(竹内理三)。当荘の本家職は道家の娘侄子《せんし》に譲られた。鉄が重要産物であった荘園ともおもわれ、応永十九年(一四一二)の文書に、近世村名にはない「奴可東条内鉄山村」の記載がある。牓示《ぼうじ》に由来する坊地垰《ぼおじだお》、房路垰《ぼうじだお》の地名が西部と東部にあり北部は山岳地。永正十四年(一五一七)の「賀陽院大光明寺領諸国所々目録案」にみえるのが終末所見とおもわれる。戦国期には久代宮《くしろみや》氏の支配となる。

参考文献 『東城町史』古代中世資料編

(武田 祐三)

ぬたのしょう 沼田荘 安芸国沼田郡の荘園。現在の広島県三原市で海に注ぐ沼田川の流域を主たる荘域とする。蓮華王院領。鎌倉時代中期のころ領家は西園寺家、預所は橘氏。地頭は土肥実平がはじめて補任され、以後その子孫の小早川氏が継承した。当荘は平家没官領に属し、本下司は平氏に従った沼田氏であり、荘域は『和名類聚抄』所載の沼田郡六郷の大部分を占めた。これらの事情を勘案すると、もと沼田氏が沼田郡司などの職を世襲し、その地位を利用して荘園化を進め、その過程で最終的に平氏に結びつき、その仲介で蓮華王院領とされ、平家が領家職などに、沼田氏が下司職に補任された、という成立事情が想定される。平家没官領は一旦朝廷に返上され、西園寺家が領家職を得たのは、おそらく承久の乱後であろう。当荘は本荘と新荘に大別され、本荘は沼田川下流の平野部、新荘は沼田川の上・中流域の山あいの村々を主とする。鎌倉時代中期のころ、本荘は二百五十町余、新荘は二百十町余という広大な田地面積があり、おのおのに漁村も含まれていた。沼田川河口の塩入荒野の開発が大規模に進められ、沼田市の存在も鎌倉時代末には知られるが、十五世紀前半には沼田川を挟んで南岸に在家三百の本市、その対岸に在家百五十の新市がみえる。十五世紀初頭ころ小早川氏は百五十貫の年貢納入を条件に当荘の下地支配権を幕府から安堵され、康正元年(一四五五)の譲状には荘名を記載するのみで地頭職の語はなく、また長享二年(一四八八)には小早川氏自体で地検を実施している。明応八年(一四九九)年貢十貫文の取得権が相国寺塔頭林光院にあったとみえるのが終末所見か。

(松岡 久人)

ぬひ 奴婢 律令制下の賤身分であり、公私の奴婢、寺奴婢、神奴婢などに区分される。令制以前の旧共同体首長層などのもとに、ヤツコと総称される隷属民が存在したが、このうち、譜代の隷属民の一部と、負嚢者《ふくろかつぎひと》(『日本書紀』雄略天皇十四年四月条)のような奴隷を他と区別し、国家的身分としての賤身分に固定したものである。賤身分は、天武天皇四年(六七五)の部曲《かきべ》の廃止を画期とし、『浄御原令』(持統天皇三年(六八九)施行)の良賤制として成立した。奴婢は無姓とされ、解放されぬ限り賤身分を世襲した。『大宝令』(大宝元年(七〇一)施行)から公《く》奴婢は官戸《かんこ》と官奴婢に、私奴婢は家人《けにん》と奴婢に分割された。官戸と家人は、唐制にならい、上級賤身分として設定されたものである。また、『養老令』(天平宝字元年(七五七)施行)では陵戸《りょうこ》も賤身分とされ、合わせて五賤(五色の賤)と呼ばれた。この五賤と良民(官人・百姓・雑色人)との通婚は禁止されており、五賤の間では当色婚が原則であった。持統天皇七年、百姓の黄色衣に対し、奴婢は皁衣(黒衣)を制服とすることが定められ、以後、皁衣は奴婢の可視的身分標識となった。『養老令』の衣服令も、家人・奴婢の服色を橡・墨衣(黒衣)と規定するが、同令服色条の最上位におかれる白色が天皇の服色であり、清浄を象徴するのに対し、橡・墨色は最下位におかれ、凶服の黒とも通じ、ケガレと結びつく服色であった。また、天武天皇十年の天下大解除(大祓)では、大王の生命を贖い、清浄性を高めるため、諸国の国造らが祓柱《はらえつもの》として輸した奴婢に、災気や罪穢が付された。神事を媒介として、奴婢を賤とする観念が創出されたのである。官賤を支配する官司である官奴司や主殿寮、寺奴婢が居住した諸寺の賤院などは、宮殿や伽藍の東北隅、つまり死者死霊が住むという鬼門の方位に設置されていた。こうした差別は、律令制の採用によってもたらされたものであった。奴婢は基本的には長役無番の畜産に比すべき労働力として使役されるものであり、階級的には家内奴隷であった。令制当初には、良民の三分の一にあたる口分田がその所有主に支給されたが、奴婢は不課口であった。官戸・家人の場合は、戸を形成し、法の上では家族のすべてが一度に駆使されることはなく、奴婢のように売買されることもなかった。官奴婢は宮内・中務両省被管の諸官司を中心に、炊事・火炬・薪ひろいその他の雑役に従事したが、八世紀後半には、準官賤身分ともいうべき今良《ごんら》《ごんりょう》身分に再編され、『延喜式』段階でも、四百四十六名の今良が主殿寮その他の諸官司に定員化されていた。奴婢は人口の五%以下と推定されるが、家人・奴婢の所有主は一握りの貴族と地域の族長層に限定されていた。奴婢制は、奴婢の逃亡や訴良などにより次第につきくずされてゆき、延暦八年(七八九)に良賤通婚による子の身分を良とする法制が出されたのを画期に、衰退の度を強め、平安時代中期には解体されていた。

(神野 清一)

ぬまやまむらのまき 沼山村牧 土佐国(高知県)にあった馬牧。『延喜式』兵部省、諸国馬牛牧条に土佐国沼山村馬牧とみえる。五、六歳の馬が左右馬寮に進納されていた。所在地は、須崎市浦ノ内、香美郡槇山郷(物部村)、幡多郡三原村、土佐市戸波《へわ》などの諸説があり、定かではない。なお、江戸時代、寛文十二年(一六七二)に仙台から馬二十頭を購入して、浦ノ内に藩直営の牧場を開設したが、維持費がかさみ、経費節約のために、元禄十五年(一七〇二)に廃止している。

(広谷喜十郎)

ね

ねじめいん　禰寝院　古代・中世における大隅国南端部の行政区域名。現在の鹿児島県肝属《きもつき》郡西半部および鹿屋《かのや》市南部にあたる地域。「禰寝」は『和名類聚抄』に大隅郡の郷名としてみえるが、治暦五年(延久元、一〇六九)の藤原頼光所領配分帳に禰寝院として「大禰寝、浜田、大姶良」と「田代、志天利、佐多」の三村が分けて記されている。前者が北俣、後者が南俣にあたる。建久八年(一一九七)の『大隅国図田帳』には島津荘寄郡として禰寝北俣四十丁五段三丈とあり、大隅正八幡宮領として禰寝南俣四十丁(うち三十丁は郡本・田代を含む。十丁は佐多)とある。南俣は別に小禰寝院ともよばれた。現在の肝属郡根占・田代・佐多町の範囲にあたる。北俣は同郡大根占町と鹿屋市の南部(浜田町・横山町・獅子目町・大姶良町)の範囲にあたる。南俣の地頭郡司として禰寝(建部姓)氏および庶家として田代・佐多氏があり、北俣の弁済使として富山・志々目(藤原姓)氏らがあった。

(五味　克夫)

ねんあれ　年荒　⇩荒田《こうでん》

ねんきうり　年紀売　期間を限った売却のこと。年期売・年季売などとも書く。ある一定の期間だけ売却して相当の代価を受け取り、その期間が過ぎれば対象物件が自動的に売主の手に戻る。古代の賃租制の賃は、一種の年紀売と見ることができるが、これを一応別とすれば、いわゆる年紀売の発生をあとづけられるのは鎌倉時代である。ただ、年紀売の売券はその性格上遺存例が少ないと考えられるから、正確な時期の推定は困難。弘安六年(一二八三)制定の『宇都宮家式条』には、「一、名主売買地之事、右、依二要用一、割二分田畠在家等一人令二売渡一事、於二両三年分限一者、不レ及二沙汰一、此外至二数年之売地一者、沙汰出来者、可レ収二公之一」とあり、ここでは農民の土地などの売買においては、永代売買は全然想定されていず、そもそもそういう関係が成立していなかったものと解される。一方永代売買は、さかのぼって古代社会においてもその例が頻出するが、その場合の「永売」は所有権の完全な移転を意味せず、請戻期限を限定しないという意であって、常に請戻し・買戻しが前提とされていたといわれる。このような点からは、わが国における農民層の土地などの売買にあっては、年紀売が本来のあり方であったことが想定され、中世から江戸時代までの年紀売はそれを前提に理解される必要がある。年紀売売券の文言の一例をあげると、「よう〱有ニよてうりわたし申田の状の事、合本銭壱貫三百文者、右件の田の坪ハ、せんけんの下中町一反を、明年つちのとのうしの年よりはしめ候て、きたり候ハんつちのへいぬ年作まて、まんさうくうしをちやうし候て、十ヶ年十作か間、うりわたし申所しつしやう也」(『香取文書』応仁二年(一四六八)十二月十六日慶尊田地売券)のごとくである。実例は東北・関東・九州などの地方に多い。年紀は十年・二十年のものが多いが、五十年と長いものもある。なお室町幕府の徳政令では、年紀売もその対象とされている。

(須磨　千頴)

ねんきのほう　年紀法　中世における時効制度。年序法ともいう。時効とは、ある事実状態が一定期間継続した場合、真の権利関係の如何にかかわらず、その状態を権利関係として認める制度である。『御成敗式目』には年紀法として知行年紀と奴婢雑人の帰属に関する年紀の二つがある。すなわち、第八条には「一　御下文を帯ぶるといへども知行せしめず、年序を経る所領の事　右、当知行の後、廿ヶ年を過ぎば、大将家の例に任せて理非を論ぜず改替にあたはず、しかるに知行の由を申して御下文を掠め給はるの輩、かの状を帯ぶるといへども叙用に及ばず」(原漢文)とある。新恩あるいは本領安堵の下文を所持していても現実に知行しないまま年月を経過した所領について、知行を始めてから二十年を経過していれば、大将家の例(右大将家例)に従い、権利の正当性の如何にかかわらず現状を変更しない。しかるに、知行していると偽って下文を得た者が、その下文によって権利を主張してもとりあげない、という文意である。この箇条をめぐって論者の見解は分かれる。㈠知行とは何か、㈡この箇条は取得時効を定めたものか消滅時効を定めたものか、㈢土地支配の時効制度はいつ成立したか、などが問題となる。㈠・㈡については別項「知行」を参照されたい。時効という考え方は律令制にはみられなかったが、荘園制の展開のなかで平安時代中期ころから「年紀多積」「経年序」の事実の効果が認められるようになる。この箇条は年紀を二十年と確定した点で重要であり、本条が設けられたのは御家人間の所領をめぐる紛争に対する現実的な裁判規範を定立することにあった。ところが、地頭らが荘園領主との収益分配を押領する事態を生じたので、宝治元年(一二四七)には諸国地頭の所務について「たとひ押領の後、二十箇年を過ぐるといへども、年紀によるべからず」(原漢文)と定め、地頭所務の押領は年紀法から外すことになった。知行年紀制は、その後封建制の発展の過程で、武士の領有する土地がすべて恩給地となるに伴い消滅する。『御成敗式目』第四十一条には奴婢雑人の所有関係について「一　奴婢雑人の事　右、大将家の例に任せてその沙汰なく十箇年を過ぎば、理非を論ぜず改め沙汰に及ばず(下略)」(原漢文)と規定した。紛争の発生する原因として式目の古注釈類は、捨子を養育した場合、譜代の下人が逃走して他で扶持された場合、質置・年季売で十年以上を経過した場合をあげている。こうして時効の中断がなく十年を経過すれば現状を変更しないとい

うのである。この年紀制がすでに慣習となっていたかどうかは不明である。その後『甲州法度之次第』『長曾我部氏掟書』ほかの戦国大名の分国法にもこの法は踏襲され、江戸幕府法が人の永代売買を禁止するとともに、寛永二年(一六二五)以降七十年にわたり、一般に譜代下人が消滅するまで、年季を十年に限ったことも、この法意識の定着したためと考えられる。 ↓知行《ちぎょう》 (牧 英正)

ねんぐ 年貢 年貢とは、前近代社会において領主が経済外的強制を背景にして人民から年々にわたって収奪した貢租という慣用語であり、必ずしも明確な歴史概念として使われているわけではなく、経済学でいうところの封建地代と一致するものでもない。ただし、年貢の語意が前近代社会の唯一の生産手段であった土地に賦課された租税のことで、その負担者が農民であることについてはほぼ共通の理解が得られるであろう。この場合でも、農民が領主に上納した人的、物的負担の総体を意味したり、諸負担の一部に限定されたりし、さらには近代でも小作人が地主に支払う小作料を年貢というようにきわめて多義的である。年貢の起源については、年貢が農民の負担であるという観点からすれば、律令制下の租・庸・調・雑徭の収取体系に求められるが、年貢が史料上に登場するようになるのは律令制の国家的土地所有が後退し、不輸・不入権の拡大を伴った私的土地所有の発生すなわち荘園制の展開に至ってからである。しかし、律令制の解体が荘園制の成立に直結したわけではなく、国衙領に賦課された官物・雑事は担税能力のある有力農民の請負いとなり、農民収奪の基本台帳が戸籍から土地台帳に転換し、田率賦課と称される田積を基準とする課税方式に移行し、農民の負担が労役よりも生産物の増加となったのである。これが私的土地所有である荘園にうけつがれて荘園年貢として成立したものと考えられる。荘園制の展開には地域差が存在し、その内部構造も多様であり、中央の荘園領主に上納されたものも一様ではないが、大別すれば年貢・公事《くじ》・夫役の三つに分けることができる。なお、平安・鎌倉時代の年貢は所当《しょとう》・土貢《どこう》・乃貢《のうぐ》・乃米《のうまい》などともいわれた。荘園領主は検注によって荘園の土地と等級を確定し、検注帳にもとづいて年貢を賦課し、田地では米、畑地では大豆・麦などの現物がそれぞれ上納されたが、遠隔地の荘園では絹・綿・和紙などの軽量物資で代替されることも多かった。しかし、荘園年貢の収取体系は武士勢力の台頭とともに次第に変化した。たとえば、鎌倉時代後期の下地中分や地頭請の成立、さらに南北朝内乱期の守護大名による半済《はんぜい》や守護請が荘園年貢を侵食したのである。また、鎌倉・室町時代には貨幣経済の発展を背景にした段銭や棟別銭も賦課された。そして、戦国大名が領国の一円支配を実現させ、荘園制を否定する検地を領内に施行し、土地を貨幣で評価する貫高制を樹立した。これら一連の施策のなかで封建的土地所有を名実ともに完成させたのが豊臣秀吉の太閤検地である。太閤検地は田畑屋敷地の地位別生産力を米の生産量である石高で評価する石高制を創出し、これが江戸幕府に継承されて新たな近世の農民収奪体系の確立となった。なお、中世から近世にかけて貢租を収納した領主の交替はもちろんのこと年貢の負担者である農民の主体にも大きな転換があり、従属農民層を包摂した複合大家族制の名主層から単婚小家族制の小農民へという移行がみられる。幕藩領主の農民収奪は個々の農民層を直接に対象としたわけではなく、貢租の上納はすべて村単位や五人組の責任で行われた年貢村請制に依拠していたのである。近世の貢租は年貢と諸役に分類され、年貢は検地帳に名請けされた田畑屋敷地に賦課された基本的な農民負担であり、物成《ものなり》・取箇《とりか》・本途《ほんと》・本年貢などともいわれ、欠米《かんまい》・口米《くちまい》・込米《こみまい》などの付加税も存在した。なお、農民の取分を作徳《さくとく》と称するのに対し、幕藩領主の取分である年貢を納徳《おさめとく》ともいう。諸役は小物成《こものなり》・高掛物《たかがかりもの》・国役・夫役などに大別され、種類の多い雑税である。また、石高制では米納年貢制を前提としたが、関東畑永法・上方三分一銀納法・甲州大小切《だいしょうぎり》租法などのような金納もみられ、中期以降には石代納・金納の占める割合が高まるようになる。幕府の農民収奪の推移については、前期には「生かさぬよう殺さぬよう」な高水準の段階であったが、中期以降には商品生産の展開、新興商人の台頭、質地地主の発生などによって農民収奪の後退がみられた。徴租法には年々の作柄に応じて年貢を賦課する検見取《けんみどり》法と、豊凶差にかかわらず年貢率を一定とした定免《じょうめん》法がある。幕府の徴租法は中期以降に検見取法から定免法へ、そして検見取法でも畝引《せびき》検見から有毛《ありげ》検見へと転換した。明治維新後にはしばらくの間は旧慣の貢租制度が踏襲されたが、地租改正の終了とともに旧来の石高から地価の三%ないし二・五%の地租に改正された。しかし、近世中期以降に質地関係を中心に展開した地主小作関係が幕藩権力を背景にして出発したために、小作人が地主に支払う田畑の借地料は常に小作年貢として意識され、これがそのまま近代の寄生地主制の高率現物小作料にうけつがれ、近代においても年貢の呼称が存続することになった。 (佐藤 常雄)

ねんふ 年不 ⇩荒田《こうでん》

の

の　野　土地制度上の地目の一つ。古代の文書史料において土地の所在や地目が示される場合、口分田・家・林などとともに「野」が記されることがあった。「圃」は既開拓地であり畠や輪租地をさすが、「野」はその対義概念として使用される傾向がある。開田図においては、段丘崖のような複雑な地形上の境界に対応するものとして用いられている。また田の特性を示す記載として荒・野・定という分類が見られ、開拓予定地をふくむものとして使用されることもあった。荘園の立券文においては、田・畠・山・在家などと並び「野」が記されており、明らかに用益の対象となっていることが分かる。単に「所々」と記される場合と、面積が丈量されて記される場合があった。さらに、塩堤の内部が潮抜きされる場合、そこが「野」と称され、徐々に開田されていくこともある。この場合も、開拓予定地としての意味合いを有すると思われる。　（苅米一志・山本隆志）

のうぐ　乃貢　「納貢」の音通によるあて字か。本来「ないこう」と訓んだのではないかと考えられる。年貢と同意に用いられている場合もあるが、常に同義とはいい難く、文明十一年（一四七九）十一月二十二日の将軍足利義尚判始吉書案（『蜷川家文書』）に、「一乃貢事、右諸国之済物、任土之貢賦、早守毎年之所当、可致合期之進納焉」とあるように、官物・済物の意での用例が多い。　（須磨　千穎）

のうこうぎれい　農耕儀礼　古来農耕生産の進捗につれて、儀礼をもってその無事豊作を祈った。わが国では水稲栽培による稲作を中心としたので、稲米儀礼がその主位を占めた。カミの祭が神社神道として繁栄する他面に、田を作る多数の国民の間では、田面で働いて祭る農神への信仰が永く変わらず、年ごとに繰り返された。田神は春二月の満月の夜に山から里に降り、冬十一月に再び高きに帰り昇るという。神去来の時期は南北に長い国土では気候の差異によって多少の遅速はあったが、この神の里にある間が農事の営まれる時であり、種々の祭作法が行われる時であった。古代以来宮廷の重い神事であった二月初めの祈年祭と十一月ころの神と人との共食の儀礼とが時を同じくしたのは決して偶然ではなかった。〔農作業と儀礼〕稲作行事を作業の順序に従って述べると、まず早春の種漬けに始まる。籾種を新しい年の常若水《とこわかみず》に浸した。寒《かん》の水を用いるというのはこの信仰の延長であった。家々に田神が降臨するころ苗代作りから播種になる。苗代田の中央に斎串《いぐし》を立て、それに向かって籾米を播き、また水口に盛土して季節の木や花を挿すのは神迎えの古風といえる。神を招きおろして作業が始まった。これに続いて月余の苗忌みの期間が厳重に守られた。その間に春田打といって田植する本田の耕作をする。鋤・鍬をもって、古くは人力で、のちには牛馬を使役した。水の手を整え、肥培の用意ができたころ五月《さつき》になる。田の代《しろ》拵え、代搔きがすむと、苗採って初田植にかかる。この前後に最も重く華やかな儀礼をもって田神を迎え送る行事が繰り展げられる。サオリ・サビラキ・ワサウエなどとサノボリ・サナブリ・シロミテなどがこれである。もとは新しい晴着で装った植女たちがこの時多数田の面で立ち働いた。中国地方の山間部のサンバイ祭は田植を一日の神事とする形態が残存した。鳥取県湖山長者の伝承はこの古儀を物語っている。太閤検地以来、村落内部の変質につれて労働組織も変化した。村中また大家族による大労働団が解体して、本百姓の家族単位の農業経営では、田植祭は日を重ねて前後二段になり、さらに村と家との二重の作法を分離させた。植仕舞の後にも物忌の期間があった。これに続いて夏の日に草取の辛労が三度四度と重ねられ、この間にも水損・旱損に備えて水廻りに気を配る。また虫送・稲祈禱・鳥追・風祭など作毛の成育について予測される災害不安を防除する作法があり、田誉め・穂出しの呪願も行われた。旧暦八月初めには穂掛に始まる刈上収穫の行事が続き、稲束を稲場に積み上げあるいは稲架にかけて豊作を感謝した。これは田神を送る儀礼であったようだが、神送りもやがて家内の祭儀になった。刈稲を家に持ち帰って庭仕事の脱穀俵納を急ぐ事情に迫られて、秋仕事の段階は延びのびになる。貢租上納して一段落すると、もう春を迎える支度にかかるころであった。〔儀礼の諸相〕右の諸作法のうち春秋の田神祭・苗代祭および田植祭などはことに大事で、田植は中でも盛儀の日であったが、その祭式には苗代祭と類似するところが多い。このほかにいわゆる田打正月の行事は正月早々雪の中で行われた。これは九州ではあまり見られない。瀬戸内海周辺では農神を迎えて祭り、あるいは家族揃って田を拝む風もあった。東北では行事はただ仕事初めの予祝祭となり、サツキ・ニワタウエなどと称して、形ばかり田植の所作を演じて祝い、田植踊を楽しむことになった。この時期モノツクリといって秋の稔りの豊かさを願い呪う飾物をも作った。ハナホダレの削掛から餅花・餅穂・繭玉など形はさまざまでも思いは一つであった。農耕儀礼は元来田圃で営まれたようであるが、次第に屋内行事になっている。奥能登の春秋のアエノコトは田神を家内で送迎する。農神と内神との習合がうかがわれた。田植が一日に済まされたころ、神を送る作法は夕暮時になった。この大切な祭に「来年ござれお田の神」と歌い祭るだけで終らず、サナブリの村中一斉の祝い休みに、改めて田へ出向くこともなく、祝宴は家内の祭場宴席で直会を楽しむことになる。もっとも本家・親

方の座敷に集まった田人・早乙女ら労働団は、次第に各戸ごとの少数者に分解し、ついには田植唄声もなく祭儀も略式化して行った。古く田を祭場として祭って植えた田植祭では、毎年一定の田を用いた例が中国・四国地方から報告された。それらはサンバイマチ・オサバイ田などといった。サンバイはこの地方で田神の名称である。これには家督の親田を用いることが多かった。総じて田植時分にサツキ・サミダレ・サオトメなどとサという語を冠する言葉が多い。サは田の神を示すものかと推定された。鹿児島県で田神をサドノ(サッドン)という。第二次世界大戦後農作業の機械化が進んで、農耕儀礼は大きく変化してしまった。祭って植え刈って祭るさまざまの作法は急速に衰え忘れられている。 (平山敏治郎)

のうちょう 納帳 収納帳ともいう。十一世紀ごろから、国衙の税所・調所・収納所、郡・郷の収納所、さらに荘園を領有する公家・寺家の政所・納所などでは、毎年、官物・年貢・公事などが収納されるつど、その品目・数量・納税者の記帳を行なった(収納日記)が、それを納所などから上層部への注進状形式にまとめたものが納帳である。ただし奈良時代の『正倉院文書』に、東大寺写経所で収納した各種物品・銭貨の数量を日付順に連記した多数の納帳が伝存するので、国衙などでも古くから納帳を作成していたと思われる。次年度分を先取り徴収して記したものは来納帳といい、納帳と下行帳を一つに併せれば納下帳という。納帳記載事項は作人・名ごとの納入実績を示すから、皆納か未進があるかも歴然とし、翌年以後の収取の参考・証拠となる重要帳簿として保存された。収納時、農民に交付される返抄や副本の返抄案は紛失・散逸しやすかった。十四世紀初め、百四十年も前の納帳を盾に斗代の増額を主張した事例もある。賦課のあるところに納帳は付きもので、入港船貨の関銭を記入した入船納帳、宮座に関する地下の神田納帳など、税種に応じて種種の納帳が作成されている。また中世後期には段銭・棟別銭などの納帳(取帳)も多い。江戸時代、名主が村内の百姓の名と年貢納入高を日付順に記入した帳簿も年貢納帳と呼んでいる。 (佐川 弘)

のうでん 能田 収穫量の多い良田。逆に収穫の少ない田地のことを悪田、薄田と称した。 (瀬野精一郎)

のうど 農奴 農奴という語は中国古典語にも、日本古典語にも存在していない。西ヨーロッパ経済史上の serf・serf(serve)・Leibeigene を翻訳するにあたって造語された言葉である。明治三十四年(一九〇一)、自由主義政治学者浮田和民が『帝国主義と教育』において、一八六一年のロシアの Освобожении крестьян を「農奴の制の廃止」と表現したのが「農奴」という訳語の早い例である。ただしロシア語の直訳としては「農民解放」であるべきであるが、当時のロシアにおいてはすべての農民が身分的に西ヨーロッパ中世の農奴的隷属のもとにあったので、内容的には問題はない。したがってこれは先駆的訳業であるが、経済史学上の訳語としては定着しなかった。十九世紀末以降、西洋経済史研究が始められるなかで、明治四十一年、北村松之助はその著書『西洋史新辞典』においてこれを「地面つき役夫」と訳している。しかし大正六年(一九一七)に権田保之助が K. Bücher の Die Entstehung der Volkswirtschaft を『経済的文明史論』と題して翻訳刊行した際には Leibeigene を「農奴」と訳しており、この造語翻訳語は一九一〇年前後に学術用語として成立して急速に普及したものと推定される。農奴概念自体には、西洋経済史学・法制史学上、すでに広義・狭義の用法があった。狭義には封建領主の経済外強制(武力・裁判権等)のもとに人身的に隷属する小経営農民を意味し、賦役地代を負担するものをその典型としている。これに対して、封建領主に対する人身的隷属から解放されてもなお生産物地代・貨幣地代を負担した農民をもふくめてこれをも農奴と呼ぶ場合が広義の農奴概念である。また狭義外の農奴を狭義の農奴に対して Hörige といい、「隷農」と訳されている。なお法制史家のなかには Leibeigene の領主への人身的隷属性を重視して、「体僕」なる訳語をあてる人がいる。農奴概念の日本歴史への適用については、一九〇〇年(明治三十三)、最初の日本経済史概論 Die gesellschaftliche und wirtschaftliche Entwickelung in Japan を書いた福田徳三は、日本中世の農民の性格を説明するにあたり慎重に Leibeigene という語を使用することをさけている。その後、マルクス『資本論』(高畠素之訳第一巻大正九年刊)などマルクス主義の諸著作が、以上の農奴訳語を活用して翻訳されるようになると、日本歴史の発展をより普遍的に追究する傾向がつよくなり、農奴概念を日本歴史に適用する作業がすすめられた。狭義の農奴概念については、一方では近世幕藩体制下の百姓(小農民)をこの概念でもって把握しようとする試みがすすめられ、他方では、中世の「免家之下人」のような非自由身分の小経営農民をこの概念でもって把握し、一般百姓農民を封建的隷属農民と規定する試みが行われた。これらは一定の有効性をもちえたが、西洋中世独自の農法・身分制上の枠組を背負った狭義の農奴概念を西洋以外の中世社会に適用することには無理があったといわねばならない。 (河音 能平)

のうまい 乃米 本来能米と書いたものが、同音の乃の字を当てて用いるようになり、混用を生じたと思われる。乃米の用例は平安時代末期には出現し、中世に至って次第に多くなる。黒米すなわち玄米の意であって、実例によれば、年貢や工人・雑役人の食料支給などに当てられた場合が多い。したがって乃米＝年貢米の理解はある場合には成り立つが、本来乃米が年貢米を指したのではない。 (須磨 千穎)

のうみのしょう 能美荘 安芸国佐西郡(佐伯郡)に所在した荘園。広島湾内の能美島一帯に比定される。東能美(広島県大柿町)を荘方、西能美(同県沖美町・能美町)を別符方と称した。寛治五年(一〇九一)以前に院領荘園と

して成立。のち八条院領荘園の一つとして大覚寺統に伝領された。領家は嘉禎四年(一二三八)には吉田資経で、のち子孫の坊城家・万里小路家がそれぞれ荘方・別符方の領家職を掌握した。地頭職は鎌倉初期には安芸国衙在庁の有力者葉山城頼宗、のち安芸国守護宗孝親が兼帯したが、承久の乱で失った。その後は不明な点が多いが応安四年(一三七一)小早川春平が室町幕府より「能見島塩谷孫太郎入道跡」を充行われていることから、鎌倉末期には武蔵児玉党の塩谷氏が地頭職を得ていたとも考えられる。別符方は永享十一年(一四三九)には大内氏被官人の代官請となっており、しだいに荘園としての実態を失ったと見られる。 （久保健一郎）

のうりょう 農料 ⇩種子《しゅし》・農料《のうりょう》

のがきののまき 樏野牧 肥前国松浦郡に設定された兵部省牛牧。『延喜式』兵部省、諸国馬牛牧条の肥前国の項に、六牧の一つとしてその名がみえる。現在の長崎県南松浦郡新魚目《しんうおのめ》町に比定されているが、確証はない。 （瀬野精一郎）

のかみのしょう 野上荘 紀伊国那賀郡の荘園。現在の和歌山県海草郡野上町の西半分と海南市東部の貴志《きし》川・亀の川流域を荘域とした。当荘は十世紀の末ころに石清水八幡宮寺の根本荘園の一つとして立荘され、長元元年(一〇二八)当時、田数は三十二町一段であった。延久四年(一〇七二)以前には同宮寺から荘内に別宮・別院が勧請され、寛喜三年(一二三一)には同宮寺の正月十五日の供米を負担すべき荘園とされている。当荘の歴史上とくに注目される事件は、康治二年(一一四三)・文治二年(一一八六)に当荘と東隣の神野《こうの》荘との間で惹き起された佐佐小河(現梅本川)周辺部の領有権をめぐる紛争と、建武二年(一三三五)から永享三年(一四三一)ころにかけて八幡宮寺と高野山金剛峯寺との間で断続的に争われた当荘の領主権をめぐる相論である。前者の紛争については、著名な康治二年作成の「紀伊国神野真国荘絵図」などがあり、争点を具体的に知ることができる。また後者の相論は、元弘三年(一三三三)十月に金剛峯寺が「御手印縁起四至内の地」(「旧領」)の一円支配権を獲得したことに端を発する争いで、「旧領」の西端部をめぐる紛争として注意されるべきものである。しかし少なくとも永享三年以降、当荘は元のごとく八幡宮寺領となり、天正年間(一五七三—九二)まで存続したと考えられる。なお、当荘には石清水神人がおり、鎌倉時代後期には同国同宮寺領鞆淵《ともぶち》・隅田《すだ》両荘の同神人らと連携行動をとった。 （山陰加春夫）

のけのしょう 野介荘 筑前国早良《さわら》郡の荘園。現在の福岡市早良区野芥《のけ》に比定される。王家領。『和名類聚抄』にみえる能解郷の名をひく郷荘。安元二年(一一七六)二月の『八条院領目録』に初見し、歓喜光院領として亀山上皇・同皇女昭慶門院などに伝領された。養和元年(一一八一)の所当米は七百九石で、一部は塩を廻船で売って弁済している。鎌倉時代、鎮西探題より使節を命ぜられた野介道蓮や野介章綱は当荘内の地頭御家人であろう。文明十年(一四七八)大内政弘は当荘十町地を飯田重頼に与え、安楽平《あらひら》在城を命じている。 （有川 宜博）

のこのしまのまき 能巨島牧 筑前国志摩郡能巨島にあった兵部省の牛牧。能巨島は能古島とも書き、博多湾に浮かぶ小島で、現在は福岡市西区所属。北端の也良《やら》の崎には防人が置かれていた。同牧の四・五歳の牛を毎年大宰府に送り、兵部省には帳のみが進められた。寛仁三年(一〇一九)の刀伊《とい》の入寇では、能古島に上陸した賊徒のため島人九人が殺害されたほか、駄四十四疋と牛二十四頭が被害にあった。 （有川 宜博）

のこりた 残田 農耕など何らかの作業をし残した田、田の区画に外れた半端な田。堀河院御時百首・夏に「残田はそ代に過ぎじ、明日よりはゆひも雇はで早苗とりてん(隆源)」とある残田は田植をし残した田、すなわち前者の意味をさすと思われる。「高野山文書」年末詳十月十九日安楽河百姓等言上状(『大日本古文書』一—五—七八五)には「たい之すて田之事にて候間、夏の御くじせんの事、残田事にてある共、半分分を沙汰申候へと仰かぶり候しほどに」とあり、農作業を放棄した田は「捨田」、その残りが「残田」と言われている。この他、検注や散田に洩れた田についても、残田と称された可能性があり、この場合は古代における乗田の概念に近い。 （苅米一志・山本隆志）

のしろのしょう 野代荘 伊勢国桑名郡の荘園。現在の三重県桑名郡多度町。建長五年(一二五三)『近衛家所領目録』では高陽院領。平安末期に荘民は木曾・長良・揖斐《いび》の河口部にできた島の領有をめぐり益田荘と相論。建武三年(一三三六)光厳上皇は実相院末寺大雲寺領となし(『実相院文書』)、以後同院門跡領となる。 （倉田 康夫）

のだのしょう 野田荘 (一)備前国御野《みの》郡の荘園。現在の岡山市付近。東大寺領。平安時代末期ごろに野田保として成立。建久四年(一一九三)東大寺の俊乗房重源が大仏殿燈油料田として備前国内の荒野開発を願い、二年で二百六十町歩の開田に成功した。しかし新開田が諸郷に散在していたため、国衙に訴えて現作田百三十町歩の野田保と替え地を許された。同七年には東大寺の不輸荘となり、さらに同九年に東は鹿田荘、西は公領三野新郷・大安寺荘、南は公領三野新郷・新堤保、北は公領伊福郷という四至が確定し、牓示が打たれた。その後当荘は一時藤原氏に付属し、永仁三年(一二九五)にあらためて東大寺に寄進された。室町幕府成立後、観応二年(一三五一)には佐々木経氏が地頭職《しき》となり、のちさらに興福寺領となったらしいが、詳細は不明。 （上原 兼善）

(二)河内国丹比郡の荘園。現在の大阪府堺市北野田・南野田・西野・丈六《じょうろく》の地域。大覚寺統領。徳治元年(一三〇六)六月、後宇多上皇から昭慶門院に譲渡された所領の中に、宝樹院領として「河内国野田庄章顕朝臣 御年貢 三千疋」とみえ、「大覚寺」と傍書され大覚寺が領家か(『昭慶門院御領目録』)。これよりさき、建永元年(一二〇六)八

月、藤原長兼は河内国司が新立した牧に当荘や狭山荘が取り込まれ、滅亡の危機としてその回復を工作しており、彼は同荘の預所であったと考えられる(『三長記』)。南北朝時代は南朝方が管掌し、同荘内岩瀬田一町が観心寺に与えられ、興国三年(北朝康永元、一三四二)・正平五年(北朝観応元、一三五〇)の両度にわたり安堵されている(『観心寺文書』)。その後相国寺崇寿院領となったが、守護畠山氏の被官の代官支配となり、元亀元年(一五七〇)には今井宗久の被官と畠山高政が相論しているが、今井側はこれを質物と主張している(『今井文書』)。

(福留 照尚)

のて 野手 近世の雑税(小物成)の一つ。野に課する税には、野年貢・野役米・野手米永・草役永などがあるが、野年貢(草年貢)は村高に含まれ、段別換算された原野・野山に課せられた年貢をいい、野手米永や野役米は段別換算されていない原野などの税をいうとされる。山野に課す山手も同種の税。野手を税として納めた理由は、原野は他村と境界の明確でない、惣持のものが多いので、争論が起きることを避けるため、上納するという。古来、山野は農民らの共益地として薪などの燃料、肥料としての草・まぐさなどを供給した。荘園などの大土地所有が成立し、山野の分割が進むと、領主が入会権を認めるため、税をとり、その証として山札・草札・茅札を出した。山札や草札は江戸時代にはよく見られるが、近年の発掘で中世のものもかなり出土しており、新潟県白根市の馬場屋敷遺跡からは鎌倉時代の「正応」の年号をもつ茅札が発見されている。野手の成立も中世にあると考えられるが、近世的な雑税として成立したのは、戦国時代末ごろであろう。おそらく、戦国時代、山野の用益権をめぐって村落間で相論が激化する中で、戦国大名が調停機能を果たす代りに野手・山手をその税体系に組み入れ、江戸時代にそれを小物成として徴収したとみられる。

(飯沼 賢司)

ののなみのまき 野波野牧 日向国諸県《もろかた》郡に設定された兵部省馬牛牧。現在の宮崎県西諸県郡野尻町付近。『延喜式』兵部省、諸国馬牛牧条の日向国の項に、六つの馬牛牧を挙げているが、その中に野波野馬牧・野波野牛牧がみえる。

(瀬野精一郎)

ののぐちのしょう 野口荘 丹波国桑田郡・船井郡にまたがる荘園。現在の京都府亀岡市・船井郡園部町。『延喜式』兵部省にみえる丹波国野口駅の周辺にあった野口牧が荘園化したもの。建久二年(一一九一)の『長講堂所領注文』には、野口荘は法事雑公事を負担している。建保四年(一二一六)には後白河院の皇女宣陽門院の所領で、堺相論の際、検注使の入部が拒否され、貞応元年(一二二二)にも法華堂(長講堂)領として荘内の小山村への守護所使乱入が、鎌倉幕府によって停止されている。十三世紀前半、野口荘は長講堂領・宣陽門院領である。宣陽門院は貞永元年(一二三二)に荘園の一部を山城国栂尾高山寺へ、寛元元年(一二四三)には弘法大師生身供として東寺へ寄進している。文永十年(一二七三)、同十一年、建治二年(一二七六)には生身供欠如が訴えられ、正平七年(一三五二)にも遅滞が嘆かれている。応永九年(一四〇二)、嵯峨鹿王院は野口荘小河方の行元名《みょう》・武里名が押領されていることを訴えていることから、鹿王院が荘内の名職《しき》を所有していることを知る。『看聞御記』によると、応永二十九年に野口荘は野口五方と呼ばれ、小河方・上村方・佐伯方などに五分され、庭田重有と四条隆夏とが小河方の別納三名の代官職をめぐって争っている。

(仲村 研)

ののぐちのまき 野口牧 丹波国桑田郡・船井郡にまたがる牧。現在の京都府亀岡市・船井郡園部町。『延喜式』兵部省にみえる丹波国野口駅の周辺の牧。承安四年(一一七四)の「丹波国吉富荘絵図」に記入されている。応保三年(長寛元、一一六三)の野口牧下司藤原定遠の解文に、同牧の加納田百七十五町余があり、牧が荘園化していることを示している。

(仲村 研)

ののみややく 野宮役 伊勢斎宮の潔斎地野宮造営にかかわる一国平均役。『延喜式』木工寮・斎宮などの規定では、造営・諸儀式以下の経費は官庫支給と諸国召物となっているが、国家財政の窮乏とともに、他の一国平均役と前後して成立した。白河天皇の斎王淳子女王の野宮造営の時、延久六年(一〇七四)、醍醐寺領河内国志紀荘に「造野宮作料米」が賦課されたのを初見とする。野宮役は「野宮雑事」「柴垣」「舎屋料材木」などの名目で、宣旨で賦課、配符・免除などは初斎院事所が行なった。賦課国は山城・大和・河内・伊賀・近江国の五ヵ国で、山城・大和は柴垣、河内は作料米、伊賀・近江は材木が賦課された例が多い。しかし鎌倉時代になると寛元三年(一二四五)の曦子内親王の事例を最後として野宮役の所見はなく廃止されたようである。なお斎宮群行にあっても、延久三年を初見として近江・伊勢国に群行雑事が平均役として賦課された。

(稲本 紀昭)

のばたけ 野畠 畠の性質を示す名称の一つ。畠には上畠と下畠、吉畠と野畠という区別があり、段別の地子が異なっていることから、右の区別は土地の能悪を示すと思われる。この他、山畠・里畠などの名称もあるが、これは所在地にもとづく名称であり、「野」は山と里の中間に位置するとも考えられる。荒野が開発される際、畑・畠を開いて徐々に田地化していく傾向や、「野」が開拓予定地を示す事実などから考えて、原野と開拓地の境界線上に位置し、まだ十分な収穫をあげ得ない畠をさすものと思われる。

(苅米一志・山本隆志)

のび 延 ⇩交分《きょうぶん》

のぶし 野伏 「野臥」とも書き、「のぶせ」「のぶせり」とも読む。㈠鎌倉時代末期から南北朝時代にかけて畿内およびその周辺部におこり、やがて全国的にひろがっていった地侍《じざむらい》・農民の武装集団をいう。中世の農民は兵農分離させられた江戸時代の農民とは違ってかなりの武具

を所持していた。そして在地に何かことがおこると農民たちは、農村に土着している地侍を中核として武装するとともに、団結して組織的に行動した。彼らは特定の主人をもたず、情況に応じて勝利の軍に参加して恩賞をもらったり、山野に潜伏して敗軍の将士から武具・甲冑などを略奪したりした。『太平記』にはしばしば野伏の記述がみられるが、元弘三年(一三三三)楠木正成は宇都宮公綱と摂津天王寺に戦ったが、このとき「和泉・河内ノ野伏共ヲ四、五千人駆集テ」いる(巻六)。貞和四年(一三四八)四条畷《しじょうなわて》の合戦には「和泉・紀伊国ノ野臥二万余人引具シテ」とある(巻二六)。『太平記』にみえる員数をそのまま信用することはできないとしても野伏の盛行はうかがわれる。ゲリラ戦を得意とする野伏を味方にすることが戦闘を有利にみちびくに力となったからである。康安元年(一三六一)播磨守護赤松氏は播磨国矢野荘に守護役として「人夫幷野伏等」をかけている(『東寺百合文書』マ)。戦国大名のなかには領内の農民を徴発して徒歩兵力としたものがあるが、、こうしたものも野伏とよんでいる。このような野伏の出現は騎馬による一騎打の戦から歩兵の集団的な戦法に変わっていったこととも関連があるといえよう。なお、野伏による戦法を「野伏軍《のぶしいくさ》」、野伏の陣立を「野伏備《のぶしのそなへ》」とよんでいる。あるいは『日葡辞書』によると、合戦にさきだつ小人数の小ぜり合いを野伏とよんでいる。㈡平安時代中期以降、山野に起臥して修業する僧を山伏・野伏とよんでいる。㈢また、定まった住居のない乞食の類を野伏とよぶこともある。　（福田栄次郎）

のべのしょう　野辺荘　大和国城上郡の荘園。現在の奈良県桜井市東田付近。興福寺領。延久二年(一〇七〇)の『興福寺雑役免帳』にみえ、興福寺常楽会・長谷寺・法興院・無主位の不輸免田畠と公田畠からなり、二十三町二段六十歩。鎌倉時代以後は興福寺寺務領となる。　（朝倉　弘）

のまのしょう　野間荘　㈠尾張国知多郡の荘園。現在の愛知県知多郡美浜町野間付近。皇室領。南方に位置する内海《うつみ》地方を含め野間・内海荘として安楽寿院に寄進され、保延六年(一一四〇)立券。康治二年(一一四三)官使不入・大小国役停止となる。北西で枳豆志荘と境を接し、南西は浦に面す。田畠百五十七町余。寄進者は当荘で源義朝を謀殺した長田忠致、またはその父祖か。鎌倉時代初期の地頭は梶原景高の妻。本家職《しき》は八条院領として伝領されたが、その所見は嘉元四年(徳治元、一三〇六)の『昭慶門院領目録』を最後とする。一方建久二年(一一九一)以降長講堂領としてみえ、室町時代に至る。同院の仏事用途・兵士役などが課せられていた。年貢は絹百三十疋・糸二百二十両。鎌倉時代中期には地頭のため年貢が減少した。応永二十年(一四一三)野間荘は細川中務大輔(持之か)の知行下にあり、このころより内海荘と別個に支配が行われていることが明確になる。宝徳二年(一四五〇)の領家は庭田氏、地頭は細川氏。長禄三年(一四五九)高師《こう》長勲功地とされ、この史料を終末所見とする。　（上村喜久子）

㈡摂津国河辺郡の荘園。兵庫県伊丹市野間付近。藤原頼長領であったが、保元の乱後、保元二年(一一五七)三月、没収され後院領となった(『兵範記』)。その領家職《しき》か預所職をもつ伊与内侍は仁安三年(一一六八)十一月、沙弥盛信の所領若狭国遠敷《おにゅう》郡名田《なた》郷の地と相博した(『徳禅寺文書』)。これによると、当荘は武庫郡東条と河辺郡南条にわたって所在している。『妙法院文書』によれば、後高倉院の時(承久三年(一二二一)—貞応二年(一二二三))山城国小塩荘と相博して妙法院領となった。この交換が本家職か領家職かは不詳である。鎌倉時代、同荘の近辺(尼崎市友行)に醍醐寺報恩院は散在所領をもっていたが、応永二十九年(一四二二)十一月、足利義持により、当荘内時友名《みょう》の下司公文職田が同寺三条坊門八幡宮に寄進され、寺領は拡大している。　（福留　照尚）

のみのしょう　能美荘　加賀国能美郡にあった荘園。現在の石川県能美郡寺井町の中央域と辰口町・小松市の一部地域。建久二年(一一九一)の長講堂所領注文が初見史料だが、立荘は平安末期と推定される。本家職は長講堂が保有し持明院統に相伝され、領家職は毘沙門堂が有したが、鎌倉中期以後一部は石清水八幡宮に分割された。また鎌倉期には荘内重友保の地頭職を長野氏(板津氏)が相伝し、惣公文職・八幡一分地頭職には八幡氏(橘氏)が補任されている。建武政権期に地頭職は一旦吉良省観(貞義)に移るが、在地勢力の押妨や抵抗に会い、建武三年(一三三六)地頭職は石清水社に寄進された。康正二年(一四五六)の造内裏段銭・国役賦課の際毘沙門堂領は段銭二貫四百文を納めている。戦国期に入ると、石清水社領・毘沙門堂領ともに一向一揆下での年貢難渋により、本願寺の口添えを求めており、永禄十二年(一五六九)以後の史料は見られない。

参考文献　『新修小松市史』資料編四　（石崎　建治）

は

ばいでん　売田　初期荘園において、年季貸しされた田地のこと。古代においては永代売りの概念が未発達であり、年季貸しのことを「売」と表現した。貸し出した田地からは、地子（価稲）が徴収された。この形態は、口分田を班給したのちに残った乗田を年契約の小作に出し（賃租）、収穫の二割を地子として納めさせる制度と同様である。東大寺領桑原荘の天平勝宝七年（七五五）から天平宝字元年（七五七）の収支報告書によれば、「売田」からの収入は全収入の三割弱を占めていて、荘経営の重要な柱の一つとなっている。またその「売田」の買主は周辺の班田農民と想定される。　（苅米一志・山本隆志）

はいばらのしょう　榛原荘　武蔵国入間郡の荘園。榛原は「はんばら」とも読む。現在地未詳。宝亀十一年（七八〇）十二月二十五日の『西大寺資財流記帳』（『西大寺文書』）に田園山野図の一つとして「武蔵国入間郡榛原荘一枚（布／在国印）」とあるのが唯一の史料。当荘は神護景雲三年（七六九）に入間郡の大伴部直赤男が献進した墾田四十町・林六十町をもとに成立したものと考えられる（『続日本紀』宝亀八年六月乙酉条）。なお、建久二年（一一九一）五月十九日の西大寺所領荘園注文案（『西大寺文書』）に顚倒の荘々の一つとして「武蔵国　入間郡安堵郷栗生村田四十町林六十町」とあるのが当荘のことと思われる。　（菊池紳一）

はいばらのまき　埴原牧　信濃国にあった御牧。長野県松本市埴原付近。信濃国の牧監庁（牧監は国内の御牧を管理する役人）の所在地に比定されている。『延喜式』左右馬寮所載信濃十六御牧の一つ。延暦十六年（七九七）、埴原牧の田六町が公廨《くがい》田として信濃の牧監に与えられることになった（『類聚三代格』）。推定牧監庁跡・繫飼場跡がある（ともに県史跡）。埴原を中心に多くの古墳があり、また埴原の南には真言宗牛伏寺があり、多くの平安時代の仏像がある。『吾妻鏡』文治二年（一一八六）三月条所載「関東御知行国々内乃貢未済庄々注文」にみえる左馬寮領信濃二十八牧のなかに埴原牧の名はなく、北内牧・南内牧がみえる。嘉暦四年（元徳元、一三二九）の『諏方上宮頭役結番帳』に内田牧埴原地頭の記事があって、牛伏寺川を隔てて埴原の南に接する内田は埴原と一体に考えられており、埴原牧の南部が北内・南内の二牧に転化したものと考えられている。　（小林計一郎）

はいばらます　榛原枡　主に中世の駿河・遠江・伊豆地方で通用していた枡。名称は遠江国榛原郡の地名に因む。後北条氏により、その領国に使用が広がった。水戸本『北条五代記』に「伊豆・相模には、はい原枡とて京升に少し大なる升を使ふ」とあることから、京枡（一升枡の内法は縦横各四寸九分、深さ二寸七分）より少し大きめであったことが分かる。北条氏康の時、関八州の枡を榛原枡に改めようとしたが、百姓の抵抗にあい不徹底に終わった。それでも伊豆・相模・武蔵・上総は、ほぼ榛原枡が使用されるようになったという。水戸本『北条五代記』や『甲斐国志』によれば、北条氏直の時代以前に家臣の安藤豊前守がこの枡を考案したため、安藤枡とも称されたという。小田原征討以降は、次第に京枡に切り替えられていった。　（苅米一志・山本隆志）

はおりがた　半折型　⇩条里制《じょうりせい》

はかたのしょう　博太荘　筑前国那珂郡・席田《むしろだ》郡の荘園。那珂川下流域東岸に位置する。現在の福岡市博多区の地域。内蔵寮。貞観九年（八六七）仁明天皇皇女高子内親王（貞観八年没）家より内蔵寮に沽進された七十七町余からなる。家荘専当であった荒城長人は引き続き荘預として当荘の経営に従事している。多くは百姓らによる治田が集積された既墾地系の荘園であろう。貞観八年にも百姓によって七段が開かれ、その地子は貞観十年まで免除されていることを荒城長人が述べている。買得に際して内蔵寮は勅使伊勢朝臣春富を派遣し、町段歩、利害の便不、当土の品直などを調査するよう筑前国に求め、郡司と使者が実際の勘注にあたった。そのうち席田郡条里地域にあった三町が観世音寺一切経田に重複するという訴えにより、大宰府は二町一段を高子内親王家荘の妨取と認定した。長保三年（一〇〇一）に安楽寺遍知院に寄進された博多荘も同一地域にあったと思われるが、連続性については不明。博多という地域性から私貿易の一拠点になったと推定される。ここは室町時代にも安楽寺領であった。　（有川宜博）

はぎくらのまき　萩倉牧　信濃国にあった御牧。長野県諏訪郡下諏訪町東山田小田野付近。『延喜式』左右馬寮に信濃国の十六御牧の一つとしてみえ、『吾妻鏡』文治二年（一一八六）三月条所載「関東御知行国々内乃貢未済庄々注文」に左馬寮領として萩金井とみえる（萩倉の誤写であろう）。また『政事要略』二三に八月十五日の駒牽に駒を貢進する信濃国の牧の一つとして萩乃倉がみえる。下諏訪町東山田小田野は、もと萩倉《はぎくら》部落があり（近世中期、北方に移転して現在の萩倉となる）、諏訪大社春宮の西に接する傾斜のゆるい丘陵で、登り口に駒形社があり、また馬飼場という地名も残っている。　（小林計一郎）

はきのしょう　把岐荘　筑前国上座郡の荘園。観世音寺領。筑後川中流北岸に位置する杷木《はき》一帯に比定される。大宝二年（七〇二）官施入された杷伎野の薗地四十九町を寺家が開墾し、延喜五年（九〇五）には二十五町六歩の墾田とした。永祚元年（九八九）同荘地子米をもって金堂仁王長講の仏僧供米に充てることとし、荘の進退を観世音寺三綱の手から金堂長講僧にゆだねた。翌正暦元年（九九

〇)、段別二斗五升が年来の弁済例だとする荘田作人と、不輸租田官物は三斗二升五合が諸封荘の例だとする長講僧の主張を裁定した大宰府では、これを三斗と定めた。すなわちこの時期には正式の四至立券がなされていなかったと推測される。これがなされた時期は、はじめて四至がみられる長保四年(一〇〇二)までの間と考えられる。保安元年(一一二〇)観世音寺は東大寺末寺となり年貢は東大寺へ送られることとなった。保延三年(一一三七)には、見作田五十一町五段百八十歩で、除田や立用米などを差し引いた見納分は四十二石二斗五升九合であった。当荘に対する違乱は、応徳元年(一〇八四)や康和三年(一一〇一)に荘内公田を勘返しようとした筑前国や大宰府の活動をはじめ、寛治三年(一〇八九)筑後川を堺とする当荘の四至内中島の桑麻作畠地子を大宰府贄人と称して対捍する松永法師、天承元年(一一三一)藤原実行家領として作田の坪付に札を立てる把岐郷住人隆実法師などがみられ、これらの対応には再び観世音寺三綱があたった。なかでも、天養元年(一一四四)に起きた大宰府目代が府官ら五百余人の軍兵を率いて大石・山北・把岐などの観世音寺領に乱入した事件は、大石荘内大野などを狩庭《かりば》に成長してきた武士団による大規模な軍事活動としても注目される。 (有川 宜博)

はくでん 追田 ⇨さこだ

はくでん 薄田 地力が低いために収穫率の劣った田地。能田・熟田の対義語として用いられる。薄田であることを根拠として斗代の引き下げが要求されたり、検注の際に十〜二十歩程度が免除されることがある。また勧農(散田)に際しては、薄田と熟田とは取り混ぜて班つことが在地慣例となっていたが、高い労働力が必要とされるため、在地領主は春の散田を利用して能田・熟田を蓄積する一方、百姓に薄田の耕作を強制するなどした。 ➡熟田《じゅうでん》 (苅米一志・山本隆志)

はくとり 迫取 内検のこと。内検は正検以外のすべての検注をさすが、主に正検による土地台帳をもとに、年々の実情に応じて収取額を確定する目的で行われる。検注することを「取る」、丈量が行われた田を「取田」と称することから、「迫取」の語は年々の実情を実地に検注するという意味であると考えられる。ただし、その実施は在地の権利関係に左右される部分が多く、実際には特定の田地や領主の直接管理下にある佃や不安定耕地に限られることが多い。 (苅米一志・山本隆志)

はくまいめんでん 白米免田 古代から中世において、国衙に雑役を納めず、雑役に相当する白米を給主(寺家)に進納する田地をいう。国衙に対する雑役を免じられているので名付けられた名称。白米免ともいう。大和国の東大寺白米免田が有名。本来、大和国衙は雑役(白米)を国内の郡郷から一度収納し、しかるのちに、それを東大寺に進納していた。しかし十一世紀ごろから、特定の地域(郡・郷など)から東大寺に直接白米が納入され、東大寺は返抄(受領証)を直接納入者に与えるようになり、この制度が成立した。そのため、下地は固定しておらず、浮免であるのが一般的であったが、それでは具合いが悪いので下地が固定されるようになった(定免化)。大和国小東荘が代表的。 (中野 栄夫)

はこざきぐうりょう 筥崎宮領 福岡市東区箱崎に鎮座する筥崎宮の所領。創建当初、公領内の浮免田により構成されていたと想定される。だが十世紀半ばごろになると、筥崎宮塔院領として秋月荘(筑前国下座・夜須郡)・鱸野荘(夜須郡)が立荘され、次第に宮領が形成された。筥崎宮領の拡大には大宰府官人が関与していたと考えられる。宮領は、筑前国那珂・糟屋・席田・早良・穂波・嘉麻・下座・夜須の諸郡にわたるだけでなく、大宰府の権力を背景に、肥前国佐賀、肥後国玉名・益城、大隅国菱刈、壱岐国壱岐の諸郡に広がっていった。筥崎宮は、十一世紀半ばに石清水八幡宮の事実上の支配下に入り、一時期、府領または近衛家領になったが、概して戦国時代に至るまで石清水祠官田中家の支配下におかれた。宋人御皆免田の存在は、宋人を神人化し、日宋貿易を行なった筥崎宮の姿を如実に示している。南北朝時代以降になると、遠隔地所領を中心に退転し、それに対し石清水八幡宮も一部で直務支配を行なった。戦国時代には大内氏から那珂西郷を還付され、筥崎宮領は守護使不入地とされた。豊臣秀吉、小早川秀秋、黒田長政は、おのおの五百石ずつ寄進、筥崎宮を尊崇した。別表(五六八頁)参照。 (日隈 正守)

はじきいし はじき石 はじき石は、近世の国語辞書『俚言集覧』に「網にまれ石にまれ石飛すへき物にてはじく也」とあるように、石弓からはじかれた石といった意味がある。はじかれて飛んできた石の伝承を持つものには荘園絵図も伝来している播磨国鵤荘に「太子の投げ石」があり、水田のなかなどに伝存している。投げ石には祟るなどの伝承があって村落内では動かすことを忌避する習慣があった。播磨国鵤荘絵図には牓示石が描かれており、荘園の境界を示す牓示石に新たな伝承が加わり呼称されたものである。 (福島 金治)

はじのしょう 土師荘 因幡国八上郡にあった荘園。現在の鳥取県八頭郡郡家町。寛治四年(一〇九〇)が荘園名の初見。当荘はこの年に神税の不足分を補塡するために京都下鴨社(賀茂御祖社)に寄進された不輸租田四十町をもとに成立した荘園である。以後、在地支配については当荘建立後に勧請されたとみられる鴨因幡社がこれを担っており、康正二年(一四五六)の「造内裏段銭幷国役引付」によれば同社禰宜が当荘の段銭を納入していることが知られる。なお、貞和三年(一三四七)までは日吉社が当荘の「公文職」を有していた。また寛正四年(一四六三)には山名兵部被官の飯尾弥次郎なる者が「鴨社領因州土師庄」代官職について室町幕府に提訴しており、その後、文明三年(一四七一)には「之親朝臣」(将軍直臣摂津之親か)が領する「因州土師郷」を山名小次郎が違乱するとい

筥崎宮社領一覧

筥崎宮領

所在国郡	名称	成立年次	特徴	典拠
山城	散在田	応永二十八年	応永二十八年、肥後国益城郡豊田荘と相博	石清水文書
筑前 那珂郡	石丸名		文明十年の時点で退転	同
同	今光郷	正平二十一年以前	南北朝時代より所見	同
同	那珂西郷	文治三年以前	源頼朝により安堵	吾妻鏡
同	那珂東郷	嘉禎三年以前	同郷内岩門は、岩門合戦の結果、御家人等に分与	石清水文書・比志島文書
糟屋郡	乙犬丸名	鎌倉時代以前	岩門合戦の結果、御家人等に分与、永享十年以降田中家により直務支配	同
同	糟屋西郷	文治三年以前	源頼朝により安堵、文明十年の時点で退転	吾妻鏡・石清水文書
同	糟屋東郷	嘉禎三年以前	戦国期に大内氏被官弘中氏が代官請負	石清水文書
同	青柳郷	同	一時、北田中家が相伝するが、のち田中家が相伝	同
同	蒲田別符	鎌倉時代以前	永正元年以後退転	比志島文書・石清水文書
同	久原郷	宝治元年以前	鎌倉時代中期講経免田、文明十年の時点で退転	石清水文書
同	薬王寺		南北朝時代に所見	同
席田郡	蒲田・浜田他		室町時代に所見	同
早良郡	倉光	嘉禎三年以前	鎌倉時代以前に成立	同
同	次郎丸名	同	大永・享禄年間、隅田氏と箱田氏とが代官職をめぐり相論	同
同	鳥飼	建保六年以前	鳥飼定田十町	同
同	本名		室町時代に所見	同
穂波郡	壱岐須		南北朝時代に所見	同
嘉麻郡	益富名	建久元年以前	後白河院の院宣により不輸神領化、文明十年の時点で退転	同
下座郡 夜須郡	秋月荘	天慶元年頃	筥崎宮塔院領	同
夜須郡	秋月依井荘	承久二年	秋月荘より分出	同
同	鱸野荘	天慶年間	筥崎宮塔院領	同
肥前 佐賀郡	朽井村	嘉禎三年以前	国分忠俊が高城寺に寄進、のち鍋尼季高が玉林寺に寄進	石清水文書・高城寺文書・玉林寺文書
肥後 玉名郡	大野別符	建久四年以前	南北朝時代以降退転	石清水文書・深江文書・清源寺文書
益城郡	豊田荘	応永二十八年以前	応永二十八年、山城国八幡散在田加地子盛増と相博	石清水文書
大隅 菱刈郡	入山村	仁平三年以前	浮免田	大隅国図田帳
	筒羽野村	同	同	同
壱岐 壱岐郡	椙原村	観応二年以前	観応二年、足利直冬により下地を打渡される	比志島文書・田中大宮司家文書
同	瀬戸浦	弘安年間以前	弘安の役の勲功賞として、少弐景資に充行われる	
(国郡未詳)	梅橋		南北朝時代に所見	石清水文書
(同)	弥富		南北朝時代以降に所見	同

った事件が起きているが、以後当荘は史料上から姿を消している。 （山田 康弘）

ばしゃく 馬借 中世・近世の運送業者。馬の背に荷物を積んで運搬し、駄賃を稼いだ。「うまかし」ともいう。荘園制の確立によって荘園領主居住地である京都・奈良へ貢納物が集中するとともに、馬を有する近郊農民の農閑余業として始まり、早く専業者が出現した。初見は十一世紀半ば成立の『新猿楽記』で、車借とともに東は大津・三津から西は淀・山崎を活動範囲とし、馬の背に荷を積み、わらじ履きで手に鞭を持っていたとある。これは十四世紀前半成立の絵巻物『石山寺縁起』二・三巻に描かれた姿と一致する。馬には藁製の下鞍に木鞍をのせ、両側に俵をつけているが、『洛中洛外図屏風』では鞍の両側と上で三俵をつけた馬が描かれている。文永七年（一二七〇）の延暦寺『勧学講条々』には、同寺領越前国藤島荘の年貢米を越前国敦賀から近江国海津までの七里半街道を運ぶ駄賃は、輻輳期では一駄一石について米一斗四、五升、閑散期は米一斗で、駄賃を惜しむと米を抜き取るとあり、また馬十三疋をもって一類とする集団行動を記している。十四世紀半ばの『庭訓往来』は馬借の居住地として近江の大津・坂本をあげているが、同国草津、山城の淀・山崎・木津・伏見・横大路・鳥羽、大和の生駒・鳥見《とみ》・八木・布留郷、越前敦賀、若狭小浜などが集住地であった。これらは水陸交通の接点や街道沿いの地で、日本海・琵琶湖・瀬戸内海や淀川を船で運ばれてきた米を中心とする物資を京都・奈良へ運び込むことを業としていたわけである。馬借は各地の問屋の統制下にあったとみられるが、営業活動の具体相は明らかではない。応永元年（一三九四）九月の足利義満の日吉社参詣の際、坂本馬借は新道の開削を命ぜられたり、毎日馬二百疋、車二十両を徴発されたりしているが、その支配に関係したらしい「江州東坂本比叡辻馬借年預職」が文明七年（一四七五）ごろ、山僧の間で売買されており（『親元日記別録』）、

坂本馬借は山門の支配下にあったとみられる。大和では文明年間に奈良の問屋につく塩駄は一条院座・大乗院座所属のもので、また八木には長享元年(一四八七)には駄賃座があって他所の馬を入れなかったとあるから、馬借専業者の座が形成されていたようである。『文明本節用集』が「馬借　バシャク　商人、取駄賃者也」とするように、中世後期には米の仕入・運送・販売を一手に行う中小隔地間米商人として活動する部分も出現した。応永二十五年・同三十二年の馬借一揆は京都における米販売をめぐる洛中の問屋的米商人との対立が原因らしい。馬借蜂起はしばしば土一揆の端緒となるから、彼らの労働形態のみならず商品流通との関係も重視する必要がある。永正年間(一五〇四―二一)の越前では河野浦から府中へ通ずる運送に従事する浦・山内馬借が、朝倉氏の保護の下に塩・榑《くれ》などの独占的販売権を持っていた。これは近江国得珍保における中小隔地間物資輸送商人としての「馬の衆」と類似した存在形態と考えられる。もちろん馬借全体としては運送業者的性格が強かったし、商品流通の全国的拡大によって、京都・奈良周辺のみならず全国の主要街道において馬借的運送業者の出現をみたとせねばなるまい。荷駄運送が中心であった馬借のほかに人をも乗せる駄賃馬が宿駅間で継立がなされていた。東寺領若狭国太良荘では応永二十九年に国下行として駄賃馬一疋一貫三分の二が計上されており、永享十一年(一四三九)の同寺領播磨国矢野荘定使乗真の下向にあたって、東寺は賃馬の費用五貫文を与えている。天文十九年(一五五〇)に東福寺の海霖が周防に下向した時、富田から賃馬三駄を用い、可仏田尾・蝦坂・高森と次々と馬を換え高山に赴いている。馬借の語は見られないが、近世伝馬制の源流である馬による人と荷物の運送組織が相当広汎に形成されていたわけである。近世では馬借の表現は少なくなるが、伝馬制による専業運送業者を馬借と称した例は大坂・敦賀・伏見など各地に見られた。（新行　紀一）

ばしゃくいっき　馬借一揆　中世後期における馬借の集団的蜂起。『日葡辞書』に「Baxacuga vocoru(馬借が起る)」の語があり、土一揆蜂起と関係づけて理解されてきているが、職業集団の独自要求によって蜂起したのが本来の姿である。近江の大津・坂本の馬借蜂起は康暦元年(天授五、一三七九)から明応二年(一四九三)まで十七回が検出されているが、初見の康暦元年六月の坂本馬借千余人の京都祇園社乱入は関所の件、応永二十五年(一四一八)六月の大津馬借数千人の祇園社襲撃と室町幕府軍との対峙は米商買と関所の件が原因であった。同三十三年四・五月の坂本馬借の日吉祭妨害と幕府軍の発向および同六月の北野社・祇園社をめざしての京都乱入は、北野社麴座による麴製造独占の強化に伴う米価下落への抗議行動であった。嘉吉二年(一四四二)四月に近江堅田住人と馬借は北国口率分関の設置に異議を唱え、文明三年(一四七一)に坂本馬借は近江真野の新関に反対して蜂起し停止をかちとっている。これらは関所新設や米価下落など運送業者・中小米商人である馬借の利害にかかわる蜂起であった。もっとも「山門之馬借」(『康富記』文安元年(一四四四)十月十三日条)ともあるように、坂本馬借は山門の支配下にあり、対幕府や近江守護六角氏との争いに山門方の尖兵として動員されもしたが、康正二年(一四五六)を境として山門と対決する例が多くなった。馬借が土一揆(徳政一揆)に大きな役割を果たした例は奈良を中心に数多く検出されている。正長元年(一四二八)十一月の奈良土一揆では生駒・鳥見・山城木津の馬借が中心で(『春日若宮社頭之諸日記』)、以後嘉吉元年・文安四年・宝徳三年(一四五一)・長禄元年(一四五七)・寛正三年(一四六二)・文正元年(一四六六)・応仁元年(一四六七)・文明四年・同十二年・同十七年と奈良土一揆の史料には馬借が頻出する。ほかに延徳三年(一四九一)正月に坂本馬借が徳政と号して北野社を占拠し、明応六年十二月には大和長谷寺周辺の土民・馬借が蜂起して長谷寺に徳政令を発布させた例もある。このような土一揆における馬借の行動・役割の評価に関して、昭和三十年(一九五五)代までは、在村武士・百姓・都市住民とともに土一揆の主体的勢力とする見解が主流であったが、三十年代末ごろより主要な勢力と考えるべきではないとの意見があらわれた。これは京都の土一揆では馬借の活動を記す史料が少ないこと、『大乗院寺社雑事記』『経覚私要抄』などの興福寺関係史料が一揆構成員を馬借の語で代表させている傾向があることなどを基盤としているが、他方、馬借の存在形態が確定されていないことから生じた一面もある。大津・坂本馬借の行動をみると同業集団としての強い結束がみられるので、同業集団の利益追求の馬借一揆と、徳政令発布を要求する広汎な被支配階級の一翼としての土一揆への参加の両面を考え、かつ興福寺関係史料の背景の究明を今後の課題とするべきであろう。→土一揆《つちいっき》

（新行　紀一）

ばじょうちょう　馬上帳　⇨検注帳《けんちゅうちょう》

ばじょうめん　馬上免　中世の国衙領・荘園において、検注を免除された除田畠の一種。馬上免は元来十世紀以降の国司の派遣した検田使によるいわゆる馬上検田を免れる土地の意味である。その史料上の初見は十二世紀で、ながく中世末期まで認められるが、高野山領和泉国近木荘・東寺領若狭国太良荘などの二、三の史料に散見するほかは、さほど頻出する用語ではない。馬上免には仏神田が多いが、また一般仏神田・荘官給田・佃などの除田に交じって、たとえば単に「一反半馬上免」などと地積が記されるだけで、素姓の不明なものも少なくない。検注なき地区の面積表示は、公称によるか、本人の申告に基づいたものであろう。東大寺は保元三年(一一五八)、泉木津木屋所四至内の田畠は「自往古無向馬鼻之例」(『東大寺文書』)と主張している。土居・堀内として囲われた在地領主屋敷内の門田畠も馬上免と目された。素姓はともかく、馬上免の多くは荘官・地頭の進止下に入り、

やがて名主・作人らに配分・耕作されていった。

（佐川　弘）

ばじょうやく　馬上役　馬上役は「ばじょうやく」と通称するが、中世には「むまのかみ」役と称され（『八坂神社文書』）、京都の祇園社・日吉社・稲荷社や近江多賀社などで知られる祭礼の頭役。祇園会の馬上役は、平安末期に洛中の富家から馬長を担う者が勤めることとして公認され、祭礼の中心をになった。鎌倉中期以降、祇園会では鉾や山が現われ、馬上役は祭礼の中心から後退していくが、馬上役自体は、室町期にも神主が指名した洛中の富裕な人物により勤仕されていた。この傾向は、日吉社小五月会や稲荷祭の場合も自社の神人に限定されず共通する面があり、神社の敷地住人が社役を果たすのを基本としたことに通じる。なお、近江国犬上東西両郡の鎮守である多賀神社の祭礼では、文永六年（一二六九）十月七日の六波羅下知状によると祭使を御家人が担い、郷民たちが馬上役を勤仕するのが先例とされており、在地住人の所役として位置づけられていた（多賀神社文書『鎌倉遺文』一四巻一〇五〇七号）。

（福島　金治）

はしりもの　走者　走者は、『日葡辞書』にFaxirimonoとみえ「主君への奉公をやめて逃走したもの」と注釈されている。ほかに「逃散人」「出百姓」等の表記もあり、村から逃亡した者をいう。中世においては領主間での人返しの対象とされたが、下人身分の場合は無条件に本来の主人のもとに復帰させるものとしたのに対し、百姓身分の者は『御成敗式目』四二条の規定にもあるように、年貢等を納入していれば居留の自由を認められていた。しかし、戦国期になると百姓への統制が進行し、百姓の逃散も人返しの対象となり、戦国末期の島津義久条目では逃散人の所在申告が命ぜられ犯罪人と抱え置きが禁止された。さらに、豊臣政権は百姓の土地緊縛をすすめたが、文禄五年（一五九六）の『長宗我部氏掟書』の一八条には「走者之事、其身者不及是非、親類迄も可成敗」とみえ、百姓が走者として所属する村から逃亡することは、家族・親類に罪の及ぶ犯罪と位置づけられるにいたった。

（福島　金治）

はせつかべのしょう　丈部荘　越中国（富山県）新川郡の荘園。比定地未詳。東大寺領。成立は天平勝宝元年（七四九）の野地占定により、同郡十三条から十六条の間に分布。天平宝字三年（七五九）十一月十四日「越中国諸郡荘園総券」（『東南院文書』）によると、総地八十四町二百十二歩（開田三十六町四段九十歩、未開四十七町六段百二十二歩）で、同日付の「越中国新川郡丈部開田地図」（同文書）では西側を高市溝、東側を丈部溝、中央部を溝が通じ、大田里・酒無里に開田地が多い。域外西北部に設けられた荘所（三町）の内部には「味当社」と「味当村古郡所」が位置し、既存の施設が荘所にくみ入れられていた状況が知られる。神社・村落名の一致からみて、祭祀と労

丈　部　荘

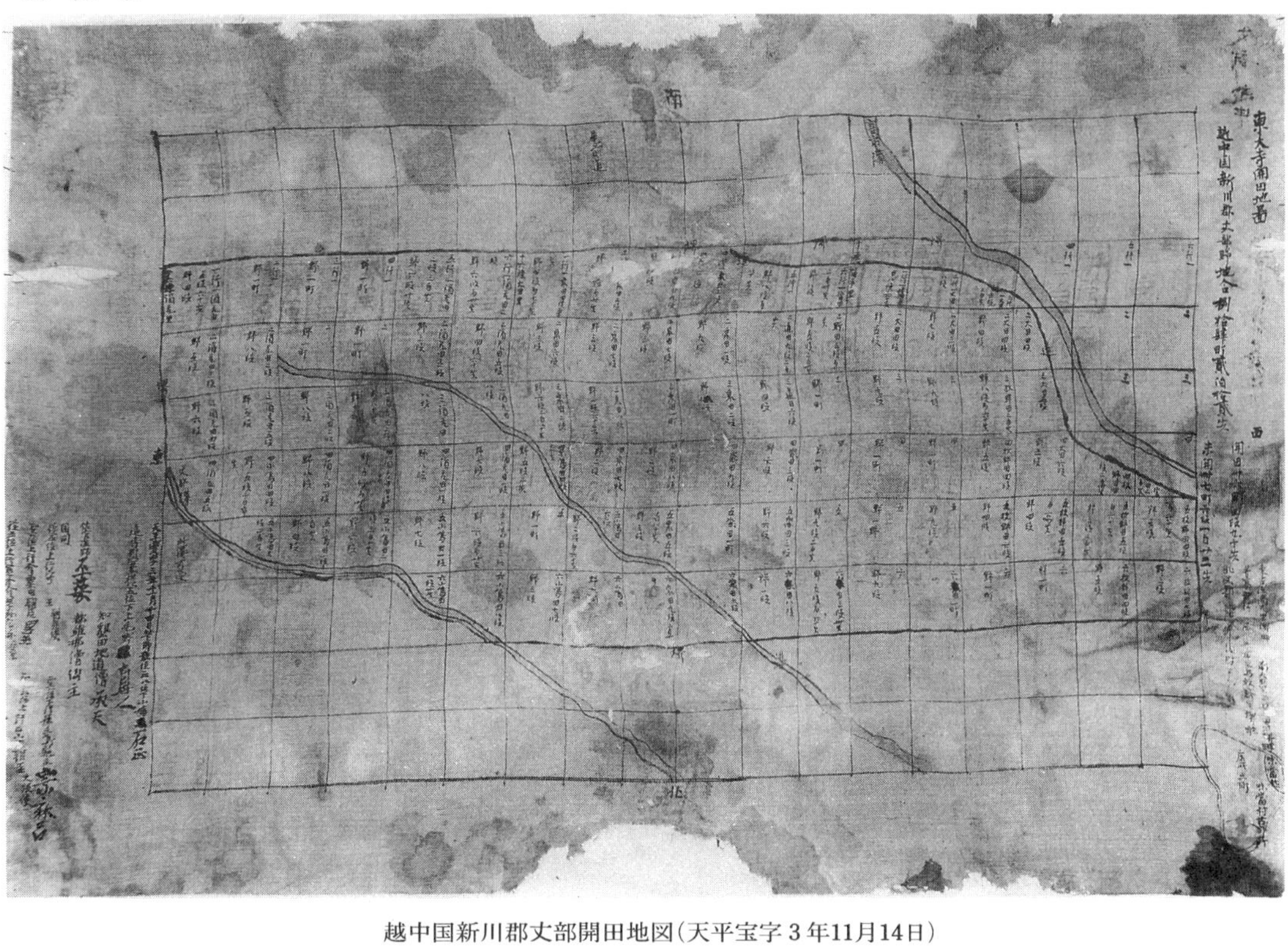

越中国新川郡丈部開田地図（天平宝字３年11月14日）

働力が丈部荘の経営に重要な役割を果たしたとみられる。同荘の開発は急速に進行し、天平神護三年(神護景雲元、七六七)五月七日「越中国司解」(同文書)には八十四町二百十二歩が「全佃」、神護景雲元年(七六七)十一月十六日「越中国司解」(同文書)には同面積の内訳を「見開七十六町三段二百九十歩、未開七町六段二百八十二歩」と記し、八年間に開田は四十町も増加している。その後の田積は、天暦四年(九五〇)十一月二十日『東大寺封戸荘園幷寺用帳』では九十一町九段十二歩、長徳四年(九九八)の『東大寺領諸国荘家田地目録』(同文書)では九十町八段百十六歩とみえ、荘園の存続状況を知るが、内部の経営は順調ではなかった。長徳四年の段階には「庄田悉荒廃」とあり、寛弘二年(一〇〇五)八月三日「東大寺符」(『松田福一郎氏所蔵文書』)には当年の検田収納と未進地子の勘納のために現地へ使を送った様子を伝えている。十世紀末ころには同荘の実質的機能は衰退していたと見られる。比定地は未詳であるが、条数からみて郡西部に比定するのが妥当であろう。（藤井　一二）

はぜのしょう　土師荘　丹波国天田郡の荘園。現在の京都府福知山市域内。左大臣藤原頼長の所領であった土師荘は、保元の乱での敗北により、保元二年(一一五七)後白河天皇に没収されて後院領となり、建久三年(一一九二)に院御祈長日不動護摩用途として勅院事国役や国郡司甲乙人らの妨が停止された。同荘領家職《しき》は後白河院の寵妃高階栄子の生家高階二位家が進退し、本家職は後鳥羽天皇、後堀河天皇から大覚寺統へ伝領された。（仲村　研）

はたけ　畠　畠は「はく」とよばれる水を引き入れない耕地で、古くは陸田・白田の表記もあった。なお、田畠は「でんぱく」と読み、現在で通用する畑は焼畑をさし、畠と区別されていた。平安初期には、地子を徴収する陸田に対し、蔬菜などを栽培し直接的収取を行わない私有権の強い地目で、麦・大豆・紅花など多様な作物が栽培されたが、十一世紀になり調庸の田率賦課が実施されると、畠の二毛作など生産力のあがった畠の掌握をめざして、国衙は麦畠の現作・損数を把握する検注を実施して地子を賦課した。さらに、延久の荘園整理令の発布により、荘園は田・畠の総数を確認されるようになり、中央政府による畠地の掌握は加速した。十二世紀初頭の飛騨国雑物進未注進状(大田文)では、郷や名ごとに畠の総量が現作・不作とともに記されており(『平安遺文』七巻三四一〇・三四一一)、畠は荘園公領体制下の年貢・公事賦課の基礎地目に組み入れられた。なお畠には立地条件等から家地畠・野畠などの区別があった。（福島　金治）

はたけやまのしょう　畠山荘　武蔵国男衾《おぶすま》郡の荘園。現在の埼玉県大里郡川本町畠山あたりに比定される。秩父氏の一族畠山氏の本貫地。秩父重綱の孫重能が、開発した所領を寄進して当荘が成立したものと推測され、重能およびその子重忠は「畠山荘司」と称された(『平家物語』)。ただし、荘園としての成立年代や荘園領主、当荘の内容については一切不明である。（菊池　紳一）

はたじし　畠地子　⇨畠《はたけ》

はたしろ　畠代　耕地の種類分けの一つで、長承元年(一一三二)の紀伊国山崎荘や永万二年(一一六六)の備後国太田荘の立券に際しての土地区分に、田(現作田)・田代・畠(現作畠)・畠代・在家・野・山の区分けがあるように、耕地の内容・状態を把握する区分指標の一つであった。その性格は、備後国太田荘では官物田の不足をおぎなうために田畠の満作とともに田代・畠代・荒野の開発が意図されており、建久三年(一一九二)の紀伊国衙による直川保への符には保内の荒野・畠代の開発を指示し麦所当の納入が指示されている。こうした事例から、畠代は田・畠として永続性をもたず、といって山野でもなく、手を加えることで荒廃から免れる年荒の性格をもつ不安定な地目で、畠として開発可能な荒地に近い状態の土地をさしていた。（福島　金治）

はただ　畠田　畠と水田と兼用の土地。水田として利用されていたものが水不足の時は畠地として作付されている田地。また畠地を水田化する過程にある畠地を指している場合もある。田畠という用語には、水田と畠地という意味と畠田の意味で使用されている場合がある。（瀬野精一郎）

はたどののしょう　畠殿荘　大和国宇陀郡の荘園。現在の奈良県宇陀郡菟田野《うたの》町大字見田《みた》、同郡大宇陀町大字山口、同郡榛原《はいばら》町大字萩原などに荘田畠が存在。散在性荘園。興福寺領。平安時代には「公田已」からなる雑役免荘で七町(延久二年(一〇七〇)『興福寺雑役免帳』)。鎌倉時代以後同寺一乗院領となる。（朝倉　弘）

はたなりのしょう　幡生荘　加賀国能美郡の荘園。「はたさや」「はたう」とも読む。弘仁十四年(八二三)の加賀立国以前は、越前国江沼郡に属した。現在の石川県能美郡辰口《たつのくち》町付近。天平勝宝七歳(七五五)橘大夫人が東大寺に施入。天平宝字三年(七五九)の田積は五十町五段六十四歩で、東は比楽(手取)川、西は辰口丘陵に接した。延暦元年(七八二)藤原家依領を吸収して荘域が拡大し、天暦四年(九五〇)には荘田二百五十町とみえるが、永久三年(一一一五)を最後に姿が消える。

参考文献　『辰口町史』一（東四柳史明）

はたのしょう　幡多荘　土佐国幡多郡の荘園。現在の高知県幡多郡・中村市・宿毛《すくも》市・土佐清水市のほぼ全体にまたがる地域と高岡郡の一部を占める地域。もと国衙領として藤原氏の支配下におかれていた。鎌倉時代初期に九条家の荘園として成立したといわれ、嘉禎三年(一二三七)十月十八日付の「法橋某田地寄進状」に荘園名がみえる。九条道家は建長二年(一二五〇)十一月に三子実経に一条家を創立させ、幡多荘を譲渡しているが、その処分状によると、幡多本荘・大方荘・山田荘・以南村と、これに別勅により高岡郡の久礼(のちに仁井田郷を含む)を収得していた。のちに、京都の東福寺に大方荘を寄進し

たり、郡内の金剛福寺に寺領として寄進したりしたこともあった。応仁の乱ころから在地豪族の進出があり不穏になったので、応仁二年(一四六八)に一条教房が京都から中村へ下向して、直接に経営することにした。対明貿易や材木の移出などで経済的に活動したこともあった。房家・房冬・房基を経て、兼定が家臣から追放され、代わって長宗我部元親が天正二年(一五七四)に進出してきた。　　　(広谷喜十郎)

はたののしょう　波多野荘　相模国余綾郡の荘園。現在の神奈川県秦野《はだの》市一帯。『和名類聚抄』に余綾郡幡多野郷がみえる。大住郡の大服《おおはとり》郷を前身とする説もある。前九年の役に源頼義に従い、天喜五年(一〇五七)に戦死した佐伯経範(国司佐伯公光の子)が波多野氏の祖とされる。保延二年(一一三六)の『執政所抄』(摂家の年中行事を述べた公事書)に、素紙経二部を負担しているのが、荘としての初見。治承四年(一一八〇)の源頼朝の挙兵時、波多野義常は平氏方に属して敵対したため、所領松田郷で自殺したが、本荘の帰属の推移は明らかでない。本荘北方をめぐる岡崎義実と波多野義景との相論が『吾妻鏡』文治四年(一一八八)八月二十三日条にみえ、義景は保延三年以前から波多野氏が伝領していると主張している。建長五年(一二五三)の『近衛家領目録』には、冷泉宮の領で、請所となっているから、摂関家を本所としていたことがわかる。本荘のほかに新荘があり、また秦野盆地の西北には、鎌倉時代の後期、南波多野荘があった。周辺の松田郷・河村郷・大友郷などにも波多野氏の一族が分布した。　　　(福田以久生)

はたはらのしょう　畠原荘　豊前国京都《みやこ》郡の荘園。現在の福岡県行橋市に比定される。古代より中世初期まであったと推定される宇佐弥勒寺領荘園。『石清水文書』一、弥勒寺喜多院所領庄園名田末寺末宮別保等事によると、豊前国の七番目に「畠原庄(庄田八町／名田八丁)」と記されている。　　　(中野　幡能)

はちじょういんりょう　八条院領　鳥羽天皇の皇女八条院(暲子内親王)の所領。永治元年(一一四一)三月、鳥羽上皇は出家に際し、女御美福門院と皇女暲子内親王とに御領を譲ったが、内親王がうけた荘園は十二ヵ所であったという(『百錬抄』同年八月四日条)。また、京都の八条院御所周辺には御倉・院庁のほか、関係の深い貴族の邸宅が存在している。これらと安楽寿院領が八条院領のはじめと思われる。さらに母美福門院は永暦元年(一一六〇)十一月に死去したが、その遺領の歓喜光院・弘誓院領と、また八条院みずからの御願として承安四年(一一七四)二月に建立した蓮華心院の領が加わって、八条院領が構成された。安元二年(一一七六)二月日の八条院領目録(前半部は『高山寺文書』、後半部は『山科家古文書』)には、官符を帯する荘と帯しない荘とに分け、庁分(帯十七、不帯二十四)、安楽寿院領(帯二十、不帯

八条院領

八条院領一覧

所在国郡	名称	領別	所見年月	特徴	典拠
山城 京都	八条東洞院西一町	京御領	貞応二年五月	御所跡、安嘉門院へ	東百へ
同	梅小路北東洞院西一町	同	同	御倉跡、安嘉門院へ	同
同	八条坊門南烏丸西一町	同	同	庁跡所残御領云々、安嘉門院へ	同
同	梅小路南高倉東一戸主	同	同	地蔵堂敷地、安嘉門院へ	同
同	八条南室町東一戸主	同	同	安嘉門院へ	同
同	八条北東洞院東十余戸主	同	同	三位入道・兵部大輔預、安嘉門院へ	同
同	八条北町西十二丈九尺三寸	同	同	女房按察局預、安嘉門院へ	同
同	梅小路南町西廿二丈	同	同	同	同
同	梅小路北室町西七戸主余	同	同	丹波入道預、安嘉門院へ	同
同	八条北堀川東一戸主	同	同	女房少輔局預、安嘉門院へ	同
同	梅小路北東洞院東角四戸主	同	同	安嘉門院へ	同
同	八条坊門北東洞院東一戸主	同	同	同	同
同	八条坊門北烏丸東六戸主余	同	同	同	同
同	六条南万里小路東六戸主余	同	同	河成か、安嘉門院へ	同
同	六条坊門北東洞院西二戸主余	同	同	安嘉門院へ	同
同	六条坊門南東洞院西二戸主余	同	同	同	同
同	三条北万里小路東一戸主余	同	同	同	同
同	二条南東洞院西角七戸主余	同	同	同	同

所在国郡	名称	領別	所見年月	特徴	典拠
山城 京都	一条今小路北室町東四十九丈	京御領	貞応二年五月	安嘉門院へ	東百へ
同	真幡木二百四十歩	同	同	同	同
同	醍醐字窪垣内一町	同	同	同	同
乙訓郡	赤日(目)荘	安楽寿院	徳治元年六月		昭慶門院
				久我家領	久我家
同	久我本・新荘	庁分	貞応二年五月	後高倉院庁下文	東百へ
			徳治元年六月	乾元元年九月後宇多院に進献	昭慶門院
				久我家領	久我家
同	御菜田	同	貞応二年五月	安嘉門院へ	東百へ
			徳治元年六月	十二町、成種の注記あり	昭慶門院
同	宇治田	同	同	一町三段	同
同	蓮花牧	同	同		同
葛野郡	桂西荘	安楽寿院		立券不明、新御堂領	安楽寿院
			徳治元年六月	別当三位局・播磨局・高三位入道知行	昭慶門院
同	高田寺戸	蓮華心院	同		同
紀伊郡	真幡木荘	安楽寿院	応徳年間	立券	安楽寿院
			康治二年八月	鳥羽御領	同
			徳治元年六月	高倉永清	昭慶門院
同	同散在御領	同		鳥羽御領	安楽寿院
同	芹川(河)荘	同	康治二年八月	応徳年中備中国橋本荘と相博	同
			徳治元年六月	高倉永清	昭慶門院
同	上三栖荘	同	保元元年三月		安楽寿院
			徳治元年六月	高倉永清	昭慶門院
同	拝志荘	興善院	承安三年九月	弁局	白河東百
久世郡	久世荘	安楽寿院	天養元年十一月	立券、御給、源雅親・土御門中納言	安楽寿院
			平治元年九月	太政官牒、久我家領	同
			徳治元年六月		昭慶門院
大和 添下郡	横田荘	庁分	徳治元年六月	安嘉門院領、乾元元年九月後宇多院に進献	同
宇陀郡	宇陀荘	安楽寿院	久寿元年八月	立券、円雅、非御管領	安楽寿院
			平治元年九月	太政官牒、もと美福門院領	同
城上山辺郡	野辺長原荘	庁分	元暦元年四月	安嘉門院領、領家平頼盛	吾妻鏡
				源頼朝返付	久我家

所在国郡	名称	領別	所見年月	特徴	典拠
大和 山辺郡	長原荘	蓮華心院	徳治元年六月	庁分ともいう、乾元元年九月後宇多院に進献	昭慶門院
高市郡	波多小北荘	庁分	同	もと美福門院領、北畠師重・東北院僧正の名がみえる	同
河内 錦部郡	金剛寺		建久二年四月	治承年中後白河院寄進、阿観門跡相伝	金剛寺
同	高向荘	安楽寿院	長承元年九月	立券、本御堂領、帯官符	高山寺
			康治二年八月	太政官牒、女房高倉局(藤原澄賢の女)	安楽寿院
			安元二年二月		山科家
			徳治元年六月	延政門院御分、業長朝臣	昭慶門院
石川郡	一志賀荘	弘誓院	安元二年二月	帯官符	山科家
			貞応元年四月	太政官符、もと美福門院領	随心院
			徳治元年四月		昭慶門院
高安郡	高安荘(領)	庁分	安元二年二月	不帯官符、領家琅慶律師	山科家
			徳治元年六月	亀山院、磯長御廟に寄進	昭慶門院
讃良郡	讃良荘	歓喜光院	建暦二年八月	領家中納言局	明月記
	讃良新荘	同	徳治元年六月	領家中納言局か	昭慶門院
				久我家領	久我家
茨田郡	鞆呂岐荘	安楽寿院	康治二年八月	太政官符、本御堂領、別当家衡	安楽寿院
			徳治元年六月	六条三位相伝知行	昭慶門院
同	同別納	同	同	経真法印	同
若江郡	川(河)田荘	庁分	安元二年二月	不帯官符	山科家
			徳治元年六月	乾元元年九月後宇多院に寄進	昭慶門院
丹比郡	高松荘	蓮華心院	安元二年二月	帯官符	山科家
			徳治元年六月		昭慶門院
丹比(志紀か)郡	田井荘	安楽寿院	久安三年六月	立券	
			安元二年二月	帯官符	高山寺
				新御堂領、院司藤原実清・長清・長氏・長有まで伝領の注記あり	安楽寿院
			徳治元年六月	長任朝臣、年貢三千疋	昭慶門院
(郡未詳)	稲福荘	庁分	同	乾元元年九月後宇多院に進献	同
(同)	徳林寺	蓮華心院	同	道玄僧都	同
和泉 和泉郡	宇多勅旨	庁分	安元二年二月	不帯官符	山科家
			建仁元年十月	八条院姫宮	熊野御幸記
			徳治元年六月	乾元元年九月後宇多院に進献	昭慶門院

所在国郡	名称	領別	所見年月	特徴	典拠
和泉（郡未詳）	長泉荘	安楽寿院	平治元年九月	太政官牒、新御堂領	安楽寿院
				法印貞暁より西園寺公相へ、もと美福門院領	同
			安元二年二月	帯官符	高山寺
			養和元年十月	下司中条家憲	同
			徳治元年六月		昭慶門院
摂津 西成郡	富島荘	歓喜光院	安元二年二月	帯官符、もと美福門院領	山科家
			貞応元年四月	弘誓院領、太政官牒	随心院
			徳治元年四月	前斎宮と肩書、一条内経相伝	昭慶門院
同	頭成荘	庁分	安元二年二月	不帯官符	山科家
			建仁元年	浄土堂に施入	南無阿弥陀仏作善集
			徳治元年六月	乾元元年九月後宇多院に進献	昭慶門院
同	淡路荘	同	天養二年十月		台記
			安元二年二月	不帯官符	山科家
			徳治元年六月	冷泉中納言入道石清水八幡宮に寄進、乾元元年九月後宇多院に進献	昭慶門院
島上・下郡	三島荘	弘誓院	安元二年二月	帯官符	山科家
			貞応元年四月	太政官符、もと美福門院領	随心院
島下郡	宿野荘	歓喜光院	寛仁二年五月		小右記
			安元二年二月	帯官符、もと美福門院領	山科家
			徳治元年六月	西園寺公衡（肩注）、三位局知行	昭慶門院
同	石井荘	弘誓院	安元二年二月	帯官符、もと美福門院領	山科家
			貞応元年四月	年貢千疋	随心院
			徳治元年六月	藤原氏女相伝	昭慶門院
豊島郡	利倉荘	安楽寿院	久寿二年三月	立券	安楽寿院
			平治元年九月	新御堂に寄進、介大夫入道岡伊賀前司隆政	同
			安元二年二月	帯官符	高山寺
			徳治元年六月	北白川姫宮、もと美福門院領	昭慶門院
河辺郡	柳(楊)津川尻	庁分	安元二年二月	不帯官符、安嘉門院領	山科家
			徳治元年六月	乾元元年九月後宇多院に寄進	昭慶門院
八部郡	兵庫三ケ荘	同	安元二年二月	帯官符、兵庫とのみあり	山科家
			元暦元年四月	池大納言家領	久我家
			徳治元年六月	乾元元年九月後宇多院に進献	昭慶門院
有馬郡	野鞍荘	同	同	同	同
同	仲荘		正和三年七月	七条院領の一つ	東百へ
（郡未詳）	諸院	庁分	徳治元年六月	乾元元年九月後宇多院に進献	昭慶門院

所在国郡	名称	領別	所見年月	特徴	典拠
伊賀（郡未詳）	水田二十町	興禅院	康治二年八月	太政官符、末寺興禅院の寺領の一つ	安楽寿院
伊勢 一志郡	蘇原荘	歓喜光院	安元二年二月	不帯官符、もと美福門院領	山科家
		庁分	徳治元年六月	御管領とあり	昭慶門院
桑名郡	額田納所	同	同	安嘉門院領、春宮権大夫（肩注）、延政門院	同
尾張 中島郡	真清田社	安楽寿院	寿永二年九月	安嘉門院領、預所大納言局	久我家
			元暦元年四月	領家平頼盛、源頼朝返付	同
			徳治元年六月		昭慶門院
春部郡	柏井荘	庁分	同	春宮権大夫（肩注）、延政門院と注記、乾元元年九月後宇多院に進献	同
山田郡	山田荘	同	康治二年八月	太政官牒	安楽寿院
			徳治元年六月	もと東大寺領という、乾元元年九月後宇多院に進献	昭慶門院
				久我家領	久我家
同	狩津荘	安楽寿院	康治二年八月	太政官牒、勅旨田の後身、本御堂領、女房丹波	安楽寿院
			徳治元年六月	高倉永定・近衛実香	昭慶門院
知多郡	野間内海荘	同	保延六年八月	立券	安楽寿院
			康治二年八月	太政官牒、本御堂領	同
			建久二年十月	長講堂領	島田文書
			徳治元年六月		昭慶門院
三河 碧海郡	上野荘	歓喜光院	同	もと美福門院領	同
賀茂郡	高橋荘	庁分	安元二年二月	帯官符	山科家
			徳治元年六月	亀山院のとき石清水八幡宮に寄進、乾元元年九月後宇多院に進献	昭慶門院
同	高橋新荘	同	安元二年二月	不帯官符	山科家
			徳治元年六月	小倉実教知行、乾元元年九月後宇多院に進献	昭慶門院
遠江 蓁原郡	初倉荘	庁分	平治元年閏五月	宝荘厳院領の一つ、朝隆卿	東百レ
			建暦元年七月	保延元年八月皇后宮、宝荘厳院に寄進、院判官代藤原親行・忠輔・家信・僧良忠	同
			徳治元年六月	亀山院のとき禅林寺に寄進、乾元元年九月後宇多院に進献	昭慶門院
駿河 安倍郡	服織荘	同	安元二年二月	不帯官符	山科家
			元暦元年四月	領家平頼盛、源頼朝返付	吾妻鏡・久我家
			徳治元年六月	御牛飼一頭分、乾元元年九月後宇多院に進献	昭慶門院

所在国郡	名称	領別	所見年月	特徴	典拠
甲斐 巨摩郡	篠原荘	庁分	安元二年二月	不帯官符	高山寺
			徳治元年六月	乾元元年九月後宇多院に進献、天文二年の目録によれば法金剛院領となる	昭慶門院
同	小井河荘	安楽寿院	安元二年二月	不帯官符	高山寺
				本荘権律師兼遍	安楽寿院
			徳治元年六月	春華門院・後鳥羽院・後高倉院・安嘉門院・北白川姫宮へ	昭慶門院
同	鎌田荘	歓喜光院	安元二年二月	帯官符	山科家
			徳治元年六月	もと美福門院領、山門諸堂造営料所	昭慶門院
相模 余綾郡	(一宮)河勾荘	庁分	暦仁元年四月	安嘉門院庁下文、八条院・春華門院・順徳院・安嘉門院へ	東山御文庫記録
			徳治元年六月	安嘉門院領、大宮中納言、乾元元年九月後宇多院へ進献	昭慶門院
大住郡	糟屋荘	安楽寿院	久寿元年十二月	立券	安楽寿院
			安元二年二月	帯官符	高山寺
				領家源雅清	久我家
			徳治元年六月	もと美福門院領	昭慶門院
同	前取社	蓮華心院	同		同
			(欠年)正月	八条院令旨、源中納言入道(雅頼か)	島田乾三郎氏所蔵文書
上総 長柄郡	橘木社	安楽寿院	保延六年	藤原通憲(信西)の寄進	安楽寿院
			永治元年十月	立券	同
			康治二年八月	太政官牒	同
			永暦元年十二月	もと美福門院領、二位局を預所とする	醍醐寺
			安元二年二月		高山寺
				領家高階範定	安楽寿院
			徳治元年六月	領家高階泰継	昭慶門院
下総 葛飾郡	下河辺荘	庁分	文治二年二月	関東分国年貢未済荘々の一つ	吾妻鏡
			徳治元年六月	乾元元年九月後宇多院に進献	昭慶門院
千葉郡	千葉荘	同	文治二年二月	関東分国年貢未済荘々の一つ	吾妻鏡
			徳治元年六月	請所、乾元元年九月後宇多院に進献	昭慶門院
常陸 新治郡	関荘	蓮華心院	同		同
筑波郡	村田荘	安楽寿院	康治二年八月	太政官牒、本御堂領	安楽寿院
			安元二年二月	帯官符	高山寺
			徳治元年六月	領家九条忠教	昭慶門院
同	村田荘下郷	同	同	領家土御門中納言	同

所在国郡	名称	領別	所見年月	特徴	典拠
常陸 筑波郡	田中荘		文治四年三月	右二荘とともに安楽寿院か八条院か、年貢送進先を問う	吾妻鏡
			文治四年六月	年貢未進	同
信太郡	信太荘	庁分	安元二年二月	不帯官符	山科家
				領家平頼盛	久我家
			文治四年六月	年貢未進	吾妻鏡
			貞応二年五月	安嘉門院領	東百へ
			徳治元年六月	乾元元年九月後宇多院に進献	昭慶門院
茨城郡	南野牧	同	康治二年八月	太政官牒	安楽寿院
			安元二年二月	帯官符	山科家
				領家平頼盛	久我家
			徳治元年六月	乾元元年九月後宇多院に進献	昭慶門院
近江 栗太郡	竜門荘	同	安元二年二月	不帯官符	山科家
			元暦元年四月	領家平頼盛	久我家
			徳治元年六月	知任と肩注、乾元元年九月後宇多院に進献	昭慶門院
野洲郡	虫生荘	歓喜光院	安元二年二月	帯官符	山科家
			徳治元年六月	もと美福門院領、領家石山寺、三条局知行	昭慶門院
蒲生郡	比牟礼荘	同	安元二年二月	不帯官符	山科家
			徳治元年六月	大納言局、もと美福門院領、安嘉門院領へ	昭慶門院
愛智郡	吉田荘	庁分	同	乾元元年九月後宇多院に進献	同
犬上郡	石灰本・新荘	興善院	康治二年八月	太政官牒	安楽寿院
			承安三年九月	八条院の寄進、弁局荘務執行	白河東合
			徳治元年六月	新荘領家吉田憲重、本荘々務兼什法印	昭慶門院
坂田郡	箕浦荘	庁分	同	後鳥羽院御影堂領、乾元元年九月後宇多院に進献	同
同	吉富荘	同	安元二年二月	帯官符	山科家
			正治二年八月		明月記
			正和二年七月	安嘉門院領、藤原定家遺領	冷泉家
高島郡	広瀬社	歓喜光院	安元二年二月	不帯官符、もと美福門院領	山科家
同	広瀬南荘	庁分	同	不帯官符	同
			徳治元年六月	上乗院宮、御管領、乾元元年九月後宇多院に進献	昭慶門院
同	広瀬北荘	歓喜光院	同	もと美福門院領、慈能法印	同
(郡未詳)	松尻荘	庁分	同	乾元元年九月後宇多院に進献	同
美濃 多芸郡	多芸荘	同	同	地頭請所、乾元元年九月後宇多院に進献	同

所在国郡	名称	領別	所見年月	特徴	典拠
美濃 多芸郡	物部荘	蓮華心院	徳治元年六月	歓喜光院領ともいう、乾元元年九月後宇多院に進献	昭慶門院
安八郡	小泉荘	庁分	同	安嘉門院領、南・北あり、中村・大納言典侍と注あり	同
大野郡	古橋荘	同	同		同
方県郡	粟野荘	安楽寿院		新御堂領	安楽寿院
			徳治元年六月	岡崎宮法印、領家坊城中納言、御管領、地頭請所	昭慶門院
各務郡	鵜渭荘	歓喜光院	同	もと美福門院領	同
賀茂郡	飛騨瀬荘	庁分	同	西園寺実兼知行、年貢未進、亀山院のとき拝領、乾元元年九月後宇多院に進献	同
可児郡	久々利荘	歓喜光院	同	牛(生)田姫君、もと美福門院領か	同
同	小泉荘	同	同	尊浄僧正、もと美福門院領か	同
(郡未詳)	全居荘	同	同	もと美福門院領か	同
信濃 諏訪郡	諏訪南宮上・下社		文治二年二月	関東分国年貢未済荘々の一つ	吾妻鏡
筑摩郡	棒(捧か)荘	庁分	安元二年二月	不帯官符	山科家
同	捧中村荘		文治二年二月	関東分国年貢未済荘々の一つ	吾妻鏡
同	捧勅旨	庁分	徳治元年六月	宗雅朝臣	昭慶門院
高井郡	東条荘	安楽寿院	安元二年二月	不帯官符	高山寺
			元暦元年二月	領主職	吾妻鏡
			文治二年二月	関東分国年貢未済荘々の一つ	同
			徳治元年六月	繁世相伝知行	昭慶門院
埴科郡	大穴荘	歓喜光院	文治二年二月	関東分国年貢未済荘々の一つ	吾妻鏡
			徳治元年六月	もと美福門院領か	昭慶門院
小県郡	常田荘	庁分	安元二年二月	不帯官符	山科家
			文治二年二月	関東分国年貢未進荘々の一つ	吾妻鏡
			徳治元年六月	乾元元年九月後宇多院に進献	昭慶門院
佐久郡	大井荘	同	安元二年二月	不帯官符	山科家
			文治二年二月	関東分国年貢未済荘々の一つ	吾妻鏡
			文治四年六月		同
			徳治元年六月	乾元元年九月後宇多院に進献	昭慶門院
(郡未詳)	小曾禰荘		文治二年二月	関東分国年貢未進荘々の一つ	吾妻鏡
上野 利根郡	土井出(土井出笠科)荘	安楽寿院	康治二年八月	本御堂領	安楽寿院
			安元二年二月	帯官符	高山寺
			徳治元年六月	地頭請所、故一条高能後家	昭慶門院

所在国郡	名称	領別	所見年月	特徴	典拠
下野 足利郡	足利荘	安楽寿院	康治元年十月	立券	安楽寿院
			平治元年九月	太政官牒、新御堂領	同
			安元二年二月	帯官符	高山寺
				在地領主の寄進、預所(又は下司)は足利義兼・義氏・泰氏・頼氏(八条院蔵人)、もと美福門院領	安楽寿院
			養和元年九月	足利太郎愁訴	吾妻鏡
			徳治元年六月	地頭請所、綿三百両、桑糸十疋、紺面三十	昭慶門院
陸奥 菊多郡	菊多荘	庁分		源義光押領	十訓抄
			徳治元年六月	御管領、乾元元年九月後宇多院に進献	昭慶門院
伊具郡	伊具荘	同	同	乾元元年九月後宇多院に進献	同
出羽 最上郡	成生荘	同	安元二年二月	不帯官符	山科家
			徳治元年六月	乾元元年九月後宇多院に進献	昭慶門院
村山郡	大山荘	同	安元二年二月	不帯官符	山科家
			徳治元年六月	乾元元年九月後宇多院に進献	昭慶門院
越前 敦賀郡	気比社	同	安元二年二月	不帯官符	山科家
				もと八条禅尼領	峯殿置文
			徳治元年六月	乾元元年九月後宇多院に進献	昭慶門院
丹生郡	竜花寺	安楽寿院	同	号落野寺、宰相局、年貢二万疋、禅師王給分	同
今立郡	西谷荘	同	安元二年二月	不帯官符	高山寺
			徳治元年六月	准后(西園寺相子)	昭慶門院
同	鞍谷荘	庁分	安元二年二月	不帯官符	山科家
			徳治元年六月	乾元元年九月後宇多院に進献	昭慶門院
同	小野谷荘	安楽寿院	同	三条実躬、高倉准后に進献	同
大野郡	小山荘	同	安元二年二月	不帯官符	高山寺
			嘉元三年七月	昭慶門院へ	亀山院御凶事記
			徳治元年六月	円雄法印、知行別納一万疋、年貢二万疋	昭慶門院
同	据郷	同	同	坊門局	同
同	東小山・東縁・西縁	同	同	東山校助法印知行	同
同	佐開・西小山	同	同	時兼、持明院宰相、万里小路前大納言(北畠師重)	同
同	用意縁	同	同	尊道	同
同	井嶋	同	同	北畠親房賜院宣	同

所在国郡	名称	領別	所見年月	特徴	典拠
越前 坂井郡	一品勅旨	庁分	承安三年九月	国司庁宣	高山寺
			承安四年三月	坪付あり	山科家
			安元二年二月	帯官符	同
			徳治元年六月	御管領、頼泰、乾元元年九月後宇多院に進献	昭慶門院
(郡未詳)	菰野荘	同	安元二年二月	不帯官符、徳治元年六月の目録になし	高山寺
加賀 江沼郡	郡家荘	安楽寿院	同	不帯官符	同
			徳治元年六月	信忠僧正、年貢二万疋、多宝院に寄す	昭慶門院
			建武三年九月	勧修寺領へ	勧修寺
同	熊坂荘	庁分	安元二年二月	帯官符	山科家
			元暦元年四月	領家平頼盛、源頼朝返付	久我家・吾妻鏡
				安嘉門院領へ	
			徳治元年六月	乾元元年九月後宇多院に進献	昭慶門院
加賀郡	倉月荘	歓喜光院	同	もと美福門院領か、地頭請所、津隼人	同
能登 珠洲郡	形上荘	庁分	同	盛永	同
越中 礪波郡	高瀬荘	安楽寿院	安元二年二月	不帯官符	高山寺
			徳治元年六月		昭慶門院
新川郡	日置荘	同	安元二年二月	不帯官符	高山寺
			徳治元年六月	高倉永定知行、遊義門院に進献、年貢一万疋、昭慶門院に進献	昭慶門院
越後 古志郡	白鳥荘	庁分	安元二年二月	帯官符	山科家
			文治二年二月	関東分国年貢未済荘々の一つ	吾妻鏡
			徳治元年六月	乾元元年九月後宇多院に進献	昭慶門院
丹波 桑田郡	川人	同	同	同	同
多紀郡	多紀荘	歓喜光院	文治元年六月	もと美福門院領か、源師行の寄進	九条家・久我家
			徳治元年六月	禅林寺、南禅院に寄付、北荘は九条殿	昭慶門院
同	大沢荘	智恵光院	長保三年六月	平惟仲仏性院に寄進	高野山
			徳治元年六月		昭慶門院
天田郡	六人部荘	庁分	元暦元年四月	領家平頼盛、源頼朝返付	久我家・吾妻鏡
			徳治元年六月	蓮華心院領、庁分に非ずと注記、乾元元年九月後宇多院に進献	昭慶門院
丹後 加佐郡	大内吉囲荘	同	文治二年十月	預所弁局、地頭平辰清(開発領主)	久我家
			弘安七年三月	大内郷預所職譲状案	東百ホ

所在国郡	名称	領別	所見年月	特徴	典拠
丹後 丹波郡	周杵(枳)荘	弘誓院	安元二年二月	不帯官符	山科家
			貞応元年四月	保元年代美福門院領	随心院
			徳治元年六月	厳家僧正門跡相承	昭慶門院
竹野郡	船木荘	非寺領か	承安三年二月		玉葉
			徳治元年六月	久我家領	昭慶門院・久我家
(郡未詳)	富田郷	非寺領	同	安楽寿院領ともいう	昭慶門院
但馬 朝来郡	上田荘	安楽寿院	安元二年二月	不帯官符	高山寺
				領家、河東荘平光盛、河西荘長季朝臣	安楽寿院
			徳治元年六月	経量、忠氏朝臣	昭慶門院
同	池寺荘	歓喜光院	安元二年二月	もと美福門院領か、帯官符	山科家
			徳治元年六月	号賀都荘	昭慶門院
同	多々良荘	庁分	同	乾元元年九月後宇多院に進献	同
同	多々良木荘	歓喜光院	安元二年二月	もと美福門院領・安嘉門院領、不帯官符	山科家
			建久五年閏八月	地頭補任	吾妻鏡
			徳治元年六月	庁分とあり	昭慶門院
同	広谷荘	庁分	同	乾元元年九月後宇多院に進献	同
養父郡	水谷荘(神宮寺)	安楽寿院	康治二年八月	本御堂領、太政官牒	安楽寿院
			安元二年二月	帯官符	高山寺
				花山院兼雅室(平清盛女)知行	安楽寿院
			徳治元年六月	地頭請	昭慶門院
美含郡	佐須	庁分	同	乾元元年九月後宇多院に進献、坊城前宰相、興禅院領ともいう、別当惟方寄進	同
(郡未詳)	河合温泉寺	歓喜光院	安元二年二月	官符の注記なし、もと美福門院領	高山寺
			徳治元年六月	年貢五千疋	昭慶門院
(同)	紙工	庁分	同		同
(同)	三箇荘	同	安元二年二月	帯官符	山科家
			徳治元年六月	乾元元年九月後宇多院に進献	昭慶門院
伯耆 河村郡	伯耆一宮	同	安元二年二月	帯官符	高山寺
			徳治元年六月	乾元元年九月後宇多院に進献	昭慶門院
久米郡	山守荘	同	安元二年二月	帯官符	山科家
			徳治元年六月	青蓮院門跡領、乾元元年九月後宇多院に進献	昭慶門院
出雲 意宇郡	来海荘	歓喜光院	安元二年二月	官符の注記なし、もと美福門院領	山科家
			徳治元年六月	乾元元年九月後宇多院に進献	昭慶門院

所在国郡	名称	領別	所見年月	特徴	典拠
出雲 秋鹿郡	佐陀(太)社	安楽寿院	康治二年八月	太政官牒、本御堂領	安楽寿院
			安元二年二月	帯官符、律師円雅	高山寺
			徳治元年六月	佐陀神宮寺、佐陀社同名也とあり	昭慶門院
同	岡本荘	庁分	同	乾元元年九月後宇多院に進献	同
神門郡	塩治荘	同	同	同	同
飯石郡	淀荘	智恵光院 蓮華心院	同	二ヵ所に荘名を記載	同
大原郡	大原荘	庁分	安元二年二月	不帯官符、安嘉門院領	山科家
石見 安濃郡	多米福荘	蓮華心院	徳治元年六月	道玄僧都	昭慶門院
播磨 賀古郡	賀古荘	庁分	同	後高倉院	同
印南郡	大塩荘	安楽寿院		法華堂領、新御堂領、播磨局(八条院女房)	安楽寿院
			徳治元年六月	南禅院に寄付	昭慶門院
同	大国荘内神吉村	同	同	京極准后	同
揖保郡	栗栖荘	同	同	北白川姫宮	同
同	布施荘	庁分	元暦元年四月	源頼朝、平頼盛に返付	久我家
			徳治元年六月	乾元元年九月後宇多院に進献	昭慶門院
赤穂郡	矢野例名	歓喜光院	延久三年六月	もと久富保、開発領主秦為辰	東百キ
			承徳二年頃	藤原顕季に寄進	
			保延二年二月	立券、翌年矢野荘と称す	白河東百
			永治元年二月	歓喜光院領となる	
			永暦元年十一月	本家職は八条院へ	東百み
			仁安二年十二月	伯耆局領家職	
同	矢野別名	同	同	種友名四十三町余仰出	東百テ
			正安二年七月	亀山院南禅寺へ寄進	南禅寺
宍粟郡	石作荘	安楽寿院		本御堂領	安楽寿院
			元暦元年四月	平頼盛より光盛へ、池大納言家領	吾妻鏡
			徳治元年六月	安嘉門院領、久我通基より久我家領へ	昭慶門院
				寺用のほか年貢不済	久我家
同	高家荘	庁分	同	高階邦経、歓喜光院へ寺用二万疋を寄付、乾元元年九月後宇多院に進献	昭慶門院
同	柏野荘	同	同	二条中納言入道、乾元元年九月後宇多院に進献	同
同	三方荘	弘誓院	貞応元年四月	乱妨停止の太政官牒	随心院
			徳治元年六月	もと美福門院領	昭慶門院
神崎郡	田原荘	庁分	同	安嘉門院跡、乾元元年九月後宇多院に進献	同

所在国郡	名称	領別	所見年月	特徴	典拠
播磨 美嚢郡	細川荘	庁分		中納言局藤原俊成女	明月記
			徳治元年六月	蓮華心院と注、乾元元年九月後宇多院に進献	昭慶門院
			正和四年	争乱	十六夜日記・冷泉家
同	吉河上荘	歓喜光院	徳治元年六月	もと美福門院領、年貢二千五百疋、左衛門督局	昭慶門院
同	吉河下荘	同	同	もと美福門院領、今出川前右府、法性寺三位入道為信卿、年貢三千疋	同
同	志深荘	蓮華心院	同	非寺領荘々の一つ	同
(郡未詳)	清水寺	御祈願所	元仁元年正月	皇后宮職下文案	清水寺
(同)	大山郷	安楽寿院	徳治元年六月	三条大納言入道公資、院宣を公秀に下す	昭慶門院
(同)	荒田社	同	同	致光	同
(同)	竹原村	歓喜光院	同	もと美福門院領か、理性寺前中納言雅藤卿	昭慶門院
美作 久米郡	垪和荘	同	安元二年二月	官符の注記なし、もと美福門院領	山科家
			徳治元年六月	東・西あり、円満院知行	昭慶門院
真島郡	建部荘	安楽寿院	安元二年二月	帯官符	高山寺
			治承元年八月		玉葉
			徳治元年六月	忠氏朝臣、京極准后に進献	昭慶門院
備前 和気郡	香登荘	庁分	永治元年八月	香登勅旨とあり	根来要書
			永万元年七月	美福門院、高野山菩提心院に寄す、荘内池成田・服部新荘	同
			建久元年三月	院庁下文	同
			建久四年九月	院庁下文(下司乱行)	同
			徳治元年六月	高野山菩提心院領、乾元元年九月後宇多院に進献	昭慶門院
児島郡	小豆島	同	同	九条忠教、乾元元年九月後宇多院に進献	同
備中 賀夜郡	生石荘	同	安元二年二月	帯官符	山科家
			徳治元年六月	今出川入道相国知行、乾元元年九月後宇多院に進献	昭慶門院
小田郡	駅里(家)荘	安楽寿院	久寿元年四月	立券	
			平治元年九月	新御堂領、太政官牒、もと美福門院領	安楽寿院
			安元二年二月	帯官符、藤原資長・資季	高山寺
			徳治元年六月	乾元元年九月後宇多院に進献	昭慶門院
備後 沼隈郡	長和荘	歓喜光院	安元二年二月	帯官符、もと美福門院領	山科家
			徳治元年六月	悲田院知行	昭慶門院

所在国郡	名称	領別	所見年月	特徴	典拠
備後（郡未詳）	塩田荘	安楽寿院	徳治元年六月	坊門局、下部給千疋、昭慶門院知行か	昭慶門院
（同）	埴(殖・垣)田荘	同	安元二年二月	不帯官符	高山寺
				亀山院御領より臨川寺領へ	天竜寺
安芸 安芸郡	開田荘	庁分	安元二年二月	帯官符、領家源雅頼	山科家
			徳治元年六月	乾元元年九月後宇多院に進献	昭慶門院
同	可部荘	同	大治二年十一月	高野山西塔領	高野山
			安元二年二月	帯官符	山科家
			徳治元年六月	前平中納言知行	昭慶門院
同	田門荘	安楽寿院	久寿二年八月	立券	
			平治元年九月	太政官符	安楽寿院
			安元二年二月	帯官符	高山寺
				藤原長季・季繁・繁有・前右大臣家	安楽寿院
同	安摩荘	庁分	安元二年二月	不帯官符、もと安嘉門院領	山科家
			治承三年十二月	領家平頼盛、厳島神社領、本年貢は高野山宝塔院へ	久我家
			治承四年四月	平清盛、厳島神社に寄進	厳島神社
			弘安八年六月		同
			徳治元年六月	乾元元年九月後宇多院に進献	昭慶門院
沙田郡	能美荘	同	安元二年二月	帯官符	山科家
			徳治元年六月	乾元元年九月後宇多院に進献	昭慶門院
周防 吉敷郡	賀川別荘	安楽寿院	同		同
紀伊 那珂郡	神野真国荘	庁分	康治元年十二月	藤原重通、鳥羽院に寄進	高野山
			寿永元年七月	院号あり	神護寺
			徳治元年六月	乾元元年九月後宇多院に進献	昭慶門院
同	荒川荘・同加納	同	嘉応二年九月	後白河上皇院宣、八条院申すにより高野山へ寄進	高野山
			平治元年五月	美福門院領、院庁下文、荘司に充てられる	同
			文治二年五月	佐藤能清違乱	同
			宝治元年七月	建永年間、八条院目録に入る	同
			徳治元年六月	乾元元年九月後宇多院に進献	昭慶門院
名草郡	三上荘	歓喜光院	建久元年五月	秦兼平譜代相伝、地頭豊島権守と相論	吾妻鏡
			天福元年五月	もと美福門院領、安嘉門院領へ	石清水
			(欠年)十一月	年貢滞納	高山寺
			徳治元年六月	高野山遍照院に寄付、御菩提料所、厳家僧正門跡相承	昭慶門院
日高郡	印南荘	庁分	同	乾元元年九月後宇多院に進献	同

所在国郡	名称	領別	所見年月	特徴	典拠
淡路 津名郡	内膳保	歓喜光院	安元二年二月	帯官符、もと美福門院領	高山寺
			徳治元年六月	宣政門院、泰継朝臣	昭慶門院
同	菅原荘	安楽寿院	保延五年十二月	立券	
			康治二年八月	太政官牒、本御堂領	安楽寿院
			安元二年二月	帯官符	高山寺
			徳治元年六月		昭慶門院
三原郡	掃守(部)荘	弘誓院	安元二年二月	帯官符、もと美福門院領	山科家
			貞応元年四月	太政官牒	随心院
			徳治元年六月	厳家僧正門跡相承	昭慶門院
阿波 名東郡	名東荘	安楽寿院		本御堂領	
			安元二年二月	帯官符	高山寺
			徳治元年六月	治部卿局、年貢一万疋、家重年貢送進担当	昭慶門院
讃岐 寒川郡	富田荘	同	長承三年十二月	立券	安楽寿院
			康治二年八月	太政官牒、本御堂領	同
			安元二年二月	帯官符、女房三位局知行	高山寺
			徳治元年六月	六条有房、年貢五万疋	昭慶門院
同	鶴羽荘	蓮華心院	安元二年二月	帯官符	山科家
			徳治元年六月	常陸敷・弘誓院領敷と注記あり	昭慶門院
香川郡	野原荘	安楽寿院	康治二年八月	本御堂領、太政官牒、ただし皇后宮職御領	安楽寿院
多度郡	多度荘	同	保安四年八月	立券、本御堂領	同
			康治二年八月	太政官符	同
			安元二年二月	帯官符	高山寺
				領家別当花山院兼雅室(平清盛女)、藤原実長	安楽寿院
			徳治元年六月	道意僧正、寺用百石	昭慶門院
刈田郡	姫江本荘	庁分	安元二年二月	帯官符	山科家
同	姫江新荘	蓮華心院	同	同	同
				損亡、(三善)親行知行	高山寺
同	姫江荘	庁分	徳治元年六月		昭慶門院
伊予 新居郡	新居荘	同	安元二年二月	帯官符	山科家
同	新居荘大島	同	徳治元年六月	乾元元年九月後宇多院に進献	昭慶門院
				久我家領	久我家
桑村郡	吉岡荘	安楽寿院	仁平二年三月	立券	安楽寿院
			安元二年二月	不帯官符	高山寺
				本御堂領、女房四条局知行	安楽寿院
			徳治元年六月		昭慶門院

所在国郡	名称	領別	所見年月	特徴	典拠
伊予 風早郡	高田勅旨	庁分か	永治元年八月	璋子内親王家領	根来要書
同	高田荘	庁分	安元二年二月	帯官符	山科家
			徳治元年六月	乾元元年九月後宇多院に進献	昭慶門院
筑前 早良郡	野介荘	歓喜光院	安元二年二月	帯官符、もと美福門院領、紀俊守	山科家
			徳治元年六月	大炊御門中納言	昭慶門院
宗像郡	宗像社	庁分	安元二年二月	不帯官符	山科家
			元暦元年四月	領家平頼盛	吾妻鏡・久我家
			建久三年四月	宇佐宮用途賦課、女院より仰下す、先例なし	宗像神社
			建久五年十一月	大宮司補任	同
			建長八年正月	大宮院庁下文	同
			徳治元年六月	宝治二年、関東、後嵯峨院に進献の故、非庁分、亀山院、禅林寺に寄進、乾元元年九月後宇多院に進献	昭慶門院
鞍手郡	感多荘	同	文治五年閏四月	もと安嘉門院領、中御門隆忠寄進、預所隆忠	西園寺家
			建仁三年十一月	院庁下文、預所補任	徴古雑抄
			徳治元年六月		昭慶門院
夜須郡	三箇荘	同	安元二年二月	不帯官符	山科家
			元暦元年四月	領家平頼盛、源頼朝返付	吾妻鏡・久我家
			徳治元年六月	「三ケ社」とあり、乾元元年九月後宇多院に進献	昭慶門院
豊後 球珠郡	長野荘	安楽寿院	保延五年十一月	立券、本御堂領、定意・前丹波守	安楽寿院
			徳治元年六月	古々・山田・帆足	昭慶門院
同	球珠荘	同	康治二年八月	太政官牒	安楽寿院
			安元二年二月		高山寺
			徳治元年六月		昭慶門院
(郡未詳)	戸穴荘	智恵光院	安元二年二月	帯官符	山科家
			徳治元年六月	別当局、(戸次か)	昭慶門院
(同)	伝法寺	庁分	安元二年二月	不帯官符	山科家
(同)	豊田荘	同	同	同	同
肥後 阿蘇郡	阿蘇荘	安楽寿院	平治元年九月	新御堂領、太政官牒	安楽寿院
				中院雅定・家忠・家定と伝領(久我家領)、年貢八十石、もと美福門院領、文治四年地頭の妨げあり	久我家
			徳治元年六月	守忠、年貢三千疋	昭慶門院

所在国郡	名称	領別	所見年月	特徴	典拠
肥後 阿蘇郡	神宮寺	安楽寿院	徳治元年六月	万里小路大納言入道、北畠親房院宣をうける	昭慶門院
山本郡	山本荘	蓮華心院	安元二年二月	不帯官符	山科家
			徳治元年六月	万里小路大納言入道、北畠親房院宣をうける	昭慶門院
託麻郡	郡浦荘	安楽寿院	徳治元年六月		昭慶門院
益城郡	甲佐社	同	同	宰相典侍、年貢二千疋	同
同	豊田荘	庁分	文治元年九月	九条兼実、源頼朝の措置を不満とする	玉葉
			徳治元年六月	歓喜光院領に入る、乾元元年九月後宇多院に進献	昭慶門院
同	岳牟田荘	歓喜光院	安元二年二月	帯官符、もと美福門院領	山科家
			徳治元年六月		昭慶門院
球磨郡	人吉荘	蓮華王院	建久八年閏六月	六百町、領家職を有す、預所以下人名あり	肥後国図田帳
			元久二年七月	平家没官領	相良家
日向 児湯郡 那珂郡 宮崎郡	国富荘	歓喜光院	安元二年二月	帯官符、もと美福門院領	山科家
			元暦元年四月	領家平頼盛、源頼朝返付	吾妻鏡・久我家
			建久八年六月	千五百二町、宇佐宮領とあり	日向国図田帳
			徳治元年六月	泰継相伝知行、富田郷高階氏とあり	昭慶門院

典拠欄の略称は次のとおりである。

安楽寿院	安楽寿院古文書
厳島神社	厳島神社文書
石清水	石清水文書
勧修寺	勧修寺文書
清水寺	播磨清水寺文書
九条家	九条家文書
高山寺	高山寺文書
高野山	高野山文書
久我家	久我家文書
金剛寺	金剛寺文書
西園寺家	西園寺家文書
相良家	相良家文書
昭慶門院	昭慶門院御領目録
白河東百	白河本東寺百合文書
神護寺	神護寺文書
随心院	随心院文書
醍醐寺	醍醐寺文書
天竜寺	天竜寺文書
東百へ	東寺百合文書へ函
南禅寺	南禅寺文書
宗像神社	宗像神社文書
山科家	山科家古文書
冷泉家	冷泉家文書

十一)、歓喜光院領(帯十、不帯九)、弘誓院領(帯五、不帯一)、智恵光院領(帯一)、蓮華心院領(帯二)の合計は帯官符五十五、不帯四十五で、総合計百ヵ所の荘園名があげられている。鎌倉幕府成立後の文治二年(一一八六)には、源頼朝の知行国中、下総・信濃・越後三国内の年貢未進荘園の二月付注文が到来し、催促を下してい

るが(『吾妻鏡』同年三月十二日条)、その中に八条院領として十一ヵ所の名がみえる。建暦元年(一二一一)六月に八条院が死去すると、これらの遺領は猶子の春華門院(後鳥羽天皇皇女の昇子内親王)に譲られたが、同院が同年十一月に死去すると順徳天皇に譲られ、後鳥羽上皇が院政の主として管領した。承久の乱にあたり、これらはすべて幕府の没収するところとなったが、承久三年(一二二一)七月、幕府は倒幕計画に加わらなかった後高倉院守貞親王(後堀河天皇の父)に返進した。この時の返進目録(「承久三年自関東被進後高倉院八条院御遺跡御願寺庄々等目録」(『三宝院文書』))によれば、庁分七十九、安楽寿院領四十八、歓喜光院領二十六、蓮華心院領十五、智恵光院領五、真如院領十、弘誓院領八、禅林寺今熊野社領三、新御領二、京御領二十一、御祈禱所四、そのほか「自余庄々略ㇾ之」とある。合計二百二十一ヵ所以上という膨大な数に増加していることが知られる。後高倉院は貞応二年(一二二三)五月三日以前に、安嘉門院邦子内親王に八条院の御領荘園・御祈願所を譲り(後高倉院庁下文案(『東寺百合文書』へ))、同院が弘安六年(一二八三)九月に没すると、亀山上皇は高倉永康を使者として遺領の伝領を幕府に申し入れ、取得に成功した。かくて亀山上皇は、七条院領・室町院領とともにこの八条院領を管領し、嘉元三年(一三〇五)に後宇多上皇と恒明親王とに譲与し、後宇多上皇は延慶元年(一三〇八)皇女の昭慶門院憙子内親王に譲ったが、同女院から後醍醐天皇へと伝えられ(『昭慶門院御領目録』、実は『後宇多院処分状』というべきもの)、室町院領の一部とともに大覚寺統の経済的基盤をなした。このように伝領される間、皇室経済のうちでも自立性をもつ女院の経済的基盤として、独立して運用されていたらしく、八条院周辺の女院司・侍・女房らが、これら荘園の知行者となっている。特に、以仁王の挙兵に始まる源平争乱期に登場する源行家・同仲家・平頼盛ら、また藤原俊成・同定家・同親忠らの名が八条院関係文書に知行者として登場し、とりわけ、村上源氏、季茂流藤原氏(八条家)、桓武平氏池大納言平頼盛、中院流久我家などが注目される。八条院領は、中世、政治史の社会的背景にあったものとして重視されねばならない。↓安《あん》嘉門院領《かもんいんりょう》　↓安楽寿院領《あんらくじゅいんりょう》　↓歓喜光院領《かんぎこういんりょう》　↓弘誓院領《ぐぜいいんりょう》　↓七条院領《しちじょういんりょう》　↓智恵光院領《ちえこういんりょう》　↓美福門院領《びふくもんいんりょう》　↓室町院領《むろまちいんりょう》　↓蓮華心院領《れんげしんいんりょう》

(福田以久生)

はちじょうのしょう　八条荘　大和国城下郡東郷の荘園。現在の奈良県磯城《しき》郡田原本《たわらもと》町大字阪手・千代《ちしろ》小字八条付近。興福寺領。十一世紀前半に成立か。同後半には八条南(南八条)・八条北(北八条)両荘に分かれ計四十八町余(延久二年(一〇七〇)『興福寺雑役免帳』)。のち他荘の一部も加え中八条荘を分出。いずれも興福寺寺務領となる。室町時代南八条荘のうちには同寺大乗院領八条荘もみえる(『三箇院家抄』)。

(朝倉　弘)

はちまんのしょう　八幡荘　近江国坂田郡の荘園。現在の滋賀県長浜市旧市街地、およびそれに隣接する同市列《れっ》見《け》町・八幡《やわた》中山町・八幡《やわた》東町・南高田町付近にあたる。応永二年(一三九五)の比丘尼妙乗田地売券が初見であり、本来青蓮院門跡領平方荘の一部であった所が、長浜八幡宮の所領として立荘されたと推定されている。天正十九年(一五九一)の豊臣秀吉寄進状まで、その名はみえる。長浜八幡宮の曳山祭には、神輿の還御の際、今でも八幡荘七郷の人々がそのかつぎ手となる。

(太田　浩司)

はちやのしょう　蜂屋荘　美濃国加茂郡の荘園。現在の岐阜県美濃加茂市南半から加茂郡坂祝《さかほぎ》町北東部にまたがる一帯。平安時代末期には摂関家領、のち後白河法皇領となるが、そのころには南荘・北荘とに分かれている。その後、南荘は宣陽門院が伝領、蔵人源仲兼・仲業父子が領家となり、北荘の方は二条家、油小路家、西園寺家と伝領された。鎌倉時代初期、千葉介常胤は当荘地頭職《しき》を望んだが許されなかった。なお、当荘は土岐蜂屋氏の本貫地。

(谷口　研語)

はつくらのしょう　初倉荘　遠江国榛原《はいばら》郡の荘園。現在の静岡県島田市南部・榛原郡吉田町・志太《しだ》郡大井川町など、大井川下流域一帯。平安時代末期に宝荘厳院領としてみえるが、正安元年(一二九九)に亀山法皇の寄進により、大井川以東は南禅寺領となった。この南禅寺領初倉荘は、後醍醐天皇などが安堵したところによれば、鮎河・江富・吉永・藤守の四ヵ郷であり、南北朝時代の半ばごろには、開発の進展によって鮎河郷から河尻村が、江富郷から上泉村が分村した。嘉吉三年(一四四三)の『江富郷検地目録』では、江富郷の総面積百七十三町歩余、名主百姓とされたもの四十五名。ただし、本来三十名《みょう》からなる名体制は、すでに形骸化している。年貢の本家米は、南北朝時代に半済の影響をうけ、室町時代には代官請負制となり、また名主百姓らの年貢減免闘争も展開するが、応仁の乱ごろまではともかくも維持された。しかし、十五世紀末には、当荘は「守護押領」のため有名無実化した。

(本多　隆成)

はっとりのしょう　服部荘　因幡国法美郡にあった荘園。現在の鳥取県岩美郡福部村。正応二年(一二八九)が荘園名の初見。立荘の事情は未詳。当荘の本所職は東二条院(後深草后)など皇室関係者が相伝し、最終的には宣政門院(後醍醐皇女、光厳后)より暦応三年(一三四〇)頃に真乗寺に寄進された。一方領家職は正応二年に順徳院皇女の故永安門院(穠子)から左衛門督局が相伝し、また因幡国一宮の宇倍神社も当荘に権益を有していたが、その後正応四年に当荘は一時国衙領になり、左衛門督局や宇倍社は替地を給された。しかし、永仁六年(一二九八)には旧に戻され、その後領家職は左衛門督局より楊梅氏に譲られ、さらに永徳二年(一三八二)に楊梅氏より楞厳寺(現兵庫県美方郡浜坂町)に寄進されている。楞厳寺は将軍家や因幡守護山名氏の手厚い保護を受け、少なくとも天文十九年(一五五〇)まで山名氏より当荘安堵の判物を得ていることが確認される。

(山田　康弘)

はなぞののしょう 花園荘 紀伊国伊都郡にあった荘園。現在の和歌山県伊都郡花園村がほぼ荘域にあたる。寛弘元年(一〇〇四)には、高野山と中納言平惟仲との係争地としてその名が見える。建保六年(一二一八)から始まった吉野金峯山との相論では、中津川郷が当荘に含まれるのか、十津川郷に含まれるのかが争われているが、当荘自体は相論の対象となっておらず、このころには高野山領として確立されていたと考えられる。寛元三年(一二四五)には当荘が上下に分かれており、上荘には大滝・中南・久木など、下荘には新・北寺などの地が存在した。それぞれの荘官としては、預所・中預所・預所代・別当・下司・公文・行事・権行事・惣講師・大夫などの所職があった。この内下司職をめぐっては、正平十年(一三五五)・天授元年(一三七五)に相論が発生している。荘名は近世にも存続し、現花園村域の集落と、現高野町の相浦・大滝を含んだ地域を指した。 (高橋 傑)

はなれみょう 放名 ⇩名《みょう》

はにゅうのさと 半布里 大宝二年(七〇二)の『御野国《みの》加毛郡《かも》戸籍』(『正倉院文書』)にみえる地名。現在の岐阜県加茂郡富加町《とみか》羽生《はにゅう》付近と推定されている。同戸籍は、推定される五十八戸のうち五十四戸分が残り、県造―県主族と秦人―秦人部との二大グループが、その中心となっている。『和名類聚抄』では賀茂郡埴生郷とされる。文明十四年(一四八二)十月の室町幕府奉行人連署奉書案には「羽丹生郷」とみえるが、弘治二年(一五五六)と推定される斎藤義竜知行充行状に、「羽生」の用字が登場し、現在に及んでいる。 (野村 忠夫)

ははかべのほう 波々伯部保 丹波国多紀郡の保。現在の兵庫県篠山市《ささやま》辻・小中・宮ノ前・畑市・井ノ上・畑井・北島・上宿の地域。承徳二年(一〇九八)に白河院より祇園社へ長日用途料として同保二十五町八段三十代が寄進され、保元三年(一一五八)に祇園社感神院所司が同保に賦課された相撲人一人、朱雀門材木引夫、大極殿廻廊料の免除を要求し承認されている。仁安二年(一一六七)感神院大別当桓円は延暦寺に対し、祖父以来の由緒を述べて同保の保司職《しき》の安堵を要請し、神供役勤仕を条件に承認されている。承久三年(一二二一)鎌倉幕府は角戸朝守の保民に対する違乱を停止している。建治二年(一二七六)保民の盛利が御家人と号して神領に煩をなすことで、六波羅探題への出頭を命じられている。正安元年(一二九九)下司氏澄と雑掌親円とが下司職をめぐって争っている。至徳元年(一三八四)にも雑掌が下司波々伯部氏の乱妨停止を室町幕府に訴え認められている。応仁の乱以後は波々伯部保は守護請となり、守護細川氏のもとで波々伯部氏が代官支配を任されている。同保には祇園社が勧請され、法勝寺末の極楽寺があった。 (仲村 研)

はぶのしょう 埴生荘 下総国埴生郡の荘園。現在の千葉県成田市西北部から印旛《いんば》郡栄町東部にかけての地域に比定される。十二世紀前半ころ、上総氏によって開発・立荘されたものと思われる。寿永二年(一一八三)上総広常の滅亡後、千葉常胤の手に帰した。常胤はこれを孫の常秀に譲り、ついで常秀の次男時常に伝領され、時常は埴生次郎と称した。その後、当荘は時常の兄秀胤に押領されたが、宝治元年(一二四七)千葉秀胤は三浦氏の乱に連坐して幕府の追討をうけ、時常もこれと運命をともにしたので、当荘は足利義氏に与えられた。建長三年(一二五一)義氏の子泰氏が自由出家をとげたため、当荘は北条一門の金沢《かねざわ》実時の所領となり、金沢氏は荘政所を設置して支配にあたった。正和四年(一三一五)金沢顕時の妻慈性尼が荘内山口郷・南栖立村を称名寺に寄進。このため荘内竜角寺などで称名寺僧の活動がみられるようになった。鎌倉幕府滅亡後、当荘地頭職《しき》は佐々木導誉に給せられたが、千葉氏の押領にあっている。一方、称名寺による埴生荘経営は南北朝時代以後、困難をきわめたが、十五世紀中ごろまではその支配が確認できる。 (野口 実)

はま 浜 ⇩浦《うら》・浜《はま》

はやかわのしょう 早河荘 相模国足下郡の荘園。早川流域にあった。現在の神奈川県小田原市のうち、酒匂《さかわ》川より西方の地域一帯を含むと思われる。相模国内で最も早く所見のある荘園で、嘉保二年(一〇九五)正月十日の大江公仲処分状案を初見とする。寛仁四年(一〇二〇)に相模守として下向した(『能因法師集』)公仲の祖父大江公資が在任中に牧として設定し、大和国山口荘とともに藤原道長の子の民部卿長家に寄進した。本家職《しき》は、長家から藤原信長へと、領家職は公資―広経―公仲と相伝されたが、大治五年(一一三〇)に領家職領有をめぐって公仲の長女仲子と、橘広房の三男で公仲の養子となった以実(有経)との間で争論が起って、先の案文が残った。この時には早川荘とある(大江仲子解文案)。鎌倉時代に入って、藤原基通の家領の一つとして、年貢送進が後白河院から源頼朝宛に命ぜられ(『吾妻鏡』文治四年(一一八八)六月四日条)、また、建仁二年(一二〇二)五月三十日条には、中分された一方の百四十町余が、預所土肥遠平の領有が停止されて筥根権現領とされたとみえる。頼朝挙兵時より活躍した土肥実平の子の遠平はのち安芸国へ移って小早川氏を称するが、その姓はこの荘名に由来する。頼朝の乳母摩々局が平治の乱後京より下向して当荘内に住み、七町の作人であったこと(『吾妻鏡』治承五年(養和元、一一八一)閏二月七日条・文治三年六月十三日条)、また、九十二歳の時に三町を加えられたという所見(同建久三年(一一九二)二月五日条)もあり、『新編相模国風土記稿』は早川村(小田原市早川)を当荘の原村として比定しているが確証はなく、かえって市内東方の久野川流域一帯(扇町付近)の田子郷一得名を山内首藤氏が伝領し、本屋敷が田子(小田原市多古)にあったことが注目される。荘内には、このほか風祭郷があり、さらに一得名のほか、長尾名・久富名、池上などの地名が史料に残っている。 (福田以久生)

はやさきのまき　早埼牧　肥前国高来郡に設定された兵部省牛牧。『延喜式』兵部省、諸国馬牛牧条の肥前国の項に、六牧の一つとして早埼牛牧とみえる。その比定地として現在の長崎県南高来郡口之津町早崎とする説が有力であるが、同郡南有馬町に比定する説もある。　　（瀬野精一郎）

はやしぎのしょう　林木荘　出雲国神門郡の荘園。現在の島根県出雲市東林木・西林木町付近にあたる。九条家領。建長二年（一二五〇）十一月の関白道家惣処分状によれば、林木荘を含む家領二十六ヵ所が孫右大臣忠家に伝領された。建武三年（一三三六）の九条道教知行目録中にもみえるが、以後伝領関係不明。　　（金本　正之）

はやしのしょう　拝師荘　山城国紀伊郡の荘園。「はいし」とも読む。現在の京都市南区の東部を中心とする地域に位置した。古くは拝志荘とも書いた。平安時代後期、九条民部卿藤原顕頼がみずからの建立した興善院に寄進した私領の散在水田十一町を母胎として成立し、興善院が安楽寿院の末寺となるに及んで、皇室領荘園となったものと考えられる。当荘は典型的な散在型の荘園であり、その荘田は紀伊郡拝師郷の上津鳥・飛鳥・跡田・真幡木・幡鉾・角神田・須久田・穴田・社・苫手・三木・菟田・永田の十余ヵ里にわたって所在し、他領とも入り組み関係にあった。したがって専属の荘民はおらず、当荘百姓は付近の東九条・西九条・竹田・鳥羽などの諸村の住人であった。正和二年（一三一三）、後宇多上皇によって当荘は東寺に施入され、聖無動院道我が預所として荘務権を委ねられた。道我はすでに正式の寄進以前から在地の有力者沙弥仏成を下司に補任し、寄進後は荘務に必要な実検帳などの重要文書を入手するなどして、当荘の経営に努力し、元応元年（一三一九）にみずからの預所職を東寺学衆に付している。東寺が領有した拝師荘田には日吉田と称される日吉十禅寺宮神田が含まれていたが、この神田をめぐっては鎌倉時代末期の正中年間（一三二四―二六）を初見として室町時代の康正年間（一四五五―五七）に至るまでしばしば山門・日吉社と争論を繰り返した。このほか、荘田の帰属をめぐる相論は繰り返し起っている。当荘は戦国時代末に至るまで東寺領として存続し、天正十三年（一五八五）には羽柴秀吉によって安堵された。　　（田村　憲美）

はやしのまき　拝志牧　古代の上野国に置かれた御牧。『延喜式』左右馬寮によると、上野国には御牧三十二牧のうち九牧があり、同国からは年貢馬五十疋を納めていた。所在地について諸説あるが、赤城山西麓の群馬県勢多郡赤城村・北橘村付近を中心に、拝志（林）荘の存在が知られる（『島田文書』、『彦部文書』、北橘村双玄寺蔵石造六地蔵立像背銘）。拝志荘の起源は拝志牧と推定されることから利根川左岸のこの地方に牧が置かれたと考察される。　　（唐澤　定市）

はやた　早田　早稲を作る田のこと。わさだ・わささだ・わせだともいう。『万葉集』に「石上布留の早田」（原万葉仮名）とか、「吾が業なる早田の穂立」（同）などとみえ、古代よりあった。その呼称は和歌や神楽歌に「むろのはやた」や「総角を和左多に遣りて」などと多様である。早田の耕作は春も他にさきがけて始まり、行相の早稲を刈ると旧暦の六月から七月に収穫されるので、端境期の食糧不足を補うことから農民や領主の関心も強く、田種として特別に意識されたものと考えられる。→後田《おくれだ》　　（福留　照尚）

はやとしりょう　隼人司領　令制衛門府（のち兵部省）に属し、隼人のことを管掌した隼人司の所領。隼人司は、元慶五年（八八一）要劇幷びに番上粮料として、摂津国の官田十二町六段を充て給わった。『延喜式』隼人司には、隼人等の不仕料および傜分絶戸田地子は、修理料幷びに雑用に充てよと規定し、また年料雑籠料の竹四百八十株を供給する隼人司竹園のあったこともみえる。『康富記』応永八年（一四〇一）五月十八日条の「山城国隼人司竹園傜丁田、永承五閏十廿九」の記事は、意味不明ながら、永承五年（一〇五〇）に司領の竹園が山城国に存したことを示し、上記の隼人司式の竹園にあたるかもしれない。また隼人司式には、「凡隼人計帳者、五畿内幷近江・丹波・紀伊等国、毎年一通附㆓大帳使㆒進㆑官、官下㆑司」と規定し、隼人司が諸国の隼人集落を管掌していたことがわかるが、『正倉院文書』続修一三に収める「国郡未詳計帳」（「山背国綴喜郡大住郷計帳」ともいう）をその隼人計帳に比定する説もある。『康富記』に散見する司領の大住荘が、この大住郷の隼人集落と関係をもつことは間違いないであろう。また丹波国佐伯荘内の隼人保も、隼人司式から存在が推測される丹波国の隼人集落と関連するかもしれないが、この隼人保のことは鎌倉時代

隼人司領

隼人司領一覧

所在国郡	名称	特徴	典拠
山城　右京	西京隼人町	七段分地子、夏冬二季貢進	康富記
宇治郡	宇治一坂	宇治田原郷隼人司領と同じか、一町二段と見ゆ	同
綴喜郡	大住荘	興福寺領大住荘のうち、大嘗会田と称し一町二段、風俗舞役あり	同
（郡未詳）	竹園	永承五年、竹園傜丁田と見ゆ	同
大和　高市郡	秋吉	秋吉隼人司領と見ゆ、奈良より八里ばかり奥	同
河内　若江郡	萱振保	宝徳元年中原康富朝恩の地六ヵ所のうち	同
摂津　島下郡	溝杭荘	長講堂領溝杭荘のうち	同
丹波　桑田郡	佐伯荘	最勝光院領佐伯荘内隼人保	経俊卿記・康富記
（国郡未詳）	うへの	中原康富、宝徳二年・同三年の「うへのゝ隼人司領」の年貢をもって借銭	康富記

の「建久検注帳」や「承元下坪」にも記載され(『経俊卿記』正嘉元年(一二五七)九月十三日条)、大住荘とともに、室町時代まで主要な隼人司領として、記録にしばしばみえる。（橋本　義彦）

はやまのしょう　土山荘　大和国山辺郡の荘園。興福寺雑役免荘。現在の奈良県山辺郡都祁《つげ》村大字吐山《はやま》。延久二年(一〇七〇)の『興福寺雑役免帳』によると、田数は五町六段三百歩で、四町の維摩会藹免田と一町六段三百歩の公田畠とからなっていた。正治二年(一二〇〇)の維摩大会料帳に「吐山庄雑役免田四町代者　又藹四百囲免田四町五段頭囲」とみえ、また応永六年(一三九九)の興福寺造営段米田数帳にも所見があり、中世末まで存続した。（泉谷　康夫）

はやみのしょう　速水荘　近江国浅井郡の荘園。現在の滋賀県東浅井郡湖北町速水・高田・小倉《おぐら》・馬渡《もうたり》・南速水・賀《か》・大安寺の地域。平治元年(一一五九)の宝荘厳院荘園注進状案にみえるのが初見。元徳二年(一三三〇)、宝荘厳院領は、後醍醐天皇により東寺へ寄付され、速水荘は、同郡河道荘とともに、法勝寺の末寺宝荘厳院の修正壇供料所として、東寺の管領下にも入る。南北朝時代には、この壇供料をめぐり、当地に所職をもつ山内氏などの武士と、法勝寺・東寺との三つどもえの争いが展開する。（太田　浩司）

はゆまやのしょう　駅里荘　備中国小田郡の荘園。荘域の中心は『和名類聚抄』(高山寺本)にみえる駅里郷と推定されている。現在の岡山県小田郡矢掛町の地域。荘名については、清水正健編『荘園志料』は「ハユマヤ」と付訓するが、『和名類聚抄』(高山寺本)には「駅里」に「无末也」と訓注を付し、「うまやのしょう」と訓む説もある。安楽寿院領。『安楽寿院古文書』は仁平四年(久寿元、一一五四)の立券とし、田九十二町余、畠四十町七段余、年貢米百石余と記している。当初美福門院領であったが、平治元年(一一五九)七月に安楽寿院新御塔領に寄進。領家職《しき》は九条家の相伝するところであった。（上原　兼善）

はらいます　払枡　中世から近世にかけて領主が給米を支給する際に用いた枡。下行枡の系統に属す。領主が荘園から進納した年貢米を統一的に計量するために用いた納枡に対する。納枡の容量に比べて払枡の容量は少ないが、これは計量者がその差額から利益を得ることを目的としていたためである。近世に入り京枡によって一応の全国公定枡制度の統一をみたものの、納枡・払枡の慣習は残存していた。たとえば木曾では年貢納入に用いる枡を納枡と称し、藩が支出用に用いた枡を払枡と称した。寛文十年(一六七〇)名古屋藩は新京枡採用を令し、木曾の古枡・旧京枡は新京枡に取りかえられ払枡は回収されたが、納枡は享保期まで依然として用いられた。→納《おさめ》枡《ます》　→下行枡《げぎょうます》（大野　瑞男）

はらだのしょう　原田荘　遠江国佐野郡の荘園。現在の静岡県掛川市本郷《ほんごう》・細谷《ほそや》付近。鎌倉時代からみえ、当初本家は最勝光院、領家は随心院僧正坊、地頭は原氏であった。ところが、鎌倉時代後期に領家職《しき》をめぐる相論が起り、当荘は分割されて、本郷は領家に、細谷郷は本家に付けられた。その後、嘉暦元年(一三二六)に最勝光院領は後醍醐天皇によって東寺に寄進され、原田荘細谷郷は東寺領となった。正中二年(一三二五)の『最勝光院荘園目録』によれば、当荘の得分は、元来、本年貢四百五十石・綾被物二重・八月兵士役十人であったが、地頭の未進・違乱のため、南北朝時代初期には、細谷郷の年貢は四十九貫百文といわれた。これがさらに半済となり、貞治二年(一三六三)に大森師益が二十四貫文余で請け負っている。以後、細谷郷の年貢は代官請負制となり、室町時代には守護代甲斐氏の家人などの手によって、契約のほぼ半分十貫文程度が、ともかくも応仁の乱ごろまで維持された。（本多　隆成）

はらのまき　波良牧　九、十世紀ころ肥後国にあった馬牧。『延喜式』兵部省、諸国馬牛牧条に「肥後国(二重馬牧、波良馬牧)」とある。『和名類聚抄』によると阿蘇郡に波良郷があるので、同郷にあったものと思われる。現在の熊本県阿蘇郡南小国町に市原・中原などの地名が見られるので、おそらく阿蘇山の北外輪山の北斜面に位置したものと思われる。（工藤　敬一）

はりた　治田　「治」は「田をはる」＝開墾するの意。墾田の訓も「はりた」であって治田とほぼ同義語である。「ちでん」とも読む。またやはりほぼ同義語であるが、開発行為そのものを強調する際には「治開田」という語も使用された。八世紀終わりごろから「百姓治田」という語がみられるようになり、貴族などの王臣勢家や大寺社ないし地方有力農民らの所有する墾田に対して、一般農民による小規模開発田を治田というようになっていったらしい。九世紀になると治田の売買が公認され、多数の売券が残されている。ただ十世紀になると現存売券が減っており、抑止政策がとられたものと推測されている。一方で大規模な墾田開発が進められており、小規模な治田はその所有権が不安定なまま事実上の請作権のレベルにとどまるものも多くなり、やがて国衙領や荘園のなかに吸収され消滅していった。（小口　雅史）

はるきのしょう　春木荘　和泉国和泉郡の荘園。同郡池田郷内松尾川流域。現在の大阪府和泉市。春日社領。長寛二年(一一六四)九条兼実が亡父忠通供養のため春日社に四季供料として寄進したもので、兼実が本所、春日社は領家と考えられる(『玉葉』『松尾寺文書』)。その後、本所は兼実―娘の宜秋門院任子―孫の道家―曾孫の一条実経と譲られ、建長二年(一二五〇)、一条家に移った(『九条道家初度処分状』(『九条家文書』))。公領から荘園化した故か、当荘では刀禰《とね》が荘官となっているが、鎌倉時代には刀禰職《しき》をめぐる在地土豪の争いおよび荘内唐国村では刀禰の収取に対する農民の抵抗があり、建長四年には十一ヵ条にわたる唐国村刀禰百姓等置文が作成された(『松尾寺文書』)。その後も刀禰所役の負担をめぐる刀禰・百

姓の争いはみられた。鎌倉時代末期に領家職を有した興福寺三蔵院に代わり、南北朝時代には後村上天皇より在地の松尾寺に付与され、本所は室町時代には興福寺松林院に移っている。その支配は不知行の場合が多かったが、十六世紀末まで存続した(『多聞院日記』)。(福留 照尚)

はるけのほう 晴気保 肥前国小城郡に存在した保。現在の佐賀県小城郡小城町晴気。筑前宗像神社領。長沼賢海旧蔵文書元暦二年(一一八五)八月五日源頼朝書状に、晴気領を藤原隆頼に給付したとあるのが初見史料である。晴気領、晴気荘とも称されている。承久三年(一二二一)に隆頼は晴気領を嫡子成亮に譲り、成亮は嘉禎三年(一二三七)晴気領地頭職を子息藤原顕嗣に譲っており、顕嗣は仁治二年(一二四一)同地頭職を妻の大江氏に譲っている。さらに大江氏は建長六年(一二五四)に晴気領を子息権律師隆杲に譲っており、隆杲は文永六年(一二六九)に晴気保地頭職を同腹の妹藤原氏女に譲った。藤原氏女は筑前国宗像社大宮司長氏の妻であったので、以後晴気保は宗像大宮司領として相伝されることになった。河上神社文書正応五年(一二九二)八月十六日河上宮造営用途支配惣田数注文には「晴気庄　百丁」と見える。保内には行武、財納、弥久安、得武、恒安、十力、末吉、友永、友光、市武、小武久等の名が存在し、地頭と名主との間で地頭得分、年貢抑留等をめぐって相論を繰り返している。室町時代には千葉氏の勢力伸張により、宗像大宮司家領としての機能は失なわれていた。(瀬野精一郎)

はるじし 春地子 ⇩地子《じし》

はるた 春田 (一)中世、冬作畠として利用された年荒田・常荒田。讃岐国善通寺・曼荼羅寺領関係史料に「春田」がみえる。この春田は寺領田地二十七町三段余のうち十三町を占め、これは灌漑用水不足によって稲の作付けができなかった年荒田(十二町八段余)・常荒田(一段)を冬作畠として利用したものと思われ、麦や紅花が栽培されていた。(二)湿田、あるいは耕作のために湛水する田。明治二年(一八六九)吉村春峯編『高知藩田制概略』(『近世地方経済史料』二)に「春田《ハルタ》」として「冬より水を湛へ初夏に至而稲苗を施し、総而麦作をなすことを得ざるもの、又麦田にても其地の手入の為めに春田となすこともあり」と説明している。(三)乾田。この場合は「墾田(治田《はるた》)」の意味。(三橋 時雄)

はるちかりょう 春近領 「春近」の名を持つ所領は、越前・近江・美濃・信濃・上野の国衙近傍に分布しており、禁裏御服などの納入のため、有力在庁が請負った大規模な別名と考えられる。鎌倉期の春近領については、関東御領説と、幕府が納入を請負う国衙直領説の二説がある。『吾妻鏡』文治二年(一一八六)六月九日条では、春近領と郡戸荘の年貢進済が後白河院から源頼朝に求められており、これが信濃春近領の初見史料の可能性がある。信濃の春近領は、奥春近・近符春近・伊那春近の三グループに分かれている。奥春近では志久見(下水内郡栄村・湯沢温泉村)・舟山(更埴市・戸倉町小舟山)の二ヵ郷が確認される。志久見郷は、中野氏が地頭であり、後に婚姻関係によって市河氏に伝領された。鎌倉期、舟山郷には、市河氏・諏訪氏の所領が確認されるが、鎌倉末期には信濃守護重時流北条氏の所領となった。近符春近では塩尻(塩尻市)・島立・二子・新村南・小池(以上松本市)の五ヵ郷が確認されるが、鎌倉期の地頭は不明である。伊那春近では小井弖二吉(伊那市)・赤須(駒ヶ根市)・飯島(飯島町)・片切(上伊那郡中川村)・名子(下伊那郡松川町)の六ヵ郷が史料上確認される。伊那春近は全体が北条得宗家領であり、現地政所によって天竜川氾濫原の公田開発が行われていた。南北朝・室町期、春近領は、守護職とともに知行者が移動する遷替の守護領となったが、その一部は小笠原氏が占拠し、その帰属をめぐり、各郷を知行する在地領主と小笠原氏との抗争の原因となった。(清水 亮)

はるなし 春成 夏・秋年貢(夏成・秋成)と区別され春に納入される年貢。「春済」とも書き、「はるなし」「はるなり」とも読む。春成について、賀茂社領では畠からの春成の地子を二・三月中に納入するとあり(『大徳寺文書』六巻一五〇三号)、醍醐寺の場合でも二月の書状に春成の収納に人を派遣することがみえ(『醍醐寺文書』六巻一二二三号)、東寺領若狭国太良荘の正長二年(一四二九)の名寄帳には馬上免請料・修理替などの用途が春成で三月二十一日以前の収納と定められている(『東寺百合文書』と一四四)。収納の時期は二・三月で、春の勧農作業と密接な関係をもっていた。また、今堀日吉神社の弘治三年(一五五七)三月二十二日の御服年貢注文には、賦課された御服年貢が郷ごとに銭納で賦課されている(『今堀日吉神社文書』)。本来は、冬から春にかけての獲得される畠作物や服などの手工製品に賦課していたものであった。(福島 金治)

はん 半 ⇩大《だい》・半《はん》・小《しょう》

ばん 番 荘園制下では、統率者を番頭、被統率者は番子と呼ばれる。平安時代後半、公家寺社は恒常的に必要な物資の納入や夫役を配下の農民に交替で勤めさせた。とりわけ摂関家の大番舎人が有名である。摂津・和泉・近江の三ヵ国の有力名主の中には摂関家に属し、給田・雑免田・免在家からなる大番領を与えられる代りに、摂関家に奉仕する大番舎人がいた。十日ごとに九十人の舎人が交替で上番し、京番頭と呼ばれる統括者に従って、摂関家の宿直や警固のほかさまざまな雑役に従っている。荘園制が確立する十二世紀ころになると、公家寺社は雑公事を畿内およびその周縁部の荘園に割り当てる体制が整備されてくる。本来はさまざまな規模の名を通じて、名単位に年貢公事の収取が行われるのだが、恒常的かつ均等に収取できるように、荘園内で均等名の編成を行なったり、不均等な名を適宜組み合わせて番に編成している。さらに公事の均等賦課の必要から農民に均等な番田・公事田を配分して農民保有地の均等化をはかっている。

また、十三世紀後半になり、従来年貢公事の徴収の基礎となっていた名編成の解体が進むと、領主側はこれを再編成するために番を導入する例がみられる。何人かの有力名主を番頭に任じ番頭給・番頭免などの特権を与え、他の中小名主を統率させて、担当範囲の公事徴収を義務づけた。さらに年貢徴収にも番編成を利用する荘園も現われる。このように番は荘園領主によって計画的に公事を収取する手段として利用されるとともに、名体制の解体に対応してこれを再編維持する方策としても用いられた。　（富沢　清人）

はんうきめん　半浮免　⇨新官《しんかん》の坪《つぼ》

はんかあと　犯科跡　犯罪をおかして処断された者の跡（田畠・屋敷・財産など）については、とくに犯科跡という。例えば、延応元年（一二三九）七月の鎌倉幕府追加法一一九条に規定される「地頭に違背するの咎」などに見えるように、荘官・百姓等が地頭の行政的職権に対して反抗・敵対したり、身分的差異を無視した誹謗を行なったりした場合には、地頭による検断の対象となり、追放刑という重い刑罰に処せられることになっていた。地頭の側にとってみれば、これは検断得分の対象ともなっていた。他方で、新儀に賦課をかけるなどの地頭の非法によって、その収奪に耐えられない百姓は、逃亡という手段をとらざるを得なかったが、地頭は、逃亡の跡を事実上「犯科跡」とみなして検断権を行使し、排他的支配を実現しようとした。これに対して、地頭非法による逃亡跡とみなす領家側との間で紛争になることがしばしばであった。　（西村　安博）

ばんざいのしょう　板西荘　阿波国板野郡の荘園。現在の徳島県板野町の吉野川流域および上板町東部一帯。建暦三年（一二一三）慈鎮所領譲状案には極楽寺領「坂西庄」とみえる。慈鎮（慈円）は、師の全玄から京都青蓮院門跡領を譲り受けており、慈円も弟子の後鳥羽上皇皇子朝仁親王に青蓮院門跡領を譲った。しかし承久の乱によって親王が籠居したため、慈円から九条家に渡り、天福二年（一二三四）には九条道家の子慈源の所領となっている。このときの所当は米五百石・麦七百石・油五石・雑物。なお貞応元年（一二二二）に定められた年貢は、能米・麦とも二百石（京定・国器）である。鎌倉中期になると、上荘（現、板野町矢武・黒谷・那東・上板町西分・椎本・神宅周辺）と下荘（現、板野町下庄・大寺・大坂・吹田・古城・西中富・中久保・唐園周辺）に分かれたとみられ、上荘は観応三年（一三五二）に、下荘は正応二年（一二八九）には確認される。下荘地頭職は、承久の乱後小笠原氏が獲得し、その後十三世紀後期には小早川氏に移ったらしいが、南北朝期にはいると小早川氏から離れている。南北朝期以降上・下両荘とも、次第に細川氏の影響下にはいった。　（櫻井　彦）

ばんし　番子　⇨番《ばん》

ばんすい　番水　用水の分配に関する方法の一つ。同一の用水源に依存して稲作を行う荘園・村落・用水組合間で、一定の日時と一定の順番で引水する慣行が存在した。すでに中世の大和地方で行われており、近世を経て近代に至っても慣習として残り、近代的な用水施設の完備するまで存続した。中世では、興福寺領の能登川・岩井川の水を用水源としていた神殿荘・三橋荘・四十八町荘・越田尻荘・波多森新荘・京南荘の六荘間で行われていた番水が有名である。応永二十五年（一四一八）の例では、一番三橋荘で五昼夜、二番神殿荘で七昼夜、三番四十八町荘で七昼夜、四番波多森新荘で七昼夜、五番越田尻荘で四昼夜、六番京南荘で七昼夜であった。各荘園での引水期日のほか、間水《かんすい》と称し領主側の事務担当者が権利として引水する日時も存在した。近世になると、番水は全国的に行われたが、その成立が明確な事例も存在する。美濃国根尾川筋の席田《むしろた》・真桑両井組間のものが著名である。両井組は中世から近世初頭にかけて水論を繰り返したが、美濃国奉行岡田将監義政の尽力もあって、寛永十八年（一六四一）に至り番水が成立した。「一日一夜真桑方二夜一日席田方、此分ニ而十二時十八時之積、四分六分相定申候」（『仏生寺村井頭引継文書』）と規定された。番水は真桑井組から席田井組の井元への申込みで開始されたが、直ちに番水となるのではなく、平均水と称して目分量により四分六分の分水がなされ、さらに水不足が進行すると、時間による最終的な十二時・十八時の番水に移行した。その解除は降雨後の水量を見計らって実施された。この要請も真桑井組から席田井組の井元へなされた。番水は村落や用水組合間で水論がおこり、その仲裁の結果合理的な用水の配分方法として成立したが、日時による配分のほか、施設により行うものも存在した。同一組合内の番水の場合、村落内に存在する田方の反別のほか、石高によって時間が決められた場合も多かった。　（大谷　貞夫）

はんぜい　半済　「はんせい」「はんさい」ともいう。㈠一般に年貢公事などを半分納入すること、および㈡室町幕府の一種の土地（荘園）政策ともいうべき半済制度を意味する場合と両様の意があるが、南北朝時代以降は混然としてくる事態も見られる。まず㈠の半納を意味する半済は鎌倉時代から散見される。弘安二年（一二七九）東寺領若狭国太良《たら》荘における半済は「せんれいなき事」（『東寺百合文書』り、海老名季政契状）とされるが、東寺の一円知行を妨げ、半納を招く事態の存在が想定されよう。弘安九年（一二八六）高野山に下された院宣によれば、高野山領荘園で造外宮役夫工米半済の地が相当数存在し、その皆納が督されている。中世後期十五世紀から十六世紀初頭には百姓層による半済（半納）要求という興味ある事態が展開する。山城国では、土一揆を自己の軍事力に組織しようとした香西《こうざい》元長が、土民へ半済を給付し、下京の地子銭免除を行なった。百姓層はこれらを背景にして年貢の半済（半納）を要求していったのである。和泉国では十五世紀末から十六世紀初頭にかけて守護細川氏と根《ね》

来《ごろ》衆など紀伊勢力との間で泉南日根郡などの支配をめぐって抗争が続いていた。こうした状況下、日根荘百姓らは荘園領主九条家と国方＝守護方双方に半済を要求している。こうした惣村百姓中の要請のもと、永正元年（一五〇四）には根来寺と国方＝守護方の間で、泉南日根郡一帯の半済を条件とした和平の儀が成立したのである。抗争の解決手段としての半済という興味深い事例といえよう。

(二)室町幕府下の半済は、南北朝内乱期に国衙領・本所領の年貢半分を兵粮料所として軍勢に預け置いたことから出発した制度で内乱終結後も継承され恒常化していった。観応擾乱の終った観応三年（一三五二）七月、幕府は内乱の激しく戦われていた近江・美濃・尾張三ヵ国の本所領年貢半分を兵粮料所として割分し、一年間を限って軍勢に預け置くよう守護に命じた。半済のスタートである。翌八月には伊勢・志摩・伊賀・和泉・河内の五ヵ国を加え、対象地域は八ヵ国に拡大される。この八月令の特徴は、年貢だけでなく、すでに下地の折半が現実の問題となっていたこと、および寺社一円領が一般本所領と区別されていたことなどである。続いて出された文和四年（一三五五）八月の半済令は、戦乱諸国における半済の実施と所務の本所進止および戦乱静謐国における半済停止を内容とするものであった。延文二年（一三五七）九月にも事実上の半済令が出される。この延文令の特徴は、戦功に対する恩賞や軍勢の懇望などによって臨時に給されていた寺社本所領の下地半分を雑掌に返付し、残り半分は後の判断に任せること、および寺社一円領と禁裏仙洞勅役料所の全面返付などであった。幕府の荘園（土地）政策の根幹となりつつあった半済は、幕府・本所勢力・在地領主層の拮抗の上に展開したものであり、観応三年七月令以降の内容の振幅も、その重大さゆえのことといえよう。応安元年（一三六八）六月に至り、幕府の半済政策は確立する。この応安半済令の内容は次のようなものであった。まず半済除外地として禁裏仙洞御料所・寺社一円仏神領・殿下渡領（約百五十ヵ所の藤氏長者渡領）および足利義詮以来の本所一円知行地、月卿雲客知行下の地頭職などを掲げて部分的に荘園制を擁護する姿勢を示す。そしてこれら以外の諸国本所領を雑掌と半済給人で均分するというものであった。対象国が限定されず全国的に拡大されたこと、戦乱という条件が撤廃されたこと、土地そのものの均分であったことなどが特徴として挙げられよう。かくて本所領の半分は、法的にも幕府―守護―在地領主層の進止下に組み込まれたのである。半済除外地が規定どおり守り続けられる保障はないのであって、荘園制は、その収取物分配構造の側面において変質への道を大きく進めたのである。十五世紀に入っても随時半済の設定は行われていく。この半済預置権は、事実上守護の掌握するところだったので、守護の領国支配＝知行制形成にも大きな影響を与えたのであった。さらに注目すべきことは、かの山城国一揆が、綴喜・相楽の山城国二郡に半済を実施したことである。これは山城国一揆が、ある側面において守護権を継承したことを物語っている。前に(一)で触れた和泉国の事例などとともに、半済の展開といってもよいであろう。（田沼　睦）

はんでんしゅうじゅのほう　班田収授の法　律令制のもとでの水田の占有・用益に関する基本的な法制。律令制では、実態はともかくとして、すべての人民を村落に定住する水稲耕作民として捉えるたてまえをとり、その生活の基礎として水田を配分用益させ、徴税の基盤を確保するために、中国、唐の均田法をモデルとしてこの法を採用した。

『日本書紀』大化二年（六四六）正月甲子条のいわゆる改新の詔に「初めて戸籍・計帳・班田収授の法を造る」（原漢文）とみえるのが史料上の初見であるが、この詔の信憑性については問題があり、かりに何らかの土地制度上の改革が企図されていたとしても、この大化期にどの程度の制度的内容が構想されていたかは不明である。おそらく、戸を対象として一定の基準に基づく水田の配分を行うことはあっても、「収授」すなわち戸口数の変動に伴う定期的な占有水田面積の調整までは構想されていなかったと思われる（この制度は石母田正によって賦田制と名づけられている）。したがって、班田収授法は『近江令』（それが編纂施行されたとして）、または『浄御原令』の施行によって成立したと考えられる。少なくとも『浄御原令』においては、基本的にのちの『大宝令』『養老令』とほぼ同様な制度が確立したとみてさしつかえない。いま『養老令』田令にみえる規定を中心として、その制度の内容を略述すれば次のとおりである。六歳以上のすべての人民は別表に示す基準で口分田を班給され、終身の用益を許される。ただし、田地の不足している国では、その国かぎりの基準を設定して減額班給することも認められていた。この六歳以上という年齢については、班田に先立つ戸籍作製時のそれとみる説と、実際に班田収授を行う時点でのそれとみる説とがあり、また満年齢とみる説と、数え年とみる説とがある。戸籍の作製と班田収授とは、ともに六年の間隔で行われるが、両者の年次関係は、律令時代の明法家によって法理的には別表のよう

受給者		口分田額	比率
良民・官戸	男	2段	9
	女	1段120歩	6
官戸以外の賤民	男	240歩	3
	女	160歩	2

1段＝360歩（≒11.5a）
1町＝10段（≒1.15ha）

年	期日	事項
元年（籍年）	11月上旬	戸籍作製
2年（班年）	5月末日	（農繁期）
	10月1日	田帳・校田／口帳・授口 作製
	11月1日	班田収授
3年	2月末日	

班田実施一覧

造籍の間隔	籍年	間隔	班年	班田の間隔
	持統天皇4年(690)	2年	持統天皇6年(692)	
6年				6年
	*持統天皇10年(696)	2年	*文武天皇2年(698)	
6年				6年
	大宝2年(702)	2年	*慶雲元年(704)	
6年				6年
	和銅元年(708)	2年	*和銅3年(710)	
6年				6年
	和銅7年(714)	2年	*霊亀2年(716)	
7年				7年
	養老5年(721)	2年	養老7年(723)	
6年				6年
	神亀4年(727)	2年	天平元年(729)	
6年				6年
	天平5年(733)	2年	*天平7年(735)	
7年				7年
	天平12年(740)	2年	天平14年(742)	
6年				7年
	天平18年(746)	3年	天平勝宝元年(749)	
6年				6年
	天平勝宝4年(752)	3年	天平勝宝7年(755)	
6年				6年
	天平宝字2年(758)	3年	天平宝字5年(761)	
6年				6年
	*天平宝字8年(764)	3年	神護景雲元年(767)	
6年				6年
	*宝亀元年(770)	3年	宝亀4年(773)	
6年				6年
	*宝亀7年(776)	3年	*宝亀10年(779)	
6年				7年
	延暦元年(782)	4年	延暦5年(786)	
6年				6年
	延暦7年(788)	4年	延暦11年(792)	
6年				8年
	*延暦13年(794)	6年	延暦19年(800)	
6年				
	延暦19年(800)			

(1)*を付した年は確実な史料がないので推定による
(2)延暦20年以降は班年が統一されていないので省略

に説明されていた。しかし、校田帳・授口帳の作製を一ヵ月で終えることは無理なので、実態としては、『浄御原令』の施行以来、元年―二年造籍、三年―四年班田という年次関係でスタートしたとみられる(班年は籍年の二年後となる、「班田実施一覧」参照)。六年ごとの班年には、一般に国司が班田実施の責任者となって(京・畿内では中央政府から班田使が派遣された)、死亡者の分の口分田を収め、新たに受田資格を得た者(六歳以上、十一歳以下)の分の口分田を授けた。ただし、戸ごとに口分田の総額を計算して戸主に対して班給する。班給が終れば、国司は田図・田籍にその結果を記録する。口分田は、普通、その戸の戸口によって耕作され、その収入を以て生活の資とした。その売却や質入れは認められなかったが、国司に届け出た上で、通例、二〇%の賃租料をとって小作に出すことは許されていた。いずれの場合も、実際の耕作者が一段につき不成斤の稲二束二把(実際には律令制以前の成斤の一束五把、米の今量に換算して約三升)を田租として納入することになっており、その収穫量に対する割合は三～五%にあたる。『養老令』に先行する『大宝令』の規定では、右のうち死亡者の口分田の収公の方法に相違があって、生後はじめて田を班給された者が、次の班年が到来する前に死亡した場合は、その分の口分田の収公をその次の班年まで六年間延期するという特例があったとする説が有力であるが、これを認めない説もある。また、さらにその前の『浄御原令』の規定では、受田資格に年齢上の制限はなく、戸籍に登載された者は、全員、田を授けられた(ただし『大宝令』のごとき収公に際しての特例はない)という説が有力であるが、これに批判的な説、あるいはこれこそ『大宝令』『養老令』の内容にほかならないとする説もある。班田収授法は、唐の均田法をモデルとして策定されたものであるが、両者の間には重要な相違点がみられる。唐では租調庸を負担する良民の成年男子(唐では租も人頭税)に対して口分田を支給するのが大原則であったが(寡妻妾の場合など例外はある)、日本では調庸などの成年男子の人頭税とは全く無関係に、長幼・男女・良賤を問わず、そのすべてに口分田を給し、その班給額に前掲のごとき差等を設けただけである。この相違を生じた理由を彼我の立法精神の差に求め、唐の均田法が経済政策的精神に基づくのに対し、班田収授法は社会政策的精神に富むものとする説もあるが、むしろ、わが国の律令法成立期における歴史的条件の中からこの相違点が生じて来たとみるべきであろう。すなわち、賦田制のもとにおいて、特にその初期には戸を対象とする水田の割当てと戸税との間には、それなりのゆるやかな対応が存した、その後、律令国家の統治能力の増大によって、租税制度は唐制をモデルとした成年男子人頭税へと転換していった、しかし土地制度の方は、各戸の水田保有額に急激な変化を来たさないようにという配慮のもとに、男女・良賤別の差等を設けるにとどまった、そのために日唐間の相違を生ずるに至った、とみてよいであろう。

班田収授法確立後、その消滅に至るまでの期間は、㈠『浄御原令』の施行から天平十四年(七四二)の班田に至るまで、および㈡天平十五年の墾田永年私財法の発布から延暦十九年(八〇〇)の班田に至るまで、㈢延暦二十年の一紀一班令の発布から延喜二年(九〇二)ごろまでの三期に分かつことができよう。㈠期は、比較的順調に実施された時期であるが、この間にあって養老七年(七二三)十一月に奴婢の受田年齢が十二歳以上に引き上げられた。おそらく、同じ年の四月に三世一身法が施行され、奴婢所有者層の水田保有高の増大を来たすことに見合う措置であったと考えられる。また天平元年には、従来、死亡者の分の口分田のみを収公し、その収公田をそのまま新規受田者の口分田にあてるということを繰り返して来たため、各戸の口分田の散在的な形態が増幅しつつあったが、これを改善し、同時に、おそらくすでに撰定を終えていながら施行されないままになっていた『養老令』のうち、田令のより簡便な収公規定を部分的に施行するために、全く新規まき直しに口分田を班給し直すという措置が令せられた。これは同年の位田・功田・賜田・職田の受給地に対する改正と一連のものとみられ、少なくとも畿内と近隣諸国では実施されたとみてよい。ついで㈡期においては、墾田永年私財法の発布によって授田に手間がかかるようになって、班田は籍年の三年後に行われるのが常例となり、さらにその遅れが加速されて、延暦十三年の戸籍に基づく班田が、六年後の同十九年にようやく行われるという状況に立ち至った(「班田実施一覧」

参照)。この年は次回の籍年にあたっているから、このまま放置すれば前前回の戸籍に基づいて班田を行うという状況を招来しかねない。そこで、延暦十九年の戸籍に基づく班田を一回省略することによってこの状況を打開しようとして発布されたのが、翌二十年の一紀一班令である。班田収授の実施が次第に困難となりつつあった様子が看取されるが、その間、延暦十一年には京・畿内の良民男子の受田額は令制どおり、女子のそれはその残余(令制よりはかなり少なくなったと思われる)とされ、奴婢には全く班給しないこととされた。㈢期は班田収授法の崩壊期である。この期には全国一斉に同時班田という原則が破れ、国によっては数十年も班田が行われないという状況を生じた。畿内では弘仁元年(八一〇)、天長五年(八二八)、元慶三(八七九)―七年の三回、その他の諸国では、その終末期はまちまちであろうが、ほぼ延喜二年までに多い国でも五、六回実施されたにとどまると思われる。この間における制度改正としては、大同三年(八〇八)に六年一班制に復帰し、承和元年(八三四)にまた畿内に一紀一班令を発したことなどがあげられる。この㈢期は、一般に律令体制そのものが崩壊していった時代であるから、班田収授法もこれと揆を一にしているといってよいが、特に班田収授法に直接した最も大きな崩壊原因としては、土地公有の原則に反する永年私財法の発布によって初期荘園が成立し、発展していったことを挙げなければならない。これによって、水田に対する律令国家の規制は二本立ての路線をとることになった。もとより班田収授法は既墾田を対象とし、永年私財法は新規開墾田を対象として、両者の発現する世界は、一応、別であるが、それは理念上のことであって、現実には両者は交錯し、班田収授法の実施を困難とする種々の現象を惹起した。劣悪な墾田と上質の口分田との不正な交換、山川藪沢の独占による村落生活の破壊、農民の逃亡による荒廃田の増大、校田の困難化、偽籍の増大などはその例である。もともと日本の律令土地法においては、田地の開墾に関する一般的な規定を欠いていた。すなわち、土地利用の動態的側面に対する配慮が薄かったのである。したがって、少なくとも三世一身法は、律令土地法の原則と整合性とを保ちながらこの点を補完しようとしたものと見ることもできよう。そして、永年私財法がこの三世一身法の延長線上にあることを考えれば、むしろ、この律令土地法に内在した欠陥をこそ班田収授法崩壊の素因として捉えるべきかも知れない。それにしても、この班田収授法は、七世紀末以来、八世紀を通じて、少なくとも一世紀にわたって施行された。そしてこの間、造籍とともに律令国家の公地公民制の枠組みを支えるものとして有効に作用し、結果として、村落内の階級分化の進行を阻止する効果をも併せ有したとみてよい。　(虎尾　俊哉)

はんでんのうみん　班田農民　律令制下の農民。国家から一定額の田地を班給されたことによる名称で、昭和期に入ってからの用語。当時の農民は、六年ごとの戸籍、毎年の計帳を通して国家に掌握され(公民)、五十戸一里の戸に編成され(編戸民)、その戸籍に基づいて、国家から男子は二段、女子はその三分の二(六歳以上。一歳以上説もある)の口分田が班給され(班田農民)、租税として、口分田には租、男子(十七―六十五歳)には調・庸・雑徭・仕丁・兵士役などの諸負担が課せられた(調庸之民)。考古学の研究によれば、八世紀の農民の住居は、畿内では掘立柱住居が普及していたが、一般には竪穴住居が主で、一部掘立柱住居が登場しつつある状況とされている。それらの住居の四～五軒が当時の戸の平均規模(二十人前後)で、農業経営単位であったと推定される(二軒前後規模の房戸単位説もある)。その生産形態については、制度的には宅地を基地として、口分田を中心とする水稲、園地における蔬菜と桑漆、霊亀元年(七一五)以降の陸田における雑穀(麦・粟など)などの栽培が基本的形態として指摘されるが、実際には多様である。そこでは口分田生産を補充するものとして、乗田(班給後の剰余田)や他者の田地(口分田・墾田・庄田など)の賃租=小作(収穫の五分の一の地子)も行われた。一方、資力のあるものは、積極的に空閑地の墾田開発をはかり、天平十五年(七四三)墾田永年私財法により、ますますその営田と私出挙の拡大をすすめ、富豪・田刀《たと》層へと分化発展した。一般農民の一年間の農業暦は、春二月、まず人々が神社に集まり、共同飲食して五穀豊穣の祭を行い、ついで二月下旬から三月初旬にかけて播種《はしゅ》作業が行われ、種稲の不足者は国家から出挙(利付貸付)を受けた。夏四月下旬から五月初旬にかけ、適期に集中作業を必要とする田植が行われ、その労働力確保のために余分の食糧が必要となり、また国家から出挙を受けるものもあった。以後、除草・稗抜きの農作業があったが、八月上旬までに調庸物の製作も行われ、その布製作は主に女子によってなされた。秋九月には刈り入れが行われ、田植時と同様に集中労働を必要とした。稲の調製は脱穀から精米まで、搗臼《つきうす》により一貫した作業で行われ、多く女子がそれにあたった。収穫後にはまた人々は神社に集まり、初穂を神に供え、共同飲食して収穫祝いの祭を行なった。その一方、秋から冬にかけて、租・戸別の義倉(備荒貯蓄・窮民救恤《きゅうじゅつ》)の輸納、出挙本利稲の返済、調庸物の京送とその運脚、国司による雑徭=労役(六十日)の徴発などのきびしい租税輸納を行わねばならなかった。　(宮本　救)

ばんとう　番頭　荘園における下級荘官の一つ。平安時代中期以降、荘園領主は荘園の下地《したじ》をいくつかの番に編成し、夫役《ぶやく》や雑公事《ぞうくじ》を徴収する単位としたことがあるが、この番の責任者が番頭である。大治二年(一一二七)加賀国額田荘寄人等解(『宮内庁書陵部本医心方裏文書』)にみられる番頭十名の連署が文書にみられる初見といわれている。一つの荘園内における番の数は、夫役などを十二ヵ月に割り振ることができるように、六の倍数になっていることが多い。また、一つの番の面積は、均等に編成

されている場合(摂津国垂水荘・和泉国春木荘など)と、不均等の場合(和泉国近木荘・遠江国初倉荘など)とがある。番の呼び方も、一番二番と数詞で呼ぶ場合と、地名・人名などの固有名詞を冠して呼ぶ場合とがあった。番頭は、番内に名田《みょうでん》をもつ有力名主《みょうしゅ》か古老百姓中の器量の者が、荘園領主や下司によって任命され、番頭給・番頭免とよばれる給田や免田の特権を与えられていた。これに対して番内の一般の百姓は番子とよばれていた。また、荘園だけでなく、摂関家大番舎人がこれに任ぜられ、番役勤仕の責任が課せられていた。このような下級荘官としての番頭は、一面では在地にあっては村落の有力者であり、村役人的な存在であって、南北朝時代から惣村とよばれる村落の自治組織が発達すると、惣村の指導者としての役割を果たす場合が多かった。↓大番舎人《おおばんとねり》

(福田栄次郎)

ばんどうふ　坂東夫　⇩鎌倉夫《かまくらふ》

はんにゃののしょう　般若野荘　越中国礪波郡にあった荘園。現在の砺波市全域と東礪波郡庄川町・高岡市の一部地域。文治二年(一一八六)内大臣徳大寺実定が家領般若野荘に対する比企朝宗の押妨抑留停止を源頼朝に求めた『吾妻鏡』の記述が史料上の初見であるが、立荘はさらにさかのぼると見られる。鎌倉期に下地中分されたと見られ、南部は領家方、北部は地頭方となった。地頭方は室町期に入り幕府料所化し、康正二年(一四五六)の造内裏段銭・国役賦課の際は、給主堤新次郎が計二十貫文を京済している。地頭方は延徳二年(一四九〇)相国寺常徳院に寄進され、この時点では京着三十貫文を毎月京進での納入となっている。領家方は明徳四年(一三九三)に、足利義満御内書により守護使不入の確認と役夫工米以下国役免除がなされているが、室町中期以降守護代の介入などにより納入が難渋し、徳大寺実淳が在国するなど再興が図られたが達し得なかった。

参考文献　『砺波市史』資料編一

(石崎　建治)

はんふゆ　半不輸　平安・鎌倉時代、所当・公事の一方ないしなかばを寺社などに免給し、残りを国衙分とする土地制度上のシステムないしその土地をいう。天福元年(一二三三)の六波羅注進十七ヶ条の一項に「半不輸所々、地頭方公事可㆓勤仕㆒否事」があり、「或弁㆓済所当於国司領家㆒、令㆑勤㆓仕公事於寺家社家㆒所々在㆑之、又弁㆓済所当於国司㆒、令㆑勤㆓仕公事於権門御辺㆒地等在㆑之」と、半不輸の二形態が指摘されている。後者が通常雑役免田といわれるものであり、大和国に広く存在する東大寺領の「雑役免田」や、興福寺領の「進官免田」などはこれにあたる。一方、薩摩・大隅・日向の三ヵ国にまたがる摂関家領島津荘の寄郡は前者の例である。寄郡では通常の雑役免田と異なり、検田が荘官によって行われ、所当も領家側が優先的に収取した。また荘園の拡大過程で問題となる出作田や加納田、それに荘園に付属する新開発地域である別符、封戸に代わって寺社に給与される便補保なども広義の半不輸といえる。十二世紀以降、荘園整理政策にもとづく荘公区分の明確化に伴い一般的には半不輸領は縮小に向かう。ただ平家政権下では、平家の権勢にとり入る知行国主などによって国衙領の事実上の平家領化が各地で進行し、これらは多く半不輸であった。↓不《ふ》輸《ゆ》不《ふ》入《にゅう》

(工藤　敬一)

はんます　判枡　枡の外側あるいは内側に花押もしくは焼印を据えた枡。この花押は領主権力の具体的表現であって、統一枡として機能した。室町時代荘園領主が没落し、枡に対する統制が失われると、私枡が横行し枡の混迷期を迎える。こうした中で微力ながら枡の近世的統一への兆候を示すのが判枡である。室町時代末期には荘園領主は貢租確保のため判枡による枡の統合を図り、守護大名さらに戦国大名によって領国内の独占的量器として、従来の中世的な私枡を整理抹消して判枡は定着し、近世的な統一枡発展の端緒を開いていく。織田信長は京都の代表的商業枡であった十合枡を公定枡と指定し、奉行人に花押を記させたと考えられ、この信長の判枡である京都の十合枡が京枡であろう。豊臣秀吉は太閤検地の実施にあたって京枡使用を規定し強制したが、この京枡を普及することを目的として判枡が作製された。播磨国姫路の芥田氏の子孫に伝来した増田長盛・浅野長政の花押のある判枡、および法隆寺の判枡が現存するが、前者は縦五寸一分、横五寸一分五厘、深さ二寸四分五厘、六万四千三百四十九・二五立方分、現量(新京枡)で九合九勺六撮である。

(大野　瑞男)

はんめん　半免　在家役が特定の給主に得分として付けられる免家(免在家)の一形態。半免は、応永十五年(一四〇八)の高野山領志富田荘在家支配帳に、荘官や高野山の僧の支配対象の免家が八十九あり、そのうち半免が八みえる。この半免は一般在家に対して負担能力が半分か、または半分が他の給主に付けられた状態にある免家と考えられる。また、延元二年(一三三七)の官省符荘在家支配帳には「半免ハ置二人」とみえ、免家一宇分の公事の半分をはたすものとみえ、半免二宇で一宇分の在家役の負担することによりできた語彙であった。

(福島　金治)

はんやく　半役　正規の課役である本役の半分の意。「定め置かるる諸酒屋役の条々の事、新加の在所に於いては、六ケ度、半役たるべし、以後に至りては、本役として其の沙汰を致すべし」(原漢文、『中世法制史料集』二、追加法)などとみえる。近世初頭の役屋制度のもとでは公事の本役を負担できるか、半役しかできないかで、身分的差が明確にされた。半役は村落の構成員としても一人前の扱いを受けなかった。江戸時代、軒別賦課を負担した農民が一軒前・一戸前と呼ばれたのに対し、これを負担できず軽減された百姓をいう。

(富沢　清人)

ひ

ひ　樋　川や池から水を送るために構築された管や水路、また放水するために造られた水門。杁樋ともいい、水の放出口を樋口という。樋の修築は水田開発と密着しており、鎌倉後期、海の干拓がすすむ肥後国八代荘では鞆井樋の修築が行われ、堤防(塘)と水門に井樋が設置された。また、古利根川流域の低湿地開発である金沢北条氏領武蔵国赤岩郷では、赤岩樋の構築は堤奉行に命ぜられており、樋は堤などの修築とセットであった。樋の構造には、承保二年(一〇七五)の播磨国赤穂郡久富保の荒井溝の場合、土樋と木樋があり、摂津国垂水荘では出樋《でひ》と伏樋《ふせひ》がみえており、これは明渠と暗渠の二構造を示している。また、樋が地中に埋設されているものを埋樋、傾斜した樋に数個の穴をあけて樋の最底部の水も放出できるようにしたものを尺八樋ともよんでいる。　(福島　金治)

ひいのまき　肥伊牧　大和国宇陀郡の牧。『大宝令』の厩牧令により設置されたと思われる。貞元三年(天元元、九七八)の県《あがた》仲子檜牧充行状案(『東寺百合文書』ツ)によると、檜牧地に相当すると思われ、これは宇陀郡上県二条肥伊里にあたり、「四至(限東焼峯、限西比曾口、限南巒峯、限北下津尾)」からみると現在の奈良県宇陀郡榛原《はいばら》町大字檜牧《ひのまき》・自明《じみょう》・内牧《うちまき》・高井の地域に比定される。南を限る「巒峯」は伊那佐山のようで、芳野《ほうの》川と内牧川の間であったろう。また肥伊里は霊亀元年(七一五)の郷里制の里と思われ、肥伊牧の設置と相前後して開発された古代村落をつつむ地域であろう。『日本後紀』延暦十八年(七九九)七月庚午(二十八日)条に「停二大和国宇陀郡肥伊牧一、以下接二民居一損中田園上也」とある。肥伊牧の停廃は肥伊里の集落に接し、田園を損することによるとみえるが、延暦十一年の軍団制の廃止により牧の必要度が薄らいだことによるものであろう。その後県氏の開発がすすみ檜牧荘が形成されるが、私牧ともなり、牛馬が放牧されたものと思われる。　→檜牧荘《ひのまきのしょう》　(朝倉　弘)

ひえじょうぶんまい　日吉上分米　日吉社・比叡山領荘園からの年貢米や日吉田などの神田から納入される上分米をいう。具体的事例には、正嘉二年(一二五八)、安居院実忠が実盛に蓮華王院領若狭国名田荘を譲与した際に日吉上分について上納の履行を約束した例や、永和元年(一三七五)の近江国堅田荘の売券に日吉上分の納入が義務づけられている例があり、領域的にもそれを納入する身分についても広範な形態で収納されていた。こうして納入された上分米は神物として神聖化され、大津の日吉社神人は受領らに高利で貸し付けたり、村落住人に対して彼らの田を質入れさせて出挙による貸し付けを行なった。神物であるという理由から取り立ても厳しく、徳政令の対象外とされるなど約束の履行が強固に求められたために、日吉神人が京都と遠隔地との交易を行い商人化するに際しての基盤を形成した。　(福島　金治)

ひおきのしょう　日置荘　(一)薩摩国日置郡の荘園。「へきのしょう」ともよぶ。現在の鹿児島県日置郡日吉《ひよし》町・吹上町付近。平安時代に日置郡日置郷をもとに成立した荘園。平安時代末期までには日置郷は北郷(日吉町)と南郷(吹上町永吉)に分かれ、北郷内の三十町は宇佐弥勒寺領として日置荘とよばれたが、他は摂関家領島津荘に加えられ、そのうち北郷七十町と南郷内外小野十五町とは、鎌倉時代、文治三年(一一八七)下司平重澄の寄進により併せて伊作荘とともに一円荘となっている。この島津一円荘日置北郷を日置荘とよぶこともあった。前者の下司は本領主の大江姓小野家綱・家重らの系統であり、後者の下司は伊作平氏の平有純・弘純らであった。地頭はともに島津(伊作)氏であり、同氏は荘園領主や下司らと相論をくり返し、鎌倉時代末期までには和与・下地中分などによって勢力を拡大、南北朝時代以降は実力によって両荘域を支配下におくに至った。　→別刷〈荘園絵図〉

参考文献　郡山良光編『薩摩国伊作荘史料』(『九州荘園史料叢書』五)　(五味　克夫)

(二)伊勢国一志郡の荘園。現在の三重県一志郡一志町付近。嘉元三年(一三〇五)四月のものとされる『摂籙渡荘目録』(『九条家文書』)に東北院領として、「日置庄、免田廿町、年貢八丈絹十疋」とあり、暦応五年(康永元、一三四二)正月の同目録にも同様の記事がある。室町時代の『満済准后日記』応永二十二年(一四一五)九月四日条には「日置庄事、遣伊勢因幡入道状、使者弘忠僧都」とあって、当荘園に関して使者が派遣されていることがわかる。　(倉田　康夫)

ひがきのしょう　檜垣荘　大和国添上郡にあった荘園。現在の奈良県大和郡山市横田町の地。(一)興福寺雑役免荘。延久二年(一〇七〇)の『興福寺雑役免帳』によると常楽会免田一町の荘園だった。一方、寿永二年(一一八三)の興福寺政所下文によると、檜垣荘は甲斐公忠弘の所領で田積は三十六町百八十歩だったという。なお、この地には大乗院領檜垣荘も成立しており、室町時代には同院方衆徒窪城氏と同院方国民長谷川党の森屋筒井氏が支配していた。この添上郡檜垣荘の南に接し、山辺郡内に、常楽会免田五町・良因院田一町二段余・公田畠十三町三段余からなる興福寺雑役免荘檜垣荘(檜垣本荘)があった(『興福寺雑役免帳』)。(二)東大寺雑役免荘。『東大寺要録』六所引湛照僧都分付帳によると慈恩寺田二町九段・神戸田六段・勧学院田二町七段・法花寺田九段からなっていた。　(泉谷　康夫)

ひかさのしょう　日笠荘　備前国和気郡にあり、当初は日笠保。現在の岡山県和気郡和気町の北部にあたる。官

中便補地由緒案によると、本領主藤原季景から寄進を受けた小槻国宗が、建久八年(一一九七)に朝廷に申請して官祈願所の便補保とし、以後、小槻氏が地主職を相伝したという。弘長三年(一二六三)の官祈願所注進状によれば、十二月の如意輪法供米百石を納めることになっていた。また山方請伏物として縄・茅筵・炭・串柿・薪・漆、ほかに塩・畳・押漬物・鷹・松などが納められていた。鎌倉末期には小槻家内部で家領の相伝をめぐって相論が起こるが、元弘三年(一三三三)には壬生(小槻)匡遠の当知行が安堵された。鎌倉期には北条氏一族の佐介氏が地頭であったが、幕府滅亡後はこれも匡遠に付された。「新田御庄益原日笠分」あるいは「新田庄日笠保」のように、日笠保が新田《にった》荘(現、備前市)の一部であるとする史料も見えるが、詳細は明らかでない。 (馬田　綾子)

ひがしきどののしょう　東喜殿荘　大和国高市郡の荘園。現在の奈良県橿原市上飛驒町の地。東大寺御油免田。東大寺の燈油は本来大和国の正税によって納められていたが、のち浮免田の所当に変わっていった。十一世紀の前半大和国守となった源頼親は自己の私領六十六町を御油免田にあてて定免化し、その所当中よりこれを納めることにした。この六十六町のうち十町分があてられて東喜殿荘は成立した。本来は町別油一斗を出す定めであったが、久安三年(一一四七)の注進状によると、町別油一斗のほか、副米二斗二升・土毛米四斗・菓子五合・薪五束・紅花三十枚・結解米四升を出すことになっている。久安年間すでに興福寺西金堂衆らの妨げがあったが、鎌倉時代を通じて存続した。しかし、永仁三年(一二九五)には六町に減じ、油の収納も思うにまかせず、御油目代の沙汰を止めて御燈聖に直納させるように変更したりしている。そうして、文和二年(一三五三)の燈油押領人交名注進状を最後に、史料上より姿を消す。 (泉谷　康夫)

ひがしくじょうのしょう　東九条荘　山城国紀伊郡北半部に散在した荘園。現在の京都市南区東九条付近。東九条領とも呼ばれた。十三世紀初頭の紀伊郡里々坪付帳には下布施里以下各坪ごとの領有関係が詳細に記載されており、当該地域の顕著な入り組み散在状態が見てとれる。立荘については、九世紀後半に藤原良房女明子の所領として始まり、忠通の時にその娘皇嘉門院に伝えられ荘号が立てられたという。その後治承四年(一一八〇)九条良通に譲られ、父兼実、宜秋門院、道家、忠家と代々九条家に伝領されたことが知られる。当荘を実質的に管理した下司職は、忠通の代に伊予権守菅原利宗が補任されて以後、文永年間に宇治氏に譲与されるまで代々継承された。そののち下司職は宇治氏の子孫によって伝領されてゆくが、室町期に入ると、後に九条家家司として活躍する石井氏が補任される。当荘の支配の実質はこの石井氏にうつったものの、九条家領として維持され、中世末にいたっている。 (宮崎　肇)

ひがしくぜのしょう　東久世荘　山城国乙訓郡にあった荘園。現在の京都市南区築山町付近。当荘は東久世相伝系図によれば村上天皇の孫六条顕房を領主の祖とし、以後久我雅実、中院雅定、久我雅通と代々久我家の嫡流に伝領されたという。南北朝期以降は、安楽寿院を本家、領家を久我家として史料上にあらわれる。当荘は築山荘とも呼ばれるが、「築山」の名は明応四年(一四九五)の用水相論の際に作成されたとみられる桂川用水指図案にみえ、永禄十二年(一五六九)足利義輝御判御教書には「東久世庄〈号築山〉」と記されている。なお、荘名の終見史料は、永禄十二年三月四日付久我家が足利義昭から当荘の一円支配の安堵を受けた足利義輝御判御教書である。 (宮崎　肇)

東喜殿荘

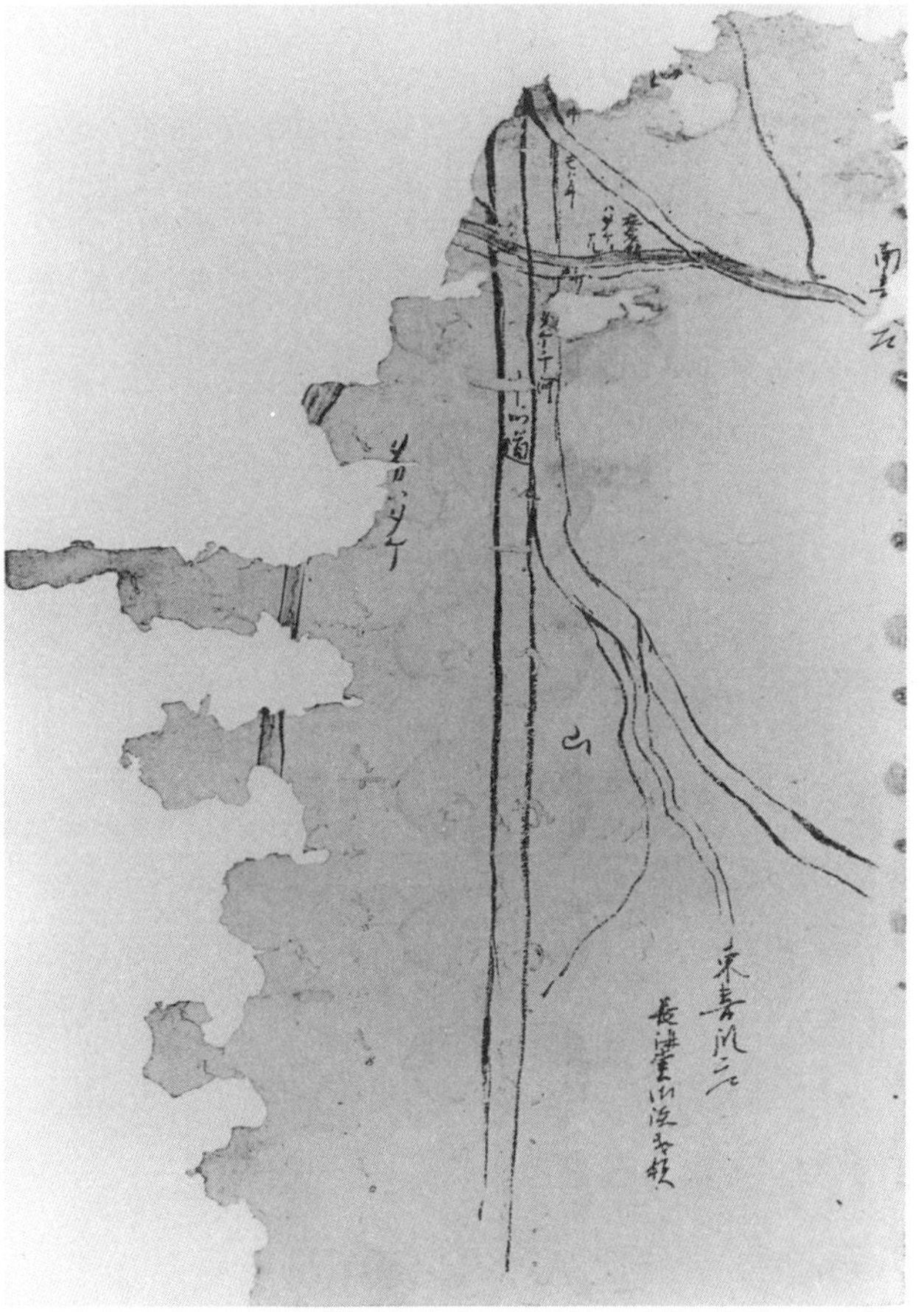

大和国東喜殿庄与南喜殿庄用水相論指図

ひかん　被官　被管とも表現され、元来は管轄される者の総称であり、令制にあっては上級官庁に対する直属の下級官庁を指した。平安時代後期以降は家人・家来と同義に用いられるようになったが、中世前期には法制用語として被官概念は成熟しておらず、概して有力者と劣勢者の関係における後者の漠然たる呼称にすぎなかった。その意味では広く主従関係上での従者をあらわす用語として使用されたもので、武家固有の従者群—家人・郎等—と同列に扱うことはできず、被官の主人たり得たものには、武士以外に貴族・寺僧・神官・百姓など、さまざまな階層があった。以上のごとく被官概念ははなはだ広義に用いられたが、これを大別すると、㈠武家と、㈡これ以外の百姓および一般用法に分けられる。㈠の武家被官の場合、一定の資格をもって主従的結合をなした者を指し、『今川仮名目録』に「他国之者、当座宿をかりたるとて、被官の由申事、太曲事也、主従之契約をなし、扶助之約諾の上、証人あるにをいてハ、被官勿論也」(追加七条)とみえ、被官たる要件として主従の契約、扶助之約諾、証人が必要とされている。かかる被官契約の慣行は南北朝時代以降散見され、中世後期には分国法の中に定着していった。武家被官の階層に関しては中世前期にあってはその本来的語義から従者はすべて被官であり、国人も守護被官として扱われた。その後大名領国制下にあっては被官の用法が固定化され、一定の階層にのみ用いられるようになった。たとえば『大内氏掟書』に「前々ハ御家人たりといへとも、其身のとか(科)によって、或ハ出仕を止させられ、所帯を没収せられて、侘傺《たてい》の余に、子孫を以傍輩の被官になし、郎従の契約に及ふ事、太以不レ可レ然」(一七一条)とあり、被官と郎従との類似性が指摘でき、この両者が同一の階層の呼称であることを確認し得る。ただしこの段階の郎従は御家人と同一レベルのものではなく、御家人の扶持を受け、これを主人と仰ぎ主従の結合となす存在である以上、被官もまたかかる階層に位置づけられる。要するに御家人の封建的従者として、階層的主従制の下部構成要因と規定できる。次に㈡の用法を見ると、前記の『大内氏掟書』に「禁制、一、非職人、非二諸人之被官一者、他国之仁、於二当所一不レ可二寄宿一事」(九一条)とあり、被官の一般用例を確認できる。また、百姓被官については、『塵芥集』に「其(百姓)名子にても、百しやうのひくわん(被官)にても、かくすところのてんちを申あらはすにいたつてハ、其者のとかをゆるすへし」(八一条)とあり、名子とは別階層として被官が位置づけられているものの、その地位は、独立人格を保持し得ず、成敗権は主人に委ねられていた。近世になると、百姓被官はもっぱら本百姓の隷属百姓として、水呑・添人・名子と同様に扱われるに至り、町家にあっては下男・下女に限定して使われるようになった。

(関　幸彦)

ひかんびゃくしょう　被官百姓　中世・近世に地頭や土豪あるいは本百姓に従属する百姓身分のものを被官百姓といった。被官とは本来は被管、すなわち官衙で上級者に管轄される者の意であったが、平安時代後期以降は主従関係の従者をあらわす語に使用され、比較的身分の低い者をさしていたが、下人よりは上位であった。室町時代以降は地頭や土豪が百姓身分のものを従属させたとき「被官百姓」と称したが、伊達家の法度では、地頭に隷属する百姓を被官といい、地主に隷属する百姓を名子《なご》とよんで区別している。中世から近世にかけての変革のなかで、戦国武士が土着した場合、旧来の家臣の多くは主家の被官百姓となっている。江戸時代に入り地頭も地主も本百姓として統一されると、被官と名子の実質的な区別はうすくなっている。被官百姓は主人に対し農繁期に農業労働や家事労働を提供したが、主人によって売買されることもあり、主人に生殺与奪の権を握られていた。被官百姓は江戸時代を通じてみられるが、先進地域では身代金などを支払って被官身分から普通の百姓となるものもいた。一方では下人が家を与えられ耕地を貸与されて被官百姓となるものもいた。概して東北地方などの後進地域に多く残存した。　→名子《なご》　→被管《ひかん》

(福田栄次郎)

ひき　疋　㈠絹・絁《あしぎぬ》・縑《かとり》・紬《つむぎ》・羽二重《はぶたえ》・緞子《どんす》・綢《つむぎ》・紗《しゃ》・綾《あや》・羅《うすぎぬ》・錦《にしき》・和妙《にぎたえ》・荒妙《あらたえ》、さらに江戸時代長崎に輸入された絹・木綿《あやぎぬ》など高価な織物の長さの単位。古訓は「むら」、匹とも書く。『日本書紀』大化二年(六四六)正月甲子朔条の「改新の詔」に「田一町絹一丈、四町成レ疋、長四丈・広二尺半、絁二丈、二町成レ疋、長広同絹」とあるのが初見である。ついで『養老令』賦役令調絹絁条にも、「正丁一人絹絁八尺五寸、六丁成レ疋、(長五丈一尺、広二尺二寸)美濃絁六尺五寸、八丁成レ匹、(長五丈二尺、広同絹絁)」とある。平安時代の『延喜式』以後、中世・近世になっても、高級織物の単位として使用されているが、長さと幅は不明、品目により相違しているらしい。主君から下賜される反物のような場合に使用されている例が多い。現在では、二反(段)を一匹としている。

㈡銭貨の単位。一疋は銭十文。『明月記』安貞元年(一二二七)閏三月二十二日条に「五万疋(鵝眼五百貫伝々)」とあり、また、嘉禎四年(暦仁元、一二三八)八月十二日付の「小槻季継任官功程勘文」に「銭一貫文以十文為一疋」とある。疋はもと准絹《じゅんけん》の単位として用いられていたが、ちょうど貨幣に代わる准絹の使用が衰え、銭貨が主流になりつつあったこのころから、銭の単位として用いられるようになった。それは右の例のように「疋」という単位に注をつけて用いていることからうかがえる。もっとも『延喜式』春宮坊来年雑用条に「銭五百疋」とあり、銭の単位としての疋はこれが初見であるが、同書にはほかに同様の例はなく、当時一般に用いられたとは認め難い。なお、後世儀礼的に金一分を金百疋と呼ぶような用法があったが、それは銭の右のような数え方と、江戸時

(水野柳太郎)

代には銭四貫文を以て金一両にあてるという幕府の定めた規準があったことからおこったことである。　(滝沢　武雄)

ひきのしょう　日置荘　尾張国海西郡の荘園。「へき」とも訓む。現在の愛知県海部郡佐屋《さや》町日置《ひき》付近にあたる。古代の海部郡日置郷の地に成立した摂関家領荘園で、久安六年(一一五〇)には藤原忠実から子息頼長に譲られている。頼長が保元の乱で敗死した後は、皇室領に編入されたものと思われるが、源平合戦のころ、源頼朝の管領するところとなり、ついで文治三年(一一八七)、頼朝から京都の六条左女牛《さめうし》若宮八幡宮に寄進された。南北朝時代以降は同宮別当職《しき》を有する醍醐寺三宝院門跡が知行した。また、室町時代には当荘領家職は興福寺に入っていたことが知られ、その年貢は春日社大般若経転読料所に充てられている。荘域は木曾川下流の三角洲地帯で、鎌倉時代後期には近隣の富吉荘と成洲をめぐって争論している。平安時代後期の田数注文によれば田積は六十町で、その内に新作二十余町があったというが、これも洲の開発によるものかもしれない。応永三十二年(一四二五)には洪水の被害を受けたため、左女牛宮放生会に納める絹が滞ったという。　(田村　憲美)

ひさとみのほう　久富保　播磨国赤穂郡内の保。現在の兵庫県相生市付近。矢野荘の前身をなす所領。当保は平安時代中期延久・承保のころ、播磨国赤穂郡の郡司秦為辰の先祖相伝の所領としてその名がみえ、為辰は承保二年(一〇七五)郡内の人夫五千余人を徴発して久富保の井溝を修築し、荒田を再開発して五十町歩の田地を造成し、また承暦三年(一〇七九)にも同保の石井流の破損を修復して不作田三十町歩を再興して私領としている。そして保延二年(一一三六)に至って、鳥羽上皇の院庁牒によって検注が行われ、矢野荘として荘号が立てられた。→矢野荘《やののしょう》　(水野恭一郎)

ひしかわのしょう　菱河荘　山城国乙訓《おとくに》郡の荘園。現在の京都市伏見区羽束師菱川町付近に位置した。摂関家(近衛家)領。京極殿(藤原師実)領として師通・忠実・忠通・基実を経て近衛基通が伝領、近衛家に入った。建長五年(一二五三)の『近衛家所領目録』によれば当荘は基通から妻北小路尼に処分、同尼から子息円満院円浄に譲られている。下って、大永四年(一五二四)の『雑々記』にも当荘がみえており、戦国時代に至るまで、同家領として存続した。また、当荘の領家職《しき》は基通のころ、女房三位局(五条大納言邦綱妻)が知行したが、三位局が、基通子息で南都興福寺に入り一乗院門跡となった実信の乳母であった関係から同門跡領として伝領されている。　(田村　憲美)

ひじのしょう　日出荘　豊後国速見郡の荘園。別府湾の北岸、現在の大分県速見郡日出町の日出地区を中心とする地域。領家は宇佐八幡宮の神宮寺であった弥勒寺であり、石清水八幡宮を本家とし、平安時代後期には成立していた。水上交通の要衝にあったため国衙との係争の地であり、弘安八年(一二八五)の『豊後国大田文』では「日出津島　漆拾町　相模守殿」と記され、大神《おおが》荘の一部のごとく扱われて、北条氏が地頭職《しき》を有していたことがわかる。南北朝時代以降には大友氏の庶流である戸次《べつき》氏や田原氏が荘内に勢力を有していた。天正四年(一五七六)十一月十五日の『日出荘検田名寄帳』によれば十六の名《みょう》が確認され、この時期まで存在していたことが知られる。　(海老澤　衷)

びぜんのしょう　備前荘　大和国城下郡の荘園。現在の奈良県天理市備前町付近。興福寺領。平安時代には雑役免荘で十町八段小(延久二年(一〇七〇)『興福寺雑役免帳』)。鎌倉時代初期同寺竜花院領であったが、室町時代には同寺大乗院領とみえる(『三箇院家抄』)。下司は乙木竹内氏、公文は備前氏。　(朝倉　弘)

ひだのしょう　飛騨荘　(一)大和国高市郡の荘園。現在の奈良県橿原市飛騨町付近。東大寺領。天平勝宝八歳(七五六)孝謙天皇の勅施入という。田地一町三段二百九十二歩、地六町九段三百三十一歩、屋三宇、倉三宇。その後荘園として発展し、天暦四年(九五〇)の『東大寺封戸荘園并寺用帳』では田数七町六段三百四十七歩とある。嘉応元年(一一六九)の『飛駄荘内検帳』(以上『東大寺文書』)では一名《みょう》六段余から八段余の名が七名、下司田畠一町、本家佃一町五段、池内(荒)六段で計八町三段四十歩内とみえる。各名は田畠から成るが、うち田地は三段百五十歩が一名、三段百二十歩が五名、三段が一名とあってほぼ平均し、田地が畠地とみなされるなどの調整がみられ、均等名荘園ともみなしうる。鎌倉時代中期興福寺からの侵害があった。(二)飛太荘。大和国高市郡の荘園。現在の奈良県橿原市飛騨町付近。南北朝時代以降興福寺一乗院領で三町一段大(天理図書館蔵『一乗院文書』)。　(朝倉　弘)

ひととのしょう　一青荘　能登国鹿島郡の荘園。現在の石川県鹿島郡鳥屋町の付近、邑知潟低地帯の中央部にあった古代中期以来の荘園。藤原頼長領であったが、保元二年(一一五七)に没官されて院領となり、同三年には石清水八幡宮領となったが、承久三年(一二二一)に注進された『能登国田数目録』では、「一青庄、捌拾町」と記されている。その後、南北朝時代ころには西園寺家領となり、永正十年(一五一三)には禁裡御料所があったという記録がある。「一青」を「ひとと」とよむのは、「一青」は「一音」と誤ったためではないかとか、「ヒトトドリ」という鳥の名より起ったものではないかとか各説があるが、明らかではない。　(若林喜三郎)

ひとよしのしょう　人吉荘　肥後国球磨郡の荘園。現在の熊本県人吉市域。本荘と東郷よりなり、建久八年(一一九七)の球磨郡田数注文(図田帳)によると公田数六百町、本家は蓮華王院、領家八条女院、預所中原清業で、下司人吉次郎以下、須恵小太郎・久米三郎ら郡内各地の在地勢力が荘官となっている。清業は平頼盛の後見・郎従で

飛驒荘

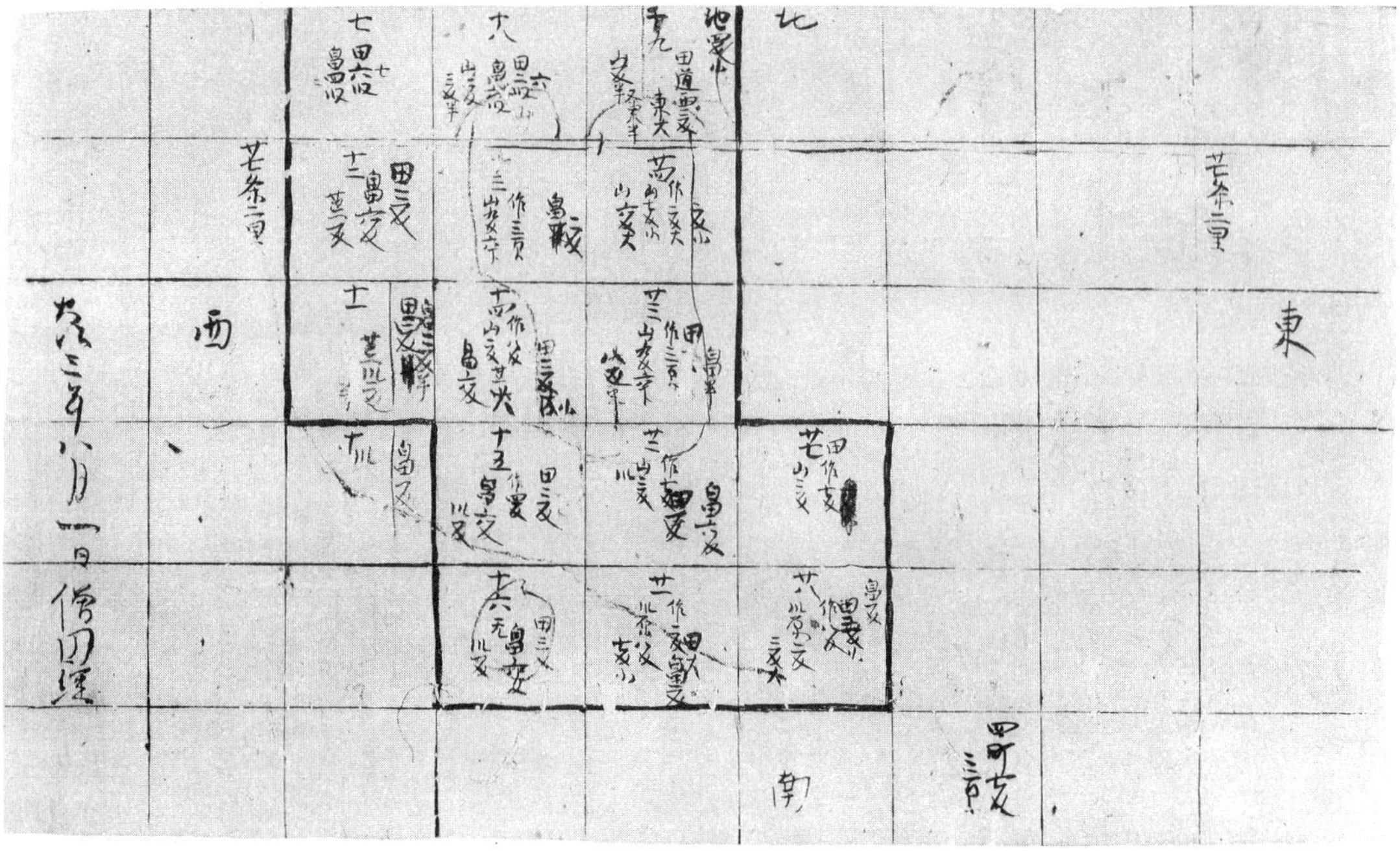

大和国飛驒庄実検図（大治３年８月１日）

あり、のち頼盛の嗣子円性（光盛）が当荘を知行しているので（『久《こ》我《が》家文書』）、元暦元年（一一八四）源頼朝が頼盛に安堵した球磨臼間野荘（同文書）は当荘の前身とみられる。また領家側は当荘成立後もこれを球磨御荘と呼んでいること（『願成寺文書』）や、在地荘官の顔ぶれからみて、当荘の成立前に一郡的規模の院—平家領球磨荘（御領）が存在したことが想定される。そして幕府成立後の建久三年郡内中央部に関東御領五百町を設定するに伴ってこれが再編成され、当荘が成立した。元久二年（一二〇五）遠江国御家人相良《さがら》長頼が当荘の地頭となり、下司人吉次郎の権限を継承し事実上荘経営の中心となった。寛元二年（一二四四）一族間相論を機に当荘半分＝北方地頭職《しき》を北条氏に奪われた。当時の田数は起請田三百五十二町余、出田百十一町余、新田二十一町余で、起請田と出田は稲富名《みょう》・経徳名など約二十の領主名に編成され、七十以上の有力な在家が在家役の賦課対象となっていた。これらの名田や在家役の収取には地頭があたり、起請田分の所当（段別見米一斗・軽物三斗）と公事は、領家得分として地頭から領家にわたされた。しかし十四世紀になると領家分所当は急速に減少し、建武元年（一三三四）には十貫文の地頭請負となった。一方相良氏の領主制は長頼—頼俊—定頼と代を逐って進展し、暦応元年（一三三八）には北方地頭職を回復した。南北朝内乱初期に領家の年貢はほとんど途絶し、荘としての実態は失われたものとみられる。

参考文献　杉本尚雄編『肥後国鹿子木・人吉荘史料』（『九州荘園史料叢書』二）　（工藤　敬一）

ひなみのごくう　日次御供　例大祭など特別の祭日の神饌、月例祭時の月次《つきなみの》御供《ごくう》、毎月一日・十一日・二十一日に行われる旬祭の旬御供《じゅんのごくう》などに対して、一般的に毎日の神仏への神饌・供物の供進を指す。日供《にっく》あるいは単に御供ともいう。古くは厳重に行われ、朝夕二度奉仕されてきたが、次第に毎朝一回のみの供進となって、現在では、伊勢神宮の日別朝夕御饌《ひごとあさゆうのみけ》（祭）をはじめ、一部の神社・寺院で行われるにすぎない。神宮では、毎日朝夕に、外宮において両宮へ水・塩・飯・御贄を組み合わせた大御饌《おおみけ》を供進する。神饌を調える殿舎を御饌殿《みけでん》と称しているが、諸社では多く御供所《ごくしょ》といった。特別祭日のための祭田・料所に対し、日供・御供のための御供田が特に設定され、多くの場合神田《しんでん》と称している。神宮では伊勢国を中心に伊賀・大和など数国にわたって三十六町余の神田が設置されたが、神宮鎮座地たる度会《わたらい》郡の神田十町余の内五町四段は、郡司の経営によって御常供田《みじょうくでん》に充てられ、三節祭や日別朝夕御饌に供用された。鎌倉時代に御常供田は五十九町余に増加し、伊勢国内六郡にわたって分布した。神宮制度改革後の明治四年（一八七一）以降も神宮近辺（楠部村）において御常供田（家田神田）が設けられている。その他の神社・寺院にも日別御供料所として設定された荘園を有するものがあり、また荘園内鎮守にも、神田・御供田が設けられ、御供のための料所に充てられている。多く免田とされ、所領民の負担も定められていた。

（恵良　宏）

ひねのしょう　日根荘　和泉国日根郡の荘園。現在の大阪府泉佐野市の大部分にあたる。室町時代中期以降は日根野荘と称す。文暦元年(一二三四)九条家領として立券され、戦国時代まで存続した。成立当初は鶴原・井原・日根野・入山田の四ヵ村で構成されていた。日根野・井原両村には未開の荒野が広く存在したことが、鎌倉時代末期の二枚の絵図によっても知られる。荒野の開発はたびたび企てられたが、水利の便が悪く、なかなか成功しなかった。日根野村では熊取荘との境界をなす丘陵の溜池に取水源が限られていたが、樫井川から取水する井川(湯川)を開削し、これを住持谷池に連結することによって、中世後期にはかなり開発が進んだ。これに対し、船淵・菖蒲・大木・槌丸からなる入山田村では、樫井川からの小規模な取水が中心なので、開発された時期は古いと考えられる。応永末年に半済によって鶴原・井原両村が守護方に押領され、日根野・入山田の二村のみとなった。戦国時代初期の文亀元年(一五〇一)荘園領主九条政基が下向し、足かけ四年にわたって直務《じきむ》支配を行い、『旅引付《ひきつけ》』という在荘日記を残している。政基の下向は、守護方と根来《ねごろ》寺の勢力によって、日根野村の支配すら危うくなっていたのを再建するのが目的であったが、永正元年(一五〇四)守護と根来寺の妥協が成立したため、根来寺の代官請にして帰洛した。天文二年(一五三三)まで段銭の京上が行われているが、天正十三年(一五八五)には不知行となっている。　↓別刷〈荘園絵図〉

(小山　靖憲)

ひのくまのまき　檜前牧　古代の馬牧。『延喜式』によると兵部省の所管で武蔵国に所在していた。『東京市史稿』は東京都台東区浅草付近と推定しているが、『続日本後紀』には武蔵国加美郡の人檜前舎人直由加麿の名がみられるところから埼玉県児玉郡上里《かみさと》町に比定する説もある。浅草説は浅草神社の祭神で浅草寺本尊の発見者檜前浜成・竹成兄弟の説話を根拠にしている。

(段木　一行)

ひのまきのしょう　檜牧荘　(一)大和国宇陀郡の荘園。現在の奈良県宇陀郡榛原《はいばら》町大字檜牧《ひのまき》・自明《じみょう》・内牧《うちまき》・高井の地域に比定される散在性荘園。延暦十八年(七九九)七月肥伊牧が停廃されて以後、在地豪族県《あがた》清理が開発した私領で同氏に相伝、ついで売却された。貞元三年(天元元、九七八)の檜牧田地坪付案(『東寺百合文書』ッ)によると七町余。平守遠のとき大夫局の妨げを防ぐため鳥羽天皇皇后高陽院《かやのいん》の祈願寺福勝院(遺跡、京都市)に寄進されたが、なお紛争が続き、長厳のとき高倉天皇後宮七条院に寄進した(本家)。以後、本家職《しき》は修明《しゅめい》門院(後鳥羽天皇後宮)—四辻宮(善統親王)—後宇多院—尊治親王(後醍醐天皇)—四辻宮(尊雅王)と相承された。この間、承久の乱で一時幕府が没収、地頭が新補された。また、長厳は紛争防止のため領家職・預所職を兼帯したが、領家職(教令院)は、貞治元年(一三六二)東寺西院御影堂に寄進され、以後、東寺の知行下に入った。なお、興福寺修南院の得分があった。(二)大和国宇多郡の荘園。所在は(一)の檜牧荘に同じ地域。平安時代後期、興福寺領。同寺維摩会・常楽会料所のほか、同寺西金堂仏聖米の賦課もあった。開発相伝の地主である資宗は他の妨げを防ぐため七条院に寄進、同院が本家となった。承久の乱に際して地頭が新補され、その後地頭の非法で百姓逃散、一荘荒蕪となり、地頭停廃を求める動きがあった。『三箇院家抄』では「檜牧領家方、同地頭方」とあり、室町時代には興福寺大乗院方と地頭方に分かれていた。　↓肥伊牧《ひいのまき》

(朝倉　弘)

びふくもんいんりょう　美福門院領　鳥羽天皇の皇后美福門院(藤原得子)の所領。永治元年(一一四一)三月、鳥羽上皇は出家にあたって女御藤原得子に九ヵ所の荘園を与え、国郡の課役などを免じた(『百錬抄』同年八月四日条)。得子は、同年十二月の近衛天皇即位の日に皇后となり、久安五年(一一四九)八月、美福門院の院号を得た。美福門院の御願によって歓喜光院・金剛勝院・弘誓院などが建立されているが、前記の荘々は、おそらくこれら寺院に施入されたと考えられる。平治元年(一一五九)七月二十日には、安楽寿院の新御塔に十ヵ所の荘園を寄進している(『安楽寿院古文書』)。美福門院は永暦元年(一一六〇)十一月に死去するが、その際、歓喜光院領・弘誓院領は女の八条院に、金剛勝院領は後白河天皇に伝えられた。長寛三年(永万元、一一六五)七月四日付の太政官牒案(『根来要書』上)によると、女院は鳥羽上皇のために高野山菩提心院を建立し、これに備前国宇香登荘などを寄進しようとしたが、他界のため八条院が遺志を実行したとある。安元二年(一一七六)二月日の八条院領目録(前半部は『高山寺文書』、後半部は『山科家古文書』)をみると、官符を帯する荘と帯しない荘とに分けて、八条院の庁分以下を列記している。そのなかで、歓喜光院領は帯十、不帯九、計十九ヵ所、弘誓院領は帯五、不帯一、計六ヵ所となっている。さらに、承久三年(一二二一)の目録(「承久三年自関東被進後高倉院八条院御遺跡御願寺庄々等目録」(『三宝院文書』))には、歓喜光院領二十六ヵ所、弘誓院領八ヵ所とある。美福門院の死後、八条院に伝領され、以後、安嘉門院・昭慶門院へと伝領された。　↓安嘉門《あんかもん》院領《いんりょう》　↓安楽寿院領《あんらくじゅいんりょう》　↓歓喜光院領《かんぎこういんりょう》　↓弘誓院領《ぐぜいいんりょう》　↓八《はち》条院領《じょういんりょう》

(福田以久生)

ひべつのくじ　日別公事　古代から中世において、日割りで賦課される公事のこと。日次公事ともいう。公事は、主として田地に賦課される官物・年貢に対するもので、その他一切の雑賦課をいった。公事の賦課としては、他に名別公事・在家別公事・月別公事などがあった。たとえば、寛正五年(一四六四)九月二十一日備中国新見荘上使本位田家盛并三職連署注進状(『東寺百合文書』サ)に、守護使の応対として「毎日弐百文朝夕分、使人数九人、御代官・三職一日ツヽ是を沙汰申候」とみえる。なお、賦課内容は、銭・酒・夫役など、地域・時代・領主などにより雑多である。

(中野　栄夫)

美福門院領一覧

所在国郡	名称	領別	所見年月	特徴	典拠
山城 久世郡	久世荘	安楽寿院	天養元年十一月	立券	安楽寿院
			平治元年九月	太政官牒、新御堂領	同
				のち久我家領	久我家
大和 添上郡	石川荘	金剛勝院		後白河院へ、室町院御分	室町院
広瀬郡	広瀬荘	同		同	同
宇陀郡	宇陀荘	安楽寿院	久寿元年八月	立券	安楽寿院
			平治元年九月	太政官牒、新御堂領	同
山辺郡	長原荘	歓喜光院	徳治元年六月	蓮華心院領ともいう、乾元元年九月後宇多院に進献	昭慶門院
高市郡	波多小北荘	同	同	北畠師重、東北院僧正	同
(郡未詳)	吉貞荘	金剛勝院		後白河院へ、室町院御分	室町院
河内 石川郡	一志賀荘	弘誓院	安元二年二月	帯官符	山科家
			貞応元年四月	太政官牒	随心院
讃良郡	讃良新荘	歓喜光院	徳治元年六月	庁分ともいう	昭慶門院
				久我家領	久我家
茨田郡	高柳荘	金剛勝院		後白河院へ、室町院御分	室町院
(郡未詳)	(某所)	祈願所	仁平二年八月	天養元年庁下文あり、国司下文を留守所に	観心寺
和泉 (同)	長泉荘	安楽寿院	平治元年九月	新御堂に寄進	安楽寿院
			安元二年二月	帯官符	高山寺
			徳治元年六月		昭慶門院
摂津 西成郡	富島荘	弘誓院	安元二年二月	帯官符	山科家
			貞応元年四月	太政官牒	随心院
			徳治元年六月	一条内経相伝	昭慶門院
島上・下郡	三島荘	同	安元二年二月	帯官符	山科家
			貞応元年四月	太政官牒	随心院
島下郡	宿野荘	歓喜光院	安元二年二月	帯官符	山科家
			徳治元年六月	二位局知行	昭慶門院
同	石井荘	弘誓院	安元二年二月	帯官符	山科家
			貞応元年四月	年貢千疋	随心院
			徳治元年六月	藤原氏女相伝	昭慶門院
豊島郡	利倉荘	安楽寿院	保元元年三月	立券	安楽寿院
			平治元年九月	新御堂に寄進	同
			安元二年二月	帯官符	高山寺
有馬郡	野鞍荘	普成仏院	文治二年三月	平治年中御願建立、院主職とともに寄進	醍醐寺
			徳治元年六月	庁分	昭慶門院
同	中荘	同	文治二年三月	御願建立、院主職とともに寄進	醍醐寺

所在国郡	名称	領別	所見年月	特徴	典拠
三河 碧海郡	上野荘	歓喜光院	徳治元年六月		昭慶門院
遠江 蓁原郡	初倉荘	大伝法院	安元元年六月	護摩供米	根来要書
甲斐 巨摩郡	鎌田荘	歓喜光院	安元二年二月	帯官符	山科家
			徳治元年六月	山門諸堂造営料所	昭慶門院
相模 大住郡	糟屋荘	安楽寿院	久寿元年十二月	立券	安楽寿院
			平治元年七月	新御堂に寄進	同
			安元二年二月	帯官符	高山寺
			徳治元年六月		昭慶門院
近江 野洲郡	虫生社	歓喜光院	安元二年二月	帯官符	山科家
			徳治元年六月	石山寺、三条局	昭慶門院
蒲生郡	比牟礼荘	同	安元二年二月	帯官符	山科家
			徳治元年六月	大納言局知行	昭慶門院
神崎郡	山前荘	金剛勝院		後白河院へ、別相伝	室町院
同	同南荘	同		後白河院へ、別相伝、光助僧正	同
同	同北荘	同		後白河院へ、別相伝、勧修寺中納言	同
同	同東荘	同		後白河院へ、太子堂	同
同	同橋爪荘	同		後白河院へ、光助僧正	同
同	同新八里荘	同		同	同
同	同善覚寺	同		後白河院へ、入江殿三時知恩寺	同
坂田郡	下坂荘	同		後白河院へ	同
同	同九条	同		後白河院へ、梶井宮	同
同	同十条	同		後白河院へ、三条入道内府	同
同	同十一条	同		後白河院へ	同
同	同金次郷	同		後白河院へ、梶井宮	同
同	細江荘	日吉社新御堂	建久三年七月	御願所領として寄進	門葉記抄
高島郡	広瀬北荘	歓喜光院	徳治元年六月	慈能法印、玄智僧都	昭慶門院
美濃 各務郡	鵜渭荘	同	同		同
可児郡	久々利荘	同	同	牛田姫君	同
同	小泉荘	同	同	尊浄僧正	同
(郡未詳)	全居荘	同	同		同
信濃 埴科郡	大穴荘	同	同		同
下野 足利郡	足利荘	安楽寿院	康治元年十月	立券	安楽寿院
			平治元年九月	新御堂に寄進	同
			安元二年二月	帯官符	高山寺
加賀 加賀郡	倉月荘	歓喜光院	徳治元年六月	地頭請所	昭慶門院
越後 三島郡	二田社	金剛勝院	長寛元年六月	御堂綵絵の功により藤原家成知行、後白河院へ	兵範記裏文書

所在国郡	名称	領別	所見年月	特徴	典拠
丹波 多紀郡	多紀荘	歓喜光院		八条院へ伝領か	
			徳治元年六月	南禅院へ寄付	昭慶門院
丹後 丹波郡	周杵(枳)荘	弘誓院	安元二年二月	不帯官符	山科家
			貞応元年四月	太政官牒	随心院
			徳治元年六月	丹波国とする	昭慶門院
但馬 朝来郡	池寺荘	歓喜光院	安元二年二月	帯官符	山科家
			徳治元年六月	号賀都荘	昭慶門院
同	多々良木荘	同	安元二年二月	不帯官符	山科家
(郡未詳)	河合・温泉	同	同	官符の記載なし	同
			徳治元年六月	年貢五千疋	昭慶門院
伯耆 河村郡	一宮	安楽寿院	平治元年九月	新御堂に寄進	安楽寿院
			安元二年二月	庁分とあり	山科家
			徳治元年六月	乾元元年九月後宇多院に進献	昭慶門院
出雲 意宇郡	来海荘	歓喜光院	安元二年二月	注記なし	山科家
			徳治元年六月	乾元元年九月後宇多院に進献	昭慶門院
播磨 揖保郡	藤三位荘	弘誓院	貞応元年四月	太政官牒	随心院
赤穂郡	矢野例名	歓喜光院	延久三年六月	もと久富保、開発領主秦為辰	東百キ
			承徳二年頃	藤原顕季に寄進	
			保延二年二月	立券、翌年矢野荘と称す	白河東百
			永治元年二月	歓喜光院領となる	
			永暦元年十一月	本家職は八条院へ	東百み
			仁安二年十二月	伯耆局領家職	
同	矢野別名	同	同	種友名四十三町余仰出	東百テ
			正安二年七月	亀山院、南禅寺へ寄進	南禅寺
宍粟郡	三方荘	弘誓院	貞応元年四月	太政官牒、乱妨停止	随心院
美嚢郡	吉河上・下荘	歓喜光院	徳治元年六月	安元の目録になし、門院の寄進	昭慶門院
美作 久米郡	垪和荘	同	安元二年二月	官符の注記なし	山科家
			徳治元年六月		昭慶門院
備前 和気郡	香登荘	菩提心院	永治元年八月	香登勅旨	根来要書
			永万元年七月	高野山菩提心院に寄進	同
			建久四年九月	もと白河院勅旨田、堀河院の時建立とあり	同
備中 下道郡	園東・西荘	金剛勝院		後白河院へ、別相伝	室町院
小田郡	駅里荘	安楽寿院	久寿元年四月	立券	安楽寿院
			平治元年九月	安楽寿院新御堂に寄進	同
			安元二年二月	帯官符	高山寺
備後 沼隈郡	長和荘	歓喜光院	同	同	山科家
			徳治元年六月	悲田院知行	昭慶門院

所在国郡	名称	領別	所見年月	特徴	典拠
安芸 安芸郡	田門荘	安楽寿院	久寿二年八月	立券	安楽寿院
			平治元年九月	新御堂に寄進	同
			安元二年二月	帯官符	高山寺
紀伊 伊都郡	相賀荘	密厳院	応保二年九月	長承年間に鳥羽院立券、御願寺の一つ	根来要書
同	山田荘	金剛勝院		後白河院へ、別相伝、姫宮御分	室町院
那珂郡	荒川荘	高野山	平治元年五月	後白河院庁下文、美福門院領、高野山に寄進	高野山
			平治元年七月	美福門院令旨	同
			文治二年五月	佐藤能清違乱	同
			宝治元年七月	八条院領目録に入る	同
			徳治元年六月	乾元元年九月後宇多院に寄進	昭慶門院
名草郡	三上荘	歓喜光院		八条院・安嘉門院と伝領	石清水
				安元二年の目録になし	
			徳治元年六月	高野山遍昭院に寄進	昭慶門院
(郡未詳)	星田荘	御祈禱所	平治元年正月	円成寺解、仏聖料とする	興福寺別当次第裏文書
淡路 津名郡	内膳保	歓喜光院	安元二年二月	帯官符	高山寺
			徳治元年六月	宣政門院	昭慶門院
三原郡	掃守荘	弘誓院	安元二年二月	帯官符	山科家
			貞応元年四月	太政官牒	随心院
筑前 早良郡	野介荘	歓喜光院	安元二年二月	帯官符	山科家
			徳治元年六月	大炊御門中納言	昭慶門院
宗像郡	宗像社		安元二年二月	八条院庁分とあり	山科家
			康元元年正月	大宮院庁下文に、久安二年鳥羽院庁下文、永暦元年美福門院庁下文を賜わるとあり	宗像神社
筑後 生葉郡	生葉荘	金剛勝院		後白河院へ、別相伝、禅林寺領	室町院
肥後 阿蘇郡	阿蘇社	安楽寿院	平治元年九月	新御堂に寄進	安楽寿院
				久我家領	久我家
益城郡	岳牟田荘	歓喜光院	安元二年二月	帯官符	山科家
同	豊田荘	同	徳治元年六月	庁分とあり、また歓喜光院とあり、乾元元年九月後宇多院に進献	昭慶門院
日向 児湯 那珂 宮崎郡	国富荘	同	安元二年二月	帯官符	山科家
				平頼盛領	久我家
			建久八年六月	千五百二町、宇佐宮領とあり	日向国図田帳

(一)後年の目録に領有別に見出せるものにもとづいて作成した。ただし、美福門院領であったことが明確でないものも含まれているが、後考をまつ。
(二)典拠欄の略称は次のとおりである。

安楽寿院	安楽寿院古文書	醍醐寺	醍醐寺文書
観心寺	観心寺文書	東百い	東寺百合文書い函
高山寺	高山寺文書	南禅寺	南禅寺文書
久我家	久我家文書	宗像神社	宗像神社文書
昭慶門院	昭慶門院御領目録	室町院	室町院御領目録
白河東百	白河本東寺百合文書	山科家	山科家古文書
随心院	随心院文書		

ひもののしょう　檜物荘　近江国甲賀郡・蒲生郡の荘園。上・下に分かれており、現在の滋賀県甲賀郡甲西《こうせい》町の全域が下荘であり、北隣する蒲生郡内に上荘があったと推定されている。康平五年(一〇六二)に、春日社祭の屯食《とんじき》三具を負担しているのが初見。摂関家領であり、建長五年(一二五三)には、近衛家の所領となっていた。鎌倉時代末期には、最勝光院領としても現われる。戦国時代になると、荘内では、柑子袋《こうじぶくろ》衆など甲賀郡中惣の構成員である地侍の活動がみられる。　(太田　浩司)

ひやくしょう　百姓　はじめは皇族以外の一般有姓者の総称。やがて農民を意味するようになるが意味する内容は時代によって異なる。古くは「ひゃくせい」と読み、律令制下の官人貴族・地方豪族・公民など良民のすべてを意味し、公私の奴婢と化外の蝦夷は除かれた。大和政権は農民を農業共同体ぐるみ田部《たべ》として組織し、屯倉《みやけ》への貢納を義務づけた。六―七世紀を通じて農業共同体首長層の管理下にあった鉄器が世帯共同体の家父長層に分与されるようになり、個別経営の単位としての世帯共同体と農業共同体との間の矛盾が次第に大きくなってくると、吉備地方の白猪《しらい》屯倉の場合のように田部の男子の戸籍をつくり、個々の労働力を直接把握しようとする動きを進める。律令制下の百姓支配はその体制化である。律令制国家はその社会的基盤において農業共同体的関係を残存せしめていたとはいえ、すでに一定の奴隷制的階級分解の進行を前提としていた。国家権力が農業共同体成員を郷戸や房戸に編戸する際、奴婢身分を設定して貴族・豪族層の要求に応えながら、奴婢身分以外の「百姓」＝家父長的世帯共同体を社会的基盤にすえ、これを維持しようとした。しかし国家が苛酷な収奪体系をおしつけたことによって農業共同体は分解の速度を早め、「百姓」身分の中から逃亡・浮浪が増大する一方、八世紀から九世紀にかけて「力田の輩」「富豪浪人」などと呼ばれる富豪層が出現する。彼らは零落した人々を奴婢・家人として取り込み経営規模をひろげる一方、債務関係を通じて周辺農民を隷属させて富を蓄積し、九世紀から十世紀にかけて公田や初期荘園の農業経営の中核となった。十世紀に入り班田制が廃絶すると、彼らは「堪百姓」「負名」「田堵」「作人」などと呼ばれ、公田や荘田を年貢夫役の徴収単位としての「名《みょう》」に分割して請作し、官物《かんもつ》や地子《じし》を納めた。彼らこそ王朝貴族や在地領主としての武士支配下の公領や荘園の新たな「百姓」であった。十二世紀に入り荘園制が成立してくると、荘園や公領の田畑は、年貢・公事《くじ》・夫役の徴収単位としての名田に分割され、百姓が特定の名田の名主に補任され、貢納の責任を負うかわりに名主としての権利も保障された。これが名主百姓である。彼らの性格は地域によって異なるが耕地の保有規模も比較的大きく、一族・下人などの複合的家族労働力をもつ家父長的大経営者の場合が多かった。他方には名田の一部や、一色田・雑免地などを請作し、平百姓・脇百姓・小百姓・一色田百姓・免家之下人などと呼ばれる経営基盤が弱小な小経営層が存在した。この二つの階層は本・分家関係、あるいはオヤカタ―名子《なご》的関係を通じて相互補完的関係にはあったが、村落の基幹はあくまで名主百姓層であり、小百姓らの小経営としての自立性・安定性は乏しかった。十四世紀に入り、南北朝内乱期ころから畿内には名主加地子《かじし》が成立し、十五―十六世紀になると各地において広く成立してくる。郷村制を基礎として各地に昂揚する中世の農民闘争は、在地に成立した剰余部分をめぐる領主層と百姓層との取り合いであったが、この農民闘争を通じてかつての名主百姓は、加地子収取権をもつ農村の地主ないし小領主的階層に成長し、他方では小百姓らは自立性を強めながら太閤検地を迎える。太閤検地以降の近世の百姓の特色は、検地と刀狩によって兵農分離が強行された結果、士農工商の四身分制下の土地にしばりつけられた百姓身分の農民であるということである。『日葡辞書』にはFiacuxŏ(百姓)は農夫とあるが、士農工商の農と百姓は必ずしも同義ではない。太閤検地と初期徳川検地は一、二町歩以上の田畑を経営する少数の有力農民と、自立過程にある一町未満経営地の小農民との二階層を名請人として把握した。前者は初期本百姓と称され、被官《ひかん》・分付《ぶんづけ》百姓・抱・譜代・名子などと呼ばれた隷属的農民を従えて名請地の経営にあたっていたが、後者の小農民と隷属的農民が自立度を強め、高持百姓化するに従って、手作地主としての本百姓上層を形成する。こうして十七世紀後半からは検地帳上に石高をもって表現された一町前後の田畑を、主として家族労働力により経営する小農が高持百姓もしくは本百姓として位置づけられ、村落の中核層を形成するようになる。彼らは保有する田畑の石高に応じて年貢諸役や村入用を負担する代りに、入会《いりあい》権や用水権を領主と村落から保証された。村役人以外の平百姓を小前《こまえ》ともいったが百姓としての身分は同じだった。これに対し十八世紀以降も一部の地域に残存した分付百姓や名子などの隷属農民や被差別部落民は百姓としての身分は認められず、また水呑《みずのみ》と呼ばれた無高百姓は村の寄合からも排除されていた。

十七世紀末以降の百姓とは厳密にいえば高持百姓たる本百姓である。幕藩領主は田畑永代売買禁止令や分地制限令によって本百姓経営の維持を図るが、十八世紀以降の質地小作関係の展開によって本百姓経営は次第に分解の速度を早めつつ明治維新を迎え、近現代の百姓は農業を職業とする人の別称となる。 (所　理喜夫)

ひゃくしょううけ　百姓請　⇩地下請《じげうけ》

ひゃくしょうしき　百姓職　荘園制下で名主職・加地子名主職・作職・下作職などとともに農民的土地所有権を示す職の一つ。十三世紀半ば以降現われる。康暦元年(一三七九)四月二十七日丹波国大山荘領家方百姓職宛文案(『東寺百合文書』に)によれば、百姓職は年貢公事の未進がない限り領主によって保証された農民的土地所有権であったと考えられる。先に領主的土地所有権は領主間の職の体系として秩序化されているが、農民的土地所有権も早く職の秩序外に作手・永作手などとしてすでに成立していたと考えられる。しかし遅れて十三世紀半ばに農民的職が現われるのは、農民的権利が、職の秩序内に位置付けられたのであり、職の秩序が農民まで浸透してきた結果と考えられる。他方、農民の土地所有権が強まり、本来領主間の権利関係である職の秩序が崩壊して、農民の耕地に対する私的権利の呼称として職を用いて表現したとする考え方もある。農民的職の中で特に「百姓」職は、公事負担とかかわる職であることを示していると考えられる。　↓職《しき》 (富沢　清人)

ひゃくしょうちでん　百姓治田　古代・中世の水田開発の一形態で、権門・寺社らの大規模な墾田と区別して農民が開発によって得た小規模の田をいう。例えば、寛平八年(八九六)の某郷長解(『平安遺文』一巻一八二号)には自身のもつ家地が湿潤で家地として不適なため開墾して百姓治田として認可を求めており、この時期に一般化していった。その性格は、開発者の私有権が認められ、加地子の収得または官物・地子の減免を要求できた点にある。一方、その立地条件などをみると、東大寺領大和国小東荘を例にとると百姓の屋敷の周囲にあって屋敷地で使用される水を活用しており、周辺の池からの用水に依存する田に対して旱魃に強かった。とはいえ、百姓治田には収公の危険性があり、貴族や寺社は百姓治田や口分田を囲い込んで荘園にすることもあった。その際、百姓の開発地に有した所有の実体的権利は認可され作手となり、口分田などとともに百姓治田を集積して新たな名編成が成立してくる。 (福島　金治)

ひゃくしょうみょう　百姓名　古代から中世にかけて、国衙領・荘園の基礎を成す単位として「名《みょう》」があったが、百姓名は、荘官名・一色田などに対して、所領を構成する一般の名をいう。また、荘官名などを含む大規模な名を「領主名(領主的名)」という概念でとらえ、それに対する概念として用いられることもあり、その内容は多義である。たとえば、弘安十年(一二八七)十一月二十七日関東下知状(『石清水文書』)では、「撰取百姓名熟田、立替地頭名薄地」とみえるごとく、地頭名と対立的に用いられている。これは、地頭名などの荘官名に対しては荘官の私的支配権が強いのに対して、一般の名すなわち百姓名は、荘官の私的支配が及ばない地として認識されており、荘官とくに地頭の私的支配を排除する際の主張として史料上によくみられる。また、このように荘官名(特に地頭名)に対して百姓名をいう場合、嘉元四年(徳治元、一三〇六)九月七日関東下知状(『高野山文書』)に「或以土名引入地頭名之条無謂」とみえ、あるいは元徳三年(一三三一)四月七日関東下知状(同)に「於平民名幷別作内山野者、一向為領家進退、至地頭名々内山野者、可令地頭進止」などとみえるごとく、土名・平民名などと呼ばれることもある。なお、荘官名が公事免であることが多いのに対して、百姓名は、年貢・公事ともに負担するのが原則である。また、たとえば、文永十一年(一二七四)十月二十四日定宴書状(『東寺百合文書』エ)に、「太良御庄一色田と申候て、百姓名之他四町八段余候也、其田ニハ、地頭役不勤候之処」とみえるごとく、一色田に対立的に用いられる場合もある。この一色田は、百姓名と異なり、地頭役や雑公事を負わず、年貢のみを負担する田地であったらしい。ところで、名については、かつてそれを名主の所有の客体であり、経営体であるとの説が有力であったが、最近では、名は収取の単位であるとの説が有力化している。しかし、そういった名＝収取単位説も、畿内の事例のみをもってして主張されたものであり、遠隔地の事例をみると、必ずしも説得力を持つとはいい難い。すなわち、畿内の荘園をみると、大和国のいわゆる均等名荘園などでは、名の規模は二町前後でほぼ均等であるが、九州などでは、数十町、数百町などという大規模の名がみられる。これを畿内の名と同じ性格のものとみることはできず、このような名は名主の所領的存在とみざるをえない。そのため、そのような名を領主名(領主的名)といって、小規模な名と区別している。これら領主名の名主は、在庁官人・郷司・郡司あるいは荘官(下司・公文)などの地位にあるものが多く、彼らの在地領主制形成の過程で成立してきたものと考えられ、領主制形成過程を極める上で注目されてきた。なお、鎌倉時代末期からこの百姓名も解体し、新たな名(新名)が形成される。　↓名《みょう》 (中野　栄夫)

ひやけだ　ヒヤケ田　日焼田。文明四年(一四七二)の近江国高島本荘安主名年貢所当算用状案には、年貢賦課を免除する対象として「日焼」がみえる(『朽木家文書』七七三号)。また、『言国卿記』文亀二年(一五〇二)八月二十六日条には東荘政所から蕎麦が届き「ヒヤケ」に対する侘言があったとみえており、これは在地から「ヒヤケ」を損田として要求していたものである。「ヒヤケ」のことは、『日葡辞書』ではFiyaqedaとみえて「水涸れする田」と注釈されており、旱害・旱魃によって水田の水が乾き、稲が枯れた状態の田を意味していた。 (福島　金治)

ひょうごのしょう　兵庫荘　大和国山辺郡の荘園。現在の奈良県天理市兵庫町の地。興福寺雑役免荘と東大寺雑役免荘とがあった。前者は二町四段の不輪免田畠と十二町六段大の公田畠とからなり(延久二年(一〇七〇)『興福寺雑役免帳』)、鎌倉時代にも存続した。後者は十五町百六十歩あったが(『東大寺要録』六所引湛照僧都分付帳)、すでに久安四年(一一四八)には興福寺僧によって顚倒されつつあった。　(泉谷　康夫)

ひょうしやく　兵士役　⇩へいしやく

ひょうでん　飄田　⇩さまよいだ

ひょうまやく　氷馬役　氷室に保管されている氷を宮内省被管の主水司まで運搬する役のこと。氷駄役ともいう。主水司には品部としての氷戸が所属し、氷の運搬はこの氷戸の職務であったが、律令賤民制が崩壊していく過程で、氷運搬の労働力も雑徭によってまかなわれるようになり、律令雑徭制が動揺してくると、雇役によって補われたり、さらには負名に対する臨時雑役(名役)として賦課されたりするようになった。大和国では郡別ないし名別に賦課された実例が知られており、絹によって代納されていた。負名体制が私領の広範な成立などによって崩壊してくると、その運搬労働力は在家役として大和国内の各荘園に賦課されるようになる。鎌倉時代にも在家役として賦課されていたものと推測されている。なおほとんどの名役が田率賦課となり公田官物率法に含まれていくなかで、この氷馬役は臨時雑役のまま残り、在家役に転化した事例として注目されている。　(小口　雅史)

ひょうろうまい　兵粮米　兵糧米とも書く。兵粮とは戦時における軍兵の食糧であり、古代令制では軍団の兵は軍糧を自弁することが定められていたが、『延喜式』には、長門国で公出挙《くすいこ》稲四万束が兵粮料に充てられていた事例がみられ、この時代には特例として、国庫から兵粮が補われることもあったことがわかる。しかし兵粮米という特別の調達方式をもつ軍糧は、古代末期の源平争乱期に始まる。それは当時朝廷が臨時の国家的用途のために徴収する税制として成立していた諸国平均役を土台とするところの、臨時の兵粮米徴収であるが、それは古代末期の内乱のなかで大規模な戦闘が頻発し、その戦闘のため兵粮米の必要性が増大して、国家権力による公領・荘園に対する平均賦課を行わねばならないという現実的要請から生まれたものとみられる。その初見は、平清盛が諸国源氏の蜂起にあたり諸国に賦課したものであったが、その際の実施方法や実際の成果については必ずしも明らかではない。また源義仲も兵乱米と称して平氏追討のための軍糧として米を徴収し、さらにこれは源頼朝によって継承されたが、それらは原則として臨時の所課であった。頼朝はやがて文治元年(一一八五)十一月の、いわゆる守護・地頭設置の勅許の際に、諸国の荘公一律に、段別五升の兵粮米の賦課権を要求し、これが認められた。これは恒常的性質をもつ兵粮米徴収の制であり、この兵粮米を地頭固有の得分であるとする説と、地頭得分とは別であるという説が対立していたが、後者の解釈が至当と考えられる。しかしこの文治勅許による兵粮米徴収の制は、わずか二、三ヵ月ほど存続したにすぎず、翌文治二年に荘園領主以下の反対によって停止され、その後は臨時に兵乱にあたって徴収されるという形で定着した。承久の乱に際しては、諸国の守護人の沙汰として諸国平均に段別三升の兵粮米を軍費のために徴収したが、乱の終熄後、「諸国諸荘三升」の兵粮米を停止し、その代りに備前・備中二ヵ国を武士の兵粮米のために充給した。ここに全国的な兵粮米徴収の代りに一定の兵粮料所を充給する初例がみられる。南北朝時代に入ると、武士階級の力は朝廷や荘園領主の所領支配を制約するほどに増大し、内乱の規模もかつての治承・文治のころの内乱と比べて、さらに拡大して戦闘が恒常化した。そのため諸国の守護たちは、自己の権限で頻繁に兵粮を徴収するに至り、実際には恒常的な税目の一つとなった。室町幕府もまた、この守護・武士たちの動きと要求に応じ、半済その他の方法で寺社・本所領を兵粮料所として武士に与え、また南朝側でも、朝用分といって兵粮米の徴収を行なっている。　↓半済《はんぜい》　(安田　元久)

ひょうろうりょうしょ　兵粮料所　南北朝時代に室町幕府により兵粮米に充てるべく指定された所領。幕府は軍勢発向の諸国において、本所領年貢の半分または三分の一を一年を限って兵粮米に充てるという、いわゆる半済の法を発布し、ここに兵粮料所が恒常的に定着する途を開いた。それは観応三年(一三五二)七月、幕府が近江・美濃・尾張三ヵ国の本所領年貢の半分を、兵粮料所として配下の軍勢に預け置くよう守護に命じたことに始まり、その翌八月には、伊勢・伊賀・志摩・和泉・河内の五ヵ国を加えて対象国を拡げた。そしてなかには、年貢の半済ではなく下地の折半の方向をとるものもあった。兵粮料所ははじめ、軍勢発向諸国という限定や、一年を限るという期限制約をもつ政策であったが、この年以後、いくたびか半済令が出され、恒常的半済政策として定着したため、本所領荘園の半分が兵粮料所の名目で武家領と化していった。　↓半済《はんぜい》　(安田　元久)

ひらいでのまき　平井手牧　信濃国にあった御牧。長野県上伊那郡辰野町平出を中心とした地域。『延喜式』左右馬寮所載信濃国十六御牧の一つ。『吾妻鏡』文治二年(一一八六)三月条所載「関東御知行国々内乃貢未済庄々注文」にみえる左馬寮領信濃二十八牧のなかに平井弖牧がある。治承四年(一一八〇)甲斐の武田・一条氏らにより平出郷が諏訪上社に寄進されている(同書)。平井手牧が荘園化し、寄進されたものらしい。駒つなぎ・駒清水・まきよせ・馬越など牧に関係ある地名が残っている。なお、天竜川・横川川をへだてた対岸に『延喜式』所載の御牧宮処牧があり、平安時代末期には、両牧の間に、立野牧ができた(『吾妻鏡』文治二年条所見左馬寮領)。また、北方に小野牧ができ(同)、これは平井手牧が北方にのびてそ

の一部が分離したものらしい。　　　　　　　　（小林計一郎）

ひらいのしょう　平位荘　播磨国揖保郡にあった荘園。現在の兵庫県龍野市の中垣内《なかがいち》川流域。隣接する桑原荘とともに最勝光院領。建保四年(一二一六)、兄藤原教成との交換によって平位荘を得た浄土寺三位局顕蓮は、貞応元年(一二二二)息快真にこれを譲り、以後、範祐、快源、泰豪、治部卿局をへて嘉暦二年(一三二七)、梶井門跡尊胤法親王に伝えられた。この間の正中二年(一三二五)に作成された最勝光院領荘園目録案によれば、領家からの年貢は六石(銭納で六貫文)とされている(『鎌倉遺文』三七巻二九〇六九号)。尊胤は大覚寺二世の徹翁義亨に帰依して徳禅寺を建立し、平位荘右方(領家右方)を寄進した。南北朝期には半済、応仁・文明の乱期には兵粮料所というかたちで武家勢力の浸食を受けた。延徳三年(一四九一)の段階で惣田数三十六町六段余、畠一町七段余、しかし年貢の納入額は減少し、永正十四年(一五一七)には一貫二百文が納められただけであった。一方、領家職左方分は播磨国慈福寺領であったが、寺家闕乏により赤松性喜に売却され、文亀元年(一五〇一)に室町幕府の安堵が申請された。　　　　　　　　（馬田　綾子）

ひらがきのしょう　平柿荘　伊賀国阿拝郡の荘園。現在の三重県阿山郡阿山町川合付近。十一世紀中ごろに東大寺領として立荘され、その領家職《しき》は近衛家を経て、文和二年(一三五三)には、東寺の実相寺に寄進された。当荘の所見は応永三十一年(一四二四)十一月十一日の松千代・門阿弥売券(『冑山古文書』)が最後となる。　　　　　　　　（鈴木　哲）

ひらくりや　平厨　荘園に検注使が下向して来ると、最初の三日間は三日厨と称して特別の接待饗応が行われるが、検注使の滞在が長期に及ぶ場合は、四日目以後は普通の接待となり、これを平厨と称した。　　　　　　　　（瀬野精一郎）

ひらざっしょう　平雑掌　荘園の雑掌には、荘園の現地にあって所務を掌った所務雑掌と、訴訟事務を担当する沙汰雑掌とが存在したが、両者の権限を兼帯している雑掌のことを平雑掌と称した。　　　　　　　　（瀬野精一郎）

ひらた　平田　図田帳に記載された耕地の種別名の一つ。守護大内氏の領国長門や周防においては、図田帳に記載された種々の段銭や守護役の賦課対象となる耕地種別のうち、図田(あるいは公田)と平田の二種があり、種別によって負担の割合が異なっていた。その後毛利氏もこの耕地区別を継承した。また備後山内氏の支配下にあった地毗荘においても、領家年貢の賦課対象地が公田と平田との種別に分けられていた。　　　　　　　　（徳永健太郎）

ひらたのしょう　平田荘　大和国葛下郡・広瀬郡の荘園。現在の奈良県大和高田市、北葛城郡広陵《こうりょう》町・当麻《たいま》町・新《しん》庄《じょう》町地域に比定。散在性荘園。平安時代は雑役免荘で摂関家領。鎌倉時代以後近衛家領(本家)。春日社が領家で、興福寺一乗院が知行した。室町時代負籠田をあわせると二千二百余町(『大乗院寺社雑事記』)。

参考文献　『大和高田市史』　　　　　　　　（朝倉　弘）

ひらのしょう　比良荘　近江国滋賀郡の荘園。現在の滋賀県滋賀郡志賀町の内、北船路以北にあたる地域。長保三年(一〇〇一)、平惟仲が寂楽寺へ施入した比良牧が前身であり、平安時代後期に至り、小松荘・比良(新)荘・木戸荘の三つに分割された。本家職《しき》を円満院がもち、領家職は山門の手にあった。弘安三年(一二八〇)、小松荘およびその北隣音羽荘と、比良新荘との間で堺相論があり、「比良庄絵図」が作成された。現在残る三枚は、いずれも、中・近世の写しである。　→別刷〈荘園絵図〉　　　　　　　　（太田　浩司）

ひらのどののしょう　平野殿荘　大和国平群《へぐり》郡の荘園。現在の奈良県生駒郡平群町大字椣原《しではら》付近。皇室領。後白河院から皇女宣陽門院に伝領。ついで同門院は仁和寺(京都市)菩提院の行遍に秘密伝授の賞として与えた(領家職《しき》)。建長四年(一二五二)東寺一長者であった行遍は東寺に寄進、東寺も領家となる。また応永十四年(一四〇七)の『長講堂領目録』にもみえ、長講堂(後白河院の持仏堂)も領家であろう。本家職は宣陽門院から後深草院に譲渡された。知行については、はじめ仁和寺が預所を任じたが、預所の明遍が東寺供僧料を抑留したことから両方より預所が任命されるようになり争いが絶えなかった。のち東寺の一円知行となる。預所のもとに雑掌がおり、在地には下司・惣追捕使がいた。九町六段三百二十歩の小規模荘園。周辺の興福寺一乗院領などからの侵害があり、これに呼応する動きが荘内からも起った。その一環として鎌倉時代後期に「強剛名主」といわれた下司清重は年貢未進などで東寺に対抗し在地領主化してゆく。興福寺は同寺造営料として土打役(人夫役・段米・段銭)を大和一国平均役として賦課したが、延慶四年(応長元、一三一一)の平野殿荘預所土民相論裁許状案(『東寺百合文書』と)に「凡当国諸庄園之習、於二地上杲(課)役一者、地主(名主事也)半分百姓半分致二沙汰一通例也」とある。これは名主＝地主説の根拠の一つとなったが、現在では地主は荘園領主とする説が有力。　　　　　　　　（朝倉　弘）

ひらののしょう　平野荘　(一)大和国城上郡の荘園。現在の奈良県天理市・桜井市・磯城郡内のいずこかに比定されるが不詳。応永六年(一三九九)の興福寺造営料大和国八郡段米田数注進状にみえ興福寺一乗院領で四町四段半。(二)大和国宇陀郡の荘園。現在の奈良県吉野郡東吉野村。興福寺領と考えられ、宇陀郡田地帳にみえ二町六段。(三)大和国(奈良県)内と考えられるが所在不詳。『中臣祐重記』にみえ春日社領。当荘からの正月五日の御供は恒例となっていた。　　　　　　　　（朝倉　弘）

ひらのまき　庇羅牧　肥前国松浦郡に設けられた馬牧。『延喜式』兵部省、諸国馬牛牧条に、肥前国の六馬牛牧の一つに庇羅馬牧を挙げている。庇羅は平安時代の肥前国松浦郡内の郷名として庇羅郷、庇良島などがみえ、現在の長崎県平戸島(平戸市)に比定されている。『肥前国風土

比良荘

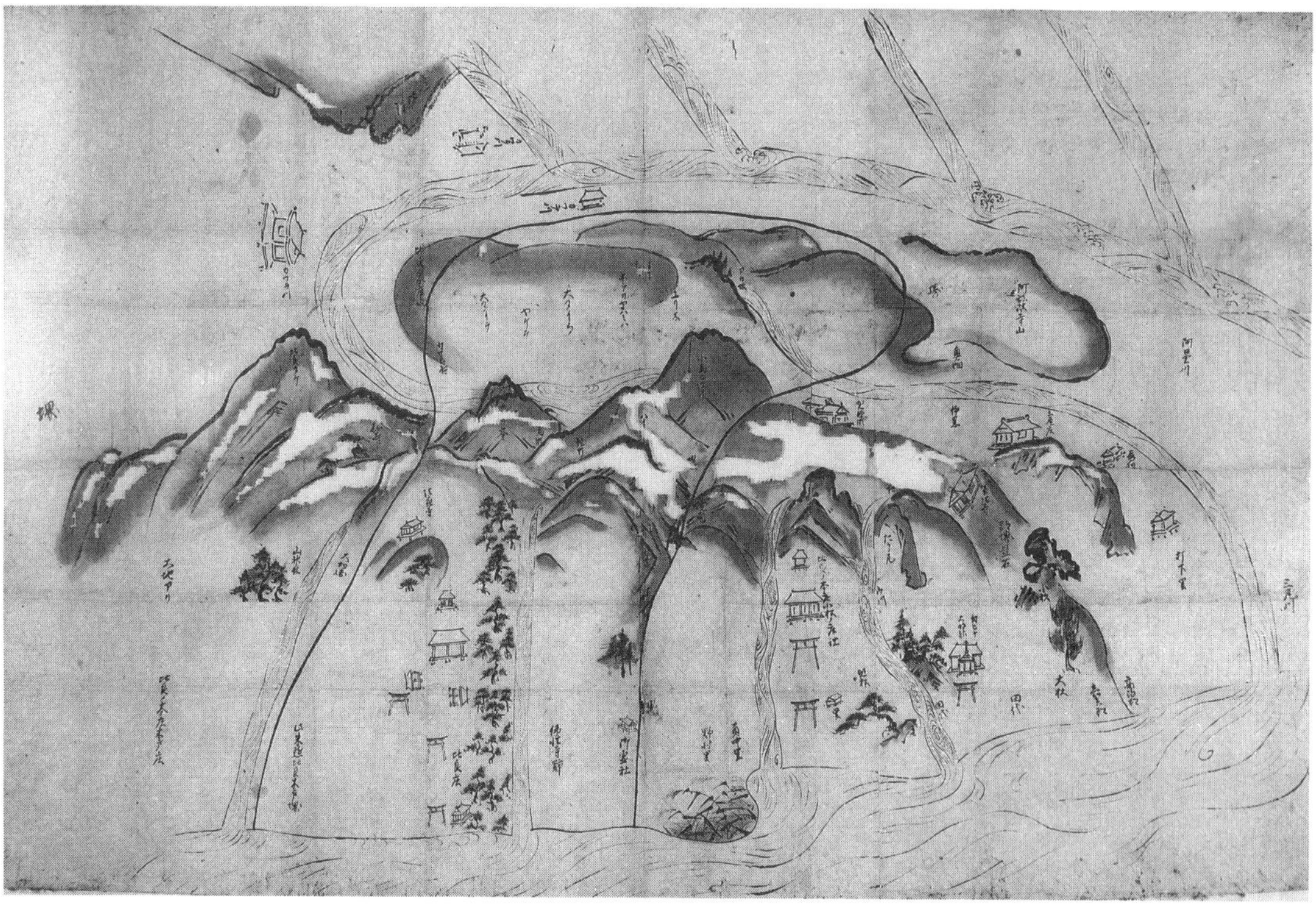

近江国比良庄絵図

記』の松浦郡値嘉《ちか》郷条に、「馬・牛に富めり」とみえることから、松浦郡の島々に馬・牛の牧が設定され、馬・牛が産出されていたことがわかる。

（瀬野精一郎）

ひらやまこうぞう　平山行三　一九〇六―一九二　中世法制史。和歌山大学教授。明治三十九年（一九〇六）二月二十七日、東京市牛込区（現、東京都新宿区）に生まれる。静岡高等学校を経て、昭和六年（一九三一）、東京帝国大学文学部国史学科卒業。徳川林政史研究所所員、和歌山県立日高高等女学校教諭、和歌山青年師範学校教諭を経て、同二十四年、和歌山大学学芸学部助教授。二十七年、同教授。四十六年、同定年退官。同名誉教授。平成四年（一九九二）四月二十八日没、八十六歳。『和与の研究―鎌倉幕府司法制度の一節―』（吉川弘文館、昭和三十九年）は荘園における和与の実態についての研究書である。

（瀬野精一郎）

ひるおのしょう　昼生荘　伊勢国奄芸郡の荘園。現在の三重県亀山市付近。『吾妻鏡』文治三年（一一八七）四月条にみえ、預所は中原親能とあって、平氏没官領である。建久三年（一一九二）伊勢大神宮領注文（『神宮雑書』）には昼生御厨《みくりや》とあり、神宮領。その後正応五年（一二九二）七月記録所勘文（『壬生家文書』）によれば、当荘内長野郷の領有をめぐり尼尊妙と僧宗命が相論、勘文では尊妙の文永年間（一二六四―七五）に譲与されたとする主張を支持している。さらに永仁年間（一二九三―九九）尊妙と中御門冬定の契約により、冬定が安堵を受け、建武四年（一三三七）彼の庶長子宗重へ、一期後に冬家に譲与することを条件に、昼生中・下荘を譲与している（『南部文書』）。室町時代の延文二年（一三五七）中御門家雑掌良禅の訴えで、将軍足利尊氏が仁木頼章に半済下地を返付することを命じており、半済の行われていたことを知る。

（倉田　康夫）

ひるしまのしょう　蒜島荘　越前国にあった荘園。現在の比定地は未詳。弘仁三年（八一二）十二月十九日の民部省符案によれば、伊勢国大国庄・摂津国垂水庄・越前国高興等四荘園とともに、布施内親王から東寺に施入されている（『平安遺文』一巻三五号）。また、寛治五年（一〇九一）七月日東寺別当時円請文案では、同じく蒜島荘等、四荘園が、布勢内親王後世菩提のため、存生の時、高野大師に寄貢したとの記事がある（『平安遺文』四巻一二九七号）。

（錦　昭江）

ひろ　尋　日本固有の長さの単位。名称は両手をひろげた幅に由来する。「八尋殿」「千尋縄」など。尋の文字をあてたのは、中国周代の単位に尋《じん》があり、これが両肱をのばした長さであることによる。ほぼ人の体長にあたり、『淮南子《えなんじ》』にも「八尺而為尋」とある。この尺は曲尺《かねじゃく》で七寸六分の周尺であるから、尋は約六尺である。『大宝令』によって丈・尺・寸の制となっても海深などに広く用いられてきたので、明治五年（一八七二）太政官布告で六尺

と定められた。（小泉袈裟勝）

ひろかわのしょう　広川荘　筑後国上妻郡にあった荘園。現在の福岡県八女郡広川町、筑後市、八女市の一部地域。立券の時期は天承元年（一一三一）、領家職は鳥羽天皇の中宮待賢門院藤原璋子が管領していたが、保延四年（一一三八）に熊野社に寄進された。しかし本家職は皇室領として保留されていたらしく、鎌倉時代初期の宣陽門院覲子内親王の所領目録に、御祈願所領として広川荘の名がみえる。建仁元年（一二〇一）には田数四百四十一町五段、天福二年（一二三四）の惣田数は七百七丁二反四丈とみえ、三十五名に分かれており、その広川荘鎮守社造営料名別分銭の合計は二百十二貫百八十四文であった。南北朝時代以降は南北両武士勢力による侵略が顕著になっているが、康暦三年（一三八一）の隣接する天満宮領水田荘との堺相論には、新熊野神人が下向して和与が成立しており、なお熊野山領として機能していたことがわかる。

参考文献　片山直義・恵良宏編『筑後国水田荘・広川荘史料』（『九州荘園史料叢書』一〇）（瀬野精一郎）

ひろせのしょう　広瀬荘　㈠大和国広瀬郡の荘園。現在の奈良県北葛城郡広陵《こうりょう》町大字大塚付近。弘福《ぐふく》寺領。天平六年（七三四）水主内親王の寄進になる荘園という。寛弘三年（一〇〇六）の弘福寺牒（天理図書館蔵）には広瀬郡二十条五里、二十一条五里・六里、二十二条四里・五里、真野条に所在、瓦山一所、見作田二十二町七段余とある。隣接する摂関家領平田荘下司や広瀬荘内の負人らの押領を弘福寺は天永三年（一一一二）本寺の東寺に訴えており本家は東寺と思われる。㈡大和国広瀬郡の荘園。現在の奈良県北葛城郡広陵町大字広瀬付近か。金剛勝院（青蓮院の前身、京都市）領。同院は鳥羽天皇皇后美福門院藤原得子の祈願寺で同門院の寄進になる荘園。本家職《しき》は同門院後幾代か経て鎌倉時代には室町院（後堀河天皇皇女）が相承（『室町院御領目録』）。㈢大和国広瀬郡の荘園。現在の奈良県北葛城郡広陵町大字広瀬付近か。春日社領。『中臣祐重記』に毎年正月六日「弘（広）瀬御供」が恒例になっていたことがみえる。㈣伊賀国山田郡の荘園。現在の三重県大山田村広瀬付近。十二世紀初頭に平家によって六条院へ寄進されて成立した山田荘がもととなった。平家滅亡後、同国近隣の山田有丸荘・阿波荘とともに平家没官領として源頼朝の手に移るが、東大寺再興のため東大寺惣大工陳和卿に付された。建久八年（一一九七）には重源から東南院へ領家職が相伝された。鎌倉末期以降、他の伊賀国諸荘園の動向と同様、服部持法などの悪党による押領が深刻化し、荘園の存続が危ぶまれた。なお、当荘は、近隣の山田有丸荘・阿波荘と共に、「山田有丸・阿波・広瀬杣山」などとも史料に現れることから、寺家造営・修理用材木の供出地としても機能していたと考えられる。（朝倉　弘）

ひろたのしょう　弘田荘　紀伊国那賀郡の荘園。現在の和歌山県那賀郡岩出町北東部を荘域とした。当荘は、長久二年（一〇四一）紀利延らの寄進によって、まず関白藤原頼通家の荘園として成立した。ついで長承元年（一一三二）領家内蔵允中原有保は、本家権少僧都相命（頼通四代の後胤）の所領本免二十町を除く田畠を高野山の学僧覚鑁《かくばん》に寄進、以後、大伝法院（のちの根来《ねごろ》寺）の根本荘園の一つとして天正年間（一五七三―九二）まで存続した。なお、長承元年当時の当荘の面積は、本免二十町のほか、田二十二町三段余・畠三十一町二段・山野所々であった。また長寛二年（一一六四）には本免二十町が伝領者法眼尊忠の手から大伝法院に寄進されている。ところで、覚鑁が示寂した大伝法院末寺豊福寺は当荘内にあった。正応元年（一二八八）大伝法院学頭頼瑜は、同院および密厳院を高野山からこの地に移し、のちの根来寺の繁栄の基を築くのである。（守田　逸人）

ひろみのしょう　弘見荘　美濃国武儀郡の荘園。現在の岐阜県関市広見を中心とする地域。宇多院とともに宇多弘見荘と並称されることが多い。長講堂領。鎌倉時代初期の領家は楊梅《やまもも》忠行。その後領家職《しき》は、忠行の娘猪隈関白家按察局へ、さらに按察局の子息鷹司兼平へと伝えられ、応永年間（一三九四―一四二八）まで鷹司家が伝領した。応永十四年『長講堂領目録写』では年貢絹二十疋とあり、二月彼岸用途に宛てられていた。（山陰加春夫）

びんぎようもんでん　便宜要門田　中世初期の大和国や伊賀国において、家地の周囲の公田を、家地に付属する権利として私用に供する制度、またはそのようにして供せられた公田のこと。便宜田、便田ともいう。便田は家地に付属するとはいえあくまで公田であり、権利保有者に公田の占有権や耕作権を認めるものであった。したがって便田は国衙に所当官物を納入し雑役を勤仕する義務を負っていた。その義務を家地保有者がはたすという点において、便田は名田と同様の性格を有していたが、名田に比べ家地の相伝や売買といった形でより私有性の高い占有権をもっていた。また便田の設定には、在地の刀禰や郡衙の証判が必要であった。十二世紀段階になると便田は家地と無関係に分割、細分化され、便田自体が売買や相伝の対象となっていき、公田の私領化が進んでいった。（谷口　研語）

びんぽのほう　便補保　諸国が中央諸官庁に納める納物や封主に納める封戸所出物を便宜的に国内の特定地を指定して納入させることにした制度、またその地方行政単位。おおよそ十一世紀中葉に始まり、部分的には十五世紀中葉まで存続した。白河院政期以後、国司は荘園の増加などによる負担の増大のため、納物・封物の弁済に苦しんだ。このような状況のもとで、諸司や封家側は済物便補地としての所領を要求したが、これに対応して、国司側がそれにこたえて、特定地を保の形で国衙支配下にとどめつつ、済物納入の責任を在地に転嫁しようとしたことにより成立した。その前段階に、封米・納物にあてるべき官物を国衙を経由せず、直接、郡・郷・院から封

主・官司に支出する慣行が存在した。その延長線上で、保の一般的成立につれて便補が保に拡げられたものといえよう。その際、当該国内に封主・諸司の私領が存在し、それが立保される形が先行し、その型の便補保が一般化した段階で、そうした私領ではない地を国守が指定分与する形によっても成立の途が開かれたらしい。前者においては国衙への所当官物納入が当然免除され、後者においては所当官物が免除されない場合もあった。便補保のあるものはその後立券荘号をとげて荘園となったが、保の名称にとどまった場合でも多くは鎌倉時代初期のうちに官符・官宣旨・宣旨などにより一国平均役免除や国使不入権を認められて「准官省符之地」とみなされ、便補が国守段階の便宜的制度にすぎないという制約を克服して、朝廷によって認定された権門諸司領として確立された。（松岡　久人）

ふ

ふ　不　⇩損《そん》

ぶ　分　㈠長さの単位。一寸の十分の一をいう。周代に始まる分《ふん》《ぶん》と同じ。字義は物を切り分ける意で、十分すること。尺に変化があるので長さもそれに応ずるが、現在の一分は曲尺《かねじゃく》で約三・〇三《ミリ》、鯨尺で約三・八《ミリ》である。㈡重量の単位。一匁の十分の一をいう。匁は宋代に始まる開元通宝銭一文を一銭とする単位（三・七五《グラム》）の日本での呼び名で、これを十分する意の分に由来する。（小泉袈裟勝）

ぶ　歩　古代の耕地の面積単位。令大尺（高麗尺）の六尺平方の面積が一歩であり、その五歩が一代、二百五十歩（五十代）が一段となる。ただ『養老令』田令の規定では一段が三百六十歩とみえるが（『大宝令』も同じ）、これは同じく令大尺の五尺平方を一歩としたものであり、班田制における男女・良賤の口分田班給の比率と対応させるため、三分の二、三分の一に割り切れる数値にしたものと考えられる。和銅六年（七一三）に唐尺を全面的に導入し、和銅大尺（唐大尺＝令小尺）六尺平方一歩と変更になったが、令大尺一尺の長さは令小尺一尺二寸に相当するので一歩の面積に変化はなかった。これ以後この一歩、および三百六十歩一段が地積の単位として定着し、中世においても変わりなかったが、太閤検地の際、曲尺（和銅大尺＝令小尺）の六尺三寸平方を一歩とし、三十歩一畝、十畝一段とするに至り、近世において変化はなかった。明治の地租改正において曲尺六尺平方を一歩（坪）と定めた。この一歩は約三・三平方《メートル》にあたる。↓町段歩制《ちょうたんぶせい》（亀田　隆之）

ふうそん　風損　大風によって植えた作物に損亡の生じること。田地が沼田に近いものである場合は、とくに強風に弱かった。中世後期には、こうした風損に対して、国中または近隣で共通の年貢減免を実施する慣習が成立していたところがみられた。（古澤　直人）

ふうまい　封米　平安時代に、封戸が所在する諸国国衙より、封主のもとに進納された封物代米の呼称。租・庸・調・中男作物・封丁などとして徴収された多様な品目にわたる封物（封戸物）は、すでに平安時代前期より、現物として封主に納められるよりも、いったん米高に換算され米納されるか、または改めて米高から絹・布・雑物などの代物に換算され、進納されることが多かった。そこで封主は受給する多様な封物を、米高に換算した定額の封米として把握し、国衙にその進納を求めた。一方国衙側は、平安時代中期より進行する律令税制の動揺と封物未進に対応するために、公田官物率法のもとで、本来の封戸郷以外の国衙領の郡・郷・保・名の官物を、封米に「便補」（便宜的に充当）し、これを確保するようになった。そして平安時代後期以降、未進の封米分に特定国衙領の官物分を「便補」する措置を契機として「便補保」が生まれ、さらにその延長上に一円荘園化が実現することになる。（永村　真）

ふかかやのしょう　深萱荘　美濃国加茂郡の荘園。現在の岐阜県加茂郡坂祝《さかほぎ》町深萱を中心とする地域。はじめ摂関家領。藤原頼長の所領であったが、保元の乱で没官されてのち長講堂領となる。鎌倉時代の領家は富小路中納言家。文和二年（一三五三）には光厳院が当荘を三位局に与えている。室町時代応永十四年（一四〇七）の領家は広橋兼宣で、長講堂への年貢絹二十五疋は二季供衆の布施などに宛てられていた。（谷口　研語）

ふかん　不堪　本来、租や地子を負担すべき耕作にたえ

る土地でありながら、何らかの事情で荒廃に帰し、田植えができなくなった田地。不堪佃田。荒田。九世紀以降国司が申請する不堪佃田の面積は増加を続け、国司による田租の納入拒否や私服化が進んだ。そこで、政府は、十世紀以降諸国の田数が固定するとともに、国内輸租田の一割を「例不堪」として公認した上その田租納入を免除し、それを超える申請は、「過(分)不堪」として中央政府がその申請を審査・裁定することとなった。

（古澤　直人）

ふかんでんでん　不堪佃田　律令制のもとで、洪水などによって荒廃し耕作不能と認定された田。堪佃田に対する語。荒廃田・荒田ともいう。令の規定によると、荒廃後三年以上を経れば、私田は三年、公田は六年の期限を限って、希望者に再開墾して耕作することを認め、期限後は、私田は本主に、公田は官に返還することになっていた。天平十二年(七四〇)の遠江国浜名郡の例では、郡内の田の約二・五%が荒田とされ、天平神護三年(神護景雲元、七六七)の越中国東大寺荘園では、墾田の一一%弱の荒廃田が記録されている。荘園制の発展に伴って、奈良時代末ごろから、この荒廃田を皇族や高官に賜う例が増加して来る。また平安時代に入ると、不堪佃田のほかに「常荒田」「常荒不用之田」などと表現される荒田もあらわれ、このような田を再開墾して耕作する者には終身の用益を認めるという措置もとられた。この不堪佃田は、毎年国司が実検の上、その田積を太政官に申請して認可を受けることになっていたが、諸国の国司の申請する不堪佃田の面積は増大の一途を辿った。これは国司の田租着服策である以上に、荘園領主の田租納入および公出挙《くすいこ》稲《とう》の割当(堪佃田の面積に比例して算出)を拒否する動きが強まっていったことを示している。そこで政府は一国内の輸租田の十分の一までは「例不堪」として公認し、それを超える場合は「過分不堪」として太政官において裁定することとした。院政期の保安三年(一一二二)と推定される「摂津国租帳」(九条家冊子本『中右記』裏文書(『平安遺文』一〇所収))は、実際に京送された租帳ではなく、租帳の様式を例示したものにすぎないが、この帳では、郡ごとにはばらつきがあるものの、国内通計では正確に十分の一の不堪佃田を記載している。しかし、すでに十世紀なかばには、国内の管田の約八割に達する広大な不堪佃を申請した国司もあって、例不堪の制度は崩壊していたのである。

（虎尾　俊哉）

ふきっすい　不吉水　⇩吉水《きっすい》・乱水《らんすい》　↓荒田《こうでん》

ふくいのしょう　福井荘　(一)播磨国揖保郡内の荘園。現在の兵庫県姫路市の西南部にあたる地域。当荘はもと左大臣藤原頼長の所領であったが、保元の乱で頼長が失脚したのち没官せられ、後白河院御領となった。寿永二年(一一八三)高野山の住僧鑁阿《ばんな》の奏請によって後白河法皇から、京都の蓮華王院にあった空海真筆の両界曼陀羅とともに、高野山大塔料として当荘が下賜されたが、二年後の文治元年(一一八五)改めてまた洛西高雄の神護寺領に移された。その間の事情は、神護寺の僧文覚の起請文によると、高野山に下賜された両界曼陀羅は、淳和天皇の御願として、もともと神護寺に安置されていたもので、神護寺の再興に専心していた文覚の強い奏請によって、法皇はこれを高野山から神護寺に移すとともに、この曼陀羅に付属すべきものとして福井荘も神護寺領とされたのである。なお鎌倉時代を通じて、当荘の地頭職《しき》は、正治二年(一二〇〇)吉川《きっかわ》経兼が補任されて以来、吉川一族が相伝した。

（水野恭一郎）

(二)摂津国島下郡の荘園。現在の大阪府茨木市福井付近。近衛家領。十一世紀末以前に成立して冷泉宮(三条院皇女儇子内親王、藤原信家室)の所領となり、京極北政所(源麗子)、知足院藤原忠実を経て近衛家に伝領された。仁平三年(一一五三)の摂関家の春日詣に屯食三具を負担(『台記別記』)。建長五年(一二五三)の『近衛家所領目録』によると、直轄領の一つで、預所寛愉が管理している。年未詳文書に、隣接の宿久荘との相論のことがみえる(『永昌記』紙背文書)。室町時代には興福寺領となっている(『大乗院寺社雑事記』)。

（宮川　満）

(三)阿波国那賀郡の荘園。現在の徳島県阿南市福井町を中心とする地域と考えられる。嘉元三年(一三〇五)に初見。室町院領の荘園であり、乾元元年(一三〇二)に院領が持明院統と大覚寺統とに折半せられたとき、大覚寺統に帰し、嘉元三年には亀山院から後二条天皇に伝えられていく。室町時代以降におけるこの荘の動向は不明であり、天文元年(一五三二)に一度その名があらわれるが、そのまま姿を消している。

参考文献　沖野舜二編『阿波国荘園史料集』

（丸山　幸彦）

ふくおかのしょう　福岡荘　備前国上道郡の荘園。現在の岡山県邑久《おく》郡長船《おさふね》町福岡を中心として、岡山市の一部にまたがる地域。荘の成立事情は不明。嘉応二年(一一七〇)の作麦畠注文案(『東寺百合文書』サ)によれば畠二百六十町歩余で、平家の所領であった。源平合戦の後、元暦元年(一一八四)源頼朝によって崇徳院法華堂に寄進されたが、翌年あらためて妹尾尼に付され、さらに文治四年(一一八八)崇徳天皇の国忌にあたって、勤修料となった。鎌倉時代に入ると最勝光院領となり、領家職《しき》は一乗坊がこれを保持、嘉暦元年(一三二六)後醍醐天皇によって最勝光院領が京都東寺に寄進されると、当荘も同寺領となるなどの変遷を経た。荘内の吉井村は正安元年(一二九九)地頭請となったが、地頭の年貢対捍がしばしばおこり、嘉暦二年に六波羅探題は東寺雑掌と地頭代との参決を命じている。ほかにまた、嘉慶二年(一三八八)の熊野本宮領備前国斗餅田目録として荘内北方二町五段が書き上げられている。正嘉元年(一二五七)にはすでに福岡に市の成立が認められ、その繁栄の様子は正安元年成立の『一遍上人絵伝』によって窺うことができる。観応元年(一三五〇)には足利尊氏が軍勢を率いて四十日ほどとど

まり、また今川了俊は九州探題として下向する途次ここを通過し、市の賑やかな様を『道ゆきぶり』に伝えている。山陽道の要衝としての福岡は、室町・戦国時代を通じてしばしば争奪の対象ともなり、戦乱の渦中におかれた。 （上原　兼善）

ふくおのしょう　福雄荘　越後国蒲原郡の荘園。現在の新潟県西蒲原郡分水《ぶんすい》町・燕市の一部にあたるが確実な四至は不明。皇室領。鳥羽院政期の成立とみられるが立荘の事情は不明。『吾妻鏡』文治二年(一一八六)三月十二日条に「上西門院(鳥羽院第二皇女統子)御領」とみえるのが初見。同領は皇女の死後は後白河院領、のち宣陽門院(後白河院皇女覲子)領となり、貞応三年(元仁元、一二二四)の同院領目録に「新御領、自上西門院被進之」とみえるが、以後の伝領事情は不明。 （阿部　洋輔）

ふくけん　覆検　⇩検注《けんちゅう》

ふくじ　不公事　⇩夫役《ぶやく》

ふくじょ　復除　律令制度における課役免除のこと。復とも蠲免《けんめん》ともいう。公民を単位に税の徴収を行なった律令政府は、一方で免除の細則を規定した。一般の戸口について、毎年提出される計帳で課口数と調庸などの税収を計ったが、免除は、災害による水田被害に応ずるもののほか、流行病や吉祥《きっしょう》によることもあった。それらは、蠲符という太政官符によって行われるのを原則とし、符損と称したが、ほかに、議政をまってする、逃亡者除籍などの議損、死亡や障害など、慣例による例損の別があった。なかでも、課口が官途や官役に就く場合、就任の時期によって免除の程度が異なり、春季では全免、夏季では調のみを徴収し、ほかを免除した。彼らは雑(入)色人と呼ばれ、おのおの管轄に応じて、官人は式部省、得度者は治部省、兵士は兵部省が戸籍の勘査を行なったので、勘籍人《かんじゃくにん》とも称された。九世紀半ば以降、課役免除を求めて雑色人が増加し、大きな政治問題となった。 （梅村　喬）
→課役《かやく》　→例損《れいそん》

ふくだのしょう　福田荘　(一)出雲国大原郡の荘園。現在の島根県大原郡加茂町付近。賀茂別雷神社領。寿永三年(元暦元、一一八四)四月二十四日付源頼朝下文にみえる同社領荘園「肆拾弐箇所」中に「出雲国　福田庄」とあるのを初見とする。また『吾妻鏡』文治二年十月一日条に「賀茂別雷社領出雲国福田庄・石見国久永保・参河国小野庄等、成二御下文一、被レ遣二社家一、当宮事、二品御帰依異レ他之故也」とある。承久の乱に際し神主能久(公文)が京方に属したため幕府に没収され、日伊郷福武村(木次町)の在地領主、伊北胤明が地頭職領有を主張して乱入するなどのことがあったが、賀茂別雷社は貞応二年(一二二三)以来、これを幕府に提訴し、貞永元年(一二三二)勝訴してこの危機を乗り越えた(貞永元年八月十九日付関東下知状は地頭職の停廃を命じ、同年十月二十七日には六波羅遵行状が出されている)。 （金本　正之）
(二)大和国平群郡にあった荘園。現在の奈良県生駒郡斑鳩町興留付近の地域。東大寺領・興福寺領。天喜六年(一〇五八)東大寺上座慶寿起請案に福田庄とみえるのが初見史料(『平安遺文』三巻八九八号)。当荘は平群郡吐田荘とともに慶寿が私領田二十町の加持子分を東大寺華厳会料田として寄進したことによって成立した。慶寿の死後、後家が私領田のうち興福寺進官免田となっていた部分を除き、坪付けを定めた。興福寺進官免田となっていた部分は、鎌倉初期に喜多院院主円綱によって大乗院門跡信円に寄進され、室町期まで大乗院門跡領であったことが確認できる。 （守田　逸人）

ふくちのまき　福地牧　河内国の牧。確かな所在地は未詳。ただ、史料には、支配関係や住民の動向に関して会《え》賀《が》牧と併記された場合が多いから、会賀牧に近く、河内国志紀郡―丹北郡(大阪府羽曳野《はびきの》市北部から藤井寺市・松原市東部)あたりに存在した牧と考えられよう。当牧は後院領として平安時代前期に成立した勅旨牧で、長元九年(一〇三六)の『後一条院御領譲渡目録』に「福地御牧・会賀御荘」とあり(『範国記』)、また建久三年(一一九二)の後白河法皇御領処分に際し、「会賀・福地等皆公家の御沙汰たるべし」(原漢文)とある(『玉葉』)。住民は御牧の威光で公事免などの優遇を受け、また皇室の権威を笠にきた横暴な行動も多かった。彼らは志紀郡の醍醐寺領田畠を請作しながら年貢を納めず、仁平二年(一一五二)醍醐寺の訴えで国司から弁済するよう厳命されている。また彼らは摂関家領支子荘の田地を請作しながら、伊勢神宮役工夫米を納めないため、訴えられている(『民経記』寛喜三年(一二三一)十月巻裏文書)。 （宮川　満）

ふくながのみくりや　福永御厨　近江国坂田郡にあった御厨。現在の滋賀県長浜市の北西部を荘域とする福永荘内にあったと考えられる。『玉葉』治承五年(養和元、一一八一)六月十三日条や、同年七月十三日付の九条兼実消息によると、当時本御厨の執行職について、朝廷内に訴訟がもちこまれていたことがわかる。建久三年(一一九二)の『伊勢大神宮神領目録』によれば、永久年間(一一一三―一八)の成立とする。 （太田　浩司）

ふくはらのしょう　福原荘　摂津国八部郡の荘園。現在の兵庫県神戸市中央区・兵庫区の旧湊川左岸の地域。仁安二年(一一六七)ころ平清盛が開いた福原別荘周辺に設定されたのが起源か。清盛はこれを後白河院に寄進し、みずからは領家となった。その後、平家没官領として源頼朝から妹の一条能保室に譲渡されたか、『桃華蘂葉《とうかずいよう》』に「摂津国福原荘(領家職也)　鎌倉右大将家已来伝領之」とみえ、能保の女が九条良経室となったことから、九条道家―その子一条実経と伝領されたと推定される。室町時代には守護赤松氏の一族が代官として土貢を四百五十貫文で請け負ったが、永享四年(一四三二)領家領掌の検断人夫役の押領があり(『御前落居記録』)、次第に土貢は減少した。嘉吉の変後は守護細川氏が進出し、被官香川氏が代官となったが、応仁・文明の乱中の文明元年(一四六九)同荘にいた一条政房が兵乱で殺害され、翌二年四月に

一条兼良は同荘を春日社・興福寺に造営料所として寄進した。大乱中に代官香川は年貢未進を続けたが、文明十五年末には興福寺はこれを回復した。翌十六年の同荘の算用状では、地子・入船・諸公事銭が二百三十一貫余、御米代五十九貫余となっており、興福寺側では兵庫関と同荘を一括して支配していたようである(『大乗院寺社雑事記』)。同寺の支配は永正四年(一五〇七)守護代薬師寺氏に押領されて終った。　（福留　照尚）

ふけ　封家　封戸を給付された寺社、諸家などのこと。封戸は律令制によって諸寺社・上級貴族などに与えられた俸禄。『新抄格勅符抄』によって平安時代前期の諸封家の全体像がわかる。　（守田　逸人）

ふけた　深田　泥が深くぬかる田、湿田、沼田。深田のように、灌漑が不必要な期間に土壌を乾燥できない水田を湿田、栽培期間中は導水し不必要な時期には排水して土壌を乾燥させることのできる水田を乾田というが、湿田には、灌漑不要期間にも湛水状態である強湿田から、やや湿った状態までは排水可能な半湿田まで、様々な段階が見られる。また湿田は排水が悪く地下水位の高い低湿地に多く分布するが、灌漑が難しく降水を溜めて利用する天水田のような湿田は高所にも位置する。乾田は灌漑必要期間以外には排水が可能で、土壌を乾燥させることができ、それによって畑作にも利用可能であり二毛作が可能であるが、この深田のような湿田は土壌を乾燥できないため二毛作は不可能である。また湿田は稲の生育にとって好適でない条件が多く、乾田の方が稲の生産性は高くなっている。このような点から、深田のような湿田は常に乾田化が目指されてきた。　（石崎　建治）

ふけどの　富家殿　山城国宇治郡の荘園。現在の京都府宇治市五ヶ庄付近にあたる。摂関家(近衛家)領。藤原師実の所領であったが、その孫忠実がこの地に富家殿と称する別業を営むに至って、別業とその周辺の所領が荘園化したもの。宇治の地には平安時代中期にも悪霊民部卿藤原忠文がやはり富家と名付けた別業を有しているが、忠実の富家殿は藤原一門の宇治遊覧や平等院からの帰途の休息に利用された。その後、忠通に伝領、忠通妻源信子から忠通の子息基実を経て近衛基通に譲られ、近衛家領となった。建長五年(一二五三)の『近衛家所領目録』では基通の女竜前の知行するところとなっている。下って、室町時代中期になると近隣の岡屋荘などと合して五ヶ荘と呼ばれ、史料には五ヶ荘富家村などとみえる。そのころには公事銭・納米が近衛家に納められたほか、正月の若菜、五月の蓬菖蒲、七月の盆供、師走の煤払い人夫役など季節の雑役が勤仕されている。戦国時代に近衛家の多くの所領が退顚するなかで、当荘は大永四年(一五二四)の『雑々記』にも当知行とみえ、家領として存続した。天正三年(一五七五)には五ヶ荘八十石が織田信長によって近衛家に安堵されている。　（田村　憲美）

ぶこう　夫功　公事のうち労役のことを特に夫役というが、この夫役を実際の労役ではなく、代物で弁済することをいう。夫役には地頭や荘官が直営田に対する田植や稲刈・草刈などを課する農夫、在京の荘園領主が課した宿直役・兵士役などの雑役、代官や荘官に対して供する房仕役・京上夫・送夫・迎夫等の雑事などがあった。また人間自体を使役するものを夫丸といい、人馬を合わせて使役するものを夫馬と称した。しかしこのような労役は、農民らを身体的および時間的に拘束し支配するものであったため、農民らからは忌避されるところが多かった。したがってこのような夫役を、実際の労役ではなく代物で弁済することは農民らの強く望むところであり、次第に銭で代納する夫銭や米で代納する夫米といった手段が取られるようになっていった。それに伴いこのような夫銭や夫米によって、夫役を代物で弁済することを夫功と称するようになった。　（石崎　建治）

ふこでん　封戸田　貴族・寺社に与えられた封戸の田地で、事実上所領化した田地。封田ともいう。当初、封主には半分のみ送進された封租が全給となり、また封主が封戸から直接収取物を徴収するようになるに従い、封戸が封主の所領化してゆき、たとえば長和三年(一〇一四)二月十九日筑前国符案(『東大寺文書』)に「任前相博旨、為彼寺封戸田、勿検田使入勘」などとみられるように、封戸田の四至内への検田使の入勘をも拒むに至る。九州の寺社領によくみられる。　（中野　栄夫）

ふじいのしょう　藤井荘　㈠大和国山辺郡の荘園。現在の奈良県山辺郡山添《やまぞえ》村の地。治承二年(一一七八)の東大寺三綱等陳状案によると、もと某弼入道相伝の私領だったが源俊通入道が伝領し、東大寺の支配の及ぶのを避けるため左大臣藤原頼長家に寄進した。そうして俊通は摂関家の威を募り、津料を取ったり、東大寺領黒田杣《そま》に杣木を切り充てたりするなどの阿党をなした。頼長が保元の乱で敗死した後は後院領となったが押妨は止まず、国境を越えて伊賀国の東大寺領にまで所領を拡大してきたという。しかし、その後のことは不明である。㈡後院領藤井荘の北には興福寺大乗院領藤井荘があった。この地はまた早くから春日社に寄進され、春日社領でもあった。㈢大和国葛下郡にも藤井荘と称する荘園があった。現在の北葛城郡新庄町大字南藤井の地にあたる。興福寺七堂燈油荘々中の一荘と、一乗院領藤井荘である。㈣このほか、『吾妻鏡』建久六年(一一九五)九月十八日条に、蓮華王院領大和国藤井荘での地頭押妨のことがみえるが、この在所は不明である。　（泉谷　康夫）

ふじしまのしょう　藤島荘　越前国吉田郡の荘園。現在の福井市藤島町を中心とする地域。九頭竜《くずりゅう》川中流域の南側一帯に広大な地域を占め、平泉寺と延暦寺が争奪を繰り返した。『吾妻鏡』建久元年(一一九〇)四月十九日条に「藤島保」とみえるのが初見で、建永元年(一二〇六)十二月の「慈円起請文」(『門葉記』)によれば、平家没官領を源頼朝が平泉寺へ寄進したという。平泉寺は延暦寺の末寺であることから、建久六年「藤島年貢千石」が延暦寺勧

学講の用として無動寺大乗院に分給された(『玉葉』)。建武元年(一三三四)九月、後醍醐天皇は当荘を延暦寺に寄進しているが(『武田健三氏所蔵文書』)、南北朝争乱が始まると、同四年、北朝方の斯波高経は当荘の寄進を条件に平泉寺を味方に引き入れている(『太平記』)。その後は、貞和三年(一三四七)・応永二十八年(一四二一)に延暦寺門跡寺の青蓮院が当荘を領有した史料が残るのみで、戦国時代には朝倉氏に押領され、平泉寺や被官に分給されて消滅した。 (松原 信之)

ふじつのしょう 藤津荘 肥前国藤津郡の荘園。現在の佐賀県藤津郡・鹿島市の地域。法勝寺領。『河上神社文書』正応五年(一二九二)八月十六日河上宮造営用途支配惣田数注文によれば「藤津庄六百丁但除吉田村」とみえる。『仁和寺文書』(永仁六年(一二九八)六月十一日後伏見天皇綸旨には「肥前国藤津庄事、代々寺家進止之条、所見分明」とあり、また同文書年月日欠坊門家清申状には、法勝寺領肥前国藤津荘は「当家累代之地」とある。 (瀬野精一郎)

ふしののしょう 椹野荘 周防国吉敷郡の荘園。現在の山口県椹野川の下流域、吉敷郡小郡《おごおり》町を中心に南北は山口市域にかかる地域。仁平三年(一一五三)の『東大寺領諸荘園文書目録』によれば成立は東大寺創建時にさかのぼり、内海舟運に便ある浮囚郷・賀宝郷辺の空閑地を占定したものらしい。十世紀中葉田九十一町余とみえるが、同世紀末には荒廃していた。建久七年(一一九六)重源の奏請により再興され、以後、大仏殿長日最勝講顕密供僧四十二口幷鎮守八幡宮御供料以下中門法華両堂禅衆往来二百口用途料。重源は翌年当荘などを東南院に譲った。同九年源頼朝は白松藤二資綱に荘内の小郡と賀河郷との地頭職《しき》を与えたが、東大寺の異議により還付された。承久の乱後地頭職を得た時広法師が年貢を抑留し、東大寺の申状により十一年後停廃された。観応元年(一三五〇)秋より翌春にかけ数万の軍勢が兵粮米を充課したのは大内弘世の挙兵にかかわるとされる。室町時代には大内氏が押領、永正六年(一五〇九)返還され、大内氏滅亡後、小早川氏が預かったが、永禄五年(一五六二)還付されたとあるのが終末所見である。 (松岡 久人)

ふじほのしょう 藤穂荘 淡路国津名郡の荘園。六条御堂領。貞応二年(一二二三)『淡路国大田文』に津名郡の「庄分」としてみえる荘園のうち、「蘽浦庄」と「鮎原庄」との間に記載された荘園。地域は諸説あり判然としない。これを清水正健編『荘園志料』(昭和八年(一九三三))は「藤穂《フヂホ》荘」としている。しかし第二次世界大戦後に発見された右大田文原本(『皆川文書』)によれば「藤」にあたる文字は不分明で「藤」とは読めない。大田文には「六条御堂御領/□穂庄(前地頭有無不知子細、年来一円領家進退所云々/新地頭宗三所衆)/田六十町/畠/浦一所」とあるが、荘園の比定地も判然としない。六条御堂は承徳元年(一〇九七)に白河天皇皇女郁芳門院媞子の遺宮を仏寺に改めたもので、のちの万寿寺である。 (三宅 進)

ふしみのしょう 伏見荘 河内国錦部郡の荘園。現在の大阪府河内長野市付近。石清水八幡宮領。延久四年(一〇七二)の荘園整理で同領と確認されたが、これを伝える同年九月五日太政官牒(『石清水文書』)によると、もとは故入道式部卿親王領で、貞元二年(九七七)寄進された。同荘は五町二段余の田地だけからなる散在荘園で、甲斐・伏見荘と併記されていて、甲斐荘が宅や山林を含めて二百町歩余もあり、両荘の一部は混在していたので、甲斐荘に併合されたと考えられる。 (福留 照尚)

ふじゅくでん 不熟田 天候不順や蝗の害などによって、標準的な平年作に達しない田。損田ともいう。戸内の田に不熟田を生じた戸を損戸といい、令の規定では、唐令を模して損戸に対し、損五分以上は租免、損七分は租調免、損八分以上は租調庸免の措置がとられることになっていた。そのほか、おそらく令制以前の慣習法に基づくと思われるが、損四分以下の損戸に対しても、損の程度に比例して租を減額する措置が、律令時代を通じて行われた。 →損田《そんでん》 (虎尾 俊哉)

ぶしょ 負所 ⇩おっしょ

ふせいきん 不成斤 ⇩成斤《せいきん》

ふせた 伏田 ⇩隠田《おんでん》・出田《しゅつでん》

ぶぜに・ぶまい 夫銭・夫米 夫役(労働課役)を徴収する代りに上納させる金銭を夫銭、夫役の代りに上納させた米を夫米といった。夫銭は夫金・夫銀ともよばれた。夫米は江戸時代には人足米ともいわれている。こうした夫役の代納制は中世に始まり、江戸時代にはひろく行われるようになった。夫役は律令制下では庸(歳役)・雑徭として課せられていたが、中世においては庸の系譜をひく夫役は荘園や公領において雑役と称され、これが免除されたところは雑役免田(一色田)などといわれたが、次第に銭や米による代納がみられるようになり、「番米」などはその一つである。江戸時代に入ると夫役は人夫役などともよばれ、幕府が天領に課したものには伝馬宿入用や蔵前入用などがあり、諸国に課したものには国役・助郷役があり、また、諸藩も領国内に多様な諸役を課していたが、実際に農民たちを夫役に使用することは少なくなり、また農民たちを使用することは制限されるようになっていった。そして夫銭・夫米の名による米銭の代納制がすすんだ。このような動きは武士が農村から離れて、現実に夫役を必要とすることが減少したこと、米銭を納入してそれで必要な労働力を獲得することが可能となったことなどによる。代納制の発達により臨時的夫役も経常的なものとなり租税の一部と化すこともあった。夫銭・夫米は石高・家別に課されるのが一般的で、領主によって不同であるが、『地方凡例録』によると高百石につき二斗四、五升から一斗四、五升であった。 (福田栄次郎)

ふせのしょう 布施荘 (一)播磨国揖保郡内の荘園。現在の兵庫県竜野市南部の地域。『続左丞抄』一に載せる建久

八年(一一九七)四月の官宣旨によると、平安時代末期応保年中(一一六一―六三)に、大納言平頼盛が、国司を相語らって、揖保郡内の布施郷をもって布施荘を立てたが、このとき頼盛は、北に隣接する穀倉院領の小犬丸保は、作田のみであって、山林畠地はふくまれていないと称し、同保の山林畠地を残らず布施荘の内に混じて、割き取ったという。その後、布施荘は、平家没落のとき平家没官領として、いったん源頼朝に預けられたが、頼盛の母池禅尼が、かつて平治の乱の際に平清盛に懇願して頼朝の命を助けた恩徳に報いるために、元暦元年(一一八四)四月、頼朝は布施荘をふくむ頼盛の家領三十四ヵ所のすべてを頼盛に返付した。なお当荘の内に取り込まれた小犬丸保の山林畠地については、建久八年、改めて同保の四至境を定めて、穀倉院領の内に復した。その後、鎌倉時代末期になると、徳治元年(一三〇六)六月十二日、後宇多上皇の皇妹昭慶門院憙子内親王が、上皇から伝領した所領の中に、播磨国布施荘がみえる。（水野恭一郎）

(二)美作国大庭郡の荘園。現在の岡山県真庭郡川上村・八束村の地域。明徳四年(一三九三)の牛頭天王社鐘(鳥取県倉吉市長谷寺蔵)銘に「布施之庄長田村(岡山県真庭郡八束村上・下長田)」、慶長十二年(一六〇七)二月の売券に「布施之庄六ヶ村之内上徳山(同郡川上村)」とみえる。『和名類聚抄』にみえる布勢郷を継ぐものか。『八坂神社記録』によれば承安二年(一一七二)に開始された祇園社の安居会料として源頼朝の寄進になる。のち室町幕府の御料所となった。なお仁和寺領苫西部布施社との関係は不明。（三好基之）

ふせひ　伏樋　埋樋ともいい、地中に埋設された樋や暗渠などをいう。中世では摂津国垂水荘において、「伏樋」と「出樋」が存在したことが知られているが、前者が暗渠を指し、後者は明渠を指したものであろう。また寛元年間(一二四三―四七)の成立と推定される『新撰六帖題和歌』に藤原光俊の「ふみこゆる道に伏せたるかわらひのくつともしらじつづもる身は」との歌があり、これも伏樋を指しているものとされる。樋とは一般的に流水管のことであるが、地表面に溝を掘削して流水することが不可能な場合に設置されたものである。樋には木をくりぬいたり板を接合した木樋のほか、瓦や土師器などを用いた土樋・瓦樋などが知られているが、前掲の歌中のものは、この瓦樋が使用されていたものと思われる。このような樋の技術は、中世に入り山麓や扇状地の開発が進められる中で用水路の技術がさらに発達したことに伴って進展した。（石崎建治）

ふせりょう　伏料　臥料とも記し、正検注の際隠田を合法的な田地とし、かつ検注帳に記載しない免税地とする取扱を受けるため、当該田地の面積に応じた額で領主に差し出す米銭をいう。本来正検注の目的の一つは隠田を発見する点にあるが、一方でそれを厳重に摘発して隠田を没収し農民を荘外に追放するという措置は、収入の増加を企図する荘園領主にとっては、必ずしもその目的を達し得ないこととなる。そのような場合に取られた措置が、田畠を「伏せる」という行為で、これは隠田を「伏田」「伏畠」として承認し検注帳に載せず、同時に租税を免除することとする代償に、「伏料」「勘料」などと呼ばれる米銭を、当該田畠の面積に応じて納めさせることを意味した。このような伏田・伏畠は本来正検注の際に設定されるものであり、伏料も臨時的な賦課であったはずであるが、次第に徴収の頻度が増え、室町期にはほぼ恒常的租税、一般的雑税と化した。（石崎建治）

ふたえのまき　二重牧　九、十世紀ころ肥後国にあった馬牧。『延喜式』兵部省の諸国馬牛牧の項に「肥後国(二重馬牧、波良馬牧)」とあり、さらに「凡肥後国二重牧馬、若有レ超レ群者進上、余充二太宰兵馬及当国他国駅伝馬一」とある。当牧が特に優れた馬の産地であったことがうかがわれる。近世の肥後国から豊後国に通ずる豊後街道が、熊本県菊池郡大津《おおつ》町から阿蘇の西外輪山を越える所に二重の峠(阿蘇郡阿蘇町)があるので、当牧はこの辺に位置していたものと思われる。（工藤敬一）

ふたみのみくりや　二見御厨　伊勢国度会郡の御厨。現在の三重県度会郡二見町。建仁元年(一二〇一)十一月の太神宮司解(『御塩殿神庫古文書』)に二見御厨惣検校権禰宜能範とあり、検校の管理下、御塩司神人によって製塩や漁業に携わっていた。塩は両宮に貢進された。神人らは自活的結合をなし、元弘三年(一三三三)小浜政所兄弟垣景四郎太郎左衛門尉父子と阿五瀬の漁業権をめぐる紛争や貞治年間(一三六二―六八)九鬼氏代官と同様の紛争など、結束して対抗した。（倉田康夫）

ふちぎょう　不知行　所領、所職等を知行する正当な権利があるにもかかわらず、武力等を用いた不法押領等、なんらかの理由によって、正当な権利を行使できない状態にあることを示す用語。不知行の状態が発生するためには、その所領、所職等を代わって知行している者が存在している場合が多く、これらの者のことを当知行者と称した。『貞永式目』第八条によれば、当知行の状態で二十年経過した場合は、源頼朝以来の慣習法によって、理非には関係なく、当知行者を改替することはできないと規定している。このことは不知行の状態で二十年経過した場合、たとえ正当な権利を有している者であっても、その権利は当知行者に移ることを意味している。したがって不知行の状態が二十年続けば、消滅時効が成立することになる。そこで訴訟、実力行使等あらゆる方法を行使して、当知行者を排除し、不知行状態の解消に努めることになった。→当知行《とうちぎょう》（瀬野精一郎）

ふちなのしょう　渕名荘　上野国佐位郡の荘園。郡名をとって佐位荘ともいわれる。現在の群馬県伊勢崎市北半部、佐波郡境町・赤堀町・東村などの地域。新田荘の西に位置する。中世文書や聖教奥書類に出てくる香林《こうばやし》・波志江・植木・中村・茂呂・木島・下武士《しもたけし》、また荘名でもある渕名など、当荘の地名が佐位郡全域に分布するとこ

ろから、同郡が一括して荘園化したと考えられる。室町・戦国時代の仁和寺の所領目録に「上野国淵名庄(田百九町五段廿五代/畠十八町二段十代)」とあり、この荘が仁和寺法金剛院領であることが確認される。史料上の初見は文永九年(一二七二)の『長楽寺文書』であるが、この荘は平安時代末期に秀郷流藤原氏(淵名大夫兼行の子孫)によって開発・立荘されたと考えられ、鎌倉時代には中原季時や北条得宗の所領となり、南北朝以降は主に上杉氏の守護領となった。この荘に向けて古利根川の水を引こうとした一二キロにわたる女堀《おんなぼり》遺構(国指定史跡)があり、その開削は浅間火山灰(Bテフラ)の堆積から十二世紀中葉のことと推定される。（峰岸　純夫）

ふちょでん　府儲田　律令制下の諸司田の一種。大宰府では諸使の食糧、水夫の賃銀、厨家の雑支出その他百般の支出にあてるための財源として、管内諸国に計三万束の府儲料を設定していたが(始期不詳)、違期未進の増大によってその維持が困難となった。そこで貞観十五年(八七三)十二月これを改め、管内の田二百町を割いて府儲田とし、その地子を収納して、府の支出と本来この二百町から収納されるべき田租分とをまかなうこととした。（虎尾　俊哉）

ぶっしょうまい　仏聖米　語義的には仏前に供する米のことであるが、荘園史料においては、仏前に供する米として寺領の各荘園から徴収される米のことを指している。仏餉米ともいう。その内実は各寺院によってさまざまであるが、東大寺では大和国小東荘・長屋荘・長田荘・大宅荘・目安荘・櫟荘・服荘にそれぞれ段別一斗五升八合の大仏殿仏聖料が設定され、仏聖米が徴収されていた。（徳永健太郎）

ぶっしょうます　仏聖枡　寺院において、仏聖米を下行するために使用した下行枡。寺内において仏聖米配分の基準的量器として重視され、その伝統的な枡が原器として長く寺内に保存されてきた。例えば興福寺では七堂毎日仏聖米の下行枡として仏聖枡が治承五年(一一八一)以来、少なくとも文明年間(一四六九―八七)に至るまでは日常的に用いられていた。また東大寺では大仏殿仏聖米を計量するための仏聖枡があり、東寺にも下行枡として仏聖枡が存在していたことが知られる。（徳永健太郎）

ふでん　負田　⇨負所《おっしょ》

ふでん　浮田　⇨一色田《いっしきでん》　⇨浮免《うきめん》

ふないのしょう　船井荘　丹波国船井郡の荘園。現在の京都府船井郡園部町・八木町にまたがる地域。宝治二年(一二四八)に佐々木江州禅門後家が船井荘内一町九段を摂津国勝尾寺に寄進している。元弘三年(一三三三)に鎌倉幕府は楠木正成を誅した者への恩賞として当荘を与えるとしている。建武三年(一三三六)に足利尊氏は船井荘地頭職《しき》を京都北野社へ寄進し、室町幕府はこれを安堵している。観応元年(一三五〇)に荘内の一部の地頭職が清和院へ寄進されているが、大半は依然として北野社の支配下にあった。室町時代には船井荘は十一ヵ村からなり、永禄十二年(一五六九)織田信長も地頭職十一ヵ村の安堵状を発している。（仲村　研）

ふなえのしょう　船江荘　伊勢国飯高郡の荘園。現在の三重県松阪市付近。建久八年(一一九七)当荘の下司永意法師の濫行が起っている(『建久九年内宮仮殿遷宮記』)。冷泉宮領で、近衛基通より兼経へ、さらに円満院前大僧正円浄に譲られている。（倉田　康夫）

ふなきだのしょう　船木田荘　武蔵国多西郡の荘園。現在の東京都八王子市と日野市南部にまたがる地域。八王子市中山白山神社出土経筒に納められていた『観普賢経』奥書に、「仁平四年(久寿元、一一五四)」「武蔵国西郡(多西郡か)船木田御庄」とあるのが初見。治承四年(一一八〇)の皇嘉門院藤原聖子(崇徳天皇皇后、藤原忠通女)の譲状(九条良通宛)に船木田荘の本荘・新荘が記載され、十二世紀前半に摂関家領荘園として成立したと推定される。その後、女院領が九条家領に戻り、建武元年(一三三四)には新荘(その後に本荘)が東福寺領となった。延慶二年(一三〇九)の九条忠教遺誡によると、家領奉行人として葉室頼藤が担当し、現地は地頭請所になっていることがわかる。この荘は平安時代後期以来、小野牧・由比牧などがもとになって発展した荘園で、横山氏(横山党)・日奉氏(西党)などの武士団の基盤となっていた。横山氏が建保元年(一二一三)に和田氏と結んで蜂起し(和田氏の乱)滅亡すると、大江・天野・梶原氏などが入部し、室町時代には武蔵守護代大石氏の基盤となり、十五世紀中葉には東福寺の支配は消滅した。本荘・新荘の地域区分は明らかでないが、『吾妻鏡』、聖教奥書、『新編武蔵風土記稿』伝承の地名などにみられる横山荘を称する郷村は現在の八王子市南西部の地域に比定され、これと『東福寺文書』に記載のみえる船木田荘の郷村と重複するものもある。また岩走明神社蔵『大般若経』奥書の「武州多西郡横山船木田新庄小比企郷」などという記載から、船木田荘全体あるいは船木田新荘が、多摩の横山にちなんで横山荘と別称されたと考えられる。（峰岸　純夫）

ふなきのしょう　船木荘　(一)近江国蒲生郡の荘園。舟木とも書く。現在の滋賀県近江八幡市船木町付近。醍醐寺三宝院領。文安六年(宝徳元、一四四九)四月十一日付の『三宝院文書』に「門跡領并敷地山林田畠等」の一つとして「近江国船木荘」をあげ、「以上醍醐寺領」とあるのが初見。承保元年(一〇七四)に奥島荘司土師助正が船木郷の私領畠地七段を長命寺に施入した際の施入状(『長命寺文書』)があり、元暦元年(一一八四)に源頼朝の命をうけて佐々木定綱が同寺の再興に力を尽くし、山門西塔院の別院としているので(同文書学頭内供奉快重書状)、古くから湖東の要津として栄えた舟木港の在郷には権門寺社に所縁を求める動きがあったと推量されるが、荘園としては右の醍醐寺領以前の様子や、船木郷・船木港(のちの近江八幡港)との関わりは不詳。『後奈良天皇宸記』天文四年(一五三五)三月一日条に「舟木庄御料所二千五百疋

運上」とあり、天文のころには禁裡御料所となっている。㈡近江国高島郡の荘園。舟木とも書く。現在の滋賀県高島郡安曇川《あどがわ》町付近。賀茂別雷神社領。寿永三年(元暦元、一一八四)の源頼朝下文に同社領四十二ヵ所の一つに数えられて「近江国、舟木庄、安曇河御厨」とあるのが初見。室町時代の『康正二年造内裏段銭幷国役引付』に賀茂社領とみえる。　(畑井　弘)

㈢美濃国本巣郡の荘園。現在の岐阜県本巣郡真正《しんせい》町から同郡巣南《すなみ》町にまたがる一帯。はじめ高階肥後入道寂法(基実)の先祖相伝領。嘉応年間(一一六九―七一)寂法は本家職《しき》を法勝寺に寄進、同時に郷ごとの領家職を七人の子に譲った。以後、領家職は郷単位に伝領されて戦国時代に至る。鎌倉時代以来、荘は東西に分かれ、西方には十四条郷・十六条郷・十九条郷などが、東方には本田郷・只越郷・別符郷などがあった。　(谷口　研語)

㈣丹波国氷上《ひかみ》郡の荘園。現在の兵庫県氷上郡春日町付近。『和名類聚抄』にみえる氷上郡船城郷の荘園化したもので、『兵範記』裏文書の仁安三年(一一六八)ごろの平時忠奉書に船木荘の名称があり、念仏料の欠如について裁断されているが、領主は不明である。南北朝時代以降は東寺領となっているが、支配状況は明らかではない。『丹波志』は荘域内に十八ヵ村があるとしており、荘園の鎮守として歌道谷《うとうだに》所在の山王社(船城神社)を比定している。　(仲村　研)

ふなこしのしょう　船越荘　筑前国志摩郡の荘園。現在の福岡県糸島郡志摩町船越付近。観世音寺領。もと船越湾に面した海浜に煎塩釜を領していたものが荘園化したと思われる。延喜五年(九〇五)の『観世音寺資財帳』には志麻郡加夜郷に焼塩山がみえ、永承四年(一〇四九)に至って四至牓示が打たれた。康平三年(一〇六〇)には府国使の入勘も免除されている。吉丸・六郎丸・乙丸などの名《みょう》、それを請け負う延末・吉貞・貞房などの田堵の存在が知られ、天承元年(一一三一)には近隣の怡土《いと》荘の留守による船越荘御米への狼藉がみられた。保安元年(一一二〇)観世音寺が東大寺の末寺化するに及び、当荘関係の公験も東大寺に送られその管轄化に入ったが、観世音寺領としての性格は変わらなかった。保延三年(一一三七)には見作田二十七町八段百八十歩であった。室町時代、文明十七年(一四八五)にも観世音寺領として本家(東大寺か)へ正税を上進する体制が続いている。　(有川　宜博)

ふなせくどくでん　船瀬功徳田　⇩功徳田《くどくでん》

ふなどころ　船所　古代末、国衙機構の中の小機関「所」の一つ。周防・安芸・摂津・紀伊・隠岐などの諸国に認められるから、西国の沿海国の多くに設けられていたものと看られる。周防国在庁船所の五郎正利が、管国内の船数十艘を徴して源氏に投じ、壇ノ浦の戦を勝利に導いたのや、紀伊国の船所が、当時流行の院の熊野詣に紀ノ川その他河川の渡船の調達を担当したのが、わずかに明らかにされている船所の具体的な活動である。そのほか、国衙正税など国家貢納物や官使の輸送などが主な機能であったと解される。紀伊国の船所には、所属の梶取が確認され、一般に船所には、船および梶取が所属したであろうが、先の周防国のように管内の船・梶取を徴して輸送業務に宛てることが多かったようである。また船所の地名は、和歌山県海草郡(紀伊)・山口県防府市(周防)などに残り、いずれもかつての国庁に近く、海または河に面している。船所は国衙のほか石清水八幡宮領淡路鳥飼荘・興福寺領讃岐神崎荘その他の沿海荘園にも認められる。年貢の海上輸送などに携わったものであろうが、いずれも国庁から比較的遠く、国衙の船所との関係は薄いと看られる。船所の名称は南北朝時代以後全く管見にない。　(新城　常三)

ふなまつりりょう　船祭料　船祭は、神霊を船やその雛形に乗せるなどして航海の安全を祈願する神事であり、船祭料は荘園年貢を船舶によって輸送する際の神事用途として計上された費用、あるいはその名目による年貢控除分をさす。内閣文庫所蔵観世音寺古文書大治五年(一一三〇)十一月五日の筑前国碓井封年貢米送状によると、船賃料・奴祭料・梶取功食料などとともに「船祭料」三斗が年貢から控除されている(『平安遺文』五巻二一七〇号)。また高野山文書正嘉元年(一二五七)の高野山蓮華乗院領南部荘年貢米送文(『鎌倉遺文』一一巻八一七三号)でも一斗が「御船祭」として計上されている。なお綿貫友子の分析によると、南部荘年貢正米と船祭料との間には、正米に対して船祭料〇・〇三%という比例関係が見られる。　(徳永健太郎)

ふなやく　船役　港に出入する船にかけた税。船税ともいう。中世では商船目銭・帆別銭・帆役・碇役などの名称でみられ、近世では、さらに船役銭・帆形銭・船運上・船年貢などのほか、加賀藩の潤役・械役のごとく地域によりさまざまの名称で呼ばれている。賦課は、船の大小、帆・碇の大小、さらには積荷の有無、移出入船の別、船乗組員数などを基準とした。松前藩は他藩入津船に二人乗銭六百四十二文から十六人乗銭二千四百四十二文まで九段階を設けて船役銭を課し、早春二番船までは船役銭を割り引いた。一方、幕府の御城米船、藩の手船などは船役免除の特権を有した。近世初頭、越後の上杉氏は摂津の豪商末吉氏に免船六艘の特権を与え、国中諸浦往還を許し、南部氏は酒田の加賀屋船、越前新保の久末船に船役免除の特権を与え自国交易の発展を計った。船役は船奉行など役所で徴収したが、明石藩のごとくその一部を港町の振興の意味で町に配分するところもあった。　(渡辺　信夫)

ふにゅう　不入　⇩不輸不入《ふゆふにゅう》

ふにゅうけん　不入権　⇩不輸不入《ふゆふにゅう》

ふにん　負人　⇩負所《おっしょ》

ぶま　夫馬　夫役のなかでも、人と馬をあわせて徴発するものをさす。永延二年(九八八)の尾張国郡司百姓等解文では、国司藤原元命が旧例を無視して不当に夫馬を徴

発したことを訴えている（『平安遺文』二巻三三九号）。また天喜二年（一〇五四）の官宣旨によると、山城国においては斎宮の群行や宇佐使に際して夫馬が徴発されていたことがわかる（『平安遺文』三巻七〇九号）。伊賀国黒田荘においては寛治元年（一〇八七）、東大寺政所が出作に対して二町に馬二匹の京上の夫馬を徴発している（『平安遺文』四巻一二五八号）。（徳永健太郎）

ぶまい　夫米　前近代社会において被支配者が貢租として労働力の給付を強制された夫役の代りに米で上納したもの。人足米ともいう。夫米は中世にも一部みられたが、夫米の徴収が一般化するのは近世に入ってからである。ただし、天領にはなく諸藩に存在した貢租制度である。農民への夫役の強制は田植・稲刈などの農繁期の農業労働に支障をきたすことになり、領主にとっても農民の使役は不都合が多く、夫役は次第に米や貨幣で代納されることになったのである。夫米の徴収は天領の高掛物と同様の扱いで、村高に一定の割合で賦課されたが、その比率は村高百石につき二斗四、五升から一斗四、五升までというように諸藩によって異なっている。なお、天領において夫米に相当するものとしては高掛三役のうちで、五街道の問屋本陣その他宿々の費用にあてた伝馬宿入用と、江戸城の台所で使役した人足賃にあてた六尺給米との二つがある。（佐藤　常雄）

ぶまる　夫丸　中世から近世初期にかけての人夫・人足・陣夫の称。古く牛飼や奴婢を「某丸」と呼んだことから人夫のことを「夫丸」といった。「丸」の同様な用例としては『大乗院寺社雑事記』文明十九年（一四八七）五月二十六日条に見える「仕丁丸」の例が挙げられる。享徳三年（一四五四）の「殿中以下年中行事」（『群書類従』武家部）に鎌倉公方の子女誕生時の胎衣納めに関し「御胎を若党に持たせて、中間三人ばかり、夫丸に鍬を持たせて山に登り地を七尺に掘りて納め申す」と見え、武家の若党・中間とは区別される存在であった。夫役として賦課された農民が労働力を提供し労役に服するものである。なお、寛正三年（一四六二）の「東大寺文書」（『大日本古文書』七巻三〇六号）には守護大内教弘の進発に関わり「夫丸」百人を「雇進」することが見えている。（田中　健二）

ふみょう　負名　平安時代の公田を申し請けて経営し、所当官物などを納入した請負人。田地をその名《な》に負うことに由来する。令制の戸主と課丁を対象とする収取方式が解体するに従い、「里倉」に依拠した租税請負制が採用され、農作を職能とする「田堵」が公田と所当の請負人となり、大小の「負名田堵」がひろく公領荘園にわたって活躍し、公民である「平民公田の負名」と、荘民の「出作負名」が並び存した。負名はときに名田や負田と混同されることがあるが、「負名逃散」、「召負名於収納所」など当時の用語例からみて、明らかに公田請作人を指すもので、のちに中世荘園の名主に発展する荘公民の呼称であった。→負所《おつしよ》　→名《みょう》　（戸田　芳実）

ふめん　夫免　⇨夫役《ぶやく》

ふもつ　負物　負債・債務をさす語。負物《おいもの》（銭）・負累・負目《おいめ》などともいい、債務者を負人・負物人といった。『邦訳日葡辞書』には、「Fumot フモツ　負ひ物また借物・負債、文書語」「Voimono ヲイモノ　負い目（負っている借金）に同じ」とあり、『黒本本節用集』では、「債《オイモノ》」、『天正本節用集』では「借物」としている。負物の語は、すでに天平六年（七三四）五月の格にあらわれるが、中世になって一般的に使用され、借銭の場合でも負物ということが多かった。（勝俣　鎮夫）

ぶやく　夫役　支配者が被支配者から収取する労役のこと。荘園制の発達とともに、租・庸・調・雑徭などの律令制下の古代的租税体系に替わって、荘園制的、中世的租税体系としての年貢・公事が成立するが、この公事の一部ないし中心が夫役である。夫役は古代の庸・雑徭などの徭役が転化したものであり、きわめて多種多様であった。夫役という名称は何時ごろから生じたか明らかでないが、『吾妻鏡』弘長元年（一二六一）二月二十五日条に夫役の用例がみられ、その後『太平記』や『大乗院寺社雑事記』などにしばしばみられる。平安時代後期―鎌倉時代末期には、領主が直営地＝佃《つくだ》耕作や、領内の開墾・道作り・水利開発などや、年貢の運搬、領主の奢侈、邸宅整備などのため、それぞれ領内農民に耕地保有の代償として多くの夫役を課した。また在地領主・地頭・有力名主らが所有地経営やその他のため、私的に農民から取り立てる夫役も多く、それらは時代の下るほど増加の傾向を示しながら、多くは戦国時代まで続いた。南北朝―戦国時代には、荘園制が衰退して荘園領主・荘官の夫役収取は消滅したが、代わって守護・戦国大名が領国内の農民に守護夫・陣夫などを課し、また家臣や被官はもとより、武士化した農民たちに軍役を課した。以上の諸夫役のうち、長期間にわたるものを、長夫《ながふ》または長日夫《ちょうじつふ》と呼んだ。農民を田植・草取り・稲刈りなどの農作業や、年貢・荷物の運搬などに使役する場合が、それである。また在地領主・地頭・有力名主らが直営地耕作に徴収する夫役などのように、近距離のところへの夫役を近夫《ちかふ》と称した。若狭国太良荘では、脇袋にあった地頭代官の直営地へ「近夫」と称して農民が召し使われ（『東寺百合文書』、建武元年（一三三四）八月日若狭太良荘百姓申状並起請文）、紀伊国阿氏川荘では、地頭が農民を遠距離の京上夫や、近距離の「近夫」に扱き使っている（『高野山文書』六、建治元年（一二七五）十月二十八日阿氏河庄上村百姓等言上状）。なお古く牛飼や奴婢などを某丸と呼んだことから、人夫のことを夫丸《ふまる》ともいった。また足軽などの類で荷物を運搬する人夫を、草夫《くさぶ》と呼んだ。『蜷川親俊日記』天文八年（一五三九）三月四日条に「近年、桐野河内諸侍、右京兆御被官と号し、草夫以下相立て申さず」（原漢文）とある。以上のように多様で雑多な夫役の性質・意義についてみると、次のようである。㈠夫役を賦課する方法は種々あり、ときには一荘に何人と一括した賦課もあるが、

一般には年貢と同じく田畠面積を基準とした賦課が最も普通である。このように田畠面積を基準に賦課される夫役は、領主―土地保有農民にとって労働地代の性質をもっている。㈡夫役は現に労働力を提供し労役に服するを原則とするが、ときには多少とも米銭や物品による代納も認められた。この代納は各時期にみられ、夫米・夫銭などと称した。応仁の乱前後から、領主が軍需品の輸送運搬のため農民に課した夫役を陣夫といい、農民が陣夫に出る代りに米または銭を納めることも時には許された。このように農民が代納により陣夫を免除されることを、夫免《ふめん》と呼んだ。㈢古代の徭役が制度の上で一律的、経常的、公的な性質をもっていたのに対し、中世の夫役は一律的、経常的、公的なもののほかに、多様で臨時的、私的な性質のものが多い。この夫役の多様で臨時的、私的な性質は、荘園ごとに夫役の種類・量・質が違い、在地領主・地頭らが私的にほしいままに夫役を徴収し、戦乱によって臨時に軍役・陣夫・夫丸が増加したことなどによりもたらされた。㈣農民にとって以上の多種多様な夫役は、全体として実質的に年貢よりも重く苦しい負担であり、しかも労働地代の性質をもっていたから、彼らは農奴的性格の農民といえる。このように中世の夫役は、その増加と労働地代としての性質とから、農民たちを農奴として社会の基本的農民とするとともに、そのことを通じて社会体制の封建制への転換に関係しており、その歴史的意義はきわめて大きい。（宮川　満）

ふゆじし　冬地子　⇩地子《じし》

ふゆなし　冬成　⇩夏成《なつなり》

ふゆふにゅう　不輸不入　不輸と不入は、荘園制の形成過程でそれぞれ独自の途をたどってできてきたものであり、不輸の特権ができると、それに随伴してただちに不入の特権が獲得されたと説明するのは正しくない。不輸というのは、その時の国家税制体系の中で段別に賦課される税目の一つ以上が太政官あるいは国司の許可により免除されることをいう。だから国家の税制体系が変わると、それに従って不輸とされる税目も変わる。また段別に賦課される税目が複数になると、荘園によって不輸とされる税目も異なる。なお、史料上で「荘」と称するものの中には、ただ墾田所有に伴う賃租価直を領有者が取得するだけで、免除された税目がないものもある。律令国家段階では、段別に賦課される税目は租だけであったから、荘園の不輸といえば不輸租だけであった。そして、不輸租が公認されるのは令に規定されている神田・寺田で、律令国家段階では貴族で不輸租が公認された荘園を所有した事例は見あたらない。不輸租の公認は官符でなされ、その旨が民部省符をもって諸国に下達されたので、これを受けた荘園を官省符荘という。律令国家段階では官省符荘は数少なく、荘園の多くは貴族や寺社が墾田を集積しただけのものであった。なお、官省符荘田も一般の田地とまったく区別されることなく田地の調査が行われ、その結果が班田図に記されたのであり、このことからも、不輸だから不入だと説明するのが誤りであることがわかる。十世紀初頭から前期王朝国家体制に変わると国家税制体系も変わり、官省符荘は官物が免除されるものとなった。臨時雑役の免除も実際には田地についてなされたので、臨時雑役免除の荘園が新たに出現した。臨時雑役の免除の多くは国司が独自に認定した。官省符荘はもともと臨時雑役を負担すべきものであるが、官省符荘の荘園領主が個別に太政官あるいは国司と折衝した結果、個別的に臨時雑役免除の特権を獲得した官省符荘も少なくなかった。臨時雑役の免除は国司が独自になしえたのに対して、官物の免除は太政官が行うべきものであったから、十一世紀に長久の荘園整理令をはじめとする荘園整理令が出されるようになるまで、官物免除の特権を獲得することは表向きには困難であった。しかし、十一世紀に入るころには、国司が中央政府に隠して密かに官物を免除した荘園がかなり出現していた。これが国免荘といわれるものであるが、国免荘の中には先述の臨時雑役免除の荘園もあり、そのような臨時雑役免除は国司が公然と行なっていた。十一世紀四十年代に国家体制がまた改編され、それまで「臨時雑役」とよばれていたものは「雑役」とか「公事雑役」などとよばれるようになり、「臨時雑役」というのはこのとき公認された一国平均役など臨時に課せられるものを意味するようになった。ここで、官省符荘はすべて官物と雑役とが免除されることになった。そして、荘公を論ぜずに賦課されてくる一国平均役を免れるために、「臨時雑役」を免除される個別折衝が諸荘園で試みられるようになる。このころには中央・地方財政が窮乏して、貴族や寺社に給付すべき封戸物や寺社への正税物などの国家的給付の支弁が滞るようになり、その代替として、諸国で荘園の官物や雑役の不輸特権が付与され始めた。これを便補というが、国家的給付は莫大な額であったから、この代替としての荘園の不輸特権付与も莫大なものとなった。長久元年（一〇四〇）の長久の荘園整理令で新立荘園停止の基準線が大幅に引き下げられてからあと、次第に整理基準線が引き下げられていったが、それはその整理基準線以前から存在した国免荘を公認するものであった。この裏では国家的給付が国免荘の不輸をもって支弁されていたという事情があったので、政府としてもそれを否定できなかったのである。このように荘園の不輸特権が拡大していっても、それはなんら不入特権を伴うものではなかったが、十一世紀中期ごろからの史料上に国使不入や官使・検非違使不入を官に申請し、それが公認された事例がみえ始める。十一世紀に入ったころには所領内に国使が入部するのを実力で阻止する動きが広汎にみられ、それが別名制を成立させる基となったが、荘園においても国使入部に対抗する動きがみられ始め、荘園領主が個別に中央政府に申請して国使不入を荘園の一つの特権として獲得したものと推測される。それは特に国検田使不入を狙ったが、一

般に国司検田が有名無実になりつつある動向の中で、国司が検田を行わない代りに要求する賦課を拒否する根拠ともなった。しかし、不入の特権がない荘園に国使が自由に入部していたわけではない。また官使・検非違使不入を申請した事例がみられるのは、十一世紀中期から官使・検非違使が中央から派遣されて未進を催徴することが多くなる事態を反映している。だから、官使・検非違使・院宮諸司・国使の濫入停止を申請して認められた事例もあり、不入の対象もさまざまで、不輸の荘園にも国使や官使が入部するのは当然だったのであり、それを個別に折衝して特定の入部者の不入を認めてもらおうとしたのである。（坂本　賞三）

ふりょう　府領　⇩大宰府領《だざいふりょう》

ふるい　負累　⇩負物《ふもつ》

ふるごう　布留郷　大和国山辺郡の中世以後の郷。現在の奈良県天理市内の旧丹波市町と二階堂村に比定され、「布留郷五十余郷」といわれた(『大乗院寺社雑事記』)。物部氏氏社の布留社(石上神宮《いそのかみ》)の信仰圏に始まるが、竜王山に発する布留川が灌漑する地域でもあり、南北に分かれ、旱魃の年は同山竜王社に雨乞いをした。興福寺の荘園が多く惣郷の形成がすすみ、年貢緩怠などで反抗し、同寺の発向(弾圧)をうけることがしばしばあった。（朝倉　弘）

ふるさけのしょう　古酒荘　下野国芳賀郡の荘園。現在の栃木県真岡《もおか》市中《なか》字間木堀付近か。『和名類聚抄』にみえる古家《ふるいえ》郷を中心とする初期荘園。東大寺領。長徳四年(九九八)のものと推定される『東大寺領諸国荘家田地目録案』(『東南院文書』)断簡に「下野国　古酒庄」と出てくるのが初見であるが、東大寺は仁平三年(一一五三)の時点で、延暦十八年(七九九)・弘仁十三年(八二二)作成の当荘の絵図二枚と年未詳の破損絵図を保管している(『守屋孝夫氏所蔵文書』)。また国判・郡判の押印された弘仁十二年の当荘の条里坪付も保持していた。弘安八年(一二八五)に至っても、寺領荘園として伝領されているが(『東大寺文書』)、荘園としての実体は、すでに失われていた。他の初期荘園と同様、平安時代中期には顚倒し、のち摂関家領荘園中村荘として再生したものと思われる。（新川　武紀）

ふろう　浮浪　律令制下、本籍地を離れて不法に他所に流浪し在住している行為・状態をいい、時に浮宕《ふとう》・流宕・浮逃の語も用いられる。その浮浪人はまた浪人ともいう。逃亡との区別については、当時の明法家は賦役を欠くものを逃亡、欠かないものを浮浪と解しているが、実際にはそうした区別は見出しがたい。一般に逃亡は本籍地・発生地の側から、浮浪はそれを所在地の側からとらえた表現(用語)といえる。律令法では、戸と戸口の逃走について、三年と六年の間、五保と同戸がそれぞれ探索、五保・三等以上親と同戸がその口分田を耕作し租調を代輸する(三周六年法)。期限後には籍帳より除き(絶貫)、浮浪の所在地にて編附するか(当処編附)、希望すれば本籍地に送還することを認めている(本貫還附)。逃亡・浮浪の抑止のため、当人のみならず発生地の監臨主司、所在地の容止者ならびに国郡司・里長に対してもそれぞれ罰則が科せられている(捕亡律)。律令制形成期の天智天皇九年(六七〇)と持統天皇三年(六八九)には、造籍による浮浪捕捉の徹底が行われたが、律令制確立以降、八世紀初期の和銅・養老期には、課役を忌避する浮浪の発生が重大問題となり、霊亀元年(七一五)、逗留三ヵ月以上の浮浪人に対し、国郡姓名を録する浮浪人帳方式が新たに採用され、調庸輸納の確保と浮浪の抑止が行われた。養老五年(七二一)には改正され、浮浪人の希望を問い、当処編附か本貫還附かを決める本来の籍帳編附方式となったが、その当処編附については、天平八年(七三六)にまた浮浪人帳方式が採用された。以後の展開は、宝亀十一年(七八〇)に再び籍帳編附方式に復帰、延暦元年(七八二)にその徹底施行が命ぜられているが、延暦四年には他国浮浪人に対し、延暦十六年には荘園寄住の浮浪人に対し、浮浪人帳方式が採用されるに至っている。課役を忌避する不法な存在である浮浪人を浮浪人のまま肯定し、浮浪人帳に登載することによって合法化し、あくまでも調庸を徴収確保しようとしたもので、それはまた公民制＝籍帳主義の崩壊を意味する。以後の浮浪人は「土人浪人を論ぜず」としてあつかわれ、公民＝土人(民)と平等な合法性をもつものとなった。その浮浪人の実態は多様で、その階層も王臣寺社の荘に寄住し、駆使される者から、私出挙と私営田を経営する富豪層に至るまで、一様ではなかった。そのうち、富豪浪人は八世紀末ごろから現われ、官田の正長や荘園の荘長となったり、調庸交易に介入、調庸の代納を利用して私利を追求したり、その活動は活潑化していった。特に前国司や王臣の子孫の活動には、かつての権力威勢をバックに、百姓を侵害し、国郡司に対捍する行為が多く、大宰府管内では延暦十六年・斉衡二年(八五五)・元慶五年(八八一)に、上総国では元慶八年に、本貫還附・当処編附方式による取締りと不法者の国外追放というきびしい処置が行われたが、あまり実効はなかった。なお地域的な浮浪対策として、陸奥・出羽においては、開発と対蝦夷防備のため、八世紀後半以降、浮浪人の柵戸化(桃生・雄勝)が積極的にすすめられ、両国浮浪人の本郷還附の徹底が令せられている。また京畿内においては、畿外への流出は霊亀元年に京人の当処編附を認めているが、神亀三年(七二六)・天平五年の京畿計帳には、十八年ないし二十五年間の逃亡記載がみられ、令の六年除帳が適用されていない。一方畿外からの流入は八世紀末ごろから盛んにみられ、延暦十九年には流入編附の禁止、大同元年(八〇六)には解禁、斉衡二年・寛平三年(八九一)には禁止令が出され、その取締りに苦慮している。（宮本　救）

ぶんかつそうぞく　分割相続　⇩相続《そうぞく》

ぶんけん　分絹　⇩分米《ぶんまい》・分銭《ぶんせん》

ぶんすい　分水　同一の用水源に依存して稲作を行う荘園・村落・用水組合で行われる用水の分配のことで、さまざまな問題を内包している。分配の基本として、時間を決めて行うものと、用水路や用水施設などによって行うものと、二つの方法が存在した。用水が特に不足した時期とか場所では、一定の時間を切って、慣例に従い厳重に分配がなされた。いわゆる番水である。中世では、番水とも関連し、大和の能登川・岩井川を用水源とした興福寺領の神殿《こどの》荘・三橋荘・四十八町荘・越田尻荘・波多森新荘・京南荘の六荘間の分水の事例が有名である。分配に関する直接の事務は、興福寺の公文目代が担当した。用水路や用水施設によって行われた場合も、種々相を見る。用水源が河川の場合、上流と下流では引水権が相違する。一般的には上流が有利であって、旱魃の時には上流の用水施設が、下流部の人々によって破壊され、水論となることもあった。東寺領上久世荘は、桂川の水を梅津前五ヶ荘大井手で堰留め、上方井関から取り入れて自荘内に引水していたが、応永二十五年(一四一八)旱魃を理由に下流域の農民らは、上流の上方井関を破壊したため、訴訟事件に発展した。この時東寺側は、上久世荘で桂川から引水する場合、石畳で築いた堰堤を利用し、下流域ではその石畳の間から洩れる水を用水として利用する慣例があったと説明している。このほか、分水口を設けたり、通水の深さを決定する標木としての分木を立てたりして、引水の割合が規定されていた例がある。なかでも、用水源となる村落などでは、井親として他の村落より有利な引水権を有した場合もあった。→番水《ばんすい》 →用水相論《ようすいそうろん》　（大谷　貞夫）

ぶんせん　分銭　⇨分米《ぶんまい》・分銭《ぶんせん》

ぶんでん　分田　高野山領荘園などにみられる下地(田畠)の配分方法。高野山の膝下荘園では、農民たちを免家として直接把握する一方、検注を実施して下地を把握し、それらを山上の寺院や寺僧らに配分する方法をとっており、これを分田と称している。ただし、それは下地の経営そのものとは直接関係なく、年貢負担者から徴収した年貢・公事銭などを知行者に配分するために、形式的に下地を割り当てたものと思われる。なお、分田支配については、免家支配とともに高野山による二元的支配体制ととらえる考え方のほか、免家支配から分田支配への段階的発展ととらえる考え方もある。また、東国では鶴岡八幡宮領で分田支配がみられ、鶴岡八幡宮に寄進された所領は、孔子(鬮)《くじ》引きによって二十五坊と呼ばれる供僧らに配分されている。ただし、それは帳簿(分田帳)のうえの形式的な配分であって、実際には一括納入された年貢などを各坊の供僧らに配分するしくみであったと考えられる。また分田のたびごとに、一坊について一人の農民が屋敷とともに各坊に配分されたようである。→民《みん》間分田《かんぶんでん》 →免家《めんけ》　（田代　脩）

ぶんでんきっぷ　分田切符　荘園領主が田地を分割して給付した者に、米の徴集を許可する内容の切符を発給し、これを受け取った者は、これを持参提示して分田よりの所当米を徴集した。　（瀬野精一郎）

ぶんまい・ぶんせん　分米・分銭　中世の寺社・本所領荘園や武家領の名田・佃・畠などの面積や貢租率に応じて算出され、課税された貢租米、あるいはその代銭。一般に各名田別、あるいはその段別の貢租率、すなわち斗代に、土地の面積を乗じて貢租高である分米の高を算出した。分とは負担とか貢納責任を意味している。米・銭のほかに、貢納物の種類によって、分雑穀・分大豆・分籾・分胡麻・分油・分鉄・分加地子・分所当・分料などの表示がみられる。分米・分銭の記載・表示は、一般に荘園や武家領などの田数目録・年貢目録・検注帳・内検帳・名寄帳など、いわゆる土地台帳に記載されている個々の名田・佃・畠などの貢納高を示す際に用いられた。その記載様式は、㈠「某名二町　分米十石」、「某名内田一反　分米五斗」といった、斗代の記載を抜きにして分米の高を記したもの、㈡「某名二町　一町五斗代　分米五石、一町三斗代　分米三石」と、名内の斗代と面積に応じて、それぞれの分米を記し、名全体の分米の高を求めたものなどに分かれている。建武元年(一三三四)の『東寺領備中国新見庄東方地頭方損亡検見并納帳』(『東寺百合文書』ク)によると、定田分については、定田面積と、その分米高、その得田の各分米高、さらに各名に属する里畠・山畠の損・得分について、分雑穀の高が記されている。この帳簿では個々の土地の斗代は記されていないが、定田はすべて段別六斗代、里畠は段別三斗(大豆・粟・蕎麦)、山畠は段別一斗(大豆)の斗代にもとづいて分米・分雑穀の高を算出し、記載している。一方東方地頭方に属する高瀬野の名田については、各名田ごとに、定田の損・得田の面積と分銭の高を記しているが、分銭は段別一貫文の貢租率で算出されている。また東寺領若狭国太良荘の文永三年(一二六六)の田数并年貢米内検注進状(『教王護国寺文書』一ノ七一)では、定田十八町七段二百四十歩分について、五・六・七・八・九斗代および石代の計六段階に区分された斗代ごとの分米が算出され、その合計が所当米と記されている。これに佃米・加徴米を加えた高から各種除分を差し引いた残りの分が寺納分、定年貢米であった。分銭は、基本的には斗代によって定められていた分米が、市場などでその時々の和市で販売・換貨され、その代銭額が帳簿に記載された例、前述の新見荘東方地頭方内高瀬野の名田のように、領主側から強制的に定められたと考えられる段別一貫文といった固定した貢租率にもとづいて算出された例などに分かれる。こんにち残存する諸帳簿では、分銭記載例は必ずしも多いとはいえないが、貨幣経済が発展する中世後期においては、分銭による年貢の算出・記載の傾向は強まり、それがやがて室町時代の武家知行高の貫高表示、そして戦国時代の大名領国における貫文制・貫高制実現のいわば歴史的前提をなしたともいえる。　（佐々木銀弥）

へ

へいけもっかんりょう　平家没官領　平氏の没落に際し、その所領は国家に没収された。その「官に没収された平氏の所領」が平家没官領であるが、それは、多く源頼朝の手に帰属したため、「頼朝に帰属した平家領、すなわち関東御領の根幹となる所領」を意味するようにもなった。しかし、平家没官領を広義に解するならば、この狭義での平家一門の所領ばかりではなく、平家家人の所領や、治承・文治の内乱における平家与党人・謀叛人の所領をも含む。この平家家人・与党人・謀叛人の大部分は、在地武士層であり、彼らの所領とは、荘園・国衙領における下司職・郷司職など、いわゆる地下の所職であったが、源頼朝はこれらを没収してそれぞれ戦功のあった諸御家人に、地頭職などの名目で分与した。しかし「平家没官領」として重要なのは、「平家没官領注文」に載せられた平家一門の所領である。寿永二年(一一八三)七月二十五日に平氏が西走すると、二十八日に平氏追討の宣旨が出され、ついで八月六日、後白河法皇は平氏一門二百余名の官職剝奪を命じたが、おそらくこれと前後して、平氏一門の所領の没官の処置がとられたと思う。追討宣旨が出された翌々三十日、公卿たちの間で、源頼朝・義仲・行家らの勧賞のことを議し、入京した軍士の兵粮用途のことが問題とされたが、そのとき「没官地のうち、しかるべきの所を択び、充て給ふべきか」(原漢文、『玉葉』同日条)との考えが示されている。また『参考源平盛衰記』によれば、八月十八日、平氏没官領のうち、源義仲に百四十余ヵ所、行家に九十余ヵ所を分ち賜わったという。この際に頼朝も多くの没官地を賜わったと推定されるが、やがて元暦元年(一一八四)正月、義仲・行家の没落とともに、これらのすべてが頼朝の手中に入る。平家一門の所領が五百余ヵ所であったとの説は、これをただちには実証し得ないが、かなり厖大な数の家領があったと思われる。そして、遅くとも同年四月以前には、「平家没官領注文」が作成された。これが頼朝に手交され、それは長く幕府に保存されていた。平家没官領のうち二十四ヵ所は、頼朝の手より弟義経に与えられたが、のち再び没収され、またそのうち平頼盛領の三十四ヵ所が、元暦元年四月に頼盛に返却されたこと、さらに頼朝が平家没官領のうち二十ヵ所を、実妹である一条能保室に分与したことなどは著明な事実である。『吾妻鏡』に徴証のみられる平家一門の所領としては、平宗盛の丹波国五箇荘、摂津国真井・島屋両荘、大和国鳥見・矢田両荘、平重盛領の陸奥国白河領・下野国足利荘、平忠度室領であった三河国竹谷・蒲形両荘などがあり、また、平重衡が預所職として知行していた備後国太田荘もその一つである。これら平氏の所領荘園は、荘園領有形態からいえば、主として諸荘園の領家職・預所職といった「荘領主職」であり、これが頼朝の手中に入って関東御領となった。なお、これら荘園所職のほか、京都にあった平氏一門の屋地も没官され、「没官京地目録」(『吾妻鏡』文治二年(一一八六)七月二十七日条)が作られているが、これらも平家没官領の中に含まれる。　(安田　元久)

へいし　兵士　武器を持って勤める役を兵士役といい、その人を兵士という。令制軍制の解体後、十世紀以降の王朝国家期軍制の支柱となったのは、諸家兵士および諸国兵士であった。この両者と並び荘園制展開期に荘園の機構を通じ、夫役として徴発された兵士が荘園兵士として類型化されるものである。具体的には荘園の年貢輸送の警備、領家の警固、雑役の奉仕など、諸種の任務にたずさわった。後白河院の長講堂領に関する建久二年(一一九一)の御庄々一年中課役注文(『島田文書』)によると、㈠院の警衛のための御倉兵士、㈡諸門の警衛にあたる門兵士、㈢月充兵士、㈣雑役に従事する月充仕丁があり、都合七十七荘の各荘園から課役負担のため毎月二十人以上の兵士・仕丁が都に集められた。また『後七日御修法日記』文治五年(一一八九)条に「柏原庄下司宗忠子字平大(兵士、参七日間御堂後戸居夜々)」とみえ、醍醐寺領柏原荘下司宗忠の子平大なる者が同荘兵士役として御堂に七ヵ日宿直したことを示している。かかる例から兵士の実態は荘民・荘官であり、兵士役は彼らに対する夫役の一種であったが、荘園によっては彼らの給養のために兵士給田を置いたところもあった。荘園領主による恒常的な兵士上番の制度は、私的な戦にあっても領主の戦闘員徴発の方式に利用された。保元の乱に際して、左大臣藤原頼長が自己の荘園より軍兵を徴しようとした事例(『兵範記』保元元年(一一五六)七月八日条)はこれを示す。源平争乱期には兵士役は諸国の荘園に兵粮米とともに充課される事例が散見し、諸国平均の臨時課役としての性格を持つに至る。平氏政権による諸家荘園からの兵士・兵粮米の徴集は、在来の荘園機構を介して兵士役を公役に転化させたものであった。　(関　幸彦)

へいしまい　兵士米　関所を通過する荷物や旅客から徴収された関銭の一種。「ひょうじまい」とも。交通路を支配していた領主が、通行者の安全を保障する代わりに徴収したのが関銭であるが、荘園領主も領内の要所に関所を設置し、荘民から徴発した兵士をそこに配置して交通路の警備に当たらせて、そこを利用する旅客や貨物からその代償として警固料の名目で兵士米を徴収した。そのため、関所のことを「兵士米関」と呼ぶこともあった。後には兵士米徴収を目的として関所が立てられるようになり、関所そのものが得分権化した。このように荘園領主は兵士米を徴収する一方で、自領からの年貢輸送に際

しては途中の関所に兵士米を支払わなければならなかった。荘園年貢の輸送に関わる文書には、輸送に携わる労役提供者に対する支出とともに兵士米の負担に関する記述がしばしば現れる。（高橋　典幸）

へいしめん　兵士免　荘園領主が荘民に対する兵士役賦課の代償として認めた年貢からの控除。多くの場合そのための免田が設定された。「ひょうじめん」とも。荘園領主が荘民に対して賦課した兵士役には大きく言って二種類あり、一つは領主のもとに上番させ宿直・警固にあたらせるもので、摂関家に宿直警備や雑役を奉仕した大番舎人はその代表的なものである。もう一つは荘園年貢運上に際してその警固を命じるものであった。さらに兵士米徴収のために一般の通行者の警固を行わせることもあった。このような兵士役は荘民一般の夫役とされることもあったが、荘民の中でも特定の人間に課される場合もあり、兵士免田はその人間に対する給分と見なされた。摂関家大番舎人の場合も、大番領という給田を与えられ、雑役免除などの特権が付与された。（高橋　典幸）

へいしやく　兵士役　中世荘園制下において、荘民から徴発した夫役の一種。「ひょうしやく」とも読む。一般に夫役には領主直轄地での佃耕作と警衛・雑役・交通運輸労働に関するものがあり、荘園制下での兵士役は後者に属する。後白河院の長講堂領に関する建久二年（一一九一）の御庄々一年中課役注文（『島田文書』）によると、㈠院の警衛にあたる御倉兵士、㈡諸門の警衛にあたる門兵士、㈢月充兵士、㈣雑役に従事する月充仕丁の四種があり、長講堂の各荘園（七十七荘）から上の兵士役に見合う員数（各月二十人以上、このうち最も多いのが「門兵士」役）が徴集されている。かかる形で荘園から警固の兵士を徴集することは平安時代以来行われていた。摂関家の大番舎人も兵士の称を有さぬとはいえ、かかる兵士役の一種と考えることができる。このほか、たとえば『醍醐雑事記』一一には「一、寺家宿直兵士事　座主大僧正御房元―御時始三宝院守護也」として、領主たる醍醐寺が毎月自領荘園たる牛原荘ほか数個の荘から五人ずつの兵士を徴して三宝院を守護させている例もある（その内訳は牛原南荘一・二月、牛原北荘三・四月、河内荘五月、中夾荘六月、柏原荘七・八月、曾禰荘九・十月、上記各荘と牛原北・南荘下司十一月、中夾・柏原・大野木荘下司十二月）。こうした宿直警固役以外に年貢の輸送も兵士役の一つであった。建治元年（一二七五）十月、沙弥蓮仏が紀伊国南部《みなべ》荘の年貢八十貫文を兵士に託し荘園領主高野山のもとに送っている（『高野山文書』二）。かかる兵士役の例は上の高野山領荘園以外にも、東大寺領大井荘の関係文書にも多数存在する。荘園における兵士（役）は一般荘民に担われたが、その名辞が武士（役）と呼称されていないことは留意すべきであろう。いうまでもなく、兵士は特定の階層呼称に由来するものではなかった。別言すれば武を専業とする武士とは区別される一般荘民に実態を有した。令制兵士制の労役的側面が名辞として荘園制下の夫役たる兵士役にも間接的に引きつがれたものといい得る。なお、鎌倉時代以降、兵士役と並び諸史料に兵士米・兵士銭の語が一般化するが、これは領主が徴収した兵士役を運用して得た収益を指した。荘園領主が年貢の減収を補うため関所を設け、兵士に年貢輸送以外に、一般の旅客・貨物の護送に従事させ、被警固者から一定の料米を徴集した。これが兵士米・兵士銭とよばれるもので、荘園領主の収益となった。（関　幸彦）

へいばく　平畠　水田のうち水の便が悪くて畠と化したもので、通常の「山畠」とは区別される。一般にいう「畠成」の結果生じた畠である。宝徳三年（一四五一）十二月十二日の太良庄百姓三郎介・右馬大夫起請文（東寺百合文書ハ）に「むかしハ田にて我々御代にて水ひん（便）なく候間、畠ニ作候」と見え、用水の支障により畠地化したものであることがわかる。また、年欠の太良庄百姓等申状（同前）には「当年作毛の事、平畠ハ半分も候ハす候。河原畠事者、一円ニ日にやけ候て一本もなく候」と見え、平畠のほかに水田が氾濫原と化した河原畠があり作毛（麦）を生産していた。鎌倉末期には百姓による分割用益が進行し、これらの畠地の大部分は百姓名によって分割されていた。（田中　健二）

へいみんびゃくしょう　平民百姓　律令体制の解体ののち、十世紀ごろ以降、中世を通じてみられる人身的自由をもつ一般的農民を指す。網野善彦は、その用例をたどると、「職人」や「下人・所従」などの身分のものと、いわゆる「百姓身分」とのちがいを強調するときに、「平民」あるいは「平民百姓」といわれることが多いことから、「百姓身分」よりも、「平民」「平民百姓」というほうが、中世の一般農民の身分の特徴を示すのに適当だとしている。（池永　二郎）

へいみんみょう　平民名　⇨百姓名《ひゃくしょうみょう》

へきのしょう　日置荘　⇨ひおきのしょう　⇨ひきのしょう

へた　戸田　⇨こでん

へつぎのしょう　戸次荘　豊後国大分郡の荘園。現在の大分市のうち大野川流域の大字上戸次《へつぎ》・中戸次・下戸次・上判田《はんだ》・中判田・下判田・竹中・松岡を中心とする地域。十二世紀に摂関家領として成立したと推定され、治承四年（一一八〇）五月十一日の『皇嘉門院惣処分状』にその名がみえ、以降九条家が領家職を有していた。弘安八年（一二八五）の『豊後国大田文』によれば、その水田面積は九十町であった。もともと大神《おおが》姓の戸次氏が領有するところであったが、鎌倉時代には守護大友氏が地頭職を得、三代頼泰の弟重秀がこの地に入部して戸次氏を称するようになった。以降戸次氏は豊後国内でも有力な一族となった。永和元年（一三七五）には後円融天皇の綸旨により、妙心寺に玉鳳院造営のため寄進されている。（海老澤　衷）

べっさく　別作　荘園において本来の荘田とは区別され

別所

別所一覧

国名	別所名	本寺	典拠
山城	黒谷別所	延暦寺	拾遺往生伝・今昔物語集
	大原別所	同	後拾遺往生伝・打聞集
	芹生別所	勝林院	平安遺文
	善峰別所	延暦寺	拾遺往生伝・山槐記
	安楽院	同	驢嚧嘶余
	光明山寺	東大寺	拾芥抄
	賀茂別所成仏寺	東大寺か	華厳信種義
	神護寺別所	神護寺	点本書目
	栂尾別所高山寺	同	平安遺文
	平岡別所善妙寺	高山寺	同
	小田原別所	興福寺	高野山往生伝
	吉田寺	同	興福寺官務牒疏
	瓜生別所		後拾遺往生伝
	一切経の別所		平家物語
	宇治白河別所		増阿含経
	宇治芝原別所		仏説老母六英経
大和	南別所	妙楽寺	五蔵曼荼羅
	知足院別所	東大寺	日本高僧伝要文抄
	東大寺別所	同	南無阿弥陀仏作善集
	三輪別所平等寺	同	弥勒感応抄
	某別所	同	平安遺文
	西別所金光院	法隆寺	同
	安部寺別所		本朝新修往生伝
	菩提院別所		平安遺文
	川上ノ日蔵君ノ別所		今昔物語集
	額安寺別所	額安寺	平安遺文
	奈良別所		同
	超昇寺東別所	超昇寺	点本書目
	香子山別所		感身学正記
河内	天野別所	金剛寺	平安遺文
	錦織別所		三輪上人行状
	宇礼志別所		西岸寺般若経
	城別所		普賢延命雑集
和泉	美木多別所		西田源三郎文書
摂津	天王寺別所	天王寺	諸寺縁起集・天王寺旧記

国名	別所名	本寺	典拠
摂津	渡辺別所	東大寺	南無阿弥陀仏作善集
	長柄別所		発心集
	柳津別所		同
伊賀	別所新大仏寺	東大寺	南無阿弥陀仏作善集
	中村別所薬師堂	同	因明尋思抄
伊勢	八幡別所		重源大神宮参詣記
三河	足助別所		沙石集
近江	樺尾谷別所	延暦寺	四十帖決・長宴記
	神尾寺	同	驢嚧嘶余
	帝釈寺	同	同
	霊山寺	同	同
	近松寺	園城寺	寺門伝記補録
	尾蔵寺	同	同
	微妙寺	同	同
	常在寺	同	同
	水観寺	同	同
	今江寺	興福寺	興福寺官務牒疏
	石塔別所		後拾遺往生伝
	辺山別所		同
信濃	塩田別所常楽寺		金沢文庫古書目録
越前	八田別業	平泉寺	荘園志料
加賀	山代別所不動寺		金剛界儀軌
丹後	普甲山別所		大毘盧遮那経疏
	しら子庄の別所		西方指南抄
出雲	鰐淵寺別所	鰐淵寺	鰐淵寺文書
播磨	南無阿弥陀仏寺	東大寺	南無阿弥陀仏作善集
	柳山別所		本朝高僧伝
	某別所		後拾遺往生伝
備前	滝山別所		平安遺文
	常行堂		南無阿弥陀仏作善集
	有木別所		源平盛衰記
備中	新山別所		拾遺往生伝
	浄土堂	東大寺	南無阿弥陀仏作善集
安芸	山田別所		熊谷家文書
周防	阿弥陀堂	東大寺	南無阿弥陀仏作善集

国名	別所名	本寺	典拠
紀伊	高野山別所	金剛峯寺	扶桑略記・平安遺文
	高野山東別所	同	壇上堂塔建立由来記
	高野山中別所	同	覚鑁上人伝
	高野山新別所	同	南無阿弥陀仏作善集
	高野山千手谷別所	同	三輪上人行状
	高野山東別所	粉河寺	粉河寺縁起
	三滝別所願成寺		平安遺文
	神谷別所	東大寺か	大仏頂咒利回向文
	国主別所		紀伊続風土記
筑前	山桃別所	竈門山寺	拾遺往生伝
	今山別所	筥崎宮	金剛界大灌頂随要私記
肥前	河上別所		平安遺文
大隅	衆集院	台明寺	同
	温谷之別所		同
	曾禰別所		同
	某別所(三ヵ所)		同
薩摩	新別所霊山寺		薩藩旧記
不明	長等ノ別所		私聚百因縁集
	ヤナクヘノ別所		同

る概して低斗代の薄田で新開田が多い。高野山領備後国太田荘では、建久元年(一一九〇)には見作田六百十三町余のうち百六十六町余が別作田であり、下司名以下の各種免田とともに雑公事免田であった。正安二年(一三〇〇)の雑掌淵信陳状案(『高野山文書』)には、「領家別作分新田所当事」として、「名々開発の分限に随ひ弁じ来たるの輩これ有り(中略)、村々別作に於いては皆最薄田たるの間、古作たりと雖も大略或は七升代、或は五升代、或は四升代なり」(原漢文)とあり、低斗代の薄田であることがわかる。

(工藤 敬二)

べっしょ 別所　寺域内の空閑地、領主のない空閑地など未開発の地を占定し、そこに造成された宗教施設。占定した土地も開発され、それには地子・地利・官物・雑役・公事などの免除の特権が与えられ、それが別所在住者やその活動の経済的基盤にもなった。その初見は十一世紀前半にさかのぼるが、中世後期になるとその造成もみられなくなるばかりでなく、別所の名も消えていく例が多く、末寺化していったと考えられる。したがって、別所の形成とその活動は中世前期の特徴の一つであった。比叡山延暦寺の黒谷別所や、高野山金剛峯寺の東別所などの大寺院の大別所ばかりでなく、地方諸地にも別所がみられる。別所には、特定寺院を離去した僧や、寺院の中心的事業から離れた僧が在住して、遁世・隠栖の場とした一方、聖も在住・寄住して、自行・化他の生活をしている。別所のなかに往生院を含むもの、あるいは別所と同様に考えられる往生院の呼称をもつものもあり、ともに僧俗の終焉の場でもあった。別所の宗教活動としては、迎講・不断念仏・法華八講・涅槃講・仁王講などがあり、別所周辺の人々はこの講会に結縁したり、忌日仏事を委託したりしていて、別所は在地の人々の教化・結縁の場であった。

(高木 豊)

べつのう 別納　公領・荘園をとわずにみられ、本来の徴税手続と別個の手続で賦課物を納めることが認められ

ること(またその区域の称)。あるいは領有者に納むべき物の一部分が当該領有者以外の給主に付与されること。後者は公領でいえば、官物・雑役のいずれか一つの全部(いずれか一つの全部が他の給主に付与された場合「一色別納」という)、あるいはその一部分が、国衙以外の給主に付与されることをいう。別納には、得分の別納と下地の別納とがある。得分の別納とは、下地が指定されることなく、当該公領・荘園の収取物の一部分が別の特定給主に付与されるものをいう。下地の別納はその下地が特定されているものである。別符はもともと別納を認めた文書を意味した用語であるが、別符という用語がその別納の行われる土地を意味するようになると、下地の別納とほとんど同様な意味になった。なお別名というのは、別納や別符の中の限定された一つの形態である。　(坂本　賞三)　↓別《べつ》名《みょう》

べっぷ　別符　公領の郡・郷や荘園で、本来の支配単位と別個の新しい支配単位が新開発その他によって設定されたり、または本来の領有者(公領は国衙、荘園は荘園領主)以外の給主にその公領・荘園内で課されている賦課の一部分を取得する権利が与えられたものをいう。もともと別符とは、右述のような新しく設定された支配単位での別納徴符や、特定給主に与えられた別納免符を意味するので、別納が認められた文書ということでその内容は別納であったが、別符という用語はむしろ一般的にはその別納が行われる土地という意味で使われた。特定給主に付与された場合の別符においては、公領なら官物・雑役のいずれか一つの全部(いずれか一つの全部の場合は「一色別符」とよばれる)あるいは一部分が付与され、荘園も同様であった。別符の初見は、『厳島神社文書』長元四年(一〇三一)六月三日の散位藤原守仲譲状に、安芸国高田郡三田郷の中の「別符重行名」とみえるものである。おそらくこのような別符はそのころには郡郷の中でかなりみられていたものと考えられる。別名も別符の一つの形態である。別個の「名」を意味する別名は、「名」を支配する国衙(およびのちにこの「名」の方式を荘園内で採用した荘園領主)が、本名に対する別名を新たに自己の支配の中に位置づけたものである。故に二次的には別名が国衙や本荘園領主と別の領主を仰ぐようになることがあっても、本来は国衙や本荘園領主の支配の中における新たな徴税単位として設定されたものであった。だから別符が本来の領有者以外の給主に得分が付与されるものとして設定された一面があることを、別名にあてはめようとすると混乱を生ずることになる。そして国衙支配下で、本名以外に新たな支配・徴税単位としての別名が設定されるようになるのは十一世紀四十年代から後であり、荘園の内部で本名の体制が採用されるのは十一世紀末ごろからであったから、荘園内で別名が出現するのはさらに遅れる。　(坂本　賞三)

べっぽ　別保　⇩保《ほう》

べつみょう　別名　平安時代後期に行われた郡郷制の改変に伴って現われた、国衙領の所領単位の一つ。「べちみょう」とも訓まれる。「別符の名《みょう》」の略称という。従来の郡郷制下の「名」と異なり、国衙に直結して収納が行われる格別の所領単位であることから、この名称がある。実際には名のほか、郷・別符・村などさまざまな名称を付して呼ばれた。別名は収納の単位として設定されたものであるが、その多くは、荒廃公田の再開発や未墾地の開発を促進するために、一定地域を限って、在地の有力者層に雑公事免除などの特権を認め、国衙の勧農権を委譲して開発と収納を請け負わせることで成立したと考えられており、このため、在地領主制形成の一つの端緒となったとして研究史上、重要視されて来ている。また、別名には開発請負を成立要因とする型以外に、在庁官人が徴税活動を通じて官物滞納を理由に没収・集積した在地の負名層の所領に由来するものがあり、複数の郡・郷にわたって散在するような在庁別名はこの型に属する。これらの二つの型は、国衙財政のなかで独立の単位と扱われるばかりでなく、別名領主が所領経営上の独立性も有する「下地の別名」であるが、給主が国司から別納徴符を得て独自に収納を行うのみで、経営には関与しない「得分の別名」も存在した。　(田村　憲美)

へみのしょう　逸見荘　甲斐国巨摩郡の荘園。現在の山梨県北巨摩郡に所在したが、荘内地名は上大八田村・下大八田村(長坂町大八田《おおばった》)、夏焼村因狩倉(同夏秋《なつあき》)、皆波郷(高根町箕輪《みのわ》)、鹿取郷(明野村上・下神取《かんどり》)、藤井五郷(韮崎市藤井町)など広範にわたっている。初見は建長五年(一二五三)の『近衛家所領目録』で、小笠原(明野村小笠原)とともに「請所」として記載されるが、立荘年次や成立事情は不詳。在地領主は甲斐源氏の逸見氏であったと考えられるが、確証はない。十四世紀前半には二階堂氏が地頭に任じられている。　(秋山　敬)

へるのしょう　覇流荘　近江国犬上・愛智《えち》郡の荘園。現在の滋賀県彦根市西南の曾根沼に比定されている。東大寺領。犬上郡五十三町四段百三十歩、愛智郡十六町五段二百三十歩、計七十町より成る。正倉院に現存する天平勝宝三年(七五一)の絵図の記載および現地調査によると、この荘園は絵図作成の少し前に開墾され、千燈会料田として天平勝宝三年に東大寺に施入されたが、国家の手により国家の管理下に開発が推進された後、寄進されたもので、同年犬上郡に設置された水沼荘と同様な事情にあった。絵図に各坪の田積が段歩の端数まで記されていることは、この絵図が実際の耕作景観を示していることを物語る。また、当時の東大寺領の他荘園の場合を参考にすると、耕地は近辺の農民に賃租され、寺家は地子を得るといった間接的な管理経営の方式をとっていたと推測される。宝亀六年(七七五)三月の「蒲生周恵庄解」によると、東大寺僧法訓が役僧として近江国の東大寺領荘園の経営にあたっていたが、その中に覇流荘も含まれており、なお荘園として機能していたことが知られる。長徳

四年（九九八）の「注文定」（『東大寺要録』）には覇流荘田として百十三町七段四十六歩を計上しているが、その実情は未詳。平安時代末に弘福《ぐふく》寺領の覇流荘が見られるが、条里から推してその位置は東大寺領覇流荘の東南にあることが明らかで、両者は別個のものである。むしろ現地調査によるとき東大寺領覇流荘は次第に林地化し、さらに十五世紀ころに沼に埋没したと推測されている。

（亀田　隆之）

覇流荘

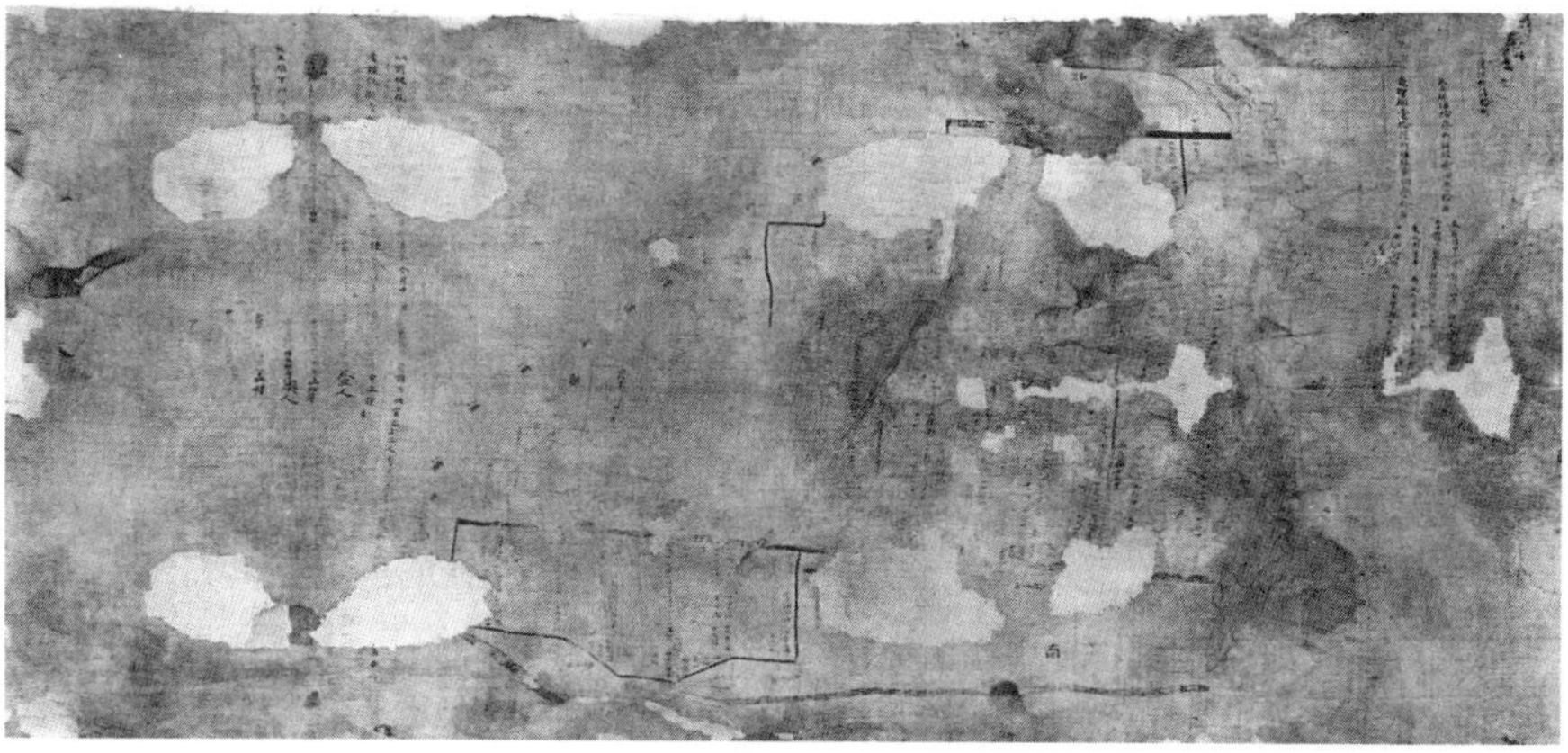

近江国覇流村墾田地図（天平勝宝3年）

へんこ　返挙　古代の公出挙において、国司が、班挙した出挙稲を秋の収穫後に息利（利稲）とともに回収する行為を収納という。九世紀に入ると出挙に関する国司の責任として欠負未納とともに返挙虚納が問題となり（弘仁六年（八一五）十二月乙丑勅）、貞観十四年（八七二）七月二十九日官符には、国司が収納にあたり賄賂を受けて虚納を生じさせることがみえる。したがって、返挙は出挙本利稲を返納する行為（すなわち収納）で、返挙虚納は返挙に際しての違法行為の事態を表現するかとも思われる。しかし、昌泰四年（延喜元、九〇一）閏六月二十五日官符には播磨国百姓が六衛府舎人と称して稲を私宅に刈り収め、収納使に対捍し、専当郡司も憚って物実を収納できなかったため「正税違㆑法返挙」の状態になっているとみえ、寛平八年（八九六）七月五日菅原道真奏状には正税出挙の本利稲回収分の遺りの本稲未回収分が返挙であること、収納の日に返挙分は本稲が返却されないで利稲のみ出され本稲は民身に留め置かれ、明年もまた返挙となること（本稲を返さず利稲のみ収める）を指摘している。播磨国の例と道真奏状によれば、返挙とは収納のことではなく、利稲のみ収める方式の利稲徴率制を示すことになる（返挙とは出挙稲を民身に返す（留め置く）あるいは反復して出挙を受けるとの意味か）。　↓出挙《すいこ》　↓里倉負名《りそうふみょう》

（石上　英一）

べんさい　弁済　官物・年貢・加地子などの進納義務を済ますこと。「進済」「済《なす》」と同じ意。康和四年（一一〇二）九月三日東大寺政所下文「早随領主之所堪、加地子可弁済」（東大寺文書『平安遺文』四巻一四九八号）。天養元年（一一四四）十月二十日鳥羽院庁下文案「可令早随収納使催、弁済出作田所当官物事」（狩野亨吉氏蒐集文書『平安遺文』六巻二五四一号）。貞応元年（一二二二）九月十三日関東下知状案「守先例、追年無懈怠、可弁済寺家御年貢之状」（高野山文書『鎌倉遺文』五巻二九九七号）。なお現代の民法の上では、債務を返済すること、借金借物を返すことの意味でつかわれる。民法四七四条・一項「債務の弁済は第三者之を為すことを得」。

（新井　孝重）

べんざいし　弁済使　平安時代一部の国ないし荘園公領におかれ、官物租米などの徴納にあたる役職。天暦元年（九四七）閏七月二十三日の太政官符に「近年以来諸国の司弁済使を置くものあり、（中略）官物をその所に納め」（原漢文）とみえるのが初見。『中右記』元永二年（一一一九）十二月二十九日条には、「数代之因幡弁済使」がみえる。また嘉保三年（永長元、一〇九六）の東大寺所司等請文案には、東大寺への封物の減済が弁済使の非法によるとされている。弁済使と「成安」の仮名《けみょう》をもつ国雑掌は、同一人物が兼ねたり、継期的に補任されたりしており、職掌上も重なるところが多かったようである。なお、特異な例として、摂関家領鎮西島津荘の弁済使がある。それは同荘の半不輸領寄郡《よせごおり》のみにおかれ、「荘国の課役」を勤仕せしめることを任務とし、その任用は領家側の推挙、国衙の承認という手続きであった。

（工藤　敬一）

へんしょう　返抄　古代から中世へかけての用語で領収書にあたる。公式令、『延喜式』などによると、官司の間で文書・帳簿・官物および流人・仕丁・采女などの人の送納に際しては、受領を証する返抄を出すのが例であった。ただし、返抄固有の書式を規定しなかったので、当初は各官司間の関係いかんに応じて、解《げ》・移・牒の書式を用いて返抄であることを明記するにとどまった。たとえば書留めの文言は「付㆓返抄㆒、故移」などとしたが、中には解式によりながら「以返抄」と書留める文書も現われた。ところで主計・主税寮などの諸司で扱う諸帳簿の受理を証する返抄の交付には、物品・銭貨の検査・精算を要し、やがてこの業務が重視されて、もっぱら領収証の意味で使われるようになった。もっとも、日常の物品の授受にあっては、公式様から脱却して本来の機能に即

応した返抄も通用していたらしい。その実例は最近ぼつぼつ出土する木簡の返抄に認められる。かくて返抄の発行は官司の間だけでなく、荘園の年貢・公事の収納事務にも及ぶが、平安時代中期から返抄の書留めは多く「検納如レ件、故返抄《ことさらにへんしょうす》」と記す。返抄にはふつう縦長の切紙を用い、その伝存するほとんどが案文で、正返抄は散逸して少ない。平安時代、東大寺封戸の年料は分納のつど仮納返抄を出し、完済すれば惣返抄と引き換えられた。高野山領備後国太田荘の収納法では、秋八月・九月から徴符が出されて郡司・定使が催促し、納入に従って返抄が交付されるが、翌年六月一日の収納清算時以後は、荘例として返抄は破棄され、皆納の返抄も改めて出さなかった。これは当時でも極端な事例であった。荘園の通例は、領家・預所から下司・地頭に返抄(惣返抄ともいう)が、下司・地頭から田堵・名主らに別に返抄が出され、年貢未進抑留に関する訴訟ではそれらの返抄が重要な鍵となった。中世には古風な返抄は次第に請取状と称するものに変わったが、書出し・書留めの文言により検納状・所納状・納状・皆納状などとも呼ぶ。ただし納状の類には、逆に、年貢を納入したので請取状が欲しいという送状にあたるものもある。近世でも公私にわたり請取状・請取手形が交わされた。年貢が村から分納される場合、そのつど代官所から村宛てに小手形が出され、完納されると小手形と引き換えに年貢皆済目録が交付されたが、初期には単に年貢割付状に裏書きしたものが多かった。 (佐川 弘)

へんしょうます 返抄斗 領主の収納用の斗。年貢収納のとき発する返抄(受領証)に由来してこう呼ぶか。領主は収納用の斗である返抄斗と、支出用の斗である下行斗《げぎょうます》の、二種類の斗を持っていた。高野山領備後国太田荘嘉禎検注目録(高野山文書『鎌倉遺文』二七巻二〇四七〇号)によると、返抄斗で量られた官物田の所当米は、一斗につき七升の増し分となる(交分を生む)下行斗で量り直されている。量り直した所当米には「下斗延定」の記載がある。これは「下斗」(下行斗)が返抄斗より小さいから「延《のび》」(増し分)がでている(逆の場合は「縮《ちぢみ》」という)、ということをあらわしている。何らかの事情で、一度計量した米を、もう一度他の斗で量ったとき、最初の斗より量り替えの斗が小さければ、斗目(斗ではかった量)は増加する(逆のときは減少する)。斗目が増加することを「延《の》びる」といい、減少することを「縮《ちぢ》む」と称した。 (新井 孝重)

べんでん 便田 便宜要門田の略称。便宜要門田というのは、家地に付属した公田で、家地の所有者に、周辺の公田の占有権もしくは耕作権を保障するものであった。十世紀末から十一世紀初めにかけて、史料上に多く現われる。正暦五年(九九四)二月十一日大僧正寛朝房帖によると、寛朝は、買得した大和国の家地一所の立券に際し、「土風之例」により便田を定進すべきことを、在地の刀禰・郡司に命じている。便田の権利は家地に付属し、家地の売買とともに移動した。したがって便田は、他の公田と異なり、公田私領化の因を多く内包していたといえる。十一世紀も末期に入ると、公田は一般に私領として扱われるようになるが、便田の制度は、この公田私領化を促進する役割を果たしたと思われる。そうして、公田の私領化が完成したのちは、便田の制度はなくなり、便田の記載も史料上からみられなくなる。 (泉谷 康夫)

べんぽ 便補 ⇨便補保《びんぽのほう》

ほ

ほ 保 ⇨ほう

ほう 保 平安時代後期に現われ中世を通じて存在した所領単位。荘・郷・保・名・別名《べつみょう》と並称された。十一世紀後半のころ律令制的郡郷制の解体とそれに伴う国衙領再編の過程で、未墾地の開発申請に応じて国守が認可を与えることで出現し、開発申請者は保司に補任されて、保内の勧農・田率官物収納の権限を与えられた。その限りで保は国衙領の別名と本質に異なるところはないが、別名に欠けていた在家別支配の権限を有する点で別名などと区別され、この特徴の故に律令制下の五保ないし京中保に由来する保の名称が生じたとする説がある。開発申請者は在地領主のほか、中央大寺社の僧侶、知行国主や国守の近臣、中央官司の中下級官人層など、権門・官司に連なる在京領主の場合も多かった。ここに保は国保と京保とに区別されるようになる。国保は官物が国衙に納められる純然たる国衙領であり、保司は国保司といわれた。京保は官物が在京の権門勢家や中央官衙に納められるもので、便補保はその代表的な例であり、その保司は京保司とよばれた。この場合現地で開発を請け負った在地領主は公文職に任じられた。全体の傾向として保はまず十一世紀後半―十二世紀初頭に畿内近国に成立・一般化し、徐々に辺境に拡がっていった。また保は税収納上、郡郷を経由せず国衙に直結する意味で別保と称される場合があり、これを含めて国衙の通常の収取体系の中で扱われる通常の保に対して、封物や納物代に便補され

た便補保があるが、まず通常の保が一般的に成立し、それを前提としてその派生形態として後者が成立した。便補保設定によって国守は中央権門・官司に負う封物・上納物などの納入義務を保司に転嫁することができたので、この面からも保の設定は促進された。保のあるものは程なく荘園化を遂げ、またあるものは保の名称のまま官符・宣旨などにより一国平均役免除や国使不入権を認められて事実上権門諸司領となったが、諸種の条件から国衙領の保として存続した事例も少なくない。↓便補保《びんぽのほう》↓保司《ほうし》　（松岡　久人）

ぼうかやく　防鴨河役　平安中期から鎌倉期にかけて賦課された山城国鴨河の堤防修築工事に関わる臨時課役。十世紀末頃、政府は防河国として畿内・近江・丹波を中心とした数ヵ国を指定し、鴨河堤修築を分担させた。防鴨河役の責任者として防鴨河使が補任され、多くは検非違使が兼任した。鴨河役は一国平均役であったが、院政期には途絶傾向にあった。十三世紀に入ると、朝廷は幕府に鴨河堤の修築を依存するようになる。建暦二年（一二一二）、朝廷が幕府固有の財源による防鴨河を期待した時には、幕府が近江・丹波など九ヵ国に平均役として防鴨河役の賦課を行なったため、問題になっている。しかし、寛元元年（一二四三）ごろまでには、畿内・近国の御家人役として定着した。役の負担方式も、弘長三年（一二六三）を初見として、工区の割り当てによる各御家人の修築工事から、銭納に変化した。鎌倉末期には二貫文程度の定額かつ一律な賦課の事例が散見される。（清水　亮）

ほうがんだい　判官代　十・十一世紀ごろからあらわれる諸国国衙の在庁官人の職名。諸国国衙は、中央から任ぜられて行政をとりしきる守・介・掾・目などの官人のほかに、在国の土豪からとりたてられ行政にかかわる在庁がいた。彼らは総判官代・総大判官代・大判官代などの呼称からもうかがえるように、四等官に準じた役職にあって、国衙の事務に携わった。総追捕使などの武力の在庁と並んで国衙行政にあたり、国衙の分課的な各種の所（田所・税所など）を管掌した。なお大和判官代などといった場合の呼称は、院庁や女院庁の判官代であって、諸国在庁の判官代ではない。（五味　文彦）

ほうげつけいご　宝月圭吾　一九〇六―八七　中世史。東京大学教授。明治三十九年（一九〇六）八月十二日、長野市に生まれる。長野県立長野中学校、同飯山中学校、松本高等学校文科甲類を経て、昭和五年（一九三〇）、東京帝国大学文学部国史学科卒業。東京帝国大学史料編纂所嘱託。同十一年、同史料編纂官補。十八年、史料編纂官。『大日本古文書』などの編纂に従事。二十一年、東京帝国大学講師（兼任）。二十二年、文学部助教授（兼任）。二十九年、同教授、史料編纂所教授併任。三十六年、「中世量制史の研究」により東京大学から文学博士の学位を取得。三十八年、日本学士院賞。四十二年、東京大学教授を定年退官。同名誉教授。東洋大学文学部教授。五十二年、同退職。五十八年、日本古文書学会会長。昭和六十二年（一九八七）九月十三日没、八十一歳。『中世灌漑史の研究』（目黒書店、昭和十八年）は荘園の田地への用水の問題を解明したものであり、『中世量制史の研究』（吉川弘文館、同三十六年）は、荘園の年貢の収納、下行等に用いられる各種枡の実態を明らかにすることによって、荘園領主の年貢収取の量的把握を明確にした意義は大きい。（瀬野精一郎）

ほうこんごういんりょう　法金剛院領　京都市右京区花園扇野町にある律宗法金剛院の所領。鳥羽天皇の中宮待賢門院璋子は、久安元年（一一四五）法金剛院領を女の上西門院統子内親王に譲る。それは文治五年（一一八九）に後白河上皇に伝え、建久三年（一一九二）二月の御領処分で宣陽門院覲子内親王が伝領し、承久の乱後に鎌倉幕府に没収された。やがて旧主に返還されるが、これと長講堂領とは、鷹司院長子を経て（正元元年（一二五九）八月鷹司院令旨（『仁和寺文書』））、後深草上皇に伝わる。嘉元二年（一三〇四）の後深草院処分状には「法金剛院自元御沙汰勿論候、但長講堂領、播磨国等御管領候者、此をは新院へも被申付候へかし、子細先日粗令申候き」とあり、伏見上皇・後伏見天皇・花園上皇を経て、光厳上皇・崇光天皇・光厳上皇・広義門院寧子・光厳上皇・崇光上皇に伝わる。応永五年（一三九八）正月崇光法皇が崩ずると、後小松天皇は、長講堂領・法金剛院領などを没収した。正長元年（一四二八）伏見宮貞成親王の皇長子彦仁王が践祚し後花園天皇となるに及び、叙上の寺領は皇室領となった。別表（六二四～六二五頁）参照。（奥野　高広）

ほうし　保司　平安時代後期に出現した中世的所領単位の一つである保の管理責任者。保は未墾地の開発申請に基づき国司の認可を得て立てられるが、その際、立保の申請者は保司に任じられ、開発勧農を前提として官物徴収の権限を掌握し、また保内から雑公事を徴集して得分とする権利を与えられた。しかしこの保司得分とされる雑公事は便補の際の給主・保司・国司の了解により、官物とともに便補対象に含められる場合があった。保司には伊賀国簗瀬保（三重県名張市）の丈部氏のごとく現地の郡司級在地領主の場合もあった（国保司）が、祇園社大別当行円が近江国守富保（滋賀県蒲生郡日野町）を領有して別保としたのち感神院封物便補保にあて、官務小槻隆職が多くの官厨家領便補保の保司となったごとく、在京の領主（京保司）も少なくなかった。京保司の場合は現地で開発を請け負った在地領主が保司の下で公文に任じられた。鎌倉時代中期以降、保司の権能は預所に受けつがれ、南北朝時代以降は代官請にその地位を譲ったものが少なくない。↓保《ほう》　（松岡　久人）

ぼうじ　牓示　⇩四至《しし》牓示《ぼうじ》

ぼうじやく　房仕役　中世の荘園において、領主側が名主らに賦課した夫役の一つで、預所・検注使・収納使などの滞在する房の雑用を負担した。厨役といわれるものも同様のもの。東寺領若狭国太良荘では、朝夕の食事を

法金剛院領

法金剛院領一覧

所在国郡	名称	特徴	典拠
山城 洛中	法金剛院東御堂領	中御門以南の地、南北十五丈・東西四丈、正元元年八月、殷富門院法華堂敷地の替の証文紛失、鷹司院令旨、寛正二年十一月、幕府、段銭を免除	仁和寺文書
洛外	法金剛院惣門前田地	五段小等は竜翔寺領、永正十一年十一月、幕府奉行人奉書	大徳寺文書
綴喜郡	松井荘	応永二十年、後小松上皇が幕府に与えた法金剛院領目録のうち	京都御所東山御文庫記録
相楽郡	銭司荘	法金剛院領、伏見天皇、東大寺尊勝院に安堵させる	東大寺文書
摂津 島上郡	土室荘	法金剛院領	法金剛院文書
(郡未詳)	香御薗	同	同
伊勢 (同)	高志御厨	応永二十年、後小松上皇が幕府に与えた法金剛院領目録のうち	京都御所東山御文庫記録
尾張 葉栗郡	黒田荘	法金剛院領	法金剛院文書
丹羽郡	丹羽勅旨	同	同
遠江 佐野郡	原田荘	法金剛院領、三代御起請符地	東寺文書百合外・東寺古文零聚
甲斐 巨麻郡	篠原荘	法金剛院領、また昭慶門院領	法金剛院文書
同	稲積荘	永仁四年九月、幕府、年貢未進を糺明させる、弘安八年五月、稲積本荘・加納は法金剛院の根本寺領、正応四年十月、鎌倉将軍惟康親王御教書	法金剛院文書・弘文荘待賈書目・筆陣
近江 滋賀郡	志賀荘	法金剛院領、南荘と北荘とがあり	仁和寺文書
犬上郡	沼波郷	法金剛院領	法金剛院文書
同	善理荘	同	同
浅井郡	竹生村安養寺	同	同
高島郡	後三条勅旨田	大永六年八月、幕府、法金剛院雑掌の訴により朽木稙綱に年貢を速納させる	朽木文書
同	船木荘	応安二年八月、後光厳天皇、法金剛院に船木荘長夫給田を安堵させる、蒲生郡か	法金剛院文書・仁和寺文書
美濃 (郡未詳)	麻績荘	法金剛院領、亀山上皇、後伏見上皇に贈進	園太暦
上野 佐位郡	淵名荘	法金剛院領	法金剛院文書
越前 今立郡	河和田荘	保延五年十一月、藤原周子、私領を法金剛院に寄進、寿永二年九月、検非違使友実が当荘預女房美濃局の荘務を違乱するを停む、元暦元年五月後白河院庁下文、地頭代僧の押妨を停む	仁和寺文書
敦賀郡	腋本荘	法金剛院領、貞和五年九月、光厳上皇、弟の光明上皇に譲る、この譲状の袖の女書きの文字は光厳・光明両上皇の生母広義門院寧子の筆で、譲状が女院の意思で書かれたことを示している	三時知恩寺文書・中村直勝博士蒐集古文書

所在国郡	名称	特徴	典拠
能登 羽咋郡	土田荘	寿永三年に荘名が見え、賀茂別雷社領、文治四年の立券状に田四十一町七段、応永二十年、後小松上皇が幕府に与えた法金剛院領目録のうち	京都御所東山御文庫記録・法金剛院文書・能登国田数目録・賀茂注進雑記
越中 婦負郡	山田郷	正平八年、去年日野前内府と契約公私和睦の上は旧のごとく知行	仁和寺文書
丹波 多紀郡	安行荘	法金剛院領	法金剛院文書
同	三箇北荘・南荘	建武元年八月雑訴決断所下文、仁和寺宮の許により、三箇北荘の前下司直綱の非法を停む	仁和寺文書・法金剛院文書
同	波々伯部村保司職	波々伯部保は祇園社領	田中忠三郎氏所蔵文書
氷上郡	三品勅旨田	元弘三年九月、後醍醐天皇、仁和寺法金剛院に三品勅旨田を安堵させる	仁和寺文書・法金剛院文書・
(郡未詳)	主殿保	嘉元三年四月、主殿保雑掌定慶、地頭酒井孝信の年貢五百四石余、用途二百九十貫等の未納を訴える、正平六年十一月、兵粮米停止	同
但馬 出石郡	大内荘	法金剛院領、弘安以前六十町	法金剛院文書・仁和寺文書・但馬国大田文
同	太田荘	法金剛院領、弘安以前八十町	但馬国大田文
播磨 多可郡	多可荘	法金剛院領、亀山上皇、後伏見上皇に贈進、建武二年八月、足利尊氏地頭職を安堵	園太暦・京都御所東山御文庫記録
美作 苫西郡	田邑荘	開山塔法命寺領、延徳三年十月、領家職四分安堵	法金剛院文書
大庭郡	布施社	法金剛院領、布施荘は祇園社領	同
(郡未詳)	富美荘	法金剛院領、貞和五年光厳上皇宸翰御領処分状、応永二十年、後小松上皇が幕府に与えた法金剛院領目録のうち	三時知恩寺文書・中村直勝博士蒐集古文書・京都御所東山御文庫記録
備中 窪屋郡	渋江荘	法金剛院領、亀山上皇、後伏見上皇に贈進	園太暦
周防 吉敷郡	小俣荘	玉祖社領、保延三年九月法金剛院に寄進、建久二年七月役夫工米を課す	東大寺図書館所蔵文書・京都大学所蔵東大寺文書・玉葉
佐波郡	田島荘	同	同
同	高墓荘	玉祖社領、保延三年九月法金剛院に寄進	東大寺図書館所蔵文書・京都大学所蔵東大寺文書
同	玉祖社	保延三年九月立券言上、玉祖厨	東大寺図書館所蔵文書・法金剛院文書
長門 大津郡	大津荘	法金剛院領	法金剛院文書

所在国郡	名称	特徴	典拠
阿波 阿波郡	秋月荘	応永二十年、後小松上皇が幕府に与えた法金剛院領目録のうち	京都御所東山御文庫記録
讃岐 三野郡	二宮荘	本家仁和寺法金剛院、領家帥親王	天竜寺文書
同	勝間荘	法金剛院領	法金剛院文書
(郡未詳)	大水上荘	同	同
土佐 土佐郡	朝倉荘	応永二十年、後小松上皇が幕府に与えた法金剛院領目録のうち	京都御所東山御文庫記録
筑前 宗像郡	赤馬荘	同	同
怡土郡	怡土荘	法金剛院領、後白河院庁、地頭停廃の院宣を幕府に下す	吾妻鏡・仁和寺文書・大悲王院文書

『仁和寺文書』に「御当知行御文書目録」「御不知行御領目録」を収めてあるが、右の個別研究とは必ずしも一致しない。

与えられて日中奉公する「百日房仕役」があり、伊予国弓削島荘では、各名ごとの負担に大俵塩二俵の房仕代があったほか、日別入物の一つとして「房仕一人」がかけられ、その「御菜薪房仕等」の提供は寄合で決められたことがみえるし、「綿手房仕銭」と名づける預所の得分化したものもある。恣意的賦課が定量化していったのであろう。 (福田以久生)

ぼうしょ 亡所　耕作者が逃散等によっていなくなり、耕作されずに放置されたままになっている田畠地。捨田ともいう。このような場合、浮浪人等を招き寄せたり、他の耕作者に割り当てて、収穫を確保する必要が生じることになる。 (瀬野精一郎)

ほうしょうじりょう 法勝寺領　⇩六勝寺領《ろくしょうじりょう》

ほうじょうでん 放生田　奈良、平安時代、仏教の殺生戒にもとづき、捕えられた生類《しょうるい》(多く魚・鳥)を買集めて、池・川、山野に放ち助ける放生の儀式のため、諸国に充て置かれた田地で多く不輸租田であった(『令集解』田令、『延喜式』主税)。天平十二年(七四〇)、遠江国浜名郡では放生田に四段が宛てられていた(正倉院文書)。中世においても、神社・仏寺で陰暦八月十五日に行われた放生会の料物や費用を収納するための田畠が設定された例が見られる。 (恵良　宏)

ぼうじょうのしょう 坊城荘　大和国十市郡の荘園。現在の奈良県橿原市十市町・葛本《くずもと》町・山之坊町付近。散在性荘園。興福寺領。平安時代には雑役免荘で十二町三段半。鎌倉時代以後同寺寺務領。また春日若宮祭礼と十二大会料所としての進官荘でもあった。 (朝倉　弘)

ほうじょうまいしろのしょう 放生米代荘　和泉国大鳥郡の荘園。現在の大阪府堺市の地域。石清水八幡宮寺領。延久四年(一〇七二)九月五日の太政官牒(『石清水文書』)にのみみえ、所在不明。同宮寺の放生会料米のために前任の国司藤原顕綱が公地の熟田四十町を浮免田として寄進したが、延久の荘園整理で、その寄人の実態が二名にすぎず、同荘は新制起請以後のもの故に停止し、放生会料米は和泉国司より弁済するとしたので、同宮寺の浮免田の荘園化は不成功に終った。 (福留　照尚)

ほうづけ 方付　田地の所在地を特定すること。古代から中世にかけて、耕地が不安定なことから、特定された場所を田地として永続的に認定することが困難であった。したがって課税・非課税の田地の場所を特定することもむずかしく、面積のみで、郡・郷などの行政単位内にあることしか示されないことがあった。このために年ごとに作付された耕地からその面積に見合うだけの耕地を特定したうえで、徴税・免税をした。そのような田地の特定を方付と呼んだ。早く承和十二年(八四五)の民部省符案(『東寺文書』)に、「方付争論」とみえるように、田地の所在をめぐる争いも繰り返され、保延四年(一一三八)鳥羽院庁下文(『早稲田大学所蔵文書』)でも、「坪坪を定め置き」方付したあとで、その地が不作となって、権利争いが生じていることがわかる。耕地が安定化することや、権利関係が耕地一筆ごとではなく一定の領域として示されるようになるにともなって、年ごとの田地の特定は行われなくなっていく。↓浮免《うきめん》 (富沢　清人)

ほうりゅうじりょう 法隆寺領　法隆寺は奈良県生駒郡斑鳩町にある聖徳宗総本山。南都七大寺の一寺。別名斑鳩寺(鵤寺)。伽藍は西院と、夢殿を中心とする東院の二つに区画される。はじめは東院は別の寺院であったが、後に法隆寺に吸収された。法隆寺は推古天皇と聖徳太子によって推古天皇十五年(六〇七)に創建されたとされている。その寺領については『日本書紀』同十四年条に聖徳太子が播磨国の水田百町を寄進したとの記事が見える。この記事が法隆寺創建時期特定の根拠とされている。天平十九年(七四七)二月十一日の『法隆寺伽藍縁起幷流記資材帳』によれば、寺領として「水田三百九十六町三段二百十一歩三尺六寸、陸地一千九百二十九町九段七十六歩二尺四寸、薗地三十一町二段、山林岳嶋等二十六地、海二渚、池六塘、庄四十六処、庄倉八十四口、屋百十一口」などが存在したことがわかる。その後『日本書紀』によれば、天平勝宝元年(七四九)閏五月二十日に墾田百町が勅施入され、同年七月十三日の「諸寺墾田地限」により、法隆寺の保有墾田の制限額が五百町歩と定められていたことがわかる。「資財帳」に記載されている寺領が存在した国郡名と、平安・鎌倉時代に伝領されている法隆寺領荘園の国郡名がほぼ一致しているところから、「資財帳」記載の寺領が荘園化したものであることがわかる。もちろん後に寄進された寺領もあり、山城、大和、河内、和泉、摂津、近江、播磨、讃岐国等八ヵ国、二十三の法隆寺領荘園が存在したことが確認されている。 (瀬野精一郎)

ぼくかん 牧監　甲斐国・信濃国の御牧(左馬寮所管)、

上野国の御牧(右馬寮所管)の管理、牧馬の生産、貢上のために置かれた官人。「監牧」ともいう。国により設置時期は異なるが、遅くとも九世紀初期には設置されていたと考えられ、『延喜式』『延喜交替式』などに定員や職務内容に関する規定がある。定員は信濃国二名、甲斐国・上野国は各一名。毎年九月十日に国司と牧監は牧に臨み検印し、四歳以上十九歳までの馬の中から用役できる馬を選び調教した上で、翌年八月牧馬帳とともども牧監が馬寮へ届ける規定であった。任期は六年。国司と同様に解《げ》由《ゆ》による交替制を採用した。甲斐国・上野国の牧監はそれぞれ六町の職田を持ち、信濃国牧監は公解田として同国内埴原牧田六町があった。牧監は、国全体の御牧を管轄するのであり、欠失牧馬の塡償責任や牧地を囲む柵の管理責任を負うなど、武蔵国の御牧ごとに置かれた別当と同様に令制の国司に代わる牧の現地最高責任者ともいえる存在で、令制の牧長・牧帳・牧子とは全く別の存在であった。 (黒羽 融)

ぼくし 牧司 ⇨牧司《まきし》

ほげんのしょうえんせいり 保元の荘園整理 保元元年(一一五六)閏九月十八日(元年令)および保元二年三月十七日(二年令)の二度にわたって荘園整理令が出されており、その双方を指すこともあるが、特に元年令をいう場合が多い。後白河天皇の宣旨として出された元年令は、七ヵ条からなり、第一条は、久寿二年(一一五五)七月二十四日以降に宣旨なくして立てた荘園の停止、第二条は、本免以外の加納余田および荘民の濫行の停止、第三・四・五条は、諸社神人・諸寺諸山悪僧・国中寺社の濫行の停止、第六・七条は、社領ならびに神事用途・寺領ならびに仏用途の注進、などの内容からなっている。また二年令は、太政官符で出され、元年令の第六・七条を欠いているが、その他は同じである。この整理令で特に注目されるのは第一条で、久寿二年七月二十四日つまり後白河天皇の践祚した日以降、自分が宣旨で認めた荘園でなければ認めないというのである。そのことを端的に示しているのが、第一条の冒頭にみえる「九州之地者一人之有也」という言葉である。つまり、荘園・荘民の存在を認めつつ、天皇こそが日本の唯一の支配者であることを改めて指摘しているのである。これと関連するが、第二条で白河・鳥羽両院庁下文をもつ荘園を認めていることも、院政と荘園制の成立とのかかわりがうかがえて興味深い。また第三条以下では、神人・悪僧らの濫行が大きく取り上げられていることも、院(院政)と寺社勢力とのかかわりの上から注目される。なお、元年令が宣旨で二年令が官符で出されたことの意味も留意すべきである。 ↓荘《しょう》園整理《えんせいり》 (中野 栄夫)

ほさかのまき 穂坂牧 甲斐国にあった御牧。現在の山梨県韮崎市穂坂町付近。貢馬数は毎年三十疋で、『延喜式』左右馬寮所載の御牧の中では最も多い。駒牽の日は八月十七日で、『日本紀略』延喜四年(九〇四)同日条の「御二南殿一覧二穂坂牧馬一」が初見だが、これより先、天長六年(八二九)には甲斐国御馬貢上の記事があり(『日本紀略』)、同四年には甲斐国の牧主当を牧監に改めているので(『類聚三代格』五、同年十月十五日太政官符)、その成立は奈良時代末―平安時代初期にさかのぼると考えられる。延喜五年と同十年の貢馬数は三十疋で(『政事要略』)、当初は所定の期日と数が守られたようであるが、平将門の乱を境に違期・定数欠損が目立ち始め、寛治元年(一〇八七)八月二十一日の貢馬(『本朝世紀』)を最後に姿を消し、以後は御馬逗留解文奏上の儀式のみが伝えられることとなった。また、穂坂の駒牽は中央でも著名で、「相坂の関路にけふや秋の田の穂坂のこまをつむつむとひく」(藤原公実、『堀河院百首』)など和歌の歌題として多くとりあげられているとともに、宮廷の競馬でも活躍している(『九暦』天慶七年(九四四)五月六日条)。 (秋山 敬)

ほじ 保司 ⇨保《ほう》

ほしかわのしょう 星川荘 大和国山辺郡の荘園。現在の奈良県天理市南六条町・荒蒔町の二地域付近。興福寺領。平安時代には公田畠のみからなる雑役免荘で十一町半。鎌倉時代以後同寺務領となるが、室町時代には同寺一乗院領とみえる(『春日大社文書』四)。 (朝倉 弘)

ほそえのしょう 細江荘 近江国坂田郡にあった荘園。現在の滋賀県長浜市平方町付近。石清水八幡宮領細江荘・青蓮院門跡領細江荘・太政官御厨家領細江荘が存在し、領域的にもある程度分かれていたものと考えられる。石清水八幡宮領は坂田北郡南郷にあったとされ、保元三年(一一五八)十二月三日の諸国の石清水領に対する違乱を停止した官宣旨に荘名がみえる。青蓮院門跡領は現平方町付近一帯に比定され、平方荘とも呼ばれる。建久三年(一一九二)七月十四日の後鳥羽天皇宣旨にみえ、美福門院祈願所日吉社新塔の用途料として天台座主青蓮院行玄によって施入され、以後青蓮院門跡に相承された。文亀元年(一五〇一)当荘奉行職などが青蓮院院家上乗院に安堵されており、戦国期まで青蓮院の支配が継続していたものと思われる。太政官御厨家領は建久八年(一一九七)、小槻隆職が立券の宣旨を下され、建暦元年(一二一一)子孫相伝を認められた。現列見町付近に比定される。 (宮崎 肇)

ほそかわかめいち 細川亀市 一九〇五―六二 法制史。専修大学教授。明治三十八年(一九〇五)三月二日、香川県三豊郡麻村(現、高瀬町)に生まれる。同県善通寺の尽誠中学校を経て、昭和三年(一九二八)、法政大学専門部政治経済科卒業。同八年、法政大学専門部第二部講師。十年、同法学部講師。十一年、同専門部教授。十九年、同専門部第二部政治経済科教授。二十年、「獄制史論」により法政大学から法学博士の学位を取得。二十二年、教職追放。二十六年、教職追放解除。三十年、専修大学法学部教授。三十四年、同図書館長兼任。昭和三十七年(一九六二)四月五日没、五十七歳。『日本寺領荘園経済史』

（白楊社、昭和七年）、『日本仏教経済史論考』（白楊社、同七年）は、社会経済史研究の立場による荘園研究の初期に刊行された成果であった。（瀬野精一郎）

ほそかわのしょう　細川荘　播磨国美嚢郡内の荘園。現在の兵庫県三木市細川町の一帯。藤原俊成以来、御子左家が伝領し、俊成から娘九条尼、その弟定家へと領家職が伝えられたが、本家職は鳥羽天皇の皇女八条院がもっていた。定家はまた鎌倉幕府から地頭職も付与され、この領家職と地頭職は、定家からその子為家に譲られたが、為家の没後、その子で二条家を立てた為氏と、冷泉家を立てた為相兄弟の間で、地頭職をめぐってはげしい相続の争いが起った。為相の生母阿仏尼の書いた『十六夜《いざよい》日記』は、この相論の裁決を鎌倉幕府に仰ぐために阿仏尼が関東に下ったときの紀行文である。幕府が為相に地頭職の伝領を認める裁許を下したのは、阿仏尼の没後六年目の正応二年（一二八九）のことであった。このとき相手の為氏もすでに死去していたが、同四年、為氏の子為世からの異議の申立てによって、幕府はさきの判決を取り消して、逆に為世に地頭職を付与し、その後も二十余年にわたって相論がつづけられたが、鎌倉時代末期の正和二年（一三一三）七月二十日に至って、結局、幕府は正応二年の裁許を確認して、改めて為相に同荘地頭職を付した。（水野恭一郎）

ほそかわのしょう　細河荘　摂津国豊能郡の荘園。現在の大阪府池田市北部の地域。知足院（藤原忠実）新立の摂関家領で、寛元二年（一二四四）鷹司院（藤原長子）に相伝された。建仁二年（一二〇二）後鳥羽上皇熊野御幸の際、長柄宿所の雑事を負担。正安元年（一二九九）に山野・久安寺の支配につき多田院と相論（『多田院文書』）。室町時代には三条家領となり、『康正二年造内裏段銭并国役引付』によると段銭三貫五百文を負担している。（宮川　満）

ほそやごう　細谷郷　遠江国佐野郡原田荘内の郷。現在の静岡県掛川市細谷付近。弘長二年（一二六二）の『原田荘正検取帳目録』によると、細谷村（郷）は惣田数四十七町七段、うち定得田三十町六段、分官米総計百二石余であった。当初本家は最勝光院、領家は随心院僧正坊であったが、鎌倉時代後期に領家職《しき》をめぐる相論が起り、原田荘は分割され、細谷郷は本家職と領家職とを合わせもつ最勝光院の所領となり、これが嘉暦元年（一三二六）に至り、東寺に寄進された。（本多　隆成）

ほつのしょう　保津荘　大和国十市郡の荘園。現在の奈良県磯城《しき》郡田原本《たわらもと》町大字保津付近。平安時代は摂関家領。鎌倉時代以後近衛家領となる。荘務権が本所にないという荘園で興福寺寺務が領家として知行したようである。室町時代穂津荘とみえ二十六町七段大（『春日大社文書』四）。（朝倉　弘）

ほづのしょう　保津荘　丹波国桑田郡の荘園。現在の京都府亀岡市で大堰《おおい》川が嵐山に至る保津峡への入口の一帯にあたる。建長五年（一二五三）の近衛家領のうちに「保津筏師、春日局」とあり、保津荘は保津筏師荘とも称された大堰川の筏師の集住するところでもある。弘安五年（一二八二）に保津荘の百姓刑部亀夜叉丸が親父宗重跡永尊名三分二の進退を保証されている。観応二年（一三五一）には保津筏師荘が奈良春日社の神供・両季八講料所となっている。また文明五年（一四七三）に室町幕府は保津保内仏性寺の寺領を安堵しているが、保と荘とが同一のものかどうか明らかでない。天正十六年（一五八八）、筏士が豊臣秀吉から諸役免除の特権を得ているように、保津荘は丹波木材や薪炭を筏で京都へ流下する水運の要衝であった。（仲村　研）

ほづみのしょう　穂積荘　㈠伊勢国朝明郡の荘園。現在の三重県四日市市付近か。『吾妻鏡』文治三年（一一八七）四月二十九日条所引の同年三月三十日付公卿勅使駅家雑事勤否注進状の「不勤仕庄」中にみえる荘園で、預所は式部大夫維度。平氏没官領である。当荘の所在地は確定しないが、式内社穂積神社の位置を四日市市広永町に求める説が最有力とみられるところから、この地に比定した。しかし広永には弘永御厨（広長荘）が存在した。（倉田　康夫）

㈡播磨国賀茂郡内の荘園。現在の兵庫県加東郡滝野町穂積付近。『和名類聚抄』に載せる賀茂郡内の郷名に穂積郷の名がみえ、その郷域にできた荘園である。鎌倉時代には奈良の元興寺領荘園となっており、正応五年（一二九二）冬のころ、当荘内で起った春日神人殺害の事件に関して、春日の社家が大訴に及んだことを伝える伏見天皇綸旨・関白九条忠教の長者宣などが『春日大社文書』にみえる。（水野恭一郎）

ほまち　主家に使役されている下人が所定の労働義務を果たしたあとの余暇に開発を進めるのを新開《しんかい》・ほまちという。鎌倉時代中期以後、「しんかい」とか「ほまち」の発展は、彼ら下人の身分的独立を促し、下作人あるいは自作農をその中から生み出し、先進地帯では室町時代に入るとその耕作権を確立するようになる。しかし江戸時代になっても、なお半奴隷的下人は消滅せず、特に関東・東北などの後進地帯では農業生産における下人の存在は無視できず、彼らの耕す「ほまち」「しんかい」が存在した。それは多くの場合、河川沿いの荒地や渕・沢の奥にある湿地や山奥での焼畑地や棚田を耕作するのに利用され、その収穫物は下人間の結婚で生じた新しい家族関係における私生活の補充に充てられた。このようにして傍系血族や下人が分家する時にそのほまち田が与えられ、彼らはその耕地を基礎に小屋住み家族持となり、やがて独立して行ったのである。（三橋　時雄）

ほりえのしょう　堀江荘　越中国新川郡の荘園。現在の富山県滑川市を中心に魚津市・富山市・射水《いみず》郡小杉町・中新川郡立山町の各一部にまたがる。康治元年（一一四二）宮道季式が下司職《しき》を留保したまま私領を松室法橋に寄進して成立した。文治二年（一一八六）祇園社領となり、地

頭職は守護名越氏が相伝した。元弘三年（一三三三）祇園社は領家・地頭の両職を兼帯して一円化を実現したが、南北朝・室町時代において在地土豪土肥氏らの侵略をうけた。

（東四柳史明）

ほりのうち　堀ノ内　堀（濠）によって四方を囲まれた一画の地域で、中世の在地領主（武士）の屋敷・館の所在地に由来する地名。土塁（土居）でその内側を囲うことが一般的であるため、土居《どい》とも呼ぶ。東海地方以西、とりわけ四国地方では、土居と呼ぶ場合が多いが、一般的には堀ノ内である（金井弘夫編『日本地名索引』）。堀は館堀《たてぼり》ともいい、一重（単郭）が普通であるが、二重（複郭）のものも少なくない。その規模は、一辺の長さが六〇《メートル》から二〇〇《メートル》前後あり、面積も一《ヘクタール》から三～四《ヘクタール》ほどである。堀の幅は二～三《メートル》から十数《メートル》。土塁の高さは一～三《メートル》前後である。一般的に防禦戦闘用に十分であったとはいえない。むしろ開発の拠点や、用水管理施設の役割が大きかった。十三世紀ごろの東国の荒野開発状況を伝える史料に「慨二微力一、廻二治術一、又固二堀垣一、相二語百姓等一、可レ令二耕作一之由、所レ被二申請一也」（『香取文書』年月不詳、二俣村荒野開墾免許状断簡）とみえる。また弘安三年（一二八〇）の源輔村寄進状（『長楽寺文書』）にみえる上野国新田荘の上今井郷の堀の内は、湾曲して流れる早川に接してつくられ、その川水を堀に引きこんで溜池としても利用された。堀ノ内の郭内には、母屋のほかに、門・遠侍・厩・櫓・倉・鷹屋などがあり（『一遍聖絵』『法然上人絵伝』）、また持仏堂や鎮守（前掲『長楽寺文書』、『熊谷家文書』嘉禎元年（一二三五）十一月十二日、安芸国三入荘地頭得分田畠等配分注文）などもおかれた。その起源からいえば、令制下の宅地の系譜をひき、私有地の原点であり、中世では開発と領主経営の本拠であるのみならず、伝統的生活や、精神的な活動のより所とされた。堀ノ内はまた国衙や荘園制のもとでは、免租地であった。「依二往古堀内一任二先例一所レ令二免除一如レ件」（『熊谷家文書』年不詳、武蔵国熊谷郷堀内免除状）とか、「於二件屋敷堀内一者、前々検畠之時、全以不レ被レ向二馬之鼻一」（『都甲文書』寛元元年（一二四三）五月日、地頭大神惟家申状）とされた。免租地の範囲は、堀ノ内のみならず、一般的にこれに接続する田在家や、門田畠にも及んだことは『市河文書』延慶二年（一三〇九）四月日の信濃国庁宣などによって知られている。それ故に、在地領主の堀ノ内・屋敷地は、それを中核とした「本宅」「本所」「住郷」と称する彼らの根本私領を根幹としつつも、その勢力範囲の「郷」や村それ自体をさすこと（『厳島神社文書』建永二年（承元元、一二〇七）十月日、近衛家実家政所下文写ほか）が行われた。南北朝時代からこの堀ノ内の生産・居住的要素に、戦闘防禦的側面が強化され（『東寺百合文書』建武元年（一三三四）八月日、若狭国太良荘百姓等申状）、戦国時代の「平山城」「平城」などの城郭建築の中に吸収されていった。

↓土居《どい》

（島田　次郎）

ほんがん　本貫　本籍、本籍地のこと。「ほんかん」ともいう。律令制下において、人びとは戸籍・計帳に登載掌握されることになっているが、「天下の百姓、多く本貫に背き他郷に流宕《るとう》し、課役を規避す」（原漢文、『続日本紀』霊亀元年（七一五）五月辛巳朔条）といった状況が現われ、その浮浪対策が問題であった。令規定では、逃走の戸は三年、戸口は六年探索され、その後計帳ついで戸籍から除かれることになっていた。その除籍され本貫をもたないのを絶貫といい、捕えられた浮浪人は現住地の戸籍に編入（当所編附）、希望すれば、本貫に送還（本貫還附）することを認めている。養老四年（七二〇）には、六年以上の浮浪人で、悔いて本貫に還ろうとする者には一年間の課役を免除するといった優遇奨励策がとられている。そのみずから悔いて本貫に還るのを走還という。以後も、願望者の本貫還附方式は対浮浪人策に一貫してとられているが、九世紀、陸奥・出羽両国人の浮浪については、願望の有無に関係なく、強制的に本貫還附を令している。なお令また格には、学生の退学した場合、徴発された労役者（丁匠）の死亡の場合、いずれも本貫に知らせること（学令・賦役令）、本主死亡の帳内・資人（無位・六年未満）の場合、防人の発病（勤務還り）の場合、本貫へ還らせること（選叙令・軍防令）、また理由なく勤務につかない者の場合、解任して本貫に還らせること（『類聚三代格』天平勝宝四年（七五二）十一月十六日太政官符）などの規定がみられる。

（宮本　救）

ほんがんせにゅうでんぱく　本願施入田畠　延久二年（一〇七〇）の興福寺大和国雑役免坪付帳に見える用語。この段階での興福寺領は大和国国内に二千三百五十七町存在したが、そのほとんどが雑役免田畠であり、不輸免田畠は五百三町余にすぎなかった。この不輸免田畠は八世紀前半に成立したとされる「本願施入田畠」八ヵ荘九十七町余と「国議不輸免田畠」四百六町から構成されていた。「本願施入田畠」は、興福寺維持のため、興福寺が建立された当初に藤原氏から施入された根本の田畠とみられる。宇佐八幡宮の神宮寺弥勒寺の所領豊後国竃門荘も、「聖武天皇天平勝宝元年六月二十三日、宸筆の御起請文に載せられおわんぬ。最初御奉寄の間、他の寺領に異なるなり」といわれ（『元暦文治記』）、これもまたいわゆる本願施入の田畠であった。このように、平安中期の荘園体制が成立以後、寺社領や家領の成立の根本部分となった最初の施入田畠をこのような表現で記載したもので、ある種の不輸免確保の論理となっていた。

（飯沼　賢司）

ほんけ　本家　荘園の領主で、領家の上に位置した。平安時代中期ごろから、在地領主が、その所領に対する国衙からの干渉を防ぐ目的で、自己の手元に一定の権利を留保しつつ、中央の貴族に所領を寄進する寄進型荘園がみられるようになったが、寄進された荘園領主（領家）の力が及ばず、荘園に対する国衙からの干渉を排除し得なくなると、彼らは、より有力な貴族・寺社（権門勢家）の権勢を頼み、その権威によって、荘園を保持しようとす

るようになった。ここに、有力権門勢家を本家と仰ぎ、一定の権利を寄進する契約を結んだ。ここに、領家職の上に、本家職が設定されることとなる。そういった例として著名なのが肥後国鹿子木荘の事例である。鹿子木荘では、開発領主沙弥寿妙の子孫高方が「権威を借らんがため」に応徳三年(一〇八六)にこれを大宰大弐藤原実政に寄進し、領家と仰いで年貢四百石を領家に割譲する契約をし、みずからは預所職ならびに荘務領掌の権利を留保した。ところが実政の子孫願西は微力で国衙の妨げを防ぐことができないので、同荘をさらに後鳥羽上皇の皇女高陽院に寄進して本家と仰ぎ、本家に二百石を寄進することとした。このようにして、領家の上に本家が設定されることとなった(『東寺百合文書』)。ところで、この本家と領家とを、その荘務権の所在という観点からみると、建長五年(一二五三)十月二十一日近衛家領所領目録(『近衛家文書』)にみられるように、ある場合は本家にあり、ある場合は領家にあるというように一様ではない。それは、本家職あるいは設定の経緯によるものとみられ、一概には決めることができない。なお、必ずしも領家の上に本家が設定されていたとはいえず、また本家たり得るためには、一定の資格が必須であったとみられる。本所というのは、本家・領家の双方あるいはそのいずれかを指す言葉であったとみられる。 →荘園領主《しょうえんりょうしゅ》 →本所《ほんじょ》 →領家《りょうけ》 （中野 栄夫）

ぼんげ 凡下 中世の庶民を指す身分用語。十二世紀中期から史料にみえる。元来は官位を持たない無位白丁、俗人や修行未熟の僧など、凡人・凡夫の意味で用いられたが、「侍」の語が貴人に仕える有位者から武士へと変化するにつれ、これと対置された一般の庶民を指す身分用語となった。鎌倉幕府法によると、訴訟人の座籍は、「侍」が客人の座、「郎等」が広庇であったのに対し、「雑人」は大庭と定められ屋内への参昇を禁じられたが、この雑人が凡下であり、甲乙人とも呼ばれた。しかし時には侍に対し郎等・郎従を含めて凡下と呼んだ事例もあり、弘長元年(一二六一)の法では「雑色、舎人、牛飼、問注所・政所下部、侍所小舎人以下、道々工商人等」を「凡下輩」としている。凡下は鎌倉市中での騎馬や太刀の携行を禁じられ、筋染や綾・練貫の衣料、烏帽子懸や足袋の着用も禁止された。また犯罪の取調べでは侍と違って拷訊が行われ、刑罰では、侍が所領没収などの財産刑を主としたのに対して、凡下輩は顔に火印を押されたり、禁獄や片鬢剃などの肉体的処刑を受けることが多かった。幕府は凡下を御家人とは認めず、その名主職安堵も行わないことを原則とし、凡下と御家人とを峻別して、御家人所領が彼らの手にわたることを強く警戒している。一般的には凡下は官位も名字も持たなかったが、有力な侍の郎等・郎従には名字や位階を持つ例も多く、主人との関係を通じて身分区別は相対的なものになりやすかった。また従来からの朝廷との距離による身分序列と幕府法上の身分区分には多少のずれもあり、身分差別は江戸時代ほどには絶対的、固定的ではなかった。公家側でもしばしば、身分別の服飾禁令を発して身分秩序の固定化をはかったが、容易には守られなかった。特に経済的な変動が激しくなる鎌倉時代末期には身分の変動もおこりやすく、侍品か凡下かという身分所属が訴訟の争点ともなっている。 →甲乙人《こうおつにん》 →地下人《じげにん》 （福田 豊彦）

ほんけやく 本家役 本家に対する負担・奉仕をいう。本家は領家の上位に設定された荘園領主で、ふつうは領家から一定額の経済的貢納を行うが、本家の荘園支配の実態によってその貢納内容も異なる。皇室領安楽寿院領全四十三所の場合、皇室が荘務権をもつ四荘は直轄荘園で年貢米斗代が高い。その一つ山城国芹川荘は鳥羽御領として所務のため給主＝預所が皇室より補任され所当地利の徴収、臨時雑事の賦課を行なった。三十九荘は年貢・公事が低率で領家の本家職寄進による成立とされる。三十九荘のうち十九荘は米年貢を欠き本家は絹・綿・紙・油・薦などの雑公事のみの徴収である。また田畠註記のない六荘は薦・油・杉榑・炭・油を負担し、本家は土地支配と絶縁の状況であった(『安楽寿院古文書』)。こうした本家への負担が本家役である。本家役徴収を行い得たのは本家が国司の臨時雑役賦課や国使入部を停止して、荘園の成立に決定的な役割を果たすだけでなく、勅事・院事・大小国役の免除、荘務権侵害の救済、非法停止などの権限をもつために可能であったと説かれている。権門家が荘務権をもっている場合は、国家における政治的地位(皇室・摂関家)により本家みずから臨時国役を排除し、独自の賦課権を確保しているだけでなく、本家への上分額の決定権すらもち、本家役滞納の時は相伝の領家職をも改替するなど本家役徴収に強力な権限をもっていた。荘務権をもたぬ本家でも必要に応じて臨時課役を課した。領家藤原定家が荘務権をもつ世襲的所領吉富荘などに対し本家安嘉門院は臨時に桑糸・安嘉門院新造御所西渡殿造営役を課した(『明月記』)。室町時代以降、幕府勢力を背景に守護と結び本家役徴収を計った。高野山領筑前国粥田荘では本家成勝寺に対し本家役として成勝寺米二十石を納入した。のち成勝寺が仁和寺に管領されると永享六年(一四三四)筑前守護大内持世被官鷲津氏を本家役代官職に任じ、代官請によって本家役徴収の安定を計るが、戦国時代に国人の押領によって本家役徴収は廃絶した。 （正木喜三郎）

ほんけん 本券 古代から中世の土地や所職の売買に際して、その土地に対する権利の由緒を証明するために作成された文書。本券文ともいう。文書の形式的には売券であったり譲状であったり寄進状であったりする。これを所有することがその土地の正当な領有を主張するための基本条件であった。その権利の所有者を移転させたときには、その本券を新所有者に引き継ぐが、一般には過去にまで遡ってその本券を引き継ぐため、古い本券を奥にして手前に新しい本券を貼り継ぐ、手継証文としての

形態で保管された。ただ元来、先祖相伝の土地であった場合、または新規開発地であった場合、あるいは火災や盗難などによって本券が失われてしまった場合などでは、本券がないむね明記して売買証文を新たに作る事例も知られている。（小口 雅史）

ほんざいけ・わきざいけ 本在家・脇在家 中世の荘園公領において、荘園領主や国衙によって、当初から在家役を課された草分け的百姓の在家を本在家、おくれて賦課の対象となったより弱小な在家を脇在家という。正家・脇住などともいわれた。本在家の語の初見と思われるのは、永治元年（一一四一）十二月の美濃国市橋荘住人陳状案（『東大寺文書』）にみえる茜部荘本在家で、その屋敷地は川をはさみ市橋荘内牧村に相対していた。本在家の表現よりみて当時すでに脇在家ないし新在家とみなされるものがあったであろう。長寛二年（一一六四）の高野山検校以下在家田畠支配状（『高野山文書』）には検校の免家として大家と小家があるが、これも本在家・脇在家に相当するかもしれない。また文永九年（一二七二）十月の紀伊隅田北荘検田目録案（『隅田家文書』）では百姓在家は名分六宇と新在家八宇からなり、弘安十年（一二八七）の相良迎蓮（後頼）田地坪付在家注文（『相良家文書』）では、豊前成恒名にはそれぞれ七つの本在家と脇在家があり、寺薗を除く六つの本在家は三町内外の田地をもつ百姓名と完全に一致している。このように百姓名編成がなされた所では、本在家＝百姓名主、脇在家＝小百姓という場合が多かったと判断される。本在家と脇在家の関係は、在家目録などに本在家の下に脇在家が割書される例から知られるように、本家・分家ないし従属関係にあるものも少なくなかった。そして所によっては本在家の特権的地位は近世村落にまでもち込まれた。 →在家《ざいけ》 （工藤 敬一）

ほんじし 本地子 ⇩地子《じし》

ほんじょ 本所 (一)元のところ、本来の場所の意味。あるいは、(二)三条西実枝の記した『三内口決』（『群書類従』雑部）に「本所トハ諸家堂上之衆皆一同ニ本所ト称候」とみえるように、武家に対して公家の意味などにも使われるが、(三)日本史の一般的用法としては、荘園の領主の意味で用いられる。たとえば、『御成敗式目』第六条には「一、国司・領家成敗、不レ及二関東御口入一事、右、国衙庄園神社仏寺領、為二本所進止一、於二沙汰出来一者、今更不レ及二御口入一」とみえ、『清原宣賢式目抄』（『中世法制史料集』別巻）には、「本所トハ領家也、元来ノ領主ヲ云也」とみえている。この例をみると、前者では、「国司・領家成敗」を「本所進止」と言い替え、後者では本所を領家のことであるといっている。このように実際の用例をみても、その意味ははっきりしないので、本所の概念は、研究者によって異なっており、統一した理解はなされていない。すなわち、一口に荘園領主といっても、たとえば、本家と領家とがあり、その荘務権の所在も、建長五年（一二五三）十月二十一日『近衛家領所領目録』にみられるように、ある場合は本家にあり、ある場合は領家にあるというように一様ではない。そのため、従来、(1)本所を本家と同一とみる説（和田英松・西岡虎之助）、(2)本所は、荘園の領家領主を公法上の権力主体とみた場合の呼称とする説（石井良助）、(3)本所とは、荘園の排他的支配権＝荘務執行権を持つものをいい、その権利を本所権と称したとする説（安田元久）、(4)本所を裁判権の所在を示す呼称とみなし、本所権を裁判権を意味するとする説（大饗亮）、などがとなえられてきた。しかし、『御成敗式目』第六条で、「国司・領家」を「本所」と同義に用いているなど、漠然と上級権利保持者をさしている用例が多い。(5)そのため、本所は、上級所職保持者すなわち国司や荘園領主（本家・領家）などを漠然と指すとみてよいのではないかという説も提起された（槇道雄）。しかし、それらの説が依拠する史料をみると、いずれの説も本所の意味の一面を突いており、その史料に関する限り正しい解釈であると見られる。それというのも、本所という語が意味している内容は、その場その場で異なっており、一義的に、本所とはこういう意味であると決めつけることは誤りであるように見られる。そのため、本所の意味は、その用例にもとづいた解釈をすべきであろう。なお、領家の意味も多義であることを考慮する必要がある。ただし用例を通観してみると、「於二本所御成敗事一者、不レ及二関東御口入一之由」（鎌倉幕府追加法第六八条天福二年（文暦元、一二三四）五月一日関東御教書）といった用例にみられるように、どちらかといえば、武家を意識し、それに対する意味合いで用いられているようである。つまりそこに、(二)の用例が生まれる余地があったといえる。本所という言葉は、たとえば、「所当地子官物、且弁二済国司一、且所レ弁二申本所一也者」（延久四年（一〇七二）九月五日太政官牒）などとみられるごとく、国司（国衙）に対置する用語として用いられ始めたようである。それが幕府勢力の伸張、特に地頭による荘園・国衙領の侵略が進行する過程で、国司をも含む上級所職保持者の意味で用いられるようになり、さらには、武家に対する公家の意味へと変化したものと考えられる。（中野 栄夫）

ほんじょいちえんち 本所一円地 本所が下地・得分を一円支配している荘園をいう。ふつう国使・守護・地頭に対する不入権をもつ土地をいい、さらに地頭・御家人のいない本所領、下地分割による領家方の所領を指すようになった。追加法四四五条で一円地内の闘諍禁制の処置を本所に任せたのが鎌倉幕府法での初見。地頭御家人など在地領主の支配が進み本所の荘務権を明確にする必要があったためと説かれている。蒙古襲来を機に本所一円地の年貢点定、住人の異国警固への動員など（『東寺文書』、追加法四六三条）守護を通じて幕府の統治下に置こうとし、本所側も伊賀国黒田荘では本所東大寺が悪党追捕を鎌倉幕府に求め、元亨四年（正中元、一三二四）二月、幕府は守護の入部と所領召上げを定めたことなど、本所

の一円支配は解体した。室町幕府法では応安元年(一三六八)の半済令で領家・地頭両職を一円領有するのをたてまえとした「本所一円知行地」を定め、地頭の置かれていない所領として保護を加えている(追加法九七条)。
(正木喜三郎)

ほんじょじきむ 本所直務 ⇨直務支配《じきむしはい》

ほんじょとう 本所当 ⇨所当《しょとう》

ほんじょほう 本所法 中世において荘園を支配する「本所」を法圏の主体として制定され発展した法であり、公家法・幕府法とともに中世における三大法系を構成する。「本所」は「領家」あるいは「本家」の別称として使用されたこともあるが、基本的には荘園に対する荘務権、特に司法・行政・警察などの公法的支配を行なった主体を指す場合に用いられた呼称である。本所法は、大別して、律令制下の家司裁判権や寺院の裁判権に淵源を有する家務法と、荘園内部に自生的に発展した荘園の慣習法との二つがある。前者の中で特に発達したのは寺家の家務法すなわち寺院法である。古代律令制下では、公地公民の原則のもとに公法的支配権は一元的に国家が掌握し裁判権を有するのは官司のみであったが、律令国家権力と公地公民原則の衰微によって、私的土地所有=荘園とその個別荘園支配のための本所法が生み出された。この点、荘園の発生と本所法の成立は表裏一体の関係にある。すでに律令制下においても、各寺院の三綱は寺院内の軽微な犯罪に対し裁判権を有し、帳内・資人に対し本主は笞杖による懲戒権を認められていたが、国郡制支配組織の衰退によって王臣諸家は国衙を経由せず郡司・富豪らに対し直接的に収穫物差押や家符により裁判権を行使するようになった。荘園の立荘は検田権・検断権・国役賦課権・収公権などの国衙の有した公的諸権限を本所が継承することを正式に承認したものであり、古代国家権力の分割と継承の上に、荘園と荘園支配の秩序=本所法が成立する。不輸不入権の獲得はかかる権力の分割が最も進んだことを意味するが、国衙の支配権を完全に排除して不輸不入権を具備した荘園は少ない。また本所は荘園支配のための独自の権力機構を基本的に持たず、国衙支配下における現地支配の担い手で荘園の寄進主体でもある郡郷司以下の在地領主が、立荘後も下司・公文などの荘官としてそのまま現地の支配権を握る場合が主流であったから、荘園支配の秩序は、立荘以前にさかのぼる「荘例」、あるいは国衙の「庁例」などの慣習法や立荘時の寄進契約などによって左右され、土地・農民支配のための統一的な本所法の発展は見られないのである。公家・寺家の区分あるいは本家・領家など荘園領主権の性格如何により本所権力の性格は個別に大きく異なるため、本所法の法理の特質を一般的に明らかにすることは不可能に近い。しかし、「本所法の律令法・公家法への従属・依存とそれに伴う独自の刑事法の未発達」あるいは「中央の法である家務法と現地の法である荘園法の融合統一の希薄さ」という本所法の基本的特質は、前述の本所法の成立事情に由来するものといえよう。さらに主従制に立脚する身分的規制が強固な武家法と比較した場合、身分的規制が弱く、また荘園制的な「職《しき》の秩序」を前提とした職務的得分権あるいは財産権に関する規定が豊富であるといった特色を有する。鎌倉幕府成立以降、地頭職の設置や守護の大犯三箇条の職権などにより本所の不輸不入権は侵食されるに至り、さらに地頭請所の成立は本所の荘務権を喪失せしめる契機となった。さらに室町時代以降、守護請あるいは代官請負によって荘務権の喪失が一般化すると本所法もその成立基盤を失い、それに伴って本所法の諸秩序の多くは幕府法・分国法・在地領主法などの武家法に吸収されていった。本所法が成立する場である荘園公領制が私的実力を基盤に領主的支配を行う在地領主制の一定の成長を前提としつつ、その未成熟の上にたって荘園領主=本所あるいは国衙がいずれも決定的な力たりえない均衡=歴史的段階の上に成立していたから、在地領主制の成長によって必然的に本所法は克服されていったのである。ところで、鎌倉幕府も公家法の秩序からみれば本所の一つにすぎず、したがって鎌倉幕府法を本所法の一類型と考える見方も成立する。しかし、幕府法は鎌倉時代前半期を通じて独自法系として完全に自立し、急速に公家法に対する特別法としての本所法的性格を払拭する。さらに鎌倉時代後半期以降南北朝時代を通じて公家法に代わる一般法としての立場を確立し、本所法の諸秩序を保障する役割を果たした。本所法と公家法・幕府法の関係を要約すれば、本所法は、平安時代後期から鎌倉時代前半期にかけては公家法のもとに、鎌倉時代後半期以降は幕府法のもとに、特別法として存在したということができる。法源に関していえば、家務法部分については、所領支配を開始あるいは確立した貴族・僧侶の手による規式・起請・置文が、特に寺院内では満寺集会・所司集会・各院集会などの集会事書・引付が主要法源である。荘園法部分については、もともと基本的に慣習法として存在するため直接的に法源を求めることはできないが、訴訟史料に現われる「当荘之例」「当国之例」「諸国荘園之習」などの語や、訴訟の過程で作成される場合が多い検注帳・荘官請文・置文などを通して、いわば間接的に法源を求めることは可能である。
(古沢 直人)

ほんじょやく 本所役 本所に対する奉仕・負担をいう。本所は現実に最高の公法的進止の主体を指し、荘園や寺社の荘官・国衙の在庁官人が表現した用語で主に寺社・院宮・摂関家、時には国衙をも本所と呼ぶ。しかし本所役という場合の本所は、ふつう荘務権をもつ荘園領主をさす。つまり荘務の実権を握る本家あるいは領家に対する年貢・公事の負担を本所役と呼んだ。仁和寺領大和国三島荘では興福寺の吉野関寺役が宛て催されたため、仁和寺に対する本所役が闕怠すると領家仁和寺に訴え、また鎌倉幕府法で半不輸の神領に地頭を補任したために本

所役が闕如すると述べている(追加法五六条)などの本所役は領家役を指している。元亨四年(正中元、一三二四)薩摩国伊作荘で領家一条院雑掌と地頭との間に下地中分が行われ、本所分課役として本家造営・浄光明院修理・興福寺造営・寺役以下色々御公事料物をあげて領家分役とした(『島津家文書』)。この本所分課役とは本家近衛家に対する領家一条院の負担を指している。

(正木喜三郎)

ほんせんがえし **本銭返** 不動産の売却の際、代価を返済すれば買い戻しができることを特約したものをいう。代価が銭のとき本銭返、米穀である場合に本物返《ほんもつがえし》と称する。本米返・本銀返などいずれも同類。発生時期は鎌倉時代中期文永年間(一二六四―七五)ごろと考えられ、以後近世にかけて行われた。本銭返が発生する前駆的な形態として、将来買主にとって不利益な事態が生じた場合に、代価すなわち本銭を売主から買主に返弁することを約束した文言を持つ売券は、すでに平安時代末期から見られるが、これは一定期間以内あるいはそれ以後に売価をもって買い戻すという条件が、売買契約の成立当初から付帯している本銭返売買とは異なる。前者から後者が派生したと見られるが、それについては、鎌倉時代中期に至って、幕府が御家人層の窮乏を救済するために、彼らの失った土地について、本直銭を支払うことにより、もとの持主の取り戻し権を認める方針を打ち出したこと(やがてそれは永仁の徳政令に発展した)が大きく影響していると考えられている。幕府法令のさような趣旨を根拠として、平安時代末期以来自然発生的に登場してきた本直返弁の条件が、本銭返契約に発展したと推定されるのである。そして本銭返の対象となったのは、本来御家人らの所領であったと考えられるが、次第にそれが社会一般の売買にも適用されることになったと推察される。本銭返には、代価を払いさえすればいつでも買い戻せることを契約したもの(無年季有合次第請戻特約)、一定期間経過後に、代価を支払って買い戻しができることを契約したもの(年季明請戻特約)、一定期間内に売主が買い戻し権を行使しなければ、買い戻し権が消滅することを契約したもの(年季明流特約)、売渡物件からあがる利益が、本直銭の二倍に達した場合、自動的にその物件が売主の手に戻ることを契約したもの(元利銷却質特約)など、いくつかの種類がある。したがって年季売(年紀売)や質契約とほとんど区別できないものもあり、実際近世に入って盛んに行われた本銭返・本物返は、『地方凡例録』が「関東方にて年季売の田地を、上方筋にて八本物返と云て」と述べているように、年季売と同一視されている。→質《しち》 →年紀売《ねんきうり》

(須磨　千穎)

ほんたく **本宅** 一般的には別宅などと区別された本拠・常住の家を指すが、特に中世在地領主において、相伝譜代の本領の核心部分を本宅と称した。鎌倉幕府成立期に御家人に対して源頼朝の下文をもって行われた本領安堵は、『吾妻鏡』や当時の文書によると、「可㆑安㆓堵本宅㆒」「安㆓堵住所本宅㆒」「以㆓私領本宅㆒、如㆑元可㆑令㆓領掌㆒」「如㆑元令㆑安㆓堵本宅㆒、可㆑勤㆓仕御家人兵士役㆒」など、本宅の語を用いることが多く、「安堵本宅」が本領安堵の基本形態であったことを物語っている。また一方、罪科によって所領が収公された場合、その妻子らの生活の糧として「本宅資財」が安堵されることがあったから、本宅は領主として存在しうる最小限の基本財産であったといえる。このような本宅は、住屋・倉・雑舎と屋敷地、およびそれに準ずる付属地としての園・垣内・門田畠・林地・土居・堀ノ内などと一体のものとして存在し、このような「家地田畠」「居所」「屋敷堀内」は荘公の所当を免除され、田畠の検注をうけることのない不入権を有しており、その敷地内に親類・従者・下人などを居住させていた。在地領主は以上のような本宅とその敷地を設定し、その外部・周辺の地を開発あるいは買得して、本領としての所領田畠を形成・拡大した。それら所領は領主名・郷・保・村など、公領荘園制のもとでは種々の制度的形態をとったが、在地領主はそれら本領の名や郷そのものも、自己の「住郷」「先祖敷地」「往古屋敷」などと称して、延長拡大された本宅敷地として領有し、「イエ」支配権にもとづく領主経営を展開した。従者・下人として領主に隷属した農民は、領主の敷地内に住屋を与えられ、あるいは屋敷田畠を預作する存在であった。また在家農民はその屋敷地＝在家を媒介として領主の雑公事を課せられる身分であったが、それら農民在家が領主の「屋敷所」や「郎従の住数」に包摂されることによって、より強固な領主支配にくみこまれた。

(戸田　芳実)

ほんちがえし **本地返** 中世から近世にかけてみられた不動産売買の一つ。永地返・本物返・本米返・本銭返・本銀返・作漬《つくりつぶし》小作などともいう。近代的な意味での不動産売買は所有権の永久移転、すなわち永代売買のことであるが、中世から近世にかけては不動産の所有権が一定期間だけ移転した年季(紀)売・本地返という売買慣行が広く存在していた。本地返は質入れに近い内容をもった行為ではあるが、質入れが借入金に利息をつけることが一般的であるのに対し、本地返は借入金だけの返済でただちに不動産の買戻し行為が保証されたものであり、本地返は永代売買に比べて売り手の権利が強い売買慣行といえる。なお、年季売は売主の買戻し行為の有無にかかわらず、所定の年限が経過すれば自動的にその物権が売主に返却されるものである。しかし、質入れ・年季売・本地返は近世における土地政策の基本法令である田畑永代売買禁止令に抵触せずに行われた民間の売買行為であり、これら三者に明確な区別があったわけではなく、その実態についても不明な点が多い。

(佐藤　常雄)

ほんでん **本田** ⇩本免田《ほんめんでん》

ほんと **本斗** 平安時代末期から鎌倉時代に使われた枡の一種。諸国の国衙において使用された正税官物収納用の枡がこの名で呼ばれ、この時期にはまだ国衙の伝統的

権威が根強く残存していたところから、その権威にまもられたこの枡には厚い信用が与えられて、一般社会においても公共枡的な性格を帯びて広く使用されたと考えられる。特に売買に際しては、直米の授受は多くこの枡によって行われる慣習が存在した。このような性格の枡であったために、鎌倉時代末期以後国衙の権威が急速に衰えるとともに、この枡もまた衰退した。一方、この国衙収納枡たる本斗以外にも荘園の枡あるいは寺社における領主枡などであって、一応ある程度の公共性を帯びて使用された枡が、同様に本斗の名称で呼ばれた場合もしばしば存在した。（須磨 千頴）

ほんびゃくしょう　本百姓　屋敷をもち、荘園・公領の田畠を名田として与えられ、公事を負担した、いわゆる名主百姓をいう。中世前期、在地における共同体的結合は、「根本住人」としての彼らを中心に結ばれていた。一方、本百姓のもとでの小作やわずかな自作など、小規模経営を営んでいた百姓を小百姓というが、こうした本百姓―小百姓の区別のほか、たとえば鎌倉中期の若狭国太良荘で、本百姓の屋敷内に居住していた親類・下人を脇在家と呼んでいるように、本百姓（本在家）―脇在家という区別もあった。（樋口 州男）

ほんぽじとう　本補地頭　承久の乱後の新恩の地頭＝新補地頭に対し承久以前の地頭を一般に本補地頭と呼んだ。したがって本補地頭の概念は新補地頭の呼称の定着を前提とした。新補地頭には承久の乱後の新恩地頭と新恩地頭の一部をなす新補率法地頭の両様があったが、これ以外に文字通り「新たに補任された地頭」との意の用例もあり、このケースでは承久以前にも新補地頭の例が散見する。いずれにしてもかかる新補地頭と区別されるものが本補地頭であり、本補地頭の権限はすべて所務の先例によった。鎌倉幕府の地頭制度が荘園制下の下司職などを組み込む形で成立した関係から、本補地頭は前任の荘官（下司など）の所定の得分がそのまま継承された。↓新補地頭《しんぽじとう》（関 幸彦）

ほんまい　本米　荘園領主が実際に収納する年貢米。大和国若槻荘に関する『大乗院寺社雑事記』文明十八年（一四八六）の記事によると、「損免事」として「本米九十九石七斗七合五勺也」とある。なお室町期の同荘の分米（土地面積に斗代をかけて算出した年貢米）は「百六十三石九斗八升」、また「名田畠定御米」は「百二十三石八升六合」などといった記録が残っている。（樋口 州男）

ほんみょう　本名　平安時代中期から中世にかけて、国衙領の名（負名）や郡郷制の改編以降に一般化する中世的所領単位としての名（別名）あるいは荘園制下の名（百姓名）などについて「元の名」という意味を持たせて使われた言葉。時代と対象となる名の属性によって、具体的な意味内容には変化がある。史料的に早く現われるのは、国衙領の名において他名に対する本名という用例で、寛弘九年（長和元、一〇一二）正月二十二日和泉国符案にみえる「有本名不荒古作、猶共欲加作者、（中略）可停他名之申請也」などは、これにあたる。また、平安時代後期に土地の売買・譲与に際して「本名を放つ」などとされるのも、当該の土地が元の名の所属を離れて、他名に移ることを示している。平安時代末期からは主として別名について脇名に対する本名という用例もみえる。別名領主である惣領から庶子が惣領の名の一部を分与され、脇名を立てて独立する場合、惣領の名を本名と称するのがこれである（なお、庶子の脇名のことを惣領の本名から別れた名であることから、別名ということがあるので注意を要する）。荘園制下の名においては、鎌倉時代末期から南北朝時代にかけて旧来の名が変化するいわゆる「名の解体」がみられるが、この結果出現する名を新名・現名といい、これに対して元の名を本名ということもあった。（田村 憲美）

ほんみょうたいせいろん　本名体制論　中世社会経済史の研究において本名体制の用語は、主に二通りの意味合いで使用されてきた。一つは荘園支配体制の特質を示す概念としての用法であって、平安時代末期から鎌倉時代初期にかけて主として辺境地帯を除く地域の荘園で採用された、荘田を名（百姓名・荘官名）を基幹として編成する体制を指す。この名を、いわゆる「名の解体」を通じて鎌倉時代末期ごろから出現する新名に対して本名あるいは旧名といい、このため、この意味での本名体制を旧名体制ともいっている（研究者によっては本名体制・旧名体制と同内容を単に名体制と呼称する場合もある）。畿内荘園などに見られる均等名の体制は、その典型である。本名は荘園領主の年貢公事の収取単位として創出されたものであるが、一方、荘園制下の村落にとっては小百姓以下に対する名主の身分的優越性を確立させる役割を果たしたと評価されている。年貢公事収取制度としての本名体制は新名の成立後も遺制として残存する場合があったが、これを研究史上「当名主体制」ともいう。いま一つの本名体制の概念は惣領制との関連で用いられるものである。これは、平安時代末期から見られる本名・脇名関係において、本名が脇名に対して有する種々の統制の事実を、本名体制と規定し、武士の一族結合の体制である惣領制の原型と捉えようとする議論として展開された。しかしながら、近年では荘園制下の名の所有・経営体としての実態や「名の解体」現象の理解について反省が加えられ、また惣領制研究の停滞などもあって、どちらの本名体制もそれほど使用される用語ではない。（田村 憲美）

ほんめんでん　本免田　平安時代、本来的に荘園領主の領知が認められ、国衙よりの課役負担が免ぜられている荘園の基幹的田地。単に本免ともいう。本免田以外に、荘民が耕作地を拡大した田地である加納・余田・出作公田などに対する言葉。加納・余田・出作公田などに対しては、官物賦課などの国衙の一定の支配が及ぶので、国司側の検田がしばしば行われた。本免田に対しても、そ

の坪付・面積の確認のため国司の検田が行われることもあったが、やがて本免田は官物不輸であるため、国衙による検田使入勘は無意味であるという論理から、本免田に対する不入を実現していった。実例では、国司側が、加納や出作公田を収公した際の訴訟関係史料に多くみられる。本来的には、官省符で認められた田地のみを指したものとみられるが、のちには、国衙側が国図などに記載し、荘園領主の領知が認められた田地であれば、本免田として扱われたようである。（中野　栄夫）

ほんもつがえし　本物返　⇩本銭返《ほんせんがえし》

ほんやく　本役　主に中世・近世における貢租制度や武家の主従関係に関連して使われた歴史用語。一つは中世において荘園領主が収納した本来の年貢という意味の本所役。荘園制の展開によって土地所持権の分化すなわち職の分化がすすみ、収穫物の分配が複雑化したために加地子や作徳と区別して本役と称したのである。また、本役は中世・近世において武士が主君からの本領安堵に対して負った一定の課役のなかで、本来的に負担しなければならない正規の課役のことで、半役・三分一役などと区別して使用された。この場合には武家役・所領役と同意義である。さらに、広島藩では藩内の一般職人について家持を本役とし、借屋層を半役として一定の割合で職人の労働力を徴収しており、のちには米納・銀納となっている。また、近世村落は本百姓と水呑という二つの村落内身分階層に大別されるが、本役は本百姓の負担した夫役を意味し、それが転じて本百姓そのものをさすことになった。このように、本役は多様な意味をもった歴史用語として使用されている。（佐藤　常雄）

ほんりょう　本領　⇩根本私領《こんぽんしりょう》

ほんりょうあんど　本領安堵　中世における所領移転の法的承認行為を安堵というが、この語は一般に精神的な安心状態を指し、堵（垣）の中に安んずること、要するに他の侵害から人身・財産が保護された状態をいう。『沙汰未練書』には安堵を父祖から譲られた所領を知行すべき旨の御下文を給わることだと定義している。相伝所領の知行権の承認を意味した。鎌倉幕府法にいう安堵には㈠累代相伝の所領、特に先祖の開発私領の安堵たる本領安堵、㈡相続所領に対する遺跡安堵、㈢現知行の所領に対する当知行安堵、㈣所領の移動行為に伴う沽却地安堵・質券地安堵・和与安堵・寄進地安堵等々があった。㈠—㈣は相互に交錯する場合も多いが、主従関係の形成の上で「御恩」として重要な意義を有したものが本領安堵であった。本領とは先祖所伝の所領をいい、私領ならば開発地たることを示すべき根本券契に加えて開発者の余流として当該所領を相伝していることの証拠を要する土地をいった。また主君（鎌倉殿）の恩地ならば恩給の下文などの確証が認められる所領を意味した。したがって本領安堵とはかかる由緒を有する所領の法的承認行為をいった。『沙汰未練書』をはじめとした幕府法上での本領安堵の概念は右のごときものであるが、南北朝時代にはその意味はやや広がりを示し、相伝所領の知行権の承認以外に喪失本領の返付行為をも指すようになった（建武二年（一三三五）雑訴決断所条々（『建武年間記』所載））。近世の『武家名目抄』職名部一二上には「按安堵とは本領の地に安堵するいはれにして（中略）、父祖の所領を知行するをいへり、或は久しく中絶せし旧領にても故ありて返賜はるをば本領安堵といふ」とみえている。ここにいう本領安堵は後世の定義であり、本領に開発地を含めていないのは封建的所領観念が成熟した近世の理解といい得る。少なくとも鎌倉時代の本領の観念は恩地に対する私領たるところに本質を有するもので、狭義には根本私領を指したが、広く私領たると否とを問わず相伝所領の意として用いられた。開発に由来する私領といえども荘園制下にあっては必ずしも安定した領有ではなく、領家の命に従わぬ時には改補されることも有り得た。それ故に開発私領を有する領主（＝武士）は安定した所領の確保のために武家＝鎌倉殿との主従関係を指向した。かかる点より本領安堵の歴史的意義は、荘園制下で有していた私領としての利益を鎌倉殿が御家人のために保護したところにあった。本領安堵と類似の実態は平安時代末期以降の所領観念の発達に対応し荘園制下でも見られたが、これが「御恩」と観念されるに至るのはより強固な主従関係を前提とした鎌倉幕府の段階であった。（関　幸彦）　↓外題安堵《げだいあんど》

ま

まえだ　前田　家の門前にある田。門田ともいう。中世の在地領主の屋敷・館の前に広がる直営田をいう場合が多い。常陸の真壁長岡氏や相模の曾我氏の館・堀之内があった周辺に前田・御前田といった小字が残り、現在も最良の水田であることなどが報告されている。また中世の九州地方で、薗(在家)の周辺に新たに造成された田の中にも前田が見える。↓薗付田《そのつきだ》　↓門田《もんでん》・門畠《もんばた》

（樋口　州男）

まがたのしょう　勾田荘　大和国山辺郡の荘園。「まがりだのしょう」とも読む。現在の奈良県天理市勾田《まがた》町の地。興福寺領。延久二年(一〇七〇)の『興福寺雑役免帳』に不輸免田一町九段と公田畠九町半からなる雑役免荘としてみえ、鎌倉時代にも寺門領として存続した。『三箇院家抄』には、この地に興福寺大乗院領として田畠合わせて二十七町七段三百十歩の均等名《みょう》構成をとる荘園のあったことがみえる。この荘園はもと一乗院領だったが、一乗院主信円が大乗院主を兼帯したところから大乗院領となった。布留郷中の一荘で室町時代には、郷中の諸荘と惣的結合をなして興福寺の支配に抵抗し、文明十五年(一四八三)には寺家の大規模な討伐をうけるに至っている。↓布留郷《ふるごう》

（泉谷　康夫）

まかべのしょう　真壁荘　常陸国真壁郡の荘園。現在の茨城県真壁郡真壁町・大和《やまと》村に荘域が比定される。立荘の時期を明記しえないが、常陸平氏系真壁氏が荘官として支配した。平安時代末期の承安年間(一一七一―七五)ころ、平長幹は真壁郡を父直幹(多気太郎)より相伝し真壁氏の始祖となった。真壁六郎と称した長幹は郡内諸郷単位の所領支配体制の確立を果たし、このうち八ヵ郷(本木・安部田・大曾禰・伊々田・北小幡・南小幡・大国玉・竹来)が真壁荘として立荘されたと思われる。他の六ヵ郷は「公領」として留まっているが、少なくとも郡内計十四ヵ郷の地頭職《しき》は長幹の嫡流に相伝されている。この間の経緯は『真壁文書』によって知られるが、八ヵ郷から成る真壁荘の領家は鎌倉将軍家である可能性が大きい。すなわち、文治二年(一一八六)竹来郷預所として三善康清が補任され、また正安二年(一三〇〇)には真壁盛時に代わって江馬光政が地頭職を得ている事実などから、真壁荘を全体として関東御領とみることができる。室町時代にも「御庄郷々」といわれるが、鹿島神宮との関わりを想定できるのみで、荘園としての構造は不明である。

（糸賀　茂男）

まがりかねのしょう　勾金荘　豊前国田川郡の荘園。現在の福岡県田川郡香春《かわら》町勾金付近。『宇佐宮神領大鏡』によると、はじめ勾金に宇佐宮御封本田十六町六段があり、長元四年(一〇三一)豊前守豊原時方が同国上毛・下毛・田河三郡の散在御封田八十五町五段二百二十八歩を相博立券、康平元年(一〇五八)同国守令宗業任は新加入田十六町六段を相博立券、籠田三十七町一段百五十八歩、康平六年業任は同荘四至を定むとある。領家は宇佐宮、のち本家職《しき》を近衛家とする。建治元年(一二七五)十月二十五日鎌倉幕府は異国降伏のために豊前国到津荘と本荘の地頭職を宇佐宮に寄進、永仁元年(一二九三)七月二十二日宇佐宮下宮常燈油料五石を納めた。文明十七年(一四八五)七月には同荘中津原名は大宮司宮成公永の所領とみえ(『宮成文書』)、天文四年(一五三五)十二月本荘五十町の満作段銭がみえ(『成恒文書』)、永禄十年(一五六七)三月には同荘「中津原五拾六町九段」が(『宮成文書』)、天正十五年(一五八七)六月には「仲津原勾金庄六拾壱町八段廿五代」(同上)がみえる。

参考文献　飯田久雄編『豊前国荘園史料』一(『九州荘園史料叢書』一八)

（中野　幡能）

まき　牧　馬・牛を放牧しその飼育および増殖をはかるために設定された土地のことをいう。「もく」とも読む。『和名類聚抄』では「むまき」と訓じている。柵や溝、あるいは河川などの自然地形を利用し周囲から区画されていた。また牧地を島嶼に設定する例もみられた。馬は軍事・交通・儀礼など各方面で使われる。そして馬牧に関しては特に軍事制度研究と相まってその制度史的研究が進められた。大化前代の牧について、その実情はほとんど不明であるが、在地の豪族による馬牛の飼養、畿内各地における馬飼部による馬の飼育などが推測される。大化以後になると、まず『日本書紀』大化二年(六四六)正月甲子条の改新の詔の第四条に官馬賦課の規定があり、同天智天皇七年(六六八)七月条には近江国に多くの牧を設置したとの記事がある。さらに『続日本紀』文武天皇四年(七〇〇)三月丙寅条の諸国に牧地を定めて牛馬を放たしめたとの記事が令制的な牧の制度の確立を示すものであろう。牧での馬の飼養形態は資質強壮な良馬を再生産するために、一頭の種牡馬を中心に種牝馬と仔馬を放牧する「巻き馬」放牧を行なっていたと考えられる。令制の牧は諸国に置かれ国司がこれを監督する。そして兵部省兵馬司が全国の令制の牧を管掌していた。令制の牧で生産された馬牛は中央にも送られさまざまな用途に使われた。厩牧令には令制の牧に関する具体的な規定がある。人的組織としては牧の管理運営にあたる牧長、文書実務にあたる牧帳、飼育係である牧子が置かれる。このうち牧長・牧帳は清幹にして検校に堪える者で外六位または勲位のある者から選ぶことになっていた。また牧子は馬百頭あたり二名の割合で置かれることになっていた。牝馬は四歳から放牧され、五歳からは増殖義務年齢とされ、毎年牝馬百頭あたり六十頭の仔馬の増殖が義務づけ

られていた。この責任増殖数に達しない場合の罰則規定、責任増殖数を超えた場合の褒賞規定、さらに死亡による減少の許容数の規定も定められていた。このほか、牧馬牛の校印と登録帳簿に関する規定、軍団の馬や駅馬・伝馬に関する規定があった。令制の牧は九世紀の半ばには変質する。牧は延喜式制では御牧(勅旨牧)、諸国牧(官牧)、近都牧の三種類となる。御牧は左右馬寮に属し、甲斐・武蔵・信濃・上野国に計三十二牧設置され、甲斐六十頭・武蔵五十頭・信濃八十頭・上野五十頭の貢進馬数が定められており、国ごとに任命された牧監(武蔵国の場合は牧ごとに任命された別当)が現地責任者として経営にあたった。諸国牧は兵部省所管で、駿河・相模・武蔵・安房・上総・下総・常陸・下野・伯耆・備前・周防・長門・伊予・土佐・筑前・肥前・肥後・日向の十八ヵ国に計三十九牧設置されていた。この諸国牧は令制の牧の形態を最もよくうけついでいたと考えられる。近都牧は諸国から貢進された馬牛を飼養するために摂津・近江・丹波・播磨国に計六牧設置された左右馬寮所管の牧である。ここまでのいわゆる公牧は平安時代中期以降、急速に衰退していく。馬牛の放牧は民間でもひろく行われていたと考えられるが、やがて貴族や寺社による空閑地の囲い込みにより牧地が占定され私牧の成立をみる。たとえば摂関家領楠葉牧や小野宮家領高田牧などからその経営の一端をうかがうことができる。九・十世紀以降、私牧は増加する。ところで公牧であれ私牧であれ牧地は次第に開発・耕地化され、牧は荘園化していく。この動きが本格化するのは十一世紀以降のことである。荘園化した牧では牧住民の出作や請作も行われ、領家からの所当公事も荘園と同質化し、もはや馬牛の生産をその第一の使命とする牧本来の姿をそこにみることはできない。十一世紀以降、領域的支配を特色とする在地領主制のもとで牧地が新たなる社会経済的意義を持つのである。このことに大きな役割を果たしたのが開発の推進者・実行者であった在地領主たちであった。このような牧の変遷を論じたうえで、封建社会直接の担い手である武士は貢馬などを通じて手に入れた中央との結びつきのもとで私牧の中で養成され、武力としての馬を掌握し、その周辺地域を支配し領主制を展開すると西岡虎之助は説いた。武芸専従者としての在地領主と武力としてきわめて重要な意味を持つ騎馬とを結びつける見解であり、実際の経営は現地の有力者に依存しなければならないという牧の人的組織に武士の起源の一つを求めたのであった。この研究ではその具体例として武蔵国秩父牧を拠点とする桓武平氏良文流秩父氏族、武蔵国小野牧を拠点とする小野氏横山党など数多くの例があげられている。所在地を厳密に解明することが困難な牧が多く、「系図」や『平家物語』などの軍記物語などを含む文献史料に多くを依存する今までの研究を今後より発展させるためには、遺跡調査の考古学的成果を援用しなければならない段階にきている。

近都牧《きんとのまき》　↓私牧《しのまき》　↓勅旨牧《ちょくしまき》　↓官牧《かんのまき》　↓

（黒羽　融）

まき　蒔　中世における耕地の面積単位の一つ。その語彙からみて本来は播種量を現わすものであったのが、一定の土地に対する播種量が一定してきたことから、土地の面積を示す単位となったもので、中世ヨーロッパにおいても穀量を示すScheffelなる語が、一定の土地面積を現わす語になっている例が見られる。蒔の単位は東は陸奥・常陸から西は日向・薩摩さらに対馬に至るまでほぼ全国的に使用されていることが知られるが、その面積は確定できず、また町段や斗升の単位と併用されることが多い。たとえば応永十六年(一四〇九)八月の「肥後湯浦郷坪付山野境等注文写」(『阿蘇文書』)に「こその丶村之分五段分　一所四反六斗まき　一御宮免御年貢田　一所一段三杖二斗五升蒔　同宮免年貢田」とみえ、また文明十三年(一四八一)三月の「伊藤佑堯田地寄進状」(『日向青島神社文書』)に「奉寄進加江田郷吉田名之内　一場　堂の分　三斗五升蒔　一所　苗田　三斗五升蒔　合以上七斗蒔」とみえるごとくである。

（亀田　隆之）

まきし　牧司　牧の管理者の総称であるが、多くの場合、令制の牧が変質した九世紀以降の官牧や勅旨牧の管理者、あるいは十世紀以降の私牧の管理者の名称として用いられる。『朝野群載』所収の「牧馬生益勘文書様」は十世紀段階の官牧の牧司の姿を伝える史料である。それによれば牧司は貢馬の請負人に変質している。このような牧司の一人として平将門を位置づける見解も発表されている。十世紀以降、牧の荘園化が進行するにつれ私牧が増加し、その生産物も牧本来の馬牛から変化する。十一世紀には摂関家領として各地に牧が存在し、そこに沙汰人・牧司・牧子が存在した。この段階の牧司の一人に筑前国高田牧の宗像妙忠がいる。妙忠は米や絹を牧分として貢進するのみならず、牧司貢上分として豹皮や沈香などの唐物をも貢上している。この時代、牧子・農民を徴募しつつ、国衙機構を利用し、荘司的性格を強めていく牧司の姿をみとることができる。

（黒羽　融）

まきた　蒔田　水稲栽培の仕方による田の呼称。水田稲作法としては苗を移植する植田が一般的であるが、蒔田とは田植をしないで種籾を直に本田に蒔く直播田のこと。古くは『万葉集』の歌の中に「うえし田」とともに「まきし田」とか「蒔ける田」とか「蒔きし稲」などの字句がみえる。江戸時代になってからでも、関東地方山間部の痩地などで見られ、『地方凡例録』に「まき田は苗にて不レ栽、籾種を苗代にまく如く播田に直にまき附る田を云」とある。

（三橋　時雄）

まきのまき　真衣野牧　甲斐国にあった三御牧の一つ。『和名類聚抄』にいう巨麻《こま》郡真衣《まきの》郷に成立したもので、現在の山梨県北巨摩郡武川《むかわ》村牧原はその遺名といわれる。柏前牧と合わせて毎年三十疋を貢進する定めであった(『延喜式』)。駒牽《こまひき》の日は八月七日で、史料上の初見は承平六年(九三六)であるが(『本朝世紀』天慶元年(九三八)八月七日条)、その成立は奈良時代末—平安時代初期までさか

のぼると考えられる。貢馬数は天暦三年(九四九)の二十二疋が最高で、定数を貢進した記録はない。平将門の乱後は違期が目立つとともに、真衣野牧単独での貢馬事例も天徳四年(九六〇)を最初として増加する。寛治元年(一〇八七)八月二十一日に穂坂牧とともに貢進したのが最後の記録で(『本朝世紀』)、以後御馬逗留解文奏上の儀式のみが伝えられる。『吾妻鏡』建久五年(一一九四)三月十三日条にみえる「武河御牧」を当牧の後身と考える説もある。 (秋山　敬)

まきのみその　牧御園　伊勢国飯野郡の御園。現在の三重県松阪市。伊勢神宮領。『神鳳鈔』にみえる。比定地については、かつて櫛田川中流域に存在した牧三郷(多気郡上牧村・中牧村・北牧村、現在の多気町)と関連づける説もある。 (倉田　康夫)

まきやまのしょう　真木山荘　伊賀国阿拝郡の荘園。現在の三重県阿山郡阿山町槇山付近に比定される。東大寺領。保安二年(一一二一)閏五月日の東大寺三綱陳状案(『東大寺文書』)によれば、大法師隆助が東大寺に申請し、左衛門大夫実盛を開発使として東大寺領玉滝杣の四至内を開発した真木山開発田が、のちに荘園として成立した。この開発田が国領か否かをめぐり伊賀国在庁官人と東大寺との対立が続き、平安時代を通じて国司交替時に収公・立荘が幾度か繰り返されたが、鎌倉時代初期には東大寺領として確立したと考えられる。嘉禄元年(一二二五)十月二十六日の北伊賀御油神人定文(『三国地志』)では、当荘は東大寺北伊賀五ヵ荘(玉滝・鞆田・湯船・内保・真木山)の一つとしてあげられ、鎮守八幡宮の神人が定め置かれている。五ヵ荘には強固な結束が見られたが、鎌倉時代後期以後、その結束も崩れ始め、真木山・鞆田などの諸荘は、守護や悪党勢力の乱暴狼藉をしばしば受けるようになった。暦応年間(一三三八―四二)以降は不詳である。 →玉滝荘《たまたきのしょう》 (鈴木　哲)

まくにのしょう　真国荘　⇩神野真国荘《こうのまくにのしょう》

ましたのしょう　味舌荘　摂津国島下郡の荘園。現在の大阪府摂津市北西部(旧味舌村)付近。本家が妙香院、領家が慈徳寺で、領家に年貢米七十余石を負担した。仁安三年(一一六八)寺家検校僧が荘内の佃一町を勝尾寺に寄進して、同寺仏聖田となった。この仏聖田は安元元年(一一七五)公文助真に、その後も御使経雲に押領されたが、それらの狼藉を停止して同寺領と認証された(以上『勝尾寺文書』)。また同荘の加地子百二十石は法成寺の徳分で、摂関家渡領となったが、同荘に春日社の神役賦課権があり、その関係からか鎌倉時代以降は興福寺・春日社による支配が強められ、反発した同荘の茂忠法師が垂水西牧の住人と結託して悪党行為を行なった(『中臣祐賢記』)。しかし、興福寺の支配は応仁・文明の乱後まで続いた。 (福留　照尚)

ます　枡　穀類などを計量する容器。形状は縦横の寸法がほぼ同じで深さが短い箱型が通例であるが、口辺が矩形のものや口細のものなどもあり、一斗枡には早くから円筒型のものも現われた。枡の使用は大化前代にさかのぼると見られるが、起源は明らかでない。『大宝令』の規定では大升と小升があり、量の単位として合・升・斗・斛の四種があった。大升・小升は律令国家の公定枡として権威を保持したが、律令制的諸制度の崩壊とともにこの制度も紊乱した。国衙の公定枡たる「国斗」も一国単位の公共性しか持たないものであったし、それとは異種の官衙の枡も出現した。他方、荘園制の一般化に伴い、荘園からの貢租収納のための荘枡、数多くの荘園からの貢租を一括計量するための領主枡、収納後の貢租を配分・支出するための下行枡などが多様に発達した。その中で荘園整理政策を断行した後三条天皇は「宣旨枡」を制定したが、この枡はやがて全国的な公共枡的役割を果たし、鎌倉時代末期に至るまでその地位を維持していた。鎌倉時代になると、土地所有関係が複雑化して、地頭職・名主職・作職など各種の職権が分化する現象が顕著となり、それとともに地頭職枡・名主職枡など、各種の職に専用の職枡が出現するようになる。こうした枡の私枡化複雑化の傾向は、南北朝―室町時代にはいっそう進んで、狭小地域にのみ使用される小地域枡や個人枡も現われ、楾《はんぞう》・惣在などの器物が代用枡として使用される事態も生じた。また、「九升斗」や「九合枡」「十三合枡」などが出現して、斗升単位間の不規則累進が生じ、室町時代には量制の混乱がその極に達した観があった。しかしその一方では、量制統一への傾向も現われた。特に中央都市を中心とした商品経済の発展に伴って発生した「十合枡」たる商業枡が、次第に雑多な私枡を整理統合する役割を果したことは注目される。やがて織田信長が入京を果たし、統一政権確立の基礎を樹立すると、彼は京都を中心に使用されていた商業枡である十合枡(京枡)を公定枡化したと推定され、ついで豊臣秀吉がこの枡を太閤検地における石盛の基準枡として採用したことにより、京枡の使用は全国に及んだ。しかし江戸時代になっても、初期にはなお全国的な枡の統一はなされておらず、幕府が新京枡への統一令を発し、公式に全国公定枡の制度を採用したのは寛文九年(一六六九)のことである。この枡は一升枡で、縦横が曲尺の四寸九分、深さが二寸七分で、容積六万四千八百二十七立方分であり、近代の枡の基礎となったものである。幕府は江戸と京都に枡座を置き、それぞれ東三十三ヵ国、西三十三ヵ国の枡をつかさどらせた。明治政府は旧来の量制を踏襲したが、両枡座は廃止し、全国各県に専業者を指定して、大蔵省から下付する原器に準拠した枡を製造販売させた。昭和三十四年(一九五九)一月一日のメートル法完全実施により、従来の枡の制度は廃止された。 →市枡《いちます》 →納枡《おさめます》 →京枡《きょうます》 →下行枡《げぎょうます》 →国斗《こくと》 →十合枡《じゅうごうます》 →荘枡《しょうます》 →宣旨枡《せんじます》 (須磨　千頴)

ますだのしょう　益田荘　(一)石見国美濃郡の荘園。現在の島根県益田市東部を中心とする地域。成立時期は不明だが、治承四年(一一八〇)五月十一日、皇嘉門院(藤原聖

子、崇徳天皇皇后）から弟藤原兼房に譲与されている。しかし、元暦元年（一一八四）十一月二十五日には源範頼が当荘の領主職を藤原（御神本）兼栄に安堵している。兼栄の子兼高は建久年間（一一九〇―九九）、益田荘に移って姓を益田と改め、以後、慶長年間（一五九六―一六一五）、益田元祥が長門国須佐（山口県阿武郡須佐町）に移るまで同氏の本拠となった。貞応二年（一二二三）三月『石見国惣田数注文』によると当荘の田数は百四十八町八段小で、美濃郡内の荘領の四七％を占める。永徳三年（一三八三）の「益田祥兼（兼見）置文」によると、当荘は嫡子兼世・次男兼弘・三男兼政に分与されているが、明徳四年（一三九三）、惣領兼世は守護大内義弘から当荘地頭職《しき》を返付され、以後益田惣領家の一円知行するところとなった。戦国時代末期、益田元祥代の益田荘は益田本郷五百貫・奥郷五百貫・東仙道郷三百貫・北仙道郷二百貫・浜辺郷三百貫・納田郷三百貫・岡見郷七十貫、計二千百七十貫であった。　（国守　進）

㈡伊勢国桑名郡の荘園。現在の三重県桑名市。長和二年（一〇一三）平致経から藤原頼通に寄進して成立。承保元年（一〇七四）藤原清親が改めて藤原師家に寄進、以後、近衛家領として伝領される（『近衛家文書』）。その間、十一世紀末から十三世紀まで隣の鹿取荘と相論が続く。　（倉田　康夫）

まただいかん　又代官　本来、代官の代官の意味であるが、鎌倉・室町時代には、守護代や地頭代の代りにその職務を執行したものを指した。又代ともいう。『若狭国守護職次第』には守護代官の「其代」や「又代」「又代官」の記載がある。なお、室町時代の小守護代や郡代・郡奉行、あるいはその代官を又代官と称したと思われるが詳細は不明。地頭の又代官については、『高野山文書』の備後国大田荘関係文書の中に、「地頭又代官」である名主行蓮の名や、高野山が地頭の「代官・又代」の人数削減を訴えたことがみえる。なお、『満済准后日記』応永二十年（一四一三）九月十六日条に「日置庄又代重阿弥」の名がみえるが、これは荘官の又代官のことであろう。　↓代《だい》官《かん》　（菊池　紳一）

まちぼり　まちぼり　⇨ほまち

まついのしょう　松井荘　播磨国多可郡内の荘園。現在の兵庫県多可郡加美町の地域。鎌倉時代初期建久二年（一一九一）十月の長講堂領の注文に、播磨国では平津荘（印南郡）・菅生荘（飾磨郡）とともに松井荘の名がみえ、同荘の課役は、正月の元三雑事として御簾五間・御座四枚・伊与簾五枚・殿上料畳二枚・侍所垂布二段、節の器物として斗納鍋二口・鉄輪二脚・砂三両などが挙げられている。ついで貞応三年（元仁元、一二二四）八月の宣陽門院（後白河天皇皇女覲子内親王）の所領目録には、庁分としてまた松井荘の名がみえる。なお建武元年（一三三四）二月、足利尊氏は同荘内の田地を北野社の毎月燈油料所として寄進している。　（水野恭一郎）

まつおかのしょう　松岡荘　下総国豊田郡にあった荘園。現在の茨城県下妻市付近。初見は承安四年（一一七四）であり、蓮華王院領であった。文治二年（一一八六）、下総国内の年貢未済荘園の一つに「按察使家領豊田庄号松岡庄」とあり、豊田荘ともいった。しかし、豊田は現石下町豊田・本豊田に、松岡は現在の下妻市二本紀の松岡に比定されることから、松岡荘を豊田荘の新荘とみる見解もある。当荘の領家職は、藤原通季息女（藤原経定妻）→慈円→慈源という相伝経路をたどる。開発領主は常陸平氏豊田氏であり、戦国期に多賀谷氏に滅ぼされるまで当荘を根拠地とした。なお、当荘内の田久・久安両郷は文暦元年（一二三四）に日阿（結城朝光）に給与された。この両郷に対する結城氏の支配は、永徳三年（一三八三）、結城庶子家大内氏の出身と思われる高橋三郎が小山義政の乱を契機にこの両郷を鎌倉府に没収され、鹿島社大禰宜治親に給与されるまで継続した。また、十五世紀には荘内に関東管領山内上杉家の所領が設定されていた。なお、豊田荘内横曽根は、鎌倉期から浄土真宗の根拠地となっていた。　（清水　亮）

まつだのしょう　松田荘　相模国足上郡の荘園。現在の神奈川県足柄上郡松田町付近。町内の字名に松田惣領・松田庶子が遺る。『佐野松田系図』（『続群書類従』系図部）の波多野義常（義経）の子の有常（有経）の註記に「頼朝被召出、賜松田庄、号松田」とある以外は文献史料上、荘と表記したものはなく、松田郷とみえる。したがって、荘号が行われていたか、否かは定かでない。大住郡秦野《はだの》盆地一帯を支配した佐伯経範の後裔波多野義常は、治承四年（一一八〇）八月の源頼朝の挙兵に際してこれに参加しなかった。そのため、十月、下河辺行平らの追討をうけたが、義常は討手の到着前に自殺し、有常は大庭景義の外甥であったので助命され、景義が松田郷を拝領したという。義常の祖父義通の弟は、河村・大友・菖蒲・沼田などの諸郷の名を姓として独立しており、河村氏のみ頼朝に抵抗しているが、一族が足上郡一帯に分布していたことはこれで知られる。有経はやがて御家人となり、文治四年（一一八八）四月、鶴岡八幡宮の流鏑馬に抜群の技を示し頼朝から亡父の所領中の一村を賜わったという。また、頼朝の亡兄朝長の母は、波多野義通の妹であったといい、その旧宅松田亭は、治承四年十月、頼朝の命をうけた中村宗平によって修復され、頼朝も訪れた。当郷には、『延喜式』神名帳に載せる寒田神社が鎮座し、足柄越の相模国側の宿である関本にも近いから、交通上の要地であったと思われる。　（福田以久生）

まつながのしょう　松永荘　越中国礪波郡にあった荘園。現在の富山県小矢部市の一部地域。建久七年（一一九六）に地頭貞近の地頭職停止を命じている源頼朝書状が初見史料だが検討の余地がある。松尾社神主秦相久の陳状によれば、立荘は久安五年（一一四九）で以後同社の本神領として社役勤仕のため神主に相伝されたとする。鎌倉期から室町期には神主職と荘務をめぐる秦氏内の相論が繰

り返され、暦応三年(一三四〇)足利義詮は前神主孝久の下地押領・社役闕怠に対し現神主に安堵している。応仁の乱中には預所職が一旦官務小槻長興に預け置かれたが、文明十一年(一四七九)松尾社に返付された。文明末年頃には松尾社の直務支配となり、また当荘は南北に分割された。戦国期に入り天文三年(一五三四)に石黒氏が京着十貫文の年貢銭で代官職を請け負い、天文十五年には一向宗勝興寺の下間頼繁に売却されるなど松尾社支配は後退した。 (石崎 建治)

まつのおたいしゃりょう 松尾大社領 京都市西京区嵐山宮町にある松尾大社の所領。創建当初の奈良時代には、神領として山城二戸、因幡二戸があてられ、後に山城・因幡両国で各五戸の新封がなされた。神領は平安期を通じて拡大の一途をたどり、貞観七年(八六五)には神田五段と山城国愛宕・紀伊・乙訓・葛野四郡の得度除帳田をあてられ、同九年には二戸が追封され、天永元年(一一一〇)には藤原忠実によって尾張・備後の五烟が寄進された。これらの神戸はやがて荘園として発展する。中世以降に社領としてみえる荘園には、山城菱川荘、丹波桑田荘・雀部荘、三河設楽荘、遠江池田荘、越中松永荘、摂津山本荘、伯耆東郷荘・竹田・三朝両郷などがある。また、南北朝期には、社殿造替の料所として幕府から山城一国の棟別銭と葛野一郡の段銭があてがわれている。戦国期、山城国内の社領は一時足利義昭の近習上野秀政に預けられたが、元亀三年(一五七二)社家に返付された。 (宮崎 肇)

まつばらのしょう 松原荘 ㈠河内国丹北郡の荘園。現在の大阪府松原市新堂・上田・岡付近。山城広隆寺領。水田八十余町。『御室御所高野山御参籠日記』(『高野山文書』四)久安四年(一一四八)閏六月十日条に「松原庄広隆寺庄」とあるのが初見。広隆寺荘ともいった。立荘経緯は広隆寺の『末寺並別院記』と『広隆寺来由記』で所伝が異なるが、鳥羽院により同寺薬師如来供料所として寄進されたとする点は共通している。宝徳三年(一四五一)十月と翌享徳元年(一四五二)九月の年貢目録(『広隆寺文書』)によれば、当荘は本荘と新荘からなり誉田氏が年貢を請け負っていた。また狭山池出銭二十四貫文・段屋免二十一石余があり、前者は当荘の用水が狭山池に依存していたこと、後者は河内丹南鋳物師がいたことを示すか。南北朝時代初期の延元三年(北朝暦応元、一三三八)十月の高木遠盛軍忠状(『和田文書』)によると、丹下氏が松原城を構えていたが、南朝和田軍に破られている。 (福留 照尚)

㈡播磨国飾磨郡内の荘園。現在の兵庫県姫路市南部、市川の河口左岸の地域。石清水八幡宮の宿院極楽寺領。平安時代中期、治安三年(一〇二三)十月の僧兼清解文に、極楽寺領荘園八ヵ所の一つとして松原荘の名がみえ、ついで保元三年(一一五八)十二月の官宣旨にも、極楽寺領として播磨国では蟾原《ひきはら》荘(宍粟郡)・赤穂荘(赤穂郡)とともに松原荘がみえている。なお鎌倉時代、寛喜四年(貞永元、一二三二)および建治二年(一二七六)の所当米検納証文によれば、そのころ同荘の極楽寺への所当米は三百石であった。 (水野恭一郎)

まつもとのしょう 松本荘 大和国添下郡の荘園。現在の奈良県大和郡山市小南町の辺。東大寺雑役免荘。平治元年(一一五九)の野宮柴垣支配符に五尺四分負担したことがみえるが、元暦元年(一一八四)の氷馬役、文治四年(一一八八)の御参宮幷造興福寺役などは、他の雑役免荘とともに免除の運動をしている。荘田数十町余、在家七ないし八宇の小規模な荘園であった。 (泉谷 康夫)

まつらのしょう 松浦荘 肥前国松浦郡の荘園。現在の佐賀県東松浦郡・唐津市付近。治承二年(一一七八)六月二十日後白河院庁下文案(『東寺百合文書』サ)によれば、松浦荘の四至は「限東松浦河幷東郷堺山、限南大瀬幷杵島庄堺、限西木須嶺幷波多津西崎、限北海幷加々良島」とあり、その荘域は松浦川西岸域を中心に、南は杵島郡堺、北は加々良島(鎮西町加唐《かから》島)に及んでいたことがわかる。松浦荘は、はじめ前筑後守大江国兼の私領であったが、その男の前肥前守国通が相伝し、その後、保延五年(一一三九)ころ鳥羽院庁下文によって別符として立券され、四至が定められた。国通以後、女子が三代相伝したのち、平政子に譲与され、政子は御勢を募るため、建春門院平滋子に寄進し、みずからは預所職《しき》を安堵された。そして松浦荘は院庁下文によって不輸の地となり、国役も免除された。ところが寄進した翌年、建春門院が没したため、その御願寺最勝光院に寄進され、勅事・院事・国役などを免除された。その後、最勝光院領は後白河法皇から後鳥羽天皇に譲られ、承久の乱後、幕府によって没収されたが、のちに返還され、貞応三年(元仁元、一二二四)ころの『宣陽門院所領目録』(『島田文書』)に「肥前国松浦庄三位局」とみえる。また正中二年(一三二五)三月日『最勝光院荘園目録案』(『東寺百合文書』ゆ)に「松浦庄 領家菅三位 本年貢米五十石、綾被物一重七月御八講料 近年所済代銭三十貫文、但文永七年(一二七〇)以来寄事於蒙古人、全分無所済、而弘安三年(一二八〇)十五貫文済之、近年一向無之」とあり、文永七年以前に再び最勝光院領となっていることがわかり、元徳三年(一三三一)四月日最勝光院所司申状案(『東寺百合文書』ホ)によれば、松浦荘は往古より寺領として、本家寺用米百二十石を進上していたが、正中元年(一三二四)以来地頭らが抑留していることを訴え、東寺に寄進されたことがわかる。さらに松浦荘が異国要害地として、地頭らが一円管領したとある。『石志文書』によれば、松浦一族である石志氏が、松浦荘擬別当職・領家職に補任されており、御家人が荘務に介入していることがわかる。正応五年(一二九二)八月十六日『河上宮造営用途支配惣田数注文』(『河上神社文書』)によれば、荘園分として「松浦西郷元四百十丁」「松浦東郷鏡御領三百九十八丁四反三丈」とみえる。その後、南北朝動乱の発生により、不知行の状態となり、

荘園としての機能は失われている。（瀬野精一郎）

まとのしょう　満登荘　⇩酒登荘《さかとのしょう》

まぬまのしょう　真沼荘　越後国（新潟県）頸城《くびき》郡の荘園。具体的比定地は不明。東大寺領。荘名の初見は仁平三年（一一五三）『東大寺諸荘園文書目録』（『守屋孝蔵氏所蔵文書』）の「延暦八年（七八九）複真沼庄国郡田図」で、これにより八世紀には成立していたことが知られる。天暦四年（九五〇）『東大寺封戸荘園幷寺用雑物目録』（『東南院文書』）によれば、面積は二十六町百六十歩であった。長徳四年（九九八）『東大寺領諸国荘家田地目録案』（『東南院文書』）には同じく頸城郡にあった東大寺領荘園の吉田荘とともに「並荒廃」と記され、以後、史料から姿を消していった。（荻野　正博）

まはたきのしょう　真幡木荘　山城国紀伊郡の荘園。現在の京都市伏見区竹田から南区上鳥羽にかけて存在した散在型荘園。康治二年（一一四三）の太政官牒によると、当荘は応徳年間（一〇八四―八七）に立券され、四至は「東限鴨川、南限島田畔、西限猪熊小路末畔、北限社里大畔」の範囲であったという。その後鳥羽法皇によって芹川荘とともに安楽寿院に施入されたが、保元元年（一一五六）、鳥羽法皇の崩御に伴い安楽寿院領は八条院領となり、のちに大覚寺統、後醍醐天皇が伝領した。当荘は京郊荘園の例にもれず散在入り組み型の存在形態を示しており、十三世紀初頭の紀伊郡里々坪付帳からは、安楽寿院領をはじめに、東寺領荘園や主殿寮領田などが複雑に入り組み混在していたことがうかがえる。いきおい利害の衝突もまま起こり、至徳元年（一三八四）「真幡木庄内女御田」九段をめぐって安楽寿院と東寺との間で争われた相論などはその一例である。（宮崎　肇）

まるちょう　丸帳　⇩検注帳《けんちゅうちょう》

まるのみくりや　丸御厨　⇩丸御厨《まろのみくりや》

まるもくろく　丸目録　⇩検注帳《けんちゅうちょう》

まろのみくりや　丸御厨　安房国朝夷郡の荘園。現在の千葉県安房郡丸山町に比定される。『和名類聚抄』にみえる満禄《まろ》郷を基盤とする。この地は源頼義が前九年の役平定の功によって朝廷から与えられたもので、平治元年（一一五九）、源義朝は子息頼朝の官位昇進を願って、この地を伊勢神宮に寄進している。在地領主は丸氏で、保元の乱の際、義朝の麾下に属した。治承四年（一一八〇）九月、安房に渡った頼朝は、丸信俊の案内で当地を巡見している。（野口　実）

まわりぶ　廻夫　⇩順夫《じゅんぷ》

まわりやく　廻役　⇩巡役《じゅんやく》

まんぞうくじ　万雑公事　⇩公事《くじ》

まんぞうじ　万雑事　⇩公事《くじ》

まんどころ　政所　奈良・平安時代の制を引き継ぎ、政所の名は、女院・公卿家の家政機関、神社・仏寺の政庁、さらには荘園の荘官屋敷などにも用いられた。中でも鎌倉・室町両幕府にあっては、侍所・問注所と並ぶ重要な政務機関の名とされた。まず鎌倉幕府では、平家追討の戦乱が続くさなか、元暦元年（一一八四）公文所・問注所を設置し、公文所の別当には京都から呼び寄せた公家の大江広元を据えた。公文所はまた政所と称されたが、翌文治元年（一一八五）源頼朝が従二位に叙せられて以降はもっぱら政所とよばれた。建久元年（一一九〇）頼朝が権大納言・右近衛大将に任ぜられると、翌年正月には公卿の例に倣って「前右大将家政所」が置かれ、同三年征夷大将軍に任ぜられると、「将軍家政所」とよばれるようになった。今残る政所発給の文書によれば、同五年までは「将軍家政所」とされているが、同七年になると「前右大将家政所」の称に復しているので、この間、同六年の上洛の際に征夷大将軍を辞退したのではないかといわれている。政所の職員としては、令・知家事・案主があり、別に時期により人数には二名ないし九名と変動のある別当が置かれた。令あるいは別当のうちの一人が執事とよばれ、政所の事務を専管していた。政所の人事構成、政所から発給されるいくつかの様式の文書は、時々の政治情勢を反映したものとして政治史の重要な研究テーマとなっている。頼朝は政所を政権の最高政務機関と考えていたらしく、御家人にとって最大の関心事である所職安堵・新恩給与の様式を、将軍の袖判が据わった下文の様式から政所下文に代えた。源実朝期には、建仁三年（一二〇三）政所始の儀が行われた後にも北条時政だけが署判する文書が発給されたり、政所下文でも従来と違う署名様式のものが出現するなど、頼朝時代とは違った動きが出てきた。さらに承久の乱後の藤原頼経時代以降になると、所職安堵・新恩給与に政所下文に代わって頼朝初期に見られた将軍袖判の下文が用いられる時期があったり、政所別当が九人にも増えて政務決定が北条氏を交えた合議体制になったともとれる時期、政所下文の形式は元のままであるが署判は別当である執権・連署のみという、北条氏の独裁体制確立を予測させる文書の出現をみたりした。もともと公家の制度に倣って設置された政所は、鎌倉政権の推移に従い変転を重ね、特に北条氏の覇権確立の過程で徐々にその政務機関としての役割を縮小していったものと考えられる。かつて政所下文によっていた安堵・補任・特権付与などの事案は、北条氏の執権・連署のみが署名する「関東下知状」によることになり、鎌倉時代後期の政所は、将軍家の家務機関であるとともに、「雑務沙汰」とよばれる売買・貸借など経済事案を扱う訴訟機関となっていた。職員も、令は置かれず、別当の一人の二階堂氏が執事とよばれて実質的に政所を統轄し、知家事は清原氏が、案主は菅野氏が世襲し、執権・連署が別当となった。このほかに実務を処理する寄人、雑役に従う下部がいた。室町幕府は政権成立の当初から、おおむね鎌倉幕府の制に倣った政所を設置したらしい。ただし幕府初期における政所独自の活動はほとんど知ることができず、政所の活動を具体的に知りうるのは十五世紀以降のことに属する。まず職員については、その長を

執事または頭人とよび、初期にあっては前代に引き続き二階堂氏が勤めたが、足利義満のころからは、まれに二階堂氏が任じられたことはあるものの、おおむね伊勢氏が世襲するようになった。この執事のもとに十四、五人から二十人内外の寄人がおり、その筆頭が執事代とよばれた。寄人は奉行人とか右筆衆とかよばれる特定の家の出身者である。別に執事伊勢氏の代官というべき政所代があり、蜷川氏が世襲した。政所の意思は内評定あるいは内談とよばれる会議の席で決まる。両者に格別の差はなく、儀式的なものが内評定始とよばれていたらしい。内談は本来は執事の主宰するものであったが、のちには執事は出席せず、執事代と寄人とで運営された。政所の取り扱う事案は将軍家の家務と、鎌倉時代の制を受け継ぐ「雑務公事」であるが、具体的には将軍家の所領支配、幕府財産の管理・出納、酒屋・土倉などへの規制や賦課、分一徳政令に付随する課徴金の徴収や文書の発給、利銭・替銭・質・預物などの裁判などである。政所の命令は、執事あるいは寄人が二ないし三名署名する奉行人連署奉書あるいは下知状で表明される。奉書と下知状の使い分けは充所の差によるものらしい。政所への裁許申請を受け付ける窓口は政所代である。政所代を世襲した蜷川氏は多くの文書・記録を伝えており、中でも賦引付《くばりひきつけ》と称する裁許申請書の写、御判引付と称する裁許状の写は、この時期の政所の活動の様子を伝えるものとして貴重である。

（桑山　浩然）

まんどころりょうしょ　政所料所　⇩室町幕府御料所《むろまちばくふごりょうしょ》

み

みいりのしょう　三入荘　⇩みりのしょう

みえのしょう　三重荘　伊勢国三重郡の荘園。朝明郡の荘園とする説もある。現在の三重県四日市市生桑町付近。東大寺領。天暦四年（九五〇）『東大寺封戸荘園幷寺用帳』（『東南院文書』）にみえる。その当時すでに五十町の荒廃地があり、またその後再興された史料もない。大治五年（一一三〇）『東大寺諸荘文書幷絵図目録』には関係文書はじめ絵図のことがみえる。その主なものは、天平勝宝八年（七五六）国司勘文・同九年（天平宝字元）国司牒状やその際に作成された絵図、延長五年（九二七）民部省牒・坪付注文、承平七年（九三七）国牒などである。絵図は、四至を東は布沼雪上埼、西は甘南淵山、南は遠河、北は河多良河とするものであった。同荘比定地の詳しいことはわかっていないが、南の遠河（迹太川）を三滝《みたき》川、北の河多良河を海蔵《かいぞう》川に比定すれば、現在の四日市市生桑《いくわ》町あたりではないかといわれている。なお実態はともかく、当荘の名称は仁平四年（久寿元、一一五四）『東大寺領三重荘文書出納日記』（『東大寺文書』）までみえている。

（倉田　康夫）

みかたのしょう　三方荘　播磨国宍粟郡にあった荘園。三方東荘とも呼ばれる。現在の兵庫県宍粟郡一宮町の中部・北部。久寿二年（一一五五）、三方荘を含む弘誓院領荘園八ヵ荘に対して官使等の入部と課役賦課の停止が命じられている。弘誓院が美福門院の御願寺歓喜光院の末寺であることから、八条院領として伝領された。承久の乱後に地頭がおかれたが、嘉禄二年（一二二六）に入道大納言家（藤原教家）の願いにより停止されている。弘誓院は代々の随心院門跡が管領したことから、十四世紀末からは随心院領として見え、応永三十四年（一四二七）には、安積伊勢入道が御米方所務職に任じられた。十六世紀に入ると五十貫文で公用の請切が行われている。天文二年（一五三三）、一宮である伊和神社再建のための勧進が行われ、三方東は安積保、曳原、波賀とともに十八貫九百文を出すこととされた。荘域には公文など荘園とかかわる地名が残っているが、家原《えばら》遺跡が政所の遺構の一部であったと考えられている。

（馬田　綾子）

みかのはらのしょう　甕原荘　山城国相楽郡の荘園。現在の京都府相楽郡加茂町例幣・西・河原・岡崎・井平尾《いびらお》・奥畑付近にあたる。摂関家（近衛家）領。平安時代後期に堀河天皇中宮篤子内親王（藤原師実養女）領であったが、その後、師実・忠実・忠通と伝領、一時、忠通妻源信子が知行したが、やがて忠通の子息基実を経て近衛基通に譲られ、近衛家領となった。建長五年（一二五三）の『近衛家所領目録』によれば基通の女竜前の知行するところで、西林寺の得分もあったらしい。すでに平安時代末期から春日社御供料所に充てられ、毎年正月三日の供料を備進しているが、遅くとも鎌倉時代中期ごろには、近衛家は当荘の本家職《しき》のみを留保して、春日社供料祭礼料所として興福寺に荘務権を委ねるに至ったものとみられる。興福寺ではこれを別当の地位に付属する寺務領の一つとして伝領している。なお、平安時代中期にはこの地に東大寺の寺領も所在した。

（田村　憲美）

みかみのしょう　三上荘　㈠紀伊国名草郡の荘園。現在の和歌山市南部から海南市北部にかけての地域。平安時代の名草郡四院の一つである三上院（三上野院）が荘園化したもので、広大な地域を占める。三上院十三郷のうち、山東郷と且来郷は独立した荘園となり、岡田郷は公領として存続するので、三上荘を構成したのは、吉礼・安原・

那口・小勢田・多田・小野田・坂井・本渡・重禰・大野の十郷である。十二世紀中葉、僧湛慶が荒野を開発し、これを歓喜光院に寄進して成立したと伝える。鎌倉時代に領家職《しき》は八条院・安嘉門院・大覚寺聖無動院と伝領されたが、本家職は歓喜光院が持ち続けたようである。現地では秦氏一族が荘務にあずかっており、鎌倉時代初期の一時期豊島有経が地頭に補任されたことがあるが、その後は詳らかでない。南北朝時代、足利尊氏によって重禰・坂井・本渡三郷の地頭職が粉河《こかわ》寺に寄進されている。十四世紀後半以降、大野郷に守護所がおかれた。室町時代の十五世紀以降になると、荘名がみられなくなり、元の郷名によって呼ばれる。（小山　靖憲）

(二)近江国野洲《やす》郡の荘園。現在の滋賀県野洲郡野洲町三上・妙光寺の付近。鎌倉時代初期には、内大臣徳大寺実定領であったが、佐々木秀綱の押領を受け、文治二年（一一八六）六月、実定は梶原朝景を介してこれを源頼朝へ訴えている。また、室町時代、荘内には三上山麓に建てられていた京都東福寺末大機院の所領があり、御上《みかみ》神社には、長享元年（一四八七）の大機院分の納帳が残る。荘内村落間では、戦国時代、野洲川の簗《やな》漁をめぐる争いが激化した。（太田　浩司）

みきたのしょう　和田荘　和泉国大鳥郡の荘園。「にぎた」とも読む。現在の大阪府堺市和田《わだ》付近。平安時代末期に大中臣助正が河内国より大鳥郡和田郷に移住して、同郷の上条・中条を中心に開発し、根本領主として和田氏を称したことに始まる。この和田助正の子助綱が、建保二年（一二一四）に上条・中条の私領を河内国の金剛寺に寄進したが、国衙はなかなか立荘を認めず、ようやく貞応元年（一二二二）八月の綸旨によって金剛寺領和田荘が成立。しかし国衙のたび重なる侵攻をうけたため、助綱の子助盛（助守）は金剛寺から公験をとりもどし、貞永元年（一二三二）四月この地を春日神社に寄進した。これに対し金剛寺が領有権を主張して争論がくり返される。弘安四年（一二八一）四月、関白鷹司兼平の裁定により、同荘の領家は金剛寺とし、春日社は本家として年貢上分三十三石を収得し、和田氏が下司として在地支配にあたることとなった。しかし、金剛寺の荘務支配は、和田氏をはじめ荘官・百姓らの抵抗をうけ、鎌倉時代後期以降、次第に動揺していった。下司の和田は、はやくより鎌倉御家人にもなって領主支配を行なっていたが、南北朝内乱期には楠木氏らと結びつつも、南北両朝に通じ巧みに国人領主としての支配権を拡充していった。その間、金剛寺の領家職《しき》は、後醍醐天皇や後村上天皇の綸旨など南朝方によって保証されたが、実質的な支配権は衰退し、正平二十四年（北朝応安二、一三六九）に後村上天皇が安堵したのを最後に金剛寺領としての和田荘関係史料は消滅する。（田中　文英）

みくらしき　御倉職　南北朝から戦国時代にかけて天皇・院や幕府の財貨管理、出納にあたっていた酒屋・土倉などの金融業者。天皇にしても幕府にしても、本来は自分の倉に財貨を保管していたものと考えられるが、防犯・防火に優れた土倉を持ち、年貢収納の請負化に伴い金融業者的側面も持つに至った土倉に、財産管理およびその出納を委任することになったものと考えられる。天皇・院のそれは禁裏御倉、幕府は公方御倉と称され、禁裏御倉には辻氏・立入氏・多《おおの》氏など、公方御倉には正実坊・禅住坊・定泉坊など法体の者と籾井氏など俗人がみえ、特に立入氏・多氏は明治までその称を持っていた。　→公方御倉《くぼうおくら》　→土倉《どそう》（桑山　浩然）

みくらへいし　御倉兵士　院の警衛にあたる兵士。荘園領主により荘民の夫役の一つとして徴発された荘園兵士の一種。後白河院の持仏堂である長講堂付属の荘園群に関する、建久二年（一一九一）の長講堂所領注文（『鎌倉遺文』一巻五五六号）に見える。同注文によると、堂領荘園七十七荘から毎月二十人をこえる兵士や雑役に従事する仕丁が都に集められていること、兵士には御倉兵士のほかに六条面門などの諸門の警衛にあたる門兵士や月充兵士がいたことがわかる。しかし御倉兵士の場合、月平均一人で、十数人の門兵士、二人の月充兵士、七人前後の月充仕丁と比べてもっとも少なく、しかも大半に「不勤之」と注記されている。当時、もはや名ばかりのものになっていたのであろうか。なお御倉兵士を課せられていた荘園は、摂津・遠江・美濃・能登・越中・播磨・安芸・周防・阿波・伊予の国々にわたっている。（樋口　州男）

みくりや　御厨　天皇家・伊勢神宮・上下賀茂社や摂関家などに、供御・供祭物・食料として魚介類その他を貢進する所領。史料上の初見は、延暦十九年（八〇〇）五月の太政官符（『類聚三代格』）にみえる近江国筑摩御厨である。御厨は、平城宮跡出土木簡の筑摩より醬鮒を貢進した付札にみられるように、大膳職の下で雑供戸（贄戸）として編成された江人・網引などからの贄貢進体制に系譜を引くものであった。しかし仁和元年（八八五）九月、山城・河内・和泉・摂津各国の江長・贄戸を廃止して徭丁にかえているのは（『三代実録』）、贄戸から贄人へと現実に対応した転換で、九世紀末から十世紀初頭にかけて貢進体制は大きく変容をとげる。寛平九年（八九七）七月、四衛府下の諸供御所を小鮒日次貢進制に（『西宮記』巻十裏書）、延喜十一年（九一一）には内膳司下の山城・大和・河内・摂津・和泉・近江六ヵ国の供御所を日次御贄貢進制に（『侍中群要』二）編成している。他方、延喜二年三月の太政官符（『類聚三代格』）によって、志摩国・近江国筑摩・河内国江などのほかの諸院宮や王臣勢家の厨を停止し、同五年には蔵人所牒によって、河内国大江御厨に「国中池河津等」を御厨領としてその特権を認めているように（『山槐記』応保元年（一一六一）九月条）、貢進体制の強化がはかられている。しかし、この時期の御厨は土地支配を含むものではなく、贄人の居住地域を称するものでしかなかったが、開発の進行、贄人の交易活動の活発化

につれ、十一世紀末には再び大きく転換する。延久元年(一〇六九)七月、内膳司の「諸国御厨子幷贄」、後院等の「御贄」が停止されたのは(『扶桑略記』)、この転換を表わす。その後、御厨の荘園化に伴い贄人は供御人集団として把握され、自由通行・営業・販売などの諸特権を保障されるとともに、本来の贄貢進は彼らの交易活動に対する営業税的性格に変質して行った。伊勢神宮の場合、『皇太神宮儀式帳』では、供祭物は神戸・神郡よりの貢進を基本としているが、これとは別に、禰宜らが伊勢・志摩の神堺で「雑具物」を漁し、御贄として供えており、『大同本記』では「御饌所」として淡海浦・伊気浦の設定を伝えている。これらはのちの麻生浦・伊介御厨の前身と思われる。御厨自体の初見は、延長六年(九二八)四月の伊勢国島抜御厨で(『大神宮諸雑事記』)、鎌倉時代には塩を貢進し、貢御人の存在が知られる(『神宮雑書』所引「二所太神宮神主解」)。建久三年(一一九二)八月、神宮は諸国御厨・御園を太政官に注申しているが(『神宮雑書』所引「伊勢大神宮神領注文」)、志摩国についてはさしたる田畠がなく、漁業・魚貝の御贄を貢進するのみと称してこれを省略しているのは、御厨の本来の性格をよく示している。また同注文には、十一世紀中ごろより末にかけて建てられたと伝える御厨が多く記載されており、これらは当初より四至が確定され、神宮が本家として上分米を収取する荘園そのものであった。上・下賀茂社の場合、寛治四年(一〇九〇)七月、白河上皇より公田を割り置き、荘園・御厨を寄進したと伝える(『百錬抄』)。これは四至を確定し、荘園化を示すものであって、御厨はそれ以前から存在したと思われる。これら賀茂・鴨社御厨住人は、供祭人として「櫓棹杵通路浜」を供祭所とする特権を得たと主張し(『鴨脚秀文文書』)、盛んに交易活動をしていた。摂関家の御厨は、建長二年(一二五〇)の「九条道家初度惣処分状」(『九条家文書』)に越前国足羽・常陸国小栗・伊勢国富田・同五真加利・伊豆国三津の各御厨があり、このうち三津御厨は「一条摂政(実経)家所領目録」(同文書)に「年貢、魚貝・海藻」と記されている。暦応五年(一三四二)の「御摂籙渡荘目録」(同文書)に「志摩国和具、御贄三度進之」とあり、建長五年の「近衛家所領目録」(『近衛家文書』)には伊勢国麻生御厨がみえるが、いずれも詳細は不明である。

(稲本　紀昭)

みけのしょう　三池荘　筑後国三池郡の荘園。現在の福岡県大牟田市・三池郡付近。「みいけ」ともいう。成立年代・事情は不明。平安時代末期には鳥羽院后高陽院《かやのいん》を本家に仰ぎ、鎌倉時代には近衛家領として相伝された。平安時代後期三池郡の開発に関与した郡司大蔵氏(三毛氏)の寄進により成立したことから、郡全域が荘園化し、律令制下四郷の変化した南北二郷から成ったが、散在荘であった。建仁元年(一二〇一)高良宮造営注文には、三毛荘五百五十八町と記される。荘内には宇佐宮領・国分寺領・三聖寺領さらに三毛山門荘も形成され、中世には得宗領も混在し、複雑な在地構造を呈した。南北朝時代、本家近衛基嗣によって南北両郷(本家職《しき》)が京都の楞伽寺へ施入され、またすでに鎌倉時代末期には領家職が筑前安楽寺(太宰府天満宮)へ寄進され、菅原氏(高辻長衡)が領家職を、荘務は預所として大鳥居氏(安楽寺留守)が掌握する。南郷内には早く安楽寺領藤田別符も成立していた。荘内は鎌倉時代になり、三毛氏の没落とともに御家人の所領が相ついで設定される。北郷の東国御家人深堀・相良氏領、在地の田尻・古飯・荒木氏領である。特に南郷地頭職を得た中原姓安芸氏は、元寇以後、東国より入部土着して三池氏を称し、建武年間(一三三四―三八)には本家近衛家との相論を経て下地中分によって南郷半分を占有して、荘内において田尻氏と並び領主的達成をとげる。南北朝動乱以降、三池荘は兵粮料所として武士に預け置かれ、領家(安楽寺)の支配も衰退し、戦国時代には大友氏支配下の田尻・三池両氏の支配下に繰り入れられて崩壊するに至った。

参考文献　川添昭二編『筑後国三池荘史料』(『九州荘園史料叢書』一三)

(恵良　宏)

みけやまとのしょう　三毛山門荘　筑後国三池郡の荘園。同郡北郷に成立した荘園で、北隣山門郡境にわたり、三池荘に隣接する。現在の福岡県三池郡高田《たかた》町の飯江《はえ》川流域。建長二年(一二五〇)十一月『九条道家惣処分状』に、三男一条実経に譲与したことがみえる。同状によれば、頼行朝臣から道家の娘藻璧門院(後堀河中宮藤原竴子)に寄進され、同院崩後、八条院領、ついで安嘉門院(邦子内親王)に押領されたとする。九条道家が処分状に記載したのは藻璧門院が道家の娘であったためであろう。のち荘内四ヵ村は三聖寺領となり、また鎌倉時代末期には北郷は関東御領化し、さらに安楽寺領が成立するなど複雑な在地状況を示すが、その後の伝領・支配は不明。

(恵良　宏)

みさきのしょう　三崎荘　(一)下総国海上郡の荘園。海上荘ともいう。現在の千葉県銚子市・海上郡飯岡町・旭市の一部にかかる一帯に比定される。『和名類聚抄』にみえる三前郷を中心とし、両総平氏の海上氏によって摂関家に寄進されたらしく、十二世紀後半には、皇嘉門院藤原聖子(忠通女)の所領になっていたものとみられる。源頼朝挙兵のころの在地領主は海上一族の片岡常春で、彼は源義経の腹心として有名である。文治元年(一一八五)常春は舅の佐竹義政と同心して謀反を起そうとしたとして当荘を没収され、千葉常胤に与えられたが、やがて常春に返付された。しかし同五年、再び知行を停止され、以後、千葉常胤の六男胤頼に始まる東氏の領有に帰している。一方、中央の上級領主についてみると、治承四年(一一八〇)皇嘉門院から甥の九条良通に伝領され、一時、近衛基通の所領となったが、再び九条家領となっている。正治元年(一一九九)藤原定家は当荘の下級所職を九条良経から与えられたが、所務が困難をきわめたため、翌年これを辞退している。

(野口　実)

㈡相模国三浦郡の荘園。現在の神奈川県三浦市付近。『和名類聚抄』にみえる御埼郷の後身で、建長五年(一二五三)の『近衛家所領目録』に、「冷泉宮領」の一つとしてみえる。三条天皇の皇女冷泉院宮(儇子内親王)領として荘園化し、摂関家、なかでも近衛家に伝領された。観応二年(一三五一)十月七日、守護三浦高通が右大将家法華堂領の三崎荘内大多和村にあてて甲乙人の乱妨を禁じている(『法華堂文書』)。　(福田以久生)

みしょぶん　未処分　財主が所領財産を処分せずに死亡した場合をいう。またその所領財産を未処分跡という。御成敗式目注(蘆雪本『御成敗式目抄』)には「未処分跡の事、爰に所帯等沢山持ち、又子数多く持つと雖も、子に譲ることなく頓死する者の跡の事を言ふ也」(原漢文)とある。未処分には被相続人が処分をなさずに死亡しても、㈠遺産配分に関する意志を何らかの方法で明示または暗示している場合と、㈡まったく意志表示をしていない無遺言の場合の二種がある。㈠の場合は被相続人の意志は遺言・素意と称され、これに従って配分が行われる。この遺言執行者は遺言・素意によるが、一般には㈡と同様であった。㈡の無遺言の場合は、後家が諸子の母として配分にあたったが、不在の場合には嫡子を中心とする諸子の協議に委ねられ、不成立の時は幕府に訴訟を提起し、幕府は奉公の浅深・器量の堪否によって配分した(『御成敗式目』第二七条)。この遺跡相論に加わらない者は得分親から除かれたが、永仁ごろからは配分に預かるようになった。　(鈴木　英雄)

みしん　未進　前近代において、上納すべき年貢などを期限までに皆納しないこと。一般的には、その全部を上納しないことを不納と呼ぶのに対して、未納分が一部にとどまっている場合に未進と呼ぶ。未進という語はすでに古代律令体制のもとに存在しており、その規定や実態は十世紀の『延喜式』や交替式などに詳しく記されている。たとえば『類聚三代格』には「応令主計寮下知諸国調庸幷副物封家未進数事」(承和十年(八四三))という太政官符が収められており、また『延暦交替式』の延暦十四年(七九五)太政官符には「調庸未進事」という一項がみられる。未進が単に田租にのみ使用される語ではないことが知れよう。中世では武家家法の内に未進の規定をみることができる。たとえば『宗像氏事書』(正和二年(一三一三))には「年貢済物未進事」という一条があり、また『長宗我部氏掟書』(文禄五年(慶長元、一五九六))には「出挙未進之事、催促之上、令難渋者、奉行中迄相理、堅可取、但、年々無催促者、本分迄にて可成事」という規定が存在する。なお『御成敗式目』四十二条にみられる「有年貢所当之未済者」の「未済」は、現在では未進の同義語として扱われているようである。近世の法令では、「年貢未進等有之は、隣郷之取を以、於奉行所互之出入令勘定、相済候上、何方ニ成共可住居事」と規定した『覚』(慶長八年(一六〇三))がその早い例であるが、このほかにも「先代官先給人ノ未進、当代官当給人急度被取上指上候」(元和五年(一六一九))や、「上納ノ年貢米金自今未進ナキヲ要スヘシ、百姓難渋セハ未進ノ軽重ニ従テ過怠ヲ申付クヘシ」(正徳三年(一七一三))などと触が出されている(『大日本租税志』二)。また寛保元年(一七四一)成立の『律令要略』では、強訴・徒党を起した百姓の処罰について「未進於有之は、重き咎ニ不及事」と記しており、年貢皆済を重視する姿勢を窺うことができよう。中世の未進の実態については未進徴符が重視される。備後国太田荘の場合、百姓名《みょう》ごとの年貢額が決定されて郡司定使の呵責が行われると、各百姓は年貢を個別に弁済して返抄を受けとるが、その時公文から出されるそれまでの未進分を書き上げた文書を未進徴符と呼ぶ。この未進は中世の逃散に関わって議論がある。すなわち中世の百姓は原則的に「去留」の自由が認められているが、その発動としての逃散を行う場合、それが正当であるための重要な要素に年貢未進のないことが求められるという見解である。近世にあっては、未進は避けるべきものであり領主はその防止に心掛けたと思われるが、その上で起る未進に対しては厳しく徴収した。皆済のためには質地や家財家屋の売却から家族の年季奉公などを強いられることもあり、その間領主によって手鎖や入牢の責めを受ける者もあったという。そして質地流れのために潰れ百姓の出る場合や、未進分皆納まで下人として領主の下に置かれる場合もあったらしい。　(渡辺　隆喜)

みずおや　水親　史料上で井奉行・分水奉行・池奉行のほか、井親・井頭・井守・井司・井行事・池守・池司など種々に表記されるが、中世～近世における用水の諸施設の管理や分配に関する責任者の呼称である。中世では、荘園領主から在地の「器用人」がこれに任命され、公平で適切な用水の管理と配分が期せられ、相応の給分が支給された。給分は給田や給米のほか一定の引水権が与えられた事例も存在した。「奉行」という呼称の成立は元来一種の荘官的存在であったことを意味している。荘園領主の支配する用水を領民が使用する場合、用水の使用料としての井料の徴収がなされた。井料は米や銭で徴収されたが、その怠納があると、取水口の閉鎖などの強硬手段が用いられることもあった。用水施設の修理には多大な金品や人足を必要とした場合もあった。本来修理費は領民の負担であったが、破損の甚大さに従って、領主が一定の補助を為す必要が生じた(これも井料と表記される)。また一時に多額の井料を支弁することを避けて、毎年一定料を支給する荘園領主も存在した。一方、中世末から幕末まで存続した美濃国本巣郡席田井組の井頭の堀部・鵜飼両党の存在は特に注目される。近世の初頭までは井奉行と称し、のち井頭の呼称に変化し幕末・維新期に至った。その職務は用水施設の支配と監督、他組との間の番水やその刻割の決定、井頭や井組に伝来している書類の保管、豊作祈願のための伊勢神宮への代参、用水費用の割賦と徴収などである。井頭は領主から給米を与えら

れたが、その額は職務の重要さに比べ少なかった。村落内部における井頭は、中世以来の土豪的な性格を多少残しながら、「惣頭分」として党的な結合を保ち、特に産土《うぶすな》神《がみ》の祭祀に際し座的な結合をなして祭祀を独占した。また脇百姓と呼ばれる一般の農民とは通婚せず、庄屋を兼務した時期もあった。庄屋は経済的な理由で辞任しても、井役だけは継続して務めた。（大谷　貞夫）

みずがかり　水懸り　田に水を引くことで、たとえば水懸りの良い田とは水の便が良い田のことをいう。水掛りとも書く。灌漑用水がどのように引かれていたか、すなわち水懸りの状況から、それぞれの時期・地域の水田耕作や開発のあり方、さらには荘域などを知る手がかりを得ることができるが、その際の有益な史料として堰・井手など多くの情報が描かれている山城国桂川用水差図（十五世紀末作成）をはじめとする荘園絵図がある。なお川の水をせきとめて用水を取り入れる灌漑施設を井堰（井関）、一定の施設から用水を受ける区域を井懸りなどという。（樋口　州男）

みずかみかずひさ　水上一久　一九一二―六二　中世史。金沢大学教授。明治四十五年（一九一二）三月十四日、石川県金沢市に生まれる。石川県立金沢第一中学校、第四高等学校文科甲類を経て、昭和十年（一九三五）、東京帝国大学文学部国史学科卒業。『鹿児島県史』編纂委員。同十八年、立命館大学法文学部講師。二十年、同助教授兼立命館専門学校教授。第四高等学校講師。二十一年、同教授。二十五年、金沢高等師範学校教授。二十七年、金沢大学法文学部助教授。三十三年、同教授。昭和三十七年（一九六二）四月十二日没、五十歳。『中世の荘園と社会』（吉川弘文館、昭和四十四年）に、荘園への多方面からのアプローチを試みた論考が収録されている。（瀬野精一郎）

みずくばりやく　水配役　用水の分配に関する諸問題の処理や管理にあたっていた役人のこと。中世の荘園では史料上、水奉行・分水奉行・井奉行・池奉行・池守などと呼称されていた。近世になると、江戸幕府には勘定奉行配下の四川用水方普請役・在方普請役、美濃郡代配下の地役人であった堤方役など、治水業務をも兼務した専門の職が置かれていた。諸藩には年貢の徴収や民政一般をも兼務したものの、郡奉行や代官などが置かれ用水の分配にもかかわっていた。武蔵国忍《おし》藩の場合、寛永十二年（一六三五）に成立した十万八千石余の利根川通・荒川通・成田用水からなる自普請組合があり、忍の四組代官がその管理・運営にあたった。幕府の四川用水方普請役は、見沼代用水・葛西用水・江連用水・豊田用水など、大規模な用水の管理・運営にあたり、分担して各地を巡回して、用水施設の普請、用水路の浚渫、用水の通水・配分・停止の業務に携わった。田方の植付終了時には、村々から植付段歩を書き上げさせていた。（大谷　貞夫）

みずたくみ　水工　古代、灌漑用水工事にたずさわった専門技術者。『日本書紀』によれば、斉明天皇二年（六五六）、現奈良県の香久山から石上山にかけて渠《みぞ》の開掘工事にあたったことが見えるが、水工の実在については疑問も出されている。なお古代の用水技術者としては、そのほか、『続日本紀』養老五年（七二一）・神護景雲三年（七六九）条などにみえる「解工使」や、天平勝宝八歳（七五六）、因幡国高草郡におもむいて野地を占定し、のちの東大寺領高庭荘の基礎をつくった野占使の一行中に見える「見水道」らをあげることができよう。（樋口　州男）

みずたのしょう　水田荘　筑後国下妻郡にあった荘園。現在の福岡県筑後市水田の地域。大宰府安楽寺領。史料には北水田庄とも見える。太宰府天満宮文書建長二年（一二五〇）六月三日大鳥居信全所領注文案に北水田御荘内荘司職、北嶋屋敷ならびに在家田畠等は相伝の所領として注進しているのが初見史料。安楽寺領は本所菅原氏の一族である大鳥居氏と小鳥居氏が代々進止している。暦応二年（一三三九）、当荘の預所、下司として下向した大鳥居信高と在地住人北水田蓮信との間で和与が成立している。南北朝時代には凶徒の違乱を排除しながら、一円進止に務め、はじめ水田（南嶋）、北嶋、下牟田（福嶋）の三村の地域約二百町余であった荘域を、周辺の三潴郡、山門郡にも及ぶ約六百町に拡大している。大鳥居氏は隣接する広川荘との境界相論や安楽寺に対する年貢対捍等を繰返えしながら戦国時代に及んでいるが、水田荘は安楽寺領として主要な荘園としての地位を占めていた。

参考文献　片山直義・恵良宏編『筑後国水田荘・広川荘史料』（『九州荘園史料叢書』一〇）（瀬野精一郎）

みすのしょう　三栖荘　(一)山城国紀伊郡の荘園。現在の京都市伏見区下鳥羽上三栖町・横大路下三栖付近にあたる。上三栖荘・下三栖荘の両荘に分かれている。このうち上三栖荘は皇室領荘園。白河上皇のころ、鳥羽離宮の所領として立券されたものとみられ、ついで鳥羽上皇が同離宮内に創建した御願寺安楽寿院にこれを付属せしめた。嘉元四年（徳治元、一三〇六）の『昭慶門院御領目録』にも芹河荘・真幡木荘などとともに安楽寿院領としてみえている。また、下三栖荘は鎌倉時代から西園寺家領となり、室町時代には一部が三条西家に伝領された。戦国時代初期には石清水八幡宮が地頭職得分を有したらしい。（田村　憲美）

(二)紀伊国牟婁《むろ》郡の荘園。現在の和歌山県田辺市東部付近。永保元年（一〇八一）以前の成立であるが、立荘の経緯は不明。十二世紀には関白藤原師実の四男能実の所領として所見し、ついで藤原頼長領。保元の乱後、一時後院領となるが、鎌倉時代には九条道家から一条実経に伝領されており、おおむね摂関家領であった。荘内を熊野参詣道が通じ、三栖（山）王子がある。また、白鳳期後半に建立された寺院の塔心礎が遺存する三栖廃寺跡があり、出土瓦から平安時代まで存続したことが知られる。（小山　靖憲）

みずひ　水樋　谷や川にかけ渡すなどして用水を流す管。中世では大木をくりぬいたりした木製のものが多く、継ぎ足す場合、近世の対馬地方では、継目に赤土を塗って水洩れがしないように工夫されていた。鎌倉時代末期、丹波国東寺領大山荘西田井村と同村に用水を流していた近衛家領宮田荘との間で用水をめぐる争いが生じた時、宮田荘側が両荘の境に掘られた横堀に「みつひ(水樋)」をかけて西田井村に用水を供することを提案したという事例は著名。もっとも実際には、水樋による灌漑ではなく、新たに溝を設ける方法がとられた。用水施設としての水樋の重要性を具体的に示す事例としては、洪水で川下に流れ落ちた「樋」の引き上げ作業に際し、当該の村はもとより、近隣村々の地下人も含む協力体制ができあがっていたという、戦国期における和泉国日根荘の場合もよく知られている。（樋口　州男）

みずぶみ　水文　中世においては興福寺が大和国の能登・岩井両川の水で灌漑した同寺領の荘園に与えた引水許可状をいい、近世においては、治水や用水に関する廻達・廻状類を総称していう。中世、興福寺領であった三橋・神殿・四十八町・波多森新・越田尻・京南の各荘は、番水制を採用し興福寺の指示で引水した。引水の順序は、番水のたびごとに興福寺によって各荘から提出された用水要求の申文と、実情と、各荘の特権とが考慮されて決定された。かくして、水文が各荘に交付されて引水が可能となった。江戸時代、幕府領では勘定奉行配下の四川用水方普請役・在方普請役、郡代・代官やその手付・手代衆、藩領では郡奉行や代官が主な発信者として、治水・用水の組合や配下の村々に宛てたもので、堤・川除・用悪水に関する普請・人足や諸色や金銭の負担等々、内容は多岐にわたる。またそれらの組合の惣代・堰元などが村々に発するものも含まれた。地方《じかた》文書の「御用留」に多くが収録されている。（大谷　貞夫）

みずまのしょう　三潴荘　筑後国(福岡県)三潴郡一帯に存した荘園。現在の福岡県三潴郡全域、大川市、柳川市、久留米市の一部地域。九州随一の河川筑後川の下流域、筑紫平野の主要部で、全国有数の穀倉地帯である。平安時代末、平治元年(一一五九)宝荘厳院領荘園注文に同院最大の荘園としてみえ、当時、領家は四条隆季であった。地頭として、鎌倉時代初頭には侍所別当の和田義盛が、後期には横溝氏(東国系御家人)らがみえる。鎌倉時代後期、蒙古合戦恩賞地として肥前松浦党などに配分されたり、文保元年(一三一七)に領家と地頭の間で下地中分がなされたりした。南北朝時代後期、同荘地頭職《しき》は守護家大友氏の支配下に入り、領家職も四条家からその一族鷲尾家に移った。

参考文献　瀬野精一郎編『筑後国三潴荘史料』(『九州荘園史料叢書』一四)（山口　隼正）

みせのます　見世枡　中世、荘園の市場などで使用された商業枡で、市枡のこと。見世は見世棚、すなわち商品を並べて販売する店舗。文正元年(一四六六)の若狭国太良荘の年貢和市(市場での売買価格)に関する東寺百合文書に「見世の舛」と見え、太良荘では、当時、同枡使用の際の年貢和市が石別六百三十文であったことが記載されている。（樋口　州男）

みぞえのしょう　溝江荘　越前国坂井郡の荘園。現在の福井県坂井郡金津町南金津一帯。東大寺領。天平神護二年(七六六)十月八日「坂井郡溝江荘所使解」(『東南院文書』)によると、水利条件の整備のため全長六百十五丈(広六尺・深三尺)の溝を五百原堰より開掘するに際して、百姓田・右大臣家(藤原永手)田など一段百五歩が損なわれることを佃使僧慚敬・僧行珣が申請している。同荘は仁平三年(一一五三)四月二十九日付『東大寺諸荘園文書目録』(『守屋孝蔵氏所蔵文書』)中に「一巻一枚　勝宝七年国判」とみえ、天平勝宝七歳(七五五)の段階には成立していたことが知られる。それ以後、天暦四年(九五〇)十一月二十日『東大寺封戸荘園并寺用帳』(『東南院文書』)に「溝江庄田百卅三町六段七十二歩」、長徳四年(九九八)の『東大寺領諸国荘家田地目録』(同文書)に「溝江庄田百町」と記され、十世紀末にかけての存続が推定されるが、同目録はその内実が「荒廃数多、熟田不幾」の状態にあったことを伝える。（藤井　一二）

みその　御園　天皇の供御として蔬菜・果実、あるいは茶薬草などを貢進した所領。そのほか摂関家・伊勢神宮・石清水八幡宮などにもみられる。令制下、園地は私有性の強い地目であったため、有力貴族・寺社によって設置されたと思われるが詳細は不明である。長屋王家木簡には「山背御薗」、「大庭御薗」の名がみえる。前者の場合、「園司」の管理のもと「造雇人」、「園作雇人」の雇庸労働力によって経営され十種の野菜類を収納している。『養老令』では宮内省園池司・典薬寮のもとに園戸・薬戸が設定されている。延暦十四年(七九五)、長岡左京の畠地七町が勅旨藍園に充てられており(『類聚三代格』)、元慶元年(八七七)、清和院地黄園に和泉国徭丁が充てられ、元慶四年に徭丁が増加されたことが『三代実録』にみえる。仁安二年(一一六七)十二月十日、摂津国地黄御園は供御として年首に「屠蘇白散」を貢進しており(陽明文庫蔵『兵範記』裏文書)、さらに永仁三年(一二九五)、和泉国地黄御園百姓が年貢を対捍しているのがみえており(『実躬卿記』裏文書)、これらは右の地黄園の後身であろう。寛平八年(八九六)、園池の管轄は内膳司に移されているが(『類聚三代格』)、『延喜式』内膳司には、京北・奈良・山科・奈癸・羽束志・泉・平城・覆盆子御園などがあげられており、労働力として仕丁十四人、耕牛・鍬・車など農具・運搬具は官給であった。このほか、『西宮記』には大和国金剛砂御園、また同書が載せる山城国田原御栗栖・丹波御栖も、呼称は異なるとはいえ、その性格は御園と同じである。内膳司下の御園は十一世紀には御厨子所の支配下に入り、精進御園と総称されたらしく、長元八年(一〇三五)十月二十一日には「精進御薗検校職」が、

永治元年(一一四一)には「惣官職」の名がみえ(『大谷文書』)、御厨と同様、供御人集団が生まれている。鎌倉時代、文治元年(一一八五)三月二日には山城国精進御園は内蔵寮管轄下にあり(『吾妻鏡』)、建暦二年(一二一二)八月十四日供御人が殺害されている(『明月記』)。伊勢神宮領としては永承四年(一〇四九)の伊勢国粥見御園、天喜五年(一〇五七)の同国鍬方御麻生園が早い例であり、前者は「御薗司」、後者には「園預」がみえる(『太神宮諸雑事記』)。長治二年(一一〇五)、内宮は同国野中御園の検校・別当のほか、御贄持丁を補任しているが(『神宮雑書』)、建久六年(一一九五)、御麻生園の神人は「御膳持丁」と呼ばれており(同書)、御園の労働力を仕丁によったことの名残りをとどめている。建久三年の神宮目録(同書)には尾張国三人部御園を長元四年、伊勢国山辺御園を永承年間の建立としているが、これらは本来の御園と性格を異にし、荘園と何ら変わりないものであった。なお建立の年代は不明であるが、若菜・菊御園は鎌倉・室町時代を通じて、若菜・菊を貢進している(『皇太神宮年中行事』『内宮下行記』ほか)。石清水八幡宮の場合、延久四年(一〇七二)の太政官牒(『石清水八幡宮文書』)に、河内国林燈油園・和泉国御香園・丹波国安田園・紀伊国衣奈園などの名がみえる。林燈油園は長元元年の建立で常燈田・御菜田とからなり御香園は長元九年建立、免田と寄人がいた。これらの中、最も早い建立は衣奈園で天元四年(九八一)であるが、この園は水田から成っており、初期の畠地中心の園とは異なって、荘園化していることが窺える。摂関家の場合、建長五年(一二五三)の近衛家目録(『近衛家文書』)に、摂津国橘、近江国柿・鉤《まがり》、山城国松茸の各御園があげられている。柿御園は康平元年(一〇五八)に(『東大寺文書』)、橘御園については保元元年(一一五六)、御園寄人が東大寺領を請作しながら地子などを未進したと訴えられているが(同文書)、『執政所抄』では、大津御厩・淀刀禰などとともに菖蒲三十駄を賦課されており、そのほか、建久八年の基通春日詣の時、正治二年(一二〇〇)の春日祭にも屯食・裏飯が割りあてられている(『猪隈関白記』)。貞応二年(一二二三)、橘御園の住人が摂津国・河内国の市・津に乱入、蔵人所供御人の檜物交易を妨げたとして訴えられているが(東洋文庫蔵『弁官補任』裏文書)、当国に檜物を交易する住人がいたことを推測させる。そのほか、御園としては、檀那院領衣川御園(長元八年、九条家本『延喜式』裏文書)、成勝寺領福貴御園(久安元年(一一四五)寄進)、久世御園(久安元年寄進、書陵部蔵『祈雨法御書』裏文書)、観世音寺領賀駄御園(延久三年、『東大寺文書』)などの御園がある。 →園司《そのし》

(稲本 紀昭)

みそののみくりや　美園御厨　遠江国長上郡の御厨。現在の静岡県浜北市東南部から浜松市東北部付近。平安時代末期からみえ、伊勢大神宮領として、久安元年(一一四五)に改めて立券されたという。『神鳳鈔』によれば、面積は五百町歩に及び、内宮・外宮に各上分米二十石などを納めていた。

(本多 隆成)

みたごう　三田郷　安芸国高田郡に属した郷。現在の広島市安佐北区白木町三田付近。『和名類聚抄』にみえる高田郡七郷の一つ。長元四年(一〇三一)散位藤原守仲の譲状以後、別符重行名とともに守満・守頼・守遠・頼方・頼成・成孝と相伝された。その間、藤原氏は在庁官人ないし高田郡司の肩書を有し、その住郷三田郷に郷司的地位と私領重行名を保持したが、延久四年(一〇七二)頼方は三田郷司に補任され、ついで永保三年(一〇八三)官符により、また二年後に国符により高田郡大領に補任された。次の頼成は永長元年(一〇九六)庁宣により高田郡司および三田・風早など四郷の郷司に相ついで補任され、その後承徳二年(一〇九八)・天仁二年(一一〇九)の両度官符により高田郡大領に任ぜられ、永久二年(一一一四)三田郷の私領田畠を成孝に譲った。しかるに成孝は保延五年(一一三九)ようやく留守所下文により三田郷司職に任ぜられ、その直後、三田・風早の私領田畠・栗林などを相伝券契文書を添えて中央貴族中原師長に寄進して、立荘の際は下司職に補任されるよう望んだ。久寿元年(一一五四)三田郷は院庁下文などにより立券された(本所は不明)が、程なく収公された。他方、成孝はそれ以前の仁平元年(一一五一)三田・風早両郷所在の私領田畠などを可部荘在住の源頼信を養子として譲与していたが、頼信は、安芸一国の在地領主と平氏を結びつける媒介環の役割を果たしていた有力在庁・厳島社神主佐伯景弘と結託し、証拠文書の偽造をも伴う社領化工作を進めた。これに対して中原師長の猶子業長は、承安四年(一一七四)十月、死文化しようとしていた高田郡関係の相伝文書を厳島社に寄進し効力の蘇生をはかった。ここに佐伯景弘は高田郡司藤原氏相伝文書のすべてを帯するに至った。安元二年(一一七六)七月安芸国司は佐伯景弘を高田郡七郷の地頭に任じ、官物は国衙に納める条件で七郷の社領化を認めた。ついで治承三年(一一七九)景弘は安芸国司から三田郷司地頭職に補任され、翌年には新任国司から三田・粟屋両郷の郷司と地頭とに補任された。ここに業長・頼信系の期待はともに裏切られた。景弘の権利は寿永元年(一一八二)景信に譲渡されたが、以後は不明。鎌倉時代中期のころ三田郷の田九町が東寺勧学院管領とみえ、元応元年(一三一九)東寺塔婆修理料の安芸国衙領に編入、元亨二年(一三二二)旧に復したが、嘉暦二年(一三二七)には地頭市河氏が十二貫文で請け負うことになり、以後は有名無実化した。他方、正治元年(一一九九)厳島社政所解に三田新荘があり、平安時代末の祈荘の後身と思われる。

(松岡 久人)

みたちぶんでん　御館分田　国の役所である国衙の直領。御館とは国司の館のこと。承暦二年(一〇七八)の近江国御館分作田官物結解(『平安遺文』一〇巻補一二号)、天治三年(一一二六)の伊賀国名張郡司解案(『平安遺文』五巻二〇五八号)に、それぞれ百二十七町五反二十代・三町四

反百二十歩の御館分田が記載されている。また永承四年(一〇四九)頃の紀伊国某郡収納米進未勘文(『平安遺文』三巻六七二号)には、「民間」の名と区別して「御館人々名」を載せている。こうした国衙直領の早い例としては、永延二年(九八八)の尾張国郡司百姓等解(『平安遺文』二巻三三九号)に見える、国守藤原元命が郡司・百姓らに無理じいに耕作させた国内八ヵ郡に設けられた佃(直営地)数百町がある。なお前記伊賀国名張郡の御館分田に関連して、養和元年(一一八一)頃の伊賀国黒田荘出作田数勘合注文(『平安遺文』八巻四〇〇〇号)に「国司館田三町四段、在庁名田二十三町七段」とみえているように、御館分田は、やがて国衙で国内行政の実務にあたった在庁官人の直轄領である在庁名として確立していくことになる。

(樋口　州男)

みたのしょう　箕田荘　大和国添上郡の荘園。現在の奈良県大和郡山市発志院《はっしいん》町付近の地。東大寺領と興福寺領が交錯していた。雑役免荘。㈠東大寺領。香菜免田(雑役免田)が浮免から定免へと変わった承保三年(一〇七六)に三百六十町中の三十町がこの地の負名常富の負田にあてられたことによって成立した。「湛照僧都分付帳」(『東大寺要録』六)によると、荘田は伝法院田一町三段・勧学院田三町五段半・福田院田六段・公田畠二十三町七段大からなっていた。㈡興福寺領。延久二年(一〇七〇)の『興福寺雑役免帳』によると、公田五町からなっていた。嘉応元年(一一六九)十一月十九日付勧学院政所下文によると、当時の地主は発志院で、院主恵印が荘民の作手を押し取ったので荘民が寺役を勤めなくなったと東大寺から訴えられている。これに対し恵印は、興福寺雑役免田として興福寺が荘民の東大寺役勤仕を制止しているからであると反論している。鎌倉時代以降の状態は不詳。

(泉谷　康夫)

みちもりのしょう　道守荘　⇩ちもりのしょう

みっかくりや　三日厨　国衙や荘園領主の使者が下向した際、三日間にわたって使者をもてなし、引出物を渡す儀礼。「みかぐり」とも読む。中世の荘園文書中では、百姓が負担すべき公事としてこの三日厨が規定されているものがあり、本来荘園領主の公事であったが、地頭もこれを要求し、百姓から非法として訴えられることが多く、幕府も寛喜四年(貞永元、一二三二)四月七日の関東御教書では、新補地頭が「三ヶ日厨」を受けることを禁じている。三日厨には「落付三日厨」という用語があり、使者到着に際して行われるのが基本であるが、元徳元年(一三二九)の小木曾荘検注雑物目安注文では、「サカムカヒ」(境迎)・「ヲチツキ」(落付)・「ヒルワウハム」(昼垸飯)など到着段階で異なる饗応雑事がみえ、三日厨の実態も到着のさまざまな段階で想定できる。また、三日厨は本来、『朝野群載』所収の「国務条々事」にみられる「新任之吏、著レ国之日、以後三箇日之間、必有二調備供給一」とある新任国司歓迎の三夜連続の「供給」に由来するといわれる。「国務条々事」では、この「供給」は禁止事項であり、康和元年(一〇九九)に任国因幡国に下向した平時範は着府に際しての慣例の三日間の「供給」を一日だけとして、あとの二日をとどめる下知を出した(『時範記』)。この行為は「国務条々事」の規定にも合致するものである。ところで、「供給」は一般に「クゴウ(グゴウ)」または「クキュウ(グキュウ)」と訓むが、平安時代の末に成立した『類聚名義抄』には「タテマツリモノ」という和訓がみられる。供給は本来AからBに給与するという意味で、古代では上から下に与えるというニュアンスがある。たとえば、使者が中央から地方に派遣される場合、国家的給付の体制の中で、国衙の管轄する駅が食料その他の供給を行なった。ところが、律令国家の給付体制が崩壊し始める平安時代中期以降は、国衙が供給の責任を負うといっても、国の徴収した税から捻出されることなく、通過する使者への供給という名目で、公事や臨時雑役が部内から徴収された。さらに、これが国衙の派遣する検田使・収納使や荘園領主の派遣する預所・使者にも適用され、かれらも供給を受けるようになり、荘園体制の公事の一つとなった。ここに「供給」は下から上に奉仕する「タテマツリモノ」となった。三日厨はこのような「タテマツリモノ」の典型であり、ことに国司や使者の下向に伴う饗宴と結び付いた「供給」の一形態である。

(飯沼　賢司)

みつぎのしょう　御調荘　備後国御調郡(広島県南東部)の荘園。荘域は不詳。元久元年(一二〇四)の「九条兼実譲状案」(『九条家文書』)に「備後国御裯荘」とあるのが初出。このとき兼実は当荘を長子良通の未亡人御堂御前に与えた。その後の状況は不詳。明応五年(一四九六)の「山名俊豊加判知行目録」(『山内首藤家文書』)によると、備後守護山名俊豊は但馬での父政豊との合戦の功に対し、備後の有力国人山内直通に荘内の一部、敷名氏の跡を与えている。

(武田　祐三)

みつてらのしょう　三津寺荘　摂津国西成郡の荘園。現在の大阪市中央区(旧南区)三津寺町を中心とする地域。石清水八幡宮領。承久二年(一二二〇)十二月日石清水八幡宮検校祐清譲状(『石清水文書』)に、「摂津国三津寺　畠三段在八幡河合」とあり、検校祐清が「壇殿女房」に譲った所領の一つとしてみえている。その後、応永二十二年(一四一五)八月日摂津国三津寺荘田畠注進(同文書)によると、当荘は早田一町四段・晩田四町三百歩・一色田一町一段・畠三町四段で、仏神田一町四段小・仏神畠四段半二十歩・仏神燈油屋敷十八ヵ所とからなっていたことがわかる。また年月日未詳の三津寺荘公事物注帳(同文書)には、当荘が負担する公事物が月ごとに書き上げられているが、そのなかに「キウリ」「コタイ五寸ノイヲ」などがみられる。これは、当荘における早田・晩田が存在し、二毛作経営が発展していたこと、あるいは鯛の貢進から住民たちが漁業活動も行なっていたことをうかがわせるものである。そして、天文二十一年(一五五二)九月

吉日甲清譲状(同文書)によると、当荘および備前国水内荘は甲清から清満丸(長清)に譲られており、天文年間まで石清水八幡宮領として存続している。しかし、年未詳四月十三日吉益匡弼書状写(同文書)によれば、高屋城から当荘へ築城の人夫役が賦課されており、天文年間には当荘に対し、武士の進出がみられ、石清水八幡宮の支配が弱まっていたことをうかがわせる。（海老名　尚）

みつのみくりや　三津《みと》御厨　伊豆国田方郡の御厨。現在の静岡県沼津市内浦三津付近。平安時代末・鎌倉時代の御厨で、治承四年(一一八〇)皇嘉門院惣処分状に最勝金剛院領として「みつのミくりや」とあり、以後九条家に伝領される。元久元年(一二〇四)九条兼実置文では、女院(兼実女宜秋門院任子)庁分御領の一つとなっている。（本多　隆成）

みつはしのしょう　三橋荘　大和国添上郡の荘園。現在の奈良県大和郡山市上三橋町・下三橋町の地。春日社領。もと春日社神戸田だったところで、春日社神供料所。『中臣祐定記』寛元四年(一二四六)閏四月条によると、ここには春日社神官正預の宅があった。応永六年(一三九九)の『興福寺造営段米田数帳』によると、荘田数は三十五町で、『大乗院寺社雑事記』文明五年(一四七三)五月十日条によると、当時の下司は成身院であった。　↓水主荘《すいしゅのしょう》園《えん》　↓番水《ばんすい》（泉谷　康夫）

みなぎのしょう　三奈木荘　筑前国下座郡の荘園。現在の福岡県甘木市三奈木付近。東福寺領。建長二年(一二五〇)九条道家が東福寺住侶の資粮にあてるため寄進した。鎌倉将軍頼経の父道家に伝領された家領には関東御領であったものが含まれ、のちモンゴル襲来に際し勲功賞として配分の対象となった三奈木荘もその可能性が高い。正応元年(一二八八)に孔子《くじ》配分をうけた御家人には、武光・国分寺・渋谷(以上薩摩)、深堀・多比良(以上肥前)、伊美・佐伯・日田・志賀(以上豊後)などがあり、志賀氏は室町時代に至るまでここを伝領している。なお、南北朝時代、征西将軍宮懐良親王を補佐していた五条頼元に勲功配分地を除いた三奈木荘が賞賜され、頼元はこの地に没した。（有川　宜博）

みなせのしょう　水無瀬荘　摂津国島上郡の荘園。現在の大阪府三島郡島本町広瀬および東大寺にあたる。東大寺領。聖武天皇の勅施入によって、天平勝宝年間(七四九―五七)に成立したと推定されるが、成立間もない天平勝宝八歳十二月十六日の日付をもつ「摂津国水無瀬絵図」が現存する(正倉院)。それによると水田は二町四段余で、荘園としては貧弱であるが、淀川や西国街道に近い立地条件からみて、西国からの貢納物を東大寺に運送する際の中継基地としての役割をもったと思われる。平安時代に入って一時衰退し、天暦四年(九五〇)の『東大寺封戸荘園幷寺用帳』にも、田地面積の記載がみられない状況となった。しかし十世紀の末ごろ、周辺の公領の田堵によって再開発されたらしく、『東大寺要録』所収の「長徳四年(九九八)諸国諸庄田地注文定」には、水無瀬荘の田地八町七段七十八歩が新益田としてあげられている。（長山　泰孝）

みなせみえいどうりょう　水無瀬御影堂領　後鳥羽天皇の菩提を弔った御影堂の所領。永仁四年(一二九六)十二月、伏見天皇は摂津国水無瀬(大阪府三島郡島本町)の後鳥羽天皇の離宮(水無瀬殿)跡に大興禅寺(法華堂・御影堂)を建立し、水無瀬親成に摂津国水無瀬・井内の両荘、およ

水無瀬荘

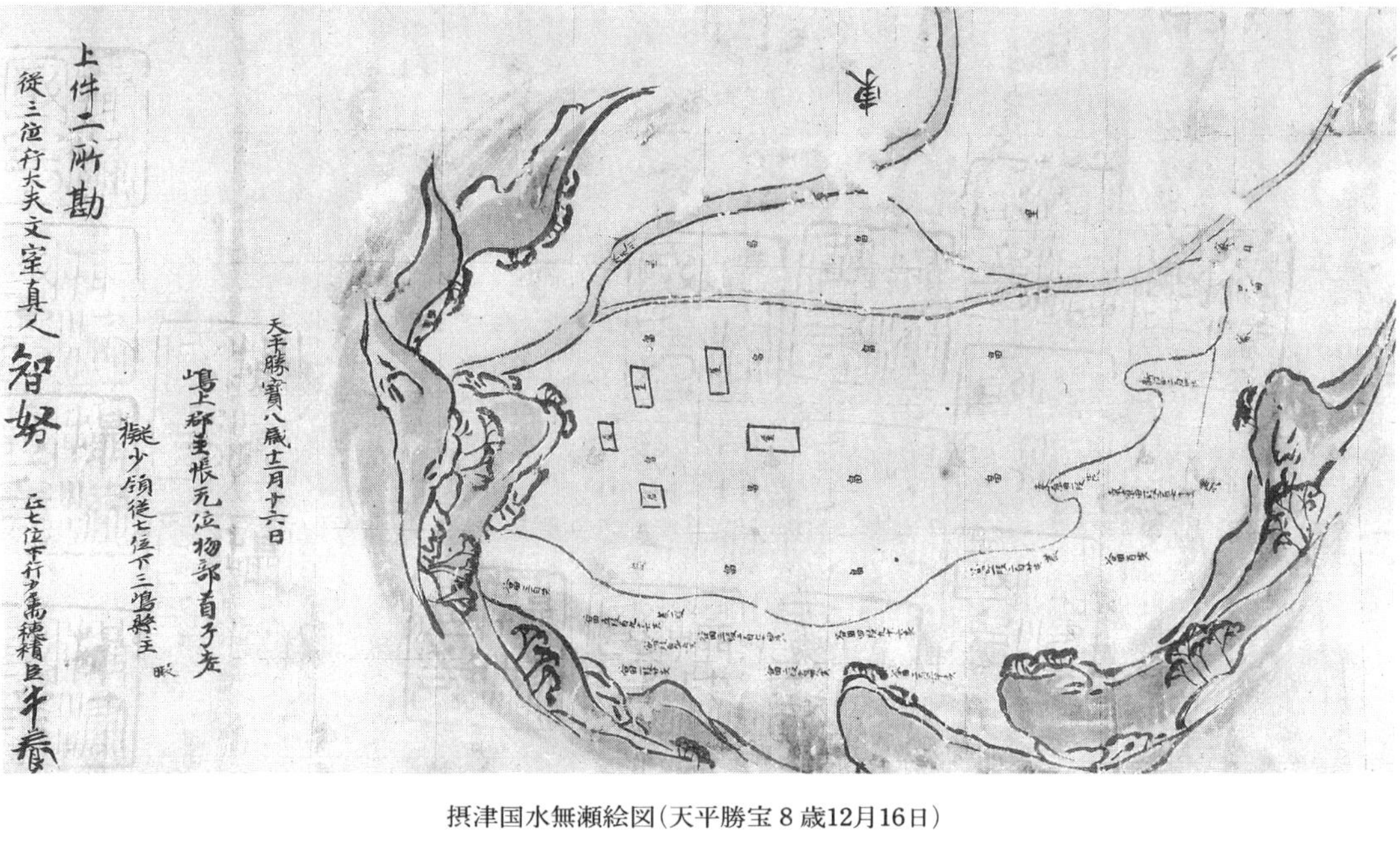

摂津国水無瀬絵図(天平勝宝８歳12月16日)

水無瀬御影堂領一覧

所在国郡	名称	備考	典拠
摂津 島上郡	水無瀬荘	もと東大寺領、後鳥羽天皇離宮、水無瀬親成知行	水無瀬神宮文書
同	水無瀬殿	七条院領	東寺百合文書ト
同	井内荘	水無瀬親成知行	水無瀬神宮文書
同	広瀬荘	永正四年九月、室町幕府、水無瀬英兼の家領広瀬荘の諸課役を免除する	同
豊島郡	豊島北条中村	暦応三年八月、水無瀬法華堂領	同
尾張 愛知郡	大腋郷	熱田社領、水無瀬御影堂領	同
同	榎墓郷	水無瀬御影堂領	同
(郡未詳)	上納戸	熱田社領、水無瀬御影堂領	下郷伝平氏所蔵文書
美濃 本巣郡	有里	暦応元年十一月、水無瀬法華堂領	水無瀬神宮文書
郡上郡	馬瀬郷	康永元年二月、水無瀬法華堂領	同
加茂郡	東田原郷	貞和四年五月、光厳上皇、水無瀬具兼に知行させ、後鳥羽院御影堂護摩料所に充てる	同
(郡未詳)	菅田郷	建武四年正月、水無瀬法華堂領	同
上野 利根郡	土井出荘	水無瀬御影堂領	昭慶門院御領目録・建内記
下野 足利郡	足利荘	水無瀬御影堂領、足利太郎藤原俊綱が領主職を受ける、安楽寿院領	昭慶門院御領目録・水無瀬神宮文書・吾妻鏡
越前 大野郡	小山荘	安楽寿院領、水無瀬御影堂領	昭慶門院御領目録・水無瀬神宮文書
坂井郡	坂北荘内宮地郷、長畝郷内玄陽名	長講堂領、安楽寿院領	水無瀬神宮文書
加賀 加賀郡	南県荘	後村上天皇、水無瀬殿跡に社壇建立の資として地頭職等を寄進、水無瀬具兼に奉行させる	同
江沼郡	郡家荘	勧修寺家領、水無瀬宮領	勧修寺文書・水無瀬神宮文書
越中 礪波郡	高瀬荘	安楽寿院領、水無瀬御影堂領	昭慶門院御領目録・水無瀬神宮文書
新川郡	日置荘	同	同
但馬 養父郡	水谷荘	『昭慶門院御領目録』には水谷社とある、但馬国三宮、はじめ夜夫神社、のち水谷大社、五社明神ともいう、『但馬国大田文』に「領家関東御分、預所地頭神主水谷左衛門大夫清有、六拾九町三反」とある、安楽寿院領、水無瀬御影堂領	昭慶門院御領目録・水無瀬神宮文書・但馬国大田文
朝来郡	枚田位田	水無瀬法華堂領、『但馬国大田文』に「枚田郷四十三町八反十分、地頭枚田又太郎光盛」「枚田位田廿町」とある	水無瀬神宮文書・但馬国大田文
出雲 秋鹿郡	佐陀荘	安楽寿院領、水無瀬宮領	昭慶門院御領目録・京都御所東山御文庫記録
播磨 宍粟郡	石作荘	安楽寿院領、水無瀬宮領	水無瀬神宮文書
美嚢郡	三木荘	安楽寿院領	京都御所東山御文庫記録
印南郡	大塩荘	安楽寿院領、水無瀬御影堂領、南禅寺領	昭慶門院御領目録・水無瀬神宮文書
多可郡	荒田荘	荒田神社、式内社、播磨国二宮	水無瀬神宮文書
揖保郡	栗栖荘	安楽寿院領、水無瀬御影堂領	同
加古郡	長田荘	安楽寿院領	京都御所東山御文庫記録
(郡未詳)	佐々木村	水無瀬御影堂領	水無瀬神宮文書
美作 苫東郡	北高田荘	文和三年十一月、水無瀬殿跡に社壇建立の資	同
讃岐 三木郡	氷上郷	水無瀬御影堂領	同
香川郡	中間郷	同	同

び蓮華王院領出雲国持田・加賀の両荘を知行させた。伽藍建立のことは、後宇多上皇も賛成した(『後鳥羽院御霊託記』)。これらの動きの背景には、天下に変事のあるごとに、後鳥羽院の祟りが連想されたためだと魚澄惣五郎は述べている。元弘三年(一三三三)六月、後醍醐天皇は隠岐から還幸すると、水無瀬具兼に叙上の所領を安堵させ、また後鳥羽院の手印を捺した置文を座右に置いていた。さらに光厳上皇は建武三年(一三三六)十一月に具兼に叙上の御影堂領を安堵させ、翌四年正月御祈料所を寄進した。のち北朝も水無瀬御影堂に所領を寄進するが、後村上天皇は正平五年(北朝観応元、一三五〇)七月と同八年(北朝文和二)六月の二回、水無瀬法華堂に宸筆の願文を納め祈願した。

(奥野 高広)

みなべのしょう　南部荘　紀伊国日高郡の荘園。現在の和歌山県日高郡南部町・南部川村の南部川下流域平野部を荘域とした。『中右記』天仁二年(一一〇九)十月二十一日条に「南陪庄」とあるのが荘名の初見。もと後三条天皇皇孫守子内親王から鳥羽院皇女頌子内親王へと伝領された荘園であったが、安元元年(一一七五)・建久五年(一一九四)の二度にわたって頌子内親王は、父の菩提を弔うためにみずから建立した高野山蓮華乗院に対し当荘の得分権・進止権を寄進、同内親王没後の承元二年(一二〇八)以降は一荘すべてが同院の進退下に入った。同院領として当荘は寛正六年(一四六五)ごろまで存続したとみられる。当荘は守子内親王領時代から一貫して請所荘園であった。当初は下司新熊野神社別当家が、承久の乱後から鎌倉時代末期にかけては下司跡に補任された地頭佐原・二階堂・名越各氏の代官が、明徳三年(一三九二)当時は当知行人愛洲・山田両氏らが、それぞれ年貢進納を請け負っていた。請料は当初は見米三百石、頌子内親王領時

代以後は見米三百石・色代二百石であった。なお、寛元三年(一二四五)ごろから色代米の代銭納が始まり、その代銭比率は米和市によって定められたことが知られる。鎌倉時代中・末期以降、蓮華乗院は請負代官の年貢未進に頭を悩まし、幕府・守護方にしばしば訴訟を提起した。嘉吉元年(一四四一)の訴状案によれば、当時の年貢収納額はわずか三十石にまで減少していた。

参考文献　『南部町史』史料編　(山陰加春夫)

みなみきどののしょう　南喜殿荘　大和国高市郡の荘園。現在の奈良県橿原市城殿《きどの》町付近。興福寺領。延久二年(一〇七〇)の『興福寺雑役免帳』には、薬師寺田一町七段半・坂田寺田十六町半・掃守寺田二町六段六十歩・左京職田八段三百歩・川原寺田八段・葛木寺田二町九段六十歩・宗親院田九段・大蔵省田九段半・豊浦寺田九段半・公田畠三十二町三段百三十歩からなる雑役免荘としてみえている。延久以降の雑役免荘については不詳だが、この地には別に、本家を大乗院とし領家を一乗院とする南喜殿荘があった。『三箇院家抄』によると、この荘園は田数四十四町、二十五名《みょう》からなり、東金堂報恩会料として十三石四斗四升の負所米を出していた。もと一乗院領だったが、菩提山大僧正信円が一乗院主から大乗院主になった関係から、本家大乗院・領家一乗院となったようである。このほかに、長講堂領南喜殿荘・金峯山《きんぶせん》吉水院領南喜殿荘があるが、詳細は不明。　(泉谷　康夫)

みなみくろだのみくりや　南黒田御厨　伊勢国の御厨。飯高郡(現、三重県松坂市小黒田町付近)と奄芸郡(現、河芸町黒田付近)とに同名の御厨が存在する。前者については詳細は不明。後者については、平安中期以前には花園院太政大臣領であったが、延久年間(一〇六九—七四)までには、伊勢神宮領となっており、外宮領として鎌倉期まで確認できる。また、平安期には醍醐寺座主が同御厨の給主として見えるが、文治二年(一一八六)には醍醐寺座主の故実海の遠忌勤仕のため、同御厨が醍醐寺僧寿海に付属されている。これは同時に付属された同寺子院の遍智院に付随して伝領されたものであるが、以後室町期にいたるまで、同院領として確認できる。ただし、給主としての荘務への関与、得分などの実態は不明である。また、承久の乱後に、北条時房に与えられた、伊勢国の地頭職十六ヵ所の内に「黒田御厨」が見えるが、これがいずれの黒田御厨を指すかは不明である。　(西尾　知己)

みなりのしょう　三成荘　備中国小田郡にあった荘園。当初は三成郷と呼ばれた。現在の岡山県小田郡矢掛町東三成一帯。正安四年(一三〇二)、鎌倉幕府は禅林寺殿(のちの南禅寺)に対して、亀山法皇から寄進された宗像社の替として三成郷等三ヵ所を寄進した。文保元年(一三一七)、後宇多法皇の院宣によって亀山法皇の御影堂および一山一寧塔頭大雲庵の料所として、一寧の門徒のうち器要の者が管領することとされた。建武二年(一三三五)には当郷を含む南禅寺領へ国司・守護使の入部停止や諸役免除が認められた。しかし守護使らの乱入が絶えず、康永三年(一三四四)、荘号に改めることを申請し許可されている。康暦二年(一三八〇)には当荘の帰属をめぐって帰雲院と大雲庵との争いが起こったが、文保元年(一三一七)の院宣に基づき大雲庵領とすることで決着した。応永十七年(一四一〇)には休耕寺領と公文職に対する守護被官人の濫妨が停止され、享徳二年(一四五三)には年貢運送に関して兵庫関と河上五ヵ供菜関所の関銭が免除された。　(馬田　綾子)

みぬまのしょう　水沼荘　近江国犬上郡の荘園。現在の滋賀県犬上郡多賀町敏満寺《びんまんじ》の南の地域に比定されている。東大寺領。三十町より成る。正倉院に現存する天平勝宝三年(七五一)の絵図の記載および現地調査によると、この荘園は絵図作成の少し前に開墾され、近江国の覇流《へる》荘と同じく千燈会料田として天平勝宝三年に東大寺に施入されたが、国家の管理下に開発された後、寄進されたもので、同年施入された覇流荘と同様な事情にあった。荘域の西から南にかけての微高地に集落が存在し、その北東側に水田が経営されたが、耕地の中ほどを犬上川から引いた用水溝が東西に貫流し、東側に用水池としての水沼池があり、当時、最も進んだ灌漑設備を持つ荘園の一つであった。また、当時の東大寺領の他の荘園の場合を参考にすると、耕地は付近の農民に賃租させ、寺家は地子を得るといった、間接的な管理経営の方式をとっていたと推測される。宝亀六年(七七五)三月の「蒲生周恵庄解」によると、東大寺僧法訓が役僧として近江国の東大寺領荘園の経営にあたっていたが、その中にみえる千燈料田は水沼荘のことと見られるので、荘園としてなお機能していたことが知られる。長徳四年(九九八)の『東大寺領諸国荘家田地目録』によると、水沼荘田として七町八段二百五十三歩が記されているが、実情は未詳。平安時代中期に摂関家の所領であった与度荘に包摂されたともいわれる。⇒別刷〈荘園絵図〉　(亀田　隆之)

みのうらのしょう　箕浦荘　近江国坂田郡にあった荘園。現在の滋賀県坂田郡近江町箕浦から米原市番場に広がる地域。荘名の初見は『明月記』建保元年(一二一三)十二月六日条で、「近江箕浦庄」とある。当荘は藤原定家の外祖父が預所職を留保して後白河院に寄進したところ、院がこれを奪い、天台座主弁雅僧正に付したものであるという。以来領家職は妙法院門跡が管領していたが、嘉元四年(一三〇六)の昭慶門院領目録には女院庁の庁分として当荘がみえ、「後鳥羽院御影堂領」との注記がされていることから、本家職は皇室領として保留されていたものと思われる。康永三年(一三四四)には、佐々木導誉によって妙法院が焼打ちされた時に証文類が焼失したため、安堵を求めている。鎌倉期には、地頭は土肥氏であったが、南北朝から室町期にかけては今井氏が地頭職を有していた。戦国期には、浅井氏と六角氏との合戦においてしばしば戦場となっている。　(宮崎　肇)

みのちのしょう　水内荘　備中国下道郡の荘園。現在の岡山県総社《そうじゃ》市原・中尾・影付近。石清水八幡宮領。南北朝時代の史料には水内北庄とあり、以後水内荘としてあらわれる。『和名類聚抄』にみえる下道郡水内郷の北部一帯に形成されていたと目される。文治四年(一一八八)後白河法皇の石清水八幡宮参詣の際に最勝王経供料所とされ、のち社家領として伝領され、応長元年(一三一一)に善法寺尚清より同康清に別相伝領として譲られている。南北朝時代には公文・守護家人らの濫妨が続き、幕府は守護らにこれを停止するようたびたび下命している。室町時代には請負代官の支配に委ねられ、嘉吉元年(一四四一)徳阿弥の荘内預分の請負契約料は月別六十貫文、長禄三年(一四五九)高橋光秀のそれは七十貫文であった。戦国時代には成羽《なりわ》の三村氏がしばしば荘内に侵入し、高橋氏はこれを撃退しているが、このころ本所分は杉氏に借銭返済のため渡っている。（上原　兼善）

みののみくりや　三野御厨　伯耆国会見郡の荘園。現在の鳥取県米子市箕《みの》付近。建久三年(一一九二)八月の伊勢大神宮神領注文(『神宮雑書』)が初見。長寛年間(一一六三―六五)建立の内宮領で、大弐三位家(藤原範能)が給主であった。立荘には長寛前後に永く伯耆守であった範能のおじ平親範・基親父子が関与していたと思われる。その後の動向は『神鳳鈔』が「三野御厨　四百六十町」と記すほかは不明である。なお、供祭物として鉄がみえることは注目される。（錦織　勤）

みはらのしょう　三原荘　筑後国御原郡にあった荘園。現在の福岡県小郡市、朝倉郡夜須町にまたがる地域。平安時代末期には、平頼盛の所領であったため、一時平家没官領として没収されたが、『吾妻鏡』寿永三年(一一八四)四月六日条によれば、再び平頼盛の家領として安堵されている。その後、東寺百合文書ゆ正中二年(一三二五)三月日最勝光院荘園目録案に、筑前国三原庄内東郷、西郷と見え、領家職は関東備前守小山出羽入道息女が保有する関東御領であった。筑前国三原庄とこのほかの史料にも見えることから、三原荘の荘域は筑後、筑前両国にまたがって存在していたものと思われる。同目録には、最勝光院への本年貢米三百石、綾被物二重、兵士十人とあるが、近年は二十石の所済にすぎなくなっており、さらに文永七年(一二七〇)以降はモンゴル襲来を口実に一切所済されていないと記述されている。鎌倉幕府滅亡後は、石清水八幡宮に施入されたが、南北朝動乱の中、荘園としての機能は失なわれ、恩賞地として在地武士に配分されている。戦国時代には、在地武士三原氏がほぼ同荘域を掌握していたが、戦国大名大友氏、龍造寺氏等の支配下に属することになった。（瀬野精一郎）

みはらのまき　三原野牧　日向国に設定された牛牧。『延喜式』兵部省、諸国馬牛牧条にみえ、牛四・五歳を毎年大宰府に進めることを定められていた。『荘園志料』は宮崎県那珂郡に比定しているが、確証はなく、比定地未詳。（瀬野精一郎）

みまさかのしょう　美作荘　摂津国にあった荘園。現在の比定地は未詳。保延元年(一一三五)十月六日の藤氏長者宣に「宿院負田美佐(作)庄申文献覧之」とあるのが、史料上の初見(『平安遺文』一〇巻補六二号)。文永五年(一二六八)十一月十三日の亀山天皇宣旨案に、覚仁親王門跡の荘園を円助親王に伝えている荘園群のなかに同荘がみえる(『鎌倉遺文』一三巻一〇三二九号)。建武五年(一三三八)正月十日に足利尊氏が、河内新開荘の替地として、備後国因島とともに同荘を東寺に寄進した。さらに暦応四年(一三四一)八月二十七日の足利直義によって、東寺長者賢俊は、因島・美作荘地頭職を均分して、東寺修造料・大勝金剛千手供修法料に充て行われている。『蔭凉軒日録』文明十七年(一四八五)十一月十五日条には、同荘が東福寺正印庵領になっていたことが確認され、さらに同記録によれば翌年同荘安堵の文書を、一時、諏訪信濃守に預けている記載もある。（錦　昭江）

みむらのしょう　三村荘　近江国蒲生郡の荘園。「みつむら」とも読む。現在の滋賀県彦根市三津《みつ》町(旧愛知《えち》郡三津村)に比定する説もあるが、「島郷三村荘」として史料にみえるので、現在の近江八幡市北之庄町・多賀町・宇《う》津呂《つろ》町付近とするのが妥当である。平治元年(一一五九)に、宝荘厳院領としてみえるのが初見で、毎年米三百石・油一石六斗・薦《こも》三百枚を上納していた。安貞二年(一二二八)、一時山門西塔領となったが、まもなく宝荘厳院領に復した。元徳二年(一三三〇)後醍醐天皇によって、宝荘厳院執務職が東寺に寄付されると、本荘も東寺の支配下におかれる。南北朝時代に入ると代官請となり、代官として蜂屋範宗・同範氏・林時光・教意・河井重久らの名がみえるが、年貢は滞納がめだった。同じころ、宝荘厳院と東寺との執務権の争いもあった。さらに、室町時代には守護六角氏が、半済により年貢を収納、段銭を本荘へ賦課した。特に、応永三十二年(一四二五)・三十三年の両年にかけては、三回の段銭賦課があり、農民は逃散、守護使は民屋に放火してまわった。戦国時代には、室町幕府により何回か東寺領としての安堵の命が下されたが、実際は戦国大名六角氏によって押領されていた。（太田　浩司）

みやがわのほう　宮河保　若狭国遠敷郡にあった保。現在の福井県小浜市内の地域。文治四年(一一八八)源頼朝が、松永保とともに宮河保地頭宮内大輔重頼に国衙役を命じているものが、保としての史料上の初見(『鎌倉遺文』一巻三四一号)。その後、重頼の妻讃岐尼が保地頭を継承し、黒崎山を領している。天福二年(一二三四)以降、賀茂別雷社領宮河荘との間に、大谷村・矢代浦をめぐる対立が続いた。宮河荘との対立は、保内に散在する賀茂社出作田の帰属が焦点となっており、長期間継続した。また、黒崎山の利用をめぐっても、多烏浦刀禰の仲介もからむ、西津保との争いがあった。文永二年(一二六五)の惣田数帳案によれば、宮河保五十町一反百五十歩、新保

は十五町二反二百九十歩とあり、本保と新保に分かれて記載されている（『鎌倉遺文』一三巻九四二一号）。室町期には幕府御料所となり、戦国期には、武田氏被官粟屋元行が同保に居住していた。また、武田信高父子も同新保に住し、「宮川殿」と称していた。 （錦　昭江）

みやざ　宮座　村氏神をまつる組織の一形態およびそれを構成する人々の集会をいう。宮仲間・当仲間・宮講あるいは祭座・座衆・神事講・宮衆・結衆・座株・宮持・宮組・座仲間・宮筋などその呼び名は多い。これは氏子が同等な権利や義務をもって祭に参与するのではなく、氏子のうちの一部の者が独占的に神事執行に携わるもので、同じような組織は全国的に見られる。しかし、座という名称のもとに行われるものは、近畿地方全域と中国地方や九州北西部にのみ見られる。座は平安時代に荘園制と深いかかわりのもとに成立するが、神社とかかわる座はやや遅れて見られるようになり、宮座は中世後期の十五世紀前後から顕著になる。経済的な座と宮座との歴史的な関係については、必ずしも未だ明確ではない。だが、経済的な座も社寺・権門と結びついて、その庇護のもとに独占的に取引きを行う集団であって、その特権的集団という性格においては同一である。村落の神社が氏神として、同族団によってまつられているときにも、本家筋あるいは名主級のものだけが、祭祀権を持っているような例もあった。しかし、これらは宮座と呼ばれなかった。村に新しく入村し定着した人々などが増加し、氏神が単一の同族のみのものといえなくなってから、旧来の祭祀者たちが、神社との伝統的関係を維持しようとして、閉鎖的な内部集団を作り、ついで神事頭人の慣行と結びついて、祭祀組織をなすに至ったのが宮座であると考えられている。こうした神事組合としての宮座は、神事を主宰したり、施設にあたったりする代表者を何らかの方法によって選出するが、それは座を構成する座衆・座人などの中からである。座は戸主としての男子によって構成されるものが多い。所によっては主婦だけで座をなすものもあるが、その例は多くない。座は著しく階級的で、それは座において神事に携わった経験年数に基づいてであるのが普通である。ある年齢に達すると頭屋をつとめて座に加入するが、それ以来の年数が座における階級となるのである。したがって、その中心となるのは年寄層・古老で、これらをオトナ・宮年寄・宮衆・上官などという。これらの人々に対して、神事に奉仕するものとして、若衆・若者・若連中などと称せられる層がある。彼らは年寄と同じに座に入っている場合と、若衆座などと呼ばれるような集団を別に作っている場合とがある。宮座は神事を主宰する者を中心とする祭祀集団と考えられるが、この神主役には座の最長老があたる場合と、一年神主とか年番神主とかと呼ばれるような人が年々交代であたる場合とがある。またこのほか座に加入して一定年限を越えたものの中から神籤によって選ばれたり、中には年齢順・家並順などで選ばれたりする場合もある。時には子供が神主になる場合もある。座は氏神をまつる独占的な組織であるから一神社一座であったが、新入村者などが増加すると、従来の宮座から排除されていた層が新座を組織する動きもみられ、一神社に対して複数の宮座が組織される場合もおこってくる。もろと株とわき株、南座と北座、御幣座・御饌座・御酒座などというのがそれであり、二座並立されているところが多い。さらに村に住む一般の人々に開放された組織として、村座がつくられることもある。なお、近世村落成立期においては、それ以前の荘園を基盤としたものから、村落単位に宮座は再編成されている。宮座は年頭の行事とか、秋祭とかに神事を執行して直会《なおらい》をする。このときの座順は座によって厳格に定められており、このためのちには宮座の座は座席の意味であるとも理解されるようになった。神事においては、お籠りを主とするものと、弓を射ることを中心とするものとが著しい。宮座はその運営上、共有財産としての山林や、座田・頭田・宮田などといった田畑を所有することもある。その耕作は頭人が受け持つ。→惣村《そうそん》　→頭役《とうやく》　（倉石　忠彦）

みやざきのしょう　宮崎荘　日向国宮崎郡の荘園。現在の宮崎市上北方・下北方・南方・池内を中心とする地域に存在した。領家は宇佐八幡宮で、永承年間（一〇四六―五三）に国司海為隆が封戸の代として立券したという。長承年間（一一三二―三五）には所当済物賦課の水田として百六町が定められていた。建久八年（一一九七）の日向国図田帳（島津家文書『鎌倉遺文』二巻九二三号）では田積三百町で、地頭として中原親能が知行していた。この後、仁治二年（一二四一）には関東御領になったと考えられ、南北朝期になると一時豊後大友氏の所領ともなっている。在地では、宮崎平野の別符群などを領有していた土持氏の進出が著しくなったが、室町期には伊東氏の勢力が増した。しかし、天正六年（一五七八）には伊東氏を破った島津氏がこの地に進出し、豊臣秀吉による九州征討までその支配が続いた。荘域内の奈古神社は宮崎荘の在地の動向を窺うことができる文書を多数残している。 （海老澤　衷）

みやたのしょう　宮田荘　丹波国多紀郡の荘園。現在の兵庫県多紀郡西紀《にしき》町南河内《みなみこうち》・北河内地区付近。近衛家領。平安時代中期以前の成立と考えられる。忠仁公（藤原良房）以来の別相伝地として重視され、摂関家の嫡流近衛家に伝領された。近衛家は当荘を直轄領とし、家司の中から預所を補任して支配した。建長五年（一二五三）の『近衛家所領目録』をみると、「庄務本所進退所々」の一つに「宮田庄　長範」とあり、長範は預所である。その後、預所には長高・長成・円道・長量・為成らが任命されている。彼らは在京しながら地下代官をおき、在地土豪を下司・公文に任じて荘務にあたった。承久の乱後、幕府は当荘の公文に御家人石川六郎を任命したが、近衛家の要求で停止した。鎌倉時代後期には、北接する東寺領大山

荘の地頭中沢氏をはじめ武士・土豪の非法・侵略が次第に多くなった。当荘は以前から水不足の大山荘に用水を与え、代りに大山荘の草木の伐採を認められていたが、勢力の伸張を図る地頭中沢氏の進出のため不和となり、建治二年(一二七六)には相論となった。その後、中沢氏は永仁三年(一二九五)の大山荘下地中分で地頭分を確保すると、間もなく当荘が大山荘から草木を伐採することを禁止したので、当荘は大山荘への用水供給を止めた。大山荘東寺分では困って井料田一町五段を当荘へ切り渡したが、地頭中沢氏は頓着なく、乾元元年(一三〇二)に大嘗会米を当荘からも徴収し、正和四年(一三一五)には当荘住人安貞を捕縛して身代を要求するなど、非法を重ねた。荘内では正安三年(一三〇一)ごろから、住人兵衛次郎入道生西らが悪党化して蜂起し、城郭を構えて放火・奪略などを繰り返し、規模を拡大しながら鎌倉時代末に及んだ。南北朝時代には武家勢力の侵入が多くなり、応永年間(一三九四―一四二八)にはついに山名氏に入部され押領された。幕府は応仁二年(一四六八)山名氏を誅して、当荘の半分を近衛家に返還したが、その半分もまもなく近衛家から離れ消滅した。　(宮川　満)

みやづのしょう　宮津荘　丹後国与謝郡の荘園。現在の京都府宮津市一帯。建久二年(一一九一)の『長講堂所領注文』によると、宮津荘は御簾・御座・殿上料畳や門兵士役などの雑公事を負担している。十二世紀以降、本家職《しき》は長講堂、領家職は等持院がもっていたが、十五世紀より守護一色氏の被官の侵略するところとなった。なお十五世紀半の『丹後国田数帳』には荘田として百五十五町余があって、栗田《くんだ》村・御料所・檀林寺、同領公文分、公文方延永左京亮・漆原名などから構成されている。　(仲村　研)

みやどころのまき　宮処牧　信濃国にあった御牧。宮所牧とも書かれた。現在の長野県上伊那郡辰野町宮所を中心とする地。天竜川の支流横川川に沿い、東は川を隔てて立野牧と接する。その東は平井手牧である。『延喜式』左右馬寮所載信濃十六御牧の一つ。平安時代に当牧から貢進した馬の駒牽の記録がみえる(『政事要略』二三など)。『吾妻鏡』文治二年(一一八六)三月十二日条の「関東御知行国々内乃貢未済庄々注文」に左馬寮領としてみえる。治承四年(一一八〇)九月、甲斐の武田・一条氏らが、平出・宮所両郷を諏訪上社に、竜市(辰野)郷を下社に寄進している。この牧の地頭らしい神氏宮所光信は元亨三年(一三二三)善光寺仏師妙海に依頼して十一面観音を造立している(現存、重要文化財)。　(小林計一郎)

みやののしょう　宮野荘　周防国吉敷郡に所在した荘園。現在の山口県山口市宮野上・宮野下一帯に比定される。東大寺造営にあたった宋人工匠陳和卿に給与され、建久六年(一一九五)東大寺に寄進して立荘した。寄進後も和卿は預所職を有していたが、代官の荘務専断によって元久三年(一二〇六)没収され、不輪の東大寺領とされた。承久元年(一二一九)からは東大寺塔頭東南院の管轄下に属したが、寛喜二年(一二三〇)供料の寺納懈怠によって同院を離れ、東大寺雑掌輔法師が年貢千十五石五斗で荘務を請け負った。その後の預所職としては上野法眼覚厳、尭寛房顕弘等が見える。永仁元年(一二九三)地頭が寺領田を押領し、東大寺は幕府に訴えたが結末は不明。この地頭は大内氏ではないかと推定されている。永和四年(一三七八)大内弘世が興隆寺へ宮野東西地頭方等の田地の一部を寄進しており、南北朝～室町時代にはほぼ大内氏の支配下に入った。　(久保健一郎)

みょう　名　古代・中世において、荘園・国衙領の内部を構成した基本単位、徴税単位。荘園領主・国衙は、この名を単位として農民を支配したが、その実態・性格については、確たる通説はない。かつては名田との区別はなされていなかったが、現在では、両者は区別されている。初見は、貞観元年(八五九)十二月二十五日元興寺領近江国依智荘検田帳(『東大寺文書』)にみえる「今即勘取、令ㇾ進二地子一、而前々付二家継之名一、未進巨多」である。ここでは、収納の単位としてみえている。名はこれ以後、中世末期までみえる。この初見史料にもみられるように、名(名田)には、ふつう人名が冠されているため、かつてはその人名は、その田地の所有者の名であると解して、種々の説が主張されていた。すなわち、名の成立は、律令制の理念たる公地公民制が崩れて、墾田・口分田などに対する私有権が発生したことを意味するとされ、名(名田)といわれる土地が、どのような由来をもつ土地なのであるかが問題とされ、墾田起源説(栗田寛・小宮山綏介)、買得田地起源説(栗田寛)、侵略公田起源説(清水三男)、課役対捍起源説(同)、世襲耕作田(口分田)起源説(新見吉治)、出作公田起源説(今井林太郎)などが主張された。しかし、それらの解釈は、やがて竹内理三によって統一的にとらえられ、名(名田)は律令制下において、口分田・墾田などの所有者の名が、田籍・田図に記されていたのが時代の経過に伴って変質したものだとの説が出されてから、名の研究は核心に一歩近づいた。また一方では名の実態を把握しようとして、松本新八郎の名田経営論が生まれた。すなわち、名田を名主の土地所有とみなし、その経営は、家長たる名主の下にある大家族および隷属民によって行われたとする説である。この名田経営論では、土地所有論・家族論・経営論の三者が一体のものとして論じられており、非常にすっきりしているので、一時は、名の理解の通説的なものともなっていた。その点では、名(名田)の古典的学説といえる。一九五〇年代に入ると、律令制下において、人別に賦課されていた課役が土地別に賦課されるようになった際に、荘園よりもむしろ公領において成立したのだとの説が出され、研究がいっそう進展した。また、名には比較的小規模な百姓名と大規模な領主名とがあること、平安時代における名＝請作権(地)と平安時代中・末期からみられる名田＝私有権(地)とは段階的に区別すべきこと、などが主張され、

名の性格は次第に明らかとなった。そして現在では、平安時代の名は単一の経営体ではなくて複数の経営体からなる徴税組織である、という解釈が通説化している。つまり、名は土地に対する権利を意味せず徴税の組織であって、それに冠された人名はその責任者（「負名」）を意味する、というのが一般的解釈である。しかし、このような解釈も、その立論は畿内、ことに大和国の事例を分析して得られたものであり、遠隔地の事例を充分に説明しきっていないので、定説というまでには至っていないというべきであろう。このように一口に名といっても地域によってその性格は大きく異なり、また時代によっても性格は異なるので、一概に収取単位として片づけられない面もある。

時代による変化をみると、鎌倉時代後期に大きな画期が求められよう。それは、従来は名主を通じて納められていた年貢・公事が直接生産者から名主を通さず、領主に直接納められるようになったことである。いいかえれば、領主はこのころから名主のみでなく、直接生産者を土地台帳に登録し、彼らを収取の単位として把握するようになったのである。この時代におけるこのような変化は、一般に直接生産者の独立・自立化に伴うものと理解され、南北朝内乱はそういった農民の動きによってひき起された動乱であるといわれている。その結果、旧来の名（旧名）は分解して、直接生産者を責任者とする今までより小さい名（新名）が成立するといわれているが、その主張はいずれも東寺領荘園の事例によってのみなされたものであるので、再検討の必要が指摘されている。しかし、形骸化しつつも、名は室町―戦国時代を通じて支配の単位として残存し、その全面的解体は太閤検地によってなされたのであった。また名の地域差は、畿内と遠隔地に典型的に現われる。まず、畿内における名は、小規模で、ほぼ均等な大きさである。たとえば、文治二年（一一八六）十二月日の大和国池田荘丸帳（『根津文書』）によると、池田荘は十一の名からなっていたが、名田畠の最大は、下司名である末貞名の二町九段百二十歩を除くと、重遠名の二町一段二百四十歩であり、最小は国則名の一町九段百八十歩である。つまり末貞名以外の十の名は、すべて二町内外の田畠からなっている。大和国ではこのような例が多くみられるが、このようにほぼ均等な大きさからなる名を均等名といい、そういった荘園を均等名荘園といっている。このような均等名構成は、一面では領主による年貢・公事収取の便宜によるものであろうが、それを可能にしたのは畿内農民（名主層）のほぼ均等な成長が考えられる。これに対し、遠隔地の例として、寛元二年（一二四四）五月十五日人吉荘起請田以下注進状（『相良家文書』）にみられる肥後国人吉荘の名構成をみておこう。ここでは、最大は経徳名の三十五町二丈（五丈＝一段）から最小の豊永名の四段まで、田数は大きくひらきがある。つまり、畿内の場合と異なって、名の大きさは非常に不均等なのである。しかも経徳名の田積は大和国池田荘の総田数三十六町百八十歩にほぼ匹敵している。このように大きな名をもつ名主は、標準的農民とはいえず、在地領主的存在というべきであろう。とすれば一般農民は、そういった大きな名主の下にいたことになる。彼らは史料上在家農民といわれており、彼らこそ土地に対する権利は若干弱いが、畿内の名主にあたる存在だと考えられている。つまり、遠隔地においては、小さい百姓名から大きい領主名までみられた。またそこでは、農民の階層差は大きかったものと考えられる。このようにみると、畿内の名はともかく、遠隔地の名は、単に収取単位と規定するだけではすまされない面をもっているといわざるをえない。いいかえれば、名を収取単位とする説は、畿内近国の事例からのみ主張されてきたものであるが、遠隔地における名の性格をも論じ尽くさない限り、有力な一学説とはいえても確たる定説とはなり得ないというべきであろう。

ところで、かつては名と名田とは区別されず同一のものと理解され、松本新八郎の名田経営論が通説的なものとなっていた。しかし、その後の研究は、名を土地所有や経営とはかかわりのないものであることを論証する方向で進められた。たとえば、仁安三年（一一六八）二月十八日の大和国高殿荘内東大寺油作人日記（『東大寺文書』）によると、末則名は末則の作手と信貞の作手からなるが、助信名では、作手は助信・貞光・信貞からなっており、信貞は二つの名にまたがって作手をもっている。すなわち、一つの名に単独に属しているのではなく複数の名に帰属しているわけで、これは名を単一の土地所有や経営体とみる立場では説明しえない事実である。そのため、土地所有論・家族論・経営論は名研究の対象からはずされてしまった。ただ、土地所有論は、作手をそれとみる作手論として研究が進められている。なお特別な用例としては、番頭・名主の自己の名をさす即名、自作地をさすとみられる内作名、中世後期になって当知行あるいは第二次的に編成された名をさす現名、入質の名あるいは没収された名をさす籠名などがある。没収された名は放名ともいわれる。要名は惣公事名をさすといわれている（渡辺澄夫説）。→田堵《たと》 →百姓名《ひゃくしょうみょう》 →名田《みょうでん》 →領主名《りょうしゅみょう》

（中野　栄夫）

みょうおや　名親　⇨名本《みょうもと》

みょうざいのしょう　名西荘　阿波国名西郡の荘園。現在の徳島県上板町高志地区と、吉野川の対岸石井町藍畑第十・高原中島の周辺。長元年間（一〇二八―三七）のものとされる書状に「名西庄」とみえるが、とくに当荘の中央を流れる吉野川北岸（上板町側）地域に関わる事柄が、年未詳の官掌中原国用陳状から明らかになる。すなわち康治二年（一一四三）、本願主妙成が内大臣藤原頼長の北政所幸子に名西河北荘を寄進し、翌年立券されたこと。幸子が没すると、仁平四年（一一五四）幸子の父徳大寺実能が再度鳥羽院に寄進したこと。嘉禄二年（一二二六）以

降預所職を相伝した康重の娘源氏と、源氏の舎兄致久の間に相論があったこと、などである。なお十四世紀初頭には春宮料所となっていた。名西河北荘の地頭職については、弘安七年(一二八四)菅原清長に肥前国松浦荘の替として与えられている。南北朝期以降も、荘名及び荘内の地名などは史料中に散見するが、荘内の詳しい動向については不明である。（櫻井　彦）

みょうじのち　名字の地　名字とは苗字とも書き、同一の血縁集団である氏《うじ》から分出して名乗るようになった家号のこと。したがって「名字の地」とは、そうした名字の由来となった先祖相伝の土地(所領)のことで、その家の本貫地にあたる。十一―十二世紀ごろ、開発などを通じて所領を獲得してきた在地領主たちは、その所領のなかに館を構えて居住し、そこの地名を家号として名乗り、一族共同の祭所や墓域などを設けたりしたが、このような先祖開発の根本所領(本領)が名字の地であり、一族結合の重要な拠点となっていた。たとえば武蔵国大里郡熊谷郷(埼玉県熊谷市)の開発領主となった直貞(熊谷直実の父)は、ここの地名をとって熊谷氏を名乗るようになるが、その場合、熊谷郷は熊谷氏一族にとって名字の地となる。また公家の場合にも、その邸宅や山荘などが所在する地名を家号として名乗ることがあり、そこが名字の地となっている。たとえば近衛・九条・勘解由小路などは邸宅が所在した京都の地名に由来するが、久我・山科などは山荘が所在した京都近郊の地名を名字としたもので、このような名字の地には祖先の墳墓や葬堂などもあり、一族の祭祀の中心となっていた。（田代　脩）

みょうしゅ　名主　平安時代後期から中世にかけて荘園公領制下の在地村落で中核的な地位を占めた百姓のこと。史料的にこの名辞が現われるのは、永承二年(一〇四七)十月二十七日高橋世犬丸田地売券に「名主僧」が花押を据えているのが初見。荘園公領制下の在地社会で、基本的に支配の対象となったのは、平民百姓といわれる身分であった。平民百姓は他人の家に包摂されて生きる下人・所従とは異なり、一応の独立した家と経営とを有するものである。その上層は、中世初期の在地村落を形成する主体となった根本住人(草分け百姓的存在)であるが、この根本住人らは村落内において優越した経営規模と村落運営に関する特権的地位を保持し、これを背景として荘園公領制展開の過程で、領主から本名(旧名)の管領を認められて名主に転化した。名主となることによって平民百姓上層は、他の弱小な経営を営む平民百姓(小百姓などと呼ばれる)とは区別される地位を確保することとなった。名主は荘園公領制下で賦課される年貢公事の徴納責任者である点において下級荘官の一種といえる。しかしまた、公事が本来、共同体の行事に淵源を持つ共同体成員の負担に由来するならば、公事負担者としての資格において、名主は在地の村落共同体の完全な成員権を有する一種の名誉ある身分であったともいえよう。このため、荘園の収取体制としての本名体制が解体に向かう鎌倉時代末期―南北朝時代以降においても、名主は村落秩序の中で重い位置を占めた。室町時代後期―戦国時代には幕府の公式文書である奉行人連署奉書が直接に在地に発給される場合があるが、その際、しばしば充所が「名主沙汰人中」「名主百姓中」などと表現されたのも、この事実を示すものであろう。名主の実態と歴史的性格については、第二次世界大戦前から農民研究の一環として論及されてきたが、戦後の学界においては日本封建制成立史に関連して広く論争の対象となった。この論争は、大きく見れば律令制下の班田農民から析出される名主の性格を農奴と規定するか、あるいは名主と下人・所従との関係に着目して、名主を家父長制的奴隷所有者と規定するかによって、二つに別れる。前者では石母田正に代表されるように平安時代末期の在地領主と名主の間に封建的支配の先駆形態をみいだす。それに対して、後者は名主に従属する奴隷の成長(農奴化)に封建制成立の基本線を設定することになり(たとえば松本新八郎の名田経営論)、これを押し進めた場合、安良城盛昭説のように中世荘園制社会を奴隷制社会として日本封建制の成立を太閤検地にまで引き下げる学説も行われた。ついで、これらの説に対して、古代末期には、すでに自立した小経営を営む小農が一般的に形成されていたと措定する学説が提出された。この小農が中世の平民百姓に繋がるわけであるが、同説を代表する戸田芳実によれば平安時代後期の大名田堵・名主はこれら小農の一部を下人(農奴)として隷属させる家父長制的農奴主、他の小農は農奴とは性格を異にする封建的隷属農民という規定が与えられている。中世成立期における小農民経営の成立を認める学説に連なる論者には名主を含む平民百姓の自立的性格、あるいは領主制に包摂しつくされえない自由民的な性格を強調する傾向が強いといえる。→田堵《たと》　→名《みょう》　→名田《みょうでん》（田村　憲美）

みょうしゅしき　名主職　中世、荘園公領制下で名主である百姓の有した所職。そもそも名主となるような百姓は、元来、在地村落において経済的社会的に優越的な地位を占める農民であったと考えられるが、そのような農民が荘園制的支配に組み込まれる際、その権限を荘園領主から公認されることによって、名主職は成立した。有力農民層は荘園領主に選ばれて、自己の管轄する名の年貢公事を怠りなく弁済するべき義務の代償として荘園領主から名主職に補任され、その得分として屋敷地の割当てや給免田の給付が荘園領主から保証されて、その地位を保護された。古くから名主を荘官の一種とみなす学説のあるのはこのことによる。その補任は、年貢未進など格別の事情のないかぎり、立荘当初の名主家一族の嫡流に対して相続のたびごとに行われるのが、原則であったから、名主職は名主家相伝の所職であった。換言すれば、名主職は在地村落を構成する百姓内における特権的家柄の惣領(家長)であることの表象でもあって、このために、しばしば名主一族内では名主職をめぐる相論が争われる

ことになった。鎌倉時代末―南北朝時代には名主家の家族の分立に随って、名主職も二分一名主職・三分一名主職などと分割されて相伝される傾向を生じている。従来は、名主職は名主がその名田畠に対して所持する経営・所有の権利と捉える理解が一般的で、鎌倉時代末期から名主層の分解および名主経営内部に包摂されていた奴隷制的生産者の自立化の過程を経て、「一段名主職」のごとき形(研究史上では「中小名主職」などと規定する)に名主職が分解されるというのが通説であった。このような理解は、名主の荘官的性格と名の徴税単位としての側面を強調する近時の研究動向のなかで、疑問が呈されるようになっている。
（田村　憲美）

みょうしんじりょう　妙心寺領　京都市右京区花園妙心寺町に所在する臨済宗妙心寺の所領。寺領の初見は、暦応五年(一三四二)花園上皇によって地頭職が寄進された河内国上仁和寺荘で、康永四年(一三四五)には同国下仁和寺荘の地頭職も寄進された。貞治三年(一三六四)には但馬国七美荘下方が微笑庵に寄進され、さらに応安年間(一三六八―七五)には同荘上方の友真・包弘・萩山名が、明徳年間(一三九〇―九四)には上方の間・福元・支安の三名が寄進された。後円融天皇は、永和四年(一三七八)に和泉国宮里保を、康暦二年(一三八〇)に河内国足代荘をそれぞれ美濃五ヵ郷の替地として玉凰院に寄進している。当寺は、応永六年(一三九九)の応永の乱後、住持の拙堂宗朴が大内義弘と師檀関係にあったことから、足利義満によって寺領や末寺を没収された。その後、永享年間(一四二九―四一)に日峰宗舜によって再興されるが、嘉吉二年(一四四二)十一月の「妙心寺幷微笑庵・玉鳳院領諸国散在荘園目録」(妙心寺文書)には、妙心寺として当知行する荘園は見出せない。なお、この荘園目録には先述の荘園のほか、近江国伊香荘黒田郷・同荘古橋村・摂津国仲荘野上村・豊前国宮時荘・豊後国臼杵荘・同国戸次荘等がみえる。長禄二年(一四五八)には足利義政が美濃国郡上上保を当寺に寄進しているが、現地において代官大島弾正忠が遵行に応じず、年貢収取が実現したかどうかは定かでない。応仁の乱の兵火で妙心寺の復興も振り出しに戻るが、乱後は雪江宗深のもと細川管領家の援助を得て、堅実な経営策が施されていった。寺院経済の基盤も寺領荘園からの年貢収入から、戦国大名などの有力な外護者からの檀施や寺僧個人の経済活動などに移行していったものとみられる。安土桃山～江戸時代初期には、豊臣・徳川両家に連なる諸大名が競うように伽藍造営や塔頭の創建につとめ、戦国時代に続く宗勢の隆盛をもたらした。元和元年(一六一五)、江戸幕府は妙心寺法度によって大徳寺とともに妙心寺に厳しい統制を加える一方で、朱印四百九十一石余を付与している。
（堀　祥岳）

みょうず　名頭　⇩みょうとう

みょうたいせい　名体制　⇩本名体制論《ほんみょうたいせいろん》

みょうでん　名田　名に属する田地のこと。史料上の初見は、天喜元年(一〇五三)大和国大田犬丸名結解(『東大寺文書』)である。この初見例が国衙領の名であるように、史料的には国衙領の名(負名)、別名、あるいは荘園制下の名(百姓名)のいずれについても、その名に属する田地を名田と称している。研究の進展によって、これらの名の性格が弁別されてくるに随って、現在、研究の上では荘園制下のそれを指称する用語としての用法が一般的であろう。荘園制下においては、荘田は大別して㈠荘官給田・給名・神田・寺田、㈡一色田、㈢領主佃、㈣名田などに区分され、この名田が荘園領主の年貢・公事の基本的な賦課対象地となった。名田は荘園領主によって名主と認定された農民を年貢公事徴収責任者とするいくつかの名に区分して編成され、某名田などと、名編成時の実在の名主の名前を冠して呼ばれた。それぞれの名田の規模は一概にはいえないが、数段から二、三町といった程度の場合が多く、中間地域や辺境の荘園ではさらに大規模なことも珍しくない。かつては、名主は名田の地主であるといわれ、名田はそのまま名主の所有と経営の単位であると理解されていた。確かに名主の名田に対する関係は史料上で、しばしば知行・領掌・領知・管領などと表現されているが、畿内・近国の荘園を対象とする近年の名の内部構造に関する研究は、名の年貢公事徴収単位としての性格を鮮明にしつつあり、名田内に作手などの形で名主以外の農民的土地所有と小百姓の小経営が独自に存在していたことを明らかにしている。この場合、名主は名田の所有者ではなく、一種の下級荘官としてその名田について小百姓への散田、その他の勧農行為を行う権限を有したと考えられる。名耕地についての復原的研究によれば、畿内荘園では、名田は、ばらばらの耕地片として散在的に荘内に分布していたことが知られているが、一方、中間地域などの荘園では、丘陵の小谷に拓かれたような比較的にまとまった耕地から編成されていた。このことから、中間地域などの荘園では、国衙領の名が荘園制下でも引き継がれており、名主の名田に対する保有権は強固なものがあったとする有力な見解もある。なお、名主と名田の関係については、さらなる検討が望まれる。
（田村　憲美）

みょうでんけいえいろん　名田経営論　第二次世界大戦後の中世史学界を主導した松本新八郎が、昭和十七年(一九四二)に発表の「名田経営の成立」(中村孝也編『生活と社会』)において提唱した、平安時代後期―鎌倉時代の名田経営形態に関する学説。松本の規定によれば名田経営とは「名主の所有地名田のうへで行はれる農業生産および名主の生産者に対する収取関係との総体」を指す。この論文では、名主がその名田の地主(所有者)であり、かつ名田の直接生産者は名主に対して小作人的関係にあったとする、当時の通説的理解を批判したうえで、戦前において一定の蓄積を有していた古代家族研究の成果の批判的継承を踏まえて、名田経営形態が追究されている。

松本によれば、墾田開発による労働力の集中を通じて、郷戸主の家父長的性格が強まり、郷戸の本来持っていた世帯共同体的性質が失われるとともに、弱小な郷戸は解体されて、戸主のもとに隷属化するに至り、戸主を中心とした家(父)長制大家族が形成される。名田経営における名主は、このような家長として名田を所有し、かつその家長制的労働力をもってその経営にあたった。名主の下にある大家族は名主自身の直系親族、半自由民としての家族員、および戸主に隷属する奴婢から構成され、二、三十人から時には二、三百人にも上ったと想定されているが、実際の農業経営のうえでは、名主はその直系親族にそのほかの家族労働力と名田とを適宜分配して、耕作にあたらせたものとしている。論理構成としては、このような内容を持つ名田経営が、さらに分解した結果として、南北朝時代に農奴的な小農経営が出現することになる。この意味で、名田経営論は同じく松本が主張した「南北朝封建革命説」とも密接な関連を有していたが、平安時代における国衙領の名の内部構造の理解が深まったこともあって、現在では名田の経営形態を家父長的大家族を擁する名主の直接経営によるとする松本説は省みられなくなっている。名田経営論の立論上、その実証的裏付けとなったのは、大和国大田犬丸名の事例であったが、これが稲垣泰彦らの実地調査に基づく復原的研究で覆されたのは、とりわけ名田経営論の成否にとって決定的であったといえよう。しかしながら、名田の経営形態については、国衙領の名たると荘園制下の百姓名たるとを問わず、その実態がなお明らかにされているとはいえない状況に鑑みれば、名田経営論が名主の家族形態の側面からこれを理解しようとした研究視角は評価されるべきであろう。名の経営は、家族史・農業技術史などの今日的水準において解明されることが望まれる。 →名《みょう》

(田村 憲美)

みょうとう 名頭 中世後期・近世の南九州における薗・門《かど》の主長。近世には薩摩なまりで「みょうず」と発音したらしい。南薩・大隅方面では乙名《おつな》ともいった。領主的名主と差別して百姓の薗・門の長を名頭と呼んだ。中世の門は、しばしば名頭用と呼ぶ給田を与えられた名頭を長に、強い家父長制的族縁共同体を営んだが、近世には経営の拡大や戸口の増殖と門割制・人配政策とが相まって、名頭を中心に自立化した血縁・非血縁の名子を含む門が多くなった。名頭は南九州に限らず、たとえば播磨国福井荘東保では、給田を支給されて神事所役を勤仕した名頭《みょうがしら》らの永仁四年(一二九六)の申状があり、広島県比婆郡方面にも、五社を祀る名頭と数戸の氏子とから成る五つの名の組織が、近世の末まで続いた村があったという。

(佐川 弘)

みょうどうのしょう 名東荘 阿波国名東郡の荘園。現在の徳島県徳島市名東町・鮎喰町・庄町・南庄町・蔵本町・南蔵本町・佐古・島田・加茂名町などの一帯。久安二年(一一四六)の河人成俊問注申詞記に「名東御庄寄人」とあるのが早く、安元二年(一一七六)の八条院領目録には安楽寿院領荘園とある。なお、平安末期のものとされる庄々所済日記によれば、康和二年(一一〇〇)に立券され、田百五丁二反二百六十歩、畠八十九丁五反二百十二歩からなり、米二百八十三石九斗と檜皮三百五十を負担していた。檜皮を負担する安楽寿院領荘園は当荘のみであり、鮎喰川と吉野川の河川交通網上に位置していたことから、材木集積地としての役割に期待されたものと推測される。嘉元四年(一三〇六)には昭慶門院が本家職を伝領しており、治部卿局と家重がそれぞれ年貢一万疋を請け負っていた。しかし南北朝期以降領家職は在地武士の手に渡ったらしく、正平二十五年(一三七〇)三木一族と思われる義興という人物が、荘内の十四条郷領家職を養子の埴淵帯刀丞盛村に譲っている。

(櫻井 彦)

みょうべつくじ 名別公事 荘園制下における所課の一つである公事(雑税・夫役)のうち、名別に賦課されるものをいう。名田の面積に応じて賦課される公事は、すなわち段別公事といい、これに対して、名別公事は原則として各名に均等に公事を配分する名別均等公事であるといってよい。名別均等公事の顕著な事例は、畿内近国の均等名荘園に見出される。たとえば、大乗院領大和国出雲荘はほぼ均等な十三名から構成されていたが、『三箇院家抄』二によれば、「名主所役」として「牛玉十三本・同餅十三枚」「節分芋一斗三升名別一升・同大豆二升六合名別二合」などと、その公事が示されている。このような名別均等公事は均等な名田面積について段別賦課を行なった結果、生じたものではなく、元来、名主一人一人の負担、つまり名主役として成立したものである。これについては、公事が本来は共同体の行事に対するその成員の負担として発生し、かつ名主であることが共同体の完全な成員であることの表象であったことを、その背景として想定する説もある。

(田村 憲美)

みょうもと 名本 平安末〜鎌倉初期に成立した、荘園における名を基幹とする体制は鎌倉期を通じて解体し、中世後期には比較的規模の大きい名(旧名・本名)が分解して数個の小規模名に分解する現象が見られる。この名の分解と時期的に踵を接して、たとえば遠江国浜名神戸では年貢徴税組織である名体制を、「名本」を年貢責任者とする形で実質的に存続させる体制がとられた。「名本」は土地の売買寄進における保証人と荘園本年貢の徴税人とを兼ね、この「名本」を基軸として、名耕地の分割は進行していたにもかかわらず、荘園制的な収取機構が存続しつづけた。この在り方は遠江国浜名神戸では十六世紀半ばまで存続し、やがて戦国大名が支城を通じてこの荘園制的な収取機構に介入するようになって消滅に至る。このような年貢徴収の在り方は畿内から中間地帯を通じて一般化できるが、同様の体制を山城国久多荘では「名おや」、近江国柏原荘では「名代」などとも称している。

(田村 憲美)

みょうよせちょう　名寄帳　⇩なよせちょう

みらいりょうしゅ　未来領主　一期分の譲与に際して、一期領主の次にその所領を知行すべく定められた者。未来領主の権利は単に一期領主の没後に当該所領が帰属するというだけではなく、一期領主の生存中でも、将来その所領が未来領主のものとなる期待権を有しており、その権利が譲与・寄進された例もある。鎌倉幕府法では、一期領主が罪科で所領を収公されたとき、その一期領主が祖父母・父母である場合には子孫である未来領主もその権利を失うが、それ以外の場合には収公した所領は未来領主に充給される規定であった。（鈴木　英雄）

みりのしょう　三入荘　安芸国安芸郡の荘園。現在の広島市安佐北区可部町の根谷川《ねのたに》流域。『和名類聚抄』にみえる弥理郷の地。「みいり」と読むこともある。保元三年（一一五八）石清水八幡宮寺領三入保がみえ、養和元年（一一八一）十二月の後白河院庁下文案に新熊野社領三入荘がみえる。立荘は永暦元年（一一六〇）新熊野社創建のころで、立荘には安芸国に大きな係わりを有した平清盛の力が作用したと推定される。その際石清水領には同国松崎別宮が充てられ、三入保の地は三入荘に含められたものと推測される。領家職《しき》は立荘経緯からみて平氏が掌握した可能性が濃い。その後の経緯は不詳ながら正安元年（一二九九）領家に弁僧都任宗、雑掌に任賢の在任が知られる。承久三年（一二二一）熊谷直時が父直国の勲功の賞として当荘地頭職を与えられ、以後その子孫に伝えられた。地頭職は立荘以来の下司職を継承したものであろう。直時と義弟祐直との相論にあたり、幕府の裁許に基づき安芸国守護が嘉禎元年（一二三五）作成した地頭得分田畠等配分注文によれば、田地五十五町余・畠地十九町余・栗林六町余で、畠地内の地頭門畠の中には太田川河口所在の佐東倉敷所属の一町五段が含まれていた。嘉禎の坪別分割は文永二年（一二六五）地域分割に改め直され、直時知行の根谷川本流域の本荘、桐原川流域の新荘の称が以後広く行われた。鎌倉時代中期には町屋・市場在家がみえる。領家方と下村（本荘）地頭との相論は正安元年（一二九九）の和与により、八町の田地は領家方、それ以外は地頭の進止とすることで決着をみた。これにより、当荘支配において、領家方が検注権・荘官進止権を掌握して主導的役割を果たした態勢から地頭の優位へ移行した趨勢が看取される。荘名は戦国時代まで残るものの、南北朝時代以降は荘園制収取の形跡はうかがえない。（松岡　久人）

みろくじりょう　弥勒寺領　宇佐宮の神宮寺弥勒寺の支配する荘園や寺社。その総田数は六千六百町余または八千町ともいわれるが、正確なところは不明。弥勒寺領は喜多院、新宝塔院（西宝塔院）、修学院などの院家領に編成された荘園・寺社とそれとは別編成の寺社などからなっていた。喜多院領は最大の弥勒寺荘園群を形成しており、十一世紀前半に活躍した弥勒寺講師元命によってその骨格が形成された。元命は藤原道長に接近し、摂関家の力を背景に石清水八幡宮の別当職を兼帯し、石清水八幡宮と弥勒寺を合体した八幡宮寺を作り上げた人物であり、喜多院領は元命の子孫に伝領され、のち石清水八幡宮領の核となった。喜多院所領注進状によれば、得善と呼ばれる国々散在の名と荘園と寺社領からなり、それは九州全域に及んだ。それに対して新宝塔院領は院と深いつながりをもつ所領である。宇佐宮の新宝塔は永保元年（一〇八一）に白河天皇の御願で造営された塔であり、この塔に寄進された荘園が新宝塔院領である。新宝塔院は元命の再建した石清水八幡宮の東宝塔院に対して、西宝塔院と呼ばれ、石清水祀官家の小松家の流れに院主職が伝えられた。修学院はほとんどその実態は不明であるが、佐田荘・深見荘がこの院家に深い関係を持っている。別編成の所領としては、院家に属さずその後も弥勒寺領として継続したものと十一世紀末には独立したものなどがある。元命の段階では、筑前の筥崎八幡宮や肥前の千栗八幡宮、肥後の藤崎八幡宮、薩摩の新田八幡宮、大隅の正八幡宮や壱岐・対馬の八幡社など九州の主たる八幡宮はその傘下に置かれていたが、元命が所領を嫡子成清と次子戒信に分ける段階で、戒信の所管する弥勒寺領として残ったものと弥勒寺から離れ、兄成清が所管する石清水八幡宮に直接属するものとなった所領がある。前者の例としては千栗八幡宮や新田八幡宮などがあるが、後者の例としては筥崎八幡宮がその典型であり、早くから弥勒寺から切り離され、石清水八幡宮の末社として機能した。大隅正八幡宮も同様に独自に所領形成を行い、大隅・薩摩・日向の三国に絶大な力をもった。　→宇佐神宮《うさじんぐう》領　（飯沼　賢司）

みわのしょう　美和荘　周防国熊毛郡の荘園。現在の山口県熊毛郡大和町大字三輪・田布施町大字宿井《しゅくい》のあたり。立荘年次・成立事情ともに不詳。初見は徳治三年（延慶元、一三〇八）最勝光院領の当荘を春日大社へ寄進した後宇多院院宣案であるが、鎌倉時代初期にはすでに最勝光院領になっていたと考えられる。正中二年（一三二五）の『最勝光院領荘園目録』によれば、領主は仏師院修法印、本年貢は米五十石と綾被物二重の定めであったが、当時当荘は闕所同然で、翌年太政官牒は東寺への寄進を願っているが、元徳二年（一三三〇）後醍醐天皇は当荘を奈良の東北院に寄進した。徳治の寄進以降、最勝光院には本荘内の兼行方が充行われた。建武四年（一三三七）曾我時長が年貢四十石で当荘兼行方を請け負ったが、暦応三年（一三四〇）までに巨額の未納を生じ、足利直義の弁償を命ずる裁許も効なく貞和五年（一三四九）に及んだ。貞治三年（一三六四）には大内弘世が幕府との兼約と称し当荘兼行方を兵粮料所として家人に預け置き、約束期の応安元年（一三六八）を過ぎても返却されず、年貢納入が再開されたのは永徳三年（一三八三）であった。明徳四年（一三九三）大内氏家人沓屋成守が年貢四十貫で請け負い、永享四年（一四三二）よりは内藤盛貞の請負代官在任が知られ、長

禄元年(一四五七)までは年貢納入がみえる。　(松岡　久人)

みんかんえいでん　民間営田　⇩営田《えいでん》　⇩私営田領主《しえいでんりょうしゅ》

みんかんぶんでん　民間分田　中世の公領・荘園で基幹部分となる一般農民の名《みょう》田を、特定の用途にあてる除田や御館人の名などと区別してよんだ称。初見史料は永承三年(一〇四八)紀伊国名草郡郡許院収納米帳進未勘文(『平安遺文』三。『和歌山市史』四や薗田香融著『日本古代財政史の研究』で原形に復原されている)で、国衙領の郡許院の内部において、広義の在庁官人を意味する「御館人」の名と区別された「民間」の名が列記されている。また天永二年(一一一一)の東大寺領紀伊国木本荘作田損得注進帳(『平安遺文』四)では、全得田面積から除田面積を差し引いた残りが「民間分田」と記されている。すなわち「民間分田」とは、公領や荘園で特定の用途にあてる田地を除いたところの、国衙・荘園領主への貢納物を納める一般田地を意味したものである。　(坂本　賞三)

みんぶしょうずちょう　民部省図帳　⇩図帳《ずちょう》

みんぶしょうりょう　民部省領　律令制下の諸国の民政・財政を掌る民部省の所領。寛元二年(一二四四)十月二十四日、民部卿平経高は、石清水八幡宮の清祓の祭物を民部省から下行するよう要請されたのに対し、「当省全く便補保なく」、要劇田もないので、このような場合は、「中古以降」諸国に納物を割り充てて徴収する例であるから、その旨を省年預に下知したと答えている(『平戸記』)。民部省は元慶五年(八八一)に始まる官田の諸司分配にもあずからなかったらしく、まとまった所領の成立をみなかったと思われる。わずかに室町時代、「民部省田の事」について下された女房奉書(『壬生家文書』)など、断片的な史料が残存するのみである。また諸司厨町として「民部省町」の存在したことは知られるが、それも鎌倉時代にはすでにみな権門の押領するところとなり、逐年凌夷したので、その復興が図られている(『平戸記』仁治元年(一二四〇)四月二十日条)。　(橋本　義彦)

みんようち　民要地　平安初期の官符などに見える用語で民業に必要とされる土地という意味と思われる。延暦年間(七八二—八〇六)から大同年間(八〇六—一〇)にかけて、律令政府は官符を発して、山林原野における諸院・諸宮および王臣家の私的占有を制限し、「民要地」の保護をする政策を打ち出した。こののち「民要地」は「公私共利」の原則が貫ける山野を意味する語とみられるが、これは単に無限定な山林原野を指すのではなく、立法者側の念頭には村落の共用地があったとする、共同体のテリトリーを強調する説と民要地は必ずしも共同体の用益が確立した場所ではなく、脆弱な古代の村落の再生産に必要なものを確保する場として存在している程度の山野であるという説がある。いずれにしても平安初期から民業を妨げる山林原野など土地の占有が進み始め、民要地という語が出現してきたことは確かである。　(飯沼　賢司)

む

むえん　無縁　日本中世史家網野善彦の提唱にかかる日本中世史学上の学術用語で、人間や場所に関してそれらが主従関係・親族関係をはじめとする世俗の私的な支配に拘束されない状態にあることを意味する概念。元来は仏教用語で㈠原因・条件のないこと、㈡対象の区別がないこと、㈢存在しないこと、㈣救われる機縁のない者、などを意味した。また、十七世紀初頭に成立した『日葡辞書』は「頼るべきもののないこと、または孤児の境遇」のこととする。近世以降はもっぱらこうした意味に用いられ、たとえば無縁寺とは縁者のない死者や身元不明の死者を葬る寺を意味した。これに対し、網野が主として戦国時代の「無縁所」と呼ばれる寺院の法的、社会的性格に関する研究をもとに、無縁は中世においては本来世俗権力の私的支配下にないことを意味する言葉で、同様の意味内容を有する公界や楽とともに日本中世における自由を意味する代表的な用語であったとする学説を公表して以来、この意味での用法が定着しつつある。無縁の性格を有する場所としては道路・市場・海浜・野山などが、また無縁の人間としては遍歴の職人・芸能民などの非農業的職種の人々が挙げられている。中世においてこれらの場所あるいは人々は、みずからが無縁であることを根拠として世俗の私的権力の支配を拒否しうる権利を持っており、事実しばしば世俗権力の支配に対抗するために無縁という言葉が援用されたというのがこの説の眼目である。無縁の場所や人間の属性としては、㈠不入権、

すなわち国家警察権の侵入の排除、(二)領主の賦課する租税の免除、(三)自由通行権の保証、(四)周辺地域における戦闘や訴訟などの紛争から隔絶した平和領域たることの保証、(五)私的な主従関係の効力の否定、(六)外界において発生した債権債務関係の効力の否定、(七)当時一般に厳しく追及された犯罪責任に関する連座制の不適用、(八)平等原理にもとづく組織形態の採用、などの特徴が指摘されている。以上のように、無縁をもっぱら中世における自由を意味する言葉として理解する学説に対しては最近、中世史料上の無縁の用例研究による限り、中世においても無縁の基本的な語義は頼るべきものがないという点にあって、上記の八つの特徴のことを無縁という言葉で表現している例はほとんどなく、また無縁であることを理由に何らかの積極的な権利主張がなされている例もほとんど検出されないので、再検討を要するという有力な批判も提起されている。（植田　信広）

むかえがい　迎買　中世―近世の商行為。市場など指定された交易所へ運送する売荷を、その途中で買い取る行為であるが、単にそれのみにとどまらず、生産地まで出向いて買い取る意味にも用いられた。鎌倉中の物価統制に関係して、相模国の交易所に自由な取引を認めた建長六年(一二五四)の鎌倉幕府追加法によれば、押買・迎買が並記して禁じられており、かかる行為が円滑な商取引を阻害するものであったことが窺われる。鎌倉中迎買の禁止は、弘長元年(一二六一)にもみられるが、弘安九年(一二八六)には、遠江・佐渡の悪党禁圧令のなかで、押買・迎買・沽酒以下が禁止されており、幕府が、単に鎌倉だけでなく全国的にかかる行為の禁止を意図していたことが窺える。室町時代の史料である『満済准后日記』応永三十一年(一四二四)六月十四日条には、新座と号して迎買を行い、社頭においてそれを高値で売っている行為を禁じた記事がみられ、『今堀日吉神社文書』天正十五年(一五八七)十二月二十一日の近江国得珍保諸商定書には、山越への迎買を禁じた旨が記されている。近世に入っても、迎買は、所々で行われたようであり、これに制限を加えた禁令が残されている。（古沢　直人）

むかつくのしょう　向津奥荘　長門国大津郡に所在した荘園。現在の山口県油谷町内に比定される。白河院政期に立券され、のち後白河法皇が新日吉社(京都市東山区)に寄進し、妙法院門跡に管理を任せた。平安末期には豊西郡司広元が知行していたが、源平争乱で平家方についたため没収され、大江景国が地頭に補任された。建久八年(一一九七)源頼朝は当荘地頭職を新日吉社に寄進しており、これ以前に景国は地頭職を没収されたと見られる。以後、当荘は新日吉社の一円社領として受け継がれ、実際の伝領は妙法院主によってなされた。観応三年(一三五二)豊田修理亮が兵粮料所と号して濫妨を行い、足利尊氏はこれを停止させるよう長門国守護厚東武直に命じている。その後も豊田氏の干渉はしばしば行われた。室町時代以降の動向はほとんど不明であるが、十六世紀後半にもなお「向津奥庄」という呼称は残っていた。（久保健一郎）

むぎのしょう　武儀荘　美濃国武儀郡の荘園。武義荘・武気荘とも書き、「むげのしょう」とも称されたらしい。現在の岐阜県加茂郡七宗《ひちそう》町神渕《かぶち》を中心とする地域。はじめ摂関家領。南北朝時代に荘内の神渕郷栗原村は二階堂氏と推定される女性が臨川寺三会院に寄進、荘内の野所・安弘見・加藤郷などは土岐氏に勲功賞として充行われた。（谷口　研語）

むこくごにん　武庫供御人　摂津国武庫郡(兵庫県尼崎市)に設定された斎院領武庫御厨の供御人。武庫御厨は武庫川の下流域に位置し、古くから難波の津の外港として栄え、交通の要地に存在した。そこで武庫御厨供御人は諸方面と交流して生魚を交易し、日次供御を備進していた。武庫御厨は平安時代末には平家領となり、平家滅亡後は平家没官領として後白河法皇が進止したが、のちに源頼朝に与えられ、さらに頼朝の妹である一条能保の妻の所領となっている。供御人は供御物を確保するため、国家的課役の免除、活動に対する諸人の妨害の排除、関所などの自由通行権、営業権の円滑な行使などの特権が与えられていたが、武庫供御人にも、『今宮村文庫文書』文永十一年(一二七四)正月二十五日蔵人所牒によれば、文治五年(一一八九)後白河院庁によって、生魚の交易、往返の煩いの停止を保障されていたという。（瀬野精一郎）

むこのしょう　武庫荘　摂津国武庫郡の荘園。武庫川東岸に散在した。現在の兵庫県尼崎市武庫之荘・常松付近。春日社・興福寺領。『三箇院家抄』によると、九条良経の女で順徳天皇の中宮東一条院から承久の乱前後に寄進された。二十六町余からなる当荘は大乗院門跡の知行であったが、室町時代には興福寺松林院の管掌する預所名十七町三段と春日社御塔供米を負担する菖原名八町九段に分けられた。摂津の国人、太田・吹田・伊丹の各氏が争ってその代官職を請け負ったが、応仁・文明の乱後は彼らに押領されて興福寺の手をはなれた。（福留　照尚）

むしゅのち　無主地　耕作者のいない土地や「公私共利」の山川藪沢などを指す語。用語としては「無主荒野」「無主荒野地」「無主荒野山河藪沢」などと史料にみえる。また、耕作が現実にできない土地、意識的に耕作していない土地、荒田・常荒・田代・年荒等は「しめ」をおろさず、牛馬放牧の開放地としていわゆる無主地に入れられ、村落共同体の再生産継続に重要な位置を占めた。一方、荘園領主側は「無主荒野山河藪沢は荘領たるべし」という論理を使い、村落の再生産継続の場を押さえるとともに、そこを開発地に設定し、新しい耕作者を募った。平安時代の中期、「猪鹿立庭」として荒廃した水田を国衙に開発申請して、別名や荘園などの開発を行なったのもこのような無主地の再開発の例である。近年この時期の荒野の出現を開発の口実のレトリックとする説と、現実に起こった気候変動の中で出現した広大な無主荒野が出現

し、その再開発として荘園が成立したという説も出ている。（飯沼　賢司）

むしろかす　筵かす　⇩筵付米《むしろつきまい》

むしろたたき　筵叩　⇩筵付米《むしろつきまい》

むしろつきまい　莚付米　荘園において荘官得分の一つとして年貢米のほかに徴収する米。莚付員《かず》米・莚付・莚払ともいう。年貢米を荘園の納所に納めるとき斗《ます》で計る際、斗掻《かき》で斗の上の余分の米を掻き落としたときに莚に付いた米＝払い落とした分だけ荘官得分としたことによる。高野山金剛峯寺領免射島では斗掻を用いず手掻きしていたのを永享六年(一四三四)から百姓の要求どおり、計量に斗掻を用い莚付米を一斗につき一升と定めた。このように莚付米は当初その量は定まらなかったが、のちに定量化した。備後国太田荘では年貢米一石につき三升、醍醐寺領越前国牛原荘では一斗別三合、東寺領安芸国新勅旨田では宣旨斗一斗につき一升で、徴収額は荘園によって差がみられる。文永八年(一二七一)四月五日、興福寺領では所当米は十一合斗で計り、水平に斗の上を斗掻で掻き取って計量するようにし、員(員米)・莚払は徴収せぬように定めている。また文永九年勝尾寺領外院《げいん》荘では荘官は米五斗を計るときに二度莚に返して七升を莚付員米といって掻きとったという(『勝尾寺文書』)。二度莚に返すとは計るとき二度に分けて米を計り二回分の莚付米を取ったという意味と解される。越前国藤島荘から延暦寺へ送る年貢米は敦賀津で陸揚労働者の江丁が陸揚げし、曳屋で臼で挽いて玄米とする定めであった。荘官たる曳屋の主は莚払として江丁から一日三斗の徴収が認められていた。莚付米と同じ性格の付加税が竃米《へついまい》・員(数)米で、竃米・員米を合わせて装束米と呼んだ。東寺領山城国拝師荘では年貢米納入のとき、竃米は大折敷《おおおしき》から箕ではね掬いをして取り、数米は掌ですくい取るといっている。莚付米・装束米と名目は異なるが年貢米納入の計量のとき荘官得分としたものである。時期が下ると莚付米の内容も変わり永正ごろ紀伊国粉河市場(和歌山県那賀郡粉河町)では取引される米の手数料の意味で、また天正十八年(一五九〇)、遠江国気賀宿(静岡県引佐《いなさ》郡細江町)の土豪中村氏は六斎市に集まる商人に筵一枚ずつ敷かせて莚付と称して徴収していた。莚付米・装束米はいずれも近世の口米へ転化する運命にあった。（正木喜三郎）

むしろはらい　筵払い　⇩筵付米《むしろつきまい》

むそく　無足　⇩無足人《むそくにん》

むそくにん　無足人　無足は知行や封禄のない意味で、中世から近世にかけて所領のないことをいった。鎌倉幕府では正治二年(一二〇〇)十二月に、治承・養和以後の新恩地で五百町を越える者には、その余分を召し放して無足の近士に与えようとして宿老らを周章させたことがある。『御成敗式目』には、長子でありながら何らかの理由で父母の所領の配分に与らなかった者に、跡をついで嫡子となった者から五分の一を分与することを定めているが、その者を無足の兄と称している。このように所領のない場合を無足といったことから転じて、所領からの収益のないことなどを無足といい、さらに所領のない者を無足人とか無足衆、あるいは単に無足ということは中世後期には広く行われた。『日葡辞書』には、musocu(無足。領地を持たないこと、または、領地やそれに相当する物を貰わないで奉公すること)、musocuna または musocuni natta(無足な、または、無足になった。武士が持ちつけている知行、あるいは領地がなくなる)、musocuna または musocuno(無足な、または無足の。無益なこと、または徒労なこと)、musocunin(無足人。所領もなく、知行すなわち所領がないのを補うに足るだけの食扶持もない人)など多くの語彙を収めていて、無足ということがかなり広く用いられていたことを示している。『大内家壁書』には、無足不足の者に扶持として隠地を聞き出して望み申せと伝えている。広島藩の『福島正則家中分限帳』には、無足衆として、四十人扶持から五人扶持までの九十二名を記しているが、その中には後家や寺院のほか、職人と思われるものも含まれている。京都の賀茂別雷神社(上賀茂社)では、年齢順に百四十人の社家が往来田の班給を受けたが、まだ班給を受けない社家を無足の氏人と称した。江戸幕府では、御家人などの次・三男で無足の者は無足部屋住と呼んでおり、それに奉公を命ずる場合には新規召抱か見習勤にして、役名の場所へは任用しない原則であったが、幕末には術業にすぐれた者は役名の場所へも採用を認めた。しかし当主になるまでは本役にしない定めであった。諸藩でも無足組などの名称を残したところもあるが、無足人制度を設けていたのは藤堂氏の津藩とその分家の久居藩で、その領分のあった伊勢・伊賀・大和・山城などで行われた。この無足人は他藩の郷士や地士に相当するものであった。無足人は村落に居住するが、苗字・帯刀を許され、具足一領・鑓一筋を所持し、戦時には出陣する用意を必要とし、幕末維新の際には、大和天誅組との戦いや鳥羽・伏見の戦などに従軍した者もあった。無足人の制度は伊賀で始められた。天正九年(一五八一)の織田信長の伊賀攻略にあたって反抗した在地領主のうち、民間に隠れて、やがて土着した者も多かった。これらの者に半士半農の地位を与えて、藩への抵抗を弱める目的があったといわれる。それが伊勢その他の領内にも及んだ。無足人に取り立てられた者は、初期においては由緒ある筋目の者であったが、後期になると、村役人として精勤した者や金穀を藩に調達した者から取り立てられた。大庄屋や庄屋も無足人から取り立てられることが多く、農民統制上重要な役割を果たした。無足人は夫役・棟割などの課役は免ぜられ、村落内では特別な地位を占め、村域を越えて無足講を結成したり、神社の祭祀にあたっては無足人座という宮座をつくったりもした。無足人が窮乏して、一領一筋の武具を備えることができず、軍用を勤められなくなれば、帯刀・衣服免許の書付を返上して、その身分を失った。明治維新後、

家筋由緒のある者は由緒書を提出して士族に編入された。なお田地を持たない無高百姓を無足人と称した地方もある。　(児玉　幸多)

むつらのしょう　六浦荘　武蔵国久良岐郡の荘園。現在の神奈川県横浜市金沢区と磯子区の一部にあたる。六浦・釜利谷《かまりや》・金沢・富岡の四郷からなる。鎌倉の四角四境祭が行われた地でもあり、六浦は広義の鎌倉の東端に位置し、朝比奈切通で鎌倉と結ばれ、六浦の港は鎌倉の外港として栄えた。六浦・釜利谷の地には鎌倉特有の「やぐら」(横穴式墳墓)が多くみられる。本家は建治二年(一二七六)に仁和寺勝宝院から金沢氏一円領へ変化し、一方、現地支配は、平安時代末期に那珂実経、鎌倉時代は和田氏から金沢北条氏に変わった。南北朝時代以降は、六浦と上杉氏・鎌倉との濃厚な結びつきがみられる。金沢には、金沢北条氏の氏寺称名寺と金沢文庫があることでも知られる。　(福島　金治)

むなかたじんじゃりょう　宗像神社領　福岡県宗像郡玄海町田島に鎮座する宗像神社の所領。大化ごろ筑前国宗像郡が神郡とされ、また『新抄格勅符抄』の大同元年(八〇六)牒には神封七十四戸とあり、ほかに神田もあった。天元二年(九七九)太政官直任の大宮司職を設置後、封戸・神田を荘園化し、社領を形成した。永承ごろの大宮司宗像氏高が開発私領の宗像郡須恵・土穴・稲本の三村を寄進して以来、神官・僧官や在地領主の開発私領が寄進され、社領となった。文永十一年(一二七四)ごろの社領は、本神領宮方三百六十三町、別符方八十三町三段、半不輪内当知行分三十町と大宮司私領とで構成された。宮方は封戸・神田を母体としたものと思われ、神事用途料所の性格をもち、宗像氏の氏長者職に伴う渡領として存在し、大宮司の一円支配であった。別符方は一円支配の及ばぬ地域で、特に検断権の行使に宮方と差があり、神官・僧官や在地領主が国領を開発して得た私領を寄進したことにより成立したものであろう。半不輪内当知行分は国半不輸の浮免田で、得分のみの収得地と思われる。大宮司私領は、赤間荘・山田村の名主(小地頭)職や荘官職よりなる。鎌倉時代末期の『宗像氏事書』は、大宮司家の在地支配の法として有名である。社領は、宗像荘のほかは村・郷・名・別符で、別名の系譜をもつものであろう。宗像郡内を主に、鞍手・遠賀両郡にも存在し、大化前代の胸形君の支配領域と重なるのが特徴的である。鎌倉幕府の御家人となった大宮司に、肥前・豊前国などに散在する地頭職が給付された。宗像社の本家職は、鳥羽院または同院准母令子内親王(白河天皇皇女)。鳥羽院→美福門院→八条院と伝わり、大覚寺統が伝領した。領家職は各院の院司が支配し、承久の乱後没収されて、関東御領となり、得宗領化した。建武元年(一三三四)後醍醐天皇は本家職・領家職を当社に寄進し、当社の一円支配となる。大宮司職は氏高以来、その子孫

宗像神社領

宗像神社　社領一覧

所在国郡	名称	成立(所見)年次	特徴	典拠
筑前　宗像郡	宗像荘	建長元年所見	根本神領、神事料所、五ヶ郷寄進地、大宮司一円地	宗像神社文書
同	土穴村	同	名主職、宗像荘内、武藤氏所領	同
同	稲本村	同	同	同
同	須恵村	大治年中寄進	名主職、根本神領、第三宮不断香料所、宗像荘内、武藤氏所領	同
同	朝町村	建治三年所見	第二宮長日御供料所、根本神領、十町余、赤間院内、半不輪地、朝町神人	同
同	曲村	寛喜三年寄進	末社七十五社修理料所、宗像荘内、四十町、地頭職	同
同	赤間荘	建久四年所見	上西門院領、のち長講堂領、田久村名田二十町、名主職・地頭職	一色定法師一筆一切経・宗像神社文書
同	赤間院	大治四年所見	大山田・朝町村、三郎丸、国領	稲元出土経筒銘・宗像神社文書
同	本木村	建久二年安堵	地頭職、駕輿丁、本木神人	宗像神社文書
同	内殿村	同	地頭職、許斐神主、内殿神人	同
同	東郷	建保五年所見	宗像東郷内曲村・野坂	同
同	野坂荘(別符)	同	上今犬丸名主職、四十町、宗像東郷野坂、得宗領、宇佐宮領(地頭職)	宇佐八幡宮文書
同	河東村	大治五年所見	宗像宮内	山田出土経筒銘
同	高向村	承久三年所見	地頭職	宗像神社文書
同	田野別符	文治二年所見	伊摩大明神仁王講供免田、田野神人	同
同	池田郷	建治二年所見	九月九日長日御供立用	同
同	上八村	安元元年所見	織幡・許斐・孔大寺等長日御供料所	同
同	山田村	建久四年所見	大山田(赤間院内)・織幡・許斐等長日御供料所、国領、地頭職	一色定法師一筆一切経・宗像神社文書
同	光岡村	建武元年所見	織幡・許斐・孔大寺等長日御供料所	宗像神社文書
同	村山田村	同	同	同
同	蛭田村	天永年中安堵	国領か	同
同	在自村	正嘉元年所見	弘長元年宮方寄進、二季御神楽料、毎月車地講用途料所	同
同	宮地村	同	同	同
同	奴山村	永治元年所見	西奴山里、奴山大石村小問丸名、十五町	同
同	久原村	文和元年所見	地頭職	同
同	大穂村	同	地頭職、庶子分	同
同	平等寺村	貞治四年寄進	足利義詮寄進、宗像氏俊軍功賞	応永社家文書惣目録

所在国郡	名称	成立(所見)年次	特徴	典拠
筑前 宗像郡	許斐田	乾元二年所見	許斐神人	応永社家文書惣目録
同	河西郷	同	九月九日大神事長日御供立用米	応安神事次第
同	宗像別符	応安六年安堵	別符五ヶ郷名	宗像神社文書
鞍手郡	無留木村	承久三年所見	地頭職、宗像大神鎮座地室貴六嶽、牟留木宮田二郎丸名	宗像神社文書・宗像大菩薩御縁起
同	宮田村	同	地頭職、牟留木宮田二郎丸名	宗像神社文書
同	鞍手村	正嘉元年所見	弘長元年宮方寄進、二季御神楽料、毎月車地講用途料所、第三宮長畳料田	同
同	山口村	文永五年所見	往古神領、文永五年地頭職、地下沙汰人職寄進、末社山口御口代神社	同
同	芹田村	文和二年充行	宗像氏俊勲功賞	同
同	稲光村	同	同	同
同	若宮荘	応永年間所見	醍醐三宝院領	応永社家文書惣目録
同	宮永村	至徳四年安堵	十七町、宗像氏家勲功賞、宮永片隈田三町	同
遠賀郡	内浦村	建武元年所見	織幡・許斐・孔大寺等長日御供料所、内浦若宮社鎮座	宗像神社文書
同	吉田乙丸名	承元四年所見	地頭職、十町二段、王氏私領	同
同	楠橋荘	建武三年充行	宗像氏範勲功賞	同
同	遠賀荘	永禄三年所見	山田郷・天野郷	同
志摩郡	小呂島	建長五年所見	全島往古神領、謝国明知行	同
豊前 田川郡	川崎村	文保元年所見	地頭職	同
同	今任村	貞治四年充行	宗像氏俊勲功賞、地頭職	応永社家文書惣目録
京都郡	大豆俵村	貞治四年寄進	足利義詮寄進	宗像神社文書
肥前 神崎郡	神崎荘	正応二年充行	蒙古合戦勲功賞、五町	応永社家文書惣目録
同	神崎荘尾崎保	文和元年充行	宗像氏正勲功賞、地頭職	宗像神社文書
同	蒲田郷	応永十七年所見	大宮司分	同
小城郡	晴気保	建長六年知行	地頭職	同
同	多久村	正和二年所見	田久得分	同
杵島郡	須古荘	正平六年充行	地頭職、宗像氏正	応永社家文書惣目録
高来郡	伊佐早荘	建保元年買得	地頭職、三十六町	宗像神社文書
壱岐	守護職	貞治四年補佐	宗像氏俊	賜蘆文庫文書・応永社家文書惣目録
石田郡	石田郷薬師丸	康永三年知行	地頭職	応永社家文書惣目録

(宗像神社復興期成会編『宗像神社史』下による)

が相伝し、神官領主、南北朝時代以降は国人化する。戦国時代に宗像郡は大宮司の領国と化し、少弐氏の勢力を排除した。永禄四年(一五六一)大宮司氏貞は百町の社領を設定。氏貞の没後、天正十五年(一五八七)豊臣秀吉が没収したが、その後、小早川隆景が二百町を寄進した。ところが再び隆景の養子秀秋が没収した。その後、福岡藩主黒田氏が百三十三石余を寄進し、明治維新に及んだ。

(正木喜三郎)

むねべつせん　棟別銭　鎌倉時代の後期から戦国時代にかけて見られる臨時の家屋税で、家屋の棟別に賦課された。「むねべちせん」「むなべちせん」「むなべつせん」とも読み、「棟役」ともいう。寺社修造料の調達を目的とする事例が多いが、朝廷関係や橋の築造のためのものもある。賦課対象も多様であり、全国的なものから特定の国、京中に限られる場合などもある。十三世紀末摂津多田院本堂以下の修造は、摂津・丹後の二ヵ国であり、東寺や東大寺食堂の場合は全国的であった。また南北朝時代京都五条大橋の築(修)造には洛中棟別銭が徴されている。鎌倉時代には、棟別銭賦課手続として官宣旨による朝廷の許可が必要であり、幕府・六波羅探題もこれを施行している。現実の徴収は、寺社の修造責任者が当該国守護などの協力を得て行う形態が一般的であった。棟別銭の創設が、勧進にかかわる寺社修造費用の調達手段として登場したことの反映であろう。棟別銭は、棟別十文ほどであったが、この賦課徴収の前提として一国単位の賦課台帳＝棟別(家数・間数)台帳の存在を考えなければならない。しかし戦国時代以前、こうした台帳の存在は現在のところ確認されていない。大田文が何らかの形で利用されたのか、あるいは棟別銭賦課台帳が国衙の機能として大田文とともに存在していたのか保留せざるをえない。室町時代になると棟別銭賦課権は段銭賦課権などとともに幕府に移る。当然のことながら強制力も幕府の行使するところであった。鎌倉公方管轄下の東国においても事態に変わりなかった。公方は、円覚寺に寄進された常陸国吉田郡以下の棟別銭(棟別十文)の催促を常陸大掾氏に命じ、また同じく円覚寺造営要脚として寄進された常陸一国の棟別銭の内、一族・自身知行分などの沙汰を小田氏に命じているのである。寺家雑掌(使)による徴収が困難さを増すのに対応して、守護に依存する徴収方法も採用されていった。棟別銭の守護請、その頻度の増加は守護独自の棟別銭賦課への道を開き、それはまた棟別銭恒常化への行程でもあった。段銭賦課の動きと規を一にするものといえよう。越後守護上杉氏は十五世紀後半越後一宮弥彦社造営を名目として一国平均の棟別銭賦課を実施し、武蔵国でも守護山内上杉氏が一国棟別銭の徴収を行なっていた。戦国時代の棟別銭賦課はこうした守護段階の達成を継承しつつ、検注などによって質的に進展したものであった。棟別(数)基本台帳の作成が現実になったので

ある。後北条氏は、永禄二年(一五五九)段階で、伊豆一国の家数八千九百五十五間半を「本棟別之高辻」として掌握していた。伊達氏は天文四年(一五三五)『御むねやくの日記』を作成し、棟別銭賦課の基準台帳を入手するに至っているのである。家(棟)数の検注は、大永四年(一五二四)幕府三条御所の作事用途調達の諸国賦課に際して、管領細川高国からも提示されており、一般的課題となっていたことが知られる。戦国時代の棟別銭はその額も棟別百文ほどとなり、段銭とともに戦国大名の在地把握、軍事・財政基盤の確立に大きな役割を担っていたのであった。近世になると棟別銭という名目での賦課は見られず山手・川手などとともに運上の中に包摂されていったものと思われる。 (田沼　睦)

むべくごにん　薁供御人　文安二年(一四四五)十一月二十一日付の後花園天皇綸旨にみえる供御人。近江国蒲生郡奥島荘(現在の滋賀県近江八幡市島町付近)に居住した。薁(郁子《むべ》)は、アケビ科の植物で、果実は食用になる。『延喜式』には、近江の例貢の一つとして、郁子がみえている。享保十九年(一七三四)刊の『近江国輿地志略』によれば、当時地元では、天武天皇や聖徳太子が奥島を訪れた際奉ったのが、薁献上のはじまりといわれていた。文安二年の綸旨では、薁供御人にかけられた非分課役を停止するように述べられている。下って、『後水尾院年中行事』の十一月朔日の条に、「近江国より、むへといふ物を献す、いつより奉りそめけるにか」とあるのは、本供御人と関係あると思われる。旧奥島荘域にあたる近江八幡市島町からは、最近まで十一月一日に皇室へ郁子を献上していた。 (太田　浩司)

むらくしのしょう　村櫛荘　遠江国敷智《ふち》郡の荘園。現在の静岡県浜松市村櫛町から和地《わじ》町などにかけて、半島部一帯にほぼ相当する。鎌倉時代からみえる。本家は嘉暦元年(一三二六)後醍醐天皇の寄進により最勝光院から東寺に移る。領家は元は北条重時とされているが、南北朝時代には徳大寺家であった。地頭は南北朝時代に高師泰から斎藤利泰に替わり、さらに地頭職《しき》の三分の二が天竜寺に寄進された。このため、本家職東寺―領家職徳大寺家―三分二地頭職天竜寺―三分一地頭職・荘主斎藤氏という重層的な職の秩序を構成することになった。本家の得分は、元は本年貢百石・綾被物一重であったようだが、未進のため南北朝時代には本家米六十石、しかも徳大寺家より二十石、天竜寺より四十石となった。さらに、領家徳大寺家からの二十石は、半済で十石分(五貫文)となり、明徳元年(一三九〇)には山崎弾正左衛門尉清懐が請け負っている。以後、代官請負で応仁の乱ごろまでは維持された。 (本多　隆成)

むらたのしょう　村田荘　常陸国筑波郡にあった荘園。現在の茨城県真壁郡明野町村田を中心とした筑波郡、新治郡、茨城郡の一部を含む地域。康治二年(一一四三)、安楽寿院領として現れるのが初見。この段階での村田荘は、常安保と南野牧から構成され、茨城・筑波・真壁・新治四郡にまたがる巨大な荘園であった。この時立荘に関与したのは、常陸平氏本宗家であった。以後の村田荘については、南野牧が独立した単位となった後、常安保(村田荘)→村田荘・田中荘・下妻荘(村田下荘)という分立過程と、常安保(村田荘)→村田荘(下妻荘)・田中荘(村田下荘)という分立過程の二様が想定される。当荘は八条院領となり、鎌倉末期、本家職が大覚寺統に帰属した。領家職は、村田荘は九条家領、同下郷は土御門家領であり、南北朝内乱前期には「村田上郷」が妙法院門跡領であったが、村田荘・村田下郷・村田上郷の関係も明確でない。なお、常陸平氏本宗家は、寿永二年(一一八三)の信太義広の乱、建久四年(一一九三)の政変によって没落し、村田荘・下妻荘には小山氏が入部した。南北朝期には、常陸における南朝の拠点の一つとなった。 (清水　亮)

むらやのしょう　村屋荘　⇨杜屋荘《もりやのしょう》

むろづみのしょう　室積荘　周防国熊毛郡の荘園。現在の山口県光市室積村一帯。立荘年次・成立事情ともに不詳。しかしおそくとも鳥羽法皇の治世には石清水八幡宮寺領となっている。承安元年(一一七一)十二月の官宣旨案に石清水八幡宮宝塔院領十二ヵ荘の一つとしてみえ、同院主法印成清の解状に任せて、右の十二荘を領主の有無、相承の理非を論ぜず、宝塔院の院家に付することとされた。その後成清が一旦寺務を改易された隙に諸人が同院領を掠め賜わったので、成清は再度解状を提出して養和元年(一一八一)同院領十二ヵ所を宝塔院に付する院庁下文を下付された。鎌倉政権の出現に伴い、成清はさらに同院領の保証を求め、建久元年(一一九〇)後白河院庁下文を下付された。その後応永九年(一四〇二)以来大内氏被官人杉・沓屋・弘中の諸氏による石清水領の当荘および遠石・得善両保押妨に対して、幕府は同十二年大内盛見に停止を命じたが遵行されず、翌年閏六月再び盛見に押妨停止と下地の沙汰付けを命じている。 (松岡　久人)

むろまちいんりょう　室町院領　室町院(後堀河天皇皇女、暉子内親王)の管領した荘園群。承久三年(一二二一)七月、鎌倉幕府は討幕計画に参画しなかった後高倉院守貞親王に、承久の乱後没収した八条院遺跡二百二十余ヵ所を返進する(『三宝院文書』)とともに、親王の皇子を皇位につけた。後堀河天皇である。後高倉院は八条院領を皇女安嘉門院邦子内親王に譲り、また継承した春華門院領はその妃北白河院藤原陳子の管理に任せた。北白河院は暦仁元年(一二三八)の死に先立って、皇女式乾門院利子内親王に譲った。その式乾門院は建長元年(一二四九)に、一期ののちは猶子の中書王(後嵯峨天皇第一皇子、のちの鎌倉幕府将軍宗尊親王)に管領させるべき旨を沙汰して、室町院に譲った。宗尊親王は文永十一年(一二七四)に、また室町院も正安二年(一三〇〇)五月三日に没したが、同院は御領について何ら遺言するところがなかった。大覚

室町院領一覧

所在国郡	名称	所見年月	特徴	典拠
山城 京都	仁和寺花園御所跡	乾元元年か	押小路姫宮領、持明院統分、妙心寺	室町院
同	五条天神主職	徳治元年六月	大覚寺統分	昭慶門院
乙訓郡	物集女荘	同	同	同
葛野郡	西院畠	同	同	同
宇治郡	山階御領	同	季俊、大覚寺統分	同
(郡未詳)	西京御領	同	康氏、大覚寺統分	同
(同)	佐奈郷内開作田	同	北面源泰雄、大覚寺統分	同
(同)	松崎御領	同	国房朝臣、大覚寺統分	同
(同)	紺播奉行	同	京極局、大覚寺統分	同
大和 広瀬郡	広瀬荘	乾元元年か	金剛勝院領、院御分、持明院統分	室町院
高市郡	高殿荘	同	本御領、北白河院領、持明院統分	同
高市郡か	君殿荘	同	押小路姫宮領、持明院統分	同
(郡未詳)	吉貞荘	同	金剛勝院領、院御分、持明院統分	同
(同)	石川荘	同	同	同
(同)	三ヶ荘	同	散在御領、持明院統分	同
(同)	曾我荘	徳治元年六月	大覚寺統分、相模国とするものあり	同
河内 石川郡	石川荘	建長二年十一月	式乾門院寄付	九条道家惣処分状
		乾元元年か	七条院領、前将軍家御分、持明院統分	室町院
茨田郡	小高瀬荘	同	本御領、別相伝、持明院統分、勧修寺中納言、「此外御領地」分にもあり	同
		暦応三年二月	領家観心寺	観心寺文書
同	高柳荘	乾元元年か	金剛勝院領、院御分、持明院統分	室町院
同	上仁和寺荘	同	「此外御領地」の内、能景法印、持明院統分	同
同	下仁和寺荘	同	「此外御領地」の内、妙心寺、持明院統分	同
(郡未詳)	富田荘	同	本御領、院御分、綾小路前大納言入道、持明院統分	同
(同)	江泉村	徳治元年六月	重分進、親王御分、大覚寺統分	昭慶門院
和泉 大鳥郡	大鳥荘	乾元元年か	本御領、北白河院領、椎野寺、持明院統分	室町院
(郡未詳)	坂平荘	徳治元年六月	領家葉室頼藤、大覚寺統分	昭慶門院
(同)	坪井荘		大覚寺統分か	御料地史稿
摂津 八部郡	位倍荘	嘉元三年七月	亀山院より後二条天皇に譲る	亀山院
		徳治元年六月	内裏御分、藤原頼長領から後院領に、大覚寺統分	昭慶門院
同	位倍荘別当	同	靡姫君	同

所在国郡	名称	所見年月	特徴	典拠
伊賀 伊賀郡	長田荘	乾元元年か	六条院領、別相伝、禅林寺殿・持明院中納言、持明院統分	室町院
(郡未詳)	豊高荘	徳治元年六月	親王御分、民部卿局、大覚寺統分	昭慶門院
伊勢 一志郡	日置荘	乾元元年か	六条院領、姫宮御方、西園寺、持明院統分	室町院
同	小倭荘	文治三年四月	大江広元預所、小倭田荘ともあり	吾妻鏡
		乾元元年か	六条院領、院御分、持明院統分	室町院
同	木造荘	元暦元年四月	平頼盛領	吾妻鏡
		徳治元年六月	久我前内大臣相伝、大覚寺統分	昭慶門院
度会郡	村松御厨	乾元元年か	「此外御領地」の内、四条前宰相、持明院統分	室町院
(郡未詳)	佐奈郷内坂手葛庭新開田	同	「此外御領地」の内、持明院統分、『御料地史稿』は大覚寺統分とする	同
(同)	善勝寺	徳治元年六月	経世朝臣、大覚寺統分	昭慶門院
(同)	寛弘寺	同	重分進、国房朝臣、大覚寺統分	同
(同)	佐賀利良御園	同	領家二条為雄、大覚寺統分	同
(同)	奈波利御厨	乾元元年か	「此外御領地」の内、持明院統分	室町院
(同)	氷室保	同	同	同
(同)	上福寺	同	同	同
(同)	今熊野社	同	同	同
(同)	観音寺	同	同	同
(同)	証誠寺	同	「此外御領地」の内、宗円僧正、持明院統分	同
(同)	国分寺	同	本御領、北白河院領、院御分、持明院統分	同
(同)	湯田御園	同	同	同
尾張 海部郡	秋吉御園	同	「此外御領地」の内、持明院統分	同
同	櫟江荘	同	七条院領、前将軍家御分、持明院統分	同
春部郡	味岡荘	徳治元年六月	入道相国・永嘉門院、大覚寺統分	昭慶門院
(郡未詳)	願満名	乾元元年か	「此外御領地」の内、持明院統分	室町院
(同)	御母板倉御厨	同	七条院領、院御分、「此内粟田島御別相伝」とあり	同
遠江 敷智郡	浜松荘	嘉元三年七月	亀山院、領家職を西園寺公衡に譲る	亀山院
		徳治元年六月	前左大臣・遠繁、大覚寺統分	昭慶門院
同	同 里郷	同	権大納言典侍	同
同	同宇間郷	同	後堀河院法華堂	同
同	同朝田郷	同	持明院三位入道	同
同	同阿多古郷	同	同	同
同	同宇布美郷	同	遠繁	同
同	同岡部郷	同	賀茂神主経久相伝	同
同	同大窪郷	同	三条公雅	同

所在国郡	名称	所見年月	特徴	典拠
遠江 長上郡	蒲御厨	正治元年三月	地頭職停止	吾妻鏡
		乾元元年か	「此外御領地」の内、地頭職、持明院統分	室町院
長下郡	飯田荘	嘉元三年七月	亀山院より後伏見院に譲る	亀山院
		徳治元年六月	新院分、高倉永定、大覚寺統分か	昭慶門院
武蔵 入間郡	河越荘	文治二年七月	新日吉社領	吾妻鏡
		徳治元年六月	親王御分、行清、山門造営料所に付す、新日吉社領別相伝、大覚寺統分	昭慶門院
(郡未詳)	大江小泉	同	領家藤原為世、大覚寺統分	同
下総 葛飾郡	葛西御園	乾元元年か	本御領、北白河院領、姫宮御方、持明院統分	室町院
近江 野洲郡	田中荘	徳治元年六月	親王御分、入道相国、万寿寺に寄進、のち西園寺家領、大覚寺統分	昭慶門院
蒲生郡	羽田荘	同	元万寿寺領、按察殿、山門供料所、大覚寺統分	同
神崎郡	新八里荘	乾元元年か	金剛勝院領、光助僧正、持明院統分	室町院
同	山前荘	同	金剛勝院領、別相伝、姫宮御分、空悟上人、持明院統分、のち伏見宮家領	同
同	山前北荘	同	金剛勝院領、勧修寺中納言	同
同	山前東荘	同	金剛勝院領、太子堂	同
同	山前南荘	同	金剛勝院領、光助僧正	同
同	橋爪・荘	同	金剛勝院領、光助僧正、持明院統分	同
坂田郡	下坂荘	同	金剛勝院領、姫宮御分	同
同	同九条郷	同	金剛勝院領、梶井宮	同
同	同十条	同	金剛勝院領、三条入道内府	同
同	同十一条	同	同	同
同	同金次郷	同	金剛勝院領、梶井宮、保ともあり	同
浅井郡	今西荘	建久三年十二月	平家没官領、一条能保室に与えられる	吾妻鏡
		乾元元年か	散在御領、別相伝、院御分、持明院統分、のち伏見宮家領	室町院
同	塩津荘	同	散在御領、別相伝、院御分、持明院統分	同
		応永三十二年十月	伏見宮家領	看聞御記
伊香郡	伊香荘	延久二年三月	元弘福寺領	東寺文書
		乾元元年か	六条院領、姫宮御分、持明院統分	室町院
(郡未詳)	善覚寺	同	金剛勝院領、入江殿三時知恩寺、持明院統分	同
美濃 各務郡	鵜沼荘	同	後高倉院法華堂領、四条前宰相、持明院統分	同
武義郡	小瀬荘	同	本御領、土御門姫宮、常住寺、持明院統分	同
(郡未詳)	正近山	同	後高倉院法華堂領、四条前中納言、持明院統分	同
(同)	麻続牧	嘉元三年七月	亀山院より後伏見院に譲る	亀山院
		徳治元年六月	新院御分、大覚寺統分か	昭慶門院

所在国郡	名称	所見年月	特徴	典拠
信濃 伊那郡	伴野荘	文治二年三月	上西門院領	吾妻鏡
		乾元元年か	「此外御領地」の内、大徳寺、持明院統分	室町院
諏訪郡	小河荘	文治二年三月	上西門院領	吾妻鏡
		乾元元年か	本御領、院御分、持明院統分	室町院
安曇郡	仁科荘	徳治元年六月	親王分、資遠、大覚寺統分、万寿寺領	昭慶門院
(郡未詳)	那古野荘	乾元元年か	「此外御領地」の内、持明院統分	室町院
上野 甘楽郡	菅野荘	同	六条院領、姫宮御方、西園寺	同
下野 (郡未詳)	八木岡荘	徳治元年六月	親王御分、大覚寺統分、武蔵国か	昭慶門院
若狭 遠敷郡	松永荘	乾元元年か	新御領、季景(領家か)、持明院統分	室町院
同	恒枝保	徳治元年六月	後嵯峨院法華堂禅衆、大覚寺統分、万寿寺領	昭慶門院
同	上下宮	同	長親朝臣・遊義門院、大覚寺統分	同
越前 足羽郡	稲津荘(保)	建暦二年正月	地頭職	吾妻鏡
		乾元元年か	六条院領、姫宮御方、西園寺、持明院統分	室町院
(郡未詳)	磯辺荘	同	七条院領、前将軍家、常住寺、持明院統分、のち伏見宮家領	同
(同)	浦井荘	徳治元年六月	准后西殿	昭慶門院
加賀 江沼郡	山代荘	乾元元年か	本御領、土御門姫宮、園前中納言、持明院統分	室町院
(郡未詳)	富積保	徳治元年六月	行親・季邦、大覚寺統分、万寿寺領	昭慶門院
越中 礪波郡	糸岡荘	乾元元年か	新御領、持明院統分	室町院
(郡未詳)	野辺荘	同	同	同
(同)	荷川村(荘)	同	新御領、土御門中納言息女、持明院統分	同
越後 三島郡	佐橋荘	文治二年三月	関東分国内年貢未済荘々の一つ	吾妻鏡
		嘉元三年七月	亀山院、後二条天皇に処分	亀山院
		徳治元年六月	六条院領、内裏御分、高倉永定、大覚寺統分	昭慶門院
蒲原郡	菅名荘	文治二年三月	関東分国内年貢未済荘々の一つ	吾妻鏡
		乾元元年か	六条院領、姫宮御方、西園寺、持明院統分	室町院
丹波 氷上郡	新屋荘	徳治元年六月	大覚寺統分、『御料地史稿』は新居荘とする	昭慶門院
同	井原上荘	同	右衛門督入道寂心・定房、大覚寺統分	同
同	井原下荘	同	高二位入道相伝知行、大覚寺統分	同
同	伊中荘	乾元元年か	新御領、十地院、持明院統分	室町院
天田郡	豊富荘	徳治元年六月	京極准后一期分、大覚寺統分	昭慶門院
何鹿郡	栗村荘	文治二年三月	元崇徳院領	吾妻鏡
		嘉元三年七月	亀山院より後伏見院に譲る	亀山院
		徳治元年六月	東方は光輔朝臣後室、西方は新中納言局、大覚寺統分	昭慶門院
(郡未詳)	河守荘	同	河守郷と相論、清薗寺訴訟、清薗寺は山門進退の院宣あり、大覚寺統分	同

所在国郡	名称	所見年月	特徴	典拠
出雲 能義郡	母里荘	乾元元年か	「此外御領地」の内、持明院統分	室町院
出雲郡	林木荘	同	「此外御領地」の内、持明院統分、『御料地史稿』は伯耆国とする	同
(郡未詳)	志々塚上方・下方	同	同	同
(同)	吉曾名荘	同	同	同
播磨 印南郡	印南荘	徳治元年六月	二条前宰相為雄卿、遊義門院御分、大覚寺統分	昭慶門院
多可郡	多可荘	嘉元三年七月	亀山院より後伏見院に譲る	亀山院
		徳治元年六月	新院御分、鷹司家雅領家、大覚寺統分	昭慶門院
(郡未詳)	西下郷荘	同	為成、後堀河院法華堂寺用一万疋、年貢五千疋、中御門前中納言、年貢二万疋、大覚寺統分	同
美作 (同)	田殿荘	乾元元年か	六条院領、姫宮御方、西園寺、持明院統分	室町院
備前 津高郡	長田荘	嘉元三年七月	亀山院より後二条天皇に譲る、最勝光院領	亀山院
		徳治元年六月	押小路内親王、式乾門院に進める、大覚寺統分	昭慶門院
備中 窪屋郡	渋江荘	嘉元三年七月	亀山院より後伏見院に譲る、領家行邦	亀山院
		徳治元年六月	新院御分、大覚寺統分	昭慶門院
下道郡	園東荘	乾元元年か	金剛勝院領、別相伝、貞和元年長福寺に寄進、持明院統分	室町院
同	園西荘	同	金剛勝院領、別相伝、頼昭僧正、持明院統分	同
浅口郡	大島保	同	六条院領、別相伝、定秋・経秀、持明院統分	同
周防 玖珂郡	石国荘	同	散在御領、持明院統分	同
紀伊 名草郡	直河荘	承安四年十二月	直川保	栗栖文書
		徳治元年六月	親王御分、新中納言、大覚寺統分	昭慶門院
伊都郡	山田荘	乾元元年か	金剛勝院領、別相伝、姫宮御分、空悟上人、持明院統分	室町院
阿波 那賀郡	福井荘	嘉元三年七月	亀山院より後二条天皇に譲る	亀山院
		徳治元年六月	永嘉門院、大覚寺統分	昭慶門院
名東郡	那(名)東荘	元久元年二月	官宣旨、元安楽寿院領	春日神社文書
		乾元元年か	六条院領、入江殿、持明院統分	室町院
同	富吉荘	徳治元年六月	安楽光院領、入道将軍領知、根本藤原隆房旧領	昭慶門院
讃岐 三野郡	豊福荘	嘉元三年七月	亀山院より後二条天皇に譲る	亀山院
		徳治元年六月	「非寺領荘々」のうち	昭慶門院
伊予 宇和郡	宇和荘	乾元元年か	後高倉院法華堂領、西園寺、持明院統分	室町院
喜多郡	矢野荘	同	六条院領、姫宮御方、泉涌寺、持明院統分	同
宇摩郡	宇間郷(荘)	徳治元年六月	後堀河院法華堂、大覚寺統	昭慶門院
筑後 生葉郡	生葉荘	乾元元年か	金剛勝院領、別相伝、禅林寺殿、持明院中納言、大光明寺、持明院統分	室町院
肥前 佐嘉郡	三重屋荘	同	七条院領、前将軍家、常住寺	同
日向 児湯郡	平郡荘	同	七条院領、前将軍家、常侍寺、図田帳には前斎院御領とあり	室町院・日向国図田帳
(国郡未詳)	竹原荘	徳治元年六月	安楽光院領、入道将軍領知、根本藤原隆房旧領	昭慶門院

典拠欄の「室町院」は『室町院所領目録』、「昭慶門院」は『昭慶門院御領目録』、「亀山院」は『亀山院御凶事記』の略である。

寺統側は、翌三年、建長年間の譲の議を実現しようと沙汰したが、持明院統の伏見院側では膨大な荘園の集積を大覚寺統が実現することを嫌い、強く反対した。乾元元年(一三〇二)の反論によれば、かの建長元年の譲状はその翌年に破棄されているので認められない、室町院領はすでに亀山・伏見両院の間で折中されて今に至っている、したがって式乾門院が中書王に譲った分も、今また両統で折中すべきであると主張した。「室町院遺領置文」(白河本『東寺文書』六〇)、「永嘉門院(瑞子内親王)使家知申状」(『八代恒治氏所蔵文書』)は、この間の両統の交渉を示すものであるが、その実現が容易でなかったことは伏見上皇の処分状(正和元年(一三一二)十二月日)や書状(文保元年(一三一七)八月二日、いずれも『伏見宮記録文書』)からうかがえる。南北朝時代に入ると大覚寺統の御領はほとんど解体するが、持明院統の「半分」は花園上皇に伝わった(『園太暦』観応二年(一三五一)十一月二十六日条)。さらに康永元年(一三四二)十一月、花園上皇から皇子直仁親王に譲られ(「花園天皇宸翰処分状」(『伏見宮記録文書』))、その時の室町院領は十ヵ所とある。さらに応永五年(一三九八)五月、直仁親王の没後は伏見宮栄仁親王に伝わり、その孫彦仁王が正長元年(一四二八)に後花園天皇となると、院領は「別相伝」として、永く伏見宮家領となった。

→安嘉門院領《あんかもんいんりょう》　→八条院領《はちじょういんりょう》

(福田以久生)

むろまちばくふごりょうしょ　室町幕府御料所　室町幕府もしくは室町将軍家の所領であると意識されている所領。史料上では、単に御料所、あるいは禁裏料所に対して公方料所、場合によっては政所料所などとみえる。多くは下地支配を伴わない荘園制的な経済収益収取権であったと考えられ、座など商工業者に対する課役も含まれる。鎌倉時代の足利氏は数ヵ国に所領を持つ御家人であった。足利氏がその所領を、幕府成立後も保持し続けたことは予想されるところであるが、十四世紀段階はともかく、十五世紀以降にあっては鎌倉時代の足利氏所領が

室町幕府御料所

室町幕府料所一覧

国名	料所名	主要所見史料	備考
山城	山城国、山城国守護職	目録、佐々木文書三、康富記応永二五・一〇・一八条、満済正長元・七・一九条、親元文明三・七・一〇条他、蜷文三・一〇・二四	
	伊勢田	目録、蜷文一七	
	西京	目録、親元寛正六・三・二三条	
	稲八妻(稲間)	目録、親元寛正六・一二・一九条他、蜷文一二・一七、蔭凉文正元・八・一五条、同明応二・九・一六条、成簣堂古文書一三五	
	野尾(尻)	目録、蜷文一七	
	草内郷内飯岡所務職	御前落居奉書、伺事記録(延徳)	
	山科郷	勧修寺文書四・六・七、天文日記天文五・八・二三条、理性院文書乾	
	紀伊郡散在田畑	東寺百合文書ゐ	
	久多荘	葛川文書六	御台料所
	伏見荘	伏見宮御記録、山本秋太郎氏所蔵手鑑	
	富野(小笠原国増跡)	吉見文書	
	小山郷	賀茂別雷神社文書二	
	西七条田地十町	東寺百合文書ニ	
	殖松荘	桂文書一、東寺文書書・数、東寺百合文書せ	
	竹田口関	東寺百合文書あ・キ	代官海老名高定
	東西九条間	東寺百合文書て	
	秋田名	東寺文書(『高山寺古文書』所収)	
	粟田(田地三段半)	蔭凉文明一七・一〇・一四条	
	久我荘(森伊予守跡)	久我家文書一	上様料所
	久我荘(法久寺山内跡)	同	上様料所、代官飯川国資
	乙訓郡畠山被官跡	同	今御所(足利義尚)料所
	松崎一乗寺散在	雑々書札(内閣文庫所蔵『武家書法式』一七所収)	
大和	若槻・番条・伊豆七条	大乗院寺社雑事記長禄元・六・二〇条	
河内	日置荘	目録、満済応永三一・一二・三条他、披露事記録、蜷文一七	
	十七ヵ所	石清水文書六、満済永享二・一二・一八条、蔭凉寛正二・七・三〇条、斎藤親基日記寛正六・八・二七条、守光公記永正二・一二・二条、宝鏡寺文書四、常興天文八・六・二条	南御所料所
	玉櫛荘	政所方書二	
	橘島	満済正長元・七・一九条	
和泉	堺南・北荘	御前落居奉書、建内記嘉吉三・七・一〇条、政所方書二、政所賦銘引付、蔭凉長享二・一二・四条、同延徳二・閏八・二九条、蜷文三	
	横山荘	蜷文一七	

国名	料所名	主要所見史料	備考
摂津	富田荘	親孝大永元・九・二条、親俊天文八・九・二条他、常興天文八・六・三条、蜷文一二、沢巽阿弥覚書、蔭凉延徳二・閏八・三条	御服料所
	溝杭荘	政所賦銘引付、常興天文一〇・一〇・二三条他、大館、蜷文二三	
	井於新荘(一分方)	常興天文九・五・二条、同天文一〇・八・二六条、同天文二・二・二四条他	
	野鞍荘	三宝院文書一五、満済応永三三・六・一条	政所料所
伊勢	一身田	目録、披露事記録	
	益田荘	親元寛正六・七・九条、宝鏡寺文書六、雑々書札	御台料所
	小向郷(山本兄弟等跡)	親元寛正六・七・六条、同寛正六・一一・二四条	
	田能村・大木両人跡	蜷文一八	
	深矢部郷	小早川家文書一・二	
	香取荘	満済応永三三・九・一六条、同応永三三・一〇・二〇条	
尾張	智多郡	目録、蜷文一六	
	山田荘	目録、御前落居奉書、満済永享二・一〇・五条他、伺事記録(延徳)	
	今枝	目録、蔭凉寛正五・一一・一四条、同寛正五・一一・二七条	
	羽黒	目録	
	入鹿	同	
	青山荘	親元寛正六・四・七条	上様料所
	海東荘(庶子等跡)	天竜寺重書目録甲、久我家文書一、土岐文書	政所方料所
	於田江荘	宝鏡寺文書四	御台料所
	則武	雑々書札	
三河	吉良荘家武名	目録、上杉家文書一	
	豊川	目録	
	黒瀬	同	
	下条	同	
	山中郷	目録、東寺百合文書ミ・て、東寺文書数	
	本田左近将監跡	目録	
	田奈江郷	飯尾文書	
	塚嶋(設楽与一跡)	同	
遠江	新池郷	目録	
	刑部郷	同	
	玉井荘	同	
駿河	益頭荘	美吉文書一・三、摂津親秀譲状(群書類従)	
伊豆	愛玉村(海老名備中守跡)	三島神社文書	鎌倉府料所か

国名	料所名	主要所見史料	備考
武蔵	諸岡保内入江郷	鶴岡八幡宮寺社務職次第	鎌倉府料所か
上総	三直郷(氏家範能跡)	黄梅院文書	
常陸	中郡荘	目録、楓軒文書纂所収諸家文書一二、蠹簡集残編一、円覚寺文書	
近江	木戸荘	目録	
	蜂屋郷(万寿寺領)	目録、朽木文書	
	清水荘(太郎左衛門尉跡)	目録、親元寛正六・三・二三条他、蜷文一八・二一、大徳寺文書四、勧修寺文書三、両足院文書一	代官蜷川掃部
	海津西荘	目録、親元文明五・六・一八条、蜷文三・一八、親俊紙背文書、常興天文七・九・三条、満済応永三四・正・二四条他、雑々書札、東寺文書数	海津西浜荘とも見える
	舟木関	朽木文書	上様料所
	保坂関	宝鏡寺文書一	宝鏡寺南御所(足利義政女)料所
	朽木関代官職	蜷文三	
	小幡郷	同	
	江辺富波	同	
	朝妻	同	
	浅小井	同	
	後一条(大智院領)	朽木文書	若君様供菜料所
	安主名(称弥陀院領)	同	同
	朽木荘	同	
	首頭荘	朽木文書、宣胤卿記別記	代官種村刑部少輔
	栗見荘(正重名・岩福名)	吉見文書	
	岸本荘(小屋木名)	同	
	朝国	御前落居奉書、御前落居記録	
	山前荘(佐々名・嶋郷)	御前落居奉書、賦引付二	
	兵主郷(二宮図田職)	御前落居奉書	
	金勝寺(定光坊跡)	土佐文書	
	大興寺領志賀郡散在地	同	
	西今村	大徳寺文書三・四	
	麻生荘	蔭凉寛正五・六・二三条	
	酒人郷	山中文書	
	勢多大江大貝	雑々書札	上様料所
美濃	小嶋荘	目録	
	遠山荘(山田村・上村)	目録、蔭凉寛正元・九・二六条、康正	
	菅谷	目録	
	揖深荘	同	
	大衣斐	親元寛正六・三・二三条	

国名	料所名	主要所見史料	備考
美濃	三井村	蜷文三	御山荘料所
	郡上保(小野・吉田)	同	同
	羽丹生郷	同	同
	います保	雑々書札	上様料所
	気良荘	蜷文一〇、満済応永三一・一〇・一四条	
飛騨	広瀬郷	理性院文書乾	
	富安郷	佐々木文書四	
	石浦郷・江名子・岡本保	同	
	古川荘	教言卿記応永一三・四・五条他	
信濃	信濃国御料国	市河文書四	
上野	上野国闕所分	上杉家文書一	
下野	足利荘	鑁阿寺文書三・四、上杉家文書一、神田孝平氏所蔵文書二、猪熊信男氏所蔵文書、茂木文書二、満済永享三・三・二〇条他、親元寛正六・八・二〇条	
	東茂木保	茂木文書二	
若狭	富田郷	目録、親元寛正六・三・二三条他、親孝大永二・七・三条他、蜷文一二、政所賦銘引付	代官蜷川親元
	木津荘	目録、親元寛正六・三・二三条、蜷文一二	同
	三宅荘	政所賦銘引付、実隆公記文亀二・五・一四条他、宣胤卿記別記、常興天文九・三・一四条他	
	宮川荘	御前落居記録、賀茂別雷神社文書一、賀茂社文書(尊経閣文庫所蔵)、常興天文七・九・四条他、大館	
	松永荘	常興天文九・三・一〇条他、大館、勧修寺文書	
	安賀荘	常興天文七・九・一四条他、朽木文書、大徳寺文書、雑々書札	上様料所
	鳥羽荘	朽木文書、常興天文九・三・一四条他、康正	
	国富荘	壬生家文書・康正	
	青郷	常興天文七・九・四条他、政所賦銘引付、賦引付	
	名田荘	泉涌寺文書二	
越前	平葺郷	目録	
	礒部郷	同	
	木田荘	大乗院寺社雑事記文明四・九・一九条、前田家所蔵文書(古蹟文徴二)	
	高椋郷	親長卿記文明三・六・二条	
加賀	豊田村	目録、天文、北野社文書	
	六ヵ村(長嶋・野田・高畠・宮武・藤六・小豆沢)	蜷文一〇、常興天文九・三・二三条他、大館	御台料所

国名	料所名	主要所見史料	備考
加賀	倉光保	一色家文書、天文	
	森嶋	蜷文一〇、親孝紙背文書、天文日記天文五・閏一〇・九条、天文	代官伊勢貞孝
	徳久村	蜷文三・一〇、天文日記天文五・閏一〇・九条、天文	同
	吉光保	親俊天文七・五・一九条他、天文日記天文五・閏一〇・九条、天文	同
	長滝村	親俊天文二一・一〇・一八条、天文日記天文五・閏一〇・九条、天文	同
	野代荘	大館、天文	代官大館晴光
	八田荘	森文書、中院文書、天文	
	額田荘	森文書、中院文書、天文	
	味智郷	天文	代官大館晴季
	安宅荘(陰山分)	同	
	軽海郷	天文、金沢文庫古文書一	代官安東光泰
	笠間保	北野宮三年一請会引付(康応元年)	
	有松	相国攷記	足利義持追薦領
	安田保(八町田上分)	蔭凉文明一七・三・二一条他	御輿舁料所、代官町野加賀守
	徳光(得光保)	蔭凉文正元・八・五条他、天文	下津屋近信知行
	五ヵ荘	天文、公方様御内書御案文、雑々書札	御台料所、代官佐子局
	七ヵ所(本郷・吉田・橘他)	天文、本願寺文書八・一二、雑々書札	御台料所
	加州四郡中公方御料所	勧修寺文書七	
能登	町野荘	目録、諸状案文(内閣文庫所蔵)	
越中	阿怒荘	目録、蜷文三・一二・一八・二〇・二四、諸状案文	
	宇波保	目録、親元寛正六・五・二七条	
	高野荘	目録	
	森尻保	同	
	青柳	同	
	野尻保	結番日記文明九・四・二三条、親元寛正六・五・二七条	
	般若野	蔭凉延徳二・七・二六条、古今消息集四、雑々書札	上様料所
	あさい保	雑々書札	同
	大いへ荘	同	同
	野丸	蔭凉延徳二・閏八・二九条	
越後	乙面保	目録、伺事記録(延徳)	
	五十公郷	上杉古文書一	

国名	料所名	主要所見史料	備考
丹波	桐野河内	目録、蜷文三・五・九・一二・一四・一七・一八・二〇・二一・二四、親元文明五・九・四条他、親俊天文七・五・一七条他、蜷川文書(尊経閣文庫所蔵)、醍醐寺文書九、北野社文書、前田家所蔵文書(事林明証三)、康正、神護寺文書九、宣胤卿記別記	
	美濃田保	目録、蜷文三・一二・一七・二四、親元文明五・九・四条、蜷川文書(尊経閣文庫所蔵)、披露事記録	
	山内三ヵ村	目録、蜷文三・一〇	
	春日部荘内多利村	宝鏡寺文書四・六	
	漢部郷・八田郷上村	上杉家文書一	
丹後	筒川荘領家職	蜷文三・一二、丹後国田数帳	
	宇川荘	蔭凉文明一七・九・一〇条、常興天文一〇・一〇・一三条、丹後国田数帳	
	結城越後守跡	蔭凉延徳三・五・一九条	
	朝来荘	満済応永三三・六・一条、政所内談記録、政所賦銘引付	
但馬	大将野荘	目録	
因幡	安永荘	雑々書札	上様料所
出雲	朝山荘	目録	
	日登郷	同	
播磨	河述北条	同	
	上揖保	親元文明五・一〇・一九条	
	松井荘	親元文明一三・五・四条、同文明一五・五・四条、同(宮内庁書陵部本)文明一〇・五・四条	
	永良荘(料所分)	大通寺文書	
	佐土郷	公方様御内書御案文	
	浦上・賀屋新荘	同	
	有田荘	雑々書札	上様料所
	菅村	同	同
	明石・賀東・三木郡	足利将軍御内書幷奉書留、建内記嘉吉元・一〇・一三条、康富記嘉吉四・正・七条、斎藤基恒日記文安元・正・三条	
美作	小吉野荘	宝鏡寺文書六、政所賦銘引付、蜷文二一、常興天文九・正・九条	南御所料所
	江見荘	蔭凉長享二・二・三条、同延徳二・閏八・三条	
	角田弾正跡	蔭凉延徳三・五・一九条	
備前	馬矢郷	目録、蜷文一二・二〇・二一、蜷川文書(尊経閣文庫所蔵)、親孝大永二・七・三条、成簣堂古文書一三六	
備中	中津井	目録	
	小坂部郷	蜷文三・一二、小野均氏所蔵文書、政所内評定記録	

国名	料所名	主要所見史料	備考
備後	志摩利荘	南禅寺文書(尊経閣文庫所蔵)、政所賦銘引付、康正	
安芸	久芳郷半分	小早川家文書一・二	
	下竹仁郷(小児五郎入道跡)	萩藩閥閲録一四	
	安芸国御料国	小早川家文書二	
周防	玖河荘(平井祥助跡)	小早川家文書一	
紀伊	吉礼郷	目録	
	和佐荘(山東範家跡)	歓喜寺文書三	
筑前	河上衆	目録	
	河上	蜷文三・二四、親俊天文八・閏六・一条、常興天文八・六・三条、諸状引付(内閣文庫所蔵)	
	筑前国御料国	満済永享元・一〇・二五条他、御内書案(天理図書館所蔵本)、麻生文書	
日向	日向料国	薩藩旧記雑録前編二三	
(不明)	正伝寺幷末寺領	正伝寺文書一	

㈠諸史料に見える料所の所見を、料所所在地の国別に配列した。ただし、以下の点に特に注意していただきたい。
(1)史料上の所見はかなり長期にわたるものが混在している。ここに掲げた料所が同一時点で料所であった、という趣旨ではない。
(2)料所という言葉に含まれる内容は一様ではないと考えられるが、史料が零細で、詳細の判明しないものが多い。
㈡所見欄に掲げた史料には、「料所」と明示してある史料のみではなく、所領名のみを記した史料も含んでいる。
㈢「御料国」など、料所を考える際に参考になりそうな所見も掲げた。
㈣所見欄のうち、頻出するものは左の略記に従った。
親元　蜷川親元日記　　親孝　蜷川親孝日記　　親俊　蜷川親俊日記
満済　満済准后日記　　蔭凉　蔭凉軒日録　　常興　大館常興日記
目録　諸国御料所方御支証目録(伊勢氏もしくは蜷川氏が関与した料所の文書目録、十五世紀後半の成立。内閣文庫所蔵)
蜷文　蜷川家文書(原本の冊次を記入。内閣文庫所蔵)
大館　大館記(天理図書館所蔵。『ビブリア』四六・七四―七六・七八―八〇・八三―八九)
康正　康正二年造内裏段銭幷国役引付
天文　加州所々知行被申趣又申付分記(本願寺門主証如が、天文五・六年、加賀の門徒へ充てた書札の覚書。『真宗史料集成』三)

料所とよばれ、実効的に支配されている例は見出すことができない。また、建武前後の時期に恩賞として与えられた所領の目録と考えられる史料が残されている。ここにみえる所領も料所につながるものはない。十五世紀以降に料所とよばれている所領の起源を類型化してみれば、㈠闕所地、㈡半済地、㈢家臣あるいは幕府に関係の深い寺社の所領で料所の号を得たものなどが考えられる。無主の地、あるいは没収地である㈠は、幕府政所の管轄下に入るものであったが、由緒を申し立てる者に給付されるのが例であったらしく、永続的な料所として機能するものは少なかった。戦乱時の臨時措置である (㈡は、戦乱が収まると本主から返還要求が出されたり、給付された家臣がそのまま知行し続ける例が多く、これまた料所化するものは多くなかったと考えられる。現在残る料所とよばれている所領の由来を尋ねると、㈢の事例がほとんどである。このような例は幕府料所が家臣などに預けられて管理されていると考えられない訳ではないが、おそらく㈢と考えて大過ないであろう。幕府の近臣は元をたどれば守護や有力御家人の一族である場合が多い。彼らは在京が常態となっているから、所領の支配形態は多くの公家や寺社と大差なく、所領との結び付きはそれほど強固であったとは考えられない。年貢の滞納、守護などによる臨時課役の賦課なども少なくなかった。その際、「御料所」の号を持っていることは、所領支配を進める上で有力な支えとなった。料所の史料の中から料所の経済的収益が幕府の歳入になったり、幕府の歳出を直接賄ったりしている例を見出すことはできない。その意味では室町幕府の料所は、幕府ないし将軍の所領というよりも、むしろ幕府近臣団や特定寺社の所領に近いものというべきであろう。京都市中の酒屋・土倉に対する賦課を料所とよんだ例は知られていないが、ここからの収入は将軍およびその家族の生活を支える上ではきわめて大きな役割を果たしていた。幕府は、諸行事などで費用が必要になると臨時的な賦課で賄うことが多く、献上品を換金して仏事などの費用に充てることも珍しいことではなかった。現在残る史料による限り、幕府の直接支配する所領はきわめて限られたものとするよりほかない。

(桑山　浩然)

め

めぐりやく　廻役　⇩巡役《じゅんやく》

めしつぎきゅうでん　召次給田　召次とは院の雑役などに奉仕する下役人であり、かれらは畿内の港湾や道路など交通の要衝など配置されていた。長治三年（一一〇六）三月八日の日吉社交名注進に見える院召次勾当成行は日吉社の末社愛智新宮の神人の顔をもっており、蔵人所に所属する供御人や寺社権門の神人・寄人や権門勢家の散所と同じような性格をもつ非農業民的存在であった。和泉国近木荘には召次給、院御櫛造給、内膳給、御酢免、大歌所十生雑免、春日雑免、近衛殿櫛造免など百六十町余の給免田があり、土地支配を基本にした荘園的支配とは別に手工業者や商人や楽人を編成する給免体制の存在が見てとれる。このような給免田の体制は人間を編成するもう一つ重要な制度であり、院の召次給田もそのような典型的な給田の一つである。（飯沼　賢司）

めしつぎどころりょう　召次所領　上皇や女院などの院中で取り継ぎ等の雑事を勤める召次所の所領。文応元年（一二六〇）九月十五日の後嵯峨院中の奏事目録（『経俊卿記』）に、「愛智郡召次保司事」がみえ、当時、近江国愛智郡に召次保の存したことがわかる。また『康富記』宝徳二年（一四五〇）九月八日条に、中原康富が院庁務紀定直と「丹州召次保」に対する守護方の違乱について談合したことがみえるが、おそらく当時、康富が主水司目代として丹波国桑田郡の氷室を管掌していたためで、同郡に院召次所の保があったのであろう。そのほか、永和二年（一三七六）九月日付の「記録所召次等申状案」（『壬生家文書』）に、春日高倉敷地を記録所召次の俸禄として充て下すべきことを請うことがみえ、文安元年（一四四四）十一月日付の「中原師郷申状」（『壬生家文書』）には、大炊御門東洞院敷地（春日高倉と同所か）は「記録所召次俸禄之地也」と主張し、師郷が知行して諸公事申沙汰の奉公を致したいと言上している。（橋本　義彦）

めせん　目銭　「もくせん」ともいう。㈠省陌法によって省かれる銭。省陌は百文未満の銭を束ねて百文として通用させる銭貨通用上の慣行であり、中国では六世紀には行われていた。日本では、荘園年貢の代銭納が本格化する十三世紀後半以降の算用状・支配状にこの用法が見られる。『東寺百合文書』の文永十一年（一二七四）安芸新勅旨田年貢米支配状では「已上一貫九百九十五文加目銭五十七文定」、また『高野山文書』年未詳六月二十六日野田公文代公事銭皆納状に「五百文めせん十五文おさめ申候」とあり、目銭《めせん》三文すなわち、九十七文をもって百文とする省陌が行われていたことがわかる。算用状では、目銭を加えた場合「加目銭定」、除いた場合「目引定」と記される。なお、室町時代後期には、九十六文を百文とする省陌が一般化し、近世では九六銭として広く慣行化した。㈡鎌倉・室町時代の関銭・津料。『東大寺文書』元弘二年（一三三二）三月日付の文書に「爰摂津国三箇津商船目銭者、去正和年中之比、東塔雷火之時被レ寄二附彼修理料所一」とあり、鎌倉時代に、兵庫・神崎・渡辺の三箇津で通過・寄港の商船に対して賦課された通交税が、商船目銭と呼ばれたことがわかる。㈢酒屋役。『蜷川親孝日記』永正十三年（一五一六）九月十日条に「酒屋方柳桶壱荷充代、目銭等事、違二先規一之条、太無レ謂、然者役銭減少基、不レ可レ然」とあり、室町幕府が酒屋の酒壺に賦課した雑税の一種が目銭と呼ばれていたことがわかる。なお、室町時代後期には年貢銭納に際し、悪銭による減損を防ぐため口目銭と呼ばれる付加税が徴収されたが、口目銭は江戸時代には口永として制度化されたものと考えられる。（松延　康隆）

めりょうりょう　馬寮領　律令制下、諸国の牧から中央に貢進された馬の飼養、調教等を掌る左（右）馬寮の所領。延暦十七年（七九八）、大和・近江両国において主馬寮公廨田五町が置かれたが（『類聚三代格』）、延喜馬寮式には、大和・山城両国に公廨田十町を置き、左右両寮に均分して官人の公廨に充て、もし不仕の輩があればその分は寮中の雑用に充てよと定めている。また大同三年（八〇八）、大和・摂津・越前・播磨・信濃国の水田二百四十七町余と大和・山城国の陸田十七町余を左馬寮に、大和・山城国の陸越前・播磨国の水田二百四十五町余と大和・山城国の陸田十七町余を右馬寮に充てたが（『類聚三代格』）、延喜馬寮式には上記の水田とほぼ同数の左右馬寮田と、陸田と同数の畿内畠を載せ、寮田は地子を収めて秣料および雑用に充て、遠国の地子は軽物に交易して寮に送らせ、畿内畠は左右両寮がそれぞれ耕営して年料の蒭の不足および寮の雑用に充てることなどを規定している。さらに元慶五年（八八一）、官田を割いて諸司の要劇ならびに番上粮料に充てた際、大和国において左馬寮に六十一町余、右馬寮に五十九町余が充てられた。延久二年（一〇七〇）の『興福寺雑役免帳』にみえる大和国の左馬寮田五町、右馬寮田十町余はその名残りであろうか。『三長記』元久元年（一二〇四）四月十三日条にも、詳細は不明ながら、左馬寮が要劇田について申請したことがみえる。また延喜馬寮式には、左右両寮管下に山城国美豆厩を置き、畠十一町・野地五十町余を付属し、夏月、御馬の肥えざるものを簡んで放飼させると規定しているが、後世の史料には左馬寮領美豆御牧とみえる。さらに同式の制では、甲斐・武蔵・信濃・上野の各国に計三十二ヵ所の御牧（勅旨牧）を置き、甲斐・信濃国の牧監は左寮の、武蔵国の別当と上野国の牧監は右寮の監督下に置かれた。また左右両寮にそれぞれ三ヵ所ずつ分属する近都牧を置き、諸国

馬寮領一覧

(一)荘田

所在国郡	名称	特徴	典拠
大和 添上郡	京南荘	うち右寮田二十四町一段余、左寮田は率川荘の寮田と合せて二十四町一段余	延喜式
同	率川荘	左寮領	同
同(郡未詳)	鼠栗栖荘	右寮領、地十五町、栗林一町	同
越前 足羽郡	少名荘	左寮領、墾田三十五町八段余、佃十町、後代の足須波牧と関係あるか	延喜式・経俊卿記
同	桑岡荘	右寮領、尾箕荘と合せて三十五町八段余、佃八町	延喜式
同	尾箕荘	右寮領	同

(二)寮牧

所在国郡	名称	特徴	典拠
山城 久世郡	美豆厩(牧)	左右両寮に管属、畠十一町・野地五十町余付属、のち左馬寮領美豆牧として存続	延喜式・吾妻鏡・壬生家文書・師守記
摂津 島下郡	鳥養牧	右寮近都牧、のち左馬寮領と見ゆ	延喜式・土佐日記・看聞御記
豊島郡	豊島牧	右寮近都牧、寛喜二年、住人の勝尾寺結果侵犯事件あり	延喜式・勝尾寺文書
河辺郡	為奈野牧	右寮近都牧	延喜式
近江 甲賀郡	甲賀牧	左寮近都牧	同
丹波 船井郡	胡麻牧	同	同
播磨 明石郡	垂水牧	同	同
揖保郡	家島牧	左右両寮各馬三十疋を放飼	延喜式・本朝世紀

(三)御牧(勅旨牧)

所在国郡	名称	特徴	典拠
甲斐 巨摩郡	柏前牧		延喜式
同	真衣野牧	応和二年、真衣野御馬御覧のこと見ゆ	延喜式・西宮記
同	穂坂牧	甲斐国の代表的御牧、毎年八月御馬牽進	延喜式・政事要略・建武年中行事
武蔵 都筑郡	立野牧	延喜九年勅旨牧となす、天暦三年・同七年などに御馬貢上のこと見ゆ	延喜式・政事要略
同	石川牧	天暦三年・同七年などに御馬貢上のこと見ゆ	同
多摩郡	小川牧	同	同
同	由比牧	同	同
同	小野牧	承平元年勅旨牧となし、別当を置く	政事要略
児玉郡	阿久原牧	承平三年勅旨牧となす	同
秩父郡	石田牧	承平三年勅旨牧となし、阿久原牧と合わせて秩父牧といい、別当を置く	同

(四)文治二年注文所載の左馬寮領(上掲の御牧を除く)

所在国郡	名称	特徴	典拠
信濃 伊那郡	平井手牧	『政事要略』所載信濃国勅旨牧のうち、文治二年注文に左馬寮領と見ゆ	延喜式・政事要略・吾妻鏡
同	笠原牧	同	同
同	宮処牧	同	同
諏訪郡	塩原牧	同	同
同	山鹿牧	『政事要略』所載信濃国勅旨牧のうち、文治二年注文の左馬寮領大塩牧はこの牧の後身かという	同
同	岡屋牧	『政事要略』所載信濃国勅旨牧のうち、治承年中、下諏訪社に寄進、文治二年注文に左馬寮領と見ゆ	延喜式・政事要略・下諏訪神社文書・吾妻鏡
同	萩倉牧	『政事要略』所載信濃国勅旨牧のうち、文治二年注文の左馬寮領萩金井は萩倉の誤記かという	延喜式・政事要略・吾妻鏡
筑摩郡	埴原牧	延暦十六年、田六町を信濃国牧監公廨田となす、『政事要略』所載信濃国勅旨牧のうち	延喜式・類聚三代格・政事要略
同	大野牧	『政事要略』所載信濃国勅旨牧のうち、文治二年注文に左馬寮領と見ゆ	延喜式・政事要略・吾妻鏡
安曇郡	猪鹿牧	同	同
高井郡	高位牧	同	同
同	大室牧	同	同
小県郡	新治牧	同	同
佐久郡	長倉牧	同	同
同	塩野牧	文治二年注文に左馬寮領と見ゆ	延喜式・吾妻鏡
同	望月牧	信濃国の代表的な御牧、毎年八月御馬牽進、文治二年注文に左馬寮領と見ゆ	延喜式・政事要略・吾妻鏡・建武年中行事
上野 甘楽郡	塩山牧	『政事要略』所載上野国勅旨牧のうち	延喜式・政事要略
同	新屋牧	同	同
群馬郡	利刈牧	同	同
同	有馬島牧	同	同
吾妻郡	市代牧	同	同
利根郡	久野牧	同	同
同	大藍牧	同	同
勢多郡	沼尾牧	同	同
同	拝志牧	『政事要略』所載上野国勅旨牧のうち、のちに長講堂領拝志荘に編入という	延喜式・政事要略・長講堂領目録

所在国郡	名称	特徴	典拠
信濃 伊那郡	小野牧		吾妻鏡
諏訪郡	平野	治承年中、上掲の岡屋牧と共に下諏訪社に寄進された立野牧を指すという。	吾妻鏡・下諏訪神社文書

所在国郡	名称	特徴	典拠
信濃 筑摩郡	南内	上掲の埴原牧に隣接する牧かという	吾妻鏡
同	北内	同	同
安曇郡	多々利牧		同
水内郡	常盤牧		同
同	吉田牧		同
高井郡	金倉井		同
小県郡	塩河牧		同
佐久郡	菱野		同
(郡未詳)	桂井		同

の貢する馬牛を放飼し、事に随って繋用すると定めている。なお『吾妻鏡』文治二年(一一八六)三月十二日条の「乃貢未済庄々注文」には、延喜式制の御牧十五ヵ所を含む信濃国の牧二十八ヵ所(うち二ヵ所は重複か)が左馬寮領として載せられている。同じく延喜馬寮式制で右馬寮に属している摂津国鳥養牧も、『看聞御記』には「左馬寮領之眼大庄也」と記されており、左右両寮の管轄に変遷のあったことがわかる。また長保元年(九九九)五月五日の陣定において、「家嶋御牧駆飼御馬」について左右馬寮から申請が出されているのは(『本朝世紀』)、左右両寮が各三十疋の御馬を播磨国家島に放飼するとする延喜式制をうけるものであろう。そのほか、『康富記』嘉吉三年(一四四三)六月十二日条には「左馬寮領内味舌下司職」のことがみえるが、一方では嘉元三年(一三〇五)作成の『摂籙渡荘目録』に、法成寺領として摂津国味舌荘が載せられている。また『経俊卿記』文応元年(一二六〇)九月十五日条には、左馬寮領阿須波牧の領有について、聖護院と相論のあったことがみえるが、その阿須波牧とは、延喜馬寮式に載せる越前国足羽郡の少名荘と関係があるのであろうか。さらに元亨三年(一三二三)、左馬寮の寮官が寮領興行の綸旨に任せ、押小路白川の地に点札を立て、その地の領有を主張する金剛勝院と相論していることが『花園天皇宸記』にみえる。

(橋本　義彦)

めんけ　免家　免在家ともいう。在家とは、中世の荘園・公領に設定された一種の徴税賦課単位であり、農民が屋敷や付属耕地と一体となった形で把握され、夫役・雑公事などを内容とする一定の負担(在家役)を荘園領主や国衙に対して負うものと考えられる。それに対して免家(免在家)とは、荘園領主や国衙に納めるべきそうした在家役が免除される代りに、その分が在地領主(地頭など)や荘官などの特定の給主に得分として支給され、その収取権が認められていたものをいう。したがって「免家之下人」「免家之所従」といった表現もみられるように、免家は特定の給主に対して個別的、人身的奉仕を強いられることにもなる。ただし、それは必ずしも奴隷的な隷属状況に置かれていたことを意味するのではなく、荘園・公領のなかでは一般の農民として耕作にあたりながら、一方、特定の給主のもとでその身辺雑事や給田畠の耕作に駆使されるといった、いわば人身的奉仕を媒介とした特殊な関係にあったものと思われる。こうした免家は九州や東北などの地域に比較的多くみられるが、また高野山領荘園においてもよくみられる。免家の初見史料である平治元年(一一五九)の金剛峯寺所司京上役免除状によれば、高野山の諸衆に宛てられた免家は九十七宇であったという。また建久元年(一一九〇)の金剛峯寺根本大塔供僧解状案によれば、「五畿七道之習、庄官等免家、或四五宇、或十宇許也」とあり、荘官には四、五宇から十宇ぐらいの免家が給されていたとされている(いずれも『高野山文書』)。

(田代　脩)

めんでん　免田　(一)国衙に納める官物雑役(夫役・雑物)のうち、雑役を免除され官物だけを国衙に納める田地。国半不輸ともいう。国衙から寺社や貴族へ支給されていた雑役を十一世紀には国衙承認のもとに給主が現地から直接徴収する方式＝雑役免となり、対象となる田が雑役免田である。大和国における東大寺の財源は、大仏御供料として燈油・香菜《こうな》・白米などの雑物を正税や交易物で国衙から請け取っていた。十一世紀に入ると東大寺は直接、郡郷から徴収し返抄を出すようになった。雑役を負担する田地から出す官物(地子)は国衙または他の寺社・官衙に納入され、雑役は東大寺に納入したのである。雑役は律令制の調・庸・雑徭の系譜をひき人身賦課であったが、九世紀以後段別賦課となった。これは田地そのものに雑役を課さず、田畠の段別(面積)に課すため田地は年とともに移動する浮免である。浮免は損田をさけてその年々の得田を充てた。雑役を負担した田を負田、負担者は負名という。充てられた坪の者は一味同心して雑役を勤める相坪《あいつぼ》の慣習があった。大和国の東大寺雑役免田は大仏白米免田・大仏燈油免田・大仏香菜免田などと呼ばれた。時期が下ると特定の田地に固定する定免田となっていった。雑役免は国衙と給主である寺社・貴族とが官物と雑役を分け合う体制で官物徴収のため国衙が検田権をもち、国検田使が入部する場合が多く、給主の権利は国衙に対して不安定であった。雑役免田は定免化後、給主の権利が強まり、国衙も雑役免田の官物を給主の封物代に便補したり、国使入部を拒否する不入権を認めたりして給主の一円支配を認めた荘園へと転化するものもあった。雑役免はまた出作・別作・別符・別名・余田などと呼ばれる開発地にも適用された。在庁官人・郡司・郷司・在地領主らが国衙に申請して設定した開発地は、官物を国衙へ直納し雑役を免除して開発者の得分とした。これら開発地は在地領主が王臣家・大寺社に寄進して荘園化した場合、その多くは荘官の給名(免田)となり、公領の場合はその構成単位となった。こうした雑役免とは

別に公領には厖大な量の免田が存在し多くは人給田として存在した。この免田は内膳給・召次給など国家的規模で設定されたものと、国衙レベルで設定されたものがあった。安芸国国衙領注進状には梶取免・鍛冶免・御厩案主免・御厩舎人免・国掌免・内侍免・倍従免・代官免・主典免などが誌されていて、給主たちが国衙在庁機構の種々の権力の担い手として政治的に国衙在庁機構に編成されたことを物語っている。公領にはまた地方寺社系免田のように在地領主から地方寺社へ寄進したものがある。先の国家的、または国衙レベルで設定された免田と比較して圧倒的に多い。安芸国の場合は国家、または国衙設定の免田七十五町余に対し、地方寺社系免田は百七十三町余である。国衙の在庁官人と供僧・神官らが強い地縁的結合の結果成立したと意義づけられている。延久二年(一〇七〇)の『興福寺雑役免帳』によれば、大和国内の百五十一荘の総面積のうち八割の千八百町余が雑役免である。雑役免系荘園の広さがわかる。㈡荘園内で荘園領主に対し年貢を出し、公事の納入を免じられた田をいう。荘官・手工業者・運送業者・寺社に給分として給付される場合が多く給免田と総称されている。人給田・寺社田とともに除田の形で存在する。承安元年(一一七一)の『稲毛荘検注帳』の除田の中には新御願寺免・春日新宮免の寺社免田、下司免・兵士免・皮古造免など荘官・手工業者関係の免田が存在した。荘園の四至内には、国衙の承認を得て官物雑役を免除され国司の基準国図に登録された本田(本免田)と、新しく公領を開発した新開田があり、これは輸租田で出作・籠作と呼ばれた。荘内居住の農民が荘外の公領を耕作し荘田とした場合出作と呼び、四至内の公領を耕作し荘田に取り込んだ場合、籠作といった。出作・籠作の田畠は余田・加納田と称し雑役免であり国半不輸、さらには一円不輸化していくのが一般的で、非合法的に公領を荘田化した場合が多く、延喜二年(九〇二)の荘園整理令以来停止の対象となっていた。東大寺領伊賀国黒田荘は本免田二十五町余に対し、出作田は二百数十余町に達していた。また、不輸不入の一円荘の内に間田・別作と呼ばれる田があり、これは名田に編成されていない土地で荘園領主直轄地として農民に散田(請作)させて地子のみを徴収する一色田である。地子一色(一種類)を出し公事を免除された免田の意味である。備後国太田荘の見作田六百十三町六段余は、荘園領主へ賦課を負う定田五百八十町二段余と、年貢公事とも仏神田・人給として寺社・荘官に与えられる除田に分かれた。定田のうち十二町が佃で、残りは官物田であり官物を出した。官物田のうち大半の三百二十三町は定公事名田として百姓名に編成され平民名と呼ばれた。残り二百三十六町余は雑事免で、下司名・公文名・追捕使名・田所名などの荘官名七十町と百六十六町余の別作田からなっていた。この別作田は村々別作といわれ、悪田が多く新開田であろう。近世になり、土地制度・租税制度が整うと、これら免田は課税対象の高から除外するという意味で、除地と総称された。　（正木喜三郎）

めんぱん　免判　⇨国司免判《こくしめんぱん》

めんやく　免役　賦役を免除すること。免役の種類にはさまざま形態が存在しているが、完全に賦役が消滅するものと別の用途に使用するために免除するものがある。前者は、損田・川成・不作等の天災などのため生産基盤が破壊された場合である。後者は、さらに国衙や荘園領主の恒常的な賦課を免除される形態と一国平均役などの臨時の課役を免除される形態がある。恒常的な免除の場合としては、まず、荘園立券そのものが国衙からみると免役の公認であった。国衙の税を半不輸や不輸という形で免除された荘園では、その中で在地領主や荘官らの権益を「免」じて「給」という形で認める場合、在地の寺社などの祭礼や維持の費用として免田を認める場合、職人などの編成のための免給や共同体などに免じた井料田などがあった。臨時の場合は、荘園の外から課される伊勢役夫工米、内裏造営役等の一国平均役などのほか、荘内の地頭などが関東御公事等を課すことがあり、免除をめぐってしばしば訴訟が起きた。　（飯沼　賢司）

もうと　間人　中世―近世における百姓の一身分。「もうど」とも訓む。中世荘園公領制下において基本的な支配の対象とされた平民百姓のうちで、最下層に位置づけられるものであり、在地村落において名誉と格式を誇る家柄である名主の対極に立つ存在といえる。史料的には、平安時代後期の久安三年（一一四七）九月の賀茂御祖社司等請文（『東南院文書』）に「神人三百人、其外間人二百人」とあるのが早い事例。間人は室町時代の若狭国太良荘で「昨日今日地下ニ在付候やうなるまうと」（『東寺百合文書』）といわれているように、在地村落の新参者として、いわば格下の扱いを受けたと見られる。ここから、間人を村落秩序から疎外された非定住農民と規定して被差別身分と見做したり、また芸能などに従事する非農業民にその源流を求めたりする見解も提出されている。しかし、新参者としての間人の身分呼称は、村落の草分けに連なる伝統を持つ本名主以下の家柄に比して、相対的に劣る家格であることの標示であって、必ずしもこれを卑賤視とみたり、浮動性や非農業性を一面的に強調するのは妥当でない。鎌倉時代後期の美濃国大井荘には五町以上の名田を保有する間人が存在したし、室町時代、応永十年（一四〇三）の座公事定書（『今堀日吉神社文書』）によれば近江国今堀郷では宮座に、一般座衆よりは下座ではあるが、間人も加入が認められているなど、中世の間人が一定の経済的、社会的地位を占めていたことが知られよう。近世においては、阿波の間人、周防・長門の間男（亡土とも書く）、隠岐の間脇《まわき》、肥前の百姓間人（間百姓ともいう）など、西日本各地に中世の間人に相当する百姓身分が確認される。これらの階層は、本百姓体制下の村落にあって本百姓株から排除された百姓で、門役などの負担において本百姓と区別され、また宮座の座次や村寄合での権利についても制約があったという。

（田村　憲美）

もうりのしょう　毛利荘　⇨森荘《もりのしょう》

もく　牧　⇨まき

もくげん　牧監　一国内の牧の全般に関することに専任する役人。厩牧令には規定はなく、平安時代に成立した令外の官である。国内の牧の経営管理と牧馬貢上にかかわる政務一般を扱い、その業務は課欠駒の弁償、牧柵の修理、牧馬検印の監督、牧帳以下の牧司の統括、飼料の調達、牧田・馬寮田の管理運営など多岐にわたる。中央から派遣される場合と現地で採用される場合があり、前者には公廨田が給された。天長元年（八二四）から任期は六年とされ、国司と同様に解由による交替の手続きがとられるようになった。広い意味では国衙行政の一部をなしていたと考えられ、国府に執務所があったという説もある。平安期の牧制度の改革は、国に専任として牧監を設ける方向と、牧毎に別当を設置する方向が存在した。牧を多く抱える信濃国では、牧主当と呼ばれる専任官から牧監が任命され、上野や甲斐にも波及した。信濃では、基本的に二名の牧監が設置されていたといわれる。

（飯沼　賢司）

もくし　牧司　⇨まきし

もくせん　目銭　⇨めせん

もくだい　目代　一般には代官というほどの意味で、眼《がん》代《だい》とも。しかし歴史的に見れば、国司の代官としての目代を普通さし、鎌倉時代の『沙汰未練書』に「目代トハ、国司代官也」とみえている。目代は本来、私的な制度であり、国の行政にあたらせるため国司が私的に派遣したものであったが、国司が任国に赴任しなくなってから重要性を増した。したがって国司制度の成立した奈良時代とともに見出されるが、意義を増したのは、国司遥任の一般化する平安時代中期からである。国司制度はこのころに大きく変質しており、国司のなかでも長官である国守が一国の実権を握り、受領として国務を支配していた。また、任国には留守所が設けられ、在庁官人が勤める体制が成立しており、目代はこうした留守所・在庁官人を統轄・指揮し、国守（受領）の代官として国務を支配したのである。国守からは「件の人、国務を執行せしめんがために、目代職に補し、発遣する」旨の国司庁宣が出された。受領の国務支配はいかに有能な目代を雇うかにかかっており、『朝野群載』に収める「国務条々事」と題する四十二ヵ条に及ぶ、受領が国務をとるにあたっての要領・指南の書には、「公文に優長の人」を目代に任ずるように、貴賤は問わず、堪能の人が望ましい、と述べている。『今昔物語集』は、有能な目代として雇った男が実は傀儡子《くぐつ》であったことがばれてしまったという話を載せている。藤原宗忠の日記『中右記』は、公文に堪能ということから太政官の外記や史などの下級官人が五位に叙された後、受領の目代として遠国に派遣されている、と述べている。院政期になると、知行国制度が一般化して、有力貴族が国を院から拝領し、国守には子弟や家司を任じてもらい、みずからは受領として国務を支配することが行われた。この段階になると、目代は知行国主により任じられた。それとともにこの時期には、諸国で武士が進出してきており、目代と武士との衝突が増え、目代による武士の所領への圧迫、武士による目代殺害がしばしば起った。これに対処するため、目代は公文に堪能な者のほか、武勇に堪能な者を任じることが行われた。ところで目代には留守所を統轄するこの公文目代のほかに、庁を構成する分課的な田所・税所などの所々にも目代の置かれるのが普通で、これらは一所目代・分配目代と呼ばれた。武勇の目代もそうした性格を有するが、源平の

内乱期には、武勇の目代が国内の武士を統轄して、治安の維持にあたる体制が生まれている。また鎌倉時代には院北面が任じられることが多くなった。なお目代の事務・実務の実際を物語る史料として『医心方』裏文書(文化庁所蔵)があり、白河院政末期に目代が国内でどのような文書を作成し、どのような活動をしていたのかが窺える。

（五味　文彦）

もくろく　目録　物の所在を明らかにするため、その名称・数量等を記した文書、あるいは物を授受したり、寄進するために作成された文書を目録と呼ぶ。これらはその内容がわかりやすいように箇条書にされたものが多い。注進状にも目録的要素を含んでいる場合が多い。『貞丈雑記』には「目録と云事、目は名と同意なる字也、名をしるすと書てもくろくとよむ也、目録と云はすべて物の名目を書き録《しるす》書物の惣名」とある。書物の中の題目を順序立てて並べて記した目次、所蔵・出品・出版・進物等の品目等を並べて記したものなども目録である。転じて進物の際、実物を贈る代りに、その品目のみを記して相手に渡す文書、武術・芸道等の伝授・免許を証明するための文書なども目録と称された。目録を作成するためには、内容の校勘、分類編纂のための綜合的研究を必要としたため、中国では早くから目録学が成立している。わが国における目録は、奈良時代以前の中国からの経録の伝来に始まり、平安時代には、『伝教大師将来目録』や『弘法大師請来目録』をはじめ入唐八僧の将来目録があった。そのほか寛平年中(八八九―九八)に、藤原佐世が勅命を奉じて編纂した『日本国見在書目録』、鎌倉時代に成立した『本朝書籍目録』などは書籍の目録として著名である。中世になると荘園領主や武士たちが知行するみずからの荘園や所領等を書き上げた荘園目録・所領目録、訴訟や譲与を目的として公験《くげん》をはじめ証拠文書を書き上げた文書目録・重書目録・具書目録などがしばしば作成されている。また検注の結果を記した検注目録、田畠等の面積とその作人等を記した作田目録、年貢等の進納状況を示すため作成される結解目録・年貢皆済目録などがあった。近世以降は年貢租税や金品の出納状況を示すため勘定奉行によって作成される勘定目録をはじめ、用途に応じて種々の目録が作成された。寄進のために作成される目録は多く鳥子紙の折紙が用いられ、端中奥と三等分に折るのが慣例であり、料紙は一枚ではなく、同じ鳥子紙の礼紙を添える厚礼の方式を用いている。また神社寺院等では、大宮司・住持等の交替の際、什物・重書等の目録が引継ぎのため作成されているが、禅宗寺院ではこれらの目的で作成された目録のことを交(校)割帳と呼んでいる。目録には充所を書かないのが通例であるが、内容上目録と注進状と区別し難いものがあることから、注進目録と称されていることもある。

（大内田貞郎）

もずのしょう　万代荘　和泉国大鳥郡の荘園。現在の大阪府堺市北部。保元三年(一一五八)の官宣旨に石清水八幡宮領「万代別宮」とみえ、百舌鳥《もず》八幡宮を末社としてその御供田を荘園化したものか。検納米三百石の納入の記録が治承四年(一一八〇)と建治二年(一二七六)にあり、田積不明であるがかなりの規模であったと思われる。『民経記』天福元年(一二三三)四月二十八日条によると、万代荘下司職について北白川院から訴えているが、北白川院が本所であったのか、それとも別に北白川院領万代荘があったのかは不明である。貞和三年(一三四七)八月には武家方の押領に対して石清水八幡宮神人が閉籠して抗議する事件があり、幕府が解決を約束したので神人は退散した(『園太暦』)。その後、同荘は国衙領になったらしく、文明十五年(一四八三)七月の『和泉国衙分目録』に、同荘は地下請十六石とみえる。

（福留　照尚）

もちづきのまき　望月牧　信濃国にあった御牧。長野県北佐久郡望月町・浅科《あさしな》村・北御牧村・小諸市にまたがる御牧原《みまきはら》と、鹿曲《かくま》川を隔ててその西に接する八重原に及ぶ地。『延喜式』左右馬寮所載信濃十六御牧の一つ。『吾妻鏡』文治二年(一一八六)三月十二日条所載「関東御知行国々内乃貢未済庄々注文」にみえる左馬寮領信濃二十八牧の一つ。信濃諸牧中もっとも大きく、年貢馬数は、もと三十疋であったが延喜五年(九〇五)二十疋となり(『政事要略』二三)、『延喜式』の規定では、信濃国八十疋の駒牽《こまひき》のうち、望月牧は二十疋とされていた。信濃諸牧の駒牽の期日は、貞観七年(八六五)十二月、従前の八月二十九日から八月十五日に改められ、さらに朱雀天皇(天暦六年(九五二)八月十五日没)の忌日を避け八月十六日とされたが、望月牧だけは八月二十三日であった。しかし平安時代末には望月牧も同じ日になり、和歌などでは信濃諸牧の貢馬がみな「望月の駒」と称せられるようになった。「逢坂の関の清水に影見えて今や引くらむ望月の駒」(『拾遺和歌集』、紀貫之)など、望月の駒を詠んだ古歌は多い。鎌倉時代末には、諸国の駒牽はまれになり、信濃諸牧の駒牽だけが定期的に行われた。「今もさぞよゝの面影かはらめや秋のこよひの望月の駒」(『弁内侍日記』建長二年(一二五〇)条)などの和歌や「望月ばかり今まで絶えず」(『建武年中行事』)などの記事より知られるように、駒牽といえば望月の駒を連想するのが和歌の常識であった。御牧原には野馬除けと称する土塁が数キロにわたって残っている。八重原地区にはこの牧の地頭望月氏ら滋野一族の居館があった。滋野系望月氏らはこの牧を地盤として武士として力を蓄えた。木曾義仲挙兵の地、依田はこの牧の西北に隣接しており、その軍馬供給にこの牧が重要であった。北佐久郡立科町津金《つがね》寺には地頭滋野(望月)氏が承久二年(一二二〇)と安貞元年(一二二七)に造立した石造宝塔がある(県宝)。

（小林　計一郎）

もっかんりょう　没官領　没官(「ぼっかん」ともいう)は移郷とともに、刑罰法規を定めた律にいう正刑に対する付加刑の一つである。すなわち、犯罪人およびその縁坐者の所有する家人・資材・田宅などを官に没収することをいう。不正に授受奪取された財貨などの贓物《ぞうもつ》や没官

物の処分について規定した養老律所載の名例律（彼此倶罪《ひいしぐざい》条）や賊盗律などに拠れば、謀反・大逆を犯した者の父子・家人・奴婢を含む資材・田宅は贓贖司（後には刑部省）が、人間の場合は、官戸・官奴婢として官奴司（後に主殿寮）がそれぞれ没収・管理した。平安時代以降では、没収された没官物の不動産の実質が犯罪者の所有した所領であり、この所領のことを没官領と称した。例えば、後白河上皇（朝廷）の命によって没収された平家の所領などはその代表的なものであり、後には朝廷から源頼朝に対して改めて一括給付されることにより、鎌倉幕府の重要な経済基盤となる関東御領を形成した。　（西村　安博）

もとごう・えだごう　本郷・枝郷　中世・近世において開発によって新しい村がつくられたり、村高を分割して新村を設立したりしたとき、そのもとの村を本郷といい、元郷とも書いた。親郷・親村ともいう。これに対して新しくできた村を枝郷とか枝村といった。このように本郷・枝郷がつくられたとき、多くの場合、本郷（元郷）と枝郷（枝村）とは組郷（組村）をつくって連帯し反銭や棟別銭の賦課を負担したり、近隣の村落や付近の武士・寺社勢力の侵攻に際して共同してこれに対抗したりしている。『政基公旅引付』によると日根野（大阪府泉佐野市）においては入山田村・熊取村・上郷などが連帯関係をもっており、文亀元年（一五〇一）八月六日条には「日根野親郷之事候間、日根野にも悉納申候はば可成其働候」とある。摂津国垂水《たるみ》荘榎坂《えさか》郷（吹田市）は近世になると垂水・榎坂・小曾根・穂積の四村になっている。また『新編相模国風土記稿』によって相模国の郷と村との関係をみると、中世（後北条氏時代）には国内の九郡に八十八の郷が存在していたが、これが近世になると二百七十二の村々に分かれている。さらにそれが『天保郷帳』によると六百七十一ヵ村と増大している。江戸時代になって郷村の制度が整備されてくると、本郷・枝郷の関係にあるところに「親郷肝煎」なるものがおかれた例もみられる。これは上方の大庄屋と同じようなものである。また農業生産力が発達し、枝郷の村々が、経済的に豊かになるとともに自治組織を充実させるようになってくると、本郷（親郷）から離れて独立の村になろうとする動きもみられてくる。そのために本郷と枝郷との間に紛争がおきた例もある。本郷（親郷・親村）と枝郷（枝村）の存在は、日本における村落成立過程の一つの様相といえる。　（福田栄次郎）

もとよしのしょう　本良荘　陸奥国の荘園。現在の宮城県本吉郡の地域。摂関家藤原氏領。陸奥国の荘園は古代の郡がそのまま荘園化したものが多いが、この場合は逆で、本吉郡という郡は古代には存在しない。久安四年（一一四八）に陸奥国高鞍荘、出羽国大曾禰・屋代・遊佐荘とともに藤原忠実から藤原頼長に譲られている。現地の管理者は平泉の藤原氏であった。年貢は、『台記』仁平三年（一一五三）九月十四日条によれば、このときの改定交渉の結果、金二十両・布五十段・馬三疋に定められた。保元の乱のあとで没官されて、後院領に編入された。　（大石　直正）

もばらのしょう　藻原荘　上総国長柄郡の荘園。現在の千葉県茂原《もばら》市街を中心にした一宮川北岸一帯に比定される。当荘ははじめ藤原黒麻呂の領有する牧であったが、その子春継がここに留住して自分の死後はこの地に葬り、興福寺に施入するように遺言。寛平二年（八九〇）八月、春継の孫菅根らが興福寺に施入した。この時の施入帳が『朝野群載』一七に収められている。当時の規模は東西千二十丈・南北四百八十七丈であった。保延六年（一一四〇）北西に接する橘木社領と境界相論をおこしたのが史料上最後の所見である。

参考文献　『千葉県の歴史』資料編古代　（野口　実）

もりどみのしょう　守富荘　肥後国益城郡の荘園。現在の熊本県下益城郡富合《とみあい》町を中心に一部城南《じょうなん》町にまたがる地域。木原荘ともいわれた。九条家領。建久六年（一一九五）の肥後国庁宣（『阿蘇家文書』）に、「益木上郷内守富居合拾玖町」とみえ、荘の一部は阿蘇社末の甲佐社領の居合田となっていた。立荘の経緯は不明だが、開発領主木原氏の寄進によるものと推定される。建仁元年（一二〇一）九条兼実は当荘を皇嘉門院（崇徳中宮）建立の証真如院に寄進した。荘務は下司（地頭）木原氏の請所で、年貢は千二百六十一石の定めであった。しかし木原氏は嘉禄年間（一二二五―二七）官使入部を妨げた咎で三十余町を没収される一方、甲佐社領預所北条氏の圧迫を受けて没落、地頭職《しき》は得宗の手に移り、その一部は得宗一族から京都三聖寺に寄進された。南北朝時代には阿蘇惟澄・同惟時・河尻幸俊らの知行下におかれたが、荘園としての実態は失われた。

参考文献　杉本尚雄編『肥後国神蔵・守富・八代荘史料』（『九州荘園史料叢書』九）　（工藤　敬一）

もりのしょう　杜荘　尾張国中島郡の荘園。現在の愛知県海部《あま》郡甚目寺町北部を含む地域か。治承四年（一一八〇）皇嘉門院領としてみえ、九条兼実以来九条家領として伝領された。室町期には領家職は青蓮院に帰した。地頭職《しき》は得宗被官会田氏領、建武二年（一三三五）夢窓疎石を経て南禅寺領。文亀元年（一五〇一）守護押領の記事が終末所見。

参考文献　『佐織町史』資料編一　（上村喜久子）

もりのしょう　森荘　相模国愛甲郡の荘園。現在の神奈川県厚木市内。毛利荘とも書く。立荘の時期は不明確であるが、源為義の弟義隆が森冠者と称して支配していたと『平治物語』（古活字本）などにある。平安時代末から鎌倉時代初期の武士毛利景行の名字の地であり、景行は開発領主の系譜をひくかも知れない。荘園領主も不明。『吾妻鏡』養和元年（一一八一）正月十八日条には、前年の平重衡の南都焼打を同荘の住人印景なるものが伝えたとあり、また建久五年（一一九四）八月八日条には、相模国の日向《ひなた》薬師に参詣した源頼朝に、下毛利荘で、大江広元が駄餉を献じたとある。武蔵国長井荘とともに広元の所領

の一つとなっていたことがわかるが、同荘は上・下の二つに分かれていたらしい。広元の子息それぞれは出羽国・備後国などに分布したが、四男毛利季光(西阿)は、三浦泰村と姻戚関係にあったため、泰村と北条時頼・安達景盛とが対決した宝治合戦に三浦氏側について参加、討死した。降って観応擾乱に際し、高師冬が鎌倉を没落した際、当荘の湯山に至ったとある。また荘内の厚木郷は円覚寺正続院領となっていた。ほかにも、妻田・散田・荻野・奥三保・一色・飯山などの諸郷があり、特に飯山郷の森国吉は、永享七年(一四三五)六月六日付の鎌倉府政所執事二階堂盛秀から、鋳物師としての勤仕を命ぜられている。戦国時代の鰐口銘・像銘・棟札・制札などに当荘名(森・毛利)を付したものがあるが、実体は失われていたと思われる。 (福田以久生)

もりもとのしょう　杜本荘　大和国添上郡の荘園。現在の奈良県天理市森本町の地。興福寺雑役免荘。延久二年(一〇七〇)の『興福寺雑役免帳』によると、公田十五町十歩からなる荘園だった。鎌倉時代には寺門領の杜本荘がみえる。なお、応永六年(一三九九)の『興福寺造営段米田数帳』には、大乗院方として「森本庄十二町四段一反切」がみえる。 (泉谷　康夫)

もりやのしょう　杜屋荘　(一)大和国城下郡東郷と十市郡東郷の荘園。現在の奈良県磯城《しき》郡田原本《たわらもと》町大字笠形・味間東部あたりに比定される。保延三年(一一三七)の『杜屋荘検田帳』によると、面積は六町七段、坪付は城下東郷十八条三里七・八坪、十市東郷十九条三里十二・二十九・三十・三十四・三十五坪とあり、東大寺領。長徳四年(九九八)の注文(『東大寺要録』)に「城上郡杜屋庄田五町九段百歩」とあり、東大寺領。城下東郷十八条・十市東郷十九条三里の東には城上郡一里が隣接しているので、右両荘は近接していたのかも知れないが不詳。弘安八年(一二八五)の「東大寺注進状」の「顚倒所」のうちに「杜屋庄」がみえ、鎌倉時代中期には興福寺の侵害により崩壊の動きがうかがえる。 (朝倉　弘)

(二)大和国城下郡の荘園。現在の奈良県磯城《しき》郡田原本《たわらもと》町の地。『三箇院家抄』には「森屋庄五丁六反半、城下郡」とみえ、平安時代末期、興福寺竜華樹院領杜屋荘が成立していた。『大乗院寺社雑事記』文明十六年(一四八四)三月一日条には、荘田三十八町とみえるがその大部分は大安寺領であり、竜華樹院の本寺である大乗院門跡領はわずか六町だった。大乗院方の下司は十市一党の新賀氏。 (泉谷　康夫)

もんし　文子　利息に関する用語である。文《もん》は元来、銭貨の個数単位であったが、後に貨幣単位にもなった。唐の開元通宝一枚の重さが一匁《もんめ》あったところから、わが国においても、銭一枚を一文と称した。銭一千文は、すなわち一貫(文)にあたるものとされた。これをもとに、例えば、五文子というときには、一ヵ月百文について五文の利息のことを意味し、すなわち、月に五分《ごぶ》の利率ということになる。もとより、現実の生活においては、省陌《せいひゃく》といって、鎌倉時代には九百七十文を、室町時代以降は九百六十文を以て一貫としており、他方で、百文も九十六文で通用させて、とくに百文の場合のみを長百《ちょうひゃく》とする場合も見られた。 (西村　安博)

もんでん・もんばた　門田・門畠　中世の武士の居館の周辺部に広がる付属耕地。「かどた」「かどばた」とも呼ばれた。屋敷地をとりまく堀で暖められた水を用いることが多かったので水利条件もよく、かつ地味も豊かな生産力の高い耕地であった。そのため、『田植草紙』には、「おき(沖)の三反田より門田の二反田をな、ぬいはり愛《め》でたもれ門《かど》の二反田をな」と歌われ、「沖の田」(屋敷地から遠い田)と対置されて、耕作に便利な田として認識されていた。門田・門畠は荘園領主や国衙の検注の対象からはずされ、年貢・公事《くじ》が免除されるのが通例だったので、地頭などの武士は門田・門畠であると称して周辺の広大な耕地を囲いこんで、領主権を強化しようと努めた。たとえば、鎌倉時代初期の備後国太田荘の下司橘兼隆・太田光家は、前の下司が獲得していた門田・門畠であると号して百余町の田畠を押領したという(『高野山文書』建久元年(一一九〇)十一月金剛峯寺大塔供僧申状案)。このような門田・門畠は武士の直営地として、下人や所従などの隷属民によって耕作されることが多く、周辺の百姓に小作させることもあった。居館と並んで武士の支配権が強く及ぶ場所であったので、これの大小は武士の勢力を決定する要因の一つとなった。 (木村　茂光)

もんばた　門畠　⇩門田《もんでん》・門畠《もんばた》

もんりょう　文料　荘園の公文の得分(収益)の一種。建久九年(一一九八)の備後太田庄地頭橘兼隆注進状案(高野山文書『鎌倉遺文』二巻一〇〇一号)に公文得分の一つとして人別給田二町とともに「文料段別二升」と見える。のち、正和二年(一三一三)の同庄桑原方領家地頭所務和与状(同前『鎌倉遺文』二七巻二〇八〇八号)には、「公文々料段別壱升」と見える。同荘での文料は、建久三年(一一九二)に荘園の復興を行なった高野山の鑁阿が公文への援助として給田各一町をあらたに給付した際に併せて下司・公文に給付した二斗代・三斗代の田の免米段別二升のうちの一升五合に由来しよう(同前『鎌倉遺文』二巻五七五号)。そのうち一升は下司得分で残りの五合が公文の得分であった。文料については、他の用例を見出せないが、文書作成と管理に関わる経費の意味であろう。 (田中　健二)

や

やかた　館　中世の豪族・名族・貴人の屋敷または宿所。なかでも在地領主・上層武士の本宅としての居館を指すことが多い。古くは「たち」または「たて」と呼ばれた。『吾妻鏡』にも、「兼高館」や「朝政館」がみえるが、いずれも居所であり本宅であった。のち延慶本『平家物語』の上総介広常段に「弘経屋形」とあるように、鎌倉時代には「やかた」の呼称が用いられている。中世武家領主の居館は、要害の地に方一～二町の屋敷地を占め、その周囲を堀や土塁などでとり囲んで「堀内」あるいは「土居」と称した。屋敷地の内郭の建物群は、河内国水走氏の館(大阪府東大阪市五条町)の例によれば、六間一面の寝殿(主屋)を中心として、七間廊・惣門・中門・三間土屋・三間厩屋・五間倉・三間倉・六間雑舎から成っていた。一方、相模国海老名の上浜田館跡(神奈川県海老名市浜田町)では、その掘立柱の建物群として、板葺屋根・庇つきの七間に五間の主屋(東向き)、それと廊でつながる倉、二棟の厩、茅葺の厨、塀で仕切られた別棟の家屋、そのほかに邸内の井戸や馬場跡、後背丘陵上の牧堤・牧柵と思われる遺構が発見されている。また絵巻物に描かれた武家館には、堀の内側を板塀や竹藪で囲い、楼門の上に矢倉を設けて楯を備え、武装した宿直の侍が詰めるなどの防備の構えや、鷹狩の鷹とまり木などがみられる。以上は中小領主の標準的な館の構造であるが、大名・豪族級の大領主の場合その構成はいっそう拡充され、さまざまな家政・家事・生活のための機構・施設などを備えるようになる。『庭訓往来』に記された「御館造作」の項には、それに関して侍御厩、会所、囲爐裏の間、学文所、公文所、政所、膳所、台所、贄殿、局部屋、四阿屋、桟敷、健児所、通笠懸の馬場、的山、蹴鞠の坪、泉水、立石、築山、遣水、客殿、持仏堂、礼堂、庵室、休所、土蔵、文庫、中間の塀、後園樹木、四壁竹、前栽茶園などが挙げられている。　（戸田　芳実）

やがみのしょう　矢上荘　阿波国板野郡の荘園。現在の徳島県板野郡藍住《あいずみ》町を中心とする地域。春日神社領。平安時代末期には名東郡にあった南助任保とともに、矢上保として、藤原親家・粟田重政という二人の有力在地領主の私領であるとともに、別保になっていた。文治二年(一一八六)、この保が興福寺廻廊造営料所に充てられた際、保主になった藤原季保は、この保を春日社領にすることに努力し、本主春日神社・領主藤原季保とする荘園が鎌倉時代初期に成立する。このような保の荘園化は、国衙との対立、領主相互の紛争をひき起し、貞応元年(一二二二)には、国衙はこの荘を収公して熊野社や祇園社の再建料に充てようとし、春日神社と対立している。また、鎌倉時代初期の阿波国司であった四条氏は、藤原季保から領主職《しき》を奪いとろうとして、これについても紛争が起っている。このようななかで、この荘の荘号は富吉荘とあらためられ、おそくとも弘安六年(一二八三)までには安嘉門院領となっている。

参考文献　沖野舜二編『阿波国荘園史料集』　（丸山　幸彦）

やきばた　焼畑　原野または山林に火を放って草木を焼き払い、耕耘も施肥もせずに直かに粟・稗・蕎麦・大豆・麦などを播種すること、またはその畑。はじめは焼却した草木の灰が肥料となるが、数年後には地力が枯渇して作付を続けることができなくなるので、いったんこれを休閑地として放棄し、草木の生え茂るに任せ、草生地または林地となって地力が回復すれば、数年ないし十数年後には再びその草木を焼き払って畑地とする。畑地としては肥料を施さない略奪農法・休閑農法による畑地で、これは播種と収穫のほかはほとんど自然に放任し、特別の耕耘作業は行わず、樹木や草柴を伐り倒し、これを焼いたのち太い木材を取り除き、畦は造らず、ただ灰を箒などで掃きならしただけで種子を散播し、中耕除草などの管理労働もいっさい行わない。したがって収穫量ははなはだ少なく、結局、これは農業発達の段階からいえば、施肥農業としての普通永久畑に先立つ最も原始的な農法である。このような焼畑農業は日本においても、水田稲作農業の行われる以前の縄文時代にすでに現われ、古代には大和のような朝廷の所在地にも行われていた。もっともこれは貢租の賦課のない農業として都の付近などではしばしば禁止されているが、しかしこの禁止は逆に当時ひろく焼畑農業が行われていたことの証拠であって、生産力は低いが、貢租の負担がないというので、農民の生活を支える生活農業として古くから行われていたのである。中世封建時代になってからも、貢租を負担する耕地の耕作だけでは生活を維持することができなかった名子などの零細耕作者が、みずからの生活を維持するために、やはり入会地《いりあいち》などで焼畑農業を行なっていた。このような事情は近世封建時代になってからも同様であって、検地帳面には現われないが、事実上は百姓の生活農業として年貢なしの焼畑農業が諸所に行われていた。しかし江戸時代中期になると、幕府諸藩の租税増徴政策によって、以前は貢租の対象とならなかった焼畑が川岸の流作場などとともに課税の対象とされる反面、山火事の防禦、水源の確保、用材の保護などの目的から制限または禁止されている場合も各地にみられる。しかし従来から焼畑に強く依存してきたような地帯の零細農は、焼畑をやめれば生活に窮することとなるので、その禁制の緩和または取りやめを願い出て、焼畑に関する限り、たび重なる令達を以てしても、容易に禁止することができなかった。

信州・甲州・上州などの山岳地方や北国・四国・西国などの山間部では、ことにそうであった。そして一部には植林と関連した焼畑が残存し、焼畑・切畑・切替畑・薙畑・刈畑・かのやき・やぶ・さす畑・木庭作などという名前で呼ばれた。しかし今では雑穀作を中心とする焼畑の非経済性から焼畑は減少の一途を辿り、ただわずかに山岳地方の一部に三椏《みつまた》などの栽培または植林と関連した焼畑が、ごく一部に残存しているにすぎない。なお、焼畑には上記のように地方によっては切替畑という別称もあるが、一般には切替畑は、森林または原野と輪転する畑の総称として用いられる。（三橋 時雄）

やぎゅうのしょう 楊生荘 大和国添上郡の荘園。現在の奈良県大和郡山市横田町の地にあたる。興福寺雑役免荘。延久二年（一〇七〇）の『興福寺雑役免帳』に「五町春日社御幣免田也」とみえており、春日社御幣免田でもあった。またこの地には、上宮王院三昧荘の柳生荘九町八段があった。『太子伝玉林抄』巻一五によると、この荘園は、法隆寺別当公範が、延久年中に私領田を施入したことにより成立したものであった。このほか、正治二年（一二〇〇）の『興福寺維摩大会料帳』には興福寺寺門領の楊生荘がみえ、応永六年（一三九九）の『興福寺造営反米田数帳』には一乗院領の楊生荘がみえるが、これら相互の関係は不詳である。（泉谷 康夫）

やくでん 易田 ⇨えきでん

やくぶくまい 役夫工米 ⇨造大神宮役夫工米《ぞうだいじんぐうやくぶたくまい》

やさかじんじゃりょう 八坂神社領 京都市東山区祇園町北側に鎮座する八坂神社の所領。境内四至を中心にする山城および近江・丹波国の近国と、散在する遠国とに二分している。特に境内四至は、当社経営の基礎である。延久二年（一〇七〇）二月二十日付太政官符によれば、その範囲は、東は白河山、南は五条以北、西は堤（鴨川）、北は三条末以南であって、現在の八坂神社よりも広い領域に及んでいる。もともと、長和五年（一〇一六）に山城国司の国判により開発した地所であって、長元六年（一〇三三）に山城国司の免判を得たので、官省符荘ではないものの、実質的には社領として確定したのである。そして、この三条・五条通りの延長線上の洛中に小規模な所領が形成され、洛中の職人や商家に神人・氏子組織が充実し、地子収入が普及したわけである。その間には、三宗兼学の道場として成長してくる建仁寺との境界紛争が断続する。遠国の所領は、別表のごとくに北陸・中国・四国が大半であって、しかもみずから開発した形跡がない。権門勢家が祈禱料所・造宮料所として寄進した非体系的な所領群である。この中では、近江国坂田保・成安保、丹波国波々伯部保、備後国小童保が、鎌倉・室町時代を通じて「祇園社四ケ保」といわれて、重視された。逆にいえば、これ以外の所領は連絡が不充分であって、到底にみずから下地を掌握してい

八坂神社領

八坂神社 社領一覧

所在国郡		名称	初出年月	特徴	備考
山城	宇治郡	山科音羽郷	延文三年八月	後光厳天皇祈禱料所	
	（郡未詳）	東蔵荘	乾元元年三月		
河内	河内郡	草賀郷	永享元年十二月	大島長知の寄進	
摂津	有馬郡	金心寺		源定実の女、萱殿の寄進	○
伊勢	安濃郡	岡本保			○
志摩	（郡未詳）	尼寺			
尾張	中島郡	寺本法成寺	文保元年	毎月天神供料所	△
	同	栗野氷室	嘉暦元年九月	勅願料所	△
近江	蒲生郡	成安保	元亨三年七月		
	同	小須恵村	長禄二年四月		
	神崎郡	山上保	明徳三年十二月	神供料所	
	坂田郡	宮河保	延徳三年十二月	同	○
	同	坂田保	貞和三年七月	同	○
	同	祇園保	応永二十三年十月	同	
	同	山階田	正和年間	三月三日御節供料所	△
美濃	大野郡	上秋荘	貞和三年七月	鷲尾殿寄進	
	席田郡	春近内義家郷	明徳二年八月		
	賀茂郡	深田富永	明徳元年五月		
	（郡未詳）	下野村	明徳二年十一月		○
	（同）	中野村	応永三年九月		
越前	今立郡	杉前		根本中堂領	○
	敦賀郡	敦賀津料	正応四年	造営料所	△
	同	敦賀津内野坂経政所舛米	永仁年間	本地垂迹勤行料所	△
	（郡未詳）	感神院保			○
	（同）	越前保	嘉元元年四月	御節供料所	△
加賀	加賀郡	軽賀野保	文明十四年九月	神事料所	
	（郡未詳）	萱野保	応永三年十一月	軽賀野保との関係は不詳	
	（同）	苅野村	文明十三年十一月	同	
越中	新川郡	堀江荘	元応二年三月		○
	礪波郡	五位荘			
丹波	多紀郡	波々伯部保	承徳二年十月	加徴米代所	○
	同	波々伯部保脇国領	永仁年間		△
	氷上郡	小川	永仁四年十一月		
	天田郡	天田宗我部郷土肥	元暦元年三月	常燈用途料領	
因幡	法美郡	高岡			○
	（郡未詳）	来谷			○
出雲	能義郡	長江郷	文永年間	四季天神供・常燈料所	△

所在国郡		名称	初出年月	特徴	備考
播磨	飾磨郡	広峰社	正和五年八月	末社	○
	賀古郡	土山荘	正安二年閏七月	広峰社領	○
	同	弘次別符	永仁二年十月	仙洞祈禱料所・常燈幷四季天神供料所	○△
	賀茂郡	須富(修布)荘	暦応二年八月		
備前	磐梨郡	可真(珂磨)郷	暦応元年九月		○
	邑久郡	山田村			
備中	賀陽郡	野山郷		四季天神供・常燈料所	△
	(郡未詳)	武並保	文和元年五月		○
備後	世羅郡	小童保	嘉禎元年正月	日供料所	○
	三谿郡	三谷郷	嘉元三年三月	修造料所	△
	(郡未詳)	備後保	文安元年正月	神供料所	
讃岐	三野郡	西大野郷	文永九年八月	大般若仁王経講料所	○△
	阿野郡	萱原神田	同	後光厳天皇祈禱料所	○
	綾歌郡	林田郷内潮入新開	文永年間	四季天神供・常燈料所	△
	(郡未詳)	氷上新上名	正和四年	常燈料所	△
伊予	桑村郡	古田郷	永仁五年九月	祈禱料所	
土佐	(郡未詳)	永武郷	弘安年間	造営料所	△
	(同)	千富名	弘安九年	常燈料所	△

㈠八坂神社社務所編『八坂神社文書』下から摘出。なお、備考欄の○印は同書の「役夫工米奉行衆国分注文」に、△印は『八坂神社記録』の『社家条々記録』に記載のあることを示す。
㈡織田政権が成立する頃までの祇園社は、洛中近郊に小口の社領を有したが、その表記は煩雑なので、右の社領一覧には記載していない。たとえば、長禄三年まで保持されていた常燈料所六角町南東頬・口南北一丈五尺・奥東西五尺四丈などの類である。
㈢一般に普及している解説書は備前国散在斗餅田を社領に含めているが、祇園社領としての証拠が不充分なので記載しない。室町幕府発給文書に「祇園社領備前国可真郷本免田」と併記している事例(康応元年九月六日付室町将軍家御教書案)を含めて、すべて「熊野山本宮領」と明記し、祇園社の社僧も訴訟の中に登場しないので、祇園社領に断定するには検討の余地がある。

るわけではなかった。中世的社領の最後の様子は、山城国山科音羽郷にみられる。同所は、延文三年(一三五八)に後光厳天皇からの寄進をうけたものである。こうした近郊の社領は、戦国時代まで維持できたが、天正三年(一五七五)には現地の百姓中から納付を拒絶される有様に至っている。近世になると、境内四至の経営が課題になる。充実してくる知恩院や、新興勢力である東本願寺大谷廟、さらには高台寺の参道のために用地を提供するようになり、平安時代以来の四至の範囲や道路事情が変容するのである。近世においては、江戸幕府将軍の朱印地山城国内百四十石に終始した。この総高は一貫していて、増減がないものの、具体的な地所は時代が下るほどに分解して、最終的には洛中と近郊に九ヵ所が散在して、明治維新に至った。はじめの元和元年(一六一五)七月二十七日付徳川家康朱印状写では、㈠愛宕郡祇園社廻(百十二石九斗六升)、㈡葛野郡西院村(八石八斗一升)、㈢紀伊郡東九条村(十八石二斗三升)の三ヵ所、百四十石であるが、天明八年(一七八八)九月十一日付徳川家斉朱印状写では、九ヵ所、百四十石に分散している。この間の事情を精査してみると、前者の朱印状の㈠が次第に削除され、その代替地が散在する結果になったのである。一例を指摘すると、後者の朱印状は五番目に葛野郡中堂(道)寺村(六石五斗)を記載しているが、これは、前者の朱印状の㈠の中から本多俊次の屋敷地を地上げした代替地に、寛文五年(一六六五)に京都所司代が支給した結果なのである。このように㈠の祇園社廻りの地所は、小刻みに削り取られ、その代替地として五条橋下西側(六斗)のような不良地に分散したわけである。したがって、後者の朱印状の九ヵ所は、中世以来の特権を保持した地所とはいいきれないのである。なお祇園社廻りの地子銭は、社殿修理料に充当されたらしい。　(秋元　信英)

やさかのしょう　八坂荘　豊後国速見郡の荘園。同郡の北部、八坂川の下流域。現在の大分県杵築《きつき》市の中央から西部一帯を占める。『和名類聚抄』にみえる豊後国速見郡八坂郷が平安時代後期に荘園に転じたものと推定される。文治二年(一一八六)四月十三日の後白河院庁下文案にその名がみえ、宇佐八幡宮の神宮寺である弥勒寺が領家職《しき》を保持していた。弘安八年(一二八五)の『豊後国大田文』によれば、八坂荘二百町の内部単位として、下荘百町、本荘五十五町、新荘四十五町に分かれ、さらに本荘内には若富五町二段が存在した。下荘・新荘の地頭は八坂氏であったが、若富は大友頼泰が管轄し、守護の直轄領となっていた。室町時代には下荘内の一部と推定される木付を本貫地とする木付氏が台頭し、大友氏を支える有力な支族となる。それに伴い、この地域は次第に木付と呼ばれるようになり、室町時代末期には木付荘の名称が一般化するようになる。荘内に生桑寺(杵築市八坂)があり、同寺の『大般若経』裏打紙文書はモンゴル襲来に際しての博多湾沿岸石築地の御家人役を明示したものとして著名。

参考文献　渡辺澄夫編『豊後国安岐郷・八坂(上・下・新)荘・山香郷史料』(『豊後国荘園公領史料集成』四上)
(海老澤　衷)

やしき　屋敷　一般的には家の建っている敷地をいう。屋敷の語は、古代においてはあまり使用されず、宅地・家地・屋地などといわれた。『養老令』田令宅地条には、「凡そ宅地売り買はむことは、皆所部の官司に経れて、申牒して、然うして後に聴せ」(原漢文)と、その売買の手続について記しているだけで、これ以外の規定はみえない。そのため現在も宅地条の前に配列されている園地条・桑漆条との関連は確定されておらず、宅地の性格や構成については不明な部分が多い。しかし、宅地は律令的な収

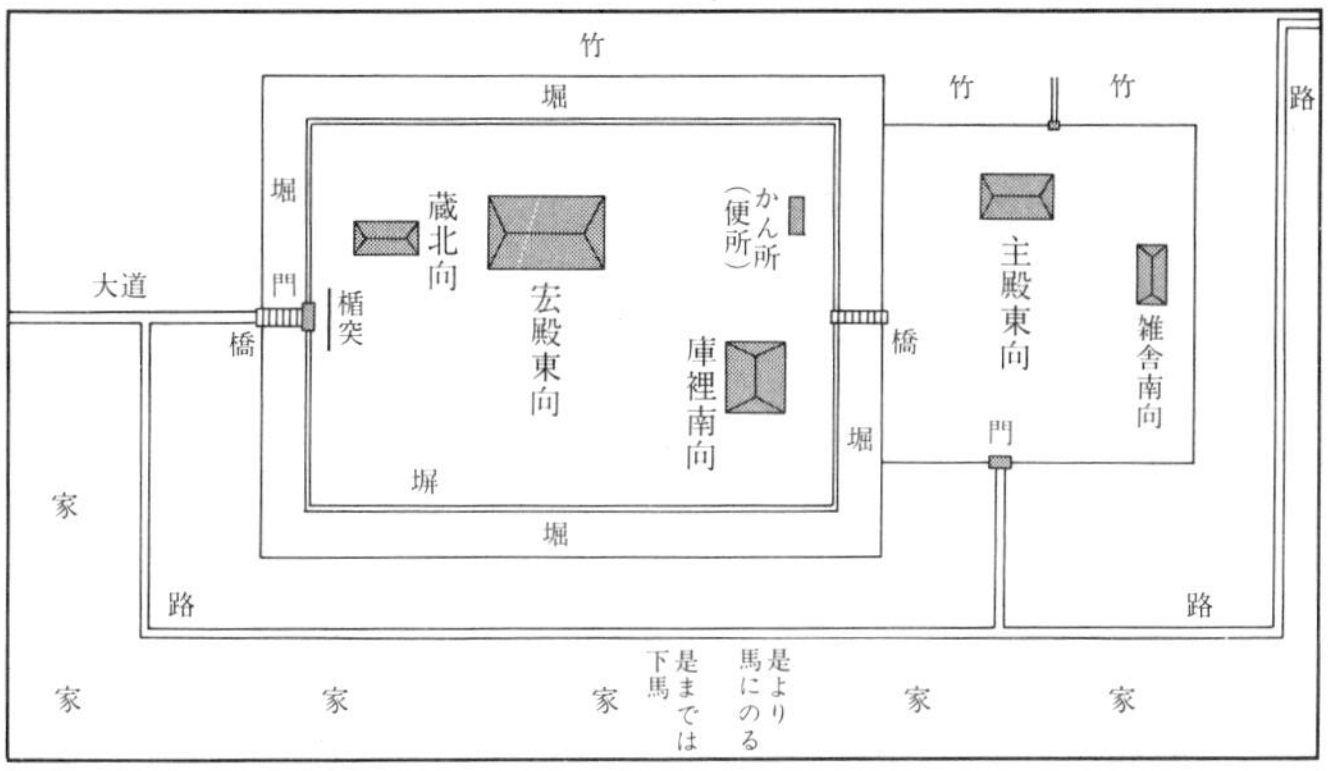

新見庄谷内家屋敷推定平面図

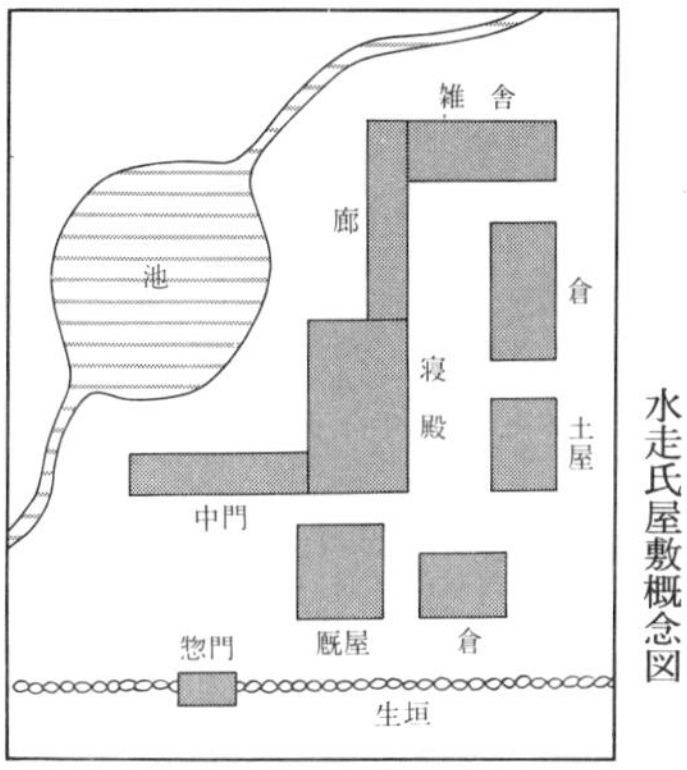

屋敷

水走氏屋敷概念図

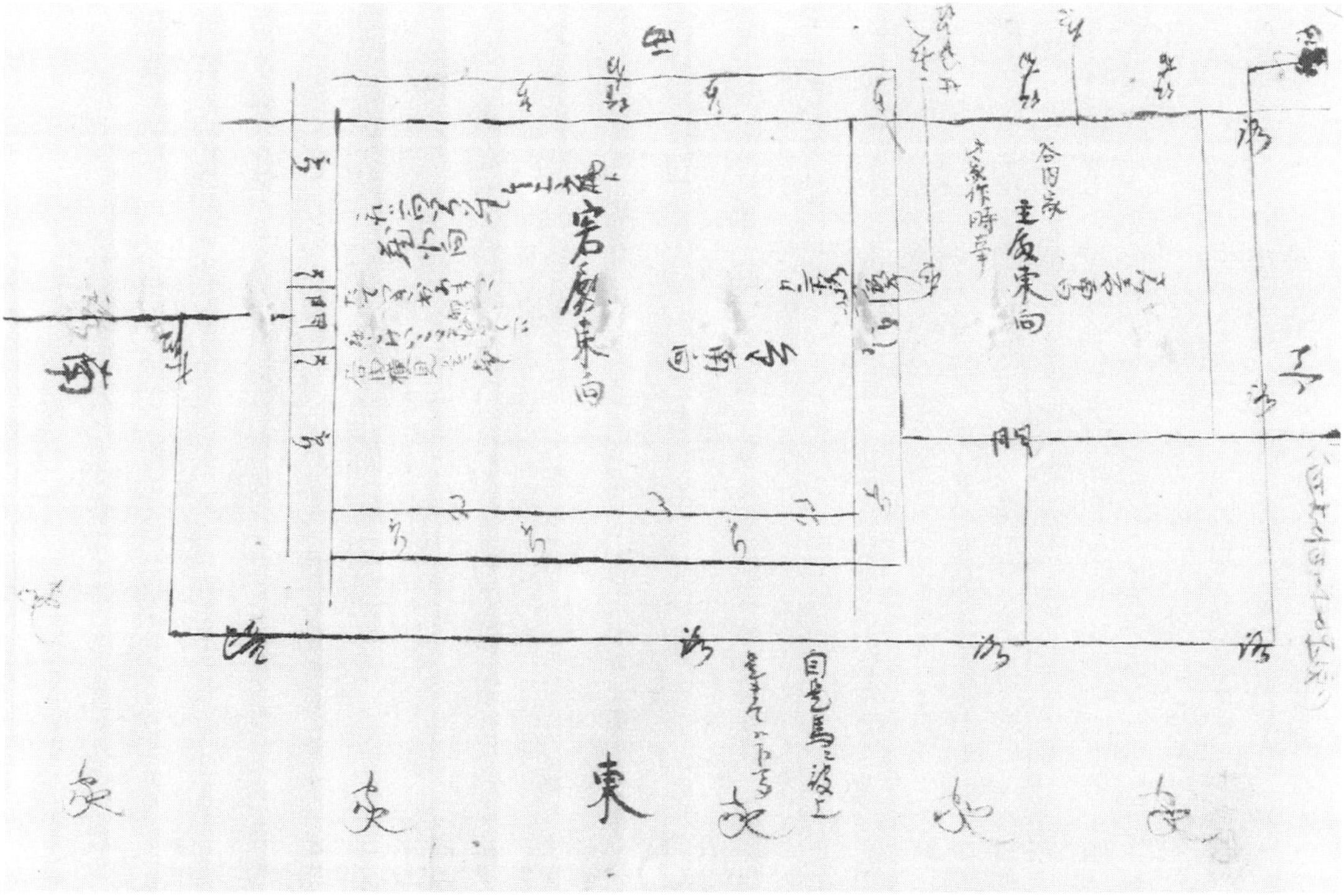

備中国新見庄地頭方百姓谷内家差図

取の対象からはずされていたため、私的な土地所有の拠点となっていった。屋敷という語句が使用され始めるのは平安時代後期からで、荘園文書では、延久三年(一〇七一)の播磨国大掾秦為辰解案(『東寺百合文書』)に、「件の畠、先祖相伝の領地屋敷たるなり」とあるのが初見である。そこには「畠桑幷びに年苧」が栽培され、為辰の従者が耕作にあたっていた。また、時代は下るが、寿永三年(元暦元、一一八四)河内国の領主源康忠は、先祖相伝の本領の地「水走《みずはや》開発田」の安堵を求める際、それを「本宅を安堵し」といいかえている(『西宮文書』)。このように、屋敷は単にそこに建てられた家屋だけを示すのではなく、その家屋を中心として田や畠や山林などを含みこんだ自分の権限が及ぶ広大な地域を指す意味で用いられた。これは、古代以来収取の対象外であったという宅地の性質を利用して、それを根拠に在地領主層が周辺地域を開発し、所領を拡大してきたことの結果であった。関東の有力御家人小山朝政の寛喜二年(一二三〇)の譲状に、「寒河御厨 小山庄と号す、重代の屋敷なり」とあるのはその典型といえよう(『下野小山文書』)。以上のような広義の屋敷に対して、家屋だけを意味する本来の屋敷は、領主や土豪の場合、通常堀ノ内・土居などといわれ、方一、二町の周囲を堀や塀・柵・土塁にかこまれた中に、数棟の家屋と庭や菜園、さらに少々の手作りの田畠があった。そして、その周囲には門田・門畠さらには武芸の

訓練の場である馬場が広がっていた。家屋の部分はあまり詳しくはわかっていないが、前述の河内国源康忠の子孫の建長四年(一二五二)の譲状には、「屋敷一所」として次のような建物群が記されている(『河内水走家文書』)。「六間壱面寝殿一宇　七間廊一宇　惣門一宇　中門七間一宇　三間土屋一宇　三間壱面厩屋一宇　五間倉一宇　三間倉一宇　六間雑舎一宇」。この史料を発掘の成果に基づいて復元したのが水走氏屋敷復元図である。十三、四世紀の東国の武士の館も、神奈川県海老名市の上浜田遺跡の復元によれば、その構成は、「惣門・主屋・倉・厩(二棟)・厨・隠居屋(または持仏堂)」であったから、一棟の規模を問題にしなければ、ほぼ同じ構成であったといえる。一方、百姓層の家地が屋敷と表現されるのは十二世紀前半のことで、保延四年(一一三八)の大和国小東荘に関する散位葛季正解に「残りは田堵等屋敷なり」とみえるのが早い例である(『東大寺文書』)。その小東荘の場合、天養元年(一一四四)の検注帳によれば、四十五名の「地主」のうち屋敷が書きあげられているのは十八名で、その面積も一町一段から百八十歩(〇・五段)までの広がりがある。しかし、その一町一段と五段前後の三名を除いた十四名の平均は一・七五段となり、一、二段が百姓層の屋敷の規模であったと考えられる。ただし、四十五名のうち十八名にしか屋敷が記載されていないことが明瞭に示すように、検注帳に登録された百姓の屋敷は、在家役賦課の対象になるものだけであって、それがそのまま屋敷地所有の実態を示すものでないことに注意する必要がある。百姓層の家屋の構造は十分わかっていないが、備中国新見《にいみ》荘の十五世紀中ごろの名主屋敷(谷内屋敷)が復元されているので、それを示すと右図のようである。堀と塀に囲まれた敷地に、宏殿(母屋)を中心に蔵・便所・庫裡が配置され、その外側には客人用の主殿と雑舎を付属させている。これは、代官を迎えるような有力名主の場合であるから、一般百姓の家屋はもう少し簡素な構造であったであろう。屋敷地間の区切りも簡単な垣根(卯の花垣など)で、その中に家屋と庭と少々の菜園があったと考えられる。屋敷地の立地は、平安時代の検注帳などでは畠地と一緒に書き上げられている場合が多いので、水田化しにくい自然堤防上などの微高地の場合が多かったと考えられる。　→在家《ざいけ》　→在家役《ざいけやく》　→堀ノ内《ほりのうち》　→門田《もんでん》・門畠《もんばた》　(木村　茂光)

やしろくにじ　八代国治　一八七三―一九二四　中世史。東京帝国大学史料編纂官。明治六年(一八七三)一月二日、木更津県市原郡上高根村(現、千葉県市原市)に生まれる。本姓、鈴木氏。同三十年、国学院卒業。東京帝国大学文科大学史料編纂掛編纂助員。鎌倉時代史料編纂に従事。三十三年、同編纂委員。三十四年、八代家の養嗣子となる。三十八年、史料編纂官補。大正九年(一九二〇)、史料編纂官。この間、同四年からは南北朝時代史料編纂に従事。十一年、国学院大学教授兼任。文学博士の学位を取得。十三年、『長慶天皇御即位の研究』により帝国学士院賞恩賜賞。大正十三年(一九二四)四月二日没、五十二歳。主として皇室領荘園の研究を行い、その研究の基礎材料であった『荘園目録』(八代恒治、昭和五年)が死後遺族によって刊行されたが、同書には「皇室御領荘園目録」「荘園目録」が国別に配列されており、全体の「荘園目録索引」が付されている。(瀬野精一郎)

やしろのしょう　屋代荘　㈠周防国大島郡の荘園。現在の山口県大島郡大島町および久賀《くが》町椋野《むくの》のあたり。『譜録』の櫛辺信美所収嘉禄二年(一二二六)屋代荘領家等定文案に、当荘は惣公文安部光守の先祖成清開発寄進の地で嘉祥二年(八四九)惣公文に補せられたとするが、同『譜録』所収伝書によれば始祖成清は嘉承二年(一一〇七)屋代荘領主職《しき》を賜わったとあり、おそらく後者の年次に拠るべきであろう。治承四年(一一八〇)の皇嘉門院処分状に最勝金剛院領のうちに「すわう　やしろ」がみえ、甥九条良通に譲られており、皇嘉門院を本家とする最勝金剛院領であった。当荘はその後九条兼実の所有に帰し元久元年(一二〇四)宜秋門院へ譲られ、その没後兼実の孫道家→一条実経と伝領された。一方、源平争乱時平知盛が同島に拠った廉で文治二年(一一八六)源頼朝は大江広元を当荘を含む大島三ヵ荘の地頭に補した。開発領主安部氏は武家被官として惣公文を安堵されたが、本所・地頭に違背して訴えられ、嘉禄二年領家・地頭・惣公文ら連署の定文を作成した。公文職はその後南方・北方に分けられ、北方は至徳二年(一三八五)岩国永興寺に寄進され、安部氏は南方公文職を相伝したが、室町時代中期に至り櫛辺氏を称して大内氏に仕え、ついで毛利氏に従った。(松岡　久人)

㈡出羽国置賜郡の荘園。同郡の東部を占める。現在の山形県東置賜郡高畠町付近。『和名類聚抄』にみえる屋代郷の地域に成立したと思われる。出羽国でも最も早くからひらけた所らしい。久安四年(一一四八)藤原頼長が父忠実から譲られた。荘の管理にあたっていたのは奥州藤原基衡で、当荘の年貢定額は布百反・漆一斗・馬二疋であった。久安五年頼長は年貢増額を要求したところ、基衡はこれに応じなかったが、仁平二年(一一五二)に至り布百五十反・漆一斗五升・馬三疋で落着し、同三年九月、三ヵ年分が納められている(『台記』)。保元の乱後、保元二年(一一五七)没官され、後院領となった(『兵範記』)。(誉田　慶恩)

やすだのしょう　安田荘　㈠出雲国能義郡の荘園。現在の島根県安来《やすぎ》市吉佐《きさ》町から能義郡伯太《はくた》町安田付近にわたる地域。石清水八幡宮寺領。『石清水田中家文書』元暦二年(一一八五)正月九日源頼朝下文中に初見。荘内は安田・吉佐・大田・新松・日蔵・白上の六郷に分かれる。『石清水田中家文書』中には安田荘関係文書を十二通、「出雲国安田庄相伝証文」として一括収録しており、それによると、承久の乱後新補地頭として恵戸(江戸)四郎太郎重持(重茂)が補せられたが、公文・神人らを殺害するなど非

法悪行を重ねたため百六町の田も荒廃し、田堵百姓も逃散して三十二名のうちただ一名を残すのみとなった。そこで幕府に申し出で寛元元年(一二四三)八月九日関東下知状によって下地《したじ》中分し、南方を領家分、北方を地頭分とした。おのおの南安田荘・北安田荘と称した。なお「相伝証文」十二通の年次は、寛喜四年(貞永元、一二三二)二月・貞永元年(一二三二)五月十五日・宝治三年(建長元、一二四九)二月・同三年二月十八日・同三年二月・文永二年(一二六五)十二月三十日・永仁六年(一二九八)五月四日・同七年(正安元)三月二十二日・元弘三年(一三三三)十二月二十四日・建武五年(暦応元、一三三八)八月二十七日・応永十三年(一四〇六)九月十四日・同十五年十一月二十五日で、最後の文書は室町将軍家御教書写である。（金本 正之）

㈡大和国平群《へぐり》郡の荘園。現在の奈良県生駒郡斑鳩《いかるが》町大字目安《めやす》の地。東大寺白米免荘。天喜二年(一〇五四)、東大寺大仏供白米免田三十六町が浮免から定免に変わった時、その中の六町がこの地の公田に設定され成立した。同荘は目安荘とも称し、元応二年(一三二〇)の大仏殿仏餉懸札には「目安庄五町八段之内、庄沙汰人給三段、定使給四段、仏餉料五町一段一段別一斗五升八合」とみえる。（泉谷 康夫）

㈢播磨国多可郡内の荘園。現在の兵庫県多可郡中町東・中・西安田付近。『吾妻鏡』文治二年(一一八六)六月九日条に載せる後白河法皇の条々事書に、梶原景時が領家若狭局より当荘を預かったと称して押領したと記されている。また延慶本『平家物語』には、源義経を鵯越《ひよどりごえ》まで案内した武士として安田荘の下司多賀菅六久利の名が出てくる。ついで建久三年(一一九二)三月の後白河院庁下文には、法皇の後宮高階栄子(丹後局)の所領として同荘の名がみえ、また承久三年(一二二一)七月には、後藤基重の承久の乱の際の勲功により、六波羅探題から、その後家に同荘地頭職《しき》が安堵されている。その後、南北朝時代末期永徳二年(一三八二)ごろには鹿王院領、室町時代応永―文明のころは青蓮院門跡領となり、『政所賦銘引付《まんどころくばりめいひきつけ》』によれば、その一部の本所職は延暦寺毘沙門谷の密厳院が保有していたが、応仁の乱以来、守護赤松氏押領と伝えている。（水野恭一郎）

やすだのしょう　保田荘　㈠紀伊国在田郡の荘園。現在の和歌山県有田市に所在し、中央を有田川が西流する。平安時代末期の成立と考えられ、鎌倉時代は近衛家領であるが、すでに請所となっている。湯浅党の有力者宗光の本拠で、地頭職《しき》は宗光以降宗業・宗家・宗村・宗顕と相伝され、保田氏を称した。宗業は明恵の修行地の一つであった宗光の屋敷跡に星尾寺を建立し外護した。保田氏は南北朝内乱には南朝方に与して没落し、一族の貴志氏が領有するところとなった。（小山 靖憲）

㈡伯耆国汗入郡にあった荘園。現在の鳥取県西伯郡大山町。建暦三年(一二一三)が荘園名の初見。立荘の事情は未詳。鎌倉時代の史料によれば延暦寺常寿院領とあり、その後室町時代初期まで同院領であったことが確認できる。しかし、建武五年(一三三八)には当荘内三谷村地頭職が伯耆守護山名氏によって相見八幡宮(現、米子市)に寄進されており、守護山名氏による保田荘支配がすでに進行していたことが知られる。その後十五世紀後半には当荘は不動院領となっているが、この時期には山名氏による支配拡大が一層進んでおり、同氏による当荘の押領が頻発した。そこで不動院は山名氏の違乱を室町幕府に訴え、幕府も文明八年(一四七六)にこれを認めて山名側の押領を退け、当荘を不動院直務とする決定を下している。しかし、この時期を最後に保田荘は史料上から姿を消しており、最終的には在地勢力によって押領されてしまったようである。（山田 康弘）

やすだもとひさ　安田元久　一九一八―九六　中世史。学習院大学学長。大正七年(一九一八)十月十九日、広島市に生まれる。東京府立第一中学校、静岡高等学校文科乙類を経て、昭和二十二年(一九四七)、東京帝国大学文学部国史学科卒業。東京大学特別研究生、文学部国史学科助手を経て、同二十九年、北海道大学文学部助教授。三十七年、「地頭及び地頭領主制の研究」により東京大学から文学博士の学位を取得。三十八年、学習院大学文学部教授。同文学部長、六十年から六十四年まで同学長。六十三年、同定年退職。同名誉教授。平成二年(一九九〇)、日本古文書学会会長。同五年、同退任。平成八年(一九九六)一月二十三日没、七十七歳。『日本荘園史概説』(吉川弘文館、昭和三十二年)は戦後最初に刊行された荘園に関する概説書であり、『地頭及び地頭領主制の研究』(山川出版社、同三十六年)は地頭を網羅的に検出し、荘園内において地頭領主制を展開して行く過程を解明したものである。（瀬野精一郎）

やすのしょう　夜須荘　筑前国夜須郡の荘園。現在の福岡県朝倉郡夜須町付近。はじめの領家は成楽院(筑後国か)、立荘などは不明。のち近衛家に本家職を寄進(『近衛家所領目録』)、建武三年(一三三六)六月仁木義長が荘内今里村地頭職十五分一を青方高直に充行い、貞和七年(観応二、一三五一)正月には足利直冬が太宰府安養院(少弐氏氏寺か)に荘内小田村を安堵(『太宰府天満宮文書』)。正平七年(一三五二)には本荘は少弐氏本領とみえ、観応二年(一三五一)には北党の一色範氏が荘内五十町を豊後国大原八幡宮に寄進とある。同三年以後、領家は太宰府安楽寺となり、享徳三年(一四五四)、同寺は「御祭田楽」の酒直を「寺領夜須御封」に分担弁済せしめ、永禄三年(一五六〇)には「夜須」に祭礼の役を割り当てている(『太宰府天満宮文書』)。（中野 幡能）

やすのしょう　野洲荘　近江国野洲郡の荘園。現在の滋賀県守山市中町・洲本《すもと》町付近と推定されている。勅施入による官省符荘。初見は、治安三年(一〇二三)九月二十三日官宣旨案であり、大安寺領としてみえている。この時、同郡の淵《ふち》荘とともに、国司によって収公され、また

郡司・百姓によって私領化されつつあり、荘園の侵害が問題となっている。国司による同荘の侵害は、嘉保元年(一〇九四)にも確認でき、大安寺側から「庄家を損亡し、作人を冤凌《えんりょう》す」と訴えられている。作人側の動きは、寛治五年(一〇九一)宣旨によると、修理職寄人と称し、作料を支払わない状況がみえている。また同宣旨によれば、当荘本免田は百十八町であり、康平三年(一〇六〇)の近江国愛智荘司等解によれば、段別五斗の作料が荘園領主に納入されていた。さらに寛治七年、京法花寺領としてみえる野洲荘は、隣荘中津荘四至内の荒田三十余町を、強引に京法花寺領としたと訴えられ、敗訴している。その後、法隆寺領としてみえ、中世には観心院領・実相院領・梶井宮門跡領となった徴証がある。（太田　浩司）

やせんし　野占使　奈良時代、荘園開発の際、開墾予定地として各地の荒野・野地を囲込み、占定するため領主より現地に派遣された使をいう。とくに、東大寺は越前・越中等各地に寺家より野占使(野占寺使とも見える)を発遣し、荘地を占定した。越前国足羽《あすは》郡大領生江東人は、郡司として道守《ちもり》荘を東大寺へ寄進したが、それ以前、造東大寺司史生として越前・越中に寺家(野占)使として活躍した(東南院文書)。奈良時代以降は史料にあらわれない。（恵良　宏）

やたのしょう　矢田荘　㈠河内国丹北郡にあった荘園。現在の大阪市東住吉区南部から長尾街道以北の松原市西部にかけての一帯。石清水八幡宮領。延久の荘園整理令により同宮にだされた延久四年(一〇七二)九月五日の太政官牒(『石清水文書』)によれば、同荘は九ヵ所に散在する墾田六町八段からなり、承平六年(九三六)から相伝された公験文書と同宮領と認めた国司の与判が数十代に及ぶことから、開発者の相伝の権利を否定して同宮領としての存続が認められた。しかしその後の動向は不明。延久の太政官牒にある矢田部・篠原・駅家・田井・野中などの地名より、前記の地域に散在していたと推測されている。（福留　照尚）

㈡大和国添下郡の荘園。現在の奈良県大和郡山市矢田町の地。興福寺西金堂領。開発領主小野篁が西金堂に寄進して以来、一円進止の堂領だったという。平重衡の南都乱入のとき堂衆が反抗したため平宗盛の知行となり、平家没落後は源頼朝が給わり預かり、在京武士が交替に知行した。そのため西金堂への年貢課役は断絶し、文治五年(一一八九)堂衆はその返還を求めこれが実現した。以後、大乗院が知行し、西金堂が預所、在地武士の矢田氏が下司という関係にあったようで、室町時代まで存続した。（泉谷　康夫）

やち　野地　宅地・田畠や山林と区別された原野。初期荘園の券文では「墾田ならびに野地」などと記されるように、墾田地とならぶ開墾予定地、いわば準墾田地としてあらわれることが多く、「一処」とされながらその地積が町段歩数まで丈量されているものがみられる。これは原野が墾田地として占定され開墾が一定程度行われたとき、占定地内の残余の原野を「野地」と記載したものと思われる。令制下では「山川藪沢之利、公私共之」という雑令国内条の規定によって、山林原野がその用途別に占取・利用されたが、野地は墾田地のほか馬牛放飼の牧地、狩猟場の禁野、諸氏の墓地、宅辺の造林地などとして用益されている。『類聚三代格』大同元年(八〇六)八月二十五日の官符にみる「原野事」では、親王以下豪強の家が多く山野を占めて百姓の業を妨げることを指摘し、これを禁制しているが、空閑地を開墾しようとするときは、国司に申請した後に官処分をうけるよう定め、「民要地」以外の「不要原野空地」は官処分によることとし、王臣社寺豪民が無用の地にかかわって民業を妨げることを禁じている。また承和六年(八三九)閏正月二十五日の官符によれば、勅旨や親王以下寺家が占めた墾田地は、その未開の間は所在の草木を公私ともに採取してよいと定められたが、「愚暗の徒」は、これを「自余山林」に拡大し意に任せて伐損したという。一方、野地が狩猟の禁野として占取された場合、貞観二年(八六〇)十月二十一日の官符がいうように、禁野を預かる「無頼之輩」が野を守るのにことよせて、百姓の鎌斧を奪い取り、野地における草木採取を妨げている。野地の占取・用益における「公私共之」の法規制は、かえって院宮王臣諸家と豪民による山野の排他的独占と、民業の抑圧を激化させ、荘園制的大土地所有展開を促進したのである。（戸田　芳実）

やち　家地　家屋の敷地のこと。律令では園宅地に水田を含まないのが建前であったが、九世紀末になると公然と水田を含んだ家地が史料上に出現するようになり、さらには耕地化される家地も出現している。中世初期の大和国などでは、家地に付属するものとして認められた公田を便田(便宜要門田)として私有し私領化していくことが知られ、また現実に家地としての機能を果たさなくとも、売券において「家地」と認められれば「家地」として売買され便田を設定することができた。これら家地の集積を通じて、中世初期の刀禰層は私領形成を推進しえた。なお屋敷地としての史料上の記載は、十二世紀以降、京都や鎌倉では「屋地」あるいは単に「地」という場合が多く、「家地」は大和国において多く用いられている。（徳永健太郎）

やつしろのしょう　八代荘　㈠甲斐国八代郡の荘園。現在の山梨県東八代郡八代町南・北付近。『長寛勘文』によれば、久安年間(一一四五―五一)に甲斐守藤原顕遠が紀州の熊野神社に寄進し、鳥羽院庁下文を得て成立。その後、応保二年(一一六二)正月二十七日甲斐守になった藤原忠重は、直ちに目代右馬允中原清弘を派遣したが、清弘は在庁官人三枝守政らとともに当荘に乱入、牓示を抜き棄て、神人を搦め取るなどの乱暴を働いた上、八代荘を停廃した。これに対し、熊野神社側も早速国司側の非を訴え、争訟となり、翌年忠重・清弘・守政らは絞刑に

相当するとの勘申がなされる。その結果は明らかではないが、忠重流罪・清弘禁獄程度で決着したと推定される。院政期の荘園停廃をめぐる荘園領主と国司の抗争事件として著名である。この時、当荘の加納地として安多・長江の名もみえる。その後の経緯は明らかではないが、甲斐源氏の八代信清および同長光(小笠原長清の子)が拠ったといわれ、下って永徳三年(一三八三)の小笠原長基譲状には、小笠原氏惣領職相伝の所領として登場する。八代町北の熊野神社には、慶安三年(一六五〇)書写の『長寛勘文』の写本『熊野神社篇簡』が伝えられる。

(秋山　敬)

(二)肥後国八代郡の荘園。現在の熊本県八代市を中心とする地域。八代郡の大部分を占めた郡名荘。総田数千町以上の肥後有数の大荘園。成立の経緯も本家・領家も詳かでないが、鎌倉時代初期には平家没官領となって源頼朝の妹である一条能保室の知行するところであったことからみて、他の多くの肥後の郡名荘と同じく、平家の積極的関与によって成立した王家領荘園であったとみられる。建武政権成立後、当荘地頭職《しき》は名和長年の子義高に与えられていることからみて、鎌倉時代後期には得宗領となっていた可能性が高い。鎌倉時代中末期には荘官として、預所・検校・地頭・代官・公文・図師・田所・政所・給主代などがみえ、荘内八千把村(八代市)の新開地の鞆大役を勤める源次郎丸(名)の充行状を発給している(『小早川文書』)ほか、同荘の飛地である小隈野村(熊本県下益城郡豊野村)では大百姓徳王丸西仏の跡職をめぐる相論が起っている(『舛田文書』)。建武二年(一三三五)名和義高は荘内の高田郷敷河内村を出雲杵築大社に、道前郷鞍楠村を熊野那智山に寄進しているが、内乱が始まると、当荘域は少弐・名和・相良《さがら》・阿蘇などの勢力が交錯し、荘園としての実態は間もなく失われたものとみられる。

参考文献　杉本尚雄編『肥後国神蔵・守富・八代荘史料』(『九州荘園史料叢書』九)

(工藤　敬一)

やとだ　谷戸田　山間・丘陵・台地の間を樹枝状に浸蝕した谷あいに、その奥から谷の出口にかけて階段状にひらかれた水田のこと。関東南部から東海地方では、ヤトまたはヤツといい、一般的には、タニ・クボ・サワ・サク・ハサマ・ホラ(岐阜県東部)・サコ(九州南部)という。谷戸の場合には固有名詞をつけ、たとえば神奈川県の鎌倉市内では扇ヶ谷《やつ》とか松葉ヶ谷などと呼ばれている。立地条件からみると居住と農耕に便利な場所であって、一方の岡のふもとの日照と飲料水に恵まれた所に住み、谷戸の奥に溜池を構えて谷戸田を作り、三方は山地・丘陵に囲まれた要害の地としている。同じく低湿地で開発の対象として早くから利用されてきた大河川の氾濫原や、湖沼の周辺低地にある「葦原田」「河原田」「島つ田」などと対照をなしている。この葦原田と谷戸田を、たとえば『常陸国風土記』行方郡条のような開発史の伝承からみると、最初は谷戸の出口、つまり山口より前面にひろがる葦原田を開発し、ついで谷戸の奥に椎井という池を構築し、その用水で谷戸田をきり開いたという。その際、この地方の在地の「夜刀《やと》」の神(角のある蛇)を、開拓者たちが封じこめたり、退治したりしたと伝えているが、夜刀は谷戸に通ずる。葦原田から谷戸田へという開発のプロセスは、たしかに弥生時代の初期農耕遺跡の唐古(奈良県)・登呂(静岡県)あるいは大中湖南(滋賀県)など水田遺跡は葦原田であり、中世の開発が谷戸田に集中したかに説かれる荘園村落復原の状況からいって、一見妥当のようだが、一方沼遺跡(岡山県)のごとく、せいぜい四、五戸からなる小集落が谷水田(谷戸田)を経営する弥生段階の生産単位であったことを考えると、葦原田と谷戸田は継起的ではなく、平行的開発と考えることもできる。ただ中世起源と思われる水田遺構は、しばしば谷戸田地域に地名・池名・字名などでのこされている。著名なものに、関東では香取社領下小野・織幡(千葉県)、新田荘長手(群馬県)、近畿以西になると太田荘上原村(広島県)・沼田荘(同)・入来院(鹿児島県)などがある。

(島田　次郎)

やないのしょう　楊井荘　周防国玖珂郡に所在した荘園。現在の山口県柳井市柳井一帯に比定される。蓮華王院(京都市東山区)領。立荘の時期は不明。荘名の初見は貞永元年(一二三二)である。正平十五年(一三六〇)には田数三十五町六段半、うち寺田三町二段半、神田二町七段大、人給四町二段小であった。また荘内には瀬戸内海交通の要衝楊井津があった。鎌倉時代の地頭は不明だが、末期の元弘二年(一三三二)島津貞久が赤坂城攻略の功によって補任されている。室町時代には伊陸(柳井市伊陸)の高山寺が代官であったが(補任時期は不明)、多年にわたる年貢不納によって応仁元年(一四六七)改易され、大内氏被官仁保上総介弘有が年貢五十貫文と五年に一度の段銭進納を請け負い、補任された。これについては大内氏も了承しており、当荘は実態としてこの前後には大内氏の支配下に組み込まれていたと考えられる。

(久保健一郎)

やなぎもとのしょう　楊本荘　大和国城上郡の荘園。現在の奈良県天理市柳本町あたりに比定される。興福寺領。十一世紀前半ころに設定され、同後半には南北両荘に分かれる。延久二年(一〇七〇)の『興福寺雑役免帳』には「楊本南庄廿四町九反小、不輸免田畠三丁五反、公田畠廿一町四反小」「楊本北庄廿六町七反三百卌歩、不輸免田畠二町、公田畠廿四町七反三百卌歩」とあり、不輸免田畠と公田畠から成る雑役免荘であったが、平安時代末期には公田畠も不輸免(官物給付)となり、加納田も給付され、検注権も与えられ荘園として確立したと思われる。正治二年(一二〇〇)の「興福寺維摩会不足米餅等定」ではともに興福寺大乗院領とみえ、室町時代には同院根本十二ヵ所の筆頭にあげられる荘園になった。この間建長四年(一二五二)の『楊本庄田畠検注帳』では、南北両荘は一体化しており「田畠荒熟佰壱町五段内」とあり、百町を

楊本荘

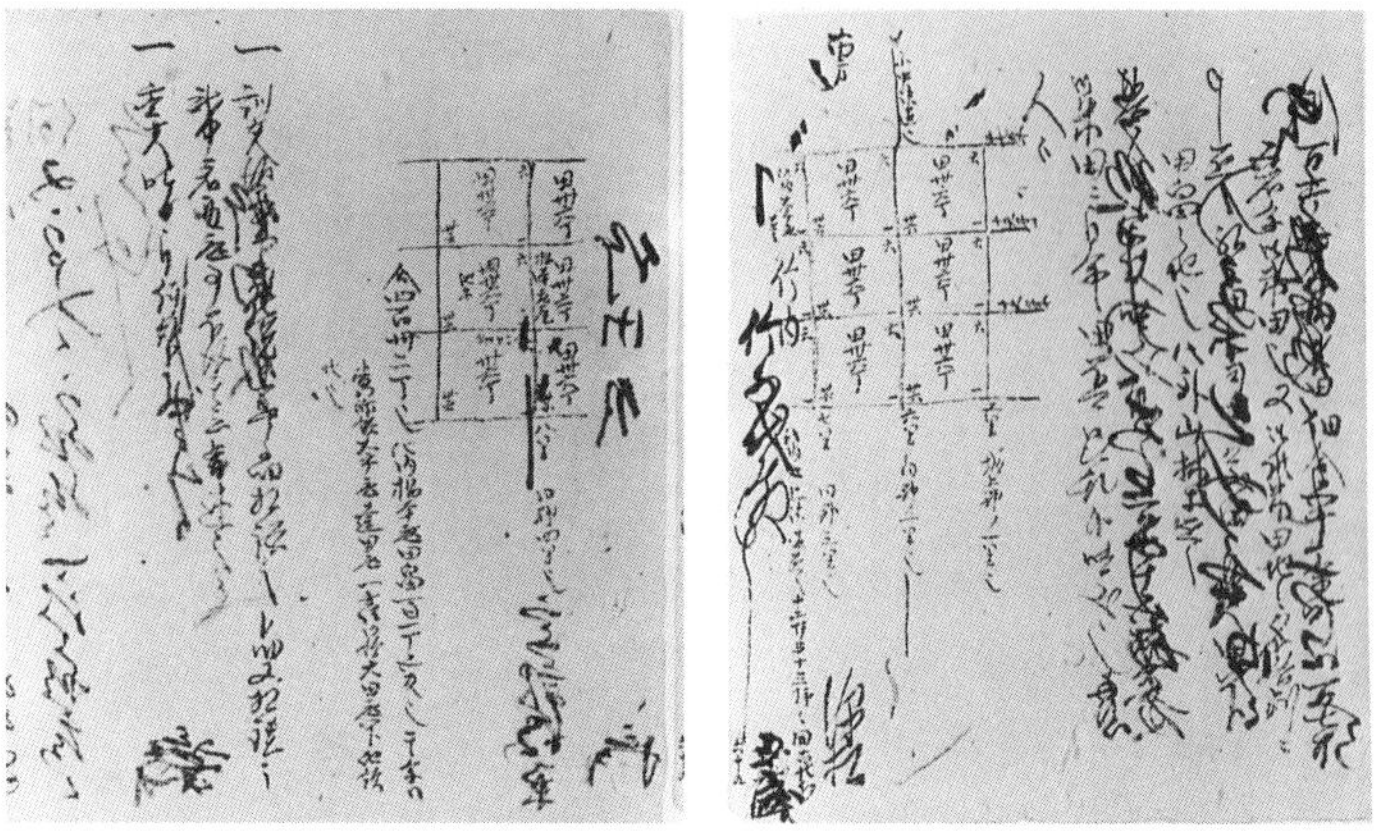

大和国楊本庄条里図

越える荘園となった。うち七十二町二段は四十名《みょう》に分割されたが、名には大庄公事名・内作名・公事無名・沙汰分名の四種があった。これら名は性格が違うがこの点もふくめて均等名荘園と考えられている。田畠のほかに山林があり、十二年ごとくらいに山木を売却した。室町時代下司・公文はともに大乗院方国民の楊本氏で、同氏の城館「楊本ノ城」(『多聞院日記』)があった。なお『中臣祐賢記』建治三年(一二七七)条に「御節供(中略)柳本庄」とあり、春日社神供料所柳本荘も存在した。

(朝倉　弘)

やなせのしょう　簗瀬荘　伊賀国名張郡の荘園。ほぼ現在の三重県名張《なばり》市街にあたる地域。東大寺領。十一世紀の藤原実遠の私領簗瀬村が発達したもの。私領主権は治暦三年(一〇六七)に東大寺東南院主有慶が買得してからは東南院に相伝された。簗瀬村の再開発は在地領主丈部為延によって請け負われた。東大寺は寛治年中(一〇八七―九四)に当地を東大寺の便補保である簗瀬保として立保したが、その後停止され、嘉承元年(一一〇六)以降は所当官物が国衙に納められる国保となったらしく、保司として丈部氏の子孫である郡司源俊方が任命されていた。東大寺は承安四年(一一七四)の後白河院庁下文によって当保を含む黒田荘出作地帯を一円寺領化するが、簗瀬保の領有を主張する国衙との間で鎌倉時代初めまで相論が続いた。鎌倉時代以降、東南院は領家職となり、広義の東大寺領黒田荘の中で簗瀬荘として独自性を保持し、室町時代、十六世紀初めごろまで領有が続いた。

(稲葉　伸道)

やなだのみくりや　簗田御厨　下野国の御厨。現在の栃木県足利市域のうち渡良瀬《わたらせ》川と矢場《やば》川に囲まれた地域。旧梁田郡の全域。康治二年(一一四三)伊勢神宮の二宮(内宮・外宮)領として立券され御厨となった。立券当初から神宮内部では、口入神主職をめぐって荒木田元定・範明と利光神主とその孫宗光神主が争い、現地では足利義国(源姓足利氏)と足利郡司足利家綱(藤姓足利氏)が給主職をめぐって対立した。義国は院庁に訴え、その結果元定―義国側の主張が認められ、利光―家綱側が敗訴した。給主職は義国のあと、義康―義国後家尼蓮妙―義清へと受け継がれた。伊勢神宮への供祭物としては、「内宮方上分絹五疋、雑用料同絹九十三疋、綿二十把、白布二百端／外宮方　上分八丈絹十疋、四丈布十端、雑用料同絹十疋、同布九十端」(建久三年(一一九二)八月伊勢大神宮所領注文)が給主足利氏によって備進された。治承・寿永の内乱で藤姓足利氏は滅亡し、源姓足利氏が足利荘・簗田御厨に確固たる地位を固め、簗田御厨はやがて足利荘域に含まれていった。

(新川　武紀)

やののしょう　矢野荘　播磨国赤穂郡の荘園。現在の兵庫県相生《あいおい》市にほぼ相当する地域。はじめ久富保と称し、十一世紀中期、播磨大掾秦為辰が大規模開発の功により荒田五十町を私領としたことを伝える史料が残されている。しかし、これらの史料は偽文書である可能性が指摘されているため、確実な初見史料と考えられるものは、保延二年(一一三六)二月十一日の鳥羽院庁牒案であろう。これによると、久富保ははじめ播磨守藤原顕季の家領であり、同長実・美福門院と伝領されたもので、同牒を受けて検注が実施され、翌年田畠百六十三町二段二十代と未開発地とを有した当荘が立荘された。その後仁安二年(一一六七)四十三町一段三十代の所当米などが、当時の本家美福門院から歓喜光院へ寄進されて別名が成立し、残りの例名と分離した。例名の本家職《しき》は美福門院・八条院・安嘉門院・室町院・亀山院・後宇多院と相伝された。預所職は伯耆局(美福門院の乳母)・藤原隆信・同隆範・同為綱と伝えられ、さらに浦分は有曾御前・藤原有信・同氏女へ、他の例名は藤原範親・同範信・同為信・同冬綱と相伝されていった。また別名は、歓喜光院から正安元年(一二九九)、南禅寺に寄進された。そして後宇多院は、密教興隆実現の一手段として、正和二年(一三一三)から文保元年(一三一七)にかけて例名を東寺に寄進し、ここにようやく東寺領荘園矢野荘が成立する。しかしこの時、在地では悪党の活動が活発化しており、東寺の矢野荘経営を難航させることになる。当荘の悪党張本寺田法念は、例名公文職をはじめ、当荘重藤名地頭職、坂越荘・福井荘の一部の地頭職を所有したほか、備前国や摂津国にも所領を持ち、さらに当荘民の信仰活動の中心的役割を果たしたと考えられる大僻神社の別当・神主・祝師職をも所有する、きわめて在地に密着した御家人であった。法念は、寺田一族・寺田の家人・近隣地頭御家人・荘官などを結集させた地域的連合体を形成し、自己の勢力の強大化を目指した。当然この動きは、荘園支配を貫

徹しようとする東寺側と対立することとなり、大規模な軍事衝突が発生した。しかしこの対決は、法念による独占的な地域支配を嫌った在地の有力名主層や農民層が東寺側に与したことにより、東寺側の勝利に終る。ところが、寺田氏から重藤名などを譲り受けた飽間光泰は、その後も継続的に当荘での押妨を繰り返した。飽間氏は早くから赤松氏の有力家臣として活躍していた一族であり、彼らの押妨は赤松氏の勢力拡大運動の一環であったと考えられる。寺田氏と飽間氏の一連の悪党行動を東寺が排除しさるのは、十四世紀後期になってからである。東寺は、永和二年(一三七六)に供僧学衆西方の年貢および員数の目録を作成し、その支配を確立したかに見えたが、翌年には農民の逃散事件がおこり、以後年貢減免要求を目的とした一揆がたびたび発生した。そして永享元年(一四二九)の播磨土一揆では、一揆の中心地となった。↓久富保《ひきとみのほう》

参考文献 『相生市史』七、八上下 (櫻井 彦)

やひこのしょう 弥彦荘 越後国蒲原郡にあった荘園。現在の新潟県西蒲原郡弥彦村・岩室村・巻町の大部分と吉田町・分水町の一部地域。大治四年(一一二九)に「弥彦御庄下条」とみえるのが史料上の初見。十二世紀後半には、徳大寺実能の孫皇后宮権大夫藤原実守によって、国上寺へ寄進されたと推定される。文治二年(一一八六)には関東知行国乃貢未済の荘園として、二位大納言家領弥彦荘の名がみえ、領家を池大納言平頼盛とする説があるが不詳。文永九年(一二七二)に執権北条氏の持僧禅朝が地頭となったとする所伝があるが不詳。応永三十三年(一四二六)に荘内の下条・船越条が毛利道元に与えられているが、一方で長禄三年(一四五九)の幕府訴訟に際しては、当知行人二本松畠山氏に対し、高師長が曾祖父師英以来の本領として当荘の返付を求めている。戦国期の当荘では山岸氏が勢力を伸張した。なお荘内の条名として上条・下条・船越条がみられる。 (石崎 建治)

やまあずかり 山預 杣山を管理する職。荘園制下では得分権を伴う代官職としてよい。天平三年(七三一)の住吉大社司解に、住吉大社領の山の山預に石川錦織許呂志の名がみえる。天慶九年(九四六)に伊賀国神戸長部が太神宮領名張山預職に公浪人を退け、神戸預弟の子弟を補任するように要求している。嘉保元年(一〇九四)、紀伊国木本御厨内杣の山預を検校宮貞の沙汰とするように命じられている。↓杣司《そまし》 (仲村 研)

やまかのしょう 山香荘 遠江国磐田郡・周智郡・榛原郡の荘園。現在の静岡県磐田郡水窪町・佐久間町から周智郡春野町・榛原郡中川根町に至る広大な荘域を有する。後白河法皇が宣陽門院に伝え、のちに持明院統の有力な経済的基盤となった長講堂領荘園群の一つ。年貢は糸・綿・紙などで、山間部荘園の特色を示す。承久の乱後天野氏が地頭に補任され、荘園領主と地頭との抗争が始まり、おそらく鎌倉時代の後半に、当荘では下地中分が行われた。また、天野氏一族間でも、鎌倉時代末期に二度も所領相論が起っている。 (本多 隆成)

やまがのしょう 山鹿荘 (一)肥後国山鹿郡から玉名郡の東部にかけて存在した荘園。現在の熊本県山鹿市域がその中心。王家領荘園。本主は壱岐守能高、その子能輔が白河院皇女郁芳門院に近侍する六条院宣旨(尼蓮妙)を介して白河院に寄進し、寛治六年(一〇九二)に立券された。永長元年(一〇九六)郁芳門院が没したので、白河院は下醍醐に無量光院を建て、当荘をその料所とした。その後山鹿南北・玉名東西の四ヵ郷の公田を加納して拡大し、久安元年(一一四五)当時には、田地千二百町・畠四百余町の肥後随一の大荘園となった。この年鳥羽院は当荘の田地五百町・畠二百町を孔雀明王堂(のちの仁和寺仏母院)に割き分け、この分は平安時代最末期までに山鹿荘から分かれて仁和寺領玉名荘となった。荘務は本主の子孫が下司職《しき》を相承、蓮妙の系統が領家職を伝えたが、のち久我(源)内大臣雅通に伝えられた。鎌倉時代末嘉元四年(徳治元、一三〇六)の『昭慶門院領目録』には、浄金剛院(亀山殿別院)領としてみえる。室町時代には醍醐寺座主領となっているが、どの程度荘園としての実態を保持し得たかは不明。なお荘園現地の実態についてはまったく史料を欠く。

参考文献 杉本尚雄編『肥後国北部荘園史料』(『九州荘園史料叢書』一七、 (工藤 敬一)

(二)筑前国遠賀《おんが》郡の荘園。現在の福岡県北九州市若松区を中心とする地域で、東半部が観世音寺領、西半部が九条家領。(一)観世音寺領山鹿荘。大宝三年(七〇三)官施入された山鹿林(島)東山から成立し、弘仁九年(八一八)ごろには立荘されている。保安元年(一一二〇)観世音寺の東大寺末寺化に伴い公験文書はすべて東大寺に送られた。長承二年(一一三三)の年貢米として正米百石が運上され、仁平元年(一一五一)には花厳会舞人楽人の禄物として見絹四疋、綾一疋などが進められている。(二)九条家領山鹿荘。観世音寺領山鹿荘に日吉神社が分布するのに対し、当荘域には戸明神社が多く残る。天永年間(一一一〇—一三)前後に一品宮領として四至・不輸不入勘・定免田の有無などが調査された。鎌倉時代初期、平氏没官領として源頼朝に与えられ、頼朝は年貢の一部を高野山一心院に寄進している。その後、久我家領となったが、雅光の時に九条道家に譲られ、娘四条院尚侍全子、九条忠教、同師教と伝領された。没官領当時、荘司であった山鹿秀遠も平家与同の罪で所領を没収され、はじめ一品房昌寛のち北条氏が地頭職《しき》を与えられた。地頭代として下ってきた宇都宮家政は宇都宮系山鹿氏の祖となった。室町時代には、山鹿氏庶流の麻生氏が勢力を拡大し、それに伴い山鹿荘域も遠賀川下流域から洞海湾周辺へと広がっていったと思われる。 (有川 宜博)

やまがのまき 山鹿牧 信濃国にあった御牧。長野県諏訪山浦地方(茅野《ちの》市・諏訪郡原村・同富士見町の一部)、八ヶ岳西麓の高原。縄文時代中期の尖石《とがりいし》遺跡を含む地。

『延喜式』左右馬寮所載信濃十六御牧の一つ。平安時代に大室・新治・宮所・長倉・猪鹿・山鹿の六牧から貢進した馬の駒牽の記録がみえる(『政事要略』二三など)。『吾妻鏡』文治二年(一一八六)三月十二日条の「関東御知行国々内乃貢未済庄々注文」にみえる左馬寮領信濃二十八牧の中には山鹿牧はなく、代わって大塩牧がみえる。『和名類聚抄』によると諏訪郡に山鹿郷があり、その地にのちに大塩牧が成立するところから、現在の茅野市南大塩を中心とする地と考えられる。塩之目・大塩・駒形社・野馬捕・花蒔(花牧)などの地名が残っている。なお、当牧の北に接して茅野市塩沢を中心に塩原牧があったともいうが、塩原牧は小県郡青木村付近とも比定されており、不詳。　(小林計一郎)

やまかみのしょう　山上荘　⇩やまのうえのしょう

やまぐにごう　山国郷　丹波国桑田郡の郷。現在の京都府北桑田郡京北《けいほく》町下《しも》・鳥居・塔・辻・中江・比賀江・大野・井戸。『和名類聚抄』には桑田郡山国郷がみえる。山国杣《そま》・山国荘の領域は近江国境に至る広大な地域を指すが、山国郷は近世に山国本郷と称される八ヵ村で、山国杣・山国荘の住人の居住地を指すものと推定される。郷内の鳥居に延喜式内社山国神社(山国五社明神)が荘園の鎮守社としてある。郷内は東北より南西へ大堰《おおい》川が貫流し、平安京造都用材を搬出したという伝承をもち、大堰川を通じての京都との密接な関係が山国郷社会に大きく作用した。

参考文献　野田只夫編『丹波国山国荘史料』　(仲村　研)

やまぐにのしょう　山国荘　丹波国桑田郡・山城国愛宕《おたぎ》郡の荘園。現在の京都市左京区・京都府北桑田郡京北《けいほく》町の大堰《おおい》川を挟む地域。天元三年(九八〇)の『某寺資財帳』の丹波国の項に「山国庄廿五町余加林十二町　小塩黒田三町」とあるが、山国杣《そま》から展開する山国荘域は、近江国境の広河原から花背《はなせ》・大布施《おぶせ》・八舛《やます》・芹生《せりょう》をふくむ広大な林野をかかえていた。中世以来、里山・本郷といわれる山国郷に対し、他はすべて枝郷とされた。山国荘の成立に関する中世名主仲間の伝承によると、平安遷都の用材を伐採・搬送するために政府から三十六人の官人が杣山に派遣され、それが三十六名《みょう》八十八家という中世山国荘の基本的構成員になったとされ、名主は大杣方と棚見方に分かれて木材年貢納入などの荘務に従事した。杣から発した山国荘は中世後期の皇室経済を支える所領で、名主は禁裡の直接支配下におかれた。枝郷は中世後期に独立していったが、山国荘の名体制は太閤検地まで存続した。近世山国本郷八ヵ村は禁裡領・梶井宮領・旗本杉浦領となるが、近世を通じて中世名主家の伝統的意識は、山国五社明神宮座の中に強く存続した。近世初期の伝承によると、山国荘域は「丑寅ハ鞍馬ノ奥はなせ峠境、東ハ長坂峠迄山国枝郷、南未申ハあこがひら峠迄枝郷也」とあり、東北を花背峠としているが、近世中期まで広河原が山国領であったことから、東北境が奥山と称される近江国境まであったことは確実である。集落は本郷の下《しも》・鳥居・塔・辻・中江・比賀江・大野・井戸の八ヵ村、枝郷の小塩《おしお》・下黒田・宮・上黒田の四ヵ村の計十二ヵ村である。元亀二年(一五七一)山国本郷は名田数二十八名半、名主六十四人、田地六十一町九段十代と算用帳に記されている。

参考文献　野田只夫編『丹波国山国荘史料』　(仲村　研)

やまぐにのそま　山国杣　⇩山国荘《やまぐにのしょう》

やまじし　山地子　山野の用益権に賦課される地子のことをいう。一般的には「山手」が多く用いられる。平安期には、禅定寺が平等院に「山地子檜皮」を弁進していたことが、仁平元年(一一五一)の年紀をもつ禅定寺由緒注進状案で知られる(『平安遺文』六巻二七四六号)。また醍醐寺の釈迦院領如法経田では「丹尾山地子」として四百五十文が計上されており、醍醐寺領山城国笠取西荘では、宝徳二年(一四五〇)の領家方年貢算用状において「シテハラ山地子」が二貫九百文計上されている。　(徳永健太郎)

やまじのしょう　山戸荘　大和国宇陀郡の散在性荘園。現在の奈良県宇陀郡榛原《はいばら》町大字山路・同足立・同諸木野《もろきの》あたりに比定される。延久二年(一〇七〇)の『興福寺雑役免帳』の宇陀郡条に「山戸庄一町、塩田上下五反、安遅一反、沓懸上下四反」とあり、小規模雑役免荘。その後については不明。　(朝倉　弘)

やましろのくにかどのぐんはんでんず　山城国葛野郡班田図　山城国における天長五年(八二八)の「班水陸田図」のうち、葛野郡条里の一条と二条の九里分が康和三年(一一〇一)に加筆書写されて東寺に伝存したもの。紙本。現在、十四断簡に分かれており(すでに文化八年(一八一一)には分離)、その大半—一条の小倉里・社里・櫟原西里・大井里・大井里集計の五断簡、二条の大山田里・小山田里・小社里・某里(小社里の裏に記載)の三断簡は、柏木貨一郎(東大史料編纂所影写『柏木貨一郎氏所蔵文書』)、ついで徳富蘇峰(『成簣堂古文書』)を経て、お茶の水図書館に所蔵されており(現在巻子装一巻)、その一部—一条の端裏書、惣里伍総集計および小倉里集計、櫟原西里集計の三断簡は東寺から京都府立総合資料館に移管収蔵されている(『東寺百合文書』ヌ・ア・チ函)。これまで所在不明であった柏木氏旧蔵の櫟原里と推定される二断簡と小山田里集計一断簡が(『旧典類纂』二に所載あり)平成九年(一九九七)に出現、国立歴史民俗博物館に収蔵され、田図十四断簡すべての原本の所在が判明した。田図の現地は小倉山の東麓の嵯峨野と大堰川南岸の嵐山の地域にあたり、嵯峨野地域は櫟原郷の地で、その条里は葛野郡の統一条里プランの正南北に対して約六〇度西傾した特殊条里をなしている(一条大井里、二条小社里・某里は大堰川南岸の正南北条里)。田図によると、天長五年当時、嵯峨上皇の後院=嵯峨院(のち大覚寺)の所領=嵯峨荘田

山城国葛野郡班田図

山城国葛野郡班田図（一　条）

1 端裏書

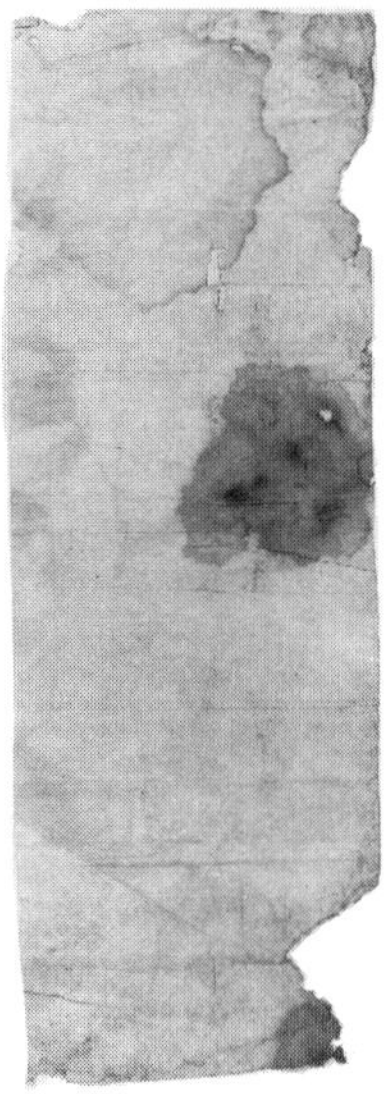
1′（同　表）

2 首部

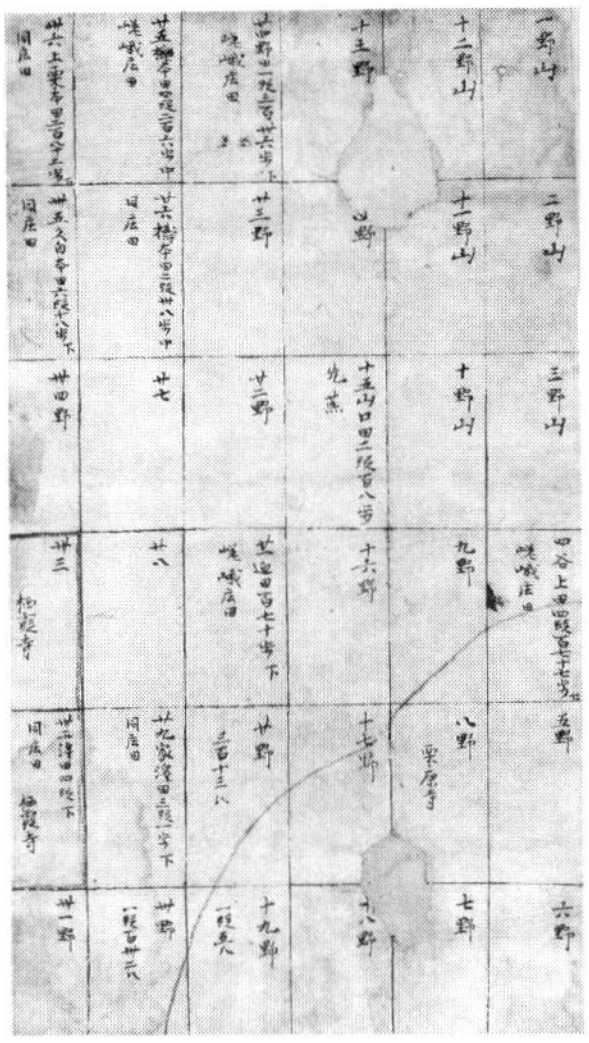
3 小倉里

（二　条）

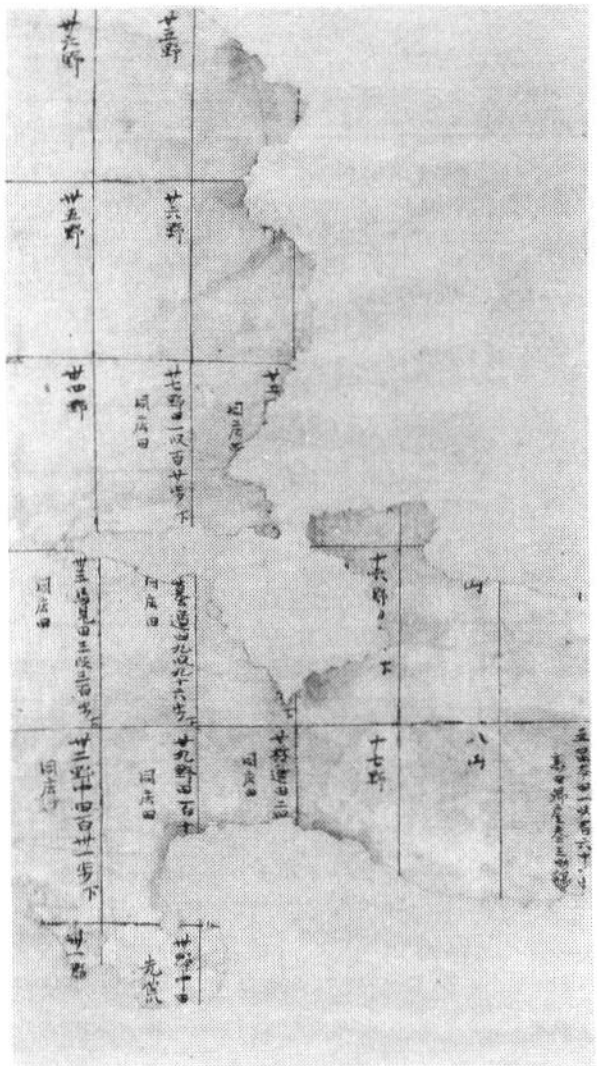
9 大山田里

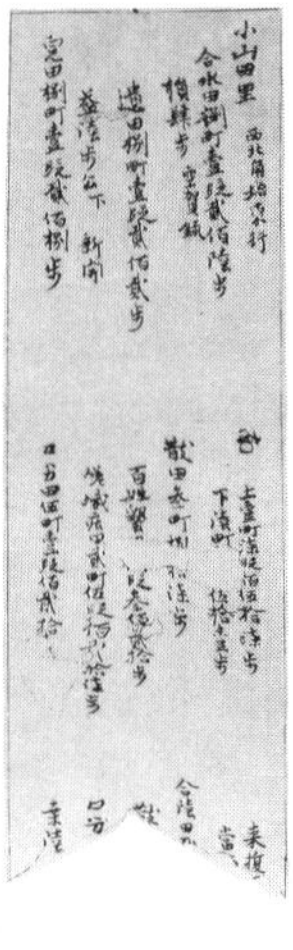
10 小山田里（影写）

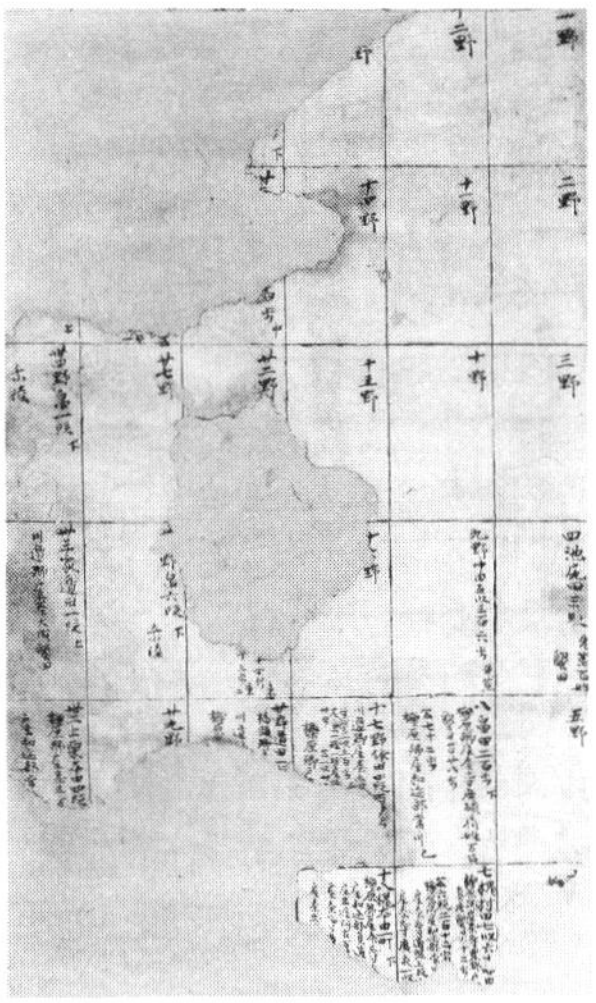
11 小山田里

は陸田を中心に、一条の五里と二条の北二里を占め、口分田(水田・陸田)は二条の大堰川に近い櫟原里を中心に錯圃形態をなして展開している。そこには櫟原郷戸主三十五人の名がみえ、その大半は秦氏である。さらに田図には、嵯峨天皇の皇后橘嘉智子創建の檀林寺、同天皇の皇子源融の山荘棲霞観を寺とした棲霞寺、同天皇の皇女有智子内親王の墓が書き加えられており、九・十世紀の嵯峨野の景観と開発状況を知る上においてはなはだ貴重である。現在、田図の内容は西岡虎之助編『日本荘園絵図集成』上、東京大学史料編纂所編『日本荘園絵図聚影』二、宮本救『律令田制と班田図』に紹介されている。 (宮本　救)

やましろのしょう　山代荘　㈠周防国玖珂郡の荘園。現在の山口県玖珂郡本郷村・美和町・錦町のほか、岩国市の一部にまたがる地域。錦川上流一帯の地を荘域とする。立荘年次・成立事情ともに不詳。保元の乱に敗死した藤原頼長の所領で、乱後に没官され、保元二年(一一五七)三月、後白河天皇の後院領とされたとある(『兵範記』)のが初見。嘉禎三年(一二三七)十一月の石国荘沙汰人等重申状(『新出厳島文書』)によれば、錦川河口方面には当荘の関所があり、御使ないし沙汰人の常駐したことがわかる。その後、亀山上皇の盛時における大覚寺統御料地に含まれ(『御料地史稿』)、ついで、建武二年(一三三五)七月後醍醐天皇の西園寺公重への安堵綸旨にみえる。以後、荘名は本郷《ほんごう》村波《は》

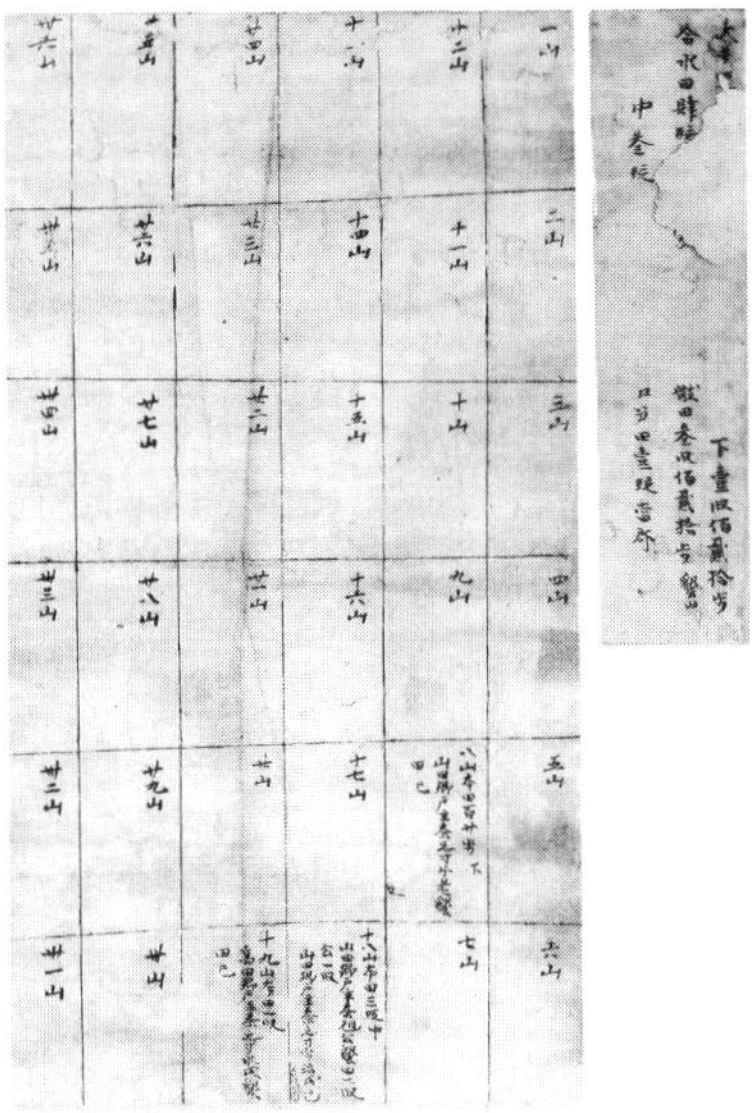

7・8 大井里

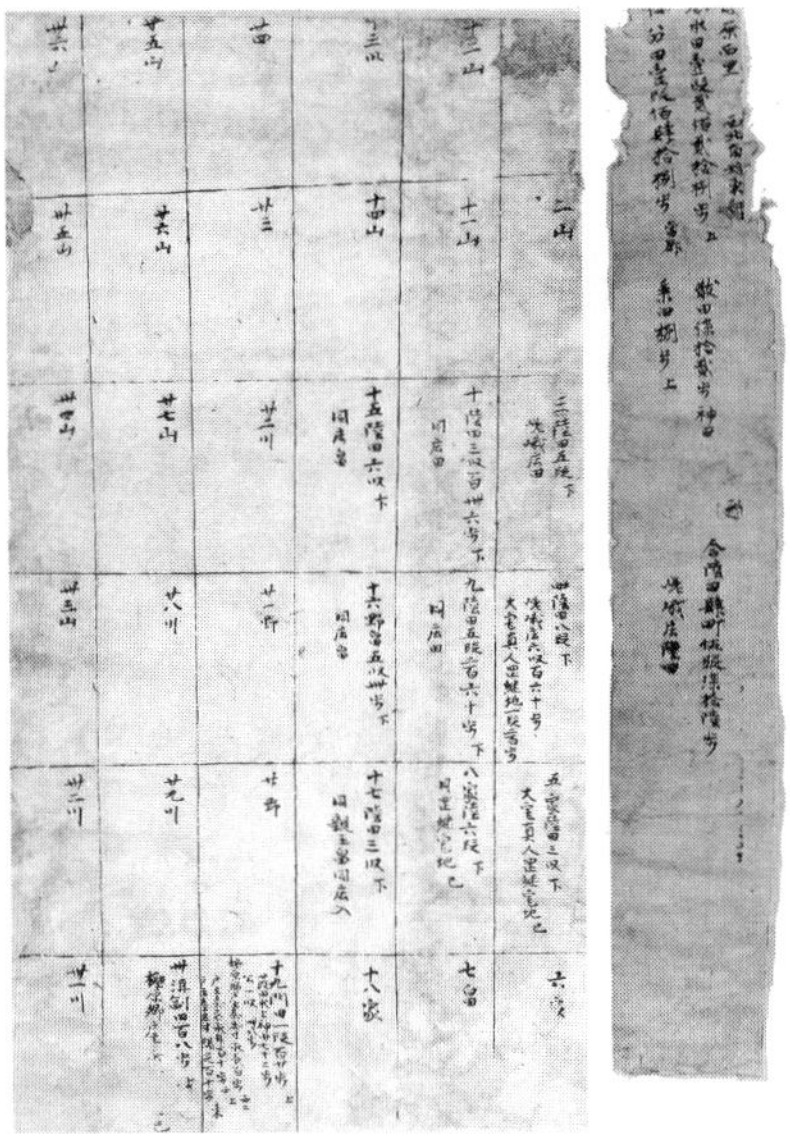

5・6 櫟原西里

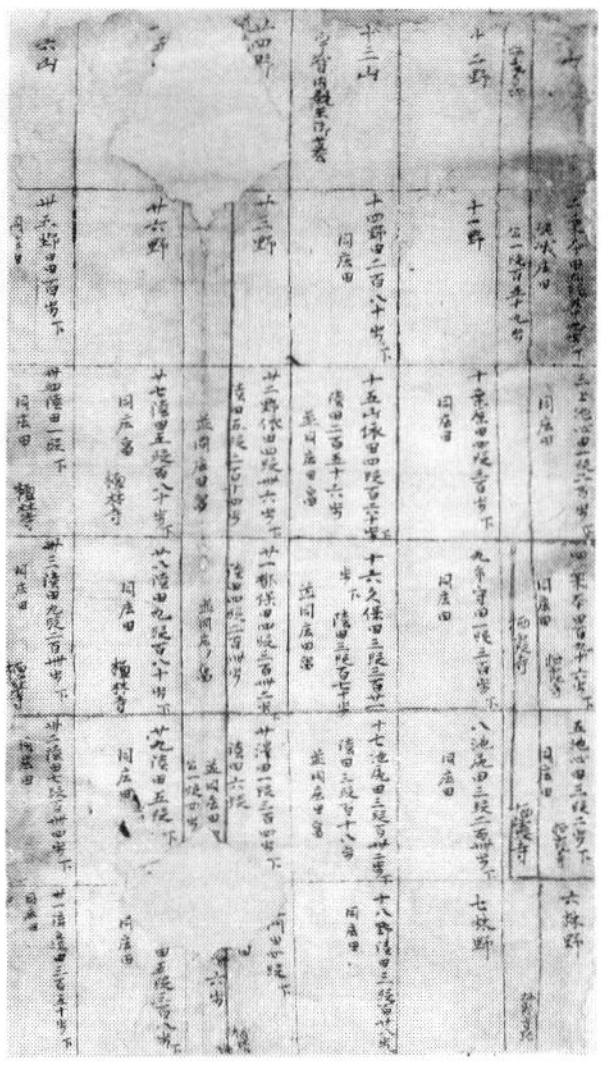

4 社里

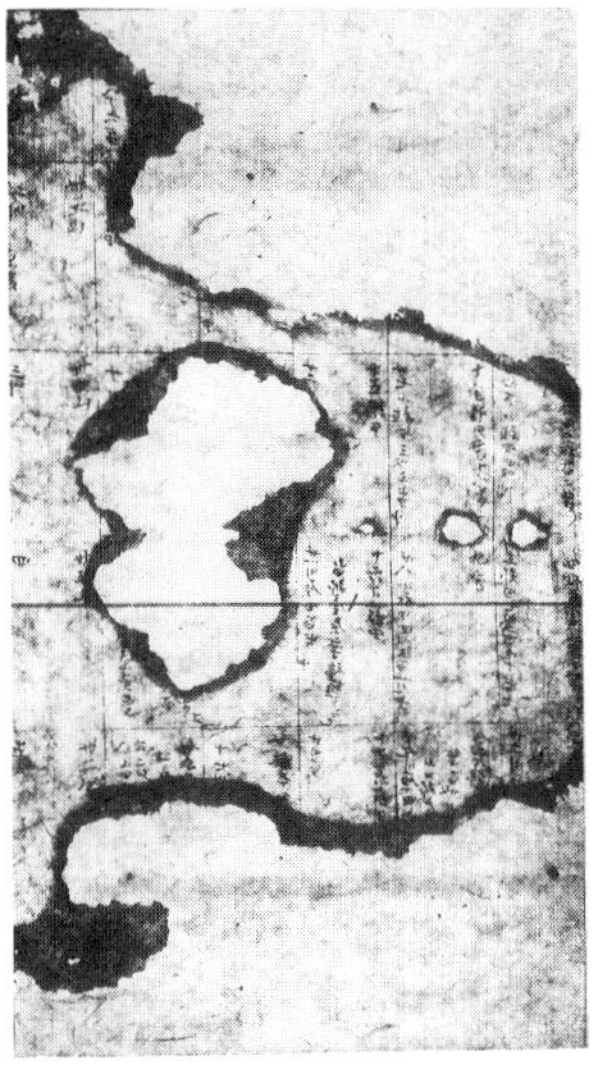

14′ 某里（同裏）

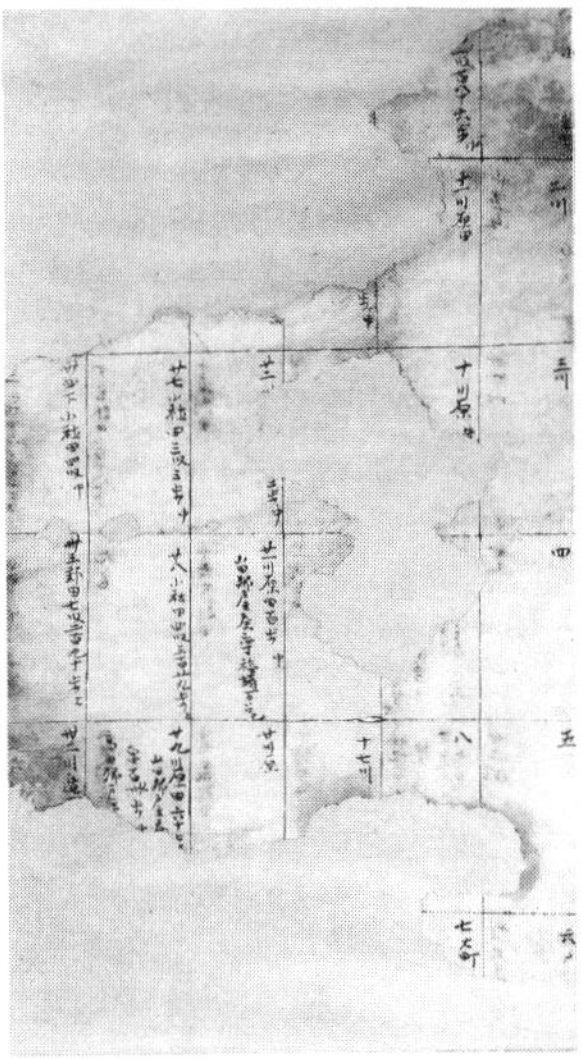

14 小社里

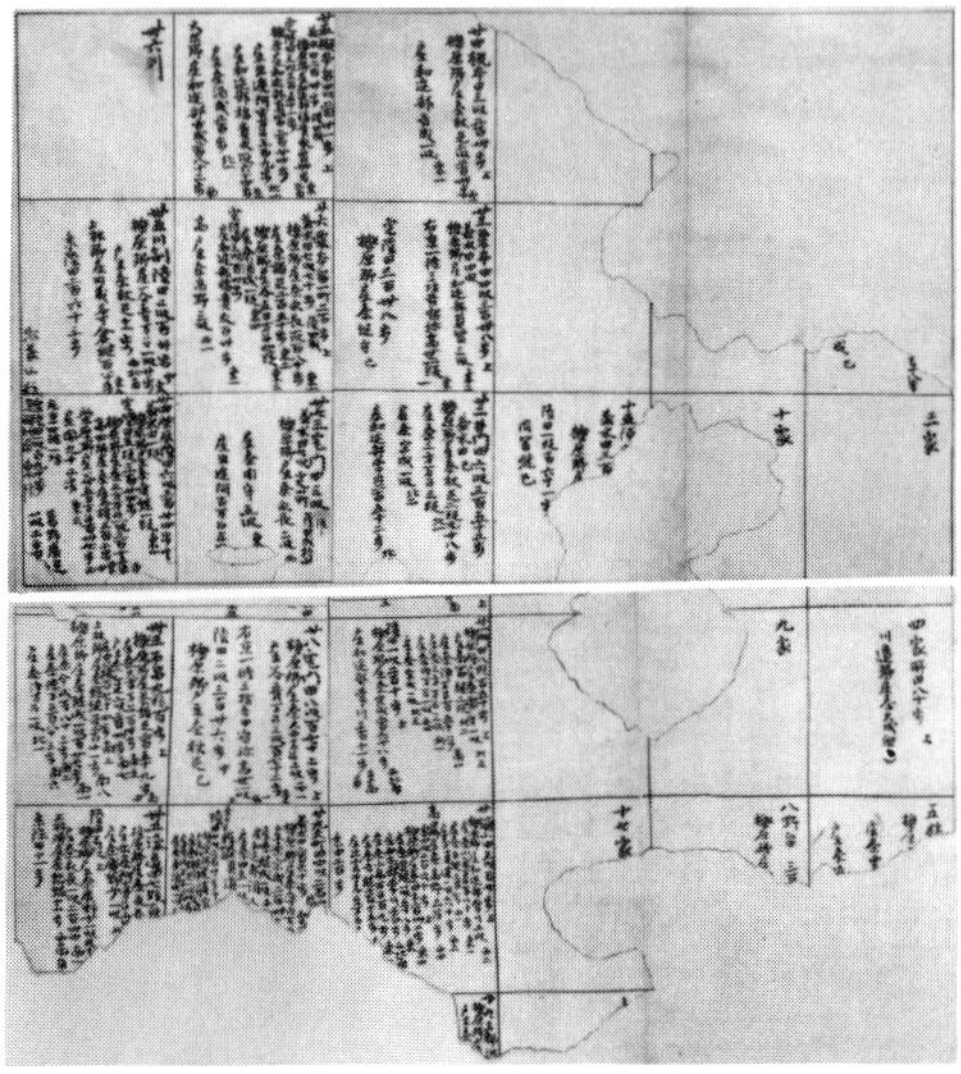

12・13 櫟原里（影写）

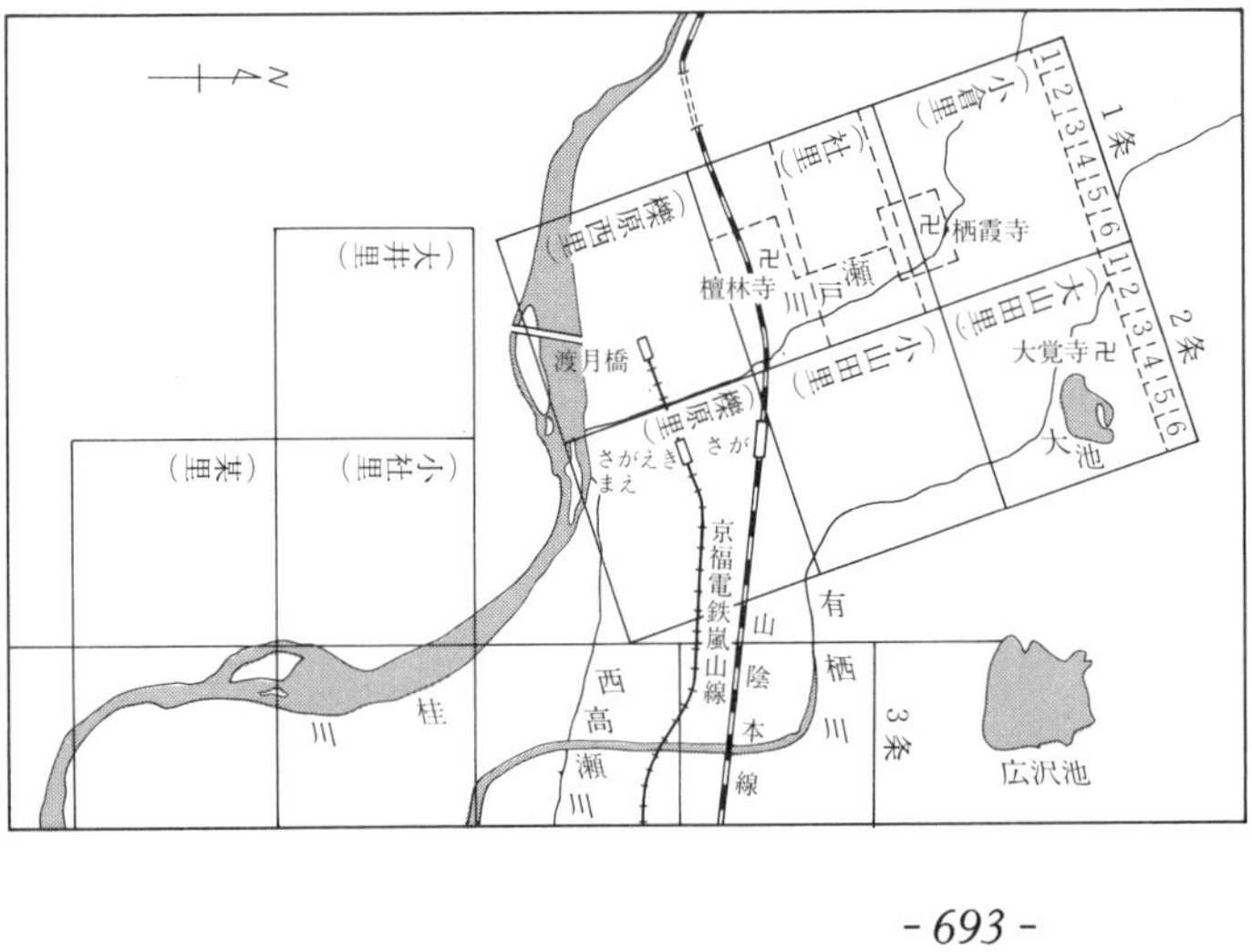

葛野郡条里比定図

野《の》仲光寺の正平十四年（延文四、一三五九）十二月の年紀のある光背銘、美川《みかわ》町四馬《しめ》神《がみ》の河内神社の正長二年（永享元、一四二九）九月の鐘銘、岩国市寺山の日光寺旧蔵の永享二年（一四三〇）の文書などにみえ、さらに『大内家壁書』の中の寛正二年（一四六一）六月二十九日付「従山口於御分国中行程日数事」において、「玖珂郡三日、但山代之庄に至ては四日、請文十三日」とみえるが、これらは単なる地域名に化していたと思われる。

（松岡　久人）

㈡加賀国江沼郡の荘園。現在の石川県加賀市の山代温泉から南郷町・弓波《ゆみなみ》町にまたがる地域。十二世紀末に、持明院家領として立荘され、のち庶流の園家が領家職《しき》を相伝した。本家職は室町院暉子から永嘉門院瑞子を経て、正安四年（一三〇二）持明院統に伝領された。南北朝時代には、山代本郷・南郷・忌浪郷の三郷から構成され、山代本郷は守護富樫氏によって半済措置をうけ、富樫庶流が守護領に入部し山代氏を称した。荘内には金屋鋳物師が居住し、真宗本願寺の直参川崎専称寺があった。（東四柳史明）

やまだ　山田　山間地の水田の名称。『古事記』に樋を通して夜痲陀（山田）の作っている様子が謳われており、谷水田の一形態を指すのであろう。『常陸国風土記』に「郡北二里に山田の里あり、多くの墾田と為れり、因りて名づく」（原漢文）とあり、古代では、私的開発田である「墾田」との関係があったようであるが、山田を開発田などとして歴史的に位置付けることはむずかしいといわざるを得ない。むしろ、『万葉集』などの歌に詠み込まれる用語としてよく使用され、「山田の代」（『栄花物語』）、「山田の案山子《そぼす》《そほど》」（『古事記』『古今和歌集』）、「山田守」（『相模集』『夫木集』）の言葉がみられる。また地名も非常に多く、そのことから山田という苗字も多い。（飯沼　賢司）

やまだありまるのしょう　山田有丸荘　伊賀国山田郡にあった荘園。現在の三重県阿山郡大山田村平田付近の地域。十二世紀初頭に平家によって六条院へ寄進されて成立した山田荘がもととなった。平家滅亡後、同国近隣の広瀬荘・阿波荘とともに平家没官領として源頼朝の手に移るが、後白河上皇の要請もあり、すぐに東大寺再興のため東大寺惣大工陳和卿に付された（『鎌倉遺文』一巻四九七号）。以降有丸保、あるいは有丸名などとも呼ばれるようになる。元久三年（一二〇六）には陳和卿が当荘の押領を企てたとして、彼の知行が停止され、荘務権は領家東南院に付された（『鎌倉遺文』三巻一六一三号）。鎌倉末期以降、他の伊賀国諸荘園の動向と同様、服部持法などの悪党による押領が深刻化し、荘園の存続が危ぶまれた。それでも、荘として存続しており、安土桃山期に比定される大進殿才々注文に当荘の荘名が確認できる。（守田　逸人）

やまだのしょう　山田荘　㈠山城国相楽郡の荘園。現在の京都府相楽郡加茂町山田付近。花山院家領。天治二年（一一二五）の官宣旨に初見。丑谷川を東限とする東大寺領賀茂荘（長久二年（一〇四一）東大寺政所符案）と堺相論、永治元年（一一四一）に鳥羽院后高陽院（花山院（藤原）家忠の甥藤原忠実の女泰子）の領として再び東大寺と境域を争っているが、もとは牧であったという（同年東大寺公文所解）。（畑井　弘）

㈡摂津国八部郡の荘園。現在の神戸市北区山田町地区付近。平安時代末期に越前大蔵荘と相博されて平清盛領となった（嘉応元年（一一六九）権大僧都顕―解）。のち源頼朝から妹（藤原能保室）に譲渡された平家没官領山田領は同荘であろう（『吾妻鏡』建久三年（一一九二）十二月十四日条）。建治二年（一二七六）には隣接の播磨淡河荘と堺相論をしており、両荘とも武家領とみえる（建治二年（?）隆恵書状）。その後、建武政権の手に移り、正平十年（北朝文和四、一三五五）、南朝から河内金剛寺に寄進された（『金剛寺文書』）。当荘は摂津国西端の山間部に位置するが、軍事上の要衝で、源平合戦の鵯《ひよどり》越えの案内をした鷲尾荘司武久は当荘の住人という。また、南北朝内乱期には南朝方の拠点ともなった。（福留　照尚）

㈢尾張国山田郡の荘園。現在の名古屋市北部あたり。天平勝宝四年（七五二）東大寺に勅施入され、延喜九年（九〇九）立券。同寺領としては仁平三年（一一五三）の目録を最後に顚倒するが、元暦元年（一一八四）以降八条院領としてみえ、徳治元年（一三〇六）昭慶門院に伝領された。領家職《しき》ははじめ藤原定家、建暦元年（一二一一）久我通光に与えられた。応永三十二年（一四二五）以降室町幕府一万部経料所としてみえる。終末所見は延徳二年（一四九〇）。（上村喜久子）

やまだののしょう　山田野荘　伊勢国一志郡の荘園。現在の三重県一志郡白山町付近。保元二年（一一五七）三月二十五日太政官符（『兵範記』保元二年三月二十九日条所引）に、当初は左大臣藤原頼長領であったが、没官して後院領となったとある。その後『吾妻鏡』寛喜三年（一二三一）六月二十二日条に、高野法印（源頼朝男、貞暁）の遺跡地として、西園寺実氏の子息に譲られ、幕府より安堵されたとみえている。当荘名は山田と野に所在したことに由来するといわれている。（倉田　康夫）

やまつかさ　山司　⇨杣司《そまし》

やまて　山手　山野の用益権に課される租税の一つ。中世においては関銭として水上交通の河手・津料に対して陸上交通で山手が徴集された。鎌倉時代にはまだ事例は少ないが、南北朝時代に関所が乱立し、河手・津料に対して山手が使用され、室町時代の関所の最盛期には河手に代わって山手が関銭を意味するようになった。また荘園制下において山林原野の利用に対して山手・山手米・立野銭などが徴収された。近世においては小物成の一種に山手米・山手永がみられ、御林山・入会山の秣・萱・薪・苅敷の採取の用益の代償に賦課された。その上納法は近世前期は現物納が、中期以降は銭納が中心となった。複数村入会の場合は地付きの村が山請米を集めて上納し、利用する村へ山札を交付して採取させた。（神崎　彰利）

やまといん　山門院　平安期に成立したと考えられる薩摩国北部の行政単位。出水郡から分離独立した。現在の鹿児島県出水郡高尾野町・野田町に阿久根市・出水市の一部を加えた領域。初見は建久四年（一一九三）の将軍家政所下文（薩藩旧記『鎌倉遺文』二巻六八三号）。建久八年の薩摩国図田帳（島津家文書『鎌倉遺文』二巻九二三号）では、全体二百町が島津荘寄郡となっており、そのなか

に安楽寺（太宰府天満宮別当寺）領の二十四町四段があり、公領百七十五町六段は地頭惟宗忠久が統治していたが、その内の光則名百三十三町六段は院司秀忠（初見史料で院司職が宛われている）が領知、弁済使分二十七町については「島津御庄領家沙汰」とあり、三国にまたがる島津荘内で、この時期に領家が直接的に管理できた数少ない所領。さらに高橋名十五町があり、光則名・弁済使分・高橋名で公領が構成されていた。以上、島津荘の実態を端的に示している地域。鎌倉末期には東方と西方に二分され、西方を島津氏が支配。南北朝期にもこの状況が続いたが、室町期には守護島津氏に総州家と奥州家の内紛があり、山門院を最後の拠点とした総州家は滅び、この地は一時相良氏によって支配された。　（海老澤　衷）

やまのうえのしょう　山上荘　美濃国加茂郡の荘園。現在の岐阜県美濃加茂市山之上町を中心とする地域。保元元年（一一五六）七月の藤原忠通書状案に初見。はじめ摂関家領。南北朝時代には室町院から鹿王院忍乗が拝領。その後、室町時代には万里小路家や広橋家、春日社などに伝領されている。なお、清水正健編『荘園志料』は「やまかみ」と訓み、多芸郡時郷山上村（養老郡上石津町）をその遺称地としている。　（谷口　研語）

やまのうちのしょう　山内荘　㈠相模国鎌倉郡の荘園。現在の神奈川県鎌倉市全域、横浜市戸塚区南部と瀬谷《せや》区、藤沢市東部に跨る一帯。江戸時代の『新編相模国風土記稿』では七十一ヵ村を含む。治承四年（一一八〇）源頼朝の挙兵にあたり、山内首藤経俊が源家累代の従者であったにもかかわらず、平家側大庭景親に与して石橋山の戦で頼朝に敵対したため、十月、没収された所領として『吾妻鏡』に初見する。文治四年（一一八八）五月十二日の後白河法皇院宣にみえ、また建久二年（一一九一）十月に進められた『長講堂領注文』（『島田文書』）には「不所課庄々」の一つとしてあげられている。この荘園に土着して荘号を名字とした山内氏は、藤原秀郷の後裔で、鳥羽院のころから京都で検非違使として活動し、主馬首に任じたところから山内首藤と名のるようになっており、経俊が許されてからは御家人の一人として『吾妻鏡』にも散見し、子孫は備後国地毗《じひ》荘の地頭職《しき》を得て、ここに土着した。山内荘には、本郷・岩瀬郷・吉田郷・舞岡郷・富塚郷・倉田郷・秋庭郷などの郷、信濃村・那瀬村などの村名が、中世の関連文書にみえ、また、建長寺・円覚寺などの大寺院の所在地をも含んでいる。　（福田以久生）

㈡丹波国船井郡の荘園。現在の京都府船井郡丹波町の町域にある。鎌倉時代前期に関白九条道家が子息の青蓮院門跡慈源に山内荘を譲渡し、文暦元年（一二三四）には青蓮院末寺常寿院領として所当三十石、雑事を負担する荘園とされている。室町時代には幕府御料所となり、文明九年（一四七七）には荘園内の塩田村内元末名が、近在の須智源三によって押領され、同十四年には丹波守護細川政元が荘園内の上三ヵ村を押領したため、郷民が御料所とされるよう幕府に訴えている。　（仲村　研）

やまべのしょう　山辺荘　摂津国能勢郡にあった荘園。現在の大阪府豊能郡能勢町山辺付近。応徳元年（一〇八四）に同荘の採銅所預等が採銅に使用する松明の採取制止解除を訴えたものが、同荘の史料上の初見。この時、同荘は白河天皇近臣藤原通俊家領であったが、その後、権中納言経定、参議頼定、頼房へと伝領された。この間、最勝光院に寄進されており、同院領は、後白河上皇から後鳥羽上皇に伝えられるが、承久の乱で没収。やがて後高倉院へ返還されて以後大覚寺統に伝領される。領家職は、鎌倉期に勘解由小路家に継承される。正中二年（一三二五）に、後醍醐天皇は同荘園を含む最勝光院領を東寺に寄進した。この時の年貢等散状案によると、同荘は年貢・雑事として、積松・檜物雑器・綾被物・紙・兵士等を負担している（『鎌倉遺文』三七巻二九〇六九号）。十五世紀中期ごろまで、荘園内の田畑所有権が売買などで移動している史料が確認される。　（錦　昭江）

やまもとのしょう　山本荘　肥後国山本郡の荘園。現在の熊本県鹿本《かもと》郡植木町が主領域。王家領荘園。安元二年（一一七六）二月の『八条院領目録』に「蓮華心院御庄」の一つとしてみえる。建久十年（正治元、一一九九）三月の文書には「山本南庄下司宗形氏綱」とあり、すでに南・北両荘の区分があった。本家職《しき》は八条院領群の荘園として大覚寺統に、領家職は村上源氏久我氏に伝えられ、応安五年（一三七二）八月には、後光厳院の安堵の院宣が久我具通に出されているが、実態は不明。一方地頭職は、文治二年（一一八六）二月いわゆる守護・地頭設置建言の功で大江広元に与えられ、のちその「孫子」実深の醍醐寺入寺に伴い同寺領となった。南北朝時代には、北朝側で建武三年（一三三六）大友氏泰に、南朝側では延元三年（北朝暦応元、一三三八）大覚寺宮（性円法親王）に与えられ、大友氏の場合は永徳三年（一三八三）の大友親世の所領注文まで荘名がみえる。

参考文献　杉本尚雄編『肥後国北部荘園史料』（『九州荘園史料叢書』一七）　（工藤　敬一）

やわたのしょう　八幡荘　下総国葛飾郡の荘園。現在の千葉県市川市にあたる地域。『中山法華経寺文書』『浄光院文書』によると、荘域は谷中郷・蘇谷郷・中沢郷・大野郷の四郷からなっている。荘内には香取神社の社領が介在し、鎌倉時代末期には在地領主である千葉胤貞から荘内の田地・在家の一部が中山法華経寺日祐に譲与されている。保元三年（一一五八）十二月三日付の官宣旨に、石清水八幡宮領として掲げる「下総国　葛餝別宮」は、この荘の前身とみられている。　（中尾　堯）

ゆ

ゆあさのしょう　湯浅荘　紀伊国在田郡の荘園。現在の和歌山県有田郡湯浅町に所在。承安四年（一一七四）、後白河院領として立券されたと考えられるが、その後の伝領関係は不明。熊野参詣道が南北に通じており、湯浅はしばしば参詣者の宿所となった。また、逆川《さかさまがわ》王子・久米崎王子も荘内に存在する。鎌倉時代、在田郡一帯に大きな勢力を有した湯浅氏の本貫の地であって、地頭職《しき》は湯浅宗重の嫡流が相伝した。湯浅氏の祖宗重は、平治の乱の際、熊野参詣の途上にあった平清盛を助け、平氏の勝利に貢献した。この時以降、宗重は平氏の有力家人となるが、源平合戦の末期に平氏を見限り、鎌倉幕府御家人に転じた。荘内栖原（須原・巣原）村の白上峯は、宗重の外孫にあたる明恵の最初の修行地であって、この麓に宗重の孫景基が寛喜三年（一二三一）施無畏《せむい》寺を建立し、湯浅一族の結集の場となった。その後、南北朝内乱には湯浅党の多くが南朝方に与し、湯浅城も永和五年（一三七九）に落城し、衰退した。　（小山　靖憲）

ゆい　結　労働慣行の一型で、通例は個別農家間における互助的な労力の交換的貸借の慣行をいう。ユイのほかエエ・イイ・ヨエ・ヨイなど同系語のほか、ユイコト・ユイデマ・ヨイツパカ・ヨイコなど多くの異称があり、テマガワリ・ユイガワセ・カワリシゴト・テマグリ・アイアイなど交換・貸借の意を明示する呼び方もあって、この慣行のひろい分布を示している。またユイの別形態として、「ユイ組」ともいうべき協同作業仲間を、数戸ないし十数戸の農家が特定農作業に即して結成し、順次仲間の家の作業を完了して廻る型があった。中国地方の山間部にかつてはひろく行われた「大田植」の組植・モヤイ植における「ユイ組」、岩手県下の山村地帯の田植にしばしばみられた「ヨイコナカマ」の協同作業などである。しかし、こうしたユイ組の輪番式協同作業は農耕場面では田植にほとんど限って、特殊地帯に行われたにとどまり、むしろ家普請・屋根の葺替（茅材・板材とも）などの合力慣行にひろくみられた。しかし、これら長期間にわたるものは、一応別個の互助合力慣行として扱うのが適当であろう。ところでこの「ユイ」という語の典拠にいつも引用されるのは「残り田は十代《そしろ》にすぎじ、明日よりは「ゆひ」もやとはで早苗とりてん（『堀河院百首』）」「十代にもならぬ庭田の早苗かな、「ゆひ」のてまゐるほどだにもなし（『為伊千首』）」などの古歌で、その伝来の旧いことがわかる。そして『倭訓栞』『藻塩草』などでは、「ゆひ」とは田植に人を傭う意であるとしてもいる。しかし『成形図説』が「由比《ゆひ》は元結・結納の結《ゆひ》で団結の意」と説くとおり、その原義は一つの組織に労力を結集することであったにちがいない。「やとひ」の原義もまた「屋訪い」で、旧くは他に出向いて働くことを意味するにすぎなかった。ユイが主として互助的な労力の交換的貸借慣行にかわり、労賃を伴わないのを特徴とするのに対し、ヤトイが雇傭契約による労働に限られ、多くは賃労働に転化していった経過を、農業経営の変動過程に即応させて実証することなどは到底できるわけもないが、近世以後一般化した家族労働主体の小農経営の展開過程とそれが対応することは、容易に推察される。そして明治以後もひろく全国に及んで行われ、しかも農政面からは農村更生策の一環としてユイ作業の奨励や改善さえ加えられて、第二次世界大戦前までは存続してきたのである。ユイによる労力の交換的貸借は、田植・除草・稲刈・代かき・麦刈、あるいは茶摘・果実収穫など、短い作業適期に多くの労働力の集約を必要とする作業にほとんど限られ、特に田植に集中的にみられた。養蚕の上簇・繭かき・桑つみなどにもまた多かった。いずれも「手労働」主体のもので、「代かき」の「馬一頭に人二日手間」という形などはむしろ特例である。こうした農作業におけるユイによる交換的労働の評価は単純な人数の手間勘定にとどまり、働き手の質や各家々の仕事量を厳密に勘定することなどはほとんどしないのが通例であった。全く労賃はもちろん家ごとの労働の質や量にさしてこだわらぬ互助協力的な慣行であったが、ただ昼食や茶飲みの接待だけは欠かせぬところで、その手間や出費が次第に煩わしく感じられ、ユイの衰退を招くことにもなったようだ（昭和期にはユイは近隣や村内縁故者の義理的交際に近い姿になっていたところも多かったのである）。焼畑耕作の「山焼き」、炭焼の「釜築き」などにも、ユイの協同作業がひろくみられた。そこでは臨時に十数人の協力が必要だったからで、順次仲間の作業を「廻り番」にする形がおのずから生じやすかった。同じ形は一般農家における自家用の味噌豆煮や餅つき、あるいは麻釜煮の作業にもみられた。共同で大釜や餅搗道具を購入常備して、輪番に各戸の仕事を済ませて行く形で、これもユイの一種ではあった。日常的な作業にも「ユイ」の名前が半ば「冗談口」の形で用いられていた（按摩・灸すえ・風呂の洗い流し、髪結・裁縫・機の糸掛けなどで、いずれも相互に同じ作業を交番にする場合に即してである）。ところでユイの労働慣行の生成を、スケ（手伝）やヤトイ（雇傭）の労働慣行と相関させて説くことは至難のことだが、岩手県紫波郡矢巾町煙山の「地頭地主経営」下における旧時の状況はきわめて示唆的である（中村吉治『村落構造の史的分析』）。百六石の持高のある肝入層大地主の労力調達はかつては名子の「夫役」とその他隷属百姓の「スケ」により、大正期に多少ヤトイの雇傭労力が加わるにすぎない。しかし大正期に田畑二町五反余の中農は「スケ（分家の手伝）」

を主に、多少の「ユイ」で自家労働を補充していた。その他の中農をまじえて、「ユイ」の交換的労働が一般化するのはむしろ大正期に入ってからで、それもやがては「ヤトイ」方式の賃労働の方が有力になっていく。これは名子制度が残存した地方の全くの特例にすぎないが、相互交換的なユイの慣行が、小農経営の成立と深くむすびついて展開したことを示すところではあろう。

（竹内　利美）

ゆいのまき　由比牧　武蔵国多摩郡に置かれた古代牧。現在の東京都八王子市四谷町・弐分方《にぶかた》町に比定する説と、旧慈根寺《じごじ》村（同市元八王子町）に比定する説とがある。『延喜式』左右馬寮によると天皇御料として「御牧」と称せられた。『本朝世紀』天慶元年（九三八）九月十七日条にはこの日武蔵国由比・小川・石川・立野御牧御馬四十五疋の牽進があったと記録されている。四谷町・弐分方町付近を「由比野」、または「由井野」と呼んでいる。また、摂関家領から東福寺領となった多西郡船木田荘の中に「由井野郷」の地名がみえる。『華厳五教章指書』（金沢文庫所蔵）の奥書に「正応六年（永仁元、一二九三）三月五日於武州船木田庄由井堀内郷」とあり、また『尊経閣文庫所蔵文書』には由比氏の旧領で、天野氏が領有していたことがわかる。由比牧は石川・立野・小川牧とともに毎年九月十日に国司と別当が検印・署名して京進する定めになっていた。

（段木　一行）

ゆげのしまのしょう　弓削島荘　伊予国越智郡にあった荘園。弓削荘ともいう。現在の愛媛県越智郡島嶼部の東北端にある小島弓削島（弓削町）。同島は瀬戸内のほぼ中央部に位置し、海上の交通が至便である。西は生名《いきな》・佐島、北は広島県因島《いんのしま》に対する。古くから塩の荘園として有名。弓削島の初見は保延元年（一一三五）の「伊予国留守所下文案」であって、それによれば同島の住民が塩浜・田畑の貢租免除を願い出たのに対し、これを国司が許可し、国使の入部を禁ずる権益を承認した。荘名の初見は久安六年（一一五〇）であり、住民らは伊予の健児《こんでい》所の俊清らが乱入し、搾取した旨を訴えた。彼らの権益は院宣により確認されたにもかかわらず、留守所の横暴はやまず、住民は抵抗を続けた。はじめ領主は源氏女尼真性であったが、承安元年（一一七一）藤原綱子に譲られ、のち綱子は長講堂に寄進した。本家は後白河院で領家は長講堂と推察される。建久三年（一一九二）後白河院は宣陽門院覲子《きんし》に譲ったが、延応元年（一二三九）覲子は東寺に寄進した。東寺供僧料荘の一つとして同寺雑掌が預所職《しき》を所持し、公文以下庄司らがいた。これよりさき文治四年（一一八八）の「検田目録」によると、田地三町三段余のうち定田一町四段で課税四石八斗五升を徴収。なお畑地は二十二の百姓名《みょう》（均等名）と一つの下司名からなる。翌五年の「桑検注目録」では桑三百七十三本の代塩三百七十三籠であると注進した。延応元年「所

弓削島荘

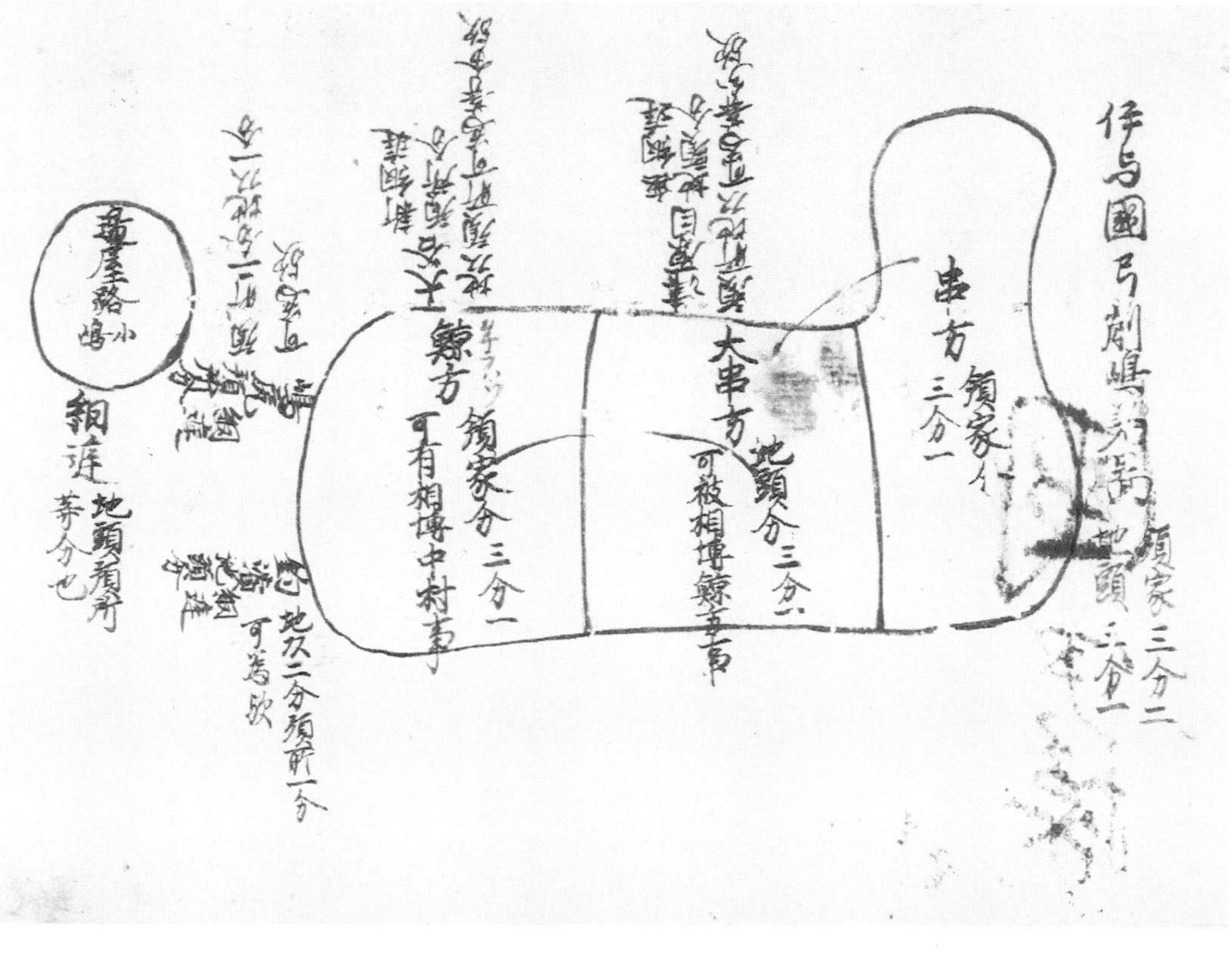

伊与国弓削島庄和与差図

当等注文」では公物分として「しを二百五十俵・白干のたい百こん夏分・あましをのたい百こん冬分、かきをけ八、くすのこ一をけ、あらめせう〱」と記されている。正応元年(一二八八)新補地頭小宮西縁が来任、その後雑掌加治木頼平との抗争が続いた。永仁三年(一二九五)に塩一百四十九俵が収納され、問丸の手を経て京都に輸送され、現地のほぼ倍額で取引された。嘉元元年(一三〇三)雑掌と地頭代空勝らとの和与による下地中分が行われ、三分の二は領家分、三分の一は地頭分の所得とした。正和二年(一三一三)公田方・名田方の田畑と新たに「塩浜分年貢皆済注文」がつくられ、「和与差図」によると串方と鯨方とが領家分、大串方が地頭分となった。この間における雑掌の搾取もはなはだしく、ことに弁房承誉はその代表者といわれる。そこで百姓らは繰り返し逃散を行いこれに対抗した。康永二年(一三四三)ころ安芸国小早川宣平一族が、文和元年(一三五二)ころ竹原荘小早川氏から分かれた小泉氏平が侵奪した。東寺は制圧できないので氏平の子宗平に所務職を請け負わせた。応永二十七年(一四二〇)海賊村上右衛門尉、康正二年(一四五六)同村上治部進に依託した。寛正三年(一四六二)付押領人交名案には押領人小泉方・海賊能島方・同山路方の三衆を記載している。同年の「年貢等注文案」に「年貢塩三百五十俵大俵・春年貢銭弐拾貫文」とあり、翌年の「雑掌申状」によると代官となった治部進と小早川氏との間に紛糾が生じている。以降は記録がないので不詳。在地勢力が強大となるのに伴い、荘園としての機能を失ったためであろう。

参考文献　日本塩業大系編集委員会編『日本塩業大系』史料編古代・中世一、補遺　（景浦　勉）

ゆげのしょう　弓削荘　(一)丹波国桑田郡の荘園。現在の京都府北桑田郡京北町上弓削・上中・下中・下弓削付近で、大堰《おおい》川の支流弓削川の流域。『和名類聚抄』にみえる桑田郡弓削郷の荘園化したもの。天元三年(九八〇)の『某寺資財帳』の丹波国の項に、山国荘などと並んで「弓削一町」とある。建久二年(一一九一)の後白河院の『長講堂所領注文』によると、弓削荘は元三雑事として御簾・畳・垂布など、節器物として布・続松・御菜をはじめ牛用途・門兵士・仕丁などを負担していた。延元元年(北朝建武三、一三三六)後醍醐天皇は神護寺へ同荘を御祈禱料所として寄進し、同年に北朝側から公領とされたが、暦応三年(一三四〇)に光厳上皇より同荘地頭職《しき》が暦応寺(天竜寺)へ造営料所として寄進された。文和元年(一三五二)丹波出雲社上分と号して目代が違乱していることが天竜寺より訴えられている。応永十四年(一四〇七)の『長講堂領目六』には本家職年貢として「七八寸木二百支、榑大榑二千寸」とされ、弓削荘は杣年貢を負担していることがわかる。嘉慶元年(一三八七)の天竜寺分年貢は二百六十六石、四百二十三貫とされている。　（仲村　研）

(二)河内国若江郡・志紀郡の荘園。現在の大阪府八尾市東弓削町・弓削町付近。『法隆寺別当次第』の範信大僧都の項に、嘉禄元年(一二二五)七月、同荘のことにつき訴訟するも成就せずとみえ、訴訟内容は不明だがそれ以前から法隆寺領。同書覚遍法印権大僧都の項に、仁治三年(一二四二)西園寺実氏が所当五十石の水田を寄進し寺家の進止としたのを「弓削荘歟」と記しており、鎌倉時代中期に荘域を拡大している。貞和二年(一三四六)九月には、和泉の高石新右衛門、河内の宮河八郎らによる荘内入部と濫妨があり、荘民が守護細川顕氏に訴えて追い出している(『嘉元記』)。　（福留　照尚）

(三)武蔵国多摩郡の荘園名。弓削の地名は現在伝わっておらず、所在地を比定することは困難であるが、東京都青《お》梅《うめ》市柚木《ゆぎ》または同八王子市由木《ゆぎ》とする説がある。立荘年次や成立事情などは不詳。貞観十四年(八七二)三月九日の『貞観寺田地目録』(『貞観寺根本目録』)によると、同国高麗《こま》郡山本荘・入間郡広瀬荘など六荘とともに貞観九年に右大臣藤原良相から山城国貞観寺に寄進された。熟田一町九段三百四十歩・荒田二町一段四十歩の小規模な荘園。貞観寺は良相の兄良房が清和天皇の誕生に際して建立した寺院である。　（八幡　義信）

ゆざのしょう　遊佐荘　出羽国飽海郡の荘園。現在の山形県飽海郡遊佐町・酒田市の地域。久安四年(一一四八)藤原頼長が父忠実から譲られた奥羽五荘(高鞍・大曾禰・本良・屋代・遊佐)のうちの一つ。荘の管理にあたっていたのは奥州藤原基衡で、当荘の年貢定額は金五両・鷲羽三尻・馬一疋であった。久安五年頼長が年貢増額を要求したところ、基衡はこれに応じなかったが、仁平二年(一一五二)に至り、金十両・鷲羽五尻・馬一疋で落着し、同三年九月、三ヵ年分が納入されている(『台記』)。他の四荘にはすべて布が課せられているのに、当荘にはこれがないのが特色である。遊佐荘は日本最北端の荘園であり、おそらくこのあたりが平安貴族の勢力の伸長した限界だったのであろう。保元の乱後、保元二年(一一五七)没官され、後院領となった(『兵範記』)。　（誉田　慶恩）

ゆじしでん　輸地子田　律令制下における田地の課税方式による区分のうち、租を輸さずに地子を輸すべく定められた田。『令集解』田令田長条釈説所引の「民部例」(延暦ころのものか)によれば、無主位田・闕郡司職田・闕国造田・闕采女田・射田・公乗田を輸地子田とするのに対し、『延喜式』主税上では位田・職田・国造田・采女田・膂力婦女田・賜田などを支給するまでの間、および、遙任国司公廨田・没官田・出家得度田・逃亡除帳口分田・乗田を輸地子田として両者に若干の異同がある。この中で闕郡司職田・乗田および射田は天平十二年(七四〇)の『遠江国浜名郡輸租帳』にも応輸地子田とみえるが、射田は『延喜式』では不輸租田となっており、変更されたことが知られる。これら輸地子田は輸租田ないし不輸租田の地目に属する田が、授けられるまでの間の無主田、あるいは収公田や乗田となった場合、すなわち所管受田者が現存しないときに輸地子田に定められたといえる。輸

地子田は国司の管理下にあり、その地子は原則として太政官に送られた。→地子《じし》　（亀田　隆之）

ゆすきのしょう　湯次荘　近江国浅井郡の荘園。現在の滋賀県東浅井《ひがしあざい》郡浅井町の南西部、虎姫町の東部一帯と考えられる。浅井町には遺称として、大字湯次が残る。古代の湯次保・湯次郷を前身とする。初見は正治二年（一二〇〇）二月七日付吉田経房処分状写である。正中二年（一三二五）三月最勝光院荘園注進状案では、坊城中納言家領としてみえ、本年貢百五十石の内、当時は三十石しか納入されていないとある。領内には、石清水八幡宮や日吉二宮の神田があった。鎌倉時代後期から南北朝時代には上荘・下荘に分かれており、下荘は、戦国時代、中御門家領で、『宣胤卿記』に散見する。　（太田　浩司）

ゆそでん　輸租田　律令制下における田地の課税方式による区分のうち、田租を輸すべく定められた田。『令集解』田令田長条釈説所引の「民部例」（延暦ころのものか）によれば、見任国造田・郡司職田・采女田・位田・口分田・墾田を輸租田としているが『延喜式』主税上では不輸租田・輸地子田以外をすべて輸租田としている。『令集解』の古記はこのほかに功田・賜田・神田・寺田・射田を輸租田としているが、この中で神田・寺田は「民部例」では不輸租田になっている。また采女田も「民部例」では輸租田となっているが、『延喜式』では不輸租田となっている。一方職分田は『令集解』の古記などは不輸租としているが、『三代実録』元慶六年（八八二）九月条所引の『貞観式』主税では輸租田と規定されるなどの相異がみえる。これらの地目の受田者あるいは所管者は私人であり、その耕作は自家経営である私田（＝有主田）であることから、一部の例外はあるがこの私田が輸租田となったものといえる。　（亀田　隆之）

ゆたけまろのみくりや　寛丸御厨　伊勢国三重郡の御厨。現在の三重県四日市市付近。寛御厨ともいう。応徳元年（一〇八四）追捕使山口清任書状（宮内庁書陵部蔵『壬生家文書』）に「ゆたけまるか名田」とみえ、このころから民有年（仮名《けみょう》）の所領（寛丸名）五段をめぐり、内見納所預友常（大中臣奉恒）と相論。寛治五年（一〇九一）ころこれが奉恒の息子真国へ移り、さらに康和元年（一〇九九）から三重郡司良平宿禰（仮名安部守富）が寛丸名一段をめぐる相論が加わっていた。民有年の所領はほかに河後御厨がある。外宮領寛御厨の初見は保延元年（一一三五）であるが（『壬生家文書』民有年解案）、これは先の康和段階での在地勢力争いが背景にあり、民有年は寛丸名と河後御厨を中心に、これを外宮領とすることで保全を図ったのではないかと考えられている。寛御厨は外宮上田分三町、司宮十月初午日飯料田十一町五段余、良田郷新納所田三町六段余、寛御厨畠地一町二段余からなる（前掲文書）。　（倉田　康夫）

ゆのしょう　温泉荘　但馬国二方郡の荘園。現在の兵庫県美方《みかた》郡温泉《おんせん》町の町域。長寛年中（一一六三―六五）に法橋聖顕が蓮華王院鐘楼を造立、寄進したことによって荘号を得、永万元年（一一六五）に蓮華王院領となった。その際、礒生直近と荘域のことで紛争が生じている。治承四年（一一八〇）にも平季広が年貢や在家人の資産押領の罪で、蓮華王院荘官に訴えられ、元暦元年（一一八四）に荘園より追放の処置がとられた。弘安八年（一二八五）の『但馬国大田文』によると、温泉荘は本家が蓮華王院、領家が民部少輔入道、地頭奈良宗光・舎弟正員で、七十四町六段半余の荘田のうち損田をのぞいて現作六十三町小余、荘官給田をのぞいて定田四十八町一段二百余歩とされている。　（仲村　研）

ゆぶねのしょう　湯船荘　伊賀国阿拝郡の荘園。現在の三重県阿山郡阿山町東湯舟・西湯舟周辺に比定される。天禄二年（九七一）に橘貞子の名で立券され、その後、東大寺領玉滝杣《そま》の開発に伴い、同杣と湯船荘との間で境相論が続くが、十一世紀ころには玉滝杣内に編成されたと考えられ、保元二年（一一五七）には、湯船領家職《しき》は東大寺東南院に付せられている。康永三年（一三四四）五月十九日付湯船荘沙汰人百姓等申状案（『東大寺文書』）を最後として、当荘の名は史料の上から姿を消す。→玉滝荘《たまたきのしょう》　（鈴木　哲）

ゆらのしょう　由良荘　㈠紀伊国海部郡の荘園。現在の和歌山県日高郡由良町由良川流域を荘域とした。立荘年次不明。文治二年（一一八六）当時の本家は蓮華王院、領家は藤原範季。嘉禎二年（一二三六）当時の地頭は葛山景倫（願生）。嘉禎二年四月、願生は地頭職《しき》を同人の居住する高野山金剛三昧院に寄進、以後、同院の同職支配は明応年間（一四九二―一五〇一）ころまで継続した。なお、同荘内の西方寺（興国寺）は、願生が心地覚心を開山に請じて教寺を禅寺に改めたもの。　（山陰加春夫）

㈡淡路国津名郡の荘園。現在の兵庫県洲本《すもと》市由良町付近。平頼盛（池大納言）の所領であり、平氏没落後は没官領として源頼朝の所領となったが、元暦元年（一一八四）頼盛の母の池禅尼が平治の乱後に頼朝の助命に力を尽くしたことに対する報恩のため、所領を返した。貞応二年（一二二三）の『淡路国大田文』（『皆川文書』）に「禅林寺新熊野領／由良庄（前地頭賀加兵衛佐殿／新地頭木内二郎（胤家））／田廿町／畠／浦一所」とある。貞和元年（一三四五）には足利尊氏により禅林寺に寄進された。元応元年（一三一九）に雑掌と地頭との間に塩浜年貢訴訟があった。　（三宅　進）

よ

ようきゃく　要脚　ぜに(銭)、あるいは「必要経費」の異称。中世用語。「脚」は足で世上を回り歩くものの義。用脚ともいう。文明本『節用集』には用脚とは「銭也或作二要脚一」とあり、『看聞御記』応永二十四年(一四一七)十一月十六日条に「御仏事要脚事、経興数問答、然而同篇申云々、今分不可致沙汰歟、珍事也」とみえる。また税金の意にも用いる。『太平記』三五、北野通夜物語事付青砥左衛門事に「又寺道場ニ懸二要脚一僧物施料ヲ貪事ヲ業トス」とみえる。　(金本　正之)

ようげきでん　要劇田　諸司に配分し、その収穫稲をその司の要劇料・番上粮に充てるために設定された田。要劇番上粮田ともいい、また諸司田ともいう。元慶五年(八八一)に、その二年前に畿内に設置した官田の一部を割いて諸司に配分し、その収穫稲を以てそれぞれの司の要劇料・番上粮に充当したことに始まる。これは、諸国が大炊寮に納入する年料舂米の減少に対応した処置で、当初は太政官や出納の諸司などは京庫支給(大炊寮からの支給)として除外されていたが、それらの司の多くもその後次第に諸司田の例に加えられていった。　↓官田《かんでん》　↓諸司《しょし》田《でん》　(早川　庄八)

ようげきりょう　要劇料　律令制のもとで、官人らに支給された給与の一つ。令には定められていないもので、養老三年(七一九)に劇官をえらんで銭を支給したのが、そのはじまりとされている。初期のころの支給方式には明らかでないところもあるが、在京の繁忙な官司の職事官に対し、官位の高下に従って、月別に銭を支給したのが要劇料であったらしい。しかしこれは、九世紀はじめに行われた改正により、劇官に対する特別給付という本来の意味を失って、職事官全員に対する食料米の給付に変化した。すなわち大同三年(八〇八)、要劇料は前例を改めてあまねく衆司に給されることとなり、ついで翌四年、(一)観察使(参議)を除く職事官全員に支給する、(二)旧来の銭に代えて人別日ごとに米二升を給する、(三)上日数の充足を支給の条件とする、という支給細則が定められた。この改正に伴い、それまで長上官・番上官の食料米として支給されてきた月料、および要劇料と同じく劇官の番上官に支給されてきた番上粮(米を支給)の支給方式も変更され、すべての長上官と番上官に対して、官司あるいは官職別に、月料・要劇料・番上粮のいずれかの名目で食料米が支給されることとなった。これにより、劇官に対しては月料とともに要劇料・番上粮を重ねて支給してきた従来の方式は改められた。これらには、諸国が毎年大炊寮に納入する年料舂米が充当され、その支給量は、要劇料が上記のように日米二升、番上官が日米二升、番上粮は日米一升、月料は長上官が日米二升、番上官が日米一升であった。しかし年料舂米の未進が恒常化して大炊寮からの支給が困難となった元慶五年(八八一)に至り、二年前に設置した元慶官田の一部を在京諸司に配分し、その収穫稲を以てそれぞれの司の要劇料・番上粮の財源に充てることとなった。これがいわゆる諸司田であるが、また要劇田あるいは要劇番上粮田ともいう。　↓月料《げつりょう》　↓諸司田《しょしでん》　(早川　庄八)

ようげつ　要月　⇩閑月《かんげつ》

ようさく　用作　中世における荘田の一形態。多くの場合「正作」と同様、領主直営地と判断される。九州地方に多く見られ、「ユージャク」の地名呼称を伝える。特に宇佐宮領では中核所領を中心に、用作と佃が併存する。『宇佐宮神領大鏡』には、豊前国新開荘について「用作一町八反(反別穫稲三十束内、除種子営料六束)」、筑後国守部荘について「用作一町(舂米十二石、除種子農料定)」とあり、ほとんどの所領で、佃は「段別所当米五斗稲五束」と記されている。ここでは用作が直営田で佃は高斗代ながら直営田でないことが知られる。　↓正作《しょうさく》　(工藤　敬一)

ようすいうけしょ　用水請所　中世において用水請の成立した場所をいう。中世後期荘園の支配体制は、地頭請・守護請・百姓請などと請負制が進展し、荘園の直務権は次第に領主の手より離れ、請負者に帰するところとなった。このような傾向は用水の管理についても見られるようになり、代官の一種とみなせる井奉行や池守などとは異なるところの用水請が成立した。これは用水の供給や施設の保善を請け負うものであって、応永二十年(一四一三)八月の高野山領紀伊国安楽河(荒川)荘の大井奉行仙範の請文にその一端を読みとることができる。この請文は高野山に提出したもので、荘民が三ヵ年以内に大井用水の破損の箇所を修理することを約束しているので、もし緩怠した場合は厳しく教誡を加えて実行せしめることを請け合ったものである。また西大寺領大和国小泉荘の用水池の場合、至徳二年(一三八五)八月小泉の僧重算とその子息重尋らは連署し、西大寺に請文を提出し、相伝の池の修理を自分で行うこと、荘民の煩いがないように用水を供給することを約している。　(大谷　貞夫)

ようすいそうろん　用水相論　用水源・用水施設・用水分配・用水の諸色や人夫負担・用水費(米)負担・用水浚など用水をめぐる諸論争の総称。古代においては問題となっていないが、中世に至り私的な土地所有が進むと、顕著な相論が繰り広げられた。嘉禎元年(一二三五)五月、山城国綴喜郡内の石清水八幡宮領の薪荘と興福寺領の大住荘間で、木津川の河水をめぐって相論が起り、両者はするどく対立し翌六月から閏六月にかけて、闘争や朝廷への強訴の動きがみられた。事の起りは、薪荘の住民ら

が大住荘の農民を殺害したとして、興福寺の衆徒僧兵が薪荘に乱入し、在家六十余宇を焼き払い神人二人を殺したことにある。一方、六波羅探題もその報を受け武士を派遣したが、興福寺の衆徒らは南都へ引き上げた後であり、大住荘の荘官らを捕えて帰洛した。その後石清水八幡宮側は興福寺への厳罰を要求し、神輿を奉じて上洛し朝廷に強訴しようとする勢いであった。結局、朝廷は八幡宮に因幡国を寄進し、強訴はとりやめとなった。また、高野山領紀伊国名手荘と粉河寺領同国丹生屋村との用水相論も、著名な事柄である。両所は紀ノ川の支流名手川(当時は水無川)を挟んで立地していて、名手川の水を引き灌漑していたが、仁治二年(一二四一)六月に相論が起った。『又続宝簡集』一一〇(『高野山文書』四)によると、粉河寺の僧徒や丹生屋村の農民らは武装し、名手荘に侵入し「一二之井口」や「樋穿溝」を破壊し、全く用水の取得を不能にしたという。これに対し名手荘の農民らも相手側が破損個所の修復を妨害したので、襲撃し大乱闘となった。河筋の変動によって荘村の境が変わったこともあって、単なる用水をめぐっての相論ではなかったが、六波羅探題に提訴され、問答が繰り返され、寛元四年(一二四六)に裁決が下されたものの、両者は満足せず朝廷の裁決を仰ぐに至った。建長二年(一二五〇)十二月官宣旨が金剛峯寺と粉河寺に下され、水無川は「公領之河」であり、両者はそれぞれ川岸までの領有であると決したのである。しかし、その後も南北朝時代から室町時代まで、両者の用水相論は断続的に繰り返されている。このように中世における用水相論は、長期間にわたること、武力による実力行使が行われたことが特徴である。戦死者が多数出た事例も存在する。

近世に入ると、強力な統一政権が誕生し、石高制の導入によって一層治水・利水が重要視され、用水秩序の整備が推進された。特に江戸幕府成立後は、訴訟制度も確立し支配違いの村落間の用水相論は、評定所で裁決されることとなり、中世のような武闘を伴うものは見られなくなった。しかし、相論はさまざまな地域でさまざまな事情によって繰り返されていた。地方に残存する史料の量からも証される事実である。上野国館林領の場合、天和二年(一六八二)に大規模な相論が起り、多数の農民が江戸に出て訴訟を起した。館林領は旧徳川綱吉の領地であったが、幕府領で、役料の原禄加増策により、旗本二百人余の知行地と化したことが原因であった。その結果藩領時通り水奉行が置かれ、高十三万石余からなる館林領堤川除用悪水普請組合が成立した。これは関東各地の普請組合成立の契機となった。　→分水《ぶんすい》

（大谷　貞夫）

ようみょう　要名　⇩名《みょう》

よかのしょう　与賀荘　肥前国佐嘉郡小津《おづ》郷の荘園。現在の佐賀市付近。立券荘号の事情・時期は不明であるが、平安時代末に崇徳上皇の中宮であった皇嘉門院藤原聖子(忠通の女)は、女院領であった与賀荘を後白河上皇の勅願寺最勝金剛院に寄進しており、その後建長二年(一二五〇)、九条道家の家領処分状に与賀荘が家領の一つとしてみえる。『河上神社文書』正応五年(一二九二)八月十六日『河上宮造営用途支配惣田数注文』(『肥前国惣田数注文』)によれば、「与賀本庄百二十丁」「与賀新庄六百丁」とみえる。与賀新荘は現在の佐賀市鍋島町付近に比定されており、嘉瀬川沿いに開発された荘園である。与賀荘の名称は戦国時代まで残存しているが、南北朝時代以降は恩賞地や寄進地として細分化されており、その伝領関係は明らかではない。

（瀬野精一郎）

よきごう　与木郷　能登国能登郡の郷。平城宮跡出土の木簡に、和銅六年(七一三)越前国能登郡の「翼倚」里から庸米六斗が貢進されていたのがみえる。のち能登立国後の『和名類聚抄』には、能登国能登郡の九郷のうちに「与木」とある。承久三年(一二二一)の『能登国田数目録』に載せる与木院は、それが中世の公領に再編されたもの。現在の石川県鹿島郡田鶴浜《たつるはま》町の北域付近に比定できる。

（東四柳史明）

よこえのしょう　横江荘　加賀国石川郡の荘園。現在の石川県松任《まっとう》市横江町付近。八世紀末、桓武天皇から皇女朝原内親王に与えられた「親王賜田」の一つ。内親王の死後、弘仁九年(八一八)母の酒人内親王が墾田百八十六町五段二百歩を東大寺に寄進したが、やがて東大寺は荘田経営を放棄した。平安時代末期以降の在地領主に横江氏がおり、南北朝から戦国時代には、天竜寺領とみえている。昭和四十五年(一九七〇)、荘域内に比定される松任市横江町北西郊の水田から、六棟の平安時代初期の掘立柱建造物跡と、「三宅」「寺」と墨書された須恵器《すえき》が出土し、これが東大寺領横江荘の荘家跡と推定されて、昭和四十七年国指定の史跡となった。

参考文献　吉岡康暢編『東大寺領横江庄遺跡』

（東四柳史明）

よこたのしょう　横田荘　㈠大和国添上郡の荘園。現在の奈良県大和郡山市発志院《はっしいん》町の地。興福寺領。延久二年(一〇七〇)の『興福寺雑役免帳』には十二町五段の雑役免荘としてみえ、鎌倉時代まで存続した。この地にはまた別に四十三町九段二百八十歩の大乗院領横田荘があった。大乗院領は、嘉元四年(一三〇六)の土帳(広島大学文学部所蔵)が残っていて、具体的な荘園の様相がしられる。また、その定田部分は十名《みょう》からなる均等名構成をとっていた。

（泉谷　康夫）

㈡出雲国仁多郡の荘園。現在の島根県仁多郡横田町付近、斐伊川上流の横田盆地にたてられた。石清水八幡宮領。『出雲国風土記』でも知られる古くからの鉄産地仁多郡の中心に位置し、鉄年貢を納める荘園として知られる。荘号初見は元暦二年(文治元、一一八五)源頼朝下文案であるが、石清水八幡宮寺領を書きあげた保元三年(一一五八)官宣旨に横田別宮がみえ、その支配は平安時代末期にさかのぼる(『石清水八幡宮文書』)。地頭職《しき》は文永八年(一二

七一)杵築大社三月会頭役注文に「横田庄五十五丁　相模式部大夫(北条時輔)」とみえ、北条氏領であった(『千家文書』)。一方、蓬左文庫所蔵『斉民要術』紙背文書には、地頭および代官として三処景長・実綱・長綱・同後家尼などがみえ、領家との間に請所契約を結んでいた。一谷に籠もった平家方人として横田兵衛尉維行が知られ、隣接した国衙領に三処郷があるので、平家没官領として北条氏が正員の地頭となったが、近隣の在地領主三処一族を代官とし、現地支配や年貢納入などを一任していたものと推察される。しかし文永年間に年貢鉄と公事料銭の納入をめぐって領家に訴えられ、下地中分が行われた。荘内の岩屋寺は北条時頼・時宗・貞時などの菩提所とされており、鎌倉時代の当荘は当地方における北条氏支配の拠点でもあったが、建武年間(一三三四―三八)には「石清水八幡宮御領、厳重勅願料所」ともみえ(『岩屋寺文書』)、『明徳記』によると、仙洞御領である当荘を守護山名満幸が押領し、御代官日野中納言家の斎藤右衛門尉が追い返されたという。しかし応永元年(一三九四)には横田荘半分が後小松天皇から後円融院追善供養料として京都の泉涌寺塔頭雲竜院に寄進され(『泉涌寺文書』)、永享五年(一四三三)には残りの半分が後花園天皇に伝領されており(『看聞御記』)、戦国時代まで「仙洞料所」「禁裏御料所」として、年貢貢進なども行われている。なお、鎌倉時代末期に当荘は、鶴岡八幡宮や六波羅蜜寺の造営料所、内裏料所ともみえており、皇室領となった時期は鎌倉時代にさかのぼるが、そのころの石清水社との関係は必ずしも明確でない(『岩屋寺文書』)。　(福田　豊彦)

横田荘(一)

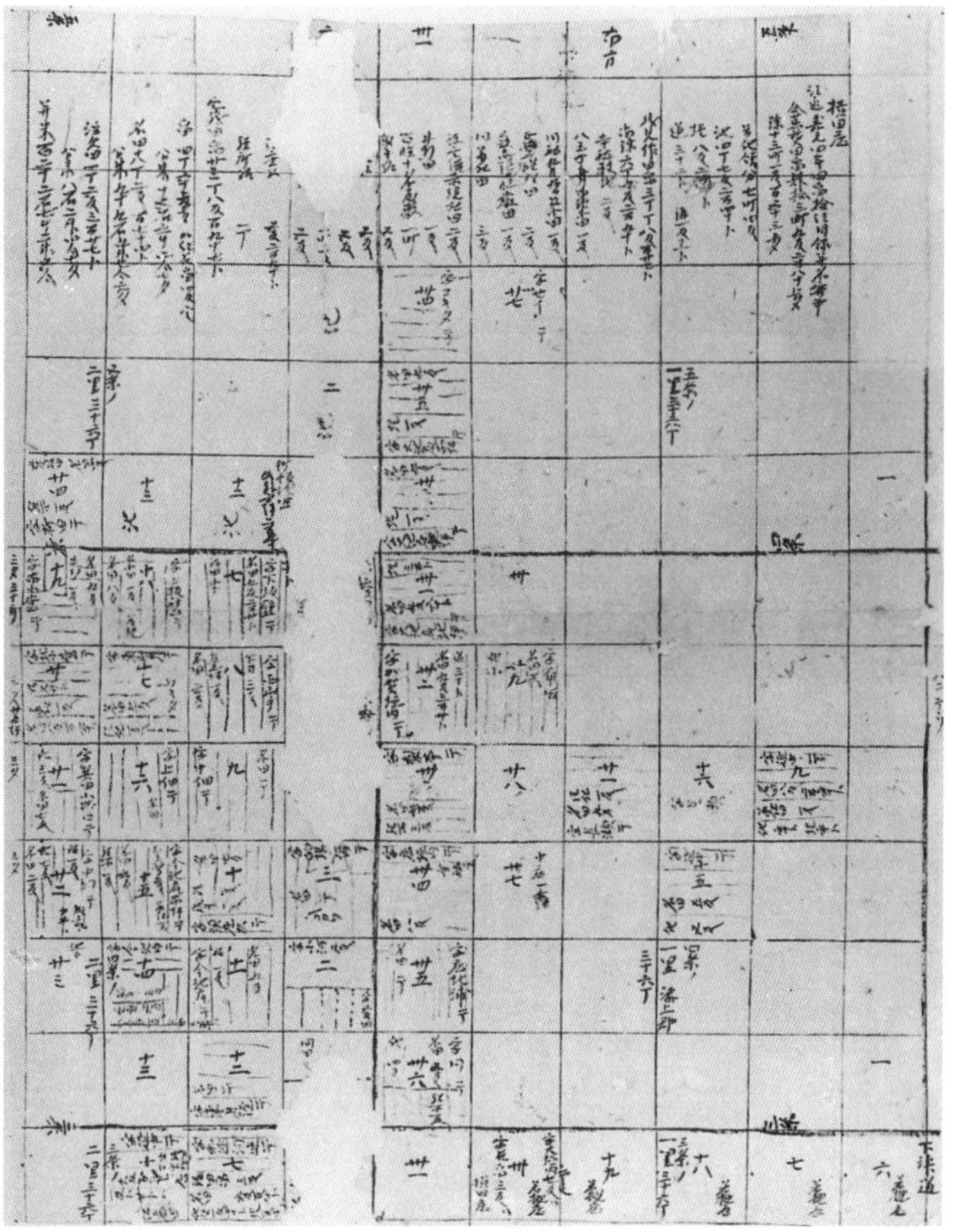

大和国横田庄土帳(嘉元4年)

よこね　横根　下総国三崎荘の加納。現在の千葉県海上《かいじょう》郡飯岡町横根を中心に旭市野中までを含む地域に比定される。『和名類聚抄』下総国海上《うなかみ》郡十六郷の一つとして横根郷があり、平安時代末期、三崎荘およびその加納の舟木とともに片岡常春の所領であったが、片岡氏の滅亡後、千葉常胤に与えられ、常胤の六男胤頼の子孫に伝えられた。建久八年(一一九七)のものと推定される「香取神宮遷宮用途注進状」には三崎荘加納横根が八十石の遷宮用途料を対捍したとみえる。その後、三崎荘に吸収され、旭市長禅寺所蔵愛染明王坐像の永禄十二年(一五六九)九月付胎内墨書銘には「三崎荘横根郷」とあり、また同銘から当時の地主が千葉介胤富であったことがわかる。
→三崎荘《みさきのしょう》　(野口　実)

よさくにん　預作人　⇨作人《さくにん》

よさくみょう　預作名　九世紀の元興寺領近江国依智荘において領主元興寺が導入した制度。預作とは田地を所有権者以外のものが耕作すること、小作させることを意味するが、依智荘では名の責任者に在地豪族依智秦氏以外から有力農民を択んで、地子納入の新しい責任者とし、その納入単位である「預作名」を委任した。名には複数の耕作者が存在したが、地子自体は名に一括して課せられた。十世紀以降、公領において全面的に展開される負名体制の先駆的形態と評価される。　(田村　憲美)

よしいのしょう　吉囲荘　丹後国加佐郡の荘園。現在の京都府舞鶴市の大浦半島北部に比定されている。出羽権守平辰清の開発による荘園とされ、文治二年(一一八六)には八条院暲子内親王が本家職《しき》、女房弁局が預所職をもっている。暦応元年(一三三八)には東寺領で阿闍梨《あじゃり》尊瑜が預所職を請けているが、開発領主平辰清の子孫が本年貢三分一を納入する限り、三分二の相伝領掌が保証され

ている。（仲村　研）

よしおかのしょう　吉岡荘　㈠越中国礪《とな》波《み》郡の荘園。現在の富山県西礪波郡福岡町加茂付近に比定できる。はじめ左大臣藤原頼長の所領であったが、保元の乱後、没収されて後白河天皇の後院領となった。文治三年(一一八七)地頭成佐が不法に及んだため、源頼朝は後白河院の要請を容れ改替した。のち蓮華王院領となり、南北朝内乱期以降には、鴨社領となっていた。（東四柳史明）

㈡伊予国桑村郡の荘園。現在の愛媛県東予市吉岡周辺。安楽寿院古文書中の庄々所済日記によれば、立券は仁平二年(一一五二)三月七日、領主は女房四条局という人物であった。その規模は田百三十二丁二反・畠百二十四丁七反二十畝で、米二百五十石・油一石八斗を負担。嘉元四年(一三〇六)六月十二日の昭慶門院御領目録にも安楽寿院領としてみえ、鎌倉末期のものと推測される御裳濯川和歌集裏書によれば、その規模は百六十四町五反二百九十歩であった。一方で正応四年(一二九一)には荘内に実報寺の所領が、また同六年には大山祇神社の所領が、それぞれ存在したことがわかる。このうち大山祇神社領は、鎌倉初期には成立していたらしい。貞和二年(一三四六)には「吉岡余田」が賀茂御祖神社領としてみえており、本荘から賀茂御祖神社領として分立した地域が存在したのかもしれない。また南北朝期以降には、荘内の観念寺への寄進史料が散見するようになる。当荘内には鎌倉期以降複数の領主が存在していたことになる。なお地頭職については、室町期以降河野氏が一部所有していたことがわかる。（櫻井　彦）

よしだとうご　吉田東伍　一八六四―一九一八　歴史地理学。早稲田大学教授。元治元年(一八六四)四月十四日、越後国蒲原郡保田村(現、新潟県北蒲原郡安田町)に生まれる。明治十年(一八七七)、新潟学校中等部を中退、同十六年、小学校教員学力試験に及第、小学校教員となる。二十三年、北海道に渡る。二十五年、読売新聞社入社。田口卯吉への駁論を発して、学界に注目される。二十八年、記者として日清戦争に従軍、帰国後『大日本地名辞書』編輯に着手し、三十三年より刊行。三十四年、東京専門学校講師。三十五年、早稲田大学文学部講師。四十年、同教授。四十二年、文学博士の学位を取得。大正七年(一九一八)一月二十二日没、五十五歳。『大日本地名辞書』全七巻(冨山房、明治三十三―四十年)の中に全国の荘園についての記述があり、『荘園制度之大要』(日本学術普及会、大正五年)で荘園の仕組みについて論ぜられている。（瀬野精一郎）

よしだのしょう　吉田荘　㈠大和国平群《へぐり》郡の荘園。現在の奈良県生駒郡平群町大字吉新《よししん》、同三郷町大字勢野《せや》元惣持寺方、同斑鳩《いかるが》町大字竜田・小吉田《こよしだ》の三地域より成る。平安時代には摂関家領、鎌倉時代以後近衛家領となった。宝治元年(一二四七)近衛兼経の寄進で春日社頭の大般若・唯識十講両会の料所となり、興福寺一乗院が知行した。室町時代に七十余町。下司・公文はともに竜田氏。鎌倉時代後期東寺領平野殿荘を侵害することがあった。（朝倉　弘）

㈡相模国高座郡(または高座郡・鎌倉郡)の荘園。『吾妻鏡』建久三年(一一九二)十二月二十日条によれば、源頼朝は渋谷一族の武勇を賞し、その領所の吉田荘の地頭職《しき》を請所となすよう、領家の園城寺円満院に申請し、年貢送文を載せている。しかし、別に「吉田上庄(号渋谷)」(『入来院文書』建長七年(一二五五)六月五日将軍家(宗尊親王)政所下文案)ともあり、吉田荘と渋谷荘は在地領有者が同じ渋谷氏であり、地域も近接しているので、混同あるいは同一視されている。荘内に曾司郷・上深谷郷、藤意村・寺尾村・落合上村・上深尾村などの所見があり、渋谷荘にも曾司郷・西飯田郷、打戻・深谷・下深谷・ふち心のさいけ・寺尾村などの所見があるので、同一地域と考えることもできる。ただ、『神奈川県史』通史編一では、渋谷荘を神奈川県綾瀬市・藤沢市内とし、吉田荘については、横浜市戸塚区吉田町が荘名をとどめたものとしていて、断定を避けている。→渋谷荘《しぶやのしょう》（福田以久生）

㈢常陸国吉田郡の荘園。現在の茨城県水戸市の東部地域にあたる。律令制下の常陸国那珂郡は十世紀に吉田郡を分出。この吉田郡のうちの半分の面積百五十八町は名神大社吉田社の社領であったが、長承年中(一一三二―三五)禰宜吉美侯氏から官務小槻氏に寄進されて、吉田荘となる。常陸大掾氏の庶流吉田氏の勢力下の地域であるが、鎌倉時代後期には得宗領化された。在地に残された吉田荘関係史料は、鎌倉幕府権力と吉田社領問題を示唆するものが多い。（堤　禎子）

㈣近江国愛知《えち》郡の荘園。善田とも書く。現在の滋賀県愛知郡秦荘《はたしょう》町下八木・北八木、愛知川町平居《ひらい》・畑田《はただ》、湖東町菩提寺・清水《しゅうず》一帯の地域に比定される。長承二年(一一三三)、近江国司藤原顕輔によって八木郷内に立荘された。保延四年(一一三八)東隣の香《こう》荘へ九十町を割き与えた代りに、南の大国郷で条里の十三ヵ里分を得ている。鎌倉時代には、宣陽門院領であった。吉田郷は本荘の北に比定され、地域的な重複はない。（太田　浩司）

㈤若狭国遠敷《おにゅう》郡の荘園。現在の福井県遠敷郡上中《かみなか》町上吉田・下吉田に比定される。禁裏御料所。建久二年(一一九一)十月日付の『長講堂所領注文』(『島田文書』)に「吉田三宅庄」とみえるのが史料上の初見。元三雑事として御簾・紫畳・砂、彼岸の布施として六丈布、それに移花を納めている。文永二年(一二六五)の『若狭国惣田数帳写』には「吉田庄十八町九十八歩」とみえ、またその肩の朱書から、地頭職《しき》が御家人によって伝領されていたことがわかる。さらに『実隆公記』文亀二年(一五〇二)五月十四日条には、「若州禁裏御料所上吉田幷三宅御代官領家職等事」とあり、このころより以前に上・下吉田荘が成立していたことが知られる。（西山　克）

㈥越後国頸城《くびき》郡の荘園。現在の新潟県中頸城郡三和村神《かん》田《だ》小字吉田付近にあったと考えられている。関川右岸の

沖積平野に位置する。東大寺領。立荘年次は不明。史料上の初見は天暦四年(九五〇)『東大寺封戸荘園幷寺用雑物目録』(『東南院文書』)で、「吉田庄田廿町九段九十八歩」とある。その後、長徳四年(九九八)『東大寺領諸国荘家田地目録案』(『東南院文書』)では「十一町九段百八十歩」と田積が半減し、同じく頸城郡にあった東大寺領荘園の真沼荘とともに「並荒廃」と記され、以後、史料から姿を消す。大治五年(一一三〇)『東大寺諸荘文書幷絵図目録』(東大寺文書)に「石井庄字吉田」とあることから、吉田荘は東大寺領石井荘に併合されたと考えられている。→石井荘《いしいのしょう》　（荻野　正博）

㈦出雲国能義郡の荘園。現在の島根県安来《やすぎ》市上・下吉田町付近。近衛家領。建長五年(一二五三)十月作成された『近衛家所領目録』にみえる家領百五十三ヵ所中に記載されるが、そのうち、本所領として荘務を進退する六十ヵ所中に含まれる。『親元日記別録』(『政所内評定記録』)によれば、文明年間(一四六九―八七)には、佐々木吉田四郎貞秀が知行するところであった。　（金本　正之）

㈧日向国諸県《もろかた》郡の荘園。現在の宮崎県えびの市付近。『島津家文書』建久八年(一一九七)『日向国図田帳写』によれば、「吉田庄三十丁」とみえ、諸県郡の内にあり、地頭は島津忠久とある。南北朝時代以降は吉田村とあり、『相良家文書』康永四年(貞和元、一三四五)十一月二十二日吉田村年貢濫妨事書によれば、「開田出羽守(遠長)殿御領吉田村」「吉田ト馬関《ませき》田とハ堺並ニて候、彼庄ハ天神御領北野長者殿所領也」とみえる。　（瀬野精一郎）

㈨安芸国高田郡に所在した荘園。現在の広島県吉田町・甲田町・向原町の一部に比定される。久安五年(一一四九)近衛天皇の勅願によって前年創始された祇園社一切経会の料所として吉田荘本家米三百石が寄付されているので、立荘はこれ以前である。領家は花山院家であった。領家支配の実態は不明だが、祇園社一切経会料三百石の進納は鎌倉末期に至るまで維持されていた。地頭職は毛利氏が有していた(補任時期は不明)。建武元年(一三三四)花山院家祇候人美濃判官全元が建武政権から地頭職を与えられたが、翌二年毛利元春は全元代官を追放して地頭職を回復している。南北朝時代、守護方と毛利氏との抗争、毛利氏の内部分裂等の混乱のなか、祇園社・花山院家の支配は無実化した。南北朝末期以降は一族分裂を克服した毛利氏が吉田荘の一円支配を達成し、中世末に至った。　（久保健一郎）

よしだのしょう　良田荘　讃岐国多度郡の荘園。現在の香川県善通寺市下吉田町と上吉田町西部周辺。建治二年(一二七六)古代良田郷西側の郷務が、善通寺金堂・法華堂供僧に寄進されたのがはじまり。ちなみに東側は文永五年(一二六八)金蔵寺に寄進されている。弘安四年(一二八一)には大嘗会以下の国役などが停止された。このとき定められた四至は「東限金倉寺新免絵図通、南限生野郷堺、西限善通寺本寺領堺、北限葛原郷堺」である。そして同六年の国司庁宣によって、一円不輸の荘園として認定された。しかし地頭は当荘への濫妨を繰り返し、ついに永仁五年(一二九七)、六年ごろ下地中分が成立している。その後徳治二年(一三〇七)後宇多上皇が、中分された地頭方を善通寺に返却するように命じているが、実効はなかった模様である。当荘の支配権は、次第に善通寺の本寺京都随心院に移ったらしく、正和三年(一三一四)には随心院が任命したと思われる雑掌が、御家人の得分物抑留を訴え、六波羅も真相の究明を命じているが、それ以降の動向については不明である。なお当荘の記載について、善通寺側は「良田郷領家職」と称する場合が多い。　（櫻井　彦）

よしとみのしょう　吉富荘　㈠丹波国桑田郡・船井郡の荘園。現在の京都府亀岡市・北桑田郡京北町・船井郡八木町にまたがる地域。平治の乱後、後白河院の寵臣藤原成親が宇津郷に神吉・八代・熊田・志摩・刑部の郷々を加えて後白河院御願法華堂に寄進し、吉富荘と称した。治承・寿永の乱後の元暦元年(一一八四)四月に源頼朝が宇津郷を寄進し、同年五月に後白河院は宇津郷以外の諸郷を、文覚の神護寺再興のために施入した。宇津郷を吉富本荘、宇津郷以外の諸郷を吉富新荘といい、神護寺根本六荘に数えられている。建長二年(一二五〇)から応永十九年(一四一二)まで主殿寮領小野細川と薪炭搬送路をめぐって堺相論が続いている。承安四年(一一七四)の「吉富荘絵図写」には、荘中心部に箱前社・厳島社や、大堰《おおい》川の水車、屋賀の国衙建築物が描かれ、藤原成親の御願法華堂への寄進の際作成された原図の雰囲気を残している。建武三年(一三三六)吉富荘は足利尊氏から神護寺領として安堵され、南北朝時代以降、室町幕府は丹波国守護を介して寺領を保護しているが、現実には守護代内藤氏などに支配され、戦国時代末期には宇津郷の在地領主宇津氏の活動が著しい。　（仲村　研）

㈡近江国坂田郡の荘園。現在の滋賀県坂田郡米原町梅ヶ原以南、同彦根市原町以北で、同市鳥居本《とりいもと》町付近を中心とする。初見は安元二年(一一七六)二月の『八条院領目録』の「近江国吉富」で、養和元年(一一八一)後白河院庁下文では、新熊野社領であったことがわかる。藤原定家は父俊成より領家職《しき》を伝領され、『明月記』には当荘のことが散見する。その後、定家の孫の代に一族間での所領相論が起る。しかし、室町時代中期に至るまで、定家の流れをひく冷泉家がその権利を保持した。室町時代には、小野荘とも呼ばれる。　（太田　浩司）

よしなかのしょう　吉仲荘　紀伊国那賀郡の荘園。現在の和歌山県那賀郡貴志川《きしがわ》町から桃山町にかけての地域。摂籙渡《せつろくわたり》領にふくまれる法成寺領であって、同寺建立直後の治安年間(一〇二一―二四)の立荘と考えられる。平安時代末期には平信範や藤原為親によって知行されている。平治元年(一一五九)東隣の荒川荘が美福門院から高野山に寄進されると、堺相論が起り、摂関家領田中荘の預所藤原(佐藤)仲清が当荘の荘官らを語らい、荒川荘に乱入

吉富荘(一)

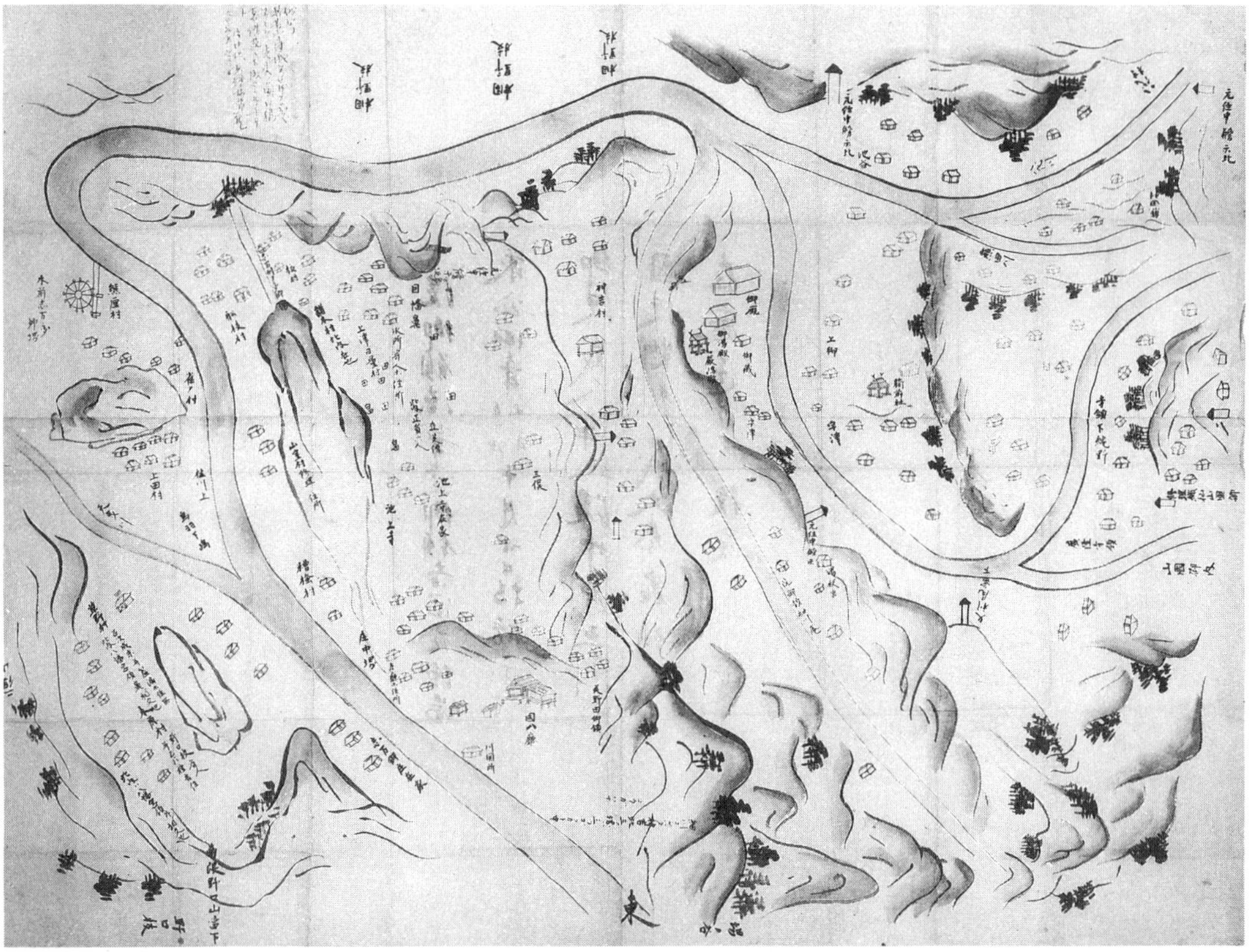

丹波国吉富庄絵図

した。鎌倉時代後期の弘安・正応年間(一二七八―九三)には、荒川荘で弥四郎為時・源八義賢・蓮空らの悪党が跳梁したが、彼らは吉仲荘の住人行良法師・同子息良継・新三郎良光・同子息良胤らと血縁関係にあり、しばしば行動をともにし、荒川荘を追われた悪党は当荘に逃れた。鎌倉時代後期の預所は大仏師院恵・院瑜・院賢らが相伝しており、法成寺大仏師職に付属する所領であったと考えられる。法成寺は南北朝時代に退転するので、当荘もこれに伴って衰退したものと思われる。（小山　靖憲）

よしのじゅうはちごう　吉野十八郷　大和国吉野郡。現在の奈良県吉野郡。古く吉野郡を十八郷に区分したことによる称呼という。古典で使用されている。観阿弥の能「吉野静」に「吉野十八郷衆会」とあり、惣郷であったと考えられる。『吉野旧事記』に「八旗八庄司十六家、公文卅六家」がみえ、一体となって南朝に奉仕したという。『太平記』三四に「赤松弾正少弼氏範ニ吉野十八郷ノ兵ヲ差副テ、宮ノ御方ヘソ進《マイラ》セラレケル」とみえる。（朝倉　弘）

よしはらのしょう　吉原荘　土佐国香美郡の荘園。現在の高知県香美郡吉川村吉原付近。物部《ものべ》川河口の左岸に位置し、南は土佐湾に面していた。立荘年代は不明。当初は国衙に管轄された公領で、伊勢神宮の役夫・工米、遷宮費用、造内裏など数多くの国費を負担していた。そして、建久九年(一一九八)十一月付の土佐国留守所下文(『壬生家文書』)によると、高倉院法華堂領になっており、小槻氏を領家とする荘園として成立している。さらに、南北朝時代に入っても小槻氏の支配下にあって、北朝方から所領安堵されていた。南北朝時代末期になると、細川氏の守護領国に組み入れられてしまい、やがて、長宗我部氏が台頭してくると、その所領となり、天正十六年(一五八八)の検地では『吉原庄御地検帳』が作成されている。（広谷喜十郎）

よしまのしょう　好島荘　陸奥国磐城郡の荘園。現在の福島県いわき市から東北方の双葉郡南部に及ぶ地域。関東御領・八幡宮領。立荘の時期や成立事情については明らかでないが、文治二年(一一八六)鎌倉幕府が石清水八幡宮を磐城郡好島郷に勧請し(現在の飯野八幡宮)、別当・預所などを補任し、郡内の地を宮領として寄進したことにより成立したものだろう。荘名の初見は、元久元年(一二〇四)の当荘田地目録注進状で、「八幡宮御領好島御庄」とある。文治五年奥州合戦の後、在地領主の岩城清隆が地頭職として追認され、千葉常胤があらたに預所職に補任された。承元二年(一二〇八)当荘は東方(東荘)と西方(西荘)に分かれ、東方預所は常胤の子孫が長く世襲したが、西方預所は常胤の子孫から三浦義村に、さらに宝治元年(一二四七)以降は伊賀氏(のちの飯野氏)の世襲となった。元久元年の当荘田地目録によると、総田数は五百二十三町四段九合で、定田は約三百町ある。関東御領で

あるから年貢は幕府政所に進納され、田一町につき帖絹一疋の規定である。しかし当荘でも年貢未進に伴う預所と地頭間の紛争がたえなかった。鎌倉幕府滅亡後、預所伊賀氏はあらたな権威を室町幕府と石清水八幡宮に求め、一時的に当荘は室町幕府御料所あるいは石清水八幡宮領となった。しかし中世後期の岩城氏の領国化の運動に抗すべくもなく、明応八年（一四九九）ついに同氏への屈服を余儀なくされ、同氏支配下の八幡宮領となって当荘は消滅した。

（佐々木慶市）

よしわらのしょう　吉原荘　伊予国和気郡の荘園。現在の松山市和気町上ノ荘を含む地域と推定されるが、異説もある。東福寺領。はじめ藤原忠通が領有し、のち東福寺に施入。本家職《しき》を九条家が留保。嘉禄四年（『東福寺文書』貞和三年（一三四七）東福寺領諸荘園文書目録所見、ただし「嘉禄」は三年に「安貞」と改元されており、嘉禎四年（一二三八）の誤りか）を初見とし、貞治二年（一三六三）に及ぶ。百六十四町余。なお、ほかに建武二年（一三三五）豪族河野通盛が和気郡吉原郷を風早郡善応寺に寄進し、応永年間（一三九四―一四二八）に至るところの吉原荘が存在するが、これは前記の吉原荘とは別のもの。

（景浦　勉）

よせごおり　寄郡　中世薩摩・大隅・日向三ヵ国にまたがる摂関家領島津荘および日向の王家領（八条院領）国富荘にみえる半不輸の所領単位。寄人《よりうど》の呼称の存在からみて、公領でありながら荘園に帰属するということで「よりごおり」と呼ばれたかもしれない。島津荘の場合、建久八年（一一九七）の三ヵ国の図田帳写によると、八千余町の荘田中六割以上が寄郡である。十一世紀なかばの日向諸県郡における島津荘の成立後、三ヵ国にまたがって公領の構成単位である郡・郷・院・名などを島津荘に寄せて雑役免の半不輸領とすることによって成立したもので、おそらく諸県郡以外の一円荘も寄郡の段階を経ているものと思われる。郡単位の半不輸化が先行したことから寄郡の呼称が一般化したのであろう。島津荘の場合、単純な雑役免でなく、所当は国司・領家に弁済する特殊雑役免であり、その管理も領家側の関与が顕著である。すなわち、寄郡の収納責任者は弁済使（場合によっては収納使）と呼ばれ、弁済使はほぼ十二世紀いっぱいは島津荘内の在地領主たちが別当として参加する荘目代（荘留守、文治元年（一一八五）以降惟宗＝島津氏）の下にある荘政所の下文によって補任され、国衙の承認を受けて荘・国双方の所課の弁済にあたる。地域によっては弁済使のみえない所もあるが、そこでは郡・院・郷司が事実上弁済使であったものとみられる。十三世紀になると弁済使は預所下文、十四世紀には給主下文の形で補任されるようになる。寄郡所務の個別独立化に対応するものである。南北朝時代になると荘園自体の有名無実化とともに寄郡も独自の性格を失った。

（工藤　敬一）

よせざた　寄沙汰　訴訟の要因をもつ者がみずから訴訟の当事者とならずに、訴訟を第三者に委託し、委託を受けた第三者が訴訟問題の有利な実現をはかる行為のこと。中世、特にその前半期にみられる。訴訟を第三者に委託することを「沙汰を寄せる」といい、第三者がこれを受託することを「沙汰を請け取る」という。寄沙汰は沙汰を請け取った者がとる手段によって二種に分かれる。一つは、公武の裁判において訴訟当事者に代わって勝訴の実現をはかる行為である。これを「面を替える」ともいった。他の一つは、裁断をまたずに、沙汰を請け取った者が実力で財産の差押えなどを行うなど、沙汰を寄せた者の自力救済を代行する行為である。後者は刈田狼藉などとならぶ自力救済行為であり公家・武家・寺家ともにこれを禁止したが、鎌倉幕府法では、沙汰を寄せる者も沙汰を請け取った山僧も関東に召下すことを命じ、強硬な態度をとった。寄沙汰を抑圧し、公的な裁判機能を確立することが、鎌倉時代の徳政の課題の一つであった。

（鈴木　英雄）

↓沙汰《さた》

よだのしょう　依田荘　信濃国小県郡に設定された荘園。現在の長野県小県郡丸子町を中心とする一帯。初見は『吾妻鏡』文治二年（一一八六）三月十二日条に、「前斎院御領依田庄」とみえ、鳥羽天皇皇女頌子内親王もしくは高倉天皇皇女範子内親王の所領であった。治承寿永内乱期の在地領主は木曾義仲に従った依田氏であるが、依田氏は御家人に列せられなかった可能性が高い。茂木文書承久四年（一二二二）二月二十一日茂木知基譲状（『鎌倉遺文』五巻二九八七号）によると、「信濃国依田庄内五箇郷飯沼・中山・真□・内村・腰越」が一王に譲られており、この所領が「鎌倉右大臣」（源実朝）から知基への給与であったことがわかる。なお、本領主依田氏は北条氏被官化し、茂木氏の経営を圧迫した。室町期・戦国期も荘号はそのまま使用されており、長享二年（一四八八）の諏訪下社春秋宮造営、天正六年（一五七八）の諏訪下社春秋宮、同七年（一五七九）年の下社春宮の造営料を負担していることが知られる。

（清水　亮）

よたのほう　与田保　周防国玖珂郡の保。現在の山口県柳井市余田《よた》を境域とする。周防国衙領。西は波野郷（田布施町）、東は蓮華王院領楊井荘、南は宇佐木保（平生町）に接する。保内北部丘陵一帯には、中世、上下野寺の十数坊が営まれ、中央部には条里による耕地が広がる。保の成立は平安時代にさかのぼり、平安時代末・鎌倉時代初期、僧湛与が公文職《しき》を世襲して保務を執行していた。文治二年（一一八六）、周防国が東大寺造営料国に宛てられたため、当保も東大寺が知行することになった。以後、寺内の経営方法により三面僧坊衆供料荘とも呼ばれるようになった。鎌倉時代の当保の規模は定田五十五町七段小・畠九町一段であった。鎌倉時代初期、保務を管掌した公文は二十六町余の公文名《みょう》を知行する有力名主であった。一方、当時藤原朝俊（与田氏）なる者が公文湛与に対抗して台頭しつつあった。そこで国司たる大勧進俊乗房重源は朝俊を地頭に補任した。これが国司補任地頭の例

であるが、両者のバランスの上に東大寺支配を貫徹することを目的としたのである。以後、地頭与田氏の台頭著しく、寺側の公文と鋭く対立し、ついに公文職を兼帯するに至った。しかし、雑掌定尊が地頭与田光秋と争論中の康永のころを最後として、以後の地頭の動向は不明である。室町・戦国時代になると保内の田地は弘中・多賀谷・平賀・熊谷氏ら大内・毛利氏の家臣が知行するに至ったため、東大寺の知行は文明のころ、十九町二段六十歩・分米八十八石五合、また「周防国衙諸郷保図田帳」(永正七年(一五一〇)写、『東大寺文書』)によるとわずか三町歩を保つにすぎなくなった。（国守　進）

よでん　余田　平安時代後期から中世にかけての荘園における本免田以外の田の一種で、土地台帳に記載されていない余分の田の意。『沙石集』に地頭が「所領の中の神田を検注して、余田を取る」とのように見える。保元元年(一一五六)の荘園整理令では荘園の「本免外、加納余田」を停止している(『兵範記』)。その実現のため、諸国で一国全体の検注が行われた。「加納余田」停止の方針は建久二年(一一九一)の建久令まで維持されている。畿内荘園においては、荘園の再編成過程で名田に編成されない加納余田が存在し、所当賦課の対象となっていた。また、鎌倉初頭成立の「八幡宇佐神領大鏡」(到津文書)によれば、余田は別作、あるいは「治田」と称され、検注の結果、得田のみに所当段別三斗を宛てる不確定部分であった。（田中　健二）

よどくごにん　淀供御人　平安時代後期から鎌倉時代にかけて、西国地方と京都とを結ぶ路線上の重要港津とされた山城淀津を拠点として、河川池沼での小舟による漁撈ならびに運漕に専従し、御贄《みにえ》を貢上していた人々。この地には十一世紀にはすでに内蔵《くら》寮所属の倉庫や社寺・諸家の倉庫が置かれ、また内膳司の淀御贄所や四衛府管轄下の淀供御所が設置されており、供御人は預《あずかり》・執行《しぎょう》のもとに統轄されて河原の在家に居住し、狩取・川狩とも呼ばれて組織的に魚介類の採集を行い、貢上していた。しかし、公権の保護下にあるのを利して魚介商人化の傾向を次第につよめ、十二世紀末の文治四年(一一八八)を初見とする淀魚市の成立とその後の発展にも当然多大の役割を果たしていたと推察されるが、詳細は不明である。（横井　清）

よどのしょう　淀荘　出雲国大原郡にあった荘園。現在の島根県大原郡大東町。淀本荘とその西に新しく成立した淀新荘とがあり、ともに文永八年(一二七一)より荘園名が見える。立荘の事情は未詳。このうち淀本荘は牛尾荘とも称され、鎌倉時代は二十四町の面積をもち、中沢氏が承久の乱の勲功で地頭職を領していたが、南北朝時代以降は詳細は不明。一方、淀新荘は鎌倉時代は面積十一町で鴛谷氏が領しており、その後、暦応二年(一三三九)に室町幕府初代将軍尊氏によって太田小四郎入道跡の当荘地頭職が禅林寺聖衆来迎院(現京都市左京区の永観堂)に寄進されている。しかし、来迎院の当荘支配は近隣の在地勢力よりしばしば違乱をうけて安定しなかった模様である。その後、文明九年(一四七七)に御花園院の「上臈局」より「永観堂文書」が二尊院(現京都市)に遣わされ、その際に当荘もまた二尊院が知行することに決せられているが、その後の状況は明らかではない。（山田　康弘）

よののしょう　予野荘　伊賀国伊賀郡猪田郷にあった荘園。現在の三重県上野市予野付近の地域。花垣荘とも呼ばれた。興福寺・春日社領。天養元年(一一四四)に予野村公田三十余町は興福寺西金堂領であるとの興福寺の主張が所見される(『平安遺文』六巻二五二三号)。興福寺領予野荘としての確実な史料は十三世紀前半より現われ(『鎌倉遺文』六巻三七〇一号)、荘域には田地五十四町一段百二十歩が存在した(『鎌倉遺文』六巻三七三七号)。また、当荘にも地頭が設置されており、十三世紀前半の地頭は北条時房であった。文永二年(一二六五)には、荘内の百姓が地頭の非法を訴えており、興福寺衆徒は春日若宮政所下文によって地頭の新儀課役を停止させている。当荘には白人神人の組織集団が存在したことが知られる(『鎌倉遺文』一二巻九二二一・九二二二号)。（守田　逸人）

よみあい　読合　一般的に、典籍・文書等を読み合わせて校合することを指す。とくに中世において検注帳の中にみえる場合は、領主側の検注使、預所代と在地の公文の間で、検田の結果を照らし合わせ、双方の実検取帳に朱合点を付けていく行為をいう。この時、預所、公文双方の実検取帳の内容を、一方は読み上げ、他方は聞いて合点を付した後、各々花押を据えて交換し、目録を作成した。荘官の預所と地頭との「取帳読合」も行われた。（恵良　宏）

よりうど　寄人　平安時代の荘園における荘民の一形態。本家に所属し、その人的支配のもとにあって所役を勤仕する奉仕者身分の荘民をいう。初期荘園において荘家に寄せられ、あるいは寄住した浪人を起源とすると考えられるが、その成立についてはなお明らかではない。荘園寄人の名称は十世紀の荘園文書からあらわれ、天暦二年(九四八)、朱雀院御領伊勢国曾禰荘の「庄家水田」が醍醐寺に施入されたとき、民部省符によって「庄田租税」と「庄司寄人雑役」が免除されたのが、その早い所見である。平安時代中期荘園の寄人は、荘家にその交名と人数を登録されており、国衙はこれにもとづいて人別に臨時雑役を免除した。長和四年(一〇一五)の播磨国符(『朝野群載』)によると、権大納言藤原公任家領の同国有年荘には、荘司八人・寄人四十一人がいたが、本公験紛失のため再度立券したとき、荘司・寄人の人数と交名を国司に示して、臨時雑役の免除を確認させている。また延久四年(一〇七二)太政官牒にみえる山城国川原埼住人は、淀津で国衙の公事を勤める一方で、それぞれ四衛府供御所狩取・八幡宮寺神人・諸家散所雑色など、官衙社寺権

門を本所とする寄人身分を帯び、その所役を勤仕したという。寄人は本来公民百姓であって、寄人となることにより臨時雑役のみを免除されたが、他方で負名田堵として公田の所当官物を国衙に(あるいは他荘の作人としてその荘田の地子を領家に)弁済するという、いわば荘公両属の支配関係のもとにあった。平民百姓の寄人化が拡大するに従って、本所寺社権門の威勢を募る国務対捍が激化し、荘民寄人による公田の出作・加納を通じて公領の荘園化が進行して、院政期における荘園体制の一元的支配が確立する。寄人は田堵百姓だけでなく、諸種の職能人をも奉仕者集団として本所のもとに編成し、本・脇の二重構成をなしていたから、中世社会集団の「座」的構造の展開にも深くかかわっている。 ↓荘民《しょうみん》

(戸田 芳実)

よりおや・よりこ 寄親・寄子 主従関係、あるいはこれに類する保護・被保護の関係を親子に擬制して、中世武家社会では寄親・寄子と呼んだ。寄とは身を寄せて保護を受ける、所属するという意味で、奈良時代の「寄口《きこう》」、平安時代の「寄人《よりうど》」と古くからみられる。鎌倉時代には『鎌倉幕府追加法』第五六六条に、「一、所当公事対捍輩事、右、支二配寄子等一之処、対捍之間、惣領勤二入之一、訴申之時」と、寄子が初見するが、同内容の追加法第六四九条では、この寄子を庶子としている。この限りでは惣領制下の庶子は寄子とも呼ばれていたことになるが、中田薫説では寄子は惣領と血縁関係のない場合の表現とする。なお、鎌倉幕府下の大番催促・勤仕の関係では、一般御家人は守護の寄子であったともいえる。室町時代に降ると、『蜷川親元日記』寛正六年(一四六五)九月二日条に、「江州高嶋蓮泉坊懸御見、是モ出雲守寄子也」とみえ、同日条、同年九月二日条、また文明十五年(一四八三)正月二十九日条によって、伊勢貞親・貞宗の被官であった尾張の加納長能・窪久綱、近江の饗庭・田屋・新保などが伊勢氏の近臣蜷川出雲守親賢の寄子に付せられていたことがわかる。また、『蔭凉軒日録』延徳四年(一四九二)五月十九日条には「其息弥五郎者、細川殿被官物部寄子云々」とあり、細川氏も自分の被官野州弥五郎を有力被官物部(上原)氏の寄子としており、この体制は室町時代には多く見られる。室町幕府直轄軍五ヶ番衆編成の原理も、寄親・寄子とは記されないがこれと同じである。戦国大名は西は九州大友氏から東は関東後北条氏・奥州伊達氏までその家臣団編成の方策として、この寄親・寄子制を積極的に採用し、この制度を確立、分国法中にはそれに関する条文が少なくない(『今川仮名目録追加』第二・三条、『塵芥集』第一三三・一三九条、『甲州法度之次第』第一九・二七・二八・三一条、『結城氏新法度』前文・第八・三二・七七・八一・九一条、『六角氏式目』第五八・五九条・追加四条、『長宗我部氏掟書』第一一・一三条、同侍分に対する掟第一条、『吉川氏法度』第八・一四〇—一四二条)。これらによれば、寄子は戦時に寄親の指揮下で戦ったことは当然として、平時にも諸事にわたり寄親の指南に従った。たとえば大名への訴訟は寄親の取次ぎを経なければならなかったし、寄親以外の者を頼っての訴訟は許されなかった。したがって、寄親は指南・指南親・奏者・同心主、寄子は指南の者・与力・寄騎・同心などとも呼ばれる。もちろん、寄子は勝手に寄親を替えることは許されず、寄親が堪え難い不法を行う場合は、解状をもって上申する道が残されていた。また、寄親は寄子に起請文を書かせて従属を強いることもあった。しかし、寄子は大名の被官であったから、寄子に落度があっても寄親が恣意的に処罪することは許されず、大名の許可を要した。戦国大名下の寄子は多く地侍的な在村土豪であり、この層を被官化し軍役体制に組み込むことが、当時の大名の緊急課題であった。この点、室町時代の記録に散見する寄子は、戦国時代の寄親クラスの地頭であり注意を要する。戦国時代の寄子は侍身分の最下層である悴者《かせもの》とほぼ同階層であるが、寄親の悴者よりは上位に立つ。大名の直臣だからである。彼らの経済的基盤は武田・今川氏の場合、百姓なみに年貢を負担する名田本分と、給人なみに年貢免となる名田増分であり、また棟別などの諸役免除の恩恵にも与った。その反対給付が軍役であり、このような体制は検地を挺子にして整えられていった。そのほか、寄親に一括して寄子給として預けられて配分される大名からの扶持もあったが、寄親からの扶持を受ける寄子もいた。後者は寄親への従属度の強い寄子＝恩顧の寄子であり、今川氏では一般の寄子＝当座の寄子をそのように扱ってはならぬとしている。そして、寄親自身が奉公に励み、寄子を育めば当座の寄子もよく同心するのだと戒めている。なお、「寄親・寄子制」に対比して戦国大名が個別に被官を把握する「若党・被官制」という概念も出されているが、これは疑問である。江戸幕府での与力・同心は語意としては戦国時代の寄親・寄子制に繋がるが、番方、たとえば町奉行に付属する下級役人の職名となっていて異種のものであり、同心は与力の配下である。江戸では臨時雇入れの武家奉公人や町方奉公人を斡旋し、身元保証人となる口入屋があり、これを頼親、斡旋される奉公人を寄子と呼んでいる。農村でも村に転入する者の紹介者・保証人をおや・よりおや・わらじおや・かりおやなどと呼んでいる。このほかやや特殊な例として、劇場の鬘師《かつらし》を寄親という。こうした寄親・寄子制に似た擬制的親子関係による人的結合は日本の中・近世社会に広く見られるところであり、この封建遺制は近代社会になっても完全には消滅していない。

(下村 效)

よりこ 寄子 ⇩寄親《よりおや》・寄子《よりこ》

よりごおり 寄郡 ⇩よせごおり

よろいのしょう 鎧荘 越前国足羽《あすわ》郡の荘園。近年まで福井市上河北《かみこぎた》町と太田町との境に「鎧堰」の旧名が残っていたので、荘地もこの付近に比定される。東大寺領。天暦四年(九五〇)十一月二十日付の『東大寺封戸荘園幷

寺用帳」(『東南院文書』)に「鎧庄田百町九段二百八十八歩」とあるが、同五年十月二十三日付の「足羽郡庁牒」(同文書)によれば、荘経営の実質はすでに失われ、寄作人のない荒野原沢に帰していたことがわかる。（松原　信之）

ら

らいのう　来納　中世の荘園年貢を納入期限以前に納めること。荘園年貢の納入期限は荘園ごとに定められていた。おおむねその年の秋から冬にかけてである。年貢が田地を基準に賦課されることから、稲の収穫時期に基づいたのであろう。しかし年貢品目によっては、市場価格や輸送手段などの条件から、有利な時期に前もって納入されることもあった。正嘉元年(一二五七)の阿氏河荘公文等注進状(『高野山文書』)によれば、この荘園では年貢銭五十貫文分の材木を来納したことがあるとしている。正安三年(一三〇一)の阿波国宍咋荘雑掌請文案(同文書)では、「請け申すところの御年貢四十五貫、当年においては、年中を以て納め、後々年に至りては、毎年来納の儀を以て、二月中に進納すべし」(原漢文)と、雑掌が銭年貢の来納を荘園領主である高野山に請け負っている。来納した後、領主が交替してしまったため、二重取りされたというような事件も起っている(同文書)。また南北朝時代のことだが、播磨国矢野荘預所は、「私の計らひとして、来納沙汰を致すべからざること」(原漢文)を誓約させられているから、荘官が来納による差益を得ていたこともわかる(『東寺百合文書』)。この語は、『庭訓往来』にもみえるから一般的に行われたのであろう。しかし、『節用集』では「年貢の義なり」、『日葡辞書』が「次の所得、または、所得」として、時代の経過と共に本来の意味が曖昧になっていった。江戸時代には、田畑を質入れし、融資を受けることを「頼納」といっている。（富沢　清人）

らく　楽　「らくは楽也、たのしむとよめり」(『名語記』)とあるように、楽は人間の精神的な、くつろぎ、くつろいだ状態をさす語であり、広義に使用されている。「楽遊《らくあそ》び　自由気ままな遊び」(『邦訳日葡辞書』)とあるように、もろもろの規制・制約から解放された自由な状態、また苦しみ・悩みのない平和な状態、豊かな状態などである。源信は『往生要集』で、極楽を聖衆来迎の楽、蓮華初開の楽など十の楽が存在するところとしたが、荘園制下において、免田あるいは公事免の名をさす十楽田・十楽名が各地に存在した。中世後期、伊勢桑名は十楽の津、松坂は十楽の町と称されたが、これらは楽市・楽津と同じく、俗的秩序の制約から解放された空間であった。この楽の界と公界の関係は、前者が聖の秩序を基本原理とするのに対し、公界は公共の世界・世間の意味で、私的論理が通用しにくい界として、前者と共通する点があるが、本来別種の構成原理をもつ界である。↓無縁《むえん》　（勝俣　鎮夫）

らんすい　乱水　⇩吉水《きっすい》・乱水《らんすい》

り

り　里　距離の単位。『大宝令』では唐令を受けて、五尺(大尺、一尺＝約三六センチ)を一歩、三百歩を一里(約五四〇メートル)とし、『養老令』も同様である。ただし唐の大尺一尺は約三〇センチであるから同一の距離ではない。おそらく和銅六年(七一三)に、六尺(小尺、一尺＝約三〇センチ)を一歩とするようになり、のち六十歩(間)を一町、六町を一里(約六五〇メートル)とするようになった。『大宝令』以前の大六尺一歩による三百歩一里の距離が単位として、続いて用いられていたと思われる。後世にも六町の一里があって、鎌倉の七里が浜や九十九里浜の称はその例とされる。条里制地割の一里の面積は三十六町(この「町」は面積の単位)で、これを正方形にとると、一辺が一里(六町)であった。また、この面積を短辺一町の長方形にとると、長辺は三十六町になるので、三十六町を距離の一里とすることが起った。その時期は明らかではなく、安土桃山時代ころからともいうが、鎌倉時代には使用されていたらしい。歩行すると約一時間(半刻)の行程になるから、生活上の便宜があったのであろう。このほか地方によっては三十八町・四十町・四十八町・五十町・六十町・七十二町などの一里があったといわれる。ただし、中世以後は一間の長さが六尺や六尺五寸と一定ではないから、六十間一町の距離も不定で、一里の実長はわからない。近世に至り、五街道の整備に伴い、徳川家康が一間六尺、六十間一町、三十六町一里に統一することを命じ、一里ごとに一里塚を築かせたが、全国的に完全な統一は行われなかった。明治二年(一八六九)十一月に三十六町の一里に統一され、二十四年に公布された度量衡法(施行は二十六年)でも、町は六十間、里は一万二千九百六十尺(三十六町)となっていて、約三九二七メートルになる。

(水野柳太郎)

りきしゃ　力者　中世、公家・寺社・武家などに仕え、剃髪して駕輿、馬の口取り、長刀を持った警固・使者など、力役を中心とした奉仕に従ったもの。剃髪しているが、僧侶ではない。力者法師ともいい、青装束を着ているのを青法師、白装束を着ているのを白法師ともいう。『平家物語』九、河原合戦には、木曾義仲が源義経・同範頼軍に攻められたとき、もしものときは後白河法皇を伴って西国に下ろうと力者二十人(長門本では五手、三十人)を用意していたという話を載せており、平安時代末期には存在していたと思われる。輿を舁くときは一手六人が一組で、前後を各三人(中央の一人が綱を肩に懸け、あとの二人はその左右で長柄を取る)で舁いた。遠行の時は二手も三手も伴ったという。『葉黄記』寛元四年(一二四六)五月二十日条によれば、後嵯峨上皇の石清水八幡宮参詣の際には力者三手十八人であった。また、『玉葉』建仁元年(一二〇一)二月二十三日条によると城長茂が後鳥羽上皇の御所に乱入した時、力者法師(院力者)が上皇を説得して逐電しており、非常の事態ではあるが、院御所に詰めていた力者が上皇を守護した。『吾妻鏡』文治二年(一一八六)九月二十五日条には、平家の家人平貞能の郎等が伊予国(愛媛県)で院力者二人の頸を切ったという話を載せているが、この力者は院領荘園の支配などに関して院の使いとして下向したものであろう。また、『古今著聞集』一六には近江阿闍梨寛快が力者二人に担がれた輿で仁和寺に参詣したときの話を載せている。『法然上人行状絵図』三四によれば、承元元年(一二〇七)三月十六日源空(法然)が土佐国に配流されるとき、信者の信濃国の御家人成阿弥陀仏が力者の棟梁として源空の輿を舁いたといい、御家人級の武士が棟梁であった。絵巻にはその他『春日権現験記』一二の第一段には、力者六人が一つの輿を舁く姿が、一三の第一段には、力者が蹲踞する姿が描かれている。また、『親鸞上人絵伝』の親鸞の葬列で輿の轅を舁く前後の六人は剃髪で白衣を着し腰刀を指しており、これも力者法師の姿ではなかろうか。その他『吾妻鏡』には㈠暦仁元年(一二三八)二月十七日条、㈡仁治二年(一二四一)十一月四日条、㈢建長四年(一二五二)三月十九日条、㈣建長四年四月一日条、㈤弘長三年(一二六三)八月九日条にみえ、㈠は将軍藤原頼経が入洛したときの行列の輿は力者三手が、㈡も将軍頼経の行列で同じく力者三手が供奉している。㈢・㈣は将軍宗尊親王鎌倉下向のときの記事で、力者十二手が供奉しているが、このうち九手が女房分であった。㈤は将軍宗尊親王上洛の際の路地の奉行を定めた記事中に「御力者」がみえ、後藤基隆が奉行人となっている。幕府機構の中で力者の整備が進んでいることが知られる。下って、『花営三代記』応永二十九年(一四二二)十二月二十一日条によると、将軍足利義持が石清水八幡宮に大御所足利義満の代参をしているが、その輿を舁く力者十二人に「青法師」という注記がつけられている。また、同書の同三十年十一月一日条には輿の注記に「力者青」、翌二日条には「力者十二人、白」とあり、前者は青法師、後者は白法師のことであろう。

(菊池紳一)

りきでん　力田　古代の富裕な農民を農業精励者としての観点から把えた表現。「力」には「勤・努」の意義があるのによったもので、すでに中国で使用していた語を採入したものだが、日本の場合、八・九世紀の力田の特徴的な性格として、国家から土地経営に精力的に努める農民として把握されており、帯びる位階は低く無位の農民が多いが、彼らは郡司の一族また郡司層よりいちだん低い層の農民として把えることができる。また部姓・渡来系の氏族が比較的多く見られるが、これはこうした氏族

の、当時の農村内での活発な動きを物語る。彼らは多量の動産・土地を私有し、その私財で貧農救済にあたる例が見られるが、そうした行為の背後に強い国家的要請が窺われ、国家が力田の農業精励の行為や農民救済の行為をしばしば褒賞したのは、一面では儒教的な政治理念に基づく国家の姿勢を語るとともに、他面彼らの私財を貧民救済に積極的に転用しようとの政策を示すものといえる。こうした力田の性格、特に農業経営への積極的姿勢と、私財の蓄積という面から、田堵《たと》の先駆的形態と把える見解も存在する。 (亀田 隆之)

りくでん 陸田 水田に対応する語として雑穀や蔬菜などの栽培地の古代における呼称。畠や園(地)と同義の場合もあり、この三者間に判然とした区別はなく、栽培品目も雑多で、麦・粟などの穀類のほか、豆・桑漆・蔬菜・樹菓もあり、また藍や蓮などの栽培も見られたが、陸田と明記する史料の場合は雑穀が主な栽培対象となっていた。律令国家は義倉制の整備や飢饉対応策と相まって、雑穀栽培を奨励し、『続日本紀』によると霊亀元年(七一五)には粟を租として納入することを認め(『類聚三代格』『弘仁格抄』では、和銅六年(七一三))、さらに養老三年(七一九)には天下の民戸に対し一町以上二十町以下の陸田を分かち、段当り三升の粟を地子として納入させることを命じている。また班田制に基づく口分田(水田)班給の不足を補うため、一部の地域には陸田を交えて班給する場合があり、山城・阿波などはその代表的な国であった。政府の陸田対策はかなり活発であったが、陸田の設置場所の地形的不安定さや、陸田耕営に多量の労働力を必要とすることなどによって、一般農民の陸田経営は低調で、売却の現象も顕著であった。農民階層間における陸田私有の偏りは水田以上のものがあり、全般的な耕営維持はむしろ富裕な農民の手で進められた。陸田(畠)経営が平安時代中期以後次第に活発化する理由の一端はここに求められる。 (亀田 隆之)

りそうふみょう 里倉負名 「里倉」とは国衙や郡家の正倉や郷倉など公の倉に対して、村里の百姓私倉をいい、「負名」とは義務をその名に負いながらこれを果たしていない人間のことをいうが、多くの場合、里倉負名と連ねて用い、正税官稲が無実であることを意味した。また、里倉だけでも同義で通行した。『江家次第』正月条にも外記清原頼隆の日記を引用し、「頼隆抄云、正税・公廨・雑稲之類、不㆑紙㆓本倉㆒、納㆓百姓私倉㆒、謂㆓之里倉㆒、又云以㆓正税㆒置㆓百姓宅㆒」とある。中央・地方の財源である正税官稲、すなわち狭義の正税稲(舂米、もしくは正税で交易した雑物を運京、中央財源)・公廨稲(国守以下国衙官人の俸禄、国衙財源)・雑稲(官舎修理料・国分寺料など雑多な名目の国衙経費)は、国の等級によってそれぞれ式数の本稲が定められており、それを出挙方式で運用することにより、それぞれの果実(三割の利稲。本稲が四十万束なら十二万束)を諸経費に用いたが、その本稲が、本来あるべき公の倉にはなく、百姓私倉に留められている状態を里倉負名、略して里倉といった。「里倉宅納」ともいったが、正倉が破損や罹災などの理由で、百姓私倉を一時期借りる単なる「借倉」のことではない。本来の正倉にかわり、百姓私倉が用いられたのは、在地の有力百姓を公出挙の運営に関与させ、定額の利稲を貢進させる一方、本稲はその百姓のもとに留め置いたことによる。その本稲は次年度に運用されるわけである。出挙の運営につきまとう制度的な煩瑣を避けるためにとられた方式であるが、これにより公出挙に私的な要素が介在することとなり、それを私的に利用する百姓もあらわれる。これは公出挙と私出挙の混淆であり、本稲の欠失用尽を加速させる原因となった。 ↓出挙《すいこ》 (村井 康彦)

りっけん 立券 律令制下、田地・家地などの売買を、国郡あるいは京職が認可する手続。諸国の場合、売買当事者の申請に基づき、郷長が、売主・買主・保証人の署名をとって解を作成、郡に申告する。郡は田図・券文と対検して支障がなければ売買を認可した。さらに国へ上申し国判を得る場合もあった。その場合、立券文は三通作成され、国・郡・買主が保存した(京内は京職と買主の二通)。十世紀以降、立券の主体は荘園に移り、その内容も変わっていった。 ↓立券荘号《りっけんしょうごう》 (佐々木宗雄)

りっけんし 立券使 荘園立券に際し、中央から派遣される官使・院使。十一世紀までの立荘では、中央から使節が派遣されることはほとんどなく、国衙または諸家から郡へ立券を命じる文書が下され、それに基づいて郡司・刀禰が立券業務にたずさわっていた。十二世紀初頭以降、官使・院使の派遣が次第に一般化する。郡司・刀禰の役割は大幅に減退し、立券は、中央からの使節および国使の報告に基づいて認可されるようになる。 (佐々木宗雄)

りっけんしょうごう 立券荘号 中央より使節を派遣して現地で検注を行い、その報告に基づいて荘園の立券を認可する手続。この形態が一般化するのは、十二世紀のことである。八・九世紀の荘園は、施入・開墾・買得など多様な方法によって成立しており、その中で太政官符および民部省符によって認められた荘園が最も権威あるものであった。ただし、その官省符で立荘される場合、中央から使節が派遣されたわけではない。この時代、立券文とは国郡の承認を示す証判を得た券文のことをさし、官省符による立荘のことを立券とは呼ばない。官省符・立券文には、墾田の坪付が必ず記載されていたが、これは国図と照合するために義務づけられていた、と考えられる。十世紀初頭に、百姓治田の立券が抑止されて以後、立券は家地の形をとるか、または中央の貴族の名を借りる形が主流となっていき、中央要人の荘園が次第に拡がっていく結果となる。しかし、そのような荘園の立券の形式をみると、国・諸家の立券を命じる指令が郡に下され、それに基づいて郡司・刀禰が公験の坪付を確認しながら立券業務を行なっており、立券が郡の業務であるの

は、従来と同じであった。以上は、十、十一世紀の、いわゆる国免荘の場合であるが、同時代の官省符荘も、立荘の際、田地の坪付が表示されること、立券とは呼ばれないことなど、従来からの内容が基本的には維持されている。十二世紀に入ると、立荘に際して、中央から使節が派遣される事例が多くなる。元永元年(一一一八)には、美濃国明地荘の立荘にあたって、官使を派遣して検注し、立券することを命じる官宣旨が下っている。この場合には官使を派遣しての立荘が立券と呼ばれており、従来とは異なっている。十一世紀末までの間に、官省符による立荘はほぼ消滅していたが、鳥羽院政期には、官使または院使を派遣して国使とともに実検、立券言上せしめるという形が立荘の主流となるのである。長承元年(一一三二)の例でみると、大伝法院諸荘の立券を、派遣される院使宮道盛弘とともに行うことを命じる院庁牒が紀伊国に下り、国司庁宣が下された後、院使・国使・郡司の署名した岡田・山東・山崎各荘の立券文が言上されている。また、後白河院政期の例では、仁安元年(一一六六)、備後国太田荘の立券を命じる院庁下文が下り、国司庁宣、留守所下文で施行された後、院使佐伯成末・紀盛兼・国使平季盛および下司・公文が署名した立券状が言上されている。この立券状の中身をみると、四至・在家・定田・除田などが詳細に書きつらねられており、中世的様相が深まってきている。それまで、立券の際、主体的な働きをしていた郡司・刀禰の役割は大幅に減退し、中央から派遣された使節と国使が、完全に立券業務の中心となるに至ったのである。　↓院免荘《いんめんのしょう》　↓官省符荘《かんしょうふしょう》　↓国免荘《こくめんのしょう》　↓勅免荘《ちょくめんのしょう》

（佐々木宗雄）

りつぶん　率分　中央に納められるべき租税の未納や、諸国に蓄えてあるべき租税の欠失を、一定の割合で諸国に補填させる制度の総称。格率分・調庸率分・正蔵率分の三種類がある。格率分は天長九年(八三二)に公廨稲出挙利稲の十分の一を国司交替時の正税の欠失の補填に充てる制度を中心として制定された(『類聚符宣抄』八、康保四年(九六七)十二月一日官符所引天長九年十二月十七日官符)。調庸率分は承和十三年(八四六)に調庸未進量の十分の一を加徴する制度として始められ(『類聚三代格』八、同年八月十七日官符)、寛平五年(八九三)に規定量の十分の一を加徴する制度として定制化する(『類聚三代格』八、同年五月十七日官符)。正蔵率分は天暦六年(九五二)に規定量の調庸・中男作物・交易雑物など中央に納めるべきすべての租税の十分の一を別納する制度として制定された。このうち調庸率分は、十世紀初めには調庸自体の未納が深刻化する中で意味を成さなくなり、率分といえば格率分または正蔵率分を指すようになった。中でも正蔵率分は弁官が担当し、その収納事務を行う役所を率分所、納物を収納する蔵を率分蔵と呼び、調庸制が機能しなくなった後、大蔵省から独立した太政官独自の財源として国政を遂行するための重要な意味をもち、受領功過定の重要な監査項目とすることによってその確保が図られた。毎年の一定の量のほか、切下文《きりくだしぶみ》によって随時必要量を徴収することができた。その財政上の役割は次第に高まり、十一世紀初めまでには、当初の十分の一の別納から十分の二へとその徴収率が引き上げられている(『江家次第』四など)。

（渡辺　晃宏）

りつぶんのせき　率分関　鎌倉時代以来、率分の制度の衰頽に伴い、それを補塡する目的で設けられた、主として官衙領の経済的関。「そつぶんのせき」ともいう。その発生は徳治年間(一三〇六―〇八)以前とされる。すなわち率分関は、内蔵寮・内膳司・御厨子所・内侍所・主殿寮・御服所・左衛門府・右衛門府などの寮司に分属したが、その収益の大半はそれぞれの長官、すなわち内蔵《くら》寮領関は山科家、御厨子領関は万里小路家の手に入り、一部がそれぞれの官衙の経営費に充てられたようである。そのほか、京都七口で徴される紙公事や絹布等駄別役も一種の率分関であった。その所在地は、京都七口率分所といわれるごとく、京都の主要な出入口を中心に設けられた。しかも、各口一ヵ所とは限らず、大原口および長坂口には内蔵寮領関と御厨子所領関がみられるごとく、同一口に距離をおいて複数の率分関があった。また率分関は京都以外にもみられ、摂津芥川・河内三屋・河内楠葉などに内蔵寮領の、越前三国湊・近江高島(のち伊勢宮川に移る)・同船木などに内膳司領の率分関があった。率分関は一般関と同様、主として商品および人に一定基準によって現銭を徴したが、文明前後、京七口率分関の税収の多くが月五～七貫文位で、意外に少ない。しかし荘園崩壊期において、かかる現銭収入は、関係者にとり少なからぬ潤いであったに相違ない。率分関は官衙領関である性格から、朝廷はもとより幕府の保護も受け、一般関と異なり、比較的安定していた。しかし、鎌倉幕府はこれを廃止したことがあり、厳しい関所政策を採った足利義教もこれを撤廃して、復活運動に耳をかさなかった。その後、織田信長も一時廃止したが、次の豊臣秀吉によって全面的に終止符を打たれた。

（新城　常三）

りつぼ　里坪　「里」の基本区画である一辺約一〇九《メートル》の(一町)四方の条里地割を「坪」と呼ぶ。坪には一から三十六までの番号を付けるが、その方式には千鳥式(逆行式)と平行式とがあった。条里地割は約一〇九《メートル》四方の方格状の溝・川や畔・小道で区切られ、内部は規則的な長方形の地筆から成っていることが多い。典型的なものとしては長地型と半折型とがあり、いずれも面積一町(約一《ヘクタール》)の坪の区画を十等分しており、それぞれが一段(一〇《アール》)となる。半折型の場合は、田令の面積規定に例示された一段すなわち長さ三十歩、広さ十二歩に相当する地割形態である。十世紀初頭に班田制がほぼくずれてしまったあと中世末期まで、検田や農地の割り付けに際し、また土地の売買・寄進のための坪付けなどに、坪の区画と機能は維持された。

（田中　健二）

りでん　利田　もと人別の出挙利稲が公田へ土地別に賦

課されたもの。平安時代中期、国に赴任した国司は任初めの検田を行うとき、公領を請け負い耕作する名主から請文を提出させ、貢納の本田数を確定する慣行がつくられた。この本田とは別に毎年春に名目化した公出挙の利稲が公田に土地別に賦課されて利田と称された。「利田を行う」(『東大寺文書』久安五年(一一四九)伊賀国目代中原利宗・東大寺僧覚仁問注記)、「前司利田定め」(宮内庁書陵部所蔵『中右記部類』裏文書仁安元年(一一六六)飛驒国雑物進未注進状)、「利田請文」(『時範記』)とみえ、郡司・郷司など地方行政の責任者から起請文を提出させる方法をとった。 (梅村　喬)

りでんうけぶみ　利田請文　⇩利田《りでん》

りでんきしょう　利田起請　⇩利田《りでん》

りまい　利米　出挙・借米により貸し付けられた米の利息。「吉田文書」(『古事類苑』政治部八七所収)に弘長二年(一二六二)の利米帳があり、「直米を以て出挙」せしめ、「利並(一斗五升につき五升)を副え弁進」すべしと見える。古代の出挙については「雑令以稲粟条」に規定があり、一年を限りとし利率の上限を「一倍」すなわち現在言うところの二倍とする。鎌倉幕府も嘉禄二年(一二二六)正月二十六日の関東下知状で「私出挙の利」が「一倍」を過ぎることを禁止している(新編追加『鎌倉遺文』五巻三四五五号)。『今川仮名目録』によれば、「借米」の利率「わり」(和利・把利・割)はその年一年は契約のとおり(利率は双方の契約次第)で、次年より、単利で「本米」と同額の利息を付け、五か年で「本利」合わせて六倍となる。貸借関係が六年に及んでも弁済しなければ、担当の奉行と領主の了解を得たうえで実力で負債を取立ててよいとする。 (田中　健二)

りゅうもんのまき　竜門牧　大和国宇多郡の牧。現在の奈良県宇陀郡大宇陀町南部から吉野郡吉野町に及び、吉野郡旧竜門村の地域に比定される。『吾妻鏡』文治元年(一一八五)五月二十四日条に引くいわゆる腰越状に「大和国宇多郡竜門牧」とみえ、幼少の源義経が母とともに潜居したという。大宇陀町大字牧辺りが牧場の中心であったものか。やがて開発がすすみ竜門荘内となる。南北朝時代牧氏らが南朝方として活躍した。運川寺の『大般若経』奥書に「牧堯観房」らがみえる。 (朝倉　弘)

りょう　両　古代中国に始まる重量の単位。『漢書』律歴志に、黄鐘管を満たす黍千二百粒の重さが十二銖、これを二つ合わせて両とするとある。すなわち両は二十四銖である。新嘉量(新の標準枡)その他から得られる漢代の一両は約三・七八グラム(一四・一八グラム)であるが、時代を経て変化し、唐代には約一二・五グラムとなり、その三倍が大両として公定され、三七・五グラム(十匁)となる。これが『大宝律令』に取り入れられて以後変化しない。 (小泉袈裟勝)

りょうけ　領家　荘園の領主で、本家の下に位置した。平安時代の中期ごろから、在地領主が、自己の手元に一定の権利を留保しつつ、中央の貴族に所領を寄進する寄進型荘園がみられるようになり、その寄進を受けた荘園領主を領家と称した。そして、領家は多くの場合、その荘園に対する国衙からの干渉を排除し荘園の存立を確実にするため、より上級の権門や寺社に本家寄進を行い、ここに本家職が設定された。領家と本家とを、その荘務権の所在という観点からみると、建長五年(一二五三)十月二十一日近衛家領所領目録(『近衛家文書』)にみられるように、ある場合は領家にあり、ある場合は本家にあるというように一様ではない。それは、本家職の設定の経緯によるものとみられ、一概には決めることができない。また本所というのは、本家・領家の双方あるいはそのいずれかを指す言葉であったとみられる。ただし、永享十一年(一四三九)八月十一日小槻晨照契状(『毛利家文書』)にみられるように、領家職といっても、その内容は代官職をさしている場合もある。　↓荘園領主《しょうえんりょうしゅ》　↓本家《ほんけ》 (中野　栄夫)

りょうけやく　領家役　荘園領主である領家に対する公事。夫役と雑公事に分類できる。その内容は時代、個々の荘園の地理的位置、すなわち都からの距離・運輸条件・生産適応性(特産品)によってさまざまである。また負担する人々も下司・公文らの荘官や有力名主だけの場合もあるが、多くは百姓名にかかり、名田段別に負担するのが原則で、最近の大乗院領や長講堂領荘園群の研究によれば、荘園領主が徴収する課役は、年貢を含めその家の年間諸行事に即応して計画的に配分・賦課されていた事実が指摘されている。公事のうち、まず夫役は恒例・臨時の二種に大別できるが、さらに各々勤仕の期間によって長日夫・月別夫・日役夫などに、また、賦課の内容などによって、たとえば佃耕作・京上夫・大番役・兵士役・宿直役・脚力・伝馬・仕丁等に分類されている。これらの夫役は元来は現夫であったが、次第に色代納化するものもあった。なお畿内興福寺領に典型的に見られる均等名荘園では現夫徴収の多いのが特徴とされている。次に雑公事は「雑事」とも称され、賦課の基準は日割ないし月割計算による「日別公事」「月別公事」と名田面積に賦課する「段別公事」、その他必要に応じて適時賦課される「細細雑物」「色色雑物」などと称されるものに大別できる。賦課方法は公事田数によることが明瞭な段別公事を除いては不明なものが多く、段別・名別、「寄合い」と称される共同負担、廻り役などさまざまであったと考えられる。なお早い時期には、人別ないし在家別の賦課形態も一般的であったとみられる。雑事にかかわる項目としては日別佃米・魚・薪・松・畳・塩・漆・紙・苧・油・胡麻・炭・酒・餅など雑多であるが、大概その荘園の特産品か単純な加工品である。そして、これらの雑公事は鎌倉時代に入ると代銭納化されるものが増加、また荘園領主権の衰退に伴って次第に徴収困難になっていったものが多い。　↓公事《くじ》　↓夫役《ぶやく》 (並木　優記)

りょうこでん　陵戸田　令制では陵墓を保守するために

官賤身分の一つとして陵戸が置かれたが、その生活を保障するために与えられた戸の口分田をいう。十世紀になると陵戸を寺院に預けて陵墓の維持管理を任せる例があらわれてくるが、その場合にはその陵戸の管理は事実上の寺領として、荘園化していった。また『朝野群載』が引く康和二年(一一〇〇)の「諸陵寮解」によると、陵墓所在諸国の陵戸田や摂津国の諸陵寮要劇田がみえ、それらが諸陵寮の荘園(官衙領)化していたこと、それらが地子田であったこと、ただこの段階で国司の対捍で地子の徴収が困難になっていたことなどが知られる。また永久元年(一一一三)の「山城国陵田坪付」によれば、山城国内に所在する諸陵寮所管の陵戸田が、寺社・権門のために押妨されたり、権利関係が重層していて寮の支配が貫徹していない陵戸田があったことが知られる。

(小口　雅史)

りょうしゅせい　領主制　平安—室町時代の武士(在地領主)の農民支配の方式を指す学術用語。永原慶二によると、「領主制とは、封建領主階級が農民支配を実現するための封建的土地所有および経済外的強制体系としての権力の両者をふくむ支配体制の総体をあらわし、基本的被支配階級としての農民の階級的あり方を示す範疇である農奴制と対応する、社会構成史的視点で封建社会を把握する上での基本的範疇」である。この範疇を定立したのは石《いし》母田《もだ》正《しょう》である。石母田は封建制成立の基礎となる農奴制の成立を奴隷の農奴への進化としてとらえ、所領の成立とそれを媒介とする主従関係をメルクマールとする領主制を、それに対応して古代貴族的土地所有にもとづく奴隷制的社会構成である荘園制社会を克服してゆく「古代社会の内部に発生した封建的ウクラード」とし、具体的には古代末期に登場する武士団(在地領主制)の中にその展開をみ、その成長をもって封建制の発展とした。そして平安時代末期—鎌倉時代初期の在地領主を、㈠律令官僚のかこい込みによる広大な所領を占める私営田領主に系譜をひき、㈡・㈢以下の武士団を軍事的に従属させている数ヵ国にまたがるような所領支配を行う豪族的領主、㈡農業経営から分離し、百姓の現物所当および徭役労働を収取の基礎とする開発領主または根本領主と呼ばれた階層に由来する地頭級領主、㈢農業経営から分離せず、㈠・㈡に従属する田堵・名主層(地主層)の名主的領主に区分した。そして㈡を基本的階層とし、その領主制の展開によって形成される室町時代の守護領国制をもって、地方分権的な封建支配の一応の完成であるとした。この石母田の主張は、東アジア世界では例外というべき日本における武家支配体制の出現を、西欧と同じ近代化の出発点をつくった歴史の進歩であったとし、その基点をなす在地領主の出現を積極的に評価したものであった。この石母田の領主制論は、第二次世界大戦後の中世史研究に圧倒的な影響を及ぼした。稲垣泰彦は、平安時代末期から鎌倉時代前期の荘園制下の地頭級の所領経営を初期領主制と規定し、鎌倉時代中・末期以降これが荘園制を否定して勧農・収納・検注などの権限をもつに至り、一円領主化することをもって封建領主制への発展とした。また安田元久はこれを「地頭領主制」と規定し、それに対する荘園領主側からの対応としての荘官の領主化をもって「荘官的領主制」という概念をも提起した。一方、永原慶二は室町時代の領主制について、地頭荘官層や名主層の分解の中から生まれて来た地侍層をふくむものとして「国人領主」の概念を設定し、これを守護領国制の推進力であるとした。これをうけての守護領国制と荘園制・将軍権力・国人領主制との関係などの具体的究明を通じて、室町時代の基本的領主権力は国人領主であることが共通認識となり、地頭領主→国人領主→戦国大名という筋道が領主制発展の基本と考えられるようになった。

以上の古典学説をうけて、豊田武の領主の族的結合である惣領制の研究をはじめ地域や時代的特徴を考慮した個別の地頭御家人を対象とする在地領主制の研究が進められ、稲垣のいう初期領主制から封建領主制への移行の契機となる地頭非法や、地頭請・下地中分・半済などの実態が島田次郎によって明らかにされた。中世後期についても、惣村や土一揆の研究の進展の中で黒川直則は、地頭荘官級の在地領主を国人領主、有力名主や地侍層を土豪として区別して国人領主制概念を厳密化し、朝尾直弘は黒川のいう土豪層の土地所有を、幕藩領主—農民関係の母胎をなす(その解体・変革の上に成立する)ものとして小領主の概念を提起した。一方、前述の古典学説に対し、昭和三十五年(一九六〇)前後、戸田芳実・河音能平・大山喬平・工藤敬一らは、荘園領主も在地領主もともに農民にとっては対立物である、とする鈴木良一の石母田批判をふまえて、荘園領主と在地領主の対抗関係に基本的階級関係をおくべきではなく、荘園制は在地領主制によって構造的に支えられており、荘園制(領主)も在地領主制も封建的土地所有にもとづく農民支配の方式であり、そこに集権的なアジア的封建制の特質がある、とする見解を主張した。それは古典学説や次に述べる安良《あら》城《き》盛昭の説が根拠とした農奴=単婚家族説、封建的土地所有=一円排他的土地所有とする説を否定し、十一、二世紀の中世初期に封建制成立の画期を求めたものであった。この見解は一般に新領主制説といわれている。なお、この新領主制説にさきだち、安良城は、荘園制を荘園領主↕名主、名主↕下人という二重の生産関係でとらえ、奴隷の成長による小経営の成立(=農奴化)を封建制成立の基底的条件とする石母田らの見解をより徹底させることによって、小経営の一般的成立は、太閤検地の小農自立政策を待たねばならない、として、荘園制社会(中世)の本質は、名主↕下人関係=家父長的奴隷制であるとした。ここでは在地領主は荘園領主と同質視され、積極的位置は与えられない。一方、黒田俊雄は、新領主制説とほぼ同時期に、奴隷の農奴化ではなく、律令体制下圧倒的多数を占める班田農民(個別小経営)の自立化を基軸に

封建制論を構築すべきだとし、荘園領主↕名主百姓間に基本的生産関係を求め、在地領主制は副次的とし、荘園制を封建制と理解する説を唱えた。荘園制を封建制とすることから時代区分上は黒田説は新領主制論と一致するが、論理的には安良城説とともに「非領主制論」と評価される。新領主制論の戸田や河音は、領主制の成立について、班田農民の上層が九、十世紀調庸代輸や私出挙を通じて周辺の弱小農民を下人(農奴)として隷属させて富豪(家父長的農奴主)となり、排他的私有地である本宅敷地の拡大を媒介に、一般農民の私宅を収奪し封建領主に成長する、とした。領主制が下人・所従を駆使する農奴主的大経営部分と、周辺の一般農民(百姓)への領域的支配部分よりなることは明らかであるとしても、後者を前者の延長とし理解できるとする戸田らの見解に対し、大山・工藤らは律令国家の公権を媒介に百姓への領域支配は可能になっているという公権重視の立場を示した。このような領域支配の原理の説明の困難さを解決せんとしたのが入間田宣夫の公田論であり、永原の職の体系論である。入間田は領域内諸領主の階級的連合による全体としての百姓支配に領主支配の本質を見出し、「公田」(職をもつ諸階層が共通に拠って立つ「国家的土地所有」=具体的には大田文所載の田地)支配にその根拠を求めた。一方、永原は、荘園体制を貫ぬく権力編成の原理として在地領主の寄進、中央領主による補任によって成立する職の体系によって領域支配を説明する。ただ永原は、職の体系には軍役給付が伴わないこと、職の進止と人の進止がかならずしも一体でないことを根拠に、職の体系は封建的ヒエラルヒーではないとする点で他の論者と異なる。このほか在地領主による領域支配の契機を村落に求める大山喬平や鈴木国弘の見解がある。大山は領主による領域支配の原型を村落に求め、村落を背景にもつ萌芽的領主=公文層の村落領主こそが、中世社会の農業の再生産機能=勧農(下地進止権の根源をなす)の担い手であり、在地領主の領域支配は村落領主の掌握を通じて村落をその支配に適合的に改変していくことで達成されるとする。鈴木も公文・刀禰など村落領主の「公僕的」機能に在地領主の村落領主包摂の必要性の根源を求めた。

これらの見解は、黒田の非領主制論をふくめて、日本中世社会のアジア的側面を押し出し、古代国家による百姓支配を前提に、国家公権を在地領主の階級的連合および百姓支配の重要な契機と考え、その集権的・求心的性格を強調するもので、七〇年代の主要な傾向となった。これに対し石井進・笠松宏至らは、「イエ」支配の独立不可侵性を強調し、中世社会の分権的・多元的構造を説く。すなわち、領主支配は㈠家・館・屋敷という中核部分、㈡これをとりまく周辺の直営田、㈢その周辺部の荘・郷・保・村などの地域単位の三重の同心円構造で示され、㈠から㈢に至る拡大・発展の中に「イエ」支配の領域化をみる。宅の拡大で領主制の成立を考える点ではさきの戸田・河音説と共通するが、石井は、㈢はきわめて未熟であって領域支配圏は中世前期には未確立であり、この段階に対応する「職の体系」は、「虚偽意識」の体系にすぎない。そして中世後期になると、地縁的共同体の成立に対応して、領主の領域支配権も固まって来る、とする。永原が職の体系に中世社会の求心性をみたのに対し、石井らは領主制を一つの独立世界として、その自立性を強調するのである。このような領主制についての理解の相違は、当然中世社会の構造や中世国家論の相違につながる基本的認識のちがいであり、今日の中世史理解の二つの旋律となっている。なお近時入間田宣夫は、武士=在地領主の台頭による粗野な支配は、文人官僚による法治主義を大勢とする東アジア世界の中の不幸な後進的現象とみるべきだとの見解を出している。石母田・永原らの古典学説をまったく逆転させた領主制への評価である。

↓在地領主《ざいちりょうしゅ》　（工藤　敬一）

りょうしゅみょう　領主名　中世在地領主がその主要な所領とした大規模な名田。平安・鎌倉時代の荘園・公領においては、一般的に小規模な「百姓名」の存在が認められるが、それらと階層や規模において隔絶した特権的な「名」が併存することに注目し、このような二形態の「名」の成立事情と関連性を究明するため類型化した学術用語。松岡久人は伊予国弓削《ゆげ》島荘(愛媛県越智《おち》郡弓削町)の二十二個の小規模百姓名と十三町余の末久名、および安芸国高田郡司藤原氏所領にみる五十三個の百姓名と藤原氏相伝の別符重行名のように、百姓名と併存する大型で特権的な「名」を、「領主的名」と呼び、これと百姓名の成立との関連性を追究した。これをうけた石母田正は、領主制の三類型(豪族的、地頭的、田堵=名主的)を再検討するにあたって、名主層には地域性があり、「名」の主体となる階級は多様で、辺境の名主に典型的にみられるような大所領を有する名主層と、畿内にみられるような一～二町規模の田堵=名主層とを階級的に区別し、後者を百姓名と呼ぶのに対して、前者の所領を「領主名」と規定して概念を整理し、両者の区別と相互の関連を明確にするよう提唱した。領主名の成立と構造の問題は、大山喬平が若狭国大田文の分析により、国衙領の「別名」体制を究明したことによって、新たな展望が開かれた。大山によれば、平安時代末期に旧来の郷を分割した徴税単位として、別符の名(別名)が国衙周辺を中心に一国的規模で成立した。別名は荒野の開発、荒田の再開発の申請によって設置されることが多いが、その場合、申請者たる別名名主は、国衙の有する勧農権を分轄委譲され、名田に対する勧農沙汰権がその領主権の根源をなし、中世領主制を展開する基盤を獲得した。この別名領主の勧農権は、やがて領主所領の下地進止権へと発展する。別名の内部構造は、一般に別名領主の給分(除田)と定得田(応輸田)から成り、領主は定得田の加地子を得分とするとともに、名内の田畠在家らを進退領掌した。このような名田の二重構造は、辺境・近国を通じて基本的に同一

であったが、別名の定得田＝応輪田部分の農民が在家として編成されるか、百姓名として編成されるかによって、領主の地位・権限に差異が存したと思われる。公領における別名成立の推進主体は、国衙の各在庁所を掌握した在庁官人らであって、国府近辺を中心に数多くの在庁別名が存在し、国衙体制そのものが中世在地領主制の発展を政治的、法的に促進する機能を帯びた。また一方、立荘によって荘園内に包摂された別名は、多くの場合、下司名・公文名・地頭名などの荘官名となり、荘内の除田として公事を免除され、荘内の公田方に対して特権的な名田方を構成し、その内部に第二次的な「名」を成立させていった。 →百姓名《ひゃくしょうみょう》 →名《みょう》 →名田《みょうでん》 （戸田　芳実）

りょうしょ　料所　家臣に給与した所領（知行地）に対する概念で、為政者が直接支配する所領。元来は天皇・院の所領を指す言葉であったが、室町時代には将軍家の所領、守護家の所領なども指すようになり、江戸時代には幕府直轄領の意味となった。明治以降は御料地・御料林などと呼ばれる。近世初頭の外国人作成にかかる辞書『日葡辞書』では「御料所」という言葉を掲げて「王位に付属する領地、すなわち、国王の私有の領地や土地」と説明している。中世においては通常は「御料所」という言葉が使われ、同じ言葉で公家の世界でならば天皇の料所を、幕府周辺ならば幕府料所を、地方武家の間ならば守護料所を指している。紛らわしい時は「禁裏料所」「仙洞料所」、「公方料所」もしくは「幕府料所」などといわれた。「兵粮料所」という熟語があるのをみれば、「所領」という言葉と意味の上では大差ないものであろう。室町幕府の法令に「禁裏・仙洞御料所」が「寺社一円仏神領」「殿下渡領」と並べられている例がみられる（『中世法制史料集』二、室町幕府法、追加法九十七条）。全国土が天皇の所領であるという王土的な観念よりは、天皇・院も寺社や摂関家と並ぶ権門の一つとして認識されていたことをうかがわせる。幕府の場合には「料所并預地」という語（同、追加法二十五条）、恩賞地と並べて「公方之料所」とされる例（同、追加法八十四条）があるから、家臣への給与地に対する語として「料所」が使われた。商工業者に対する課役である納銭方・白布棚公事などを料所と呼んでいる例もみられる（『蜷川文書』『宝鏡寺文書』）。幕府にとって経済的収益源になるものを広く料所と呼んでいたことが知られる。室町幕府の職名の一つに「公方様御料所奉行」がみえるが（『室町幕府諸奉行次第』）、常置のものではなかったらしく、料所支配のための特別な機関があった様子はみえない。幕府料所は幕府の近臣団が預かる形で支配されていた。天皇・院の場合も事態は同様であったであろう。室町時代の料所は、その意味では、直轄地というよりはむしろ天皇・院・将軍などが本所・領家の地位にある所領と定義した方がよいかもしれない。 （桑山　浩然）

りょうようけんたい　両様兼帯　承久の乱後の新恩地頭（新補地頭）のうち、得分（収益）の先例のない所や、得分の先例が特に乏少の地におかれた地頭には得分の率法（新補率法）が法定されており、得分の先例に従うべきその他の新地頭と区別された。後者の地頭は承久以前の本補地頭と得分取得形態が全く同じものであったが、やがて本補地頭でありながら同時に新補率法による得分をもあわせとるものが生じた。鎌倉幕府ではこれを両様兼帯・本新兼帯などと称して厳禁し、処罰の対象とした。こうした所務や得分形態の混乱により、鎌倉時代末期には本新両地頭の法的区分までがあいまいとなる傾向にあった。 →新補地頭《しんぽじとう》 →新補率法《しんぽりつぽう》 （安田　元久）

りょうりょう　寮領　⇩諸司領《しょしりょう》

りんじぞうやく　臨時雑役　⇩雑役《ぞうやく》

りんじやく　臨時役　広義には、臨時に賦課される租税や人身課役、あるいは行事などの際に臨時に置かれた役職などを指す。臨時とは、「時に臨み」という意味であり、この用法が原義に近い。しかし、狭義の用法として、平安時代中期ごろにみられる臨時雑役（雑臨時役）を指す場合があり、歴史的用法としては、この方が一般的といえる。臨時雑役（雑臨時役）は、十世紀から十一世紀前半ごろに、官物と対をなしてみられるもので、農民に対して賦課されるさまざまの賦課物をいう。つまり、ごく大づかみにみれば、この時代の収取は官物と臨時雑役とに分けられていた。臨時雑役（雑臨時役）の性格や成立過程については、統一的理解がなされているわけではないが、次のようにいえる。臨時雑役には、官交易糸絹、調沽買絹、造営料加徴米・夫といったものがみられるが、その内容は雑徭の系譜を引くものが主流であり、それに交易の系譜を引くものが加わっているとみられる。それらは、いずれにしても国衙を通して賦課されるので、中央賦課と地方賦課とに分けて考えるべきものではない。また公領民・荘民を問わずに賦課されたが、有力農民と貧窮農民とでは賦課内容が若干異なっていたものと推測される。この臨時雑役は、調庸制の衰退および交易制の拡大・減直化といった、律令制収取制度の変質の中から生まれてきたものであるが、調庸制・交易制などの律令制収取制度は直ちに崩壊したのではなく、中央政府対国衙の公的、制度的レベルでは隠然として存在した。しかし、この時代、各国内で収取物がいかに賦課・徴収されるかは、原則的には中央政府の干渉すべきものではなかった。そういったことから、国衙は、農民に対して諸身役や交易その他を課する場合、律令的税制品目の名称を用いずに、必要あるごとに個々の具体的名称で賦課していた。そういった雑多な賦課は総体として臨時雑役（雑臨時役）と意識され、それがやがて一つの実態ある名称であるかのように定着していったと考えられる。臨時雑役（雑臨時役）の成立については、かつては、交易物の有直交易→（減直化）→無直交易の結果、臨時雑役が生まれたという説（村井康彦説）が有力であったが、その説は現在では批判しつくされている。 （中野　栄夫）

る

るすどころ 留守所 古代末期から中世前期にかけての諸国の国衙に置かれた行政機関。律令制の国司制度のもとで、受領の国司が赴任しなくなると、諸国には留守所が置かれて、受領の代官である目代が在庁官人を指揮して国の行政を行うようになった。確実な初見は、『御堂関白記』寛仁元年(一〇一七)九月十四日条の丹波国の留守所であるが、おそらくこれをさかのぼる十世紀には、各地で留守所が生まれて、諸国の経営の中心となっていったことであろう。任ぜられた国司はまず留守所に国司庁宣を発して、目代の派遣を告げ、国内の統治の方針を示す。ついで派遣された目代は、国内の行政を京都の国司の指令に沿いながら、国衙の分課的な田所《たどころ》・税所《さいしょ》・検非《けび》違所《いしょ》などの機関を統括しつつ行なった。日常の小事は目代の命令により行われ、大事こそ国司の命令を仰いだが、いずれにしても留守所を通じて国内の行政は執り行われた。目代と在庁官人の署判を加える留守所下文が出されることにより、国司庁宣も有効に機能したのである。こうして留守所は国内行政の中心的位置を占めるようになったが、鎌倉幕府が成立すると、幕府が国衙の在庁官人を直接に掌握する動きが始まり、国司・目代の系列により一元的に経営されてきた留守所の権限は狭まっていった。そのため幕府と守護の系列、国司と目代の系列の二重支配が行われ、建武政権に至るまでこの体制が続いたが、室町幕府の守護が国内支配を強化するに従って、留守所はその意義を失った。 (五味 文彦)

れ

れいさんしつ 例算失 ⇩算失《さんしつ》

れいそん 例損 律令時代の法制用語で、国司の徴税請負制の展開に伴って生まれた。大別して二種の用法がある。㈠令の免租規定および不三得七法にかかわる用法。これにも二種あって、一つは国中を通計して十分の三までの田租の収入減(輸租の堪佃田より得らるべき田租額に対して)を指し、もう一つは、損七分以上の損戸(租調または租調庸を免除される)の限度内(大国四十九戸以下、上国三十九戸以下、中国二十九戸以下、下国十九戸以下)の戸数を指す。いずれも損害の異常な年の「異損」と対をなす概念。㈡主計寮における大帳勘会に際して、「符損」「符益」、「議損」「議益」などとともに調庸の増減の原因を示す用法で、「例益」と対をなす。『延喜式』主計寮下、勘大帳条に、例損は「死亡、篤癈疾、老丁残、中男残、全免、正丁(進)老丁、調庸各半、正丁残、調半、服侍逃亡、半輸」、例益は「中男進二正丁一、小子進二中男一、隠首括出」と例示されている。 ↓異損《いそん》 (虎尾 俊哉)

れいつくだ 例佃 領主が本来的に保有していた直営地。佃には年貢は課せられることはなく除田の中に入る。例佃に対し、臨時に佃に指定された雇佃が存在した。 (瀬野精一郎)

れいみょう 例名 中世荘園公領制下において、従来からの由緒ある所領というほどの意味で使用される語。永万元年(一一六五)の文書に、薩摩国新田八幡宮(鹿児島県垂水《たるみず》市)が建立以来、国衙から認められてきた免田のことを「当宮例名」と称しているのがみえる(『新田八幡宮文書』)。また、例名として著名なのは、播磨国矢野荘(兵庫県相生《あいおい》市)の事例である。保延二年(一一三六)に立券された美福門院領矢野荘は田畠合計百六十三町余であったが、仁安二年(一一六七)以前の時点で、同院の御願寺である歓喜光院の用途として、このうち田地四十三町余が分割して、寄進された。この部分を「別名方」といい、これに対して、残りの従来どおりの支配に置かれた部分が「例名方」と呼ばれている(『東寺百合文書』)。 ↓名《みょう》 ↓矢野荘《やののしょう》 (田村 憲美)

れんげおういんりょう 蓮華王院領 京都市東山区三十三間堂廻町にある天台宗蓮華王院の所領。建久三年(一一九二)二月、後白河法皇は御領を処分し、後鳥羽天皇に譲与の分には蓮華王院領もふくまれていた。承久の乱により後鳥羽上皇領は鎌倉幕府に没収されたが、承久三年(一二二一)七月、後堀河天皇の即位とともに蓮華王院領も返献された。それは四条天皇を経て、後嵯峨天皇に伝領。文永九年(一二七二)正月の「後嵯峨院処分状」に「六勝寺幷鳥羽殿以下事者、依二治天下一、可レ有二其沙汰一」とあって、後白河法皇の処分状を踏襲している。正嘉元年(一二五七)四月、後嵯峨院庁で蓮華王院領大和国中村荘内の開発保について議している(『経俊卿記』)。その後、亀山天皇に伝領されたが、嘉元三年(一三〇五)七月の「亀山院処分状」、延慶元年(一三〇八)閏八月の「後宇多院処分状」には六勝寺云々の文言はない。しかし、元徳二年(一三三〇)六月二十九日の「後醍醐天皇綸旨」には「蓮華王院領備後国地毗庄内河北村事、如レ元被二返付一也」(『長福寺文書』)とみえ、同天皇領である。貞和五年(一三四九)閏六月、光厳上皇は源雅世に蓮華王院領摂津国大島雀部荘を安堵しており、すでに光厳上皇領に編入されていたのであろう。別表(七一八頁)参照。 (奥野 高広)

れんげしんいんりょう 蓮華心院領 承安四年(一一七四)二月、鳥羽天皇皇女の八条院暲子内親王の御願によっ

蓮華王院領一覧

所在国郡	名称	特徴	典拠
山城 洛中	左京八条一坊二戸主	文治三年十月、源氏女の私領を蓮華王院の仏像修理料として七条仏師弁忠に譲渡、修理完了後の建久二年七月、弁忠より鴨部兼貞に売却	東寺百合文書り
同	八条坊門通柳原	一段、明応八年十月、蓮華王院領	海蔵院文書
同	柳原	四月十八日、妙法院領、河原にあり、松永久秀、柳原百姓の不法を停める、前項と同一か	妙法院文書
同	柳原荘	八条の北、柳原村を柳原荘とも称す、四月二十二日、三好長慶、妙法院領内の蓮華王院分の違乱を停める	妙法院重書目録
(郡未詳)	蓮華牧	仁安三年六月、蓮華王院領蓮華牧において刃傷	兵範記・昭慶門院御領目録
大和 広瀬郡	中村荘	正嘉元年四月、後嵯峨上皇の院庁において蓮華王院領中村荘内の開発保について議している	経俊卿記
(郡未詳)	藤井荘	建久六年九月、悶冠者頼基、地頭と号して所務を違乱する	吾妻鏡
河内 丹比郡	徳泉寺荘	元弘元年九月、後伏見上皇、領家職一分并に預所定使職を右少弁日野房光に安堵	中村直勝博士蒐集文書
伊勢 度会郡	釈尊寺	文治二年九月、鎌倉幕府、蓮華王院法華堂領の武士の違乱を停め、神宮の神役を勤めさせる、建久三年正月官宣旨	吾妻鏡・玉葉・釈尊寺領須崎岩淵沙汰文
(郡未詳)	如河原塩浜	八月四日、祭主下知状	元亨三年遷宮記裏文書
尾張 海部郡	海東荘	寛喜元年六月、円性(平光盛)処分状、上・中荘は四女に、下荘は五女に譲与	久我家文書
遠江 長下郡	飯田荘	三代御起請符地	東寺文書百合外・東寺古文零聚・亀山院凶事記
榛原郡	相良荘	三代御起請符地、相良氏が本領主か、鎌倉時代初め、相良氏は肥後国人吉荘などに移住、相良荘は一部の堀内だけを相伝、永仁四年五月、伏見天皇綸旨により、荘内百町等が菊河宿接待料所となる	東寺文書百合外・相良家文書・静岡県榛原郡誌・編年相良町史
伊豆 田方郡	狩野荘	文治四年六月、後白河院庁、年貢を速納させる	吾妻鏡
常陸 新治郡	中郡荘	後白河院庁、承安四年八月、下司の事を議す、文治四年六月、年貢を速納させる	吉記・吾妻鏡
近江 栗太郡	矢橋荘	正治二年閏二月、後鳥羽上皇、法勝寺供僧静快に知行させる	明月記
高島郡	開田荘	東寺領、のち蓮華王院領、康暦元年四月、後円融天皇綸旨	妙法院重書目録
信濃 安曇郡	矢原荘	八月四日、祭主下知状	元亨三年遷宮記裏文書・内宮神官家所持文書
筑摩郡	洗馬荘	文治二年三月、鎌倉幕府、年貢を速納させる、信濃国は関東知行国のうち	吾妻鏡
若狭 遠敷郡	名田荘	陰陽寮領、本家は蓮華王院、正嘉二年八月譲状	大徳寺文書・徳禅寺文書
丹波 桑田郡	出雲社	丹波国一宮、能成法師が預所、元暦元年九月、源頼朝、後白河法皇の院宣をうけ能成の乱妨を停止	吾妻鏡・蓮華王院文書
氷上郡	井原荘	承安四年八月、後白河院庁、夜打の事を議す	吉記
但馬 出石郡	出石社	但馬国一宮、暦仁元年十一月、源家則を出石社神主とする、正平六年六月、後村上天皇、建武の官符に任せ、出石社の領家の号を停める	但馬国大田文・出石神社文書
同	出石社神戸両郷	旧により外宮役夫工米免除、出石社に含まれるが別扱いとされる	出石神社文書
二方郡	温泉荘	永万二年三月、立券荘号、聖顕寄進状	吉田黙所蔵文書・高山寺文書
出雲 島根郡	加賀荘	元弘三年十一月、加賀荘并に持田村を水無瀬具兼に安堵	水無瀬神宮文書
播磨 多可郡	多可荘	文明四年十二月、室町幕府、多可荘本役を蓮華王院領とする	妙法院文書
神崎郡	瓦荘	建久三年三月、後白河院庁、高階栄子(丹後局)領の諸役を免除	大徳寺文書
美作 (郡未詳)	(某荘)	寛喜元年十月、関白九条道家、蓮華王院領美作国某荘のことを藤原行能に宣下させる	明月記
備中 窪屋郡	子位荘	承久二年八月、備前守藤原秀康書状	民経記裏文書
備後 恵蘇郡	地毗荘	嘉禎二年九月、地毗荘内本郷の所務を和与	長禄寺文書・山内首藤家文書・日下文書・狩野亨吉氏蒐集文書・筑後柱文書
安芸 沼田郡	沼田新荘	文永三年四月、関東下知状	小早川家文書
周防 玖珂郡	楊井本荘	応仁元年四月、妙法院庁、仁保弘有を代官とする、楊井津あり	萩藩閥閲録・三浦家文書
紀伊 海部郡	由良荘	文治二年八月、鎌倉幕府、院宣をうけ、七条細工紀太の由良荘違乱を停める、嘉禎二年四月、葛山入道願生、地頭職を高野山金剛三昧院に寄進	吾妻鏡・金剛三昧院文書
阿波 三好郡	金丸保	建久三年三月、後白河院庁、高階栄子(丹後局)領の諸役を免除	大徳寺文書
讃岐 山田郡	十川郷	建武四年三月、雑掌、公文による所務濫妨を訴える	妙法院重書目録
筑前 糟屋郡	香椎荘	平家没官領、のち蓮華王院領	吾妻鏡
豊後 (郡未詳)		弘安八年、国内に三百余町	豊後国図田帳
肥前 杵島郡	長島荘	永仁七年六月、蓮華王院と中村行忠、田畠・山野等を中分する	肥前橘中村文書
肥後 宇土郡	宇土荘	承久三年六月、尊長法印譲状	華頂要略
球磨郡	人吉荘	建久八年、六百町、寛喜元年六月、円性(平光盛)処分状、五女に譲与	肥後国図田帳・相良家文書・久我家文書

て、仁和寺内に建立された蓮華心院の所領。九条兼実はこの小堂の額字を書き、落慶供養に後白河法皇とともに出席した(『玉葉』)。寺領は、安元二年(一一七六)二月の八条院領目録(前半部は『高山寺文書』、後半部は『山科家古文書』)のうちに、「蓮華心院御庄、河内国高松、讃岐国姫江新庄・鶴羽、(中略)肥後国山本」とある。建暦元年(一二一一)六月八条院の崩じたのち、蓮華心院領は後鳥羽天皇皇女の春華門院昇子内親王(八条院の猶子)に伝わる。その年十一月同門院も世を去ったため、八条院領のすべては順徳天皇が伝領し、後鳥羽上皇が管領した。しかし承久の乱後、鎌倉幕府によって没収され、承久三年(一二二一)七月、幕府はあらためて八条院領を後高倉院守貞親王に返進した。その時の目録は『三宝院文書』にあり、「蓮華心院領十五ケ所」とみえる。貞応二年(一二二三)五月後高倉院の崩じたあとは、その妃で後堀河天皇母の北白河院藤原陳子に移り、暦仁元年(一二三八)四月に後堀河天皇准母の後高倉院皇女安嘉門院邦子内親王に譲与された。それは、亀山上皇・後宇多上皇・昭慶門院(後宇多上皇皇女憙子内親王)を経て、後醍醐天皇領となった。

→八条院領《はちじょういんりょう》

(奥野　高広)

蓮華心院領一覧

所在国郡		名称	特徴	典拠
山城	葛野郡	高田寺戸	高田郷あり	昭慶門院御領目録
大和	山辺郡	長原荘	庁分にも記載あり	同
河内	丹比郡	高松荘		山科家古文書・昭慶門院御領目録
	(郡未詳)	徳林寺	道玄僧都	昭慶門院御領目録
相模	大住郡	前取荘		同
常陸	新治郡	関荘		同
美濃	多芸郡	物部荘		同
出雲	大原郡	淀荘	本荘(牛尾荘ともいう、『集古文書』)・新荘あり、智恵光院領にも記載あり	同
石見	安濃郡	多米福荘	道玄僧都	同
播磨	美嚢郡	志深荘	非寺領荘々、菩提院宮とあり	同
讃岐	寒川郡	鶴羽荘	弘誓院領かとあり	山科家古文書・昭慶門院御領目録
	刈田郡	姫江新荘		同
肥後	山本郡	山本荘	南荘・北荘あり、文治二年二月、源頼朝、大江広元に地頭職を知行させる	山科家古文書・昭慶門院御領目録・吾妻鏡・拾玉集

蓮華心院領

ろ

ろう　壟　⇩うね

ろうさく　籠作　平安時代後期における荘園拡大の方法の一つで、四至内の公領や他領の田地を荘田化することをいうが、時には四至外の出作田を荘田とする加納と同義に用いられることもあった。「こめさく」ともいう。史料上の初見は、延久二年(一〇七〇)七月七日の官宣旨(『東大寺文書』)に引かれた美濃国司の申状に、同国大井・茜部両荘について「件の両庄本免田各二十町の外、公田六十八町余を籠作し、各庄田と称して国務に随わず」(原漢文)とあるものである。このほか石清水八幡宮の河内国や和泉国の所領や、東寺領の伊勢国川合大国荘で、特に十一世紀の第四四半期に籠作が大きな問題となっている。

(工藤　敬一)

ろうみょう　籠名　⇩名《みょう》

ろくおういんりょう　鹿王院領　京都市右京区嵯峨北堀町に所在する鹿王院の所領。康暦元年(一三七九)、足利義満は春屋妙葩を開山として山城嵯峨の地に宝幢寺を創建し、妙葩の寿塔として開山堂(のちの鹿王院)を建立した。宝幢寺ははじめ京都十刹に加えられ、その後その第五位に列せられて、寺勢は盛んであった。永享七年(一四三五)の宝幢寺鹿王院領目録には、宝幢寺領として山城国乙訓郡大覚寺・摂津国吹田西荘内倉殿地頭職・加賀国倉月荘内松寺東西赤沢村・但馬国鎌田荘地頭領家一円・播磨国安田荘領家職半済分・土佐国吾川山地頭領家一円、鹿王院領として山城国石原荘内野里村幷大岡荘・近江国

六条院領一覧

所在国郡	名称	所見年月	特徴	典拠
伊賀 阿拜郡	鞆田荘	承徳元年八月	御領田畠坪付、山田村十一ヵ所、鞆田村家地他十八ヵ所、里外柘殖郷一ヵ所、隠岐守平正盛	東大寺文書
		永久三年四月	鳥羽天皇宣旨、承徳二年、正盛立券・寄進、玉滝杣内鞆田村六十町のうち二十町を立券	東南院文書
		永久三年五月	東大寺解、正盛の寺領押妨について宣旨を請う	同
		保安四年九月	明法博士勘状案、平忠盛、寄進地は十六ヵ所と提出	同
		寿永二年閏十月	後白河院庁下文案、寄進を承徳二年とする	東大寺文書
伊賀郡	長田荘	久安五年七月	大塔事始日記、平忠盛所領	高野山文書
		元暦元年四月	平家没官領、平頼盛に返還	久我家文書
		乾元元年	式乾門院・室町院領となる、折半後、持明院統に伝わる	室町院所領目録
伊勢 一志郡	小倭荘	同	院御分	同
同	日置荘	同	姫宮御方、西園寺	同
同	木造荘	元暦元年四月	平家没官領、平頼盛に返還、成立は平正度の代という	久我家文書
		徳治元年六月	のち室町院領	昭慶門院御領目録
近江 伊香郡	伊香荘	乾元元年	姫宮御分、浄光剛院領	室町院所領目録・昭慶門院御領目録
蒲生郡	田井郷	承徳元年十月	白河院近臣藤原国明の寄進という、万寿寺領	京城万寿禅寺記
坂田郡	柏原荘	応徳二年五月	醍醐寺円光院領	醍醐雑事記
信濃 安曇郡	千国荘	文治二年二月	関東分国内年貢未進荘々の一つ	吾妻鏡
		建久元年十二月	平康家請所	新見文書
上野 甘楽郡	菅野荘	弘安六年十月	安嘉門院五七日の仏事に用途上納	勘仲記
		乾元元年	姫宮御方、西園寺	室町院所領目録
越前 足羽郡	稲津荘	弘安六年十月	安嘉門院五七日の仏事に用途上納	勘仲記
		乾元元年	姫宮御方、西園寺	室町院所領目録
越後 三島郡	佐橋荘	文治二年二月	関東分国内年貢未進荘々の一つ、一条院女房左衛門局沙汰	吾妻鏡
		嘉元三年七月	禁裏に処分	亀山院凶事記
蒲原郡	菅名荘	文治二年二月	関東分国内年貢未進荘々の一つ、預所隠岐判官代惟繁	吾妻鏡
		弘安六年十月	安嘉門院五七日の仏事に用途上納	勘仲記
		乾元元年	姫宮御方、西園寺	室町院所領目録
美作 (郡未詳)	田殿荘	同	同	同
備中 浅口郡	大島保	同	別相伝、定秋・経秋	同
阿波 (郡未詳)	那東荘	同	入江殿	同
伊予 喜多郡	矢野荘	同	姫宮御方、泉涌寺	同

忍海荘・遠江国小高郷・飛驒国大八賀郷内蕭条庵跡・若狭国倉見荘内黒田小野加屋三名・越中国井見荘領家職・同国小佐味荘地頭職・丹波国知見谷・丹後国余戸里地頭職半分領家一円・武蔵国赤塚郷・同国高坂郷など多数の寺領がみられるが、宝幢寺は応仁の乱により廃絶。鹿王院一堂のみが残り、寺号を鹿王院とあらためた。（宮崎　肇）

ろくじょういんりょう　六条院領　郁芳門院(白河天皇皇女媞子内親王)の御所六条院を女院の没後に持仏堂とした、その所領。承保二年(一〇七五)、白河天皇は藤原顕季に命じて六条内裏(六条院)を造営させ、のち郁芳門院はここを御所とした。永長元年(一〇九六)八月女院の崩御に伴い、六条院を持仏堂とし、女院の封戸・荘園を御領とした。女院に対する白河上皇の寵愛は深く、「天下の盛権、只此の人にあり」(原漢文、『中右記』)といわれ、上皇は女院の死を悼んで落飾したほどであった。院の近臣として、平正盛・藤原国明らが著名で、特に正盛は、承徳二年(一〇九八)に伊賀国鞆田村内の田地二十町を六条院御荘として寄進、立券した。また『京城万寿禅寺記』には、国明が近江国田井郷を寄進したことが伝えられているが、同寺領であったことを示す文書は見出せない。鎌倉時代になると、六条院は「近年荒廃し、住侶止住の便を失ひ、其の他牛馬の栖となる」(原漢文、『吾妻鏡』建久元年(一一九〇)五月十三日条)と、荒廃を伝えている。所領は、白河上皇から鳥羽・後白河・後鳥羽上皇と伝わり、承久の乱後、鎌倉幕府に没収された。幕府から後高倉院に返進されて、建長元年(一二四九)室町院(後堀河天皇皇女暉子内親王)領となった。それは、乾元元年(一三〇二)の『室町院所領目録』に六条院分としてまとめられ、持明院統に伝えられた。なお六条院は、のち万寿寺と改称。（福田以久生）

ろくしょうじりょう　六勝寺領　平安時代末期、京都白河の地に建立された六つの勝の字の付く御願寺六勝寺の所領。白河天皇御願の法勝寺、堀河天皇御願の尊勝寺、鳥羽天皇御願の最勝寺、待賢門院(鳥羽天皇皇后)御願の円勝寺、崇徳天皇御願の成勝寺、近衛天皇御願の延勝寺の六寺は、土地の寄進を受け、また受領層の請負で創建された。たとえば『中右記』天仁元年(一一〇八)正月二十四日条の裏書によると、外記で白河上皇の院主典代中原宗政は、「尊勝寺功」により上臈十人を越えて伊豆守に任ぜられている。堀河天皇は、嘉承元年(一一〇六)十月、蔵人藤原為房に指示して勅願寺尊勝寺領荘園の公験のことなどを白河上皇に奏上させたと、『永昌記』にみえる。文治元年(一一八五)十二月後白河法皇は、仁和寺門跡で第八皇子の尊性改め道法法親王を六勝寺検校に補任して総括させた(『仁和寺御伝』)。六勝寺領の本家職は後白河法皇であり、後鳥羽上皇に譲った。承久の乱を経て、鎌倉幕府は六勝寺領を後高倉院守貞親王に返進した。後高倉院はこの大部分を四条天皇に譲与し、後嵯峨天皇

六勝寺領

六勝寺領一覧

(一)法勝寺領

所在国郡	名称	特徴	典拠
山城 愛宕郡	法勝寺円堂事務職	建武三年十月、光厳上皇、仁和寺法守法親王に管領させる	仁和寺文書
同	延勝寺敷地	天文十年六月、幕府、法勝寺に知行させる	古文書集
洛中	地口役	応安元年十二月、後光厳上皇、法勝寺造営料の洛中地口役を停止	仲光卿記
(郡未詳)	香荘	天永三年四月、大江通盛処分状に「法勝寺御香御庄山城国五十余町也」とあり、建暦二年三月、後鳥羽院庁、興福寺衆徒による押妨の訴えを裁決、延慶元年八月、後宇多上皇、法勝寺の隆遍に下知し、基貞による押妨を停め、忍性に所務させる、元応・元亨のころ、香園真光名をめぐる争いあり	早稲田大学所蔵文書・京都御所東山御文庫記録・水谷文一氏所蔵文書
大和 城上郡	大仏供荘	東大寺領、修正会僧供料が法勝寺領、承安三年六月、後白河院庁、法勝寺の訴えにより山僧の不法を停止、延慶元年八月、法勝寺の隆遍、修正壇供米の未進を後宇多院庁に訴える	東大寺要録・吉記・京都御所東山御文庫記録
伊勢 鈴鹿郡	国分寺	延慶元年八月、尼浄真、嘉元元年の関東下知状を帯し、法勝寺領伊勢国分寺について後宇多院庁に訴える、上皇、決裁する	京都御所東山御文庫記録
駿河 廬原郡	古橋荘	正治二年正月、法勝寺領とあり、弘安六年十月、室町女院領とあり、六勝寺領の別相伝の事例	玉葉・勘仲記
近江 甲賀郡	大原荘	もと藤原道長領、長元五年八月、頼通、道長の遺言により一条天皇中宮彰子に寄進、元暦元年、平家の残党、荘内に布陣	左経記・源平盛衰記
同	甲賀杣	永長元年三月、白河上皇、法勝寺に寄進	後二条師通記
滋賀郡	比良荘	延暦寺根本中堂領、一部は法勝寺領、建久六年九月、後鳥羽上皇、延暦寺釈迦堂の訴えにより荘民を鳥羽宮に召喚し、検非違使庁に送る	玉葉
蒲生郡	永吉保	永和元年、後円融天皇、三代御起請符地として大嘗会米を免除、長享二年十一月、幕府、法勝寺に安堵	東寺百合文書・宣胤卿記
浅井郡	速水荘	平治元年閏五月の宝荘厳院領荘園注文に「但法勝寺御領也」、「阿闍梨仁信」、「餅三百八十枚」とあり、延慶元年五月、後宇多上皇、荘内有恒名の前名主の違乱を停止、応安三年十月の法勝寺所司申状によると、河道荘とともに法勝寺の堂々修正壇供料所	東寺百合文書レ・同ケ・釈文書
同	河道荘	応安三年十月の法勝寺所司申状によると、速水荘とともに法勝寺の堂々修正壇供料所	東寺百合文書ケ
坂田郡	鳥羽上荘	正応二年五月、鳥羽上荘の講米違乱のため法勝寺三十講延引、後鳥羽院御影堂領でもある	勘仲記・青蓮院文書
同	忍海荘	本家は嵯峨鹿王院、法勝寺は領家職を知行、のち領家職は山科御影堂に移り長講堂領となり、本家職も清閑寺に寄進	鹿王院文書・長講堂領目録・
同	朝妻荘十二条郷	坂田荘ともいう、弘安六年十月の日撫神社鐘銘に「近江国坂田南郡法勝寺御領朝妻庄内日撫社」とあり、正慶元年六月の臨川寺領目録に本家は法勝寺とあり、応永六年二月、木幡雅秋、子の雅藤に譲る、文明十四年三月、幕府、木幡少将からの山門行林坊による押領の訴えを裁断	天竜寺文書・康正二年造内裏段銭引付・京都御所東山御文庫記録・親元日記別録

所在国郡	名称	特徴	典拠
美濃 本巣郡	船木荘	嘉応年中、肥後入道寂法、私領を法勝寺に寄進、天福元年四月、後堀河上皇、法勝寺三十講経費の分担を免除、貞治二年二月、後光厳天皇、相論を裁定し、智恵光院を勝訴とする、応永年間、足利義持、本荘十六条を青蓮院尊道入道親王に安堵、寛正元年、本智恵光院、守護被官人による本荘十四条の押妨を幕府に訴える	壬生家文書・三宝院文書・醍醐寺文書・民経記・経師守記・華頂要略・蔭凉軒日録
(郡未詳)	(某荘)	寛治五年十月、白河上皇、後冷泉天皇皇后藤原歓子を訪い、のち美濃国の券契を譲与し、法勝寺領となる、嘉保二年正月・二月、神人を凌礫のことあり	今鏡・中右記
飛驒	国衙	建長五年十二月、宝治元年八月焼失の法勝寺阿弥陀堂再建のため、能親を執行とし飛驒国を知行させる	経俊卿記
若狭 三方郡	永富保	文永二年十一月の若狭国惣田数帳に「法勝寺円堂領、永富保、四十六町八段三百四十歩」とあり、康正二年、瑞泉院殿御領とあり	東寺百合文書ユ・康正二年造内裏段銭引付
加賀 能美郡	長崎保	永和元年十一月の後円融天皇綸旨に三代御起請符地とあり、文明九年九月、後土御門天皇、法勝寺に長崎保の知行等を安堵、天文六年十一月、法勝寺、将軍の下知状等を本願寺に伝達、のち山門星輪院が本保を知行し、代官職は北野社領	東寺百合文書・京・親長卿記・石山本願寺日記・北野神社文書
加賀郡	英太北保	正中二年十一月の承鎮法親王附属状に、法勝寺常行堂御封とあり	三千院文書
丹波 船井郡	船井荘	建武三年五月、足利尊氏、地頭職を北野社に寄進、永和元年十一月の後円融天皇綸旨に三代御起請符地とあり、大嘗米等を免除	北野神社文書・東寺百合文書京
氷上郡	沼貫荘	永和元年十一月の後円融天皇綸旨に、三代御起請符地とあり	東寺百合文書京
天田郡	拝師荘	後宇多上皇、恩徳院領に編入、永和元年十一月の後円融天皇綸旨に、三代御起請符地とあり	昭慶門院御領目録・東寺百合文書京
同	榎原荘	同	同
多紀郡	極楽寺	法勝寺の末寺、祇園社領波々伯部保内にあり、応永年中、祇園社執行から買得した寺領田畠をめぐり相論あり	八坂神社文書
(郡未詳)	瓦屋荘	寛治元年七月、白河院庁、荘民の不法を停止、天治二年二月、白河院庁、余田荘民の不法を責め、官物代に私領田畠を国領に進めさせる	為房卿記・東大寺図書館蔵倶舎抄裏文書
(同)	御油荘余田	天治二年二月、白河院庁、荘民の不法を責め、官物代に私領田畠を国領に進めさせる	東大寺図書館蔵倶舎抄裏文書
(同)	葭申荘	寛治元年七月、本荘の梶取が石清水八幡宮領神人により搦めとられたこと等を白河上皇に愁訴	為房卿記
丹後 丹波郡	丹波荘	寛治元年七月、荘の住人、二十三ヵ条の事を法勝寺に訴える、建長二年十一月の九条道家惣処分状に「地頭基綱寄進、被レ下二宣旨一」とあり	為房卿記・東福寺文書・九条家文書
但馬 養父郡	糸井荘	弘安八年の大田文に見え、領家押小路中納言家、公文小谷太郎家茂御家人、惣追補使善法橋栄能とあり	但馬国大田文
出石郡	雀岐荘	弘安八年の大田文に見え、領家尾張三位家跡とあり、文永十年の領家は坊門三位家	但馬国大田文・但馬国雀岐庄具書

所在国郡	名称	特徴	典拠
但馬 城崎郡	下鶴井荘	弘安八年の大田文に見え、領家真乗院僧正、預所教王院三位法印、公文太田左太郎政頼、田所鶴井三郎秋正御家人とあり	但馬国大田文
同	国分寺	弘安八年の大田文に見え、法勝寺末寺、領家白川中将とあり、暦応元年三月、光厳上皇、法勝寺領但馬国分寺に所領(糸井荘・雀岐荘・下鶴井荘)を安堵	但馬国大田文・釈文書・赤松文書
播磨 賀古郡	野口保	貞治四年四月、左大史小槻匡遠、野口保に外宮役夫工米免除の先例ありと勘申、永和四年十二月、間島則清、地頭職に補任される	東寺百合文書・間島文書
美作 久米郡	打穴保	仁安二年十一月の法橋勝慶請文に初見、暦応元年正月、足利尊氏、小早川景宗に打穴荘上下村の地頭職を知行させる、本保の領家職は一条家領、永和元年十一月の後円融天皇綸旨に三代御起請符地とあり、大嘗会米を免除	兵範記裏文書・小早川家文書・東寺百合文書京・桃華蘂葉
英多郡	吉野保	永和元年十一月の後円融天皇綸旨に三代御起請符地とあり、大嘗会米を免除、室町時代は北野社領	東寺百合文書京・北野神社文書
備前	国衙	文治二年六月、備前国衙は法勝寺御塔造営料所とあり、建久三年六月に所見	吾妻鏡・心記
(郡未詳)	脇部保	延慶元年六月、後宇多院庁、法勝寺領脇部保内の鍛冶給について議するが、上皇の決裁なし	釈文書
備中	国衙	建長五年十二月、宝治元年八月焼失の法勝寺阿弥陀堂再建のため飛騨国を給したが成就せず、四条隆親に備中国を給して成就させる	経俊卿記
周防 吉敷郡	仁保荘	延慶元年八月、後宇多上皇庁、惣公文増印等を召上げる、暦応二年十一月、光厳上皇、法勝寺の紛失した仁保荘文書を確認、応永十九年九月、三浦重頼、預所職に補任され、毎年十月に十貫文進上を約束、これより先建久八年、三浦重経が本荘の地頭に補任される	京都御所東山御文庫記録・三浦家文書
紀伊 在田郡	阿氏川荘	長保三年、平惟仲、私領を私建立の寂楽寺に寄進、同寺第二代別当忠覚、法勝寺に寄進し末寺となる、欠年(元仁ころ)二月十四日の定円書状に「阿氏川庄ハ寂楽寺領(付法勝寺)」とあり、建長七年十二月、同荘上村、法勝寺護摩用途に二貫七百文を納める	神護寺文書・高野山文書
阿波 名東郡	観音寺荘	もと東大寺末寺の円楽寺領	早稲田大学所蔵文書
(郡未詳)	延命院	久安二年二月、法勝寺末寺延命院、一宮司河人成高の舎弟成俊が軍兵を率いて乱入した非法を鳥羽上皇庁に訴える	愚昧記裏文書
(同)	便補重保	承安四年二月、院奏雑事六ヵ条に見える	吉記
讃岐 那珂郡	櫛無保	永和元年四月に見える	愚管記
伊予 風早郡	粟井保	東大寺の封戸が荘園となる、嘉元元年の伊予国内宮役夫工米未済注文に「九十一町一反斗」と見える、延慶元年八月、後宇多院庁、供米の未済を責める	東大寺要録・京都御所東山御文庫記録
肥前 神崎郡	国分寺	文治二年六月、源頼朝、武士らによる課役を停め、法勝寺の恒例・臨時所役を勤めるよう指示、正嘉元年二月、大宰府、国分忠俊に国分寺地頭職を安堵、正応五年八月の河上宮造営用途支配惣田数注文に、百十町三段とあり	肥前法勝寺文書・肥前多久家文書・河上神社文書
肥前 藤津郡	藤津荘	永久二年頃、仁和寺門跡・法勝寺執行の藤津荘領家寛助、荘司平清澄を勘当して京都に召返し、範誉を荘司として下向させる、清澄の子直澄は荘におり不法を行う、元永二年十二月、平正盛、命をうけて下向し直澄の首を携えて入京、正応五年八月の河上宮造営用途支配惣田数注文に「藤津庄六百丁、但除吉田村定」とあり、永仁三年四月の関東御教書に「藤津庄事、可レ為二聖断一」とあり、同六年六月、伏見天皇、仁和寺に安堵	長秋記・河上神社文書・仁和寺文書
(国郡未詳)	河村保	法勝寺の隆遍・保司隆兼が訴えた公文宗氏の違勅不法について、後宇多院庁より幕府への下命を決定	京都御所東山御文庫記録
(同)	常寿院	天福元年八月の良快寺院房舎等譲状に「当院者、法勝寺末寺也、鳥羽禅定法皇、以二曽祖師青蓮院大僧正一、被レ補二此職一以来、四代相伝更無二違乱一、以二本寺(法勝寺)書司一、所レ令二寺務一也」とあり	華頂要略

(二) 尊勝寺領

所在国郡	名称	特徴	典拠
山城 愛宕郡	雲林院	永正五年十一月、幕府、賀茂社祝が賀茂社競馬の服装を調製するため、段銭を尊勝寺領雲林院の地に課すことを停止	賀茂別雷神社文書
大和 (郡未詳)	河北荘	建長二年十一月の九条道家初度惣処分状の前摂政(一条実経)分に「大和国河北庄、法印道祐寄進、藻璧門院法華堂」とあり、道祐は尊勝寺の僧	東福寺文書・九条家文書
近江 栗太郡	大江荘	建長二年十一月の九条道家初度惣処分状に「近江国大江庄、子細同二河北庄一」とあり	同
蒲生郡	蒲生下保	寛喜三年十月、飢饉により伊勢神宮に奉幣使を発遣、その費用を負担した沿道の荘園の一つ、永仁元年八月、記録所、蒲生保のことにつき尊勝寺所司を召喚	民経記・勘仲記裏文書
同	蒲生上保	寛喜三年十月、飢饉により伊勢神宮に奉幣使を発遣、沿道の荘園は費用を負担するが当荘は免除	民経記
野洲郡	江辺荘	同	同
同	篠原荘	正中二年十一月の承鎮法親王附属状の日吉社領項に「篠原庄、又兼尊勝寺領」とあり	三千院文書
同	野洲北雑役免	寛喜三年十月、飢饉により伊勢神宮に奉幣使を発遣、その費用を負担した沿道荘園の一つ	民経記
犬上郡	高宮保	同	同
愛智郡	吉田保	寛喜三年十月、飢饉により伊勢神宮に奉幣使を発遣、沿道の荘園は費用を負担するが当荘は免除、康元元年三月、後嵯峨上皇、尊勝寺領吉田保の訴えを道理に任せて処理せよと命ずる	民経記・経俊卿記
同	香荘	長治元年、大蔵大輔大江通国、相伝の所領を尊勝寺に寄進、保安元年、本田二十六町の官物と三十町の臨時雑役を免除させる、文和三年八月、後光厳天皇、三宝院賢俊に知行させる、延文三年二月、足利尊氏、土御門高倉天神社に寄進、すでに尊勝寺の実態はなかったか、応永三十二年十二月、足利義持、伊佐久綱に安堵	早稲田大学所蔵文書・三宝院文書・尊経閣文庫文書
同	八木神田	元応元年十月の日吉社領注進記に「尊勝寺領内八木神田参町、相撲会料所」とあり	元応元年日吉社領注進記

所在国郡	名称	特徴	典拠
信濃 伊那郡	伊賀良荘	康和四年、尊勝寺創建に際し寄進、文治二年三月、関東知行国年貢未済荘々中に見える、鎌倉時代初期は北条時政が地頭、元徳元年には北条一門の江馬氏が地頭なので得宗領か、四条頼基、代官として殿岡公文所の政所に居住	吾妻鏡・守矢文書・南禅寺記
若狭 三方郡	藤井保	文永二年十一月の若狭国惣田数帳に「尊勝寺領藤井保、十四町三百卅歩」とあり、のち山城東岩倉寺真性院、藤井保の所職を所持	東寺百合文書ユ・康正二年造内裏段銭引付
若狭 (郡未詳)	得吉保	文永二年十一月の若狭国惣田数帳に「尊勝寺護摩堂、得吉保、十町三反六十四歩」とあり	東寺百合文書ユ
越前 丹生郡	美賀野部荘	建長二年十一月の九条道家初度惣処分状の前摂政(一条実経)分に「越前国美賀野部庄(尊勝寺曼荼羅堂便補保、法印道祐寄ニ進法華堂一、一期之後、一向可レ為ニ御沙汰一之由、被レ申レ之」とあり	九条家文書
但馬 養父郡	建屋荘	弘安八年の大田文に見え、領家円満院宮とあり、総地積は四十四町八段二百七十歩	但馬国大田文
同	建屋新荘	弘安八年の大田文に見え、領家備中法眼俊快女子君、地頭石和田又太郎光時御家人とあり、総地積は七町一段三百歩	同
同	大屋荘	弘安八年の大田文に見え、領家右大将家とあり、総地積は四十四町五段五百歩	同
播磨 多可郡	安田荘	文治二年六月、後白河法皇の条々事書に、武士により押領とあり、建久三年三月、高階栄子領の諸役を免じた後白河院庁下文に「安田庄幷瓦庄、尊勝寺幷蓮華王院領」とあり、室町時代は興聖寺・青蓮院密厳院が所職を所持	吾妻鏡・大徳寺文書・青蓮院文書
神崎郡	瓦荘	建久三年三月、高階栄子領の諸役を免じた後白河院庁下文に見える(前項参照)	大徳寺文書
美作 英多郡	林野保	文治三年八月、梶原景時、寺家よりの訴えに対し陳状を提出、幕府、代官職の改補は拒否、室町時代の永享・文明頃、北野社領あり	吾妻鏡・北野神社文書
同	英多保	文治三年八月、梶原景時、寺家よりの訴えに対し陳状を提出、貞和元年十二月、尊勝寺法華堂領英多保河北の雑掌良成、地頭安東千代一丸の年貢未納を訴える、幕府、雑掌の訴えに「非レ無ニ其謂一」と裁定	吾妻鏡・岩佐平所蔵文書
備中 賀夜郡	多気保	平治元年閏五月の宝荘厳院領荘園注文に「備中国多気保、但尊勝寺便補、兵衛佐局」とあり、養和元年十二月の後白河院庁下文に新熊野社領と見え、長講堂領目録に、御影堂領、年貢米二十石とあり	東寺百合文書レ・新熊野神社文書
後月郡	県主保	寛喜三年四月、比丘尼観如の譲りで無品尊守親王家門跡領となる、暦応三年七月、尊勝寺法華堂禅衆、家和与し下地を中分、翌年十月、地頭代道生の領家方年貢送文に、年貢二十貫とあり	門葉記・尊経閣文庫文書・青蓮院文書
阿波 麻殖郡	高越寺	尊勝寺の末寺、仁平・久寿頃、阿波守藤原説方在任中は忌部神領で、射立郷の地を尊勝寺に寄進、領家は説方の妻兼子、応保元年八月、某の乱妨停止を後白河上皇に訴える、建久元年四月、大神宮役夫工米の未納を督促される、建長二年十月、九条道家初度惣処分状に「阿波国高越寺(子細同前)、領家職前藤中納言伝領之」とあり	山槐記・吾妻鏡・九条家文書

(三)最勝寺領

所在国郡	名称	特徴	典拠
筑前 上座郡	長淵荘	承久三年六月、法勝寺・蓮華王院執行の尊長、私領の尊勝寺領長淵荘を仁和寺道覚法親王に進上、幕府、蒙古合戦の功賞として禰寝氏に荘内の畠一町歩を給す、のち竜造寺氏・深堀氏らが地頭に任ぜられる	華頂要略・島津家文書・竜造寺文書・深堀記録証文写
近江 坂田郡	長岡荘	寛喜三年十月、飢饉により伊勢神宮に奉幣使を発遣、その費用を負担した沿道の荘園の一つ	民経記
信濃 諏訪郡	小川荘	相伝私領を寄進した大法師増証、下司清原家兼・平維綱らの不法を訴える、久安元年七月、鳥羽院庁、小川荘公文らに指示	吉田れん氏所蔵文書
若狭 (郡未詳)	今重保	文治三年八月、惟宗行能、最勝寺領今重保押領を幕府に訴えられる	吾妻鏡
越前 敦賀郡	大蔵荘	もと平清盛領、永万元年、摂津山田荘と相博後最勝寺に寄進、同年十二月の官符で調庸・臨時雑役等免除、嘉応元年十一月、四至牓示し、国使等の入勘停止を求める、文治二年六月、寺家、北条時政代官と常陸房昌明の押妨を訴える、幕府、裁決する	東大寺文書・吾妻鏡
加賀	御封	加賀国は後鳥羽上皇の分国、建仁元年七月、国司、済物の免除を申請、上皇、その欠損分の補塡は最勝寺の御封によることを決裁	三長記
伯耆 八橋郡	転法輪寺	転法輪寺は最勝寺の末寺、寺領は八橋郡古布郷内にあり、仁平元年九月、見作田十四町五段余	民経記裏文書
肥前 佐嘉郡	河副荘	大僧正某の寄進、年貢二千石、相折して最勝寺は千石、大治五年七月、大僧正、四年分は八百石と陳弁、正応五年八月の河上宮造営用途支配惣田数注文に千六十七町一段とあり、文和元年、竜造寺家政が押妨	長秋記・河上神社文書・竜造寺文書

(四)円勝寺領

所在国郡	名称	特徴	典拠
遠江 蓁原郡	質侶荘	もと大江公資私領の牧、長暦年中、民部卿藤原長家に寄進して本家とする、大治三年、本家藤原永範、円勝寺に寄進、翌年三月、下司・在庁官人・待賢門院使が立会検注、田二百九町余・畠百二十六町余その他、治承二年四月、年貢米四百石・四丈白布百段は大楊郷の停廃により半減、建久元年八月、地頭板垣兼信、改易・流罪となる	東大寺所蔵宗性筆唯識論第五巻問答抄裏文書・吾妻鏡・松雲公採集遺編類纂
駿河 益頭郡	益頭荘	文治三年九月の後白河院院宣に円勝寺領とあり、延文三年頃、円勝寺への年貢百石を地頭摂津右衛門大夫が守護の被官人となり押妨、応永四年四月、役夫工米を免除、享徳元年、幕府、地頭摂津掃部頭を本所円勝寺の補任のまま領家職とする	吾妻鏡・松雲公採集遺編類纂・美吉文書
近江 高島郡	善積荘	文治二年二月、源頼朝、所衆中原信房に知行させる、元暦元年十二月、荘民、賀茂別雷社領安曇河御厨住人の釣漁を妨げる、建保四年八月、荘民ら、延暦寺領荘民の鎌・斧を奪い取る、暦応四年三月、荘内の地を八坂の法観寺に寄進	吾妻鏡・賀茂別雷神社文書・饗庭文書・法観寺雑記

所在国郡	名称	特徴	典拠
出雲 島根郡	長海荘	河内金剛寺蔵春日版経断簡裏文書(欠年八月十二日)に「円勝寺領出雲国長海庄地頭員綱非法濫行」とあり、元仁元年八月の宣陽門院所領目録に荘名所見	史料蒐集目録・島田文書
阿波 勝浦郡	勝浦荘	建久二年七月、大神宮役夫工米を賦課される、明徳四年十月、半済分は地蔵院の知行	玉葉・京都大学所蔵地蔵院文書
筑後 山門郡	瀬高荘	文暦元年九月の関東御教書案に瀬高荘内鷹尾別符とあり、文和二年十月の妙法院門跡進止寺院荘園当知行地目録に円勝寺別当職と筑後国瀬高荘あり、応永三年七月の亮性法親王庁解に「筑後国瀬高上庄、件庄者為昌雲僧正相伝之地、後白河院御代申請庁御下文以後、知行代々敢無牢籠」とあり	鷹尾神社文書・妙法寺文書

(五)成勝寺領

所在国郡	名称	特徴	典拠
山城 乙訓郡	久世園	成勝寺年中相折帳に見え、久安元年十二月、右衛門督家(藤原家政)寄進、年貢は香十斛	宮内庁書陵部所蔵祈雨法御書裏文書
摂津 西成郡	難波荘	成勝寺年中相折帳に見え、久寿元年六月、阿闍梨教智寄進、年貢は薦五百枚、のち米二十石	同
相模 高座郡	国分寺	成勝寺年中相折帳に見え、久安六年三月、上座法橋増仁寄進、年貢は四丈白布百端	同
近江 神崎郡	伊庭荘	康治元年四月の散位源行真申詞記に成勝寺領伊波荘とあり、崇徳上皇、源為義に与える、寛喜三年十月、飢饉により伊勢神宮に奉幣使を発遣、沿道の荘園は費用を負担するが当荘は免除	愚昧記裏文書・保元物語・民経記
高島郡	報恩寺	建久元年四月、大神宮役夫工米未進荘園の一つとして「報恩寺、同余田、究済田、成勝寺執行法橋昌寛申之」とあり、永仁元年七月の関東下知状に、報恩寺一方地頭分は鶴岡八幡宮座不冷本地供養衆供料の一つとあり	吾妻鏡・鶴岡八幡宮文書
(郡未詳)	多邇荘	成勝寺年中相折帳に見え、同荘の油のうち五斗七升一合八勺が成勝寺の所得、封戸物の便補か	宮内庁書陵部所蔵祈雨法御書裏文書
美濃 賀茂郡	蜂屋荘	長寛元年未進注文に、蜂屋本荘二十八疋とあるのは成勝寺・長講堂領のであろう、建久元年四月、大神宮役夫工米未進荘園の一つとして「蜂屋庄、成勝寺執行昌寛陳状相副之」とあり、建久六年十二月、千葉介常胤、地頭職を重ねて所望	兵範記裏文書・吾妻鏡
信濃 水内郡	広瀬荘	成勝寺年中相折帳に見え、久安二年十一月、大法師行智寄進、年貢は四丈白布百端、文治二年三月、関東知行国年貢未済荘々中に、院御領、弘瀬荘とあり	宮内庁書陵部所蔵祈雨法御書裏文書・吾妻鏡
越前 今立郡	鳥羽荘	建久元年四月、大神宮役夫工米未進荘園の一つとして「成勝寺執行相逢使、究済畢由申之」とあり	吾妻鏡
丹生郡	丹生北	同	同
足羽郡	得光保	建久元年四月、大神宮役夫工米未進荘園の一つとして「成勝寺執行相逢使、究済畢由申之」とあり、南北朝以降は北野社修理料所	吾妻鏡・北野神社文書
越前 坂井郡	春近荘	建久元年四月、大神宮役夫工米未進荘園の一つとして「成勝寺執行相逢使、究済畢由申之」とあり、文和元年八月、足利義詮、当荘四分一の地頭職を本郷家泰に充行う	吾妻鏡・本郷文書
丹波 船井郡	池上寺胡麻荘	成勝寺年中相折帳に見え、久安元年十二月、阿闍梨寛季寄進、年貢は雑器、左馬寮領胡麻牧(延喜式)との関係は不明	宮内庁書陵部所蔵祈雨法御書裏文書
(郡未詳)	福貴御園	成勝寺年中相折帳に見え、久安元年八月、民部卿入道(藤原顕頼)寄進、年貢は香	同
但馬 養父郡	朝倉荘	弘安八年の大田文に、成勝寺領、三十六町五段、領家内大臣法印源助、地頭長井因幡入道実円とあり	但馬国大田文
同	浅間寺	成勝寺年中相折帳に見え、久安元年二月、上座法橋増仁寄進、年貢は八丈絹十二疋・紙百帖、弘安八年の大田文に、十八町六十歩、領家実栄律師、地頭関東御分、給主仁夫彦二郎時隆とあり	宮内庁書陵部所蔵祈雨法御書裏文書・但馬国大田文
出雲 飯石郡	飯石荘	成勝寺年中相折帳に見え、仁平二年八月、上座法橋増仁寄進、年貢は莚五十枚	宮内庁書陵部所蔵祈雨法御書裏文書
意宇郡	揖屋社	成勝寺年中相折帳に見え、下野前司藤原資憲朝臣寄進、年貢は莚五十枚、仁安元年三月の後白河院庁下文に「成勝寺御領出雲国揖屋社、去天養二年被立券畢」とあり	宮内庁書陵部所蔵祈雨法御書裏文書・吉田黙所蔵文書
周防 熊毛郡	多仁荘田布施村	弘安十年七月、亀山上皇院宣に、成勝寺僧公遍は寺領田布施村の相伝文書を東福寺普門院に売却したが、成勝寺が知行せよとあり、文和二年二月、領家正親町三条公秀、相伝文書を嫡子権大納言実継に譲る	古蹟文徴
阿波 (郡未詳)	法林寺	成勝寺年中相折帳に見え、久安二年十二月、上座法橋増仁寄進、年貢は炭六十籠・続松五百把	宮内庁書陵部所蔵祈雨法御書裏文書
筑前 鞍手郡	粥田荘	元仁元年、北条政子、領家職を高野山金剛三昧院に寄進、正中二年六月の九州探題下知状に成勝寺領とあり、永享八年六月の金剛三昧院住持有済言上案に、成勝寺米の年貢着岸のとき堺津で二十石を御室に渡すのが旧例であるとあり、文明十二年九月の幕府奉行人奉書に、成勝寺本役は六十貫文とあり	金剛三昧院文書
(国郡未詳)	勝田荘	建仁元年五月、成勝寺領として所見	三長記
(同)	野依荘	同	同

(六)延勝寺領

所在国郡	名称	特徴	典拠
相模 足上郡	大井荘	文治四年六月、後白河院庁、年貢を早進させる	吾妻鏡
近江 野洲郡	中津南荘	寛喜三年十月、飢饉により伊勢神宮に奉幣使を発遣、沿道の荘園は費用を負担するが当荘は免除、徳治二年五月の洞院公賢奏事書に見え、日吉社に寄進	民経記・洞院家記・釈文書
同	中津北荘	寛喜三年十月、飢饉により伊勢神宮に奉幣使を発遣、その費用を負担した沿道の荘園の一つ	民経記
美濃 (郡未詳)	中北荘	延応元年三月、摂政近衛兼経、興福寺門跡実慶に安堵させる	古今熊野記録

所在国郡	名称	特徴	典拠
丹波 船井郡	今林荘	康治二年四月、丹波国諸荘園目録に皇太后宮領とあり、久寿二年正月、延勝寺領とあり、応安五年三月、領家大覚寺、永明院に下地を管理させる。康永三年三月、美作前司邦通と高倉中将広通とが相論し、裁定が院文殿にゆだねられる。	兵範記裏文書・山槐記・広田健一郎氏所蔵文書・師守記
但馬 出石郡	片野荘	弘安八年の大田文に、三十九町二段三百歩、崇徳院御影堂領、領家二位律師とあり、徳治二年五月の洞院公賢奏事書に見え、事情を聴取し裁断せよとあり	但馬国大田文・洞院家記
播磨 神崎郡	牛尾荘	暦仁元年十二月、大法師円尊、前大僧正円基より譲られる、建治二年十月、権大僧都慈基、前大僧正慈禅より譲られる	勝尾寺文書
賀茂郡	在田上荘	嘉吉元年閏九月、万里小路家領の在田上荘延勝寺米代官職を高野山金剛三昧院に預ける	金剛三昧院文書
長門 豊浦郡	国分寺	徳治二年五月の洞院公賢奏事書に延勝寺領とあり	洞院家記
紀伊 那賀郡	国分寺	同	同
阿波 板野郡	板西荘	貞応元年六月の慈円置文に、年貢米二百石・麦二百石は延勝寺・双林寺・法華堂分とあり	華頂要略
讃岐 阿野郡	北山本新荘	徳治二年五月の洞院公賢奏事書に見え、「預所職事、源恵僧正請文」とあり	洞院家記
筑前 穂波郡	穂波荘	保元元年、粥田経遠、合屋・平恒・潤野三ヵ村を延勝寺に寄進、建長二年六月の藤原資経処分状に、延勝寺領穂波荘内平恒名などとあり	宇佐宮神領大鏡・勘修寺家文書

に伝領、亀山天皇に伝わる。文永九年(一二七二)正月の後嵯峨院処分状に、宸筆で「六勝寺幷鳥羽殿以下事者、依二治天下一、可レ有二其沙汰一」とある。亀山上皇は、六勝寺領を尊治親王(後醍醐天皇)に譲った。天文四年(一五三五)二月十六日、法勝寺は来十九日の後奈良天皇の生母豊楽門院の七七忌御経供養のため、御経を山科言継に届けている(『言継卿記』)。元亀二年(一五七一)九月、古田兵衛が法勝寺領を押領するのを停め、還付させた(『御湯殿上日記』)。 (奥野 高広)

ろっかくまちくごにん 六角町供御人 建久三年(一一九二)御厨子所預紀宗季が、京都六角町で鳥魚などを商売していた町商人を、禁裏供御人に指定したのがはじまり。この政策は、治承・寿永の乱により、地方物資の京への運上が減少し、御厨子所への供御貢進が窮地に陥ったため、その補塡を行うとともに、離反した地方の供御人を御厨子所に誘引することもねらったものであった。一方、近江国瀬田川両岸に本拠を置く粟津・橋本供御人は、遅くとも鎌倉時代中期には、六角町供御人の店舗四宇を借りて琵琶湖産の魚介を販売し、座役を御厨子所に納入するようになった。この両供御人の関係は、以前からの取引関係に基づくものと推定されている。また、同じころ、御厨子所別当を兼任する内蔵寮頭と、御厨子所預の間で、本供御人の所管をめぐって争いが展開されている。結局、朝廷は六角町供御人について預に支配権があると裁定しているが、その背景には、官司の支配に甘んずることなく、自由な交易を行おうとする供御人たちの活動があった。また、六角町四宇供御人は、すべて女商人であったとする記録もある。室町時代に入ると、六角町供御人は、摂津今宮の供御人とともに京都の魚介市場を独占した粟津・橋本の供御人の支配下におかれ、独自の展開を見ることなく、織豊期には、その活動の歴史を終えた。 (太田 浩司)

ろっかのしょう 六箇荘 肥後国詫摩郡東部から益城郡東部にかけて存在した荘園。現在の熊本県上益城郡嘉島町を中心に、一部同郡御船町・熊本市東部に及ぶ地域。王家領荘園。平安時代最末期書写の『大般若経』(愛知県菟足神社蔵)奥書に「益東郡六ケ庄」とあるのが初見。建久二年(一一九一)の『長講堂領目録』にみえ、鎌倉時代初期の状況を示す『詫摩文書』には、「六ケ庄三百四十丁二反」とある。また応永十四年(一四〇七)注進の『宣陽門院領目録』には、「肥後国六箇庄 日野入道一位家 年貢八百石」とある。鎌倉時代の在地領主としては小山村地頭早岐氏、中村地頭上島氏などの存在が知られる。 (工藤 敬一)

わ

わ　把　稲の計量単位のこと。十把で一束となる。令制では一束は舂米五升と定められていたから、十把で舂米五升であり、一把で舂米五合となる。また一束は近代枡でおよそ二升であるから、十把でおよそ二升となり、一把ではおよそ二合ということになる。（徳永健太郎）

わかえのしょう　若江荘　河内国若江郡の荘園。現在の大阪府東大阪市若江地区付近。玉串川・楠根川流域にあった。醍醐寺領。天暦六年（九五二）ごろ朱雀院勅旨田が施入されて成立した。寛仁四年（一〇二〇）に検田帳がつくられたが、その規模は十五町八段余か。当荘は正月の餅、修正会の雑菜、修理縄、大湯屋の潮水運搬など、多くの雑公事や夫役を負担して、志紀南・北荘などとともに河内五箇荘とよばれ醍醐寺の経営を支えた。同所には、公田を取りこんだことから延久の荘園整理令で一時停止された石清水八幡宮領若江荘や興福寺領若江荘もあった。これらはいずれも院政期には勅院事・国役をめぐって国衙との係争問題が多く、その具体相を示す史料がある。（福留　照尚）

↓五箇荘《ごかのしょう》

わかつきのしょう　若槻荘　大和国添上郡の荘園。現在の奈良県大和郡山市若槻町の地。興福寺大乗院領。その史料的初見は鎌倉時代になるが、成立は平安時代にまでさかのぼる。後世、荘園領主の大乗院が地主とされていることから推測すると、不輸の寺僧領が大乗院に寄せられ成立した荘園のようである。預所は伝教院で、その下に下司・公文・定使などの荘官がいた。下司ははじめ大乗院方衆徒の古市氏だったが、のち番条氏に変わっている。『三箇院家抄』によると、荘田数は四十一町五段二百四十歩で、大宅寺・北院二階堂・無主位・勧学院・一品位・ウッコ米などの負所を含み、定田部分は十九町八段二百九十四歩で八名《みょう》に分かれていた。しかしもとは、ほぼ均等な十三名からなっていたと推測されている。近世も、御朱印地添上郡二十三ヵ村中の一つ若槻村として興福寺の支配が存続した。集落は、はじめ散在形態をとっていたが、十五世紀中ごろから環濠集落に変わっている。

↓均等名《きんとうみょう》

参考文献　渡辺澄夫・喜多芳之編『大和国若槻庄史料』、喜多芳之編『大和国若槻庄史料』補遺　（泉谷　康夫）

若槻荘

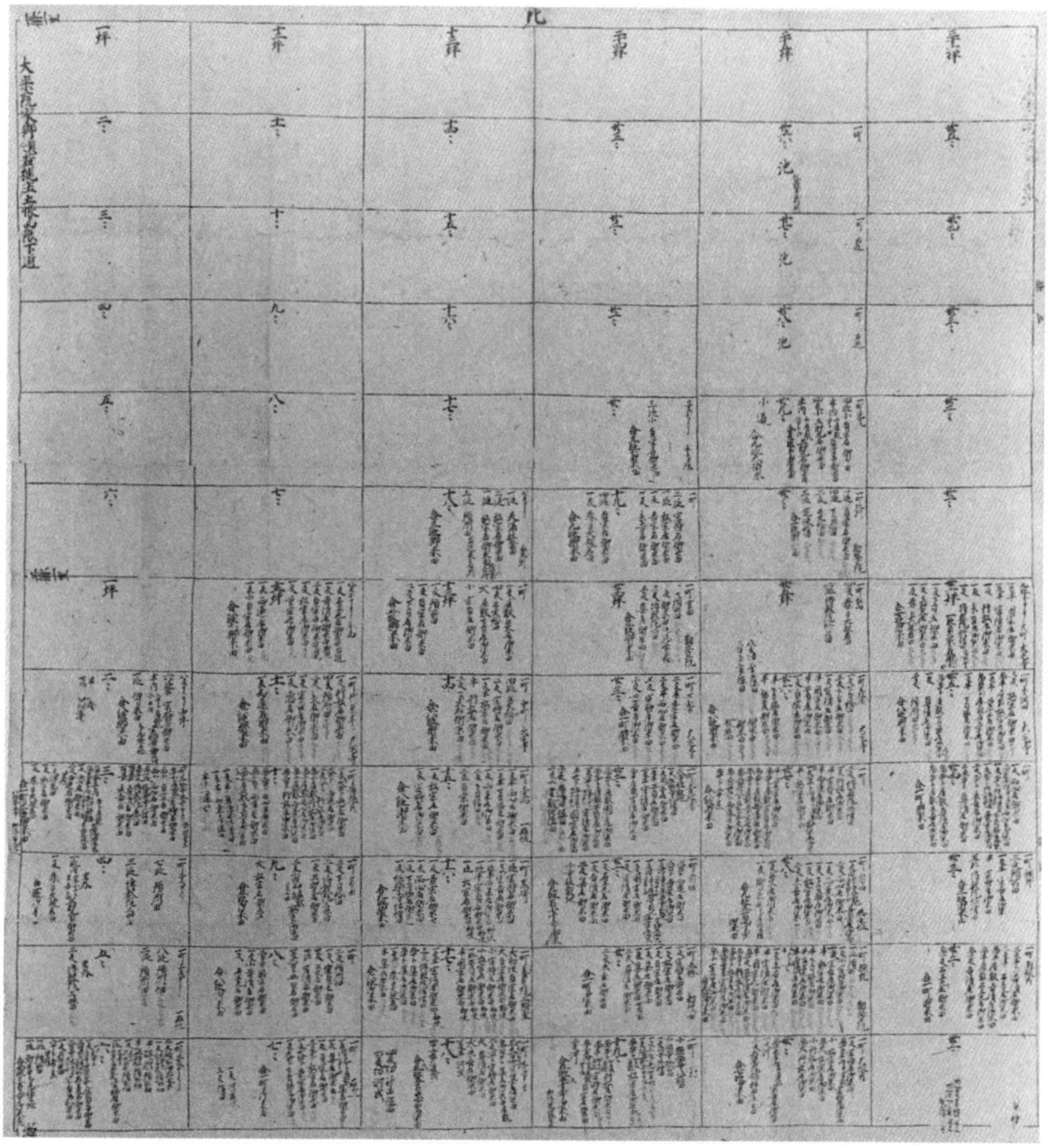

大和国若槻庄土帳（鎌倉時代）

わかやまのしょう　若山荘　能登国珠洲《すず》郡の荘園。現在の石川県珠洲市西部から珠洲郡内浦町全域にかけての地域にあたる。康治二年（一一四三）の成立で、源季兼から皇嘉門院藤原聖子に寄進された。承久三年（一二二一）の

『能登国田数目録』には、公田数五百町とあり、能登国最大の荘園とみえる。本家は皇嘉門院から九条家に、領家は季兼から日野家にそれぞれ伝領されており、室町時代には守護請が成立し、守護代遊佐氏が在地領主的基盤を形成するようになった。荘域では、中世陶器(珠洲焼)が生産され、広く富山湾沿岸地域や北東日本海域に流通していた。　　（東四柳史明）

わきざいけ　脇在家　⇩本在家《ほんざいけ》・脇在家《わきざいけ》

わきみょう　脇名　荘園制下において、年貢公事の基本的収取単位として名主の管轄する名(本名)に対して、副次的な収取単位として編成された名のこと。また、別名について、別名領主である惣領から庶子が惣領の名の一部を分与されて独立するような場合、これを脇名ということがある。かつては、荘園制下の脇名も、平安時代末期から南北朝時代にかけて、名主経営に包摂されていた下人や隷属的農民が成長して、経営の自立化を遂げるという図式によって、本名の解体過程で成立するものと理解され、それゆえ本名主は脇名百姓になんらかの統制を保持するとされていたが、中世成立期における農民的土地所有と小農民経営の一般的成立を認める学説が受容されるにつれて説得力を失った。脇名の具体的な事例としては、鎌倉時代後期にみえる伊賀国黒田荘の「脇名百姓」がよく知られている。彼らは、独立した住宅を構え、牛馬などの資財を有する農民であった。黒田荘では、平安時代末期～鎌倉時代初期に公事を負担する六十六名の編成がなされたが、脇名百姓は、名主となった上層農民以外の平民百姓であったとも考えられよう。また、これらの脇名の中には荘官脇名として特定の荘官に公事を納めるものもあった。　↓本名《ほんみょう》　↓名《みょう》　　（田村　憲美）

わけなおしちゅうぶん　分直し中分　荘園内で紛争が生じ、当事者間で和与状を取り換わし紛争を解決した後、再度紛争が生じ、和与中分によって解決した現象を分直し中分と称している。志賀文書によれば、正応五年(一二九二)豊後国大野荘において領家方と地頭方で坪分け中分が行われたが、再び両者間で相論が起り、正和三年(一三一四)下地中分によって和与が成立しているが、この再度の和与中分のことを「分直折中」「下地を分け直す」と称している。　　（瀬野精一郎）

わさだのしょう　植田荘　豊後国大分郡の荘園。現在の大分県大分市南部と大分郡野津原《のつはる》町北部の七瀬川流域に展開していた。『和名類聚抄』の大分郡条にすでに植田郷がみえるが、荘園として史料上にあらわれるのは、保元二年(一一五七)三月二十五日の太政官符である(『兵範記』)。これは保元の乱後藤原頼長の荘園を没収し、後院領としたものであり、植田荘はこれ以前に摂関家領として成立したものであることを物語っている。弘安八年(一二八五)の『豊後国大田文』によれば、面積は三百三十五町二段で、上義・乙犬・吉藤・永富・行弘・松武・千歳・重国・光吉・福重の十名《みょう》に分かれていた。このうち七名を植田氏が有し、植田氏が荘官として大きな力を振るっていたことが知られる。南北朝時代には植田大輔房有快が当荘内の山岳寺院である霊山寺の執行を勤め、宮方の武士と激しく戦っている。文禄元年(一五九二)に「植田荘名々給人注文」が作成されており、名の貫高が記され、終末期の荘園を知る史料として貴重である。

参考文献　渡辺澄夫編『豊後国賀来荘植田荘史料』(『九州荘園史料叢書』一六)、同編『豊後国植田荘・津守荘(勾保)・判田郷・戸次荘・丹生津留畠地・高田荘・毛井村・大佐井郷・小佐井郷史料』(『豊後国荘園公領史料集成』五下)　　（海老澤　衷）

わさのしょう　和佐荘　紀伊国名草郡の荘園。現在の和歌山市東部、禰宜《ねぎ》付近。成立の時期、初期の規模・伝領関係などについては不明。開発領主として鎌倉時代中期に当荘下司・公文職《しき》などを帯する大伴氏の存在を確認できる。実態が明らかになるのは文永元年(一二六四)に「後鳥羽院御思人」であった大宮局が洛中蓮光寺内に一堂(のち歓喜寺と称される)を建立、供料所として当荘内の下村・南村両村を寄進してからのちのことである。ただし当荘関係の文書の多くがこの歓喜寺に伝来したものであるため、実態が大概明らかになるのもこの両村に限られる。この時歓喜寺に寄せられたのは領家職であり、本家職は大宮局・後鳥羽院姫宮(四辻宮)・内裏姫宮(後四辻宮)を経て後宇多院皇女達智門院へと伝領されている。また下村・南村以外の領家として南北朝時代に「法性寺宰相」「内大臣法印覚信」の名を確認できる。その後、十三世紀末になり開発領主大伴一族の非法により寺領維持が困難になった歓喜寺は、嘉元元年(一三〇三)その名跡・寺領を大和橘寺に寄進、さらに橘寺より元徳二年(一三三〇)荘内在地寺院薬徳寺に譲与され、以後薬徳寺が歓喜寺を称するようになった。薬徳寺住持は大伴一族の恵甑で、両村の支配は名目上の本家を除いて一元的に開発領主の手に帰した。以後、当荘の名は享禄四年(一五三一)ころまで散見される。

参考文献　薗田香融編『(紀伊国和佐庄)歓喜寺文書』(『関西大学東西学術研究所資料集刊』五)　　（並木　優記）

わし　和市　中世の市場において、交易物資を銭貨に換算する際の交換比率・相場のこと。本来は、不合意の売買「強市《ごうし》」に対する合意の売買である「和い《あきな》市《か》う」を意味した。この使用例の初見は、延暦十七年(七九八)十月十九日の太政官符(『類聚三代格』一九)とされる。中世には一般的な売買をさし、さらに市場での時の相場をさすようになる。荘園領主は、年貢の代銭納が進むにつれて、この和市に多大な関心を寄せるようになる。東寺領の備中国新見《にいみ》荘では、寛正六年(一四六五)代官の任命に際して提出される請文に、「和市事、別而存二公平一、雖レ為二少分一、不レ存二私曲自由之儀一、加二商人問答一、冬与春、任二其時和市一、可二執進一之、御代官之一大事、只此事也」(『東寺百合文書』サ)とあり、和市は、代官が最も注意を払うべ

き事項とされていた。この和市は、市場の開催日に商人と代官(荘官)との間で決定されることが多い。しかし、東寺領の播磨国矢野荘那波市では「地下番頭相共に」(『東寺百合文書』マ)とあるように、和市の決定に百姓をも加えて三者間での協議によることもあった。和市は、需給関係のバランスによってたえず変動していたが、この変動は時間的な差異によるだけではなく、地域差も大きく作用した。寛正四年ごろに、新見荘で一貫七百文の蠟が、京都では二貫五百文となった例がある(『東寺百合文書』ツ)。これは、地域ごとに経済圏が成立し、その内部には価格機構の形成がなされていたことを示す。このような価格の地域間格差を利用して、中世の隔地間交易商人は利益を挙げていたのである。和市は、市場の開催日ごとに決定された。新見荘の建武元年(一三三四)「東方地頭御方損亡検見幷納帳」(『東寺百合文書』ク)では、十一月二十三日、十二月三日、正月二十三日のように、三の日の市日(三日市)に和市が行われたことがわかる。江戸時代には、和市の語は一般的には相場の語として多用されたが、「替」または「代」の意味として用いられる例もみられる。 →強市《ごうし》 (鈴木 敦子)

わたなべすみお　渡辺澄夫　一九一二―九七　中世史。大分大学教授。明治四十五年(一九一二)三月二十二日、大分県玖珠郡万年村(現、玖珠町)に生まれる。私立大分予習館、大分県師範学校本科第一部、広島高等師範学校文科第三部乙を経て、昭和十四年(一九三九)、広島文理科大学史学科国史学専攻卒業。大分県師範学校教諭兼訓導。同十八年、大分県師範学校助教授。二十年、同教授。二十四年、大分大学助教授兼大分大学大分師範学校教授。二十九年、大分大学学芸学部教授。三十五年、「畿内荘園の基礎構造」により広島大学から文学博士の学位を取得。五十年、大分大学教授を定年退官。同名誉教授。別府大学文学部教授。六十二年、別府大学教授を退職。同客員教授。平成九年(一九九七)一月十五日没、八十四歳。『畿内荘園の基礎構造』(吉川弘文館、昭和三十一年)、『増訂畿内荘園の基礎構造』上・下(吉川弘文館、同四十四・四十五年)によって、畿内荘園における均等名の存在を指摘した。また『大和国若槻荘史料』全四巻(吉川弘文館、同四十八―五十一年)、『豊後国大野荘史料』(吉川弘文館、同五十四年)、『豊後国荘園公領史料集成』(別府大学、同六十一―六十三年)等個別荘園の網羅的史料集の編纂刊行に努めた。 (瀬野精一郎)

わだのしょう　和田荘　(一)越前国足羽《あすわ》郡の荘園。現在の福井市東南部、旧和田村(明治二十二年(一八八九)成立)付近。長講堂領。荘名の初見は建久二年(一一九一)の「長講堂所領注文」。康応二年(明徳元、一三九〇)の後円融上皇院宣によって安堵されたが(『東山御文庫記録』)、応永十四年(一四〇七)三月付の『長講堂領目録』(『集』)によると、「年貢米六百石」は長講堂と葉室入道大納言家によって折半されている。 (松原 信之)

(二)伊賀国鈴鹿郡の荘園。現在の三重県亀山市付近。当荘は平忠盛から藤原為隆に寄進され、ついで保延元年(一一三五)為隆の子光房が国司の収公を恐れて皇嘉門院に寄進した。のち九条家嫡流に伝領され室町時代まで続いた。 (倉田 康夫)

(三) ⇩みきたのしょう

わだのしょう　輪田荘　摂津国八部郡の荘園。現在の神戸市兵庫区南部の和田岬を中心とする地域。九条家領。延久の荘園整理令の際、正子内親王家領として免除された本免田五町歩と荘司五人・寄人十人の雑役免に起源をもつ。ついで長治二年(一一〇五)橘経遠が宇治村の石重名三十町を藤原道長の曾孫宗通に寄進し、その後これらが九条家に伝領された。平安時代末期、兵庫福原に進出した平氏の手により、周辺の平氏領に取りこまれたが、その没落後九条家にもどされ、建仁元年(一二〇一)一円不輸の宣旨や院宣をうけて、正税官物も免除された。翌年九条家はこれまで押領されていた所領の回復につとめたが、周辺諸荘や従来の国領での徴税経緯も関係していたので、この複雑な荘内事情の整理をはかったものであり、それをめぐって鎌倉時代初期の国領の年貢支払い方法を詳細に伝える珍しい史料がある。元久元年(一二〇四)九条兼実は最勝金剛院末寺の光明院領であった当荘を一期分として娘の宜秋門院に譲り、その後、九条道家の処分状では報恩院領として九条家にもどっている。同荘の領家職《しき》は同家の子女らに分割して与えられたらしく、十三世紀末には東方は京極局、西方は藤原良兼の妻であったが、このころから新補地頭と思われる佐久間長盛の娘と夫の代官薬師寺義清およびこれを継いだ薬師寺貞義との間で係争があり、東方は下地中分が行われ、西方は地頭請所となった。元弘の乱後は赤松範資が地頭職拝領と称して侵入、一円支配をはかる本所と対立したが、赤松氏は西方地頭職を確保した。しかし、嘉吉の変で赤松氏が没落すると、西方は没収されて室町将軍家の御料所となり、東方は代官請負制であったが、同時期の嘉吉二年(一四四二)十月、庄信元に九条家が借銭したため、質物となって支配権を失った。その後九条政忠は借銭を返済し、所領回復を幕府に働きかけ、文明元年(一四六九)十一月に同家は直務《じきむ》支配を認められたものの、応仁・文明の乱でその支配は退転した。 (福留 照尚)

わたりりょう　渡領　⇩摂関家領《せっかんけりょう》

わにのしょう　和邇荘　大和国添上郡の荘園。現在の奈良県天理市和爾町・中之庄町付近。興福寺雑役免荘および東大寺雑役免荘。興福寺領は、延久二年(一〇七〇)の『興福寺雑役免帳』によると、公田二十町四段二百九十歩からなる荘園だった。東大寺領は、湛照僧都分付帳(『東大寺要録』)によると伝法供三段・春日神戸二町・一品位田一町・公田畠十九町四段からなる荘園だったが、弘安八年(一二八五)の東大寺注進状によると興福寺甲乙人により侵害され顛倒している。このほかに東大寺尊勝院領和邇荘もあった。 (泉谷 康夫)

わよ　和与　原義は「贈与」を意味するが、鎌倉時代以後中世を通じて法律用語となり、およそ三つの意義をもつようになる。㈠財産の譲与の場合法定の相続人に対し無償で相続の効果が発するように契約すること。この意味では処分あるいは譲与と同義である。㈡同じく無償譲与であってもその対象が法定相続人以外のもの、すなわち他人に譲与することを意味し、この場合は特に他人和与と称した。㈢裁判上の用法であって、紛争(相論)当事者が相互に話合いによりその訴訟を終結させること、すなわち和解の契約を意味する。その際に取り交わされる契約状を和与状というが、この和与が法的に成立するためには当事者間の和与状(和与契約書)を作成し、幕府(裁判所)の承認をうけ、訴訟担当奉行人の証判を得なければならなかった。こうした手続により和与が有効に成立した場合、訴訟は裁決に至らずに終結した。なお当事者間での契約により作成した和与状でも、幕府の認可・証明をうけていない和与は私和与といい、法的効力は限定されており、幕府では、のちの訴訟においてこの和与に拘束されることはなかった。なお承久の乱以後鎌倉時代中期になると、地頭の停廃をめぐる訴訟や、地頭と領家などとの間の下地相論・所務相論、あるいは地頭・御家人相互の間の所領紛争などがようやく多くなり、幕府ではそれらの訴訟についての応対が繁雑となり、そのために訴訟の渋滞すら招くこととなっていた。また訴訟当事者は訴訟をおこしても、長い年月と多くの費用を要し、訴訟はきわめて難渋なものとなった。そのため幕府は訴訟を当事者間で解決するところの和与を歓迎し、訴論当事者もまたこれを好むところとなり、訴訟における和与が盛んに行われるようになったものと考えられる。

（安田　元久）

わよちゅうぶん　和与中分　和与によって行われるところの下地(土地)あるいは上分(得分・収益)を折半したり、三分の一・二に相分したりすること。特に鎌倉時代中期以後所務相論の永久的終結を期して行われる下地中分が、和与によって成立する例が少なくなかった。

（安田　元久）

↓下地中《したじちゅう》分《ぶん》

わらえのしょう　藁江荘　備後国沼隈《ぬまくま》郡の荘園。現在の広島県福山市金江《かなえ》町藁江一帯とおもわれる。承安元年(一一七一)十二月十二日官宣旨案(『石清水文書』)にみえるのが初出。石清水八幡宮寺宝塔院領。立荘年次・成立事情は不詳。寛仁年間(一〇一七—二一)以前に石清水八幡宮領になっていたものとみられる(養和元年(一一八一)十二月二日後白河院庁下文案(『石清水文書』))。天福元年(一二三三)五月日石清水八幡宮寺所司等言上状(『石清水文書』)に「一　備後国藁江庄訴事／右、為当国鞆浦地頭代、寛喜二年(一二三〇)令殺害神人二人(武友、光宗)、自武家雖令召張本幷下手人等、参差而于今未被糺決也」とみえる。応永年間(一三九四—一四二八)には代官請となっており、応永二十六年には請料百十貫。藁江は中世には港であったとみられ、文安三年(一四四六)の『藁江庄社家分塩浜帳』(『石清水文書』)に荘内の塩浜名がみえる。天文期には荘園支配がくずれ「近年無沙汰」とみえる(『大館常興日記』紙背文書)。

（武田　祐三）